# 韓國新聞

## THE KOREA PRESS
## 1964～1969年度

THE KOREAN RESIDENTS UNION
IN JAPAN GENERAL HEAD OFFICE

在日本大韓民国居留民団中央機関紙

下

株式会社 自由生活社 発行

# 発刊の辞

創団以来、民団中央機関紙である韓国新聞は、常に新たな組織の陣頭に立ち、烈しい嵐の抵抗と斗い続けた。この過程に於いて、同新聞が六十万の在日同胞社会の実相を反映し、大衆の要望を表現し、又団員の権益を守りながら、更に一歩高い立場にあって、韓日両国間の針路を啓示するとともに、政治、経済、文化、社会の全面にわたって反共精神を団是として、韓日両国善隣友好提携の推進力をなした役割の功績は高く評価されなければならない。

わが社は、この貴重な記録資料を各方面から蒐集して来たが、その一部を整理輯載してここに本縮刷版を刊行、仍って積年の民団素願を達成する運びとなったことは洵に本懐の至りである。

右の趣旨に則り、本書には解放後、多年間民団を死守して来た組織活動家の諸先輩と同志諸兄が、機関紙韓国新聞の運営に当って、卓抜の手腕を揮って揺ぎなき基礎を築き上げて、民団組織の発展に寄与した貴重な体験と遠大な反共精神の志藻を主体に、全国の団体組織を克く今日の盛運に至らしめてこの世を去った大先輩達の業積が単なる回顧や詠嘆ではなくして、我々の二世三世達等の新たな歴史段階へ極めて有意義な示唆となり、教訓となるところに刊行者の期待がある。

一九六九年八月一五日

在日本大韓民国居留民団中央本部機関紙

韓国新聞社

# 目　次

(在日本大韓民国居留民団中央機関紙)
## 韓国新聞

## 1964年度



## 1965年度



## 1966年度



## 1967年度

# 民団の推移と組織機構

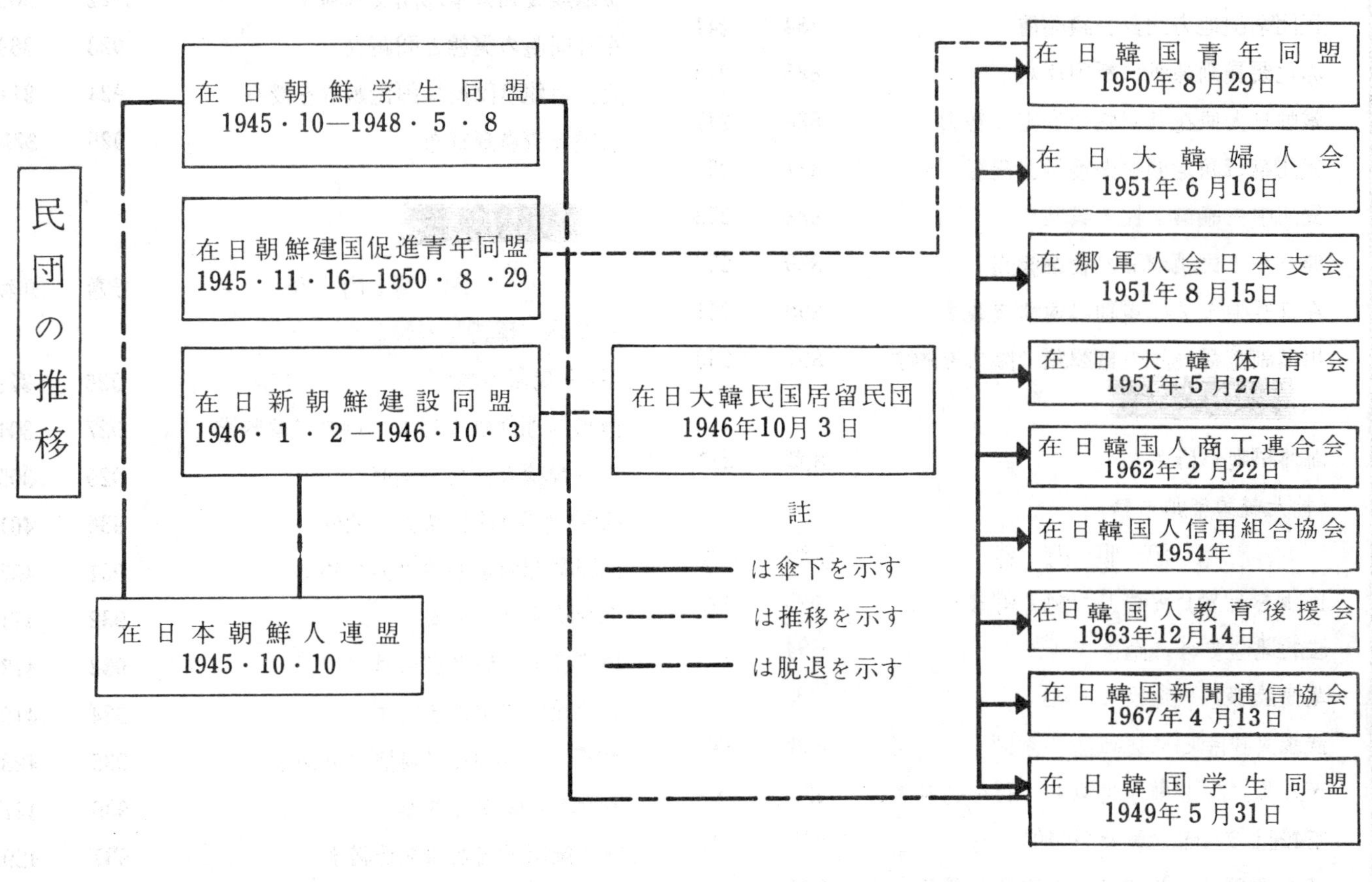

民団の推移
在日朝鮮学生同盟
1945・10—1948・5・8
在日朝鮮建国促進青年同盟
1945・11・16—1950・8・29
在日新朝鮮建設同盟
1946・1・2—1946・10・3
在日本朝鮮人連盟
1945・10・10
在日大韓民国居留民団
1946年10月3日
註
は傘下を示す
は推移を示す
は脱退を示す
在日韓国青年同盟
1950年8月29日
在日大韓婦人会
1951年6月16日
在郷軍人会日本支会
1951年8月15日
在日大韓体育会
1951年5月27日
在日韓国人商工連合会
1962年2月22日
在日韓国人信用組合協会
1954年
在日韓国人教育後援会
1963年12月14日
在日韓国新聞通信協会
1967年4月13日
在日韓国学生同盟
1949年5月31日


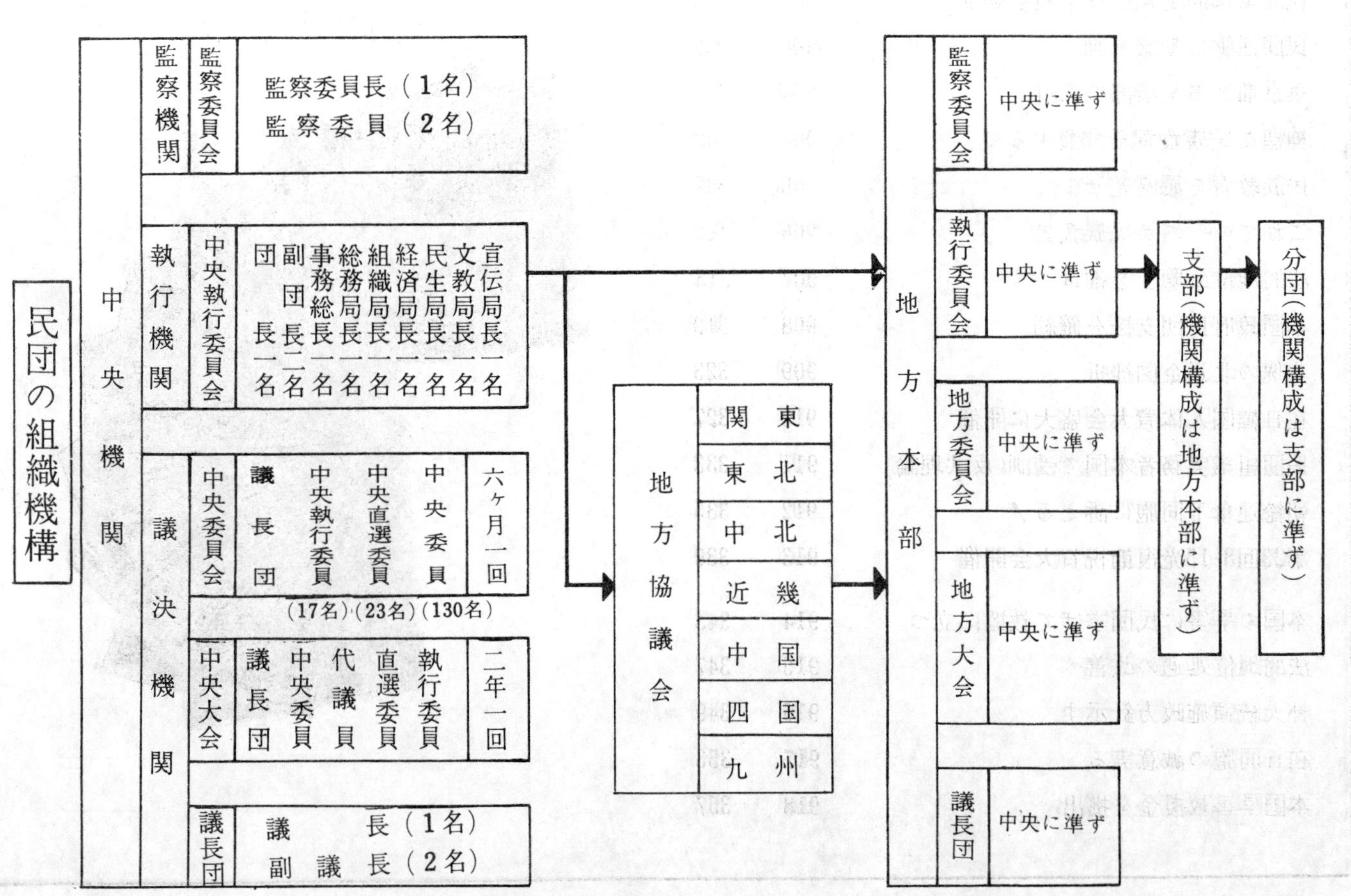

民団の組織機構
中央機関
監察機関
監察委員会
監察委員長（1名）
監察委員（2名）
執行機関
中央執行委員会
団長一名
副団長二名
事務総長一名
総務局長一名
組織局長一名
経済局長一名
民生局長一名
文教局長一名
宣伝局長一名
議決機関
中央委員会
議長団
中央執行委員（17名）
中央直選委員（23名）
中央委員（130名）
六ヶ月一回
中央大会
議長団
中央委員
代議員
直選委員
執行委員
二年一回
議長団
議長（1名）
副議長（2名）
地方協議会
関東
東北
中北
近畿
中国
四国
九州
地方本部
監察委員会
中央に準ず
執行委員会
中央に準ず
地方委員会
中央に準ず
地方大会
中央に準ず
議長団
中央に準ず
支部（機関構成は地方本部に準ず）
分団（機関構成は支部に準ず）

## 民団中央直選委員及び中央執行委員名

| 直選中央委員 | | | | | | 中央執行委員 | | | |
|---|---|---|---|---|---|---|---|---|---|
| 職位 | 氏名 | 職位 | 氏名 | 職位 | 氏名 | 職位 | 氏名 | 職位 | 氏名 |
| 1 | 尹致夏 | 9 | 鄭順相 | 17 | 朴玄 | 1 | 李禧元 | 10 | 朴太煥 |
| 2 | 鄭烱和 | 10 | 辛容祥 | 18 | 韓緑春 | 2 | 尹達鏞 | 11 | 金世基 |
| 3 | 金泰変 | 11 | 李彩雨 | 19 | 黄孔煥 | 3 | 池昌男 | 12 | 文慶韶 |
| 4 | 朴太煥 | 12 | 崔学阜 | 20 | 金仲浩 | 4 | 李成甫 | 13 | 辛容祥 |
| 5 | 李相台 | 13 | 李鐘鳴 | 21 | 姜錫憲 | 5 | 鄭在俊 | 14 | 李彩雨 |
| 6 | 金世基 | 14 | 朴述祚 | 22 | 金成一 | 6 | 金晋根 | 15 | 姜錫憲 |
| 7 | 文慶韶 | 15 | 鄭煥麒 | 23 | 金宰淑 | 7 | 尹致夏 | 16 | 金成一 |
| 8 | 朴烱憲 | 16 | 李宗樹 | | | 8 | 鄭烱和 | 17 | 金宰淑 |
| | | | | | | 9 | 金泰変 | | |

## 在日本大韓民国留居民団中央本部三機関役員名（1969年7月現在）

| 職位 | 氏名 | 職位 | 氏名 | 職位 | 氏名 |
|---|---|---|---|---|---|
| 執行機関 | | 民生次長 | 李鐘舜 | 顧問 | 曹寧柱 |
| 団長 | 李禧元 | 文教次長 | 姜仁煥 | 〃 | 鄭寅錫 |
| 副団長 | 尹達鏞 | 経済次長 | 金斗昌 | 〃 | 丁賛鎮 |
| 副団長 | 池昌男 | 宣伝次長 | 李杞雨 | 〃 | 許弼奭 |
| 議決機関 | | 各局委員長 | | 〃 | 朴春琴 |
| 議長 | 朴根世 | 組織委員長 | 金宰淑 | 〃 | 安八龍 |
| 副議長 | 文圭準 | 民生委員長 | 宋鎬用 | 〃 | 鄭建永 |
| 副議長 | 白丁赫 | 文教委員長 | 申国柱 | 〃 | 辛格浩 |
| 監察機関 | | 経済委員長 | 金運日 | 〃 | 安在祜 |
| 監察委員長 | 張聡明 | 宣伝委員長 | 金成一 | 〃 | 徐甲虎 |
| 監察委員 | 金皓一 | 韓国新聞（中央機関紙） | | 〃 | 金光男 |
| 監察委員 | 丁栄沢 | 社長 | 鄭烱和 | 〃 | 呉宇泳 |
| 執行部 | | 副社長 | 盧得説 | 〃 | 李寿成 |
| 事務総長 | 李成甫 | 業務局長 | 盧得説 | 〃 | 兪錫濬 |
| 事務次長 | 陳斗鉉 | 業務部長 | 金容坤 | 〃 | 鄭哲 |
| 総務局長 | 宋鎬用 | 法対委員会 | | 〃 | 金正柱 |
| 組織局長 | 姜錫憲 | 事務局長 | 尹翰鶴 | 〃 | 金坪珍 |
| 民生局長 | 安商権 | 議決・監察 | | 〃 | 鄭泰柱 |
| 文教局長 | 池雲龍 | 事務局長 | 趙東來 | 〃 | 朴漢植 |
| 経済局長 | 金寛永 | 顧問団 | | 〃 | 呉允台 |
| 宣伝局長 | 金潤 | 常任 | 金今石 | 〃 | 李熙健 |
| 各局次長 | | 常任 | 李裕天 | 〃 | 尹仁述 |
| 総務次長 | 柳乙作 | 顧問 | 権逸 | 〃 | 申熙 |
| 組織次長 | | | | 〃 | 南元 |

# 地方本部住所一覧表

| 地方名 | | 住所 | 電話 | | | 団長名 | 郵便番号 |
|---|---|---|---|---|---|---|---|
| 関東 | 東京 | 東京都文京区本郷3－32－7 | 045 | 811 | 1535(代) | 鄭在俊 | 113 |
| | 神奈川 | 横浜市神奈川区鶴屋町3－18 | 0472 | 311 | 4903～5 | 孫張翼 | 221 |
| | 千葉 | 千葉市新宿町2－35 | 0552 | 42 | 4621～3 | 孫晋協 | 280 |
| | 山梨 | 甲府市丸ノ内2－20番6号 | 0286 | 2 | 5444 | 金碩煥 | 400 |
| | 栃木 | 宇都宮市塙田町326 | 0292 | 2 | 7777 | 辛容祥 | 320 |
| | 茨城 | 水戸市大町1－2－16 | 0488 | 21 | 3337 | 朴台守 | 310 |
| | 埼玉 | 浦和市常盤町4－16－7 | 0488 | 31 | 3959 | 田汶秀 | 336 |
| | 三多摩 | 立川市錦町1－3－20 | 0425 | 22 | 2381 | 鄭鳳基 | 190 |
| | 群馬 | 前橋市古市場町字松場497－5 | 0272 | 51 | 2328 | 金栄出 | 371 |
| | 静岡 | 静岡市相生町2－19 | 0542 | 45 | 4531～3 | 趙澔衡 | 420 |
| | 長野 | 松本市深志2－8－10 | 02634 | 2 | 2635 | 金龍煥 | 390 |
| 東北 | 秋田 | 秋田市土崎港中央3－9－54 | 01882 | 5 | 0935 | 朴東溪 | 010 |
| | 福島 | 群山市深沢2－11－21 | 02592 | 2 | 9072 | 李鍾根 | 963 |
| | 宮城 | 仙台市茂市ヶ坂8－1 | 0222 | 23 | 9610 | 李景淳 | 980 |
| | 北海道 | 札幌市南九条西4－19 0 | 0122 | 52 | 2269 | 崔東洵 | 060 |
| | 山形 | 山形市幸町7－41 | 02362 | 2 | 9306 | 裵應三 | 990 |
| | 青森 | 青森市長島町3－18－6 | 01772 | 2 | 3317 | 林圭復 | 030 |
| | 岩手 | 盛岡市駅前新町通15－18 | 01962 | 2 | 0118 | 韓哲文 | 020 |
| 中北 | 新潟 | 新潟市弁天町3－24 | 0252 | 44 | 2942 | 権寧相 | 950 |
| | 石川 | 金沢市本町2－13－7 | 0762 | 31 | 2914 | 李龍演 | 920 |
| | 福井 | 福井市豊島2－8－12 | 0776 | 22 | 5431 | 金三益 | 910 |
| | 富山 | 富山市牛島新町3－21 | 0764 | 32 | 5779 | 崔允明 | 930 |
| | 愛知 | 名古屋市中村区鷹羽町3－56 | 052 | 571 | 6331～5 | 李春植 | 453 |
| | 岐阜 | 岐阜市錦町2－9 | 0582 | 51 | 3703 | 趙世済 | 500 |
| | 三重 | 津市8町1－9－15 | 05928 | 8 | 4308 | 金潤学 | 514 |
| 近畿 | 大阪 | 大阪市北区中崎町43 | 06 | 371 | 7331 | 金晋根 | 530 |
| | 兵庫 | 神戸市生田区北長狭通4－1－1 | 078 | 39 | 0658 | 崔永聖 | 650 |
| | 京都 | 京都市左京区下鴨宮崎町119 | 075 | 78 | 8281 | 李相権 | 606 |
| | 奈良 | 奈良県大和高田市日之出町2－1274 | 07455 | 2 | 2098 | 李來玉 | 635 |
| | 滋賀 | 大津市島の関9－5号 | 07754 | 2 | 3639 | 権寧崙 | 520 |
| | 和歌山 | 和歌山市屋形町2－9 | 0734 | 22 | 3233 | 申吉秀 | 640 |
| 中国 | 広島 | 広島市東蟹屋町7番9号 | 0822 | 61 | 6171 | 崔成源 | 730 |
| | 岡山 | 岡山市駅前町1－2－4 | 0862 | 25 | 0826 | 柳甲録 | 700 |
| | 鳥取 | 鳥取市行徳67－11 | 0857 | 22 | 6780 | 朴永洙 | 680 |
| | 島根 | 江津市郷田後浜新開1188 | 08555 | 2 | 2660 | 尹赫顕 | 695 |
| | 山口 | 下関市 下関市竹崎町429 | 0832 | 23 | 8271～3 | 朴鍾 | 750 |
| 九州 | 福岡 | 福岡市駅前通1－18－17 | 092 | 43 | 7231～3 | 張翊相 | 812 |
| | 長崎 | 長崎市川口町9番17号 | 0958 | 44 | 0781 | 李漢宰 | 850 |
| | 佐賀 | 佐賀市大財町1－2－4 | 09522 | 3 | 7450 | 朴鳳斗 | 840 |
| | 大分 | 大分市勢家502－5 | 09752 | 3 | 1446 | 権五善 | 870 |
| | 宮崎 | 宮崎市川原町7番13号 | 0985 | 2 | 7519 | 金七星 | 880 |
| | 熊本 | 熊本市本山町550 | 0963 | 52 | 1965 | 金賢九 | 860 |
| | 鹿児島 | 鹿児島市城南町2番25号 | 09922 | 2 | 2706 | 李政源 | 892 |
| | 対馬島 | 長崎県下県郡厳原町大字国分1351 | 新浜 | | | 金昌珉 | 2875 |
| 四国 | 愛媛 | 新居浜市泉川町松原 | 08972 | 4 | 7261 | 朴振業 | 792 |
| | 徳島 | 徳島県小松島市北浜 | 08853 | 2 | 3677<br>0308(夜間) | 金性式 | 773 |
| | 高知 | 高知市日之出町199番地 | 0888 | 82 | 8777 | 朴俊学 | 780 |
| | 香川 | 高松市花園町2－8－20 | 0878 | 31 | 8955 | 朴龍雲 | 760 |

# 在日韓国青年同盟 地方本部 県直轄・特別支部 所在地一覧表

中央本部／東京都文京区春日２－20－13☎814－4471～2 812－0761
中央研修所／東京都西多摩郡五日市町網代坪松〔花郎台〕☎0425－96－0078

| 地方名 | | 住所 | 電話 | | | 委員長 |
|---|---|---|---|---|---|---|
| 地方本部 | 北海道 | 札幌市南九条西４－10 | 0122 | 51<br>52 | 5427<br>2269 | 宣勝男 |
| | 青森 | 青森市長島町３－18－６ | 01772 | 2 | 3317 | 金正三 |
| | 秋田 | 秋田市土崎港中央３－９－54 | 01882 | 5 | 0935 | 呉昌洙 |
| | 宮城 | 仙台市茂市ヶ坂８－１ | 0222 | 23 | 9610 | 趙明良 |
| | 岩手 | 盛岡市青山３－12－６金東出方 | 0196 | 47 | 0531 | 金東出 |
| | 新潟 | 新潟市弁天町３－24 | 0252 | 44 | 2942 | 黄寅龍 |
| | 群馬 | 前橋市古市町字松場497－５ | 0272 | 51 | 2328 | 金猛 |
| | 茨城 | 水戸市大町１－２－16 | 0292 | 21 | 3337 | 崔元鎬 |
| | 千葉 | 千葉市新宿町２－35 | 0472 | 42 | 8452～3 | 申基文 |
| | 山梨 | 甲府市丸ノ内２－20－６ | 0552 | 22 | 5444 | 金玉相 |
| | 埼玉 | 浦和市常盤町４－16－７ | 0488 | 31 | 3959 | 韓公一 |
| | 神奈川 | 横浜市神奈川区鶴屋町２－18 | 045 | 311 | 4903～5 | 成箕桓 |
| | 福井 | 福井市豊島中町119 | 0776 | 22 | 5438 | 南榛変 |
| | 愛知 | 名古屋市中村区鷹羽町３－56 | 052 | 551<br>571 | 8009<br>5803 | 梁完玉 |
| | 三重 | 津市八町１－９－15 | 05928 | 8 | 4308 | 許銓吉 |
| | 岐阜 | 岐阜市錦町２－９ | 0582 | 51 | 3703 | 金信行 |
| | 長野 | 長野市北石堂町1382 | 02622 | 6 | 2880 | 金海龍 |
| | 京都 | 京都市左京区下鴨宮崎119 | 075 | 791 | 9500 | 林弘吉 |
| | 大阪 | 大阪市北区中崎町43 | 06 | 371 | 6406<br>4082 | 金治男 |
| | 兵庫 | 神戸市生田区北長狭通４－１－１ | 078 | 39 | 4736 | 田鉄秀 |
| | 奈良 | 大和高田市日之出町２－127 | 07455 | 2 | 2096 | 金海圭 |
| | 滋賀 | 大津市島の関９－５ | 07754 | 7 | 1097 | 諸寅男 |
| | 和歌山 | 和歌山市屋形町２－９ | 0734 | 24 | 2264～5 | 曺喜坤 |
| | 広島 | 広島市東蟹屋町11－19 | 0822 | 61 | 6171 | 鄭達男 |
| | 岡山 | 岡山市本町５－５ | 0862 | 25 | 0826～7 | 李正太郎 |
| | 山口 | 下関市竹崎町429 | 0832 | 23 | 8271 | 金教元 |
| | 佐賀 | 佐賀市大財１－２－４ | 09522 | 3 | 7450 | 金仁守 |
| | 熊本 | 熊本市本山町477－５ | 0963 | 2 | 1965 | 魏三道 |
| | 愛媛 | 松山市萱町８－22 | 0899 | 3 | 4813 | 朴達元 |
| | 福岡 | 福岡市駅前通１－18－17 | 092 | 43 | 7465 | 梁正雄 |
| 直轄支部 | 調布支部 | 都下調布市下石原中島通2139 | 0424 | 82 | 0367 | 朴延泰 |
| | 諫早支部 | 長崎県諫早市城見町77201 | 09570 | | 3431 | 曺圭容 |
| | 米子支部 | 鳥取県米子市昭和町39－１ | 08592 | 2 | 7023 | 崔根孝 |
| 特別支部 | 豊島支部 | 東京都豊島区池袋２－1167 | 03 | 982 | 7161 | 高昌樹 |
| | 渋谷〃 | 東京都渋谷区宇多川町15 | 〃 | 461 | 5382 | 李俊其 |
| | 北〃 | 東京都北区神谷町１－４－１ | 〃 | 919 | 5675 | 李高雄 |
| | 大田〃 | 東京都大田区新蒲田１－６－４ | 〃 | 732 | 7651 | 李慶雨 |
| | 江戸川〃 | 東京都江戸川区興之宮29 | 〃 | 657 | 7512 | 李丈一 |
| | 品川〃 | 東京都品川区豊町３－301 | 〃 | 781 | 5327 | 柳徳済 |
| | 港〃 | 東京都港区三田４－６－18 | 〃 | 451 | 6538 | 金徹 |
| | 葛飾〃 | 東京都葛飾区本田立石６－18－16 | 〃 | 693 | 1771 | 金康寿 |
| | 荒川〃 | 東京都荒川区荒川３－32 | 〃 | 891 | 0555 | |

# 韓国関係電話早見表

| 団体名 | 住所 | 電話番号 | | |
|---|---|---|---|---|
| 駐日本韓国大使館 | 港区南麻布1－2－5 | 03 | 452 | 7611～2 |
| 駐日韓国公報館 | 千代田区永田町2－29 | 03 | 580 | 2577 |
| 駐日韓国賠償使節団 | 千代田区有楽町1－10 三信ビル | 03 | 503 | 2781 |
| 駐日札幌大韓民国総領事館 | 札幌市北三条西21－9－1 | 0122 | 62 | 0288 |
| 〃 大阪大韓民国総領事館 | 大阪市南区末吉橋通4－32－1 | 06 | 252 | 4251 |
| 〃 福岡大韓民国総領事館 | 福岡市赤坂1－10－20 | 092 | 77 | 0461 |
| 〃 仙台大韓民国領事館 | 仙台市北五番丁9－3 | 0222 | 21 | 2751 |
| 〃 横浜大韓民国領事館 | 横浜市中区山手町118 | 045 | 201 | 4531 |
| 〃 名古屋大韓民国領事館 | 名古屋市東区東大曽根南1－8 | 052 | 961 | 9221 |
| 〃 神戸大韓民国領事館 | 神戸市生田区中山手通2－73 | 077 | 22 | 4853 |
| 〃 下関大韓民国領事館 | 下関市大和町5 貿易ビル | 0832 | 66 | 5341 |
| 民団中央本部 | 文京区春日2－20－13 | 03 | 813 | 2261～5 |
| 団長室 | 〃 | 03 | 814 | 1821 |
| 事務総長専用 | 〃 | 03 | 814 | 1822 |
| 総務局専用 | 〃 | 03 | 812 | 0229 |
| 韓国新聞社 | 〃 | 03 | 815 | 1451～3 |
| 大韓婦人会中央本部 | 〃 | 03 | 812 | 1978 |
| 韓国青年同盟中央本部 | 〃 | 03 | 814 | 4471 |
| 韓国学生同盟中央本部 | 〃 | 03 | 814 | 0109 |
| 在郷軍人会日本支会 | 〃 | 03 | 812 | 2736 |
| 法対委員会事務局 | 〃 | 03 | 813 | 2261～5 |
| 韓国人商工連合会 | 新宿区柏木1－89 城ビル | 03 | 371 | 8151 |
| 韓国人信用組合協会 | 大阪市北区曽根崎中1－40 | 06 | 341 | 3841 |
| 在日大韓体育会 | 中央区銀座東2－4 竹田ビル | 03 | 541 | 7148 |
| 在日韓国新聞通信協会 | 文京区本郷3－32－7 | 03 | 811 | 1535 |
| 在日韓国人教育後援会 | 大阪市西成区梅南通5－5 | 06 | 661 | 2898 |
| 東京韓国学校 | 新宿区若松町21 | 03 | 357 | 2233 |
| 〃 足立分校 | 足立区千住桜木町53 | 03 | 888 | 5096 |
| 東京教育文化センター | 千代田区猿楽町2－5－5 | 03 | 294 | 0548 |
| 在日韓国人結婚相談所 | 〃 | 03 | 291 | 7151 |
| 民団東京本部 | 文京区本郷3－32－7 | 03 | 811 | 1535 |
| 大韓婦人会東京本部 | 〃 | 03 | 812 | 2938 |
| 韓僑通信社 | 文京区本郷3－32－7 | 03 | 811 | 1535 |
| 在日韓国人貯蓄納税組合東京連合会 | 〃 | 03 | 811 | 1535 |
| 東京商銀組合信用 | 文京区湯島3－38－15 | 03 | 832 | 5227 |
| 〃 新宿支店 | 新宿区新宿2－54 | 03 | 356 | 7791 |
| 〃 荒川支店 | 荒川区東日暮里6－22－1 | 03 | 802 | 5121 |
| 韓国外換銀行東京支店 | 千代田区丸ノ内3－4 新国際ビル | 03 | 216 | 3561 |
| 韓一銀行東京支店 | 千代田区霞ヶ関ビル 33階 | 03 | 581 | 2351 |
| 大韓航空東京支社 | 千代田区丸ノ内3－4 新国際ビル | 03 | 216 | 9511～5 |
| 大韓海運東京支社 | 千代田区有楽町1－10 三信ビル | 03 | 591 | 0815～7 |
| 大韓旅行東京支社 | 港区赤坂1－1－16 細川ビル | 03 | 585 | 0400～5 |
| 民団文京支部 | 文京区小石川町2－11－17 | 03 | 811 | 3555 |
| 〃 台東支部 | 台東区上野7－2－1 | 03 | 844 | 4094 |
| 〃 中央支部 | 中央区日本橋茅場町1－16 共同ビル | 03 | 661 | 5370 |
| 〃 墨田支部 | 墨田区太平町1－4－8 | 03 | 662 | 9442 |
| 〃 江東支部 | 江東区木場6－8－10 | 03 | 644 | 0512 |
| 〃 江戸川支部 | 江戸川区興之宮29 | 03 | 657 | 7512 |
| 〃 北支部 | 北区神谷町1－1－4 | 03 | 919 | 5675 |
| 〃 足立支部 | 足立区千住桜木町53 | 03 | 888 | 8301 |
| 〃 荒川支部 | 荒川区荒川3－32 | 03 | 891 | 0555 |
| 〃 葛飾支部 | 葛飾区本田立石6－18－16 | 03 | 693 | 1771 |
| 〃 豊島支部 | 豊島区池袋2－1167 共同ビル | 03 | 982 | 7161 |
| 〃 板橋支部 | 板橋区板橋2－22－9 | 03 | 961 | 6565 |
| 〃 練馬支部 | 練馬区豊玉北4－31 | 03 | 992 | 5577 |
| 〃 新宿支部 | 新宿区新宿2－77 | 03 | 341 | 0244 |
| 〃 中野支部 | 中野区新井2－1－17 | 03 | 386 | 5536 |
| 〃 杉並支部 | 杉並区梅里2－24－13 | 03 | 313 | 7575 |
| 〃 渋谷支部 | 渋谷区宇田川町15 | 03 | 461 | 5382 |
| 〃 世田ヶ谷支部 | 世田ヶ谷区下馬町1－7 | 03 | 421 | 3609 |
| 〃 目黒支部 | 目黒区青葉台1－30－10 | 03 | 713 | 4378 |
| 〃 港支部 | 港区三田4－6－18 | 03 | 451 | 6538 |
| 〃 品川支部 | 品川区豊町3－1－1 | 03 | 781 | 5327 |
| 〃 大田支部 | 大田区新蒲田1－6－7 | 03 | 732 | 7651 |

# 在京僑胞区別人口図覧

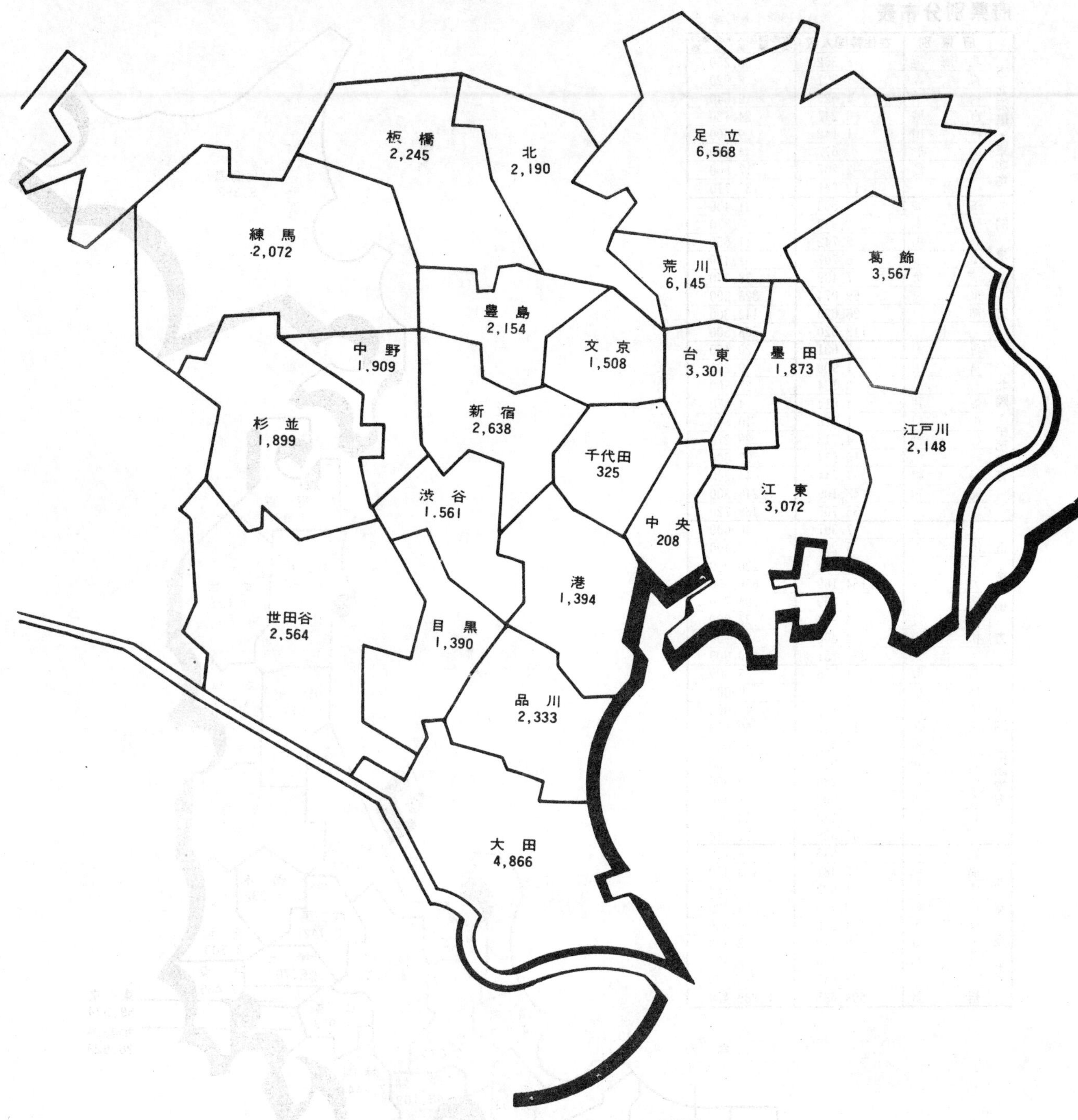


## 国籍別区別人口一覧表

(1968年2月29日現在)

| | | | 韓国籍 | 朝鮮籍 | 計 |
|---|---|---|---|---|---|
| 特別区 | 中央 | 千代田 | 224 | 101 | 325 |
| | | 中央 | 102 | 106 | 208 |
| | | 文京 | 809 | 699 | 1,508 |
| | | 台東 | 1,570 | 1,731 | 3,301 |
| | 城東 | 墨田 | 934 | 939 | 1,873 |
| | | 江東 | 1 447 | 1,625 | 3,072 |
| | | 江戸川 | 989 | 1,159 | 2,148 |
| | 城北 | 北 | 944 | 1,246 | 2,190 |
| | | 足立 | 2,744 | 3,824 | 6,568 |
| | | 荒川 | 2,713 | 3,432 | 6,145 |
| | | 葛飾 | 1,576 | 1,991 | 3,567 |
| | 西北 | 豊島 | 1,052 | 1,102 | 2,154 |
| | | 板橋 | 879 | 1,366 | 2,245 |
| | | 練馬 | 1 102 | 970 | 2,072 |

| | | | 韓国籍 | 朝鮮籍 | 計 |
|---|---|---|---|---|---|
| 特別区 | 城西 | 新宿 | 1,444 | 1,194 | 2,638 |
| | | 中野 | 1,064 | 845 | 1,909 |
| | | 杉並 | 1,158 | 741 | 1,899 |
| | 西南 | 渋谷 | 969 | 592 | 1,561 |
| | | 世田谷 | 1,449 | 1,115 | 2,564 |
| | | 目黒 | 701 | 689 | 1,390 |
| | 城南 | 港 | 939 | 455 | 1,394 |
| | | 品川 | 1,361 | 972 | 2,333 |
| | | 大田 | 2,497 | 2,369 | 4,866 |
| 特別区小計 | | | 28,667 | 29,263 | 57,930 |
| 区外 | 市部小計 | | 3,839 | 5,084 | 8,923 |
| | 郡部小計 | | 794 | 824 | 1,528 |
| | 島部小計 | | 24 | 15 | 39 |

東京都韓国籍合計　33,234　　東京都朝鮮籍合計　35,186　　同籍総合計　68,420

# 在日僑胞府県別人口図覧

## 府県別分布表

(1968年8月現在)

| | 府県別 | 在住韓国人数 | 管内韓国人系企業の従業員総数 |
|---|---|---|---|
| 北海道・東北地方 | 北海道 | 8,352 | 58,250 |
| | 青森 | 1,991 | 8,920 |
| | 岩手 | 1,625 | 9,640 |
| | 宮城 | 3,247 | 24,430 |
| | 秋田 | 1,142 | 9,800 |
| | 山形 | 677 | 4,870 |
| | 福島 | 2,207 | 17,800 |
| | 計 | 19,241 | 133,710 |
| 関東地方 | 茨城 | 3,503 | 31,430 |
| | 栃木 | 1,932 | 7,870 |
| | 群馬 | 2,742 | 11,650 |
| | 埼玉 | 6,707 | 31,410 |
| | 千葉 | 7,439 | 38,340 |
| | 東京 | 69,074 | 325,500 |
| | 神奈川 | 26,623 | 142,300 |
| | 計 | 118,020 | 588,500 |
| 北陸・中部地方 | 新潟 | 2,631 | 20,450 |
| | 富山 | 1,908 | 9,230 |
| | 石川 | 3,134 | 25,800 |
| | 福井 | 4,814 | 24,870 |
| | 山梨 | 1,978 | 10,800 |
| | 長野 | 4,713 | 29,270 |
| | 岐阜 | 10,674 | 77,800 |
| | 静岡 | 7,744 | 44,200 |
| | 愛知 | 48,109 | 246,300 |
| | 計 | 85,705 | 488,720 |
| 近畿地方 | 三重 | 7,397 | 40,600 |
| | 滋賀 | 6,203 | 29,400 |
| | 京都 | 40,314 | 226,000 |
| | 大阪 | 164,169 | 636,500 |
| | 兵庫 | 60,899 | 298,700 |
| | 奈良 | 4 961 | 27,800 |
| | 和歌山 | 4,808 | 31,900 |
| | 計 | 288,751 | 1,290,900 |
| 中国・四国地方 | 鳥取 | 1,558 | 5,900 |
| | 島根 | 1,679 | 9,300 |
| | 岡山 | 7,887 | 43,600 |
| | 広島 | 14,540 | 90,870 |
| | 山口 | 15,429 | 83,000 |
| | 高知 | 922 | 6,900 |
| | 徳島 | 286 | 2,300 |
| | 香川 | 902 | 8,340 |
| | 愛媛 | 2,123 | 23,900 |
| | 計 | 45,326 | 274,110 |
| 九州地方 | 鹿児島 | 645 | 4,100 |
| | 福岡 | 25,487 | 133,450 |
| | 佐賀 | 1,623 | 7,880 |
| | 長崎 | 3,483 | 24,700 |
| | 熊本 | 1,948 | 9,800 |
| | 大分 | 3,319 | 23,800 |
| | 宮崎 | 1,140 | 9,800 |
| | 計 | 37,645 | 213,530 |
| | **総計** | **594,688** | **2,989,470** |

# 大韓民国総人口分布表及び在日僑胞出身道別図覧

## 韓国県道別人口表

| 各道別 | 人口数 |
|---|---|
| 京畿道 | 3,222,733 |
| 江原道 | 1,828,437 |
| 忠清北道 | 1,540,688 |
| 忠清南道 | 2,916,043 |
| 全羅北道 | 2,488,297 |
| 全羅南道 | 4,151,135 |
| 慶尚北道 | 4,575,847 |
| 慶尚南道 | 3,197,154 |
| 済州道 | 360,412 |
| ソウル特別市 | 4,526,430 |
| 釜山直轄市 | 1,641,988 |
| 総計 | 30,449,164 |

## 韓国主要都市別人口表

| 主要都市別 | 人口数 |
|---|---|
| ソウル特別市 | 4,526,430 |
| 春川市 | 109,570 |
| 清州市 | 132,923 |
| 大田市 | 363,980 |
| 全州市 | 235,833 |
| 光州市 | 471,209 |
| 大邱市 | 982,310 |
| 釜山直轄市 | 1,641,988 |
| 済州市 | 95,993 |
| 仁川市 | 558,934 |
| 馬山市 | 173,580 |
| 木浦市 | 169,630 |
| 水原市 | 143,154 |
| 晋州市 | 115,405 |
| 郡山市 | 108,391 |
| 麗水市 | 107,440 |
| 原州市 | 107,700 |
| 慶州市 | 88,950 |
| 鎮海市 | 85,970 |
| 議政府市 | 82,945 |
| 忠州市 | 83,890 |
| 順天市 | 82,974 |
| 天安市 | 74,778 |
| 浦項市 | 72,490 |
| 安東市 | 71,088 |
| 江陵市 | 69,980 |
| 金泉市 | 59,066 |
| 三千浦市 | 54,980 |
| 忠武市 | 52,931 |

（共に1968年12月末現在）

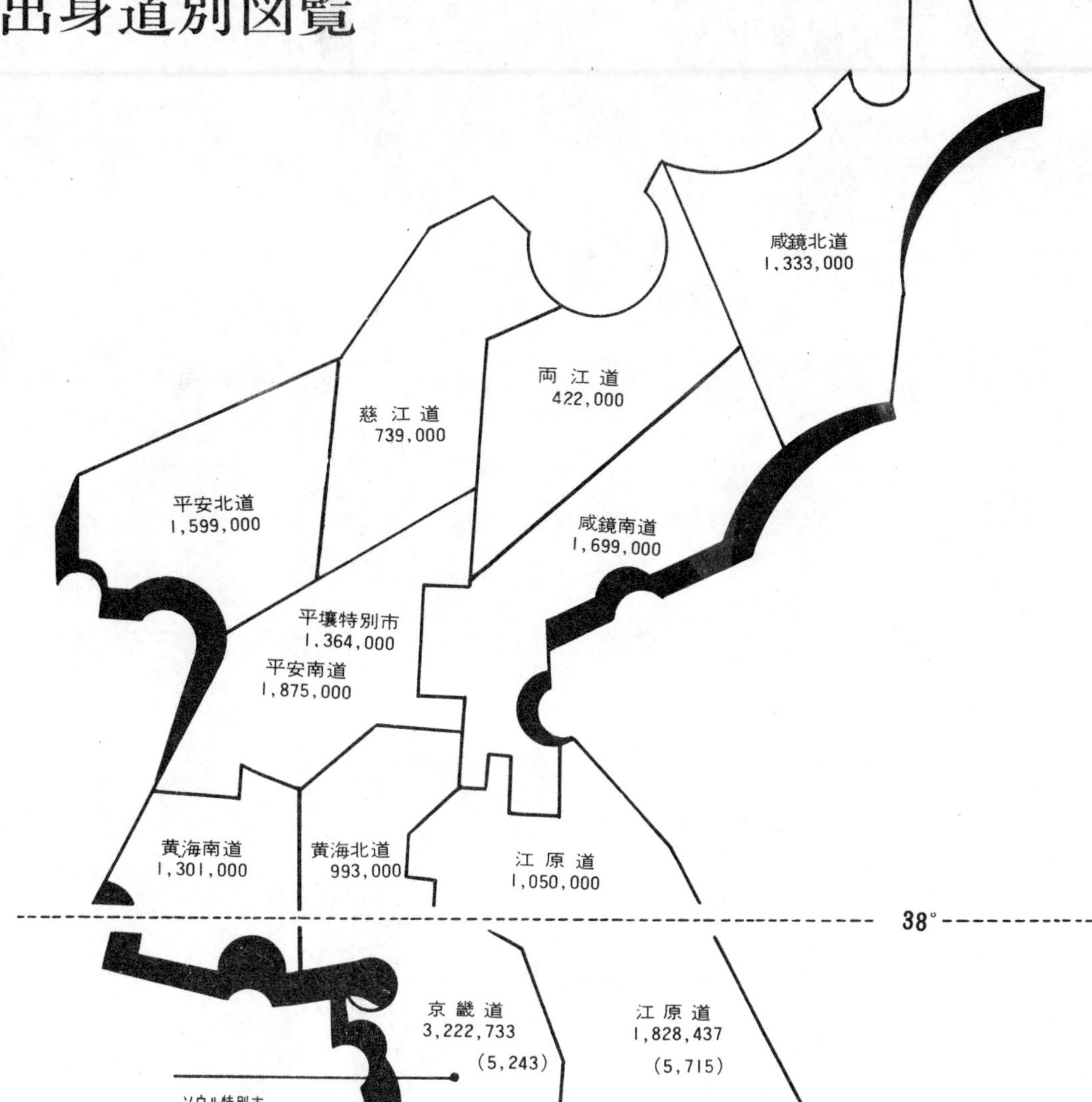


（内）は在日韓国人出身道別数
北韓総人口数　一、二六四万人（1969・12現在）

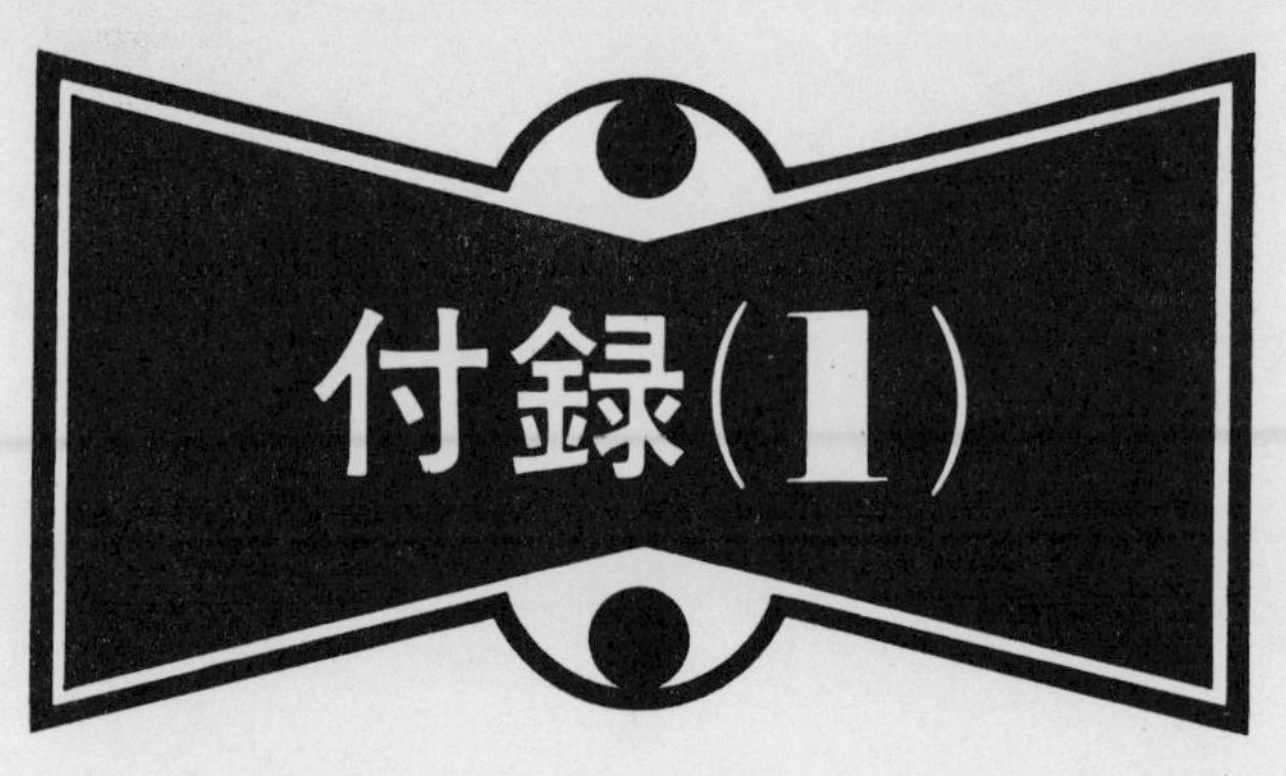
付録(1)

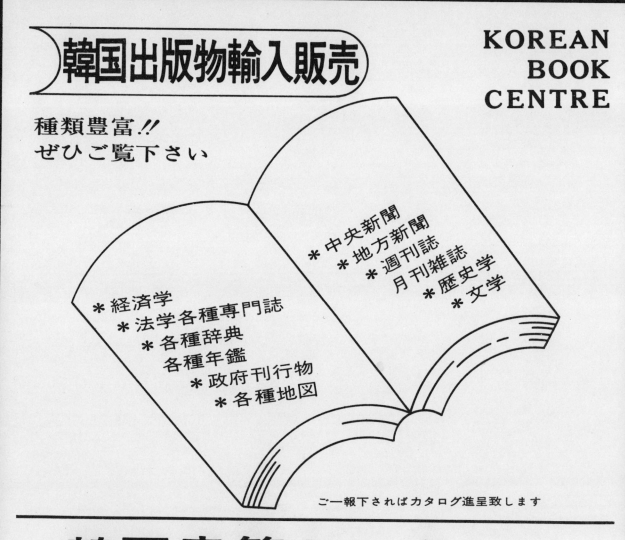

**1月のこよみ**

1日 元旦
6日 東本仕事初め
10日 東本新年宴会
15日 成人式
16日 有功僑胞本国派遣（予定）

**五大綱領**

一、われわれは　大韓民国の国是を遵守する
一、われわれは　在留同胞の民権擁護を期する
一、われわれは　在留同胞の民生安定を期する
一、われわれは　在留同胞の文化向上を期する
一、われわれは　国際親善を期する

# 韓僑通信

（昭和40年7月27日第三種郵便物認可）月、金発行　第2072号

毎週月・金発行

**1966年新年特集号**
1965年12月31日発行

発行所　韓僑通信社
東京都文京区本郷3—32—7
大韓民国居留民団東京本部
発行人　金己哲
電話（812）4925～7　（811）1535
購読料　1ケ月1,000～3,000円

慶州の仏国寺

## 年頭辞

団長　金己哲

韓日国交正常化という新しい歴史的な夜明けと共に迎えた新春の黎明において、私は、この二重の慶びをこめて心からの新年の御挨拶を申し上げます。そして、心身共に新たなる思いで一九六四年四月就任以来今日まで、私及びわが東京本部執行部に対し、惜しみない御援助を寄せられた団員諸氏及び各地区指導層各位、ならびに経済人諸賢に併せて深甚なる感謝の意を表する次第であります。

さて、ご承知のように、韓日交渉は十四年という長い歳月を費やして、困難な途を積み重ねた結果において妥結したものであり、それはまさしく外交史上に特筆すべき事例であるばかりでなく近代国家として新しいわが国が、豊かな経験を誇る日本と対等な立場に立って複雑なこの問題を解決し得たことはわが国外交史上に明記すべき歴史的な成果であります。

一九六五年十二月十八日、批准書の交換によってその効力を発した諸協定は、永く韓日両国の繁栄の基礎となるであろうことは勿論のこと、アジア平和と共産主義者の侵略防止に大きな役割を果たすものであると信じます。

また、法的地位協定に依って法律的な地位が確立された結果、私たち在日六十万僑胞は安住と本国とのより緊密な連帯が強化されました。このことは私たちが永い間の不自然な状態から脱皮し、真の大韓民国の国民としての諸権益が保障されたということで、またわが祖国の再建に在外国民として積極的に参加できる素地が確立されたものとして重要な意義を持つものであると信じます。

解放二十年、在日僑胞は数々の困難な事態を経験したが、特に朝総連一派の民族分裂の策動に依って、多くの僑胞たちが自己の進むべき途を誤り、徒らに混乱と紛争に終始することに依って、発展と提携が阻害された事実は痛ましい現実でありました。しかし、このたびの韓日国交正常化という新しい情勢は、このような不条理を解決し、在日六十万僑胞を大同団結へ導く一つの転換期であると信じ、かつそのために私たちは全精力をここに結集しなければならないと思います。朝総連影響下に在る多くの僑胞たちを民団の旗の下に導き、在外国民としての衿持と喜びを分ち合うための全体僑胞の隊列が、いまこの瞬間から雄大に繰り広げられなければならないということを、私は厳しゅくな気持で呼びかけるものであります。

新しく展けゆく韓日新関係が、わが国の経済的発展を著るしく伸長させるであろうことは、これを永く推し進めてきたわが国指導者及び私たち国民すべての一致した希望であり、また祈りでもあります。それと同時に、この新事態を受け取る私たちの姿勢が、真に国家・民族的な利益と合致するかどうかに常に厳しい自己追求の目をそらしてはなりません。このような「襟を正す」気持を私たちが持っている限り、強調される日本再出の危惧は、自らその根拠を失う結果を招来するでしょう。

× × ×

本国とは歴史的に地理的に一衣帯水の関係にある日本に居住する私たちは、必然的に韓日国交正常化という客観情勢の変化には、極めて敏感な影響を受ける結果、わが民団の今後の運動方向は、五つの基本的なテーゼに修正を加えることなく、現実に即応した活動方針の樹立が要求されるのであります。

その中で最も重要な課題は、在日六十万僑胞の将来を規定した「法的地位協定」の完全実施と諸権益の確立であります。向う五年間にわたって実施される永住権申請に対する指導は、国籍問題と関連して極めて重大なもので、これによって生ずる結果は、わが民団が二十年間に培ってきた大衆組織としての真価を世に問う試金石であり、韓日国交正常化に対する在日六十万僑胞の関心の度合を計る尺度でもあると信じます。

そのために、今後において民団はすべての力をこれに注ぎ、朝総連のあらゆる策動を封ずるとともにその影響下にいる多くの僑胞に、正しい方向を与える具体的な実践運動を強力に、かつ成果的に展開しなければならないと思います。

これと平衡して、民団の内部矛盾の是正にも重大な関心を示さなければなりません。過去二十年間の民団史を通じて考察するとき、発展すべき多くの素地を持ちながら、その有利な客観情勢を充分に団運営に反映させることが出来なかったいくつかの矛盾、即ちマンネリズムの打破と官僚主義的傾向の排除は、今後における民団に課せられた諸問題を適確に処理し、大衆の信頼に応える「大衆組織」としての、民団本来の姿勢を取り戻す要因でもあり、将来の発展を期待する転期ともなりましょう。

次に在日僑胞と本国との連帯の強化という問題があります。考えられる将来への展望は、在日僑胞の本国再建に対する積極的な参加という歓迎すべき傾向とともに、ややもすれば陥り易い欠陥、すなわち悪質な営利潤を追求するあまり不当不正な観念や、国家的利益に背反する行為は、厳にこれを慎しまなければならないと思います。国交正常化という情勢を自己の利益にのみ利用しようとする事大主義思想は正しい投資が日本資本によって買弁化される危険性なしとは断言出来ないでしょう。

また、法的地位協定に基づいて永住権が確立し、多くの僑胞たちの日本での生活基盤が固定化していく段階で、必然的に提起される諸問題の中で、最も大切なことは私たちの子女の教育問題があげられます。日本で生れ日本で育つこれらの二世・三世の薄れいく民族意識をどのようにして高めるかは、在日六十万僑胞すべての人々が真剣に考えている課題であると思います。そのために民団は、過去二十年間にわたって民族教育の振興事業を推進してきました。また、この問題は今後においても、なお一層の真剣な検討と実践がなされなければなりませんが、教育と民族精神の注入は、単に学校課程に依ってのみ期待されるものではありません。

本当の教育は実生活のなかから生れるものでなければならないものです。スケジュールとして組み込まれた学校教育は知識と教養を培うには必要な課程ではあるが、真の人間性・民族意識を含めての関心は家庭生活のなかから生まれるものであると信じます。私たちは、私たちの後を継ぐ後輩に民族的な何ものかを期待するならば、個々の日日の生活のなかでそれを反映させるように、また、現実に対して充分な知識を与え、自分がどのような立場にあるかを知らしめる必要があると信じます。

このような意味で民団は当面の問題である民族教育機関の拡張と平衡して、二世・三世の本国訪問旅行を推進し、かつ組織的な派遣運動を推進させる問題を大きく取り上げる段階であると信じます。これは、本国の実情を体験させるばかりでなく、本国の家族との接触に依って生れる近親感は、新たな民族的エリートを養成する上に役立ち、これは、やがて祖国の次代を背負う人材を育成することに、大きな影響をもたらすものであると信じるからであります。

以上、年頭のご挨拶を通じて、私は抱負の一端を併せて披瀝し、今後に対する所信を申し述べました。

新しい気持で一九六六年の重大な時期に対処する決意であります。引き続き温いご協力あらんことを希望し新しい年における皆さんのご健闘を祈ります。

## 新年のあいさつ

### 理解と協力こそ 韓日両国の繁栄のみち

駐日本大韓民国大使館 代理大使 方 熙

### 民族的義務の遂行の年

在日大韓民国居留民団中央本部 団長 権 逸

### 自由と平和のための努力も

大韓民国駐日公報館 館長 李 星 澈

### 新時代に備えて 経済活動の環境つくりを

在日韓国人商工会連合会 会長 許 弼 奭

### 主婦の教養向上は 祖国発展のみち

婦人会東本会長 韓 貞 妹

## 1966年への展望

―東京本部執行委員会―

## 年頭の抱負

### 新情勢には 善隣友好の精神で

副団長 金 世 基

### 民生の安定は 組織の強化から

副団長 李 成 甫

### 大同団結して 前進の隊列に加わろう

事務局長 金 致 淳

### 祖国と民族に奉仕

議長 梁 三 永

### 組織の強化を図り 新時代に対処

監察委員長 李 舜 夏

# 民団東京本部の歩み

## 1964 —— 1965

——法的地位要求に集った同胞たち、1965、3、19於日比谷音楽堂——

1965.8.10
学生母国訪問団を派遣した（結団式で宣誓文を読む代表）

1965.1.15
法的地位要求東京大会には多くの同胞が集った

1965.11.2
日本社会党成田→山本幸一糾弾大会（会団長は常に示威隊列の先頭であった）

1964年度の大きな事業は韓日会談促進運動であった—

↑ 1965.8.8～9
第一回地方委員会が熱海で開かれた
（あいさつする金己哲団長）

地方委員会で経過報告する金致淳事務局長 ↑

1965.8.15
渋谷公会堂でのこの大会は異常な熱気に溢れて感激で賑わった ↓

右中央（上）　選手団を迎える同胞たち
〃　（中）　選手団は在日同胞の熱烈な歓迎裡に羽田に到着した
〃　（下）　歓迎同胞にこたえる選手団

1964.10.8選手団と招請家族歓迎集会が日比谷公会堂で開かれた

1965.11.7～8
第二回本・支部三機関連席会議　（この会議では民団の基本的諸問題が討議され中要、地位採択の活動方針についての学習会があった）

1965.2.22　韓僑通信創20周年、2000号発刊記念会であいさつする金己哲団長

第11回亜細亜反共大會
大韓民国代表團

1965.9.14
マニラ反共大会に金己哲団長は韓国代表として参加した

# 韓日両国親善提携万歳

| 支部 | 団長 | 議長 | 監察委員長 |
|---|---|---|---|
| 練馬支部 | 兪弘濬 | 朴性雲 | 李聖三 |
| 足立支部 | 鄭東淳 | 金鎔均 | 権寧珣 |
| 葛飾支部 | 高寛命 | 梁昌玉 | 鄭竜徳 |
| 江戸川支部 | 朴達権 | 姜東達 | 鄭貨暻 |
| 江東支部 | 朴永銅 | 金敬哲 | 文照根 |
| 墨田支部 | 鄭順相 | 曹圭鎬 | 金龍植 |
| 台東支部 | 張潤鐘 | 徐興錫 | 趙辯訓 |
| 荒川支部 | 安正先 | 文昌旭 | 呉嘉雄 |
| 文京支部 | 金祖輝 | 李鎬相 | 車駿錫 |
| 北支部 | 金鎮奎 | 李慶晩 | 崔容奎 |
| 板橋支部 | 崔学林 | 金仁洙 | 丁仲燮 |

443

# 国民に送るメッセージ

朴正熙大統領

新春を迎えるにあたり、在日僑胞の皆様に心からなるお祝いの言葉を申し上げます。

顧みれば、今年の一年は、政治的、社会的混乱、そして何十年来の旱抜や水害等、特に多くの難関にぶっつかった試練の年でありました。しかし国内外の同胞皆様は、不屈の闘志と忍耐力、そしてすぐれた団結力を発揮して、この可酷な試練を克服しました。

そして、一歩前進して祖国の近代化と自立経済建設に大きな成果を上げた成功の年でもあります。そして又、今年のわれらは国家利益と国威宣揚に役立った幾つかの誇るべき仕事を成し遂げたのであります。

先ず第一に、韓日国交を妥結させました。韓日国交正常化問題は、両国の利害関係両様という外交問題と、両国々民のあいだにひそんでいる感情問題までを含んだ複雑な問題であったがために、その妥結過程においての長い障碍は不可避なものでありました。

しかし、同胞皆様の賢明な判断と協力に依り、過ぎし十二月十八日に、ソウルにおいて両国の全権大使に依り批准書が交換され、この問題の完全な妥結を見ることが出来ました。こうすることに依って、われらは自由世界の結束と極東反共態勢の強化を図ることが出来たのであります。そしてまた、互恵平等の原則に立却し、日本との共存共栄を把握する善隣友好の関係を結ぶことに依って、過ぎし二十余年のあいだ不安定だった六十万在日僑胞の正当な権利と待遇や権益を保障することが出来るようになりました。

次に、われらは南ベトナムの反共戦線に戦闘部隊を派遣したのであります。南ベトナムに対する国際共産主義の侵略主義の侵略行為は、全体自由アジアの安全と平和に対する重大な脅威であるという点から、それはすぐわれらの安全と自由に直結する問題であります。従ってわれらは、われら自身の安全と自由のために、そしてアジアの安全と平和のために南ベトナムに派兵したのであります。南ベトナムに派遣されたわれらの国軍兵士たちは、勇敢な戦いを通じて自由の守護者、反共の十字軍として国軍の威力を遺憾なく発揮しています。世界一に強い軍隊であり、模範的な軍隊だという賛辞を受けているのであります。発展する民族として、もうひとつ矜持と自負心を誇れるのは、海外にいるわれら同胞の注目すべき活動であります。

いまや、全世界の人たちは、韓国に対する認識を新たにし、われわれ民族の優秀性は世界的に評価されている一方、われらは何十年来の大旱抜や水害にあっても、血まみれな努力でそれに打ち勝ちました。そして今年も平年作を越える豊年の年となったのであります。われら国民の力で得た体験は如何に貴いものであるか、それはかりでなく祖国の近代化と自立経済建設のために、計画された第一次五ヵ年計画事業も、その四年目である今日に至るまで順調に進行しつつあります。その大半は既に目標を超過達成したのであります。それに明年は、この計画に区切りをつけもう一度第二次五ヵ年計画の準備作業のため総力を傾けたいと願います。

このような、多くの誇るべき成果は、われらの自立への決意を固くさせると同時に、努力さえすれば、ひとに劣らず生活でき、富強な国家を建設することが出来るという事実を立証した証拠だといえましょう。

われらはこれから先の数年の間だけ、より拍車をかけ、勤勉貯蓄し、増産と輸出に励めば、いつの日か断えた経済自立を祖国の近代化は、われらの力で成し遂げられるという確信を得たのであります。誰が見ても現在のわれらの経済は、自ら成長発展することが出来るだけに、安定しつつあります。そしてそれを支えるあらゆる条件は好転しつつあります。

同胞の皆様、今やわれらは新しい歴史の出発点に立っております。貧困な混迷と依存の長い恥辱の夜は明けようとしています。繁栄と自主自立の栄光の歴史が、われらの前に展開されました。祖国の近代化と自立経済の達成は、如何にわれらの胸を躍らせる希望でありましょう。それはわれらの世代に賦与された甲斐ある課題であります。それは民族が要求する国家目標であり、またわれらが自ら選んだわれわれの活路であります。

同胞の団結と協同、勤勉と貯蓄、そして自信と勇気だけがこの使命を果し、民族の栄光を勝ちとるということを忘れてはなりません。新春を迎えるたびごとに、いつもわれらを憂鬱にさせるものがあります。それは即ちこの瞬間でも共産暴政の奴隷生活にしばられ、神の愛と恩寵の恵みを受けられない多くの以北同胞がいるという事実であります。

彼等同胞の立場を考えるとき、憤怒と同情が交錯するなかに、一日も早く彼らを救い出し、自由と光明を与えようと、われらは決意せざるを得ません。

天にまします神のみ心のもと、わが祖国の同胞の前途に栄光と幸福が共に訪れんことを祈りながら、希望ある一九六六年の新年を祝賀する次第であります

註・本稿はクリスマスを迎えたときのメッセージでありますが、大使館の提供に依り新年のあいさつとして掲載しました。

## ニュース・トピックス

自由と平和を守るため、韓国は南ベトナムに派兵した
（下）は青竜部隊結団式[?]
右（上）南ベトナムに派遣される勇士に花環を捧げる乙女

朴大統領の訪米は、宇宙飛行士が受けた歓迎以来最大の熱烈な歓迎を受けながらニューヨーク市街をパレートする朴大統領。

第二次会談を持ち楽しい表情でカメラの前に立つ朴大統領とジョンソン米大統領

近代的設備を誇る竣工なった新韓洋鋼[?]車工場

増産と輸出の年に"バク進"する大田製紙工場

西独ルユブケ大統領は朴大統領夫妻に独逸最高の勲章特等十字大功労勲章を授与

# 韓日国交正常化なる

東京から → ソウルへ

東京で行われた韓日条約調印式場風景

ソウルで行われた韓日批准書を交換する（右）李東元外相と（左）椎名外相

## 予備会談から批准に至るまで

### 韓日交渉——十四年史

〔一九五一年十月〕
連合軍総司令部のあっせんにもとづいて、予備会談開く

〔一九五二年一月〕
韓国は"平和線"宣言

〔同年二月〜四月〕
韓日第一次会談を開く（請求権、漁業問題で折合いつかず会談を打ち切る）

〔一九五三年〕
四月〜七月　第二次会談開く。しかし意見の話し合い進まず
十月　第三次会談開く。「久保田発言」により決裂。

〔一九五五年〕
八月　韓国、日本と経済断交。
十一月　韓国は「平和ライン侵犯の漁船は撃沈も辞せず」と警告を発す。

〔一九五七年十二月〕
韓日抑留者相互釈放など妥結。日本側は「久保田発言」を取り消した。

〔一九五八年〕
四月　第四次会談開く。漁業問題等、両者間の話は進展せず
八月　第四次会談を再開したが、北朝鮮帰還協定成立のため打ち切りとなった。

〔一九六〇年〕
四月　第四次会談を再び再開したが、韓国学生による"四・一九革命"のため、打ち切りとなる。
九月　小坂外務大臣が訪韓。
十月　第五次会談が一九六〇年五月までにかけて開かれたが韓国軍事革命により打ち切りとなった。

〔一九六一年十月〕
第六次会談開く。朴最高会議議長と池田首相との会談で「早期国交正常化」を合意。

〔一九六二年〕
三月　小坂・崔外相会談開く。請求権問題で話し合いがつかず。
九月〜十一月　金鍾泌氏が来日。大平外相との会談で「大平・金合意メモ」
十二月　大野伴睦氏が訪韓。東京で韓日予備折衝が行なわれ請求権問題は事実上の合意が成立した。

〔一九六三年十月〕
韓国大統領選挙で朴議長当選。

〔一九六四年〕
三月　赤城・元農相会談開く。三月末ソウルで日韓会談の即時中止を要求する学生デモ発生す。来日中の金鍾泌氏は本国に召還された。
四月　農相会談中止となる。
十二月　第七次韓日会談を開始。漁業基本関係、法的地位三委員会の審議進む。

〔一九六五年〕
二月　椎名外相が訪韓。日韓基本条約に仮調印を行なう。
三月　赤城・車農相会談および椎名・李外相会談開く。漁業協力資金、済州島周辺水域の基線、共同規制水域への出漁隻数で合意をみた。
四月　請求権、漁業、在日韓国人の法的地位各懸案についての合意事項に仮調印が行なわれた。
六月二十二日　韓日基本条約、法的地位協定、漁業協定、経済協力協定など正式調印が行なわれた。
十二月十八日　批准書交換

## 歴史のとびらは開かれた
—十四年の成果—

韓国と日本との新たな友好の時代は十四年の長い年月を経て十八日開かれた。両国国交正常化の最後の締めくくりとなる韓日条約の批准書交換式は、十八日午前十時半からソウルの中央庁第一会議室で、丁一権国務総理らの立会いのもとに行なわれ、緊張したふんいきのなかで李東元外務部長官、椎名外相は同十時四十五分とどこおりなく批准書を交換した。この瞬間、十四年交渉の結果である韓日条約、諸協定は、一カ月後に発効する「法的地位」協定を除き、効力を発し、正常化のとびらは開かれた。午前十時二十七分、日本側使節団は、韓国海兵隊の軍楽隊が吹奏する民謡「アリラン」に迎えられて式場にはいり、両国の象徴である太極旗と日の丸を背に右側に日本代表団左側に韓国代表団がそれぞれ着席した。続いて丁国務総理ら韓国側閣僚が臨席、ブラスバンドが両国の国歌を高らかにうたいあげた。国歌吹奏が終ると一瞬、式場は静まりかえり、李、椎名両外相は席を立ち、それぞれ相携えた批准書を交換した。緑色の表紙に韓国国花の花ムクゲをしるした韓国側批准書がとりかわされ、次いで両外相は批准書の交換を確認する調書に署名、これを交換した。この歴史的な新時代を迎え、朴大統領は特別声明を発表し、この要旨と李外相、椎名外相のあいさつの要旨は次のとおりである。

## 反共体制整備を強調
### 朴大統領の特別声明要旨

朴大統領は韓日国交正常化に際し特別声明を発表した。声明の中で韓国民に対し新しい歴史の創造と統一の課題達成を訴え、特に日本国民にも善隣友好を呼びかけた。

声明の要旨次の通り。

日韓条約、協定の批准書が正式に交換された。過去三十六年間の日本との関係は明らかに仇敵（きゅうてき）の関係だったが、それはいまや過去となった。国際的な連携なくして独立と繁栄はない。国際協力の上に立って祖国の近代化と自立経済の建設に拍車を加えねばならない。そうして統一を目ざして自主的な力量をはぐくむべきだ。

親愛なる自由世界市民、とくに日本市民のみなさん。韓国民は自由世界の大義とアジアの反共体制の整備のため万難を排してこれを受入れたということを強調したい。極東反共体制の強化のカギは日本政府と日本国民の善隣意識に基づく相互協力体制にある。私は日本の信義を信ずる。

韓国と日本は新しいアジアの歴史を創造する第一歩を踏出した。侵略でなく、一方的な努力でなく。相互利益が一つになるよう協力し、助けあう歴史の始りである。

—韓日条約批准書が交換されたソウルの中央庁—
こゝでは、かって米第24軍司令官ホッチ中将およびアーノルド少将らが、当時の阿部総督から政権委譲、武装解除など降服文書が取り交はされたゆかりの場所であり、歴史の流れを、われわれはこゝにも見出す。

## 互恵平等で友好へ
### 椎名外務大臣あいさつ要旨

ただいま、基本関係条約その他関係協定の批准書の交換をとどこおりなく終ったことは、私の衷心より喜びとするところであります。

もっとも近い隣国として歴史的、地理的に深いつながりをもつ日韓両国が、正式な国交をもたなかった不自然な時代は終りを告げ、両国は今や本然の姿に立ち返って互恵平等の原則に基づく善隣友好関係を樹立することになったのであります。日韓両国は、ここに新時代を迎えました。今日、私どもが取り交した固い契りが、両国国民の恒久的な友好のきずなの始りになることを、私は深く信じております。私は日本国使節団の諸君とともに、日本政府および日本国民に代って、わが国が本日効力を発生する日韓間の諸条約を誠意をもって実施し、もって両国民の友好的協力関係の増進のために努力する決意であることを言明いたしたいと思います。

現在、国際政治において、アジアの比重は急速に高まっており日韓両国が互いにアジアの一員として果すべき責任はきわめて重要になっております。心と心を結びあった日韓両国国民が今後、誠実な条約協定の順守の基礎の上に一歩一歩努力して輝かしい友好の殿堂を築き上げますことが、アジアの平和と繁栄を推進し、さらに世界の平和、人類の福祉に貢献することになることと確信いたします。

われわれの前に今や、新しい栄光ある歴史のとびらが開かれました。この際私はエリを正して過去を省み、さらに希望に満ちた日韓両国の将来に思いをはせるとき、いいようのない深い感動に包まれるのであります。

## 新時代には信義と誠実
### 李東元外相あいさつ要旨

批准書交換で両国は不幸な過去の関係に由来するすべての懸案を解決し、一切の過去を清算、明るい将来のため友好関係の第一歩を踏出した。これで資本主義の両国が正常なつながりを結ぶ基礎をつくり、ひいては自由陣営の結束を強めた。

今日の批准書交換は両国民と政府が長い間忍耐と努力を重ねてやっと実を結んだものである。これから両国は互恵平等の原則に基づいて共同の利益と繁栄のため最善を尽さねばならない。努力を惜しまぬ両国間の条約、協定は信義と誠実をもって実施されてこそ子孫に光栄ある将来をもたらすことができる。

この歴史的な瞬間において「日韓両国の将来のため・[illegible]」の日」として記憶されんことを切に祈る。

**資料**

# 韓日条約協定の概要と法的地位

## 基本関係

新しい韓日関係の基本を定めた「大韓民国と日本国との間の基本関係に関する条約」の主な内容は次ぎのとおりである。

(イ)外交、領事関係を開き、大使を交換する。

(ロ)一九一〇年八月二十二日以前に大韓帝国と大日本帝国との間で締結された条約、協定はもはや無効であることが確認される。

(ハ)韓国政府は、国連第三総会決議第一九五号（注）に明らかに示されているとおりの朝鮮にある唯一の合法的政府であることが確認される。

(ニ)両国は国連憲章の原則を指針とし協力する。

(ホ)両国は通商条約、航空協定の締結交渉をできるだけ早く開始する。

今般の韓日両条約の調印を機会に、日本は韓国のソウルに在外事務所を設けることになった。この在外事務所は、条約が批准されれば大使館に昇格することになる。

（注）国連第三総会決議第一九五号とは、国連臨時朝鮮委員会が観察しえた地域において樹立された大韓民国政府が合法的な政府であることを宣言し、関係諸国が同政府と関係を樹立するに当ってはこのことを考慮に入れるべきことを勧告している。

## 竹島など紛争処理関係

竹島（独島）問題については、今回の調印に際しては、両国とも大局的見地に立ち、竹島問題などの両国間の紛争は、日韓両国の紛争の平和的処理に関する交換公文をもってこれが解決の方途を講じた。

この交換公文によれば、両国間の紛争は、まず外交経路を通じ解決することとし、これにより解決できなかった場合には、両国政府が合意する手続きにしたがって調停により解決をはかることにした。

## 漁業関係

韓日会談のうち、最も難航をつづけてきた漁業交渉も、今回の会談において遂に終止符が打たれた。しかし、その後、双方の理解も次第に進み、両国のたゆまぬ努力が実を結んで、本年四月三日の仮調印を経て、ついに六月二十二日「大韓民国と日本国との間の漁業に関する協定」および関係文書が正式に調印された。

今回の協定により、公海自由の原則ならびに取締りと裁判管轄権の旗国主義の原則を相互に認め合った。

## 法的地位待遇関係

終戦の日以前に来日して引続き在留し、また日本で生まれた在日韓国人は、終戦直前の昭和十九年に約二〇〇万人であったが、このうち約一五〇万人が終戦後帰国したので、現在日本に住んでいるのは、その後生まれた者を含め約六〇万人といわれている。

わが国としては、この特殊の事情を配慮しつつ、韓日双方の納得できる合理的な解決をはかるために努力を続けその結果「日本に居住する大韓民国国民の法的地位および待遇に関する日本国と大韓民国との間の協定」および関係文書に調印するに至った。

## 日本国に居住する大韓民国国民の法的地位及び待遇に関する日本国と大韓民国との間の協定

日本国および大韓民国は、多年の間日本国に居住している大韓民国国民が日本国の社会の特別な関係を有するに至っていることを考慮し、

これらの大韓民国国民が日本国の社会秩序の下で安定した生活を営むことができるようにすることが、両国間および両国民間の友好関係の増進に寄与することを認めて、

次の通り協定した。

**第一条**

一、日本国政府は、次のいずれかに該当する大韓民国国民が、この協定の実施のため日本国政府の定める手続きに従い、この協定の実施のため日本国政府の定める手続きに従い、この協定の効力発生の日から五年以内に永住許可の申請をしたときは、日本国で永住することを許可する。

（A）千九百四十五年八月十五日以前から申請の時まで引続き日本国に居住している者

（B）（A）に該当する者の直系卑属として千九百四十五年八月十六日以後この協定の効力発生の日から五年以内に日本国で出生し、その後申請の時まで引続き日本国に居住している者

二　日本国政府は、一の規定に従い日本国で永住することを許可されている者の子としてこの協定の効力発生の日から五年を経過した後に日本国で出生した大韓民国国民が、この協定の実施のため日本国政府の定める手続きに従い、その出生の日から六十日以内に永住許可の申請をしたときは、日本国で永住することを許可する。

3　1（B）に該当する者でこの協定の効力発生の日から四年十カ月を経過した後に出生したものの永住許可の申請期限は、1の規定にかかわらず、その出生の日から六十日までとする。

4　前記の申請及び許可については、手数料は、徴収されない。

**第二条**

1　日本国政府は、第一条の規定に従い日本国で永住することを許可されている者の直系卑属として日本国で出生した大韓民国国民の日本国における居住については、大韓民国政府の要請があれば、この協定の効力発生の日から二十五年を経過するまでは協議を行なうことに同意する。

2　1の協議に当っては、この協定の基礎となっている精神及び目的が尊重されるものとする。

**第三条**

第一条の規定に従い日本国で永住することを許可されている大韓民国国民は、この協定の効力発生の日以後の行為により次のいずれかに該当することとなった場合を除くほか、日本国からの退去を強制されない。

（A）日本国において内乱に関する罪又は外患に関する罪により禁錮以上の刑に処せられた者（執行猶予の言渡しを受けた者及び内乱に付和随行したことにより刑に処せられた者を除く）

（B）日本国において国交に関する罪により禁錮以上の刑に処せられた者及び外国の元首、外交使節又はその公館に対する犯罪行為により禁錮以上の刑に処せられ、日本国の外交上の重大な利益を害した者

（C）営利の目的をもって麻薬類の取締りに関する日本国の法令に違反して無期又は三年以上の懲役又は禁錮に処せられた者（執行猶予の言渡しを受けた者を除く）及び麻薬類の取締りに関する日本国の法令に違反して三回（ただし、この協定の効力発生の日の前の行為により三回以上刑に処せられた者については二回）以上刑に処せられた者

（D）日本国の法令に違反して無期または七年をこえる懲役または禁錮に処せられた者

**第四条**

日本国政府は、次に掲げる事項について、妥当な考慮を払うものとする。

（A）第一条の規定に従い日本国で永住することを許可されている大韓民国国民に対する日本国における教育、生活保護及び国民健康保険に関する事項

（B）第一条の規定に従い日本国で永住することを許可されている大韓民国国民（同条の規定に従い永住許可の申請をする資格を有している者を含む）が日本国で永住する意思を放棄して大韓民国に帰国する場合における財産の携行及び資金の大韓民国への送金に関する事項

**第五条**

第一条の規定に従い日本国で永住することを許可されている大韓民国国民は、出入国及び居住を含むすべての事項に関し、この協定で特に定める場合を除くほか、すべての外国人に同様に適用される日本国の法令の適用を受けることが確認される。

**第六条**

この協定は、批准されなければならない。批准書は、できる限りすみやかにソウルで交換されるものとする。この協定は批准書の交換の日の後三十日で効力を生ずる。

以上の証拠として、下名は、各自の政府からこのために正当な委任を受け、この協定に署名した。

千九百六十五年六月二十二日に東京で、ひとしく正文である日本語および韓国語により本書二通を作成した。

## 日本国に居住する大韓民国国民の法的地位及び待遇に関する日本国と大韓民国との間の協定についての合意された議事録

日本国政府代表及び大韓民国政府代表は、本日署名された日本国に居住する大韓民国国民の法的地位及び待遇に関する日本国と大韓民国との間の協定に関し次の了解に到達した。

**第一条に関し、**

1　同条1又は2の規定に従い永住許可の申請をする者が大韓民国の国籍を有していることを証明するため、

（1）申請をする者は、旅券若しくはこれに代る証明書を提示するか、又は大韓民国の国籍を有している旨の陳述書を提出するものとする。

（2）大韓民国政府の権限のある当局は、日本国政府の権限のある当局が文書により照会をした場合には、文書により回答するものとする。

2　同条1（B）の適用上「（A）に該当する者」には、千九百四十五年八月十五日以前から死亡の時まで引続き日本国に居住していた大韓民国国民を含むものとする。

**第三条に関し、**

1　同条（B）の適用上「その公館」とは、所有者のいかんを問わず、大使館若しくは公使館として使用されている建物又は建物の部分及びこれに付属する土地（外交使節の住居であるこれらのものを含む）をいう。

2　日本国政府は、同条（C）又は（D）に該当する者の日本国からの退去を強制しようとする場合には、人道的見地からその者の家族構成その他の事情について考慮を払う。

3　大韓民国政府は、同条の規定により日本国からの退去を強制されることとなった者について、日本国政府の要請に従い、この者の引取りについて協力する。

4　日本国政府は、協定第一条の規定に従い永住許可の申請をする資格を有している者に関しては、その者の永住が許可された場合には協定第三条（A）ないし（B）に該当する場合を除くほか日本国からの退去を強制されないことにかんがみその者について退去強制手続が開始した場合において

（1）その者が永住許可の申請をしているときには、その許可が決定するまでの間、また、

（2）その者が永住許可の申請をしていないときには、その申請をするかしないかを確認し、申請をしたときには、その許可が決定するまでの間

その者の強制送還を差控える方針である。

**第四条に関し**

1　日本国政府は、法令に従い協定第一条の規定に従い日本国で永住することを許可されている大韓民国国民が、日本国の公の小学校または中学校へ入学することを希望する場合には、その入学が認められるよう必要と認める措置を執り、及び日本国の中学校を卒業した場合には、日本国の上級学校への入学資格を認める。

2　日本国政府は、協定第一条の規定に従い日本国で永住することを許可されている大韓民国国民に対する生活保護については当分の間従前どおりとする。

3　日本国政府は、協定第一条の規定に従い日本国で永住することを許可されている大韓民国国民を国民健康保険の被保険者とするため必要と認める措置を執る。

4　日本国政府は、協定第一条の規定に従い日本国で永住することを許可されている大韓民国国民（永住許可の申請をする資格を有している者を含む）が日本国で永住する意思を放棄して大韓民国に帰国する場合には、原則として、その者の所有するすべての財産及び資金を携行しまたは送金することを認める。このため

（1）日本国政府は、その者の所有する財産の携行に関しては、法令の範囲内で、その携帯品、引越荷物及び職業用具の携行を認めるほか、輸出の承認に当りできる限りの考慮を払うものとする。

（2）日本国政府は、その者の所有する資金の携行または送金に関しては、法令の範囲内で、一世帯当り一万合衆国ドルまでを帰国時に、及びそれをこえる部分については実情に応じ、携行しまたは送金することを認めるものとする。

千九百六十五年六月二十二日に東京で

## 討議の記録

在日韓国人の法的地位及び待遇に関する協定の締結のための交渉に際し、韓日双方よりそれぞれ次の発言がなされた。

### 日本側代表

（A）日本国政府は、協定第一条1（A）の適用に当っては、兵役又は徴用により日本国から離れた時から復員計画に従って帰還するまでの間を日本国に引き続き居住していたものとして取扱う方針である。

（B）協定第一条の規定に従い永住許可の申請をする者が提出又は提示するものには、次のものが含まれることとする。

①永住許可申請書

②写真

③家族関係及び日本国における居住経歴に関する陳述書

④外国人登録証明書

（C）協定についての合意された議事録中協定第四条に関する部分の1でいう「必要と認める措置」とは、文部省が現行法令に従って行う指導、助言及び勧告をいう。

（D）協定についての合意された議事録中協定第四条に関する部分の3でいう「必要と認める措置」には、厚生省令の改正が含まれる。もっとも、そのような措置を執るためには、相当な準備期間が必要であるので、日本国政府は、協定の効力発生の日から一年を経過した日の属する会計年度の次の会計年度の初日からそれらの者が国民健康保険の被保険者となるようにするものとする。

（E）外国人の財産取得に関する政令に基づく告示において同政令の適用除外国として大韓民国を指定しているが、日本国政府は、協定の効力発生に際してこれを削除する意図はない。

（F）日本国政府は、協定第一条の規定に従い日本国で永住することを許可されている大韓民国国民が出国しようとする場合において再入国許可の申請をしたときは、法令の範囲内で、できる限り好意的に取計らう方針である。

### 韓国側代表

（A）協定の効力発生の後は、出入国管理に関する日本国の法令の規定により日本国からの退去を強制されることとなった大韓民国国民の引取りについて、大韓民国政府は、日本国政府に協力する方針である。

（B）大韓民国政府は、協定についての合意された議事録中協定第四条に関する部分の3でいう「必要と認める措置」が執られるためには相当な準備期間が必要であることを認めるが、そのような措置ができる限りすみやかに執られることを期待するものである。

（C）大韓民国政府は、日本国に居住する大韓民国国民の生活を安定させ、及び貧困者を救済するため、日本国政府の要請に応じできる限り両国政府が協力するための措置を両国政府とともに検討する用意がある。

## 請求権・経済協力関係

最も重大な懸案とされていた対日請求権問題については、交渉過程を通じ、請求権の法的根拠に関する見解の相違および事実関係の立証の困難性等から、請求権を積み上げていって解決することは不可能に近い現状であった。

しかし、韓日両国は、相互理解と互譲の精神にもとづき、互いに歩み寄って、去る四月三日の合意事項の仮調印を経て、遂に六月二十二日「財産および請求権に関する問題の解決ならびに経済協力に関する日本国と大韓民国との間の協定」および関係文書に正式に調印した。

その内容の主なものは次ぎのとおりである。

(イ)両国およびその国民の財産、権利および利益ならびに両国およびその国民間の請求権に関する問題は、完全かつ最終的に解決されたことが確認される。（協定第二条）

(ロ)日本は三億ドルの無償供与と二億ドルの長期低利の貸付け（海外経済協力基金と韓国政府との間の借款契約の形による。なお、同資交換公文で金利は年三・五％、償還期間は七年間の据置期間を含む二十年とする旨了解されている）を十年の期間にわたって供与する。（協定第一条）

(ハ)日本からの民間信用供与は三億ドルをこえることが期待され、これらの信用供与は関係法令の範囲内で容易にされ、かつ促進される。これらの信用供与には、それぞれ九千万ドルおよび三千万ドルに達することが期待される[illegible]

[illegible]

## 文化財・文化協力関係

韓国出土[illegible]

ー

# 韓日年譜

## 解放前

一八七六・二・二六
韓日修好条約調印（江華条約）。日本国の朝鮮半島への進出が始まった。

一八八二・七・二三
壬午の変起こる。日本の進出と韓国の政治に不満をもつ軍人と民衆が決起、ソウルにある日本公使館、韓国宮廷を襲撃多くの日本人と韓国要人が殺害された。

一八八二・八・三〇
済物浦条約調印。壬午の変の善後協定が韓日両国で結ばれた。日本は韓国の謝罪と暴徒の処罰を要求。

一八八四・一二・四
甲申の乱起こる。親日派の開化党が、日本勢力と結ぶため、ソウルで挙兵。しかし、清帝が清国に投じたので、日本の対韓政策は失敗。

一八八五・一・九
漢城条約調印。甲申の乱の善後処分を韓日両国で結んだもので、日本は韓国に多額の賠償を要求。

一八八五・四・一七
清国の李鴻章と伊藤博文が両国とも韓国から撤兵、出兵の際あるときは相互の事前通知を約定した。

一八九四・五・四
朝鮮の民族宗教結社「東学党」が全羅、忠清道で決起。これは日本の進出と韓国官吏の腐敗を不満とする農民主体の抵抗運動。

一八九四・六・七
清国は、東学党事件で韓国国王の要請に応じ属邦保護のため出兵一八九四・六・一

日本が東学党問題で清国に韓国内政を共同で改革することを要求したが、清国拒否。

一八九四・六・二三
清国は東学党事件で韓国に派遣した日本軍の撤退を要求したが、日本は断わる。

一八九四・七・二三
日本軍隊が韓国王宮にはいり大院君を擁立、大院君は国政を担当。[illegible]あと韓清両国の宗属関係廃棄を宣言、牙山駐とんの清国兵を撤兵させるよう日本に要請。

一九四二・五・二九
朝鮮総督に陸軍大将小磯国昭。

一九四三・十一・二七
カイロ宣言で朝鮮の自由と独立をうたう。

一九四四・四・一
朝鮮人に徴兵令しく。

一九四四・七・二四
朝鮮総督に陸軍大将阿部信行を任命、最後の総督となる。

一九四五・八・九
ソ連対日宣戦布告、朝鮮咸北国境地帯に侵入、[illegible]方面に進駐。

一九四五・八・十五
日本ポツダム宣言を受諾。日本の統治に終止符

## 解放後

一九四五・八・十五
北緯三八度以北はソ連以南は米軍が占領。

一九四六・二・八
北朝鮮臨時人民委員会が成立し、金日成が主席となる。

一九四七・五・二
外国人登録令（旧）施行、朝鮮人は法律上日本人ではあるが、外国人として登録、国籍は「朝鮮」とした。

一九四七・七・一九
左派の首領呂運亨氏、ソウルで暗殺。

一九四八・五・一〇
国連委員会の決定で、南朝鮮初の総選挙李承晩の韓国独立促成国民会が第一党になる。各地で選挙妨害の暴動が起こった。

一九四八・七・十二
国民議会で大韓民国憲法可決。

一九四八・七・十九
国民議会は初代大統領に李承晩氏を選ぶ、ソウルで大韓民国の独立式典。

一九四八・八・十五
大韓民国独立、ソウルで連合軍最高司令官マ元帥らが出席、独立式典をあげる。米軍政府は解消、司令部内の民政部へ。

一九四八・九・九
北韓で金日成一派カイライ政権樹立、首相金日成となる。

一九四八・十・二十
麗水で韓国軍の一部が反乱。

一九四八・十二・十二
国連総会は韓国政府を合法政府と認め新朝鮮委員会を設置。

一九四八・十二・二十
韓国国籍法公布施行。

一九四九・一・二十九
東京・丸ノ内に駐日韓国代表部を設置

一九四九・三・九
韓国通商使節団が来日。

一九四九・六・九
李承晩韓国大統領、日本漁区拡大反対を説明。

一九四九・六・二十六
李承晩氏の政敵、韓国独立党首金九氏がソウルの自宅で暗殺された。

一九四九・九・八
団体等規正令を適用「在日本朝鮮人連盟」など四団体に解散指示、幹部三十六人を公職追放した。

一九四九・十一・二十四
韓国在外国民登録法を制定。

一九五〇・二・二十三
閣議で「韓国」を使うことを決定したが法務総裁は実質的な問題や国家の承認とは関係がないと発表。

一九五〇・五・一
韓日暫定海運協定成立、両国の船舶は第三国船と同じ自由を与えられた。この種の協定としては戦後初。

一九五〇・五・三十
韓国総選挙・無所属が百三十人と過半数をしめる。[illegible]り北韓軍南下。

一九五〇・六・二十五
朝鮮動乱起こる。北韓軍が三八度線を越し南下。

一九五一・一・四
ソウルから国連軍が撤退、共産軍が占領。

一九五一・二・七
出入国管理庁長官通達で「朝鮮」から「韓国」への変更は許可。韓国代表部の「大韓民国国民登録証」の添付を必要にした。

一九五一・七・一〇
朝鮮動乱第一回休戦会議が開城で開かれる。

一九五一・一〇・二〇
GHQのあっせんで韓日国交正常化のため第一回予備会談開く。

一九五二・一・一九
韓国「李ライン」を宣言。

一九五二・一・二四
[illegible]外務省反対声明[illegible]

第一次韓日会談始まる。

一九五二・四・二五
韓日会談、請求権問題でこじれ中断。

一九五二・四・二八
平和条約発効、在日朝鮮人は日本国籍を失う。

一九五三・一・五
李承晩韓国大統領来日。

一九五三・二・四
済州島沖で韓国監視船が漁船大邦丸に発砲する事件が起った。

一九五三・二・二七
韓国が独島「竹島」領有権を声明。

一九五三・七・一二
独島の韓国警官が海上保安庁の巡視船に数十発発砲、二発が命中
独島付近の韓国船漁獲について、政府は六・二三日本領土であるとの抗議をしている。

一九五三・七・二七
朝鮮動乱休戦協定、板門店で成立。会談は通算一七一回におよぶ

一九五三・八・四
独島事件で韓国・日本へ抗議。

一九五三・八・二一
韓国独島に海軍駐在と言明。

一九五三・九・二七
済州島付近で日本漁船拿捕続出。九月にはいり拿捕・殺傷・漁獲は計九六件。

一九五三・一〇・二一
一〇・六から開かれている第三次韓日会談は久保田代表（外務省参与）の「日本の韓国統治にはよい面もあった」との発言で決裂

一九五三・一一・一九
韓国「日本漁船四四隻を没収、船員四六人を懲役、罰金刑にする」と発表。

一九五三・一一・二六
韓国・日本代表部設置を拒否。

一九五四・九・二五
日本政府、独島問題の国際司法裁判所に韓国の合意を求める。

一九五四・一〇・二八
金韓国公使、独島問題の国際司法裁への提訴を拒否との口上書を手交。

一九五四・一一・二七
韓国議会、大統領任期撤廃の憲法改正改正案否決。

一九五五・八・二〇
日本政府は韓国公使に対日輸出貿易は[illegible]であるとの覚え書を手交。

一九五五・一一・一七
韓国連合軍参謀本部は「日本漁船が李ラインを侵犯するなら撃沈[illegible]」と声明。

一九五六・一二・二九
日本側が「久保田発言」を取り消し、抑留日本人漁船員と不法入国韓国人相互釈放で了解、韓日会談再開の合意なる。

一九五八・四・一五
第四次韓日会談開く、漁業問題で難航したうえ、不法入国韓国人の北韓帰還をめぐって一時中断。

一九五九・八・一二
韓国は許政氏を首席代表に任命、第四次会談を再開したが、北韓帰還協定で再度中断。北韓帰還の第一船出港、

一九五九・一二・一四
北韓帰還第一船の九五七人が新潟を出港

一九六〇・四・一九
「独裁政府打倒」を叫ぶソウルのデモが暴動化し、死者九二人（政府発表）。

一九六〇・四・二六
韓国議会、李承晩大統領の即時辞任を可決、四月二七日李承晩大統領が辞表を提出、許政氏が大統領代理と（学生革命）

一九六〇・八・一二
韓国議会は大統領に民主党長老派の尹潽善氏を選出。八・二三張勉新内閣が誕生し第二共和国発足。

一九六〇・一〇・二
第五次韓日会談開く。請求権問題の実質討議にはいる。一〇ヵ月ぶりの再開。

一九六一・五・一六
韓国陸軍のクーデター発生。張勉内閣総辞職で第五次会談中止。朴正熙中将が軍事革命委員会副議長に指名され、軍事政権が誕生。

一九六一・七・六
ソ連と北韓は軍事同盟を決めた「友好協力相互援助条約」に調印

一九六一・一一・一二
訪米した朴正熙最高会議議長が池田首相と会談、韓日交渉の大局的了解つく。

一九六二・八・一九
セナラ自動車事件、同社に日本の乗用車の輸入許可で政界に不正疑惑があった事件で、多くの政界人に波及した

大野副総裁が韓国を訪問

一九六二・一二・一〇
自民党の大野副総裁が韓国を訪問・四日間、朴正熙議長らと会談・池田親書手渡す。

一九六三・七・二五
韓国の金溶植外務部長官来日、大平外相と漁業問題を中心に話し合う

一九六三・一〇・一五
韓国大統領選挙・最高会議々長朴正熙氏が当[illegible]

一九六三・一二・一七
崔斗善内閣成立。朴大統領の就任式が行なわれ民政が復活、第三共和国発足。

一九六四・三・一〇
赤城、元農相会談開始、漁業問題で赤城試[illegible]

一九六四・三・二四
ソウルで韓日会談即時中止の学生デモ発生[illegible]議長、本国に召還される。

一九六四・一二・三
第七次韓日会談開始、漁業、基本関係、[illegible]議。

一九六五・二・一七
韓日基本関係条約調印のため椎名外相、韓[illegible]

一九六五・二・二〇
韓日基本条約に仮調印。

韓日基本条約交は韓国の妥協案をのんで仮[illegible]

一九六五・三・二
赤城、車農相の漁業会談開始。

一九六五・三・二四
第二回韓日農相会談で漁業協力、済州西側[illegible]続、

一九六五・四・三
漁業、在日韓国人の法的地位、請求権の三[illegible]た。

一九六五・六・二二
韓日基本条約、漁業協定、法的地位、請求[illegible]化財、文化協力協定に正式調印、一四年交[illegible]

一九六五・七・一九
前大統領李承晩博士ハワイで死去。

一九六五・八・一四
韓国々会が韓日批准案に同意。

一九六五・九・一二
韓国は日本のソウル在外事務所の設置を[illegible]

一九六五・一一・一二
衆院本会議、韓日批准案を可決、初代韓[illegible]事官、前田利一氏が決定

[illegible]参院本会議[illegible]

一九六五・一二・十八
ソウルで韓日批准書交換

# 組織と僑胞社会に尽した人びと

## 東京本部、有功僑胞団を本国へ派遣

## 十七日中央庁で政府表彰式

民団東京本部では、かねてからの運動で明るみに出て、その功績光復二十周年記念事業の一環として推進して来た「民団東京本部管内有功者表彰」運動が、この程実現の運びとなり、同本部は各支部から報告された功労者名簿を中心に、厳正な資格審査作業をつづけた結果、ここに有功者が決定され表彰されることになった。

有功者表彰運動は、同本部が光復二十周年記念事業の一つとして計画していたのは前述のとおりだが、あたかも韓日国交正常化という歴史的な情勢のもとで、この運動が実を結んだのは同本部ばかりでなく在日僑胞として喜ばしいことである。

が日の目を見ることになったのは自他ともに喜ぶべきことであり、祝福されるべきことである。

なお、同本部では被表彰者の出発を十六日に決定し、その受け入れ体勢を整えるために、李成甫副団長を昨年末ソウルに派遣し、表彰に関する最後の仕上げを急いでいる。派遣団の役員と日程は次の通り

一、役員
引率団長　金己哲（東本団長）
〃副団長　李成甫（〃副団長）
〃　〃　金世基（〃　〃）
〃事務局長　張世準（〃事務局長）

一、日程
一月十六日　羽田発－金浦着、ウォーカーヒルホテルに投宿
一月十七日　午前、顕忠塔参拝　午後、表彰状授与式に参加（於中央庁）
一月十八日　午前、関係機関訪問　午後、大統領礼訪　夜、政府主催の招待パーティに参加
一月十九日　午前、午後にわたって中央情報部など関係長官歴訪の会に参席、夜は派遣団主催の招待パーティ

この運動の崇高な目的は、満三十余年間民団組織に在って、精神的、または物質的に組織の発展と在日僑胞社会に尽力した人たちの功績を高く評価し、その功労を広く世に顕彰することであり、この運動の実現は民団二十年史を通じて、未だかってなかったことであり、真に画期的なことであるとして多くの僑胞から多大な関心をもって迎えられたものであった。

また、この表彰が「政府褒賞」にまで発展したのは、東本金己哲団長の数次にわたる本国出張で、団長の政府関係者、民主共和党などに対する政治的な働きかけによるものであり、昨年十月中旬の同本部李成甫副団長の本国出張によって事務的な詰めが結実したものである。

派遣団員の資格は、民団組織の役員に限らず、過去の実績を考慮して、できうる限り隠れた功労者を発見することに重点をおいているので、かって華々しい対朝総連との闘争に身を挺し、今は恵まれない環境におかれている「本当の功労者」が、このたびの同本部で一歩前に出、われらのふところに飛び込んで来たのであります。

[illegible]

### 民族的衿持を　もとう

**事務局次長　張世準**

心から新年のお祝いを申し上げます。

一九六六年は民団の歴史がはじまって以来の未曾有の新時代を迎えたといえましょう。東本の組織人としての私は、このたびの韓日国交正常化を期し、従来のややもすれば事大主義になりがちな傾向を除去し、自立精神の基本にもとづく組織づくりに専心しなければならないと思います。

その一つは、まず民団は均衡力を持ち、われらのふところに飛び込もうとする在日僑胞を大きな度量で受け入れること、しかし、これには赤色共産主義の侵透を防止できる可能性ある組織づくりが必要であること、もう一つは、新時代に対処するわれら在日僑胞全般的な文化向上の問題であります。

これは即ち、われら在留僑胞の民生問題につながり、韓日両国の国交が正常化された今日においては、われら民族の衿持の問題にもつながるからであります。

この二つの問題を軸にしての組織の運営は、われらの在留僑胞の方向を示すものであり、その方向は祖国繁栄への道であると信じます。

五千年の歴史を持つわが民族はここにまた、新たなる歴史の一頁を飾ろうとしています。ここに歴史の汚点を残さぬよう努力するのが、現実におかれたわれらの課題であり今年度に課せられたわれらの使命であるということを、自分の著しい変化、永住権申請をめぐる対朝総連との斗争は、一層と激しい様相を呈すると思います。従って私たち民団の組織員は、常にそうであったように、襟を正して自身に言い聞かせながら、新年を迎えての決意の表明にかえる次第であります。

### 経費の合理化

**総務部長　呉命根**

韓日国交正常化という客観情勢の変化は、民団組織にとっても [illegible]

つの転機となりましょう。[illegible] 位確定の契約にともなう僑胞社会 [illegible] には特に敏感な反応を示し、[illegible] 態に対決しなければなりません。そういう意味で、今年の仕事としては、[illegible] と財政確立にともなう経費の合理化などには特に重点的に改革を [illegible] りたいと念願して居ります。民団は大衆組織としての活動的な面と [illegible] 登録事務や旅券事務等の「役所」のような面の、二つの面った性格を持つ仕事をしているので、ややもすれば中途半端な結果になる場 [illegible]

### 組織強化は同志的連帯性から

**組織部長　朴重煥**

[illegible]

### 待遇協定の完全実施を

**民生部長　朴任祚**

[illegible]

### 民族教育の好機

**文教部長　金根守**

[illegible]

### 望まれる宣伝啓蒙の強化

**宣伝部長兼編集長　金西湖**

[illegible]

## 分科委員会の顔ぶれ

◎企画委員会
委員長　金泰変
委員　朴永鋼
〃　李外貫
〃　李基同
〃　高寛命

◎文教委員会
委員長　鄭順相
委員　張潤鎬
〃　李禎雨
〃　金周億
〃　鄭在俊

◎財政委員会
委員長　鄭東淳
委員　鄭寅貴
〃　李基寿
〃　李振栄
〃　崔鏞鳴
〃　金学林

◎民生委員会
委員長　金容太
委員　李馬致
〃　権争変
〃　朴達梅
〃　千順久
〃　千永命

◎組織委員会
委員長　金戴淑
委員　金敬哲
〃　韓貞妹
〃　安正先
〃　兪弘濬
〃　金判石
〃　柳東烈

◎宣伝委員会
委員長　洪賢基
委員　金天奎
〃　金鎮奎
〃　尹孝啓
〃　中辰洙

### 読者室

[illegible]



## 民団東京本部の歩み

＝一九六四年－一九六五年＝

[illegible]

# 第二回東京韓国学園学生作品コンクール

## 華やかな色彩の饗宴
## 恒例作品展開かる

民団東本では一九六四年の文化事業の一端として、東京韓国学園学生作品コンクールを開催したが、その発端から好評を得たこの催しは、代表部、各機関の積極的な声援で、今や名物化しつつある。

一九六五年度も、恒例の十二月十日から民団東京講堂で展示された。

こんどの催しは二回目とはいえ、去年の好評のせいかグーンと参加作品も増え、学園の実情を察知するに好材料、そのためかどうか生徒より先生の方がヤキモキ、気の毒ぐらい一生懸命なのは、やはり教え子のためとはいえ審査各関係者など、ついホロリとさせる場面もあり、和やかな雰囲気のうちに、それでもたっぷり一日かけて審査は厳密そのものであった。賞もまたその優劣を決め難く、嬉しい悲鳴など、いずれにしても回を重ねることに生発して行くその姿は楽しいものであった。

強いていえば余りがないが、去年の酷評にも耐いたように、父兄の参観がもっと欲しいところ、十二月という年の瀬のせいか……強いていうと、もっとPRの方にも力を入れて頂いたいのが審といえば審。

この作品コンクールは、すでに各学園で選りすぐった作品、美術部門六〇点、書道部四五点、作文部五五点のなかから選出するが、総じて去年とほぼ同じ位の量だったとはいえ、その厳選ぶりからして妥当な選び方だと思はれる。

審査員は在日韓国美術協会理事長の[illegible]仁根、東京韓国学園の金昌式、第二韓国学園の洪鍾律、民団中総文教局次長の[illegible]仁根、東京本部金文教部長、駐日公報館の金東[illegible]の諸氏であり、入選者は次のとおりである。

なお当コンクールの授賞式は、十二月十七日正午、東本講堂で開かれ、東本団長、奨学官、文教部長から入選者に賞状および記念品がそれぞれ贈られた。

授賞式が終ったあと、審査員たちは、来年は新事態に対処する意味においても、教育本来の目的を遂行する意味においても、もっと積極的な方法でこれを推進し、これた東京の児童ばかりでなく、全国的な催しに発展させたいと語った。

**作文部入選者**

**最優秀賞**

高等部最優秀賞
「日本に来て得たもの」
東京韓国学園高等部一年　李容圭

中等部最優秀賞
「鳥の自由と人間の自由」
東京韓国学園中等部一年　文静子

初等部最優秀賞
「お母さんの手」
東京韓国学園初等部五年　高京子

**優秀賞**

高等部最優秀賞
「船」
東京韓国学園高等部一年　李正一

中等部最優秀賞
「私の故郷」
第二韓国学園中等部一年　金真

初等部最優秀賞
「電車は嫌い」
東京韓国学園初等部三年　趙光浩

**入賞**

「韓国人である誇り」
東京韓国学園高等部一年　蔡光子

「町角をまがるとき」
東京韓国学園中等部二年　李月姫

「わたしのノート」
東京韓国学園初等部六年　林幸枝

「大日気な[illegible]」
東京韓国学園初等部三年　鄭恵蓮

**美術部入選者**

**最優秀賞**

高等部最優秀賞
東京韓国学園高等部二年　朴静子

中等部最優秀賞
東京韓国学園中等部二年　裵京子

初等部最優秀賞
第二韓国学園初等部一年　呉慶子

**優秀作品賞**

高等部最優秀賞
東京韓国学園高等部一年　李容圭

中等部最優秀賞
東京韓国学園中等部一年　尹成安

初等部優秀賞
東京韓国学園初等部二年　李和子

**入賞**

第二韓国学園初等部一年　安純子
東京韓国学園初等部二年　鄭願寛
第二韓国学園初等部一年　許江里
東京韓国学園中等部一年　金輪俊
第二韓国学園中等部一年　李貞子
第二韓国学園中等部一年　文栄子
東京韓国学園高等部三年　張静江

**書道部入選者**

最優秀賞
第二韓国学園初等部五年　崔順伊

入賞
東京韓国学園高等部一年　張武竜
東京韓国学園高等部一年　朴福順

### 美術部最優秀賞

東京第二韓国学園初等部一年　「雨」　呉慶子

東京韓国学園中等部二年　「フランスの国」　裵京子

동창이 밝았느냐 노고지리 우지진다
소 칠 아이는 여태 아니 일었느냐
재 너머 사래 긴 밭을 언제 갈려 하느냐
동경 제이 한국 학원 제오학년 최순이

書道部優秀賞　東京第二韓国学園初等部二年　崔順伊

### 優秀賞

優秀賞（東本団長賞）
東京韓国学園初等部二年　「肖像」　李和子

東京韓国学園高等部二年　「花」　朴静子

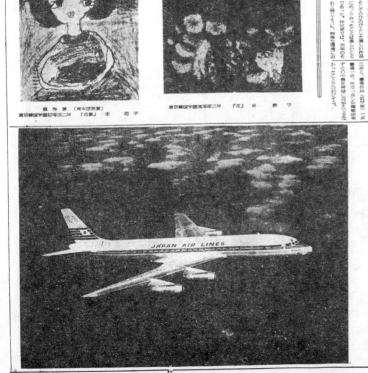

## 文化欄

### 年

え・鄭仁柏

それは春、夏、秋、冬
去り行く年を惜しみ
来る年の幸多きを祈るは
古きからのならい
「幸あれ　今年こそは」と。
いま、異邦にありて
波高き玄海灘の彼方から
「白き衣のはらから」と
叫ぶ声に耳をすます。
ともに祝おう
わが母なる祖国のだよ
明けゆく年の爽やかな[illegible]
希望の陽光しやわらかく
ほほえむ[illegible]を

### 【作文部最優秀作優賞品】

### おかあさんの手

初等部五年　高京子

手をつないで歩く
いつも感ずるおかあさんの手
ごつごつして
指のみじかい小さな手
いつも水仕事をしているのに
あったかい手
仕事をする人って
こんな手なんだろうか
やさしい心が
たくさん入っている
おかあさんの手

### 韓国のお正月

わが国ではお正月になると、家内一同早起きして、みんな新しい服装に着替える。そして正朝茶礼といって、トック（雑煮）を作り、祠堂または家内に祖先の位牌を安置し、家族一同そろって礼拝する。これが元旦のお祝いだが、新年の一日から十五日ごろまでの間は歳拝といっていつも新しい身だしなみをして韓国や師長、親戚などに年賀まわりをするのがならわしである。この年賀まわりを歳拝といって、小さい子供たちもみな服装をととのえて、この祭事に参加する。

年頭のあいさつは「セヘボクマニバドセヨ」（新年の福多幸を祈ります）子は親に、弟妹は兄姉に、目上の人に対する礼はきびしく守られている。

××　××

一年中で初めての満月の日を上元といい（一月十五日）五穀飯といって、米麦、大豆、あずき、粟のまぜごはんや、菜食に九種または十二種の野菜のあえ物をそえて食べる。また、この日には早朝、栗、くるみ、松の実、ぎんなんなどをかみくだきながら、これからの一年間は歯が丈夫になるよう、そしてまた腫出物がでないよう祈り、耳明酒といって上元の朝に耳が聰くなるよう焼酒か薬酒を飲む地方もある。

×　×　×

夜になると月迎えといって、夕方から松火をもって高いところにのぼり、月の出るのを待ち、そして人より先に月をみた人が幸運をつかむと伝えられている。踏橋といって年中健康で足の病気にかからないよう踏んで渡ることにと橋をある。室内では柶（ユツ）といって、サイコロのかわりに四枚の木札を投げ、出た目によって盤上の駒をすすめる、日本のスゴロクに似た遊びなどがある。

いずれにしても子供にとっては一年で一番楽しいとき、このお正月にはいろいろな遊戯をして遊ぶ。一番多いのは男の子は紙鳶という凧あげ、紙鳶合戦などとして楽しむ。女性はノウルテイキ（跳板遊び）、鳥のように自由になりたいという、封建時代の悲願を表わした女性の遊びで、いまはこども遊びとなっている。きれいなレインボー・カラー（サクトンチョゴリ）を着て中国で[illegible]選ぶ風景は実に美しく、在日僑胞の郷愁の象徴それからクネといってブランコ遊びも人気ある遊戯、これはいまではブランコ選手権大会が開かれる程盛んで、風習も残っている。

### 作品コンクール寸評

一年という歳月は、この作品コンクールにとっては誠に有意義な年であった一という評価を得たことだけでも、近来まれにみる成果であったといえよう。もちろん、審査員にしても、美術部門では、その巧拙よりも、子供らしい純粋な表現を主にした選出態度は、やはりみんなの共感を得ただけあって、選ばれた作品自体に、潮達な、そしてのびのびとした美しい作品にめぐり合ったことは楽しいことであった。作文部では、去年のそれと同じように、特殊な環境におかれている境遇の素直な表現が多く、やはり韓国人だなアーと思わせ、そこには生活があり、われらをして自然に何かをなさしめざるを得ない説得力があることは力強い限りであった。

書道部はどういうわけか、例年より出品率も低く、それに最優秀賞の該当者がなかったのは残念であった。紙面の都合で最優秀作品の三点と、優秀作品（低学年）一点書道一点、作文一点しか掲載出来ずその全貌を皆様にお伝えできなかったことをお詫びする。

毎週月・金発行
1968年
新年特集号

発行所
韓僑通信社
東京都文京区本郷
3−32−7
大韓民国居留民団
東京本部
発行人 金己哲
電話 (812) 4925〜7
(811) 1536
購読料 1ヵ月
1,000〜3,000円

## 五大綱領

一、われわれは大韓民国の国是を遵守する
一、われわれは在留同胞の権益擁護を期する
一、われわれは在留同胞の民生安定を期する
一、われわれは在留同胞の文化向上を期する
一、われわれは世界平和と国際親善を期する



# 祖国の産業をささえる春川ダム

江原道春川にある水力発電所はいま、祖国の産業に大きな役割りを果している。一九六一年九月に着工、六五年二月に完成した。施設容量は五万七、六〇〇KW。ちなみに祖国の電力はさきに完遂した第一次五ヵ年計画の結果、著しい発展を遂げ、現在の総施設容量は八七万KWにおよび、最大出力八二万六〇〇〇KWで無制限送電を実施している。

## ページ案内



海外同胞に贈る新年のメッセージ

# 自信と勇気をもち 民族の願望を達成する年

朴正熙 大統領

海外同胞のみなさん!!

希望にあふれる新しい朝、わたくしはまず故国を離れて遠い異国で新年を迎える同胞のみなさんに神の祝福がありますことを心からお祈りしてやみません。

いまや、世界に輝く誇らしい祖国を建設せんとする内外同胞の熱望と堅い意志は、世界のいたるところで「新しい韓国」を誇示しており、祖国の姿は沈鬱な昨日を忘れさせております。

昨年、われわれは総選挙を通じて民主々義の基盤を一層固め、第一次経済開発五ヵ年計画の成功につづく第二次計画の初年度を予定どおりに推進して、しだいに国土統一への距離を短縮させました。

かくて、明るく、新しい朝とともに偉大な祖国再建の高らかな掛け声が鳴りひびき、躊躇と彷徨を退けた韓民族の一大躍進が繰り広げられております。

民族の中興を奮って近代化を促進させようとする隊列にもまして、誇らしく鼓舞的な事実は、われわれすべての同胞が時には力が足りないことはあっても、年が経つほど疲れを知らず、自信と勇気をもって未来の夢に備えようとする気概に燃えていることであります。

わたくしは、わが同胞の高い理想に向ってのたゆまぬ努力が遠からず実を結ぶことを信じて疑いません。

海外同胞のみなさん!

みなさんが困難と郷愁が交錯する異国の生活の中でも、つねに勇気を持ち、信義と誠実を抱いて自ら努力する人生を送られますことをお願い致します。

どうか新年には皆さんの望みが叶えられ、この民族の願望が実現されますことをお祈りし、みなさんとご家族の方のご多幸を遠くでお祈りいたします。

一九六八年一月元旦



449

# 寛容と忍耐、理解と協調精神を

## 生かそう二十年の歴史と経験

## 韓日両国のパイプ役にも愛される"民間外交官"に

団長 金己哲

一九六八年の新春を迎え、駐日本国各公館の方々をはじめ、僑胞各機関指導層、ならびに団員のみなさま方、および民団に理解を寄せていただいている関係諸官庁、多くの日本人みなさま方に新年のご挨拶を申し上げます。

ふり返りますれば三年有余の間、団員みなさま方、また指導的立場にある方たちが私、および民団東京本部に与えて下さった限りない御支持、御支援に対し、深く感謝の意を表するとともに、新たなる年をお迎えされまして、より一層の御健勝、御繁栄あらんことをお祈り致します。

わが民団も今年で満二十一歳を迎え、文字どおりの成年期に達しました。この機に及び わが民団も、近代国家として目覚しい躍進の途上にある祖国に呼応して、一大転換を試みなければならない時機にきていることを痛感しているものであります。

私も微力ながらにして今日まで民団発展のために誠心誠意をもって尽してきたつもりでありますが、しかし、至らなかった点も多々あったことを今更のように、ただ残念に思っている次第であります。

批判はあっても、協力のない社会は発展しないものであります。このような意味におきまして、これからは真の独立国民としての自覚と、一人一人が大人としての見識をもって「寛容と忍耐、理解と協調」の精神をより培養し、これをもって民団組織の基本姿勢としなければならないと思います。

昨今、アジアの情勢も次第に変化を期しつつあり、それにつれてわが本国国内の情勢も自然、変化を免れないものと思われ、政治をはじめ、経済、その他多くの面で複雑な問題が提起されることが予想されます。

こうした重要な時点におきまして、われわれ在日韓国国民は、駐日本国大使館を中心として、本国との連携を密接にし、祖国の建設に挺身しなくてはならないことを禁じ得ません。これには、一に韓国国民としての自覚を持つことであり、二に相互協力、三に僑胞のためになる良い民団であることは今更、申し述べるまでもございませんが、もう一つ、こうしたことと歩調を合わせ、日本社会ともより緊密を保ち、文字どおりの「民間外交官」にふさわしい先進的態度を示し、韓日両国の繁栄となるメーン・パイプ役を果たさなくてはならないと思います。

巷間では「仕事をする民団」「信頼される民団」などとよく耳にいたしますが、これとても団員皆さま方の一致団結がなければ到底実現することではございません。

皆さん!! 実質のともなった民団を育成するため、過去二十年の歴史とその経験を今こそ十二分に発揮して、より「ふくよかな組織」づくりに邁進しようではありませんか。

課題は山積しておりますが、これらを逐一解決へと方向ずけ、同時に何ものかを残す事業をと念ずるのがわたくしの在任中における切なる願いであります。

どうか皆さん!! 今後も相変りませぬ暖かいご支援の程を切望し、新年のご挨拶にかえさせていただきます。

一九六八年元旦

## 組織強化を優先し先づ実行するよう

議長 鄭順相

新年を心からお慶び申しあげます。

昨年は、わが祖国にとっても、また、わが民団にとりましても多くの基本方針を提議した多難な年でありましたが、僑胞みなさまの暖かい民族愛により、大過なく送ることができましたことを心から厚く御礼申しあげます。

民団組織の強化については何年も前から論議され、強化策も打ち出されてはおりますが、未だに完全実施ができ得ずにいることを甚だ遺憾に思っておりますとともに、そのむずかしさを痛感しているものであります。

そこで、今年こそは万難を排しても組織強化のための思考方式、および体質改善に総力を傾注しなければならないと思います。民生問題につきましても韓日協定から二年の間に「永住権の獲得」や、生活権擁護ならびに税金対策などに明るい見通しがついてはおりますものの、まだまだこれからが本番と言えるでしょう。

わが金融機関である「東京商銀」が飛躍的に発展を遂げたことは民団組織としてもまことに心強いものがあるし、商工人に対しても大いに力となっていると思います。

異国に居住しているわれわれが、最も重要な課題としているもののなかに、まず二世の民族教育があります。東京本部といたしましては民族学校を都内に二、三ヵ所設立する計画で目下、その準備態勢を着々と整えております。

新年からは、これらの諸業を完遂するために駐日大使館とも密接に連携をとり、積極的に推進することを申し上げまして新年の挨拶と致します。

## 実行をもって積み重ねる年に

監察委員長 鄭東淳

明けましておめでとうございます。

昨年一年間は創団二十周年に当るというのでお祝い気分に浸っていたところ、朝鮮大学認可問題が持ちあがり、民団の総力を朝大認可阻止運動に傾けているうちに年が暮れてしまいました。

ことしは民団のあり方を再検討しなければならない多くの問題を煮詰めて、名実ともに僑胞を代表し得る組織体に刷新しなければならないと思います。

母国では第二次五ヵ年計画が着実に実施され、経済的には近代国家として大きく成長し、世界の国々からも注目の的となっております。

われわれ僑胞を代表する民団においても、母国の発展に呼応して母国の建設に全力をあげて寄与することは勿論、在日僑胞の法的地位の確保と経済活動の拡充、ならびに民生安定をはかるために実現可能な弾力性のある基本方針を樹立しなければならないでしょう。

新年からは各種の決議事項を実行する年にし、一歩一歩と積み重ねる習性を身につけて実のある組織にするべく努める所存でございますから何卒、皆さま方の相変らぬ御協力を切望してやみません。

## 新時代に適応する民団組織の刷新を

副団長 李成甫

新年を迎え、僑胞の皆さまにお祝いを申し上げることを幸甚に存じます。

過ぎし年を回顧するときはいつも後悔のみが先だって反省を深くするのみです。

新年からはこのような悔いを残さないよう民団組織の育成に万全を期するつもりでおります。いまの民団に何かが欠けている――また、どうすれば皆さまの期待に添えられる立派な組織に育成することが可能であるか どうかを 見極め、よくない点は勇断をもって是正し、旧弊のあるところは改革して、新時代に適合するよう務めるつもりであります。

僑胞の民生問題にしても、また商工人の育成によって各自が自己の能力を発揮できうるように向けさせれば、民族としても社会的に地位が高められましょう。

これには「東京商銀」を中心に民族的観点から資本の融通を円滑に配慮しなければならないことは言うまでもありません。また、二世教育問題は深刻な課題のひとつで教育関係者だけに任せられるべきではなく、僑胞全体が挙族的に育成に当たらなければならないと思います。

民団組織全体の体系確立に関しては、さきの中央委員会で提議された中央組織学院の設置などは、組織の基本態勢を形成する核的要素として是が非でも成功させたいものであります。そして、各局の盛りたくさんの活動方針を空念仏に終らせないで実行に移してゆくことを今年の目標として新年のあいさつにかえる次第であります。

## 民族教育の徹底こそ国家大計の義務

副議長 金文培

新年、明けましておめでとうございます。

在日僑胞の皆さまとともに、希望に輝く新しい門出を迎えることができますのは何よりも喜びにたえない次第であります。

近年、わが祖国・大韓民国は、アジアにおいて、最も括目すべき国家の一つとして世界の舞台に躍り出ることになりました。

わけても、国民教育分野において、何処の先進国にも比すべく発達しております。これは、祖国の同胞が、衣食住の困難をも忍んで国家民族の明日の発展のために、如何に意をつくしているかを物語っているのであります。

国家と民族の運命は、ひとえに国民の教育にかかっていることは今更、申すまでもありません。

われわれ在日僑胞の運命は、何よりも僑胞子弟子女の「韓国民としての自覚」――すなわち、そのための民族教育の育成と充実にあり、如何に多くの僑胞子弟を真の韓国人として育てるかにかかっていると申しても決して過言ではありません。

われわれ在日僑胞は、一人一人がこの事実をなによりも深く自覚し、自分のため、その子孫のため、そしてわが民族と国家の永遠の繁栄と発展のためにもしっかりした民族的衿持と、人間的自信をもって異国で生き抜く立派な子弟を育てることが、何よりも優先しなければならない義務であると確信します。

新年に当り、僑胞皆さまにあえて一言申し上げる次第であります。

## 僑胞企業家を守る抜本的措置を

副団長 崔聖根

新しい年頭に当り、僑胞の皆さんに心から慶賀の御挨拶を申し上げます。

過ぐる年は、わが民団の創団二十周年に当ったので数々の記念行事を行ない、新しい民団組織発展への決意を固めたのでありましたが、今年は昨年までの民団の多くの成果を土台として、またその間の少からぬ欠陥、弱点をも大胆にえぐり出し、わが民団が名実ともに在日僑胞のための真の組織体として逞しい不動の体制の完成へと全団員が強く自覚すべき年であろうと思います。

なかでも僑胞の生存にとっての何よりも重要な子弟の教育問題、生活の基礎である商工活動の擁護問題などはわが民団の最重要な課題であります。

いよいよ、日本も資本の自由化に踏み切り、中小企業の経営維持は全般的に重大な影響を被っているなかで、とくに、われわれ僑胞の零細企業は最も厳しいしわよせを受ける運命におかれていますので、わが民団は僑胞商工への収益確保と、打ち寄せる経済変動の波から僑胞企業家を守るための抜本的な指導方針を強力に推進しなければならない重大な責務を負っているのであります。

新年を迎え、わが民団組織は挙げてこの問題にとり込まんことを敢えて訴え、僑胞各位の新たなる決意を促がす次第であります。

何卒皆さんは、国家と組織に協力するという強い意志をもちまして、同じ隊列を組んで、民族の繁栄とわれわれの幸福のため、それぞれに負荷された任務と仕事に励げみ、今年こそは、ほんとに良い年でありますよう、心からお祈り申しあげまして新年のあいさつと致します。

## 自立経済建設を達成し 輝しい明日を創造する年

副団長 金世基

一九六八年を迎え、僑胞皆さまに謹んで新年のお祝いを申し上げます。

過ぐる年、本国においては大統領選挙、国会議員選挙など、わが国の輝しい近代化への国造りの基盤を整え、新しい飛躍への巨大な歩みを踏み出したのでした。

新年においては去年に築いておいたこれらの基礎の上にたって、全国民が一致団結し、韓国民族の至上命令である「自立経済の建設」のための経済開発第二次五ヵ年計画を成功させるための総前進の年であります。

われわれ在日僑胞は異国にあっても常に祖国の発展と、本国同胞の幸福を希い、その隆盛と繁栄を何よりも望んで居るものでありますが、そのためにはわれわれ在日僑胞も自らの団結を固め、協同扶助し合い僑胞の生活の向上を図る一方、少しの余力をも本国同胞に分ち合って自立経済建設の達成に自力を尽すのが、われわれの務めであろうと確信する次第であります。

われわれ在日僑胞は新年に当り、祖国と民族と運命を共にし、民族中興の歴史的使命を自覚してわが民族の輝しい明日を創造する担い手として大いに発奮前進しようではありませんか。

## 禍いの根を整理希望の年に

監察委員 金奎会

謹しんで新年のお祝いを申し上げます。

私が民団東京本部の監察委員に任命されてから新年を迎えるたびに、いままでき得なかったことを今年こそはやり遂げるのだという抱負をもつだけで既に四年という歳月が流れ、未だにその抱負の実現をみないでいることを恥しく思っております。

わが民団が飛躍できない原因としては、いろんな面で論議されているところですが、それは何よりも各個人が勝手な推測によって他人を中傷するところに大きな欠点があると思います。

そこで、今年こそは、これらの中傷をやめることから初めたいと誓うものです。そして、これまで禍いの根となっている諸問題を整理する希望の年であるように念じております。

そして、新年からは民族財産の擁護と商工人の育成があります。これは民生安定の基本をなす源として、是が非でも恒久的な対策を講じなければならないでしょう。

もうひとつ大事なことは、二世たちの民族教育ですが、この問題はあまりにも重大すぎて民団組織だけでは処理できない懸案で、本国文教部の協力と、父兄ひとりひとりの民族意識にかかっていると思います。そのためにも、われわれは民族の主体性を再確立すべき時点に至っていると思いますし、目先の細い事柄よりも国家大計の理想をもって、着実な心構えと綿密な計画のもとに永久性をもった設計をしなければならないと思います。

## 精神の再武装で勝共の成果を

監察委員 李鍾鳴

わが居留民団も新春とともに二十一歳の青年期を迎えることになり、喜ばしい限りであります。

従って新年の課題も、自ずと青年としての夢が多くあるはずであります。思えば昨年は創団二十周年ということで、いろいろと多事多忙な年でありました。今年からは東京本部も思い切った諸施策を打ち出して邁進し、幼年期の二十年間よりも一層前進しなければならないと思います。

そして、われらの前進をはばむものは、それが組織内部的なものであっても、また、外部的なものであろうとも断じて許してはならないでしょう。

とくに今年は朝総連との闘いに全民団員の総力をあげて団結し、かつ精神的に再武装して勝共の成果を納めることを提言する次第であります。

# 地位向上と民生の安定に羽ばたこう
## 各界からの年頭のあいさつ

# 協調精神で最後の勝利
## 無窮なる繁栄の基盤つくろう
## 法的地位の解決年に

駐日本国大使 厳敏永

希望の新年、一九六八年を迎えました。

政府の任命により日本国駐在特命全権大使として赴任後、初めての新年を迎えるにあたり、わたくしは同胞皆様とともに祖国大韓民国の無窮なる繁栄と発展を祈願し併せて在日同胞皆様に無限な幸福が満ちることを望んでやみません。

まず、過ぎた一年を顧みるに、わが大韓民国は、国内的には第一次経済開発五ヵ年計画に続き、いまま第二次五ヵ年計画を実施して、年平均八％という世界でも比を見ない驚異的な経済成長をおさめる一方、過去十五ヵ年の長い歳月にわたっても建設し得なかった数多い工場を建設し、いまや文字どおりの新興工業国家として面目を新たにしており、また、昨年度における輸出高だけでも三億六千万ドルに達し、七年前の三千余万ドルにくらべては実に十倍以上の増大ぶりを示しました。

それだけではありません。国外的に見ましても友邦諸国との紐帯強化に努め、これによって、われわれの国際的地位は大きく向上しております。

このようなわが祖国の発展と成長は偶然になされたものではありません。それは、わが国民が政府の基本方針に従って、貯蓄をはじめ、勤勉、倹約、増産などのほか建設、輸出といった諸面に総意を注いだ血と汗の結晶であります。

また、地理的にも、歴史的に見ても、最も密接な関係をもちながらも一時途絶されていた韓日両国間の国交が正常化されるにつれ、両国間の交流が各分野に亘って活発に展開されており、とくに僑胞皆さま方の地位も漸次、向上し、かつ生活の安定を見つつあることは、わたくしたちの最も欣快とするところであります。

韓日両国間の親善と協力関係は、単に両国間のためばかりでなく、アジア全体の安全と繁栄のためにも寄与するところは大であり、とくに僑胞皆さま方の地位向上と民生安定は両国間の友好的関係の礎石となるのであります。しかしながら韓日両国間の問題と、さらに日本に居住しておられる皆さま方の前途に横たわっている多くの問題が、これによって完全解決したとは言えません。僑胞みなさま方が周知のとおり、みなさま方の周辺には未だ多くの懸案が山積しています。

とくに、皆さま方の最大関心事となっているところの「法的地位の向上」は最も重要な問題のひとつとなっております。ここでわたくしは、このような多くの問題を皆さま方とともに努力し、この解決に全力を傾注してゆくことがわたくしの使命であると痛感する次第であります。

いま一層の成果を収めるには本国政府の力強い援助も必要ではありますが、わたくしはわたくしなりに、あらゆる面で努力を惜しまないつもりであります。また、わたくしは皆さま方の子弟が立派な大韓民国の国民として成長するよう、かれらの教育問題を根本的に解決しなくてはならないと念ずる一方、皆さま方の安定した経済活動をも計るため最善を尽し、これによって祖国に寄与するつもりであります。

同胞皆さま方におきましては希望の新年を迎えて、大韓民国の国民としての矜持と、自信と勇気をもって、みんなが力を合わせ、かつ、よりよき僑胞社会建設のために努力してくださることを大きく期待し、わたくしに対しても積極的に支援してくださることを切望する次第であります。

おわりに、新年を迎え祖国の繁栄に六〇万同胞皆さま方のご幸福を祈願し、祝賀のことばにかえさせていただきます。

一九六八年一月一日

# 豊な社会の達成年に
## 自由守護の責務を果そう

大韓民国駐日本公報館々長 李星澈

一九六八年の新年を迎え、私は在日同胞の皆様とともに、祖国の繁栄と発展を心から祝福するものであります。

顧みますれば、第一次経済開発計画によって経済自立の土台をきずきあげた祖国は、さらに過ぎし一年間「偉大な前進の年」をモットーに祖国近代化の第二段階に突入し、着々と成果を収めてまいりました。

この経済自立の確立という民族課業の達成に今年からいっそう拍車がかけられるのであります。「豊かな社会」というわれわれの夢が叶えられるのも、もう遠い先のことではなくなりました。全国民が希望に胸をふくらませ、ひたいに汗して働いております。

われわれの祖国は、今年も限りなき前進をつづけることでしょう。

新しい年を迎えたこの日、われわれ韓国国民が片時も忘れてはならないのは、遠いベトナムの地で共産侵略者と戦っているわが国軍将兵たちのことであります。自由の守護は人類共同の責務であり、使命であります。

私は在日同胞の皆さまと一緒に自由ベトナムで戦っているわが国軍将兵の武運をお祈りすると同時に、真心のこもった慰問のことばを贈りたいと思います。

親愛なる在日同胞の皆さま！

たとい身は他国にあっても、祖国を愛する心には変わりないのであります。希望に満ちた新年を迎え、わが祖国の繁栄のため、いっそう奮起いたしましょう。

在日同胞の皆さまのご多幸を心からお祈りします。

一九六八年 元旦

## 1967年 本国10ニュース

一九六七年はもろもろの事件が連続して起きた年であった。特に行なわれた二回の総選挙、これが尾を引いた政治波動は年末になってもなお"荒波"を打ちあげた。

なかでも六・八国会議員選挙の後遺症が人災だとすれば、三十年来の南方地方の干害は天災であった。この干害は飲む水さえもなくなったものに苦びしいものであっただけに、食糧需給面にも余波をおよぼし、このことは新年の課題ともなっている。また、韓国肥料会社の密輸事件、東ベルリンを根拠とした北韓の対南赤化工作団事件などは"ある断片的"な事件のように見えはしたものの、これらはすべて、韓国の底流にあった矛盾や病根の恥部をさらけ出したものであったといえよう。いうまでもなく、これらの事件が国民に与えた有形無形のショックは大きかった。そこで、このなかから十を選び出してみた。

①朴正熙大統領再選……共和党候補だった朴正熙氏は五月三日の選挙で野党の尹潽善候補に百十六万票という大差で圧勝、七月一日、ソウル中央政庁広場で第三共和国二度目の大統領就任宣誓式を行なった。

②六・八選挙による後遺症波動……六月八日の総選挙後遺症を収拾すべく与・野は"合意議定書"を定めたが、その実践の問題で年末に再び大きく対立、野党は登院拒否するという事態を招来した。

③南方地方の干害……この干害は三十年来のひどいもので、南部の嶺南・湖南地方をおそった。もっとも被害の大きかった全羅南道では稲の収穫が平年よりも六五％も減り、十七万五千名のものが食糧に飢えた。

④野党統合……六・八総選挙を三ヵ月前にして二月七日、尹潽善、俞鎮午、白楽濬、李範奭氏らが四者会談を行ない、単一野党の"新民党"へ統合することに成功した。

⑤韓肥献納……国内最大を誇る韓国肥料の蔚山工場直後にサッカリン密輸の騒動を起こし、その栄光を無にした。十月十一日、韓肥は五一％の株券を政府に献納したが、ここでやっと紆余曲折の多かった波動も終わりを告げた。

⑧東ベルリン工作団事件……西ドイツ、フランスなどに留学している学生や教授、芸術家などが大量に脱線行脚。七月、六十六名が送庁され、三十四名は起訴された。十二月十三日、金被告は有罪となり、趙栄秀、鄭奎明には死刑の判決が宣告された。

⑦56艦被沈事件……一月十九日午後二時十五分、北韓の海岸砲により韓国の56艦が直撃弾を受けて沈没した。乗務員七十九名のうち三十九名が死亡、三十二名が負傷を負った。これは韓国動乱休戦いらい、最大の事件であった。

⑥経済改革……十月三日の開天節を期して経済閣僚（経済企画院、商工部、建設部、交通部、逓信部、無任所長官）が更迭された。このうち韓国経済建設に最大の任務をになう経済企画院長官・張基栄氏（前副総理）が辞職、その後の席に朴忠勲氏（前商工部長官）が就任した。

⑩京釜高速道路建設着手……ソウルと釜山をつなぐ京釜高速道路建設は十一月着手段階にはいった。これは同月、発足した国家基幹高速道路建設計画調査団によって推進され、完成は一九七〇年の予定。これが開通するとソウル・釜山間は四時間に短縮されるという大幹線高速道路である。

⑨春字・梁雲道誘かい・殺害事件……七月十八日、晋州で七歳の朴春字君が誘かい殺害されてから、わずか三ヵ月後に釜山で課外勉強をして帰る途中、金根愛君（十一歳）がまた殺害された。



### 68年一般歳出予算案を無修正で通過

韓国国会法司委員会は昨年暮れ、大統領室所轄六八年度一般会計歳出予算案を政府原案どおり無修正通過させた。国務総理室所轄予算案を除く所轄別予算額は次のとおりである。（カッコ内は六七年度予算額）

▽大統領秘書室一億二、〇三八万九千ウオン（九千七百五十万七千五百ウオン）

▽大統領警護室九千八百九十五万七千ウオン（八千三百二十三万二百ウオン）

▽行政特別審議委員会一千七〇万二千五百ウオン（一千一五万八千ウオン）

▽行政改革調査委員会三、四四七万四、一〇〇ウオン（二、八七三万八百ウオン）

▽国家安全保障会議五、五七二万九、二〇〇ウオン（三、三七六万九千二百ウオン）

▽経済科学審議会議三、八三五万一〇〇ウオン（二、四七八万八、二〇〇ウオン）

# 総力あげて目標達成
## 大衆と密着した民団に

在日本大韓民国居留民団中央本部 団長 李裕天

親愛なる団員のみなさん！

新たなる年、一九六八年を迎えるにあたり、心からお祝いの言葉を申しあげます。

顧みますれば、祖国・大韓民国は昨年、大多数の国民の信任を得て、再び第六代国家元首に就任された朴正熙大統領の領導のもとに祖国の近代化をめざす第二次五ヵ年計画に着手し、日を追ってめざましい発展を遂げております。これと機を同じくして、わが居留民団も同胞大衆と密着した「働らく民団」として衣替えをいたしました。

昨年六月にひらかれた第三十二回臨時中央大会は、不肖、私に中央団長の重責を負わせましたが、その際、私は「大会公約を忠実に履行し、民団の質的向上を図ると共に、和をもって、いわゆる派閥を解消し、在日六〇万同胞の権益を擁護するため、下僕となって力の限り働く」ことを誓いましたが、その時の決意は今なお、少しも変っては居りません。

希望に溢れる一九六八年の年頭にあたり、私は抱負の一端をここに披瀝いたしたいと思います。

まず、わが民団は積年の旧弊から脱皮し、大衆と密着した組織となるために、組織の基本財政を確立しなくてはなりません。そのための準備作業はすでに開始されておりますが、今年こそは、わが組織の総力をあげて目標を達成しようとしております。このことに関しては、一般同胞は勿論のこと、とくに経済人の理解ある積極的な協力を願ってやまない次第であります。

第二に二世子弟の民族教育でありますが、二十年、三十年後の二、三世の在り方に想いを馳せる時、この民族教育ほど重大な事業はないと考えます。

われわれはこの地において、大韓民国国民としての衿持をもち、日本国民から尊敬される二、三世を育成するため、全同胞の英知を結集してこの民族教育事業の抜本策を樹立しなくてはなりません。

そのため、本国とは大統領閣下をはじめ、文教部長官ともすでに根本的な意見の一致をみており、内的には教育委員会を設置して学校運営、ならびに民族教育指針の全般について関与させるとともに、外的には"朝鮮大学"の認可に反対するものの、現在、日本側が企図している"外国人学校制度"をわれわれの実情に即した方向に決定されるよう、日本当局との交渉を通して強く働きかける考えであります。

第三に、われわれの法的地位でありますが、この問題は韓日協定が発効してすでに三年目を迎える今日、いまだに永住権申請が不振状態にある点に鑑み、これの打開策を講ずる一方、同法的地位についてわれわれの要求を受け入れるよう韓日両国政府に折衝すると同時に、昨年八月二十四日、両国政府間で発表した了解事項がすみやかに実施されるよう継続交渉し、そして、在日六〇万同胞が日本において安定した生活が営めるよう方途を講ずる覚悟であります。そのため、第十一回中央委員会で決定をみた「法的地位委員会」を一層強化補充して、これに対備しています。

第四に、韓日両国間の国交再開とともに、にわかに重大使命を帯びるようになったわが民団組織を質的に向上させるため、下部・末端組織の強化策の一環として「班」を組織し、一方、幹部の再教育のため、中央に幹部訓練所を開設して組織の体質改善をはかる所存であります。

第五に、民族資本の育成強化でありますが、これについては商銀信用組合を民団組織と密着させ、全団員が商銀の組合員になる運動を進め、日本に住みながらも何んら日本国の保護を受けることのできない同胞の企業を助け、ひいては全六〇万同胞が経済的にも安定した生活が営めるよう努力、努力するつもりであります。

このほかにも、わが民団組織を韓日両国国民に再認識させるため、日本側に対して政府与党である自民党との提携を深める一方、わが民団事業とその運動内容を広く宣伝し、その手段として機関紙「韓国新聞」をより一層強化、朝総連傘下同胞にも覚醒を促し、在日全同胞がわが民団傘下に包摂されるよう、これら一連の運動を強化に推進する考えであります。

以上、今後の民団事業とその針路について所信を述べましたが、これを完遂するには、一線の組織幹部はいうにおよばず、全傘下同胞の積極的な協力と理解が必要であります。

民団もすでに二十二歳の青年になりました。われわれはこの二十二歳である青年の年輪にマッチした教養を与え、心身ともに健全なものにしようではありませんか!!

年頭にあたり、大衆から「信頼され、愛される民団」になるため、全組織人の一層の奮闘を願い、併せて全同胞の多幸を祈念して私のあいさつにかえさせていただきます。

# 時流に即し体質改善
## 発揮せよ相互協力の連帯意識

在日本韓国人商工会連合会会長 許弼奭

一九六八年の新年を迎え、商工会々員の皆さまに心からのごあいさつを申し上げます。また在日同胞社会の各機関の役員の方々のご労苦に対し、心から敬意を表します。

本国においては、第二次経済開発五ヵ年計画が第二年目を迎えております。第二次五ヵ年計画においては、農・漁業生産力の増大、エネルギー源の確保、基幹産業拡充と社会間接資本の充足、輸出増大を主軸とする国際収支の改善などが主要目標とされております。

一方、政治的には昨年の国会議員選挙を契機として、野党側の登院拒否斗争が行なわれ、いろいろ憂慮されましたが、幸いに与野間の協商が成立し、国会が正常化されたことは喜ばしいことであります。

海外僑胞としては、つねに母国の政治的安定と経済的発展を心から念願しており、また適切な機会があれば微力ながらも協力したいと決意していることでありましょう。

僑胞社会においては韓日協定後、早や三年目に入るのでわれわれ僑胞団体も新たな現実認識からはじまり、時流に即応した体質改善を図る必要があろうかと思われます。

日本経済もそれこそ貿易自由化、資本自由化と進み、目まぐるしいテンポで経済界の改編が続けられております。日本に在留しているわれわれとしては直接その影響を受けており、経済社会の変転に適応していく意識的努力がなされなくてはならないと思います。

われわれは今こそ自立自助と共に相互協力の連帯意識を発揮すべき時であります。本年は内外情勢にてらし、僑胞商工人の経済活動の環境づくりに一層の努力を傾ける決意であります。

最後に、商工会々員の皆さまが事業面において、ますます隆々発展されますよう、また僑胞社会全般が飛躍的に向上するよう願ってやみません。

# 積極性ある婦人会に
## 教養と明るい家庭づくりへ

在日本大韓婦人会東京本部会長 朴琪先

新年あけましておめでとうございます。

去年は多くの先輩や会員の皆さま方にひとかたならぬお世話になり、心から厚く御礼を申しあげます。また、わたくしが婦人会東本会長に選ばれて間もなく交通事故にあい、長らく入院しておりましたので何かとご面倒をおかけしましたことを合せてお詫び申しあげます。

今年からは心身ともに新しくして、婦人会の体質改善を積極的に進め、婦人会を通して皆さまの家庭を明るくし、ひとりひとりの教養と生活の向上を目指してゆきたいと思います。

そのためには、いま実施中のコーラスのレッスンをはじめとして活け花の講習などを充実させてお互いが懇親し親睦を深めることから始めるつもりでございます。

何卒、皆さまの暖かいご理解とご声援をお願い申しあげまして新年のあいさつにかえさせていただきます。

# グラフに見る東京本部20年の実り

## 写真に見る東本の活動

選挙で明け、朝大問題で終わった一九六七年――。この間には実にいろいろなことがあった。どんなに些細なことであっても、それは在日僑胞にとって重大なことであり、また一つの課題を焦詰るうえでの〝試練〟ともいえた。

例えば、祖国・大韓民国の領導を決める大統領選挙について行なわれた国会議員選挙で、わが在日僑胞からは〝念願〟としていた比例代表を国会壇上へ送り込む寸前、また、もとのスタート・ラインに逆戻りしてしまった。

ここで考えなくてはならないことは、これら〝諸事件〟から何を学ぶべきかということである。一つの集会、催しものにしても同じことがいえる。基本財源のないところから金を捻出する以上、如何なる大会、小集会といえどもその意義を深めるものにしなくてはならない筈だ。

希望と躍進に満ちあふれた新年にあたり、ここに東本が主催した一九六七年のあれこれを写真で回顧することにした。

## 〈朝鮮大学認可反対民衆大会〉

朝鮮大学認可阻止中央闘争委員会では昨年十月十三日、日比谷野外音楽堂に三千余名の僑胞参集のもと〝朝鮮大学認可反対民衆大会〟を開き、熱烈な運動を展開、東京都庁をはじめ、日本文部省、総理大臣などに決議文を提出するとともに街頭デモを敢行した。

## 盛大、意義高めて……

### 第22周年光復節記念大会

第二十二周年光復節記念中央慶祝大会が、民団関東地区協議会（金己哲事務局長）主催で十五日午前十一時から神田共立講堂において盛大に開かれた。関東十県から三千余名の団員が参集、東京本部の許模民生部長の司会で大会が進行した。

国民儀礼のあと、大会会長団の選出、つづいて会長に選ばれた金己哲東京本部団長が次の如く力強い開会の辞を述べた。

われわれが偉いから光復節を迎えられたのではない。われわれの祖先、われわれの先輩が長い苦闘の末、勝ち得たものであることを忘れてはならない。また、僑胞の中にはわずかばかりの金を儲けたからといって毎日を贅沢三昧に耽け、無為徒食に暮らし、慶祝すべき光復節にすら参加しない者が如何に多いことか――民族の良識を疑わざるを得ない。今日、この大会に参加した方たちは両隣りの席に座っている方を憶えて下さい。そして、来年の光復節にまた会うことを誓い合って下さい――など、力強く訴えて感動の拍手を浴びた。

つぎに李裕天中央団長、安光鎬駐日代理大使の記念辞のあと、本国勝共啓蒙団中央委員の崔昌林先生の熱烈な記念講演で会場は熱気をはらんだ。つづいて同大会の決議文を朴述祚神奈川県地方本部団長、朴大純（?）領に送るメッセージを崔泳安栃木県地方本部団長、日本国総理大臣に送るメッセージを鄭順相東本議長がそれぞれ朗読、「万雷」の拍手をもってこれを採択した。

閉会にあたっては韓玉順婦人会中央会長が閉会の辞を述べ、鄭東淳東本監察委員長の先唱で万歳三唱をあげ、意義深い第二十二回光復節記念式典の幕を閉じた。

第二部の余興には東京韓国学校生徒たちによる民族舞踊と、在日韓国人演芸協会員たちの出演により、華やかな民族舞踊と音楽が披露、三千余名の観衆を十二分に堪能させた。第三部には日本女性でありながら韓国孤児の母として話題になっている永松和女史を主人公にした「愛は国境を越えて」を上演、観客を感動させた。

厳敏永・駐日新大使の就任を祝う東京本部主催の祝賀パーティが旧ろう21日午後8時から東京・赤坂の中華飯店「留園」で盛大に行なわれた。各支部三機関長をはじめ、都内から経済人、知名士、文化人、報道関係者らその数150余名を数えた。

日比谷野外音楽堂で開かれた朝大認可阻止中央民衆大会

1967年度は創団20周年目に当るので民団全体が記念行事に燃えあがった。第1回目の5月15日は東京千代田公会堂で韓青による文化祭を催し、16日は東京豊島園に4000余名の同胞が参集、民俗競技大会を開らき、17日は東京日比谷公会堂で記念式典を盛大に挙行した。

民俗競技大会

なごやかに開かれた民俗競技大会で優賞カップを授与する金己哲東本団長

## 民団東本の歩み
―一九六七年―

**一月**

△一月十日 東本新年会（於留園）
△一月二十日 母国留学生座談会（於駐日公報館）
△一月二十七日 東本文教分科委員会で韓国学校就学運動の展開と民族学校増設試案を打出す。

**二月**

▽二月三日 東本文教分科委員会で、足立分校建設委員会結成の準備委員会発足
▽二月十一日 民団関東地区協議会（於東本会議室）で、第四十八回、三、一節記念行事の具体案決定。
▽二月十五日 東本事務部長会議で中央委員の決議事項報告と、本国家族招請事業等を検討
▽二月十六日 東京韓国学校分校建立委員会構成。
▽二月二十三日 東本各分科委員長会議（於東本会議室）東本支団長会議（於東本会議室）
▽二月二十八日 在日東京地区有功僑胞団一行羽田出航

**三月**

△三月一日 第四十八回三、一節記念中央民衆大会（於日比谷公会堂）
△三月四日 民団大島連絡所設置（東京本部直轄）
△三月十三日 東本管下三機関長会議（於都市センター）
△三月十七日 駐日大使館新任官歓送迎会（於留園）
△三月十八日 東本管下各支団長と東京商銀との懇談会（於観光園）
△三月二十七日 東京地区有功者 表彰状 伝達式（於東本会議室）
△三月二十九日 東本支団長会議（於東本会議室）

**四月**

△四月十一日 東本管下三機関連席会議（於東本会議室）
△四月二十一日 東京地区在日韓国奨学生を募集
△四月二十五日 事務部長会議（於東本会議室）
△四月二十九日 中央各局長を迎えて緊急事務部長会議（筑園ホテル）

**五月**

△五月九日 事務部長会議（於東本講堂）
△五月十七日 創団二十周年記念式典に総動員（於日比谷公会堂）
△五月十九日 東本第三回地方委員会（於観光ホテル）
△五月二十六日 第一四二回支団長会議（於東本会議室）

**六月**

△六月十二日 江東地区災害団員慰問と救済を通達
△六月二十九日 大統領就任式関東地区参観団結団式（於東本講堂）

**七月**

△七月四日 ベトナム派兵国軍に慰問文二〇通を送付
△七月二十日 夏季学校入学生結団式（於東本講堂）
△七月二十二日 第七十回関東地区協議会（於長瀞、長生館）

**八月**

△八月八日 支団長会議で光復節、ユニバーシアード等討議（於東本講堂）
△八月十四日 光復節式典本国参観団羽田発
△八月十五日 第二十二周年光復節記念大会（於共立講堂）
△八月二十一日 東本事務部長会議（於東本会議室）

**九月**

△九月一日 第四十四周年関東震災犠牲同胞追悼式（駐日公報館）
東本、羽越水害僑胞救援運動展開
△九月十一日 金己哲団長、朝大問題で美濃部知事に公開書簡送る。
△九月十三日 大韓婦人会東京本部定期大会で朴琪先氏会長に選出
△九月三十日 本国国慶日参観団一行羽田出航

**十月**

△十月六日 東本支団長会議（於東本講堂）
△十月十三日 朝鮮大学認可反対民衆大会（於日比谷音楽堂）
△十月二十三日 東本実務者講習会（於荏原観光ホテル）

**十一月**

△十一月一日 東本新人事を発令
△十一月八日 東本芸術祭作品募集を発表
△十一月十五日 厳敏永新任大使御夫妻東本を礼訪
△十一月十七日 文教分科委員会
△十一月十八日 東本事務部長会議（於東本会議室）
△十一月二十日 東本芸術祭入選作の表彰式（於駐日公報館）
△十一月二十一日 東本 三機関 会議（於東本会議室）

**十二月**

△十二月六日 韓国学校育成強化に関する懇談会（於東京韓国学校）
△十二月九日 東本三機関 会議（於東本会議室）
△十二月十四日 第二次有功僑胞表彰状伝達式（於東本講堂）
支団長会議（於東本会議室）

# 韓日国交が回復して2年

## 覆面記者がつづる各分野の実情

# 軌道の上を走らせる年

## 前進みた新規民間借款二億ドル

## ピッチ上げる緊密化

韓日条約・諸協定の批准書がソウルで交換され、両国関係が正常化してから、昨年十二月十八日でちょうど二年になった。初めの一年間が日韓新時代の軌道づくりの段階だったとすれば、あとの一年間は敷かれたレールの上を両国関係が順調に走り出した段階といっていい。ことに昨年七月の佐藤首相の訪韓で、急ピッチに固めあげられてきたという感じが強い。いまや韓日両国は、よかれあしかれ、互いのかかわりあいを強めてゆく方向に突進しているようだ。こうした〝急ピッチ接近〟の定着が、国交正常化二周年を迎えた時点での両国関係の姿だといえる。では両国がいま、どのような道をたどりつつあるかを在日僑胞の第一線記者、在韓日本人記者の両覆面記者に各分野の実情にメスを入れてもらうことにした。題して――韓日国交回復して二年。

## 在日僑胞記者の目

### 政治関係

修交第一年目の一九六六年には北韓技術者の日本入国許可問題、平新艇の亡命事件のあと始末、金貴河選手の亡命失敗問題など、韓日基本条約を白紙化する恐れのあった事件が続いたが、しかし、一九六七年に入ってからは衝撃的な事件はほとんどなく、むしろ、在日韓国僑胞北送協定（カルカッタ協定）が八年目の十一月十二日で廃棄されるというようなことがあった。とはいうものの、[illegible] なし得ないでいることにほかならない。

一方、ユニバーシアード東京大会のさいの北韓の呼称問題と朝総連のいわゆる「朝鮮大学校認可 [illegible] とどまった。しかし、極東の反共堡塁である韓国を日本首相が初めて直接視察したということはやはり一つの〝特別〟なことであったといえよう。

昨年一年間、韓国を訪問した日本人の数は約一万二千名にものぼり、韓国の反共体制、および経済発展には一様に驚嘆の意を表したものである。

### 経済協力と貿易

[illegible]

支払い額は協定上の限度額である六千万ドルの八六・二％に該当する五千百七十三万ドルで、原資材が二千四百五十三万ドル、資本材が一千八百四万ドル、清算計定九百十五万ドルなどの明細となっており、比較的に順調であった。有償資金の場合は二年間の協定上の支払い限度額が四千万ドル線で昨年十二月十七日現在、三千七百五十万ドルが支払われ、九三・七％の実績である。しかし、請求権資金の運用計画が合理的であったかどうかという問題は、さる二年間の実績基準で再検討されなければならないようである。

また、有償資金部門では五年間の限度額を超える一億五百八十三 [illegible] 金額には四千万ドルものギャップがあり、このような計画による金額の過度策定で第五次年度まで、新規事業は急速にはいり込む余地がないようになっている。

それゆえに、いつも次の年度分の資金配定に混乱を起こさせることになるのである。総十九の事業計画のうち、現在までに動員車導入、漢江鉄橋、しゅんせつ船、重機導入など四つの事業が終わっており、十の事業は現在進行中、そして第三次年度に五つの新事業が着手されることになっている。

民間商業借款については韓日閣僚会議で二億ドルの商業借款を日本側から新しく供与されることに合意をみているが、その実行スケジュールには異見が残される。

日本の腹案をよくのぞき見ることができるものの一つに協定借款となっている船舶資金三千万ドルがある。

#### 協定借款、船舶資金三千万ドル

政府のたてた計画金額と実際の [illegible] 万ドルにたいし、これは三年間に使用するという事業計画が合意を見ている。

この問題でさる二年間に日本政府が輸出承認したものは一件もなく、漁業協力九千万ドルのうちでは遠洋船舶に三件、二百八十万ドルだけが供与されている。

その間、陸上プラントにだけ重きを置いたということは事実である。これについては日本大蔵省がその借款シーリングに圧迫をもたらすといって、遅延させてきたという面がないこともないが、しかし韓国側にも責任の半分以上はあるものと見なければならないであろう。

#### 一億ドル目標は困難となる

貿易部門では逆調現象の打開是正が最も大きな難問題である。対日輸出は一九六六年度に六千六百二十九万ドルの実績であったが、昨年の一九六七年には一億ドルの目標を立てた。しかし、米穀輸出が挫折して目標達成はむずかしくなった。

昨年十月末現在で七千五百二十四万ドル（十一月末現在は八千二百五十万ドル）の輸出実績をあげているのにたいし、輸入は二億ドルを越え、いぜんとして三対一の輸入超過を続けている。

朴大統領臨席のもとに挙行されたウルサン第三肥料工場の竣工式

### 漁業関係

民間借款の漁業協力資金は活用されなかった。しかし専管水域侵犯事件は減っており、漁船間の事故の処理は迅速に行なわれるようになり、かなりの進展もみられた。

共同水域内の共同乗船および共同監視は順調で友好的ふん囲気をかもし出したが、この水域が資金漁場ではないという新しい事実があらわれて魚族資源調査を急ぐようになるなど、釈然としない点もあった。

北洋漁業にたいする韓国の進出については日本の非協力はいうまでもなく、妨害さえあった。昨年十一月に発効した日本の「外国人漁業規正法」も事実上は韓国の進出を抑制するためのものに他ならなかった。

### 僑民関係

在日韓国僑胞の永住権申請手順を簡素化するために昨年八月、当時の田中伊三次・日本法務相と金永周韓国外務次官の間で交換された確認書はあていど僑胞たちに助けとなった。しかし、僑胞が内国民と全く同じ待遇を受けるようになるにはまだ遠遠である。

また、一方では積極的な僑民保護施策がないという僑胞たちの抗弁もある。民団系学校の数は朝総連系の六分の一にもおよばず、過去一年間にも朝総連系学校は十二も各種学校の認可を受けている。

こうした状態のなかで、北送希望者はだんだんと数が減っており、民団系に転向してくる朝総連系および中立系の数がふえてきているのは事実である。過去一年間約三万名が新規に民団登録をしている。一昨年には毎月平均して一千八百名内外の永住権申請者があったが、昨年にはいってからその数はすでに二千五百名の線を越え十一月には三千八百二十三名とこれまでの最高の申請者数を示した。

## 在韓日本人記者の目

就任式をひかえた昨年6月30日、表敬のため青瓦台に朴大統領を礼訪した佐藤首相

佐藤首相のソウル訪問は、日本の国内世論のほかに、韓国人一般の対日感情をも考えて、大統領就任式参列を表向きの理由にした慎重なおぜん立てだったが、ソウルで、韓、日、米、台の四カ国首脳会談という副産物を生み、外から注目された。

それから約三カ月後、駐韓日本大使館への自衛官常駐派遣が決り、両国民が軍事的にもつながりを持つ兆候も現れた。経済面では昨年八月、東京で開かれた韓日閣僚会議で、新規民間借款二億ドルの供与がきまり、また一つの〝前進〟があった。経済協力を軸に韓日友好を推し進めてゆくことが基本的方針である以上、日本側が韓国側の強引な主張の前に屈したともいえよう。北朝鮮と対決の構えをとる韓国としては経済自立達成の成否をかけた要望だけに、日本側にも、これだけは応じてやらなければという政治的な判断が働いただろうことも、見逃がせない。

こうなると、日本の経済協力は今後、総額十億ドル以上ということになり、韓国の経済発展のゆくえは日本側にもはね返ってくるという抜きさしならない状況をつくりだしそうだ。

韓国経済企画院によると、昨年十月現在、確定した外国民間借款は四億七百六十四万三千ドル。うち四三％が日本からの民間借款で、日本依存のゆきすぎが非難されはじめた。朴忠勲（パク・チュンフン）副総理が張基栄（チャン・ギヨン）路線を手直しするねらいで、対日民間借款の申請受付け中止を打出したが、すでに事態は手遅れ。韓国側の数字では申請受付けを含めてすでに六億四千九百万ドルにも達していた。〝満腹以上〟にふくらんでいたわけで、受付け中止の効果は心理的な面だけとなり、あきれた借款フッシュをかもし出した。

借款ラッシュで全国各地に工場の建設が相ついだが、首都ソウルも大きく変った。すさまじいビルと道路の建設で、一カ月もたつと、市内のあちこちの様子がすっかり変ってしまう。古いソウルを知っている人々には、この一年間のソウルの変りようは、想像もできないだろう。しかも、そこには開発の遅れた国にありがちな〝虚飾〟ではなく、韓国動乱のための長い遅れの中でたくわえていた潜在的なエネルギーが、時を得て爆発的に開花したという一面も、たしかに見受けられる。韓国で、開発の資金需要を間接的に支えてきた柱の一つが「外資導入」であったことは否めない。だが、それが活発な政府の公共投資の「呼び水」になった面も指摘できよう。

韓国民の対日感情は、よくなったともいえるし、よくなっていないともいえる。ある高校教師は「韓日に蜜（みつ）月は絶対に訪れない」といったが、そうした立場から「韓日親善が極東平和のかなめ」という建前論まで、対日感情は大きな広がりをもっている。反日、親日の感情は、個々の韓国人についても微妙な振幅があるようで、その平均値がどのくらいかは全くつかみにくい状態にある。

韓国人一般の意識の底流には、伝統的な〝反日〟がまだ息づいていることは否定できないが、国交正常化前後の高ぶった感情が、いまはかなり落着きをみせていることも確かである。

### 反日色消える教科書

#### 感じさせる民間対話の時間

では「日本」のしみこみ方が、意外に摩擦が少なく、韓国民にそれほど抵抗感を残していないという現象をどうみればいいのだろう。それは主にこの二年間、日本の韓国に対する出方が、きわめて慎重で低姿勢だったため、高ぶっていた韓国人の気持ちが、肩すかしを食った形になった、ということで説明できよう。そこから韓国人の間に、一種反省的な〝自己凝視〟のムードが出てきた気配もうかがえる。

小説「朝鮮総督府」（五巻）が、韓国では異例の五十万部を売り、いまだにベストセラーを続けている現象は、おそらくそれと無縁ではあるまい。これにつられてか、韓国の出版界には同じ系統の歴史ものブームが起っている。大韓出版文化協会では「この傾向は必ずしも反日には結びつかない。むしろ、これは民族の屈辱の跡を知り、再び過ちをおかしてはならないという気持からだろう」という。

しかし、こうした歴史ものがもてはやされることは、再び避けがたいものとなってきた〝日本の浸透〟の中で生きてゆく韓国民が、歴史の検討を通しての自分の立場の再確認を、無意識のうちにも求めていることを示唆しているのではなかろうか。そう見れば、読者層が圧倒的に四十代以上というのもうなずける。

懐古ブームは放送界にも現れ、テレビ、ラジオの連続放送劇となって高い視聴率をあげている。小説「朝鮮総督府」の放送劇は話題の番組だし、日本軍閥の罪悪をえぐる「太平洋戦争」、日本人に殺された「最後の皇后閔妃」、韓国学徒兵の悲痛な青春を描いた「サルビン川に消えるたそがれ」などの番組も人気がある。民族意識高揚のねらいからだろうが、これらが無言のうちに新しい世代に刺激的な警告を与えている点も見逃がせない。紙一重で韓国人の気持の底にひそむ反日感情を触発しかねない〝動揺地帯〟がまだまだ韓国社会のあちこちで見られ、時には強く感じさせる。

いま、ソウルの中央政庁前の大通り、世宗路に李舜臣（豊臣秀吉の水軍を撃退した民族的英雄）の銅像がつくられている。そうかと思うと、一方では小中学校に続いて、高校の歴史教科書からも反日色が消えてゆく。伝統的な〝反日〟と新時代の〝親日〟の綱渡りといえるかも知れない。

日本の敗戦による独立から国交正常化まで、韓国の日本疎外から日本接近の時期の苦痛と期待を経て、いま韓国が到達しているのは〝民間対話の時期〟だろう。「日本」が韓国社会のすみずみにまでしみこんでゆこうとするいま、韓国人の心情を理解し、善隣友好を確立する役目は、民間関係にあるといえる。その民間関係をどうもってゆくか。日韓新時代二周年はその意味で一つの分岐点にさしかかった時点ともいえそうである。

島根県で行なわれた韓国展は数多くの日本人の目を奪った（韓国服のファッション・ショーに群がる日本人たち）

### 韓日関係正常化の歩み

|  |  |
|---|---|
| ▽1965年 | |
| 6・22 | 韓日基本条約と関係協定調印式。 |
| 12・18 | ソウルで韓日条約批准書交換式。 |
| ▽1966年 | |
| 1・7 | 韓日両国大使任命。 |
| 3・14 | 韓国、日本漁船二隻（第52、53海洋丸）を専管水域侵犯を理由に捕獲。29日釈放。 |
| 6・14 | ソウルで第1回アジア・太平洋閣僚会議。 |
| 7・29 | 北韓技術者入国問題で韓国政府ビザ発給停止など強硬措置。 |
| 9・8 | ソウルで第1回韓日経済閣僚懇談会開く。 |
| 9・16 | 韓日経済協力のモデルプラント、韓国肥料建設をめぐって、三星財閥密輸事件表面化。丁内閣総辞職。 |
| ▽1967年 | |
| 7・1 | 佐藤首相、朴大統領就任式に参列。 |
| 7・2 | 韓日米台の四カ国首脳会談。 |
| 8・9 | 東京で第1回韓日閣僚会議。新規2億ドルの借款認める。 |
| 8・30 | 韓日航空協定発効。 |
| 9・27 | 駐韓日本大使館に自衛官配属。 |
| 10・13 | 対日民間借款の新規申請受付けを中止。外資導入政策の再検討。 |
| 11・17 | 日本の合弁投資を大幅に認める方針を朴副総理言明。 |
| 12・7 | 韓 、北韓帰還問題で対抗措置も考[illegible] |

旧年中は、一方ならぬ御支援をいただき、厚く御礼申しあげます。今年もよろしく御引立ての程をお願い申しあげます。

韓僑通信　主幹　金致淳

# ビジョンの基礎 '68年を展望する

## 東京本部執行委員会

### 組織力を生かし、前進する年 実務者を養成し、活路開け

わが民団が時代の変遷にともない、大きな曲り角にきていることは一般僑胞は勿論のこと、民団幹部自身も認めざるを得ないであろう。

アジア、ならびに本国情勢もさることながら、日本国・居住の僑胞に対する諸情勢が著しく変貌していることはわれわれの生存権を脅やかす（例えば、入管令改正案なる悪法が実施されようとしている）ものとして重大視しなければならない。

### 事務体系の確立を早期実施

在日六〇万を代表する民団がこれらの展望に対応して本来の使命を全うするためには必然的に団結を強くして組織力を生かさなければならない時点に立脚しているのは否めない事実である。

そこで、まず民団組織に不可欠のものは、組織人の支柱であるところの使命観であろう。民団でなくてはならないという確固不動な使命観を徹頭徹尾、認識すること から始めなければならず、その土台のうえに組織全体を組み直すことが肝要であろう。

一九六八年における民団の展望は、このような地から昨年の十一月十、十一日の両日に開かれた第十一回中央委員会で採択された新活動方針の完全実施を目標にして、弾力性のある運動を展開してゆくことであろう。

総務局の事務体系の確立は諸運動の事務管理の体系化をなすものとして、基礎的な任務を要約しており、これの実施は組織人の消費と義務、生活と将来を保障する対策である以上、早期実施に努めなければならない。

### 班組織結成と幹部養成所を

また、組織局 の活動 方針でも、内的には組織の緊急な再整備と強化、外的には敵対陣営との対決、ならびに日本における権益擁護と本国の再建事業に積極参与する ことが強く 要求され、過去の如何なる時点よりも重大な時期といわねばならないとして、班組織結成に重点を置く―など、その具体的な綱領を明示している。

これにくわえて幹部の理論統一を徹底する一方、幹部養成の機関として「中央組織学院」の設置案が出ている。このような機関がいままで存在しなかったのが不思議なくらいで、これは組織づくりの基本であろう。要は如何にして実施に移すかが民団の今後に課せられた唯一の難関である。

文教局でも僑胞二世たちの民族教育に重点をおく教育委員会を設置して「生きた真の民族教育」を実施する方途を講究する―としているが民生、宣伝、経済局でも、それぞれ実に理に適う名案が出され、同委員会を通過、新年からはこの活動方針の実施に総力を結集することにより『民団の活路』が自ら開けてくるものと予測される。

### 商銀育成で民族資本を確立

東京本部の展望も基本的には中央委員会で可決された活動方針に準ずることは言をまたないが、東京本部として の 役割りと、その活動範囲は規模的に限定されている関係上、東京地区の特殊性を発揮する任務を帯びている。

東本が昨年一年間に残した業績のひとつとして特筆できることは「東京商銀」の育成事業であろう。数回にわたる管下支団長会議および事務部長会議で商銀育成の重要性を討議し、各支部役員は預金獲得に率先して奔走したのである。

勿論、商銀の 許・理事長 以下、各理事たちの努力によるところ大であるが、その功が奏して三十億円に近い預金高を示した。これは過去、十何年来におけるところの大飛躍であるが、この裏面にはなんといっても管下団員諸氏の協力に負うところである。

### 民族教育の絶対不足を解消

本年もつづいてこの開発預金増額運動を展開し、民族資本の蓄積にくわえて金融の円滑化により、邁進し なけ ればならない。

つぎに文教活動であるが、毎年行なっている母国夏季学校入校生の募集と引率、母国留学生募集と推薦校選定、奨学金支給―などのほか、恒例の東本芸術祭は回を重ねるたびに内容がますます充実しており、僑胞青少年たちに希望の登竜門として計り知れない人気を博している。

また、民族学校の絶対不足を補うため、足立分校建設委員会を設置して 鋭意推進 しているが、本年中にはこれの完成に主力を傾けなければならず、次代を背負う二世たちのためにも民族的義務として、団をあげて成し遂げなければならない。

### 法地位待遇問題に全力傾注

一方、法的地位待遇問題は僑胞永遠の課題だけに、つねにこれに対備する対策と研究を怠ってはならないが、入管令改正案が適用した場合、それをめぐる難しい問題が惹起されることは必至である。われわれは、どこまでも韓日条約の基本精神であるところの「相互」の福祉と繁栄」「平和と安全」「共通の利益」にそって、在日僑胞の権益を擁護しなくてはならない。それだけに全組織をあげて闘うとともに、どこまでも人道上の立場で、かつ公正なる待遇に摂ずよう強く主張する気運が盛り上ってこよう。

◇ ◇ ◇

東本の雄姿

きょうも屋上には太極旗をへんぽんとひるがえし、つねに民団のリーダ・オフ・マンぶりを発揮する

## 杉並支部

団長　李　彩　雨
議長　許　弼　奭

杉並区馬橋1−35
電話(313) 7575

## 東京本部・各分科委員会委員

### 企画分科委員会

| | | | |
|---|---|---|---|
| 委員長 | 李 | 権 | 弼 |
| 委員 | 朴 | 鐳 | 大 |
| 〃 | 洪 | 賢 | 基 |
| 〃 | 李 | 相 | 台 |
| 〃 | 厳 | 延 | 変 |
| 〃 | 成 | 周 | 昌 |
| 〃 | 許 | 弼 | 奭 |

### 組織分科委員会

| | | | |
|---|---|---|---|
| 委員長 | 金 | 載 | 淑 |
| 委員 | 尹 | 達 | 鏞 |
| 〃 | 曹 | 成 | 玉 |
| 〃 | 金 | 睦 | 男 |
| 〃 | 金 | 致 | 淳 |
| 〃 | 李 | 棟 | 鎬 |
| 〃 | 丁 | 栄 | 沢 |
| 〃 | 朴 | 琪 | 先 |

### 民生分科委員会

| | | | |
|---|---|---|---|
| 委員長 | 金 | 容 | 太 |
| 委員 | 鄭 | 在 | 俊 |
| 〃 | 崔 | 学 | 林 |
| 〃 | 金 | 天 | 奎 |
| 〃 | 金 | 坪 | 珍 |
| 〃 | 蔡 | 洙 | 仁 |

### 文教分科委員会

| | | | |
|---|---|---|---|
| 委員長 | 朴 | 永 | 銅 |
| 委員 | 李 | 馬 | 致 |
| 〃 | 金 | 昶 | 輝 |
| 〃 | 許 | 允 | 道 |
| 〃 | 鄭 | 寅 | 畯 |
| 〃 | 李 | 舜 | 夏 |
| 〃 | 尹 | 乗 | 元 |

### 宣伝分科委員会

| | | | |
|---|---|---|---|
| 委員長 | 金 | 聖 | 煥 |
| 委員 | 金 | 鎭 | 奎 |
| 〃 | 朴 | 性 | 雲 |
| 〃 | 申 | 鳳 | 権 |
| 〃 | 玄 | 元 | 五 |
| 〃 | 金 | 東 | 春 |

### 経済分科委員会

| | | | |
|---|---|---|---|
| 委員長 | 李 | 彩 | 雨 |
| 委員 | 徐 | 興 | 錫 |
| 〃 | 張 | 基 | 洙 |
| 〃 | 徐 | 竜 | 岩 |
| 〃 | 李 | 鳳 | 学 |
| 〃 | 曹 | 圭 | 鎬 |
| 〃 | 韓 | 楡 | 俊 |

## 江戸川支部

団長　李　権　弼
議長　姜　富　遠
監察委員長　朴　遵　権

江戸川区興之宮29
電話(657) 7512

## 大田支部

団長　張　基　洙
議長　金　利　石
監察委員長　千　泰　元

大田区新蒲田1−6−7
電話(731) 4704

## 江東支部

団長　朴　永　銅
議長　金　鉉　成
監察委員長　具　滋　順

江東区木場6−8−10
電話(644) 0512

## 板橋支部

団長　崔　学　林
議長　金　仁　洙
監察委員長　丁　仲　変

板橋区板橋2−22−9
電話(961) 6565

## 豊島支部

長　金　載　淑
議長　崔　竜　雲
監察委員長　金　熙　淑

豊島区池袋2−1167 共同ビル
電話(982) 7161

## 台東支部

団長　徐　興　錫
議長　高　元　一
監察委員長　朴　斗　弼

台東区上野7−2−1
電話(844) 4094

## 墨田支部

団長　鄭　順　相
議長　洪　象　観
監察委員長　金　義　浩

墨田区大平1−4−8
電話(622) 9442

## 足立支部

団長　朴　鐘　大
議長　金　漢　弼
監察委員長　権　寧　珣

足立区千住桜木町53
電話(888) 8301

## 中野支部

団長　李　鳳　学
議長　高　潤　溶
監察委員長　申　漢　裕

中野区新井町2−1−17
電話(386) 5536

## 品川支部

団長　金　聖　煥
議長　李　幸　九
監察委員長　申　道　植

品川区豊町3−1−1
電話(781) 5327

## 新宿支部

団長　金　泰　変
議長　李　禹　鎬
監察委員長　呉　京　世

新宿区新宿2−77
電話(341) 0244

## 目黒支部

団長　李　馬　致
議長　尹　奉　啓
監察委員長　姜　萬　元

目黒区青葉台1−30−10
電話(713) 4378

## 世田谷支部

団長　徐　竜　岩
議長　朴　麒　奉
監察委員長　尹　熙　萬

世田谷区下馬町1−北7
電話(421) 3609

## 葛飾支部

団長　申　鳳　権
議長　梁　昌　玉
監察委員長　鄭　竜　徳

葛飾区立石6−18−16
電話(693) 1771

## 北支部

団長　金　鎭　奎
議長　李　慶　晩
監察委員長　崔　容　奎

北区神谷町1−1−4
電話(919) 5675

## 渋谷支部

団長　鄭　在　俊
議長　呉　世　経
察委員監長　董　王　模

渋谷区宇田川町15
電話(461) 5382

## 中央連合支部

団長　金　容　太
議長　崔　二　圭
監察委員長　全　萬　洙

中央区日本橋茅場町1−16共同ビル
電話(661) 5370

## 練馬支部

団長　朴　性　雲
議長　裵　章　煥
監察委員長　李　用　洙

練馬区豊玉北4−31
電話(992) 5577

## 荒川支部

団長　金　天　奎
議長　趙　文　淑
監察委員長　呉　嘉　雄

荒川区荒川3−32
電話(891) 0555

## 文京支部

団長　金　昶　輝
議長　李　鎬　相
監察委員長　鄭　鎭　鎬

文京区小石川町2−2−17
電話(811) 3555

## 港支部

団長　尹　達　鏞
議長　朴　根　世
監察委員長　李　鐘　鳴

港区三田4−6−18
電話(451) 6538

# 韓民族が生んだ 世紀の神童、金雄鎔君

## 兄におとらぬ弟・壮鎔君の日々

## 毎日必ず五時間の昼寝

## 英才育成は環境次第

天才坊や金雄鎔君（四年七ヵ月）の弟壮鎔君（一年八ヵ月）も兄の名声にかくれ、その才能が知られていないが天才だ。大体、生後一年八ヵ月くらいでは言葉もろくにしゃべれないのに、ハングルを読み書きし、おまけに英語のアルファベットもおぼえ漢字もやさしいのは読みこなす。アラビア数字も千までは軽く数えて書く。小学一年の本は立て板に水のように読む。以下―は、兄におとらぬ天才坊や、壮鎔君の日常を紹介。

○…誰かが教えたというのではない。兄の雄鎔君が勉強するのをわきでみながら見よう見まねでおぼえたり兄さんから教えてもらったもので雄鎔君と同様、生後一年で天才ぶりを発揮したのである。記憶力は非凡で一度教えてやれば絶対忘れないという。兄と同じく昼寝は毎日必ず五時間はとる。夜は午前三時にならないと寝つかず明け方六時にはさめる。冬でも火の入っていない冷たい部屋で、裸のままフトンもかけないで必ずうつ伏せにねる。食事は朝と夕方の二回だけで肉は絶対食べないという。

○…兄さんよりは一ヵ月おそく生後六ヵ月から歩きはじめた。はうことはしないですぐ歩いた。昨年十一月には国民学校一年に入学するという天才ぶりである。約四ヵ月なら国民学校課程を全部おえることができるので今年三月ごろ兄弟そろってニューヨークの天才学校といわれるセンズ・ポイントかカリフォルニアのグランド高校に留学することになっている。

○…この兄弟は旧ろう十二月、米ワッサーマン・プロダクションから招かれ、記録映画をとってニューヨーク博物館に保管した。父親の寿善氏（ソウル漢陽大教授）は天才兄弟の頭脳を研究、いま「植物性動質の大脳におよぼす影響ならびに光のエネルギーとの関係」という博士論文を準備している。

全く驚異的な兄弟である。われわれ在日僑胞も、この兄弟のように「子弟にも環境したいでは世界的な学者を生みだすこともできる」との確信をもち、子弟子女の教育により力を入れていこうではないか。

写真＝世界の人たちをアッといわせた祖国の天才少年・金雄鎔君。四歳で漢陽大学の一年生。昨年来日したとき、フジ・テレビの第一回「万国びっくりショー」に出演、[illegible]分をといて在日僑胞はじめ、日本中の人たちを驚かせた。

## 増える韓国の姓氏

### 326種におよぶ

### 60年度の総人口を対象に

韓国人口の姓氏別は金、李、朴、崔、鄭、趙、姜、張、尹氏の順に多く、その種類は三百二十六種に達しているという。

経済企画院調査統計局は昨年暮[illegible]らかにした。

この中間集計によると、韓国の姓氏別人口分布は一九三〇年に実施された国勢調査で明らかになった分布と、金、李、朴氏など大姓ではほとんど同じだが、中小姓の分布には少なからぬ変動があり、とくに南北両断と六・二五動乱などによる混乱を通して地域別分布は大きく変ってきたもようである―としている。

一方、姓氏の種類は当時の国勢調査で判明した二百五十種から二[illegible]に七十六種が多くなっている。このように新たな姓氏が七十六種も増えたことにたいして統計局では一九三〇年代の国勢調査でもれた姓氏がこのたび新たに判明したもの、その他の社会的な混乱のなかで、新たな創氏と外国人の帰化などで姓氏が増えたため調査対象になる総人口の記録カードが韓国文字（オンムン）で書かれており、同じ発音の氏を漢字に転記するとき、同じ発音をほかの漢字で表示（例えば史、舎、謝、司）される可能性があると指摘、重複を整理する作業をつづけているが、最終集計では新たな姓氏が増えるものとみている。

なお、統計局は最終的な姓氏別人口、および姓氏種類を一九六七年末までに集計を終えたので新年早々にも公布する予定。

四百三十七名で、国民登録を終えた僑胞は二十九万三千二百三十七名である。

## 大学入試シーズンにはいる

### 平均競争率は二対一

ソウル大学校は目下、六八年度の新入生の願書を受け付けているが、これを皮切りとしていま全国の大学の入学シーズンはいっせいに開始されている。大学の入学試験は今月二十二日、全国各地で同時に行なわれる。

今年度の高校卒業予定者は十三万四千六百六十四人であるが、このうち五〇％あまりの六万七千人ほどが進学するものとみられる。なお、大学新入生の定員は三万六千八百五十八人と推定され、その競争率はおよそ二対一といわれる。

## 今年はさらに大躍進

### 熱意みせる許（東京商銀）理事長

### 百億、十支店設置へ急ピッチ

東京商銀信用組合では昨年六月の定期総会で役員改選を行なったのを契機として、いま許弼[illegible]理事長以下全役員・職員が心機一転して預金獲得に奮闘、これが功を奏して僅か半年足らずの去年末までに十四億円台から一挙にして二十七億円台にのせ、その努力と手腕が都内の僑胞間で大きな期待が寄せられている。

創立いらい十余年間、惰性と沈滞から見事に脱却した商銀の躍進ぶりは実に目覚しいものがあり、許理事長も今年四月までには三十億円をかるく突破する確信をもっている―と、なかなか意欲的だ。また許理事長は任期三年間に少なくとも五十億円台にのせ、六年後には百億円、十支店を設置したいという大目標に向って邁進するといっている。こうしたことは、なんの進展性もなかった同組合だけに「おれたちも頑張ろうよ」と組合員間での合言葉がかわされ、新春にふさわしい明るいニュースとして話題をさらっている。

## 在日僑胞は六大陸中96％しめる

海外に居住している韓国国民は六大陸にわたって五十八万九千三百七十四名にのぼり、うち臨時滞留者は二万六千百三十一名だということがこのほど判明した。

外務部集計の「在外国民現況」によると、全海外僑胞の九六％にあたる五十七万六百八十八名が日本に住んでいるが、このうち永住権をもらっている僑胞は三万四千[illegible]った。

## 今年からは新規入団者で取扱う

### 国民登録更新

大統領令第二百七十九号の在外国民登録法施行によって、一九六六年八月一日から施行されてきた在日僑胞の国民登録更新は一九六七年末をもって更新申請期日締切となり、今年度から新規入団による申請として取扱われることになった。

## 外務部長官が16名に表彰状

### 第二次有功僑胞、金団長から伝授

民団東京本部（金己哲団長）では、旧ろう十四日正午から三階講堂で、外務部長官表彰状伝達式を挙行した。

この表彰状は、昨年八月十五日、本国政府で行なった一九六七年度、第二次有功僑胞「大韓民国外務部長官表彰式」に止むを得ない事情で参列できなかった東京地区の有功者に伝達したもの。駐日大使館の朴[illegible]課長ほか、多くの来賓を迎え、金己哲団長がひとりひとりに表彰状ならびに記念メダルを授与した。授賞者は次の通り。

▽[illegible]根▽尹正根▽梁桂宗▽鄭在[illegible]▽金[illegible]▽玄[illegible]▽鄭[illegible]▽尹斗成▽金[illegible]明▽朴点守▽[illegible]▽[illegible]元奉▽金[illegible]▽裴三生▽朴[illegible]攻▽呉[illegible]文

金己哲東本団長から手渡される6人の表彰者

## 活発な在日僑胞の本国投資

### 直接、合作で事業すすめる

在日僑胞の本国投資は昨年五月中旬ごろから活発化をみせているが、ことしも直接、合作で続められればさらに激増するものと予想される。

昨年暮れ現在で本国に直接、あるいは合作投資を認められた在日僑胞の事業内容はつぎの通りである。

直接投資

金在[illegible]＝七〇万㌦（客[illegible]工場、年産五万ﾄﾝ）

金鍾[illegible]＝四五万㌦（PVC工場、年産六千ﾄﾝ）

金九三＝四四万千㌦（空気調和機製造工場、年産三、一〇〇台＝開発社）

合作投資

[illegible]＝五〇万㌦（観光センター建設、客室一五〇室＝慶州観光）

金永[illegible]・外三人＝四〇万㌦（第五肥料工場、尿素肥料三三万ﾄﾝ＝韓国肥料）

[illegible]＝三二八万九千㌦（食品加工、畜産物年産二万一、八三〇ﾄﾝ＝[illegible]）

河[illegible]＝一七万㌦（輸送と建設、輸送年間二五万ﾄﾝ＝東山運輸）

李[illegible]＝七万六千㌦（自動車整備修理、年間二、一〇〇台＝三美興業）

金[illegible]＝五六万三千㌦（エビ養殖と加工、年間一、二五〇ﾄﾝ）

呉[illegible]＝七万六千㌦（繊維[illegible]製造、年間製糸一、二四八B／Lしゅう糸一、二四八B／L＝日新紡糸工業）

[illegible]＝一二万三千㌦（合成樹脂工場＝[illegible]新化学工業）

## 交通標識を国際規格化

韓国の治安局は今年度から全国交通標識を漸次、国際規格に変える方針である。そこで道路交通法施行令中標識などの規定を改正する計画であるが、この規定が改正されれば全国の交通標識は新年から年末までに国際規格化された標識に変わることとなる。

国際規格化された交通標識は、現在の交通標識より規格が大きくおもに絵で書かれているため識別しやすくなっている。なお、極東では韓国だけがいままで国際規格化されていない交通標識を使っていた。

## 私設道場の60％はカラ手道

### 大韓体育会が調査

大韓体育会はこのほど、全国私設道場の現況を調査し、カラ手道、柔道、重量あげ、ボクシングなど四つの種目にわたって七百七十一の道場があることを明らかにした。このうちカラ手道場が五百六にのぼっており、全部の道場数の六〇％を占めている。

## 新年会のお知らせ

東本恒例の新年宴会を左記の如く開催することになりました。ご多忙中とは存じますが、万障くり合わせの上御参席下さるよう、ここにお知らせ致します。

記

一、日時 一九六八年一月十日午後一時

一、場所 東本講堂

## 現代化めざすソウル

### 観光センター、託児所など

（ソウル八日＝ＳＩＳＡ）ソウル市は今年度に二百四十一億ウォンの民間資本を誘致して五十五件の各種事業を繰り広げる計画である。

この事業計画によると、三十億ウォンで地下二階、地上十八階のソウル市第二庁舎を建設するほか、ソウル駅前広場周辺開発、不良住宅改良、南山観光センター、養老院、託児所、公園などの建設、および市場現代化事業などに投資することになっている。

## 電力難今年末には解消

韓国電力公社は六八年度に六ヵ所の発電所（四十六万二千㌔）を完成して六八年度末には出力を百三十七万九千㌔に拡張、九万五千㌔の予備電力を備える計画である。

韓電は最近、ソウル付近の[illegible]建設のための資本材導入計画が外資導入審議会によって承認されると同時に、六八年度電源開発事業の全容を発表した。これによると外資九千三百八十九万五千㌦、内資百七十六億四千二百万ウォン合計四百三十二億九千万ウォンの資金を使い、六ヵ所の発電所建設および拡張工事を終える計画である。

## 韓国のお正月

金 坡 禹

### 古色豊かな先祖の祭り

### いまの世にも伝わる元旦歳時

民族と国家の如何にかかわらず昔から伝えられる風俗と習慣は、その国の民族性、文化、伝統などを知る重要な役目を果している場合が多い。東洋的倫理が生活の基準となる風俗習慣は、我が国の社会を動かす原動力となっていた。世界のいずれの国といえども、各々その国の風俗習慣には祖先から受けついた伝統的な精神というものが知らず知らずのうちに積み重ねられ、国民の一人ひとりの心のなかに潜在しているものである。そういう点からいえば歴史的、あるいは民族的背景をなすお正月とか、お盆のような年中行事もやはり国民性の反映であって、また風俗習慣のシンボルであるともいえる。しかし、このような年中行事も時代の変遷によって多少の変化はあるにせよ、そのなかには必ずその国における民族的色彩というものはきっと保有されているに違いない。我が国における現代の風俗習慣は伝統が古く、種類も豊富である。そのなかには我が民族特有の習俗の以外に仏教と儒教などの外来文化の伝来によって形成されたものも少なくないのだが、これらの年中行事はすべて旧暦によって行なわれていることを念頭においておく必要があろう。

#### 正月（元旦）

正月元旦は一年のはじめとして、四季の首であるという。この日は都会において、農村、漁村においても昔から貴賤貴卑の別なく、全国民は各々その分に応じ、年のはじめを祝福し、あらゆる場所で古くを送り、新しきを迎える楽しみをつくすならわしである。

古代の我が民族は太陽を崇拝し、それを王朝上帝として崇み、それを王室の中心とし、人[illegible]て、王室を国民の宗家としてたてまつった。我が民族の祖先の太陽崇拝の精神は非常に厚くから心のおくそこにやしなわれるようになっていた。元旦の祭礼と農業の豊作を祈る祭は全国[illegible]かし、時代の変化と社会的事情の変遷に伴なって、そのうちの幾つかは素朴なる原形をそのまま伝えているものもあれば変化されたものもあり、全然なくなったものもあろう。歴史のなかで[illegible]されていたものもあるが[illegible]

も一つや二つではなかろう。なかんずく、古き記録として今日に伝わっているものとしては新羅時代のものがわずかに残っているだけである。

随書八十一巻東夷伝新羅の条に「毎正月朝相賀、王設宴会、班賚群官、其日拝日月神」とあり、また新唐書二百二十巻には「元日相慶、是日拝日月神」というのがある。

ところで、お正月をソールと云っている。そして、お正月には、歳拝や歳饌をやり、家神を祭り、またいろいろな遊戯娯楽を行ない、新年を祝ほぐが、ところで元日に行なわれる主なものを記して見ればおよそ次のようなものである。

#### 正朝茶礼

元旦の朝、各家庭では歳餅と歳酒をととのえて家廟に供えて祭礼を行なうが、それを正朝茶礼というのである。ところで家廟とは祖先の神主、すなわち[illegible]

これには大体、四代祖までの祖先、すなわち父母、祖父母、曽祖父母、高祖父母までの神主を安置することである。要するに家廟においては四代祖までの祖先を祭り、それ以上の祖先は神主を各々その墳墓の傍に埋め、家祭を廃するのである。ところが四代祖以上の祖先にしても実例として不遷位の祖先には何十代にいたるまでもその神主を永久に安置し、祭享を執り行なうことである。この不遷位とは、その神主を埋めないで永久に安置して祭るとの意味にして、その人が名賢であったとか、または国家に対して有名な功臣であるとか、為臣でなければ、不遷位の祖先にならなかったのである。だから、これはからは決して家廟にあるものではない。

#### 歳拝

元旦の早朝、各人が装いをこらして父母、祖父母、伯叔父母など[illegible]新年の[illegible]のが例である。[illegible]

歳拝と云う。年長者が家にいて子女や親戚、またはその他の年少者からの年賀を受ける。年少者は自分の家で礼を終ると、つぎは近隣の親戚やその他の年長[illegible]里と離れている地方にもわざわざ出かけて歳拝をするならわしになっている。年賀を受けるものは一般の年賀者に対して酒食をご馳走するのが例となってい[illegible]を訪問して歳拝をする。これが終ってからお互いに友人を訪問して年賀をするが、喪中の人は十五日まで年始に出歩かない。

る。しかし、子供には小額のお金とか、お餅や果物などを与えることもある。

#### 徳談

新年の挨拶をするには相手方の身分に応じて[illegible]えば次の如く述べるのである。

一、年長者、または身分の高きものに対しては、「新年を迎えまして、御[illegible]ようございますか」

二、同年輩の友人間には、「侍奉して自由良く新年を迎えましたか」（侍奉とは父母に侍して幸福するとの意味。父母のいないものには侍奉という言葉を用いない）。「喜びの夢を見たでしょう」「新年には福を多く受けるでしょう。」「官職が得られるでしょう」

三、年少者、または身分の低いものに対しては、「無事に新年を迎えたか」「新年に新居成就の夢を見たかね」「息子の出産の夢を見たろう」

四、子供に対しては、「新年はますます[illegible]の生活が面白いだろう」「嬉しい夢を見たろう。」「侍奉して勉強をよくしたか」

「新年に幸福を多く受けた」―なのである。

端麗な「かがみ餅」で新年を祝ぐ本国のお正月

在日本韓国人江戸川商工協同組合
組合長 崔 金 哲
専務理事 金 仁 寛

在日本大韓婦人会江戸川支部
会長 鄭 在 悦
副会長 梁 容 淑
〃 朴 末 仁

在日本韓国人江戸川納税貯蓄組合
組合長 李 舞 夏
副組合長 鄭 寅 暎
〃 姜 東 道

大韓民国居留民団東京本部顧問
孫 案 秀
東京都台東区下谷二ー二〇ー七号
電話（八七二）〇八九九八

東海航空観光株式会社
車 在 化
東京都港区西新橋1—9—2
植松ビル3/階
電話（501）7271～5

東洋航空株式会社
鄭 賢 式
東京都中央区銀座西7—2
電話（573）4421

大韓観光公社
金 徳 権
東京都千代田区永田町2—29
ホテルニュージャパン東新館4階
電話（581）5511・5033（直通）

株式会社 大韓航空案内社
李 時 子
東京都港区芝新橋14—4
電話（501）0846

株式会社 大韓交通社
左 玉 花
東京都港区麻布東町4
電話（451）3482

株式会社 世界旅行社
張 昌 寿
東京都港区新橋3—12—10（馬場ビル）
電話 日話分室 216—2447—8

韓国物産特選コーナ！
東京丸一貿易株式会社
取締役社長 趙 小 守
東京都中央区銀座二丁目六番地 銀座ビル
電話東京（五六一）代表 六二四三番

世界各国観光旅行案内
韓国観光旅行案内
株式会社 ペガサス エア サービス
代表取締役 張 元 変
東京都港区高輪一丁目二七番四六号（富永ビル）
電話（四四七）二四三三ー四番

有限会社 城東プレス工業所
代表取締役 尹 炳 柱
東京都江東区北砂三丁目五番二四号
電話（六四六）六四三六ー七番

株式会社 大島製鋼所
許 玉 中
事務所 東京都江戸川区中央二ー八ー二〇号
小松川工場 TEL（六五三）一五八一～四番
小島工場 東京都江戸川区小島町二ノ七〇七 TEL（六八〇）三三五一～三番
自宅 東京都江東区大島二ー三六ー一六号 TEL（六八二）九六八八番

亜細亜商事株式会社
代表取締役 韓 尚 柱
自宅 東京都品川区荏原二ノ十六ノ四号 電話（七八一）六七四八番
本社 東京都品川区東五反田五丁目二八番一二号 東商ビル四階 電話（四四二）七一三一～五番

# 東本芸術祭に夢かける
## 意義深い質的向上
### '67年優秀作品紙上展

二・三世の知性と意欲を高めるためにとの情熱をこめて始められた恒例の民団・東本（金己哲団長）主催唯一の文化事業である「東本芸術祭」は昨年も十月十三日から二十二日まで、九日間にわたって駐日公報館画廊で行なわれた。年々、その質と感覚は向上の一途にあり、とくに昨年は目を見はるものが多く、関係者は同祭の持つ意義を今更のようにかみしめ「ことしは昨年以上に」と、早くもその多大な成果を期待している。そこで、昨年の優秀作をふたたび紙面に〝登場〟させてみた。

最優秀賞 「ブドウ狩り」 朴泰弘（高等部三年）

## 目をみはる第四回韓国学生作品コンクール
### 高めよう出品の意欲
### 文化面で知性と勇気を培養

**美術部（初等部）**

最優秀賞 李準雨（東京韓国学校初等部一年）

優秀賞 許江里（〃 足立分校初等部三年）〃朴秀圭（東京韓国学校初等部一年）〃鄭祥子（〃 一年）

佳作 黄真奈美（〃 二年）〃宋三津夫（〃 三年）

佳作 金玉姫（東京韓国学校初等部三年）▽李和真（〃 三年）▽金陽成（〃 六年）▽金京子（足立分校初等部二年）▽孫星鐘（東京韓国学校初等部一年）▽林致珠（〃 三年）

**高等部**

最優秀賞 朴正雄（日本大学三年）

優秀賞 林順子（東京韓国学校高等部二年）

佳作 ▽金山香（〃 二年）▽崔光子（〃 三年）

**書道部**

最優秀賞 安清任（民団江東支部団員）

優秀賞 ▽李明子（民団葛飾支部団員）▽孫春尹均（民団江東支部団員）▽子（東京韓国学校高等部三年）

佳作 ▽金英子（〃 中等部二年）▽南英玉（〃 二年）▽朴信子（〃 高等部三年）▽刹眞一（東京韓国学校初等部三年）

**写真部**

最優秀賞 朴泰弘（東京韓国学校高等部三年）

優秀賞 ▽朴玉蘭（〃 二年）▽呉喜一（〃 二年）

佳作 ▽李明子（民団葛飾支部団員）▽辟文換（東京韓国学校中等部二年）

**作文部**

最優秀賞 金旭子（東京韓国学校高等部一年）

優秀賞 ▽玄英順（〃 一年）▽許江里（足立分校初等部三年）▽金孝槙（東京韓国学校中等部三年）

佳作 ▽呉栄姫（〃 二年）▽姜京姫（〃 一年）▽安慶祖（〃 三年）▽金美恵（〃 初等部六年）▽呉幸子（〃 中等部二年）▽盧正淑（〃 高等部一年）▽呉慶子（足立分校初等部一年）

修身者智之符也
愛施者仁之端也
安清任書

最優秀賞 安清任 民団江東支部団員

東本芸術祭入選者表彰式風景

勇気つけ、のばそうわれらの二世の芽

東本芸術祭 標語

東本芸術祭作品展示を観賞する学生たち

## 会場は連日満員

最優秀賞 「太陽」 李準雨（初等部一年生）

賞状と賞品を授与される入選者、右は崔奨学官

最優秀賞 「墨田川」 朴正雄（日大三年生）

毎週月・金発行
1969年
新年特集号

発行所
韓僑通信社
東京都文京区本郷 3−32−7
大韓民国居留民団
東京本部
発行人 鄭在俊
電話 (812) 4925〜7
(811) 1535
購読料 1ヵ月
1,000〜3,000円

### 五大綱領

一、우리는 大韓民国의 国是를 遵守한다。
一、우리는 在留同胞의 權益擁護를 期한다。
一、우리는 在留同胞의 民生安定을 期한다。
一、우리는 在留同胞의 文化向上을 期한다。
一、우리는 世界平和와 国際親善을 期한다。

本号 8頁

어둠 깨뜨리는
새벽 닭 울어
동해 수평선에
아침 밝아라

## 해외동포에게 보내는 신년메시지

# 우람한역사창조하자
# 숨은노고에깊이감사

친애하는 해외동포 여러분!

희망찬 새해를 맞이하여 멀리 고국을 떠나 이역땅에서 조국의 명예를 위해 노력하는 해외동포 여러분들에게 축복과 인사를 드리는 바입니다.

돌이켜 보면 지난 1년간은 우리나라에 있어서 매우 중요하고 다사다난한 한해였읍니다.

민족 중흥의 벅찬과제를 향하여 온 국민이 한마음 한뜻이 되어 제2차경제개발계획의 대행진이 거듭되는 동안 북한괴뢰는 초조와 불안의 발악으로 무장공비를 남파하여 국내치안을 교란코저 했읍니다.

지난 1·21사태와 동해안 일대를 소란케한 사건이며, 「푸에블로호」의 납북사건등은 침략자들의 마지막 발악적인 행동을 나타내는 바로 그것이였읍니다.

그러나 보다 평화롭게 보다 부강하게 살아보겠다는 국민의 염원은 북괴의 준동따위에 결코 좌절될 수는 없는 것입니다.

일사불란한 반공국민의 기백은 「내나라는 내가 지키며 내가 세운다」는 일면국방, 일면 건설에의 의욕을 더한층 굳게 다짐했읍니다.

대한민국
대통령 박정희

마을마다 고장마다 팽이를 들었던 손에 총칼을 들고 일어선 향토예비군은 물샐틈없는 우리의 방공태세를 과시하고 나섰읍니다.

이와같은 애국지성은 모이고 뭉쳐 수십년을 두고 보기드문 한발도 거뜬히 이겨내었고, 민족의 대 동맥선이 될 경부·경인 고속도로 건설이라는 땀맺힌 결실을 이룩했읍니다.

지난 해에도 경제성장은 11%가 확실하여 한국은 바로 「아시아」의 기적으로 세계사에 등장하게 되었읍니다.

67년에 3억2천만불이던 수출 실적은 68년에는 5억불이라는 놀랄만한 결과에까지 도달한 것은 결코 우연한 것은 아니었읍니다.

이것은 오로지 온 국민이 민족중흥이라는 사명감에 충일하여 번영된 나라를 이룩하려는 의욕의 소산인 것입니다.

또한 나는 이러한 조국의 자랑스러운 성장의 뒤에는 해외에 계신 동포여러분들의 숨은 노고가 쌓여 있다는 것을 새삼 느끼는 것입니다.

해외에 계신 동포여러분!

여러분은 세계 어느곳에서나 이제 한국의 국민임을 자랑할 수 있는 날이 오고 있다는 굳은 신념을 가져야 할 것입니다.

그리고 우리 모두가 자랑스러운 조상이었다고 자부할 수 있는 우람한 역사를 창조해야 할 것입니다.

우리겨레는 국내에서나 해외에서나 하나같이 뭉치고 단결하여 언제나 우리의 조국 한국이 비약하고 있다는 것을 자부하면서 서로 도우고 노력하는 국민이 되도록 당부하는 바입니다.

끝으로 해외에서 수고하는 동포여러분과 여러분의 가정에 행복과 번영이 깃들기를 충심으로 기원하면서 닥아오는 새해에 많은 축복이 있기를 바라는 바입니다.

1969년1월1일

# 緊要한法的地位要求貫徹

# 基本財政確立을

団長 鄭在俊

# 時代的要求와 民族的良心의 大義아래

[illegible] 希望을 가져다 주는 새해의 아침을 맞이하여、나는 무엇보다도 먼저 여러분의 앞길에 幸福이 가득 하옵기를 祈願합니다。해마다 아득히 故国 하늘을 바라보면서 살아가는 우리들 在日同胞가 올해도 異域땅에서 새로운 해를맞이하게 되니 무엇인가 이루 말할 수 없는 간절한 懷抱가 가슴에 벅차 오르는듯 합니다。

더욱이 나로서는 本職에 就任하여 아무른 일도 뚜렷이 成就하지 못한채 해가 바뀌게 되고 보니、海外生活의 問題性과 組織活動의 어려움을 새삼스 뼈저리게 느끼지 않을수 없는 바입니다。이와 同時에、[illegible] 日夜로 活躍하시는 組織員 및 団員 有志 여러분의 諒임 없는 理解와 協助를 바탕으로、上部 組織과 本国 駐日公館의 指示에 따르면서、真正한 民族의 正義感으로 最善을 다하여 努力을 傾注해 나아갈 決心을 새롭게 하는 바입니다。

周知하시는 바와 같이 国際情勢는、一九七〇年代로 向하여、우리들이 予測할 수 없는 方向으로 回動하고 있으며、歴史的 하나의 分岐点이 바야흐로 이루어지고 있는듯 생각됩니다。特히 最近의 共産傀儡集団들의 国際的으로 発狂하는 動向을 보아、이 時点에서 自由友邦国은 더욱 두터운 理解 [illegible] 것이 要望되며、海外에 사는 우리들은 大韓民国国民으로서 올바른 自覚과 矜持를 強硬히 하여 祖国의 富強에 이바지 해야 할 것이 要求됩니다。近年의 祖国의 發展像은 눈부시게 躍進하는 途上에 있으며、온 国民이 近代化作業에 総力을 集結하여 邁進하고 있는 모습을 見聞할때、우리들의 姿勢와 認識을 새롭게 해야겠다는 自責感을 禁할 수 없는 바가 있읍니다。

우리들은 지금까지 歴史의 潮流와 国内外의 時代的 状況에 適応하지 못하고 前近代的인 思考方式과 指導理念의 缺乏으로 因한 [illegible] 말미암아 二十二年間의 熱意와 努力에도 不拘하고 成就한 課業은 너무도 微少하였읍니다。

그 위에 民団組織과 民族社会에 不美스러운 結果만을 招来하는 갖가지의 弊風이 旧態依然하게 남아있지 않다고 断言할 수 없는 現実입니다。

就任 七個月以来 나는 이러한 점을 痛切히 느끼면서、在任中에 이와 같은 悪風을 除去하고 健全한 組織体制를 軌道에 올려 보겠다는 것이 하나의 目標라고 할수 있겠읍니다。그러기 위해서 내 스스로가 먼저 民族的良心과 時代的要求의 大義밑에서 健全하 [illegible] 로운 氣風과 威信을 세우는데 礎石이 되어보겠다는 覚悟를 깊이 하는 바입니다。

이와 같은 理念 밑에서 具体的으로 먼저 着手한 것은、大会에서 公約한 바와 같이 組織의 基本財政確立의 推進입니다。이 運動의 目的을 端的으로 말하면、財力本位로 人物을 評価하고 団長을 選出하는 従来의 傾向을 없에고、民団組織의 참된 指導者가 될수 있는 사람이라면 누구나가 나아가서 団務에 専念할 수 있는 体制를 永久的으로 갖추어 놓아야 겠다는 것입니다。多幸히 有志여러분의 積極的인 理解 [illegible] 미 目標의 七〇퍼센트에 達하게 되었으며、나머지는 新年 上半期에 完成될 것으로 믿습니다。

둘째로는 韓日協定에 依하여 締結된 「法的地位」内容에 있어서、民団의 基本的인 当然한 要求事項을 어디까지나 争取해 나아가야겠다는 것이 가장 緊要한 課業이라고 하겠읍니다。이 問題는 在日韓国人의 恒久的인 生存権에 関한 問題인 만큼、民団의 始終一貫한 要求事項은 굽힐수 없는 것이며、今後 더욱 더 強力한 大衆的인 運動의 展開와 同時에 本国政府의 積極的인 外交措処가 促求되는 바입니다。

[illegible] 을 갖고 平素에 組織의 総意를 기울여 没頭하지 않으면 안될 것은 民族教育의 課業이라고 생각합니다。海外에서 生活하는 우리들에게、韓国人으로서 부끄럽지 않게 살아가기 위해서는 무엇보다도 民族的인 自覚과 矜持가 必要하기 때문입니다。이 問題를 疎忽히 한다면、在日同胞의 民族的継承과 民団組織의 歴史까지가 断絶될 憂慮性이 없지 않는 것입니다。

以上 말한바의 外에도 日常生活과 直結되는 信用組合과 商工会의 育成、納税組合의 健全한 活用、協同組合의 結成等等、그야말로 問題는 山積되어 있읍니다。

이 모든 課業을 短期間에 成就한다는 것은 不可能하나마、在任中에 最大에 機能을 発揮하여 조금이라도 進就性있는 体制와 成果를 이룩하고저 念願하는 바입니다。

부디 加一層의 協力과 指導 있기를 바라면서 団員 여러분의 幸運을 빌어 마지 않습니다。

## 三機関長 올해의 抱負

# 系統的인 民族教育이 課題

議長 金載淑

一九六九年을 맞이하여 삼가 問安 드리오며 団員各位의 家庭에 瑞気満堂하시기를 비옵니다。

去年 五月大会에서、微力한 이 사람이 東京本部의 重職에 任하여 以来、山積한 多難事에 부닥쳐 가면서도、団員여러분과 三機関 그리고 各支部의 役職員께서 不撤昼夜로 努力하심에 依하여 大過없이 새해를 맞이하게 된 것입니다。무엇인가 雑多하게 번거로웠던 旧年은 永劫으로 사라지고、새 出発의 一步를 내 딛입에 즈음하여 真情으로 民団組織과 民族社会의 前途에 繁栄과 安寧 있기를 빌어마지 않는 바입니다。

近年에 와서 우리祖国大韓民国의 힘차게 躍進하는 近代化의 모습은 海外에서 生活하는 우리들로 하여금 実로 마음 든든하게 하는 바가 있읍니다。그러나 한편 去年 一月에서 부터시작하여 激化한 北傀의 窟行은 公公然하게 挑発行為를 계속하여 民族의 将来를 또 다시 피로 물들일려는 野欲인 것입니다。이에 対하여 우리들은 새롭게 精神武装을 굳이 해야 겠읍니다。

우리 組織社会에서는、体質改善이니、組織人의 良識과 姿勢를 바루자니、活動財源을 確立하자는 等等의 必要性이 力説되어 왔으나 如前히 남아 있는 課題입니다。新年을 契機로 劃期的인 前進을 바라지 않을 수 없읍니다。

特히 今年은 永住権申請期限을 二年 앞두고、韓日協定에 依한 法的地位에 있어서 그 実施의 改善과 民団要求의 貫徹이 지금 緊迫한 커다란 問題이라고 하겠읍니다。이 問題의 結果는 우리들 一代에만 그치는 것이 아니고 子孫代代의 生活権益을 規定하는 것인 만큼 後世에 不幸한 遺感을 남기지 않도록 있는 精力을 傾注하여 地位確保를 争取하지 않으면 안될것입니다。

그 뿐만이 아니고 民族教育에 있어서도、積極的이고 広範囲한 活動의 展開가 必要한 것이며、組織의 系統的인 施策과 同時에 本国政府 및 駐日大使館의 새로운 認識과 施策을 促求하지 않을 수 없읍니다。

이와 같은、우리民族과 組織社会의 前途에 가로 놓인 基本的인 大課題를 解決、獲得하기 위해서는 우리들 自身이 이러한 諸般問題를 争取해 나아가야 한다는 覚悟와 矜持를 새롭게 하면서 新年을 出発하고저 하는 바입니다。

# 五大綱領의 理念을살리자

監察委員長 李馬致

意義 깊은 新年을 맞이하여、団員여러분 過歳安寧하셨읍니까。

多事多難하던 한 해를 여러분의 尽力하신 徳分으로 別過없이 지내고、이제다시 새로운 年輪으로 向하여 出発하게 됨에、우리 民団組織과 同胞社会의 未来에 栄光 있기를 빌어마지 않습니다。

이 사람은、過去二十余年間의 組織経験을 通하여、또 現在의 職責으로서、우리의 組織活動과 民族社会의 前途에는 너무나도 안타까운 問題가 많다는 것을 切実히 느끼는 바입니다。

그것은、社会的인与件이라든가 目標理念의 不統一性에서 오는 原因뿐만이 아니고、人的、財源的인 基本段階에서부터 非合理的인 慣例가 너무나 오래 持続되어 왔기 때문에 많은 先輩들이 피어린 努力을 거듭하여 왔음에도 不拘하고 組織과 民族을 위한 実利実効的인 成果를 가져옴이 적었다는 것입니다。

이제 우리 組織은 二十数年의 星霜을 거쳐、活動의 方向과 問題의 取捨選択에 있어서 그 判断力을 培養하여 왔으며、그 위에 平素의 力量을 充分히 活用하여 綱領의 理念을 実現하는 참된 方向으로 姿勢를 다시 새롭게 하여야 겠읍니다。

特히 내가 맡은 바의 職責의 見地에서 말한다면、規約의 올바른 精神과 認識을 좀더 두텁게 하여 円滿히 運用하므로써 組織의 秩序와 体系를 바로 세우며、意見相異로 因한 内部의 対立 또는 非協力的인 弊端을 排除해야 된다는 것이 切実히 要望되고 있는 바라고 하겠읍니다。이것은 두말할 나위도없이 組織者의 基本的인 良識일 것이며 民主主義의 原則일 것입니다。決議事項은 반드시 実施되어야 할것이며、職責이나 意見을 달리 할지라도 大義에 따라 힘을 集結하므로써만이 目的을 達成할수 있는 것이며、여기에 組織의 意義와 綱領의 理念이 이루어질수 있는 것입니다。

우리들은 밖으로도 항상 意識을 날카롭게 하여 敵性分子들의 動向을 살피며 그 対備策을 充分히 강구함과 同時에 名個人의 精神的武装이 더욱 要望되는 段階에 達하였다고 새삼 指摘해 두지 않을수 없읍니다。

새해를 맞이하면서、이와 같은 諸般事에 関하여 決意를 새롭게 하며、아울러 団員 여러분과 有志諸氏의 힘찬 支援이 있기를 빌면서 年頭人事로 代하고저 합니다。

## 在日大韓民国居留民団 東京本部 任職員名覧

| 区分 | 職名 | 氏名 |
|---|---|---|
| 顧問 | | 張仁建 |
| | | 鄭寅錫 |
| | | 丁賛鎮 |
| | | 呉宇泳 |
| | | 金仁洙 |
| | | 金己哲 |
| 議決機関 | 議長 | 金載淑 |
| | 副議長 | 徐興錫 |
| | 副議長 | 金聖煥 |
| 監察機関 | 委員長 | 李馬致 |
| | 委員 | 禹英鎮 |
| | 委員 | 朴達権 |
| 執行機関 | 団長 | 鄭在俊 |
| | 副団長兼経済部長 | 羅鍾卿 |
| | 副団長 | 李永三 |
| | 事務局長兼総務部長 | 韓昌圭 |
| | 総務次長 | 申秀鉉 |
| | 組織部長 | 崔[illegible]櫄 |
| | 民生部長 | 李泰術 |
| | 文教部長 | 李瑜煥 |
| | 宣伝部長兼韓僑通信編集長 | 金聲浩 |
| | 宣伝次長兼韓僑通信編集次長 | 金博夫 |
| | 韓僑通信営業次長 | 呂寅斗 |
| 執行委員 | | 鄭在俊 |
| | | 羅鍾卿 |
| | | 李永三 |
| | | 韓昌圭 |
| | | 尹致夏 |
| | | 姜学文 |
| | | 金容太 |
| | | 廉廷燮 |
| | | 金祀輝 |
| | | 崔学林 |
| | | 尹達鏞 |
| | | 許允道 |
| | | 高崙宗 |
| | | 閔泳相 |
| | | 李彩雨 |

# 各界의 新年인사

## 祖国에 呼応하여

中央団長 李禧元

多事多難하였던 一九六八年을 보내고 이제 希望에 가득 찬 己酉 새해를 맞이함에 際하여 親愛하는 在日同胞여러분의 多福하심을 빌면서 年頭의 人事를 올리고져 합니다.

돌이켜 보건데 지나간 一年 國內外의 情勢와 民団社会를 둘러싼 諸般問題는 平担치 않았으며 民族運動의 進路는 難処에 부

었으며 諒解事項이 成立되었던 것입니다. 그러나 이 諒解事項도 우리들의 期待와는 距離가 먼 것이었으므로 「法対委」의 活動은더욱 果敢性을 加하여 지난 八・一五에는 民団創団以来 처음으로 外務省과 法務省을 為始하여 同日同時에全国에 散在하는 入管事務所에 抗議陳情하였으며 다시 지난 十一月五日에 東京서

한 것이며 民族과 歷史를 쌓아가야 할 우리들의 使命은 큰 것이었다. 今年이야말로 보람있게 事業을 成就시킬 決意를 새롭게 하며 來日을 期約하는 새해의 抱負를 가다듬

## 協調하여 繁栄을

東京商銀理事長 許弼奭

## 子女教育에 重点

婦人会東本会長 朴琪先

## 눈부신 祖国의 発展
## 郷土開発에 寄与기대

駐日大使 厳敏永

## '団結이 急先務'

韓青委員長 金宰淑

## 団結하여 北傀策動물리치자

公報館長 李星澈

## 権益옹호에 앞장

学同委員長 徐啓作

## 在日同胞들에 보내는 메시지

金圭南

(共和党所属国会議員)

# 謹 賀 新 年

# グラフに見る 東本の1年 1968

## 活動と躍進の足跡

五月二十八日の東京本部の大会で現鄭在俊執部が選出されて以来はや、半年も過ぎ、新しい年一九六九年を迎えるに至った。過ぐる年は、在日同胞にとって重大な意味をもっておりわれわれ民団にとっても厳しい試錬の連続であった。

ここでわれわれは昨年の活動をふりかえりながら写真で足跡を追い「活動と躍進」の成果をみてみたいと思う。

例えば、八・一五民衆大会、韓日両国政府 実務者 会議への陳情を中心とした法的地位の運動、また夏季学校による母国訪問、青年学生を対象とした国語講習会、体育祭等々の文化諸行事がある。

民族の砦として今年も在日同胞のための民団として再出発していくつもりです。

〉本国夏季学校〈

二世、三世の青年・学生を対象とした本国夏季学校はこの年で三回をかさね、質量とも年々その意義を増している。この夏は、全国各地の青年学生六四八名が二団に分れて参加し、初めて見る祖国のふところにいだかれて勉強した。

〉8・15光復節〈

半世紀にわたる日帝のくびきから解放されて23年目を迎えたこの日、東京では神田一ツ橋の共立講堂に約4,000名の同胞が集り、当時の喜びと意義をいま一度胸にきざんだ。またこのあと、日本外務省等に法的地位要求の陳情を行なった。

〉本国干害救援運動〈

わが国の穀倉地帯全羅北通湖南地方は、この年未曽有の干害におそわれた。民団では全国的な規模で救援募金活動を展開し多大な成果をおさめた。

〉鄭在俊新執行部発足〈

5月28日、千代田公会堂において民団東本定期大会が開かれ、焦点の団長選挙で鄭在俊現団長が選出され、新執行部をスタートさせた。

なお議長に金載淑氏、監察委員長に李馬致氏がそれぞれ選ばれた。

〉体育大会〈

第10回在日韓国人体育大会は6月30日、小石川サッカー場に3,000余の同胞が参集して開かれ、文字通り民族の祭典がくり開げられた。

〉法的地位全国代表者会議を開き、法務省に陳情デモ〈

11月5日全国代表300人が参加し、一方的な判断・推認による「法的地位」実施に対して、法務省に陳情デモを行い、入管に要望書を手渡した。

## 日誌

一月

▲6日 業務開始

二月

▲12日 北傀共匪蛮行糾弾中央民衆大会挙行。

三月

▲19日 民団関東地区協議会

▲1日 第四十九回三・一節記念中央民衆大会（於日比谷公会堂）

▲16日 第四十七回関東地区協議会（於群馬県伊賀保）

▲25日 韓青、外国人学校法反対中央決起大会開く

四月

▲18日 朝鮮大学認可対策関東地区代表者会議

▲26日 朝鮮大学認可糾弾民衆大会（於日傷ホール）

五月

▲24日 第四回東本定期地方委員会（於駐日公報館）

▲28日 第三十回東本定期大会（於千代田公会堂）。新団長に鄭在俊氏（現東本団長）選出。

六月

▲3日 民団東京本部で新旧執行部事務引継ぎ

▲5日 新執行部初の三機関会議。基本問題を討議

▲14日 鄭執行部初の関東地区協議会（於伊東）。八・一五光復節記念行事、在日韓国人体育大会を討議

▲19日 民団東本新執行部構成。

▲19日 東本第一四八回支団長会議。八・一五日記念体育大会の件

▲30日 第十回在日韓国人体育大会（於小石川運動場）

七月

▲12日 東本管下各支部事務部長会議。夏季学生派遣問題、八・一五等論議。

▲14日 韓青中央研習所「花郎台」落成式。

▲25日 本国夏季学校入校生結団式（於東本）。

▲26日 東本管下納税貯蓄組合懇談会（於東本）

▲31日 在日韓国人全国教育大会開催（於伊豆）

八月

▲3日 東本支団長会議（第一四八回・於東本）。光復節、東本基本財政の件

▲6日 本国干害救援委員会を構成、全国的に救援募金活動を展開

▲7日 商銀荒川支店開店

▲12日 民団関東地区事務局長連絡会議（於東本）

▲14日 八・一五光復節本国参観団出発。

本国夏季学校入校生第二団出発（東京管内十一名）

▲15日 第二十三回光復節記念中央大会（於共立講堂）

▲23日 東本管内実務者研修会（24日迄於箱根湯本）。

▲26日 臨時支団長会議（於東本）本国干害救援の件

▲28日 在日韓国人納貯組合東京連合会第一回総会

九月

▲1日 第四十五周忌関東大震災犠牲同胞追悼式

▲3日 東本月例巡回支団長会議（第一回於墨田区会館）

▲7日 本国夏季学校終了生懇談会（於東本）。

▲9日 東本各分科委員会開催、各分科委員会長を選出

▲20日 東本管下三機関研修会（於箱根）

▲27日 在日韓国人納貯組合連合会第一回常任理事会。

▲27日 本国国軍日参観団一行羽田出発。

▲26日 民団第13回中央委員会（於日傷ホール）

十月

▲15日 民団東本執行委員を選任（十五名）

▲21日 第二回月例巡回支団長会議（於足立支部）。

▲22日 納貯組合東京連合会で税務講習開講

▲30日 民団東本第五回定期地方委員会（於商銀荒川支店）東本屋舎問題等

十一月

▲2日 時局講演会（於公報館）

▲5日 法的地位要求全国代表者会議（於中央本部）。法務省に陳情デモ

▲5日 法的地位に関する韓日実務者会議（九日迄）

▲10日 東本主催時局講演と韓国舞踊の夕べ（於荒川）

▲13日 民団愛知県本部団長金龍煥氏殉職

▲13日 東京韓国学校文化祭

▲18日 臨時支団会議

▲23日 故金龍煥氏民団葬（於名古屋）。

▲23日 緊急全国地方本部団長会議（於愛知県本部）。

十二月

▲2日 民団東本三機関会議

▲3日 東本第七回定期支団長会議（於大田支部）。割当金、歳末相互扶助運動等。

▲1日 民団全国歳末助け合い運動実施（30日まで）

▲8日 韓青第十三回全国大会開催。金宰淑委員長再選。

▲14日 民団東本管下各支部監察委員研修会。

▲28日 一九六八年度終業

## 東京地方本部各分科委員会委員

### 企画分科委員会

委員長 尹致夏
委員 金鎮奎
〃 曺圭必
〃 朴道春
〃 姜高元
〃 尹奉啓
〃 徐龍岩

### 組織分科委員会

委員長 姜学文
委員 金致淳
〃 李海龍
〃 金東春
〃 金宰淑
〃 朴琪先
〃 商工会代表

### 民生分科委員会

委員長 金容太
委員 李彩雨
〃 徐興錫
〃 許允道
〃 金勲暎
〃 崔祥烈
〃 朴永銅

### 文教分科委員会

委員長 廉廷変
委員 中鳳権
〃 李棟鎬
〃 閔泳相
〃 葵洙仁
〃 権寧珣
〃 高崙宗

### 宣伝分科委員会

委員長 金祀輝
委員 朴性雲
〃 牟萬尚
〃 丁永沢
〃 李権弼
〃 李幸九
〃 金泰変

### 経済分科委員会

委員長 崔学林
委員 尹達鏞
〃 金坪珍
〃 許弼爽
〃 李鳳学
〃 朴珪秉
〃 朴鍾太
〃 李慶晩

5 事件処理のためには、両 [illegible]

## 法的地位及び待遇に関する協定の問題点

# 運動を盛り上げ民団の要望事項を貫徹しよう

一九六六年一月十七日、韓日修交条約の締結による『在日韓国人の法的地位及び待遇に関する協定』が、発効してから、今年一月十七日が三週年にあたる。

この協定をめぐって、韓日両国政府の諒解のくい違いと、日本当局の一方的な推認・判断による実施によって、如何なる事態を招くことになったのか。

永住許可申請の期限を二年余りおいて、在日韓国人にとって最大かつ緊迫したこの問題について、朴性鎮先生に寄稿をお願いした。

編集部

韓日併合は、

〃両国間の特殊で親密な関係を考慮し、相互の幸福を増進すると共に東洋の平和を永久に確保するために云々……〃

という口実と大義名分をもって強行されたものであった。いうところの相互の幸福が、憲兵・警察官は勿論、教育者までが担銃着剣しての、我が民族に対する統治であり、祖国併呑であった事実は、我が民族が周知しているところであり、三十六年間の祖国江土は涙の海と化し、流血の惨状で綴られたのであった。

歴史は二度繰りかえすという言葉があるが、法的地位協定前文は名文と美文で装飾されてはいるが、その中味を探って見れば見るほど、しまった！と驚かざるを得ない。

これによって、数多くの在日韓国人は、不安と恐怖に脅かされる身の上になったのである。

なぜこれほどにも前文と内容が異るのか。今なお交渉中であるので、軽卒に判断することは控えるとしても、このままであれば、在日韓国人の悲劇の歴史が、新たに始まったものといわざるを得ない。

国を奪われ、土地を失い、徴用、懲兵、強制労働で日本国に連行されてきたわれわれ同胞は、今また、どのような道を歩むことになるのだろうか。

### 在日韓国人法的地位協定の前文

「日本国及び大韓民国は、多年間日本に居住している大韓民国国民が、日本国の社会と特別な関係を有するに至っていることを考慮し、これらの大韓民国国民が日本国の社会秩序の下で安定した生活を営むことができるようにすることが、両国間及び両国民間の友好関係の増進に寄与することを認めて、」

と記載されている。それこそ善隣友好の精神が表現されており、日本政府が、在日韓国人の居住と生活問題において、他の外国人とは異る配慮があるべきだというのである。当然かつ妥当な名文である。

しかし、この道理を謳った前文にも拘わらず、個々の条文内容を見ると、前文にいう在日六十万同胞はおろか、十四年間もの長きにわたり、韓日関係の正常化のために努力を傾注し、その成功を念願し、歓迎していた、民団々員であるわれわれでさえ、前文に明記した〃安定した生活〃は到底望み得べくもないようになっている。反対に、以前にまして、不安に満ちた、苦しい生活を壊え忍ばねばならぬ破目になってしまったのである。

このような韓日協定の内容に対して、仮調印当時から、意識ある在日韓国人の間では動揺が渦巻き、青年・学生を中心に、法的地位の要求貫徹のための闘争が果敢に展開されたのであるが、これこそは、在日六十万韓国人の権益を擁護し、自らの権利を要求する正当な叫びであり、権利侵害への怒りの爆発であったといえる。

協定に当って、両国政府にいかなる政策的意図と判断があったかはともかく、現実には、協定内容はわれわれの期待を裏切ったものになってしまった。

かかる現実を前にして、この協定が、その前文の美文と裏腹に、日本政府の韓国人追放政策から生じた結果であると非難する声が、今やわれわれ在日韓国人社会の世論を形成しつつある。

一方、民団では、これに対して〃韓国人法的地位待遇対策委〃を発足させ、活動を開始するに至った。

では、ここで、協定文の内容を具体的にみながら、その問題点を指摘したいと思う。

**第一条**

1　日本国政府は、次のいずれかに該当する大韓民国国民が、この協定の実施のため日本国政府の定める手続に従い、この協定の効力発生の日から五年以内に永住許可の申請をしたときは、日本国で永住することを許可する。

(a)　一九四五年八月十五日以前から申請の時まで引き続き日本国に居住している者

(b)　(a)に該当する者の直系卑属として一九四五年八月十六日以後この協定の効力発生の日から五年以内に日本国で出生し、その後申請の時まで引き続き日本国に居住している者

2　日本国政府は、1の規定に従い日本国で永住することを許可されている者の子としてこの協定の効力発生の日から五年を経過した後に日本国で出生した大韓民国国民が、この協定の実施のため日本国政府の定める手続に従い、その出生の日から六十日以内に永住許可の申請をしたときは、日本国で永住することを許可する。

3　1(b)に該当する者でこの協定発生の日から四年十箇月を経過した後に出生したものの永住許可の申請期限は、1の規定にかかわらず、その出生の日から六十日までとする。

4　前記の申請及び許可については、手数料は、徴収されない。

**第二条**

1　日本国政府は、第一条の規定に従い日本国で永住することを許可されている者の直系卑属として日本国で出生した大韓民国国民の日本国における居住については、大韓民国政府の要請があれば、この協定の効力発生の日から二十五年を経過するまでは協議を行なうことに同意する。

2　1の協議に当たっては、この協定の基礎となっている精神及び目的が尊重されるものとする。

**第三条**

第一条の規定に従い日本国で永住することを許可されている大韓民国国民は、この協定の効力発生の日以後の行為により次のいずれかに該当することとなった場合を除くほか、日本国からの退去を強制されない。

(a)　日本国において内乱に関する罪又は外患に関する罪により禁錮以上の刑に処せられた者（執行猶予の言渡しを受けた者及び内乱に附和随行したことにより刑に処せられた者を除く。）

(b)　日本国において国交に関する罪により禁錮以上の刑に処せられた者及び外国の元首、外交使節又はその公館に対する犯罪行為により禁錮刑に処せられ、日本国の外交上の重大な利益を害した者

(c)　営利の目的をもって麻薬類の取締りに関する日本国の法令に違反して無期又は三年以上の懲役又は禁錮に処せられた者（執行猶予の言渡しを受けた者を除く。）及び麻薬類の取締りに関する日本国の法令に違反して三回（ただし、この協定の効力発生の日の前の行為により三回以上刑に処せられた者については二回）以上刑に処せられた者

(d)　日本国の法令に違反して無期又は七年をこえる懲役又は禁錮に処せられた者

**第四条**

日本国政府は、次に掲げる事項について、妥当な考慮を払うものとする。

(a)　第一条の規定に従い日本国で永住することを許可されている大韓民国国民に対する日本国における教育、生活保護及び国民健康保険に関する事項

(b)　第一条の規定に従い日本国で永住することを許可されている大韓民国国民（同条の規定に従い永住許可の申請をする資格を有している者を含む。）が日本国で永住する意思を放棄して大韓民国に帰国する場合における財産の携行及び資金の大韓民国への送金に関する事項

**第五条**

第一条の規定に従い日本国で居住することを許可されている大韓民国国民は、出入国及び居住を含むすべての事項に関し、この協定で特に定める場合を除くほか、すべての外国人に同様に適用される日本国の法令の適用を受けることが確認される。

**第六条**

この協定は批准されなければならない。批准書は、できる限りすみやかにソウルで交換されるものとする。この協定は、批准の交換の日の後三十日で効力を生ずる。

以上の証拠として、下名は、各自の政府からこのために正当な委任を受け、この協定書に置名した。

千九百六十五年六月二十二日に東京でひとしく正文である日本語及び韓国語により本書二通を作成した。

日本国のために
椎名悦三郎
高杉　晋一

大韓民国のために
李東元
金東祚

以上が「日本国に居住する大韓民国国民の法的地位及び待遇に関する日本国と大韓民国との間の協定」の前文（前述）を除く第一条から第六条までの全文である。

ここで特に問題になる条項は、第一条1の(a)と第五条である。

### 日本国に永住を許可する者の範囲

まず永住権附与の基点を一九四五年八月十五日に定めたところに問題がある。

一九四五年八月十五日が、いかなる根拠で決定されたのかが不合理なのである。

解放の日だとか、軍事的終戦日だとかは、在日韓国人の法的地位を取り扱う場合、あまりに問題が多い。

他のことは捨象するとしても、一九五二年四月二十八日日本国立法による法律第一二六号で

〃朝鮮人は今日限り日本国の国籍を離脱する〃

と定めた点を指摘せざるを得ない。この法律は、所謂当時の朝鮮人の要請でもなければ、韓国の主張でもなく、日本が自分達の国権を回復した日に、みずから策定した以外の何ものでもないのである。

解放国民だとか何だとかいう理屈はそれとしても、およそ外交をもって国の実利をはかる場において、相手側が策定した事実を、いかなる理由でこれを否定し、七年間も後戻りして決定しなければならなかったのか、ということである。これが、わが国に不利な結果を招くことは、始めからあまりに明白であった。われわれ在日韓国人の生活権を、いかなる目的、いかなる利益を想定して、譲歩する挙に出たのか、ということである。

在日韓国人の法的地位の基点の設定については、理論的にみても、実際的利点の見地から見ても、よくやったとは到底いい難い。

### 継続居住問題

日本側は、戦後一時でも日本国土を離れた場合は、継続居住とはいえない、との解釈を示している。

第一二六号法律に依れば、戦前から引続き居住している者であれば、その後一度も日本を離れたことのない者と、終戦直後一時的に帰国して、再び入国した者との実質的な差異はない。したがって、永住権問題で、両方のケースを区別して取扱う理由は少しもないといわなければならない。

しかるに、日本政府は、終戦時から講和条約発効の日までの間に、一時帰国し、ただちに再入国した多数の人々を排除しようとしている。これは、法律第一二六号に明らかに抵触するものであるにも拘わらず、その矛盾を無理に正当化しようとする意図が、明白に見られるといわざるを得ない。

### 第三条（強制退去）の問題点

第三条で「次のいずれかに該当することとなった場合を除くほか、日本国から強制されない。」と、何か特別な優遇でもするかのごとく羅列しているが、そもそも「永住権」に「強制退去」があるというのは、いかなる意味なのか。見かけだけで永住といい、強制退去を策定したことは、大きな矛盾である。万一、永住を許可された者が犯罪を犯せば、しかるべき日本国内法の適用によって処罰すればそれですむことである。強制退去とは、それとは次元を異にする、基本的人権に関わる問題である。この強制退去ひとつをとっても、本来の意味での「永住権」は、事実上骨抜きにされたといっても過言ではない。

永住権に、強制退去という難条件を付帯させたことは、全くの錯乱処置であるといわざるを得ない。

以上に論じたごとく、強制退去のほかに、出入国管理令の問題がある。すなわち、われわれ在日韓国人に対して、日本への短期間旅行者、或いは単に経由を目的に日本に立ち寄る一般外国人と同じく、出入国管理令をそのまま適用することを確認する、となっている点である。

あらためて論述するまでもないが、在日韓国人の日本居住は、強制連行等、半世紀に及ぶ日本の植民地統治の結果である。かかる特殊事情があり、しかも日本への永住を許可した者に対して、一般外国人と同じく、あらゆる法律を適用することは、ナンセンスというよりほかなく、到底肯定し得ない大問題である。

現在、われわれ在日韓国人は、日本国民と同等な義務を履行している。

一方、待遇問題においてはどうかといえば、社会保障制度からは、健康保険と民生保護の他は除外されている。

### 自主運用に関する了解事項

このような幾多の問題をはらむ法的地位協定の是正を要求して、民団が動き始め、韓日両国の当局に真相を訴えたところ、一九六七年七月二十七日から次官会議が東京で開かれ、韓日両国が同時に発表した

誌面の都合で両国政府発表の諒解文は削除するが、その問題点を指摘してみよう。

これが発表された時は、大幅な前進があるのではないかと期待していたが、結局、官僚達の了解事項の姑息的な解釈によって、別段効果をみることはできなかった。

協定文において最も問題になった基点問題と、継続居住の問題を緩和するために手を加えたものが、了解事項の第一項であるが、我々が主張する基点、一九五二年四月二十八日の問題を、実務的に処理する段階で、一九五〇年の時点まで、ゆるめようと試図したものであり、継続居住の問題も一見譲歩したかのように、

〃第二回外国人登録（一九五〇年度）を済ませ、それによって一九四五年八月十五日以前から日本国に居住している事実が推認されれば……〃

と記録したのである。これに対して韓国外務部は〃一九五〇年度の第二回外国人登録をすませた者に対しては、それ以上調査することなく不問に処する〃との解釈を示したが、日本側実務者は、推認という字句に拘泥し、実際にはその取扱いにおいて、従前と何ら異るところがない。従って、この了解事項の本質的意義は色あせてしまったのである。

さらに、具体的に指摘するならば、第一項の他にも、〃第六項の協定永住者の家族の退去強制に対しては、家族構成その他の事情を勘案して、人道的な見地から妥当な考慮がなされる。〃となっているが、実際には、家族の離散の事例が、ひん繁に生じているのが現実である。ほんの一例をあげれば、ごく最近の話であるが、妻、子供が永住権を取得しており、夫が講和条約発効後に入国した。この場合、了解事項第六項にてらし、当然特別在留が許可されるべきケースであるので、われわれも問題にしていなかったところ、突然強制退去命令がでた。

われわれは早速、その家族の生計をささえている夫が、このように退去されてよいものか、両国間の了解事項や協定の精神に背反するではないか、と抗議したところ、「家長がいなくて生活が困難ならば、家族も一諸に国に帰ればよいではないか」と答えた。

こうした実例は、枚挙にいとまがない。

問題は、協定文始め、了解事項などの表現が、あまりにも抽象的であり、曖昧であるということだ。加えて、考慮、認定、推認等を執行するのは、われわれでも、われわれの政府でもなく、日本側なのである。これでは、拘束力どころか、われわれの生活権、更には運命を、日本当局の意思に委ねるべく、委任状を出したと同じことである。

了解事項第七項の〃戦後入国者に対する一般永住権の許可は、より迅速に処理される。〃についても、日本側の解釈によれば、従前には特別在留許可を受けた後、五年を経過しなければならなかったが、この〃五年より〃は迅速にするということであり、〃即時または即刻に〃という韓国側の解釈と期待には応じられない、というのが日本当局側の見解である〃

こうじてみると、了解事項に限らず、ことごとく韓国側が、あまりにも希望的な見解をもって交渉に当った観があり、どんなに好意的目善意的に見ても、日本側との距離はほど遠いのである。

了解事項に対する以上のような期待をもち、さらに日本側の義務に関して、我々の態度を表明したのが、次の声明文である。

### 「法的地位協定発効二周年を迎えるにあたっての声明」（要旨）

法的地位協定はその前文において、在日韓国人の居住と生活に特別な配慮がなされなければならないという基本的な精神の表現に他ならない。

しかしながら今日、協定の基本精神が正しく生かされておらず、依然として在日韓国人の不安は、具体的に何ら解消されておらず、かえって或面に於ては不安が増大しているのが現実であることを指摘するとともに、遺憾であることを表明する。（略）今迄無国籍状態のまま放置されていた地位が法的に確定したことは事実であるが、しかしこれによって一つの家庭のなかで在留の資格がちがう親子兄弟が、戦々兢々として不安な日常生活を送っており又、家族同志が引離され、強制送還される様な事態が現実的に多く出てきている。

解放直後出入国に関する合法的な行政措置がなかった日本国で居住していた韓国人が、親の死とか人道上止むを得ない事情によって一時便法的に本国に往来したことがわかった場合二十年を過ぎた今日に於いても不法入国者として取扱いをうけ、強制退去令をうけるとともに、あらためて調査をうけ、相当な日数を経過した後、やっと厳重な審査に合格した者のみ特別在留が許可され、過去にたとえ一回でも犯歴のある者は居住経歴が二十年に及ぶ者でも強制送還されている。

又、戦前南方地域に於て仕事をしていた韓国人が終戦とともに連合軍の捕虜となり、引揚船により一九四七年引揚者として横須賀に上陸、以来日本に継続居住している者でも、再入国の申請をしたところ戦後の不法入国者として認定をうけ、永住許可はおろか、今迄の資格がなくなり、その後やっと特別在留が許可されたという事例の如きは、何故この者が二十年を経過した今日になってこの様な苛酷な法的措置をうけなければならないのか、全く理解に苦しむものである。

二、一九六七年八月二十四日法的地位協定の運用に関して両国政府により共同発表され、当初、われわれが日本政府に対して要望してきた問題点が解決されるものとして大きな期待をもってこれを歓迎した。しかし、現在この諒解事項の大部分が行政措置としていまだ実施されておらず、いつ実施されるかもわからない実情である。われわれ在日韓国人は、憤怒を禁じ得ないものである。

三、更に日本政府は、現行出入国管理令を〃法〃に定め、現行の行政措置をよりきびしくし、強制送還等を簡素化させるべくし法改定の作業を急いでいると巷間に驚きの声が高まっている。われわれはこれについて重大な関心をもたざるを得ない。

四、法的地位協定の根本精神が正しく実践され、在日韓国人の安定した生活と韓日両国の互恵平等の原則にたった友好増進のためにも、われわれは、われわれの要求が貫徹される迄、全僑胞が一致団結してたたかう決意を新たにするものである。

一九六八年一月十七日
在日本大韓民国居留民団
法的地位委員会

このような事情を両国政府が理解して、当初幾分なりとも前進しているかに見えたが、会議では前進しながらも、実際においては、いっこうに実効が表われぬという事態にぶつかった。その理由が奈辺にあるかを索出し、根本的な解決策を講じねば到底その障壁を打破ることができない感を抱き、その旨をもって、再び政府に働きかけたところ、ようやくにして、昨年十一月五、六日に、韓日両国実務者会議が開かれるに至った。

苛立たしさと、一抹の希望をつないでいたが、その討議結果は、次のような内容として発表された。

### 実務者会議の新聞発表

去る八月ソウルで開かれた第二次韓日定期閣僚会議の共同コミュニケ第八項の合意にもとずき、在日韓国人の法的地位改善に関する両国の実務者会議が、一九六八年十一月五、六の両日、日本法務省で開かれた。（略）

在日韓国人の法的地位運用状況を討議したもので、合意された内容は次の通り。

（イ）協定永住権者の居住歴の推認に関して

協定永住申請者が第一回外国人登録（一九四七年）には洩れても、第二回（一九五〇年）から登録している場合は、当該人が戦後に入国したという疑いがない限り、殊さら居住歴に対する調査をすることなく許可する。このとき申請書に記述する居住歴は間違いなく克明に記入することが望まれる。

（ロ）協定永住権者の再入国許可に関して

従来特別な事情がない限り、再入国の許可において、その回数と期間を制限しなかったが、今後特別な事情がある刑罰違反者の場合（刑の時効が恩赦で消滅された場合は最初から問題でない）においても、旅行目的、犯情、居住状況など諸般事項を勘案して人道的見地から好意的に考慮する。また再入国期間内に入国できず、協定永住許可または申請資格が失効したものを救済するため、近い日時にその遅延理由の確認方法を具体的に決定する。

（ハ）協定永住者の家族の強制退去に関して

協定永住者の家族の強制退去に関しては、家族構成その他の事情を十分に勘案し、人道的見地から妥当な考慮が払われるし、一方協定永住者の配偶者、未成年の子の同居のための入国を上記と同じ見地から好意的に考慮されるので、正式の手続をふんで日本国に入国することが望まれる。

（ニ）出入国管理令上の永住許可に関して

一九四五年八月十五日から一九五二年四月二十八日までの期間中、日本に入国した者は一般永住権許可を申請することができるし、これら戦後入国者に対する一般永住許可の審査基準は、一九六五年五月二十二日付日本国法務大臣声明の趣旨によって、従来特別在留許可後五年の観察期間をおいたが、一九六八年三月以後特別在留を許可した直後にも一般永住を許可するなど好意的な配慮がなされているので、申請資格者は速かに申請することが望まれる。

以上が、韓日両国政府当局の会議で討議された内容である。

このように、われわれが殊更歓迎するほどの内容はどこにも見られない。

相変らず日本当局の所謂〃人道的〃〃好意的〃な考慮が云々と一貫している。

これでは根本的な問題が解決されないばかりか、われわれの失望と不信をつのらせる。

なぜならば、われわれの要請は、一般永住の申請と、許可時日だけを迅速にすることにあるのではない。われわれが要請している問題は、もっと根本的な事柄である。即ち、一九五二年四月二十八日以前に日本に入国した者に対しては、当然、協定永住が許可されるべきであるが、継続居住の解釈の相違からこれらを除外するとすれば、協定永住が許可されなくとも、一般永住の資格に於いて、協定永住許可者に準ずる取扱いをすべきである。しかるに現実には、その申請に於いても、審査基準に於いても、財産云々、犯歴云々などの理由によって、一般永住許可には、極めて困難な関門が待ち構えているのが実状である。しかし、こうした肝心な問題について論議された痕跡はなく、単に時日のみが論議されたにすぎない。深刻かつ根本的な問題が、相変わらず棚上げにされたといえる。

申請だけを、いかに早くすませたところで、不許可になれば、申請しないのと同じなのである。

以上、主に了解事項と討議結果を軸に言及したわけであるが、要するに、了解事項だとか実務者会議などいわば枝葉問題にのみしがみついてすもうをとっている感があり、そのすもうさえも、ことごとく日本側のペースに巻き込まれ、協定発効後三年にわたるわれわれ韓国側の努力は、結局は何の果実も結ばぬまま、得るところなく終っている気がするのである。

残り、あと二年という短い期間に、われわれ在日韓国人が寝てもさめても頭を痛めているこの問題、不安と恐怖さえも伴った法的地位問題に、いかに対処していくべきかが、一九六九年の最も重要な課題であると考える。

### 我々の要求の要望及び結論

1　協定永住権者の範囲に於いては、一九五二年四月二十八日にすべきである。

2　第五条の改正に於いては、一般外国人に適用するものを、そのまま在日韓国人に適用してはならない。

3　処遇に於いては、選挙権、被選挙権を除外して、日本国民と同等な待遇がなされるべきである。

4　申請期限の延長

5　事件処理のためには、両国共同委員会を設置し、在日韓国人の代表が参加させられるべきである。

6　長期居住者に対する問題

戦後入国者の場合でも、相当期間、日本で生活している者に対しては、家族構成等を考慮して、安住できるようにすること。

概略上に述べたような問題を、どのように貫徹すべきかが課題である。

1　民間外交によって、直接日本当局にわれわれの実情を訴えて、理解を深めさせ、われわれの要求に随応する方向にもってゆくこと

2　われわれの政府当局特に大使館側に、従前の枝葉的な方法では問題が解決されないことを認識させ、本国要路又は当局に、積極的な進言、要請等を行い、協定文を是正させ、根本的な解決策を講ずるようにする。

3　われわれ自身が、こうした困難な実情に対する、より積極的かつ大胆な陳情活動を行い、本国の大統領以下各要路に呼訴する。

4　上に挙げたことを実効あるようにするため、全体同胞が非常な覚悟をもって団結し、行動すること。

このような運動を展開することによってこそ、協定の効果をより一層前進させ、目的を達成することができると信ずるものである。

# 新しい芽が繰り広げる古典舞踊の極致

## 韓日文化交流のために
## 「ザ・リトル・エンゼルス」日本公演

可愛らしい子供達が、優雅な民族衣装につつまれた可憐な姿に思いをこめて、踊りつづけてきた「ザ・リトル・エンゼル」が、一月四日再び来日することになった。

ソウルの「仙和舞踊団」(団長朴華愛)を中心に七才から十四才までの少年少女達で構成されているこの「天使団」は過去三回にわたる欧米公演において、ダイナミックな美しい演技と高い芸術性を表現し、民族や主義を越えて各国の讃辞と支援を受けながら、芸術を通じて国際親善と世界平和のために大きな役割を果している。

この度は、昨年メキシコ、オリンピック韓国代表芸術団の一員として参加し人気を集め、引きつづきメキシコ、アメリカ、カナダ各地で公演を終え、その帰途、約一ケ月間日本各地で公演することになったが、アメリカではもっとも権威あるエド・サリバンショー、リンカン・センター、プレス・クラブで、毎年公演しており、米国々会議員団の前で公演の際には、議員たちが東洋の美に陶酔されて会議を十五分間延期する一幕もあった。

今回の日本公演は、「ザ・リトル・エンゼルス後援会（会長・笹川秩一）の主催で、駐日韓国大使館、駐日公報館、民団中央本部及び日本文化庁の後援に依るもので、韓日親善と文化交流のためにその活が期待されている。

プログラムは、伝統的な韓国の人々の内面生活を顕著にあらわす調和のとれた「扇の舞」をはじめ、一七〇〇年前古代カヤ宮廷の王カシルによって発明創作された琴とその十二本の弦を引きながら歌う「琴と唄」、「お嫁に行く日」、「武将ごっこ」、「僧舞」他、バラエティーにとんだ多彩な内容を披露する。

韓国逸話の中に、美しい湖の辺りに時たま水浴びに降りてくる天使の話からとった「天使の舞」は楽しい。

或る日、ひとりの羊飼いが湖の辺に焚木を拾い集めに来て、天使の羽衣が落ちているのを見つけた。立往生してこまった天使がやがて戻ってきて、それを返すよう頼むが、その天使の余りにも美しさに心ひかれ、恋の虜になってしまった羊飼は羽衣をかくして返す事を拒む。こうして二人は一緒に暮らすことになり、夢の如く時は過ぎさる。ところ、二人の愛が余りにも深かったので、羊飼は、彼女もまた同じように愛しているという事に一片の疑いをももたなかったので羽衣を返してやった。するとやがて天使の一軍が、いなくなった天使を捜しに天から降りて来て、湖の傍りに青年と共にいる彼女を見つけてしまったのである。青年を独り残して天使軍は彼女と共に遠くかなたへ去り、残された羊飼いは絶望と悲嘆に暮れている。「天は天のみ、地上のものは地上へ、この二つのものは永遠にひとつにはなれない」らしい。

この他、「機織り」、「合奏」「カンガン・スウォルレ」、「仮面踊り」「夜道」、「農業」などが予定されている。

日本公演日程及び出演予定は次の通りである。

一月　七月　仙台、於・宮城県民会館
十三日　京都、於・京都新聞会館
十六日　大阪、於・サンケイホール
十七日　〃　〃
二十五日　〃　於・大阪毎日ホール
二十七日　東京、於・サンケイホール
三十日まで四日間東京公演
二月一日 二日 三日　名古屋、於・中日劇場
NHK「歌は友達」午後六時
NET「桂小金治アフタヌンショウー」
一月六日午後十二時　フジテレビ「ミュージックフェアー」
一月二十七日午後九時から
日本テレビ「イチ二九ちゃん」日は未定、午後七時三〇分
日本テレビ「おはよう子供ショウ」
一月十一日午前七時十七分

## ソウル大に文化科

文教部は来年からソウル大学（国立）内に韓国文化科を新設し、韓国固有の文化や民俗文化などを集中的に研究し得るようにした。

文教部当局によると、ソウル大学校内に設けられるこの新学科には毎年、一〇人の学生を募集し、これらの学生には、あらゆる学費を免除するほか、国家で研究補助金などを支給し、まだ開拓の余地の多い韓国固有の文化と民俗文化の研究を奨励する方針であるという。

## 文化民族の後裔として誇りある行動を

金　正　柱

わが民族の歴史に文化が栄えていた時代は、必らず民衆に自主の気力と社会に前進の活気が溢れていた。紀元前のころ漢の武力によって設置された四郡時代、そして近世の五十年間日本の軍力によって併合された時代は、ともに民族の苦難時代であって例外的存在である。思い出しても仕方のないことではあるが、そこには中国文化の移植場と日本支配の植民地でしかなかったことは、今さら否定する術がない。

しかしわが境域に三国が鼎立していたころは、少しも民族全体に正気と勇気がみなぎっていた。南征北代に事日のなかった高句麗には雄健質実な文化が栄え、腹背挟撃の危機にありながらも百済は繊細爛熟な文化を咲かし、そして国土統一の偉業を達成した新羅はこれらの文化を混成調和して三国文化を満開に導いた正に黄金時代を現出している。

新羅に交替した高麗時代に入ると、木板印刷で印本の特技を見せあるいは釉色陶器で工芸の精華を見せてくれた。次の李朝時代にもその前期にあっては、世界に冠たる訓民正音の制定や金属活字の製作をはじめ、科学技術も歌舞音楽も近代化を目ざして努力を傾けたのは事実である。しかし総体的にみて、高麗王朝から李王朝にかけては民族の気力も文化の創造も、しだいに後退しはじめたことは否めない。ことに李氏王朝の後期になると、官民ともについに無気力に陥り文化は、ほとんど停滞の一路にあったことはどうしたことであろう。

今や祖国は、何か政治や経済に追われているような気がする。これはしかし転換の歴史をもたらすための貴重な苦痛である。わが僑胞社会にも各分野において止揚を目ざしている矢先に、時ならぬ暴力の風波が起きてしまった。祖国を離れて日本に居住しているわれわれは、日本の地域内でも祖先の文化遺業は何時でも何処でもわれわれの目に映じていることを忘れたのであろうか。

日本古代の歴史がわが民族の渡来によって形成され、日本初期の文化がまたわが文化の伝来によって胎成された形跡は、今日なお日本各地に残存している祖先の文化遺物をみても、明らかに知得できることである。これらの事跡と遺物は、われわれ僑胞の挙手投足をいちいち見守っているに違いない。

われわれはこの際、自覚と自制にもとづいてじっくり考えるべきである。そして文化民族の後裔として、祖先の偉業に恥じない誇りある行動を展開すべきではなかろうか。

（韓国史料研究所所長）

## ゲリラ侵入とその背景
## 不信と不満をそらすため

幻想的な武力統一と精神錯乱的な共産化統一を夢みる北韓共産カイライ集団は、昨年一月二十一日、武装隊を首都ソウルに侵入させ、また十月三十日以来、東海岸の蔚珍、三陟近くの山地に、凡そ九十人前後と見られる武装ゲリラを送りこみ、盲滅法の無慈悲な殺人、掠奪、破壊など、民族の名において、到底ゆるすことのできない戦争挑発行為をほしいままにしている。

金日成カイライ集団と共産分子は、ゲリラを送りこんだばかりではなく「平壌放送」「朝鮮中央通信」なるものを通じて、死にもの狂いの仮装宣伝を行い、それによってなお一層彼らの欺瞞的な悪辣さを世界に暴露している。

自立経済達成のため全国民が一丸となって努力するかたわら、平和と自由と幸福な生活を営んでいる韓国民にとって、この事件はまさに悪夢のような出来事であり、否応なしに、十八年前の、金日成共産カイライが引き起こした、あのいまいましい民族の悲劇を想い起さざるを得ない。

彼らの挑発と侵略によって国土は廃墟と化し、おびただしい同胞の生命が失われた。一九五三年に調印された休戦協定により、ひとまず戦争の幕をとじはしたものの、金日成カイライ集団は、その後もひきつづき、手段と方法を選ばずにさまざまな挑発と攪乱と破壊活動をつづけている。

一九六七年度に入ってから彼らの悪らつな活動は一段と激しさを増しかつ露骨になってきた。共産カイライ集団は韓国に武装隊を投入させることによって民心を脅かし、めざましく発展しつつある韓国経済、建設を遅らせるとともに、地に落ちた彼ら自身の国際的な体面をつくろい、国内の人びとの目を外に向けさせ、いっそう無慈悲に統制、支配する口実をつくって、金日成の独裁余命をひきのばそうとする効果をねらっているのは、明らかな事実である。

金日成党[illegible]は、「朝鮮労働党規約第一章」に「我が党の当面目標は、全国的な範囲にわたって、反帝反封建的な民主革命の課業を完遂することにあり、最終目的は共産主義社会を建設するところにある。」この奇想天外な"課業"たるものが、「南朝鮮での決定的な闘争は、ただ暴力的な方法によってのみ、勝利を得られる」という気違い沙汰の統一論につきあたってしまった。「平和統一」を口ぐせのように吠えていた共産徒党が、なぜ突然に仮面をはがして、きばを剥き出しにしたのだろうか。

それには、いろいろの訳があるようだが、端的にあげれば、北韓国内の経済的な面において、一九五七年からはじめた五カ年計画と、その後の七カ年計画がともに完全失敗することになり、国民の不信と不満をあおし、政治外交的には、対ソ・対中共関係が、いずれも思わしく行かず、非難攻撃の関係であることと、ベトナム情勢に関する見通しのくるい、また内部的権力抗争と構造の改編、さらに軍事的な背景などから、行きづまった金日成徒党への不満を外へそらそうとする野蛮な策略である。

最近の北韓からの亡命者やゲリラ捕虜たちの証言によると「金日成は、かねてからベトナムへ米軍が七十万以上投入されたならば、そのときこそ韓国で大規模な戦争を起す計画だった」と述べた。

勿論彼らのこのような事情や野蛮なもくろみを韓国民は充分予知しており、またそれは韓国の現在の軍事力と全国民の反共力に適えるものでもない。

しかし、金日成の幻想的な武力統一論と精神錯乱的な武装乱狂を止めない限り、民族の絆は増々深く断たれ、統一の萌しは遠くなっていくばかりだ。

自首して記者会見する東海岸侵入ゲリラ。

## われらの土に春はいつ来るのか

もはやわれらの土ではなく、よそものの手におちたこの
田にも、春は来るのか。
せまいあぜ道をわたしは行く、この稲田に青空とみどり
の土はふれあう。
ことばなき野よ、空よ、語れ、
わたしとともにここへ来た人は多かった。
……あなたたちが、わたしを、今日もここへ呼んだの
ですか？
風が答える、ささやきかける。
「むこうへ、もっとさきへ！」と
霞のかなたで、ひばりがしきりに歓迎の声をあげる。
生け垣のかげで、少女が歌っているのだ。
みのりゆく麦よ、
おまえたちの髪は濃く、夜ふけの雨をうけて伸びたね。
わたしはこころも澄み、足どりも軽くすすむ、いまひと
りで。
野の子守歌にあわせてわたしは踊り——肩をすくめる、
それが何になる？
すみれ咲く野にあいさつをおくりたい、
いつか少女がひとり、髪を日に輝かせつつ、稲をそだて
ていた田を
もういちどさがしだそう、
片手に鎌をもって
びろうどのようにやわらかな土を踏みたい、
あくせくと汗をそそぎたい。
飛びゆく矢のように、いまめしいて迷うわたしの魂のた
めに、答えよ。
川辺にたわむれる子らのように、わたしの魂はうつろい、
求める——
何をさがし、どこへ行こうとするのか。
ここからそっと立ち去ろう、疲れをおぼえ
あお草の香りに気を失い、春の魔物に首の根をとらえら
れたように。
この小さな茂みに、みどりの笑いがみどりの憂いと踊る、
われらの野が、われらの春が奪われたゆえに。

李　尚　浩

一九〇〇年慶北大邱に生まれ、
一九四三年祖国独立のため闘いたおれる

## 来年度大学入学者へ

1969年度、日本各大学（学部編入、大学院入学者含む）進学入試者で、駐日公館長の推薦状を必要とする者は東京本部文教部へ、次の書類を提出し、発給を受けて下さい。

(1) 願書
(2) 国民登録証
(3) 外国人登録済証明書
(4) 卒業証明書

なお締切りは69年1月31日まで。

## 新年会お知らせ

新年会のお知らせ

民団東本では左記により新年会を開きます。万障お繰合せの上御出席下さい。

日時・一九六九年一月十日　十一時十一時

場所・民団東京本部三階講堂（地下鉄本郷三丁目下車・日本信販ビル並ビ）

## わが国の年中行事

韓国の年中行事は古くから伝わり民俗化した民間的なものと、比較的に新しく定められた公的なものとに分けられる。旧来の年中行事は凡て陰暦によるものである。

**正月の行事**　元旦は韓国の年中行事のうちで最も重きをおく節日である。早暁は家族が集り、先祖の祭祀を行うほか、盛装して祖父母や父母に新年の挨拶をし、年少者は目上の親戚や近隣の年寄りを礼訪して歳拝（新年の挨拶）をする。歳拝に来る客には御馳走で接待することになっている。男子の遊戯には擲柶遊び、凧上げ、銭打ち等が名高い。婦女子の遊びには板とびがある。正月の十五日には早朝に洞神（村の守護神）祭りを行い、夜は近くの山に登って月見をしながら月光による当年の豊凶を占う風習がある

**二月の行事**　一日は松葉餅を食べる。この日は一年中最大の清掃日と定められていた。初の丁の日には儒生が文廟で大祭を行う。

**三月の行事**　三日は来燕の日。冬至より一〇五日めにあたる寒食の日には酒、果物、餅等の御馳走をこしらえて先祖の墓に参る。

**四月の行事**　八日は釈迦牟尼の誕生日で、各地のお寺では斉会を行い、各家庭では日暮になると提灯をともす。

**五月の行事**　五日は端午の節句で、韓国の三大節日の一つ。当日は端午の茶礼と云って朝早く家で祭祀を行い、新調の服に着替えて楽しく歓談する。若い女子はぶらんこ乗りをし、男子は相撲大会を開く。

**六月の行事**　十五日は流頭の日。当日の朝は流頭薦新といって各家庭では麺類、水団子ひえ、あわ、稲、大豆などを果物と一緒に添えて祖先を祭る。真夏の三伏には避暑避邪の意味で小豆粥を食べる。神経痛に苦しむ人は海辺の砂浴みをする。

**七月の行事**　七日は[illegible]と穀物を日光に[illegible]をする。夜は家族そろって牽牛織女の星を眺めては伝説を思い出す、この日を七夕という。

**八月の行事**　初の丁の日は各地で儒生が集り文廟で祭りを行う。十五日は秋夕（中秋節）といって家で祖先の祭りを行い墓参りもする、夜は御馳走をこしらえて満月を楽しむ。韓国の秋空は世界一といわれる程澄んでいる。盛夏を過ぎ秋空が晴れると、五穀はみのり果物も熟れて食欲をそそる。農家では牧牛あそびを楽しむ湖南地方では盆踊りに似たガンガンスウオルレの踊りでにぎわう。

**九月の行事**　九日はつばめが江南（南方）へかえる日と伝えられている。当日、各家庭では季節ものの花菜として、ゆずを刻んで、ざくろの実や松の実と一緒に蜂蜜の水に浮べて飲む。菊花煎といって菊の花を餅にまぜて煮て食べる。

**十月の行事**　三日は開天節（今は陽暦の三日を適用している）で国祖檀君の天降を記念する日である。キムチを漬けるのもこの月である。

**十一月の行事**　冬至の日は小豆粥を食べることになっているが、まず祭壇で茶礼を行い、悪鬼を払う意味で、小豆粥を大門にまく。冬至の日に小豆粥を食べると年が一つふえるといういわれがある。

**十二月の行事**　年末が迫って来ると歳饌（お歳暮）として生きたきじ、生鮑、なつめ、魚卵、肉脯、干し魚、みかん、干柿などを贈答する。大みそかは一年中の貸借を清算し、新年の準備に忙しい。

当夜は深夜まで歳守りといって、居処をはじめ大庁（板の間）、炊事場、倉庫、かわやなどの内外に灯りをともしておき家族一同が夜あかしをする。

# 謹賀新年

貯金ずくりにはアリラン積立預金で
韓国向け送金は迅速な当店の窓口で
韓国外換銀行
東京支店
理事 金奉殷
支店長 洪允燮
東京都千代田区丸ノ内三ノ四新国際ビル
電話（二一六）三五六一（代表）

焼肉 京城苑
朴達雄
江戸川区南小岩八－十四－六
電話（六五八）〇五四一番

石原金属工業株式会社
全大興
東京都墨田区石原町四丁目二五番一五号
電話（六二二）八一五五～七番（代表）

誠実・親切をモットーとする不動産取扱い
在日同胞特別サービス
有限会社 朝日商事不動産部
代表取締役 梁判山
本社 東京都中野区鷺ノ宮一丁目二一四番地
西武線 都立家政 駅前
電話（三八五）〇一五一～二番

大韓民国居留民団 台東支部議長
学校法人 高山中学校理事長
高元一
東京都台東区東上野一丁目十三番七号

—今年度 預金目標 100億円—
집집마다 가지자！ 우리 商銀 通帳을！
東京商銀信用組合
本店・東京都文京区湯島3－38－15 TEL(代)832－5227
新宿支店・東京都新宿区新宿2－54 TEL(代)356－7791
荒川支店・東京都荒川区日暮里6－22－1 TEL(代)802－5121
理事長 許弼奭 新宿支店長 千水命
理副事長 安禧中 荒川支店長 文裕弘

中島ポリエチレン工業
李東赫
東京都葛飾区金町三丁目四二番一四号
電話（六〇七）一八八一番 三四六三番

禹英鎮
東京都中野区新井町二一四九－一七
電話（三八五）〇九六九

日軽アルミ株式会社協力工場
平山アルミニューム線工場
平山金属工業所
代表者 申道寛
東京都葛飾区堀切一丁目九番六号
電話（六九一）一七八九番 （六九七）三一〇〇番

日南化工株式会社
城南化工株式会社
代表取締役 南琦煥
東京都品川区大崎一丁目一二番五号
電話（四九三）二〇八一～三番

東洋実業株式会社
代表取締役 徐丙吉
本社工場 東京都江戸川区松江五ノ二三ノ三 電話（六八九）二一二三六（代）
支店 東京都墨田区立花三ノ二六ノ六 電話（六一一）四一四六（代）

韓・中国料理
純喫茶 有限会社 寿楽
代表取締役 曺圭必
本社 東京都葛飾区新小岩一ノ三八ノ九
電話（六五三）〇七三四番

製鋼原料配合甲山
徳山商店
洪象観
東京都墨田町立花四丁目十九番二号
電話（六一一）三二四五 （六一二）五五七二

銅・鎮鍮・アルミニューム
戸山商店
取締役社長 金守業
東京都墨田区八広三丁目三六番三号
電話（六一一）四三二二番

三州特産株式会社 取締役社長
韓国生産性本部日本支部副会長
李彩雨
東京都新宿区四谷一丁目一九番地（第三上野ビル）
電話（三五三）七〇二一～三番

大橋プラスチック工業株式会社
代表取締役 鄭在淳
東京都足立区千住仲町一〇二番
電話（八八八）〇一四七・三五五二番

青丘建物株式会社
金泰俊
東京都豊島区東一丁目二三番地 池袋ソシヤルビル
電話（九七一）一二〇〇番
自宅 東京都港区南青山四丁目二七番十五号 電話（四〇〇）五四八九番

航空バック
旅行カバン 製造卸
スポーツ用品
株式会社 マルヨシ
代表取締役 梁在宗
東京都荒川区西日暮里二丁目一番十号
電話（八〇三）〇四四一（代）～四番

木下ゴム工業株式会社
社長 李昌雨
東京都荒川区西日暮里六丁目三九番四
電話（八九四）五七五六～九

西小山名画座
新丸子文化劇場
ホテル大阪(五反田駅前)電話(四九一)六三六五
李幸九
東京都品川区荏原五丁目七番十二号
電話（自宅）（七八一）〇一二一

合成樹脂原料販売加工再生委託
株式会社 山光プラスチック
山口光雄
本社工場 東京都葛飾区新宿町一ノ二二ノ十七 電話(六〇七)二四六四・七七三六
第二工場 埼玉県北葛飾郡三郷町下新田二三四 電話 〇四八九（52）〇四四五番

竹山鋼業株式会社
代表取締役 朴周植
本社 東京都墨田区文花二ノ六ノ二 電話(六一一)〇一〇六番(代)
工場 埼玉県川口市領家町三九四七 電話〇四八二(23)三一三五番(代)

銀星産業株式会社
会長 玄寿徳
本社 ソウル特別市中区忠武路一街二五ノ一六 電話 ソウル(23)〇五三一～五
東京支店 東京都中央区銀座四－五（銀座中央ビル七階） 電話(五六二)五九五一(代)～四番

相互化工株式会社
取締役社長 朴孟心
東京都足立区本木町一丁目九八二番地
電話（八八六）六〇四八五番 （八八七）三一八一～二番

陽和土地株式会社
代表取締役 金容九
東京都中央区銀座東八丁目四番地 豊川ビル
電話（五四一）二二六七五番(代)

綜合ビル経営
金井企業株式会社
代表取締役 金井熙秀
本社 東京都中央区銀座七丁目二番二〇号
電話（五七二）二五五〇番(代)

桂田商事株式会社
東京都武蔵野市吉祥寺本町一丁目三一番地 電話〇四二二(二二)八五六六番(代表)
遊技場 百万弗
東京都江東区深川森下町一丁目八番地 電話（六三二）〇八三八番
代表取締役 辛容相

株式会社 大島製鋼所
社長 許玉中
東京都江戸川区中央二丁目八番二〇号
電話（六五三）一五八一～四番

株式会社
焼肉・冷麺 食道園
代表取締役社長 李基鶴
東京都台東区浅草二丁目十三番五号 国際劇場前
電話 一階（八四四）六九六九番 二階（八四四）五三〇六番

自動車部品諸機械製作及部品加工
株式会社 新本製作所
取締役社長 朴次燦
東京都大田区東蒲田二丁目十三番地
電話（七三一）〇一六番

株式会社 丸和鋼材店
代表取締役 崔光緑
東京都大田区西糀谷四丁目二五番五号
電話（七四二）一四二一番(代表) （七四一）四八一七番

小林商事株式会社
取締役社長 林木祥
事務所 東京都台東区浅草二－一八～四 電話(八四一)四五六五・三五六九・三五七四
営業所 浅草グランド日輪(八四一)三五八一 錦糸町グランド日輪(六三三)三六八六

東京都宅地建物取引業協会々員
永福商事
代表者 朴永基
東京都江戸川区北小岩六～一六～一
電話（六五七）〇〇三九番

在日本大韓民国居留民団江東支部
副団長 朴重善
製紙原料 鋼鉄 新井商店 代表
東京都江東区塩浜二－十四－二号
電話（六四四）八八〇八・九二二二番

在日本大韓民国居留民団江東支部
副議長 具興洙
帝都化成工業
高田商会 代表
東京都江東区枝川一－十三－九
電話（六四五）三四三八番

日本石油特約店
株式会社 松田商店
取締役社長 朴永鋼
豊洲給油所 東京都江東区豊州四－四－二四 電話（五三一）七七〇七代表
鋼材部 東京都江東区枝川一－一三－一七 電話（六四四）三六六八番

三信興業株式会社
代表取締役 朴三圭
本社 東京都江東区森下三丁目十番地
電話（六三五）代表一一三一～八番
社長室直通（六三三）〇〇〇九番

伸鉄及鋼材一般
高見製鋼株式会社
代表取締役 徐相泰
本社 東京都江東区東砂五丁目十三番十六号 電話（六四四）六九五三・二五八七番
自宅（六四六）二五八一番

丸鋼並平鋼生産直売・一般鋼材
三友鋼業株式会社
社長 廉廷燮
東京都江東区南砂二丁目三十五番一号
電話（六四五）六一五一～六番

東京韓国学校PTA
会長 李熙祥
自宅 東京都江東区枝川二－十八－十七
電話（六四四）五四二六番

玉河製鋼株式会社
取締役会長 具滋順
営業所 東京都江東区東陽三－二十七－三十二 電話(644)五六六三・七〇〇五・七〇八四
本社 埼玉県草加市柳島町五二一 電話 草加(2)三九〇二

富士鋼業株式会社
取締役社長 金承泰
東京都江戸川区船堀三丁目七番七号
電話（六八〇）六二二一（代表）

信和鋼業株式会社
取締役 高鉉坤
東京都江東区北砂三丁目六番十四号
電話（六四四）三一一一～四・三六〇〇

徳丸樹脂化学工業所
社長 玄奎元
東京都足立区梅田町一〇七番地
電話（八八七）〇七八三番

太陽商事株式会社
トルコ本陣 喫茶本陣 スナック・ピエロ
代表取締役 李鎮浩
台東区浅草三丁目三七番六号
電話（八七四）二四八九番

株式会社天友社東京支店
支店長署理 趙壕来
東京都千代田区丸ノ内一丁目二番地（住友ビル四二九号室）
電話（二一二）〇七四一～四番

株式会社 日進製鋼所
代表取締役 金義洙
江戸川区松江一丁目一九番一七号
電話（六五一）六四九〇番 八四二八番

ニュー楽天地
代表取締役 金日煉
東京都江戸川区松島三丁目一四番七号
電話（六五一）四五七九番

ステンレス材料並加工一般
松岡商店
孫多翼
東京都大田区東糀谷一丁目一三番一七号 電話（七四一）〇七八七～九番
工場 東京都大田区北糀谷町二九五番地 電話（七四二）一七一三番

一般鋼材シャーリング切断加工販売
開西商店
南文洛
東京都大田区西糀谷四丁目二九番一六号
電話（七四二）二〇五四番 一七三三番

善本製作所
全永浣
東京都大田区本羽田一丁目一五番七号
電話（七四三）四四四一番

宇喜田製鋼株式会社
大丸鋼材株式会社
代表取締役 禹鐘出
東京都江東区大島八丁目三三－二
電話（六八三）八二七一～三

名交タイヤ株式会社 名古屋市港区港陽町六九七～一五 電話（六五二）二二四五五
豊整備株式会社
トヨタフォークリフト
名古屋市港区元町六～一 電話（六六一）四三七六～九
取締役社長 前田文雄
整備工・タイヤ工 若干名募集

本館高級旅館 美翠荘
東京都渋谷区渋谷一－十一ノ七 TEL（四〇九）八〇二二
別館ホテル 美翠荘
東京都渋谷区渋谷一ノ九ノ二（本館前） TEL（四〇七）二二三五
社長 元公乙

大田物産株式会社
代表取締役 朴斗七
本社 東京都中央区京橋二丁目十一番地（京二館ビル）
電話（五六三）五〇七一番（代表）

紀乃国建設株式会社
取締役会長 辛熙根
東京都渋谷区渋谷二丁目二番十一号 電話（409）八五八八・（400）二二四五
自宅 東京都大田区田園調布四ノ二二ノ一〇 電話（七二一）一八一一番

南山堂薬局
尹致夏
東京都葛飾区亀有三丁目四三番八号
電話（六〇一）一一三五番 一一三六番

韓国家庭料理専門
馬山집
東京都千代田区外神田二ノ一〇ノ八 富士ビル六〇一号室
電話（二五三）二〇六九番

プリンスシューズ
尹正男
事務所 東京都台東区東坂町二十二番地（小泉ビル二階） 電話（八四四）四〇九四番
自宅 東京都台東区東浅草一丁目二〇番八号 電話（八七六）一六九一（代表）

富士商会
金勲暎
東京都渋谷区宇田川町七五番地
電話（四六一）三九四五

宗教法人 尾竹橋病院
理事長 金周奉
東京都足立区千住桜木町五三番地
電話（八八一）九二一一番（代表）

株式会社 日高製作所
取締役社長 高寛命
東京都葛飾区亀有四丁目二七番一号 国電常磐線亀有駅南口下車
電話（六〇二）三一八一（代）～三

前田商会
兪石濬
東京都文京区後楽二丁目三番二七号
電話（八一一）六三二六番 （八一三）〇五三〇番

炭火焼肉 韓国料理
長春館
李康五
東京都新宿区新宿二丁目五四番地
電話（三五四）五一四一番（代表）

遊技業 丸星会館
本店 大田区大森一丁目七番二六号 電話（七六一）七六七九番
支店 大田区萩中三丁目七番五号 電話（七四一）二〇七一番
支店 大田区東糀谷三丁目三番二〇号 電話（七四二）〇一八五番

株式会社 韓国マーベル
代表理事 金容太
東京支社長 許模
本社 ソウル特別市永登浦区九老洞二三五 電話（六）七八五九番
東京支社 東京都中央区銀座五丁目五番九号 電話（五七一）一四二三－四番

金子特殊金属商会
金奉寛
営業所 東京都大田区羽田四丁目一三番八号 電話（七四一）二六五六番
倉庫 東京都大田区萩中二丁目九番二号 電話（七四二）一九二九番

亀戸焼肉 食道園
朴南浩
東京都江東区亀戸六丁目六一番七号
電話（六八一）七七六四

株式会社 南合成工業所
南炳熙
東京都新宿区西落合一丁目三〇番二三号
電話（九五一）〇三七三番 六四九五番

福島商店
社長 徐辛甲
東京都葛飾区新宿町五丁目二四番一九号
電話（六〇七）二六一一二番

有限会社 柳木商会
代表取締役 柳泰永
足立区千住曙町三七番三三号
電話（八八八）八六一一

光栄ネームプレート製作所
社長 姜永渫
専務 姜永彰
東京都目黒区中央町一～八～七
電話（七一九）九〇一六 （七一一）〇一三五

韓斗玉
東京都足立区興野町六七五
電話（八九〇）一九八八番

ネームプレート・飾り板・建材
車輛照明名種器物等アルマイト処理
大明電化工芸社
尹龍九
本社工場 東京都大田区池上二丁目一九番一三号
電話（七五二）一一七二番 （七五三）五一一六番

鋼鉄・諸機械類・溶金鋼・鋼材
松川商店
宋振彧
東京都大田区田園調布一丁目十一番地
電話（七五八）三六四一番 （七五九）四六三六番

在日本大韓民国居留民団江東支部
副議長 全翼漢
一般鋼材 非鉄金属 松田商店
東京都江東区東砂八－五－一三
電話（六四五）七三七七 （六四六）四九四八

韓国料理焼肉 太陽園
純喫茶 キャボン
ビリヤード 太陽
金田商事
社長 金茂吉
東京都大田区蒲田五－一〇－九
電話（七三二）〇六〇七

高徳産業株式会社
東京都中央区銀座三～三～九 金子ビル
電話（五三五）三六八七～八

株式会社 勝電社
ソウル特別市永登浦区鷺梁津洞四一～七
電話（六）五一七〇・三一三九

在日本大韓民居留民団 綱領
1、われわれは大韓民国の国是を遵守する
1、われわれは在留同胞の権益擁護を期する
1、われわれは在留同胞の民生安定を期する
1、われわれは在留同胞の文化向上を期する
1、われわれは世界平和と国際親善を期する

# 韓僑通信　特集号

（昭和40年7月27日第三種郵便物認可）
発行所　韓僑通信社
発行人　鄭在俊
東京都文京区本郷3丁目32番7号
韓僑会館　電話（811）1535
振替口座　東京166316番

# 六・二中央民衆決起大会

## 出入国管理法案に反対して
## 在日同胞五千名参集

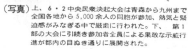

（写真）上、6・2中央民衆決起大会は青森から九州まで全国各地から5,000余人の同胞が参加、熱気と緊迫感がみなぎる中で厳粛に行われた。下、第1部の大会に引続き参加者全員による果敢な示威行進が都内の目ぬき通りに展開された。

在日本大韓民国居留民団（中央本部李禧元団長）は、さる二日正午から東京・文京公会堂に青森から五千人の団員を参集させて「出入国管理法案反対中央民衆大会」を開いた。

大会の開会辞に立った関東地協事務局長である鄭在俊東本団長は「現行の出入国管理令さえが世界に類例をみない悪法である。これを合理的に改正する必要があると言われている世論とは逆に、さらに改悪して在日韓国人の生活権を規制、強制退去の手続を簡素化してわれわれの追放を企図している。このような時代に逆行する非人道的で非友好的な悪法を阻止するためわれわれは総力を結束して闘かおう」と力説した。また挨拶に立った李禧元中央団長は、先月下旬、在日韓国人の法的地位に関して本国へ請願した内容及び、それに対して朴大統領が受諾された旨を伝えるとともに、入管法案に関して、「われわれはいまや座視している段階ではない。民族正気をもって入管法案を撤回させて同胞の権益を守ろう」と述べた。

つづいて、尹翰鶴法地位事務局長から大会開催に至るまでの法地委及び入管法案に関する動きを報告、朴性鎮東本法地委副委員長、朴根世中央議長が、入管法案は非人道的で治安法的性格をもつ悪法であると規定する講演を行なった。

また、在日韓国新聞通信協会（李慶守会長）の入管法案に対する声明文朗読、「在日韓国人の生活を圧迫し追放を企図する悪法に断固反対する」との決議文を採択「在日同胞の生活擁護のため日本政府に強力に交渉してほしい」という大統領あてのメッセージ、佐藤日本首相に送る要請文、石井衆院議長、高橋法務委員長、田中自民党幹事長らに送る請願文および公明、民社、自民党などにあてでそれぞれ陳情文を採択、陳情団を送り出した。この日の大会は先月二十八日、東京本部で開かれた「関東地協」で緊急に決議され、中央本部の積極的な同意を得て開催される運びになったが、予想以上に参集者が多く、会場には緊迫感がみなぎっていた。また会場での婦人会の「反対運動募金」では即座に三十三万余円が集り、満場同胞の結束と同法案に対する闘争姿勢を如実に示していた。

## 決議文

本日我が在日大韓民国居留民団は、関東地区を中心とした、全国代表五千名が、ここ東京、文京公会堂に結集し、日本政府の非友好、非人道的な出入国管理法案反対中央民衆大会を開催し本大会の名に於いて、次の通り決議する。

決　議

一、日本政府が、在日韓国人の法的地位及び待遇問題に関して韓日協定の基本精神から離脱した、非友好、非人道的な措置をもって一貫しているのみならずこれをいっそう強力に具体化する意図のもとに、出入国管理法を制定しようとしていることに対し、我々は、韓日両国間の友好親善という韓日協定の基本精神に依り、我々の生存権を擁護する為、これに絶対反対する。

同法案は、その内容において、在日外国人の約九十パーセントを占めている在日韓国人に対する、生活の圧迫と追放を目標としていることは、青天白日のもとに明確な事実であり、その手法においては、日帝時代の、我々に対する排外主義に依り、特高警察の治安法的なものとなっているので、我々は我々の民族的矜持と、日本における居住と生活の自由を確保する為、これを断固として反対する。

一、出入国管理法案が企図している、在日韓国人に対する圧迫と追放は、国際的に普遍化している在留外国人に対する保障とわれわれが日本社会と歴史的な特殊関係を持っているという事実、並びに日本国の憲法上からしても真に道理に反するものでこの様な日本政府の横暴と、一方的な措置に対し、われわれはこれを、徹底的に糾弾する。

一、今やわれわれはわれわれの日本における生存権が重大な段階に至っていることを、ここで再確認し、あらためて民族的正気を、一層高めるとともに、われわれの有する限りの力を結集して、総決起することに依り、出入国管理法案が撤回されるまで、継続して強力に闘争することを、固く誓うものである。

一九六九年六月二日
在日本大韓民国居留民団
出入国管理法案反対
中央民衆大会

## 果敢なデモ行進
### 青年一人不当逮捕さる

決起大会に引きつづいて午後二時すぎ、参加者全員がデモ行進に移り、途中、機動隊との激しいもみ合いを繰返しながら、都公安条例違反などとの名目で同胞の一人が日警に逮捕されたが、デモ隊はさらに結束と熱気を増しつつ行進をつづけた。

宣伝車、大極旗を先頭に、「出入国管理法案反対在日韓国人示威行進団」の横幕、指揮者団、学生、青年、婦人と、五千同胞の隊伍は延々と続き、「改悪法断固反対！」「治安維持法の再現を許すな！」「在日韓国人の生存権を保障せよ！」等々のプラカードをかかげ口々にシュプレヒコールを繰り返しながら進んだ。

春日町から神保町、鍛治橋と、初夏の日ざしが照りつける中を遠距離にもめげずデモ隊はしっかりと隊列を組み、整然としかし熱烈な示威を行いながら進んだが、東京駅をすぎて銀座にさしかかると突如、制服制帽の武装警官隊がデモ隊を規制にかかり、数寄屋橋では一瞬のスキに学同兵庫委員長が逮捕、連行されるという事態がおきた。この露骨な挑発行為に対してデモ隊は激しく抗議しつつも、いっそう隊列を固めて行進を継続五時すぎ解散地の土橋に到着したが、再三にわたる官憲の挑発行為と学同兵庫委員長の不当逮捕に対してしばし激しく抗議、即時釈放を要求して警官隊と激しく衝突を繰り返したが、急きょ李中央団長らで抗議団を編成、警視庁に抗議におもむき、五時半すぎ散会した。

こうして北は青森、南は九州にいたる全国五千同胞の参加の中で予想を上まわる高い盛り上りをもって、この日の日程を終えた。

このあと全国の青年・学生たちは、韓学同兵庫県本部委員長金隆男君を不当に逮捕したことに抗議して、民団中央本部中庭で集会をひらいた。おりから警視庁に抗議に行っていた李禧元中央団長・鄭在俊東本団長らがかけつけ、事情説明と今後の対策について報告した。それによると、日警の方針は非常に強硬で東京都公安条例違反のかどで七二時間の取調べを行うと当局は言明しており、この日に本人を救出することは事実上不可能となったということである。このため、三日以降も一貫して不当逮捕に対して、即時釈放を要求するが、法廷闘争にもそなえるため、即刻弁護士団を結成することを決めた。そして、民団中央法対委の中に「金隆男君対策委」が設けられ、救援活動がくりひろげられた。

その結果、五日夜金隆男君は事実上不起訴に決まり、身柄は釈放されることとなった。

「六・二民衆大会」は多くの問題をおびながらも、民団史の上で画期的な意味を残したといえる。今日まで民族陣営を代表する民団が、在日同胞のために集会を計画し、運動を実践してきたが、おおむね記念行事に限られていたのが事実であった。今回は、時と場をふまえた歴史的大会の先べんとなったといえよう。

## 全国一斉ビラ配布

六月二日の民衆大会の開かれる前に、東京を中心に日本人むけのビラ配布が各所で行われた。

民団では、来る六月九日にも全国一斉に、早朝のラッシュを利用して五十万枚のビラを配ることを計画している。

ビラの内容は、大阪の収容所で焼身自殺に追いやった事件を大きくとりあげ、出入国管理令改悪の具体的問題点にふれながら、民団が真の韓日友好のために同法案に反対することを、日本の国民に訴えている。

また、大阪はじめ各地方本部でもそれぞれ大々的な民衆決起大会の開催を予定しており、民団東本でも運動継続のための対策を急ぎ検討中である。

これら民団の、入管法案反対への積極的な立ち上がりと問題提起は、日本の各主要新聞もこれを大きく取り上げるなど各方面で注目されており、日本国会での強硬採決への動向と相まって、今後、継続的に運動を展開していくべきであろう。なお、全国団長会議は来る十七日に予定されている。

抗議陳情要請

# 各界各層に強く訴える

## 抗議文

今般、日本国政府が在日外国人の管理に名を借りて、現行の出入国管理令を出入国管理法に改定し今国会での通過を企図していることに関して、在日外国人の約九割を占め、同法案の圧倒的な影響を受ける在日韓国人を代表し、われわれ在日大韓民国居留民団全国代表五千名は、ここ東京、文京公会堂に結集して、出入国管理法案反対中央民衆大会を開催し、本大会の名をもって、次の通り抗議する。

在日韓国人の法的地位問題が、韓日協定発効後すでに三年有余の歳月が経過した今日、韓日協定前文にうたわれた基本精神が未だに生かされてないまま、一方的に在日韓国人に対する差別と、強制追放及び同化政策が強化されている事実に加えて、更に同法案が出現したことは、在日韓国人の日本に於ける生存権を不必要に規制し、それに連らなる追放を強化するという、極めて非友好、非人道的な措置であると断ぜざるを得ないのである。

もとより、在日韓国人の法的地位問題を円満に解決するためには基本的に現行出入国管理令の合理的な改定が必要であるが、改定案の内容の殆んどは、あくまでも在日韓国人に対する排外、追放的なものに終始している。

一、「遵守事項」では、在日韓国人の在留規制が必要以上に強化され

二、「行政調査権」では、在日韓国人の公、私を問わず、一方的な強権発動のもとで基本的な人権並びに公的な権利が蹂躪されることが明らかであり

三、「退去強制事由の拡大、強化」及び同手続の「簡素化」では、明らかに在日韓国人の強制追放が強化され、特に救済手段を封じたこと、並びに貧困者を追放の対象としていることは、国際的見地からも許されないことであり

四、「罰則」でも、その内容が各種に細分化され、在日韓国人の圧迫と追放が企図されており

五、すべてが法務大臣の、いわゆる「自由裁量」によって左右され、在日韓国人に対する一方的な権益の与奪権が盛られている。

以上の通りの理由により、われわれは出入国管理法案の国会通過を、到底容認し得ないものであり国際法、日本国憲法及び在日韓国人の日本社会との歴史的な特殊関係に照して、われわれの権益を擁護する立場から、同法案の国会上程を中止するよう、強く抗議する。

以上

一九六九年六月二日

在日大韓民国居留民団
出入国管理法案反対
中央民衆大会
会長団　李禧元

日本国
自由民主党　貴中

朴根世
張総明
鄭在俊
金宰淑
許弼奭
金信三

## 朴大統領に送るメッセージ

今日われわれ在日本大韓民国居留民団全国代表　五千余名は、ここ東京、文京公会堂に集結して、日本政府の非友好、非人道的な出入国管理法案に対して、これに反対する中央民衆大会を開催し、本大会の名において大統領閣下にメッセージをお送りするものであります。

**親愛なる大統領閣下**

韓日両国間の国交が正常化されたことによって、在日韓国人の法的地位 及び待遇 に関する 協定に依拠して、われわれの永住権申請が開始されすでに三年余の期間が経過しております。しかしながら永住権申請は、日本政府の協定実施においてのわれわれに対する非友好的、非人道的な処事のためにいまだ十余万名にすぎず、われわれの法的地位問題は重大な段階に至っております。この時にあって日本政府は"雪上加霜"式に、いままた在日外国人の九割を占めるわれわれを対象として、不当な出入国管理法案を国会に上程しております。これはその内容において、在日韓国人の生活を極めて圧迫し、大部分の同胞を追放する意図で一貫しており、徹底的に排外的なものであります。

**敬愛なる朴大統領閣下**

閣下におかれましては、すでにわれわれの法的地位問題に関して日本政府に対する強力なる交渉を指示なされ継続してわれわれの生活権擁護に深い関心を抱いていられることを、われわれはよく存じております。

われわれは大統領閣下のそのような強力な擁護をうけ、今後日本においてのわれわれの生活権確保のために、われわれはこの出入国管理法案を撤回させ、継続してわれわれが正当な法的地位を争取するまで、在日同胞の総力を結集しつつ、強硬な闘争を展開することを、ここに確約致すものであります。

おわりに、大統領閣下の健勝を祈願しながら、今後われわれの闘争に対して絶大なる擁護を下さるようお願いするものです。

以上

一九六九年六月二日

出入国管理法案反対
中央民衆大会
会長団　李禧元

朴大統領貴下

朴根世
張総明
鄭在俊
金宰淑
許弼奭
金信三

## 佐藤総理大臣に送る要請文

韓日両国が国交の正常化とともに在日韓国人に対する法的地位及び待遇に関する協定が発効して以来、すでに三年半に達しようとしております。

しかしながら在日韓国人の法的地位協定による永住権申請者数は未だに十一万余名に過ぎず、一九七一年一月十六日の永住権申請締切り期限を目前にして、在日韓国人の法的地位問題が今や重大なる危機的段階に至っていることは、閣下もよく認識するところであると信じています。

もとよりその原因は、協定文自体に内在する矛盾もさることながら日本政府と韓日政府の韓日協定の基本精神に背反しその実施において、在日韓国人に対する非友好的、非人道的な運用と措置を取っているところにあります。

今般日本政府が、この様に、法的地位問題の危機的状況の拡大発展と、抜本的解決策が不在のまま更に在日外国人の九〇パーセントを占める在日韓国人を対象とした出入国管理法案を国会に上程していることは、明らかに、日本国政府の在日韓国人に対する非友好、非人道的な態度を、その生活に対する圧迫と追放という具体的な手段に置き換えようとするものに外ならない措置であると思います。

即ち、法案の内容は、法務大臣の自由裁量による行政権力の発動に依り、あらゆる罰則に抵触させてはわれわれの生活の安定を破壊し、果ては簡単に追放するという基本姿勢で一貫しております。

言うまでもなく、われわれは韓日両国間の協定における基本精神に立脚した、韓日間の友好増進とわれわれの日本における生存権を擁護する立場から、この悪法を坐して黙過するわけには参らないのであります。

その意味において、われわれ在日韓国人代表五千名は、きょう、東京、文京公会堂に結集して、出入国管理法案反対中央民衆大会を開催し、あくまでもこの法案が、在日韓国人の日本社会との歴史的な特殊関係、並びに国際的慣例及び日本国憲法の立場からしても、極めて不合理なものであると糾弾するとともに、同法案が撤回されるまで、総力をあげて闘争を続けることを確認いたしました。

右の通りの事情を御賢察の上、どうか真の韓日友好親善精神によりり在日韓国人が持つ、日本における正当な居住と生活権が侵害されないようにして、われわれの権益を擁護する立場から同法案の国会上程を中止するよう、強く要請致します。

## 東亜日報社説（5・28）

日本には現在六十余万に達する僑胞が居住しているが、彼らの生活事情や法的地位関係は、われわれがひと時もおろそかに出来ない問題である。韓日協定によって僑胞の法的地位が公式的には保障されているが、申請手続が予想外に複雑であり、永住権申請者数がいまだに全体の十四%しか達していない実情である。このほど母国を訪問した民団幹部も政府にこのような事実を明らかにし、当局の協調を要望したという。

このたび朴大統領の指示にしたがい、本国政府の実務者が民団代表と定期的に合同会議をもつことになったことは、民団と本国とのより密接な関係を保つ上で好ましい措置であり、さらに強力な外交交渉によって該当僑胞の日本永住を既定事実化しようとするこの指示は、当然なことであり、われわれはこれを支持するものである。

今日のように、国際間の交流が高度に複雑化し、全地球がひとつの生活圏と化した現代では、すでにどの国、どの民族も閉鎖的な孤立社会を固守することはできないし、また固守してはならない。

日本は、人口が多く過密であるため生活が困難であることをわれわれはよく知っている。のみならず、日本に住んでいるわが僑胞の大部分が、戦時日本政府によって強制徴用を受けた人達であり、または苛酷な植民統治の犠牲を蒙り、生きる道を求めて、やむをえず渡日した人人であることを考える時、過去の罪禍を反省する考えがあるならば、多少の不便があったとしても、ひとつの少数民族としてそれら僑胞にしかるべき法的待遇を与えるべきである。

北韓に僑胞を送り出す時は、人道主義原則をかかげ、現に在留している僑胞に対しては、非人道的に対処する理由は何であろうか。

現在日本で論難中である所謂「出入国管理法案」もわれわれとしては納得し難い点が多い。改訂法案によれば、わが僑胞はいっそう就職に差別待遇を受けるようになり、営業許可認可に制限をもうけ、より一層強制退去を受けることになる。

日本は韓国と隣国であり、今後政治的、経済的により密接な関係を維持する隣国である。六十万僑胞に対する日本政府の法的地位の尊重は、即ち韓国に対する隣国としての友情の表示となるものである。日本はこのような大局的局地から在日韓国人問題を扱うべきである。

## 入管法反対民衆大会を決議

### 第七六回関東地協

鄭在俊関東地協事務局長（東本団長）

民団第七十六回関東地方協議会（事務局長鄭在俊東本団長）が五月二十八日午後一時から東京本部三階講堂において、関東地協十一地方本部代表が出席して行なわれた。会議では各県本部の新役員紹介ならびに去る「三・一節記念民衆大会」の経過報告が行なわれたあと、討議事項として、法的地位要求貫徹運動の当面する問題を討議した。

法的地位要求貫徹運動の基本的確認事項は

1、組織体系確立に関して大使館に要望書を提出する。（第九回民団中央委員会の決定事項を再確認して）

2、永住権申請促進に関しては、大使館、領事館が民団地方本部に直接指示せずに、民団中央本部を通じて組織的に行うこと。

3、永住権附与範囲は一二六−二−六所持者全員とし、この要求貫徹運動をどこまでも押し進める。

出入国管理法改悪反対運動の当面する方針は翌二十九日午前九時から、地協代表と都内三機関を中心として百名の陳情団を日本の各政党に派遣するとともに、来る六月二日に「入管法案反対中央民衆大会」を全国約五千名の代表の動員を予定して開催することを決めた。

**代表百名が各政党に陳情へ**

前日開かれた第七六回関東地方協議会の決定にもとづき、二十九日午前九時から地協代表と都内三機関を含む百余名が日本の各政党をおとずれて、日本国政府が今国会に通過をもくろんでいる「出入国管理法案」の国会上程を中止するよう陳情した。

**〈岡崎法務委員（民社党）に陳情〉**

まず李禧元中央団長、鄭在俊東本団長をはじめ七名の代表が岡崎完治議員（衆議員）と会い午前九時半から約四十五分にわたり「出入国管理法案」についての陳情をおこなった。

席上李禧元中央団長は「入管法案」の内容は民団が期待していたものと正反対であり、韓日両国の正常化の基本精神に違背するのではないかとただした。

これに対して岡崎氏は、自分が朴大統領と陸軍の同期生であることを強調しながら、在日韓国人の基本的人権を侵害しないよう努力すると答えた。尹翰鶴法対委事務局長は当法案の内容に言及して具体的に不当性をつき、それにつづいて各代表が補足説明を加え、民社党が通過阻止に奮闘するよう要請した。

**〈民社党本部へ陳情〉**

金載淑東本議長、姜錫憲中央組織局長など三十名が入管法案反対陳情のため民社党本部をおとずれたが、国会開会中のため議員は不在、事務局の山崎氏と会い陳情文を手渡した。

**〈公明党本部へ陳情〉**

鄭寅錫中央顧問、李馬致東本監察委員長、安中央民生局長、韓昌奎東本事務局長の各氏が、公明党本部で同党の事務局と詳細にわたって話しあい入管法案の不当性を指摘、公明党が同法案に積極的に反対することを確認した。

**〈自民党本部へ陳情〉**

自民党本部には羅鍾卿東本副団長、池雲竜中央文教局長を中心に七十名が訪れ、林政務調査会事務局長に「入管法」が悪法であり、民団としては到底容認することができない旨をうったえ、陳情文を手渡した。

**（緊急都内三機関実務者会議開く）**

関東地協と都内各支部代表者による日本各政党への陳情後、この日午後三時から東本講堂において、緊急の東本管下各支部三機関、実務者会議が開かれた。

会議には各支部三機関長を中心に約百名が集まり二十八日の関東地方協議会の決定事項を再確認し、この日行なわれた陳情団の経過報告をうけた。最後に六月二日に開催される「入管法改悪反対集会」開催についての具体的な方法を討議決議した。

**新聞通信協会が臨時総会**

在日韓国新聞通信協会では、去る五月二十八日臨時総会を開き、金允中（KPI通信）会長の辞意表明を受諾するとともに、東和新聞社長の金慶守氏を新会長に選んだ。また、理事に共同新聞を、監事にKEP社長をそれぞれ補選した。

同協会ではこの日に、日本政府が今国会で強行採決しようとしている入管法案が在日韓国人の基本的人権までを侵害するものと規定して、これに対する反対声明を発表することを決めた。

△　太極旗と指揮団を先頭に民族の勇姿をしめす示威行進隊

# 6・2写真特集

日本政府が、すでに国会に提出し、提案説明を強行したあと実質的な審議をとび越えて、力まかせ、数まかせの採択にもちこもうと構えている悪名高き"出入国管理法案"に対し、民団が積極的に反対運動を展開したのは「六・二中央民衆大会」がはじめてである。

二日を前後した民団の動きに対して、本国および日本の各マスコミは、入管法案に対する批判的な社説と「六・二」を一斉に報じている。

まず、三日付の朝鮮日報は「在日僑胞三千デモ、新出入国法案反対」という見出しで、二日の民衆大会を報じ、日本国内の毎日新聞は二日朝刊から「出入国管理法に反対――韓国居留民団きょう大会」、三日の朝日新聞朝刊「民団、機動隊ともみ合う」をはじめ、日本経済新聞、東京タイムスなどが大会とデモの模様を詳細に載せている。

そのほか、アサヒ・イブニングニュース、ザ・ジャパン・タイムズなどの英字新聞も、出入国管理法案と民団の大会を報じ、特に、三日付神奈川新聞の社説では、法案の内容にふれ、「遵守事項」において「関係人に対する質問、物件の提示を求めさせることができる」とされた点を指摘し「ここのところは憲法に保障された"令状のほか捜索されない"という"居住不可侵"の原則を犯すものであるとのべこの法案の対象者は、外交官・在日米軍人・軍属とそれらの家族を除いた外国人だが、圧倒的に多いのは韓国、朝鮮籍の人々である。現行の入管令のあるところへ厳しい内容を盛り込んだ法律案をあえて提出する政治姿勢に問題があると批判している。

また、四日付の朝日新聞社説でも「出入国管理法案の問題点」という題目で同法案の不合理と問題性をつき、これは単なる事務的手続法案ではなく日本の政治・外交を問いかけていることを指摘している。この論調は、これまで朝日をはじめ各社が説明していた"手続上の問題"とか"スピード・アップ"の点のみを強調していたことを考えれば、われわれにとってまだ不満足な点もあるが、一歩前進したといえよう。

△大会々長団

上、満場の参加者が起立して愛国歌を合唱、中、婦人会の手で運動募金を行なったが即座で33万円余が集まった。下、東京韓国学校の生徒たちもデモに加わり積極的な行動

△６・２大会はなんといっても韓青・韓学同などの若い力の活躍が目立った。

△行進する全国の団員

△土橋では、強行に解散させようとする機動隊としばしぶつかりあった。

## 入管令改悪のねらい

# 在日韓国人の基本的人権を剥奪

民団東京本部法的地位委員会では、日本国政府が今国会に提出した「出入国管理法案」について、断固反対する態度を表明してきたが、これについての具体的な解説文を作成し傘下組織に配布してきた。ここでは法案の骨子と問題点を要約して、今後の運動の一助としたい。

## 一、出入国管理法案が提出されるまでの歩み

**1 解放以前**

一九一九年四月から実施された朝鮮総督府警務総監令第三号"朝鮮人の旅行取締に関する件"により、韓国人の日本渡航に対する警察署の旅行証明書交付をもって規制し、これを所持していない者は"不正渡航者"として検挙送還する一方、在留同胞に対して強制的に"協和会手帳"を所持させ特高警察の監視と同化政策の対象としていた。

**2 解放以後**

一九四五年八月十五日、日本がポツダム宣言を受諾し敗戦すると同時に、われわれは解放され日本内務省所管であった外国人の出入国管理は占領軍（連合軍）総司令部に移管された。

一九四六年四月二日"非日本人の入国及び登録に関する覚書"に基ずいて"旧外国人登録令"が発布され、同年五月七日"引揚げに関する覚書"によって非日本人が帰国すれば日本に再入国できないということを明らかにしており、同年六月十二日には"日本への不法入国抑圧に関する覚書"が出て一時本国に行って来た在留同胞たちを逮捕して占領軍の手で強制退去させた。これによって日本は十月十四日の次官会議で"不法入国者の取締に関する件"を決定し、ついで十二月十日にはさらに"日本への不法入国者の取締に関する覚書"を出して取締を強化した。

その後一九四九年六月二二日に"出入国管理事務局設置に関する覚書"八月十日には"出入国の管理に関する政令"、九月八日には"出入国管理連絡協議会"等を続けて発し、出入国管理に関する中央記録所の設置、関係機関の強化及び在留同胞に対する治安と送還の体制を強化した。

一九五〇年九月一日さらに"出入国に関する覚書"を発し、韓国動乱による不法入国者の取締強化を指示しており、九月三十日の"出入国管理庁設置令"によって出入国管理と登録強制退去事務を一元化した。

一九五一年二月二八日には"不法入国者退去強制手続"を発布して後、同月連合軍総司令部の勧告により十月四日"出入国管理令（現行）"が制定され、一九五二年四月二八日法律一二六号によりサンフランシスコ条約発効後も有効なものになって、これがつまり法的地位及び待遇に関する協定文第五条、出入国管理特別法第七条に基ずいて在留同胞を規制するようになった。

**3、出入国管理令（現行法）**

このような経過をへて出入国管理令は一九五一年十月四日制定され、十一月一日から施行されたもので、これは"ポツダム宣言の受諾に伴い発する命令に関する件"にもとずいて制定されたものである。いいかえれば、日本に対する占領軍の治安を目的としていたのである。従ってその内容は、米国の移民法と日帝時代の外事警察的な要素が基本となっており、性格的には外国人又は外国人系在留（特に圧倒的に多い在日韓国人）に対する差別と治安対策に重点をおいた排外主義的なものである。

それで現行の出入国管理令の全般的な特徴は次の通りである。

㋑ 一定の処分が日本当局の自由裁量（すべてが日本当局の意思どおり）によってなされるようになっている。

㋺ 容疑者に対する収容処分を容易にできるようにし、容疑者の救済の道を事実上封じている。

㋩ 強制退去を強化して容疑者に対する時効制度をなくすようにしている。

このように現行の出入国管理令は、それが発布せられるまでの経緯と内容からして、天下の悪法であるといわれるのはいうまでもないが、その悪法の実態については在日同胞が身をもって体験しているので再言しない。

**4、出入国管理法案の出現**

本年の三月三十一日、日本政府は出入国管理法案を閣議決定によって国会に上程して以来、いつでも裁決できるような態勢のもとにあった。それがこんどの日本国会の開会日が七二日間延長されたので、本法案は今国会で議決される可能性がきわめて濃厚である。本出入国管理法案は、日本政府で過去において相当な日時をかけてこれを鋭意作成してきており、昨年にも国会上程が問題化され、われわれはこれを悪法であると言い反対声明を出したことがあった。

本法案が出現するや、その内容があまりにも排外的で、特に在留外国人の宿泊・営業などに至るまで行きすぎた規制が多かったので当初日本側内部でも批判があって当初の全文九十五条のうち、宿泊、営業などに関する条項を削除又は改編し、全文九一条となっている。しかし全体の基調はほとんど変わっていない。

法案の重要な骨子は次の通りである。

1、現行出入国管理令を法に改称する。

2、現行出入国管理令全文七八条を内容的に細密化し、全文九五条としてきたが、閣議決定で最終的には九一条となった。

3、来日する外国人の入国手続については公安上の観点から規制を加え、その入国後の在留管理を厳しくする。

4、在日外国人の在留活動の規制と管理を強化する。即ち、在留資格に関連して在留活動に各種の条件を付与し、その違反行為に中止命令、行政命令の制度を新設して日常的な監視体制を強化する。

また事実調査権制度と公私団体に報告要求権を設置する。

5、退去強制手続を簡素化し、送還の大量促進を強める。即ち、在留活動に条件違反を理由に退去強制事由を拡大する。

6、行政訴訟による権利救済手続を制限する。即ち、法務大臣の異議申立裁決による退去強制令書の発行が義務化され、特別在留許可の余地を与えない建前となる。

また違反事件に対しては、原則として収容して収容処分に付し、例外的事由に限って裁判上収容停止の救済の道があるのみである。

7、送還先指定制度の創設

本人の送還先指定の希望は、最下位に法制化され、政治亡命者の排除を企画している。

8、その他、罰則の新設と拡大強化

## 時代に逆行する入管法

## 二、出入国管理法案の性格

**1、世界的潮流について**

外国人に対する概念は、原始時代における無知からくる敵視に始まり、賤外主義、排外主義、相互主義の段階をへて、平等主義の段階にまで到達している国家もありそれが世界の趨勢といえよう。

このような平等主義への方向づけを決定的にしたのはなんといっても一七八九年のフランス革命である。

一九三八年の"貧困者扶助に関する条約"においては、強制追放に対する牽制、一九四八年の"世界人権宣言"における居住の自由と政治権利に一九六六年の"市民と政治権利に関する規約"には追放に対する再審の要求などが謳われている。これら総べては、現代人の英智が生み出した外国人に対する平等主義の方向を明確に踏んでいる。国家主権の最高性と独立性が強調されればされるほど、外国人の出入国に対する権利問題性が増大されているのが現代における世界的動向といえる。

**2、日本国憲法と国内与論**

日本国憲法二二条①、何人も公共の福祉に反しない限り、居住、移転及び職業選択の自由を有する

②、何人も、外国に移住し、又は国籍を離脱する自由を侵されない。

同九七条、「この憲法が日本国民に保障する基本的人権は人類の多年にわたる自由獲得の努力の成果であって、これらの権利は過去幾多の試練に堪え、現在及び将来の国民に対し、侵すことの出来ない永久の権利として信託されたものである。」それこそ何人も公共の福祉に反しない限り、居住、移転及び職業選択の自由を有すると明記している。

以上述べた方向とは逆行する今の出入国管理法案の底流を知る日本の法律学者は勿論、一般学者等の反対声明は新聞をにぎわしているのが、この出入国管理法案に対する良識人の与論である。

のみならず、日本社会党、公明党も勿論これに反対する立場を明確にしているし、特に注目すべきことは与党の自由民主党内にも一部の議員が反対していることである。

**3、出入国管理法案の内容**

現行入管令は外国人系在留者のうち圧倒的多数をしめる在日韓国人に対する差別と治安対策に重点をおいた排外主義的なものであって、日本側の発表でも一九五二年より一九六六年迄に一万五千名が追放されたのを見ても入管令の内容はおして知るべきである。

これに加えて出入国管理行政の権力を強化し、外国人の在留権に関する司法的救済を至難にする制度化をはかろうとする横暴性のみならず、外国人が日本での居住の自由と裁判を受ける権利を剥奪しようとする、国際社会の慣例と日本国憲法を無視する傾向が多分に感じられる内容である。

特に治安的な面を附加して、強制退去を拡大し、それを手早く運ぶために手続までも簡素化している悪法である。

## 阻止にむけて

### 真の韓日友好を

現代社会における世界的思潮は正しく万民の相互平等と自由へ指向している。まして日本の韓国に対する立場は歴史的に見て特殊なものであり、在留同胞の法的地位及び待遇に関する協定前文にも「多年間日本国に居住している大韓民国々民が日本国の社会と特別な関係を持っているようになったことを考慮して……」と明記されている。

それにもかかわらず日本政府の在留同胞に対する態度と処事は非友好的であり、非人道的であると言わざるを得ないし、それをより一層露骨的に発散させたのが出入国管理法の国会上程と言えよう。

周知のとおり韓日間の協定により在留同胞の法的地位及び待遇問題に関するわくが決定されたところからこれに基づいて在留同胞の在留に関する全般を具体的に規制しているのが現行の出入国管理令である。

ここにわれわれはわれわれの日本における生存権をわれわれ自らの手で確保しなければならない。それは自ら自分の運命を決定するという人間としての基本的な権利であり、一面では韓日間の協定精神及び国際慣例から見て妥当なことである。

それゆえにわれわれは挙団的にわれわれに関する法的地位及び待遇問題を完全に解決することはもちろんのこと、これと同時に目先の火急である出入国管理法案の国会議決を断乎として阻止しなければならない。この目的を達成するためわれわれは闘う姿勢を堅持する。

☆　☆　☆

## 声明

われわれ在日韓国新聞通信協会は、日本国政府が国会に上程している「出入国管理法案」が「外国人の出入増大に伴う手続の簡素化」に名をかりて、実際においては、現に日本国に居住している在日韓国人に対する規制の強化と強制追放を企図している治安立法的性格に注目し、同法案の上程中止を求めて来た。しかるの日本国政府は六〇万在日韓国人はもとより、日本国民の間にも強い批判と反対がある同法案を、強行成立させる構えをみせている昨今の重大な情勢にかんがみ、緊急臨時総会の決議によって同法案の撤回を強く要求する。

一、法案は在留活動に対する管理と規制の強化、そのための「遵守事項」の制度を新設している。これは新たに入国しょうとする外国人に対してだけではなく、現に日本に居住している在日外国人が、在留資格を変更する場合、在留期間を延長する場合、出生によって在留資格を得取する場合、再入国許可を受ける場合にも適用され、中止命令に違反した場合は処罰はもちろん退去強制をも可能にしている。このことは同法適用の主な対象が在日韓国人であることを如実に示すものにほかならない。

二、法案は現行令にある退去強制事由のほかに、中止命令違反をも加えて、無制限に退去強制の幅を拡大する一方、特別在留許可を至難にして、司法的救済の道を事実上封じている。

三、法案は新たに行政調査権を設け、立入検査を任意に行なうなど、基本的人権まで侵害する各項を含んでいる。

四、法案は罰則を一層加重し、すべて法務大臣の自由裁量によって事実上外国人の生殺与奪の権を任意に行使できる仕組みになっている。

日本国政府は法的地位協定前文において「多年の間、日本国に居住している大韓民国国民が、日本国と特殊な関係を有するに至ったことを考慮し、これらの大韓民国国民が、日本国の社会秩序の下で安定した生活を営むことができるようにすることが、両国間および両国民間の友好関係の増進に寄与すること」を謳っている。しかるに、この法案は同協定の基本精神に立って、世界で類例のない悪法といわれる現行令を合理的に改善しようとするものではなく、逆に改悪した極めて非友好的、非人道的なものといわざるをえない。

在日韓国人が日本国で安住できないところに、両民族の真の友好はありえない。われわれは以上の理由により、日本国政府が同法案を即時撤回するよう強く要求する。一方、われわれ六〇万同胞の権益を保護する義務を負う本国政府が、日本のこのような非友好的企図に対し、重大な関心をもって対処することを要請する。また、われわれは全六〇万同胞が自己の権益を守るため同法の成立阻止へ総力をあげて立上がるよう訴えるとともに両民族の友好を願う理解ある日本国民の広汎な支援を強く要望する。

一九六九年六月二日

在日韓国新聞通信協会

## 母国夏季学校募集要綱

本国文教部主催第四回在日僑胞母国夏季学校入校生を次のように募集する。

一、目　的

日本系高等学校及び大学に在学中の在日僑胞学生に祖国に対する正しい認識と民族精神を培養することを目的とする。

二、入学資格

1、日本校在学僑胞高等・大学生（男・女）

2、再入国が可能な者

3、夏季学校履修事実がない者

4、品行方正で身体健康な者

三、経　費

1、一人当教育期間中宿泊費は追って通知する。

2、教育に伴なう一切の費用を本国文教部で負担。

四、提出書類

1、願　書（所定様式）

2、国民登録証（民団推薦書）

3、在学証明書

五、提出場所

民団東京本部文教部

六、教育期間と内容

1、期　間　一九六九年七月二七日～八月十六日

2、場　所　ソウル大学工科大学内

3、教　育　講義と課外活動

七、其の他

疑問点は大使館奨学官室、民団東京本部文教部へ連絡すること。

在日本大韓民国居留民団東京本部

東京都文京区本郷三丁目三二一七

電話（八一一）一五三五（代）

在日本大韓民国居留民団 綱領
1、われわれは大韓民国の国是を遵守する
1、われわれは在留同胞の権益擁護を期する
1、われわれは在留同胞の民生安定を期する
1、われわれは在留同胞の文化向上を期する
1、われわれは世界平和と国際親善を期する

# 韓僑通信

（毎月5．15．25日発行・1カ月100円）

〒113（昭和40年7月27日第三種郵便物認可）
発行所
韓僑通信社
発行人　鄭在俊
東京都文京区本郷3丁目32番7号
韓僑会館　電話（811）1535
振替口座　東京166316番

# 入管法反対運動全国的に拡大

## 民族の怒りをこめて 韓中両居留民が共同で決起す

在日本大韓民国関東地方協議会（鄭在俊事務局長）では、中華民国留日東京華僑総会（陳正枝会長）と共同で十九日正午から、東京・日比谷公会堂に於いて、「出入国管理法案反対大韓民国・中華民国在日居留民決起大会」を挙行した。韓国居留民団による入管法反対運動は、去る六月二日の中央民衆大会を皮切に、十六日の近畿民衆大会、二十日の中北地協民衆大会、二十五日の山口県の民衆大会と全国的に拡大している。

（写真）六月十九日韓・中在日居留民決起大会の会長団と、入管法案の糾弾講演を行う兪錫濬中央顧問。

韓国居留民団では、去る二日の「中央民衆大会」をはじめ、十六日の「近畿民衆大会」、各政党・議員への陳情・抗議・街頭ビラ配布等の運動を強力に展開してきているが、留日華僑も同法案が狙っている国外追放、在留活動規制、生活圧迫などが等しく適用されるとして、同法案に対し反対運動をすすめてきた。この度、同法案反対運動をより効果的にすすめるとともに、日本に居留する韓・中国民の親善と連帯感を深める意図もあって、共同でこの運動をすすめようとの合意に達し、この日の決起大会となった。

大会会場の正面には、大韓民国中華民国両国の国旗が、その両脇に「出入国管理法案」反対のスローガンが麗々しくかかげられ、東京を中心に全国から集まった五千名の同胞の熱気溢ふれるうちに挙行された。

開会のあいさつに立った鄭在俊東本団長は、「中華民国とわれわれ韓国の関係は、歴史的にも、地理的にも、また文化面に於ても全く共通の立場にあります。出入国法案は、目下日本政府が七二日間も国会を延長して、法務委員会で審議中であり、何時採決されるや正に緊迫した情勢に假かれています」と述べ、最近の日本の新聞が「戦前からいる韓国人・台湾人には適用しない」と報道しているが、法案の条文に照しても絶対に納得できず、あくまで同法案を阻止すべきことを強調した。

会長挨拶に入り、中国側から陳正枝会長の代理として李森耀氏（東京華僑総会副会長）が、同法案徹回のため共同して闘うことを訴えた後、韓国側を代表して李禧元民団中央本部団長が「自由中国とわが大韓民国間の深い紐帯と歴史的友好関係及び現時点における共通した条件の下で、このような合同決起大会を開催するようになったことは実に意義深いものがあります」と前置きして、法的地位問題をとりあげ、未だ解決されていない原因は真の友好に反する日本国政府の態度と施策にあると糾弾した。最後に両国家の歴史的友好関係と今日における共通な立場を再確認することによって、「今日のこの出入国管理法案反対の合同決起大会を成功させて下さることをお願いする」とあいさつした。

次に講演に移り、中国側から康春松東京華僑総会副会長、韓国側から兪錫濬民団中央本部顧問の二氏が、入管法の具体的な内容にふれ、かかる排外主義的な法案は韓日、中日両国の真の連帯を阻害するものとして反対しなければならない点を説いた。

このあと、大会宣言文、決議文採択を行い、第一部を終了した。

各政党への陳情代表団を派遣した後、第二部の示威行進に入った。総指揮には、中国・韓国それぞれから康春松東京華僑総会副会長・池昌男民団中央本部副団長があたり、日比谷から東京駅近くの国鉄労働会館までのコースを大会全参加者でもってデモ行進に移った。

途中、数寄屋橋付近で日警機動隊がデモの規制に入り、数回の衝突をくりかえした。この時、韓青港支部の姜承大君がジェラルミンの楯をもった数人の機動隊員によって不当逮捕、連行された。4時過ぎ、予定地の国労会館前で散会した。

こうして、入管法反対運動は内外の強い糾弾の声とあいまって、いっそう盛り上りつつある。

### 宣言文 ―法案撤回のため闘う―

大会宣言文

われわれ中華民国、大韓民国在日居留民五千名は本日、東京日比谷公会堂に参集し、出入国管理法案に反対する合同決起大会を開き、次の如く宣言する。

われわれは今般日本政府が立法化を企図している管理法案が極めて不当なものであると一致して認め、同法案の撤回を日本政府当局に強く要請する。

現に国会に上程中の出入国管理法案が在日外国人の絶対多数を占める在日中国人と韓国人の生活を圧迫し、安全を脅かすのは火を見るより明らかであり、われわれは日本における居住と生活の自由を確保するため、これに断乎反対する。

世界人権宣言、国連憲章及び日本国憲法の基本精神を無視し、日本政府が友好国家の国民であるわれわれにかかる非友好、非人道的な措置に出たことに対し、われわれは抗議し、糾弾する。日本における生存権が重大な段階を迎えている現在、同じ立場に身を置く在日中国人と韓国人の間に強い連帯意識が芽生えつつあることをわれわれは高く評価し、今後とも緊密な協力の下に力を結集し、出入国管理法案の撤回を目指して闘う。

一九六九年六月十九日
出入国管理法案反対　中華民国　大韓民国
在日居留民決起大会

## 全国団長会議開催さる

第三十三回中央定期大会で選出された李禧元中央団長は、さる十七日正午から、東京文京区の「ホテル・ダイエー」で第一回目の全国地方本部団長会議を召集し、民団が当面している入管法案阻止並びに法的地位要求貫徹運動の経過と今後の活動目標、七〇年日本万博参観本国家族招請、本国政府と民団幹部の合同会議等の問題について討議・指示した。

会議のはじめに、あいさつに立った李禧元中央団長は、「第十四回中央委員会で決定された活動方針を具体的に実施するにあたり全国団長の意見をきくとともにより強力な協調を願って本日の会議を召集した」と述べたあと、先月下旬、朴大統領をはじめ本国政府要路に礼訪をかねて入国した際に行った在日同胞の地位向上に関する請願経緯・内容について報告、入管法阻止闘争を含め法的地位協定是正のために全組織は総結集して強力に運動を押し進めなければならないが、それには本国政府・駐日大使館の強い支持と擁護の姿勢が必要であると、力説した。

つづいて、朴根世中央議長、張聡明監察委員長がそれぞれの立場からあいさつを述べた。また、朴議長（法地委副委員長）から法的地位と出入国管理法案との抵触性と問題点をあらまし説明、尹翰鶴法地委事務局長から法的地位問題に関する三年五ヵ月間にわたる経過報告があったが、法地委常任委で"起点"に関し意見の相違があり問題になった。

即ち、協定永住権の附与範囲において、在留資格一二六―二―六の外国人登録所持者には無条件に協定永住権を附与せよ、という運動方針と、一九五二年四月二十八

（二面へ）

## ハンストに突入

六月二十四日午後、民団中央で開かれた法的地位委員会の常任委で、「入管法」を阻止するため、二十七日からハンストに突入することを決めた。

これは、民団が入管法阻止のためにあらゆる方法を使うとの方針に従い、今日まで繰り広げてきた運動の一環として行われるものである。

大阪の目ぬき通りを行進する1万5千の在日同胞。中之島公園から出発したデモの隊列ははてしなく続く。

## 近畿民衆大会に同胞一万五千人 日警が露骨な挑発

民団近畿地協（事務局長金晋根大阪団長）主催による「入管法反対近畿地方民衆大会」が去る十六日、大阪中之島中央公会堂で、大阪、京都など二府四県を中心に同胞一万五千余名が参集して開催された。

大会場とその周辺はタスキ、ハチマキに身を固めた同胞で埋めつくされ、緊迫と熱気がみなぎる中で正午開会、金晋根大本団長、張聡明中央監委長の挨拶に続いて朴根世中央議長が講演、入管法案は韓国人の人権を無視したものだと指摘し、さらに激励に立った兪錫濬中央顧問、鄭在俊関東地協事務局長（東本団長）は、我々の生活権は我々自らの力で守り抜こうと訴え、各々満場の熱烈な拍手をうけた。

続いて決議文はじめ抗議、要請文等を採択し、"我々を苦しめる入管法案紛砕"等のスローガンを全員がシュプレヒコールした後、陳情団を派遣、午後二時四十分デモ行進に移った。

参加者一万五千名の大デモ隊は大阪目抜き通りに延々たる隊伍を誇示しつつ、闘争への意志をこめて断固たる示威を行いながらも整然と進んだが、桜橋付近にかかると突然機動隊が出動、規制にかかる一方、警察公報車が「忙しい皆さんに迷惑をかけているこのデモ行進をよくご覧下さい。これが韓国人のデモの姿です」と繰返し放送を始めた。この露骨な日警の挑発に対しデモ隊は激しく抗議し、機動隊と再三にわたって衝突、果敢に応酬したが、一瞬のすきに韓青神奈川県本部の申東春宣伝部長が不当にも逮捕、連行され、また青年数人が負傷した。

これに抗議してデモ隊は元町交差点に座り込み、逮捕者の即時釈放を連呼したが、急拠抗議団を編成、派遣して、午後六時すぎ府立体育館前で解散した。

## 6・20 中北地協民衆大会

民団の中部北陸地方協議会では去る六月二十日十二時から、名古屋の白川公園で五千名の同胞を動員して入管法反対民衆大会を行った。大会後、全員でもって、白川公園から栄町までの名古屋の中心街をデモ行進した。なお、デモ行進中に愛知県自民党本部ならびに出入国管理事務所に抗議を行った。

中北地協民衆大会には、前日の東京での民衆大会に参加した青年たちも応援にかけつけ、盛り上った雰囲気のなかで行われた。

東京本部からは、鄭在俊団長、羅鐘郷副団長朴性鎮法地委副委員長が参席し、各支部からは激励電報を送った。

### 山口民衆大会

二十五日には山口県民団においても「入管法反対民衆大会」が決行された。

# 新聞発刊にあたって

## 綱領を達成するために

東京本部団長 鄭 在 俊

この度、在日大韓民国居留民団東京本部では団組織の強化の目的と管下団員の強い要望により、第六回東京本部地方委員会の決議を得て、従来から民団東京本部の機関紙として親しまれてきた「韓僑通信」を通信版からタブロイドの新聞版に発展させることになりました。

発刊に際し、わが韓僑通信の抱負と方向性について一言述べたいと思います。

「韓僑通信」は「在留同胞の権益を擁護し、民生安定を期する」という民団の綱領を達成するための重要な任務を担っています。現在、在日同胞の前途には法的地位、入管法など難問題が山積しており、我々をめぐる状況は非常に厳しく緊迫を増しつつあります。かかる時局にあっては、民族の衿持と韓国人としての正しい姿勢をたえず堅持しながら、積極的な啓蒙、宣伝活動を行なうことが、いつにもまして緊要であると申さねばなりません。

韓僑通信はまた、民団組織の健全な発展と祖国大韓民国の明日に寄与する目的をもっています。敵対陣営の悪質な宣伝が流布するなかで、民団東京本部を軌軸とした各支部の活躍と、さらには発展する本国の姿を、紙面を通してあるがままに団員に伝達していかねばなりません。

このような使命と責任を基本に据えながら、"団員のための新聞"をモットーに、幅広く豊かなものにしてゆきたいと思います。

今後とも、韓僑通信に対する団員ならびに読者諸氏のあたたかいご支援とご鞭撻を望んでやみません。

## 韓僑通信の発展を祝す

中央本部団長 李 禧 元

わが居留民団東京本部の機関紙として永い間、団員達から親しまれてその使命を果している「韓僑通信」が、この度従来の通信版型式からモデルチェンジを行ない内容のよりよき充実を期して飛躍したことは、誠に喜ばしいことでそれに携わる皆様に心から敬意を表します。

言うまでもなく組織活動においての機関紙の存在は高く評価されているのでありますが、なかでもわれわれ居留民団で発行する機関紙はその影響力が多大で組織の盛衰を律するといっても過言でありません。

従っていままでの「韓僑通信」が、民団の方針や活動状況を伝え、組織機関紙としての役割りを果す一方在日同胞に関係深い母国のニュース等を報道して、一般紙の機能をも発揮してきました。

これは在日韓国人のマスコミ機関としては当然なことで「韓僑通信」が、またはその他のわれわれの民団組織で発行する"新聞"や"通信"が背負うべき任務ではあるが「機関紙」は機関紙としての使命を果すべきだと思います。

もとより民団で発行する新聞は営利を目的としないだけに、その運営は非常な困難を伴います。かといってそれが財源化の道具に利用されては、新聞本来がもつ力を弱める危険があります。権威の失墜を招くばかりでなく機関紙が本来の目的を離脱すれば組織にも混乱が起ります。この点、東京本部の韓僑通信は、よくそういう弊害に落入ることなく今日に至ったことは、わが社会における公報事業の範と[illegible]ことでしょう。どうか今後とも[illegible]僑通信」が、在日同胞の啓蒙と団結に、またわが組織の発展と強化に、ひいては祖国の繁栄に資して、高き社会の信頼に応えるよう期待してやみません。

## 金剛学校が基金カンパ

さる十六日大阪で開かれた「出入国管理法案反対近畿地区民衆大会」に、事情により参加できなかった大阪金剛学校では、大会当日臨時生徒会を開いて、入管法反対運動のため基金カンパを行ない、関係者一同をいたく感激させた。

なお、同校生徒の真心をこめた同基金は二十三日開かれた全国文教部長会議に上京した、大阪本部文教部長金宮両氏に依託され、同会議席上李禧元中央団長に伝達された。

## 夏季学校を討議

### 全国文教部長会議

民団中央文教局（池雲竜局長）では、さる二十三日午後一時から全国地方本部文教部長会議を召集し、当面している文教関係案件についての、指示伝達ならびに協議を行なった。

李禧元中央団長、池雲竜文教局長の挨拶のあと、金容焼大使館首席奨学官の来賓辞に続いて会議に入り、来る七月二十七日にさし迫った、本国における第四回在日僑胞学生夏季学校実施に伴なう入校事務推進計画指示に続いて討議事項に入り、特に本年度の夏季学校入校資格が昨年と異なり、高校、大学在学生に限定されたため、各種学校在学生・夜間国語講習生或いは民団各組織の青少年実務者などの不満や日本国籍学生の入校便宜要請問題などの実態が、参席した全国文教部長から殆ど同一意見として発表された。

この様な実情に鑑み、これら正規学校在学生以外について、別に夏季学校と同様な制度を来年度からの事業として設けて、これら青少年の本国に於ける短期教育を実施できるよう、本国政府に建議することを可決した。続いて地方本部別に文教事業の現況及び実態報告が全国文教部長からなされ、これらの報告資料によって来る七月二十一日からソウルで開催予定である、本国政府と民団幹部との合同会議の資料を作成することになった。引続き中央文教局から在日韓国人教育後援会事業内容の宣伝依頼及び会員倍加運動展開についての説明ならびに第十四回定期中央委員会で決議された在日韓国人教育会組織のための地方教育委員会の早期組織化と在日韓国人文化賞授賞制度の説明があった。

（一面から）

日を協定永住権附与範囲にすべきだ、という主張である。しかし、この問題に関しては、法地委常任委で再検討し慎重にはかるべきだとして論議を打切り、目前に緊迫した入管法阻止運動に関する討議に移った。

会議が進行している中に「入管法案実質審議に入る」という速報が伝えられることもあって①法務委員長に対し、全国団長会議の決議で抗議文を②国会議員に対しそれぞれの地方団長が陳情を、翌十八日に行うことを決議した。また一九日の韓・中在日居留民決起大会には全国団長を中心に多数参加すること、二十日の名古屋で開かれる中北大会を積極支援することが指示された。

また、万博開催にともなう参観団招請事業に関し実施要綱を発表したが、それによると、在日同胞の家族・親知・縁故者五千人を本国から招請、滞在期間六〇日、招請経費を招請者が負担、参観者は先進世界各国の産業・科学・文明等に接することによって視野を広くし、帰国後本国産業発展に寄与するとともに、在日家族、親知たちに母国の発展様相を正しく伝え朝総連の虚偽宣伝を粉砕すること等が招請の趣旨になっている。

会議は、本国政府要路と民団幹部合同連席会議の案件に移り、①組織再整備及び本国政府の基本対策②教育③経済④法的地位等の議題をもって七月二十一日から三日間ソウルのウオカーヒールで開催し参加対象者は中央顧問団、中央三機関、全国地方本部団長、傘下団体機関長等となっており、出発前日駐日公報館で案件研習会議を開き、翌二〇日KAL便で出発の予定である。この日の会議には中央三機関、四十八全国地方本部団長、中央本部各局長ならびに大使館の申参事官、姜公使ら来賓出席の下に開かれたが、在日公館が永住権申請促進等に関して民団中央本部を通ぜず直接各地労本部に対する組織体系を無視した措置に対して強い抗議の発言がなされた。

## 韓国政府も対日申入れ、入管法

（新亜＝共同）ソウルの放送によると、韓国政府は、現在日本の衆議院で審議中の出入国管理法案に対する韓国政府の立場を表明した外交文書を、日本政府に伝達したといわれる。

二十五日、韓国外務部当局者によると、韓国政府はこの文書のなかで、出入国管理法案の衆議院での審査は、日本国内法の立法作業ではあるが、同法案の対象が在日外国人であり、在日外国人の九十%が韓国人である点を強調し、法案のなかの「遵守事項」「行政調査」「追放範囲の拡大」それに出入国管理法適用にさいしての自由裁量などの削除または緩和を要望しているといわれる。

## 理事・監事を選出

### 東本財政後援会創立総会

在日本大韓民国居留民団東京本部（鄭在俊団長）ではさる十九日午後七時から、上野の東天紅で同本部の財政後援会創立総会を開催した。

この後援会は、民団東本の基本財政を確立するという現在の鄭在俊団長の公約に基ずき、執行部の重要な事業の一つとして、議決・監察の両機関の協調も得て昨年七月から推進しているが、現在、目標の七十%に達し、出資者のメンバー六十数人を構成員として先ず創立総会に至ったものである。

この日の総会には出資者二十七人が集まり、定款の審議・承認・理事及び監事の選出を行ったが、理事長の選任、出資金の運営方法出資金の増額等は理事会で検討することにし、その為近い内に理事会を開くことになった。

なお、この日に選出された理事及び監事は次の通り。

△理事＝崔学林・石相奉・張仁建・閔泳相・許允道・金鶴鎭・李永三・鄭在俊

△監事＝李馬致・尹達鏞・安禧中

以上

## 朴大統領令嬢来日

朴大統領の令嬢、槿惠嬢が来日、さる二十一日石川島播磨重工業横浜造船所で行なわれた世界最大のタンカー船（32万6千トン）の命名式に出席して「コリア・ユニバース」号と命名した。同タンカー船はアメリカのガルフ石油会社が発注したもの。

## 感有情人

去る十六日、大阪であったことだ。「出入国管理法案」に反対して在日居留民団がデモを行った。その時、日本警察の公報車が通行人たちに向って次のように叫んだ。「このデモは隊列を広げ、ゆっくりとした足取りで歩いているため、忙しいみなさんにご迷惑をかけています。このデモ行進をよくごらんください。これが在日韓国人のデモの姿です」この差別的言辞に激憤した在日僑胞たちは日警と衝突してデモが激化する事態に至った。いったい公務執行中の警察が、酒席でもない公衆の場で、このような一民族の感情を刺激させる挑発的な発言をしていいものだろうか？その言辞の中には「在日韓国人がするデモだからこのように無秩序で、そのため日本人にこんな不便をもたらしている。韓国人はこんな民族だ」という意味が隠れている。

しかし、その侮辱的な発言よりも、発言自体が事理に合わない。日警官は、日本人がデモをするときはまるでハレルヤを叫びながら通る聖者の行進の如くご立派だとばかり思っているようだ。在日韓国人のデモはせいぜい交通妨害の程度にすぎない。しかし、広く知られているように、日本の最高知性の揺籃といわれる東京大学のデモがどうであったか、日本警察は誰よりもよく知っている。そればかりか棍棒で殴り合ったこともあるだろう。最近、沖縄返還を叫ぶ日本の左傾デモ隊は、大東京を数時間の間、無法化にし、放火、投石、公共機関を占拠するなどまさに現代の西部活劇を演じたのではなかったか？ それなのに「これが在日韓国人のデモの姿である」と通行人に向って叫ぶのは自家撞着もはなはだしい極みである。こんなおとなしいデモに倣おう、という意味だったろうか？ 日本人たちも放火などしないで、この韓国人のように法治社会の市民らしく平和にデモせよという訴えであったろうか？

日本人のこのような偏見と、その警察の良識を疑わずにはいられない。

——朝鮮日報（万物相）より—

# 資料 われわれはなぜ入管法に反対するか

# 在留活動の規制強化
## 抑圧と追放を基調に

（写真）入管法阻止のため6月19日決起大会の後東京数寄屋橋通りを示威行進する在日韓国人の隊列。6・2東京、6・16大阪、6・20名古屋、6・25山口など全国的に運動は展開されているが、これは国際人権宣言に基ずく韓民族の正当で合法的な叫びである。

### 法的地位の未解決

現在われわれ在日韓国人にとって最大の問題は法的地位である。法的地位協定（正式には「日本国に居住する大韓民国国民の法的地位及び待遇に関する日本国と大韓民国との間の協定」）は、東京で署名され、六六年の一月十七日にその効力を生じた。以来三年有余の歳月が経過したにも拘らず永住権申請者はわずか十二万余に過ぎない状況である。

その[illegible]、協定そのものが持つ不合理性と[illegible]定実施後における日本当局の[illegible]・非人道的な措置によるところが大である。つまり、在日韓国人の法的地位問題において最も重要な焦点となっている、永住権付与条件の「継続居住」につき全在日韓国人の正当な要求が受入れられていないところにある。協定文第一条には、〈一九四五年八月十五日以前から申請時まで引き続き居住する者〉となっているので、一九四五年八月十六日以後に、一回でも本国へ行って来た者、帰国者の子女なども永住権の資格がなくなる。

しかしわれわれはこれと解釈を異にする。一九四五年八月十五日解放前から継続して居住した者が生活根拠を日本におき一時的に帰国し、帰ってきた事はどの点から見ても一時的な旅行にすぎないため、継続居住の範疇に属するものである。解放直後から一九五二年四月二八日、日本が主権を回復するまで、日本は行政上または実際上にも、社会秩序が混乱状態にあったことも周知の事実である。

永住権申請後明るみに出た問題点としては、申請手続の煩雑さ、審査の段階での過酷な取締りなどがある。一九六〇年から一九六九年までの十年間に強制退去させられた者は、一万五千四百名にものぼるが、そのほとんどが在日韓国人で協定発効以後激化してきている。

### 協定永住権所持者にも適用

**入管法の適用範囲**

永住権所持者にも在日韓国人の法的地位問題と、密接、不可分の関係にあるのが「出入国管理令」問題である。

法的地位協定第五条によれば、第一条の規定に依拠して、日本国での永住が許可されている大韓民国国民は出入国および居住を包含する全ての事項に関して、本協定で特に定める場合を除外しては、全ての外国人と同等に適用される日本国の法令の適用を受けることが確認されている。

この条文は、協定永住権を取得しても協定文で規定された以外には、一般外国人と何等の差別なく法令の規制を受けなければならないということである。過去の歴史を無視して、悪名高い出入国管理令と外国人登録法を、そのまま適用しているのが事実である。つまり永住権者も外国人登録証明を身につけなければならず、韓国への帰国や再入国許可など出入国管理令の適用を受けなければならない。

日本当局は、協定が締結されて後、協定の実施のために「協定の実施に伴う出入国管理特別法」を法律一四六号として公布し「特別施行細則」を法務省令第三六条として定めた。特別法の第七条には、協定永住権を獲得した者の出入国および在留については、この法律に特別の規定があるもののほか、出入国管理令によることを決めている。

### 現行令をなお改悪

このように、永住権を取得してもしなくても、現行「出入国管理令」の適用を受けるので、入管令の改訂の動向には大きな関心を払わざるをえない。

なぜならば、現在の入管令でさえ、法務大臣によって政治的に乱用され、収容に関して非人道的な処分が行われ、報賞金制度を設けている反面時効制度がなく、退去強制が広範囲にわたり苛酷である。この入管令の改訂に関して、法務当局は一九六一年以来作業を着手してきたが、今回の「出入国管理法案」の出現を見るに至った。

その度毎に、手続きを簡素化するためとか、不良外人の取締りをするためとか宣伝してきた。在日韓国人に対する「出入国手続の簡素化」とは、われわれを欲しいままに追放するための手続の簡素化を意味するためであり、一二六―二―六の所持者でも不良外人追放を意図している。

### 在日韓国人を弾圧する

一九五二年のポツダム政令にもとづいて、現行入管令は制定されたが法案では法令から国会の議決を経て法に改めようとしている。

法案の基本的方向性は、現国際社会における平等、自由の普遍的な思潮からも逆行する排外主義を基調として、抑圧と追放の強化を露骨的に企図したものである。

在留外国人の管理を目的とした入国管理法案の影響は、その対象の約九〇%を占めている在日韓国人にとって、きわめて重大であり、さらに出入国管理法案は、韓日協定にともなう、在日韓国人の法的地位問題と、密接不可分の関係にある。

協定発効後、日本当局者は「協定永住許可を受けた以外の韓国人に対しては、自由裁量権がある」という発言をしてきている。この発言は韓日会談法的地位問題日本側委員であった池上努氏の（法的地位二〇〇の質問）での「外国人の入国在留に関する事項は一国主権の完全な自由裁量に属するという国際慣習法上の原則から、外国人は自国以外の国に入国するなり在留する権利はないので"永住権"という呼称は正確ではない」という発想から出ている。

最近の日本の新聞によれば、法務省高官の意見として、「一二六―二―六の所持者ないしは戦前からいる朝鮮人、台湾人に対しては入管法は適用しない」の記事をひんぱんに掲載している。

新たに入国する者に際してのみ「遵守事項」を付する（八条）のではなく、従来から日本に居住する韓国人が永住権をたとえ取得しても、在留資格の変更、在留期間の延長、日本国籍などにより新たな在留資格を取得する場合、特別在留を受ける場合などにこの「遵守事項」が適用されることとなる。入管法が成立すれば、最初にその被害をうけるのは、新規入国者はもちろん特別在留を含む協定永住権を獲得しない十数万の同胞にも及ぶ。そして終局的に全在日韓国人に適用していくという方式である。

その意味において、今般の出入国管理法案が成立すれば、われわれ在日韓国人にもたらす影響は、余りにも大きい。したがって、在日韓国人は、法的地位問題の合理的解決のためにも、現行の出入国管理令の改定を望むものであるが しかし、それはあくまで、在日韓国人の、日本社会との歴史的な特殊関係から、法的地位問題が合理的に解決され、更にその法的地位の特殊性に鑑み、それに相応する処遇が、出入国及び在留その他に関する出入国管理法案において、何らかの形で保障されることを前提条件とすることが、妥当であると判断するものである。

### 法案に徹底して反対

以上の通りで、在日韓国人は今般の出入国管理法案に対し、徹底して反対するものであり、なお、この反対は、在日韓国人の日本社会との歴史的な特殊関係、並びに普遍的な国際慣例、及び日本国憲法などに照らしても、当然であることを強調する。

同時に日本国が、真に韓日協定の友好精神に立脚して、現行の出入国管理令を改善するよう望むものであるが、具体的には、在日韓国人の法的地位問題の現状にからみ、今般の出入国管理法案を撤回し、改めて、在日韓国人の法的地位及び処遇の保障を明確にした新たな法案を検討するよう、強く望むものである。

---

**関釜フェリー**

（下関）釜山市―下関市間の関釜フェリーを運営する下関市側「関釜フェリー会社」の創立総会が二十一日同市内で開かれ、定款を承認し、会長に松村文甫氏（九州郵船社長）、社長に入谷豊州氏（阪九フェリー社長）を決めた。

関釜フェリーはさる一九六七年九月東京で韓日閣僚会議が開かれたとき提案され、その後両国政府の協力で釜山、下関の両市が計画を進めてきた。

---

# 本国論調

## 北傀―ソ連―中共間の微妙な三角関係

一

共産圏の二巨人である中ソ間の紛糾、その間にはさまっている小人―北傀の時計錘のような路線変更―このような北傀―ソ連―中共間の三角関係は最近その微妙な徴候を増している。それは北傀を訪問したソ連最高会議幹部会議長ポドゴルヌイの行脚と関連して特に現われた。ポドゴルヌイの北傀訪問は、世界共産党大会、中共問題、韓半島における緊張状態等を、論議するためと見られたが、北傀とソ連の間にもあつれきが甚だしいようだ。北傀は中共の顔色を配慮してかソ連が召集する六月五日の世界共産党大会に参加しないという態度を固守した。またソ連の対米協調姿勢、特に先頃の東海上での米偵察機被墜事件の時、ソ連が米側の捜索協力要請に迅速に応じたことを不満に思っていると伝えられた。このような関係はポドゴルヌイ歓迎宴会の演説にも現われ、北傀側は「米国側が北傀領空を侵犯している」と主張したのは比べてポドゴルヌイは、ただ、米国は「北韓及びソ連領土近方」で諜報活動をしているという程度の慎重性をみせていると外電は伝えた。

韓半島における緊張問題に対する北傀とソ連との見解がかなり異なるのはこのような発言からみても判断できる。しかし北傀―ソ連関係は北傀～中共関係に比べればはるかに良い方である。66年にあった北傀のいわゆる"自由路線"宣言以後特に北傀と中共関係は悪化し、中共の紅衛兵の壁新聞が金日成を糾弾するかと思うに、最近では北平天安門に金日成が失脚したと報ずるまでに至った。

二

共産主義の"鉄石のような団結"という神話が砕けたのはすでに久しい。もっとも注目すべきことは中ソ紛争の激化現象であるが、ソ連記者の台湾訪問と毛沢東の敵手である王明のソ連における活動を指摘、今後中ソが国交を断絶し、王明がソ連で中共亡命政権を立て、ソ連か自由中国と交渉を行なう可能性も決して空想ではなかろうとニューヨーク・タイムズ紙の共産圏専門家はみている。しかし、ここで注意すべきは、共産国家間の不和を過大評価するのも危険であると同時に過小評価するのも賢明ではないようだ。

根本的に彼らは共産主義者であるが故にそうであり、また矛盾するようであるが、イデオロギーの魔力が弱化したが為でもある。西側の各国はこのような共産圏の間隙を賢明に利用している。例えば米国は対ソ協調体制を基調にして対共産圏戦略を押し進めており、偵察機被墜事件で見られたようにソ連を通して北傀を牽制しようとしている。先月のポドゴルヌイ訪問にそのような北傀牽制の目的もあるとの推測もあるようだ。このような北傀―ソ連―中共の三角関係を置いてわれわれはどのように対処すべきで、またどのように利用すべきかの問題に当面せざるを得ない。

われわれは彼らの関係に関心をそらさず、まず米国等の自由友邦国を通してその間隙を利用する一方、いつかは北傀を孤立、崩壊させわれわれの統一課業を有利に展開すべきであろう。

（朝鮮日報社説から）

---

**文京支部** 団長 金尚弘
文京区小石川町二―一一七
電話（八一一）三五五五

**台東支部** 団長 徐興錫
台東区上野七―二―一
電話（八四四）四〇九四

**中央連合支部** 団長 金容太
中央区日本橋茅場町一―一六共同ビル
電話（六六一）五三七〇

**墨田支部** 団長 姜学文
墨田区太平町一―四―八
電話（六二二）九四四二

**江東支部** 団長 廉廷燮
江東区木場六―八―一
電話（六四四）〇五二二

**江戸川支部** 団長 鄭昌煥
江戸川区興之宮二九
電話（六五七）七五二二

**北支部** 団長 金鎮奎
北区神谷町一―一―四
電話（九一九）五六七五

**足立支部** 団長 権寧珣
足立区千住桜木町五三
電話（八八八）八三〇一

**荒川支部** 団長 高崙宗
荒川区荒川三―三二
電話（八九一）〇五五五

**葛飾支部** 団長 申鳳権
葛飾区本田立石六―一八―一六
電話（六九三）一七七一

**豊島支部** 団長 牟萬尚
豊島区池袋二―一一六七共同ビル
電話（九八二）七一六一

## 六月の浪漫

草原に 寝ころび 覗けば
眩しい空
一つの 円が
転がり 行く、
それは ゆうべ
天使の捨てた 指環か、
同りに 蒔かれる
星の光と 花びら
それは 憧れへの
燃え散る熱火か!

## ソウルの歴史 —1—
# 韓民族の心の故郷

ソウルーそれは単に韓国の首都の意味だけではなく、韓民族の半万年の歴史が刻み込まれた土地であり、李王朝から今日に至るまでは民族と国家が受難にさらされた時その運命を伴にした、いわば韓民族の心の故郷である。

ソウルといっても4、50年前のソウルと今のソウルでは、その区域面積からいっても、まるでちがう。五十年前にはわずか三十万以下の人口にすぎなかったし、太平洋戦争が終った頃でも百二十万しかなかった。今はその三倍以上の四百万になっている。ソウルは毎年膨張して近隣の行政区域を次々に吸収し、現在は人口、面積ともに世界有数な大都会になってしまった。

在日同胞が故郷へ帰える時、ほとんどの人が、このソウルの空から金浦空港に降り、故国の土を踏み染めるのである。それで多くの在日同胞は現在の生き生きした華やかなソウルの姿を良く知っている。そのソウルが、どのような歴史を辿り現在に至っただろうか。数面に分けてここに紹介してみよう。

### 先史時代

史書にいうソウルは今のソウルの中心である南大門、東大門を含む城壁の内側のことであるが、この漢江の流域は、新石器時代からすでに人間が住んでおり、自然条件に恵まれていた所である事が解かる。

まだ十分な考古学的研究はされていないが、今のソウル特別市の桃洞、典農洞、貞洞、往十里、九富洞、広壮洞、栗里等から石庵丁石斧、石鏃、石剣等の石器を出しているし、櫛目文土器、無文土器等の土器も出している。これらは恐らく紀元前三・四世紀に遡るものであろうと言われている。

### 三国時代

三国史記によれば高句麗の始祖、朱蒙の子である温祚が、紀元前十八年、扶余族の一群を従えて南下、漢江流域の慰礼城を都として王を称したとある。これが百済の始祖である。実際の百済国はこれよりずっと後の三世紀後半であったであろうが、慰礼城を頼り所として、百済が建国したという事とは信じて良いと思う。そしてその慰礼城の位置は、もちろんはっきり究明されたわけではないが、現在のソウル特別市の区域であるか、それよりあまり遠くない所であったと思われる。

扶余族の集団は、その勢力の拡張と伴に、根拠を慰礼城から漢江の南である伯済(今の広州)に移し、正式に国名を百済と定めた。後に、百済の発生地である元の慰礼城を河北慰礼城といい、新しい伯済の慰礼城を河南慰礼城と改めた。河北慰礼城は、また北漢城とも呼ばれたが、ソウルの別称である「漢城」という名前は、この北漢城から出たものである。

古来、漢江を支配する者は、韓半島を支配すると言われた。これはこの地方が半島の中心に位置し軍事的に重要である事を意味するものであり、高句麗、百済、新羅の三国鼎立時代には、これらの国の勢力の消長が直ちにこの地方の支配権と直結するものであった。一時は、高句麗の領域に含まれた事もある。この地方の最後の領有者は、勿論、後に三国を統一した新羅である。

新羅の真興王は漢城一帯を領略そして同王十六年(五五五)には、今でもソウルから眺められる北漢山の碑峰に、いわゆる真興王巡狩碑を立てたものである。その後も高句麗は幾どもこの地方の奪還を企て、一時成功した事もあったが、結局は失敗に終っている。

新羅が半島を統一したのは、西紀六六八年であるが、景徳王代にソウル地方に漢陽郡を設置したことがあり、ソウルのもう一つの名前の漢陽はこの時からの事である。

# 遵守事項などを新設
## 入管法の内容と問題点

前記の通り、在日韓国人の法的地位問題が、その内包している不合理性から、現状において、多数の在日韓国人が現行の出入国管理令により、追放の対象となっている事実を前にして、今般の出入国管理法案内容を検討した場合、その結論はおのずから明白であるが、ここにその主要問題点を指摘すると、次の通りである。

**1「遵守事項」について**

法案第八条の遵守事項は、新たに入国する者以外に現在留者に対しても再入国時のほか、在留資格変更、在留期間の延長、出生又は日本国籍の喪失による在留資格取得の時、などにおいて適用され(第三三条)、在留活動の管理と規制(二三、二四、二五条)が強化されると同時に、これに違反すると、中止命令及び行為命令(第二七条)が出され、更に処罰(第八六条)と、退去強制(第三七条)をすることになっているが、これは在日韓国人に対する不必要な抑圧と追放を企図する、特徴的な意思の表現である。即ち、現在留者が、長期間にわたる日本在留によって得た既得権を、本法案によって規制することは、全く不当といわねばならない。

**2、「行政調査権」について**

違反調査(第三八条)並びに事実調査(第七三条)という強力な行政調査権では、在日韓国人の生活権を、根底から蹂りんすることが明らかで、これによれば、公私を問わず、任意ともいうべき、全く一方的な判断により、容疑者に対する捜索、臨検、差押のほか、容疑者の関係人に対しても、陳述報告を強要(第三七条四項、三九四〇、四一条)することになっているが、これでは個人の人権は勿論、在日韓国人の公的団体及び機関における、公的な活動までもが蹂りんされ、ひいては「関係人」に関連させて、在日韓国人と接触する日本人の各種団体、又は個人を調査権の対象とすれば、韓日両国民の親善と交流の自由までが、それだけ制約されることになる。またこれに関する細分化された罰則のほか、不陳述罪、不提示罰などを適用(第八八、八九条三項)していることは、個人に対してはまさに、黙秘権を有する犯人以下の扱いであり、または在日韓国人の公的団体及び機関をも、破壊に至らしめる重大な措置といわねばならない。

**3、「追放の強化」について**

まず追放(退去強制)の対象を広範囲に拡大し(第三七条)、特に貧困者を追放の対象(第三七条一二項)にしていることは、国際的な通念(慣例)からしても不当である。また特別在留許可を受けることが至難で、追放される者の司法的救済手段が、事実上において封じられていること(第五二、五三、五五、七八条)、更に、追放の手続が簡素化(第七二条)され、人権無視の強制収容(逮捕)とか(第四八条)、保証金の大幅な増額(第五三条五項)など、本法案の中には、撤底した追放への理不尽な積極性が、一貫して示されている。

**4、「自由裁量」について**

在日韓国人の人権と生活を規制、蹂りんし、その公的団体及び機関の公的活動をも規制し、ひいては破壊に至らしめる場合の判断が、すべて法務大臣(実際は入管署長)のいわゆる「自由裁量」に基づくことになっているが(第八、一〇、三〇条など)、これは極めて一方的で、危険な発想であり、まさに在日韓国人を、「煮て食おうと、焼いて食おうと自由」という前近代的な暴挙といわざるをえない。

以上の通り、今度の入管法の具体的内容がわれわれ在日韓国人の追放と抑圧を企図していることに他ならない。

## 支部だより

**▽入管法反対ハンスト応援部隊派遣を決定——練馬支部——**

出入国管理法案が近日中にも日本国会で強行採決されかねないという緊迫した情勢をうけて、民団ではこれを紛粋すべく来る二十七日から無期限ハンスト突入を決めたが、民団練馬支部(李用洙団長)ではこれを積極支持、早速婦人を含めた支援部隊を送ることを決めた。

**▽婦人会が川口湖にバスハイク——中野支部——**

民団中野支部婦人会(沈双季会長)の会員二十名はさる十日、富士川口湖で初夏の休日を楽しんだ。なおこのときの親睦から支部に舞踊部の設置を話し合い、早速実行に移されている。毎週月・木曜日の両日夜、場所は支部事務所二階。他支部から参加も歓迎の由。問い合わせは中野支部(電話三八六—五五三六)まで。

**▽二十八日に旅行会——板橋支部——**

民団板橋支部([illegible]団長)は、来る二十八日から慰労のための定期旅行会をおこなう。宿舎はホテル八景。

**▽熱海に慰安旅行——江戸川支部——**

民団江戸川支部([illegible]団長)の旅行会は去る十四日から二泊三日で恒例旅行会を催し、会員三十三名が熱海のホテル八景に憩った。また二十二日には同じくホテル八景で婦人会員三十名が参加して旅行会をもち、親睦を深めた。なお、これは東京観光委員ホテル八景の社長、朴漢植氏の厚意によるもの。

## 論調

**《朝日新聞6月4日》社説の要旨**

法案では、出入国手続きを合理化する等の措置をとっているが、同時に外国人の在留管理体制を強化するための「在留資格」を設け法務大臣は外国人に対して「在留するについて活動すべき活動の範囲等の事項を定めることができる」と規定している。この「遵守事項」に違反した場合は中止命令が発せられ、さらに強制退去の手続きがとれるようになっており、加えてこれは新たに入国する外国人に適用されるだけでなく、従来から日本に居住している人たちにも適用される。

政府が出入国手続きを合理化し「不良外人」を取締まるのはもっともとしても、問題は「遵守事項」に違反した場合にこれを調べるための行政調査権と不陳述罪が新設されることで、この調査権の対象は「関係人」となっているので、その範囲は家族、友人、知人、雇主等に広がり、関係人は質問に答えなければ罪せられるほか、不提示罪に問われる建前となっている。この「遵守事項」は六十万を越える在日韓国人と中国人、特にその家族や子弟にとっては「強制退去をはかる」新たな弾圧立法だと受取られている。入管法案は単なる事務的な手続法案ではなくて、日本の政治、外交の基本姿勢を問いかけているのである。

**《読売新聞6月25日》**

出入国管理法案に対し、各野党と外国人の九〇%を占める在日韓国人・中国人が一致して絶対阻止の態勢を示しており、この法案の内容に人権にかかわる問題点が多いことを如実に示している。

政府が提案理由としてあげた前向きの改正点の反面、"反動立法"との批判をよんでいる。まず強制退去等のきびしい制裁を含む遵守事項について、法案にはどのようにそれを課するか明記されていず、法務大臣が好ましくないとする外国人に対して広範な権限を行使する危険性を含んでいる。その他入国管理官の調査権限を強化したこと被収容者の面会制限などこの法案は取り締まり当局の立場に重点をおきすぎ、法の拡大解釈や乱用によって生じる「人権への侵害」面を軽視している。人権尊重の面からこの法案の再検討をのぞみたい。

## 韓国料理
### 雑菜(ジャプチェ)

【材料七~八人分】牛肉100㌘、豚肉100㌘、卵2個、もやし100㌘、きゅうり二本、玉ねぎ一個、セロリ一本、人参一本、きくらげ10㌘、はるさめ(中国製)80㌘、竹の子100㌘、椎茸五枚。

【作り方】①、牛肉と豚肉はBの調味料であえ、大さじ½杯の胡麻油でそれぞれ強火で手早くいためます。②、卵は黄味と白味に別け、塩少々入れ薄焼きにし、さめてからせん切りにします。③、野菜は四~五㌢長さの細いせん切りにし、色が薄く臭いの無いものから順に大さじ½杯の胡麻油でいためながら塩少々を加えます。④、きくらげは水にもどして、大さじ½杯の胡麻油でいためます。⑤、はるさめは熱湯につけてもどし、水気を取って適当な長さに切り、大さじ一杯の胡麻油でいためます。⑥、竹の子は四~五㌢長さの細かくせん切りにし、大さじ½杯の胡麻油でいためながら醤油大さじ½杯、砂糖小さじ一杯で味を付けます。⑦、椎茸は水にもどしてせん切りにし、大さじ½杯の胡麻油でいためながら醤油大さじ½杯、砂糖小さじ一杯で味を付けます。①から⑦までの材料を十本の指でサックリ合せ、Aの調味料で味をととのえます。

【調味料】Ⓐ、醤油三TS、砂糖1½TS、擂り胡麻一TS、化学調味料少々Ⓑ、醤油一TS、砂糖½TS、ねぎみじん一TS、にんにくみじん½TS、擂り胡麻少々、化学調味料少々。

※無地の皿にはトマトを切りにそえて盛り付けますと色取りがきれいになります。

※材料の種類を多くするほど豪華になりますので、季節の野菜をいろいろに変えてみてはいかがでしょう。

(1)　1969年8月5日(火)　(第三種郵便物認可)　(大韓民国文化公報部国内頒布許可)　第2379号

在日本大韓民国居留民団　綱領
1、われわれは大韓民国の国是を遵守する
1、われわれは在留同胞の権益擁護を期する
1、われわれは在留同胞の民生安定を期する
1、われわれは在留同胞の文化向上を期する
1、われわれは世界平和と国際親善を期する

# 韓僑通信

(毎月5.15.25日発行・1カ月100円・特別1000円)

(昭和40年7月27日第三種郵便物認可)
発行所
韓僑通信社
発行人　鄭在俊
東京都文京区本郷3丁目32番7号
韓僑会館　電話(811)1536
〒113 振替口座 東京166316番

# 入管法ついに廃案へ

## 権益擁護を着実に遂行

### 民団運動の勝利

**大詰をむかえて最後までその成行きが心配された在日同胞の懸案、出入国管理法案は、会期最終日の五日、遂に廃案が確定した。入管法案をふくめて諸案件を審議していた日本国会は、混乱と空白状態のまま、さる五日会期最終日を迎えたが、結局、同入管法案は他の諸法案とともに審議未了、廃案が確定したものである。同法案が在日六十万同胞の追放と抑圧を企図する非人道的悪法であるとの立場から、民団が挙団的に展開してきた反対運動は、ここに一応当面の主要目標であった〝廃案〟を勝取ることによって成果裡に結実し、少くとも一時的に小康をえるとともに、民団の権益擁護運動はこの成果に依拠して新たな局面を迎えることになった。民団東京本部（鄭在俊団長）では、翌六日早速これに対する声明文を発表、ついで十一日には民団関東地協主催で、入管法案廃案と闘争の成果を祝って「慰労会」を開催するなど、ひき続き今後の運動にそなえている。**

この若者たちの叫びが、悪法を廃案に至らしめた。

日本国第六十一回通常国会は、大学運営法案の強行採決をめぐって与野党が対立したまま二百余日に及んだ会期最終日を迎えたが、結局、「出入国管理法案」を含めて生活諸法案をすべて、審議未了廃案として処理するに至った。

出入国管理法案を審議していた注目の衆院法務委員会は、去る七月二十二日以来、所謂、大学法案をめぐる国会の混乱をうけて審議が停止しており、八月に入って、去る一日、同法務委理事会を開いたが、継続審議か廃案かをめぐって自民党と野党の間で攻防をくりかえしたが話合いがつかず、五日に同法務委理事懇談会を開いたがここでも結論を得ぬまま同法案の処理を衆院議員運営委理事会に一任、この結果、審議未了、廃案が決まったものである。

全容九一条からなる同法案は、周知のように、日本政府や立案当局によって強調されたところの「不良外人の取締り、出入国手続の簡素化」等、一見もっともらしい立案の主旨説明とは裏腹に、実際には在日外国人、就中その九割を占める在日韓国人の生活上の管理と規制を法制化によって強め、加えて退去強制をより合理的に処理する等を骨子としたものであることが明瞭に読み取れるもので、とりもなおさず、その本質において一人でも多くの在日同胞を追放するばかりか、基本的人権すら奪うべく企図された悪法であることが容易に理解されたのである。このように露骨なまでに排外的で非人道的かつ弾圧的な主旨で一貫した同法案に対して、広範にわたる内外の各層から批判の声が彷払とわき上っていった。

民団においても、日本政府の入管令の改悪法制化の企図に対して早くから警戒と批判の立場を堅持し、その動向を注視していたが、今年に入って同法案の最終的条文内容が明らかにされ閣議での決定をみるや、改悪反対と法案撤回の動きが堰（せき）を切るように活発化していった。

こうした中で四月十八日、韓青、韓学同は民団に先がけて東京、お茶の水で「出入国管理法案反対」決起大会を開くとともに示威行進を挙行、民団における反対運動の先鞭を切り、これが発火点となって、民団でも六月二日、東京で同胞五千名を動員して中央決起大会を挙行、これを皮切りに同十六日には大挙一万五千名の同胞が参加して近畿民衆大会がもたれ、一九日には再び東京で関東地協が華僑と共闘、翌二〇日には名古屋で中北地区同胞が決起、さらに二十五日には山口にと、反対運動の渦は全国各地に波及し、民団組織挙げての運動が、逮捕者を続出させつつ果敢にくり広げられていった。

一方こうした内外の厳しい世論を無視したかのごとく、衆院法務委員会での審議が強行採決の可能性をはらみながら進められていった。こうした極限的緊迫状況をうけて、六月二十七日、東京銀座の数寄屋橋公園にテントが設営され、民団、韓青、韓学同が一丸となってハンストに突入、全国同胞と内外の熱誠的な支援をうけて延べ十三日間にわたって文字通り決死的な闘争が展開された。

またこれと並行して日本法務省、自民党、野党各党への陳情、抗議活動が粘り強く展開され、一方政府自民党はこうした批判に譲歩するとの名目で土壇場の七月十一日に修正案を提出した。しかしその内容は枝葉末節にふれただけで法案の悪法的な本質を何ら変えるものでないばかりか、大詰に近づくにつれて政府自民党による強行採決への危機はかえって深まる様相を呈し、全在日同胞と良識ある人々は一喜一憂の思いで国会審議の成行きを見守ってきた。

## 成果の上に新たな決意を

この度の出入国管理法案の審議未了、廃案という結果は、直接的にははからずも日本国会の異常な混乱という不測的要因が幸いした感はまぬがれないが、当然ながら広範な各界各層の糾弾の世論、とりわけ民団が一貫して推進してきた挙団的な反対運動が、日本政府自民党による強行採決への暴走の歯止めとなってこれを阻み、改悪法案の成否に甚大な影響を与えたことは大きく評価されるものである。

すなわち、全国同胞の支持と参加によって盛り上った法案反対、撤回要求運動は全国各地での決起大会、被逮捕者を伴いながらの果敢な示威行進、さらには決死ハンスト闘争にまで高揚、発展し、この運動を通して、法案の悪法性、在日六十万同胞の法的疎外の状況さらには表むき韓日友好を掲げた日本政府がその実、在日同胞を追放し、圧さえつける政策を推し進めている現実等々の問題が真摯に訴えられ、その告発は広く内外の世論を喚起し、同時に全国各地の同胞に対しても、自身が不当にも余儀なくされている脆くて不安定な立場の再認識と、同胞どうしの結束を促がしたのであった。

そしてこれらは必然的に、法案の国会審議に直接、間接に肉迫し大きな影響を及ぼしていった。

しかしながら、他面において今回の入管法案粉砕という運動の成果は、在日同胞がみずからの力で解決すべく迫られている幾多の課題の中にあって、大きくはあるが一つの部分的解決であることもあらためて銘記されなければなるまい。

法的地位問題ひとつを取り上げても、協定永住権の賦与範囲など重要な問題がいぜんとして未解決のままであるし、また入管法問題にしても、日本政府当局が〝真の韓日友好〟に違背する姿勢をあらためない限り、新たに装われた第二、第三の改悪法案が、在日同胞の追放と圧迫、同化をめざして立案されることは火をみるより明らかである。

また、このたびの運動の過程で惹起されたところの問題、ことにハンストの徹去と中央民衆大会の開催をめぐって提出されたさまざまな問題や、無責任な反民団的な発言として物議をかもし、糾弾、追放運動にまで発展した民団中央権逸顧問の〝妄言〟問題等は、わが民団が内部的に解決を迫られている重大な問題を含んでおり、今後真摯に追及されるべき一方における民団の課題といえよう。

ともあれ、このたびの運動の成果を、民団が一貫して進めている権益擁護運動の中に正しく位置づけ、これを足場にして民団の結束をかため、新たな決意をもって次の運動に備えることが緊要であろう。

## 合同会議の案件に関し論議

### 定例支団長会議

民団東京本部ではさる四日、管内二十二支部の第一五九回定例支団長会議を開き、出入国管理法案反対運動の経過および本国合同会議に関する報告、討議を行なうとともに万博参観招請事業と韓僑通信購読料などに関して指示した。

この日の会議は日本信販ビル九階会議室で午後三時からはじまり、国民儀礼につづいて東京本部の鄭在俊団長、金載淑議長、李禹致監察委員長のあいさつのあと議題に入った。

まず、〝入管法〟反対運動の経過について朴性鎮法地委副委員長が報告を行ない、民団の反対運動の成果と国会法務委員会での審議内容にふれたが会期が明日満了するとともに〝入管法案〟は廃案になる向きが強いと展望した。加えて鄭団長は、この法案が廃案になるとすればその要因は①同法案が悪法で②民団がかって見られない反対運動を展開し、③良識ある多くの日本国民から非難を受けた、などの理由からであると語った。

五日の結果によって東京本部では声明を発表する必要がある、との提案がありこれが採択された。

つづいて、羅鐘卿副団長から合同会議の案件についてさる七月二十三日中央執行委員会で討議された経過を説明、今日まで中央から具体的な立案が発表されてないことを明らかにした。この問題に関して「どのような内容をもって全国団長が本国へ行くのか、それがこの席上発表されるべきではないか重要案件が含まれていると思うが、それはいつどこで誰が決めたものか」「大会もしくは中央委で討議されるべきものではないか」などの意見が強く議論された。これに対して鄭東本団長はは「臨時中央委を開き案件に関して討議すべきだとする関東地協の要望事項を建議したが、それは無視された」と述べた。

このあと、①第二十四周年光復節記念慶祝大会②万博参観家族招請事業実施要綱③韓僑通信購読料などに関して東本から指示・説明を行ない了承を得た。

## 全国団長本国へ出発

民団中央本部の三機関長を含む全国地方本部団長および傘下団体代表八〇人は本国政府と在日居留民国の懸案を討議、要請するため、さる六日午後羽田からソウルに向った。合同会議は七、八、九の三日間ソウル郊外のウォーカヒールで開かれるが、これはさる五月二十一日本国を礼訪した李禧元中央団長が政府に建議し受諾されたもので、七月下旬の予定が遅れて実現するに至った。

ところが会議に持込まれる案件内容については発表されず、このため、関東地協などでは、臨時中央委を開催して案件を討議すべきだとし、中央に要請するなど、案件採択の手続に関する論議がつづいていたが、結局李禧元執行部の方針通りの内容が成案され、出発の前日である五日午前、公報館の会議室で案件説明と研修が行なわれた。参加員八〇名のうちこの日の研修会に出席したのは二七名であった。従って会議に臨む地方本部団長自身が案件に関する具体的内容を知らず、会議の結果に対して責任を負えないので参加を辞退する人も出た。

一方、関東地協の五本部ではこの日、李禧元中央本部団長に要旨、次のような質疑書を提出している。

一、合同会議で論される議題とその具体的内容は中央大会、あるいは中央委で討議、決定すべき重要事項ではないか?、その手続きを経ない場合規約上の問題はないか?。

二、内容に於いて民団の自主性を自らが抛棄する点はないのか?、また、協定永住権の範疇などに関して、法地委常任委や中央委等の決議を経てない問題があるが、中央執行部が作成したこの内容が民団全体の意思であるかのように標傍されている。これは何故か?、などの点が指摘されている。

☆　☆

## 権逸糾弾大会

権逸民団顧問が、去る七月八日付朝鮮日報紙上で行った「妄言」はその後大きな波紋となって拡っている。これを追求する「権逸妄言糾弾大会」が、去る七月二十六日午後二時から東京市ケ谷の日傷会館で行われた。これは権逸妄言糾弾委員会主催によるもので、この日会場には民団関係をはじめ二百余名がつめかけ、壇上には丁賛鎮、呉宇泳、梁相基、呉基文、金仁洙の代表委員が居並び、糾弾への熱気がみなぎる中で開会、国民儀礼のあとまず、丁賛鎮氏から大会に至った経過説明があり、つづいて梁相基、李裕天、朴性鎮の各氏がそれぞれ演壇に立ち、民団顧問である権逸の発言は、民団の威信をいちじるしく損うばかりか、法的地位運動とわれわれの権益擁護運動を阻害する許しがたい反民族行為であると熱烈に糾弾、会場のさかんな拍手をうけ、各地からの激励電報の紹介のあと、決議文を採択し同五時ごろ散会した。

### 韓日高校スポーツ競技

「韓日高校スポーツ交歓競技会」が来る十七日から三日間、東京駒沢オリンピック運動場で開催される。

これは昨年八月第一回ソウル大会につづき第二回目であるが、韓国から選手・役員一三六名が参加する予定。

## 權友会が公聴会開く

財団法人日韓文化協会（土田豊理事長）が同会基本財産を朝総連東京都本部に不当に売却したとして、先に抗議声明を発表し、真相の糾明にあたっていた権友会（東京都中央区日本橋兜町二の五五国際倶楽部内、張仁建会長）では、さる五日午後一時より、東京ステーションホテルにおいて公聴会をおこなった。この日は主催者側の張仁建会長ら権友会の役員はじめ民団内外関係者六十余名が参席、①旧協和会錬成道場建立のいきさつ②日韓文化協会の成立と錬成道場③日韓文化協会の土地売却のいきさつ④日韓文化協会の実態等について、参考人として来席した金周奉、鄭寅勲氏ら日韓文化協会の現旧関係者の証言を中心に真相を糾明したほか、権逸氏（日韓文化協会現副会長、売却当時理事）、朴春琴氏（同常任顧問）らの責任を糾弾した。同権友会では、日韓文化協会の基本財産処分は明らかな背信行為だとして、引き続きその責任を追及していくという。

# 意義と今後の方向

## 座談会

# 民団史に大きな足跡残す

## 運動のあり方を示唆して

悪法「出入国管理法案」は、去る八月五日日本国会の会期終了にともない、廃案の運びとなった。これでわれわれの願いは一応達成されたわけであるが、同法案は在日韓国人六十万を弾圧する意図をもつものとして、居留民団では、去る六月二日の民衆大会開催以来精力的に反対運動を展開してきたことは衆知の通りである。民団による入管法反対運動は、内外に大きな影響と力を誇示してきただけに一連の運動の成果は、民団史の上でも大きな足跡を残したといえる。そこで民団の入管法反対運動をかえりみて、その意義と今後の方向について、はたした役割、運動の経過と反省、権逸糾弾問題、法的地位運動のあり方などについて、組織の立場からいろいろ語っていただいた。

出席者

李裕天(民団中央本部顧問)
呉宇泳(民団中央本部顧問)
金仁洙(前民団中央監察委員長)
尹奉啓(元民団中央事務総長)
金恩沢(韓青中央副委員長)
【司会】
朴性鎮(韓僑通信主幹)

**司会** この度廃案となった「出入国管理法案」に対する問題、8・15に対する問題、それにわれわれの宿題となっている「法的地位」の問題について、これら三つの問題をひとまとめにしてあるいは別々に考えを自由に、かた苦しくならず座談会をやっていきたいと思います。まず前中央団長でいらっしゃる李裕天顧問にお尋ねしますが、出入国管理法案が廃案になったニュースはどこで聞きましたか。また、それを聞いた感激を聞かせて下さい。

**李** まあやはり、新聞紙上で見ました。私も、時間切れで廃案になるのじゃないかと思っていました。廃案となってホットしました。民団で色々ありましたが、また関東を中心に全国運動しましたが、特に青年・学生が愛国心を発揮したことに非常に感謝をし、敬意を表したい。

**呉** 昔からの言葉に「闘争によってのみ鉄鎖はたち切られる」という名言があります。今度の入管法運動においてここまで盛り上ったことは青年・学生がスタートをきり、決死的にハンストまでやった。これは民団二十年の歴史ではじめてです。これを見て民族正義というか民族愛というか知らないが、いかに妨害はあっても、正義は残るということを痛感しました。運動全体からみれば、民団の勝利といえるだろうが、日本国会の与野党の攻争などあらゆるものがプラスに働いたといえます。

日本政府は、第二、第三の問題を提起してくるだろうから、安心してはいけない。勝ってフンドシをしめろという言葉もある通り、これからもっと真剣にこの問題と取り組んでいかなくちゃいけないと思います。もうひとつ今度の運動をみる時、青年・学生はもちろん中心であったが、東京本部を中心に関東地協が先駆を置って出たこのバックアップ、呼吸を合わした所に成果があったと思う。大阪をはじめ名古屋・山口と全国でやったが、また中央の指導もあったが、下から根強くやったのはやっぱり関東地区の事務局の力は忘れることのできないことだと思う。

**金(仁)** 不肖ながら、私も終戦後から今日まで民団運動をやってきたが、いろいろな反対運動もあったがいろいろ無理なことがあった。このたび権逸糾弾委員会があるのですが権逸は大衆は無知だというが実際は無知ではなかったことは大衆が死活の問題に対して馳せ参じた、同胞がこれに呼応したことがこの法案を廃案までもっていったと思います。大衆は無知ではなかった「火の中に飛び込む」というわれわれの古来の韓民族の勇気がここにあったということに対して、心ながらいささか感激し組織の中にいる一人として成果があったと感ずる次第です。

## 決死的に闘ったハンスト闘争 (6・27〜7・9)

**司会** それで断食闘争にも参加したし、入管法運動をやった者としてこれをどのように評価していますか。

**金(恩)** 今までの民団運動をみる時、先程先輩がおっしゃったように、反対のための反対という主体性のないことに気がつきます。その意味において、入管法運動は今後の民団の方向性を示唆したと思います。

**尹** そうですね。皆さんがおっしゃったように韓青・学同などの傘下団体を育成しなくてはと思います。過去にはいろいろ隘路があった。韓青・学同はアカだとか、朝総連の手先だとかいって、ありもしない名をかぶせて、運動を挫折させた。今度の入管法に対しては全国的に盛り上り、成果があった。これを通じて、指導者の問題を感じます。つまり、厳選する必要があるのです。民団がハンストをやったことは、二回あります一度は一九六二年の北送反対で大規模にやったが、これは日本政府が人道的立場に名を借りて、北韓へ同胞を追放した。

二度目は今度の入管法です。これを比較すれば、後者は切実にこの地に住んでいるのだという気持があります。入管法反対運動がここまで盛り上った理由として、①法的地位委員会ができ、公聴会などを通して大衆にアピールし、啓蒙巨よくやってきたこと。②法案自体が世界に類例をみない悪法であり、それが日本国民にアピールできたこと。③、在日韓国人がこれと挙族的に取り組んだこと。政府においてもお骨を折ってくれたし、あらゆる情勢が働いて廃案となった。しかし、廃案になったからといって、安心はできない。十二月の国会があり、再燃してくるかわからない。その点気持を新たにしなければならない。今度の断食闘争団の中に女性が五人も入っていて、次々にたおれていくのをみてガンバッタ……子供を持ちながら、私は韓青や学同に子供を接触させなかったことが恥しい気持です。願わくは、韓青同・学の皆さんが健康であり、三・一精神を受け継いでくれることを願ってやみません。

**呉** 一番肝心なのは、あの断食闘争団に一回でも顔を出した顧問は何人いるのか。命を賭している時に一度も顔を出さない、これじゃダメだ。また大使館が一度も顔を出していない。柳泰夏氏の時代は、来るなといっても、罵倒されても、やって来たではないか。

**李** はっきり云えるのは、法的地位に対する勉強不足です。民団はハンストで一貫性がなかった。また、今の中央団長が選挙公約に法的地位を修正するといった。同胞が期待している。

**司会** 断食闘争を組んで、それが裏に表現され、日本国民に訴えたが、断食闘争を支えた支援隊など裏面の話をひとつ……

**金(恩)** 私は断食闘争団の中に入っていましたが、他から見て中央からの指令に一貫性がなかったせいでしょうが、そのため支援隊が一方で断食断争団を支援し宣伝活動もやらなくちゃならないのに……やはり私は、指導部の問題があったと思う。支援隊の支援について、東京の婦人会が積極的にやってくれた。暖い心というか、シャツや下着を洗ってくれたり、そのおかげでもって帰れない人もいましたが(笑)…しかしひとつも文句が出なかった。今でも東京の婦人会の母さん方に感謝している。

**司会** それであまり皆に知られていないカンパ、金額はいくらになったのですか。

**金(恩)** ええっと、およそ百五十万ぐらいです。

**司会** 公園を管理する人は、中間にはさまって苦労したのだけれど、最後までわれわれの真意を理解してくれたことを紙面を通じて感謝したいと思う

**金(仁)** ハンストをやった方は本当に御苦労だと思うけれど、運動をやる時、断食をする時は断食をし、北送の時も、断食する時は断食し毎日各県本部各県支部でデモをやったではないか。アソコで熱心にやっていることを各県にアピールすべきでなかったか、だから引き際がウヤムヤになった。その点指導部のスケジュールに問題があったのではないかと、私はこう思っているわけ。

**李** 呉先生もおっしゃいましたが、柳泰夏氏の時と姿勢がちがうのです。日本政府に対してやる時は断固としてやり、親善をいう時はいいのだけど今は何かをやっても、官庁のえらい人の顔をうかがうような皆さん知っているわけでしょう。われわれはもっとおして強く言うべきです。

## 国際的意義と役割を発揮

### 韓・中共同決起大会

**司会** それで話を六月十九日の日比谷公会堂に於いて韓中共同主催における反対運動をやったのですが、国際性を組織した。中国の方は集会はやるが、デモンストレイションは駄目だといっていたが最後には中国の旗と韓国の旗を立てたことは、大へんな意義をもつことと思いますが……。

**李** 朴性鎮氏が法地委の副委員長時代に、華僑総会の人と座談会をもったのですが、「韓国の人しっかりやりなさい」といっていました。今後は、日本に住んでいる自由国居留民が全部一体となって運動をするキッカケを作ったと思って非常に喜んでいます。

**呉** 中国の人と一緒にやったことは大きな成果であった。この運動を通じていい面が随分あった。ただ、私はひきぎわがもう少し大衆運動をやって一回でもいいから盛大なデモをやってひきたかったが、そこまで行かなかったのがかえすがえすも残念だと思っています。

**金(恩)** 七月十九日の中国とともに闘った国際性、日本の社会に与える影響、非常に大きな意義が確かにあったと思う。しかし、民団運動を民族運動と規定する時、主体性をもってしていかなくちゃいけない。六・二から発展していった運動が質的に下降していったのではないか。

**司会** それは杞憂だし、結論はデモをしたし、それ以前の問題を持ち出して民団運動の評価を横にそらしてはいけない。それで、この運動で、一番ポイントになるのは、六月二日の文京公会堂の民衆大会でしたね。あれを決定したのは五月二十八日の関東地協ですが東京本部団長が言っているように「キチガイ沙汰」でないと出来ないのに、ほんと四日間で五千名動員したのですね。

**尹** ここで僕は、権逸糾弾の問題について話したいのですよ。韓国で発行しているところの最も優秀な朝鮮日報……七月八日付ですか、歴史のある朝鮮日報の紙上において、権逸とそれからその日本の辰己さんとの対談において、権逸さんがわれわれが無知であるからこういう運動をさわいでいるのだと、そしてしまいにはそれがどうも反政府だとその要素があるんだとこういうことを言ったですね。

私がじっと考えてみると、北送反対の時、青年、学同がし烈に運動を展開している時、権逸かやは

(三めんへ)

# 「法的地位」の問題点

## 1 精神と現実

法的地位協定は、その前文において、〈多年間日本国に居住している大韓民国々民が日本国の社会と特別な関係を持つようになったことを考慮して、これら大韓民国々民が日本国の社会秩序の下で安定した生活を営むことが出来るようにすることが、両国間および両国民間の友好関係の増進に寄与することを認めて〉と記述されているが、これは在日韓国人の居住と生活に特別な配慮をしなければならないという基本的な精神の表現である。

我が国の基本方針も、また〈現在、日本国に居住している韓国々民は勿論、その子孫達までも、いつまでも日本国で安心して生きることが出来る地位を法的に保障しなければならない〉(大韓民国政府発行、韓・日会談白書)というものであった。

即ち、従来の国際法なり、国際慣例だけをもって一律的に処理することが出来ない複雑な、歴史的な背景を充分に考慮して、人道的な方向で政治的に、解決されなければならないというものである。

その様な精神と方針の下で結ばれた協定の内容は、一体どの様なものか?不安にさらされている疑問点と、現実的に起っている矛盾した結果の実例をあげて、問題点を探ってみることにする。

## 2 継続居住の解釈

〈一九四五年八月十五日以前から申請時迄引き続き居住する者〉となっているので、一九四五年八月十六日以後に、一回でも本国へ行って来たり又、一九四五年八月十五日以前から継続して居住し永住許可申請以前に帰国する者の子女で一九四五年八月十六日以後申請有効期間前に出生した者でも永住権を取得する資格がなくなる。

帰国者の子女は資格が喪失するが、継続居住していて申請前に死去した者の子女は取得する資格がある。

〈合意議事録第一条に関し2、同条1-Bの適用上"A2に該当する者"では一九四五年八月十五日以前から死亡時迄、継続して日本国に居住していた大韓民国国民を包含する事とする〉と規定され帰国者の子女には適用されないと言う事は明確である。

**実例=出国者の子二名の永住権不許可事実**

継続居住の範疇に対し日本政府は本人の如何なる事情をも問わず日本国をはなれた事実があれば、それは継続居住と認定しない。しかし、我々はこれとは解釈を異にする。

一九四五年八月十五日解放前から継続して居住して来た者が、生活根拠を日本におき一時的に帰国し帰って来た事は、どの点から見ても一時的な旅行にすぎない事である為に、故に継続居住の範疇に属するものである。

解放直後から一九五二年四月二八日日本が主権を回復する日迄、日本は行政上または実際上にも、社会秩序が混乱状態にあったことは周知の事実である。だからこの時期には在日韓国人が人道上、またはその他必要不可欠な事情によって生活根拠を日本において、単身または家族同伴で暫時本国に行って来なければならない事態にぶつかった時、当時日本は主権が無いし、だから出入国に対する行政事務が円滑でなかった為に、やむを得ず便宜的に不法的な方法を取る他道がなかった。このようなことを継続居住とみなさず、不法出入国と規定し、永住権取得に不許可の条件になるとすれば話にならない。

基本的な協定上の永住権がこのようであるからまして一般永住については話しにならない事は想像に難くない。

## 3、強制退去

外国人の居住と入国出国が、その国家の自由裁量であるという事を私たちが、否認しようとするものでない事は前述の通りである。

(三めんへ)

# 入管法反対運動の

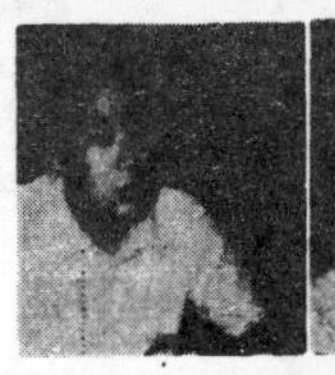

## 組織の規律を守りぬく

### 権逸妄言糾弾大会

りそういったニュアンスの、いやもっと明白にそれは民団運動から離脱したひとつの利敵行為だと、結論的にいってベルゲイだと、今度もそうなんですよ。こういうのを見ると、権逸という人間は一体どういう人間であるか、こういう存在を、こういう精神をもった人間をわれわれ同胞社会に置いた場合、われわれが腐食され、こういう勢力が伸長していったとすればわれわれが死んだあとの二世の社会が一体どうなるかと、こういうことを私は非常に疑うのですよ。

だから、権逸のやり方をみて、いつでも、人を傷つけても、自分自身のためになることなら、あるいは自分が出世できる何かのチャンスがありそうな時には、必ず第三者を許すまじき立場に追い込んでまでもそういう発言をし、そういう与論を起こそうと。しかも、われわれ在日六十万が、ここで安住できるかどうかという瀬戸際に、こういう話をするということは、この人は戦前・戦後を通じても、いつでも自分の利益と何かのチャンスをつかめるじゃないかという時になると、あるいは権力機関にあるいはまた日本側に売ると、自分一人だけがいい子になり、自分一人だけが唯一の在日同胞の指導者であり、反共主義者であるというような仕打ちをしてきているのですよ。

私は、権逸と直接話合ってもいいのですよ。ああいう腐った精神の、日本側に民族を売り、権力機関に民族を売る、こういった勢力と精神を今後われわれは、徹底的に粉砕し、これを在日同胞社会から抹殺していかねばならないと。

司会　この前権逸糾弾大会を開いて、それから中央監察機関に要請文を出しましたが、今後の方針とか見通しに関してはどうですか

金(仁)　そうですね。この問題はそうですね。この問題があった時、ここにいらっしゃる呉先生と私も一緒に中央に行ったんですがね。野にいるわれわれがいう前に当然中央がまず処理しなくちゃならないと思っているのですよ。今中央の限界だとして、公文が全国に回っているのだが、こういう姿勢じゃ、正直いって、今の中央の三機関も六十万を指導する資格がまずないと私はもうこう踏み切っているわけ。なぜならば、今度の糾弾委員会、それに日韓文化協会事件があるにもかかわらず、何か本国に行ったとか……。ところがそういう人間がいいというのがいるんだよ。この前。呉先生と中央へ行ったら、「いや、そんなことといったって、権さんらの信者がこの日本社会にウヨウヨしている」とゆうんだよね。それは完全にわれわれに対して脅しだ。だからこういう姿勢で、どうして六十万を李団長が指導していけるかとこういう姿勢ではね、こういうことではね……。

呉　ただ私ひとつ……権逸糾弾委員会の事で誤解があっちゃいけない。私らあくまで組織の傘の下で行うのであって、組織をぬきにしてやったもんでもない。中央に行った時に、李禧元団長に「組織に長くいると余波があるのはわかるんだ。ただ、ここで団長の姿勢でひとつ聞きたいんだ。権逸の妄言に対して、これは民団と相談があってやったのか、かりにこれを個人でやったのか、個人でやった時は、民団はこれをどう処置とるべきか。かりに呉宇泳が、顧問だと、じゃ俺が、勝手に新聞記者にインタビューして、勝手に熱を吹いてもだまっておくのか。組織の規律と実情を一番重じるのは、君自身じゃないか、どう思うんだ」といったら、まだそれの情報をはっきり聞いていないんです、今後よく調べてその返事しますとなったんです。じゃ、丁度いい機会だから権逸を呼ぼうということになって方々電話をかけたら、権逸がいないといって、その晩はそのまま……。

糾弾委員会ができて行ったら、李禧元団長が、なぜ顧問がさわぐのかというですね。だからまいった。顧問がさわぐのがいいか悪いか、それは人によってちがうのだと。「ただひとつ君に聞きたいのだが、こういう重大問題が起きた時、顧問会議を一回でもやったかやっていないだろう。私がこの前ああしたのは執行部で何かしてくれるものと期待をかけて行ったのに、まず何もやらんから、仕方ないからわれわれがやるんだ」と…。だから、これは決して民団をぬきにした運動でないし、民団の傘下に置いて、正常化するためにそれをいったんだけれども、だから問題がこうまで展開したんじゃないかと思う。

司会　糾弾委員会の今後の方針はどうですか。

金(仁)　いやね。それはね。この間民衆大会で決議をやった通り権逸をわれわれ同胞社会から抹殺するんだと、目的達成するまでやるんですね。だから、今世間では中休みしているんではないかといろいろあるんだが、今事務所もちゃんとした、今までは野にいる人だけでやったんだけど、これは組織が卒先してやる問題だと、これは野にいようがどっちにいようがこれをやらなくちゃ当然、われわれの問題はわれわれでやらなくちゃならないんだ。執行部自身が、各県本部がこぞって、組織的にやらなくちゃこれは、問題を糾弾しなくちゃならないわけだ。目的達成までやるんだ。

## 注目される問題の成行き

### 中央に処分要請

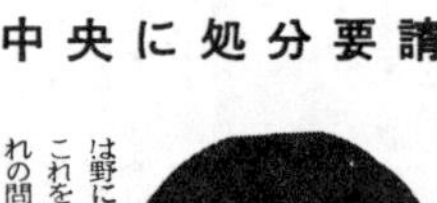

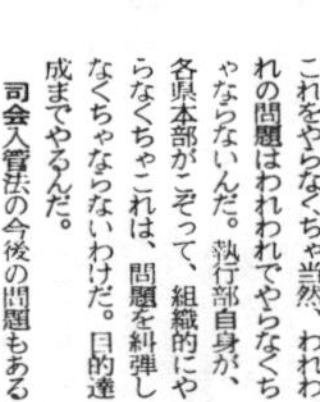

司会　入管法の今後の問題もあるわけですが、それよりもまず根本的な法的地位問題がある。来る八月二十七、八両日韓日法相会議があります。これに対する展望というか、今後の法的地位に対してどのような運動が、われわれ今まで要求貫徹運動をしているわけですが、是正運動といっているわけですが、どのようにしてなされるのか。これについて、呉先生一言……。

呉　法的地位問題も、このわれわれ当然是正しなくちゃならないということは五年来闘争してきた

それからみて、これははっきりしています。ただ、今度法相会議によって、私は条約や法規の内容をよく知らないけれど、そんなに成果を期待していないのですよ。

韓日協定によってある程度まで基礎ができちゃったんだね。この協定を今さら是正するには会談の成立そのものからやり直していかなくちゃならない。法相会談で事務的なものはできるかもしれないけれど、法的地位の法文そのものはふれないんじゃないか、私はこう見ている。だから、法的地位問題はわれわれのガンであり、われわれに強威をあたえているわけ。

## 次は法的地位闘争を

### 根本的な是正のために

こういった問題についても、われわれは果敢な闘争をやらなくちゃならないし、もうひとつ私民団に要求したいのは、かりに永住権をもってビザをもって本国に行き一日遅れて日本に入国しても、マル特(特別在留)になっちゃう。かりにその一年のビザをもらって六ヵ月の再入国期限を知らないで十一ヵ月目に帰ってきたら、マル特にしちゃうのだ。こういうものは、民団が率先して行制裁判しなくちゃならない。本人の意志如何にかかわらず、本人というものは弱いんだね、「お前一年したらまた元に戻してやる」といわれて、本人も都合の悪いことがあれば、泣き寝入りしちゃうのだね。今後徹底的に法的地位闘争をやって、矛盾が法的地位にいっそうでてくるのではないかと思っています。

尹　法的地位問題今によくなるかなるかと思ったけれど、よくならない。今度、韓日法相会談があるのですが、これは結果をみてみないとわからないのですよ。この結果をみながら、もし是正の可能性とか是正されないという場合には、われわれ自身の問題だから、ここで子弟を養って生きなければならない問題だから、やっぱりあくまで運動を展開して、これをし烈にやっていかねばならない。

民団に要望したいことは、追放されたりいろいろ困った人がいっぱいいるわけなんですよ。これが一般に公開されないわけなんですよ。公開されないから、一般の団員はわからないですよ。だからわれわれの運動がもう少し盛り上らないところがあるのですよ。入管関係のニュースを中央や東京の新聞を通じて知らせてほしい。出来れば、中央本部でもどこもいいから、入管関係とかで何かこじれるおそれがあった場合必ず機関を通じて相談をするよう、その機関を作ってほしい。

金(恩)　先程呉先生からお話しがありましたように、法相会談にはあまり期待していない。ただ今の法的地位問題における混乱と不安があり、申請が不振だというのは、法案がよくできてただ運用面に不都合をきたしたのではないから、法相がただ事務的な話合いのためこういうふうにしましょうと小手先だけでは解決しない。根本はやはり、不許可になる原因をとり除かなければならないし、この前の団長選挙に立たれた三人が三人とも、法的地位の抜本的解決を中心に、各候補言葉のニュアンスはちがいましたけれど、やはりこの法的地位はできが悪かったと否定からの出発であったわけです。

今の団長さんは修正するといったわけです。修正というのは、運用面の修正はあてはまらないわけで、やはり協定文そのものを正しく改めるというわけです。そのためには、現在の儀礼的な会談ではだめで、政治会談でなければ解決しないわけです。

みんな不幸を救済すべきだとして、先程呉先生からもお話しがありましたけれど、そうするためには民団が大衆から信頼をかちえなければなりません。本当に解決してくれるのかくれないのか疑われるのではなくするためには、やはり民団が大衆のために一生懸命闘っている時にこそ、大衆がもってくるのではなかろうか。

また尹先生がおっしゃったように、皆んなでやっていく機関を作るべきだという意見に対して、それは法的地位委員会がすべきではなかろうかと思います。実際、法的地位委員会がそれをやっていない。そこに問題があるのではないか。

呉　法相会談も、結局、事務局の話では無理で、わたしらはこれを根本的に是正していくよう働きかけていかねばならない。

金(仁)　本国政府と話合った時政府当局者は民団の要望が不足しているので、申請が不振だといっていました。私が考えるに、永住権の利点は何なのかということです。正直にいって、国民健康保険もらうだけではないか。根本的に是正すべきではないか。

司会　民団は在日同胞の権益を擁護する機関だとするならば、それならば同胞が民団に何を期待しているのか……団長選挙において三方ともそれに答えると約束したのだから、約束に対して今後われわれは運動を継続していかねば解決しないし、民団の自主性と必要性はないといわれても仕方がないではないか。この観点において、協定文を修正するといった、これをするかどうか……。

李　修正、是正というのは両国国会の承認をえなければならないからムズカシイわけです。問題は第一に起点ですが、私は修正するとすれば六五年の十二月十四日までおった人に協定永住権をすべきだというのです。

また、日本のあらゆる社会保障からはずれているわけだ。今度改正された社会保障、例えば老令年金とか妊産婦保障、育児手当とかその他ほとんどがわれわれ韓国人を除外している。

特別法第九条に虚偽の申告によって取った者、取らしめた者は、一年以下の懲役または三万円以下の罰金に処するとある。これではいつでもやろうと思えば日本側はいつでもやれる。条文がある以上できるわけだ。松山審判課長もそういっていた。

従って、永住権をもらった人はいっさいから取り除かれると、例えば特別法第九条から除外すると……しなければならない。マズかったものを直すと李君はいったわけだ。これを非常に期待しているドイツあたりでは、五年以上おればどんな社会保障でもしている法的地位をとっても、どうにもならないというのは、日本はどうもちょっと酷だ。

呉　もうひとつ私がわからないことがあるのです。われわれの法務次官がこの間来た時、聞いたら「永住権」というのだね、国際法からみれば「永住権」だね。しかし日本の役所とか入管あたりでは決して「永住権」といわないのだね、「永住許可」というのです。「権」というからにはひとつの権利であって、ところが「許可」ということになるといつでも取り消せるのです。論より証拠、今あんた、永住権をとった者が一日遅れただけでマル特になっちゃう。

李　呉先生いうことおっしゃいました。それも全部協定文第五条に出ています。協定文以外には全部現行の入管令に抵触するわけです。二四条に一日でも遅れれば、上陸拒否になるのです。だからこれを直さなければならないのです。

(後略)

---

(二めんから)

しかし在日韓国人は、その特殊背景から見て居住の条件が韓日両国の協定によって永住となるもので厳密にいうならば(自由裁量)の範囲に属さないもので、協定においては、当然(強制退去)はなくさなければならない。

しかし日本側はこのような主張を<あたかも盗みに入った者がかえって家の主人にみつかり主人を脅迫しながら酒と飯を強要し、食べて朝方に強盗に居なおるのと同じである>と池上努が「法的地位・二百の質問」で指摘している。

在日韓国人が盗みを働きに日本に侵入して来たのか、また酒飯をただ喰いして、いつのまに居なおり強盗になったのかは知らないが、これこそ日本が過去に行った、われわれ国家や民族に対する強盗的な侵奪行為を正当化しようとする悪らつな精神であると断言せざるを得ない。

日本当局は「豆を植えた所には豆ができ」「あづきを植えた所にはあづきができる」という原則を何故知りながらだまそうとするのが理解し難い。

「一事不再理」の原則において犯法した者は刑を終えることですでに罪に対する贖罪が済んだのにこれを再び何の生活根拠もない地方へと追放をするということは再び罪を犯し得る条件をその人に準備することにしかならない。

「法とは罪を憎みて人を憎まず」という原則を確認するならばすでに両国間において協定で得た貴重な永住権であるはずなのに、その精神を生かし犯法者として善導する役割の方が重要であるはずだ。さらに最近では七年という追放対象の期間が一回犯の七年ではなく累積七年というわさを聞いたがこれが事実であるならばもっともっと重大な問題である。

日本が物質的なものでなく、精神的な後進性を脱皮しようとするならば「居直り強盗」という姑息的な思考方式即ち「島国根性」から一日も早く脱皮しなければならない。

### 4、協定永住権と法令の範囲

第五条、第一条の規定に依拠して、日本国での永住が許可されている大韓民国国民は出入国及び居住を包含する全ての事項に関して、本協定で特に定める場合を除外しては、全ての外国人と同等に適用される日本国の法令の適用を受けることが確認される。

この条文は、協定上永住権を取得しても協定文で協定された以外には、一般外国人と何等の差別なく法令の規制を受けなければならないということである。

在日韓国人が、例え、過去の売国売族的な者どもの奸計と日本帝国主義の強侵により植民地生活をあじあわねばならない惨状におちいったが、我々は、輝しい歴史の伝統を持ったと自負する民族的な衿持を捨て得ない。

この様な点に対しては、日本側の長い展望にそった計算を韓国側が発見出来なかったのか、または、故意に見過しているのか、日本側が予想外の事態を正確に把握することが出来なかったのかは分らないがとにかく、これからでは遅くないから、協定永住者に対する出入国管理令の適用とか、その他の法令の適用の矛盾を克服するために、方策を講求しなければならない。

# 入管法運動をふりかえって

## 入管法の動向と民団

61年　日本政府、入管令の「改正」を検討、
67年　法務省に入管法改正準備委員会設置さる。
69年
3.1　「三・一独立運動第50回記念式典・法的地位要求貫徹民衆大会」挙行、入管令改悪反対のスローガンあげる。
3.14　日政、入管法国会提出を閣議決定。
3.31　法案を衆議院に提出
4.18　韓青・学同、「法的地位要求貫徹・入管令改悪反対決起集会」
5.23　日本国会、会期を8月5日まで延長。
5.29　法案、法務委員会に付託
5.28　第76回関東地協、6月2日に「入管法反対民衆大会」を決議
5.29　地協代表と都内三機関を含む百余名が各政党に抗議と陳情
6.2　東京を中心に日本人むけビラ配布
「6・2入管法反対民衆大会」を決行、5千名の同胞参集
6.9　全国一斉ビラ配布、50万枚日本人むけアピール
6.16　「入管法反対近畿地方民衆大会」開催、1万5千名の同胞参加、
6.17　第一回全国団長会議、法務委員長に対する要請文を決議
6.19　「韓・中両居留民決起大会」を挙行
6.20　「中北地協民衆大会」、5千名動員
6.24　民団中央法地委、27日から入管法を阻止するためハンストを決定
6.25　山口において「入管法反対民衆大会」
6.26　本国政府入管法の毒素条項指摘、
6.27　断食闘争結団式、ハンスト突入、
7.3　関東地協、合同会議延期、中央委開催を建議並びに[illegible]闘争支援を決議、
7.8　東本管内三機関、事務部長合同会議、中央民衆大会を強力に要請、関東地協でも合意、
7.9　断食闘争団解団式、
7.11　日政5項目修正案発表
7.13　韓青、学同、[illegible]の「妄言」を糾弾、
7.16　民団中央、[illegible]に不満声明、
7.23　法務委員会を[illegible]
7.22　民団中央法地委、8月1日に予定されている公聴会代表に朴性鎮氏内定
8.1　公聴会取り止め
8.5　国会会期終了、「入管法」廃案と決まる

6月20日には、名古屋の白川公園において、中部北陸地方協議会主催による民衆大会が行われた。

李禧元中央団長と鄭在俊東本団長は、ハンスト闘争に入った6月27日西郷日本法務大臣を訪ね、法案の撤回を要請した。

6.2民衆大会は歴史的運動の先駆となった。

6.月16日の近畿民衆大会には実に1万5千の同胞が参加した。

6月27日から7月9日まで数寄屋橋で、決死的なハンストが展開された。

権逸氏の「妄言」を糾弾する集会が7月26日東京市ケ谷の日傷会館でもたれた

## 未完成八・一五

張　暁

八・一五—わが民族の存続する限り永遠に忘れることのできない、この大いなる日を、われわれはきょう再び迎える。八・一五からすでに二十四年が過ぎたのであるが、あの日の感激は昨年のことのように、新鮮にわれわれの胸に迫る。日本に併合されて以来の全民族の切実な[illegible]であった民族の解放が、八・一五この日を期して、現実となって展開されたのである。

日帝三十六年の間、われわれはすべての自由を奪われ、生命も財産も征服者日本のなすがままに委ねられていた。ここで自由とは、このころのいう言論・出版・結社・集会などの自由をいうのではない。自分のことばで話し、自分の名を名のり、自分が韓国人であると、ひそかに考える自由すらなかったのである。無数の人が屠場に引かれて行く牛のごとく連行され、虐殺されても、われわれは抗議を行なう口をもたなかった。

また、われわれの国土の中の何一つとして、われわれのものではなかった。一握りの土も、一塊の石ころも、草や木の一枝一葉も、一滴の水や空の空気さえも、われわれのものではなかった。

このような状態から、八・一五、このたった一日の日を境として、三十六年にわたる日本の支配権力はいっきょに崩壊し、われわれは自由と主権を回復し、「三千里江土」はわれわれのものとなったのである。それだけでない。いままで支配者であった日本人がわれわれに生命の安全をこうたのである。

日本の相次ぐ敗戦の末、広島に投下された原子爆弾による決定的打撃の前に、無条件降服をしようとする、東京の首脳部の動きを注視していた朝鮮総督府の当局者たちは、日本人の生命の危険を憂慮し、いち早く、わが民族指導者たちに連絡をとり、平和裡に政権を移譲する方法を模索していたが、十五日、天皇の無条件降服の放送がなされると、政務総監遠藤は、地下で独立運動を指導していた呂運亨と会見し、日本人の生命の安全を乞い、政治犯の即時釈放などを約束した。街は歓喜につつまれた群衆であふれ、太極旗は波を打った。地下にかくれて独立運動をしていた志士たちが姿をあらわし、幾百名もの政治犯がいっせいに出て来て活動をはじめた。それまでは夢にも考えられなかった情景が現実となった。解放といって偉大な事実が展開されたのである。

この八・一五は、併合当時の義兵運動・抗日運動からあの民族的な三・一独立運動を経て、以後の国内における根強い抗日独立運動、国外における対日武力抗戦など、連綿とつづけられたたたかいの結果であった。そのような運動やたたかいがあったからこそ、一九四三年の米・英・中三国代表によるカイロ宣言において「韓国民に自由と独立を与える」ことが約束されたのである。

しかし、日本が韓国を手放したのは、われわれのたたかいの前に屈服したためではなく、連合国に対する敗戦と降服のためであった。この一つの事実が解放されたわれわれに大きく作用する結果となった。連合国の強大な権力がわれわれの意志をのり越えて作用し、われわれの頭越しにとり決めを行ない、われわれの知らぬ間に無断で国土を分割した。

八・一五の時点において、たとえわれわれが実力で敵を打倒できなかったとしても、民族の原理が支配する、民族革命を確立せねばならなかった。

ところが、日帝に協力することによって自己の利益や栄達をはかり、民族をかえり見ない一部の風潮は浄化されないまま八・一五を迎え、さらに解放された民族社会に引きつがれて、民衆の上に君臨した。すなわち、民族革命未完成のまま迎えた八・一五は、さらに大きな矛盾をもたらしたのである。

民族の解放二十四年という今日の時点に立って、われわれは民族を主体とするという民族の原理が支配する体制を確立するとき、八・一五は完成し、民族の中興はなしとげられる。

在日本大韓民国居留民団 綱領

1、われわれは大韓民国の国是を遵守する
1、われわれは在留同胞の権益擁護を期する
1、われわれは在留同胞の民生安定を期する
1、われわれは在留同胞の文化向上を期する
1、われわれは世界平和と国際親善を期する

# 韓僑通信

（毎月5．15．25日発行・1カ月100円・特別1000円）

（昭和40年7月27日第三種郵便物認可）
発行所
韓僑通信社
発行人 鄭在俊
東京都文京区本郷3丁目32番7号
韓僑会館 電話（811）1535
〒113 振替口座 東京166316番


# 一致団結して 法的地位要求貫徹を

24年前の8月15日、韓国全土は解放の喜びに包まれた。われわれは、きょう再び、光復節の感慨をあらたにするとともに、自分たちの権利は自分たちの手で守るために一致団結して法的地位を要求貫徹していかねばならない。

## 主張

## 光復節二十四周年を迎えて

今日、二十四回目の八・一五光復節を迎えるにあたって、われわれは感慨をあらたにして、決意すべきあまりにも多くの問題に当面しているといわねばならない。

われわれが八・一五解放を祝賀し記念する意味は、いうまでもなくただ単に過ぎ去った過去の祭壇に頭（こうべ）をたれ、過去への回想と感傷にひたることにあるのではない。過去を回顧しつつ解放当時の感激を想起することによって、その歴史的意義を民族の未来につなぎ、現代に生きる国民と次の世代の幸福、国家の繁栄を期してはじめて記念の本当の意味があるといえよう。すなわち、すでに撃退した敵よりも、今現在我々の眼前に立ちはだかっている敵の何たるかを知り、また将来に危惧される国難を防ぎ止めるためにこそ、光復節の聖なる意義を全ての国民の胸に刻みこまなければならないのである。

あの解放の日から二十四年を経た今日、その間わが祖国は幾多の艱難（かんなん）を克服してきたが、いまだ激動の渦中にあるといわなければならない。解放の歓喜と新生祖国再建への抱負をみのらせるいとまもなくわが国土は分断を強いられ、以来膠着の様相を呈したまま苦渋に呻吟している。そして民族が血を血で洗ったあの六・二五動乱の忌わしい記憶がいまだ脳裡から潰え去らぬ今日、北傀はふたたびありとあらゆる奸計をつくして侵略すべく虎視眈々（たんたん）と機会をうかがっており、われわれにあらたな覚悟と対備策をせまってきている。

焦眉にこうした基本的難問をかかえこみながらも、近年わが韓国はめざましい経済建設を基盤に据えながら、近代化への道を邁進しているのであるが、こうしたわが国の経済にとって日本の経済資本が密接な意味をもつに至っていることは周知の事実である。韓日国交の正常化、韓日経済協力、さらに日本の韓国への経済援助と、それ自体は問題ないだろうが、さきごろの本国の新聞報道および消息筋はそうした日本経済資本のわが国への関わり方に対して警鐘をならしており、おのずからわれわれの注意を喚起せずにはおかぬ一面がある。

すなわち韓日国交の幕あけを待ちわびたかのごとく、日本資本は先を争って怒とうの勢いで韓国の市場に押しよせ、わが国の経済実情を何ら斟酌（しんしゃく）することない傍若無人な商魂をむき出しにしたやり方がとかく本国で非難をかもしているといった動向が伝えられている。つい先日に於ても、韓銀は"対日貿易逆調ますます激化"とのタイトルで、韓国の対日本との貿易収支は悪化の一途をたどっているとの注目すべき発表を行なった。

こうした傾向は単に経済に限ったものではなく、韓日会談を前後してはからずも露呈された日本政府の力をひけらかしての居直り外交的姿勢、そして最近に至っては法的地位問題、出入国管理法案に浮きぼりにされたその高圧的政策等々は、ことごとくわれわれに、日帝時代を彷彿（ほうふつ）させるといわざるをえないのである。

かってわが国を亡国の淵に追いやった日帝の暴虐は忘れようにも忘れ得ぬ痕跡として民族の歴史に記されてはいるが、勿論われわれはそのことにのみ拘泥して歴史の進展を度外視し、無定見な責任追及をくり返すものではない。半世紀にわたってわれわれがなめた被抑圧民族としての辛酸とあの忌わしい恥辱の歴史は、われわれが現在と将来に二度とふたたび禍根の道をふまぬための貴重な道標として現代に息づいているのである。そして今日、われわれの周囲の混沌錯綜した現実は、形をかえこそすれ、あらたな迷路にわれわれを陥し入れかねない多くの問題を生みだしている観があり、したがってそれだけいっそうわれわれは過去の教訓の想起を促されているといわねばならない。

解放後二十四年、その激動の歴史はいずれも自由と民主主義、平和、自立の標榜、実現をめぐる陣痛の過程であり、われわれは多くの事を学んできた。

いかに歓喜に満ちた現実が招来しても、すべての国民が歯をくいしばって努力し或いは闘わなければ、それが虹の如く消え去ってしまうだろうし、また自由も繁栄も他人が与えてくれるものではなく、われわれ自らが力を合わせ汗を流し、或いは血のにじむ努力を怠る限り、必ずや画中の餅になってしまうだろう。

そして民族の宿願である国土の統一、さらには民主主義の具現も、われわれ国民自らの力があってはじめて実現され、保証されることを、われわれは骨身にしみて知らされてきたのである。

このたびわれわれは出入国管理法案の廃案を勝ち取ったが、このことはわれわれが自らの権利を自ら闘い取ることの貴重さをあらためて示唆しているといえよう。今日八・一五光復節に際して、われわれはこの成果にふまえて次の運動にそなえるべく決意をあらたにすべき時である。

# 民族精神の正しい継承を

東本団長 鄭在俊

われわれは今日、第二十四周年光復節記念日を、ここ日本の地で迎えました。

親愛なる団員の皆さん！

かつて、われわれはどんなに長い間祖国の光復を熱望したことでしょう！三千万同胞のすべてがそうでありましたが、特に異国の悪条件の下に生活していた我々は祖国の解放を一瞬たりとも忘れはしませんでした。わが祖国の山河に光復の鐘が鳴りひびいた、その日その瞬間、我々三千万民族は本国の津々浦々であるいは海外で太極旗を胸にして歓喜に泣きました。歓呼と感激で天地が震動し、希望と勇気が沸き上がりました。日帝の鎖からはずされ、民族が独立と解放を勝ち取ったのであります。

しかし、解放後の祖国の運命は我々が希望するように切り開かれず、常に大きな問題と対決しながらの苦難の道程でありました。国土は南北に両断され、あげくは六・二五動乱という骨肉相殺の悲痛な惨劇に堪えなければなりませんでした。

両断された祖国では今なお、三八線を境に数十万の同胞が銃口を向け合って対峙しています。これこそ骨髄にしみる怨恨であります。こうした中で我々は共産主義に対して、より一層、徹底した警戒心を持つべく余儀なくされています。今、この瞬間にも、北韓では多くの善良な同胞が金日成傀儡と共産主義の桎梏にあえいでいます。ここ日本においても同胞が一つに結集できないばかりか、朝総連の欺瞞的な虚偽宣伝が流布しており、我々は朝総連傘下の同胞が共産主義の桎梏から解放されるよう闘うべく迫られています。

親愛なる団員の皆さん！

私が今日この場でもっとも強調したいことは、我々自身の問題についてであり、それに対する我々の姿勢についてであります。なぜならば我々在日六十万のおかれている諸条件は刻一刻と厳しいものとなりつつあるからです。

すなわち、在日韓国人の法的地位問題は、韓日協定発効後すでに三年有余を経過した今日なお、韓日協定前文にうたわれた基本精神が生かされていないまま、重大なる問題を惹起しています。

永住権申請者数はいまだに十一万余名に過ぎないのに、一九七一年一月十六日の永住権申請締切り期限まで一年半余しか残されていません。これは協定文自体の矛盾もさることながら、日本政府が韓日協定精神と裏腹な政策を実施し在日韓国人に対する非友好、非人道的な措置を取っているからに他なりません。

また、われわれの一方における懸案である出入国管理法案の内容は、周知のとおり我々に対する排外、追放的なものに終始一貫しています。即ち「遵守事項」「行政調査権」の創設、「退去強制事由」の拡大、法務大臣の「自由裁量」の強化、「罰則」の加重など在日韓国人の在留活動の規制と国外追放を強化しているものに過ぎません。

在日六十万同胞の管理と規制の強化、強制追放を骨子とする出入国管理法案に対して、我が民団は全国の同胞の熱烈な闘争参加でもって力強く継続して運動を推進してきました。そしてついに、八月五日入管法を廃案に持ち込む事ができました。

親愛なる団員の皆さん！

我々は今日、この光復節二十四周年記念をむかえるにあたって、いまわしい三十六年間の支配に抗して闘った精神をいま一度想起するとともに、解放二十余年において多くの陣痛を経ながらも我民族の精神を正しく受け継ぎ、民族の正義と愛国の心を力強く育てていかねばなりません。

そして、わが祖国と民族の繁栄と幸福をわれわれ自身の力によって築き上げようではありませんか。

最後に、団員皆様のご健康とご発展を祈りつつ私の記念辞といたします。

# 団結して邁進しよう

中央団長 李禧元

今日第二十四周年光復節記念日を迎えてまず、わが民族の解放と祖国の光復のため殉国された愛国先烈たちの冥福を祈り、その貴い精神をうけついた祖国の四千万同胞および六〇万在日同胞の皆さんとともにこの日を慶祝するものであります。

二十四年前のこの日、徴用徴兵で連行され労役に苦しんでいたわれわれが、日本が敗戦に至ることによって希望と歓喜のあふるる解放の瞬間をここ日本で迎えたのでありました。

解放された祖国はわれわれが願ったように順調ではなかったのですが、全国民が結束して国際聯合の決議とその監視の下に総選挙を実施し、独立国家として大韓民国政府を樹立しました。

今日わが祖国は朴正熙大統領の領導の下に共産カイライと闘いながら経済建設に邁進し、近代工業化と輸出増加による経済成長率は世界史上まれに見る延びを示しています。

親愛なる同胞の皆さん！

韓日協定によりわれわれ在日同胞には永住権が与えられることになりました。しかし、申請満期が一年六月の先に迫っているにも拘らずいまだ大部分の同胞は申請さえできない実情であります。

親愛なる同胞の皆さん！

われわれが問題を打開して進むために何より重要なことは団結であります。この度の出入国管理法案反対運動にいくらかの勝利を得たとすればそれはわれわれの団結の力のためであったのです。

鋼鉄のように団結して朝総連の破壊と陰謀を事前に撃破し、「闘いながら建設する」祖国のスローガンに歩調を合わせて力強く邁進することを念願するものであります。

# 光復節を心から祝す

駐日大使 厳敏永

今日八月十五日はわが民族が三十六年間日本の植民統治から解放され、自由と独立を再びとりもどした二十四周年光復節記念日であり、大韓民国政府樹立二十一周年の日であります。

この日を迎えるにあたって、二〇余年前の独立の喜びと感激をあらたにしながら過去をふりかえって見れば、その間我々は多くの試練を経て来ました。共産北傀の六・二五南侵によって我々の平和と財産は破壊され、全同胞の念願である国土統一は北傀の好戦的な態度によって今だに達成されずにいます。

しかし、このような困境においても、我々は祖国の近代化と豊かな社会建設のため全力を注いで来ました。

我々は第一次経済開発五ヵ年計画の完遂を通じて輸出の伸長、基幹産業の建設、動力源の開発などを主軸に、急速な経済成長を成しとげました。さらに、食糧の自給、工業生産の倍加、および輸出増進による国民所得の増加、国際収支の改善などをもって自主経済の基盤をかためるための第二次経済開発五ヵ年計画を実施、第三次年度に入っています。六八年度の国民総生産と輸出実績だけでも一三・一%と三九・五%の増加率をみせています。

しかし、わが国経済の急速な成長と大韓民国の国際的地位向上に狼狽した共産傀儡は侵略企図をさらに露骨化して武装ゲリラを継続南侵させ、悪らつな侵略的挑発行為をかさねています。これに対して我々は政府と国民が一致団結して"戦いながら建設する"という断平たる決意の下に、一面に国防力強化、一面に経済建設に総力を傾注しています。

このような経済建設と国土防衛のための挙国一致の隊列に皆さんの参与が、過去のどの時期よりも強く要請されています。

親愛なる在日同胞の皆さん！

祖国のこのような明るい将来は皆さんの海外生活の向上と安定を促求するものであります。これはすなわち、朝総連の悪らつな策動に対する防牌でもあります。そして、いまだに赤い束縛の中で光復の喜びを知らない同胞達を救出するため一層努力しなくてはなりません。

この日を迎えて、皆さんとともに殉国烈士と戦没将兵たちの冥福を祈りつつ同胞皆さんの御健勝と御繁栄を祈願します。

一九六九年八月十五日

駐日本国大韓民国特命全権

大使 厳敏永

# 声明

日本政府当局は、現行の出入国管理令でさえも名だたる悪法であるにもかかわらず、これを是正する努力をするどころか、その内容においていっそう悪法かつ排外主義的であるに加えてその重点を治安対策におき、在日諸外国人は勿論、全外国人の九〇%を占める在日韓国人に対して必要以上に規制を強化して強制追放を拡大するという現代の歴史的潮流にも逆行する内容で貫かれた出入国管理法案を作成して、さる三月三十一日閣議決定をみた後国会に上呈し、而来その裁決に多大な努力を傾注してきた。

これに対しわれら在日韓国人はその内容にあまりにも苛酷な点が多く、加えて、われわれの基本人権まで剥奪せんとする重大な問題が内包していることを看破した。のみならず、在日韓国人の法的地位協定の基本精神、さらに日本法相声明、両国間の諒解事項、実務者会談での審議等においても、出入国管理法に関係する問題が解決される方向で具現されるものと信じて疑わなかったにもかかわらず、それとは正反対の方向を指向し、かかる真正な自由陣営の紐帯と韓日親善に逆行する非友好的内容に終始した同法案の撤回を要求してわれわれは反対運動を展開せざるをえなかったものである。

一九六九年六月二日、文京公会堂に集結した五千余名の同胞は、心底からの叫びである反対の意思を表明して示威行進を展開し、これを皮切りに、六月十六日には大阪において戦後最大の規模での民衆大会がもたれ、大挙一万五千余名によるデモ隊が大阪の街を行進し、出入国管理法案の撤回を要求する喊声は大阪市街に力強く響きわたった。

ついで十九日には再び東京日比谷公会堂に於いて韓・中共同主催で入管法案反対民衆決起大会を開催、反対の呼声が高らかに渦まく中で示威行進を敢行する等、反対の声は国際的な規模での共闘にまで発展、拡大し、翌二十日には、中部地方の民団同胞が名古屋に集結、反対の気勢は名古屋市内を震撼せしめるほどに高揚した。

また二十四日には下関にも飛火するなど、反対の炎は全国に波及し、反対運動は盛況の極に達し内外の注目をひきつけた。

このような運動の量的地域的規模の拡大にとどまらず、六月二十七日から七月九日までの期間、東京数寄屋橋公園で女性を含む三十五名の断食団を先頭に決死反対断食闘争が展開されるなど、極限闘争が民族の名のもとに熾烈に展開された。

同時にわれわれは、国会院内外にも反対運動の手を延ばし、民社、公明等野党は勿論、自民党の重鎮、さらに社会党関係議員にも抗議、陳情の、緻密にして粘り強い運動を不断にくり広げた。

さらに対内的には、全国団員に対し、出入国管理法案の指向性と底意、その内容を明確に知らしめるべく、類例がないほど熱誠的な啓蒙活動が展開された。そして自覚にふるい立った団員達は自から進んで闘いの隊列に参加し、反対運動はいよいよその生気を加えつつ天地を動かし、その気勢は天をも衝くほど高まった。

このような強力にして熾烈な反対運動に対して、日本自民党と政府は、全国に炎となって広がった反対運動の火を消し止めるべく、七月十一日、五項目にわたる修正案を発表した。

その五項目修正案は根本的な問題、骨子には少しもふれていないばかりか、反対運動の気勢をそいで一挙に法案を通過させんとする底意に発した明白な粉飾に過ぎぬものであり、従ってわれわれは断然応じられぬとの態度を明らかにしかえって一層の決意をかためて反対運動の勢いを倍加させつつ猛烈に邁進した。こうしてわれわれの組織的かつ計画的で、生活権をかけた果敢な運動は、撤回の時まで益々燃え広がる一途をたどった。

このようなわれわれの強力な闘志に発した猛烈な闘争の結果、一九六九年八月五日、第六十一回日本国会最終日に法務委員会は廃案の決議をせざるを得なかったのである。

この出入国管理法案の闘争を踏み台にして、大衆は従来にまして民団を信頼するであろうし、わが組織は益々強化され、在日同胞の権益擁護運動はより充実し、力強く前進すると確信する。

唯、運動のさ中にあって、反民族的な底意から我々の運動を妨害したばかりか、悪法出入国管理法案を擁護し、われわれの組織と運動を侵蝕しようとする、われわれが到底容認しえない不純分子もいたが、われわれはこれを素速く、断固として撃退した。そして今後もこれに類する陰謀と兇計に対しては、民族の憤怒と正義の鉄鎚をかざして容赦なくうちおろすことをここに明らかにする。

今般の出入国管理法案におけるわれら在日韓国人の英断と果敢な闘争の歴史は、永遠にわれらの闘争史に燦然と輝くであろうと確信する。

以上の如く、ここにわれわれは出入国管理法案の闘争を勝ちとり、その勝利の大鼓を力強く打ち鳴らして満天下に告ぐものである。

同時にわれわれは闘う決意と体制を堅持、発展させて、いつなんどき再来するかも分らぬ悪意に満ちた内容の出入国管理法案が出現した時は、ただちに全力を傾注して闘争することを誓う。

同時に、今なお懸案となっている法的地位是正運動に対しても、このたびの気勢と成果、組織の英知と力を総結集して、勝利の日まで継続して闘うことを宣言し、ここに声明するものである。

一九六九年八月六日

在日本韓国居留民団

東京本部

## 祝・光復節

文京支部 団長 金尚弘
台東支部 団長 李鎮浩
中央連合支部 団長 申奉文
墨田支部 団長 姜学文
江東支部 団長 廉廷燮
江戸川支部 団長 鄭昌煥
北支部 団長 金鎮奎
足立支部 団長 権寧珣
荒川支部 団長 趙活俊
葛飾支部 団長 申鳳権
豊島支部 団長 牟萬尚
板橋支部 団長 崔学林
練馬支部 団長 李用洙
新宿支部 団長 金炳栄
中野支部 団長 李鳳学
杉並支部 団長 呉成伊
渋谷支部 団長 金勲暎
世田谷支部 団長 徐龍岩
目黒支部 団長 姜高元
港支部 団長 金周億
品川支部 団長 李幸九
大田支部 団長 閔泳相

## 祝・光復節

# 中央連合支部で総会開かる

## 新団長に申華文氏選出

申華文団長

民団中央連合支部では、さる七月二十六日午後二時より京橋区民会館において第一六回定期総会を開き金容太団長の辞意表明にともなって新任役員の選出をおこなったほか、活動方針、予算案等を審議した。

席上、金容太団長は、法的地位問題、入管法等、民団が難問をかかえたこの時期に、事情あって団長を辞任することは遺憾ではあるが、今後とも支部発展のために努力してゆく、と挨拶した。またこの総会に参席した民団東京本部の鄭在俊団長は、民団が挙国的に推し進めている入管法案反対運動は多くの成果を得ているが、日本国会での審議は依然進められており楽観できない、またわれわれは法的地位問題でも重要な懸案をかかえており、今後ともいっそう強力な運動が必要だとあいさつした。

このあと経過報告、活動方針案予算案等を審議、三機関はじめ役員が総辞職し、選考委員制によって新執行部を選出、新団長には申華文氏を選んだ。

新三機関の顔ぶれは次の通り。

団長＝申華文
副団長＝金容九、孫永晧
議長＝金容太
副議長＝林源吾、梁順圭
監察委員長＝黄方燁
監察委員＝文昌玉、裵基旭

# 支部だより

○江戸川支部

〈夏季放学時別講習会さかん〉

夏休みを利用して児童に民族教育を、との主旨でさる一日から支部事務所で、国語と国史、韓国唱歌の講習会が行なわれており、管内の小学児童十数名が暑さにめげず熱心に勉強している。中には遠方からバスで通って来る児童もいて関係者を感激させている。

講師は洪春三先生で、毎週月、水、金曜日朝10時から12時半まで、25日まで行なう。

○荒川支部

〈第一回夏期国語、国史講習会〉

韓国語のわからない二世青少年に、母国の言語と歴史伝統を教え、正しい民族意識を培養しようとの主旨で、十一日から夏休みを利用して国語と国史の講習会に励んでいる。これは初めての試みで、今後引続き催すべく、趙団長以下関係者は意欲を燃やしている。

（期間）8月11日～22日
（場所）東京商銀荒川支店三階（冷房完備）
（時間）①国語（午前班…10時～10時50分・午後班…1時10分～2時）②国史（午前班…11時～11時50分、午後班…2時10分～3時）

〈16ミリ映写機を購入〉

団員の強い要望で念願のエルモ16ミリ映写機をこのほど購入。早速、分団巡回映画会など宣伝、啓蒙活動にフルに利用される予定。

○葛飾支部

〈葛飾韓青の基金集めに奔走〉

先に発足をみた韓青葛飾支部の援助、育成をはかるため、八月三十一日までにその基本財政を確保しようと、民団、婦人会、韓青が一致協力して、目下その基金集めに奔走している。

〈千葉県白浜で三機関会議〉

申団長以下同支部三機関はさる九日、千葉県白浜の民宿で三機関会議を開き、八・一五光復節、万博家族招せい等の問題を討議した。

○練馬支部

練馬支部子供会（俞振植会長）では、八月七、八日の両日、秋川渓谷の韓青研修所、花郎台で練馬児童会夏季キャンプをもち、幼稚園から高校までの支部管内韓国人子弟三十名と父兄二〇名が参加、体そうやキャンプファイヤー、川での水泳を楽しんだほか、公報館提供の映画を観賞した。

○大田支部

八月十日、支部事務所で月例映画会を開き団員多数が韓国映画「馬夫」と最新本国ニュースを観賞した。

○中野支部

李鳳学支団長は、はじめて訪問する夫人を同伴して本国八・一五記念式典に参加、旅行する。

なお、李団長はこのほど電気オルガン、ザブトン30枚、茶用具一式などを民団支部へ寄贈した。

## 入管法廃案

### 慰労会盛大に行わる

民団関東地協では、去る十一日午後六時東京上野のタカラホテルで、入管法案の国会通過を阻止するため運動をともにしてきた民団組織の関係者と一般団員約四百人を集め慰労会を開いた。この日は東京本部を中心に関東十一地方本部代表と中央本部、韓青、韓学同婦人会が参席した中で行われ、関東地協の鄭在俊事務局長（東本団長）が主催側を代表して「われわれを弾圧、不当に規制しようとする悪法に対してわれわれは、かつて、みられなかった団結をもって決死的に闘ってきた。入管法案は一応廃案に至らしめたが、この決死的闘争姿勢で法的地位要求貫徹運動に突き進まねばならない」とのべ、満場の拍手をあびた。

## 相助会で親睦旅行会

東京都内の民団実務者で構成されている実務者相助会（会長＝金鍾浩世田谷支部事務部長）では去る八月二日から二泊三日の旅程で裏磐梯で親睦旅行会を催した。

会員及びその家族等約二十数名がこれに参加して、日頃の激務から解放されて和気あいあいのうちに休日を楽しみ、明日の民団運動への鋭気を養った。なお民団東京本部からは羅鍾卿副団長と韓昌奎事務局長が参加した。

（金大栄氏写す）

## 人事

在日本大韓民国居留民団中央本部

総務局長　李聖南
民生委員長　宋鎬用
経済委員　林基善
経済委員　金道植

以上七月二十四日付に発令される

○民団江東支部の事務部長に李基重氏が、さる七月二十六日付に就任した。

## サハリン僑胞
## 国籍失わず

政府は、共産治下のサハリンに抑留された僑胞が日本へ帰還した者に対して、国籍回復手続きを経た後国民登録と旅券を発給していた従来の方針を変え、在外国民保護の政策的見地から、彼らが韓国籍を喪失してないものとみ、駐日大使館で直接国民登録と旅券発給申請を受理することにした。このような事実は、サハリン帰還僑胞の国籍問題に対する外務部の意見照合に対して、法務部の回信で明らかになった。

法務部はさる二十九日外務部の意見照合に対して「二次大戦後ソ連治下に抑留されていた在サハリン韓国人で、ソ連旅券を持って日本へ出境した者の中、二次大戦前に入境したが、終戦後、自由意思に依らず抑留され最近までそこで住み、サハリンから出るための唯一の方法としてソ連旅券を持って日本に入国した事実が明らかにされた韓国人に対しては国籍問題を論議する必要がなく、直ちに旅券などを発給するのが妥当である」と解析した。

# 支部訪問

## 体質改善に強力な体制

## 文京支部

東京本部から向って行くと春日二丁目の中央本部の一歩手前、文京区小石川町二丁目十一番十七号都電「伝通院」の近くに位置している韓僑会館は二十五坪余りの木造二階建、ここ文京支部は都内でもっとも早く民団の支部として結成された。

一九四七年十二月二十一日、中央総本部の看板があがってまもないこの日に二十三人が集って結成大会を開き、それ以来今日まで、初代の丁贊鎭団長（一期）から俞石濬（三期）朴弘烈（四期）、金在植（二期）、金昶輝（二期）氏の歴代団長を経て、現在十三代目の金尚弘団長はさる五月十一日第二十二回定期大会で選ばれた。

文京区内在住の同胞人口は他に比べて少なく全体で約二百三〇世帯、その中の百三十一世帯の五八〇人が正規の団員。しかし、左翼団体や出版関係が多いせいか朝総連の活動は激しいところだという。団員の生業は販売やサービス業を営む安定層はわずか10％、そのほかの印刷、製本、機械などに従事している貧しい労働者が大部分である。このような団員の生活の貧しさは組織活動にも現われ、集会や動員などに参加したくても生活条件が許さない実情だ。

ところで、金尚弘団長は五月就任以来当面活動は何か、という質問に答えて「本部の指示、通達を実行する以外に、最近は団員の家庭を訪問しています。これにはいくつかの目的と意図がありますがまず第一に団員と役員間の親密をはかり、団員の民団に対する要望を率直に聞きいれ、また民団の活動内容を説明し積極的関心と協力を求めることです。次に団員再調整の計画を実施するためです。この訪問は喜ばれてもいるし成果も現われつつあります」

「しかし団員の中の某氏は有力者でありますが、権利ばかり主張し義務は果たさず、団長の訪問を避けたり、民団支部へ来るべき領事事務を大使館で直接すましたりする者もいるんです」こういった問題については中央本部がより強い組織秩序を立てるべきだという意見は他のところでも聞かされた。

団員の民団に対する要望は「やはり法的地位問題の解決です。入管法案が一応の廃案に至ったが、日本政府がその意図を放棄したわけではないと思います。根本的に在日韓国人の法的地位を確立し、六十万同胞が安心して生活できるようにしてほしいものです。本国政府と駐日大使館がより一層強力に取り組んでくれれば心強いと思いますが……。大使館はほんとうに在日同胞兄弟の権益擁護をはかり、われわれの将来を案じているのでしょうか！」と述べながら、団員の切実な要望はこういったところにあると語った。

今後の方針について金団長は①民団の体質を改善するため団員との親密と民団と祖国に対する認識を高める②経済人でなくても正しい姿勢で情熱があれば誰でも指導者になれる体制を使りたい③われわれを継承すべき青少年の健全な育成に力を注ぐ④婦人会とはそれこそ一心同体の組織になるのが自然だ、などの固い抱負と姿勢を示した。実際、金団長は就任以来毎日出勤し、家庭訪問のほか青少年指導に積極参加し、婦人会とは活動をともにしている。また執行部は無論、三機関役員は団長を中心に協調体制を整えている。

宋成復事務部長の話によると金団長は六・二五動乱前、氏がまだ血気旺盛な頃済州道で義勇軍として共産ゲリラ討伐の先頭に立った勇士であり、ものしずかな良識をもった尊敬にあたいする人格者である。金昶輝前団長のもとで副団長をつとめたが、その金昶輝氏の推薦により全員一致で団長に推した。最後に金団長は「中央団長にしても東本団長にしても公約は必ず実践してほしい。その点韓僑通信発刊は公約実践として一つの発展であり組織強化に果す役割は大きいものである」とわれわれ編集陣を励ますことを忘れなかった。

文京支部はいま金団長の抱負と決意に全役員が協調して、虚飾のない実践をもって課業を着々と進めている。

団長　金尚弘
副団長　全泰元
副団長　慎時範
議長　韓文鳳
副議長　高奉準
副議長　金幸淑
監察委員長　鄭鎮鎬
監察委員　金東圭
監察委員　尹赫柱
事務部長　宋成復
婦人会々長　孫斗福
青少年会々長　李東杰
商工協同組合組合長　俞石濬
納税貯蓄組合組合長　俞石濬

団長 金尚弘

議長 韓文鳳

監察委員長 鄭鎮鎬

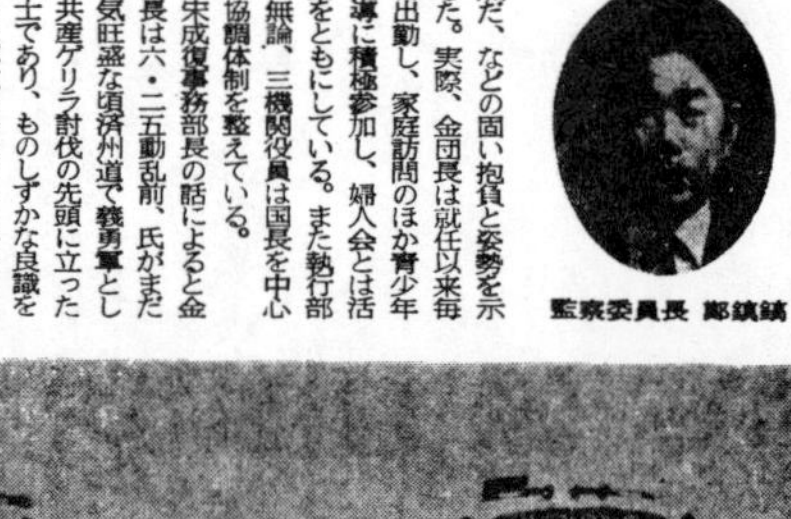

## ソウルの歴史

—5—

# 李氏王朝全盛期

ソウルの歴史は結局、李氏王朝五百年の歴史で、いまここで詳しく述べることができないが、太宗が即位してからは、漢城にはいろいろ重要な施設がほどこされた。いわゆる五学（中学・東学・南学・西学・北学）を設けて、儒生を教え、宮門に申聞鼓を掛けて、人民に直訴の機会をあたえた。また高麗時代にすでにできた金属活字による印刷技術をさらに発達させ多くの書籍印刷を行なった。太宗三年（一四〇三）にできた活字を癸未字と称し、当時鑄字の施設のあった所を今も鑄字洞とよんでいる。

太宗の次の王を世宗といい、韓国人は海東の堯舜とよぶほど、韓国の学術・文化に未曾有の業績を残している。有名な韓国の音標文字であるハングルは、この王によって発明されたが、それはまったく韓国人の独創によるものである。天文学も非常に発達し、この時の遺物で残っているものでは、日器（日時計）・測雨器・漏刻（水時計）・水標・観象機器用石台などがある。

世祖は、甥にあたる端宗を廃位して、王位を襲い、後人の非難を受けているが、国家の基礎をより堅固にした功績は忘れられない。パコダ公園のいわゆる十三層の石塔は、世祖が建立した円覚寺の塔である。かくして太祖・太宗・世宗・世祖などの英主によって固められた李氏王朝の全盛期は、世祖のつぎの成宗の時と思われるが、この時から党争がはじまり、幾多の士禍を経験したが、宣祖の時に起こった豊臣秀吉の侵略は、王朝はもちろん漢陽の発展に徹底的な打撃をあたえた。

韓国で壬辰の倭乱とよばれているこの戦争は、前後七年にわたり、戦禍は全国土に及んだ。寺刹・宮殿等の建物で焼却を免れたものは、全国を通じて十指に及ばず、典籍・絵画なども、戦後に残されたものはほとんどなかったくらいである。いまでは、その時に掠奪されて日本国内に保管されている典籍などの方が、韓国内に残っているものより遥かに多いという実情である。以上述べたところでもあきらかなように、漢陽市内の宮殿はほとんど全部、戦禍にあったものである。

この未曾有の受難である豊臣秀吉の韓国侵入は、李舜臣提督下の韓国海軍に制海権を奪われたため補給の途が断たれ、豊臣秀吉の死を機会にやんだものの、この時に蒙った傷はなかなか癒えるものではなく、その影響は旧韓国末までにも及んだのである。

# 今日の課題と明日への展望

羅 鍾 卿

在日同胞の生活を規制し強制追放を目論む悪法出入国管理法案の廃案を目指しての民団の総力をあげての反対闘争は見事にその目的を達成した。六月二日の中央民衆大会を起爆点とし全国各地で行われた決死的反対闘争は遂に極限闘争である断食闘争にまで発展した。我々はこの度の韓青韓学同の若い力を中核とした民団史上始めての熾烈な反対闘争がその所期の目的を達したばかりでなく、外に対しては民団の偉大な底力を誇示し、内に於いては団結を益々強固にし団結した力の強さを内外に示したこの成果を高く評価するものである。然し乍ら我々はこの度の成果に満足することなく再び次の国会上程に備えるべきであり団結し盛上った民団の総力を我々在日同胞達な究極の目標である法的地位要求の貫徹運動へ向けて前進しなければならない。在日同胞の総べてが協定永住権を獲得し安住出来るように努力することこそ民団に課せられた最大の責務であろう。毎日毎日の不安な生活状態に於いて民族教育や経済活動やその他の活動余地があり得ようか。永住権申請期限はあと一ヵ年半程しか残ってない。

我々は一日も早く協定の不合理点即ち基点一九四五年八月十五日以前より継続居住を一九五二年四月二十八日のサンフランシスコ条約締結時まで居住している者等に是正し、在日同胞の不安を一掃し安心して申請出来る条件を作り出さなければならない。その意味において八月十九日前後に開催予定の韓日両国の法相会議の成果にかける期待は大きい。中央本部を始めとして民団全体が在日同胞の生存権がかかっている法的地位要求貫徹運動に満を持して両国法相会議を注視している。東京本部は出入国管理法案反対運動にすべてを結集して来たが他の事業も疎かにしてはならない。東京本部の最重要事業の一つである基本財政確立もすでに東京本部財政後援会が発足し八月から実際に運営する準備がなされており今後東京本部の事業推進に大きな力になることが期待されている。その他の事業においても各支部別に行われる法的地位問題の研修会を最優先的に行うと共に組織幹部の研修会、納税対策や協同組合の組織等第六回東京本部地方委員会で決議された諸事業の遂行に最善の努力を惜しまないものである。

（東京本部副団長）

# 風俗と習慣

## 韓国シリーズより

### ③社会階級

20世紀に入ってからは、韓国の社会には如何なる階級も存在しなくなった。しかし近代文明が流れる前の李朝時代にあっては、いわゆる封建制度であって、両班（ヤンバン）という特権階級が厳然として存在していた。

両班は社会の頂上に立って、生れながらの特権を享有し自ら少数指導階級を構成していた。彼らは文武の大官若しくは学徳の高い学者を出した家筋の正しい一族であることから、身分の低い中人・常民や賤民たちを侮蔑し、これら下層階級には許されない数々の特権を有していた。ヤンバンという言葉は、もともと李朝の初期に、宮延の高官に対する敬語として生まれたのであるが、次第に高官の子孫にまで通用するようになった。中人は、ある限定された官位にのみ登用される一族で、門地や教育が常民よりはやや高い。次の常民は、農商工を業とする者で、賤民は白丁、奴婢、倡優、僧侶の類で最下層においている。常民のうちでも、農民を他より上位においていることは、農業が古来国本であったという観念からである。

李朝時代の社会階級は、以上四つの部類に分れていたが、各階級によって冠婚葬祭はいうまでもなく、衣服・住居・用語に至るまで社会生活にも厳格な区別と制裁をつけていた。例えば、賤民の住家は瓦葺にしてはならぬとか、常民は門構えの家を建てたり履石に階段をつけたりしてはならぬとか、両班は入口の正門をその両側の建物よりも一段高く作ってもよいとか、あるいはまた衣服についても両班は淡青色のものを使用するが常民以下は色物の上衣（チョゴリ）をつけてはならぬとかいう類である。

かような階級制度は、李朝の廃滅と共に撤廃されて、全く四民平等となり、急激に移風改俗を励行してきたが、何分にも長い間植えつけられた風習であるため、旧世代のヤンバン思想から根本的に脱皮することはなかなか困難である。今日でも地方にいけば、旧風依然として固柄な態度が残っている。

李朝時代にあっては、職業社会も自ら区分されていた。儒教の影響をうけて宮廷の高位官職は、例外なく儒学者によって占められていた。その前の高麗時代には、仏教を国教にまで制定したので、僧侶は社会の上層部に進出できたけれども、李朝に入って排仏政策により倡優や巫女などと同列に最下層においていた。農民、商人、工匠などは、ちょうど中間層を形成していた。

しかし特権制度の消滅は、職業に貴賤を問わない近代思想におきかえられてはいるが、未だに官尊民卑の思想は完全に払拭されていない。ともあれ最近のような物質文明の発達は、収益につながる実業家が希望順位の筆頭にまでのし上がっている。

### ④衣食住

①服装

現代韓国が、あらゆる分野で新旧が交錯していると同様に、服装についても同じことがいえる。韓国人は、家庭においては気楽な在来服を着るが、外では活動に便利な洋服を着る。同じソウルの街でも、パリーの最新流行型の洋服と古来よりの韓服とが、同時に歩いている。東の西の二重性は、今日の韓国の大きな特徴ともいえる。

伝統的な韓服は、2000年もの歴史をもっており、その間いろいろの時代によって、種々な改善をもたらし、ついに独特な民族服を形成したものである。

上服は衿をチョゴリといい単をチョクサムといっている。何れも筒袖であるが、男はたけが胴までさがり女は少し短い。胸に長い幅広の紐をつけて結ぶのが普通である。下服は、男の衿をバジ、単をコーイといって、寛やかな股引のようなもので、上方は腰紐で括り下方は両足の足首のところで足袋の上にかぶせて細紐で括る。女の下服は、チマといって衿もあり単もあって、紐下には沢山なひだをつけて下方が広がるので形態に変化の類を与える。チマの下には普通2～3枚の下衣を穿くのが常である。ウルマキ（周衣）は、上下服の表に着る筒袖の長着のことで、外出時には必らず着用する。女の外出時には、以前はチャンオシといって、褻衣をもって顔を覆う風習があったが、今は殆んど廃れて一部の地方にしか残っていない。

この外、冠婚の礼装服、文武の正装服、農商の職業服など、多様に分れているが勿論現今には着る必要もなく、帽子、履物も韓国在来の独特なものがあるが、これなども洋式製品に代っている。

②飲食

主食は米飯であるが、地方によっては小足飯、麦飯、粟飯なども多く併用している。副食物には、肉類、魚類、野菜類などを調理したもので、味付けは味噌、醤油の外に必らず「にんにく」や「とうがらし」を使う。

韓国料理の特徴は、多量の調味料を使って複合的な味を出すところにある。汁物や煮付の外に、油揚げもよく食べるが酢のものは余り食べない。

サムチは韓国漬け物の随一で、副食品中もっとも重要なものである。韓国ではどんな家庭でも、キムチの2～3甕ぐらい漬けない者はなく、客にうまいキムチを賞味して貰うのを家の誇りとする位である。一概にキムチといってもその種類は多く、材料は白菜または大根で、これに塩・唐辛子・ねぎ・にんにく・せり・生姜・松の実・栗・梨・昆布、石首魚・明太魚・牡蛎などを入れ、大きな甕に漬けて蓋をし、冬は土中に埋めて氷結を防ぐなど大変念の入れ方である。（次回につづく）

## 韓国料理＝5＝

### キャベツのキムチ

【材料】キャベツ1キログラム・キュウリ3本・人参1個・ニラ½把（又はネギ1本）

【調味料】塩大さじ4杯・粉唐辛子大さじ1½・糸唐辛子少々・にんにくみじん切り大さじ1½杯・しょうがみじん切り大さじ1杯・アミの塩辛大さじ3杯・砂糖大さじ1杯

【作り方】①キャベツは一枚づつはがして洗い、しんを取って長さ5センチほどの短冊切りにします。大さじ3杯の塩をふりかけ2～3時間おきしんなりさせます。②キュウリと人参は縦半分に切り薄い斜目切りにし大さじ1杯の塩をふりかけ、いっしょにしんなりさせます。③ニラは四～五センチ長さに切ります。（ネギの場合4～5長さの千切りにします。④しんなりしたキャベツとキュウリは人参は、かるく一度洗いザルにあげておきます。⑤水気のきれたキュウリと人参にまず粉唐辛子・糸唐辛子・にんにく・しょうが、アミの塩辛・砂糖の順に加えて混ぜます。これをさらにキャベツと混ぜ合せます。こうして出来上ったものをかめに入れ、落し蓋をしておくとして2日で食べごろになります。

在日本大韓民国居留民団 綱領
1、われわれは大韓民国の国是を遵守する
1、われわれは在留同胞の権益擁護を期する
1、われわれは在留同胞の民生安定を期する
1、われわれは在留同胞の文化向上を期する
1、われわれは世界平和と国際親善を期する

# 韓僑通信

（昭和40年7月27日第三種郵便物認可）
発行所 韓僑通信社
発行人 鄭在俊
東京都文京区本郷3丁目32番7号
韓僑会館 電話（811）1535
〒113 振替口座 東京166316番

（毎月5．15．25日発行・1カ月100円・特別1000円）

# 第24回 光復節記念慶祝大会

## 新たな決意のもとに 全国各地で盛大に挙行

第二十四回目の八・一五光復節をむかえ、全国各地において民団主催の慶祝大会が盛大に開かれた。関東地区でも東京、千葉、茨城、静岡の各地で慶祝記念集会が挙行され、半世紀に及ぶ日帝の暴虐からの解放の歓喜を再び胸によみがえらせるとともに、国土の分断等いまだ幾多の陣痛のさ中にある祖国に思いをはせつつ、課題克服への新たなる決意を誓いあった。

第二十四周年光復節記念日を迎えたさる十五日、民団関東地協では東京神田の共立講堂に東京を中心に関東一円の団員約三千人を集め慶祝大会を開催した。

式典は午後十一時すぎ開会され国民儀礼の後、鄭在俊関東地協事務局長（東本団長）が開会辞に立ち「解放二十四年を経過した今なお、両断された祖国では三八度線を境に数十万の同胞が銃口を向け合い対峙しており、これこそ骨髄にしみる怨恨である。我々は今日あのいまわしい三十六年間の日帝支配に抗して闘った民族精神をいま一度想起するとともに、今後とも我が民族精神を正しく受け継ぎ祖国大韓の建設と民族の繁栄を我々自身の力でもって築き上げようではありませんか」とあいさつし満場のさかんな拍手を受けた。

つづいて厳駐日大使によって要旨次のような朴大統領の記念慶祝辞が代読された。「わが民族がかって困辱の歴史を経なければならなかったのは自主精神と団結心の欠如のためであり、また、国際的に孤立状態を逸がれなかったためである。我々はいま、非生産的、非建設的、非協和的、非科学的な一切の非前進的で逆理の悪要素を完全に排除しなければならない。

祖国を愛する心一つで全体が集結し、全力量を固めれば、我々の血のにじむ念願である国土統一も祖国近代化も成しとげられると信じます。ここに、我々における解放の意義と自由の価値と平和の希望が生きるものであります。」

この後、李禧元中央団長厳敏永駐日大使の記念辞があり、華僑総連合会の馬朝茂副会長が来賓として祝辞を述べた。つづいて、呉允台牧師が記念講演を行ない、解放の意義と今日における民団の使命を力説強調した。

さらに、大会決議文、朴大統領および日本国総理大臣に送るメッセージをそれぞれ朗読・採択した。記念式典は、金栄出群馬本部団長の閉会辞につづく万歳三唱をもって午後一時に終った。

つづく第二部の記念公演では、崔庸涉氏製作の記録映画「高麗村」を上映、朴鎮雄氏の指揮による韓国の歌謡、民謡、舞踊などが披露され、四時すぎ、この日の記念行事を終えた。

写真（上・下）東京の中央慶祝大会風景

### 決議文

今日、わが在日本大韓民国居留民団中央代表三千名は此処東京共立講堂に参集して、意義深い八・一五光復節第二十四周年慶祝大会を盛大に開催し、この大会の名において次のごとく決議した。

一、我々は祖国の光復の為に殉国された多くの愛国先烈の高貴な教訓を受継ぎ、わが民族の念願である勝共統一を成就して、真正なる自由民主主義下での繁栄と平和を達成するべく献身努力する。

一、我々は在日同胞がこの地にあって安定した生活を営むことができるよう、またわが民団として主張してきた全ての問題が貫徹されるよう、来る八月十九日から開催される韓日法相会議で善処されんことを要求する。

一、我々は朝総連の民団と本国に対する間断ない浸透工作を徹底的に粉砕するとともに、彼らの虚偽宣伝に騙されて苦労している善良な同胞を救出する

一、我々は世界自由陣営の一員として世界の自由と平和を守護するべく努力して互恵平等の原則の下で日本との友好関係を一層増進する

一九六九年八月十五日
在日本大韓民国居留民団
第二十四回八・一五光復節慶祝中央大会

## 八・一五記念行事 関東各地でも盛ん

祖国光復の二十四周年を迎えた十五日、各地で慶祝大会が催されたが、関東地方では東京の中央大会のほかに、千葉、茨城、静岡などの民団本部主催による記念行事がそれぞれの地元で行なわれた。

◇千葉県本部（孫晋協団長）では館山市民センターに約七百名の団員が集った中で、記念式典を挙行した後、水泳競技をするなどアトラクションを楽しんだ。

◇茨城県本部（朴台守団長）でも、中港市阿字ヶ浦クラブで約三百人の団員が集まり、記念式典を行なった後、海水浴、ゲームなどの余興を楽しみこの日を祝った。

◇静岡地方本部（趙皓衍団長）では県内榛原郡の相良海水浴場に県下全団員の半数に近い千七百人が参集した中で、記念式典と余興大会を盛大に挙行した。

特にこの式典には中央団長の記念辞（代読）、東京本部の李馬致監察委員長の祝辞、また、駐横浜副領事、地元相良の町長、町会議員などが来賓祝辞を述べ、この日の記念を意義深いものにした。

さらに、二部の余興においても支部別に農楽や踊りの競技をくりひろげたほか、民団のこの慶祝大会を歓迎するため、地元の相良町が花火を打ち上げ、町内婦人会からは歓迎の踊りが披露された。つづいて韓日婦人たちは入り乱れて踊り、両国の乱舞が夏の海岸に満ちあふれた。

これは、現在の趙皓衍団長が先頭に立って、団員相互の親睦を高め、全団員が一致団結して民団に結集し、組織活動の活発化をはかろうと、約二百五十万円の予算をつかい七月はじめから計画したもの。

## 法的地位 永住許可基準など緩和 韓日法相会談

韓日両国政府は在日韓国人の法的地位について、永住権取得の申請基準の緩和を中心に交渉を進めていたが、十九、二十の両日、日本法務省で行なわれた李法務部長官と日本側西郷法相による韓日法相会談の結果、永住権許可の認定を弾力的にし、永住権取得者の数がふえるよう協力してほしい等の韓国側要望の線で七項目について合意をみた。

それによると①第二回外国人登録（昭和二十五年一月から二十年九月まで）を終えており、申請の時までに不法入国者としての認定を受けたことのない者などについては改めて不法入国などの事実調査を行なわず、協定永住を許可する（現在は、申請者に不法入国などの疑いがもたれる場合は事実調査をしている）②日本から出国した協定永住者がやむを得ない理由で再入国期限内に入国できなかった場合、期間経過後三ヵ月以内に入国できる見込みの者については、在外公館が遅延理由を確認し、協定永住者として再入国を許可する ③協定永住者の家族の入国、在留については人道的見地から考慮する――などとなっている。

（合意事項詳細は二面に掲載）

在日韓国人の永住権については四年前の一九六五年「韓日条約」の締結にともなう所謂「韓日法的地位協定」に基づき、戦前（一九四五年八月十五日以前）から申請の時まで引き続き日本に居住している者等に「日本に永住する権利」が「許可」されることになっている。しかし、いざ申請受理が始まると、日本側は「許可基準」を楯に許可対象者を極度に限定する立場を固執して、その「事実調査」は厳格を極め、このため永住許可を申請した者がかえって強制退去命令を受けて家族離散の悲劇が続出するといった苛酷な事態すらひき起す結果を招来した。そして永住権取得者数も韓日両国の期待に反して不振を極め、申請期限の四十六年一月まで、残り一年半にせまった七月末現在韓国人六十万人の中でわずか十二万七千人（日本法務省調べ）にとどまっている。こうした日本側の非人道的で姑息なやり方に対して、民団では周知のように在日韓国人の歴史的特殊性の理解に立った配慮がなされるべきだとして、日本政府当局の追放、同化の政策を厳しく糾弾するとともに、協定永住権の取得基準を一九五二年四月二十八日（サンフランシスコ条約発効日）におくべきだ等を主張し、法的地位協定そのものの修正を求める世論がまきおこるなど、根強い要求貫徹運動を推し進めてきた。

この度の会談はこうした民団の要求貫徹運動と協定永住権取得不振の状況をうけて、主に、日本側の運用面での緩和によって永住権「申請」の促進をはかるべきだとする韓国側の要請によって開かれたもので、「調査・手続きを緩和し、弾力的人道的に」運用することを主旨とした確認事項が、今後日本当局によって事実上その通り運用されるかどうかが一つの焦点となろう。

なお同会談を終えた李法務部長官は二十一日夕、民団中央主催による晩餐会に出席し、翌二十二日午後帰国した。

【二面に関連記事掲載】

## 民団本国 合同会議終る

民団中央本部（李禧元団長）および地方本部団長、傘下団体代表七十三名は、去る六日政府招請により、母国を訪問し、政府関係当局との連席会議に参席した。

同会議は当初、民団では「合同会議」といわれていたが、ソウルで「民団強化対策会議」と正式決定され、七日、八日の両日にわたり、ソウル郊外のウォーカーヒルで開催された。

同会議では、全体会議と分科委員会とが持たれ、分科委員会では組織、経済、教育、法的地位の四分科委員会に分れて、討論が行われた。

七日に行われた開会式には、崔圭夏外務部長官が参席して挨拶を述べた。全体会議では、陣弼植外務次官が議長となり、金正柱氏が民団の総括的な現状報告を行なった。四分科委会での討議のあと、同日午後四時半、青瓦台に朴大統領を礼訪した。

八日は午前のうちに、各分科委員会を継続し、国務総理主催の午餐会に臨んだ。その後、午後三時四十分第二次全体会議を開いて報告書を採択し、陣外務次官の「この会議は、本国と在日同胞との紐帯強化に大きな意義があった。今後、政府予算が許す限り定期的に毎年持ちたい」とのあいさつをもって同会議を終えた。

その後、民団代表団は、九日、中央情報学校を見学、夏季学校入校中の在日同胞学生たちを訪問激励し、午後六時からは民国主催のパーティを開き、同夜解散した。

## 韓米頂上会談

朴正熙大統領はニクソン米大統領との韓米頂上会談に臨むため、崔圭夏外務部長官、李厚洛青瓦台秘書室長ら十名の随行員を従えて二十日午後米国へ向ったが、二十二、二十三日の二日間、サンフランシスコで二回にわたる会談を終え、大要次のように共同声明を発表した。

①北韓からの脅威がつづいている現在、韓、米両国軍を強化しておく必要がある。②侵略には両国政府が対抗する。③将来のアジアの安全保障のために、現在の地域協力機構の強化が望ましい、などの点で意見の一致を見た、と伝えられた。

さらに、ニクソン米大統領は二十一日（韓国時間二十二日）の歓迎式典や晩さん会で、韓国の安全保障問題に関し、自助自立を強調しながらも、共産カイライの侵略に対しては「われわれは将来とも韓国人と一致して立向うことを誇りに思う」と述べ、韓国防衛の決意を強く声明した。

しかし、この声明について、内外の記者は、米国が長期的には韓国防衛問題を新しいアジア政策のもとでとらえていきたい考えであることをうかがわせている、と見ている。

なお、この会談を終えた朴大統領は二十五日午後特別機で帰国した。

# 法的地位　継続して要求貫徹を

## 協定運用緩和を確認
### ―共同発表内容全文

李大韓民国法務部長官と西郷日本国法務大臣は一九六九年八月十九日及び二十日の両日に亘り東京において会合し、在日韓国人の法的地位及び待遇に関する協定の実施に関して意見を交換し、同協定のより円滑かつ効果的な運用を図るため、実務者会談において了解された左記の事項を確認した。

記

一、協定永住資格である居住経歴等について

1、協定永住許可の申請をした者が、第二回外国人登録（昭和二十五年一月から昭和二十七年九月まで）を終えており、申請時までに昭和二十七年法律第百二十六号第二条第六項に該当しないとされたことのない者（例えば不法入国容疑により退去強制の手続を経たことのない者をいう）については、あらためて事実の調査をすることなく、協定永住を許可する所存である。

2、戦前樺太に渡航し、戦後引き揚げた韓国人等からの協定永住許可の申請については、協定の討議の記録日本側代表発言(a)の趣旨を尊重して好意的に検討する。

二、戦後入国者に対する出入国管理令上の永住許可について

1、一九六五年六月二十二日の日本国法務大臣の声明による戦後入国者に対する特別在留は法令の範囲内において可能な限り迅速に許可することとし、かつ、その者のする一般永住許可申請は特別在留許可を受けたのち何時でも受理する。

2、右の大臣声明の精神を十分に尊重し、永住許可の審査基準を今後さらに緩和し、かつ、提出書類等申請手続を簡素化する。

三、協定永住者の再入国許可について

1、協定永住者の再入国許可については、引き続き好意的に配慮する。

2、協定永住者（協定永住有資格者を含む。）が真にやむをえない理由により再入国許可期間内に入国できなかった場合における遅延理由の確認については、再入国許可期間経過後三箇月以内に入国できる見込みの者については、在外公館においてこれを行なうこととし、この確認を受けた者は、協定永住者（協定永住有資格者を含む。）として入国を許可する。

四　協定永住者の家族の入国及び在留について

協定永住者の家族の入国及び在留については、家族構成その他の事情を勘案したうえ、人道的見地に立って妥当な考慮を払う。

なお、韓国側は

1　協定永住者に対し、本国との往来の便宜のため数次有効の再入国許可が与えられることが望ましいことを表明した。

2　協定永住者の家族のうち、特別在留許可又はその他の資格によって在留が認められている者については今後出入国管理令上の永住許可を与えられることに関心を表明した。

以上

## 待遇問題は未解決
### ＝法相会談の結果と意義＝

韓日法相会談が一九六九年八月十九日及び二十日の両日にわたって、東京において開催されたが会談の内容と性格は

一、在日韓国人の、法的地位及び待遇に関する、協定の実施に関しての、意見の交換であって、その協定の修正とか、改正ではないこと

二、協定の範囲内で、実務者会談をし、そこで、双方諒解されたことを、確認したこと

三、待遇に関しては、一言も触れていないのが、特徴といえよう。

実務者会談で、同協定の、より円滑かつ、効果的な運用を図るために、会談をして、了解された事項の内容は、左の通りである。

一、協定永住資格である、居住経歴について

1、協定永住許可の申請をした者が、第二回外国人登録（昭和二十五年一月から昭和二十七年九月まで）を終えており、申請時までに昭和二十七年法律第百二十六号第二条第六項に該当しないとされたことのない者（例えば不法入国容疑により退去強制の手続を経たことのない者をいう。）については、あらためて事実の調査をすることなく、協定永住を許可する事とする、

これが今度の会談の、最も重要な部分といえる。即ち居住経歴について、いままでは、両国当局の解釈の相違によって、非常な不祥事を起したのであったが、これで問題の一時往来の問題点は解決を見たことと解釈される。

これによると、一二六―二―六の所持者は、協定永住権を取得できることになるのである。但し第一回目の外国人登録は、洩れていても第二回（一九五二年九月まで）から確実に終えており、その間、退去強制の手続を経たことのないものである。

このようになれば、一九六四年四月一日日本国法務省発表の

①一二六―二―六該当者＝四二二、三七二名と②四―一―一六―二該当者＝一三六、八二〇名

合計五五九、一四七名

以上の在日韓国人は、協定永住権を取得出来る結果になるのである。勿論期間中に、申請を自らしない者は別である。

2、戦前サハリン（樺太）に渡航し、戦後引き揚げた、韓国人等からの協定永住許可の申請については、協定の討議の記録日本側代表発言(a)の趣旨を尊重して好意的に検討する。

この問題については先づ、日本側代表発言(a)をここに紹介することにする。

〝日本国政府は、協定第一条一(a)の適用に当たって、兵役又は徴用により日本国から離れた時から復員計画に従って帰還するまでの間を日本国に引き継き居住していたものとして取り扱う方針である。〟

となっている。この問題は戦後引き揚げた韓国人には当然協定永住権が許可されるべきであり、まだサハリンから帰れない、数万人の韓国人は、日本政府が誠意をもって帰らせる義務を有する問題であるにも拘らず、それどころか帰還している韓国人に対する協定永住権の問題をこのように曖昧な表現で濁すことは理不尽なことといえよう。

二、戦後入国者に対する出入国管理令上の永住許可について

1、一九六五年六月二十二日の日本国法務大臣の声明による戦後入国者に対する特別在留は法令の範囲内において可能な限り、迅速に許可することとし、かつ、その者のする一般永住許可申請は特別在留許可を受けたのち、何時でも受理する。

二、右の大臣声明の精神を十分に尊重し、永住許可の審査基準を今後さらに緩和し、かつ、提出書類等申請手続を簡素化する。

この問題は、本質的には一九五二年四月二十八日平和条約発効日以前の在日朝鮮人（当時の表現）には協定永住権が付されるべきであるのに、これを出入国管理令上の永住許可の対象者にふり落すこと自体にも問題が存在するのである。その上にまだ厳しい条件をつけることは余りにも不合理ではないかと思う。①許可を迅速にする、とか②永住権申請を特在許可を受けたのち、何時でも受理するとか等のことは問題ではない。一番大事なことは永住許可の審査基準の緩和が問題である。ここではさらに緩和するし、かつ、提出書類等申請手続を簡素化するとうたっているから大したことは期待出来ないだろうが、それを待って次の是正の運動を展開すべきである。

三、再入国許可については、従来諒解事項(四)の具体化をしたことであり、三ヶ月間の期間が区切られそれまでは失効しないとなっているがこれも協定永住権が失効するというそれ自体に矛盾があるし、これも協定文第五条に基因しているのである。

四、協定永住者の家族の入国及び在留については、これも従来の了解事項の(五)の域をさほど越えていないから紙面の都合上略する。

結論的にいえば、協定文の修正を避けて運用面で何とかして、矛盾と問題点がある部分を解決しようとしたのは理解出来る。しかし重要な待遇問題には触れてもいないのは残念なことである。それはこれからの問題として残るであろうが、差し迫っている協定永住申請の期間内に解決を要する問題が大幅に前進したことは認める。しかしこの実施如何が問題である。何度も両者の合意を見ながらもそれが死文化した過去を我等は鮮明に記憶しているからである。

また、これがその通り実施されたとしても、重要な待遇の問題、特に社会保障等が日進月歩する現代において、これを如何にして適用範囲まで持っていくか、それには強力なそして緻密な運動が一般永住問題と併せて、我等のこれからの課題である。

以上

（東本法地委副委員長　朴性鎮　記）

## 税金の手引き
## 44年度　改正所得税法解説
### ―2―

一、所得税の減税

本年度の所得税法の改正は、先にも述べたようにまさに所得税の減税を行なうことを主眼とするものである。そのために、課税最低限の引上げと、給与所得控除の適用範囲の拡大と、税率の緩和が行なわれている。

| 控除の種類 | 改正後　昭和四十四年分 | 改正後　平年分 | 改正前 |
|---|---|---|---|
| 基礎控除額 | 十六万七千五百円 | 十七万円 | 十六万円 |
| 配偶者控除額 | 十六万七千五百円 | 十七万円 | 十六万円 |
| 扶養控除額 | 九万五千円　ただし、配偶者のない者の第一人目の扶養控除については十万七千五百円 | 十万円　ただし、配偶者のない者の第一人目の扶養控除については十一万円 | 八万円　ただし配偶者のない者の第一人目の扶養控除については十万円 |

（注）この改正は、昭和四十四年四月八日から施行されるので、昭和四十四年分の各控除額は、その引上げの幅が平年分の四分の三とされている。

1、課税最低限の引上げ

納税者の家族構成に応じて基礎控除額、配偶者控除額、扶養控除額等が組み合わされてその合計額で示される課税最低限は、どの程度の所得階層から所得税を課するかという限界を定めるとともにすべての納税者の所得について課税対象外とされる金額を定めるもので、特に中小所得者の税負担の適正化と納税者の家族の構成内容、家族数等に応じる負担の調整につき大きい機能を発揮するものである。このような機能を有する課税最低限については、税制調査会の長期答申は「わが国の一人当たり国民所得の現状、多くの中小所得者層に所得税の負担を課しているという実態、所得、物価水準の上昇に伴う中小所得者層の負担累増の傾向等を勘案すれば、これを夫婦子三人の給与所得者の場合で百万円程度に引き上げることが適当である」としている。これを具体化するに当たっての同調査会の「昭和四十四年度の税制改正に関する答申」では、ちょうどその半分を実施すべきものとしており、今回の改正では、この四十四年度答申の内容どおり、上表のように引き上げている。

この各控除の引上げにより所得税の課税最低限は、次表に示すように、夫婦子三人の給与所得者で改正前の八十三万三千二百二十五円が九十三万五千九十三円と十万円以上引き上げられることとなり主要諸外国と比較しても、アメリカの百三十三万円は別としても、イギリスの約七十九万円や西ドイツの約八十八万円を上回ることとなり、先進諸国の水準からみてもかなりの水準に達することとなった。

なお、基礎控除と配偶者控除についてはそれぞれ一万円の引上げであるのに対して、扶養控除は二万円引き上げられており、多人数世帯の軽減度合が相対的に大きくなっているが、これは、現状においては単身世帯または夫婦世帯に比べて多人数世帯のほうが税負担感が強いと見受けられること、他方、最近における教育費負担の状況から、教育費控除制度の要望がきわめて強いが、税制上、納税者の個別的事情をしん酌するにはおのずから限度があり、むしろ扶養控除等の一般的な控除の拡充により対処することが適当であると考えられ、これによりある程度、中小所得者のこの要請にも応え得るよう考慮されたものである。

また、母子世帯等の負担軽減を図る趣旨から、配偶者のいない納税者の一人目の扶養親族の控除についても一万円引き上げられている。

2　障害者控除等の特別な人的控除の引上げ

現在、所得税法では特別な人的控除として障害者控除、老年者控除、寡婦控除および勤労学生控除が認められている。これは、たとえば心身障害者は、普通の人よりも生活費がかさみ、また、所得を得るにもより多くの出費を必要とすること等の事情が勘案されたものであるが、このような追加的な費用等をしん酌するという控除の趣旨にかんがみて、基礎控除額、配偶者控除額と同様に一万円引き上げることとされた。

すなわち、障害者控除額、老年者控除額、寡婦控除額および勤労学生控除額は九万円（昭和四十四年分は、八万七千五百円）とされた。なお、特別障害者の障害者控除額は十三万円である。

改正後の所得税の課税最低限　（給与所得者）

| 区分 ＼ 家族の構成 | | 独身者 | 夫婦者<br>配偶者 | 夫婦子2人<br>配偶者<br>扶養親族2人 | 夫婦子3人<br>配偶者<br>扶養親族3人 |
|---|---|---|---|---|---|
| 改正前 | | 円<br>315,623 | 円<br>524,177 | 円<br>729,071 | 円<br>833,225 |
| 改正案 | 昭和44年分 | 325,486 | 543,834 | 787,657 | 910,518 |
| 改正案 | 平年分 | 328,774 | 550,386 | 807,186 | 935,093 |

（注）従来と同様に給与の収入金額に応じて一定の社会保険料が控除されているものとして計算してある。

## 北韓の軍隊と戦闘力
### 全国土要塞化を企図
［資料］

韓国戦争の休戦は一九五三年七月二十七日の板門店における休戦協定調印によって決まった。しかし北韓はその後も南侵計画を続行、この休戦成立後九日目に行なわれた、八月五日の北韓労働党（共産党）第六回全員会議ですでに次のように決議している。

「休戦協定を締結したことによって得られる〝平和時〟をわれわれは最大限に利用しなければならない。一分一秒をも惜しんで北半部（北韓）に強力な城塞（要塞）基地を建設、全体党員と全体人員の力量を総動員しなければならない。強力な共産基地の創設（建設）は祖国統一をよりいっそう促進させるものである」

そして彼らはこの決定書を採択した。

一九六二年十二月には同党の第四期第五回全員会議が行なわれたが、この席上では「これまですでに多くの武器生産を成しとげた」と誇り、さらに「こんごはあらゆる部門で戦争準備のための体制を備える」と決議している。

こうして国防費の膨張に伴い、北韓は人民経済七ヵ年計画までを延長しなければならなくなった。

▽軍事費を大幅にふやす

一九六七年の予算では従来よりも国防費をさらにふやし、総予算三十九億六千四百三十四万円の三〇・二%に該当する十一億九千六百五十六万円を軍事費にしている。さらに昨年の一九六八年は全予算の三〇・九%を軍事費に計上、これは前年に比べ、〇・七%増を示した。

北韓では南半部（韓国）の赤化統一を目標にかかげ、そのためには米軍を追放し、韓国政府を転覆しなければならないとし「その目的完遂のためには戦争が不可避である」と、北韓市民達にくり返しくり返し強調してきており、これを宣伝の基調としている。

一九六三年から北韓労働党は戦争準備政策を公然とかかげ、その政策の一つとして労農赤衛隊を大幅に拡張、十七歳から四十五歳までの男女（女子の場合は独身の者）を網羅して訓練をほどこし、その数は百二十万ないし百三十万と推算された。

▽すべてを軍需工場化する政策

このほか、これまでの工場施設はほとんど軍需工場化する政策がとられ、生産工場をはじめすべての職場は軍隊化した。従って防空訓練は日常生活の一部となり、戦争物資の備蓄、都市人口の地方疎開などが行なわれた。また陣地の構築がさかんとなり、軍事スパイ活動や武装ゲリラの対南浸透などが活発に行なわれるようになった。

北韓の権力層が一層明確に軍備強化を如実に示し出したのは一九六二年頃からで、この年十二月の全員会議後、金日成をはじめとする軍事派達は党内軍事委員会組織などで軍事機構を拡張した。この頃から北韓の外交路線はソ連をはなれて再び中国への依存を強め、そして金日成はじめ軍事派の勢力はだんだんと強固なものになったが、その後北韓は中共からは軍備強化に有効な援助が得られぬまま再たびソ連への接近を強めた。

一九六六年十月に金日成は労働党の代表者会議で「全国土要塞化全人民武装化」政策を宣言、この政策を進めて一九七〇年代には南を赤化統一するという計画を打ち出した。

一九六七年二月、金日成は「武力統一」を強調、一九六七年四月末に至って、朴金喆、李孝淳、高赫ら非軍事派（甲山派）の粛清を断行した。そして北韓の勢力圏は許鳳学、呉振宇、李鍾、崔賢などの好戦派によって固められた。

（以下続く）

# 成果大きい民族教育

## 荒川夏期学校修了

民団荒川支部（趙活俊団長）では、管内の日本の学校に通学している小・中学生を対象に、夏休みを活用して、八月十一日から二週間、母国語の講習を行なっていたが、さる二十二日、最終の授業を終え、目出たく修了式を行った。

これは日本で生れ、民族教育を受ける機会を得られなかった二世三世達に、母国の言語、文化、歴史を教えることによって、民族意識を目覚めさせ、自分が韓民族の一員であることに誇りをもたせる事を目的においた事業である。現在、在日同胞の子弟に民族教育を施すには、地域ごとに民族教育機関即ち学校を設立することが急務であるが、それまでの中間措置であり、学校設立までは適正な方法といえるであろう。その意味で、画期的な試みであり、今後も続けて推進すべき民団の課題事業の一つである。

今回の第一回荒川夏期学校は八月十一日から、東京商銀荒川支店の会議室で開校し、毎日、殷明基、李乙珩両講師のよき訓導のもとで、五十七名が受講していたが、二十二日の修了日まで熱心に学び修了証及び賞品をもらった者は三十八名。

羅鍾卿東本副団長、崔興俊奨学官など多数の来賓、父兄が参席した下で開かれた修了式では、その間習得した歌なども披露され、たどたどしい母国語ながら、答辞の朗読は参席者の胸を強くうつものがあった。

趙活俊団長は今後も定期的に、この学校を開くとともに、東京の城北地区に民族学校を設立する計画を強力に推進し、一日も早く宿願を果したいという意欲をあらたにしていた。

なお、民団江戸川支部でも主に二世小学児童が暑さにもめげず、母国語やウリノレの講習に励み、多大な成果を上げた。

# 北支部 韓僑会館落成さる

## 日常活動に役割大

### 永年の念願実る

民団北支部（金鎭奎団長）では長年間推進して来た会館建設の計画が実り、さる十七日午後落成式を挙行した。

同支部では十数年前から、団員の利用しやすいところに新会館を建てる必要があるとの声が高まっていたが、金鎭奎団長が就任して以来、李慶晩建設委員長を中心に役員一同が協力して積極的に計画を進め、この度の完成を見るに至った。

場所は北区稲付町一丁目二六九番地、国電赤羽駅南口前、土地二十五坪、建坪四十二坪の木造二階建、冷暖房完備、総工費二千万円。

この日の落成式は、管内団員七十余人と民団東京本部の鄭団長をはじめ婦人会東本の朴会長、近接の荒川趙団長など来賓多数が参席した中で盛大に行なわれた。

金支団長は、長年念願していた会館は李慶晩建設委員長以下、団員の皆さんと役員一同の協力がなかったなら実現できなかった。これを契機に気分を一新して、組織活動の内容を充実して行きたいと意欲をあらたにしている。

（写真）上、新築された北区韓僑会館、下、落成祝賀会

# 支部だより

○文京支部

〈青少年会がサマーキャンプ〉

支部青少年会（李東杰会長）の会員17名が去る16日、川口湖畔で一泊二日の日程でサマーキャンプをもち、入管法の学習レクリエーションを通じ親睦を深めた。なお同会では近々にも韓青支部に発展、移行させるための準備を進めている。

○台東支部

〈団費増額運動を推進〉

八月以来、李鎭浩団長を先頭に団費増額のための運動を推進中。これは従来の賛助金依存の体制を改め、団費徴収の大幅な拡充によって支部の基本財政を確立する、とのさきの総会での決定によるもの。

○墨田支部

〈北韓実態について講習会開く〉

去る十九日同支部二階会議室で支部青年を対象に北韓の実態に関する講演会を開いた。

○荒川支部

〈夏期講習会成果裡に終る〉

十一日から行なっていた「第一回夏期国語、国史講習会」は多大な成果をえて二十二日終了。最終日の二十二日には父兄、民団役員が授業を参観、閉会式をおこなった。（関連記事参照）

○練馬支部

〈商工協同組合を発足〉

かねてより準備中の「練馬韓国人商工協同組合」が八月十五日に発足。初代組合長に李幸雨氏が就任した。

## 若人の夏の祭典

在日韓国青年同盟中央本部（金宰淑委員長）では、恒例の夏期キャンプを今年は去る八月二十三日から三日間、韓青関東地方協議会主催の下に千葉県の太海において開催した。テーマは「築こう！韓民族の輝く未来を　闘おう！民権擁護のために」で、これは既に全国的に行われたキャンプの統一スローガンでもある。

一方、在日韓国学生同盟中央総本部（許東郁委員長）でも、去る八月五、六、七の三日間愛知県河和海岸において夏期キャンプを挙行した。

## 国民体育大会に参加選手団を募集

在日大韓体育会（范塡圭会長）では、来る十月四日からソウルで開かれる第五〇回全国体育大会に参加する在日同胞選手団を募集している。参加種目は陸上、蹴球、野球などの二十一種目である。詳細は左記に問合せの事。

在日大韓体育会
東京中央区銀座二—十一—六
電話(541)七一四八、一六七四

## 梨花女子大芸術団が公演

ヨーロッパなど世界各地を巡演していた「韓国梨花女子大学校親善巡回芸術団」が来日、さる十九日、東京・霞関のイイノホールで公演した。会場には同胞はじめ多数がつめかけて、民族の色どりもあざやかにくり広げられる優雅な舞いに見入り盛んな拍手を送った。主催は韓国駐日公報館で、在日大韓婦人会と在日梨花女子大学校同窓会が後援にあたった。

## 婦人会の東京本部でも慰労会

婦人会東京本部（朴琪先会長）では二十五日正午から、銀座の大昌園で定期支部長会議と「入管法案」の廃案にともなう慰労会を開催した。

# 韓国六種目を制す

## 韓日高校スポーツ競技会

第二回韓日高校スポーツ交歓競技会は、十七日午前十時から東京駒沢オリンコック公園総合運動場の屋内球技場で開会式を行ない、引きつづき十九日までの三日間陸上競技・バレーボール・バスケットボール・バドミントン・ハンドボール・軟式庭球・サッカーなど七競技に熱戦をくり展げた。

この競技会は韓日高校生の友好とスポーツ技術の向上を目的に昨年ソウルで初めて開かれ、今年度の渡日韓国選手団は総勢一三六名（団長金鍾烈）とこれを迎えうつ日本勢は二七〇名の総員約四〇〇名からなり、特に日本の実情を知らぬ韓国の若い高校生が大挙日本に来たのは解放後初めてのことである。

遠来の韓国チームは連日よく健闘して予期以上の成績を収め、特に日本勢の優勢を伝えられた陸上競技では、姜秉権・鄭順花両選手の二種目制覇などがあって、結局日本の12種に対し韓国側は6種目を制した。

球技も各種目にわたって実力伯仲の白熱した好ゲームが展開された。バレーボールで大新（男）は実力を発揮してストレートで2連勝し、中央（女）は1勝1敗した。バスケットボールの徽文（男）も1勝1敗と星を分け合ったが、女子の崇義は実力通りの快勝ぶりで2連勝し、バドミントンは善戦及ばず2連敗を重ねた。

ハンドボールの朝鮮大付属は1勝1引分けと大いに健斗し、軟式庭球の選抜チームもよく戦って1勝1敗の星を残した。

一方サッカーでは韓国高校蹴球界にその名を知られた強豪中東が緒戦に全日本代表の浦和南と相対し、試合開始早々の先取点から楽勝かと思わせたが、1—3と逆転負けの番狂わせを喫し、大会最終日の対中大付属戦に第一戦とはうって変った攻撃ぶりで殆ど中大付属陣内でゲームを展開し、フルに力を発揮して4—1と圧勝して面目を保った。

民団東京本部文教部（許南明部長）では、在日大韓体育会主催側の日本体育協会に協力するとともに側面から同競技会の終了まで協力し、韓国選手団歓迎及びその応援体制と競技場案内と選手団案内などに東京韓国学校生徒を動員してこれに当たった。婦人会東京本部（朴琪先会長）でも韓国選手団のため、心づくしのキムチや麦茶などを連日競技場に持ちこんで選手団を喜ばした。

なお、金鍾烈韓国選手団団長は二十一日の帰国に先立って二十日東京本部を礼訪し、選手団に対する支援を謝した。

### 韓国選手団成績

◇陸上（第1位）

【男子】
千五百米　姜秉権　4分4秒9
五千米　〃　14分54秒2
やり投　展羽李　60米54

【女子】
四百米　鄭順南
八百米　〃
砲丸投げ　禹玉子　14米19
やり投げ　李福順

（オープン）

◇バレーボール

（女子）
中央女 3（15—5、15—10、15—13）0 八王子実践（東京代表）
中央女 0（10—15、11—15、11—15）3 四天王寺（日本代表）

（男子）
大新 3（15—1、15—6、15—2）0 明大付中野（東京代表）
大新 3（15—12、15—4、15—13）0 中大付（日本代表東京）

◇バスケットボール

（女子）
崇義女 75（43—37、32—28）55 名屋女商（日本代表）
崇義女 90（52—30、38—17）47 成徳（東京代表）

（男子）
徽文 86（43—44、43—33）88 武蔵（東京代表）
徽文 71（39—42、32—35）77 中大付（日本代表）

◇バドミントン

（男子）
順天 1—3 日大鶴丘（日本代表）
順天 1—4 金沢市立工（日本代表）

◇ハンドボール

（男子）
朝鮮大付 11（6—4、5—3）7 中大付（東京代表）
〃 8（5—3、3—5）8 下関中央工（日本代表）

◇軟式庭球

（男子）
韓国 3—2 巣鴨学園（東京代表）
〃 — 明星学園

◇サッカー

中東 1（0—2、1—1）3 浦和市立南（全日本代表）
〃 4（2—0、2—0）0 中大付（東京代表）

# 国語講習会

民団東京本部文教部では、昨年六月以来二世青年を対象に、韓国語講習会を開催しております。次回は、前期の成果にふまえて、来る九月八日より講習を再スタートさせますので、希望者はふるって参加して下さい。

◆日時…毎週月曜・金曜　午後六時半〜八時

◆場所…民団東京本部三階

◆講師…張暁先生

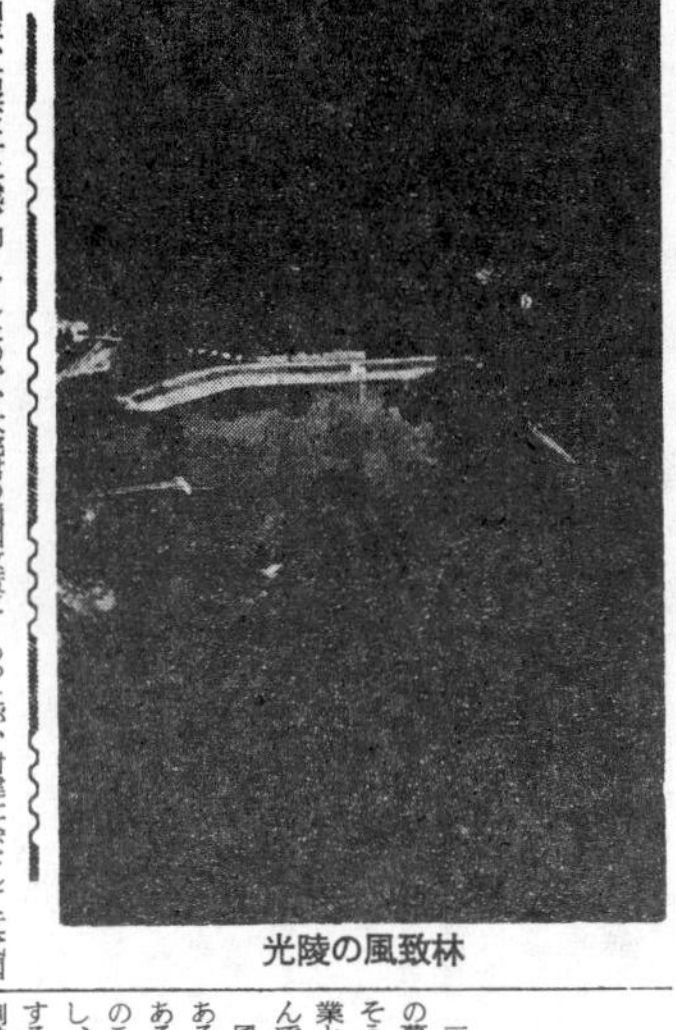
光陵の風致林

ソウルの歴史

-6-

# 大院君の治世

一八六四年、高宗は十二歳で即位し、その父である興宣君が摂政となり、大院君になった。大院君は、両班階級のわがままなふるまいを憎み、王室の権威を伸張しようと、壬辰の役で焼かれた後二百余年間を廃墟のままとなっていた景福宮を重建する計画を立てた。歴代の王はもとより、その景福宮の再建を忘れたものではなかったが、壬辰の役の後、仁祖代に二度の満州族の侵入などによって国内の疲弊ははなはだしく、あえて実行に移すことができなかった。

景福宮の工事は高宗二年に着手し、国家の総力をほとんどここに傾けたが、翌年工事もだいぶ進んだところに工事場で火災がおき、集積された木材全部を失った。

しかし、大院君はこの不意の災難に屈せず、財力と人力を集中し、高宗四年十一月上旬、大部分の主要宮殿が完成するや、関係官民に褒賞、大赦分まであたえ、翌年には王が新宮に移った。勤政殿を中心として思政殿、万春殿、千秋殿、康寧殿、慶会楼などまことに堂々たるもので、いまはわずかにその面影を残しているにすぎないが、もとは景福宮内にぎっしりと建物が立ちならんでいて壮観をきわめていたものである。

大院君時代は、あたかも東漸してきた西洋の文物が韓国までおしよせてきた時であったが、大院君はこれを非常に危険視し「洋夷侵犯　非戦則和　主和売国」という碑をたてて国民に警告した。しかし、洋夷は依然として来航した。西洋文明をいちはやく消化して、東洋の新勢力として台頭しつつあった日本人も、欧米人におとらずしきりに渡来し韓国のドアをノックしたので、大院君の鎖国政策にもかかわらず、高宗十三年（一八七六）日本との丙子修好条約（江華条約）をきっかけに韓国はついに開国せざるを得なくなった。

高宗一九年（一八八二）にはアメリカ合衆国と通商条約を結び、同じ年にイギリス、ドイツとも条約を締結したが翌年に修正、その次の年に批准されたし、イタリアロシアとは高宗二十一年、フランスとは同二十三年に条約を結び、つづいてオーストリア、ベルギーデンマークなどとも修好した。

この時から、韓国は国事多難な時代に入り、ソウルもようやく近代化へのあゆみをとらねばならなかった。しかし、その近代化は容易なことではなく、幾多の波瀾を内にひそめていたのである。いまこれらの事件をここに詳しく述べる暇をもたないが、韓国に、ひいてはソウルに、実質的に近代的制度、文化革新をもたらしたのはいわゆる甲午更張とよばれる改革であった。これは、日本の強圧によって他力的に行なわれたのではあったが、封建社会をして近代国家に転換させたもので、ソウルがもっともその影響を多く受けたのはいうまでもない。

貨幣制度の整備、度量衡の画一化、門閥や両班常民などの階級打砕、文武尊卑の区制撤廃、未亡人の再婚許可など数々の改革が行なわれ、民族的自覚による政治、社会、文化、言論の各方面に活動がおこりはじめた。国語と英語で書かれた独立新聞が発刊され、つづいて皇城新聞、大韓毎日新聞、コレア・レビュウ、萬歳報、大韓民報などの新聞が発刊され、近代化への運動が本格的となった。これと並んで新教育を施す小学校、中学校が建てられ、まったくかえりみられなかった女子の近代的教育も、貞信女学校、梨花学堂などで施されたが、これらの学校ではあたらしい知識をつたえるほかに、愛国心を養うことが大事な使命であった。

ソウルにおけるこの時期のあたらしい施設としては、光武三年（一八九九）に初めて電車が開通され鍾路を走るようになり、これはもっとも近代化の尖端をゆくものとされ、毎日超満員の試乗が行なわれ、見物人が線路の両側に集まったものである。光武四年（一九〇〇）には電灯が、それから二年後には電話が架設された。しかしこのように一部において近代化の運動が展開され、あたらしい施設が進むにもかかわらず、アジアにおける韓国をめぐる列国関係は複雑をきわめ、日清、日露の両戦争を経て、一九一〇年に、韓国はついに日本に併合されるに至った。

ここから韓国歴史の悲運がはじまったのである。

（民話）

## 墓地の場所

三人の息子がいた。自分の死後の墓所を選んで息子たちにいい残そうとし、風水（墓地の占いを職業とする人）にたのんで墓所を選んでもらった。

風水のいうのには、村の東方にある池の真ん中が実にいい吉地であるという。父は三人の息子にこのことをいい残して死んだ。しかし、長男と次男はその墓所に埋葬することに反対であった。水葬の例はないからである。そこで父は山の墓地に埋葬された。

三男は、ひそかに父の墓を掘って棺をとり出し、父の遺言の通り、池の中に埋めた。それから母も死んだが、三男は亡父と同じくこっそりとその隣りに合葬した。

幾年か経ったある夜、三男は不思議な夢を見た。自分が父に呼び出され、いわれる通りにいって見ると、そこは竜宮であった。父は竜王の椅子につき、母はその后となっていて、すこぶる幸福そうであった。彼が家に戻ろうとすると母は〝お前がわたしを埋めるとき造った石棺が少し小さかったので窮屈でしようがない。少し大きなのにしてはくれぬか〟とたのんでいた。

三男はさっそく、母の石棺をとり出し、大きなのにとりかえて埋葬し直した。

このことがあってからというもの、三男の運が開けた。彼のやること、なすことがすべて旨く当たり、とんとん拍子に出世し、ついには政丞にまでなった。

×　×　×

（解説）咸興地方で採集されたものであるが、このはなしは全国的であるといえる。時代は李朝初期であると見做して差し支えない。

李朝が成立すると儒学が国学となり、その功績は大きいが、他方では多くの弊が副作用しておこった。その一つに風水五行説がある。これは一つの信仰であり、実のところは迷信なのであるが、李王朝ではこれを迷信と知りつつもこれを政策の遂行上、便宜な術策としてむしろこれを利用した。

風水五行説は、易学の方法論であるが、これがただの易学であるならば大して重視もされなかっただろうが、実は易学の方法論に地理学を重ねあわせてあるために、一見して実践易学のような錯覚を起こさせる。そのせいで、全国的にこれが広まった。

この説では、人間の運命は前世によって決まるもので、自分自身ではどうしようのないものである。だから自分の運命を良い方向に持っていくためには、前世すなわち先祖の霊を祭ることによってそれが叶えられる。その一番目のことが先祖の墓を〝吉場〟に選ぶことにある。したがって、この話でも父の遺言を忠実に守った三男だけに霊現が現われたことになっている。

## ○近代化有感○

外国で長く生活すれば故国をより正確に知るようになる、といえば逆説のように聞こえるかも知れないが、事実である。地球が大地ではなくまるい球である、という事実は数十万キロ上空の人工衛星で見下ろすとき明らかである如く、数万里他国で韓国人が、その外国と比較しながら韓国を眺めるとき韓国のイメージをより客観的にありのままに形成することができる。

人々は、韓国が当面したもっとも時急な課題は近代化であるとよく言う。ところで、近代化は高いビルディングを建て高加道路を作り観光号列車を運行し工業団地を造成することのみで達成するものではない。近代化が、このような側面だけを意味するならばわが国はすでに立派に近代化されている。

あらゆる事象が根をおろしている精神土壌自体が近代化されねばならない。これが近代化の前提である。だから近代化とは合理化である。合理理化とは「私のものは他人に与えず、他人のものはチリひとつ望まない」という精神である。ここから「何かをなすべき義務を負っている人はこれを残りなく履行し、受けるべきものは徹底的に探し取らねばならない」という原則が挑出される。近代社会においては面目や同情のために権利を行使しない者は義務を履行しない者と同じく悪を犯している。徹底した権利と義務観念の確立が合理化であり近代化である。

わが国は現在、現代に生きているが精神的基礎発展段階から見れば近代以前に生きているといえる。われわれの祖先は思想史から見て近代化へ発展的に育成される機会を得なかった。これがわが国では権利義務の観念が徹底的に確立されなかった理由の一つである。ここからあらゆる社会的混乱が基づいている。

他人の土地の上にバラックを建てて住みつき、地主がほかの土地にアパートを建ててやって移るように懇請するとそのアパートの入居権を他の人に売り渡しては再び昔の空地にいってバラックを建てて住むという例が頻繁であるという。精神的基礎がいずれも非合理的である。類似した例が、悲しくもわれわれの周辺に多い。

歴史の発展には飛躍がない。われわれが精神的にまだ近代を経験してないとすれば、現代に生きながらも同時に近代を構築しなければならなかった。いわゆる先進国が現代に入る前に経なければならなかったあらゆる試行錯誤までもわれわれはいまからでもそれを体験した後に現代へ入らねばならない。これは迂回路であるかに思われるが、事実は正道である。また乞いもらったものではなく、われわれなりの現代を構築する道はこの道のほかにない。権利絶対の世代をまず構築することなしに権利の社会的世代へ突入するのは世代を省略する冒険であり混乱のみを招くだろう。怠慢ばかりではなくあせりも禁物だ。まず、合理的であらねばならない。

―東亜日報より

## 風俗と習慣

韓国シリーズより

（前号よりつづき）肉料理は多くの人に好んで食べられ、普通牛や豚を用い、鶏やキジは寧ろ珍味に属する。通常、韓国料理の大部分は野菜の材料である。これは中国の豚肉、日本の魚類に比べて対照的なことである。

清涼飲料類も韓国独特の風味あるものが多く、酒類には在来の濁酒、薬酒、焼酎に最近は清酒、洋酒も加えられている。茶は一般にあまり常用されていない。飲茶の風習は往時は盛行されたが今は殆んど廃れて一部地方にしか残っておらず、その代り高麗人参。生姜桂皮（ニッケイ）などの材料で独特な茶を飲んでいる。

器皿類は、銀製のもの、真鍮製のものに陶磁器がある。膳は脚付の高膳で、膳の上には主食の丼（ジュバル）に副食の（ジョブシ）などの外に、必らず匙と箸がのっている。食事のたびごとに温いものを作り冷飯は絶対に食べない。

韓国では三度の食事中朝食を一番大事にとる風習がある。これは先ずお腹をこしらえて一日の仕事に取りかかるという算段である。

③住居

冬の寒い韓国では、住居も一般に冬本位に造られている。現在多く見られる典型的な韓国式住宅はかつて三国時代のころ中国から移入されたものであるが、約2000年の間韓国民の生活に適合するように多くの改造をなされた形式である。

木造平屋建の瓦葺が多く、外壁は土と石とを混ぜて作り、内壁は土だけで塗る。室内は丈夫な国産紙で張り、戸は出入のできる程度に作り、窓は小さく紙張りにしている。

家屋の構造、間取りは、外舎と内舎に区別することができる。外舎は中間の外にあるのが普通で、これを舎廊（サラン）といっている。男子の居室でまた客室を兼ねており、傍に婢僕の居室もついている。内舎は中門の内にあって内庭を控えている。

内房（アンバン）という婦人の居室があって傍に厨房などがついている。このように男女の区別を厳にした構造であるので、女子は自然外来の男子には面接しないのみならず、同一家屋の中でも男女が相手の部屋に出入することは殆んどない。しかし近来は大いに開放的になり、家屋の構造も除々に改良されている。

内舎の中には、たいてい板間の室もつけている。内房の脇にあるものを大庁（ディチョン）といって、子女の団欒あるいは慶弔の儀式を行なうところであり、厨房の脇にあるものは饌間（チャンカン）といって食事の用意をするところである。

どんな家屋でも、必ず温突（オンドル）がついている。温突は暖房装置の部屋で、原始は千三百年もむかし中国から移入されたものであるが、これもいろいろと改良が加えられ、約三百年前の李朝中期に現在の型式が確立されている。

先ず床下に数条の火坑を築き、その上に花崗岩の板を並べて床にし、その上に土を塗って平にし、さらにその上に数枚の下紙を張り、最後に張板紙（ジャンパンジ）という特殊な油紙を張る。

大阪 韓僑新聞

発行所 韓僑新聞社
発行人 姜桂重
編集人 朴英成
大阪市北区中崎町43
電話(371)7331～5番

綱領

一、われわれは大韓民国の国是を遵守する
一、われわれは在留同胞の権益擁護を期する
一、われわれは在留同胞の民生安定を期する
一、われわれは在留同胞の文化向上を期する
一、われわれは世界平和と国際親善を期する

公告

韓僑新聞十六号、十七号(十二月、一月)は、都合により新年特集号として編集し、来る十二月二十五日頃に発行いたしますから予めご了承願います。

十二月一日　韓僑新聞編集部

# 第7回定期地方委開かる

## 民団刷新を図る　分科委員会を構成

本団ではさる四月に開かれた第六回定期大阪地方委員会並びに第三十五回定期大会で採択された活動方針にもとづいて目的貫徹に邁進しているが、このほど第七回定期大阪地方委員会を開いて上半期の総括報告を行なった。

さる十一月十六日、第七回定期大阪地方委員会は午前十一時より大本講堂で定員百名中七名が出席し開催された。この地方委員会は団務推進及び本団組織の最高審議機関として開かれるもので、このたびの地方委員会では今年度活動方針の推進状態や、新たに選出、構成される各分科委員会、そして大阪より先に開かれた第11回中央委員会での活動方針の履行など、その他重要議案などの審議がなされ、延々十時間に亘って討議が続行し、団刷新と僑胞社会に貢献することを約し組織の強化と発展に努力することになった。

## 金載華氏の釈放を陳情

今度の地方委員会で決議された事項はつぎのとおり。

①金載華氏に関する陳情方の長文電報を十九日までに打電する。内容は三機関に一任するも中央委の打電した電文を参考のこと。

②地方執行委員一名欠員に対する補選は執行委に一任し、補選後発表する。

③中央委で決定を見た活動方針は早急にプリントし、各地方委員に配布する。

④地方法的地位顧問委員会は十五名で構成するも、地方執行委員会に委託一任する。

⑤各分科委員会は随時会合の上当面する重要課題を審議し主管部署を通じて活動を展開する。

⑥支部建議二案(泉南・布施)は三機関および該当支部との協議により善処する。

このほか、このたびの地方委員会運営に際し議事進行時の混乱を深く反省し、今後はかかることのないようお互いに戒め合って閉会した。

各分科委員会の委員選出および構成はつぎのように決定した。

△企画委員会(十六名)＝委員長金皓一、委員―姜桂重、梁憲承、李聖南、崔鳳学、裵正石、吉乗植、張徳日、裵国祥、金徳浩、金賛孝、李淳徳、秦敬春、姜弘実、金泰洙、一名未定

△組織委員会(十六名)＝委員長崔韶洙、委員―金守賢、卞先春、辺基桂、裵順姫、金治男、朴英成、金東出、金載明、崔襲乙、金明浩、馬永東、崔在根、郭武俊、李道述、宋台伯

△民生委員会(十七名)＝委員長姜吉泰、委員―金達寛、趙宗大、姜太和、梁種福、崔翼龍、宋基洙、高日化、宋万鐘、金国雄、鄭相孝、金石鍋、崔祥守、呉炳采、金春鶴、韋甲道、姜昌洙

△宣伝委員会(十六名)＝委員長崔模、委員―金麟得、金済云、宋金出、金麟伊、金正準、金太順、崔相俊、厳任一、申盛守、李明守、鄭月順、朴孝昭、李栄浩、李秀峰、朴麟都

△文教委員会(十五)＝委員長金晋根、委員―張益和、梁炳彬、金吉斗、梁井河、慎桂範、梁右欽、朴柄玉、許桐、姜永権、南駿植、金聖龍、許正樹、許奎龍、一名未定

△財政委員会(十八名)＝委員長白丁赫、委員―柳洙鉉、崔永守、金容載、黄七福、李明洙、徐永昊、尹甲春、金永通、崔孟祚、姜先浦、金宗同、柳根道、張浚植、朴弘伯、権炳松、朴文吉、金基厦

△大阪地方執行委員のメンバー

現在民団大阪の執行委員は次の通り十七名で構成され団務執行の責任に当っている。

執行委員長姜桂重(本部団長)委員―趙宗大(副団長)、黄七福(副団長)、李聖南(事務局長)、姜太和(事務局次長)、崔韶洙(生野監委長)、李明洙(生野支団長)、朴英成(組織部長)、尹甲春(布施支団長)、白丁赫(東成支団長)、金永善(西成支団長)、呉炳采(東淀川支団長)、金東出(住吉支団長)、金載明(大正支団長)、任揮鍋(福島支団長)、金治男、裵順姫(婦人会長)、(韓青委員長)

## 諸手数料の徴収　監察委　各支部に通達

本団の監察委員会(委員長方鎬煥)では、さる十一月十七日国民登録および旅券申請など、本団で扱う諸般事務手続に必要な手数料の徴収についてつぎのごとく通達を出し、公正を期して真の僑胞奉仕機関として団務推進に努力するよう示達した。

(一)国民登録更新および新規申請について

①在日僑胞は何人を問わず申請または更新する義務と権利がある。

②申請にあたっては支部・本部を必らず経由し、如何なる理由があっても申請を拒否してはならない。

③国登申請に団費を遡のぼって徴収したり、賛助・寄付などを条件としてはならない。

(二)諸手数料について

①国民登録更新および申請(新規)は無料でする。

②旅券申請手数料は規定されている本部・支部各二千円、中央千円の他は一切受けてはならない。

③旅券申請を前提とした賛助・寄付行為はしてはならない。

④永住許可申請の代書は一切無料とする。

⑤その他規定されている手数料以外は一切これを受けてはならない。

右の通達を遵守し、今後各支部分団においても違反のなきよう留意し、"信頼され""愛され""働く民団"としての本領を発揮して組織の充実を図らねばならないと強調した。

# 活動方針を決定　団員の姿勢正す

## 第11回　中央委員会

第11回本団中央委員会が十一月十日、十一日の二日間にわたって東京市ケ谷の日本傷痍者会館大ホールにて開催された。第一日目の中央委は金光男議長、李裕天団長、金仁洙監察委員長の挨拶につづき着任間もない厳敏永駐日大使から来賓祝辞として「僑胞の皆さんとは率直に話し合って懸案解決に努力するつもりであり僑胞対策に全力をつくすことを約束するとともに、私たちは同じ船、同じ飛行機に乗り合せた"運命共同体"の一員として相互の理解と信頼、そして協調のもとに力を合せてことに当って行かねばならない。また朝総連に属している僑胞といえども彼らの行動とイデオロギーは憎んであまりあるが、彼らとて同じ血肉を分けた同胞であることを忘れてはならない」と僑民対策に望む同大使の所信の一端を披瀝して万雷の拍手を浴びた。

顧問団を代表して丁賛鎮常任顧問の祝辞を受けたのち、午後から三機関の活動報告に入ったが、就中、監察委員会の報告に立った李相台委員から「民団幹部でありながら朝総連信用組合と取引きをしたり、あるいは子弟を朝総連学校に通わせている者に対しては、今後断乎処断されなければならない」と厳しく指摘し注目をひいた。また金載華氏事件五人対策委員会の崔学阜委員は、本国当局が発表した内容とは全然異なった調査結果が出たことの具さな経緯報告がなされたあと、質疑応答に入り活発な質問戦が長時間にわたって展開されたが、執行部の李裕天団長から「金載華氏救済のためには団長として最大の努力を払う所存であり、五人委の調査結果を参考として三機関で最も効果的な方法を講じて陳情するから一任して欲しい」と発言し、一旦質疑を打ち切り第一日目を終った。

第二日目は午前十時半より続開され、挨拶順序のあいさつを受けたのち、昨日いったん打ち切られた質疑応答を続行、まず方鎬煥委員(大阪)から「金載華氏が七年の求刑を受けた現在、われわれは中央委の名をもって釈放を要求しよう」との緊急動議を提出、討議の末、嘆願電報を打つ一方、判決前に三名からなる嘆願特使の派遣を決定した。

この日の質疑では朴根世委員(東京)より①民団幹部にして朝総連系信用組合との取引を行なっている者および、朝総連系学校に子弟を通学させている者に対しては一年の猶予を与え中止させる一方、それでもなおこの措置に従わぬ場合処分すること。②本団内の派閥を解消させるため三機関長は"民団有志懇談会"に対し解散を勧告する意志の有無について追ったが結論を得ぬまま質疑は終った。

午後一時半からは各分科委別に新活動方針案を審議、従来見られなかった真摯な態度で臨み、午後四時に至って再び全体会議で討議された結果、活動方針案と予算案がそれぞれ可決され午後十時閉会した。なお今度の中央委員会に参加した中央委員および、同委員会の分科委員はつぎのとおり。(何れも大阪関係)

△直選委員(三名)＝李熙健、韓緑春、卞先春

△中央委員(七名)＝金達寛、姜桂重、方鎬煥、梁憲承、李聖南、金東出、李淳徳

△分科委員構成＝①企画分科委員＝金達寛、方鎬煥　②組織分科委員＝梁憲承、李聖南、卞先春(直選)　③経済分科委員＝姜桂重、李熙健(直選)、韓緑春(直選)　④民生分科委員＝金東出　⑤文教分科委員＝李淳徳

またこれとは別途に第11回中央委では新たに規約委員会六名が選出され、法的地位に専問委員会を十五名で構成することを中央委員会に一任した。

# 総括報告

事務局長　李聖南

さる四月四日、当本部第六回定期地方委員会で今年度活動方針案および予算案を、新任三機関役員と執行委員会に検討、採択を一任されていたが、その後各支部の定期大会などの事情により、新執行委員会の構成が遅れ七月に完了、そして第一回三機関および執行委員会の合同連席会議で活動方針と予算案が原案通り採択され、中央からの指示事項と共に実践に移され現在に至ったものであります。

しかし、現在までの過程を振りかえって見るとき、人的要素および財政調達などのあい路のため、充分なる活動が行なわれたとはいえず、ただ単に支部定期大会が無事終り内部的には各部署の担当事務を整備して来たことや去る六月十二日の第十回臨時中央委員会以後、中央の指示事項に積極協調し、また近畿地方協議会事務局として第一四三回～第一四六回まで延べ四回の会議を持つことにより近畿ブロック民団間の横的連絡と地域共通の問題点を検討するなど、その他組織強化にも努力を払って来ました。

特に主要行事と会議にあっては創団二十周年記念式典、第10回臨時中央委員会および中央大会、そして所謂「朝鮮大学校」認可反対民衆大会、夏季学生母国訪問派遣など煩雑を極め、就中、朝大認可絶対反対闘争は北送反対運動と結びつけて継続闘争を展開、随時に文宣、集会などを通じて全僑胞に訴え、朝総連の凶悪な陰謀工作を粉砕する努力を惜しまなかった。

第二十二回光復節記念式典は盛大に意義深く開かれ、また北韓から帰順した元スパイ達による時局講演会の開催、わが国の俳優によるアジア映画祭参加団の僑胞慰安公演、つい最近では十月十五日に開かれた大阪開港百年記念行事に協賛し、本団挙げての行事参加で国威宣揚を高めるなど積極的姿勢でことに臨んで来ました。対本国関係の関連行事および会合については、さる六月に行なわれた朴大統領当選祝賀パーティ、七月一日には大統領就任慶祝使節団派遣、八月には光復節慶祝使節団を派遣、そして十月一日の国軍の日には同じく記念式典参観団を派遣するなど多彩をきわめ、反面、本国から来日した人達との交流では本国教育視察団一行との懇談会、言論界人士との懇談会、権五柄法務部長官来阪時における歓迎懇談会、ソウル音大生と大阪音大生による交換歓迎会および演奏会における賛助、驚山李殷相先生による講演会、その他韓日閣僚会談に出席された本国長官との中央主催歓迎レセプションおよび懇談会、本国から来られた各種視察団および各体育関係団体との来団時における懇談会などを通じて、随時在日僑胞の立場を説明し、また、われわれ民団活動に対しても理解を深めてもらうよう努めて来たのであります。

昨年度からの継続事業としては現在推進中である永住権申請督励を、中央委の決定にもとずき支部を通じて強力に推進方を奨励する傍ら、今年末で終了することになっている国民登録更新事業は新規登録と相まって推進されて来ましたが、特に新規入団者が激増していることは注目されるべきであります。朝総連さん下同胞の救出運動も文宣、集会等を通じて活発に呼びかけているが、今後も引き続き本活動に重点を置き推進して行く積りであります。このことは韓日協定の基本精神に立脚した日本政府の法的地位および処遇問題の改善に伴ない朝総連さん下同胞の大挙民団転向が累増することが予想されるところから、中央委の決定による「地方法対委」の補強に伴ない大阪法対委の発展的解散が見込まれ、新たに確固たる体制と活動に全力が傾注されなければなりません。

文教活動にあっては、民族学園に対する育成に着手し、まず手始めに財政の確立を目標として活動を開始する一方、各支部で開催されている成人講習の内容を充実化させることに努力し、各講習所に対する本部からの補助金交付も従前通り行なわれ、より一層の発展を期している次第です。就中、青少年の健全育成を図るため、昨年から実施している本団対大阪府少年補導協会および日本各機関との定例懇談会を二ヵ月に一回、輪番主催制で開催し僑胞青少年に希望を与え非行を防止し、就職、進学などによる差別待遇を訴えるなど世論喚起につとめて来たが、特に民生問題に関連のある就職差別問題は、日本側大阪府中小企業対策連絡協議会と自民党大阪府連の斡旋により、同協議会の傘下企業体としては本団が保証推薦する高校、大学卒業生を対象に来春から採用することに合意を見たことは大きな成果といわなければならない。

また文化センターとの提携にあっては、同文化センター協力下に今年度夏季母国訪問学生団一行百十七名が派遣されたことや、教育後援会からの奨学金受給者も府下四名という適格者が出て受給しています。

傘下団体との連絡紐帯はより一層緊密化されており、本団の各種会合、行事開催には積極協調して目的達成に努力し、傘下団体としての活動も従来に比べ活発な動きを見せていることは心強い限りであります。このような本団の活動内容と方向に対し、在阪全僑胞に理解と協力を求めるため、随時広報出来得る宣伝活動の一環として設置された僑胞言論界との"定例言論懇談会"も回を重ね民団を正しく認識させるのに役立っており、本団機関紙大阪韓僑新聞も幾多の隘路を克服して発行しています。

公法人「財団法人大阪韓国人福祉協会」は今年三月書類を取まとめ大阪府に提出し折衝を重ねて来た結果、さる九月二十六日付大阪府知事の正式許可を受け登記も完了した現在、全国に先んじて設立された本協会は法的根拠を持つ唯一の団体として今後の民団運営にも大きな力となるでありましょう。また、現在推進途中にある基本財政の確立及び韓僑会館建設にも拍車が加えられることをここに報告する次第です。

中央本部の今年度活動方針はさる十一月十、十一日に開かれた第11回中央委員会での審議決定を見た活動方針案にもとずき、当本部の今後の活動にも適用されることになっておりますが、このたびの第七回定期地方委員会で検討を要するものは、追加活動方針として新たな実践方針が樹てられなければならないと思います。

以上概略をのべてまいりましたが、所管事業別の報告は次の通りです。

### 『組織体制の確立に関して』

(1)組織の体質改善作業

本・支部間の有機的体制確立のため昨年度後半期より実施した定例支団長および事務部長会議は継続実施されており、各支部の定期大会は規約に準じて終了、傘下団体とは関連行事および会議、その他活動をバックアップし、経済人との会合などを通じて最大限の努力を傾注しており、特に団員と組織を密着させるためつねに団員との融和、日常生活においても喜怒哀楽を共にするよう努力して来た。また、中央・近協との縦的横的連繋を保ち「責任ある活動体制が整えられ、上半期中に行なわれた創団二十周年記念行事、朝大認可反対および北送延長反対、時局講演会の開催などを通じて組織全体の旧態を脱皮させる方向に導き、組織の基本要綱ともいうべき「団員をして団の事業と目的を認識させる」作業が目下推進されている。一方、九月に許可を見た財団法人大阪韓国人福祉協会は事業推進にともなって民団と表裏一体となり当面の体質改善にも寄与することを確認して止まない。

(2)傘下団体の育成

韓青、婦人会、韓学同、韓学会に対する育成補助金は従前通り支給されているが、特別なる行事が主催される時は、別途特別補助金を支出するなど、その育成に努力を払って来た。就中、婦人会の活動は最も活発で各種映画会、運動会などの行事を通じた婦人啓もう運動には意欲的かつ積極的に推進されている。韓青、韓学同にあっては夏期、秋期講習会などが定期的に開催され青年の集いの場がもたれ、民族精神の高揚によって祖国への認識を深め、僑胞社会への貢献に寄与しようと努めてはいるものの今一歩というところで、今後は本団としても指導力を発揮してその育成に努力することと、傘下団体としての活動報告制度を採用しなければならず、中央の傘下団体と中央本部の運動が一元化されることによって総ての組織活動が円滑化されるよう努力しなくてはならない。

(3)幹部要員の養成

韓青を主として幹部要員の養成は七月から追加補助費として月五万円を支出し、後継者養成に努力はして来たものの一貫性ある養成事業がなされなかったことを深く反省するものである。しかし来年の一月には韓青中央の訓練所が建設されることにより、中央本部の実施要領にもとずいて幹部養成事業が推進されることが決定しているので本団としてもこれに呼応、積極参加を企図している。反面、文化センター、奨学室、民団との共同による実務要員の教養を高めるため開催される「関西各級機関要員国民教育講座」などにより効果を挙げている。

### 『財政の確立に関して』

各支部の割当金は予算案にも示されているように本年の四月分より倍に増額されたにもかかわらず諸般事業により、その実施が遅れさる七月より徴収されることになった。しかし支出面は四月から予算案に準じて実施されたので支障を来たしており、従前どおりの収入しかなく現実的には難局に直面したといえよう。けれども本団財政の大部分を占める賛助金の拠出者、即ち有志諸氏による理解ある協力により今年度の予算執行面ではさして大きな支障とはならない。しかし各支部からの割当金納付は、本部から中央に対する上納金でもあり、各支部の成人講習賛助などに費消されることを配慮して、遅滞なく納付されんことを切望する次第である。

### 『宣伝啓蒙活動に関して』

(1)文宣活動

本団の機関紙「韓僑新聞」は中央機関紙「韓国新聞」とともに府下全支部を通じて配布されており、このほか駐日公報館より送付された「韓国画報」「単行本」その他雑誌、パンフレットなど、祖国を認識させ朝総連の嘘偽宣伝に惑わされない内容をふんだんに盛り込んだものが本団を経由してわれわれの組織は勿論、朝総連系機関、日本の官公庁、学校、新聞社などへも配布して成果を挙げている。また、先にも述べたように在阪僑胞言論人との懇談会(毎月十日)も設置して、民団活動を僑胞の各界各層に一貫性ある報道を行なうことにより周知徹底させるよう努めて来た。

【2面につづく】

第7回大阪定期地方委員会のもよう

# 在日韓国人を採用

## 明年春から実施か
### 日本企業から採用求む

さる二十五日午後一時三十分より大阪府商工会館で、本団と大阪府中小企業団体中央会の共催による「在日韓国人学卒者採用打合せ研究会」が関係者三十名参席のもとに開かれ、内外の注目を激いた。この日、本団からは趙宗大副団長、李福南事務局長、金承珠民生次長らが出席、日本側からは自民党大阪府連の岸田事務局長をはじめ、大阪府中小企業団体中央会の長谷専務理事および同じく中央会保川振興部長、そして大阪少年補導協会から宮田専務理事の各氏が参席して行なわれた。全国に先立って発足をみた財団法人大阪韓国人福祉協会の設立といい、このたびの僑胞子弟学卒者採用打合せ研究会など、現在まで手がけていなかった新らしい民生事業の活動分野を開拓した民団大本は、僑胞および各界の声援に応えて成果をあげていることは"仕事する民団"としての面目躍如たるものがあり、現執行部の果す役割はまさに画期的なもので全国民団にとっても大きな指標となっている。

この日の議題は現在まで煮つまった話合いを具体化させるためのもので、まず大阪府中央会から僑胞学卒者の求人状況についての説明があり、このあとこれら学卒者の求職状況と身元保証などについては民団大本から詳細な資料提出と補促説明が行なわれ、つぎに僑胞学卒者雇用を昨年から実施し、成功している大阪アリエス協力工場の参考説明などにつづき、韓国人学卒者採用への機運が当事者間で高められたことは大きな収穫であった。またこの席上で採用方を申し出て受入態勢まで整えた日本側企業体は八組合も数えられたことは異例なことで、同組合の幹部を交えた研究会は終始和気藹々と続けられ午後四時有意義な会合を終った。

現在採用方を申し出ている組合は大阪民製服縫製近代化協同組合の百名を筆頭に、関西電子製版協同組合四五名、大阪府造具協同組合二十名、大阪アリエス協力工場協同組合二十名、大阪シエル石油協同組合十六名、大阪西貨物事業協同組合十五名、日本橋リードワイヤー工業協同組合十名、西部可鍛鋳鉄協同組合九名で合計二百三十五名となっている。

なお、大阪府中小企業団体中央会に加盟している企業体は十五協同組合九十四社で、今後もこのような機運が高まるにつれ大阪府下の中小企業は増々ふえる見込みといわれている。こんどの研究会の結論としては、これからの実務段階（採用に関する）として今月末までに大阪府の労働部との折衝と職業安定所との接触が予定されている。

民団大本では、かねてよりわれわれの基本精神を正すには組織の強化もさることながら、日本の社会で居住しているわれら在日僑胞の民生安定はそれにもまして重要な懸案の一つとして取り上げ、これが解決に努力を重ねてきたが、その具体策を打ち出して努力を重ねてきた甲斐あってこの程、全国にさきがけて財団法人大阪韓国人福祉協会の発足を見るに至り、法人組織によるわれら韓国人自身の福祉事業、すなわち、民生安定による福祉向上を専門的に取り扱い、僑胞身体障害者の救済、援助、更生はもちろんのこと、民団の民生活動とも結付させて僑胞全体の地位向上に寄与しようとする画期的なもので、さる九月に大阪府知事の許可を受けすでに事業活動を開始し、僑胞各界から注目を浴びているが、今一つは僑胞子弟の就職問題の解決についてであった。

毎年大阪府下の民族学園はもちろん、日本の学校を卒業して社会に巣立っていく数多くの高校、大学生は、みなそれぞれ大きな希望と理想に燃えてその第一歩を日本の地域社会に踏み出すのであるが、そこにまっているのは偏見と差別であり、排他的な蔑視と屈辱に遭遇するのである。この決定的瞬間を多くの場合就職の折、体験することは誰もが知っていることであり、在日僑胞であればすべて体験している。"みずからの能力を伸ばしていく社会の場"が一瞬にして社会意識として深刻化し、感受性の強い若者たちにとってこのような周囲から受ける違和感は、あたかも押えつけられたゴムマリの如くその力に正比例して反動力も大きく、それに対する反発が非行となって現われたりもしているが、このような原因は日本社会に責任があることはもちろんだが、またわれわれ大人たちの責任でもあり、ひいては本団にも責任があるのである。

#### 民団の努力が実る

それではこれら僑胞子弟の学卒者が堂々と胸を張り、学校で学んだ知識を伸ばし、偏見や差別もなしで日本の地域社会で誇りある韓国人としての生活が営めないものかと、文教部および民生部の関連事業として努力し、その対策を講究しつづけて来たが、昨年から"僑胞青少年の補導"に関する「韓日定期懇談会」を持つに至り、両懇談会の回が重ねられるに従って韓日相互の立場を理解することができ、お互いの心の触れ合いも深まって"親しめ信頼出来る隣人"としての素地が次第に築かれて来たのである。そうしてこの懇談会が契機となり僑胞子弟の学卒者就職に関する懇談会、連絡会へと発展するようになったもので、これまでには自民党大阪府連の斡旋をはじめ、大阪府中小企業連盟、および本団が一体となって真剣にこの問題に取り組み、一年近くも努力に努力が積みかさねられて来た結果、このたびの「在日韓国人学卒者採用打合せ研究会」開催の運びとなったもの。日本の各界はもちろん在阪僑胞各界からも大きな期待と関心がもたれている。

過去十四年間、もめにもんだ韓日会談の成立によって、在日韓国人の法的地位および処遇問題が取決められたが、現在のところ実生活面にどの程度のプラスがもたらせられたであろうか。永住権を取得したものに限り、協定のワク内での処遇に甘んじなければならない現状では、一体われわれの権益はどうなるのだろうかと僑胞の誰もが不安がるのももっともである。故に、韓日両国間の国交正常化の道は開けたとしても、われら在日僑胞に対して、人間が人間として尊重される原理がそのまま通用する世の中にするためには、われら自身の立場を日本人と親し合い、理解させ、そしてお互いの心の触れ合いが深まっていくときこそ、親しめ信頼し得るよき隣人として栄え、安定するとの確信のもとに推し進められてきたのがこの意義ある事業なのである。在阪僑胞の中で僑胞学卒者の前途にこうした就職への希望が満たされるとき、明るく健実な僑胞社会が築かれることを誰が否定し得よう。

早速だが来年度卒業の僑胞子弟を持つ人達は一日も早く民団を通じて求職するよう本団民生部では願っている。

大阪府商工会館で日本側と研究会を行なっているもよう

## 厳敏永大使が来阪
### 民団大本 歓迎会催す

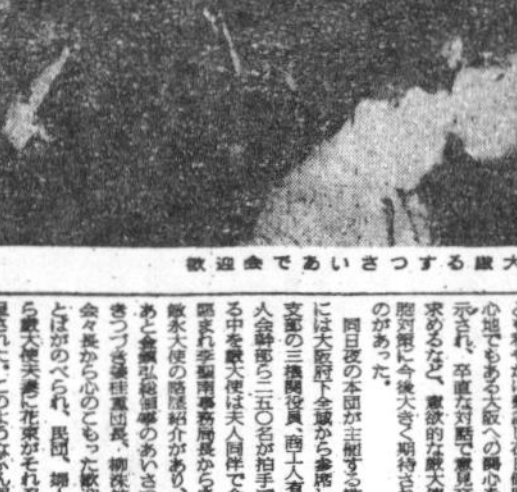

歓迎会であいさつする厳大使

民団大本主催による厳敏永駐日大使歓迎会が、さる二十三日午後七時から南の綿園に盛大に開催された。

この日、厳敏永大使は十二時十分に新大阪駅に到着。駐大阪総領事館の金鎮弘総領事をはじめ神戸領事館の李熙逸領事や在阪僑胞を代表する本団三機関長、そして在阪商工人有志一同の出迎えを受けたたちに総領事館に向い少憩ののち、大阪では唯一の民族学園である金剛学園（張益和校長）に向かわれ、同学園を親しく視察して教職員および全校生徒を前に民族教育の重要性を説き激励、学究者としての大使の一面に接し感激するなど、来阪の疲れもよそにこのあと本団に直行、姜桂重団長をはじめ本団三機関役員や傘下団体幹部とも和やかに懇談し在日僑胞の中心地でもある大阪への関心を深く示され、率直な対話で意見交換を求めるなど、意欲的な厳大使の僑胞対策に今後大きく期待されるものがあった。

同日夜の本団が主催する歓迎会には大阪府下全域から参席した各支部の三機関役員、商工人有志、婦人会幹部ら二五〇名が拍手で迎える中を厳大使は夫人同伴で会場に臨まれ李福南事務局長からまず厳敏永大使の略歴紹介があり、このあと金鎮弘総領事のあいさつにひきつづき姜桂重団長、柳洙鉉商工会々長から心のこもった歓迎のことばがのべられ、民団、婦人会から厳大使夫妻に花束がそれぞれ贈呈された。このようなふん囲気の中で大使はあいさつに立ち、「僑胞の皆様方と喜怒哀楽を共にし、共に協議し合って責任を遂行する」との決意を披れきした。

つづいて大阪商銀の朴漢植理事長の発声で祝盃をあげ、宴会に入り、ふけゆく秋のひとときを僑胞とともに語り、聞くなどほんとに意義深い一日であった。

こんどわれわれも一体となって福祉向上を図り、誇りある独立国民としての生活を築き組織を盛り立て、ひいては祖国に貢献出来得る韓僑になるよう一層の努力がなされねばはならない。国と国民が協調して一丸となるとき、そこには如何なる至難な業をも克服することが可能であることを銘記しなければならない。

## 李熙健会長（大阪興銀理事長）再選
### 在日大韓体育会 関西本部総会

李熙健会長

今をさる八年前、東和新聞会館の二階で在日大韓体育会関西本部の発足を見たのであるが当時発足したばかりの関西本部としては組織上の困難と財政難に苦しみながらも李熙健会長を先頭に各理事および競技種目別協会が一丸となって努力に努力を重ね、体育振興と体育を通じた本国交流および国際親善など幾多の功績を残してきたが、就中七回にわたる本国々体参加、東京オリンピック時の積極協力と僑胞選手参加、また今年行なわれた東京ユニバーシアード大会への僑胞学生選手の参加など、その他本国選手を招請しての親善試合や、来日する本国スポーツ団体の世話はもちろん、日本スポーツ界との交流にも極力後援、その上本国選手団とともに海外遠征もするなど、スポーツマンシップにのっとって体育会本来の事業は着々とその基礎を固め今日の隆盛を見るに至ったのである。

関西本部の総会はさる二十二日午後二時から農林会館で開かれ、鄭大旭氏司会のもと国民儀礼を行い、金哲模副会長の開会辞にはじまって李熙健会長のあいさつ、そして来賓祝辞には民団大本団長姜桂重氏から「体育会が本団の傘下団体であるにもかかわらず現在に至ったことを感謝するとともに、関西本部がこれまで幾多の苦難を克服して数々の業績を残した功労を大きく評価するものである。今後は本団と体育会ともその紐帯を強固にし、体育振興を通じた組織活動も活発化させ、本国との交流、国際親善にも大きく寄与せられんことをねがうものである」と激励した。この日の総会にははるばる東京から在日大韓体育会中央本部を代表して参席された崔任副会長からは「関西本部の目覚ましい活躍と中央への協力を感謝し、今後の課題としてはスポーツマンシップを発揮して組織の強化に努め、体育振興を通じて民族精神の昂揚、祖国への正しい認識、そして国威向上に全力をつくすとともに国家発展にも寄与されなければならない」とのあいさつがあった。

このあと議長団が選出され、事業方針の討議及び役員改選に入りつぎの如くそれぞれ決定された。

事業方針

①関西本部の事務所設置を来年には実現。
②国体派遣選手の決定は各種目別競技を予選で厳選する。
③体育人の体質改善と組織整備に全力を傾注する。

役員選出

会長＝李熙健
副会長＝姜宅佑
〃＝金哲根
〃＝張泰植

このほか理事長、事務局長は会長団に一任し、理事構成は各種目別協会より一名ずつ推薦し不足数は会長団が決めることになった。

なお関西本部に所属している各種目別協会はつぎのとおり。

柔道・拳法・空手・庭球・サッカー・ホッケー・角力・バレー・野球・重量挙・跆拳道などとなっている。

体育会総会のもよう

【一面の総括報告の続き】

（2）民族意識の高揚

創団二十四周年記念行事を始め、第二十二回光復節記念式典、各種映画および芸能公演、時局講演会などを通じて、民族精神と祖国の文化、芸術などが僑胞に広く宣伝されて来たが、これも一重に本団の当面活動を後援協力してくれる政府当局、文化センター、公報館、言論界のバックアップによるところ大であった。

（3）国登および永住権申請奨励

国民登録更新事務は年内までとされているので、折あるたびに奨励し宣伝して来たが、今年末の更新期限内の完全は不可能で当局及び中央本部の指示を待つわけであるが、継続して積極的に宣伝しなければならない。また永住権の申請奨励は既定方針に従って文書宣伝および各種集会、行事を通じての説明会を実施するなど、積極的に展開しているものの、根本的には法的地位および処遇問題などが解決されねばならず、これがために民団中央委で決定された中央をはじめとする各地方本部別「法対委専門委員会」の活躍がまたれる次第である。

『民生活動に関して』

民生活動はその重要性に鑑み、民生部専従の担当部長および次長を配置し、沈滞状態にあった民生活動を活発化させるため全力を注入して来た。即ち、国登の更新および新規登録事務、永住権申請の督励、本国扶養家族送金運動、高校、大学生の就職斡旋、納税貯蓄組合の指導対策、永住権取得者に対する国民健康保険加入促進運動、法的地位および処遇問題に関する対中央への建議、兵庫、広島地方の罹災救護活動および本国の嶺南・湖南地方の干害同胞救護活動を展開するなど煩雑を極めているが納税組合に関する活動は下半期に持ち越されその指導対策が講じられつつある。大阪法対委に関しては中央法対委の再編に伴なって、問題解決と研究に積極的活動がなされねばならず、法対委自体の補強が急先務となっており、このことに関してはこのたびの当地方委員会にて充分検討されるようお願いする次第である。さる九月に大阪府より許可を受けた財団法人大阪韓国人福祉協会は、民生部の主管とする福祉事業の推進協調体として今後より一層民生事業は充実して行くものと確信する。

『文教活動に関して』

文教活動で当面する緊急課題は、唯一の民族学園である金剛学園の後援を中心に、各支部の成人講習所への支援、そして来年度就、進学に関する指導および日本関係当局へ入学に関する差別撤廃要請や、文化センターとの協調体制確立などに努力して来たが、民族学園の後援事業には本団予算案に策定された補助金の確立に目下活動中で、同時に来年度就進学生徒の斡旋運動を大々的に展開することになっている。今年度の夏期学校（本国）では大阪から百十七名が参加して意義を高め、青少年補導事業は大阪府青少年補導協会と共同で定期懇談会を開き、日本の地域社会にて尊敬される韓国人としての指導育成にも力を注いでいる。また体育振興面では第48回国体参加選手団として大阪から四十六名が参加して異彩を放ち、本国の体育界との交流を深め、来日する各種体育人の韓日親善競技会には積極的に後援する傍ら、僑胞の実情および民団活動などを説明し全国に伝え伝えて貰うなど体育を通じた啓蒙にも努力して来た。

中央から指示されている年間三百円の指世帯別教育費の徴収は未だ実施されず、かねてより推進さるべく努力中であったボーイスカウト第三・第四隊の結成に当っては準備中で、文化センターとの間に話がつき次第発隊することになっている。韓学同の育成に関しては既定方針に従って、特別講習会などを設ける程度と活発な活動はしないが、今後の育成に期待して欲しい。

以上総括的報告を述べて参りましたが、今年度の上半期は規約改正にともなう体制改編に時がかかり、人事においても員数不足で何かと支障を来たしているので、今後は適材を求め適所配置により、下半期における活動に全力を傾注する所存であります。

×　×

## 民族教育向上に尽力
### 韓国語講習所 講師懇談会開く

各支部を通じて行なわれている韓国語講習所のより一層の強化と講習生の拡張を図ろうと、当本部文教部では、さる二十七日午後四時三十分から生野支部、布施東大阪、東淀川、東住吉、三津屋分団など、各講習所の講師を招き、本部会議室で「韓国語講習所講師懇談会」が催された。

この日は、李福南事務局長を座長に、韓福用文教部次長ら関係者の参席の下で、①各講習所の現況について、②教材問題③受講生の在り方などについて、約三時間にわたって意見を交換したが、こんご講師たちの悩みを解消するため、民団とタイアップして民族事業の一環として長い目で推し進めることに決定①講習生拡張のため、民団役職員の子弟および関心の薄い青年層を啓蒙する②教材は統一読本で教える③受講生には修了証を与えると共に、何らかの待遇を考慮する④大本文教部が全的に後押しすると同時に、積極的な活動を奨励するなど今後の活動方針を決めた。

民族教育のため、講師を一堂にして建設的な討論を行なったことは今度が初めてのことであり、非常に意義深く、今後の教育方針に大きな力づけとなろう。

なお、このような講師懇談会は定例的に開くことになったが、二カ月間に一回、第一土曜日午後三時から当本部で定期的に行なわれることになった。第二回懇談会は来年一月初めに講師親睦を兼ねて正式に足なみを揃えて推進して行くことになった。

講師懇談会のもよう

## 第3回韓僑生徒美術展示会
### 生野支部主催

民団生野支部（金明洙支団長）では例年開催している「韓僑生徒美術展示会」を今年もさる十一月二十七日から十二月二日までの六日間にわたって開かれることになった。

本団の文教活動の一環として過去二回にわたる展示会は、僑胞生徒の情操を高め各学校間の出品による交流を深めるなど、その成果が大きかっただけに、このたびも盛会が予想され、すでに各校から約三百点の図画・書道・作文などが集められ支部も大変な熱の入れよう。芸術の秋にふさわしい生野支部の展示会を、より一層盛り上げ成功させるために近隣支部の僑胞はこぞって観覧されるよう願っている。

なお、展示場所の案内はつぎのとおり。

場所＝第一会場（中学の部）民団生野支部講堂。
第二会場（小学の部）民団南部分団講堂。
表彰式＝十二月二日午後三時

## 暖かい同胞愛を 本国干害民を救え
### 大本民生部で募金受付け

本国の嶺南・湖南地域一帯の干害については周知のとおり、七十年ぶりというわが国有史以来の日でりが続いたことから、農作物全般にわたって莫大なる被害を受けるに至り、被災農民の推定約一二九万、干害による被害額約九〇億〃というばく大な損失をこうむり、離農・絶糧農家が続出するというさん状を呈している。政府としては緊急救援対策として集中救援費放出、復旧費の支出など干害被災民救援対策を推進する反面、十二万〃の救援米と十七億〃の資金を投入して救援に全力を傾注している。

また本国では一般市民・学生・各職場など全国民が一丸となって干災民の救援運動に積極参加して暖たかい同胞愛を惜しみなく与え多大の成果をあげているといわれる。このようなときにあたり、われわれ在日僑胞としても一人一人がはらからの父母兄弟が住む祖国罹災民の救援運動を全面的に展開し、暖たかい救の手を差しのべるため立ち上がっている。このため本部では目標額を千五百万円と決め組織を通じて千二百五十万円、有志によるカンパ額を二百五十万円として募金運動に乗りだしており、各支部を通じて目標額も割当てられ救援運動に積極参加、協力するよう全僑胞達によびかけるとともに、被災地域に居住している父母兄弟のいる人達には特に率先してこの運動に参加するよう強調している。

①救援運動期間＝十二月十日まで
②拠出して下さった人の名単は、本機関紙に掲載発表すると同時に、中央本部、大使館を通じて被災地区に伝達されることになっている。

団員のみなさん方はこの趣旨に賛同し進んで協力して下さるよう切望して止まない。"干害で苦しむ被災農民を暖たかい同胞愛で救援しよう"

## 文通を希望

左記の学生より在日僑胞学生と文通したいとの依頼がありました。学生諸君はふるって文通しましょう。

大韓民国ソウル特別市麻浦区倉前洞一〇二-三 林 [illegible]（ソウル信陽工大化工科三年在学）

大阪韓僑新聞

発行所
韓僑新聞社
発行人 姜 雄 寛
編集人 朴 英 成
大阪市北区中崎町43
電話(371)7331～5番

## 綱　領

一、われわれは大韓民国の国是を遵守する
一、われわれは在留同胞の権益擁護を期する
一、われわれは在留同胞の民生安定を期する
一、われわれは在留同胞の文化向上を期する
一、われわれは世界平和と国際親善を期する

# 民団大本 67年度活動方針の全容

## 信頼され愛される民団を　脱皮する民団を標謗

### 仕事し奉仕する民団へ

さる四月四日開かれた大阪地方本部の第三十五回定期大会で採択をみた一九六七年度（今年度）の活動方針の全容は次ぎの通りである。

### 組織部の活動方針

来る八月に東京で開かれる第五回ユニバシァード（国際学生競技大会）は、主催国である日本で世界九七カ国に対して、すでに招請状を発送されているが、わが国をは…

## 創団20周年の歩みと共に団勢宣揚に努力する

★実施要領★

### 宣伝部の活動方針

### 総務部の活動方針

### 文教部の活動方針

## 僑胞の人権を擁護

### 教育・厚生・失業問題を解決

### 民生部の活動方針

### 経済部の活動方針

# 圧勝で朴大統領再選

## 尹候補を117万票切離す

### 第6代大統領

朴正煕大統領

さる五月三日に実施された韓国の第六代大統領選挙の結果、与党の民主共和党候補の朴正煕大統領が、第一野党の新民党候補、尹潽善元大統領を百十七万票を越える大差で破り再選された。前回の第五代選挙では尹氏との票差はわずか十五万六千票にすぎなかったが今回の圧勝によって再発足する朴政権は、いっそう安定度を高めたといえよう。

朴大統領が勝利をおさめた第一の原因は過去四年間にめざましい経済発展を遂げた実績を多くの国民が認めたことである。第二には与党の民主共和党が百六十万にのぼる党員組織を持ち、選挙に対する万全の態勢が勝利に導いたことがあげられよう。それに対して野党である新民党は、ことしの二月はじめに、二大野党であった民衆党と新韓党が合同して結成されたばかりで組織力も弱かったことはいなめない。とにかく野党側はインテリ、農民層の支持をねらって選挙スローガンのなかで腐敗政治反対、金持ち減税政策を攻撃、対日屈辱政策非難などを行ったが、いずれも決定打とはならなかったようだ。

このことは、前回の選挙では、インテリの多いソウル地区など大都会では強味を発揮していた野党票が意外に伸び悩み、都市はもちろん全国的に与党票の進出を許した点でもわかる。

野党側があれほど反対した韓日両国の正常化も論争の焦点にならず、また国軍の南ベトナム派兵にしても、野党側は「国軍はベトナムで国威を揚げている。現実に子弟らが血を流して戦っているのを非難するのか」という国民感情を気にして、即時撤兵を主張せずに、ただ「これ以上の派兵は国力を消耗した」と、消極的に反対するにとどまっていたことでは、国民の間に尹候補支持のムードが盛り上がらなかったのは事実である。

朴政権は、第一次経済開発五ヵ年計画の期間（一九六二―一九六六年）を通じて、年平均八・五％の経済成長率を遂げ、手持ち外貨も二億四千三百万ドルを超過した。これは解放いらい、最高の記録である。また、今年の四月はじめ第二次五カ年計画のカナメともいえる組鋼の一貫工場の建設問題で、訪韓中の国際借款団（米・英・独・伊四カ国七社からなる）と韓国政府との間で借款仮契約（第一回分借款額は約一億二千万ドル、年利六％、三年据え置き、十二年返済）が結ばれたことも、朴政権にとって大きな実績となったことは明らかだ。

このほか外交面でも韓日交渉の妥結、アジア・太平洋閣僚会議の招集、ジョンソン米大統領の訪韓などが、朴政権の功績となったことは大きく評価されるべきである。

# 朴大統領当選祝賀会

## 大本主催で盛大に催す

朴大統領当選祝賀会のもよう



471

# 祝賀行事華やかに催す

# 栄えある創団20周年記念

創団20周年記念式典であいさつする権中央団長

本団創団二十周年を記念する多彩な祝賀行事をさる五月十五、十六、十七の三日間にわたって文化祭、前夜祭、競技会祝賀会などはなやかなプランのもとに、全民団をあげての一大ページェントをくりひろげ、創団二十周年をなつかしむとともに、この日を契機に将来のより発展のため全団員が一致協力して総力を結集することを改めて固く誓いあった。われわれはこの機会に過ぎし二十年を回顧し将来を展望してみるとき、わが民団に課せられた使命の重大さを痛感せざるを得ないのである。ことあらためていうまでもなく民団が創立されて二十星霜、その年輪からすればすでに成年期を迎えるにいたった。

第二次世界大戦の終結とともに解放を迎えたわが在日僑胞は、みずからのおかれている境遇とその前途を考え、生活権と生存維持の自衛手段として今日の民団の母体を結成した。それ以来二十年、民団は多くの激しい起伏を経て現在にいたっているが、民団が大衆を基盤とする在日韓国人の組織体であり、したがってその指向するところは僑胞大衆の生活安定と権益擁護を期し、あい路難関を解消するところに重点がおかれねばならない。特に、われわれが日本に住む韓国人団体であってみれば、その努力は他の大衆組織体にくらべて数倍するものがなくてはならない。

民団は、その草創期より今日にいたるまで朝総連の妨害、攪乱工作に対備防禦するのに忙がしく、また組織確立のため多くの貴重な時間を費消してきた。そのために日本という生活環境と時代のすう勢から今や在日同胞の指導機関として量的な発展を遂げながらも在日六十万僑胞の権益擁護という実質的な基本問題においては全組織人が否、全団員が一大覚醒をせねばならない大きな矛盾を内包しているのが民団のゆらぬ現状です。

ところで、わが民団は創団以来すでに二十年の成人期を迎えたのであるが、いまだに基本財政の確立をみず情勢の推移と共に増大しつつあるさん下団員に対して、これを完全掌握するにもいたっていない。一例をあげるならば、さきの第九回定期中央委員会は〃組織体系〃〃事務体系〃の確立に関する決議文を採択したが、このことは団員個々の組織に対する認識不足も問題だが、本団が団員をして組織に密着させる努力に欠けていたことを示すもので、組織人みずからが等しく猛反省をしなくてはならないところであろう。大衆を基盤とする組織体においては、常に大衆の利益を念頭に大衆の悩みをみずからの悩みとして全力を傾注するのが大衆組織家の態度でなくてはならない。

だが、この問題に関しては民団の努力不足もさることながら、在日僑胞の生命財産を守り同胞組織体の育成強化の任にあたらねばならない、駐日公館の対民団策にも慎重を要するものがあると考えられる。

## 本国から　権法務長官が参加

わが民団が絶えず財政難、人材難から長期計画がたてられず、多くの必要不可欠の事業が計画だおれに終る実情は慚愧にたえない痛恨事であるが、この組織の根幹をなす基本財政の確立は、いま本国政府がとなえている〃自立経済〃に範を求め、その財源はあくまでも全団組織さん下僑胞の自発的な拠金をよりどころにするのが基本原則である。そのためには、民団が個々の団員から信頼され愛される組織、奉仕し仕事をする組織、前進し発展する組織にならねばならない。大衆から遊離した組織は存在しうるわけがなく、崩壊すること必定である。民団の各級組織人は絶えず大衆の中に飛び込んで大衆の悩みを取りあげ、その悩みと真剣にとりくんでいくならば基本財政の確立問題はおのずからその解決の道が拓かれるであろう。

創団二十周年を無事終えた現在、遅きに失っした感はあるが、今からでもただちに第一線の全組織人が従来の単なるかけ声に終る体質改善でなく、地道な活動を通じて真剣にこの問題ととりくむならば、本団の組織は磐石のものとなることを信じて疑わない。

このたびの二十周年記念行事に全国からはせ参じた団員たちの歓喜に溢れた笑顔を見ていると、前述したこれからの民団運動に明るい展望と何よりも力強い自信が湧いてくるのを覚えるのである。

前進する民団／発展する民団／愛され信頼される民団／、そして奉仕し仕事する民団に栄えあれ。

〈写真説明〉①朴大統領の祝辞を代読する権法務長官②有功者表彰で受賞する姜大本団長③祝賀パーティに参加した権法務長官と金大使（中央）

〈写真説明〉④千代田公会堂で催された文化祭⑤豊島園での農楽の競演⑥ブランコ競技⑦板トビ競技⑧韓国相撲の熱戦

# 各支部の定期大会

## 新役員の顔ぶれ決る

本団の改正規約第四十二条（67年2月13日改正）にもとづいて、府下各支部においては五月中に支部定期大会を完了することに決定、さる五月七日には城東、茨木、堺、引きつづき五月十四日には泉南、泉北、泉大津、枚岡の各支部が大会を開催、そして五月二十一日には、此花、八尾、布施、北大阪、東住吉支部がそれぞれ大会がもたれた。

本部では、各支部の五月大会にのぞんで、組織の再整備と強化の必要性を力説、さらに若手指導幹部の養成、とくに韓青に対する指導育成や法的地位および永住権申請など当面問題の解決に重点がおかれ、マンネリ化した支部組織を真に僑胞の権益擁護のための組織づくりに専念し、団結しなければならないことを強調した。

今年はまた創団二十周年を迎え、大会を機に一層の飛躍を期待したいものである。なお、こんどの五月大会ではほとんどが任期大会のため、各支部の三機関任員が選出され、新たな決意のもとに団務推進にあたることになった。

選ばれた各支部の役員の顔ぶれつぎの通り。

**城東支部**

執行機関
支団長―朴文吉
副団長―呉萬益
〃〃―朴李道
事務部長―李顕栄
議決機関
議長―沈鐘焯
〃〃―金幸生
副議長―李在任
監察機関
監察委員長―李正業
監察委員―李学俊
〃〃―金泰球

**茨木支部**

執行機関
支団長―高日化
副団長―金基竜
〃〃―金兼玉
事務部長―洪正一
議決機関
議長―玉富賜
副議長―安美魯
〃〃―鄭次実
監察機関
監察委員長―金喜峯
監察委員―金奎洙
〃〃―李桂彦

**堺支部**

執行機関
支団長―宋万鐘
副団長―安和範
〃―李相度
事務部長―梁鍾福
議決機関
議長―侯栗五
副議長―李成基
監察機関
監察委員長―宋祥祚
監察委員―金珹根

**泉南支部**

執行機関
支団長―裴先潤
副団長―金成甲
〃―文達瑞
事務部長―具然俊
議決機関
議長―陳瑠淵
副議長―李明三
〃―趙権業
監察機関
監察委員長―文浩明
監察委員―金柱錫
〃〃―李鐘碩

**枚岡支部**

執行機関
支団長―張徳日
副団長―朴登口
〃〃―尹寧孝
事務部長―金鐘年
議決機関
議長―李圭洪
副議長―朴東信
〃〃―金貴満
監察機関
監察委員長―金鳳来
監察委員―金鐘烈
〃〃―朴京鎬

**此花支部**

執行機関
支団長―金石鎬
副団長―李永哲
〃〃―朴銀行
事務部長―崔範石
議決機関
議長　朴鐘允
副議長　崔範石
〃〃　柳萬用
監察機関
監察委員長―丁東云
監察委員―李命石
〃〃―金永烈

**布施支部**

執行機関
支団長―尹甲春
副団長―裴昌洙
〃〃―宋甲遠
事務部長―許奎龍
議決機関
議長―裴国祥
副議長―洪成厦
〃〃―張麟相
監察機関
監察委員長―金明浩
監察委員―朴炳完
〃〃―李旭永

## 権法務長官が来阪

### 民団大本主催で晩さん会催す

民団創立二十周年記念式典に参加するため来日中の権法務部長官は、金一斗検察局長と関法務官を帯同して、在阪僑胞の機関および各界を視察するため、さる十九日午後五時十分、新幹線ひかり号で新大阪駅に到着、来阪した。

権長官一行の来阪を歓迎をして、この日は金鎭弘総領事をはじめ姜桂重大本団長、黄七福副団長ら各界多数が駅頭に出迎え、午後七時から南区の雅園で「権法務長官来阪歓迎晩さん会」が、僑胞多数参加して、民団大本主催で催された。

この日の晩さん会では李聖南事務局長の司会で進められ、姜団長の歓迎の辞を通じて「在日僑胞も本国の経済五カ年計画に呼応する心構えであることを政府に伝えてほしい。特に僑胞の関心事である法的地位処遇問題をはじめ僑胞二世の民族教育に善処あることを要望すると同時に、さらに共同委員会の設置問題など、僑胞の要望事項を本国政府に訴えてほしい」と述べた。つづいて金容載韓国人商工会副会長から、僑胞の商工業者のための本国からの積極的な施策要望があった後、権長官があいさつに立った。

権長官はあいさつを通じ「創団二十周年を迎え大統領の特命を帯びて来日、これを機に来阪できたことは喜ばしいことである」と前置きして、「私が文教長官在職時、姜団長から僑胞二世青少年達の夏期母国訪問に関しこれを熱心に建議され、その愛族愛国精神には感服するところがあった。こんごは諸事業に積極的に協助して行きたい」と語った。

権長官はさらに「僑胞の処遇問題などは本国政府としては加一層の力こぶを注ぐことであろうが、従って共同委員会の設置はもちろん、その他条約の基本精神を止揚するために、諸施策を確立することを僑胞さまに伝えるものである。このたびの来日を機に、日本国法務大臣をはじめ関係要路ともすでに面談して、法的地位処遇問題などの意見を話合ったが、今後は政府の計画にもとづいて僑胞の要望があれば、いつでも問題解決のために来日するつもりである」と語った。

権長官から僑胞に対し激励の言葉があったのち、金聖洙顧問の音頭で乾杯、和やかにテーブルを囲んで晩餐の後、午後九時すぎ閉会した。

権法務長官（中央）を迎える姜団長（右）と金総領事（左）新大阪で

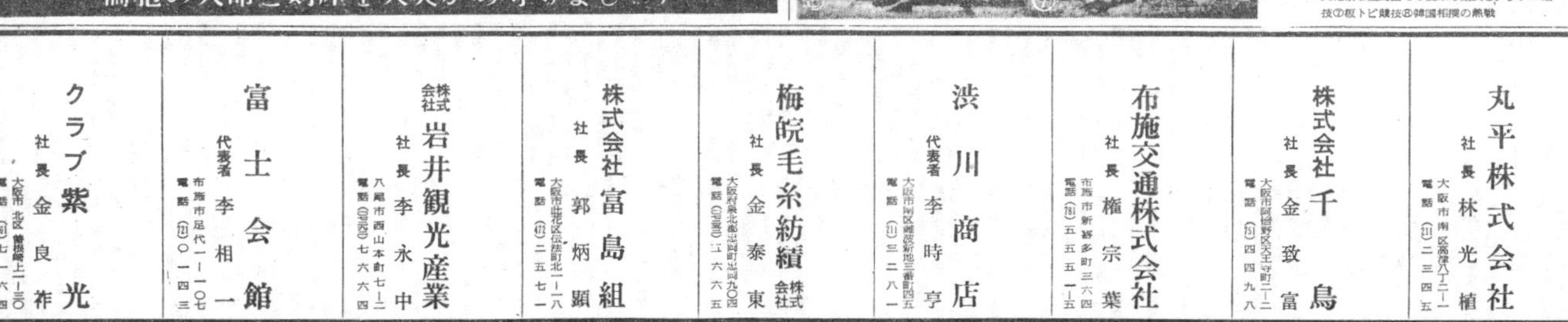

毎月7日は防火推進の日
僑胞の人命と財産を火災から守りましょう

大阪韓僑新聞

発行所
韓僑新聞社
発行人　姜桂重
編集人　朴英成
大阪市北区中崎町43
電話（371）7331～5番

**綱領**

一、われわれは大韓民国の国是を遵守する
一、われわれは在留同胞の権益擁護を期する
一、われわれは在留同胞の民生安定を期する
一、われわれは在留同胞の文化向上を期する
一、われわれは世界平和と国際親善を期する

# 第6回定期大阪地方委員会　第35回定期大会開かる

## 団刷新に総決起

## 姜桂重団長三選なる

## 議長 金達寛、監察委長 方鎬煥

さる四日午前十一時から当本部の「第六回定期大阪地方委員会及び第三十五回定期大会」が、本部講堂にて開催されたが、こんどの大会ほど重大な意義を持ち、また僑胞社会の大きな関心と期待を寄せられたことは近来になかった。即ち、韓日両国の国交が正常化してからすでに二年目を迎え、韓日時代へさらに大きな飛躍をめざす本団では、健全運営の柱となる経済的基盤を確立するための、法人体による大阪韓国人協会設立の実現化と、すでに中央で決定をみた組織体系、事務体系の確立による団刷新運動の展開、規約改正に伴なう全体組織の一元化そして目前に迫った創団二十周年記念行事による一大デモンストレーションなどの当面課題および法的地位問題の早期解決による永住許可申請の促進など、その他僑胞の権益擁護、民生安定、民族教育など、重要緊急な問題が山積している現在、任期満了による役員改選と相まって、今次の大会は、在阪十六万僑胞の注目を集め、その去就に大きな期待が寄せられたことは当然であったといえよう。

姜桂重団長

金達寛議長

方鎬煥監察委員長

この日、大会に先立って午前十一時から第六回定期大阪地方委員会が地方委員定足数九七名中八二名が出席して開かれた。朴英成組織部長の司会で進められ国民儀礼ののち、卞先春副議長から「本日開催された第六回委員会を契機に、内部結束を一層固め本団発展の素地を築こう」との開会のあいさつではじまり、金鍾洙議長から委員会の成立宣言、そして三機関長のあいさつがあって、経過報告に入り、過去一年間の総括を李聖南事務局長が報告し、総務部報告を姜太和総務部長から、つづいて朴英成組織兼宣伝部長の組織宣伝部活動報告がそれぞれ自己批判の上に立って発表され、今後における前進への足がかりとした。

なお、民団大阪の現況と展望について朴組織部長から「指導幹部をはじめ一般団員の奮起を促がし組織に対する不信感、非協力態度についても猛省を求め、団員の一人一人が組織の一員としての自覚に徹し、身をもって本団の刷新に乗り出す決意を新たにせねばならない時であることを強調。そして今こそわれわれは、真に民団と僑胞大衆を愛し、その忠実な下僕となり得る強力な執行部を構成して本団に課せられた使命の遂行を期すべき重大な時機を迎えている」と力説した。それがためには民団の本態ともいうべき、団員による団員のための民団を具現化するため、末端組織における細胞活動の強化、すなわち、団員の実態把握戸別訪問等により団員と組織の疎隔を除去し意思疎通を図り家族的、兄弟的親密感を醸成し、団員一人一人の置かれている立場や境遇を深く理解するとともに、団員の福利増進に努め、また、さ細なことでも率先して相互扶助することこそ急先務であると鋭く指摘、基本態度、姿勢への警鐘とした。

また、退嬰意識にわたっての旧態依然たるマンネリズムと因襲主義を消滅、時代錯誤も甚だしい無為無能なる指導幹部への自己批判と、これにとって変るべき時代感覚に富み、知識、教養に優れた活動力のある青年たちに組織進出の機会を与えるべきであり、弱体支部の統合など組織自体が報告され日々深刻化している僑胞の経済的社会的実情を直視するとき、わが民団の使命が如何に重且大であるかを肝に銘じ、難局に処すべく今後の活動への指針として報告を終った。

このあと質疑に入るや、活発な論争が展開、団務および諸般事業、財政報告が止されてから討議事項に移った。

議題は①新年度の活動方針②予算案審議③規約改正に関する件④建議案など四議案で、議案説明のあと討議に入ったが、今年度の活動としては何よりも法的地位問題に対する韓日両国の共同委員会設置問題を重点的に積極推進させるべきであり、目的達成のため全力を傾注すべきだと論議され、前回に続き継続して活動方針に取り上げられた。大阪韓国人協会の設立実現への具体案および、補充説明があったのち、全員これを了承。なお予算案においてはさん下団体の育成費増額および成人面における各支部割当金の倍増などが討議されたが、結局、新年度活動方針並びに予算案は、新執行委員会へ一任することに満場一致で可決。第六回地方委員会は午後四時二十分閉会した。

ひきつづき、第三十五回定期大会は午後五時から同じ場所で開かれたが、このたびは任期満了による三機関役員の改選とあって、会場内は組織員で熱気が充満し、在阪十六万僑胞の代表を選ぶにふさわしい雰囲気をかもし出し、時あたかも日本の統一地方選挙で聞えてくる各候補者たちの宣伝車の放送に、選挙ムードはいやが上にも高められ、代議員の顔も心なしか上気気味だった。

張徳日副議長の開会の辞で始まった定期大会は、代議員の定数二九八名中二六八名の過半数以上が出席、金鍾洙議長の大会成立宣言につづいて三機関長のあいさつがそれぞれ行なわれたが、とくにあいさつの中で「奉仕する民団、愛される民団、信頼される民団として、飛躍発展を期するため今こそ心機一転全僑胞が奮起するときであり、二十年間積み重ねて来た本団の新たな出発に際し、団刷新と組織の充実強化に邁進するときである」と力強く述べ注目をひいた。このあと来賓として金鍾弘駐大阪総領事の祝辞があり、中央本部から本大会に臨んだ李禧元議長の有意義なあいさつがあった。

つづいて経過報告では、さきの第六回地方委員会の決定が報告され、規約改正の件は中央の決定に基づいて満場一致で議決、いよいよ今大会の注目の的である役員改選に入ったが、これに先立ち三機関役員の辞任があった後、各代議員からの口頭推薦により団長候補として、朴玄、姜桂重、金守哲、徐相翼、辺鎮柱の各氏が候補に上りこの五候補によって団長の座が競われた。選挙にあたって各候補から政見発表がなされ、各候補とも「在阪僑胞および民団のため、過去の経験を十二分に生かし、諸懸案の解決と団発展に下僕となって働く決意を固め民団事業に専念したい。故に真の指導者を選ぶにあたり代議員諸氏の賢明な判断によって、適任者に一票を投じて欲しい」と述べた後、姜桂重候補の提案で各候補とも公明正大な選挙に臨み握手を交し、満場の拍手をあび投票に入った。

団長選挙では、はじめから姜桂重氏対朴玄氏の激烈な対戦となり、結局、現職の強みを発揮して断然トップに立ち当選圏内に入ったが、惜しくも過半数の得票に満たなかったので、次点の朴玄氏と再び決戦投票に持ち込まれたが、朴玄氏が棄権したため、第十八代団長に姜桂重氏が三選された。

続く議長選挙では、卞先春氏と金達寛氏が立候補し、金達寛氏が当選、新議長の座につくことになった。

なお監察委員長には、方鎬煥氏が無投票による満場一致で選ばれたあと、新任三機関長指名の副団長、副議長、監察委員、事務局長の重要ポストを決定、満場一致で承認され午後十時、金達寛議長の閉会の辞で万歳の拍手の裡に閉会した。

今後二ヶ年にわたって団務執行につく新三機関への期待は大きくその責任も随分と重い。それにもまして、在阪僑胞の今後における民団の動静に最大の関心がはらわれることを銘記し、団員が何を望み、何を求めているか、もっと目をみひらいて前進していかねばならない。いま祖国においては近代化をおし進めるために、全国民が一丸となって第二次五か年計画に邁進している。その成果は実にすばらしいものである。

日々に伸びゆく祖国を背景として、われわれも思う存分組織のため、僑胞のため、ひいては国家のために働かねばならない。ただ民団を愛し、国を愛するだけでは何もならないのである。われわれは民団の組織を通じてのみ僑胞福祉、民生安定を期し得ること、祖国に寄与し得ることも知っている。指導者がそのためにも努力していかねばならぬ。われわれはどの組織の実態を把握して適切なる断を下すべきである。民族的良心を持ち、つねに叫ばれていることであるが、民族的主体性を確立するための組織づくりに一丸となって奮起せねばならないのである。

特に全団員に望みたいことは、大会において選ばれた指導者に対しては率先協力し、決して傍観的非協力的態度をとってはならない。たとえ自分の意に反する人が選ばれたにしても、多数の意思を尊重し、それに順応して協調し、少くとも任期満了までは善意をもって協力、理解、鞭達してやることこそ民主々義を口にする人の態度でなければならない。

そして大会で決議された活動方針および団務は、これを忠実に履行し、大衆の意に背いてはならず、それがためにはまず団の命令は大衆の命であることを自覚して、これに服従していかねばならない。

第35回定期大会で選任された新任三機関があいさつするもよう

# 韓僑会館の建設

## 民族学園の育成後援

## 67年度活動方針決まる

この度の大会で採択された今年度の民団大阪の基本方針となるべき活動方針は従来の放慢性を脱皮して、もっとも現実的で僑胞社会における緊急を要する問題に重点がおかれた。例えば、今までも継続して推進されてきた韓僑会館の建設実現、民族学園に対する積極育成、組織強化による脱皮、民団の指標、その他民生問題の一環として、税金対策に対処すべく納税貯蓄組合の指導育成、永住権申請督励指導および大阪法対委関係事務の取り扱い、永住権取得者に対しては国民健康保険加入推進など、当を得た方針が盛られている。もちろんこれは、僑胞の日常生活と直結された問題点の具体化を推し進め、組織の強化と発展に寄与しようとするものである。なお、各部別の活動方針は新執行委員会の検討に待つこととし、総括的な活動方針の大要を項目別に列記する。

(1) 民団後援団体公法人組織に関する認可申請は、既にさる三月二十五日大阪府に提出され、現在府当局の検討待ちという段階にあり、遠からずして認可されることを前提に、認可後の公益事業を策定して民団を後援する態勢を推進し、本団の基本運営が可能になるよう、重点事業として強力に継続推進する。

(2) 大阪韓国会館の建設事業

会館建設は本団永年の懸案でもあり、前記大阪韓国人協会設立との関連性もあることから、現在、本団が使用している土地、建物を大阪府から払下げてもらい建て坪延べ四、九五九平方メートルからなる十階建の高層ビルを建築予定。韓僑関係各機関および事業体が使用されることになるが、その使用料や収益金は財団法人で管理、民団の事業後援費として経常的な収入を確保する。なお会館そのものは法人の基本財産として管理されなければならない。いずれにしても民団運営財源の恒久的安定を期するよう、今年の活動目標中、もっとも重要な活動である。

(3) 法的地位待遇対策に関する問題

第七、八、九回の中央委員会の決定にもとづき、永住許可取得に全力を傾注することは勿論であるが、問題点に対しては中央法対委―中央本部―大使館の三者が、近く強力なる統一した指導方案を策定し、全国的な運動が展開されることになろう。われわれが目的とするところの韓日両国政府による共同委員会を早急に設置させ、僑胞の権益および処遇に関する問題点が解決されるよう全力を傾注する。さらに今年度は永住権申請は勿論のこと国民登録の更新をも効率的に督励し、併せて大阪法対委の改組を断行して所期目的を達成さる。

(4) 中央委決定事項および中央本部の指示による事業推進

◇文教活動

①今年度は各民族学園に対する教育後援費として、全団員から教育費を年間団員一世帯当り三百円以上を義務的に拠出させ、中央本部に納付、中央はこれを各地方に還元する。

②要員養成――これは主として民団幹部および成人講習所の講師養成を目的とし、中央で検討中であるのでその指示に従う。

③今年度の夏期母国訪問学生団を派遣

④自費母国留学生の勧誘運動

⑤ボーイスカウイ組織結成

◇民生問題に関する活動

①税金対策…最近三、四年間を通じて、総体的に僑胞中小企業者に対する税金攻勢が熾烈を極め、二、三年前まで遡及する強制調査を行なっている折柄、早急に対処すべく納税対策委員会を構成、納税指導および組合結成にあたる。

◇組織・宣伝関係活動

①創団二十周年および韓日修交記念事業実施（五月十五―十七日の三日間）

②ユニバシアード

③幹部訓練の実施

④機関紙の内容充実化

(5) 金剛学園の育成後援活動

今年度は特に在阪唯一の民族学園である金剛学園を積極後援する。金剛学園の運営状況は政府補助八十万円を含む約二五〇万円であるが、一七〇万円中約四十万円は学校の運営から生じる収入金で充当され、残りの一三〇万円は運営にあたっている理事らの賛助金を仰いでいる状態で、運営上支障も多く、一部理事側の反対もあることなどからその打開策として、理事メンバーの改編と、民団が中心となった運営案が計画され、推進されることになった。この運営計画では、改編された理事側が月額約七十から八十万円を定期的に賛助することになるが、不足分五十万円は民団の経常費「教育費」として策定、予算案に新たに追加科目を認めることになった。この運動は最も重要であることを認識してくれることを望みながら予算案とともに検討、決定することを望む。

(6) 組織、宣伝活動に関し

過年度の活動は原則的には継続するが、今年度には特に創団二十周年記念行事、ユニバーシアード大会、家族招請の事業、各支部管轄区域の整備、さん下団体との関連体系の整備などに重きを置く活動を展開する。

特に、宣伝においては在阪僑胞言論界との提携を強化して、直接間接的に機関紙大阪韓僑新聞の内容を充実化すると同時に、各言論機関に積極協力を要請し、朝総連の虚偽宣伝を粉砕して、一方では僑胞の権益および本国情勢のための共同的な問題点などを随時報道してくれることに協助を求めながら、積極的な宣伝活動をくり広げる方針である。

(7) 規約修正に伴う体制

①中央本部大会は二年に一回ずつ三月中に、中央委員会は年二回（三月九日）それぞれ開催することになり、支部大会は定期的に毎年一回ずつ五月中に開催する。

②中央に従来の財政局を廃止し経済局を設けるようになったが、当地本には経済部（財政部）を新設し、従来の財政部で取り扱っていた事務を担当し、その取り扱い範囲が今までより幅広くなり、予算、決算、財政捻出、信用組合の助成、生活協同組合、納税貯蓄組合、対本国経済交流などの事務を管理させる。

なお、今年度からは財政部が経済部に切り替わる。

③その他規約修正に伴う事務体制を大阪の特殊性を加味する体制に整える。

# 三機関の顔ぶれ決まる

第35回大阪地方定期大会で新任された当本部三機関長および役員の顔ぶれは次の通りである。

諮問機関（顧問は近く推戴発表予定）

常任顧問　金鍾洙

議決機関

議長　金達寛
副議長　梁憲承
〃　金守哲

監察機関

監察委員長　方鎬煥
監察委員　張起説
〃　尹鐘洙

執行機関

団長　姜桂重
副団長　趙宗大
〃　黄七福
事務局長　李聖南
〃次長　姜太和（兼）
総務部長　李聖南（兼）
〃次長　賈重鉉
総務部参事　呉忠雄
組織部長　朴英成（兼）
〃次長　朴孝昭
経済部長　黄七福（兼）
民生部長　姜太和（兼）
〃次長　金承珠
文教部長　趙宗大（兼）
〃次長　韓聖用
宣伝部長　朴英成
〃次長　方茂光
事務員　裵弘子（団長室付）
李玉子（総務部会計）
羅正子（民生部付）
呉蓮子（〃）
金玉淑（〃）
姜成淑（〃）

# 一九六六年度総括報告

## 事務局長 李聖南

李聖南事務局長

昨年四月二十三日の当地方本部第四回地方委員会で検討、採択された活動方針案を実践するため執行部としては可能な力をつくし精力的な活動を展開してきたがその間、昨年十月二十七日開かれた第五回地方委で報告した如く、その成果において充分に目的を達成できなかったことを反省し、これを認めながら、第六回地方委および第三十五回定期大会を迎えて本報告を述べるに当たり、深くご諒察されることを願うものであります。

僑胞企業においては昨年上半期からの深刻な不景気が僑胞生活にも反映し、活動費の調達にも多少の難関につきあたり、また、人的要素においてもわが民団が常に悩んでいる後継の養成に遅れた感があり、担当各部長も完全に配置されないまま、幾人かの部長が兼任して山積した事務を執行してきた関係上、支障が多かったことを報告する次第であります。

事務局長も昨年七月一日付けで要望として就任し第五回地方委で認准を受けたが、その間文教、民生各部長が辞任した後、適任者は人材難のため配置できないまま傘下各支部を統括しながら、対外的交渉などあらゆる面において円満な活動を行なわれなかったのは事実であります。しかし、宣伝啓蒙のための各行事と突発的事態による中央の指示に基づく行事など、いわゆる昨年七月に開催された北韓技術者の日本入国阻止民衆大会、北送延長反対運動、自由韓国に投降亡命した平新号漁船員救出運動など、各さん下団体の協調の下に中央の指示に基づいて活動してきたことは先般の第五回地方委で報告致しております。

さらに、同地方委員会後からの主要行事をあげると、本国言論人代表との懇談会、国立国楽院の公演、本国農研生＝総合訓練（東西日本別）、大阪法対委の組織、年末各支部の巡回（永住権申請＝説明）去る一月の第九回中央委員会、新年人事会、農研生の帰国事務、全国文教部長会議（名古屋）、数次に亘って開催された本国各体育団体の来日親善試合に対する応援、本国各界要人との懇談会など、あらゆる力量をつくし活動してきたことを報告致します。

なお、さる一月十七日発効された韓日協定による法的地位および待遇に関する僑胞の関心が非常に高まったことは、過年度中の特記すべき点であり、その対策のため中央の法対委を中心に権益擁護のための永住権許可申請の宣伝活動においては、文宣をはじめあらゆる方法で中央委の決議を履行するため努力を傾注する一方、われわれが獲得できない問題点に対する研究会など、中央法対委に対する建議を通じ活動をくり広げてきた。しかし、中央法対委と執行部間に強力な統一見解がみられず、中央と地方とが歩調を合すことができないということは、本活動において最も反省を要することであり、この点については昨年十月の第五回地方委でも報告されております。同委員会後に結成された大阪法対委は、この問題を解決するため問題点を研究する一方、中央法対委および中央本部に建議を通じわれわれの処遇問題のための可能な活動を展開し、本国要路などにも随時陳情して参りました。

とくに、自由韓国に帰順した元北韓工作員の呉基完、崔貞子両氏の二回に亘る大阪地方での時局講演は、僑胞啓蒙のため大きな成果を得たことはいうまでもありません。

さらに、本国に貢献する事業として、昨年七月二十日来日した本国農業研修生の研修に関しては、第五回地方委で各支部がその費用調達において協賛助金を拠出し推し進められたが、昨年十一月東西両地区別に総合訓練を終えたのち、今年一月十二日無事全員帰国し、その後本国農村で農村振興に貢献していると言う便りも頂いておりますが、この事業が成功裡に推進されたことに対し、改めて団員、有志、諸賢および各支部役員に感謝の意を表するものであります。

また、二世国民に対する文教活動においては、東大阪地区に東大阪文化センターを設立する一方、日本地域社会で信頼される韓国民を養成するため、昨年中期から推進された在日ボーイスカウト第三、第四隊発隊式もさる一月、本国連盟側と日本連盟側の調印を機にその発隊式が近く挙行される運びとなりました。さらに青少年補導を目的とする大阪少年補導協会との定例会合も過去三回開かれたが、今後は一層この運動を全府下地域に浸透して不断の努力を傾けて行く方針であります。

以上、概要報告を述べると同時に所管事務別をつぎのごとく報告致します。

## 『組織体制確立に関し』

①財団法人「大阪韓国人協会」の設立

昨年第四回地方委の活動方針案にもとづいて、民団の安定性ある運営を期するため、公法人の後援団体を組織するということは昨年十月の第五回地方委で報告致しましたが、その後各方面との折衝によって社団法人として計画中でありました。しかし、財団法人として設立することになり財団法人大阪韓国人協会の設立認可申請をさる三月下旬、大阪府に正式に申請したところ、近日その認可が下りるものと信じております。この公法人の設立によって民団大阪本部は韓僑会館の建設に拍車を加えることになりますが、民団大本の大事業として策定されることになるものと信じております。

②さん下団体の育成

韓青、婦人会、韓学同にたいする補助はもちろん、奨学会に対する後援も今まで実践してきたが、特に婦人会の活動は注目に価いするものがあり、韓学同も臨時大会を通じ体質の改善がなされ、なお韓青においても国民登録更新運動に積極参加する一方、婦人会の活発化とともに当団とさん下団体間の紐帯がいっそう強化されていることを証明されております。

③中央―近協―（本部）―支部との体系

民団の諸政策は、中央委で策定されたものであるが、その実践に努めてきたことは勿論、中央委および中央法対委に大阪地方関係者が出席して、中央の各種執行事項、割当金の納付などの完遂に努力したのも自負するところであります。なお、近協においても事務局担当地方であるという立場に、常に地協共同問題を検討することに主導力を発揮したことは事実であります。さらに定例地方執行会、支団長および事務部長会を昨年下半期から策定し実践中であり、これには各さん下団体長も参席し、本、支部間の意志疎通を助行しているが、人数不備で各支部の巡回も円滑に行なわれていないことは反省する次第であります。

④幹部要員の養成

本国政府が主管となり例年実施中の受訓団派遣は、昨年九月五名を推せんしたが、帰日後、実質的に民団、さん下団体に実務を担当した者は全無に近い有様であります。しかし、先きの第九回中央委では、今年度からは主に各地協別に要員を養成し、中央が講師を定めるなど、本国政府の主管講習は総合的かつ重点的な部門にわたって実施することを建議した。

## 『基本財政確立に関し』

総括的には公法人組織から財政後援機関組織に推進中であることは、さきの第五回地方委で報告された通りでありますが、前記述べた如く計画中であった社団法人を財団法人として、さる三月二十四日大阪府に財団法人大阪韓国人協会認可申請書を提出、現在府当局がこれを検討中であります。従って韓僑会館も本公法人と関係があり、認可を受けたのち推進されることになるので、これで確固たる基本財政が設けられることになるわけであります。

過年度から現在まで前述の理念を基礎としながら従来の如く採択されてきた予算のワク内で、各支部の割当て金と、六十名ないし七十名の有志賛助金などが経常収入のようになっており、これを経常費に充当されている実情を報告する次第であります。

特に報告すべきことは、過年度は農研生の問題で各支部から調達した賛助金のほかに不足金を借入するなどのあい路がありましたが、各支部の本部に対する割当て金は総額二十七万円、本部が中央に対する納金は月間四十万円で、その外本部が各支部の成人講習所に（十五ヵ所）月間七万五千円が支出されております。

## 『宣伝啓蒙活動に関し』

①文宣活動

機関紙（大阪韓僑新聞）を八・一五特集号から復刊し、今年三月二十日号で継続第七号を発刊し、各支部を経由して中央機関紙韓国新聞と共に配布され宣伝活動を展開しております。さらに駐日公報館の公報活動に協調し、過年度は多数の文書が団員に配布され、これによって祖国に対する僑胞の認識度が新たに高まっている事実が認定されております。

②民族意識高揚を指す宣伝活動

随時の行事をはじめ定例的行事である八・一五光復節、今年の第48回三・一節をはじめ諸行事と本国芸術関係公演会においては、昨秋の公報部派遣国楽院の公演、三・一記念芸術祭参加の朴初月一行の三月中の公演（古典唱劇団）などを通じ本国の文化、芸術を海外僑胞に宣伝啓蒙させると同時に、これを機に国登更新、永住権申請の督促、朝総連の工作宣伝に対処するあらゆる宣伝などを助行してきた。

③国民登録更新および永住権申請勧助行宣伝

昨年一月十七日、韓日協定発効以来、在日僑胞の法的地位および処遇問題解決の初歩として民団に与えられ、当然遂行せねばならない永住権許可申請の勧行宣伝活動は、昨年の中央委の決意にもとづいて当本部としても賛助して参りました。しかし、国登更新は事務体制の不備で昨年八月一日以後、昨年末までは遅れた感を受けたが、政府としても当初予定の今年一月末の期間を今年末までに延期した上に、今年初めからは事務体制も整い、さいきんはその能率が高まっている次第であります。

国民登録更新、永住権申請に対する宣伝は、今後より一層配慮すべき問題があるので、中央委と大使館に不備点を団員の立ち場から陳情建議し、その遂行に努力せねばならないと思います。

## 『民生活動に関し』

最も重要な民生活動は専担部長が空席中であり、昨年上半期には文教部長が兼任、その後文教部長の辞任によって民生活動は沈滞状態にあったが、その後各部の協助によって専任次長の活動により、後半期においては本国農研生の研修推進事務をはじめ永住許可の督促、本国扶養家族への送金運動、年末救助運動、本年度の新、大卒業生の就職あっせんなどの活動を展開した。

特に三月からの就職あっせんと共に、永住権許可取得者対象の国民健康保険加入推進のため大阪府と市当局との折衝に努力しております。

## 『文教活動に関し』

民生活動と共に最も重要な文教活動は、大阪に唯一の金剛学園に対する二世国民の統一進学を指導し、常に保護者に民族教育に関する関心を呼びかけてきたが、専任部長が後半期に辞任したため、主に局長が担当、次長とともに活動を続けて参りました。

とくに、昨年末には中央指示により今年度の自費留学生募集を通じた結果、文化センターの協助により十三名の留学生が選抜合格し、ソウル大学をはじめ有名学校に留学が決まり、三月末その手続きも完了いたしました。

青少年指導活動は生野区を中心として毎月五日の少年保護日（大阪府、市制定）を機関紙を通じて宣伝し、定期的な大阪少年補導協会と当団共催の青少年健全育成懇談会も三回にわたって開催、成果を収めている次第であります。

## 『大阪法対委に関し』

昨年一月十七日、韓日条約発動後、最も注目されてきた法的地位処遇問題は、中央の指導の下に総領事館および大使館に建議し、要求点を貫徹して参りましたが、昨年十月の当本部地方委の決定に基づいて大阪地方対委を設置し、今年三月九日まで六次の常任委を開き、協定基本精神に立脚した正当な処遇を強力に主唱する一方、問題点に対する研究も繰り返してきた。

昨年十二月十三日には近協各県本部と大阪地区全支部役職員およびさん下団体が出席して、中央法対委の李裕天委員長を招き公聴会を開いたが、中央法対委内部と中央執行部の一部の意見食い違いで相当なあい路が寄らせられていたことは事実であります。その後、大阪法対委はさる一月の第九回中央委の活動方針案を注目していたが、その方針案のうち両国政府間に共同委を設置することを要請することに採択、これを中央法対委と中央執行部、大使館の三者会合に一任されたまま、本国の情勢に照らし暫時その推進も保留状態におかれております。

特に、三月二十日以内に法対委総会を開催することになっていたが、大会などによって延期されたままにありますが、このたびの新執行部の選出によって、近く総会を開催、こん後活発な運動を展開するものと信じております。

**毎月5日は少年を守る日**

僑胞二世国民の健全育成につとめましょう．

473.

# 自由を求めて李穂根氏『元北韓中央通信副社長』韓国に亡命！

## 相つぐ韓国への亡命
## 北韓の暴虐が曝かれる

最近、共産北韓から自由を求めての脱出や亡命が相ついで起っているが、中でも特記すべき事件としては、昨年九月十七日、世界を震撼させた北韓漁船平新号の亡命殺人事件を始めとし、同年九月二十七日、元山港を出港した〝北韓鉄道省所属第一号〟の船もろともに亡命してきた事件、そして失敗に終ったものの昨年十二月七日、カンボジアのプノンペンで開催された新興国スポーツ大会の帰途、現地日本大使館に韓国への亡命を求めた金貴河（日名、金田貴男）事件など、自由を求めての決死的脱出、亡命、帰順がこのところ増加しているが、今年に入って去る三月二十二日、北韓唯一の国営通信である「朝鮮中央通信の副社長、李穂根氏が板門店で取材中、国連側の将校の車にとび乗り脱出を敢行、自由韓国に亡命して来たことは、既に天下周知の事実である。われわれはこの劇的亡命事件を通じて、かずかずの教訓を学び、共産主義社会のあくなき弾圧と圧制が白日の下にさらけ出され、共産独裁下に呻吟する北韓住民の惨状に同情を禁じ得ないのである。このたびの中央通信社副社長という高い地位（次官級）にある彼が、何故、韓国に亡命して来たかは自明の理であるが、李氏自身が解放後二十年間もの長きにわたり、言論人という立場から、また、比較的恵まれた社会的地位にあってさえも、北韓での共産主義が危機に直面したことを直感したという事実に、われわれは注目しなければならない。

### 副社長は次官級待遇

朝鮮中央通信社とは、北韓でたった一つしかない通信社として、北韓内における総ての言論、宣伝を統制操作し、各地方新聞や、対内および対外放送に資料を提供するところである。もちろん、党と政府の政策一切がこの中央通信社を通じるいわば「ニュースセンター」なのである。例えば、板門店での記事にしても、数名の記者が取材班として派遣されるが、独自的な取材報道はできず、中央通信報道を記載されるにすぎない。過去、中央通信主筆であったが、一九五九年に亡命して来た韓載徳（現共産圏問題研究所長）氏によれば、「中央通信社副社長の職位は新らしい制度で、以前は主筆が副社長を兼ねていた」と伝え、待遇面においては「俸給順位を見ても副相あるいは次官級に該当し、政治的にも重要視されている」といっている。

さらに韓氏は、「副社長の職位は党の重要政策会議にも参席、発言できる地位である」と説明し、「このたび李穂根氏が板門店に来たのは、記者としてよりも取材班団長の資格で、統率、監視の任務を帯びていたことが推測される」と発表している。

李氏が亡命する直前まで、板門店においては日朝友好協会の畑中政春会長と、ずっと一緒にいたことからしても、韓氏の説は正しいといわねばならぬ。

また、北韓の言論機関は、すべて北韓カイライ及び地方主権機関または公共団体の所属となっており、さきにのべた中央通信社と二十九種の一般新聞、そして四七五種類の職場新聞が刊行されている。主な新聞を列挙すると次の通りである。

△祖国統一—祖国平和統一委員会機関紙、祖国統一社発行。
△労働新聞—北韓労働党中央委員会機関紙、労働新聞社発行。
△民主朝鮮—北韓カイライ政府最高人民会議常任委員会および内閣機関紙。
△労働青年—北韓社会主義労働青年同盟機関紙、労働青年社発行
△労働者新聞—北韓職業総同盟中央委員会機関紙、労働者新聞社発行。
△教育新聞—北韓普通教育省、北韓教育、文化、保健および公務員職業同盟中央委員会機関紙、教育新聞社発行。
△文学新聞—北韓作家同盟中央委員会機関紙、文学新聞社発行。
△朝ソ親善—朝ソ親善協会中央委員会機関紙、朝ソ出版社発行。

この外にも平壌新聞、平南日報、平北日報、慈江日報、咸北日報、咸南日報、黄南日報、開城日報などが各道と市の機関紙として発刊されている。もちろん、商業紙は全然なく、北韓カイライ政権および地方主権機関または公共団体の機関紙としてのみ存在し、カイライ政府の政策をそのまま反映報道する以外に言論の自由はないのである。

### 李穂根氏の履歴

学歴
一九三七年三月—九聞公立普通学校四年制卒業
一九四七年三月—北傀労働党黄海道党学校三カ月班卒業
一九五〇年二月—北傀内閣直属高級指導幹部学校三カ月班卒業
一九五四年八月—北傀労働党中央党学校基本班卒業
一九六三年四月—北傀労働党中央党学校通信班卒業

経歴
解放直前、日帝の志願兵で出陣し、解放後北傀の労働党に加入、黄海道の党幹部学校卒業、その後言論界にて活躍する。
一九四七年十二月—北傀労働党々生活部記者
一九五四年九月—北傀労働新聞社党生活部長
一九五七年十一月—北傀開城新聞社主筆
一九六一年三月—北傀労働新聞社主筆
一九六二年　—ソ連訪問
一九六三年　—ポーランド訪問
一九六五年十一月—北傀朝鮮中央通信社副社長就任
一九六七年三月二十二日—板門店から脱出韓国へ亡命

### 李氏の歓迎大会盛大
### 各界から八三五万ウォン寄金

北韓を脱出してきた李穂根氏を歓迎する市民大会が、去る四月十日午前十一時、奨忠壇公園で市民多数参加のもと盛大に開催された。

この日、丁一権国務総理をはじめ金ソウル市長は、歓迎のことばを通じて、李氏の脱出を銘記し「共産主義に対する自由民主々義の勝利の標識である」と称賛し、ついで、人気俳優崔銀姫、高銀児嬢から歓迎の花束を贈呈、各界の祝辞があったのち、金ソウル市長からソウル市民証が手渡され、祖国に繁栄をたたえた李氏は「私の過去をも問わず、温かく迎えてくれた上、かくも盛大な歓迎と、過分なもてなしにただ感謝するのみです」と挨拶したあと感涙にむせんでいた。

ところで援護処では、李氏に対し定着金百万ウォンを、中央情報部長は住宅資金として百万ウォンを授与、また各界よりの寄金八百三十五万ウォンが送られ、その他テレビジョン、電気洗濯機、冷蔵庫、乗用車など、数多くの記念品が伝達された。

この日の大会は、北韓解放統一促進会の副会長韓敬徳氏の北韓同胞に送るメッセージ朗読を最後に、陸軍士官学校軍楽隊と淑明女子中高生の〝凱旋の歌〟で幕を閉じた。

なお李氏に伝達された定着金と記念品は次のとおり。

▲定着金百万ウォン（援護処）▲住宅資金百万ウォン（中央情報部長）▲その他寄金八百三十五万ウォン（各界団体）▲市営住宅（金ソウル市長）

◇記念品
▲洗面道具一切▲応接セット一式▲卓上時計▲電蓄▲炊事用具九点▲電気コンロ▲コート▲寝具▲洋傘▲ラジオ▲電気洗濯機▲キャビネット▲乗用寝具▲米三俵▲テーブルおよび椅子▲扇風機▲テレビジョン▲洋服地▲電話▲化粧台▲靴二足▲冷蔵庫（以上行政各部処より）▲トランジスター一台▲高級書架▲国内発刊書籍一切▲金指輪五匁一個。

### 尋ね人

本籍—慶尚北道蔚山市新邑川八八八
韓柄五（男）（通名）西原

右の者は、終戦当時九州の博多地方に居住し、その後大阪に居住しているらしいとの消息があった。依頼人である韓永寿氏の父親で本国では老いた母親と、日本に住む前記父親の安否を気づかっている。

韓柄五氏に心当たりの方は、民団本部宣伝部または、前記本韓池へご連絡下さい。

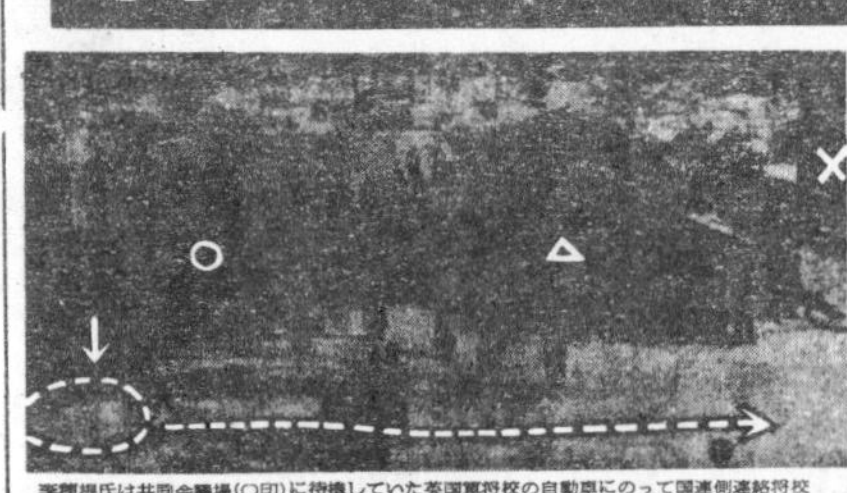

李穂根氏は共産側会議場(○印)に待機していた…の自動車にのって…(×印)…脱出方向

本会議場前に待機していた国連側代表…の専用乗用車の後席に李氏が飛び乗り、ドアを閉めるトムソン中佐、その時傀儡警務兵2名が駆け寄ってもめるところ。

テレビ、ラジオの報道で亡命を知った親戚たちが19年ぶりに李穂根氏と対面する劇的瞬間（自由とはこんなにも尊いものなのか）

## 北韓の内幕を暴露する

### 拉致者は一日三円の生活費
### 中共とは絶縁状態

板門店から自由を求めて、韓国へ亡命して来た李穂根氏は、去る四月一日、ソウルの新聞会館で内外記者三百余名と、亡命後はじめて公やけに記者会見を行なった。記者からの矢つぎ早やな質問に対し、李氏はよどみなくこれに答え、北韓の政治、経済、社会問題から韓国動乱および中共、ソ連など、国際外交問題に至るまで、最新情勢をすべて暴露した。このため、予定していた会見時間をはるかに上回り、一時間以上も延長された。李氏との一問一答の内容は次のとおり。

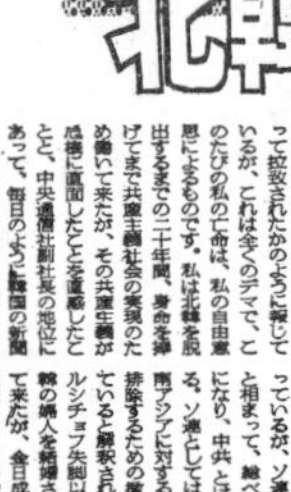

記者団に語る李氏

問=北韓から脱出した動機は？

李=すでに新聞に報道された内容は全部事実です。北韓側の放送によれば、あたかも私が米軍によって拉致されたかのように報じているが、これは全くのデマで、このたびの私の亡命は、私の自由意思によるものです。私は北韓を脱出するまでの二十年間、身命を捧げてまで共産主義社会の実現のため働いて来たが、その共産主義が危機に直面したことを直感したことと、中央通信社副社長の地位にあって、毎日のように韓国の新聞や西側の通信などを見ることにより、政治、経済が比較的安定した方向に向かっていることが、充分にうかがい知ることが出来たのが脱出の動機である。勿論、解決されなければならない多くの課題があるが、方向が正されたという事実に力を得た次第である。

問=脱出当時の光景を説明できるか？

李=当時の瞬間的な決死行為を、今となって口やペンで表現することはとても不可能で、後日活劇映画ででも再現するよりほかないでしょう。

問=昨年北傀が宣言した自主路線は、対ソ、対中共関係にどのような影響を与えているか？

李=自主路線は昨年十月、党代表者大会で金日成が指導理論として掲げ、以来北傀の対外政策となっているが、ソ連の北傀重視政策と相まって、総べてが対ソ一辺倒になり、中共とは絶縁状態である。ソ連としては北傀よりも、東南アジアに対する中共の影響力を排除するための懐柔政策を推進していると解釈される。ソ連は、フルシチョフ失脚以後、ソ連人と北韓の婦人を結婚させるよう提案して来たが、金日成は自由化の波が浸透することを恐れ、このような提案には反対しながらも、ソ連からの経済および軍事援助を受けなければならない立場にあることから、この問題はウヤムヤに持ち越されている。

中共との関係は鴨緑江の風景がなによりもその事情を物語っている。すなわち、中共は鴨緑江沿岸にマイクを設置して北韓に対し、「修正主義者を排斥しよう」と挑戦すると、北傀側からはこれに負けず「大国主義根性を棄てよ」と応酬する有様である。北傀と中共のこのような関係は、毛沢東の文化革命、紅衛兵たちが北傀を非難し始めた時からで、しかし、両国為政者たちとの間における公式的非難のやりとりはいまのところ起っていない。

問=北傀のいわゆる経済七カ年計画が失敗した原因は何か？

李=まず物質的な面から見るならばぼう大な計画を立てたのは事実であったが、各部門別にわたる高度な技術及び技術を習得した熟練工が不足していたことや、ソ連の援助が激減されたことから起因して、連鎖的に物資不足を招いたことがあげられる。それからキューバの危機と、韓国動乱以後公開された党（北傀労働党）の方針として、経済建設事業を軍需産業に転換したのが主因といえよう。このほか、政治、思想面において、働きさえすれば暮しが楽になるという保障が与えられないところに、形式的に労働力が動員されるにすぎない状態で、相対的可能性さえも見出すことが出来なかったところに失敗の原因があった。

問=北韓同胞の生活状態は？

李=穀類はすべて収買による配給制度で、最も苦しんでいるのは農民である。穀倉のような殺伐地帯の農民たちでさえ、米のめしが食べられず大部分の農民はトウモロコシ等の雑穀類で生きのびている。北韓では、最近、毎年四十万トンにのぼる小麦粉をソ連から輸入し、配給しているありさまだ。配給の比率は米とトウモロコシが半々で、一人当りの配給量は一カ月一斗である。また北韓では公務出張の場合（私用は認められない）糧券（一枚七百グラム）が発給されるが、これは出張期間中の配給量を全体配給量から控除し、出張さきの旅館に預けて食事する制度だ。ひところ、日本から北送された僑胞たちは持ち帰ってきた衣類を売って、糧券と交換し空腹を満たしていたこともあったが、このごろは糧券の収納も厳格に統制されており、例えば、友人とうどんの一杯も買い喰いできない状態である。金日成自身もこういった事情を嘆き、食糧事情の悪化を公言しているが、といっていまの現状の解決のメドもついていない。

### 金日成独裁は長期化
### 南北交流はハッタリ

問=北韓での冠婚葬祭は？

李=北韓での吉凶事は殺風景なもので、結婚式を挙げるからといって美くしい衣服を着るでもなく、人が亡くなったからといっても喪服を着ることは全くない。自由な国での自由な雰囲気で行なう冠婚葬祭を知っている者は三十歳代以上で、三十歳以下の者では全くわからないのである。男と女は自分の平常服で結婚し、式も日常生活とあまり変らず、ただ一サジづつ持ち寄った食糧で餅をつくり、一ビン二円の化学酒十本あまりと一匹四十円ぐらいの鶏二匹を料理して披露する程度にすぎない。また、還暦のときは仕方なく形だけ祝うだけで、一・七円の豚肉二斤（一、二〇〇グ=三二匁）と、化学酒何本かで隣近所の老人たちと一席もうけるのが最高の豪華版といえよう。

問=金日成の後継問題は？

李=私は個人資格で、金日成と会ったことはないが、公式的にはたびたび会っている。北韓の政治では最高首脳六名が最高決定権を持っており、金日成以外の崔鏞健、金一など五名は革命功労者としての待遇を受けているに過ぎず、無能なことはいうまでもない。このような事情で金日成独裁体制が長期化するとみて間違いなく、特定後継者を指摘することは不可能である。

問=拉致されて行った人士の消息は？

李=南から拉致されて行った人士の多くは既に死亡し、残った人々は周知の如き対南攻勢に利用され、北韓民の勤労者が飢えても、この人たちには一日三円から五円位までの食費を支給、対南放送に利用している。

問=離散家族に対する待遇は？

李=北韓では「複雑人間」として取り扱い休戦ラインの近辺では暮らせないようにし、北の辺境に移住させてしまった。「複雑人間」とは、成分が悪いとか、国軍が北韓を解放した一時期の治安隊員、越南家族たちを指定したものである。

問=カンボジアのプノンペンで韓国に亡命を嘆願して失敗に終った金貴河選手はどうなったか？

李=当時、カンボジアのシアヌーク元首は、ガネフォ（新興国競技）大会主催国として、北韓から金選手を人道主義的？立場から生命を保護するという誓約書を取った上で〝その身柄を引渡した〟。北韓では金選手が亡命しようとした事実や、このような誓約をしたことには一切触れることなく、すべての報道を統制していた。この報道統制の張本人はほかでもなく、中央通信社の副社長である私であった。金選手が帰国する日、私は、党中央委員会から金選手が飛行機から降りてくる場面の写真を大きく写すよう指令を受けたのである。私は、金選手の帰還を自然のごとく装うため入れなくてもよい他の選手の名前まで記載した次第である。ところが党中央委から〝ツルシ上げられた〟というのは、金選手の写真が笑っていないとのことだったのである。しかし、金選手の立場としては、今後どうなるかもわからない折だけに、そのときどうしてニッコリ笑うことができたでしょう。私は、韓国へ亡命後さる三月二十五日の夜、始めてテレビジョンを通じ、プロボクシングを観覧したが、奨忠体育館を埋めつくしたボクシングファン、そして家庭にいながらテレビに見入る市民たち、全く想像することも出来なかった光景を目のあたりに見て、私はふと金選手のことを思いだした。彼はいま何処に居るのだろうか？、否、生きているだろうか？、それとも死んでしまったであろうか？、亡命に失敗して帰ったあと誰も彼を見かけた者はない。当時、金選手を引率して行った責任者三名は、韓国早々粛正されてしまったが、北韓住民は金選手の亡命事件すら知らされないのに、このように毎日の出来ごとを見て、知るということが出来る現実に私は驚ろかざるを得ない。

問=統一問題について

李=北韓における統一原則は表面上では一切の外勢を排除した、いわゆる自主的平和統一方案である。この方案は三段階に区分される。①北韓人民の団結により、韓国より潤沢な経済生活の確保②工作員を韓国に可能な限り多数投入し、革命の可能性を強化させ、時機到来すれば一挙に立ち上るよう工作③反対統一戦線を形成し、国際革命を成功させるため、東南アジア諸国とアフリカ新生国の同調を受け、世界の各地で提起される戦争で米国の軍事力が分散する時、世界世論を北韓側に有利に展開するように仕向け両係するという方法である。

問=北韓での言論界、教育、家庭生活、恋愛などは？

李=言論に関する法律によって新聞、通信は検閲などで厳重に統制を受けており、日刊紙は三紙のみでほとんどが週刊または、月刊となっている。というのは一つの記事が検閲に一カ月もかかるのだから日刊紙がそうたやすく発行できないわけである。如何なる記事も党機関の基本方針を貫ぬくことが絶対条件で、労働党宣伝部長の検閲なくして掲載することはできないのである。そしてまた、競争相手のない新聞であることから、記者たちの質的向上など全く望まれないのである。だから一流記者の中でも文法すらわからない者が如何に多いことか。平壌だけでも記者が一、五〇〇名に達しているが待遇の方は六階級に分れており初給は四八円（一円は日本円の一五〇円相当）で生活は全く苦しい。背広一着三〇〇円、皮靴一足二十五円、牛肉一・十円から推測して頂いたい。現在のところ一級記者は十名で待遇は一二〇円、これは十五年以上勤続した各省の局長にあたる。北韓でパリットした背広を着る事のできるのは各省の相（長官級）と新聞社の副社長だった私以上のクラスの者達だけである。しかし板門店で取材する資格を受けた記者に対しては、特恵が与えられている。これは、韓国の記者団に対する対抗上展示効果をあげるためで、あらかじめ準備された服装を着用し、帰れば早速脱がされる。このたび私が韓国へ来てびっくりしたことは、今から四年前、ソ連へ行って二百円（日貨三千円）で買った腕時計を街の時計屋で、もしこの時計が新品であればいくらぐらいで買えるかと聞いたところ、二千円（日貨一、四〇〇円）といわれたことである。北韓では腕時計をはめることのできる層も少ない上、普通の労働者では一生かかっても腕時計が買えないのに、ソウルでは誰も彼もがはめているのを見て二度びっくりした。

問=北韓が主張する言論、スポーツ、書信交換の本意は？

李=現在韓国では受け入れないことがわかっているので宣伝効果を上げるための手段にしか過ぎない。万一、韓国がこういった交流をそのまま受け入れるならば、慌てふためくことは必定である。今のところ北韓では、金日成と党に心底から追随、服従している真の尖鋭的分子はごく少数であり、北の実情を暴ペイするにも限度があるからだ。

## 創団20周年記念事業の実施要綱

### 趣旨

祖国の運命をそのまま背おって立つ本団は、創団以来、今日に至るまで全体在日僑胞の基本的権益問題と、民生問題を解決するために全力をそそいで参りましたし、北傀共産侵略者たちが企図する共産赤化策動を押しのけ、一般僑胞大衆を包摂指導して来ました。

本団が歩んだ20年間の足跡を回顧する時、その過程の一つ一つが祖国と民族の歴史に永遠に記録されなければならず、貴重な在日僑胞史ができることを信じてやみません。ここにおいて本団は、創団20周年記念式典を迎える今日、団が未だかって遂行できなかった多くの課題を秩序ある整理をする一方、将来団の姿勢を新しく確立させ飛躍的な組織の発展を期待しております。以上の趣旨で今般、創団20周年記念事業を次に記する目的下に拡大に実施致します。

### 事業の内容および規模

#### 一、記念行事

（1）文化祭
日時—西紀一九六七年五月十五日午後五時～九時
場所—東京都千代田区公会堂
東京都千代田区九段南一—六—十七号
主催—在日韓国青年同盟、在日韓国学生同盟、在日大韓婦人会
内容—運営委員会を構成し決定す

（2）民族競技全国大会
日時—西紀一九六七年五月十六日午前十時～午後五時。
場所—東京豊島園（東京都練馬区向山三—二五—一号）
種目—①すもう②ぶらんこ③シーソ④農楽
参加資格—本団の団員で身元が確実であり所属地方本部団長の推薦を受けた者に限る。
参加申請—地方本部別に所定の参加申請書を実行委員会に提出すること。
申請期日—西紀一九六七年四月三十日午後四時まで。
①相撲競技大会=競技方式—対抗戦、種別—個人戦、トーナメント、予選リーグで決定す。
表彰　Ⓐ優勝—賞状およびトロフィ、副賞（大牛一頭）Ⓑ準優勝—賞状およびトロフィ、副賞（小牛一頭）Ⓒ三等—トロフィ、副賞（自転車一台）Ⓓ四等—トロフィ、副賞（小児用三輪車一台）
審査五名の審査委員で構成し審査に関する一切を担当する。
携帯品　Ⓐランニングシャツ（各自携帯）Ⓑ相撲用パンツ（各自携帯）Ⓒトレーニングウエア（各自携帯）
②ブランコ競技大会=競技方式=記録制—種別—Ⓐ男子戦Ⓑ女子戦Ⓒ男女戦
審査=五名の審査委員で構成し審査全般にわたり担当する。
表彰　Ⓐ優勝—賞状およびトロフィ、副賞（高級韓服地一着）Ⓑ準優勝—トロフィ、副賞（時計一個）Ⓒ三等—トロフィ、副賞（高級化粧品セット）Ⓓ参加賞—参加者全員に贈る。携帯品—男子—平服、女子—韓服に限る。
③シーソ競技大会=競技方式—対抗戦=種別—Ⓐ個人戦Ⓑ紅白戦（団体）トーナメント—審査委員会で決定、審査—五名の審査委員で構成し審査に関する一切を担当する。
表彰=Ⓐ優勝—賞状およびトロフィ、副賞（高級韓国服地・一着分）Ⓑ準優勝—トロフィ、副賞（時計一個）Ⓒ三等—トロフィ、副賞（高級化粧品セット）Ⓓ参加賞—参加者全員に贈る。携帯品—韓服に限る。
④農楽大会=競技方式—得点制（一チーム二回）演技時間—一回二十分以内審査—七名の審査委員を置き、二回分の得点順に等級を決定する。表彰=Ⓐ優勝—賞状、副賞（五万円）Ⓑ準優勝—賞状、副賞（三万円）Ⓒ参加賞…参加チームに各一万円を贈る。Ⓓ補助…参加チームに限り若干の補助金を支払う。

（3）記念前夜祭
日時—西紀一九六七年五月十六日午後五時～八時
場所—豊島園（東京都練馬区向山三—二五—一号）
民族競技大会終了後、各種余興を観覧、自由な雰囲気で楽しく過されることを望みます。

（4）記念式典
日時—西紀一九六七年五月十七日午前十時～午後八時
場所—東京都日比谷公会堂
内容—第一部—式典、記念講演、有功者表彰、各級役員紹介
第二部　余興=映画上映、東京韓国学校舞踊、本国芸能団公演

（5）記念祝賀パーティー
日時—西紀一九六七年五月十七日午後五時～八時
場所—ホテルニュージャパン（東京都千代田区永田町二—二九番地）
Ⓐ本国各級機関役員Ⓑ招聘本国政府貴賓Ⓒ駐日大使、公使、領事を兼する駐日大使館、領事館要人Ⓓ日本政府要人および各界著名人士Ⓔ駐日友邦各国大公使Ⓕ有功者及び遺家族Ⓖ招聘された本国家族代表Ⓗ著名言論人

#### 二、記念事業

（1）有功者表彰事業
①表彰基準　Ⓐ本団の組織活動（特に対共闘争）において重傷を受けた者
Ⓑ本団の組織活動（特に対共闘争）において死亡した者（遺家族）。
Ⓒ本団各機関を通じ役員で十年以上の在職経歴を持ち本団組織に功労が顕著なる者。
Ⓓ本団在職十年間に相応したと認定された金品を本団運営のために援助したる者。
Ⓔ特に地方本部及び中央本部が推薦する者。
②推薦　Ⓐ推薦対象者=西紀一九六七年二月二八日まで本団々員で上記表彰基準各項に該当した者に限る。
Ⓑ推薦機関=各地方本部および中央本部がこれに当り、前述表彰基準により該当地方団長および中央団長が所定の功績調書を添えて審査委員会に推薦すること。
Ⓒ推薦期日=西紀一九六七年四月三十日午後四時までとする。
③審査　各地方本部および中央本部で推薦された者の中から表彰基準により審査委員会の審査を通じ選定する。
④審査委員会
第六回中央委員会で選任された審査委員で構成する。
⑤表彰　Ⓐ表彰基準ⒶⒷ項に該当する者は=Ⅰ表彰状、Ⅱ慰労金、Ⅲ記念品を贈呈する
Ⓑ表彰基準ⒸⒹⒺ項に該当する者には=Ⅰ表彰状、Ⅱ記念品を贈呈する。

（2）本国家族招請事業
創団20周年を記念し、離散した本国の家族と日本に住む家族間の再会を実現させ、招請家族に戦後日本の社会相を直接見聞させる一方、在日同胞の実情を理解し、本国同胞との連帯を堅固にする目的で、約一千名の本国家族を招請する。

（3）写真で見る民団20年史編纂事業
創団20周年を記念して、創団以来20年間の本団活動の流れとその業績および全貌を写真を中心に記録編纂する。
Ⓐ発行予定数五千部、Ⓑ頁数650頁～700頁、Ⓒ内訳概要韓国新聞第八六九号参照

（4）記念行事記録映画製作
創団20周年記念行事の全貌を克明に記録する映画を製作する（35ミリ黒白）

（5）記念論文懸賞募集
一、目的
民団創団20周年記念行事の一部事業として、民団も成年期に達した現時点における民団の展望を模索するに際し、在日僑胞二世青年学生をして、僑胞社会諸問題に対する具体的な提案を公募することにより、二世青年学生たちの民族精神および国家意識の昂揚と居留民団に対する認識を堅固にするため、加一層の結束と今後指導に参考とする。
二、対象および区分
Ⓐ大学生および一般青年部
Ⓑ高校生部（韓国学校高校生および日本高校就学生含む）
三、原稿枚数
Ⓐ大学生および一般青年部=四百字詰め原稿用紙25～30枚
但し目的によって「民団の展望を模索する」
Ⓑ高校生部=四百字詰め原稿用紙15～20枚但し自由選択
四、締切日—一九六七年五月五日まで
五、提出処—実行委員会
六、当選発表—一九六七年五月十七日
（注）韓国学校高校生はできるだけ韓国語を使用すること。
七、審査—審査委員会で審査決定する。但し審査委員会は別に定める。
八、賞（実行委員会委員長表彰状および賞金）
Ⓐ大学生および一般青年部=優秀作—一編　3万円
佳作—二編　各一万円

【動員】
①創団20周年を挙団的で盛大な記念行事とするため、本団各級機関の役員をはじめ各行事には次のごとく動員する。
Ⓐ中央および地方本部役員全員
Ⓑ各支部役員
Ⓒ各傘下団体およびさん下機関役員
Ⓓ関東地協管下一般団員
一日間計五、〇〇〇名、三日間延べ一五、〇〇〇名

【宣伝】
一、対内的には
①団の歴史を再認識させ、将来堅持しなければならない姿勢確立に関して強調する。
②記念行事の意義を強調し、行事を挙団的にするためこれを契機に、一大団結を期する気風を達成する。
二、対外的には
①在日僑胞社会においての本団の存在価値を正確に認識させる。
②日本社会に対しては真正なる韓日親善を促進する本団が、正当に評価されるよう宣伝啓蒙する。
③本国に対しては在日僑胞指導における本団の業績を誇示し僑胞社会においての本団の権威を保障するようアピールする。
④朝総連さん下の同胞たちには、本団の基本理念を正しくアピールすることと、朝総連の欺瞞策動を排撃して本国傘下に結集するよう啓蒙する。
三、前記の目的を達成させるためポスター、宣伝ビラ、アピール文（日語、韓語）において宣伝啓蒙する。
※動員、宣伝に関しては、地区別業務協議会を開催すること等別途指示する。

特に民団組織幹部は、義務的に参加致しましょう。

大阪 韓僑新聞

発行所 韓僑新聞社
発行人 姜桂重
編集人 朴英成
大阪市北区中崎町43
電話(371)7331〜5番

綱 領

一、われわれは大韓民国の国是を遵守する
一、われわれは在留同胞の権益擁護を期する
一、われわれは在留同胞の民生安定を期する
一、われわれは在留同胞の文化向上を期する
一、われわれは世界平和と国際親善を期する

# 第48回3・1節記念式典

第48回三・一節記念大阪地方民衆大会のもよう

## 3・1精神で 民族意識を高揚 法的地位を要求貫徹

韓民族にとって永遠に忘れることのできない民族の正気と独立を世界に誇示した三・一節、その四十八周年を迎えた民団大本では、第四十八回三・一節記念大阪地区民衆大会を、中之島の中央公会堂で盛大に挙行した。

この日、在阪僑胞代表二千名が参集し、四十九年前、わが祖国を半世紀にわたって植民地奴隷として搾取し、その結果、今日の如き民族分裂の悲劇をもたらした日本帝国主義が、わが国の主権と自由を圧殺し、野獣が如き総督府を手先きとして祖国侵略をほしいままにしたのに対し、敢然とたち上った殉国先烈たちの燦々たる偉勲を銘記するとともに、この三・一運動の崇高な精神の真意を継承し、民族の正気と独立精神の昂揚に僑胞各自が覚悟をあらたにし、同時に祖国の統一独立と建設に寄与することを誓い合った。就中、韓日修交一周年を迎えた今日、三・一独立精神は新たなる意義を持つことにもなり、韓日間の友好親善はより深くならねばならず、韓日協定の基本精神により忠実でなくてはならないことを強調した。このたびの記念行事では特に在日僑胞の法的地位および処遇問題に関する、われわれの要求事項として

①韓日両国間の共同委員会を早急に設置すること。
②現在一二六号の登録所持者に対しては無条件で協定永住権を賦与すること(一二六号とは戦前より引続き居住している人たちに日本国政府によって規制された法律)
③サンフランシスコ条約(平和条約)までに入国した人たちに対し、一般永住権を即時与えよ。
④社会保障のうち、年金、金融、住宅などを日本人と同じく待遇せよ。

など、会場正面に掲げられたスローガンが人目をひき、記念民衆大会のふん囲気を盛りたてた。

なお、大会は正午を期して開会され、朴英成組織部長の司会で国民儀礼が行われ、姜桂重大会会長の開会辞のあと、姜太和総務部長の独立宣言文の朗読があり、続いて中央団長の記念辞を金晧一副大会長が代読、来賓祝辞には駐大阪韓国総領事館の金赫副領事が金大使の祝辞を代読、法対委員長金吉根氏のあいさつに引き続き、金熙洙副大会長の記念講演があったのち、法的地位および処遇に関する問題の早期解決を求め、韓日両国政府に対し共同委員会の設置を要求する決議文、朴大統領ならびに佐藤日本首相に送るメッセージを採択し、つづいて三・一節のうたを全員が合唱、新たな感激と感銘にひたりながら声を限りに万歳ある三・一節のフイナーレを飾った。

最後に趙宗大副団長の閉会のことばがあり、大会の幕を閉じたが、小憩ののち第二部の余興に入って、はるばる祖国から招いた「韓国古典舞踊劇団」の特別出演で場内は活況を呈し、合同出演の"新羅""万寿台"のキレイどころが上演する古典舞踊、器楽独奏、春香伝、農楽、八道民謡などに時のたつのも忘れ、意義深き三・一節の追想と感銘に明日への前進と自信を約束した。

会場いっぱいに参加した僑胞たち

## 大統領選挙5月3日
### 本格的な選挙運動乗出す

韓国政府、与党は来る大統領選挙日を五月三日に確定、なお、国会議員選挙はこれより一カ月遅れて実施される公算が強いが、はっきりとした日程は近く発表される。

さる十日で第六代国会も閉会、韓国内の選挙戦は一段と熱を帯びてきたようだが、大統領選挙日と決まったところで、共和党(与党)は来る二十八日から党議長班、国会議長班、市道班にわかれて遊説に出かけ、四月十日ごろから大統領選への本格的な運動が展開される。

今回の大統領選に五人の候補者がすでに名乗りあげている。与党である共和党からは朴正煕総裁を指名したことに対し、野党側からは新民党の尹潽善、韓独党の[illegible]、新民会の金俊淵、民社党を中心とする大衆党の徐珉濠氏らがそれぞれ出馬、対決することになった。

## ★規約改正に関する指示★

第九回定期中央委員会で審議決定された「本団規約の改正」は、さる二月十三日から施行されましたので、各支部においては、従来三月中に開催されていた支部大会を新規約第四二条、第四三条にもとづいて、年一回五月中に開催するよう指示します。

在日大韓民国居留民団
大阪府地方本部
議長 金駿洙

各支部議長 貴下

## 大会を迎えて
### 論壇
# 幹部は体質改善へ
## 指導者は大衆の師表たれ

花が咲くのと時を同じくして、民団各級の大会シーズンとなる。この時期が民団にとっては一番活気があり、いわゆる指導者層に属する人々の最も忙がしい時期であるが、その活気や熱意が果して組織の向上と発展に、どれだけ貢献しているかについては、いささか疑問なきを得ない。

わが民団もすでに二十周年を迎え、良い民団の発展過程を回顧しながら、深く己れをかえり見て、民団組織の最も欠陥ともいうべきものに、自らメスをあて体質改善に徹し、質的向上と気風刷新のために、一大英断をおろすべき時期であることを強く訴えたい。

一、組織幹部の言動は大衆の師表たり得るか

民団創立当時の「朝連」との激しい対立と闘争、共産主義的傾向への果敢な対決などのために、無理な背のびと行動力の飛躍から、今や名実ともに在日僑胞の指導体として、昔日の面影をとどめぬ大組織に発展したのである。

当面せる民団の緊急課題として、在日僑胞を指導するまで量的発展に全力をつくさねばならぬことは当然としても、その前提として、またそれへの推進力として民団各級機関の幹部一人一人の指導者としての条件具備と力量に、鋭どいメスをあて深く抉り下げて、その欠陥克服に一大手術を施こさねばならならぬ段階にあることを、声を大にして叫ばねばならぬ。世に組織か人物かということがしばしば話題の対象となるが、しかし、左翼団体のように強力な統制力を持ち、個人の自由な発言と行動が極度に制限されている組織はいざ知らず、わが民族陣営のように個人の言動が無制限に自由であって、むしろ行き過ぎを思わせる程の民主的制度においては、あくまでも幹部個人の力量と人格が組織をおしすすめ、大衆の信頼をひきつける原動力となるものである。ここに指導幹部の自覚と反省が強く望まれる次第である。

人間の才能と手腕には、おのおの特色があることは論をまたない。すなわち、乱世の雄もおれば、平時における内政の逸材もある。激動期に適する人もおれば、建設期にふさわしい人もいる。時は流れて二十年、時々刻々に情勢は変り、待望の韓日両国の国交正常化もすでに二年を迎え、内外の条件はわが民団にとって有利に展開されつつあるが、卒直にいって、わが指導幹部の中には旧態依然の思考方式で大衆に臨み、理論的にも実践面においても大衆を律するだけの力量と品格教養がとぼしいことは否定出来ない事実である。

特にここで指摘せねばならぬことは、指導幹部に属する人々が、つねに指導者としてふさわしい権威と自覚を持って、移りゆく時勢にマッチするよう自己の行動を律し、たゆまざる向上の道を歩みつつあるかということである。時代感覚をもたず、時勢に即応できるよう何らの学習もせず、ただ年の功と組織ズレの権謀術策のみを弄し、中傷と謀略をこととする幹部がおるとせば、あまりにも民族陣営がかわいそうである。

幹部の言動はつねに大衆の教師でならなければならぬ。その知識において、能力において、なおさら心掛けにおいて、大衆の指針でなければならない。いたづらに政治家ぶった幹部、ただ口先だけで大衆を欺瞞する幹部、時勢に目ざめず大言壮語を時と場所も選ばず吐き捨てる無責任幹部、名目だけの幹部で肩書のみ振りまわすダラ幹連は、本質的に過去の人間であり現実的にも組織の舞台上から下りて貰わねばならない。

二、体質改善に徹せよ

いまさらいうまでもないが、わが民団は、幹部自身の体質を改善すべき重要な段階にきているのである。今まで通りの指導幹部が、今まで通りのやり方で組織活動をするとしても、そこには何らの進歩がないばかりかかえって組織は後退することは必然である。日進月歩の世の中では、すべてに新陳代謝が望まれるように、わが組織にも時代に即応した感覚を持ち、幹部自身が卒先して体質改善に徹しなければならない。

すなわち、新しい時代の幹部たるためには、先ず人間としての心構えからかえねばならぬ。

第一に、自分の身のまわりをふりかえって見よう。幹部の私生活はきれいか。私生活が乱れ、他人の非難を受けるようでは、すでに大衆指導の資格はない。これが新時代の指導者として第一のモラルでなければならぬ。

第二に、幹部は奉仕精神に徹しているか。幹部は大衆に奉仕するものであって命令し威圧するものでない。奉仕に徹すれば徹するほどその反響として、大衆から信頼され、尊敬される組織として発展し充実していくのである。ほんのちょっとした心得違いで地位や職務を利用し、大衆の弱身につけこみ職務ブローカーのようなことをしたり陥りして、やがては大衆の審判を受けることになる。

第三に、幹部は自らを教養し学習しなければならぬ。組織の中にあって大衆を律するに、学習なくしてどうして指導することが出来よう。韓日間の国交正常化によって在日僑胞の法的地位および処遇問題が世間を騒がせ、一般大衆が求めている納得いく永住権の申請問題など、適切に説明して指導していくならば、協定上の永住権申請などは現在の申請数を遥かに上回ることとは必定である。それには先ず幹部自身が絶えず学ばなくてはならない。

第四に、幹部は決定に従って忠実に実践し、組織の命令には絶対服従しなくてはならぬ。上は中央から下は分団に至るまで大会において選ばれた場合、例え自分の反対者に投票したにせよ、多数の意思を尊重し、それに順応して少くとも任期満了までは善意をもって見守るのが、民主々義を口にする人の態度でなければならない。そして大会で決議された活動方針および団命は忠実に履行し、大衆の意に背いてはならず、仕事する民団、奉仕する民団、信頼され愛される民団にと飛躍しなければならないのである。それがためには先ず団の命令は大衆の命であることを自覚し、これに服従して行かねばならない。奉仕と服従、何か前時代的な言葉ではあるが組織にはこれが鉄則である。奉仕と服従は他人のためのものでなく、自分のためであることを知らねばならぬ。

民団二十年の歴史は、われらに固い信念と自信と希望を与えている現在、大会シーズンを迎えて正々堂々と自分を俎上にのせて検討し腐敗せるものを切り取る勇気と決断のある者のみが自己の欠点を克服し、新たなる前進をつづけることが出来るのである。こうした指導幹部の続出によってのみ、民団は発展し質的にも向上することを銘記しわれらは体質改善に立ち向かうではないか。

## 共和党 公薦者を発表
### 現職議員23名公薦漏れ

韓国の与党、共和党は五月末に実施される第七代国会議員候補の公薦者(全国一三一地区)が確定、その顔ぶれを発表したが、公薦を申し入れた百名の現職議員のうち二三名が公薦漏れとなった。

金鍾泌党議長は公薦者の顔ぶれを発表した後、「公薦から漏れた落選者の不満と反ばくを一掃するため、必要な対策を講ずると共に、党の紀綱を乱す行為に対しては総裁の指示にもとづいて断乎たる措置を取る」と語った。

第七代国会議員に出馬する公薦者の顔ぶれは次の通り。

◇ソウル(14区)▲鍾路=金[illegible]鎮▲中区=朴仁琨▲東大門甲=閔[illegible]植▲東大門乙=姜尚郁▲城東甲=[illegible]▲城東乙=朴俊圭▲城北甲=鄭納泰・城北乙=金仁淳▲西大門甲=金用[illegible]▲西大門乙=朴[illegible]▲麻浦=金甲洙▲竜山=金得[illegible]▲永登浦甲=尹[illegible]▲永登浦乙=鄭大渋

◇釜山(7区)▲中区=趙[illegible]▲影島=[illegible]春浩▲西区=朴奎祥▲東区=李鍾[illegible]▲釜山鎮甲=金任植▲釜山鎮乙=崔斗高▲東莱=梁[illegible]

◇京畿(13区)▲仁川甲=柳承源▲仁川乙=金渡鉉▲水原=李秉禧▲議政府・揚州=李珍鎔▲廣州・利川=[illegible]▲抱川・加平・漣川=呉致成▲驪州・楊平=[illegible]▲龍仁・安城=徐相[illegible]▲平沢=李允鎔▲華城=権五[illegible]▲高陽・坡州=申允昌▲金浦・江華=李[illegible]▲始興・富川・甕津=呉学[illegible]

◇江原(9区)▲春川・春城=金宇栄▲原州・原城=洪淳哲▲江陵・溟州=崔[illegible]▲洪川・麟蹄=李承春▲寧越・旌善=張承台▲鉄原・華川・楊口=金在淳▲束草・襄陽・高城=金[illegible]▲横城・平昌=[illegible]▲三陟=金[illegible]

◇忠北(8区)▲清州=鄭泰成▲清原=閔[illegible]▲忠州・中原=李[illegible]▲沃川・報恩=陸寅修▲槐山=安東濬▲永同=鄭[illegible]▲鎮川・陰城=呉元善▲堤川・丹陽=金裕沢

◇忠南(13区)▲大田=元容奭▲大徳・燕岐=金[illegible]▲公州=李炳王▲論山=[illegible]▲扶余=金鍾泌▲舒川・保寧=李源長▲洪城=[illegible]▲青陽=張栄淳▲礼山=朴炳善▲瑞山=李相[illegible]▲唐津=金斗鉉▲牙山=李[illegible]▲天安・天原=金鍾哲▲錦山=吉在号

◇全北(11区)▲全州=金容鎮▲群山・沃溝=車亨根▲裡里・益山=金声[illegible]▲完州=柳凡秀▲鎮安・長水・茂朱=全[illegible]▲淳昌・任実=韓相[illegible]▲南原=柳光[illegible]▲井邑=朴斗先▲高敞=[illegible]▲扶安=李炳玉▲金堤=張[illegible]

◇全南(19)▲光州甲=崔貞基▲光州乙=丁来正▲木浦=金炳三▲麗水・麗川=李[illegible]▲順天・昇州=金[illegible]▲長城・潭陽=高在泌▲谷城・和順=[illegible]▲求礼・光陽=李[illegible]▲高興=申[illegible]▲宝城=[illegible]▲長興=[illegible]▲康津=尹在明▲莞島=鄭[illegible]▲海南=金炳淳▲務安=[illegible]▲霊光=[illegible]▲羅州=李[illegible]▲光山=朴[illegible]▲咸平=尹仁植▲珍島=李南俊

◇慶北(20区)▲大邱中=李万変▲大邱東=李[illegible]▲大邱南=李孝祥▲大邱北=[illegible]▲迎日・鬱陵=金長[illegible]▲金泉・金陵=[illegible]▲慶州・月城=李相武▲達城・高霊=金成坤▲軍威・義城=[illegible]▲安東=金[illegible]▲英陽・青松・盈徳=文大[illegible]▲栄州・奉化=[illegible]▲永川=李元雨▲醴泉=[illegible]▲聞慶=[illegible]▲尚州=金天[illegible]▲漆谷・星州=[illegible]▲化=金昌[illegible]

◇慶南(15区)▲馬山=[illegible]▲昌原=[illegible]▲蔚州=[illegible]▲梁山=[illegible]▲忠武・統営=[illegible]▲巨済=[illegible]▲三千浦=[illegible]▲固城=[illegible]▲晋州=[illegible]▲河東・泗川=金[illegible]▲咸安・宜寧=方性出▲陜川=卞[illegible]▲山清・居昌=孔正植▲咸陽・[illegible]

◇済州(2区)▲済州・北済州=任炳洙▲南済州=玄梧鳳

一方、全国の公薦者は鄭求瑛・李鐘極・徐仁錫・閔丙権・金東煥・朴賢淑・金好七・崔熙松・姜文奉・玉朝南・金鐘茂。

## 飛躍的発展を誓う
### 第3回韓青全国冬期講習会 大阪本部から25名参加

第三回韓青全国冬期講習会は、さる二月二十五日から二十七日までの三日間にわたって長野県の菅平スキー場で盛大に開催された。

韓青大阪本部においても、全国的な韓青組織の組織拡大と、発展を期して二十五名が参加した。第一回、第二回の全国冬期講習会には全参加者が同質の学習を展開したが、このたびは、全国組織の質的、量的水準の向上を図るため、講習内容を幹部、一般盟員、初参加者の三段階に分け、参加盟員の教養や学識程度に適した講習を行なった。

二十五日午後一時、中央委員長の力強い開会辞につづき、第一時限の講演は「韓国人として正しく力強く生きよう」とのテーマで張暁先生が熱弁をふるい、参加盟員に大きな感銘を与えた。講演要旨は①民族の継続的存在を有する最少条件の必要性②民族社会における倫理関係の順守③民族主体意識の堅持④常に闘う姿勢を堅持す[illegible]

(初参加者)=韓国常識問題、在日僑胞史、法的地位問題であったが、特にAコースでは、日帝三十六年間の侵略と暴力的同化政策の関連性を分析、同時に現在の在日僑胞が闘争的に当面している問題、即ち、民族的蔑視および差別と同化されつつある現状との関係を十分に検討し、僑胞の同化は僑胞の無権利状態を促進させると結論づけられた。

なおBコースでは、日常生活の諸問題をとりあげ、その問題点を討論する中で僑胞がおかれている現状を認識し、その諸問題解決の第一条件として「韓国人として正々堂々と生活しよう」と確認しあった。Cコースにおいては、民族意識を向上させるための学習であったが、三日間を通じて民族的喜こびを満喫して自信を持ち、講習会に溶けこみ成果をあげた。

午後はスキー講習を行ない、白銀の下、思う存分に遊び全国盟員の団結と連帯を強化させた。有意義だった三日間の講習で収穫した教養を、各県本部での積極的な活動を通して、韓青の飛躍的発展を誓って閉会した。

# 対日請求権 民間補償法成る

韓国の国会財経委員会は対日民間請求権補償のための立法に先行する準備立法として、「対日民間請求権補償申告に関する法律案」を議決した。この請求権審査において、正確な証拠と資料収集に関する事項と規定が定められているが、その審査のため国務総理を委員長とする三十人以内の対日請求権審査委員会を構成する一方、とくに罰則として申告のため証拠を偽造または変造したとか、補償対象有価証券を国外から持ち込むとか、これを譲受または変造した者は五年以下の懲役または五十万ウォン以上の罰金に処するよう規定されているが、申告期間は来る七月から十月までとなっている。

# 徴兵、徴用死亡者

## 日政、発行国債など該当

### 申告は7月から10月まで

### 虚偽申告者は処罰

この準備立法による補償対象者は次の通りである。

① 一九四五年八月十五日以前（終戦前）に日本に徴用または徴兵され死亡した者。

②日本の旧軍政法令57条の規定により指定された金融機関が保有する日本銀行券および日本政府の少額紙幣。

③一九四五年八月十五日以前に発行されたもので、現物が提示されたとか登録された次ぎの各項の有価証券Ⓐ日本政府が発行した国債および登録国債Ⓑ日本の貯蓄券Ⓒ日本の貯蓄債券および報国債券Ⓓ日本の地方債Ⓔ日本に本店を置き日本政府機関が発行した社債と日本政府が保証した社債。

④日本に本店を置き、北韓および日本に所在する日本金融機関に預入した預金（北韓所在預入分）既に申告分または同法施行前に大韓民国に住所を置いた名義分に限る。

⑤日本国で預入または納入した日本政府にたいする債務（郵便貯金、簡易生命保険、郵便年金、納入金）

⑥一九四五年八月十五日から一九四七年八月十四日まで、日本から帰国した国民が帰国の際、日本機関に預託した金額。

⑦韓国または日本に本店を置く日本生命保険会社に納入した保険料と受取ることになった保険金。なお韓国に本店を置く法人の在日本支店。財産にたいする韓国人株主とその他出資者の持ち分。

## 金赫副領事、本国に栄転

### 後任に李起馨氏

金赫氏

一九六四年十月、オリンピックの最中に赴任してきて早や二年五カ月、永いようで短かかった任期とはいえ、現総領事館が駐日代表部大阪事務所と呼称していた当時に着任、池澈泰、金鎮弘両総領事を補佐し、韓日両国の国交正常化という歴史的な時点を経て、在近畿三十万僑胞のため、終始変らぬ温和な人柄と親近感をもって、多忙な領事事務の重責を果し、僑胞から敬愛され、慕われてきた金赫副領事が、このほど本国の商工部通商局に栄転が決まり、さる三月十八日大韓航空便で帰国した。

後任副領事としては、外務部総務課の李起馨氏が近く赴任することになる。

# 民団組織有功者に表彰 本国政府

## 全国で一二六名受賞

第48回三・一節記念本国式典および民団組織有功者表彰式に参加するため、全国有功者一二六名のうち近畿地方から八名（大阪一、京都三、滋賀二、和歌山二名）、関東から二四名、東北地方から八名、計四三名からなる本国訪問団を構成、近畿地方の訪問団はさる二月二十七日午後二時、大阪伊丹空港発、ソウルに向け出発した。一行らは意義深い三・一節式典および有功者表彰式に参加するなど、あわただしい日程を終え、このほど全員無事帰日した。

### 三・一節本国式典にも参加

二十七日午後四時三十分、ソウル・金浦空港に到着した一行らは外務部僑民課員の出迎えをうけたのち、さっそくウォーカ・ヒルに向かったが、ここで旅装を解きライマン・ホテルで宿泊することになった。

二十八日（二日目）＝午前十時三十分、一行は銅雀洞にある国立墓地を参拝して花環を捧げたのち、代表十名が外務部次官を礼訪したが、ちょうど緊急会議が開かれていたため対面できず、亜洲局長と面接し約十五分間人事交換した。続いて午後一時から公報部長官を礼訪、あいさつを交わしたのち「八道江山」と「祖国は栄える」の特選映画を観賞した。

午後三時から国務総理室で民団組織有功者にたいする表彰授与式が行なわれたが、同式には全員が参加した中で、丁一権国務総理から激れいと訓示があった後、有功者一二六名を代表して梁炳斗中央委文教分科委員長が表彰状および記念メダルを受賞した。つづいて午後六時から巡和洞会館で、在日僑胞本国訪問団を歓迎する丁総理主催のレセプションが催されたが、国務総理を囲んで和やかに八時すぎまで交歓した。

一日（三日目）＝午前十時から中央庁前広場で朴正煕大統領をはじめ政府要人、駐韓外国使節並びに約二万の市民が参加した第48回三・一節記念式典に一行43名も参加したが、特に在日、在米僑胞の代表席が壇上に特別に設けられているといった歓迎には、ほんとに心をうたれた。

二日（四日目）＝午前十時三十分、中央情報学校を訪ね情報センターをくまなく見学したが、韓国の捜査機関が世界的に発展し、研究されていることを聞きわれわれは感心する　あった。なお、午後二時から仁川重工業を見学した。

訪問団一行は慌しい四日間の公式日程を終え解散したが、自由行動で市内見物並びに観光地を見回わるなど、意義ある本国訪問を終え無事帰日した。（李聖南大本事務局長の帰国報告から）

丁一権総理室で表彰を受ける民団組織有功者一行（左側背を向けているのが丁総理）

# 委員長に慎桂範君

## 韓学同定期大会開く

さる三月十日、在日韓国学生同盟大阪府本部では第二十九回定期大会を奨学会々議室で、盟員四十名を集め開催し、役員改選および新活動方針案を採択、学同組織の充実を図った。新委員長には、大阪大学の慎桂範君、副委員長に近畿大学の梁永喜君がそれぞれ選ばれ、重責を荷うことになった。当日採択された新活動方針の要旨は次ぎのとおり。

### ＝活動計画＝

今年度活動方針案を作成するに当たっては、日常活動の強化を主眼点とした。従来学同を継承発展するための基礎でもある日常学習が十分に韓学同の諸行事に還元されていなかった面があった。この点を反省して日常活動を徹頭徹尾遂行し、諸行事にその成果を十分発揮したい。また各大学における組織整備の徹底化を図り、僑胞大衆との連繋を強化し、僑胞内の知的ブレーンの一翼を担い、真の大衆的基盤の確立と大衆的一個人として学同盟員の機能を充分に遂行したい。

（1）組織の拡大強化（支部組織の充実と拡張）

（2）日常学習の徹底化
①ハングル講座
②体育レクレーション活動
③専攻別サークル

（3）本年度行事日程
四月＝学生義挙記念。新歓行事合宿。五月＝新入生歓迎会。六月＝ハングル初中級講座発足、各サークル発足。七月＝大阪本部サマーキャンプ。八月＝全国サマーキャンプ。九月＝ハングル講座終了。十一月＝文化祭。十二月＝中央文化祭参加。

となっており、盟員たちの活躍が大いに期待される。

# 母国留学生決る

## 大阪から十二名合格

日本で生れ、日本で育った二世僑胞が、祖国の大学で学べるよう門戸を開いて数年、そして年ごとに留学を希望する数は増加の傾向をたどり、今年は全国で七十八名が合格し、大阪関係の十二名も正式合格発表があった。このように祖国の大学あるいは、大学院に留学する僑胞学生が増加して来たことは、まことに喜こばしい限りである。祖国の大学で四年間もの学生生活を送り、われらが祖国を身をもって知ることに大きな意義があるといわねばならぬ。これらの僑胞学生たちが、学業を終えやがて日本に戻り、僑胞社会の知的ブレーンとして指導的な役割をはたすようになれば、わが僑胞社会および本団組織にも発展がもたらされるものと確信する次第である。

一九六七年度自費による母国留学生の合格者（大阪関係）

張文煥（大阪市西成区津守町東一ノ一九）＝ソウル大学院政治科。金正雄（大阪市旭区大宮町五ノ一六二）＝ソウル大学院電気科。金濟三（大阪市生野区猪飼野東九ノ一五）＝ソウル法大法律科。張順子（東大阪市永和二丁目三三）＝ソウル教大。張聖彦（八尾市竹渕三七〇）＝ソウル文理大化学科。金明姫（大阪市東淀川区上新庄町三ノ九二）梨花大教育科。安光伸（大阪市天王寺区小橋町十五）＝ソウル師大体育科。金鎮弘（大阪府堺市日置荘西町一〇五二）＝ソウル商大貿易科。梁正進（大阪市西成区鶴見橋通り八ノ一九）＝ソウル文理大英文科。金東淑（大阪市東成区大成通二丁目三五）＝梨花大家政科具行姫（大阪府堺市甲斐町東一ノ三）＝ソウル大商業。韓洪哲（大阪市生野区猪飼野中三ノ三）＝ソウル大商業科。

【民団大本で招請した"韓国農業技術研修生"に対する研修費用として拠出された各支部の拠金明細表】

| 支部名 | 金額 | 支部名 | 金額 |
| --- | --- | --- | --- |
| 布施支部 | 400,000 | 北河内支部 | 50,000 |
| 中央支部 | 310,000 | 城東支部 | 50,000 |
| 生野支部 | 300,000 | 大正支部 | 50,000 |
| 西成支部 | 300,000 | 豊能支部 | 50,000 |
| 福島支部 | 210,000 | 港支部 | 50,000 |
| 住吉支部 | 150,000 | 泉南支部 | 50,000 |
| 西淀川支部 | 150,000 | 南大阪支部 | 50,000 |
| 東淀川支部 | 117,800 | 此花支部 | 50,000 |
| 堺支部 | 115,000 | 茨木支部 | 50,000 |
| 東成支部 | 100,000 | 高槻支部 | 40,000 |
| 北大阪支部 | 100,000 | 泉北支部 | 30,000 |
| 東住吉支部 | 80,000 | 都島支部 | 30,000 |
| 泉大津支部 | 53,000 | 枚岡支部 | 20,000 |
| 八尾支部 | 50,000 | | |
| 吹田支部 | 50,000 | 合計 | 3,055,800 |

## 僑胞から初の陸士合格

### 朴烈遺児の栄一君

抗日独立闘士であり、本団の創団者でもある朴烈氏の長男栄一君（十九歳）が、このほど韓国の陸軍士官学校六七年度入学試験に合格した。父親の遺志を継いで、玄海灘を越え祖国の防人として、また在日僑胞としては、はじめて陸士に合格した。

# 韓国古典唱劇 人気絶頂

## 大阪でアンコール公演 3月31日 4月1日 四天王寺会館で

さる三月一日、民団大本が祖国から招請した「韓国古典唱劇団」（団長朴初月）一行十四名を迎えたことは、遠く故郷を離れて異国に住むわれわれにとって大変喜ばしいことである。

韓日両国の国交正常化後、日本でも最近、韓国の民族芸術に対する関心が高まっている折から、古い歴史と伝統をもつ優雅で素朴な"伽倻琴""アジェン""チャング"などの音に合わせて踊る古典舞踊や民謡、そして世界の文化財とまで評価されている古唱による唱劇"沈清伝"と"興甫伝"など韓国の無形文化財である国唱朴初月氏、同じく国唱金演洙氏ら芸の域を極められた斯界の権威者たちが、来日早々三月四日「毎日テレビの"ウイークエンドショウ"にも出演して絶賛を博し、さる三月十日、十一日、十二日の三日間は四天王寺会館の華麗な舞台で大熱演、観客をして笑い、泣き、そしてきらびやかな舞踊には感動のあまり嘆息まじりの声援がとぶなど、四時間もの長い時間にもかかわらず、息もつかせぬ唱劇団の大熱演につめかけた観客はすっかり魅了され盛況を極めた。

なお、この唱劇団の公演は日本各地を公演し、来る三月三十一日と四月一日の二日間、僑胞の熱望にこたえ、再び大阪四天王寺会館で公演することになった。この機会を逃がさず、さきに見られなかった僑胞の皆さまも一家揃って、生々しい祖国の芸術に接し心温まる雰囲気に浸って欲しいものである。

祖国を愛し、民団を愛するわれわれは、愛する兄弟を慰労する気持で来日した「韓国古典唱劇団一行」が日本各地は勿論、特に大阪での特別再公演では、多大の成果を挙げ得るようこぞって協力して載きたい。（前売券は支部で発売）

写真(上)は韓国の無形文化財、国唱朴初月、金演洙の両氏、(下)は興甫伝の一コマ。

## "青春座"を公演 21日八尾支部で

八尾支部では三月二十一日午後五時半から、八尾市民ホールで、このたび民団奈良県地方本部の招請を受け来日した本国の「ソウル青春座」楽劇団一行を迎え、"支部管内僑胞慰安の夕"を開催好評を博した。本部からも常任が出張し八尾在住僑胞の啓蒙に当たり、幕間を利用して永住権および国民登録の更新などのPRに努め成果を上げた。

## 毎月5日は少年を守る日

僑胞二世国民の健全育成につとめましょう

大阪 韓僑新聞

発行所 韓僑新聞社
発行人 婆桂重
編集人 朴英成
大阪市北区中崎町43
電話(374)7331～5番

綱　領

一、われわれは大韓民国の国是を遵守する
一、われわれは在留同胞の権益擁護を期する
一、われわれは在留同胞の民生安定を期する
一、われわれは在留同胞の文化向上を期する
一、われわれは世界平和と国際親善を期する

# 第九回定期中央委開かる

## 民団の姿勢を正す

## 法地位問題に全力傾注

本団の第九回定期中央委員会は、全国団員注目裡にさる二月十二、三日の両日間にわたって、東京都文京区総合庁舎別館会議場で華々しく開催された。

### 一日目

同委員会は、中央委員定足数一三〇名中九一名が出席し、組織局次長李鍾源氏の司会で国民儀礼が行われ、李副議長の開会辞のあと三機関長の挨拶に引続き、来賓として臨席された大使代理、安光鎬公使から「本国の第一次経済開発五ヵ年計画も、昨年度で終止符が打たれ予想以上の大成果と驚異的発展を遂げ、それも超過達成されたことは、韓国の自立経済の基盤構築によって、豊かな明日を建設し、こんどの繁栄を約束する画期的なものであった。今年も引続き第二次五ヵ年計画により経済、社会の長期発展を積み上げていき、産業構造を近代化させ、自立経済の確立を一層促進させることが基本目標である。その他外交面では各種国際会議の開催、参加などにより世界列強とも肩を並べ、自由と平和と繁栄が充溢する新らしい世界秩序確立のための役割を担うことになり、国威宣揚に努力し、また海外僑胞、特に、在日僑胞に対する関心も漸次高まっている折柄、これに対する強力な対僑胞政策を打ち出し当面課題としては①法的地位問題に全力を傾注②僑胞の経済的安定③民族教育問題の重要性④民団対領事館の有機的連繋による協調などに全力を傾注する」との、力強い所信の一端を披瀝した。

つづいて経過報告に入り、李補……

第九回定期中央委員会のもよう

### 二日目

### 決定事項

### 当面活動方針

## 丁国務総理、日本に立寄る

丁一権国務総理は金桂元国防長官を帯同、ベトナムに訪問の途次、さる十四日午後日本に立ち寄り、羽田国際空港貴賓室で、僑胞にメッセージを送った。

# 国連と韓国

## 論壇

### 統一のための韓国の前進

### 国連の努力に絶大協力

韓半島の三八度線は、第二次世界大戦の終戦処理のための軍事線であった。日本の降服を予想して北から南下するソ連軍と南から北上する米軍とが北緯三八度線で出会い、一応進撃を停止することを約束した軍事上の境界線だったのである。それが終戦後二十年の歳月をついやしながら、未だ何らの解決をみないままであるばかりか、韓半島の単一民族を真っ二つに切り離して南北に正反対の生活哲学を保有する政治体制を作ってしまったのである。

一九四六年から韓国は、国連機構を通じて南北韓の国土統一運動を展開し、国連の韓国案の目的は、代議制度のもとで平和……

# 韓日修交一周年を迎え

## 基本精神に立脚せよ

## 日本側の反省促す

さる一月十八日は、韓日基本条約および諸協定が発効されて満一年を迎えた日であった。

回顧して見るに、韓日国交正常化のための条約および諸協定は、韓日国交が正常化するまで、十……

# 48回三・一節記念日

## 民団大本　中之島公会堂で開催

# 自由への願いかなう

## 平新艇乗組員4人のその後

### ―楽しい毎日を送る―

昨年の六月日本に北韓を脱出し、日本に亡命を求めた北韓漁船「平新艇」一義挙事件は、周知の通り稀有の亡命事件として全世界に大きな反響を呼んだが、わが民団の努力と本国政府の温かい配慮が功を奏し、リーダー格の関東奎氏ら四名は、無事、自由韓国の懐に抱かれはや半年、生命を賭けてまで求め得た"自由への願い"は叶えられ、生活する喜びで、働いて努力することの楽しさはもちろん、何者にも束ばくされない自由の満喫に、始めは戸惑いもし夢かとばかりわが身をつねったことも幾度だったろうか。それも日がたつにつれ、当初日本への亡命でうけたその非人道的行為にひきかえ、祖国韓国で受けた歓迎や、身に余るもてなしには人間として扱われ、愛情というものにはじめて接したので、まさに地上の楽園の如き感がしたと述懐している。

ところで、平新艇乗り組み員たちはさる十月三十日に、ソウル特別市民の歓迎を受け、現在、ソウル特別市西大門区北阿峴洞でアパート住まいという。もちろん政府が提供したもので家具もあわせえし、関東奎氏は貿易会社東洋商事に、李[illegible]氏は韓国協力会社へ、安[illegible]氏は韓国国有鉄道局へ、張大植氏は東仁病院にそれぞれ就職し、楽しい毎日を元気に過している。しかも政府から生活資金として十万ウォンずつうけ、各々の毎日を[illegible]っている。

平新艇乗り組み員らのソウル市民歓迎大会のもよう

政府が提供した住宅に入る喜びの帰順者たち

# 瞞かれた"楽園の夢"

## 北韓行き希望者激減　一回にわずか20人

さる九月二十三日、北送協定が七回目の延長をみてから、はじめての北送船（第一四一次）が新潟港を出航した。

北韓の実情に暗く、共産主義の正体をよく知らない朝総連系の僑胞たちはすでに北送された僑胞たちからの秘密の手紙または、脱出や亡命に成功した人びとの暴露などによって、惨憺たる北韓の実情を知るようになった。それにつれ、北送希望者が激減し、さいきんは毎月（月一回）百人程度の僑胞が北送されてるに過ぎなかった。それに加えて昨年九月に平新艇事件が発生し、北韓の漁夫が集団的に死線をこえて脱出してきたのを契機とし、在日朝総連系の僑胞たちは一大衝撃をうけており、その結果、さる第一四一次北送船で北韓行きが予定されていた約百余人の僑胞たちは、異例的に北送の意志変更を表明し、結局わずか二十人足らずが北送されたのである。

北送船が出航するたびに、これを大々的に報道し、その数字を発表していた。朝総連の機関紙「朝鮮新報」は、さいきん北送者数が激減し百人程度となるや、一切その数字を発表せずにいたが、今回第一四一次北送船が二十人に達しない事態が発生するに至っては、その数字を明らかにしなかったのは勿論、「新潟港を出航する帰国船」という写真までも、いたって不明瞭なものを掲載している。

一方、朝総連は彼らの気にくわぬ幹部を追放する方法として、北韓に強制送還するのが常例となっており、昨年十月二十二日に出航した第一四二次船便では、次のような朝総連高位幹部が北送されたが、彼らも朝総連によって粛清されたものとみられている。

陳炳禹—朝総連中央本部副議長（岡山出身）
朴甲東—朝総連大阪本部副委員長（大阪府泉北出身）
朴址煥—朝総連対馬本部委員長

## 在樺太僑胞の送還問題　韓日間で再び協議

樺太に抑留中の僑胞の送還問題は、韓日両国の政府間でその解決策がきまらず、たな上げとなって年を越したが、引き続いてその救助策を講ずるため、今月末、日本・外務省国際資材部の山本[illegible]治参事官が韓国を訪ね、外務部当局者と送還問題をめぐって再び協議する運びとなった。

樺太には現在二、三万人の僑胞が在留中といわれるが、在樺太居留民たちは一日も早く祖国に帰ることができるよう、韓日両国政府に帰国者処理を訴えてきた。

送還問題をめぐって韓国側は日本に定着または韓国に定着するということを問わず、日本政府が一括的に責任をもって引き受けるべきだ、と主張しているのに反し、日本側は日本に定着したいという者を除いて、日本を経て韓国に帰国したいという者は送還あっせんをすると主張、両国間はこのような意見の食い違いで話合いがまとまらなかった。

# 僑胞子弟の悩み解消

## 青少年補導協議開かる

### "韓国の子供を守る会"発足か

第二回青少年補導協議会では、さる二十五日午後から大阪市東区の大阪韓国教育文化センター講堂で「韓国青少年の健全育成と不良化防止」をテーマに懇談会が行なわれた。

この日は民団をはじめ金剛、白頭の僑胞学園、文化センター、日本側からは大阪府教育委員会、大阪青少年活動振興協議会、大阪家庭裁判所、大阪少年補導協会、少年鑑別所、生野警察少年補導課、[illegible]施補導センター、大阪ボーイスカウト連盟など各界の代表が参席して、僑胞子弟のこんごの問題と補導面について意見を交換した。

まず[illegible]南事務局長から、同協議会の発足趣旨とその後の状況およびこんごの補導対策についての説明があった後、各界からそれぞれの意見が述べられたが、特に①日本の公立学校への入学問題②僑胞子弟の不良防止問題③卒業後の就職の問題などでは、民団側が先頭に立って指導する一方、日本当局側に働きかけるパイプ役を務めることになった。

さらに、不良化防止のための就職問題は、現在民団側が就職あっせんに当たっているが、こんごはより一層と効果をあげるため、僑胞子弟の希望がかなえるように日本人経営の企業にも就職できるよう、日本関係当局をはじめ各界に呼びかけて就職の門戸を開放するよう、推し進めて行くことになった。

特に、この日の焦点は僑胞子弟の進学または就職問題を如何に解決して行くかに重さを置かれたが、民団はもちろんのことだが、日本側の積極的な僑胞子弟への挑[illegible]と配慮には、こんごの運動活動にも大きな力になることはいうまでもない。

さらに、僑胞子弟を温く見守って明るい社会をのびのびと目覚めさせるために「韓国の子供を守る会」（仮称）を韓日合同で発足することに決定、この発起と正式な名称は次回の協議会で決定することになった。

## 組織活動に活発な意欲

### 西淀川支部

従来、ややもすれば停滞しがちであった西淀川支部は、昨年の第二十二回定期大会以後、新たに選出された三機関が固く結束、旧態依然の組織を活動性ある組織に脱皮さすべく全力を傾注し、目覚ましい活動を展開してきたが、当初に支部内の人の和に努めると同時に未編組織の整備に力を注いできた甲斐あって、この一年間のあいだに予想もしなかった分団を三か所も設置することに成功、その上、文教活動の一端として支部内に成人講習所を設け、講師二名を確保、永続性ある常設講習所としての機能を発揮するなど、従来見ることのできなかった活発な組織活動には全く目をみはらせるものがある。支部管内の団員たちも、支部のこうした動きに協力、有名無実だった婦人会も再建され、今後の活躍が大いに期待されている。このほど設置された西淀川支部の分団は次の通り。

▼中島分団—分団長宋炳秀（一九六六年十二月十三日結成）
▼姫島分団—分団長金成基（一九六七年二月四日結成）
▼香蓑連合分団—分団長 金柳権（一九六七年二月十一日結成）

(大阪府下団員出身道別統計)

| | 済州 | 慶南 | 慶北 | 全南 | 全北 | 忠南 | 忠北 | 京畿 | 江原道 | ソウル | 平安南道 | 平安北道 | 咸鏡南道 | 咸鏡北道 | 黄海道 | 其他 |
|---|---|---|---|---|---|---|---|---|---|---|---|---|---|---|---|---|
| 生野 | 8,392 | 2,449 | 1,379 | 3,556 | 247 | 242 | 106 | 111 | 62 | 127 | 14 | 6 | 11 | 4 | 8 | |
| 西成 | 1,162 | 1,403 | 1,104 | 1,326 | 206 | 41 | 146 | 55 | 34 | 100 | 35 | 7 | 3 | 5 | 11 | |
| 東成 | 3,679 | 1,000 | 905 | 776 | 54 | 144 | 97 | 42 | 25 | 31 | 6 | 1 | 5 | 1 | 1 | |
| 城東 | 423 | 817 | 607 | 409 | 34 | 82 | 53 | 12 | 6 | 17 | 3 | 0 | 0 | 0 | 0 | |
| 布施 | 1,236 | 2,013 | 1,611 | 939 | 52 | 89 | 408 | 66 | 1 | 41 | 10 | 0 | 3 | 5 | 7 | |
| 東淀川 | 819 | 995 | 1,136 | 386 | 55 | 79 | 70 | 37 | 11 | 0 | 4 | 0 | 0 | 0 | 0 | |
| 西淀川 | 71 | 610 | 484 | 95 | 13 | 39 | 40 | 8 | 10 | 12 | 0 | 4 | 0 | 0 | 0 | |
| 大正 | 129 | 335 | 149 | 219 | 19 | 17 | 10 | 18 | 2 | 2 | 0 | 0 | 1 | 0 | 1 | |
| 南大阪 | 534 | 244 | 125 | 441 | 41 | 29 | 19 | 9 | 7 | 21 | 6 | 2 | 2 | 0 | 6 | |
| 北大阪 | 403 | 261 | 335 | 65 | 26 | 61 | 11 | 52 | 0 | 0 | 0 | 0 | 0 | 0 | 0 | |
| 住吉 | 75 | 866 | 578 | 227 | 38 | 23 | 44 | 11 | 6 | 14 | 3 | 0 | 0 | 0 | 1 | |
| 東住吉 | 612 | 596 | 520 | 571 | 64 | 25 | 105 | 12 | 8 | 20 | 5 | 0 | 0 | 0 | 17 | |
| 中央 | 324 | 415 | 345 | 154 | 30 | 32 | 42 | 17 | 0 | 15 | 0 | 0 | 0 | 0 | 0 | |
| 福島 | 293 | 209 | 112 | 107 | 30 | 21 | 15 | 5 | 7 | 10 | 9 | 0 | 0 | 0 | 1 | |
| 此花 | 87 | 388 | 126 | 69 | 24 | 26 | 26 | 1 | 4 | 0 | 14 | 0 | 0 | 0 | 0 | |
| 旭 | 88 | 210 | 152 | 53 | 1 | 28 | 24 | 29 | 5 | 10 | 1 | 0 | 0 | 1 | 1 | 1,080 |
| 都島 | 188 | 348 | 268 | 62 | 3 | 38 | 38 | 15 | 1 | 2 | 0 | 0 | 0 | 0 | 1 | 257 |
| 港 | 116 | 332 | 190 | 131 | 10 | 19 | 3 | 9 | 6 | 6 | 0 | 0 | 0 | 1 | 0 | |
| 吹田 | 281 | 364 | 401 | 148 | 30 | 16 | 18 | 8 | 0 | 13 | 4 | 4 | 3 | 3 | 3 | |
| 堺 | 159 | 1,327 | 617 | 318 | 22 | 16 | 12 | 22 | 1 | 5 | 0 | 0 | 3 | 0 | 0 | |
| 阿倍野 | 115 | 46 | 34 | 66 | 2 | 14 | 1 | 4 | 1 | 7 | 1 | 0 | 1 | 0 | 0 | 328 |
| 天王寺 | 93 | 43 | 4 | 31 | 0 | 4 | 4 | 3 | 0 | 3 | 0 | 0 | 0 | 0 | 0 | |
| 豊能 | 63 | 400 | 307 | 191 | 11 | 33 | 40 | 34 | 2 | 4 | 0 | 0 | 7 | 0 | 0 | |
| 枚岡 | 58 | 264 | 98 | 341 | 15 | 10 | 37 | 1 | 1 | 6 | 0 | 0 | 5 | 0 | 0 | |
| 泉北 | 9 | 491 | 84 | 37 | 0 | 4 | 7 | 1 | 1 | 2 | 0 | 0 | 0 | 0 | 0 | |
| 泉南 | 37 | 875 | 250 | 153 | 20 | 5 | 14 | 5 | 17 | 0 | 2 | 0 | 1 | 0 | 0 | |
| 泉大津 | 21 | 1,537 | 439 | 229 | 36 | 9 | 16 | 10 | 5 | 18 | 0 | 0 | 0 | 0 | 0 | |
| 北河内 | 151 | 511 | 397 | 223 | 25 | 88 | 51 | 18 | 5 | 1 | 1 | 1 | 5 | 0 | 8 | |
| 八尾 | 357 | 1,287 | 384 | 231 | 59 | 0 | 0 | 2 | 0 | 62 | 1 | 8 | 0 | 0 | 1 | |
| 高槻 | 3 | 467 | 325 | 128 | 2 | 8 | 37 | 0 | 10 | 3 | 1 | 0 | 0 | 0 | 0 | |
| 茨木 | 14 | 105 | 151 | 18 | 11 | 0 | 10 | 1 | 0 | 0 | 2 | 0 | 0 | 0 | 0 | |
| 小計 | 19,997 | 21,138 | 13,072 | 11,700 | 1,180 | 1,240 | 1,204 | 618 | 238 | 552 | 122 | 33 | 50 | 20 | 66 | 1,665 |

# 徳福一致論

## 敬愛をとりもどそう

「敬愛」—言葉としては古いかも知れぬ。だが、現代のあらゆる不幸を一気に解消してしまう威力を、敬愛の実態が持っているのである。それは疑うことのできぬ事実である。

# "真心"で接する

在日大韓民国居留民団大阪府地方本部副団長　趙　宗　大

### 失なわれてゆく敬愛

このところ、人を敬愛するという気持がかなり薄らいでいるようである。例えば、電車に乗っていると、座席に坐っている人が脚を組み、靴の先を前に突きだして、平気な顔で新聞を読んでいるのをよく見かける。立っている人や、前を通る人の衣服に靴先が触れることなど、一向に気にかけていない。以前にもそうした人たちはいたが、このごろになって、むしろより多くなっているように思われるが、如何であろうか。

自分の横の空席に鞄や包などを置いて、前に立っている人がいるにもかかわらず、まるで知らん顔をしている人もときたまいる。長距離の列車内などでは、特に多いということや。禁煙の車内で煙草をふかし、注意されると逆に食ってかかる人たちの記事も、しばしば新聞にでている。そのほか、乗り物に関することだけ挙げても、沢山あるのだが、エチケットの問題だといってしまえばそれまでであるけれども、それではなぜ、簡単なエチケットがずられないのかということにこそ大きな問題がある。

某大学教授が、停年で大学をやめるに当たっての言葉の中に、講義中に私語する学生がいつもいて、そのことが不愉快でならなかったと残念がっていたとのことである。これは多くの大学で見られる状態であって、ほとんどの教師が同じようなことをこぼしているらしい。中でも勇気のある教師は、そうした大学生につめ寄って、他の学生の迷惑になるからと遠慮なく叱責するそうであるが、学生の数が多いと、なかなかそうしたこともできず、仕方なく一方的に講義を進めてゆく教師が大部分であるということだ。

学校は卒業さえすればよい。先生などどうだってよいし、講義の邪魔になるようなことが少々あったところで、自分の知ったことではないというようなわがままな考えの学生がずいぶん多いし、その数はふえることはあっても、減っていないようである。

### 争いの絶えない社会

前に述べたようなことは、一部分の人に限られたことで、総ての人には関係が無いといわれるかも知れない。確かに、そうしたことをするのは一部の人たちである。学生がすべて講義中に私語するわけではなかろう。然し、他の人たちに無関係だとは言えないのである。部分的なことは、しばしば全体の傾向をあらわすことがあり、一部の人たちの振る舞は多くの人たちの想っていることのあらわれであることが、往々にしてあるのである。

他の人々に迷惑を与えるようなことを平気でやるというのは、その根本には、他の人びとに対する敬愛の心が欠けているところがあるからである。エチケットが乱れているというのは、そのもとに、人びとを愛し、敬うという心が薄くなっているからである。乗り物の中で、汚れた靴先を突き出していても、何んとも感じていないというのは、側にいる人を無視した態度であるが、それも結局は人に対する敬愛の情が欠けているからである。

この敬愛の心が薄かったり、欠けていたりするのは、何処にその原因があるのであろうか。それはとどのつまりが自分さえよければ他の人はどうなってもよいという考えが、根底にあるからである。それに幼児の我保と相通ずるのであり、また生きる本能のままに押し流されようとする動物的な生き方と変わりない。そういう利己的な自分勝手な考えが表面にでるので、人のことは後にするのだ。だからみんなが賞美しようとする植物を折ったり、みんなが利用する場所を汚したりして平気でいられるのである。

これらは、いろいろと理屈はあってもせんじつめれば結局自分の利を追求して、相手のためを考えない生き方が根底にあるからである。そういうことが現実的でないとか、表面的であるとかいってもしかし、とどのつまりは相手を敬愛する生き方が甚だしく欠除しているからそうなるのであって、この敬虔な事実に対して強弁を続けることは愚法であろう。相手を敬愛する心がほんとうにあれば争う必要はない。社会もそうであるし、家庭においても同様である。

### まず人を人と認めよ

それではどうしたら敬愛の心をよびもどすことが出来るであろうか。

人が人である以上は、誰でもその本性には敬愛の心を持ってはいる。ただそれが眠っているだけなのだ。わがままの皮でおおわれているだけなのだ。どうすればその皮をはぎとり、眠っている敬愛の心をよび醒すことができるであろうか。

一体、敬愛とは人を人として敬まい（尊敬）、愛する（親愛）ことだ。だから人を人として見るとき、おのずから敬まい愛する心が湧くのが自然であり、当り前である。人を人として見ずに、なんでもないものとして見たり、動物扱いしたり、石ころ同然に思っていたりするので、敬愛の心が湧かないのである。

自分も人ならば、相手も人である。それもお互いに生きている人間同志であることを素直に、ありのままに認識する。それだけで充分なのだ。

偉くない人を無理に敬愛する必要はないと、いうかも知れない。しかし、人は皆それぞれに長所を持ち美点を持っている。どんな悪人でもある点では、あなた以上に人情味を持っているところがあるかも知れないのである。馬鹿といわれるような人でも、その人へのコンクリートのカケラや米の切れはしとは違うのである。ある種の感覚は鋭敏ですぐれているかも知れぬ。人のよさという点ではあなた以上かも知れないのである。しかし、もともとは偉いから敬愛するとか、偉くないからしないとか、そうした打算的なものではない。人としての自分を生んでくれた生命のものである人であるから敬愛するのである。人と出逢ったときに挨拶を交わすのは敬愛の心の自然な発露である。偉いから挨拶するが、偉くないからしないというようなものではない。朝、論家の人とあったとき、例えこの人が偉くなくとも、自然に「おはよう」と挨拶する。それが敬愛のあらわれである。

### 太陽の燃えるごとく

敬とは、人のまごころが上に向い、愛とは、横に下に発するもののことであるが、もともと敬愛には、理屈はないのである。繰り返していうように、相手を人と認めるとき、自然に発する心の声なのである。人と認めていないからその声が曇ったり、かすれたりするのである。人は真心で頭を下げて相手に向うとき、必らずより多くの良さをみつけだすことができるのである。

もともと人は、人の力で生んだのでも造られたものでもなく、大自然の働きによって、この世にあらわれたものであるから、いろいろと、すばらしい要素を沢山持っているのである。

にもかかわらず、こちらが高ぶり、偉ぶって相手を見下げていると、その人の良さ、すばらしさがあらわれてこない。つまり、見えないのである。ところが、こちらが高くとまり、偉そうにする態度を捨てて、雑念をのけてありのままに相手をみるとき気ずかなかった長さをみつけることができる。高ぶり、偉ぶりを捨てることが実は敬愛の心に変ることなのである。

さらに、この程度が進んで、こちらが頭を下げる。卑屈になるのでなく、妥協的になるのでもない心を低くして相手に向うとき、普通の敬愛は尊敬と親愛により深まって、いよいよ相手をすばらしくするばかりでなく、自分自身さえも、ますますすばらしくなってゆくのである。

繰り返していうが、どうして敬愛の心を持つことができるかといえば、それは相手も人であることを認め、こちらが頭を下げて接してゆくことである。これが基本である。理屈はいらない。山があるから山に登るというように相手は人であるから敬愛するのである。

そしてこの敬愛の心情は発すれば発する程、深みを加え量も増える。愛のパンがなくならないように、敬愛の光は放射すればするほど増えてゆく。それはあたかも、太陽が燃えれば燃えるほど熱くなってゆくようなものである。そして人を尊敬すればその人は、文化の推進者としての役割を大きく果してゆくようになるのである。

われわれは、まず自分自身の心の底から敬愛を引き出そう。そしてみずから人類文化のにない手の一人として、仕事に魂を打ち込んでゆこうではないか。

「いうは易く、行ないにくきは凡夫のこと」、同志の皆さん、やろうではないか。

# 祖国繁栄につくす

## 本国農業研修生　アリラン号で帰国

昨年七月、当本部が招請して祖国の農業近代化と、合理化を促進させるため、日本の農業技術を研修していた本国農業技術研修生五十九名は、さる一月十二日神戸港から"アリラン号"で無事帰国した。

同研修生一行は、日本での六カ月間にわたる研修成果を、祖国で十分に発揮すべく、その使命と責任を痛感し、各自が習得した研修部門を故郷の土壌で普及、指導することを至上命令としている。

新たなる希望に燃え、本国政府の第二次経済五ヵ年計画の推進と相まって、農業の近代化と合理化に従事していく、これら農研生に全幅の信頼と期待を惜しまない。

また、このたび民団大阪が果したこのような画期的大規模で有意義な招請事業は、国家的、民族的見地からしても有益なことであり、大きく評価されている。

即ち、山野の開発、アルペン酪農の本格化、高原荒廃地での土壌改良、養豚養鶏における技術改革および品種改良、農業協同組合の合理的経営、機械化への技術指導と農業所得増加への研究、果実栽培における技術向入および人工栽培方法の普及化、その他農業全般にわたる研修成果が遠からずして実現されることを確信してやまない次第である。かくして、祖国の繁栄と民族の栄光が約束され、国力の充実は勿論、国際的にも揺ぎなき基礎を築くことになるのである。

なお、農研生の滞日中、物心両面にわたる援助を惜しまなかった、府下各支部の協力と激励に衷心より深く感謝の意を表する。

## たずね人

山田幸一郎こと崔一甲

以前大阪市内で紡績業または鉄工業を経営していた人ですが、韓国住在の妹さんが捜しています。消息を知っている方がおりましたら左記へご連絡下さい。

連絡先＝韓国江原道春川市祖士洞一一四　崔静子

または当本部組織部まで。

# 毎月5日は少年を守る日

僑胞二世国民の健全育成につとめましょう

大阪韓僑新聞

発行所　韓僑新聞社
発行人　姜桂重
編集人　朴英成
大阪市北区中崎町13
電話(371)7331〜5番

綱　領

一、われわれは大韓民国の国是を遵守する
一、われわれは在留同胞の権益擁護を期する
一、われわれは在留同胞の民生安定を期する
一、われわれは在留同胞の文化向上を期する
一、われわれは世界平和と国際親善を期する

## 3月3日福島支部臨時大会

福島支部では、このほど支団長の辞意表明により、急拠臨時大会を開くことになった。

# 北傀共匪蛮行糾弾大阪地区民衆大会

## 反共精神を高揚
## 戦争挑発を厳重糾弾する

韓民族四千万にとって永遠に忘れることのできない六・二五動乱につづいて、さる一月二十一日に発生した要衝にもひとしい北傀共匪の蛮行を徹底的に糾弾し、無謀な北傀の戦争挑発を厳重に糾すため、民団大本では、さる二月二十一日正午を期して「北傀共匪蛮行糾弾大阪地区民衆大会」を、中之島の中央公会堂で盛大に挙行した。

この日、小雪まじりの寒風が吹きあれる中を、大阪府下の各地より参集した在阪僑胞三千名は、会場である中央公会堂内に溢ちあふれ、ひとびとの熱気で民衆大会の気運はいやが上にも盛り上って行った。会場内の舞台一杯に掲揚されたプラカード、スローガンのどの一つを見ても時局の緊迫感と、われわれ自身が心しなければならない精神武装への心構えが明記されており、北韓カイライ達への憎悪心はこの雰囲気だけでも十分うかがえた。掲げられたスローガンは①想起しよう六・二五動乱／打倒しよう金日成徒党／②北傀の戦争挑発行為を徹底的に糾弾しよう／③朝総連の偽装平和工作を粉砕しよう／④愛国精神を高め、民団に固く団結しよう／⑤糾弾しよう北傀蛮行／擁護しよう自由のため／となっており参集した群衆の目をひいた。

## 朝総連の偽装工作粉砕

このたびの北韓カイライ集団の武装共匪の南派は、韓国に対する武力侵攻の前ぶれであり、一九五〇年六月二十五日、逆賊金日成徒党らによる南侵によっておこった「六・二五動乱」を再現しようとするもので、その理由は、北韓共産カイライ集団が最近、経済政策で行き詰まっていること、それに比べて韓国は目ざましい経済発展をなしとげて国際的に地位を高めていることが挙げられるが、このほか、国際共産集団が南ベトナムに次ぐ第二戦線を三八度線に設定し、米国を中心とするアジア自由陣営の力を分断しようとするものにほかならない。

ところが、北韓カイライ集団および日本におけるその手先である朝総連は「韓国内における韓国人の武装ゲリラの蜂起」だと逆宣伝し、在日六十万の同胞と、全世界の人類をもだまそうと躍起となっているのである。勿論、このようなたわけた宣伝を信じる人がいようはずはなく、かえってそのようなあくどい偽装工作や虚偽宣伝には憎悪心をたぎらしているのが現実なのだ。

われわれは、前に述べた「六・二五動乱」を忘れることは出来ない。そしてその当時、北韓共産カイライ集団によって共産奴隷にされていた四百万の北韓同胞が、自由と生活を求めて韓国に逃げのびて来たことをまだ鮮明に記憶している。われわれは、このような民族史上において到底許すことの出来ない「六・二五動乱」の事実に照して、北韓武装共匪の侵入を絶対に許すことは出来ない。のみならず、このような極悪無道の戦争挑発行為を断乎糾弾されなければならないのである。

なお、正午を期して大会の開会が宣せられるや、場内ぎっしりと埋めつくされた群衆のざわめきも一瞬にして静まりかえり、朴英成組織部長の司会で国民儀礼が行なわれたが、特にこんどの武装共匪の凶弾にたおれた軍・警・民三十三名の英霊に対する哀悼の意を表し、一分間の黙祷が捧げられ、北韓共匪に対する憎しみを新たにした。

会長団の選出にあたってはかねてより構成されていた、北韓共匪蛮行糾弾大阪地区実行委員会の姜桂重委員長、同金達寛副委員長、方鐘煥副委員長（本部三機関長）が推され、大会の進行にあたることになった。金達寛副会長の開会の辞のあと姜桂重会長からは北韓金日成カイライ集団の無謀きわまりない戦争挑発行為に対する怒りをぶちまき、カイライ北韓の手先である朝総連のあくなき偽装工作を徹底的に粉砕し、民団に固く団結しようと呼びかけたあと、東京より馳せ参じた中央団長李裕天氏が立って本国で目撃し、体験した武装共匪事件の全貌と、ただ一人逮捕された金新朝とも対面して本人の口から金日成の虚偽宣伝に騙されていたことを率直に認めていたことなど、生々しい武装共匪の蛮行と、金日成逆賊徒党の青天白日下にさらけ出された陰謀の暴露などを鋭どく追求し、つぎに法務部事務局長から経過報告として北韓傀儡集団が犯したかずかずの罪状が発表され、休戦成立以来、協定違反、スパイの南派、武装共匪の派遣などによる韓国内の秩序・産業の破壊および、人心の攪乱など憎むべき罪の全貌がさらけ出され、実に五千九百件という想像を絶する違反件数に、今更ながらその反民族的戦慄行為に敵愾心はいやが上にも盛り上って行った。

このあと糾弾講演に入り、わざわざこの日のために本国より派遣された講師、金昌順氏（元北韓労働党々員、現高麗大学亜細亜問題研究所勤務）より「カイライ北韓の内幕と金日成の凶策」について講演し、同じく派遣講師の林鍾文氏（第七次に北送された僑胞で北韓のスパイ教育を受け再侵後韓国に自首）は「北送僑胞の実態と北韓の社会相」について熱弁をふるい、三千聴衆に深い感銘を与え、大会気分はいやが上にも盛り上り最高潮に達した。

続いて決議文・メッセージの朗読に入り、大会決議文を李聖南事務局長、大統領閣下に送るメッセージを趙宗大副団長、ウ・タント国連事務総長に送るメッセージは大韓婦人会大本の裴順姫会長、朝総連傘下同胞に送るメッセージを姜太和民生部長、最後に金日成徒党に対する抗議文を朴英成組織部長が、それぞれ読み上げ、採決の結果、満場一致で可決された。そして全員起立の上、スローガンを声高らかに朗読し気勢をあげたあと、方鐘煥副会長の閉会の辞があり、大会長先唱による金日成逆賊徒党撲滅、朝総連の打倒を誓い、会場がわれんばかりの拍手がとび、栄光ある大韓民国の万才でとどこおりなく民衆大会は閉会したが、折よく本国の最新ニュースが上映され、武装共匪の蛮行と本国内における蛮行糾弾のもようをまのあたりに見ることが出来、ここに国内外の全同胞が同じ目的のために立ち上った怒りと意慾を胸深く感じとり、北韓カイライ徒党の戦争挑発行為に今後も引き続き糾弾することを誓い合って散会した。

この日、大会が終ったあと、会場出口では犠牲者三十三名の遺家族救援義捐金が婦人会の手で行なわれ、参加者のまごころとして三万六千五百円が寄せられたことは大会最後のフィナーレを飾るにふさわしい光景であった。

このたびの民衆大会の開催にあたって、民団大本では動員方法の一つとして飛行機による空中宣伝を行ない大きな効果をあげたことは宣伝効果上大いなるものがあった。

北韓共匪蛮行糾弾大阪地区民衆大会のもよう（中之島中央公会堂）

講演する林鍾文氏（第七次僑胞北送者）

講演する金昌順氏（元北韓労働党々員）

北韓蛮行に怒りを込めた群衆は会場いっぱいに埋った（中央公会堂で）

## 法的地位委員会が構成さる
### 委員長に李裕天氏

中央本部では、さる第十一回中央委員会の決定に基づき、つぎのように在日韓国人法的地位委員会を構成し、われわれの要望事項および懸案事項など、注目の諸懸案解決に全力を傾注し、目的達成まで積極的活動を展開することになった。

△委員長　李裕天（中央団長）
△副委員長　鄭烱和（中央副団長）
同　朴性鎮（元中央副団長）
△常任委員　張聡明（前中央副団長）
同　鄭順相（東本議長）
同　尹赫啓（中央委員）
同　金元中（同）
同　金宰淑（韓青委員長）
△常任委員兼事務局長　申灝（中央民生局長）
△委員　朴根世（中央委員）金泰俊（同）鄭在俊（同）呉基文（婦人会顧問）趙宗大（大本副団長）（同）辺安石（学同委員長）以上十五名

# 日本はスパイ基地
## 朝総連の対韓浸透作戦

正月気分も抜け切れぬ一九六八年の年頭早々、韓半島に世界の耳目を集めている。即ち、北韓武装共匪のソウル侵入事件、米偵察艦プエブロ号の公海上における拿捕された事件と、北韓傀儡による相つぐ無謀極まりない武力行使により韓半島全域は三八度線をはさみにわかに緊張した空気につつまれてきた。

ところでこのような暴力革命の旗印をかかげた北韓の対韓工作は、大別して三つに分れている。その一つは武装ゲリラ作戦、第二が武装ゲリラに呼応する韓国内での組織、即ち、扇動活動。第三は日本における朝総連を通じての日本を基地とした活動だ。

第一の武装ゲリラ作戦は、一昨年秋いらいから現在までに韓国側に摘発されただけでも五百七十三件。これは六・二五動乱が終った、さる一九五五年以来一九六六年までの十一年間に摘発した件数とほぼ匹敵する。

そして、ゲリラ集団がこれまでの四、五人一組といったものから次第に大規模化しており、大統領官邸襲撃には実に三十一名が参加している。また、装備も一昨年夏ごろまでは旧式銃を改良したものや、手製に近い手榴弾といったものが大部分だったが、一昨年秋以降は北韓カイライ正規軍とまったく同じ自動小銃、軽機関銃、手投げ弾などに統一されてきた。注目されるのはスパイ一味が使う無線通信機、発電機などの電気関係品が全部、日本製であることだ。このほど襲撃してきたゲリラ隊の通信機は昭和42年（一九六七年）型のソニー製品だったし、はめていた腕時計はセイコー、はいていた靴も日本製のバスケットシューズであったことを忘れてはならない。

韓国政府筋は、これらの日本製装備は日本から正式に北韓へ輸出されていないところ、在日韓国人の北送船により、かなり大量に送りこまれているとみている。これを裏書きするように、朝総連の某幹部はかって「われわれが北韓へ帰国する際、持ち帰る品物は家財道具はもちろん、工場設備などまで含まれている。すべて北韓の力になるものはなんでも持ち帰る方針だ」と語っていたし、それからみても通信機械の輸送など簡単なことでもある。

## 民団への働きかけ強化

こうしてみると北韓側が帰還協定の延長を死にもの狂いで主張してきた裏には、このような輸送ルートを確保するというねらいがあったわけである。

つぎに、武装ゲリラに呼応して韓国内で共産系分子の宣伝、扇動活動が次第に活発化していたことも見逃せない。

さきにベルリン在住の韓国人学者、文化人の一部が東独の北韓大使館を根城に共産革命の陰謀をめぐらし摘発されたほか、これに関連してソウル大学の民族主義比較研究会のグループ多数も検挙されるという事件があった。これらの事件の背後には武装ゲリラ作戦と呼応する北韓の対韓工作があったわけである。

さて、北韓の対韓工作の基地として日本の役割りが、ますます重要になっているが、その拠点はいうまでもなく朝総連である。こんどの武装ゲリラ襲撃事件と、米艦プエブロ号拿捕事件の直後、朝総連幹部は日本の報道陣の質問に答え、その翌日行なわれたいわゆる平壌放送と全く同じ所感を発表し、関係者はいまさらのように平壌―朝総連の結びつきの強さに驚ろかされるという一幕があった。

朝総連は、昨年末の北韓カイライ最高人民会議（国会）に、はじめて韓徳銖議長ら七人を代議員に送り込み（実際は名儀のみ）、ますます北韓との関係を深めており、カイライ北韓の在日出先機関としての色合いをいよいよ濃厚にしてきた。

新年はじめ朝総連は幹部会を開いて、ことしの運動方針を確認したが、その中で特に「在日韓国人（民団系）への働きかけの強化」が強調されている。

これは朝総連が、これまで敵視していた民団系の在日韓国人の接近し、これを通じて対韓工作のルートを作ろうというものにほかならない。最近韓国から来日した、ある商社関係のH氏は、ホテルに材木商朴重光と称する朝鮮人の来訪をうけた。しかし、朴は朝総連の幹部でH氏とはたまたま同郷であることから、H氏を通じて韓国内の北韓秘密組織への連絡を依頼しようというものだった。このような朝総連による対韓、対民団工作はますます活発化することが予想される折柄、民団としても組織防衛と強化に万全の態勢を整えている。

# 朝総連傘下同胞に訴える！

親愛なる朝総連傘下の同胞皆さん！

さる一月二十一日夜北韓共匪がソウルに侵入、許すまじき蛮行をくり返えし、北韓が再び武力侵攻を企む誤った意図を現わしているが、平和的に国土統一を念願とするわれわれ四千万民族に不幸な杞憂をもたらすと同時に、なお日本においても朝総連が北韓共匪の蛮行を隠蔽し合理化するため、現在各地でありとあらゆる偽装宣伝を行ない、皆さまを騙していることに対し、われわれは民族的憤激を禁じ得ず、皆さんにメッセージを送ると同時に、われわれの考え方を明らかにし北韓共匪とその手先きである朝総連を徹底に糾弾するものであります。

祖国の平和的統一は国内外を問わず韓民族の至上命題であり、また達成することに最大の力を注ぐことが、われわれに与えられた歴史的使命といえましょう。

すなわち、このような理由の下で、われわれはこの度の北韓共匪の蛮行と日本においてそれを弁護、合理化しようと、ありとあらゆる虚偽宣伝を行なっている朝総連に対し、非常な関心を集めており、北韓と朝総連にかんするいくつかを率直に指摘し、皆さんの覚醒を促求するものであります。

今日みなさんは、北韓を自分の祖国である呼び、朝総連を祖国の分身であると信じていることでしょう。むろん長い間、北韓と朝総連の虚偽宣伝に騙され、ほとんどの人が観念的であり無意識の中に叩き込まれている皆さんとしては、無理なことではないと思います。

しかし、われわれが改めて皆さんに問い正したいことは、まず皆さんが自分の祖国という北韓と、また皆さんが他国のように見ている自由大韓民国を、実際に自分の目で見たことがあり、その内容を北韓や朝総連の宣伝でなく、自分自身が冷静に判断したことがあるのだろうか、ということである。ここには明らかに皆さんの重大な反省と覚醒が要求されるのであります。

要するに北韓について、朝総連が皆さんに宣伝していることは最も一方的であり、また甘言利説の虚偽理論であり、従って皆さんが想像または間接的にみている自分たちの祖国の姿とは、全部が悲惨な共産主義社会を美化した宣伝写真と宣伝映画にすぎないのである。これを証明することはいうまでもなく、共産主義がわれわれ人間性からみて根本的に誤った理論であるということである。謂ゆる北韓社会が、皆さんが憧がれているような地上楽園[illegible]く、個人の自由と尊厳性を完全に否定し、大衆を奴隷化し、文字そのままの強制労働の生地獄社会というのが、現下の北韓の政治、経済、社会的面のあらゆる暗黒相を通じて現われているのであります。

一方、六・二五動乱時に四百万の北韓同胞が越南したにも拘わらず、その後を追って今だに自由を求め生命をかけて大韓民国に帰順する数多くの同胞が、いるということを想起し、また、北韓が密派した武装スパイ、工作員たちまでも大韓民国に自首し、北韓社会においての悲惨な生活を自白し、大韓国民の自由社会で生活したいと異口同音で訴えており、願い出た者は全部が大韓民国の温い配慮の下に幸福な生活を営んでいるということは厳粛な事実であります。

このように述べると、皆さんたちは自分の祖国である謂ゆる人民共和国が現在建設途上にあり、特に米国と大韓民国政府を打倒し統一した後は、韓国民を幸福に導びいてやろうと、昼夜を問わず強制労働を行ない、食べるものも食べず、食糧とあらゆる物資を節約、保存しているということでしょう。しかし、それは千万不当の虚偽宣伝に騙された言葉であります。われわれ大韓民国は簡単に北韓が言うように、自主統一という美名にダマされはしないだろうし、またそのような統一を待ち、北韓同胞の奴隷的強制労働、言うなれば、飢えと呻吟によって北韓同胞の血と汗によって残された食糧と衣料をもって生きることを求めているのではありません。それよりも北韓には彼らが宣伝することと、また皆さんが信じ切っている食糧と衣料は、ありえないということを自覚せねばなりません。

なぜならば、北韓は大衆の奴隷的強制労働を凡て戦争準備につぎ込んでいるため、大衆が食べて着るまでの余裕が全くないということです。もう一度考え直してみましょう！北韓が中共とソ連の間を往来しながら、虚偽の自主路線を大きく宣伝し、皆さんに異常な自負心を与えてくれたが、その自主路線とは、すでに北韓がソ連から再び中共側に片向き、この度のような武装侵入を行なうに至り、青天白日下にその仮面がばく露されたのである。また北韓が大韓民国のめざましい経済発展と国際社会においての地位向上に慌て出し発悪的にこれを妨害し、機会あるごとに民族史上、到底許されない過去の六・二五動乱を再現しようと、反民族的であることが彼らの一貫した意図であります。言うなれば、最近行なっている行為は、大韓民国に対する武装侵入であり、その最終の目的は自主統一という宣伝の下で、武力で大韓民国を侵攻し全民族を共産主義の奴隷に仕立ようとしているのである。

そうであるがために、北韓は今度の武装共匪のソウル侵入も、これは韓国内で武装ゲリラが蜂起したものであると虚偽宣伝し、また忠実な朝総連もオオム鳥のように、良心の呵責もおそれず、恥じ知らずの悪宣伝で日本社会と皆さんに騙そうとしているのであります。

親愛なる朝総連傘下同胞の皆さん！

もちろん、朝総連の幹部たちは、このように宣伝する外はない有様であるが、皆さんまでが心から信じ切ろうと思いますか？万が一、皆さんが心の中で悪宣伝を否定しながらも、朝総連に近寄っているとすれば、皆さんは自己の人格と良心を自ずから捨てようとするロボットにすぎないでしょう。われわれ大韓民国はどこまでも平和的に自由民主主義の原則下で統一するという国是を打ち出しております。われわれが統一するにおいて、過去に北韓が南侵した六・二五動乱のような悲惨な同族相剋で、われわれが血と汗で建設した国土を銃剣と爆弾で再び破壊する必要がありうるでしょうか？

親愛なる朝総連傘下同胞の皆さん！

皆さんに次ぎのように訴えたいと思います。皆さん自身の民族的良心に基づいて、われわれ民族の百年大計のためにも、一握にすぎない朝総連幹部の甘言利説と幻想的宣伝から一日も早く目覚め、北韓と朝総連の実態を客観的に判断し、大韓民国の温い平和の膝に帰り、われわれと共に民族の統一に努力致しましょう。またわれわれは、日本において祖国大韓民国の国民として民族団結をはかり、われわれの権益を強く擁護し、北韓共産カイライ集団とその手先きである朝総連の誤った術策を排撃しよう。すなわちこれのみが国土統一とわれわれ民族後孫万代までの繁栄を念願とする、真の愛国的行為といえましょう。

最後に皆さんの幸福を祈り、また皆さんが一日も早くわれわれと手を握り合う時が来るよう、信じながら、このメッセージを送るものであります。

在日大韓民国居留民団

# 共匪蛮行が意味するものは！

南侵をねらう北傀集団は女性も軍事訓練に狩り出され、毎日のようにきびしい訓練を受けている。

## その底意と目的

北傀が武装スパイを南下させる底意は一口でいえば韓国を赤化させ共産統一の野望を実現させるところにある。この裏付けとしてあげられるのは、彼らのいわゆる「北韓労働党綱領」第一条に「反帝反封建的民主革命で、南北の赤化統一を成し遂げる」と公然に明示していることからも指摘できる。このような妄想を実現させるために、かの韓国動乱による南への武力侵略を敢行し、その後も多くの情報スパイと武装スパイを南下させてきたが、最近はゲリラ化した正規軍を侵入させているのである。

## 北韓最後のあがき
### 狂奔する戦争への準備

……中共大陸内の深刻な情勢のため、中共は北韓にまで気を配ることができなかった。このような中共の無関心は、北韓のいわゆる「人民経済建設七カ年計画」に悪影響をもたらした。そこで金日成は、……

北傀武装ゲリラ隊のうち逮捕された金新朝の記者会見のもよう

## 〝忍耐と努力に限界〟
### 朴大統領　北韓の挑発行為に警告

朴正熙大統領

## 韓国経済　発展に慌てる北韓
### 情報間諜からゲリラまで

### 就職案内

## 北韓の蛮行
（1966年1月—1968年1月まで）

▲1966年1月26日＝東明号、永豊号拉致事件
東海の休戦線南方、東草海上において東明号、永豊号など民間漁船5隻が漁労作業中、北韓魚雷艇（P・T）2隻と快速艇（MTF）3隻が現われ機関銃を乱射して新船号船長金竜沢氏を殺害し、3名の船員に重傷を負わさせ東明号、永豊号を捕獲した。

▲1966年10月15日＝国軍兵士拉致事件
北韓武装巡察隊が中東部前線南方で国軍1等兵李スンヒョンを拉致し、その後19日までの5日間にわたって9回も韓国軍を襲撃。

▲1966年10月21日＝食事運搬トラック襲撃事件
西部前線非武装地帯南方500㍍地点にて食事を運搬中のトラックが、北韓カイラク軍の襲撃をうけ、国軍兵士2名が射殺され2名が負傷。

▲1966年11月2日＝国連軍に対する奇襲殺傷事件
重武装をした北韓兵らが非武装地帯南方400㍍地点に侵入し、備中であった国連軍側に奇襲攻撃を加え7名を惨殺。

▲1966年11月29日＝福成号捕獲事件
北韓カイライ軍船舶が東海岸の高城の沖で漁労中であった韓国漁船を襲撃、福成号を捕獲。

▲1967年1月19日＝56艦襲撃事件
北韓は東海休戦線近海で漁労作業を保護中であった56艦を地上砲火で攻撃、40余名を殺傷。

▲1967年2月3日＝中部前線203哨所襲事件
分隊規模の北韓軍が軍事分界線南方800㍍地点である中部前線203哨所を襲撃。

▲1967年3月5日＝板門店付近軍事分界線侵入
北韓軍数名が板門店付近の軍事分界線南方900㍍地点にある国連側哨所に侵入。

▲1967年3月10日＝北韓軍中西部線侵入
北韓軍3名が中西部前線9158部隊の警備哨所に侵入、わが軍はこの3名全員を射殺。

▲1967年8月28日＝板門店後方兵舎襲撃
一団の北韓軍が西部休戦線2〜3㌔後方の米軍工兵部隊兵士食堂を襲撃、米軍二名と部隊員一名が死亡し、二十余名が負傷。

▲1967年九月五日＝京元線爆破事件
北韓テロ分子たちは京畿道抱川郡青山面哨城里駅南方を通過中のソウル発新炭里行311列車を爆破。

▲1967年九月十三日＝京義線爆破事件
北韓テロ分子たちは水原発汶山行1181列車（軍用貨物）を誓井簡易駅南方六百㍍地点で、前もって埋設した爆発物によって爆破。

▲1967年十月六日＝臨津江岸にて米警備艇襲撃
北韓は軍事分界線南方三百㍍地点の臨津江岸で水深測度作業を行なっていた米軍警備艇に無差別射撃。

▲1967年11月3日＝東海上休戦線南方で漁撈中の228隻にのぼる韓国漁船団を襲撃拉致事件
北韓海軍艦艇は東海岸休戦線南方で漁労作業中の228隻の漁船団に無差別砲撃を敢行し、12隻の漁船と漁夫を拉致した。

▲1967年12月6日＝北韓海軍による新光号、大光号など漁船7隻を拉致
北韓艦艇3隻は、東海岸巨津前の海でタラ漁をしていた漁船新光号、大光号など、7隻と船員41名を拉致。

▲1968年1月11日＝北韓艦東海岸で漁労中の漁船200隻を襲撃。
北韓艇1隻と快速艇2隻が東海岸で漁労中の漁船200隻を包囲、大韓号を沈没させ幸徳号と船員六名を拉致。

▲1968年1月21日＝北韓武装ゲリラ大統領官邸爆破企図事件。
北韓124軍部隊所属の武装ゲリラ31名が、大統領官邸爆破を目的にソウル市内に侵入、わが方の軍警に発見され一名生捕り、他は射殺。

▲1968年1月23日＝北韓、米艦プエブロ号捕獲事件。
北韓は哨戒艇四隻と、ミグ二機を動員し、北韓海岸から離れた公海上で米海軍情報収補助艦プエブロ号（906㌧）と乗員83名を拉致現在に至る。

# 第49回 3・1節記念式典

## 先烈の遺志継ぎ 反共への斗志固む

四千万韓民族にとって永遠に忘れることのできない、民族の正気と独立を誇示し起ち上った三・一節、その四十九周年を迎えた民団大本では、第四十九回三・一節記念式典を、大本講堂で盛大に挙行した。

この日、在阪僑胞代表は早朝より本部講堂に参集し、今をさる四十九年前、わが祖国大韓民国を半世紀もの長きにわたって植民地奴隷として搾取し、その結果、今日のごとき民族分裂の悲劇をもたらした日本帝国主義が、わが国の主権と自由を圧殺し、野獣が如き総督府を手先として祖国侵略をほしいままにしたのに対し、敢然とたち上った殉国先烈たちの赫々たる偉勲を銘記するとともに、この三・一運動の崇高な精神の気概を継承し、民族の正気と独立精神の高揚に僑胞各自が覚悟をあらたにし、同時に北韓金日成カイライ徒党の戦争挑発行為を断固糾弾することはもちろん、この手先である朝総連徒輩のあくなき偽装平和工作をことごとく粉砕し、栄えある祖国の統一独立と飛躍発展に寄与することを誓いあった。なかんずく、韓日修交二周年を迎えた今日、三・一独立精神はより一層新たなる意義を持つことにもなり、韓日友好親善はより深くならねばならず、韓日協定の基本精神により忠実でなくてはならないことを強調した。

このたびの記念行事では特に本団全体の一線幹部の任職員全員およびその傘下団体である、婦人会・韓青・商工会・学同・在郷軍人会・体育会等の任職員全員の精神武装を呼びかけ、三・一節を契機として「北韓共匪蛮行糾弾月間」を設定、「朝総連傘下同胞におくるメッセージ」（韓国文）、「北韓共匪カイライ集団武装ゲリラの盗行を糾弾する」（日文）、ビラを各支部管内僑胞および朝総連傘下同胞たちに徹底的に配布し、われわれの運動を正しく認識させる活動を展開することになった。

すなわち、①さる一月二十一日の北韓武装ゲリラの南侵は、北韓が二年前から計画し、猛訓練を受けたカイライ軍将校達であったことを、全世界のマスコミが確認している。②一月二十三日の米艦プエブロ号の拿捕は、公海上における不法拿捕であること。③この二つの事件は偶発的な事件ではなく、共匪カイライ達の戦略的意図から敢行された戦争挑発行為である。④一月二十一日ソウルに侵入した北韓武装ゲリラ三十一名中、逮捕された金新朝が最初の記者会見の席上で自己の所感発表として、北韓において決死隊としての訓練を受けていたので死を恐れないと豪語したにもかかわらず、二回目の会見の時には、人生にとって自由が如何に高貴なものであるかを悟り、現在では共産主義を憎悪し、欺瞞と虚偽宣伝から目覚め生命の尊さを自覚し、生きることへの執念を取りもどしたことを、本人の口から発表した点などを強調。そしてこのような事実は、中央本部団長李裕天氏が、最近本国を訪問した折、直接金新朝と対面し、彼が数週間前には銃と手榴弾を持って韓国へ侵入してきた武装ゲリラの一員であったが、今では自由大韓の同胞と関係当局の温たかい配慮のもとで、精神的にも物質的にも何等の拘束を受けず、自由で幸福な雰囲気の中で新らしい人生設計に意欲的な毎日を送っていることを確認して来た。⑤この様な事実を詳細に組織の一線幹部は消化し、団員達にも説明会や学習会等の方法で理解させ、金日成徒党の非人間性を暴露すると同時に戦争挑発意図を粉砕することになっている。

### 団長記念辞の要約

本日われわれは、今をさる四十九年前、わが愛国先烈たちが祖国の独立と自由をかちとるため、日本帝国主義に対し挙族的抗争に敢然とたち上った、世界民族運動史上燦然と輝く三・一独立運動の第四十九回記念日を迎え、われら大阪地区の僑胞代表二千名は民団大阪府地方本部の講堂に参集し、わが先烈達の愛国愛族の尊とい精神を継承するため、三・一独立運動第四十九周年記念式典を盛大に挙行した。該団長の記念辞要約

一、われわれ六十万同胞は、先烈たちの高貴な三・一精神を継承し、最近頻繁に起りつつある北韓ゲリラの南侵蛮行を中心とした武力侵攻を断乎排撃し、祖国の平和的統一により四千万民族の繁栄と幸福のために献身する。

一、われわれは、自立経済を目ざす祖国の近代化のために、民族中興の偉大なる課業達成に邁進する祖国の同胞達と相呼応し、祖国の第二次五ヵ年経済開発事業に積極参加することを誓う。

一、われわれは、韓日条約により韓日間の国交が正常化された現在、日本をはじめとする自由陣営諸国との紐帯を強化すると同時に、在日六十万同胞の法的地位に関する了解事項の早急実施を強力に要求する。

一、われわれは、民団組織をより一層強化させ、虚偽宣伝工作と謀略をほしいままにしている朝総連勢力を断乎糾弾粉砕し、ひいては朝総連傘下同胞たちを積極的に善導して、温たかく自由大韓の懐ころに抱かれるよう努力する。

一、われわれは、三・一精神を高揚する意味から、在日六十万同胞をして民団への大団結と、祖国大韓民国に対する忠誠をつくすことをここに固く誓うものである。

## 韓国古典芸術祭催す
### 布施支部主催で

正月気分がぬけきれぬ、さる二月八日、布施支部（尹甲春支団長）では、東大阪市民会館において「韓国古典芸術と映画による僑胞慰安の夕」を催し、東大阪一帯に居住する韓僑達との交りを持った。同支部の組織強化と僑胞啓蒙のための事業としては画期的なもので、また布施韓国人会館建設三週年の記念をかねあわせた催し物とあって、支部をあげての動員宣伝に活躍しただけあって動員成績は上々、会場には千五百名がぎっしりとつめかけ盛況をきわめた。

この日本部からも李副事務局長および、朴英成組織部長も参席し、北韓共匪の蛮行を暴露し、国登の更新、永住申請の奨励など時局や当面課題について説明もなされたが、つめかけた観衆は熱心に耳を傾け、新たな認識と自覚を深めたことは大きな収穫といわなければならない。

この種の催しは映画、演劇による観客動員と、動員された僑胞に対する啓蒙宣伝を目的とし、一人でも多くの僑胞が見聞することにより、祖国および本団に対する理解度をより深めさせようというもので、民団布施支部の組織強化策としては大きな成果といわなければならない。



## 永住権の申請急ごう
### 協定永住権申請案内

一、申請該当者

①一九四五年八月十五日以前から申請時（現在）まで、ひきつづき日本国に居住している大韓民国国民。

②右の①に該当する者の直系卑属（子・孫）で、一九四五年八月十六日以後ならびに法的地位協定発効日（一九六六年一月十七日）から五年以内（一九七一年一月十六日）に日本国で出生し、ひきつづき日本国に居住している者。

③以上の①②に該当し協定永住許可を得た者の子女で、協定発効日から五年を経過した後に（一九七一年一月十六日以後）日本国で出生した者。（出生日から六十日以内に永住許可を申請）

二、申請方法

①申請の場所＝居住地の市、区・町村の役所（外国人登録係）

②申請者

㋑満十四歳以上の者は本人が直接出頭し、十四歳未満の者は親権者または後見人が代理申請する。

㋺申請者が病気その他身体上の障害により出頭できない時は、代理人でもよい。

③手数料は無料

三、必要書類（各市・区・町村にある）

①永住許可申請書二通

②旅券または国民登録証（提示）、両方ともない場合は大韓民国の国籍に関する陳述書二通

③家族関係および居住経歴にかんずる陳述書二通

④写真二葉

⑤外国人登録証明書（提示）

四、記入方法

①韓国姓名（戸籍上の）を記入すること、とくに子・孫らの名前は日本式に記入せず韓国式で記入すること（例・朴チ子ではなく朴道子とする）

②居住歴では何年ごろ、春ごろ、秋ごろなどのように記入してもよい。

③家族関係欄には、在日家族だけでなく、本国の家族も記入すること。（離散家族再会に参考）

④記憶が確かでなければ、役所から外国人登録原票の写しを交付してもらい、その記録のとおり記入すればよい。

※但し戸籍上の住所・氏名・生年月日等が外国人登録と間違っている場合は、まず訂正をしてから申請されるよう。

## たずね人

◎韓相舜（当四十二才位）（通名）竹村幹男（慶南、大安）

右の者は戦前大阪に居住、戦後は広島にて居住していたがその後消息不明。心当りの方は左記へ連絡して下さい。

連絡先＝ソウル特別市永登浦区九老洞公営住宅六八七番地、韓相俊まで。

◎秦トンギュ（当五十六才位）（別名）秦シジュン（通名）山本（元運転手）

右の者は済州道北郡翰林邑明月里出身者で戦前より大阪市内に居住、三五年になるが、消息不明。心当りの方は左記へ連絡して下さい。

連絡先＝ソウル特別市東大門区里門洞八六～四五号梶点福方、秦春姫まで

◎金府坤（当五十才）

右の者は慶南巨済郡延草面梧峙里の出身で、解放直前に渡日、東京で居住後大阪へ移転、その後消息不通なので心当りの方は左記へ連絡して下さい。

連絡先＝慶尚南道巨済郡河清面河清里城洞一二四の辛宗局方金輝運まで。

## 朝大認可を反対
### 新日本文化人会議 起ち上る

北韓の赤化工作の本拠地である、いわゆる「朝鮮大学校」に各種学校としての認可を与えるか、どうかという問題を審議中の東京都私立学校審議会は、昨年九月十一日第一回の審議を開いたのを皮切りに毎月一回審議会を開いて審議をつづけ、すでに五回を数えたが、昨年の十二月十六日には朝大を視察するなど、さる一月十六日には審議内容を整理するため小委員会を構成して愈々最後のやまばを迎え三月の初旬には答申の運びとなるもようだが、反面この「朝大」はまったく反韓、反米、反日思想を徹底的に吹き込む赤い尖兵の養成所であり、在日韓国人としては絶対に認可すべきものでないという確信のもとに、昨年にひきつづき反対運動を展開し、韓国大使館でも抗議書を日本政府側に提出しており、本団でも総力をあげて認可阻止に起ち上っているが、このほど日本人の学者グループからなる「新日本文化人会議」からも朝大認可の不当性を衝いて起ち上った。

同会議によれば、日本のマスコミは、こと朝鮮大学校認可反対問題に関する限り、甚しい偏向を示している。四、五人のものが朝大認可で美濃部都知事に陳情に行っても、それはたんねんに報道するが、三千人を超える人びとが日比谷で反対大会を開き、デモ行進をしても一行半句も書かないのである。事情を知らない何人かの学者が発起人となって認可陳情書を起草すると、それを提出しない前にすでに〝陳情する〟と書いたりする始末である。

しかし、現実には朝大認可反対運動は各種の団体や学者達の間に、今や津波のように起っているのである。このほか、「言論人懇談会」でも、これまで樋谷繁雄博、嘉治隆一氏らが一斉に反対の声を高めてきたし、今もなお活発な反対運動はつづけられている。

このような良識のある日本人の人々の声を代弁する新日本文化人会議ではつぎのメッセージを採択し目下、日本全国の注目を集めていることは心強い限りである。

★メッセージ★

われわれが予想し、憂慮してきた重大な事態が遂に顕現し、政治問題となって提示されるに至った。すなわち朝鮮大学校認可問題である。北朝鮮憲法第十二条第三項には「精神錯者と親日分子は選挙権、被選挙権をもつことが出来ない」と規定している。かかる憲法にのっとり「共産主義で武装した祖国朝鮮に忠実なる反日、反米、反韓の革命家幹部」を養成するために、朝鮮大学校が開設されたのである。未承認国北朝鮮のいわば出先機関たる在日朝鮮人総連合会の教育方針には、明らかに「祖国の憲法と政府の政綱に基づき、学生の政治的教養と政治訓練の強化に力を注ぎ云々」とあり、「抗日パルチザンの革命伝統で教養する」とある。われわれは、かかる反日教育の学校が「民族教育」の美名によって、日本の国内に認可されることを断じて黙過することが出来ない。（後略）

昭和四十三年十二月十八日
新日本文化人会議

▼新日本文化人会議のメンバーは次の通りである。

岩木俊馬（京都産大）、赤尾義純（アジア大）、安藤義良（拓大）、石村暢五郎（日大）、伊藤政一（中央学院大）、鵜沢義行（日大）、打越孝明（中央学院大）、落合思士（アジア大）、梶村昇（アジア大）、海老立彦（東京外大）、神川彦松（評論家）、加藤寛（慶大）、気賀健三（慶大）、北岡勲（日大）、木村睦（国学院大）、工藤重忠（アジア大）、久保走一（千葉大）、高山岩男（日大）、小山文太郎（アジア大）、小林幾次郎（日大）、小林高四郎（神奈川大）、小林正敏（中央学院大）、斎藤栄三郎（立正大）、斎藤忠（評論家）、酒枝義旗（早大）、祥瑞専一（アジア大）、瀬川次郎（愛知学院大）、鍬正恩（中央学院大）、多田真鋤（慶大）、田村幸策（国士舘大）、田村祥幸（中央学院大）、寺川喜四男（独協大）、中河幹子（共立女子大）、中根不羈雄（アジア大）、中山庚子男（アジア大）、中山優（アジア大）、中保与作（評論家）、西内雅（中央学院大）、野間繁（明大）、半沢耕貫（アジア大）、林久吉（中央学院大）、早川鉄男（京都産大）、日下藤吾（青山学院大）、堀毛一麿（評論家）、蒔田栄一（高田外語）、桝田光（大東文化大）、苗剣秋（評論家）、森田行夫（アジア大）、八幡昇（日大）、湯村栄一（中央学院大）、横田重左衛門（愛知学院大）、渡辺三男（駒大）、和田徹雄（拓大）。

## 新任支団長文権錫氏
### 北河内支部臨時大会

昨年の九月、五市一郡を有する北河内支部は念願の「北河内韓国人会館」建設という大事業を成し遂げ、民団事業の円滑化に全力を傾注して来たが、このほど同支部の飛躍発展と、支部刷新を図るため、さる二月十八日、臨時大会を開催し三機関役員の改選、国語講習所の開設、会館建設費の精算、団務の明朗化を取り決め終会であった。この日、本部側からは、金守哲副議長をはじめ、李副事務局長、朴英成組織部長が参席し、大会の議事進行をたすけ、支部発展を祝した。

なお同大会で新しく選出された三機関任員はつぎのとおり。（写真は支団長に選ばれた文権錫氏）

議決機関▼議長＝崔任煥▼副議長＝盧在稙▼副議長＝殷泰洙。

執行機関▼支団長＝文権錫▼副団長＝宋祐成▼副団長＝金太仲▼事務部長＝呉景淳。

監察機関▼監察委員長＝金汝玉▼監察委員＝金万永▼監察委員＝黄炳辛。

顧問機関▼顧問＝孫末寿、鄭相孝、崔洛冀。

新しく建てられた北河内支部（円内は文権錫新支団長）

## 金剛学園で 異例の支団長会議
### 民族教育に深い感銘

大阪で唯一の民族学園である金剛学園において、さる二月三日午後一時より、異例の支団長および事務部長会議がもたれ内外の注目を惹いた。

この日、府下三十支部の支団長および事務部長たちは寒風をついて学園に集合、会議に先立って同校生徒の授業ぶりを幼稚園から高校まで全学年にわたって熱心に参観し、民族学園に学ぶ子供たちの誇りある態度とその真剣な勉強ぶり、教える教師たちの民族教育への熱情に深い感銘を受けた。

これまで民団としては教育の場を会議に使ったことはなく、まい、いわゆる朝鮮大学の認可反対で気勢をあげている時だけに朝総連の偽装された〝民族教育〟と相対照している現時点において、真摯な態度で民族教育の場を使用したことは大きな前進といわなければならず、唯一の僑胞指導体としての民団の姿勢が正され、民族教育一つをとっても従来の消極的な活動ではなく、積極的な活動の必要性をこの日の会議で再認識されたことは大きな収穫であった。

熱心に参観する各支団長および事務部長一行（金剛学園で）

# 本国干害民に愛の手を

## —664万5,369円—
## —在阪僑胞の真心を伝達—

### 民団挙げての誠金 大阪韓国学園児童たちも

当本部では昨年十月、本国の湖南・嶺南両地方を襲った七十年来といわれる未曽有の旱害罹災農民の救済をしようと、全団をあげて強力なる「本国旱害罹災民救援募金運動」を推進中であったが、この運動は僑胞社会にも大きな反響を起こし、ぞくぞくと温かい義捐金が寄せられ、去る一月末集計された結果、六百六十四万五千三百六十九円もの浄財が集まり関係者をいたく感激させた。その内訳は別掲の通りだが、なかでも阪本紡績（社長徐甲虎氏）が五十万円、「観光クラブ」の金社長から三十万円、富士観光の韓禄春社長より二十万円などの大口をはじめ金剛学園在学児童、生徒たちからは自分たちの小使いを節約して拠金、このほか信用組合大阪商銀、大阪興銀の職員からもまごころのこもった募金が寄せられた。

こうして集められた多額の義捐金は韓国外換銀行大阪支店を通じドル換金の上、本国へ送金、本国政府農林部長官から大阪韓僑のまごころとして外務部長官に伝達され、湖南・嶺南地方の旱害農民の救援にあてられた。

このたびの「本国旱害罹災民救援募金運動」に参加された府下三〇支部支団長一同はじめ団員諸賢、そして幾多の熱誠あふれる有志や、金剛学園ならびに両信用組合の職員一同に対し、紙面をかりて厚くお礼を申し上げるしだいであります。

◆義捐金の内わけ（提出者名簿）つぎのとおり。（順不同・敬称略）

### 三・一節使節団 二十九日に出発

第四九回三・一節を迎え、本国で行なわれる記念式典に参加するため、在阪僑胞を代表して各支部から推薦を受けた三十八名は二月二十九日伊丹国際空港を飛び立った。

一行の日程は三泊四日で、三月一日は記念式典に参加、国軍墓地に参拝、夕刻より歓迎レセプションに参席。三月二日は政府要路を礼訪、公報館にて映画観賞、三月三日はソウル市内観光、三月四日現地にて解散。

なお一行の引率は民団大本の[illegible]副団長、[illegible]民政局長があたり、近畿地区全体からの参加者七五名の引率をとることになっている。

### 「大阪韓国人福祉協会」貧困家庭の扶助はじまる

昨年、全国にさきがけて設立を見た「財団法人大阪韓国人福祉協会」は大きな反響を呼んだが、その設立趣旨にもある僑胞貧困者の救済に温かい生活扶助の手をさしのべているが、昨年末民団各支部を通じて調査した結果、五七世帯もの要扶助世帯が報告され、年末の餅代にと一律に各五千円を支給して大変喜ばれたが、今年に入ってからは一世帯増加、五八世帯にわたり一月分としてそれぞれ二千五百円の扶助金が支給され、関係者達をいたく感激させている。

同会の設立により現在のところ主として貧困家庭の扶助に当っているが、今後はさらに支給金の増額や病弱者への施療、韓僑青少年達の善導にも当るべく、目下民団と緊密な協議を重ね、在阪韓僑社会の福祉向上に全力を傾注し、よりよき僑胞社会建設に邁進することになっている。僑胞の中で生活に困窮し扶助を受けたい方は最寄りの民団支部へ申込み事情を打明けて御相談下さい。

# これが北送の全貌だ

同族を殺害するため昼夜軍事訓練に狩り出れる北韓の女性たち

在日僑胞の北送に関する問題が一九五九年十二月、カルカッタ協定により締結され、その後延長を重ねて来た結果八年目の昨年十一月十二日、期限満了により打切られたかのように見られたが、まだ朝総連の甘言利説にだまされ、強制的に申請させられた僑胞一万五千余名（実際はこの四分の一程度とみられる）の北送申請残余者の事後処理という名目で、北送延長を実質的に画策している日赤および北韓赤十字は、昨年十一月二十七日よりセイロンのコロンボにおいて、すでに四回もの会議を開いたがすでに打切られたと報道されたが、この問題の非人道的行為はもちろん、わが国の安全保障にとっても重大な関心事であるどころか、本国では日本政府に厳重抗議する一方、民団側からもその不当性を強く糾弾し、反対していた。

このようなときにわれわれは今一度北送問題をふりかえり、その意図や目的などの全貌を知る必要があるのではなかろうか。在日僑胞北送の実態を知ることによって、北送反対の叫びを一層高め即刻中止させるための闘争隊列に参加せねばならない。

## 北送の目的

在日僑胞の北韓送還は、国際赤十字社のいわゆる人道主義的見地から取られた処置だといわれてきたけれど、実は北韓が在日僑胞の北送を強行したのには、つぎの三つの目的があった。

第一に、資本主義社会から共産主義社会への民族の大移動は、共産主義（社会主義）社会の優越性を示す証拠だという宣伝を対外的に行なう。

第二に、在日僑胞の北送を通じて、北韓では稀少な極貴品（特に精密機械）を導入する。

第三に、これが最も重要な目的だが、新潟と清津間の直接的なルートを通じて、対日工作（対韓工作に結びつく）と対韓工作を容易ならしめる土台と組織を、日本各地に広く持つ。

在日僑胞の北送が始まった一九五九年十二月から五、六年たつあいだ、北韓はこれらの政治的・経済的目的を達成するため、あらゆる角度からたゆまぬ努力をつづけてきた。従って、北韓の立場から見た場合これらの目的がほとんど達成されたといってもおかしくはないだろう。

この在日僑胞の北送を通じて、北韓では思いも及ばなかった精密機械の一部を労せずして入手したが、妥協的なこの弾国により少なからぬ物的資源（例えばレンズ工場・硝子工場、精密機具工場など）に必要な資材の一部や、それを操作する技術者）が流入したのを、私有財産を認めると宣伝しておきながら巧妙な手段で取り上げ、自家用自動車・オートバイ・家庭電気器具に至るまでガイジイ以外の所有に帰せしめた。例えば自家用自動車などは、その持主の帰国後一定の期間が過ぎると、ガソリンの配給を中止して車の使用を不可能にし、持主が進んで国に寄付するように仕向けた。

最も重要な目標として挙げた対日工作の土台は日本国内に、朝総連とは別個の地下組織体「朝・韓人指導部」を設けることによって完成した。

以上のような政治的・経済的目的は、北韓の当初の計画通り達成され、少なからぬ利益をもたらしたけれど、その反面この在日僑胞北送によって予想外のマイナスも多く出てきた。

まず北韓が「住みよい地上の楽園」という朝総連の甘言にだまされて北韓に帰った僑胞は、自分たちが描いていたイメージとはあまりにも異なる北韓の現実を目撃し、みな失望落胆して北韓に帰ったのを後悔している。夢が大きければ大きいほどこれが破れたときの失望は大きくなるものである。日本にいる朝総連の宣伝があんなにも誇張されさえしなかったら、北に帰った在日僑胞の失望もこれほどではなかったであろう。清津で北送僑胞を取り扱かったとのある、もと北韓スパイ[illegible]氏は、北送僑胞から北韓にいる私さえ知らないいろいろな北韓についての話を聞いて面食ってしまうことがたびたびあったと、つぎのように語っている。

「こんな社会で人間がどうして暮らすのか？」

「日本に帰してくれ」

「体が弱いので労働はできないから助けてくれ」

こういった不平不満が、清津の港に着いてからものの数日後には出てくるのである。その後北韓が強行した厳しい統制のため、おおっぴらに文句をいうことは出来なくなったが、そのかわり、党にたいする猜疑心は防ぐすべもなく内燃されているのであると。

北送される在日僑胞の身元調査書（朝総連で作成する）は新潟から清津までついてくるのだが、それにもとづいて一人ひとりの思想傾向、在日中の職業などを調べ、A・B・Cの三つのクラスに分ける。

A級に入る人間は思想的に信頼できない者で、長期間の監視を必要とする。このA級は、主に日本にいると者の資本家、商人、宗教家、親戚の中に民団の幹部がいる者などで、ほとんどが炭鉱・協同農場で労働に従事するように強制的に配置される。北に帰った在日僑胞のうちA級に属する人は全体の五分の四にもなり、大部分がA級といってよいほどだが、これは裏を返せばそれだけ北韓が在日僑胞を思想的に信じられないという証拠であろう。

次に帰国した僑胞は、北韓住民にきわめて強い心理的影響を及ぼした。これは北韓からすれば大きなマイナスである。在日僑胞の高い生活水準を直接眼のあたりに見た北韓住民は、党で宣伝する「地上の楽園」という夢が完全に破れ、しかも党の宣伝にたいする信頼感も失いはじめているのだ。北韓カイライの党にとってはせっかくの苦労も水の泡といったところだ。

しかし前述の三つの目的をねらいとする北韓は今もなお、執拗に北送の無修正延長を日赤につきつけているのが北送の真相といえよう。

ともあれ、北送が開始されてから日本や韓国でのスパイ活動が激化し、極東における自由主義国への浸透による共産基地化を合法化しようとする北韓集団の北送の陰謀を防止し、韓日両国の安全を守る意味からも決して北送が再開されてはならないのである。

# 本国の干害農民救援の義捐金

**中央支部** 百二十一万円

[illegible]

**北大阪支部** 二万八千六百円

[illegible]

**生野支部** 八七万九千円

[illegible]

**泉南支部** 二十一万円

[illegible]

**吹田支部** 六万二百円

[illegible]

**大正支部** 四万六百円

[illegible]

**茨木支部** 五万円

[illegible]

**東住吉支部** 六六万七千五十円

[illegible]

**豊能支部** 十四万二千円

[illegible]

**東淀川支部** 十七万五千五百円

[illegible]

**布施支部** 五二万八千五百円

[illegible]

**福島支部** 二十五万円

[illegible]

大阪韓僑新聞

発行所
韓僑新聞社
発行人　韓　相　重
編集人　朴　英　成
大阪市北区中崎町43
電話(371)7331～5番

綱　領

一、われわれは大韓民国の国是を遵守する
一、われわれは在留同胞の権益擁護を期する
一、われわれは在留同胞の民生安定を期する
一、われわれは在留同胞の文化向上を期する
一、われわれは世界平和と国際親善を期する

新年号

# 栄えある祖国と
# 僑胞躍進の年へ

## 希望溢れる新春を迎えて

## 権益擁護を推進し
### 民団の発展を期す

在日大韓民国居留民団
大阪府地方本部
団長　姜　桂　重

輝かしい一九六八年の年頭にあたり、謹しんで新春の賀詞を申し上げます。

何時の場合でも新年を迎えれば新たな希望と感懐をもつものでありますが、特に一九六八年の元旦は過去の如何なるときよりも、ひとしおその感を深くするものであります。まずこの機会に私は旧年中、わが大韓民国居留民団大阪地方本部に寄せられた団員各位の熱誠と、在阪商工経済人有志の物心両面にわたるご支援とご協力、並びに組織の第一線にあってあらゆる困難と隘路にもめげず、団務遂行に献身努力された組織人各位のなみなみならぬそのご苦労に対し、深甚なる敬意と感謝の意を表するとともに、新たに迎える一九六八年には、個人的にも社会的にも総ての分野にわたってより多くの繁栄と幸福がもたらされるよう、衷心より祈念してやまない次第であります。

周知の如く今年は互恵平等と友好親善の原則に基づく韓日国交が正常化されて早くも三年、祖国においては第二次経済開発五カ年計画推進の二年目を迎える意義深い年でありますが、わが民団も創団満二十周年を迎え、幾多の風雪に耐え成長し、すでに成年期に達した現在、時代的要請に即応できる徹底的な体質の改善により、民団運動のありかたと方向を自省し、密接な組織の連繋確立と団務の計画性ある推進をはかり、団本来の事業である僑胞の権益擁護、民生安定、文化向上、とりわけ最もわれわれの身近な問題であり、かつ緊要な課題である在日韓国人の法的地位ならびに処遇にともなう種々な矛盾点の解決には、中央の法的地位対策専門委員会はもち論、地方における法対専門委が一体となって全僑胞の代弁者となり、民意を本国政府および日本政府にも反映させ、韓日条約の基本精神に基づいて速やかに解決されるよう、継続して闘争する年にする覚悟であります。

さらに本団の懸案である会館建設、基本財政の確立など多くの重要問題も昨年度は準備段階を終える程度にとどまりましたが、新年においては、その完遂のための本格的な進歩があることを確信するものであります。

つぎに祖国の第二次五カ年経済開発計画でありますが、昨年十月、朴正熙大統領は六八年度の施政演説の中で、われわれが追求せねばならぬ最も重要な課題は、この計画の強力に推進し、国民所得の向上と国力増強を図り、多辺的な国際協力関係を強化して、国家の安全保障と国威宣揚を期することであると述べられ、本年度の施政に対する所信とその方向を明らかにされたのであります。われわれ海外同胞と致しましてもこの趣旨に相呼応して、祖国近代化へ前進・団結時に寄与貢献せねばならないと信ずる次第であります。

反面、敵対陣営は善良なる僑胞に対し、間断なくあらゆる虚偽・捏造宣伝を図り、わが民団に対し巧妙なる浸透と攪乱を画策している現在、われわれは毅然としてこれに対処し、これを撃滅粉砕するとともに団員の結束強化に努め、その蠢動を未然に封鎖しなければなりません。併せて未だに無意識的赤色分子の甘言と欺瞞宣伝に眩惑されている多くの僑胞を一人でも多くわが方に包摂し、祖国の温たかい恩沢をひとしく享受できるようにし、また本国にも往来させることによって真の愛国精神を涵養する方向に努力したいと思います。

私は新時点に立つ在阪十六万僑胞が、みずからのおかれている位置を深く認識し、大韓民国の国民としての矜持と民族の主体性を堅持し、海外に住む韓国人として恥ずることのない立派な生活を営むとともに、相互信頼と尊敬を得ることによって真に両国間の親善友好の増進と理解を深めんことを心から念願するものであります。

新年を迎えるにあたって、私は過ぐる年の幾多の意を尽くし得なかった諸点を謙虚に反省し、所信の一端を述べ団員各位の繁栄を衷心よりお祈りし、年頭のご挨拶といたします。

## 国家発展に寄与し
### 僑胞繁栄に努める

駐大阪大韓民国
総領事　金　鎮　弘

一九六八年の新しい年を迎え、在阪僑胞のみなさまならびに、ご家庭に繁栄と万福がおとずれますよう、衷心よりお祈りする次第であります。

おもえば、去年は韓日両国の国交が正常化されてまもない、多事多難な年でもありました。

新年にあたり在阪僑胞皆さま方の経済基盤の構成と、韓日両国の経済協力の基盤を築き上げる第二次経済五カ年計画を実践する二年目にあたる年でもあります。

全在阪僑胞のみなさまに、特にお願い申し上げますことは、本国の国力発展に直接寄与できるよう、韓日両国の通商振興のため、より一層一協力していただきたいのであります。

顧みまするに、本人が赴任して以来、皆さまの物心両面にわたるご支援を心から深く感謝する次第であります。もとより中小企業の発展は、国内経済に占める地位がきわめて大きく産業のあらゆる面から在阪僑胞生活の安定向上に寄与するものであり、また、同胞相互間の団結強化をもって第二次経済五カ年計画にも寄与するならば、その目的を立派に達成しうる道だと信ずるところであります。

私たち、総領事館では、在日僑胞の皆さまの法的地位問題および、これに随伴するあらゆる問題に対して皆さまの福利増進のために、一層私達の任務を忠実に果す積りであります。重ねて申し上げますが、皆さま方在阪僑胞に負荷された使命は、重且大であります。即ち、民生安定、権益擁護、文化、福祉向上の実現は、皆さま方僑胞が一致団結して相互扶助するところに在日僑胞の恒久的な幸福への道が開拓するものと考えるのであります。

終りに臨み、よき新年を迎えるにあたり、在阪僑胞皆さま方のご家庭によりよき繁栄と万福あらんことを重ねて熱望すると同時に、新年のご挨拶に代える次第であります。

あけまして
おめでとうございます　'68

## 在日大韓民国居留民団大阪府地方本部

三機関役員

**執行機関**

団長　姜　桂　重
副団長兼文教部長　趙　宗　大
副団長兼財政部長　黄　七　福
事務局長兼総務部長　李　聖　南
事務局次長兼民生部長　姜　太　和
組織部長兼宣伝部長　朴　英　成

**議決機関**

議長　金　達　寛
副議長　梁　恵　承
副議長　金　守　哲

**監察機関**

監察委員長　方　鎬　煥
監察委員　尹　鐘　洙
監察委員　張　起　説

**各分科委員会**

企画委員長　金　皓　一
財政委員長　白　丁　赫
組織委員長　崔　喆　洙
宣伝委員長　崔　権
民生委員長　姜　吉　泰
文教委員長　金　晋　根

**傘下団体**

在日大韓婦人会大阪府本部　会長　裵　順　姫
在日韓国青年同盟大阪府本部　委員長　金　治　男
在日韓国学生同盟大阪府本部　委員長　慎　桂　範
大阪韓国人商工会　会長　柳　洙　鉉
在日大韓体育会関西本部　会長　李　熙　健
在日韓国在郷軍人会大阪支会　会長　李　道　述

# 愛国愛団精神で団結
## 祖国発展に寄与しよう

民団大阪府本部
議長　金　達　寛

金達寛議長

一九六八年の新春を迎えるにあたり、祖国の繁栄を祝い、僑胞皆さまのご多幸を祈るとともに、所感を若干述べたいと思います。

解放後二十三年目の春を迎えましたが、その間、祖国大韓民国は言語に絶する試練を経て来たのであります。不自然な国土の南北分断により、六・二五事変の如き史上永久に忘れることのできない悲劇を経験し、しかも数回におよぶ革命を重ねて今日の如き発展を見るにいたったのであります。今や国際的地位も高く認められ、近代化への国づくりも二次にわたる経済開発五カ年計画の強力推進により、所期目的を着々達成しつつあるとき、昨年は大統領および国会議員選挙が行なわれ、朴大統領の当選と政府与党の圧倒的勝利を飾りましたが、本年こそは朴大統領の統卒のもと官民協力して第二次五カ年計画達成の年と期待して止みません。

われわれ在日僑胞も海外国民として安閑と傍観せずに積極的に協力する年にしたいものであります。物心両面にわたり応分の寄仕をすべきだと思います。

なお、在日韓国人の法的地位問題は不満足ながら、一昨年の韓日協定により確定されたが、不備な点は今後ともわれわれが団結して改善要求斗争を続けることによりある程度目的は達せられるものと信ずる次第です。幸いにも民団の組織は祖国の独立とともに歩んで来た僑胞唯一の自治団体であり、また、大韓民国の国是を遵守する団体であるので、僑胞の皆さまが愛国心と愛団精神で民団に結集し、積極的に協力、団結すれば在日僑胞の生活は向上し、祖国の発展にも寄与し得るものと確信するものであります。

ねがわくは僑胞の皆さまもご健斗せられ、希望が達成されるよき年となりますようお祈り申し上げ私の年頭の辞にかえさせていただきます。

×　×　×

# 偉大なる母への道
## 新生活運動を推進する

婦人会大阪府本部
会長　裵　順　姫

婦人会を代表しまして謹んで新年のご祝詞を申し上げます。

過ぐる一九六七年は、在阪僑胞の皆様方の数限り無きご指導、ご尽力を戴き、私たち婦人会も遅々とした歩みではありましたが、それでも一歩一歩と発展致して参りました。これ一重にみなさまのおかげと心から喜こんでおります。

歳月の流れる早さを感じ、すべてが永遠に去って行くことを思いなおすとき、人間として過去を顧り見ない訳には参りません。過去を顧り見て反省し、新らしい設計と希望を持ちまして新年に対処する所存でございます。昨年度私達の基本課題でありました〝偉大なる母への道〟として誠実と信頼の婦人会、秩序と建設の婦人会、団結と協調する婦人会を指標して努力を重ねて参りましたが、本年も継続してこれらの課題達成に邁進することは勿論、私たち婦人層の力を結集して子女教育問題、家庭内における新生活運動の強力推進などを通じ、僑胞社会へ母として貢献する決意であります。

希望にみちあふれた一九六八年の年頭に際し、本年こそわたくし達の希望が実現出来る年になりますよう祈るとともに、併せて会員の一人一人が誇りと自覚を高めることによって婦人会向上のため、お力添え下さいますよう衷心よりお願いし、皆様方のご健康とご家庭に多幸からんことをお祈り申し上げ、年頭のご挨拶とします。

# 組織を強化・拡大し
## 先鋭的な役割果す

青年同盟大阪府本部
委員長　金　治　男

民団が創団されて早や二十一周年目を迎える新らしい年、一九六八年。青年が二十歳で成人と見るならば、われわれの組織も成人を迎えた意義ある新年でもあります。そして黎明期から円熟に入る刷新的な年でもあります。

他方、祖国近代化の途上においても、激動する国際情勢の真只中でも試練期を迎えたと同時に、在日僑胞社会においても楽観を許されない、幾多の諸問題が横たわっている厳しい年なのです。即ち、韓日協定における法的地位問題においても多くの問題を内包しているし、法的地位問題に追い打ちをかけるように、現在、新聞報道にて周知の通り、出入国管理令の改正問題が提起されています。

かかる諸情勢の中で迎えた新年は、今より以上民族主体性の旗印のもとに総団結し、僑胞の権益擁護、法的地位および処遇の是正、祖国発展のために、積極的に闘わなくてはならないことを示唆しているのです。

私達、在日韓国青年同盟においても、今年こそは如何なる困難にも対処できうるように、組織の拡大と強化に昼夜を問わず活動せねばならない重要な年であるのです。

新年を迎えるにあたり、歴史の教訓が教示した青年の役割を想起し、僑胞社会の先頭に立って、先駆的、先鋭的役割を果すべく努力してゆく所存であります。

# 民族心高揚のため
## 僑胞学生の啓蒙を推進

学生同盟大阪府本部
委員長　慎　桂　範

一九六八年の年頭にあたり、在阪僑胞学生を代表しまして新年のお慶びを申し上げます。

旧年を回顧して見まするに、国際的問題としてはベトナム戦争がますます激化し、戦いの終結さえ予想しえない情勢でありましたし、わが国におきましても重要な年でありました。すなわち、第二次経済開発五カ年計画が開始され、わが国の経済基盤は顕著な発展を見せております。政治面では大統領選挙、国会議員選挙があり、国内世論は大きく沸騰したことは周知の通りであります。一方私たち僑胞社会にあっても法的地位の問題とか、学生による母国夏季学校への参加などいろいろな問題や多彩な行事に努力して参りました。

今年こそは旧年中に果しえなかった諸問題に対して、全僑胞が固く結束して立ち向かわなければならないと思います。就中、法的地位の問題点を是正させる闘争、民族教育問題の解決、その他民生安定など、僑胞の福祉向上のための問題に対処して、これが解決に最大の努力がはらわれなければならない年でもあるのです。

私たち学生同盟としましても、微力ではありますが、直接、間接的に寄与する決意を新たにするものであり、また在阪僑胞学生の啓蒙、未来の国を背負って立つべき学生としての自覚、民族心の昂揚など、精一ぱいの努力を惜しまない所存であります。

最後に、諸先生方、先輩諸氏に対しまして、今年も学同に対する変らぬご鞭撻とご支援を深くお願いする次第であります。

# 在阪僑胞の実情伝う
## 19日〝洪鐘仁氏囲む懇談会〟

在日僑胞の実情を把握するためこのほど来日した本国の東洋通信社会長、洪鐘仁氏はさる十九日、在阪僑胞の状況を視察するため来阪、当本部では洪鐘仁氏を迎えて、十九日午後六時三十分から大阪市北区の新北京で、在阪僑胞多数を招き「洪鐘仁氏を囲む懇談会」を催した。

この日は、梁相基団長をはじめ趙、黄両副団長並びに、金鍾弘総領事、李領事、並びに商銀、商銀両副理事長、韓外銀大阪支店長、言論界から参加した中で、在阪僑胞の実情について有益な意見を交わすなど、午後九時すぎまで懇談したのち、閉会した。

## 尋ね人

▲李千琪（四六歳）男子（日籍名＝李明垠、通名＝岩本政條）本籍＝江原道鉄原郡鉄原邑月井里五八五　前住所＝江原鉄道原鉄原邑四里、但し現住所と職業不明

▲金府坤（四九歳）男子　本籍＝慶南巨済郡草島面[illegible]里　前住所＝東京居住、その後大阪府下不明

# 働きの意義

副団長　趙　宗　大

食うために働くのか？働くために食うのか？とか、共産主義国家の憲法では「働かざる者は食うべからず」とか、何れにしても食うことに関係ありである。

もちろん食うためには何か働かなければならないだろうし、働かなければよく食えないことは事実でありましょうが、同じく働くにしてもその効果が最も大きく自分のために利益になるような働きをせねばならないと思う。そんな働きは喜働である。

つまり働くときの心、要するに働く人の心によってその働きの結果が決まるのである。例えば、嫌々ながら働く、仕方がないから働く、月給をもらっているから働かなければならない。その他働く人の心は千差万別である。ところが本当に働きの意義を知って喜こんで働かざるを得ないようになり、そうした結果がいよいよ大きくなってつきるところがないのである。

人生は総てを借りて生きている

私たちが日常生活をするのには、マッチ一本から食生活、衣料品、書籍、自動車、その他あらゆるものの中で、一体自分で作っているものに何があるだろうか？他人は別として私は何もない。総てが他人の力を借りて生かされているのである。

生命も借りもの

私たちが毎日生命を維持している食物もみな他人の手によって作られるのであるから、他人が作ってくれなければ食えずに死んでしまうわけであるが、それよりずっと先の問題で、私たちがこの世の中に生命を享けたこと自体が自分の力ではなく、大自然の力によって人間である私の母を通じて生れて来たわけである。

大自然は私たちを生みっぱなしではありません。ほかにも沢山あるが、まず空気という重宝なものを間断なく吸わして、しかもわれわれの身体は知るまいと、寝ようと起きようと、何処へ行こうと、好もうといやがろうと、そんなことはおかまいなく、一分一秒も空気のお世話にならないことがないのである。もし私たちが空気を三分間止めたとしましょう、一瞬のうちに皆死んでしまう。そんな大事な空気に対して有難くも思わず、よくも五十余年間（私の場合）もの長い間、だまって盗吸して来たと思う。それでも空気は怒らずにただだまって吸わせてくれている。アー有難たや有難や、である。しかし余り図々しいと怒るのである。

われわれ人間社会においても、銀行なり個人から金を借りて利子も何も返さないで余りにも図々しくふるまうと、債権者が怒りだして訴訟を起こしたり最後には破産宣告をしたりする。

財産上の破産宣告は公民権をヘクダツするだけですむでしょうが、こと生命を破産宣告されるとなりますと死を意味するのである。死んでしまったら総てが終りですので死なないように返さねばならない。

返す方法は働きあるのみ

借りたものを返さなければならないということは前項において申し上げましたが、私が生きて享有している幾百千乗のご恩（借りもの）に対し何をもってお返しすることが出来ようか？私も他人のために人類社会のために働いて大自然に対してお返し申し上げるということだけなのである。

要するに①美しい心を持って②順序正しく③命をかけて④他人のために⑤進んで働く、このような働きをしてこそはじめてその働きの効果がいよいよ大になり、それが故に楽しく楽しく幸せになるのである。ひいては最高至上の幸せが、つきぬ喜こびとなってやって来るのである。

世に不幸なみなさま、自分自身の働きとこの働きとを比較対照し、反省をして今年こそは真の働きをしようではありませんか。

# 1967年度民団大阪
## ——主要活動日誌——

（1967年1月5日〜1967年12月）

1・5　1967年度執務開始。
6　韓国人商工会主催の新年名刺交換会団長団出席。
10　定例地方執行委員会、本部三機関連席会議、第14回支団長及び事務部長連席会議を開催。本部、支部、三機関、傘下団体役員合同新年会を開く。農業研修生終了式及び歓送会挙行
12　農研生一行神戸港より帰国。
15　文教部主催成人式を本部講堂で開催。
25　大阪陸対委常任委員会開催。
26　財団法人大阪韓国人福祉協会設立問題に関して、趙副団長、李事務局長大阪府民生課と交渉
28　済州道知事礼訪のため来団。
29　湖南肥料女子バスケットボールチーム来団、歓迎会開催。
2・2　全国組織部長会議のため朴組織部長名古屋へ出張。
3　第15回定例支団長及び事務部長会議開催。
6　本部三機関連席会議開催。
8　本国ボーイスカウト連盟李国際委員来団。
12　第9回中央委員会東京にて開催。
16　朴賢淑国会議員（共和党副議長）来団。
23　本部三機関連席会議開催、
25　地方執行委員会開催。
27　李事務局長3・1節記念式典及び有功者表彰式に参加のため本国出張。
3・1　第48回3・1節記念民衆大会を中之島中央公会堂にて盛大に開催。
7　韓国古典唱劇団西淀川支部主催で公演。
10　〃　〃本部主催で四天王寺会館にて公演。（10〜12日までの3日間）
13　本部常任委員会開催。
14　金総副領事歓送会を食道園で開催。
18　金剛学園卒業式に趙副団長、文教部次長参席
22　第1回団長杯争奪ゴルフ大会開催。（茨木カントリークラブ）
24　地方執行委員会開催。
25　延世大学柔道チーム代表来阪。
27　第142回近畿地方協議会開催。
4・4　第6回定期大阪地方委員会及び第35回定期大会を開催。
10　大韓教育連合会日本教育視察団来阪。
14　第1回支団長及び事務部長会議開催。
20　京都地方本部定期大会に事務局長参席。
27　兵庫地方本部定期大会に趙副団長参席。
5・4　第1回本部三機関連席会議開催。
7　堺支部、城東支部、茨木支部定期大会開催。
8　朴大統領当選祝賀会を東天閣にて開催。
12　第2回支団長及び事務部長会議開催。
13　第143回近畿地方協議会開催。
14　泉南支部、泉北支部、泉大津支部定期大会開催
15　創団20周年記念行事東京にて開催。（15〜17日までの3日間）大阪より250名参加。
19　権法務部長官来阪歓迎パーティ開催（於随園）
21　布施、東住吉、北大阪、八尾、此花支部定期大会開催。
27　生野支部定期大会開催。
28　西成、住吉、大正、北河内支部定期大会開催
6・1　第2回団長杯争奪ゴルフ大会開催。（池田カントリークラブ）
3　第2回本部三機関連席会議開催。港支部定期大会開催。
4　婦人会大阪本部定期大会開催。
8　第144回近畿地方協議会開催。
9　創団20周年記念組織功労者表彰状伝達式挙行　大阪韓国教育文化センターにて国民教育講座開講。
10　第1回言論懇談会。（於本部会議室）福島支部映画講演会開催。
11　東成支部定期大会開催。韓青大阪本部定期大会開催。西成支部映画講演会開催。
12　第10回臨時中央委員会東京にて開催。
13　第32回臨時中央大会東京にて開催。
17　布施支部映画講演会開催。
27　ソウル音大来阪歓迎夕食会を新北京にて開催
30　大統領就任式典参加団一行伊丹より出発。
7・7　西淀川支部映画講演会開催。
9　泉大津支部映画講演会開催。
10　第2回言論懇談会開催。高槻支部映画講演会開催。
12　八尾支部映画講演会開催。
14　泉南支部映画講演会開催。
15　堺支部映画講演会開催。
18　第145回近畿地方協議会開催。
1　第3回支団長及び事務部長会議開催。
24　1967年度夏季学校学生団本国向け出発。
26　旭支部映画講演会開催。
8・7　第4回支団長及び事務部長会議開催。李殷相先生時局講演会を本部講堂で開催。
10　第3回言論懇談会開催。兵庫地方水害救済募金を伝達。
14　第22回光復節慶祝使節団伊丹空港より出発。
15　第22回光復節記念民衆大会を四天王寺会館で開催。
18　本国新聞記者団来阪。
23　本国体育視察団一行来団、新北京にて昼食会開催。
28　済州道教育委員会一行来団礼訪。茨木支部会館創立2周年記念パーティ開催。
9・7　世界柔道選手権参加選手との懇談会を食道園で開催。
8　第5回支団長及び事務部長会議開催。
12　青少年問題懇談会を生野区役所にて開催、本部側より趙副団長、事務局長、文教部次長が参席。
14　第146回近畿地方協議会開催。
18　朝鮮大学認可反対民衆大会を中之島中央公会堂にて開催。
19　本国時局講演会を東大阪地区を中心に舎利寺小学校で開催。
20　〃　〃泉州地区を中心に堺市民会館で開催。
22　民生部の就職懇談会を大阪府中小企業対策協議連絡会と共同で開催。
24　金東祚大使の歓送会をロイヤルホテルで開催
26　財団法人大阪韓国人福祉協会設立許可さる。
30　第19回国軍の日記念式典参観団伊丹より出発
10・1　白頭高園の体育祭に文教部次長参席。
2　第6回支団長及び事務部長会議開催。
5　アジア映画祭参加団による僑胞慰安大阪公演をサンケイホールにて開催。
10　第5回言論懇談会開催。
12　全国団長会議に趙副団長参席。
13　朝大認可反対中央集会に趙副団長参加。
15　大阪開港百年祭行事に本団参加成果挙げる。
22　婦人会主催の第2回体育祭勝町公園にて盛大に開催。
25　本部三機関連席会議開催。
26　大阪韓国人商工会主催ゴルフ大会に（於茨木カントリークラブ）団長参加。
11・2　第7回支団長及び事務部長会議開催。第3回執行委開催。
6　中央執行委員会に事務局長参加。
8　第147回近畿地方協議会開催。
10　第11回中央委員会開かる。（第6回言論懇談会開催）
16　第7回大阪定期地方委員会開催。
22　体育会関西本部総会開催。（於義林会館）
23　厳敏永大使歓迎パーティ随園で開催。
25　中央執行委員会に黄副団長参席。
27　第3回団長杯争奪ゴルフ大会開催。（於池田カントリークラブ）生野支部美術展示会開催。（於支部講堂）
30　韓国レスリング選手団レセプションに趙副団長と李事務局長参席（於近畿大学学生会館）
12・1　韓国レスリングチーム対近畿大学との親善試合開催。（於アベノ体育館）本国海明高校ホッケチーム来団礼訪。対貿易学院高校との親善試合開催（於貿易高校）
2　西成支部映画講演会開催（2日、3日両日間）
5　大使杯争奪ゴルフ大会。（於西宮高原カントリー）
8　第8回支団長及び事務部長会議開催。
11　第7回言論懇談会開催。

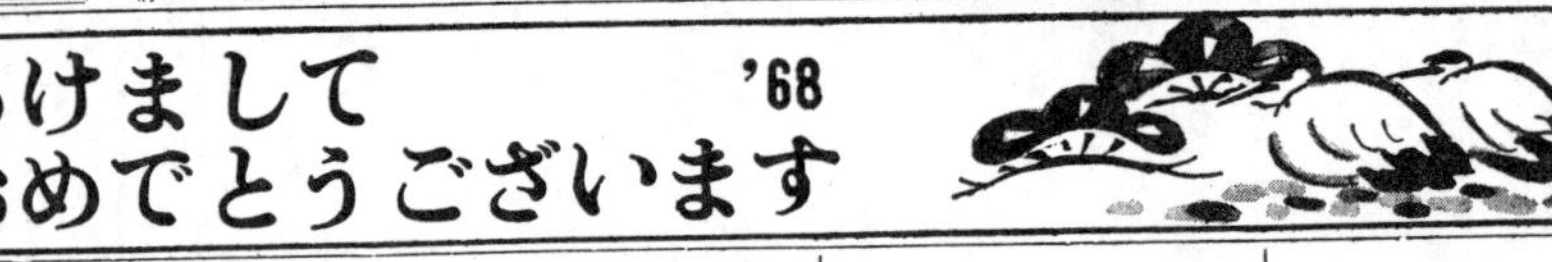


| 城東支部 | 東淀川支部 | 西成支部 | 東成支部 | 布施支部 | 生野支部 |
|---|---|---|---|---|---|
| 支団長 朴　文吉<br>議長 沈　鐘華<br>監察委員長 李　正業<br>大阪市城東区今福中1—73<br>電話（931）0414 | 支団長 呉　昞采<br>議長 金　鵬伊<br>監察委員長 金　賛孝<br>大阪市東淀川区西中島町1—211<br>電話（301）3177 | 支団長 金　永善<br>議長 金　正準<br>監察委員長 馬　永東<br>大阪市西成区梅通8—6<br>電話（651）4777〜8 | 支団長 白　丁赫<br>議長 車　忠興<br>監察委員長 金　奉慶<br>大阪市東成区大今里本町2—1<br>電話（976）2331〜2 | 支団長 尹　甲春<br>議長 裵　国祥<br>監察委員長 金　明浩<br>東大阪市長栄寺1—62—13<br>電話（782）6401 | 支団長 李　明洙<br>議長 姜　吉泰<br>監察委員長 崔　喆洙<br>大阪市生野区舎利寺町1—82<br>電話（712）6123〜5 |
| **北大阪支部** | **西淀川支部** | **堺支部** | **大正支部** | **住吉支部** | **東住吉支部** |
| 支団長 金　宗岡<br>議長 許　正樅<br>監察委員長 金　聖竜<br>大阪市北区中崎町43<br>電話（371）9145 | 支団長 崔　祥秀<br>議長 崔　在竜<br>監察委員長 李　竜学<br>大阪市西淀川区大和田中1—35<br>電話（471）2901 | 支団長 宋　萬鐘<br>議長 倪　秉五<br>監察委員長 朱　祥祚<br>堺市中安井町1—1<br>電話（0722）㉓7853 | 支団長 金　戴明<br>議長 金　命基<br>監察委員長 崔　山沢<br>大阪市大正区南恩加島30<br>電話（551）4320 | 支団長 金　東出<br>議長 許　桐<br>監察委員長 朴　仁燮<br>大阪市住吉区墨江東7—72<br>電話（692）1981 | 支団長 朴　炳玉<br>議長 黄　七福<br>監察委員長 金　宗立<br>大阪市東住吉区平野浜町1—9<br>電話（791）5583 |
| **茨木支部** | **八尾支部** | **福島支部** | **南大阪支部** | **北河内支部** | **中央支部** |
| 支団長 高　日化<br>議長 玉　富潤<br>監察委員長 金　喜奉<br>茨木市新庄町11—7<br>電話（0726）②6120 | 支団長 宋　金出<br>議長 崔　景乙<br>監察委員長 河　千寿<br>八尾市大字亀井580<br>電話（0729）②6079 | 支団長 任　章鎬<br>議長 李　昌福<br>監察委員長 方　啓祐<br>大阪市福島区茶円町94<br>電話（461）2414 | 支団長 金　済云<br>議長 宋　丙燮<br>監察委員長 玄　泰柄<br>大阪市浪速区新川町3—655<br>電話（631）5446 | 支団長 鄭　相孝<br>議長 崔　洛基<br>監察委員長 孫　末奉<br>守口市北斗町17<br>電話（992）5824 | 支団長 李　淳徳<br>議長 柳　根達<br>監察委員長 李　昌基<br>大阪市北区梅田町6<br>電話（341）4262 |
| **枚岡支部** | **高槻支部** | **泉大津支部** | **豊能支部** | **吹田支部** | **此花支部** |
| 支団長 張　徳日<br>議長 李　圭洪<br>監察委員長 金　鳳来<br>東大阪市瓢箪町12—10<br>電話（0729）㊶2183 | 支団長 賓　正石<br>議長 洪　本洙<br>監察委員長 安　奭鐘<br>高槻市芥川町2—9—8<br>電話（0726）⑤1610 | 支団長 崔　孟祚<br>議長 金　基允<br>監察委員長 金　敬仁<br>泉大津市本町82<br>電話（0725）㉒5452 | 支団長 金　麟得<br>議長 陳　漆生<br>監察委員長 曺　成熙<br>豊中市桜塚本町1—81<br>電話（068）㊿0719 | 支団長 吉　準植<br>議長 韓　永燮<br>監察委員長 郭　武俊<br>吹田市山手1—7—3<br>電話（382）1555 | 支団長 金　石鎬<br>議長 朴　鐘允<br>監察委員長 丁　東云<br>大阪市此花区西島町253<br>電話（462）2888 |
| **阿倍野支部** | **泉北支部** | **泉南支部** | **旭支部** | **都島支部** | **港支部** |
| 支団長 甘　次相<br>議長 馬　淵孝<br>監察委員長 盧　在福<br>大阪市阿倍野区丸山通1—69<br>電話（651）8759 | 支団長 金　春鶴<br>議長 黄　性杉<br>監察委員長 高　亨秀<br>和泉市柏太町300—1<br>電話（0725）㊶2273 | 支団長 姜　先清<br>議長 陳　琦淵<br>監察委員長 文　浩明<br>泉佐野市高松町1249<br>電話（0742）㊷2525 | 支団長 車　甲道<br>議長 金　相禄<br>監察委員長 金　庸久<br>大阪市旭区新森小路北1—92<br>電話（951）3421 | 支団長 徐　永昊<br>議長 全　三国<br>監察委員長 朴　炅喆<br>大阪市都島区[illegible]町2—7<br>電話（921）4970 | 支団長 李　応燦<br>議長 権　莫登<br>監察委員長 朴　春生<br>大阪市港区南田中町1—108<br>電話（572）0443 |

# 猿芝居の北韓術策

## 朝総連幹部七名 カイライ最高委員に

北韓カイライの忠実な手先である朝総連は、善良なる僑胞を北韓の生地獄へ追いやり、僑胞子弟には民族教育の美名のもとに赤化思想を植えつけ、日本での共産基地化に躍起となっていることは周知の事実であるが、手をかえ品をかえてのその陰険術策にもボロが出始めている昨今、ついこのあいだの北韓スパイ李在元の逮捕は日本全国津々浦々にまで警戒心を喚起させ、これによって日本社会の朝総連に対する見方が変りつつあるとき、こんどは朝総連幹部七名がカイライ北韓の最高人民委員として登場したことは、その変身もさることながら、北韓のあくなき日本進出への野望の表現ぶりが今後注目される。

### 世にも不思議な選挙　北韓の選挙真相

謂ゆる在日朝総連の最高幹部七名がさる十一月二十五日、北韓の最高人民会議代議員に当選したが、その選挙区及び選挙民は北韓にあり、選挙されるカイライ達の身は日本という世にも不思議な選挙の真相を紹介して見よう。

まず自由主義国家でいう国会議員を共産流では最高人民会議代議員という。北韓ではこの日の選挙投票は百%だと宣伝したが、自由市韓国では到底考えられないこの百%投票率の秘密は簡単で、実は党が推薦した候補者に誰一人反対も出来ず投票を拒否することは死を意味するからにほかならないからである。

さて、在日朝総連幹部の最高人民委員の選出の仕方が傑作である。当人達は日本に住んでいるので選挙演説文を郵送し、北韓の選挙区において地区党委員長秘書が代読したといわれる。選挙される人間が北韓へ行けないのは、所謂、北韓自由往来の不当性をすぐに結びつけ、現在行なわれているコロンボ会議に水をさし、仮空のカイライ選挙を正当づけようとしている。そしてさる十五日から十八日まで日本各地でも候補者の演説会（いわゆる推薦のための在日朝鮮人大会）を開き、北韓では同じころの十七、十八日の両日、代議員による推薦大会が開かれている。身は日本にあれど心は北韓にあるという訳だ。

傑作なことにその全部が韓国出身であり、その殆んどが北韓に行ったこともなく、選挙区も勝手に割当てられたものである。

ところで北韓に帰りもしない、また帰ることもできない朝総連幹部を何故最高人民委の代議員に選出したのであろうか？、その真相はこうだ。

現在、北韓への送還希望者が約一万五千名ということになっているが、これは協定の期限切れを見越した作意的になされたもので、今年の春までは五、六千名しか申請者がなかった筈である。仮にこの一万五千名の数字を額面通りとしても、本当に帰える気であり、帰える気なら一年足らずで輸送出来るものを何故三年も暫定協定を結ばねばならないかである。北送開始当時は二隻の送還船（一隻定員五〇〇名）を使い、毎週千名を送っていたのであるが、現在使用している一隻を週一回配船すれば、正味十カ月あれば足りるのであるから、カイライ達が北送延長に狂奔するのも実は北送そのものが目的というより、北送船を利用しての船上会談、指令伝達、機密文書往来、工作員（スパイ）の交流が主目的ともいえるのである。カイライの人民委員会に出ることもできない七名の代議員を日本に置くということは、つぎの二つが主たるねらいといえよう。

即ち、朝総連が韓日協定成立以後、その勢力が衰退していることや、朝総連内部の派閥抗争の激化等による組織の弱体化防止のための宣伝政策である。このことは最近、朝総連から脱退するものが増えている証拠には、協定永住申請を出した朝総連系の人が二千名を越していることや、民団への入団が激増している事実が如実に証明している。今一つは、やがて切れるであろう（切られねばならない）北送協定に備えての北韓自由往来権獲得運動である。その手段とし北韓の公民であり、代議員として国会に出席するため再入国許可を出せ、という論法で日本政府と対決することになろう。このようにして何としても日本における共産基地を確保せねばならぬ必要から巧妙な術策を弄したのが赤い議員選出なのである。

このたび選ばれたカイライ議員連の選挙区、日本における朝鮮人大会の地名はつぎの通り。カッコ内の職名は日本における朝総連組織上の地位を表わす。（代議員総数四五七名）

▼韓徳銖(60)平南・江西選挙区（朝総連議長、朝鮮大学校長）―（大阪）
▼李季伯(61)咸南・新北青選挙区（常任委員・副議長）―（北海道・愛知）
▼尹鳳求(49)平北・宣川選挙区（常任委員・副議長）―（福井・岡山）
▼金炳植(42)平南・石楼選挙区（常任委員・副議長）―（京都）
▼李珍珪(50)咸南・梅津選挙区（朝鮮大学副学長）―（静岡・千葉）
▼〔ママ〕宗高(69)平北・延川選挙区（朝鮮人商工会々長）―（大阪・神奈川）
▼朴静賢(55)咸北・漁浪選挙区（女性同盟委員長）―（栃木）

これら七名の赤いカイライ国会議員？はそれぞれ在日朝総連の最高幹部、教育者、商工人、女性を代表しており、いわば在日僑胞を赤化洗脳し北韓地獄へ送り込む案内人の元凶でもあり、カイライ北韓の陰険術策を忠実に実行する執行人たちでもある。このようにデッチ上げ選挙によって作られたカイライ議員を先頭に新らしい年も、デマと虚偽宣伝に狂奔することだろうが、われわれは断呼として粉砕しなければならない。

残らサル年とはいえ、見ザル言わザル、聞かザル選挙で選ばれた赤ザルどもの正体は、あくまでカイライの猿踊りに過ぎないようだ。」

## 北韓工作員の李在元逮捕 日本に北韓スパイ氾濫か

逮捕された李在元

日本国外交の牙城である外務省の現職事務官を抱き込んで機密文書をスパイしていた北韓スパイ李在元が、当の事務官である山本槙吾（外務省欧亜東欧課勤務）とともに日本警視庁に逮捕され戦後まれに見る大物スパイ事件として日本中を驚ろかせているが、北韓スパイによる日本での諜報活動は、何も今更始まったものでもなければ李在元事件だけで終止符が打たれるものでもない。日本におけるこの種の事件はいままでに二十四件が発覚、北韓からの対日諜報員はすでに六十数人が検挙されているのである。比較的大がかりだったのは一九四九年八月、（韓国動乱が起きる九ヵ月前）当時北韓内務省所属の許吉松カイライ少佐を主犯とする第一次北韓スパイ団が、日本に密入国して日本にある駐留米軍の軍事基地をスパイしていたことがあるが、このとき捕えられた主犯者許が懲役十年だったのをはじめ、三十四人が有罪となった。

つづいて一九五二年五月の第二次北韓スパイ事件では、主犯の金谷が北韓社会安全省の命令を受け、中国人になりすまして福岡県の若松港に密入国した。一味七人は翌年（一九五三年）九月に外国人登録法違反などで全員逮捕され、有罪判決を受けた事件であった。このあとの第三次北韓スパイ事件は、韓載徳（現在韓国に帰順している）を主犯に無線機四台を携えて一九五三年八月に密かに潜入、この事件では二十三人が検挙されたなどがある。

しかし北韓では一九六一年の労働党大会で、一九七〇年代までにはありとあらゆる方法を使って、対日、対韓工作を続けることを決定している。その手段としてスパイを直接、または一度日本を経由して韓国にも送り込むことである。こうして送られてくるスパイ達は一年間、北韓の平壌付近で外界からまったく遮断された徹底教育が行なわれ、射撃、無線機械の操作、暗号の使用法、苦しさに耐えるための肉体訓練が第一段階、次に目的地で怪しまれずに人に近づけるように、派遣先の精密な地図、人情風俗、経済状態などの知識、他のスパイとの連絡法、逮捕されたときに取るべき方法がみっちり教えこまれるという。

ところが最近では方針を変え、北韓から韓国へ直接くる場合は、スパイ教育はしないで武装集団できて、山中や部落に拠点をつくろうと躍起になっている。故に最近韓国で発生する武装スパイ事件は凶暴なゲリラ的様相を加え、一九六六年度に検挙または射殺した数だけでも百名を突破しているといわれる。

また日本へ送られるスパイはカルカッタ協定にて北送が開始されるや、新潟から出る北韓への送還船が利用され、帰国者の荷物として核兵器の重要部分が荷造りされて送られたり、入手した情報の送信も容易になったことは事実だ。これを裏付けるスパイ事件には一九六四年、北韓送還船を使ってスパイ活動していた、寛吾根が警視庁に検挙され、翌一九六五年の〔ママ〕治事件などが挙げられるが、いずれも送還船が連絡ルートとして活発に利用されていることは事実だ。

しかしこの度、捕えられた外務省スパイ事件は、外務省の現職事務官を利用していただけに注目され、その反響が大きいが、いずれにしても十八年前に密入国して工作活動を続けていた前例は、日本でのスパイ史上初めてのことであり、あらためて北韓スパイに対する恐ろしさを認識すべきである。

現在、日本にいる北韓スパイは二千人から三千人と治安当局は推定しているが、これらのスパイは朝総連、朝鮮大学、商工会、経済学院などを利用し、その上連絡機関として北送船を利用するなど、その巧妙な諜報活動の実態把握は至難とされている。にもかかわらず日本にはこれらスパイを取締まる法律はなく、出入国管理令、外人登録法、電波法、公務員法などをあてはめるしかないという全くの無防備状態の現状である。

東西両陣営の接点―平和日本はまさしく"スパイ天国"なのだ。共産圏にとって一番欲しい米軍の情報は勿論、日本の自衛隊に関する情報、政府の機密などワンサところがっているし、スパイ活動はやりほうだい。しかも共産圏への送還船受入れという至れり尽くせりのお膳立てに自由主義諸国間では日本不信の声も強く、また心ある日本人の中には「早く防諜法を」という声も高まっているのだが――。

その前に先づ、北送船のシャットアウト、即ち僑胞北送の即刻中止というわれわれのアドバイスを聞き入れるべきである。北送は人道問題でなく、北韓スパイ暗躍のルートであり、日本の脅威につながり、韓国を脅す赤い魔手の温床であることをゆめゆめ忘れてはならない。

## 神童金雄鎔君の弟 またも天才坊や現る ―生後1年8ヵ月で読み書き―

世界でも類例を見ない超天才児といわれる金雄鎔君（四歳七ヵ月）の弟、壮鎔君（一年八ヵ月）も兄の名声にかくれその才能が知られていないが天才である。この壮鎔君は生後一年八ヵ月位では言葉もろくにしゃべれないのが普通であるのに、既にハングルを自由に読み書きでき、英語のアルファベットも覚え、漢字もやさしいのは読みこなし、またアラビア数字も千までは軽く数えて書き、小学一年程度の本は立て板に水のように読み下すという。

これは壮鎔君を誰かが教えたというのではなく、兄の雄鎔君が勉強するのを側で見ながら、見よう見まねでおぼえたり、兄さんから教えてもらったもので、雄鎔君と同様、生後一年で天才ぶりを発揮したのである。記憶力は非凡で一度教えてやれば絶対忘れない。兄と同じく昼寝は毎日五時間ほどとり夜は午前三時にならないと寝つかず、明け方六時には目を覚ますという。そして冬でも火の入っていない冷い部屋で裸のままフトンもかけないで、かならずうつぶせに寝て、食事は朝と夕方の二回だけで肉類は一切食べない。兄さんよりは一カ月遅れて生後六か月から歩きはじめ、はうことはしないですぐ歩いたそうだ。写真は最近日本テレビに出演した兄の雄鎔君

# 窒息させらる自由の叫び

## ◇北韓言論界の実情◇

元北韓中央通信副社長　李穂根

言論とは、一般的にいえば言葉や文章で意思を表示する行為を意味するが、具体的には新聞、通信、放送などの出版、報道活動や創作活動を意味するものとされている。ある社会の言論について論じる場合、少なくとも次のいくつかの問題がその重要な基準になると思う。

第一に、言論がその社会の世論と世界情勢をどれほど正確に反映しているかということ。第二に、言論活動の自由はどうかということ。第三に、言論と文化の発展程度を端的に示す新聞や出版物が、人口に占める割合いはどの程度か。第四に、言論人の社会的待遇などの問題である。

では北韓の言論は、その社会の世論と世界情勢をどれほど敏感に、正確に、幅広く反映しているか、という問題から考察するため、さる三月二十二日板門店における休戦委員会々議の機会を利用して劇的脱出に成功した元北韓中央通信社副社長李穂根氏の語る"北韓言論界の実情"をここに収録してみた。

### 言論の主題を局限

北韓の政治、経済、文化など、もろもろの社会相は一般に世間には公表されていない。これは共産主義というものが元来カーテンに包まれた怪物だからであるが、とくにカイライ政権は戦争準備と関連して彼らの国防力はもちろんのこと、経済力や社会全体の実際の様子を外部に知らせようとせず、また多くの場合その惨めな実情を知らせるのは恥なので報道することのできる主題の範囲を狭めて、ちょっとした問題はみな封鎖してしまっている。もちろん彼らも世界情勢を知らなければいけないから東西三十余ヵ国の四十余種類もの重要な通信と、数十種の外国新聞、雑誌を取り寄せている。しかし問題は彼らがこれらのものを取り扱うとはいってもそれを全部採取するのではないということである。外国から入手するすべての資料は、共産主義の宣伝と西側の自由諸国に対する非難と中傷に使う材料を選ぶために利用するにすぎないのである。従って、彼らが外部から受け入れるものに関して論ずるよりも、彼らが発行するものについて語る方が意義がある。現在北韓では約二十余種類の新聞と数十種の雑誌を定期的に発行しており、十余ヵ所のラジオ放送局を持っているが、周知のように北韓にはいまだテレビジョン放送はしていない。北韓が発行するすべての新聞、通信、ラジオは共産圏では通例の官営である。政治が唯一の政党である労働党の独裁であるから、言論にも野党的なものはあり得ない。では北韓はその社会の世論をどのように反映するのか？

一言でいえばそれは共産主義教育と北韓労働党の政策を遂行するのに助けとなるような問題に限られている。これに関連がないかあるいは否定的な影響を及ぼす資料や論調は、北韓社会の出版物に発表することができない。

従って北韓の出版、報道、創作活動における主題は狭い範囲に局限される。すなわち、共産主義理論と道徳の宣伝、北韓労働党の宣伝、共産主義労働の革新的な事柄、金日成の偶像化、韓国の制度と政治に対する中傷、非難などが北韓における言論活動の主題の大部分である。

### 教科書的な新聞報道

という関係で北韓社会における重要な世論が多くの場合黙殺されている。火災が起きて工場が焼け人命が失なわれたとか、交通事故で数百人が犠牲になったとか、不良青少年たちが社会の風紀を乱しているとか、強盗、殺人、窃盗ど うしてこれを取り扱わないのか？それは言論機関がこのような問題を取り扱って世論を導いてゆくとなると、人々の革命闘争や労働についての関心をゆるめさせるという影響を与えることになり、革命には利益とならないとの見方があるからである。だから北韓社会での言論はその社会の世論を公正に反映することもできず、一定の教科書のようなものになってしまう。ましてその社会に対する不平不満などは全く表わすことができないから言論が世論を代弁することはできない。

世界情勢について北韓の言論は

の否定的な面に限って非難の対象として取り扱うか、さもなければほとんど言及しないかのどちらかである。例えば、ソ連で月ロケットを打ち上げたという報道は取り扱うけれど、アメリカがそのようなことをしたら黙殺し、社会主義国家の経済成長については扱うが西側のそれについては全然ふれず、あるのはいつも「破壊」であり、「危機」「没落」などの中傷的な消息だけである。

共産主義社会における肯定的人物については扱っても、自由陣営の著名な人物については扱わず、資本主義社会はすべて弱肉強食の法則のみが支配し、人間の価値などまったく顧みられない社会であると描写するのが習慣になっている。自由主義諸国は矛盾と葛藤の中で危機状態に置かれているかのように描き、共産圏内部の醜い紛争には耳をふさぎ目を閉じて何も知らないかのようにふたをしてしまう。常識のある人には到底信じられないようなかかる状態が、北韓の言論の真相なのである。

### 厳重な報道の統制

ある社会の言論について語るとき、よく言論の自由はどうであるかが大きな問題となる。これはもっともなことで、言論の自由がないところでは人間の生活が自由であり得ないからである。

ところで世の中が民主々義と共産主義に分かれていらい、双方が常に自分たちの方にだけ自由があり、相手側には真の自由はないと非難し合っているが、もちろんこれは根拠のないことではない。如何なる国も法的には言論の自由があると公認しているのが事実であり、また如何なる国も国策上から言論に対し何らかの制限と統制が加えられていない国はない。（ワイセツレスコードや映倫規定など）このことは初歩的な常識である。ここで問題となるのは制限と統制の程度である。主権や国防に対する防衛という見地から見て必要な統制はしなければならない。きわめて特定の問題を除いては言論の自由の幅は広げられなくてはならない。ところが、共産主義を宣伝しないからといって西側のある国には言論の自由がないと非難し、言論の自由の範囲がそれよりも何倍も狭い自分達の言論こそ自由であるという式の論法が共産主義者らの常套的な論理なのである。北韓の場合がまさにそうである。数多くの制限条件と頻雑な検閲制度を設けておきながら、彼らは自分たちの言論こそ自由であるという宣伝に大わらわである。ではいくつかの資料によってその真相を見てみよう。

新聞やラジオの報道の主題は党の政策によりあらかじめ規定され、取材や編集計画が作成される。つまり、新しい事件を追いながらその時々に敏感に社会の世論を反映するのではなく「ある一定の時期には石炭増産と遊撃戦の話を、またある時機には電気の節約と田植えのことを報道する」というように、計画が前もって作成され、政策上の見地から必ずその時期に民衆に知らせなければいけない問題が論説や記事として編集される。計画は事前に党で検閲しそれによって取材が組織される。記事の内容も合目的々にあらかじめ考案し干渉する。

### 二重三重の検閲受ける

次に原稿がいったんできたのちこれがどれほど多くの検閲を経なければならないかを見ることにする。

記者が一つの原稿を書いてそれを部長に提出するが、部長は記事に目を通してその方向が正しくないときは二回でも三回でも書き直すことを要求し、必要な場合は部長自らペンをとって他人の原稿を補充、修正または改作することがたびたびある。こうして手が加えられた原稿を局長が見るのだが、彼もまた同じような作業を繰り返し、さらに主筆や副主筆がまたその原稿を検討、修正する。これはみな新聞社の内部で行なわれることであるが、このほかにも国家的な公式の検閲がまたあるのである。そこには出版総局という検閲機関があって、すべての原稿は例外なくこの法的検閲を経てはじめて世に出ることになる。これは普通の原稿の場合であって、ある特別な重要性を帯びた原稿のときは党の高級幹部までそれを検討する。

このように多くの複雑な検閲を受けるあいだにこの人が直し、あの人が手を加え、またその次の人が修正したりしてもとの筆者の文章よりも、検討し修正した者によって補われた部分の方が多くなることさえある。故に文章に個性もない。つまりこうして作られた記事はある一人の記者のものではなく、集団によって組み合わされた文章にすぎないのである。原稿に対する検閲は、政治的に信頼することのできないある特定の筆者に限って適用されるのではなく、全般的な現象なのである。彼らは政治的に信用できないと認められる階層には、自ら定めたワク内の文章さえも書く自由を与えない。ある犯罪の前科者とか家庭の「性分」（家庭の階級性や思想関係のこと）が悪くて注目される者には創作の権利を与えないから、このような人たちはその知識や創作の素質いかんにかかわらず肉体労働をする職場に回されるのである。いわんや、金日成や党の政策に少しでも抵触する文章を書いたあかつきには、例外なく粛清の対象となる。粛清とはその隊列を清潔にするという意味で使われ、文筆活動をしていて政治的あやまちを犯した場合に、労働をする場所に追いやられることを意味する言葉である。

最近十年間に、出版・報道部門の記者や編集者の中で、こうして粛清された者の数は少なくとも数百人にのぼるであろう。彼らは炭鉱や鉱山で強制労働をしながら、自分たちにも人間らしい生活と言論の自由を与える世の中がくることをやる瀬ない気持で祈っている。

### ラジオは三百人に一台

ある社会の文化水準は出版や言論の発展程度に、もっと具体的には出版物の普及程度で推し測ることができる。新聞が新聞らしく社会の世論を正確に反映でき、ラジオがラジオらしく言いたいことを言い尽くせないという条件のもとでは、それがどれだけ民衆に普及されているかという問題は長々と論議しても興味のあることではない。

ところで前もって組織し検閲して教科書のように作り出される新聞は、一体どれほど普及しているだろうか。現在約二十にのぼる新聞の総発行部数は百万部を越えない。だから大体人口十二人あたり一部程度である。ラジオ放送局は平壌に三局と各道に中継放送局として一つずつあるが、ラジオを持っている人口は約三百人に一台程度であり、そのうちの大部分は有線放送設備で西側の放送を聴くことはできないようにダイアルを固定させてしまってある。テレビジョン施設は現在完工する段階にあるが、受像機は数百台にすぎない有様である。

以上の数字を見ればその社会の民衆の中に言論がどの程度普及しているかが大体分かろう。

宣伝を重視する共産主義社会でなぜこんなに出版物やラジオが普及されていないのか。そこにはいろいろな事情がある。まず民衆の物質文化や生活水準が低い関係でそういう物を所有するだけの余裕がないことが大きくひびいており、次は北韓の物質生産能力の脆弱性と七ヵ年計画の遂行過程でぶつかっている難関にも関連がある。新聞、雑誌、ラジオなどを広く普及させようとすればそれだけ多くの紙が必要となり印刷施設がなければならず、またラジオの生産能力も問題となる。それを充足させるためには近代的設備の大規模な製紙工場をもっと建てなければいけないし、印刷所やラジオ工場も拡張するか、新設しなければならない。自立経済をやかましく叫びたてている手前、そういうものをみな外国から買い入れることはできない話である。このような事情のもとにあるので出版物の普及状態は近い将来、大きな変化を起こすようなことはないように思える。

### 執筆意欲をうしなう

言論の発展にはその社会の言論人に対する社会的待遇が影響を及ぼすことになる。一般的に北韓では高等教育を受けた知識階級が知識階級らしい待遇を受けられずにいる。大学教授の収入が炭鉱夫の平均と同じかと思うと、医者や記者などと工員との収入にあまり差がない。収入面だけではなく社会的地位においても、誰にも特定の権利は与えられていない。この社会では権利は党の幹部たちにのみ与えられる独占物であってその他の階層には、党の決定や党幹部の命令と指示を命を賭けて実行する義務だけ負わされている。言論人についても彼らには共産主義思想と党の政策を宣伝する義務があるのみである。

北韓の新聞を見る外国の読者や韓国の人達からは、私はよく次のような質問を受ける。どうして北韓の新聞はみな同じなのか。この新聞もあの新聞も性格の差異がなく、昨日のも今日のもみな同じである。社会面がないのはどういうわけか……などである。こういう質問を聞くたびに私はこう考えている。それは、北韓カイライ政権の言論政策から見てそうするよりほかにないのだ――と。一つの政策によって編集計画が立てられ党の統制のもとにそれが処理され、二重、三重の検閲を経て発行される出版物が、もしみんなそれぞれ異なるとしたらむしろそのほうがかえって不思議な位である。このように機械的に動かなければならない言論人らは、常にその意欲が麻痺してしまっているのである。

私は二十年間北韓で言論活動をして来た者として、卒直に自分の所見を述べるならば、北韓の現在の状態は必ず是正されなければならない。もちろん、これは政治に関係するところが大ではあるが、言論に局限していえばまず言論の自由を大幅に認め拡大しなければならない。世界情勢を一面的にではなく全面的に公開して、民衆の視野を広げなくてはならない。そうしてこそ初めて言論が社会の世論を正しく反映することができるであろう。

### 共産主義体制の宿命か

もちろんこのような方策について北韓カイライ為政者たちも考えてみたかもしれない。しかし彼らがいまそういう政策をとれないというところに、その脆弱性がある。つまり、共産主義の宣伝一辺倒ではなく世界情勢や西側の消息を公正に知らせようにも、西側の自由思潮が入ってくるのが恐ろしくてできないのであり、社会の否定的面に対する批判の自由を許せば、混乱を免れることができなくなるのである。また、言論人の待遇をよくしようとすれば他の知識人の待遇もよくしなければならず、知識人の待遇を上げるとなると他の階層とのバランスのことも考えなければならなくなる。ところが中央銀行からはカネが無尽蔵に出てくるのではない。

だから結局は、労働階級専政の独裁統治が緩和されるまでは、言論界の今日の状態が改まることはないのである。

### 成人のつどい　1月15日本部講堂で

明るい希望に輝く一九六八年の新春を迎え、はれて大人の仲間入りをする僑胞青年男女の新しい人生への門出をたたえ、その前進を祝福し、励ます「僑胞成人のつどい」をつぎのとおり催します。

と　き―一九六八年一月十五日(月)午前十一時三十分
ところ―民団大本講堂
記念式典―お祝いや激励のことばのほか、記念品なども贈呈されます。
催　し―金剛学園生徒による韓国舞踊のかずかずを披露する。
おねがい―はれて成人の日を迎えられるみなさんのご参加をお待ちしております。なお当日はなるべく簡素な服装で気がるに参加して下さい。
主　催―民団大阪府本部、韓青大阪府本部、婦人会大阪府本部、学同大阪府本部

# あけまして おめでとうございます '68

**鳩タクシー株式会社**
社長 権 正男
本社 大阪市住吉区我孫子町東五ノ一〇五
電話 (692) 四六七三ー一五

**布施交通株式会社**
社長 権 宗業
東大阪市新喜多町三六四
電話 (781) 五五五〇

**丸平株式会社**
社長 林 光植
大阪市南区高津八丁ニー一
電話 (211) 二三四五

**大正商事株式会社**
取締役 崔 永守
大阪市旭区貝脇町三五
電話 (951) 二〇八九

**株式会社 千鳥**
社長 金 致富
大阪市阿倍野区天王寺町二ー二
電話 (751) 四四九八

**富士観光株式会社**
社長 韓 緑春
大阪市南区宗右衛門町二〇
電話 (221) 八五五一

**富士会館**
代表者 李 相一
東大阪市足代一ー一二八
電話 (721) 〇七七六

**信用組合大阪興銀**
理事長 李 熙健
本店 大阪市天王寺区下味原町八〇
電話 代表 (761) 七三七一

**丸三鉄鋼株式会社**
社長 金 炳五
大阪市西区北堀川町二ー三八
電話 (531) 〇二一二

**野田会館**
社長 金 昇漢
大阪市福島区吉野町一ノ一七
電話 (462) 九〇八九

**丸石商事株式会社**
社長 徐 奇煥
枚方市四条町九七
電話 (0720) 五二二一

**株式会社 富島組**
社長 郭 炳顕
大阪市此花区伝法町北一ー一八
電話 (461) 二五七一

**梅皖毛糸紡績株式会社**
社長 金 泰東
大阪府泉北郡忠岡町忠岡九〇四
電話 (0725) ② 五六六五

**神野産業株式会社**
代表取締役 松井 一郎
大阪市北区曽根崎上三ノ四
電話 (341) 三八五一

**東和化学株式会社**
社長 金 聖善
大阪市生野区[illegible]西足代町八四
電話 (753) 一五五五

**大和精機工業所**
社長 具 熙祥
堺市甲斐町東一丁三
電話 堺 (38) 三五〇一

**新東洋興業株式会社**
社長 杜 炳銑
茨木市下中条二七二
電話 (0726) ② 二五七四

**新松竹会館**
社長 姜 壬中
堺市中安井町一ノ一
電話 堺 (38) 七八五三

**阪本紡績株式会社**
社長 徐 甲虎
本社 大阪府泉南郡[illegible]六〇五
電話 (0724) (65) 一〇〇一

**同商産業株式会社**
社長 姜 炳俊
大阪市北区樋之町三八
電話 (341) 八五七七

**天龍商事株式会社**
社長 尹 守孝
大阪市北区[illegible]町二五の一
電話 (341) 四七〇二ー四

**浅井商事株式会社**
代表者 金 泰鎬
東大阪市[illegible]西一ー一三三
電話 (722) 四四二二ー四

**株式会社 河本組**
社長 朴 弘伯
大阪市港区西市岡町一ノ五
電話 (571) 〇七〇七

**共栄ビニール工業**
社長 金 鐘寿
東大阪市[illegible]井田町一ー一四
電話 (782) 一三六一(代)

**岸田繊維工業株式会社**
社長 金 泳培
大阪府泉南郡泉南町馬場七五六
電話 (0724) (8) 四四四一

**新日本工機株式会社**
社長 孫 達元
大阪市東区久宝寺町二ー一四
電話 (261) 三一三一ー八

**順天商事株式会社**
社長 姜 桂重
大阪市東区平野町二ー一九
電話 (231) 五七八八

**国際タクシー株式会社**
社長 金 教鶴
大阪市住吉区大領町一ー一四
電話 (691) 一四五一

**信用組合大阪商銀**
理事長 朴 漢植
本店 大阪市北区曽根崎中一ー四〇
電話 代表 (341) 三八五一

**阪神ホール**
社長 郭 裕之
大阪市福島区来円町八六
電話 (462) 一二五一ー六

**三洋実業株式会社**
社長 李 熙健
大阪市東成区東小橋北之町二の一五四
電話 (971) 五四五一ー二

**心斎橋ビル株式会社**
社長 柳 洙鉉
大阪市南区鰻谷西之町三番地
電話 (271) 〇八八一

**朝日興業株式会社**
社長 朴 漢植
大阪市北区曽根崎中一ー五三
電話 (341) 一七二二

**平和工業株式会社**
社長 裵 賛斗
大阪市生野区[illegible]大地町七八七
電話 (758) 二三四六

**株式会社大池会館**
社長 張 泰植
大阪市生野区猪飼野東六ー一〇
電話 (758) 一三一三

**林 義雄**
大阪市港区東田中町五ノ七五
電話 (572) 一二五八

**株式会社 大成鉄工所**
社長 成 海竜
枚方市出口三八三
電話 (0720) 一一八一ー三

**株式会社 三晃金属**
社長 高 駉相
大阪市北区山崎町七七
電話 (361) 二二六九

**新興金属株式会社**
社長 崔 洙元
布施市俊徳町五ー四八
電話 (721) 二二三一ー六

**三和ビル株式会社**
社長 朴 徳龍
大阪市北区曽根崎中二ー一五
電話 (341) 一九三五

**金澤産業株式会社**
社長 金 澤龍
大阪市大淀区豊崎東通三ー三六
電話 (371) 九〇六一

**明大製莫株式会社**
社長 蔡 尚大
大阪市北区菅栄町七二
電話 (358) 三七四一

**新光ビニール工業株式会社**
社長 柳 浩根
大阪市城東区鶴見町一ー一七八
電話 (931) 四〇一六

**大可工業株式会社**
社長 朴 喜萬
八尾市上尾町四ー十七
電話 (0729) (3) 一五八一

**大川商事株式会社**
社長 金 栄昌
豊中市上野六ー四九の一
電話 (392) 六五八八

**渋川商店**
代表者 李 時亨
大阪市南区難波新地三番町四五
電話 (211) 三二八一

**阪神建鉄株式会社**
社長 呉 承明
大阪府河内市中野二ー二四
電話 (781) 〇〇五四

**新興ゴム工業株式会社**
社長 金 基碩
八尾市竹淵九二
電話 (791) 六六六一ー三

**新亜細亜貿易株式会社**
社長 尹 太性
大阪市西区靭本町一ー三三
電話 (441) 九六一二ー四

**クラブ 紫光**
社長 金 良祚
大阪市北区曽根崎上一ー三〇
電話 (361) 七一六四

**大阪グリップ株式会社**
社長 朴 景雨
東大阪市高井田本通五ー三
電話 (782) 四三五三ー六

**大成交易株式会社**
取締役 張 仲均
大阪市北区絹笠町五〇
電話 (363) 二七七一

**株式会社 岩井観光産業**
社長 李 永中
八尾市西山本町七ー二
電話 (0729) 七六六四

**三平苑**
社長 金 振浩
茨木市大字下中条二六〇
電話 (0726) ② 三三六

**日本有機化学工業**
社長 安 在祐
東大阪市御厨二七一
電話 (788) 六三二一ー九

**コンドル 市岡会館**
社長 姜 在成
大阪市港区磯路町一ノ二
電話 (571) 四三四六

**大日物産株式会社**
社長 朴 仁変
大阪市東区淡路町二ノ八
電話 (203) 〇三六六

**三和観光株式会社**
代表取締役 神野 宅佑
大阪市北区[illegible]町一ノ一五の四
電話 (312) 九五六九

**朝日化工株式会社**
代表取締役 金 宗立
大阪市東住吉区加美[illegible]町八ー一〇四
電話 (791) 六六〇四

**沢之町会館**
代表者 崔 甲植
大阪市住吉区殿辻町五二ー三
電話 (671) 〇六八一

**レストラン そうる**
代表者 金 炳生
大阪市北区高崎町一三三
電話 (341) 六二六七

**昭和工業株式会社**
社長 沈 在玉
八尾市大字千塚二ー二
電話 (0729) ③ 四八四五ー七

**渡辺毛糸紡績株式会社**
代表取締役 全 時然
岸和田市額上町二五五
電話 (0724) ④ 六八四一ー二番

発行所
韓僑新聞社
発行人 金晋根
編集人 趙乙濟
大阪市北区中崎町43
電話（371）7331～5番

綱領

一、われわれは大韓民国の国是を遵守する
一、われわれは在留同胞の権益擁護を期する
一、われわれは在留同胞の民生安定を期する
一、われわれは在留同胞の文化向上を期する
一、われわれは世界平和と国際親善を期する

勝共統一

# 謹賀新年

## 今年こそ自信と意欲に満ちた前進の年へ

# 団結と和睦で
## 民主社会の発展を

在日本大韓民国居留民団
大阪府地方本部
団長　金晋根

団結の誓いとともに、新しい決意で、今年1年を力強く歩んでいきたいと思います。歳月はまことに早いもので団長になってアッというまに新しい年となりました。

私の生涯においても、今年の正月は意義の深いものであり、また、決意もいまさらのものがあります。昨年は準備の年であり、今年は行動の年にしなければなりません。

私は「団結と和睦」をモットーとし、理性と対話で諸問題を解決していきたいと考えておりますが、民主主義は相当に根気のいるものであり、忍耐が必要だということがよくわかります。

言論の自由が時には無責任と無秩序を招く場合もあり、対話が永久に平行線をたどる場合もあるように思います。

それでも私は自分の態度を変えようとは思いません。力と抑圧では民主社会は進展しません。たえまのない努力を積みかさねて始めて、正しい民主社会は建設されるでしょう。

多くの同胞はだんだんとたよりになるもの、中心になるものを求めております。私のいう求心運動の始まりですが、当然民団がその中心点とならなければなりません。

民に先んじて憂え、民のあとから楽しむという指導層にならなければならぬと思います。一般同胞と呼吸をともにし、哀楽をともにわかちあいながら、同胞の権益を守っていかなければならぬと思います。民団の役割がそのいずれの時代よりも、重かつ大であることを自覚しながら「団結と和睦」で前進したいと思います。

# 祖国の経済発展と
## 僑胞繁栄の年へ

駐大阪大韓民国総領事館
総領事　金鎮弘

一九六九年の新しい年と共に、僑胞（関西地域）みなさまのご家庭に栄光とご多幸がありますよう、衷心から祈る次第であります。

顧りみますと、昨年一年間は多事多難のとしでありました。現在、われわれは経済五か年計画を成功裡にメドつける現時点において、"前進の推進力をよりいっそう発揮し、祖国近代化の原動力を培養することに総集結しなければなりません。われわれにはいま何事であろうと自ずからの力で解決できるという、自信と意欲が満ち溢れております。さらに、現在みなさんは、はげしい競争とめざましい発展の時代に生きているのであります。

特に、新年を迎えるにあたって皆さんは、今まで異域の地で不利な条件の下に、あらゆる難関を克服し、たゆまず祖国の発展と国威宣揚に献身して参りましたが、今後もいっそうの団結と協力、誠実と勤勉をもって、われわれ民族の優秀性を誇り示すことに最善をつくしてくれるよう望むものであります。

なお、みなさまには成熟する二世、三世たちの教育に重きを置き、かれらに民族意識と国家観念を強固にすると同時に、さらには反共精神を徹底に鼓吹することはむろん、過去に犯した民族史の誤った伝統と沈滞を一掃し、多福ある栄光をかれら二世、三世に残さねばならず、そのような使命意識をもって、創造的な努力をつくして下さることを望む次第であります。

その間、われわれの政府は日本政府当局と、つねに在日僑胞みなさまの法的地位問題に伴なう諸般問題の解決と補充にたいし討議してきたのみでなく、むしろ、みなさまの福利増進と地位向上のため、継続努力しており、今後もより一層尽力することでしょう。

最後にみなさまには、韓日両国間の協調に立脚した友好関係を緊密にし、より一層の相互努力をもって、両国間の繁栄と発展と平和を成し遂げようとする制度の総造営に参与するよう望むものであります。

己酉年の新年に、みなさまのご家庭に繁栄とご多幸がありますよう、もう一度祈願しながら、新年のメッセージに代える次第であります。

# '69 民団組織強化に一致団結しよう！

在日本大韓民国居留民団
**大阪府地方本部**

**三機関役員**

**議決機関**
議長　朴玄
副議長　梁恵承
同　陳琦淵

**監察機関**
監察委員長　方鏞煥
監察委員　張起説
同　具文浩

**執行機関**
団長　金晋根
副団長兼組織部長　崔喆洙
副団長　金亨烈
事務局長兼総務部長　金泰洙
総務次長　呉忠雄
民生部長　元容範
同次長　朴基満
同次長　金容日
文教部長　金容海
同次長　崔秀雄
組織次長　韓聖用
同次長　金治男
宣伝部長　趙乙済
同次長　李正男

**傘下団体**

在日大韓婦人会大阪府本部
会長　裵順姫

在日韓国青年同盟大阪府本部
委員長　金治男

在日韓国学生同盟大阪府本部
委員長　辺成圭

大阪韓国人商工会
会長　柳洙鉉

在日大韓体育会関西本部
会長　李照健

在日韓国在郷軍人会大阪支会
会長　宋台仙

487

# 敵対陣営を紛砕し
## 真の韓国民精神を培養

大阪府地方本部
議長　朴　玄

# 中傷謀略を断じて排除
## 民団は大衆に奉仕する姿勢へ

大阪府地方本部 監察委員長　方　鎬　煥

# 五大綱領を遵守し
## さらに前進のとしへ

在日本大韓民国居留民団
中央本部団長　李　裕　天

# 年頭の辞

# 阻害要素を一掃
## 婦人会の前進の年へ

婦人会大阪府本部
会長　裵　順　姫

# 商工業者は団結し
## 経済情勢の変化に対応

大阪韓国人商工会
会長　柳　洙　鉉

# 真の権益擁護と
## 歴史の先鋭的役割を

韓青大阪府本部 委員長　金　治　男

# 学生の自覚と責任感果す

韓学同大阪府本部
委員長　辺　成　圭

# 団結と和睦のために中傷謀略を一掃せよ！

## 東大阪地区

**生野支部**
- 支団長　李明洙
- 議長　権義松
- 監察委員長　金賢圭
- 事務部長　姜元淳
- 大阪市生野区舎利寺町一−八二　電話(711)六一二三〜五番

**布施支部**
- 支団長　尹甲春
- 議長　裵国祥
- 監察委員長　金明浩
- 事務部長　許奎龍
- 東大阪市長栄寺一−六二−十三　電話(782)六四〇一番

**東住吉支部**
- 支団長　朴柄玉
- 議長　趙宗大
- 監察委員長　黄七福
- 事務部長　申望守
- 大阪市東住吉区平野馬場町十−十九　電話(791)五五八五番

**八尾支部**
- 支団長　宋金出
- 議長　崔景乙
- 監察委員長　高漸卓
- 八尾市跡部本町四丁目二−十九　電話〇七二九(22)六〇七九番

**枚岡支部**
- 支団長　金鳳来
- 議長　李圭洪
- 監察委員長　朴世鎬
- 事務部長　金鐘寧
- 東大阪市南荘町十二−十　電話〇七二九(81)二二八三番

**阿倍野支部**
- 支団長　甘次相
- 議長　房福男
- 監察委員長　姜太佑
- 事務部長　鄭良朝
- 大阪市阿倍野区丸山通一−六九　電話(651)八七五九番

## 東北地区

**東成支部**
- 支団長　白丁赫
- 議長　車忠興
- 監察委員長　金奉慶
- 事務部長　金徳浩
- 大阪市東成区大今里本町一−一四三　電話(976)二三三一番

**城東支部**
- 支団長　朴文吉
- 議長　沈鐘燁
- 監察委員長　李正業
- 事務部長　左元玉
- 大阪市城東区今福町一−七三　電話(931)〇四一四番

**北河内支部**
- 支団長　文権植
- 議長　崔柱煥
- 監察委員長　金汝玉
- 事務部長　呉夢龍
- 守口市大久保町五−四〇　電話(992)五八二四番

**都島支部**
- 支団長　姜信洙
- 議長　権相変
- 監察委員長　高琪権
- 事務部長　韓大沢
- 大阪市都島区御幸町二−七　電話(921)四九七〇番

## 西南地区

**旭支部**
- 支団長　許鉦
- 議長　玄太権
- 監察委員長　金鎮文
- 事務部長　李東雨
- 大阪市旭区新森小路北一−九二　電話(951)三四二一番

**西成支部**
- 支団長　金永善
- 議長　金正準
- 監察委員長　馬永東
- 事務部長　朴仲奎
- 大阪市西成区梅通八−六　電話(651)四七七七番

**住吉支部**
- 支団長　金東出
- 議長　許桐
- 監察委員長　朴仁変
- 事務部長　李洵永
- 大阪市住吉区墨江東七−七二　電話(692)一九八一番

**大正支部**
- 支団長　金載明
- 議長　崔山沢
- 監察委員長　金聖述
- 事務部長　金載明
- 大阪市大正区南恩加島町三〇　電話(551)四三二〇番

**南大阪支部**
- 支団長　金済云
- 議長　金啓佑
- 監察委員長　金命寿
- 事務部長　朴正玉
- 大阪市浪速区新川町三−六五五　電話(631)五四四四−六番

**港支部**
- 支団長　李応燦
- 議長　権莫登
- 監察委員長　朴春生
- 事務部長　賈重鉉
- 大阪市港区東田中町二−一〇八　電話(572)〇四四三番

## 北摂地区

**東淀川支部**
- 支団長　崔玧熙
- 議長　金皓一
- 監察委員長　姜弘実
- 事務部長　趙斗河
- 大阪市東淀川区西中島町一−一二　電話(301)二一七七番

**吹田支部**
- 支団長　河武慶
- 議長　吉華植
- 監察委員長　金東準
- 事務部長　金在玉
- 吹田市山手町一−七−三　電話(388)一五五五番

**豊能支部**
- 支団長　尹八星
- 議長　鄭陵龍
- 監察委員長　安相述
- 事務部長　金麟得
- 豊中市桜塚本町一−一八　電話〇六八(53)〇七一九番

**茨木支部**
- 支団長　高日化
- 議長　玉富潤
- 監察委員長　金喜奉
- 事務部長　洪正一
- 茨木市新庄町一一−七　電話〇七二六(22)六二二〇番

## 泉州地区

**高槻支部**
- 支団長　賓正石
- 議長　洪本洙
- 監察委員長　安奭鐘
- 事務部長　張俊
- 高槻市芥川町二−一九−一　電話〇七二六(84)〇五二六番

**堺支部**
- 支団長　金坰基
- 議長　朴亨述
- 監察委員長　李成基
- 事務部長　金尚圭
- 堺市中安井町一−一　電話〇七二三(38)七八四〇

**泉大津支部**
- 支団長　金基允
- 議長　朴八星
- 監察委員長　金敬仁
- 事務部長　趙成允
- 泉大津市本町　電話〇七二五(2)五四八二番

**泉南支部**
- 支団長　姜先渭
- 議長　陳琦淵
- 監察委員長　文浩明
- 事務部長　金九渕
- 泉佐野市高松町一−二四九　電話〇七二四(62)二五二五番

**泉北支部**
- 支団長　金春鶴
- 議長　黄性杉
- 監察委員長　高亨秀
- 事務部長　韓玟変
- 和泉市府中町四五四−二　電話〇七二五(41)二三七三番

## 北大阪地区

**北大阪支部**
- 支団長　金宗同
- 議長　許正樅
- 監察委員長　金聖龍
- 事務部長　趙用八
- 大阪市北区中崎町四−三　電話(371)九一四五番

**西淀川支部**
- 支団長　金柳権
- 議長　林允植
- 監察委員長　朴寅托
- 事務部長　金元植
- 大阪市西淀川区大和田中一−三五　電話(471)二九〇一番

**中央支部**
- 支団長　金徳仁
- 議長　柳根達
- 監察委員長　高七栒
- 事務部長　安興出
- 大阪市北区梅田町二−六　電話(341)四二六番

**福島支部**
- 支団長　任璋鎬
- 議長　李昌福
- 監察委員長　李春晩
- 事務部長　秦勝行
- 大阪市福島区茶円町九四　電話(461)二四一四番

**此花支部**
- 支団長　金石鎬
- 議長　朴鐘允
- 監察委員長　丁東云
- 事務部長　崔範石
- 大阪市此花区　電話(462)二八八八番

# 北韓の実情はこうだ!

## 北韓は戦争に狂奮
## 北送僑胞は乞食生活

### 生捕えた共匪が暴露

さる十一月以来、慶北の蔚珍と三陟地区に侵入した約九十名とみられる北韓武装共匪は、わが軍の軍警および郷土予備合同せん滅作戦によってほとんど射殺、残るいく人かの武装ゲリラは逃亡中であるが、この掃たん作戦で生捕えた北韓武装共匪の高登竜(二六・北韓軍中尉)と鄭東春(二四・北韓軍少尉)は、その後自由大韓民国のふところに帰った喜びをかみしめながら、今までダマされていた北韓の実情をばく露すると同時に、生地獄で呻吟する北韓同胞は一日も早く自由大韓民国の懐に帰るよう訴えた。なお、両人は時どき微笑も忘れず、記者の質問に次のように答えてくれた。

生捕えた北韓武装間諜の鄭東春(右)と高登竜(左)が記会見するもよう

―侵透の任務と経路は―

鄭　小数部隊で部落を占領し部落単位事務…情報網を設けるのが目的であった。第一目標部落に失敗すれば復帰途中、第二地点を宣伝工作し、情報価値がある対象者を拉致して越北することであった。なお、軍事、経済、社会の各方面の情報入手がねらいであり、三十日間を期間に二十日間の圧縮食糧をもって、さる七月九日から北傀保衛省偵察局のさん下である第一二四軍部隊一基地で、副局長の指示のもとに十四人四組とする六十人が、平壌で三カ月間にわたって遊撃訓練をうけ、十月一日汽車でヨンサン里に到着、ここで三十日間天幕生活を行なったのち、十月三十日午後二時元山から船で出発した。出発前に偵察局長である北傀軍中将金ジョンテが船上に現われ指令したが、同夜十一時三十分蔚珍××里海岸に上陸した。ここまでくるのに何らかの障害物もなかった。乗ってきた快速船は機関銃二挺など重武装させており、上陸のときは十五名がボート二隻に分乗して上陸した。

―成功すると思ったか―

鄭　南韓の人民が必らず協助してくれると教えられていたので成功するものと信じていた。しかし、南韓国民の反共意識と強、特に予備軍の活動にとまどい失敗したが、任務を遂行するため強制的な方法を使うほかはなかった。

―復帰命令は―

鄭　成功したのち、無電指示を受けることになっていたが、任務遂行に失敗したので一人で陸上から復帰することを考えていた。

―良民をなぜ虐殺したか―

高　教育を受ける時、子供であろうと大人であろうと障害物は無条件にかたずけろ、と指示されていた。国民に謝罪したい。

―一二四軍部隊の遊撃訓練の状況は―

高　原子力基地など重要目標物の夜間奇襲破壊訓練が基本である。三十キロもする砂ぶくろをかつぎ一時間に三、三十里(一里は四〇〇米)ずつ走ることと射撃術などを習った。特に待避手段として、墓を掘り出し棺から遺骸を出してその中に隠れる訓練を、雨が降る夜に行なうこともあった。

―降参勧告文を見たか―

鄭　金新朝が紳士服を着た写真入りのビラを見、また金君の肉声放送も聞き、自首することも考えた。

―北韓民の生活実情は―

高　毎日三回ずつ食糧配給をうけるが、一カ月分が二十日分しかならない。党の高級幹部と一般人の差ははげしいが、このような不満を顔に現わすことはできない。ラーメン一ぱいなら北韓では最高級の食事である。

―ソウルを初めて見る感想は―

高　ソウルには七百万の失業者がウヨウヨしており、もちろん電気もなく、四千年来の民生苦に飢えていると聞いていた。しかし、まったくのウソであり、百貨店など街を見て、自由社会がどれほど良いものかを感じた。二十年間ダマされながら暮してきたのが情けなくなった。

―北送在日僑胞の状態は―

鄭　北送の時に持ってきた衣物などは全部売り払い、いまでは乞食のような生活である。

―北韓の戦争準備は―

鄭　労働赤衛隊に自動武器を与え訓練をさせている。労働者は一週間に二回以上、軍隊は毎月一、二回以上防空訓練をうけているが訓練に出ない者には食糧配給を与えない。また映画も血を流すことを好む好戦的なものばかりだ。このように全国民が軍事体制化されている。

―ソ連の消息は―

鄭　米国のスパイ船であると聞いており、いわゆる、さる九・九節に内外記者会見を行なった。

―以南の放送を聞いたことがあるか―

高　ダイヤルが固定されているため一般は聞かれないが、一二四組部隊員は山の上で時どき聞いている。一・二一事件(一月二十一日の大統領官邸奇襲事件)の時、武装共匪が捕えられる南韓の放送を聞いた。

―北韓でベトナムに行ってきた人を見たか―

高　北韓では工兵を北ベトナムに送り込み防空工事を行なっているという事を聞いたことがある。

―家族と武装共匪らに言うことはないか―

鄭　家族は報復を受けることになろうが、勝共統一がくる日まで保護してほしい。とくに一二四軍部隊が南派された場合、即時自首するよう勧めたい。すべての自由が保障されているので、われわれと共に手を取り合って反共隊列に立ちむかうよう勧めたい。

### 金日成に告げる

二十七年間をひとすじに忠誠心をささげ、如何なる命令も死を賭ってきた私が、なぜ彼方を指して民族の元凶であると断定するようになったかそのわけを知っているであろうか。お前たちが口ぐせのようにいう、貧しく飢えと寒さの中で呻吟する南韓という言葉は、真っ赤なウソであり、私は初めてここで、どういうものが民主主義であり、自由と幸福であるかを感じることができた。金日成よ、お前はわれわれに何んといったろうか。南派すれば、すべての人民が協助してくれるだろうといった言葉も、勝手な寝ごとにすぎないのではないか。私はここで、幼い少年から六十老人に至るまで徹底した反共態勢に全力を努めていることを知った。

同族相殺に血眼する金日成よ!聞け!お前が教えた二十五年間の共産主義はあまりにも極悪であり、虚荒であったがため、私はただ一日の自由大韓民国を見ただけで、お前がぬいかぶせた名誉を抜き捨ててしまったのである。

これからは二度とダマされることはないであろう。

一九六八年十二月二十三日
前北韓軍一二四軍部隊一基地九中隊三小隊分隊長
高　登　竜

### 世界の人民に告げる

全世界の人民は戦争に対し平和を望んでおります。しかし、血みどろの戦争を挑発しようとする狂身分子があるが、これが北韓カイライ集団であります。

一九五〇年の韓国動乱を挑発した北傀の金日成集団は、再びわれら第一二四軍部隊所属の六十人組を選抜し、新たな戦争状態を挑発する目的で、南派すれば善良な人民たちを無条件虐殺せよ、という指令を下したのであります。あまりにも惜い残忍な行為でありましょう。

世界諸国の賢明な指導者のみなさん!われわれが住むこの地球上にこのような戦争狂分子があって許されることでしょうか。

特に同族相争の悲劇を繰り返そうとする、この凶悪な蛮行を誰もがそのまま見捨てることはできません。必ず北韓カイライ集団は全世界人民の糾弾を受けねばならず、また罪悪を受けねばなりません。そして私たちは生きた証人として、全世界の人民に金日成集団の蛮行を暴く糾弾するものであります。

一九六八年十二月二十三日
前北韓軍第一二四軍部隊一基地一〇中隊二小隊三分隊
鄭　東　春

### 北傀侵入事件後の戦果

政府は去る十二月四日、江原道三陟、旌善、寧越など三地域に宣布した乙種事態を二十五日零時を期し解除することを発表した。

これをもって、蔚珍、三陟など六地域に宣布した乙種事態はこの日を期して全面解除される。

対間諜対策本部長柳根昌中将は、この日「共匪掃滅作戦は、ほとんど一段落され乙種事態を解除したけれど、残匪がまだ隠れている事と判断され、一部の山岳地帯に対する作戦は継続される」だろうと言いました。

現在までの戦果は、射殺百六名、生捕五名、自首二名、全部で百十三名が掃滅された。

## 実務者の向上はかる
### 民団大阪　冬期実務者講習会開く

冬期実務者講習会のもよう

民団実務者の資的向上をはかるため、当本部の活動方針の一環として推し進められていた「冬期実務者講習会」が、さる十二月十四、五の両日間にわたって奈良県信貴山の成福院で、本部をはじめ二十二支部の実務者五十余名が参加し、民団のこんごの発展における実務講習を成功裏に終え、大きな成果を収めた。

民団発展を期するためには実務者の向上から、を合言葉に意欲をもやすこの講習会には、特に大阪総領事館から尹照炳領事が"領事実務について"また姉来燮領事から"国内情勢に関して"ならびに張暁氏から"近代史"、鄭哲氏から"在日韓国人の民族運動"についてそれぞれ有益な講義が行なわれたが、民団の現時点における当面の諸問題について実務者たちも終始、民族精神にあふれた雰囲気のなかで熱心に学びとった。

さらに講習会が終わったのち総括討論会を開き、民団の今後の活動のあり方、組織強化とともに実務者の積極的な歩み寄りの姿勢など、組織発展に大きな成果をもたらすべき熱心な意見を交換するなど、民団をよりいっそう発展させるにふさわしい有意義な討論がつづけられた。

なお、組織発展に大きな力となったこのたびの講習会を機に、今後は広範囲にわたって行なうことが計画されている。

### 永住権申請の現況
#### 大阪で二万六千余件許可

在日同胞の永住権申請は、さる十月末現在で全国的に九万人を突破、永住権にたいする関心が高まりつつある反面に、申請数も日ましに増加一路にあるが、さる十月末現在の永住権申請の内わけをみると次の通りである。

全国的な永住権申請数は九万三千二百五十二件、うち許可者は八万二千九百二件、不許可が七百四十九件、取り下げ百二十九件、死亡百八十一件となっている。

なお大阪府下の状況をみると、永住権申請者が二万六千二百七十三件のうち許可件数は二万二千七百六十一件、不許可は百五十三件にすぎず、なお、取り下げが十一件死亡が四十八となっている。さらに一般永住許可者をみると、申請者三百余件のうち二百余件が許可されているが、これはさる十月末現在だけに許可者は増える見込み。

## 私立高校の差別撤廃へ
### 文教部　進学推進懇談会開く

民団大阪府本部文教部では、第三回夏季学校生の同窓会を組成、各支部文教課長会議など多方面にわたって精力的に事業を推進するとともに、進学機会均等について日本側にもはたらきかけてきたが、このほど同胞子弟の高校進学についての懇談会を開催することになった。

これは日本の一部私立高校において、未だに韓国人であるという理由で入学試験を受けさせないという現状を打破して、誰もが平等に教育の機会を与えられるようにするため、特に同胞の多く居住している生野区、東成区、東大阪などの公立中学校の進学担当教師、ならびに私立高校、大阪府、市教育委員会、駐大阪総領事館などの関係者を招いて協議するためである。

韓国人生徒は永住許可を受けているか、または申請中であるが、このことはとりもなおさず日本社会に住むため、また日本人生徒と同等の資格が与えられるべきであり、何らの差別があってはならないはずである。

また、教育の機会均等という立場からも、入試の受験さえ拒否するというのは遺憾千万なことであるばかりでなく、韓日友好親善という立場にも逆行するものであるといわざるをえない。それにも拘らず、一部私立高校において民族的偏見をもって差別待遇をしている事実は、誰もが黙過することのできない問題である。また、平等な教育の機会を与えないということは基本的人権を侵害するものである。

以上のような観点から民団本部文教部では、きたる一月二十日進学推進についての懇談会を開き、教育全般について意見を交換しつつ、特に中学の進学担当教師に対しては進学指導を、私立高校側に対してはどんな差別もなくすように強力に要請する方針である。

そして相互に理解を深めることによって父兄に対する要望も聞き、同胞子弟が日本社会と調和をとりつつ、生きていくよう民団としての立場を貫いて文教政策を推進しようとしている。

金容海文教部長は「教育には国境というものはない。私たちが日本において現在生活している以上日本人と同等の教育機会をのぞむ者には、大いに門戸を開放すべきではなかろうか」と強調している。

## 主張
## 生活合理化の年へ
### =われらの生活向上のために=

一年の計は元旦にあるという。民団としても新年とともに何か新しい決意をしなければならぬ。創団以来二十有余の春をかさねているが、今年こそは民団に飛躍的な展望がひらかれるよう誓わねばならない。

民団は自由民主主義を信奉する人びとの決死的闘争から生れたのである。出発当初から敵対団体との抗争は熾烈なものがあった。多くの同志が傷つき中にはたおれていったものもある。自由がいかに尊いものであり、民主主義を守ることがいかに犠牲をともなうものであるかを人びとは身を通して知ったのである。

その後いくたの時代的変遷をへて今日に至っている。今日において、本格的情勢は民団に多くのものを求めている。

われらが、永住権なるものを求めまた求めつつある。これは文字通り日本に永住することを意味する。われらの子孫もまた同様である。まず、日本に安住し人間らしく生活することに重点がおかれねばならぬ。ここに民団の役割がある。在日同胞の権益擁護を高くかかげている民団としては、当然に同胞の生活安定と向上のために全力を傾注させねばならない。

日本に永住するためには、その地域社会に職場が確保されなくてはならない。日本の企業が、韓国人を受入れるような素地を作らなければならないし、同時に韓国人も日本の企業に生涯を託する心構えが成熟していなければならぬ。ここに指導と啓蒙が必要となってくる。これも民団の役割である。

さらにわれらの子弟の教育向上がある。むろん民族学園を増設して多くの子弟に民族教育をしなくてはならぬが、これは一朝一夕にできるものではない。

日本の義務教育の範囲であれば、どうやら就学はできるが、高校以上になると、甚しいせまい門が待っている。大阪府下でも外国人の名の下に韓国人の願書すら受け付けない私立学校がいくつかある。中には願書は受付けるが、実際における差別待遇でおとされる場合もある。

これらは近代国家としては甚だ前近代的な感をあたえるが、これをいたずらに批判攻撃することなく、在日韓国人の実情と将来への展望を根気よく理解せしめて、門を大きく開くよう努力するのもやはり民団の役目である。

その他生活と権益を守るための方法は数多くあるが、ここで自律的に重要なことは、われら在日韓国人、自分自身の生活に対する心の問題がある。生活を簡素化し合理化することなしに、われわれの生活は守れないし、向上もない。

近い一例をとれば結婚式がある。より多くの人を集め、より豪華に披露をする傾向がだんだんと強くなっている。かりに五百人の人を集めて結婚披露をする場合はさらである。中級料理屋での飲食代一人前約二千円で合計百万円、五百人のタクシー代を平均五百円として二十五万円、そしてその日一日を休業することによって生ずる損失は計算すべくもないが、かりに一人平均二千円として百万円、これで総計二百二十五万円となる。さらに友達とあったということでお茶を飲んだり、なかには二次会とかで料理屋にくりだすこともある。

こうしてみると、ある人が結婚をするために同胞の財産が少くとも何百万円かは消えさるわけである。こんな無駄なことをいつまでもほっといてよいものであろうか。本国のように披露宴のない結婚式を励行すべきであり、どうしてもやらねばならぬ時は、ティ・パーティで結構である。

今年こそは生活合理化運動を積極的に推進させよう。それは披露宴のない結婚式というささやかな行事から始まるべきである。

## 中央割当金も完納
### 前執行部の残額も決済

民団大阪府本部では、一九六七年八月から中央の割当金が未納(八月、九月手形発行)となっていて芳しくない問題となっていたが、前執行部時代の手形八十万円をはじめ、一九六八年四月までの九カ月分の三百六十万円を決済するとともに、現執行部がスタートした一九六八年五月から一九六九年三月までの四百万円を完納、中央からも賞讃された。

李裕天中央団長は「これは大阪民団が着実に動きだした証拠であって、その飛躍的な前進を期待したい」と述べながら「旬住と付託をモットーとして進む場合、いろいろと難関もあろうが、新しい体質の民団が生まれることを期待している現在、一番多くの同胞が住んでいる大阪に期待するものが大きい。私は割当金が完納されたことを深く喜んでおり、当本部が大きな模範を示したものとして敬意を表したい」と語った。

金大本団長から李中央団長に手渡すもよう

## 本国干害民に誠金送る

民生部では、本国の干害民を一日も早く救うことを急務とし、民生事業の一つとして活動、各支部の積極的な協力のもとに民団大阪本部の救援金運動は大きな成果を収め、その誠意の義損金は旧ろう十日、中央本部に全額を委嘱し本国に伝達された。

本国の干害民も異域の同胞愛による義損金を、金額多少をとわず力づよくなったことと思うが、義損金累計は次の通りである。生野支部が五八三、八二六円、布施二九六、〇四〇円、枚岡六六五、五〇〇円、阿倍野五七、五〇〇円、東成四〇六、六〇〇円、北河内七六、一〇〇円、旭三万円、住吉五万円、南大阪一二、三四〇円、港三万円、堺七万円、泉大津五三〇〇〇円、北大阪五万円、西淀川十万円、福島一二、二〇〇円、此花一三九、二〇〇円、東淀川六六、〇〇〇円、吹田一二八、〇〇〇円、豊能七万円、浪速二一、五〇〇円、高槻二万円、西成五万円大正四四、七〇〇円、泉南三万円、城東五万円、都島五万円、大阪興銀並び職員一同三十万五百円、大阪本部役職員一同六六、一〇八円、第三回夏季学校同窓生一同二、七七〇円―。合計三百二万七千五百五十八円。

## 韓国児童舞踊団来日
### 16、17、25日大阪で公演

メキシコ五輪民俗芸術祭で　アンコール賞受賞

古典舞踊を披露する児童舞踊団

舞う天使のような可愛い子供たちが"世界を結ぶ平和の天使"の別名で、一九六二年度に結成された韓国児童民族舞踊団」(ザ・リトル・エンジェル)は、アメリカ、カナダをはじめヨーロッパ各国を訪問し、伝統ある民族舞踊を披露し大観衆に絶叫をあたえ、さらには、さるメキシコ・オリンピックにも韓国代表として民族芸術祭典に参加、純真な表情だけでなく、よく訓練されたあどけない激しいテクニックで万雷の拍手をうけ、さらに唯一のアンコール賞に輝くという栄誉を博し、アメリカ、カナダ公演を経て、来る一月四日に来日する。

同一行は、ザ・リトル・エンジェル後援会の主催により一カ月間にわたって日本公演が催されるが、皆さま方の絶大なるご支援と、あどけない天使のような少女たちの舞姫をご観覧下さい。

なお、同民俗児童舞踊団は、さる十月三十一日大阪厚生年金会館で成功裡に終えた、韓国民俗芸術団とともに、メキシコ・オリンピック民俗芸術祭に参加した児童舞踊団である。

大阪公演の日程は次の通り。

▲第一回公演=日時一九六九年一月十六、七日午後六時三十分から。場所は大阪サンケイホール

▲第二回公演=日時一九六九年一月二十五日午後一時三十分と午後六時三十分からの二回。場所は大阪毎日ホール。

主催ザ・リトル・エンジェルス後援会。

後援は駐日大韓民国大使館、大韓民国駐日公報館、在日本大韓民国居留民団。

▲テレビ出演

一月六日毎日テレビ(4チャンネル)午後〇時～一時「アフタヌンショー」

一月十一日読売テレビ(10チャンネル)午前七時十五分～八時十五分「おはよう子供ショー」

一月二十四日NHKテレビ(2チャンネル)午後六時～六時三十分

一月三十日再放送(NHK六時)

一月二十七日関西テレビ(8チャンネル)午後九時～九時三十分「ミュージックフェア」

## 楽しい送年会
### 第三回本国夏季学校同窓会

第三回本国夏季学校に入学した若者たちが同窓会を結成、お互いの親睦と友情をはかっているが、旧ろう二十日民団大阪府本部文教部の主催により、本部講堂で「第一回送年会」を催した。

集った四十余名の会員たちはアリランの合唱で幕をあけ、コーラとお菓子、サンドイッチ、ミカンなど、もりたくさんのごちそうをつまみながら、母国夏季学校での想い出話しにふけ、師走の一夕を楽しくすごした。

同窓会では、こんご定期的に講師を招き、講演会および研究会などをひらき、韓国人としてのよりよい教養を高めることをすすめている。

# '69 民団組織強化に一致団結しよう!

岸田繊維工業株式会社
社長 金泳培
大阪府泉南郡泉南町馬場七五六
電話 〇七二四(8)五五五一

天竜商事株式会社
社長 尹守孝
大阪市東区豊後町二五~五
電話(941)四七〇二~四

同和観光株式会社
社長 姜炳俊
大阪市北区太融寺二ノ一
電話(313)二七四七

大阪交易株式会社
取締役 張仲均
大阪市北区網笠町五〇(第一ビル六四二)
電話(363)二七七一

三晃金属株式会社
社長 高馹相
大阪市北区山崎町七七
電話(361)二二六九

大日物産株式会社
社長 朴仁変
大阪市東区淡路町二~八(野口ビル)
電話(231)一二二三

株式会社 大成鉄工所
社長 成海竜
枚方市出口三八三
電話 〇七二〇(31)七〇〇一

ソシアルクラウン・紫光
社長 金良祚
大阪市北区堂山町一三六
電話(341)三四三一

阪神建鉄株式会社
社長 呉承明
東大阪市中新開二一四
電話(781)〇〇五四

漢陽物産株式会社
社長 具文浩
大阪市南区鰻谷中之町四~八(大陽ビル)
電話(251)〇四二八

三和観光株式会社
社長 姜宅佑
大阪市北区西寺町二一一五一四
電話(311)七四六六

新日本工機株式会社
社長 孫達元
大阪市東区北久宝寺町二~四
電話(261)三・一三一~八

明大製菓株式会社
社長 蔡尚大
大阪市北区曽栄町七三
電話(358)三七四一~四

株式会社 大池産業
社長 張泰植
大阪市生野区猪飼野東八~十
電話(758)一三一二

阪神ホール
社長 郭裕之
大阪市福島区茶園町八六
電話(461)一二五一

岩井観光産業社
社長 李永中
八尾市西山本町七~二
電話 〇七二九(22)七六六四

布施交通株式会社
社長 権宗葉
東大阪市新喜多町三六四
電話(781)五五五一

朝日化工株式会社
社長 金宗立
大阪市東住吉区加美末次町八~一〇四
電話(791)二二二二

大栄紡績株式会社
社長 全大栄
泉大津市清水町一ノ七
電話 〇七二五(2)五四五二

西村商事株式会社
社長 趙練斗
大阪市北区神明町三六
電話(362)九一六〇

阪本紡績株式会社
社長 徐甲虎
大阪府泉南郡田尻町嘉祥寺六〇五
電話 〇七二四(65)一〇〇一~九
大阪事務所 電話(251)五二三一

山田軽金属工業株式会社
社長 方鎬煥
大阪府枚方市大字[illegible]一六九〇
電話(381)二一六七

鳩タクシー株式会社
社長 権貞南
大阪市天王寺区筆ケ崎一七の一
電話(771)〇二七四

新光ビニール工業株式会社
社長 柳浩根
大阪市城東区鶴見町一一七八
電話(931)四〇一六

日本有機化学工業株式会社
社長 安在祐
東大阪市御厨二七一
電話(788)六三二一

富士観光株式会社
社長 韓緑春
大阪市南区宗右衛門町二〇
電話(211)四四六一

株式会社 食道園
社長 江崎光雄
大阪市南区河原町一~一五三六
電話(211)一四五五(代表)

昌慶苑株式会社
社長 金基彦
大阪市北区老松町三~七
電話(361)〇八二〇

レストラン そ・うる
社長 金炳生
大阪市北区高垣町一三二
電話(341)六二六七

ショベル工業株式会社
社長 金京業
大阪市西成区中開二~五
電話(562)一〇一二

大川商事株式会社
社長 金栄昌
豊中市庄内東町四~四~三四
電話(331)四〇四三

順天商事株式会社
社長 姜桂重
大阪市東区平野町二~九
電話(231)五七八八

金沢産業株式会社
社長 金沢竜
大阪市大淀区豊崎東通二~六一
電話(371)九〇六一

## ＝謹賀新年＝

## 生活合理化を 積極的に 推し進めよう……!

共和螺子工業株式会社
社長 黄七福
八尾市老原五七二
電話 〇七二九(22)六二二

新東洋興業株式会社
社長 杜炳銑
茨木市永代町五~八
電話 〇七二六(24)二五七四

富士会館
社長 李相一
東大阪市足代一~一八
電話(721)〇一四三

株式会社 富島組
社長 郭炳顕
大阪市此花区伝法町北一~一九
電話(462)二五七一

株式会社 千鳥
社長 金致富
大阪市阿倍野区天王寺町北二~一~四
電話(731)四四六八

北京料理 東天閣別館
社長 李安邦
大阪市天王寺区筆ケ崎町一七(大阪興銀ビル)
電話(771)五〇五一

新興護謨工業株式会社
社長 金基碩
八尾市竹渕九二
電話(991)六六六一~三

国際タクシー株式会社
社長 金数鶴
大阪市住吉区大領町一~一四
電話(691)一四五一

純喫茶 白馬車
社長 朴在春
大阪市北区太融寺町一〇三
電話(361)二四八五

株式会社 アサヒスポーツセンター
社長 徐奇煥
大阪市東成区片江町二~五〇
電話(976)一二六一

株式会社 心斎橋ビルディング
会長 柳洙鉉
大阪市南区鰻谷西之町三
電話(271)九二三一・〇八八一

共栄ビニール工業株式会社
社長 金鐘寿
東大阪市高井田西一~一四
電話(782)一三六一(代)

大阪グリップ株式会社
社長 朴景雨
東大阪市高井田本通五~三
電話(782)四三五三~五

渋川商店
代表者 李時亨
大阪市南区難波新地六~二三
電話(632)八一八〇

谷山化成工業所
代表者 康順柄
大阪市生野区猪飼野代町一八四
電話(751)四〇三五

新亜細亜貿易株式会社
社長 尹太性
大阪市西区靭本町一~三二
電話(441)九六一二

大正商事株式会社
社長 崔永守
大阪市旭区興協町三五
電話(951)三〇八九

大阪海外旅行社
代表者 李旭
大阪市南区鰻谷西之町六([illegible]ビル)
電話(251)五三七一~二

東海新報
東海新報社
発行人　金龍煥
編集人　韓国居留民団愛知県地方本部宣伝部
名古屋市中村区鷹羽町858-
電話名古屋(571) 6431
定価　1カ月100円

民団綱領
一、我々は大韓民国の国是を遵守する。
一、我々は在留同胞の権益擁護を期する。
一、我々は在留同胞の民生安定を期する。
一、我々は在留同胞の文化向上を期する。
一、我々は世界平和と国際親善を期する。

# 民団愛本〔第九回〕地方委員会
## 11月13日商銀ホールで

民団愛知県本部第九回地方委員会は、十一月十三日（水曜日）午前十時から名古屋市中村区の、愛知商銀四階会議室で開かれることになった。今回の地方委員会では、地方委員六十名が集い、前回の地方委員会からの経過や活動について検討し活発な討論がくりひろげられるものと期待される。

# 期待される活発な討議

（註）地方委員会に関する民団規約は次の通り。
規約第36条＝地方大会及地方委員会に関する規定は、中央機関に準ずる。
地方大会は四月中に開催し、地方委員会は、年二回（四月・十月）これを開催する。
規約第十五条＝中央委員会は本団の施策、活動方針、予算案、規約に関する統一解釈、諸般事項を審議決定する。中央委員会の運営規定は別に定める。

### 地方委員会委員名単

中村支部　団長　孫畿五　議長　鄭載圭　監委長　康泰恩　事務長　李鶴植
東中支部　団長　呉本柱　議長　孫秉麟　監委長　宋石岩　李哲珪
名南支部　顧問　劉学述　団長　朴福天　副団長　朴世熙　監委長　金裕圭
名西支部　議長　余命辰　副団長　金在伸
名港支部　団長　李鍋洪　議長　曺壬生
中川支部　団長　金永徳　副団長　明昌旭
熱田支部　団長　曺泰煥　議長　金弘中
一宮支部　団長　鄭昌実　議長　李且竜
西春支部　団長　于在玉
西尾支部　団長　金奉煥
西三支部　議長　権命善　団長　呉又鶴
岡崎支部　団長　呉一泰　監委長　金容祚　副議長　李漢根
豊橋支部　団長　朴鳳伊　議長　金時道
豊川支部　団長　黄允桂　議長　朴喜三
瀬戸支部　団長　権会俊　監委長　李殷興
知多支部　団長　李圭正
傘下団体　議長　南永彬　韓青　委員長　梁元玉　学同　委員長　徐元錫　婦人会　会長　鄭英培　愛知商銀理事長　姜求道　商工会　会長　金鍾九
直選委員　本部団長　金龍煥　本部副団長　金允鎬　孫晃栄　本部議長　姜末律　本部副議長　朴哲
大会直選　学園長　李香植　尹松周　本部顧問　鄭煥麒　鄭焕麒　李康　商銀理事　姜秀根　本部総務部長　金朝根　経済部長　金栄顕　組織部長　丁海竜　宣伝部長　朴性鎬　文教部長　李相権　執行委員　成竜九

# 誠と熱ある討議を

本部団長　金　龍　煥

親愛なる地方委員のみな様
本日、第九回地方委員会開会にあたりまして、一言、御あいさつ申し上げます。去る四月二十日の第八回地方委員会以後、六ヶ月間団務を執行するにおいて、団員諸氏並びに親愛なる地方委員みな様の、積極的御協力を頂いたことを先ず感謝致します。

先輩諸賢の血と汗で、築き上げられた「民団」も、今は一進一歩発展を重ねまして、団勢の拡張はもとより、団員生活も向上され、国内外に、その権威が高められましたことは、ひとえに、みな様方の愛団精神の賜物と信じている次第であります。

一口に、組織といいましても、組織それ自体が充実され、円滑に機能を発揮出来て初めて、有機的活動がなされるものであります。

過去、二十余年に及ぶ、団の歩みをかえりみますと、輝かしい進歩の足跡があります反面、沈うつな停滞の時間もありました。

執行部を担当し団務を遂行するにあたり、私は、この陰陽両面の断面が現在の私共にも存在していることを知りました。

時には強大なエネルギーとなって活火山の如く、噴火する団員のエネルギーを、いかに、建設的に団発展に導入するかという課題の前に、時には、指導層の無力を感じることもありました。

しかし、在日韓国人六十万が生活している限り、いかに難関があっても、やり遂げねばならない課題が私共の前に山積しています。

親愛なる地方委員諸氏！

私は、本日、みな様方が、誠と熱を持って、現状を解剖し、目標を定め、全団員の福祉に寄与出来る結論を引き出して下さいますよう願って、御あいさつに代えます。

# 組織中心の討議を
## ＝第九回地方委員会に際して＝

議長　姜　末　律

第九回地方委員会を召集するにあたりまして、一言、御あいさつ申し上げます。

創団以来二十余年、日進月歩、発展をかさねまして、今日、名実共に、在日同胞の権益の保護と、福祉の向上につくす"民団"として、内外にその評価を確立せしめたことは、ひとえに、団員諸氏、そして地方委員みな様の努力の結果であると信じ感謝を表明する次第であります。

本日、地方委員会を召集するに際し、私は、地方委員のみな様に改めて、団規約の精神と、現時点における、地方委員諸氏の役目の拡大性について考えて頂きたいと願います。

地方委員会は、団の進行を論じ未来の方向を決める、最も、重要な機関であります。ここで、決められる事柄は、団の実務において実行されなければならないものとなり、直接、団員の福祉にひびくこととなります。

従来、ややもすると、自己主張を通そうとするあまり、団組織の発展、円滑な運営などを度外視する傾向なきにしもあらずでした。

誠実な態度と真剣な討議よりも不勉強な発言で、会議進行を妨げるようなことも、ままありました。

これで、大衆のための、団の中枢的委員会としての責務を完うしたといえるでしょうか。

委員会の召集責任者として、今度の委員会が、他人中心から脱皮して、真に、大衆指導者の討論の場となれるよう、願って止みません。

第九回地方委員会の成功を祈ります。

# 公平無私の態度

監察委員長　孫　潤　寿

親愛なる地方委員のみな様

本日、第九回地方委員会の開会に際して、先ず、おあいさつを申し上げます。

わが民団が、内外共に、重要な時期に、この地方委員会が開催されるということに、私は、より大きな意義があるものと思います。

個人の場合でもそうでありますが、特に組織体の場合、常に、問題の糾明と検討、そして、そこから出る結論を尊重し、実践する態度があってこそ、前進が約束されるものと信じます。

微力ながら、監察委員長という重要な職について以来、このような本質的な問題を念頭に置き、職務の遂行に努めて参りましたが、民団、団員、地方委員諸賢の指導御鞭撻にあずかり、それが、私を勇気づけてくれたことも、事実であり、感謝の意を表する次第であります。

私が、在職以来、最も、心がけて来たのは、常に"団員のため"であり、常に"公正である"ということでした。偏見や派閥的な考えにとらわれず、業務を遂行するというのが、どれ程、重要であるかはいうまでもありません。

今後も、このような、毅然とした態度で、何事にもめげず、忠実な団員のための民団であるよう努力を致す所存であります。

最大な地方委員会の成立を願いあいさつに代えます。

民団辞令
▼任　経済部長　金栄顕　十月二十六日付
▼任　民生部長　金鍾和　十月二十六日付

# 見よ！この侵略根性？
# 新たな不安造成目的
## 北傀の武装侵入で厳戒状態

四日の平壌放送によると、一日から三日までの間に武装遊撃隊は南朝鮮の東部と中部地帯と忠清南道一帯に進出して、米傀軍、かいらい軍と警察に攻撃を加えている。三日には東部、中部で敵を迫撃砲で砲撃した。これに先立ち一日朝七時、忠清南道瑞山郡一帯に進出し、敵にせん滅的な打撃を加えた。米帝と朴一味はかいらい軍警合同捜索隊を繰出したが、武装遊撃隊は敵を誘引して猛烈な射撃を浴びせた。

〈注〉武装遊撃隊が進出したという忠清南道は、韓国の首都ソウルの南方約百㌔の黄海に面したところ。朝鮮通信（北朝鮮）は「遊撃隊が進出した」という表現だけで、北朝鮮のゲリラ隊が韓国の中央部まで進出したのか、あるいは韓国内の反朴政権ゲリラ隊が活動をはじめたのか不明確だが、少なくとも北朝鮮からゲリラ隊が出撃、韓国に侵入した印象を与える発表をしたのはこれが初めてである。一月二十一日にソウルの大統領官邸付近まで北朝鮮ゲリラ隊が侵入、市街戦が展開されたとき、朝鮮通信は「南朝鮮人民の英雄的な闘争が激化している」との表現を使っていた。

# これが北韓だ！
## 朴元浩氏が帰国講演

"共産地獄の実態を暴露し、在日同胞の北送後の状態を報告"する講演会が、さる三日午後六時から、名古屋市公会堂四階ホールで盛大に開催された。

講師は、昨年八月北韓から脱出して"生き証人"として、内外に共産地獄の実態を立証している朴元浩さん。朴さんは北韓在住時は江原道鉄原の、北韓秘密警察の大尉級の人。北韓政権の非人道的な実態に飽きれ、脱出のチャンスをねらっていたが、昨年八月二十三日、とうとう脱出に成功、今は祖国の胸に、しっかりと抱かれ自由を謳歌している。

この日、約千名の聴衆の前で、朴氏は北韓の内情をつぶさに説明、聴衆に深い感銘を与えた。

なお、この日は、韓国の反共映画賞受賞作「カインの后裔」を上映して盛大に終えた。（写真＝熱弁をふるう朴氏）

# 侵入北朝鮮ゲリラに対し
# せんめつ戦を展開

韓国山岳部

韓国東南部に海上ルートから上陸、侵入した北朝鮮ゲリラ隊が周辺の山岳地帯にちらばり、五日夕現在、韓国軍警と郷土予備軍が包囲、せんめつ作戦を展開している。

韓国当局の見方によれば、今度侵入してきた北朝鮮ゲリラ隊はさる一月二十一日夜ソウルの大統領官邸を襲撃して未遂に終った北朝鮮の悪名高い「一二四軍」特殊ゲリラ部隊の可能性が強く、短時間のうちにきわめてスピードのある散会をしており、組織的である、という。

韓国の対スパイ対策本部は五日、三十人と推定される北朝鮮ゲリラがさる二日夜海上ルートで慶尚北道蔚珍郡北面海岸に上陸、山間部に侵入し、住民を虐殺するなどの行為を行なった、と発表した。

これに対し韓国軍警と郷土予備軍の合同作戦部隊は北朝鮮ゲリラの逃走路をしゃ断し、包囲作戦を展開しており、蔚珍から約五十キロ離れた慶尚北道の山岳地帯で五日午前北朝鮮ゲリラ三人を射殺、ソ連製短機関銃三、ピストル一、手りゅう弾二〇、カメラ一と、三人の一週間分の食糧を捕獲した。

現在までの交戦で韓国側には民間人三人と警人一人が死亡、一人が負傷している。同対策本部の発表はさらに次のように述べている。

北朝鮮ゲリラは数十万ウオンの偽造紙幣を周辺住民らにばらまき、住民らを脅迫して思想、無差別射撃を加えたりし、写真撮影をエサに住民らを一カ所に集めて、北朝鮮の宣伝活動を行い、それに同調するよう強要した。反抗した部落の一青年は部落民らの目の前で虐殺された。

偉容を誇る韓国軍タンク部隊

# ゆさぶり図る作戦
## 武力浸透激化＝韓国側の観測

北朝鮮の武力浸透は、たしかに去る九月ごろから激化するとともに、その性質を変えてきたようである。ことに去る一日から三日までの間に、韓国東部や西海岸瑞山付近に上陸してきた北朝鮮ゲリラの侵入は、朝鮮休戦以来でも異例のできごとだが、韓国当局は北朝鮮の対韓戦略がやはり予想通りの路線で進んでいることを示しているとしている。

韓国では去る一月二十一日の大統領官邸襲撃未遂事件以来、今後の北朝鮮のゲリラ戦略については、ソウルに与える衝撃をきわめて重視してくるに違いないとの見方を強め●ソウルに対する砲撃●韓国中部への侵入と南方かく乱を、休戦ライン浸透激化と同時的に行い、これを複雑化して行くといった出方が予想されていた。

北朝鮮が対韓戦略を複雑化させてきていることについては、韓国内部に対して心理的ゆさぶりをかけようとしているものとの見方が韓国ではきわめて強い。このゆさぶり作戦は、とくに最近では、目前に迫った米大統領選挙、米国の全面北爆停止にはずみベトナム情勢の新展開、さらには国連における朝鮮問題の討議がさし迫ってきたといった一連の情勢も一つの背景になっていると見る向きもある。

しかし、この一方では北朝鮮は最近、韓国民を親北勢力同グループから切離すという柔軟な態度をみせはじめている。最近も板門店で北朝鮮代表は米軍撤退を強調する半面、韓国の学生に対する奨学資金供与を申出るなど、南北交流の提案をし、また十月三十一日には抑留していた韓国漁船四十四隻、三百五十人の乗組員を五カ月ぶりに一斉に釈放するなどの措置を取った。

こうしたことにみられるように、そのゆさぶり作戦は一方では柔軟、一方では徹底的な武力闘争

# 蔚山市長来名
## 都市問題視察のため

韓国の蔚山市長洪承衡氏と蔚山商工会議所会長が、さる十一月四日、都市問題視察のため来名した。

名古屋に到着した洪市長らは、民団幹部たちの出迎えを受けた後、杉戸名古屋市長を訪問、都市問題について懇談した。その後、洪市長らは、自由ヶ丘団地、平和公園、港湾施設などを視察した。

なお、同日の杉戸市長礼訪には文鍾律駐名古屋領事、金鍾和民団本部民生部長も同席した。

# 企画委員会

民団県本部企画委員会が、さる十一月一日、民団事務所で開かれた。当日は、地方委員会を前にして、財政、後援強化、学園問題などについて討議した。（一面座談会記事参照）

# 本団来訪

▼鄭鍾和氏（中央副団長）十月九日
▼李鍾泰氏（軍人会会長）十月三十日
▼洪承衡氏（蔚山市長）十一月四日
▼高基業氏（蔚山市商工会議所会長）同右
▼金八雄氏（中央宣伝局長）十一月五日

# 新聞論調

# "断爆宣言"の評価
## 楽天的な見方は危険

（一）

ジョンソン米大統領は一日午後十時（韓国時間＝ワシントン一日朝八時）を期して、北緯十七度以北の北ベトナム地域に対する全ての爆撃、砲撃、海上攻撃を中止すると発表したことは去る三月三十一日次期大統領不出馬宣言と並んでベトナム戦争解決のための対北ベトナム協商用意を発表したのと殆んど同じ比重を持つ重大な措置の一つとして全世界が受けとめている。ただそのような決断も米国自体が抱いている対内、対外の複雑な諸般与件が作用し、または飛躍した角度から、警戒する角度といった相当伸縮件をもって解釈されているのは現段階ではどうしようもないことであろう。

第一に、米国の大統領選挙日を目前に控えているため、ジョンソン政府の突然のベトナム戦争解決方案は結局ハンフリー民主党候補のための効果的な選挙支援として評価されている傾向がある。早急なベトナム戦争解決を望む国内の民心に迎合し、現ジョンソン体制（即ち民主党）によりベトナム戦休戦の道を開き、同時にその体制により引続き終戦まで持込むための布石として看做されている。

第二に、米国内政策とは関係なく、去る五月からパリで開かれている米国と北ベトナム代表間の和平予備会談の足踏み状態を打開するための決定的措置を取ったものであり、当初の強硬な基本条件から後退して、名目はともかくベトコン代表をその会議に参席させることに同意したこと自体が、これまでのベトナム戦政策に根本的な変更をもたらしたと評価されているのである。各国の反戦団体があたかもベトナム戦終結のためのカギを提供したかのように解釈しているのもそのためである。しかしわれわれがみたところを総括なくいえば、ジョンソン大統領の北爆中止宣言は北爆を断行した、一九六五年二月七日の前日のベトナム戦様相に逆戻りしただけで、今度の措置が直にベトナム戦争終結と結びつくものとして考えたとしたら、それははやまった楽天的な評価に過ぎないといえよう。

（二）

勿論、米国は現在衷心からベトナム戦争の解決を望んでいることだけはたしかだ。そして最悪の場合、韓国戦争の休戦協定くらいであっても米国の体面を維持できさえすれば今にも終戦の決定を下したいのが米国政府の対ベトナム政策であることを充分理解できる。

しかし北ベトナムがそれに簡単に応じると信ずることは大きな誤算である。ベトナム戦争が韓国戦争と根本的に違う点は国際与論の圧力が北ベトナム側にとって有利であり、米国に不利であると、共産側は確信しているからである。抗戦を続ければ続けるほど米国は国内外の圧力に勝てず、北ベトナム側の有利な条件で休戦協商において譲歩してくるものと信じており、今度の十・三一断爆宣言もそのような戦果の一つとして彼らはみているのだ。

この点、米国大統領選挙という大きなヤマ場を経て新政権担当者が決定された後のパリ会談をみれば、様相はそのように楽観的でないことを全世界に気づくであろう。われわれはこのような事態分析の下で参戦国の一員としてより冷徹かつ慎重でなければならない。特に政界の一部で直にベトナム戦争が終結でもするかのように「戦後対策」を発論していることをわれわれは実に不満に思っている。それも国際的な反響に基づいてベトナム事態の将来を心配するならともかく、ベトナム戦争の「主体」がわれわれであるかのように終戦方式をわれわれが云々するのは国際的反映にもよい印象を与えないであろう。われわれはあくまでも友邦米国の苦境を救援するため、反共南ベトナム政府の懇切な要請により、自由陣営の亜州共同防衛という大義名分の下で難関を克服して参戦しているのであって、利益のために出兵しているのではない。好戦国のような誤解を受けないようベトナム問題に対して政府国会、経済界ともどもこの際さらに自重すべきである。

# 国会の予算審議
# 本格的に政策質疑
## 新民党＝削減斗争の方針

国会は二十九日、各常任委別に本格的な予算案審査に着手し、熱のこもった政策質疑を展開した。

一部常任委は既に部別審議に入っており、来る五日頃には財経委等一部の常委を除いて予備審査を終わることになる。これに備えて共和・新民両党では対策樹立を急いでいるが、新民党は今年は徴税行政改善案を認めず、歳入を大幅に削減する方針をたてた。

新民党は二十九日、以上の規模削減原則にそった内容再調整のための予算闘争指針を発表した。

新民党七人小委が作ったこの指針は歳入部門で甲種勤労所得税の免税点を現行八千ウオンから一万ウオンに引上げ、営業税、事業所得税、物品税等もその税率や対象品目を再調整することにし、徴税行政改善案は一切認めないことにしている。

七人小委の鄭霜柱政策審議会議長はこの日「六九年度予算規模が六八年度予算に比べて四七％も増え、国民の租税負担が一五・四％に達するほど膨脹したもの」であると指摘、「既に限界点に達した国民負担を考えるとその規模を大幅に縮少させざるを得ない」と主張した。

# 10万トン級タンカー

韓国に初めて十万トン級のタンカーが登場した。三洋航海（本社・ソウル特別市中区）がスウェーデンのヨテベルゲン造船会社から導入していたもので、このほどその引受け式が行なわれた。

# 北朝鮮ゲリラ三人射殺

韓国の対スパイ対策本部が六日午後発表したところによると、さる二日夜海上ルートから韓国東南部の蔚珍付近に上陸し山岳地帯に潜伏した北朝鮮ゲリラ約三十人のせん滅作戦を展開している韓国軍警合同部隊は、六日午後二時二十分ごろ蔚珍付近で北朝鮮ゲリラ七人と交戦、うち三人を射殺した。五日午前に三人を射殺しており、侵入ゲリラ約三十人のうち計六人が射殺されたことになる。

# 資金、人材問題など

## 民団企画委中心に話し合い

民団規約第十五条には「中央委員会は、本団の施策、活動方針、予算案、規約に関する統一解釈、諸般事項を審議決定する。中央委員会の運営規定は別に定める。」と記されている。地方委員会は規約によってこの規定に準ずる。言うまでもなく、地方委員会は、民団の各種会議の中で、最も重要な意義を持つ会である。

このような重要な意味を持つ委員会である以上、団員の関心が、この委員会の運営に集中され、そこでの討論が注目の焦点になるのも必定である。

よく、民団の進路に難関が山積しているといわれる。そのすべてをクローズ・アップして、論議するというのは事実、難しい話だが、まず、当面する問題―地方委員会では果して、どのような問題が提起されるだろうか。

民団本部の企画委員諸氏を中心とする有志の方々に集まって頂きいろいろ話し合って貰った。

勿論、これは、地方委員会で論議されないとしても、民団の現況で是非、提起しておかなければならない問題点でもある。（編集部）

### 資金問題

司会 みな様、本日は、お忙しいところを、お集まり下さいまして、真に有難うございます。本日は民団の当面する諸般問題を表面化させ、論議したいと、こう思いまして、お集まり願った次第であります。地方委員会の開会も、十三日ときまりまして、団員たちの間でも関心が高まっておりますので一つ、自由に意見を申し述べまして、果して問題点は何であり、如何にすべきかを、論じて頂きたいと思います。先ず、丁さん……

丁 地方委員会があるから問題があるというのでなく、長い間、私達は、問題をかかえていた訳であります。まあ、そんな問題の解決点を早く見つけ、実行するのが重要なことでありましょう。

ざっと見ましても「資金問題」「人材問題」、「指導者の理論武装」とか、いろいろありますネ。

金（鎮） 永住権問題とか、保険、就職、いわゆる民生問題も大きいですね。

李 そうです。民生問題、大きいねえ。商売やってて、すぐ感じるんだが、税金問題などの対策もじっくり、建てねばネー。

司会 如何でしょう、記録の関係もありますし、一つずつ、切り離して論議しては……。

金（栄） いいねえ、それでいこう。まあ、問題は多々あるが、先ず、資金問題から話してみましょうや。どうですか、司会者？（笑）

司会 お株を、うばわれたかっこうですね、いいでしょう。

黄 資金問題といえば、先の地方委で原則承認された、基本財政問題、どうなってるの？

丁 お話しの通り、原則承認は受けたが、実施案は、今度の地方委員会に提出する予定です。

尹 実施案にも、大きく二つの意見がありましてネ、出資案、寄付案という……。結局、寄付案をとりましたがネー。

司会 地方委より先に論議して申し訳ないみたいだが、（笑）一つ、両案を検討してみますか。

黄 僕は、出資案に賛成だな。今、経友会あたりでやっているような形で、出資させた方がいい。ただし、管理方法に問題が残るが……。

司会 どうです。この出資形式というのについては……。

丁 組織の見地からすると、反対だね。多少難しいとしても組織寄金を主体にして、全部が、われらの民団運営に関与しているという認識を持たせるのがいい。

ある特定人に管理させる……要するに特定人というのは、いわゆる経済人でしょう。

金（栄） そうだね、民団に必要な経費が、民団とは別の状態で管理されても困るし、まあ、難しいねえ。

黄 実際、一般団員の間には、管理について不安がる人も、あるんではなかろうか。その点、しっかり管理するため、細心の検討をすべきだと思う。

金（在） いろいろ難しい問題だねえ。組織寄金といっても、集めるのは、支部の実務者なり、役員だろう。彼らの間に、民団本部との一体感がない。例を挙げたら基本資金は集めるが、一体支部の実務者の月給は、どこから、誰が出すのか。組織の現状が改革されて、認識が新しくなる前には、一億五千万円を寄金する自体、難しいでしょうねえ。

丁 勿論、難しい。しかし、難しい難しいだけでは、問題の解決にはならない。組織の一体化感というのは、勿論必要だし、支部実務者の給料、支部経費も、基本財政から支出するというのが理想的スタイルだと思います。地方委員会後には、実務者を中心に、理論、感覚などについて話し合う機会を、定期的に、作って行きたいですね。

司会 ところで、商銀とか、商工会などから、援助金を増しては との意見もありますが……。

黄 日本の国内法もあり、難しいでしょう。朝総連と「大栄」との関係が緊密で、援助も多額にのぼっているようだが、「大栄」の信用たるや惨たんなものですよ。

李 とにかく、基本財政が、ある目標額に到達するまでは、基金は絶対使用しない。その間だけでも、経友会なり、商工会に援助も増加させてもらうのも、一計だろう。しかし、黄さんのいうように難しい問題もあるんだし、どうだろう……。

金（鎮） 先ら[illegible]い問題だね、結論が……。（笑）

丁 やりましょう。難関も乗り切ろう。今度の地方委員会に、実施案を出します。民団の権威と今後の発展のため、それは必要であり、義務でもある。

司会 いろいろの意見もあり、結論が出る性質のものでもありませんので、その問題はこの辺で……。次の問題に移りましょう。

### 人材養成問題

金（佳） 人材養成の、問題だね。私からいいましょうか？、まず人材の養成は、既成の層からの選び出しではいけないと思いますね。

それでは結局、底をつくし…。

梁 長期的に計画をたてんと駄目ですねえ。例えば、在学生の中から奨学資金を出し、卒業後、一定期間、本国留学させるとか…。

丁 待遇も問題だよ。一般民間会社よりの、ローベースの給料で「民団だから」と働かせる様、現代っ子たちに、民団は、魅力のある団体とは思わない。

司会 梁さん、その意見について。

梁 しかりです。民団は、さ程魅力ある団体とは思えませんよ。人材難といえば、すぐ「韓青」を引き合いに出しますが、韓青の人々も、生活があり、すでにある程度の生活基盤ができてますからねえ。民団に入れ、民族、国家、といってもねえ。

金（鎮） 人材問題は、要するに、待遇、そして、実務者までが限定採用という点にもありますね。終身的な身分保障―過ちがあれば別だが―が必要だね。

金（伸） 一時的な、腰掛的感覚では、仕様がない。

金（佳） 先にも言ったように学生の「青田買い」のような対策も必要ですねえ。

梁 その点、韓国学園が、ある程度の役割が果せるんでにないかな。それがあんまり出来てない。

本国に出れば、全てが済む。民団も、韓青も、別に要らんというような意識が、役職者にないの？

金（栄） 民団の指導性がまず必要だということだ。

丁 女子事務員の質の向上も、重要な問題だ。

司会 時間も遅くなりました。肝心な、民生問題など、話し合えなかった点、多々ありますが、次の企画委員会でも、引き続き話し合いたいと思います。立派な結論が出るよりも、問題を一つでも提起できたら、この会合は成功したと思います。ありがとうございました。

▼とき＝一九六八・十一月一日
▼ところ＝民団本部
▼出席者
丁海竜（民団本部事務次長）
梁完玉（韓青本部委員長、民団本部企画委員）
黄[illegible]正（商工会事務局長、民団本部企画委員）
金栄[illegible]（民団本部経済部長）
金在伸（名西支部副団長、民団本部企画委員）
尹和[illegible]（民団本部組織次長）
金佳秀（韓青本部副委員長、民団本部企画委員）
李栄一（民団本部企画委員）
金鎮和（民団本部民生部長）
司会 朴性[illegible]（民団本部宣伝部長）

写真＝企画委中心に座談会＝

# 組織の再整備はかれ

## 実践的行動機関今こそ必要

民団組織に就いて、各々の論議がなされている。つまる処、我々が生きる為のものであり、利益の為であり、幸福を得る為ではないか。

花が咲くまでには、どの様な困難辛苦があったでしょうか。亦咲き誇りを持続し種子を此の世に残すには諸々の障害、隘路があることは充分察知出来る。我々民団団員として此の様な厳しく、困難な障害を克服し義務感と責任感と連帯感の責務を痛感して、活動する人がどれほどか。

わが民団の組織が弱体か、若しくは不在とするならば、我々の位置はどうなるであろうか、考えるだけでも背すじが寒くなる。

しかし今日および、将来にわたる民団が現在の如くであっては、何んならないと思う。見よ！有能な幹部青年が、どれほど民団実務者として登場しているのか！

あらゆる資料、事例、判例、統計等を科学的に分析され、研究される機関と、それを民団底辺にまで及ぶ、エネルギッシュな、実践的行動的な機関とが今ほど痛切に必要を感じられる時はない。火急に組織の再整備をはかる時機である。

論理よりも命題、政策よりも命題！ 民族の権益も、ともすれば見失いがちな役員間のハバツ、暗黙的な対立と、事なかれ主義的な事勿れ！ このような中にあって、自弁で自己の時間と体力を消耗して組織に尽力し、結果が実れば、大会で拍手で終結する。何んら躾しゅうも、保障もないままに少々のミスがあれば、これを指摘し、助力を与え、育成しようとする気概が果して、どれほどあったであろうか。

組織愛に燃え仕事をするにしても、団長改選で、人事異動でウニャムニャ騒ぐだけの要素がありはしないか。

日本の官公庁の如く、三十年、四十年勤務しその道、一筋に、あらゆるエネルギーを、消耗する士気がない。

人事面と財政面と活動面とのアンバランスで、民団本来の活動がよど道へそれていないか。これで価値される民団たり得るか。

オリンピック・マラソン選手の[illegible]を獲得し、エチオピアの名と、誇りを全世界に響かせたアベベ、彼が一国の宰相であれば、おそらく大した評価はなかったであろう。これと同じく、僑胞経済人または企業家としては、手腕を賞い得ても、僑胞社会の指導者として、どれほどの評価がなし得るであろうか。組織発展の隘路は何であるか。

民団々員に喜ばれる仕事とは何か、若者人々で自ら欠かんを知りつつ、どうしようもなく、徒労感に終わる人、挫折感におちいる人、総べてを放棄しニヒルになる人等々の原因は奈辺にありや。

経済力があり、名誉ある地位につけば協力するが、さもなければ消極的になる人、これは前近代性からではないのか。

先ほどから述べたごとく、一個の花が咲く時には、充分なる土壌と、太陽と風があって、はじめて咲き誇り得る！ 同じく現在の民団も世代の交代と騒がれているが肥沃された土壌のないところ、二世の登場はあり得ない。

経済力の弱い人は何時も軽視される傾向がある。

財政問題にしても、その徴収方法が非常に粗雑な要素がある。

各機関のドロナワ的か、その場その場の思いつきか、深く研究し分析された兆候があまりない。いづれにしても、よき理解者、協力者が多く、重く負担を感じているのが現状ではないか。

そして此の財政面に無駄な労力を消費して、なお悪い結果が生じていないのか。現在の方法に大きな根本的に改革の必要が絶対ある。出す側、受け取る側、活動方法と、状況等々。最近、いつも考えることであるが、現在の三機関を解体して財政専門的な機関と研究実践機関との二つに分け、機関の従事者も、代表者も平等の名誉と報酬と保障が与えられるべきだ。いつも同じところをケルケルまわる既成概念から脱皮する時機だ。このような機関の中で、学識法規、財政、外交、人事、商工会、税務、等々が科学的に研究され、洗練された人士と、近代的な諸問題が未然に実行に移されるべきである。

民団内部の重要問題が、わずか一日や、数時間の地方委員会で審議、可決されるとは、とんだナンセンスだ。執行機関としても、地方委員としても果して、どれだけの研究資料と倫理をもっているといわれるのか。公務と業務とに追われて、じっくり工夫したり、研究したりする余暇がない筈だ。

そのような僅かの、時間で、四万七千僑胞の指針を決められた椅子なんてものは、案外空念仏が多いものだ。また空手形の理由なんて案外聞きたくないものだ。民団を維持し、けいやくしてきた諸先輩に対し敬意を表し、よりよき民団発展のため、あえて苦言を提言する次第である。（下呂[illegible]）

# 日本の保護施設に誠金

# 婦人会で慈善バザー

## 愛知では初めて韓国学園で

日本の施設に誠金を送ろう！と愛知県韓国人婦人会の慈善バザーがさる十月二十六日愛知韓国学園で盛大に開かれた。この種のバザーは韓国人の場合、愛知県では初めて、当日は、朝早くから、多数の同胞が押しかけ、おすなおすなの盛況。午前十一時のテープ・カットの時にはすでに、約五十人の同胞が開場を待つ程。

テープ・カットは、婦人会長梁英培女史と、金竜煥民団県本部団長によってなされたが、その後は閉会の午後五時ごろまで、会場は超満員、延約千名のお客がつめかけたと見られ、馴れぬ手つきで品物をさばく婦人会員たちも、汗ダクの奮戦。

品物でぎっしりの各売場も、閉会のときには、がらんとなる程の繁盛、婦人会員たちの顔も、ほころびっぱなし、お客たちも、何かお祭りのように楽しいムードであった。

婦人会では純利金は、市内の保護施設に寄託するといっている。

なお、当日は、ラッキー賞の抽選もあったが、桑原知事や杉戸市長らの、賞品もあり最後まで盛大なバザーであった。

特に今回のバザーは文総領事、鄭名古屋副領事夫人朴大郷女史や尹仁鎔副領事夫人池淑愛女史らの積極的な協力があったと伝えられるが、夫人たちの呼びかけで国際婦人会の方たちも多数見えていた。

【写真は慈善バザーでテープ・カットする金竜煥民団長と梁英培婦人会長】

# 淑明女子大が辛勝

## 韓日 バスケット盛大に終わる

〝シュッ〟〝ゴール〟元気な若者たちのかけ声が、愛知県体育館に充満した。去る十月二十八日日韓親善女子大学バスケット大会は、技と喚声ムードで一杯。両国大学選手のファイン・プレーには、拍手と喚声がわき上った。

韓国女子バスケットは、世界でも、ソ連につぐ強豪として知られているが、淑明大学は、韓国ナンバー2のチーム。平均身長一㍍六四㌢という好チーム。

来日以来全勝を続け、当夜、これまた強豪の市邨女子短大と、親善対抗試合を持った。

試合は、はじめからシーソーゲーム。さすが、韓日大学のベスト・チームだけに、美技の続出で満場を魅了した。また、この日は、市邨女子大学と同系の高蔵女子高校のバトン・ガールも特別出演、これまた特別に応援にかけつけた同校ブラスバンドとともに、場内の人気を集めていた。

ゲームは、まず市邨女子短大のリードから始まり、最後まで、抜きつ抜かれつの大接戦を展開したが、結局淑明女子大が八三対七八で勝利をおさめた。

同日は文総領事、金竜煥民団長をはじめとする多数同胞が参観した外、日本側も相島愛知県バスケット・ボール会長外、約千名が観戦、若人の精と魂をこめた競技に声援を送った。（写真は競技もよう）



# 韓国郷声少女合唱団

## 近く来日、公演

### 東京、大阪などで

民団中央本部（東京都文京区春日町、李裕天団長）などの招請による「韓国郷声少女合唱団」（[illegible]団長）一行六十名が、中旬ごろ訪日、東京はじめ、名古屋、大阪、福岡などの主要都市で公演することになった。

この合唱団は昨年十一月、東京で開かれたアジア合唱祭に韓国代表として参加、また韓国国内では「ウリノレ（我等の歌）浄化国民皆唱運動」にも参加、テレビ、ラジオなどで成人合唱団とともに数十回にわたり出演している。

団長、指揮者を兼任する[illegible]氏は現在韓国国際合唱団常任指揮者、淑明女子大学講師。

# 韓国に週刊誌ブーム

## 煽情、低俗化の非難も

最近、韓国で相次いで週刊誌が創刊されている。これまで韓国には「週刊韓国」の一誌だけが出版されていたが、ことし夏に「週刊中央」「サンデーソウル」の二社が相次いで登場、去る十月にも「週刊朝鮮」がお目見えした。

「週刊韓国」が創刊されたのは今から四年前で、それ以来、一週間の主な出来事をバックアップ、解説しながら読物にしていく総合誌的性格を保ち続けており、すでに二百十四号を数えている。この「週刊韓国」に対抗して「週刊中央」「サンデーソウル」「週刊朝鮮」が現われたわけ。

「週刊中央」は「週刊韓国」と同じ編集方針であるのに比べ「サンデーソウル」は時事問題をほとんど取り入れず軽い読物が中心となっている。これに対し「週刊朝鮮」は新聞の日曜版的性格を強く打出し、一面の日曜論壇からはじめ、週刊ニュース解説や評論を中心にしており、知識層を対象とした格調をねらっている。

これら四誌に加え、近く「[illegible]で合理的家庭生活のためのもの」と銘打って、女性読者層を対象とした「週刊女性」も出版されることになっており、週刊誌ブームの幕あけを迎えようとしている。

しかし、狭い市場での読者争奪のあまり低俗、脱線した、との非難の声も出ている。この意見の多くは、エロ、煽情を売物にする低俗なものが外国にも多いが、本来週刊誌というものは専門化する現在の多様なニュースを整理した時事件とそれに新聞と雑誌の中間的な性格に存在理由があるので、現状だと韓国も外国同様に浪費文化の最も悪い面を拡大するのみだ、としている。

週刊誌を発刊しているのはすべて新聞社だが、現在韓国では用紙難のため日刊紙すら外国の一日分にもならない一週三十六ページにしぼられているのに週刊誌に制限を加えないのは片手落ちだ、とする声も強い。

しかし、こうした非難の口をよそに新聞社の事業拡張や生活向上などによって週刊誌もふえそう。

# ソ連の五輪コーチに

## ＝韓国人二世李氏＝

ソ連のオリンピック・ボクシング選手のコーチに、韓国人コーチがいてメキシコに参加している韓国人選手団の中で話題―。

その名は李ニコライ（39）彼は一九歳からボクシング選手として活躍、ソ連の代表選手として名をはせた。

十年前からのソ連代表のボクシング・コーチとして在任、独特な咸鏡道ナマリでしゃべりまくり、ソ連で生まれてソ連で教育を受けたが、お母さんから韓国語を習っていたとか……。

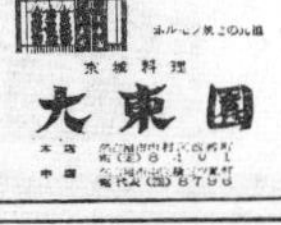

東海新報
発行所 東海新報社
電話名古屋(571)6431
定価 1ヵ月100円

**民団綱領**

一、われわれは大韓民国の国是を遵守する。
一、われわれは在留同胞の権益擁護を期する。
一、われわれは在留同胞の民生安定を期する。
一、われわれは在留同胞の文化向上を期する。
一、われわれは世界平和と国際親善を期する。

# 本国に陳情団派遣

# 民団第13回中央委終る

在日大韓民国居留民団、第十三回中央委員会は二十六日午前十一時三十五分から新宿区・日傷会館ホールで開催、金在述副議長の開会辞、三機関長挨拶、来賓挨拶、各機関報告、質疑の後、法的地位、中央組織学院設立についての討議などがあって午後十時過ぎ閉会した。当日の中央委員出席数は定員百三十名のうち九十六名であった。

**金光男議長挨拶**

来る十月三日は檀紀四千三百年を迎えた。半万年に亘る輝やかしい歴史を持つ我々には、義務遂行、規律、序列を守る点で欠陥はないかを反省し、全在日僑胞の団結を指導するのが中央委員会の責務である。

**李裕天団長挨拶**

昨年八月二十三日、韓日両国法務次官の了解事項が成立二年半になるにも拘らず、何ら進展を見せていない。日本政府は我々の追放政策を止揚していないが、十月下旬には両国法相会議もあることとたしここで法的地位問題を解決して欲しい。我々の法的地位の解決については最後には本国政府に頼らざるを得ない問題だ。七名の陳情団を本国に派遣する。幸い大使館はじめ本国国会議員も僑胞問題理解の度を深めてくれたので喜ばしい。次に湖南地方の干害救援金が目標を達成する見通しにあり、同胞愛を発揮したものと思う。

**金仁洙監察委員長挨拶**

第一線の組織人は既に四十歳台を越している今日、後続の組織人養成が急務である。各領事館から地方県本部に公文を出しているが、今後民団中央との事務協定が必要である。

## 韓日関係は独立国対独立国

**安光鎬公使祝辞**

韓日国交正常化後三年、その間痛感したことは、両国の関係が本質的に変っていることだ。従来は歴史的、地理的関係に結びつけたが今は独立国対独立国の関係にある。即ち国際法条約、約束によってのみ両国関係は処理される新しい事態に直面している。民団自体も新しい体系造りをする時機に到達したと思う。大使館は一、僑胞の法的地位の保護、二、教育問題の充実、三、経済活動への協力、の三点に重点を置いている。即ち皆さんの保護、代弁、協力が大使館の任務である。

**干害救援金二千七百万円30日伝達**

民団中央が地方県本部に指示した湖南地方干害救援金の目標は五千万円だが、二十六日の中央委員会当日報告された金額は二千七百二十三万五千円で、日本政府から承認を受けた七万ドルに交換し、来る三十日朴大統領に伝達される。東京七六〇万円(割当六〇〇万円)兵庫の二百七十五万円(割当二〇〇万円)と割当をはるかに超した県本部もあるが、八百万円割当の大阪はじめ十県が未報告となっているものの最終的には目標額を超える見通しである。

## 中央組織学院近く発足

従来組織立った組織養成機関を持たなかった民団中央本部では、さきの第十二回中央委で、中央組織学院設立を決定したが、十三回中央委で、これに要する予算千三百万円を可決したので、今秋から都下に先般完成した韓青中央訓練所を利用し、地方組織員の再教育を行なうことになった。

## 厳敏永大使 28日帰国

民団中央及び地方から大挙二百五十名が一日の国軍の日式典に参列する他、本国干害救援金を大統領に伝達するので、厳駐日大使も二十八日帰国した。

## 被災農家67万戸
### 干魃被害の最終集計

嶺南・湖南および一部地方を襲った干魃の被害状況は去る一日現在で被害農家は六十六万九千戸、四百二万六千人に達した。農林部が最終的に集計したもので、被害作物は水稲減収四十七万六千トン(二百十三億ウオン)と全南・北道の畑作物減収二十一万五千トン(三十五億ウオン)に達している。

被害農家のうち救済を要する農家は四十三万九千戸。農林部ではこのうち三十七万八千戸を対象に援助する。直接援助額は百七十六億七千万ウオン、間接援助額は百十一億九千万ウオンだが、これによって一戸当たりの援助額は六万五千ウオンとなる。内訳は穀七百二十五万五千ウオンとなっている

## 百二十余万円集まる

民団で旱害義捐金募金

本国の三南地方で起きた大旱害のために、同胞たちが苦しんでいるという悲しい報道や、引き続き襲った大洪水のために、家屋や財産を失った同胞たちの悲惨な状況が伝えられ、遠く祖国を離れ住む僑胞たちの心を、暗うつにさせているが、このような、祖国同胞の惨事を救援しようという、一大救援運動が今、民団の指導で全国的に広まっている。

民団愛知県本部でも、中央本部との連絡のもとに、全県下同胞に救援カンパを呼びかけていたが、この程第一次的に集まった百十五万九千八百五十円をまず、中央本部に伝達、本国に送金することになった。さる二十五日、中央委員会に出席する金竜煥県本部団長が義捐金百二十万を持参、上京した。

なお、義捐金の第一次分は伝達されたが、現在も各支部では、継続して義捐金の募金をしているので、近く、各支部から集計され次第、中央本部に第二次分が伝達される予定。(義捐金の募金に協力して下さった団員諸氏のお名前は二面参照。)

**保険一般に対するお知せ**

一、生命共済制度

在日本大韓民国居留民団愛知県本部ではねかてより在日同胞の生活安定と福祉向上をねがい最も安全、かつ有利な共済制度を検討していたところ日本唯一の再保険および国際再々保険を営む協栄生命保険を取上げ福利厚生事業の一環として実施することになりました。

一、損保保険

自動車保険及び火災保険に対して、世界で有名なAIU保険会社と特約をし事務取扱ひをしております故、団員一同奮って御加入するよう要望いたします。

民団本部民生部

# 韓国国会補欠選挙
## 三地区三党で分ける

補欠選挙三地区の開票が二十六日午後六時になっており、大衆党慎鉉南氏が新民党の金相欽氏を三千五百票引きはなし当選した。三区を共和、新民、大衆の三党が分け合ったので院内議席分布は共和百十三、新民四六、一〇・五クラブ十二、大衆二、無所属二となった。

三地区各候補の得票数と当選者の略歴は次の通り。

扶余 (当選)金鍾鉉(共和) 三六四二二
(次点)任哲鎬(新民) 二五五三七
高敞 (当選)慎鉉南(大衆) 三三五六三
(次点)金相欽(新民)
和順・谷城 (当選)梁会玹(新民) 四〇、八二九
(次点)斎世豊(大衆) 三六、一六二

▽金鍾鉉＝五〇歳、全州師範卒、漢陽大法科大科、扶余国民学校教師、三浪津中学校監、漢城女中教師、韓国経済問題研究所長、大韓学校体育会長、三東畜産理事会長

▽慎鉉南＝五二歳、大卒、法務部用度課長、大韓航空社長、七代国会議員選挙に共和党候補で当選、共和党から除名、国会議員辞退

▽梁会玹＝四六歳、ソウル大文理大卒、民政党全南道党副委員長、六代国会議員(和順・谷城)(民政党)、臨時スポークスマン、民衆党院内副総務

**解説** 扶余の投票箱の封印に異常なものがあると四時間開票が中断、新民党が九つの投票箱の保全を申請し、高敞ではもみくちゃの票が大量に出たと新民党が異議を申立て開票がおくれた程度で三地区の補欠選挙はおわった。六・八選挙不正を審判するとの前ぶれは色あせ、むしろ「選挙」が韓国選挙ではどうにもならないものだという印象をうけた感が深い。これも農民の貧困のためというかも知れない。また総力をあげた新民党が一席しかとれず、不正選挙云々された高敞で敗れたことは同党に大きな衝撃であった。登院を拒否してまで闘かった結果だけにこれからの選挙でも苦戦は免れず、新民党には大きな反省材料になろう。

# 中央委問題など討議
## 民団中北地区協議会終わる

中北地区協議会が、さる二十一日民団富山県本部で開かれた。

中北協議会構成県の中では、同胞数が一番少ない県ではあるが、最近は、福井に教育文化センターも設置され、それに刺戟され民団も活発な動きを見せており、当日の協議会にも、多数の幹部や団員たちが参席して、熱心に討議に聞き入っていた。

当日の協議会で討議された主な議題並討議内容は次の通り

(1) 国軍の日の慶祝使節団派遣問題

各県団長、商工会長、商銀理事長が参席するのを原則とするが、都合により参席できない場合は、その県を代表する人士が参加すること。

(1) 中央委員会について

二十六日開かれる中央委員会には、地方の声を反映させるべく努めるが、特に"法的地位問題""北送再開計画に対する反対運動""教育者養成問題"などを、強力に押し進める。

現在、法的地位問題については団員の関心が盛り上っているが、中央での交渉経緯が、はっきりしない。果して、どの程度、交渉が進捗しているのか。一般団員に納得できる説明を求めよう。

教育問題は、各地の状況から、教員の絶対数が足りないが、本国からの派遣が難しい場合、日本にいる人材を訓練するなど対策を講じるべきだ。この点について、中央委員会に建議しよう、などの意見のもとに討議した。

"北送問題"については、北傀側の陰謀が、しつように続けられており、日本側にも、北送継続の動きが一部あるだけに、今後の情勢を見守りながら、必要な場合、断固反対の運動を盛り上げると決定した。

その外、当日の協議会では、各県の活動の報告や、問題点などについての意見の交換があって、午後六時ごろ閉会した。なお、当日次回協議会開催県を石川県と決定した。

＝中北協議会であいさつする鄭中央副団長＝

# 韓国問題の討議
## 国連の正式議題に採択

二十四ヵ国で構成された国連運営委員会は二十六日、韓国問題を第二十三回国連総会の正式議題に採択した。

国連本部からの報道によると、国連運営委員会はソ連の反対を打ち破って賛十七票、否三票、棄権四票でUNCURK(国連の韓国統一復興委員団)報告書にもり込まれた統韓決議案を正式議題に採択した。一方、共産側が提出した駐韓国連軍撤収案と国連の韓国統一復興委員団解散案も韓国問題の付随議題として採択された。

なお、金溶植駐国連韓国大使はこの票決結果にたいして極めて満足すると、語り、こんどの総会での韓国問題の討議にたいする展望は非常に明るいと付け加えた。

なお、崔圭夏外務部長官はこの問題にかんし「国連運営委員会が韓国問題を一つの案件として統合するように決議したのは国連会員諸国が共産側の非難に満ちた宣伝とか甘言利説に惑わされることなく、国連の原則のもとで韓国統一問題を取り扱うことの重要性を認識している証拠である」と語り、また国連運営委員会のこのような決議がなされたのは韓国政府の基本戦略が奏効したためでもあると付け加えた。

# 韓国肥料海外進出
## 南ベトナム入札参加 日本が除かれ有利

昨年の今頃パキスタンに初輸出された国産肥料が今度はベトナムに進出できそうだ。これは二十日南ベトナム政府が米AID資金で買付ける尿素肥料五万屯の入札結果決る。数量は政府と韓肥の話合いで三万屯程度、価格はFOB(重量)屯当り八〇ドル程度という。去る四日日本から輸入した十万屯の単価が同じFOB条件で五九・五七ドルであるから運賃、保険料を加えても輸出さえできれば国産肥料を輸出し足りない分は輸入するのが有利という計算も出て来る。パキスタン向け二万屯の単価は八二ドルであった。

輸出、輸入価格にこのような大きな開きが出て来るのは国際肥料市場の特殊性のためで三通りの国際価格が形成される。第一は日本やヨーロッパ諸国など肥料輸出国による出血も辞さないコマーシャル・ベース価格で韓国が輸入するのがこれにあたる。韓国は日本が他国に輸出する価格の中で最も安いので取引する。台湾は去る七月四万屯を屯当り七三・五〇ドルで南ベトナムに輸出しているので今度の入札で最も手強い相手は台湾ということになる。

# 新聞論調

## 残務整理
### 日本の北送再開理由にはならない

日本政府は、在日同胞北送会談を再開することに決めた。

日本政府が、日本赤十字社に指示したところによると、北送申請者一万五千名に対する、いわゆる、残務処理を理由に日赤が、北傀赤十字の会談再開要請に応じて、近く、両者間に会談を開くための接触を持つことになった。

日本政府は、このような決定を下すに際して、年初、決裂されたコロンボ北送会談で、日本が提示した原則、即ち、北送方式でない、個別出国許可方式等を土台に、会談を再開することと、その当時、北傀側が要求した、従前方式による、新しい協定締結を考慮しないという条件を立てたと知られている。

コロンボ会談が決裂するや、もう会談再開なと、とてもありえないような態度だった日本側が、このような条件を提示し、北傀側と再び会談を持つことに態度を変えた、表面上の名分は「残務処理」になっている。毎年一年ずつ延長を重ね、昨年まで延ばして来て、旧カルカッタ協定下で、北送希望申請書を出したままの、在日韓国人に北送再開の道を開いてやるというのだ。

しかし、人道主義を標ぼうして始まった北送が、十年間に、八万七千名の在日同胞を、北韓地域に運び出す間、人道主義とは遠く非人道的な過ちによる、副作用が多く指摘された。北送船という名の、往復輸送ルートは、北傀の対韓、対日諜報、破壊工作に悪用され、間接的に北傀を助ける結果になったのである。また、北送された同胞の中には、在日朝総連の宣伝と誘引に眩惑され、本意でない失望と不幸に落ちた人も、少くないのである。

北送は、人道主義の常識から大きく外れ、日本自身と韓国の安保に、危害要因と化しているのである。

コロンボ会談決裂当時にしても、日本は、この点を、ある程度認識しているようだった。この度、再び会談再開に傾いた、日本政府の態度は、「残務処理」という理由だけでは、正当化されない。

われわれは、このような日本政府の措置から、一貫外交の行態を、再発見した。韓国とともに、協調、共栄を約束した、日本は、どうして韓国の安保と自由世界の共同利益のために、あれだけ反対した、北送を、今になって始めようとしているのだろう。

日本の国際的座標は、果してどこなのか？ 日本は、韓国の安全に、直接危害を与え、東北亜の安保に脅威になる、北送問題処理において、韓国の主張に友邦として、当然、耳を傾けるべきである。

日本側の態度を鋭意注視しながら、政府の適切な対応策があるよう願って止まない。

# 北送会談は不当
## 厳大使日本政府に抗議

厳駐日大使はこの程、日本が北傀との北送会談を再開する動きがあることに対し、厳重に日本政府に抗議した。

厳大使の抗議要旨は、①日本が先般の韓日閣僚会談で、カルカッタ協定の満了を確認する一方、如何なる形態でも協定延期をしないと約束したのに北傀は、北送を政治目的にのみ利用する③日本は人道主義という仮面をたてているが、実際には北傀の武力強化を助ける等である。

# スパイ問題と北韓動向を発表
## 防共功労者に最大限の国家補償

金烱旭中央情報部長は二十六日北韓の動向にかんする談話を発表し、"北韓がが戦争準備態勢を強化しているのは事実であるが、韓国軍の防衛増強と米国の確固たる韓国支援決意によって、その挑発野望を抑制している"と述べた。

金中央情報部長は同日午前、記者会見をして、最近の北韓の動向に言及、一・二一事態(一月二十一日の北韓武装ゲリラソウル侵入事件)以後、北韓はつづけさまに武装スパイを韓国に浸透させているが、軍・警・民の効果的な作戦でこれは完全に粉砕されていると明らかにし、「しかし、武装スパイの波状的な浸透活動などは今後も続けられるだろう」とその見通しを述べた。

また金中央情報部長は北韓が、ソ連のチェコ占領を支持した声明を発表して、これは北韓がソ連に追従していることに他ならないと言明、東ベルリン事件に関連して捕えられたスパイたちをかばうために北韓は"南平部愛国市民たちが投獄されている"云々とうでっち上げデモを行なったりしていることなどを明らかにした。

金中央情報部長は、南韓にある北韓スパイの活動は魚一匹のがさじというほどにきびしく張られた対共捜査網に全部ひっかかってみじめな状態にあると語ったのち、スパイ活動を抑制するための国民の協調増進方案として勝共教育を強化、防共功労者にたいする国家補償を最大限に活用する方針だと明らかにした。

# 朴在賢局長辞任

民団県本部事務局長朴在賢氏は、この程、一身上の都合により辞任した。朴氏は民団事務局長に就任して一年三ヶ月の間、献身的につくしたが、今度、岐阜市に住所が変わり、韓国料理"寿楽苑"を開店した。

# 一日経済会が寄付
## 残務処理金一切を

姜求道委員長

"愛知県韓国人経済会"は、在日商工人の親睦と相互協助の目的のもとに創立され、後、商工会に発展的解散となった僑胞の経済団体であり、その活動の実績とともに記憶している人々も多いが、この程、韓国人経済会の残務処理にあたっていた清算委員会(姜求道委員長)から処理残額金三十三万円と、同会の電話債権売却金十八万二千五百八六円([illegible]二十四万円」を民団県本部に寄付、感謝されている。

同清算委員会の姜求道委員長はさる七月二十五日、民団県本部金竜煥団長と会い「経済会自体の目的も、僑胞社会につくすものであったし、処理残金を民団に寄付したい」と申し入れ、金団長も快よく受けたもの。

このような姜委員長の気持は旧経済人の間にも伝わり、"賢明な処置"と喜ばれている。

▼姜求道委員長談＝旧経済会の会員みなさんから委任されていることであり、どういう処理が一番妥当かと考えた末、民団に寄付と決めた。会員諸氏の御了解を改めてお願い致します。

# 光州市長来名
## 都市計画視察に

全南光州市長張炯泰氏は、日本の都市計画等の現況を視察するため、この程、来日した。

さる二十八日、来日あいさつのため、民団県本部を訪ねた張市長は、県本部で「日本のテンポの早い発展に驚いている。韓国も今、急速的に都市の整備を急いでいる」

張市長は二十八日午後二時特急ひかり便で東京に向った。

# 従軍記者に恩恵
## ＝負傷または死亡者に＝
## 軍事援護補償法改正

外国に派遣されて軍作戦に従事している最中に負傷あるいは死亡した記者またはその遺家族もまた軍人遺家族と同様軍事援護補償法による恩恵が受けられるよう、政府はこのほど軍事援護補償法を改正することにした。

国防部が成案してこのほど次官会議に提出された同改正法案の主な骨子は、外国に派遣されて軍事作戦に従軍している記者が負傷または死亡した場合はその遺家族に軍事援護補償法による恩恵を与えるようにしたほか、一級と二級に該当する傷痍軍人も国家や地方団体が主管する公演を無料で観覧できるようにしている。政府はまた軍の人事法施行令を改正して看護軍属らに毎月四千ウオン以下の特殊勤務手当てを支給する予定である。

# 金民団長帰国
## 国軍の日に参席

来る十日の本国の「国軍の日」に参席する慶祝使節として、愛知県から、金竜煥民団長、金鱗九商工会長、姜求道商銀理事長の三人が帰国することになっているが、金竜煥民団長は九月二十六日、名古屋を出発、東京に向った。

**本団来訪**

▼張炯泰氏(光州市長)都市計画状況視察のため来名、あいさつ。九月二十八日
▼裵奎璟氏(同市公報室長)右同

**民団辞令**

▼依願免
事務局長兼民生部長 朴在賢
八月三十一日付

**慶弔**

▲鄭揚四(豊橋支部長金時道氏母堂) 八月十六日老衰のため死去。



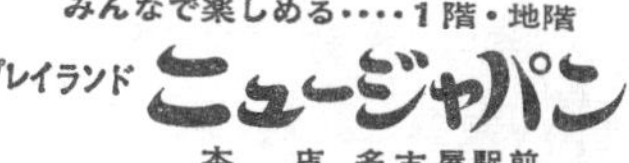

# 新しい太平洋時代の礎石

## 開拓精神を学ぼう

## 朴大統領帰国報告で強調

朴大統領は豪州、ニュージーランド親善訪問をおえて十一日ぶりの二十五日午後特別機でホノルルから金浦空港着帰国した。朴大統領は国民への帰国報告で「われわれの子孫がわれわれを怨むことのないよう開拓者精神を見ならってたゆみない忍耐力で国土を開発しなければならないとの信念を今度の旅行でえた」とのべ「暮しが良くなるか悪くなるかは国土の大きさや資源の豊富さによるものでなく自らの知恵と忍耐力で進む開拓精神にかかっている」と強調した。この日空港には丁総理はじめ三府要人、駐韓外交使節、各界代表ら七百余人が朴大統領夫妻を出迎えた。朴大統領に随行した政府スポークスマン洪報部長官は談話を発表し「朴大統領は両国元首との会談を通じ共同運命意識を土台とするアジア太平洋時代の安全と繁栄を追求し共同達成への結束を決意した」とのべた。

## アジア太平洋　強固な血盟を確約

## 経済協力にも訪問の成果

朴大統領の豪州、ニュージーランド訪問は地域的に遠く離れているアジアと大洋州を結ぶ永遠の「協同の大橋」を築いた点に大きな意義があった。新しい太平洋時代を迎えての礎石として韓国のイメージを遠く大洋州まで植えつけるのに成功した。

何よりも政治外交分野ではアジア太平洋地区の安保を一そう強固なものにするための共同歩調を確認し六・二五動乱参戦十六ヵ国が結んだ血盟の関係を一そう強固なものとした。さらに日増しに増える北韓から挑発、中共の核脅威七一年まで完了するアジアからの英軍撤退等を考慮してアジア太平洋地域安保体制の確立のためASPAC強化の必要性を認識し、韓国参戦十六ヵ国共同宣言とベトナム参戦マニラ首脳会談精神を再確認すると共にベトナムにおける名誉ある平和達成のため共同歩調をとることに三国首脳たちが合意したのである。したがって今度の訪問はアジア太平洋共同社会建設のための協力体制構築に一つの動機となったといえよう。

これ以上の実質的成功も見逃せない。ニュージーランドとは韓国に肉牛農場を設置することに合意をみ、豪州とは貿易逆調是正のための通商振興会議を開くことのほか畜産、漁業分野での合作投資のみちを開いたことである。さらに文化、技術協定締結にも合意した。経済協力増進方法としては豪州近海へ韓国漁業進出、パプア、ニューギニア等地への山林開発、原木加工のための合作投資、コロンボ・プランによる畜産、地下水開発技術者の派遣等は期待もしなかった大きな成果であった。特に畜産振興のため肉牛農場をつくることと干害救援用小麦二万屯贈与を取付けたことは深い友情から出たプレゼントである。経済第一主義の信念を一そう強くした朴大統領が帰国した後経済政策に少なからぬ変化があらわれることは間違いない。

## 気候風土に適した牧畜業を

### 朴大統領随行の李農林長官語る

朴正煕大統領のオーストラリア・ニュージーランド訪問に随行した李啓純農林部長官は二十六日、記者会見をし、韓国の牧畜業は外国のそれをそのままそっくり真似るのではなく韓国の気候と実情に合うように発展させるものであると語った。

また、李農林部長官は、いままで……こそ牧畜業が高度に発達してオーストラリアやニュージーランドの牧場も百余年前には荒地であったことを想起させながら〝韓国も牧場をよく整備して、飼育技術を開発して行けば畜産振興を達成させることは確実である〟と述べた。

なお、李農林部長官は今度の南太平洋訪問は特定な政治とか経済的目的のための訪問ではなく親善訪問であったことを強調しながらも、韓国とオーストラリアとの畜産部門の合作投資原則を見たことは大きな収穫であったと述べ、このような事業を具体化し、かつ発展させてゆくためには関係官吏と民間人の派遣を支援する方針だと語った。

## 物価安定に自信はある

### 朴経企長官語る

朴経企院長官は最近秋夕をひかえ物価の動きが異常であることについて「多少の起伏はあろうが今年の物価安定の動向を維持する自信はある」とのべた。

朴長官は農林部の米価算定方法に原則的同意を表明しながら、農民の所得増大、消費者保護、賃金体系、対外競争力等とにらみ合せ農林部、共和党、駐韓USAIDなどと慎重に検討していることも明らかにした。本年産米買上価格については十月中に国会同意案を出す予定である。

## 法的地位に望む

### ＝その問題点と要望＝

朴　鳳　仁

わたり、いまだに不備な点が多残っており、……

（日本国及び大韓民国は、多年の間、日本国に居住している大韓民国国民が、日本国の社会と特別な関係を有するに至っていることを考慮し、これらの大韓民国国民が日本国の社会秩序の下で、安定した生活を営むことが出来るようにすることが、両国間及び両国国民の友好関係の増進に寄与することを認めて……）と明記してある通り。

これは、在日韓国人の歴史と生活に特別の配慮がなされなければならないという、基本的な精神の表現に他ならない。しかしながら法的地位協定が発効されてより、近く満三年をむかえようとしている今日、法的地位及び待遇の全般に……



## 僑胞たちの道（下）

名古屋福祉大学二年　金　相　和

ここでそろそろ疎外について書いた方がよいかも知れない。「どういう点が、疎外されているか」という質問が私にはねかえってきました。私は答えることができませんでした。わからないからです。そもそもこんな質問は全く無意味なのです。なぜなら、どこもかも皆、疎外されているからです。考えてごらんなさい。朝おきたときから夜ねるときまでの自分のあらゆる行動を。あなたがたは、真の笑いをつかんだことがありますか？。真に生きていてよかったと思ったことがありますか？。疎外を打破しようと思わないかぎり、またないでしょう。疎外は我々僑胞たちのすべてに与えられました。だから「あなたの疎外」「私の疎外」なんてものはありません。……

……

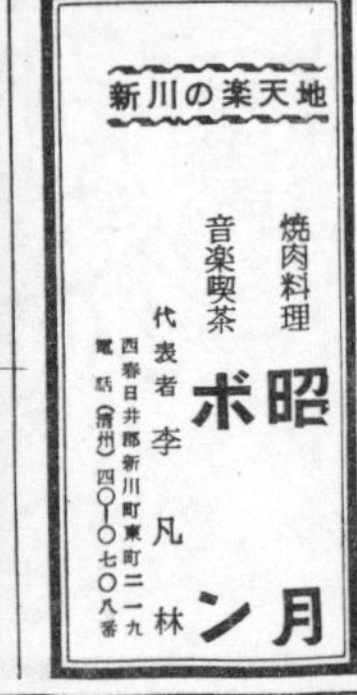

494

# 法的地位に盲点あり

## 差別追放政策の所産

## 日本の北送協定延長企図の底意

金　相　賢

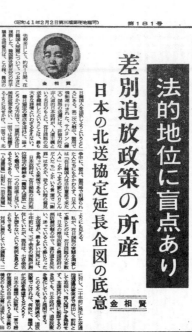

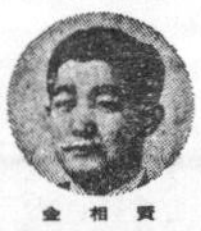

金相賢

先般来日して、約四十日間、在日韓国人問題について、つぶさに視察した、韓国野党新民党の若手議員金相賢氏は、この程、韓国の有力紙東亜日報に寄稿、次のように論評した。（編集部）

1959年、在日同胞送北が始まって以来、六七年までの九年間に、八万八千六百二十名の、在日同胞が、北韓の共産地獄に追放され、韓国戦争で人力不足に苦しむ北傀政権を助けた。日本政府は再びこんな北送協定を延長しようとの動きを見せている。

このような日本の企図は、一言でいえば、目の上の瘤のような在日韓国人を追放しようというところにある。第二次大戦中、徴用で強制連行された、サハリン（樺太）同胞の送還には、非協力的な非人道的日本政府が、人道主義という名目のもとに、在日同胞の北送を継続したということは、最も大きな罪悪といわざるをえない。

韓日協定の盲点を道具に、益々こうかつな方法で、二重的な在日同胞政策を使い、一面では保護するように見せかけ、一面では、北送を続けることによって、事実上の追送を実現させて来たのである。

又一時、物議をかもした、久保田高杉妄言は再論せずとも、韓日協定調印当時の外相である、椎名のような人物も「在日韓国人の取扱は、日本の将来に亘る、社会秩序に関する重要な問題」と指摘し韓日協定を通じて、悪質韓国人の送還の道を開いたのは、一大成果であると公言している。

今日、在日同胞の大部分が、戦争中に、徴兵、徴用等で引張られた人たちにもかかわらず、日本人は「在日韓国人は自由意思で来た人々」とか「よその家に入りこんだ人たち」とかいう言葉で「謝罪」はおろか、恐ろしい程の偏見を持っている実情である。

日本政府は、在日同胞の法的地位協定の締結を「韓国人追放」という観点で、一つの前進と見ているようであり、在日同胞問題は、「人道問題」以前に「治安問題」として扱っているようである。

日本は、在日同胞の問題を「追放」か「同化」の両面政策で解決しようとする。

このような両面作戦は、①在日同胞に対する経済制裁、②教育における差別待遇、③就業における機会はく奪、④社会的差別という形であらわれるかと思えば、在日同胞の法的地位を悪用して、保護対象者を極少化して、同化させようとする政策を、取っているかのようにも見える。

私が、在日同胞の実態を調査して感じたのは、在日同胞の大多数は、日本の差別政策と韓国政府の無防備状態の中で、進む道を見失い、迷っているという感じだった。

北送者が、最も多い対馬には、十年前には、五千余名の同胞が居住していたが、現在は、七百余名しか居らないという実例を見ることもできる。

対馬に居住していた同胞は、二十八もある漁業組合への加入が許可されて居らんので、漁業作業に従事することすら難しく、止むを得ず、北送船に乗って、北傀の共産治下に送られたというのである。

大村収容所では、1953－68年6月末まで、一万五千七百七十二名の同胞を、出入国管理令違反で、韓国に追放（大部分は密航者だが）しただけでなく、日本政府は、又、一時帰国する在日同胞に対し、二十年前に発生した交通法規違反事実まで持出し、前科として取扱い、再入国ビザを発給せず、本国旅行を極度に制限するのを見ても、日本政府が、追放政策を強化していると推測できる。

このような、差別待遇や、追放政策でなければ、何故に、韓国人が北送を希望するだろうか？

日本の韓国人政策は、一言で居住地選択の自由という人道主義の美名のもとに北韓に追放して、出入国管理令を徹底に適用して、韓国人を追放し、多数韓国人を結局は、日本を離れるようにしむけるという非難が高まっている。

又、一つ、看過できないのは、在日同胞二世に対し、日本人学校の就学を放任している日本政府は在日韓国人から民族性と国民性を抜本するのに重点を置いている。

ある日本人学者は、彼の著書の中で「在日韓国人は、教育により日本に同化させ、その民族的力量を弱化させれば、それが、最上の治安対策になるというのが、政府の見解」と、卒直に表明することによって、政府の底意をあらわにした。

日本政府の追放及、差別政策と同化政策は、韓日国交正常化後にも、少しも是正されず、益々、強化される傾向である。

手続の複雑性のために、永住権申請が振るわず、許可が拒否された場合、結局は追放される外ない。法的地位協定の盲点は、二年七ヵ月がすぎた現在でも、申請資格者五十六万名の中の、二〇％に過ぎない七万余名が、永住権を申請しているだけである。

在日六十万同胞たちは、祖国を離りに置きながらも、充分な保護を受けて居らず、その上、政府の長期的で強力な同胞政策の欠如で日本の差別と追放政策に抑圧され明日の事態を、不安の中で待望している実情である。

在日韓国人の法的地位協定も、その基本的精神は、全然考慮されず、ただ、このような追放と差別により、実務運用されており、これから、在日韓国人の生活権保障というのは、日本人のこのような対韓国観の変化がない限り、いかなる解も合意事項も、実効あることは恐らく不可能である。

明治時代の所謂「征韓論」以来一世紀に亘り、日本が韓国に対し持っている、蔑視や偏見が是正されない限り、真実な友好関係を期待することは、最初から無理なことと言う外ない。（国会議員、最近、約四十日間在日同胞実態を調査した）

## この美しい同胞愛を見よ

旱害に次ぐ、洪水騒ぎ、三南地区の農民たちの苦しみは絶頂に達した感がある。「農事は天下の大本」といわれる韓国で、農民が、苦境に落ちることは、すなはち全国民が苦境に陥入ることを意味する。

〝この同胞たちを救おう〟という全国民の、火のような熱誠は、一大国民運動となってあらわれたが、日本在住の同胞たちも、一斉に救援にのり出した。たとえ、十円でも、百円でも、これが祖国同胞の苦難を救えるならと、今全在日同胞たちが、心の誠金を持ち寄っている、そして集まった誠金は、中央に集計、本国に送金されている。有難う同胞たち!、やがて、この美しい同胞愛が、祖国の歴史を作る、強固な土台となるだろう。ここに、この救援運動に協力して下さった同胞たちを紹介する。（順序は不同です）

# 本国旱害民を救援

## 続々集まる誠金と品物

### 第一次分

[illegible]

▼岡崎支部

| | | | |
|---|---|---|---|
| 金二葉 | 三〇〇 | 鄭正道 | 三〇〇〇 |
| 崔達歩 | 一〇〇〇 | 徐興竜 | 一〇〇〇 |
| 金且石 | 五〇〇 | 鄭相周 | 五〇〇 |
| 金四道 | 五〇〇 | 金京竜 | 五〇〇 |
| 金丙植 | 五〇〇 | 張文礼 | 五〇〇 |
| 尹逸寓 | 五〇〇 | 鄭景鎬 | 五〇〇 |
| 金花子 | 三〇〇 | 崔奉守 | 三〇〇 |
| 金龍乭 | 三〇〇 | 金廣会 | 三〇〇 |
| 李性植 | 三〇〇 | 金且竜 | 二〇〇 |
| 朴鍾実 | 二〇〇 | 金栄春 | 二〇〇 |

計　九六、五〇〇

六供班二〇〇〇〇 伊賀班一五五〇〇 鴨田北班三〇〇 朝日大西班一四〇〇〇 大平見合班五九〇〇 羽根班一一八〇〇 額田南班九三〇〇 康生第一三五〇〇 刈谷班一五〇〇〇 井田班一三三〇〇 鴨田南班一〇〇〇〇 岩津百々班三八〇〇〇 中欠班五五〇〇 中央班八二〇〇 矢作班一〇〇〇〇 美合田北班一四六〇〇 安城班一〇〇〇 幸田班四〇〇〇

計　一六四、八〇〇

▼瀬戸支部

| | | | |
|---|---|---|---|
| 張龍洙 | 五〇〇 | 尹松周 | 一〇〇〇 |
| 尹辰実 | 三〇〇 | 呉泉燮 | 三〇〇 |
| 陸楷世 | 五〇〇 | 膠正 | 二〇〇 |

[illegible]

## 研修ご苦労さま

＜朴魯珍氏が青年たちを招く＞

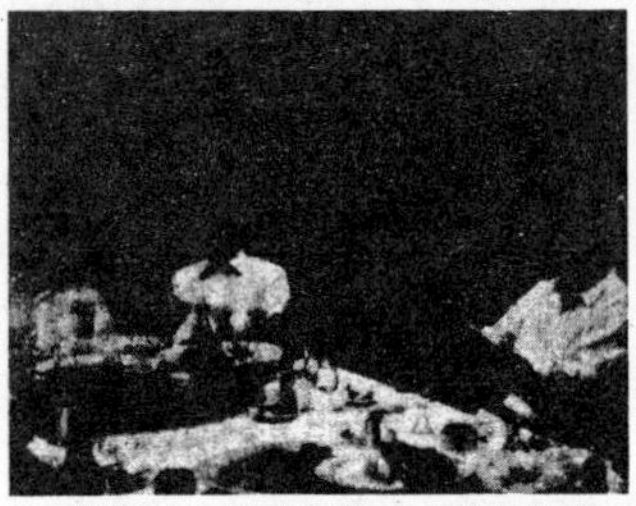

本国から日本に来ている技術研究生達の労をねぎらい、激励しよう――そして未来の祖国の役軍たちに、一そうの勇気と希望を与えよう……との目的で、来日中の技術研修生たちを招待し、楽しい時間を提供した有志がいる。

話題の人は、民団中川支部副議長朴魯珍氏、氏は、日本で生まれ育った人で、祖国の言葉や習慣など殆んど知らない。かねがね何とか、祖国をより身近く知りたいと願っていた。そんな、朴氏の希望がかなえられ、彼が始めて、祖国を訪問したのは昨年九月、父親の葬式のために帰国したのが始めて――。

祖国を訪れ、祖国をよりよく知るにつけ、ますます、祖国が好きになって来た。そして、今度、祖国から若い研修生たちが来ていると聞いた朴氏「異国の生活が苦しかろう少しでも慰めになるなら…」と、当夜の会食の機会となったのである。

当夜は、若い祖国のエネルギーが一ぺんに爆発した形、歌や会話に楽しい時間を過した。

特に当夜は、研修生の中に当夜が誕生日という「ラッキーボーイ」がいたりして、興趣、シンシン夜通しまで愉快な集いを持った。朴氏も、研修生たちも、共に当夜の集いに大喜び〝今後も月、一度位は集まろう〟と約束のしった。

◆　◆

### 報道は誠意もって

#### 特に僑胞系新聞に望む

一般にある事柄を論評する場合、充分な知識と検討が必要な事はいうまでもない。ある事象に対する知識が不足なままに、論評を加えると、焦点のかけ離れた論評になったり、又は、一方的な論評になったりで、至極迷惑な事態を惹起する場合がある。

特に、それが個人のプライバシーに関係するものであったりまたは、公共的な団体の名誉に関係であったりの場合、慎重を要するのは言うまでもない。

とかく、このようなことは、常識以前のことで、改めてとやかく言うこと自体が、おかしい位のことだが、この常識以前のことが守られず、[illegible]させることが、しばしば、我々の周囲で見られるのは遺憾なことである。

最近、民団内部で起きた一団員の除名にまつわる論評として[illegible]

[illegible]

### 第二次分

[illegible]

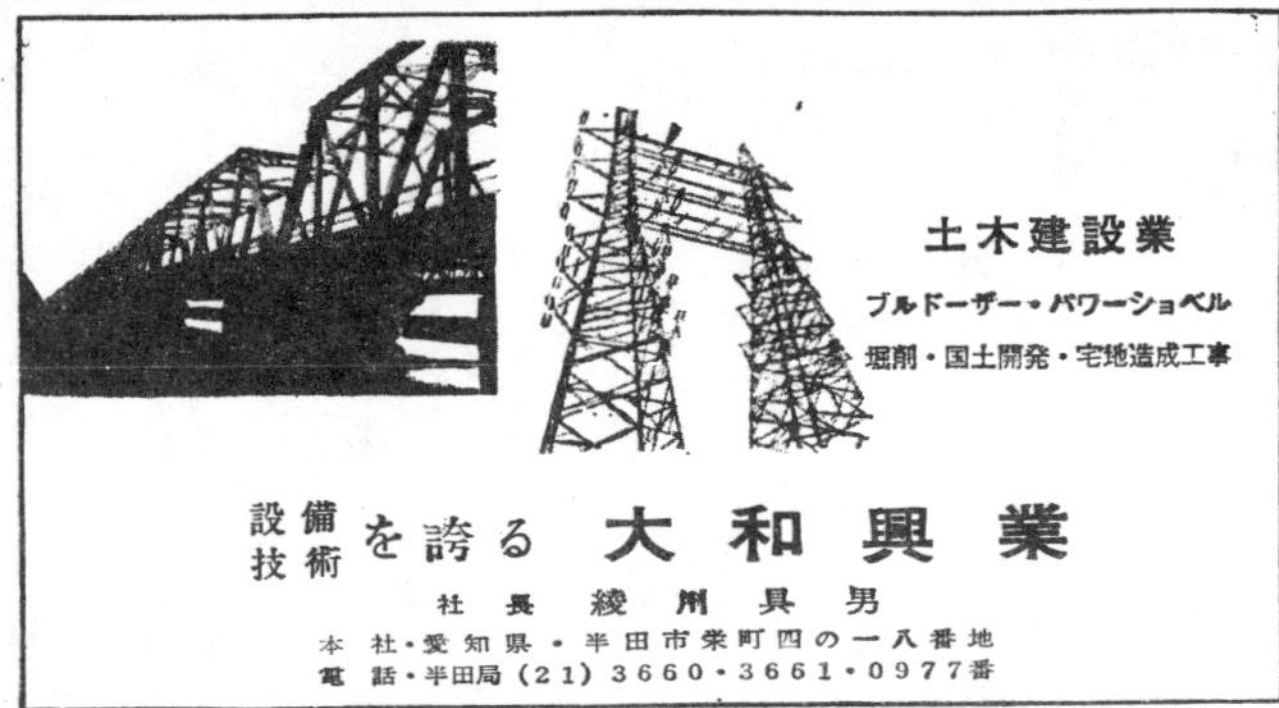


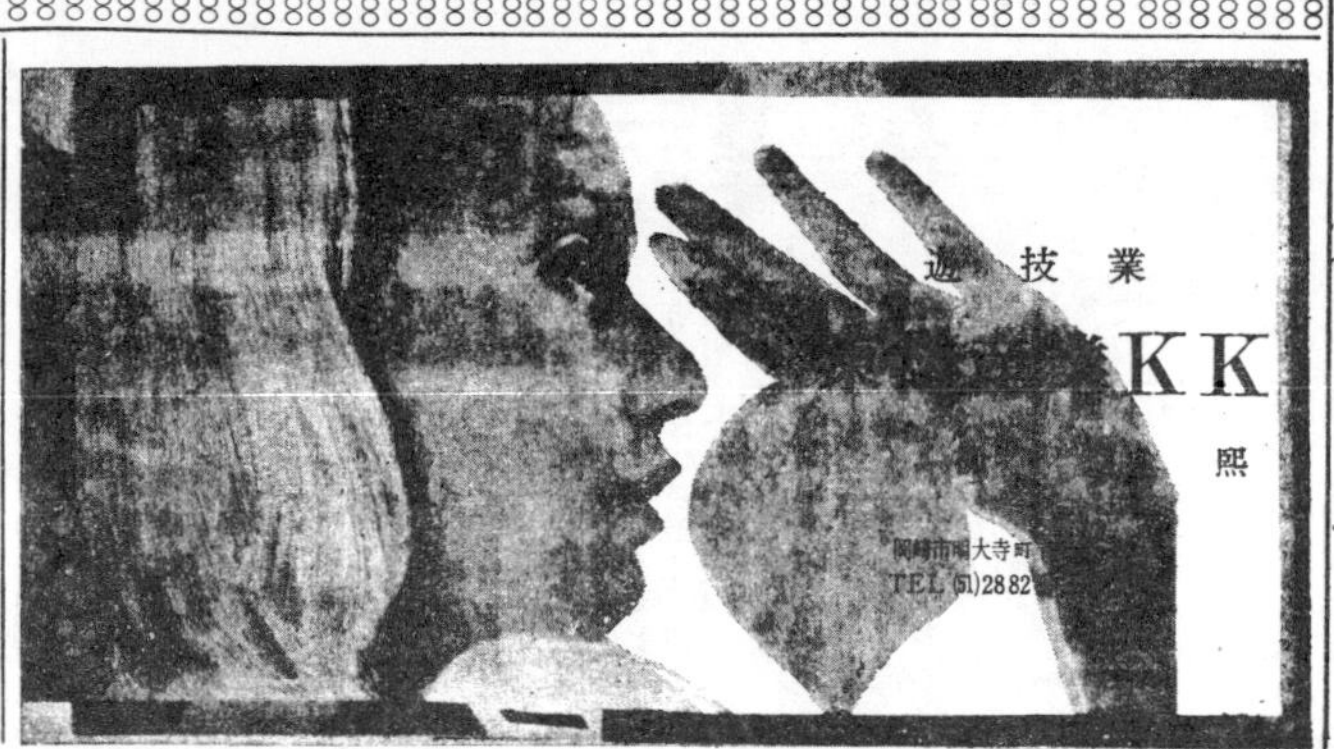


495

## 青春時代を偲ぶ

李　康

## 〝史跡二一号〟は金将軍の墓ではない

李博士が西岳里「角干墓」と考証

三国統一の英雄金庾信将軍の墓に指定されている「史蹟二一号」は実は王陵であり、金将軍の本当の墓は慶州西岳里にある武烈王の二子の墓と伝えられて来た角干墓であると学術院長李丙燾博士が考証し、これに関する論文を来年三……

角干金庾信墓」の碑、子孫たちは日帝時に文武石まで建てた。しかし、これはあくまで王陵であり臣下の墓ではない。理由は①守士下段に隕石と十二支神の彫刻のある様式は三国統一後しばらくたって行なわれたもので、立派な治蹟のあ……の礎石すら残っていないためである。

一方、本当の金将軍の墓といえる角干墓は近世朝鮮九代成宗から一三代明宗時代までは金将軍の墓だと、まともに伝えられて来たが壬辰倭乱、丙子胡乱後に誤り伝わ……

## 戸籍実務講座 (6)

金錫根

## 結婚相談所案内

日本在住の現状では婚約……良縁を求め理想にかなう……と存じます。広くこの……

名古屋市北区上飯田……

## 来年は尿素肥料三〇万屯を輸出

## 呉制道氏が来名

## △△△△△ マスコミ文化の現代社会

痴呆現象を脱出するには——

生活の知恵はマスメディアから

秋たけなわの風景

## 野球に優勝！

在日僑胞国体で活躍

## バスケット

韓日女子大軍が対戦

淑明女子大来名

東海新報

発行所 東海新報社
発行人 金龍煥
編集人 韓国居留民団愛知県地方本部宣伝部
名古屋市中村区鷹羽町3-56
電話名古屋(571)6431
定価 1ヵ月100円

民団綱領

一、我等は大韓民国の国是を遵守する。
一、我等は在留同胞の権益擁護を期する。
一、我等は在留同胞の民生安定を期する。
一、我等は在留同胞の文化向上を期する。
一、我等は世界平和と国際親善を期する。

# 慶祝　第23回光復節　慶祝

## 漢江

漢江は流れる。
すべての清濁を呑みこんで漢江は流れる。
蘇定方が渡り、清正が渡っても
泰然と、
死六臣が渡り、北傀軍が渡っても
悠然と、
春秋万事をしりめに、
漢江は流れる。
幾多の風雲が通り過ぎ
今二十五万Kの発電機が渡った。
悲劇の過去を押流し、建設の息吹きを吹き出した。
西にライン河、東に漢江、
母なる河よ、力強く前進する
祖国に世紀の奇蹟を産み出せ。

## 八・一五に思う

真夏の最中第二十三回の光復節を迎えんとしている我々は、この日を祖国解放日として祝うと同時に、その意義を今一度考える中で明日への指針を把握しなければならない。第二次世界大戦の終結により、敗戦国日本の統治下にあった我々の祖国韓国は、独立を達成した。だが、その独立は、韓国の主体的力量が充分に発揮されたものではなかった。米ソを中心とした連合軍の戦勝と同時に始まった民主主義勢力と共産主義勢力の対決、いわゆるイデオロギーの対立は、熾烈をきわめ、韓国土がその対決の場となった。そのため全韓国人の願望した統一国家韓国は、三十八度線という、人為的境界線の固定化とともに消え失せた。そして韓国人という主人の意向が、全く無視されたまま、韓国の歴史は、解放を迎え、戦後を送ることとなった。そこに我々は、理由はともあれ当時の韓国の主体的力量不足を認めねばならない。これは韓国史を通じて我々の指摘し得ることであろうか？いいや断じてそうではない。解放前の我々の歴史を少し詳細に検討して行けばすぐ判る事であるが、日本の統治下にあった韓民族の抵抗運動は、いかなる民族のそれにも劣らぬ程根深く、執拗で、果敢で、壮烈なものであった。

抗日独立達成の初志を貫ぬき通した偉大な抵抗運動を、我々は随所に見る事が出来る。一九一〇年、韓日併合条約が公布、実施されたその時点からすぐに始まった諸々の抗日闘争は、一九一九年の三・一運動によって包括され、三・一運動は挙族的なものとなった。一九一九年一月、韓国の実質上最後の皇帝であった高宗光武皇帝が長く幽閉された末、日本人医師に毒殺されたという事が内外に伝わると、民衆の激憤は一挙に爆発した。そこには日帝の圧政下にあった民衆の怒りが、挙族的な運動に点火する要因が充分に存在していた。この機会を捉えて宗教家を中心とした志士が、「朝鮮民族代表」の名儀で、「朝鮮独立」を宣言し、一大示威運動の決行計画をねった。天道教、基督教、仏教の三教から選ばれた代表三十三人は、作成された独立宣言書に署名し、皇帝の葬式の二日前にあたる三月一日、「朝鮮独立宣言」を公行ない、全国から中央に参集する人々に独立の必要性を訴えた。あらかじめ宣言書を手にしていた全国の韓国人は、自主的に立ちあがり、独立万才を高唱する群衆の波は街頭にあふれ出た。日本の残虐な殺戮に民衆の怒りは爆発し、独立を希求した闘争は全国に波及した。全国二一八郡中二一二郡で立ち上がりを見せた民衆は、集会を六一八ヶ所、一五四二回にわたって行ない、あちこちで群衆が憲兵、官警等を襲撃した。この運動は三月、四月にかけて最高潮となり、国内だけでなく、ハルピン、間島、ハワイ、樺太など韓国人の居住する全ゆる所で展開された。三・一独立運動も結局日本当局に鎮圧されたが、大きな成果をあげた事を忘れてはならない。韓民族の動きは鎮圧の一字で片付かぬほど巨大であった。

第一に自主的に立ちあがった民衆が、日本の支配をくつがえすために自力で果敢に戦った事。

第二に武力でこの運動を鎮圧した日本は、韓民族の巨大な力を知り脅かされ、総督を更迭して、文化的な面での政策を緩和する文化政治を採用する事となった。

この文化政治にはもとより限界があったがその様な転換を余儀なくさせた程に三・一運動の力は大きかった。この三・一独立運動を通して我々は、そこに民族の主体的姿勢を見る事が出来る。異敵日本を前にして、韓民族が自主的に立ち上り、独立運動に参与した事である。

三・一運動後、日本統治下という根本的制約を除去する為に三・一精神が受けつがれ、一九二六年六・一〇万才事件となり、又一九二九年光州学生事件として表現された。一九三一年以降日本は、徐々に戦時体制を整えて二次大戦へ突入して行き、統治下の韓国は兵站基地として戦争に直接使用された。又戦況の悪化から、人員補充として韓国人がさらに広汎に利用される事となった。統治下にあって人権を無視され続けて来た韓国人に民族心を骨抜きにするため、韓国語の使用を禁止し「内鮮一体」「皇民化」政策によって形式的に日本人化させ民族精神を抹殺せんとした。一九三八年、韓国人志願兵制を施行し、半強制的に韓国人を連行して兵員補充にあて、さらに一九四四年には韓国人徴兵制をしいて折からの戦況悪化に人海戦術で対処した。こういった弾圧政策は、日本官憲のきびしい監視下にあって祖国解放運動を推進して行ったのは、殆んど海外における独立運動団体であった。それらは、主に移住韓国人や亡命者からなり、その勢力範囲は、独立運動団体の性格により多岐にわたった。多数存在した独立運動団体が、抗日独立という基本的一致点を充分に生かせぬままに終った事が一点と、国内において独立運動を推進して行き得る組織体の存在しなかった事から、二次大戦の終結を見た時、祖国解放という喜ばしい独立の実現が祖国分断という悲しい現実を迎えねばならぬ事態へと発展していったのである。

ここで、韓国人の強さ、弱さについて一言したい。強さとは、この場合個人的なものである。圧政に対するに個人の力を以てする。韓国人は実に勇敢である。何事にもめげず、死をとして個人で障害に対処して行く。しかしこの韓国人の持つ強さが、そのまま弱さとして現われてきたのが、手短かな例で言えば日本統治下の民族運動であったし、それは解放後も随所に見られたと思う。個人としての強さは貴重なものであり、それを生かす方向で全ゆる問題を解決して行く事が急務と考えられる。その具体例を我々は三・一に求めることも出来るし、三・一を理解する中でそれを発展させて行く事が我々の課題である。

韓国人は決して弱くはない。個人的に強すぎるのだ。（徐栄錫＝韓学同愛知本部委員長）

### 祝賀パーティー

名古屋領事館では、十五日の光復節を祝って、十五日午後五時三十分から、名古屋市国際ホテルで祝賀パーティーを持つ。僑胞代表者や、日本側の有志たちが招待されている。

## 信頼と協調の気風造成

在日大韓民国居留民団愛知県本部
団長　金龍煥

親愛なる団員の皆様

今日我々は、圧迫と悲しみから解放され、自由と独立を再び取り戻した八・一五光復節第23周年記念日を迎えました。

この意義深い日を、全団員の皆様と共に慶祝できる事をこの上なく喜ばしく思います。と同時に、民族と国家の為に殉国した数多くの先烈達の偉業に対し衷心より敬意を表する次第であります。

解放後二十三年間、祖国大韓民国は、複雑多岐なる内外情勢の中で、多くの曲折を経て、将に希望に満ちた民族中興の新時代を迎えたのであります。

団員の皆様！

海外に居住する我々は、この重大な時点に於いて、大韓民国の国民である誇りと自覚を新しくすると共に、国内同胞と呼応して、民族の宿願である勝共統一の前列に積極的に参与しなければならず、本団に負課された使命を再度銘記しつつ、在日同胞の権益擁護と民生安定の為の事業に全力を傾注すべきでありましょう。

特に、在日韓国人の法的地位及び待遇に関しては、在日同胞の今後の生存と発展に至大なる影響を及ぼす問題であるが為に組織の総力を結集して、これに対処しなければならないものであり、在日韓国人の唯一なる指導団体としての権威を確固たるものにすることに依って、北傀と朝総連の悪らつな赤化策動を完全に粉砕し、全体在日同胞が大韓民国のふところに包容されるための、怠りのない努力を傾けなければならないでしょう。

親愛なる団員の皆様！

感激と希望に満ちた歓呼のうちに迎えた、あの23年前の喜びを想起するこの場に於いて、信頼と協助の気風をより一層造成することに依り、揺ぎのない団結を期し、団組織の拡大強化のための力強い前進を致しましょう。

県下団員皆様の健勝と御健闘をお祈り致します。

第23回光復節に際し。

## 前進する民族になろう

駐名古屋領事　文鍾律

親愛なる管内同胞のみなさん

本日第二十三回光復節を迎え、私たちは、抗日独立闘争の、民族祭壇の上に、犠牲になられた、愛国先烈の英顕に対し、つつしんで、冥福を祈り、その崇高な、愛国愛族の精神を追慕するものであります。

毎年迎えるこの日の感激は、大いなるものであります。

勤勉、倹素、貯蓄で、真の民族の力を結集して、増産、輸出、建設に努めた私共の努力は、力強い建設を、着々進めており、輸出額は、一九六七年度の三億六千万ドルから、今年は五億ドルを目標に、現在、順調な結果をおさめております。

「なせば成る」という証拠を示してくれたものであり、友邦諸国民にも、韓国民が、不可能を可能なものにしたと、賞讃を受けています。

同胞のみなさん

みなさんの後には、このように精力に溢れる、力強い祖国があり、昼夜、みなさんを見守る祖国と政府が存在していることを、常に自覚し、大いなる受難の末に得た独立の喜びを、いつまでも保持し、より偉大なる誇りをかちえるよう努めましょう。

唯一つだけの高貴な生命すら、祖国独立のため投げ打った先烈を想うとき、私共は、祖国のために何をすべきかを、常に考えなければいけません。祖国につくす道は多いのです。私共は、私共が出来うることを、一つずつ、実行しましょう。

遠からず私共は、富める国家の国民として、世界の全ての国民から尊敬されるという、期待と、自覚をもち、本日の光復節を期して、一層奮発しましょう。

崇高なる戦列から落伍しないよう総力を結集しましょう。

国土統一の決意を新たにして、自立経済建設と国力増強のための、より一層の奮発を誓うことで、本日の光復節を祝いましょう。

北韓の共産治下で、自由を求め、一日も早く、祖国大韓民国のふところに抱かれることを喝望している同胞のことを考えるとき、私共の責務が、より大きいと、自覚せざるをえません。

私共は、私共の仕事に忠実である一方、郷土と祖国に奉仕する精神を培養しましょう。

最後に、みなさんの前途の幸運と栄光を祈ります。

一九六八年八月十五日

## 国民教育憲章　十月初旬に公布か

政府は、これからの国民生活に倫理を規定して、教育の方向を設定、国民教育憲章を制定、来る十月初めに公布する。その日を“教育の日”と定めることを決めた。権五柄文教部長官は丁一権総理をはじめ各界の名士四十四名の「国民教育憲章審議会委員」を委嘱し、来る二十六日青瓦台から朴大統領主催のもとで初の審議会を開くこととなった。

権総長は、専門家たちが約一ヵ月半くらい基礎を整へて憲章を配布し、この日を教育の日に制定、又国慶日と同じく公休日と定め記念するという。約五百字となるこの憲章の内容は、これから国家発展に従う新しい国民性をふかくし愛国性と生活倫理をたかめ、国家発展に尽し教育の方向を設定することにある。

この憲章は、これから国民校三年生以上の社会科教科書にも収録出来るし、これを契機に各級学校の社会課教科書が大幅に改編される予定である。国民教育憲章審議会委員名単は次の即り。

教育界＝崔文煥＝（ソウル大総長）、朴鍾鴻＝（ソウル大大学院長）、任永信＝（教協会長）、李鍾雨＝（高大総長）、金玉吉＝（梨大総長）、白賢基＝（中央教育研究所長）、李寅根＝（慶熙大大学院長）、高凰京＝（ソウル女大学長）、権五寅＝（成大総長）、李賢基＝（ソウル大文理大教授）、鄭範模＝（ソウル師大教授）、[illegible]＝（[illegible]高校長）、柳炯鎮＝（建大教授）、韓興洙＝（教育国民校長）、文化界＝李丙燾＝（学術院長）、朴鍾和＝（芸術院長）、金八峰＝（国民運動本部長）、李殷相＝（詩人）、安浩相＝（前文教部長官）、宗教界＝韓景職＝（基督教）、崔徳新＝（天道教）、李清源＝（仏教）、金寿煥＝（天主教）、言論界＝張基栄＝（韓国日報社長）、高在旭＝（東亜日報社長）、張太和＝（韓国新聞発行人協会々長）、崔錫采＝（編集人協会々長）、経済界＝朴斗秉＝（商工会議所会長）、洪在善＝（経済人連合会長）、政界＝李孝祥＝（国会議長）、尹済述＝（国会議員）、朴順天＝（国会議員）、陸寅修＝（国会議員）、白南檍＝（国会議員）、高興門＝（国会議員）、政府側＝丁一権＝（総理）、朴忠勲＝（副総理）、権五柄＝（文教部長官）、李錫済＝（総務処長官）、洪鍾哲＝（公報部長官）、金元泰＝（無任所長官）、朴容範＝（文教次官）以上四十四名。

## 義務教育を九年制に　中学入試三年間廃止

政府、与党は政策協議会で成長期にある児童たちの健全な発育を阻害し、結果的に健全な教育実施に支障を招来する教育制度上の欠陥を根本的に是正する長期的な目標のもとに、現行六、三、三、四制を全面改革、八〇年度までには九年制義務教育制度を完全に実現する新たな制度を採用することに方針を決定した。改革方針の主な理由、一、入試児童たちの精神的な負担を減らして、その年齢を上げることによって発育に支障のないようにする、二、学校の差をなくすことに目的があるというもの。

## 戸籍整備始まる

民団西春支部

民団西春支部（団長丁在元）では、この程、管下全団員に戸籍謄本を提出するよう通達した。

これは県本部の指示に従い、全団員の戸籍を整備する第一歩で、支部に戸籍台帳を備えるためである。団員が戸籍謄本が必要な時は何時でもコピーをとって用を足すと共に、各種の申告もれを予防するためである。

通達公文は左の通り。

1、八月十日までに、戸籍謄本を支部へ提出すること
2、八月十日までに、戸籍謄本を所持せぬ者は支部へ謄本請求を申請すること
3、八月十日までに、無籍者は支部へ就籍申告を申し出ることとなっている。

# 勝共統一で第二の光復を

第23回光復節実施委員会

## 第23回8・15光復節記念行事　実施委員会

顧問　劉学変　鄭煥麒　鄭煥譜　李 馭
盧恭憲

実施委員長　金竜煥

実施委員
金允鎮　崔正烈　姜末律　尹松局
朴 哲　孫潤寿　高命竜　田九瑢
李春植　崔鐘五　金容祚　朴福天
朴甲徳　成竜九　朴在賢　丁海竜
金翊根　李相植　朴性祐　鄭赫淇
尹和雨　金麟九　姜求道　姜英培
梁完玉　徐完錫　金栄顕　金在伸
卞禹変　李英一　金佳秀　鄭昌実
卞在玉　権会俊　曺圭昌　具本柱
黄允性　具 泰　朴鳳伊　李圭正
金永徳　呉又観　金奉煥　李錫洪
曺奉煥　金三鎮　李洪植　李長雨
原美得　李正器　卞判変　金正碩
朴成根　李鎬徳　朴一出　明昌旭
朴聖徳　朴采南　朴鳳仁　金漢述
李寿坤　李且竜　金漢永　黄寿正
全福徳　卞利長　李成鉉　文孝益
尹秀彦　李在和　孫浜煥　李鐵昶
趙鏞泰　洪在憲　金時煥　朴洋広
鄭学永　李奉作　金彦秀　金正明
金正義　金炳浩　金成鉉　李義郎
洪福守　盧慶文　金内致　卞康一
安貞鎬　鄭萬鎔　曺相鎬　呉錫珍
李相煥

実施機構
指揮　朴在賢
事務局　金翊根　尹和雨　金和子
企画　丁海竜　朴性祐　梁完玉
進行　丁海竜　朴性祐　梁完玉
宣伝　朴性祐　朴鳳仁　金栄顕
動員　丁海竜　金三鎮　李洪植
李長雨　原美得　金在坤
李正器　卞判変　金正碩
李鎬徳　朴成根　朴一出
明昌旭　朴聖徳　朴采南
接受　金翊根　李相植　全福徳
案内　黄寿正　李英一　李成鉉
記録　金翊根　尹和雨　金敏枝
報道　朴性祐　朴鳳仁
警備　梁完玉　金佳秀　李鐵昶
朴成根　鄭学永　趙鏞泰
洪在憲　朴洋広　金時煥
朴奉作　徐完錫　尹秀彦
李在和　孫浜煥　金彦秀
整理　金佳秀　文孝益　金正明
金正義　鄭萬鎔　卞康一
呉錫珍　曺相鎬　李義郎
洪福守　盧慶文　金内致
施設　金彦秀　安貞鎬
接待　金玉伊　金桂薫　金栄子
都愛順　裵美恵　朴貞子
金節子　李洋子　趙玉姫

# 第二十四回中北協議会

## 八・一五など当面問題検討

写真＝中北協議会のもよう

第二十四回民団中北協議会が、去る七月十八日午後一時より名古屋市中村区、信用組合愛知商銀五階会議室で開かれた。

民団中北各県本部三機関長の殆んどが参席したこの日の会議には文鎬律駐名古屋領事、同尹副領事が来賓として出席したほか多数の傍聴人の姿がみえた。

同協議会の金竜煥事務局長（民団愛知県本部団長）は〝八・一五〟をひかえ、多忙の折り協議会を開いたのは、諸般内外問題に関する事柄を検討するほか、領事館でも緊急な連絡事項があったためである。

現下、各種情勢を分析するときわれわれは、ますます組織の強化を急ぎ、団員のための民団としての役目に徹しよう〟とあいさつした。

また、来賓として参席した文鎬律領事は〝民団各県の発展ぶりは頼もしい。真剣な討論を通じ、成果ある結論に達するよう〟あいさつをかねて要望した。

当日の議題と討議された内容は次の通り。

①八・一五記念行事に関する件

二十三回目を迎える記念式典でもあり、各県とも質の向上した大会にするよう研究する。特に最近宣伝にまどわされている善良な同胞に呼びかけて、朝総連の意図を糾明する。民団が内部整備の段階から外部浸透へ、大きく発展する時期に来ていることを再確認し、記念行事においても、このような主旨を生かす。特に今回の行事には、各戸最低一人以上の参席を目標に団員指導にあたる。

なお、文鎬律領事はこの席上で、領事事務取扱について民団側の協力を要請した。

# 光復節の記念式典

## 支団長会議で討議

去る七月十日、民団県本部五階会議室で開かれた各支部支団長、傘下団体長、事務部長連席会議で第二十三回光復節記念式典及び記念祭挙行のための討議が真剣に行なわれた。この日、討議された事項と決定事項は次の通り。

▼第二十三回光復節式典について＝「八・一五」の意義を深く浸透させ、より多くの同胞が喜びをわかち合うことができるよう、宣伝動員活動を積極的にする。特に今回は、全同胞家庭から最低、一世帯に一人約四千同胞が県下から参加するよう指導する。

当日は第一部記念式典、第二部は記念祭（余興）に構成されているが、険難な中でも二十三回目を迎える光復のよろこびを、全同胞が満喫出来るよう、式典内容を準備している。

第二部の場合、歌と踊り、各種民俗楽器による楽しい催しが準備されており、関係者も打ち合わせや練習に連日余念がない。

# 若手のホープ

## 金相賢議員来名

韓国々会の若手のホープ金相賢議員（新民党所属）が、さる七月二十四日午前十時、新幹線特急ひかり便にて来名した。僑胞実態調査のため国会から派遣されたもの。三二才という若さだけに、金議員は見るからにバイタリティそのもの。駅に降りたち簡単な歓迎を受けた後、民団本部、愛知商銀、韓国学園などを矢つぎ早に視察、引きつづき領事館を礼訪した。

〝若さ〟が売りものの同議員、中村区の韓斎園での昼食会が済むや済まない間に、利川製鋼、松永製菓、そして愛知工業を視察した。

夜は七時から市内国際ホテルで各県僑胞代表と、僑胞問題に関する懇談会をもったが、法的地位問題や民団育成策、公館との関係について活発な意見を出し合い、意義ある時間を過ごした。なお、同議員には立法調査官金駿烽氏が同行した。

☆……民団県本部の前で記念撮影……☆

# 愛知県が総合二位

## 国体にも多数選手が選抜

在日韓国人体育会（鄭泰柱会長）主催、第十回在日韓国人体育大会が、去る六月二十九日から二日間、東京都小石川グラウンドを中心にした各競技場で開かれたが、この大会の各種目で、愛知県チームは善戦、奮闘、総合二位を占めた。

全国からこの大会に参加したチームは東京、大阪、京都、群馬、埼玉、兵庫、愛知など八チーム。

特に今度の大会は、今秋九月、本国で開かれる全国体育大会の予選をかねたものだけに、各チームとも精鋭をそろえており、各競技とも熱戦が展開された。

愛知県は野球に優勝したほか一五〇〇米リレー、四〇〇米に各々二位に入賞しており、愛知の総合二位は予想をくつがえした健闘といえよう。

この結果、今秋の「国体」には愛知で野球に十人、陸上で三、四名の選手が選抜されるもよう。

# 民団愛本　戸籍整備を指示

在日僑胞の戸籍整備については現在各支部において着々進行中であるが、駐日公館においてもこの問題を特に配慮し、旅券申請に、戸籍謄本添付を指示された。わが民団はこの際、全団員の戸籍を整備する運動が全国的に展開中であるが、当地方本部においては、管下各支部に戸籍台帳の整備を早急に実施するよう指示した。

# 南ベトナムも出征

## 韓国育ちの日本人兄弟

満州で生別れの父をたずねて帰国、韓国軍人としてベトナムに派兵された日本青年が、兄と共にこのほど韓日定期船韓水号で下関に入港した。

この兄弟は、ソウル東大門区典農洞に住んでいた田辺勲（二七）韓国名李成勲＝（二六）韓国名李成情＝の両君で、日帝時京城地法瑞興支院監督書記だった田辺佐衛太氏と李秋子さん（[illegible]）の間に生れ、はじめて父の国に帰えったわけである。母の秋子さんが、故郷の瑞興郡鶴坪面大和国民学校に教べんをとっていた当時、田辺氏と結ばれ結婚三年後、成勲、成情兄弟が生まれ、ハルビン日本領事館に転勤した田辺氏と共に渡満、そこで八・一五（終戦）を迎え、避難民の群と南下し安東県収容所に収容された。収容所での審査結果、田辺氏は日本人ということで抑留され、妊娠六ヵ月の秋子さんは夫と生き別れ幼い兄弟をつれ故郷にもどったが、共産治下にはとても住めず、さらに南へソウルに落着いた。夫と別れた当時、腹にいたのが双子の成大、鎮植（二[illegible]）両君で、四児をかかえ教師生活をつづけた。秋子さんはこれまで何回となく田辺氏の消息を本籍地福岡県知事に問い合せたが何んの返事もえられなかった。ところが、去る一月「韓の村」会長と日本人で韓国問題研究家の藤崎康夫氏が、日本の韓国カトリック青年労働者連盟の協力をうけ、四兄弟の父親探し運動を展開した。秋子さんと勲、情兄弟は日本の戸籍に入っており、藤崎氏は成大、鎮植両君の入籍手続きもとって、まず上の二人を先に日本に、双子の兄弟を年内には連れて来る予定だという。沙里院女高時代陸上、槍投げ、円盤投げで朝鮮記録まで出した秋子さんは、日本人の子ではあるが大韓民国国民の義務を果せと二人を軍隊に送った。勲君は六四年、情君は六五年に入隊し、ベトナム派遣の猛虎部隊で一年間服務後除隊した。父の国日本に帰った兄弟はすでに東京の堀井輪転機会社への就職まで決っている。

第10回在日韓国人体育大会
盛況裡に終わる（6月30日）

# 豊橋支部臨時大会

民団豊橋支部の臨時大会が、さる七月二十八日午後一時、同支部二階ホールで開かれた。

同日は、次のように役員が改選された。

▼顧問＝趙末金　石鋼徳　張学出　金竜守
▼団長＝朴鳳伊
副団長＝金炳漢　張四岩
▼議長＝金時道
副議長＝鄭斉岡　権元尚
▼監察委員長＝李鐘有
委員＝金政雄　趙鎮変
▼執行機関　事務部長＝朴成根
総務課長＝田且介
組織課長＝韓世煥
民生課長＝楊泰一
文教課長＝趙錦文
宣伝課長＝張鳳竜
▼地方委員＝朴鳳伊　金時道
▼代議員＝金炳漢　張四岩　朴成根　曺順今　李鐘有
▼執行委員＝朴鳳伊　金炳漢　張四岩　朴成根　田且介　韓世煥　楊泰一　趙錦文　張鳳竜　曺順今

朴鳳伊団長

金時道議長

李鐘有監委長

# 僑胞たちの道（上）

名古屋福祉大学二年　金　相　和

この原稿を書くのに私は奇妙な話からしなければならない。それは、なぜこんな文章を書かなければならないか、私は知らないからである。また、これを書いて何になるというのだ。「疎外とは何か」・考えるがいい、きっと考えなかったときに同じ結果になろう考えても考えなくとも同じなのである。疎外された青春を打破せよ」というが、果して打破できるかどうか、あるいは、打破できたとしても、その時にもう自分の青春は終っているではないか。

しかし、我々僑胞は、きっと打破するように努めるであろう。また、努めなければならないと悟るであろう。そして、悟らないものがいれば悟らせなければならないと感じるであろう。なぜならば、前に書いた文章は否定するようになるからである。

・これを書いたって何もならないじゃないか』いや、そんなことはない。

・疎外は打破できるか！・そうだ打破できる。

・打破できたとしても自分の青春は終っているじゃないか・そうだ、だがそれで満足だ。

この原稿は、韓学同以外の人に読んでもらいたいのです。そして「どう生きていけばよいのだろうか」と探っている人たちに読んでもらいたいのです。

私も将来についてずいぶん悩んだし、今、僑胞たちが受けている疎外を私も受けているのです。それは、苦しいものです。「肉体的苦痛は耐えられるが、精神的苦痛は耐えられない」・まさにそうです。

でも、私は、どうやって生きていくか、少くとも自分なりにつかめたように思います。しかし、なお多くの困難がのこります。生きている以上は必ず困難がつきまとうものです。しかし、どうでしょう。

以前は、この困難に対して「いかにのがれることができるか」を考えたのに対して、今は「どのように克服していくか」を考えているじゃありませんか。（まだまだ逃避しますが、しかし、年がたつにつれて、逃避する度合も少くなるでしょう）

そうです。同じ困難でも困難がちがってくるのです。

以下は「我々僑胞は何をなすべきか」を私なりにのべようと思います。これはテーマに合わないかも知れませんが、やむをえないことです。すでに疎外を感じていないのですから。

小さいとき、きっと多くの者はいやほとんど全部の者は、「朝鮮人」といわれるのを苦痛に感じたにちがいない。中学も、もう三年になったころ、進学、就職の問題で大いになげいたであろう？高校三年のときも同様であったろう。しかし、この時は以前よりもっと多くの苦痛を感じたにちがいないそして今なお、感じているにちがいない。なぜなら、成長していくにしたがって、世のさまざまな冷たい側面をより多く知らされるようになったからであり、そしてそれがあまりに巨大なるがゆえに、どうすることもできないと感じるようになったであろうから。

しかしながら、なぜ苦痛を感じるかを考えはしなかったであろう。考えるのが恐いからである。考えるとそれだけ苦痛が増すからである。そして、たえず韓国人であることをかくして生きていこうとしたにちがいない。しかし、そこには限界があった。自分がする行動すべてに苦痛が生じる。朝、起きたとき、また何の役にもたたない勉強がはじまるのかと、ゆううつであったにちがいない。遊ぶときでも存分に遊べない。笑うときにも腹から笑えない。

このことのゆえに、本来の疑問である「なぜ疎外されるか」を忘れてしまうのである。つまり、我々をこんな状態にさせている現代社会を敵とせずに、自分の親を敵とするのである。「なぜ疎外されるか」のかわりに「なぜ私を生んだのか」と両親に目をむけながら迫るのである。彼は考える。そして、やがてはもっと別の方に目をむけるであろう。つまり「韓国で生まれればよかった」と。あるいは「日本人として生まれればよかった」と。彼はさらに考える。どうせ生まれてくるなら、アメリカ人として生まれてきたかった。とあるいは、どこの人でもいいが、金持ちの息子として生まれてきたかった、と

現実がきびしいゆえに、彼はもっと考える。だんだん考えがせまくなってくる。たとえばこんなように、人間なんかじゃなくて、強いライオン、象、トラなどに生まれてきたかった。または、大空を「自由に」とべるワシとして生まれてくればどんなにすばらしかっただろうか、と。そして空想にふける。この世界はどんなに楽しいことか、と。

しかし、一歩ここからでてみてごらんなさい。きっと自分が、「韓国人」として生まれてきたことに、よろこびを感じるだろう。（「よろこび」という言葉は適当でないかも知れないが）

皆さんが悩んでいるのは何ですか？きっと本質そのものに悩んではいないでしょう。その悩みはきっと「ああ、どうすることもできない」と思っていて、「生きていても、その〝目的〟がない」と思いこんでいる。そういうものでしょう。

しかし、もし疎外から解放されるという確信をつかんだなら、もし生きる目的をはっきりつかむことができたなら、どうでしょうか？。その時はきっと、自分が人間として生まれてきたことをうれしく感じるにちがいない。そしてさらに韓国人として生まれてきたことに誇りさえもつようになるでしょう。

今、人類の科学は数億兆年のかなたまでみることができます。このはかり知れぬほどの大きな宇宙に無数といっていいぐらい星があります。これらの星は銀河系をづくり、またその銀河系の数も無数にあります。その銀河系の一つに我々の太陽系があります。そして、地球があるわけです。

この無数の星の中で、どうして我々はこの太陽系に生まれたのでしょう。しかもわざわざ太陽から三番目の地球に。しかも、ライオンや象やトラやワシとしてではなく、人間として。しかも東洋人として、韓国人として、また在日僑胞として。もっといいましょうかなぜ古代にあるいは、中世に生まれなくて、まさに現代に生まれたのでしょうか。

それは自分が社会の一部であって、この社会に何かをしなければならない任務を負っているからです。これまで発展をせられた、すべての遺産を、さらに発展し、すべての弊害を破壊させる任務が一人一人に負わされているからです。

ちょうど火星がなければ地球の軌道がはずれるように、自分一人一人がいなければ社会は発展しません。在日僑胞のことをとってみても、自分がいなければ僑胞への疎外は打ち破ることはできません。地球の軌道がはずれれば人類が損害をうけると同じように、現代において自分がいなければ、疎外はなくすことができないでしょう。

ある人はいうかも知れない「自分一人など欠けたって、どうなるわけでもない。「自分一人がいなくても……」と皆がいいだしたらあなたがたはどう答えますか？歴史において民衆の果たす役割がいかに大きいか考えてごらんなさい。古代奴隷制においてさえ、奴隷がいなければその社会は滅んだでしょう。歴史上すぐれた業績をのこした人は数少ないが、これらの人も皆の、皆全体の努力がなければ出現できなかったのである。皆一人一人が努力して、はじめて実るのである。それがたまたま、（科学者でいうなら）ガリレオやニュートンに代表されたのである。

# 北送再開企図に反対

李　東　洙

日本はなぜ北送に固執したか

さる一月二四日にコロンボ会談が決裂して以来、一とき平穏であった在日僑胞北送問題が、五月二七日、北韓の日本側に対する突然の会談再開提議によって、再び物議のたねとして登場した。

韓日間の[illegible]的な難題である在日僑胞北送問題が提起されたのは昨日、今日のことでもなく、今なお解決の糸口を見出すことが出来ない状態にある。

そもそも僑胞北送とは、北韓の南日の悪辣な手法と、人道主義をおし出しながら自国の実利を追求する日本外交との結合からはじまったものといえる。

一九五六年、カナダのトロントでひらかれた世界赤十字社会議での居住地選択の自由と、離散家族の再会等の決議文が採択されるや、二年後の一九五八年、南日は声明を発表、日本側に会談再開をうながし、翌年日本側も閣議で北送会談を開くことに決定し、同年四月ジュネーブでこの問題を協議し、八月一三日、カルカッタでいわゆるカルカッタ協定の調印にまでこぎつけ、ついに北送作業は本格化されたのであった。

このカルカッタ協定にもとづいて、先ず新潟には北送センターが開設され、その後まもなく約千名の北送希望者をのせた初の北送船が新潟港を発ったのが、いまから九年前の一九五八年一二月一四日のことであった。

毎週ほぼ一回づつ一五五次にわたり北送船に乗った在日僑胞の総数は、カルカッタ協定の期間が切れた昨年一〇月二二日現在、八万八六一一名に達した。北韓がねらった宣伝効果と、日本側が掲げた人道主義とは如何にも手足がそろった感じである。北送船を利用した北韓のスパイ行為や、軍需物資搬出だけでも少なからぬ副作用を生んだものである。

この様な北韓の手管に、何故日本は同調したであろうか？

もっとも大きな理由のひとつは財政問題のためともいえる。日本には自国民は勿論、永住権をもつ外国人にも適用されている生活保護法があるが、大部分が低所得層である在日僑胞はこの生活保護法の世話になっている。こういう在日僑胞は日本人にとっては目の上のこぶであり、一人でも多く日本を離れることをひそかに望むところであったからである。

同時に、この上なくうるさいものとされてきた、韓国人という日本社会の通称と、自らの故郷に帰るのをとめる事はないと主張する反米親共的な日本知識層の思潮が北韓の戦略に巻き込まれ、巧妙に利用されたのであった。

政治的効果をねらう北韓

ここに注目すべきは、北韓の北送目的がはじめとはちがい、労働力不足の補充から工業技術者など各種物資の供給、情報収集工作にまで手を伸ばした事実である。

特に、韓日間の紛争のもとをつくり、離間を助長せんとする北韓の企図するところは、そのじつ北送会談自体の再開交渉よりも別のところにあるようである。

また、こんどの北韓側の会談再開提議からして、時期が日本参議院選挙を眼先にひかえた六月末であった点と場所が新潟である点は、多角的に政治的効果をねらったものとおもえる。

先ず、朝鮮大学校の認可された余勢を駆って、総連系を団結させ、対外的には宣伝目的を果たさんとするものであり、二つには、特に場所を韓国大使館のある日本国内に提議することによって、韓国を刺激すると同時に、韓日関係を悪化させんとする底意を内包したものである。

このことは更に、去る一月二四日、コロンボ会談が決裂した理由から推して、より明白なことといわざるを得ない。

北韓側は六七年一一月二一日に行なった日本のカルカッタ協定終結宣言を認められないと強情をはり、北送事務を継続することを主張したのであった。

ともかく北韓は、どの様な形でも北送協定を強引に引っ張っていき、自由世界との唯一の通路である北送ルートを維持せんとする心算であるのは明白である。

北韓の主張は、在日僑胞のなかで母国訪問、家族訪問、又は墓参りを希望する僑胞を人道主義の名の下に北送させるべきであるとしたが、しかしその実、現在、在日僑胞の九五％が南鮮出身であり、かような北韓の主張は捏造にすぎないもので、ほとんど全部が総連の虚偽宣伝と脅迫によって北送を希望した点である。

去る六六年に起きたカンボジアのプノンペンでの金貴河選手亡命事件をはじめ、北送された在日僑胞が休戦線を越えて脱出する事件が続出するのは、これを立証するものである。

もっとも、最近、北送者の中には日本に残っている親戚、知人に暗号書信を送り、北送意志を抛棄するようすすめた事例もあるようである。

これに反して、第二次大戦中、強制徴用で樺太に連れて行かれ、二〇年前、故国を離れていた僑胞の送還問題は、日本の無誠意で全然実現を見ないままである。在日僑胞の北送問題で人道主義を標榜する日本政府が、樺太にいる韓国僑胞の帰還問題には少しも誠意を見せずにいるのは、率直に言って樺太僑胞の大部分が日本に帰還して永住することを希望したためであるといわれる。

わずらわしい存在（？）であるところの韓国人を、できるだけ近付けたくない彼等であるから、快く受け入れる筈がない。

しかし、去る六五年、韓日国交正常化による「在日韓国人の待遇及び法的地位に関する協定」一条一項に、「一九四五年八月一五日以前より永住権申請時まで日本領土に居住の者は永住を許可する」と明白に規定されているだけ、真の人道主義原則の下にかれらの帰還に日本は積極的に努力すべき義務があるといえよう。

いくたびかにわたる韓国政府の要求のうち、年初には国会代表で構成された使節団がジュネーブ国際赤十字社との交渉を試みたが、関係国である日本側の無誠意で樺太韓国人僑胞の自由送還問題は全然進展せぬままである。

×××

この様な背景を知る人にとっては、こんどの会談再開提議はただ単に六七年八月一二日以前に北送を申請した在日残留僑胞の処理問題だけにとどまるのではない事を理解するであろう。

去る六月二四日、日本政府は内閣官房、厚生、外務など関係者の実務者会議を開き、「去る一月コロンボにて合意された暫定措置に北韓が同意する場合、六ヵ月内に北送業務を再開し、一万五〇〇〇名の残留僑胞を北送することに決定したが、韓国政府の強硬なる抗議を口実に、北韓側提案を一蹴する内容の回答を同日北韓側に伝達するなど原則の無いブランコ式外交を演じている。

日本のかような消極的な態度の裏側には、北韓がコロンボ会談の決裂責任を依然として日本側になすりつけている点もあるが、要するに参議院選挙をひかえて北送会談を開く気がない自民党政権の立場が最も大きい原因といえよう。

従って、二四日の日本側反応でまず日本政府の先の反応から憂慮した様に、北韓の戦略に巻き込まれたのではないかという疑いはいったん解消したようなものの、現在の日本国内事情を充分に勘案するとき、いったん解消された問題だと楽観してしまう場合でないとおもう。

日本は真の人道主義に帰れ

去る五九年、カルカッタ協定が解決され、初の北送船出発を前後して始められた韓国政府の対日抗議は、いまでも続けられているが、相変わらず日本側は人道主義のベールをかぶったまま韓国側の要求を黙殺しているため、かりに北送交渉は挫折したものの日本の意中は信じ難いものがある。

六五年の韓日国交正常化以来、韓日両国は信義と友好増進に積極的に協力するという約束ことを、日本政府は記憶してもらいたい。自ら国連において韓国を合法政府として認めた自由国家の日本は、自由世界の一員として韓国との関係を柔らげ世界平和に寄与すべきであろう。

人道主義は尊重されなければならないが、これが政治的に利用されてはいけない。真の人道主義に忠実な道を日本政府が選択することを希望してやまない。

もっとも、人道主義の名目で僑胞一万五〇〇〇名に対する北送という線を越えて、申請期了期の六七年八月一二日以後、在日僑胞のうちで北送を希望する者があれば、これらに対する北送も受け入れるべきだとの北韓側の主張がいまもって強引に作用しつづけているのは、日本側の確固たらざる態度によるものであろう。

とにかく、かような状況の下で韓国政府は北送問題で実の無い「抗議外交」を繰り返すよりは、具体的な「対応措置」を講じなければならないだろう。

大部分の北送者が、総連系の奸計に欺かれた生活貧困層で、かれらは共産主義が如何なるものか、又、韓国動乱がどんなものであったかも知らない、いわば日本の左傾的な社会風潮に慣れ、漠然と故郷への帰還だけを夢見て自ら自由を喪失する「流浪民」の群なるところがない。

日本にとって頭痛のたねである少数民族の排出と、かてて加えて、北韓との関係を結ぶための両面外交は、いくら実利をねらう国家利益の追求といえども、自由な国際社会において決して信認され得る外交とはいえない。

なお筆者は在日僑胞という特殊身分に対して、日本政府ないしは国民がみなこの事実にそっぽを向く傾向に一抹の憤慨をさえおぼえる。日本帝国主義の犠牲者こそ在日僑胞であろう。「内鮮一体」「皇国臣民」とかいう軍国主義的手法でもって、多くの青壮年が強制的に徴用され、南方に、あるいは中国でいのちを捧げたのである。のみならずまた、日本国内の軍需施設で強制労役をさせられている。そもそもこんにちの在日僑胞問題発生の根源は、言うまでもなくかっての日本政府の非良心的な仕打ちに反省の余地は無いものであろうか。

日本が真に人道主義に忠実であるとすれば、生活に窮し死地のような共産治下におもむかんとする者に対して、生活の方便を提供し日本国内にて、安んじて生業に従事すべく積極的な保護対策が講究されるべきであり、樺太に抑留され帰還をひたすら望む韓国人に対しても誠意をみせるべきである。

国毎に国家利益が優先し、それなりの実情がある筈だろうが、いままで日本の韓国に対する態度は彼等がいう如く「一衣帯水」の近隣として、理解と友誼を基礎にしたものであく、便宜主義と機会主義に立脚した独善外交の印象が余りに強いようである。

日本はアジアだけでなく世界的に指導的な立場で発言権を賦与されているだけに、日本の態度は国際社会で多くの注目を浴びるであろう。この様な日本の韓国の接近は、両国の利益だけでなく世界平和に寄与する結果にもなるもので、相互不信の風潮が一日も早く解消されなければならない。

韓国は、日本が信ずべき友として友誼を守ってくれることを切にのぞむものである。

（東海日報編集局副局長）

# 民団に対する挑発許すまじ

## 崔載寿事件 糾弾韓青大会 七月二十九日

### 憤りの中声明文採択して終わる

「伝統ある民団組織に対する挑発行為は断固粉砕する。我々は、先輩たちが打ち樹てた、民族の名誉を決して汚しはしません」

いわゆる、〝崔載寿事件〟に関する、愛知韓青の〝糾弾全体大会〟がさる七月二十九日午後七時より、市内中村区井深町、愛知韓国学園二階で開かれた。

……憤りの中に進行する糾弾大会と発言する韓青員……

## 〝盗人猛々しい〟

### 内部の同類者にも断を

## 崔事件の裏に

## 暴力・不正に屈しない

### 孫委員長崔載寿除名で談話

孫根秀民団県本部監察委員長は、崔載寿事件を契機、除名処分を公告するに際し、要旨次のような談話を発表した。

民団は、その宣言、綱領にあらわれているように、民族を前提とした団体であり、在日同胞社会の唯一の権威ある自治団体である。民団創団以来二十余年創団理念の守護、権益擁護のため犠牲になった先輩同志たちの崇高な愛族、愛団の精神に学び民団組織に対する挑発破壊行動は徹底的に糾明せねばならない。

その意味において、崔載寿を除名するに際し、たとえ、一人の同胞たりとも、保護、包擁すべき立場にある本団としては、忍びない気持もあったが組織防御、発展のためには断固とした措置を講ぜざるをえなかった。

忍耐と寛容には限度がある。全体組織保障のためには、今後も、このような場合、決して、民団が暴力と不正に屈するものでないことを、内外に示さねばならない。

また、民団内部の責任ある地位にある人が、付和雷同して、民心を攪乱する言動を取るものがあるとすれば真に遺憾にたえないといわざるをえない。今後若し第二、第三の崔載寿如き者が出現するとしても、民団は強力な団結力によって、毅然とした態度で臨まなくてはいけない。

また組織にたずさわるものとしては、常に、大衆の立場から考え、行動し、万が一にも過ちを犯すことのないよう、指導力を培養せねばならない。

今度のことで、各支部役員はじめ団員諸氏が、積極的に意思表示をして下さり、組織発展のことを、みなが真剣に考えていることを知り、心強い感にうたれ、同時に感謝している次第である。写真＝孫委員長

## 崔載寿除名公告文

### 除名処分公告文

## 崔事件に関する声明文（韓青）

## かかりっぱなしの電話

### 不埒な一人多数の時間を食う

……べきか。とは一幹部の叶露。

ちが、大声で同じことを説明する場面が、くり返えされウンザリする始末。

二十三年間の伝統に輝く民団、正面きっての挑発に、決して屈するものでないのはいうまでもないが、大事な多数団員のための時間が〝不らちな一人〟のために、費されるのだけでも勿体ないという

いわゆる崔が全国に七万部発送したという怪文書

除名になった崔載寿

## 除名に関する規約

### 付記

## 休戦線守る新武器

### 新しく導入された照準鏡

## 本団来訪

## 尋ね人

# わが父

父は厳しかった。その厳しさは徹底したものであった。人に対して、物事に対して、自己に対して、人生そのものに対して厳格を極めた。何事も、何人も悖理背悔は許されなかった。清廉潔癖な先天的個性に、朱子学という深淵な教養が備っていたから、その厳格さに異彩を放ったかも知れない。他人に対してこよなく好人である反面、一段理に外れるや否や、忽ち万雷一時に炸裂する様を呈した。

何よりも偉いと思うのは、自己に対して厳しかったことである。

人間、自己に対して厳格たることは容易なことではないと思う。それは本能を抑える忍耐を伴うからである。父の厳格さは死の寸前まで続いた。

父の舎廊は女人禁制であった。その室の掃除は小さい時から私の受け持ちで姉が三人も居るのに入れなかった。父に用件を頼みに何十里もの遠方からやって来ても、それが婦人の場合なら、父がわざわざ内室へ上って来て用件を聞いた。重態になってからも、娘や嫁が粥をもって舎廊に入ると、飲み終れば内室へ行けと手を振る。六月十日午後十一時、“今何時だ”と孫に訊ねた。“十一時です”と答えたら、

“十一日だな”（後一時間で十一日になるから自分が死ぬのは十一日という意味）

“葬式は”と自分の右手の親指で三本の指の節を当て数日取りを定め、“六日葬で十六日にやれ”

十一日午前二時、臨終の寺入は自分の娘、妹、嫁等女性全員にかすかな声で、“出てゆけ”といった。そして自分の全身をきれいに拭いてもらった。

それから二時間後に永眠したのである。

私に残された遺は、最も重要なものであった。先祖伝来の家宝族譜、重要書類、日記書類等整然と揃っていた。自分の死亡通知である訃告の宛先も自分の手で明瞭に書き列ねてあった。

“丸印は郵送してはならぬ、人を遣るべし”と注まで入れて。

父は偉かった。偉いというのは位人身を極めたから偉いのではない。富北斗と積んだから偉いのではない。学古今に通じたから偉いのではない。夢の如き浮世を如何に生きたかによって人間の偉さが決るのである。

道を守り、義を重んじ、人生の荒波を、道義を道標として雄しく進む者。それが偉いのである。

道義の実践は、勇気の要ることである。時には不利益を伴い時には犠牲を必要とする。

道義の実践は、他人は好都合だが、自分は損をする場合が多い。

それでも昔日、道義を守り人生大路を誇らしくうち進む者、それが偉いのである。

道義に生き、道義に殉じた父は万人に尊敬され、万人に慕われ悔なき一生を全うしたのである。父の想い出は、厳しく、恐れおい存在、それだけである。

兄弟姉妹の多い中で、私には特に厳しかった。

優しい父の面影など正面から見ることは遂に出来なかった。

学生時代、憲法時間に神棚に対して侍すべからずの講義を受ける時、私は父を連想していたものである。

父に抱かれたことも、頭を撫でてもらったことも、褒めてもらったことも私の記憶には更にない。私が父の膝下で訓育を受けたのは、五歳の頃から十五歳までの十年間であるが、言語、起居動作、礼儀作法それは厳しいものであった。五歳から書堂（漢文塾）に通い初めて、学校に入学する頃は撃蒙要訣という本を卒っていた。

学校へ行ったら、ハナ、モモノハナを教えてくれた。大学生が幼稚園に来たようなものであった。学校から帰ったら書堂へ行って勉強を続けた。書堂の先生は忠清道から来ている父の友人で、わが家の舎廊に宿っていた。

うちの舎廊は、何時も遠来の客が絶えなかった。それが皆学者で夜更まで難しい言葉で語り合っていた。書堂へ行くようになってから私は父の室に侍かされた。母の室で甘えたり、ほたえたりすることは許されなかった。遠く聞える母の笑い声を聞きながら、たばこくさい父の傍にちょこんと坐っている小さい者を、遠来の客人らは、愛嬌に満ちた笑顔で可愛がってくれた。幼少の頃の私はよく人に褒められた。書堂でも、学校でも字が上手だの、頭がよいのとちやほやされたが、父に褒められたことは一度もなかった。当時の普通学校（小学校）というのは、一年生に結婚している青年もいる位だから、私は全校で一番小さい子であった。それが全校習字特等というので賞品をもらって帰ったら、母は私を抱き上げ頬ずりしながら喜んだ。夕方役所から帰った父に、母が得意満面に報告した。父は母を見て嬉しそうに“あ、そう”と言ったと思ったら急に顔をしかめて“紛れ当りさ、コレの字がうまいからではない”と一蹴した。

父は正しかった。無責任にも皆がちやほや甘やかして、なにも知らない幼な心に優越感を植えつけたら大変と、父は私のうぬぼれを挫くのに必死だったのであろう。

私が学塾を出た時、父は

使民如承大祭
出門如見大賓

（民衆を大事な客だと思え）（外へ出たら法事をする気持であれ）これを古今の例を引用しながら懇々と訓してくれた。

そのありがたい訓話は何十年を経た今でもそのまま記憶している。

私に笑顔を見せない父、何時も怒る父、私の前で絶対威厳をくずさない父、その父の意外な半面をみて驚いたことがあった。

書堂の夏は楽しかった。学校（小学校）の夏休み頃になると書堂は固苦しい経書ではなく、風流な詩や文をやる。清流の川辺の涼しい木陰の下で、あの崇律の素晴しい名文、赤壁賦や出師表などを朗読したり、幾人かのグループが、朝辞白帝彩雲間千里江陵一日還 などを吟唱すると見事なコーラスになるのである。

先生が、題と韻字を出して作詩の時間になると、いたずら盛りの悪童共は、いとも神妙になる。韻字に合わして詩を作らなければならない。各々散らばって深刻に詩想を練るのである。

出来上がったら先生は、一枚一枚朗読し、こんな時がかあると一喝したり、よく出来たと丸を付けたり、ここはこの字を入れた方がよいと評をする。

ある夕方私は舎廊の前を通りかかった。“今日頭がね”と先生の声がした。あれっ、私がどうしたというのだろうと心配になって耳をそばだてて立ち止った。“頭がどうした”と父が訊ねた。“詩を作ったのを見てびっくりしたよ”。先生が昼の私の詩を読んだ。父が驚き喜んだ。父のあんな嬉しそうな声を聞いたことはなかった。父は何度も読み返しては頷いた。“これは誰も子供の詩とは言わないぜ”と先生が言った。“うむ、なかなか風格があるよ”と父が頷いた。一人が一句を吟じたらもう一人が次の句を吟じて、私の詩は二人の大先生の威厳ある声で朗朗と吟じられていった。庭先の暗がりで小さな少年は感激に包まれて突っ立っていた。

残念な事だがその詩を記憶していない。只一句 雨後前山在霧中 これだけは憶えている。詩意からみてこれは承句である。この前に起句があってこの後に転結の二句が続いている筈だが、それは杳として知る由もない。父のあの嬉しそうな声とこの一句だけは不思議に忘れない。何時も無表情に私を貶す父が陰ではあんなに喜び褒めていた事実を初めて知った。父の尊さを眼のあたりに見た。父の愛情の深さを身にしみて感じた。

その父、今はなし。

一九六八年六月十一日午前四時、誇り高き八十六年の生涯は静かに幕を閉じたのである。

（筆者　金翊根）

写真は筆者の先考
晩　悟　先　生

# 戸籍実務講座（5）

金　翊　根

戸籍非訟

六　就籍許可申請

就籍の許可申請は、就籍せんとする地を管轄する地方法院又はその支院にしなければならない。戸主及び、家族全員が就籍の場合は、就籍者全員が連署申請しなければならない。

戸籍法はこのように規定しているが、われわれ在日同胞は、就籍するのに大変便利になっている。“在外国民就籍に関する臨時特例法”がそれである。

1、就籍の対象者
① 自分の本籍を知らない者
② 動乱の戦災で戸籍が滅失された者
③ 未収復地区（北韓）に本籍がある者

2、具備書類
① 就籍許可申請　四通
② 身分表　二通
③ 在外国民登録簿謄本　二通
④ 外国人登録済証明　二通
⑤ 就籍申告　四通

3、記載上の注意事項
① 就籍許可申請の“原因たる事実”は成るべく具体的に記載すること。
② 添付書類は多い程よい。

在外国民就籍に関する臨時特例法

**第一条**「目的」この法は在外国民の就籍の時期に関する特例を規定するのを目的とする。

**第二条**「定義」①この法に於て在外国民とは大韓民国国民として在外国民登録法の規定に依る登録者をいう②この法では、登録、登録簿、登録謄本とは各々在外国民登録法の規定に依り登録簿、登録謄本をいう③この法で、未収復地区とは一九五三年七月二十八日現在収復されていない行政地区をいう。

**第三条**「就籍許可申請」在外国民で本籍が無い者、又は明白で無い者が就籍する場合には、次の各号に依り本籍を定め、住所地を管轄する在外公館の長に、就籍許可申請書を提出しなければならない。
①登録簿の本籍が、未収復地区以南の場合は、その本籍
②登録簿の本籍が未収復地区の時は未収復地区以南の選定した本籍

**第四条**「添付書類」①就籍許可申請書には、身分表、在外国民登録簿謄本、居留国の外国人登録簿謄本「居留国の外国人登録者に限る」を提出する②他家より入籍者が家族として就籍する場合は前項の規定に依り、添付書類以外、除籍事由がある親家、又は生家の原戸籍抄本を提出しなくてはならない。但し親家又は生家が未収復地区の場合はこの限りではない。

**第五条**「法院の許可」①就籍許可申請書を接受した在外公館の長は、素早く外務長官を経由し本人が就籍しようとする管轄の法院に送付する事②法院は前項の規定に依り就籍許可申請を受けた時は、関係市、区、邑、面長に戸籍の有無を調査委嘱する事③市、区、邑、面長は、前項の規定に依り委嘱を受けた時は素早く調査を回報する事④法院が就籍を許可した時は、就籍地の市、区、邑、面長に、その謄本を送付すると同時に、不許可の時は外務部長官、又は、在外公館長を経由され申請人のもとに、その謄本を送付する事

**第六条**「戸籍の編製」市、区、邑、面長が法院から就籍許可の謄本を接受した時は、素早く戸籍法の定めに依り戸籍を編製して、五日以内にその、戸籍謄本を外務部長官、又は、在外公館を経由して申請人に送付する事

**第七条**「費用負担」この法に依り就籍許可と戸籍編製、[illegible]その送達の費用は、国家又は地方自治団体が負担する事

**第八条**「施行令」この法の施行に関して必要な事項は、大統領令で定める事。

「附則」①「施行日」この法は公布日から施行される事②「施行期間」この法は、一九七〇年十二月三十一日迄、施行する。

就籍申告

就籍許可申請

（身分表）

# 光復節

名古屋大学四年　孫　浜　煥

八・一五解放記念日は、単なるお祭り騒ぎ的な記念日であってはならない。この日を境として新生韓国が誕生し、今日に続いているのである。その間に様々な形で現われた矛盾がどこに起因し、それに対してどのような手がうたれて来たかを、この日にこそ真面目に考え、そこから先の展望を見いださねばならない。

今年で二十三回目の八・一五という祖国開放の感激を、今までと同じようなマンネリ化した単なる記念日として過ごす愚を犯してはならない。祖国における諸矛盾が反映された形で存在する在日同胞の抱える諸問題、これをどのように解決して行くか、在日同胞の抱える諸問題を解決せんとする同胞権益擁護運動を、広汎に展開させるべく、この日を一つの大きなピークにすることが必要である。

八・一五の祖国解放日は、それにふさわしい日であると思う。当面我々の抱えている最も重要な問題が法的地位問題であるとすれば、この問題に対する姿勢がもっと前面に押し出されてよい。永住権獲得という形で現われた法的地位問題に関して我々は、幾多の疑問を持たざるを得ない。継続居住の取り扱いに不明瞭さが見られるのは何故か。我々は今一度法的地位問題の意義を検討してみなくてはならない。永住権申請者に対する非民主的取扱いに終始する日本政府の強権的調査は、過去一貫した追放と同化の政策である。永住権の取得者を大幅に制限すると同時に取得者に対しては、同化政策を中心にして更に分裂化傾向を促進し、最終的には全韓国人に対する追放政策を進行させんとしている。

こういった永住権自体の問題と、それに派生する問題を前にして、我々はこの度の光復節を広汎な民族権益擁護運動展開の基礎としなければならない。そうしてこそ、八・一五記念日が単なる記念日としてではなく、より大きな意義を持つことが出来るのだと確信する。

청자 기린 향로(青磁麒麟香爐)

고려 순청자 시대인 11～12세기 경의 작품으로서 [illegible] 이 향로는 덕수궁 미술관에 소장되어 있으며 [illegible] 완자문(紋)을 음각(陰刻)으로 돌린 [illegible] 상형(象形)하였으며 노신(爐身)에는 수각(獸脚)이 [illegible] 유면(釉面)에는 약간의 빙렬문(氷裂文)이 나타나 [illegible] 청자유(青磁釉)의 특색을 [illegible] 자 향로이며 이러한 작품은 대개 상감 청자(象嵌青磁)가 [illegible] 11～12세기 경의 유품(遺品)에 속하는 우수한 청자 [illegible]

# 訪韓

金城短大二年　金　花　先

韓学同を知って来た数週間、実際に門をくぐったのは二、三度にしかならない。そんな私に原稿を書けなんて無理なことを言わないで下さい。（これは自己弁護）

韓学同がどんな種類の、又どんな位置のものなのか全く無知な私である。ただわかっているのは私が韓国人である！という事だけです。でも自分が韓国人であるということを認識するのは非常に難解なことです。日本で生まれ、日本で育ち、これからも日本で生活していく私にとって、どんな形で民族意識を持ち、意義づけて行けばいいのでしょうか？　在日韓国人として私は誇りを持ちたい、劣等感や威圧感をかなぐり捨てて、私は韓国人なのだ。私は――と叫んでみたらどんなにすっきりするだろう。しかし、私はそれが恐い。何もない自分である故になお恐い。こんなジレンマのくり返しの気持を一新させるためにも韓国訪問はよい機会だと思う。両親の母国、私の祖国を自分の目で、足で察知してきたい。ただ漠然と心に描いていたものが実際に自分の目の前に現われる時の不安と期待、一種の嵐の前の静けさとでもいうような複雑な心境である。でも私は行く。何かを求めて――たとえそれが無駄になっても私は悔いることはない。きっと何かをつかんで――きたい。

韓国訪問を有意義にするためには感情でものをみるのではなく、歴史的背景を把握した上で現況を見て来たいと思います。（これが又困難で、どこまで出来るかは全く????）

たとえ祖国が貧しくとも失望はすまい。それが私の祖国なのだから……。物質的に貧しくとも、精神的には裕福になろう！

何の為に差別され（在日韓国人の場合は、日本においては異国人韓国に行けば半チョッパリ）疎外感をもたらされなくてはいけないのだろうかと考えてみたい。

まず私は韓国人である前に、人間として生きて行きたい。その意味でも今度の夏期学校では多くの人と語り、学び、遊びたいと思います。でも、私の心には観光旅[illegible]としての訪韓という安易な思いが「コツコツ」と戸をたたいているような気がします。

明るい韓国と暗い韓国――でもきっと、それは明るい灯火に照らされることと思うし、又そうしなければならないと実感として[illegible]いてくるのは何時の事かしら、それを待っててはいけない。するのは私達なのだ。さあ一歩、まず一歩を踏み出せ、無我の境地で――そうすればどんな困難も切り抜けられると、自分に言いきかせている私、まず自分に問つ、これが先決問題である。

## 夏期学生ら、無事入校終る

さる七月二十五日午後七時、本国で夏期学校講習のため出発した愛知県出身者（三六名）を引率[illegible]た民団県本部文教次長[illegible]七月二十八日、無事[illegible]全員入校がかない、[illegible]る旨の報告を、この[illegible]長宛に送って来た。

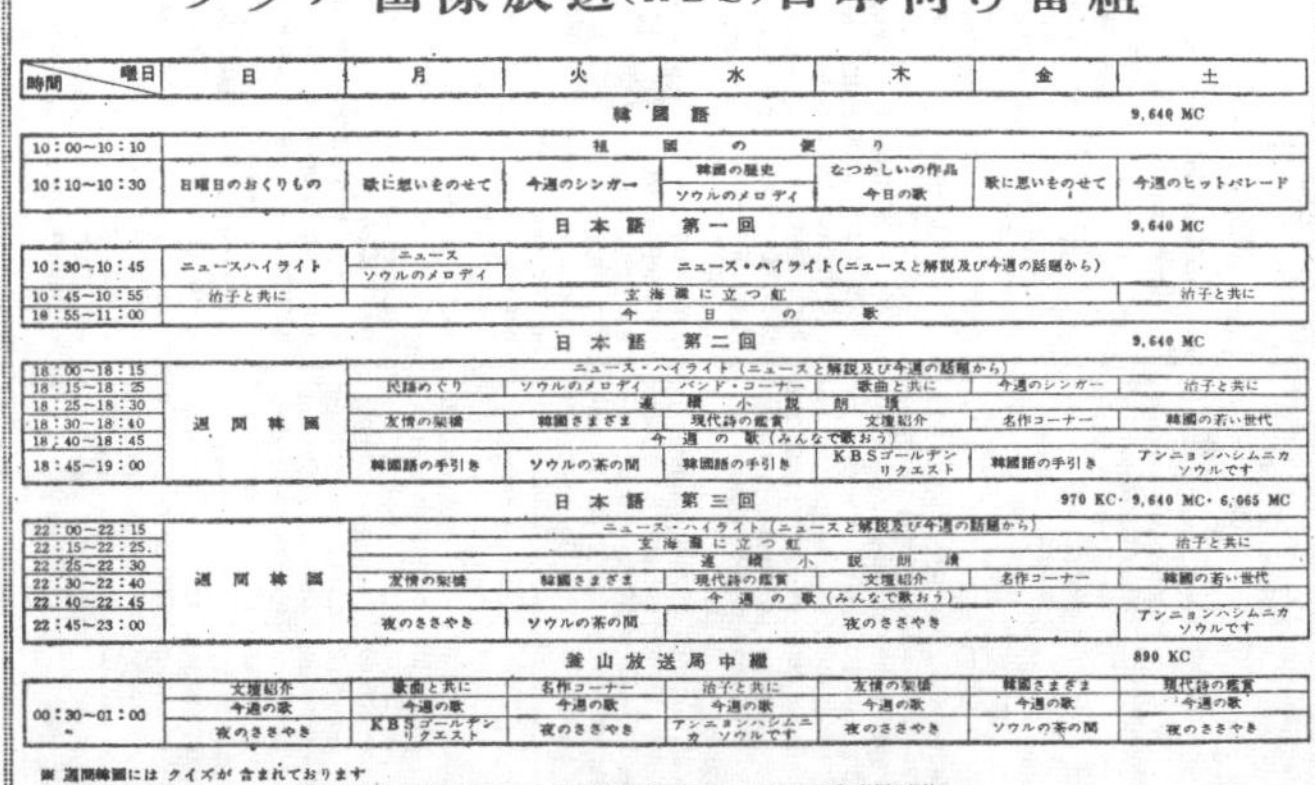

# ソウル国際放送（KBS）日本向け番組

| 時間＼曜日 | 日 | 月 | 火 | 水 | 木 | 金 | 土 |
| --- | --- | --- | --- | --- | --- | --- | --- |
| 韓國語　9,640 MC | | | | | | | |
| 10：00～10：10 | 祖國の便り | | | | | | |
| 10：10～10：30 | 日曜日のおくりもの | 歌に思いをのせて | 今週のシンガー | 韓國の歴史／ソウルのメロディ | なつかしいの作品／今日の歌 | 歌に思いをのせて | 今週のヒットパレード |
| 日本語　第一回　9,640 MC | | | | | | | |
| 10：30～10：45 | ニュースハイライト | ニュース／ソウルのメロディ | ニュース・ハイライト（ニュースと解説及び今週の話題から） | | | | |
| 10：45～10：55 | 治子と共に | 玄海灘に立つ虹 | | | | | 治子と共に |
| 10：55～11：00 | 今日の歌 | | | | | | |
| 日本語　第二回　9,640 MC | | | | | | | |
| 18：00～18：15 | 週間韓國 | ニュース・ハイライト（ニュースと解説及び今週の話題から） | | | | | |
| 18：15～18：25 | | 民謡めぐり | ソウルのメロディ | バンド・コーナー | 歌曲と共に | 今週のシンガー | 治子と共に |
| 18：25～18：30 | | 連續小説朗讀 | | | | | |
| 18：30～18：40 | | 友情の架橋 | 韓國さまざま | 現代詩の鑑賞 | 文壇紹介 | 名作コーナー | 韓國の若い世代 |
| 18：40～18：45 | | 今週の歌（みんなで歌おう） | | | | | |
| 18：45～19：00 | | 韓國語の手引き | ソウルの茶の間 | 韓國語の手引き | KBSゴールデンリクエスト | 韓國語の手引き | アンニョンハシムニカ ソウルです |
| 日本語　第三回　970 KC・9,640 MC・6,065 MC | | | | | | | |
| 22：00～22：15 | 週間韓國 | ニュース・ハイライト（ニュースと解説及び今週の話題から） | | | | | |
| 22：15～22：25 | | 玄海灘に立つ虹 | | | | | 治子と共に |
| 22：25～22：30 | | 連續小説朗讀 | | | | | |
| 22：30～22：40 | | 友情の架橋 | 韓國さまざま | 現代詩の鑑賞 | 文壇紹介 | 名作コーナー | 韓國の若い世代 |
| 22：40～22：45 | | 今週の歌（みんなで歌おう） | | | | | |
| 22：45～23：00 | | 夜のささやき | ソウルの茶の間 | 夜のささやき | | | アンニョンハシムニカ ソウルです |
| 釜山放送局中継　890 KC | | | | | | | |
| 00：30～01：00 | 文壇紹介／今週の歌／夜のささやき | 歌曲と共に／今週の歌／KBSゴールデンリクエスト | 名作コーナー／今週の歌／夜のささやき | 治子と共に／今週の歌／アンニョンハシムニカ ソウルです | 友情の架橋／今週の歌／夜のささやき | 韓國さまざま／今週の歌／ソウルの茶の間 | 現代詩の鑑賞／今週の歌／夜のささやき |

※ 週間韓國には クイズが 含まれております
※ 韓國語の手引きの テキスト 及び韓国に関する資料等ご希望の方は 東京都千代田区ホテル ニュージャパン内 韓国公報館へ

## 結婚相談所案内

日本在住の現状では婚齢期の子女を持つ父母、近親[illegible]縁を求め理想にかなう相手をみつけるための気苦労[illegible]じます。広くこの種の悩を案内し多くの申込みを受け[illegible]人達の希望、理想、条件を尊守し、相応する相手と[illegible]て見合いさせる。あくまで両家と本人達の合意に依[illegible]識を持って世話をする会館です。

一、電話申込みにも応じます

名古屋市北区上飯田南町三丁目九（市電上飯田電停、御成通電停近[illegible]）

韓　又　甲

（052）913-0738番

東海新報

発行所 東海新報社
定価 1カ月100円

民団綱領

一、我等は大韓民国の国是を遵守する。
一、我等は在留同胞の権益擁護を期する。
一、我等は在留同胞の民生安定を期する。
一、我等は在留同胞の文化向上を期する。
一、我等は世界平和と国際親善を期する。

# さようなら姜領事

## 19日盛大に歓送迎祝賀宴

### 新しい領事 尹氏も着任

新任尹領事　離任する姜領事

駐名古屋大韓民国領事館の姜済元領事は今度、東京大使館に転任することになり、後任の尹仁鉉新任領事もさる十七日着任したが、十九日午後六時、市内国際ホテルでは、新旧両領事の歓送と着任を祝うパーティが、韓日両国有志の参席のもとに盛大に行なわれた。

席上、文鍾律領事は、約二年間姜済元領事が献身的に勤めた功をたたえると共に、新任尹仁鉉領事を紹介し、今後の活動に期待した。

また、金龍煥民団愛知県本部団長は、あいさつの中で「長い間、ありがとうございました。今後、名古屋を離れても、名古屋を忘れず愛して下さい。また、新任の尹領事さん、家族になったつもりで、僑胞のため、お願い致します」とあいさつした。

この後、新旧両領事に花束が贈られたが、満場からわれるような拍手がわき、離任する姜領事が、その間、大衆の間にとけ入った功労と、新任尹領事によせる期待が計り知れた。また、同日、離任する姜領事には、記念品が贈られた。

# 金鍾泌共和党議長 一切の公職を辞退

## 今後の政局に大きな波紋

金鍾泌氏

金鍾泌民主共和党議長は三十日、党員をはじめ党議長、国会議員などいっさいの公職を辞退した。

金議長を辞任に追いやった原因は、さる二十五日の党議員総会で、金鍾泌派の金實泰、崔永年、宋相南の三氏に対し「韓国国民福祉研究会を組織して後継闘争を……し、金議長を大統領にさせるための秘密工作をした。これは党内の分裂行為である」として、除名処分をいい渡した。

また、このほど行なわれた内閣改造人事のさい、金議長に余く相談しなかったといわれるが、こうした事情から辞任に追い込まれたとみられる。

金鍾泌氏は、六一年の朴政権登場の立役者であり、次期大統領の最有力候補といわれた存在だけに、今後の政局に大きな波紋を投げるものとして注目される。

# 韓国の七閣僚更迭

## 財務長官に黄鍾律氏

朴正煕韓国大統領はこのほど、内閣を一部改造、内務部長官ら七人の閣僚を次のように異動した。

▽内務部長官＝朴環還（前交通部長官）▽財務部長官＝黄鍾律（前無任所長官）▽文教部長官＝權五柄（前法務部長官）▽法務部長官＝李澔（前内務部長官）▽農林部長官＝李啓純（前忠南道知事）▽交通部長官＝姜瑞竜（前国防次官）▽逓信部長官＝金泰東（前経済企画院次官）

消息筋によると、今回の改造は郷土予備軍設置法の国会通過に伴ない、内務部長官に予備役陸軍中将である朴長官を横すべりさせ、同じく予備役陸軍中将の金相福現……

# 新聞論調

## 政治無常

### ―金鍾泌氏の辞任を見て―

苑説

# 俞鎮午氏総裁に

## 単一指導体制を確立

### 新民党全国大会開く

俞鎮午氏

# 韓日交易を促進

## 日韓貿易促進会総会

=7月6日=

## 日韓貿易中部日本促進協議会定款（案）

# 当面問題検討

## 本部常任委員会

# 本国家族到着

# 当面問題を学ぼう

## 支部講習会20日から開く

▼支部講習会日程表（予定）

| 日時 | 支部・団体名 |
|---|---|
| 6月20日 | 岡崎 |
| 6月21日 | 一宮 |
| 6月24日 | 尾春 |
| 6月25日 | 知多 |
| 6月26日 | 西碧 |
| 6月27日 | 西宝 |
| 7月2日 | 瀬戸 |
| 7月3日 | 豊川 |
| 7月4日 | 豊橋 |
| 7月5日 | 東中 |
| 7月8日 | 中川 |
| 7月9日 | 名南 |
| 7月10日 | 中村 |
| 7月11日 | 熱田 |
| 7月12日 | 名港 |
| 7月17日 | 韓青同 |
| 7月17日 | 学同 |
| 7月18日 | 婦人会 |
| 7月19日 | 商工会 |

（写真は支団長事務部長会議）

# 第八回地方委員会終わる

## 基本財政確立を確認

### 活動方針、予算なども承認す



501

# 躍進民団愛知の新体制整う

## 大衆と共に常に戦い前進

### 全支部が今月中に大会を完了

規約第四十二条にもとづく民団各支部大会が続々と行なわれ、ここに今後二年伝統ある民団指導者として活躍する新指導者の顔ぶれが出そろった。決して華かな位置でもなく、犠牲の要求される立場ではあるが、唯一つそこには"大衆のために奉仕するよろこび"がある。奉仕は犠牲である。美しい行為である。しかし、今日まいた犠牲の種が遠い後日開花するときそれは勝利である。明日の子供たちの生活に希望を与え、民族の前途に可能性をもたせる。何と大きな収穫だろう。大衆と共に戦い前進しよう。

「去りし日は受難、今日は闘争、そして未来は勝利である。」(ユーゴ)

## 中村支部

## 名西支部

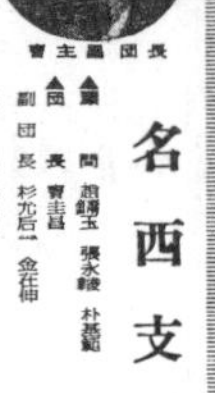

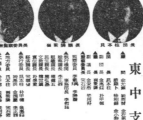

## 東中支部

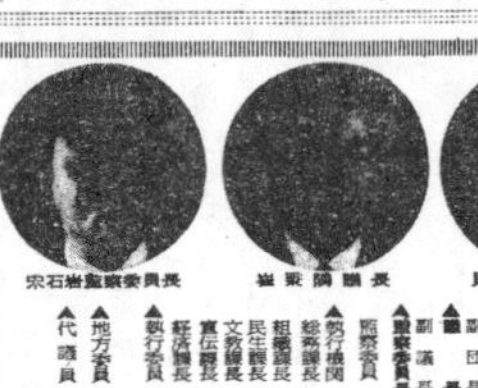

## 名南支部

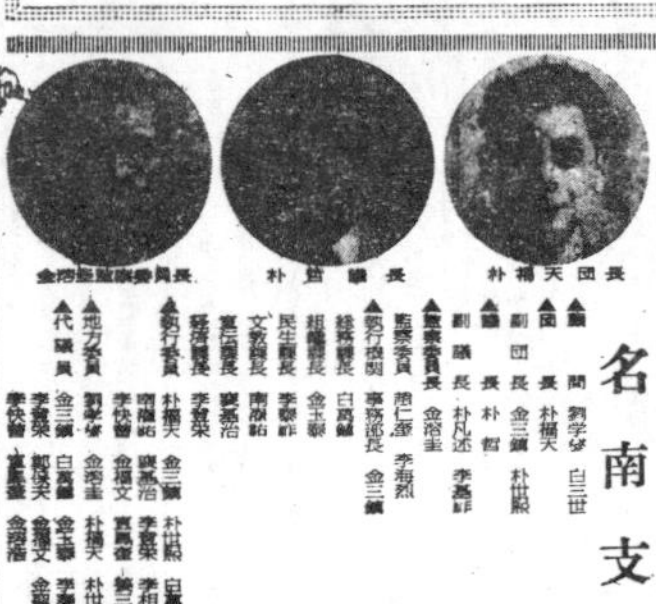
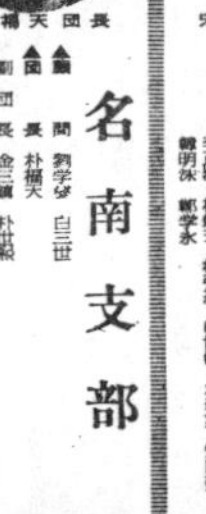

## 中川支部

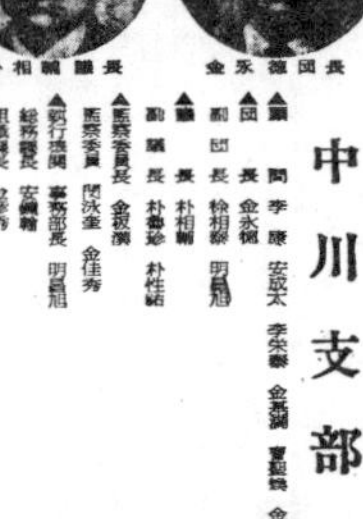

## 名港支部

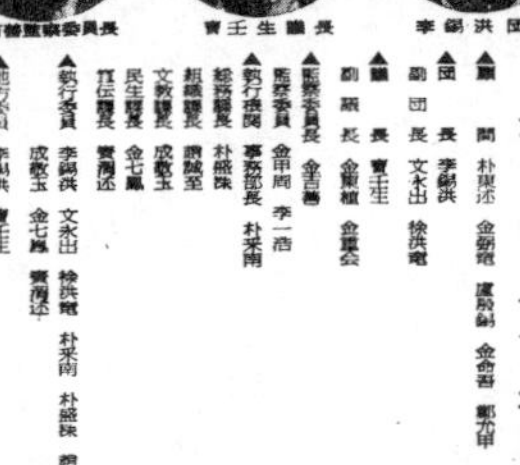

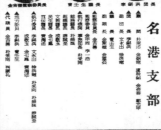

## 熱田支部

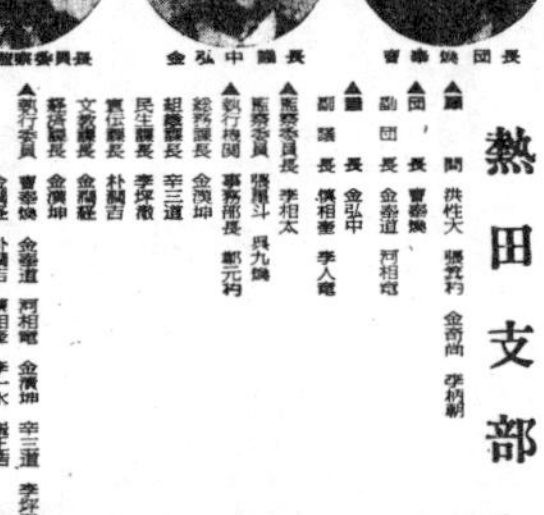

## 一宮支部

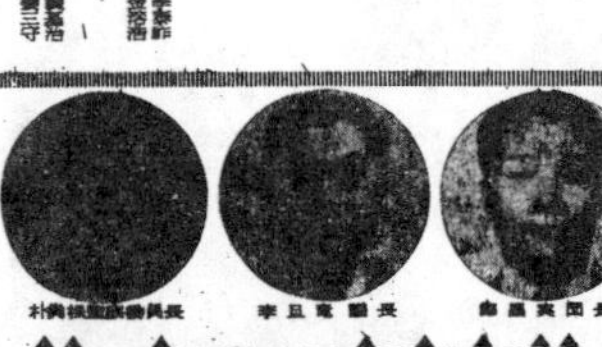
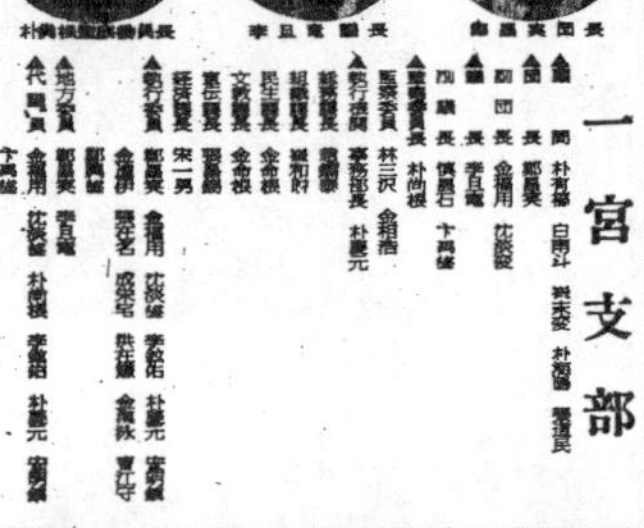

## 瀬戸支部

## 豊川支部

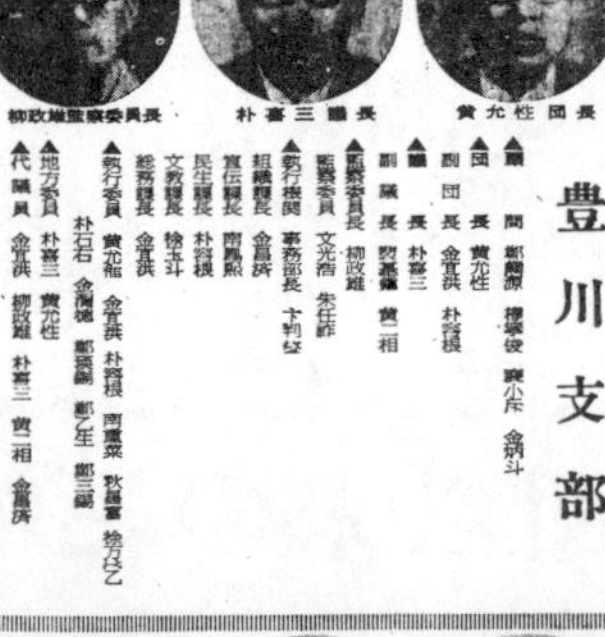

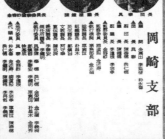

## 岡崎支部

## 豊橋支部

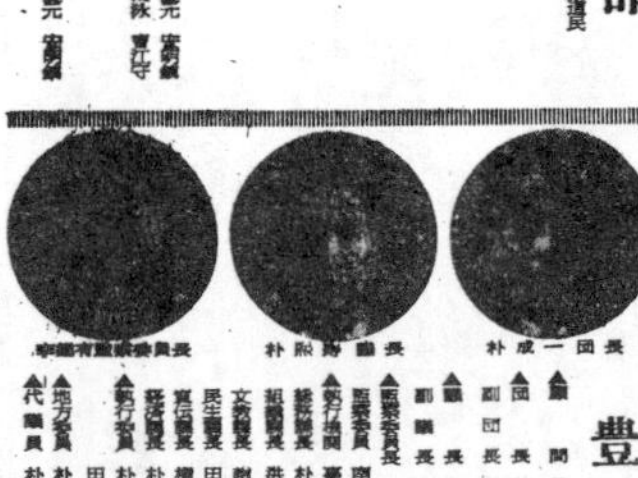
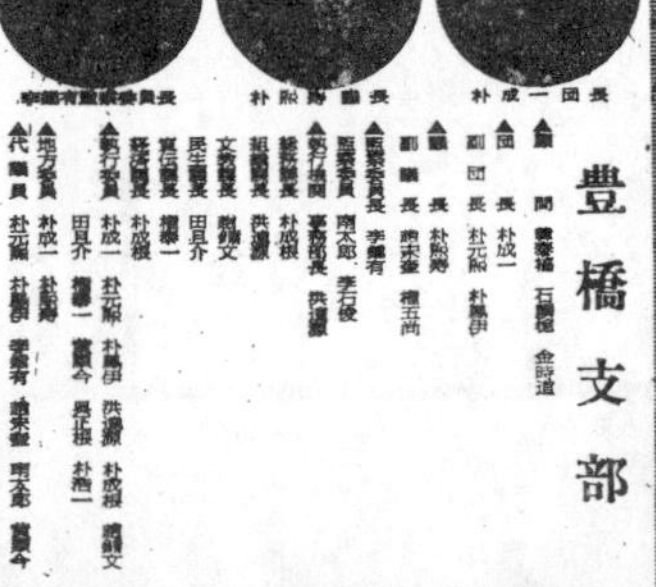

## 西宝支部

## 西碧支部

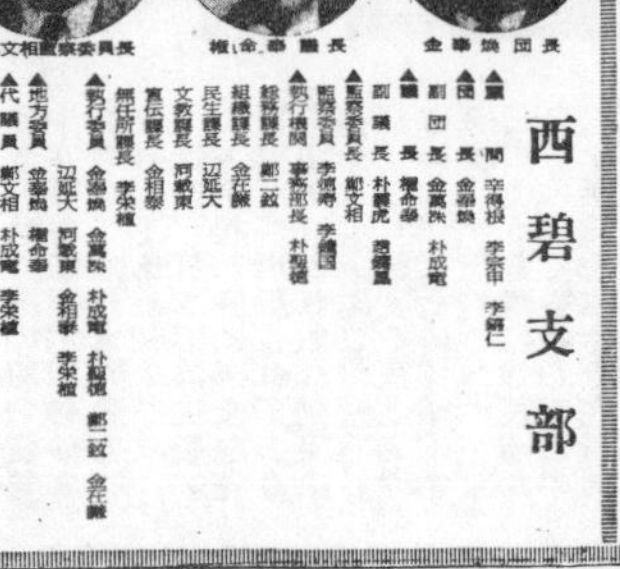

## 西春支部

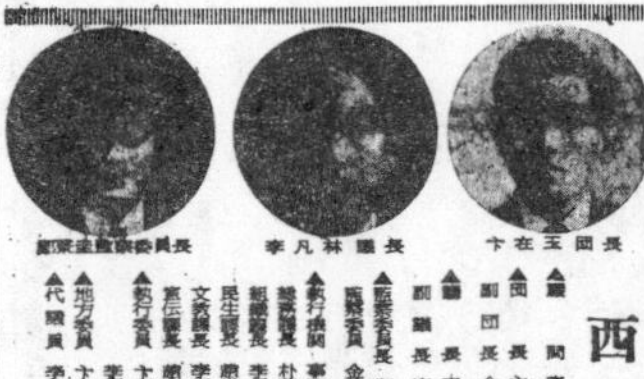

502

# 虚偽事実流布、人身中傷などに警告!!

## 金龍煥県本部団長が談話

金龍煥民団県本部団長はこのほど、最近、とみに一部認識の足らない団員が、事実無根の噂を流布し、同胞社会を混乱させ、時にはそのような言動が、敵対陣営に利するような結果を招いている点を指摘し、人身中傷、虚偽事実流布分裂行為などによって、組織混乱を招くことのないよう、各自言動を慎重にしようとの特別談話を発表した。(写真は金団長)

現在私共の周囲には、我々の団結をそねみ、組織力の強化を妨害するしっような敵対勢力がある。無根の流言で内部混乱が生じれば結局〝敵〟を利するのみである。また人身中傷など時代おくれの手段を用いて、人和を損ね無用な精力消耗をする無知をさけるべきである。民団にはそのような無統制を節することの出来る規約も機関もあり、従来、団員の良識に期待するあまり、その活用は避けて来たが、悪質な破壊手段には当然正当な防衛が必要であり、組織保護、善良な団員の生活の安定のために必要と思われる措置を講じるのは、組織指導者の責務と信じる。しかし何より、団員相互の理解と協助の精神がもっとも緊要と信じ、各自の良識に訴える。

## 韓国の自動車業界 本格的競合へ突入

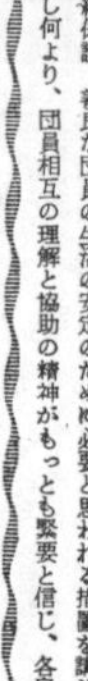

# 日米伊が三つ巴

## トヨタ—新進 順調なスタート

昨年春、韓国政府がフォードの進出を許可したことによって韓国市場で日本（トヨタ—新進）米国（フォード—現代）イタリア（フィアット—亜細亜）の自動車メーカーは激烈な三つどもえ戦の序幕をあけたが、その後強いスクラムを組んでいる既存のトヨタ—新進ラインは大型バス、貨物トラック、ダンプトラック、クラウン、コロナに引続き最近は新進エース（トヨエース）の売り出しを開始、近くパブリカの発売をも開始する方針を決めるなど、順調なスタートを切っている。一方多くのハンディキャップを背負っているフォードとフィアットも遅れをとりもどすため、九月末から製品販売を開始すると発表、いよいよ本格的な競合に突入することとなった。

フォードの技術提携先である現代自動車は本年二月から、蔚山市場南洞に現代工業センター建設のために確保している百六十五万平方材の敷地に、建面積一万平方材の自動車工場の建設にとりかかり十五日には建物が完成する予定である。同現代工業センターには自動車のほか関連系工場が入り、二万ト級の船舶が横付けできる埠頭が建設され、現在ヨーロッパ地域から商業借款で導入を予定している一万ト級以上の三隻の貨物船で自体運送を行なう。また自動車工場の設備は貨物自動車の換装用製作機械を国内で調達する以外は全量英国から七月中に商業借款で導入へ、九月までに据付けを終え、九月初めから生産に入る予定である。以上の設備材は既に発注を終えているが、九月末からお目見えする英国フォード社のコルティナ（一、六〇〇CC）中型乗用車と七・五トの貨物トラックのCKD部品もすでに自己資金で信用状を開設、七月中に部品が到着する手はずになっている。

現代としては本年末までにコルティナ千二百台、トラック二百台を生産するが、来年からは大型バスの生産まで行なう方針で、関連下請メーカーの選定も終え、技能工もさきに行なった公募によってすでに確保、六月から八月にかけて漸次入社させる方針のようである。

現代としては車名をフォードとして売り出す方針だが、二一・六%の国産部品を使用するため起るフォードの有名度を残すことはあり得ないとしている。これは徹底的な品質管理と厳重な検査によって保障する方針で、条件が揃っている専門部品会社は系列会社として重点的な育成を施し、フォード本社から出る部品と同性能程度にまで引きあげる方針のようであり国産部品の一部を豪州などに出して再検査を行なうもようである。

もっとも重要視されている車の販売体制は当初ソウルと釜山に直営販売所を設けて出発し、規模が拡大するにつれて光州や大邱など全国各地に販売網を広げて行く方針で、これは既存の新進自動車が韓国自動車販売を設けているのと対照的なやり方といえる。現代としては現在の需要状態からみて、当分の間は現金販売を行ない、来年度からは長期月賦販売を行なう方針のようである。

一方、亜細亜自動車は光州の工業団地に建面積二万六千四百平方材の工場を八月に完成し、七月末までに一千二百五十万ドルの借款で導入する設備材を八月末まで据付完了させる。またCKD部品は八月末までにフィアットと借款契約を締結し、九月中旬に製品を市販する予定である。本年中に生産する車種は大型バス、トラック（八ト）中型トラック（二・五ト）中型マイクロ[illegible]計画を進めている。

# 収拾策は大統領の決断

## 金氏脱党問題で吉党事務総長談

## 緊急党務会議を召集し協議

【ソウル四日＝SISA】吉在号共和党事務総長は三日、金鍾泌党議長辞任に伴う収拾策は全く党総裁の朴正熙大統領の決断にかかっていると語った。

吉在号事務総長は同日、記者と会った席上でさらにつぎのように述べている。

「党議長を補佐する立ち場にある私としては大きな責任感を感じているが、いまとなっては事後収拾に全力をつくす以外に道はない。釜山に行っている党務委員たちが帰京し次第、党務会議を緊急招集し、打解策について協議するつもりである」

なお、共和党党則によれば、党議長が欠位の時は中央常任委員会議長と政策委員会議長のうち何れか一人が党議長代理をつとめることとなっており、党議長の残余任期が三ヵ月以上残っているときには中央委員会の同意を得て党総裁がこれを任命することになっている。

# タイ南部の高速道路完工へ

## 韓国の現代建設が九百五十万ドルで

## 「先進国の建設に劣らぬ」との高評

タイの南部地方において韓国の現代建設社はこのほど九百五十万ドルを投入して九十八キロメートルの高速道路建設を行ない、タイ政府に引き渡したが、その竣（しゅん）工式が五日に開かれた。

現代建設はこの道路工事の後、タイ政府から「先進国のどの建設会社にも劣らないほどに立派な作業実績を現わした」との高評価を受け、このほど七千万ドルの大規模建設の指名入札までも与えられた。

五日の竣（しゅん）工式にはタイのポット・サラシン国家開発相、ウタイ道路局長らをはじめタイ政府の高位官吏たちおよびタイ駐在の韓国大使館員たちが出席した。この日は韓国土木技術陣にとってタイにおける「最高の日」であった。

# 大韓農産申請の民間火力発電所

商工部は大韓農産（代表＝朴竜学）から六十万キロワット級の民間火力発電所の建設許可申請を受け、これに対する借款および立地条件などに関する技術検討を終わりしだいこれに許可を与える方針である。

商工部によると、大韓農産は西ドイツのブラウン・ボベリ会社とすでに借款契約に合意し、浦項に〝日光民間火電〟の建設を計画していたが、商工部当局は浦項地区に大規模の発電所が集中していることを考慮、バランスの取れるそのほかの地区に建設地を変えるように指示してのち、これを許可する予定である。

一方、この日光火電はすでに建設が推進されている湖南電力と京仁火電に次ぐ第三の民間火力発電所となるわけであるが、このために導入される借款資は七千四百四十万ドルとなっている。

## 電力大量需要者に深夜利用を勧告

【ソウル発】商工部はこのほど五百KW以上の大量電力需要家に対しては午後七時三十分から十一時までの電力需要最盛時の使用を抑制する代り深夜使用の措置をとった。

# 韓国学校（東京）が初優勝

## サッカー大会

# 努力の結果に万雷の拍手

## 伝統の愛知は一回戦で敗退

在日韓国青年同盟主催第四回全国サッカー大会が、さる六月二日埼玉県浦和市で開かれた。

午前九時三十分から開かれた開会式で金宗根韓青中央委員長は「回を重ねるごとに内容が充実して来たことは喜ばしい。このような集いを通じて、同志愛を深め結合を計り、ますます発展向上する韓青を育て上げよう」とあいさつした。

同大会に参加したチームは、東京、大阪、愛知、京都、千葉、神奈川、埼玉、東京韓国学園の八チームが参加したが、特に趣向をこらした入場式にはブラスバンドも動員、感激もひとしお、観衆の間からも期せずして拍手がわいた。

競技は、浦和市内の二つのコートに別れて熱戦をくりひろげたが勝敗は別として、精一杯奮闘する各チーム選手たちの真剣な姿には観衆の間から拍手がわいた。

地元愛知県でも、過去の優勝、準優勝の面目にかけても奮闘したが、優勝チームの東京韓国学校チームに破れた。

特に、今回の愛知チームの場合去年まで活躍した中京大学の五選手が卒業後大阪に移ったので、その穴をうめる選手がおらず、韓青OBたちが応援出場するという一幕もあり、この話が伝わるや、本部役員や参加選手の間から「さすが愛知、先後輩の意気がピッタリ」と、称賛の声しきり。

競技は老練な大阪チームに、新鋭東京韓国学校チームの両者に注目が集まったが、予想通り、両チームが決勝戦に勝ち残った。

一日三試合という強行軍にもかかわらず、両軍選手は、全力をふりしぼり、試合は近来まれに見る好試合、熱と熱、技と技がぶつかり、全観衆を興奮させたが、激しいシーソーの末、若さの東京韓国学校が初優勝の栄冠をかちえた。六対五の大接戦。

東京韓国学校チームは、この大会二度目の出場だが、大方の予想は大阪に比べ「東京不利」といわれたが、平素の真面目なトレーニングが最後勝利の栄冠をかちとる原動力となったわけである。

試合後、この若い勝利者たちは同校教職員や、丁監督コーチを胴上げして歓声をあげたが、観衆たちは惜しみない拍手でその勝利を祝福した。

閉会式では、韓青本部委員の外、李裕天民団中央本部団長、厳敏永駐日大使らから、カップや賞状、賞品がそれぞれ贈られた。

## 韓青野球大会開く

愛知県韓青では県下各支部および愛知商銀と大組が五月五日小牧「リオウ運動場」で試合を挙行した。準決勝に一宮×中村、中村勝、名南×岡崎、岡崎勝、決勝に岡崎と中村で中村が二年連勝した。

## 金宗允氏帰国

金宗允氏（民団愛知本部前事務局長）はさる六月十日、一身上の都合で永住帰国した。

氏は民団事務局長を二期勤めた外、民生局長などの職にもつき、在日同胞社会の福祉向上と民生安定につとめた。

氏の帰国を惜しむ声が、同胞の間に強く、五月二十四日第一楼における送別会にも多数の有志が参席した外、十日の出発にも飛行場には、同胞各界の同志たちが見送った。

（歓送の花束受け帰国する金宗允氏）

# 新入生オメデトウ

## 韓学同県本部で歓迎

「新入学おめでとう」—韓国学生同盟愛知本部（宋宗鍋委員長）では、さる二十六日午後二時から今年度新入生歓迎会を民団本部で催し、「友情と団結」のため協力し励まし合おうと約束した。

この日の歓迎会には、韓学同の先輩盟員たち、民団関係者、韓青同盟員たちの期待と喜びに満ちた顔も大勢見えた。

この歓迎会、参加した先輩たちのあいさつや紹介にも、若い青年らしい熱気がみちあふれ、歓談風景にも、友情と知性がプンプン、これからの在日同胞の前途が、急に明るくなりそうなたのもしさ。

同本部は地味な中でも、内面充実に積極的な姿勢を示しており、今後の活動にかける期待が大きい。

# 祖国を学ぶ！

## 夏期学校来月28日開校

本国文教部では毎年、在日同胞二世たちを本国に招請し、祖国に対する正しい認識と、民族精神培養を目的とする「夏期学校」を開いて来たが、今年も七月二十八日から夏期学校を開校することになった。

学習内容は主に国語、歴史などに重点がおかれるが、課外活動として産業施設見学、古蹟探訪などが行なわれる。

なお愛知県で同「夏期学校」に参加する学生名は次の通り。

▼母国夏季学校入学生名単

[illegible]

以上三十六名

# 国民衛生のため寄生虫撲滅!!

韓国政府は六八年度を寄生虫撲滅の年と定め、保健社会部では[illegible]人糞を使用して栽培した農作物に人糞をやれば罰金五万円、発見した場合には農作物は即時押収すると同時に、これを販売した業者にも営業停止とする。

保健社会部としては、現在全国民の九五%以上高い罹患率を見る寄生虫によって、今年から検便を五%ずつ減らす計画をたて、第一段階に食品衛生法「第三条と汚物清掃法十一条」の規程により人糞使用に対する罰則を徹底的に守る都市を指示した。指示都市は次の通り。ソウル、釜山、水原、議政府、安養、東草、春川、原州、清州、忠州、大田、大川、全州、裡里、群山、金堤、光州、松汀、大邱、慶州、浦項、晋州、金海、済州、西帰浦の二十七都市である。

# 韓国の大学進学に〝予備校〟

## 在日僑胞子弟に韓国語や歴史

文教部は在日僑胞の子弟で、韓国における正規の大学教育を望むもののために、ソウル大学内に民族予備学校を設立、ここで一年間韓国語や韓国の歴史を教えることに決めた。

なお、この予備学校は、日本の高等学校を卒業した者を対象としており、これはソウル大学その他の韓国大学〝大学〟への予備校的役目をすることになる。

# 商工会

## 常任理事会

愛知県韓国人商工会（金龍九会長）では、さる六月六日、同商工会事務所で、一九六八年度の第三回常任理事会を開き、定期総会開催の件をはじめ、当面する諸般問題について討議した。

韓福正同商工会事務局長の司会のもとで進行された同日の常任理事会で討議された主な事項は次の通り。

一、定期総会開催の件

早急に定期総会を開催するが、定期総会における、主要案件は次の通り。

（A）定款改正に関する件
（B）昭和四十三年度主要税法取扱便覧配付問題
（C）その他

なお同日は、総会の際の会員勧誘の件と「特別会員」「一般会員」とに会員をわけるが、特別会員は原則的に代議員権を有し、一般会員については、三人に一人の割で代議数を設定するという点で合意し総会に提議するという。

この案が総会で決まれば同会の総会成立要件は代議員三十五名の出席が必要になるもようである。

# 「民族教育に役立てて」

# 香典、ポンと60万円

## 故、姜泰鎬氏の遺族 愛知韓国学園などへ

—故・姜泰鎬氏—

「これは故人の生前を偲んで各方面から寄せられた香典です。何かの足しにして下さい」—一家の柱を失い、悲嘆にくれているはずの遺家族がこのほど、愛知韓国学園（名古屋市中村区井深町三—四〇、李智模学園長）と名古屋市内の日本社会福祉施設を訪れ、それぞれ三十二万円ずつ、計六十四万円をポンと寄金、関係者を感激させている。

寄金の主は、さる四月二十八日に死去した新生興業社長、姜泰鎬氏（名古屋市中村区新富町五ノ二）の遺家族。姜氏は生前、二世教育のあり方に関心を持つ一方、日本の社会福祉事業にも理解を深め「生きている内に何かお役に立ちたい」と日頃、よく口にしていたものの、多忙を極める同氏にはその機会がなかなか訪れてこなかった。

そこで「この香典によって、せめてもの意思を伝えては」と親近者の意見が一致、寄金することになったもの。香典は全部で六十四万円も寄せられ、これを愛知韓国学園と名古屋市内にある日本の福祉施設に各三十二万円ずつ、全額を寄付した。

愛知韓国学園には従来、このような篤志家と一般の協力寄金者が各方面から相ついでおり、二世の民族教育熱はおそらく在日同胞社会の最先端をいくもの—とする声が各地方で聞かれるほど、団員協力のもとで真剣に取り組んでいる。これまでの主な香典寄金者は、鄭煥麒氏の五十万円を筆頭に、金竜煥氏と故・鄭煥禧氏の遺族からそれぞれ三十万円が寄せられ、今回の故・姜泰鎬氏の遺族による三十二万円。

同学園では、こうした一連の貴重な寄金をより一層、意義あるものにしたい—として民族教育基金に加算、積み立て、将来「奨学金制度」などに運用するよう検討。「優秀なる子弟・子女の輩出に、より努力していきたい」と情熱を燃やしている。

# 韓国物産展

## 名古屋は12日から

大韓貿易公社（KOTRA）と日本貿易振興会（JETRO）の共同主催による韓国物産展が、さる三日から東京はじめ全国主要都市で開催されている。

この展覧会は目ざましい韓国の経済発展と産物を日本に紹介して、両国間の貿易拡大に寄与しようとするもので駐日韓国大使館、日本の外務省等が後援している。

名古屋での同展覧会は六月十二日から名古屋商工会議所で開かれた。

## 本団来訪

▲金光男氏（中央議長）六月十四日
▲朴性鎮氏（中央法的地位対策委員長）六月十五日 法的地位問題説明のため
▲申範植氏（中央民生局長）右同
▲姜騰明氏（前中央副団長）六月十九日
▲鄭煥元氏（駐名古屋大韓民国領事館領事）六月十九日 東京大使館に転任挨拶のため
▲尹仁鉉氏（駐名古屋大韓民国領事館領事）六月十九日 新任挨拶のため
▲海洋大学練習生十名 六月十九日

## 慶

朱任作氏、次男、剛作君
具又順氏、長女、寧子嬢
四月二十四日新世界産業社 新鍋自宅 結婚式挙行

李弼圭氏、長女、勝子嬢
[illegible]氏、長男、東一君
四月二十五日、第一楼にて 結婚式挙行

安泰鳳氏、長男、郎喜君
金節子氏、六女、乙淑嬢
五月六日柳橋ガーデンヒル九階 結婚式挙行

金有植氏、次男、正雄君
趙甲律氏、次女、早苗嬢
五月八日、第一楼にて 結婚式挙行

洪泰竜氏、長男、永求君
趙外成氏、長女、輝子嬢
六月八日、上海飯店にて 披露宴挙行

## 弔

姜泰鎬氏、去る四月二十五日、午後一時別世、四月二十九日午後一時中村区則武本通一丁目覚円寺で葬礼

▲金[illegible]氏「民団県本部総務部長[illegible]」老衰の為、去六月十一日慶北金陵郡[illegible]自宅で死亡。享年八六歳。

▲金仁鉉氏（民団県中支部顧問）去る六月十九日 東海病院で死亡。享年五十八歳。

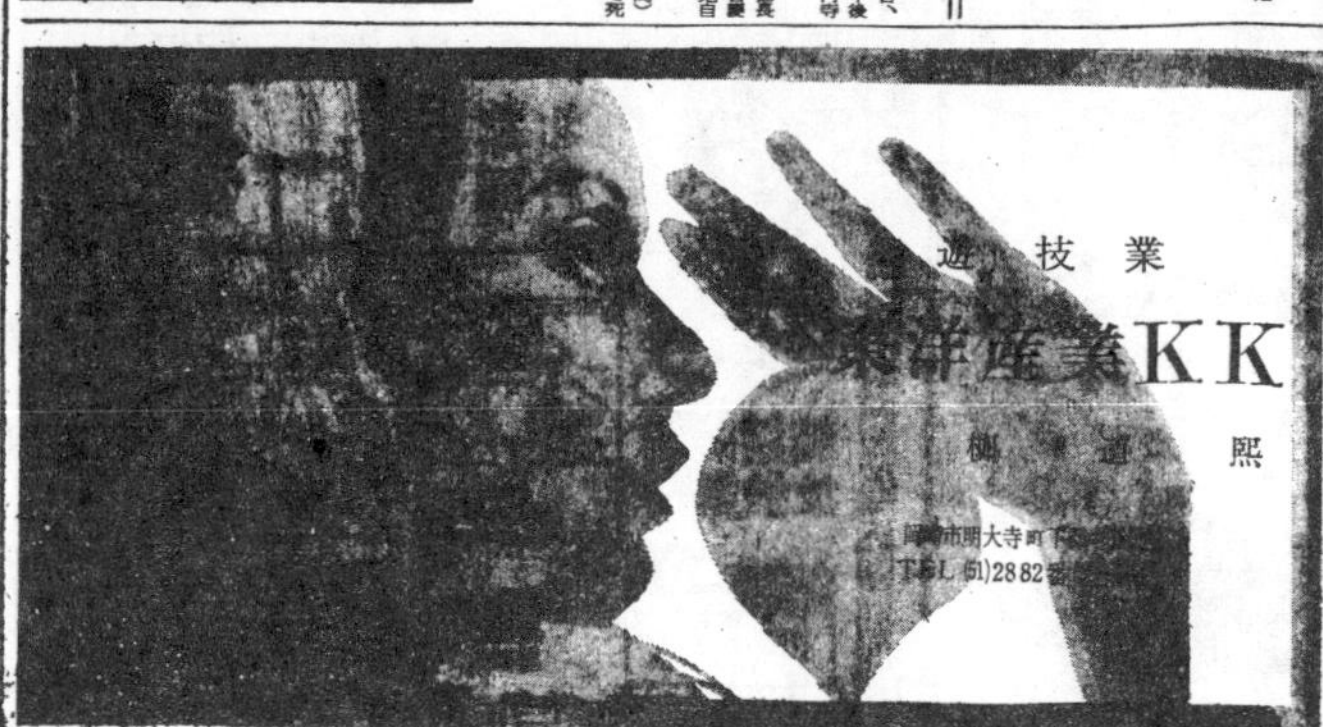

# 韓国の内閣改造と政策の今後

# 朴経済チームを再編

## 政策面での異見なくす

韓国政府はさる二十一日、七部長官の更迭を行ったが、これを契機として内閣のチーム・ワークとリーダーシップ問題が再びクローズアップしている。改閣があるだろうとの噂は年初からでていたがその対象や範囲についてははっきりせず、また改閣を不可避ならしめる特別な事情があったわけのものでもなかったようだ。新長官の顔ぶれをみると、こんどの改閣が最少限閣内のまさつを解消させるためのものだったことだけは確実だったようである。経済閣僚の中には財務と農林両長官が入れ替わった。両長官は二人とも朴忠勲副総理と若干のまさつがあったことは広く知られていた人たち、まさつの原因は、話す人によって違うある人たちは政策的な意見の衝突だといい、一方の人たちは、政策的な異見ではなく、別の問題のためだという。朴大統領の断は、いわばまさつの当事者を更迭したものである。

こんどの改閣の特徴は、誰をのせて誰がどえ法ったかという政治力学的な関係にあるのではない異見のある人の自覚による辞職ではない任命権者の解任ということにある。建国以来、多くの長官が出ては去っていったが、何人かの例外を除くとほとんどが任命され解任された。こんどの改閣も結局異見のある閣僚の自発的な辞職から始まったものでなく、朴大統領の信任により決定された。閣内にまさつと異見があるのは非正常的なものでなく、むしろ正常な現象である。問題はまさつと異見の原因が何であり、これをどうして調和、解消するかにある。

◇

原因と結果がどうであれ、今回の改閣は丁一権—朴ラインの両信任を意味するものと解釈される。内閣全体からみると、丁総理にリーダーシップを発揮する業地を再び与えたものであり、経済閣僚チームとしてみれば、朴副総理のリーダーシップのもと経済閣僚間のチーム・ワークを強調したものと解釈できよう。

朴大統領が経済閣僚間のチーム・ワークと朴副総理のリーダーシップを強調したのは一度や二度ではない。検前任財務は、退任の辞を通じ、在任期間中に感じたことは、妥協せず所信通り仕事を進めることだと語り、高度成長と安定基調という二つの背理を調和していくためには、従前にない所信が要求されることを暗示した。検前任財務の暗示はいろいろなニューアンスを帯びている。これがこんどの更迭理由のすべてではないとしても、朴副総理と検前任財務との政策的な衝突によるまさつは一つや二つではない。特関税問題がそうであり追更予算編成過程との陣痛もその一例として指摘できよう。物価安定のため特関税を大幅にゆるめるとの朴副総理の発表は、まもなく外換事情の理由でゆるめることはできないとの検前任財務の発表でひっくり返り、追更予算財源問題でも対立した。農林部物価安定基盤問題で予算当局と笠前農林が対立したこともあった、こういう問題は陣容を整備した朴経済チームにそのまま引継がれる。朴経済チームが当面した課題としては物価安定という大前提の上に高度成長ムードの維持という重い荷がかかっている。外換事情が窮迫するとの警告に付随して輸入を節減するための政策的な転換が要求されており、開発金融体制の整備が足もとに落ちた火となっている。また干ばつの気味を濃くしている現在、その対策と穀価問題が当面緊急問題として登場し、さらは金利の二段階調整問題が年内に予定されている。見方によっては、六八年は韓国経済が迎えなければならない一つの転機—世界的な緊備ムードの中で、韓国がいかにして高い成長率を維持し投資財源を確保するかが問題となっており、国内的にはこうした投資がもたらすインフレ要因をいかに解消するかという重大な時期のようだ。

要するに、こんどの改閣はリーダーシップとチーム・ワークの整備にあったものと解釈される。しかしそのリーダーシップとチーム・ワークが何を意味するかについてはもう少し検討してみるべき問題とみられ、一つの政策が実践されるまでには複雑な過程をとる。主務官庁で作られた草案は経済長官会議の合意を経て国務会議の議決をうけたのち、大統領の裁決を経て、立法事項は国会を通過しなければならない。従ってチーム・ワークやリーダーシップはこの複雑な過程の一段階にすぎない。しかし経済政策に関して、経済閣僚たちの充分な理解と協同があってこそ政策立案が順調に進むことはいうまでもない。その上、政策の実践執行においては下部に行くほど細分化し機械化する。従って一つの政策が効果的に執行されるためには関連した各部処がそれぞれ心を一つにしたチーム・ワークをつくらなければならない。

朴副総理が就任した折、各部の裁量を大幅に生かし、法の定めるところによって、各部、各所管業務を責任をもって執行し、自らは調停する役割りを引き受けるにすぎないと言明したのは、それなりに一理ある態度であった。朴副総理兼経済企画院長官として、経済部処間の異見と政策衝突を調整経済企画院長官の調停役割りが実際に大きな威力を発揮しなかったのは閣内の異見が異見のままに残り、閣議の議決をみるまで行政が停滞し、閣内の不協和音が起こるような印象をさえ与えた。閣内の異見をなくすわけにはいかない問題は、これを解消する方法にかかっている。現在韓国経済は朴副総理が好んで語る、安定的成長のため越さなければならない多くの難関が横たわっている。これに対し、堂々たる陣列を整備した朴経済チームがいかに対処していくか大きな期待と関心がかけられている。

## 海洋大学の練習艦入港

韓国海洋大学練習艦半島号がさる六月十九日、名古屋港に入港。

尹点東船長以下練習生徒六八名、教員、船員を含め全員百十余名。

一行は民団本部はじめ各界を巡訪したが、約一週間後に出港の予定。（写真は名港に入港した半島号）

# 県ごとに文化センターを設置

## 僑胞教育育成費八億ウォンに増額

政府は海外僑胞の教育育成のため、これまで年間一億八千万ウオンの教育費を八億ウオンにふやし六九年度予算に盛り込むことにした。

僑胞育成はまず在日僑胞教育に重点をおき、育成方法としては①六九年の教育費を七億八千万ウオンに増額②僑胞財閥の協力を求め在日教育財団の設立を進め③三千万ウオン予算で在日奨学会を設置④国語、国史を重点的に教える夜間学校の設立⑤教育文化センターを毎年六県に増設、七一年まで全県に設立する。このため別途に九万ドルを割り当てる⑥四人の奨学官のワクを九領事館に一人ずつ九人にふやす、ことになっている。

一方、日本国内法による「韓国大学校」（仮称）の設立も進め、日本の外国人学校法による小、中、高校も大幅にふやす。また、これまで国定教科書をそのまま配付したのを僑胞のための専用教科書も別につくることになっている。

# 戸籍実務講座（5）

金　翊　根

戸籍非訟

一、就籍許可申請

就籍の許可申請は、就籍せんとする地を管轄する地方法院又はその支院にしなければならない。戸主及び、家族全員が就籍の場合は、就籍者全員が連署申請しなければならない。

但し、未収復地区に本籍をもっていた者が就籍する場合は、戸主又は家の長がする。

在外国民就籍に関する臨時特例法

第一条「目的」この法は在外国民の就籍の時期に関する特例を規定するのを目的とする。

第二条「定義」①この法から在外国民とは大韓民国国民として在外国民登録法の規定に依る登録者をいう②この法では、登録、登録簿 登録謄本とは各々在外国民登録法の規定に依り登録簿、登録謄本をいう③この法で、未収復地区とは一九五三年七月二十八日現在収復されていない行政地区をいう。

第三条「就籍許可申請」在外国民で本籍が無い者、又は明白で無い者が就籍する場合には、次の各号に依り本籍を定め、住所地を管轄する在外公館の、長に就籍許可申請書を提出しなければならない。

①登録簿の本籍が、未収復地区以南の場合は、その本籍②登録簿の本籍が未収復地区の時は未収復地区以南の選定した本籍

第四条「添附書類」①就籍許可申請書には、身分表、在外国民登録簿謄本、居留国の外国人登録簿謄本「居留国の外国人登録者に限る」を提出する②他家より入籍者が家族として就籍する場合は前項の規定に依り、添附書類以外、除籍事由がある親家、又は生家の原戸籍抄本を提出しなくてはならない。但し親家又は生家が未収復地区の場合は以外である。

第五条「法院の許可」①就籍許可申請書を接受した在外公館の長は、素早く外務長官を経由し本人が就籍しようとする管轄の法院に送付する事②法院は前項の規定に依り就籍許可申請を受けた時は、関係市、区、邑、面長に戸籍の有無を調査委嘱する事③市、区、邑、面長は、前項の規定に依り委嘱を受けた時は素早く調査を回報する事④法院が就籍を許可した時は、就籍地の市、区、邑、面長に、その謄本を送付すると同時に、不許可の時は外務部長官、又は、在外公館長を経由され申請人のもとに、その謄本を送付する事

第六条「戸籍の編製」市、区、邑、面長が法院から就籍許可の謄本を接受した時は、素早く戸籍法の定めに依り戸籍を編製して、五日以内にその、戸籍謄本を外務部長官、又は、在外公館を経由して申請人に送付する事

第七条「費用負担」この法に依り就籍許可と戸籍編製、又は、その送達の費用は、国家又は地方自治団体が負担する事

第八条「施行令」この法の施行に関して必要な事項は、大統領令で定める事、「附則」①「施行日」この法は公布日から施行される事②「施行期間」この法は、一九七〇年十二月三十一日迄、施行する。

就籍申告

西紀壹九六八年　月　日

領事貴下

| | | | | |
|---|---|---|---|---|
| 一 | 本籍 | [illegible] | 戸主姓名 | 李相俊 |
| 二 | 住所 | 日本国[illegible] | 戸主姓名 | 李相俊（戸主との関係　本人） |
| 三 | 姓名 | 李相俊 | 出生年月日 | 西紀壹九[illegible]年壹月五日（本 [illegible]） |
| 四 | 身分に関する事項 | [illegible] | | |
| 五 | 許可又は裁判確定年月日 | 西紀壹九　年　月　日 | 法院名 | |
| 六 | 其他事項 | | | |
| 七 | 本籍 | 上記と同じ | 戸主姓名 | 李相俊 |
| | | | 父 七 李有成 | 母 七 金仙伊 |

就籍許可申請

日本国愛知県名古屋市中村区[illegible]

申請人及事件本人　李相俊

申請の趣旨

[illegible]

本籍　[illegible]

父　亡　李有成

母　亡　金仙伊　男

本　延安

李相俊

[illegible]

申請原因事実

[illegible]

添付書類　1. 身分表　2. 在外国民登録簿謄本　3. 外国人登録簿謄本

西紀1968年6月10日

右申請人　李相俊

大邱地方法院金泉支院　貴中

# 共和党の安定と"韓国政治"

## 金鍾泌氏脱党の後の"陣痛"

## 国民への重い責任を忘れるな

金鍾泌共和党議長の脱党届書が彼の出身地区党によって接受され、二日午後正式に受理されて脱党証明書までが交付された。これによって金鍾泌氏はすべての公職から退いて私人に戻って行った。その理由はどうであれ、金氏の突然な脱党は遺憾なことだと思わざるをえない。

▽問題はこんごの安定収拾策

こんごに残されている問題は公党としての共和党内安定収拾策である。現在共和党は、第一党として国会議席の絶対多数を占めているだけに、共和党の安定なしでは韓国政治の安定もまたあり得なくなっている。特に共和党は執権与党であるために、同党内の安定いかんが国家と国民の生活にそっくりそのまま大きな影響を及ぼすのである。

元来、韓国の民族性は歴史的に分裂しやすい弊害を帯びている。また、後進社会の政党生理は急激な発展過程において一種のハシカのようにふき出し、そして多くの陣痛を経験するものである。現在でも第一野党の新民党はさる二十一日、第二次全党大会を終えた後十日余りを置いてその党内要職の人選のさいに激しい陣痛を経ている。

しかし、いまの時点は韓国が離飛の世紀を迎えようとして必死になっている重大な開拓期であるゆえに、特に与党の"陣痛事態"が国民たちに大きな失望を与えてはならないと考える。それほどに与党は国民にたいして重い責任を負っているのである。

▽産業復興の先鋒に立つ旗手として

金鍾泌議長が辞退した後に共和党内の要職はその一部でも改編し、こんどの事態の後遺症を一掃して公党としての自覚のもとに刷新にして団結ある気風を造成して行かなければなるまい。そして党内の安定を一日も早くもたらし国民の代表としての責任を果たさなければならない。

こうすることによって絶対多数党である執権与党としての共和党が韓国を偉大な国に造りあげて行くこともできるのである。こうして与党は幸福な遺産を後世に残してやるための"産業復興"の先鋒に立つ旗手としての役割りにいささかの支障もないようにしなければならないと思う。

これは国民がいまの共和党に切実に期待していることなのである。

# さようなら　金宗允さん

金　翊　根

志操の人、気骨の士、これが金宗允氏に逢った第一印象であった。

それは、彼とつきあって行くにつれて益々鮮やかに実証されていった。

不義不正を徹底的に排撃し、優柔不断を生理的に忌み嫌う彼の強烈な個性は、常に部内を颯爽と統率していた。勤務時間の厳守、職責の完遂などは特に厳しかった。尤、これは公務にたずさわる者の初歩的心構えであるが、外部に対して団の威信を高める点にも細心に注力していた。出入り商人に対する支払など、所定の期日を間違うようなことはあり得なかった。

物事に条理を正し、けじめをつけるということは、公私を問わず如何なる場合でも重要なことである。民団が幸運にして彼を迎え、彼が不運にして民団に来た。彼の組織生活の中、中央本部よりも、愛知県本部において功績が大きかった。

千論万説、雑音の多いとの社会のことで、ひかえめに書くこの文でさえ異論が出るに相違ないだろう。でも、これだけは言わねばならない。県内の秩序を進取的姿勢に確立した点において、傘下の組織を機動的体制に整備した点において、民団の威信を対外的全般に高揚した点において、彼の治績は、民団史に一つのエポックを画するものである。

彼が民団愛知県本部事務局長として在任中に、本部会館が落成し、七個所の支部会館を建築した。本部が大半の資金を支給して支部会館を建てるということは、他の地方では見られない現象である。清廉にして一徹な性格の彼は、政治屋の多い民団社会でいつも孤独であった。同年輩の友人があまり居ないせいか、私とは年齢の隔りがあるにも拘らず、老少同楽の間柄で大抵の休日は私を訪ねて来た。

彼は飲んだらダニーボーイを歌う。あの年輩ともなれば、演歌や俗曲など一つ二つ位知っていそうなものだが、他の歌は聞いたことがない。

高麗大学のOBである彼は、四十年前学生時代に歌ったであろうその歌を、未だに歌い続けているのである。若き日大陸を歩き回った時もそれを歌ったであろう。本国の官界で勇名を轟かした時もそれを歌ったであろう。国会議員選に敗れ、飄然と日本に渡来し、民団中央本部に職を得た時もそれを歌ったであろう。そして、名古屋第一楼での送別会でもそれを歌った。恐らく、日本で歌う最後の歌であろう。思いなしか、彼の声は震えていた。聞く者も眼頭が熱くなった。彼は飲んでもよく組織論をぶった。その度に、遊ぶ時は仕事の話はやめなさいと私に拒まれた。

彼は真実民団を愛し、民団に尽した。それ程、忠誠を捧げた民団から彼は淋しく去っていった。彼としては珍しくしんみりとした表情で、組織人の悲哀をもらすのであった。新幹線名古屋駅正面に、民団愛知県本部が聳えたっている。高層ビルの屋上空高く、太極旗が翩翻と翻っていた。

プラットホームでつくづく眺めている生みの親を、熱烈に見送っているかのように太極旗が翻っていた。さぞかし、彼の胸中万感去来するものがあったであろう。想い出多い民団ビルに、最後の別れを告げる彼の肺は痛んでいた。

風蕭々として易水寒し、このような心境だろうか。

壮士ひとたび去っていつまた還るやら。

さようなら、金宗允さん

わが親愛なる先輩よ、さようなら。（筆者 民団県本部総務部長）

写真は金宗允氏の送別会のもよう＝5月24日第一楼にて＝

# 詩人　趙芝薫氏逝去

## ＝典雅な詩風と敏感な社会意識＝

韓国の中堅詩人の中でも孤高と志操の姿勢で一貫し、「野人」的存在であった趙芝薫氏（本名趙東卓、高麗大学教授）が、さる五月十七日逝去した。享年四十八才。

趙芝薫氏は一九二〇年、慶北英陽に生まれた。恵化専門（現東国大学の前身）を出た後、「白紙」という同人誌に作品を発表していたが、三十九年文芸雑誌「文章」に「古風衣裳」という作品が推せんされ、初めて詩壇にデビュー、注目をあびるようになった。このデビュー作は、古典的な素材と典雅な詩風というそれまでの詩壇にない格調をもっていて、しばらくの間詩壇を賑わせた。四十六年「文章」誌に朴斗鎮、朴木月氏等と共に三人詩集「青鹿集」を出し「青鹿派」という世称を生んだ。

この「青鹿集」出現を週刊韓国では「わが国の現代詩の金脈であり巨火であった」と評している。五十二年、詩集「草葉断章」を出しつづいて「趙芝薫詩選集」（五十六年）、「歴史の前で」（五十九年）、「余韻」（六十四年）等を発表し、また「悲しみにもたれて」（五十八年）、「詩の原理」（五十九年）、「詩と人生」（五十九年）、「志操論」（六十四年）、「石の美学」（六十四年）等のエッセイ集を出した。

氏がまとめた「趙芝薫詩選集」の中で、自身の詩を五つのパターンに分類しているので参考までにあげると、①習作時代に属するもので懐疑的、華奢な感覚的世界「地獄記」「月光曲」等、②民族的情緒をうたいあげた民族的、回顧的世界「鳳凰愁」「古風衣裳」等、③禅味と瞑想的世界「叙景小曲」「古寺」等、④東洋的寂静「玩花衫」「落花」等、⑤八・一五直前、直後に書いた自然と人生観と悩しみにたいする静かな情緒「草葉断章」等に分けられている。

解放後から最近にいたるまでの氏の作品を、朝鮮日報では「歴史意識に敏感な反応を示し、対社会政治的関心をより口にだした」と評し、東亜日報は「孤高な知性は独裁を憎み、民族を愛した…」、週刊韓国では「日帝時代、総督府に抵抗した詩人の一人であった」と述べている。

詩作の傍ら、恵専卒業後、月精寺の仏教専門講院講師、明倫専門京畿高女、ソウル女医大、東国大等を経て、四十七年十月から高麗大で国文学を教えていた。

また、同大学で現代詩論、現代文芸思潮史等を講義しながら、「韓国文化史序説」（六十四年）を著述、韓国の精神史を深く究明することに傾注した。六十三年高麗大民族文化研究所長に就任、全六巻の個別史である韓国文化史大系編さん（三巻既刊）発刊に力を注いでもいた。その第一巻内の「韓国民族運動史」を自身で執筆し、日帝侵略下での抵抗を通じ、生きてきた民族史（精神）の生動を強調している。

趙芝薫氏は、解放前は反日帝的立場を堅持していたが、解放後の李承晩時代には自由を口にする多分に御用的存在であったことを免れない。しかし、四・一九を境にして当時の詩壇が転換期を迎えたように氏もまた反体制的詩風、反独裁をうたう自由主義者にかわっていったことをあげることができる。



# 北傀のテロ行為を糾弾する

東海新報
発行所 東海新報社
発行人 金龍煥
電話名古屋(571)6431
定価 1ヵ月100円

民団綱領

一、われわれは大韓民国の国是を遵守する。
一、われわれは在留同胞の権益擁護を期する。
一、われわれは在留同胞の民生安定を期する。
一、われわれは在留同胞の文化向上を期する。
一、われわれは世界平和と国際親善を期する。

# 広汎な情勢検討か

# 韓米首脳会談決まる

## 17日・朴大統領軍幹部も帯同

ホワイトハウスは十二日、ジョンソン米大統領が十七日ホノルルを訪問、同地で朴(パク)韓国大統領と会談する、と発表した。それによると、ジョンソン大統領は復活祭をテキサスで過ごした後、そこからハワイへ向う予定である。

ジョンソン・朴会談はもともと先週末、予定されていたハワイにおけるベトナム問題に関する米首脳会談が開かれた際に行われるはずだったが、マーチン・ルーサー・キング師の暗殺事件にともなうワシントンでの黒人暴動さわぎでジョンソン大統領のハワイ行きが中止されていた。

## アジア問題を協議

十二日夜のソウル放送によると、朴(パク)韓国大統領は十八日、ホノルルで(現地時間十七日)ジョンソン米大統領と韓国問題をはじめ、東南アジアの諸問題を協議するため、ジョンソン大統領差回しの特別機で十八日ソウルを出発、ハワイへ向う。朴大統領は崔(チエ)国防部長官、李(イ)大統領官邸秘書室長、任(イム)合同参謀本部議長ら十人の随員をともなう予定。

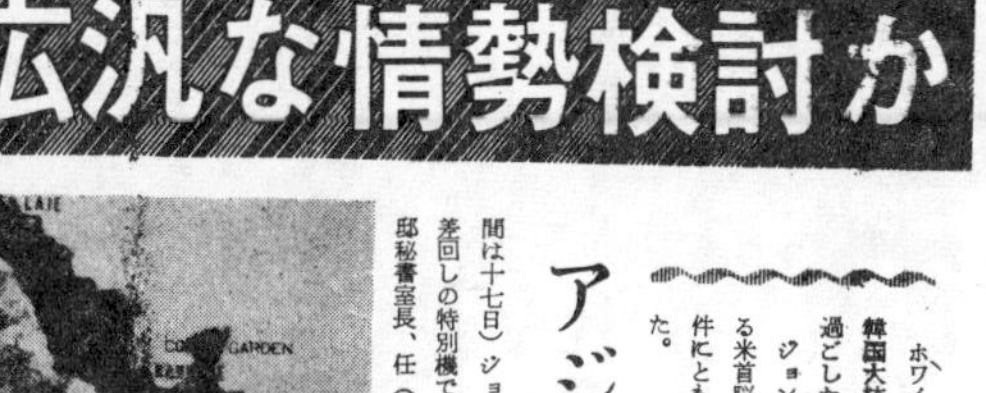



……◇会議場所となるホノルル……◇

## 民団の積極協力希望

### 文鍾律(駐名古屋)領事当面問題に言及

さる十日、第二十三回民団中北地区協議会に参席した文鍾律駐名古屋大韓民国領事は、民団の発展と中北協議会の役割に祝辞をのべた後、当面する各種問題について次のように話した。

(一)韓南問題=ジョンソン声明後、朝総連の悪質なデマが乱れとんでいるが、韓国とベトナムとはいろいろの条件が異なっており、それを、混同して悪宣伝する朝総連の底意は見えすいている。

①先ずの指導者の質……ベトナムと韓国の指導者とは質が違う。現在の韓国政治家の指導力は強力であり、政策の実行に対する国民の信頼もあつい。

②反共理念……韓国人の反共精神は世界でも最強のものであり類がない程だ。さる一月二十一日の北傀スパイ潜入時の韓国民の徹底した憎悪のあらわれを世界は見ている。ベトナム人は、長い間の戦争で、クタクタになっている面もあり、韓国とは比べものにならない。韓国人は、反共の理念にかたまっている。

③米国の世界政策……米国としても、このように強力な友邦の将来に影を落すような政策はとれない。韓国政策の失敗は世界政策の失敗を意味する。私たち在日同胞は、一致して、悪質な共産勢力と対処しなければいけない。今こそ在日同胞の反共精神を発揮すべき時である。

(二)国内経済に協力する体制……昨年度の韓国経済の発展相は驚異的なものであった。日本在住の同胞が、どのような形で、祖国発展に協力するかを研究しよう。多数経済人の協力を期待する。

(三)信用組合設置問題……韓信預金額は、今全国で約六百億である。中部六県で、信用組合のない県は石川、富山県である。その両県は朝総連で今信用組合の設立が出されている段階だと聞いているが、民団でも早急に対策を講じる必要がある。同胞たちも、力を合わせて、信用組合発展に寄与しよう。

(四)韓日親善協会結成……「一県一協会」というのが、大体の方針である。従って、未結成の県でも出来るかぎり、結成する方向に推進してほしい。日韓協会の設立は両国の現状から有意義なことと思う。

(五)国民登録・外国人登録の積極的推進……民団は協力してほしい。

(六)国内博覧会……九月に韓国産業博覧会が開催されるので、在日同胞の多数参加を望む。三百坪の展示会場の場所も確保してある。また外換銀行の利用を有利にしてほしい。

(七)ブルドーザー等建設用具の搬入について

ブルドーザーなどは、韓国内で建設事業に必要であり、国内で具体的事業についての許可を得ておれば導入を許す。

(八)その他民願事務も領事館では取り扱っている。気軽に問い合わせ願う。(写真は文鍾律領事)

新委員長に徐君

韓学同第二回大会で

韓学同東海本部では、さる十四日午後二時、民団県本部会議室で第二回定期総会を開き、新委員長に、徐完鎬君(岐阜大3年)を選出した。

## 新聞論綱

### 説苑

本団の最高政策議決機関である中央委員会において、決定された基本政策及び方針が、本団の各級組織のあらゆる運動及び活動を方向づけ、規制するものである限り、各地方の地方委員会の第一義的任務は、中央委員会の政策及び方針を、最も正確に、最も合理的に、最も効果的に傘下の各級組織へ浸透させ、具体化させる役割を果すことであり、第二義的任務は、当該地方の組織状況を中央委員会の意志に沿う様調整し、地方組織の方向を定め、運動上の方針を具体化することである。

この様な観点からすれば、当愛知県地方委員会の今までの運営は、概して満足すべきものではなく、むしろ、ある時はその任務を忘却した観さえあった。組織体系の確立を叫ぶ本団の、現時点における困難な諸状況に十分留意して、この度の第八回愛知県地方委員会は、その任務と役割を明確に認識すべきであり、正常な運営を期すため注力すべきである。

去る三月二十八日の第十二回中央委員会で採択された方針を総括すれば、そのほとんどが、第十一回中央委員会の方針の踏襲であったが、特記すべきことは、在日同胞の権益擁護と民生安定に対処する本団の運動における姿勢をして理論的に明確な裏づけをしたことである。即ち「理論及び見解の統一に関して」(組織局)によれば、韓国人としての高い矜持と主体制に依拠している徹底した反共精神と、在留同胞の権益擁護及び国土統一に対する烈々なる民族愛こそが、本団の基本姿勢と綱領の中に脈うつ理念であるとし、権益擁護に対する姿勢を、解放以前の日帝暗黒時代から解放後韓日間の国交が正常化された時までの、我々に対する日本政府の差別政策と、疎外された処遇の中で、忍耐と犠牲をもって努力し獲得した我々の生活権を主体とする全ての権益に関し、我々は日本政府に対して、我々に就いての歴史的道義感と誠意的な国家社会間の通念に依拠した全ての社会福祉政策の施行を要求すると同時に、本国政府に対しても積極的に我々の実情を反映させて、我々のあらゆる面での権益を確保し、我々と我々の子孫に安定と繁栄を保障せねばならないとしている。又、民生安定に対する我々の姿勢を確立するにおいて、在留同胞の置かれている現在的状況をかもした

### 第八回愛知県地方委員会に際して

した大きな遺因は、日本政府が我々同胞社会に対し分裂と追放同化を通して、暗に圧迫政策を持して来たことを指摘せざるを得ないとしたことである。なお在留同胞の法的地位が、未だに解決されていない多くの問題を内包していることが、民生安定に決定的な阻害となっていると指摘し、最近物議をかもし出している外国人学校法案に対して[illegible]成、数ヵ条の内容に対してであるが、反対の態度を明確にしたし、出入国管理令改悪にまつわる一連の政策に対し否定の態度を表明している等々である。

以上の様な姿勢を堅持することは、日本国民との友好親善を推し進め、互恵平等の立場において相互間の繁栄を計るという本団の国際親善に対する目標を正常に成就する為にも、必要欠くべからざる要件であるばかりでなく、この地で永住するであろう我々の子孫に対する既成世代の義務でもあると信ずる。

この様な見地から、第八回愛知県地方委員会は、第十二回中央委員会の意志をくまなく、地方各級組織に反映させ周知さすべく、あらゆる努力を注いで合理的執行をうながす方策を模索すべきである。又、その様な方策の模索及び決定に際しては、最悪の事態に備え、最善のものへと指向する核心掛けねばならぬが、執行過程における活動経過を、冷静な批判と反省の上に厳しく総括して、全ての活動に就いての成果を正当に評価する価値づけの機能を逸してはならない。何故ならば活動経過についての質的な分析作業は、今後の活動をより充実させ、発展させるための教訓であり、活動の評価は、組織体の現況を質的に把握するための最も重要な尺度になるからである。

第七回愛知県地方委員会以後愛知県地方本部が志した主な活動目標は、(1)民族主体性を堅持し、時急な組織の再整備を促す。(2)権益擁護と民生安定を期するための強固な組織的基盤を造成し、団の権威を高める。(3)西紀一九七〇年度に予想される全ての内外情勢に対処する、であった。所期した目標に照し、運動及び活動が適当であったか否かを規定しうる権限は、ただ地方委員のみに委ねられた特権であることを、地方委員諸氏は、今一度銘記していただきたい。しかし、運動及び活動は、常に流動的主客観的状況の中で行なわれるものである。平面的断片的尺度で分析することは、ナンセンスであるばかりでなく、評価の核心にせまることは出来ない。中央委員会において明らかにされた主客観情勢を正しく認識する中で、本団をとりまく外的条件と内部状況を十分に把握し、分析する立体的見地から、運動及び活動を動態的に評価する態度を堅持すべきである。

活動経過の正当な評価——組織体の現状把握——今後の方針の決定、この様な一連の組織運営に対する感覚こそ、組織を発展強化させる原動力であるし、地方委員に欠くべからざる資格要件であると信じてやまない。

第八回愛知県地方委員会の成功の成否は、その構成員である地方委員の諸氏にかかっていることを再度指摘しながら、その成果を祈る。

## 民族教育干渉に反対

### 韓青愛知本部で抗議集会

所謂日本政府が国会に上程した「外国人学校法案」は、政治問題としてクローズアップされ、政党間に論争がくりひろげられる状況にあるが、在日同胞の間からも、同法に対する批判が高まり、その批判の声が大衆の間にひろまっている。

さる三月二十八日、東京・日傷会館での、民団中央委員会で同法に対する民団の態度が「基本的に反対、慎重に対処し、外交機関を通じ要求する」ことが確認されている。

愛知県韓国青年同盟(朴完圭委員長)でも、その間、数回にわたって同法に関する勉強会を持って来たが、同法が在日韓国人の基本的教育権を侵害し、今後、我々の生活に重大な影響を及ぼすと判断、十六日「民族教育を守るための愛知県青年学生集会」を開き、強力に抗議した。

## 民族教育を守る為の愛知県韓国青年学生集会に参席しよう

我が民族は

一九四五年八月十五日、歓喜と感激のうちに三十六年間にわたる日帝の支配統治から、解放され自由を取戻しました。しかし、爾来今日迄の二十三年間、我々在日韓国人社会にあっては、過去の日本日帝の三十六年間にわたる苛酷な統治時代の遺物的風潮が払拭されないまま、依然として日本人による韓民族に対するいわれなき侮蔑感と偏視感が潜在されております。在日韓国人が日本に来住するに至ったのは、いうまでもなく、日帝の三十六年間にわたる苛酷な植民地侵略と搾取による国内生活の破壊と、戦争の犠牲として、徴用・徴兵等によって、強制的に連行されて来たのであり、今日、その子孫として、多くの二世・三世が居住しているのです。

このように特殊な歴史的背景の下に、我々は日本に居住しているものである故に、民族主体性を堅持し、韓国人としての教育を享受する正当な権利を有するものであり、又子孫にも、民族の固有な文化を伝達し、国語と歴史を教えることは、我々に賦課された神聖なる義務なのであります。

しかるに、今般、日本政府閣議において、日本国会上程が決定された「外国人学校法案」は、日本の国内法とはいうものの、その対象としている在留外国人の大半が我々在日、同胞の子弟であるという点を考慮する時、これは実に、在日韓国人子弟の民族教育に直接影響を与えるものであり、これから韓国人としての民族教育を享受し、子孫にも、その文化を伝えることに誇りと無限を覚える我々にしては、この問題に深い関心を寄せずにはおられないものです。

「外国人学校法案」の内容をみるに"日本の利益を害すると認められる"云々(第三条)という曖昧な表現の下に自主的な教育運営に対し

立入検査行使権 (第十条)

是止・中止 (第八条)

閉鎖命令(第九条の発令等、強大な権限の行使を、文部当局に委ねており、刑事罰則規定(第十三条、第十四条)までも設定してあります。

この「外国人学校法案」の条文の解釈如何によっては、我々の民族教育機関の自主性を侵害し、権力的介入によって、民族教育を妨害しようとする底意があると、いわざるを得ません。

既に、韓日両国間には、友好関係が、樹立されており、相互親善を、図らねばならないこの時期に日本政府が、このような内容の法案を提出するということは、理解に苦しむものであり、日本政府政府当局要人の近年発した種々の発言等に照し合わせてみる時、日本政府は、少なくとも、在日韓国人に対しては「韓日親善」を期しているのではなく、日本への同化となければ追放の政策を、取っていると指摘せずにはおれません。

このような時期にこそ、我々自身が民族教育の正当性を、再確認し、右の様な内容を内包する「外国人学校法案」は、我々の民族教育に権力的な介入を、為そうとするものであると認め「外国人学校法」制定反対を唱えるものであり、去る三月二十五日、東京・全電通ホールで開かれた、全国からの韓国青年学生の「民族教育死守中央決起大会」に引続き、当愛知県においても"民族教育を守る為の愛知県下青年・学生集会"を左記の如く、開催致しますので、青年・学生諸君の積極的なる参加を要請致します。

記

一、日時 一九六八年四月十六日(火)午後七時

一、場所 愛知韓国学園(二階)

一九六八年四月十一日

在日韓国青年同盟愛知県本部

## ベトナム新情勢 韓国に高まる不安

# 不満な頭ごし交渉

## 国際的地位にも影響?

### 参戦国の発言主張

ジョンソン米大統領が三月三十一日突然ベトナム戦の北爆停止を含む戦略的縮小と選挙出馬放棄の爆弾声明をしたことに、韓国政府はその真意が果してどれほどのものかについて疑うと同時に、ジョンソン大統領の捨身の声明に深刻な思いをいだかざるを得なかった。朴大統領とのホノルル会談も、これまた突如として起ったキング師の暗殺に端を発した黒人暴動で延期となり、いま韓国は頭ごしにあわただしく動くベトナム情勢を不安ないらだちで見つめている。

韓国には、今度の米国の戦略転換はどうしても米国が混迷するベトナム戦から一歩も二歩も身をひきたい弱気の現れと映るようだ。

テト攻勢を境に有利な戦略的地位を形成しはじめたといわれる南ベトナム解放戦線と苦戦をしいられる米軍——この力関係の変化が現地米軍の楽観論をくつがえし、ウェストモーランド司令官の更迭につながり、さらにマッカーシーやケネディ両大統領候補の和平論に予想以上の支持が集められていることが、やがて米国のベトナム戦略に何らかの修正が加えられるのでは、といった予測は軍事消息筋でもしていたが、こうした形で思い切った集中的措置でやってくるとは想像もし得なかったと見られる。

不安をつのらせている韓国が、今後のベトナム新情勢にどんな出方をしていくのか。それは大きくいえば米側の戦略修正に追従する形で動かざるを得ないのは当然だが、それにしても韓国としては●ベトナム戦略変更が米側のアジア戦略の根本的再編成につながる恐れがないか。三十八度線防衛体制は当面揺るがないとしても将来朝鮮統一問題にからんでどういった動きになるか●同米一辺倒の協調も、プエブロ事件に見られた北朝鮮との秘密交渉や今度の爆弾声明に見られるように、常に米側の"家庭の事情"で韓国の頭ごしに大きく動くならば、芽はえ始めに対米不信感は米韓関係に少なくない違和感を残していく●ベトナム戦争を通じてアジアにおける共産主義勢力との軍事的対決を今後の進路とした政策は、米国の太平洋国家宣言にも支えられてアジアの一角に特異な国際的地位を築いてきたが、これが根底から脅かされるなどの実に深刻な問題あるわけだ。

従って韓国政府はベトナム和平交渉においては譲らないとする基本的な立場をすでに米側に通告したと明らかにしたが、それはベトナム参戦国が平和交渉の当事国に当然加わるべきだという主張である。一九五四年のジュネーブ国際会議は米、英、ソ、仏など九カ国だが、これに韓国、タイ、フィリピン、オーストラリア、ニュージーランドなど五カ国も発言権がなければならないとの立場を強く主張している。また韓国側が特に重視するのは一昨年十月マニラで開かれた参戦国首脳会議での共同声明である。これに基づき、韓国は「北ベトナム軍の撤収」と「浸透戦術の中止」が国際的に明確に保証されねばならず、南ベトナムの戦後開発事業は参戦国が継続支援するという点が保証されなければならないとの立場のようである。そして戦後処理の場合、解放戦線も含めた連立政府樹立方式には絶対反対を貫くという主張を消息筋は伝えている。

## 幹部講習会 本部で盛況

民団愛知県本部主催第一回幹部講習会が、さる三月二十三日、同本部五階ホールで催された。

この種の講習会が県本部単位で開催されたのは初めて。

この日は県本部団長金竜煥氏、同議長姜末律氏はじめ本部各機関役員、支部役員ら約四十名が顔を見せ、傘下団体からも婦人会県本部姜英坤会長らが参席した。

国民儀礼のあと、金竜煥団長は"この種会議が本県で開かれたのは初めてであり、その点において大きな意味を持っているといわざるをえない。先般中央委員会の組織宣伝両委員会でも、理論と見解の統一の問題が取り上げられ、各級組織の理論向上が議論された。これからの民団幹部は、まず理論武装すべきだ。そして大衆のためにつくす体制を確立しよう"とあいさつした。

講習会に入ってからは、朴性鎬民団県本部宣伝部長が「会議進行法」同丁海竜組織部長が「組織論」を講義した。(写真は同講習会もよう丁海竜組織部長)

## 三次韓・日貿易会談五月初開催

=外務部は八日、第三次韓・日貿易会談が来る五月初めに、第一次韓・日貿易会談が五月末にソウルで開催される予定であると発表した。

## 寸言

▼民団政策審議機関である地方委員会が、来る二十[illegible]中村区の愛知[illegible]ホールで開かれる。民団規約第[illegible]章第一節(第九[illegible]条)は、議決機関に関する規定をしているが、「中央大会は、本団の最高[illegible]関であり、宣言、綱領、規約の制定及びこれに準じた重大事項を議し、三機関の任員と中央委員を選出する」と規定している。地方委員会は中央委員会に準じる[illegible](同規約第四章第三六条)例年私共は、最低二回の地方委員会を持つことになっているが、地方委員会に寄せる大衆の期待は大きく、注目されている。

▼さて、このような権威ある地方委員会であってみれば、その運営も自ら権威と品位あるものでなければならず、大衆が期待する次元で政策討議をなし、実に全ての会議の範とならなければいけないと思う。ただ集まって雑談をくり返すことなく、会議の目的と効果に責任を負う会となるよう各委員は心すべきである。このような会議のABCをもって、今更権威ある地方委員会を過す気持ちは毛頭ない。大衆の期待するところを伝えて訴えているのである。

▼アメリカのハメンス教授は「多数の暴力」ということを言っている。会議の数頼は、衆知を集め、よりよき結論をえるところにある。たとえ無駄に思える事でも、じっくり話し合うこと、少数意見といえども、その言わんとすることとを傾聴し、多数の票決のみによって結果をはじき出す愚を犯すのは、私共は避けるべきである。これは、逆説的にも言えることであって、自己主張に固執するあまり多数の意見を聞き入れず、会を混乱におとし入れる、非民主性を私共は排撃せねばいけない。各員、良識と人格にもとずいて、その任を果すべきであろう。

▼よく会議の最も悪い例をいうとき「会して議せず、議して決せず決して行なわず、行なって責を問わない」という。一つ一つ吟味して省るとき、もっともなことをうなづける。衆知を合わせるのは結構だが、ガヤガヤ騒いで、議を行なわないのはいうまでもないが、議するのに終わり決することをしない場合、会議自体は、無意味に終わる。このようなことは決して権威あるわが地方委員会を指していうのではない。一般の会議全体にあてはまることではあろう。しかし、百に一つでも、われわれはその愚を犯すべきではなく、自らを省りみて戒める点は、戒めるべきである。

▼年二回、民団の現状を分析し、自己批判し、大いなる前進のため討議するこの委員会に、私共は大きな期待をかけている。現在の民団は、実に微妙な曲り角に立っている。重要問題については、さる三月二十八日の中央委員会で審議がなされ結論が出ているが、この地方で、どうしてもなさねばならない問題も数多い。

▼常に大衆と共に考え歩む民団は大衆の要求に耳を傾けねばならない。果して、大衆は何を望んでいるのか……。考えよう、討議しよう。そして、よき結論をひき出し行動しよう。

# 班組織強化を推進

## 第二十三回中北協議会終わる

第二十三回民団中北協議会は、さる四月十一日午後一時から、名古屋市中村区井深町、愛知韓国学園で開催された。

中北六県の民団代表が参席した当日の会議は、丁海竜愛知民団組織部長の司会で進行された。

国民儀礼のあと、金竜煥愛知民団長（中北協議会事務局長）は、あいさつの中で

「全協議会員の参加のもとで開催出来ないのは遺憾であるが、真剣な討議で最大の効果をあげれるように期待する。

民団は全在日同胞の結集団体であり、その反共理念と、世界平和達成への寄与は不変である。ジョンソン大統領の声明は、正直に言って"物足りない"感もあるが、力だけに頼らず、与論を尊重する民主々義の良い点を示してくれた。我々は、共産主義に対する警戒を怠らず、彼らの世界平和攪乱意図を粉砕しよう。

特に、中央委員会のあとだけに中委決議事項を勉強して、組織拡大に努力しよう」とあいさつした。

続いて、民団中央総務副団長は「在日同胞は、如何に祖国に貢献するかを勉強せねばいけない、子孫に何を残すべきであろうか、有益な遺産を子孫に与えよう。

民団も主体性を確立しよう。教育問題など山積しているが、対処する体制の確立が急務である」と強調した。

つづいて同日の協議会では、文綸律駐名古屋領事の祝辞があった後、当面各種問題について討議して、午後七時ごろ閉会した。

▼当日の討議事項次の通り

（一）組織整備及強化（特に班の組織に関して）

中央委員会でも決定されているが、班の組織は、民団にとって欠くことの出来ない要素である。このような観点から、各県では、班組織を早急に整備・強化すべきである。中北六県では、愛知県のみが、現在、班組織を完了した形だが、不完全である。一日も早く、班を組織すべきであるとの全事務局長の報告があった後、各県の実情が報告、討議された。この結果各県が、中委の決定を厳守して、速かに実行することが確認された。

（二）外国人学校法案について

原則的に反対である。民族教育は、朝総連のみが、行なっているのではなく、民団も、今後、民族教育を推進する立場にあるだけに慎重に対処する。

（鄭中央副団長の発言があり、中央でも、この問題について、研究中であり、政党関係者とも折衝することになっているとのべた）

（三）文化センターの増設について

石川県、あるいは福井県に一ケ所、文化センターを設置したいとの領事館の意向をくんで、検討する。石川、富山両県の意向も打診…

この支部を 伸ばそう！ 見守ろう！！

# 民団は団員のもの

## 五年後に実った送金

### 輪禍の同胞につくした民団の努力

一宮支部

## 堂々新会館を落成

### 民団豊川支部決意も新しく

写真は新築なった豊川支部会館と駐韓豪団長

— 中北協議会であいさつする金事務局長 —

# 登場

## 整然とした理論

### 新任東中支部議長

崔秉勝氏

## 韓国が圧勝

### 韓日アマボクシング対抗で 7対1

## 婦人連中活躍

### 中北協で好評

## 第二のソウル案

### 金玄玉市長計画語る

## 韓国記者団 民団を訪問

## 旅行業界に君臨する

## 僑胞系の世邦旅行社

### "運輸大臣登録一般"を取得

## 大阪総領事館で 輸出港進出懇談会

## 民団母国訪団 25日に出発

## 韓青一宮支部 野に集う！

## 金東祚大使帰任

## インドネシア 総領事館開設

## 本団来訪

=おわび=

## 団長の一喝！



## メキシコオリンピック参観団募集

世界一周へ

一、募集人員 約五〇名

二、旅行期間 自 一九六八年十月十日 至 一九六八年十一月十日

三、旅行行程

Aコース（オリンピック参観とアメリカ一周）

ホノルル、ロスアンゼルス、メキシコ、マイアミ、ニューヨーク、ワシントン、シカゴの各都市

Bコース（ワシントンまではAコースと同じ）

ロンドン、パリ、アムステルダム、ベルリン、フランクフルト、ジュネーブ、ローマ、バンコック、ホンコン、タイペイなどの世界各都市

四、旅行費用

Aコース 六五八、〇〇〇円（十三日間）

Bコース 九九五、〇〇〇円（二十四日間）

旅行費用には、全行程の航空運賃（エコノミークラス）、現地宿泊費、食事、その他団体行動に伴なうすべての費用と旅行に関する諸手続の費用が含まれます。

五、応募要項

◎応募範囲

在日韓国人、帰化日本人はどなたでも参加できます。但し在日韓国人は旅券所持者に限ります。夫婦御同伴を歓迎致します。

◎必要書類

旅券、写真一〇枚（5㎝×5㎝）印鑑、国民登録完了証、外国人登録済証明書、身元確認書（1、2 3面所定用紙）四部、納税証明証（県市民税、所得税）右日経歴書（詳記のこと）各一通

但し日本の方は戸籍抄本、経歴書各一通、写真七枚、印鑑

宇宙時代に

六、申込み及び締切

◎申込金 二〇〇、〇〇〇円を添えて所定の申込用紙にてお申し込み下さい

◎締切 一九六八年五月30日（満員次第締切らせて頂きます）

◎申込取消の場合

御申込みの後、本人の意志によって取消す場合は、申込金は全額返還致しません。

但し本人の個人的理由で、再入国許可又は官公署への手続などで旅行が不可能の場合は、それまでの諸手続きに要した実費を控除した残額をお払戻しいたします。

◎申込先

名古屋市中村区広羽町三の三七

世邦旅行社

主催 世邦旅行社

協賛 居留民団中北地区協議会 ・愛知県韓国人経友会

# おめでとう！豊橋支店開店

## 愛知商銀で五番目

### ＝地理的に見ても発展確実＝

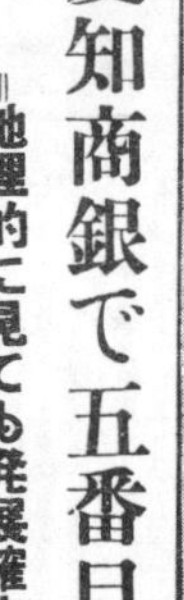

さる四月八日、信用組合愛知商銀豊橋支店が開店した。愛知商銀五番目の支店である。

午後一時、李且竜同組合専務理事の司会で始まった。同開店祝賀会には、桑原愛知県知事を代理して吉田県金融課長が参席した外、豊橋市内の各官庁機関長、金融関係者、有志たちが顔を見せた。

民団側は、金宰淑民団県本部団長はじめ組織関係者や組合関係者多数が参席した。

姜求道理事長が、あいさつ（別項）した後、金民団長は祝辞の中で「組合の発展は我々の責務である。全力をつくして、その発展を助けよう。作るだけが全部ではない。立派な組合に育てよう」とのべた。また、桑原知事を代理した吉田金融課長は「充実した愛知商銀の発展に祝福し、今後より一そうの前進を願う」と、祝辞をのべた。

つづいて、姜求道理事長から、同支店竣工に多大な責任を完遂した「熊谷組」などに感謝状が送られた。

なお、引きつづいて行なわれた祝賀パーティーには、一流のホステスたちが接待する中で、和やかに行なわれ、祝賀ムードが一杯であった。

豊橋は地理的に見ても、同胞の分布状態から見ても、今後の発展が期待される。

### 開店日の預金一億五千万

### 第一号預金者は朴鳳伊氏

豊橋支店が開店した日、この日だけで預金額は一億四千五百万円だった。

この日、開店をまちかまえていたかのように、午前九時の開店時間には、すでに預金者たちが顔を見せ、同支店の職員たちを喜ばせた。

第一号預金者は、民団豊橋支部副団長朴鳳伊氏であったが、氏は九時、開店と同時に金〇円を預金した。このように熱心な同胞たちに混って近辺の日本の人々も“今日からこちらに決めました”と預金にあらわれていた。

開店日の成績は上々、午後三時現在一億四千五百万円の預金が集まった。

▼第一号預金者となった朴鳳伊氏の横顔

本籍 慶南咸安郡山仁面[illegible]

### 豊橋支店の職員構成

▲支店長 河村光郎

▲次長 [illegible]

▲係長 金田知雄

山田昌一 成田[illegible] 河原俊一 [illegible]山次江 松岡[illegible] 金本信雄 安本明美 広本明代

▲支店長 河村光郎氏の経歴

昭和30年3月 入組

〃 36年3月 得意先主任

〃 38年4月 得意先係長

〃 39年2月 本店営業部々長代理

〃 39年10月 今池支店長

〃 41年1月 一宮支店長

〃 41年5月 岡崎支店長

〃 43年4月 豊橋支店長に就任。

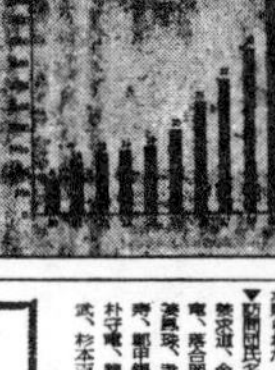

### 全力投球で信用強化

理事長 姜 求 道

本日当支店開店に際し監督官庁はじめ来賓各位には何かとご多忙中のところ、ご臨席をいただきありがとうございました。

平素各位の相かわりませぬご支援ご協力により当組合も、まず以て順調な歩みをしめしてまいりましたが、特にここ二、三年来当地区組合員の熱心な支店開設のご要望がございましたので、私共といたしましても、なるべく早く、これにお応えするため、内々で準備を進めてまいりましたところ幸い当局のご認可をいただき、目出たく開店のはこびとなりましたことを、ここに厚くお礼申し上げます。

昨今の厳しい経済情勢下において、中小企業の経営はいつとも楽観を許さぬものがあると存じます。それだけに全力投球しない限り、経営上成果を得ません。それにはまず信用力の強化、つまり金融のパイプの役割をよくすることが急務と考えられます。

当信用組合といたしましては、このパイプをしっかり握って地域の同胞を助け、組合員各位にいささかでもお役に立てるよう役職員一丸となって努力する所存でございます。

何卒各位の絶大なご支援をお願いいたしまして私のご挨拶といたします。

### 商銀の母国訪問団

### さる十日JAL航空機便で出発

信用組合愛知商銀（姜求道理事長）主催の母国訪問団が、さる四月十日出発した。総員二十名。

同組合では、組合員の貯蓄意欲高揚と、広く本国の実情を知って貰うためこの訪問企画を立てた。

この日一行は、観光バスを貸切って、十日朝十時、同組合前を出発し、同日午後一時、伊丹発JAL機便で訪問の途についた。

この日、愛知商銀ビル前には、民団関係者や商銀の職員、そして[illegible]

[illegible]武、杉本吉弘、金[illegible]

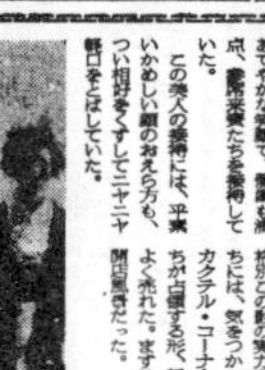

### 伸ばそう 愛知商銀

#### ＝組合がもたらす全同胞権益拡張＝

“信用組合愛知商銀が、また一つ痛快な大ヒットをとばした。

一部非民族的な輩間の悪らつな妨害にもめげず、前進に前進を続け、ゆるぎもない地歩をきずき、同胞社会に君臨する唯一の同胞金融機関に、五番目の支店が誕生した。

岡崎（支店長・安本正雄氏）今池（支店長・島田健太郎氏）一宮（支店長・落合照尚氏）熱田（支店長・丸田力氏）につづき、さる四月八日豊橋支店が、堂々開店するに至ったのである。

かえり見るとき十五年前「金融信用組合」が出発した当初、四十数億の預金高をほこる今日の愛知商銀を予見する人は少かった。良識ある同胞たちの積極的な協力と、幹部、職員たちのたゆまぬ努力が、全国信用組合の中でもその内容が最も高く評価される今日の栄光をもたらしたのである。

祖国の歴史の興亡と悲しみは、即ち、在日同胞のそれでもあった。国土を奪われ、歴史がけがされるとき、国を追われた人々――国権不在の恥辱の時期に、最もいやしまれ異国の果に、涙することすら忘れた人たち――。国なき民の悲哀を骨身に感じ暮したのは幾歳月だったろう――。

民族が光復した日、それは全在日同胞が蘇生した日でもあった。国権が回復した日、それは在日同胞が人権を取り戻した日であった。

八月十五日！祖国のために尽すことが出来ると約束された日！我ら自身のために団結することが保障された日！

信用組合愛知商銀は、愛知県下居住の全同胞の預金の産物である。

二十有余年、成長に成長をつづけて来た「愛知商銀」の姿は、在日韓国人の成長と比例する。

我らの組合「愛知商銀」を充実させることは全同胞の権益の拡大につながる。

力を合わせて信用組合「愛知商銀」を伸ばそう！

### 愛知商銀のあゆみ

昭和29年12月28日……当時、民団愛知県本部の団長であった鄭煥麒氏、姜求道氏がそれぞれ就任した。

律氏が発起人総代となり、金鱗九現理事など多年にわたり関係当局と折衝の結果、幾多左翼の妨害を排除し、名古屋市東区杉野町に、金融信用組合を創立開店した。なお組合長に張永駿氏、副組合長に

昭和30年1月28日……名古屋市東区杉野町より、中村区椿町2丁目に本店事務所を移転開店。

昭和35年7月5日……岡崎支店開店。

昭和37年5月21日……名古屋銀行協会に、代理交換加盟。

昭和38年9月1日……名称変更し、信用組合愛知商銀となる。

同年6月10日……岡崎支店が手形交換に加盟。

昭和38年12月28日……名古屋市中村区鷹羽町三ノ一〇一に移転開店。

昭和39年5月25日……本店ビル落成。

昭和39年10月15日……今池支店開店。

昭和41年3月26日……熱田支店開店。

昭和41年12月13日……一宮支店新築移転。

昭和43年4月8日……豊橋支店開店。

### 婦人たちも参席

#### よく売れたカクテル

◇…愛知商銀豊橋支店開店の日は韓・日両国の有志たちや各官庁、金融機関の幹部たちが顔を見せ大にぎわい。開店式後の祝賀パーティも至所で楽しく談笑する姿が見られた。

特に、この日は、豊橋市内某クラブのきれいどころも、祝賀参席（？）というので、あでやかな姿態で、愛嬌も満点、参席来賓たちを接待していた。

この美人の接待には、平素いかめしい顔のおえら方も、つい相好をくずしてニヤニヤ軽口をとばしていた。

◇…また、この日の開店風景で、外の支店開店と異なる点は民団婦人会員たちの出席が、どこよりも多かったこと……。

婦人たちは、のみなれないアルコールに、ほんのり頬をそめ、最後までたのしそうだった。

接待役の商銀職員たちも、特別この影の実力者（？）たちには、気をつかっており、カクテル・コーナーは婦人たちが占領する形で、軽い飲物がよく売れた。ますはメデタイ開店風景だった。

◎…本日はいかめしい顔もついほころびる…◎

◎…婦人たちも楽しく一杯かたむける…◎

# 毎度ありがとうございます

| 役名 | 本名 | 通名 | 住所 | 業種 | 電話 |
|---|---|---|---|---|---|
| 相談役 | 張永駿 | （松永守市） | 名古屋市昭和区南山町九 | 製薬業 | （八四一）一六〇六 |
| 〃 | 鄭煥麒 | （大山陽治） | 名古屋市瑞穂区神前町一ノ十七 | 貸ビル業 | （八四一）七四〇五 |
| 理事長 | 姜求道 | （神野登治） | 名古屋市中村区西柳町一ノ一 | 貸ビル業 | （五八二）二八八三 |
| 副理事長 | 金甲守 | （津村徹） | 名古屋市中村区堀内町四ノ六観光ビル内 | 遊技業 | （五七一）二五〇一～三 |
| 〃 | 白南斗 | （白井義雄） | 一宮市押場町三ノ一 | 繊維原料 | 一宮③三九九〇 |
| 専務理事 | 李且竜 | （大倉正敬） | 一宮市大正通り四ノ十一 | 組合役員 | 一宮③〇六九五 |
| 常務理事 | 落合照尚 |  | 名古屋市中村区長戸町二ノ四〇 | 組合役員 | （四八一）二六二八 |
| 〃 | 崔燦鼎 | （島田健太郎） | 名古屋市中村区角割町三ノ四九ノ三 | 組合役員 | （四八一）〇三四八 |
| 理事 | 李吉秀 | （野口明義） | 名古屋市瑞穂区駒場町三ノ九 | 貸ビル業 | （八四一）五〇八〇 |
| 〃 | 孫潤寿 | （東次郎） | 碧南市字千福町二九ノ一 | 鋳造業 | 碧南七三四 |
| 〃 | 金鱗九 | （有島正男） | 名古屋市中村区西柳町一ノ四 | 飲食業 | （五八一）八四〇一 |
| 〃 | 李春植 | （三井晴雄） | 名古屋市中村区本陣通り一ノ十一 | 製鋲業 | （五四一）六四三〇 |
| 〃 | 金竜煥 | （金井繁雄） | 岡崎市伊賀町東郷中六一 | メリヤス業 | 岡崎㉑二三三九 |
| 〃 | 姜秀根 | （徳山義高） | 名古屋市中村区中村本町一ノ六七 | 遊技機製造業 | （四八一）二五六六 |
| 〃 | 権会俊 | （山本四郎） | 瀬戸市東十三塚町十四 | 窯業 | 瀬戸⑧五三四〇 |
| 〃 | 崔末変 | （山田正吉） | 西尾市大字三米宮町二ノ七 | 繊維原料 | 西尾③一八〇八 |
| 〃 | 鄭煥禧 | （大山禧一） | 名古屋市中村区中村本町一ノ三七 | 遊技業 | （四七一）六三五七 |
| 〃 | 崔鐘五 | （大谷鐘五） | 名古屋市中村区鋳武町五ノ三八 | 遊技機部品業 | （五四一）八七一〇 |
| 〃 | 劉載圭 | （松岡喜三郎） | 名古屋市中村区椿町一ノ三六 | 薬品業 | （五六三）一八七一 |
| 〃 | 金允鎮 | （松川政義） | 名古屋市東区外堀町一ノ一 | タクシー業 | （九七一）八七七一 |
| 〃 | 崔正烈 | （兼元吉雄） | 名古屋市北区東大曽根町二ノ八九八 | 遊技業 | （九九一）四一四一 |
| 〃 | 尹泰明 | （永岡泰明） | 名古屋市熱田区中出町三ノ七 | 合板業 | （六七一）八一一六 |
| 〃 | 張永泰 | （松永拡資） | 名古屋市北区清瀬町三ノ八 | 食品業 | （九八一）一五〇一 |
| 〃 | 金基淑 | （玉井基一） | 瀬戸市栄町六ノ一 | 遊技業 | 瀬戸⑧三三一〇 |
| 〃 | 崔正竜 | （平山秀夫） | 岡崎市井田町四ノ一〇二 | 反毛業 | 岡崎㉑二二〇六 |
| 〃 | 朴元熙 | （新本元熙） | 豊橋市八通り町四五 | 金属業 | 豊橋②八七〇三 |
| 〃 | 張学出 | （長野一三） | 豊橋市松葉町一ノ七九 | 飲食業 | 豊橋②六七二二 |
| 監事 | 李相甲 | （桃井雅次） | 名古屋市千種区城山町二ノ三八ノ八 | 不動産業 | （七六一）九四八八 |
| 〃 | 高命竹 | （高田拡義） | 名古屋市中川区尾頭橋通り三ノ六 | 喫茶業 | （三二一）三七三〇 |
| 〃 | 鄭煥洪 | （大山洪治） | 名古屋市中川区五月通り三ノ一 | 遊技機製造 | （三五一）三六八三 |

# 勇気と知性と分別

## —4月19日—

金 翊 根

今年も四月十九日がやって来た。

毎年四月十九日が来る度に、あの当時の感激を忘れることが出来ない。

強暴な共産軍の侵入によって、焦土化された国土の上で、時の自由党政府も暴が腰らず現代史の流れを遡る中世紀的な一党独裁にふけっていた。

政府は経済開発、民生安定の代りに、政権維持の為めの権謀術策に明け暮れていた。

国民の公僕である公務員は国民の上に君臨していた。

大統領閣下の吩咐といったら憲法を忽視し、"朕は国家なり"の態を呈していた。

堪りかねて学生は立ち上がった。徒手空拳、六十万の国軍と十五万の警察をものともせず、政府牙城にぶっつかっていった。

政府は倒れた。

韓国自由党の十二年に亘る独占政権は、脆くも崩れ去った。

かくして、凡ゆる法の権源は国民より発し、国民に帰するという主権在民の原理を実地に示した。

偉大なる事件であった。

あるイデオロギーの為めでもなく、ある組織の吩付きでもなく、純粋なる愛国至情から出た点において、それは特筆すべき事件であった。

中共の紅衛兵運動のように、上部の指揮によってなされたなら、それは哀れむべきピエロに過ぎなかったであろう。

インドネシア学生運動のように、ある機関から資金を貰ってやったなら、それは只のエキストラに過ぎなかったであろう。

何処からも、援助を受けず、誰からも、指示を受けず、只単、祖国を救う正義感が自然発生的に情熱の炎となって爆発した四月十九日—デモクラシーの金字塔としてこの日は永遠に銘記されるであろう。

韓国史上幾多の記念日の上に更にこの日は大書されるであろう。

目的を達するや否や、学生らは勝利に酔うでもなく、直ちに自らの手で治安維持にのり出した。

ここが共産党と違う点であった。ここが彼らの偉いところであった。只暴れ廻り、ぶち壊し騒ぐだけなら、全学連と何ら変るところはなかったであろう。

歴史の方向を変えた若き獅子達は一変して礼節ある学徒に戻った。

学生らは自ら申入れ、戒厳司令部と合同して治安維持に当った。

市民の皆さま、なすべきことは済みました。お宅へ帰って下さいと涕呼して廻ったのは軍人、警官ではなく学生であった。その空白状態に乗じて三十八度線の北から、あの狡い共産軍でも侵び込んで来たら大変だからである。

彼らの措置は当っていた。

何を勘違いしたのか、金日成が誤算を述べ、フルシチョフが風評を打って来た。終止千方であった。

死を恐れぬその勇気と、分別を弁えたその知性があってこそ、あの大事業を成し遂げたのであろう。

腐れる政権を打ち倒し、祖国に希望の緒を告げた世紀の英雄達は、一旦事成るや、いとも穏やかであった。

学徒は学園に戻ります。

おじさん達、国を大事にして下さい。と国政は、新政等の先輩に任して真理探求に帰っていった。

勇敢なるその行動、沈着なるその態度、天晴れ、大韓の子よ、君らは偉かった。

あれから八年、祖国はどう変ったであろうか。

多き青春を、祖国の為めに散花した四・一九の英霊に安堵の眠りを与えているだろうか。

# 戸籍実務講座 (4)

金 翊 根

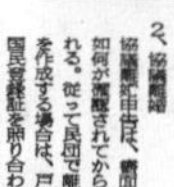

五、離婚申告

1、裁判離婚

離婚裁判が確定された場合は訴を提起した者は、その裁判の確定日から十日以内に、裁判の謄本と、確定証明書を添えて申告をしなければならない。

裁判離婚には左の原因が要る

① 配偶者に不貞な行為があった時
② 配偶者が悪意で他の一方を遺棄した時
③ 配偶者又は、その直系尊属から甚だ不当な待遇を受けた時
④ 自分の直系尊属が配偶者から甚だ不当な待遇を受けた時
⑤ 配偶者の生死が三年以上分らない時
⑥ 其他婚姻を継続し難い重大な事由がある時(民法第八四〇条)

2、協議離婚

協議離婚申告は、書面の真偽如何が確認されてから受理される。従って民団で離婚申告を作成する場合は、戸籍謄本国民登録証を照り合わし、双方の意思を確認しなければならない。

3、婚姻した韓国人と外国人間の離婚

この離婚は、原因となる事実が発生した当時の夫の本国法に依る。

但し、法院は、その原因となる事実が大韓民国の法律に依る離婚の原因とならなければ離婚宣言をなし得ない。(渉外私法第十八条)

4、申告書の記載事項

離婚申告には次の事項を記載しなければならない。

① 当事者の姓名、本貫、本籍
② 当事者の父母の姓名及び本籍、当事者が養子である場合は養親の姓名及び本籍
③ 当事者が家族である場合は戸主の姓名、戸主との関係、及び本籍
④ 婚家を離れる者が復籍すべき家の戸主の姓名及び本籍
⑤ 婚家を離れる者が家を創立する場合は、その事実と創立原因及び場所、生家を復興する場合はその原因及び復興の場所
⑥ 民法第八三五条第一項後段に依り父母の一方が同意する場合はその事由
⑦ 民法第八三五条第一号未成年者は父母又は後見人の同意を得て離婚することが出来る。

註 父母中一方が同意権を行使出来ない時は、他の一方の同意を得て離婚することが出来る。

5、不貞に依る離婚請求権の消滅

民法第八四〇条第一号の事由は他の一方が、事前同意か、事後容赦をなした場合、又はこれを知った日より六ヵ月、その事由があった日より二ヵ年を経過した場合は、離婚を請求することが出来ない。

6、添付書類

1、申告書 四通
2、戸籍謄本 二通

離婚申告の例

1、未収復地区(北韓)から南下した者が、北韓に妻が居るにも拘わらず重婚した場合は、第二の妻は婚姻取消請求の訴を提起することが出来る。

但し、戸籍面での立証を要する。

2、収養子が婚姻により除籍された後、離婚した場合は、婚姻当時在籍した戸籍(養家)に復籍する。

3、遺子が婚姻により他家に入籍した後、離婚した場合は婚姻当時在籍した戸籍に復籍する。

4、離婚申告をなして婚家の戸籍中に離婚の記載を済ました者が、未だ除籍をしない場合でも、その本籍は、親家である。親家不明の場合は、一家創立すべきである。

5、妻が一家創立する場合は、離婚申告書に、妻が一家創立する旨と、創立の原因を記載しなければならない。

6、協議離婚申告は、当事者双方と、成人者である証人二人の連署を要する。裁判上の離婚申告は、証人を要しない。

離 婚 申 告

西紀一九六八年 ○月 ○日

[illegible] 貴下

| | 区分 | 夫 | | 妻 | |
|---|---|---|---|---|---|
| 二 | 本籍及び戸主 | [illegible] | | 左同 | |
| | | 戸主姓名 | 戸主との関係 | 戸主姓名 | 戸主との関係 |
| | | 尹翊五 | 子 | 左同 | 子婦 |
| 三 | 住所及び世帯主 | 日本国[illegible] | | 日本国 左同 | |
| | | 尹吉成 | | [illegible] | |
| 四 | 父母 | 尹[illegible] | | [illegible] | |
| 五 | 生年月日 | [illegible] | | [illegible] | |
| 七 | 復籍家 本籍 | | | 戸主姓名 | |
| 八 | 新本籍 | | | | |
| 九 | 同伴入籍者 | 姓名 | 家族との関係 | 姓名 | 家族との関係 |
| 一〇 | 其他事項 | | | | |

| 区別 | | 夫 | 妻 |
|---|---|---|---|
| 一 | 父母本籍 | [illegible] | [illegible] |
| 二 | 協議離婚の場合 | [illegible] | [illegible] |
| 一五 | 証人 本籍 住所 | [illegible] | [illegible] |
| 一六 | 同意者 | [illegible] | [illegible] |
| 一七 | | [illegible] | 白 翊 玉 |

# 日本へ強い期待

## "経済侵略"に警戒心

東南ア閣僚会議を終えて

(解説) 去る九日からシンガポールで開かれていた第三回東南アジア開発閣僚会議は十一日、三日間の会議の幕を閉じた。

—◇—

日本を中心にアジアの経済協力を固めていく、という地域全体の姿勢は高まってゆくように思われる。マニラで会ったフィリピン人の紡績会社社長は「日本の技術者は優秀だ。日本の技術を取入れ、技術者を高給で雇いたい」と真剣に話した。そのときそばにいた、これも会社の経営者らしいフィリピン人が「技術にはいつも金がつきものだ。技術を取入れたいなら資本を参加させろ、といってくる」とつぶやいた。一瞬、社長は沈黙した。顔に苦悩の影がちらりと走った。

長い間、植民地の苦しみをなめてきたアジア諸国の人たちは、金—資本の恐ろしさと支配力を知っている。独立国という威信に敏感な感情が、アジアでは飛び離れている。"先進国"日本の金と技術の間で悩んでいるのが現地の一面だ。渡辺アジア開銀総裁の口ぐせは「金も貸すが知恵も貸す」というもの。そしてアジア諸国に対しては知恵を貸すことをしきりに強調する。今のアジア諸国は金もさりながら、むしろ日本に知恵—つまり技術援助を期待している面が大きいことを強調する。アジア開銀は、昨年夏、インドネシアに食糧増産に対する技術援助をやり、今年は韓国の農林水産公社に技術援助する。アジア開銀の調査だと、大きなダムをつくりながら、末端の分水路や配水が不十分のため、ほとんどダムとしての効果をあげていないものが少なくないという。アジア開銀の日本人職員が「われわれは銀行にすわって融資や技術援助の申込みを待つのではなく、こちらから現地に飛んで調査し、技術援助を受けるよう相手に勧める方針だ」といっていた。

日本の金には、東南アジア諸国はヒモつきになることを警戒している。だから「二カ国間援助よりも、国際地域協力機関による援助」という動きが広がってきたことは確かだ。アジア開銀の特別基金は、きょ出国が、その使途、地域に対し注文をつける権利を持っているが、インドネシア開銀総会で、台湾、韓国はじめ、低開発国が全部といっていいほど「一般的使用」に使うことを強調したのは、その現われだろう。

もう一つの動きは「援助よりも貿易」の態度だ。アジア開銀総会でマルコス・フィリピン大統領が「アジア地域内の貿易を発展させるために、アジア決済同盟を設けよう」と提唱したり、東南ア閣僚会議でタイが「一次産品を先進国が、安定した価格で輸入するよう検討せよ」などと主張した。一次産品の価格の低下という「南」側の悩みを持込んだわけだが、とにかく「援助よりも貿易だ」という姿勢の現われだ。その根底には「なるべく自助で、または自助と地域協力を結びつけたもので」という動きがある。こうした自助の態度は、経済開発にも出ている。これまでよくあった"見え"から出たような大規模な開発が、まず実現できる着実なものに変って、経済開発を現実的に前進させようとするところがふえている。

三木外相は、今度の東南ア閣僚会議で精力的に各国首席代表と会ったが「ベトナム和平の動きがご破算になって戦争が再び拡大すると考えているものは、だれもなかった」としみじみいっていた。"平和の風"が吹いてきたことをアジア諸国は感じとっている。ベトナム戦後、アジアに平和と安定が続くためには、まず何よりも経済開発による繁栄への前途が必要だ、ということが、二つの会議に共通した考えになったわけである。

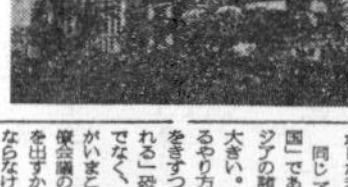

同じアジアの国で「先進工業国」である日本に対して、東南アジアの諸国が寄せる期待は確かに大きい。しかし金にものをいわせるやり方だと、アジア諸国の感情をきずつけ、「金を出してきらわれる」恐れもある。指導者としてでなく、友だちとして接する態度がいまこそ必要で、東南アジア閣僚会議の日本代表団の一人は「金を出すからこそ、いよいよ謙虚にならなければならない」といっていた。

(写真は会議でにぎわうシンガポールの裁判所と市庁舎)

# 私の日記

## 某月某日

### とりとめのない一日 —夢と女性と—

★★=金 星=★★

**朝** =バスの中で=

昨夜の夢を解釈しようと努めて見る。これは亡くなった祖母の影響である。迷信深いばあさんで、全ての夢の中の事象を、何かに結びつけて判断した。例えば、子供の夢は不吉な前兆で注意せねばいかす、よく出来ているもので、不吉な夢は、起きて、すぐ誰かに話せば、その不幸な厄は免れるというように、他愛のないものだった。しかし子供心に与えた影響はすごぶる大きかったようで殆んど毎朝起きたら、夢を解釈しようとするクセが今でも身についている。

別に、フロイドの何とか理論にあてはめて、どうとか、こうとか難しい事ではなく「火事の夢を見たから、今日は、ゲンがいいだろう」位のことではある。

ところが、思春期このかた、色気づいてからは、よく女の夢を見るようになった。それが、どこで見かけたかもわからんような女である場合もある。夢の中でも"どこで逢ったのかな"と思い出そうとしてみるが思い出せない。

朝目がさめても、こんな場合思い出せんのが、ほとんどだ。

女の夢は不吉なもんだがなーと思ったりするが、やはり、夢でも女のこととなると悪い気はしない。

最初の頃は女房に"ああだった、こうだった"と、話して聞かせたりしたが、いつの間にかそれは止した。どうも、夢の話にしても亭主ののろけじみた話しぶりは、女房の癇にさわるようで「あなた、それ本当の話でしょう?」といつか言われてからは、話すのが悪いみたいで、今ではもっぱら一人で"夢"を吟味する。

時にはバスの中で、昨夜の夢を想いかえし、ニヤニヤする時がある。そんな時、前に立っている娘さんなど、さぞ、無気味だろうと思う。あるいは、よっぽど鼻の下の長い野郎だと思うかも知れない。痴漢的要素があると思うかも知れない。しかしやめられない。

夢のむしかえしなど罪がないし別に、前述したように無気味とも思われる点以外は、他人にわかる筈もないことである。すました顔して、新聞かエロ本読みながら、BGのケツでもさわって、ニヤニヤ内心で喜んでいる奴より、よっぽど質のいいくせだと自負している。

だが、不思議なもので、これだけ女の夢を見ても、いまだかって天然色のゆめは見てない。

若し天然色の女の夢が見られたら、何とか族のように、一日中睡眠薬でものんで、ねそべって見る。昔、どこかで、粋辛のような足の女性と歩いたような気がする。白昼夢かーー。それがどこであっても、そのような事実があってもなくても—いわゆる幻想であっても—楽しい。

人生の定義は難しいだろうが人生における遊びの意義を大きく評価した古代ギリシャ人たちの考え方は面白い。人間は、恋愛のできる動物である。ゼニカネの面だけでなく時間にしても精力にしても。我々は遊びを不利視するきらいがある。「あの男は、遊び友達にしては重宝だが、何だか頼りない」とよく聞く。恐らく人間は、よく働くことも出来るはずである。その一方しか出来んというのはおかしい。

「遊びはゼニを作ってから」ともいわれる。一面の理を認めるが、全面承服はしかねる。先日、本国から留学に来ている某大学教授と、安キャバレーに行って遊んだら、我々のちょっと想像もできないようなよろこびようで「今迄、勉強々々と遊べなんだが、今日は最高に楽しい」と、何度も礼をいわれた。

**ひる** =喫茶の雑沓 人の群れに混じって=

群衆の中の孤独という言葉、何とも、素晴しい表現だ。ビルの谷間、あわただしい人々、店で満ち溢れている。雑踏を感じる。何かをせねば……。舗道の敷石を一つ一つ数えてしまうかも知れない。

彼は「これからは、遊ぶつもり」とも言ったが、それは疑わしい。一定の線に達したら遊ぶというふうに、人間の生活を区切れるものかどうか。

何だか、彼が一生遊ぶことを知らずに過すか、若し遊ぶとしたら、女か酒に溺れて、一生を台無しにするかであるような気がした。よく映画や何かでそんなのを見る。

地下街を歩いてみる。靴屋とか洋品店の前、若々しい娘たちがたかっている。バーゲンだろうか。ちょっとしたら今晩はあのうちの誰かの夢を見るだろうか。

**夜** =飲屋で=

酒神バッカスに祝杯今晩ものむ。よっぽど親しい友人と話がはずむ時、酒はおいしい。しかし女がいい。女がいて話がはずんだら、なおいいが、仲々そうはいかない。大体、夜の女というのは脳の方が、いいかげんなのが多い。何でも、かんでも、セックスの話をすりゃ客が喜ぶと思うのか、ずい分ひどくて、くどい奴がいる。「原始時代女は太陽であった」とどこかに書いてあった。女性讃美の端的な表現だろうが、ずい分心細い太陽だったろう。

女性は美しいのがいいにきまっているが、その美しさ、見る人の心理的な変化によって多分に評価が変わって来る。ビーナスが美の基準というか、時によってはビーナスの半分位のトランジスターがきれいに見えて仕方なかったりする。

とり止めのない一日、全部が夢なのかも知れない。(本稿は読者の投稿)

# 料理教室

## おいしい韓国ギョウザ等の作り方

韓青愛知県本部女子部ではさる二十四日午前十一時、中村区「愛知韓国学園」で韓国料理講習会を開いて、おいしい数々の料理勉強をした。講師は朴大郷女史(駐名古屋文領事夫人)であった。次に紹介するのは、当日の講習会で披露された韓国料理の作り方。

1、韓国ぎょうざ(10人分)

材料=肉(合挽)三〇〇g、玉ねぎ1個、もやし(又は人参)1袋、豆腐1丁、鶏の骨7個、卵2個、ぎょうざの皮(35枚入)3個

調味料=塩小さじ1、しょうゆ大さじ1、胡麻油小さじ1、胡しょう少々、ねぎ少々、にんにく少々、いりごま大さじ1

調理法=①鶏の骨で10人分のスープをつくる。スープのあくを取った後、味の素、塩で味を整える②玉ねぎはみじん切りにし、水気をとる③もやしはさっとゆでて、ざるにとり水気を切っておく。人参はミジン切りして、さっと茹でて水気をきっておく④豆腐も水気をきる⑤肉と③④を上の調味料を入れ混合す。最後に卵一個を入れまぜ合わして、中味をつくる⑥ぎょうざの中味が出来たら、皮に中味を小さじ一杯位入れて包む⑦卵1個を薄焼き卵にし菱形に切っておく⑧ぎょうざをふっとうする湯に入れてゆでる。それと同時にスープを暖め、スープを器に入れ、ぎょうざをすくってスープの中に入れ、上に卵を飾る。

2、雑菜(10人分)

材料=牛肉(油のない柔い肉)五〇〇g、葱(中)4個、きゅうり(又はせり)5本、赤人参(大)3本、干ししいたけ6個、春さめ(大袋)1袋、卵2個

調味料=しょうゆ少々、塩少々、ねぎ少々、にんにく少々、胡麻油少々、サラダ油少々、砂糖少々、味の素少々、胡しょう少々、いりごま大さじ一杯

調味法=①牛肉はせん切りし、しょうゆ、ねぎ、にんにく、胡麻油、砂糖、いりごま、胡しょう、味の素を入れて下味をつけておく②玉葱、紅にんじん、きのこ、きゅうりを細切り④フライパンに大さじ2杯サラダ油をひき、玉葱から各々の野菜をいため、味の素、塩、こしょうで味つけする。にんじん、きゅうりも味の素、塩、こしょうで味をつける⑤下味のついた肉をいためる⑥しいたけも味をつけていためる⑦はるさめは湯でもどし、ざっくり切っておく⑧いためたものを全部合わせて砂糖を少々入れて皿に盛って勧める。上に卵を飾る。

中国料理=冷拌鳥賊(いかの酢のもの)

材料(6人分)=むきいか2枚、きゅうり三〇〇g、卵3個、はるさめ(小袋)1個、塩少々、味の素少々、サラダ菜12葉

調味料=酢大さじ4杯、砂糖大さじ3杯、しょうゆ大さじ1杯、みりん大さじ1杯、胡麻油小さじ1杯、塩小さじ1杯、こしょう少々、味の素少々、紅生姜10g

調理法=①むきいかは唐草切りに包丁を入れ、小細りをして、さっとゆでて冷す②きゅうりは薄く小口切りにして塩もみする③卵は塩、味の素をして薄焼きし、糸切りとする④ボールに酢、砂糖、しょうゆ、胡麻油、味の素を入れてよく混ぜ、甘い酢油を作る⑤皿にサラダ菜をひき①②③を盛り、上にはるさめをかけて供する。

東海新報

発行所 東海新報社
発行人 金龍煥
名古屋市中村区
電話名古屋(571)643
定価 1ヵ月100円

民団綱領

一、われわれは大韓民国の国是を遵守する。
一、われわれは在留同胞の権益擁護を期する。
一、われわれは在留同胞の民生安定を期する。
一、われわれは在留同胞の文化向上を期する。
一、われわれは世界平和と国際親善を期する。

# 党利党略を離れ協力

## 国会与野代表ら招いて時局懇談会
## イスラエル式防衛に徐党首も賛意

## 挙国態勢を強調
### 朴大統領

朴大統領

朴正熙大統領は八日午後三時、李孝祥国会議長、張坰淳国会副議長、金鍾泌共和党議長、徐珉濠大衆党党首、李元熚十・五クラブ代表ならびに丁一権国務総理らを青瓦台に招いて、現時局に対処した与野間の協調を強く要望した。

朴大統領はこの席上、過去の国連中心に考えてきた韓国の国防の概念を、韓国民の主体的な立場を中心に考える段階に入ったと強調し、与野が党利党略を離れて国家利益に協力するよう促したと申範植青瓦台代弁人が伝えた。

約二時間にわたって継続された同日の時局懇談会で朴大統領はさらに、昨年から政府が北韓の軍備とスパイにたいする対策を急いできた経過を説明し、北韓ゲリラのソウル侵入事件とプエブロ号拿捕事件を中心にした政府の対米交渉経過と、これにたいする政府の立場を明らかにするとともに、北韓の挑発にたいする自衛策として在郷軍人を武装し、イスラエル式の国防態勢に入ったことを説明した。

朴大統領はまた、民主主義国家において、与野間に多少の政争はありうるが、一朝有事の際には与野が大局的な見地から団結しなければならないことを強調し、郷土防衛法は必ず必要であり、国民の自発的な反共精神がなければ大きな力を発揮することはできないと各出席者に強く訴えた。

一方、徐珉濠大衆党党首は「この機会にわれわれは北韓と友邦にたいしても強力で適切な行動をとる必要がある。いまこそ与野を問わず国民各自が生活態度の改善を図らなければならない。イスラエル式の防備態勢には賛成する。現時局を国民に詳しく知らせるため政府・与党、野党の連合時局講演会を開く必要がある」と意見を述べた。

なお、新民党の兪鎮午党首も招請されていたが、出席しなかった。（ソウル発九日）

## 次期国会 四月十日

新民党は次期臨時国会を来る四月五日以前に召集するとしていたこれまでの方針に伸縮性を設け、来る四月十日に召集するよう共和党と折衝する方針である。

## 新聞論調

就学児童数の増加趨勢とこれに追いつけない教室数との関係は今日においても"いたち競争"のように比喩されている。

### 説苑

業は国民学校低学年にはほぼ一般的な現象となっている。

このように累積した病弊を是正するためその間、学区制および教師の任地交流による調節策とか私立国民学校設立勧奨政策を用いてきたが年々増加する適齢学童数で「モヤシ教室」といった珍妙な表現が未だ残存するのである。全国的に国民学校の不足教室数は二二、〇〇〇室を数える。昨年一年間に各道毎に国民学校教師の辞退騒動が発生した。慶尚道の場合は凡そ一千名にも達している。大部分は生活苦で教職を放棄している。教師たちは離彼なしに都市進出を希望するが、そうでなく僻地に発令されれば直ちに辞表を出すといったケースが非一非再の現象となった。

政府はこの搭発が七〇年代の後半になればなくなるだろうと見通してるが、これに加えて、教師の不足も深刻である。酷いところになると三部制の授業を行っているところも少なくない。大都市の場合、二部制の授業から、教育投資面で直ちに理想を充足させ得ないことは止むを得ないことでもあるが、反面、経済建設の質量的な増大が計画された人的資源確保のための基礎工事ともいうべき義務教育にいつよりも本格的な関心と対策を催促しているとも言えるのである。七〇年代の後半にすべてを押しつけ、目前の緊迫した現実に無策ではいられない。それほど急がない公共部門建設投資を抑制して教室増築により多くの予算を投入する訳にはいかぬものか。

#### 教育は発展性への投資

義務教育を標榜する現代国家で初等教育の充実は名目だけでなく国家社会の発展上重要な課題なのである。未来に向う無限の可能性である児童たちに、就学、勉学の途を無理なしに保障してやることはその社会の発展可能性に最大限に投資することになる。義務教育の真意は人的資源を可及的損失なしに確保して育てることにある。長い目でみた場合、教育投資こそ間違いのない国家発展を進める基本投資といえるだろう。

現在、韓国の義務教育費は予算総額の僅か一五％を占める。限定された財源で経済開発と軍事防衛に偏重するわが国の立場は、大学卒業者のうち、失業者又は半失業者に転落する多くの人たちを教師に活用する方法はないだろうか。大統領直属の長期教育計画機構設置が進められている現在、当面問題である義務教育を実効的に補強する現実的な対策も早急に研究されるよう望んで止まない。

◇…熱心に討議をつゞける委員たち…◇

## 中央組織、宣伝分科委員会
### 活発な討議夜半まで続ける

民団中央委員会の組織委員会、宣伝委員会が、さる十六日、午後六時から、愛知県渥美郡市形原温泉春水荘で開かれた。

来る三月二十八日開かれる、中央委員会に具えて、諸般情勢の検討をし、中委に提案する事項を研究するのが主な目的。

国内外の情勢が重大な折から、この委員会で検討される事項が、中央委員会の承認をえた場合、実質上、民団活動の基本となるだけに、組織、宣伝委員会ともに、熱のこもった討議をくりかえした。

これは、金竜煥組織委員長や、金允中宣伝委員長のあいさつの中でも表明された。

また、中央委員会議長金光男氏もあいさつの中で、"この委員会のもつ意義は、過去どの委員会よりも重要"であると強調した。

両委員会は、夜の十二時まで、各々会議を続けたが、主な討議事項は

▲組織委員会＝①活動方針検討②理論及見解統一

▲宣伝委員会＝①活動方針検討②事業活動計画の検討であった。

## 鄭煥麒氏帰国
### 文教部長官招待

鄭煥麒愛知県経友会長は、さる二十六日、本国文教部長官の招待で帰国した。氏が長年在日韓国人教育事業に尽くした功績により、第四九回三・一節を記念して特別招待されたもの。

## 借款早期導入を要請
### 朴副総理、佐藤首相と会談

訪日中の朴忠勲副総理は八日、佐藤首相、三木外相、椎名通産相、福田自民党幹事長など日本政府と与党の指導者らと会談を行った。この日一連の会談で合意した事項はつぎのとおり。

①商業借款と協定借款使用問題を協議する実務者会談をきたる二十一日東京で開く。

②日本側が主張する工業所有問題は、きたる四月ソウルで開かれる韓・日貿易会談で討議する。

③租税協定締結問題は、八月下旬ソウルで開かれる第二次韓・日閣僚会談で討議する。

朴副総理はこの日、佐藤首相に閣僚会談で合意した商業借款二億ドルのうち、残余約一億五千万ドルを今年中に割り当てることを要請、特に仁川火電と釜山火電の許可を早急にしてくれことを要求した。

そして、朴副総理は、年間三千万ドルと策定された協定借款額を今年度には四千万ドルを要請、具体的な問題を二十一日の実務者会議で協議することにした。

また、朴副総理は韓・日両国の合作投資促進策を協議、在日僑胞の投資申請に対する積極的な支援も要請した。

特に孫達元氏が申請した機械工業三百五十万ドルを早く許可することを強調した。佐藤首相は、韓国情勢に深い理解を表明しながら、韓国政府の経済発展のための努力を支持し、経済協力を一層強化するという意志を表明した。

◇……三・一節に集まった二千同胞……◇

# 独立精神を継承しよう
## 愛知地方
## 第四九回三・一記念式典盛況

第四九回三・一節記念愛知民衆大会は、さる三月一日午後一時名古屋市公会堂で、県下約三千人の同胞参加のもとに開かれた。

民族独立と自由のため、全民族が一丸となって立上った記念節の意義を象徴するかのよう開会、定刻前には、各支部からの同胞が続々つめかけ二、三階まで、ほとんど満席。

厳粛なふんい気の中で、朴性鎬来賓として、文鎔律駐名古屋領事、米領事館のマコーネイル領事、民社党県連書記長吉富二夫氏らの顔も見えた。

式場の内外では、韓青愛知県の青年同志たちが整理や案内に大わらわ。

式は、丁海竜民団県本部組織部長、梁完玉韓青県本部委員長の司会で進められた。

民団県本部宣伝部長の独立宣言文朗読があった後、金竜煥民団長の"偉大な独立精神と先烈の足跡を尊重して、一致団結祖国再建に邁進しよう"と（別項要旨）の記念辞があった。

つづいて、文鎔律領事、マッコネイル氏、吉富二夫氏らの祝辞があった。

この後、決議文採択（県本部朴在斗事務局長朗読）大統領に送るメッセージ採択（梁完玉韓青県本部委員長朗読）、日本国首相に送るメッセージ採択（金佳秀韓青副委員長朗読）があった。

つづいて、孫桐秀民団県本部監察委員長の閉会の辞があり、李康県本部顧問の万才三唱で閉会した。

## 保有「金」を放出
### 四億五千万ドル分

外電筋によると米国財務省は十二日、外電政府に周知できるように米政府の金保有から四億五千万ドル分を放出することにしたと発表した。米政府が金の保有高からこれを移管させる措置は、現在欧州で発生している投機的な強い金買気現象のためだといわれる。

## 三・一精神で団結
### 朝総連陰謀を紛砕しよう
#### 民団愛知県団長　金龍煥
＝記念辞＝

親愛なる同胞のみなさん！本日第四九回三・一節を迎え感無量に思います。

例年に比べ今年の三・一節は特に重要な意義があります。わが祖国が国土開発と経済発展に巨歩的な実績をあげ、一九七〇年代には北韓を断然圧倒したのが、明らかになるや焦燥と脅威を感じた北傀は、あらゆる悪質な手段を用いて妨害工作に狂奔しております。さる一月二十一日の北傀武装共匪のソウル侵入事件は、天人共怒の事実でありますが、このような悪らつな妨害工作を私共は今後、二度と再発せぬよう厳重に警戒するのはもちろん、彼らの陰謀を粉砕せねばいけません。

共産分子の甘言にだまされ祖国をうら切っている同胞がまだ大勢いるのは遺憾なことであります。

「三・一精神」は自主独立の精神であります。共産主義に盲従して祖国や民族に背を向ける行為は「三・一精神」にもとるものです。

私共は彼らを善導し祖国に忠誠できるよう努力せねばいけません。

「三・一精神」は団結の精神であり、自己犠牲の精神であります。

この偉大な精神を継承してみんな団結して前進しましょう。

# "財政支援が重点"
## 民団、法地位、経済育成等で言明
### 厳敏永大使記者会見で

厳大使

厳敏永駐日大使は七日午前十一時から大使室で、僑胞記者団と定例会見を行ない、対僑胞基本政策をはじめ韓日閣僚会議の時期、僑胞の法的地位に関する補充措置等について大要次のように語った。

「民団問題では法的根拠に基づく財政支援問題が重点的にあげられるが、とくに、商工、信用組合等の充実、発展をはかりたい。法的地位に伴う補充的措置は、その間日本側との話合いを土台に、来る八月ごろソウルで開く予定の第二次韓日閣僚会議に法務大臣の参加を求めてより具体的に討議するだろう。最近本国では大阪在住僑胞北送民の取調べ問題があって注視されているが、真相は主に反共法、保安法違反の疑いがかけられたものと思われる。私の見解では、在日僑胞は"反共"にはかなり余裕のある判断をするように見かけるが、共産主義と対峙する祖国の立場を理解するならば、言動にはとくに留意すべきである。

民団関係者とて思想的に何ら保障がない以上、とくに総連運動の経歴者等が徹底的に思想的な調査を受けることは当然である、等と強調した。

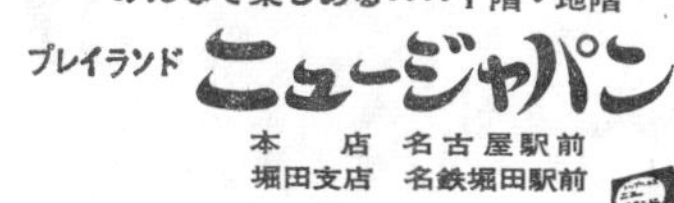

◇……盛況をきわめた連席会議……◇

# "質向上は発展"
## 役員連席会議「三・一節」評価

三月十三日午後二時、民団愛知県本部三機関、支団長、傘下団体連席会議が民団県本部四階ホールで開かれた。

議題は、①第四九回三・一節記念大会の報告並反省②当面活動目標報告③その他であった。

議題①については、第四九回三・一記念式典の場合、従来と違って余興などの宣伝を殆んどせず、「三・一節」それ自体の意義を大衆に徹底させるのに重点を置いた。その意味は大きい。従って動員された大衆が量において、さる「八月十五日」の動員に比べ少なくなっても、質の向上という点では高く評価されるべきであるとの結論が出た。

また「三・一節」については、李康顧問から多額の経費をつかって芸能人招待云々より、今後は韓青なり、韓国学園なりと協同してより意義ある行事のプロを組めんものか……等の意見があり、金竜煥団長は検討すると約束した。

議題②は金竜煥団長より納税問題、法的地位問題、中央組織、宣伝委員連席会議について報告があった。

議題③その他については「三・一節」プログラムの広告料についての質疑などがあったが、"原則として四対六比率で、本部と支部が配分"する方針が確認された。

## 対米・日輸出振興合同会議開く

政府は米州及び日本地域に対する輸出振興と海外市場拡大等のため十四から二十一日までの八日間ソウルで対米・日地域輸出振興合同会議を開催した。

今度の台湾は政府樹立以後最大の規模で企画院、外務、財務、商工、農林部、水産庁、貿易振興公社、外換銀行貿易協会関係者及び米国と日本地域の公館長、経済担当公使ら計五十八名が参席した。

この会議では①海外経済担当官をして政府の輸出振興政策を充分認識させ、新らしい市場開拓活動を展開できるようにし②本国の経済発展相と輸出産業現況を実際に把握させ、輸出増進の実効をあげ③輸出振興のための具体的方案を論議すると共に現地の事情を政策に反映させることに目的がある。

## 国税庁の機構拡張計画

国税庁は十二日、本庁に三個局一室を増設して大邱地方国税庁および八個税務署を新設する今年の機構拡張計画を確定、財務部を経て国務会議に上程することにした。

国税庁は同機構拡張を五月と九月の二段階に分けて断行するが、これによって二千八百名に予定された今年の税務公務員増員計画も二度に分けて実施され、四月ごろに局長級をはじめ大幅の人事異動が予定されている。

## 協定永住
### 五六、六六八名
#### 二月現在の状況

駐日韓国大使館が発表したところによると二月末現在、在日僑胞の協定永住申請状況は次の通りである。

| | |
|---|---|
| ▽申請数 | 六三、四六一 |
| ▽許可者 | 五六、六六八 |
| ▽不許可 | 五一九 |
| ▽取下げ | 一〇七 |
| ▽死亡、出国その他 | 一三〇 |



## 寸言

◆四月は燃焼の月である。四月は学生革命の月である。

◆その日、鍾路街、銃声が鳴り響く中で、何故民衆は、恐れず行動したのだろうか。一九六〇年四月十九日。十三年に及ぶ李政権が崩壊する日。私は、そこにいた。そして見た。無差別発砲に、投石する民衆。負傷学生をかばい看護する婦人。ソウル大学医学部の前に、立ち並んだ市民たち——彼らは、負傷学生のための輸血呼びかけに応じた人たちだった。戦場のような鍾路ロータリを"万歳、万歳"と両手をあげて絶叫しながら歩いていた中年男の姿が、今も眼の底に鮮明に映る。

◆李政権が、あのような経過で崩壊しようと予想した人は、殆んどいない。強力な軍隊と警察力、十余年間の強圧政治の下で、国民はヘトヘトに疲れ切っていた。物価の上昇も激しく、公然と不正が行なわれた。日本から帰国後、著名な詩人であり、大学教授であるK先生を自宅に訪問したら、先生は街に散歩に連れ出した。そしていわれた。"クサッてしまった……"あんな先生の悲しげな表情を見たのは初めてだった。

◆政治家も、学者も、社会運動家も、教育者も、無気力でありビジョンがなかった。何かをしなければいけないとは感じていたが、その何かが何であり、どうすべきか知らなかった。"駄目だ。困った"口々に言いあったが、ひん死の状態から脱出する術は考え出せなかった。

——市民が立ち上った時、市民が怒った時、私は、ガク然とした。そして市民は闘い闘った。あんなに無気力に感じた市民、歯がゆかった大衆……しかし、彼らのエネルギーが爆発した時、歴史は新しい方向に向った。

◆北傀の武力侵略や戦争準備のニュースを聞く時、呻吟している大衆を想う。虐政のもと"人民"は、本当は何を考え求めているだろうか。韓国キリスト教のメッカともいわれた平壌、そのクリスチャンたちは、今"全能の神"と"無神"をどう消化しているのだろう。二十余年にわたる共産暴政が、いつ大衆の怒りを爆発させるか見守りたい。

◆いかに虚飾しても、大衆不在は"悪"である。常に大衆の立場に立って考え行動する心構えは、指導者たるものの欠くことのできない要素である。大衆が何を求め欲しているのか、勉強せねばいけない。民団職務にたずさわる者とて例外ではない。民団の現在の性格は絶対的なものではない。民団の生活に疲れている同胞に果して何をしてやれるのか。現行事務を誠実に全うするのは勿論だが、もう一歩進んで奉仕出来ることはないだろうか。一握りの"有識者"の民団としてでなく、全同胞の民団としての針路は正確に定まっているのだろうか。

◆開拓は常に勇気の要ることだ。しかし、四月、それは勇気の月、前進には勇気と犠牲が、常に要求される。大衆から遊離し、大衆の利益を保護出来ぬ組織は、すでに大衆のものではない。

そして、大衆が離れ去り、頭でっかちな組織に成り下ることのないよう努めたい。

# 治安維持法しのぐ悪法

## 「改正」の動向とその狙い

入管令関係

韓日会談の急進展が伝えられた時期から、現行出入国管理令（入管令）の「改正」が新聞紙上をにぎわしたかと思うと消え、韓日会談の妥結を前後して、一九六五年十一月五日等、「改正」に対する日本政府当局の姿勢が徐々にあらわれてきたが、昨年に入っては、朝日、毎日、産経等、主要新聞も内容を具体的に報道し、去る五十五回参院内閣委員会での政府当局者の答弁等にて、明らかにされてきた。

この入管令の「改正」に関して日本法務省当局は、一九六一年以来、作業に着手してきたことは、公知の事実とされている。昨年六月十二日の毎日新聞の記事内容等を見ると、「改正」案は、すでに成案としてまとまったものと見てよいだろう。このことは、現国会に試案として上程される、さし迫った現実の課題であるとしていることを示している。

現行の入管令は、一九五一年十月四日、政令【三一九号】として発布された。この政令は、サンフランシスコ平和条約の締結を前後して「不法入国者等退去強制手続令」【政令三三号】を強化して施行したものである。

法的地位協定実施以後二年余を過ぎた現在、われわれを取りまく周辺は、以前にもましてきびしいものがある。この入管令「改正」は、われわれの生活権擁護運動と密接な関係をもっている。過去、法的地位要求貫徹運動を主体的に闘ってきたわれわれとして、は、これから先も、権益擁護運動を先駆的に闘っていくため、中央本部では、完璧な資料の発刊を試みたが、日本当局が「改正」作業を急速度に進め、現国会に上程される情勢等をかんがみ、現在入手できうる資料をまとめ、毎日、朝日両新聞記事、入管令の抜粋並、第五十五回参院内閣委員会議事録など、参観資料として提出する。

# 同胞の生活更に拘束

### 1、『改正』案の内容と問題点

現在までに明らかにされた入管令の改悪案の主な内容は、

（1）出入国管理令を出入国管理法又は入国管理法に名称を改める。

（2）在留外国人及び短期旅行者に対して、滞在期間の延長、在留資格の整備、出入国手続きの簡素化を図る。

（3）在日外国人の在留管理を厳しくする。

（イ）在留活動の規制

（ロ）在日外国人を使用している雇主、在学している学校当局に生活、在学状況などの報告義務を負わせる

（ハ）在日外国人の営業について許・認可にあたっては、法務省の意見をきく

※飲食業（保健所、地方自治体）、風俗営業（保健、警察署）、興業（消防署）、古物商（警察署）、タクシー（陸運局）、其他特殊（通産省）

（ニ）入管職員に立入調査権をふくむ事実調査権を与える。

（ホ）在日外国人に在留届を出させる（内容は明らかにされていない）

（ヘ）在留資格を整備する

※現行の十六項目を①在留活動をする者②永住者③前記両者の家族④短期旅行者の四種類に大別して、①に関しては公開活動者、商業活動者、報道活動者、留学生、技術研修者、教育文化活動者、宗教活動者、興行者、特定活動者の九種にし、在留期間においても現行では固定している期間も、自由裁量の範囲を拡大する（例えば一年になっている留学生の在留期間を三カ月、六カ月、一年の三段階にする。）

（ト）外国人を宿泊させて旅館、ホテル業者に「宿泊名簿」をつくる義務を負わせる

（チ）法務省に在留外国人に対する監督権と指揮権を与える

（リ）強制退去手続きを簡素化し、強制送還の能率化、合理化をはかる

※中川入管局長は、答弁で"いろいろ研究した結果「改正」するかどうかはやってみなければわからない"と発言しているが、法的地位協定永住権者の退去強制にあっては、法的地位協定三条四項は、現行入管令二四条四項よりも拡大されているので、当然、「改正」には法的地位協定との均衡をとるため、拡大、強化ざ……

れるだろう。入管局長は、反韓を考えての保……である。

以上の改正案の大要のうち、本政府の国会答弁では、……の宿泊記載業務と在日外国……業権の許、認可については……かにされていないが、この……その影響が大きいので答弁……ているものと思われる。

就学、就職の特別……

ところで、この改正案の……さらに詳しく検討してみ……務省当局の改正案の基本……「在日外国人の在留管理を……する」ということであるが……人といっても在日韓国人……って差しつかえないので……

これは、中川入管局長の……弁によると在日外国人の……しく把握し、入国目的に……動をしている者を退去……相当の処分をしようとい……といっている。この改正……と依然として法務省当局……外国人とくに在日韓国……のすみずみまで監視する……らっている。在日同胞は……学校において監視の目に……すべてのことが法務省当……されることになる。

……職場においても在日韓……

……出席などの状況を報告す……負わせるということであ……

……す初めに在日外国人を使用……している学校当局に、生活……る雇主、会社、在日外国……

### 2、日本政府の「改正」理由

### 3、「不良外人」概念の悪用

# 不良外人を締出し

## 政府、入管令を改正へ

# 韓青愛知内部充実に大活躍

法的問題

# 一方的解釈は不当

## 韓青愛知本部で時局討論会

韓国青年同盟愛知県本部（梁完玉委員長）主催の時局討論会が、さる二十九日午後七時、民団県本部四階ホールで開かれた。

しっかりした時局観を持ち、同胞社会の現状を確認しようというのがそのねらい。

定刻七時、四階ホールをぎっしりうめた盟員たちは、梁完玉委員長の法的問題に関する講義を聴いた後、自由討論に入った。

梁委員長は法的地位の条文を一つ一つ解釈し、それに伴う問題点を指摘した。その中で梁委員長は両国間に結ばれた協定の順守を強調しながらも、不合理で一方的な解釈を日本側が強行しており、その犠牲者も出ている。いわゆる了解事項も実施されていない。

また三世、四世に残す問題もできる限り有利な条件を与えるよう努力すべきであると強調した。

その後の自由討論でも盟員たちは、各々法的地位問題や今後の生き方などについて真剣な討論をくり広げた。

この夜の討論会は、夜半十一時三十分ごろまで続き、青年たちの緊迫した気持がうかがえた。（写真は真剣な討論会風景）

# "九月までに、韓米国防会談"

帰国中の金駐米大使が言明

政務連絡のためこのほど帰国した金東祚駐米大使は「第一次韓米国防長官会談は遅くとも九月以前には開かれようが、正式に論議されてはいない」と述べ、北韓傀儡の侵略に対処する韓米間の立場には変りないとつけ加えた。金大使は十二日NWA機便で帰国した。

### 蔵書を寄贈

### 韓青の卞さん

韓青愛知本部監査卞利長氏は、蔵書"アルタリカ"全二四巻を民団県本部に寄贈した。氏の当初の希望は、本国の適当な機関への寄贈というのだったが、ひとまず民団本部への寄贈となったもの。

県本部では寄贈先など検討中。

# 明日を考えよう

## 韓青愛知 幹部養成講習会開く

在日韓国青年同盟愛知県本部（委員長梁完玉）では、去る三月九、十の両日間、柿野温泉の八勝園湯元館において、「韓民族としての自覚を深めよう」という主題のもとに、法的地位問題等当面の時局問題を論議し、韓国近代史、在日僑胞史を学習することによって、民族的自覚をより一層深めると同時に、組織論を学びながら規律正しい団体生活を通して、青年相互の親睦を図り、団結を強化するという目的で、約八時間にわたり県下各支部から集った約八十名の幹部が講習を受けた。なお、この日は法的地位問題だけでなく、最近問題になっている外国人学校法案等に関しても真剣な論議が重ねられ、特にフリートウキングにおいては「我々の世代ばかりでなく、次世代の未来像にまで考えが至るべきである」というビジョン論議までなされ、今後の韓青活動の展望に明るさを示したことは、特記されるべきである。この日の講師は、韓国近代史を梁完玉韓青愛本委員長、在日僑胞史を文秀益韓学同東海本部委員長、組織論を丁海竜民団愛本組織部長が担当した。（写真は講習会のもよう）

# 団長に具本柱氏

## 民団東中支部定期大会終る

民団愛知県東中支部の第十九回定期大会が、さる十七日午後一時から当支部二階ホールで開かれた。

歴史伝統ともに古い支部だけに定刻前にはすでに会場は超満員。

金載鎬民団県本部団長、姜末律議長、孫利秀監察委員長をはじめ多数の来賓が参席した。

崔箕龍氏の司会で始まった同大会では活動報告を了承したのち活動方針を決議した。

つづいて行なった役員選挙では次のように名役員を選出した。

▽団長＝具本柱

▽副団長＝朴甲根 金炳鎬

▽議長＝崔萬龍

▽副議長＝李東浩 鄭用済

▽監察委員長＝宋石岩

▽委員＝李載ヴ 李勝鎬

その外、事務部長……（百名）執行委員の……

# 北傀蛮行許すまじ

## 愛知県で糾弾民衆大会

北傀共匪蛮行を糾……会が、さる三月一日……第四九回三・一節……つづいて市公会堂で……

# 日本に僑胞施策是正要求を

## 李民団長、本国政府に強く要請

李裕天中央本部団長

在日僑胞の諸問題について本国政府と協議するため帰国している李裕天在日大韓民国居留民団中央本部団長は十三日、僑胞にたいする施策の是正を早急に日本政府に申入れるよう政府と交涉に要請した。

李団長は、国会与野総務団を訪れて僑胞の実態に関して報告する中で、日本政府が在日僑胞にたいし、帰化ないし追放または北送政策をとっていることを指摘し、政府がこの是正を日本政府に促すよう求めるなど次のような指摘と要請をした。

一、日本政府は昨年八月、在日僑胞永住権申請手続きを簡素化することを約束しておきながら、これまでにこのための行政措置をとっていず、このため在日僑胞の法的地位と待遇などが事実上、保障されていない。

一、韓日協定調印前よりも僑胞の再入国と滞留手続きが複雑になっており、日本政府は犯人に少しでも誤りがあ……している。この……な外交を望む。

一、さきに日本国……フル事件の金嬉老……を述べたことは……胞が胸の中に揺……んを代弁したわ……われわれも再び……

一、現在、外務部……商工、公報部な……いる在日僑胞の……化し、できるだ……僑局」ともいう……「担当を設けて……

# 日韓協会遂に結成さる

## 会長に土川元夫(名商議会頭)氏

### 来賓に厳大使、桑原知事ら参席

既報＝韓日協定以来、韓日両国有志たちの間で話し合いが続けられていた「日韓協会」が、さる二月二十八日、遂に設立された。

同日午後六時、名古屋市中区の名古屋商工会議所で開かれた「日韓協会」発会式には、韓日両国の準備委員たちや、厳敏永駐日本韓国大使、文鐘律名古屋領事、桑原幹根愛知県知事、杉戸清名古屋市長ら来賓の顔が見えた。

宮田商工会議所事務局長の開会の辞で始まった同発会式で、宮田商工会議所専務理事から、設立経過についての報告があった。

つづいて同発会式の議長に、石井名古屋商工会議所副会頭を満場一致で推載した後、同協会会長に土川名鉄社長を満場一致で選出した。

厳大使は祝辞で「韓国民は六・二五動乱を通じて、貴い真理を学んだ。目的達成のため手段を選ばない共産党のやり方を見たとき、私共は〝血は水よりも濃い〟ということわざが色あせるのを感じた。

今後において、同じ理解と同じイデオロギーの人々は、近親よりなお大事でなかろうか。

韓日両国民は、過去の不幸な歴史を流し、美しい歴史を新しく打ち立てなければいけない。

理解と協力の基礎の上に、愛知県日韓協会が最高に充実した協会になるように祈る」とのべた。

続いて立った桑原県知事は「相互協力で有名無実でない協会運営を望む」とあいさつした。

ひきつづき、趣意書(別掲)と規約(別掲)を検討した結果、満場一致で通過させた。

この後、別室で祝賀カクテル・パーティーがあって、韓日両国委員たちの和気あいあいと話し合う風景が見られた。七時二十分散会。

なお、当日出席した韓日両方準備委員名単は次の通り。

▼日本側 桑原幹根、杉戸清、鈴木享市、土川元夫、滝嶋次郎、石井健一郎、高橋儀三郎、岩田蒼明、永井精一郎、川端正一、金子留蔵、伊藤次郎左衛門、横山通夫、青木清、野崎信義、天野春一、大脇孝一、野満三次、近藤義、安井正義、打浪吉朗、神野寅保、三輪隆康、田中均一郎、村瀬伝二郎、横山鉄治、寺島[illegible]、中島澤人、野村[illegible]、[illegible]、橋本[illegible]、豊田英二、石田退三、木村[illegible]太郎、渡辺新八、川崎[illegible]、神谷正太郎、長尾芳郎、村岡嘉六、松岡修造、青山房三、永井嘉吉、岡谷康治、松尾信資、岩瀬[illegible]、長尾茂、今城栄次郎、宮田一雄、寺門博、伊藤長光、中川耕作、恒川一夫、橋本[illegible]、石川久[illegible]

▼韓国側 [illegible]

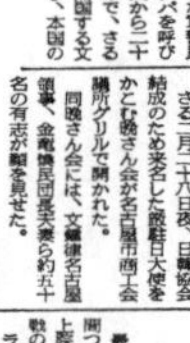

新会長になった土川氏

### 民団で20万円 北傀ゲリラの犠牲者に贈る

民団中北協議会では、さる一月二十一日、北傀武装ゲリラのソウル侵入のさい犠牲になった軍警民遺家族への義援金のカンパを呼びかけていたが、中北各県から二十万円の誠金が集まったので、さる十三日通商会議のため帰国する文鐘律駐名古屋領事に託し、本国の関係筋に送った。

### 厳大使囲み歓迎晩さん会

さる二月二十八日夜、日韓協会結成のため来名した厳駐日大使をかこむ晩さん会が名古屋市商工会議所グリルで開かれた。

同晩さん会には、文鐘律名古屋領事、金竜煥民団長夫妻ら約五十名の有志が顔を見せた。

## 愛知県日韓協会規約

第一条(名称)

本会は、愛知県日韓協会と称する。

第二条(目的)

本会は、日韓共栄の本義に立脚し、両国民の理解と友好を深め当地方における日韓善隣友好の実を挙げることを目的とする。

第三条(事務所)

本会の事務所は、名古屋市におく。

第四条(事業)

本会の目的を達成するため下記の事業を行なう。

1、会員相互の親睦増進と啓発向上に関する事業

2、両国一般事業に関する調査研究並びに情報の提供に関する事業

3、本会の会員は、会の目的に賛同する愛知県に在住する日韓両国の個人、法人及び団体とする。

第六条(会員の加入)

本会に入会しようとするものは会員二人以上の推薦をもって入会を申込むものとする。

入会の諾否は、理事会で決定する。

第七条(役員)

本会に下記の役員を置く。

会長 一名

副会長 若干名

理事 若干名

監事 若干名

第八条(役員の選任・任期)

1、役員は、総会で会員中より選任する。

2、役員の任期は一年とする。但し重任を妨げない。

第九条(役員の職務)

会長は本会を代表し、総会及び理事会を招集し、その議長に当り、会務を総理する。

2、副会長は会長を補佐し、会長に事故あるときは予め会長が定める順位によりその職務を代理する。

3、監事は本会の会計の状況を監査し、総会で意見を述べる。

第十条(理事会)

理事は会長及び副会長と共に理事会を構成し、当面の諸計画を審議決定する。

第十一条(顧問及び参与)

本会に顧問及び参与を置くことができる。

第十二条(経費)

本会の経費は会費、寄付金、その他の収入をもって充てる。

第十三条(会費)

会員は所定の会費一口以上収めるものとする。

2、会費の一口の金額は、理事会で定める。

第十四条(総会)

通常総会は、毎年一回開く。

臨時総会は、会長又は理事会が必要と認めたときに開く。

第十五条(会計年度)

本会の会計年度は、毎年四月一日より翌年三月末日までとする。

### 米・日地域公館長会議

米国と日本地域の韓国公館長会議が、3月14日から20日までの7日間にわたってソウルで開催される。

この会議には、米国と日本から十五ヵ所の公館長が出席して、主に同地域における韓国商品の輸出増進策を討議することになる。

駐名古屋文鐘律領事はこの会議に出席のため、さる13日午前8時40分伊丹発KAL便にて帰国した。

## 対韓援助と追加ドルを早急に

### 米議会承認が遅れることを憂慮

最近、ラスク米国務長官は二日間つづけて上院外交委に出席し、上院議員たちから激しいベトナム戦の質問に出くわした。

ラスク長官の上院外交委出席の表面上の目的は、ジョンソン大統領が要請した新しい会計年度の外援二十九億ドルを議会が削減しないで承認してくれるようにと説得することであった。しかし、この問題はベトナム戦にかんする論争に押されて論議の対象にもならなかったようである。

共産主義者らへの利得行為もし、米国がベトナム戦争の現状からくる挫折感のために、外援に対する努力を減らすとすれば、共産主義者たちは彼らが狙っていた目的以上の利得を見るようになるだろう、とラスク国務長官は警告したが、これは今日の韓国にとって、最も当てはまることはである。

一月二十一日の北韓武装ゲリラソウル侵入事件の直後、韓国は米国にたいし、対韓支援を積極的に実現するよう、強く要請した。ジョンソン大統領以下、米政府当局もこの要請に同調的な反応を見せた。先日、バンディ国務次官が議会に対韓援助金増額の必要性を強調したのについて、ジョンソン大統領は米下院議長に一億ドル対韓追加軍援を早急に承認してくれるよう促求した。

なお、米政府は韓国がすでに要請した高速道路建設に必要な米平和食糧法第一款による現物借款、すなわち小麦三十五万トンを無償で供給し、その販売代金約六十億ウオンのうちの韓国側使用比率四十億ウオンを韓国の国防強化に充当するよう措置した。

遅れずに実効のある〝援助〟この小麦借款を無償援助に転換した動機にかんする特別な説明はないが、韓半島の緊張以後、韓国防衛強化策の一環として、これを受け入れるべきだとわれわれは考える。

しかし、現段階で最も緊要にして急を要するのは、一億ドル追加軍援ならびに、新年度の援助規模を米議会が一日も早く確定してくれることである。現在、韓国は自主国防態勢を確立し、経済建設の前進をつづけるために、いつの時代よりも友邦の〝実質的支援〟を早急に必要としている。バンズ・ジョンソン大統領特使をはじめ、最近、韓国を目撃した外国人は何人といえどもこの厳然とした現実を認めざるを得ないことであろう。

金東祚駐米大使の話によると、追加軍援一億ドルの用途にかんしてはすでに韓・米間で大体の合意に達しているという。しかし、これが米議会の承認手順を踏んで執行されるまでにひどく長い時間がかかるとすれば、〝緊急〟という意味は全く〝無〟となってしまうのである。

われわれが憂慮するのは単にこの点だけではない。防衛と建設を並行して進めなければならない韓国の重い荷を少しでも軽くするために起こるであろう〝一時的な反応〟についてである。

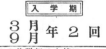

## 韓国婦人記者来名

### 男性顔負けのベテランぞろい

世は男女平等の時世——韓国一流新聞の婦人記者一行十二名が、さる二十二日午後四時五十二分近鉄特急便で来名した。〝婦人〟とはいえ各々各新聞社のベテラン、「男性」顔負けの実力者ばかり——。

名古屋駅には金民団長、文領事他、民団幹部や婦人会役員たち、そして報道陣が出迎えたが、丁重な花束を受けたるもの・各界からの花束を受けたのち宿舎国際ホテルに向った。

一行は名古屋で国際婦人協会の人たちと歓談したり、市内の産業施設を見学したりしたが、細かい点について質問するやら、メモするやら仕事熱心であった。とはいえデパートなどでは、さすがに婦人服やアクセサリーに関心が集中、わずかに、平均年齢23歳の〝若い女性〟の片りんを見せてくれた。

一行は二十三日東京に向った。

▽婦人記者名単

▽団長＝鄭光鎬(韓国日報政治部次長)

▽団員＝李昌淑(大韓日報)呉愛英(東亜日報)李貞熙(同和通信)金東分(朝鮮日報)朴容子(京郷新聞)鄭恩卿(コリア・ヘラルド)金慶映(コリア・タイムス)李寿栄(現代経済)金敏子(毎日経済)金静江(中央日報)李暁希(新亜日報)

### 金総務部長厳父急病で帰国

本団総務部長金聖根氏は、厳父急病のため、さる二十九日、KAL便で帰国したが、三月八日帰任した。

### 金農林長官を主席代表に

政府は四月十七日から三十日までソウルのウォーカーヒルで開かれる第三回、アジア・アフリカ農漁村機構総会に金栄俊農林部長官を主席代表とする韓国代表団を出席させることに決めた。同総会にはA・A地域二十四ヵ国から二百十一人の代表が出席する予定であり、加入二十四ヵ国のうち十九ヵ国が中立であるため、韓国で開かれる最も大きなアジア・アフリカ会議となる。

## 婦人会消息

三月十九日午前十時から、愛知韓国学園で中国料理講習会を開いた。講師は加藤敏彦先生。この講習会は、婦人会愛知県本部(姜英培)の主催によるものだが、平素〝中華料理〟といえば、料理屋でご馳走になりがちなもの。この日婦人会員たちは自分で作る〝中華料理〟に大いに関心を示し、実習の手さばきも楽しそうだった。

その後、一同は瀬戸方面に〝セトモノ〟の見学に出かけた。

また同本部では、来る四月五、六両日、和歌山県白浜温泉に春期親睦旅行に出かける。花見をかねてこの旅行で親睦を重ね、また婦人問題についてしっかり勉強しようとのこと。詳しいことは婦人会まで。(TEL五五一—五三一二)

## 本団来訪

▼宋元英氏(大韓民国国会議員)は、在日僑胞生活実態を視察するため、さる三月七日来名、午後七時第一楼で会食。文鐘律領事、金聖九商工会長外民団役員が参席。〝つぶさに勉強して政策に反映させたい〟と語った。

▼李裕天氏(民団中央本部団長)法的地位講演会に参加のため。十四日。

▼朴炳憲氏(民団中央総務局長)有同。

宋元英氏

### 被招請家族第四陣到着

民団創団二十周年記念本国家族招請第四陣六名は、さる十四日午後一時KAL便で大阪伊丹空港に着いた。なお、現在まで愛知の場合四九人の中二三人の本国家族が来日した。

## 水産技術研修契約締結さる

請求権資金第二次年度無償資金による水産技術研修契約が三月十一日、駐日韓国請求権及び経済協力使節団長と日本海外技術協力事業団(OTCA)理事長とのあいだで締結された。

この契約は韓国政府が派遣する水産技術研修生の訓練を委託するものであるが、第一次年度の研修計画が成功を収めたため今回の契約に至ったものである。この契約の内訳をみると、総数三十人(延べ百四十三人)で、契約金額は六万六千ドルである。

各分野別の研修生数は次のとおり。

遠洋漁業 スタントロール、マグロ漁業＝二名

沿近海漁業(機船底引網)調味加工＝一名

水産製造 練製加工、冷凍食品、冷凍機械＝十名

水産増殖 水産餌料、貝類養殖、海苔養殖＝七名

漁業＝一名

海洋資源(海洋物理)一名

水産経営＝一名

水産行政＝一名

視察＝五名

計三十名

### 韓日ボクシング 四月九日金山で

韓国専売庁のアマボクシングチーム一行が来る四月八日、東海地区アマボクサーたちと対戦するため来名する。

一行は八日夜名古屋市内で一泊した後、九日夜五時から名古屋市金山体育館で試合、十日九州に向う。

一行は日本大学の招待によって来日するが、日本大学は昨年、韓国側の招待によって韓国遠征をしている。なお、この試合の入場整理券(百円)は、民団で取り扱っている。

## 姉妹関係を結縁

### 韓国晋州市と敦賀市商工界が

崔曖岡団長

韓国晋州市の商工会議所代表一行十二人が日本の福井県敦賀市の商工人と姉妹関係結縁のため、さる十三日午時半来名した。

一行は到着後、民団本部を訪問した後、韓国学園、豊田自動車工場を見学した。

一行には民団本部副団長崔正烈氏がつきそい、案内役にまわったが、崔団長とは事業上本国から関係のあった商工人もあり、市内見物の後、国際ホテルで宿泊した。

一行は翌十四日午前九時国鉄で敦賀に向った。

▽崔曖岡団長談＝晋州と敦賀市とが、商工姉妹関係を結ぶという意味は、大都市商工人だけでなく、中小都市の商工人たちが、海外商工人との交流を深めるチャンスを持てたという点で意義深い。

名古屋市は聞いていたよりも、はるかにすばらしい都市であり、僑胞の生活も安定しているようで心強い。御親切に感謝する。

▽なお一行の氏名次の通り。

(写真 団長崔曖岡、晋州商工会議所会頭、晋州海東鉱物工業社長、副団長[illegible]、晋州商工会議所副会長、株式会社東洋染織社社長、団員—河泳錫晋州商工会議所常任議員、三星産業合名会社社長 [illegible]

## 鷹羽町

◆さる十三日午後一時からの総団体長連席会議で、支団長、傘下機関任員、三機関任員、時ならぬ爆弾発言があった。その発言の主を知る人ぞ知る、監察委員長姜秀氏。主議題である「三・一節」論議の最中、〝エヘン〟と立って曰く「大体経済人というやつらは、なっとらん。三六五日、民団事務所には顔も見せず、「三・一」や「八・一五」行事には一度も出たことがない。いつ見ても労働者や、経済的に民団の人々が弥んどる。それで、よくも威張って居れるものだと感心している。大体精神状態がなっとらん。(拍手をつけた発言後一旦、場内を見渡す)

〝エヘン〟それでいて、大使が来たとか、何か、日韓協会やるとかの時は、いかにも愛国者面して出しゃばる。何が、経済人だ！ 〇〇〇は、日韓協会の常任理事というが、何の理由で、愛知商銀に預金もせず、それで、記念行事に顔も出さず、それで、常任理事?……」

以上のような要旨の発言だが、何しろ、経済人のことは、大体〝シーシー〟で通った民団社会で同じく、経済人と目される係ろよ〟と一言。金副団長の職業を知っている場内、哄笑につつまれた。(本日の直言賞とユーモア賞は晁村秀氏の独占＝東海新報社)

◆……団員数九千余名、いいかげんな県本部よりも多いといわれる県中支部の改選が迫ったある日。今池の韓国料理店は、殆んど、同支部有志たちで占められていた。というのも、金允鐘現団長が引退した後の支団長の有力候補が、何と五、六人も挙げられている程、乱立状態。

## 何が経済人だ！

### 候補者多く調整が難し

委員長が、こんな発言をした直後は、さて続いて、場内から拍手がわいた。「経済人」「経済人」とよくいわれる。お金持のことだろうが、基本的精神状態のなっとらん人は、この際、反省すべし。

◆……続いて同日の会議で、金允鐘団長も発言。ほぼ、孫委員長と同じ趣旨の内容だが、〝パチンコでもうけ、飲屋でもうけ経済人、経済人〟と、いばって…。

〝例の選射砲(早口砲)〟が発射されようとする時、〝ダクシーも入れ〟側の孫委員長。

その中でも、民団の有力幹部J某氏と、K某氏の対立は深刻そのもの。支部長が、何とか、折衝中だそうだが、ヘテサテ十七日までに、調節できますかネ。候補者が揃らず、大会も開けん支部などから見ると、何とうらやましい話。

◆……いよいよ結婚シーズンになるが、これについてある民団幹部〝婚礼奠式〟は本国でも廃止の方向に向っているところがある。何とか、経済的に簡略やれる方法はないものか……と

韓国学園という立派な式場もあるし、ちょっとの手数で、実に意義ある式が挙げられると思いますが、どなたか、試みて見ませんか。ちなみに申し上げます。費用は普通の礼式場に比べ約三分の一ですみます。

◆時間厳守、時間厳守、何とかなりませんかねえ。どんな会合どんな催しも、少しは時間が遅れるというのが常識みたいになってしまった僑胞社会の現状、文化の尺度にもなりますがねエナイ。

◆県下民団十六支部の中でも、伝統と団員数において、最も注目される県中支部の第十九回定期大会——〇氏や×氏の支団長出馬のうわさもあってか、大会場は超満員——まずは、オメデトウゴザイマス。ところで、大会の準備と進行には、若干ギコチなさが目立った。具本柱新団長、支団長選出後も議長のつもりか議事進行に大活躍。かえって議事進行をつまずかせた。

議長職権は神聖ですぞ！(写真はハッスル中の孫監察委員長)

## 論壇

# 創意力の偉大性

—指導者に望む誠と熱—

李　康

## 読者のひろば

# ベトナム戦の行くえとその影響

## ゴールドラッシュとドル防衛

## 私の日記

# 某月某日

—父の愛情—

丁　海　龍

## 戸籍実務講座(3)

金　翊　根



# 創団以来の足跡を写真でみる

# 民団二十年史　発売開始

創団以来二十年間の組織づくりと民団の成長の跡をしるした民団二十年史は、その間、第三十二回臨時中央大会による執行部の改編などで出版が遅れましたが、ここにようやく発刊をみるにいたりました。

この民団二十年史は、すでに本紙を通じて度々紹介したように、その内容は、生きた民団二十年の歩みとその姿を系統的にまとめ、その間の資料や写真を始め本国の参考資料も、もれなく豊富に収録してあります。

近来、日本では出版ブームを起しさまざまな各種書籍が出版されておりますが、われわれ民団に関する参考書籍の刊行は、ごく数えるほどしかないのが、その実情であります。

このような時に、民団が自らの手で編纂したこの二十年史を六十万在日同胞の皆様に、必読の書としておすすめすることができるのを、この上ない喜びと存じます。

民団二十年史は、民団組織のことについて、あなたの知りたいことが、すべて網羅されており、この本一冊をあなたの書架に加えることによって解放二十年の在日六十万同胞の歴史と同胞の実情を正しく把握することができます。

なお民団二十年史の発売は、十一月中旬頃になりますが、それに先きだって、ただ今、民団では予約販売の募集を開始しております。ご希望の方は、民団中央宣伝局までお申し込み下さい。予約申し込みの場合は、割引販売を致します。

A4型　七〇〇頁
定価　五、〇〇〇円

発行所 東海新報社
発行人 金龍煥
編集人 韓国居留民団愛知県地方本部宣伝部
名古屋市中村区鷹羽町3-56
電話名古屋(571) 6431
定価 1ヵ月100円

**民団綱領**

一、吾等は大韓民国の国是を遵守する。
一、吾等は在留同胞の権益擁護を期する。
一、吾等は在留同胞の民生安定を期する。
一、吾等は在留同胞の文化向上を期する。
一、吾等は世界平和と国際親善を期する。

**3・1節記念号**

# 第四九回 三・一節記念民衆大会

**日時** 一九六八年三月一日 午後一時
**場所** 名古屋市公会堂
**主催** 在日本大韓民国居留民団愛知県地方本部

父が母が兄が弟が叫んで倒れた独立万才。先烈たちよ、この民族を見守り給え（写真＝ソウルのパゴダ公園この八角亭の壇上で独立宣言書が発表された）

## 民族の烽火

### 三・一節に寄せて

有史四千幾百年
誇り高き民族に
敵政十年を強いた時
ほくそえむ敵の頭上へ
青天の霹靂が　炸裂する
一九一九年三月一日
白昼正午　パゴダの壇上
吾等　茲に奮起せり　と
独立宣言が　響き渡る
半萬年歴史の権威を仗して
二千萬民衆の誠忠を合わして
独立宣言が　響き渡る
世界萬邦に告ぎ
子孫萬代に誥ぐ　と
独立宣言が　響き渡る
天下何物か　これを阻止抑制せん
最后の一人　最后の一刻まで　と
独立宣言が　響き渡る
萬歳！　萬歳！　独立萬歳！
光復の悲願は
萬雷の叫びとなって
天地に谺する
萬歳！　萬歳！　独立萬歳！
時を同じくして
その時　一斉
韓半島全域　津々浦々の
村で　町で　山で　野で
民族正権の叫びは燃えさかる
燎原の火の如く
萬歳！　萬歳！　萬々歳！
大韓独立萬々歳！
家を焼かれて　独立萬歳！
タマに当って　独立萬歳！
剣に刺されて　独立萬歳！
屍を乗り越え　独立萬歳！
萬歳！　萬歳！　独立萬歳！
正義の進軍は押し進む
独立の絶叫　弾圧の銃声
萬歳の絶唱　敵軍の叫喚
燃えたぎる民族の烽火に包まれた
錦繍江山三千里
おお
堂々たる　歴史的大号令
粛々たる　民族的大進軍
聖き日よ　三・一節よ
永遠に　われらが鏡の日よ

（詩＝金錦根）

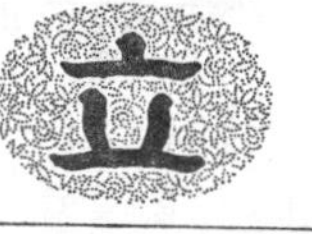

## 民族繁栄の基礎確立
### ＝第四九回三・一節記念辞＝

在日本大韓民国居留民団
愛知県地方本部
団長　金　龍　煥

親愛なる同胞のみなさん！

この度、我々は、四十九年前の西紀一九一九年三月一日、旧日帝の奮民強圧政策に抗し、民族の尊厳を守り、自主独立をかちとるため二千万韓民族が、雄々しく蜂起した、三・一独立運動の第四十九周年記念日を迎えました。

この記念日に当り、我々は、今一度、崇高な先烈の民主独立精神を深く銘記し、三・一独立運動の正しい意義を、心からかみしめ、民族の自主独立のために殉じた多くの愛国先烈の英霊に、謹んで敬虔なる追悼の意を捧げるものであります。

回り顧れば、独立宣言文にある如く、各個人格の正当な発達を遂げ、可憐な子弟に苦恥的財産を遺与せず、子々孫々の永久完全な慶福を導き迎えようとした、人道的立場に基く民族の大義と、利害の相反した両民族間に永遠に和することのできない怨みの溝を益々深めている今日までの実績を顧よ。勇明果敢に旧誤を正し、真の理解と同情に基づく友好的新局面を打開するのが相互間に禍を遠のけて、福を招く捷径であるとした、民族共存への姿勢と、われらの固有な自由権を護全して、生旺の楽を飽享するであろうし、われらの自足した独創力を発揮して、春満ちた大界に民族的精華を結紐するであろうとした、民族の高邁なる理想をもって、挙族的に自主独立を主張したあの三・一独立運動の意義は、現在においても、なお生々しく、我々に多くの示唆を与えています。

親愛なる同胞のみなさん！

解放後二十年余、祖国は、その間同族相殺という不幸な過去と、国土を分断された困難な状況にありながらも、多岐多難な試練をえて、今や英邁なる朴大統領の適切な領導のもとに第二次経済五個年計画を中軸とした近代的民主国家の建設に、日進月歩邁進しています。われわれは、この最も重大な時点において、子孫に後顧の憂いのなき様、民族繁栄の基礎を固める中興の偉業を成し遂げ、遠からぬ将来に、民族の宿願である国土統一の聖業を成就出来る様、全国民が覚悟を新たにしなければなりません。又国力の培養と共に、国際社会に寄与出来る民族になるべく、積極的に努力しなければならないと思います。

しかし、六・二五動乱の記憶も新たに北傀の周到な計画のもとに行われた最近の武装共匪に依る蛮行は、日々発展する韓国の国際的地位を一層低落させるだけでなく、険悪で野望に満ちた民族分裂を増長する反民族的蛮行として徹底的に糾弾しなければならぬとともに、赤色北傀の非人道的野望を、くまなく暴露し、より一層警戒心を高めなければなりません。

尚、本団はこの際、北傀の走狗朝総連の偽装平和攻勢を民族の名において粉砕し、今なお朝総連の甘言利説にまどわされている多くの同胞の救出に全力を傾け、一日も早く、全在日同胞が、民団傘下に結集出来る様、活動しなければならないと思います。

親愛なる県下の団員みなさん！

この意義深き三・一独立運動記念日を期して愛国先烈にならい、より堅固な組織造りにいそしむと同時に本団に課せられた在日同胞の権益擁護と民生安定を促する諸事業に、又民族文化継承事業に、総力を結集し対処しようではありませんか！

親愛なる在日同胞の皆さん！

第四十九回の三・一節を迎えるに当たり、私は茲に、三・一精神を学びとろう！　と強く訴えるものであります。

三・一精神とは、犠牲的精神であります。家財を妻子を生命を、総てを投げうって、ひたすら祖国独立万歳を唱えたのが三・一精神であります。

三・一精神とは団結的精神であります。電信、電話、交通等総ての文明利器が敵の手中にあるにも拘らず水も洩らさぬ団結で立ち上がったのが三・一精神であります。

史上その類を見ないこの犠牲的精神と団結心――偉大なるこの民族的教訓を学ぼうではありませんか。

## 世界に誇れる祖国
### ＝第四九回三・一節記念辞＝

駐名古屋大韓民国領事館
領事　文　鍾　律

親愛なる同胞の皆さん！

今日第49回目を迎える三・一節に際し、国内の現実を直視し祖国の近代化と国土統一の決意を再度新たにしつつ、49年前の此の日、我々の先輩達及び我が同胞達が、自主と独立の烽火を高くかざし、一斉に蜂起したその壮厳な姿を想起し、先烈の霊に謹しんで敬虔なる黙祷を捧げると共に祝福したく思います。

最近、北韓傀儡は、プエブロ号だ捕事件に加え、31名によって構成された北韓ゲリラ隊のソウル襲撃事件等を通じ、極度に国際情勢を緊張させており、平和と自由建設、そして経済発展に全力を傾注している祖国の歩みに妨害を企てている北傀の仕業を、眼のあたりにしなければならぬ時局を顧み、我々は再度本国の全国民の固い決意に呼応し、祖国の自主独立と繁栄及び世界平和を目ざす隊列に雄々しく参加しなければなりません。

このように緊迫し切った状況下において、敬虔なる三・一節を迎える我々には、闘志と勇気が倍加され燃え上るのを禁ずることができません。

第47回三・一節での朴大統領閣下の記念辞の中で、「47年前の此の日、我が先輩達が発揮した愛国心と情熱、私的利害を超えた挙族的団結、そして生死を顧みない不退転の闘志を、今日の祖国近代化事業に再び反映させようとする所に三・一節慶祝の意義があるのです」という一節を、我々は再度想起し、心深く銘記することにより、尊い生命を犠牲にしつつ、後孫に高貴なる独立を残すべく闘った先人達の気高い志操に、忠実に報いなければなりません。

祖国は日益にめざましい発展を遂げています。遠からず経済的にも自主独立を遂げようとする祖国は皆様の物心両面の愛国心を必要としています。そして、その具体的な方途は他でもなく、皆様が現在心の底深く燃えたぎらせている愛国精神と、今日まで継続してきたところの、郷土開発の為のあらゆる貢献の道を、一層拡大することなのです。

北韓傀儡による各種の蛮行が、日を追って激しくなるのは何故でしょう。我が祖国が北韓を圧倒し一九七〇年代には、断然優勢な位置で平和的手段に依る南北統一を、遂げる為の作業が着実に進捗している事実を憂慮しての反抗であると看做するのが、昨今の国際与論であります。

我々は現在、世界に恥じない祖国、そして美しい山河、礼節に加え、淳朴なる人心を有する国、日々発展を遂げる誇るべき国を有しているのです。太陽の光というものが、我々の知らぬ間に限りない恩恵を我々に与えている如く、祖国は皆さんを昼夜見守り、皆さんの利益保護の為に苦心しているのです。皆さんは先ず、国の為なり得ることから始めるべきでしょう。先ず隣家に自国を誇り得る人間になり、真正な韓日親善を通じて、国の為に貢献することが、できるのです。

今日、第49回三・一節を迎えるに当り、我々は三・一精神をもう一度想い起して、国家発展の為の真正なる働き手になる覚悟をし、皆様の全てが隊列を整頓して、祖国近代化に邁進することにより、北韓で、未だ呻吟する、多くの同胞を一日も早く救出する為の統一聖業に、こぞって、力強く参加しようではありませんか。

再度朴大統領閣下の記念辞を引用しましょう。

「今、我々が為すべきことは、三・一のあの日先輩達が、一致団結実行動綱領とし、三・一の大義と目標をかざしての果敢なる前進の記録を我国史上に残した如く、今日の我々も、後代に遺すことのできる輝しい記録を創造していくことにあります」

我々は強く団結しましょう。

# 我等は独立民・民団傘下に集う

## 三・一精神を継承しよう

### 全僑胞的式典に周到な計画

第四九回愛知県地方「三・一節」記念民衆大会は、来る三月一日午後一時より、名古屋市公会堂（つるまい公園内）で開かれる。

全民族が日本の植民政策に反対し、「我々は、自由民であり、我国が独立国」であることを世界万邦に宣言した、この歴史的な日は今日韓国の意義ある独立運動記念日として本国ではもちろん、海外同胞も、記念式典を催している。

愛知地方の記念式典を主催する民団愛知県本部では、別掲のように「三・一節記念実行委員会」を構成し、全僑胞的な式典を挙行する万般の計画を進めている。先ず従来、とかくお祭り気分的だった傾向がなかったとも言えないが、このような傾向を是正し、三・一節のもつ神聖で崇高な精神を広く僑胞に訴え、式典の精神的昂揚上に努める。

従って慣例だった、各支部へのバス提供も、今回は中止、団員各自の深い理解と自覚にもとづいた参加呼びかけを積極的に押し進める。

また、今度の第四九回「三・一記念日」にも、本国からの芸能団が来名、僑胞慰問アトラクションを上演することになっているが、主催する民団本部では"狭い難い僑胞たちの参集を利用するのであってアトラクションそれを主題とした宣伝方法は止揚する"という。

なお、第四九回「三・一節記念式典」の民団の全国統一スローガンは次の通り。

一、愛国先烈にならい、勝共統一遂げよう。
一、三・一精神で、民族中興にいそしもう。
一、主体性堅持し、組織強化しよう。
一、法的地位確保に、全力を傾注しよう。
一、北傀共匪の蛮行を、民族をあげて、糾弾しよう。
一、朝総連の偽装平和攻勢を粉砕しよう。
一、民族意識昂揚！　民族教育強化！　大韓民国万才！

# 大韓民国万才　大韓民族万才

## 民団行事報告

▲一月六日＝新年賀礼・仕事始め・姜末律議長、全常任と人事。"温い民団になるよう努力しよう"と姜議長あいさつ。
▲八日＝全常任理事館と人事に新年あいさつ。第二回常任委員会"新しい気分で努力"と朴在賢局長あいさつ。
▲九日＝名港支部議長李鍾洪氏長男李尚敏君の葬儀に丁海竜組織部長、朴性祐宣伝委員参席（於港区善光寺）
▲十日＝韓国明知大学陸上コーチ来名。
▲十一日＝婦人会新年会（於有香園）張基均氏宅"チトセ観光"火事見舞。
▲十二日＝第七回執行委員会
▲十五日＝成人式（於韓国学園）新年会
▲十七日＝有功者審査委員会（於本部）学園理事会（於本部）
▲十九日＝韓日親善協会準備委員会（於本部）
▲二十日＝民団二十周年記念招聘本国同胞来日（朴在賢事務局長、朴性祐宣伝委員伊丹出張）中川支部、東中支部新年会。
▲二十二日＝元国会議員朴永出氏来名。
▲二十三日＝東海新報原稿締切。
▲二十七日＝民団二十周年記念本国同胞来日（丁海竜組織部長、鄭赫淇文教次長伊丹出張）
▲三十日＝旧正。

## 朴有福、劉載圭、崔鐘五三氏　民団愛知地方功労者決まる

外務長官表彰

朴有福氏　劉載圭氏　崔鐘五氏

「三・一節」に政府から表彰される有功者のうち、愛知県関係分は崔鐘五、劉載圭、朴有福の三氏に決まった。今回の表彰対象者の規準は、民団幹部職在職十年以上の人となっていた。

三氏は、外務部長官からの表彰状を、来る三月一日、名古屋市公会堂で伝達される。なお、三氏の略歴は次の通り。

▲朴有福
一九〇五年十二月二十一日生
本籍地　全南求礼郡求礼面鳳東里三二九
現住所　一宮市神枝町二丁目七
一九三六年から一九六八年現在まで「朝日商店」を経営
一宮支部顧問　一九五一年三月一五日入団、次男重吉君は、韓国卓球界のホープとしてよく知られている。

▲劉載圭
一九〇一年十二月二十八日生
本籍地　慶南蔚安郡法守面大松里一一三九
現住所　中村区椿町一―三八
一九三〇年から一九五一年、滋賀県で松岡プレス工場、一九五一年から一九五七年まで味道園経営、一九五七年から一九六八年現在、松岡薬品経営、中村支部監察委員長、一九五四年一月十五日入団

▲崔鐘五
一九一八年一〇月九日生
本籍地　慶北漆谷郡漆谷面梅川洞四〇六
現住所　中村区則武町五―三八
職歴　一九三三年から一九三八年まで、岐阜県土岐郡笠原町丸植製陶所勤務、一九三八年から一九四六年岐阜県加茂郡八百津開粗に勤務、一九四六年から一九六八年現在まで現住所で富士商会を経営、中村支部団長、一九五一年一月一日入団、二男二女あり。

## 民団常任委員会

民団愛知県本部第20回常任委員会が、さる二月七日開かれた。議題は、①三・一記念式典挙行に関する件、②北傀の武装ゲリラ糾弾大会に関する件、③法的地位問題に関する件など。

二月は、民団の重要行事の一つ三・一節の準備に追われるだけに朴事務局長は"みんなが従来より一そう努力するよう"訓示した。

## 釜山の日本領事館に三千名　北韓蛮行抗議大会に参加の学生

日本の一部新聞の報道を"わい曲"として非難する釜山の高校生三千名がきょう五日午前、同地の日本領事館を訪れ、三十分間にわたって抗議しようとしたが、約三十名の警官によって阻止され、館員や建物の被害も全くなかった。

学生たちは日本の新聞や政府に対し謝罪するよう要求したが、これは武装ゲリラのソウル侵入やプエブロ号事件に抗議する大会のあとのできごとだった。なお、この種の大会は三十一日と二日に次ぐ三番目のもの。

## 満々な意欲に期待　若い時にはサッカー選手

納税貯蓄組合長に再任された　姜大仁氏

"若い時はサッカーの選手、今は早起きに散歩が健康法"といいだけに、五七歳とは、とても思えない若々しさだ。

"エ、納税問題は深刻な問題ですヨ。より多くの人々に奉仕出来る納税組合に持って行きたいですネ……"と語る。言葉の片々にもエネルギッシュな体験がにじみ出ている。

"本当に頼って来れる組合、大衆の組合……"と、短い時間に何回も"大衆"という言葉がとび出す。この人の口から"大衆"という言葉を聞いたら、スグ、その大きな体躯の後に愛知県四万七千人の大衆がひかえてるかのように感じられる。長い間、納税組合長として一線の税務官吏相手に働いて来ただけに、実に説得力が強い。

"税金は、納めるべきもの、ただ不当な点は是正出来るように努めます。その点誤解のないように……"はっきりいい切る。

ややもすると、納税組合の性格が曲解されやすいが、そんな点も承知の上。

組織生活も長かった。金竜煥前執行部の時は副団長、副議長を経験しており、その点からも民団と密接な繋りのある"納税組"を作り上げるものと期待される。

若い時分は、斗酒も辞さなかったが、今は晩酌に野球を見るのが楽しみという。"相当いけるでしょう？"との記者の質問には"いやいや"と手をふって否定。

家庭には男ばかりの四人の子息がいる。

自動車任意保険、生命保険、火災保険……"みんな扱うようにせにゃ"と意欲満々の会長である。"大衆"もまたそれを期待している。

慶南晋陽郡井村面冬勿里出身今は市内西区に居住している。

## 軍事援助を強化　韓国に米大統領約束

韓国紙報道

韓国の新聞報道によると、ジョンソン米大統領は朴（パク）韓国大統領に親書を送り、韓国に対する米国の軍事援助の増大を約束したといわれる。これら報道によるとジョンソン大統領は韓国に対する北朝鮮の浸透行為の増加が予想されるとし、韓国がこれに対処するのを助けるため、米国は軍事援助を強化する旨通告したといわれる。

### 一個師団を増強

金国防長官は、陸軍の除隊を制限して一個師団を増強することにしたと言明した。この措置は五三年に休戦協定が締結された当時の兵力である六十万に戻す目的でとられるもので、陸軍は現在、五三年に米国との軍事援助協定に基づく取決めの限度六十万より二・五％の兵力減となっている。

金国防長官はまた、「こんどの措置は最近の韓国危機に対処するためのものであるが、同計画は一般兵卒に限り、将校はこれに含まない。現在、予備役の予備師団での服務期間は二週間であるが、これを一ヵ月に延長する。これは有事の際に、より多くの予備校を動員する準備である」と語った。

## 独立宣言文（全文）

我等は自由民　我等は独立民

吾等は茲にわが韓国が独立国であり、韓国人が自主民であることを宣言する。

これをもって世界万邦に告ぎ人類平等の大義を克明し、これをもって子孫万代に諭し、民族自存の正権を永有せんとするものである。

半万年歴史の権威を杖してこれを宣言し、二千万民衆の誠忠を合してこれを布告し、民族の恒久不変なる自由発展のためにこれを主張し、人類的良心の発露による世界改造の大機運に順応並進せんがためにこれを提起するものである。これは天の明命であり、時代の大勢であり、全人類の共存同生権の正当なる発動である。天下何ものか、これを阻止抑制せん。

旧時代の遺物である侵略主義、強権主義の犠牲となって有史以来幾千年、初めて異民族の抑制に苦痛をなめて今や十年を過ぎた。わが生存権の剥奪されることといくばくぞ。心霊上発展の障害をうけることといくばくぞ。民族的尊栄の毀損されることといくばくぞ。鋭気と独創をもって世界文化の大潮流に寄与補益する機縁を遺失することといくばくぞ。ああ！旧来の抑鬱を宣揚せんとすれば、時下の苦痛を打破せんとすれば、将来の脅威を排除せんとすれば、民族的良心と国家的廉恥の圧縮された気力を発奮伸張せんとすれば、各個人の人格の正当なる発展を遂げんとすれば、可憐な子弟に恥辱的遺産を残すまいとすれば、子々孫々の永久にして完全なる幸福を導かんとすれば、その最大急務が民族的独立を確実にすることであり、二千万の一人一人が胸に刃を懐し、人類の通性と時代の良心が正義の軍と人道の干戈をもって援護する今、われらが進んで取るに如何なる強者とも挫けぬものはなく、退いて謀るに如何なる志も遂げぬものはないであろう。

丙子修交条約以来時々種々の金石の盟約を無にしたとして、日本の不信を罪しようとするものではない。学者は講壇で、政治家は実際で、わが祖先の大業を植民地と視て、わが文化民族を未開人と視て、専ら征服者の快をむさぼるのみ、わが久遠な社会の基礎と卓越なる民族の心理を無視したとして、日本の薄義を責めようとするものではない。自己を策励するに急なる吾人は他を怨尤する暇はなく、現在を綢繆するに急なる吾人は、旧悪を懲弁する暇はない。今日吾人の任務は唯自己を建設することであり、決して他を破壊することではない。厳粛なる良心の命ずるところにより自己の新運命を開拓するものであり、決して旧怨と一時的感情によって他を嫉逐排斥するものではない。旧思想旧勢力に羈縻した日本為政者の功名心の犠牲になった不自然にして不合理な錯誤状態を改善匡正して、自然にして合理的な大原理に復帰せんとするものである。そもそも民族的要求によらぬ両国併合の結果が、畢竟は姑息的威圧と差別的不平等と統計数字上の虚飾の下に、利害相反する両民族間に永遠に和合できぬ怨恨を日益しに深くする今までの実績を直視せよ。勇明果敢をもって旧過を廓正し、真正な理解と同情に基づいた友好的新局面を打開することこそ、自他共に転禍為福の捷径であることを明知すべきである。二千万の怨恨に燃ゆる民を威力をもって拘束することは単に東洋の永久平和を保障する所以でないのみならず、これに因って東洋安危の主軸である四億支那人の日本に対する危惧と猜疑を益々濃厚にし、その結果として東洋全局が共倒同亡の悲運を招くことは明らかである。今日吾人の大韓独立は韓国民族をして正当な生存と繁栄を遂げさすと同時に、日本をして邪路より出でて東洋の指導的責務を全うすることであり、支那をして夢寐にも忘れられぬ不安恐怖から脱出させることであり、又東洋平和をもって重要な一部とする世界平和人類幸福への階段とすることである。これが如何にして些細な感情上の問題であろうか。

ああ！新天地が眼前に展開されんとする。威力の時代が去り道義の時代が到来した。過去の全世紀に錬磨培養された人道的精神が、正に新文明の曙光を人類歴史に投射し初めた。新春が世界を訪ずれ万物の蘇生を催促する。凍氷寒雪に呼吸を閉息させたのがかの一時的勢力であったとすれば、和風暖陽に気脈を伸ばすのはこの一斉の勢力である。天地の復運に際会し世界の変潮に乗った吾人は、最早躊躇することなく何ら忌憚されることもない。我が固有な自由権を保全して旺盛なる生の楽しみを享受し、我が固有なる独創力を発揮して、生気に満ちた大界に民族的精華を結紐するものである。吾人は茲に奮起せり。良心が我と共にあり、真理が我と共に進む。男女老少を問わず陰鬱な古巣から活発に躍り出て共に欣快なる復活を成遂しようではないか。千百世祖霊が吾等を陰助け、全世界の気運が吾等を外から守っている。着手は即ち成功である。ただ前頭の光明に向って驀進するのみ。

公約三章

一、今日、吾らのこの挙は正義、人道、生存尊栄のための民族的要求であるから、専ら自由の精神を発揮するのみ、決して排他的感情に逸脱する勿れ。
一、最後の一人まで最後の一刻まで民族の正当な意思を快よく発表せよ。
一、一切の行動は厳に秩序を尊重し、吾人の主張と態度をして、あくまで公明正大にせよ。

建国四二五二年三月一日
民族代表（三十三人）

孫秉熙　崔麟　権東鎮　呉世昌
林礼煥　権秉悳　李鍾一　羅仁協
洪基兆　羅竜煥　李鍾勲　洪秉箕
朴準承　金完圭　梁甸伯　李昇薫
朴熙道　崔聖模　申洪植　梁漢黙
李明竜　吉善宙　李甲成　金昌俊
李弼柱　呉華英　鄭春洙　申錫九
朴東完　金秉祚　劉如大　韓竜雲
白竜成

◇……パゴダ公園八角亭……◇

## 三・一節の意義
＝民族中興で大事業を完成しよう＝

李時雨

三一節とは、わが国が一九一〇年八月二十九日、日本帝国主義の侵略によって、強制併合された後、わが民族が日本の植民主義に反感を持ち、一九一九年三月一日遂に独立運動を展開した日です。

四九年前、わが民族が日本の植民地統治に民族の運命を賭けて抗拒し、民族の自主と独立を世界万邦に宣言したその日の事件を、もう一度かえりみましょう。

一九一〇年わが国を合併した日本は、一〇年間武力政治により民族の存在は無視され、獄につながれ、生命までも犠牲にされたばかりでなく、教育を制限し土地や生産品を奪い、経済的支配を徹底化しました。第一次世界大戦終了後アメリカのウイルソン大統領は、被圧迫民族を処理する講和条件、として、各民族の運命はその民族自らの意志で決定すべきだという民族自決主義を唱えました。これは弱少民族を勇気づけ、独立を望む気運が高まってきました。

近世界弱少民族の独立運動は、青年学生を前衛として始められた如く、わが国の独立運動も東京留学生を中心として胎動し、一九一九年二月八日午後二時、東京神田区小石川町、朝鮮基督教会館にて独立宣言書が留学生白寛洙によって朗読され、参集した韓国青年留学生数百人と日本警官が衝突し、九名の代表と、数多くの学生が検挙された。

しかし逃れた留学生は全員帰国を決議し国内闘争に舞台を移した。

国内でも民族代表孫秉熙等三三人は天道教徒、基督教徒、仏教徒を中心に帰国した留学生、海外亡命独立指導者、国内団体等と秘密裏に連絡をとり、高宗皇帝の国葬の日を期して、独立運動を敢行することを決定した。

遂に一九一九年三月一日は朝からソウルのパゴダ公園には五千名の学生が集まり、正午の時報と同時に八角亭に登壇した鄭在鎔が独立宣言書を朗読し大韓独立万才を唱えると、学生達は手に手に太極旗を振り大韓独立万才を叫び、独立宣言書、独立新聞等を配りながらデモ行進に入った。

やがて一般民衆も参加するに及び数十万の大示威となり、わきあがる潮のような大韓独立万才と太極旗は街に溢れ、市内各所で日本警官と衝突した。一方民族代表三三人も泰和館で、独立宣言書を朗読し大韓独立万才を唱えた後、自ら逮捕された。

この示威は全国各地に波及し開城、鎮南浦、平壌、元山、大邱等を始め全国津々浦々にひろがり、男女老少の区別なく全国民がこぞって大韓独立万才を叫んで止まなかった。日本軍はこの平和な示威に対して無差別射撃を加えて虐殺し、とらえては惨酷な拷問を、ほしいままにしました。有名な韓国のジャンヌ・ダーク柳寛順もこの犠牲になりました。各地の憲兵隊の蛮行は断えまなく特に水原での蛮行は甚だしいものでした。

この三一独立運動には総数二百万名が参加し、七五〇九名の同胞が無惨に虐殺され一五、九六一名が負傷し四六、九四八名が検挙された。

この独立運動は例え独立は達成できなかったが、世界各国とわが韓民族の民族精神の威力に団結心を知らしめ、民族意識を高め独立史上一大紀元をなす金字塔を建てました。日本も従来の武断政治から文化政治に切替え表面的な変貌に転換し、中国の上海では大韓民国臨時政府を樹立し、その後の独立運動を指導しました。

ここで我々は祖国光復のため身を捧げて殉国した光烈の教訓を心に銘じ、在日僑胞の貴重な役割を再認識し、自由正義真理の三一精神で、仇人をさとし過去の対日感情を一掃し、共匪北韓にも自由なる祖国への復帰をはやめるため、民族中興の一大事業に総蹶起し、国土統一と民族的繁栄を達成するよう決意を固めましょう。

（筆者は名古屋韓国教育文化センター所長）

＝旧正月風景＝ 童心にかえろう。いつかその昔を想いうかべたら何故だろう目頭が熱くなった。（公報館提供）

## 悪質な精神障害者？　名刺にはれっきとX長

◇…ソウルのゲリラ潜入事件やプエブロ事件などで憤激している在日韓国人社会に、またもや新しい憤りの材料を、鉄面皮的な朝総連幹部は提供した。

ソウルの殺人行為を正当で愛国的行為と賞賛するかと思えば、民間人を満載したバスに手投弾を投入したり列車転覆未遂行為など。

"私達にゃあったかどうかすら知らない"とうそぶきながら写真のような拙劣な一文を配り歩いている。

多忙な時に、何時間もねばられて音を上げる実務者も多いがこんな"嘘つき同胞"も同族なればと説得したら"あなたたちはみな○○の走狗"と取り合わない。

対話の姿勢すら出来てない連中と話し合うのだけ無駄なことだがソ連製の多発銃の如く続けてとび出す雑言。"どこの気狂い？"と疑りたくなるが、名刺にはれっきとした「○○本部○○長」阿呆らしくて怒る気にもなれない。

―思想的欲求不満から来る精神障害者かも知れん。―それにしても御用心、御用心、今度はあなたのお宅に現われるかも知れませんぜ……。

## 鷹羽町

◇…民団本部内の碁と韓国将棋熱は大変なもの。定刻の勤務時間が終れば、みな"それっ"と勝負にとりかかる。ところで、みな天狗ばかりで、われこそは民団本部の王者と気取って、なかなか譲歩しない。審判なしの決勝負の場合が多く、何勝何負、誰が勝者かの判定はつきにくい。

部外者が見た勝負時の顔色から見た評価は

◎碁―①丁海竜組織部長②鄭赫淇文教次長③朴在賢事務局長外
◎将棋―①金翊根経済部長と朴性祐宣伝部長②丁海竜組織部長③朴在賢事務局長と鄭赫淇他の順位となる。

しかし当人たちは、あくまでわれこそは一位とゆずらない。

団員のみなさんの中でも、我そは―と思う方は、民団本部まで……。

◇…「私共夫婦は十余年前に結婚して、現在三人の子供までおります。ところが、私共の母が今度民団のお世話で来日致しました。私共はこの時期にやや遅い感はありますが、結婚披露を申し上げ、僅かばかりの母への孝養といたしたいと思います。」

一風変った結婚案内状が今度中村支部管内のR氏より送られた。事情は前述の通り。十余年前に結婚はしたが、来日した老母の前でささやかな披露をしたいというのがその趣旨……。伝え聞く人はみな"感心なこと"と、R氏の気持とその前途を祝福している。金竜煥民団長の主礼でさる十三日に式は挙げられた。R氏夫妻よ！　願わくは、末永く多幸であるよう……。

# 3・1精神で勝共統一しよう

第四十九回 3・1節

## 記念行事 実施委員会

顧問　劉学変・鄭煥麒・李康
　　　盧共恩・鄭煥禧
実施委員長　金龍煥
実施委員　金九鎮・崔正烈・姜末律
尹松局・朴哲・孫潤寿
高命竜・田九瑢・李春植
崔鍾五・金容祚・朴福大
朴甲徳・成竜九・朴在賢
丁海竜・金翊根・李相植
朴性祐・鄭赫淇・尹和雨
金栄顕・金在伸・卞禹変
梁完玉・李英一・金麟九
姜求道・姜英培・文孝益
金佳秀・鄭昌実・卞在玉
権会俊・曺圭昌・朴成一
鄭麟源・李圭正・曺聖煥
呉又観・金奉煥・曺壬生
曺奉煥・金三鎮・朴慶元
李長雨・原美得・李哲珪
洪達源・金正碩・李鍋徳
朴一出・明昌旭・李栄植
鄭元杓・金漢述・李寿坤
李義昶・黄寿正・李且竜
金漢永・全福徳・卞利長
李成鉉・趙鏞泰・洪在憲
金時煥・朴洋広・金炳浩
金彦秀・金正義・金正明
朴鳳仁。

実施機構
指揮　朴在賢
事務局　金翊根
企劃　丁海竜・朴性祐・梁完玉
進行　丁海竜・梁完玉
宣伝　朴性祐・金栄顕・梁完玉
　　　朴鳳仁
動員　丁海竜・金三鎮・朴慶元
　　　李長雨・権会俊・金在伸
　　　李哲珪・洪達源・金正碩
　　　李鍋徳・鄭麟源・朴一出
　　　明昌旭・呉又観・李栄植
　　　曺壬生・鄭元杓
接受　金翊根・全福徳
案内　金佳秀・黄寿正・李英一
報道　朴性祐・金正明
記録　鄭赫淇・尹和雨
整理　李義昶・金彦秀・金時煥
　　　趙鏞泰・洪在憲・金炳浩
連絡　朴洋広・金正義

## 朴大統領 北傀殺人部隊問題に言及

朴正熙大統領は一日「我々の統一方案は、同族間の血生臭い戦争を通じての武力統一ではなく、国連決議による南北韓自由選挙を通じての平和統一」であると言明した。朴大統領は、この日午後、京水高速道路起工式においての即席演説を通じ、このように国土統一の基本方針を明らかにし、「共産党と闘う一方で、経済建設を促進していくのが統一への道」であると強調した。

朴大統領は最近起った武装ゲリラ侵入事件等の北傀蛮行に言及、「六十万大軍は、如何なる事件にも即刻対応できる万般の準備を備えている」と前提しながら、「我々がいかに自由平和を愛し、統一問題に関しても、戦争手段に訴えないことを建前にしても、我々の自制と忍耐には限度があるのであり、北傀が最後まで武力挑発を試みる場合には、我々も即刻これに反撃することを北傀に重ねて警告する」と語った。

朴大統領はこの日「一・二一」北傀武装共産軍南侵及び、「プエブロ」号拿捕事件発生後、初めて公式席上で演説をしたが、その要旨は次の如くである。

今日、ここで起工式を挙げるソウル―釜山間の高速道路建設事業は、我が祖国近代化作業の象徴的事業であると同時に、従来推進して来た大国土建設事業の一環であり、またその始発でもある。重要幹線道路を、遅くとも一〇年以内に全て高速化させ、輸送問題を解決し、産業の近代化を遂げなければならない。大韓民国の国際的地位が向上し、産業が発展するにつれて、これを最も妬み、快く思わないのが北傀金日成徒党であるが彼らは口では平和統一を叫びながらも、その実、彼らの基本戦略は武力赤化統一なのである。しかし我々の統一方案は対外的に明らかにしている如く、同民族間の血生臭い戦争を通じての武力統一ではなく、国連決議に基づく南・北自由選挙を通じた平和統一なのである。

過去一〇余年間北傀が戦争準備をしていたのを周知しながらも、我々の統一方案が経済建設を通じて為そうとするものであったがために、時期到来を待ち、実力を蓄えてきたのであった。

しかし、北傀は現状態では到底武力赤化統一が困難であることを判ってきたのである。金日成徒党は、七〇年に赤化統一が成し遂げられるとの結論を下したが、現実はそれを許さないのである。北傀は、我々の経済建設がつまづくよう妨害をし外国資本家が投資をできないように混乱を造成するため武装ゲリラを南派したのである。

しかし、我々の六〇万大軍は如何なる事態にも対備し、鉄壁の如く防衛しており、北傀の動静を鋭く注視している。先日、武装ゲリラがソウルに侵入して来た際、国民が見せてくれた反共精神と共産党に対する敵対心は、六・二五当時の国民が示したもの以上であった。大韓民国と六〇万大軍が、共……

## 零下の憤怒・反共の誓約

### ソウルで市民大会

北傀の武装殺人部隊のソウル潜入の報は、全世界に共産暴徒の実態を示した。平和をとなえるウラには、必ず"力"が介在した。

そして、再建韓国の経済を破壊し、社会秩序を攪乱せんとした彼らの企みは見事水泡に帰し、今、祖国の全土では、共産軍の蛮行を糾弾する民衆の憤怒の声が、ホウハイとしてわき起こり、衝天するかの如きである。

去る二一日、ソウル運動場で開かれた"北傀糾弾大会"には、社会団体、一般市民、学生ら十余万人が参加、滅共の決意も固く、共産蛮行を糾弾し、同族相争を企てる彼らの野望を非難した。

## なぜ息子は犠牲に！

### 涙で訴う 清雲中 金君の母親

特に、この日の糾弾大会で注目されたのは、さる二十一日の北傀殺人部隊の侵入で犠牲になった、ソウル清雲中三年、金亨善君のお母さん趙寄煥女史の涙の訴えなぜ、息子は殺されなければいけなかったのでしょうか！ソ連製機関銃で同族の手で…！

この訴えは、全会場を悲しみにつつんだ。民間人が乗車したバスに手投弾を投げ入れる神経、非戦闘員を拘禁し、小銃を乱射した蛮行、"ゆるすまじ"と誓う声な決意が全会場にみなぎった。

この日、在郷軍人会代表李知凱氏の決議文朗読が終ったあと、会場から、"勝共統一"と、市民二人が血書で書き、これが知らされるや会場には涙とどよめきが起こった。

この後、市民たちは市内を行進……

### 全国に波及

また、光州をはじめとする全国各地でも市民のデモが続出、社会を攪乱するという、北傀の企みとはうらはらに、国民の反共の決意は一そう固くなった。

## この蛮行許すまじ

### 愛知地方でも糾弾大会

北傀の蛮行を糾弾する声は、祖国の全土にみなぎっている。民団愛知県本部でも、天人共怒する北傀の蛮行を糾弾する民団代表者集会を二月十四日商銀で開いた。

朴性鎮宣伝部長の司会で進行された当日の大会には、県下各支部の代表者約二百人が参加した。

開会へ首頭、あいさつに立った金竜煥民団愛知県地方本部団長は「全世界自由民の糾弾を受けるべきであり、日本に居住している私共も、黙視出来ない。積極的に、その蛮行を追求しよう」とあいさつした。

## 広がる糾弾大会

### 学者や文化人もその非人間性を非難

北韓の蛮行を糾弾する韓国国民の憤怒は炎のように燃え上がり、学者、文化人、芸術家などの知識人や勤労者も三日決起大会を開いて北韓の蛮行を糾弾した。学者、文化人などの知識人と市民二千余人は同日午前十時、市民会館で、勤労者は十時三十分南山野外音楽堂でそれぞれ大会を開いて強らつな北韓の蛮行を糾弾、北韓の非人道性を世界の知識人に訴えるようなどというスローガンを持ち出し、全知識人は浮高だけの反共から脱皮して共産主義哲学の矛盾を指摘して、人間性を抹殺する共産主義者、そして自由平和を脅かす北韓の幹部たちに実力で対決することにしようと促した。

一方、五万余りの労働者たちは同日午前十時三十分、南山野外音楽堂で決起大会を開いて、武装ゲリラを南派させた上にプエブロ号を不法に拿捕した北韓の金日成を打倒しようと主張した。こうして怒った労働者たちは金日成のわら人形を火刑に処したあと、数台のバスに分乗して市街デモにはいった。

## 在郷軍人の武装を急ぐ

朴正煕大統領は七日、在郷軍人らを武装させるための武器工場を年内に完成させるつもりだと語った。これは慶全線開通式に臨んだ際に述べたもので、朴大統領は「遠からず発足する郷土防衛隊要員を組織化して、軍警に先立って武装スパイの索出に乗出さなければならない。今年は武装ゲリラの南侵が急激にふえるものと予想されるので、二百五十万在郷軍人らを武装させ、現役軍人が除隊して帰郷するときには武器を持帰って保存し、一ヵ月に一回または週に一回ずつ射撃訓練をしなければならない」と語った。

▼…ソウルに潜入後銃殺された北傀殺人部隊員…▼

## 金在伸氏帰国

### 母親急病のため

民団名西支部事務部長本団企画委員金在伸氏は、慈堂急病のため、さる二日十日、KAL便で帰国、約一ヵ月の予定。

―おわび―

編者の事情により連載戸籍実務解説今号に限り休載致します。

## 〝御苦労様でした〟

### 成竜九氏の送別会

## 優雅な民族服

### その美を再認識しよう

## ベトナム献血団

### 軍人会で主催

## 民団招待第二陣

### 21日KALで来日

## 大阪共同新聞 新社長が就任

## 第21回中北協議会

### 15日岐阜県本部で開く

## 会長に姜大仁氏

### 愛知県韓国人納税組合連合会

## 武装ゲリラ組長 金鍾雄も銃殺

### 金浩二勇士が語るその光景

勇敢な韓国軍がゲリラ掃討作戦に向っている

## 納税貯蓄組合の整備について

愛知韓国人納税組合連合会 朴在賢

朴在賢氏

## 尋ね人

## 慶弔

## 民団辞令

## 韓青辞令

## 本団来訪



## 自由世界への敵対行為 北傀の連続暴虐を糾弾する

□民団声明□

北傀殺人部隊のソウル侵入と同胞人にも、無謀な蛮行を敢行したばんけんは、全世界の平和愛好民の一致した非難をあびた。私たち韓国居留民は、去る一九六八年一月二十一日の、共産殺人分子の暴挙を忘れはしないだろう―。

また、侵略と不法行為を平然と行い、全世界自由民を敵視する北傀は、公海上で航行中の、米艦プエブロ号を拿捕し、乗組員八十余名を連行した。憎んでも余りある侵略性は今良識ある世界輿論の総反撃を受けているが、このような事態に即して、在日本大韓民国居留民団中央本部団長、李裕天（イ・ユ・チョン）氏は、次のように声明を発表した。

米艦・プエブロ号拿捕及北傀武装ゲリラ団の蛮行について

北傀は、さる一月二十一日、武装ゲリラ団による、大韓民国首都襲撃未遂にひき続き、今度は、米艦プエブロ号を拿捕して、再び韓国に緊張状態を起こしているが、このような蛮行は、次のような邪計を内包していると断定する。

一、我々大韓民国は、英邁な朴大統領の指導のもとで、飛躍的な発展を続けているが、特に第一次計画を経て、第二次経済開発五ヶ年計画の推進で築き上げられた経済力が、北傀の経済力を、大きく凌いでいるのに無慚した北傀が、韓国経済の破壊を企図して敢行した暴挙である。

一、米艦プエブロ号の不法拿捕は、ベトナム戦争を、間接的に支援して、諸国の平和を破壊しているものである。

一、北傀武装ゲリラに依る大統領官邸襲撃、政府機関に対する襲撃未遂事件は、安定した韓国社会を撹乱することによって、自由諸国の外資投入意欲を喪失させ、韓国の経済発展を阻害しようとする策動である。

一、北傀指導集団は、好戦的な中共派強硬派の台頭に因って派生した内部分裂を覆いかくすため、侵略戦争準備に狂奔した北傀同胞たちの眼を、意識的に外部に向けるために、敢えて、米艦プエブロ号の不法拿捕という、大胆な暴挙を敢行したものである。

以上の観点で、祖国の平和と繁栄を熱望する、我々、在日本居留民団は、ラスク米国務長官の声明にもある通り、公海上で不法拿捕した、米艦プエブロ号を、北傀は、即時釈放返還して、戦争を挑発する意図を放棄するために努めなければならない。また、日本の報道機関の一部が、北傀の虚偽宣伝をそのまま信じて、報道した事実は、在日本韓国人は勿論、良識ある日本国民の間でも物議をかもしているのは遺憾なことであり、今後も事態の平和的解決のために、真相報道の徹底を期してくれんことを希って止まない次第である。

一九六八年一月二十六日

在日本大韓民国居留民団中央本部

団長 李裕天

# "私は韓国で生きたい"
## 武装ゲリラ金新朝記者会見詳報

### 所属は一二四部隊 特殊訓練で殺人計画

## 論壇

## 私の想い出
### ——史上類例のない空拳革命——
李　康

我が国の三・一革命は私が丁度二十歳のときのことである。それから連綿と半世紀に亘り輝いている。この記念日を迎える度毎に、廃れて始めて手にしたあの太極旗のことが思い浮ぶ。

この聖なる記念日と共に永久に思い去らんだろう。而して群衆と共に抱き泣いた光景が眼にうつる。この日こそ一九一九年三月一日で、今から丁度四十九年前の出来ごとであった。「旗」のことで思い出したが、私が十歳の時、三尺余りの編髪を切り落し、書堂（漢文塾）から時の総督府指定教育とせられた普通学校（小学）に入学したが、学校当局は何かの記念日には、縦横三米もある日の丸旗を校門にX型に懸げ威容を示した、我等

…壇であったのである。

当時斯の如く虐政またもない強権にも恐れず、全韓民族が一糸乱れることなく、それこそ挙族的に立ち上り、革命の真価を発揮したことは、世界歴史上類のないものと、注目をひき関心を一層高くしたのである。なおこの革命に関しては当時三千万同胞が挙族的に蹶起したことと日時を同一時刻にしたこと、革命には欠かすことの出来ない武器としては釘一本持たず、空拳を唯一の武器としたこと等が挙げられている。特にこの革命に関して注目をひいたことは、当

未解決のものはないと自慢するほど腕ききであった。しかるに彼がこの重大事件に関し何一つ調査出来なかったことから、罷免は覚悟のうえだが、三十幾年間警察官生活にこれほど不名誉なことはないと興奮した彼は、三日間自ら門出を禁ずるばかりか食事も取らないことから、家

## 北傀のお家の事情
解説

## 欠陥出た増産動運
### 国防費、予算の30％占める

## 断乎な措置を
### 北傀問題で国会が決議

### 京釜高速道路 二月着工

### 日本への留学門戸開かる
文教部、今年初めまでに決定

### 日本語講習所の陽性化も検討



今年は建設の年



寸言

東海新報
発行所 東海新報社
発行人 金龍煥
編集人 韓国居留民団愛知県地方本部宣伝部
名古屋市中村区鷹羽町8-56
電話名古屋(571) 6431
定価 1カ月100円

**民団綱領**

一、我等は大韓民国の国是を遵守する。
一、我等は在留同胞の権益擁護を期する。
一、我等は在留同胞の民生安定を期する。
一、我等は在留同胞の文化向上を期する。
一、我等は世界平和と国際親善を期する。

# 韓日間友好に布石

## 韓日協会 二月中に結成の運び

### 韓日有志の積極参加で急進展

韓日協定以来高まった日韓親善ムードを基盤に、愛知県日韓協会結成の動きが活発であったが、この程、桑原県知事や金龍煥民団長らの間で結成に関する具体的話し合いが行なわれ、急速に実現する運びとなった。

### 規約もほぼ決まる

日本側は、県商工会議所が業務を担当する形で、理事の人選やその他を進めており、韓国側は、民団県本部が主体となって、協会設立のための準備を進めている。

さる十九日、韓国側は、民団県本部五階会議室で、"日韓協会設立準備委員会"を開いた。

当日の会議では、日本側で提示された日韓協会規約を論議したが部分的に、語句の修正意見などもあった。これは、追って、日本側と話し合うことになった。

また、韓国側理事の最終的確認は、当日の会議で選出された、金龍煥、鄭煥麒、姜求道、金顧九の四氏で構成される選考委員会に一任された。

一方、日本側も、日韓協会加入を希望する有力者が続々申し込んで来ており選考に大わらわ、日韓協会々長候補として市内の某私鉄社長の名があがっているという。

このように、日韓両方有志たちの積極的な姿勢により、日韓協会の設立は時間の問題となった。おそらく、二月、あるいは三月初旬には、結成の運びとなろう。（別掲の日韓協会規約参照）

金龍煥愛知民団長

桑原愛知県知事

☆……韓日協会結成準備委（韓国側）……☆

## 日韓協会規約（案）

第一条（名称）
本会は、愛知県日韓協会と称する。

第二条（目的）
本会は、日韓共栄の本義に立脚し、両国民の理解と友好を深め当地方における日韓親善友好の実を挙げることを目的とする。

第三条（事務所）
本会の事務所は、名古屋市におく。

第四条（事業）
本会の目的を達成するために左記の事業を行なう。
1、会員相互の親睦増進と啓発向上に関する事項
2、両国一般事情に関する調査、研究並びに情報の提供に関する事項
3、その他本会の目的を達成するために必要な事項

第五条（会員）
本会の会員は、会の目的に賛同する日韓両国の個人、法人及び団体とする。

第六条（会員の加入）
本会に入会しようとするものは会員二人以上の推薦をもって入会を申込むものとする。
2 入会の諾否は、理事会で決定する。

第七条（役員）
本会に左記の役員を置く。
会長　一名
副会長　若干名
理事　若干名
監事　若干名

第八条（役員の選任・任期）
役員は、総会で会員中より選任する。
2 役員の任期は一年とする。但し重任を妨げない。

第九条（役員の職務）
会長は、本会を代表し、総会及び理事会を招集し、その議長に当り、会務を指揮する。
2 副会長は、会長を補佐し、会長に事故あるときは予め会長が定める順位によりその職務を代理する。
3 監事は、本会の会計の状況を監査し、総会で意見を述べる。

第十条（理事会）
理事は、会長及び副会長と共に理事会を構成し、当面の諸計画審議決定する。

第十一条（顧問及参与）
本会に顧問及参与を置くことができる。

第十二条（経費）
本会の経費は会費、寄付金、その他の収入をもって充てる。

第十三条（会費）
会員は、所定の会費一口以上を納めるものとする。
2 会費の一口の金額は、理事会で定める。

第十四条（総会）
通常総会は、毎年一回開く。臨時総会は、会長又は理事会が必要と認めたときに開く。

第十五条（会計年度）
本会の会計年度は、毎年四月一日より翌年三月末日までとする。

## 新聞論調

説苑

### 対日文化交流の方向

#### 韓日関係の特殊性から慎重に

韓日国交正常化三年目を迎えて政府は今年の上半期から韓日両国間の映画その他芸術物の交流も段階的に実施する方針だという。これは日本政府の要請があったのち、政府関係部処でこの問題を協議した末、一定の範囲内で韓日文化交流を拡大することに合意したものである。

現在も政府は韓国文化・芸術の主体性が侵されない範囲内において、国際的な性格を帯びた非営利的な美術・音楽・歌劇などの交流は許可している。しかし、これまでは日本地域の一般留学や日本の劇映画輸入は禁止してきたし、また日本公演物の上演も制限してきた。

日本演芸物が韓国にはいってくることにかんする、このような禁止ないし制限措置が何の理由もなしにとられた措置ではないということはいうまでもない。韓国と日本との関係は他の外国との関係とは異り、特殊な関係である。そしてこの特殊性は文化面においても決して排除されはしなかった。

▽加害者と被害者との関係からくる意識

この韓日関係の特殊性は、韓国の立ち場から強調されているのであって、日本の立ち場から強調されているのではない。ある意味において、それは加害者と被害者との関係であり、韓国にはまだ被害者意識があるとの被害者意識にせじゅうぶんな理由があるのであり、決してそれは妄想ではないとわれわれは思う。

韓日関係の特殊性は文化面においても歴然としたものがある。ゆえに、われわれは決して日本文化を敵対視する観点からではなく、自らの民族文化を保護しようとする観点から、政府は韓日演芸物交流に慎重を期すべきであると提言する。いうまでもなく、われわれは韓日文化の交流を排撃するものではない。また、文化的閉鎖主義あるいは孤立主義を提唱しようとするものでもない。日増しに世界は狭くなりつつあり、特に日本はわれわれの隣国である。われわれは日本に対して、文化的門戸を閉ざそうと主張するのではなく、また文化的門戸を完全に解放することでないと主張するのである。

▽一方的な日本文化流入には反対

政府は交流を段階的に拡大する方針であるという。このような方針自体に対しては異論がない。われわれが関心をもっているのは具体的にどのような範囲で、またどのような内容で交流を拡大しようとするものなのかということである。高級文化・科学技術・教育部門の交流が拡大されるのは、われわれも歓迎するが、商術にのみ頭のくらんでいる群れが、前後をもわきまえずに交流しようとしている風潮にまきこまれて"交流拡大"を試みているのだとすれば、心あるものは誰もこれを歓迎しないであろう。

それが、真の交流の拡大だとすれば文字通りそれは"真の交流"でなければならない。日本文化が一方的に流れ込んでくる"一方通行"を"交流"と呼ぶことはできない。政府も日本政府の要請であるからというのではなく、韓国文化を保護するという積極的な姿勢で定見を持って、基本原則を立てた上で韓日文化交流を慎重に取り扱って欲しいと注意を喚起するものである。

## 三つの韓国市中銀行が日本に進出か

韓国市中銀行の海外進出初ケースとして東京事務所設置計画が具体化されつつある。

金融界で伝えるところによると商業銀行、韓一銀行、第一銀行等は東京、ニューヨーク、ロンドン等地を支店候補地として選定、一次的に東京に事務所を設置することに財務部に申請したと伝えられる。

## 第七回執行委員会

### 予算節約と功労者推薦協議

第七回民団愛知県本部執行委員会が、さる一月十二日、民団本部四階ホールで開かれた。

金龍煥民団長、金允鎬副団長主宰のもとに進行された、当日の主な決定事項と発言内容は次の通り。

一、成人式を、学園で挙行する（予算節約と時間に関して、金允鎬副団長より発言があり、論議したが、一月十五日、一切、アルコール抜きで挙行することに決まる）

二、新年会に関して……成人式に先だって、各支部役員をもまじえて開く。

三、功労者推薦に関して（一月十七日に、審査委員会を開くが、今回、誰にもれる人でも次回の機会のため、推せんする）

四、韓日親善協会構成に関して（金龍煥団長から、その間の経緯について説明があり、有名無実な、団体を作るより、実のあるものに育てたいとの発言があった）

五、鄭文基民団本部顧問が、現在、行方が知れず、日本の警察当局も捜査中だが、民団としても各県本部などに、照会してみる。（李春植執行委員より特に発言あり、今まで、警察に任せて成行を見守っていたが、民団としても、これ以上、坐視できない。なるだけ、広い範囲に、写真などを配り行方について、情報を求める。）

## 有功者を推薦

### 民団愛知有功者審査委で

民団組織に寄与し、民族、国家のために献身した、僑胞有功者審査委員会が、さる一月十七日、民団県本部会館で開かれた。

民団顧問、団長で構成されたこの委員会では、経歴、具体的功労事実等、民団各支部推薦による候補者たちの、一人一人について慎重に審査した。

この結果、有功者若干名が、推せんされ、政府に具申されたが、日本全国で推せんされた約九十名が、来る三月一日「三・一節」を期して、表彰されるものと思われる。

同日の審査委員会では、被推せん者名単は、表彰当日まで、公表しないことに決定したが、仄聞したところによると、愛知県での推せん第一号（大統領表彰と見られる）には、民団傘下某金融機関長が、推されたもよう。

## 外資導入を優先

### 朴大統領指示

朴大統領は十五日午後経済企画院に対する年頭巡視で新年度経済政策の基本方針に関するブリーフィングを聴取して、現在推進中の外資九億三千八百万ドル導入事業など旺盛な建設努力を安定基調維持に優先する方針のもとに無理のないよう推進する一方、とくに穀価の高低を縮めて平準化施策につくすよう指示した。

朴大統領はさらに新年度総出入規模二千二百十五億ウオンの新年度予算のうち固定経費が八・四%に至り移動経費は僅か一六%の…

## ベトナム娘が父の国にかえる

二十一年間顔も知らない父を求めたベトナムの娘さんが金浦空港でシッカリと父の胸に抱かれた。去る二十七日のこと、金浦空港についたJAL機からベトナム人のグエン・チ・ハンさん（二一）が始めてみる父親鄭鉉九氏（四四）と感激の対面をした。

二十二年前徴用でベトナムに連れて行かれた鄭氏は、当時氏が勤務した日本軍サイゴン第十戦犯収容所売店員のブイ・チ・ロさん（四二）と結ばれ一年余りくらしたうちに愛の結晶が生れた。終戦の際鄭氏は捕虜収容所に監禁され四六年九月強制送還された。…

…までも韓国で暮したいと目を輝かす。宿所に落ちついたハングさんは…

## 伸び行く韓国経済

### 経済成長予測一二・四%

経済企画院は今年度の経済成長率が一二・四%に達するだろうと予測した。この成長率は六七年の国民総生産を基礎として、今年の経済成長を推計したものである。企画院は当初、成長率を一〇%と予測し、これを経済計画事業に反映させたが、修正推計によって成長規模がさらに拡大され、六七年の成長推計よりも四%高いものに予測したものである。

その年の国民総生産をあらかじめ予測して経済経営の指針とすることは流動過程とか新たな政策手段を模索するのに役立つことは大といわねばならない。今年の経済成長を高く規定したことは去年の経済成長実績を八・四%に止まるようにした主因となる農水産業の六・一%減少を今年は平年作に推計して、米穀生産三千八百万石と看做し、第一次産業で八・九%の成長を推計したこと。②輸出を六七年度の三億六千万ドルから五億ドル、高速道路をはじめとする建設業の拡張、製造業から竣工した工場（セメント、肥料、精油、鋼鉄など）の完全稼動および新規工場と拡張工場等の生産で第二次産業が一六・四%の成長。③電力・輸送など社会間接資本のサービス業の伸張で第三次産業が一三・一%の成長があるものと推計して、総体的に国民総生産の成長率を例年より高い一二・四%に達するものとみたのである。

このような経済成長は去る第一次計画の成長率が年平均八・三%の第二次計画の初年度であった、昨年の成長率が八・四%だったものより高いものである。…

高架道路計画図

驚異的発展を続けるソウル高架道路予想図

## 十八日に実務者会議開く

### 対日商業借款実行スケジュール作成

## 休戦線一帯に殺草剤撒く

## 対日二億弗借款二月頃協議

## 南韓人口三千万を突破

## "朝鮮大学"問題

# 成人おめでとう

## 民団主催 愛知韓国人成人式盛了

一九六八年度、愛知県韓国人成人式が、さる十五日、中村区井深町の愛知韓国学園で開かれた。

今年度、成人を迎える青年は、県下で三百二十名だが、この日参席した青年数は九十三名。

この日の成人式は、民団愛知県本部主催で開かれたものだが、新しく成人の仲間入りをする青年たちの前途を祝って、文総領駐名古屋領事、金竜煥民団長はじめ、百余名の来賓が参席した。

式場は、色とりどりのチマ、チョゴリに着飾った青年たちが、定刻前には、続々、会場につめかけお祝いムードで一杯。

祝辞に立つ来賓たちも、口々に前途を祝福する言葉でお祝をのべた。

成人代表として、答辞に立った金光子嬢は、しっかりした発言の韓国語で"甘えた気持を捨て責任を持てる大人として、今後とも行動致します"とのべた。

愛知県韓国人成人式は、今年で四回目を迎えるわけだが、不充分であるが、広く同胞たちにその意義が理解されて行きつつある。

領事館はじめ各界からの記念品の贈呈もあったが、受ける側も渡す側も、みな、ニコニコ顔。晴れやかな表情だった。

現在、韓国籍を持つ成人式対象者の取り扱いは、区によってマチマチだが、名古屋市内の場合、ほとんどの区が成人式への招待をしていない。従って韓国人成人対象者たちのための集いは、民団主催の祝賀会だけであり、一人も残らず、韓族成人たちが、この祝賀会に参加して、同じ韓国人としての同胞意識を持ち、自信と誇りを持って立派に成長するよう望む声が強い。

この日は、式のあと、青年たちが約二百人が参加して、ダンス・パーティを開き、楽しいひとときを過ごした。

成人式で祝辞をのべる金竜煥団長

誇りも高く全員で愛国歌斉唱

### 新成人名単

田溶俊　金忠雄　張正男　李永春　盧弘　白栄子　李明子　権順子　鄭南先　朴福順　崔英茂　金初子　金栄子　徐英貴　金貴子　金覚作　成永作　辛順子　李銘国　李正子　韓福南　金英伯　金幸子　崔昭　韓和中　申東国　金泰三　安福植

（以下、判読困難）

# ソウル市内に殺人部隊

## 平和の美名にかくれた魔性

## 危機感造成内紛隠ぺい？

### 見よ！この侵略性！この暴虐

昨年来北傀の武装スパイの韓国浸透は急速に増大してきていたが、二十一日夜北朝鮮の武装スパイ三十数人が韓国大統領官邸付近にまで現れ、韓国警察隊と、銃撃戦を繰広げた。

武装スパイがソウル市内、ことに大統領官邸周辺にまで侵入してきたことは無論はじめてのことで韓国政府およびソウル市民は深刻なショックを受けており、韓国内務部治安局は同日夜、ただちにソウル市内に甲号非常警戒令を発動して厳戒体制を布いている。

蔡（チェ）内務部治安局長は二十二日朝「北朝鮮武装スパイとの交戦で、スパイ四人を射殺二人を逮捕したが、韓国警察側も鍾路警察署長ら警官二人、警官一人、民間人五人が死亡したほか、警官二人、民間人六人が負傷した。スパイが投げた手りゅう弾でバス四台が破壊された」と公式に明らかにした。

捜査陣によると武装スパイ三十数人が二十一日夜十時ごろ大統領官邸の裏山つづきの仁旺山の彰義門付近に現れたのを近くの警察関門所で不審尋問したが「軍機関員だ」と答え、一味は市内に向った。この報告を受けた鍾路警察署長は機動隊を率いてかけつけ、大統領官邸から約数百㍍の科学捜査研究所付近で遭遇した。

同署長らが、不審尋問したところ、彼らは道路のまん中でスパイらは機関銃を乱射、同署長はその場で即死し、民間人五人が射殺され、通行中の市内バスに手りゅう弾を投げつけて北方へ逃走した。

#### 米軍へ支援要請

二十二日のソウル放送によると韓国政府は二十二日早朝、各軍指揮官会議を緊急招集し、北朝鮮ゲリラのソウル侵入対策について協議、米軍の支援を要請する一方、ヘリコプターを動員し、逃げたゲリラを陸と空から追っている。

#### 解説 北のゲリラ重視の現れ

北傀の地下工作員三十数人がソウル市内に侵入、韓国の軍隊、警察と、市街戦〟を演じたのは、韓国動乱休戦以来、ソウル市内で起った最大の武装衝突だ。最近、韓国が武装スパイ対策を主眼とする郷土防衛軍を立案したこと、北朝鮮内部にゲリラ戦術重視の動きが現れていることなどとにらみあわせると、注目をひく事件である。

韓国側の情報によると、……

北カイ殺人魔どもが侵入したソウル市街

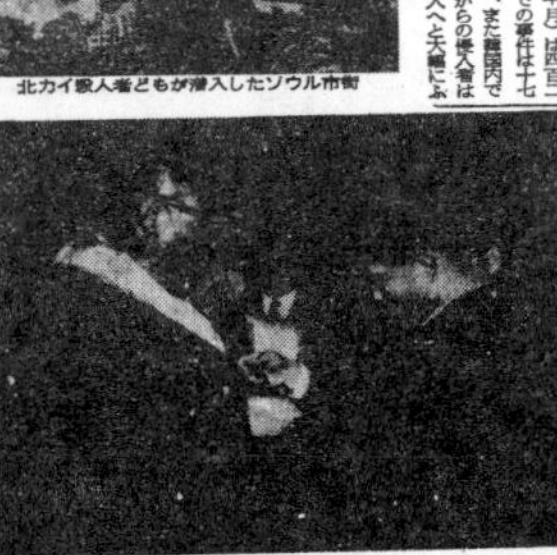

最近の朴大統領

……ら、武力闘争に方針を転換しようとの動きが出ており、この方針をめぐって北朝鮮労働党内部に政策路線をめぐる争いがあるという情報も出ている。一説には昨年十一月下旬に北朝鮮で幹部六ー八人が失脚したのはこの方針をめぐってのことだという見方もあり、また、北朝鮮では金日成の自主路線外交を非難し、中国の毛沢東路線を支持する動きも出ていると伝えられ、北側から武装ゲリラ侵入の込みが強まったとすれば、このような北朝鮮の内情と関連があるのかも知れない。

### 韓青がスキーに

韓青愛知本部では来る二月十七・十八・十九三日間赤倉スキー場に集団スキーに出かける。勉強会もかねたこのスキー会に参加希望者は韓青まで。

### 1668年

# 米国の行くえと韓国

## 朴大統領の強調する経済建設

## "繁栄"と"戦争"の苦悶の中で

ジョンソン米大統領はさる十七日の米議会で一般教書を朗読し、朴正熙韓国大統領は十五日に年頭記者会見を行なって今年度の施策大綱を発表したが、この二つの問題について、韓国の有力新聞からその側面をうかがってみよう。

▽朴大統領の年頭記者会見

新年の公式記者会見で朴大統領が明かにした経済開発に対する政府の意欲は、これまでのいつの時代よりも大きく、たくましいものであった。……

（以下、判読困難）

# 北傀軍が米艦捕える

## 乗員83人も元山へ連行

（本文判読困難）

#### KAL、AA社と合作投資で運営

KAL（大韓航空公社）は去る……

#### 本団来訪

▼朴泳出氏（元国会議員、韓国……）

#### 民団辞令

……一月二十二日付

### 石油化学

#### 現代工業の花形

石油化学は現代工業の花形ーその上昇を迎えるため、六七年度の韓国経済界は決定した。

第二種油工場の共主となるため韓国財界は猛烈な競争を行ない、これの延長戦がまさに石油化学工業の実務要者選定問題であった。

現在、ナフサ分解センターなど十一個の系列工場の実需要者は決まっており、今年から本格的な工場建設の段階に入る予定である。つまり、来たる二ー三月中に着工されるナフサ分解センターをそのスタートとして近代工業の象徴ー石油化学工業は一つ、二つ韓国への上陸を待っているというところである。

石油からゴム、薬品、日用品ナイロンなどを作りだすこの石油化学工業は韓国にとっては第二次五ヵ年計画の核心として、政府の集中支援圏内に君臨しているものである。この石油化学工業の建設地を選定するため、多くの論議がかわされたが、最後に韓国最大の工業地蔚山に確定され、すでに用地買収が行なわれている。

#### 解説

## 第二次五ヵ年計画の焦点

### 近代化への近道・四大戦略事業

（以下、判読困難）

#### タオル乾燥器

##### 民団県本部顧問 姜宋律氏が考案

（本文判読困難）

# "死六臣"に特別賞

## 第四回演劇映画賞

# でかしたぞ！韓青!!

## 批評家も賞讃、会場から歓声と拍手

昨年十一月、母国公演した愛知韓青の演劇"死六臣"が、この程本国の韓国日報社主催による第四回映画演劇賞で、特別賞を受けた。

この賞は、韓国のオスカーといわれ、映画演劇では、最も権威ある賞といわれている。

施賞式は、さる十八日、ソウル市内、市民会館で開かれ名"コメディアン・フライボーイ"郭圭錫会相鎬の共同司会で進行された。

式場には、有名芸能人が、ズラリ顔を並べ、熱心なファン約五千人がつめかけた。

審査委員会から、各賞の発表がある度に、会場からは割れるような拍手。特別賞部門で、在日韓胞母国訪問"死六臣"と発表されるや、ひときわ高い歓声と拍手が、わき起こり、遠く異国から、はるばる祖国にかえり演じた青年たちの努力に賛辞が送られた。

受賞者には、前年度の受賞者からトロフィと賞状が贈られたが、在日韓胞の特別賞部門は、欠席のまま――。

また、一九六七年度ミスコリア崔正愛(ホン・チョン・エ)嬢から次々と、受賞者に花束が贈られ、この日の祝賀ムードは一段と高まった。

一行が去る11月15日から三日間公演した国立劇場

栄誉の特別賞を受賞した韓青愛知県本部母国訪問演劇団一行。ソウル景福宮で

### "最高のよろこび" 梁委員長の言葉

この知らせは、ソウルからの電報で知ったが民団本部内はドッとわいた。三十余人の青年たちと一年に余る歳月を、この演劇のためについやし今度の栄誉をかち取った梁完玉氏は"夢にも思わなかった。身に余る光栄であり、何とよろこびを表現していいやらわからない。先輩たち、経済界の有志たち、そして労苦を共にした同志たちと、よろこびをわかちたい"と感激した。

梁委員長

入賞者名単

▼大賞=[illegible] ▼作品賞=バージニア・ウルフ(新協) ▼演技賞=[illegible] ▼演出賞=李真淳 ▼特別賞=在日韓胞学生母国訪問公演"死六臣"他 ▼新人賞=金敏子、呉東令、呉英一、[illegible]

## 韓日間にマイクロ電話線新設

韓国と日本は今年六月に、六十回線のマイクロウェーブ電話線を両国間に新設することに合意したと二月八日国際電々(KDD)が発表した。この工事は直ちに着工し、来る六月に完成する予定という。

この新設工事が完了すれば韓日間の通話は従来の様に長時間の待時間が解消され、非常に便利になるという。

## 成竜九氏辞任 事業専念のため

民団愛知県本部宣伝部長成竜九氏は、今般一身上の都合により右職を辞任した。

## 迷惑な賀状 ―今年も平壌さんから―

北傀から送られて来た賀状

## 国外旅行、強力抑制

### 執行計画にドル節約反映

### TV所得税新設

### 高速道路着手 新民党が非難

### 四つの国立大学総長

## 帰還交渉が決裂

### 北傀側赤十字の態度急変

## どの姓氏が多い？

### =韓国の姓氏326種=

## 定款、学則を採択

### 一九六八年度はじめての学園理事会で

### 民団新年会 韓国学園で

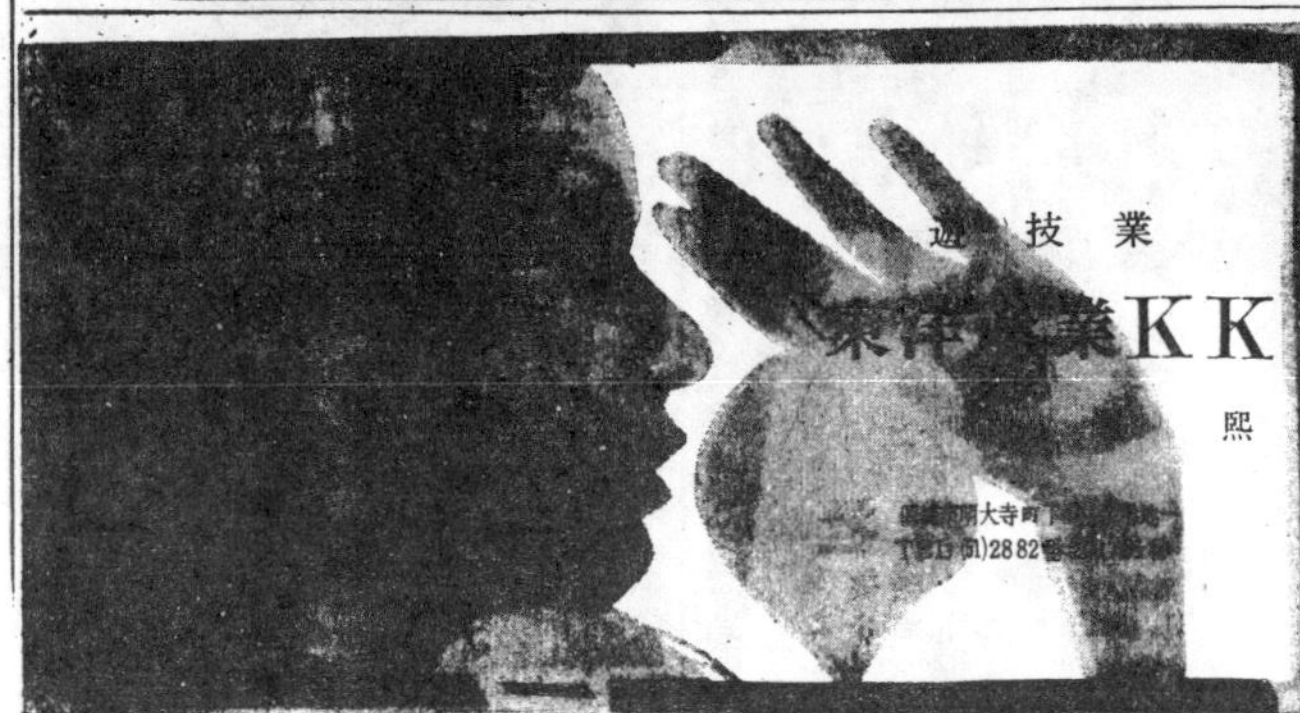

—新年会会場—

## 百年の計は教育

### 予算は削りましょう

### 経友会辞令

### 慶弔

### 韓国公報館案内

## 愛知韓国学園

母国語を奪回しましょう

名古屋韓国教育文化センター

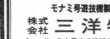

# 北傀のテロ行為を糾弾する

# 詩

韓国名作二題

## 花

朱　耀　翰　作
朴　性　祐　訳

花が咲いた、彼女の微笑
花ビラの散るところ　そこに
また　花は咲く
その花を　私が手折ったら
花も　花ビラも　みんな散ってしまった。

地上に　転がった　彼女の微笑
心の底深く抱いたら
その想い　心の中で花になり
狂ったかのように　駈けめぐる。

朱耀翰（一九〇〇年生。平壌出身上海滬江大学卒業）

新響

## 後日

金　素　月　作
朴　性　祐　訳

遠い后日　あなたが訊いたら
その時に　私は答えます。
「忘れました」

あなたが　心の底で責めましたら
「とても　待ち焦れましたが、忘れました」

それでも　あなたがお責めになりましたら
信じられず「忘れました」

今日も　明日も忘れず
遠い后日　その日
私は「忘れました」

――働く韓国女性――

# 私の日記　某月某日

## ――駅で別れた友人――

朴　在　賢

窓を開けた視界に、この地方では珍しい程積った雪が、目映い。

何処となく清潔で、身心を和ぐ感じが、空気のうまさを助成するようだ。

殊に、枯枝の雪の積り具合はどんな花の満開にも比して美しく、華麗である。その影に、夫婦の鳩を見た。何時もなら、庭で餌を漁る鳩であるがなんとなく寂然と目に映った。

僕は人間として、生れた事をどんなに誇りに、又幸福に思ったものか知れぬ。あの動物達には、人生が味あえる、幅広い醍味が無いのだ。唯一時の腹のひもじさに本能が先走り、観賞の美を知らずして悲しむ光景……人間であって、栄光を叫ばずにおられようか。

僕は嘆くまい。ある人は僕に金銭の貴重性を、ある人は僕に知識の培養を、ある人は僕に対人間の接触問題を、説いた数々の人がいる。しかし、自ずと万限があり、万事限度がある。

百億の財を成したとて、嘆く人を見た。博士の域に到達した知識人なりとて嘆く人を見た。如が僅かの財にて人生を楽しみ誇り、悠長に、そして幸せの醍を味わあっている人もいた。人が美を見て感銘し、動物が美の感銘を得ずして、嘆く。僕は人間として、生れた由に美を観賞して喜ぶと同時に、与えられた環境に幸福と満足を覚える。

白雪をさくさくと踏み駅へ向う。電車を乗るのは久振りだ。処が、乗客の中に、覚えのある顔を見た。然しどうしても想い出せない。じれったさに声を掛けた。その人も僕を暫らく見ていた殆ど同時だったと思う。それは故郷を離れて二十五年を経過して、始めて異国で逢う竹馬の友李君だった。

僕は朝、積雪を眺め乍ら、チェンもない車で出勤するのは気が進まず、雪を踏み乍ら、駅に向う際、気分が爽快で、その上何かいい事がありそうな予感がした。予感は適中した。

二人は途中の駅で下車し、故郷の話に花を咲かせた。学校時代の事、故郷の山河、入海の美麗さ、時間を忘れて語り合った。

処で彼は僕に、就職先の事を聞いて、彼の顔は強張った。暫らくの沈黙が続いた。親友はしんみりと語り始めた。

「朴君、僕は何時も故郷の夢を見るよ。あの懐しい父や母、兄弟姉妹、飛んで行きたい。

しかし、行けない。はっきりいおう。僕は朝総連の幹部だ。誇りに思ったり、矛盾につまづいて途方に暮れる時もある。しかしどうする事も出来ぬのだ」

幼友達を信頼し、懐しさと平素の心の蟠かまりが、涙を誘ったものだろう。四十男はぼろぼろと涙を流した。そして又続けた。

「朴君、組織を抜け出して平凡な商人になりたい。韓国籍に入籍して、あの忘れ得ぬ故郷にも行って見たい。しかし今迄の人間関係が許さない、いずれ二人で故郷へ行こう」

李君と別れて、その顔に光った涙の粒が今も心に残る。

李君、何の拘束もなく、一緒に故郷へ帰り、あの懐しい山河懐しの田舎の人達に、逢いに行こうではないか。その日の早からん事を祈る心に、李君は脳裏からはなれようとしない。

# 戸籍実務講座（2）

金　翊　根

三、認知申告

民法第八五五条、婚姻外の出生子は、その父か、母がこれを認知することが出来る。

父母の婚姻が無効なる時は、出生子は、婚姻外出生子と看做す。婚姻外出生子は、その父母が婚姻した時は、その時より婚姻中の出生子と看做す。

渉外私法第二〇条　外国人である婚姻外出生子の認知要件はその父、又は母に関しては認知した時の、父又は母の本国法に依ってこれを定め、その子に関しては認知する時の子の本国法に依ってこれを定める。

1、申告書の記載事項

認知申告には次の事項を記載しなければならない。

① 子の姓名　出生年月日及び本籍

② 死亡した子を認知する時は、死亡の年月日、その直系卑属の姓名、出生年月日及び本籍

③ 父が認知する時は、母の姓名と本籍

④ 子が家族である時は、戸主の姓名、本籍及び、戸主と子との関係

2、胎児認知

胎内にある子を認知する時は申告書にその旨と母の姓名及び本籍を記載し、認知者の本籍地で申告しなければならない。

3、親生子出生の申告に依る準正

父が、婚姻外の子に対し、親生子出生の申告をした時は、その申告は認知申告の効力をもつ。

然し、戸籍法第五十二条の場合は例外である。

註　戸籍法第五十二条

民法第八四五条の規定に依り法院が父を定めるべき時は、出生の申告は母がこれをしなければならない。

この場合申告書に父が未定である事由を記載しなければならない。

4、裁判に依る認知

① 認知の裁判が、確定された場合、訴を提起した者は、裁判の確定日より、一十日以内に裁判の謄本及び確定証明書を添付し、その旨申告しなければならない。

② この申告書には、裁判確定日を記載しなければならない。

5、遺言に依る認知

遺言に依る認知の場合は、遺言執行者は、その就任日より十日以内に認知に関する遺言書謄本文は、遺言録音を記載した書面を添付して戸籍法第六十条、六十一条の規定に依って申告しなければならない。

認知申告の例

1、申告書　四通

2、添付書類　二通（当事者の戸籍謄本又は抄本、成年者の認知は子の承諾書、裁判に依る認知の場合は裁判の謄本及び確定証明書）

3、在日僑胞と日本女性との婚姻外出生子の認知の場合は認知受理証（母方の日本の市町村役場の戸籍に認知事項が記載されている戸籍謄本があればよい）を添付して申告を完了した後、法務部長官の国籍証明書を添付して、日本の外務省移民局企画課長宛に国籍離脱届を提出する。

国籍離脱が受理され、その事由が記載された戸籍謄本を添付して、管轄の入国管理事務所で在留資格申請をし、市町村役場で外国人登録証明書を受領する。

4、妻子がある子を認知する場合は、申告書七、其他事項欄に「被認知者の妻、李鳳仙、及び子、容植、子康植、子、康植は、被認知者に随い、認知者朴東洙家に入籍す」と記入する。

5、死亡した子を認知する場合は、申告書七、其他事項欄に「被認知者の子、寿遠は認知者徐煥浩の家に入籍す」と記入し、死亡年月日を記入する。

外国人인 子를 韓国人인 父가 [illegible]

認知申告

駐名古屋大韓民国領事館
領事貴下

| | 項目 | | 記載 | | 記載 |
|---|---|---|---|---|---|
| 一 | 本籍 | | [illegible] | 戸主姓名 | [illegible] |
| 二 | 住所 | | [illegible] | 家口主姓名 | [illegible] |
| 三 | 被認知者 | 姓名 | 山田[illegible] | 性別 | 男 |
| | | 出生年月日 | [illegible] | | |
| 四 | 認知者姓名 | | 金永吉 | | |
| 五 | 母姓名 | | 山田[illegible] | 本籍 | [illegible] |
| 六 | 裁判確定年月日 | | 檀紀四二九　年　月　日 | 裁判所 | |
| 七 | 其他事項 | | [illegible] | | |
| 八 | 申告人 | 本籍 | [illegible] | 戸主姓名 | 金秉俊 |
| | | 住所 | [illegible] | 資格 | 父、母、後見人、遺言執行者 訴提起者 |
| | | 姓名 | 金永吉 ㊞ | 出生年月日 | [illegible] |

本籍[illegible]

認知申告

駐名古屋大韓民国領事館
領事貴下

| | 項目 | | 記載 | | 記載 |
|---|---|---|---|---|---|
| 一 | 本籍 | | [illegible] | 戸主姓名 | [illegible] |
| 二 | 住所 | | [illegible] | 家口主姓名 | [illegible] |
| 三 | 被認知者 | 姓名 | 金[illegible] | 性別 | 男 |
| | | 出生年月日 | 檀紀四二九七年　五月　六日 | | |
| 四 | 認知者姓名 | | 林正植 | | |
| 五 | 母姓名 | | 金順南 | 本籍 | [illegible] |
| 六 | 裁判確定年月日 | | 檀紀四二九　年　月　日 | 裁判所 | |
| 七 | 其他事項 | | | | |
| 八 | 申告人 | 本籍 | [illegible] | 戸主姓名 | 林春吉 |
| | | 住所 | [illegible] | 資格 | 父、母、後見人、遺言執行者 訴提起者 |
| | | 姓名 | 林正植 ㊞ | 出生年月日 | [illegible] 五月七日 |

# 洗剣亭

ゲリラが潜入したといわれる

＝仁祖大王が命名＝

さる二十一日、ソウルに潜入して来た、北韓カイライ殺人部隊のニュースは世界に流れ、韓国外務部は国連に北カイの暴虐を訴えたと伝えられる。

実はこの武装団のソウル潜入ルートに、洗剣亭という名が出た。この話は、洗剣亭にまつわる民話の一つである。

李朝の宣祖大王の次子光海君は、李朝五百年史において燕山君と並ぶ二大暴君の一人であった。はっきりした理由もないのに大后を幽閉し、弟君や、忠臣を殺し、自ら王となっては酒色にふけり、暴政を布いたものであったが、これはその光海君の政府をテンプクして李朝王統を正統に戻した「仁祖反正」にかかわる物語りの一つ。

ソウルの中央政府庁舎の真裏に大統領の官邸があって、その横を細く延びている山道をのぼって行くと「彰義門」に達する。この、「門」は昔ソウルの町を城壁でかこみ、東西南北の門によって城外への出入を許したときの遺物である。今は南大門と東大門は都心にある古跡として有名であるが、西大門は既にとりはずされているし北門にあたるこの彰義門は一番小さい門で、さほど人々の目をひかない古跡の一つになっている。

しかし、この門を通って町の外側に出たところは、四面が高い山によってかこまれている盆地である。昔はこの辺一帯は虎と樵（きこり）しかすまない、ひどい奥地であって、よほどのことがない限りこの辺には人影は見られなかったものである。この盆地帯の真ん中をはげしい激流が流れ落ちて来るので景色は正に絶景である。

話は元に戻って、あの光海君が宮女達にかこまれて甘い夢につかれていた景福宮は、この北門外の山谷から距離が近くて人目をひかないから、何か陰謀をするには最適の地であったのである。

王子綾陽君は、武臣李貴、申景禛と結托して光海君政府を倒すことをきめ、この山中にたてこもり、秘かに機会を伺っていたが、ついに好機をつかまえて、全国から集まった志士達を糾合して深夜に乗じて王宮に攻め入ることになった。

このとき王子と志士達は激流に各々の大刀を磨き、士気を鼓舞した。暗やみの中に全身を黒くつつんだ武士達の剣光が真白くひかる光景はすさまじかった。

王子の革命は勿論成功して王子自ら王位につき、母君は王宮にかえり、忠臣達は獄舎から解放され、光海君は江華島に流された。これが有名な「仁祖反正」といわれる政変である。

仁祖大王はその後、同志と剣を磨いた激流の岩の上に小さな家を建てて「洗剣亭」と名づけた。

今もこの辺一帯を洗剣亭と呼び景色のよいところで観光地としても有名なところになっているが、ソウル人口の膨張で相当近代化してしまっている。

ソウルの人達の間には不思議な迷信があって、この洗剣亭付近に居を構えることを喜ばない風習がある。つまりこの地に住むと出世のさまたげになるばかりでなく、政府に対して反逆したい気が起こるというのである。誰かが何かの証拠を持っているわけではない。ただそういわれているだけである。

その後、韓国動乱でおびただしい避難民が南下しており、年々増加する人口のため近頃はそんな迷信は考える余裕もなく、この辺にも山の頂上まで住宅が建つようになり、すばらしい観光ホテルが出来る有様である。

仁祖が剣を磨いた激流も昔ほどの水量はないが、今は知る人ぞ知る名勝である。

# 法的地位協定発効二週年にあたって

多宝塔（慶州仏国寺境内）

法的地位協定はその前文において〃多年の間、日本国に居住している大韓民国々民が、日本国の社会と特別の関係を有するに至っていることを考慮し、これらの大韓民国々民が日本国の社会秩序の下で安定した生活を営むことが出来る様にすることが両国間及び両国民間の友好関係の増進に寄与することを認めて〃と記してある通り、これは在日韓国人の居住と生活に特別の配慮がなされなければならないという基本的な精神の表現に他ならない。しかしながら法的地位協定が発効されてより満二年目をむかえた今日、協定の基本精神が正しく生かされ、在日韓国人が安定した居住と生活を営むことが出来ているだろうか。その答えは依然として具体的には何等不安は解消されておらず、かえって或る面においては不安が増大しているのが現実であることを指摘するとともに、まことに遺憾であることを表明するものである。

（1）在日韓国人の居住の由来については、いうまでもなく半世紀に亘る日本の植民地統治の結果として強制的に故国より連れてこられたという特殊事情であるにもかかわらず、又協定永住の許可を得た者でも一般の在留問題出入国に関する行政措置等が、短期旅行者や通過のために上陸した外国人に適用している現行出入国管理令を殆どそのまま同じく適用させているところに問題の本質がある。昨年の今日協定発効一周年をむかえるに当っての声明によって明らかにした通り、法的地位協定によって今まで無国籍状態のまま放置されていた地位が法的に確定したことは事実であるが、しかしこれによって一つの家庭のなかで在留の資格がちがう親子兄弟が戦々兢々として不安な日常生活を送っており、又家族同士が引離され強制送還される様な事態が現実的に多く出てきている。解放直後、出入国に関する合法的な行政措置がなかった日本国で居住していた韓国人が親の死とか、人道上止むを得ない実情によって一時便法的に本国に往来したことがわかった場合、二十年を過ぎた今日においても不法入国者として取扱いをうけ、退去強制令をうけるとともに新しく審査をうけ、相当な日数を経過した後やっと厳重な審査に合格した者のみ特別在留が許可され、過去にたとえ一回でも犯罪のある者は居住経歴が二十年に及ぶ者でも強制送還されている。又戦前南方地域において仕事をしていた韓国人が終戦とともに連合軍の捕虜となり、引揚船により一九四七年引揚者として横須賀に上陸以来、日本に継続居住している者でも再入国の申請をしたところ、戦後の不法入国者として認定をうけ、永住許可はあるが今までの資格がなくなり、その後やっと特別在留が許可されたという事例の如きは、何故この者が二十年を経過した今日になってこの様な苛酷な法的な措置をうけなければならないのか全く理解に苦しむものである。

（2）以上の様な事例はほんのわずかの一例にすぎず、全般的に不安が大きく造成されている現在に鑑み、民団としてはこれを重視し法対委を再編成して韓日両国政府に対し機会ある毎に問題点の解決を訴えておったところ、両国政府の間に話合いが行なわれ昨年八月二十四日、法的地位協定の運用に関する了解事項が両国政府により共同発表された。この内容は戦後の混乱期にいろいろな事情により第一回目の外国人登録をしなかった者でも、第二回目より登録が継続されておれば継続居住として推認する問題、再入国において期間と回数を制限しないし韓国以外の外国の旅行を認める問題、又再入国の期限をこえて入国してもそれが止むを得ない事情であるときは入国を認め、永住権が喪失されないし、外国で出産した子についても永住許可を与える問題、家族が日本を訪問した場合、期間更新を好意的に認める問題、又一九五二年四月二十八日までに入国した者の一般永住許可については、従来の特在許可を取得した日から五年という期間をおかずに迅速に取扱うという問題等が主な骨子となっており、この了解事項が発表された当初は、われわれが今まで日本政府に対して要望してきた問題点が両国政府の努力によって前向きの姿勢で解決されるものとして大きな期待をもってこれを歓迎した。しかしながら現在この了解事項の大部分が行政措置としていまだに実施されておらず、いつ実施されるかもわからない実情にある。われわれ在日韓国人は、このことに関し困惑の感をこえ、憤りを禁じ得ないものである。

（3）又更に日本政府は現行出入国管理令を〃法〃に改め現行の行政措置をよりきびしく強制送還等を簡素化させるべく法改定の作業を急いでいると巷間に驚きの声が高まっている。われわれ在日韓国人全体はこの法改定がどの様になるのか重大な関心をもたざるを得ず、これがわれわれの安住をおびやかすものでなく、その内容においていまなお完全実施されていない大臣声明、局長談話、了解事項等が円滑に実施される様改定されることを望んでやまない。

（4）法的地位協定の根本精神が正しく実践され、在日韓国人の安定した生活と、韓日両国の互恵平等の原則にたった友好増進のためにも本調印時における法務大臣声明、入管局長談話、又運用に関する了解事項がいつまでも現状のまま実施されずに放置されることはわれわれの日常生活にも直接影響する重大問題なので、一日も早く実施されることを重ねて強調するとともに、われわれはわれわれの要求が貫徹されるまで全僑胞が一致団結して積極的にたたかう決意を新たにするものである。

一九六八年一月十七日

在日本大韓民国居留民団
法的地位委員会

# 三つの自動車工場を育成か

## 金商工、フォードとの提携も示唆

金商工部長官は政府の自動車国産化政策を受けつぐとの前提のもとに近く米国系と提携した自動車製造工場を許可したいと語った。

去年末で自動車工場保護法の時効が終ったので今後は新たな法的措置がとられるまで外資導入法、関税法、貿易取引法等で自動車工業を育成する方針であると述べ昨年末まで自動車工業保護法のもとに保護・育成させた水準を引続き維持できるよう努めると言明した。なお同長官は日本のトヨタと提携の新進自動車および現代自動車など三つの自動車製造工場だけを育成し業者の競争を通じて国産化促進、品質改良、原価切下げを行うようにしたいと述べ、アジアと現代など新たな自動車工場の場合には国産化比率（二一％）よりも高い比率にしたいと語った。

綱領
一、我々は大韓民国の国是を遵守する
一、我々は在留同胞の権益擁護を期する
一、我々は在留同胞の民生安定を期する
一、我々は在留同胞の文化向上を期する
一、我々は世界平和と国際親善を期する

# 民団しおり

第２号
昭和41年10月20日 発行

発行所 大韓民国居留民団岡山県本部
岡山市本町５丁目５番地
電話岡山局（22）5949番
発行人 河 政 一
編集人 柳 甲 録



# 朝総連策謀の実態を衝く

## 国民登録など妨害

### 永住権問題 遊説と講習会で破壊工作

朝総連は最近いわゆる三、四分期運動の目標として、居留民団の主要事業目標である永住権申請運動及び国民登録更新運動を防害するため、別掲のような運動を全国的な、遊説と講習会によって展開することを決定しすでに実施しているが、ここにその概要を明らかにして朝総連の謀略の実態をあばくと共に全国の民団各級組織はこれに対する警戒心を高めると同時に、十分なる態勢をもって朝総連の工作を撃退するよう強調するものである。

## 運動実施要領

**遊説隊の構成性分及び人員数**

①遊説隊は朝総連の中央幹部、女性同盟幹部、朝鮮中高級学校職員をもって指導班を構成する。

②人員は五名単位六班の三十名とする。

③地域は関東、東北、中部中国、四国、九州とする

**方　法**

①指導班は配定地域内の各県本部の幹部及びその地域出身の朝大生に対し運動方針の講習を実施した後、支部単位に区分して遊説させる。

②指導班は相当区域の活動状況及び成果を監視する一方、重要地域においては指導班が直接遊説を実施する。

③遊説対象者は中立系同胞、民団々員、民団々員と縁故を持つ朝総連系同胞、商工人、民団系学生等である。

④夏期遊説運動を通じ、韓日協定を契期として動揺している朝総連系の商工人、朝総連の一部幹部に対しては、彼等を運動の先頭に立たせて思想教養を高める。

⑤指導班から講習を受けた遊説隊員は民団々員家族の個別訪問、集団説得等通じて現われた事実の一切を報告書に作制し、その地区担当責任者に提出する。

⑥遊説隊員の中でも、特に朝大生は一般同胞学生達と接触して彼等の民族感情に訴えることによって日本に対する感情を悪化させる一方、朝大の設備の見学、または同じ民族同士による学園生活等を知らせて感化させる。

## ウソとでたらめで

## てっちあげたこの陰謀

### 目標内容

※印以下の全文は朝総連側のもので↓【註】は民団側の参考解説事項（抜萃）

**第一項、在外国民登録更新に対して**

韓国政府が八月一日付をもって実施している在外国民登録更新は在日同胞を一方的に韓国民として認定するための方法であり、ひいてはベトナム戦争に在日同胞の子弟を派遣しようとする意図によるものであると共に、あわせて永住権申請を併行しようというものである。

【註】

①朝総連がこのように国民登録更新を妨害するのは今般の更新によって民団々員の数が明確になると同時に、必然的に韓国国籍を持つ在日同胞数が明らかになるので、彼等は出来るだけその数字を少なくしようとしているのである。

②国民登録更新をする同胞は、永住権申請を同時にするようになるため、永住権に反対する朝総連は必死になってこれを妨害しているわけだ。

③国民登録を所持している同胞の中で時によっては朝総連と関連を持つ一部の人がいることは確かだが、これらの人達も今般の登録更新を契機として態度を明確にせざるを得ないので、彼等はこれを憂慮して妨害工作をしている。

**第二項永住権申請に対して**

①永住権を申請すれば自動的韓国々籍を取得することになり、取得後は徴兵令に該当する子弟はすべて軍に入隊することになる。これはすでに韓国と日本政府間で約束されており、これを拒否する者は韓日協定によって強制送還される。

②永住権を申請すれば、三十万名に近い戦後入国者は十年以内に半数以上が送還されるだろう。

③協定永住権を申請すれば解放後に一時帰国した事実が表面化されてない人も、これを機会に調査対象となりその事実の表面化によって強制送還の対象となる。

④協定後永住権の取得後でも法に違反すれば強制送還は免れない。

⑤協定上永住権を取得すれば日本が韓国に支払う賠償金の穴埋めとして税金を現在より三〜四倍もかけて来る。

⑥このような点を考慮するとき永住権を取得せず現在の地位を継続すればわれわれは何等の支障もなく永住することが出来る。

【註】

①韓日協定による永住権は在日同胞の法的地位を明確にするばかりでなく、日本に永住することになる我々の社会的地位が保障されるので、日本に永住する以上、誰もが取得せねばならない絶対的な条件となっている。朝総連はこんにちまで自己の傘下に保有していた在日同胞が韓日修交を契機に動揺しているのみならず永住権を取得することによって自動的に韓国々籍を持つようになるので、韓日協定自体を否定する北傀の手先である朝総連は政治的意図から必死になって反対している。

②永住権申請の現況をみると未だ民団に入団してないでい一般同胞が、申請者数の約三五%以上を占めている。この事実は彼等自身の現有勢力がすでに内部から崩壊しつつあることを証明するものであり、これを防止するために朝総連はあらゆる虚偽宣伝をもって永住権申請を妨害している。

③朝総連の嘘偽宣伝内容の各項目を検討すると、常識的には到底信じられないものであるが、時によって一般同胞にはそれがあたかも事実であるかのような誤解を持つことがある。したがって民団の各級組織は

(イ)法令により海外に居住する韓国々民には徴兵令が適用されないこと。

(ロ)戦後入国者に対する居住権については、韓日協定に関連した日本政府の石井法務大臣、入管局長等の談話のとおり、韓国政府と民団は戦後入国者に対する居住及び生活保障のため積極的な交渉を展開しているが、むしろ協定上永住権及び一般永住権を取得することが、戦後入国者に該当する家族達の居住権の獲得をよりたやすくするという有利な条件となる。

(ハ)その他税金の徴収が三〜四倍に増加するとか、強制送還される云々は国際法上らかしても考えられないことであり、永住権申請を反対するための嘘偽宣伝である。

**第三項、技術者入国歓迎事業推進に対して**

人民共和国（北傀）技術者入国を許可するという日本政府の態度は、韓日協定において韓国が主張する「韓国は韓半島における唯一の合法政府である」との点を否定する事実の一つであると同時に、今般の技術者入国を契機として朝日間で全般的な友好親善の気運を新たな角度から発生させるものでこのような事実は近い将来正式に国交が樹立される前提となるものである。

すでに日本政府は、人民共和国と正式国交樹立のため既成事実を積みあげるべく内々的に祖国との交渉を希望しており、社会党をはじめとする日本の革新諸団体は全面的な協力を表明している。したがって、在日公民は本事業を熱烈に歓迎しこれには多くの韓国国籍を持つ民団同胞を参加させるようにせねばならない。

【註】

北傀及び朝総連は、技術入国問題を政治的に大きく利用するのを目的としていることはたしかである。

彼等は韓日修交により両国間の友好親善が高まり、政治的には反共態勢が強化されている現実からして北傀は方法を問わず韓日両国間の友好関係を悪化させる意図のもとに、実際上は不可能である、「ベスロン・プラント輸入」という口実で日本の左翼系商社の協力により技術者入国という既成事実を持ち日本国との北傀間の取引が正式になされたことを国際的に認定させようとするものである。また、このためには民団々員をだましてまで署名などさせ、これを対外的に宣伝の材料にしようとする術策をみせているので、民団々員は特にこのことに注意して彼等の偏動に乗らないよう気をつけるべきである。

**第四項、帰国期限延長事業推進に対して**

帰国期限延長事業は、人類社会において最も重大な基本権利である居住地の自由選択であるから、これに対して誰も否定することは出来ない。日本政府はわれわれの帰国事業を全面的に認めねばならず、われわれは基本権利であるこの事業を全同胞の力によって継続推進せねばならない。

祖国のふところで幸福な生活をきずく本事業には、われわれの同胞が日本に居住している限り継続するよう斗争すべきである。

【註】

北傀と朝総連は、政治的意図を持って無智な在日同胞をこんにち迄八万余名も北韓の生地獄に送還させた。

しかし、日が経つにつれて北韓の実情が日本内に伝えられるや、最近では帰国者数が極減し、しかも内容的にはさきに帰韓した家族達が人質の状態にあるので人情からしてやむなく北送されているというのが偽らざる事実である。

日本政府もこの事実を把握しているがために、北送期限延長をあと一年で打切るとの決定をみているようであるところから、朝総連は期限延長のため、決死的な運動を展開しているわけである。

彼等は日本の自治機関を通じ、日本の知名の士を説得させ、市町村議会等にも陳情運動を展開して巧妙な手段により自治機関をして中央当局に政治的上申をさせているが、その内容をみると、朝鮮民族が自分達の国に帰るのに、日本政府はどのような理由でこれに反対しているのか。の[illegible]で日本の各地々議員達に陳情しているために、北送の内容事実を知らないこれら地方議会議員達は、人道上当然なことではないか—ということになり議決又は署名をして中央機関に提出しているのである。

ここで特に注意すべき点は、韓日間の友交精神を持つ日本の保守系一部の人士までが署名をしているので民団の各機関は適切な機会に日本の自民党系をはじめとする保守系士人達に、北韓の実情とその政治的意図等を説明してこれに同調しないよう説得に努力すべきである。

**第五項、帰国申請者確保事業に対して**

帰国期限延長のための絶対的な条件は、帰国希望者が多数続くことであり、申請者の確保運動は組織の至上命令である。

特に、これは韓日協定により日本で居住することが難しい状態にある戦後入国者達を中心に展開せねばならない。つまり、不安におののく戦後入国者の心理を把握し彼等をして帰国申請をするよう指導せねばならない。この運動には全在日公民を参加させて申請者数が対外的に[illegible]となるよう努力せねばならず、申請においては帰国の時期を決定せずに、まず申請書を提出するだけのことに全力を注ぐべきである。

【註】

朝総連は北送期限延長が継続しないだろうとの展望を確認しながら、嘘偽申請でも多い数字を確保して、期限延長の条件にしようとする戦術に出ている。すなわち、

(一)彼等は戦後入国者に対して、近い将来に強制送還されるだろうとの虚偽宣伝で不安をかきたてた後北韓に帰国するとの申請さえ提出すれば、まず強制送還は免れ、必ずしも北韓に帰国しなくても良いのだから、この機会にひとまず、強制送還の対象者とならないために帰国申請をするのが最良の方法ではないか—と北韓への帰国を申請させようとするのである。

(二)彼等はその組織の傘下同胞の総動員させ、嘘偽による北送希望の申請書を提出させ、日本政府に対する交渉の資料に利用する運動を展開しようとしている。

(三)もし、かりにも彼等のいうように日本政府が戦後入国者を一方的に強制送還させる事態が発生すれば、在日六十万同胞の権益のため強力な施策を樹てている本国政府は、決してこれを黙認しないであろうし、第一、このようなことは韓日両国間の協定に明示されている基本精神からして起るはずがない。また、朝総連傘下の同胞達も最近では北送に対して一種の恐怖心を抱く位に忌避している事実にてらし、民団各級組織は朝総連傘下同胞に対して真実を伝える勇敢な説得工作を開始せねばならず、朝総連の嘘偽宣伝を、理論的或いは韓日協定の上の法規をもって徹底的に粉砕せねばならない。

**第六項、第二十一周年解放記念日共同事業に対して**

第二十一周年解放記念日（光復節）行事は、民団傘下の同胞と共同で催す運動を推進せねばならない。すなわち、われわれはすべての権利を守る運動において民団側の一般同胞と共通する点を強調し、団員及び経済人を中心とする団合運動を展開すべきである。特に、戦後入国者問題、税金対策、ベトナム派兵、祖国統一問題等を同民族の立場から討議し斗争する課題とせねばならない。

【註】

朝総連は民団々員に民団組織内で論議されている戦後入国者待遇に関する問題を中心として、最近では一部の経済人が心配している税金問題などを民族共通の権益問題であるとの理由で民団々員及び民団系の経済人を包容し、共同斗争を展開しようというハラである。同時にまた、ベトナム派兵に対する韓国の立場を弱化させるための術策として子弟が徴兵されるとか、あるいは本国の若い青年達が他国の戦争に派遣され生命をなくしている云々の嘘偽伝宣をわが陣営に浸透させているが、これは明らかにわが陣営内の分裂を目的とする画策である。要するに彼等は対外、対内的な宣伝に利用するため、わが陣営の同胞を彼等の行事に参加させようとするのであるから各級機関はこれまで通り結束を固くし逆により多くの在日同胞をわが陣営内の行事に参加させるべきである

**第七項、国籍変更運動に対して**

韓国々籍を持っている在日同胞の中で多くの人々が人民共和国と朝総連の熱烈な斗争により公民となった

①新潟における国籍変更の既成事実の経緯を詳細に知らせる一方、これからも国籍変更をのぞむ同胞に対しては法的斗争及びその方式を具体的に指導せねばならない。

②国籍変更の目的は、国籍変更によってわれわれの生命と財産を保護し、居住地の自由選択という基本的な権利を行使することにある。

〈次号へ〉

# 自由主義国を巣食うもの

## 他国に留って遠ボエする 破壊思想の信奉者 行きつく処はどこ?・ノラ犬朝総連

日本は自由主義の中にあり、もっとも平和を希い、戦争を嫌棄している、平和国である。其の自由主義諸国の中にあって、朝鮮人民共和国だなんて聞いた事もない名前の破壊主義思想で共産主義者の代名詞のような肩書を自称しつけている輩が数多く棲んでいる。自由主義国家をもっとも嫌う彼等が、もっとも自由主義を尊重する日本の国内において何故騒ぐのであるだろうか。そんなに共産国を讃えるのなら、嫌な国から早く共和国たる人民共和国へ馳せつける可きではないのか。日本が悪い、大韓民国が嫌だ、我々の祖国はあくまでも人民共和国であると、麻薬に取りつかれた重中毒患者の様に、その政治を信奉至上に讃美する朝総連は一人として幹部達が引き上げないのは、何故であろうか。

段なるものがあれば、我々も喜んで浄財の救出を行ない、其の一助に寄与したい積りでいるが、幸いにして韓日協定の中に教育の充当明条が盛り込まれた事を大歓迎する、それにちなんで朝総連幹部も近い内になくなる名称に嘘瞞生活維持の保護策を投げ打って双手を挙げて協力してこそ、真の大韓民族たる自由圏内の良識者と云えるのではなかろうか。

少自由な行動をしているがそれでも、規約なるものは我々の考える現実とはもっとも巾を縮めての生活の維持と云うものが見受けられる。

次号に規約なるものを掲げてみるが、現に朝総連幹部は、北鮮共産主義指導者達が試みる、共産思想とは別に、日本共産党の規約と綱領を見真似て、それに類似した押しつけ指導であり此の規約の中に盛り込まれた真のプロレタリアの終極性たるものを何一つ把握していないのである。

それは彼等幹部の教養たるものが、マルクス・レーニン主義やスターリン主義の理論と議論の指針を我が国の歴史と現実に併せて考える時とが世界思想の推移が共産主義絶対尊厳と云う過去幾世紀前の思想をもって実践的なものに統一させる事は、労働大衆の現生活を甚だ窮屈にさす事である。党はあくまでも革命人達の為にあり、革命なくして党員の幸福がないと考えて、明けても暮れても革命革命とんでもない。かすみをつかもうとしては、一対生活と云うものを顧りみることは、はなはだ困難である。

場合はどうなるか。

外国においてその国の改革を批判することはどこの国でも許されないことであり、又、敵として住ませて貰った国を視ては彼等の安住の地ではないのである。

又組織を口外せずとは、まるで秘密結社を日本に持ち込み、日本人の自由生活を破壊する意図とみなされても一言半句の弁解も出来ないのであり、強いて日本政府が不穏分子として強制退去を求めても、こんな規約上の鉄則がある限り、どうにもならないのである。

## "井の中のカワズ"国論を説く

日本国内に停まり、内政干渉も甚だしく政治を誹謗するを見て、我々はおかしくなるをおさえるのに困るくらいである。

北韓も行って見た事もないし、勿論、大韓民国へ足を踏み入れる事のできない罪人の如く、見たことも、行ったこともない人達が、何を以ってその国の政治を論じる事が出来るだろうか「井の中の蛙」である。

植民地政策下の悲惨な境遇の脱出に、日本崩壊の前提として共産革命の実現を夢みた二十年、三十年前の夢物語を何時迄も唱えていては語るに足りぬ存在であろう。

被圧迫民時代は、大韓民国も彼等の夢の国、人民共和国なるものも存在しなかった。

あったものは、大日本帝国であった。

自国が他の支配下にある時は正に支配国は敵国であり、抵抗心を持たないものはない筈である。

支配国の滅亡をこよなく希い、祖国の独立を如何なる手段をもちいても、再復興を計る事は民族意識の特にはげしい大韓民族が、共産主義たる破壊殺りくを革命の手段として、人道無視の徒輩を以って破壊さすより方法がないように考えた時代の構想を現在まで、維持している事態が甚だナンセンスである。

自由陣諸国の中に共産主義思想の学校設置を強硬に主張する事は、外国人としてなす事ではない。

自由圏諸国の滞帯教育課

共産主義指導体制なるものは、あく迄も中央集権政治であり、個人の意志表示による自由と云うものは抹殺されている。

## こなし切れぬ ものまね「規約」

中央が一たん、きめた事は下部に於いては絶対性を持って服従し、もし反対するなら叛逆者として抹殺されるのである。

全く、個人の意志と云うものを封鎖され、あくまでも秘密主義に徹し、個人の行動、自由と生活のすべてを剥除されているのであり全く人間一人としての生活などは考えられないし、考えたら死を意味するものである。

人間誰もが此の世に生を享けて来たからには、何も好んで箱の中に閉じ込められていられるわけにはゆかないのである。

日本共産党はそれでも多

## 悲惨は過去のもの 自由な再建意識を

又、党たるものは鉄の規律によって、一つの組織を団結し、民主的中央集権制によって党の意志と行動を統一し、全党員は革命及び全党の利益に従い、下級は上級に従い、全党は中央に従う。

弾力のあるプロレタリア民主々義中央集権性をつらぬくとあるが、あく迄も共産主義共産党だけが機械であり、一般大衆は潤活油たる存在であるとしか考えない。

蟻が餌を運ぶ役目は一般大衆であり、運ぶ場所を指示し、おいしいものは選って先に食い、残りのカスは皆様に配給される、ボス存在の絶対服従性であり、自由平等のカケラなど何処をさがしても見当らないのである。

又党員は革命運動の為に敵に逮捕された時は、国民と共産主義勝利の為に戦わなければならない。

いかなる場合にも敵に屈せず、党の組織について口外せず、党組織を守りぬかねばならないとあるが、我々は外国人であり、日本の治安を犯してはならないし又犯した場合は日本の国家権力たる警察の司法機関にゆだねられる事は当然であるが、これを敵とみなしたか。

## 何故の民族主義 「住」の日本は敵国か

自由陣諸国の日本を敵としてみなし、革命を至上主義とする手段に於いて、如何なる破壊活動も殺人も行うとあれば、明らかに日本は穏やかでない筈であり、又、許されて居住される善良な外国人として取扱う事は此の上もない危険である。

「郷に入って郷に従え」は、日本の古い諺である。

何時迄も日本人ではなく我々も立派な独立国の大韓民国である。

民族主義を最も尊ぶという彼等の言葉を引用すれば国際共産主義それ自体の存在もおかしくなる。

現に独立の為に辛酸をなめて来た方々に対して甚だ申訳なく思うことは彼等朝総連の指導者なるものが、その独立の何を助けたかである。

牛馬の様に植民地政策下の奴レイとして、日本に鼻づるなしの銃剣におびやかされて、引っぱって来られ重労働だけを強いられて、何一つ反抗する事なく、従順した過去のあなた達も我々も、現世の様な口達者でなかった筈であり、民族意識の発露なるものを何処で言い出すこともお互いに出来なかった躰ではないのか。

今韓国におる、我々の祖国の国民は、国家再建の為に、死にもの狂いの生活をしながら過去の敵の為に斗っている事を朝総連の指導者の皆様はどんな気持で眺めていますか。

独立と云うものは、人間が人間として対等に話し合える自由と絶対の力を与えてくれる人間性への大きな力であります。

植民地政策下の朝鮮人は牛馬であり人間としての取扱いを日本の何処の県で扱われた事でありますか。

朝鮮人であり、牛馬であったのであります。

## 繁栄へ門戸を開け

其の朝鮮人なるものは、綺麗さっぱり日本にかえして、立派な独立国、全世界がその門戸を拡げてくれたのを、何故に昔の朝鮮人にしがみつく必要がありますか。

何時迄も牛馬時代のまずしさの味が忘れられないのは朝総連のあなた達だけではないのか。

共産主義、プロレタリヤ大衆主義は今ぢや、褒めしより酷い、粟です。

「働らかざる者は食うべからず」の、あなた達の鉄則は何時までも働いてまぐさを食べるのではなく、独立国の意気の満腹たる精神の回復にあるのです。

何も識らない我々同胞の生活を脅やかしてまでも鬼畜の存在を示す事は大いにつつしみ、悲惨な苦しみの中でやっと、人として全世界の仲間入りが出来た大韓民国の国民としての自覚と誇りをもって、太陽に向って真を張って、お互いに胸つすぐ手をたずさえて進む可きではなかろうか。

お互いに岡山県内に住みお互いの過去も生活も識りつくした我々が、何故に自分の国を捨てようとするのであろう。

真剣に足元を確めて、自由国家の建設に相つとめてこそ、過去の悲惨な牛馬の鼻づるをたち切る事である。

せっかくつかんだ自由と独立を、己れの欲望に利用する鬼畜主義を一日も早く捨て、大韓民国の国民としての自由とその自由を勝ち得た由縁を再認識して、明るい大極旗の下にこぞって集まることを希う。

## 文化センターの設置は われわれに何をもたらすか

### その意義と教育課題を追って

朝総連から、岡山県当局へ、朝鮮人学校設置の認可を申請中であると聞く。

今度の日韓協定は、韓国政府を朝鮮全土統一政府として協定の成立を見るに至ったのである。

現在の日本にはもう朝鮮と云う過去の固有名詞は消えたのである。

消えて無くなった朝鮮が今頃になって此処から生え出したのが、我々大韓民国人である。

同胞達は異常にさえ感じられる。そんな学校の認可を日本が承認する事は常識的にあり得ないのであり、万が一、許可すると有れば、朝鮮と云う国の承認となるのである。

共産主義思想は韓国に於いては、鬼畜主義と云い、国家総力を挙げて其の追逐に務めている。

これを我々が容認する事は絶対有り得ないのである。反対するのは当然な事である。

反対すると我々の子弟の教育はどうするのだと云う其の対策の為に、今本国から各県の民団で文化センターを設置させ、其の教育に本腰である。

教師の派遣も此の為めである。

生れ落ちると同時に、共産主義の洗礼を受け、生れた同時に自由を剥奪される事は、人道上許される可き問題として、片づける事は絶対出来ないのである。

子供の思想も、健康も個性も、子供自身のものであり、押し付ける可きものではないのである。

## わが国土と国民性の確立を 望まれる大局的な父母の見識

徹底しか思想教育を外国である日本で許されるとあれば、日本は韓国侵略の片棒を担ぐことになるのではないかと心配する。

我が民族の教育は我が国土と国民性に即応した教育を施こし大韓民国国民としての自覚の尊厳を育成する為にあり、他の雑音に迷わされ横道にそれる事は再建国家の途上に於て大障害となるから大危険である。

本国政府は、日本と違い二度目の戦後と云う、悲惨な生活を味わいながら今日では世界水準の域に達する迄頑張って来た耐乏生活は他の国の人達には到底理解出来ないものが余りにも数多くある。

此の様な悲惨な苦しみの中にこれからの青少年の育成に実に真剣である。

過去の悲惨な境遇への脱皮を今の青少年に託す為の親達が鬼畜主義養生の共産主義に賛成する事は死以上のものを養成する事になるのであるからである。

正しい理論教育する課程に於いて、其の理論の履行たるものが、人類幸福の破壊であっても教育だと名がつけば許さる可きであるかこれは思考の対象にならないのである。

限られた国家予算の中から、外国派遣の教職員に対する費用や、教育施設の充実を計らうとする、本国政府の意図は正しい人を創る正しい政治行政者の後継を育成する大願があるから、国民の血税の一部をさいても、文化センターの役立を期したのである。

何の案じる事なく、この期を挽いに我々も大いにこの文化センター設置の意図をくみ取り子弟の教育は本国政府に委託する事である。

日本の大学を数多く出た我々同胞がその学識を生かす場所が日本の何処にもないのである。

何の役にも立たない大学卒業者の多くが右にも寄れず左にも寄れず、無衣徒食の輩と化し、ブラブラと親のスネを何時までも噛っている現状では情けないことである。

本国の青少年は大きい夢を胸一ぱい、ふくらませて学業に励しんでいる時、実に情なく思うのもあながち私一人ではあるまい。

技術部門は大いに修得し本国に較べれば大変役に立つが、他の部門では勝るとも劣っていないのである。

本国の官公庁勤務の者で高卒者は、まれである。

全部大学の修士課程を経ている。

教育施設も充実し、学園での青少年は希望に満ちている。

子供はたいてい両親のとおりになるのでもあり親のからだの状態や気性食欲、知的、道徳的な傾向は多少にかかわらず、その子供に現われるものである。

両親の目標が高潔で知的個性が高く、体育の発育がよければ、子供に与える生命も、それだけ立派なものである。

又、親は彼等青少年が持っている、最高のものを育成することによって、社会を形成し、将来の時代を進歩させる影響をもたらせしめるのである。

父母はその責任を理解する必要があり、社会には、青少年のゆくえを誤まらせる幾つかのワナがある。

多くの人々は利己的、肉欲的快楽の生活に心をひかれ、幸福と見える道に隠されている危険や恐ろしい結果を見抜くことが出来ない時、リッパに勝てるように指導する準備は親であり、社会環境の最良の中で育成する教育であり、その立派な教育者によって一つの社会人を創り出すことである

その為にも幼ない時から、思想教育は間違ってなくても、この青少年の育成中における世界の推移が思想以外のものであった時の責任は誰がとる可きかを考える時、冷汗をかくような思いを必らずする筈である。

自由のない穴熊は冬になれば穴の中で己れの足の油をなめて酷寒に耐える他何の芸も出来ないものである。

国家社会と云う大きな文柿が、一匹の蟻に喰い荒らされて倒れることもある。

我々の自由で平和な国の建設は一指導者の専制に追従する大危険たることを大いに警戒する必要がある。

このためにには教育の正しさを理解させる義務の重大さを認識して片よった偏見の思想教育は絶対にさけるべきである。かかる意見においてこの度の文化センター設置には南北を隔てる事なく、統一政府の良き教育者の下に大事な子弟の教育を委ねる事を自覚することであろう。

# 私達韓国人の納税義務とその意義

団長　河　政　一

日本に在住する、総ての韓国人にも、公益事業等も含めて、一切の国税及び地方税の完納を以って居住の安定を期す事は当然である

か、その査定において種々雑多な生活環境が一般の日本人とは異った特異性に問題が多すぎる [illegible]

は、日本の各会社、株式会社、合名、合資、有限会社等の名のつく会社は一応、収支計算をはっきりと帳面上に記載し、損得の計算をする。だが我々韓国人は昔から、隣国満国と日本の間にあって、侵略と云う虫に隅々を蝕まれたが為に、その年々の農作物や副業による収入を貯蓄というものの名を借りず、有るだけのものを食いつくす事によって財産保持という観念が困難的な意味を多分に持ちながら、今日迄続いている。それは植民地政策下にあって貯蓄そのものが敵国の経済助成になるからと考えた事である。それで日本にいる我が同胞も、帳簿上の収益は信用しない。働いて食べて残った金が所得と考えるから、納税申告にあたっても、実際単笥の底に現金がなければ、儲けたと思われないのであるし、又一見堂々と派手に商売を営む者であっても大半が過去の惨めな

必要以上に派手であり、税務署の脱税対象に思われ、査察と云う最終的な機関を得て、借金迄して、高い税金を課せられ、泣くに泣けない立場へ追いやられるのである。

これが為、我々にも組合なる組織を以って且つ公平な納税運動を創めたものである。その職業も、遊技業の多額納税を筆頭に、市民税の五百円迄と種々と類を異にし又、職業も、数限りなく雑多であるから、税務署等の接触に於いても、一括して取りきめる事は甚だ困難があり一つ一つ交渉を持たなければならない。時間の多くを労費し、成果の程は必らずしも皆様が満足するに足りない結果が沢山出て来た事もあった。決して脱税を目的として税務義務を脱しようとするのでなく、我々の生活と事業内容を納得して貰う為の辛苦は到底書き尽くせないものがある。又、納得して貰えた金額が、納税者をして必らずしも満足であったかと云えば、そうでもなかった。[illegible]

そうであったかと云えば、そうでもないのである。単笥の底の金と帳簿上の金とは大変な差があるのである。単なる所得と云う定着性のある源泉が、私達韓国人にはないのである。それに国家公務員だとか、又公共の金融機関の利用が出来るわけでもないから"とにかく自力"で生活の推持にアリの如く駆け廻らなければならないのも、外国での生活という特殊性の起因であろう。しかし、納税は日本人は勿論のこと特に外国人であれば、居住の安定という生活権の行使が、大前提となるから、あまねく義務の追従を肯定しなければならないのである。

ここに我々の主観と税務の相違が生じるのである。その観念性の相違とは、納税義務の履行であるが [illegible]

以って、一変して外国人になった事にある。内鮮一体東洋平和の建設という侵略の御旗の元に生死の区別なく戦争に加担し、大和魂の本質に触れた事も嘘でなかったものが、社会性と居住性を一朝にして変えられ、外国人になって総ての安定した職を離れた事は、日本に居住する我々にとって大打撃であったからである。

何の固定収入を持たない我々が、とにかく戦後二十年を得、死に物狂いでやっと、居住の安定を期したと思った途端に税金の厳しい負担に泣かされる立場に会ったのである。

何の職も私達に与えられる事もなく、又中小企業資金等の育英資金の配分を受けず、一番下賤な職業でも、日本人のしない職業を星を仰いで朝出かけ、夜星を抱いて真黒になり働いて、[illegible]

思い掛けない多額の税金が課せられた時、真先に青くなって飛び込んで来るのが組合である。我々も真実を話して税務署に接渉するが我々だけを特別の城の中で取り扱う事は出来ないのが税務署である。外国人特別税務綱領なる特典がないから致し方がないのである。

最悪な事業条件の中にあって、税金だけを日本人と同じく取扱われるのも、外国人であるからである。

だが我々にも出来る事なら、対等な生活の維持が目的であるから納税に対する関心も今頃では非常に高くなり事務扱いも案外、スムースに行なわれている事はこれらを、扱う者達にとっては有難い話である。

意義のある納税義務が、私達の居住安定の一礎石となって表われればこの上もない幸せである。我々にも納税の完納をもって、すべての取扱いを平等にしてくれ、企業育成の一助あればその事業自体が公益性を多分に含む事は当然で日本国家の収益と連がる事である

育くませた上に、所得たる物心安定をきたし、収税の義務を履行させる事が、外国人対策税収の最も良い意義を認知せしめる事になるのではなかろうか。

その徹底を期す為に、私の団長を期に、韓国人商工会の強力たる力量のバランスを図り、出来るなら、現納税組合を再開拓する積りである。その為には、現商工会の幹部の総入替と納税組合の役員の人事を一新する為に、次号で商工会の大会期日を皆様に掲示するつもりであるから、活発な御指導をお願いする。

## 生活権の行使が先決

### 外国人の企業育成ということ

### 現商工会の刷新を切望!!

もう売れない!!

# 地獄への片道キップ

## すべては現実が証明する

## 北傀帰還"天国"のエサ

朝総連岡山県あたりの幹部連中は、今、昼夜を労わず北韓帰還の誘導に真剣である。

昭和三十四年の第一回目は彼等の上手な宣伝に迷わされ、新潟港の花形であった、帰還者も今では、日本赤十字に名前が登録されているのみ唯一人として帰る者がないのである。地獄への片道キップも一応売さばけなくなったのである。共産主義共和国、かって我々も日本の植民地政策下にあった時代の被圧迫民族としてあこがれ其の物にあった。貧しい者達の天国共産主義国家が実現したのである。欲しい物は何でも与えて貰える。又与えてやるとキャチフレーズは貧困者にとっては夢の様な話である。喜んで帰った人達の幾万ノが、今頃どの様な生活をして暮しているのか。朝総連幹部の諸君、顧みた事も又、案じてみた事があるのか。衣食住の保償はあっても老幼を問わず、労働に狩り出され、アナ熊の様な生活をしているのではないか。彼等から来る文通の中に北韓は人生のパラダイスです、皆様も早く引上げて来る様にとのことが一通でも書いて来たのを見たことがありますか？おそらくないでしょう！

## 英氣賛たり!!大韓民国

## 国土建設

### 北韓 哀調の朝総連宣伝も空し

永い間日本の片隅でし土方や飴屋、屑屋をながらやっと自由と云う独立感を味えたのもまたたく間、に地獄の果へと追いやられた、可わいそうな人達を、あなた方は無責任にも黙っていられ、又、罪悪以上の詐欺漢のする事である。

何故詐欺漢と云えるか、それは無智な人達を言葉巧みに北韓へ帰せば、彼等が残した資産は、彼等幹部の私有財産と等しく化して、飢えた豚の餌にもなるのである。

だから真剣になり、昼も夜もないのである

こんな甘い合法的な詐欺は他に類を見る事が出来ないのは当然のことである。

悪く言えば無智な人達に地獄の片道切符を二万円で売り、残りの資産は袖下となるからこんなぼろい商売は止められないのである。

彼等にとっては人間最大の欲望を如何に利用したら最大限の生活が出来るかが問題であり、同胞の一万や二万そこらで死んだ処でハエが死んだ位しか思えないのが彼等の言う共産主義思想である。

とるだけとれば、永住権の一つでも捜ち取り、国籍の自由選択をたてに大韓民国の国籍を持つか、帰化すれば万事解決するものと思っている。

だからここで、我々同胞が彼等幹部連の過去の生活状態と、現在の生活を比較して見れば、一目瞭然とはっきりするであろう！寄附と名をかたり、取るだけ取り上げ、大衆運動に如何にも、愛国の憂国士として弁舌さわやかな啓豪運動にたけているが如き、彼等の舌先三寸にまるめられるが、一皮をはぎその裏を覗けば、これ以上、きたない事はないのである、何故貧乏人の懐ろをあてに生命の綱を貫いでいるからである。

無智な程、理論が身を通して痛切に感じられるからである。民族斗争と云っても、日本国内に於いては過去のものである。それは外国人法なるものの制約の下に生活を許されているからである。私達は、第三国人ではないのである。大韓民国という、立派な独立国の国民である。

彼等の言う朝鮮人は過去のものであり、恋情に泣き暮れた我々の哀調詞である一日も早く、これは忘れてしまい、新たな気持の上に堂々となびく大極旗の下、四千万同胞、あらたないぶきに、はばたかなければ、過去の悲惨な殻の中で、一歩も外を見る事の出来ない第三国人でいられてはならないのである、五十年前の朝鮮の認識を今だに持っているからであり、現在我が祖国の再建を、日毎に目まぐるしく変る再建の姿を、朝総連の幹部達は一度自分の生れた故郷へ帰って確めて来る事である。

## 情無用！図るは己れの利得

## 鬼畜行為も限界に

### 追まくられる我が身のふり方

筆者も三十年ぶりでこの眼で見て驚いているのである。半年前と今とでも大変な差があったからである。ベトナム派遣の兵士達も過去我々の祖国の中で、鬼畜以上の殺戮と筆舌に尽きつくせない、酷い仕打を誰一人として忘れていないのである。共産主義たる鬼畜主義を徹底的憎悪を以って放逐する事が、平和断願の第一歩で、統一韓国の大前提と自らの体験によって真の平和の獲得を、自らの手で掴る為に尊い生命の犠牲を自らすすんで、世界平和に寄与するのだという、自覚の下にベトナムであろうと世界のどのような隅っこでも共産主義イデオロギーの害虫、撲滅に身を挺すると云う信念で出征し、果敢な戦果を納めているのである

それをベトナム戦争は世界を乱すものだと批難するが大韓民国々民は、共産主義という鬼畜同然の行為は世界のどの国であろうと、承服しかねるのである。尊い同民族の血、何が故に自らすすんで流す事があろうか？我が国の大統領も同じ愛国者であり、我が国の偉大な政治家である。金日成カイライの様に、民族同志を他国の鬼畜共と一緒になり惨虐極わまる殺戮を、情一片もなくやるのと根本的な人間性を異にしていることは、自由を愛する世界のどの国の人達でも皆知っているからである。

全く日本に在住する朝総連の幹部も、今やっている行いが、鬼畜にも等しいと皆が判る日は後四、五年の内に必らず皆様の目で確める事が出来るから、私は断言をしてこの様な事を自信を持って書く事が出来るのである。

大韓民国を統一政府を見なして、韓日会談の協定をみるに至り、永住権の申請期間五年を経れば、朝鮮籍と云うものは、消滅するのである。その時は、北韓に帰るか、大韓民国の国籍以外の道は帰化する事であるが、今迄のような我がままは、この日本においてはもう、許されないのである。

韓国自体が日一日と逞しく成長し、世界の水準に達する経済状態は、後僅かな日数となって来たことを忘れてはならないし、今迄の様な在日同胞も、盲目ではいないのである。朝総連には物を言えば血をとられると皆が言っており、もうこれから嘘では通せなくなる事も、彼等幹部達は識って、今後来る問題の対処たる生活の礎はもう築いており、何時でも逃げ出せるだけの準備は整っている事を多くの同胞は知って置くべきである。

## 明るみには出なかった！一少女の眞事実

# 白痴のたわごと

## 赤新聞はウラを見るべきだ！

請業無垢な一少女が、朝総連系の一幹部の事実無根の流言によって、其の前途の芽をつまれようとした寸前、嘘言の暴露によって救われた事がある。創刊号に報じた如く、はっきりと氏名を挙げて読者の皆様に詳しくお報らせしたいのでありますが、これが為この少女が迷惑を蒙むるので敢えて名前を伏せますが、非人道極まるこの悪宣伝を巷に流布した朝総連幹部に対して理由の如何を問わず、悪らつな手段による民団幹部の放逐を企だてた事実に間違いもないのである。

此の鬼畜に等しい輩は、千日前でホルモン店を現在やっているが、何を企らんでの芝居か想像はつくが、如何に手段を選ばない彼等の悪らつな方法であっても人道的な手段は人間のなまぐさ事ではない、鬼畜に等しい手段を選んで二人の人間を葬うむろうとしても天が許さないのである。真実は何物にも無し得ない天地の人間かある。

民団支部の役員お昼夜をいとわぬ愛国の発露たる報いの啓蒙運動が彼等をして相当な刺戟となった事は事実である。それとよく似た事件がこの筆者にもあったのである。それは朝総連の最高幹部の一人が創刊号の記事の中に己れの行為をなじる様な記事があったとかで、筆者を刺すとまで大放言をなした事である。

筆者はあの創刊号で何一つ真実に恥じる記事は載せてないのであり、又一個人の中傷が目的でもない。朝総連のすべてを赤裸々に読者に伝えたのである。真実自己のやっている事が正しかったら、何も筆者を刺し殺すと迄言わない筈である。良心に大いに恥じてこそ此の言を発した筈である。

筆者が報じた記事の中に一言半句なりとも真実と相反する処があったら、朝総連の総会なり事務所であろうと又岡山県全同胞集めて公聴会でも開いて筆者と対決してもよいのではなかろうか。

非人道極わまる鬼畜に等しい虚言を巧みに言いふらしても、終局に於いて必ず他人が証明するのである。

筆者の過去の経歴がヤクザであっても、韓国の国民である自覚を持つ為に、何ら恥じる処はないのである。

筆者がヤクザであった時一人として我々同胞が私の為に一言をなりとも取られた事や私の為に御迷惑をなさった人が居られたらお目に掛りたい。幾らヤクザであっても朝総連幹部の様に悪らつな手段により財産を残し、非情な手段で人を陥し入れて、愛国者でありますと民族主義でありますと人でありながら鬼畜な面を二重三重も被る真似はしないのである。

方法と手段だけが此の世の総てではない。人として此の世に幾年かの生を享け又国家社会の一員たる自覚を函養する事の出来ない亡者の類いが、大衆運動の指導者として肩で風を切り、口先三寸で生きた人達の生血をすゝる事は許されてならない行為である。

北韓人民共和国たるものゝ憲法なる、やゝこしい文書の中にも、言論の自由を唱っている。これらの出す赤新聞の嘘八百なるものが毎日民団の事務所にも来ているが、我々は今だに一言なりともこんな馬鹿げた記事を読んだこともないし、又反発した事もない。それは朝総連の皆様が朝鮮画報たるものゝ七月号の写真の中でベトナム派兵の写真が一番よく証明している。模型の人形に軍服を着せて写している写真を見た筈である。何もかもデッチ記事ばかりであり、真実の記事は朝総連の嘘だけである。

一番手近な例が駅前の人達は皆知っている様に多額な寄附をさせて、其の方が亡くなられた後も、学校寄附の手形が未決済のまゝ残っていたではないか。一億に近い財産が頭の黒いネズミに噛まれてしまった事実をどうみる。残った資産迄皆彼等の管理下に、今清算中ではないのか。残された遺族の事を考え、真実の民族主義と愛国者たる彼等であればとり上げたものは綺麗に返して、生前以上に立派に育てるべきではなかろうか。

小さなものの一つでも分ち合つて食べる同志と云う彼等の絶対的主義がエゴイズムの骨頂を表現している事実はあなた達下部組織の人達はどんなに思われるのか。良識を疑いたくなるのである。

財産があつて愛国者であり、寄附を多額にして同志であり、なくなれば反逆者である。これが朝総連の組織であり、中央集権制である。ないものはあく迄「こじき」であり、愛国者でないのである。これが共産主義の至上主義である。

幹部の殆どが組合の金を一千万円以上も使っている組合法では出資金総額の百分の一に相当するものであるのに、弐千万円以上も使っている者もある。

十億の預金があれば極度額は一千万円であり、それをこす事は出来ない法律があるはずである。

中小企業協同組合法はその第一条に、「組合員の相互扶助を目的」としてある。まるつきり特定の幹部の扶助と化してしまっている。

組合の理事は経営者であつて組合の金を利用して他の事業に投資することは出来ないのである。

それが為に他人名儀を利用して組合の金殆どを幹部たる理事が利用しているのではないのか。

共産主義思想は誠に以つて此の上もない宗教である教祖様は笑いが止まらないであろう。

たらふく私腹を肥やし、大ボラを吹いて無智な信者を欺して獲ち得た財産は一戔なりとも彼等の言う愛国者は朝総連隆盛の為にどれだけのお布施を出したであろうか。幹部事務員も五万も三万も取るだけの事務能力をもつた奴が一人でも居るのか、何も出来ないのである。阿呆の一つ憶えの様に北韓に帰れ！北韓こそ人類の天国であると叫ぶだけの、二万円の地獄行き片道切符を売るだけで、乗り遅れると困ると思つて、極楽行きに乗った幹部諸君が一人でもおるのか。ないのではないのか。

することとなす事が何もないから、小娘の悪口を言ったり、良識家であった筈の輩が人を刺すと大言したりこれだけの能の持ち主が大衆の指導者だなんておかしくなるのも筆者一人であるまい。筆者が言い度いのはお互いが同一民族であると云う此の事実を理解し、嘘言と詐欺の常習者の様な行いを慎しみ、真の同胞愛と民族意識の把握があって初めて我々同胞もそれに処するのである。今一歩で過去の悪事が全部露見された時にどんな言訳をなすのか、見ものだ、お楽しみである。まさか貧乏人から取り上げた物を喰い逃げするとも言えないのであろう。

正義と真実の鐘は今や、あなた方朝総連幹部の頭上に、耳鳴りがする程必らず打鳴らすのであり、これを嫌つて今から逃げ出す奴の後姿を見ることを楽しみにする。

## おわび

昭和四十一年八月二十五日発行の〔民団しおり〕（創刊号）掲載の広告中左記の誤りがありましたので訂正し、お詫び致します。

記

◇四頁岡山県本部運営財政特別委員会中ハリウッド〔社長千奉甲〕を【専務千学祥】に

◇三頁新井洋服店〔崔鶴珠〕を【朴鶴洙】に

◇二頁モカ〔鄭月寿〕を【鄭日寿】に

◇三頁グランド〔鄭益鎮〕を【全益鎮】に

備前町〔午上〕を備前町【片上】に

〈一面より〉

⑧われ〳〵は積極的にこの運動を推進する過程において、韓国々籍をもつ民団側の同胞をより多く共和国々公民にするよう指導せねばならない。

④国籍変更に多くの同胞が参加することによって韓日協定は無意味なものとなり、永住権を拒否するわが公民達の地位は一そう評価されるだろう。

⑤国籍変更運動推進においては、第一項〜第二項の運動内容を適用して説得指導せねばならない。

【註】

韓日協定を否定しようとする北傀及び朝韓連は、最後の手段として韓国々籍を持つ在日同胞をいわゆる国籍変更運動と称して外国人登録証に記載された韓国々籍を「朝鮮」に変更させようとしている。

彼等のこれまでの運動の欺瞞をみると、わが民団々員（国民登録完了者）で国籍を変更すべく関係当局に届出た例は一件もない。ただ、彼等の傘下にいる同胞の中で「韓国」と記載されている者を総動員して変更を申請させているわけだがもとより日本政府当局はこれを受付けてないのが事実である。

※ 新潟で国籍変更を認めたという事件の真相は次のとおりだ。すなわち、元来が朝総連側の同胞でその国籍が「朝鮮」となっていたものを、市役所係員が本人の意思を確認せずにこれを「韓国」に変更した。そこで本人からの抗議があって法務局が調査したところ、その事実が判明したため再びもとの「朝鮮」に「訂正」したのである。

これを朝総連側では国籍変更云々と嘘偽の宣伝をしている。朝総連の意図するところは、永住権を取得することにより韓国々籍をも同時に取得することになるので、この分では近い将来に大部分の在日同胞が韓国民となることは必然的事実である。したがつて韓日協定を反対してきた彼等の立場は窮地におち入るのみならず、こんにちまでその傘下にいた同胞達が北傀と彼等に背を向けるようになるので、これを何としても防止せねばならない——ということから彼等の最後のあがきをみせている。

そこで朝総連のこのような動きを冷静に眺めるとき彼等が内心どれほどに周章浪ばいしているかを知ることが出来よう。各級組織はこのような混乱状態にある朝総連の勢力を粉砕する目的の一つとして、永住権申請運動を積極的に推進し、〃総連傘下にいる一般同胞もわれわれと共に永住権を獲得出来るよう努力することを特に強調するものである。

（教育事業は略）

## 十四歳未満は家族欄に

### 登録更新で中央民生局指示

八月一日からはじめられている国民登録の更新ならびに新規申請について中央民生局（局長申キ）では七月二十七日づけ公文でつぎのように指示した。

国民登録の更新ならびに新規申請についてすでに指示をだしたが十四才未満の未成年者の取扱いについてつぎの要領で処理されたし

記

十四才未満の未成年者の申請については、申請者ならびに写真は不要で保護者（父母のいない者はそれに代る者）の家族欄に記入するようにする。

【註】

国民登録証の更新を終えていない者は、今後、大使館ならびに領事館で行なう旅券事務を受付けないようになっているため、この点特に留意し一人残らず登録証の更新をするよう望む。

国民登録の更新をした者に対しては旅券の延期期限を二年とする。（今まで一年のもの）

**一般永住権申請に関する具備書類の一部簡素化に関して**

去る一九六六年七月十五日全国地方本部団長及び事務局長会議に於て指示されている一般永住権申請に必要とする具備書類中、私たちが不必要であるとして認定した各項目に対して大使館及び日本関係当局に鋭意交渉した結果、左記の如く申請に必要な具備書類が一部簡素化されましたので、一般永住権該当団員の皆様にお知らせ致します。

記

一般永住権申請に必要な具備書類（現在）

㈠申請書二通 ㈡健康診断書一通

㈢資産証明書一通（該当者に限る）

㈣納税証明書一通（該当者に限る）

㈤身元保証書一通（保証人）

㈥国籍確認書一通（各領事館発行）

㈦雇用証明書一通（該当者に限る）

但し、㈡と㈥に対しては不必要として推測出来る為、省略するよう継続交渉中にあります。

※交渉の結果省略された書類

㈠質問書

㈡外人登録済証明書

㈢保証、関係書類

以上

在日本大韓民国居留民団 岡山地方本部事務局

**国民登録の更新および新規申請に関する公告**

在外国民登録法による国民登録をつぎのとおり実施する。

記

一 対象者

(イ)満十四才以上の大韓民国国民はすべて国民登録をしなくてはならない。

(ロ)国民登録証を所持している者は登録の更新申請をする。

(ハ)国民登録証を所持していない者は新規申請をする。

二、具備書類

申請書三通を作成し、写真四枚を添付して民団支部を経由し、管轄大使館または領事館に提出する。

三、手数料

一切徴収しない。

四 実施期間

一九六六年八月一日から六ヵ月間

一九六六年七月二十八日

駐日大韓民国大使館

駐日大韓民国各領事館

# 付録(2)

軍、特高警察、総督府等未発表資料の集大成

日本図書館協会選定図書

## 朝鮮独立運動

金 正明編

**《第一巻》民族主義運動篇**―韓国併合前後における旧韓国軍隊の解散による武力独立闘争である〝義兵運動〟関係資料／三・一運動前史とし、韓国併合直後における寺内総督暗殺未遂事件と宣川におけるキリスト教徒との関係資料／「二・八宣言」資料等収録

**《第一巻分冊》民族主義運動篇**―三・一運動続篇として、朝鮮国内における民族主義運動・李承晩より在ハワイ国民会宛の秘密書面入手の件等資料収録。附録1民族主義運動に関する調査。附録2 光州学生事件等判決文

**《第二巻》民族主義運動篇**―三・一運動直後の一九一九年四月上海において成立した大韓民国臨時政府の各地との関連と発展過程中国本土、満州各地における民族主義武力坑日独立運動に関する資料。附録『朝鮮民族運動年鑑』―一九一九年―一九三二年収載

**《第三巻》民族主義運動篇**―間島における坑日武装独立運動の経過と輝春事件についての資料／ソ連国境地珀帯を中心に展開された坑日武装独立運動の経過ならびにロシヤ軍との衝突等についての資料／日本における民族主義運動関係の内務省警保局資料等収録

**《第四巻》共産主義運動篇**―内務省警保局（特高警察）資料『社会運動の状況』（一九二九～四二）より、朝鮮人の共産主義運動と無政府主義運動とを抜萃して、各年ごとに編纂した資料／司法省刑事局思想部判事吉浦大蔵氏の報告書『朝鮮人の共産主義運動』

**《第五巻》共産主義運動篇**―三・一運動後の朝鮮人共産主義運動の発生と展開／朝鮮、満州の運動／間島問題調書／コミンテルン関係、中国共産党との関係等の諸テーゼ集／附録、日本共産党への発展解消理論・金斗鎔『在日本朝鮮労働運動は如何に展開すべきか』

全6冊

総頁 5,800頁
総定価 39'000円
各巻 6,500円

〈書評〉金 正明編著

### 『韓国統一への道』

（原書房刊、三一一頁、八五〇円）

複雑な国際情勢を背景とし、また北鮮と韓国との事情のちがいなどから、これが統一は悲願とされてはいるが、非常に困難であることはたしかである。しかし、同じ民族が二つに分かれて対立しているということは正常な状態ではなく、これを正常化するための努力が不断につづけられなければならないであろう。

そのためには、まず現在おかれている韓国および北鮮の状況を正しく理解することが、なによりも優先して必要である。本書はそうした要請に応えたもので、統一問題の背景、現状、将来ならびに共産勢力との関係について体系的に考察が行なわれている。執筆者は韓国、米国および日本の国際政治ならびに韓国問題の専門家十二名で、それぞれ専門の立場からアプローチしており、日本においてはこの種の本ははじめてのものである。

神川彦松氏は「極東の安全と韓国の統一」と題して、韓国の対外姿勢の問題を論じている。すなわち、数強国間にはさまれた中小国の生き方は、これらの国の均勢を利用してその独立をはかるか、そのうちの一、二の強国と結ぶか、あるいは永久中立の立場をとるか、であるが、韓国はその第二の道をえらぶべきであるという。そのほかに、韓国が分割された国際的背景を分析して、その責任がアメリカにあるとするのも、あるいは朝鮮戦争の原因は、北鮮側にあったことを事実をあげて論証しているものである。

また、韓国と国連との関係を論じて、結局は韓国自身が統一への努力をする以外にないとするもの、それに北鮮の統一戦略の実情を分析するとともに、南北朝鮮の政治、社会、経済問題を分析しているものもあるなど、知られざる統一問題への基礎的事実が明らかにされている。

日本図書館協会選定図書

## 日韓外交資料集成

明治時代から敗戦にいたる日本外交史の研究は、必ずしも進んだものとはいいがたい。その大きな理由の一つは、戦前のわが国の官庁の秘密主義と、戦災などによる資料の焼失・散失にあるという。

由来朝鮮半島は「極東におけるナホトの葡萄園」と呼ばれ、東亜諸民族がそこをめぐって争奪戦を演じた舞台であった。わが国においても、日清戦争、日露戦争の核心が「朝鮮問題にあったように、日本の外交史上、日韓外交史がいかに重要であるかは言うまでもないことである。

本書は、日韓外交史の、未発表・未公刊の資料集成に努めたもので、多くの日時を要し、ここに全巻の刊行をみたものである。本書刊行により、日韓外交史の研究がより促進されることを期待し、またその意義の多大なることを確信している。

法学博士 神川彦松 監修
政治学博士 金 正明 編

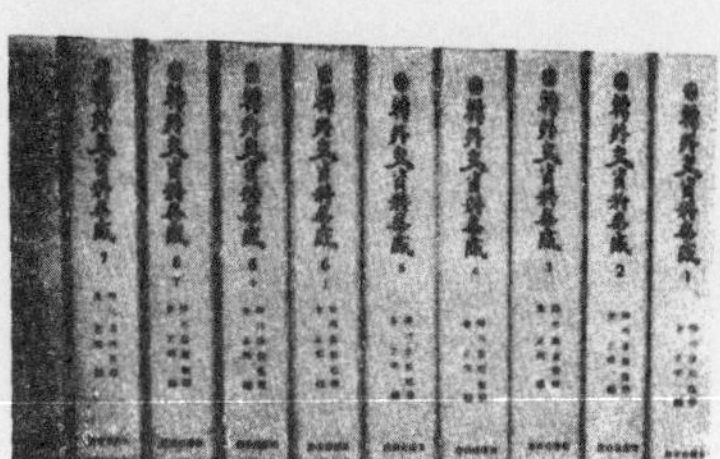

体裁各巻A5判上装箱入
定価 各巻 3,500円(〒120)

東大阪
韓僑新報
'68新年号
発行所
居留民団布施支部
発行人　尹甲春
大阪府東大阪市長栄寺１丁目62―13番地
電話（782）6401 6402番

### 綱領

一、われわれは大韓民国の国是を遵守する
一、われわれは在留同胞の権益擁護を期する
一、われわれは在留同胞の民生安定を期する
一、われわれは在留同胞の文化向上を期する
一、われわれは世界平和と国際親善を期する

# 새해를 축하합니다

## 今年こそ前進の年に
### 六八年度新春を迎えて
**尹甲春**

新しい年を迎えて、皆様の御健康と御多幸を祈ります。新しい年には新しい決意が、生まれるものですが、私は皆様の御指導と御協力によりまして、今年こそ、布施民団をして僑胞に、より親しまれ、より便宜をあたえ、より強化された組織にしたいものと、念願いたしております。

今年は、民団事業の遂行において、決定的な年であろうと思われます。解放後二十三年を迎えることになりますが、第三共和国となって、第二回目の大統領選挙と国会議員の選挙が昨年において行なわれましたし、本国の将来を決定するともいえる。第二次経済五カ年計画も二年目となり、さらに韓日会談の妥結、その中でも、われわれに特に重要な永住権申請を開始して、まさに三年目を迎えることとなりました。このような客観的な情勢の中で、われわれは、いかに民団事業を推進していくか、前進か後退かの転機に立されているように思われます。

われわれ在日僑胞の法的地位に関する協定は、必ずしもわれわれの満足するものではありません。民団中央においては法地委を設けて、ひきつづき研究し闘争して、われわれが満足し得る線にまで、協定を引上げるべく懸命の努力をかさねておりますが、われわれはすでに決定せる方針に従い、永住権申請を早急にすすめながら、一面挙族的にわれわれの権利の確立のために立ちあがりたいと存じます。感情に流されることなく、卑屈におちいることなく、守るべきは守り、戦うべき時は戦って、われわれ自身のためよりも、未来の子孫のために、悔のない生き方をしたいものと存じます。

現下、もっとも重要な問題の一つに、子弟の教育問題があります。子弟の教育いかんが、われわれ僑胞の将来の運命を決定するでしょう。卒直にいうならば、僑胞社会は、民族的な立場に、より求心的な層と、より遠心的な層に分離される運命をたどることになるでありましょう。このような流れを傍観することは許されないと思います。

このためには、まず民族教育を徹底せねばなりません。遅きに失した感がないわけでもありませんが、昨冬から東大阪に民学園族を設立しようとの動きが活発になり、ようやく具体化する段階となりました。われわれは、全力をあげて、民族学園が早急に建設されるように協力したいものです。民族精神の昂揚と民族の主体性確立なくして、民族の繁栄はないものと存じます。

今後の民団事業の比重は、民族の自主性におかれるべきだと存じます。こういう意味からして、民族学園を最先に実現させるべきであります。

今年こそ、僑胞社会の分極化を止揚し、総合と協調へ、全力を集中すべきだと思います。団員各位の御多幸と御協力を切に期待いたします。

## 僑胞の生活向上の年
**民団大阪本部団長　姜桂重**

親愛なる在阪僑胞の皆さん！多事多端でありました一九六七年を送り、希望に満ち溢れる一九六八年を迎えるに当たって、皆様のご家庭と事業に栄えと万福が訪ずれますよう衷心より御祈り申し上げます。

本年は韓日国交条約が発効されて早くも三年目、本国においては第二次経済開発五ヵ年計画の第二年目を迎える意義深い年でありますが、先づ在日僑胞が均しく関心を寄せる法的地位処遇問題に言及致しますと、種々の未解決点に対しては今年こそ両国政府間において条約の基本精神に基づく処遇問題が取上げられ、納得のゆく解決へと一層の努力を傾注して下さることを強く期待し、そのために私は眞に僑胞の代弁者となり民意を上達させる方向に、民団のため奉仕する覚悟であります。それから永住権申請を推進する一方、僑胞の教育、就職、生活安定と福祉増進などの諸懸案に対しても、解決を図り向上進展へと継続して力を注ぐ所存でありますが、これ偏に皆様のご協力ご支援が絶対必要であることは申すまでもありません。しかもこれは要するに、祖国大韓民国をバックボーンとしての事は申すまでもないことを重ねて申上げる次第であります。次ぎに本国の第二次経済開発に関して述べますと、その計画の強力な推進と成功による経済力の伸長、民生安定に依って在日僑胞は、より以上日本国民から信頼され、引いては享有されうる処遇を受け、常に国家の恩恵を認識し日本人に伍して堂々と生活を営為する心構えが必要かと思うのであります。

### お早く国民登録を
#### 更新はこうして

国民登録更新に必要な書類はつぎのとおりです。

①写真6枚（4ｾﾝ角無地背景）
②世帯主の本名印鑑
③全家族の外国人登録
④保証人二名
⑥旧登録所持者は持参のこと
⑥全家族の申請

なお、婚姻申告は次の通り。
▽夫婦の戸籍謄本各一通と夫婦の印鑑
〈出生申告〉＝産婆の証明二通、父親の印鑑と戸籍謄本。

## 団結して幸福築こう
**大韓民国駐大阪総領事　金鎮弘**

一九六八年の新しい年を迎え在阪僑胞の皆さまおよびご家庭に繁栄と万福が訪れますよう衷心よりお祈りする次第であります。

惟えば去年は韓日両国の国交正常化されてまもない多事多難なる年でもありました。新年に当り、在阪僑胞方の経済基盤の強固と、韓日両国の経済協力の基礎を築き上げる第二次経済五か年計画を実践する二年目に当たる年でもあります。とくにお願い申し上げますことは、全在阪僑胞皆さまは本国の国力発展に直接寄与出来るよう韓日両国の通商振興のため、より一層一致協力していただきたいとお願い致したいと思います。

顧みまするに、本人が赴任して以来、皆さま方の物心両面からのご支援を心から深く感謝する次第であります。もとより中小企業の発展は、国内経済に占める地位が極めて大きく、産業のあらゆる面から在阪僑胞生活の安定向上に寄与するものであり、またお互に同胞の団結増進で以て第二次経済五カ年計画の成果を立派に成し遂げる道だと信ずるところであります。

私たち総領事館では、在日僑胞の皆さまの法的地位問題およびこれに随伴するあらゆる問題に対して皆さま方の福利増進のために一層自分の任務を忠実に果す積りでおります。重ねて申し上げますが、皆さま方在阪僑胞に負荷した使命は重かつ大であります。民生安定、権益擁護、文化福祉向上の実現は皆さま方僑胞が一致団結して相助け合うところに在日僑胞の恒久的幸福の道が開拓するものと考えるのであります。

終りによき新年を迎えるに当り在阪僑胞皆さま方のご家庭により良き繁昌と万福あらんことを重ねて熱望すると同時に新年のご挨拶に代えるところであります。

**大韓民国居留民団　布施支部**

《顧問》
李相一
安在祐
沈在玉

《執行機関》
団長　尹甲春
副団長　姜昌洙
副団長　宋甲憲
事務部長　許奎龍
総務課長兼文教課長　邊富燦
組織課長　李鉉澈
経済課長　呉彩相
宣伝課長　朴琪秉

《議決機関》
議長　裵國祥
副議長　洪成庚
副議長　張麟相

《監察機関》
監察委員長　金明浩
監察委員　朴炳完
監察委員　李旭永

《傘下団体》
在日大韓婦人会布施支部
会長　朴命今
在日韓国青年同盟布施支部
委員長　金基大

# 団本来の仕事に全力

許奎龍

輝かしい一九六八年の年頭にあたり謹しんで新春の賀詞を申し上げます。

何時の場合でも新らしい年を迎えれば新たな抱負と感懐をもつものでありますが、まずこの機会に執行部一同はわが大韓民国居留民団布施支部に寄せられた団員各位の熱誠と財界有志の物心両面にわたるご支援とご協力並びに組織の第一線にあってもろもろの困難と隘路にもめげず団務遂行に献身努力された組織人各位のなみなみならぬご苦労に対し深甚なる敬意と感謝の意を表するとともに新らたに迎える一九六八年には民団発展の為のあらゆる分野にわたって、より一層のご支援とご協力を望むかたわら団員諸氏の個人的社会的により多くの繁栄と幸福がもたされるよう衷心より祈念して止まない次第であります。

周知の如く、今年は互恵平等と友好親善の原則に基づく韓日国交が正常化されてはや三年、祖国においては国をあげて国土再建を旗じるしに第一次五カ年計画を成し遂げ今や躍進の第二次五カ年計画推進の二年目を迎える意義深い年であり、わが民団も創団後二十年という歳月を経て幼年期から成年期へ達した現在時代的要請に即応出来る民団にするために徹底的な体質の改善により民団運動のありかたと方向を自省し密接な連帯組織確立と計画性ある団務遂行をはかり団本来の事業である僑胞の権益擁護、民生安定、文化向上、そしてわれわれの最も身近な問題でありかつ全僑胞の関心地である在日韓国人の法的地位ならびに処遇にともなう種々な矛盾点の解決には中央の法的地位対策専門委員会はもちろん、地方における法対専門委が一体となって、全僑胞の代弁者となり民意を本国および日本政府に反映させ韓日条約の基本精神に基づいて速みやかに解決されるよう継続して闘争する年にする覚悟であります。

上述の精神にのっとってわが布施支部は、昨年五月の大会で前団長故丁兆年氏の引退のあと新団長に尹甲春氏を選出し躍進しつつある民団をなお一層躍進へ導くために一歩後退二歩前進の精神を新団長以下執行部役員一同が念頭において二十年という民団史の上にぬりかえたのであります。

この課程において新団長尹甲春氏就任以来傘下組織の強化をめざし布施管内一三地域ごとに分団大会を開催し一般団員の声を聞き支部教務に反映さすとともに去年六年十七日には本国映画八道江山を催し一千名以上の僑胞がわれもわれもさっとうし、何年あるいは何十年ぶりに見る祖国の映画に場内はわれんばかりの歓声と拍手の嵐に巻き込まれたのである。この上十月四日には本国訪問団を結成し北はソウルから南は済州道まで再建中の祖国を、昔の祖国をみた在日僑胞に近代祖国を正しい目でみとどげることが出来た。このように団員の民族認識と正しい祖国のありかたをもたし組織強化に努めるかたわら韓青組織強化のため、全国的にまれな援助金（へ月五万円）を補助し若人の民族意識を培養し将来民団を背負う組織人養成に尽力したのであり、わが民族学園を！と口にする団員皆様の声を反映さすため数年来から開講している国語講習会を強化させいまや民族学園建設機運が高まる段階であるといえよう。その始めとして本国政府および在日政府機関の協力のもと来年には定時制の民族学園を設立する計画をもって推進中でありますので僑胞皆様の愛国心と愛団精神で民団に総結集し、旧より一層のご協力をもって団結すれば民団発展はもちろんのこと、祖国再建に寄与し得るものと確信し執行部役員一同は旧年におとらぬ発展に導くため尽力を注ぐことを約束してやみません。

（事務部長）

# 幸福な明日を築こう

李相一

新春を迎え、民団布施支部管内僑胞各位のご健勝とご幸福をお祈り申しあげます。本国においては、経済自立をめざす第二次経済開発五カ年計画がいよいよ二年目に入り、一次計画で達成された基盤の上に、自立と飛躍への地歩を固めるべき年であり、民団にとっては、民生や教育問題と積極的に取り組む年でもあります。

時間は短かく、やるべき仕事は山積しておりますが、われわれはいかなる苦難や困難があっても、民族的に全力量を集結して一つ一つの問題を解決して、子孫万代永遠の幸福のため努力を惜しんではならないと思います。

願わくは、新年を機会として一層の充実を期し、小異を捨てて大同団結して、祖国と僑胞社会の発展のため固く手をにぎり前進することを誓い合いたいものです。

私たちひとりひとりの力は弱くても、みんなが団結すれば大きな力となることをお互いに再認識し合って、新年からは民団の旗のもとに集まって、よい幸福な明日をつくるため総力を結集しましょう。

（顧問）

# 限りない前進のぞむ

李旭永

新年お芽出とうございます。年頭に際し親愛なる僑胞の皆さまとともに新春を迎えてご挨拶申し上げます。

過去一年を顧みますと多事多難の年であったと思いますと同時に諸般の試練と体験の上に立ってともに反省し輝かしい新年を迎え、限りなく前進することと思います。

われわれ在日僑胞の立場において祖国との関係を自覚認識し日本社会の複雑な環境の中で民族の主体性を確立し一歩一歩と前進しなければならない。わが民団は僑胞社会を具体的に一つ一つ分析しながら正しい方向に導くと同時に、常に新しいものを発見し、大同団結してゆく重大な使命があることはいうまでもなく、布施民団の発展も確信してうたがわないのであります。

また、わが幹部諸君らは過去一年間の事業内容を自ら反省し国家のため、民族一員として犠牲奉公を惜しまぬ勇敢にして祖国に熱烈な忠誠精神をつくす覚悟を誓い、最後に僑胞の皆さまにご指導、ご鞭撻をお願いいたすと同時に、新年に際しご多幸をお祈りして新年のご挨拶のことばとします。

（監察委員）

# 母国の親知救援を

鄭永福

つつしんで新年をお祝い申し上げます。

一九六七年度は無事平穏に過ごせましたことは分団全員の一致協力の賜物です。ここに御礼申し上げます。また旧年には祖国が干害にみまわれ、それに対しての救援のことは新聞等で御承知のことだと思います。そのことについて、十一月頃、民団本部の通達のもとに布施支部も、各分団に救援を求めたのに対して我々三ノ瀬分団員の皆様の同情溢れる暖かい心を得まして、目標額に達したことは分団役員一同感謝にたえません。ここで新年の希望としましては、皆様方も生活には何かと思い通りにはいかないことが多分にあるとは思いますが、故郷に居る親、兄弟、あるいは親戚等にたとえ古衣一枚でも自力の達する限り援助されることをお願い致します。他人の口にまどわされることなく、私達の幸福と祖国の繁栄の為に是非実施して下さい。また百聞は一見に如かず、という古人の言葉にもありますように、一人でも多くの人が祖国を訪問して祖先の墓参り、親、兄弟、として親戚等との対面が出来るということが現実の幸福だと私は思っております。

（三ノ瀬分団長）

# 東大阪に韓国学園

## 具体化した設立計画

**徐翰秀**

一九六八年の新年を迎え謹んで新春の賀詞を申し上げます。国際社会においてわが祖国の地位が日々に高まって行くことは、取りもなおさず在外少数民族として皆さまの地位向上に直結していると思うとき、同慶に堪えない次第であります。近代化への国づくりも第二次経済五カ年計画の強力なる推進によって所期の目的を着々達成しつつあるおり、海外在留の皆さん各位があらゆる分野にわたって個人的、社会的、文化的生活の向上に尽すそのもの自体が祖国の発展に寄与する道であることを信じるとき、今年こそ皆さまのなお一層のご健闘を祈って止まない次第であります。「遠きを慮んばからされば近き憂いあり」ということわざをご存じでしょう。

歴史的事実をかえりみるまでもなく如何なる集団であれ、その理念と明日のにない手である後継者の養成を怠るとき、その運命が暗澹なるものであることは再言を要しないでしょう。日本に住む韓国人として、正しい祖国観のものに次代を背負って立つべき有益な人材を養成することの実りある結果を得ることが出来なかった民団の過去二十年は、その理由の如何にかかわらず民族教育の真の意義と重要性を認識せず、名分だけ挙げて議論に終始したものではないでしょうか。

東大阪韓国教育文化センターが開所してから一年、その間皆さま方のご尽力を戴いて在日韓国人教育のため何かと仕事をさせて戴いたことを感謝する同時に、今年こそ皆さまと手を取り合って和気あいあいと、教育事業の進展に一つの里程標を築きあげたいものです。在日韓国人の複雑な家族構成と不安定な経済的地位などを継承しておる二世三世たちに、将来に対する希望と民族的矜持感をもたせて、在外少数民族としての主体意識をもって後継者養成を目的とする、民族教育論が漸次高潮しつつはあるが、その具体化への道が漠然としてその糸口をみつけ出すことすら出来なかったというのが、昨今の私たち周囲の実情であったといっても過言ではない。

とくに六十万在日僑胞の一〇%以上が当生野、東成、布施地区に密集居住していますが、その子弟の約三〇%（三万二千余名）が朝総聯系学校で所謂民族教育といいながらも、まさしくも赤色教育をさせ、なにも知らない犠牲者としており、あとの七〇%（一万一千余名）は日本人学校に通っておる現実を直視するいま、民族教育の施設一つないという事実を痛感する心ある人々が、あせりと切望感におちいるまでではないにしても、かかる現状の持続は将来民族史の審判を免れることが出来るでしょうか。

〃教育不在二〇年〃の民団の生体は、すでにあらゆる分野からその病源体で現われはじめました。かかる緊迫な危機感とともに、早急な対策が必要と痛感される折柄、当地公館長のご意向に基づいて教育担当官、東大阪文化センター及び民団三支部（生野、東成、布施）支団長と幹部役員各位のご協力の下に東大阪韓国学園設立の具体化へ導いたのであります。

一九六七年十二月二十二日東大阪韓国学園理事会組織発起会及び東大阪韓国学園第一回理事会が開かれました。この結果、決議事項として

①東大阪韓国学園理事選出（十一名）②東大阪韓国学園理事会第一次会議成立を宣言③民団三支部から教室など目的で提供する建物などを所有権者名儀の使用権譲渡の文書を提出する④学園在籍者は日本学校就学中の僑胞子女であって常時四〇名以上であること⑤理事長として李熙健氏を全員一致で選出⑥副理事長、監査選出は理事長の意見を聞いてからする⑦学園長選出は理事長参席の下で行なう⑧同学園運営資金として民団三支部同大阪地方本部から各十万円計四十万円を提供⑨東大阪韓国学園理事会定款全二八条同学園学則全二五条を原案通り通過⑩同学園寄付金として金鎮弘総領事二万円李英勲奨学士一万円を拍手をもって受入れられた。そしてこのような事実が大使館に報告された結果学園設立に対する政府の補助金金三十六万円が李奨学士東大阪韓国教育文化センター所長を通じて尹甲春趙宗大理事に伝達された。

# 同体で学園設立

☆ **李秉奎**

一九六八年の新春を迎えて、親愛なる僑胞皆様の御健康と御幸福ならびに事業において御繁栄あらんことを心からお祈り申し上げます。

親愛なる団員諸氏達は、組織活動のために立つ役員は達弁の人でもなく明文達筆の人物でもなく、私利私欲を顧りみず正義のために闘い、愛国愛族のために働く人材を望むのは至極当然なことでありましょう。民団の基本線は祖国の国是を中心にして、異国に居住している僑胞居留民の組織団体であるのみであって、政界の団体でないことは申すまでもありません

尊敬する代議員の皆様に念願することは、民団の信義をお互に充分に研究して、大会の際には僑胞全体の大同団結と民団の強化ならびに発展へ協調し、民団の安寧秩序、組織活動の誠実を中心にして各自が賢明なる意向を正々堂々と発揮して、よりよき民団に向上すべく御協力されんことを望みます

また先般、当新報初刊の際に諸先輩方々の祝詞文中に我々が渇望しておる文教事業についての記事を拝読して実に深甚なる感銘をうけました。その重点は、僑胞子弟に対するわが民族教育に関しての激励論でした。この問題については今から約五、六年前、沈在玉氏が当支部団長時代にも民族教育問題と学校建設問題等に全力を注ぎ込んだ懸案問題であった事実があり、その時代に学校問題は相当に表面化されて、当支部が支柱になって生野支部、東成支部、三支部が合意の上、学校建設委員会を構成する段階にまで発展した記憶があります。しかしその当時、当支部の大会において無念にも執行常任全員が退陣となった故に学校建設の話は煙の如く消え去り今日に至りましたが、幸いにしてこのたび当支部は識見高くして組織経験を豊富に体験した立派な現団長尹甲春氏を迎えた我等全団員は、一心同体となって現執行部に嘱望して僑胞民族教育問題に関連して学校建設問題等に邁進し、かつ設立できるよう協力しようではありませんか。（執行委員）

# 企業防衛の第一線に

**大阪商銀理事長　朴漢植**

新年おめでとうございます。

今年は丁度私ども大阪商銀の創立十五周年を迎えることになりました。

新春に当り過去をふりかえりまた来る年を考えます時に心身ともひきしまる思いでございます。今日わが大阪商銀におきましても、これまでに発展し得ましたことは、ひとえに組合員皆様の日頃の絶大なご愛顧とご支援の賜ものであることに思いを致し今後、その使命の益々重大なることを痛感し決意を新たにする次第でございます。

今年は国際収支の悪化、英国のポンド切り下げに伴ない日本の金融引締めは一段ときびしくなるものと存じます。金詰りが深刻になりますと予期せぬ賃上げの減少、回収遅延が起りがちとなるばかりでなく大金融機関の融資態度に選別色が濃くなってまいります。

皆様方におかれてはこれらの事態に備え万全の資金計画を立てられ、なるべく手元資金を温存され金融情勢に左右されない強い企業体質を作り上げる努力が望まれる次第でございます。

私ども大阪商銀としては中小企業防衛の第一線に立って皆さまの企業強化に役に立つことを念願してやみません。

今年は大阪商銀創立十五周年を記念して預金百億円突破運動を新春から展開致しております。私をはじめ全役員職員らと協力一致して一大飛躍を遂げる覚悟と決意を以ってスタート致しますので何卒皆さまのお力強いご支援とご協力をたまわりますよう御願い申し上げます。

# 相互の扶助で繁栄を

**大阪興銀理事長　李熙健**

謹んで新年の御祝詞を申し上げます。

旧歳一九六七年は当大阪興銀に対し格別のご愛顧を賜わり、殊に布施支店は開設以来地元皆様方の絶大なるご支援、ご協力により短期間において全国業界中未曽有の業績を挙げました栄誉はわれわれ在留僑胞の団結と経済力の発展を具現するものとして、洵にご同慶の至りに存じ厚く感謝の意を表します。

昨年の日本経済は財政面における景気促進政策の効果によって一般的に好況の兆しが見られたのでありますが、夏以来国際収支の不調が予測されるに至り日本銀行公定歩合の引上げによる金融縮少策、更に国際的には十一月英国ポンド貨の平価切下げと英米両国の公定歩合引上げ等世界経済界に、一大ショックを与え当然ながら日本経済もその影響を受けて不況への道を辿ることは必至の状勢と判断されますので、われわれ中小企業界も多難なる前途が予想されるのであります。

大阪興銀と致しましては組合創立の理念である「相互扶助」の精神に則とり「各位と共に繁栄」への奉仕活動に徹したいと考えておりますので、今後共相変らざるご支援をお願い申し上げます。一方本国におきましては第二次五カ年計画が着々と進められその成果は明して待つべきものがあると存ぜられ真に力強いものを感ずる次第であります。

ここに一九六八年の新年を迎えるに当り、各位のご繁盛とご多幸を祈念しましてご挨拶と致します。

# 母国を訪問して

尹甲春

居留民団布施支部役員有志ら一行二十五名は、旧ろう十月四日から約一週間にわたって母国を訪問した。今回の母国訪問は、かねて当支部の六七年度主要行事の一つとして事業計画に組まれていたもので、訪問の目的は、在日僑胞選手団の出場する本国第48回国体の参観と、発展する母国の社会相や経済実状をジカに見聞し、異境にあってとかく消えようとする愛郷心をかき立てることにあった。以下は、母国訪問団の団長として、一行と行を共にした尹甲春氏の「母国訪問記」である。

…に堂々の入場式》

《第48回国体男子マス・ゲーム》

済州道の名所として知られる"天地淵"

## ジーンとくる感慨

私たちは、本国の第48回国体開会を一日後に控えた旧ろう十月四日午後、伊丹国際空港発の大韓航空チャーター機で母国に向かった。私は何度か個人的な所用で母国を訪問したことがあるが、二十五人からの団体旅行ははじめてのことでもあり、一人旅にない賑やかさと気安さがあって機上の雑談のやりとりにも何となく心が弾む思いであった。間もなく夕やみが迫ろうとする午後五時半ごろ金浦空港に到着、タラップを下りる。一行の中には何度か母国を訪問した人もいるし初めての人もいる。

「日本とちっとも変らんなあ」―これは初めて母国を訪問した人の空港での第一声。母国を見なれているはずの私もジーンとくる一種形容しがたい感慨が胸の中に去来する。空港から宿舎のオリエンタルホテルに直行、ここでひとまず旅装を解いた。

## 人文字美しい国体

翌五日はいよいよ第48回国体の開会の日。朝方からよく晴れわたった絶好の秋日和りで、さしものソウル運動場も数万の人をのんでりっすいの余地もない程だった。私たち在日僑胞参観

と並んでおり、その規模の大きさにおどろいた。とくに在日僑胞の本国進出が目下焦点となっている折でもあるだけに、こうした大きな規模の僑胞工場を見物できたことは、私にとっても、また参観団の人たちにとってもたいへん有意義ではなかったかと思う。帰路国軍墓地に参拝してホテルに帰った。

## 発展するソウル市

六日は、国会を訪問し玄梧鳳国会運営委員長に会ったが、行政府の長官級は、あいにくと内閣改造などの影響や地方へ出払っていた関係で会えなかった。午後青瓦台を参観した。

七日は、午後オリエンタルホテルを出て秘園、奨忠壇公園を経由して南山に登る。高層ビル

国寺に向かう。仏国寺でとくに印象に残ったのは大仏の美しいこと。福々しいお顔の中に何とも表現できない神秘さをひめ、自然に頭が下る思いだった。翌九日、朝四時に起床して石窟庵へ朝の日の出を拝観に向かう。五時に到着したがそこには既に一万人近くの人々がつめかけていた。みんな石窟庵の日の出を見物しようという人たち。四時二十分、東の空が赤らんで太陽の陽光が射しはじめた。石窟庵に安置された大仏の額に折からの陽光が射して、筆紙につくし難いほど美しい。早ばやに起床し眠い目をこすりながらバスにゆられてきただけの甲斐があったーと思った。二日にわたっての慶州見物は一口にいって"生

からの注油パイプ敷設作業が進められている最中で、周辺一帯は建設の槌音がひびき活気がいっぱいに充満していた。

いずれ蔚山工業センターが完成すれば、韓国の産業発展のテンポも飛躍的なものになるに違いないというのが私の率直な感じである。

## モミジした済州道

十日、一同揃って済州道を見物する予定であったが、航空機の予約の行き違いなどで、全員が済州道を見物することは不可能となり、団体での日程はこの日で打ち切ることに決め、済州道へは希望者だけ（八名）が出かけることになった。午後一時半済州空港に到着、盛んな歓迎をうけて宿舎にあてられた第一ホテルで昼食をとったが、時間的な関係でスケジュールを変更、車で漢拏山横断国道を突っ走り西帰浦へ向かった。沿道のモミジもうっすらと紅葉してすばらしい眺めである。一般に済州道は未開発の小さな島にすぎないと考えがちだが、どうしてどうして…実際に来て見ると道路もよく舗装されているし、奥へ入ると大

…の夢かける
…業センター
…国体入場式

…所の一つ石窟庵》

《母国訪問団結団式のもょう》

《韓国の初の天文台と呼ばれる瞻星台》

《蔚山工業センターの肥料工場》

《第48回団体男子マス・ゲーム》

《大会旗を先頭に堂

程だった。私たち在日僑胞参観団の席は朴大統領夫妻の席のちょうど斜め後方に位置した来賓席で、見通しもよく、入場式の模様も手にとるように見物できた。在日僑胞選手団を先頭にして各市道選手団の堂々の入場がはじまる。とくにこの日の圧巻は、スタンドに位置した〝人文字〟の鮮やかさ。入場する選手団の所属地区に応じて見事に描きわけるその色彩と調和の美しさは、まるでいっぷくの画を見るようであった。せい一ぱい胸をはって、歩調高く入場する在日僑胞選手団の入場をみるにつけ、いまの青年たちは何と幸せなんだろう—とつくづく思った。私と行を共にした参観団員も、口々に、ほんとに素晴らしい入場式だった—といっていたが、おそらくこれは観客全員に共通した思いではなかっただろうか。

## 規模の大きい阪紡

華麗なマスゲームを終ったところで、国体会場を辞し午後ソウル永登浦にある阪本紡績韓国工場（徐甲虎社長）の視察に向かった。広々とした工場（七万坪、二三万一千平方メートル）にオートメーション式の繊維機械がズラリ

の立ち並んだソウル市街を一望し、その復興と発展ぶりに感慨を新たにする。南山からウォーカーヒルへまわり、その夜はウォーカーヒルで一泊。

## 古色蒼然たる慶州

翌八日朝八時釜山行きの特急列車に乗り込み十二時十分ごろ大邱で下車、慶州行きのローカル線に乗り替えて慶州で下車観光バスで慶州美術館に向かった。新羅時代はソラボルと呼ばれ首都を形成したところだけに、このあたり一帯には古い史跡が多い。日本でいえばさしずめ奈良といったところ。とくにこの辺一帯は陵の多いことでも有名である。美術館で古代の繁栄を偲ばす数々の発掘品や美術、彫刻、陶磁器などを鑑賞、膽星台をみて再びバスに乗り仏

命の洗濯ができた〟ということに尽きよう。

石窟庵見物からホテルに帰って朝食をとり、つぎの視察先である蔚山へ出発した。午前十時ごろ蔚山で下車、観光バスで蔚山工業センターへ向かう。蔚山工業センターは韓国の三大スローガンとなっている輸出、建設、増産を集約したいわば経済開発のメッカであり、明日への飛躍をかけた希望の地。ここでは第三肥料工場と、目下建設途上にある石油コンビナートの進捗ぶりなどを見物した。広々とした敷地の中に完全オートメ化された肥料工場の巨大な施設にもおどろいたが、千トン級の船が横づけできる石油コンビナートの規模にも目をみはった。私たちが見物にいった時は、ちょうど港

れているし、奥へ入ると大陸的な感じさえする。とくに秋のモミジの美しさは格別で、日本の観光地を見なれて目が肥えているはずの私も、ついみとれ、時間のたつのも忘れるほどだった。西帰浦では、歌で有名な天地淵、正房滝を見物、海岸沿いの国道を車で走り西帰観光ホテルで旅装をといた。

## オゾンを胸一ぱい

翌十一日は、朝五時に起床。西帰沖の神々しいまでの日の出を眺め、すがすがしいオゾンを胸一ぱいに吸いながら車で私の郷里（江汀里）に向かい、そこで朝食をすまし、その足で西帰邑のミカン果樹園を見物、再び漢拏山横断道路を通って済州空港に向かった。今度の旅行中、終始私と行を共にした姜昌洙副団長はこの日限りで郷里の光州に向かい、私を含めた残りの人々は、十二日あさ飛行機で釜山に向かった。短かくあわただしい郷里訪問旅行であったが、いまでもこの時のいろいろな出来事が走馬灯のように浮かんでは消える。何度行っても故郷は良いものだ—とつくづく思う今日この頃である。

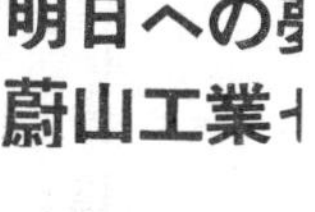

明日への
蔚山工業セ
華麗な国体

《上＝肥料工場をバックに記念撮影する訪問団一行
下＝国軍墓地に参拝して記念撮影する訪問団一行》

《西帰観光ホテルでの姜昌洙副団長》

《慶州の名所の

長栄金属商会
金元根
自宅 東大阪市森河内本通一丁目九番地
工場 東大阪市高井田中六丁目一三番地
電話 (781) 三〇〇五

伸興商店
金仁奎
東大阪市荒川三丁目一四
電話 (721) 九〇六一

神農組
姜昌洙
東大阪市上小阪三丁目一－一
電話 (721) 七四五七

㈱福助アルミニウム鋳造所
李平年
東大阪市長堂三丁目四八
電話 (781) 二一五一

㈱大成鉄工所
姜熙庠
東大阪市若江東町二丁目六の六七
電話 (721) 五八五一

中村塗装工業株式会社
韓鍾根
東大阪市若江南町二丁目一〇の一三番地
電話大阪 (721) 七五〇一・八六五八・九〇五七（夜間専用）

東大阪スポット熔接
鄭福祚
東大阪市宝持二四九番地
電話 (721) 二六四七

光硬質鍍金工業株式会社
朴東進
東大阪市箕輪町五四五番地
電話 (〇七二九) (62) 三五一～四（営業部） 三五五五（私用）

梅田鉄工株式会社
金泰烈
本社 東大阪市宝持二九三番地
電話大阪 (723) 二八二五～八
夜間電話 (723) 二八二六
第二工場 東大阪市宝持二五二番地
電話大阪 (723) 〇二五五～六

トキワ化学工業所
崔勲
東大阪市高井田西四の八
電話 (781) 七五六三

康松一
東大阪市長堂三丁目三一
電話 (782) 〇六二二

末広商会
趙海済
東大阪市高井田本通り四の一三
電話 (781) 七六七六

武内鍍金工業所
崔明燮
東大阪市高井田西四の八
電話 (781) 七〇一六

松本屋商店
張景市
東大阪市永和二の三三
電話 (721) 四〇四四

布施ネジ製作所
黄時泰
東大阪市宝持一五九の四五
電話 (721) 八三一五

中央鍍金工業所
申容俊
東大阪市俊徳町五丁目三四
電話 (781) 八一〇一～三

李鉉澈
東大阪市岸田堂六三三
電話 (721) 九〇一五

金徳二郎
東大阪市長栄寺一の三

徳山商店
李武祥
東大阪市荒川三の一四

金原金属工業所
金東波
東大阪市中小阪二〇
電話 (721) 二三七〇

石山アルミ鋳造所
宋必賢
東大阪市横沼二－四〇
電話 (721) 八四二九

丸安商店
張正宇
東大阪市北蛇草二五九
電話 (722) 二八三三

三和熔接
裵奎泰
東大阪市中小阪六四九
電話 (721) 六三二三

関西スチールネット㈱
李基福
東大阪市若江南三五一
電話 (721) 七二六〇

共立化学工業所
尹政男
東大阪市荒川一丁目八三
電話 (722) 三三八二

草場電器製作所
鄭相守
東大阪市岸田堂西二丁四九
電話 (721) 一六一四

井本鉄工所
朴鎮華
東大阪市若江南町二丁目四番一三
電話 (721) 七二一三

精米商店
金三平
東大阪市長堂一丁目一〇八
電話 (781) 五九六一

呉本製作所
呉鍾敏
東大阪市上小阪三丁目一の一
電話 (722) 四二六一

木村金鋼製作所
李春吉
東大阪市近江堂五〇三の三
電話 (721) 三二八〇

# 韓青版

布施

# 若さで奮起しよう

委員長　金基大

盟員の皆さん、明けましておめでとうございます。

新しい年、一九六八年を迎え、在日韓国青年同盟布施支部が大きく発展する様、役員一同盟員の皆さんと共に、頑張って行きたいと思っております。韓日会談が成立して三年目を迎えた今年、我々の回りには、多くの問題が、横たわっています。外にはベトナム戦争の長期化、最近では、イギリスのポンド切下げによる世界経済の変化、内に於ては、三年目を迎えた永住権申請問題、またそれに伴なって最近日本国会で取り上げられている、我々を対象とした、出入国管理令問題、それに北送協定打切り等、我々の日常の生活に何一つ切りはなす事の出来ない、多くの問題があります。それらの問題を、我々は正確に学び取り青年らしく、今後の進むべく道を定めていかなければならないと、強く感じるしだいです。

これらの意味に於て当布施支部は、去年の活動方針中完全実施出来なかった事を、新年度活動方針と共に、役員一同の一層の奮起によって我々の回りに横たわっている重要な問題を盟員の皆さんと共に解決していかなければなりません。そのために当布施支部新年度活動方針として現在各課がかかげている活動方針に重点に置いて当支部の運営を円滑に進めていきたいと思っております。

その中で特に当支部は①韓青独自の財源確保②韓青盟員の明確性③各支部との親密な交流④国語の学習及び使用、の四つに重点を置き各課の調和をはかって、これらの完全遂行に取り組んでいきたいと思っています。

それらの声も把握して盟員の皆さんの強力な協力のもとに韓青運動を展開していきたいと思っています。そして、特に、我々の上部団体である民団・婦人会大阪本部、そして各支部との交流によって当韓青布施支部の発展を願い新年度の挨拶に代えます。

## 15日に成人式

《韓青布施支部》

私たちの人生にとって成人の日は、大人への仲間入りという意味だけでなく、人生に一つの区切りをつけるという点でも大きな意義をもっていますが、在日韓国青年同盟布施支部では、ことしもきたる十五日、民団布施支部会館で僑胞青年の成人式を行ないます。みんな揃ってご参加下さるようお願い致します。

# 必要な盟員個々の力

## 韓国青年同盟の意義

《総務部》

一九六八年明けましておめでとうございます。

私が韓青を知ってからもう大分なりますが、顔を出しはじめてからはまだあまり月日が経っておりません。その間未熟ではありますが、いろいろな仕事をしていくうちにたくさんのことを知りました。韓国語の使用により少しばかりの読み書き、我が民族の歩み、運動史、在日僑胞の法的地位等、まだまだ学ぶべきことはたくさんありますが、少くとも韓青を知らなかった時よりはいくらか身についてきたと思います。これらのことは我々が子供を持った時、是非答えられるようになっておかねばならないことだと思います。そこで以上のことをより多くの盟員に理解していただくことは勿論のこと、それよりもまず我々青年がもっと話し合う機会を持つことが必要だと思います。韓青といってもそんなに固苦しいところではありません。気軽に異性のこと、自分の立場等の悩みを相談できるところです。一日も早く皆さんが布施韓国人会館の扉をたたいてくれることを願っております。

さて韓青の仕事と私ですが、私はいま総務の仕事を携わっています。総務とは何をするのか、どうすればいいのか全然わからないまま引き受けたのですが、一生懸命やって行きたいと考えています。まず財源面は現在上部団体から賛金をいただき、それでいろいろな活動をしております。野遊会の一部負担、通信費、文宣活動費、体育活動費等、盟員の皆様が有意義に過ごしていただけるよう努力してきました。この財源も決して余裕のあるものではありません。新しい年一九六八年もいろいろの事で、より一層の努力が必要とされています。

「世の中は澄むと濁るの違いにて、ハケに毛がありハゲに毛がなし」世界を驚かせた心臓移植手術で、二十四歳の女性デニズダルフアルさんの心臓を移植されたワスカンスキー氏は十八日のちに死亡したが、彼女の腎臓を移植された十歳の坊やジョン・バン・ウイク君の方は経過は順調だそうだ。「世の中は澄むと濁るの違いにて、ジンゾウは生きシンゾウは死に」。

大阪タクシー汚職事件で明かにされたことだが、LPガスの税金の免除、または軽減させるために大阪のタクシー業界は一億円を目標に、六百万円、四百万円をそれぞれ社会党、民社党に献金していた。関谷代議士に現金を贈り、そのほかの議員にも金を贈ったリストがあるという。そこで「世の中は澄むと濁るの違いにて、党にケンキン議員にゲンキン」。以上は最近読んだ新聞の中からおもしろいと思って抜すいした(十二月二十六日付朝日新聞天声人語欄)ものですが、日本の政治は本当に腐敗している。そんな中で我々在日僑胞が真に幸せをつかめるだろうか、もっと真剣に考え話し合うべきだと思います。そこで朝日新聞の天声人語欄風に我々をあてはめると、「世の中は澄むと濁るの違いにて、日本はキョウボウ我々はキョウホウ」。

韓青の財源においては前記の如く決して楽なものではありません。そこで「世の中は澄むと濁るの違いにて、楽はサイセイ(再生)苦はザイセイ(財政)」。また「世の中は澄むと濁るの違いにて、親はフンダン子はブンタン」。

最後に我々が広告料を集めに回って、この新聞の広告欄に協力下さった各分団の皆様方に心から感謝致します。

盟員の皆様にはこの輝かしい新年をより充実した一年にするため盟員個々の協力をお願い致します。(総務部　朴敏弘、金元俊)

# 今年こそ組織強化を

新しい年を迎え盟員の皆様如何がおすごしですか。今年こそは、我々同盟の学習と権益擁護の為に、私達青年が真に目覚めて韓青活動を展開して行こうではありませんか。同盟組織の発展は、在日僑胞青年を民族的覚醒から歴史的な過去を正しく認識させ、現在の我々の位置をまちがいなく把握させ民族的教養を高め、固い団結力によって我々の未来における繁栄の道を正しく進むことになるのである。外国に住む私達が、自分の権益を守るのは、自分自身であり、だれでもない。その為には一人の力でなく、多くの人達、すなわち、在日韓国人の力が一丸となって、始めて個人の守りも強固になり権益を獲得できるのです。在日僑胞の現実を直視した場合、過去「民族主義」とか「民族意識」などの言葉が正当な位置をしめることができず、現在にいたってようやくこのような言葉が全体の人々の口にでるようになった。私達は民族の主体性を堅持し、我々同盟がかかげる崇高な理念を達成するため、より組織の強化を計らなければならない。

以上のような観点にたって次の様な方針で今後の組織活動を強力に展開して行こう。

①大阪本部と各支部間の連携を強化する②正しい行動力は、学ぶことによって生れ「祖国」「組織」「僑胞」等の諸問題に関する学習会には、自から進んで参加しよう③既成盟員の質的向上をはかり潜在盟員には、ありとあらゆる機会を通じて各種行事、講習会の参加を呼びかける。

(組織部長金寧治、李原鎬)

随想

# 備えあれば憂いなし

「貴様の為にこんな事になってしまったではないか、このバカモノ」

「ワタシ　ナイ　ニッポンキテ　チュコネン　コンナコトシナイ」

これは日本の映画の一シーンだ。日本の友達と見に行った時、周囲の人や友達は笑っている。自分も友達と一緒に無理に笑った時……。日本人の異性と行った時も同じだ。顔がひきつった様な、わらい顔…。韓国の友達と行った時や自分一人見た時はどうだろうか?。無理に笑おうとしないが、けっして気分の良い物ではない。

バカにされた様なハケ口のないふんまんでいっぱいになったり苦笑でごまかしたりしたのは、私一人だけだろうか!…たしかに悪い事をする人もいるだろう。だが、新聞や映画で悪人あつかいしすぎるのだ。悪い時だけ本名で良い事をした時は通名を使う新聞。ラジオ。

在日韓国の人達は素晴しい人が多いと想う。芸能、野球界でかつやくしている人達。その他色々あると想う。私達の父・母も知らぬ土地で生きぬいて来たではないか、それに独立し商売している人が多いと想う。私の在学時代を想い出しても、運動会や勉学にかつやくしていたのは私達だった。中には、けんかにかつやくした人もいたっけ。

日本で生れ日本で育った私は物質面では生活水準の上がった現在、何も不自由なしに過しております。

韓国の本を読んだり人の話を聞いたりして勉強した折、我国韓国は素晴しいスピードで発展している様です。しかし残念ながら物質面では少し遅れている様です。しかし皆様、日本の国も人口一億になり、これから先薬医学もどんどん発展し、皆長生きし人口がどんどん増えればどうなるだろう、私達は……。

自分の国にじゃまになる他国の者を追い出しにかかるのではないか。貴方が仮に大きな家に住んでいて、一部屋昔下男だった者に借し与え、自分達は空いてる部屋にいたが、子供がふえ、子供が結婚し部屋がつまって来ると何とかしていさいよく追い出す様に考えるだろう。昔下男だった者も今は独立し、その人の権利もあるので家賃を上げたり等して、合法的に出て行く様に考えるのではないか。あまりあくらつにすると近所の目もあるので、じょじょにして行くのではないか!……。

そなえあれば、うれいなし。

皆様貴方達は結婚しやがて子供が出来るだろう。子供達が物心ついて韓国の事や祖父の事等聞かれた時、貴方はどうするだろう。現在布施韓国青年同盟で水曜日、土曜日に在日韓国青年が集り、国語、歌等練習し有意義な時間を過して居ります、七時〜九時までぜひきて下さい。皆様と同じ考え、同じ肌の色、同じ血の流れた若い者が多勢待っています。

〝臆病者でもいつかは戦わなければならない時が来るだろう〟

(崔清一・宋吉幸)

韓青布施支部役員たち

# 女子部の成長期待

女子盟員の皆さま、良き年を迎えおめでとうございます。韓青布施支部女子部も今日で、二つの年をとりました。一歳の時は、まだ世間の風も知らないでいたが、二歳になってからは女子部女子盟員の自覚とうるわしい気持ちで基盤と在日同胞が要求する女子部に成長したいと思います。大変難問題が多く、また生活も満足していない。私達の利益と権利を守り、そして祖国の女子にはじないように国語、風習習慣を身につけて同化しないで堂々と韓国人であると云い切って生活の中に国語や韓国のチマ、チョゴリを着用して民族意識を高めようやありませんか。女子部が一層発展するために盟員の積極的な参加と意見を期待しています。(石重子・沈由紀子)

(有)布施シャリング
朴日出
東大阪市岸田堂西一の一〇七
電話(721)八六七六—七

木村商店
金萬永
東大阪市鴻池一一九八
電話(781)—一七三七

田中商店
閔正基
東大阪市高井田西六の三
電話(781)二四一八

永和食園
曺雪子
東大阪市永和三の七九
電話(721)三六一六

栄和電鍍工業所
金奉琪
東大阪市永和二丁目七四
電話(721)二四九〇

富士精機製作所
金才東
東大阪市宝持二四九
電話(722)四〇〇八

木村商店
李丙默
東大阪市荒川一の六五
電話(721)六八九八

南工作所
南正修
東大阪市上小阪六八五
電話(721)六八八九

永和サドル工業所
康成祉
東大阪市荒川一丁目七〇
電話(721)三三二九

壺山研磨
宋国憲
東大阪市横沼三の一一
電話(721)一〇四五

喫茶 カトレヤ
朴琪秉
東大阪市荒川二の五二
電話(728)八一六七

東大阪スポット工業所
鄭福祚
東大阪市宝持二四九
電話(721)二六四七

大黒屋食堂
田萬喜
東大阪市高井田中五の一七

山本製作所(金型製造)
崔浩景
東大阪市近江堂五六四
電話(721)八五五四

協立製作所
朴重和
東大阪市三ノ瀬二の一五
電話(721)六〇四七

富永商店
黄義明
東大阪市長栄寺一丁目五九
電話(782)二二一八

(株)ビニール工芸社
喫茶「凡」
梁厚善
東大阪市永和二の九五
電話(721)九六〇一

泉スポット熔接
趙鏞石
東大阪市岸田堂南町六
電話(728)九〇七四

永和セルロイド工業所
許琦洙
東大阪市高井田西四丁一五
電話(781)二九三二

徳山鋳工(株)
洪泰三
東大阪市岸田堂一〇四
電話(728)一二八七—八

丸高商店
李萬鐘
東大阪市長堂三丁目三一
電話(781)〇八七七

安本運送
趙斗南
東大阪市高井田本通一の一五
電話(782)七一〇一

慶和商店
司空甫
東大阪市足代二の六〇
電話(721)一六五〇

岩本商店
李圭述
東大阪市岸田堂一六〇
電話(721)六四八一

高級袋物ハンドバック
宋必圭
東大阪市横沼二丁目四〇
電話(722)〇七二五

成田商店
成済勲
東大阪市高井田中一の三〇
電話(781)〇六七三

葉山熔工所
趙鳳来
東大阪市高井田本通り二の一三
電話(783)〇二二一

(株)大同精器製作所
金昌柄
東大阪市北蛇草一三
電話(728)六〇七七—八

かどや
徐文子
東大阪市長堂二の一〇
電話(781)六〇四三

丸新製作所
朴文錫
東大阪市横沼一の五八
電話(721)〇七四〇

綱領
一、われらは大韓民国の国是を遵守する
一、われらは在留同胞の権益擁護を期する
一、われらは在留同胞の民生安定を期する
一、われらは在留同胞の文化向上を期する
一、われらは世界平和と国際親善を期する

1967.9.10
第48号

発行所
民団福島時報社
発行人　任　璉　鎬
大阪市福島区茶円町94
TEL (461) 2414 (462) 6030

# 〝大改革を、文教民生に新活動主力〟

延び行く今日の韓国工業施策

## ◎民団の事業精神は世の中に期待される仕事

編集部

各地協、各本部、各支部の執行部に「民団の基本施策は何か」と聞けば必らず僑胞社会に期待される仕事、即ち反共指導、民権擁護、福利増進、法的地位確立のための仕事と答える。そうした理念にたてばいつも活気溢るる僑胞社会を築き上げられる事だろうが、現在全体を通じて発展が停頓しているのは大衆の考えている、又は、願っている諸問題の解決が遅々として進まない事に因をなしている。人間ひとりひとりはすべて正しいとはいえないが、全体的には常に正しい。

世間というものはきびしくもあり、あたたかくもある。各執行部の役を持っている人は一般団員にたいして常に謙虚であり誠実である上に、努力をしても一人の知恵で歩んではいけないと思う。見聞を博くすれば迷わず、他人の言を聴く事を知れば惑わない、という古言を参考にした時、必らず大衆からも思わぬ知恵が与えられ協力を受けると思う。そして大衆の期待には全力を尽して報いなければならないと思う。

然し最近各地区も団員相互の知恵は日とともに進み、生活文化も高まって来た。したがって本当は第二世、第三世の民族精神も確立していかねばならないが、それが逆に協調するものより協調しないものが増加している現状はどうしたことだろうか。もう一度よく考え直してみなければ大きな問題だと思う。その原因はいろいろあろうが、一つには韓国文化を知らせる適切な指導機関が少ない事と、理解性に富んだ指導者が足りないからではないかと思う。親として、あるいは教師として、また僑胞社会の指導者としても、具体的な指導性というものをどの程度持っているかいささか疑問点が多い。

民族精神の基本指導というものは青少年にだけ必要だとはいえない。すべての団員一人一人に必要なわけである。われわれは相互に他の人に正すべき点があれば誤解せぬようにそれを教えてあげねばならない。正しく批判する事によりその人もみずから正すことが出来たら相手の人の利益に結びつくわけである。これは民団だけの発展だけでなく韓国人全体のためであり、国のためでもある。

また日本社会及び反対陣営からも批判を受ければ、それはやはり民団運営にプラスを生みだす一つのきっかけにもなり、健全な発展の道をたどる事になると思う。そこで指導層の構成と地域的融和を長い目でみるといろんな各部門の人がまじっている方がよいと思う。性格や人柄といった、人間的な面ではいろんなタイプがあらゆる意見を集めて持って来て統轄された時に始めて好結果が出ると思う。

もちろん、組織論者、頭脳的で理論の強い者、社会的に対外的外交の優れた者、野人的な正しい理想の持主、豪放なファイトマン総てを網羅する事である。性格の混血ということになるがこの混血が出来上った時が一番発展するのではないかと思う。大衆に受けられるようになれというのは必らず組織を混合せよというのではない。一人の独裁者よりも異ったタイプのものが補い合って調和し、複合的な施策を作り出した時に力強い僑胞社会に喜ばれる体制を生み出す事になるからである。

私はもともと韓国人は偉大なものと信んじている。しかし素地はいかにみごとでもこれを放っておいては輝かないばかりか、ともすれば安易につきがちである。ちゅうしょう、謀略を苦痛に感んぜず努力をつづける指導者になった時、凡ゆる僑胞社会より鍛え磨かれた人物になった時こそ民団も尊厳を保つことになる。

近年日本社会でも政治、企業総てがたえず国民にアッピールするように改善されて行ってる様相を見ても、民団の仕事の内容も改革を断行すべきではなかろうか。もちろん戸籍事務、旅券事務は一部門に過ぎない仕事のために最も大切な基本策が留守になった感がある。本国の記念行事参加、夏季の学生講習、また家族招請にしても一人一人の認識が高くなった時には民団が主導性を取らなくても出来る事ではないが。各地区でも中総の指示だけにこだわって傘下組織に振り廻わされている現況を打開しない限り永久に有名無実な組織になってしまうであろう。

最近本国に企業進出する僑胞も経済人団体の連結によって少数はあるが、その人達は日本において民団組織には無関心な人達が多いのではないだろうか。自分が持っている企業主体性にしても、または海外韓国人としては如何に本国企業発展に寄与すべきであると大衆に説明または指導するのを見た事がない。いろいろな点を総合した時、主体性を取るべき民団組織が付属団体的位置から脱皮しない原因を早く打破する事である。最近宣伝強化のために各地域で民団機関紙が発行されており好ましい事であるが、今までの経験から一言申し上げたい。民団組織発展のために民団の遅れている事を書けば批判分子視されるし、と言って世間的なニュースの掲載も限度がある。何分出刊する事も大切であるが、末端の僑胞一人一人の眼に止まる様努力して貰いたい。出来るだけ日本社会、朝総連啓蒙に実のある活動方針を願うものである。

朝夕涼しくなり、五穀が実を結ぶ初秋、勉学に事業にも熱が入る時期になり、人心も清新になる感がする。上層指導者も正しい施策方針を樹てて適切指導体制の確立を実現させて欲しい。

笛吹けども身動かずにならぬ様団員の皆様も良識を結集して協調、組織発展に寄与下さる様願って止まない。

選手たちの士気を振い立たせる三軍士官学校体育会と各軍応援団の妙技

## ◎朝鮮大学校認可の問題

### 徹底した共産主義教育に反対する
### 朝鮮日報が社説で中止を訴える

美濃部東京都知事はこのほど朝鮮大学を各種学校として許可する意向を固め、東京都私学審議会へ諮問するよう事務当局へ指示した。この報をいち早くとらえた韓国の有力紙朝鮮日報は次のような理由でこれに強く反対している。

一、朝鮮大学は共産主義的な教育を僑胞の子弟にほどこす学校であり、北朝鮮が、こんご日本に展開しようとしている共産政治運動の基礎としようとしているものである。それは日本の民主主義に反するものになるのではないか――。

二、教育は真理を追求することがまず第一であるから、客観妥当性のあるものでなければならないにもかかわらず朝鮮大学校は事実上朝鮮総連が運営管理している共産主義宣伝の道場である。かくして朝鮮大学は在日僑胞の子弟すべてを〃洗脳〃しようと試みており、こうなると韓国もじっとしてはおれない。これすなわち韓日協定に違反するものである。のみならず、それは日本の法秩序をも破壊するであろう。

以上二つの理由でこの〃認可〃を阻止しようとしている。しかし朝鮮日報は「悲しいかな、日本には韓国系のこれという学校のないことが最大の問題である」と指摘し、これという学校がほかになければ〃韓民族〃としての教育を欲する人たちは自然その朝鮮大学校へ行くようになるのであろうといっている。ゆえに片よった共産主義教育ではない、普通の学校で、しかし韓国の言語、歴史などを系統だてて学び得る学校の創設が急務であると強調している。

**▽都知事が認可に踏み切った理由**

朝鮮総連はこの大学校の認可問題に非常な力を入れ、政府や各政党、都庁などへ根気強く陳情し続けてきたのである。そして社会党、共産党はこれをずっと支持してきたのであった。こうした情勢の中で、美濃部都知事が認可の方向へ踏み切ったのには次にあげるような事情があったのである。

A、学校教育法の改正案が二度も流産し、成立のメドが立たないので、この認可を見合わせようとする理由が弱体化したこと。

B、東京都議会は、昨年十二月に各党一致して〃認可要請〃の請願書を採択しており、事務的にこれを引き延ばす理由に乏しいこと。

C、地元や三多摩の市長、議長の要望が強いこと。

D、七月二十四日に務台理作、中野好夫、和歌森太郎氏らが学的、文化人約二千人の署名をもって認可を求めてきたということ。

これら四つの事情からみる場合、韓国側の人びとが「美濃部は社会党出身だから……」という理由だけでけしからんと首を振ることもまた考慮しなければならない問題である。

しかし、日本の文部省は四十年十二月に各都道府県の教育委員会と知事にあてて次官通達を出し「朝鮮人としての民族性、国民性を養うことを目的とした学校は、各種学校としての地位を与える積極的意義をもたない」との理由で、各種学校に認可すべきでないとの見解を示してきた。

**▽文部省が認可に反対する理由**

いま韓国および韓国側の在日僑胞は、朝鮮大学校に匹敵する大学校を創設することを急いでいるというが、朝鮮大学校の認可問題にかんしては文部省の見解に全面的賛意を表わしている韓国および民団も、やがては「朝鮮人としての民族性、国民性を養うことを目的とした学校は……」うんぬんと同じ理由でその学校の認可もまた問題となることであろう。

何はともあれ、文部省は昨年三月とこの八月十四日に管理局長名などで「申請を受理しないように」と通達しており、この間二度にわたって外国人学校制度の創設をねらいとした学校教育法の改正を国会に提案、しかしこれが流産したので、また三度目の提案を準備中である。

最後に在日僑胞の子弟を持つ幾人かの親のことばを次に一つ二つ紹介したい。

▽……私は共産主義には反対なのです。一つの型にはめて、そのワク外から出るものの人間性などは考慮しない……という点が一ばん嫌いです。しかし息子に祖国の言語や歴史を正しく知らしめたいと朝鮮総連系の学校へやりました。〃民族の血〃のためです。しかし、二言目には〃金日成、金日成〃とまるで金日成を神のように子供の心に植えつけるその徹底的教育方針には困ったものだと思っています。

▽……民族教育は大切だ。日本にいて日本の風習の中で日本の言葉を使っていると考え方も日本人になってしまう。それでいい人はそれでいいが、韓国人としての〃民族〃の血の中で生きたいという人間に、民族的な学校の存在は必要であろう。

しかし、それが共産化のためのプロパガンダに色どられたものであるということには反対だ。

## ◎丁総理〃北送〃などで抗議

### 訪韓の田中法相、崔外相らと会談

日本の田中法務大臣は去る二十八日、崔圭夏外務部長官ならびに木村駐韓日本大使の案内で朴大統領の官邸を訪ねて懇談した。

田中法相は韓国外務部長官の招請により五日間の予定で二十七日JAL機便で来韓したが、同法相は朴大統領礼訪に先立ち、丁一権国務総理と崔圭夏外務部長官をそれぞれ訪問した。丁一権国務総理は同法相との会談で、在日韓国僑胞を北朝鮮へ送る〃北送協定〃を日本政府はきたる十一月十二日に打ち切るという方針を立てているにもかかわらず、在日韓国僑胞の北送を事実上は延長するような計画を立てていることにたいして韓国政府は反対意向を持っていることを明らかにし、また東京都が在日僑胞の共産化を目的とする朝鮮総連系の朝鮮大学校を各種学校として認可する動きにも反対するという旨を田中法務相に伝えたものと消息筋は見ている。

## ◎予想以上に強い韓国の反対

### 訪韓の田中法相、帰国して記者会見
### 朝鮮大学校設置問題などで語る

日本の田中法相は五日間にわたる韓国訪問を終えて三十一日帰国、羽田空港で「東京都が朝鮮大学校を認可する方針をたてているのにたいする韓国側の反対は予想以上に強い」と語った。

この問題に関し、田中法相は在日外国人学校設置に関する新しい法案を次回の通常国会に提出する計画を持っている旨を韓国政府首脳に伝えたと述べ、さらに「主権国家が自国内における外人学校に関する法規をつくってはならないという理由は成り立たない」とつけ加えた。また、田中法相は、日本政府は日本の立場と相反するイデオロギーを教える朝鮮大学の認可には反対しているから韓国側はもう少ししんぼうしてほしいと韓国指導者たちに話したと明らかにした。

また、在日韓国人を北朝鮮に北送する問題について朴大統領、張副総理らが強く反対したのにたいし、日本政府は「北送協定」を十一月十二日に打ち切った後、決して延長しない方針である旨を伝えたと語った。

## ◎時局収拾第二案あり得ず

### 野党の愛国心と国会復帰を確信
### 朴大統領記者会見で政局を語る

朴正熙大統領は一日、鎮海の大統領別荘で記者会見（一部発言は一日付け既報）し「政局収拾のため新民党で促求している第二方案はありえない。次の問題は法の審判を待つだけ」と述べ、さらに次のように語った。

六・八総選挙が最後まで清潔に行なわれなかったことは、その原因はともあれ、行政府の責任者として申し訳なく思うが、野党で主張しているように全面不正でないことは確信する。

六・八総選挙が一部与党と公務員によって堕落したが、与野を問わず反省しなければならない。選挙結果を政治的な協調で左右できるという一部政治人の思考方式を非常に遺憾に思っている。野党はもっと民主主義の創造を考え、愛国心に立脚して早急に国会に戻り、立法府の機能を正常化させるものと信じており、また国会が変則的に運営される不幸を作らないものと信じる。

内閣改造は考慮したことがなく共和党内には何の内紛もない。大使級の移動はアグレマンが到着されしだい発表する。

## ◎大国土建設、南北統一が前提

### 経済成長と物価上昇に多くの留意を
### 建設部、各界代表から意見聴取

言論界はじめ学界、建設学会、弁護士協会等から十五人の建設関係の専門家らが一日午後、半島ホテルで協議会を開き、大国土建設計画案にたいする意見を交換した。

建設部が社会各界の意見を大国土建設計画に反映させるために設けたこの協議会で、これらの専門家たちは、建設部が作成した大国土建設計画が質より量に重きを置いていると指摘し、同計画は物価上昇と経済成長とのかねあいを欠いている点が多いと述べ、大国土建設計画は何よりも南北統一を前提にした計画としなくてはならないし、国民には無理な負担がかからないよう計画しなければならないと主張した。

なお、建設部は今後もこのような協議会を継続的に開いて社会各界の意見をじゅうぶんに反映させる方針である。

## ◎兵役忌避の学生を調査報告

### 該当者は法により処罰される

文教部は九日、韓国の全大学生に対して、兵役を忌避して学生がいるかどうかを徹底的に調査して報告するよう指示した。文教部はこの指示で、兵役を忌避した学生は当局によって法の処罰を受けることになるだろうと明らかにし、学校当局はこれに積極的協力をするように促求した。ところが文教当局者は国防部が兵役忌避学生を除籍（退学）させない場合には、学校の責任とし、総学長を告発すると警告したことは考えもおよばなかったと評した。

一方、国防部は九日、兵役を忌避した大学生を除籍処分にしていない大学総長を告発するうんぬんという内容の報道は事実とは違っていると解明し、八日中央庁で開かれた全国大学総学長会議で、兵役法にたいし文教部の協力を要求しただけであると明らかにした。

# ◎防衛体勢を強化しよう 〝侵略は不可能と〟知らしめるために

## 激増している北韓共産軍の不法侵入

休戦ラインを不法侵入した北韓共産軍が米第二師団トラックを奇襲して二十名の軍人を死傷させるという蛮行がまた起きた。今年にはいって激増した北韓の軍事的挑発行為は数日に一回というほどひん繁になり、その規模も分隊兵力になって以前よりずっと大きな動きとなってきている。こうした事態は北韓が予想しているように韓国を紛乱に導くものとはならず、むしろわれわれ韓国人の警戒心を刺激し、憤怒をかき起こしているので、北韓にとっては逆効果なのである。

**▽大きな軍事テロ事件だけでも…**

さる四月以後、北韓が非武装地帯の南方で侵した軍事テロ事件中、規模の大きいものだけをひろって見ても、

①四月六日、板門店東方二キロ地点の歩哨（しょう）所を奇襲して国連軍巡察隊員を銃撃した事件を始め ②同十一日には中西部前線の韓国軍歩哨所侵撃事件 ③同十二日には小隊兵力で華川北方の韓国軍の第一六九二部隊を攻撃 ④五月二十二日には西部前線の米国第二師団ウィリ・キャンプ幕舎を爆破。⑤七月一日には楊口北方で韓国軍のトラックを奇襲。⑥七月五日には韓国軍第六八五〇部隊前方の歩哨所を奇襲――など数かずの事件が続発している。

このような事件があるたびごとに韓国軍と国連軍将兵は反撃を加え、北韓共産軍に相当の打撃を与えて撃退しているが、彼らの挑発行為は止まず、続行している。

休戦ライン南方のわが軍陣地に深く侵入してきた北韓軍の手投げ弾や自動火器による直接的武力攻撃のために多数の韓国軍、国連軍の死傷者を出したということにわれわれは特に深い関心を持たずにはいられない。休戦ライン南方に深く侵入してくる北韓軍の挑発行為の範囲や侵入頻（ひん）度、そしてその規模の漸次拡大などの現象は、北韓からのスパイ急増と対南工作の激化様相とを照らし合わせて見るとき、これは北韓が新しい形態の軍事的侵略を始めている証拠だと思わざるを得ない。

**▽一挙侵略はあきらめても、テロ行為で**

われわれの見解では、北韓をめぐる中・ソ間の微妙な関係と、今日における南北間の軍事力比率からみて北韓が韓国戦争のときのように全面的な侵略攻撃を一挙に敢行するということは不可能であろう。しかし、彼らが夢にも忘れない〝赤化統一の野望〟は、たとえ全面攻撃はできないにしても他の侵略手段で執ような挑戦を続けるという形で現われており、その新しい形態がスパイの〝ゲリラ化試図〟であり、休戦ライン南方にたいする軍事テロ行動である。

この変わった形の軍事的侵略は韓国国力の成長を阻止し、社会を攪（こう）乱した後「決定的な時期」が来たら民主韓国を転覆しようとする戦略目標からくるものである。北韓の指導層は最近、このようなことをうんぬんしながら「革命戦争」だとか「解放戦争」だとか、唱え、その主張のもとにすべてことを運んでいるという。

**▽早急に対策をたてて強化せよ**

このような形態の軍事侵略行動にたいし、韓国政府と韓・米軍事当局者たちはその対策を早急に確立し、これを強化して韓国の安全保障に万全を期さなければならないと思う。

軍事停戦委を通じた抗議などは一つの常例的な意味以外には何の効力もないものである。もし北韓が本当に韓国の前後方で本格的なゲリラ戦、つまり彼らのいう「革命戦」を試図するならば、これを電撃的にせん滅し得る戦闘力と軍事体制を事前に具備しておくことが、至上命題でなければならない。

そのためには、通常戦を主とした訓練、組織、装備された現在の防衛体制に敵のゲリラ戦にたいしても防衛態勢をもいっそう充実したものにしなければならない。

ベトナム戦の支援を契機として防謀戦用装備などが強化され、派越将兵がゲリラ戦にたいする新しい経験を積みかさねることができたということは韓国の国防力に大きなプラスとなっている。しかし、こうした北韓の最近の動向は韓国内に一層大きな警戒心を呼び起こしている。韓・米軍当局者たちは適切にして緊要な新しい防衛体勢を整えておく責任があることを認識し、より緊密に協力して努力するよう望むものである。

# ◎韓国の立場から見た中共紛争

## 毛思想をかかげた武力ほう起を憂う

### ソッポを向き始めたアジア諸国群

〝プロレタリア文化大革命〟という壮厳な名前を持った中国共産党内部のイデオロギー闘争＝権力闘争が表面化してから、すでに二年近い年月が流れ去った。その間、中共の党、政府、軍部、大衆団体などは激しく動揺し、ともにその内部では絶望的に分裂し対立した。そしてある者は攻撃と反撃に出、中共の権力機構をマヒ状態にもち込んだ。

**▽再び起こる主流派への総攻撃**

一時、毛沢東――林彪の主流派が劉少年――鄧小平の実権派に攻撃を加え最終には容易に撃破するのではないかとみられ、権を確立するかもしれないと取りざたされたが、実権派の組織と反抗は予想以外に頑強で、今この瞬間でも中国大陸内の主要都市あるいは地方で両派間の奪権戦がしのぎを削り、動乱の様相を呈している。そしてその騒ぎは解決の手がかりもなく、混乱状態を持続している。

これまでの外信報道を総合して見ると、先月、すでに降伏したと伝えられた武漢地区での実権派の抵抗はまだ続いており、実権派は全国から二千万人という民兵隊を扇動して主流派にたいする攻勢を企図しているもようである。一方、主流派はさる五日、北京で文化革命一周年を記念して百万人の組織を集めて群衆示威を行なっている。

そしてこれらの群衆は〝中国最大の資本主義路線を歩む実権派〟を猛烈に攻撃して気勢を上げ、全国の各地方、省などでは毛沢東を支持する一大運動を展開し始めたということである。

一九五八年の大躍進運動以来、これに伴って人民公社制の〝失敗〟をきっかけとして同時に鋭く対立して来た政策論争がついにイデオロギー闘争に化したが、このイデオロギー闘争はまた権力闘争という形に発展し、今日のような見通しのつかない混乱相を招来したのである。

**▽対岸の火事と見るなかれ**

どんなに鋭い先見の明を持った人でも今の中共の事態がなんの型に帰結するのかを予言することはむつかしいことであろう。しかし文化革命の帰趨（すう）はまた世界の関心事でもあり、特に中共と隣接している韓国としてはこれを対岸の火事のように見物してのほほんとしているわけにはいかないのである。文化革命の発端は周知のとおり韓国とは何の直接的な関連をも持ってはいなかった。しかし、これは激烈反米――反ソ的ふん囲気の中で行なわれ〝米帝国主義〟と〝神聖なる同盟者であるソ連の修正主義〟にたいしての徹底的な攻撃であった。そしてこの文化大革命はアジア、アフリカと中南米にたいして〝人民解放戦争〟を呼びかけ、熱狂的な騒動の中で推進されている。こうした国際的な面から見ると韓国にも間接的な影響が与えられると考えられる。

中共と北韓との間にはすでに大きなギャップが生じており、北韓の労働党が中共の文化大革命を支持しようとする様子は全く見られない。しかし毛沢東のゲリラ共産主義の戦略と戦術は後進国における共産主義運動の原型だと見られていた。

**▽敬遠され、はては憎悪される北京**

しかし林彪によって国際的な規模で拡大解釈された毛沢東の急進的武装闘争方法は、最近になってアジア諸国から敬遠されたり果ては憎悪されるまでになっている。インドネシア、インド、ビルマ、ネパールなどの地では中共の外交がかえって大きな抵抗を受けていることはいうまでもなく、最近の中共外交は一つの冷笑的な現象とさえなってきている。にもかかわらず、この地域の急進主義者たちがいわゆる毛沢東思想を教条化し、暴動あるいは武力の蜂（ほう）起までを起こしていることもまた厳然たる事実である。その上、北韓の武力によるいわゆる〝南朝鮮解放路線〟は北韓―中共間の緊張状態いかんを問わず、そのやり方たるや、正にその毛沢東戦術と共通するものがある。

したがって、われわれは最近の中共内情を国際的側面から切り離して考えず、これを国際情勢の動きの一つとして直接にこれを関連させて見なければならない。その上で韓国の立場をよく考え、これに対処して主体的な努力を続けて行くことが要請される。

# ◎脳炎特効発明される

## ソウル大の李鏞注博士によって

従来使用してきた脳炎ワクチンより遙かに効力のある脳炎生ワクチンがソウル大学校微生物学教室李鏞注（四〇歳）博士によって発明された。李博士は十年間にわたり生ワクチンの研究をしてきたがこのほど博士は脳炎菌に免疫性のない兎、ネズミ、ひよこに豚の腎細胞を組織培養させ毒性のない生ビールスを作ることに成功した。

また、このワクチンをネズミで実験したところ脳炎菌が体内に入っても脳炎にはかからなかった。李博士は今年中にさるの実験を行ない、これが成功した場合は二～三年内に実用化できると語っている。同博士は米国教育保健省から四万ドルの研究費の支給を受け世界各国の脳炎研究所を視察したことも研究を助けたと語り、今後は脳炎蚊について研究してみたいとその抱負を負っていた。

# ◎悪質高級料亭取り締まり指令

## 一般人の協力も望む

韓沃申治安局長は、最近再びソウルをはじめ各都市の住宅街で悪質高級料亭が堂々と営業していることを指摘し、区域別責任制でこれを厳重に取り締まるように全国警察に指示した。また、こんご管内にこのような料亭があるにもかかわらず摘発していない警察署長および関係警察幹部たちを全部罷免するとこのほど発表した。

韓局長はまた一部の公務員がエロ映画を上映する悪質高級料亭に出入りしていると明らかにし、摘発しだい地位のいかんにかかわらず処罰し、業主にたいしては脱税の嫌疑で拘束することを明らかにした。また同局長は、現在ソウル市内には約七十カ所の悪質高級料亭があるといわれているが、一般の人びとも今後このような料亭を見つけしだい直接申告するようにしてほしいと語った。

# ◎変容する韓国の農民像

## 「土が生命だ」に変わりはなけれど
## 新しい指導者たちによる計画

新しい世代の韓国農村指導者が最近たくさん出現している。長い間、沈滞の中に捨て去られてきた農村が今では〝夢〟と〝意欲〟と〝成就〟への確信をもつ男女の仕事場に変貌（ぼう）しつつある。

そこで韓国の農村では朝早くから夜おそくまで人間活動の生き生きとした響きが聞こえ渡るようになった。きのうもきょうも土が農民の生命であることに変わりはない、土は〝ことばの花〟を咲かせてくれる。

**▽汗と共同の知恵で〝豊熟〟の実を**

農村指導者たちが農土計画をたてるときは結論がでたときには感激のある〝一体感〟に包まれる。

日が過ぎ月が変わるにつれ農村にも新しい変化が起きている。広大な沃土に行なわれる耕地整理は汗と共同と知恵で書かれる〝豊熟〟への請求書である。そして天然の荒山や野原が五センチ、十センチと耕作地に開墾されて行くかと思えば、開拓工事はわれわれの知らないうちに韓国の地形を少しずつ変えて行っているようである。このように韓国の国土のいたるところで生の領域をひろげる作業はいま進行しつつある。

何よりも、韓国に新しい世代の農村活動家たちが出現しているということは韓国の農村生活に新しい局面が開かれつつあるということを実証している。過去においても燃えるような理想をもって、都市生活への厭世感と農民への憧憬（どうけい）とから農村にやってきて多くの仕事をした人たちは多かった。これらの大部分の人たちは都市出身者で、農村への霊感が動機となった人たちであった。

**▽最近の農村活動家たちは農村出身者**

しかし、今日の新しい農村活動家たちはたいてい農村出身で、彼らが土着的な指導勢力を形成している点、大へん力強いものがある。すなわち、農村は、いまや農村自体からでてくる主体的な指導層を迎えている。それゆえにその意義と重要性は実に大きなものがある。

さる十五日「新しい農民像」として選ばれた十二名もこのような新しい農村指導層に属するのである。彼らは再び目をさまし、自分たち自身の未開発の底力を再発見している韓国農村の誇るべき〝役軍〟である。そして彼らは農村生活にいままでの沈滞と脱落そして無気力の代わりに、自立、科学、努力と協同などすべてを総合した新しい農民像をつくっているのである。彼らこそは〝常緑樹〟などと呼ばれる新しい世代の農村活動家であるとともに韓国農村の新進推進家たちである。

これらの人たちの中でも荒廃の地に夢を実現し、「幼い実の農場主」となった金貞愛嬢の話はこの社会に感激と喜びを呼び起こしている。彼女は十二年もの間、行商と女中の生活をしながら集めた金で荒廃地の開墾に着手したが、いまでは堂々たる農場企業家となっている。女手一つで首や背に血の汗を流しながら、一万二千余坪を開墾し、この農場に自己流の五カ年計画をたてて、零細農民を迎え入れた「希望村」を建立するという金さんの信条は全く祝福されるべきものでその生活はわれわれに新しい勇気をかきたててくれている。

**▽自ら意欲すれば必ずや成就あり**

これは人間が歴史の主人公であり、人間は自分自身が意欲する限り、その追求するところ、いかなるものをも成し遂げるという証拠を歴然と見せてくれる。またそれは人間は環境の支配を受けるとか、あるいは人間が社会の産物だとかいう諦観の哲学のような不毛の人生観を打破する道を教えてくれるものである。

金さんと彼女の栄光ある同僚たちはわれわれの社会に新しい波涛（とう）と勇気と成就への確信を巻き起こした。この新しい旗手たちを持つ韓国の農村はいま頼もしい足どりでその一歩を歩み出している。われわれは農民たちに幸福と甲斐（かい）ある生活があるようにと祝福するものである。

# ◎外国へ逃げ出す韓国の医師

## 七百万人が〝医療なき生活〟
## 問題は医者の収入の開き……

韓国で開業している医者にとってカネというものは大切な要素である。熟練した技術やテクニシャンのように医薬的な仕事をしている人は富のために韓国をはなれ、外国に出て行く傾向がある。

〝無医村〟を無くしようとする政府の努力もさることながら、しかし事実上この〝進展性〟にかんする見通しはあまり楽観視できない。というのは要するに政府で出そうとする〝金の注射〟が足りないからである。

**▽全国で六百五十もある無医村**

現在、政府の統計によると、韓国で六百五十の邑（村）と面（町）は無医村なのである。この数字は一九六五年の統計と全く同じであり、すなわちこの数字は一九六五から、少しも進歩しなかったことを表現している。この地域に住んでいる七百万という人口は何の医療施設もなく暮しているが、この数字は全韓国人の四分の一に当たっている。こうした状況は主として医者や薬剤師の不足ということが原因となっている。

米国における医者と人口の比率は八百人に対して医者が一人で、日本は九百三人にたいして医者一人という割り合いになっているが、韓国は三千二百人に医者一人となっている。

これ以上に深刻な問題は、ソウルはじめ、主要都市にだけ、たくさんの医者が集まっているという事実である。いまソウルに三千三百九十人の医者がいる。これは全国の総医師の三九パーセントに当たっているがこれはソウル市民一千六十五人にたいして医者一人という割り合になっている。

医者の数が最も目立って少ないのは慶尚南道である。ここでは一万五十七人にたいして医者が一人という割り合いになっている。全羅北道はその次で九千六百七十九人に医者一人という数字を示している。

**▽都市と農村の医者の収入の開き**

これら医療業にたずさわっている人びとの配分がどうしてこのような状態になるか――、その原因をさぐってみると、最も大きな理由はやはり〝金〟である。この〝金〟の問題について、韓国医薬協会（八千八百五十二人の会員を持つ）の会長明チュウワン氏はこういっている。

「この金の問題は他の国でもいえることであると私は思う。しかし韓国では都市と農村との医者の収入の開きがあまりにも大きすぎるのである。先進国では農村で働く医者の受け持ち範囲がひろいので、つまり受け持つ患者の数も多いので収入のバランスは都市とあまり開きがない。医療施設や交通の便も都市とあまり変わらない程にできあがっているので、農村の医者でも広い地域を担当することができるわけである。

医者の収入の良し悪しによる。すなわち金持ちの多い地域に住んでいる医者は自然金持ちになり、貧乏人の多い地域に住んでいる医師は常に貧しい。な金は出せないからである。そこで農村へは医師も行きたがらないということになる。

**▽食べて行かれない政府雇用の農村医**

韓国の共和党は選挙前の公約で〝明るい明日のために〟と題してその一つとして無医村を無くするという約束をしている。しかし、政府雇用の医者の収入が低いので、現在、この問題は行きなやんでおり、結局、無医村をなくするためにということも口だけとなり明るい将来は期待しがたいありさまである。この政府雇用の医者たちの月給は一万六千ウオンから一万七千ウオンと規定されており、個人的に開業することはできない。またソウル市民が一年に使う医療費は平均一千四十四ウオンであるが、農村の人びとはその医療費の半分も使っていない。

そこで医療業にたずさわっている人びとは住み良い外国、すなわち収入のよい外国へのがれ去ろうと、常にチャンスをねらっている。

いま、保健社会部に登録されている一万八百八十三人の医者の中で韓国に残っている医者の数は八千七百名にすぎない。つまりその差の数は外国からの招待を受けて、あるいは個人的な世話で（インターンとか医薬業者必要の〝移住〟とかで）韓国を離れて行ったのである。外国の政府から要請があって外国へ渡った医者の数は七十一人である。その他の形で自ら外国へ行った医者の数は一千人から一千二百人になると推測される。外国というのはマレーシア、ウガンダ、南ベトナムなどである。まだまだ、この〝医者輸出〟の話はたくさん進められており、現在のこの瞬間でも四十九人の医師が外国へ旅立とうとしている。

**▽優秀なる頭脳の流失を嘆く**

保健社会部のある職員はこのような〝大量脱出〟を称して〝優秀なる頭脳の流失〟だといい、これを国としては大問題だと評している。これは医者の場合、他の技師やテクニシャンの場合よりも深刻で特に問題視されている。というのは医者として国外へ出るとそのほとんどはそこに住みついて再び帰国するということがなく、帰って来る医師の数は数えるほどしかない事実による。そこでその職員はこういっている。

「といって、われわれはこれらの医者にたいし何とも文句をいうことができないのである。その医師たちは、そこが好きで、別に法律違反を起こして帰ってこないというわけではないのだから――」

# ◎無国籍のままでいる樺太僑胞

## 韓国人は四万人……うち帰国申請者七千人

日本の帝政時代徴用で樺太に引っぱられた韓国人同胞四万余人が帰国できる日のあることを願い、それだけを指折り数えて待っているということである。樺太抑留帰還韓国人会で三十日ソウル放送局に陳情したところによれば、現在ソ連領樺太には四万余人の韓国人が抑留されているが、これらのほとんどは帰国を希望しており、抑留された僑胞たちは一九六五年一月にソ連政府にたいして韓国帰還を要請したが、ソ連政府は国籍のない人びとに限って日本政府が入国を許可してくれれば出国を許認すると約束した。ところで抑留僑胞のうち六五％は北韓の国籍を持っており、二五％はソ連の国籍となっている。残り一〇％だけが無国籍者のままでいることが明らかになった。なお、同会では国籍のない人びとの方が優先的に帰国できるものとみて、帰国申請をうけつけてきたが、その結果六月二十日現在で申請者数は六千九百二十四人となった。これらの僑胞は二十余年間も父母兄弟らと生き別かれのまま帰還の日だけを切なく待ち暮らしていた人びとである。

綱領
一、われらは大韓民国の国是を遵守する
一、われらは在留同胞の権益擁護を期する
一、われらは在留同胞の民生安定を期する
一、われらは在留同胞の文化向上を期する
一、われらは世界平和と国際親善を期する

1967.10.10
第49号

発行所
民団福島時報社
発行人 任瑋鎬
大阪市福島区茶円町94
TEL (46)2414 (46)6030

# 〝要求される福利施策、遂行出来る真の指導者出現を〟

## 朝総連の北送計画を徹底的に粉砕し一日も早く民団の懐に抱合せよ

編集部

在日韓僑も本国からの政治家、事業家、亡命者等の来日講演によって本国の実情を知る機会が多くなった。最近の北韓実情及び北送帰還者の後悔よりも暗澹たる消息を聞く都度、日本に居る虚偽宣伝の総本山であり、暗黒の指導者である朝総連を想起して憤怒に堪えない。

彼等の巧妙な宣伝に迷わされている善良な僑胞に、一、祖国の発展並び自由社会を正しく知らせ、昼夜の別なく発展の速度を早めて建設されていく韓国の実情を広く迅速に知らせると共に、日本社会にあって一致団結して、僑胞社会に貢献させるべく指導しなければならない民団の改革も急を要して来た。

毎年10月になれば各道対抗全国体育大会が開かれる力と美の体典（第47回全国体育大会入場式全景）

今は一瞬の浪費と徒らに月日を送る事は許されない。僑胞はあらゆる部門で壁にぶつかっていると言っても過言ではない。祖国の発展も驚異のまとであり日本社会の進展もただ驚く以外にない。子弟の教育、事業の改革、生活の改善にしても建設的であり、科学的であり、前進的発展をしなければならないのに、十年一日の如くただ夢遊病的に従属して日寄見主義で停頓状態を続ける事は、在日僑胞の近代化に逆行する事であり福利増進に背くものであるといっても過言ではない。今は韓民族史上、国家の進路と目標が明確になった時点であり、在日僑胞は祖国建設事業に貢献し、日本社会での紐帯を強化する反面福利増進策を結集して相互扶助、総ての力を尽して民族中興の大業完遂のため、一路邁進すべき時点である事を強調する。

ここで僑胞社会のための民団であり僑胞社会の代弁又は主力行動力の起源であるべき民団組織体が試練と難関にぶつかる度に右往左往して停頓する事は何が因をなしているのか、もちろん一部の指導者はこれを克服しようと忍耐努力を重ねているが、一部のものに排他的、傍観的、批判的分子が存在して邪魔をしている事実があまりにも多い。真の指導者よ強く立て、正しい指導と強い決意で努力発奮して前進施策を打出して進めば必らず僑胞は目覚めて統轄され、また追従するであろう。

そこで大事な事は、各地区の指導者の資格、即ち僑胞社会より尊敬され、信頼され、人望がある人を選出する事である。とすれば弱小地区を二、三宛統合して多勢の中から有望な人材を選ぶ以外にない。各支部の執行部の長にしても名誉てき存在では一つも僑胞の福利にならない。返って僑胞社会の暗雲以外にない。僑胞のための施策が出来ないから派閥を助成する事になり、団員の分裂を招いている地区があまりも多い。支部の団長を有給制公職にして各地区を転職させ、筋を通した活動体制を作らない限り大きな発展は望めない。自分の仕事も大事であるが、公私混同してどうして大衆のための施策が遂行出来るかを考えて見るがよい。民団組織を公共機関に育成して行かない限り日本の公共機関に一対一の発言は到底望めない。

各地区で傘下組織体と主動権争いをしている話をよく聞くが、愚の骨頂である。何故なら明日を知らない。昨日迄の出来事を引用して派閥争いする輩はどちらも僑胞社会では無用の筈である。外形は作っても魂しいが入っていなければ意義の無い存在価値しかないものになり、無智な船頭が多ければ船は山にあたって難破する以外にないからである。一時の停頓を恐れずに堂々たる信念を結集して、在日僑胞社会の福利が確約出来る施策を作り出す事を期待する。なお盲目で朝総連の宣伝に暗夜行路する善良な僑胞の統轄には中央総本部は専従班を作って一大強行指導方針を一日も早く樹立して、啓蒙活動を今の十倍、百倍努力する事によってのみ僑胞社会に光明が来るであろう

北送僑胞が切実に訴える図

（韓国時事より）

政情

# ◎野党の当面の進路何か

## 〃良識〃と〃勇気〃を示せ

### 登院決定の動きに一言提す

国会機能の〃正常化〃にたいする展望がようやく明るくなり始めた。これは与野共存の中で六・八総選挙の〃後遺症〃を現実的に治癒(ゆ)して行こうとする方向の設定をみせてくれている。こうして、最近の政界の動きは鼓舞的なものとなってきた。

**▽政局不安にけん怠を覚えた国民の要請**

百余日にわたる非生産的対決の末、共和党は〃単独運営〃論に伸縮性を持たせると同時に野党側の要求を相当な範囲で誠意をもってあたる姿勢を整えている。一方、新民党はいままでの四原則の固守に能動的な省察を加えることにより〃党首責任のもとで対与接触をも考慮する〃という積極的な構想を固めるようになった。相対的にいってその間の政局梗(こう)塞はいまや妥協の方向に旋回している。

無論、このような新局面の造成機運は朴大統領の九月二十日の公簡および同日の新民党地区党委員長会議、共和党議員総会などの討議内容自体が契機となったとみるよりは、①政局不安に倦(けん)怠感を覚えた国民与論の強い要請、②国内外の情勢変化がもたらせた促迫した問題が提起したためだと考えるべきであろう。

**▽原則論の応酬に終始できぬ現実で**

事実、国会機能のマヒと六・八後遺症の慢性化は、与野どちらの利得にもならなかったばかりでなく、現段階に至っては国利民福に反する否定的現象だという一般の指摘をのがれることができなかったのである。

政治家として誰彼を問わず、恐るべきことは〃代議制政治〃自体に対する選挙民の懐疑であったのである。それに現在では見るに忍びがたい状態を呈している干災同胞たちに対する早急な救護対策の講究問題が提起されており、その他にも、越冬準備を前にひかえて民生苦の解決と物価対策、および北韓武装スパイにたいする封鎖策を含む安全保障面での新しい課題、国連対策と関連する国家体面など、政治家として絶対におろそかにすることのできないさまざまな情勢変化の〃切迫感〃が与野党をして大所高処に立つところの原則論にだけ応酬しているわけには行かない責任感を呼び起こさしめたのである。

ある者は野党がその間、登院拒否をしたり、協議にそっぽを向いたりして、消極的否定的闘争姿勢を取ってきただけに、こんども攻勢よりは守勢の立ち場に追いやられるに違いないとみている。しかし、政治というものは他党を相手にするものではなく、国民のためのものでなければならない。また、立法政機能を発揮することは当然なことで、いささかもおかしなことではないのである。これこそ民主政治の基本要素であり、野党としては選挙民の切っぱ詰まった要請に答えて、登院するに当たり、後遺症の問題にかんしては必要に応じて院内外闘争を並行して行く方がより効果的だと思われる。

**▽野党の四原則は非現実的**

一時、国民一部には野党議員たちが登院しない理由をいわゆる〃落選者の反発〃だと説明してきたが、二十一日の地区党委員長会議がみせてくれた予想以上の大局的良識の表明はそのような憶測をひっくり返したものではないかと考える。

不幸なことに、また心惜しくも落選した地区党委員長らも、その政治家たちがこのたび国民の与論と民生需要を勘案して対与闘争に伸縮性と協議可能性を認定したものだとすれば、選挙民の信頼感を再び高める面にも賢明であったということができる。

野党側の打ち出した〃四原則〃は今ではすでに色褪(あ)せ、そして非現実的なものであるということが、現時点では誰の眼にも明白なものとなった。すなわち〃全面不正選挙是認〃だとか〃全面再選挙実施の要求〃だとかいうものは最初から貫徹することのできない一方的主張であった。そしてこれは四年後の一九七一年のために〃布石〃または党内指導体制の弱体化を意味するものだと一般的に見做されてきた。

**▽野党の体面は登院拒否でなくても**

また、関連責任者の〃引責・処罰〃要求については与党総裁を兼ねている朴大統領の公簡にあるように、起訴された公務員は「罪のあるなしを問わず一たんその職位から解任して党の審判を待つようにする」という方針が、実践に移されていることを現在すでに見受けることができる。

〃将来の保障〃問題に至ってはこれが完全に受け入れられている現状であるが、この具体化問題制度的な基盤を作るためにどうしても与野党が協議した上で原則的な合議を経、野党議員たちが登院してから取り扱われるべきものであろう。

一言でいえば、野党の〃体面〃については第三者がみるとき、以上述べたくらいのものであれば、登院を拒否しなくても立てられたものと考えられる。

党的見地から離れてみた登院の名分はすでに指摘したように、①干災民救護対策を含む民生問題、②選挙民の要請、③後遺症の治癒(ゆ)のための院内外闘争並行の効率性と法廷闘争の現実化などをおげることができる。野党議員たちの総辞退というものは誰も望むものではない。とすると、現在残っている問題は登院時期の測定と照らし合わせてみた与野間の話し合いを展開することであろう。十月のある時点がその適切な時期だと考察されるが、われわれは与党議員たちにたいして野党の党員が、遠からず実現されるまで続開国会では本格的な実行活動をつつしむのが妥当だといっておきたい。

**▽十月は登院の決定的意義を持つ時**

野党が院外で繰りひろげてきた〃全面無効化闘争〃の非効率性、そして議事堂外で政策批判声明が与えた空虚さは野党をしていっそう院外侵入の緊要性を痛感させたものと考える。登院の法式にもいろいろとあるはずである。すなわち、①与野話し合いを経たいっせい登院という最善の方策以外に独自的名分下のいっせい登院も有り得るが、これは実利を放棄するようなもので、②与党の単独運営強行過程での個別的登院と除名騒動が起きる場合は党を破壊する結果を招来してしまうであろう。

野党は少数であるため院内で実力を発揮しようとするならば院外の指示を得なければならない。野党は、院外指示の確保のためにも、あまり遅くならないうちに登院の準備を急ぐべき時期がまさに到来していると思う。また野党は民生を無視することができないし、国民を失望させてはならないために、いま急いで院内に入って行かなければならない。その時期の選択と条件の成熟面で決定的意義をもつ十月を無駄に過ごしてはならないと勧告するものである。

# ◎最近の米国のアジア政策

## 楽観的過ぎた三つの前提

### 世界勢力の平衡を保ちつつ行く…

二十一日来韓したカリフォルニア大学の政治学主任教授ロバート・A・スカラピノ博士(米国の極東問題専門家)は同日午後三十分、米国文化院(カルチュア・センター)で最近の米国のアジア政策という題で約一時間半、演説を行なった。演説内容は次のようなものであった。

米国がアジアの重要性を認識しはじめたのは第二次世界大戦以後のことであった。当時米国はアジア問題に三つの楽観的前提を持っていた。第一は中国がアジアの指導的民主主義国家としてアジア舞台に登場するだろうということ、そして極東の近代化に大きな影響力を発揮するであろうという前提であった。第二は米ソ関係が継続的に好調をみせ、アジアの発展を阻害するような葛(かつ)藤をもたらせないであろうと信じていた。そして第三はアジア諸国は植民地状態から逃れて早急にそれぞれ独立を勝ち取るであろうということであった。しかし、不幸なことに、こうした米国の前提は一つとして当たらなかった。

米国は一九四八年に至ってアジア問題をもう少し冷徹に分析して、新しい再評価を下さざるを得なくなった。私はここでなされた米国の対アジア政策を対日本、対中共および対韓国関係に集約して説明しようとするのである。

**▽日本の〃革命〃は経済成長で**

米国は日本を近代化させるために段階的に接近しようと試みた。まず、軍国主義者たちを処罰し、帝国主義者たちを払しょくした。そして〃社会構造の全面的改革〃に手をつけたのである。日本の〃革命〃は外部的な変化なしに、経済成長を通じて徐々に内面的に根気強く行なわれて行った。

次の段階として米国は一九四八年から中共が膨張することを防ぐために、日本に経済的な援助を与えて跳躍段階に引きあげた。一九五二年から米国は驚くほどに成長した日本と〃同盟段階〃に入って行った。日本が太平洋に基盤を置いた共同体として主要な経済的政治的役割りを受けもつよう、米国は期待した。

中共は急進的な経済発展と政治的安定を謳(おう)歌した一九五八年を分水嶺として、以後はだんだんと混乱に陥り始めた。共産党の再統一と確固たる政治的体制は、いまではもうむつかしくなっている。

毛沢東は〃戦闘〃においては勝つかも知れないが〃戦争〃には負けるであろう。毛は戦争では生存し得るかも知れないが、毛思想はこの前近代的な要因のために、復活することはできないであろう。

われわれが持たなければならない姿勢の目的は、中共が他の国ぐにの内政に介入し、内部から浸透してゆく〃新しい形態の膨張〃を防ぐところにある。われわれが、いましなければならないことは、これから新しい世代の政治的エリートたちをよく養成して技術的革命を成し遂げることである。ネールやスカルノのように植民地から脱皮するのに必要なカリスマ的な人物の時代をして農業と工業を並行する混合経済体制を造成するということが、共産勢力の拡大を防ぐ唯一の道である。

**▽中共の浸透は防ぐが邪魔をせずに**

昨年十月、北韓の金日成は〃南韓を段階的に解放させる〃と豪語した。しかしこのような豪語は①韓国の刮(かつ)目すべき経済発展が継続し、②韓国がたとえ陣痛を覚えてはいても、民主主義の方向に指向しており、③米国の韓国にたいする〃防御保障〃が確固たるものである以上、金日成の例の豪語は一つのカラ念仏にすぎないものとなってしまうであろう。

韓国と米国とがベトナム戦に介入したのは絶対に必要な措置であった。四、五年前インドネシア、カンボジア、ラオスおよびパキスタンなどは中共に呑まれてしまうような危険段階にあった。しかし今日、米国の積極的なアジア介入によってこれらの国家群は中共から分離し得る結果となった。

結論的にいうと、こんどの米国の東南アジアにたいする政治的姿勢は、第一に現存している共産圏を破壊する行為はせずに、政治的な平衡を得るために継続して努力することである。第二に東南アジア地域にたいする経済的援助は惜しまずに行ない、進んで文化的人間的交流を通じて世界平和を維持しようとするものである。

## ◎北韓帰順者八名に新しい職

### 援護処からは定着金も

**＝奨忠洞公園で国民歓迎大会＝**

死線を越えて北韓から脱出してきた北韓軍元大尉朴元鎬氏ら八名の帰順者勇士たちにたいして、十六日〝国民歓迎大会〟がソウルの奨忠洞公園で五千余名の市民や学生たちが集まった中で挙行された。

この歓迎式に出席した帰順者たちはさる五月と八月との間に北韓の虐政から脱出してきた朴元鎬（三四歳）をはじめ、咸ソンヨン（三三歳）、金オクサン（二七歳）、朴明夏（二七歳）、朴東夏（二三歳）、鄭新華（三四歳）、姜周鉉（二二歳）、李元植各氏ら八名である。

この日丁国務総理は激励の辞を通じてこの人たちの勇気をたたえながら「反共理念をよりいっそう強くするように」と語り、金玄玉ソウル特別市長は「祖国のふところに抱かれたみなさんを四百万市民の名において歓迎する」と述べた。

これらの八名は金市長から市民賞を受けたほか、援護処から定着金を授与され、新しい職場のあっせんをも受けた。この人たちに与えられた新しい職場は次のとおりである。

▽朴元鎬＝農協中央会、▽咸ソンヨン＝ソウル味元株式会社、▽金オクサン＝ロッテ製菓、▽朴明夏＝ロッテ製菓、▽鄭新華＝鉄道庁、▽姜周鉉＝ユニオン・セロファン工業会社、▽李元植＝興国生命保険会社。

## ◎在日韓僑の法的地位大幅に改善される

### 戦後入国者の永住申請もより迅速に

韓国外務部長官の代理として来日した金永周外務次官と田中伊三次日本法務大臣は、八月二三日東京で会談し、「大韓民国と日本国間の日本に居住する韓国民の法的地位および待遇に関する協定」の日本国内における実施に関して、さる七月二〇日および二一日の両日にわたり東京で開催された両国政府関係実務者の会談で了解された事項を確認し、これを八月二四日から実施することにした。その要旨はつぎのとおり。

㈠協定永住を申請した人が第二回外国人登録（一九五〇年度）をしており、それによって一九四五年八月一五日以前から日本国に居住している事実が確認できれば協定永住が許可される。

㈡大韓民国国民と婚姻してその国籍を取得した元日本人が協定永住を申請したときは協定永住が許可される。

㈢協定永住者が再入国許可を受けて日本国外に旅行中、出産した子はその事実などが確認されれば日本入国が認められ、協定永住申請有資格者として取り扱われる。

㈣協定永住者の再入国許可について①は許可の回数および期間に制限が加えられない②第三国（日本国が承認していない国を除く）旅行に制限が加えられない③日本国外においての留学のため在留する者については学業を終えるに相当な期間が必要であることを認め、日本国の関係法令が改正される際には、再入国許可期間の延長が特に考慮される④再入国許可期間内に入国できなかった場合、それがやむを得ない理由によると認定されるときは日本入国を認め、かつ協山永住許可の効力が失われないようにする。

㈤定永住者の配偶者および扶養を要する未成年の子が同居のため日本国に入国しようとする場合には家族構成（その他の事情）が勘案され、好意的に考慮される。協定永住者の親、子、兄弟が一時訪問のため日本国に入国しようとする場合は、その入国が認められ、入国後はその在留期間の更新が好想的に考慮される。

㈥協定永住者の家族の退去強制については家族構成その他の事情を勘案し、人道的見地から妥当な考慮が払われる。

㈦戦後入国者にたいする一般永住の許可はより迅速に処理される。

㈧戦後入国者で在留状況が特に不良な被退去強制者の引き取りについては妥当な協力がなされる。

㈨両国関係当局は今後においても必要に応じて協定の実地に関し会談を行なうことにする。

## ◎対スパイ作戦指揮本部を設置

### 破壊活動に対処、国防長官直属に

国防部は二十七日、国防部長官直属下に対スパイ作戦指揮本部を設置し、さらにスパイ浸透の主要ルートである海岸線を封鎖するため海軍戦団を創設することにした。

国防部のこのような方針は最近北韓のスパイ活動が急激に増加し、方法も極度に悪らつになり、主要産業施設の破壊奇襲などに出ているためにとられた措置である。またスパイの活動を封鎖する対スパイ作戦指揮本部を効果的に運用するため国連軍司令部から作戦指揮権の一部を移譲されたともいわれる。

一方、金聖恩国防部長官は同日午後こんどの対スパイ作戦指揮本部設置など国防当局の最近のスパイ作戦状況を丁一権国務総理に報告した。金長官はこの報告で、対スパイ作戦指揮本部を運用するため国防部当局が国連軍司令部から作戦指揮権の一部移譲を受けた事実も報告したといわれる。

また海兵隊は二十七日から十月四日までに東海岸地区一帯で予備役将兵らを主軸にした対スパイ作戦訓練を展開している。この作戦には海兵隊がさる二十日、京畿道、忠清南北道、全羅北道の四道出身海兵予備役将兵に下した動員令に応召した予備役将兵らが参加する。この訓練召集動員令では九九・四%のよい応召率をみた。

### ◎共和党、政府から情況聴取

**政府側、スパイ全員索出方針明示**

共和党は十五日、内務、国防、交通通信の政策委員会三個分科委員会連席会議を開いて、最近続発した鉄道爆破事件と、北韓スパイのばん行にたいする政府側の報告を聴取し、これにたいする対策を協議した。

同日の連席会議では、李皓内務部長官、安京模交通部長官、任忠植合同参謀会議議長から最近の北韓動向と南派スパイの活動状況にたいする具体的な報告を聴取し、政府の治安対策の怠慢を追及した。しかし政府側は北韓の野ばんな侵略行為に徹底的に応戦するため重大措置を取っており、すでに南派されたスパイは全員索出して一人も生還させない方針を立てていると述べたといわれる。

一方、政府は北韓武装スパイの海岸からの侵入を防ぐための施設拡張費として来年度予算案に二億ウオンを計上することにした。政府のある高位消息筋は十五日、海岸侵入を封鎖するため政府は来年度予算に二億ウオンを計上して全海岸線にレーダーとサーチライトなどの施設と監視所などを増設することにしたと明らかにした。

共和党はまた、北韓スパイ団の破壊行為を防ぐため重要産業施設を含む公共機関の自己防衛隊を構成することを研究中である。

### ◎協定違反、軍も座視せず

**全国民の新たな防諜意識を要望**

**金長官、陸軍指揮官会議のあと語る**

金聖恩国防部長官は十四日午後、最近あいついで発生している鉄道爆破など悪らつな北韓のスパイ・ルートをしゃ断するためレーダーなど対スパイ装備を来年度中には導入する方針であると語った。

同日陸軍指揮官会議が終わった後、金長官は「休戦ライン付近の防衛策を補完して陸路を通じたスパイ浸透ルートを断ち、発電所など重要国家施設を保護するため軍の警備兵力を投入する。北韓は産業施設破壊などの目的を持ったスパイを南派させているので、全国民が防諜意識を新たにするよう要望する」と述べ、最後に、北韓の金日成一派があいついで体戦協定に違反した場合には韓国側もただ座視してはいないだろうと警告した。

### ◎貧民街の再開発に重点

**建設部、来年度から新住宅政策**

建設部は来年度から住宅建設を貧民街を含めた都市不良地区の再開発事業と住宅建設を連結させた住宅政策をとる計画をたてた。建設部はこれに従い不良住宅数が三二%以上となる都市に八億ウォンの資金をかけて四千戸の共用住宅を建設する計画であるが、これを都市不良地区再開発事業と関連させて推進する方針をたてた。

このような住宅政策の変化は合理的な都市開発事業を促進させる一方、住宅公社と住宅金庫から恩典をうけていない低所得層により多くの便宜を与えるためのものとみられている。

### ◎日本商社員の入国を簡素化

**大阪貿公事務所の推薦状でビザ発給**

大韓貿易公社大阪事務所は韓国商品輸入のために韓国訪問を希望する日本人にたいする入国査証（ビザ）発給問題について、大阪駐在の韓国総領事館と協議した結果、韓国商社の招請状のかわりに貿公大阪事務所の推薦状で代行できるように合意した。

領事館とのこのような合意は商取引上、急いでいる日本商社に便宜を与えるためになされたものであるという。

### ◎初めて南べに柔道教官団派遣

**全員が大学卒業、四段以上のもの**

韓国から初めて二十九日南ベトナムへ柔道教官団が派遣される。から手教官団の派遣につづいて派遣される柔道教官団は将校三人と兵士七人から構成されており、全員が大学卒業者、四段以上の腕前を持っている。

# ◎世界で最大の女子大 〝梨花女子大〟

## 著名人の奥さんはここの卒業生 才色兼備の女性の集まりを見る

フランク・デイバイン

世界で最大の伝統的女子大学が韓国ソウルにある〝梨花女大〟がこれで、この校門をくぐるには才色兼備の女性でなければならないという条件があるが、社会的にはまたエラくなるにはこの〝梨花女子大生〟を妻にめとらなければならないとさえいわれている。女の子に生まれてきて、この梨花女子大の門をくぐるということは〝輝しい夢〟であるともいわれているが果たしてこの女子大はどんなところであろうか——。ハンサムで頭の切れる新聞記者フランク・ディバイン氏(オーストラリア・ニュスペーパ駐日特派員で前外国人特派員協会会長)はこの女子大の門をくぐって探訪したので次に紹介しよう。

韓国のソウルにある梨花女子大学の若い女性たちは最近、駐ベトナム韓国兵に典型的な韓国の風景画をかいて送り、兵隊たちは風景画の底にひそむ〝女性の心〟に魅入られて、活躍しようという力を与えられたという。男は優しい女心を女子大生の絵の中からくみ取ったが、女子大生にとって勇猛な男はまた女の〝のぞみ〟でもある。

ベトナムで前線将兵のさきがけを行く蔡命新駐南ベトナム韓国軍司令官は梨花女子大生たちに〝最も男らしい男〟としてそのトップ・ボーイに選ばれた。といって梨花大大の学生たちが特に〝好戦主義者〟だというわけではないのである。否むしろその逆で彼女たちは優雅を好む美しい女性たちである。

**◇梨花女子大生の望みの結婚相手**

梨花大学の学生数は八千人。これは女性だけの大学としては世界最大の大学である。この八千人に「将来どんな人と結婚したいか——具体的に……」というアンケートをとったら、その答えは〝蔡将軍のような人〟というのが圧倒的だったのである。そして蔡夫人はこの梨花の若い女性たちにとって現文教部長官や内務部長官、無任所長官、そして元外務部長官なども人気がある。それはこれらの長官たちはみんな梨花の卒業生と結婚したという〝すぐれた豊かなセンス〟の持ち主だからだというのである。そしてこの梨花の若い女性たちは商工部長官や法務部長官にたいしても敬愛の念を抱いている。その理由は「まちがった方向へ導かれ——?」て他の学校の卒業生と結婚をしたものの商工部長官は自分の娘をいま女性の理想である梨花に通わせているからである。そして法務部長官の場合はまた自分の娘と息子の嫁とを梨花女子大に入学させたからなのである。

このほかに、数多くの国会議員や外国駐在大使、そしてわかい政府官吏たちの〝出世〟というものが梨花女子大生には人気がある。彼女たちはそういう男性と結婚して夫を助け、栄誉ある人生をおくりたいと考えている。彼女たちの主張によれば梨花女子大生と結婚する男は〝幸運〟だという。それは男たちが前進してその他位が上昇するとき、ワイフが助け、仕事にも大きく貢献することができるからだというのである。

**◇〝外人〟を認めることに大きく貢献**

梨花女子大は一八八六年に米国のメソジスト宣教師たちによって創設された。以来梨花女子大学はその卒業生らと共に現代韓国の発展の歩みのためにはきわめて大きな役割りを果たして来たのである。そしてその活躍はいまなお営々として続いている。

長い間、韓国では古い思想や考え方が幅をきかしてきたものであった。そこで現実的な考え方で近代要素を豊富にとりいれて、すべてを実践してきた梨花女子大は時として特殊なもののような眼でみられたが、その権威は常に少しもゆるがなかった。そして外人を認めるという態度の普及にこの女子大の力が大きく働いていたことは事実でこれは梨大の大きな貢献であった。

**◇花嫁学校ではないが、優秀な家庭婦人を**

最近の梨花女子大生たちはミニスカート族よりもむしろスタンダードな古典派に属するひとの方が多いように思われる。それは梨花女子大生が流行を追わず、優雅に振る舞うということでそういう点からいって梨花の女性は全く女らしいということができよう。

梨花女子大学には四十の科がある。そして教授は四百人。その特色は大勢の学生が文学や芸術科に集中しているということである。

梨花大では学問的になることがすなわち非女性的になることだとは決して教えていない。しかし金玉吉総長(もちろん彼女自身梨花の卒業生である)は学問的な詰め込み主義よりは自主的に考究する方法を学園でのモットーとしている。すなわち女性たちが自分自身を自由に表現すること、また指導力とイニシアチブを取ることができるような人間に発展する〝ふん囲気〟を創造し、学生たちがその中で勉強できるように、とこれを重視していると語っている。

梨花女子大は花嫁学校ではない。しかし、外の東洋の国ぐにでもいえることだが、女性の地位が社会的に低かったため、女性は男性に従属したものと考えられてきた。そこで梨花女子大学でもこれまでは職業婦人になる女性より家庭婦人になる者が多く、従って学校当局はすぐれた家庭婦人たちを作り出すことでその効果を上げて来たものであった。

**◇結婚の良い相手をみつけるために**

「職業女性として梨花女子大の出身者を使えって?」最近、梨花の卒業生三人を採用したある韓国の実業家は鼻を鳴らしている。そしてこういうのであった。

「彼女らはコーヒー一ぱいをいれるのにも合理的な方法はどうだとかこうだとか弁説さわやかに論ずるのだ」そして首を横に振るのであったが、しかし彼は梨花の卒業生と結婚したいかと私が聞くとなんのちゅうちょもなく〝イエス〟と答えたのであった。

梨花大の卒業式は毎年午後の二時から行なわれるが、なかなかの盛観である。在学中には結婚することを許されていないので、この梨花女子大のある者たちはの卒業式のフィナーレに結婚式をあげる。そこで毎年いくつかの結婚式がこの卒業式を飾るのである。この梨花大学総長である金博士も梨花女子大の四対一という激しい入学競争率は将来学生たちが結婚のよい相手をみつけようとするさいの競争率の幾分かがそてにすでに加算されているという。すなわち梨花女子大を出た人をワイフにしたいという優秀な男が多いために、梨花女子大にはいるということがすでにその難関の一つを突破したことになるというのである。

「梨花の卒業生だということは韓国の女性にとってはいい結婚の相手をみつける大きなチャンスをつかんだということになるんですから……」と金玉吉女史ははっきりとこれを認めていた。いい結婚をさせようとしてこの梨花女子大に娘を入学させる親も少なくない。

**◇男女同権に強い信念をもつ**

梨花卒業生や教授陣は男女同権ということにたいする強い信念を持っている。そしてそれはいまでは大へんな自信となっているようだ。オーストラリアのホルト首相がソウルを訪問したさい、ある大学はホルト首相に多誉博士号を贈った。その時、梨花女子大学はホルト夫人にやはり名誉博士の学位を贈呈している。ところが、この梨花女子大の女性たちも男女同権を呼びかけるさいでも決して女らしさを忘れないのである。韓国が日本から解決されたのちに韓国の国会議員となった女性たちのほとんどは——しかしその数はわずかだが——梨花女大の出身者であった。

たいてい梨花女子大の女性たちは男女同権のための公の運動をするさい慈善事業を通して、また女性機関に所属するという方法で広げていくことを望んでいる。その一例として例えば韓国のYWCAは全部、実際には梨花女子の運営のもとに存在している機関である。

私が梨花女子大を訪問したさい、その近辺の大学では〝不正選挙〟を糾弾する学生デモが激しく行なわれていた。しかし、金総長は梨花女子大の学生たちはデモには参加していないと語っていた。しかし梨花女子大生は現政局全般にわたって確実な認識をもっており知性的にそして感情的にこれを非常に心配しているということであった。そこで政治情勢や社会の問題に梨花女子大生は特別の関心を持ち、非常に注意深くこれを観察していると金博士は強調していた。

**◇背後的な役割りを果たす力**

後で分かった話だが、さる六月の学生デモのさいには何人かの梨花女子大の学生たちが背後的役割りをしたということで、たとえば警官との衝突で倒れた男子学生たちを手早く手当てしながら〝自分たちのボーイ・フレンド〟らを優しくも力強く激励したという。

こうしたことはもちろん女性らしい梨花の校風を現わすものであり、これは習性となって彼女たちが結婚したのちにも大きな働きをするという。

## ◎朝鮮大学校認可を阻止する措置を

### 韓国教育連合会「声明を発表」

韓国教育連合会は去る五日、東京で朝総連が運営する朝鮮大学校を認可する方針をたてた東京都を非難する声明を発表した。

同声明は「朝鮮大学校というものは在日韓国僑胞を赤化するための洗脳工作要員の養成所だ」と指摘、美濃部東京都知事はこのような朝鮮大学校を認可じようとする方針を捨てるべきだと主張した。なお、同声明は韓国政府は朝鮮大学校の認可を阻止するために強硬な外交措置を取るべきだと強調している。

## ◎民団あくまでも朝鮮大認可に反対

### 〝反共〟の立ち場から闘争を…… 第四次会議で基本姿勢打ち出す

在日大韓民国居留民団の「朝鮮大学校認可阻止」闘争委員会(委員長＝李裕天民団中央本部団長)は二十日午前、民団中央本部で第四次会議を開き、東京都が推進している朝鮮大学校認可問題について論議し、民団が全国的な規模で展開する今後の反対闘争方針を決めた。この闘争は七つの地区に協議会を置き、民団中央本部の執行、議決、監察の三機関、顧問団、傘下各機関団体の長を総網羅して構成、東京都の私学審議会を始めとする各関係機関にたいする朝鮮大学校認可阻止運動を積極的に行なう一方、抗議集会やデモを各地で繰りひろげる。

この反対闘争は、反共的な立ち場に立って「朝鮮大学校というものは在日韓国人の赤化と自由陣営の破壊を目的とする共産主義工作員の養成所である」ことを指摘し、「これを認可しようとする美濃部東京都知事の方針には絶対反対だ」という基本姿勢で展開する、と呉敬福民団中央本部総務局長は語った。

綱領
一、われらは大韓民国の国是を遵守する
一、われらは在留同胞の権益擁護を期する
一、われらは在留同胞の民生安定を期する
一、われらは在留同胞の文化向上を期する
一、われらは世界平和と国際親善を期する

1968.1.1
第52号

発行所
民団福島時報社
発行人 任璋鎬
大阪市福島区茶円町94
TEL ㈥2414 ㈥6030

# 頌春年頭辞

福島支部団長　任　璋　鎬

新時代の希望に溢れる一九六八年の元旦を迎えるにあたり

わが祖国大韓民国の限りない発展と隆盛を祈願致し、在日僑胞の各家庭に栄光と万福が訪れる事を心から祈願致します。

顧りみれば祖国は昼夜の別なく大躍進を続けて居るのに韓日国交正常化後の在日僑胞の組織活動には色々な難関が多かった年でもありました。法的地位処遇問題、永住権申請、国民登録切替、教育の諸問題、民生安定、文化向上施策等、一進一退で進展が遅々としており対外的な諸問題でも前進施策がみられなかったのは衆知の通りで全体が反省すべき年でもありました。

「一年の計は元旦にあり」送旧迎新のこの時に如何にして古い殻（から）より脱皮して真の僑胞社会に貢献出来得る組織活動体に成長させ意義ある新年度にすべきかを第一線で活躍して居られる指導者は考えを新たにすべきだと思います。

相信相和、相互協調、対外融和に尽力啓蒙してもわれ等の行手には朝総連の悪悚な虚偽捏造宣伝が壁をなし、日本社会での経済不況で僑胞相互の努力も実を結ぶ事が容易でなかったが、われ等は常に外部から良識と知恵を吸収して相手を知り、相手を理解し、自分の信念を主張して、相手を納得させる勇気が必要になって来た。学ぶものは自己又は社会を知り、国家民族を知り真の進む道を知るからである。

我等が常に念願している事は祖国の大発展、自己の生活安定、充分な子女の教育、事業の隆盛とすれば各自も身近かな、資金確保、税金対策、企業拡充という多くの難問題を各自の考え方とせず、組織体で大局的に解決して行くようにして基本作りに協力する責務があると思う。誰かが発案してやるだろうという楽観的な気持は禁物であり僑胞社会の大きな損失である。

皆がちゆじよする事により来る年来る年が後悔だけ蓄積して前進を知らない社会になる事を悟るべきである。表裏一体となって新しい活動をなして社会の変遷に大きく眼を開いて進む事が急務だと思う。未来の発展を考えた時、小さな問題に停頓せず勇往邁進策を取り強く進む以外にない。

われ等は常に大きなダムに水を満たしておくように僑胞に必要な多くの知恵と活動方針を豊かに組織体に貯わえねばならない。権益も教育も民生も文化も伝統の中に深く広く蓄積してこそ僑胞社会の未来をあやまつことなく新たな飛躍を生むことであるので、日々の蓄積をおこたってはならないと思う。皆様の御壮健を祈り併せて企業発展を祝願して挨拶と致します。

平和な元旦を迎えた祖国の子供

## 論壇

## ◎樺太の僑胞帰還の交渉問題

### 日本には、法的道義的責任がある
### 在日僑胞と同等の扱いを

韓国政府は、樺太（現在、ソ連領サハリン島）に残っている韓国同胞たちの送還問題を交渉するために与野三名からなる代表団を近日中に国際赤十字社および日本赤十字社に派遣することに決めたといわれる。

**▽代表団、国赤本部を訪ねて要請**

この代表団は国際赤十字社本部を訪ねて樺太僑胞帰還韓国人会から提出された多くの帰還歎願書などに基づいて事情を説明し、人道主義に立脚してこれら不遇な人びとの早期送還が実現されるよう協力してくれるよう、要請する方針だといわれる。

忘却のかなたの地で、しかも赤色治下で生き地獄のような抑留生活をしている韓国同胞は約四万名と推算されている。彼らはもともと、日本帝政に強制徴用されていわゆる〃戦争遂行〃のための道具として過酷に使われた末、樺太が日本の無条件降伏とともにソ連領土として編入されてから現在に至る二十余年の間、そのままくぎ付けにされているのである。彼らは寝ても覚めても故国を胸に描きながら大部分が〃無国籍者〃としての烙（らく）印をおされたまま、政治的な虐待と過重な労働にしいたげられ、まことに忍びがたいほどの苦難を受けている。中には生命までを犠牲にした人も多いという。

**▽韓国定着を条件として交渉すると日本**

このような惨状が二十年間もつづいている間に韓国政府はいうまでもなく、直接責任を負うべき日本政府当局がこれというメドをつける努力さえもしなかったということはあまりにも非人道的なことだといわざるを得ない。敗戦日本は主権を回復してから長い年月が経ち、特に韓日間の国交正常化が実現されてから二年近くなっている現在になっても、失意の奴隷のようになっている人たちを救出できないでいるのは恥ずべきことで、実に遺憾なことである。

先に日本政府は樺太にいる韓国人たちを韓国政府が引き受けて、韓国に居住させるということを条件とするならば、彼らの帰還問題についてソ連政府と交渉する用意があるとの態度を示したことがある。

日本政府は今もこのような主張を一つの基本方針として固執しているようだし、韓国政府は送還僑胞がどこに定着しようとも先ず送還措置を取るのに日本政府が積極的に協力する義務があると見ている。一方、ソ連側は送還される韓国僑胞が戦前の居住地である日本に定着するのでなければ送還に応じないという方針である。

樺太はもと日本領土であったことでもあるし、これらの韓国人が樺太に居住するようになった動機は旧日本帝政のいわゆる戦争政策に根拠があった。ゆえに彼らの窮極的な定着地問題は関係なく、日本当局はすべての送還希望者を無条件に、そして一日も早く帰還させるよう最大の誠意をつくし、対外的交渉を繰り広げるべき法的ならびに人道的責任を持っているのだとわれわれは確信する。

**▽在日韓僑と同等の法的地位を与えよ**

問題の定着地選択は彼らが、一旦日本に送還された後に彼らの自由意思に任せるのが順理であろう。

終戦時まで日本に居住していた韓国僑胞たちが〃在日韓国人僑胞の法的地位に関する協定〃に従って日本永住権を持つようになっているからには、旧日本領土である樺太在留韓国人だけが、同一な条件と法的地位から除外されなければならない理由はどこにもないはずである。

また、日本は一九五九年以来、いわゆる人道的見地を表面に出して九万人近い在日韓国僑胞を共産北韓に送り込み、今後も一万六千余名を北送する画策を持っている。こういう日本がなぜ樺太在留韓国僑胞だけには〃人道主義的〃政策を使うことができないでいるのであろうか――。

われわれはこれをとうてい理解することができないのである。ゆえに、われわれは、何よりも先に日本政府が自ら進んで韓日協定精神にもとづき真実の人道的精神に立脚して忠実に国際義務を履行することを重ねて促求するものである。

なお、このたび派遣される国会代表団は以上述べた方向に日本政府要人に強力な交渉を進めるべきであり、これは同代表団がジュネーブの国際赤十字社に赴く使命以上に重要であるということを指摘して置く。

## ◎対南ベトナム市場進出の今後

### 韓国商品の国際競争力を強化せよ
### 日本の商魂と開拓精神をみて

日本の対南ベトナム市場進出は一九六六年初から急激なブームを起こし絶頂へ向かって走っている。

南ベトナム政府はAID（米国の国際開発処）資金での購買品目二百九十六種を削除し、同時に輸入の自由化および政府保有ドルの無制限放出の措置を取ったが、このことは、AID資金購買商品に主として依存してきた韓国商品の販路をほとんど遮断し、日本商品の大量輸入の門戸を開くという結果をもたらした。

**▽南べに巨大な商業的足場を持つ日本**

ベトナム・オブザーバー誌十一月号は「日本は過去十八カ月間にホンダ、スズキなどのオートバイ十九万八千四百三十台と乗用車一千五百七十台を南ベトナムに売り込んでいる」と報道し、「サイゴンの街に群をなして走っているオートバイ、そして市場と商店にあふれ出ている日本商品を一見すれば、日本はすでに南ベトナムに巨大な商業的足場を持っているのだということが分かる」と書いている。

オートバイの音で明け暮れするサイゴンの街には日本製冷蔵庫、テレビなどが山のように積まれており、露店には日本製のカレンダーがポスターのようにたくさんかかっている。

過去十一カ月間における韓国と日本の対南ベトナム輸出実績（南ベトナム政府保有ドルによるもの）を見れば、韓国は五百二十二万二千四百余ドルで、日本は七千六百五十九百余ドルとなっている。

日本商品の船積み地はシンガポールや香港になっているが、これらを合わせるとこの数字はもっと膨大なものになるのである。

**▽南べ政府、自由貿易推進の結果**

南ベトナムは、一九六六年六月十八日為替ルート変動とともに輸入政策を変更し、直接的な輸入統制策としての輸入割り当て制（コーター制）を廃止した。そして間接的な輸入抑制策で自由貿易化を図りながらAID資金を減少させる一方、政府保有ドルの無制限放出（一九六六年度放出は一億一千五百万ドル、六七年には三億ドルと予想される）に踏み切った。このような措置はAID資金と政府保有の資金比率が一九六六年度には六十二対三十八であったものを六七年上半期には四十三対五十七と逆転させてしまったのである。

そこで、AID資金購買地域国家である韓国は非常に大きな打撃を受けるようになった。ところが、日本は、南ベトナム市場への国際輸出競争化に従い、ものすごい商魂でこの競争にいつも勝ってきたのである。

日本はまた南ベトナム調達庁での入札が行なわれる度毎に有能な現地人を利用して、じゆうぶんなコミッションを使って必ず落札する。その中をみると、日本は四十余名のベトナム常駐日本人幹部を持っている外に有能なベトナム人、中国人百余名を雇用している。しかし、韓国はたった六名の常駐社員しか持っていないのである。

**▽アジアでの戦争で金持ちとなる…**

サイゴンでの日本商品の人気は非常によく、たいていの小さい商店にも日本製の冷蔵庫やテレビが陳列されている。サイゴンのある経済専門家は「日本製商品はデザインやサイズがベトナム人たちの生理に合うようにできており、最近ではベトナム人たちの対日感情が前よりはずっとよくなってきている」と評した。

この経済専門家はつづけてつぎのように語った。「このような日本のベトナム進出は日本の商人たちの大きな努力にもよるが、日本政府の強力な後楯と啓蒙がまた大きな力となっている。アジアでの二回の戦争（韓国戦争、ベトナム戦争）で金持ちになる国はまさに、この日本である」と。

日本は太平洋戦での対べ賠償金三千九百万ドル中、三千七百余万ドルを入れてダニン水力発電所を建設し、残りの二百万ドルで製紙、合板工場を建立しているほか、九百十万ドルの民間経済借款を約束している。

**▽新市場の開拓を余儀なくさせられる**

南ベトナムは過去二年の間に二百十二名の農業技術者と七十余名の留学生を日本に送っており、日本は三十余名の農業技術者や医者らを南ベトナムに送っている。南ベトナム政府の貿易政策の変化とAID資金の減少が韓国の貿易に与えた打撃は非常に大きい。

さる十一カ月の間に韓国はAID資金購買資金として七十四万余ドル相当の商品を南ベトナムに輸出している。そして韓国は南ベトナム政府がさる五月三十一日導入許可した三百五十トン級の船百六十隻（四百四十万ドル相当）を輸出することにより昨年度の対ベトナム輸出実績は超過した。しかし一般商品はその輸出目標の三千万ドル達成もむつかしいと見られている。

特に韓国の独占商品であった亜鉛鉄板が米国のBA政策によって完全に中断され、以来苦境に陥った韓国はその他の商品を多様に出すことと新しい市場を開拓しなければならなくなっている。韓国の商売力はあまりにも微弱だというのが現地専門家たちの共通な見解のようである。

韓国の駐越経済協調団は物品軍納、用役、建設契約を重要視しているが、このほか恒久性のある貿易―市場開拓への難関を打開するために市場研究および資料分析に腐心している。そして本国政府の張力な政策樹立を渇望している。すなわち、対べ輸出計画を商品別に綿密に検討して合理的な再調整をするとともに韓国商品の国際競争力強化を急がなければならないということである。

**▽商品別商社別輸出責任制を実施せよ**

その対策としては第一に、韓国政府は対べ戦略商品にたいする重点的な支援を行なわなければなるまい。そのためには商品別、商社別の輸出責任制を実施すべきであろう。その方法としては国内生産ならびに輸出能力が増大する商品の中で特に肥料、セメント、合板、紙類などの単一商品として選定することである。そしてこれらの生産業体、輸出業体を連結させ、長期輸出が可能なようにすべきである。

第二に、有力業体の対べ進出を促進し、ベトナム常駐活動を強化しなければならない。

第三に、ベトナム市場がAID購買資金市場から国際自由競争の激しい貿易市場へと変貌している事実を業界は常に注視して新しい態勢をかまえなければならない。

第四に、保税倉庫運営を強力に推進すべきである。

そして第五には、ベトナム調達庁入札に積極的に参加すること、などが建議されている。

# ◎韓国に、また戦いは起きるか

## スパイやゲリラの浸透のみならず
## 今年、五百四十三件の挑発事件

共産主義の北韓はこの一年間じゅうぶんな準備工作をし、加えてその検討をしたのちに、韓国から米軍を追い出して、韓国政府を倒し、武力によってこの分断国家を統一しようと企図している。この目的のもとで北韓はいま、韓国にたいして日増しに熾烈な挑発行為を打ち出してきている。

**▽非武装地帯から攻撃再開した北韓**

一九五三年の休戦協定からこのかた、これまでになかったほどの激しさで、北韓は今年の春と夏にかけて暴力的な挑発を行なっている。この北韓からの挑発は休戦ラインの付近および南側での北韓正規軍の攻撃、またスパイやゲリラの浸透などによって行なわれた。

今年の初秋に小康状態があったが、その後共産側は幅四千メートルの非武装地帯から攻撃を再開した。そしてこの攻撃は小部隊の侵犯を始め、米軍と韓国軍に機関銃攻撃を加え車両の下から地雷爆発をしかけ、そして兵舎にたいする砲撃や鉄道破壊などによって実施された。さらに北韓空軍は韓国上空の空中偵察飛行を増加している。

この種の浸透に加えて北韓は、国連において強力な外交攻勢にも出ているのである。このほど北韓が国連総会に送った北韓の書簡は次のように主張して国連の年例報告を非難している。

「国連の年例報告は、北からの浸透うんぬんと小説のような作りごとをいって騒いでいる。が……しかし、これは、米帝国主義侵略者が韓国で新しく狂信的な戦争をしかけようとして挑発していることを自らカバーするためのものである」と。

このような北韓の主張は北韓がますます緊密な連帯を持とうとつとめているソ連の代表によって以前にも増して強力に支持されたのであった。

**▽国連を非認しつつ国連での演説を要求**

平壌政権は国連が韓国問題の解決に何らかの権威を持っているとは決して認めないと宣言している。

国連の政治委員会は今年の総会でも北韓が韓国における国連の役割りを受諾しない限り、北韓代表を国連に招待することはまかりならぬ、として北韓側が国連にやってきて演説をしたいという要請を否決した。

北韓の軍事挑発行動はこの冬にもずっと続けられ、春になるとその激しさをもっとますだろうというのが一般の観測されているのである。

韓国にいる国連軍司令部が十一月二日、アーサー・ゴールドバーグ米国連大使を通じて国連の安全保障理事会に提出した〃白書〃は今年にはいり五百四十三件の重大な事件が北韓側の挑発によって起きたと報告している。これは一九六六年に起きた事件の五十件に比べれば比較にもならないほどの多数にのぼっている。

**▽安保理に提出した〃白書〃の内容**

この白書によると、北韓の挑発行為は六人から九人の北韓の軍人あるいはスパイのグループによって行なわれるのが普通だが一回は休戦ライン以南で六十名から成るグループを発見したこともある。しかし現在のところ、共産側が本格的な戦争を再発しようとする兆候は見えない。

韓国における共産挑発衝突事件は根本的にいってベトナムのそれとは全く違っている。南ベトナムの多くの地方ではベトコンが反乱行為を続けているが、この反乱者たちはその地域と民衆を事実上支配しているのである。

しかし、北韓は自らも認めているように人員武器その他の供給物資は全部、北から送ってこなければならないのである。すなわち、韓国人は南ベトナム人のように北韓のゲリラやスパイに何の協力もしてくれないのである。

そして北韓は北韓が韓国に送りこんできているスパイやゲリラなどの挑発行為を韓国内の人間が行なっている反逆のように見せかけようとしてさんざんウソの宣伝をしている。

**▽金日成のいう〃三つの勢力〃**

北韓の金日成首相は「朝鮮人民が国家解放の課業を成就するためには三つの面においてその勢力を準備しなければならない」といっている。

この三つの勢力のうちの一つは〃韓国内に革命勢力を増大蓄積することである〃といっている。これはゲリラによる政府機関の攻撃、重要経済施設の破壊、そして選択されたある韓国の地方指導者にたいするテロなどにより、政府がこれらの人びとを保護する自信がないという〃不信〃と〃不安〃とを植えつけることを意味している。こうすることにより、韓国の経済を攪乱し、窮局的には政治的な不安をかもし出そうとしているのである。

第二の勢とは〃北韓における社会主義勢力を強化すること〃である。北韓政権はその経済・政治や軍事計画をこれまでとは大きく変えて、軍事生産と経済開発の面に同程度の重点を置くことにし、政治幹部の質を向上させると共に、軍隊を近代化させようとしている。ソ連がこうした北韓の軍事計画やその他の努力を助けている証拠があるのである。

第三番目の勢力とは、米国にたいする攻撃の先鋒をいち早く見つけてこれを指揮し、他の地域における米国の苦境を最大限に利用することである。

金日成は〃米帝国主義にたいして一つの戦線における勝利は、米国の力を減らして他の戦線での勝利をもたらすものである〃と書いている。

# ◎六百億ウォンで航空施設を拡大

## 雪嶽と麗水には飛行場の新設も

交通部は今年、六億ウォンの航空施設費を投入し、金浦空港をはじめ釜山、済州、全州、江陵、雪嶽、木浦、麗水などの地に飛行場を大幅に拡張、また、新設する計画をたてた。

交通部で明らかにした航空施設事業の重要内容をみると、まず金浦空港の滑走路を増大し、済州飛行場を設置する。

なお、金浦空港の滑走路を増大する目的はまず一九七五年に導入するSSP超音速旅客機と五百人乗りボーイング七四七超大型飛行旅客機の離着陸に備えるためである。

# ◎外国人の土地取得を抑制

**内務部が法改正案、法制処に回付**

内務部は韓国に住んでいる外国人が土地を買入れることをできるだけ抑制し、特に韓国人の名前で土地および不動産の取得を防ぐため「外国人土地法に関する改正」案を作成、法制処に提出した。

内務部はこの改正案で現在外国人の取得している土地および韓国人名義の土地取得は、この改正法律案が公布されてから一年以内に、内務部長官から権利取得許可を得なければならないと規定しており、もし許可がおりない場合は、内務部長官が任意で処分することになっている。

なお、内務部は外国人土地法施行令の改正も検討中であるが、ある当局者によれば今後外国人が取得できる土地は用途別にその面積が制限されるであろうと伝えた。

一方、現在、駐韓外国人たちが所有している土地は四百九十二万坪で、およそ五十五億ウォンに達しているが、そのうち、不法取得した外国人の土地は全体の九六・四%の四百七十五万坪余りであると伝えられた。また、このうち、外国人の名義で登記されているのは二一・五%（百六万坪）に過ぎず、韓国人の名義で登録されているのが七八・五%の三百八十六万坪であることが明らかにされた。

# ◎紡織業界がうれしい悲鳴

**空前の好景気で原綿不足に直面**

韓国の紡織業界は二十年間の沈滞状態を脱して、今年最高の好景気を迎えた。しかし紡織業界はひさしぶりの好景気で思わぬ原綿の不足に直面し、ただちに四万五千俵の原綿を確保しなければならないことになったという。

紡織協会によれば、今年にはいって国内需要が急にふえ、また輸出伸長および紡織施設などで、当初計画していた六七年度所要原綿二十六万俵は実際五万俵余りが足りなくなって、年末までにこれを導入しない限り、原料難におちいるだろうと心配し、これの対策をUSOMに緊急要請したといわれる。

# ◎北送船一回で一億円が北韓に

**崔外務、木村大使に北送中止要求**

崔圭夏外務部長官は七日午前、木村駐韓日本大使を外務部に招いて、カルカッタ協定の効力がすでに終了したにもかかわらず在日僑胞の北送を継続しようとする日本政府の措置に対し、強力に抗議した。

崔外務部長官は木村大使にたいし、朝総連系列の在日僑胞が関連した日本外務省スパイ事件を引用して、在日僑胞北送船はスパイ活動の舞台となっていることを指摘し「北送船が出発するたびに日貨約一億円に相当する日本の財産が北韓の手の中に流れ込んでいるため、いままで日本円百五十四億円に相当する精密機械など貴重な産業資材が北送された」と明らかにした。

崔長官はさらに、日本から北韓に流れ込んだ資金は武力侵略を企図している北韓の経済を後押しする結果になると強調し、六十万在日僑胞中、九五%が南韓出身にもかかわらず、北送の口実に居住地選択の自由と人道主義等を持ち出すことは論理に合わないなど具体的な理由をあげて、事実上の北送延長を企てているコロンボ会談を即時中止するよう再び要請した。

# 季節の民俗（歳饌）

十二月を臘月と呼ぶのが通俗的で又一般的にその様に呼んでいる。臘月とは即ち正月の前の月だとの意味である。一方十二月三十日を除夕だと言い又は小正月とも言う。この日には親族又は知人におくりものをしてこれを歳饌といい、その種類は一定していないが一般には、生魚、生あわび、鱈、魚卵、肉ほう、乾柿、蜜柑、鶏卵、清酒雉、酒肴、冬の時食が外く使われている。

この夜には眠らずに夜を明かす風俗があり、此の日に眠ったらまゆげが白くなるといい、又寝る人には白粉をつけてまゆげが白くなったとひやかす慣しがある。

又物置や倉庫までも燈をつけて夜を明かすがこれは福が入って来る意味である。昔、宮城では除夕の前日から大砲を打つ事があるが、これは年終砲といい琴や大鼓をたたき宮城内を廻り乍ら夜を明かすが、これは病いや厄神を追い出す意味で逐除ともいった。

# 正しい道の上に立って動こう

大阪韓国教育文化センター
所長　任　正　雲

戊申の新春を迎え、皆々様の御多幸と御家族の御平安を心からお祈り申しあげます。重ねて潜越ながら、この福島時報が満四年有余ケ月一度の欠刊もなくPR活動に少なくない効果をあげて下さったことに対して、心より讃辞の言葉を申しあげます。今後ともこの福島時報が大阪府下の各民団組織だけでなく広く他府県の民団組織にも模範的な機関紙となるように内容充実を計って益々発展する様祈願致します。

俗言に〃一年の計は元旦にあり〃と申します。皆様の一年の計を立てるのになにかの参考にと思いここにいくつかの愚言を申し述べます。生あるものは必ず動きます。動けば必ず二つの結果にたどりつきます。正しい道の上に立って動けば、永遠に栄えゆく方向を進みそうでなければ一時的には繁栄の如く見えても必ずや滅亡に終ります。

すべからく私達は如何なることを計画し、それを推進し、遂行するにも正しい道の上に立つことかどうかを慎重に検討することです。わが在日韓国子女の健全なる育成を願って次に二、三つの進言を致します。正しい方向を決定するには自分を知らなければなりません。私は誰で、誰の子で、どんな家庭のなかの一人であるか、どこの国の国民で、どんな国に住む市民なのか。

この自覚から出発することでしょう。私を知るには他人のなかで知ることです。私が処すこと進むことは他人との社会生活の中で行うことですから、己を知るように、それを自覚するようにさせましょう。個人をはなれた社会はなく社会をはなれた個人は生存しえません。表裏一体をなしてのみ進歩が望まれます。体の一部をはなれた細胞のごとく、国家の一国民をはなれたその個人はいづれ滅びます。

異国に住む外国人は特に自分の国家を無視すれば返えって蔑視され、彼れが住む国民からも尊敬されないでしょう。わが子女を立派な外国人に育成させましょう。一日でも早く永住権を取得して、尊敬され得る韓国人に教育しましょう。前途に、足下に苦難と障碍があろうとも、それが正しい方向への進路であれば、幼い頃からやらすことです。正しく国家観と国民の意識をもたらしましょう。

六十八年度には、出来るだけ多くの子弟を、

1、自費母国留学生に応募させましょう。
2、在日韓国人教育後援会の奨学生に応募させましょう。
3、本国夏季学校に入学させて飛躍する母国の姿を理解させましょう。
4、世界中の言語の中で最優秀といわれるわが国語ハングルを学ばせましょう。
5、在日ボーイスカウトに入隊させましょう。
6、韓国学生作品展示会に多く出品させましょう。

わが子弟の父兄諸氏の国民教育に一層の関心と努力を願ってやみません。

# ◎新農地法試案を論ず

## 貸与料率は八対二で零細農向き

## 〃舎音〃再生して搾取するを憂う

政府が新農地法試案を発表するや、これにたいする反応は各新聞紙上に表現された。法案にたいする〃是非の賛否両論〃があることはいつものことながら、現行農地改革法の立法趣旨に照らしてみるとき、こんどの試案はいかにもこの時代に逆行するような印象を与えている。あるいは一歩前進するための二歩後退であるかも知れない。私はこの試案を論評する前に前もって、これまでの農地法について回顧してみようと思う。

**▽日本帝政時代の韓国の〃農地〃**

まず日本帝政時代に思いを走らせてみよう。彼ら日本人の搾取は徹底しており、その対象は農地、漁場、地下資源など、何一つとして抜かしたものはなかったが、その中でも最も大きな目標は〃農地〃にあった。

旧韓国時代は庶民の財産権が確保されていなかった。そのために農地所有の問題においても公信力とか所有面積の境界線とかいう点で至極あいまいであった。そこで、日帝は細部測量うんぬんと称して、その辺を略奪し始め、農工銀行、東洋拓殖会社などを設置して日本人の殖民たちを助けながらぐんぐんと韓国の土地に侵蝕するようになって行った。

三・一運動（一九一九年の抗日独立運動）以後日帝は農工銀行をなくしてその代わりに殖産銀行、金融組合にこれを変身させ、東洋拓殖会社の機能をより強化した。そして土着民族資本を漸次に衰微させ、ついにはその壊滅を企図してものであった。

土着の富農もやがて、結局は日政の小作人にしか過ぎないといってもいいほどの状態となった。

三・一運動後に韓国の義烈闘士たちが殖産銀行と東洋拓殖会社に投弾したのも日本人たちのこうした悪らつな苛政に恐りを感じたからに他ならない。

多くの韓国人は男負女載（大きな荷を男は背に負い女は頭に載せること）あるいは西北間島に、そしてまた日雇い人夫として流浪するようになった。

**▽中間搾取をした〃舎音〃族**

千載一遇ともいうべき解放となって現在、韓国では同胞同士で仲よく生きて行こうと、土地兼併を廃し耕者有田ということになった。そして有償没収、有償分配にしたが、これらは正に現行の農地改革の趣旨であった。それから約二十年過ぎたが、現在はこの法を改めなければならないほどに、韓国の農政は深刻な試練にぶつかっている。

農地所有の上限制をなくして、自耕だけでなく自営までにそれを拡大するようにすれば営農会社のようなものができることだろう。しかし、これが日本人たちの東洋拓殖会社と同様な搾取機関になるとはとても考えられない。

広漠な農土を管理するには〃舎音〃の仕事をする人員が動員されなければならないだろう。つまり地主と小作人たちの間に立って仲介役のようなことをする人間のことであるが、この〃舎音〃というのがかって地主と小作人の間で〃中間搾取〃をするようになった族なのである。東洋拓殖会社も、また韓国の地主たちも当時はもろともに〃舎音〃制を採択していたが、舎音たちは全部韓国の同胞であった。

**▽現行の自作自耕者は赤字**

三・一運動後青年層がその指標とし、また好んでよく使った言葉に〃人格〃というものがあった。そしてその反対のことばで、軽蔑を含めた意味に〃東拓舎音〃という言葉が使われた。

彼ら〃舎音〃たちは看坪、打作、結卜までの過程であらゆる奸計を弄び、そして私腹をこやすのに余念がなかった。

例えば〃半作〃といって五—五制に小作料を収納する場合、舎音は小作人を教唆して、あるいは逆に小作人と共謀して地主の分を四または三くらいにして搾取、横領をするのであった。それだけでなく貧しい小作人からも任意に喝取する場合が多かったのである。

新農地法試案は農地貸与料率を八対二程度に決めているが、これは零細農民にはよいかも知れないが、自営をするために投資する側から見れば、投資誘引性がひどく高いのである。現在、自耕自作する農家の所得は一割と見なすこともむつかしいといわれているところから、現行の営農技術や労力動員では自営投資側は赤字を免れがたいだろうと思われる。

**▽生産意欲を昂揚するような案を……**

新農地法案のとおりになる場合、農政面で協業の拡充と集約、営農技術の近代化、農村人口の適正な配分、そして特殊作物の加工のための施設と農家収入の多元化などに行政技術的な考慮が払われ、それを基調とした施策が取られるよう要望される。

また、貸与農地の限度にたいしては一層仔細な配慮が必要だと思われる。例えば一世帯五人として、一町歩に相当する農耕の収入で最低生活が保障されるとすれば、農牛一匹、あるいはそれくらいの農地所有の上限制は廃止するにしても貸与農土の一世帯当たりの上限制は世帯人員数によって決めなければ請負式の貸与が拡大して下請負式小作関係が派生する憂慮がないのでもない。いい変えれば、形態を変え、偽装した舎音族が再生するかも知れないという〃心配〃があるのである。

いずれにしても耕者を説得し、激励して生産意欲を昂揚する方向で当局は新農地法試案をもっと手入れをすべきである。

本国三南地区旱害罹災民救護募金並びに支部年末特別賛助金募金には団員皆様の熱烈な支援を載だき厚く御礼申上げます今後共御指導御鞭韃を伏してお願い申し上げます

芳各名単

| 金額 | 氏名 |
|---|---|
| 一金 五万円也 | 郭裕之氏 |
| 〃 参万円也 | 金尚振氏 |
| 〃 貳万円也 | 趙隆允氏 |
| 〃 〃 | 任璋鎬氏 |
| 〃 〃 | 金昇漢氏 |
| 〃 〃 | 柳敬秀氏 |
| 〃 壱万五千円也 | 崔望奎氏 |
| 〃 〃 | 李昌福氏 |
| 〃 〃 | 高基春氏 |
| 〃 〃 | 崔東植氏 |
| 〃 〃 | 朴仁俊氏 |
| 〃 壱万円也 | 韓源喜氏 |
| 〃 〃 | 金東柱氏 |
| 〃 〃 | 許周漢氏 |
| 〃 〃 | 高始平氏 |
| 〃 〃 | 高昌準氏 |
| 〃 〃 | 高泳夏氏 |
| 〃 〃 | 李致善氏 |
| 〃 〃 | 曺必用氏 |
| 〃 〃 | 張鉉相氏 |
| 〃 〃 | 白永和氏 |
| 〃 〃 | 朱泰姫氏 |
| 〃 〃 | 金慶学氏 |
| 〃 〃 | 梁貞淑氏 |
| 〃 六千円也 | 韓今守氏 |
| 〃 五千円也 | 河聖奎氏 |
| 〃 〃 | 尹正坤氏 |
| 〃 〃 | 朴永根氏 |
| 〃 〃 | 朴福根氏 |
| 〃 〃 | 金弘圭氏 |
| 〃 〃 | 朴正律氏 |
| 〃 〃 | 金喆漢氏 |
| 〃 〃 | 張基粉氏 |
| 〃 〃 | 玄瑢瑗氏 |
| 〃 〃 | 李貞順氏 |
| 〃 〃 | 金重経氏 |
| 〃 〃 | 金泰洙氏 |
| 〃 参千円也 | 方啓祐氏 |
| 〃 〃 | 李春晩氏 |
| 〃 〃 | 洪癸生氏 |
| 〃 〃 | 施炳圭氏 |
| 〃 〃 | タケヤ薬局 |
| 〃 〃 | 秦勝行氏 |
| 〃 〃 | 朴龍光氏 |
| 〃 〃 | 金小允氏 |
| 〃 〃 | 李太千氏 |
| 〃 〃 | 鄭興業氏 |
| 〃 〃 | 宋行善氏 |
| 〃 〃 | 金尚洛氏 |
| 〃 〃 | 朴声煥氏 |
| 〃 〃 | 金世界氏 |
| 〃 〃 | 金成燗氏 |
| 〃 貳千五百円也 | 尹永玉氏 |
| 〃 貳千円也 | 曹章煥氏 |
| 〃 〃 | 韓武用氏 |
| 〃 〃 | 李斗南氏 |
| 〃 〃 | 高貞烈氏 |
| 〃 〃 | 李珩伊氏 |
| 〃 〃 | 玄国鍾氏 |
| 〃 〃 | 李泰和氏 |
| 〃 〃 | 金京源氏 |
| 〃 〃 | 金尚連氏 |
| 〃 〃 | 金桜中氏 |
| 〃 〃 | 白昌檣氏 |
| 〃 壱千五百円也 | 任辛鎬氏 |
| 〃 〃 | 高昌孝氏 |
| 〃 〃 | 魏瑛奉氏 |
| 〃 〃 | 金秉鉄氏 |
| 〃 〃 | 成逢吉氏 |
| 〃 〃 | 金文順氏 |
| 〃 〃 | 姜太真氏 |
| 〃 〃 | 林康子氏 |
| 〃 〃 | 高昌浩氏 |
| 〃 〃 | 金連鎬氏 |
| 〃 〃 | 金武乭氏 |
| 〃 〃 | 李植祚氏 |
| 〃 〃 | 全可順氏 |
| 〃 壱千円也 | 尹文俊氏 |
| 〃 〃 | 安炳哲氏 |
| 〃 〃 | 尹正根氏 |
| 〃 〃 | 姜日生氏 |
| 〃 〃 | 徳原春子氏 |

綱領
一、われらは大韓民国の国是を遵守する
一、われらは在留同胞の権益擁護を期する
一、われらは在留同胞の民生安定を期する
一、われらは在留同胞の文化向上を期する
一、われらは世界平和と国際親善を期する

1968.3.10
第５４号

発行所
民団福島時報社
発行人　任璋鎬
大阪市福島区茶円町94
TEL (451) 2414 / (453) 6030

# 奮起せよ僑胞の権益擁護の為に新執行部

## 立て真の指導者
## 結合せよ、在日韓国人

福島支部団長　任璋鎬

二月二十五日有志団員七十名参集の上臨時総会が支部事務所で開催された。北傀共匪蛮行糾弾大阪地区民衆大会に動員した即後で、支部団員の皆様に心労を重ねた事を紙面をかりて御詫び致します。執行部長として四期に互る指導活動に物心両面に協調下さった団員の皆様並びに外部の関係諸士に対し深甚なる敬意を表し今後も支部の僑胞組織活動に良き指針を承る事を併せてお願い致します。急に総会を参集したのは、第一に自分が一地区指導者に不向きであることを痛感し、智能ある後継者選出を念願としたからであります。幸い秩序ある臨時総会を挙行し、左記事項の決議を万場一致で可決した事に謝意を表し、過去意中にあり乍ら実践出来なかった点を指摘して明日からの組織活動の為になれば幸いと思います。

決議事項（万場一致）

一、一般団員及び既得旅券所持者でも本国訪問後日本に於いて朝総連の集会、又は朝鮮人商工会に入会し外活動資金援助になる行為をする者は本人は勿論入団時の推薦者、保証人を含め一切事務書類を停止し大会に於いての投票権、発言行為を一切停止する。

二、団費をこういに六カ月以上納入しないものは大会での投票権、発言権、推薦書類、身元確認書類は一切停止する。（但し困窮者又は傷病家族の場合をのぞく）

三、各地区の班長は隣番制で六カ月受け持つ事。

四、朝鮮人学校に子弟を通学させているものは一年の猶予期間をおいてなお継続する場合、㈠の項に準んずる。

以上を決議案として決定した。

過去数年の間に本国の発展は勿論、日本社会も急激な進歩を重ねている。並行して民団組織活動も発展前進しなければならないのに、跛足を続けている原因追究にも凡ゆる角度から突入して見たが心に秘めた結果は満たせなかった。これは私自身の無知無力にも原因があるが凡ゆる施策面にも欠陥があまりに多く、基本方針を変えない限り到底急速な発展は成就しないことをさとった。各支部施策の事務内容も国民登録、旅券外行事に振り廻わされ、最も大事な僑胞の福利の為の指導、民生安定の重要事項、税務指導、第二世、三世の文教施策には何一つ立案も建議されず、毎日を規約だけに論争を重ねている現況を嘆かざるを得ない。民団活動は渦動期だとよくいう。何をいうのであろうか。民団綱領の実践が出来ない現組織体制を大衆は飽きをきたしているものも多く、傍観して野次馬になりきっているものも多い。流言飛語で、知識水準の低い団員は右往左往の感がないでもない。

先づ二、三地区宛を統合して強力な指導人材を探し出して施策する以外にないと断言する。上部より指示だけを主張するより、下部組織より盛り上る体制作りが急を要する。朝総連のものと交際をするな、朝銀と取引きをするな、朝鮮人学校に行かすな、朝鮮人商工会に出入するな、朝総連の活動資金援助行為はするな、と高言してみても、実際に民団の組織活動方針で全部門を団員が得心するまで引き受ける体制作りが確固として出来上っていない限り空手形に終るかんがある。民団系の経済人、文化人、組織人は眠りを続けているのが不思議でたまらない。成せば出来ない問題ではない。施策方針を疑がい、現指導幹部を非難したくもなる。といって中傷しているのではない。今からでも遅くない、非を悟った時、改めるのが前進の基本になるからである。ときたま、民団の上層幹部の中で今の組織活動で充分ではないかと語る場面があるが笑止千万である。何を考え何を見ての発言だろうか。

池の蛙、大河を知らずで、我等の目前には発展して行く日本社会が大きな口をあけて他民族排斥の眼と北傀の赤い舌が毒牙を磨いて注視しているではないか。勿論日本社会に敬愛され韓国国威宣揚の先端にある在日韓国人という重責を考えた時、奮起、立案して強行施策以外にないと思う、日韓合併時の弾圧政策とか、日本が戦時中、労働者として徴用されてからの強制労働問題ばかりを想起する時代は過ぎたのである。在日韓国人も独立後二十三年が過ぎている今日では、民団指導者と団員に努力と自覚と結束がもう少しあったのであれば今日の組織体ではなかったはずである。

先づ振出しに戻ることを恥とせず、心気一転して真の僑胞社会に栄えのある施策を考究すべきだと思う。私はこの度執行部よりも一団員になり自分なりの僑胞社会に貢献出来る道を専心したいと思うので先輩諸士の御鞭撻ご指導を伏して御願いし乍ら、明日の僑胞社会に光明のあることを切に願って止まない。

三月三日開かれた定期大会

### 編集部

三月三第七回福島支部定期大会が開かれた。前団長任璋鎬氏の辞意堅く総辞職に入った。然し熱烈な団員の説得と後継者育成が不充分だった自責の念と、団員結束の諸問題を考えての上か任璋鎬氏再立候して満場一致無投票で新団長に選任された。議長には李昌福氏、監察委員長には李春晩氏が選出された。なお支部大会に来席下された本部の三機関の方々に並び各支部の団長には紙面にて厚く御礼を申し上げます。紙面締切の関係で新執行部の施策方針が来月号になることを御　び致します。なお在日韓国人の権益擁護の為、清新な投稿を下さる事を願い倍旧の指導鞭韃下さる事を願い上げます。

### 新役員名単

| 役職 | 氏名 |
|---|---|
| 顧問 | 金尚振氏 |
| 〃 | 郭裕之氏 |
| 〃 | 尹正坤氏 |
| 〃 | 河聖奎氏 |
| 団長 | 任璋鎬氏 |
| 副団長 | 趙隆允氏 |
| 〃 | 許周漢氏 |
| 議長 | 李昌福氏 |
| 副議長 | 李致善氏 |
| 〃 | 金昇漢氏 |
| 監察委員長 | 李春晩氏 |
| 監察委員 | 韓今守氏 |
| 〃 | 施炳圭氏 |
| 事務部長 | 秦勝行氏 |
| 組総部長 | 金東柱氏 |
| 民生郎長 | 金権生氏 |
| 宣伝部長 | 金喆漢氏 |
| 文教部長 | 尹漢珍氏 |
| 地区班長 | |
| 海老江上 | 朴正律氏 |
| 〃 | 尹文俊氏 |
| 海老江下 | 金信子氏 |
| 大開 | 張基粉氏 |
| 新家吉野 | 朴福根氏 |

### 団員よりの提言

各県本部、各地区本部並びに各本部の毎月の定例支部団長会議を各地区巡回番制にして開催する事を提言する。隣地区の範とする部門を習い、又は意見する処があれば指導をし、その地区の最も難点があれば解決策を考究して討議する事によって一つの地区でも隆盛が早く成る事だと思うので、早急に実現出来るよう提言する。

一、団員も自分の居住する地域の指導者の考えが他支部の指導者の施策を聞き理解出来る。

一、各支部幹部も隣接地又は大支部幹部の指導役割を理解出来る。

一、小数地区の合併も急速化出来る。

一、相互の人々を知り民族活動が活発になる。

一、子弟の国語教育、税務相談、企業相談も経費の捻出が容易になる。

一、対外的にも見聞が広くなり基本施策が前進体制に持って行きやすい。

一、新進後継者も見出しやすくなる。

一、不正団員の指導も強化出来る。数えあげればきりがない。先づ論より実行に移し、又改めるところはどしどし改編していってのみ、在外民族の発展が期待出来ると思う。いろいろ隘路はあると思うが本部執行部で検討して実行してくれることを願う。「種を蒔かなければ芽は育たない」仕事の上でもしんちんたいしゃが絶対必要だと痛感するので提言する。

# ◎世界の二大思想とその文化の方向 (1)

## 古い中国思想がアジアに影響を 実体不明のベトナム戦は終わらぬ

世界の二大思想による文明の間で戦争はすでに二十年以上も続いてきた。この戦争は世界戦争を引き起こすかも知れない可能性をじゅうぶん秘めていたもので世界は常にその脅威にさいなまれたものであった。そしてそれはいまもソ連と東欧州間で緊張緩和がなされる一つのチャンスに支障をきたし、他方では西側諸国と開発途上国家群の相互関係を妨げている。すなわちこの止むことなき戦争は世界の悩みのタネとなっている。

この戦争のガンは、その実体が何であるか――これをはっり認識することができない点にある。この実体が把握されるまでこの戦争は終結を見ないのであろうか……。

ベトナム戦争は二十年間も続けられているが、なかなかに止みそうもない。それは二十年の時の流れと歴史の歩み――そして世界の二大思想に起因しているからで、最近の戦局がぬかるみのようになってきた理由はこの戦争の実体を依然としてつかむことができないからである。この戦いに関する限り、輪郭もぼやけて不明瞭となったまま、不幸な状態は続けられている。すなわち、戦争当事者は互いに相手側が目的としているところの真の歴史的、文化的背景を知らないために目がくらみ、互いにそのズレの中で争っているのである。

一体、思想文明とはどういうものなのだろうか――。それは一つの政府が人間社会の幸福あるいは繁栄を目的とし、合理的で自明な真実性を打ち出して、これにたいし、特殊な確信をもって行動することを意味するのである。この〝真実〟を堅持しょうとする政府に取っては、これにそむくことはとりもなおさず社会に背くものと映るのである。

**▽一般社会での〝信念〟は絶対的**

一般社会においてこうした確固たる信念は他のすべての世俗的な、あるいは宗教的な性格よりも優先するものである。そして、このような信念がところによっては現行している公的なすべての論理を代表してずっと持続されるべきだとさえ思われている。

このような論理の精神的な基盤は最も重要なものとされている。もしこの信念に疑いをさしはさむとすれば、それはもはや邪悪な意図を持っものと見なされるし、正面から反対すれば明らかに罪悪となる。しかし、逆に自分たちが信じきっている論理をほかのところで取り入れたり、またはその優秀性に役立っようなことを誰かが行なうとする――するとそれは好ましこと、そして勧奨されるべきものとして考えられるのである。

**▽東アジアの文明とその起源**

二十世紀にはいってから世界では二つの大思想が激しい葛藤を始めた。この二つの大思想の信条や人生観は表面的に相反する伝統によるものであったために競争、衝突は絶えることがなかった。

一方には東アジアの文明があり、この文明の起源は紀元前百四十年から八十六年に至る漢朝の呉帝の時代にあった。中国では古来から官尊民卑の思想による風習が社会を風びしていた。そこで官職にあるものはその信条をよく尊守し、尊敬に価する模範的な行動を取らなければならなかった。

中国の政治的思想はいうまでもなく社会機構は〝権威主義〟の影響を多分に受けてきたために民主主義が中国の思想や社会にはいり込む余地は全くなかったのである。そして孔子などの教えでは、立派な人間から成り立つ政府が立派な教理に従って政治をするときにはじめて、民の善良性を励ましつつ行くことができると信じられていた。

中国の親分的文化からくる思想を受けついだものの中には、程度の差こそあれ、韓国、ベトナム、日本などの国ぐにがある。

日本は中国の支配下にあったことは一度もなかったが、中国の文化的影響を非常に大きく受けている。そこで日本の社会の思想的条件や政治的な行動は中国のそれから引き出したもので、日本ほど中国の影響を多く持っている国は少ない。

しかし、日本は明治維新以後、大きな転換を見せている、すなわち、十九世紀に日本は西側諸国と交流を持ち、西洋文化を大きく吸収した。ちょうどこの頃、東アジアの文明は西洋のそれと接触、合流した。その結果、古い国家的な思想は棄て去られ、ゆくゆくは東アジア全部を包含してしまうような、いっそう広い世界がこの地域に展開しかけた。

ところが、こうした改新を行ないながら、古い教理を新しいものに変えてゆく過程においても、古い思想がつくり出した古い〝慣習〟は変わらなかったのである。

**▽東洋で異彩を放つ日本の改新**

中共や北朝鮮、そして北ベトナムにおける共産主義は、現代の国家や民族の必要性に適応するように、その教理を変えて行きながらも、一方ではやはり古風な自己流の〝正義感〟を持続しているのである。そしてこうした古風な自己流正義感以外のものはすべて〝帝国主義〟の遺産として排斥したのであった。

しかし、日本はこうした範ちゅうに陥らなかった。日本の改新は異った方法で行なわれた。明治維新に見られるように日本の十九世紀の革新家たちは孔子の教えを棄てさることにやぶさかでなかった。日本の社会機構は中国においてよりも企業家たちの出現を容易ならしめた。そして現在世界を驚嘆せしめているほどの経済開発の道をたどったのである。

**▽二大思想分析から日本を排除**

日本がいまだに成し遂げていないのは新しい社会人の精神的基盤に奉仕すべき〝教理〟を見出していないということである。民族主義が――これは一つの偽装的なものであるが――一つの教条として一時はふくれ上がったことがあったが、それは失敗に帰した。

日本の最近の発展は東アジアの古い型を破る一つの接点だとみる人もある。しかし、日本の政治思想や政治的な行動自体は昔とさほど変わってはいないといえる。というのは孔子の教えからくる習慣はまだ残っているからである。たとえば、日本人が一致、符合して何かをしたり、また民主主義の精髄ともいうべき個性が欠如している点などをあげることができる。そこで日本は現在の世界紛争のどちらにも属せず、私がここで述べる世界二大思想の分析では論外の存在にしておいた方がよかろう。

日本にこれという教理や主義がないからといって経済的な先進国としての大きな力を持つ、この国は国際的に無視されてよいというものでないことは明らかだ。ただ経済力だけが果たして東アジア人に有効、妥当な力となるかどうかは疑問の余地があり、この問題にたいする解答は今後半世紀くらいたたないと分からないと思われる。従って現在の時点では日本を二大思想分析論の対象としないでおきたい。

**▽戦争に導いたもろもろの根源を探る**

二大思想の葛藤がからみ合っている戦争では〝侵略〟〝拡張〟〝帝国主義〟……などという言語が飛び出し非難の対象となるが、戦争当事者のどちらか一方だけが必ずしも故意に戦争を起こすという性質のものではなかろう。

そこでわれわれは戦争そのものについてとやかく言う前に戦争にまで導いたもろもろの根源を探り出し、このことについてよく知らなければならない。（四面につづく）

# ◎大きくなる互恵精神の意義

## ＝韓日合同経済懇談会に寄せて＝

第三回韓日合同経済懇談会が十三日から東京で開かれているが、韓国側からは洪在善経済人協会会長を団長とする四十四人の実業家がこの会談に参加している。会議は両国間の貿易不均衡を是正する問題を初め、産業技術協力の促進方案と合弁投資など資本協力に関する問題点、そして海外市場開拓のための協力案問題を主に取扱うことになっている。

まず、韓国としては、今度の会議は過去の〝空転〟をくりかえさず、〝善隣互恵〟の精神に基づいて、実のある成果を上げるように望みたい。北韓武装ゲリラのソウル侵入事件とプエブロ事件をきっかけに韓国国民が日本と日本のマスコミの対韓姿勢について少なからずさい疑心を持つようになったことは事実である。

しかし、こういった問題を解決するためには両国民の誠実な接近とお互いの理解が要求されており、最近両国国民の間にもたらされた不信のふん囲気をなくすためにもこの経済人懇談会は過去のいつよりも目立った善隣互恵の精神を発揮すべきであると思われる。

第二に国家と国家の間の経済協力というのは多方面で行なわれなければならないということを強調したい。これまで政府ベース、民間ベースとも、韓・日両国間の経済協力は比較的スムーズに進んできたとは言えようが、対日請求資金の早期使用問題や、協定借款で決められている漁船の導入問題をめぐっては、どこか息が合わないこともかくせない事実である。

貿易不均衡の問題においても同じことである。日本としては、韓国の経済力が急速に成長して行くために、韓・日間の貿易不均衡が拡大されるとの皮相的な結論を下しているようだが、韓国産の一次産品を日本が輸入する場合、他の国とはちがって、特殊な制限を加えていることは周知の事実である。不均衡の拡大でなく、拡大した均衡を追求するのは個人企業においても、国民経済においても建全な政策ではないだろうか。たとえアルジェー宣言やニューデリーのUNCTAD総会を語るまでもなく、先進国に仲間入りして長い日本が、韓国産品の輸入にたいして取っている基本政策のどこかに、いわゆる〝対韓協力の精神〟が欠けているのではないかと問いたい。

産業技術の協力や市場の共同開拓問題において、最も要求されることはより活発な技術者の訓練と交流であり、海外市場に関する情報をより幅広く交換するための具体的な方策も必要であろう。

英国のポンド平価の切下げと緊縮財政、米国のドル防衛策などの世界経済の不安が憂慮され、さらに極東と東南アジアにおける緊張状態があい次ぐ現時点で、日本は日本なりにいろいろな悩みもあろうし、以上に列挙した韓、日間の問題の中、ある面では解決に韓国とは違った見方を取っていることをわれわれが知らないわけではない。しかし、事情がそうであればあるほど、相互接近と互恵精神の意義は大きくなるもので、こういった意味で、現在行なわれている懇談会の結果とその重要性を見守りたいものである。

# ◎三月に起工、年内生産開始

## 鎮海に韓米合弁投資で兵器工場

一・二一緊張（北韓武装ゲリラのソウル侵入）事態以後、急速に進められてきた武器工場の建設計画は、韓国側の投資者である韓国火薬（代表＝金鍾喜氏）と米側のアルマナイト社の間で合弁投資に関する話合いがまとまった結果、きたる三月十五日ごろ、鎮海でその起工式を行なうことになった。

韓国火薬とアルマナイト社は投資比率六十対四十の条件で百万ドルを投資、三百万ドルないし四百万ドルを米国から借款として導入、まず小銃工場を建設し、年内に生産開始ができるよう建設計画を立てていると伝えられた。

# ◆百聞は一見に如かず

## 「生きたい」と金新朝語る

韓国の大統領官邸近くにまで侵入して捕えられた金新朝（北韓軍一二四軍部隊少尉）は、このほどソウルで韓国日報の記者と単独会見をし、その心境を問われるままに淡々と語った。以下はその一問一答のあらましである。

**問**…三一人やってきたうち、あなた一人がこうして生きているというわけですが、その感想は……

**答**…最近、しみじみと「生」について考えさせられます。率直にいって、それは「生きたい」という心です。われわれ特攻隊は「韓国側に捕えられたら虐殺される。どうせ殺害されるのだから、つかまりそうになった場合は自爆せよ」と自爆用の手投げ弾を一つずつ持たされるのです。もう一人の男が自爆したのはその命令を守ったからです。事実、私も捕えられそうになったとき、自爆しようと思ったのです。「武器を棄てろ」「出てこい」と包囲網が私に迫ったとき、私はもうダメだと思い、自爆用の手投げ弾をしっかりと握っていました。虐殺されるとのみ思いこんでいる敵の前へ出て行くことは、自爆するよりずっと恐ろしいことです。事実、死ぬ方がたやすいような気持ちでした。しかし私には心のたゆたいがあり、パッとヘッドライトの光で自分が照らし出されたとき、私はその手投げ弾も棄てて、手をあげて前へ出ていたのです。そして日がたつにつれ私は北で聞かされていたことに、あまりにも「ウソ」が多いことを知り、驚いています。私は虐殺されるどころか、会う人ごとにみんな温かく私を扱い、何とかして私を生かそうとしてくれる……私は人間的な気持ちにひたり涙の出る思いをしています。そして悪かった、という気持ちがわいてきます。それにつけても、誰かが射殺されて、ソウルの北方で死体確認をするときの私の気持ち——これはもう胸もはりさけるような思いです。

**問**…どうして捕えられたのか……その経緯のもようについて伺いたいのですが…

**答**…私は三一名の中でも精鋭分子で、隊の最後について隊員たちを監視したり督励する役目を持っていました。二一日の夜、警察隊と銃撃戦をくりひろげたのち、隊員三一名はバラバラになってしまいました。四、五人といっしょに景福中学校のへいを飛び越えて逃げましたが、その途中で学校の守衛を同僚の一人が射殺しました。それから仁旺山に向って逃走しましたが、武器などは重いので、全部棄てて走りました。自爆用の手投げ弾一つだけを持って……。仁旺山の頂きで気付いてみましたら、同僚たちは一人も見えず、私は一人になっていました。それから広い道路に出ましたが、私は韓国軍の歩哨に見つかりましたので、死にもの狂いで北方へ逃げました。気がつくと私は自動車のヘッド・ライトに照らし出されていました。すぐ近くの陰にかくれましたが、韓国軍の二〇人余りが「手をあげて出てこい！」と言い続けました。ここで、さっきお話ししたように、再びヘッド・ライトに照らし出されたとき、自爆しようとしていた手投げ弾を棄てて、私は手をあげていたのです。

**問**…北韓軍でのあなたの経歴は？

**答**…私は清津で初級中学を出たのち機械工作廠の旋盤工として働いていましたが、一八歳のとき、北韓軍に招集されました。そのときは二八三部隊に属していました。この二八三部隊でも特殊ゲリラ教育をやっており、この部隊から、七、八人ずつ一組のゲリラがたくさん南下しましたが、昨年のソウル北方の列車爆破もこれらの人たちがしたのだと思います。

私は昨年七月、この二八三部隊から一二四部隊に転属し、少尉に進級しました。この一二四部隊は、襲撃、暗殺などを目的とするゲリラ部隊で、部隊員の資格は共産党に忠実な党員で、体格は頑丈で健康でなければならず、対南工作の経験があるか、あるいはその素質を持っている者でなければなりません。訓練としては射撃、唐手、柔道行軍などをものすごく行ない、ズボンの双方に重い砂を入れて、山中をかけ回るようなきびしい訓練を受けました。食事は将軍級の最上のもので、肉、卵、くだもの、パン、砂糖など、たっぷりでした。部隊員は二〇歳代の未婚者と限られています。私は昨年結婚しようか……と思っていたのですが、この部隊に転属となり、これを断念せざるを得ませんでした。

**問**…大統領暗殺や重要施設の破壊以外の任務は？

**答**…出発前に、われわれはこういう指令を受けました。「南韓は情報政治をやっているので、南下したゲリラによる地下組織は三分の一以上もぎ取られており、地下党員たちの士気はおちている。そこで君たちはその士気を取りもどすようにしてやらなければならない…」と。

**問**…ゲリラ隊の家族に対して、北の政府はどのような保障をしていますか？

**答**…南に派遣された直後、その家族の待遇は急によくなります。しかし、逮捕されたり、帰順したりすると家族はたちまち炭鉱へ送られて強制労働です。それにつけても、私がこのように捕まり、親はどうなることかと、それが心配でたまりません。

**問**…ソウルの印象について一つ、どうぞ。

**答**…見ると聞くとでは大違いで、とまどったり驚いたりしています。北では、南はコジキがあふれており、電気もなく、街にあるものは外国製品ばかりで国産品は一つもない……。そして国民は飢餓線上をさまよっていると聞かされていました。しかし、二十四日担当官の案内でソウル見物をしましたが、百貨店に陳列されているもろもろの商品が国産品であることに驚きました。そして街を歩く人の表情は明るく、服装もキチンとしていて立派なので、奇異な感じを受けました。

**▽青年突撃隊**

北韓住民の労動力搾取に血眼となっている北韓は、最近「青年突撃隊」というものを組織して、集団農場でつらい労働をしている農村青年たちを動員して、畑仕事以外に海を埋める仕事まで強要している。

北韓のいわゆる「内閣機関紙」である「民主朝鮮」（一九六七年九月一五日付）には「党と首領に対する無限の忠誠心で、自然を征服して行く平南道内青年突撃隊員たち」という題で次のようなことが書いてある。

「平安道内の農村青年たちは、今年の農業生産で高揚されたその気勢をゆるめることなく、西海岸干潟地を農耕地に、あるいは塩田に変える事業を実現させるため、みな工事現場にかけつけ、革命気運を盛りあげて自然を征服しつつある……工事は最初から難しかった。しかし青年突撃隊員らはこのような苦難を克服しつつ堤防をきずきあげていった」

これはあたかも農村の青年らが仕事のあい間に自発的に工事現場にきて働いているような書き方だが「青年突撃隊」とかいっておだてあげ、少しでも多く働らかせようとする魂たんにほかならない。

## ◎〝北韓との融和策は誤り〟

### 軍事的対応策を強調、暗に米を批判　朴大統領が空軍士官学校卒業式で

朴正煕大統領は二月二十二日、北韓の挑発行為には、いかなる形での融和策や効果のない交渉でも反対すると語った。これは、この日ソウルで行なわれた空軍士官学校の卒業式での演説で述べられたもので、朴大統領は北韓の侵略にたいする軍事的対応措置の必要性を強調した。

朴大統領は侵略者への措置として融和策やなまぬるい交渉は、韓国ではこれまでに成果を上げたことがなく、そうした方法が歴史的にみて誤りであることは明白であると語った。

朴大統領は演説の中でこのくだりで、直接米国という表現はしなかったが、プエブロ問題での板門店秘密会談に不満の意を間接的に表明したものとみられる。

なお、朴大統領は、北韓は国土統一を武力で達成しようとするとともに、韓国が現在、平和の中に遂行している建設を阻害することをもくろんでいると語って、戦争防止の最良の方法は、戦争に勝ちうる固い決意と能力の育成にあることを強調した。

## ◎浦項にも大工業団地を造成

### 三月に発足する総合製鉄を中心に政府、造船など関連工場建設も計画

政府は浦項総合製鉄工場を七二年までに完工させ、これを中心に大工業地区とするため作業を急いでいる。関係当局によると、総合製鉄を三月中に発足するため、きたる二月二十八日、大韓重石の株主総会で総合製鉄にたいする出資額を最終的に決定し、三月五日発起人会議を開いて具体的に会社設立に関する手続きを決定する計画だという。

総合製鉄は年内に十六億ウォンの資本金を投入する予定だが、大韓重石の出資にたいしては民間株主たちが大きな反発を示しているため、二月二十八日の株主総会はかなり難航すると予想される。

一方、政府は七一年までに完工する総合製鉄工場を中心に大規模の工業団地を造成する計画の下で必要とされる三百五十万坪の敷地の買入れに着手したが、すでに二百万坪の買収は終わったと伝えられる。

政府はなお、浦項総合工業団地建設計画として造船場、特殊セメントを初め、関連工場も設ける方針であり、またこの浦項地区に電力を供給する二十万ないし三十万キロワット規模の発電所の建設も同時に考えている。

## ◎財政借款五百万ドルを追加

### 対日請求権に高速道用鉄鋼材導入

経済企画院は京釜間高速道路の建設に必要とされる鉄鋼材を確保するため、今年の対日請求権資金の使用計画中に初めの予定より財政借款として五百万ドルふやすことに決定した。

経済企画院によると、このため今年の対日請求権資金の使用計画は無償二千五百万ドルと、有償資金である財政借款二千八百万ドル、合計五千三百万ドルとなる。

## 告知板

### 納税について

所得税申告及び納税もあと数日となりました。団員の皆様、税務についての相談並びに青色記帳の指導を支部事務所で行っておりますので三月十五日迄未申告の団員は来部下さる様通知致します。

四十三年度の青色記帳についても指導して居ります。

所得税外、相続、贈与、凡ゆる税務の相談も受けておる事を併せて通知します。

（福島地区・韓国人納税貯蓄組合）

# ◎外国での愛国心と国民の義務

大阪韓国教育文化センター
所長　任　正　雲

人は一面に於いては〝環境の産物〟であるといわれます。これは人間の生活は自然的環境と社会的環境の中で営んでいるからです。社会的環境の中には物的なものと人的なもの等がありますが、人は宿命的にこれらの環境の力に多かれ少かれ影響され、制御されて生活しているものです。或るものはこの力に倒され、或るものはこれに順応し、或るものはこれらの力の作用を用いて自分に相応しい、新しい環境を作り出します。教育の働きは人間の天来の能力を具体的な生活の事態に適応するようにしながら、しかも新しい環境を創造するようにするものでしょう。

日本に住む韓国人は戦前には、時には、今すらも本国の人々とは比較にならないほど民族の差別と侮蔑を受けながら生活して来ました。独立国家を持たない民族、例をユダヤ民族やアフリカ地方の未開民族などの実情を見ずとも、我が韓民族の体験から如何に悲惨なものであるかがわかりましょう。このような虐待される社会生活の場にあって数多くの韓国人は創氏改名も拒否し、自分の本名で学業を続け、しかも事業も堂々と固有の姓名を用いて経営に成功している人々があるのを我々の周囲にみられます。斯様な人物を私達韓国人は勿論、日本の人々も、その他の外国人も心から彼を尊敬し信頼するでしょう。私がよく知る二、三の人々は、本国からこの地に来た当時、どうして在日僑胞は通名を使いたがり、そのうえ国語を常用しようと努めないのだろうと疑惑の言葉をもらしていました。確かにそのような傾向があります。これらの人々が指摘したのも事実でしょう。でも私は遺憾に思えるのは、かように話された方々が四、五年の後には自から通名を使い、国語も努めて使わず、遂いには帰化した人もおられることです。個々の人々の生活態度を具体的な生活事態と、生活環境を理解せずして批評することは危険なことでありましょう。〝家なき子〟〝国なき民族〟我々は身にしみるほどその悲哀を知っております。〝貧しくとも我が家〟〝狭まくとも固有の文化を誇り得る我が祖国〟どれほど貴重なものであり、懐しいものであり、愛情を禁じ得ないものでありましょう。我が家を捨てた子供、自分の祖国を敢えて顧みない国民の末路は明らかに憐れなものです。独立国家の国民には三大義務があります。一つは義務教育、二つは納税、三つには兵役の義務であります。日本に住む韓国人はこのいずれの義務も免除されております。申し述べるまでもなく外国での愛国はただ一つ周囲の人々から尊敬される立派な韓国人になることでしょう。自分が他人から信頼され祖国の名を傷つけないようにすることが、とりもなおさず自分の国大韓民国を愛することではないかと私は思います。外国に住む私達は国民の三大義務を果さずに済む特権があるとはいえ、我が子弟をして主体性ある韓国人になるように教育するとともに各自の仕事なり企業に最善を尽くすことが在日韓国人の国民的義務を果していることに思われます。

# ◎世界の二大思想とその文化の方向（2）

## 中国とのいさかいはなぜ起きた？　ベトナム戦にひそむ異質のもの

世界の二大思想の戦いはそもそもどのようにして起きたのであろうか。

米国は莫大な金と人命とをかけてベトナム戦をはじめて、東アジアの紛争に巻きこまれている。ジョンソン米大統領がまず現在知らなければならないことは、ケネディ、アイゼンハワー、トルーマン、ルーズベルトなど歴代の米国大統領の対外政策をよく研究し、その間の誤謬を見出し、そして再びその轍（テツ）を踏まぬように注意すべきだと思う。

**◇十九世紀米国は中立的**

ここで、ずっと古い歴史から考えてみる必要がある。まず、十九世紀には太平洋をかこんでその両側で二つの大事が起きていた。一方では米国が太平洋沿岸の一つの国家として成長し、大きな経済力を持つようになり、他方では中国が長く古い歴史を持つ国でありながら内部的崩壊のきざしを見せはじめていた。こうした時期に英国やフランスなど西欧諸国は東方に利を求めてこの地域に侵入し始めていた。このころ、米国は貿易船で広東貿易を試みてはいたが、中国にたいしては常に中立を守っていた。当時、欧州諸国は中国にたいし圧力を加えはじめていたが、米国はアヘン戦争の後にやっと中国と条約を結んで、英国やフランスの築いた帝国主義の門をくぐって、アジアのこの地方と貿易をはじめた。同時にキリスト教の宣教師が中国にどんどん渡り、宗教をもととして教育や文化方面に活動した。

二十世紀にはいり、米国は本格的にアジア問題にとっくむこととなった。その契機となったのは日本の真珠湾攻撃にあった

**◇毛・蒋の戦いの〝援助〟に始まる…**

この大事件は長い間孤立的な立場を取ってきた米国の行き方を替えさせ、米国は中国と同盟を結んだ。

一九三〇年代を通じて、ずっと行なわれた日本の中国にたいする侵略行為で米国は中国への同情をますます強くして行った。そして第二次世界大戦によって米国は名実ともに〝世界最大強国〟の一つとなったのである。

米国が東南アジアの紛争に介入し、現在ベトナム戦で過酷な日々を送らなければならなくなったもろもろの原因は一九四五年から一九五〇年の間に起きている。第二次世界大戦が終わってから数カ月もしないうちに国府の蒋介石と共産側の毛沢東との内乱が激しくなり、米国はこの仲介の労を取ろうとしてマーシャル特使を中国に送った。しかし、それは失敗した。

米国は国府を何とか救おうとして、この中国内乱の続く間、武器弾薬その他多くの物資援助をしたが、国府側は勝算の見込みを失ってしまった。しかし、米国は中国本土の一部分にでも国府がとどまっていれるようにかなりの努力をしたが、しかし、現在のベトナムのように全面的な介入は行なわなかった。

**◇米国の中共政権不承認の理由**

当時、中国に送られていた米国軍事使節団団長のバー将軍は一九四八年十一月、米国政府に提出した報告書の中で「国府は全く戦意を喪失している」といっている。そして一九四九年十月一日に共産側は北京にプロレタリアート独裁の中華人民共和国を樹立したと宣言した。翌年の一九五〇年に英国はこの政府を承認している。その直後米国もこの人民共和国の承認をしなければならないと考え、その方向に話が進められていたが当時、駐北京の米国領事館は共産主義者たちによる幾つかの暴力事件に出合った。そんなことで承認は一時棚上げとなった。しかし、中共政権は米国の〝承認〟を求め、英国の使節団を通じて米国に交渉してくれるよう依頼した。ところが英国がこれに応じないでいるうちに一九五〇年朝鮮戦争が勃（ぼつ）発した。北朝鮮の共産軍は六月二十五日、韓国に突然武力侵入をし、またたくうちに南進したが、このことは米国として中共を〝承認〟しない決定的な原因をつくった。これは蒋介石が米国に助けられて米船で、台湾へのがれ出た直後に起きた。すなわち、中国の内乱に米国が関係したという事実、そして朝鮮戦争では北朝鮮軍を助けて中共の共産側が活躍したという事実などが相まって、米国の〝中国承認〟は立ち消えになったばかりでなく、現在見る〝仲の悪い関係〟は決定的なものとなった。

**◇北緯十七度線の境ができてから**

一方、ベトナムでは一九四五年の八月、日本の降伏を機に抗日反仏民族統一戦線のベトナム独立同盟（ベトコン）が決起して同年九月二日、ハノイでベトナム民主共和国の独立を宣言、ホー・チ・ミンが主席に就任した。その後八年間にわたるインドシナ戦争が起こり、その途中でフランスは前皇帝バオダイを再び立ててベトナム国を樹立、五四年七月二十一日ジュネーブで休戦協定をが成立し、八月二十一日に全インドシナの停戦が実現したが、それからベトナムは北緯十七度線を境にして南北に分割されたまま、今日に至っている。

ホー・チ・ミンの北ベトナムは事実上共産主義体制を持ち、南ベトナムは幾度か政権が変わったが、一九五四年七月に首相となったゴ・ジン・ジェムは〝自由〟と民主主義の体制を求め、米国に頼った。

ここで、共産主義と民主主義の二つの思想が真向っこうから対立し、朝鮮戦争でも見られたように、絶対に相いれぬ〝水〟と〝油〟のような異質の争いとなったのである。

**◇ベトコンに悩まされて政権続かず**

南ベトナムは五五年五月国家政治会議でパオダイ主席の廃位と新民族政府樹立を決議し、同年十月国民投票でゴ首相は九八％の支持を得て国家主席となり、共和制を宣言、大統領に就任して、同年十月、民主主義による新憲法を採択した。

ところが一九五九年ごろから共産ゲリラ活動が起こり始め、六〇年十二月にこの勢力は南ベトナム民族解放戦線（ベトコン）を樹立した。以来ベトコンは北ベトナムの援助によってますます活動範囲を広げ、影の政府と呼ばれるほどになった。ゲリラ活動によってユエの仏教徒デモ隊殺傷事件などが起こり、反政府運動はますます激しくなって行った。そしてどの政府も長続きしない……。カーン首相のとき、トンキン湾事件が起き、米国はベトナムに深く足をつっこむこととなった。米国は勢力争いにゲリラなどの民兵を使わない〝民主選挙〟による議会政治こそ民衆のためだと信じており、独立、自由、民主主義をうたう南ベトナム政権を助けようとする。また北ベトナムはベトナムから白人を追っぱらおうということで民族主義を標榜（ぼう）しているが、その背後には共産主義がある。すなわち、西側諸国は南ベトナムを助け、共産諸国は北ベトナムを援助することによって、この戦いは依然として激しく続けられているのである。

**▽共産主義と自由の対立**

共産主義は第二次世界大戦後大きくその勢力範囲を広げたが、人民の生活向上や文化の面ではあまりかんばしい進歩をみせなかった。そこで最近ソ連などは大きくその方向を変えて、国民の消費生活などを重んじはじめてきたが、中共は昔のままのマルクス・レーニン主義を唱えながら毛沢東思想に徹している。

自由主義を〝民の幸い〟と考える欧・米諸国は〝勢力進出〟の点では、ずっと守る側にばかり立ってきたが、現在も共産主義の脅威を感ずる国には援助を惜しまない。

そこで、世界の二大思想は大きく対立し、止むことなき〝戦争〟を誘発することになったのである。この二大思想のある限り、そしてその目指する方向の異る限り、世界の平和は覚つかなく〝共存〟の知恵のみが、この不幸を救う結果と相成った。

# 忘れられた二千人

昭和37年3月5日
転載

印刷所
神戸市葺合区吾妻通6-13
松木印刷所
（金昌烈）
TEL. ㉓1890

## 与えよう同胞愛と祖国愛

### 韓国養護施設 愛神愛隣舎

### 韓僑孤児に暖かい手
### 蘇所長ら唯一の施設慰問

国家再建五ケ年計画のもとに真剣に新生国家の建設と取組んでいる韓国が、在日韓僑に祖国への協力を期待するところも大きく、先般、韓国第二の実力者といわれる金情報部長の来日によつて、日韓国交正常化へ力強く一歩踏みだした形だ。だが、その祖国からも在日韓僑からも忘れられている哀れな者がある。日本全国に散らばつている二千人の孤児たちだ。祖国愛や民族意識を呼吹しながら無責任？に放置されたこれ二千の孤児たちが、成長後果して同胞意識や祖国への愛情を抱けるであろうか。本社は在日韓国孤児問題に対する一般の認識を高め「忘れられた孤児たち」に暖い手をさしのべる運動を展開するため、蘇韓国代表部大阪事務所長らとともに、まず在日唯一の韓国孤児収容所であるキリスト教東洋救霊団愛神愛隣舎＝神戸市灘区泉通四ノ二七（院長・張徳出氏）＝を慰問に訪問した。

愛隣舎一同

### 贈る人、迎えた者も涙
#### ＝絶対足らぬ収容施設＝

〝薄幸な孤児たちにせめてお菓子でも〟とさる二十八日、蘇尚永駐日韓国代表部大阪事務所長が神戸の韓国孤児院愛神愛隣舎（張徳出舎長）を訪れキャラメルやチョコレートなどお菓子十八箱を贈つた。これは大阪報知新聞社が孤児の救済運動の一環として韓国代表部へ〝見捨てられた韓国孤児たちにお菓子でもあげて喜ばして下さい〟と寄託したもの。

蘇所長さんらが慰問にやつて来たちようどこの日は、同施設の月一回に定められた恒例の合同誕生日にあたり大食堂では、おいしそうな香いを発散させている湯気のたつスキ焼なべを囲みスキ焼パーテーの最中。食べ切れないほどかずかずのお菓子をもつて慰問に現われた蘇所長はちようど時期はずれのサンタクロースのような格好。「わァ」と歓声をあげた子供達は、院長夫人の音頭で〝蘇所長さんを迎える歌〟を韓国語で可愛い声をハリあげて合唱。院長夫人が代表で「代表部の所長さんはじめ大阪報知新聞社長さんが貴重な時間をさいてわざわざ大阪から神戸まで慰問に来られ真心のこもつた温いお心盡しに感謝の涙で目頭が熱くなります」と感謝のことばを述べた。こどもたちに囲まれた蘇所長も目に涙を浮べながら、こぼれるばかりの笑顔で「お誕生日おめでとう。元気な皆さんの顔を見て本当に嬉しいです早く大きくなり、そして祖国に帰つて役にたつような立派な人になつて下さい」とやさしく話しかけ、わが子のように小さい子らの頭をなでながら心から慰め、キャラメルやお菓子の箱を子供らに贈つた。これを受けとる孤児たちは思わぬプレゼントにどつと喜びの声をあげた。同施設は在日韓僑唯一の孤児院であり、現在三才から十八才までの韓国籍をもつ男子二十五、女子三十五の計六十人が収容されている。これらは両親がなく全然身寄りのない孤児、片親が現存していても保護を受けねばならないものがほとんどであるという。この施設が日本で唯一の韓僑孤児を収容していることから、日本の各地から入舎を希望している韓国孤児が多いというが、同施設の設備では現在数以上の保護は到底不可能であり、神戸市当局でもこれ以上の増員は認めないといわれている。同院のほかに日本の施設に収容されている韓国孤児の数は横浜、大阪、九州など全国あわせて二千人を上回るといわれており、これらのものは肉親の愛情はもとより同胞愛にも飢えて各々の能力に適した仕事を一年ぐらいみつちり教え、自信を持たせて社会に出してやらないことにはこのまゝでは強烈な差別感を抱くようになり、これらの将来が思いやられるという。

孤児たちを慰める蘇所長

張院長は「この子供たちに望まれるのですが自民族の援助なしには真からこの子らを救うことは難かしい」と語つている。日本全国に散在する韓国孤児たちを収容する専門の孤児施設の増設や、その救済対策を早く打ち出すように関係者は要望している。

**李韓国銀行大阪支店長の話**

はずかしい話だがそんな孤児の事情とは知らなかつた。私も慰問に同行したかつた。韓国経済人も団結して経済団体も一本化して孤児問題もお互に協力してやれば少しづつでも解決していくのではないか。民団もいろいろ仕事が多くて手の回らないことだろうが、民団が中心になつて動けば、もつとなんとか改善されると思う。

商銀 むつみニュース

発行所 信用組合 大阪商銀
本店 大阪市北区曽根崎中一の四〇 電話（三四一）三八五一－四
今里支店 大阪市生野区新今里町三の六 電話（七五三）一五三一－五
花園支店 大阪市西成区梅通一の十 電話（六五一）五六六五－七
布施支店 東大阪市足代三の二八 電話（七二八）五八八一－四
森小路支店 大阪市城東区関目町四の一五二の七 電話（九三二）七七四一－五

# 創立15周年

## 預金100億円 突破運動

## 新春早々 大々的に展開

一九六八年の新春、この初春は大阪商銀にとりまして、創立十五周年を迎える意義ある年であります。

大阪商銀が、在日僑胞のはじめての金融機関としてまた、韓日両国民の提携による真の中小企業金融機関として、うぶ声をあげたのは、即ち一九五三年（昭和二十八年）八月十日でありました。

それから十五年、その間の幾多の不景気にもめげずまた好景気にもおごることなく、当初、大阪曽根崎の角にうぶ声をあげた大阪商銀は、今や、大阪の表玄関近くに、地下一階、地上六階の本店ビルを完成、そして花園・今里・布施・森小路と、産業都市大阪の重要地点に各支店網を配置し役職員二〇〇名、預金量八十億をすでに突破するという大金字塔を打ち樹てたのであります。

もちろん、この偉業は組合員（預金者及び僑胞をふくむ）、役員、職員の三位一体の不眠不休の努力の結唱であることは申すまでもありません。

そのおかげをもちまして創立十五周年を迎える前年の、昭和四十二年十月二十五日東京において行なわれた全国信用組合大会で「健全経営と業績伸展が顕著」なるを以て大阪府を代表して栄えある特別表彰に輝やいたのであります。

そして、大阪商銀は、これからも「中小企業者自身の銀行」、「僑胞の銀行」という大使命のもとに、今後も益々一層の努力と躍進を続けるでありましょう。

そのためには、なお一層組合員、僑胞への奉仕、健全経営の実施という初心を忘れることなく、また、十五年という風雪に堪えた尊い経験を生かし、時代や風潮にこびることなく、たくましく、おごらずに、着々と前進する決意であります。

そして、今年は、**大林理事長の主唱により、新春早々より、大阪商銀創立十五周年を記念して、預金百億円突破運動を大々的に展開**致しております。

組合員、預金者、僑胞各位におかれましては、なにとぞ倍旧の御協力、御支援を心からおねがい申し上げる次第であります。

## 15周年の 新春のごあいさつ

謹啓　新年おめでとうございます。

今年は、丁度私ども大阪商銀の創立15周年を迎えることになりました。

新春に当たり、過去をふりかえり、また来る年を考えます時に、心身ともひきしまる思いでございます。

今日、わが大阪商銀が、これまでに発展しえましたことは、ひとえに組合員皆さまの日頃の絶大なご愛顧と、ご支援のたまものであることに思いを致し、今後その使命の益々重大なることを痛感し、決意を新らたにする次第でございます。

今年は、国際収支の悪化、英国のポンド切り下げに伴い、日本の金融引締めは一段ときびしくなるものと存じます。

金詰りが深刻になりますと、予期せぬ売上げの減少、回収遅延が起こりがちとなるばかりでなく、大金融機関の融資態度に選別色が濃くなってまいります。

皆さまにおかれては、これらの事態に備えて、万全の資金計画を樹てられ、なるべく手元資金を温存され、金融情勢に左右されない強い企業体質をつくり上げる努力が望まれる次第でございます。

私ども大阪商銀としては、中小企業防衛の第一線に立って、皆さまの企業強化に役立つことを念願してやみません。

今年は、大阪商銀創立15周年を記念して、預金百億円突破運動を新春から展開しております。

私をはじめ、全役員、職員が協同一致して、一大飛躍を遂げる覚悟と決意を以てスタート致しますので、何卒皆さまのお力強いご支援とご協力をたまわりますようお願い申し上げます。

敬具

1968年1月元旦

信用組合 大阪商銀
理事長 大林健良

## 健全経営と業績伸展顕著により 大阪商銀表彰受く
### 第八回 全国信組大会で

大阪商銀は、去る十月二十五日、東京で開かれた第八回全国信用組合大会において、健全経営と業績伸展が顕著なるをもって他の大阪府下二組合と共に全国信用組合協会中央会雨宮要平会長から特に表彰され、表彰状と記念品（九谷焼花瓶）が授与された。

＝写真㊤は記念品の九谷焼花瓶㊦は表彰状

表彰状
信用組合大阪商銀殿
貴組合は役職員一体となり健全経営によって組合の業績伸展と組合員の繁栄に貢献せられその実績は他の範とするに足るものであります
よってここに第八回全国信用組合大会において記念品を贈呈しこれを表彰いたします
昭和四十二年十月二十五日
全国信用組合中央協会
会長 雨宮要平

## ══ 明けましておめでとうございます ══

信用組合 大阪商銀

理事長 大林健良
副理事長 神野宅佑
副理事長 中村卯兵衛
専務理事 西沢一夫
審査部長 金相玉
専務理事 小牟田利吉
常務理事 西川実
総務部長 阪本栄一
理事 平康尚彦
〃 柳洙鉉
〃 高山晃
〃 富田清一
〃 八城炳三
〃 平山庄太郎
〃 田中禄春
〃 太田兵衛
〃 大原重信
〃 池本健治
〃 秋山義松
監事 道明義次
〃 柳根達
〃 高杉善久
顧問 中村健太郎
相談役 渡辺新右衛門
〃 安本在祐
〃 塩田政吉
参与（本店営業部） 上野敏夫
〃 徳永尚重
〃 永野勲
〃 大川清
〃 大山勝男
〃 富島健夫
〃 金光良作
（花園支店） 金山永善
〃 清水武雄
〃 川上光洋
〃 大山明男
〃 西村政市
〃 神沢清吉
（今里支店） 豊村健治
〃 松岡斗謨
〃 秦多慶夫
〃 高野了一
（布施支店） 尹甲春
〃 浅井英一
〃 延田清一
〃 森本清市
（森小路支店） 大山正夫
〃 福永東煥
〃 広沢浩
〃 清水敏弘
本店営業部長 西川進
花園支店長 永井栄資
今里支店長 山喜勉
布施支店長 稲富文夫
森小路支店長 清水昌雄
総代 一六〇名・職員 一六〇名

551

# 1968年の年頭にあたって

## "韓日通商の振興を"

駐日大阪大韓民国
総領事　金　鎮　弘

一九六八年の新しい年を迎え在阪僑胞の皆様及び御家庭に繁栄と万福が訪れますよう衷心より御祈りする次第であります。

憶えば、去年は韓日両国の国交正常化されてまもない多事多難なる年でもありました。

新年に当たり、在阪僑胞方の経済基盤の鞏固と韓日両国の経済協力の基礎を築き上げる第二次経済五カ年計画を実践する二年目に当たる年でもあります。

特に御願い申し上げますことは、全在阪僑胞皆様は本国の国力発展に直接寄与出来るよう韓日両国の通商振興のため、より一層一致協力していただきたいと思っております。

顧みまするに、私が赴任して以来、皆様方の物心両面からの御支援を心から深く感謝する次第であります。

もとより中小企業の発展は、国内経済に占める地位が極めて大きく、産業のあらゆる面から在阪僑胞生活の安定向上に寄与するものであり、また、お互い同胞の団結増進で以て第二次経済五カ年計画の成果を立派に成し遂げる道だと信ずるところであります。

私達、総領事館では、在日僑胞の皆様の法的地位問題及びこれに随伴するあらゆる問題に対して、皆様方の福利増進のために一層自分の任務を忠実に果す積りでおります。

重ねて申し上げますが、皆様方在阪僑胞に負荷した使命は重且大であります。

民生安定、権益擁護、文化福祉向上の実現は、皆様方僑胞が一致団結して相助け、相伴うところに在日僑胞の恒久的幸福の道が開拓すると考えるのであります。

終りに、よき新年を迎えるに当たり、在阪僑胞皆様方の御家庭に、より良き繁昌と万福有らんことを重ねて熱望すると同時に、新年の御挨拶に代えるところであります。

## "一層の躍進を希求"

大阪府知事
左　藤　義　詮

明けましておめでとうございます。

昭和四十三年の新春をみなさまとともに心からお祝い申し上げます。

昨年のわが国経済を顧みますに年初来、経済活動は順調な拡大を続け大型数量景気を招来したのでありますが、後半に至り国際収支の悪化に対処するため景気動向は警戒的調整過程に転ずるとともにポンドの切下げに端を発した国際金融の異常事態に遭遇し重大なる転機を迎えて越年することになりました。

新年の産業界はこのようなきびしい経済環境を乗切るべく、諸々の課題と取組むことになりますが景気調整の浸透とともに、特に、中小企業への影響が問題になります。大阪経済を支える中小企業から金融窮迫による摩擦を極力排除するため、中小企業金融について昨年末には本府として最大限の財政措置ならびに諸般の対策を講じた次第であります。

このような状勢下におきまして中小企業者の協同団結を基盤として大きな金融力を発揮する信用組合の存在は、政府の金融制度調査会の審議においても再確認されたように中小企業振興に不可欠の専門金融機関として多大の期待を寄せられるのでありますが、幸い府下の信用組合は業務体制を整え、現在二〇〇の店舗を配備し、二〇〇〇億円に達する資金を擁して、困難な中小企融の円滑化に大きく寄与されており、誠に心強い限りでありますが、今後、一層の躍進成長を希求するものでございます。いまや、わが大阪は二年後に迫った世紀の祭典万国博覧会の開催準備に拍車がかけられ関連事業が大規模に推し進められ、まさに大阪経済の真価を世界に問う絶好機にあり、一致協力、内外のあい路を克服して国際的成果を挙げなければなりません。

年頭にあたり、みなさまのご繁栄をお祈りするとともに旧に倍するご支援をお願いいたしまして年頭のご挨拶といたします。

## 貯蓄増強で経済発展

株式会社大和銀行
頭取　寺　尾　威　夫

あけましておめでとうございます。

さて、昨年のわが国経済をかえりみますと、内外ともに激動した年でありました。世界経済は、国際的な高金利問題であけ、年央には中東動乱によるスエズ運河閉鎖がおこり、ポンド切り下げに暮れましたが、これらはわが国にも少なからず影響を与えました。一方国内経済の面でも、景気は一般の予想以上に上昇をみせましたが、この活況と海外経済の停滞、さらに上述の影響も加わり国際収支の悪化が顕著になりました。このため、昨年九月はじめに金融財政両面からの調整策が展開されるに至ったのであります。したがって新年の経済は、ますますきびしさを増す内外環境にいかに対処するかということが重要な課題であります。

まず注目されることは世界経済の動向であります。一九六〇年代前半の世界経済は総体的にみて順調な拡大を続けてきました。しかしここ一両年の推移をみますと、若干の変調がみられいまや転換期にさしかかっている感を深くします。まず先般のポンド切り下げに端的に現われましたように第二次大戦後の世界経済を金融面から支えていたIMF体制の動揺があげられます。次にアメリカ、西欧経済とも、これまでの長期繁栄の反動としての足踏みがみられることであります。

ところで、この世界経済の変貌の大きな動因を求めますと、一九五〇年代までのアメリカ経済中心の時期からEEC諸国、日本の発展、さらには東西関係の変化によって、有力な先進工業国の併存型になったことだろうと思います。このような併存型への移行は、一方では自国経済の立場を強調する封鎖的な動きともなって現われましたが大局的には戦後の世界経済が目指した広域的無差別な自由化対策の成果といえます。

今日の世界経済は第一次大戦後とは異なって、IMF、ガット、OECD、国連等、豊富な国際協力機構をもっております。したがって世界経済の課題は、現在かかえている懸案の処理について、自国の立場と国際的な立場とを国際機構のもとで前向きに調整し、もって自国経済を国際的協力のなかでどう実現するかにあるといえます。

国内に目を転じますと、当面は今回の景気調整の動向が注目されますが、より基本的には、本格的な開放体制への移行、労働力不足の激化、都市問題を含めた地域開発、農業中小企業の育成、社会資本の充実などの長期的構造的な問題が重要であります。このような課題に直面して最も強く要望されますことは、ポンド切り下げの教訓をまつまでもなく、通貨価値の安定であります。当面の関心事である輸出を伸ばすためにもまたこれからの経済発展を安定した路線にのせるためにも、政策の根本は通貨価値の保持にあります。

ところで、経済が発展するなかで上述の課題を処理し、しかも通貨価値の安定を確保するためには、まず第一に経済発展の基盤づくりである貯蓄の増強、つまり資本の蓄積をはかることであり、第二に技術革新による生産性の向上と公正な競争の徹底をはかることであります。

申すまでもなく経済発展の創造的な原動力は技術革新による生産性の向上にあります。現在の世界における技術革新の大きなうねりをみますと、原子力、電子技術の開発によって大きな躍動をみせており、これらの技術は相次いで経済的に利用され、企業化されつつあります。したがって、われわれは導入技術が一巡した現在、技術の自主開発を果敢に進める必要がありますがそれとともに肝要なことは、それによって生じた生産性向上の成果を、価格機構を活用した公正な競争の徹底化によって、日本経済内に合理的に配分し効率的に胎化させることであります。このことは、一面では増強された貯蓄が良質の資本蓄積となって実現することであり、他面では物価の安定に資することでありその裏腹の関係にある通貨価値の安定にも通ずるからであります。

以上のように新年経済の課題を考えますと、われわれ金融機関の果すべき役割は極めて広く、その責任は重大であることを痛感する次第であります。内外環境がきびしいだけにわれわれは心を新たにして新年の課題に取り組み、この四十三年を次の飛躍への足固めの年とすべきであります。

×　×　×　×

## 献身的な努力に敬意

韓国外換銀行
大阪支店長　金　弘　準

一九六八年度、新年を迎え皆様の「商銀むつみニュース」を通じて、新年のご挨拶をのべる機会を得ましたことを光栄に存じます。

顧りみれば、信用組合大阪商銀は、大阪に於ける韓日両国零細商工業者の共同利益を追究し、両国間の経済協力を理念として、相互扶助の精神のもとに、一九五三年八月発足して以来、実に十四年余、幾多の試練と逆境を乗り越えて発展に発展を重ね、今やその業績は預金八十億以上という立派な信用組合になりました。

これは、大林健良理事長を始め相互扶助精神に徹した役職員及び組合員各位の絶対的なご協力と献身的な努力の結果と存じ衷心より敬意を表する次第でございます。

今、日本経済は、開放体制に入りつつあり、去る一年間の経過を見ても、五月十五日にケネディラウンドが妥結され、また、七月一日からは資本自由化を実施するに至り、貿易の緩和から始まった自由化は、ついに先進国の一員としての国際化時代を迎えるに至りました。

また、一昨年から上昇期に入った日本の景気は、昨年にも上昇を継続し、去る九月の時点から判断するに国際収支の累積的悪化と設備投資の過剰等、景気過熱を憂慮させる諸徴候が現れこれを抑制するため、政策当局は従来の中立型から景気抑制型に転換してより、財政面では、国債の減額発行及び財政支出の減少を期する一方、金融面では、公定歩合の引上げ、日銀の窓口規制強化等、金融資金を抑制する方向に対策をとるようになりました。

こうした一連の政策効果は、徐々に現れつつあり、今年の五―六月頃からは、本格的に現れることが予想され、企業の資金操りは幾分苦しく推移されることと思われます。

斯くの如き、苦境を乗り越えるだけがよりよき発展への前途を約束すると存じますので、新年こそ組合各位の創意的努力と協同精神の発揮が望まれ、より一層の奮発を期待する次第でございます。

本国においては、一九六二年から始まった第一次経済開発五カ年計画を、一九六六年に成功裡に終え、去年からは、一九七一年に至る第二次五カ年計画に入り目覚しい発展相を見せております。

われら在外経済人は、自己発展は勿論、本国の経済発展のため、積極的な協力と貢献あらんことを望み、あわせて大阪商銀の限りなき発展を祈り、新年の辞に代える次第でございます。

# 年頭の辞

## ―僑胞社会の堅固たる基盤を築こう！―
# 生活向上へ貢献の年

在日大韓民国居留民団
大阪府地方本部団長　姜　桂　重

親愛なる在阪僑胞の皆さん！

多事多端でありました一九六七年を送り、希望に満ち溢れる一九六八年を迎えるに当たって、皆様のご家庭と事業に栄光と万福が訪ずれますよう衷心よりお祈り申上げます。

本年は韓日国交条約が発効されて早くも三年目、本国においては第二次経済開発五カ年計画の第二年目を迎える意義深い年でありますが、先ず在日僑胞が均しく関心を寄せる法的地位処遇問題に言及致しますと、種々の未解決点に対しては今年こそ両国政府間において条約の基本精神に基づく処遇問題が取上げられ、納得のゆく解決にも一層の努力を傾注して下さることを強く期待し、そのために私は真に僑胞の代弁者となり民意を上達させる方向に、民団のため奉仕する覚悟であります。そして永住権申請を推進する一方、僑胞の教育、就職、生活安定と福祉増進等の諸懸案に対しても解決を図り向上進展へと継続して力を注ぐ所存でありますが、これ偏に皆様のご協力ご支援が絶対必要であることは申すまでもありません。しかもこれは畢竟するに、祖国大韓民国をバックボーンとしての事は申す迄もないことを重ねて申上げる次第であります。

次に本国の第二次経済開発に関して述べますと、その計画の強力な推進と成功による経済力の伸長、民生安定に依って在日僑胞はより以上日本国民から信頼されると共に、ひいては享有されうる処遇を受け、常に国家の恩恵を認識し日本人に伍して堂々と生活を営為する心構えが必要かと思うのであります。尚私達海外同胞と致しましては、各々自尊心と自信を持って凡ゆる方法と努力に依り、祖国の近代化作業と経済開発事業に積極的に参加すべきであり、その素地を築くため、各企業者は現在経営しております事業に新たな覚悟と計画を立案して、実践に移すべき時であると信ずるのでありますが、僑胞が一致して民団の傘下に結集し各自の分野に応じて、商工業者は商工会、信用組合等との提携を通じて、相互に発展を図り積極的に協力参画することに依ってこそ、真の幸福への開拓者となることでしょう。

以上二、三にわたって所感を申上げましたが特に強調致したいことは私達は日本という立地条件のもとに団結は不可欠の要素であり抱擁力のある襟度を堅持し絶えざる向上への道を模索し邁進する崇高なる態度に依ってのみ、日本の社会において更に信頼され、誇りある韓国人としての生活が出来得ると確信致して居ります。幸に昨年初頭以来、在阪僑胞有志の絶大なる支持と支援に依りわが民国は懸案でありました財団法人大阪韓国人福祉協会の許可を受けまして、民生安定事業の転機を造成し、一方僑胞子弟に希望を与える日本社会への就職問題とこれが解決のためその第一歩を踏み出して実現の段階に至りましたことは特筆すべきことであります。今年中には引続き日本国民との相互互恵を基礎として斯る僑胞全般に係わる文教、民生問題等を解決するため、更に一層の努力を続け度く存じて居るのであります。

希望に充ちた一九六八年の元旦に際して、私は全僑胞に対し重ねて新年の祝詞を送ると共に、祖国の近代化と在日僑胞の繁栄を衷心より祈るものであります。

尚、僑胞商工業界のためご尽力下さる貴商銀のご繁栄と役職員並びに組合員各位のご健勝をお祈り申上げ併せて貴紙のご発展をお祈り申上げます。

× × × × × ×

# 共存共栄の実現期待

全国信用協同組合連合会
理事長・白　石　森　松

信用組合大阪商銀のみなさん、明けましておめでとうございます。

輝かしい昭和四十三年の新春を迎えるにあたり一言ご祝辞申し上げます。

顧みまするに、わが国経済界は高度成長より安定成長に進展しつつありましたが、昨秋以来、公定歩合の引上げ、日銀の窓口規制等々一連の整備政策に加えて英国の平価切上げに伴う米英の公定歩合引上げ等国際情勢の変化に伴いわが国金融界の情勢も今後微妙な影響が波及する内外情勢となりました。

この間にあって、あなたがた信用組合大阪商銀さんは、預金量八十億円台と昨年中に大幅な伸びを示され僑胞信用組合中、全国でもトップクラスの業績を示され、在日僑胞信用組合の協会長組合として将にその貫録を示されました。これ偏に、組合員皆さんのご協力は勿論、大林理事長以下役職員ご一同の並々ならぬご努力の賜とご同慶に堪えません。

しかしながら、今後のわが国経済並に国際経済は、まことに微妙な情勢下にあることでありますので、日韓条約締結後第三年目の新春を迎えるにあたり、日韓合弁の理念により創立されましたあなたがたの組合に課せられた課題の真価の発揮は、今後のご活躍にあると思料いたします。

私共、連合会も業務の拡大に努め、組合の連合会であると共に、皆さんも連合会の組合員であることにおいて、共存共栄の共通理念の実現に、お互いに手をとりあって努力すべき重大な年であることを今更ながら痛感するものであります。

大林理事長さんはじめ、役職員の皆さん、わが国中小企業振興のため、延いては日韓両国共存共栄のため本年こそ、そのご創立理念に向って邁進され益々ご繁栄ご発展あらんことを祈念しつつ年頭のことばといたします。

# 幸福と繁栄のために

大阪韓国人商工会
会長　柳　洙　鉉

親愛なる在阪僑胞の皆様

希望に満ちた新年を迎え、おめでとうございます。衷心より慶賀の詞を申し上げると共に、皆様方のご家庭と事業に無限の幸福と繁栄がもたらされんことを、心より期待してやみません。

一九六八年は母国大韓民国にとって第二次経済開発五カ年計画の二年目にあたる年でございます。祖国が近代化への運命を荷負った第二次五カ年計画は、政府当局の強力な推進力により初年度計画を順調に終え、最も困難な二年目を迎えたわけでございます。

あらゆる国の計画経済をみますとき、その二年目が最もけわしい年になっているようでございます。

登山者にとって、頂上は見えるが、まだまだ道のりは遠いという頃が一番疲労を感じるように、五カ年計画にとっても、その二年目はあらゆる意味で最もけわしい、苦しい道程であるようです。

本国政府の一層の努力もさることながら、在日僑胞を含めた民族全体が、総結集してこれに当たってこそ祖国の近代化が達せられるものと思います。

特に私達在日僑胞の積極的な参画が強く期待されております。

一方これからの日本経済に目を向けてみますと、英国のポンド切り下げに、米国のドルに危機がからみ、一部では経済危機という穏かならぬ言葉さえ耳にするようでございますが、決して悲観的な材料ばかりでもないようです。

しかし、多分に過熱気味な日本経済を調整するためにも、かなり厳しい金融引締めはまぬがれないと思います。

なお、中小企業にとって重要な課題である若年労務者の確保という問題は、今後ますます困難な問題になってゆくようです。

戦後一時的な現象として高い出生率がありましたがその反動を兼ね極端な産児制限が続きその具体的な影響が、これから四年先をピークとして若年労務者の絶対数の不足という形で、換言すれば大変な求人難という形で、中小企業の前に立ち向かって来ると思われます。

僑胞商工人は、このような状況の中で、しかも韓国人というハンディを背負っているわけですが、企業の合理化と自己資本の充実化に万全をつくし、台風に備え健全経営を計って戴きたい。

当大阪韓国人商工会も、基本財政の確立ができ今年で三年目を迎えました。

長期的な展望のもとで、商工会の基本財政の確立のみに全精力をついやして来た段階は、もう終りましたので、新年度からは、新しい企画をどしどし取り入れ在阪僑胞商工業者の親睦と利益を本当に保護しうるような事業を具体的に推進してゆく所存でございます。

最後に一九六八年を迎えるにあたり、重ねて新年の祝詞を申し上げると共に、朴大統領の指導のもとに祖国大韓民国に無限の栄えがもたらされんことを心から祈願し併せて皆様方のご多幸を祈ってやみません。

# 大衆の中の商銀に

在日韓国人建設協会会長
株式会社富島組取締役社長
富　島　健　夫

謹んで新春のお慶びを申し上げます。

昨年の前半は、前年度の高度成長の後をうけ、産業界は好況を呈しましたが、後半に入り国際収支の悪化に伴い、日銀公定歩合の引上げ、窓口規制の強化等、一連の財政金融引締め政策が実施され、加えて英国のポンド切下げの影響を受け更にその政策は強化されようとしております。

従って、特に高度成長政策によって大きく成長した中小企業には金融引締めのあおりを受け、激しい競走と合理化に耐え得る企業とそうでない企業の優劣は、ますます際立って、劣るものは倒産縮少し、優るものは尚飛躍する。骨肉相喰むが如き様相を呈するものと思われます。

かかる環境のもとに新春を迎え今更ながらわれわれの使命の重大さに身の引締まる思いが致します。

幸いにも、中小企業に対し理解ある貴〝商銀〟のある事は、我々にとって誠に心強い限りであり、大衆の中に育つ「商銀」として尚一層の発展成長をつづけられる様期待しつつ、私共も本年をよりよき年として、更に合理化を徹底し、皆様の御期待に添える様、万全の努力を致す所存でありますので、何とぞよろしく御支援の程お願い致します。

# 青色申告と家族の給与 税金が〝割安〟になる

個人事業主のなかには、会社にしたいと考えている人が多い。それにはいろいろな事情があるが、割安の税金にしたいのもその一つとみてよいだろう。

個人事業を会社とすることによって、事業所得は事業主やその家族で事業に従事するものの給与として、いくつかに分けられる。それによって税金は割安となるからである。所得税は金額がかさむにつれて割高となる累進税率で計算されるから一〇〇について計算した税金よりも、五〇ずつに分けて計算した税金の方が割安となる。また、給与としていくつかに分けることによって、基礎控除や給与所得控除など税金のかからない金額が増加することにもなる。

しかし、四十三年分の事業所得からは青色申告者の家族で事業に専従するものに対する給与を、使用人の給与なみに支給したものは、その全額が必要経費として認められることになるから小規模の事業では無理をして会社にする必要もなくなったようだ。ただし、それは青色申告者の事業所得だけである。白色申告者については、その家族の専従者に対する給与は従来の一人について最高十五万円が、そのまま存置されているから、白色申告者は早めに青色申告となることが、専従者給与だけについてみても税金を割安にすることになる。

かりに事業所得百二十万円の事業で、家族二人が専従しその給与として一人毎月三万円ずつ支給していた場合、白色申告による所得税は十万円程度となるが、青色申告によるときは三万円となり、これに専従者二人の給与に対する所得税を加算しても四万余円となって、白色申告にくらべて半分以下の割安な税金となるのである。

そこで青色申告者が、家族の専従者に対し使用人なみの給与を支給し、その全額を必要経費として認められるためには、四十三年三月十五日までに家族で専従するものの氏名、仕事の内容および支給しようとする給与額、使用人に支給している給与額等を記載した青色事業専従者の給与基準書を、税務署長に提出しておかなければならない。もし、その給与基準書が税務署長に提出されていない場合は、事業に専従する家族に支給した給与の金額が必要経費として認められないことになる。

青色申告者で事業に専従する家族がいるものは、来年三月十五日までに青色事業専従者の給与基準書を提出することを忘れてはならない。

# 財団法人 大阪韓国人福祉協会 正式に発足

## 生活困難者に〝愛の手〟を

民団大阪府本部関係者に於て一昨年来準備を進めて来た「財団法人大阪韓国人福祉協会」が去る九月二日付で日本政府から正式に許可され、十月十日には大阪府に届出を完了、正式に発足を見た。

この法人は、大阪に居住する韓国人のうち、擁護・育成または更生の措置を必要とする者に対し、その独立心をそこなうことなく、正常な社会人として生活することを援助することを目的とし、その主な事業内容は、①生活困難者に対してその住居で衣食その他日常の生活必需品、もしくわ、これに要する金銭を与え、または生活に関する相談に応ずる事業、②児童の福祉増進について相談に応ずる事業、③その他、この法人目的を達成するのに必要な事業を行なうことである。

なお財団法人大阪韓国人福祉協会の設立役員は、民団大阪本部団長姜桂重氏を理事長に、副理事長金鐘寿、梁恵承（民団東成支部団長・大阪商銀総代）専務理事趙宗大の各氏、理事には朴漢植大阪商銀理事長、徐甲虎（阪紡社長・大阪商銀理事）、柳洙鉉（大阪韓国人商工会長・大阪商銀理事）、崔永守（大正商事㈱社長・大阪商銀参与）、陳琦渕（西村鋼業社長・大阪商銀参与）、李熙健、朴成業、金聖洙、金洙浩、沈花玉、張徳出、金東出、李聖南の各氏、監事には姜宅佑大阪商銀副理事長（大阪韓国人商工会副会長）、金容栽の各氏となっており、事務所は大阪市東区平野町二丁目九番地ノ一となっている。

# 四歳で〝微分・積分〟

## 教育ママのド胆抜いた 韓国に天才坊や現る！

「わるい人が多くなったら／微分してしまえ／そうすれば、いい0だけが残る／いい0をどうするか／積分してしまうといい／するといいのだけが残って大きくなる／戦争もけんかもなくなる」「いつまでも生きていられないのか？／いくらなんでも千年は生きられない／なぜ生きられないのか？／このごろは十進法だからだめなのだ／では、どうすれば長生きできるか／二進法ですれば長生きできる」

――四歳の大学生、**金雄鎔**（キムウンヨン）君の詩である。この韓国の神童が三歳のころ書いた日記、詩、作文を集めた**『星にきいてごらん』**（林啓訳・新興書房）が、売れているようだ。さきごろ来日してテレビに出演、天才ぶりをひろうして、教育ママさん連中のドギモを抜いた余波かもしれない。

巻末に両親の「育児秘話」がついているが、それによると、物理学専攻の父親（現在は漢陽大学副教授）が国会議員選挙に落選して、食うや食わずの一間だけの間借り暮らしをしているころ、金君は生まれた。母親（父親と生年月日時間まで同じで、同じ大学で教育学を教えている）が栄養失調ぎみだったことが、かえって金君の脳細胞の発育にはよかったのではないか、というユニークな説が紹介されている。

五カ月目に、ハイハイ抜きで、いきなり立って歩きだして以後のめざましい成長ぶりは、新聞雑誌でごぞんじのとおり。「世の中で一番好きなものは、練習帳とボールペン、それに本」というこの天才坊やは、毎日一時から七時まで昼寝して、午後十一時から夜中の三時ごろまで一人で机に向かっているそうだ。

「影をみてごらん。影は色をたべて生きる。ほんとうだよ、うそじゃないから。影は……悪いことをして心が黒い。……天の神様は、影がにくらしくてにくらしくて、雲をさしむけて影を殺してしまう」（昨年七月の日記から）。将来の希望は「科学者になって戦争をなくしたい」

# 万国博記念 作文コンクールで 〝西条美佐さんが第一席〟

昭和四十五年に行なわれる日本万国博覧会を記念して、同事務局が万国博のテーマ「人類の進歩と調和」を主題に近畿地方の中、高校生から募集した作文コンクールに当大阪商銀組合員で、株式会社昌慶苑社長西条公章氏の長女西条美佐さん（一四才、天王寺中学二年生、大阪市天王寺区勝山通二ノ一四八）が応募作品四百二十三編中見事第一席を獲得、去る十月三日、大阪市東区、大阪キャッスルホテルでの表彰式の席上、日本万国博協会長賞が同会長石坂泰三氏より授与された。

# レコード自費製作

## 大学生の金井邦彦君

当大阪商銀組合員で、大阪市北区高垣町にてレストラン東大門を経営する金井聴治氏の長男金井邦彦君（名古屋工業大学電子工学科四年、二十二才）が、このたびテイチクレコードで自作自演によるフォークソングをドーナツ盤に吹込まれ、目下知人・友人に限定頒布中。

同君は、大阪の親元を離れて、現在名古屋市内で大学の寮生活をしておられるが、その淋しさをまぎらわす目的でギターを楽しんでいたが、昨夏、名古屋名鉄ホールでのフォークソングフェスティバルに同級生と飛入りで出場したところ見事優勝、引きつづき東海放送を通じて全国ネットワーク（大阪方面は毎日放送）でラジオにも二度出演したのを機会に、金井邦彦君作詩作曲、ギター演奏により友人とのコーラスでザ・キャロッツのコーラスネームで、A面を「何もあげられないけれど」B面には世界民謡「草原情歌」を同時吹込み、原価一枚五百円で、売上げ利益金にてギターを購入したいとのけなげな希望をもっており、別にその道に志しているのではないとの由、希望者は東大門まで、電話三一二―三九九五番。

# 石油缶に百円硬貨ギッシリ

## そっくり商銀へ預金

梅田丼池繊維街の大野清吉氏（大野兄弟商会）は、約一年前より機会あるごとに百円硬貨を石油缶に入れていたところ、相当の重量になったので、そっくり大阪商銀本店に預けて頂くことになり係員が持ち帰り計算したところ、合計五〇六九〇〇円になり全額定期として御預りした。

缶をあけるまで、さて全部でいくらになるかと商銀係員の間で、クイズまでとびだしたりしたが、これはちりも積もれば山となるの実例。

# 組合員の動静

◇…御結婚…◇

新郎 姜行捷君（姜吉章氏三男）
新婦 蔡尚美嬢（蔡尚大氏長女）
十月二十二日関西学院大学チャペルにおいて結婚式、ロイヤルホテルにおいて披露宴（親族関係）ならびに一般関係の披露宴を同月二十八日新北京において、それぞれ盛大に挙行された。

新郎 金容雲君（金仁洙氏次男）
新婦 朴亨子嬢（朴玄氏長女）
十一月三日随園において結婚式ならびに披露宴を盛大に挙行された。

新郎 劉正雄君（劉京華氏次男）
新婦 康順子嬢（康喜万氏長女）
十二月四日大阪クリスチャンセンターにおいて結婚式随園において披露宴を盛大に挙行された。

新郎 許嘉君（許英氏三男）
新婦 林都子嬢（林芝菜氏長女）
十二月十日東天閣において結婚式ならびに披露宴を盛大に挙行された。

新郎 梁正明君（梁洪錫氏次男）
新婦 李美佐子嬢（李秀年氏長女）
十二月十六日東天閣において結婚式ならびに披露宴を盛大に挙行された。

◇…新 開 店…◇

▽キャバレーらんたん（代表者浅田敏則氏）は去る十一月四日、国鉄茨木駅前三平苑地階に開店された。

京都・大阪間を結ぶ北摂地区での本格的キャバレーの進出は「らんたん」がはじめてで、それだけに浅田氏の手腕に期待が寄せられている。

▽ワインパレスナポレオン（経営者日新興業㈱社長高橋一男氏）では、去る十二月六日、大阪市北区兎我野町三一、ワールド東隣りに洋酒バー「スコッチ」姉妹店として、ワインパレス「ナポレオン」を開店された。

同店では、軽いお食事も出来るなど大衆向き洋酒コーナーとして、また、元全日本バンタム級チャンピオン大滝三郎氏や同兄弟らで来客のサービスにつとめ、好評を拍している。

▽国際ナイトサロン紫光（代表者金光良作氏）従来バイオレットサロン紫光として北の名物となっていたが、経営者の金光氏がこのほど東南アジア外遊の経験と印象を生かし、去る十二月八日より韓国のキーサン数十名招聘を中心に、各ホステスに韓国・日本・沖縄・中国のそれぞれの民族衣裳を着せ、同各国の豪華ショーを盛りこんだ国際ナイトサロン紫光として新しくスタートされ夜の社交界に異彩を放っている。

▽洋酒喫茶栓（経営者金本武夫氏）では、従来の洋酒喫茶に加えて、キープスタンド式営業（洋酒をあらかじめ買い取り同店に預け、自由に来店）を取り入れることになり、このほど新装開店された。

▽すし、てっちり魚よし
洋酒喫茶ロック

大原徳松氏は、去る十二月二十一日より大阪市東成区西今里町二ノ四九（東今里市バス停留場東側）に、一階にすし、てっちり、水だきの店「魚よし」、二階にはバンド演奏で唄って踊れる洋酒喫茶「ロック」を開店された。

同地区には、同様の業者が殆んどない為、開店以来の盛況で、大原氏は、洋品店（二店舗）、グリル、喫茶と多角経営で青年実業家として益々活躍が期待されている。

◇…落 成…◇

大興硝子工業㈱（社長金井俊夫氏）では、大阪市城東区古市南通三丁目十六番地の工場が都市計画により立ちのきのため、同所向いの同十五番地に新工場を建設、去る十二月十二日竣工式を盛大に挙行された。

×　×　×

◇今里支店の楽しかった三泊四日◇

# 東北三大スカイライン旅行会

大阪商銀今里支店では、去る十月十一日より十四日まで三泊四日の日程で約四十名参加のもとに、秋の紅葉が錦織りのような東北地方と同三大スカイライン旅行会を実施した。

第一日目、午前七時、大阪商銀今里支店前より観光バスにて新大阪駅、同駅より新幹線ひかり号にて東京駅を経て、上野経由福島に向いバスにて飯坂温泉泊。

第二日目、バスにて、飯坂温泉を出発、吾妻スカイラインをドライブ、浄土平・土湯峠を経て裏磐梯五色沼を観光、桧原湖岸を走り西吾妻スカイバレーを通り米沢を経て上の山温泉泊。

第三日目、バスにて上の山温泉を出発、刈田にてリフトに塔上、賽の磧、遠刈田、仙台を経て塩釜より観光船にて松島めぐりを行ない、松島、瑞巌寺を経て秋保温泉泊

第四日目、バスにて秋保温泉を出発、仙台より国鉄にて上野経由、東京駅より新幹線ひかり号にて新大阪へ午後七時十分到着、出迎えのバスにて再び大阪商銀今里支店前にて午後八時頃解散した。

# 盛大に役員懇談会

## 森小路支店　開店二周年記念

大阪商銀森小路支店（清水昌雄支店長）では、このほど開店二周年を迎えたので、去る十二月六日午後六時より国鉄片町線放出駅前「赤坂」で大阪商銀森小路支店関係理事・監事・参与・総代と本部より神野副理事長ほか及び森小路支店幹部職員約六十名出席のもとに役員懇談会を開催、年忘れの余興やのど自慢などお互いに披露し和やかなうちにも森小路支店と大阪商銀の更に一層の飛躍を誓いあった。

# ゴルフだより

◇…商銀北むつみゴルフ会…◇

商銀北むつみゴルフ会（会長柳根達氏、㈱やなぎ屋社長・大阪商銀監事）では第二十七回例会を去る十二月五日、午前九時スタートにより宝塚ゴルフクラブにおいて会員二十名出席のもとに開催され、次の各氏が入賞された。

優勝・星山三鉉氏、二位・武田竜一氏、三位・山本秀二郎氏、四位・福本武郎氏、五位・道明義次氏、ベストグロス賞・福本武郎氏、ブービー賞・神野宅佑氏。

◇…商銀今里むつみゴルフ会…◇

商銀今里むつみゴルフ会（幹事大城政雄、山本一郎、大山宗男の各氏）では、十一月例会を去る十一月八日法隆寺カントリークラブにおいて開催した。

優勝・野村義雄氏。

◇…商銀布施むつみゴルフ会…◇

商銀布施むつみゴルフ会（会長延田清一氏）では、十一月例会を去る十一月九日法隆寺カントリークラブにおいて開催した。

優勝・平山雅夫氏。

◇…南 友 会…◇

南友会（花園支店関係・会長増田春一氏）では、十一月例会を去る十一月十六日大阪ゴルフクラブにおいて開催した。

優勝・岩本龍業氏。

◇…商銀森小路むつみゴルフ会…◇

商銀森小路むつみゴルフ会（会長高杉善久氏）では十一月例会を去る十一月二十八日池田カントリークラブにおいて開催した。

優勝・高杉善久氏。

## 清交倶楽部秋季大会で　柏原新作氏　優勝

清交倶楽部（会長大林健良大阪商銀理事長）では秋季大会を去る十一月二十四日宝塚ゴルフクラブにおいて約五十名参加のもとに盛大に挙行された。

当日は、特に赴任間もない厳敏永駐日韓国特命全権大使が特別参加されるなどして有意義な本年最後の大会が熱戦のうちに行なわれ柏原新作氏が優賞された。

# "和晃会"役員改選さる

在阪僑胞で日本に帰化された人々の親睦団体「和晃会」では、去る十月二十一日午後六時より大阪商銀本店四階ホールに於て十月例会を開催、今春以来暫定的であった執行部の改選を行なった。（任期は二年）。

なお、同会の新年宴会が来る一月十四日（日）午後二時より三鶴山荘（阪奈道路入口、料金所の上）において家族同伴で盛大に行なわれる。当日は、出席者全員に抽せんによるお年玉、豪華アトラクションなどが予定されている。

【和晃会新役員】

理事長・新島英市、副理事長広沢浩、同本田勝久、同神田祐三郎、総務局長・高山一与志、理事（企画部担当）立石聖一、岩本宣久（財政部担当）山住茂、福島永之輔（生活相談部担当）岡村順童、高山昇（広報宣伝部担当）山本健雄、平山賢次郎（青年部担当）岡村和浩、市村憲一（婦人部担当）山住夫人、広沢夫人、監査植田泰行、同木下正夫。

# 僑胞青年実業人韓国経済視察団　募集要項

**主　催**　信用組合大阪商銀（本店営業部）

**趣　旨**　僑胞青年実業人（一般僑胞、日本人も歓迎）を中心に躍進途上の祖国を訪ね、産業経済の視察と文化史蹟等の観光と故郷訪問

**実　施**　昭和四十三年二月中旬

**日　程**　三泊四日

**協賛及び手続**　高麗旅行社

**経　費**　九〇、〇〇〇円（前納）

(イ) 往復航空料金、ホテル代、食事代、宴会代、専用バス代その他一切の滞在費を含む

(ロ) 但し、旅券、再入国等の手続に要する費用は実費（約一〇、〇〇〇円）を徴収致します

**協力預金**

参加希望者は、上記経費と共に、下記(イ)又は(ロ)の協力預金に御加入願います

(イ) 定期積立、月掛一二、〇〇〇円　二年満期
満期契約額　三〇〇、〇〇〇円

(ロ) 定期預金　一〇〇、〇〇〇円　一年満期

**スケジュール**

【第一日】二月十七日（土）午前十二時に大阪国際空港に集合、出国手続を経てキャセイ航空機（ジェット）にて一路ソウルに向うソウル金浦空港にて入国手続後、国軍墓地参拝、ウオーカーヒルにてナイトショウを見ながら夕食、ウオーカーホテル泊

【第二日】二月十八日（日）ホテルにて朝食後、南山を経て徳寿宮、昌徳宮見学、韓一館にて昼食、午後秘苑見学後、コリアハウスにて古典舞踊鑑賞、夜、料亭大河にて宴会、ニューコリアホテル泊

【第三日】二月十九日（月）午前中、陸軍士官学校見学、午後、阪本紡績ソウル工場見学、夕食後自由行動、ニューコリアホテル泊

【第四日】二月二十日（火）朝食後解散（それぞれ故郷に向う）

(イ) 同日帰阪の方は、午後七時一〇分ソウル発キャセイ航空機（ジェット）にて大阪に向う

(ロ) 別途観光コース希望の場合は、グループ編成により企画実施

**旅券再入国手続書類**

A、旅券申請（旅券のない方で再入国手続も含む）
(イ)外人登録済証明書　二通　(ロ)納税証明（府、市民税、所得税）各一通　(ハ)そのほか民団支部にて、国民登録完了証、身元保証。身元確認等　(ニ)写真　十一枚　(ホ)印鑑（本名）

B、旅券所有者で再入国手続のみの方
(イ)外人登録済証明書　一通(ロ)納税証明（府、市民税、所得税）各一通(ハ)　印鑑（本名）

C、日本人の場合
(イ)戸籍謄本（抄本）一通　(ロ)写真三枚　(ハ)履歴書一通　(ニ)印鑑

**備　考**　僑胞で旅券のない方の場合、臨時旅券を入手するのに相当日数がかかりますから、民団支部での手続は急を要します

# 躍進する大阪商銀の役員近況

創立15周年を迎える大阪商銀本店全景

お

大林理事長（在日韓国人信組協会長）陣頭指揮に創立十五周年の大阪商銀預金百億目指し更に大躍進

お

○大阪韓国人商工会副会長兼任の神野副理事長、持ち前の情熱で商銀の機関車となり更に大活躍

○大阪に本社、鳥取に工場進出の明大製菓社長平康理事、長女をとつがせ内外共に円満

○大原理事も次男に花嫁を迎え事業の勉強もさせて後継者づくりに力のはいる今日この頃

○大阪が誇る東洋一のキャバレー冨士社長の田中理事、ますます事業拡大で日夜陣頭指揮

さ

○阪本理事（阪紡社長）紡績にレジャーに、韓国にと事業拡大で席のあたたまることなし

○三晃金属社長の高山理事、神野副理事長八城理事との韓国での三和製缶事業も順調

か

○韓国銀行出身の金専務、巨体に似あわず身軽で預金獲得に東奔西走、経済理論も御立派、期待大なり

○学生服メーカーの太田理事・神野副理事長・松井一郎氏との三和観光王朝（神野社長）も開店以来盛況

○監事の高杉大成鉄工社長、在日韓国人建設協会専務として僑胞業界の発展に地道な貢献

し

○写真同好会長（梅織）の富田理事、随筆集出版の年末に同氏経営雁亭火災、禍い転じ福を期待

○神港レジャー界の大御所平山理事、事業もますます順調、人柄と共に業界・僑胞の人望高し

よ

良き商銀の番頭役の小牟田常務、温和ながら総務部長としてのたずなさばきもしぶさ増す

う

梅田繊維卸商業協同組合理事長兼任の中村副理事長、商銀発展に、日本一問屋街にと更に御健斗

ぎ

銀行歴四十年の西沢専務（大和銀行出身）審査部長として温和な人柄ながらグッと締め

ん

○参与の永野勲氏、在日済州経済人協会長として、また事業に僑胞社会にと大活躍

○参与の大川清氏、ゴルフで韓国大統領杯を二年連続制覇、事業も拡張、ファン多し

○参与の広沢浩氏、韓国人出身の帰化人会和晃会副理事長で持ち前の世話好き益々御健斗

し

商工会長（大阪韓国人）の柳理事、僑胞経済人の結束に短身ながら気力満点

ん

○参与の豊村健治氏、最近は韓国旅行、メキシコ観光旅行と高麗旅行社々長としても大活躍

○参与の富島健夫氏、在日韓国人建設協会長として国土建設に僑胞経済界発展に御健斗

よ

良き相談役の中村顧問弁護士、昨年は世界一周で活躍の舞台もまた広し

う

梅田繊維街の元老柳監事、商銀本店ゴルフ会長としても天狗連のまとめ役で人柄も好評

く

苦労人の西川理事（元専務・大和銀行出身・銀行歴54年）商銀不動産社長として益々健在なり

み

道明監事、目下梅田繊維街ビル建設組合理事長として大阪駅前ビル化に東奔西走

あ

秋山理事は生野地区での民団・親睦会などで世話好き人望高し、事業も益々順調

い

○池本理事も東大阪地区での人望家、趣味の統計学を生かし事業にも益々御精励

○いつも笑顔の八城理事、貿易にレジャーにとやわらかな物腰に似ず秘めたる闘志満々

◇おことわり◇

(1)役員近況は、語呂合わせのため一部の役員の方だけに御登上願いましたので他意はございません。

(2)内容については編集者の責任でございます失礼の点はあしからず御諒承下さい。

# 団体一位 再び本店営業部に
## 昭和42年度 上半期預金成績表彰

栄冠に輝く本店営業部

大阪商銀では、預金増強運動に対する成績優秀者表彰制度として各年度上半期・下半期・年間の各賞を設け、職員の功績を讃えているが、昭和四十二年度上半期（四十二年四月一日より九月三十日まで）の各成績に対する表彰式が、去る十一月十三日午后六時より本店四階ホールにおいて行なわれた。

今回の表彰では、前年度上・下・年間につづいて本店営業部が連続団体第一位となり、また個人では、部店長付大山宏氏（今里支店預金係長）、内務事務係大城得孝氏（今里支店）とそれぞれ今里支店が獲得された。

なお、同表彰式の席上、今回全国信用組合協会中央会より優良職員として表彰を受けられた清水昌雄森小路支店長と山喜勉今里支店長の表彰状の伝達式と大阪府警本部長より五年間以上無事故により優良運転手として表彰を受けられた畑敏雄氏（総務部付）に特別賞が授与された。以下入賞者次のとおり。

**（昭和四十二年度上半期）**

団体（部店別）
一位　本店営業部
二位　今里支店
三位　森小路支店

個人（部店長付）
一位　大山宏（今里支店）
二位　金岡鉄雄（森小路支店）
三位　梅原成浩（森小路支店）
努力賞　木下鐘甲（花園支店）福田源市（森小路支店）岩本正雄（花園支店）松本好市（今里支店）岩本治郎（森小路支店）金本性哲（本店営業部）
純新規賞　梅原成浩（森小路支店）木下鐘甲（花園支店）松本好市（今里支店）金本性哲（本店営業部）平山政治（今里支店）福田源市（森小路支店）岩本正雄（花園支店）松浦洋（布施支店）梅原弘道（布施支店）

個人（内務事務係）
一位　大城得孝（今里支店）
二位　清水光子（花園支店）
三位　梁川秉龍（今里支店）
努力賞　平井辰雄、金原久松、小池尚、徳原幸男、屋敷繁雄、金光祥子、常山京愛、李和順、金村英範、大原正、高木敏治、高山秀子、密山恵美子、岩本保夫、金田美志子、遠藤茂福、高島珠子、町田佐雄、呉勝正、橋本玉江、下口エミ子、鈴平菖子（以上本店営業部）
純新規賞　大城得孝（今里支店）
純新規努力賞　古阜正義（花園支店）岩本三男（今里支店）

……（預金成績ナンバーワン）……

**大山　宏**（今里支店預金係長）三十三年十一月入社四十一年度上半期個人別第二位　大阪基督教大学修。

**大城得孝**（今里支店出納係）四十年三月入社四十一年度下半期個人別努力賞、興国高校卒。

# 全国信組大会で 優良職員を表彰
## 清水（森小路支店長）山喜（今里支店長）両氏

昨年十月、東京で開かれた第八回全国信用組合大会において全国信用組合協会中央会雨宮要平会長より優良職員として当組合より清水昌雄森小路支店長と山喜勉今里支店長が表彰された。

清水昌雄森小路支店長

山喜勉今里支店長

**受賞両支店長の横顔**

**◇清水昌雄**（森小路支店長）三十年四月入社、元・理事長付秘書、本店営業部貸付係長、預金係長、花園支店長代理、審査部、総務部、総務部課長代理、今里支店次長、四十年八月十カ年勤続受賞、ソウル大学経済学部卒、三十九才。

**◇山喜勉**（今里支店長）三十二年三月入社、元・今里支店預金係長、支店長代理、布施支店長代理、業務課長、四十二年五月十カ年勤続受賞、関西大学法学部卒、四十一才。

# 日韓親善うたう ラジオ・ドラマ
## 東洋放送で 3 カ月間放送

韓国の東洋放送（民間放送）は本年二月から"日韓親善"と銘うったラジオ・ドラマ（二十分帯ドラマ九十回）を三カ月にわたり放送する。これは「日本人」「韓国人」の二部（それぞれ四十五回）からなり「日本人」は韓国放送劇作家協会理事長・趙南史氏が「韓国人」は日本放送作家組合長の山田隆之氏がそれぞれ脚本を執筆するという変わった試み。出演はすべて韓国人俳優。また「日本人」の主題歌は日本人歌手がうたう。

なお、韓国放送および日本作家組合はこのドラマを日本人にもきいてもらいたいと日本の民放各局と交渉をつづけており東京・文化放送で三十分帯ドラマとして実現する可能性が強い。その場合は、日本語放送で日本人俳優が出演する。

一、われわれは、韓国人商工業の総合的な改善と発展を図謀する。
一、われわれは、僑胞社会の福祉増進に寄与する。
一、われわれは、祖国の経済建設に積極的に協力する。

創刊号
昭和42年2月10日発行
発行所　大阪韓国人商工会
大阪市南区鰻谷中之町4－8
電話（251）９９３７
発行人　柳　洙　鉉

## 創刊の辞

# 適性利潤の確保と節税で中小企業の危機を打開せよ

大阪韓国人商工会々長　柳　洙　鉉

当会は発足以来歳月を重ねる毎に発展の一路を辿り、多年の宿願でありました会館ビルも、先年には開館を成し商工会活動に一段と機能性を発揮して居る際に当り、今度当会の機関紙として「韓商ニュース」の発刊を見るに至りました事は誠に御同慶に堪えません。

一九六七年の年頭に当り、吾等大阪韓僑商工人として、特に留意すべき課題は大企業が相当な利潤を確保して繁栄して居るにも拘らず、中小企業のみが圧迫され多数の倒産を生じている現状では経営基盤の確立は至難の業でありますから、中小企業者は安易な妥協に走らず、自己の信念を貫き適正利潤を確保する事である。従来ともすれば中小企業経営者は個人単位の行動が多く、あらゆる面で大組織に対し軟弱な一面を露呈して、自ら損害を蒙って居ります

吾々はお互いに連繋を密に保ち組織体で以て事に当る様、心懸ける事に依って徐々に是正されるものと思います。次に吾々が常に腐心している税金対策でありますが、従来青色中告の特典を活用していない向がある様に考えられますが、この際充分に反省して、この特典を存分に活用する事が得策であると考えます。

当会の活動の一つとして適正なる中告によって、節税の効果を挙げる様、税務問題の相談に応ずるため、公認会計士及び斯界の専門家を顧問として委嘱し、会員各位の相談一般に応じて居りますので、的確なる指導を受けられ、今後は税務対策上で齟齬を来たす事の無い様万全を期して下さい。僑胞商工人として一人々々が物質的には勿論の事、精神的にも余裕を持って地域社会に積極的に奉仕する気構えを以ってのぞめば、企業は恒久的な繁栄を齎すものと信じますので、今後は本誌を媒体として会員相互の近況報告、情報の交換、経営講座及び諸集会への参加等を積極的に推進する事に依り、各位の精神的な糧として本誌発刊の意義を深め、企業の発展を計り当商工会の質的向上を一段と高める事となりますので、私の所懐の一端を述べ各位の御指導、御協力を御願いして発刊のことばと致します。

# 民族の力を総結集し僑胞の権益擁護に尽す

駐大阪大韓民国総領事館　総領事　金　鎮　弘

在日僑胞が集中的に住んでいる大阪に於いて、韓国人商工会が、新らたな飛躍を期して機関紙発刊の運びに至ったことは、誠に意義深い事であります。衷心より同慶の意を、表すると共に、紙面を通して僑胞商工人に新年の祝詞を送ります。

過ぐる年は韓日両国間の国交が正常化して、はじめて迎えた栄光ある意義深き年でありましたが、未だ整地作業が終らないままの状態なので、より一層の努力を傾注し、また労苦も多い年でございました。

私が大阪に赴任して以来、まだいくばくもたっていませんが、その間に感じた事柄の中で、新らしき年を迎えたこの機会に、特に一つのお願いのことばを僑胞の皆さまに申し上げる次第であります。

現在本国では、全ての国民が一致団結し、過ぎし日の不幸から脱皮するため、全力量を傾注しており、その結果が驚ろくべき速度で経済発展に現れているのであります。これは遊離した力より結合された力が如何に強大な効果を発揮するかを、如実に立証したものであります。

われわれは、私たちの民族が他民族に比して、優秀なことを誰よりもよく知っています。故に、われわれに課せられた使命は、この優秀な〝民族の力〟を集結させる仕事なのです。在日同胞がその〝力〟を惜しまず、利益のために集中するとき、その成果は驚ろくべきものとなり、これが即ち、国のためにひいては国を愛する大きな力となることを信じて止まないのであります。

本国政府と国民が、海外の同胞たちに望むことは、各自が各所においての安寧と発展なのであります。今年こそは、われわれ同胞がより一層一致団結して隆盛への道を邁進せられんことをお願いする次第であります。

韓日協定が発効した今日、特に在日僑胞の法的地位に関する協定の施行過程において、満足できない事項が多く、ここから派生する問題点もいろいろあると思います。このような問題点は、協定の第二次年度を迎え、僑胞のみなさんたちとともに、一つ一つ解決する方向にむかって進んで行かねばなりません。

われわれ総領事館においては、僑胞全体の権益保護と利益増進のため、なお一層の努力を傾注することを、いま一度確言し、あわせて機関紙発刊を契機に商工会のより発展を祈願する次第であります。

# 中小企業者へのよき指針となれ

在日大韓民国居留民団　大阪地方本部団長　姜　桂　重

在日僑胞の約三分の一が集中的に居留しております大阪地方には当然僑胞経営の中小企業も集中しており従って、全国各地方に先がけて、大阪韓国人商工会が発足し長足の進歩を遂げつつ今日に至ったことは周知の通りであって慶賀の至りに存じます。

特に同会は我が民団とは表裏一体となって僑胞経済人の団結を図り、会員相互間の親睦と相互扶助を図って、常に祖国建設に参画することを目標に努力していることは当然のこと乍ら感謝致しております。

本国に於いては、去る一九六六年は第一次経済計画五ヶ年の最終年であって、国民経済成長率は実に8％となり、一九六七年は第二次経済計画五ヶ年の初年度として基幹産業を軸とするあらゆる産業が、益々発展の途上にあることは海外僑胞として誠に慶祝致すものであります。

一九六七年を迎えるに当り大阪韓国人商工会は、その趣旨に依りその発展を期すべく折に、機関紙「韓商ニュース」を発刊するとのこと、誠に時宜に適する企画であると信じ同機関紙を通じて本国のありのままの経済像を会員に周知徹底させて本国進出えの資料を与え、一方には日本国内の経済事情などをも刻明に分折報道し以って中小企業経営者達えのよき指針とならしめるよう努力を重ねることをお願い致すものであります。

右貴紙発刊に際し、お祝の言葉を送ると共に貴会役職員の御健闘と全会員の御健勝御繁栄をお祈り申し上げます。

平素、当商工会の発展のため、物心両面にわたる御支援を賜り、役員一同衷心より御礼申し上げます。尚、当商工会の性格と趣旨は、広く公益を計るところにありますので、総会の意に従い、昨年社団法人の申請を相済ませております。近々その結論が出るものと思いますので何卒今後とも、当商工会の発展を期し御指導御鞭撻下さいますようお願い申し上げます。

大阪韓国人商工会

会長　柳洙鉉
副会長　金容載
〃　姜宅佑
専務理事　金皓一
理事　郭炳顕
〃　崔永守
〃　徐在植
〃　権徳柱
〃　金済云
〃　蔡尚大
〃　金容守
〃　広沢浩
〃　金炳五
〃　金聖善
〃　高駉相
〃　韓益俊
〃　成海竜
〃　車忠興
〃　張泰植
〃　姜炳俊
〃　陳琦淵
〃　沈在玉
〃　金鐘寿
〃　金性奉
〃　徐淵仲
監事　金振浩
〃　具文浩
事務局長　金佑植

# 盛大を極む新年名刺交換会

## ＝恒例の催＝

親睦と新しい人間関係の開拓を兼ねた大阪韓国人商工会、恒例の新年名刺交換会が、オトソ気分も、まだ取れない一月六日、内外の名士八〇名を集い、盛大に催された。

ここ二、三年来いわゆる構造的不況の時代を経験してきた商工人達が、大和銀行調査部長、稲葉真郎先生の講演（**一九六七年度の日本経済の展望**）を、真剣に拝聴している姿がことのほか印象的であった。

先生の新年度景気診断によると、実質経済成長率は九・八程度で、ダラダラ景気だが、だんだんよくなるだろうとのことで、ほっとした人も少なくなかったようだ。

この後名刺交換会は、宴会から、お年玉抽選会へと佳境に入り、美しく着飾った美女を囲んで和気合々の内に幕を閉じた。

なお、新年度の幸運児となった、新光ビニール工業株式会社々長、柳浩根氏は、お年玉抽選で見事一等を引き当て、賞品不老長寿の霊薬を腕にして、こいつは春から縁気がええわと大喜びだった。

平素口数の少ない会長にしては珍らしく、適性利潤の確保と、節税で大いに儲けて下さいと新年早々ハッパをかけている会長。

豪華な料理と美しいホステスに囲まれ、こいつはすごい！と御満悦の会員さん。さてどなたでしょう。

稲葉先生の講演に真ケンに聞き入る会員さん、まるで生真面目な学生さん。景気診断を受け、事業の隆盛疑いなし。

新年会恒例の福引き風景、さて幸運児はどなたでしょう。抽選人は民団大本姜団長どうかよろしく頼みまっせ！

新年度の日本経済はダラダラ景気だがだんだんよくなるだろうと、喜ばせておいて後半金融引締もありうると、ちょっぴりおどかす意地悪な名講師
大和銀行調査部長　稲葉真郎先生

経済診断の結果もよし山海の珍味でお腹の準備もOK、さてそこで今年もいっちょう頑張るか。

## 韓・日両民族の発展に寄与せよ

初代会長　甲　河　祚

此度、大阪韓国人商工会の機関紙発刊に当り所感の一端を申し述べる事は光栄に存じます顧りみますれば、昭和二十八年七月大阪市北区中崎町に於いて当商工会が創立され、すでに十四年になる由です。当時浅学非才な私が初代会長に選ばれながら、初志貫徹をみることなく残念ながら一線を引退しましたが、その後良き指導者を得たことにより、日々に発展し、長年宿願としていた商工会館の購入落成も終り、着々と同胞社会のため発展寄与するは誠に御同慶の至りと存じます

近年韓日国交も正常化され、在留同胞の永住権も確認されましたので、在留同胞は折角の既得権であるから、海外に於いても一意専心生業に励み、益々発展して頂きたい。又それ自体が国家に対する報国の意に通ずるものと信じます。

最後に日本国に居留する以上は、遵法精神にのっとり、確固不変なる信念のもとに、韓日両民族の発展に寄与されんことを、念願するものであります。

**常識シリーズ**

（1）

# 青色申告の承認の受け方とその特典は？

私どもの生活や周辺にある税金、とくに事業活動に伴う税負担は、おどろくほどに高い、にもかかわらず、納税者の日々の生活あるいは業務に関連し、税法上の取扱いを実務本位にかつ平易に納税者の側になって解説した文献は少ない。

税務の指導・相談にあづかる私どもも、このような文献の要求を納税者の切実な声として受け止め、納税期を前にして常識シリーズのテーゼとして先ず税金問題をとりあげた。

青色申告、白色申告などさかんに云われているが、いずれにせよ帳面記帳は、欠かすことが出来ない経営に於ける最低条件です。

税金と聞いただけで、嫌悪に感じられますが、真実の識意とは必ず相手に通じることは勿論のことですが、相手に通じさせるための努力と工夫とをしないで嘆くことは、〝天に向って唾を吐く〟ことと同じです。

**問**　私の会社は今まで白色申告でしたが、青色申告法人になれば種々の特典を活用できて有利だ、と同業者から教えられました。そこで、つぎの事業年度分から青色申告の承認を受けようかと考えているのですが、それにはどんな手続きが必要なのでしょうか。また青色になれば、どんな特典が与えられるのでしょうか。

**答**　青色申答に切り換えることは、白色申告では得られない数々の特典があるだけに、おおいに賛成するところです。

そこでまず、その承認を受ける手続きですが、第一に青色申告の承認申請書（後掲）を、その承認を受けようとする事業年度開始の日の前日までに税務署長に提出しなければなりません。ただし新設法人の場合は、設立の日以後三月を経過した日と新設後の最初の決算日とを比べて、どちらか早い日までとなっています。また新規設立後の最初の決算日が三月未満のときの承認は、設立の日以後三月を経過した日と、その翌事業年度終了の日と比べて、どちらが早い日までに納税地の所轄税務署長に提出しなければならないことになっています。

さて右の青色申告の承認申請書を受け付けた税務署長は、その申請について承認したり、帳簿組織が不備だからというような理由で脚下の処分をするときは、かならず書面であなたの会社に通知をすることになっています。ただしその対象事業年度終了の日（中間申告書を提出しなければならない法人は、その対象事業年度開始の日から六月経過した日の前日）までに税務署長からなんらかの通知がないときは、その日の青色申告は承認されたものとみなされることになっています。

しかしながら、この青色申告制度は、一方において課税上の優遇措置が与えられ〝節税〟の大きな役割を果たしておりますが、その代り帳簿組織については税法上非常にきびしく規定されていますのでご注意ください。以下それについて説明してみましょう。

## 一、青色申告法人の帳簿組織

青色申告法人は、おおよそ、つぎのような帳簿組織を備えることが要求され、これを守らなければ承認を取り消されます。ただし帳簿といっても、かならずしも装丁された黒表紙等の帳簿でなければならないというのではなく、ルーズリーフ式やカード式のものであっても、順序よく作成管理されていれば帳簿になりますし、伝票式であっても、日計表等をつけて組織的に整理され計算されているものは帳簿として認められることになっています。

(1)複式簿記の原則に従って、資産、負債および資本に及ぼすいっさいの取引について、きちんとはっきり記録して、決算をすること。

(2)仕訳帳（伝票仕訳をして試算表等を作成している場合は、しいて仕訳帳はいりません）、総勘定元帳を備え付け、末尾に掲げる記載事項を記帳しておくこと。

(3)棚卸明細表を作成すること。

(4)貸借対照表および損益計算書を作成すること。

(5)総勘定元帳、棚卸表、貸借対照表、取引の記録（相手から受取った注文書、契約書、送り状、領収証、見積書、その他これらに準ずる書類および会社で作成した、これら書類で写のあるものはその写）を五年間整理保存すること。

税法が要求するこのような帳簿組織の規定からはずれますと、青色申告者の適格性が失われ、種々の特典を活用することもできなくなってしまいますから、青色の特典を生かすためにも、まず帳簿組織を確立することが急務であることを、ご認識ください。

## 二、青色申告法人の特典

前述した事項が完全に行なわれておれば、青色申告者として、つぎに述べる種々の特典に浴すことができます。すなわち、青色申告法人に認められている課税上の優遇措置ですが、おもなるものは以下のとおりです。

(1)諸引当金、準備金の設定ができるということ。これには貸倒引当金、返品調整引当金（出版および取次業および医薬品・化粧品・既製服または蓄音機用レコードの各製造業とその卸売業）、退職給与引当金、特別修繕引当金、価格変動準備金、海外市場開拓準備金、中小企業海外市場開拓準備金、海外投資損失準備金、証券取引責任準備金、探鉱準備金等があります。

(2)欠損金の五年間繰越控除が認められるということ　これは赤字が出た場合五年間まで繰越して黒地が出たときに控除できるという特典です。

(3)減価償却資産の耐用年数の短縮および増加償却が認められます

(4)減価償却資産の特別償却（新築貸家住宅の特別償却を除く）が認められるということ。たとえば中小企業近代化促進法の指定業種については通常減価償却範囲額のほか、特別の償却が認められているなどです　詳しくは（「設問三四」）参照。

(5)減価償却資産および繰越資産の償却不足の繰越しが認められているということ。会社が損金とした減価償却費が、償却範囲より少ない場合の償却不足額は、三年間繰越しが認められます（ただし昭和三十九年三月三十一日までに終了する決算期より前の償却不足額がある場合には五年間繰越しを認められています。）

(6)海外取引および技術海外取引による所得の損金算入が認められます。

(7)新鉱床探鉱費の損金算入が認められます。

(8)新規重要物産所得の免税。

(9)欠損金の繰戻しによる法人税の還付が受けられるということ。前に述べました(2)のように、青色申告法人の場合には欠損金を五年間繰り越して控除することもできますが、欠損年度の前年が黒字であったら、当期の欠損金を限度として前年度に繰り戻して、すでに納付した税金のうちから相当分を返してもらうこともできます

(10)更正の場合の実地調査の結果および更正通知書にその更正理由が説明付記されるということ。この点は青色申告の大きな特典とあって、青色申告を認められているかぎり、更正の場合は、かならずその更正理由が納税者に通知されることになっています。

(11)異議申立ての省略（「設問四六」参照）。

青色申告法人には、このように種々の特典が与えられているわけですが、その代り青色申告法人としての記帳義務を怠った場合は〝青色取消し〟という最悪の事態に至ることも覚悟しなければなりません。

## 三、青色申告の承認の取消し

つぎのような事実があった場合には、その事実のあった日にさかのぼって、青色申告の承認が取り消されることになります。

(1)帳簿書類の備付け・記録・保存が大蔵省令（後掲「法人税則法施行規別表二三」）で定める規定に従っていないとき。

(2)青色申告を承認されたとき税務署長より指示された事項に従っていないとき。

(3)取引の全部か一部を隠したり、ゴマかして記帳するなどして、記帳全体の真実性を疑うに十分な理由があったとき。

(4)申告書を定められた期限内に提出しなかったとき。

税務署長は、右のような事実があって青色申告を取り消すときは、その取消しの理由を明記して書面で納税者に通知することになっています。そして、さかのぼって取り消された場合は、その間に特典によって処理したものがすべて認められなくなります。この場合、損金が益金とされてしまうことも少なくありませんから、青色取消消しの宣告は会社経営にとって大きなマイナスを生ずることになります。

（次号に続く）

# 活動盛んな在韓日本商社

＝二十八社に法人税　五億九千万円賦課＝

韓日協定が発効して、まだ一年になったばかりだが、韓国への日本商社の進出ぶりは、すごいいきおいをみせており、その活動も異様に盛んである。国税庁は、三井物産等駐韓二十八個、日本商社に対し、法人税として五億九千二百万円を賦課し、商社別に告知書を発付したが、その営業税額から、駐韓日本商社のはなばなしい活動ぶりを推測しよう。（単位は万円。韓貨）

|  |  |
|---|---|
| ①江商 | 三四八万 |
| ②岩井産業 | 五〇万 |
| ③川鉄商事 | 二三三万 |
| ④蝶理 | 二一二万 |
| ⑤新興商事 | 一二七万 |
| ⑥郡是産業 | 五四万 |
| ⑦日本工営 | 三〇万 |
| ⑧日商 | 五八〇万 |
| ⑨野村貿易 | 一〇二万 |
| ⑩東洋棉花 | 二、一七五万 |
| ⑪町田 | 五三万 |
| ⑫伊藤万 | 三三万 |
| ⑬森谷商会 | 二一三万 |
| ⑭金商又 | 一四九万 |
| ⑮第一物産 | 五一〇万 |
| ⑯兼松商事 | 三七〇万 |
| ⑰日本トレディング | 一八〇万 |
| ⑱新潟鉄工 | 一四三万 |
| ⑲東京食品 | 五〇七万 |
| ⑳三亜興業 | 七八万 |
| ㉑丸紅飯田 | 二、五三九万 |
| ㉒日綿実業 | 一、二二五万 |
| ㉓豊田通商 | 一一八万 |
| ㉔住友商事 | 六七一万 |
| ㉕三井物産 | 四、〇一六万 |
| ㉖三菱商事 | 一、六二三万 |
| ㉗伊藤忠商事 | 二、二七七万 |
| ㉘安宅産業 | 一、一三九万 |

# 求人・求職

永い間深刻な不況にあえいでいた経済界にも、どうやら好転えのきざしがみえ、ほっとしたところだが、求人、求職難は、今もなお在日僑胞社会の頭痛の種であるところに変りはない。特に希望と夢に胸をふくらませて、学窓を巣立つ僑胞子弟の就職難は、深刻な社会問題となっている。幸い民団大阪地方本部では民生部に適人を得、この問題に真面目に取り組うとしているのは喜ばしい。当商工会としても民団民生部を強力にバックアップしながら、求人、求職事業を推進していきたいと思う。会員の方は勿論、一般僑胞企業体の協力が待たれる。

## ◇求職

| 氏名 | 専攻科目 | 希望業種 | 希望職種 |
|---|---|---|---|
| 高山貞子 | 商業科 | | 事務職 |
| 河田和子 | 農産製造 | 農産製造 | 事務関係 |
| 松田沢子 | 造園 | 造園 | トレッサー |
| 昌川相七 | 機械 | 機械 | 機械工 |
| 東原輝清 | 建築 | 建築 | 建築関係 |
| 井上順子 | | | 事務 |
| 植田英子 | | | 〃 |
| 山本尚龍 | 商業科 | 婦人洋服店 | 店員 |
| 羅本順子 | | 繊維業 | 事務 |
| 小池安子 | | | 〃 |
| 鳩山芳子 | | 化学工業 | 事務 |
| 加島敬子 | | | 〃 |
| 成田恵美子 | | | 〃 |
| 木村明子 | 商業科 | | 〃 |
| 園本順子 | 〃 | | 〃 |
| 木戸竜子 | 〃 | | 事務・販売 |
| 木村静子 | 〃 | | 〃 |
| 松本律子 | 家庭科 | | 〃 |
| 杉本玉子 | 普通科 | | 事務 |
| 成田浜子 | 〃 | | 事務・販売 |
| 金沢相一 | 機械科 | | 鉄工業運送 |
| 延山博保 | 図案科 | デザインルーム | グラフィックデザイン |
| 木村英子 | 商業科 | | 事務 |
| 金本房江 | 〃 | | 〃 |
| 定山永子 | 〃 | メーカー | 〃 |

この他に現在四十八名の就職希望者あり

## ◇求人

**(一)共栄ビニール工業株式会社**

本社＝布施市高井田西一-四

代表者　金　鐘　寿

布施、河内、東成と東大阪一帯を基盤に躍進をつづけている共栄ビニール工業では、今度工場拡張に伴い作業要員募集にのりだしている。

（労集要項）

◉一般作業員（男女五〇名）
年令満十六才～三〇才迄

◉勤続五年の者には住宅資金の貸付

◉共他、福利制度完備

**(二)明大製菓株式会社**

本社＝大阪市北区菅栄町七三

代表者　蔡　尚　大

島根県とタイアップし、産業の地方進出という新しい形式を取り入、業界の注目の中で、長足の発展をみせている、明大メリヤスでは、本社の充実を期し新規作業員及び高級技術者の募集にかかっている。

（募集要項）

◉男子十五名（高卒）

◉女子十五名（高卒）

◉初任給、男子＝一八、〇〇〇円
女子＝一七、〇〇〇円
昇給、賞与各年二回

※技術及び商品管理に関する基礎知識を習得させ、各自の適性に応じ、指導員の役割を果してもらう。

## 会員便り

◎ **結婚**

△新郎張泳鎮（張泳昇氏実弟）
新婦徐鳳恵

一月八日大成閣に於いて、新春第一弾として、めでたく華燭の典をあげる。

△新郎金宗吉（金東煥氏次男）
新婦鄭春子（鄭英河氏実妹）

右両名は、一月八日金元根氏夫妻の媒酌により、京都に於いて挙式を済ませたが、一月九日東天閣にて、盛大な披露宴を催した。

◎ **葬儀**

△張豪・（山本豪二）氏の母堂

尹月建さん、かねて病気療養中の処、去る十二月三十日別世。一月十二日 商銀朴漢植理事長が葬儀委員長となって知名士多数参列のもとに、しめやかながらも盛大な告別式を、大融寺にて挙行した。

◎ **経営**

△国際観光旅館、勝浦湯川温泉経営者、孫昌禄（茂山昌久）氏は、このたび名勝地、南紀勝浦にある、国際観光旅館ニュー松屋を全館新装した。完備された娯楽施設と自然の風美は旅人を慰むに充分。なお本会々員には格別のサービスをするとのこと。電話勝浦七六〇（代表）

# 祖国の近代化に一役

## 九老洞（輸出工業団地）へ続々進出

政治及び軍事的な面においては、すでにアジア自由陣営の中心的な役割を立派に果しうるまでに成長した我が大韓民国も、こと経済的な面に於いては、まだまだ後進性を脱皮できない状態にある。それだけに祖国の近代化は民族の悲願となって、全民族を奮起させる要因となっている。

本国政府も、一九六七年を迎え第二次五ケ年計画をうちだし、内外の注目を集める中で、祖国の近代化をめざし、意欲的な巨歩を踏みだした。在日韓胞商工人がこの遠大な祖国の経済開発五ケ年計画に参与するは身の光栄であると共に、民族の一員としての当然な義務でもあろう。

その昔裸一貫で日本に渡って来た在日僑胞の中で、今日かなりの名声と財をなした人も少なくない。そうしてこれらの大半が、いつの日か祖国の地に企業を与したいと考えてきたのも、共通した心理であり、又その通り本国え進出した僑胞商工人の数も少なくなかった。然しその内の大半が惨な失敗を喫している事実が、今日在日僑胞企業体の本国進出をソガイする要因になっているようだ。勿論失敗の原因は色々あるだろうが、中には開拓地に乗り込む山師のように一攫千金を夢みて破れた人も少なくない。然し何といっても、本国政府の積極的な支援の欠きが重なる原因であった。

幸い一昨年の九月に待望されていた「輸出産業工業団地開発助成法」が成立したのを契機に、政府は在日僑胞輸出企業体の誘致に積極的な姿勢をみせるに至った。勿論韓国の輸出産業を育成すると云う国家的見地から出発したことではあるが、団地入居者に対しては、工場造成計画は勿論、資金調達計画から諸税に至るまで各種優遇措置を与えている。

まず手初めに、ソウル郊外の九老洞に一四万坪におよぶ工業団地を造成し、昨年中に僑胞業者十四社が入居し一部はすでに生産過程に入っている。なお在日韓国人商工会連合会の会長、許弼奭氏が、韓国輸出産業公団の顧問となり、在日僑胞の入住推進に関する連絡業務一切を事務局で取扱うようになった。

### 僑胞企業体の入住決定社

平和工業、朝日工業、光陽金石
豊田産業、光和物産、大阪交易
大慶物産、協同信拓、三和製缶
東興電気、朝日光学、三和合成
大阪化繊維、心山産業、
以上十四社

その他、金井電球、大原輸出電球、韓東産業、東洋化学、国英ゴム、真田金属等が本国進出を希望している。

**写真上** 韓国最初のレンズ光学、朝日光学工業の建設風景。六〇〇坪のこの工場が稼動すれば今まで輸入にたよっていた、眼鏡、カメラ等各種レンズが生産されるので、外貨の節約と獲得が期待されている。（社長、鄭達根氏＝大阪市生野）

## 新年度における 日本経済の景気診断

**—ベトナム戦争が時限爆弾—**

昨年の日本経済は、公債の発行公定歩合の引下げを実施した政府の積極的な景気浮揚策に加えて、輸出伸長、ベトナム間接特需それに対韓請求権資金の払出しが加わり、後半には予想を上回る回復をとげたことは周知の通りである。ところで、このあとをうけた新年の見通しはどうか各方面の意見を総合すると大体次のように考えられる。

**☆景気はゆるやかに向上☆**

**—実質経済成長率一〇%程度か—**

特需景気と言う特殊な場合は別として、一般的に一国の経済動向を分析する場合、まず、一、個人消費が堅調に延びているかどうか二、設備投資がどれ程増加されているか、三、輸出が順調に延びているかどうかを数字的に分析することにより、おおまかな輪郭はとらえることができる。

次の表に見る如く、新年度の個人消費は推定十四、三%、設備投資は一二・一%、輸出増加率は一二・三%のとそれぞれ四十一年に比較して増加しており、実質経済成長率は九・八%となっている。かって岩戸景気といわれた時の実質経済成長率が一五%であったことを考えると九・八%の成長率がどの程度のものか想像できることと思う。結論的に言って新年度の景気は、爆発的なものとなりえず、ゆるやかな向上線をたどるだろうというのが各方の一致した予想である。

景気を支配する、消費、輸出、設備投資がそれぞれ、堅調に延びている上に、公債の発行、公定歩合の引下げ等の財政面のテコ入れが加わり、一応景気をささえる四大支柱が揃ったわり、景気の過熱化を期待できないでいるのは、何といっても、ベトナム休戦に対する不安がつきまとっているからである。問題は最近とみに、輸出の好、不調が経済全体の好、不調に波及しやすい、いわば輸出に非常に敏感な体質に、日本経済が変りつつあるということである。これまでも輸出の好、不調が経済成長を左右してきたが、それは国際収支の赤字から公定歩合の引上げ、金融引締めという過程を経た間接的なものであった。

然し現在では輸出の国民総生産に対する比率は実質で一七%に達し、絶対高でも民間設備投資に匹敵する程巨大になっており、この増減が乗数効果を通じて増幅しながら直接経済全体をゆさぶるようになったことである。

これ程巨大になった日本の輸出もその三分の一は米国向けになっており、もしベトナム休戦が実現し、米国の景気に反動が生じれば、日本の輸出減は免れないところである。

反対にベトナム戦争が秋から年末にかけてつづく場合には、特需、輸出増の傾向はさらに強まり、財政、輸出、消費堅調、設備投資の四大支柱に支えられ好況の歳末を迎えることになるだろう。

**結論**

米大統領の年頭教書の中に於ける対ベトナム強固政策や、北ベトナムを初め共産圏の動きなどを総合する時、ベトナムの早期休戦は、まず至難とみるのが一般的である。従って新年度の日本普気は輸出の継続好調に支えられ、実質経済成長率一〇%程度とはいえ、ゆるやかに上昇するだろう。ところで昨年末から急ピッチで進んできた資本取引自由化は今年に入り、いよいよ大詰を迎えるが、貿易自由化、為替自由化、そして、この資本取引自由化の完成をまって、日本経済は完全に世界の経済の中に組込まれることになる。こうして国際市場でのきびしい試練を受けることになる日本経済は当然の結果として、資本の集中、企業合理化、新鋭設備などでこれに対処して行くことになるわけだが、そうなると中小企業、とりわけ同胞企業はいままでのように安閑としていられなくなる。次号は、こうした国際化時代における中小企業の経営について記すことにする。

42年度　経済見通し

| | 40/39 | 41/40 | 42/41 |
|---|---|---|---|
| 個人消費支出 | 13.1% | 13.7% | 14.3% |
| 設備投資 | −5.5% | 16.3% | 15.6% |
| 輸出 | −19.3% | 14.1% | 12.6% |
| 国民総生産 | 10.1% | 14.3% | 14.8% |
| 実質成長率 | 4.3% | 9.3% | 9.8% |

## 米国の対韓援助総額 六二億八千九百万ドル

**—一九四五年七月から 一九六五年六月までに—**

米国の国際開発局（AID）が発表した米国の対韓援助総額は、一九四五年七月一日から一九六五年六月三〇日まで約六二億八、九四〇万ドルに達するとし、このうち軍援を除外した純経済援助総額は三九億九、八七〇万ドルであるという。

## 韓国経済の前途は明るい

**英国有力銀行が経済調査報告**

ロンドンからの報道によるとイギリスの有力なバクレイス銀行は一一月二二日経済調査報告であらまし次のように述べた。

韓国の経済発展は非常に明るい。韓国は事業意欲が強く、韓国の経済開発はつづけて好調をみせている。韓国の発展はまだ外国借款と外国投資に大きく依存しているが、第二次経済開発五ケ年計画など事業を推進しようとする意欲が強く、開発は漸次好調を示していると指摘し、韓国政府は銀行貸出し期間政策で物価抑制にある程度成功していると付け加えた。

## 韓国銀行、外換銀行となる

このたび「韓国銀行大阪支店」は新たに公布された韓国外換銀行の定めるところにより、その資産・負債を含む一切を韓国外換銀行大阪支店に引継ぐこととなりましたので、来る一月三十日付をもちまして当店は「韓国外換銀行大阪支店」として業務を開始することになりました。

従って一月三十日以降店舗の名称は変りますが、店舗の住所、業務内容及び陣容など一切は、従前通りそのまま継承されますので念の為申し添えます。

十有余年に亘り皆様から「韓国銀行大阪支店」にお寄せいただきました一方ならぬ。お力添に厚く礼お申し上げますと共に「韓国外換銀行大阪支店」にも何卒倍前の御愛顧を賜わりますようお願い申し上げます。

韓国銀行大阪支店
支店長　金　弘　準
韓国銀行大阪支店
駐日理事　金　奉　殷

## ◉新規加入会員

◉新規加入会員

| | |
|---|---|
| 漢陽物産㈱ | 具文浩 |
| 新井硝子産業㈱ | 朴鎬南 |
| 新日本産業㈱ | 金輝穆 |
| 大信商事㈱ | 劉京華 |
| ㈱松岡商店 | 朴台鉉 |
| ㈱徳永商店 | 玄尚重 |
| ㈱吉本商店 | 李錫突 |
| ㈱丸万商会 | 林基植 |
| ㈱太田建材店 | 朴文吉 |
| ㈱マツヤニット | 李準炯 |
| 大興硝子㈱ | 金永珠 |
| 大阪交易㈱ | 張仲均 |
| 谷山晒工業 | 康連南 |
| ㈱マルブン商店 | 文達俊 |
| ミカド商事㈱ | 林義雄 |
| 朝日光学工業㈱ | 鄭達根 |
| ㈱福永商店 | 金東煥 |

付録(3)

韓国 青年新聞

発行所
韓国青年同盟中央本部
東京都文京区金富町51
電話（812）1974
発行人

**綱領**

一、われわれは在日本韓国青年の総力を結集し、祖国の完全なる統一独立のために献身する。

一、われわれは、すべての非民主々義的勢力に反対し、民主々義の正しい発展と実践のために努力する。

一、われわれは心身を鍛錬し教養を高め、友邦諸国の青年と提携して真正なる世界平和の実現に寄与する。

# 平和線死守も 法的地位要求貫徹を目指して
## 韓青韓学同決死的に立ち上がる
### 九日十日十一日と延べ若者一千名が参加

**三月九日**

午後一時より東京麻布公会堂において「法的地位要求貫徹第一次中央決起大会」が、韓国人青年学生三百人の参加の下に行なわれた。会場には、一人一人が積極的に問題解決に取り組まねばならないという意気ごんだ面持で参加しているのがうかがわれ、ピーンとはりつめた緊張の中で大会は始まった。大会の議長には主催者側である韓青・韓学同の両委員長が議長団として大会の進行にあたった。

**三月十日**

前日の日本官憲の不当な介入、その挑発、暴力行為に対する憤りのさめやらぬまま、今度は五百名の在日青年学生が麻布公会堂に参集した。

昨日、一名の逮捕者を出したこともあって、大会は冒頭から緊迫した空気につつまれていた。十日の大会は昨日の経緯の上に立って「法的地位要求貫徹・平和線死守第二次中央決起大会」と名称を改め、新たに関西から参加した青年三百名を加えて行なわれた。

冒頭に金宰淑韓青中央委員長の挨拶があった。その中で昨日の日本官憲の介入がいかに不当であるか、また駐日代表部が日本官憲を導入したことがいかに反民族的であるかが鋭く述べられた。

次に緊急質問がなされ、大阪地方の青年の動員が少ないことが厳しく問いつめられた。

答弁に立った金宗沢韓青大阪委員長は、次のような驚くべき事実を明らかにした。[illegible]

三月九日、代表部門前にて

こん棒で押しつける日本警官

## 主張
# 全僑胞は要求貫徹に決起しよう
### 権逸団長は貫徹運動の先頭に立て

## 日本警察に計四名が不当逮捕さる

**三月十一日**

三月十日

芝公園に向うデモ隊（右前方は機動隊）

3月19日民団中総主催
# 法的地位要求貫徹民衆大会
### 一部の反僑胞を追放真の民衆大会を

561

三月九日、代表部門前で

われらを阻むのは誰か！（われらの正当な要求を阻えたのは、閉ざされた鉄扉と野蛮な日本官憲であった）

踊れ！踊れ！若者よ（警棒にぎる彼らの何とうつろな表情よ！踊りに燃ゆる我々の瞳はきびしくそして明るい）

三月九日、駐日代表部前で

われらは抗議する（正当な要求を踏みにじる輩に糾弾の声は激しい）

三月十日、麻布四の橋で

決死貫徹せん！（法的地位要求貫徹の意志も固く隊列は続く）

三月九日、代表部門前で

三・一精神を受け継いで、（鳳仙花の歌を歌い、韓民族のために献身せんと誓う）

# 韓国青年・学生の気概を示し 我らかく闘えり

三月十日、麻布二の橋で

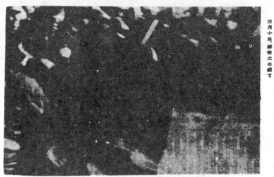

国旗を返せ！（国旗強奪に抗議し座り込む仲間に襲いかかる第四機動隊）

三月十日、麻布二の橋で

鬼よりこわい機動隊（彼らの残忍な弾圧蛮行もわれらの意志を変えることはできない）

三月十日、二の橋で

怒る群像（金秀雄君に対する日本官憲の暴行を烈しく糾弾する仲間達）

法的地位要求貫徹
平和線死守
第三次中央決起
（3月11日）

## 法的地位要求貫徹 平和線死守

### 韓青 韓学同 アピール

全在日韓国青年・学生諸君！

全在日同胞の皆さん！

我々、延べ一千人に及ぶ在日韓国青年・学生は、去る三月九日・十日・十一日の三日間"法的地位要求貫徹並びに平和線死守"を叫んで果敢に運動を展開し、全在日同胞の皆さんの熱烈な支持のもとに、正当な民族的要求をアピールし、これらの要求貫徹を妨害する一部の非民族的裏切りもの、欺瞞的なたくらみと横暴な日本警察の弾圧を蹴って民団の要求を全面的に闘いとるため生命をかけて闘ってきました。

その間において、在日青年・学生は献身の勇気をもって闘い抜き、その強けんな一致団結した力は、この運動の正当性、愛国性を保障し、アピールするに充分なものでありました。

全在日同胞の皆さん！

全在日韓国青年・学生諸君！

我々在日韓国青年、学生は、この重大な時期に、六十万同胞のみならず三千万民族全体が危機に瀕している時に、沈黙を守ることは到底できなかったのです。

現下、第七次韓日会談において、合意をみようとしている「法的地位」の諸事項では、在日同胞の最低限度の権益すら放棄されようとしております。しかもこの重大な時期に、我々在日韓国人の権益擁護団体であるべき民団中央は、もっぱら沈黙に終始し、また民団中央が実質的権限をもつ民団法的地位対策委員会は、要求貫徹の運動方針を打ち出さないばかりか、何ら具体的成果を得ておりません。

しかもその上、日本サンケイ新聞三月十日付によると、李東元外務部長官は「在日同胞は日本人に同化される運命にあり、その方向で、日本国民の配慮を要請するのが法的地位問題解決のための韓国政府の結論である」との驚くべき発言を行ないました。

さらに、百万漁民のぎりぎりの生命線であり三千万民族の主権線かつ生命線である平和線に関して、「赤城試案」「漁族保護ライン」なる欺瞞的な話し合いにより、平和線のはるか内部の済州島付近の漁場を云々していながら、平和線自体については すでに何ら 話しあっていないという事態を現出しています。これは、事実上平和線が撤廃されていることを意味します。

このような時期に、我々在日韓国青年・学生は沈黙を守っていられるでしょうか！

全在日韓国青年・学生諸君！

全在日同胞の皆さん！

我々は日帝の侵略によって強制的・半強制的に日本へ連行されてきたことに対する正当な賠償を要求し、健康な祖国での建設に参与することを渇望し、本国への帰還の時を待ち望んでいるのであって、自らを日本人に同化することなぞ考えたでしょうか！我々はまぎれもない大韓民国国民であり、三千万韓民族 の一員として祖国の痛ましい陣痛の苦しみを共に耐え、見守ってきたではありませんか！

しかるに、何故に外務部長官たる人間が、そのような我々の念願を踏みにじり、在日同胞六十万を侮辱し、在日同胞に対する棄民政策を実施せんとしているのでしょうか！

問題は実にここにあります。

われわれは前記三日間の運動において、われわれの現民団中央が、代表部が、われわれの要求を聞こうともせず、一方では悪辣なデマを流し、われわれを"赤"であると中傷誹謗し、要求貫徹のわれわれの声を抹殺しようと、去る三月十五日、名古屋における全国団長会議では、監察委員のだれ一人として出席しない会議において、反古に等しい、何のイミももたない文書を回して、われわれとわれわれの正当かつ民族的な運動に対して、一方的に事実を 歪曲しました。また一方では、日本官憲を動員してわれわれの要求貫徹運動を暴力でもって妨害するのを眼前に見てきました。私達は、これを許すことは絶対にできません。

しかも、十数名 に及ぶ青年・学 生が血を流し、傷をうけ、四名の青年、学生が日本官憲の不当な暴力行為の渦の中で逮捕され、拘留によって留置所の中で寒さに震えています。一体、われわれの四名の青年、学生が何をしたというのでしょうか！われわれの正当な要求を貫徹させんがために秩序整然たるわれわれの隊列に参与しただけではありませんか！しかもわれわれの四名の仲間は負傷したまま、寒さに震えながらも、日本官憲の圧迫に抗して勇敢に、力をふりしぼって闘っているのです！

全在日韓国青年学生諸君！

全在日同胞の皆さん！

われわれのこのような、正当かつ民族的な、しかも強力な要求貫徹の声にもかかわらず、第七次韓日会談は李東元外務部長官が再び来日する、来たる二十三日前後の仮調印を目指して既成事項の上に立って、すでに着々と進行しています。それらの既成事項に従えば、在日同胞六十万は永住権をはじめとする最低の権利すら放棄しなければなりませんし、百万漁民はその生命線撤廃によって自らの職業を放棄し、流浪しなければなりません。わが祖国の海は日本の巨大船の暴れ回るに任せなければなりません。

このような時期に、われわれは民族正気を声高く叫ばずにいられるでしょうか！

全在日韓国青年・学生諸君！

我々は、一九〇五年のあの乙巳保護条約六十年を今迎えている。李完用が、我が三千里江山を日本帝国にこっそりと売り払ってから、六十年目を迎えんとしている。我々は、在日同胞六十万、本国 百万漁民、ひい ては三千万民族全体が危機に瀕している時に、叫ばずにいられるだろうか！闘わずにいられるだろうか！

過去"青年・学生は常に独立運動、救国闘争の先頭に立ち、三・一から四・一九を通じ、三・二四、六・三に至る迄、果敢な闘争を展開してきた。我々が青年・学生たる所以は、まさに勇気と、行動力と、団結によって勝ちとられる愛国運動の成果にあることを銘記しよう！

全在日同胞の皆さん！

過去の青年・学生の愛国の運動と闘いは、常に広範な全国民的な支持を得て闘いぬかれてきました。その故にこそ、独裁政 権を打倒した四・一九学生革命が燦然と輝やきわたる民族の記念塔となったのです。

全在日韓国青年・学生諸君！

全在日同胞の皆さん！

我々は今こそ、立ち上り、固く団結して六十万同胞の最低限の権益を確保し、百万漁民の生命線であり、三千万民族の主権線であり、生命線である平和線を死守しなければなりません。三千万民 族の栄光を死守し なければなりません。

在日同胞の要求貫徹運動を意識的にサボタージュしその上大衆自身の闘いを誹謗し妨害するものは必ずや大衆から糾弾されることでしょう。

万一、我々のこのような要求が貫徹されないならば韓日会 談は、即時中断させ なければなりません。

全在日韓国青年・学生諸君！

全在日同胞の皆さん！

今こそ我々は立ち上り、大々的に大衆運動を展開しましょう！

一致団結した我々六十万同胞がいかに強靭なものかを内外に示し、我々の民族的な要求を貫ぬきましょう！

大韓民国万才！

一九六五年三月十五日

在日韓国青年同盟
在日韓国学生同盟

# 湧き上がる要求貫徹の声

## 闘う青年学生を支持激励

### 各地の僑胞続々立ち上がる

韓日会談も、いよいよ大詰めに近づき、我々の死活を決する法的地位問題も合意をみんとしている。……委員会全国代表者会議」が開催された。その席上、現行韓日会談の法的地位問題において、民団の要求が一つも認められていないばかりでなく、権団長を含む我国代表がこの要求を取り上げていない……会談がまさに妥結せんとしているこの時期に法的地位問題の真実を知った各委員は、……貫徹運動に立ち上がった。

一方、一般僑胞の間においても民団中総の無策を糾弾する声が高まっており、青年学生の……と説明会、公聴会、民衆大会等が開かれ、要求貫徹の意志を強固にし、青年学生の果敢な……明している。

### 栃木、群馬両県合同大会

### 民団千葉県本部

### 要求貫徹に強い決意　兵庫県で僑胞七百余名集る

### 民団に対する要請文

### 青年学生を断固支持　民団神奈川県鶴見支部大会

### 要求貫徹に今後も断固闘う　韓青宮城県本部講習会盛ん

### 大阪韓青でも講習会活動盛ん

### 法的地位要求貫徹、平和線死守における青年学生の不当逮捕に抗議し、釈放を要求するための対策委員会報告（抗議救援委員会）

## 四名の青年の逮捕は不当だ

### 全僑胞は救援運動に立ち上がろう

## 解説　生存権は確保されるか

### 法的地位の問題点を探る

### われわれはどうなるか法的地位の問題点

### 子孫には永住権がない

### 持ち帰り資産は五千ドルか一万ドル

### 強制退去事由の危険性

### 処遇問題に関して

### 詩　歴史　李聖化（慶大卒）

### 要求貫徹運動に参加してもっと闘わねば……　東京都足立区K子（韓青盟員）

### 寄稿　法的地位要求貫徹・平和線死守は当然の主張今後は団結　金幹雄（京都韓学同盟員）

563

# 平和線は事実上撤廃されている！

## 赤城試案 魚族保護線 等は全て欺瞞

### —既に平和線内の漁場を論議—

### 東亜日報（二・二七）が指摘

韓日会談における諸懸案の中、最も重大な問題である平和線の問題が、既に事実上全廃される方向で交渉が進められている。

平和線問題の論議がなされるべき場である、韓日農相会談は、何回となく、くりかえし開かれ「漁業問題」に関するいくつかの条項は合意に達していると発表されながらも、漁業問題はもとより、韓日会談全体から見ても最も大きな要である平和線については、何ら具体的に論議されず、これを黙過しての基線の引き方、共同規制水域等の点に交渉の焦点を移し、一般の関心をひきつけ、あたかも漁業問題は、これらの問題が基本問題であるかのように印象づけようとしているようである。「平和線の撤廃はありえない」と公言した韓国政府の約束にも拘わらず、韓日農相会談の進展状況を具体的に検討してみると、実際は「平和線の全廃を前提としている」日本側の主張に合意する方向、すなわち、平和線は事実上撤廃されるものとして話し合われていることが明白になる。

そもそも、「平和線の撤廃はありえない」とする韓国と、「平和線の全廃が前提である」との日本の公的態度からして、平和線の論議は最初から、そのままでは妥結不可能なもので、どちらか一方の譲歩がない限り、あくまで平行線をたどる性質のものである。

しかしながら、現在進行している漁業交渉は、難行を伝えられながらも、かなりの範囲にわたって合意を見ている点から判断して、日本か韓国のどちらかが、もとの姿勢を崩し、根本的に譲歩したとしか考えられない。ここで、漁業問題の合意事項及び論議されている諸問題の具体的内容に触れつつ「平和線絶対固守」を叫ぶ、韓国民の主張がどのように反映されているかを考察して見よう。

#### 日本ペースの合意事項

去る三月十二日の第七次韓日農相会談までに大筋の合意を見た条項は、次の四項である。

①共同規制水域への日本漁船の入漁制限方法につき、隻数と漁獲量（トン数）とは併記せず、隻数を中心に規制する。

（この点では、韓国側は日本側の主張をのんだもので、漁獲規定付属書に隻数のみ明記し、トン数は合意議事録に記録されることとなろう。日本側は、定められたトン数は守ることを約束しており、条約上の法的責任はないが、道義的責任を負うことになる。）

②共同規制水域の外側に共同調査水域を設け、これを共同委員会で決定する。

（韓国側は、かねて共同規制水域の外側に調査水域を設け、平和ライン（李ライン）に代わる魚族資源調査線を設けることを主張していたが、日本側はこれを原則的に認め、その範囲については、協定では決定せず、将来共同委員会で決めることになった。この調査水域については、日本側は、平和線（李ライン）とは別のもので、平和線よりも外側にでることもありうるし、また調査の結果、共同規制水域の外側に新たな規制水域を設けることもありうると している。）

③共同委員会で決定した基準及び規制方法の実施状況について、韓日両国共同で、陸上において調査する。（つまり、海上での臨検査はしない。）

④共同規制水域内の協定違反漁船に対する取り締まりおよび裁判管轄権は、旗国主義をとる。（つまり、韓日両国が違反船に対しては、それぞれ自主的に取り締まり、裁判する。）（読売新聞・3・13）

そして、現在の農相会談のもっとも難関といわれている「基線の引き方」に関して論議が集中している。残された問題は「基線」だけであるような感じさえ受けるのである。

#### 基線問題の真意

基線の引き方にしても、昨年の第六次会議における「元・赤城合意」にもとづいて、話しあいが進められている。「元・赤城合意」の範囲を越えた韓国提案のために現在膠着状態におかれてはいるが、結局は「元・赤城合意」線で妥結するのではないかとの見方が支配的である。「元・赤城合意」とは「赤城試案」に対して原則的に合意を見たというもので、「済州島をはさんで、西側は東経一二六度、東側は一二七度七分の線にそって外側に日本漁船の立入り禁止線を引き、基線問題は一定期間（三年間）論議しない」とするものである。これに対し、韓国側は、直線基線をあくまで主張すると共に、「赤城試案」に対しては、東経一二七度十三分を主張していた。しかし、三月六日の第四回農相会談で、韓国側が「赤城試案」の立入り禁止線をかなり外側に拡大させた新提案を出し、それによって事実上その後の交渉は膠着しているのである。

ところで、基線の引き方をめぐって、韓日両国がこれほどまでに強硬に互に譲らない理由は何であろうか？一言でいって、この海域が、玄海灘の宝庫と呼ばれるほど豊かなアジ、サバの漁場であるからだ。東経一二七度七分と、一二七度三分の差異に依って生ずる水域と、基線を引いた時に、それに含まれる水域の漁獲高は、両国が各々年間一万三千ﾄﾝと推計されているし、年間二百四十万ﾄﾞﾙ相当の金額に達すると推算されているのである。

したがって、「赤城試案」によって合意を見るとすれば、韓国は三年間に、七千二百万ﾄﾞﾙ分にあたいするアジとサバを日本側にとられる結果になり、また、韓国の新提案で合意に達すれば、日本側の漁獲高は、「赤城試案」のそれに比べて、年間八億円も減少（産経・三・一〇）することになるといわれる。これは、あくまで、これまでの漁獲実績で推算した結果である。だが、正式に合意を見た後の漁獲高は従来より増大するであろうことは、疑う余地のないものであるから、これ以上の漁獲高が予想されうるのである。これまで、日本漁船が平和線を犯して捕獲していた魚類の漁獲高、年五千万ﾄﾞﾙの中、約六〇%は、この水域でとれたものでる。「赤城試案」云々の韓日両国の論議は、このような経済的利害の得失を直接的に反映しているのである。済州道の東方のこの海域をめぐって、韓日両国がかくも強硬に対立している理由はこれであきらかになったと思う。

済州道近海をはじめ、平和線内外の漁場は、資源が豊富であることは前述したが、わが国は、漁労技術が未発達のため、漁獲高は、毎年足踏み 状態で一向に 増大せず、年間二万九千八百二十五ﾄﾝ内外に過ぎず、この水域に回遊する魚群の約一割程度にしか達してない現状である。したがって、漁獲技術の向上のための漁業協力資金の貸与が問題となり、それとはうらはらに、海の宝庫の明け放しが話合われているのである。

#### 避けられている平和線問題

ここまで、農相会談での合意事項と基線をめぐる若干の問題点を概観してきたが、われわれは、ここで、いま一度、百万漁民をはじめ、全国民の関心の的である平和線の問題が具体的には全然論議されていないことに気がつくのである。一番最初に指摘したごとく、基線問題だけが解決されれば、漁業交渉も妥結するといわれる段階に入ったにもかかわらず平和線の問題は、あっさりと回避されているのである。

では一体平和線はどうなるのであろうか、平和線は果して存続されるのだろうか、しかし結論から先にいえば、平和線は事実上全廃されるといわざるを得ない。

これは合意に達したといわれる共同規制水域も、論議中である基線問題も、たとえ韓国側の新提案だとしても、「赤城試案」にしても、平和線のはるか内側での問題であり、いずれの主張が通ったとしても、事実上平和線内深くまで日本漁船が入り込み、自由に操業できることになるには違いないからである。共同規制水域内での隻数、トン数は制限するというものの、海上での臨検査は禁止されるばかりでなく、旗国主義を採りその違反船の属する国に裁判権があることになるのであるから、日本漁船は自由に、思う存分漁獲できることになり、一九四七年（昭和二十二年）以来、三百二十六隻にものぼっている（実際に侵犯した漁船数はこれの数倍）平和線を侵犯した日本漁船の捕獲は終りを告げることになる。結局、漁業交渉が現行のまま妥結すれば、わが国の陸地から十二ｶｲﾘまでの専管水域を残し、その外までは日本漁船が堂々と入り込んでくることになりしかもその日本漁船は、韓国側からの直接的制御を何ひとつ受けなくなるのである。これが平和線の全廃以外の何ものでもないことは明らかである。

#### 名を取り実を捨て 実を取り名を捨て

しかし、韓国政府は、あくまでも、「平和線」は絶対に守ることといっており、韓国民は、「平和線」は生命線であるから絶対に死守せよと強力に主張している。これは、農相会議での討議内容とどのように合致するのであろうか。これに対する韓国政府の説明は大要こうである。

一九五二年一月に平和線を設置した目的は、①国防上の必要性②水産物、魚族資源の保護の二つであった。第一の目的の対象国としては、日本は友邦国であるから適用されない。また第二の目的のためには、共同調査水域を設置して魚族保護にあたるから、目的は達せられる。したがって、現行の会議内容で妥結したとしても、何ら平和線の設置目的に反するものではなく、平和線はそのまま存続することになる。

以上のような解釈であるから、「日本側は平和線の目的を誤解しているようだ。これまで平和線を侵入してきた日本漁船を無条件で捕獲してきたから、平和線の存続するかぎり、捕獲されるのではないかと考えているのではないか。話し合いがまとまれば、これにもとづいて日本政府が出漁を許可した漁船は、韓国政府が許可したものとみなすことができる。従って、平和線を撤廃するということは考慮したこともないし、今後もあくまで存続する（車均禧農林部長官談 読売三・二）ということになる。

即ち、韓国政府の「平和線存続」とは、「平和線そのもの」をあくまで存続させるということである。線そのものを存続させることによって、平和線を固守しているとの名分をたて、漁民と国民の「平和線絶対死守」との叫びに対処し、事実上、日本に関する限り、完全に平和線の拘束を受けなくして、撤廃したと同様にすることによって「撤廃を前提とする」日本の要望に応えようとするのである。韓国側は、「名をとって実を捨て」、日本側は、「名を捨て、実を取ることにな るのである。

韓国政府は、国民を欺瞞し、国民の攻撃をかわす方途として、前述したような論弁をもって、名目的な「平和線」の存続を説いているのである。「撤廃」と「存続」の相矛盾する主張が、このような奇言な言葉のいたずらによって両立することになったのである。

しかし、「生命線」としての平和線」は、完全に撤廃されることになるのである。政府がいかに論弁をもって説明しようと、百万漁民が、また全国民が死守せよと主張している「平和線」は、「ライン そのもの」ではなく、そのラインに囲まれた水域であり、その水域内の漁業及び海産物等一切である。したがって、共同規制水域、赤城試案等、現在論議されている問題は、「平和線存続」の前提から見れば、全部意味のないものであって、論議する事自体がナンセンスなのである。韓国政府が力説したとしても、現行している農相会談の具体的な論議内容からみて事実上「平和線を撤廃することを前提」としている日本側の主張を受け入れ、韓国国民の要求を裏切っていることは明々白々である。

#### 無視される百万漁民

百万漁民の血のでるような叫び声は、全く反映されず、形式的なただ名目だけの平和線存続あるいはこれに近い線の漁業資源共同調査線の設定によって、"平和線全廃"の事実をインペイしようとしているのである。

われわれは、あらゆる外交交渉において、自国の主張が全面的に貫徹されうるものではなく、相手国との調整の結果、何等かの妥協点を見出し、交渉が成立するということは知っている。それゆえに現行の韓日漁業交渉においても、わが国の主張が完璧なまでも実現されうるものだとは考えない。韓国内の経済状態が極度に悪化しており「経済五ヵ年計画」もすでに実際にはゴミ箱行きとなってしまった今日、この難局を打開する途を、ひたすら外援の増強にすがりついている現政府の態度からして、いくばくかの協力資金欲しさに、平和線を譲渡しようとしていることまでも、理由としては分るのである。しかしわれわれは、このような現政府の基本的態度が、根本的に誤りであることを強く指摘するのである。妥結するための「互譲」だといっても、わが国には、絶対に譲りえない原則があり、その上にたって、若干の譲歩が考慮されるべきである。そして、その絶対譲れない原則的な最低線になるのは、いうまでもなく、「ナショナル・インタレスト」である。国民の権益を損い、せばめる方向での外交交渉は絶対に許されるべきでない。短期的にみても、あるいは長期的展望からしても、国民の利益になり得ないと判断されれば、その外交交渉は破棄すべきであり、妥結すべきではない。現行の漁業交渉が果して、わが国民にどれだけの利益をもたらすのだろうか、沿岸から十二海里の水域まで開放してやり、それも、全く無拘束的に権力を許容してやって、その代価として、何がわが国に支払われ、それが具体的に、韓国民の上にどのような利益を保障するのだろうか。ある人は、経済援助の増強をもちだし、ある人は漁業協力による漁獲量の増大を予見し、ある人は日米韓軍事同盟強化結束のための軍事的効果を力説しよう。しかし自立経済の基盤の虚弱な韓国経済が、日本独占資本の進出に正面から立ち向い、それによって強化されるという論理は、現代の神話であることは説明の必要すらないものであり、近代的装備を具えた日本漁船の乱獲が、漁場の枯渇をもたらしこそすれ、わが漁民の生活を向上させる保障は全くないということも明らかでありまた日米韓軍事結束云々も、南北に両断され、統一の悲願を胸に抱きつつ苦悶するわが民族にとって、「血は常にイデオロギーよりも強い」という鉄則を無視し、分断を永続化、固定化させようとするものでむしろ、反民族的な論拠である。

われわれは、いかなる点からも、平和線の撤廃によってもたらせる民族的権益の強化を見出すことは不可能である。したがって、われわれは、事実上、平和線を全廃しようとする韓国政府の態度に対し根本的な反対の態度を示さずにはいられない。いかなる強弁をもってしても、国民を納得させることはできないということを再度確認し、「平和線を絶対に守り抜こう」と叫ぶ全国民の隊列に反して平和線を全廃しようとする漁業交渉を断固反対し阻止せんことを[illegible]するものである。

終りに、本国における「平和線固守」を主張する全国の声の一部を伝えるため、東亜日報の社説を一節紹介しよう。

#### 平和線は撤廃できない　東亜日報（二・二七）

韓日外相会談に参席して帰国した椎名日本外相は、先則、韓国政府の管轄権は、三十八度線以南に局限されるものであると発言して物議をかもしだしたが、今度は、平和線の撤廃を前提として、韓日漁業会談を推進しており韓国側もこれを諒解していると発言してまたも話題をまいている。

韓日外相会談に参席するまでは、これという発言をさしひかえ、ただ「反省」云々の言葉をくりかえしていて、韓日基本条約の仮調印を終えて帰ってからは、韓国政府の管轄権がどうの、平和線がどうのと、刺激的な発言を連発している日本外相の態度に対し、われわれは不快感を禁じえない。

わが国の平和線は、勿論日本だけを対象にして設置されたものではない。したがって、わが国の漁業発展のため、必要とあれば一定の条件下で、日本側と協定を結び平和線内での日本漁船の漁労作業を一時許可してやることもありうるが、だからといって、日本側は平和線それ自体の撤廃を、わが政府に対して主張することはできないし、対第三国関係においても、平和線は完全無欠のまま存続されねばならない。

のみならず、日本との関係においても、平和線の撤廃を前提として、韓日漁業会談を推進することは、どんな除取引きがなされていようとも、あり得てはならないことである。

しかし、この点に関しては、現在進行中の韓日漁業会談がわれわれにある種の疑惑をもたせるのを否認できない。もちろん、李東元外務部長官は「平和線撤廃を前提とするような交渉はあり得ない」とタンカをきったが、しかし、現在進行中の韓日漁業会談は専管水域に十二海哩、共同規制水域四十哩を前提に進行中であり、共同規制水域外、平和線内に位置する広漠たる水域に関しては、何ら論議されていないと見られる。

このようにして、専管、共同規制水域の二つの水域を設定しその代償として日本から漁業協力条件の金額何がしかを受け取ってくる代りに平和線を撤廃するという協商が現在韓日両国間に進行中ではないのかという疑いが生じざるを得ないのであるが、李外務がいかに否認しても、椎名日本外相の発言とも関連して、このような疑いを拭い去ることができないものである。

再言するが、平和線は絶対に撤廃できない。米国、カナダ、ソ連等も各自、自国の水産資源の保護のために、わが平和線と相似した線を引いているし、これらの線を日本も承認し、その線内の日本漁船は漁労作業のために、各国と漁業協定を結んでいるのである。

のみならず、日本は中共との間にもこの種の民間協定を結んでいる。にもかかわらず、日本が韓国政府に対し、平和線の撤廃を前提としてのみ会談を進行させようとやっきとなっており、日本側のこのような対韓態度に対し、わが政府は常にあいまいな言辞をもって弁明しつつ、進行されている協商をこわさぬようにしているが、いかに漁業会談がわが国に有利に展開されていようとも、その代価として平和線を撤廃するというのは、わが国土を外国に売り渡すことと同等のことであり、容認できぬことといわざるを得ない。

平和線はわれわれの主権が存続する限り永久的なものである。これに対し韓日漁業協定は、一定の期間のみ両国を拘束するものであり、例え必要によってその期間を更新するといえども、それは暫定的な性格をおびているに変りはない。それ故に漁業会談によってどんなに外貨がわが国に入ってこようとも、暫定的なものを以って永久的なものと比べることはできないし、従って平和線の撤廃を前提とする韓日会談なるものは絶対にあり得べきものではない。

このような関係で、われわれはわが政府が上記の如き国民の疑惑を完全に払いおると同時に、なお一層率直に国民の前に全てを明らかにすることを望むものである。

主要漁場と、平和線・共同規制水域・専管水域

124°　126°　128°　130°　132°
40　38　36　34　32
共同規制区域
直線基線
仁川
韓国専管水域
平和線
釜山
対馬
済州島
※数字で示された範囲は主要漁場

---

本国の論調から

## 対日請求権のゆくえは

### その経済的意味は何か

わが祖国では現在、国家再建の意気に燃えている。国民は窮乏生活から脱出のために、政府の施策に注目を寄せているし、政府は国民の世論をなんとか、名分においてだけでも実現させようと苦心しているようである。その中で、韓日会談妥結がもたらす、国家利益の実現は賛否両論、沸騰しているが、この問題の真の姿を知らずに、妥結促進を唱える人たち及び妥結慎重論を主張する人たちに事実を知って貰うべく、ここに本国における経済問題に関連しての"韓日会談の本質"についての試論を掲載してみる。

☆洪性宥（経済評論家・ソウル大商大教授—韓国経済に関する有数の専門家）＝著書「韓国経済とアメリカ援助」「韓国経済の資本蓄積過程」

「無償三億ﾄﾞﾙ」（独立の祝金といわれるもの）というのは十年分割払いとなっておりまたこの三億ﾄﾞﾙのうちから対日貿易勘定負債五千余万ﾄﾞﾙを返済せねばならないので、実際には総額二億五千万ﾄﾞﾙを十年分割払い—すなわち年間二千五百万ﾄﾞﾙにしかならないことになる。

借款はプロジェクト（計画）・パイ・プロジェクトでおこなわれることになろうから厳密には計数に入れる必要のないものであり、韓国が確実に固定的に受取れるのは年間二千余万ﾄﾞﾙ程度のものにすぎない。これを韓国の輸入規模（一九六四年四億二千二百万ﾄﾞﾙ、一九六三年五億六千万ﾄﾞﾙ）に対比してみるとき、きわめて微々たるものであるといわざるを得ない。このように僅少な経済協力を得るために、基本条約や平和線、在日・同胞の法的地位問題等で譲歩するようなことは許されないのではないか。

—この主張に対して、韓国経済界の有力者の一人である李道栄氏（韓国経済人協会副会長）は全面的に賛意を表している。

また「朝鮮日報」での座談記事「—得るもの、失うもの—ではトップ・バッター」

☆朴俊圭（ソウル大 文理大助教授・国際政治専攻、代表的な韓国におけるオピニオン・リーダー）「懸念されるのは、いわゆる韓国経済協力の成果があらわれることもない、アメリカ援助が相対的に減少されるのではないかということだ。無償請求権条項によって年間三千万ﾄﾞﾙのカネが入って来ると仮定し、現在まで七—八千万ﾄﾞﾙ台をようやく維持しているアメリカの援助が、「韓国経済の着実な成長」を口実にたとえば五千万ﾄﾞﾙ台に引き下げられるならば、韓日国交正常化の実利的効果は相殺されてしまい、日本経済に対する韓国経済の隷属的地位が規定されるという結果が残るだけとなろう（「朝鮮日報」二・二三付）。

—アメリカの対韓援助が二十年近く続いており、しかも総額三十数億ﾄﾞﾙにのぼるにもかかわらず、いまだ韓国経済が再建されていないという事実を直視するならば、日本の韓国に対する経済援助が本質においてアメリカの方法と変わらないということができる」

☆右記「新東亜」二月号における特集「韓日経済 交渉の 損益予想」の中では論文「隷属経済と無償の誘惑」—崔 氏が、「対日請求権条項によって韓国に導入されるのは、日本で採掘・製造・加工された製品と日本人用役に限定されることになっている。

したがって請求権条項によって実際におこなわれるのは、日本政府の承認を必要とする事業計画のもとに、日本の製品と用役が日本の船舶によって運びこまれるという過程である。そこに韓国側の自主性をみいだすのは困難である。韓国側からすれば本来受取り勘定のはずの請求権条項に導入がすでにこのようなものとすれば、本格化する韓日経済協力のもとでの韓国経済の姿が非自主的・隷属的なものとなるほかはない。」

※対案の提示

☆「新東亜」誌二月号特集の中で論文「カギは貿易均衡化の成否」三星物産社長・金容ビル氏

「韓日交渉が妥結しなくともわれわれは生きてゆくことができるしまた上手にやれば幾らでも自立経済への方向をめざすことができるその一方法として、輸出実績を高めることを考える必要がある。たとえば現在の韓日間貿易はいちじるしい不均衡におちいっているがこれを是正しただけでも韓国経済の当面する問題点の解決に大きな手がかりを得ることができるのではないか。一九六三年の対日輸入額は一億六千百万ドルであったがこれに対する輸出は二千四百万ドルで約七対一の対日輸入超過をみ一九六四年にはその差異が縮少したとはいえ、十月末現在の対日輸出額二千九百万ドルに対し輸入額が七千百万ドルで輸入が約二倍半となっている。このような不均衡を是正することなくしては韓日交渉が妥結したとしても健全な意味における経済協力はあり得ないし、またこうした不均衡是正の方が日本から何がしかの借款を与えてもらうことよりももっと重要で緊急な問題である。」

☆「新東亜」誌一九六三年十一月号所載 論文「韓米関係と韓日関係」朴俊圭助教授

「韓日交渉によって年間二千万ドル程度の無償供与を得べく懸命の努力がはらわれ、有償無償合計して年間数千万ドル程度の請求権金額を受取ることによって国民経済の画期的飛躍をはかるとの説明が朴政権によってなされているが、これは到底国民を納得させるものではないと指摘する。年間一億ドル余に達する対日貿易上の赤字を解消することのほうが先決である

---

## —我々の要求貫徹運動—

## 本国新聞に報道さる

—三月十日 朝鮮日報—

**僑胞学生等約八十名 駐日代表部へ行進**
**永住権主張貫徹要求**

「東京九日発AP＝共同」在日僑胞学生等約八十名は九日東京駐在韓国代表部へ向う所、日本警察と衝突して、約二時間の乱闘もめあった。

韓国代表部の一代弁人は、この学生達は現在進行されている韓日国交正常化会談において、日本に居住しているすべての韓国人僑胞達の永住権を主張する韓国側案の貫徹を要求しているといった。

—三月十一日 朝鮮日報—

**韓日会談反対デモ、民団学生約二百名**

「東京より本社 特派員 金濟俠発」韓日会談に批判的な民団傘下の韓国青年同盟および韓国学生同盟会員約三百名が十日午前、駐日代表部へデモ行進、これを制止するために出動した約一個中隊の日警機動隊と衝突、学生一名が負傷した。

—三月十一日 韓国日報—

**韓国は韓日会談において断平たる立場を取れ**

僑胞学生示威

「東京十日AP＝同和」＝日本にいる韓国学生約三百名は十日「韓国は現在の韓日会談において断平たる立場を取るべきである」と要求しながら、延二日にわたりデモをし、日本警察隊と衝突した。

—三月十二日 朝鮮日報—

**僑胞学生デモ三日 昨日は約三百名が**

「東京十一発AP、同和＝本社特約」約三百名の韓国学生等は十一日韓日会談に臨んでいる韓国政府を通してより断平たる態度を取ることを要求する三日目のデモを敢行東京市内を示威した。

僑胞学生三名被捕

「東京十一日発ロイター＝同和」韓国学生三名は十一日朝、日本外務省前で機動警察隊と投石戦をやり逮捕された。

---

# 民族正義ののろしは掲げられた

## 三日間の闘争関係文書から

### 決議文

一九六五年、乙巳保護条約六十周年を迎え、我々六十万在日僑胞のみならず三千万我全体民族は、超緊張の事態にある。

即ち、現行韓日会談は、いくつかの重要な点において、六十万僑胞、百万漁民、又三千万民族の要求と主張を無視して、一括妥結されようとしている。

去る二月二十日、日本外相椎名は韓国と基本条約を仮調印した。しかし、この基本条約の中には、日帝の旧条約がいつから無効になったかという事を明白にしていない。このことは、第七次韓日会議の交渉全体が、過去の日帝侵略の歴史的事実を是認し、波及する方向で行なわないことであり、全民族の正当な要求を無視し、全民族を欺瞞する行為である。特に、六十万在日僑胞は、過去の日帝侵略の直接的原因により、強制的、半強制的に、日本に無理矢理引っぱってこられた国民であり、その子孫である。

日本に来てからも、日本の圧迫侮蔑、具体的な差別政策の下に苦しい生活をしてきた。このような僑胞六十万と、又、その子孫達の物質的、社会的な損圧と精神的な衝撃は、いまだ生々しく残っている。

これは即ち、日本政府に全面的な責任があり、彼等も又、これを認めている。しかし、今般の法的地位問題を見ると、僑胞に対し、当然賦与されなければならない協定上の永住権に苛酷な附帯条件を付けて、子孫に対し父母と同じ永住権を受けることができないうえに、強制退去事由に「外交上不利な行為をする者」というような抽象的な条項を付けており、このことは即ち、過去の罪悪を日本が、反省、謝罪する気配は少しもないことを、意味する。日本側の態度のみならず、我政府が上記の日本側提案に対して、妥結しようとしていることは、我政府の態度が基本的に日本側に同調しようとしているにすぎず、甚しい棄民政策であることを、我々は指摘する。又、平和線は、我百万漁民の生命線であり、三千万民族の主権線であり、さらには三千万全民族の利益に関わる生命線でもある。このことを「赤城試案、漁族保護ライン」というような美名の下に、事実上撤廃することは、全く不当なことで到底容認することのできない行為である。以上のような不当性を抱えながら会談は事実上、今月二十日頃に一括妥結されそうな模様である。故に、我々は在日僑胞の法的地位問題が、どこまでも我々の要求の貫徹されるまで、また平和線が絶対死守される時まで果敢な闘争を展開することを宣明し、以下のごとく決議する。

一、法的地位に我々の要求を貫徹させよう！
一、我々の子孫万代まで父母と同等な永住権を与えよ！
一、永住権賦与者に対する強制退去絶対反対！
一、平和線は我々の生命線、絶対死守！
一、我々の要求が貫徹されない韓日会談は容認することはできない。
一、青年・学生の連帯・団結万歳！
一、大韓民国万歳！

一九六五年　三月　九日
法的地位要求貫徹第一次中央決起大会
在日韓国青年同盟、在日韓国学生同盟

### 決議文

六十万在日僑胞並びに三千万民族全体が超緊迫の事態に立っている現在、われわれ在日青年、学生は敢然と立ち、六十万在日僑胞の権益決死確保と百万漁民の生命線絶対死守、という正当な民族的要求をもって、昨三月九日、勇敢に闘った。われわれ在日青年、学生はその闘争において、売国奴並びに反民族分子を震えあがらせ、われわれ自身は鋼鉄の如き連帯と団結を確認した。

われわれ民族良心勢力・民主勢力の闘争は、売国奴と反民族分子に対するものであり、これを通して、われわれの全僑胞的、全民族的要求を貫徹させるためのものである。

売国奴と反民族分子は、本国にだけでなく、第七次韓日会談の進行しているこの日本にも、また日本における我が民族陣営中にも存在する。我々は、彼らを明白に指摘し、叩き出さねばならない。彼らは「独立祝賀金」など、過去が民族の悲惨と血を無視する、屈辱的な請求権の代りに、平和線を売り払わんとし、祖国と民族を売りとばさんとする者共であり、特に日帝侵略の直接的な清算の一端である在日僑胞の「法的地位及び処遇問題」を破棄し、棄民政策を遂行せんとする者達である。また、我々の民族的な要求に対し、日本官憲を介入させ、暴力的蛮行を行使させた者達である。

日本のわが民族陣営中における売国奴と反民族分子は、六十万在日僑胞の最低限の権益も確保しようとはしないのみならず、三千万民族に対する義務を遂行せず、我が民族陣営の権威を失墜させ、大きな不信感を僑胞間にまきおこしている。

それにも拘らず、彼らは我々在日青年、学生の正当な民族的な要求貫徹運動に対し、古典的マッカーシズム並びに旧時代的な中傷謀略を叫んでいる。我々民族良心勢力は、彼らを叩き出さねばならない。

我々は、この重大な時期に、売国奴並びに反民族分子に対する永遠の闘争を宣言し、過去、売国奴と反民族分子に対して勇敢に闘ってきた、本国青年、学生との連帯団結を確認しつつ闘争を展開してゆく。

我々在日青年、学生は昨日の決議の上に立ち、次の如く決議する。

一、子孫万代まで父母と同等な永住権を与えよ！
一、永住権賦与者に対する強制退去絶対反対！
一、平和線は生命線、絶対死守！
一、全ゆる反民族分子どもを追出せよ！
一、我々の要求が貫徹されない韓日会談は中断せよ！
一、逮捕された学友を即時釈放せよ！
一、本国青年、学生と在日青年学生の連帯と団結万才！

一九六五年三月十日
法的地位要求貫徹及び平和線死守第二次中央決起大会
在日韓国青年同盟
在日韓国学生同盟

---

## 不当逮捕の三君釈放

### —裵康雄君等三名元気—

### 抗議電報・黙否権効を奏す

三月十七日午後、日本警察に不当逮捕されていた、三月九日～十一日の闘争の仲間が釈放された。釈放されたのは、九日に不当逮捕された韓学同渉外部長金一男君、十一日に不当逮捕された韓学同盟員、裵康雄君、林弘吉君の三君で同日夕刻、三君に対する激励会がもたれた。三君は少々疲労気味であったが、元気に拘置所での体験などを語っていた。

担当弁護士の話によれば、全国からの五十通に及ぶ担当検察官宛の抗議電報、三君の徹底した黙否権行使が効を奏したものである。

改めて抗議救援委員会の努力に万雷の拍手がおくられ、我々の闘争が民族的かつ正当なものである以上、今後残された韓青中央体育部長金秀雄君の不当逮捕に抗議し、即時釈放の要求を全国的に、一層強力に続けてゆかねばならない、と再確認された。

# 韓国青年新聞

発行所
在日韓国青年同盟
中央機関紙
東京都文京区春日町
2丁目2の30
電話 代表(東京)(814)
4471
発行人 金宰淑

**綱領**

一、われわれは在日韓国青年の総力を集結し、祖国の完全なる統一独立の為に献身する。
一、われわれは、すべての非民主々義的勢力に反対し民主々義の正しい発展と実践のため努力する。
一、われわれは心身を鍛練し教養を高め、友邦諸国の青年と提携し[illegible]正なる世界平和の建設に寄与する。
一、われわれは在日韓国青年の民族意識を高め、在日居留民の権益擁護のために全力を尽くす。

# 絶え間なく前進する韓青

【写真】…北から南から、全国各地から菅平に結集した若人たと。仲間をたくさん募って夏期講習会で又会う！

## 民族的誇りを強化

### 韓青第三回冬期講習会 成功裡に終る

去る二月二十五日から二十七日迄の三日間、長野県菅平において、韓青中央本部主催による第三回冬期講習会が「韓国人として、正しく、力強く生きてゆこう」という主題のもとに、遠くは山口県をはじめ地元長野県など日本全国から二六四名の盟員が参加して盛大に開かれた。冬期講習会は夏期講習会とともに、韓青中央本部主催による全国行事の一つで、年々回を重ねる毎に発展をつづけてきたものであるが、今回は特に韓青第十二回大会以後もたれた最初の全国行事で、大会で決定された三大基本路線を集約的に実現する場であった。講習内容は、主題講演で民族問題の根本にふれ、ゼミナールでは「韓国常識問題」「在日僑胞史」「在日韓国人の法的地位問題」「協定上の永住権申請の現状と問題点」等を学習し、討論した。部屋別懇談会では日常生活の諸問題を論じ合い、又、スキー講習、レクリエイション等多彩なスケジュールの、楽しい、規律正しい団体生活の中から、多くのものを学び、また深い友情を培うことができた。

冬期講習会を今一度日程を追いながら回想してみよう。

**【第一日】（二月二十五日）**

午後一時～午後一時半
開会式
金宰淑中央委員長の力強い開会の挨拶と、表鍾憲民団中央組織次長の祝辞を受けて、全国から二六四名の盟員が参加して、冬期講習は開幕した。

午後一時半～四時半
スキー講習
スキー講師の紹介があったあと参加者はそれぞれ初・中・上級に別れて、三日間にわたりスキー講習を受けた。初心者は歩き方、滑り方、転び方から学んだ。転んで雪にまみれた時のてれくささと楽しさは、忘れることができない。

午後四時半～六時
入浴、夕食。
満員の湯舟には、スキー失敗談の爆笑の花が咲き、ヴァイキング料理は旺盛な食欲を、いやが上にもかきたて、胃袋の要求をあます所なくみたした。

午六時～午後七時
記念講演
在日僑胞の教育者として知られている張暁先生が、主題に接近すべく、今日迄の僑胞運動を厳しく総括し、民族の概念規定、主体意識の確立、倫理規範の再建と闘うことの必要性を力説され、深い感銘を受講者に与えた。

午後七時～九時
ゼミナール（1）
参加者を、Cコース初参加者、Bコース一般盟員、Aコース機関幹部の三コースに分け、学習活動の充実化が計られた。Cコースでは、初めての試みとして、「韓国常識問答教室」（講師金恩沢中本副委員長）が設けられ、受講生の抱いている様々な疑問に対して、懇切丁寧な解説がなされた。

午後九時～十時
部屋別懇談会
各部屋十五～二十名の男女によって構成され、こたつを囲んで、身近かな共通の問題について真摯に語り合った。「韓国人として生れ、どう思うか」「国際結婚の是非について」等々…。

**【第二日】（二月二十六日）**

午後九時～十時半
ゼミナール（2）
前日にひきつづき、Cコースでは「在日僑胞史」を張暁先生から受講し、始めて聞く、在日僑胞の渡日の背景、経過に、驚きと憤りを覚え、知ることが力であることを痛感した。Bコースでは「法的地位では」を金治男君（大本委員長）から解説され、活発な質疑を通じて、認識を深めることができた。Aコースでは、前日の報告から問題点を引きだし、「同化」について、つっこんだ討論が展開された。

午前十時半～午後五時
記念撮影とスキー講習。
記念撮影を終えると、我々は、元気よく白銀に躍り出た。すべるスキーの風切る早さも爽快だったし、バランスがくずれて、倒れるのもまた愉快だった。

午後七時～九時
レクリエーション
「輪ゴムまわし」「早喰い競走」等の多彩なゲームに、大いに笑い、楽しく室内に、一体感を深めた。

午時九時～十時
部屋部懇談会
前日の懇談会からさらに発展し、主題・副題の意義を活発な討論を通じて、把握することができた。

**【第三日】（二月二十七日）**

午前九時～午前十時半。
ゼミナール（3）
Cコースは「法的地位とは」を金治男君から受講し、その概括を知った。Bコースでは「法的地位の問題点と現状」について、金君夫君（中本副委員長）から受講し質疑応答、討論が活発になされた。Cコースでは、前日の討論を煮つめた末、金宰淑委員長から「法的地位の現状」について報告を受け、主題、副題のもつ意味の深さを確認し、その幅広い実践を誓い合った。

午後一時～二時半
スキー競技会
スキー講習の成果を競うためにミカン取り競走、アベック競走、大回転競技等が持たれ、その腕を競った。

午後三時～四時半
総括・閉会式
計画、準備、運営に関する報告、部屋長代表報告、スキー報告、レクリエーションに関する報告、ゼミナールに関する報告がそれぞれなされ、主題に関する主体討論のあと、総括がなされ、祖国行進曲の高唱の中で、その幕を閉じた。

今冬季講習会は六七年度前期活動の最大の行事である。この講習会における所定の目標は成果的に達成されたと見なすことができる。

在日韓国人は現在、一方において、日本人への帰化を誘導され、他方において、その法的、社会的、経済的地位がよりいっそう厳しい制約の下に、さらされている。このような状況を我々はどのように受けとめ、かつ、打開しなければならないか、主題はこうした観点から選定されたものである。

「日帝時代の同化政策は抑圧を永続化しようとするもので、経済的搾取と表裏一体の関係にあり、現在のそれは、巧妙になり、同化の対象は二世より一世に重点が置かれている」「帰化の主因は①民族意識の稀薄性②生活の安定と幸福への幻想の二点にある」「永住権申請より帰化申請の方が容易」「帰化は民族的財産の喪失と不体の力量の弱体を招く」等の指摘から記念講演、部屋別懇談、ゼミナールを通しての主題、副題への接近をほぼ達成したと見なしうる。

## 文化教養活動を重視

### 第十二回 定期全国大会開かる

我が在日韓国青年同盟の第十二回定期全国大会が去る十一月二十日、東京赤坂全共連ビル会議室において、代議員九八名（新規約総数一二五名）が、出席して開催された。

この大会は一九六四年に持たれた第十一回大会以後の活動を総括し、今後の展望と活動方針をたてるためにとり持たれたものであった。大会はまず執行部から出された活動経過報告に対して活発な論議がなされ、前日開かれた中央委員会の決定事項、確認事項についての報告を受けそれぞれ満場一致で承認した。

今大会が同盟内外の多大な注目と期待を集めた主たる理由は厳しい試練を経た六五年度法的地位要求貫徹斗争をいかに総括するか、又協定発効後厳しい現実にさらされている僑胞の権益を守り抜いていくために、いかなる方針を打出すかの二点にあった。

大会は国民儀礼にひきつづき組織部長による代議員の資格審査が行われた。前日開かれた中央委員会の配定に依拠し、代議員九〇名の出席が確認され議長団の選出に入り議長団に梁完玉（愛本副委員長）金淳姫（大本照査）両君が選出され、「代議員総数一一五名中九〇名が出席し、規約第五条の規定によって本大会は成立する」と宣言した。

つづいて議題審議に入り、中執から、新県本部の発足に伴う代議員総数の改定に関する規約修正が中央委員会決定として出され、経過説明の後、満場一致で可決された。次には北海道、群馬、山梨、山口、愛媛の各新県本部の議席が新設され、万雷の拍手の中を、新代議員が着席した。つづいて、金宰淑委員長から「過去二年間の運動、特に六五年度法的地位要求貫徹運動を厳しく総括し、微力ながら三大基本目標の実践にさらにいっそうの努力を傾けたい」とのあいさつがあった。

次に来賓祝辞に入り、李禧元民団中本議長、李裕天民団中本監察委員長兼法的地位待遇対策委員会委員長、朴太煥民団中央組織局長、李海竜韓青中本顧問の各氏から、それぞれ青年運動の意義、僑胞青年の任務等が強調された。特に法対委委員長は、民団の誤解の中にあって青年の力で闘われた六五年度法的地位要求貫徹運動は高く評価されなければならない、と指摘し、現状の法的地位問題について具体的実例をあげながら実情を訴えるとともに、「問題解決のために、青年が再度この問題にとりくむべき」ことを強調するあいさつがあった。

執行部から過去二年間の活動報告、総括報告、各部活動報告、法的地位要求貫徹運動に関する報告、収支決算報告、監査報告と、次々に進行し、真摯な質疑応答の後、大会はこれらすべてを全会一致で承認し、しめくくった。その間、「法的地位」問題を論議研究する全国的な規模の会議を早急に開催することが確認された。

又、組織強化に関する件では、いわゆる「韓民自統」「韓民自青」なるものについては民団第五回中央委員会におけるいわゆる"遵性団体"規定を確認するとの韓青中央委員会確認事項（別項参照）を大会の名において確認することを満場一致で決議した。

これに引き続き、新年度活動方針案（別掲）及び、新予算案審議に入った。建設的な意見が多数活発に述べられたが、執行部提出の原案通り、決定をみた。この後、新役員選出に入り金宰淑君を全会一致をもって再選した。副委員長には前中本総務部長の金恩沢、前中本組織部長の金君夫両君が指名され選出された。さらに監査に丁海竜（再任）、金承煥（大本監査）、朴淵培（京本常任顧問）の三君を選出、顧問の選任は新委員長に一任した。最後に、新委員長金宰淑君が、充実した執行部を構成し、三大基本目標の達成に尽力すると力強くあいさつし①文化教養活動の活発化、②強大な同盟建設、③法的地位確立など三つのスローガンを採択して、大会は、盛況裡にその幕を閉じた。

## 我等か課題

### 祖国の自主統一 僑胞の権益擁護

委員長 金宰淑

親愛なる在日韓国人青年の皆さん！

第十二回全国大会において、不肖私が再任され、その責任の重さを痛感する次第であります。

我が韓青は過去二年間、組織幹部をはじめ、盟員の皆様の協力と団結によって、一歩一歩前進してきました。在日韓国青年の民族意識の昂揚の為に、又僑胞の権益擁護の為に、努力を傾注し、今日まで来たことを改めて皆さまと共に喜びたいと思うと同時に、深く感謝しております。

それでは我々在日韓国人青年が現段階において果すべき責任と任務はなんでありましょうか。それは、すべての韓国人青年が民族的誇りと自覚をもって、わが民族の前によこたわっている諸問題をとりのぞくためのたたわれているとともに、第十二回全国大会においても具体的に示された諸課題を遂行してゆくところにあります。

第一に、祖国の分断に終止符を打ち、完全な統一国家を建設するために、理論的にも、実践的にもいっそう奮起しなければなりません。祖国の統一はいうまでもなく、民族的悲願であります。即ち、祖国の統一は"座して期待する"のみでは達成されないし、ましてや観念的主張や対立的感情をもってしては永遠に実現されえないでしょう。現実を直視し、現実を科学的に分析し、現実にあった対策と行

って引きおこされたさまざまな民族の悲劇が、今日の韓国人を不幸にしていることはいうまでもありません。それ故に、我々在日韓国人青年の心の中にきざみこまれた不幸の傷は、祖国の兄弟たちの不幸そのものに他なりません。同じ民族同志が銃口を向けあってきびしく対決している現実と、その投影として在日六十万僑胞の中にもたらされたさまざまな矛盾がいっこうに解決されていない現実に視野をむける時、どうしてじっとしていることが出来るでしょうか。このような観点から、私たちは引きつづき「統一問題研究会」

年青の総力を結集して勇敢に行動しつづけていかなければなりません。

韓青は今日も引きつづき、在日僑胞の権益擁護の為に積極的に行動することを第十二回大会で決意しています。このことは未だ正しい解決をみるにいたっていない法的地位及び待遇問題を大衆運動を通じて有利に進め私達の要求を貫徹させることを意味します。

以上の民族的、全僑胞的な課題の遂行のために、韓青では

一、韓青を組織的に更に拡大強化し、各級機関機能を改善するという課題。

二、在日韓国人青年の民族的自覚をうながすための国語習得運動の強化、歴史と民族文化を正しく学習するためのさまざまな対策の講究。

三、祖国の青年たちとの連携を強化すること。その為の具体的な対策として、在日韓国人青年の祖国訪問を積極的に推進すること。

四、なが年の念願であった訓練所の建設事業。

などの課題が提起されています。

親愛なる在日韓国青年の皆さん！これらの課題に真剣にとりくみ、総力をかたむけることこそ、私たちの前に提起されている課題であります。私たちの幸福も、またこれらの課題を一つ一つ解決してゆく過程においてかちとられていくものであります。

一日も早く自由民主々義の統一国家が達成され、我々全韓国民がよろこびと幸せで胸を躍動させることのできるよう、その日を目ざして我々青年は高い使命感に基づいて、力強く前進してゆこうではありませんか！

## 主張

# 急げ、危機の打開

### 法的地位の現状は深刻

本年一月十七日を以って「法的地位協定」が発効後満一周年を迎えた。既に三月の中旬である。

協定上の永住権の申請期間はあとあますところ三年と十ヵ月となったわけである。

さて、法定地位協定発効後現在にいたる迄の実施の状況は、ひと言でいって、在日韓国人が韓日条約の基本精神に立脚して抱いていた期待が全く空虚なものであることをあますところなく証明している。

法的地位協定により一軒の家庭内には資格の違う親子が出たり、家族間で離別をしなければならない事態が現実的に発生している。

又、解放直後に行政機能が未整備な日本国の事情により便法的に一時本国に往来したために二十年の経過した今日にいたって法的地位協定によって不法入国者の取り扱いを受け、再度調査をうけなければならず、在留資格が変更され、場合によっては追放を受けざるを得ないのである。

さらに、永住権を所持している婦人が本国旅行中お産をすれば、その子供は永住権がないことは勿論、厳格に出入国管理令の規制を受けなければならない。

「戦後入国者問題」および離散家族の再会問題において「人道的に取り扱う」との法相声明や、入管局長特別声明が現実的には反故にされている。（一月十七日付法対委声明）全在日韓国人は、今やひくにひけないギリギリの状況に立たされているのであり、法的地位協定の実施をめぐって、協定上の永住権を取得した、しないの別なく、また、それぞれの法的な立場の別なく全在日韓国人が今一度それぞれの法的地位に重大な関心を寄せなければならない段階に直面しているといえるのである。

（法的地位問題に関する資料は三面四面に特集）

### 「問題」の所在

協定調印後日本当局は、初年度の協定上の永住権申請者数を二十万名に達するものと予想し宣伝活動を大々的に展開したが本年一月十三日現在、申請者二万七百四十九名と最初の予想の一割程度にしかならない不振状態である。

これは韓日条約における法定地位協定が、締結されるに際し当事者たる在日韓国人の希望や主張がいかに看過されなおざりにされたかを事実をもって証明するものにほかならない。

去る二月十二日、十三日の両日にわたって民団第九回中央委員会が開催された。

現下の情勢からして、この中央委員会は、かつてのどの中央委員会にも増して重要性を帯びなければならなかった。

にも拘らずその討議内容は法対委提出の活動方針案すら検討されない全くもって寒心に耐えないものと言わざるを得ないものであった。

"法的地位に関する問題は今後大使館、民団、法対委の三者協議の上で"なる「方針」は、実行に移されて既に一ヶ月を経過しているにも拘らず今だ具体的な成果を結実し得ていないのが実情である。

そこには僑胞大衆の深刻な不安の反映は見い出し得ない。

それ自身に真剣な再検討が加えられない限り困難な現状を打開するための何らかの有効な対策確立は望み得べくもない。

では一体このような「対策不在」現象の原因はどこにあるのだろうか。

それは在日韓国人の法的地位協定にまつわる「問題」および「問題の解決」に対する組織幹部の認識と姿勢にあると言える。

永住権申請の不振状況を不振だという表面上の点においてのみ問題視するのはあやまりである。

不振状況を招来している理由にこそ問題があるのである。

従って問題の解決とは協定上の永住権申請者の数を増加させること自体を意味するのではなく、不振の諸原因を徹底的に除去し、僑胞大衆の不安と疑惑を根本的に解消することを意味しなければならないのである。

それこそ真実僑胞的立場、民族的観点というものである。

### 急げ不安解消への努力！

現在、僑胞社会にあっては、法対委、韓青、学同をはじめ法的地位問題解決のための運動が各種各様の形で必死に展開されている。

しかし視野をひろめて見た場合、全般的には民団の「対策」は不十分のそしりを免れ得ないものである。

民団組織幹部は傘下の僑胞大衆の抱いている法的地位問題に対する不安や疑惑の深刻さを十分に理解し得ているのだろうか。

一般僑胞大衆の民団組織に対する期待がいつの時代にも増して大きいにも拘らず逆に多数の僑胞大衆が組織に対して失望し個々バラバラの行動をとっているのが現状である。

民団組織幹部の一部には、法的地位の深刻な現状を大衆の前に明らかにすることに消極的であったり、大衆の不安をくみあげ積極的に民団運動に位置づけて行こうとはせず安易で主観的な見通しをバラマクことによってその方向をそらせようとする動向さえ見られる。

これは結局誤った思考方式である。非僑胞的－非民族的でさえある。

何故なら、事実が事実として知らされないままの状態が引き続き放置されるならば大衆間の不安は一層増大し、ひいては、ごく近い将来に全体在日僑胞社会により大きな、救いがたい混乱と困難を招来しかねないからである。

全組織幹部は今こそ、現状にマッチしない誤った観念を止揚するとともに、その使命の大きさを自覚して、深刻な現状打開のため具体的行動を起さなければならない。

### 青年は再び法的地位運動の先頭に起とう！

法的地位協定をめぐって現実化しつつある諸問題は、既に韓日交渉の進行過程で明らかにされていたものであり、わが韓青にあっても果敢な闘争を展開したことは周知の事実である。

一九六四年、一九六五年度に韓青が組織の全力をあげて闘った法的地位要求貫徹闘争の正当性が再確認されつつある。

いまや各地で法的地位問題再検討の機運は日増しに盛り上っている。

「韓青第三回冬期講習会」の大きな成果は、今後の運動を保障する心強い材料である。

全在日韓国青年は民族的団結の精神をもって学習活動を一層強化し、僑胞大衆を大いに啓蒙し、困難打開を目指して再度僑胞権益擁護－民族権益擁護闘争の先頭に起とう！

## 中央本部新人事

| 役職 | 氏名 | 役職 | 氏名 |
|---|---|---|---|
| 顧問 | 洪賢基 | 組織部長 | 高秀公 |
| 〃 | 曹寧桂 | 組織次長 | 権甫喆 |
| 〃 | 李海竜 | 文教部長(兼) | 金君夫 |
| 〃 | 趙鏞秘 | 文教次長 | 安炳鎬 |
| 〃 | 李禧元 | 宣伝部長 | 朴燦鎬 |
| 〃 | 李元裕 | 財政部長 | 成明正 |
| 〃 | 郭東儀 | 無任所部長 | ソル文 |
| 〃 | 朱金出 | 〃 | 梁東洙 |
| 常任顧問 | 韓昌圭 | 女子部長 | 南智慧 |
| 委員長 | 金宰淑 | 女子次長 | 慎月順 |
| 副委員長 | 金恩沢 | 〃 | 崔慶子 |
| 〃 | 金君夫 | 中央監査 | 丁海竜 |
| 総務部長(兼) | 金恩沢 | 〃 | 金承煥 |
| 総務次長 | 金悦輝 | 〃 | 朴淵培 |

# 強大な同盟建設に邁進しよう！

**在日韓国青年同盟**

| 本部・支部 | 役職 | 氏名 |
|---|---|---|
| 中央本部 | 委員長 | 金宰淑 |
|  | 副委員長 | 金恩沢 |
|  | 同 | 金君夫 |
| 北海道本部 | 委員長 | 李宗煥 |
| 青森県本部 | 委員長 |  |
| 秋田県本部 | 委員長 | 呉昌洙 |
| 宮城県本部 | 委員長 | 趙明良 |
| 群馬県本部 | 委員長 | 金猛 |
| 茨城県本部 | 委員長 | 崔元鎬 |
| 千葉県本部 | 委員長 | 申基文 |
| 神奈川県本部 | 委員長 | 韓時泰 |
| 山梨県本部 | 委員長 | 朴鐘植 |
| 福井県本部 | 委員長 | 南棒変 |
| 愛知県本部 | 委員長 | 金栄顕 |
| 岐阜県本部 | 委員長 | 金正一 |
| 長野県本部 | 委員長 | 金海竜 |
| 京都府本部 | 委員長 | 金一明 |
| 大阪府本部 | 委員長 | 金治男 |
| 兵庫県本部 | 委員長 | 金万寿 |
| 奈良県本部 | 委員長 | 金海圭 |
| 滋賀県本部 | 委員長 | 諸寅男 |
| 和歌山県本部 | 委員長 | 曹容坤 |
| 広島県本部 | 委員長 | 李錫銘 |
| 岡山県本部 | 委員長 | 金昌男 |
| 山口県本部 | 委員長 | 具滋東 |
| 佐賀県本部 | 委員長 | 金仁守 |
| 熊本県本部 | 委員長 | 魏三道 |
| 愛媛県本部 | 委員長 | 朴達元 |
| 三重県本部 | 委員長 | 李済雄 |
| 中央直轄支部 |  |  |
| 東京豊島支部 | 委員長 | 高昌樹 |
| 東京北支部 | 委員長 | 李高雄 |
| 東京渋谷支部 | 委員長 | 朴燦鎬 |
| 埼玉県川口支部 | 委員長 | 金道河 |
| 長崎県諫早支部 | 委員長 | 曹圭春 |

565

# 法的地位で活発な討論

## 全国委員長会議開催

第十二回全国大会後初の全国委員長会議が去る二月五日正午から全国各県本部、直轄支部代表参加の下に東京都文京区にある出版健保会館会議室において開かれた。

第十二回大会（昨年十一月）において、法的地位問題に対する活発な論議が展開されたが〝継続して論議をしよう〟との全会一致の確認を実現するために開催されたものである。当日はまず張聡明民団中央団長及び李裕天民団中央監察委員長兼法対委委員長から祝辞があったが、李裕天委員長からは特に法的地位の問題点と法対委の活動状況の説明があり、会議参加者の法的地位問題の現状認識に大いに参考となった。会議は中央本部からの総括報告にはじまり各地方本部の活動報告があったのち、討議事項に入った。討議された内容は左記の通り。

【組織強化に関して】

組織強化に関しては各地方での組織上の隘路、とりわけ、財政上の問題点などを如何にして克服するかについて各地方の経験や資料を提出しあいながら真剣に討論した。

【法的地位問題に関して】

法的地位問題に関しては、まず各地方における実情を提出しあい李裕天法対委々員長の報告などを参考にしながら現状認識の共通化と当面の課題の模索を目指して討論がなされた。この結果、法的地位問題は、もはやこれ以上放置できないギリギリの段階にさしかかっているという点で見解の一致を見るとともに、当面の課題としては、学習活動の活発化と一般僑胞に対する教化啓蒙活動の積極的な展開があげられた。

また、法的地位問題解決に向ける法対委の活動を高く評価するとともに、一層の支援が確認された。最後に民団第九回中央委員会に向けての韓青としての「建議案」の提出を全会一致で決定した。（六面に資料）

【冬期講習会・夏期母国訪問団など】

冬期講習会、夏期母国訪問団、夏期講習会等の実施要項が中央本部から各県本部に通達され、若干の打合せを行ったのち、第三回全国サッカー大会を六月十八日、名古屋で開催することなどを合意確認して六時閉会した。

大会関係文書

# 民族的主体性の確立を

## 一九六七年度韓青活動方針

韓青の前身である建青創立二十一周年を迎えた今日、我々同盟として、組織拡大と在日僑胞の権益擁護のために、より一層の努力が必要である。韓青の発展は在日僑胞青年を民族的覚醒から自己の位置を正しく認識させ、民族的教養を高め、固い団結によってのみなされることだろう。

現在、我が韓青組織は従来に比べ発展したが、決して満足したものであるとは言えない。新年度においては、本同盟に課せられた諸般事業を成果的に遂行するために韓青幹部の不断の努力が期待される。

組織部

我々は、六五年度法的地位要求貫徹斗争を中心とする諸般の組織事業を徹底的に遂行してくる中で我が同盟組織を以前より拡大、強化出来たと見ることが出来るが、また満足する状態だと言うことは出来ないと思う。

我が同盟綱領に明示されている崇高な理想を達成するためには、より以上、組織の強化を図らなければならない。我々は、青年を総結集し、祖国の完全な統一独立を成し、豊富で健康な祖国を建設しなくてはならない重要な使命を課せられている。

我が国の青年達は、国家の独立と民族の幸福の為に、生命の危険をかえりみず、闘って来た崇高な伝統を堅持している。民族の崇高な伝統と先烈の遺産を正しく継承し、自から進んで真の愛国者になるために努力し、愛国の熱情に溢れた一大隊列を韓青の旗のもとに編成しなくてはならない。

以上のような認識にたって、綱領の理念により一層近づくためには、より一層「強大な同盟」を建設しなくてはならない。そうするためには、今大会以後の組織活動の重点を、以下の目標に沿って強力に展開しなくてはならない。

### 「強大な同盟」を建設するための三大目標と七項目のスローガン

（一）機関の拡大強化
(1) 各級機関の運営の正常化を計ろう。
(2) 「地方本部」「支部」の「再建」「結成」を促進しよう。

（二）同胞生活の確立
(3) 民族的純血と道義心を守り模範的青年になろう。
(4) 自由で民主的な討論を拡大し、「決定と規律」を遵守し、同盟機関を強化しよう。
(5) 「学ぶ」習慣と勤勉気風を作ろう。

（三）盟員の倍増
(6) 潜在盟員の顕在盟員化を計ろう。
(7) 一般盟員の自覚的、積極的幹部化を計ろう。

### 「三大目標」と「七項目の口呼」に応じた「十九項目の行動原則」

#### （一）機関の拡大強化

(1) 各級機関の運営の正常化を計ろう。

① 中央本部、地方本部、支部間において、下達、上達、上意下達の関係を緊密にし、民主的に運営しなくてはならない。

② 各地方本部間、各支部間の地域的連携を強化し、相互に良い影響を与えることができるようにしなくてはならない。

③ 各機関内において、各部署の活動責任と責任所在を明確にし、任務遂行と相互補完を計らなくてはならない。

(2) 「地方本部」「支部」の「再建」「結成」を促進しよう。

④ 地方本部は支部の「再建」「結成」に尽力しなくてはならない。

⑤ 地方本部がない地域に多数の支部がある地域は、中央本部と協力し本部を「再建」「結成」しなくてはならない。

⑥ 中央本部は、地方本部と直轄支部の「再建」「結成」を計らなくてはならない。

#### （二）同盟生活の確立

(3) 民族的純血と道義心を守り模範的青年になろう

⑦ 韓国人として、また、韓青盟員として自覚と誇りを持ち、日本人社会においても韓国人として正々堂々と生活しなくてはならない。

⑧ 礼節を守り、人格を高め、礼節と、道義心を高め大衆の福利に奉仕する青年とならなくてはならない。

⑨ 誤った思考方式と行動には、積極的に善導しなくてはならない。

(4) 自由で民主的討論を拡大し「決定と規律」を遵守し、同盟諸機関を強化しよう。

⑩ 如何なることでも自由な広場を作り、誰でも話せる民主的な討論を広げ深めねばならない。

⑪ 自由で民主的な討論で決議された「決定と規律」は守らなくてはならない。

(5) 「学ぶ」習慣と勤勉気風を作ろう。

⑫ 正しい行動力は「学ぶ」中で生まれる。「祖国」「韓国」「組織」等の諸問題に関する各種講習会には、自ら進んで参加しなくてはならない。「学んだ」ことは発表し、討論し、実践しなくてはならない。また実践の中から会得する教訓は学習に応用出来なくてはならない。

#### （三）盟員の倍増

(6) 潜在盟員の顕在盟員化を計ろう。

⑭ 潜在盟員名単を作成しなくてはならない。

⑮ 潜在盟員と通信電話等で連絡し会い、又、個別訪問で接触を計らなくてはならない。

⑯ 「韓青の組織と運動」に対して話しをし、サークル、講習会、各種行事、各種会議に参加を呼訴しなくてはならない。

⑰ 盟員としての明確なる自覚を促求するために
一　盟員登録の完了
二　盟費の完納
三　韓青バッチの購入
四　韓青配布の諸出版物の受購入、等を計らなくてはならない。

(7) 一般盟員の自覚的、積極的幹部化を計ろう。

⑱ 韓青の歴史と現況と展望を、互いに論じ、祖国と韓青に対して責任をもって第十二回大会の決定を学習し、実践総括し、自覚的幹部を作らなくてはならない。

全国の韓部は「七項目の口呼」に応じて「十九項目」の行動原則「三大目標」を達成し、実践、総括し、「強大な同盟の建設」に邁進しなくてはならない。

地方本部は、右記運動の実践を各支部に指示し、実践状況を点検し、総括し、中央本部に報告しなくてはならない。

支部は、右記運動を実践し、該当上級機関に報告しなくてはならない。

文教部

半万年の血が流れる〝民族文化〟を継承し、豊潤な〝民族教養〟と在日韓国人としての必要な知識をもたせる運動は第十一回大会以後、講習会、サークル活動等の定期的あるいは、日常的な活動を通してある程度成果を得たと言えることができるが、今後、なお一層文教活動を活発にし、充実にして、優れた民族的人格を具備した青年指導者を多数、生みださなくてはならない。

### （1）国語習得運動

国語習得運動は、在日韓国青年の民族的覚醒を促求する韓青運動の第一目標である。

「ハングル」学習は、ハングルそれ自体を学ぶと同時に、ハングルが如何にして守られてきたのかを学ぶことでもある。中央を初めとして、各地方で国語習得運動が展開され、ある程度成果を見ている。指導教師の不足、国語教材の不足等もあるが、それ以前の問題として、最も重要なことは、国語習得の必要性が意識されねばならないということである。

① 教材

中央本部から統一的な国語教材を作成しようとしており、各地方の必要に応じ、実費で配布し、これが早い時間内に作成出来ない場合には、中央本部から教科書を入手し配布するようにする。

② 指導教師

国語に精通した者と民族学園出身者に積極的に働きかけ国語学習の指導教師が出来るようにする。

③ 幹部の学習

何よりも重要なことは一般盟員より、まず組織幹部が国語を習得しなくてはならない。この点第十一回全国大会で決定された方針が未達成であるので、出来うる限り組織内部に於ても、国語を常用するようにしなければならない。

④ 修了証の授与

盟員の国語理解度に応じ、初級、中級、上級に分け、修了者には、修了証を授与し、学習意欲を増進するようにしなくてはならない。特に国語習得の必要性を、全ての講習と祖国訪問団を通して認識させるようにしなくてはならない。

### （2）一般教養活動

一般教養活動は、在日韓国青年の内面的充実を期するために、大きな意義をもっている。韓国青年は、日本社会に深く埋没していても、つねに、悩み真実を希求している。一般教養活動は、このような在日韓国青年を啓蒙にするのに、大へん重要な活動である。ねばりづよく継続された民族斗争の歴史は、必然的に、われわれに歴史の真実を知り歓喜に生きる勇気、そして、自身の将来に確信をもつことを教えている。

一般教養活動は、講習会活動を中心にしなくてはならない。講習会は特に県本部単位を充実化し、地協別、又は、支部規模で開催しなくてはならない。今までの講習会は、民族史、僑胞史学習が中心であったが、今後は、韓青史も積極的に取扱い青年運動の重要性を認識するようにしなくてはならない。

### （3）文化、レクレーション活動

文化、レクレーション活動は、韓青組織と一般盟員との関係をより密接にする非常に重要な活動である。日常的な文化〝レクレーション〟活動を通じて盟員自身が知らない間に変化している。そして盟員相互の親睦も深まっていく。

この様な観点から、各処において各種〝サークル〟活動を今後ますます継続発展させて行かねばならない。それぞれの地方の特色と盟員の要求を受け入れ、意義ある文化〝レクレーション〟活動を展開していかねばならない。

### （4）統一問題研究会

祖国統一は全民族の悲願であることは言を要する必要はないことである。去る十一回大会に於いて発足した統一問題研究会は、在日韓国青年の統一に対する熱望を反映したものです。性格は具体的行動をその直接目的としたものではなく、純粋な研究、啓蒙機関であります。新年度には研究会活動を活発にする基礎を作るために、次のような方法で遂行する。

① 目標…研究会機構の基盤を整備し、同時に一般盟員を積極的に参加させること。

② 事業…統一問題研究資料を編さんすること。統一問題に関する講演会及び研究討論会を開催すること。

### （5）祖国訪問団派遣

新年度においてもできる限り多数の盟員が本国に行って来れるようにするため、訪問団派遣事業を継続推進し、祖国に対する愛国心と民族意識の高揚に大きなはげみになるようにしなければならない。

### （6）中学、高校生卒業祝賀会

現在、在日韓国青少年はその大部分が、日本の学校で、日本人の学生の中で勉強しています。この大部分の韓国人学生は学校卒業後、日本人社会に就職している孤独な状態にあります。このような青少年達に生きる希望と力を与え、ばらばらにちらばっている個々人を結びつけるようにしなければならない。以上の観点から後輩の進路指導の一環として〝在日韓国人中学、高校生卒業祝賀会〟をその地方の実情に応じて整えていかねばならない。

宣伝部

在日僑胞の権益擁護及び在日僑胞青年の民族意識昂揚のために宣伝活動のもつ役割は非常に大きい。全僑胞の中での韓青運動を徹底的に認識させる為の宣伝活動の重要性はいうまでもないことである。過ぐる期間、あらゆる努力をなして来たが、力量不足によって充実されなかった点をこれからはより充実化させ、そのためには「青年新聞」の継続発刊と「新青年」を通じて、国内ニュースと僑胞の消息を伝え、一年に二回、雑誌「若人」を発刊してゆくつもりです。

女子部

在日僑胞女性には大変困難な問題が多くあります。僑胞社会内には、いまだに古い風習が残っており、〝女の子はできるだけ何も考えない従順な人間になるように〟と思っております。

私達は異国の地で日本の教育を受けており、日本の風習の中に埋没する傾向にあるが、自分が韓国人であることを忘れてしまってはなりません。私達僑胞女子は韓国女性としての自負心をもたねばなりません。

私達は三・一独立運動時の柳寛順のような女性を目標として、僑胞女性の民族意識を高めようとしています。

この様な観点から。

一、女子部強化結束のために
(1) 未組織県本部の女子部結成早期達成
(2) 女子部長会議の定期的な開催
○全国的な女子部長会議の開催
○地協単位の女子部長会議の開催
(3) 講習会の開催（女子部単位）
○全国的な講習会（年一回）
○地協的な講習会（年一回）

二、女性の民族意識を高めるために
(1) 国語、歴史の学習
(2) 料理講習会の開催
(3) 礼儀作法を習得すること
(4) チマ、チョゴリの着用
(5) 我が国の歌（ウリノレ）の習得

其他、女子部の自主的な活動を展開し、韓国女性としての条件をそなえ、将来りっぱな妻になり、母になるために努力しなければなりません。

法的地位及び待遇問題

法的地位協定が発行して十ヶ月が経過した今日、問題がいまだ解決していないために僑胞の中には不安が蓄積されて行き、これが永住権申請の不振の原因になっている。

十月三十一日現在、法的地位協定に従って永住権申請者数は、約一万五千九百十名であるが、その内許可者数が八千五十六名、不許可者数が百五十六名、申請取下者は五十八名になっている。

十ヶ月が経過した今日まで、諸問題点を解決し得ないでいる原因のひとつは、日本政府当局が韓日協定の基本精神に立脚していない点にあると指摘できよう。

去る九月二十一日、第八回民団中央委員会において、「法対委」のこの問題に対する運動姿勢が論議され、「法対委」の改編補強が決議されるに従って今後活動方針においても、大衆行動まで含む広範囲な運動を展開すると決議されました。その後、「法対委」は学習会を開催し、公聴会の開催準備等の活動を展開しようとしています。

我が同盟も過去、法的地位要求貫徹運動を主体的に推進展開してきた者として、この「法対委」の活動には積極的に協力し、中心的な役割をなし得るよう各種講習会においても徹底的に学習し、大衆啓蒙活動の先頭に立って、運動推進力の中心にならねばならない。また「法対委」主催の集会、公聴会にも組織単位で積極的に参加しなければなりません。

全韓国青年の夢！「韓青会館」仮称完成予想図

青年運動の殿堂を目指して着工が急がれています。全盟員はこぞって会館づくりに協力しましょう！

声明

## 韓日共同委の設置を

### ―協定一周年に際して―

在日韓国人法的地位・待遇対策委員会

一月十七日は韓日修交条約が締結され〝在日韓国人の法的地位協定〟が発効されてから一周年を迎える日である。この意義深い日を迎えるに当り、過去一年間を回顧し更に将来への新しい事態を展望しつつここに声明書を発表するものである。

①、大韓民国々民が日本国の社会秩序のもとで安定した生活を営むことが、両国家及び両国民間の友好関係増進に寄与することを認定し、合意された法的地位協定は、一九六五年六月二十二日の本調印時に発表された在日大韓民国居留民団中央執行委員会の声明において指摘された通り、〝われわれが主張してきた要求とは相当な距離があり失望が少なくない〟ものだった。

この失望が、今日に至り具体的に現実化され、不安が加重していることは、金東祚大使の年頭辞においても指摘されている。にもかかわらず、個人生活には勿論のこと、自由陣営の結束強化にも悪影響を及ぼしている結果となっていることは誠に遺憾である。

②、法的地位協定によって今まで無国籍状態に放置されていた在日韓国人の地位が法的に確保されたことは事実である。

しかしかえってこれに依り一つの家庭内においても法的に在留資格が違う父子が戦々兢々たる不安の中で生活をすることとなり、家族同士が離散する現実問題があらわれている。解放直後の行政機能が麻痺たし日本国の事情によって、やむを得ず便法的に一時本国に往来したために、二十一年を経過した今日、法的地位協定において不法入国者として、取扱いを受け、新たに調査を受け、在留資格が変更され、場合によっては追放されているのが現状である。協定上の永住権は、韓日両国間において特別に定められた資格であるので、一方的に侵すことが出来ない外交的な産物であると考えていたが、日本の思うままに再入国許可期間以降に入国した場合、永住権が消滅される。

また永住権を持つ夫人が本国旅行中に出生した子供に対しては、永住権がないばかりではなく、在留資格すらも管理令によって規制されているのが現状である。本調印の当時、日本国法務大臣が特別に発表した声明や談話を通して、いわゆる〝戦後入国者の問題〟や〝離散家族の再会問題〟において人道的に取扱う方針であると言明したにもかかわらず、現実には既に日本に入国している子女までも現行入管令に照らして追放しているのが実情である。

在日韓国人の生態は半世紀にわたる日本の植民地統治の結果として強制的に連れて来られた特殊事情に基くものであることを無視し上述した実例の通り、更にはこれに対する責任感もなく一般の外人同様に扱い、しかも排他的であるとさえ言われている米国移民法に準じた旧入国管理令をそのまま適用させているところに大いに問題の本質がある。

日本側のこのような不当な取扱いに対し、韓国大使館は日本政府に厳重に抗議せねばならない。更に、最近刑務所内において発生している刑期満了者に対する入管令適用という不当な事実だけをみても、日本側の一方的な解釈及び処理と断ぜざるを得ず韓国大使館はこのような協定精神違反に対して厳重な抗議をしなければならない。

③、協定調印後、日本当局は初年度に永住権申請者数が二十万に達するとの予想をたて、予算を九千万円計上してこれにのぞんだわけだが、申請者は、一九六六年十月現在五十五万九千百四十七名の資格者の中で、申請二万七百四十二名、うち許可一万三千二百二十九名、不許可二百二十一名、取下げ七十四名という当初の予想の一割程度にしかならない不振状態を露呈させているが、その理由はまさに上述した通りの内容にある。

④、民団はこのような事態を予想し、中央委員会は、本委員会を再編成し強力な運動を推進することを決定し、本委員会では全国的に発生する実例と方論を綜合して運動を展開すべく準備中であるが現在までの実情としては全般的に不安な事態が深刻に造成されている。

このような事態が、このまま放置され蓄積されれば本協定の死文化は勿論のこと、両民族間にふたたび悪根を残す不幸を招来するばかりではなく、その友好親善が阻害される可能性が濃厚である。

⑤、かかるが故に、上述のような複雑な実情を正当に処理し、協定の正当な運用を期するためにも、両国家間の共同委員会を直ちに設置するよう強力に要求すると共に、ここには必ず民意を代弁する当事者である在日韓国人の代表を参加させることを絶対に要求する。在日韓国人の安定した生活と韓日両国の互恵平等の原則にたって友好増進のために、われわれの正当な要求が貫徹されるよう切実に要望するものである。

⑥、日本政府当局の巨視的な立場からの深い理解と日本国民の良識的な判断からする大韓民国及び在日韓国人に対する正しい認識を求むとともに、あわせて協定の根本精神が実践されることを促求すると共に、本国の政界と政府高位層においても、このような事実を正確に把握し、強力に再交渉することを要求する。我々は、要求が貫徹されるまで全体機関が一致団結して積極的に斗う決意を新たにするものである。

以上

一九六七年一月十七日

在日韓国人法的地位待遇対策委員会

委員長　李　裕天

【写真】…記者会見する法対委役員

大会関係文書

# 法的地位要求貫徹運動報告

## ―一九六五年度―

第十一回全国大会で採択された活動方針の第三項に、次のように規定されている。〝韓日会談が再開される情勢の中で、私達は韓日会談の推移を注視し、従前よりも一層活発な運動を展開して、在日僑胞の権益を擁護せねばならない。周知のように私達、在日僑胞の生活もこの条約に依って規定されるようになるのです。我が韓青は一九六四年前執行部時代から法的地位要求貫徹運動を展開して来ました。一九六五年に入って韓日会談は急進展しましたが、法的地位に関して、問題点が不明確なので僑胞大衆は不安を抱くようになりました。遺憾ながら法的地位問題に関して、民団が僑胞大衆の期待に答えるにはあまりにも距離がありました。このような情勢のもとで本同盟は、一九六五年二月二十三日愛知県本部にて、第一回全国委員長会議を開き、当時の法対委員会に私達の決意を伝達して、法対委員会からも強力な大衆運動を展開することが承認され、斗争準備を整備しました〟。

### 一、法的地位要求貫徹運動における韓青の先駆的役割

第一回全国委員会長会議にて〝法的地位対策委員会〟に大衆行動を起こすように強力に要求しました。また、自発的な一般僑胞間でもこのような要求が大きくなりました。一九六五年三月三日民団中央本部は、にわかに、法的地位及び処遇問題に関する要求貫徹全国代表者会議を開くようになりました。我が韓青はこの席上、法的地位交渉に内包されている問題を明確にして大衆運動を展開することを強力に主張しました。

### 二、三月九日、十日、十一日

三月三日〝民団全国代表者会議〟と三月四日〝法対委総会〟後韓青は〝法的地位要求貫徹非常斗争実行委員会〟を組織して韓学同と協力して三月九日より三日間、青年、学生を中心に〝法的地位要求貫徹中央決起大会〟を開くことを決定し、三月八日、法対委員会幹事会もその必要性を認定して協力することを約束しました。

三月九日

東京麻布公会堂で中央蹶起大会が開催され駐日代表部へ陳情団が行きましたが、日警に阻止され、また、学生一名が不当に逮捕されました。三月十日、前日に引続き東京麻布公会堂にて第二次中央決起大会が開催され前日の蹶起大会は非常な盛上りを見せ、参加者多数が法的地位要求貫徹をする一方本国一〇〇万等細漁民の要求も支援しなければならないという意見が強力であったために大会名称に平和線守護も加えるようになりました。この日、街頭示威行進中、韓青中央の金体育部長が不当に逮捕されました。三月十一、十二日の二日間にわたって青年、学生を中心にした斗争は、全国の僑胞に反響をおよぼしました。このようにして斗争の性格も青年学生中心のものから、広範な在日僑胞の世論と支持を背景にしたものに変わって行きました。この日は集会所を連続して求められなかったために韓青中央本部前で集会して示威行進をする予定であったが、遺憾ながら、〝民団を襲撃する〟という〝デマ〟に因って地方から来た民団幹部が多数来るようになり内部の混乱が憂慮されたので即時集会をその近所の公園に変更して示威行進をしました。この三日間を通じて、延一六〇〇名の青年、学生及び僑胞を動員しました。

### 三、要求貫徹運動の昂揚と一般僑胞青年学生の結束と闘争

三日間に及ぶこの闘争は、いろいろな困難もありましたが、〝僑胞大衆の声を反映させ一般僑胞から物心両面にわたる多大な支援を受けました。遊説報道班を組織して可能な限りの僑胞啓蒙活動を展開しました。特に逮捕された青年学生に対する救援が各地で起りました。一般僑胞間にも〝在日韓国人法的地位要求貫徹、平和線守護闘争委員会が誕生し一般僑胞大衆の闘争も広範囲に展開されました。

三月二十四日　東京千代田区公会堂において韓青韓学同斗争委員会の三者共催の蹶起集会に僑胞大衆七〇〇名が、合し示威行進しました。

三月二十五日　東京日消ホールで前日について緊迫した空気の中で中央民衆蹶起大会を開き街頭示威行進を展開し都内二ヶ所近所で日警と衝突し、暴行を受け七名の重傷、数十名の軽傷者が出、一名が逮捕されました。

その後四月六日、四月十九日の記念集会を通じて、法的地位が、またよく検討されないまま、仮調印されたのに対して、不満を表わし、継続、要求貫徹運動を展開する事に決定したのでありました。六月本調印が明確にされた六月十七日、民団中央本部主催で民衆大会が開催されましたが、大会場で法的地位要求貫徹の為に断食斗争をすることを、韓青から宣言し万雷の拍手によって、支援を受けました。

二十日　午後八時〝法的地位要求貫徹断食斗争〟に突入しました。全国から集まった青年学生が決死的な覚悟で斗争に参加、文字通り一大断食斗争団が構成されました。私たちの斗争はテレビ、ラジオ、新聞等を通して日本全国へ伝達され、世論を活気づけました。六月二十二日午後五時歴史的な本調印が締結されましたが、私たちの期待とは、へだたりがあったために不満を表明せずにはいられなかったのです。翌二十三日正午まで継続して本調印抗議ハンストを展開しました。

### 四、僑胞運動発展の新しい段階

一九六五年の法的地位要求貫徹運動は、その規模内容、性格からして韓青史上画期的な闘争でありました。省みるに全民団が一致団結して強力な要求貫徹運動を展開できず民団内部へ物議を持込んだが私達の闘争は純粋で正当であったと確認し、獲得した成果を正しく評価し、その経験を今後の運動に役立てて行かねばなりません。

何よりも重要なことはこの運動を通じて韓青の僑胞社会において占める位置がますます高くなりつつあります。この運動を通じて一般僑胞青年学生がますます結束しました。これは一九六四年三月（前執行部）の斗争を継続発展させたといえます。在日僑胞を正しく指導し在日僑胞六十万の権益擁護の為に民団最高指導機関は常に民族的であり民主的であり僑胞的な性格を帯びねばならない事はいうまでもありません。私たちはこの斗争過程において私たちの運動が適切に評価されないことに、うらみさえ感じがしました。すでに韓日条約が発効し法的地位も施行されていますが今だ解決をみない問題点が残っている今日、僑胞内部の不安感は高まっています。この未解決な問題を一日も早く解決せんが為に去る民団第八回中央委員会は法対委員長を権逸団長から李裕天中央監察委員長に変え法対委員も補強して不活発だった大衆運動を強力に展開することを決意しました。新法対委員長は就任時この法的地位運動は根本的には本国政府駐日大使館を通じた外交交渉に依らねばならないが、日本側が私たちの要求を受け入れまいとしている為に、在日全同胞の強力な運動を展開しなければならない、と決意表明しております。一時期には韓青斗争への誤解と中傷も多かったが今や、民団全体が一丸となって斗争する時が来たと思います。私たち青年は一九六五年度の法的地位要求貫徹運動は現在も継続中だということを認識すると同時に、青年としての立場を深く自覚し、今後の在日僑胞の権益擁護を斗争に備えなければなりません。つねに重要なことは、いかなる困難にぶつかっても、忍耐強く努力するという事です。一時に成果を得られないとして断念することなく団結して私たちの要求が貫徹される時まで忍耐強く斗争することによって後世に悔いを残さないようにしなければなりません。

# 学習資料　法的地位の問題点

## はじめに

さる第八回中央委員会において法対委が補強改編された後、私達は全国的に民団組織内部と僑胞一般の実際と与論、具体的な事実等を調査し、公聴会等を通して実情を訴えたし、わが大使館と本国政府にも要望書を提出しました。『協定発効一周年に際して』発表した声明文で指摘した如く、現在発生している諸事実は、在日僑胞たちに少なからず不安を与えています。

協定内容だけでなく日本当局の一方的な解釈と運用は、在日僑胞になお一層の脅威を与えており、このまま黙過してしまうとすれば、かえって重大な結果を招来する恐れさえあります。

それ故に、組織内では申請を保留、強力な運動を展開しようとする与論も、漸次高まりつつあることも実情です。

わが大使館と本国政府からも、いまになってやっと、誤謬を新たにしているのも事実であり、日本当局も漸次、正しい認識を持とうとする傾向がみられます。

法的地位協定が＜日本に居住する韓国人が安心して生活できる＞精神と政治的に＜自由陣営の紐帯強化＞＜民団組織の強化＞に大きな目的があったのも事実であります。

しかし、現実の協定は、このような意図を充足するにはあまりにも距離があります。

このような意味において、大使館と本国政府は、在日僑胞の今後に対して正しい展望をたてて、問題の正当な解決のために最善をつくさねばなりません。

また、在日僑胞は＜私達のことは私達自身の力で解決する＞という精神で覚悟と決心を新しくせねばならないのであり、一致団結して、現住運動しなければなりません。

今後本委員会がせねばならない仕事は山積されているとともに、非常に大きく、かつ、険しい難関が横たわっています。

このような時だけに、特に私心を捨てて民族の利益のために献身する人達が必要であります。

民団では、韓日会談妥結当時には、私達の要求をあまり強硬に要求すれば、韓日会談が決裂するのではないかという心配と、国家利益を優先するという名目で運動に制限性があったのは事実です。

今は、そのような憂慮はなく、ただ初期の目的達成のために心身を投じて運動にはげむ時期であります。

本委員会ではまず、初歩的に問題点に対する解説書を発行して、僑胞達の参考に供しようとするものであります。

今後いかなる難関があっても、僑胞の先頭に立って初期の目的を達成するまで前進することをもう一度誓う次第であります。

一九六七年二月

法対地位待遇対策委員会
委員長　李　[illegible]　矢

## 一、協定の基本精神

### 1、精神と現実

法的地位協定は、その前文において、＜多年間日本国に居住している大韓民国々民が日本国の社会と特別な関係を持つようになったことを考慮して、これら大韓民国々民が日本国の社会秩序の下で安定した生活を営むことが出来るようにすることが、両国間および両国国民間の友好関係の増進に寄与することを認めて＞と記述されているが、これは在日韓国人の居住と生活に特別な配慮をしなければならないという基本的な精神の表現である。

我が国の基本方針も、また＜現在、日本国に居住している韓国々民は勿論、その子孫達までも、いつまでも日本国で安心して生きることが出来る地位を法的に保障しなければならない＞（大韓民国政府発行、韓・日会談白書）というものであった。

即ち、従来の国際法なり、国際慣例だけをもって一律的に処理することが出来ない複雑な、歴史的な背景を充分に考慮して、人道的な方向で政治的に、解決されなければならないというものである。

その様な精神と方針の下で結ばれた協定の内容は、一体どの様なものか？不安にさらされている疑問点と、現実的に起っている矛盾した結果の実例をあげて、問題点を探ってみることにする。

### 2、永住権の区分

永住権は、所謂＜協定上永住権＞＜一般永住権＞＜戦後入国者＞などに区分して民団で呼ばれている。

＜協定上永住権＞は、協定で明確に規定された当事者を示すもので＜第一条1Aの一九四五年八月十五日以前から申請時まで引き続き居住している者＞であり、その直系卑属と条文B（A）と2、3までとなっている。

＜一般永住権＞は、協定で規定されているものではなく、法相声明に依拠して＜平和条約発効前に一時韓国に帰国した者、または入国した者に対して、情状を参酌して可能な限り、出入国管理令に依る永住を許可する方針＞というものである。従って、民団で呼んでいる一般永住権ではなく現行法に依る一般永住であるわけだ。

＜戦後入国者＞に、対しては協定にも声明にも何等言及がないために実際には根拠がなく大変困難な問題である。

民団で＜戦後入国者＞としているのは協定なり声明等に何等言及はないが、実際上多年間日本に生活実績を持っている＜特在＞者か、あるいは今だに正規の外国人登録手続を完了していない相当数に達する潜在居住者をいうものである。現状から見るならば、日本政府はこの問題に対しては全然相手にならないというような態度で、民団とは相当な距離があるが、民団運動の今後の課題中大変重要な部分である。

### 3、永住権は権利か、恩恵か

永住権に対する見解によって大きな差異をもたらす。即ち、これが＜権利＞なのか＜お恵み＞なのかという点によって問題の本質が異ってくる。この点に対して韓日会談法的地位問題日本側委員であった池上努氏は（法的地位二〇〇の質問）で、＜〃外国人の入国在[illegible]

## 二、協定上の永住権

### 1、協定上永住権の「資格者」

協定においては永住権を受けることが出来る人を第一条において次のように規定している。

第一条

1、日本国政府は次のいづれかに該当する大韓民国々民が本協定の実施の為、日本政府の定める手続に従い本協定の効力発生の日から五年以内に永住許可の申請をした時は日本国で永住することを許可する。

（A）一九四五年八月十五日以前から申請時まで継続して日本国に居住している者

（B）、（A）に該当するものの直系卑属として一九四五年八月十六日以後本協定の効力発生の日から五年以内に日本国で出生しその後申請の時まで引続き日本国に居住している者

2、日本国政府は1の規定に従い日本国で永住する事を許可されている者の子女としてこの協定の効力発生の日から五年を経過した後に日本国で出生した大韓民国々民がこの協定の実施のため日本政府の定める手続きに従い、その出生の日から六〇日以内に永住許可の申請をした時は日本国で永住する事を許可する

3、（B）に該当する者でこの協定の効力発生日から四年十ヵ月が経過した後で出生した者の永住許可の申請期限は、1の規定に拘らずその出生の日から六〇日以内とする。

4、前記の申請及び許可に対しては手数料は徴収されない。

ここで一番重要な点は永住権を受ける当事者に対する資格の問題である。先に当事者が永住を取得できない場合は、その子女は自然的に永住を受けることができない。それが故に一番重要である。それが故に民団では何よりも永住を取得することのできる基点をいちばん重視し強権的に主張して来たのである。

条文第一条1Aを見れば＜一九四五年八月十五日以前から申請時まで引き続き日本国に居住している者＞と当事者を規定している。

即ち、一九四五年八月十五日に定めたことに対する論点と＜引き続き居住して＞という継続居住の範囲解釈に非常な差異点があり、大きく問題を生み出している。

はじめに＜一九四五年八月十五日以前から＞となっているのだが、民団では＜一九五二年四月二十八日以前から＞と主張要求して来たのである。

すでに民団の主張が通じなく一九四五年八月十五日となってしまったが、今問題を起こし事故が起きている全ての事がこの点と特別な関連があるために記述せずにはいられない。民団が主張した一九五二年四月二十八日は（昭和二十七年（一九五二年）四月二十八日、日本法律第一二六号＜ポツダム宣言受諾に付き発する命令の措置に関する法律＞第二条六項に（通称一二六ー二ー六）＜日本国との平和条約の規定に服従し同条約の最初の効力発生の日において日本国籍を離脱する者＞）に依拠した事である。この要求は国際法上から見ても当然な事であり、わが国の方針＜韓日条約の基本関係に関する条約＞で＜サンフランシスコ市で署名された日本国との平和条約の関係規[illegible]

以下裏面へ

567

# 学習活動を強力に展開しよう

目　次



# 三、待遇問題

第四条

日本国政府は、次に掲げる事項について、妥当な考慮を払うものとする。

(A) 第一条の規定に従い日本国で永住することを許可されている大韓民国国民に対する日本国における教育、生活保護および国民健康保険に関する事項

(B) 第一条の規定に従い日本国で永住することを許可されている大韓民国国民（同条の規定に従い永住許可の申請をする資格を有している者を含む）が日本国で永住する意思を放棄して大韓民国に帰国する場合における財産の携行および資金の大韓民国への送金に関する事項

## 1、教育問題

(A)に規定された待遇についてみれば

①教育問題
②生活保護問題
③国民健康保険

の適用を明示した。

合意議事録をみれば「協定永住の許可がされている」者の子女に対しては中学校までの義務教育を認定し高等学校進学の機会均等を明示したが、これらはたとえ便宜的であるといえ、既に現在でも実施されているものであり、上級学校進学にはなお色々な問題があるのである。

しかし、ここで特に重要な問題は民族教育が完全に無視されてしまったことである。日本で民族意識を確立させ、韓民族としての矜持を持ち国際人として恥ずかしくない人間を養成するということは本国政府の民族国家政府としての当然な義務である。たとえ日本という外国で出生し成長したとしても、民族的自覚を忘れずにいるだけでなく成長し祖国と民族の為に貢献できる人間を教育し養成せねばならない。

それ故に、本協定においては、この点が強調され、又協定に約束されねばならぬにも拘らず、全然受け入れられなかった点は遺憾なことである。故に民族教育機関として日本国内で教育機会均等が出来るよう我々は活動しなければならない。

## 2、社会保障

合意議事録は「第四条に関して」の2において「生活保護に対しては当分間従前と同じくする」となっているが、この「当分間」ということが何を基準とし、何時までなのか明確ではない。

即ち、日本政府が好ましくないという理由をつければいつでも中断できるものであり、これに対していくらその理由が不当であるとしても、韓国政府では何ら異議も唱えられないものである。その期間に関しては、五年説や十年説があるが結局日本政府の自由裁量に属することなので至極不安である。

同3、には国民健康保険に関する指摘を言っているが、これは、すでに全国の市町村の51%が実施している現状であるので目新しいものでもない。

社会保障は、金融住宅年金等数十種に達しているが、韓国人はたとえ協定で永住の許可を確保しても前記した二種類の外は適用を受けられない。現下世界各国が資本主義体制下でも福祉国家を指向し、社会保障に注力しているのは周知の事実である。

一九四八年十二月の国連総会で採択された世界人権宣言は第22条で「何人を問わず社会保障の権利を有する」とし、一九五一年一月国際経済社会理事会社会委員会は「困窮外国人の扶助……に関して」国際事務総長報告を採択した。

この精神に従い世界的に「国籍のいかんを問わず」社会保障を適用している国家が増加している。

英国では国家扶助法が、英国に居住する者には国籍如何を問わず扶助するとなっており、米国でも大半の州が国籍を要件とせず、仏蘭西では仏蘭西に居住する全ての人々に社会扶助を受ける権利を認定し、独逸では一九六二年六月から施行されている連邦社会扶助……

## 3、財産搬出及送金

## 4、協定永住権と法令の範囲

## 5、一般永住の許可

## 6、戦後入国者の問題

資料

# 政治交渉で解決図れ

## 本国政府に強く要請

法対委要望書

# 本国政府に対する要望

在日本大韓民国居留民団
法的地位待遇対策委員会

現在、在日僑胞の死活問題であり、僑胞社会に不安と動揺をあたえている「在日韓国人の法的地位対遇問題」に関して、局面を打開するため、さる一月二十八日法的地位対遇対策委員会を代表して丁賛鎮副委員長と同申末事務局長が本国に渡った。目下日本において不安のまま推進されている永住権申請をめぐる諸問題点につき、政府関係要路に具体的な説明をおこない強力な外交折衝をうったえたが、代表の努力は生かされないまま二月五日帰日となった。法対委が提出した要望事項の内容は次のとおり。

## 在日韓国人の法的地位及び待遇問題に関する要望事項

## 都道府県別在日韓国人数（1964年4月1日現在）

| 都道府県名 | 126−2−6 | 4−1−16−2 | 小計 | 其他 |
|---|---|---|---|---|
| 北海道 | 7,364 | 1,382 | 8,746 | 474 |
| 青森 | 1,863 | 672 | 2,535 | 95 |
| 岩手 | 1,654 | 338 | 1,992 | 52 |
| 宮城 | 2,505 | 657 | 3,162 | 130 |
| 秋田 | 1,038 | 223 | 1,261 | 46 |
| 山形 | 592 | 127 | 719 | 17 |
| 福島 | 2,148 | 409 | 2,557 | 67 |
| 茨城 | 2,469 | 481 | 2,950 | 81 |
| 栃木 | 1,539 | 426 | 1,965 | 100 |
| 群馬 | 1,964 | 450 | 2,414 | 95 |
| 埼玉 | 3,822 | 962 | 4,784 | 251 |
| 千葉 | 5,078 | 1,321 | 6,399 | 240 |
| 東京特別区 | 40,260 | 12,173 | 52,433 | 4,686 |
| 其他 | 6,429 | 1,705 | 8,134 | 429 |
| 神奈川横浜市 | 7,150 | 2,058 | 9,208 | 520 |
| 其他 | 10,791 | 3,241 | 14,032 | 659 |
| 新潟 | 2,137 | 542 | 2,679 | 99 |
| 富山 | 1,510 | 407 | 1,917 | 26 |
| 石川 | 2,524 | 708 | 3,232 | 51 |
| 福井 | 3,869 | 1,212 | 5,081 | 108 |
| 山梨 | 1,891 | 317 | 2,208 | 51 |
| 長野 | 3,967 | 990 | 4,957 | 128 |
| 岐阜 | 7,960 | 2,531 | 10,491 | 236 |
| 静岡 | 5,645 | 1,609 | 7,254 | 293 |
| 愛知名古屋市 | 15,654 | 5,595 | 21,249 | 467 |
| 其他 | 16,799 | 5,125 | 21,924 | 638 |
| 三重 | 5,932 | 1,692 | 7,624 | 167 |
| 滋賀 | 4,539 | 1,612 | 6,151 | 96 |
| 京都京都市 | 23,142 | 7,702 | 30,844 | 638 |
| 其他 | 5,452 | 1,682 | 7,134 | 97 |
| 大阪大阪市 | 76,339 | 29,005 | 105,344 | 3,236 |
| 其他 | 31,029 | 10,990 | 42,019 | 849 |
| 兵庫神戸市 | 15,536 | 5,431 | 20,967 | 747 |
| 其他 | 25,556 | 9,026 | 34,582 | 738 |
| 奈良 | 3,822 | 1,161 | 4,983 | 109 |
| 和歌山 | 3,899 | 1,036 | 4,935 | 119 |
| 鳥取 | 1,345 | 451 | 1,796 | 21 |
| 島根 | 1,933 | 563 | 2,496 | 30 |
| 岡山 | 6,223 | 1,823 | 8,046 | 144 |
| 広島 | 10,734 | 3,368 | 14,102 | 304 |
| 山口 | 12,621 | 4,860 | 17,481 | 377 |
| 徳島 | ,291 | 67 | 358 | 7 |
| 香川 | ,638 | 131 | 769 | 39 |
| 愛媛 | 1,670 | 504 | 2,174 | 66 |
| 高知 | ,855 | 189 | 1,044 | 32 |
| 福岡北九州市 | 7,796 | 2,654 | 10,450 | 3,521 |
| 其他 | 12,667 | 3,697 | 16,364 | 627 |
| 佐賀 | 1,508 | 403 | 1,911 | 44 |
| 長崎 | 3,248 | 1,286 | 4,534 | 189 |
| 熊本 | 1,905 | 458 | 2,363 | 102 |
| 大分 | 3,250 | 921 | 4,171 | 85 |
| 宮崎 | 1,066 | 299 | 1,365 | 39 |
| 鹿児島 | ,709 | 148 | 857 | 46 |
| 合計 | 422,327 | 136,820 | 559,147 | 19,350 |

注「126−2−6」は、法律126号（ポツダム宣言の受諾にともない発せられる命令に関する件に伴う外務省関係諸命令の措置に関する法律）2条6項該当者。「4−1−16−2」は、特定の在留資格と、その在留期間を定める省令1項2号該当者。

# これからは一人前の韓国人

## 韓青の成人式

# 我等は祖国の礎え

## 韓青中央から贈りもの

一月十五日は成人の日、毎年この日には日本全国で新しく二十歳になった人を祝賀する成人式が挙行されている。

我が韓青同盟でも、新しく成人した同胞青年のため、全国各地で成人式を挙行した。

今年成人式を迎えたのは、一九四六年一月十六日から一九四七年一月十五日までに生まれた人達であるが、当時は解放直後であり、全般的に不安定な時期に出生したわけである。この日の成人式会場には、新成人者はもちろん、わが子の成人した姿をたしかめんとするアボジ、オモニ、それに新しく成人となった後輩を祝福せんとする成人者など多数の青年および一般僑胞が参席した。

新成人者の中には、チマ・チョゴリで装いをこらした人が多く、そのたくましい姿に参席者一同深い感銘を受けた。

なお、新成人者全員には、韓青中央本部から祝状が授与された。

各地の成人式の模様は左記の通り。

**中央本部** 韓青中央本部、婦人会中総、学同中総共催による成人式は、一月十五日赤坂見附、都市センターホテルで午後六時から行われた。韓青中央による成人式は、今回で六回目になるが、今年度は都内はじめ、千葉、埼玉、山梨、神奈川の規模で同胞青年約二百余名の男女が集まり、記念式及びパーティが盛大に挙行された。同式典は金君夫韓青中央副委員長の司会のもとに進められ、金宰淑韓青中央委員長の開会辞でもって始められた。金委員長はこの日を記念して要旨次のように述べ、この日成人を迎えた人達を励ました。「新しく成人された皆さんおめでとう。皆さんは日本帝国主義から祖国が解放された直後に生まれたわけです。当時は非常な混乱期でとても困難な時期でした。それだけに皆さんの御両親の努力はいかばかりであったでしょう。今日から皆さんは一人前の韓国人です。

今後は韓国青年として強く立派に生きて下さい。そうすることが皆様の御両親の御恩に報いることであり、と同時に皆様の後輩によき指針を与えることになるわけであります」。次いで権逸民団中央本部団長、李裕天中央監察委員長、丁賛鎮顧問、呉基文婦人会中央総本部会長からの祝辞と激励のあいさつが並べられた。そのあと、この日成人を迎えた青年を代表して韓青豊島支部の申健二君が力強い答辞を述べた。彼はその中で「今後とも韓国青年同盟の一員として、また民族の一員として活発に活動し、その任務を遂行してゆく」と誓い、民族の歴史と国語を早急かつ完全に習得することを堂々と誓約した。続いて祝状ならびに「韓国の民族とその歩み」「母国の話」雑誌「漢陽」「韓国語テキスト」他記念品の贈呈が行われ、祝賀会に入った。祝賀会では紅茶で乾杯のあと、成人者全員の自己紹介と抱負、要望がユーモアを交えて述べられた。また、"如何に生きるべきか"のテーマでそれぞれの立場で意見を発表して成人者としての抱負を語った。このあと韓青鳳仙花合唱団のコーラスをき、合唱団の指揮で国歌"建国行進曲"などを参加者全員で合唱し、東京韓国学園生徒による民族舞踊を鑑賞した後学同梁東準委員長の閉会の辞が述べられた。このあと韓青委員長の音頭のもとで全員が「建国行進曲」を力強く合唱するなかで、充実したこの日の成人式を盛況裡に終えた。

また、全国各地でも韓青主催の式典が盛大にもたれた。

**大阪** 韓青大阪本部、民団大阪本部共催による"成人式"は午後一時から、大阪本部講堂に約八十名の成人者が参席するなかで開かれた。まず国歌斉唱ののち姜桂重民団大阪本部団長のあいさつ、次いで韓青大阪本部金治男委員長の力強い新成人を迎えた人達への激励のあいさつのあと、この日成人を迎えた青年を代表して孫政子さんが青年らしく堂々と答辞をおこなった。この後、記念講演、金剛学園演劇部による韓国舞踊がおこなわれ有意義な成人式を祝った。韓青大阪本部より参加者全員に記念品として書物が贈られた。

**京都** 韓青京都本部主催の成人式は、午後三時から民団京都本部講堂で催された。まず韓青京都本部金一明委員長の激励のあいさつのち、来賓祝辞にうつり、民団京都本部李宗樹団長のあいさつを受け、次いで座談会に移り「これからどう進むべきか」ということについて活発な討論がおこなわれ、若人らしい雰囲気の中で閉会となった。

参加成人者全員に韓青中央からの祝状と、韓青京都本部より記念品がおくられた。

**愛知** 韓青愛知県本部主催の成人式は、午後五時からさきに新築された民団愛知県本部講堂で盛大におこなわれた。まず韓青愛知県本部金栄顕委員長のあいさつのあと民団本部鄭団長、文顕律名古屋領事の祝辞があり、韓青中央よりの祝状と、韓青愛知県本部からの記念品がおくられ、楽しい雰囲気のうちに閉会した。

これ以外に、韓国青年同盟兵庫県本部(二月十九日)神奈川県本部、広島県本部、山口県本部、北海道本部、群馬県本部でも多数参加のもとに有意義な成人式が盛大に催された。

# 発展に心強い保証

## 「財政後援会」誕生

韓青京都

韓青京都本部財政後援会結成総会は昨年十一月二十七日(日)京都韓僑会館において民団・韓青のOB現役幹部等の関係者が多数参加して、新旧交流のなごやかな雰囲気の中で、盛大に開かれた。総会では、民団京本団長李宗樹氏等が発足の意義を強調した来賓祝辞のあと準備経過報告、会則の承認、採択、後援会の現状と展望等についての活発な討論がなされた。初代会長に河炳旭氏が満場一致で選出され、後援会は無事新発足した。

韓青京都後援会結成の動きは、朴漢増前韓青京都府本部委員長の就任以後、目まぐるしい程のキャンペーンと、責任を含む執行部の地道な活動が、民団の有志に認められてから具体化し始めた。

これまで盟員および一般僑胞の要求にこたえるべく、諸般活動を積極的に展開して来たが、その裏付けたるべき財政は常に火の車を免れなかった。その都度、ほんの限られた数少ない財界人の支援に頼りながら活動してきたが、安定した活動を欠く組織事情は、[illegible]盟員からの盟費徴収という方法に踏み切らせた。先ず、韓青の顧問である諸先輩に相談した後、四月二十五日、ようやく第一回準備委員会を開いて、正式の準備委員の選出と会則を検討した。そこで決定した準備委員十氏は、在洛各界のそうそうたる顔ぶれとなった。京都民団本部団長、徐光国副団長、[illegible]監察委員、金成[illegible]副議長、[illegible]商工会会長、河炳旭副会長、金済熙東山支部団長、李武同先生、金容光本部顧問の十氏である。会則もいくらかの修正のあった後、十氏連名で「韓青京都本部後援会準備委員会」の名で趣旨書を京都の有志にアピールすることになり、数日後、趣旨書が出された。

ついで五月二十五日第二回準備委員会が持たれ、その日現在の会員獲得数と金額が中間報告され、会員数、金額とも予定の半分に達していないので、準備委員が会員を最少限五人獲得するか、もしくはできる様便宜を計らうとの決定がなされ、準備委員一人一人に具体的な人選をしてもらった。支払方法も年額一括払いから半年、三ヶ月、十二ヶ月分割払い等々、一年契約となっている。本来後援会という名の示す所からいけば、準備委員は主体に各先輩が結成の準備一切をやらねばならないのであるが、全ての人が事業家である為多忙に明け暮れ、後輩育成の熱意と要求はあっても充分生かされてはいないのが現状である。それでも、金広八準備委員は、自己の分担した責任を身を持って実践し又、河炳旭氏は世話役とも言える役割を果たし、後援会はここにその正式的発足をみるに至った。

第一回全国委員長会議でも、組織強化課題における財政問題の占める重要さについて意見の交換が行なわれたが、本後援会の発足は全体組織の発展に大きな示唆と方向を提示しているものと思われる。

なお、韓青京都府本部財政後援会の新役員は左の通り。

会長 河炳旭氏
副会長 張熙日氏
幹事 李武同氏
監事 梁在根氏
〃 金洛熙氏
〃 郭炳鈞氏

# 年末パーティ盛況

## 豊島・北・渋谷支部共催

さる十二月十三日(金)恒例の歳末ダンスパーティが東京赤坂見附、全共連ビルにおいて開催された。

このパーティは豊島(高昌樹委員長)、北(李高雄委員長)、渋谷(朴燦鎬委員長)の都内にある中央直轄三支部の共催のもとに開かれたものである。この日は都内の青年のみならず、千葉、神奈川、埼玉山梨の各県からも多数の青年がかけつけ総計四百名を上まわる盛大なダンスパーティとなった。

このダンスパーティは日頃、一堂に会する機会の少ない同胞青年が過ぎ行く年を記念し、歳末のひとときを同胞青年と楽しく送れるようにということで例年もたれてきたものであるが、特に今回は都内韓青三支部共催の行事であるだけに、その意義は大きく、都内各支部の努力と民団東京本部の後援もあって例年に劣らない盛況ぶりを示した。特に一昨年来、都内青年親睦会による都内同胞青年の親睦と真剣な討論の結果、連帯意識が生まれ、又、お互いに知り合う機会が多かったことが成功の大きな原因となったと考えられる。中にはダンスパーティは初めてという人もかなりいたが、美しいチマ、チョゴリのかもし出す民族的な雰囲気に次第にとけこみ、時の過ぎるのも忘れるほど楽しくゆかいなひとときとなった。会は金侃輝韓青豊島支部副委員長の司会で始まり、韓青豊島支部高昌樹委員長、韓青渋谷支部朴燦鎬委員長の挨拶次いで民団東京本部金己哲団長、婦人会中総呉基文会長の来賓祝辞のあとダンスへとうつった。途中に伝統的な古典民族舞踊やサンタクロースが僑胞青年あてのメッセージをよみあげるなど、楽しさの中にも民族的な雰囲気でいっぱいであった。会場がややせまかったという難点はあったが、リズムその他の条件は整い、会は順調に進み、なごやかな雰囲気の中で九時半過ぎ閉会となった。

韓青都内三支部では今後ともこの種のキャンペーンを定期的に持ち盟員の便宜と親睦をはかって行く方針である。

また、韓青主催の「僑胞青年の集い」が、十八日愛知県本部主催で三百名、二十二日京都本部主催で二百五十名、二十五日大阪本部主催で四百名、同じく群馬県本部主催で百名、北海道本部主催で百二十名、都内大田、足立でそれぞれこの種パーティがもたれた。

# 伸びゆく文化活動

## 料理・合唱・空手など

### ◇料理教室◇

料理学校は、祖国の素晴らしい料理を習うことを目的に、一九六五年五月に発足し、今日までたゆまない努力を続けてきました。昨年五月二十九日には、料理開校一周年記念として盛大な記念発表会を催し、日頃料理学校で学んだ成果をあますところなく披露し二百名を越える参席者の間に絶大な好評を博しました。

料理学校運営委員会では、よりよき韓国人女性となるため、今後もさらに一層努力する心構えですが、女性の当然のたしなみとして、女子盟員の皆様の協力と積極的な参加を期待しております。

一月、二月と休みましたが、三月の九日から再開しました。詳しくは左記の通りです。

日時 毎週木曜、夜六～九時迄
会場 韓青中央本部料理室
会費 一ケ月一、二〇〇円
受講希望者は中央本部へ

## 歌おうウリノレを

### ◇……ポンソナ合唱団……◇

ウルミテソン、ボンスンアヤ……この歌詞で始まるボンスンアの歌にあやかりつけられたボンスンア合唱団が結成してもう一年になります。その間民団、韓青の行事には花を添えました。またボンスンア主催でバスハイク、レコードコンサート、茶話会等コーラスのみにかぎらず自主的に活動してきました。今は韓国YMCAの一室を借りて練習をしていますが、将来韓青自身のピアノを持つことが団員全員の夢です。月二回の練習日にもかかわらず、すでに十曲ばかりレパートリーを持つことが出来ました。国語を知らない人、またハングルを読めない人もたがいに教え合いなごやかなフンイキの中で練習しています。異国の地で教育を受けた僑胞青年は母国の歌に接する機会があまりにも少なすぎました。私たち民族にも世界に誇れる歌が数多くあります。韓国人なら知っていなければならない歌、知らなければならない歌、これらの歌をポンスンア合唱団で覚えませんか?音楽に関する経験はなくても結構です。高度な技術をマスターする為のコーラスサークルではありません。一人でも多くの青年が祖国の歌に接することが出来るようにと結成されたのがボンスンア合唱団です。左記の通り練習しています。直接おいで下さるか又は韓青中央本部へ電話下さい。

指揮・黄京世(韓国音楽協会会長)先生
練習日 第二、第四日曜日
韓国YMCA(国電水道橋下車 都電三崎町下車)
PM二時～四時半まで
詳細は韓青中央本部まで

## 民族的に生きる自信

### ~料理学校で得たもの~

東京 崔慶子

一週間に一度開かれる料理講習会は、都内の女性が参加して行われる。皆、韓国女性ばかりである。

韓国女性を文字で表現するならば「素朴で純粋な心の美しさ」。この、素晴らしい民族の由来を持つわが韓国。料理を作ることによって、教えられる韓国女性の精神……。

キムチ、トンチミ、神仙炉、いろいろな料理の中に生かされている民族の伝統……。

この伝統を残して下った昔の人達は、あらゆる苦労をしていたのに対し、今私達は、何不自由なく教えて頂けるのが、本当に幸せな事だと思います。時代の流れというものは、人間を常に[illegible]もし、不幸にもするものです。

私は、単に韓国料理を覚えるだけでなく、講習会に参加する事によって、同じ国の青年達と接し、親睦をはかる為にも参加しています。一見、日本人と何ら変わらぬ人ばかり―。

私もそうです。外国に生れて育った人間が民族性を身につける事は、むずかしい事なのでしょう。ですから私達は、自主的に沢山のものを身につけ、覚えなければなりません。女性でなければなし遂げられない民族料理を身につける事によって、心と接している時が私は一番楽しいのです。私達在日韓国人は、異国の地に住んでいる故、将来どのような事がおこるかわかりません。たとえどのような事がおきようと、私は韓国人としての自覚と誇りを持ち、韓国人として恥ずかしくないように生きて行きたいと思います。

「若さ それは長所である。
そして又 それは
二度とない好機である」

私達青年は、祖国の為にも、自分の為にも二度とない青春を有意義に悔いなくおくりましょう。

## 健児の意気盛ん

### ◇……空手教室……◇

韓青の空手教室が発足したのは昨年の五月五日です。

現在指導していただいている先生は大山道場の曹二三先生です。大山道場といえば知る人ぞ知る"カラテのオオヤマ"で名高い極真流の本家。館長崔永宜(大山倍達)先生は「建青」(韓青の前身)時代には青年運動に参加されたこともあって発会式当日にはわざわざ韓青道場まできて、参加者に有意義な話をきかせていただきました。

その間昨年の十一月十六日の建青二十一周年記念行事には、日頃鍛えた技倆をあますところなく紹介し、出席した韓青諸先輩に強い感銘を与えました。

毎週二回月・木の六時から八時まで)を練習日にあてています。

参加者はみな忙しい人ばかりですが時間の都合をつけて練習に励んでいます。

体の弱い人もそれぞれの力と調子にあわせて練習を行なえば、いつの間にか強い体になります。

詳しいことを知りたい方は韓青中央まで電話下さい。

## 解かれた日頃の疑問

### ―冬期講習会に参加して―

山口県 李広順

下関から、汽車で十六時間はるばる東京へやって来たのは、韓青中央主催の全国冬期講習会に参加する為であります。距離と時間が感じられなかったのは、私のこの講習会に託す夢と期待が大きかったからだと思います。私の期待どうり。講習会は、忘れることのできない、楽しい、有意義なものとなりました。生まれて初めてのスキーに胸をはずませ菅平高原に着くと、あたり一面は銀世界、山も、木も、道も、みんな真白。雄大そのものでした。

スキーはなかなかむずかしく、何しろ転ぶのが先で滑るどころではありません。それでもおもしろくて、転んでは滑り、滑っては転んでいるうちに、うまく転べるようになり、なんとか滑れる様になりました。夜のゼミナールは、心の糧になりました。始めのうちは疲れたのと眠いのでたまらなかったのですが、韓国についての身近かな問題が判りやすく説明されているのを聞いているうちに、関心が高まり、いつしか自分も、日頃疑問に思っていたことについて、質問したりして、とても有意義だったと思います。

「在日僑胞史」の講義は、少し韓国なまりの日本語だったせいか、よけいに親しみと身近かさを感じさせられました。また日頃、父や母から聞かされてきた過去の体験談が真実過酷なもので、何百万の人が同じ境遇にあったことを知ったとき、胸にこみあがってくるものを感じました。

「法的地位とは」の講義は、私自身の法的地位が、どうなっているのかということをはっきりさせてくれました。今迄、少しは判っている積りでいましたけれど、あいまいで誤解さえしていた点があったことに気づき講習を受けてはっとした気持です。部屋別懇談会もすばらしかった。いつもはひっ込み思案の私が、どうしてあんなに真剣に、活発に論じ合ったのだろうか。講習会全体に脈打つ民族の鼓動がありました。私は体内で熱く脈打つ血の中にそれを感じとりこの講習会に漠然と求めていた夢と期待とは、このことを感じとることだったと確信しています

## 祖国訪問団参加者募集

一、名称 第22回光復節慶祝在日韓国青年同盟使節団
一、日程 八月十日 福岡出発
八月十一日 政府要人礼訪、古跡、大学、工場見学
八月十四日 板門店視察
八月十五日 光復節記念式典参加
八月十六日 国軍墓地参拝
(八月十七日より各自故郷訪問)
一、費用 各自負担
一、資格 韓青盟員
一、申請期間 四月十五日
希望者は韓青中央本部または各地方本部まで

## 主な行事予定

三月 各地で高校卒業生祝賀会
四月 岡山県本部 映画祭
四月十九日 四・一九記念行事
五月七日 愛知県本部 文化祭
五月十五日 民団創立20周年記念文化祭
十六日 前夜祭
十七日 民団創立20周年記念式典
六月四日 料理学校二周年記念(中央本部女子部)
六月十八日 第三回韓青全国サッカー大会
七月 全国各地協夏期講習会
八月十日 光復節慶祝祖国訪問団派遣
九月 韓青全国野球大会
十一月十六日 建青創立二十二周年記念行事
十二月下旬 各地で年末青年の集い
'68一月十五日 成人式
二月 各地協冬期講習会
三月一日 三・一節

## 各地方の行事

【国語学校】 韓青各支部又は本部で開校していますので近くの韓青支部に連絡して下さい。

【各種講習会】 各県単位で春、秋期に民族史、時事に関する講習会が開かれており、また僑胞の慰安を目的とした映画祭、文化祭等が開かれております。特に、最近は法的地位に関する討論会、講習会が活発です。

【料理学校】 中央(東京地区)初めとして長野、京都大阪、神奈川(準備中)で開校致しております。

【空手教室】 中央(東京地区)京都、大阪で開設、身心の鍛錬にはげんでおります。

【合唱団(コーラス)】 中央(東京地区)"鳳仙花"、京都、大阪(アリラン)合唱団がウリノレを練習しております。

【ワンダーホーゲル(登山部)】 愛知、大阪で結成されて男女盟員が参加している。

その他、大阪に拳法部、写真部、京都の手芸、愛知に演劇などの会があります。

詳しくは各県本部に問合せて下さい。

## 民団創立二十周年記念行事

☆記念文化祭
日時 五月十五日午後五時～九時
場所 千代田公会堂
内容 演劇・音楽・舞踊・弁論

☆各種競技大会及び前夜祭
日時 五月十六日午前十時～午後八時
場所 豊島園
内容 相撲大会、ブランコ大会、娯楽その他

☆記念式典
日時 五月十七日午前十時～午後八時
場所 日比谷公会堂
内容 式典・演芸公演・祝賀パーティ

# 韓日共同委設置を要求
## 民団第九回中央委開催

第九回民団中央委員会は、去る二月十二、十三両日、東京、文京公会堂において、僑胞大衆の切実な期待と注目の中で開かれた。前中央委員会で、僑胞大衆の不安と不幸を増大させている法的地位問題の抜本的解決を目指して改編、補充、強化された「法的地位待遇対策委員会」は法的地位協定実施の現状を調査し、問題点を明確にし、打開の方針の立案を任務として、諸般の課題を意欲的に展開してきた。今中央委員会の主要な焦点はこの法対委の諸般活動がいかに評価され、法対委の提出する方針案がいかに審議され、採択されるかにかかっていた。法対委活動に正当な評価を与えず、法対委提出の活動方針案を審議せず、僑胞の切実な期待に答えるにはあまりにも距離があった今中央委員会は、大衆による厳しい批判にさらされなければならない。今中央委員会は、法対委による僑胞の法的地位問題に関する厳しい現状報告がなされた後法的地位協定に関する韓日共同委員会の設置要求案、事務体系、組織体系に関する決議案、第三十一回全体大会で委嘱された規約修正並びに規約問題常設委員会設置案、朝鮮奨学会問題等についてそれぞれ審議し、採択した後、満足すべき成果を残しえないまま閉幕した。

### 現状打開策は出ず

中央委員会は、冒頭から団長あいさつの中の本国視察報告の内容に関して紛糾した。権団長は「野党は破壊的で朴現代統領は五月の大統領選挙でも必ず再選される」と確言し、「民団は親与党的でなければならず政府与党と直結すべきだ」と主張し「僑胞から二名の比例代表を共和党に要請した」と報告した。これに対して鄭哲委員は「本国政情に関する政治的発言である」と反論し、「一僑胞が国政参与に関して与党を支持しようと野党を支持しようと自由であるが、団を代表する団長が中央委員会の席上で発言した事は承服できない」とする追及がなされた。金光男民団中央顧問は民団と本国政府・政党との関係を「民団は親与党になりえない、民団事業を推進する為に政府の協力を求めるのであって、一党に組しては ならない。民団の態度としては本国の与野党とも比例代表の国会議席の獲得運動をすべきではないと」規定し、最後に李裕天中央監察委員長が「万一本国政党に所属した場合民団及び傘下団体機関長の職責を辞任すべきが原則」と指摘して、民団第三宣言（本国の政争に関しては中立の立場をとる）を確認して終者いた。僑胞大衆が現時点で民団団長に真に切望しているのは国会議員招聘ではなくて法的地位問題の抜本的解決に真面目に取り組むことであろう。十三日は、午前十一時から本会議が開かれた。当面活動方針案はほぼ原案どうりに採択され、組織分科委提案の"事務体系確立に関する決議と組織体系確立の決議文（別掲）も満場一致で可決された。この決議文は各地に領事館が設置されて以来乱れてきた「対本国関係事務は中央本部を経由して」という従来の原則を再確認した迄のことであるが、決議文として採択しなければならなかった点にむしろ問題がある。中央本部の地方本部に対する統制力の弱体化と権威の失墜からくる問題である。もちろん自治団体としての民団の性格を規定したことは意義深いことである。つぎに、規約修正委員会によって審議経過の報告がなされた。同報告では本規約並びに任員就任分限規定に関しては審議されたが傘下団体規程等の他の細則に関しては充分な審議がなされていなかったことが明るみになった。今後規約問題常設委員会を設置し審議することになった。つづいて、注目の法的地位問題に関する審議に入った。

まず法対委から活動経過報告が朴性鎮法対委副委員長によりなされ、これにつづいて李裕天法対委委員長は、法対委の基本姿勢を説き「民団が加わった韓日両国政府による共同委員の設置を要請していく」と報告した。又丁贊鎮法対委副委員長の本国政府要路への陳情報告のあと、裴東湖法対委常任委員による「法的地位問題の現況」についての実例による報告と説明がなされたが、結局、期待されていた法対委活動に対する正当な評価はなされなかった。又法対委提出の活動方針案も審議されず韓青建議事項の一つでもあった法的地位問題に関する韓日両国共同委員会の設置要求が満場一致で可決されたあと、朝鮮奨学会対策が論じられ閉幕した。

**民団中央委関係文書**

## 領事事務は民団を通せ＝民団中央委決議す
## 韓青建議＝法対委を全国的に

### 1、法的地位問題に対する韓青建議案

第九回民団中央委員会を迎え全国から参集した中央委員の皆様に心から敬意を表するとともに今後とも愛国、愛団運動において活躍して下さることを期待する次第です。

われわれ在日韓国青年同盟では、去る二月五日の全国委員長会議で民族陣営の強化と今後の組織強化、拡大の方向を全般的に検討しました。その中で現下の法的地位問題にあっては、その重要性を再確認すると同時に今後とも強力なる要求貫徹運動を挙団的に展開しなければならない、問題点が解決されずにながびけばながびくほど敵対陣営に宣伝材料を提供するものであり、対内的には内部混乱を招くものであると確認をみました。

民団中央委員会において法対委を中心とした強力な運動が組まれるならば、われわれ韓青も積極的に賦課された役割りをまっとうすることは再言するまでもありません。われわれの力量が効果的に反映されるよう中央委員会の配慮を要請するとともに次の如く建議致します。

一、第六回中央委員会の決定に従い申請促進運動を展開して来たが、今日のような不振状態は民団の威信を低下させた。その原因の解決を見ないまま推進しているところに問題があると考えられる。早急に問題点を解決することが、この不振状態を打破するのであり、永住権申請の絶対条件であるので、まず問題解決に組織の全力量を集中する事。

二、現在「法対委」が構成されている地方は数県に過ぎず、早急に法対委を全国的に設置し挙団的に運動を展開すること。

三、法的地位韓日共同委員会を実現させ、民意を代弁出来る僑胞代表を参席させるよう、強力に推進すること。

西紀一九六七年二月十二日
在日韓国青年同盟中央本部

### 2、民団第九回中央委決議書（組織体系）

本団は、在日僑胞六十万を指導する唯一の組織体です。組織の基本原則は、上部機関と下部機関との規律が確立されることによって、その組織機能を発揮することが出来る。

本団は、第五回中央委員会で組織体系確立に関する決議を採択したことがある。しかし全組織を通して規律が確立されない傾向があるので、本団の権威と威信を守るために、再確認する。

記

一、本国政府および、対外的行使一切に関しては、中央本部を経由しなければならない。

一、本国からの団体招請事業および、日本からの民国訪問等、団体的行事を実施するときは、中央本部を経由しなければならない。

一、支部は地方本部に、地方本部は中央本部に、下意上達する原則のもとに、団務一切を執行する。

右の如く決議する。

西紀一九六七年二月十三日

### 3、民団第九回中央委決議書（事務体系）

民団は、創団以来二十余年間終始一貫反共を理念として、祖国大韓民国に貢献すべく努力してきた。また民団は、在日同胞六十万を赤化しようとする北韓傀儡集団の手先朝総連から、これを守護するためにあらゆる犠牲をいとわず血と汗によって僑胞指導に先頭的な立場に立って戦かってきた。われわれが願っている韓日両国の国交は正常化され、今こそわれわれは駐日大使館を初めとして、日本国内各地域に設置された公館を中心とする国家代表から、われわれに関するすべての保護を受ける事が出来る事を多幸な事だと考えるしだいである。

このような国家的背景のもとに民団は、飛躍的発展を観る事が出来る段階にあり、全六十万在日同胞を民団傘下に結集させ、名実共に指導団体になる事が出来る道は、われわれ自身の努力と闘争にある事はもちろんのこと、本国政府をして在日僑胞に関するあらゆる問題を、民団を中心にして指導施政すると いう絶対的な方針が、樹立され民団が強化されてのみ一般大衆はさらに団結するのである。

民団の歩んできた歴史的過程を顧りみる時、民団のない在日僑胞は存在しえない。民団組織が強化されない限り、敵対陣営である朝総連を粉砕する事は出来ない。在日同胞六十万が祖国大韓民国の真の国民として貢献する為の水準な道を明示するような本国政府（駐日大使館）の対民団政策が基本的に確立される事を望み、第九回中央委員会は次の如く決議する。

記

一、在日僑胞の全般的問題は、中央本部から地方本部に示達する。

一、在日僑胞の本国に対する一切の事務節次は、中央本部を通して接受するようにする。

一、旅券事務、国民登録申請及び、身元保証は、民団がこれを代行する。

一、永住権申請者中、国籍確認を要する者は所属している民団支部を通して、国民登録を申請するようにする。

一、中央本部を経由しない大使館及び、領事館の指示事項は一切これを拒否する。

右の如く決議する

西紀一九六七年二月十三日
在日本大韓民国居留民団第九回中央委員会

# 法的地位 再検討の機運
## 韓青各地で学習会

在日韓国人の法的地位についての学習会が再び盛り上がりつつある。在日韓国人全体にかかわる法的地位の不安な現状を如何にして解決するかという目的のもとに行なわれているが法的地位協定と韓日条約の本質、在日韓国の日本への渡来の背景と法的地位、法的地位運動と韓青、など色々な角度から意欲的な学習活動が展開されているわけである。知ることは力を生み出す。今後とも学習活動を一層活発化し、一般僑胞大衆に対する啓蒙運動を積極的に展開して行かなければならない。各地の法的地位問題学習活動の現況は左記の通り。

### 【中央本部】

女子部では三月十八日（土）午後二時から中央本部で第一回目の法的地位学習会を開催した。

女子部では隔週木曜日の夜韓国料理の講習会を開催し大きな成果をあげているが、盟員の中から法的地位問題を具体的に知りたいという声があがり計画されたもの。

この日は、法的地位協定の条文解釈と待遇問題及び協定永住権申請者が不許可になった場合とられる法的措置などについて、中央本部金恩沢副委員長から説明をきいた。一般永住と戦後入国者問題に関しては第二回学習会（四月十五日）においてひきつづき学習することになった。

また、第十三回都内青年懇談会（二月十四日、於民団大田支部）の席上でも法的地位問題の現状認識を深めた。

### 【山梨県本部】

山梨県本部（朴鍾禎委員長）では、去る二月十五日（水）、定例執行委員会を法的地位問題学習会にし、午後一時から夜の七時頃まで、法対委声明文、韓青京本第二号新聞韓青大本機関誌アリラン八号を資料にして熱心に勉強した。委員長以下七名の常任委員と中央本部副委員長、組織部長が参加した。

### 【愛知県本部】

愛知県本部（金栄新委員長）では去る二月二十三日（木）本部役員学習会を開いた。法的地位協定条文の解釈と理解を主目的として行なわれた。今後の方針としては、本部役員学習会を発展させる一方各支部ごとの学習会を開催して行くことにしている。

### 【京都府本部】

京都府本部（金一明委員長）では毎月一回定例幹部講習会を開催することになっているが、新執行部発足後の第一回幹部講習会が各支部より三十八名の幹部が参加する中で去る二月十八日民団左京支部で開催された。テーマを『法的地位問題と韓青運動との関連』と設定し李東植文教部長を中心に学習し、今後とも法的地位の深刻な現状を打開するために全力を傾注することを強く確認しあった。

なお第二回幹部講習会は三月二十五日、テーマは『四・一九の今日的意義』が予定されている。

### 【大阪府本部】

大阪府本部（金治男委員長）では一月二十七日の支部長会議で支部巡回法的地位学習の開催を決定左記の如き成果を残した。

**二月九日＝東成支部**　第一日目で少々心配されたが、新盟員からの活発な質問が続出し当初の予定時間をはるかにオーバーして午後十一時すぎまで活発な学習会がおこなわれた。

**二月十日＝吹田支部**　参加者の約半数が一般僑胞で、皆、熱心に説明を聞いてくれた。

**二月十一日＝布施支部**　翌日に卓球大会が予定されて、その準備に多忙であったにもかかわらず、執行部全員が集いたいへん熱心に学習が進められた。

**二月十四日＝枚岡支部**　民団支部の団長が率先して参加してくれ、熱心に説明会をみまもってくれ参加者に多大の勇気を与えてくれた。

**二月十五日＝城東支部**　新盟員が多数を占め約四時間をかけて説明会が行われた。全員が以後法的地位運動に積極的に参加することを誓って閉会した。

**二月十六日＝東淀川支部**　今回の巡回学習会のなかで最高の動員をしめし、日常活動の努力を実らせた。内容もそうとうレベルの高いものであった。

**二月十八日＝都島支部**　盟員のオモニから質問がとびだすなど、今までにないやわらいだうちにも緊張した雰囲気のうちに説明会は進行した。

以上の七支部において学習会がもたれ、本年第一段階の活動を成果的に遂行することができた。

現在大阪本部では、より広汎な運動をより成果的に展開すべく昼夜努力している。

### 【岡山県本部】

岡山県本部（金貴男委員長）では、韓青第一回全国委員長会議（二月五日）に委員長以下三名の代表を派遣したが、その後、三月に入って民団、婦人会との間で懇談会を開催、法的地位問題で積極的な意見を表明した。引き続き幹部学習会を開催し、目下機関紙発行の準備を進めている。

また、新盟員の確保と一般僑胞の啓蒙を目ざして今月の下旬から家庭訪問を展開する方針である。

四月下旬には映画会を開催する予定である。



# 本国論調
一月七日、朝鮮日報社説

## 警戒を要する日本
### 緊要な僑胞保護策

（一）

政府は五日、韓日文化協定締結に関連した在日僑胞子女教育問題に言及して教育後援会基金確保、僑胞学校施設補強、民族教育を通した僑胞の地位向上等に努力するという方針を明らかにした。

韓日国交が正常化されてもう一年余の年月が流れたが、在日僑胞の地位がどれだけ改善されたかについてはその歴史非がなくもなかったが、こんどの政府の僑胞政策はわれわれの関心をひくところ少くない。

通称六十万だといわれている在日僑胞問題は日本内の少数民族として当然被害の地位と生活向上のため格別な施策があってしかるべきなのにも拘らず、過ぐる日は勿論、今日までこれといった対策もたてられず、世界の耳目に対してようやくこの程度の答弁が出たということは、国内事情も勿論あるだろうが、その間の誠意が不足したためだとしかみられない。

、政府が構想しているという教育後援会基金がいつどの程度の規模で確立されるか、あるいは僑胞学校の施設補強がどの程度のものになるかは時間をかけてみなければわからないが、六十万僑胞が日本で主権国家の国民らしい生活を営もうとすれば、このほかにもまだ解決しなくてはならない基本問題が少なからず残っているということを知らねばならない。

（二）

われわれはこのさい、それに関するいくつかの問題点をあげて政府当局に格別な関心を促求しようと思う。

いちばん大事な問題は僑胞子女の教育問題である。

いま僑胞子女の教育人口は約十六万名と推算されるが、そのうち八〇％以上が日本学校に就学しており、残りの二〇％中、朝総連系の学校に十七％、民団系に三％と別れているといわれているが、問題はこの三％の子女教育すらも施設が貧弱で、日本政府の認定も受けられず、大学進学の資格も得られないでいるという点である。

実情がこのようであるため、日本人学校に就学するか、朝総連系の偏向に耳をかすことになるということである。

もし、このような趨勢を放置すれば在日僑胞が段々と精神的に日本人化することを防ぐことは出来ないだろう。

だから政府は至急に教育基金の確立と施設拡充からいそぎ、つぎに民族教育に力を注がなくてはならない。決して言葉だけでうやむやに終らせてはならない問題である。

つぎに協定永住権申請に関する問題であるが、申請が不振なのは、まだ期間が残っているからということもあるだろうが、主にはその手続きがあまりに複雑なためだと考えられる。

これは僑胞の永住権取得をなるべく排除しようとする日本当局の底意にも解釈されるだけに、政府は手続きの簡素化のために日本側と徹底した交渉を展開する必要がある。

そうでなくても在日僑胞の問題では、韓日協定の締結で果してどれほど地位保障がなされたかについて、議論があるところへ手続きまでそのように複雑だとすれば、僑胞にそれだけ苦しみを加えるということを知るべきだ。

毅然とした韓国人であるにも拘らず、二十年が過ぎた今日まで数万の同胞が無国籍の悲哀を受けているとすれば、無為無能な政府の外交を叱責せざるを得ない。

それと同時に日本本土の在日僑胞中、子女たちの相当数が、解放二十年間母国との連絡杜絶によって、戸籍もないことが大きな社会問題化している事実を、われわれは知っている。

"在日僑胞戸籍整理に関する臨時措置法"のようなものをつくり、在日僑胞たちを安心させて事実に籍出せるようにすべきだ。

特に樺太には四万余名が無国籍状態にあり、彼等は就業の道もなく一日千秋の思いで故国に帰れる日を待っていると伝えられているが、ソ連統治下の問題であり早急な解決がむずかしいとすれば、日本当局と交渉して先ず彼等に国籍取得の道だけは開いてやるように努力すべきだ。

終りにいまひとつ指摘せねばならぬことは、僑胞企業人たちに対して日本政府が苛酷なほど税務査察をしている点である。

わが税務当局は在韓日本人商社に対する課税に、日本政府の意向を斟酌する節の卑屈な面をみせたこともあった。これに反し、日本当局は過去の商行為にまで片端から税務査察をして、僑胞企業人たちを苦しめているというが、政府は日本政府と折衝してその行き過ぎを指摘し、法による公正な待遇を受けられるようにすべきだ。

日本は地域的にわれわれといちばん近い国であるが、われわれとは過去、あるいは今、またこれから先もいちばん複雑な関係に置かれている警戒を要する国であるということを忘れてはならない。

よく近所出入りみたいに日本を往来する政府要人や国会議員をはじめ僑胞の実情を視察するという駐日大使館は大体いままでなにをして来たか、寒心にたえないことである。

当局にいまいちど、関心と誠意と毅然とした姿勢を期待して止まない。

【写真】（上）京都本部第一回幹部講習風景（下）韓青第十二回大会討論風景

# 埼玉県にも本部を！
## ——全国委員長会議に参加して——

埼玉県川口中央直轄支部　朴炳渉

さっきから各県本部の経過報告が続いている。番が川口支部に来たら何と言おうかと、それが気がかりで胸が次第に高なる。他の人は皆、愛知県だとか、兵庫県だとか各県本部を代表して来ているのにぼくだけが（川口の）支部の代表である。格の違いは当然ひけめを感じさせる。その上に各県の報告は非常に立派だ。大阪などクリスマスのダンスパーティを開けば三〇〇人の青年男女が集まると言うから大したものだ。そういうパーティや新年会とか或いはハイキングなどでは、もはや自分が韓国人である事を恥じる事はなく、何のわだかまりもなくはしゃぎ回りお互いの交流を深め友情を温めるという。川口の状態を考えると全くうらやましい。川口もこれからは誕生パーティなどを通して青年特有の明るさ、楽しさを持った会ができ上って行くだろう。歌って踊って恋をして……。今まで成人式やダンスパーティなどは全て中央の主催に参加して遠く東京へ行っていた。そこでは顔見知りも殆んどなく、何とも親しみが湧かない。これが地元だったら「あなたの出身地は？」「何々市のどことこです」「ああ、あそこは…」とお互いに親しみが湧くのだが、そして近いから顔を合わす機会も多く、お互い親しくなれるのだが。

川口は現在中央の直轄の支部である。しかし川口は東京のベッドタウンではない。買物や遊びなどというとすぐ東京に出るが、自分の町を東京の衛生都市位にしか考えないから地元に愛着が湧かない。川口に限らず一般に埼玉は不毛の地である。しかしだからと言ってこのままの状態で良いだろうか？現在県下の多くの青年達が民族的に虚無状態にある。それだけならまた良い、日本人の軽蔑的な眼つきにすくんでしまい、自分の本名さえ隠ずしまった。その結果、我々青年の多くは民族の地理や輝かしい歴史やあの合理的な韓国語を学ぶどころか、逆に韓国人の顔さえ見るのもいやだという程自分に卑屈になっている。我々はこのような卑屈を断固なくし、日本人の我々に対する偏見を解かねばならぬ。「歴史上韓民族は植民地であったが、或いは中国を宗主国と仰ぎ完全に独立した事のない劣等民族である」というとんでもない考えを打破しなければならない。又「朝鮮征伐」しなければならない。又「所謂朝鮮人はとかく…である」とぬかす人には、我々の親を民族などの労務者として強制的に日本に連れて来て酷使、虐待した責任を追及しなければならない。この我々が日本に住むようになったいきさつを考える時、日本政府の永住権を「みえる」という考え方自体まちがっている。その永住権たるや実質的な内容がなく、しかも一部の者しか貰えないなど、いろいろ問題は多いが、それはまた次の機会に述べることにしよう。

これから先、早かれ遅かれ、我々の父母のように「祖国に愛着を持った一世」は消え去り、その後は民族意識のうすいいわゆる「パンチョッパリ」が大半を占めるだろう。その時一体誰が排他的な日本政府と闘い、日本社会の差別や日本人の偏見をなくすよう努力するだろうか？ 一体誰が同胞の権利と利益を守るだろうか？ 全く憂慮に耐えない。我々青年の組織化を怠り、教育、育成を殆んどしない民団は明らかに怠慢である。一日も早く韓青県本部を組織し、一人でも多くの青年が民族的に目ざめるよう努力しなければならない。そして自分達の置かれている状況を的確に見定め、現在我々には何が要求されているのか、又我々は何をしなければならないのか、絶えず真剣に考えなければならないのではないだろうか。

韓国青年新聞

発行所
在日韓国青年同盟
中央機関紙
東京都文京区春日
2丁目20の13
電話 代表(814)4471
発行人 金宰淑

綱領

一、われわれは、在日韓国青年の総力を結集し、祖国の完全なる統一独立の為に献身する。

一、われわれは、すべての非民主々義的勢力に反対し民主々義の正しい発展と実践のため努力する。

一、われわれは、心身を鍛練し教養を高め、友邦諸国の青年と提携し真正なる世界平和の建設に寄与する。

一、われわれは、在日韓国青年の民族意識を高め、在日居留民の権益擁護のため全力を尽くす。

# 民主祖国は我らの双肩に

## 満ち溢れる熱情

### 中央会場に百五十名の成人者

### 韓青成人式

一月十五日「成人の日」、韓青でも今年成人を迎えた同胞青年のために、全国各地で、盛大な成人式を行ないました。今年の成人者は、解放後の混乱期に生まれた青年たちです。この日、成人式会場には成人者は勿論、各界からの来賓、わが子の成人した姿を確かめようとするアボジ、オモニ、そして若々しい後輩の成人を祝福しようとする一般同胞、青年が、多数参席しました。会場は、女性の美しい民族衣装チマ・チョゴリに彩られ、韓国舞踊、ウリノレ等、民族色豊かなものとなり、参席者一同に、深い感動を与えました。成人者全員には、韓青中央本部からの祝状が贈られました。

"われら民族の旗手たらん！"誓いも新たに表情を輝やかせる成人者

中央本部では、一月十五日午後六時から、茗荷谷、茗渓会館において、在日韓国青年同盟、[illegible]婦人会共催により開かれ、[illegible]大使代理、[illegible]民団中央団長、[illegible]監察委員長等、多数の来賓参席のもとに、成人者一四八名、一般青年一三〇名が参加して、盛大に催されました。

都内では、多くの民団支部で成人式が行なわれましたが、夕方からは、恒例となったこの祝賀会に合流、また、埼玉本部も中央に合流しました。会場は、開会時にはすでに満員となり、大韓の健児として、雄々しく前途に目を向ける男子成人者、麗しいチマ、チョゴリに身をつつんだ女子成人者に、心からの祝福を贈りました。

会は、[illegible]韓青中央組織部長の司会のもとに始められました。開会の辞を兼ね、韓青中央会常任委員長は、全国の成人者に祝福のメッセージを送ると同時に、参席した成人者に対し、韓民族の優秀たることを強調、民族受難の歴史にふまえて、在日韓国人二世青年の使命を説き、韓国人として、力強く、正しく生きなければならないことを力説しました。

次いで、大使代理・朴[illegible]、李裕天民団中央団長、朴琪先婦人会東本会長から祝辞がありましたが、特に李団長は、[illegible]に混乱をまきおこしている法的地位問題にふれ、青年の協力あってこそ解決の道がひらけると強調、又、出入国管理令改悪の動向にも、重大問題として、目をむけていることを明らかにしました。

次いで、成人者に二丙名の代表として、柳[illegible]子嬢（大田区）に祝状が贈られ、記念品として、「韓国の民族とその歩み」等が贈られました。そのあと、この日、心からの成人祝賀会を開催してくれた先輩に対し、成人者を代表して、李康哲君（大田区）が答辞を朗読、韓民族の一員として生きていくことを、力強く誓いました。

金仁洙民団中央監察委員長の先唱による祝杯のあと、「韓国の民族とその歩み」の著者[illegible]先生か[illegible]

## 盛上がる結束気運

### 埼玉委員長に朴炳渉君

昨年十二月二十四日埼玉県本部結成式が盛大に行なわれました。[illegible]活動を展開、大きな成果を収めてきましたが、この度かねてからの[illegible]力強い第一歩を踏み出したものです。韓青にとって今年は、一九六[illegible]建設の実現を目標に展開してきた運動の成果を問われる年で[illegible]数を見、また新たに埼玉県本部の結成と、青森県本部の再建が[illegible]は、成人式に全国で千八百名を動員、さらに妙高で開かれる[illegible]また約千、新潟、福岡、兵庫など県本部結成の気運が全国的に高ま[illegible]

[illegible]

## 主張

## 緊要な主体的歴史観

### 民族の明日と我々の方向

[illegible]

## 青森県本部再建さる

### 委員長に金正三君選出

[illegible]

## 武装スパイ団ソウルに侵入

[illegible]

## 中央、無任所部(東京担当)新設

[illegible]

### 岩手県で準備委発足

[illegible]

## 祖国に平和を

### 圧迫には断固闘う

委員長挨拶　金宰淑

親愛なる在日韓国人青年のみなさん！

私は、在日韓国青年同盟中央常任委員会を代表して、心から新春のお慶びを申し上げます。

新しい年一九六八年は、在日韓国青年同盟と盟員の前に、極めて重大な課題を提示しています。即ち、本同盟に課せられている崇高な任務は、祖国をとりまく緊迫した情勢と、日本に居住している我々在日韓国人の生活条件の厳しさに毅然として対処し、愛国愛族の民族精神を継承発展させることにあります。

現在祖国においては、連日の様に繰りかえされている軍事境界線での銃撃戦と、ソウル市内への北傀ゲリラの侵入、元山沖でのアメリカ艦プエブロ号拿捕事件による情勢の異様な造成等韓国動乱以来の危機的状況を迎えています。この事態は、わが祖国の運命と世界の平和問題とが表裏一体の関係にあり、わが祖国が、一触即発の国際的緊張の真っ只中に存するものであることを端的に感ぜしめるものであります。

ひるがえって在日同胞においては、法的地位協定発効二周年に達したにも拘らず、日本政府当局の誠意なき姿勢により、在日同胞の不安が取り除かれるどころか、法的地位における問題点においても、なんら具体的解決は図られず、さらには、出入国管理令の改悪、外国人学校制法の制定の動きに対し、深い憂慮を禁じえません。

我々は、まさにこの様に、[illegible]

我々は、自己の位置と使命を[illegible]

この様な困難な時点において我々に課せられた任務はどのようなものでしょうか？その答えは、我々自身韓民族の一員としての自覚を深め、現時点に生きる韓国青年としての責任ある行動をとることであります。民主主義と統一を目指して悪条件下にも拘らず日夜苦闘する全民族の先頭に立って、その若き旗手として共に闘うことが、とりもなおさず責任ある行動を意味するのです。

我々が、歴史に課られたこの様な事実を学ぶということは、我々が、民族に関するあらゆる分野において祖国意識を強化し祖国への志向を高めることを意味します。

そして、我が民族が如何に偉大な民族であったかを学び、我々が如何に正しく現局面に対処し、打開していかなければならないのかを知らなければなりません。そして究極的には我々は現在我々が直面している最大の危機を取り除き、平和を守り、統一をかち取る為に一丸となって国家民族に寄与しなければなりません。

我が民族は勿論、全世界の人々も我々にこのことを期待しているのです。このような観点から我が同盟は、我々全盟員が韓民族の一員として自らの、民族をより深く、より正しく理解する為、積極的に学習活動を進めていく覚悟です。

近く設立される韓青中央研修所（仮称）「花郎台」には、このような運動を強力に推進遂行するにおいて非常な注目を浴びており、大きな期待が寄せられております。

盟員のみなさん！

現在の激変した情勢下において、冷徹な判断力と強靱な実行力をもってこの難関に対処することこそ、我々青年の使命であり、それ故にこそ、我々も[illegible]

[illegible]

結成執行部を発表する朴炳渉委員長（中央）

# 写真で見る韓青の一年

韓青では一九六七年一年間を通じて、第十二回全国大会において決議された「強大な同盟」建設の達成の為に、国語習得運動、祖国訪問団派遣、高校卒業生祝賀会をはじめ、文化、レクリエーション活動として料理学校、ポンスンア合唱団、空手教室等のサークル活動、或いは、夏期及び冬期全国講習会、四・一九学生革命記念、サッカー大会、文化祭、バスハイク、青年の集いパーティーなど、多彩な行事を組んできました。

これらは「あらゆる活動を通じてあらゆる青年を組織する」目的達成への気運を、徐々にではありますが着実に高めており今後の韓青の飛躍的発展の基礎として高く評価されているものです。

以下、ひろく韓青の活動を知る為の一助として、この一年間の韓青の動きを紹介します。

## 高卒生祝賀会

一九六七年度韓国人高校生卒業祝賀会が、東京と京都においてそれぞれ行なわれました。

東京においては、韓青中央本部の主催で四月三十日出版健保会館において、五十名の高卒者の参加のもとに盛大に催しました。

この催しは、日本の学校において日本の教育をうけてきた為、民族的な自覚をもつことなく、前途に希望を持てずに学園を巣立つ在日韓国人二世青少年の為に、その卒業を祝いつつ前途を韓国人としての誇りを持って生きていく為のステップとして、一九六六年韓青京都府本部で初めて持たれたもので、韓青第十二回大会の活動方針にも反映されたものでした。

祝賀会では韓国舞踊、コーラス、のど自慢などで楽しいプログラムとなり、東京においての「私の抱負」についての一言、京都での座談会では現在、在日韓国人が負っている厳しいまた不安な状況について、真摯な討論をしました。

## 四月革命記念式

一九六〇年四月に起った「四・一九革命」は、我が国の現代史上、決して忘れることの出来ない歴史的大事件であります。それは自由と民主々義、進んでは民族の統一を目指す全国民的闘いであります。一九四八年大韓民国建国以来、十二年間にわたった李承晩政権は、違法改憲、国会への警官導入、反共法の乱用による野党弾圧等によって国民的意志を無視した独裁的な権力政治を続け、六十年三月十五日の大統領選挙に空前の不正選挙を強行しました。不正選挙無効を叫んで起ち上った学生を警官が虐殺したいわゆる「馬山事件」を契機に革命の火の手は広がり、全国に波及し四月十九日ついにソウルの大学生は決起し、李承晩独裁政権を打ち倒しました。しかし、革命を達成するためには、百六十余名の尊い犠牲があったのです。我々はこれを忘れてはなりません。国民の支持の下に、国民の意志を代弁し、先頭に起って闘った学生は、その宣言文において民族の課題と闘いの方向を、反封建、反独裁、反買弁、反外勢の「四反理念」と自主・民主・統一のスローガンにはっきりと示しています。四月革命は、我々に政治の腐敗、堕落は必ずや国民の批判にさらされること、正義の名の下に結集した国民の声はいかなる力も、これをおさえつけることは出来ないということを明確に示しています。我々はこの四月革命の意義を深く考えることによって、民族的自覚を新たにする必要がある様です。（写真は昨年の岡山県本部主催による四・一九革命七周年記念典式の模様）

## 夏期講習会

第三回韓青全国統一夏期講習会は、七月二十二日から約一ヶ月間にわたり、韓青中央本部統轄のもとに北海道、関東、中部、近畿、西南の五地区に分かれて開催、約一〇〇〇の盟員が参加、大きな成果を収めました。

＝関東地区＝　七月二十二日〜二十四日
▲山梨県河口湖富士スバルランド▲参加人員　二〇〇余名▲内容　在日韓国人の民族運動史等を学習、富士五合目ハイキング等充実したものとなった。

＝近畿地区＝　八月六〜八日
▲和歌山県（南紀）白浜▲参加人員　三百余名▲内容　班別討論を中心として、学習、水泳、キャンプファイヤー、フォークダンスなど、大きな成果があった。

＝中部地区＝　八月二十六〜二十七日
▲岐阜県郡上八幡キャンプ場▲参加人員　三〇〇名近く▲内容　バンガロー中心に討論、学習は雨の為帰途のバス中にて。

＝西南地区＝　八月十八〜二十日
▲広島県にて開催▲参加人員　五〇名▲内容　僑胞運動史の講演を中心に班別討論、学習を深めた。

＝北海道地区＝　八月十一〜十三日
▲札幌市郊外にて開催▲参加人員　四〇名▲内容　在日僑胞史の学習と、中・高生の為の懇談会等。

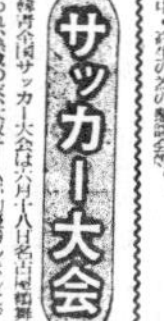

## サッカー大会

第三回韓青全国サッカー大会は六月十八日名古屋朝鮮サッカー場で行なわれ、熱戦の末、大阪チームが初優勝しました。

# ＝日常活動＝

## ☆国語学校☆

わが韓民族固有の文字ハングルは、一四四六年世宗大王によって制定されました。有史以来この方、文字を作った民族はわが民族だけであり、これは世界に誇るべきことなのです。日本統治時代、この輝やかしい歴史をもつハングルを抹殺しようと弾圧を加え、わが愛国先覚者は命を賭してハングルを守り抜いてきました。

私達はこの民族の至宝ともいうべき偉大な先人の遺産を継承し、真の韓国人としての素養を身につけなければなりません。

韓青ではこの歴史的意義を重視し、正しい民族意識を持った、真に祖国民族に貢献しうる人材養成の為日夜努力しております。

㊤ 韓青空手教室　毎週木曜日6時より

## 韓国料理学校

## ポンソナ合唱団

ウルミテンソレ、ポンスンアヤ…韓青中央の事務所から、楽しそうな歌声とともにピアノの音がきこえてきます。

遥かな祖国を思いつい声も高らかにうたう「鳳仙花」の歌声。

韓青ポンスンア合唱団は三年目を迎えました。その間、たどたどしい韓国語ながらも一生懸命努力している合唱団員の姿をみて、団員のかねてからの念願であったピアノが購入され、事務所で練習できるようになりました。

## 冬期講習会

韓青の冬期講習会は、単にスキーの講習だけでなく、歴史や私達がおかれている深刻な問題についての学習も行なっています。

韓青の行事に参加するのは初めて、というある学生は、「全国に沢山の友達ができました。来年も是非参加したい」と語っていました。

北は北海道、南は九州の各地から同胞青年が集まって行なわれている冬期講習会は、費用の面においても他にくらべて安く、年々向上発展の一途をたどり、全韓青盟員が指折り数えて待っている行事です。

## 祖国訪問団

第二十二回光復節在日韓国青年同盟代表団一行三十一名は金乃天団長の引率のもとに、八月十一日正午に福岡板付空港を発ち、同日午後二時に釜山に着きました。一行は

▲八月十一日海雲台遊覧
▲八月十二日蔚山工業センター見学、慶州仏国寺見物、大邱から夜行列車でソウルへ
▲八月十三日国立墓地参拝、市内見物
▲八月十四日政府要人礼訪、国立映画製作所見学
▲八月十五日第二十二回光復節式典参加（於ソウル市民会館）ウォーカーヒル遊覧
▲八月十六日第一線将兵（第26師団）慰問

のスケジュールを無事消化し、十六日解散しました。

韓青の祖国訪問団は、韓国民の一員としての自分を正しく自覚し、祖国に対する愛国心と民族意識を昂揚させる、という意義をもつものです。

## 祖国訪問団参加者募集

一、名　称　第23回光復節慶祝在日韓国青年同盟使節団
一、日　程　八月十日　福岡出発
八月十一日　政府要人礼訪
古跡、大学、工場見学
八月十四日　板門店視察
八月十五日　光復節記念式典参加
八月十六日　国軍墓地参拝
（八月十七日より各自故郷訪問）
一、費　用　各自負担
一、資　格　韓青盟員
一、申請期間　四月十五日
希望者は韓青中央本部または各地方本部まで

## 主な行事予定

二月十七日〜十九日　第四回冬期講習会開催
三月一日　三・一節
三月　各地で高校卒業生祝賀会
四月　韓青中央研修所幹部養成開講
四月十九日　四・一九記念行事
六月　第四回全国サッカー大会
七月　全国各地夏期講習会
八月　光復節慶祝祖国訪問団派遣
八月十五日　光復節
十一月十六日　韓青二十三周年記念行事
十二月下旬　各地で年末青年の集い
'69一月十五日　成人式

## サークル案内

【国語学校】
韓青中央では、国語学校第三期を、三月初旬に開校します。対象者は、当国語学校第二期修了者と、他の国語講習会修了者で、約二ヵ月間
毎週水曜日　午後六時から
入学金　一〇〇円
受講料　二〇〇円
第二期受講生は入学金免除
初心者対象はこの第三期が終り次第開校します。

【料理学校】
暫らく冬休みをしておりました料理学校を三月七日（木）から再開します。
一、入学金　五〇〇円
一、受講料　五〇〇円
一、材料代　七〇〇円
詳しくは中央本部女子部まで　毎週木曜日六時半から

【空手教室】
毎週火、木曜六時半から
場　所　韓青空手道場
入会金　二〇〇〇円
会　費　五〇〇円
新人練習生募集中

【ポンソナ合唱団】
三月から練習を再開新入メンバーを募集しています。
毎日第二、第四日曜日午後二時〜四時
場　所　韓青中央会議室
音楽に関する詳しい知識がなくても結構です。
最近は韓国民謡を中心に練習しています。

韓国青年新聞
資料特集
発行所　在日韓国青年同盟中央機関紙
東京都文京区春日2丁目20の13
電話 代表 (814) 4471
発行人 金宰淑

# 告発すべき民族圧迫政策

## 苛酷な措置に憤り—法地委声明
### 入管令改悪阻止の決意

法的地位関係

（…）は、一月十六日午後三時、都内・赤坂の韓国公報館で、韓日条約にともなう「在日韓国人の法的地位協定」発効二周年を（…）記者と会見、声明を発表した。李団長は記者団との一問一答で日本政府が、いまだに法相声明、入管局長談話、同（…）事項等を実施に移していない点を指摘、早急な実施かたを促すとともに日本側が協定の友好精神に反している点を（…）説明した。そして、特に現在日本当局が企図している入管令の改定について一部に伝えられるような旧治安維持法（…）今の民主日本ではありえないと述べ「もしも、そのように改悪されるならば大衆運動をふくむあらゆる闘争を（…）」とつけくわえた。また、不振状態にある永住権申請は日本側がわれわれの要請を前向きな姿勢で受け入れるなら（…）る数をはるかに越えるだろうと説明した。そして、この日、在日韓国人法的地位委員会（委員長李裕天）の名で（…）[illegible]表した。

## 不当な退去強制止めよ

声明

## 深刻な不安解消されず

韓日実務者会談

### 会談了解事項

## 本国政府に対する要望

在日本大韓民国居留民団
法的地位待遇対策委員会

### 在日韓国人の法的地位及び待遇問題に関する要望事項

一、協定永住権問題

二、一九五二年四月二十八日（サンフランシスコ条約）までの入国者問題（一般永住）

三、一九五二年四月二十八日以後の入国者問題

四、待遇問題

五、特別要望事項

## 資料

# 政治交渉で解決図れ
## 本国政府に強く要請

法対委要望

## 「外国人学校制度」画策
### 日本は国際常識守れ

外国人学校関係

## 露骨な民族教育の妨害

〈文部省試案〉

一、外国人学校制度を創設する理由

二、制度の内容

学校教育法の改正案

附　則（抜粋）

573

# 治安維持法凌ぐ悪法

## 「改正」の動向とその狙い

入管令関係

目次



## 同胞の生活更に拘束

### 1、「改正」案の内容と問題点

## 入管令、その意図と論理

### 第55回参院内閣委議事録　一九六七年六月二十一日

質問者　稲葉　誠一議員（社）
答弁者　法　相　田中伊三次
　　　　入管局長　中川　進
　　　　〃参事官　辰己　信夫

### 「改正」点

### 政治亡命問題

### 「改正」案の提出時期

### 入管職員の事実調査権

### 退去強制手続の簡素化

### 増加する退去強制

### 2、日本政府の「改正」理由

### 不当な法務当局の意図

以上が、今度、法務省当局がかねてから準備して来た入管令の改悪案の中で、主な要点であるが、入管令改悪の真のねらいが、法務省当局でいう「現行法の改善」ということが、額面どおり受けとれるだろうか。

### 3、〃不良外人〃概念の悪用

一般に われわれも そうであるが、日本人社会では〃不良外人〃特に〃外人〃とは、欧米系の白色人種を指すものである。われわれ韓国人は〃第三国人〃なる称号を頂戴していた。今般の入管令「改正」にあって「〃不良外人〃の取締りをきびしくする」と云うことは、ややもすると新聞紙上をにぎわす麻薬を密輸したり、バーなどで暴れる欧米人を指すものときこえるが、短期旅行者には入国規制を緩和し、滞在期間を延長しようとしているので、前記の欧米人を指したものではない。

では、ここで云う〃不良外人〃とは何か？当局者の云う「長期在留者に対しては、在留資格と活動資格の規制を強化する」という発言から見て、現在長期在留者六十四万中、五十八万の多数を占めている在日韓国人を指したものである。

このような点で、日本政府当局者は、〃不良外人〃の概念を悪用している面もある。

## 不良外人を締出し

### 政府、入管令を改正へ

毎日新聞　1967.6.12

### 永住権者数を制限

## 出入国管理令（抜粋）

## 法律一二六号（抜粋）



574

# 蓄積される学習の成果

## 入管令改悪に緊張

### 都内青年は合宿で結束

在日韓国人の法的地位問題が国際社会に大きな波紋を呼び、大混乱を生じている昨今、新たに出入国管理令改悪問題がにわかにクローズアップされ、同胞の生活権を脅やかす違法にして、改悪阻止運動展開への気運が高まってきました。韓青においては、この問題を、在日韓国人の歴史的背景を無視し、基本的人権を侵害するものとしていち早く資料を作成、国際社会に対して啓蒙活動を展開し、大きな反響を呼び、全国あげての反対運動の気運が醸成されています。韓青としては、法的地位要求貫徹闘争以来培ってきた闘争の姿勢を強化し、学習を通じて一般同胞への啓蒙運動を積極的に展開し、在日韓国人の生活権確立を目指して大々的な阻止闘争を展開していくことを決定。

韓青中央本部においては、新聞報道によって出入国管理令改悪の動きをキャッチするや、中央本部において学習をするとともに、新聞報道を主とする資料を作成、また、第五十五回参議院内閣委員会議事録を入手し、学習資料として配布（本紙資料特集面に掲載）、韓青中央直轄支部ならびに都内青年懇談会の場で学習をおこなってきました。

都内青年懇談会においては、十一月二十八、二十九日の両日、都下東秋留において、第二十二回目を迎えた都青懇を合宿でもち、前回の合宿における法的地位学習に続いて、法的地位問題の延長上にある問題として入管令改悪問題の学習をしました。

学習は、まず韓青豊島支部高昌樹委員長からの入管令改悪に対する学習レポートがなされ、これを日本政府による在日韓国人抹殺政策の最後的なものと結論し、成案阻止の為に、全同胞が総力をあげて反対運動を展開しなければならない、と強調しました。

次いで中央本部金恩沢副委員長から、法的地位のこれまでの経過と現況をからみあわせた、出入国管理令改悪の意図と経過の説明を受け、中央本部で作成した資料をテキストとして学習討論に入っていきました。

討論においては、参加者各々が自分の日常生活に直接影響を及ぼす当面問題であるところから、非常に緊張した、熱のこもった雰囲気の中で、活発な意見交換がなされました。

その結果、参加者全員の自覚と責任感が高まっていき、この、私達の歴史的背景を無視し、人間としての尊厳を侵し、私達の日常生活をガンジガラメにしようとするこの悪法に対し、是非とも反対運動に立ち上がらなければならないという気運が盛り上がってきました。

その為の具体的な活動として、は、まず、各青年組織単位において学習活動を行ない、次の常任委においてその間の成果を発表、更に学習を深めることが確認されました。

続いて十一月十七日、豊島支部において、豊島・渋谷両支部合同の講演会が開かれ、中央本部から高秀公組織部長を講師として招き出入国管理令改悪の問題点についての学習を行ないました。

第二十回都内青年懇談会での合宿学習

## 闘争姿勢を強化

### 大阪、各支部巡回学習会

大阪府本部（金昌男委員長）においては、第三回全国委員長会議の活動方針決定に基づき、第四回支部長会議で各支部巡回学習会を展開することを決議。巡回学習会の目的を、再度法的地位及び出入国管理令改悪問題にむけて闘いうる力を培養する為に、在日韓国人の法的歴史、法的地位、出入国管理令改悪を関連づけて学び、この問題の重要性に対する認識を喚起させることにより二月に展開される各支部巡回学習会、三月の韓青新聞配布、啓蒙運動、四月の各支部巡回学習会、幹部講習会、各支部共同講演会を拡大向上させ、青年の力を強化発展させることへの礎とすることにありあります。

講師陣には本部役員があたり、各支部を巡回し、盟員と共に学ぶことにより、幹部自身の組織的姿勢の確立を計るための学習でもありました。

各支部巡回学習会の日程は次のとおりです。

十一月二十八日＝城東支部
二十九日＝布施支部
十二月　五日＝生野支部
六日＝堺支部
＝枚岡支部
七日＝八尾支部
八日＝東淀川支部
十一日＝東成支部
十四日＝東住吉支部
十五日＝泉木支部

この各支部巡回学習会活動を通して、延べ二三〇名の盟員が討論に参加、法的地位の確立と出入国管理令改悪阻止を徹底し一九六八年度上半期活動方針、即ち「法的地位の確立、出入国管理令改悪反対のための闘いを展開する」を成功させるためのエネルギーが蓄積されました。これと同時に、個別訪問を中心として活発な啓蒙運動が、兵庫を問わず展開されています。また一月二十八日の第五回支部長会議においては十六支部の統一的な活動のための上半期活動方針が決定され、より強力な運動推進の為の保証が確保されました。

## 特別賞授与さる！

### 愛知演劇本国で盛況

民団創団二十周年記念文化祭において上演された韓青愛知本部（金宗来委員長）の劇団による古典演劇「死六臣」は、国立劇場においてさる十一月十九日から三日間、本国公演を行ないました。一行は本国公演の後、十二月中旬に無事帰名しましたが、新年に入って、韓国日報主催による「第四回映画演劇賞」発表がなされ、韓青愛本による「死六臣」が特別賞を受賞この知らせを知った盟員たちは一年間に余る歳月を、この演劇についやした日々を回想しつつ、感激を分かちあいました。

この賞は、韓国のオスカー賞といわれ、映画演劇では、権威のある賞といわれており、遥か異国から祖国の舞台において国語を使って熱演した努力に対して、この賞が贈られたものです。

この愛本演劇団による壮挙に対し、私達は、全国韓青盟員とともに喜ぶと同時に、これからは、在日二世青年に身近かな、切実な問題を取りあげて欲しいという盟員の声もありました。

本国の舞台で熱演する韓青愛知の盟員諸君

## 感激の修了証

### 料理学校二周年発表会

一九六五年五月発足した料理学校は、祖国の素晴らしい料理を習得する為、今日までたゆみない努力を続けてきました。最初は参加者も少なく、設備も不充分なものでしたが、生徒一人々々の自覚と努力によって大きな成果をあげてきました。昨年六月四日、それまでの成果を発表する為、料理学校二周年記念を開催、三百名を越える参加者を見、新しい次の段階へのステップを踏みました。

昨年六月四日、東京・YMCAホテルにおいて、韓青中央本部女子部（南福順部長）主催による「料理学校二周年記念発表会」が三百名を越える都内居住の父母、青年ならびに、全国各地の韓青本部の女子部長等多数を招いて、盛大に催されました。

会は韓英子前中央本部女子部長の司会のもとに進められ、南福順女子部長の挨拶のあと、韓青中央本部金宰淑委員長の挨拶があり、民団中央本部をはじめとして、各界から多数の来賓の祝辞を受けました。

そのあと、それまで一年間熱心に勉強し、全課程を修了した金英淑子嬢（足立区）、朴花代嬢（大田区）、宋恵子嬢（荒川区）、鄭明子（墨田区）の四名の修了者に対し、中央委員長から修了証が授与されました。

会のプログラムが余興に入り、安炳錫文教次長、朴棟鉉宣伝部長、金利男盟員、尹和子盟員によるもの韓国歌謡や、大田盟員の李純子嬢による韓国舞踊が出て会場をにぎわす頃、一年間熱心に習ってきた韓国料理の数々をあますところなく披露、生徒達が精魂こめて作った料理に、招待者は惜しみない称讃の言葉を贈りました。

美しいチマ・チョゴリ姿の生徒達が次々に運ぶ、何よりも心をかけて作った料理、その真心のこもった数々の料理の一つ一つにも、異国に生まれ、日本人的に育ってきた彼女達が、いま立派な韓国人として生きてゆこうと懸命に努力する、真摯な姿勢がみなぎっていました。

料理学校も二周年をむかえるとともに、従来より一層大きく成長してきましたが、今後も、単に料理ばかりではなく、祖国の言葉、民族の歴史、文化、風俗などを勉強して、よりよき韓民族のオモニとなる為に前進しようと、決意も新たに瞳を輝やかせていました。

料理学校発表会のもよう

## 愛族伝統継承せん

### 群馬で建青記念式

韓青群馬県本部（金鐘寧委員長）では、建青（韓青の前身組織、建国促進青年同盟の略称）時代の先駆の業績を讃え、その精神継承の決意を新たにする意味で、昨年十一月二十五日、群馬県韓国人民館で、建青創立二十二周年記念祝賀会を催しました。

群馬に於て建青が組織されたのは、解放直後、東京に於て初めて建青が結成されてから十日後の、一九四五年十一月二十五日のことであり、解放の感激に満ちあふれた約三百名の愛国青年の参加のもとに、大胡で、その結成大会を開きました。

当時、群馬県では、多くの韓国人がダム工事や鉱山などで強制労働に駆り出されていました。

この建青群馬は、解放直後の混乱期に、日本人からのリンチに対して闘い、朝連との闘争に、また在日同胞の権益擁護のために、多大の業績を残しました。

建青記念祝賀会は、民団群馬県本部永年の宿願であり、この度その完成をみた〝群馬県韓国人会館〟の二階講堂で開かれ、現在東京在住の鄭初代委員長夫妻を招き韓青中央本部から金恩沢副委員長が参席の下、約百名の先輩、青年の参加のもとにして、金栄由民団群馬県本部団長の祝辞、初代委員長の回顧談を交じえる挨拶のあと金韓青委員長の先輩をたたえる言葉がありました。

## 中央「法地研」発足

### 各地方に設立の方針

さる一月二十六日の第十九回韓青中央本部常任委員会において、法的地位の実施に伴って増大している在日韓国人の間の不安と不安がひきおこしている混乱の実情を直視し、この問題を分析し、検討しました。

その結果、民団第十一回中央委員会で改編された在日韓国人法的地位委員会の第二回総会で採択された活動方針案を参考にして、韓青第十二回全国大会で採択された「法的地位の確立のため積極的に努力しよう」の路線に従って、第三回全国委員長会議での分析討論を発展的に定着させるために、二月十、十一の両日に予定されている第四回全国委員長会議での充分な討議と完全合意をまって、「在日韓国青年同盟中央法的地位研究会」（略称韓青中央法研）を設立し、発足させることを決定しました。

韓青中央法地位は、在日韓国人の法的地位の確立と安定を計ることを目的とし、民団中央法地委と緊密な連繋をとりながら、これを支援していくなかで、各地方本部単位に本部法地研を結成し、その下に各支部単位に支部法地研を結成して、これを本部法地研の統轄のもとにおき、「法相声明」、「民団法対委の特別要望事項」の完全実施と、韓日実務者会議での了解事項の実施、ならびに出入国管理令改悪反対の主張を実現する為に、当面の活動方針として学習会、講習会、講演会を、それぞれの状況に応じて開催し、必要な資料ならびに啓蒙の手引き等を発行して、家庭訪問を通して徹底的な啓蒙をはかることとしました。

中央法地研の構成は、中央常任委員、主要な地方本部委員長、ならびに東京在住の熱誠的な盟員とし、会長には中央本部委員長、事務局は、文教部がこれに当たることが決定されました。

また、中央本部第十九回においては、いまだ組織的に十分整備されておらず、韓青運動に若干の支障をきたしている東京都内問題に……

京都本部文化祭で挨拶する金一明委員長

## 拡大執行部講習会

### 神奈川県本部で

韓青神奈川県本部（許宗文委員長）では、新執行部が誕生して以来、従来の方向性から脱皮して、……

## 〝歩むな過去の道〟

### 京都文化祭充実

韓青京都府本部（金一明委員長）においては、十二月十日、韓学同京都府本部（金隆夫委員長）と共に、京都韓国会館において、主題を〝歩むな過去の道〟、副題を〝入管改悪を徹底的に粉砕する中で〟として「第三回韓青・学同合同文化祭」を開催しました。

この文化祭の目的は、①韓青・学同の日常活動の総括の場とし、②演劇、講演、コーラス、映画を通じて一般同胞を啓蒙し、③主題に基づいて全同胞の団結を計る、の三点に集約されており、韓青、学同の盟員を中心として三五〇名の同胞が参加しました。

会は、まず主催者である金一明韓青委員長と金隆夫学同委員長からの挨拶があり、続いて民団京都府本部会長は団長、河炳旭韓青京都府本部財政後援会長から来賓祝辞が述べられ、次いで金伯男大阪府本部委員長を講師として、「入管法と我々」をテーマとする講演をもちました。

講演のあと、西昌京組織部長の司会で、講演内容に基づいてパネルディスカッションをし、民団を代表して金鍾喜団長、商工会を代表して河炳旭氏、韓青を代表して……

東京都内においては、今後常青における合宿内容に沿き韓青新聞を資料として家庭訪問を行ない、家族単位に対する啓蒙運動により、全在日同胞あげての改悪粉砕闘争へ向けて、積極的な運動を展開することが決められました。

## 高まる祖国への思慕

### ～成人を迎えるにあたって～

東京　金　正　善

今年は是が非でも本国に行ってみなければ、という絶対的な気持ちで、私はこの年を迎えました。

韓国が自分の国であることを認識するようになったその時から、本国に行ってみたいなあ、という気持を持ち続けてきましたが、いまだに実行できないでいます。

韓国人であることを否定しようとしていた私が、それを肯定するようになった、たしかに否定から肯定に変ったという、それだけでも大きな進歩だったと思いますが、今の私は、そんな自分に満足してしまっているような気がします。

韓民族であることを自覚した私が、たとえ銀座の町中を、道行く人々の視線を無視してチマ・チョゴリを着て歩いたとしても、それは、別に勇気のいることでもない当然のことだと思います。そんな当然なことの中で甘んじていてはいけないというらないと思います。おそらく、いるのではありません。常協と疑惑の中で感じた必然性を実行に移すのですから、ただ母国への郷愁を満たすだけにはとどまりません。

そんな気持ちから、一日も早く本国へ行きたい、という必然性を感じました。

祖国訪問という、ただ漠然とした想いでなく、本国の一本一本、雲の流れまでが、私に見ること、感じることを要望するでしょう。また一度も逢ったことのない私の実の姉が、慶尚北道の金泉市という所に住んでいます。そんな姉に逢いに行くことが、今までの自分からの脱皮、或いは進歩を期待して……

## 「覚せい」

大阪　曹　湲　子

最近、町を歩いていると、よく、チマやチョゴリで着飾った女性に出会います。数年前に比べて、一段と多くなったように思われます。

私も最近になって、よく、チマ・チョゴリを着て外出するようになりましたが、そんな私を見て〝本当に韓国人らしくなったなあ〟と近所の一世の人に言われます。私がチマ・チョゴリを着るようになったのも、韓青に出て、〝本当の〟民族史を習ってからです。

私が韓青に入り、女子部を中心として活動をしていくうちに最も強く感じたことは〝在日同胞の間には依然として残されている、封建制の厚い壁がそびえ立っている〟ということです。特に、女子盟員の場合、親達の無理解が大きなガンとなっています。

祖国を訪問した友人達の話によると、本国でよりもまた、在日同胞一世達の方が、解放以前の封建的な物の見方、考え方をずっとそのまま持ち続けていると言うことです。

私達が女子部員に、各行事の参加を呼びかけたり、あるいは、組織的な問題を投げかけたりすると、その親達は、自分達の娘が〝先頭に立って活動する〟かのように取って、極度に恐れ〝嫁入り前の娘が〟と、口々に言っています。

これは、私たち同胞の家庭に限ったことではないのでしょうが、何かにつけて、親と子の意見の対立が見られます。一世である親たちと、私たち二世との間の生活してきた環境の違いなどを思う時、親と子の相互理解など、到底ありえないのかと思ったりします。

私自身を例にとれば、韓青に入る前と現在とでは、正しい、正しくない云々ではなくて、物の見方がずいぶん変ったと思います。その中でも特に、親を含めた一世達に対する見方がずいぶん変化しました。

〝親は古い、無理解だ、無知だ〟と嘆いたものでしたが、民族史を勉強したり、先輩の方々の話を聞いて、一世の〝恐苦にみちた三十六年間〟のことを知るにつれ、〝これでは無理もない〟と思えた、そんな中で生き抜いて来た親達を今度は私達が理解するように努力しなければ、と思うようになりました。

韓青全体を見渡して自慢できることの一つに、私は、みんなの一世を理解しようとしている気持をあげることができると思います。

これはほんの一例ですが、私達はこの気持を大事にして、もっと、もっと、沢山のことを学習して、立派な韓国人として民族、祖国に寄与できる人間となる為に努力しなければならないと、心ひそかに誓っている私です。

# 同胞企業に就職しよう

## 就職決定者座談会

六七年度就職決定者座談会が、去る一月二十日（土）午後六時から、韓青中央会議室において、韓青中央文教部進路指導係の斡旋による就職決定者二十三名の内、四名の代表が参席して開かれ、職場への期待、未来への抱負等について、それぞれ自分の希望を語ってもらいました。就職問題は、進学問題とともに、私達在日韓国人青年にとって、大きな、深刻な問題となっています。現在、その大多数は、民族教育や、民族機関による進路指導を受けていないため、学校卒業に際して、就職・進学の進路を正しく見つめることができず、将来になんらの希望も持てずにいるのが実情です。韓青中央では、この問題を重視し、大会決定の文教活動方針に従い、昨年四月部内に進路指導係を設け、まず、六六年度の中学、高校、大学卒業生のうち、就職希望者に就職を斡旋することから始めましたが、その成果と貴重なデータをもとにして、六七年度卒業予定者に対する就職斡旋が開始されました。そして同胞企業体について、その事業内容などの実態を調査し、求人受付けをする一方、学校卒業予定者と求職者の名単を作成し、各自の志向するところを生かしていける企業への道をきりひらいてきました。今後は、もっと同胞企業体の求人依頼を募り、より多くの青年が希望をもっていけるように、この就職斡旋事業を韓青の全国的な事業として拡大していく計画です。そういう意味で、今回、就職決定者にいろいろ語ってもらいました。

**出席者**

李　俊其（共和運輸KK）
呉　昌盛（韓国貿易協会）
慎　重権（民団中野支部）
呉　貞淑（金剛百貨店）
司会　朴　燦鎬（韓青中央宣伝部長）

【写真】…熱気のこもる座談会。就職斡旋運動を一層発展させよう。

### 嬉しかった就職斡旋　後輩にもこの道を

司会　韓青が就職の斡旋をはじめたのは、昨年のはじめからで、それから一年になり、今までアルバイトを含めて、約二十名斡旋してきました。とかく私達在日二世青年の場合、自分達は、学校を卒業しても就職先がなくてダメなんだ、という考えに走りがちなんでね。そういった青年に、自分達にも韓青というものがあって、そこは、自分の未来を切りひらいてくれるものを持っているんだ、ということを知らせる意味で、みなさんにいろいろと語っていただきたいわけです。まずはじめに、韓青の就職斡旋をいつ知り、どのような動機でここを訪ねてきたのかということから話を進めたいと思います。まず李君から。

李　僕は、渋谷でやった都青懇に出て、そこで中央の副委員長に会い、一緒に食事をして、その時これからの就職というのは大変なんだ、ということを話したわけです。その時、副委員長がオレに任せておけ、というわけで、その時は、あまり本当にはしていなかったけれど、ただそれだけでも嬉しかったんです。だけども、ずっと日がたつにつれてやはり、就職がじかに目の前にきた時に、やはり、日本の会社をうけたんですが、一次うかっても二次面接で落ちたわけなんです。国籍が違うということでー。その時、これは困ったな、と思い、副委員長にいろいろと骨を折ってもらい、今の会社に入れました。

呉（昌）　僕の場合は、友人に、就職のことなら韓青に行ってみたら、といわれたわけです。それまで、韓青で就職を斡旋してくれそうだな、という気はあったんですが、一人で訪ねていって斡旋を受けるという気には、なりにくかったんです。それで、友人にいわれて、韓青の就職斡旋係を訪ねたわけです。

慎　僕が韓青を訪ねたのは、昨年四月上京した時で、先輩の知人にいわれて、相談した結果、今の中野支部で民団の仕事をするようになったわけです。

呉（貞）　私は、学校を卒業する時、学校から就職の世話を受けていましたし、そんなにむずかしく考えてはいませんでした。でも、会社を選ぶ時、日本人の会社と韓国人の会社と迷いましたが、やはり、韓国人経営の会社に入るべきだと思ったんです。韓青のことは、全然知りませんでしたが、ちょうど、弟が韓青のサッカーチームに入っていて、私が就職先を捜している、といったら、韓青に相談にいけばいい、といわれたわけです。

司会　韓青で就職斡旋係を設けたのは昨年からで、その前はなかったわけですが、就職についてどのように考えていましたか。

呉（昌）　僕は、就職のことは、大学四年になって、セッパつまってから本格的に考えたわけで、それまでは、どっちかというと、ノンビリして、あまり考えてなかったですね。

### 気がねのいらぬ幸福　精一杯頑張りたい

司会　それで、いま君達就職が決まったわけですが、それぞれ職場への期待なり、抱負なりといったものがあると思うんです。たとえば、君達の場合は、韓国人ということをあきらかにした上での就職というばかりではなく、むしろ、韓国人として生きんが為に、韓国人であるが故に選んだのですから、それぞれ在日韓国人としての使命なんかを感じているのではないかと思うんですね。そういった点いかがですか。

慎　僕は、今の民団の仕事に満足しています。僕の場合、使命感というより、今の仕事で手が一杯で、とにかく、言葉を話せるようになり、本当の韓国人としての自覚を身につけたいですね。

李　はっきりとした期待というものはないけれど、自分の仕事に対して、どれだけできるか、ということを試してみたいですね。

呉（昌）　会社も貿易関係の会社で、技術部の設計課に決まったんですが、まだやったことがなく、出来るかどうかわからないけれど、精一杯やってみるつもりです。

呉（貞）　特にこれ、というものはありません。

司会　特に私達の場合、韓青で斡旋したところは、日本人の企業体ではなく、われわれ同胞である韓国人の経営している会社である、というところに意義があるわけですが……。

呉（昌）　僕は、面接の時に社長にいわれたんです。「小さな商社に行くんだったら、こっちへきて三年間みっちりやれば、韓国貿易のエキスパートになれるからこい」と。それで、僕自身も、その会社に期待をかけているわけです。

司会　今後、どのように韓青の運動に参加していくか、という点について

呉（昌）　僕は、今まで品川という支部単位で、都青懇などの行事に参加してきましたが、今後も品川の役員として参加していきたいし、これにとどまるのではなく、韓青の諸行事、たとえば、今度の冬期講習会ですが、そういったものに積極的に参加して全国の同じ仲間と接したいと思いますね。

司会　李君の場合、次の渋谷支部を担っていく立場にあるわけですが、渋谷というところは韓国人の数も少ないし、比較的暮し向きがよくて、現実生活に安住している面があると思うし、いろいろ大変でしょう。

李　一旦韓青に出てきて、自分自身やる気が出ているから、いろいろとわからないことは先輩にきいて、期待にそえるようにやっていきたいと思いますが、会社に入ってしまうと、いろいろ不都合なことも出ると思うんです。でも、一週間ずっとそんなではないと思うし、うまく調整をとってやりたいと思います。

司会　その場合、韓青を通しての就職ですし、会社からも、当然韓青運動に対しての配慮がなされるでしょう。

慎　僕の場合、民団の仕事をしながら、民団に働いているので、いままでどおり出たいと思います。

呉（貞）　私は、韓青のことはよくわかりませんが、お話をきいていくうちに大事なことだと思うようになりました。これから、いろいろな学習会や行事に参加していきたいと思っています。

### なくしたい通名使用　韓青とおし祖国を身近に

司会　では次に、君達、韓青の存在をいつ知ったのか、又、それはどのようないきさつ、あるいは動機によってなのか、ということについて語っていただきたいと思います。

呉（昌）　僕は、品川の青年会に出はじめたのは、二年位前からなんです。そして品川の役員になったわけで、都青懇に品川の役員として参加しました。この時はじめて、在日韓国青年同盟という全国的な組織があることを知りました。

司会　その時、つまり、品川に出はじめた時と、都青懇に出た時ですね、その時の初印象は、どんなものでしたか？

呉（昌）　そうですね……。それまでは、あまりウリナラサラムとのつきあいもなかったし、まして青年とのつきあいとなればなおさらで、殆どが日本人の友達だったんですよ。それで、韓国人青年同志のところに入っていった時、今まで見聞きしていたものと違った、なんというか、自分をはだかにして、つまり〝呉昌盛〟としてですね、そうしていられる安心感と同時に、日本人とのつきあいから、突然、異質の世界に入ったので、なかなかなじめなかった、なんというか、そんな複雑な気持でしたね。それと、お互いよく知り合っている為でしょうが、通名、つまり日本名ですね、それで呼び合っているのを聞くことがあるんですが、そんな時、変な気持がしましたね。そんな風潮は、早くなくしたいものですね。なにか僕達の古傷にさわられたみたいで、いやですよ。せっかく、「オレは韓国人だ」という意識を持って出ているんだから。

慎　僕の場合は、就職をさがしている時、知人に紹介をうけて訪ねたのが韓青で、その時が始めてなんです。それまで、いなかにいた時なんかは、まるで日本人的な人間として生きていましたし……。それで、就職の斡旋を受けて以来、サークルにも出るようになったし、行事にもできるだけ出るようにしているんです。

李　僕は、渋谷に韓国青年の集まりがあるということは、アボジから聞いて知っていたんです。でも、出るまでは、そこに行くこと自体、抵抗を感じていました。また韓青というものを知らなかったし……。

司会　それが、今こうして出るようになったのは？

李　韓青なんて聞いても、無関心といってもいい程だったんですがね、渋谷の委員長から手紙や電話が、何回も何回も来たんですよ。もっとも、電話は僕の不在の時ばかりでしたが、それで行ってみようという気になったんです。それで出てみるようになったんですね。みんな同じ国の人ばかりだということで、いろいろ気を許せるしね。すごく楽しかったんです。でも、今こうしていろんな行事に参加し

……たり、手伝ったりしていると、大変な仕事だなあ、と思うんですよ。とにかく、休みがないんですね。日曜もほとんどうまっているし。そういった一般の人の目に届かないところで努力をしているのをみると、僕も頑張らなきゃと思いますね。

呉（貞）　私は、先ほども言ったとおり、全然知らなかったんですが、弟がサッカーをやっていて、韓青というところから、韓青というものがあるんだな、と知りました。その後、支部からいろいろハガキなどがきて、キャンプに出てみたんです。はじめはいやだったんですが、何度も連絡がきたので……。でも、中央本部へ来てみたら、みなさんがいろいろ私達の歴史なんかをお話し下さったりして、「なるほどそんなものだったのか」と感じて、うれしくなりました。祖国が身近かに感じられて。私も、もっと中央本部の学習会にも出て、みなさんと一緒に勉強していきたいと思います。

### 国民の利益第一に　学びたい国語・歴史

司会　次に、私達、最後には帰国と考えるわけですが、将来、日本において、どのように誇りある韓国人として行きていくのかについての決意を。

呉（貞）　私は、支部に出るまでは、呉貞淑という名前を使うのは、いやでしたが、何回も出るうちに何とも思わなくなりました。私は、高校時代までは韓国人であるということがいやで、帰化しようと考えてました。でも、卒業してから最近になってやはり、韓国人の友達が欲しくなってきました。これからも同じ韓国人青年と交わり、国語や歴史、文化を身につけて、韓国人として誇りをもって生きていきたいと思います。

呉（昌）　展望という程のものではないですが、韓国人として、韓国人らしい自分に育てあげていきたいと思います。

李　僕は、将来帰国するかどうかわかりませんが、僕のまわりには日本の友達がいて、昨日も呑みながら……（笑い）呑みながら話したんですが、友達は、僕が韓国人であることは知っているし、自分からもいいました。この自分からいったという点で「自分は韓国人だ」という、自覚を深めたわけです。ただ、韓国人であるのに言葉も出来ない、歴史も知らない、ということで、うしろめたさはありましたが。その為にも、これからこの社会でやっていく為には、人に負けないように自覚し、韓国人として誇りをもてるような仕事もしたい、そういう風に生きていきたいと思っています。

慎　僕も祖国の言葉、歴史、文化などを知った上で将来のことを考え、韓国人としての自覚をもたない青年に、啓蒙活動をしていきたいと思います。

司会　李君にききたいんですが、日本で、日本人にもむずかしい生産業を、韓国人がつくり、維持し、発展させているわけですが、その点、どう受けとめていますか？

李　いま僕がいえることは、韓国人が経営している企業体、つまり、今僕が入った会社の社長自体をみるんですね。今日本の企業がどんどん倒産していっている、そういう中でも、韓国人の経営者は頑張っているんです。そういう点、僕達、韓国人経営者の立場に立ってみた時、韓国人である というハンディがあるにも拘らず、立派に維持し、誇りのもてるような職場をつくっていることに敬意を払っています。話はかわりますが、僕達みたいな境遇の青年は、これからもどんどん出てくると思いますから、そういう青年達に、僕達みたいなことがないようにしてあげたい、というのが僕の夢なんです。

司会　そうですね。僕自身も経験があるんですが、何というか将来に何の展望も持てない、世間なみの言葉でいえば〝灰色の時代〟とでもいうか、〝自分はこれからどうなっていくんだろう……〟なんて考え出したら、世の中がイヤになってしまってね。これから育っていく後輩にはこんな体験などさせたくないと思いますね、その為にももっと頑張らなくては……。

### 団結こそが生きる道　伸ばそう就職斡旋事業

司会　君達みんなにいえることは他に職がなくてそういう職場を選んだのだというのではなく、学校で学んだものを基礎にして、しかも、それが、民族とか国家の発展或いは同胞社会の発展という、もう少し積極的な面で貢献できるという角度から就職している一つの典型だと思うのです。それに反して、自分の指向性を伸ばせないで、全然違った面、例えば、学校で法律なり工学なりを学んだ人達が、経営者の道を選ぶ場合は別として、社会に出て、パチンコやキャバレーのマネージャーをやったり、学校で学んだこと、全然違うところで働く道をとった連中が多いわけです。そういう方向に進んでしまった青年に対して李君はどう考えますか。

李　一時は僕も、学校で学んだことに関係ある仕事につけるとは思わなかったんです。自分の一番好きな道、これから自分がやっていける道、そういう道をはじめ考えたんです。だけど、よくよく考えた時、それは間違っているわけです。果して、自分が全然知らないところにとびこんでいって大丈夫なのか、その点で、また自分がやったものに関係ある職業につくということは、やはり、人よりも早くおみ込めると思います。その為に、自分に適ったところを選びました。それに、韓国人が経営しているところだから、自分は李でいけるし、自分の立場をはっきりしていくことができる、どこへ行っても、「こうこういうところに就職しました。頑張ります」といえます。ところが、僕達のまわりの青年というのは「就職しましたか？」「イヤア、いまんとこ、マア、ブラブラしてますワ」というのが大体の返事なんですね。「こうこうこういう企業体のこういう職場だ」とはっきりいえないでいるような、非常に暗い面があると思うんです。勿論それは、その人の責任ではなく、韓国人の中にもこういう立派な企業体が沢山ある、ということを知らなかったし、そういうものを案内するところもなかったんですが、これからは、この韓青の斡旋係が、大いに利用されなければならないと思います。

呉（昌）　僕もやはり、今の会社では〝呉昌盛〟としていけるし、会社から自分に課せられた任務、国語を学ばなければならないという要綱を克服していこうという、それをやっていく限り、どんなに小さいものであっても、そこから道が開けてくるような確信をもっています。ところが僕達二世青年の大多数が、そういう展望をもてない為に、暗い没情で就職期を過していくというのが現状なんじゃないかと思います。そういった意味で、これからの韓青の就職斡旋係設置は、これからの二世青年にとって、明るい希望をもたらすものだと思います。

司会　いま、君達の顔をみていると、私達が考える二世青年の表情と違って、非常に明るいものがあります。これは、自分が韓国人である、という誇りを持っている為なのだと私は確信しています。昨年一年間テストケースとしてやってきましたが、これからは更に全国に拡大して、青年の立場から、企業者の立場から、両方の立場から一致するようなところで、その青年の指向性を生かせるような企業体をさがしていきたいと思います。

# 落成近い韓青の会館

## 民団運動の一拠点

●完成予想図　●昨年12月現在

かねてからその完成が待たれていた韓青運動の殿堂「韓青会館」の建設工事は、風光明美な西多摩丘陵において着々と進行し、二月末には会館が完成し、在日韓国人青年の希望の広場として私たちの前に、その容姿をあらわすことになっています。会館は公募の結果、明日を担う若い大韓健児を象徴して「花郎台」（花郎とは新羅時代の青少年の修養民間団体）と名づけられました。「花郎台」はわが韓青の錬成所としてだけでなく、民団に韓青で教育をうけた熱誠的な青年を送り出す為の訓練所としても利用されることになっており、この度その完成を目前にして、私達韓青運動の前途に輝かしい前途をかけるものとして各界から大きな期待が寄せられています。

ながく韓青の全盟員が待ちに待っていた韓青会館が、いよいよ完成することになりました。これは私達の永い間の夢であり、どうしてもやりとげなければならない課題でもありました。韓青会館「花郎台」の完成により、在日二世の民族教育への展望は明るくなると同時に、新しい段階への第一歩を踏み出したものといえるでしょう。

現在私達在日韓国人社会においては、民団組織幹部の養成が強く叫ばれています。今日、民団社会においてこのことが深刻に論じられているということは、とりもなおさず、解放後二十年間の二世青年への民族教育不在を如実に示しているものといえます。

その中にあって韓青では、本国での四・一九学生革命を契機として、多数の二世青年の積極的進出をみるようになり、それと共にこれらの新しい青年層を中心として法的地位要求貫徹闘争を強烈に展開する一方、国語をはじめ、歴史・料理などについての学習・習得活動を通して、真摯な青年を数多く輩出してきました。

韓青の地道な活動によるこの成果は、各界から高く評価されており、「花郎台」の完成は、今後の青年同盟に対する展望を、大きくひらくものと期待されています。

「花郎台」は、東京都下五日市町、秋川渓谷の清流を眼下に見下ろす、西多摩丘陵の高台に建設されており、全国の韓青幹部の学習の場として、合宿形式による、系統的な理論学習によって、各地方幹部層の、一層のレベルアップが図られることになっています。

ここで得られた学習成果は、各地方にもちかえられ、ひろく、全国の盟員への実践活動の場で応用されより強固なものに高められることでしょう。

# 三千里　私たちの結婚

▲昨年は空前の結婚ブームといわれ、韓青でもご多聞にもれず、年初から年末にいたるまで、結婚式でスケジュールがうまってしまいました。

まだ記憶に新しい金一明京都委員長と南智子中央女子部長との、新幹線を結ぶ〝超特急カップル〟のロマンスをはじめ、豊富な話題をふりまきました。

昨年は京都委員長夫妻や大阪委員長金的男・張梅子夫妻、中央監査金泳燦・高富江夫妻など組織の第一線で活躍している青年男女の結婚が目立ちました。

▲今やスキーシーズンたけなわ。韓青の冬期講習会も今年は妙高高原に決まり、盟員のみなさんは、今頃指折り数えて楽しみにしていることでしょう。

冬期講習会に限らず、講演会を開くたび、班別討論では〝国際結婚是か非か論争〟で、賛否両論者が口角泡をとばしての大舌戦を展開しています。コクサイケッコンといえばきこえはいいけれど、要するに日本人との結婚のことです。

▲大阪本部の女子部で調べたアンケートによると、女子盟員の四五パセントがコクサイケッコンを〝是〟と答えています。「韓国人青年と交わる機会が少ない」「愛に国境はない」というのが主な理由ですが、韓国人として生きていこうとする私達にとって、もう一度よく考えてみると必要があります。

▲まず、私達は自分がどこの国の人間であるのか確かめてみましょう。私達は日本人では勿論ありません。韓国人なのです。しかもキッ粋の韓国人ではなく、〝在日〟韓国人なのです。この〝在日〟という言葉には、過去幾多の苦難の歴史がこめられており、異国日本で苦しい条件と闘い、差別圧迫に耐えながらも、誇りある韓国人として生きているアボジ・オモニの一人一人の尊い歴史が刻まれているのです。そしてこのことは、私達二世青年に、韓国人として自信をもって生きていかねばならない、ということを教えているのです。

▲私達はいま「韓青」のもとに集まっています。韓青とは、在日韓国人という共通点をもった青年の集まりであり、このことは大きな意味をもつものです。言葉や生活環境がほとんど日本化している私達二世青年が、何故韓青に集まってくるのか？この疑問はいかに日本的に生きていても、心の片すみにある〝韓国人である〟という意識が、日本人的なものに満たされず、心の許しあえる同じ境遇の仲間を求めていることを示します。

▲「愛に国境はない」という人は、「民族意識さえ持っていれば」とか「子供に民族教育をほどこしさえすれば」と主張します。しかし、初志の貫徹がどんなに困難なものであるのかは「初心忘るべからず」という古語が教えており、まして本人自身半日本人的な在日二世青年の場合、それはほとんど机上の空論であるといえます。「愛に…」という美しい言葉にとらわれないで、もっと深く現実をみつめる必要があります。

▲「韓国人青年と交わる機会が少ない」という場合、その人自身が韓青に出て、互に交友を深めれば解決するのではないですか？韓青はみんながつくり、みんなで運営しみんなの為にある広場なのです。

「韓青にはイカス人がいない……」って？そこまでは責任をもてませんが、韓青の青年は、どこでも通用する立派な青年であることは認めるでしょう。

▲筆者は、別に「日本人とは結婚するな」といっているわけではありません。判断はあくまでもあなた自身が下すものであり、ただ、この一文が悩めるあなたにとって参考になれば、と願っているものです。

韓国青年新聞

発行所
在日韓国青年同盟
中央機関紙
東京都文京区春日
2丁目20の13
電話 代表(814)4471
発行人 金宰淑

**綱領**

一、われわれは、在日韓国青年の総力を集結し、祖国の完全なる統一独立の為に献身する。

一、われわれは、すべての非民主々義的勢力に反対し民主々義の正しい発展と実践のため努力する。

一、われわれは、心身を鍛練し教養を高め、友邦諸国の青年と提携し真正なる世界平和の建設に寄与する。

一、われわれは、在日韓国青年の民族意識を高め、在日居留民の権益擁護のため全力を尽くす。

# 民族教育死守 在日韓国青年 中央蹶起大会挙行

# 外国人学校法案上程に反対

## 全国から代表四百名参集

韓青では、去る三月十二日日本国会に提出された「外国人学校法案」に対し、その内容が私達の民族教育機関にも適用されることが明らかなものであることを重視し、三月二十五日東京お茶の水の全電通ホールで「民族教育死守外国人学校法案上程反対在日韓国青年蹶起大会」を開きました。

当日会場には、この日の決起大会のために夜行で大挙上京してきた大阪・京都の同志をはじめ、北海道、茨城、群馬、埼玉、東京、千葉、神奈川、愛知、岡山、広島、福岡の各地から四百名の代表が参加、決算期にも拘らず欠勤という犠牲をも払って蹶起大会を盛りあげました。また民団中央本部からは李裕天団長、崔学阜組織局長、呉世經文教局長をはじめ、呉宇泳、梁相基両民団顧問、民団社会の名士も多く参席しました。

## 私も同じ心情

### 李裕天民団中央団長祝辞で語る

大会は午後二時から金恩沢中央副委員長の司会で始められ国民儀礼の後、金宰淑中央委員長から開会の辞を兼ねての「日本政府は在日韓国人に"追放と同化"の政策を推進している。われわれには民族の自主性と権益擁護のため新たな決意と行動が要求されている。韓日協定以後、われわれに対する圧迫の政策が改善されるどころかますますその度を強めている。この時にこそ青年は民族の前衛として働く時である」との挨拶があり、次いで李裕天民団中央団長から「青年たちの愛族愛国精神には敬意を払う。私も同じ心情である。日本政府の蔑視態度、本国政府の冷遇など、在日同胞の生活安定と権益擁護には多くの問題があるが、これを改善するには在日同胞自体の反省と団結が必要であり、民族教育死守のための闘争も民団を中心に各組織が一体となってやらねばならない」との挨拶を受け、呉宇泳民団顧問からは「老骨に鞭うって青年諸君と共に行動したい」と激励の言葉がありました。

続いて議長に韓青中央本部の鄭秀公組織部長を選び、次いで中央委員長をはじめ、北は北海道から南は九州福岡まで十六名の各県本部の委員長から成る会長団の紹介があり、司会から決起大会に至る経過報告と、朴炳錦中央宣伝部長の「外国人学校法案」に関する状況報告があり、第三条（目的）第九条（閉鎖命令）第十三条（罰則）等の問題点を強調、各地方の青年からの激しい声討がありました。また当初計画していた示威行進の決行をめぐって一時紛糾しましたが、大局的見地から、より効果的な闘争を展開しようとの結論に落ち着き、決議文、本国に送る要請文、日本国会への請願文、日本国民へ送るアピール文、増山入管審判課長糾弾抗議文を梁完玉愛知県、金一明京都府、許宗文神奈川県、金治男大阪府、朴炳渉埼玉県の各本部委員長が朗読、満場一致でこれを採択し、同五時過ぎ、われわれの団結を高らかにうたいあげた「ホンソナ」「建国行進曲」の大合唱で散会しました。

散会後、ただちに東京駅をはじめ都内主要駅頭で、大会で採決された日本国民に訴えるアピール文の配布活動を展開しました。日本国会に提出する請願文は、二十七日、中央常任委員と地方幹部が、議員面会所で民社党鈴木議員を通じて国会請願の手続をしました。

## 主張

# 民族教育の課題

## 韓国学校の現況の打開を

（一）

去る三月二十八日開かれた第十二回民団中央委員会は、「外国人学校法案」に対する民団の決定をめぐって、活発な討論が展開されたが、この席上、呉世經文教局長は、民族教育の実態を訴え、次の如く報告した。

「韓国学園を卒業しても大部分の生徒が満足に国語も出来ないし民族意識も稀薄である。韓国学園が完全な民族教育を施していないという現状を考える時同法が制定され、たとえ十年経たとしても同法は、韓国学園に適用されない」と。

この言葉を裏えての文教局長報告の真意は、形骸化している民族教育の惨胆たる状況に対する警鐘でこそあれ、同法案に対する反対論に水をさし、賛成論を誘発する為の単なる便法ではあり得ない。

在日同胞の民族教育の現状に対する批判や要望は、次の三点に集約される。❶韓国学校における民族教育の不充分なこと❷民族学校の絶対数が不足していること❸上級学校への進学の途が閉ざされていること。

第一点に関しての批判は、文教局長報告からも明らかな様に韓国学校出身者の大部分が国語すらも満足に習得しえず、又、民族主体性意識が稀薄であり、これは韓国学校の教育方針と教課の配分に問題が潜んでいると言わざるを得ない。即ち、一般にいわれている「語学は習うより慣れよ」といわれているように、国語は生活の一部として使用されねばならず、一般外国語教育のように週何時間単位に設けられていることに根本的な問題が存するのである。また国語、歴史などの課目以外は日本語で授業が行なわれている。

歴史教育に関しては国語とならび民族教育の根幹をなすものであるが、特に重要である近代史が非常に軽視されている。言うまでもなく、近代史を軽視してのわが国史教育はあり得ず、堅固な民族意識の芽生えは期待され得ない。そして近代史を韓民族半万年の輝やかしき歴史を汚す恥部として捕え、避けて通ろうとする傾向が一部に見られるが、韓国学校における近代史不在がそのような矮狭な観点によるものでないであろうことを信ずるものである。

第二に関しては、在日同胞の支援により、東京、大阪、京都に韓国学校が設立、運営されているが、各地に散在する同胞子弟全体を収容するには、あまりにも絶対数において不足を来たしている。

民団第五回中央委員会は、大学一個校を含む、九個地区に十二個校の小、中、高校総合学院増設の年計画を決定している。この決定は、同胞子弟に民族教育を施し得る最少限のものとして、歓迎され、期待されているのである。

第三点に関しては、主な大学では、昨年まで受験可能であったにも拘らず、今年からは願書さえ受付けていない。我々の韓国大学設置が急務であるが、まず不当な差別撤廃のため、私立学校として認可されるように、民団の指導性をもって強力に運動を展開しなければならないことは、再言をまつものではない。

（二）

日本政府は、去る三月一日「外国人学校法案」の国会上程を閣議で決定、同十二日国会に提出した。これは過去二度にわたって流案となり、今回三度目の試みであるが、名称こそ変わっておれ、内容においては前二回となんら変ることはない。これは同法案に対する執念ともいえる決意を窺い知ることができるものである。

日帝統治時代における「皇民化政策」は、本国においては民族意識に支えられた民族教育運動の民族主体と、日本軍国主義の崩壊によって完全に破産した。ところが、日本において生活することを余儀なくされている我々在日同胞に対しては、解放後もなお陰に陽に暗躍し、再び復活、蘇生されており、今日迄の日本政府の在日韓国人子弟に対する教育政策は民族教育に対して「放任→公認→規制→弾圧→閉鎖→再び制限」と、ますます弾圧の強化を図り、「民族性、国民性を涵養することを目的とする民族学園は各種学校として認可すべきでない」としている。

他方日本人学校への就学に関しては、「放任→義務→恩恵→妥当な考慮」と変化させ、「在日韓国人の将来の幸福は帰化である」とデッチあげ、"同化"を目論みながら「恩恵」として押し付けている。

この様な背景と発想から創設されようとしている「外国人学校法案」の内容は、在日韓国人の民族教育の権利を圧殺し、官憲による立入検査、教育内容の強権による干渉、学校閉鎖令の発令等、刑事罰則行使をも伴なう民族教育抑圧の意図をもったものである。

この様な日本政府による民族教育抑圧は、教育の自由を保障する国際法と国際常識に対する重大な挑戦であり、在日韓国人の渡日事情を無視した、在日韓国人の固有にして神聖不可侵の権利に対する厚顔無知な侵害であると断言し得るものである。

在日同胞が民権擁護の自治機関として民団に期待するものは、同法案に対する民団の統一した見解、不動の姿勢、ならびに問題解決への具体的活動方針の策定と、その果敢な実践にある。

第十二回中央委員会で、鄭哲委員による「この法案は単に民族教育を阻害するにとどまらず、より本質的には、在日韓国人に対する弾圧立法である」との指摘が反映され、民団としての見解を統一し、基本姿勢を確認したことで一定の成果はあったが、活動の具体方針が提示されなかったことによる批判は免がれ得ず、それだけに、民団中央が具体方針を示し、実践することに対する在日同胞の期待は倍加しているのである。そして、大使館に期待するものは、外交接衝を通しての積極的な在日同胞の権益擁護政策の推進で、民族教育の保護育成なのである。

厳大使は、「外国人学校法案」に対する基本態度を、去る三月七日在日韓国人記者団との会見で「オフレコ」で語ったということであるが、大衆はその内容について知る由もなく、同法案が民族教育に関する重要法案である為、それに対する大使館の基本態度を明示して欲しいというのが、偽らざる心情であろう。

大使館の基本態度とは、民権擁護の建前から、当然民族教育"擁護"がその"内容"であると信ずる。

巷間には、いわゆる「反共実利論」「将来の民族教育を考えれば云々」の「朝大認可阻止最優先論」（二面資料編参照）が流布されている。

しかしながら、真の教育政策は目前の小利によって歪められてはならないことはいうまでもなく、民族百年の大計から樹立推進されなければならない。このような観点から、我々の民族教育を阻害する内容をもつ「外国人学校法案」の上程には、全在日同胞は、その動向を注視して、一致団結して反対の意志を表明するとともに、民族教育機関の拡大強化を図っていかなければならないのである。

## 決議文

我々在日韓国青年同盟は、去る三月十二日日本国行政府より立法府に提出された「外国人学校法案」に対し、その対象を我々在日韓国人の子弟におく教育問題であるが故に、重大なる決意をもってこれに臨むものである。

再言するまでもなく我々六十万在日韓国人は、日帝治下三十六年に亘る苛酷な植民地侵略と搾取によって経済生活を破壊され、または侵略戦争の犠牲として徴用・徴兵によって強制的に連行され、渡日させられてきたのであり、爾来数十年に亘って日本に居住することを余儀なくされているものである。この特殊な歴史的背景から、我々及び我々の子孫は日本の地に居住するものであり、民族主体性を堅持し、韓国人としての教育を享受する正当な権利を有するものである。そして子孫永代に民族固有の文化を伝え、国語と歴史を教えることは、我々に課せられた神聖な義務なのであり、それ故にこそ我が陣営内のあらゆる教育機関は、在日同胞子弟の健全な民族意識を育み、我が祖国大韓民国復興への方向性を示し得る羅針盤としての役割を期待されねばならないのである。

然るに今般提出された「外国人学校法案」の内容をみるとき"日本の利益を害すると認められる云々"という、極めて曖昧な表現の下に、自主的な民族教育運営に対して①立入検査行使権（第十条）②是正（第八条）・中止（第十一条）・閉鎖（第九条）命令の発令等、強大な権限を文部当局に委ね、更に刑事罰則規定（第十三条、第十四条）までも設けており、これがわが民族学校に適用されるのは、火を見るよりも明らかなことである。

これは我が民族史において深い痕跡を残した日帝統治下の恐るべき歴史的真実の記述を、解釈如何によっては"反日"の名において不当な解釈をし、我が神聖にして侵すべからざる民族教育に介入し、妨害せんとする企図を露骨にあらわしているものである。そしてそれは、かの悪夢すべき民族抹殺政策、即ち皇民化政策の再現を想起させるに充分なるものであり、我々在日韓国人の歴史的背景を隠蔽し、再び我々の頭上に精神的征服者として君臨せんとする、忌むべき策謀に他ならない。

現下我々をとり巻く状況は以前にも増して厳しく、一九六六年一月十七日の法的地位協定発効以来、日本政府による一方的な協定精神逸脱行為による不当な事例の続発、更に出入国管理令改悪の動向は、全体在日同胞社会を憤激させている。

もとより韓日両国間における真の友好は、過去の正しい清算に踏まえた相互理解に依らねばならず、日本政府によるこの一方的な協定精神逸脱行為は、真の韓日友好親善の樹立を望む我々の純粋な意志に楔を撃ち込むものと断ぜざるを得ないのである。

そして、また「外国人学校法」なる政策の躓きを見るに及び、最早、我々はこれを座視し、看過し得ないものである。

我々は、今後予定されている「外国人学校法案」上程に対して、かくの如き我々の民族教育を規制し、骨抜きにせんとする内容をもつものである限り、断固反対することを決議するものである。

一、民族教育を弾圧しようとする内容の「外国人学校法案」上程を反対しよう！

一、自主的にして民主的な韓国学校を強化しよう！

一、出入国管理令改悪の意図を粉砕し、法的地位要求貫徹の為に最後まで闘い抜こう！

西紀一九六八年三月二十五日

民族教育死守外国人学校法案上程反対在日韓国青年中央決起大会

## 外国人学校法案
# 民団中央委で態度表明

第十二回民団中央委員会が、三月二十八日午前十一時四十五分から、東京新宿の日傭会館で開かれました。

今委員会は、去る三月十二日日本国行政府から国会に提出された「外国人学校法案」に対する民団の態度がどのように決定されるか注目を浴びると同時に、「法的地位」問題をとりあげて団長に就任した李裕天執行部体制下で、改編以後の法地位への評価が如何になされるかが注目されていました。

新活動方針案、予算、理論及び見解の統一案は、大体原案通り採択されましたが、今中央委員会最大の焦点である「外国人学校法案」に関する文教活動方針案検討は最後に取り上げられ、文教分科委員会委員長の兪京都本部団長は、報告に先立って「この外国人学校法案に対するすべての運動、特に韓青、学同の運動に対して、学同は十一日に、二十五日には韓青が反対の決起大会を開いたが、何んら問題を起こさなかったし、これからも彼等は運動をするだろうが、法的地位要求貫徹運動の時のように"アカ"呼ばわりはしてはいけない」と再三強調し、「これを前提として報告する」と前置き、文教分科委員会で決定した「外国人学校法案に対する態度」の報告をし、これを中心に民団の態度に関する審議がなされ、これに対しこの報告を不満だとする反対発言が、韓青中央委員長をはじめとして続出、この報告を修正して承認するという形式で態度が決定されました。

なお、決定事項は次の通り。

## 外国人学校法案について

外国人学校法案に対するわれわれの態度を明らかにする。

1、われわれは日本において外国人学校制度が設置されることに対し別に疑義はないが、現在日本政府閣議で決定し、日本国会に提出された外国人学校法案に関しては法案中数個条の内容に対して反対し、その是正を強力に要求する。

2、この法案に対する是正要求および交渉などは絶対障害に利用されないように注意しなければならないし特に国交が正常化された韓日両国間の信義をもとにした外交機関の交渉を強力に要求する。

3、われわれはこの法案の今後の帰趨に関して、常に鋭意注視すると共に、時によっては強力に対処する。

4、わが民族教育機関が現在当面している困難な諸問題に対して、わが政府責任の下にこれを処理することを要求し、外国人学校法案によってわが教育機関に疑議や障害がないように政府が如何なる形式を通してでも絶対保障してくれることを要求する。

## 請願文

私たちは、去る三月十二日日本政府閣議から国会へ提出されました「外国人学校法案」に対して、日本の国内法といえどもその対象が在留外国人の大半を占める在日韓国人の子弟の教育問題であるが故に、重大な関心と決意をもって臨むものです。

再言するまでもなく、在日韓国人六十万が日本に永住するに至ったのは、半世紀にわたる日本帝国主義の苛酷な植民地侵略と搾取による生活の破壊、戦争の犠牲として徴用、徴兵等によって強制的に連行され、駆りたてられて渡日させられたものです。この特殊な歴史的背景から私たち及び私たちの子孫は日本に居住するものであり、それ故に民族主体制を堅持し、韓国人としての教育を享受する正当な権利をもつものです。また子孫に民族の固有の文化を伝え、国語と歴史を教えることは、われわれに課せられた神聖な義務であり、それ故にわが韓国陣営の民族教育機関の拡充が進められているのです。

しかるに今伝えられる「外国人学校法案」の内容を見る時、"日本の利益を害すると認められる云々"（第三条）という曖昧な表現のもとに、自主的な教育運営に対して①立入検査行使権（第十条②）是正（第八条）中止（第十一条）③閉鎖命令（第九条）の発令等、強大な権限の行使を文部当局に委ね、更に刑事罰則規定（第十三条、第十四条）までも設定しています。

このような内容では、条文の解釈如何によっては、私たちの民族教育機関の自主性を侵害し権力的介入で民族教育を妨害する底意があるとする他ありません。それはかりでなく法の提出と共に民族教育自体を危険視する風潮を作りあげることによって、進学志望者を牽制する様なことは不当な措置だとする他ありません。

既に韓日両国間に友好関係を樹立し、親善を高めなければならない時であるにも拘らず、日本政府がかかる内容の法案を提出するということは、まことに理解に苦しむものです。

私たちは民族教育の正当性必要性をもう一度確認し、それを否定する内容を持つ限り「外国人学校法案」の上程に対して反対せざるを得ません。

以上の諸点に鑑み、私たちはここに真正な理解と絶大な支援を請願するものであります。

西紀一九六八年三月二十五日

民族教育死守外国人学校法案上程反対在日韓国青年中央決起大会

## 良識ある日本国民に訴える！

親愛なる日本国民の皆さん！

日本国政府は、去る三月十二日「外国人学校法案」を日本国国会に提出しました。

この法案は"日本の利益を害すると認められる"という曖昧な表現のもとに、自主的な教育運営に対して、①立入検査行使権（第十条）②是正（第八条）・中止（第十一条）・閉鎖（第九条）命令の発令等、極めて強大な権限を文部当局に委ね、更には詳細な罰則規定（第十三・十四条）をも設けています。

これは、"反日"という言葉を口実として、在留外国人の大半を占める私達在日韓国人の正当な民族教育を侵害しようとする底意を明らかにしているものであります。

私達の民族教育は、決して"反日教育"を目的とするものではありません。日本人が日本人としての教育を受けるのと同様に、韓国人としての素養を身につけることを目的としているのです。かつての歴史的事実を正しく理解し、評価することを"反日"として規制するならば、それは史実に対する歪曲であり、歴史教育に対する不当な冒涜であるといわざるを得ません。

現在私達在日韓国人六十万は、日本において市民生活を営むなかで、真の韓日友好精神が樹立されることを願っています。

しかしながら、日本の地に生活することが韓国人としての民族意識を喪失し、日本に同化することを意味するものであってはならないことは、言うまでもないことです。

歴史をひもとく時容易に理解し得るように、私達在日韓国人は自らの意思で日本に来住するに至ったのではなく、日本帝国主義の苛酷な支配統治によって徴兵・徴用などで強制的に渡日させられて来たのであり、それ故に私達は、数十年に亘って韓国人として日本に居住しているのであります。そして私達は、世界人権宣言に「人は、すべて教育を受ける権利を有する」（第二六条第一項）「両親は、その子供に与える教育の種類を選択する優先的な権利を有する」（同第三項）と明記されているように、韓国人としての民族教育を受ける正当な権利を有しているのです。

私達が私達の子弟に対して、将来本国に於いて祖国建設に邁進し得る、誇り高くして健全な韓国人となる為の民族固有の文化を伝え、国語・歴史を教育することは、私達に課せられた神聖な義務であり、また、それは、人間として当然のことでもあります。

この様な理由から私達は、韓日間の友好精神を踏みにじるこの「外国人学校法案」の今通常国会上程に対して、私達の民族機関にも適用される内容を持つ限り、断固反対の態度を表明するものであります。

もとより私達は、日本国民との真の友好親善を望んでいるのであり、日本国民の皆さんによる、この問題に対する正しい理解と支援を期待するものであります。

一、民族教育封鎖をもくろむ「外国人学校法」制定を阻止しましょう！

一、韓国人が韓国人として正しく生きることを教える民族教育を守る私達の運動を支援してください！

一、韓日両国民間に真の友好親善関係を樹立しましょう！

一九六八年三月

在日韓国青年同盟

## 増山妄言を糾弾する

「日本政府は日本に居住している韓国人が一人でも多く韓国に帰ることを望んでいる」

恥知らずにも日本入管増山審判課長は、事もあろうに民団中央団長と中民生局長の面前でこのように前置きし、更に「言いかえれば、戦争が終って既に二十三年になるのに韓国人が日本に居る必要はない。従って君らが所謂人道主義を云々し、法務省に来るのは矛盾しているのではないか。これ以上話す必要もないから帰れ」という許すべからざる暴言を吐いた。

これは、単なる一審判課長の暴言に過ぎないとはいえ、内容的に民族差別の底意を露呈していることは明白なものであり、在日韓国人に対する侮辱行為であると同時に、重大な挑戦行為である。

かつて日本帝国主義治下、日帝の強権によって強制的に渡日させられてきた在日韓国人の歴史的背景を無視し、日本社会における邪魔者扱いにして、我々の正当な居住権を否定せんとするこの思考方式は、即ち椎名元日本国外相の所謂"光栄の帝国主義""善意の帝国主義"式の忌まわしい発想法にその根底をおくものである。

日本においても、良識ある国民に日帝の苛責なき圧政を反省し、謝罪しようという声が高まっている昨今、日本政府の入管審判課長という公職にある者がこのような暴言を吐いたという事実は、実に容赦し難い暴挙である。

我々は、ここに六十万全在日同胞の名において、日本政府に対して、満身怒りをこめて強力に抗議するものである。

その暴言を反省し、発言の撤回と謝罪がなされない場合、それにより起こり得る事態の責任は、すべて日本政府に帰するものである。

一九六八年三月二十五日

民族教育死守外国人学校法案上程反対在日韓国青年中央決起大会

# 民族教育機関を守り育成発展させよう！



577

## 教育年表

| 年 | 月日 | 事項 |
|---|---|---|
| 1945. | 8.15. | 解放 |
| | 10. | 在日本朝鮮人連盟結成・全国各地に講習会（国語・国史） |
| | 11.16. | 建国促進青年同盟結成・各地の講習会、学校に発展<br>初級学校 525、児童数 42,182、教師 1,622<br>中学校 4、生徒数 1,180、教師 52<br>青年学校 12、生徒数 714、教師 54<br>民団・建青傘下生徒数<br>6297（小学校）242（中学校）289（訓練所） |
| 1947. | 3. | 文部省学校教育局長通達、（在日韓国人がその子弟を韓国人として教育する為に学校を建て、これを各種学校として運営することを公認） |
| | 10. | 占領軍民間情報教育局、民族教育に対する基本方針を日本政府に指令<br>朝鮮人諸学校は正規の教科の追加課目として、朝鮮語を教えることを許されるとの例外を認められる他、日本（文部省）のすべての指令に従わしめる。 |
| 1948. | 1.24. | 文部省学校教育局長通達「朝鮮人学校設立の取扱いについて」在日韓国人児童の日本人学校への〝就学義務〟を規定<br>アメリカ占領軍学校閉鎖令を指令、全国的に閉鎖反対闘争 |
| | 5.5. | 「覚書調印」1韓国人の教育に関しては「教育基本法」及び「学校教育法」に従うこと　2韓国人学校教育問題については、私立学校として自主性が認められる範囲内において韓国独自の教育を行なうことを前提として、私立学校として認可を申請すること。 |
| 1949. | 9. | 朝連及び民青が暴力主義団体として、団体等規制令により解散命令 |
| | 10. | 朝連系学校閉鎖、民団系もこれに準ずと閣議決定 |
| | 10.19. | 全国一斉（民団、朝連両系）337校に対し、閉鎖命令（92校）並びに、改良手続（245校）の通告<br>私立学校法制定により、学校認可権が各知事に移行 |
| 1951. | | 文部次官通達　韓国人学校認可については文部当局に協議する様指示 |
| 1952. | 4.23. | サ講和条約発効　在日韓国人は「日本国籍を離脱する者」と見做さる。日本政府在日韓国人生徒に日本の義務教育を強制して来た態度も一変させ「恩恵」として日本人学校への就学を許可する方針をとった。日本人学校への就学義務なくなる。 |
| 1954. | 4. | 東京韓国学園設立 |
| 1965. | | 法的地位協定締結　第四条…第一条の規定に従い日本国で永住することを許可されている大韓民国国民に対する日本国における教育、生活保護及び国民健康保険に関して、妥当な考慮を払う。<br>合意議事録　日本国政府は法令に従い、協定第一条に従い日本国で永住を許可されている大韓民国国民が日本国の公の小学校、又は中学校へ入学することを希望する場合にはその入学が認められるよう「必要と認められる措置」をとり、及び日本国の中学校を卒業した場合には日本国の上級学校への入学資格を認める。<br>討議の記録　日本側代表（C）協定について合意された議事録中協定第四条に関する部分の1でいう「必要と認める措置」とは文部省が現行法令に従って行なう指導・助言、及び勧告をいう。 |
| | 4. | 「在日外国人教育連絡会」文部省内に設置、法務・公安調査庁参加 |
| | 12.28. | 福田事務次官通達、各都道府県教委及び知事宛<br>「朝鮮人のみを収容する教育施設の取り扱いについて」<br>朝鮮人のみを収容する私立の教育施設は次によって措置すること<br>(1)朝鮮人学校については学校教育法第一条に規定する学校の目的に鑑みこれを学校教育法第一条の学校として認可すべきでない。<br>(2)朝鮮人としての民族性又は国民性を涵養することを目的とする朝鮮人学校は、わが国の社会にとって積極的意義を有するものとは認められないので、これを各種学校として認可すべきでない。又同様の理由により、この種の朝鮮人学校の設置を目的とする準学校法人の設立についてもこれを認可すべきでない。<br>「外国人教育特別委員会」自民党内、委員長茂木元文相文教調査会、治安対策委員会のメンバー参加<br>政府与党連絡会議で「外国人学校制度創設法案」作成 |
| 1968. | 2.27. | 「外国人学校法」案国会上程　自民党総務会了承 |
| | 3.1. | 〃　〃　閣議決定 |
| | 12. | 〃　国会提出 |

# 資料　外国人学校法案　民族教育問題

## 日帝治下の教育

日本植民地教育政策は、社会情勢と社会的要求の即刻化を反映して展開されたのであるが、その基本的特質は〝同化＝皇民化〟政策にあった。それは、第一に日本語教授の強制、第二に日本の歴史・文化・生活様式の注入で、つまりは韓民族を抹殺し、〝日本皇民化〟を強要しながら、第三には近代的生産技術（特に農業）の初歩を教えて、植民地経営にこたえさせようとするものであった。

### 1、朝鮮教育令時代（一九一一〜二二年）

一九一一年の教育令は、経済的搾取を行ないながら、他面忠良なる臣民化教育を行ない、精神的隷属をはかろうとしたものである。

「……此の如く朝鮮が純然たる我が領土となり、朝鮮人が我国民となったにつきては、朝鮮人の教育を如何にすべきやという点に関して、種々の問題を生ずる。第一は朝鮮人を忠良なる国民として養成する為、内地人に対すると同様なる道徳教育を以て臨むべきやということである。第二は朝鮮人として必ず国語を学ばしむべきやということである。第三は朝鮮人に対する教育制度は、内地人に対するものとは、之を別にすべきやということである。此三問題に対して総督寺内正毅が与へた解決は第一に関しては、朝鮮に対しても教育勅語の御趣旨に基きて徳育を施すべきこと。第二に関しては、朝鮮人をして必ず国語を学ばしむべきこと、凡学校に於ける教育用語は国語たるべきこと、第三に関しては、朝鮮の時勢及び民族度に応じ、漸進主義に依り教育を施すことをいふに在った。」

（「明治以降 教育制度 発展史」第十巻、昭和十四年、文部省内教育史編纂会）

### 2、改正教育令時代（一九二二〜三八年）

三・一運動を契機として、植民地教育政策は修正された。

「外国の植民地制度に於いては、植民地住民に教育を施さないのがその方針であるけれども、我が国に於いては朝鮮を植民地と見ることなく、一視同仁の聖旨を奉体し、内鮮の差別を撤けず……」

（「教育科学」、昭和六年、武部欽一）

### 3、第三次改正教育令時代（一九三八〜四五年）

一九三七年の中日戦争の開始は、〝内鮮一体〟〝皇国臣民化〟政策を植民地支配の中核にすえ、大東亜共栄圏確立のための〝兵站基地〟としての韓国の重要性を高めた。

「新東亜建設の人的資源の啓培」（塩原政務総監一九三九年）を教育目的とする。

（イ）〝皇民化〟教育政策

〝皇民化〟教育政策は、戦時体制下にある韓国人の精神的隷属を計る為に、韓民族を日本民族と同一視させる〝一視同仁〟の発想を生んだ。一九三八年の教育は、その基本方針を「忠良なる皇国臣民ノ育成」に、それを教育の三大綱令としてスローガンにした。

（1）皇国臣民タルノ自覚ノ徹底（国体明徴）
（2）内鮮一体化ノ信念ノ確立（内鮮一体）
（3）鍛錬主義教育ノ徹底（忍苦鍛錬）

▲学校運営における上記スローガンの具体化例

学校の玄関…〝皇国臣民の誓詞〟
注〝日本国旗〟が掲げられ「学校は天皇陛下の御稜威の光満ずる神聖な道場である」と書いた標柱があった。

廊下…「私共ハ日本人デス」「国語デオ話シシマセウ」とのたれ幕がさげてあり、偉人（乃木大将等）の写真が壁にはってあった。

教室…正面に宮城、伊勢神宮の写真と国旗が飾られていた。

行事…記念日には、宮城遥拝と〝皇国臣民の誓詞〟の斉唱を絶え間なく行い、毎朝剣道を型どった皇国臣民体操を実施。

教科書…〝国史〟としての日本史を教授され、神国日本への崇拝と国体明徴が鼓舞されるという、歪んだ歴史がふき込まれた。

〝地理〟も日本地理が中心となり、特に大東亜共栄圏盟主日本の地位が、不断なく吹聴された。

〝唱歌〟では、「君が代」「天皇奉拝」「皇国日本礼讃」等が指導された。

注〝皇国臣民ノ誓詞〟
一九三七年一〇月制定
（1）我等ハ皇国臣民ナリ、忠誠ヲ以テ君国ニ報ゼン
（2）我等皇国臣民ハ互ニ信愛協力シ、以テ団結ヲ固クセン
（3）我等皇国臣民ハ忍苦鍛錬力ヲ養ヒ、以テ皇道ヲ宣揚セン

例一　「ヨイコドモ一ネン」一九四二年、朝鮮総督府
私タチハ日本ノ子ドモデス。小サイケレドモミンナゲンキナ日本ノコクミンデス。先生ノヲシヘヲヨクマモリマス。コンドソロッテ二年生ニナリマス。

例二　テンチャウセツ（「ヨイコドモ二ネン」一九四二年 朝鮮総督府）
ケフハ　テンチャウセツデス。ハヤクオキテ　コクキヲタテマシタ。ウチヂュウソロッテ　キュウジャウヲ　エウハイシマシタ。ミナリヲトトノヘテ　学校ヘ行キマシタ。テンワウヘイカ　コウゴウヘイカノオシャシンニムカッテ　サイケイレイヲシマシタ。「君ガ代」ヲ　ウタヒマシタ。コウチャウ先生ガ　チョクゴヲ　オヨミニナリマシタ。私タチハ　ホンタウニ　アリガタイト　思ヒマシタ。

例三　兵タイサン　オゲンキデスカ。私モゲンキデ　ベンキョウシテイマス。私タチノ学校デハモウスグウンドウクワイデス。ウンドウクワイニハ「兵タイサン」ノイウギヲシマス。私タチノ学校デハマイツキ　ミヤサンニ　オマイリシテ　兵タイサンガ　ゲンキデ　ハタライテ　クダサルヤウニ　イノッテキマス。ソレカラ　ブリキクワンヤ　アキビンナドヲ売ッテ　ヒカウキヤ　センシャヲツクッテ　イタダクノデス。ホモンブクロニ　日ノ丸ノハタヲ入レマシタ。バンザイノ時ハコノハタヲ　フッテクダサイ。私ノカイタ　ジヤ　エヲ見テクダサイ。シナノ子ドモタチニモ　見セテアゲテクダサイ。兵タイサン　サヤウナラ。

例四　朝鮮の施政（「初等修身書巻四」一九三四年、朝鮮総督府）
朝鮮は昔から内地と関係が深く明治の始めごろからは、その関係が一そう深くなりました。さうして朝鮮がよく治まるか治まらないかは東洋の平和にもかかわり、ひいて我が国にもさしひびきを与へる様になりました。今から三〇年余り前まで朝鮮は国を韓国といっていましたが、国が衰へて人民は一日も安らかにくらすことができませんでした。我が国は何とかしてこれをすくひたいと思って、色々力をそへましたが、韓国はどうしても、自分の力で盛んになることはできませんでした。そこで朝鮮人には、両国の併合を望み、韓国二千万人民の苦しみを救ってもらひたいと願ふものが多くありました。そこで明治天皇は、韓国皇帝と御相談の上、明治四三年八月二九日に韓国を日本に併合あそばされました。明治天皇はおうみこころを深く朝鮮にそそがれ、朝鮮総督を置いて、この地を治めさせることにせられました。かうして朝鮮は、どの方面に於ても、日々進歩しつつあります。私どもは、施政の方針をよくわきまへて、これを助けますます朝鮮の発達をはからねばなりません。

〝皇民化教育〟を受けた子供達は、

〝御真影〟を学校に配布されて…

「私は、ありがたさに涙がこぼれ……支那の国の人々のことを考へては、日本に生まれた幸福を心から感謝しました。」（小学校五年 女子の作文「文教の朝鮮」一九三八年 八月号）と書き、

〝皇国臣民之柱〟をみては……

「一身一家を捧げて陛下の御稜威のため、東洋平和のためにつくすこと」を誓ふ（小学校六年男子の作文、「文教の朝鮮」一九四〇年六月号）に至ったのです。

（ロ）日本語の強要

日本語常用による皇民化運動に力を注ぎ、韓国社会からハングルを追放全廃した。

「日本人なるが故に日本語を語るのではなく、日本語を語るが故に日本人となる」これは「あるのは〝国語〟であって、日本語ではない」「日本語といふと、国語はまるで朝鮮語と対ひ合っているもののやうな気持ちがするじゃないかね。朝鮮語は、日本のお国の言葉の中の方言といって」「内鮮一体は、日本人と朝鮮人の共通語を国語といふように呼称することから始まるのだ」（「半島の子ら」一九四二年飯田彬）と宣伝された。

「美しい国語に耳を傾すのが国語教育の第一義」第二は「先生は、朝鮮語で話さない聴かないと言ふことがわかれば、児童は異常な熱心さを示す。必要にせまられ、〔国〕語学習の能率をあげる」（「初等国語読本巻一の概観」「文教の朝鮮」一九四九年四月号、和田[illegible]）

### 日本の植民地教育政策の破綻と民族教育

教育的観点からの二つの誤り

❶「日本人化する事が植民地民族の進歩と幸福への途」いう発想
❷教育を通しての民族改造、精神改造が可能だと容易に考えた事

日本による弾圧と強化が、民族意識を抑圧する方策として積極的に展開されるや、これを打開する為、自然、各種の名を持つ学会が組織され、韓民族の威信と繁栄の回復をはかろうと、反日闘争がくりひろげられた。植民地権力の厳しい監視と弾圧下にあっても、学校ストライキとして、あるいは地下サークルとして、反日抵抗意識に支えられた学習と運動が続けられた。圧迫が厳しさを増すにつれ、かえって愛族、愛国心が覚醒され、母国を救う為、政治教育及び産業を趣旨とする各種の結社が組織され、この四〇年間に二〇〇〇余の私立学校が設立された。

## 日本の対韓国観と同胞政策の根底をなす発想法

【久保田発言】
韓国側で国会の意見があるからと、そのような請求権を出すというならば、日本としても朝鮮の鉄道や港を造ったり、農地を造成したりしたし、大蔵省は、当時、多い年で二千万円も持出していた。これらを返せと主張して韓国側の政治的請求権と相殺しようということになるではないか。

「私見としていうが、自分が外交史の研究をしたところによれば、当時日本が行かなかったら、中国かロシアが入っていたかも知れないと考えている。

細かいことをいえばキリがなくなる。ただ三六年間というものは資本主義経済機構の下で平等に扱われたものである。時代を考えてほしい」（一九五三・一〇・一五 財産請求権委員会）

【高杉発言】（要旨）
日韓会談はいまや最終的ヤマ場にきている。この交渉は一般にいう政治技術だけでは駄目で、もっとふところ深く大局的立場で進めなければならない。事務的には技術はほとんど終っている。だからここで外務省の連中があれこれだといって妥結できないとするならよっぽど頭が悪い。われわれはこの際兄貴分になったつもりで、大きくのみこんでしまわなければならない。人によっては日本の朝鮮に対する三六年間の統治に対してあやまれという声もある。しかし、申し訳ないとは言えない。我が国の国民感情としてそんなことも出していたら、会議はあと十年かかっても話し合いはつかんだろう。

なるほど日本は朝鮮を支配した。しかし、わが国はいい事をしようとした。いろいろ難癖をつける人もいる。日本としては朝鮮をもっとよくするつもりでやってきたことだ。韓国をごらんなさい。山には木が一本もないではないか。これは韓国が日本からはなれてしまったからだ。もう二十年日本とつき合っていたらこんな事にはならなかっただろう。われわれの努力は戦争に負けたために駄目になってしまったが、もう二十年朝鮮をもっていたら[illegible]だろう。台湾統治はその成功した例だろう。日本におやまれというのは勝手な言い分だ。日本は工場や家屋、山林などをみんなおいてきた。創氏改名もよかった。それは朝鮮人を同化するためにとられた措置であって、決して搾取でも圧迫でもなんでもない。なんでもかでも侵略だ、搾取だというのはあたらない。過去のことをいいあえば向うにもいくらかいい分があるからと[illegible]過去をむし返すのではなく、お互いが大きな気持で、特に日本は親せきのつもりで話し合いをまとめるのがよい。日本からいえば、特に韓国が六千万の軍隊を三八度線において北朝鮮からの侵略をくい止めにしている事を高く評価し、心から感謝せねばならない。過去のことばかりもち出していたら、会議はあと十年かかっても話し合いはつかんだろう。

石井氏　外相は「電話と政治」という著書の中で「アジアを守るため、台湾を経営し、朝鮮を合併し、満州国を建国したのを日本帝国主義というなら、光栄の帝国主義といわねばならぬ」といっている。

外相　私の考えは多少修正されている。民族の感情を尊重しなければ、帝国主義も間違っていると思う。（一九六五・二・一五、衆院予算委員会）

【佐藤答弁】
石橋氏（社）一九四八年八月十五日に効力を失うとされている併合条約は日韓対等の立場でできたものといえるか。

佐藤首相　対等の立場で自由な意思で締結されたと思う。

石橋氏　首相は日韓両国の善隣友好を説いているが、併合条約が「対等の立場と自由な意思で結ばれた」という意識の中から真の善隣友好の確立はできない。

（石橋氏は併合条約締結にあたった伊藤博文特派大使の復命書を引用して、併合条約が対等の立場で結ばれたものでないことを指摘）

首相　過去をふり返ることも必要だが、前向きに善隣友好関係を樹立していきたい。（一九六五・一一・五、衆院日韓特別委員会）

【椎本発言】
◇…ところで椎本官房長官は妥結機運をみせてきた日韓会談がよほどうれしいらしく連日外相顔まけのスポークスマンぶりだ。十七日の記者会見では「何しろアジア[illegible]る。」

【入管局「出入国管理白書」一九四九年度版一二頁】
「終戦から昭和三六年二月末迄に一二〇余万人朝鮮に引揚げた。」

【八木正男入管局長】
「自己の意志によることなく、日本に移住を余儀なくされた朝鮮の人たちは、この引揚げでほとんどすべてが帰国したことを留意しなければならない。」（一九六五・四・一、自民党両院議員総会）

「悪質韓国人の本国送還の道を開いたのは大きな前進だ」（一九六五・四・一、自民党両院議懇会）

【椎名発言】
「在日韓国人の取扱いは、我が国の長い将来にわたる社会秩序の問題に関する重要問題である。」（一九六五・四、七・衆院外務委）

石野氏（社）「高杉発言」として伝えられるものに、朝鮮支配は良いことをしようとしてやったものだという一節がある。外相はどう考えるか。

椎名外相　過去のいきさつやこれに関する感情はいっさい抜きにして、前向きに両国民が共栄共存の道を進むべきであると思う。

【八木入管局長】
「韓国犯罪人を自由に引取る決意をされた現政府（韓国）当局者に対して、同慶の意を表すべきであろう。」（前出「国際問題」七号）

八木入管局長　韓国籍を持たない在日韓国人が入管令の強制退去事由に該当した場合、北韓との外交折衝がないので「自費で北鮮へ行くという人の便宜をはかってやる…[illegible]、これは強制退去というより、自費による出国ということ……」

稲葉氏（社）「韓国籍の者の法的地位がはっきりすると強制送還されることになり、逆に不利になって」

【鈴木一日韓親和会会長談】
「永住権をもらえるような人は当然、日本国籍を選ぼうというような道」

「行政の手心一つで帰化を奨励すべきである」（「親和」一三八号〝永住権と帰化問題をめぐって〟）

【鎌田記者発言】

八木入管局長「結果的にはそういうことになる。」（一九六五・三・一八、参議院法務委員会）

【増山発言】
日本政府は、日本に居住している韓国人が一人でも多く韓国に帰ることを望んでいる言いかえれば、戦争が終って既に二十三年になるのに韓国人が日本に居る必要はない。従ってなにが所謂人道主義とか、法務省に来るのは本当に泣きついているのではないか。これ以上話す必要はないから帰れ。

【池上入管参事官】
協定永住権をもつに至った韓国人子弟が日本の義務教育課程を受けることを認めた理由
これ（日本の義務教育）を「認めないと、民族教育を強化されて同化などということはもとより思いもよらない……」（雑誌「外人登録」71号〝在日韓国人の法的地位について〟）

【文部省杉江管理局長】
「母国語による民族教育を行なう態度は必ずしも好ましいものではない。母国語を用いて、いわゆる民族教育を行なう、そういう各種学校の設置については望ましいものではない。（一九六四・三・二五、第43回国会衆院文教委員会議録13号）」

【上田誠吉】
「教育によって日本に同化させて、その民族的力量を弱めればそれが最上の治安対策になるという」のが政府の考え方」

【池上努著「法的地位」二〇〇の質問】
「遠い将来において在日韓国人が真に幸福になる道は何かということを十分検討した結果、……何時までも外国籍でいたんでは好ましくないし、同化つまり帰化してしまうことが一ばんよいのではなかろうか……」（第二四問）

「…あなたがた、泥棒に入った男が家の人に見つかって逆に脅し、飯や酒を出させて朝方まで居はる いわゆる「居直り強盗」のようなもので……」（第六二問）

じゃ日本を兄貴分と思っているのは韓国とインドネシアぐらいだからネ。大事にせにゃいかん。わが国が提唱で韓国が末弟のようなのサ」とうそぶき「傾きかけた家（韓国をさす）はしっかり助けてやるべきだ。他人に金を出すのは気持ちいいもんだ」とまで口をすべらす始末。こうした兄弟のたとえはさきの故大野伴睦氏の〝日韓親子論〟以来踏有のはずだけに因いている方がハラハラ。（一九六五・三・一八、中日新聞「記者の眼」欄）

以上を要約すると
❶〝侵略〟と〝日帝統治〟に対して正当化と美化に終始し、〝謝罪〟意識が全くないこと
❷在日韓国人の〝居住〟の権利が渡日の事情と居住の実績から不可侵の権利として発生しているにも拘らず、「今、日本に居る人は自由意思で来た」「居直り強盗である」という根拠のないことを言っていること
❸在日韓国人問題を〝治安〟の問題でとらえ、「出ていってもらう」か「日本人になってもらう」か いわゆる〝追放〟と〝同化〟によって解決をはかろうとしていること
❹〝追放〟の観点から法的地位協定締結を〝前進〟と見ていること
❺在日韓国人子弟の幸福は〝帰化〟であると勝手にきめつけていること
❻韓国人としての〝民族性〟又は〝国民性〟を涵養する民族学園を積極的意義を有するものと見ていないこと

解放から今日までの日本政府の在日韓国人子弟に対する教育施策は、その子弟の日本人学校への就学に関して〝放任〟〝義務〟〝妥当な考慮〟という風に方針をとってきている。

このような状況の中で、民族学園から〝民族性〟又は〝国民性〟を抜きさる為、つまり〝同化〟する為に外国人教育特別委員会が、治安委員会のメンバーを含めて、「外国人学校法案」を作成したのである。

## 外国人学校法案の内容と問題点

かかる伝統的な民族教育弾圧政策の歴史的総括である「外国人学校法案」が、「外国人学校の制度を設けることにより、日本に居住する外国人に対する組織的教育活動が国際的な友好関係の増進に寄与すると共に、その自主的な教育が日本の利益と調和を保ちつつ発展することが出来る様にすることを目的とする」（第一条）として登場してきた。その主な内容は次の如くである。

第二条（外国人学校）もっぱら外国人（日本の国籍を有しない者をいう）を対象として、次の各号に該当する組織的教育を行なう施設は、外国人学校とする。
一、修業年限が一年以上であること
二、授業時数が教令で定める授業時数以上であること
三、教育を受ける者が常時四十人以上であること

第三条（外国人学校の教育）わが国と外国との間における理解および友好関係を著しく阻害し、またはわが国の憲法上の機関が決定した施策を、ことさらに非難する教育その他、わが国の利益を害すると認められる教育を行なってはならない。

第四条（設置者）略
第五条（校長および教員略）
第六条（設置等の認可）外国人学校の設置、廃止、設置者の変更および目的の変更は、政令で定めるところにより文部大臣の認可を受けなければならない。（2項ー4項略）

第七条（届け出）外国人学校の設置者は名称、位置または学則を変更しようとするとき、その他政令で定める場合に該当するときは政令で定めるところにより文部大臣に届け出なければならない。

第八条（是正命令）文部大臣は、外国人学校について、この法律に基づく命令の違反があったときは、当該外国人学校の設置者に対して、違反の是正のために必要な措置を講ずべきことを命ずることができる。

第九条（閉鎖命令）文部大臣は外国人学校の設置者が前条の規定に基づく命令に違反した場合、その他外国人学校について重大な法令の違反があった場合は、第一条の目的を著しく阻害するため、やむを得ない必要があると認められるときは、その設置者に対して当該外国人学校の閉鎖を命ずることができる。（2、3項省略）

第十条（報告及び検査）文部大臣は、第一条に定める目的を達成するために必要があるときは、外国人学校に対して報告をさせ、または前二条の規定による権限を行なう必要があると認めるときは、当該職員に、外国人学校に立入りその運営の状況もしくはその帳簿書類その他必要な物件を検査させることができる。（2、3項省略）
4、立入検査の権限は、犯罪捜査のために認められたものと解してはならない。

第十一条（教育の中止命令）
1、文部大臣は、外国人学校以外の施設が第二条の教育を行なうものと認める場合には、当該施設の設置者に対して、一定の期間内に外国人学校の設置を認可すべき旨を勧告することができる。ただし、その期間は一月を下ることができない。
2、文部大臣は設置者が勧告に従わず、引続き第二条の教育を行なっているとき、または外国人学校の設置の認可を申請したが、その認可が得られなかった場合、引続いて同条の教育を行なっているときは、設置者に対してその教育をやめる旨を命ずることができる。（3項省略）

第十二条（権限の委任）文部大臣は、政令で定めるところにより、この法律に規定するその権限の一部を、都道府県知事に委任することができる。

第十三条（罰則）第九条第一項または第十一条第二項の規定による命令に違反した者は、六月以下の懲役もしくは禁錮または一万円以下の罰金に処する。

第十四条（同）第十条第一項（同条第三項において準用する場合を含む）の規定による報告をせず、もしくは虚偽の報告をし、またはこれらの規定による検査を拒み、妨げ、もしくは忌避した者は五千円以下の罰金に処する。

以上を見れば問題点は明白であろう。第一に「わが国（日本）と外国（韓国を含む不特定多数国）との間における理解および友好関係を著しく阻害し」（第三条二項）とあるが、その場合の判定の基準がどこにあるかによって、制度の運用の仕方が全く変ってしまうのである。現に日本の「安定内閣」組織と言えども流動的であり、それに伴ってその基準の設定も変化してきている。しかも、日本の国民的、国際的「利害」をいくら忠実に代弁するといっても、その〝基準〟が明確になされない限り、日本の支配層の「生かすも殺すも胸三寸」式の脅迫的解釈に任されることは言うまでもない。又わが国（日本）の利益を害すると認められる教育」（同条同項）とは一体何か今日の日本政府の文教政策や外交関係の文脈においてこの条項をみると、重大な追随的姿勢がみられる。例えば、日本が韓国を侵略した事実なくして我が民族史は語り得ないし、そればかりか、鮮血で綴られた日帝との闘争史を語らずして我が在日同胞の現実を把握することは出来ず、正しい世界観をも持つ事が出来ないのである。しかし、日本では現在、日本の韓国侵略、大陸侵攻を肯定する方向に教科書は改悪されている。この場合、文部省検定の基準から見ると、侵略を批判する我が民族史は、「わが国（日本）の利益を害する」事となり、「反日教育」とされてしまうのである。第六条を見ると、各都道府県にあった認可権が文部大臣に移行している。このことは、民族学校認可をめぐって文部大臣と都道府県知事との間にあった摩擦、混乱を整理、解消し、文部大臣の教育全般における権限を拡大強化すると共に、民族教育機関において「反日教育」が行なわれていると認めた場合、直ちに適用する権限を政府の掌中においたものである。第十条では、民族教育運営を一々こと細かに報告させる義務を負わせ、立入り検査権をも示唆し、民族教育の自主性を著しく侵害している。

「人はすべて教育を受ける権利を有する」（世界人権宣言第二六条第一項）
「親はその子になえられる教育の種類を選択する優先的権利を有する」（同第三項）
「何人も母国語の授業を受けることを保障されるべきである」（国際法学会　国際人権宣言三条　一九二九・一〇・一二、ニューヨーク）
「自己の選択した言語を自由に使用することについての及び、この言語を教えることについての権利をすべての個人に承認することはすべての国家に属する」（同上）

## 大使館筋の見解など

在日同胞に関する大使館筋の見解、発言は次の通り。

❶「在日同胞は、いずれ日本に同化される運命にある」（大韓民国元外務部長官）
❷「協定永住権の申請を早くしましょう。協定上永住権取得者は、帰化に際しても容易になる」（本国出先機関某高官発言）
❸駐大使は、「外国人学校法案」に対しての基本態度を、去る七日在日韓国人記者団に〝オフレコ〟で語った。
❹三月九日開かれた民団教育委員会で祖親発言は、「大使館の態度は、記者会見で発表した駐大使の発言が基本態度だ」
❺本国には某筋の見解として、次の様な噂が流れている。

「外国人学校法が通過すれば、わが韓国学園も打撃を受けるが、朝総連傘下の一四一校にのぼる学校が大打撃を受ける。我が方よりも総連側が大きな打撃を受けるので、反共をたて前としている我々としては、国益があると見なければならない。」

「将来の民族教育を育てれば、この法には賛成しかねるが、朝鮮大学校に反対する立場から、この法律に賛成せざるを得ない。」

## 第五回民団中央委員会　決定事項

（6）同胞二世教育に対する要望書
十数年来国家民族の宿願であった韓日国交正常化問題が第七次会談でわが政府の巨視的な国家観に立脚した、果敢な外交政策によってその結実を見た事は、実に慶賀の至りです。

しかし、六〇万の在日僑胞子弟たちの教育対策に対して、未だ具体的に立案されていない現実を見る時、北傀側が朝総連系を総動員して、必然的に所謂民主民族教育という赤化教育を実施している現実に照し合わせて見る時、甚々遺憾なことであります。

（中略）

教育財団設立計画

一、法人体の性格
日本法による法人体にし、本部を日本東京に置き、理事陣は国内に居住する者、及び在日僑胞で構成する。現在の教育法内容が過去とは違い、教育の中立性を堅持している事によって、日本法による私立学校として民族教育をする事が出来る。

二、資金
十年間継続事業として、年間予算二〇〇万ドルないし四〇〇万ドル（日貨七億円〜一四億円）を策定し、国家支出と日本内募出とで折半負担する。

国家支出分は、対日請求権中、無償分中から本国政府が負担し、残額は在日僑胞及び日本人篤志家から募出するようにする。

三、設立する学校の種類及び設立予定地
大学……東京　一個校
中・高・小学校綜合学院
東京…二個校（一個校新設、一個校拡充）
横浜…一個校（新設）、名古屋…一個校（拡張）、京都…一個校（拡張）、大阪…三個校（拡張）、神戸…一個校（新設）、北九州及下関地区…一個校（新設）、札幌…一個校（新設）、仙台…一個校（新設）
総九個地区　一二個校
（ロ）各年度に設立する学校及び予定地は、資金と実情に従い各年度で決定する。

四、小・中学の義務教育課程にあっては、全国に散在しているので全部を収容する事は出来ないし、また、今回韓日協定において、日本国がわが児童の小・中学義務教育を許可する事になったので、この児童たちには雑誌、映画、八ンクレット、日曜日、放課後等を利用して、民族意識を高揚するようにする。

故に民族学校は、義務教育課程を経た者の高等学校教育に集中させる。

しかしながら、民族学校である高等学校には、小・中学校を併設して、通学が可能な地域の義務教育課程にある児童を収容する、小・中・高の綜合学院にする。

この高等学校を中心とする綜合学院は、日本の大学に進学出来る日本教育法に依る、日本国内の教育規準に準ずる私立学校としての実業高校として技術教育を中心にしながら、民族教育は韓国語、韓国史、国民道徳教育を中心にして毎学年で修学旅行を本国に送り、また本国の一定の高等学校と結縁し、交換教授も実施して民族教育の質的向上を図る。

五、教育の目標
❶反共思想、民族意識、国民教養を涵養する。
❷日本人と共存する教育に指向する。朝総連系は、教育権北送するところに目的としているので、反日赤化の思想教育に目標を置いている。しかし、われらの子弟は、日本に永住するので、日本人と同じ民主教育に目標を置くべきである。
❸われらの子弟は、外国人という立場で生活していくので、日本人と競争して勝てる実力養成に留意し、実社会に即時必要な技術教育に重点を置かなければならない。

六、財産管理
教財は民団の指示に従い、理事陣がこれを管理する。

備考　以上の計画は、これから先一〇年間の長期計画であり、毎年本国政府と合意のもとに各級学校を設立していく。

## 民団中央陳情書

韓国新聞第八五七号　一九六六・六・一八

権逸団長は、さきごろ、外国人学校制度の創設に関連して、韓国系学校の認可交付と朝総連系学校の認可取消しについて次のような陳情書を日本政府当局に提出、善処方を要望した。

### 陳情書要旨

目下、問題になっているわが韓国系学校と朝鮮連系学校との教育の基本理念に関する概要の明示と同時に日本小学校併設分校の分離許可の取消しと、それに伴う教育施設を規制するよう、前回、要請書をもって提出致しましたが、今回再び教育問題に関して下記の要項について重ねて陳情するようになったのは、友好関係にあるわれわれにとって誠に不幸なことで遺憾千万であるといわざるを得ません。

ご承知の通り、文部省で進めてきた外国人学校制度の創設案の最終要綱がまとまったもののようですが、その内容を見ますると日本政府が望む〝日本と諸外国との理解及び友好関係の増進を目的とし、日本国の利益と安全を害するものであってはならない〟との趣旨については、国際的観念から理解できますが、同法律が韓国人の民族教育に何等かの不当な規制を受ける懸念がありますので本法の施行にあたっては、われわれの望むような教育機関の保護育成は勿論、ひいては民主々義の発展と自由陣営の友好増進のため、常に心がける建設的な法律であるよう強く望むものであります。

また、これは昨年十二月二十八日付で文部事務次官、福田繁氏が通達した文管振第二一〇号、及び文初財第四六四号、公文を全く無視した地方自治体の一方的な権利の乱用ばかりでなく、現日本教育制度上の不備でこのことにより甚だ遺憾の事態をもたらすものであることはいうまでもありません。

以上の法案が以下の事情を是正するための法律ならいざ知らず、反面に、海、制定される外国人学校制度の法律の施行によって我が民団側の民族学校が規制される様な面があるようなことがあれば、韓日両国協定を害する場合は、断固として反対するつもりでございます。

これは両国だけの損害でなく自由主義陣営の団結にもひびがはいることは疑いありません。

近く制定されるべき〝外国人学校制度〟は、以上の様な基本精神に立脚して朝総連系学校とは厳格に法的措置をとるとしても、韓国系学校に対しては日本の公認の私立学校と同等の資格を与え、その育成を保証する方向に善処下さることを要望致します。

それだけでなく、在日僑胞に民族の上級学校の進学や、就職にも影響し、在日韓国人の社会活動を萎縮させることになるもので韓国と同じくする教育理念の下に言語と歴史を通じて民族教育を行ない、これによって国際人として日本社会に寄与させようとする我が国[illegible]にも、大きな波欄を投げ起こすだけでなく両国親善の前途をも暗くするものでありましょう。

〝私立学校〟としての認可を出し渋っていることは、韓日両国協定を傷痕させる非友好的で、しかも将来韓国をになう若い世代の国際親善及び友好を害するものであるといわざるを得ません。

在日韓国人学校の（東京、大阪、京都三校）日本国学校法による〝私立学校〟としての認可の件につきましては本国政府は勿論、駐日韓国大使館及び我が民団も以前から強く要望しておりますが未だに学校教育法第一条に規定された[illegible]

578

# 更に一歩大きく前進

## 第四回韓青全国冬期講習会

# 誓い合う民族の明日

## 全国から二七四名が参加

去る二月十七日から十九日迄の三日間、新潟県妙高高原において、韓青中央本部主催による第四回韓青全国冬期講習会が開催されました。

今年は、昨年の主題「韓国人として、正しく、力強く生きてゆこう」を更に深め、正しく敢行していく主旨のもとに、「深めよう自覚を、語ろう韓民族の今日と明日を」の主題のもとに行なわれ、全国から二百四十七名の盟員の参加を数えました。これは四年前に行なわれた第一回講習会での参加数の十数倍を示すものであり、絶えまなく発展前進する韓青の着実な運動の成果を、如実に示すものであります。

韓青における合同的な講習会は、一九六五年の琵琶湖における夏期講習会からで、その後毎年の全国的夏期、冬期講習会において参加数は増加を示し、その間一昨年の熱川における夏期講習会では三百七十二名を動員、昨年度の冬期講習会は五地区で行ない、総参加人員千名を数え、これらの蓄積が今回の成果となってあらわれたといえます。

開会式は、ほとんどの地区がバスによって参加した為、折からの大雪にたたられて予定時間より若干遅れて始められ、まず金宰淑中央本部委員長による挨拶を兼ねた主題講演において、現在私達在日韓国人の置かれている不安な状況にふれ、将来の祖国の発展は、私達青年の精神のもち方と力量にかかっており、従って青年に課せられた任務は大きく、この難局を突破する道は、民族の前衛に立つ青年の自己犠牲と勇気の精神の発揮にあり、運命共同体としての民族意識の高揚にあることを強調しました。次いで朴性鎮民団法地位副委員長からは、法的地位に関する講演と質疑応答があり、韓昌佑韓青中央常任顧問からは、在日同胞の中の青年としての役割と使命についての有意義な言葉があり、続いてゼミナールに入りました。

今回は、参加者の学習の実績に応じてA、B、C、Dの四コースに分け、

**Aコース**（前講習会Aコース受講者中、出入国管理令学習修了者及び、近代史、在日僑胞史理解者）
「在日韓国人の民族運動史」「韓国独立運動史」「法的地位と出入国管理令」

**Bコース**（前講習会A、Bコース受講者中、近代史、在日僑胞史理解者及び、出入国管理令未理解者）
「韓国独立運動史」「在日韓国人の民族運動史」「出入国管理令」「法的 地位の 現状と問題点」

**Cコース**（前講習会Cコース受講者及び、法的地位、出入国管理令の基礎学習希望者）
「法的地位に関して」「在日僑胞史」「韓国近代史」「出入国管理令」

**Dコース**（初参加者及び、民族的基礎的な学習希望者）
「民族について」「在日韓国人の法的 状況」「在日僑胞史」「近代史」

をそれぞれ学習、討論しました。

続いて部屋別懇談会においては、主題を中心として日常活動の諸問題、在日韓国人としての現在と将来への生き方など、ゼミナールでは十分に話し合われなかった問題について、各自が韓国人として力強く正しく生きていく為に真剣に論じ合い、その中で同志としての相互の連帯を強めると同時に、友情を深めました。

また、スキー講習会、フェスティバル等の多彩なスケジュールを組み、全国各地から集まってきた青年が、あらゆる各自の問題意識を持ってぶつけ合い、多くの成果が得られました。

十九日の総括討論会においては、計画、準備、運営についての討論がなされた後、各コース指導委員からの学習報告がなされ、次いで中央本部から、先の第四回委員長会議において決定された法的地位研究会の設置と、三・一節へ向けて法的地位、出入国管理令、外国人学校の諸問題の学習を強化し、二月二十九日、全国的に三・一節[illegible]を持つことを決定しました。続いて閉会式に移り、夏期講習会での再会を約しつつ、「建国行進曲」を大合唱しながら、三日間にわたる意義深かった講習会の幕を閉じました。

今回の講習会を通して特筆すべきことは、朴性鎮法地委副委員長、張暁通信韓国語学校校長、韓昌佑常任顧問と共に、韓青盟員から金恩沢・金在大両中央委員長、金消川大阪本部委員長、西日京都本部組織部長等が講師に加わり、盟員の構成が幅広く充実したものとなったことを挙げることができます。

韓青中央では、冬期講習会のこの大きな成果に依拠し、今年の第四回韓青全国夏期講習会においては、再び全国盟員を一堂に集め、動員目標を八百名において、部屋別討議を中心とした密度の濃い講習会を開く予定になっています。

## 明日の祖国は僕等の為に

東京・江東・孫声進

僕は、文書章をくことはあまり得意ではありませんが、書くことによって、全国に住む仲間である韓国人青年に話しかけることができ、又自分自身に対しても問いかけるつもりで書いています。

韓青全国冬期講習会に参加したとき、最初に私の心を強烈に抑えたものは歴史でした。そして、民族とか教育とかいうものは、歴史を学んでこそはじめて意義あるものとして活きてくるんだ、と思うようになりました。私は、そのことを読む人に対して語りかけたいし、それにも増して読んでいない人に対しても史に問いかけたい。「私達白衣の民族といわれる韓民族は、果して劣等であり、軽蔑されていい民族なのか？」と。

いやそうではないんだ。栄光と誇りに満ちて世界を闊歩することのできる民族なんだ。

私は、今まで民族の何たるかの根本を知らずに過してきました。これまでの二十年間、私は殆ど完全に日本人的に生きてきました。その私が、或る時私の血に潜む韓民族としての魂を抑えきれずに、"韓国人・孫声進"として生きるようになりました。

しかし、その時私は、未だ祖国の真の歴史を理解していませんでした。「過去を知って何んの得になるのか？私にとって残っているのは未来だけだなんだ！」と叫んでいました。そうです確かに未来に対する希望は絶対に必要です。しかし、未来に向かって行くには過去を、歴史を知らなければならないのです。私達在日韓国人自身が持つ歴史なのです。

私達は、私達自身の歴史を知らない限り、決して"真の自分"を見つけることができないと確信します。自分を知ることは、民族の何たるかの根本を知ることにつながります。そして根本を知ってはじめて明るい前[illegible]き、はじめて民族の一員としての自分に目覚めそしてはじめて真の韓国人と成り得るのです。

私は、このことを冬期講習会に参加して、痛切に感じました。そして同時に、自分がこの在日韓国人青年の中の一人であること、そして、それがたとえ一人一人の韓国人であっても、一つに集結すれば、どんなに難かしい道であっても、必らず切り拓くことができるんだ、という確信をもつに至りました。

今私の中には、不条理なものに対しては、いかなるものであっても立ち向かって行こう、という力が徐々に固まりつつあります。

これからの人生は、法的地位出入国管理令改悪など、私達を徹底的に締めつけようとする権力との苦しい闘いになるかも知れません。しかしながら、私はあえてそれをいといません。それよりも私にとって最も厳しい闘いは、"自分との闘い"にあるのであり、そして、それに克ってこそ、人間として、韓国人として本物になるのではないだろうか、と思います。

僕は、人に「どんな人間が好きか？」と問われたなら、はっきり「純粋な人間が好き」と答えます何故なら、私は純粋さを求めているからです。私が純粋に生きようとするのなら、これから先チマ・チョゴリを着た人と胸をはって、手をとりあって町を歩きます。そして祖国について語あい、祖国に夢を託して毎日を暮して行きます。明日の祖国は私達の為にあるのですから。

## 民族主体性を自覚

東京・江東・南猛竜

韓国人であることを拒否し、日本人的に生きようとしていた僕が何故に韓青に参加するようになったか。それはひとえに姉のねばりづよい働きかけと、姉自身の力強く前進しようと努力する前向きの姿勢に心を動かされたからに他ならない。

僕の姉が韓青に初めて出たのは料理講習会に参加してからで、韓国人としての自分を認識し、韓青の役割、重要性を自分なりに考え判断し、両親の抵抗を押し切って韓青に勤めるまでになった。その姉と話をしても僕自身韓青に出ていなかった為、姉の意見にはいつもカドをつけて喧嘩をしていた。

そうこうして韓青のバスハイクとか夏期講習会に参加するうちにこれまでの自分をふりかえって、自分は今までどうしてこういった韓国人青年の集まる場に溶けこんでいけなかったのか、を考えるようになった。僕自身、韓国人は日本社会からの差別と蔑視からたえず逃避し、外面的にも内面的にも韓民族は劣等であるという間違った認識により、韓国人としてのコンプレックスで、あらゆる面で日本人のように振舞おうとしたが、韓国人である自分の気持を偽って日本人のような気持で日本人と接しても、後で自己嫌悪を感ぜずにはおれなかった。結局どんなに努力しても内にひそむ韓国人という意識により、完全には日本人になりきれなかったのだ。

そんな僕が韓青の冬期講習会に参加して、今日までその歴史を継承し、発展させてきた偉大な民族の遺産である文化や優れた言語を知り、韓民族として生きていく事は、即ち民族の主体性を守っていく事は僕達に課せられた義務だと自分なりに自覚するようになり、責任を感じるようになった。講習会に何回も参加し、班別討論で互いの意見を交すことによって講習会の目的や意義を理解し、グループ同志の話し合いとか、個々の青年との交わりが、自分には今一番必要なことだと思い、新たに感じた。

講習会からの帰りに、何となく一人で歩いて帰りたい気持になった。講習の楽しさ、価値と、はじめてもち得た韓国人としての自主性をもう一度再確認し、噛みしめたかったのだ。

この三日間という時とその過程を考える時、自分の踏みしめる一歩一歩に新たな道が開けてくるようで、一日一日がこれまでとは違って晴やかに感じられる。

写真左から孫声進、南猛竜、韓朝子の三君

## 六十万同胞とともに立とう

東京・大田・韓朝子

私は今度の韓青全国冬期講習会という全国的規模の催しに、はじめて参加しました。

この講習会に参加して、改めてこんなに私達の仲間がいたんだなあ、と感じると同時に、かつてこのように「法的地位」が身近に感じられたことはなく、まだこれ程重要なことだとは知りませんでした。講義を聞きながら、「法的地位」の問題に対して、私はこれからの将来に大きな不安を感じざるを得ず、この重要な問題について六十万同胞一人でも欠けることなく多くの人達が知り、私達若人の手で「法的地位」を闘いとらねばならないと感じました。それには一人一人が強い信念と意志をもち、恐れることなく希望をもって未来に向かって前進しなければならないと思いました。それと共に韓国人としての認識が深められ、私達同胞の存在について、改めて考えさせられました。

この三日間は、私達にとってほんとうに貴重な日々だったということができます。

今回の講習会において特に痛感したことは、更に一人でも多くの人が参加してこの意義ある講義を聞くことができたなら、と思います。

もう一つ、今回の講習会で私自身多くを知り、感じ、参加したことに大きな意義を感じていますが、講習会の期間をふりかえってみる時、最初多すぎるとさえ思っていた学習時間が決して多いものではなく、多くのことを学んで帰りたかったのですが、それが思うようにならなかったことに若干心さびしく感じましたが、今後更に韓青の講習会に参加する中で学習を深め、努力していきたいと思っています。



写真は韓青福岡直轄支部結成大会の模様

# 福岡直轄支部結成さる

## 四日市支部では再建大会

一九六七年度は、韓青埼玉県本部と韓青青森県本部がそれぞれ結成、再建され、また岩手県本部結成準備委員会が構成されると共に、東京都内における各青年組織も一元化への方向をとりつつあり、近来の韓青の運動は全国的に強い結束の気運がみなぎっていますが、一九六八年に入って新たに三月二十四日、時を同じくして韓青福岡中央直轄支部と韓青三重県四日市支部の結成大会及び再建大会が行なわれ、今後の青年運動の活発な展開が期待されています。

【福岡中央直轄支部】

福岡支部は、昨年八月福岡市在住の韓国人青年が集まって行なわれた夏季講習会が母体となり、その参加者を中心として支部結成への気運が高まり、

一九六七年
一〇月二八日　韓青支部結成準備委員会発足
一一月二九日　油山ハイキングに二一名参加
一二月二三日　クリスマス前夜祭に六〇名参加
一九六八年
三月　九日　名称を韓青結成委員会と改称
三月一三日　連絡会議
三月一六日　連絡会議
三月二〇日　連絡会議、機関紙「韓青月報」特別号発行
三月二三日　連絡会議

の経過をたどって、三月二四日福岡韓国会館において七〇名の盟員の参加のもとに結成大会が開かれ、委員長に準備委員長であった姜東俊君が選出されました。

【三重県四日市支部】

韓青三重県四日市支部においては、四日市市在住の熱誠的な韓国人青年が集まって準備委員会を結成、準備委員長柳永沢君を中心に第四回韓青全国冬期講習会にも参加するなど活発な準備活動を行ない、三月二十四日午前十一時より民団四日市支部事務所において再建大会を行ない、委員長に李麟某君を選出、今後の三重県における韓青運動のリーダーとして力強く成長することを期待されています。

☆　☆　☆

# 子供の教育をどうすべきか？

（埼玉県本部発行「無窮花」より）

ぼくの娘はことし四才になる。子供の成長は早い。じきに小学校だ。ところで学校だが、民族教育はどうしたら良いのだろうか？民族学校へ入学させるとすれば、まず考えられるのは東京韓国学校だが、とても遠いので、小学生にとっては通学は無理である。

いろいろと考えた末、結局最後には日本人小学校へやむを得ず入学させることになるのである。そこでは勿論韓国語は教えてくれない。祖国の地理も歴史も教えてくれない。韓国の愛国歌の代りに「君が代」を教わるわけである。

このままでは、どうしたって日本人的になってしまう。それを防ぐため、せめて家庭で民族教育を行なうとしようか。しかし、自分自身子供に民族的な素養を与える知識があるだろうか？

それにもまして大きな心配事が一つある。自分が日本人学校へ行っていた当時の、かずかずのイヤな思い出がよみがえる。あれは小学校五年生の時だったかな？クラスの者とケンカをした時だった。その時ぼくは勝っていたのだが、相手に「ヤーイ、朝鮮人！チョウセンジン！」と負けおしみに言われた時のくやしさ。あの時のシュンとした自分の姿が今でも頭にこびりついている。その時、ぼくは自分を朝鮮人に生んでくれた親を恨んだっけ。そして自分を悲劇の小説の主人公視したっけ……。何度学校へ行くのがイヤになったことだろうか……。何となくヒネクレた人間に育ったのは、自分が朝鮮人としてまわりからさげすまされたためである。

今はあの頃とは時代が違うのだから、もうこんな事はないかも知れない。しかし、自分の子供が日本人学校でみじめな思いを、絶対にしないだろうか？最近こんな話を聞いた。

「社会の時間、歴史を習っていた。その時先生が"朝鮮征伐"という言葉を口にしたとたん、みんなは"朝鮮、朝鮮！"とワアワア騒ぎ出した。女の子も大きな口を開けてゲラゲラ笑い出したが、先生は止めようともしないで、一緒になって笑っていた。その時私はみんなが私を見てやしないかと周囲をキョロキョロ見回しながらもみんなと一緒になって笑っていたのである。」

やはり今でもこんなことがあるなんて、昔とちっとも変ったところがないのかもしれない。とすれば、日本人学校へ入れるのは考えものだ。自分のような、少しゆがんだパンチョッパリには、絶対にしたくない。このかわいい娘を韓国人としてまっすぐ育てるためならば、少しぐらい金がかかっても何でもない。子供は金で買えないのだ。

一番良いのは、埼玉県にも韓国人学校を作ることだが、民団の計画はどうなのだろうか？ せめて小学校でも出来れば、非常にうれしいのだが。

## 三千里

# 金嬉老氏と民族教育

▲二月十九日第四回韓青全国冬期講習会が、多くの成果を残しつつ三日間にわたるその幕を閉じ、参加者二百四十七名の盟員が再会を約して各地方に戻った時、私達を待っていたのは、日本全国一億の耳目を釘づけにした「金嬉老ライフル事件」でした。

私達が熱心な学習と真剣な討論に没頭し、またスキーに青春の溢れんばかりの若さを謳歌して、韓国人として生まれたことの幸せを噛みしめていたその時、金嬉老氏は苦悩の奥底で呻吟していたのです。

二十歳前後の私達青年が"パンチョッパリ"としての自分と正しい方向で訣別し、韓国人としての誇りを堅持し、韓国人として力強く生きていこうという決意に燃えていたとき、四十一歳の彼は、日本社会におけるいわゆる"チョウセンジン"というわれなき蔑視を告発し、自分自身の生命を代償とする刺激をかもした方法で、一切を決算しようとしていたのです。

▲この事件は日本社会にさまざまな波紋を投げかけ、在日韓国人にも大きなショックをあたえ、また本国においては三月一日、九百人の高校生が日本における民族差別待遇を叫んでデモをしました。

彼の行動は、"殺人事件"を"人種問題"とすりかえている」とか純粋で、"人種問題"である」（"民族問題"とすべきを）故意に"人種問題"として特殊なイメージをもたせようとする向きが認められる」とか論議され、「自殺していたら英雄になったのに」とか「法廷で闘うべきだ」とか傍観者的第三者的な発言がなされましたが、その見方がどうあれ、「よくやってくれた。胸がスッとした」というのが、私達在日韓国人にとって立場を超えて共通した感情であったことは、否めない事実でしょう。

▲金嬉老氏の生立ちを知る時私達はそこにかっての自分と共通したものを認めた筈です。

しかし私達は、在日韓国人二世として成長していく過程で、劣等感に悩みながらも韓青の存在を知り、極めて自然に民族の如何にあるべきかを知り得ましたが、"大東亜共栄圏"という日帝のおぞましい妄想に酔い痴れていた戦前の日本社会において、"鮮人（センジン）"として蔑められ、社会のドン底に陥れられた彼には、極めてイビツな形でしか民族意識は形成され得なかったのです。そして小松川事件の李珍宇君を私達と同世代の戦後派二世の矛盾の悲劇の典型とするならば、金嬉老その人こそは、恐るべき日本帝国主義の民族抹殺政策である皇国臣民化教育によって魂を奪われた在日韓国人二世の歴史そのものを体現した典型といい得るでしょう。

▲しかし彼は、彼がとり得た唯一の手段をもって日本社会における朝鮮人蔑視の風潮に真向から挑むという、解放後二十数年間私達に成し得なかったことをやり遂げ全人類にその心情を訴えかけました。そして在日同胞の代表ヅラをして詫びや被害者（？）に対するピントの狂った募金提唱をしながら、ノコノコ"脱獄"に出掛けた英教師、あるいはキレイゴトづくめの論評を発表した、民族問題を一人で担当しているかの如く錯覚している日本評論家達の行為は、その生命を賭した訴因たる金氏の決意を冒涜する、厚顔無恥な売名行為であるといわざるを得ません。

▲私達はかつて、異国日本において民族意識を失うことの、いかに哀しく惨めなものであるかを、身をもって体験してきました。それ故にこそ私達は子孫に対してこのようなことがないように、と民族教育の拡大強化に邁進し、誇り高き韓国人青年の育成練出に努力しているのです。そして、このような純粋にして正当な意図を骨抜きにし、封殺しようとして日本政府から出された政策が「外国人学校法案」なのです。それ故にこそ私達は、この法案の動向を注視しこれに対する警戒を怠ってはならないのです。

# ＝韓青案内＝

## 《祖国訪問団》

名　　称　第23回光復節慶祝在日韓国青年同盟使節団
日　　程　八月十日　福岡出発
　　　　　十一日　政府要人礼訪、古蹟、大学、工場見学
　　　　　十四日　板門店視察
　　　　　十五日　光復節記念式典参加
　　　　　十六日　国軍墓地参拝
　　　　　（八月十七日より各自故郷訪問）
費　　用　各自負担（日貨約四五、〇〇〇円但し旅券印税含まず）
資　　格　本同盟員（全国から選抜）
派遣人員　六十名
利用交通機関　福岡―釜山　KAL航空便
申請期間　四月下旬まで
申込金　二、〇〇〇円

## 《料理学校》

祖国の素晴しい料理を習うために一九六五年六月設けられた料理学校も、開校以来、既に満三周年を迎えました。その間、いろいろ苦しいことや辛いこともありましたが、女子部盟員の協力と努力によって、その成果と実力は高く評価されています。

今年も五月に料理学校三周年を記念して発表会を催すことになっており、一同非常に張切っています。料理学校は単なる料理を習うだけの場ではありません。女子部相互の親睦は勿論、料理を通じて祖国の文化・風俗にふれ、同時に韓国人として如何に生きていくかを真剣に話し合う場でもあるのです。料理学校をもっと盛り上げ、更に発展させるために、あなたも是非参加して下さることを期待しております。

## 《就職斡旋課》

私達日本に住む韓国人青年にとって就職への門は非常に制限されています。韓青ではこの厳しい現状に留意して、昨年から文教部に就職斡旋課を設置し、各自の志向性に従って有能な韓国人青年を、有望な韓国人企業に送り、着実な実績をあげています。

本名を使い、胸を張って堂々と働くことは、私達にとって素晴しいことではないでしょうか。

詳細は韓青中央本部まで。（811〜4471）

# 「外国学校法案」をめぐる 経過と情勢の推移

去る三月十二日、日本政府より立法府に提出された「外国人学校法案」が、在日韓国人社会に大きな衝撃を与えています。韓青においては、第四回冬期講習会でこの問題を講習内容に加えていましたが「法的地位問題」「出入国管理令改悪問題」に討論が集中されたため、十分な討議はなされませんでした。

ところが、今国会において「出入国管理令改悪」と共に国会提出されると見られていた「外国人学校法案」が、中川入管局長の事故により単独に打ち出され、二月二十七日自民党総務会において了承、次いで三月一日閣議において今国会上程が決定されて以来、韓青、学同は常にこの法案の動向を注視し、十一日の決起大会に向けて全国動員態勢を布いていました。しかしその後、日本国会における審議が大幅に遅れ「外国人学校法案」上程も遅延されることが明らかになるに及び、民団社会内における情勢の動向、変化を見極めた上、より効果的な運動を展開する為、十一日よりの決起大会を二十五日に延期し、その間二週間を運動準備期間として、全国的な学習活動期間に充て、二十五日において挙行された決起大会には、十一日当時確認されていた三百二十名の動員数を上回る四百二十名の団員を動員、私達の意志を表明しました。

そして、それは二十八日に開かれた第十二回民団中央委員会にに反映され、予想通りの決定を見、韓青中央の情勢判断の正しさが確認されると同時に今後の運動推進への大きな布石となりました。

民団中央機関紙「韓国新聞」は昨年十二月五日付で「日本政府外国人学校制度立案—民族教育に重大影響—次期国会に成案の見通し—早急に対策の研究が必要—民団中央決定を新たに」という見出しのもとに「日本当局はこの外国人学校制度に対するねらいはその創設理由にもある通り、"日本国の利益を害する"と認められる教育を禁止し、場合によっては監督官庁による学校閉鎖、校内立入調査などの自由裁量権を確立しようとするもので、二世子弟に対する民族教育を弾圧政策上としている。わが民団として看過しえない重大内容を含むものである。さきの第十一回中央委員会はこの外国人学校法についてその内容如何によっては、二世の民族教育擁護を図ることを決議した」と報じました。同法案は民団中央の"決定"にも拘らず、その主張が法案に反映されず、第十一回中央委員会の"決議"も実現されないまま、行政府を離れようとしていました。

韓青中央常任委員会は、文章化された同法案を慎重に分析検討した結果、同法案は民族教育を弾圧し、同化政策を目論むものであると厳しく受けとめ、制定阻止の基本姿勢と具体方針を策定、三月四日全国一斉動員待機体制に入り、五日第五回全国委員長会議を召集し、民族教育の正当性を否定する内容をもつ限り、「外国人学校法案」の上程に反対するという「声明」を発しました。

十一日最悪の事態は免れ、上程の大幅遅延の見通しが明るみになるとともに、民団中央組織局、文教局は、同法案の三、九、十三条の三項目削除並びに、文化協定の締結を日本政府に談判、要求が通らなければ民団自身先頭に立って運動を展開するから、統一ある運動をする必要から十一日予定されている「決起大会」開催延期を要請してきました。また九日大使館は、三条項削除か韓国学校への適用除外を「覚書」で日本政府から取り付ける努力をし、その解答を二十三日迄に行なうことを民団中央教育委員会で約束しました。以上の三点と上程の遅延が明るみになったこと等を充分考慮し、開催期日を延期、韓学同は計画に従って「決起集会」を開催しました。

三月十二日同法案は国会に提出され、結局民団中央の努力は水泡と化してしまいました。

二十二日京都で開かれた文教分科委員会においては、「外国人学校法案」に対して❶反対する❷態度決定は文教分科委員長と文教局が相議して二十七日発表する❸韓青、学同の運動については不問に付し、自主性に任せる、との決定をみました。このことは「外国人学校法案」に対する運動が民団運動に位置づけられ、路線に定着させる可能性をつくり出しました。

二十五日の第七回韓青全国委員長会議においては、同日の中央決起大会に李裕天民団中央団長が参席し、今後の闘争への姿勢を明らかにした場合は示威行進を中止し、直ちに国会へ代表団を派遣、請願文を提出すると同時に、各地方代表者は都内主要駅頭において日本国民へのアピール文配布活動を展開することに決定しました。

二十五日の決起大会では、李団長が朴学卓組織局長、呉世経文教局長と共に参席、「自分も諸君と同じ心情である。二十八日の中央委員会においては善処する」と挨拶、民団中央団長が参席し挨拶したことは、これからの運動の大きな力の担保となり、次の運動へ力の蓄積するため示威行進を取りやめるに至りました。

同日開かれた委員長会議においては、流動的な民団情勢の推移に照らして、中央常任委員会の決定は正しかったと総括、今後各地方において決起集会、講演会を開催し、運動を継続させることに決定しました。

翌二十六日民団中央三機関長会議において、この法案に対して❶民団としては反対しない❷外交折衝で解決を図る❸三条項削除の要求、三項を決定、続く二十七日の文教分科委員会においては、「基本的に反対であるが、敵性団体に大きな打撃を与えるので黙認するように」との発言が（明らかに中央委員ではない人から）なされ、またそうすべきだと強力に推し進められ、民団のこの法案に対する確固たる方針の不在を露呈しました。次いで二十八日同分科委は継続して開かれましたが、某筋の干渉は威脅なものだったといわれています。

同日開かれた第十二回民団中央委員会では、このような分科委の推移を知る中央委員から「民族の良心に照らして見て、断固反対すべきだ」との発言が続出、「民団に賛成させようとしているのは、日本政府の民族相互離間の政策であり、これに乗ってしまってはいけない」と、文教分科委員会から提出された方針案を修正して承認するという形式で態度決定がなされました。このことによって命文教分科委員会委員長の前置きの「この外国人学校法案に対するすべての運動、特に韓青、学同の運動に対して、学同は十一日に、二十五日には韓青が反対の決起大会を開いたが、何んら問題を起こさなかったし、これからも彼等は運動をするだろうが、法的地位要求闘争運動の時のように"アカ"呼ばわりはしてはいけない」の言葉によって裏打ちされた如く、韓青の今後の運動において、民団社会内における強力な闘争展開への途が確認されたことは、大きな成果であるといわねばなりません。

# 盛り上がる団結の機運 東京では闘争委員会を結成

## 東京都内

東京都内では、三月二日第二十四回都内青年懇談会が開かれ、席上、韓青中央本部金君夫副委員長より前日（三月一日）閣議において今国会上程が決定された「外国人学校法案」の内容及び、この法案のもつ諸問題点について説明がなされ、当初予定されていた、前回に引続いての「出入国管理令改悪」問題に関する学習と、それに対処すべき施策についての討論会を変更、「外国人学校法案」をテーマとすることに決定、各地区の幹部間において活発な論議がなされました。

その結果、わが民族教育の自由性を侵害し、骨抜きにしようとする内容をもつこの法案の制定を黙視するならば、我々は子孫に対して、大いなる禍根を残すことになる、との見解の一致を見、都内における組織上の問題を超越して、この法の制定に反対すべきことを満場一致で確認し、外国人学校法制定反対都内韓国青年闘争委員会を結成、第二十四回都青懇の場を即時第一回闘争委の場に切り換え、檄文が作成されました。

委員会は、韓青中央本部鄭康浩東京担当部長を事務局長とし、都内の全青年組織（豊島・渋谷両韓青韓文部及び大田・品川・目黒・荒川・文京・港・世田谷・江東・深川・葛飾・足立）の代表者を委員として、以後四月二日の闘争委まで七回もの開催を数え、延べ二〇〇名の幹部が真摯な学習と活発な討論を行ないました。特に、第三回闘争委においては、五〇余名の青年幹部の参席の下に、三月十一日持たれる予定であった全国決起大会に向けて、各地区において最低三回の組織的学習及び、動員態勢をとるとの活動方針が決定されました。この決定に依拠して都内各青年組織では、会員に対し檄文、韓国青年新聞、及び外国人学校法関係の資料を郵送すると同時に、電話通達、或いは個別訪問などによって活発な学習啓蒙活動を展開しました。

三月二十五日、東京全電通ホールにおいて開催された中央蹶起大会においては、全都から六〇余名の青年が参加、全国の韓青盟員団員と共に、民族教育死守と民族教育機関拡大強化の決意を天下に宣明しました。

都内の全青年組織が、青年としての純粋な志向性から民族の自主性を守り、子孫万代への義務を果たすべく、一致団結してこの闘争に参加している事は、今後の都内の青年運動の方向性に計り知れない明るい展望を与えると共に、より強固な組織への脱皮、即ち各青年組織統一への第一歩を踏み出したものとして、高く評価されるに値するものです。また、この運動は、都青懇二十四回の実績の蓄積の成果を土台とするものであり、これまで続けられてきた地道な努力が、ようやく実を結びつつあることを示すものということができるものです。

なお、第七回韓青全国委員長会議の決定に依拠し、都内においては、四月十四日午後五時より韓青中央オリンピック屋舎において、民族教育と外国人学校法に関する「時局講演会」を開催することに決定しました。

## 北海道本部

北海道本部（李宗懋委員長）では、昨年金君夫中央副委員長と李秀公中央組織部長による「法的地位の現状と問題点」「出入国管理令の意図するところ」の講習を受け、盟員の意識も徐々に高まりつつあります。

「外国人学校法案」に関しては中央より送達された資料にて学習、三月二十五日の中央決起大会後、中央において学習して更に深めた認識をもって啓蒙活動にあたり、四月六日本部において学習会を開き、二十名近くの盟員が参加、真剣な雰囲気の中で熱心な学習がなされました。

## 群馬県本部

群馬県本部（金猛委員長）においては、第四回全国委員長会議において決定され、第四回全国冬期講習会において確認された三・一前後祭を、二月二十九日本部主催で桐生支部において持ちました。

その席上、当初予定されていた「法的地位の問題点」「出入国管理令改悪の意図と問題点」についての学習を、急拠二十八日朝日新聞紙上に自民党総務会で日本国会上程が了承されたと報道された「外国人学校法案」に関する学習会に変更、金恩沢中央本部副委員長を講師として条文解説とその問題点に対する説明を受け、討論をするなかで活発な論議が交され、民族教育死守への決意を強固なものとしました。

次いで

三月三日　本部にて学習会
十日　定期大会
十九日　桐生支部
二十日　勢多支部

と学習活動を行ない、特に三月十日の定期大会においては、金猛君を委員長に再選すると同時に、「外国人学校法案」に対する討議をした結果、大会決定によって「外国人学校法案」国会上程に反対の態度を表明しました。

三月二十五日の中央における決起大会には、マイクロバスをチャーターして大挙動員をかち得、着実な学習活動の成果を示すと同時に、今後も活発な学習活動を予定しています。

## 埼玉県本部

埼玉県本部（朴炳燮委員長）では、三月六日川口支部事務所において、中央本部から金君夫副委員長を講師に迎え、外国人学校制度についての学習会を開きました。当日は約三十名の盟員が集まり、日帝治下の教育に始まり、現在にいたるまでの日本政府の対韓国人教育政策についての講義を聞き、次いで討論に入り、盟員各自の民族教育に関する体験談などを話し合いましたが、日本政府の一貫した民族抹殺政策について、今更ながらこの認識を新たにしました。これと共に参加者全員、私達の民族教育機関をも規制しようとする今度の「外国人学校法」制定の動きについては強い憤りを覚え、この法案上程に断固反対していかなければならない、ということを互いに誓い合いました。そして、私達の世代は民族教育をロクロク受けられなかったが、これからの私達のような過去を歩ませないためにも、是非民族教育を質的、量的に向上発展させなければならない、ということに意見の一致をみました。そして埼玉県にも是非韓国学園をつくり、子孫に対して正しい民族の言葉と歴史を教え、民族精神と文化を継承させなければならない、という声が圧倒的に出され、民族教育を拡大強化しなければならない、と決意を新たにしました。

## 神奈川県本部

神奈川県本部（許宗文委員長）においては、第四回全国冬期講習会での盛り上がった成果に踏まえ、活発な学習活動を展開し、今回「外国人学校法案」問題が緊急を要する事態に至り、第五回全国委員会における決定に準拠して早急に法案内容を中心に学習を通め、これを日本政府による一貫した対在日韓国人圧迫政策の一環をなすもので、わが韓国系学校にも適用されるものであることを示唆し、このような内容をもつものである限り「外国人学校法案」上程に反対しなければならないと決定しました。

三月十四日開かれた学習会では、中央本部から金君夫副委員長と朴燦鎬宣伝部長が参席、解放前及び解放後における日本政府の対韓国人教育政策の学習を行ない、自由討論においては各自の意見、疑問点などについて活発な論議がなされ、法案に対する決意を更に高めました。

三月二十五日の決起大会には、四十有余名が参加、この問題に関する態度を鮮明しました。

## 山梨県本部

山梨県本部（朴鍾植委員長）においては、三月十六日中央本部金君夫副委員長を講師として学習会を開き、民族教育の重要性を再認識すると同時に、今回日本国会に提出された「外国人学校法案」の内容を貫く"追放と同化"の日本政府による伝統的在日韓国人政策について、認識を新たにすると同時に、このような内容をもつ限り「外国人学校法案」上程に反対せざるを得ないという結論が出されました。

## (図) 解放後の日本政府の対在日韓国人教育政策

日本の対民族教育政策：規制　認可　規制通達　改組命令　閉鎖命令　閉鎖（占領軍指令）　制限（局長通達）　公認　放任

国民性・民族性の堅持の動向　＋　－　（帰化あるいは同化の傾向）

日本学校への就学の適用の変遷：一九四五　一九四七・三　七　一九四八・一　就学義務　一九四九・一〇　一九五二　原則　一九五四　一九六五　妥当な考慮

① 韓青運動の現状と将来の展望
② 第五回民団中央委員会学校設立案実施の場合
③ 現状維持の場合

写真は東京都内闘争委員会主催の講演会の模様

## (表)「外国学校法案」をめぐる諸情勢

| | | |
|---|---|---|
| 2月 | 27日 | 「外国人学校法案」自民党総務会で了承 |
| 3月 | 1日 | 「外国人学校法案」閣議で国会提出を決定 |
| | 2日 | 第22回韓青中央常任委員会で阻止闘争展開の決動方針決定「決起大会」開催決定の態度表明<br>第24回都内青年懇談会にて外国人学校法制定反対都内韓国青年闘争委員会（以下、都内闘争委）結成す |
| | 4日 | 韓青全団一斉動員態勢に入る |
| | 5日 | 第5回韓青全国委員長会議開催（於東京・大阪）韓青「声明」発表 |
| | 6日 | 第二回都内闘争委持たる |
| | 8日 | 民団（組織局、文教局）「決起大会」延期を要請韓青・学同委員長会議開催 |
| | 9日 | 民団教育委員会開かる　大使館は、三条項削除か韓国学校への適用除外「覚書」で日本政府からとりつける努力をする、その解答を23日迄に行なうと約束。教育委員会は回答迄「外国人学校法反対」の表明を保留確認する。<br>韓青「決起大会」期日延期を決定 |
| | 10日 | 第6回韓青全国委員長会議開かる。第3回都内闘争委持たる |
| | 11日 | 韓学同、反対決起集会行なう。韓青、総括会開 |
| | 12日 | 「外国人学校法案」国会へ提出さる |
| | 17日 | 第4回都内闘争委持たる |
| | 22日 | 第5回都内闘争委持たる民団文教分科委員会開かる（於京都） |
| | 24日 | 第7回韓青全国委員長会議 |
| | 25日 | 「民族教育死守外国人学校法制定反対在日韓国青年中央蹶起大会」開催、李裕天民団中央団長参席　韓青全国委員長会議総括会 |
| | 26日 | 民団中央三機関長会議「外国人学校法案」に対して①民団として反対しない②外交折衝で解決を図る③三条項削除の要求の三項を決定 |
| | 27日 | 民団文教分科委員会開かる |
| | 28日 | 民団文教分科委員会開かる<br>第12回民団中央委員会開かる<br>第6回都内闘争委持たる |
| 4月 | 2日 | 第7回都内闘争委持たる |
| 4月 | 以降 | 各地で決起集会、講演会、学習会の開催 |

# たゆみなき闘争姿勢 西日本地方 中央決起大会に二百名派遣

## 愛知県本部

愛知県本部（梁完玉委員長）においては、第四回全国委員長会議における決定にもとづいて活発な学習活動を展開、委員長会議以降二月二十八日までを第一次学習期間として各支部巡回学習会を行ない、法的地位の問題点ならびに出入国管理令改悪問題に関する学習を繰りひろげ、三月二十九日には三・一前後祭として法的地位に関する時局討論会をもち、七十名の盟員が参加して真摯な雰囲気のもとに活発な意見の交換がなされました。

第二次学習運動は「外国人学校法案」に関する学習を左記のように行ないました。

三月九、十日　幹部講習会（於楠野、八十名参加）
十九日　一宮支部
二十一日　岡崎支部
二十二日　東中支部
二十四日　料理講習会開講
二十五日　中央蹶起大会参加
二十七日　名西支部
四月四日　中村支部

なお、四月十六日には本部において「外国人学校法案」上程反対の愛知県本部決起集会が持たれることになっています。

## 京都府本部

京都府本部（金一明委員長）においては、三月一日「外国人学校法案」の今国会上程が閣議で決定されるや、本部常任委員会学習会を開き、これに対する討論と検討を加えた結果、私達の民族教育を妨害圧迫せんとする意図明らかなものであると断定、同法案の国会上程反対の態度を決定し、次いで左記の如く各支部巡回学習会を持ちました。

三月八日　右京支部
　中京支部
九日　本部
十三日　本部にて全体会議
十五日　乙訓支部
十七日　女子部
十九日　左京支部
二十日　東山支部
二十二日　上京支部
三十一日　報告会及び闘争委員会結成
四月六日　上京支部

三月三十一日の全体会議においては、三月二十五日挙行された、「民族教育死守外国人学校法案上程反対在日韓国青年中央蹶起大会」の報告を行なうと共に、全国大会の成果に依拠して、闘争をより拡大強化させる目的をもって闘争委員会を結成し、

1、全国的に闘争委員会の結成を呼びかける。
2、韓青、民団内での学習、啓蒙活動を強化する。
3、京都地区における決起集会をかちとる。
4、全国決起大会をかちとる。
5、情報の収集を行ない、資料の作成を急ぐ

を目標として、強力な闘争を展開することを決定すると共に、決議文が力強く朗読され、満場一致でこれを採択し、多大な成果を収めて閉会しました。

また、この盛り上がった雰囲気と蓄積された学習の成果は、四月十九日に行なう決起大会に向けて結集され、八年前李承晩独裁体制に挑戦し、偉大な勝利をかちとった四・一九学生革命を讃える中で、再度私達の姿勢を確認し、運動の拡大発展への強力な布石として位置づけられます。

## 大阪府本部

大阪府本部（金治明委員長）においては、冬期講習会以後も絶え間なく学習会を継続しており、中央での決起大会には多数の盟員を派遣しました。なお、学習の模様は次の通り。

【二月】
二十二日　堺支部
二十五日　布施支部
　成人者集会
二十七日　本部にて第三回ゼミナール

【三月】
二、三日　北摂津地方支部合同学習会（東淀川、豊中、吹田、茨木、西淀川）50名参加
五日　第五回全国委員長会議（西日本地区）
六日　第六回支部長会議
　成人者幹事会
七日　女子部学習会
十日　成人者集会（学習会）
十三日　第七回支部長会議
十四、十五、十六日　成人者合宿学習会
十七日　学同大阪本部定期大会
十八日　東淀川支部
十九日　城東支部
二十日　東成支部
　枚岡支部
二十一日　堺支部
二十三、二十四日　布施、枚岡合同学習会
二十五日　中央蹶起大会へ百二十名派遣
二十九日　第八回支部長会議

【四月】
四日　韓青、学同合同執行委員会
　決起集会挙行決定
五日　東淀川支部
六日　西淀川支部
八日　東住吉支部
十日　布施支部
　枚岡支部
　西淀川支部
　決起集会準備委員会
十二日　決起集会準備委員会
十三日　女子部料理講習会
　決起集会準備委員会
十四日　女子部読書会
十五日　第九回支部長会議

更に四月二十一日には、民族教育死守外国人学校法案上程反対韓青・学同合同決起集会を挙行する予定です。

## 広島県本部

広島県本部（権赫對委員長）においては、三月二十五日の中央決起大会後、中央本部において受けた講演の資料をもとに、執行部幹部における学習会を持ち、「外国人学校法案」の内容を見るところ、極めて反在日韓国人的なものをもち、わが韓国系教育機関にも適用されることを憂慮、現内容のものである限り反対の意志を表明しなければならないと意見の一致を見、続いて四月二日幹部クラスにおける学習会がもたれました。

今後広島県全盟員への啓蒙活動を展開する中で、第七回全国委員長会議での決定に基づき、来る四月二十一日、「外国人学校法案に関する問題点を研究」の主題のもとに、在日韓国青年同盟日本西部地区幹部合同決起大会の挙行が予定され、今後の運動の発展推進するものと期待されています。

（右）京都（左）愛知での学習会

韓国青年新聞

発行所
韓青出版社
文京区春日2-20-13
TEL (814) 4471
発行人・金宰淑
編集人・金君夫

## 綱領

一、われわれは、在日韓国青年の総力を結集し、祖国の完全なる統一独立の為に献身する。

一、われわれは、すべての非民主々義的勢力に反対し民主々義の正しい発展と実践のため努力する。

一、われわれは、心身を鍛練し教養を高め、友邦諸国の青年と提携し真正なる世界平和の建設に寄与する。

一、われわれは、在日韓国青年の民族意識を高め、在日居留民の権益擁護のため全力を尽くす。

# 権益擁護のより強力な推進を

## 第十三回中央大会開かる

### 金宰淑委員長三選

韓青第十三回中央大会が、去る十二月八日東京において開かれ、新委員長には代議員の強い要望により、再び金宰淑前委員長が選ばれた。活動方針においては第十二回大会のそれと大きく変る所はなくⒶ同盟組織の量的拡大、質的向上をはかる。Ⓑ民族文化を継承発展するために、あらゆる分野での学習と大衆啓蒙事業の推進。Ⓒ在日同胞の権益擁護運動の積極推進、を骨子としている。

所信を語る金宰淑中央委員長

韓青第十三回中央大会が東京芝の機械振興会館において開かれた。

議長には金一明韓青京都本部委員長が選出され、代議員一二五名中九十一名の出席を確認し、大会の成立が宣言された。

まず金宰淑中央委員長があいさつに立ち、二年間の執行期間を総括するとともに、同盟発展のために貢献を惜しまなかった各地方代表に強い連帯と感謝の意を表した。

つづいて、李裕天民団中央団長、鄭在俊東京本部団長ら各界の来賓による祝辞があり、その中で、特に李裕天中央団長は韓青の業績を高く評価し、民団も二世教育に尽さねばならないと語った。

活動報告においては、活動報告書を中執各担当部長が朗読し、そして、金承煥・丁海龍両中央監査のおおむね良好との査察報告がなされ、活発な質疑応答の結果、満場一致でこれを承認した。

去年春の三、二五民族教育闘争に関してはこの二年間におけるきわめて重要な闘争であったとの考慮から特別報告書が作成されており、諸般活動と別項に扱われた。

この後、新年度活動方針案が出され、これも活発に、論議した結果、満場一致で採択された。

新年度活動方針は、基本的には第十二回中央大会で採択された三大路線を踏襲するものであり、根本的に変る所はない。このことは同盟の自主的にして、安定した展望における計画が、着実に推進されつつあること、いままでの路線が踏襲に適切なものであった事を意味している。その概略は次のとおりである。

A同盟組織の量的拡大、質的向上をはかる　その四大目標

①機関の拡大と機関の正常な運営②同盟生活の確立③盟員の倍増④指導的幹部の体系的育成

B民族文化を継承発展するために、あらゆる分野での学習と大衆啓蒙事業の推進

その六大目標

①国語習得運動②各種講習会活動③サークル活動と文化記念行事④宣伝啓蒙活動の飛躍的推進⑤統一問題研究会⑥女子部活動の活発化

C在日同胞の権益擁護運動の積極的推進

その三大目標

①法的地位問題の根本的解決のために、全同胞の固い結集②出入国管理令改悪の動向を注視しそれへの対備③民族教育を青年の力で守り、民族教育を発展させる

大会は、つづいて規約改正案を可決し、旧執行部が辞任した。

新執行部選出に入り、各地方代議員の強い要望により、金宰淑前委員長が三選され、金委員長はこれをうけた。会場は全代議員の新委員長支援と連帯の拍手が長く続いた。

金宰淑新委員長は所信演説で韓青が新しく採択した路線に忠実に沿って、新執行期間を担当すると同時に、現在の同盟の諸般の問題に、冷静にして、かつ果敢に対処する用意のある事を明らかにした。

その他選出されたポストはつぎのとおりである。

中央副委員長＝金恩澤（前中央副委員長）・金君夫（前中央副委員長）・金一明（前京本委員長）

中央監査＝丁海龍（前中央監査）・金承煥（前中央監査）・金正輝（前京本副委員長）

### 中央本部新執行部

| 役職 | 氏名 | |
|---|---|---|
| 委員長 | 金宰淑 | |
| 副委員長 | 金恩澤 | |
| 〃 | 金君夫 | |
| 〃 | 金一明 | |
| 総務部長 | 朴燦鎬 | |
| 総務次長 | 李畊植 | |
| 組織部長 | 金一明 | 兼任 |
| 組織次長 | 権粛詰 | |
| 〃 | 高昌樹 | |
| 文教部長 | 金恩澤 | 兼任 |
| 文教次長 | 安炳鎬 | |
| 宣伝部長 | 金君夫 | 兼任 |
| 宣伝次長 | 金富雄 | |
| 東京担当部長 | 鄭康浩 | |
| 体育部長 | （保留） | |
| 財政部長 | 薛文 | |
| 女子部長 | 崔慶子 | |
| 女子次長 | 金正善 | |
| 中央監査 | 丁海龍 | |
| 〃 | 金承煥 | |
| 〃 | 金正輝 | |

## 権益擁護のために挙団的団結を！

委員長　金宰淑

親愛なる在日韓国人青年のみなさん!!

一九六九年の新春を迎えるにあたり、私は中央常任委員会を代表し、心より新春のお慶びを申し上げます。

去る、第十三回中央大会において私が三たび委員長の重責をになうことになりましたが、わが民族史における同盟の使命と役割の重大さを考える時、深くその責任の重みを感ずるとともに、意を新たにして同盟の諸般の活動推進に貢献していきたいと考えております。

本同盟は、諸先輩が築いて来た貴重な民族的いしずえの上にのっとり、二世青年の民族意識向上と在日同胞の権益擁護運動に尽力し、着々とその成果を収めつつあり、また、中央研修所「花郎　」の完成により青年運動の飛躍的発展への道を切り拓いて来ました。これらの成果はわれわれの主体的努力と諸先輩を始めとして在日同胞有志の暖い理解と協力のたまものであると信じております。

しかしながら解放以後、現在に至る祖国の分断状態は、わが民族の不幸の根元として民族全体の前にたちはだかっています。

統一こそは民族の悲願であります。しかるに我が国を取りまく最近の状況はプエブロ号だ捕事件に始まり、武装ゲリラ侵入の激発化等政治的、軍事的緊張の度合をますます高め巷間には大規模な激突さえ予想されています。

我々は今一度深く「統一問題」を考え「統一」に連らなる諸般活動を、更に真剣に取り組まなければなりません。この様な観点から実践活動の重点を「統一問題研究会」の諸般活動の活発化におきたいと思います。

他面在日同胞社会では、法的地位問題が未解決のまま残されていて、実際問題として、悲惨な状態を作り出しております。又、これに加えて、我々に対する規制を強める出入国管理令の改悪が目論まれて来ているのであります。

法的地位に於ける問題は、六四年に大会で決定をみた民団の要求が受け入れられていないところに基因しております。このことは、実務者会議によって事務的な折渉だけで解決されるとは考えられません。この問題は大局的な立場から政治的解決が必要であります。われわれはこの問題を事務的レベルから政治問題とするために一致団結して挙団的運動を展開しなければなりません。

そのために、我々は今後も民団と足並をそろえ、民団が在日同胞社会における、唯一の権益擁護団体として信頼され、前進するため、若き青年のフレッシュな協力をしてゆきたいと考えます。

そうすることによってのみ、今春日本国国会に上程が確実視されている入管令改悪の企みも紛砕することが出来ると信じます。

昨春、外学法上程に反対して民族教育守護の為斗争を果敢に斗い得たところの多くの貴重な経験を生かし、今年こそは、在日同胞の権益擁護のために継続して斗い、また祖国統一への一歩前進する年となるよう、全国の盟員と共に意義ある一年にしようではありませんか。

## 巨大な同盟建設に更に邁進しよう

| 地方名 | 委員長 |
|---|---|
| 北海道 | 宣勝男 |
| 青森 | 金正三 |
| 秋田 | 呉昌洙 |
| 宮城 | 趙明良 |
| 岩手 | 金東出 |
| 群馬 | 金猛 |
| 茨城 | 崔元鎬 |
| 千葉 | 申基文 |
| 山梨 | 金玉相 |
| 埼玉 | 韓公一 |
| 神奈川 | 張公出 |
| 福井 | 南棒変 |
| 愛知 | 梁完玉 |
| 三重 | 許鉦吉 |
| 岐阜 | 方明宣 |
| 長野 | 金海龍 |
| 京都 | 金一明 |
| 大阪 | 金治男 |
| 兵庫 | |
| 奈良 | 金海圭 |
| 滋賀 | 諸寅男 |
| 和歌山 | 曹喜坤 |
| 広島 | 鄭達男 |
| 岡山 | 金昌男 |
| 山口 | 金教元 |
| 佐賀 | 金仁守 |
| 熊本 | 魏三道 |
| 愛媛 | 朴達元 |
| 中央直轄支部 | |
| 福岡支部 | 姜東俊 |
| 諫早支部 | 曹圭容 |
| 調布支部 | 朴延泰 |
| 豊島支部 | 高昌樹 |
| 渋谷支部 | 李俊其 |
| 北支部 | 李高雄 |
| 大田支部 | 李慶雨 |
| 品川支部 | 柳徳済 |
| 江戸川支部 | 李文一 |

## 成人者に送るメッセージ

今年成人された盟員のみなさん、おめでとうございます。

在日韓国青年同盟中央本部を代表して、みなさんが韓国人として立派に成長されたことに、心から祝福と連帯のことばをおくりたいと思います。全国各地で、韓青主催の成人式が盛大に開かれていますが、みなさんも御存知のように私達の祖国では、日本で行なわれているような成人式はありません。にも拘らず、私達韓青が、成人式を開催するのは、単に、日本の成人式に、同胞青年が心よく招かれないからという理由だけではありません。成人式は、みなさんが民族的自覚と素養を身につけ、韓民族の一員となったことに対する祝福の場であります。みなさんが、おいたちの過程において、民族的な環境の厳しさと弱さ、すなわち、外にあっては、日本当局の私達に対する民族的「抑圧」と「帰化」への誘導内にあっては、民族文化の退化傾向と不毛の民族教育状況等にも拘らず、基本的には、民族的主体性を堅く守って、成人するに至ったことは、それ自体、きわめて、意義深いと言えます。このことをふまえて、みなさんは、成人に際し、その意義をきわめ、成人以後の民族的課題をしっかりと認識し、課題克服の為の民族的責務を深く自覚しなければなりません。〃成人〃とは、社会が、みなさんをその社会の構成員とみなし、権利と義務の帰属を明らかにし、社会的任務を課することを意味します。私達が重要な関わりをもつ主要な社会として、①在日同胞社会、②日本人社会、③本国社会があります。私達の幸福と、民族的諸権利の増進にとって、在日同胞社会の健全な発展は極めて重大で密接な関係をもっています。在日同胞社会の一員としての権利は何か、義務は何か、在日同胞社会の民族的民主的発展の為の根本的課題は何か、又、日本人社会における同胞社会の位置とその関係、祖国の発展と在日同胞社会の関係等についての認識を深めなければなりません。日本人社会において私達は外国人でありますが、日本に在住するに至った歴史的な経緯と居住の実績から、私達の「法的地位」は、正当に保障されなければなりません。にも拘らず、日本の当局は、これを無視し、在日同胞政策の目標を「将来に小数民族問題としての禍を残さない」ことにおき、その基礎に「追放」と「同化」と「抑圧」の三原則をとり入れ、日本国民に民族排外主義を煽り、同化への社会的強制力を強めています。このことは「法的地位」によって、在留権そのものを、「出入国管理法」改悪によって、生活権を始めとする諸般の「表現と行動」の権利を、「外国人学校法」制定によって、民族教育権を、骨抜きにし、奪うことによって進めている。私達の民族的な、基本的「権利」は、不当にも侵され、税務攻勢等にみられるように「義務」だけは不当に加重されています。このことを、厳しく、正しく、受けとめ、理不尽は権利はく奪に反対し、韓国人として生きる人間的な権利を、斗いとらなければなりません。私達は祖国を持っています。健康で豊かな祖国を胸の中に描き、その定立を目指す中で、祖国に帰依する志向性をもたなければなりません。海外において、民族的に力強く成人したことを宣明にし、韓民族全体の民族的課題の克服を誓うその瞬間から、みなさんは、祖国と連帯しています。この意義深い成人の日を機して、韓民族の栄光を双肩に荷う、「自由・民主・民族」を目指す隊列の旗手となろう。

一九六九年一月十五日

在日韓国青年同盟中央本部

委員長　金　宰　淑

## 幹部研修三分の一終る

### 中央常任による近代史講座を中心に第三期幹部研修開かる

第十二回中央大会で採択された路線——同盟の質的向上、量的拡大——のより着実な推進を図るために、中央が企画した幹部研修が第三期を迎えた。今期は韓国近代史が特に強調されており、全国十四地区の幹部四十六名が参加して行なわれた。今回で第一次幹部研修は三分の一を終えたことになる。

六八年の十一月九日から十一日の三日間にわたって、韓青中央主催の第三期幹部研修が東京都下西多摩の韓青中央研修所「花郎臺」において開かれた。各地から四十六名の中堅幹部が参加したが、前期の東日本地区が多かったのに比べて、今期は西日本地区に参加者が集中しているのが目立った。

研修内容に関しては、第一期、第二期の内容を基本的に踏襲しているが、第一期、第二期の問題点を克服していく方向で発展して来ている。外部からの講師の厳選、内部からの講師を立てる傾向、内容の集中化(以前の総花的傾向に対して)、参加幹部の水準にあった研修企画などがそうである。

特に新味を加えた事としては、「近代史」の講議が、六人の中央常任によって分担され講ぜられた事である。近代史の学習は、韓国史が未だ未整理の段階であり、学習が難しいのであるが、我々が民族的自覚を固くし、よりよき未来を建設してゆこうとする時に不可欠の基礎科目であるとの考えから、特に重く扱われたようである。その他「法的地位」「出入国管理令」「民族教育論」「組織実務」「在日韓国人の動態」等の研修が従来通り行なわれた。

今度参加した研修生は、かなり意識水準において、均質化されて来ており、今までの上級幹部から中堅幹部と移って来ている。この事は幹部研修がその目的とする体系的多量幹部養成の実質段階に入った事を語っており、効果を着実におさめうる段階になった。

今期で第一次幹部研修はその予定対象数三百名の内、百名を研修し終えた事になる。

研修生の受講風景

## 八百七十名参加

### 東京　同胞青年の集い

去る十二月二十三日(日)、午後六時から、東京大久保の三福会館において、「同胞青年の集い」が、多数の来賓の参席のもとに、東京都下、近郊から盟員八百七十余名参加のもとに、盛大に開かれた。多数の動員をかちえたこの集いは、韓青都内直轄支部連絡協議会の主催、韓青支部移行準備委員会の共催によってもたれました。

これは、韓青運動の重要な懸案の一つであった都内韓国人青年運動が、いっそうの活発化と組織的正常化の方向へ大きく前進したことを示しています。集いは、若い熱気があふれる中で、安炳鍋韓青中央文教次長、柳徳済韓青品川支部委員長の司会のもとに進められ、韓青中央東京担当部長、鄭康浩君から主旨説明、活動経過報告を受け、主催の協議会、共催の準備委員会のリーダがそれぞれ紹介された。韓青中央金宰淑委員長は、あいさつの中で「内外情勢は緊迫している。民族的主体性を確立し、民族運動を力強く推進していこう」と呼びかけ、参集者に深い共鳴を与えた。

これにひき続き、民団東本羅鐘郷副団長、婦人会東本朴　先会長、本国国会議員朴先生等の有意義な祝辞を受けた。このあと恒例のダンスパーティーは、韓青盟員で編成されたバンドの軽快なリズムにのせて、大韓の健児、チマ、チョゴリの民族衣裳が躍動し、民族の香りが、満場を漂う中で、くりひろげられた。

## 都内各地区次々と韓青支部へ移行

従来、東京都内での青年活動は不活発であった。この事は、六五年度の法的地位斗争の時に、少なからぬ運動上の支障を与えて来た。また、その後においても非生産的な方向で組織づくりがなされた面も多くあったが、韓青中央では、六五年の末から六八年の外国人学校法案上程反対斗争の時まで、二十六回に及ぶ都内青年懇談会を開き、都内青年の組織的力の結集を計って来た。昨年の外学法反対斗争時には、都内韓国人青年外学法反対斗争委員会を組織して、三月二十五日の斗争日に都内からこの種の斗争としては、始めて多くの青年を参加させるのに成功した。この成果の上に、都内既存の青年組織を韓青の旗のもとに結集すべく、九月十八日、都内韓青支部移行準備委員会(委員長鄭康浩東京担当部長)を発足させ、組織の支部移行の為の諸活動を始めた、十月十二日、十三日には、移行準備委主催による、学習会が中央研修所で開かれるなど、活動の結果として、十月二十二日に、大田支部(委員長李慶雨君)が結成され、つゞいて十二月十五日に、品川支部(委員長柳徳済君)が結成された。

このような活動にあわせて、都内未組織地区でも活発な組織づくりの活動がなされて来た。

江戸川に、九月三十一日、韓青江戸川支部結成準備委員会が結成され、韓青中央本部で第一回の会合がもたれ、数回にわたる準備委を開き、準備活動の末、十二月十五日、江戸川支部(委員長李文一君)を結成した。

この他に、墨田では、既存の組織を発展的に解散させ、十一月十六日に韓青墨田支部結成準備委員会を発足させて支部結成のための力強い活動を始めた。このように、東京地区に於いては、中央本部の正しい指導と、都内の熱心な青年組織活動化の努力とが合さり、青年組織活動の地図を大きくぬり変えようとしている。

支部認定書授与　㊧中央委員長㊨江戸川支部委員長

# 広島・埼玉大会開かる

## 広島県本部

新委員長に鄭達男君

広島県本部では、一昨年、幹部の個人的理由で、低迷をつゞけて来たが、組織再建のために有志たちが起ち上り、第四回全国統一夏期講習会に多数の盟員を動員して参加するなど、諸活動をして来たが、組織正常化のために韓錫泰副委員長を大会準備委員長に選び、去る、十二月十五日、民団広島地方本部三階で、民団崔錫郷団長を始め多数の賓客列席のもとに、第十一回臨時大会を開いた。報告書の採択につづき、活動方針は第十三回中央大会で採択された方針に沿って方針案が提出されて原案のまゝ可決されたが、以前の活動に民権擁護活動が少なく、そのための学習が広島では充分になされていないことにきびしく反省する発言が出された。また、広島商銀、文化センターと韓青とのあり方についても青年らしい真けんな態度で論議がなされた。新役員に、委員長に鄭達男君、副委員長に兪勝司君、(一名保留)監査に鄭文吉、崔圭白両君を選んで閉会したのち、新執行部のこれからの健闘を祝う、交歓会がさゝやかではあるが、民団三機関役員が列席して楽しく開かれた。

## 埼玉県本部

新委員長　韓公一君

結成一周年を迎えて、埼玉韓青は、去る十二月二十一日、大宮市「大清水」において、百二十名に及ぶ盟員の参加の下に第二回定期大会を開いた。

歴史が浅いだけに、当本部の過去一年には苦難が多かったが、朴炳渉執行部の適切な組織活動が実って、組織の充実が非常に効果的かつ、早かった。機関誌「無極花」刊行、第四回サッカー大会の主管、等着実な活動があった。支部育成においても、川口、越ケ谷の堅実な育成が行なわれ、盟員の意識向上をはかってきている。

今回の大会においては、委員長に韓公一本部副委員長が選任された。

活動方針に関しては、大略において、前の中央のそれに準拠し、特に埼玉において問題となっている浦和、大宮の支部結成に力をそそぐ事が強調された。

× × ×

---

三千里

# ウ リ マ ル

▲「日本に住んでいるのに韓国語を習う必要はない」「韓国語を習うくらいなら英語を覚える方が有益だ」「日本に住ませてもらうだけでも感謝しなきゃ」などという言葉を聞くことがあります。その傾向は二世青年より、むしろ私たちの父母に多くその傾向がみられるようです。それは、一世の方が二世よりもより同化しているということもできるでしょう。

▲かつて〃国亡き時代〃といわれた解放前、日本帝国主義によって残虐な同化政策である「皇民化政策」が押しつけられ、その残滓(し)は今なお一世に刻みこまれ、そのゆがめられた考え方が前記の言葉に端的にあらわれています。

▲しかし私たち韓青にあって韓国人として誇りをもって生きている青年にとって、そのような無責任な発言は問題となり得ません。

ウリマルの美しさと表現の豊かさは、世界でも有数のものであり、最も科学的、合理的な文字としてのハングルは、わが民族のみならず世界の至宝的存在となっています。韓国人である私たちが、この世界に誇るべき国語を満足に理解できないということは、実に残念なことであり、国語の習得は、私たちが韓民族の一員として当然身につけねばならない素養です。

▲第十三回中央大会で採択された文教活動方針に、前大会にひき続いて「国語習得」が大きな目標として揚げられています。これは、本国での四・一九学生革命の影響によってはじめて民族的にめざめた二世青年が、韓青に大量進出したことによって必然的に生じた課題であり、このことは、とりもなおさず満足な民族教育を受けられなかった在日韓国人二世青年に共通の悩みであり、是非克服しなければならない問題点でもあります。

▲一九六九年己酉新春を迎えるにあたり、筆者自身日頃の怠慢を自省すると同時に、意を新たにして国語習得に励みたいと決意しているものです。そして「仕事が忙しくて時間的余裕がなかった」「むずかしくて面白くない」などと言い訳していた人も、今年こそはウリマル会話ができるように、共に頑張りましょう。

(C・P)

※ ※ ※

---

第五回全国冬期講習会が来る二月十五日(土)から十七日まで、志賀高原の発哺で開かれることになった。冬期講習会は回をかさねるごとに、参加者の数を増しており、学習にも効率がよく一年の運動の方向を定める上でも重要なものを持っている。特に、今年は、出入国管理令の改悪の動きとあわせて、法的地位運動を進める韓青としては、例年より重要な講習会として成功させねばならない。

このような意味からも韓青中央ではこの回の冬期講習会を各地方で行なわれている学習活動の総仕上げの場としての全国盟員の経験交流の場とすべく計画を組んでいます。他面、冬という季節にあわせて行なわれるレクレーション時のスキーは盟員のもっとも人気のある活動行事でもある。全国からの積極的な参加をこう！

**"築こう！韓民族の輝く未来を！　闘おう！民権擁護のために"**

一、名称　第五回韓青全国冬期講習会

一、期間　二月十五日(土)～十七日(月)

一、場所　長野県志賀高原　発哺　〃天狗の湯〃　長野駅→湯田中→ゴンドラ→発哺

一、会費　二、八〇〇円(開会から閉会まで)　但、交通費、貸スキー、靴代は含まず。

詳しくは、韓青各地方本部まで問合せを。

---

# 新年度活動方針

## ＝同盟組織の量的拡大と質的向上の為に努力しよう＝

われわれは、法的地位要求貫徹運動と出入国管理令改悪阻止運動、六八年度の外国人学校法案上程反対運動を通して、在日同胞の権益擁護のために、われわれ同盟に賦課された使命を全とうしながら、前第十二回全国大会で採択された三大路線を完遂するために努力してきたが、いまだ達成課程にあると考えている。

われわれの同盟綱領に明示された、崇高な理念を達成するために、より一層、組織の量的拡大と質的向上をはからなければならない。

われわれは、青年大衆を総結集し、祖国の完全な統一・独立を成就させ、豊かで健康な祖国を建設し、在日同胞の権益擁護運動の前衛隊として民族運動の隊列の先頭に立たなければならない、重要な使命を持っている。

わが民族の青年たちが、持っているところの、国家の独立と、民族の幸福のために、自分自身を犠牲にして斗って来たかがやかしい伝統。この燦たる民族的伝統を正しくわれわれは継承し、自からが真正な愛国者となるべく努力しなければならない。

われわれは、在日韓国青年を民族的に覚醒させ、主体的民族意識を昂揚させて、愛国、至誠のスローガンのもとに、民族的民主々義で精神武装された青年大衆を、同盟の隊列の中に編入しなければならない。

以上のような認識のもとに、同盟綱領の理念にさらに接近させねばならない。

これらの目標を遂行するために、組織活動の重点を以下の目標に向けて強力に展開しなければならない。

「同盟組織の量的拡大と質的向上を目指して四大目標を達成しよう!!」

### 一、機関の拡大と機関の正常運営

1. 各級機関の正常な運営を期すために、組織体系を確固たるものにしよう。

① 中央本部、地方本部、支部間にあって、上部は、常任委員会の決定を指示、指導、点検し、下部は、指示に応じて、行動し、決定と活動を上部に報告しなければならない。

② 各地域間の連携を強化して、相互に良い面の影響を与えるために地方協議会の活動に参加しなければならない。

③ 各級機関にあって、各部署の活動分野を明確にして、任務遂行と相互間に補完しなければならない。

2. 各級機関の再建と結成を促進しよう！

④ 地方本部は支部の「再建」「結成」、中央本部は地方本部、及び、直轄支部の「再建」「結成」に尽力しなければならない。

⑤ 未組織地域の組織創建にあたっては、近隣組織は援助しなければならない。

⑥ 活動が停滞した組織に対して上部機関は、指導性を発揮して、機能の再生をはからなければならない。

### 二、同盟生活の確立

3. 自由で民主的な討論に参加し、「決定」に対して規律ある行動をする組織員となろう！

⑦ 各級機関で「民主的」な討論をする雰囲気と場をつくり、構成員が積極的に参加するようにしなければならない。

⑧ 討論に参加し「決議」の権利を行使し、「決定」したことを履行する規律ある義務を尽さねばならない。

4. 日常生活においても模範的青年になろう。

⑨ 韓国人として自覚と衿持を守り、日本化した弊習を日常生活から逐放しなければならない。

⑩ 勤労を尊重し、礼節ある道義心を高め、大衆の福利に奉仕しなければならない。

5. 「学習」する習慣と雰囲気を作ろう！

⑪ 各種講習会、学習会に積極的に参加し、「学んだ」ことを他の講習会、学習会で発表することができるように知識を深めなければならない。

⑫ 「学習」したことを実践し、又実践の中で会得したことを「学習」に応用しなければならない。

⑬ 他人が学んだことを吸収し、体得しなければならない。

### 三、盟員の倍増

6. 潜在盟員の顕在化に努力しよう！

⑭ 潜在盟員の名単を作成しなければならない。

⑮ あらゆる手段を行使し、連絡して個別訪問で相対し、接触の継持に努力しなければならない。

⑯ 盟員としての自覚をうながすために

A 盟員登録の完了

B バッチの購入

C 盟員費の納入

D 同盟出版物の購入と学習

⑰ 同盟主催の諸集会に自から進んで参加するように呼びかけねばならない。

7. 自覚した積極的な盟員は幹部化しなければならない。

⑱ 第十三回大会の決定を学習し、同盟の歴史と現況と展望を正しく論ずることができる自覚した盟員を幹部に抜擢しなければならない。

⑲ 抜擢した幹部候補を真正な指導幹部にする為訓練しなければならない。

### 四、指導幹部を体系的に教育しよう！

8. 中央研修所の研修事業を拡大しなければならない。

⑳ 全国幹部は中央研修に必ず参加しなければならない。

㉑ 地方各組織は幹部候補を選抜し、中央研修に継続的に送らねばならない。

9. 中堅幹部養成に尽力しなければならない。

㉒ 中央本部指導下に地方各級組織で幹部養成の為、大会の決定を学習する講習会を開催しなければならない。

㉓ 春季特別研修を成功させよう！

来春の高校卒業生を対象に、三月中旬から一ケ月間(内容…歴史・国語・地理・在日同胞の法関係・実務等)に実施される研修に、多数動員できるよう地方各組織は努力しなければならない。

以上のように全国の同盟幹部は、「四大目標」を達成する為に「二十三項目の行動原則」を学習し、実践・総括しなければならない。

## ＝民族文化を継承発展させよう！＝

〃文化教養活動を活発にし、民族的主体性を確立しよう〃という運動は、第十二回大会以后、国語習得運動、各種講習会活動、サークル活動、文化記念諸行事などの定期的あるいは日常的な活動を通して、ある程度成果を見たということができる。今后一層の文化教養活動を活発にし、充実させることによってすぐれた民族的性格を具備した青年指導者、ひいては民族文化の開拓者を多数輩出し、「韓青中央総合芸術団」の結成と「韓青綜合文化祭」の開催をする為の条件を整備しなければならない。

(一) 国語習得・常用運動

国語習得運動は、在日韓国青年の民族的覚醒をうながす韓青運動の第一目標です。国語学習は、国語自体を学ぶと同時に、国語をいかにして守ってきたのかということを学ばなければならない。

中央をはじめとして、各地方で国語習得・常用運動が展開され、ある程度成果を見ているが、指導教師の不足、国語教材の不足などがあり、その以前の問題として最も重要なことは、国語習得の必要性を意識しないところにあるといえる。

①教材…中央本部で統一的な国語教材作成にとりかかり、早い時日内に完遂できない場合には中央本部で教科書を入手し、配布しなければならない。

②指導教師不足の打開…国語に精通した者と民族学園出身者に積極的に交渉し、国語学習の指導教師となるようにしなければならない。

③幹部の学習と常用…何よりも重要なことは、一般盟員より組織幹部の学習を深め、国語学習・常用を強力に推進していかなければならない。

④修了証の授与…盟員の国語理解度に従い、初級・中級・上級に分け、修了者には修了証を授与し、学習意を増進させなければならない。

## (十) 各種講習会活動

講習会活動は、在日韓国青年の内面的充実を期する為に大きな意義をもっている。在日韓国青年の正しい民族意識が稀薄なことは、やむなく日本社会に埋没していくことに原因があり、苦渋に満ちた生活を余儀なくされているものである。

講習会活動は、このような青年を啓蒙するのに非常に効果がある活動である。根気強く継続された民族闘争の歴史は、必然として彼等が歴史の真実を知るようになる歓喜に、生きることとの勇気、そして自己の将来の確信をもつことになるものである。

講習会は、全国統一講習会として冬期と夏期講習会があるが、これからは、内容において統一・充実が図られ、形式としては全国的多数参加を期して地域分散化方向に、即ち地協、地方本部単位で開催し、可能な時は支部規模で開催しなければならない。

講習課目は、「民族史」「在日同胞史」「韓青史」など歴史と、「法的地位」「出入国管理令」「民族教育論」など韓国人として必須の事項である。

## (三)三サークル活動と文化記念行事

サークル活動、文化記念行事は、韓青組織と一般盟員との関係を、更に密接にしようという非常に重要な活動である。日常的なサークル活動、定期的な文化記念行事を通して盟員の意識は知らず知らず変化しているものである。そして盟員相互の親睦も深まっていくものである。このような観点から各処で各種の〃サークル〃を結成し、活発な活動の中で今后継承発展させ、その地方の特色と盟員の要求を受けとめ、意義あるサークル活動、文化・記念行事を展開していかなければならない。日常的な活動としてのサークル活動の成果を文化祭などの定期的な行事に結合させ、その成果を日常のサークル活動に結合させて、成果を拡大発展させなければならない。

(A)サークル活動…唐手・野球・蹴球・コーラス・ワンダーフォーゲル・写真・文芸・演劇・舞踊・バンド・料理講習会・手芸・卓球等。

(B)祖国訪問団派遣…新年度においても、できる限り多くの盟員を本国に往来させる為、訪問団派遣事業を継続推進し、祖国に対する愛着心と民族意識の昂揚に大きな助けとなることができうべくしなければならない。

(C)高校生卒業祝賀会…現在、在日韓国青年はその大部分が日本人学校に通っており、その大部分の学生は、学校卒業後日本社会で就職する時や進学する時孤独につつまれているのが実情である。このような青年に、生きることとの希望と力を与え、ばらばらになっている個々人の相互連帯を結ぶことができるようにしてやらなければならない。以上の観点から、後輩の進路指導の一環として「在日韓国人高校生卒業祝賀会」をその地方の実情にあわせて開催しなければならない。

(D)其他諸般行事…成人式（一月）、三・一節（三月）、四・一九記念（四月）、八・一五（八月）、演劇公演会、野遊会、映画祭、文化祭（秋）、ダンスパーティー（十二月）、料理・舞踊発表会、建青結成記念日（十一月）等、多彩な行事がある。

## (四) 宣伝啓蒙活動の更に一層の飛躍を期して

(A)情報収集と資料作成…予想される諸事態を正しく分析し、その事態に対処する為正確な資料を敏速に作成しなければならない。

(B)青年新聞の発行とタブロイド版の発行…従来発行してきた青年新聞の発行回数を増加させ、また月刊でタブロイド版を新たに刊行する。

(C)機関誌の発行に関して…復刊された機関誌を広く盟員の広場とし、青年新聞、タブロイド版とともに広報活動に利用し、又盟員の民族意識昂揚と理論武装の教材にしなければならない。

## (五) 統一問題研究会

統一問題研究会は第十一回大会で発議され、発足しました。その性格は、具体的な行動をその直接目的とするものでなく、純粋な研究討論機関である。

私達をとりまく環境の厳しさと、統一問題自身の困難性の為に、充分な活動は展開されなかった。

しかし、ヴェトナム情勢の進捗と関連し、極東情勢の焦点は祖国の周辺に移行した。北韓武装ゲリラ侵入の頻発化、米国第七艦隊の東海派遣、韓米合同演習など、「国連」と「板門店」でのあわただしい動向など、祖国をとりまく政治的軍事的緊張は、日毎高まり、極点に達している。これは、祖国の統一に重大な影響を及ぼし、統一問題は再度微妙な段階に入った。

祖国統一は全民族の悲願である。その実現の為にかけた犠牲は大きく、言葉では充分にいいあらわすことはできない。それにもかかわらず、いやそれ故にこそ、依然として統一は希求されるものである。

私達は、それが自主的で民主的であり、平和的な方法と方向を原則として達成することを志向してきましたが、現状を直視する時憂慮せざるを得ない。

私達はこのような状況において、更に民族の光輝ある未来を確信し、統一実現の為にその課題の克服を私達自らの周返に、着実に構築することから始めなければならない。

このような観点から、新年度は研究活動活発化の基礎を作る為に次の要領で遂行しようと思のていいる。

①目標…研究会の組織を整備・拡充し、一般盟員の積極参加を図る。

②事業…
(A)統一問題研究資料の編纂
(B)統一問題に関する講習会と研究・討論会の開催

## 在日同胞の権益擁護運動を積極推進しよう！

### (一) 法的地位問題の根本解決の為に全同胞の力を集結しよう！

協定発効以後、法的地位協定が内包している矛盾は明確に露呈された。この問題の解決の可否こそ在日同胞の将来の運命を左右するものである。この問題は、在日同胞の権益を擁護する運動の始発点である。私達は、〃六五年の闘争〃〃六八年の闘争〃の教訓を正しく継承し、同胞大衆に広く啓蒙していかなければならない。

この啓蒙された大衆の力がこの問題を解決する、という信念の下に、青年自身の学習活動を徹底して推進しなければならないものである。いつも私達は、自分の学習と大衆の啓蒙活動を持続的に推進し、私達の主体的運動を大衆の運動に転化させる為、民族の前衛隊として権益運動の核心体となり、運動隊列の先頭に立たなければならない。

### (二) 出入国管理令改悪の動向を注視し、これに備えよう！

新聞報道によって知られたところの出入国管理令の改悪の動向は、私達同胞社会に不安感を呼びおこしている。この政策は、偶然に出現したものではなく、日本政府が基本的に持っている体質的な政策である。

この問題は、法的地位と分離して考えられるものではなく、まさに法的地位の一環として対処しなければならない。最近になって、日本政府当局はこの問題に対して、一部政策を変更したかのような印象を私達に与えているが、私達は、この問題の本質的な面を深く認識する為に、以前にも増して熱心に学習活動を転開しなければならない。私達は、どのような情勢下においても対応する意志の準備をし、闘争の態勢に備えるべく組織の力量を傾注しなければならない。

### (三) 民族教育を青年の力で守り、民族教育を育成発展させよう！

この問題は、私達二、三世の教育問題にどのように対処しなければならないか？ここから始めなければならない。

有形、無形の固定教育の悪弊により民族意識がうすれていく私達二、三世には、何よりも民族教育が必要であり、緊急を要する問題でもある。子孫が健全であってこそ民族の明日の光輝ある歴史を開拓することができるのである。

「追放と同化」という基本的政策であらわれたいわゆる「外国人学校法案」という構想は、政治的抑圧、社会的抑圧から行政的抑圧へ具体的な発展をしてきた。日本の前国会で廃案となったが、対同胞政策が根本的に変更されない限り、この企図を放棄したと考えることはできず、この問題に対して私達は警戒心を高め、継続して学習活動と大衆啓蒙活動を推進し、悪つな、企みに対しては、勇敢な闘いの姿勢を、より一層強くしなければならない。

韓国青年新聞

発行所
韓青出版社
文京区春日2−20−13
TEL (814)4471
発行人・金宰淑
編集人・金君夫

## 綱領

一、われわれは、在日韓国青年の総力を結集し、祖国の完全なる統一独立の為に献身する。

一、われわれは、すべての非民主々義的勢力に反対し民主々義の正しい発展と実践のため努力する。

一、われわれは、心身を鍛練し教養を高め、友邦諸国の青年と提携し真正なる世界平和の建設に寄与する。

一、われわれは、在日韓国青年の民族意識を高め、在日居留民の権益擁護のため全力を尽くす。

韓青成人式

# 全国各地で千五百名成人す

恒例の韓青成人式が一月十五日全国各地で盛大に行なわれ、千五百名の同胞青年が成人を祝賀された。

成人者に祝辞を述べる金宰淑韓青中央委員長（東京）

韓青福岡直轄支部の成人者

異城日本に在って、日本的環境の中で成人を迎えた同胞青年が、民族的雰囲気の中で、成人を祝賀される事の意義は深い。

在日同胞形成の歴史の中に明らかな様に、在日同胞の一世々代は過去日帝の植民地搾取と抑圧の下に、又解放後、日政の追放と同化の政策と植民地支配の社会的余韻の中で、民族的差別と抑圧を強要されながら、よく民族的衿持を堅持し、生きてきたのであるが、我々の二世々代も又この関係を受けつぐ中で、現在に至っている。

しかし、我々の社会において、二世のための充分な民族教育が不在な現状と日本的教育とその環境による亜日本人化への強い作用を受けながらも、同胞一世々代が自からの存在の根拠を正しく、民族的位置の中に求めようとする事は自然であり、建全であると言わなければならない。

このような好ましい二世々代の民族的自覚の傾向は最近では顕著なものがあり、それは韓青の組織拡大の実績の中に明らかであると言える。

韓青成人式も、この様な中の一環であり、全国的に盛大に行ない得た事は評価に値する。

この日、東京では、午前中各韓青直轄支部で、その地区の成人者に対する韓青、民団、婦人会による祝賀会が催され、その後、韓青中央主催、民団東京本部後援による、東京都内の同胞青年のための成人式が、神田の東京YMCAホテルに百四十三名の成人を招き、開かれた。

開式の時刻午後六時には、父兄に同伴されてチマ・チョゴリに着かざった女子成人者や、溌剌とした男子成人者が多数会場に集り、和やかな気分が盛り上がった。

鄭康浩韓青中央東京担当部長の司会により、式は進められ、はじめに韓青中央金宰淑委員長の挨拶があり、大使館から丁暢副領事、民団中央から鄭烱和副団長、民団東本から羅鍾卿副団長、婦人会中央から呉基文名誉会長等、各界来賓の多数の祝辞が寄せられた。この中で特に金宰淑委員長は全国統一の祝福の言葉（韓国青年新聞五十七号に掲載）を送り、「我々の同胞社会は現在、非常に困難な問題をかかえており、それは即、諸君をも含んで、我々の問題である。だから我々は、これに主体的に対処するのでなければならないし、又民族的に力強く成人した諸君は、明日の民族を担う世代として自覚を確立しなければならない」との旨を強く訴えた。この後、成人者代表として都内江戸川直轄支部の権景三君の答辞を始め、テーブルスピーチが成人者の側からおこなわれ、祝状が成人者の全員に授与された。

二部に移り、フォークダンス、韓青大田支部舞踊部の民族舞踊観賞があり、成人者、参席者の交歓がくりひろげられた。時間を忘れて続きそうな、祝賀会も午後九時には、和かな民族的雰囲気の内に、幕を閉じた。

又大阪、京都、愛知を始め、各地方本部の開式状況もだいたいこれに似かよっており、メッセージ、祝状は中央本部の指導により統一されていた。

写真左上の下は韓青福岡直轄支部成人者記念写真である。この外各地方の開催の模様を伝えた写真がずい分送附されてきたが、紙面の関係上その一枚を紹介するに止める。

# 第一回全国委員長会議開かる

第十五回中央大会の決定に従いその実現をいかに計るかについて討論

（関連記事三面に掲載）

## ●声明

協定発効三周年に際し、我々は現下懸案の「法的地位」問題に関して以下の如く見解を表明する。協定永住権の申請期間は三年を経過した今日、あと余すところ二年となったがその申請の状況は依然として「不振」の一言につき、問題の深刻性は更に激化し、抜本的解決の必要性が迫られている。

協定調印後、日本政府当局は、初年度の協定上の永住権申請数を二十万に達するものと予想し、大々的に宣伝活動を展開したが、その予想に反して三年たった今日、その数・九万余名を数えるにとどまり、これは申請資格者総数の六分の一にしかすぎない。

本国旅行等に際して、日本政府の出入国管理事務にひっかけた「申請への誘導」本国政府による「申請への勧誘」、そして居留民団による「申請積極促進運動」の諸般の政治的社会的強制力が在日韓国人に三年間に亘って継続して、強力に作用してきたにも拘わらず在日韓国人の六分の五を占める圧倒的多数が未だ申請していないこの現状は、永住権申請に対する在日韓国人の〃拒絶反応〃と断ぜざるを得ない。永住権申請不振の打開を単に申請者数の増加に求め「永住権取得による利益」云々の諸般の強制力に託することなく、〃申請しない原因〃すなわち〃拒絶反応の主因〃を探り、その除去に問題解決の糸口を求めなければならない。その主因を「不許可問題」の中にみい出すことができる。一九六八年十一月三十日現在の協定上一般永住の不許可数は、それぞれ七五七名と一一〇名である。この数字は不許可者数の絶対数が非常に多く、許可者に対する不許可の比率がこれ又高く今後その傾向がますます加重されていくことを表現している。その個々の実例を質的な面から検討してみるとき、その深刻性は計り知りえないものである。永住権を申請して、一時帰国や、戦後入国の事実が判明すると、密出国あるいは密入国という理由で出入国管理令違反を問われ、不許可となり、そのまま強制退去令をうける。それが親の死等、人道上やむを得ない事情によって解放直後、出入国に関する合法的な措置がなかったがゆえに、一時的便法として、本国に帰国したものとか、又、〃戦前〃南方地域にいて〃終戦〃とともに連合軍の捕虜となり、引揚船により一九四七年〃引揚者として日本に入国した者等の場合でも〃不法入国者〃としての取り扱いをうけ、強制退去をうけている。他も殆んどこれと類似したケースである。保釈金をつみ仮放面手続をとり相当な日数を経過した後、やっと厳重な審査に合格した者のみ「特別在留」が許可されるが、過去一回でも犯歴のあるものは、たとえ居住経歴が二十年に及ぶ者でも強制送還の対象とされている。「特在」が許可された場合でもその法的地位はきわめて制約され、戦々競々とした不安な日常生活となるが、まして強制送還となると当人の幸福は勿論のこと家族離散等に波及し、想像を絶する悲惨な状況においやられる。これらの実例から現状の主要な問題点を抽出してみると次の二点である。

一、協定文自体に根本的な欠陥があること。

①その前文において在日韓国人の居住権の性格を在日韓国人の歴史的経緯と居住実績を論ずる迄もなく当然神聖不可侵の基本権として固有の権利であることが保障されなければならないにも拘わらず、それがなされなかったこと。

②その権利の享有者の範囲は少なくともあらゆる根拠から、一九五二年四月二十八日を基点としなければならなかったが、一九四五年八月十五日を基点としてしまったこと。

二、日本政府は、継続居住の解釈を極端に狭く解し、不許可ー退去強制と不当な運面を行ない、協定前文の精神に違反して「大韓民国国民が日本の社会秩序の下で安定した生活を営むこと」ができないようにし、「両国間及び両国民間の友好関係の増進に寄与」できないようにしている。

この二点の解決を看過して、法的地位問題の正しい解決とその前進はありえない。

一昨年七月二十日、二十一日、韓日両国法務次官会議が開かれ、同年八月二十四日、九項目からなる「諒解事項」が発表されたが、その内容は、前記二点の現状の主要な問題点にはふれず枝葉末節的なものであったので、在日韓国人の失望は大きかった。しかしそれですらいまだに忠実に実施されていない。

次いで昨年八月二十七日新たな期待への中で第二次韓日閣僚会議が開かれたが、結局事務レベルの合意点をみただけにとどまり、在日韓国人の失望はさらに大きいものになった。

在日韓国人はあげて、「法的地位問題」を自己と全体の死活問題と考え、その抜本的解決を望んでいる。

以上の諸般の考察から、在日韓国人青年の総意を代表して、「右五項目」を提起し、その貫徹に、全力を挙げることを声明す。

一、法的地位協定の修正の為の韓日両国高位政治会談を早急に開け！

一、協定上永住権の附与範囲を〃一九四五年八月十五日以前からひきつづき日本に居住しているもの〃と限定したことは不条理かつ不当でありこれを修正せよ！

一、日本政府は「追放と同化」政策を放棄し、在日同胞に対する友好政策を樹立せよ！

一、協定上、並びに、一般永住権（申請）不許可者に対する今日迄のあらゆる不当処分を撤回せよ！

一、在日韓国人代表を含む韓日合同常設法的地位委員会を設置せよ！

一九六九年一月十七日

在日韓国青年同盟中央本部

権後 住 永 申請開始 三 年

# 依然として不振

## その真因を照らす

解説記事

去る一月十七日で、法的地位協定が、発効されて、まる三年となった。在日同胞協定永住権申請は、期待と不安、楽観と警戒の中で開始されたが、さる十二月現在、ようやく十万名に達した。その中でも許可者はやっと、九万名を越えたにすぎない。この数字は、三年を経過したにも拘らず、永住許可を取得したものが、申請該当者の六分の一にしか達していないことを示し、「申請不振」問題の深刻化を物語っていると言える。

日本法務省の協定永住課で、明らかにしたところによると、十二月末現在の協定永住許可総数は、十万千五百七七名で、その内、許可者が、九万二四名、不許可が、七七〇名になった。申請開始から今日迄の申請状況は、別表の如くである。日本当局は、申請開始当時、一年間に二十万は申請するものと予想していたので、三年たった今日、その数、十万であることから、当時の予想の六分の一にしか達していないと言える。

この申請数は、この三年間、日本当局が、在日同胞に対して、出入国管理業務や在留活動のあらゆる面、色々な方法で申請を半ば強制し、あるいは誘導してきたこと又、本国政府も、申請のP・Rや旅券手続を始めとする各種の機会に申請のしょう励をしてきたことそして居留民団も全力を尽して伸請促進運動を展開してきたことを考えあわせるとき、極めて、少ないと言える。

申請期限があと二年しか残されていないのに、まだ全体の六分の五が申請していないことは、在日同胞が協定永住申請に対して"拒絶反応"を起していると判断せざるを得ない。

"申請をしない"原因を探し、その原因を取り除かなければ、申請数は伸びないし、「法的地位問題の正しい解決と前進はありえない

この点に関して、民団はすでに一九六七年七月二五日付韓国新聞「主張」で明らかにしている。同紙は、「法定発効一年半を経過した今永住権申請をした者が僅か三万をやや上回る程度」と申請不振の状況を指摘し「韓日両国間の友好を基底とした同協定が何故このような結果を招来したのであろうか？」と自ら没問し、①「協定永住権者に対する継続居住の解釈の相異による居住権の侵害」すなわち歴史的経緯や居住実績を無視し、「"在留資格"をたてに収容所に送り込んだり、強制退去したりするという"協定の友好精神とはおよそかけ離れた非人道的な措置や、②「協定永住権取得者に対しても、従前の出入国管理令が、そのまま適用されたり」又③「再入国許可等でも何んらの改善がみられていない」等の例をあげ、「協定以前に」「韓日両国の友好交流という大局的な立場で、われわれの要求は一旦抑え、細部の取決めは、協定成立後に委ねることとして協定調印に賛同した」が「その後、われわれは、安易な気持で"協定の友好精神"にのっとり好意的な処遇を受けるものと期待してきた。ところが実際は、多くの予期しない問題の提起によってわれわれの期待は完全に裏切られてしまった」と厳しく反省している。

ひきつづき同紙は「これでは永住権申請を躊躇するが　情であろう。永住権を取得したところで、その処遇が良くなるものでなければ、かえって申請することによって家族が離散しなければならない破目になるとあってみれば、敵対陣営の朝総連の妨害工作が、なくとも永住権申請の数が伸びないのは当然だろう」と述べている。前記三点が、申請不振の主な原因と言えるが、より本質的には「永住権申請－一時帰国あるいは戦後入国等の事実判明－不許可－入管令違反－収容－強制退去」という不許可のケースにみられる非人道不当措置につきる。これは㈠法的地位協定文そのものが基本的人権をはく奪あるいは制限するという根本的欠陥と、矛盾を内包したもので、在日韓国人にとってとうてい受け入れられないものであり、㈡その解釈と運用において、日本政府が友好精神に反し、追放と同化と抑圧の道具として、狭く、冷たく、厳しく扱っていることにある。この㈠の修正、㈡の是正なくして、抜本的解決と真の友好親善はありえない。法的地位発効三周年に際して出された民団声明は、この意味で高く評価されなければならないがより根本的には、韓青中央声明が提起する五項目（一面、声明参照）の実現が、必須、不可欠であろう。同紙は「われわれは、日本側のこの種の措置に対して、本国政府を通じて、数次にわたり、是正を強く要望し」、最后に「韓日閣僚会議で、われわれの地位と待遇が、われわれの要望にかなう線で改善妥結されるよう大きく期待する」と結んでいる。

この主張以後民団は、大衆の切実な要望に依拠して、各地で公聴会、講習会を開き、問題点を整理し、解説書、要望書を作成し、「韓日共同委員会の設置を提案し、本国政府に陳情し、日政に陳情、抗議する等活発な躍動を展開した。

そして、問題解決の糸口として期待される中で、第一次、第二次韓日閣僚会議が開かれた。その結果、③に関するとるに足らない若干の改善を除いて、根本的問題点としての①、②、や③の大部分に関しては、在日同胞の要望は、反映されなかったし、その当然の結果として、㈠修正に関しては、全く問題にならず㈡の是正に関しては枝葉末節的な部分を約束諒解事項したにとどまり、抜本的解決とは、ほど遠いものとして終ってしまった。

日本における在日同胞はこの重要な時局に際して、再び原則点にたち帰って、問題の所在をみつめその解決の為に全力をふりそそがなければならない。

### 除け！不安の原因を 深刻な不許可のケース

当局は、前述のように「協定上」「一般」永住の不許可数を、それぞれ七七〇名、一一〇名と報じている。「不許可」に至る前後の当局による不当性と不許可者の不幸の深刻さは、韓青中央声明書前文や、大村収容所からのたより（本紙第三面）等から明らかである。ここで不許可者の数を分析してみなければならない。

まず現在の七七〇＋一一〇、八八〇名が絶対数として、決して少なくないことである。次に、不許可者の増加傾向と未申請の該当資格中の「前述の問題点が未解決である為に、不許可の危険性のある者」との比率である。申請開始直後は、許可者に対する不許可者の比率は、極めて高く、危険なものであったが、以後、若干その率は「低下したと」吹聴するものがあるが、その実体はそうではない。日本当局による協定の解決と運用がきわめて、不当にして非人道的なものであったので、その様な状況においてもなを、「絶対に許可に自信のあるもの」だけまず申請をするようにとの方針のもとに民団が指導を徹底させたから、不許可の率が若干底下したのであって危険そのものは、変わっていないのである。むしろ、指導を徹底させたにも拘らず、かなり多数の不許可者を出していることは、さらに深刻である。まして不許可になった者は、一〇〇％不許可であって、不幸は、全部自からが、背負わなければならない。

前述の問題点が未解決のまま、状況が進展した場合、未申請の該当資格中の「不許可の危険性のある者」の比率だけが、さらに高くなり、申請期限間際に於いて、残ったものは、殆んど、不許可の対象となり、大混乱が起ることは、必至である。

民団第七回中央委員会は、申請促進保留動議が否定され、かわって「我々のやるべきこと（申請）をやりながら、問題解決を計ろう」という趣旨で、申請促進の方針が決定した。以後三年、申請数は不振であるし、問題点は解決されていない現在、再び、在日同胞社会では、問題点の解決を、永住権申請促進運動を一時停止してでも先に急ぐべきであるという世論が、ますます大きなものになっている。

### 永住権申請促進を 朴大統領指示

朴大統領は一月十六日、外務部を巡視した後在日同胞が期日内に永住権申請を終えるように、駐日大使館、領館が、徹底的に、啓蒙することを指示した。

### 張特使「申請不振」に言及 在日同胞記者と会見

韓日間の懸案問題を政治的に妥結するために、去る一月十八日来日以来、日本政府要路と一連の会談をもった張基栄大統領特使は、同月二十八日帰国した。張特使は日本側に対日片貿易の、是正と在日韓国人の法的地位問題、教育問題等に関しても、是正策を、要求した。

張基栄特使は、一月二十五日午前十一時から、帝国ホテルで、在日同胞記者と会見し、来日の目的と日本政府与党ならびに財界要人達との一連の会談経緯を説明した。特に在日同胞永住権に関しては、「五年の申請期間で三年を経過した今日、わずか十万の申請しかない。大統領からも今年末までに完了させたいとの指示もあり、これに対する対策をたてること、もしどうしても駄目なら協定期間の延長ということも考えられるが今度日本側の意見をきいた結果を報告して、わが政府の政策に反映させたい」。（一月三〇日、東和新聞）

問＝永住権申請での観点は何か

答＝実務者の話をきくと、いうにいえない事情のものもあり、一概に日本側を責めるわけにもいかない点がある。要は差別感をなくし幅広い線で優遇策をとることと講和条約後の入国者にも永住権を認めるよう要望した。

問＝教育問題について

答＝坂田文相にあい、韓国学校卒業生の資格について、「外国人学校として認定した場合の措置」を質問した。文相は今国会に「外国人学校法案」を通過させ、七〇年三月までにすべての外国人学校を再認可し、その際「朝鮮大学」の名称は使用させない。韓国系学校生徒の進学については、特別配慮すると答えていた。

＊＊　＊＊　＊＊

### 二月上旬に 申請促進の方案を 駐日大使館当局者言明

駐日大使館の一当局者は、不振の協定永住許可申請を促求する為に、現在、実現性ある方案を検討中であることをみとめ、二月上旬には立案されると発言した。同当局者に　永住許可申請を促求するため、①在日同胞たちに永住許可申請の必要性を認識させるための宣伝と啓蒙策、②日本政府に対する協力依頼と審査にともなう複雑性緩和等の問題を含むことになる方案を鋭意検討中であるとつけくわえた。

## 3.1節に法的地位要求貫徹民族大会を！

# "不備点是正のために"

### 法地委が記者会見

在日韓国人法的地位委員会の李裕天委員長、朴性鎮同副委員長、梁相基同常任委員の三氏は、去る一月二十七日、民団本部で在日韓国人記者団と会見した。李委員長は、概括的報告において、これまでの是正要求運動には、多くの難関があり、その要因は、民団内でも本国政府や大使館辺りの思惑を恐れて足並が揃わなかった点にあると卒直に指摘、法対委としてはあくまで六十万同胞の権益擁護に邁進する姿勢の下に、本国要路への折衝と日本関係当局へのデモ、或は民間外交を展開してきた。最近では韓国政府もわれわれの立場の理解が深まって改善要求には、全面的にバックアップする確約を得たが、なお不満点が多くあるとのべた。

来る三月一日の「三・一節」式典は、この要求貫徹運動を主軸にして、東京、大阪、中部地方を中心に、日本側各関係機関への陳情デモを敢行すると語った。そして協定文ならびに、日本当局の待遇面における不備点の是正を要求する声明を発表した。（三面参照）

# 五項目の実現に堅い決意

## 第一回委員長会議開かる

同盟では、歴史的快挙である花郎堂の建立をたゝえ、民族教育死守の三、一二五外学法斗争を総括し、今後、継続して権益擁護運動を強力に推進することを決意した。第十三回中央大会で採択された運動方針を具体的に検討樹立するために去る二月二日第一回全国委員長会議が、中央本部会議室で開かれた。会議は、永住権協定発効三周年を迎えて法的地位の運動を、韓青が主体的にどう取り組むかが討議の焦点となり、四時間にわたる真検な討議のすえ、声明書に対する全国的意志統一がなされ五項目実現のために尽力し、法的地位研究会を発展的改編する、三、一節法的地位要求貫徹中央民衆大会には全国代表が参加することを確認し、各部の当面の具体的活動方針の検討と決定がなされた。

第一回、全国委員長会議は金一明副委員長の司会のもとに開会、来る、二月十五日から開催される第五回全国冬期講習会に関して実施趣旨説明が金恩澤副委員長からあって、打合せと動員の状況について各地から報告ののち、権益擁護運動に関して、去る一月十七日法的地位三周年に際して発した、声明書を金宰淑中央委員長が朗読

要求五項目はわれわれの最底線ギリギリの主張であると説明、金君夫副委員長から補足説明し討議されたが、各地方から活発な発言がなされ、声明に関して全国的に完全に意志統一がなされ、これからのわれわれの法的地位運動を五項目の実現に積極的に活動を進めていく事が決定された。これに関連して三、一節法的地位要求貫徹中央民衆大会に対して、去る一月二七日開かれた民団関東地区の報告と実施に関する中央委員長から説明があった。討議の結果、関東地区においては青年を総動員し、あわせて全国からも代表者が参加することが決定された。つづいて今後の法的地位運動方針の検討に入った。永住権申請の状況、民団内運動推進の情勢について、中央執行部からの報告を基礎にして各地方での情勢報告もあわせて検討し方針として、①、二月中を盟員に対して今まで以上の体内学習活動の展開、②、五項目要求を同胞大衆に提起し啓蒙する、③、現在の韓青法的地位研究会を発展的に改編して運動推進体にする。等の決定を見た。その他に、各部当面の具体的活動方針に関しては、

一、組織部

①春季特別研修（高卒対象）は地方実情を把握の上再検討、②第四季幹部研修の開催。③盟員登録期継続実施と月間活動報告書の提出。

一、文教部

①高校卒業生祝賀会を全国的で開催すること、②四、一九記念行事を各地方組織の実情に応じて、(1)大会、(2)講習会、(3)座談会を開催し法的地位問題を取りくむ、③第五回全国蹴球大会を（五月中旬～六月初旬）に関西地区で開催、場所の選定は大阪京都、愛知の三地方本部に委任⑤第五回全国統一夏期講習会は北海道、東北、関東、中部、近畿、西南、の六地方で開催する⑥八、一五に例年の如く使節団を巡遣する。

三、宣伝部

①新聞の毎月発刊、②雑誌の四月一九日の発刊、③上記の発行物の配布活動の徹底化を期す、④綜合資料の編集発行。

四、総務部から事務体系確立のために、各地方組織は事務処理を正常かつ迅速に推進するよう通達して閉会した。

## 主張

### 民団の指導層は まず反省を！

民団第十四回定期中央大会がきたる三月二一六日に開かれる。その焦点は、李現団長の任期満了に伴う「人事改選」にあるといわれているが、もうすでに、その選挙運動は、活発に展開されている。在日同胞大衆は、この選挙に、大きな「期待」と批判を交錯させながらも、高い関心を示している。この期待と関心の高さは、在日同胞社会をとりまく環境が、最近とみに厳しくなったこと、それに伴って同胞社会内部の諸問題が深刻さを増してきたこと、そして、この状況の進展が近い将来、さらにけわしいものになると展望されること等から、在日同胞六十万を正しく力強く導く真の指導者が絶対に必要であり、必ず現われるべきだという心情からきているといえる。最近、大衆のもつ具体的で切実な要求を「政策に反映させその実現を公約する」ことが、団長当選の前提となってきたことは、民意反映の民主的ルールの確立という点から、評価されなければならないどと同時に政策の実現を公約しなかった前時代に逆もどりすることはもう許されない。しかし課題は、政策の実現をいう公約が、誠実に履行されなければならないことである。この不履行からくる大衆の批判が、単に批判としていつまでも留まっているものでないことを指導層は、自省しなければならない。現在、在日同胞の歴代の指導層に対するこの種の不信感は、看過しえない所に迄きている。指導層はこの事実を直視しなければならない。在日同胞大象は、自己の幸福の実現が、在日同胞社会の発展と密接不可分であり、それを通して韓民族全体に貢献しうると確信しているがために、民団の存在意義を深く認識し、指導者に期待し、尊敬を払い、支援を送るのであること、在日同胞大衆によって期待されている団長の理想像とは、大衆の切実な要望を理解し、それを政策に反映させ、その実現を目指して、真剣に活動を展開し、大衆に応え、大衆のもつ不満や不信をその根本に於いて払拭していく実践的指導者のそれである。在日同胞は、自らの指導者の選出に際して、それが「不毛の選択」ではなく、「前進の契機」とする為に、「団務遂行の熱意」と「指導者としての責任感」を必須条件として、①民団団長としての「民族的指導理念と指導原理ならびに政治的基本姿勢が確立されていること」、②内外情勢の現状と展望についての分析と日本政府の対在日同胞政府の本質と現象についての把握、③在日同胞社会の実態と民意の所在についての分析、④在日同胞民権擁護運動についての総括と展望、⑤当面の重点施策、等を判断の最底限の基準としている。

民団中央大会の権威と代議員の良識は、この選挙において、某当局や某機関による干渉が万が一あるとすればこれを斥け、その自主性を守り、金力による買収、供応や暴力による脅迫等が、かりそめにも行なわれるようとするならば、これを許さず民主性と公明正大性を堅持する我々在日韓国青年同盟は在日同胞大衆と共に最良の指導者が誕生することを願い、その実現にはあらゆる努力を払わなければならない。

"最良の指導者の出現を希う"

## 大村収容所からの便り "余りにも残酷"

在日韓国青年同盟殿

拝啓

誠に申しわけございませんが、私の事情から何か良策はないものでしょうか。法務省へ嘆願書を提出しましたが、こちら（大村収容所）に来て始めて知ったのですが非常に厳しい状況で一年以上もいる事にビックリしました。入管法とはこんなに厳しく、事情もまったく考慮されずに、即時強制退去令を受けるとは全く私たちは知らずに過して来たのです。またこの中で三年近くも法廷斗争している人がいるのにはまたビックリしました。

社会の人に頼む事が出来ない、近親のいない実情で失礼ながら、一度、貴本部から調査にこちらに来て事情を聴取して下さい。

東和新聞、一月十七日付の記事を拝見いたしました。私たち在日同胞のために活動なさっている事を読み、この文にて私の窮状を訴えてみようと思いついたのでございます。

私は、天涯孤独の戦争弧児だったので、自分が韓国人だと今まで意識しませんでしたが、ここに来て悟らされました。誠に恥しい事で不名誉な事ですが、一時、刑事事件の為に、三十七年十月に外国人登録を返して出国して、三十八年三月、再び入国（不法入国）したそうです。

この事が原因で、不法入国罪に問われて現在出所と同時に強制退去になっているのです、私は、五年間初科刑務所で真面目に服役して、過去の罪を反省して仮釈放の恩典で出所すると同時に、三十五年間も住んでいた日本から追出す事は、私たちのような立場の人には余りにも残酷です。

妻は、病弱な幼な子を抱えて再婚もせず私の帰りを待ち、女手一つで細々と内職で生活保護も受けずに自分の力で暮らして来たのです。

私は、兵庫県で生まれ小学校五年の時、第二次世界大戦の本土空襲で家を焼かれ、また当時、父親は日本の軍需工場に徴用工として働きに出されたまま、帰って来ませんでした。被爆で母や兄弟は死亡、行方不明になったので、当時大阪にいた叔母（すでに死亡）に引き取られ苦労の中で育ち、教育も受けられずに成長しました。既に今日の私がここにいる事は当然の結果で、このような私を日本から追出す事は、文字、言葉もわからず生活盤もない、まして親兄弟もなく、知人縁者のいないものには死を宣告するに等しいものです。また、私を退去させる事は、私が帰るのを先天性の心臓病に病む子をかかえ千秋の思いで待ちわびていた妻にとってあまりにも残酷で私たちの小さな家庭を破かいすることです。

何回、何十回も何年も、ここで東京の法務省入国管理局へ哀願する事が、特別在留許可を貰えるものだと聞いておりますが、それも遠方で経済的に恵まれない私には不可能な事です。また、一年以上も二、三年嘆願を続けても最後は結局送還されるときいています。

このようないきさつから事情を推察して何らかのお力添えをしていただけないものでしょうか、事情をお調べの上、よろしくお取り計らって下さるようお願い申し上げます。

一月二十七日

大村収容所から　H記

☆　☆　☆　☆　☆

## 強力な是正要求を！

### 声明

在日韓国人の法的地位および、待遇に関する協定が締結発動され三年を迎えた今日において、協定文にある基本精神がそのまま具体されていないことに対し日本政府に厳重抗議し、その是正を強く要求すると同時に、これに対するわれわれの見解と要求を決めて明確に表明するものである。その協定文に"多年間日本国に居住している大韓民国が日本国の社会と特別な関係があることを考慮し、これら大韓民国国民が日本国の社会秩序の下に安定した生活を営為できるようにすることが、両国および両国国民の友好関係の増進に寄与することを認定し"と明確になっているが、発動後三年間の実態は安定した生活の営為どころか、むしろ不安と焦操が解消されていない実情にある者が大多数であり、日本政府の同化と追放、属従を強行しようとする底意が露骨化されつつあるのが現実である。

一九六七年七月二十七日に運用に関するいわゆる"諒解事項"が両国共同発表となったが、その内容は九項目にわたる諒解事項であるが、①好意的な考慮、②妥当な考慮、③より迅速に処理、するというあいまいな表現以外には特記するほどのものがなく、被退去強制者の引受に妥当な協力を行うようにという日本側の要求が載せられているのが、異常にうつるのである。以上のような諒解事項までいまなお完全実施をみられない点に対しては遺憾の意を新たにするものである。このように莫然であいまいな表現にも、強制退去令が至るところで相続いて行なわれている現状況に対し怒りに絶えない在日韓国人は、再び抗議し強力な是正要求を繰り返えしたところ、一九六八年十一月に韓日両国間の実務者会議を開き、その緩和をはかったが、結果は諒解事項の後始末にすぎず、わずか再入国と本国で娶妻した妻の日本国への同居などが緩和された程度にとどまり、①協定永住権者の家族に対する強制退去、②戦後入国者に対する強制退去、③一二六―二―六の外国人登録所持者に対する協定永住権の付与、などに対しては明確な是正がみられない現実である。

このような抗議と見解を新たに要求すると共に、法的地位に対するわれわれの要求が貫徹されるまで闘争することを声明する。

一九六九年一月二十八日

在日韓国人法的地位委員会

委員長　李　裕天

## 投稿文

### *成人となって*

東京都　権　五　松

韓国人として生きてから、まだ七年くらいしかたってはいないと思うのに、いつのまにやら年令は20才になり、今年成人式をむかえました。日本で生まれ生活し、日本の教育をうけ、今までは単に、異国の中にいる韓国人としての自分という、たったひとりのわくの中で生活し、物を考え、悩み、自分自身の中で整理しさえすれば、それで問題は片づいたのですが、個々一人一人の分散した力では解決できない問題が、次から次へとつくられていく現在、やはり同胞社会を考え、その一員である自分との結びつきを、より確実にし団結していかなければならないと思います。私達にふりかかる問題の一つとして現在、「出入国管理令」がありますが、その内容を見て私ははじめ、信じられませんでした。日本政府のやり方は、いつもながらで、のみこんではいたものの、それがあまり早く形をなして現われたので、驚いてしまったのでした。国際常識が通用しないこの日本政府のやり方に、深い怒りを感じつつ私達が、どのような態度でこれに対処すべきかを考えなければなりません。「出入国管理令」という「在日韓国人監視抑圧令」は、私達の生活の細部にわたって立入り、拘束し、人権無視もはなはだしい非常識な文面でありますが、それが条文として作られ、法律としてまともに通るかもしれない現状にいる今、私達は、力を合わせその不当なものを、阻止しなければなりません。自分達が、立たされている立場に、目を配らずにいたのでは、いつの間にか、がんじがらめにされてしまう日本の社会で、自分達の問題は、自分達の目で見て、解決すべきなのです。異国で生きることは、いつも苦痛の連続だけですが、私達が日本で生活していかなければならない間は現在私達が果している義務にみあうだけの権利すらも与えられず、圧力ばかりをかけられる現状と、たたかっていかなければなりません。日本政府は、現在もすぐ前の将来も、私達に対する態度は、同化と追放を目的とする抑圧のみです。不当なものは不当だと、はね返す力は、団結した時こそ発揮されるもので、その団結力は、私達が、一人一人韓国人としての自覚を持ってこそ成り立つものだと思います。だからこそ、一世に比べて、二世である私達は、生活面はもちろんの事、あらゆる面において、意識的により韓国人であろうとする努力が必要だと感じるのです。自分自身の次の世代の者のためにも、伝え渡すものの中身がなくならないように、ウリマルの学習や祖国の歴史、風習は、ぜひとも知っておくべきだと思います。特殊な状態にいるからこそ、その必要性もせつじつになるのだと思います。韓国人が韓国人として生きる当然なことすらむずかしい日本の社会で生きぬくためには、成人した私達は、どんな時にもまごつかない知識を吸収し、判断する能力を養いながら、私達すべての権益擁護のために、先輩達の中に加わり、やがては、ひきつぐだけのものを身につけていくべきだと考えるこのごろです。

### *今に思う*

愛知県　洪　福　守

私が韓青を知ったのは一年半程前でした。以前は何の関心をも示さなかったばかりか抵抗すら感じていました。そんな時兄に誘われて支部主催の秋季レクリェーションに出て、同胞青年相互の気安さに旧友の様な親しみを覚えました。以後、支部主催の講習会で国語、歌、風俗等を習い始め、韓青に出る事が楽しみの一つになりました。そして、日本において現在我々が置かれている社会的立場や法的地位問題等、色々な緊迫した問題に対処する為にも、組織活動の重要性を痛感致しました。

私達は民主主義の原則に従い権利を守り義務を遂行する為、諸先輩の御指導を仰ぎ我々が安心してより豊かな生活が出来る様、団結協力し合わなければなりません。成人した今日、非力ながら、一韓国人として恥じない行動を出来うるように、最大限の努力を尽したいと思います。

### *成人に際して　韓国人女性として　責任ある行動を*

東京都大田区　李　統　子

人生にはいくつかの区切りがあると思いますが、成人式はこの重要な区切りの一つだと受けとめています。この意味で今年私たち成人者に対して、素晴しい成人祝賀会を催して下さった韓青に対して心から感謝をしています。

成人となるに際して、別段改めて大きな目標というようなものは具体的にはありませんが、ただ、今まで以上に自分に対して厳しくし、韓国人であるという確固とした意識をもって一つ一つ責任ある行動をとらなければならないと思います。

今まで韓青運動に参加して学んだものは沢山ありました。法的地位問題、出入国管理令のこと、民族教育の重さ等々……その一つ一つが私たちの生活に直接大きくかかってくるものと思うと、もっと頑張らなければ、という思いにかられます。

私自身今後ももっと積極的に韓青運動に参加し、もっと勉強をし民族的素養を深める中で、先輩後輩との人間的・民族的きずなをより暖かく、より強いものにしていきたいと思います。

私が今ここに存在し、感激をこめて成人式を迎えられるのも、ひとえにアボジ、オモニ、そして韓青の先輩方のおかげであり、私も誇りある韓国人女性となり、将来立派な「おくさん」になる為努力していきたいと思います。

### *第三期韓青幹部研修に参加して*

韓青山口地方本部　許　相　寧

韓青中央本部主催による第三期幹部研修は、十一月九・十・十一日の三日間、韓青中央研修所〃花郎臺〃に於いて、約六十名の全国幹部及び盟員が参加して、盛大裡に行なわれた。

全国的会合は全く経験のなかった山口県からは、金教元委員長と私が参加し、空気清涼、風光明眉なる環境に恵まれ、主に、韓国近代史と法的地位並びに出入国管理令問題についての討議を重ねた。更に、韓青二十年史や在日韓国人の動態等の来賓講義もあり、日帝時代、現在、そして未来の動向を考える機会として、非常に有意義であった。

一日八時間講義と云う厳しいスケジュールの中で、母国の民謡や歌曲を習ったり、運動場でサッカーや野球に興じたり、ボート、釣り等を楽しんだり、秋の日を満喫した。更けゆく夜長は懐しい友と旧交を暖め、再会を約束し、遅くまで討論したりして、感慨無量、有益至極なる合宿生活であったと思う。

この研修の運営面を通じて、韓青中央本部の組織力の堅固さと、財政の豊富さを改めて認識した。韓日条約三年目に際し、日本政府の在日韓国人に対する、職場と社会からの阻害と、帰化政策を施く「追放と同化政策」にわれわれは大きな関心を寄せる必要があると思う。

今後、こういう機会を利用して更に多くの人が参加されることを期待します。

## 第四期幹部研修

| | |
|---|---|
| 主　催 | 韓青中央研修 |
| 日　時 | 三月下旬 |
| 場　所 | 韓青中央研修所　花郎臺 |

韓国 青年新聞

発　行　所
韓　青　出　版　社
文京区春日2－20－13
TEL(814) 4471
発行人・金　宰　淑
編集人・金　君　夫

**綱　領**

一、われわれは、在日韓国青年の総力を結集し、祖国の完全なる統一独立の為に献身する。
一、われわれは、すべての非民主々義的勢力に反対し民主々義の正しい発展と実践のため努力する。
一、われわれは、心身を鍛練し教養を高め、友邦諸国の青年と提携し真正なる世界平和の建設に寄与する。
一、われわれは、在日韓国青年の民族意識を高め、在日居留民の権益擁護のため全力を尽くす。

# 追放、同化と抑圧に断固反対！

## 3、1節50周年在日韓国人法的地位要求貫徹民衆大会開かる

# 中央大会に五千余名参集

### 在日同胞・婦人・青年・学生が一体となって

### 全国各地でも要求貫徹めざして

要求貫徹を叫ぶ同胞青年の雄々しい隊列は、日本の首都東京を揺がした

去る三月一日、東京日比谷公会堂で在日本大韓民国居留民団主催の三・一節五十周年法的地位要求貫徹中央民衆大会が開かれた。

当日、東京都内全支部、関東地区各地方県本部を中心に民団全国代表者を含めた四千数百名が会場を埋めつくし、韓青・学同五百余名、韓国学校生徒数百名が示威行進のために会場の外に待機するという高まりの中で民衆大会が挙行された。

第一部三・一節記念式典の劈頭関東地方協議会事務局長である鄭在俊東京本部団長は、開会辞で「三・一独立運動は我が民族の進路を明示し、子孫万代にまで継承すべきであり、我々にとって、三・一精神を受け継ぐということは、在日同胞の権益を擁護し、法的地位の矛盾を打開し、日本政府の同化と追放と弾圧政策を排除し、我々の正当な要求が貫徹されるまで斗うことである」と力強く述べた。

ついで三・一独立宣言文が朗読され、本国新民党の金守漢国会議員が、来賓祝辞で、法的地位協定にふれ「国家間の協定であろうと間違いは是正すべきだ」と述べ、会場を埋めつくした同胞から万雷の拍手と歓声を受けた。

第二部民衆大会に入り、法的地位要求という強い権利意識と民族的熱気が充満する中で、駐日韓国大使、日本外務大臣、法務大臣に対する抗議の決議文が採択され、時を移さず外務省、法務省に対して抗議団が結成され、抗議に向った。

続いて朴大統領と日本国佐藤首相に送るメッセージが朗読され、そして三・一運動の独立の叫びにも似た万歳三唱が終るや否や、韓青・学同の誘導により次々とデモ隊が構成されていった。

大極旗を先頭にして指揮団、六四年・六五年の法的地位要求貫徹闘争を民族的に戦い抜いた韓青・学同が続き、激しいジグザグとシュプレヒコールをやりとげた白衣の婦人達、民団全国代表者が続いた。

その後に、民族運動の先頭に立ち、外国人学校法に反対し自らの民族学校を自らの手で守ろうとする真しな韓国学校の学生が続き、そして民団都内各支部、関東各県の同胞が続いた。

参加者全員が、全同胞の声である法的地位要求貫徹のタスキをかけ、手にはそれぞれ「焼身自殺した同胞をかえせ！」「日本政府は追放と同化の政策をやめろ！」「入管令改悪反対！」「外国人学校法案粉砕！」「協定文を修正せよ！」等のプラカードを掲げ、抗議の横幕がデモ隊を津波のように見せていた。

官庁街、溜池、山王下、そして赤坂見附へと続く目抜き通りのデモコースを、延々五千数百に及ぶ同胞が一団となり、日本政府の同胞抹消政策に反対し、口々に「追放と同化の政策反対！」「協定文を修正せよ！」「入管令改悪反対！」「外学法粋砕！」などのシュプレヒコールの叫びをくり返した。

時折、宣伝車から流れる「鳳仙歌」の歌が、過去そして現在の民族的苦しみを参加者の一人一人の胸に鋭く打ち込み、と同時に三・一民族独立運動に流れる精神を受け継がせていった。

山王下、赤坂見附の交差点一帯で二度にわたり、道路一面を占拠する激しいジグザグ行進が、韓青学同、白衣の婦人連、韓国学校の学生、そして民団同胞と続いていった。

こうして約三キロにわたる所定のコースを終えたデモ隊は清水谷公園で解散した。

民団の代表団、青年学生達は、解散後、在日同胞に対する支援を求めて大使館に向ったが、大使は代表団が到着する少し前に帰ったとのことであった。

三年前の法的地位要求貫徹闘争で、日警による棍棒の血の乱打がなされたまさに同じ場所で、総括会を開き、民族的義憤を抱いたままその場をはなれ、全国代表者会議に参加していった。

## 受け継ごう！三・一精神を！

### 起ち上ろう！権益擁護の為に！

**親愛なる在日同胞の皆さん！**

私達在日韓国人六〇万は、今非常に厳しい状況に立たされています。一九一〇年日本帝国主義は、主権国家である韓国に対し、不当にも武力の強迫でもって「韓日併合条約」を押しつけ、以来三十六年に及ぶ残虐極まりない植民地統治下、わが麗しき錦繡江山から、あらゆるものを奪い去ろうとし、破壊し去っていきました。そして、私達、あるいは私達の父母は、日帝のあの強権により、強制的に日本に移住させられ、今日まで日本社会において在日韓国人として、あらゆる差別に耐え、圧迫にうちかってきたのです。

しかしながら日本政府は、待遇の改善を叫ぶ私達在日韓国人の人間としての声を全く無視し、それどころか逆に、私達の生活を更に束縛しようとしています。

**親愛なる在日同胞の皆さん！**

私達在日韓国青年同盟は、かつて韓日会談進行時、在日韓国人の法的地位において、その内容が私達の要望とは余りにもかけ離れたものであったので、法的地位要求貫徹運動を血をもって斗争し、若干の成果は見はしましたが、私達の要求は根本的には容れられないまま、両国政府によって調印されました。そして協定発効後、その問題点は深刻なものとして表面化し、その運用面において実に非人道的な措置がとられており、同胞間に大きな波紋を投げかけています。それはとりもなおさず、協定発効後三年が過ぎた現在に至るも、永住権申請者数僅かに一〇万名に過ぎないという不振状態にあるというところに見ることができます。ところが、日本政府は更にそれに油を注ぐかのように「出入国管理法案」の三月上旬国会上程を目論んでいます。それは、その案文に営業への介入及び立入り権、宿泊名簿届出制度等の内容を含むもので、私達の人間としての生活居住権を否定し、強制退去への道を更に拡げようとする意図をもつまことに非人道的な法案であります。もしこの法案が成立し、施行されたならば、私達六〇万在日韓国人の生活は、一朝にして破壊されることは、火を見るよりも明らかなことです。

**親愛なる在日同胞のみなさん！**

日本政府のこの動向は、私達六〇万在日韓国人の歴史的いきさつから居住するに至った事情を無視し、永年にわたる居住実績を無視して〝追放と同化〟政策を遂行しながら〝日韓友好親善〟をうたい文句のようにとなえる日本政府の露骨な底意を、明らかに露呈しています。

**親愛なる同胞の皆さん！**

自分自身を守るのは自分自身なのです。私達の生活居住権は私達自身の手で守らなければならないのです。半世紀にわたってつちかわれてきた三・一精神を受け継ぐ私達は、今日ここに三・一独立運動記念五〇周年を迎えるにあたって、祖国独立の為生命を投げうって斗った先烈の英霊に対し、心から哀悼の意を捧げるとともに、今こそ私達の民権擁護の為、子孫万代に悔を残すことのないよう、一致団結して闘わなければなりません。

我々韓青では去る二月二日、全国委員長会議の決定に従い法的地位要求貫徹・「入管令」改悪反対・「外学法」企図阻止闘争委員会を発足させ、強力に運動を推進することになりました。

一、日本政府は在日同胞に対する友好政策を樹立し、追放と同化政策を抛棄せよ！
一、法的地位協定文修正の為の韓日両国高位政治会談を開け！
一、協定永住権賦与範囲を〝一九四五年八月十五日以前から継続居住している者〟と限定したことは不条理且つ不当であり、これを修正せよ！
一、「協定」及び「一般」永住許可を与えられなかった者に対する現在までのあらゆる不当処分を撤回せよ！
一、在日韓国人代表を含む「韓日合同常設法的地位委員会」を設置せよ！
一、民族教育を弾圧する内容の「外国人学校法」立法化への策動を阻止しよう！
一、我々の生活権を破壊する「出入国管理法」制定絶対反対！

一九六九年三月一日

在日韓国青年同盟

589

# 在日韓国青年同盟 法的地位要求貫徹 闘争委員会結成さる！

## 民族的熱気の中で 全国代表者会議

去る、三月一日、民団中央の主催で挙行された、三・一独立運動五〇周年記念中央民衆大会、示威行進に参加の後、韓青は全国七〇余名の代表が集り、権益擁護問題に関する、全国代表者会議を開き、去年の二月に結成された法的地位研究会を発展的に解消し、活発な討論の末、在日韓国青年同盟法的地位要求貫徹闘争委員会を組織し、具体的な闘争目標を設定し、代表委員をそれぞれ選出し、代表者会議の名において声明文を採択し、民族的熱気あふれる中で、その幕を閉じた。

熱気あふれる会場で力強く挨拶する金宰淑委員長

韓青は、六〇万在日同胞の権益擁護という観点から、韓日協定が妥結する以前から、要求貫徹運動を果敢に闘って来たが、一九六五年六月二十二日の本調印の後、協定文の内容に、六〇万同胞の基本的権利、即ち、要求が反映されていないとの理由により、不満声明を発し、継続して、協定の修正を含む、不備点、問題点の解決の為に闘うことを明らかにして来ました。

而来、韓青においては法的地位問題に関する学習会、一般大衆に対する宣伝啓蒙活動を行い、問題点と具体例の実態を急ぎ整理して来ました。

又、一方、民団に於いても法対委を中心に各地で公聴会を組織し、日本政府、本国政府に陳情団を派遣するなど、局面打開の為努力して来ました、更に、韓日両国間において二回の閣僚会議を含む、法務次官会議がもたれましたが、戦後入国者、申請手続、処遇の問題等、根本的な問題において一歩も前進していないのが現実です。

これらの教訓は、権利獲得への道は大衆が一致団結して闘う以外無いということを我々に教えています。

日本政府は、あまつさえ、現行の出入国管理令を改悪し、我々の在留活動を規制しようとしており、外国人学校法 なるものを制定して、民族魂を奪おうとしております。

韓青はこの厳しい客観情勢の前に、協定発行三周年に際し、声明文を発し、韓青の基本的見解と態度を再度、内外に宣明し、五項目の要求事項を掲げ、運動へのあらたな出発点としたのです。

二月二日、第一回全国委員長会議を開き、基本的姿勢の確認と闘争体制の確立を計り、三・一民衆大会を起して全国代表者会議の開催と闘争委員会の結成を決定したのです。

全国代表者会議は熱誠的な雰囲気の中で、中央委員長の力強いあいさつに引き続いて、経過報告、そして、包括的な討論を展開する中で闘争委員会を結成しました。

闘争委員会の基本的闘争目標を、一、法的地位に関する五項目の要求貫徹、一、出入国管理令改悪反対、一、民族教育を弾圧する内容の外国人学校法制定反対、とし、本国政府に対して、強力に、対同胞政策是正を促し、民団大衆と広汎な連帯のもとに、要求貫徹する迄、断固闘い抜くことを決定し、昨年大阪入管での収容所で焼身自殺、被爆者の問題等、具体的に発生している権利侵害に対する日常闘争も組織して行く方針を決め、代表者会議の名において、声明文を万場一致で採択しました。

闘争委員会の組織機構、今後の具体的な運動に関しては早急に代表委員会を召集することゝし、建国行進曲を声高らかに合唱する中で閉会した。

尚　代表委員は次の通り
金宰淑、金恩澤、金君夫、金一明
金治男、梁完玉、林弘吉、鄭達男
鄭康浩

## 声明

東洋に、その由緒正しき単一民族としての存立を、営々半万年に及んで堅持して来た我韓民族は、その最も苦難な時代の日帝支配下においても、不条理な支配を断固拒み、民族の自主独立と近隣の平和の回復を願い、全民族を挙げて闘った経験を持つ。三・一独立運動は、その最たるものであった。だから我々は、今日三・一に臨んで回顧しつつ、先烈の愛国愛族の精神と行動を讃えるものである。

しかし、爾来五十年を経過した今日、韓日両国間の歪な歴史関係の傷痕として、現在に残存を余儀なくされている在日同胞社会の昨今も、復た困難な実情をもつものであるので、我々在日韓国青年同盟は、現状の焦眉の問題点を明らかにしつつ、それに対処する決意と姿勢を以って以下に声明するものである。

現下、我々在日同胞は、その基本的人権さえも剥奪されようとしている。極めて緊迫した状況に位置している。即ち、それは、一つに一九六五年に韓日両国間で妥結をみた「法的地位協定」の問題であり、一つに今国会提出になった「出入国管理法案」の動向に因る。「法的地位協定」によって在日韓国人の法的資格を細分し、「出入国管理法」を適用する事により、締めあげる政策のシステムと言う事ができる。それ故、我々は、これら二点の問題を、日本政府の〝追放と同化と抑圧〟を目論んだ対在日韓国人政策の中に位置づけられたものとみる。

「法的地位」問題に関して

協定発効後、三年を経過した現在、協定締結を前後して、我々在日韓国青年同盟が明確に指摘して来た問題点が実のものとなりつつある。その中心をなすのが、とりもなおさず、永住権問題である。永住権申請の現況は依然として不振の一言に尽きる。申請期間が、後余す所二年となったにも拘らずその申請数が、資格者総数の六分の一に当る十万名程度でしかないのは何故か。在日韓国人の大多数が、申請を拒絶する主因は何か。我々は、その主因を「不許可問題」の中に見る。一九六五年十一月三十日現在の協定上、一般永住の不許可者数が、それぞれ、七七六名、二二〇名と非常に多い事実。そしてこれらの不許可が、出入国に関する合法的は措置のなかった解放直後、人道上止むを得ない事情により、一時帰国したケースとか、解放前、南方に従軍していて、連合軍の捕虜となり日本に入国したケースと言った理不尽の理由による事が多い事実。そして許可、即、強制退去のルート。これらをみて不安を感じない在日韓国人はいない。これら苛酷な実情の中から結論される問題点は、次の二点である。

一、協定文自体に根本的な欠陥がある事。

①その前文において、在日韓国人の居住権を、在日韓国人の歴史的経緯と居住実績は勿論の事、人間がもつ固有の基本的人権として、性格づけなかった事。

②永住権資格の起点を一九五二年四月二十八日としなければならなかったのを、一九四五年八月一五日としてしまった事。

二、日本政府は、継続居住の解釈を極端に狭く解し、不許可—退去強制と不当な運用を行い、協定前文の精神に違反して、「大韓民国国民が、日本の社会秩序の下で定安した生活を営む事が」できないようにし、「両国間及び、両国民間の友好関係の増進に寄与」できないようにしている事。

この二点の解決なくして、法的地位問題の正しい解決とその前進はありえない。

「出入国管理令改悪」の動向に関して

我々がその動向に注視して来た「出入国管理法案」が、今国会に提出される事が確実となった。その法案を分析してみた所、在留活動に対する規制、営業許可への介入等、大巾な生活権の侵害、行政調査権の強化、面会の制限等、入管当局への大巾な権限委譲、退去強制手続の簡素化等、より徹底した追放政策の反映を内容としてもつ法案と判断せざるを得ない。

これら日本政府の〝追放と同化と抑圧〟の政策を座視し、何ら強力な在日同胞擁護の策を持たない本国政府の対日外交は遺憾である。

我々は、法的地位問題、出入国管理令改悪の策動が、広く在日同胞一般の意識の中に危惧されてきている現状に鑑み、法的地位問題の根本的解決を図り、「出入国管理法案」を断固阻止するために、二月二日の全国委員長会議の決定に依拠して、ここに代表者会議を開いた。代表者会議は、その名において、ここに法的地位研究会を発展的に解消し、在日韓国青年同盟・法的地位要求貫徹・闘争委員会を設置する。そして同委員会は次の如く要求を提示する。

一、日本政府は、在日同胞に対する友好政策を樹立推進し、〝追放と同化〟の政策を拋棄せよ！

一、法的地位協定文修正の為の韓日両国高位政治会談を、早急に開け！

一、協定永住権の賦与範囲を〝一九四五年八月一五日以前からひきつづき日本に居住している者と限定する事は不条理かつ不当であり、これを修正せよ！

一、協定並びに、一般永住権申請不許可者に対する今日迄のあらゆる不当処分を撤回せよ！

一、在日韓国人代表を含む、韓日合同常設法的地位委員会を設置せよ！

一、民族教育を弾圧する内容の「外国人学校法」立法化の策動を阻止しよう！

一、我々の生活権を破壊する「出入国管理法」制定断固反対！

同委員会は、全国の在日韓国人青年を代表し、右の要求貫徹のために、広く在日同胞一般大衆と共に、不屈の闘争を展開する用意のある事を明らかにする。

西紀一九六九年三月一日

在日韓国青年同盟全国代表者会議

学習資料

# 出入国管理法原案の大要

## 入国・在留活動に対する条件付与

① 法務大臣は、必要があると認めるときは、上陸許可を受けようとする外国人に対しあらかじめ活動の範囲、その他の事項に関し本邦に在留するについて守るべき条件を付することができる(九条)

②(このような条件は)在留資格を変更する場合(三十一条1)、在留期間を延長する場合(三十二条1)出生、日本国籍喪失等により新たに在留資格を取得する場合(三十四条4)にも付与することができる

③ この法律に規定する法務大臣の権限は、政令の定めるところにより地方入国管理管署の長に委任することができる(八十四条)

④ 法務大臣は、あらかじめ身元引受人の選任を命ずることができる(八条)

⑤ 付与条件は旅券へ記載する(十一条・十四条・三十五条・三十六条)

⑥ 地方入国管理官署の長は付された条件に違反したときは、当該外国人に対し、書面をもって、行為の中止その他必要な命令をすることができる。地方入国管理官署の長は在留活動者で、正当な理由がないのに、相当期間、その行なうべき在留活動をしていないものに対し、書面をもって当該活動を行なうことを命ずることができる。(二十八条)

⑦ 命令に従わなかった者は六ヶ月以下の懲役若しくは禁錮又は十万円以下の罰金に処する(八十九条)

⑧ 命令に従わない者は退去強制事由の一つに定めている(四十条)

## 営業許可への介入

① 行政庁は、本邦に在留する外国人に対し事業又は営業の許可・認可・免許等の処分をする場合において、当該外国人がその事業又は営業をすることが、第八条もしくは第十四条五項の規定により、付された条件に違反するときは許可・免許等をしてはならない(七十七条)

## 再入国許可の条件付与と許可取消

① 法務大臣は、渡航先その他の事項に関し条件を付することができる(三十九条)

② 条件に違反したときは当該許可を取り消すことができる(同8項)

## 行政調査権の強化

① 地方入国管理官署の長は前2項の調査のため必要があるときは、関係人の営業所その他の事業所に立ち入り、関係人に対し出頭を求め、又は所属の入国審査官若しくは入国警備官にこれらの権限を行なわせることができる(七十九条3項)

② 前項の規定による質問に対して陳述せず、若しくは虚偽の陳述をし、又は同項に規定する文書若しくは物件の提示を拒んだ者は三万円以下の罰金に処する(九十二条)

## 外国人宿泊届制度

① 本邦に在留する外国人は旅館業法に規定する旅館等を営なむ者の宿泊したときは、旅館業者に対し、次の各号に掲げる事項を記載した外国人宿泊届を提出しなければならない(三十条1項)。但し外国人登録証明書の交付を受けているものと、十四才未満の者は除く。

② 旅館業者は当局の要求があれば宿泊届を提示しなければならない(第2項)

## 身柄の収容

① 入国警備官は、容疑者が第二十四条各号の一に該当すると疑うに足りるときは収容令書により身柄を収容しなければならない。

② ㋑刑事訴訟に関する法令刑の執行に関する法令又は少年院若しくは婦人補導院の在院者の処遇に関する法令の規定により身体を拘束されている者。㋺老幼・疾病その他身体の故障により収容にたることが困難であると認められたる者。㋩逃亡のおそれがなく、かつ収容を猶余すべき事情があると認められる者には、収容令書を発付しないことができる(四十八条2項)

③ 入国警備官は該当する者が収容令書の発付をまっていては逃亡すると疑うに足りる相当の理由があるときには、収容令書なしに収容することができる(五十一条)

④ 地方入国管理官署の長は、第五十二条の規定に違反事件の引渡しを受けたときは、収容令書を発して入国警備官に当該容疑者を収容できるものとする(五十五条)

⑤ 第1項の規定により容疑者を収容することができ、期間は同項の規定による収容を開始した日から二十日以内とする。ただし、地方入国管理官署の長は、やむをえない事由があると認めるときは二十日を限り延長することができる(同条4項)

## 仮放免制度の廃止(収容の一時解除)

①(従来の仮放免制度を廃止して代りに収容の一時解除制を設け)収容令書を発付しないことができる場合(前掲四十八条2項)にのみ、収容を一時解除することができる(五十六条)

② 一時解除の保証金百万円をこえない範囲で保証金を納付させる。

## 執行停止

① 地方入国管理官署の長又は入国者収容所長は、退去強制令書の執行によって、退去を強制される者が著しく健康を害するとき、又は生命を保つことができないおそれがあるときは、前条第3項の規定による送還又は同条第5項の規定による収容を停止させることができる(六十一条)

② 地方入国管理官署の長は第六十三条第2項による上申をしたとき又は同条第3項の規定による出願があったときは、同条第4項の規定による通知があるまでの間、前条第3項の規定による送還を停止させなければならない。

③ 地方入国管理官署の長は第六十三条第2項の規定による上申をしたとき、又は第3項の規定による出願があったときは、同条第4項の規定による通知があるまでの間前条第5項の規定による収容を停止させることができる。

④ 地方入国管理官署の長又は入国者収容所長は、前条第5項の規定により収容されている者、又はその代理人・保証人・配偶者・直系の親族若しくは兄弟姉妹の請求に基づき、特に必要があると認めるときは、同項の規定による収容を停止させることができる。

⑤ 保証金は百万円以下とする(六十一条)

## 面会の制限・禁止規定

入国者収容所長又は地方入国管理官署の長は、収容所の保安上必要あると認めるときは、被収容者の面会を制限し、若しくは禁止することができる(八十一条)

## 退去強制事由の拡大

①(従来の24項目の退去強制事由のほかに)㋑戦後旅券などを所持せずに本邦に入国したもの ㋺法務大臣が日本国の利益又は公安を害する行為を行なったと認定する者が加えられる。

② 地方入管の長は ㋑資格外活動をした者 ㋺行為の中止命令その他必要な命令に違反した者に対してはただちに退去強制令書を発付しなければならない(四十条)

③ 都道府県知事は第四十条イ(ライ予防法の適用を受けているらしい患者)又はロ(精神障害者又は麻薬中毒者)に該当する外国人があるときは、その旨を通報しなければならない。

④ 都道府県知事又は市町村長は、第四十条第九号(貧困者・放浪者その他生活上の保護を要する者で、ロ又は地方公共団体の負担になっている者)に該当する外国人があるときはその旨を通報しなければならない。長は通報を受理したときは違反調査を命じなければならない。事実が判明すれば退去強制令書を発付しなければならない(五十八条)

## 送還先の指定

地方入国管理官署の長は現行法と同じく、原則として「その者の国籍又は市民権の属する国」に送還するが送還することができないとき、又は送還することが適当でないと認めるに足りる相当な事情があるとき」は「送還先を指定」することができる(五十九条)

## 退去強制手続の簡素化

①(現行法では入国警備官の違反審査↓入国審査官の審査↓特別審理官の口頭審理↓法務大臣の裁決の四段階となっているが)入国警備官の違反調査(四十一条)地方入国管理官署長の口頭審査(五十二条)法務大臣の裁決(五十四条3項)と簡素化される。

## 特別在留許可の変質

(現行法と異り退去強制手続と法務大臣の特別在留許可が法的に分離され、退去強制令書を発付した後に)「法務大臣が在留を特別に許可することができる」(六十三条)(その方式も)入国管理官署の「上申」(六十三条2)又は「入管所長を経由して出頭」(六十三条)する。

## 罰則規定の加重

① 中止命令違反・行為命令違反は、六ヶ月以下の懲役もしくは禁錮又は、十万円以下の罰金刑(八十九条)

② 入国審査官に対する陳述拒否罪・虚偽陳述罪・文書提示拒否罪に対しては三万円以下の罰金刑(九十二条)

③ 外国人宿泊届の不提出・虚偽記載罪は、一万円以下の罰金刑(七十三条)

④ 収容中の逃亡事犯は、一年以下の懲役もしくは五万円以下の罰金(八十八条)

⑤ 口頭審査における証人不出頭罪・証言拒否・虚偽証言罪については五万円以下の罰金(九十一条)

⑥ 旅券・上陸許可等の携帯義務及び提示義務違反罪は三万円以下の罰金(九十二条)

(三面より続く)

法的地位協定発効後三年を経た今日、在日同胞間の不安はますます深刻なものとなっており、永住権申請者数は僅か一〇万余名に過ぎないという不振状態にある。その原因として私達は、協定文そのものの不備な点を指摘してきたが既に一、〇〇〇名に近い同胞が永住権不許可↓強制退去処分を受けている事実を見るとき、それは、あまりにも苛酷な協定運用であることを指摘せざるを得ない。

私達は、「出入国管理令」の無慈悲な適用を受け、焼身自殺を遂げた金賢成氏の悲惨な事件を見るなかで、更にその認識を深めると同時に、二度とこのような悲劇を繰り返すことのないよう、更に強力な法的地位要求貫徹運動を推進して行かねばならない。

## 三・一節五十周年に際する日本国民へのアッピール

# 私達は在日韓国人法的地位問題の抜本的解決を要求し出入国管理令改悪に断固反対します！

私達韓民族が残忍非道な日本帝国主義の韓国植民地侵略に反対して、民族の解放と祖国の独立の為に、一致団結して素手でもって斗ったあの一九一九年の「三・一反日帝民族解放独立運動」の始点の日から、半世紀の歳月が流れました。

**自由と民主々義の為に斗ってきた日本国民の皆さん！**

日本帝国主義の韓国侵略と、それに基く日本への渡航により〝韓日の歴史の落し子〟として、日本に在住するに至った私達在日韓国人青年は、三・一運動に象徴される香り高い民族の精神的伝統を継承し、その貴重な歴史的教訓を学び、分断された祖国を〝完全な統一独立国家〟にするという全民族的課題を克服し、健全な祖国への志向性を確立しつつあります。

私達は又、他面在日韓国人が、韓日両国民間の真の友好関係の増進に貢献すべき位置にあることを自覚し、その目的達成の為に今日迄良識ある日本国民にひろく呼びかけ、あいたずさえてきました。

**良識ある日本国民の皆さん！**

韓日協定が締結、発効されてすでに三年がすぎましたが、私達が願い、そして目指してきた韓日両国民間の真の友好親善関係はきわめて深刻な危機的段階にきています。

それは「韓日国交正常化」が過去の暗い韓日関係を正しく清算していなかったことに端を発しています。そしてこれは一方では「韓日関係」に於いて「正常化」とは逆行し、日本の圧倒的で一方的な対韓国進出によって、今新たなもう一つの「非正常化」が進展したことにより、そして他方では「対在日韓国人関係」において日本国政府が在日韓国人「抹消」の黒い意図を持ち「追放と同化と抑圧」の政策を採用し、強行し、緊張状態を作りだしていることによってひきおこされております。

**良識ある日本国民の皆さん！**

韓日両国民間の危機を防ぎ、真の韓日友好親善を確立する為、日本による、在日韓国人に対する〝追放〟政策をやめさせましょう。

最近、大阪入管に収容された一韓国人が退去強制令を受け、自費出国を前に**焼身自殺**を遂げました。

在日韓国人の法的地位協定は、その前文に明示されている様に、「大韓民国国民が日本の社会秩序のもとに安定した生活を営むことができるように」するために結ばれたはずでした。

所が永住権を申請すると、条文を狭く解釈され、冷たく、厳しく運用されて、不許可になれば退去強制を受けることになり、強制送還されています。このことによって当人の不幸は勿論の事、家族がばらばらになり、想像を絶する悲惨な状況においやられています。

不許可者数は一九六八年十二月三十日現在、協定上、一般永住権がそれぞれ七五七名と一一〇名にのぼります。申請締切をひかえ、それはさらに急増するものとみられています。

永住権申請の現状は一九七一年一月十六日の申請締切を目前にしているにも拘らず、申請該当者総数五七万余名中、十万をわずかに越えたにすぎないことはきわめて、〝不振〟の状態にあります。

これは日本当局、韓国政府、在日大韓民国居留民団等がそれぞれ在日韓国人に対し、三年間にわたって政治的・社会的・強制力をもって申請を推進してきたことを考え合わせると、在日韓国人がその申請に〝**拒絶反応**〟を起こしていると言えます。

永住権申請〝不振〟問題はすでに新たな政治的・社会的問題として発生しています。

**良識ある日本国民の皆さん！**

これは日本政府が友好精神に反して協定文「解釈」と「運用」を一方的に狭く、冷たく、厳しく取扱っているからです。日本政府はこの不当な解釈と運用を是正しなければなりません。そして抜本的には、法的地位協定そのものが在日韓国人の基本的人権をはく奪、あるいは制限するという根本的欠陥と矛盾を内包しているものでありますので、その修正を計ることによって解決されなければなりません。それは最少限

① その前文において在日韓国人の居住権の性格を、在日韓国人の歴史的経緯と居住実績を論ずる迄もなく、当然不可侵の基本権として固有の権利であることが保障されなければならないこと

② その権利の享有者の範囲は、少なくともあらゆる根拠から一九五二年四月二十八日を基点としなければならないこと

の二点を挙げることができる。

**親愛なる日本国民の皆さん！**

日本国政府による在日韓国人に対する同化政策をやめさせましょう。

私達は、在日韓国人が民族教育を受け、韓国人としての民族意識をもち、民族的素養を身につけ、そして日本を含む諸外国の人と真の友好親善関係を維持発展させることを願っています。

私達は「民族教育」を弾圧し、日本人への同化を目論む「外国人学校法」の日本政府による四度目の立法化への試みに、断固反対します。

**親愛なる日本国民の皆さん！**

日本国政府による在日韓国人に対する〝抑圧〟政策をやめさせましょう。

日本国政府は、今国会に於て出入国管理令も「改悪」――在日韓国人の在留権、生活権をはじめとする諸般の表現の自由の基本権をはく奪制限をしようとしています。

私達は、旧治安維持法を上回る在日韓国人弾圧法である「出入国管理令」改悪に断固反対します。

私達、在日韓国青年同盟は、在日韓国人青年十五万名の総意を代表して三・一節五十周年に際し、民族的衿持でもって、真の韓日友好親善の樹立を確信しつつ、次の七項目要求を提示するものであります。

一、日本政府は「追放と同化」政策を放棄し在日同胞に対する友好政策を樹立せよ！

一、法的地位協定の修正の為の韓日両国高位政治会談を早急に開け！

一、協定上永住権の付与範囲を、〝一九四五年八月十五日以前からひきつづき日本に居住しているもの〟と限定したことは、不条理かつ不当であり、これを修正せよ！

一、協定上並びに一般永住権（申請）不許可者に対する今日迄のあらゆる不当処分を撤回せよ！

一、在日韓国人代表を含む韓日合同常設法的地位委員会を設置せよ！

一、三たび廃案された民族教育を弾圧する「外国人学校法」の立法化への策動をやめよ！

一、在日韓国人の基本的人権をはく奪する「出入国管理令改悪」をやめよ！

**親愛なる日本国民の皆さん！**

私達は、真の韓日友好親善を樹立するため、右七項目の実現を切実に訴えます。

**真の韓日友好親善　万才！**

一九六九年三月一日

在日韓国青年同盟

## 金賢成氏の焼身自殺問題を考える

昨年、暮もおし迫った十二月二十九日、「出入国管理令」違反をとわれた一同胞・金賢成氏が、大阪入管で抗議の焼身自殺をした。この事件は、単に金氏一個人の問題にとどまるものではなく、金氏自身が死をもって提起している様に、全在日韓国人の問題である。法的地位協定発効後三年を経過し、協定文の修正、更には永住権促進運動停止が声高く叫ばれている現在、更に今国会上程が確実視されている、「出入国管理法案」そして「外国人学校法」立法化の策動をあわせ見る時、日本当局の〝追放と同化と抑圧〟の圧迫政策の完成された体系が、私達六〇万在日韓国人の眼前につきつけられていることを感じざるを得ない。またこの悲惨な事件に対し、〝言論の公器〟というべき日本のジャーナリズムが、ベトナムでの、あるいはチェコでのそれを大きく取り上げている彼等が、人道的問題として全く扱わなかった態度は、いかにも不可解である。私達は、このことの本質をもっときびしく見つめねばならない。

〝出入国管理令違反で日本政府に逮捕され、大阪出入国管理所に収容中であった派越技術者金賢善氏（三八・全南光州市ハク洞九一五）が、昨年十二月二十九日昼十二時頃、同収容所で全身に石油をふりかけて焚身自殺した……〟

一月十六日付本国紙東亜日報はこのように報じ、ついで二月二五日付民団中央機関紙韓国新聞は、「無慈悲な法に抗議――歎願の在留申請も拒否され全韓国人のために犠牲覚悟」「入管で一同胞が焼身自殺――韓日為政者へ遺書残し」という見出しで大々的に取り上げている。以下韓国新聞は、事件の経過を次のように報じている。

〝同所の看視員がみつけ火だるまになった金氏に水をかけ火を消し近くの長原病院に収容、全身大やけどで重体であったが翌三十日午後三時三十分ついに命を絶った。

金氏が収容されていた収容所は六平方メートルの広さで、ほかに三人の収容者がいた。同収容所は地下室になっておりボイラーをたいて鉄筋三階建ての全館を暖房しているが、二十八日から正月休みにはいるため暖房をやめ、かわりに石油ストーブを入れていたという。金氏は看視員のスキをみてストーブのタンクから石油を抜きとり、あきかんにいれてかくしていたらしい。

金氏は六七年一月ごろ韓国から日本に旅行にきてパスポートの期限中に帰国せず、大阪市内で水道配管工として大阪市生野区の林金属工場（林鍾元代表）で働いていたうち、「不法滞留者」として生野警察署に検束され入管に収容された。入管収容中に特別在留の歎願をしたが不許可となるや自費帰国を申請して帰国する決心をかためたのであるが　帰国までの間だけの仮放免についても保釈金問題で意のままにならず、無慈悲な法律をうらみ別項のような冷酷な処遇をはかんで、朴大統領ならびに佐藤首相への手紙をしたためて自殺を行なった。

金氏は、二回にわたって日本政府に特別在留許可を歎願したが、却下されたので、自費帰国すべく十二月二十三日に民団大阪府地方本部への手続を終え、帰国までの仮放免を申請したところ保釈金三十万を準備せよとのことであった。しかし、金氏に三十万という大金がある筈がなく上浪清子さんが十万円を準備して哀願したが、（十二月二十八日）それも年末の事務は終ったといって大阪入管から一蹴されたとのことである。

なお、金氏は大阪入管に収容されるまで、同胞が経営する大阪市生野区の林金属に月給六万円の約束で雇われていたが、この月給の支払時に工場主が約束を守らなかったためいい争いがおこったが、そのとき工場主であり同胞である林氏は「おまえは不法滞留者であるから警察に知らせるぞ」などの暴言をはいたといわれ、その暴言がそのまま現実となって、金氏は生野警察に逮捕されたのであった。

母国の朴大統領への手紙は、金氏が収容所で自殺をはかり重体であったため近くの病院に収容されてから命を絶つ直前にかかれたものと思われ日付は十二月三十日となっており、韓国文で、在日同胞とく〝密航者〟たちの不遇な法的地位を、政策面で解決されるよう望み、自分自身が母国の国威を損傷したことについては、死をもって謝罪するとともに、日本人たちの対韓没認識に対して大韓民国の堂々たる権威で対決するよう訴えている。

また、佐藤首相への手紙は、日本文でかかれ、いまだに日本国民の対韓軽視意識は潜在しており、そのために在日同胞たちは非人道的な迫害に苦しんでいる現実を切切と綴っている。さらに、自分（金氏）の氏は、全韓国人がうけている屈辱への抗議であり一日も早く韓日両国国民が真の親善関係がうち立てられるよう為政者たちへ警鐘をならしている。

（四面へ続く）

**主張**

# 在日同胞法的地位要求貫徹に決起す

## 我々は民族運動の前衛である

「法的地位要求貫徹！」「強制退去絶対反対！」「民族教育を弾圧する外国人学校法制定反対！」「出入国管理令改悪断固粉砕！」人間として生きていることの自覚が、民族の叫びとなって噴射した。在日同胞の人間的要求が大衆行動となって表われた。まさに三・一節五十周年、ここ日本の地東京で、そして全国各地で、シュプレヒコールとジグザグデモの交錯する激しい高まりの中で、在日同胞の、民族運動は、新しい段階に入った。

三・一節五十周年在日韓国人法的地位要求貫徹民衆運動は、在日同胞の民族運動史上、画期的な意義をもつものとなった。

それは、在日同胞が、三・一節を、反日帝民族解放独立運動としてとらえ、その貴重な歴史的教訓を継続し、さらに発展させて、全民族の、そしてその一部分としての全在日同胞の、抱えている現代の課題を、身をもって斗うことによって、克服しようと、総結集し、それを実践し、運動の新しい局面を主体的に切開したことによってである。

我々在日韓国人青年、学生は、在日同胞民権擁護斗争の一環として、一九六四年度、六五年度法的地位要求貫徹斗争をはげしく体験し、その貴重な斗いの成果を守り教訓を生かし、自由と、民主、民族の隊列を着々と整備、拡充し、さらに一九六八年度、民族教育死守外国人学校法案上程反対運動を苦斗してきた　ことにより、いっそう、拡大・発展させてきたが、ここに、在日同胞大衆と渾然一体となり、名実共に、在日同胞民族運動の最も信頼される前衛となった。在日同胞は、自己の不遇な歴史的境遇を主体的に克服し、幸福の実現を目指す諸体験を通して、在日同胞社会の健全な発展と民族の歴史創造に参加するかたわら、日本に存在する立場から、真の韓日親善の樹立と真剣に取り組んできた。

所が日本政府は、在日同胞の渡日の歴史的経緯を勘案し、戦争責任を含む政治的道義的責任から、在日同胞の生活と幸福を政策的に保障する義務があるにも拘らず、それとは逆に、「在日韓国人抹消」を目標とする「追放と同化と抑圧」の反在日同胞政策を遂行し、最近ますますその強化を急いでいる。日本政府は、法的地位協定の永住資格区分によって、在日同胞社会の「分断」、「分解」「変質」を予定し、強行し、「退去強制事由」によって、在日韓国人を公然と「追放」し、恫喝している。

又、「外国人学校法」を創設し、民族教育を弾圧し、〝民族の魂〟を抜きとり、「同化」を促そうとしている。

そして、「出入国管理令」を「改悪」し、在日同胞の諸活動を規制し、「抑圧」することによって、「追放」と「同化」の実を挙げようとしている。

よって、法的地位問題の抜本的解決を要求し、民族教育を阻害する内容をもつ所謂「外国人学校法」制定に反対し、民族教育を守り出入国管理令改悪に反対する在日同胞民権擁護運動は、日本政府による反在日同胞政策との対決を軸に展開されざるを得ない。

在日同胞は、民権擁護運動を、積極的に展開し、日本政府の〝黒い意図〟による在日同胞抹消政策を放棄させ、友好政策の樹立、遂行を目指す闘いを着実に前進させている。

我々は、民族的主体性を堅持したこの運動を基礎に、没主体の偽りの韓日親善を一掃し、良識ある日本国民との真の国民外交と民間外交を提起しなければならない。

この在日同胞民権擁護運動は、本国政府による強力な支援と、在日同胞の団結した力によって、より効果的に進めることができる。

本国政府は、対在日同胞政策の基調を民権擁護におき、在日同胞問題を民権擁護運動と、その本質においてより深く理解し、一方では外交折衝によって他方では在日同胞の民権運動そのものを保障、あるいは支援しなければならない。

## 理論的で実践的な指導者を！

### 民主的で民族的な方向で

在日同胞の団結について、二つの主要な問題がある。一つは祖国分断の余波を受けて、在日同胞指導団体が、「朝連」の在傾化によって事実として二つに分裂し、対立し抗争していることである。この分裂の止揚は、歴史的、民族的課題として残されている。

他の一つは、在日同胞社会に巣喰うひとにぎりの売族分子の存在である。彼等は、民権擁護闘争が高まると、運動内部に侵触し、反共論とはほど遠い皮相な「反共論」に名を借りた、その実際は売族の理論を、そして民族的立場不明の利敵行為論や実益論を駆使しながら、日本政府の反在日同胞政策に加担し、その破廉恥な代償を貪っている。在日同胞は、民主民族運動をさらに前進させる為、この反民族売国徒党の民族社会からの放逐を決意している。

国際情勢の流動性と相まって、祖国と日本の内外の諸情勢は、七〇年問題、七一年問題を目前に、このはね返りが、在日同胞の民権に、極めて重大な影響を及ぼすものと予想される故に、在日同胞はこの内外の多事多難な時局に、信頼するにたりうる「理論と実践」を兼備した、真の指導者の出現を願っている。まさに、この様な意味から、来る三月二十六日に行なわれる民団中央団長選挙が、緊迫感をもって、その成り行きが、注目されている。現在、次期中央団長として、李裕天(現団長)、李禧元(顧問)、俞錫濬(京都本部団長)の三氏が、それぞれ立候補し所信と政見を発表した。

我々は、本紙前号主張で提示したように、選定の基準を「指導者としての責任感」と、民団団長としての民族的指導原理、指導理念、政治的基本姿勢の確立を、必須前提条件としながら、①内外情勢の現状と展望、日本政府の対在日同胞政策の本質と実態、在日同胞の実情と民意の所在等についての科学的な分析と把握、②在日同胞民権擁護運動についての総括と展望、③当面の重点施策においたがこの点から候補者の所信と政見をみつめてみると、①に関しては、各候補とも、もっと詳細を論ずべきである。②に関しては、各候補なりの立場から、民権擁護運動の意義、諸般闘争の成果と問題点、その克服の方策、闘争の展望等について、さらに明らかにすべきである。③に関しては、法的地位問題の抜本的解決に三氏とも、最大の力点を置いているが、これは、在日同胞の切実な要望の反映として評価に値いするといえる。だが問題は、単に団長になる為の〝公約〟であってはならず、当選後、忠実にその実現を目指しして、実践されなければならない。

外国人学校法案に関して、俞錫濬氏が「韓国人除外の特例がない限り、反対する」、出入国管理令に関して、三・一節民衆大会のスローガンにあった様に、李裕天氏が「入管法改悪闘争」をつづけると言明したことは、在日同胞の意向を反映したものとして歓迎されている。我々は、各候補者が、政策をもっと明らかにし、民主的ルールに従って、公明正大に、民族的な方向で、選挙運動が展開されることを期待している。所が、進歩的で漸新なイメージをもたれている或る候補は、こともあろうに、「権力闘争のチャンピオン」と言われている某氏が、積極的に推薦し、自から選挙参謀におさまり、選挙運動の陣頭指揮にあたっている事実は、およそ正常な感覚の持主なら「奇異」に感じない訳にはいかないだろう。氏は、遠い過去のことは論ずる迄もなく、近年、「法的地位協定」に関して要求貫徹運動を、自からは、「サボタージュ」、氏を乗り越えて前進する在日同胞法的地位要求貫徹運動に対しては、これを弾圧し、本調印に際しては、「八〇％よく出来た、これを歓迎する」と過大に評価し、根本的な問題をひたすらかくし、その打開の努力をせず、しゃにむに「永住権申請促進運動」のみを強行し、結果的には、同胞「追放」に追いやり、在日同胞社会に「不幸と不安と混乱」を招来せしめた。この責任の大半は、氏に帰する事を銘記しておく。又、一九六七年度、本国の国会議員に出馬する為、団務を約半年間も空転させ、あまつさえ本国で遊説し、「在日同胞は、法的地位協定締結によって、安定した　生活を営なむことが、できる様になり、バラ色の生活が約束され、これに満足している」と事実に反することを吹聴し、本国国民に「誤解と混乱を与え、ひんしゅくを買った。いかなる状況にあっても、誰であっても、在日同胞の最高の「公職」である「中央団長」を足がかりに「本国政界」等に進出することは許されない。三・一節を新たな契期として、大きくまき起った法的地位要求貫徹運動の高波はまさに氏の反在日同胞的な「裏切りと背信行為」をのり越えて前進しているのである。我々は、全在日同胞大衆と共に、我々の真の指導者を正しく選び、「民主的で、民族的な」指導部を守り、在日同胞民権擁護運動を発展させる為にあらゆる努力を傾注しなければならない。

---

**三　千　里**

## 「在日同胞問題の正しい理解を！」

### 実情調査団の来日に考える

▲昨今、民団指導幹部の間で、在日同胞政策に関しての本国政府の無理解や、認識不足を嘆く声がよく聞かれます。また、一般同胞大衆は、少なくとも自分自身の問題として、本国政府の対在日同胞政策に関して、具体的に知りたいと思っているし、とくに法的地位の問題に関して、本国政府は、どのような認識のもとに、どのような対策をしているのか、知っておきたいと思っているのが真情です。

▲本国から国会議員をはじめ言論人、大学教授からなる在日僑胞実情調査団なるものが来ました。この調査団は、その役割からして民団中央を始め、各種各　機関にその実情を調査するのが任務であるはずです。

▲過日、調査団が民団中央本部に来た時のこと、各局長の現況報告が始って間がないというのに、発言を中断させてイワク「時間がないから簡単にしてくれ。」そして「詳しく聞かなくても中央情報部からの報告でよく知っている。」等に、あたかも、君らの話は聞く必要なし、といわんばかりの態度。これでは在外僑胞援助資金の中から一万三千ドルもの費用を使って、飛行機乗って海越えて何しに日本へ来たのやら、全くその神経を疑わざるをえません。

▲しかし、私達もそこまではガマンできた。ところが、報告が最も問題となっている法的地位問題に入ると、こちらの報告をまるで〝ウソッパチ〟を云っているとでも言いたげな応対ぶり　一二六―二―六の資格者でも不許可になっている」との発言があると、「そんなバカな。解放後一時帰国した人は、数の上では問題にならない程少数だ」と、私達の認識とはあまりにもかけ離れた認識で、その上報告者に対して、「貴方は外人登録を持っているのか」「永住権はもっているのか」との質問を発したり、「日本政府にはいろいろと要求しているので（？）法的地位の事だけにきつく主張出来ない」と、あたかも在日六十万は〝員数外〟と云わんばかりの態度、あげくの果ては、「国会に報告しなければならないので、その資料をくれればよろしい」といわれては、二の句もつげない。

▲ただ一行の中で唯一人、「法的地位問題は、協定文そのものに欠陥がある以上、これは政治問題として取扱うべきで、韓日両国のこの為の政治会談が必要であり、行政府に任せるべきでなく、国会議員の活動としなければならない。これが政治家としての責任だ」との一議員の発言は、殺バッとした雰囲気の中に一沫の救いを与えました。

▲「在日僑胞は、六・二五動乱特需で金持ちになった」式の発想から一歩も出ない「実情調査団」は、私達には必要ないはずです。在日同胞六十万の、抑圧され、苦しめられている実態を正しく知り、学習をして欲しいものです。私達はこれを期待すると共に、私達の要求貫徹運動を力強く推進していかねばなりません。

（T・K）

# 築こう！韓民族の輝く未来を！

## 第五回冬期講習会に三〇二名

## 湧き上る闘争姿勢

第五回韓青全国冬期講習会が、去る二月十五日から二月十七日迄の三日間、志賀高原発哺において北は東北青森から南は九州福岡にいたるまで総勢三〇二名の同胞青年が参集して、盛大に開催された。

講習会は、「築こう！韓民族の輝く未来を！闘おう！民権擁護の為に！」の主題のもとに金恩澤韓青中央本部副委員長から力強く開会の挨拶があった後、民団中央本部から朴炳憲総務局長、民団東京本部から羅鍾卿副団長から祝辞を受け、三日間の幕は切っておとされ、次いで張暁講師の主題講演へとうつっていった。

第一日目、韓青中央が発刊した総合資料「在日韓国人の基本的人権」と青年新聞が参加者全員に手渡され、ゼミナール、班別懇談に大いに活用された。参加者はそれぞれ初参加者、機関幹部によってA・B・C・Dの各コースに分かれ、学習が行なわれた。**Aコース**においては外学法闘争の総括・法的地位の現状と問題の打開・韓青運動の総括と展望・在日韓国人の歴史的背景と入管令改悪を、**Bコース**では近代史・法的地位の問題点と解決と展望・外学法闘争の総括を、**Cコース**では民族教育と外学法・近代史・法的地位と入管令を、**Dコース**では国語運動史・在日同胞運動史・法的地位と入管令・民族教育と外学法の学習がそれぞれなされた。

特に今回の冬期講習会は、一月十七日発表された法的地位三周年声明の五項目の要求事項の確認と三・一節法的地位要求貫徹大会に向けての理論学習の場であったことにその意義をもつものであり、大きな成果をもたらした。総括会においては、今後民団大衆に五項目の要求事項の定着化の為、あらゆる角度からの宣伝啓蒙活動を展開するとともに、要求貫徹まで断固闘う姿勢を継続堅持していくことが参加者会員によって確認された。

最後に主題の斉唱がなされ、全員が肩を組んでの「建国行進曲」の大合唱でもって、実りある三日間の幕を閉じた。

志賀高原発哺での第５回冬期講習会に参集した全国の盟員

## 冬期講習会に参加して

埼玉盟員　金　好　子

韓青を知って間もない私が、このような催しに参加しての所見のようなものを記したいと思います。2月14日夜、東京では伝通院まえからバスが長野志賀に向けて出発しました。バスの中では自己紹介や韓国の歌等、和気あいあいの雰囲気でした。単に同じ韓国人というだけで兄弟と共にいるような、安心した気がねのいらない気持にさせられるとは、私にとって予想外なことでした。

また、思いもよらなかったことは次の日の早朝、志賀の天狗の湯旅館に到着した時、在日韓国人青年がこんなにも集まったということです。（三百人位）この瞬間、私はこの三日間の講習会をとおして、いままでの偏った韓国人としての見方でなく、自然な気持でわだかまりなく、いろいろな人と接したいと思いました。

さて、この講習会の主旨は青年の友好を図り現在の私達の立場を客観的にみつめ、これからの姿勢と実践を促がす為のものであると思います。その為に三日間、コース別に学習がありました。

しかし、実際の所、私は何故、これ程に学習しなければならないのかと、うんざりした時もありましたが、（出入国管理令・永住権の付与範囲等）講義を受けている内に思わず耳を傾けてしまう内容のものでした。又、夜は班別懇談があり身近かな、具体的内容から話し合いがすすめられました。その内容の一つに小松川事件のことがある。この高校生のように歪められた形でしか、自分を民族的に自覚できなかった、この人が可哀想であると同時に、民族教育の重要性というものを今ここで、再認識させられました。

私はこのような催しに参加できたことは、自分にとって有意義、且つ、幸わせなことであると思い韓国語や両親の歩んできた、歴史を通して父や母を理解してやりたいと考えさせられました。私はこの班別懇談・総括討論・学習・フエスティバルをつうじて、自分の知らなかったことを知り、今までのように、あらゆることに無関心で安閑としていられない自分というものをはっきり知ったつもりです。

## 静から動への第一歩

東京・江戸川支部　李　正　一

冬の朝日がまばゆい中を江戸川支部のバスは、日比谷へと走る。全国から集った韓青の盟員と日比谷公会堂に於いて握手を交わした時、私の心境はどうだったか。

この上なく、大きな大きな明るい炎を心の中に感じ、以前に顔を合わせた盟員に対しては、懐しさのあまり声を掛けずにはいられずまた、初めて会った盟員は私にとって、親しみを覚えずにはいられなかった。だがしかし今日はそのように親睦的に語り合う独立記念日ではないと悟った時、私を喜びから複雑な心境をへてある力強い団結へと運んだ。それは、私達が共に今なお、三・一節の精神を引き受け日本に於ける、在日韓国人として生きるために闘かわねばならぬわれわれの青年の任務がある以上、それに真っ向から見つめる必要がある。私はこの時ほど、自分の人なつこい性格を憎らしく思った事はなかった。なぜなら、私がここに来たのは三年をむかえた法的地位要求貫徹を叫ぶために来たのだ。

この七ケ月の間、韓青を知ってからの私のあらゆる行動は、私の得たこの民族意識と主体性を一人でも多くの人達に伝えるといった静の状態であった。その間、常に活動していた、この貯えた情熱を三・一節に打付ける事ができるのだ。動として。寒い中を犠牲を払って駆けつけた全国の韓青の盟員はどうか。

私は考えた。私以上の強い判断のもとでこの貴重な時間を作ったのだと。あまりにも感情にとらわれ、理性に従わなかった私はそれに気付いた時、沈滞していた民族的エネルギーがせきを切って流れはじめたのである。

抗議集会の式典が終った後、私達韓青が先頭と最後を固めた、デモ行進へと移った。良識ある日本の国民に我々、在日韓国人の権益擁護のために、訴える心の底からの叫び。「法的地位要求貫徹！」「出入国管理令改悪、断乎反対！」「民族教育を守れ！」。懸命に声を張り上げる顔々。その中で涙を落した私。決して激しいデモ行進ではなかった。だが自分は在日韓国人の一人として今、真剣に闘っているのだ。このアピールは生きているのだと感じた時に涙が落ちた、それに加えて肌に感じる民族意識の快さ。

白いチマチョゴリを着たおばさん達も一生懸命に私の後に続く。韓国学校の生徒達も頑張って続いて来る。私の存在は韓青の一人として位置づけられている以上、信頼して指導者たる先輩にどこまでもついて行くのみであった。

私が私としての感情が定った時には、すでに、デモ行進の終点にかかっていた。もっと、いつまでもこの理性に従っていたかったが、終点地に着くや、民団側は解散したので、なぜか空虚感をもよおし、味けなさを感じたかしかし、たとえ私の情熱がすべて出されていなかったとしても、不満はなかったほど気持は充実していた。

私は今日一日共に過ごした関西の盟員達と活気ある会話を交しているうちに自分は、韓青と共に、より大きな闘争のため頑張らなければならないと思った。

それからの私達の足は大使館へと向けられた。白い壁に、黒い鉄の門が冷たく目に写る駐日大使館すでに堅く門は閉ざされ大使が帰宅した後であった。がっくりとしたが私達は青年である。挫ける事がない溢れる強い力があるのだ。その証拠は、全国代表者会議の熱気ある意見の交換が示していた。

遠くから、今日のために東京に駆けつけた、盟員達の目は、表情は疲れてみえるが、心の中は、だれもが生き生きと燃え、民族的自覚の高揚を大いに発揮しているという盛んな話い合いが時間のたつのも忘れさせた。三・一節に関しての総括をしながら、今後の韓青の方向性を明確に示し、全国代表者会議は終った。

こうして、互いに頑張った盟員の別れは、簡単なものであったがしかし、決して忘れる事のできぬ記憶が一つまた私の頭の中に残った。

さて、このように、三・一節と私を顧りみて述べたが、改めて静かな部屋で机に向かいペンを執ってみれば、二度と味わえぬ三・一節を自分なりの有意義さで送ったと信じて凝わない。

私が初めて動として、とらえた一歩を築いた、三・一節は私にとっても、敗北と失敗で終った独立万歳ではなかった。

これを民族運動に対しての初めての参加として見るなら、まだまだ、自分自身に鞭を打つ必要があると認める以上、これから一日と無駄にせず、高鳴る情熱を民族運動に注ぐ決心で頑張る。

見よ、この血の流れを！

三月四日筆

### 《祖国訪問団募集中》

| | |
|---|---|
| 名　称 | 第24回光復節慶祝<br>在日韓国青年同盟使節団 |
| 日　程 | 8月10日　福岡出発 |
| 費　用 | 各自負担 |
| 資　格 | 韓青盟員 登録者 |
| 申請期間 | 4月20日 |
| 申　込 | 韓青中央本部又は各地方本部 |

# 入管令改悪に民族的怒りを！

## 4.19革命9周年記念入管令改悪反対、法的地位要求貫、青年学生中央決起大会開かる

韓国青年新聞

発行所
韓青出版社
文京区春日2－20－13
TEL(814) 4471
発行人・金宰淑
編集人・金君夫

**綱領**

一、われわれは、在日韓国青年の総力を結集し、祖国の完全なる統一独立の為に献身する。
一、われわれは、すべての非民主々義的勢力に反対し民主々義の正しい発展と実践のため努力する。
一、われわれは、心身を鍛練し教養を高め、友邦諸国の青年と提携し真正なる世界平和の建設に寄与する。
一、われわれは、在日韓国青年の民族意識を高め、在日居留民の権益擁護のため全力を尽くす。

# 青年学生代表八百名が結集

## 全在日同胞の熱烈な支援の中で

東京駅前を力強く前進する民族の隊列

我が民族の歴史上燦然と輝く、四・一九学生革命九周年を記念し我が同盟と学生同盟との共闘による、「入管令改悪反対」、「法的地位要求貫徹」中央蹶起大会が、去る四月十八日（金）、午前十一時から、東京・お茶の水の全電通労働会館において、全国各地から八百余名にのぼる青年同盟、学生同盟の代表と、民団中央団長李禧元、朴根世議長、張聡明監察委員長鄭在俊東京本部団長を初 とする来賓多数参席する中で、開催された。

内容は、一部、集会と大使館、法務省、衆院法務委員会への代表団派遣、二部、示威行進という形で行なわれた。全体的に、日本当局の我々、在日韓国人に対する、同化、追放、抑圧政策を烈しく、糾弾し、四・一九の理念を更に発展させる中で、権益擁護闘争における、青年、学生の役割をはっきりと位置ずけた実り多い運動であった

全国各地からの、日本当局を弾劾する、のぼりやプラカードの林立する中で、「入管令改悪反対「法的地位協定文の修正」要求等のスローガンを掲げて開催された大会は、金恩沢韓青中央副委員長の司会のもとに開会、国民儀礼に続いて「抑圧には断固争う」との金宰淑韓青、徐啓祚学同両委員長の力強い、あいさつのあと、民団中央、東京本部団長の激励辞に続いて、学同から、京本、林仁結君が、四・一九学生革命の経過と今日的意義についての基調報告、韓青から、金君夫中央副委員長が入管令の情況と運動を中心とする基調報告を行なった。

続いて、議長に金一明韓青中央副委員長、金光沢学同文化部長がそれぞれ選ばれて、大使館、法務省、衆院法務委員会へ代表団抗議団を送り、先の報告に基づいて、約一時間十分に亘り、全国各地から参集した代表達によって熱烈な声討がくり拡げられた。或る代表は「我々は四・一九革命精神を継承発展させ日本当局による、在日韓国人に対する、基本的人権の蹂躙、居住権のはく奪、民族教育に対する弾圧等に対して全体同胞の先頭に立って、最後まで、闘い抜かなければならない」と力説しそして他の代表は「法的地位協定は韓日両国政府の責任である故、日政に対する糾弾と同時に、本国政府の在外居留民に対する姿勢も厳しく反省されねばならず、その根本的是正を要求しなければならない」と指摘した。

続いて大会決議文、要請文、抗議文が朗読され、スローガンと合わせて熱烈に採択された。

そして、代表団の帰着と、その報告の後、すぐさま、日比谷公園迄の示威行進に移った。

手にプラカードとのぼりを持った、民族の魂は、街頭へと、走り出した。

「現行入管令の不法不当な運用を撤回せよ」、「金賢成氏を焼身自殺に追いやった関係者を、徹底的に処断せよ」「入管令改悪断固反対」、「法的地位協定文を修正せよ」のシュプレヒコールがビルの谷間を、日本国民の胸の中をこだまする中で、六時半頃予定のコースを終え、日比谷公園で総括集会を開いた。

民族的熱気と興奮の中で、韓青学同両委員長があいさつに立ち、今後もこの集会の成果に依拠して全国各地で更に発展させることを決意し、建国行進曲を大合唱する中で画期的な幕を閉じた。

この蹶起集会は、法的地位要求貫徹運動以後、絶え間無い、学習活動、啓蒙活動、そして、四月十日の全国ビラ配布の成果のもとに、多くの民団幹部、一般大衆の物心両面に亘る支援のもとに、勝ち取られた、まさに権益擁護闘争の新たな飛躍の起点となったと言える。

## 日本法務省に断固たる抗議

抗議代表団五十八名は、民族的矜持と義憤をもって、入管令改悪法案を作成した法務省を訪ね、それを論難し、併わせて、金賢成氏の焼身自殺に見られるように入管行政と法的地位協定の運用における不当、不法性を追及し、厳重な抗議と警告を発し、抗議文を手渡してきた。

（抗議文は 三面参照）

## 開会中の衆院法務委員会に請願

代表団 五名は、各政党を訪れ、現下国会に提出されている「出入国管理法案」は悪法現行入管令をさらに全面的に改悪し、全面的に在日韓国人に適用しようとするもので、在日韓国人は、挙ってこれに反対しているゆえに、真の韓日友好の樹立の観点から、これを改悪法制化しないよう、強く要請した

## 本国政府にも強力に要請

本国政府に対する要請代表団は 駐日大使館を訪問し、より強力な在日同胞権益擁護を要請すると同時に、要旨次のような要請文を手渡した。

一、韓日高位政治会談を開き、法的地位問題を協定文修正等の根本的解決を計ること、一、在日同胞代表を含む、常設韓日法的地位委員会を設置すること。一、今日本国会に提出された「出入国管理法」改悪案は我々在日同胞の居住権をはじめ、あらゆる生活権を侵害する内容であるので、本国政府からの強力な働きを要求すること。

## 決議文

今日、我々、在日韓国青年学生の全国代表者八百名は、四・一九の九周年を迎え、その崇高な革命的精神を想起して、現下、在日同胞の緊急な問題を打開するためにここ東京に結集した。

九年前、四月十九日における青年学生の血の闘争は素手で銃剣と対峙し、独裁政権を打倒し、自由と民主々義の鐘を祖国の大地に打ちならした。

四・一九は、真に民族史上永遠に、受け継ぎ流れる民衆の闘争精神の発現であり、その志向は、自主、自立、統一民族のそれである。

韓日協定締結後「国交正常化」と、「友好関係の樹立」という初期の目的は空文化し、事実において不平等関係を強要し、在日同胞に対する大量的迫害が進行していることを指摘せざるを得ない。

人面獣心的な日本政府当局は、今日においても、尚一層その本性を発揮し、在日六〇万の正当な権利を蹂躙し、追放と同化政策をもって我々を対処している。

法的地位の恣意的解釈、運用で迫害をし、更に、在日韓国人をがんじがらめにしばる「入管令」改悪法制化を企図している。

これは、重大な背信行為であると指摘せざるを得ない。

我々は人間である以上、日本政府当局のその様な、根性と習性を徹底的に粉砕し、彼等の体系的陰謀を打破することによって、真正な韓日友好関係が樹立されることができる。

我々は民族的良心に燃える同胞の熱烈な支持に依拠して、正義を人道の、あらゆる人々の支援を確信してここに決議する次第である。

一、四・一九精神を継承し、祖国統一と在日同胞権益運動に邁進しよう！

一、在日韓国人に対する現行出入国管理令の不法、不当な運用を撤回せよ！

一、金賢成氏を焼身自殺へと追いやった関係者を徹底的に糾弾する！

一、今日本国国会に提出された改悪「出入国管理法案」を断乎粉砕しよう！

一、在日同胞六〇万は民団の旗のもとに一致団結して、協定文修正を含む法的地位要求貫徹の為に総蹶起しよう！

一、民族教育を我々の手で拡大強化しよう！

西紀一九六九年四月十八日

出入国管理令改悪反対法的地位要求貫徹青年学生中央蹶起大会

**《祖国訪問団募集中》**

| 名称 | 第24回光復節慶祝 在日韓国青年同盟使節団 |
|---|---|
| 日程 | 8月10日 福岡出発 |
| 費用 | 各自負担 |
| 資格 | 韓青盟員登録者 |
| 申請期間 | 5月10日 |
| 申込 | 韓青中央本部又は各地方本部 |

## 4.18決起 内外に多大の反響

在日僑胞學生데모
出入國법령에 反對
【東京18日[illegible]】약 8백명의 民團系在日교포靑年학생들은 日本政府의 새로운 출입국관리법령의 制定을 반대하는「데모」集會를 18일「도쿄」시내에서 벌였다.

韓國系団体も反対
出入国管理法案
44.4.19
民団系の団体である在日韓国青年同盟と同学生同盟は十八日、東京・神田駿河台の全電通会館で「四・一九革命九周年記念大会」を開き、約七百人が参加、政府が今国会に上程を予定している出入国管理法案に反対する決議を行い、都心をデモ行進した。韓国系団体が反対を明らかにしたのははじめてといわれる。

朝日新聞

한국일보

**Pro-Seoul Koreans Rally In Tokyo**

Some 800 pro-Seoul Korean students and youths residing in Japan held a rally at the Rodo Kaikan Hall in Ochanomizu, Tokyo, Friday to protest the Japanese Government's plan to enact a new immigration and emigration law.

The rally adopted a resolution which said that the Japanese Government was attempting to deprive the Koreans of their rights to reside in Japan and to regulate all activities by the Koreans in this country.

The bill, which is expected to be approved by the Diet shortly, stipulates restrictions on specific activities of aliens residing in this country over a long period.

The Korean youths were scheduled to stage a demonstration march to Hibiya Park after the rally.

The rally was the first campaign conducted by pro-Seoul Korean residents against the bill.

**Koreans Protest Immigration Law**

About 800 pro-Seoul Korean students and youths residing in Japan held a rally at the Rodo Kaikan Hall in Ochanomizu, Tokyo, Friday to protest against the Japanese Government's plan to enact a new Immigration Control Law.

The rally adopted a resolution which said that the Japanese Government was attempting to deprive the Koreans of their rights to reside in Japan and to regulate all activities by the Koreans in this country.

A bill which is expected to be approved by the Diet shortly, stipulates for restrictions on specific activities of aliens residing in this country over a long period.

学び、斗い、そして前進する青年　東京地区、学習会

# 不屈の闘争態勢
## 結実した学習成果

去る三月三一日国会に提出された「出入国管理法案」は、同胞社会に強い衝撃を与えた。韓青はあらゆる講習において「法的地位」「外国人学校法」問題とともに同胞の民権弾圧政策として学習してきたが、今国会提出が確実視されるや広範な全国的学習活動を展開、多大な成果をおさめた。

**【大阪地方本部】**

六四年、六五年度の法的地位要求貫徹闘斗を果敢に闘い、韓青運動の主体的基盤を堅持してきた大阪地方本部（金治男委員長）では支部巡回学習活動とともに成人者学習会、高卒者学習会等、巾広い学習活動を展開している。

三月　五日　布施支部
　　　七日　東淀川支部
　　　八日　茨木支部
　　一二日　布施支部
　一五～一六日　奥州地区
　　二〇日　斗争委員会結成
　　二二日　茨木支部
　　二三日　拡大斗争委員会及び学習会
　　二八日　東淀川支部
　　三〇日　南大阪支部
四月　一日　北河内支部
　　　二日　東淀川支部、民団と合同研究会
　　　五日　枚岡支部
　　　九日　枚岡支部、民団と合同学習会
　　一一日　生野支部
　　一三日　高卒者、成人者学習会
　　一四日　泉南支部
　　　　　　西淀川支部

**【京都地方本部】**

京都地方本部では、林弘吉新執行部が意欲的な活動を展開しており、特に民団との提携による成果は、今後の運動に大きな示唆を与えており、韓青運動における中枢的役割を果たしている。

三月　中旬　府下一斉個別訪問
　　三一日　府下六個所でビラ配布活動
四月　二日　民団左京支部三機関会議で説明会
　　　三日　南支部
　　　四日　左京支部
　　　　　　中京支部
　　一〇日　民団上京支部学習会、二一、〇〇〇円カンパ募る
　　一三日　第三回青年学生学習討論会
　　　　　　左京支部
　　一六日　民団中京支部、五八、〇〇〇円カンパ募る
　　　　　　南支部で四万円、左京支部で三万円カンパ募る

**【愛知地方本部】**

法的地位学習を徹底化させ、昨年の民族教育闘争において全国路線の中核を担い、団長被殺事件の苦境を主体的に克服してきた愛知地方本部（梁完玉委員長）では、入管令学習も定着、四・一八蹶起大会には大量の動員をかちとった。

四月　五日　本部学習会
　　　六日　東中支部
　　　　　　西碧支部
　　　七日　中村支部
　　　　　　名西支部
　　　八日　名西支部
　　　　　　瀬戸地方
　　　九日　東中支部
　　一二日　本部学習会
　　一三日　瀬戸地方
　　一四日　中村支部
　　　　　　名西支部
　　一五日　東中支部
　　　　　　岡崎支部
　　一六日　一宮支部
　　　　　　豊川支部

**【東京地区】**

韓青運動の中心的役割を期待されている東京においては、地区委員会（委員＝鄭康浩、慎忠義、高昌樹、李畊植）の精力的な活動によって韓青支部結成の気運が盛り上がっており、地区委主催による学習会には都内から五十一名の盟員が参加、真執な雰囲気の中に闘争への連帯意識が強められた。

三月一六日　地区委主催都内学習会
四月　一日　闘争委員会結成
　　　　　　荒川地区
　　　五日　闘争委代表委員会
　　　八日　渋谷支部
　　一〇日　大田支部、民団と合同学習会
　　一一日　江戸川支部
　　一五日　足立地区
　　　　　　募飾地区、民団と合同学習会
　　一六日　豊島支部
　　　　　　港地区

また四月六日には新潟地方本部結成準備委員会、四月八日に三重地方本部、四月一三日に群馬地方本部、千葉地方本部において活発に学習会がなされた。

## 闘争宣言

われわれ在日韓国青年同盟法的地位要求貫徹斗争委員会は、日本に在住する韓国青年の総意を代表して、第一回総会の決定に従い、次の如く宣言するものである。

去る三月一四日、日本政府閣議において、入管令の改悪案が最終的に案文がまとまり、今国会に提することが決定された。この主な内容は、われわれ在日韓国人の歴史的特殊性を無視して、すでに得ている居住権の剥奪を始めとして、あらゆる生活権を侵害する基本的人権を無視した、われわれに対する弾圧立法であり、絶対に許すことができない。

われわれ韓青は、既に去る一月一七日法的地位協定発効三周年に際し、法的地位に対する基本的見解を明らかにし、具体的に協定文の修正を含む五項目の要求事項を掲げた声明を内外に発表しました。

その後、民団中央主催の三・一節五〇周年記念法的地位要求貫徹中央民衆大会に参加後、全国代表者会議を開き、斗争委員会を結成し、①法的地位要求貫徹、①出入国管理令改悪反対、①外国人学校法制定反対、を基本的斗争目標にし、青年学生は勿論のこと、同胞大衆との連帯の中で斗うことを決め、対内における宣伝啓蒙を行うと同時に、良識ある日本国民に訴えて来ました。

特に、民団第一四回中央委員会第三三回中央大会に際し、入管令改悪反対運動に関する建設案として提議、韓学同と合同で呼訴文を提出し、中央委員会の名において万場一致で採択され、共に斗うことが再び確認されました。

この様な内外の情勢の中で、われわれは再び斗争の姿勢を明らかにし、具体的に行動することを決定しました。

われわれは、輝かしい四月学生革命記念日に向けて、全体青年学生の力量を結集して、権益擁護の為に、四月一八日、中央決起大会を開催することになりました。

全同胞青年学生は、民族史に燦然と輝く四・一九学生革命と、六五年度斗争を想起し、この斗争に積極的に参加支援されることを期待するものであります。

民族の栄光と繁栄、在日同胞の権益擁護の為に一致団結して起ち上り、同化・追放・抑圧の政策を、断固粉砕しましょう！

一、日本政府は、在日同胞に対する友好政策を樹立推進し、〝追放と同化〟の政策を拠棄せよ！

一、法的地位協定文修正の為の韓日両国高位政治会談を早急に開け！

一、協定永住権の賦与範囲を〝一九四五年八月十五日以前からひきつづき日本に居住している者〟と限定した事は、不条理且つ不当であり、これを修正せよ！

一、協定並びに一般永住権（申請）不許可者に対する今日迄のあらゆる不当処分を撤回せよ！

一、在日韓国人代表を含む韓日合同常設法的地位委員会を設置せよ！

一、我々の生活権を破壊する「出入国管理令改悪断固反対！

一、民族教育弾圧する内容の「外国人学校法」立法化の策動を阻止しよう！

一九六九年三月二十四日
在日韓国青年同盟法的地位要求貫徹闘争委員会

# 4.10 全国一斉ビラ配布

## 主要駅、街頭一七〇個所で成果的に

「良識ある日本国民のみなさん！日本政府は、今国会に出入国管理法案を提出しました。この法案は、私たち在日韓国人の基本的人権を蹂躙し、生活権を侵害する内容の、非常に不当な悪法であります。日本政府は、この法案を成立させることによって私たち六〇万在日韓国人の追放と同化をもくろんでいます……」

去る四月一〇日、全国主要駅頭、街頭一七〇個所において、全国一斉に韓青学同一、一〇〇余名の盟員により、「出入国管理令」改悪反対を訴える日本国民へのアピール文三〇万枚の配布活動が、民族的情熱をもって真剣に行なわれた。

これは、三月二五日中央本部に於いて開かれた在日韓国青年同盟法的地位要求貫徹闘争委員会第一回総会での決議によって行なわれたものであり、民権擁護闘争の強力な手法として日本国民に出入国管理行政の実態を訴えかけることによって世論化をはかり、真の韓日友好樹立への布石となすと同時に、同法案の国会上程、審議に何らかの影響を与えるべく、そして組織的には日常活動における権益擁護闘争の実践を通して盟員の意識を確立し、韓青運動の推進体としての機能の強化を目指したものである。

この日行なわれたアピール文配布活動においては、特に各地区が自発性と独創を発揮された立看板の作成、活発な青空討論会の展開、マイク、メガホンによる呼びかけ、兵庫県においては宣伝カーを巡回させる等、多彩な形態で行なわれた。この活動に参加した同盟の意識は更に明確に高まり、学習・討論の必要性がより強く確認された。又、日本国民に対してのみならず、一般在日同胞に対しても強い感銘と共感を与え、支援・激励の電話が殺到し、その成果ははかり知れないものがあったと云える。

立て看板のもとで、日本国民にビラを　東京・大井町駅にて



## 主張

### 四・一九を継承し、民権擁護斗争をさらに前進させよう。

四・一九は民主民族革命の鮮[illegible]序章である。一九六一年四月、自由と正義に燃える祖国の青年学生は雨あられとふりそそぐ弾丸の中をひたすら疾走し、李承晩独裁政権に肉迫し、素手でこれと対決し、血しぶきの中で、この打倒に成功した。だが、民主的で民族的な政権を自からの主導性で樹立しなかったが為に、貴重な成果の一部を守旧勢力に侵蝕された。しかし、四月の抗争を通して、国民大衆に、「外勢」と「買弁」と「封建」に依存した「独裁」体制に反対するという[illegible]四反理念の貫徹を提示したこと、そして、「自主」と「民主」を民族内部に堅固に構築することによって「健全で豊かな統一祖国」を定立させるという全民族的課題を理論的実践的課題として、体系、定着化させたことにあると言える。

四・一九以後、祖国と在日同胞社会に於いて、政治、経済、文化の全ての分野での対立、抗争が、四・一九の理念と志向性を軌軸に展開している。

四・一九以後九年の経過は、曲折をへながらも、基本的には、課題克服の方向に前進してきたし、終章に向って、全般的状況は、急進展している。

我々は、全民族と在日同胞の諸問題の抜本的解決の原点と終点を四・一九に求めなければならない。四・一九は、「韓青」[illegible]と精神的支柱と運動の目標を与えた。我々は、四・一九を学び、四・一九以後」を斗い抜き、全体民族全体在日同胞と共に、その終章を斗いとらねばならない。

韓日国交「正常化」後、四年になろうとしているが、「韓日友好」はすでに空念仏となり、新たな「非正常」を急増させ、「非友好」と反日を増大させている。

「バラ色の"安定した"生活」を約束したはずの在日韓国人法的地位協定は、色あせ、「不渡手形」と化し、追放の武器となって、いっそうの"不安定"化を促進させている。

去を強制させる大村収容所被収容者の叫び、治療を求める韓国人被爆者の声、死を前提として日本の民族差別を鉄格子の中で告発しつづける金嬉老氏の声、焼身自殺でもって民族問題を提起した金賢成氏の地底からの叫び、等が、内なる民族的鼓動と共鳴し、増巾し、我々自身の人間的な、あまりにも人間的な主張として、ほとばしってくる。これはまさしく、在日韓国人の全体の、韓民族全体の問題であり、日本民族自身の問題でもあるはずである。

直視しなければならないのは、韓日「国交正常化」と「友好」関係の現実的進行の実態であり、問われているのは、その「推進者」である。

韓日国交の真の正常化は「在日韓国人問題」の正しい解決がその始点でなければならない。民権擁護唯一の自治機関としての民団に課せられた在日同胞大衆の期待は絶大である。

我々は、人間として生きることを拒否する一切の不条理を排撃し、韓国人としての尊厳と自由と平等の基本権を享有せねばならぬことを自覚して、今又新たに眼前に提起された在日韓国人の基本権の侵奪を予定した「出入国管理」改悪法制化に断固反対する。

前進する在日同胞民主民族運動とその青年学生の愛国的前衛的隊列はその策動を許さない。

我々は、四・一九民主民族革命の終章を彩る明るく、健やかな祖国の顔"を胸に描いて、その今日的課題克服に全人格をかけて、斗わなければならない。

## "期待される"公約"の実現

（三千里）

▲永住権申請期間二年足らずに迫った現在、私たち在日同胞には民団指導層に対し、法的地位の抜本的解決を中心とする民権擁護政策の確立を真底から願ってやまないものがあります。法的地位の矛盾の高まり、入管令改悪法制定の動き、更に民族教育問題等、日本政府による一連の"追放と同化"政策が露骨につきつけられている実情から、それは私たちの人間として生きる為の当然の声であります。

▲このような切迫した問題をかかえた時期に民団では第三十三回中央大会が開かれ、新団長に李禧元氏が選出されました。氏の当選については記号変更や過半数不足など、いろいろ問題を残しはしましたが、民権擁護政策が同胞間に声高く叫ばれている今日、新団長に寄せる期待は大きなものがあります。

▲団長選挙では、三候補とも法的地位の根本的解決を公約として掲げていましたが、氏は次のような公約を打ち出し、強調していました。曰く「法的地位問題解決の為には、私は全国団長を従えて金浦からソウルまでデモをする」「ハンストをして命をかけても斗う」と。

▲私たちは"執念の人"ともいわれる氏が死を賭して斗うことについて毫も凝うものではありませんが、今後一年間の運動の成果により、全在日同胞の運命が左右されようとしている時、氏の民権擁護に対する執念を果敢な決断力により、公約が、"空約"にならないよう健斗されることを期待するものです。

## 四・一八決起大会採択文書

### 抗議文

我々在日韓国青年学生は我々在日韓国人に対する抑圧立法である「出入国管理令」改悪法案を、今国会にまさに上呈せんと企てている日本国務大臣に対し全韓国人の意志を代弁して、ここに強く抗議する。

一体日本政府は、過去三十六年間に亘って我々の祖国を侵略、支配したという歴史における重犯罪をどのように終結させようとしているのであろうか。韓日条約締結によって叫ばれた「韓日両国の真の友好の為に」というスローガンは、さもまことしやかな美辞麗句によって虚飾されていたのであろうか。

永住権申請が始まり法的地位の苛酷な運用によって千名近くの不許可を言い渡され今迄に数限りない同胞が退去強制されているという現実、そして大阪に於ける焼身自殺者の例などに象徴的にあらわれていたごとく「入管令」の実態をみればその答はおのづから明白である。

そして現在、日本国政府は欺瞞的「入管令」改正によって、我々の生活権、居住権等の「人間としての基本的権利」を根底から抹殺しようと策謀しているのである。この度日本国会に提出された「出入国管理法案」がいかに巧妙な美しいベールに覆われていようともその根底には日本国政府の狂気じみた意図が存在する事は、現行入管令が果たしている役割、改悪法案の具体的内容、更には日本国政府が終始一貫して我々に取りつづけてきた一連の政策を見る事によって一目瞭然である。すなわち日本国政府は過去から一貫して我々を抑圧政策の対象として見なしてきたし、いわゆる「同化か、追放か、服従か」という在日韓国人抑圧政策をそのまま踏襲し、より露骨で、陰険な形で我々を規制せんとする具体的法案が、この「出入国管理法案」なのである。すなわち、

一、在日韓国人の退去強制事由を拡大、強化する。

一、在日韓国人の退去強制のための手続きを簡素化する。

一、中止命令制度を創設し、在日韓国人の処罰と強制追放を厳しくする。

一、在日韓国人の経済面からの規制、圧迫。更には、行政調査権を拡大し、収容処分を厳しくすゆなど在日韓国人の権利を根こそぎ封じ、日本国政府の自由な思惑の下に我々を置こうとしているのである

我々が、この言語道断な内容をもつ改悪法案の通過を黙認するならば、それは即、我々の民族性の否定、人間性の否定へとつながる事になるのである。今や、この法案は在日韓国人には適用しないのだ、とか、法律一二六号の廃止は考えていない、とかいうナンセンスな詐欺的宣伝は我々には通用しないし、韓民族全体の怒りを制止する事もまたできない。我々在日韓国青年学生は、全韓民族の憤懣と怒りの声を代弁して、再度日本国法務大臣に対し、「出入国管理法案」をすぐさま廃案にする事を強く要求する。日本国政府が我々に対して、あくまでも差別、抑圧の政策を取り続けるならば、我々青年学生は全韓民族と共に、その悪辣な企みを断固粉砕すべく、最後まで闘う事をここに強く言明する。

一九六九年四月十八日

出入国管理令改悪反対、法的地位要求貫徹全国韓国人青年学生中央決起集会

日本国法務大臣　西郷吉之助殿

# 各地で白熱する宣伝啓蒙活動

中央本部では、今年に入って、一月十七日の協定発効三周年の声明を始めとして、各種の声明、宣言、アピール等の一連の文書を発表し、新聞、「綜合資料」等を発刊してきました。これは、近年、とみに、基本的人権の侵害と民族運動の弾圧を中心として、在日韓国人とその社会が、多大の不幸と混乱を受けていることに対して、その実態と真実を報導し、諸問題の抜本的解決を目指し、図る為の、その表現にほかなりません。

日本政府当局は、法的地位協定文そのものの矛盾性もさることながら、その不法、不当な運用を行っています。又現行入管令に関しても、それ自身の違憲性、もさることながら、法的地位協定運用等とからめて、不法、不当な運用を行ない在日韓国人を追放し迫害しています。そして今その現行入管令すらさらに改悪法制化し、不当にも全面的に、我々に適用しようとしています。

在日同胞は、この事態を直視し、それに対備し、あらゆる侵奪から自己の正当な権益を守らなければなりません。

我々は、在日同胞の民権を擁護するという観点から、組織活動と共に宣伝啓蒙活動をさらにいっそう活発にしなければなりません。

各地方本部でも、最近韓青の全国路線を踏襲して、叡智を結集し、自発性に依拠した独創性のある宣伝啓蒙活動が、組織活動、財政活動と有機的に結合され、飛躍的に前進しています。最近の代表的なものの内からその若干を紹介し、各地域での諸活動の資料として供することによって、実践的体験交流の拡大を計りたいと思います。

**群馬本部では、**「機関紙韓青時事」が入管令問題特集として、四・

○ビラ配布活動をダイナミックに展開していく過程で、盟員の学習と大衆宣伝啓蒙の素材として、発刊された。その成果は四・一八決起にもあらわれ、大きな期待と注目を集めている。

**大阪本部では在日同胞に向けて**

第五十回三・一節を記念して、同胞の一番多く住む大阪本部では三・一愛国独立精神を継承し、在日同胞の正当な権益を守る為"出入国管理令改悪を断固阻止しよう!"というビラを数万枚、学同と共同して、作成し、各種集会や家庭訪問による配布、各機関等への郵送を含めて、広範囲に流布し、世論化させた。そして同胞大衆、青年、学生が一体となって、民団指導部に、入管令改悪阻止の為の具体的な運動を展開することを要求し、又、焼身自殺を生んだ入管令の非人道的な運用に抗議し、その是正を当局に厳重に要求した。

これらの宣伝活動は、数々の成果を収めているが、特に在日同胞一般大衆の権利意識をより明確化させたこととあわせて、青年、学生と大衆が運動体としてより一層つよく結束される契機を作ったこと等を挙げることができる。

四・○ビラ配布に於いても、勿論、運動員が胸と背中に「出入国管理令改悪反対」を骨子とする各人の創意をこらしたゼッケンをつけ、まさに民族的熱情でもって、我々の主張を内外に明らかにした。

**兵庫県では、宣伝カーを回して**

兵庫県でもいちはやく、学同と協力して、入管令改悪に反対する"ビラを大量に作り、県下の重要地点で、大々的にビラを撒き、宣伝カーをも巡回させて、「法的地位に対する具体的要求と入管令改悪に反対」の我々の意思を広報し、大きな成果を収めている。

**京都本部では、日本国民に向けて**

機関誌「韓青京都」が、発刊され、内面的に充実した活動が着実に且つ迅速に拡大しているが、今年三月、「日本の良識ある皆さんに訴える!」文書を、学同と合同で十数万枚印刷し、京都を中心とした主要都市、駅頭、街頭等あらゆる所で配布するかたわら日本国民に「立看板」で視覚に訴え、白熱の"青空討論"等を活潑に展開しました。その文書の内容は、金賢成氏の焼身自殺問題をとりあげ、日本の在日韓国人に対する迫害・放政策の実態と共に、この事件を黙殺したマスコミを弾劾したものです。これは、数々の反響を呼びましたが、特にマスコミの在日韓国人問題に対する歪んだ姿勢をするどく問いつめ、良好な成果を挙げています。大阪の某地方紙は、この触発によって、同焼身自殺問題を曲りなりにもかなりのスペースをさいて報導しています。

**愛知本部では、最終法案を分析し**

すぐさま、学同と一体となってアピール文を作成し、学習会を開き、同胞大衆、日本国民に向って広く、ねばり強く、啓蒙宣伝活動を展開した。次に掲載したアピールを徹底的に学習し、出入国管理令改悪の本質を正しく理解し、民族的主体的判断と行動を再確認し合おう。

## 出入国管理令改悪断固反対

現在日本政府当局は、現行出入国管理令を改め「出入国管理法」としての立法化を画策しております。現行の出入国管理令そのものが米軍占領行政下につくられた"治安立法"として非難の対象になっているばかりではなく、我々在日同胞に対しては、外国人登録法とともに不当な差別と迫害と抑圧の道具として存在しているものです。この現行出入国管理令を改め「出入国管理法」として立法化する口実として日本政府側では新聞報道を通じ「……占領時代の遺物であるからそれを改正する……………」とし、①外国人旅行者の入国手続を簡素化する。②滞在中の活動を厳格に管理し資格外活動には断固たる措置をとる。③政治亡命者に対する措置を援和する。(昭和四十三年十月十一日付朝日新聞掲載)としていますが、

**此度日本政府閣議決定として最終的に出された「出入国管理法案」の内容は、**在留活動に対する管理と規制の強化を画る為に遵守事項(第八条)を設け「……本邦に在留するについて守るべき活動の範囲その他の事項を定めることができる」とし中止命令制度(第二十七条)に依って、資格外活動をした場合には在留活動の中止を命令し、その命令に違反した者には罰則規定(第八十六条)によって「六ケ月以下の懲役若しくは禁錮、又は、十万以下の罰金に処する」とし処罰するばかりではなく退去強制の対象にまで自動的になる様になっているのです。

**更に前記の条件は**

入国に際してのみ適用されるのではなくして従来から日本に居住している人たち(大部分が在日同胞)についても在留資格を変更する場合(第二十九条)在留期間を延長する場合(第三十一条)出生とか日本国籍喪失などによって新たに在留資格を取得する場合(第三十二条)再入国許可を受ける場合についても夫々条件賦与をできるようになっており(第三十三条)これらの条件に違反したという口実のもとに、違反調査(第三十八条)を行い、広範囲に退去強制の理由を拡大しています。

**この調査を徹底させるために**

事実調査制度(第七十三条)を設け「……関係人に対し質問をし又は文書若しくは物件の提示を求めることができる」ようにしこれを拒めば三万円以下の罰金に処する「第八十九条」としています。

**このような調査の対象者は容疑者として**

入国警備官に依って収容することになるのですが容疑者が「逃亡すると疑うに足りる相当の理由があるときは……」という全く自由な裁量のもとに収容令書なしでも収容することができるとしています。(第四八八条)この被収容の状態から免れるためには、地方入国管理官署の長に対する請求を経て"収容の一時解除"という形で従来の仮放免を取りつけることとなるが、そのための保証金(又は保証書)が最高百万円を必要となっており(従来は最高三十万円)保証書の場合は執行力のある債務名儀と同一の効力を有する"命令"下におかれています。

**被収容者の取扱に関しては**

入国者収容所長、又は、地方入国管理官署の長の自由裁量のもとに「保安上必要があると認めるときは、被収容者の面会を制限し、若しくは禁止し、又は、その発受する通信を検閲し、その発受を禁止し、若しくは制限することが出来る」(第七十八条第五項)としています。

**我々が注意すべきは**

この法案があたかも始めて日本に入国する外国人だけを対象にしているかの如き文調を成しているのは、斯瞞に他ならず在日外国人の大部分を占める我々在日同胞に対する在留活動の規制強化と追放政策の至便化をねらっての在日韓国人への**弾圧立法**であるということです。現行入管令では見られなかった所の遵守事項活動中止命令等の"違反者"を口実に円滑且自動的な作業で以って一挙に退去強制の対象にまで浮びあがらせたこと。(第三十七条)「貧困者放浪者その他生活上の保護を必要とする者で国又は地方公共団体の負担になっている者」(第三十七条十二項)として退去強制事由該当容疑者となった場合でもこの法案が法化された後には最早救済するすべはなくなるのです。即ち令書なしに容疑者として収容され、面会と書信の発受を禁じられた者にとっては弁護士に会うこともかなわず、まして退去強制執行停止をねらっての行政訴訟すら起せないからです。在日韓国人が日本に居住するに至った歴史的な背景と我々が本来的に有している基本的人権の立場からの考慮と配慮など、この法案からは微塵も感じられないのです。

**自由裁量のもとに広範囲な裁決権を有する法務大臣の権限**は「地方入国管理官署の者に委任することができる」(第八十一条ことに依拠し入管職員が公然と在日同胞の公私団体、若しくは事業所に立入り権限を濫用し、全ての同胞を退去強制対象の基準と尺度でのみふるいにかけることになり「特別在留」への道は事実上至難になるのです。この法案の第一条には「この法律は本邦に入国し又は本邦から出国するすべての人の出入国を公正に管理することを目的とする」となっていますが在日同胞にとっては"公正"なのではなく日本政府が在日同胞に対して一貫して取って来た所の「追放と同化と抑圧」政策の実現をより公然且つ円滑にする為の法制化であるのです。我々在日同胞の"人権"と日本国民の"人権"とを全く別個のものとして意識的に提えようとする日本政府当局の姿勢は世界人権宣言をも全く無視したものと言わざるを得ないのです。(世界人権宣言第七条""法の前の平等"第十三条"移転居住の自由")我々の権益は我々自身の手で闘いとらねばなりません。出入国管理令改悪を断固として阻止しましょう。

一九六九年四月

在日韓国青年同盟愛知県本部
在日韓国学生同盟東海本部

韓国青年新聞

発行所
韓青出版社
文京区春日2－20－13
TEL (814) 4471
発行人・金宰淑
編集人・金君夫

綱領

一、われわれは、在日韓国青年の総力を結集し、祖国の完全なる統一独立の為に献身する。
一、われわれは、すべての非民主々義的勢力に反対し民主々義の正しい発展と実践のため努力する。
一、われわれは、心身を鍛練し教養を高め、友邦諸国の青年と提携し真正なる世界平和の建設に寄与する。
一、われわれは、在日韓国青年の民族意識を高め、在日居留民の権益擁護のため全力を尽くす。

# 出入国管理法案断固粉砕！

## 中央に五千余名蹶起す

### 民団、韓青、学同が一丸となって

六月二日、東京・文京公会堂で在日本大韓民国居留民団中央本部主催のもとに、出入国管理法案反対中央決起大会が、全国から五千余名の同胞が参集して開催された。

大会は同法案の法務委員会審議という、緊迫した状況を反映して撤回迄断固斗うという「決議文」日本政府、各政党への「抗議文」「要請文」等をそれぞれ、熱烈に採択し、代表団を派遣し、ハンストを含む極限斗争の展開を力強く確認して街頭示威行進に移った。

日本市民に支援を呼びかける示威行進では、日本官憲の挑発による、不当な暴行によって愛知の熱誠的盟員、千富士治君が重傷を負わされ、韓学同兵庫本部委員長全隆男君が不当にも逮捕された。

「都心を示威行進する隊列」

五月二十八日夕刻、関東地区協議会で六・二決起が決定された。

実質的に三日間しか動員期間がなかったにも拘らず、北は青森から、南は九州迄、在日同胞、婦人青年・学生五千余名が「我々を追放しようとする悪法、出入国管理法案を粉砕しよう！」「我々は法的地位が貫徹される迄、団結して斗う！」というスローガンのもとに結集し、会場内外を埋め尽した。

大会は、民族的熱気あふれる中で、羅鍾卿東京本部副団長の司会のもとに、午前十一時二〇分に、開幕された。鄭在俊関東地協事務局長は開会辞で、特に、韓青、学同による四・一八決起の先駆性と今決起に向けての主導的役割を高く評価し、力強い法案粉砕の決意表明をした。これを受けて、李禧元中央団長は「我々は、もはや座視する段階ではない。民族正気で入管法を粉砕する為に団結しよう」と力説した。尹翰鶴氏による、大会開催に至る経過報告のあと、朴根世、朴性鎮両氏が「うらみの根源である、入管令をさらに改悪しようとする動向」に対して、痛烈な批判を加え、次いで李慶守新聞協会長の声明朗読に続いて、入管法が撤回される迄、闘争することを確約する決議文（金今石顧問）朴大統領に送るメッセージ（金晋根大阪団長）佐藤日本首相に送る要請文（許東郁学同委員長）石井衆議院議長、高橋法務委員長、田中自民党幹事長に送る抗議文、及び、民社党・公明党に送る要請文を万場一致で採択、韓青愛知本部梁完玉委員長による、目的達成の為、ハンストを含む、極限斗争を展開しよう”という緊急動議提出のあと、最後に金宰淑韓青中央委員長による力強いスローガン採択があった。そして、代表団が各々伝達に立つと同時に韓青、学同を先頭にデモに移り、文京公会堂→神保町→神田橋→東京駅八重洲口→数寄屋橋の全行程六kmのデモコースを、老若男女を問わず、五千名一丸となって戦闘的に示威行進を展開した。

## 威風堂々とデモ行進

午后二時、民衆大会が終る頃、会場周辺は日本当局に対する烈しい怒りと民族的熱気に包まれた。代表五〇〇〇名は、手に手に、「出入国管理法案反対！」「日本政府は在日韓国人に対する弾圧政策をやめよ！」「同化・追放・抑圧政策を止揚せよ！」等のプラカード、民団各地協単位・各傘下団体の横幕を高々と掲げ、長蛇のデモ隊を編成した。

動く民族の塊は、会場から土橋迄の約六キロの道のりを、宣伝カー、太極旗を先頭に、威風堂々と出発した。

満身をこめて叫ぶ、アボジ、オモニの叫び、勇躍する青年学生、民族教育の精華を体現した整然たる韓国学校生徒……。

民族の生命と尊厳をこれ程雄弁に表現する言葉があるだろうか。

この示威行進は、現実に進展している韓日間の偽りの友好親善を痛烈に批判し、それをのりこえて日本国民に真の友好関係の樹立を提起する、最初の大規模な大衆行動であった。日本当局による過去一貫した追放と抑圧政策の展開にも拘らず、在日韓国人は、真の友好関係の樹立と実践を期待してきた。

今や「出入国管理法案」にみる日政の対在日韓国人非友好政策を許すことはできない。

在日韓国人はたちあがった。そして行進した。

## 突如！機動隊が襲撃！

デモ隊が神保町にさしかかったとき、日本警察は、交通整理を口実に、不当にもデモ隊を分断させ、再度にわたって非常識な挑発行為を行った。

## 学同兵本委員長を不当逮捕

民族的正気をもって行進するデモ隊が、数寄屋橋附近にさしかかったとき、突如機動隊が襲いかかり（四面写真参照）、侮辱的な言辞を浴びせながら、民族的品性を傷つけ、不当・不法にも韓学同兵本委員長を逮捕した。（四面写真参照）

## 無抵抗の同志に重傷を

挙に乗じて機動隊は、さらに、“なぐる、ける”の狼籍をほしいままにした。

“仲間を返せ！” “弾圧やめろ”を合言葉に、老若男女一丸となって機動隊の狂暴を断乎排撃し、解散地に達したが、ここでも又、再び日本官憲は、野獣のように、その狂暴性を強め無抵抗の愛知の盟員に重傷を（四面写真参照）負わせ、過去の日帝の横暴を見事に再現させた。

デモ隊は、三〇分にわたって、機動隊による不当な挑発行為を断乎はねのけ、一旦解散するとともに、抗議総括集会を開くため、中央本部に再度結集した。

## 抗議総括集会

民族的怒りと情熱で会場はあふれんばかりの熱気に包まれた。

先ず韓青中央本部金宰淑委員長が挨拶に立って「六・二決起を新たな運動の出発点にしよう」と述べた。これを同胞青年は拍手でもって答えた。次いで韓学同副委員長が紹介され連帯を強調した後、韓青中央本部、金一明組織部長が六・二決起について経過報告を行い、さらに「六・二の正しい反省の上に立ち、六・二決起を成果的にとらえ同胞社会にその成果を波及させていく事が今后の課題である」と強調し、いよいよ会場の雰囲気は高揚した。続いて声討に移り、ある青年は「今日の運動こそ我々の日頃の地道な宣伝・啓蒙活動の成果である」と発言、また他の盟員は「我々は出入国管理法案を粉砕するまで断固斗おう！」と力強くのべ、会場から共感の拍手と歓声が上った。

## 法案撤回迄断固斗う！

途中当局に不当逮捕に対して抗議に行っていた民団中央本部李禧元団長・東京本部鄭在俊団長がかけつけ、挨拶を兼ねて経過報告を行なった。

民団中央本部団長は「民団は出入国管理法案粉砕まで韓青・学同と共に継続して斗おう」と、また東京本部団長は「青年のみに運動をまかせない、今後は民団自身が先頭に立って斗う」と言明し同胞青年にいっそうの闘志と勇気を湧かせた。また不当逮捕に対して民団、韓青、学同を含め救済委員会が設けられその場ですぐさま救援カンパが行われた。（なお不当逮捕された全隆男君は、六月四日不起訴とされた。……当然）引き続き韓青中央本部、金君夫宣伝部長が「三・一、四・一〇、四・一八等一連の実践活動なくしては六・二決起を主導的にむかえる事はできなかった。」とし「六・二決起の成果に依拠して地方決起、再度の中央決起に向けてあらゆる斗争を継続して行くこと」そして「六・九ビラ配布や抗議活動を徹底的にやり遂げ、粉砕まで断固斗うことを呼びかけた。全員でこれを確認し、建国行進曲を高唱する中でより厳しい斗いの姿勢を誓い合った。

# 弾圧には団結で！

## 入管法制定の軌跡と在日同胞反対運動の高まり

### 一九六三年から「改定」を検討

韓青は日本法務省で現行入管令の大幅「改定」を検討し始めた一九六三年頃から終始その動向を見守ってきたが特に一九六七年六月十二日、法務省内に「改正」準備会が設置され国会提出の為の成果を急ぎ始めた頃から、緊張感をもってこれを注視し、すぐさま国会議事録を入手し、これに分析検討を加え、「改正」案の内容をパンフレットにし、学習会を組織した。

一九六七年十一月十一日の民団第十一回中央委員会に金韓青中央委員長は・入管令改悪の動向とその内容の問題性を指摘し、法的地位委員長が同問題をとりあげることを提議、同中央委員会はそれを確認した。韓青は民団中央に諸資料を提出した。それに基いて、一九六七年十二月二五日付民団中央機関紙　韓国新聞は国会内閣委員会議事録を掲載すると同時に「同胞の生活を拘束する」「協定永住者にも制限」という見出しのもとに、内要を解説し、「同胞の生活権をおびやかす内容のものであれば断固と反対する」と報じた、これ以降、入管令改悪の動向こそその内容は民団内外に問題化され、世論化されていった。

### 正しい世論形成に

韓青内部では、第三回全国委員長会議で出入国管理令改悪の動向を注視し「改悪」である限り断固反対する基本方針を決定し、以後あらゆる機会を通して、これについての学習討論、啓蒙、宣伝活動を精力的に展開してきた。

今年に入り、第五回冬期講習会で総合資料「在日韓国人の基本的人権」を記念発刊し、そこに入管令問題を多角的に解明し、学習討論し、同総括会では、出入国管理令改悪法制化には断固反対し〝斗う基本姿勢を明確にした。

### 在日同胞大衆と一体となって

民団主催の三・一節五十周年中央民衆大会には五百余名の青年が結集したが大会スローガン出入国管理令改悪反対の主張を守り、示威行進を指導し、これを力強くシュプレヒコールした。

このあと全国代表者会議が開かれ、法的地位要求貫徹闘争委員会（法斗委）が結成され、入管令改悪に反対することが基本目標として設定された。

この様な状況の中で日本政府は去る三月十四日、出入国管理法政府最終案を今国会に提出することを閣議で決定し、四月一日にこれを衆議院に提出した。

### 法闘委、闘争宣言を

韓青は三月二十四日に第一回「法闘委」を開き・斗争宣言を採択し、四・一八決起を決定した。

三・二五の民団中央委員会では、韓青は入管令改悪反対の建議案を提出した。中央団長の各立候補者は法的地位要求貫徹と共にそれぞれ入管令改悪反対を公約した。

四月十日、法案反対に向けての青年、学生　内部の学習の徹底化と民団大衆への啓蒙の一応の暫定的な成果を基礎にして、そしてその成果をさらに拡大、発展させる為にも、入法案審議に我々の主張を反映させる為に、日本国民に問題提起し、その世論を正しく形成させていくものとして、全国一斉ビラ配布が効果的に展開された。

### 在日同胞決起の先駆として法案粉砕に立つ！

四月十八日・四・一八の成果を中心とする諸活動の成果に依拠して我々の主張を内外により鮮明に具体的に表現すべく、青年学生決起大会がもたれたが、盟員の積極大量参加、在日同胞の絶大な支援、日本国民との真の韓日友好関係樹立への問題提起、日本国国会審議への影響など、重大な成果を収めることができた。特にこの決起は、在日同胞入管法反対運動の先駆的役割を果したとみることができ、その民主民族運動における前衛性を立証したといえる。

四・一八以後、四・一八の成果を全国に波及させ再び中央に結実させよう！というスローガンのもとに各地で四・一八の総括会がもたれ、諸活動がよりいっそう活発に展開され新しい情勢に対備した。

五月二十三日、国会会期が七二日間延長され、同日二十七日、出入国管理法案は各界各層の反対にあい、野党が重要法案として本会議で提案理由説明を求めていた為に、二ヶ月間にわたって審議されないまゝであったが、この日、衆院法務委員会に付託されて、実質審議にはいる段取りとなった。

この様な緊張した状況に即応して、民団中央では自民党、法務委員会に抗議、要請電報をそれぞれ打つことを各地方本部に指示し、「出入国管理法案とは何か」というパンフを全国に配布し、当日東京本部で開催中の民団関東地区協議会（関東地協）に参席した。

関東地協は東本主宰のもとに同法案について、慎重審議、討論の末、①抗議団、要請団の派遣②六・二決起大会の開催を決定した。

韓青は動員待機体制を六・二決起動員体制に切り替え、五・二九抗議団派遣を確認し、関東地区に即応する一方、独自的には五・二八入管法審議反対討論集会を各地方本部、支部単位で開催し、抗議活動（電報・ハガキ）を展開し、五・二九、六・二、に東京の延べ一二〇余名の熱誠的盟員によって、国会周辺を中心に六万枚のビラを配布した。

### 厳重に抗議する。

五月二十九日、関東地協の決定に従って、波状的代表団派遣の第一波として、東京本部、韓青、学同の代表は自民党に抗議団、法務委員会、民社党に要請団をそれぞれ派遣した。

韓青、学同は度々合同執行委員会を開催し、緊密な連携をとり六・二を主導的に迎えた。

---

**主張**

### 入管法を粉砕し　法的地位要求貫徹

一九六九年六月二日、追放と同化と抑圧政策の極限的表現である出入国管理法案の反対に全在日韓国人は立ち上がった。

抹消されることを拒否する民族精神と、剥奪されたものを闘い、奪いかえそうとする強い権利意識を内に秘めた民族は自らを取りまく状況にラジカルな矛先をつきつけざるをえなかった。

日本政府の政策の本質は他民族抑圧政策という形で表現され韓日友好の始まりであるとされたはずの法的地位協定は在日韓国人の民族的要求と背反し、さらにその解釈と運用の実態は幻想の継続を許さないものとしている。

法的地位協定が発効し、申請の開始がなされると、強制退去者はふえる一方であり、最小限度の人道的配慮さえもないがしろにされている実例が全国各地で頻発し、同胞社会に大きな不安と混乱を持ちこんだ。ここ三年半の間とだえることのなかった永住権申請不振の打開の声は、問題の抜本的解決を要求している。

法的地位問題の解決ということで六七年八月、六八年十一月の二度にわたり韓日実務者会談が開かれ、それぞれ「了解事項」がとりかわされ発表された。

しかし了解事項そのものは在日同胞が切実に要求している起点の問題を始めとする抜本的解決とはほど遠く末節の部分に於ける了解にとどまったが、それすらも何ら実行されていないのが現状である。

申請打切りがあと一年半に迫った現在、申請者数はわずか十一万名にしかすぎず、今年の五月、本国から法的地位の啓蒙団が派遣された。啓蒙団は、申請不振の原因を在日韓国人が永住権について知らないからということに求め啓蒙宣伝活動を行おうとしている

このようなことが、民団の消極性による宣伝・啓蒙活動の不足に基因するとし、なされたとすれば政府と民団との間の不信の温床になりかねない。

法的地位問題は在日同胞にとってまさに死活問題であり、申請の不振は協定文そのものに欠陥があり、知らないからではなくむしろ知っているからこそ申請しないのである。

永住権申請は申請不振の原因を除去することによって促進されるのである。

●　●

日帝の韓国植民地下の結果である在日同胞に対し、日本政府は過去の歴史的清算を正しくなさず、日帝統治の正当化をうそぶく中で、民族排外主義的政策を解放後を一貫してとりつづけてきた。

出入国管理法や法的地位問題に象徴的に表われているごとく在日同胞に反友好政策をとっている日本政府に対し、真の韓日友好、そして自国民保護のため韓日友好政策を強力推進している本国政府に、全在日同胞は、強力な外交折衝を行うよう強く要望している。

六・二決起をはじめ、入管法反対闘争を積極、果敢に進めている在日同胞は、民族的、人間的権利を再確認し、法的地位問題を、自己と全体の問題とし、永住権申請を一時停止し、抜本的解決をめざす運動の準備を進めている。

現時点における在日同胞の課題は六・二の成果をより確実なものとし、それを発展させ、克服すべきものは何かを厳しく見つめ、それを乗り越え、予測される矛盾と混乱に正しく対処しうる民主・民族の隊列のより強固な構築にある。

---

## 法案立法化への動向と我々

六三、一、六　日政、現行入管令の「改正」を検討
六七、六、十一　日政、法務省内に「改正」準備会設置
六九、三、十四　日政、法案作成、国会提出を閣議で決定。
三、三一　日政　法案を衆議院に提出
四、十　韓青、学同、全国一斉反対ビラ配布
四、一八　韓青、学同、法案反対決起大会
五、二三　日本国会、会期延長決定
五、二七　法案、法務委員会に付託
　提案理由説明さる。
五、二八　法務委員会、理事会開かる。
　韓青全国一斉法案審議反対緊急討論集会、全国一斉抗議活動
五、二九　韓青、学同、国会周辺法案反対ビラ配布
　民団、韓青、学同、自民党並びに民社党、公明党、法務委員会にそれぞれ抗議団、要請団派遣
六、二　韓青、学同、東京一円、法案反対ビラ配布
　民団、韓青学同法案反対中央決起大会
六、三　入管法、日本国民に世論化
六、九　民団、韓青、学同、法案反対全国一斉ビラ配布
六、十六　法案反対近畿地区決起大会（決定）
六、二〇　法案反対中部地区決起大会（予定）

---

## 民団中央　入管法反対の理由書を発行。

### さらに学習し、備えよう！

六月十日、民団中央は、「出入国管理法案に対し、在日韓国人はなぜ反対するのか」というパンフを発行し、反対の立場とその論拠を明らかにした。一、基本的な理由として、①在日韓国人全体に適用されること。②法的地位問題の解決が残されていること。③法的地位協定、出入国管理特別法との関係において　在日韓国人追放の根拠となっている現行入管令がまさに「改正」されなければならないにも拘らず、「全面的改悪」になっていることを指摘し、二、改悪点として、①「遵守事項」、②「行政調査権」③追放の強化、④自由裁量を挙げ　三、結びとして「徹底して反対する」としている。我々は　再びこの法案を分析、検討し、反対の姿勢をいっそう強くかためなければならない。

# 在日同胞入管法反対に総蹶起す

立錐の余地ない中央民衆大会会場

青年を代表 て力強くスローガンを採択する韓青中央金宰淑委員長

正当な主張を掲げて

太極旗を先頭に5000人の大デモンストレイション

オモニ達も立ち上がった

出入国管理法案絶対ハンタイ!!

## 六・二

五千人が　またたく間に
集まった。
北から　南から
入管法に反対して……。

老も　若きも
婦人も　子も
声をかぎりに
こぶしをにぎり
追放やめろ！
圧迫やめろ！

突然　機動隊が現われて
チョウセンジンのくせに
て言って　なぐり
ニンニクくさいと
と言っては蹴りとばし
そして、ひそかに仲間を
つれ去りました。
五千人は　見た！
東京、数寄屋橋の空にも
過去軍国日本の暗雲が、
黒く、低く、重く、
垂れるのを！

それでも、いやそれだから、
民主、民族の隊列が前進する。

韓国学校女生徒の力強い行進高校生も闘うぞ!!

自民党本部に厳重に抗議（5月29日）

偽りの韓日友好を批判し日本人に真の友好を問う！

601

# 弾圧をはねのけ、隊列は前進する

「てめえらチョウセン人は」と襲いかかる機動隊

プラカードを奪う機動隊

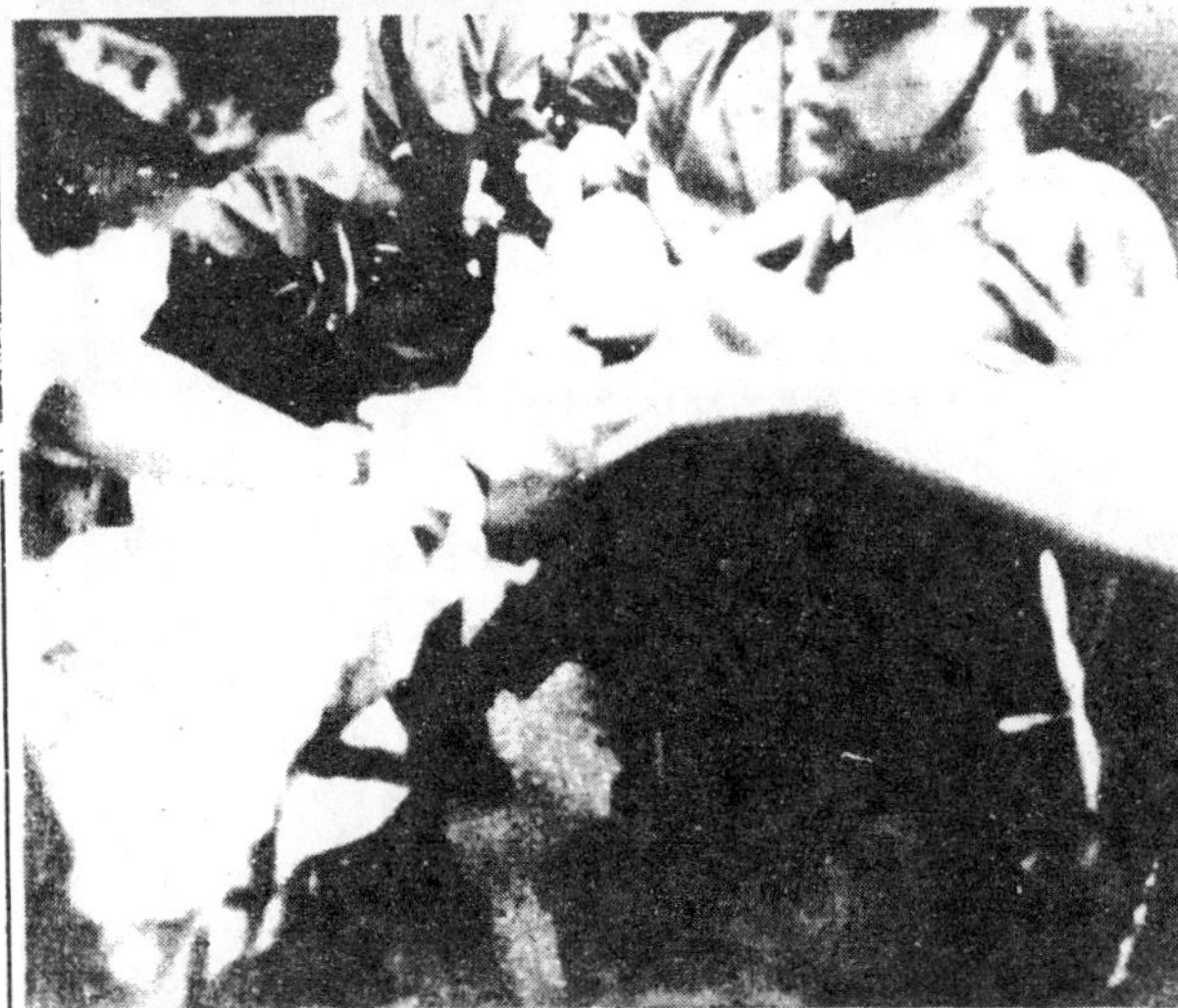

太極旗を奪おうとする機動隊

胸ぐらをつかまえ乱暴を働く機動隊

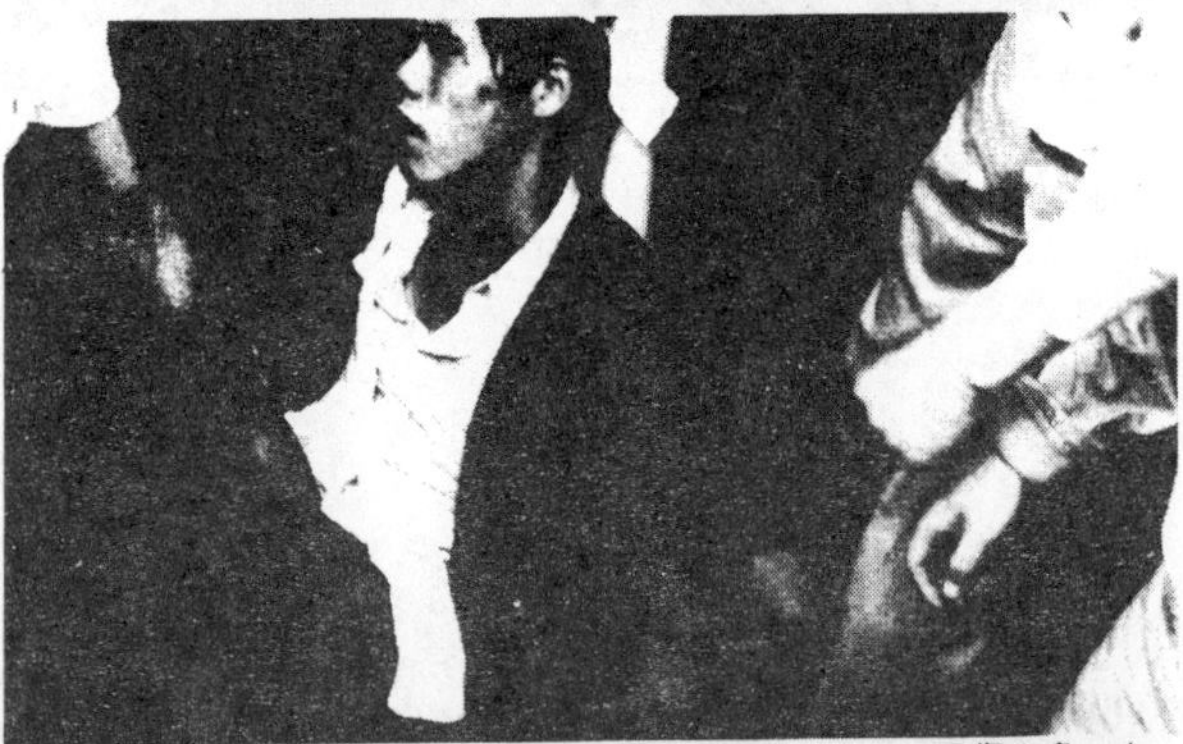

無抵抗の愛知韓青千富久治君は官憲の暴行によって重傷を負った

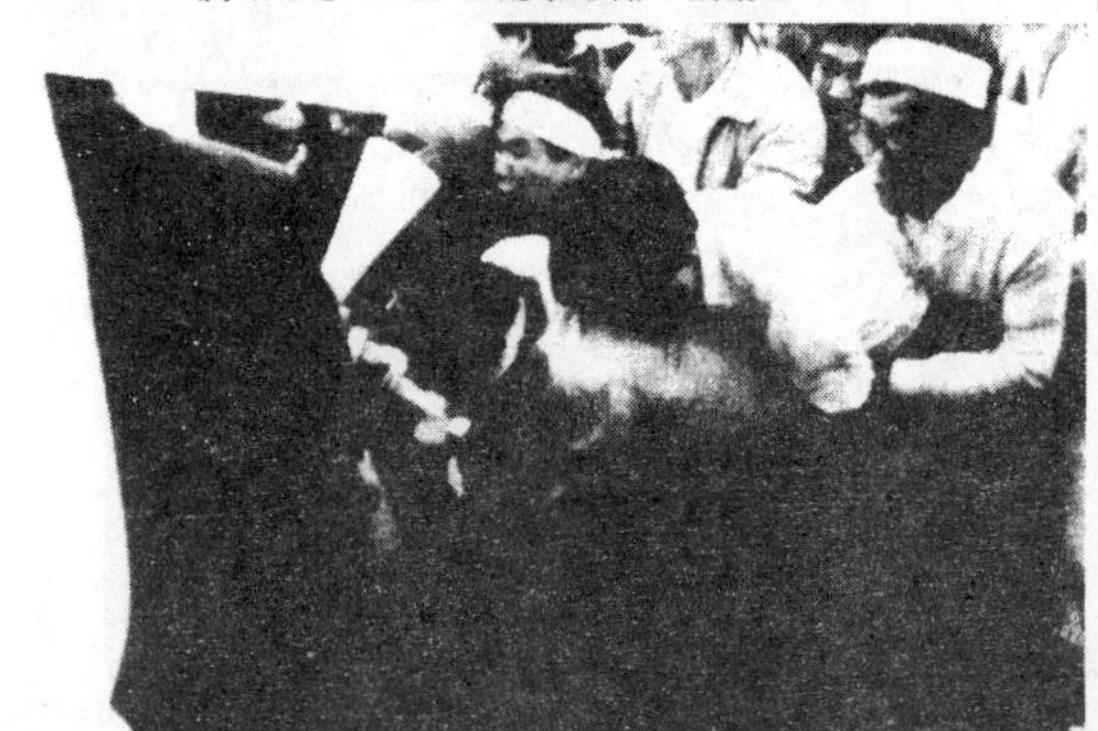

蹴られた同志を必死にかばう盟員たち

闘う姿勢と連帯を確認しつつ建国行進曲を大会唱（6・2総括討論会）

「6・2を新たな出発に」と呼びかける金宰淑委員長 6・2[illegible]

602

# 入管法問題世論化へ

## 六・二蹶起、本国、日本、英字紙に報導

「六・二出入国管理法案反対中央民衆大会」は、民団有史以来の快挙であった。六・二民衆大会には四日間という超緊急全国動員にも拘らず、五千名の動員をかち得るにいたった。「六・二民衆大会」は内外に非常な波紋と影響を与えた。特に日本の報道機関を通じて反対の意志を表明するとともに、従来"交通機関の発達による最近の情勢への適応""短期滞在者の手続きの簡素・合理化""不良外人の取締り強化"という日本政府当局の改定理由の報道にとどまっていた日本の報道機関に対し、『人権問題』として新たに問題を提起、『治安立法』としての性格を認識させ、世論化の喚起を作ったことは大きな成果である。

六月二日、挙団的に闘いっとた「出入国管理法案反対中央民衆大会」は、本国紙「朝鮮日報」をはじめ、「朝日新聞」「毎日新聞」「神奈川新聞」「**日本経済新聞**」や英字新聞「**アサヒ・イヴニング・ニュース**」「**ジャパン・タイムズ**」などによって全国的に報道された。とりわけ六月三日付「**朝鮮日報**」は一面に掲載、広く本国国民に訴え、「**朝日新聞**」では六月三日付朝刊で、"民団、機動隊ともみあう"という見出しで、"「出入国管理法案」に反対して二日午後、東京の都心部で行われた在日本大韓民国居留民団の初めてのデモ行進は機動隊との激しいもみ合いを繰返し、都公安条例違反で一人が逮捕された。（中略）「法務大臣が日本の利益、または公安を害する行為を行なったと認める者」は強制退去させられるなど、外国人の国内での活動がきびしく規制されるうえ、入国警備官らの違反調査権が拡大され…"と、入管法の性格を適格に報道し、六月四日付の朝刊では「出入国管理法案の問題点」との見出しで社説にとりあげ、"外国人の在留管理体制を強化する"治安立法としての性格を解説"外国人に対する処遇いかんは、まさにその国の政治姿勢の表現であり、対外関係にもさまざまな影響を与える。「強制退去をはかる」新たな弾圧立法……「出入国管理法案」は、単なる事務的な手続法案ではなくて、日本の政治、外交の基本姿勢を問いかけている"ことを指摘している。朝日新聞では更に六日付朝刊に"高まる反対運動——波乱含み「出入国管理法案」"の見出しで四面半頁を写真入りで特集、法案の要綱抜粋を掲載するとともに"とくに、これまで比較的自民党に近い存在だった民団が、青年層のつきあげにあって、急速に反対運動を盛上げており、「法案の成立阻止のためには、あらゆる手段を講じる」ときびしい態度を固めているだけに、国会審議の経過によっては、日韓関係への影響も予想される"と結んでいる。

「**神奈川新聞**」は六月二日付夕刊で民衆大会の記事を即刻報道、翌三日朝刊では社説で"直接この法律の対象になる人々の意向こそ重要"という観点から、法案提出の姿勢に問題点を指摘している。

その他「毎日新聞」は、六月二日の朝刊に事前に予告記事を流したが、記事内容は問題性を含むものであった。

---

（三千里）

### 所謂「通名」について

▲「……金田さんは、犯人の李と格闘のすえこれをとり押え警察に引渡し……」

これはある新聞記事の一コマですが、この金田さんも犯人の李も、実は同じ韓国人だったのです。この記事は善良な"日本人、金田さん"が性悪な"チョウセンジン、宮本こと李某"をいかにも勇敢にとり押えたという印象を読者に与え、韓国人に対する偏見を助長させています

▲なぜこのような差別記事が可能なのでしょう。日本政府の民族排外主義からくる差別と同化政策は、許せないものですが私たちの側にも気をつけなければいけない事があります。

それは私たち韓国人が現在も日本帝国主義の皇民化政策の遺物である所謂「通名」をつかっているからです。私たちが「通名」を使うことは日帝の皇民化政策を肯定することにもつながります。

▲日本社会の差別・抑圧の中で「通名」を使うということは食う為やむえないことでしょうか、本名「韓国名」を使うと食えなくなるのでしょうか、

目前の小利にとらわれることが大局的・長期的にはより大きな損失を招くことがよくあります。現実の不条理な社会を変革し、未来社会を創造するのが青年であるとされています。

私たちは「通名」使用について今一度考えなおしてみる必要があるのではないでしょうか、

▲自分自身を真に"韓国人"であると認識し、私たちを否定する理不尽なものに対して、臆することなく立ち向かうことが社会を変革することではないでしょうか、

所謂「通名」はキッパリと返上すべきだと思います。

---

**"築こう！韓民族の輝く未来を！闘おう！民権擁護のために！"**

**第五回韓青全国統一夏期講習会に参加しよう！**

全国六個所で開催・（北海道、東北、関東＝新潟、長野含＝中部、近畿＝米子含＝西南＝岡山以西＝）

七月上旬〜八月上旬の間に各地区単位で、場所、日時（二泊三日）を計画準備中。

内容＝①記念講演 ②学習 ③全体、班別討論会 ④レクレーション。

※ 詳しくは、各地方本部まで連絡の事。

---



---



'69.6.2. 이 재성

---

### 六・二蹶起大会採択文書

## 決議文

本日、我が在日大韓民国居留民団は、関東地区を中心とした、全国代表五千名が、ここ東京、文京公会堂に結集し、日本国政府の非友好、非人道的な出入国管理法案反対中央民衆大会を開催し、本大会の名に於いて、次の通り決議する。

## 決議

一、日本国政府が、在日韓国人の法的地位及び待遇問題に関して、韓日協定の基本精神から離脱した非友好非人道的な措置をもって一貫しているのみならず、これをいっそう強力に具体化する意図のもとに、出入国管理法を制定しようとしていることに対し、我々は、韓日両国間の友好親善という韓日協定の基本精神に依り、我々の生存権を擁護する為、これを絶対反対する。

一、天下に悪名高い、出入国管理法案は、その内容において、在日外国人の約九十パーセントを占めている在日韓国人に対する生活の圧迫と追放を目標としていることは、青天白日のもとに明確な事実であり、その手法に於いては、日帝時代の、我々に対する排外主義に依り、特高警察の治安的なものとなっているので、我々は我々の民族的矜持と、日本における居住と生活の自由を確保する為、これを断固として反対する。

一、出入国管理法案が企図している在日韓国人に対する圧迫と追放は、国際的に普遍化している在留外国人に対する保障と、我々が日本社会と歴史的な特殊関係を持っているという事実、並びに日本国の憲法上からしても真に道理に反するものである、と規定せざるを得ずこの様な日本政府は、横暴と、一方的な措置に対し、我々は、これを徹底的に糾弾する。

一、今や、我々は我々の、日本における生存権が重大な段階に至っていることを、ここで再確認し、あらためて民族的正気を、一層高めるとともに、我々の有する限りの力を結集させ、総決起することに依り、出入国管理法案が撤回されるまで、継続して強力に闘争することを、固く誓うものである。

以上決議する。

一九六九年六月二日

在日本大韓民国居留民団
出入国管理法案反対中央民衆大会

---

### お知らせ

一、機関雑誌第十号が、近日発刊されます。

一、総合資料「在日韓国人の基本的人権」は好評の内に全部配布しつくしました。

一、盟員の皆さんの本紙への投稿を歓迎します。

編集部から

# 自由民主、民族の旗 高かし

# 3・1から4・18そして6・2へ

## 闘いの中から、学んだもの　参加感想文

### 闘う民衆の一人として

東京　金　正善

この地に生まれたことが
大きな課題を与えた。
その課題の重みが
私の「一生」に
拍車をかけていく。
二つとない命ゆえ
必死になって
意識するのだ。

その意識を
実践に昇華させたのは三・一
強風にはためく
太極旗を握りしめた老婆
その苦渋の横顔。
その時、いつとはなしに私も、
こぶしを
握りしめていた。
私は知った。
闘う韓民族の
一人であることを。

一九六九年・三月一日
「三・一節五十周年決起に際して」

### 「もっと積極的になろう！」

韓　愛順

私が韓国青年同盟という存在を知ったのは今から三年前の第一回夏季学校講習会が祖国、韓国で行なわれた時でした。

その時はただ漠然と「韓青」という言葉を聞き流したに過ぎませんでしたが「四・一九革命記念出入国管理令改悪反対決起集会」に参加して以来、私は自分でも驚く程、韓青活動に興味を持ちはじめていました。

初めて参加したデモ行進、何時間歩いたかは見当もつきませんでしたが「出入国管理令改悪反対！」「法的地位要求貫徹！」を叫び続けているうちに私は今までの自分の無関心さを痛感し、またそれと同時に自分は韓国人であり、韓青の一盟員なのだということを、認識させられました。

日比谷公園での解散、誰一人疲れを感じるどころか、何か一つ大切な仕事を成し遂げたという満足感そして、それに対する興奮は、家に帰ってからもいっこうに治まらず、むしろ多少の物足りなさを感じるほどでした。

正直なところ「出入国管理令改悪反対！」「法的地位要求貫徹！」を叫んだ私ですが、その二つの内容については全く無知でした。

恥しいことに「四・一九革命」が何であるかさえ知っていなかったのです。しかし、今度の四・一八集会に参加したことによって、多少なりとも、私は私なりに理解したつもりです。

これからも、少しづつ勉強し韓国人としての民族的な素養を身につけていきたい気持でいっぱいです。

青年の皆さん！私達は在日韓国人という特別な立場に置かれていることを自覚して、同胞の為にもっともっと積極的になろうではありませんか！

まだ未熟な私がこのようなことを記しましたが「韓国青年同盟」という一つの組織を大きな目で見る心要があるのではないでしょうか！

### 四・一八に参加して
### 四・一八闘争の感激

大阪　生野支部　金　弘執

夜のしじまを破って、三台のバスが一路東京へ向って出発した。一・八〇メートルの長身の僕にとっては、窮屈なバス旅行となった。眠気はあったのだが、徐々に目がさえてきて、午前三時頃までだべり合っていた。それから眠ったことは眠ったのだが、何せ窮屈な姿勢だったので、仮眠の域は出なかった。翌朝（十八日）午前十時半に、お茶の水の労働会館に到着。大会は予定より十一時半に始まった。退屈な時間がしばらく続き、睡魔が再三僕を襲った。大会が盛りあがって来たのは、だれとはなしに、指名やあるいは、積極的に自分から手をあげ、壇上に上り、力強い声討を行なっていったときだった。僕の体内に眠っていたものが、次第に喚起されて行く。あの純粋で若さに満ち、そして力強い声討は、まさしく民族の叫び、人間の叫びであった。僕の心中にいままであった疑問、矛盾等がひとつに融け合い、解消され、ひとつの結晶となって高揚して行き、思わず涙腺を緩ませた。僕は涙をこらえようとした。しかし、心の中でとどめもなく、ポロポロとこぼれ落ちて行くのが感じられた。僕がまさに韓国人であるが故に流れたこの涙を、今日の貴重な涙を、僕は生涯忘れることができないであろう。僕の体内に電光が走り、熱いものがかけぬけていったこの一瞬を。

その一瞬こそ僕をしてこの会場を埋めた一千人近い同志達と融合せしめた。みんなも泣かずにはいられなかったであろう。この涙をして怒りに至らしめよ！、その怒りをして力に至らしめよ！

僕が韓国人として日本に生れ二十一年、今日初めて把み得た実体。イデオロギーじゃない、パンの問題じゃない、僕が今までつかもうとしてつかみえなかったもの、この涙、この闘魂、この感激こそ真実である。つかみ得る実体は、まさしくこの民族的なものである。僕を泣かさずにはおかなかった要素、それこそ僕をはっきり目ざめさせ、自覚させ、行動させるのだった。

僕達六〇万がまさに真の敵に向って闘うとき、この民族の魂こそが、かなめになり、すべてのものを包括、統一させ、ゆり動かす力をもっているのである。日本に住む僕は、祖国を想い、民族を想うとき、愛さずにはいられない、泣かずにはいられない、行動せずにはいられない。

純粋な怒りからくる行動が、僕をして、出入国管理法案を断固阻止しなければならないという気持に通じさせる。我々の人権、そして民族的な諸権利をはく奪しようとするものに対して、我々は断固闘わなければならない。

僕達は、どんな抑圧も、差別も、苦痛も耐えて闘うことができる。それは僕達が、日帝三十六年間の犠牲者であると同時に、断固としてそれを斗ってきた韓民族の子孫でありその血を体内に受け継いでいるからである。それなくして、どうして耐えられるであろうか。

僕達は卑屈にならず、堂々と胸をはってそれを主張しなければならない。僕達は再度確認しなければならない。僕達は、現在も在日同胞の人権と同時に、祖国の完全な独立をかちとる為に斗っているのだということを。誇らなければならない、祖国の歴史を、文化を、民族的遺産を。そして、あの四・一九革命において、四反理念をかかげた純粋なまさに純な民族の魂をもった青年学生達が、先頭となって民衆を蜂起させ、独裁政権を倒したという事実を……。

四反理念の中に明示された「外勢」「買弁」と「独裁」「封建」に対する憎しみが切々と、胸に伝わってくる。我々は民族の栄光の敵をここに見るのである。ここに一つのテーゼを提起する。

熾烈な韓民族の反日帝独立闘争史から、帝国主義に対するたかい警戒心と抵抗の力を学びとり、過去の日本帝国主義がうえつけた、「偏見」「蔑視」「差別」の観念をふきはらい、民族としての尊厳を堅持しなければならない。

僕は、この四・一八闘争参加の意義を民族的自覚のいっそうの深化を全民族的課題克服の新たな契機として、この貴重な体験を、これからの人生に活かして、力強く生きて行きたいと決心するものである。

### 私は絶対に許さない！

東京　中学三年　李　正河

私達在日韓国人はあらゆる地方から集まり現在、急速に審議されている出入国管理令改悪に反対した。

私は、今までこのような問題に取り組んだのは始めてである。日本学校に通っているためか、私達韓国人がなぜ、こんなにも苦しんでいるか、自分はどうしてもわからなかった。その訳を知るためにも、私は姉と一緒に、六・二中央民衆大会に参加したのである。そんな私にとっては、すべてが始めて感じるものであった。

デモをすると聞いた時は、すでに頭の中で日本の学生達がおこなっているようなデモが浮んで、自分もあのようにするのかと思ったとき恐くて仕方なかった。しかし、文京公会堂で姉から大阪の人、京都の人、愛知の人、埼玉の人、その他各地方の人を紹介してもらい、同じ立場の同志がこんなにも沢さん来ているのを知ったら、私はそんなこわさもとんでしまい、心強かった。

韓国語で話す集会において、私はまるでわからないが、その言葉を聞く、ふんいきから、みんな真剣に日本政府の我々に対する弾圧政策に反対しているんだと知った。

午後二時三十分から、示威行進に移った。少し歩いて行くと、もう、おまわりさんがいた。だが、そんなこともう気にかけず、私は「出入国管理令改悪反対」と叫び、強く腕をくみ進んだ。信号が黄色であろうと赤になろうとそのようなことは、私には関係ないことであった。ただ懸命に法的地位を要求していた。

私はこの民族権益擁護斗争に参加して、日本政府は基本的人権を無視し、私達の在日韓国人の権利を認めていないことをはっきりと知ったのだ。

私は日本の学校でこんなことを習った。

国民にはすべて、人権と権利があると。だがそうではなかった。私達在日韓国人の基本的人権を認めなくして、政策をとっているのだ。

私はぜったいにゆるさない!!

―六・二に参加して―

### この貴重な一刻を今后にも

山口地方本部　姜　勝国

民衆大会の会場である、東京文京公会堂に午前十一時頃、到着してみますと、既に東京地区を中心に京都・大阪・愛知・岐阜・福岡等より多数の人員が動員されていました。民衆大会開催定刻には、会場に収容出来ない位の多数が動員されました。改めて、民団はもとより、韓青組織の強大さに圧倒され心服しました。地方組織の一員として、全力を傾注出来る雰囲気を造って下さった事に感謝を致します。

私としては、民団の先輩、韓青の同志、韓学同の諸君と行動を共にした、この貴重な一刻を今後も忘れる事なく、皆様方と共に歩んで行きたいと思います。

民団・韓青・韓学同の協同、連帯感こそ民団史上多年に亘って成し遂げえなかった、快挙だと考えるものであります。この快挙が単に「六・二」だけに留まる事なく、今後も活発に運動を実践・展開される事を期待するものであり我々地方の組織人に勇気と決断力を与えて下さる様、宣伝啓蒙運動をさらに具体的に迅速に伝達されん事を強く望むのであります。民団―韓青―韓学同の連帯、中央本部―地方本部―各支部の緊密化、これこそ在日韓国人の生活権、人権を守る、必要最低条件であり必須の課題でありました。

この最低基準が、今日迄、充分には確保されていなかったのではないでしょうか。

民団の先輩達の努力を無視する訳ではありませんが、この現状を打破し、より力強い民族運動を展開し、日本政府が押し進めてくる全ての反人間的政策に反対し、友好的な政策を日本政府が提示するまで総力を結集して斗い続けようではありませんか。斗争こそ歴史を作るものです。勿論、我々の斗争はあくまでも自由と民主と民族主義を理念とします。

我々は若いのです。この若さこそ貴重であり運動の根源だと考え微力ながら全力を韓青運動に全べてをささげるつもりです。

全力を出し切る事が貴いのだと信じつつ……。

―六・二に参加して―

韓国青年新聞

発行所
韓青出版社
文京区春日2－20－13
TEL(814) 4471
発行人・金宰淑

## 綱領

一、われわれは、在日韓国青年の総力を結集し、祖国の完全なる統一独立の為に献身する。
一、われわれは、すべての非民主々義的勢力に反対し民主々義の正しい発展と実践のため努力する。
一、われわれは、心身を鍛練し教養を高め、友邦諸国の青年と提携し真正なる世界平和の建設に寄与する。
一、われわれは、在日韓国青年の民族意識を高め、在日居留民の権益擁護のため全力を尽くす。

# 民主・民族の隊列　入管法を粉砕！

# 決死断食闘争 敢行さる

## 在日同胞史に 偉大な足跡

六月二十七日、東京数寄屋橋公園で、在日本大韓民国居留民団主催の出入国管理法案決死反対断食闘争が始められ、七月九日まで十三日間にわたり展開された。断食闘争の存在とあらゆる活動は、本国世論と日本の世論をゆり動かす中で確実に法案に肉迫していった。テントを訪れた同胞は五〇〇〇名をこえ、支援激励電報は、日本全国を包摂し、断食団の活動は六〇万同胞の耳目を集中した。

六十万を代表し、決死の覚悟で!!

六・二、六・一九中央民衆大会において、万揚一致で承認された断食闘争は、六月二十四日民団法的地位委員会で、挙団的に行うことが決定された。

六月二十六日午後一時、韓青中央本部で、全国から参集した熱誠的青年、学生により、断食闘争結団式が挙行された。

法案粉砕に最後の鉄槌を下さんとする砦、テントは東京銀座数寄屋橋公園に、二十六日深夜から翌日未明にかけ、二百数十の青年の力により構築された。

二十七日多数の同胞と支援隊そして内外の新聞記者が見守る中で「出入国管理法案決死反対断食闘争」結団式が行なわれ、十一時、法案粉砕まで無期限断食闘争はその歴史的幕を切って落とされた。

六〇万同胞の総意を代表した三十五名の闘争団に、全国から激励と連帯の電報が殺到し、北は北海道から南は九州まで全国の同胞が激励と支援の為ひっきりなしにテントを訪れ、闘争団の連帯の拍手はやむことを知らなかった。

数寄屋橋公園を牙城とする断食闘争は、愛知京都、大阪をはじめ全国で、民団韓青学同が一体となり、ビラ配布活動、財政活動等あらゆる形で共に闘われた。

断食突入に呼応して、本国で入管法に対して日本大使館への問責が始まった。

六月三十日、突入四日目、テント内で内外の記者団と大規模な記者会見が持たれた。

在日同胞六〇万の意思を強く訴えるため激しい緊張と熱っぽい雰囲気が続いた。その熱気の中で、東京葛飾の金順玉嬢が突然倒れた。ドクターの要請で、救急車によって運れる時、民族衣裳が印象的な彼女は「一緒に戦える」連れて行かないで……」と涙ながらに訴えた。七月一日前日倒れた同志の悲痛を叫びを胸に秘め、闘争団は公明党、民社党、自民党に陳情と抗議に赴いた。女性代表として京都金順子、愛知李正江、東京高公子が参加し、活発に法案の反友好性をきびしく指摘した。

深夜三時頃、昼間果敢に政党への政治活動を展開した東京の高公子嬢が衰弱と貧血で倒れ、救急車のサイレンは深夜のテントをゆるがした。この日を前後して闘争団の肉体的衰弱と苦痛はその戦闘意欲にもかかわらず、医療班の役割と共に加速的に増大していった。

水を主食塩を副食とする闘争団員の肉体的衰弱にともない精神的緊張はさらに鋭くなり、この緊張をさらに尖鋭にさせる事が起った。民団中央団長が二日の夕方テントを訪れ　肉体的衰弱だけを理由に六月三十日の法的地位常任委員会決定ということでテントの撤収を迫った。生命を賭して戦っている闘争団には肉体的衰弱は何ら問題にならなかった。「テント撤収の利益は誰にあるのか」「我々は法案が粉砕されるまで闘う」という決意を述べた斗争団の精神を理解した団長は再度法的地位委員会を開くことを約束して帰った。

七月三日関東地区協議会―事務局長鄭在俊東本団長―は、断食闘争を熱烈に支援するとの決定をなし、闘争突入以来積極的に進められて来た東本婦人会を中心とした支援隊活動、東本各支部と関東各県の団員が組織的に多数訪れた激励も、その積極性と動員数を増していった。

七月八日、再び断食団を中心とした八十名は公明・自民党へ請願抗議の行動を起こした。

・この日民団中央で中央執行委員会があり、今後の闘争について話されたが具体的には何も結論されなかった。東本では関東地区三機関事務部長会議があり「断食闘争を断固支持し、その成果を大いに評価し、十五日まで民衆大会を開催しよう」と決議した。

同夜総括会がもたれ、各地方の団長から熱烈な声援と感謝が述べられ、中央団長には、民団団員、青年から決起大会開催の強い要請が続いた。その後、断食団、支援隊、事務局は一同に会して、この十二日間にわたる闘争の多大な、部分的ではあるが偉大な成果とエネルギーを発展的にふまえ、民団史上最大の民衆大会を十五日まで絶対に開かねばならないと総括しその準備に最大の力量でもって臨む為、ハンストを打ち切りテントを撤収しようと総括された。

七月九日夕方五時から解団式が中央団長、東本団長をはじめ、全国の団長、多数の団員が参加する中で行なわれた。

駐日韓国大使館からは、十三日間、一度も激励も連絡すらなかったが、数々の偉大な成果を残した断食闘争は、テント撤収をめぐる反民族的、非民主的策動を乗り越え中央決起にめがけて発展的に解団された。

# 日政法務省に抗議！

七月四日、満員のバス二台は入管法を起草した法務省に向った。法務省の門は堅く閉ざされ、周辺には外事課の刑事と警備員が、そして建物は完全武装の機動隊が取巻いていた。抗議団は九名と確認されていたが七名に、朝日共同等の記者は、理由説明なしに取材を拒否された。抗議は、悪法入管法を糾弾し、辰己参事官の欺瞞的で浅薄な弁明を暴露して行った。

徹底的な抗議を終え待機していた支援隊に報告をしようとした時、十数名の警備員が、機動隊の援助のもと、抗議団を実力で門の外へ追い出した。その上断食八日目の埼玉崔英子嬢を無謀にも肩をこづき引き倒した。さらに無抵抗の一盟員を殴打するという事件が起った。崔英子嬢はその結果意識を失ない、その場に昏倒し、救急車で病院へ収容せねばならなかった。これに対し民団中央議長を先頭に強く謝罪を要求した。

総括会は、日本法務官の蛮行は六〇万のみならず四千万民族全体に対する挑戦であるとし、中央議長が、責任をもって駐日韓国大使館を通し、正式な外交ルートで入管法徹回要求とあわせて抗議すると確約した。

総括会の後、中央、東本、婦人会、韓青、学同の五者会談が開かれ「断食闘争の圧倒的成果に依拠し十五日まで最低動員数一万名で中央民衆大会を開く」「テントの徹収は断食団の自主性と主体性にまかせる」と決定された。

## 成果をふまえ 中央民衆決起へ

決定を具体化すべく実務者会議が、東本で七月五日開らかれた。会談の席上民団中央組織局長より「ハンストを徹収せねば民衆大会は開かない」という発言があり、傘下団体や民団役員から「徹収の根拠はなにか」「前日の決定はどうしたのか」等の激しい突き上げがあり、組織局長は「本部に行き団長と話し合ってすぐに戻って来る」と云って出かけたが再び戻って来なかった。

突入八日目次々とドクターストップにかかって行く中、支援隊へ活動はますます積極化し、徹夜でテントを守る夜警、献身的な医療班、東本婦人会の奮闘、すべてが一丸となり法案粉砕に向って突き進んでいった。

**決死闘争団**　計六一名（女性八名）
**激励電文**　八六九通
**署名**　約三、五〇〇人
**カンパ**　一、五三五、〇〇〇円

在日同胞

# 入管法粉砕に総蹶起

3・1 → 4・18 → 6・16 → 6・19 → 6・20 → 6・24 → 6・27～7・9

出入国管理法案に対する全体在日同胞の反対運動は、三・一民衆大会の成果にふまえ、韓青・学同による先駆的な四・一八中央蹶起大会を前衛として、またたく間に燎原の火のごとく燃え広がり、六月二日の中央民衆大会、六月十六日の近畿地区民衆大会、そして六月十九日の韓中共闘による再度の中央民衆大会、六・二〇中部北陸地区民衆大会、六・二四山口地区民衆大会へと権益擁護運動をかってない程、はげしく昂揚させており、出入国管理法案がいかに在日韓国人を抑圧し、基本的人権を蹂躙する悪法であるかを雄弁にもの語っている。

## 六・一六　近畿蹶起

在日同胞六〇万中半数近くが居住する近畿地区における決起集会が六月十六日大阪中之島公会堂で約一万七千人の同胞が参集する中で開催された。

大会会場は参加者の三分の一も収容することが出来ず、第二会場を中之島公園におき、特設マイクで会場の模様を伝えた。

正午開会、河炳旭京本議長の力強い開会辞、金晋根大会々長の挨拶等が続き、東京から鄭在俊東本団長の激励と連帯の挨拶が進む中で場内は、感動と民族的怒りのるつぼと化していった。

引き続き、決議文、自民党に対する抗議文等を万場一致で採決し「一致団結して正当な民族的権利を守る闘いに立ち上がろう」の閉会辞で、デモ行進に移った。

示威行進は、灘波球場迄の六キロのコースを力強くすべり出した。

### 二万の同胞が

デモ隊は終始、秩序整然と強力な行進を続けていたが、日警機動隊は悪らつなデモの分断、挑発的言辞と暴行を険悪にもくり返えして来た。デモ隊が、北堀江付近にさしかかった際、大阪府警の広報車が、デモの先頭近くで、行進を妨害しながら、通行人に向って、「これが在日韓国人のデモの実態だ」等の露骨な差別的暴言をくり返えした。デモ隊は広報車の発言に対し民族的怒りでもって抗議し、取消しと謝罪を要求したが広報車は遁走し、抗議の返答は機動隊の激しい規制と暴行となってあらわれた。

梶棒と短靴の乱打の中、韓青神奈川の尹東春君が不当に逮捕された。逮捕に烈しく抗議した先頭の数千名の同胞は三〇分にわたり座り込みを行った。延々数キロに続くデモ隊は日政に対する怒りのシュプレヒコールを激越に叫びながら目的地で解散した。

尹東春君不当逮捕に対する抗議と即時釈放を要求する活動が、大阪本部団長を中心として行なわれた後、千数百名の青年、学生は大阪本部講堂で総括会を行った。

### 熱誠的な総括会

力強い声討は、六・一六の成果を勝利ととらえ、青年の前衛的役割を確認し、入管法闘争を発展させ、より完全な勝利に導くため再度中央民衆蹶起に結集すると同時に民族内部に巣食う一部の親日反民族分子との闘いをより一層強め、民族社会からの追放を勝ち取らねばならないとじた。

さらに韓青大阪本部委員長は、不当逮捕糾弾活動の真の活動になりうるものは、入管法反対闘争のより強力な展開であり、在日韓国人民主、民族運動の前進にあると力強く総括した。

熱烈にして感動的、民族的熱気が充満する中で、激越に唱われた建国行進曲は民族の明白は青年によって切り開らかれると確信させた。

主体的、熱誠的に参集した東京を中心とした関東の青年が、真の連帯を共に闘うことによって示し、韓青全国路線は闘争によって具現化し、発展していく。

## 六・一九中央蹶起

六月一九日民団史上初の中華民国留日東京華僑総会との共闘は、日比谷公会堂に五〇〇〇余名の韓中両国代表が参集し、出入国管理法案のもつアジア諸国民に対する毒素を指摘、排外的で非友好的なものとして鋭く弾劾し、これに厳しく鉄槌を下さんとして、敢然街頭示威行進を展開し、日警による挑発も断乎排除して法案粉砕に邁進・大きな成果をかち得た。

大会は、鄭在俊民団関東地協事務局長の挨拶を皮切りに、李森輝東京華僑総会副会長、李禧元民団中央団長から挨拶があった後、講演に移り、中国側から、そして韓国側から愈錫濬民団中央本部顧問が、入管法の具体的な内容にふれ同法案のもつ排外主義的な底意を糾弾した。

このあと、大会宣言文・決議文の採決を行ない、第一部を終了、各政党への陳情代表団を派遣した後、第二部の示威行進に入った。

示威行進は、大会参加者全員により、日比谷公会堂から東京駅八重州口の国鉄労働会館までの間、約一・五キロにわたって、秩序整然と、かつ力強く行なわれた。

デモ隊が数寄屋橋にさしかかるや、完全装備した日警機動隊が、デモの規制と称して悪辣な挑発を行ない、秩序整然と行進する韓青盟員に対してジュラルミンの楯と梶棒と短靴の乱打で暴行を加え、数回の衝突をくりかえし、港支部の盟員恙承大君を不当に逮捕し、暴力でもって連れ去った。この野獣のごとき日警機動隊による悪辣な蛮行に対し、デモ隊はすぐさま隊列を整備、なおも挑発を続ける日警に対し「仲間を返せ!!」「挑発やめろ!」「官憲帰れ!」を行なった。

示威行進を成果的にかちとった韓青、学同の全盟員は、ただちに中央本部に結集、真摯な雰囲気のなかで盛りあがった総括討論を開き、勝利に向けての新たな誓いを交わした。

## 六・二〇中北蹶起

六月二十日名古屋白川公園において開かれた出入国管理法案反対中北地区民衆大会は、愛知、岐阜、三重・福井・石川・富山の各民団本部から五〇〇〇名の代表が参集、初夏の強い陽射しにもかかわらず、法案粉砕への力強い肉迫がなされた。

大会は、趙世済民団岐阜県本部団長の開会の辞によって始まり、中北地協を代表し李春植民団愛知県本部団長、民団中央の挨拶があり、鄭在俊民団関東地協事務局長、金晋根近畿地協事務局長から激励の言葉が明読された。次いで丁海龍民団愛知県本部事務局長から入管法闘争に関する経過報告があり、民団講演があった後、決議文、大統領に送るメッセージ、抗議文を梁完玉韓青愛知地方本部委員長等が、それぞれ朗読したのち、満場一致で採決した。

大会後、街頭示威行進を行い、秩序整然と白川公園―広小路―自民党県連―名古屋出入国管理事務所―東片端―テレビ塔北のコースを日警機動隊の悪質な挑発を排除しつつ強力なデモを展開した。

デモ隊が広小路にさしかかった際、デモ隊の横で私服公安捜査員による挑発行為があり、デモ隊はこれに強力に抗議、また名古屋出入国管理事務所においては、これをとり囲み抗議文をつきつけると同時に同事務所職員らの平素わが在日韓国民に対する不遜な態度を厳しく批難、日政による出入国管理行政を激しく糾弾した。

解散後、韓青、学同は同広場で金佳秀韓青愛知本部副委員長による総括会を開き、梁完玉韓青愛知本部委員長から「今日の勝利を確実なものとし、次の力強い運動への原動力として、更に一層跳躍前進していこう」という力強い言葉があり、声討が活発になされた後、続いて「建国行進曲」を力強く大合唱し、民族の明日を担う青年の歌声は名古屋を雄々しく包みこんだ。そして十九、二十日を東京、名古屋において戦闘的に斗った大阪・京都・東京の同志達に対し、割れんばかりの連帯の拍手を送り、次の再会を約し感動的に今日の成果を胸に、散っていった。

## 六・二四山口蹶起

山口地方における「出入国管理法案反対民衆大会」は六月二十四日山口県体育館で県下及び近県の同胞四千余名参加のもとに開催された。

大会は、開会、会長団選出、決議文　抗議文等採択、各地方からの激励辞、入管法、法的地位に関する講演が、民族的熱気と激しい入管法に対する怒りが充満する中で行われた。

入管法の講演を行った洪永其下関韓国学園長は「入管令改悪の策動は過去三十六年間に亘る日帝支配の犠牲者である在日韓国人に対して、その支配の正当化であり、今時点において更に、追放と同化、抑圧の政策を強化する何ものでもない。」とその本質をするどく分析している。

山口県本部顧問の陳点春氏はその「法的地位」の講演の中で「入管法の問題は、法的地位の矛盾と問題の反映であり、法的地位協定はその根本的修正を免れ得ないだろう。民団は過去の法的地位要貫徹運動の過程で青年学生の運動に対してとった態度を総反省すべきである」と述べた。

一部集会が終るや直ちに、示威行進に移った。会場から山口県庁迄約二キロのコースを宣伝カーを先頭に力強い整然とした行進を行った。韓青の指導員が先導するシュプレヒコールを老若男女を問わず「入管法絶対反対」「日本政府は弾圧政策をやめよ」と叫ぶ中で午後四時頃解散した。

(三千里)

## "忘れられた血脈"　六十万への責務

▲今年三月本国において、国会議員金相賢氏によって「在日韓国人、僑胞八十年史」が出版されました。これは、在日韓国人問題に真正面からとり組んだ、画期的な書物として高い評価をうけ、在日韓国人問題に真剣に対処しようとする大きな機運をつくりました。

▲前書の讃辞の中で、特に筆者の目をひいたのは、李孝祥国会議長の"……忘却の彼方にあった六〇万血脈のきのうときようを掘り下げながら、彼等のために何をすべきか切実に訴えている"という言葉でした。氏は韓日協定批准国会における議長であった人です。その韓日協定の最も重要な問題の一つに、現在同胞社会に不安と混乱をもちこんでいる法的地位があったのです。それだけに、国会議長という職にある氏の自責の言葉は大きな重みをもつものです。

▲六月二十七日東京、数寄屋橋公園で、在日同胞六〇万の総意を代表した三五名が「出入国管理法案」に決死反対して「断食闘争」に突入しました。この闘争は、全国の同胞から圧倒的な支持・支援のもとに闘われ、激励電報は九〇〇通に及んだことは周知のことです。

▲しかし、断食団が生命を賭して闘っていたとき、本国においては日本大使館高官を呼んで問責していたにもかかわらず、駐日公館からは、一片の激励の言葉すらも聞きとれませんでした。駐日公館は、在日同胞六〇万の保護の為、誠心努力しなければならないし、まさに、その為にこそ存立するものであると考えます。

▲法的地位協定において、私達在日同胞六〇万の意を充分に汲みとり得なかった本国政府が、今「出入国管理法案」に対しては、強硬に抗議しています。駐日公館は、李議長の真しな反省に鑑み、在日同胞の真の権益擁護の為、その根本姿勢を真剣に内省し、実効ある実践を展開しなければなりません。

# 全体同胞入管法粉砕に力強く前進

中華民国との共闘により、国際的規模での反対運動が！

6・19再度の中央決起に熱誠的に結集！

日本の首都東京で入管法反対を主張する太極旗と中国国旗

日政よ聞け！我等が青年の民族の絶叫を！

秩序整然としたデモに機動隊が！

日警機動隊の挑発と差別的言辞に激しく抗議

棍棒と短靴、ジュラルミンの乱打の中で仲間が！

仲間を返せ！仲間を！

# 断食闘争、生命を賭して！

韓青本部で結団式、金宰淑中央委員長が、断固たる決意を！

中央女子次長、高らかに断食斗争宣言を

医師による完全断食についての注意説明

入管法を糾弾し、真の韓日友好樹立を摸索する青空討論会

祖国を意識し肉体的衰弱と闘いながら！

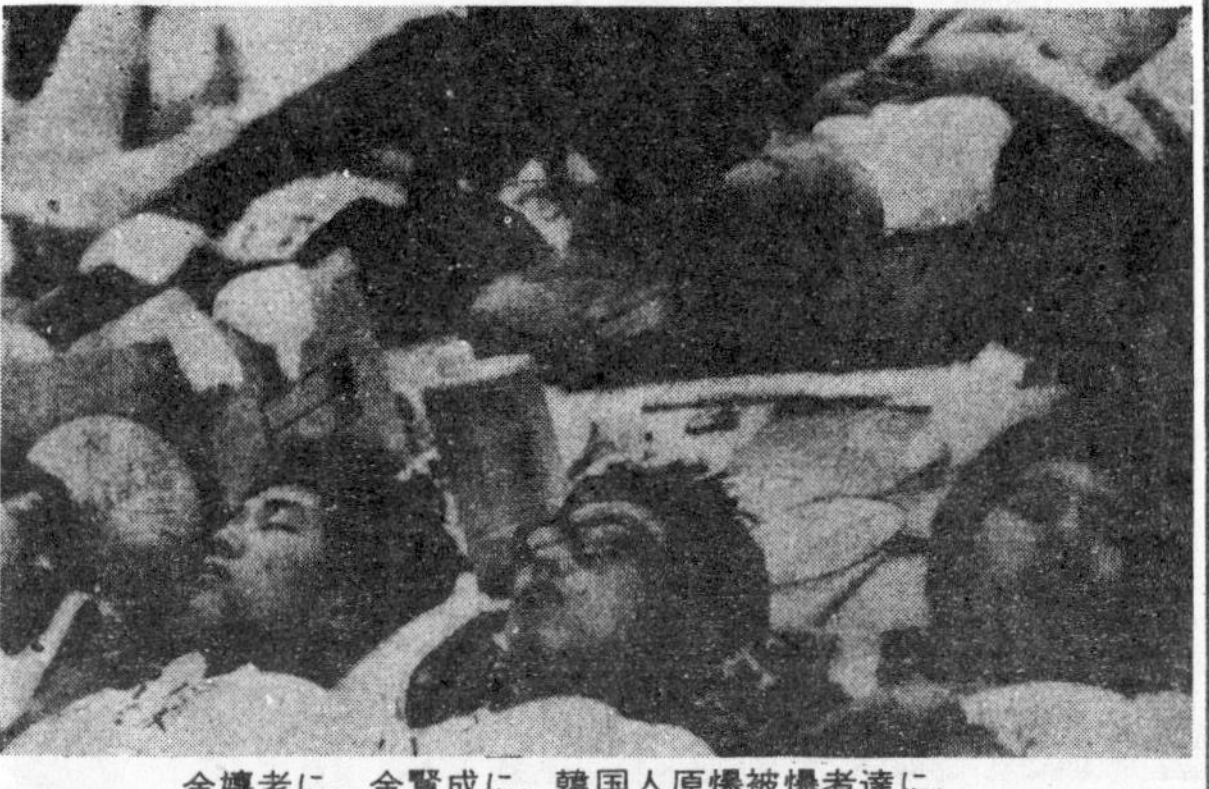

金嬉老に、金賢成に、韓国人原爆被爆者達に、
全体民族に、アボジ、オモニに想いを馳せつつ！

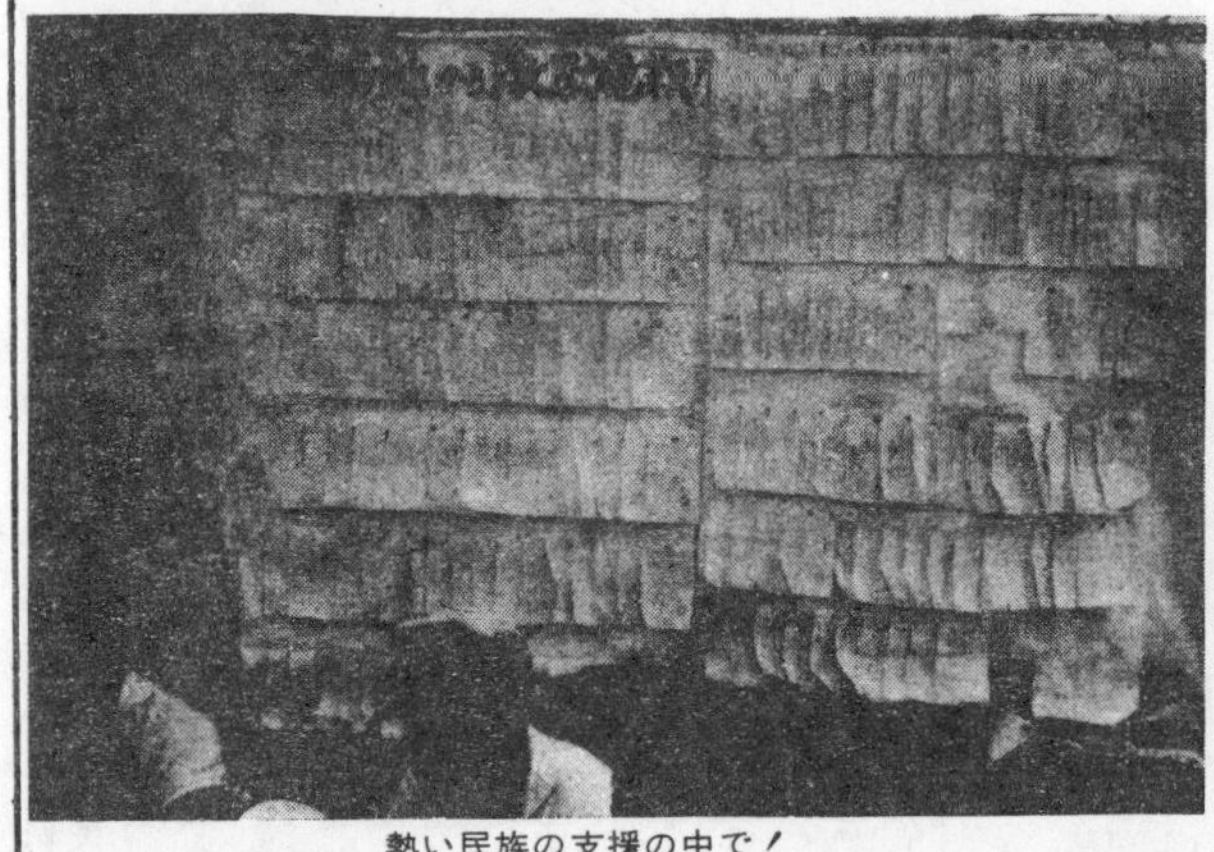

熱い民族の支援の中で！

不安、祈りの中を、「粉砕迄死んでも闘う」と叫びながら………

# 我々は闘争する！生命を代償として!!
# 我々は拒否する！日帝の残滓と再来を!!

## 断食闘争関係文書

**民主・民族の隊列は、極限闘争に突入**
**濁流を撃破する英雄的愛国者群像、**
**死と直面する肉体的衰弱**
**戦いの牙城を内から崩す反民族分子**
**真の敵へと鋭く純化する戦闘的精神**

## 闘争宣言

我々は、今こそ、人間としての、尊厳と姿勢を、問われている。人類史上、比類なき悪法「出入国管理法案」が、衆議員法務委員会で審議され、強行採択されようとしている。極めて緊迫した状態に在り、我々民族運動の前衛たる青年学生は民族正気をもって断乎これを糾弾し、粉砕しなければならない。韓日親善を欺瞞的に吹聴しつつ〝追放と同化と抑圧〟の民族排外主義政策を採る日本政府当局の底意は今や余すところなく明らかにされた。

**我々は闘争する！**
**自からの唯一の生命を代償として！**
**我々は拒否する！**
**過去の日本帝国主義残滓とその再来を！**
**想起しよう！三・一愛国独立精神を！**
**銘記しよう！四・一九革命精神を！**

今や、六十万全在日同胞は民族の熱い連帯と支援の中で、鋼鉄の団結をもって闘いの隊列を更に前進させている。

韓民族の主体的精神伝統を体現した我々は〝民族〟として〝人間〟として生存することを拒否する悪法「出入国管理法」制定の奸策に断乎、正義の鉄槌をふり下さねばならない。我々は、韓民族の尊厳と自己の人間的生存を賭し、決死的断食闘争に突入し「出入国管理法案」を撤回させ、民族的、歴史的責務を完遂することを宣言するものである。

**一九六九年六月二六日**

**在日韓国青年同盟**
**在日韓国学生同盟**

## 断食闘争宣言

出入国管理法案が成立すれば、全在日外国人の90%を占めている在日韓国人が、圧倒的影響を受け、その人権と生存権が、大きく侵害されることは、明確な事実である。

それゆえに、全在日韓国人は、この法案の成立に反対しており、特に、韓日協定にともなう法的地位問題に関し、われわれの正当な要求が貫徹されない現時点において、この反対は、まさに決死的である。

われわれは、全在日韓国人を代表して、その人権と生存権を擁護し、同時に、真の韓日両国間の友好と親善を確保するため、断食闘争の敢行をもって日本国政府に現出入国管理法案の撤回を要求することとし、ここに、断食闘争を宣言する。

一九六九年六月二十七日

在日本大韓民国居留民団
出入国管理法案決死反対断食闘争団

## 声明

日帝の過去三十六年間に亘る、過酷な植民支配の証人である在日韓国人が、深刻な危機感の下に断食闘争に突入した。

危機感の発源地は、日本政府の一貫した在日同胞に対する差別政策にある。日本政府は過去を清算し、真の韓日親善を望むのなら、当然在日同胞に安定した法的地位を保障しなければならないにも拘らず、現行「入管令」、「外国人登録法」等でわれわれを常に治安対象として抑圧してきた。今また在日同胞の歴史的背景と基本的人権を全く無視した、人類史上比類なき悪法「出入国管理法案」が強行採決されようとしている。われわれはこれに対し、終始一貫反対してきたし、断乎粉砕しなければならない。

今や六十万全在日同胞は、この極めて緊迫した状態を迎え、民族精神を継承し熱烈な連帯と支援のなかで、鋼鉄の如き団結をもって闘いの隊列を更に前進させている。過去の日本帝国主義の再来を拒否するが故にわれわれは、遂に極限闘争をとらざるをえなかった。この闘いは、抑圧された世界の代弁であり、自由と民主主義を護るそれであり、全人類が真の親善関係をうち樹てるためのものである。

われわれは、この断食闘争を、さらに安定した法的地位を勝ち獲るための新たな基点とし韓民族の尊厳と自己の全人格を賭け「出入国管理法案」を撤回するまで決死的に無期限断食闘争をすることを声明するものである。

**一九六九年六月三〇日**

**在日本大韓民国居留民団**
**出入国管理法案決死反対断食闘争団**

## 声明

我々は在日韓国人六十万の総意を体現し、「出入国管理法案」の今国会成立を阻止するため、去る六月二十七日から十三日間、こゝ東京数寄屋橋公園で決死の断食闘争を展開してきた。

四月十八日の青年、学生の先駆的決起大会に始まる一連の全国的規模の民衆大会の成果をふまえ、更に今後の権益擁護運動の新たな基点とすることを確認しこの断食闘争に突入した。日本政府は在日同胞に対して一貫した追放、抑圧政策をとり続けてきたが、その総決算的意味をもって登場したのがこの「入管法」である。その動向が急速な形で表面化してきた故に我々のこの断食闘争はまさに決死的なものとならざるをえなかった。緊迫した状況に対応し、在日同胞六十万は反対運動を大きく盛り上げこの闘争を果敢に闘っていく中で、かつてない程の団結された闘争の意志を内外に力強く示した。

基本的人権を守る闘いに同胞のひとりひとりが主体的に参与することによって闘いの隊列は驚く程強固なものとなり、法案そのものに肉迫し、悪法立法化の策動に決定的な打撃を連続的に加えることによって多大の成果を収めた。また日本国民との対話を通して〝真の韓日友好〟を提起し、両民族間の真実の連帯の輪が結実されていったことも大きな成果の一つであると言える。だが、我々は部分的成果ではなくして、法案粉砕の最終的勝利を克ち獲らねばならない。それ故、死との対決の中で得られた運動上の成果は今再びそれをさらに発展させるべく、我々を直接行動のより一層果敢な闘いにかりたてる。即ち、今まさに我々の闘いは〝座したる闘い〟から〝行動の闘い〟に立ち至ったのである。

この断食闘争を通して克ち獲った強大なエネルギーと団結力を更に発展させ、法案粉砕を目指し、より強固な、より決定的な力を投入すべく全在日同胞を結集して、民衆総決起大会を展開し新たなる闘いの隊伍を一層強力に組み直さなければならない。

こゝに我々断食闘争団は全在日韓国人六十万を代表し、力強く熱誠的に「入管法」粉砕闘争を推進することを誓い、この断食闘争を止揚し収束することを声明するものである。

**一九六九年七月九日**

**在日本大韓民国居留民団**
**出入国管理法案決死反対断食闘争団**

**〝築こう！韓民族の輝く未来を!!**
**闘おう！民権擁護のために!!**

### 内容

①記念講演
②学習
③班別討論
④レクレーション

| | |
|---|---|
| 中部 | 7・25－27 |
| 福岡 | 7・26－28 |
| 近畿 | 8・2－4 |
| 西南 | 8・2－4 |
| 岩手 | 8・2－3 |
| 東北 | 8・9－11 |
| 北海道 | 8・9－11 |
| 関東 | 8月下旬 |

※尚詳しくは各地方本部まで連絡の事。

**第五回韓青全国統一夏期講習会に参加しよう！**

# 715 722 全国一斉 入管法案粉砕 権氏妄言糾弾 討論集会開かる！

六月二十日から全体同胞の圧倒的支援の中で戦われた断食闘争はすでにかちえた偉大な成果を足がかりに、法案粉砕を目指す、より果敢な運動を展開する為に七月九日発展的に解消した。

七月十一日、自民党が強行採決を露骨にねらう修正案を作成し、又、民団中央顧問「権逸」が入管法闘争に真正面から挑戦する妄言を吐く等、事態は極めて緊迫の度を加えていった。

このような状況の最中、民団中央は、民衆大会を、事実として、開催しなかった。韓青、学同は、自民党や法務委員会に対する抗議活動を行い、法案の廃案を目ざし積極、果敢に肉迫していった。

## 出入国管理法案〝修正案〟に対する我々の見解と主張

在日同胞六〇万の基本的人権と生活を守るべく、在日韓国人の悪法「出入国管理法案」反対斗争は、〝民族か非民族か〟の問かけを自から厳しく付する事により、一層の力強さと運動の大きな波状を呼び起こしている。

史上類例を見ない悪法の撤回を目的とした我々の斗争は、その内容に一貫して流れる陰険な日政当局の底意をはっきりと露呈せしめた。即ち「在日韓国人差別・抑圧政策」を最近来、ますます強化・拡大しつつある日政当局は、我々在日韓国人の正当なる抗議行動に対し、一面では詭弁を弄し他面では警棒を振りかざすことによってその返答にかえている。そして、日本国内外の各界各層からの反対運動が高まるにつれ、事の重大性にあわてふためいた日政当局は、〝五項目修正案〟（七月十一日一部日本新聞報道による）なるものを急拠作成、今延長国会での強行採決を図ろうとしている。

全体在日同胞の正当な権益擁護を神聖な任務の一つとする我々は、この「修正案」を悪法の強行制定化を企図した〝粉飾〟物以外の何物でもないものと断言する。そもそも、今法案の根本的狙いは、〝抑圧と追放〟の合理化と体系化であり、在日韓国人の居住権を剥奪し、在留活動の厳格な管理統制を目指している。その具体的条項の内容は、——「遵守事項」「中止命令・行為命令制度」「処罰・追放事項」の新設、「強制退去事由の拡大・強化」「違反事実調査権」等々の一つ一つが問題であると同時に、それらが相互に結びあって初めて効力を発揮できるものなのである。このような意味からして、日政当局が口を酸っぱくして「在日外国人（在日韓国人と読むのが正しい）の在留活動管理の合理化である」と言うのもうなづけるのであって、決して一つ一つが削除されてはならない合理化した圧迫と追放の法なのである。故に〝修正案〟がその根拠を崩さない方向で我々に提示される限りたとえ一部分の修正がなされたとしても、それは悪法を強行に通過させる為の欺瞞の産物でしかありえないと言えよう。

### ★修正内容の具体的批判点★

一、戦前から引き続き在留している者とその子に対して、ライ患、精神障害者及び麻薬中毒者、生活被保護者に限り退去強制しない。となっているが

①対象者が在日同胞全体にではなく制限しているので一般永住権者、及び特在者は適用から除外されている。

②適用除外項目を三項目に限定したことにより、他の一九項目は全般的に適用されることを立証している。

③しかもこの三項目の適用除外修正案文には〝当分の間〟となっている。

二、前記者の子で平和条約（五二年）以後出生したものに限り、遵守事項を適用しないとなっている。

①「遵守事項」自体は残存している。

②これも前記同様対象を限定している。

③退去事由に関しても前記三項目の外は適用されることになっている。これらも〝当分の間〟となっている。

三、事実調査対象の関係人の不陳述罪、不呈示罪の罰則を削除する、となっているが、

①入管の恣意に委ねられた事実調査権そのものは厳存している。

②本人（容疑者）の黙否権は、何ら保証されていない。

③韓国人の大抵が容疑者となるので（三七条十八項）これらは、特に日本人向けである。

四、退去強制された者の特別在留許可出願の期間を「三日」から「七日」に延長する、となっているが、

①依然として司法的救済措置が保証されていない。

②三日→七日の延期は、欺瞞以外の何ものでもない。

五、収容の一時解除、強制退去の一時執行停止の保証金を「一〇〇万円」から「五〇万円」に下げる、となっているが、

①本質は現行の「三〇万円」から「五〇万円」に上げている。

以上の如く、部分的修正に対する分析を試みても明らかな様に、これは根本的な「改正」を欠落させた、われわれの運動を分裂停滞させる目つぶし的策動であることは間違いないであろう。

我々は、巧妙に仕組まれた欺瞞の策動に乗せられてはならない。現時点における我々の入管法反対運動における主張は、あくまでも「悪法出入国管理法案撤廃」である。

我々青年、学生は、以上の見解と主張をもって、緊急に事態の危機性を六〇万在日同胞に訴えるとともに、更に広範囲で、徹底した悪法反対の闘いを全ての在日同胞の総力を結集して推進させねばならない。

一九六九年七月十二日
在日韓国青年同盟
在日韓国学生同盟

## 民団中央「顧問」権逸氏の妄言を糾弾する。

民団中央「顧問」権逸氏が韓国側〝代表〟として去る七月三日東京霞山会館において日本側〝代表〟法務省入国管理局辰己参事官と「問題の出入国管理法案」について〝対談〟を行った。

「韓国と日本の立場—両国の専門家が語る実体」との見出しで掲載された七月八日付朝鮮日報に接するや、全在日韓国人は挙げて氏の妄言に、抑え難い民族的憤りをおぼえた。韓国側〝代表〟と日本側〝代表〟による〝対談〟という形式がとられているが、実は日本政府当局の在日韓国人に対する偏見と差別観を集約的に体現した辰己参事官が、韓国国民並びに在日韓国人に向けて彼等の迫害、追放政策と悪法「入管法」に対する欺瞞的美化宣伝並びに、正当な入管法返対運動への卑劣な中傷を、紙面を通して吹聴するのを、権氏が民団中央「顧問」の地位を濫用し、韓国側の〝代表〟を僭称し、民族内部からそれに呼応し、同調し、唱和したものに他ならない。

辰己の発言が在日韓国人に対する偏見的差別的な発想の独善的な表現であり、これを論難し、止揚させることは一つの課題であるが、民団中央「顧問」としてなされた権逸氏の妄言は、権益擁護団体である民団の威信を傷つけるものであり、断じて許すことの出来ないものである。

氏が個人的に日本に対して屈辱的に媚び、へつらい、奴隷根性と事大主義思想を混合させた真底からの隷属者意識の下に一介の弁護士として入管ブローカーまがいの言動をとることについては、われわれ在日韓国人は徹底的な糾　弾を加えながらも、他面同情を禁じえない。つまり氏は、日本政府の差別政策に加担し、入管法に反対する在日韓国人の権益運動を歪曲し中傷した。

氏自身「永住権申請の不振という、この法案に反対する原因を大別すると

①我々の無知

②入国管理当局に対する一般的な反感

③改正案に対する表面の目的に対する危惧心

に分けることができるが、韓日協定の失敗とし、本国政府に責任をおしつける等の反政府的運動云々」と混乱し、転倒した分析と誤った評価を下している。

というのは①に関しては権氏自身の無知を露呈したものであり、同胞はその内容を熟知している。②については、日本政府の差別政策が中止されれば「反感」も解消されるにちがいないので問題にならない。③の分析についても在日同胞は、改悪の真の意図を洞察するが故に危惧心をもっているのであり、「法的地位協定」に関しても厳しい批判を堅持しているし、「反政府運動云々」は、正当な運動に対する悪質な中傷デマである。

また辰己が今回の「改正」案は在日韓国人には無関係だと強調するのに口調をそろえて氏は、「永住権」との連関性をとりあげながら、協定及び一般永住者は対象外だという事実に相反することを公然と発言し、更に「永住権」の適用実態の不当性をいうに、単に「解釈上大きな差異がでた」とだけ指摘し、むしろ日本政府の差別政策を意識的にぼかしてしまっている。

以上の如くことごとく在日韓国人の立場を無視し、しかもその立場の〝代表〟を不遜にも僭称し、日本政府に加担して権益擁護運動を分裂、破壊させようとしていることが明らかである。

氏は、法的地位協定締結当時の民団の責任者であり、失敗させたその責任者でもある。永住権申請不振の原因を取り除くことを考えず、遮二無二永住権申請を強行促進させて、自己の責任をカモフラージュし、その正当化に汲汲として責任の転嫁に躍起となっている。

また氏は、民団における最初の派閥形成の責任者でもあり、日韓文化協会にまつわる民族財産不正処分の責任者でもあることを鑑みれば、自分個人の地位と利益を守るための言動としかみれない。

最近の事例では、入管法反対運動が盛りあがり、デモで不当逮捕者がでた時もなんら弁護も申し出ず、民族の尊厳と人間的生存の為に決死的に闘ったあの断食中も、ただの一回も激励に来ることなく、あまつさえこのような妄言を行っている。

これらの事実一つ一つが彼の民族運動に対する背信行為を意味するものである。故に権逸氏は、在日韓国人を代表するなんらの資格もないことを明言し、民団中央「顧問」として蠢動する氏を、韓民族の名において糾弾する。

最後にこの「改正」案に反対しているのは、法案の枝葉末節的な修正を求めているのではなく、このような具体的な問題を通じて日本政府が背後で行っている在日同胞に対する「追放、同化抑圧」政策に批判の目を向けていることを再度確認する。

権逸氏は、民団中央「顧問」としてあるまじき妄言とその蠢動を反省し、その責任をとれ！

在日韓国人は、民族的尊厳を損うすべての言動を許さない！

一九六九年七月十三日
在日韓国青年同盟
在日韓国学生同盟

**綱領**　在日本大韓民国居留民団

1. われわれは大韓民国の国是を遵守する。
1. われわれは在留同胞の権益擁護を期する。
1. われわれは在留同胞の民生安定を期する。
1. われわれは在留同胞の文化向上を期する。
1. われわれは世界平和と国際親善を期する。

広島 韓国新聞社
発行人　崔成源
編集人　徐聖錄
広島市東蟹屋7番9号韓国会館
電話(61)6171～3
定価　1ケ月100円

# ゆれる入管法案

## 決起の民団系、不当逮捕に怒る

衆議院法務委員会で審議中の出入国管理法案をめぐって在日韓国人諸団体は絶対阻止のかまえをみせている。

民団系諸団体が打って一丸となった反対運動は過去には終戦直後の信託統治反対、北送反対の二つの挙族的運動があり、それについでの三回目の大々的運動といえよう。在日韓国人運動上、特記されようとしている出入国管理法案に対する韓国国内の新聞論調も最近激しいものがあり、韓国政府もこれに重大関心を示し在日同胞への適用緩和を要請するという報道がある。

民団を中心とする反対運動の盛りあがりは六月二日東京・文京公会堂から東京の目抜き通り八重洲口、銀座、数寄屋橋、新橋の街頭デモを皮切りに大阪、名古屋、下関その他各地での大々的街頭デモに発展し、二十七日からは東京で断食闘争団がくまれ、七月八日迄法案撤回の為のハンスト座りこみがつづいていた。また各地のデモで韓国青年同盟、学生同盟員の逮捕者が続出、大阪では警察広報車の差別的アナウンスのため大騒ぎがあった。

文京公会堂前はデモ隊出発前から熱気がむんむんしていた。韓青、学同ら若者の怒る顔が無数にみえ入管法反対のタスキ、はちまき、プラカードがみちあふれ、都心の盛り場をぬい歩く銀座、新橋へのデモの行列は出発した。

民団中央、幹部を先頭に民族のしるし大極旗、あどけない顔の韓国学園男女高校生の一群があり、各県別の行列が続いた。

〝追放反対〟〝永住権確保〟〝韓国人の権益を守れ〟など色とりどりのプラカードを手に〝追放反対〟〝ツイホウハンタイ〟のシュプレヒコールは都内にひびきわたり、街をいく人、ビルの窓からもさかんに声援をうけ、道行く日本の人々にも認識を深めさせた。

この日デモ解散地の新橋で警官隊の挑発的規制のため小ぜりあいが生じ逮捕者一名を出した。民族衣装をまとった婦女子も多くみえた。

デモは韓国高校生を先頭に

## 中国人も決起

### 逮捕者三人出る

入管法案に反対する中華民国留日華僑総連合会は民団と合同で十九日東京、日比谷公会堂で反対集会を開き日本政府の非友好立法を糾弾した。

大会後雨をついてのデモ行進は宣伝カーを先頭に民団側と華僑側のかたいスクラムがつづき〝悪法反対〟を内外にしめした。この日機動隊の不当干渉で三人の青年が逮捕された。

### 在日各国クリスチャンも反対

出入国管理法案反対連帯会議国際キリスト者集会が二十二日大阪、扇町公園で開かれた。韓国をはじめアメリカ、中国、カナダ、日本の五ヵ国クリスチャン約五百名が参加、決議文採決ののち①基本的人権を保障せよ②非人道的強制退去絶対反対③世界人権宣言を無視するな④出入国管理法案断固粉砕せよ！のスローガンを全員声高らかにシュプレヒコールしたのち中央郵便局前までデモ行進した。

## 空前の大集会

### 目にあまる警察の挑発

**大阪**　では十四日中之島公会堂で空前の大集会が開かれた。近畿一円から参加一万五千人の大群集は商都大阪を入管法反対の韓国人デーとし、デモの途中機動隊広報車が「みなさんこれが韓国人のデモ隊です。ゆっくりした足どりで進んでいるため、みなさんにめいわくをかけております」と挑発したため、デモ隊ともみあいここでも不当逮捕者一人をだした。

**名古屋**　では中部地方六県から三千五百人が集会、会場の白川公園から栄町―自民党―県庁―入管名古屋事務所前、名古屋タワー前まで行進した。途中自民党前を進行中、機動隊デモ隊に近寄り、挑発したためもみあい騒ぎがあった。

**下関**　では民団山口県本部主催の入管法反対、朝鮮学校認可反対の二本立て集会となり約二千人の集会。会場市立体育館から県庁までデモ行進し県庁で深夜まで座りこみ、県知事との交渉を求めた。

**大阪韓国学園**　も決起した。〝われわれ二世、三世たちも出入国管理法案に反対する〟との立場から全校生は十四日本校講堂で生徒会を開き、入管法反対を決議した。この日生徒会は具体活動を決定したのち、民団大阪本部をたずね運動基金八千二百五十五円を寄託した。

## 本国との合同会議延期を建議

民団関東地協（郭在俊事務局長）は一日の会議で来る二十日に予定されている本国政府との合同会議を延期するよう中央本部団長に建議した。

理由は入管法を審議している日本国会の会期が八月五日までなのにこの間全国団長が離日することは考えられないことであり本国の実情も民団と在日僑胞問題を協議できる状態でないと判断したためである。また一週間に及んだハンストについては人員を交代するとか、場所を変更してでも継続すべきということに原則的合意をみた旨も中央に建議することになった。

## 留学生が入管法撤回を陳情

### 衆院に石井議長を訪問

在日留学生有志で作っている「出入国管理法案撤回を要求する世界各国の在日学生の集い」の代表八人が、一日正午前国会に石井衆議院議長を訪れ、出入国管理法案の撤回を求める声明文を手渡した。

この集いは韓国、米国、自由中国、パキスタン、フィリピン、ベトナム、マラヤなど二十三カ国の在日留学生の団体で、声明文は「今国会に提案されている出入国管理法案は、日本の国益を重視するあまり、留学生の勉学をさまたげ、ひいては日本と諸外国の友好をそこなうものである」としている。

なお代表八人は、このあと院内で各党の幹部にも法案の撤回を陳情した。

この様に、日本に住む殆んどの外国人の反対を押し切ってまで、国際的な地位の高まった日本が入管法を殊更制定する必要がないばかりか、むしろ国際友交にマイナスになることを指摘したい。

## 各地で反対集会

### 逮捕者続出で抗議

入管法反対運動の皮切りとなった中央集会は、六月二日東京、文京公会堂で開かれた。関東一円の各県民団員と全国各県民団代表者約五千人が集まり、会場は超満員、大半は場外で気勢をあげていた。広島からは崔成源団長、姜文熙副団長が参加、プラカードを手にデモの隊列に加わった。

この日の集会は東京韓国学園高等部生徒のブラスバンド吹奏による愛国歌合唱ではじまり、朴大統領へ送るメッセージのほか佐藤首相へは要請文、自民党、衆議院法務委員長へは抗議文、民社、公明両党首へは陳情文とそれぞれ区別された法案反対の文書が満場一致で採択、決議され、陳情抗議のため代表団が構成されそれぞれ院内で交渉した。

崔成源広島団長は、中央団長らと院内に自民党田中幹事長をたずね、二階堂副幹事長をまじえて約一時間反対の立場を説明し、法案の撤回を要請した。

## こだま

去る十七日には民団全国団長会議を開いて改悪の入管法阻止策を協議した。同じ日に衆議院法務委員会は入管法実質審議に入る、皮肉

× ×

入管法審議の法務委で、憲法上の基本的人権を外国人には制限出来ると答弁。何人といえど……は日本人に限るの方がスッキリするワイ。

× ×

入管法実質審議と相まって在日韓国人の悪法反対運動も熾烈化す。不陳述罪など黙秘権行使も認めない。私は貝にさえなれぬ身の上。

× ×

国際ペンクラブ総会が来夏ソウル開催本決り。参加73カ国参加人員三百二十人。共産圏九カ国の入国も認める。韓国も愈々国際級。

× ×

入管法改悪反対斗争の民団では韓青、学同を中心にハンガーストライキに入る。新潟北送反対運動以来のハンスト。

× ×

煮て喰おうと焼いて喰おうとよりはましだが、法相の自由裁量が時と気分と相手によって違うのでは困る。夫婦喧嘩の後など困るネ。

× ×

スキヤ橋で入管法反対の民団ハンスト13日振りに中止。青年の純真さは分るが、この滅私的行為が相手方に反映されないでは無意味。

× ×

韓国動乱勃発19周年、北韓の南侵ゲリラ依然跡を絶たぬ昨今。君ら同族相殺のあの悲劇忘れ給いしか？喉元過ぐれば…の例に洩れず。

# 入管法になぜ反対するか！

一、基本的理由

まず在留外国人の管理を目的とした、出入国管理法案の影響は、その対象の約九〇%を占めている在日韓国人にとって、極めて重大であり、更に出入国管理法案は、韓日協定にともなう、在日韓国人の法的地位問題と、密接、不可分の関係にあることを強調する。

即ち、戦後二十数年が経過した今日、在日韓国人の法的問題は、韓日両国間における基本協定の不合理性により、未だに解決を見ておらず、永住権申請は一九六六年一月十七日、協定が発効して以来三年有余の歳月が経過したにも拘らず、わずか十二万余に過ぎない状況である。

その原因は、協定そのものが持つ不合理性のほか、協定の実施における日本国関係当局の非友好、非人道的な措置によるところ大であるが、同時に、基本協定の第五条並びに出入国管理特別法第七条に明記されている通り、在日韓国人の法的地位にともなう出入国及び在留が内容的に極めて不当な現行の出入国管理令の適用を受けていることにも、原因がある。

つまり、在日韓国人の法的地位問題において、最も重要な焦点となっている、永住権付与条件の「継続居住」につき、全在日韓国人の正当な要求が受入れられず、その結果、多数の在日韓国人が現行の出入国管理令により、追放の対象となっている現状において現行の出入国管理令を一段と改悪し、基本的に、現国際社会における平等・自由の普遍的な思潮にまで逆行する排外主義を基調として、抑圧と追放の強化を露骨的に企図した今般の出入国管理法案が成立すれば、その在日韓国人にもたらす影響は、余りにも大きいというのである。

したがって在日韓国人は、その法的地位問題の合理的解決のためにも、現行の出入国管理令の改定を望むものであるが、しかし、それはあくまでも、在日韓国人の、日本社会との歴史的特殊関係から、法的地位問題が合理的に解決され、更にその法的地位の特殊性にかんがみ、それに相応する出入国及び在留その他に関する処遇が出入国管理法案におい、何らかの形で保障されることを、前提条件とすることが、妥当であると判断するものである。

二、法案内容の問題点

前記の通り、在日韓国人の法的地位問題が、その内包している不合理性から、現状において、多数の在日韓国人が、現行の出入国管理令により、追放の対象となっている事実を前にして、今般の出入国管理法案内容を検討した場合、その結論はおのずから明白であるがここにその主要問題点を指摘すると、次の通りである。

1 「遵守事項」について

法案第八条の遵守事項は、新たに入国する者のほか、現在留者に対しても再入国時のほか、在留資格変更、在留期間の延長、出生又は日本国籍の喪失による在留資格取得の時、などにおいて適用され（第三三条）、在留活動の管理と規制（第二三、二四、二五条）が強化されると同時に、これに違反すると、中止命令及び行為命令（第二七条）が出され、更に処罰（第八六条）と、退去強制（三七条）をすることになっているが、これは、在日韓国人に対する不必要な抑圧と追放を企図する、特徴的な意思の表現である。

即ち、現在留者が長期間にわたる日本在留によって得た既得権を、本法案によって規制することは、全く不当といわねばならない。

2 「行政調査権」について

違反調査（第三八条）並びに事実調査（七三条）という強力な行政調査権では、在日韓国人の生活権を、根底から蹂りんすることが明らかで、これによれば公私を問わず、任意ともいうべき、全く一方的な判断により、容疑者に対する捜索、臨検、差押のほか、容疑者の関係人に対しても、陳述、報告を強要（第三七条四項、三九、四〇、四一条）することになっているが、これでは個人の人権は勿論、在日韓国人の公的団体及び機関における、公的な活動までもが蹂りんされひいては「関係人」に関連させて、在日韓国人と接触する人の各種団体、又は個人を調査権の対象とすることも必至で、法案が成立すれば、韓日両国民の親善と交流の自由までが、それだけ制約されることになる。またこれに関する細分化された罰則のほか、不陳述罪、不提示罪などを適用（八八、八九条三項）していることは、個人に対しては、まさに、黙秘権を有する犯人以下の扱いであり、または在日韓国人の公的団体及び機関をも、破壊に至らしめる重大な措置といわねばならない。

3 「追放」の強化について

まず追放（退去強制）の対象を広範囲に拡大し（第三七条）、特に貧困者を追放の対象（第三七条一二項）にしていることは国際的な通念（慣例）からしても不当である。また特別在留許可を受けることが至難で、追放される者の司法的救済手段が、事実上において封じられていること（第五二、五三、五五、七八条）更に、追放の手続が簡単化（第七二条）され、人権無視の強制収容（逮捕）とか（第四八条）、保証金の大幅な増額（第五三条五項）など、本法案の中には、徹底した追放への理不尽な積極性が、一貫して示されている。

4 「自由裁量」について

在日韓国人の人権と生活を規制蹂りんし、その公的団体及び機関の公的活動をも規制しひいては破壊に至らしめる場合の判断が、すべて法務大臣（実際は入管官署長）のいわゆる「自由裁量」に基づくことになっているが（第八、一〇、三〇条など）これは極めて一方的で、危険な発想であり、まさに在日韓国人を、「煮て食おうと、焼いて食おうと自由」という、前近的な暴挙といわざるを得ない。

# 改憲問題をめぐり
## —学生デモを中心に—

最近、韓国では共和党による憲法改正の動きが表面化し、それに対する学生デモが激化の様相を呈している。七月四日現在、ソウル市警の発表したところによると、先月二七日から三日までの六日間にソウル市内だけで十二大学延べ三万三千二百人の学生がデモに参加したとのことである。また、学生と機動隊の衝突ぶりは日を追って険悪化する傾向にある。

こうした事態の核心ともいうべきものは、大統領の三選を禁じている現行憲法の規定にあるが、学生側は①改憲と朴大統領の三選反対②平和的な政権交代と民主主義の徹底③言論、集会の自由などを要求して反対運動を展開しているわけである。

一方、改憲賛成者達の理由は、一九七一年の八月に朴大統領の任期が終ることになっているが、その時には、政治的混乱が起きる恐れが多分にある。従って、そうした事態の発生により、現在の高度経済成長が中断され、韓国経済と国民生活の安定をおびやかされるようになるかも知れないという危ぐにある。

実際、今日の韓国の政治的状況としては、憲法を改正して朴大統領の三選を図ろうとする動きが大勢となっている。特に、近年とみに激化している北韓からの軍事的挑発から必然的に強くなった韓国防衛を強化する為に、朴大統領が継続して三千万の国民を有する韓国の政治を担当するべきだとする主張が底力をなしている。

改憲反対の一連の学生デモについては、単に、改憲そのものに反対する学生運動としてのその現象面に関心を示すべきではなく、まさに現在の韓国の動きには、韓国の今後の姿を決める重大な契機を含んでいることに注目しなければならない。一九七〇年代に韓半島を武力赤化統一すると公言している北韓の金日成一派が、激しくいどみかけているゲリラ作戦などの挑発に韓国政府と国民が如何に対処して行くべきか、そしてまた一方では、経済成長の波にのった韓国経済を如何に引き続き推進させていくべきか、これらの課題をのりこえるための将来の韓国の姿を決めるものとして今日の韓国の学生デモを見なければならない。

この事は反面、一連の学生デモに対する政府の動き方に従って韓国にその課題を克服する力量があるか否かを世界に示す絶好のチャンスとなるものといえよう。

# 朴大統領が来月訪米

韓国の大統領官邸スポークスマンは一日午前、朴正煕大統領は二クソン米大統領の公式招請を受け、八月二十一、二日（米現地時間）の両日間訪米すると発表した。

同発表によると、朴、ニクソン両大統領は、カリフォルニアの大統領夏季別荘で会談する。韓国の大統領官邸スポークスマンは、訪米の発表に当って「韓国を含むアジアの安全保障、ベトナム戦争の解決および戦後処理、韓米両国間の問題について意見を交換するよい機会になろう」と述べた。

# 関釜フェリー進む

韓日両国の協力関係を推進する民間機関として、二月に設立された韓日協力委員会が、このほど東京で二日間にわたり開かれ、韓日両国の経済協力などについて話合いが行なわれた。

経済協力については、韓国の対日貿易の大幅入超問題、下関—釜山間のフェリー計画など合弁事業問題、沖縄返還に伴う東南アジアの安全保障問題が論議の中心になった。

韓国側は韓日貿易が一九六八年度で五億ドル以上の入超になっているとして、貿易のアンバランス是正を強く主張した。とりあえず一九六九年度に対日輸出を二億ドルにしたいと要望、日本側もこれに協力を約した。

さらに合弁事業方式が有効であることで意見が一致したが、現在韓日合弁企業で許可されたもの五件、申請中は四十三件であり、特に下関・釜山間を結ぶ関釜フェリー計画は日本の大蔵省の認可、韓国の国際自動車協定への加入をまって早急に実現することになった。

これは韓日両国にそれぞれ現地資本五一%の合弁会社を設立し、両社がそれぞれ三千総トンのフェリーを所有し事業の一切に関し共同経営するもので早急に会社を設立したいとしている。

# 日本に韓国牛輸入

韓国から生牛約六十頭が日本に着いた。これは日本家畜輸出入協議会と韓国畜産物輸出協議会間に締結された百五十頭の対韓生牛試験輸入契約（全量牝牛）によって第一便が日本に来たもの。

生牛は昨年はじめ、韓国畜産物輸出協議会が購入した百十頭の素牛をその間、肥育場で頭当り平均四百二十キログラム以上に肥育したものを選んで、牝牛だけを輸出するものである。残りの生牛は遅くとも六月末までには、日本へ運び込まれる見込みである。

なお、転入される生牛は、委託販売制によるが、日本家畜輸出入協議会は、頭当りC&Fベース三百五十二ドル線の最低価格を保障することになっている。

# 韓国に明るい電力

第二次五カ年計画の一環として、一昨年夏から建設中だったソウル火力発電所五号機が完成したが、この結果、韓国の電力設備容量が大幅に増えた。五号機の容量は二十五万キロワット。ソウル市内の需要電力の八〇%までがまかなえるものだが、釜山火力第三、第四号機を含めて、これで韓国の設備容量は百六十二万九千キロワットとなった。四月末の電力需給事情は最大可能出力百三十一万キロワット、最大需要百六万キロワットで、二十五万キロワットの予備電力をもつことになり韓国の電力事情は非常に明るくなった。

# 外国人の入国 一五万三〇〇〇人

昨年一年間に正式の旅券手続きをふんだ金浦空港を出入国した人は全部で二三万八五六人で、そのうち外国人は一五万三二〇七人で六〇%を占めた。韓国法務部は、外国人入国者は毎年増加一路にあり、六四年度の一万八〇〇〇人に比べると約四倍を越すといっている。

またことしの一月から四月までの四カ月間に出入国した旅客数は七万五三三二人であり、入国者は三万八七七九人、そのうち外国人は二万八五四六人だった。一昨年の同じ期間の入国者三万二三三六人より六四一四人がふえたことになるが、これは外国人入国者が昨年より六四〇九人多いからだ。

ことしの四カ月間に出入国した外国人を国籍別にみると、アメリカが二万一五七四人でトップを占め、次に日本が一万三一一九人、英国が一二五三人、自由中国が一五七四人の順になっている。

# 韓国外務部 〝入管法 改悪に重大関心
## ——在日韓国人に影響大——

（ソウル二十六日発＝韓国）外務部はここ両日のうち駐韓日本大使館の当局者を招きいま日本国内で反対運動が盛り上っている〝出入国管理法案〟について日本政府の真意を打診し、在日同胞と関連した部分について政府としての立場を明らかにすることを予定していると語った。

一消息筋によると「この問題が原則的に日本の国内法制定に関するもので政府としては介入する性格のものではないが多くの同胞の生活に重大な影響を及ぼす問題であるがために関心を表明しないわけにはいかない」と語った。

尚、現在日本政府が推進している入管法は①行政調査制度②追放範囲の拡大③出入国官吏の自由裁量拡大④特別在留許可を法務大臣の権限で限定する問題などがあって在日同胞の永住権取得によくない影響を与えるものがあることがわかった。

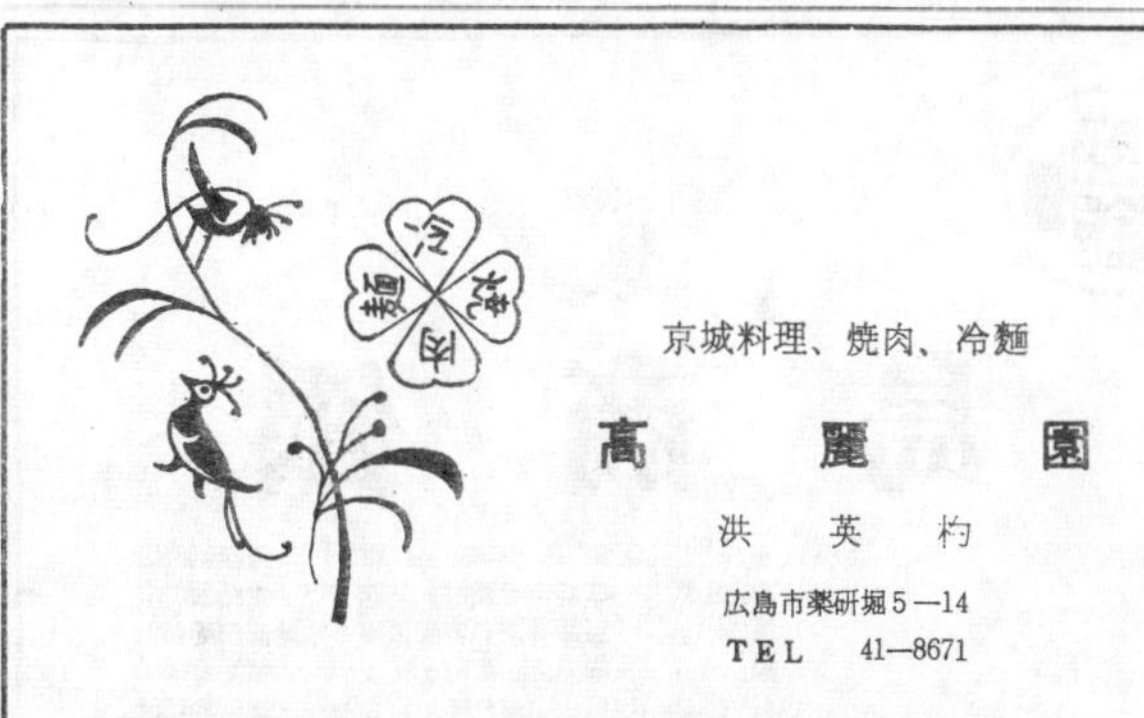


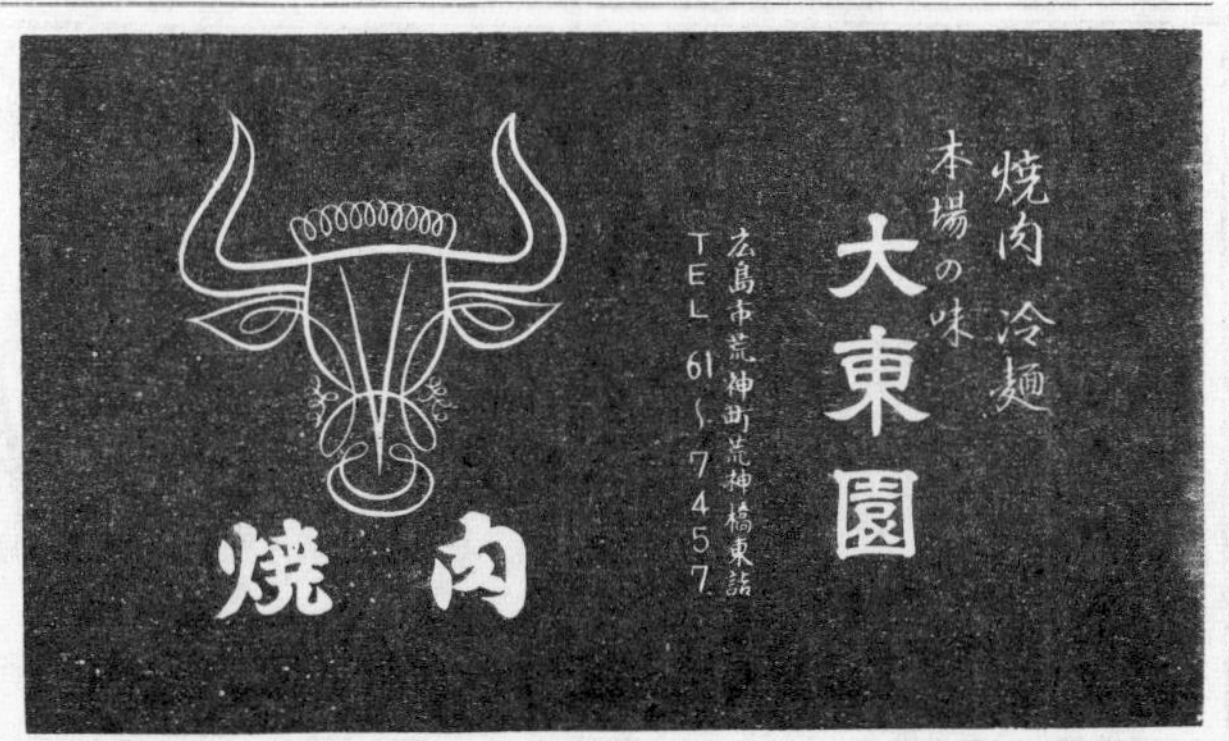

# 8・15は盛大に

## 支部分団団長会議で決定

民団広島地方本部は第一回支部、分団長会議を六月二十二日広島韓僑文化教育センターにて開き①出入国管理法案反対②万博に本国家族、知友人の招請③8・15集会を盛大に、などを決定した。

この日の会議は去る五月二十四日定期大会で改選された新執行部がはじめて招集した支部、分団長会議であるばかりか、目下最大関心事の"入管法"の取り扱いについての議論がふっとうし、強力な反対運動を展開すべきだの結論をみた。同会議は"入管法"反対の抗議電報を広島県選出の衆、参全議員に打ち広島民団の意志を強力に表明した。

万博本国家族招請に関する件は全国から約五千人を招請する一環の事業のなかで広島県は二百人を上まわる招請者があるものとみられ、直ちに招請事務に着手することになった。

同手続事務は来る九月末日で締切られ、本国に設けられる民団本国連絡事務所が旅券事務を代行する。

万博招請事業のなかに特に注意されるのは朝総連関係の対策で民団員の名を借り、左翼分子からの呼びよせを未然に防止摘発するため、各支部ごとに招請の希望者を審査委員会が厳しくチエックすることになった。また招請範囲と人員については、特に制限はなく広範囲に招請できる。

8・15光復節記念行事については、ここ数年の民団沈滞ムードを一掃するためにも盛大な行事にすべく、本部提案の支部、分団別の動員計画が承認された。

行事のハイライト、芸能大会は本国から招く民族舞踊と歌を予定しておりその盛況さが期待されている。

また8・15記念集会を法的地位要求貫徹のためにも大いに意義あらしめるべきだとの提案があり、あわせて要求貫徹大会を行うことにした。

この他会議で決定された主な内容は次の通り

㈠下関領事館建設基金の早期完納㈡韓国語講習所の増設㈢団費引上げによる上納金引上げ（現行の50%アップを基準）㈣経済委員会構成その他

去年の夏季学校も多勢が参加した

# 本国で楽しい夏休み

## 広島から24名参加

今年も民団恒例事業の一つである本国における夏季学校が七月二十六日より開催される事になった。日本に居住し日本で教育を受けている在日同胞の子弟達を対象にして、全国五百名を越える参加者に母国の文化、歴史、国語等を学ばせることによって民族の主体性の確立を図ることを目的とするものである。毎年応募者の数は増加する一方で、県本部においても今年は二十七人もの応募者があったが、書類審査を通じて、結局二十四名が第五回夏季学校入校者に決まった。

一行は七月二十五日広島を発ち、九州各県の参加者と合流して小倉にて一泊する、その間領事館関係者の指示や説明を受け、関税手続等を済ませて、翌二十六日午前十時に、本国に向けアリラン号で出発することになっている。

ソウルにおいては、男子はソウル大学、女子は梨花大学でそれぞれ三週間の集団生活に入る。三週間の学習期間が過ぎると一応解散することになっているが、その後は各々の郷里に行って親類縁者達と共に楽しい母国の生活を過ごすことになろう。

かって一度も自分の母国に行ったことのない人にとっては勿論そうでない人にも、今回の夏季学校はきっと思い出深いものとして残るにちがいないだろう。民団としても参加者が有意義な母国での生活を過ごして元気に帰ってくる事を願うものである。

次に参加者の名単を掲げる。

| 氏名 | 学校 |
|---|---|
| 李順子 | 海田高校一 |
| 金仁洙 | 広大大学院 |
| 朴鍵子 | 増川二 |
| 金英子 | 県立賀茂三 |
| 車春玉 | 山陽女子短大二 |
| 朴宗達 | 広島工高二 |
| 高玉音 | 庄原格致二 |
| 朴景姫 | 観音三 |
| 李栄仙 | 鈴ケ峯三 |
| 朴石鎬 | 鈴ケ峯二 |
| ハイ鳳桓 | 府中高一 |
| 鄭守達 | 広島女学院 |
| 宋岐美子 | 増川三 |
| 河三枝子 | 広島電気三 |
| 朴秀連 | 呉宮原三 |
| 全朝子 | 比治山女子短大 |
| 全和子 | 比治山高校二 |
| 金昔子 | 増川三 |
| 宋武彦 | 盈進三 |
| 鄭美佐子 | 鈴ケ峯高校二 |
| 朴京鎬 | 広島韓国学園 |
| 李明子 | 広島韓国学園 |
| 朴秀根 | 広島韓国学園 |
| 鄭炷棡 | 清水丘学園 |

# 八月から旅券を更新

## 偽造防止のため

韓国外務部は偽造旅券の防止の為、来る八月一日から新しい形式の旅券を発給する。

このような更新方針によってすでに発給された旅券はその期間（有効期間）が満了するまで新しく発行する旅券とともに使用することにしたが、外務部はこの新旅券発給の為に今国会に保留中の今年度第一回追更予算案に六百万ウオンを計上している。

李範錫外務部儀典室長はこのほど「新形式の旅券発給は経済発展とともに急増してきた海外旅行者を考慮して、現在世界的に通用している欧米諸国と同じ形式にする」と明らかにした。

六四年から更新使用されている現行旅券は住所、目的地など筆写しているが、これは他の国ではみられない事である。

韓国造幣公社で製作される新旅券は、①いままでの縦綴りを横綴りにし②写真を旅券印刷とともに複写するようにし③共通記載事項は外務部で特殊タイプで、記録、個人記録とサインは旅券所持者が自筆で書く様にし④旅券それぞれに貨幣の様に一連の番号をパンチして偽造できないようにする。

# 広島からも参加

## 要求貫徹ハンスト

出入国管理法案の国会審議と同法の"改悪反対"を叫ぶ在日外国人居留民の"反対闘争"が連日、全国的に繰り広げられているが集会、デモだけでは生ぬるいと、在日韓国居留民団は同法案決死反対闘争団を組織、青年層三十余名は二十七日午前十一時から東京・スキヤバシ公園で天幕を張り改悪反対の要求が貫徹されるまでの"無期限"ハン・ストに突入した。断食闘争団は韓青、韓学同の盟員を主力に、これに民団の一線幹部が参加し強力なメンバーで構成されており、同闘争団の団長は民団東京本部羅鍾郷副団長である。

**広島からは郭君参加**

韓青広島県本部の総務部長郭秀鎬君は在広韓国人を代表してハンストに参加のため民団韓青の幹部に激励されて二十七日上京、直ちに断食闘争に突入した。出発に先立ち郭君は「要求貫徹まで最後まで闘う」との決意を語った。

## 慶祝欄

六月十七日
鄭[illegible]出氏長男　鄭文吉（慶北）
宋寿岩氏三女　宋三子（慶南）

六月三十日
ハイ聖万氏五男　ハイ慶吉（慶南）
禹光順氏三女　禹君子（慶南）

七月三日
李東烱氏弟　李東一（慶北）
李正義氏妹　李愛子（慶南）

# 6.25 国際勝共デー

## 写真展示会盛況

反共団体として知られている国際勝共連合（事務局長＝福井勇夫さん）は六月二五日市内袋町見真講堂にて韓国動乱を主にした"共産主義武力侵略を暴露する記念写真展示会"を開き多くの成果をあげた。

展示会場にはおりからの雨にもかかわらず若い人々がいっぱいで共産主義の実体を知らないこれら人々に、説明する熱っぽい声が和していた。

同連合は6・25国際勝共デー運動の一環として六月はじめから市内紙屋町、八丁堀の雑踏のなかで共産主義と対決することが未来の世界を建設することであり、今こそ勝共のため団結すべきだと連日よびかけ道いく一般の人々を説得しその反響も大きいようである。

# 万博参観団招請についての案内

民団では来年三月十五日から九月十五日まで大阪において開催される万国博に本国に居住する家族、友人、縁故者の招請事業を現在行っています。

募集期間は今年九月三十日までで、招請人員数は全国で五千名です。招請者は民団団員で、永住権及び一般永住権申請を済ませた者を原則とし、招請対象者は、招請者が身元を保証した者に限ります。なお、被招請者中、兵役未了者及び兵役適令に達していない者、本国に縁故家族の全くいない者の申請は受け付けません。

滞在期間は六十日間で、手続費用は釜山―福岡間の往復航空料金を含めて五万五千百円です。

申請者が準備しなければならない書類は

A、外国人登録済証明書　二通（うち一通は目的は「招請」で提出先は「駐下関韓国領事館」です。もう一通は目的は「日本入国査証」で、提出先は「日本法務省」です。）

B、納税済証明書　一通（所得税、住民税）

C、預金残高証明書　一通

D、招請者の職業証明書　一通

参観団は、航空便で、来年三月十五日より日本入国許可順に、万博期間中全員の輸送を完了します。

被招請者中、身元調査の結果、欠格の理由で日本入国が不許可になった者、及び、本人の都合で入国不能になった者又、申請後招請者及び被招請者の事情で招請を取り消された者に対しては、前記手続費用合計五万五千百円のうちより、往復航空料一万六千六百円のみを還付しますから注意して下さい。

尚、くわしくは県本部又は各支部へお問いあわせ下さい。

# 創刊のことば
## 待ち遠しい新聞に

広島韓国新聞社長　崔成源

広島には広島の良さがあり、事情がある。現在一万四千人の韓国人が県内各地で根をおろし生活にいそしんでおられるが、これが、オーバな表現をかりると山間僻村、津々浦々に散在している実情だ。

わたしは七、八年前、民団の活動家として働らいていた頃にも痛切に思ったことを、きょうこんにち、ようやく実現しようとしている。

民団には支部、分団の下部組織が県内くまなくあるが、これを一つの体系の中にひきつれていくことのむつかしさをいやというほど知っている。広島から比婆郡東城町にある比婆支部を訪ねるのにはとてもじゃないけど骨がおれる。でもわたしは行くときには行かねばならぬ。今でもわたしはおぼえているが、七、八年前の頃、県内の各地を巡廻し、韓国の映画フイルムをまわしながら、本国の建設相を語り、新聞、雑誌をひろげて読ろあったときあの輝やいた顔やひとみを。そのとき感じた必要性が、こうして数年を経たこんにち形になって現われるのだ。

韓国人社会の特殊性、広島の特殊性、それをお互いがもっと知りあわなくてはならぬ。そこでめざめ、奮起し、発展せねばならぬ。

この新聞は可愛い型をしたわれわれの使者であり、友であり、また師でありたい。本国のこと、日本国内でのこと、広島県内でのこと、欲ばってなんでもお知らせできる新聞にしたい。

日本のみなさんにも韓国をより一層理解していただくために近き隣人のできごとを伝えたい。

これが広島韓国新聞を発刊するゆえんです。

今後のご愛読を心から願います。

# 若い世代の苦言
## —広島韓青の活動から—

韓青では毎週、木曜日に一般講習会、土曜日には国語講習会を開いて、多数の盟員参加の下で、活発な学習活動が行なわれている。一般講習会は七月三日で十八回目を迎えるが、今までの出入国管理法案についての学習に一応のしめくくりをし、今回は特に、在日韓国青年の在り方について討論をした。以下に韓青活動への招待にあわせて、討論内容の主題を紹介する。——

△自分の今までの二十年間の成長を通じて、日本人の差別や圧迫などには耐えられるようになったが、ただ、本国の精神的支援が足らないように思う。だから、もっと在日同胞が団結して現状の打開を図る必要があるが、それにしても、本国政府や国民の支援が欲しい。▽

△はっきり言って、一体、日本人はどれくらい私達をいじめれば気がすむのか？韓国人（朝鮮人）は世界に於いて一番きらわれているのではないだろうか。▽

△私達自身、過去の事をあまりにも思い過ぎているのではないか。過去の事を正しく認識し、現在のあり方を考えるべきではなかろうか。▽

△日本人から馬鹿にされているのは、それなりの理由があるから我々自身が反省すべきだ。▽

△一体、朝鮮人という言葉からどんなイメージが湧くだろうか……不潔、卑屈、だらしない……。

そうしたイメージに我々自身が嫌っている現状では当然民族意識に見覚めるのがおそくなる。加えて日本人の中でも戦前からの人には、そうしたイメージが根深く残っている。そうした古い考えは、我々の発展を看過す結果になる。我々がそうしたことに対して、どのようにすべきかが問題だと思う。▽

△潜在的な韓国人に対する日本人の差別感や軽蔑をなくする為には、我々自身が韓国人としての誇りを持つべきだ。その為には、自ずから堂々と本名を使うべきだし、国語の常用に努めるのが、今後の我々の正しい在り方だ。▽

△日本人達には、韓国人について表面上大人達の行動しか目に映らず青年層の行動が目にはいっていないように思う。▽

△日本人の全てが韓国人を軽蔑するのではない。良心的な日本人もいる。自分が韓国人であることをはっきり宣言することによって、日本人との親交を持つべきだ。▽

△一般に韓国人の子供達が卑屈になるのは、親達が子供達に韓国人としての自覚をさせていないのと、韓国人（朝鮮人）についての日本人の親の自分の子供に対する教え方にも問題がある。だから、私達がもっと日本人の中に入っていくことが必要だと思う。▽

△最近まで韓国人としての自覚がなかったので、自分自身に偏見をもっていた。かえって日本人に教えてもらって韓国人として生きていくことに決めて、韓国語を学びたい為に、韓青に参加した。▽

△今まで韓国人としての意識がなかったので帰化を真剣に考えていた。日本人の韓国人に対する考え方をよく知らなかった。しかし、民団、韓青のあり方には疑問を感じるし、大体、ついていけない。▽

△同胞社会に入っても、生活のゆとりがないので韓国人としての意識が少なかったが、韓青の真剣な活動に感動して韓青活動が在日韓国人の新しい歴史と新しい社会の源動力になるという本当の意味での民族意識に見覚めた。いつ、どこでも本名を使うことによって韓国人だという姿を日本の社会に見せるという積極的な態度を持つべきだ。▽

野外でみんなで楽しく語り合うこともある

# 婦人会、新役員決まる

六月二十九日、民団県本部において婦人会中央本部金信三会長を迎えての第八回定期大会が開かれ、次の様に役員の改選が行なわれた。

会長　金命今（慶南）
副会長　許福先（慶南）
副会長　柳璟秀（忠南）
総務部長　金玉南（慶南）
〃　鄭末順（慶南）
〃　金南出（慶南）
監査　金仁心（慶北）

# 「原爆の日」を前に
## 宋年順さんは語る

八月六日がまたやって来る、広島の人は勿論のこと韓国に居住する二万人の原爆被災者にとって生涯忘れることの出来ない日なのである、長い間忘れられていた在韓被爆者の悲惨な生活が報道され、被爆者の団体、韓国原爆被害者援護会の誕生をみるに至り、治療と補償を要求して立ち上った今では国や政府の腰をあげるまでになり、今年度は僅かではあるが、予算がかく得され救援に努力する姿勢を見せるに至った。

ここ広島市の太田川のほとりの民家、聖潔教団広島韓国人教会の一部屋に居住する原爆婆さんで有名な宋年順さん（59）は訪れた記者に当時を思い出して次のように語った。「私は一九二七年に故金仁石さんと結婚、十八才の花嫁として結婚生活を迎えた。

六人の母として幸福な日々を送る様になった。一家揃って故郷へ帰り平和な暮しが出来るはずであったのだ。然し、八月六日のあの原爆のさく烈で、私達一家の幸福は吹き飛んでしまったのである。五人の子供は無残にも爆死し私と長男の金義天は、生きた屍の如く原爆症患者として世間の冷い目をさけて暮す身となった。

私は幾度か死を選んだが、目的を達することが出来ず、神への信仰に身を捧げたのである、あの頃神様の恵みを受けなかったら、私は気狂いか、自殺の道を選んでいたでしょう。私は今も尚全身がケロイドで引きつって人前に出るのが辛いけど、私は死ぬまで広島の人は勿論のこと韓国で苦しんでいる原爆被災者の人達と共に戦争のない世界平和と救援活動に一生を捧げたい。」と二十四年前に憶をはせる宋さんの老顔には一すじの涙が光っていた。今年も又、来る八月六日には広島平和公園の慰霊碑にたたずむ原爆婆さんの姿を見るであろう。

後列左から三番目が宋さん

# 支部分団めぐり ①

## 안녕하십니까
アンニョンハシムニカ

——東部分団——

名は分団とはいえ実は大きい支部以上の団員をかかえ県下で最も有機的な活動を展開していると自負するだけあってさすがにガッチリ固められた組織体と拝見した。本部の所在地区であり広島の玄関口をはじめ市内の東部全域を管かつしているだけに団務もまことに多忙である。一五〇戸を越える大世帯である。広範な区域を受けもち乍ら現執行部は、よく同胞の実情に合った活動をしている。何よりも区域に班制を確立し団務一切が各班長を通じて行われ洩れなく団員に行き届く事である。

この縦の線が有機的に動くことによって組織はその機能を発揮している事を感じた。そして本部とのいろいろな連絡関係が実にうまくいっているのである。本部所在地であるだけに時には本部業務の一部を担当させられる事もあるが分団内部の組織が固まっているだけにそれも可能だと云う。東部分団も決して始めからこううまくいっていたわけではない。十数年前の創団当初は僑胞の実態を把握する事すら大変だったという。創団から何年間は全くいばらの道であった。幾多の犠牲と当時の幹部達の昼夜をわかたぬ努力の結果今日に至ったのだと、現団長（朱龍出氏）はしみじみと述懐する。そして現在の活動はすべて三機関（議長＝金世基氏、監察委員長＝李鍋斗氏）の協議によって実行に移される云わば集団指導体制をとっているとの事である。

現三機関は連続八期の在任というのに実によくまとまり、意見の相違も左程ないとの事であるが、それはやはり幹部が組織を充分に認識し大同団結の姿勢を堅持しているからだと思った。そこで当面の分団の重点目標についてはやはり入管法の改悪反対運動だと三機関長は口を揃えていう。僑胞の基本的人権につながる重大案件だけに至極当り前の事ではあるが記者は身の引きしまる思いをした。

そして今年、後半期の問題としては永住権許可申請と国民登録の更新を挙げ目下一〇〇％達成を目ざして活躍中だとの事であった。来年の万博招請は、との問いには申込を受け乍ら目下資格審査委員会を準備中だとの事であった。記者は話している中に分団活動が本部に劣らぬ多忙さと現実に直面したものである事を今更乍ら痛感し分団活動は動く事だとしみじみ思ったのである。そしてこの分団も決して前向の問題ばかりでなくやはり悩もある事を知った、それは現在の指導部はいわば既成世代である。何時迄も今の体制でいけるとは思ってはいない。早く次の世代にバトンタッチしたいのだがなかなか育たないとの事である。そして如何にして若い世代を育てるか目下衆知をしぼっているとの事であった。最後に分団の次の目標はと聞いて見ると大きい夢が出てきた。分団会館の建設であるとの事である。記者はこの分団にはこの夢が実現出来るであろう事を確信しつつ一日も早く建設される事を祈り乍ら事務所を辞した。

**綱　　領**　在日本大韓民国居留民団

1. われわれは大韓民国の国是を遵守する。
1. われわれは在留同胞の権益擁護を期する。
1. われわれは在留同胞の民生安定を期する。
1. われわれは在留同胞の文化向上を期する。
1. われわれは世界平和と国際親善を期する。

広島 韓 国 新 聞 社
発行人　崔　成　源
編集人　徐　聖　銖
広島市東蟹屋7番9号韓国会館
電話(61)6171～3
定価 1ヶ月100円

きょう24たびめぐりきた光復節。一九四五年八月十五日この日の喜びをもう一度想い起してみたい。あの日は飢えと、戦争と、祖国のない悲しみでいっぱいだったのに突然に解放、独立の鐘は打ちならされ、生きてよかったの喜びに変った。解放、独立万歳の声はたちまちにして韓半島の全国津々浦々に響きわたり、遠く海外在住の同胞たちにもこだました。日本では独立の先駆者達が続々と全国の拘置所から鉄鎖を解かれ、大極旗の旗の波に迎えられた。その中には民団初代団長朴烈氏もいた。広島はその十日前の原爆で打ちひしがれ、数万の同胞がいた。その死の広島の中でも、解放独立を喜びあう同胞の姿がみられた。あれから二十四年―。この日を迎えたわれわれは、真の光復、南北統一の聖業をかちとるために祈らねばならない。あれから二十四年、北韓の鉄鎖に泣く同胞は今も解放前と同じではないか。北韓の同胞に自由と平和がくる日はいつだろうか。光復節を迎えるたびに断腸の思いでそれを考える。

# 第24回 きょう光復節

## 市公会堂で三千人集会

今から二十四年前の八月十五日、韓民族の念願であった祖国の独立は、敗戦による日本帝国主義の崩壊と共に実現した。

長く日本の苛酷な植民地支配の呻吟に喘いでいた三千万同胞は、この日を契機に民族の自由を得、輝ける未来の祖国建設へと意気込んだのである。

あれから二十四年、私達は今一度、解放当日の感激を想い起こそう。執拗な搾取、苛酷な強圧、容赦なき虐殺のかずかず。そして、極度の貧困、不安と恐怖、いわれなき差別、そうした生活から解放されたとき、私達の感激はいかほどであったか——!!

きょう第二十四回光復節を迎えるにあたって、私達はあの感激をもう一度呼び起こすと同時に、光復節のもつ意義の重大性を考えなければならない。

八月十五日は私達韓国人にとって忘れることのできない光復節である。またこの日を解放の日とも呼ぶ。一九四八年のこの日には大韓民国政府が樹立し、重ねてこの日は政府樹立記念日ともなった。

この二重の記念日を私達は光復節と定めた。光輝ある文化、栄光ありし民族歴史を回復したという実感からそう名付けたのである。

光復という文字には私達が持つ重厚で久遠の響きがある。歴史の光栄を引きつぐ使命感があふれている。

この光復節を基点にして私達は新たな歴史を創造しなければならない。

国土分断という新たな悲劇、私達の置れている立場、それをとりまく諸々の問題、そうしたことを考えて、輝く未来を建設しなければならない。

24年前の今日、人々は解放の喜びに浸った

# 光復節第24週年記念辞

民団中央団長　李　禧　元

親愛なる在日同胞の皆さん!!

本日第二十四回の八・一五光復節を迎えるにあたり先ず韓民族の解放と光復の為に殉じた愛国烈士達の冥福を祈りその高貴な精神を受継ぎ祖国の四千万同胞と在日六十万同胞の皆さんといっしょに衷心より慶祝すると同時に今後我が民族の幸福をかちとる為に皆さんと共に努力する事を誓う次第であります。二十四年前の今日を回顧する時祖国なき民が徴用徴兵の動員を受け労役に苦しむ苛酷な時に連合軍と殉国烈士達の独立運動の結果日本に敗戦をもたらし希望と感激と歓喜の内に異国日本において解放を迎えたのでありました。

皆さんもご承知のように解放後私達の境遇は必ずしも私達の願いの如く順調なものではありませんでした。然し我が国民は団結の下に国連決議とその監視下において総選挙が実施され祖国大韓民国政府を樹立し世界列国中の一独立国家を建設したのであります、私達在日同胞は民団創立以来戦後の国際情勢の変動にもかかわらず自由民主々義を打破ろうとする勢力即朝総連との流血反共闘争を進め乍ら在日同胞の生命財産を守り近年においては韓日国交正常化の促進に努力を傾注したのであります。

今日我が祖国は朴正熙大統領の領導の下に共産北傀の南侵を撃退し代近工業の発展による経済建設に目ざましい躍進をとげ輸出の増大をもたらし最近は世界史上稀に見る経済成長率を誇る近代工業国家に成長しております。

親愛なる同胞の皆さん

韓日協定に依り私達は永住権を与えられる事になっていますが現在迄の処永住許可者は十二万名余に過ぎない状態であります。

この法的地位問題を解決する為民団中央三機関長は五月二十一日から本国を礼訪し大統領閣下をはじめ政府要路に外交ルートを通じてこの問題を解決してくれるよう要請しその了解を得たのであります皆さん今日本政府は出入国管理法案なるものを国会に上程し在日外国人に法による規制を強化し強制送還を容易にしようと図っております。そして今全国的な規模における反対運動が展開されています。私達はあくまでも韓日両国間協定の基本精神に立脚し両国間の歴史的関係を考慮し我々が希望する限りにおいて日本国で安心して生活が出来るよう同法の改正闘争に参加しようではありませんか。最後に我々は鋼鉄の団結を堅持し朝総連の破壊と陰謀を粉砕し彼らを大韓民国の懐いふところに引入れ本国の「戦い乍ら建設しよう」のスローガンに歩調を合せ民団の団結の為に益々と戦おうではありませんか。

在日同胞の健闘と多幸を祈り記念の辞と致します。

# 慶祝使節団出発

## ——広島から22人——

朴大統領を迎えソウルで開かれる八・一五光復節慶祝式典に出席するため全国民団から派遣される使節団一行は十三日、本国へ向け出発した。

今回の使節団は本国の躍進する工業施設、国土建設相の視察及び政府要人との懇談が予定されているのでその意義が大きく、在日僑胞の希望が充分本国政府に伝達されるものと思われる。

広島地方本部からは尹栄蘇氏（安芸支部監委長）以下22人が出席するため十三日大韓航空で板付空港から本国へ向け出発した。

## 朱龍出氏に組織功労賞

県本部副議長の朱龍出氏は、今度ソウルにおいて韓国外務部長官から組織功労者としての表彰を受けるため、十三日、本国に向け出発した。

同氏は一九四七年八月に民団に入団、一九六二年から現在まで東部分団の分団長に任にあり、その間、商工会理事、実業韓友会々長、広島商銀理事、広島日韓親善協会々員、民団広島経済委員会委員など、広島民団の成長発展に尽した功積は大きい。今度の受賞は広島民団員全体の誇りともいうべきもので、朱氏の今後の活躍が大いに期待される。

# 徹底した大衆動員

## 各支部、分団はりきる

民団広島県地方本部主催の八・一五光復節慶祝大会は、婦人会、韓青、商工会の後援で、きょう午前十時から広島市公会堂で開催される。

大会には県下11支部14分団から約三千人の同胞が、バス、自動車などで集まるもよう。

慶祝大会は三部にわかれ、第一部は記念式典で約三千人の参加者によって祖国の独立のため闘った先烈に黙祷が捧げられる他、崔団長の記念辞、記念講演、決議文採択などがある。

また同大会では、目下関心をあつめている法的地位確保のためにも力強い姿勢が打ちだされる。

第二部の幕開きは韓青、婦人会の大合唱ではじまり慶祝大会のムードを盛上げ、次いで本国一流芸能人総出演の懐しい歌と踊りが舞台いっぱいにくりひろげられる。

大会最後の第三部は、本国映画総天然色、李朝五〇〇年をいろどる大ロマン＜成春香＞が上映されて閉会となる。

## こだま

外務部の僑民課が僑民庁に昇格の予定。役所の昇格もよいが、政府の対僑民意識の政策の昂揚が先き。僑民とは移民か？棄民？

× ×

守るも攻めるも黒がねのは軍艦マーチの一節。制るも改えるも自由では憲法の重み半減。制定者に守護の義務有り、改憲論議に想う。

× ×

入管法反対闘争最中権逸氏妄言問題起る。"出る釘は打たれる"は古今東西の常。出ない釘も打つ人もある。敵は本能寺ならずや？

× ×

朴大統領が改憲と国民投票を提案、否決されれば退陣すると言明。これで国民もスッキリ、大統領の胸中もスッキリする、男一匹度胸だ。

× ×

勝負は時の運というが、すべては実績が運に勝さるものだ。国民が望むなら三選はおろか四選また結構。

× ×

野党は国民に信任を問う憲法規定なしと言う。改憲国会の後に国民投票と言い、国会で否決されても退陣するとも言う。分らん。

× ×

アポロ着水成功で正にパーフェクトゲーム。すべてが秒単位では狂いようもないワ。我がコリヤンタイムは時間単位、せめて分単位に。

× ×

最近の日本国会は万事強行国会。無理をすれば道理がひっこむというが、無理も通れば道理となるから世の中は不思議。多数決の原理。

# ゆれ動く改憲問題

## 国民投票で信任問う
### 不信任されれば退陣

朴大統領は去る七月二十五日午前十時テレビとラジオを通じ「野党が私を独裁者ときめつけているので憲法改正問題を通じ国民投票で国民の言を問いたい。否決されれば直ちに退陣する」との重大提案を行った。信任投票に敗れれば明後年の任期を待たず退陣することを明らかにしたものである。朴大統領は大統領には改憲発議の権限もなく論ずる立場にもないと前置きし「改憲を望んでいないことを再三表明したのに野党は国民を扇動し政局を混乱させようとし人身攻撃をかけている。つまり①大統領は独裁者で②その経済政策は破綻し③不正腐敗は極に達し民心は完全に離反していると主張する。そこでありもしない人身攻撃と反政府扇動に対し改憲投票を通じ私と政府の信任を国民に問いたい」と次のような提案を行った。

①改憲問題を通じ、私と政府に対する信任を問う②改憲案が国民投票で通過した場合、それは私と政府に対する国民の信任とみなす③改憲案が国民投票で否決される場合には、私と政府は野党が主張しているように国民から不信任を受けているものとみなし、私と政府はただちに退く④与党は早急に改憲案を発議してくれるよう望む⑤野党は合法的に改憲反対運動を展開しこれまで政府を攻撃してきたすべての事実が民意に根拠をおいてきたことを国民投票の結果で立証できるよう努力すべきである⑥改憲に対する賛否は必ず合法的な方法で解決されるべきであり、暴力と不法は排除されるべきである⑦政府は中立を守り公正な国民投票の管理をするであろう。

朴大統領の提案をうけた共和党は一日の議員総会で九日の国会で憲法改正案の発議を行ない九月十三日までに国会を通過させ、十月七日に国民投票を行う日程を決定した。新民党は朴提案を「早期改憲の意思表示」と受取り、これまでの「不正選挙」の例からして国民投票が公正に行われるかどうか期待できないとしている。

このように、本国ではいま朴大統領三選のための憲法改正問題をめぐって政局が大ゆれにゆれ動いているが本国の国民が改憲問題を重視するのは、十二年におよんだ李承晩時代の経験から、朴大統領の三選が、突破口になって、現政権がいよいよ長期化し、それが結局は独裁体制を固めることを恐れ現憲法下の民主的な政権交代によって、韓国の土壌に民主主義を定着させたい、と考えているからである。

しかし、もちろん、朴大統領も去る七月七日の所信表明では「改憲に反対か賛成かは、すべて国民各自の自由意思によるもので、その表示方法は平和的、合法的であるべきだ」との考えを示しており、強硬に押切る態度ではないことを一応明らかにしている。

ところで本国の憲法改正は手続上まず国会、議員三分の一以上、または有権者五十万人以上の発議で国会に提出され、のち提案された改憲案は大統領が三十日以上の期間公告をし国会は公告の日より六十日以内に議決しなければならないことになっている。また国会での改憲案の議決は在籍議員の三分の二以上の賛成を必要とし国会で議決された改憲案は更に議決の日より六十日以内に国民投票に附される事になっている。国民投票は有権者の過半数以上の投票を要し、投票者の過半数の賛成を得て改正憲法は成立。大統領は即時これを公布しなければならない。この各段階を通じて、大統領の三選問題が争点になるわけで現在の国会議員の交渉団体別勢力を見ると共和一〇九、新民四六、政友十四、無所属六となっており改憲案の国会通過の為には党外から八名以上の同調者を獲得しなければならないのに、与党内だけをみても、主流派と金鍾泌氏を中心とする反主流派の対立がうわさされている。

また、本国の学生運動は、最近では〝繰上げ夏休み〟の実施で下火になったものの、長い伝統をもち、強力な政治勢力となる可能性もあって、これを無視することは許されない。

結局のところ、この改憲問題は韓国の国民が「一面国防、一面建設」のスローガンをかかげる朴大統領の強力な指導性を、今後も必要とみるかどうかということであり、これが最終的にはすべてを決する。

しかしこの必要性を政治操作によって無理に作り出そうとすればかえって政治的混乱を増し、逆に北韓からの攻勢を激化させる結果にもなりかねないのである。

## 防衛条約の改正推進
### 朴大統領の訪米を契機に

朴大統領とニクソン米大統領は来る八月二十二、三の両日（現地時間二十一、二日）米カルフォルニア州サンクラメンテのニクソン大統領別邸で首脳会談を開き、両国の共同関心事を広く協議する。同会談はニクソン大統領就任後初めて行われる点で注目され、韓国の防衛力強化のための米国援助増加、ベトナム戦処理、東南ア安保体制強化問題等が重点的に論議されよう。朴大統領は八月二十日ソウルを出発、三泊四日の日程を組んでおり、金経企院、崔外務、任国務長官ら関係閣僚と李秘書室長らが随行するもようである。

朴大統領の訪米はニクソン大統領の東南　およびルーマニア訪問直後である点でも注目され、ニクソン政府のベトナム政策やアジア政策全般に重大な影響をあたえることになろう六月初めミッドウエイでの米越首脳会談以来朴大統領訪米が話題にのぼり、これで自由アジアにおける反共指導者として朴大統領の地位は確固なものなり、ニクソン大統領は、東南ア訪問でえた基礎資料をもって朴大統領とアジア政策を決定することになろう。また、来る十一月佐藤日本首相と会見する前に朴大統領を招いたことは、①アジア指導者としての朴大統領の比重が明白に再認識されたこと、②安保条約および沖縄問題を中心とする米日協議に先立ち、朴大統領の見解に大きな期待をかけていることを意味し韓国の占める比重は日益しに増大している。さらに北韓の挑発に直面した韓国の安保が東南アばかりでなく、米国の利害に直結していることを米国が再認識しているだけに、朴大統領の訪米は一そう意義深いものがある。韓米国防当局はすでに「植木計画」という大規模の軍援計画を進めているが、ベトナム戦処理にあたっては韓国は米軍の一方的撤退にブレーキをかけマニラ参戦国首脳会談の精神を再認識させ参戦国の積極参加を求めよう。米国の韓国重視はまた国内の改憲論議で朴大統領の立場を一そう有利なものにすることは疑いない。政府は朴大統領の訪米を契機に韓・米相互防衛条約を改正する方針である。

現行韓米相互防衛条約では、両国どちらかが武力攻撃を受けたときは憲法の手続きに従って共通の危険に対処するとあり、被侵攻国支援のために軍事行動をとらねばならない時にでも通常の議会手続きを経なければならない。

そこで政府はこの規定が時代遅れであり、現在の反撃作戦では時間が決定的要因であることからも改定しなければならない、とみており、特に北韓の奇襲攻撃に効果的に対応するために韓米両国は通常の憲法手続きを経ずすぐ軍事行動に出られるようにすべきだと考えている。

更に政府筋に依ると共産側の挑発に対し直ちに反撃に出られるようにするための韓米両国による協議機関の恒久的設置をも同条約の改定に際し考慮しているという。

## 北韓の世界共産党大会不参加
### —いわゆる「自主路線」の実体—

国際共産主義運動を両分する、中共の根強い挑戦の中で、ソ連をはじめとする共産圏九カ国およびその他の全世界七十五個共産党・労働者党代表選は六月五日からモスクワで世界共産党会議の幕をあげた。しかし同会議には依然として中共とアルバニアをはじめ北韓、北ベトナム・ユーゴスラビア等が参加せず、物さびしい一面を見せている。

同会議はもともといわゆる「反帝闘争のための全革命勢力の団結」を目標として開幕されたが、共産圏間の実情は、中共に対する強い非難と、場合に依っては中共破門までも辞さずといった波瀾を十分にはらんでいた。また一部の党は同会議をボイコットすると伝えられ、北韓もその中に入るとみなされた。

北韓は一九六〇年モスクワ世界共産党会議に参加した以後は、何回かにわたって開かれた準備会議にずっと代表を派遣せず、世界党会議を忌避して来た。このような北韓の態度に対し、世界党会議の主催者ソ連は説得と懐柔をしつづけた。ソ連最高会議幹部会議長ポドゴールヌイが去る五月十四日北韓を訪問した狙いは、北韓を世界党会議に出席させるのにあった。それだけでなくソ連には北韓訪問を機とし北韓を自国側により密着させることに依り、中共孤立を深めようとするはらがあったのは言うまでもない。

ところが北韓を世界共産党会議に出席させようとしたソ連の企図は結局実を結ばなかった。実際のところソ連は太平洋進出のための前進基地として北韓をソ連側に引き入れようとする一貫した努力を傾けて来たがそれは一九六〇年四月、中共が本格的な対ソ非難をはじめ、中ソ反目が激化してからより加熱された。この時以来北韓は行方をはっきり決めないまま右往左往していた。しかし一九六五年二月ソ連首相コスイギンの北韓訪問を境にして北韓はソ連接近の色合いをだんだんはっきり見せて来た。北韓は一時、ソ連修正主義を批判し、中共側の立場に同調していた。

このように中・ソ間を行き来していた北韓は、中共離反とソ連傾斜政策を固めながら、この政策転換を合理化する口実として一九六六年八月にいわゆる「自主路線」というのを押し出した。北韓のいわゆる「自主路線」というのは、その見せかけとは違い、背信と反逆の産物として生じたものである。当時北韓は彼等なりの経済的生存権をかち得るためには、中共に密着するよりはソ連側についた方が有利だという見方にたって、そのような政策転換を一朝にして演出して見せたのである。

それから以後北韓は事実上、対ソ傾斜の色合いを濃くしながらも、分極化と乱脈をつづける共産圏の動向の中にあって、「自主路線」という見せかけの政策を維持していかねばならない破目になっている。

北韓がソ連の勧告に応じないで「自主路線」というのをかざしている、もう一つの理由は、ソ連側に密着することに依って、ソ連の平和共存の潮流を警戒するためであり、そのような傾向に依る金日成独裁体制の瓦解可能性を懸念しているからでもある。

北韓はすでに、六・二五韓国動乱を起こすことに依り韓半島の「赤化統一」をはかって失敗したが、休戦以後も武力増強と再侵戦争を準備しながら尖鋭化された侵略挑発をつづけていると同時に内部的には幾多の粛清をくり返しながらいわゆる「唯一思想」というのを掲げ、極端な偶像化工作に依り、金日成独裁一体制を強化している。このような動向からしても北韓は決してソ連の「対米平和共存」傾向を受け入れることはできないのであり、万一北韓が、ソ連の「対米共存路線」に共鳴する日には、それを最後として北韓のすべての政策と路線の基調は、その根底からくつがえされることになろう。

北韓は一貫して、韓国からの米軍撤収を主張し、武力に依り韓国を赤化統一しようとする野望をすてていない。昨年の一・二一北韓武装ゲリラのソーウル侵入と同年十一月の東海岸地域に対する武装ゲリラ侵入、昨年一月のプエブロ号拉致事件および今年四月のEC一二一米偵察機撃墜事件などがこれを裏付けている。極端な「対米敵対路線」を取っている北韓は、去る四月の米偵察機撃墜事件当時米機の乗務員救助と残骸収集に協力したソ連の態度を心よからずに思って反発しながら「対米共存路線」にたてついている。

以上のように北韓は、右往左往して来た末、中共離反の口実としていわゆる「自主路線」を主張し、分極化される共産世界でソ連の傾斜を深めながらも、独裁体制を維持するために、色よい「自主路線」というのをたてに取って、ソ連の勧告に応じていない。北韓自体の経済的沈滞を克服し、軍備を拡張するなどの諸欲求を満たすためには、今までのようにソ連の傀儡（かいらい）としてソ連の操縦を受けざるを得ないのが北韓の立場であり、したがって一時の方便として押し出していたいわゆる「自主路線」というのは、宿命的にその本色をあらわにし、色があせることははっきりしている。

## 72年ころ戦争挑発
### 丁総理が言明

丁一権国務総理はこのほど「韓国で選挙が行なわれるとき、蜂起せよ」との指令を受けたと自白した北韓スパイらの証言と、その他の情報から検討した結果「北韓は七一年から七二年の間、全面戦争を挑発する可能性が強い」と重大発言をした。

同総理は、また「北韓は百機以上の爆撃機と五百余機の戦闘機を保有しており、数年来攻撃用大型戦車と砲を生産し、補給面でもほとんど自立している。金日成がソ連のけんせいで全面戦争を挑発することはありえないという考えはあまりにも安易な考えだ」と語った。

## 七〇年予算 四千五百億線に
### 政府—与党、総合審査終える

政府与党は来る九月の定期国会に提出する七〇年度の予算案の審議日程を作成、八月五日まで共和党政策委での各分科別予備審査をして、政策委の総合審査を終えた後、党務会議をえて九月二日、国会に提出できるよう八月二十六日まで政府に移送することに合意した。

十六日、ニューコリア・ホテルで開かれた共和党の政策委員長団と総務団の連席会議は六千七百億ウオンを削減、来年度予算規模を今年度規模の百二十%である四千五百億ウオン線におさえるという原則を確認した。

共和党の政策委側は　①鉄道運賃の五十%引上げ計画　②税制の改革　③入学登録金の引上げ　④放送公社設立などは政治的に再検討するよう促求している。

### 韓国人の平均寿命六十二才に

韓国人の平均寿命は六十二才で男子が女子より二十万八千人多く八六年までに全国人口は四千九百万人にふえそうである。これは六六年人口センサスに基ずいて経済企画院が分析した「人口構造の特徴と長期動向」によるもので六六年十月一日現在の人口総数は二千九百十六万人、うち男子は一千四百六十八万四千人（五〇・四%）女子一千四百四十七万六千人（四九・六%）となっている。六〇年に比べ女子が二%ふえた代り男子がそれだけ減っている。

## —8・15より独立国家成立までの経緯と現代的意義—

日本帝国主義による三十六年間の植民地支配の間、日本帝国主義は、まず土地調査事業による土地の強奪からはじまって、創氏改名、産米増殖計画、内鮮一体化、皇民化運動など韓民族の民族心を根底から抜き去るためのありとあらゆる方策を駆使した。そして果ては警察権、外交権など国家主権を強奪するための欺瞞と策謀を公然と行なうようになった。

こうした日帝の侵略行為に始まり、韓民族を徹底的に愚弄し、弾圧に弾圧を加える日帝の蛮行は三十六年間にわたって韓民族を苦しめつづけた。しかし、その間にも幾多の抗日運動は展開された。特に全民族をあげての決起的運動であった一九一九年の三・一独立運動は有名である。私達はあの運動に、果敢な民族の抵抗精神をみることができる、今日の私達が継承しなければならない韓民族の精神を知ることができる。

一九四五年八月十五日、日本は第二次大戦に敗れ、連合国に無条件降伏した。

その日を契機に私達は夢にもみた祖国独立を勝ち得た。それは、日帝の韓国統治の終幕であり、長い言語に絶する暗黒の歴史からの解放の日でもあった。

韓国の独立は既に一九四三年十一月二十七日の「カイロ宣言」において「朝鮮の人民の奴隷状態に留意し、やがて朝鮮を自由かつ独立のものたらしめる」と明示されており、更には一九四五年七月二十六日の「ポッダム宣言」では再確認されていた。

そのように共同宣言によって祖国の独立が世界に公示されていたが、それが日本の無条件降伏によって現実に実現されたのである。

しかし、解放は言ってみれば連合軍によって与えられたものであったため、指導者は指導者で、また民衆は民衆で、急激にもたらされた変化に対して自分の進むべき行動の方向を定め得なかった。そして解放による民族内部の混乱が如実に現われる及んで、喜びと興奮で民族の進むべき方向をまともに捉えられなかった国民はなお一層混乱に陥った。ここから民族分裂の序曲が奏されていく。

それは具体的には米ソ両国によって日本軍の降伏処理のために、にわかに画定された「便宜線」である三十八度線で表わされた。そしてこれが民族の悲運を再びひき起こすことになる。

もともと韓国に対する米ソの共同占領案は一九四五年二月、ヤルタ秘密協定で採択され、一九四五年七月、ポッダム会談で連合軍司令部は三十八度線を二大国の境界線とすることに合意をみ、以後米ソ両国は三十八度線を境界にして各々の占領政策を遂行していったものである。こうして第二次大戦中は共同戦線に立つ協力者としての米ソ両国にとって対日戦遂行のために一時的なとりきめであったはずの三十八度線は、その本来の性格を変えて、単一民族を分断する結果となった。

そして同一民族が人為的な三十八度線を境にして対立することになったが、元来、重工業、電力地帯の北と、消費工業、穀倉地帯の南が分離していては双方とも自立は困難であった。そこで統一への念願は、まず政治攻勢となって南北双方から活発に展開された。北は「南北協商」「南北総選挙」「南北国会合同」とつぎつぎと呼びかけた。一方韓国は「北韓でも国連監視下の総選挙を実施して議員を国会へ送ること」を主張した。

一九四九年七月、北のソ連軍より一足遅れて、南の米軍が撤退した。そしてその後、六・二五動乱、四・一九学生革命五・一六軍事革命を経て現在に至るのである。

韓国人にとって一九四五年八月十五日までは日帝の鉄鎖で奴隷状態を強制されていたが、この日を契機に南は自由と独立への道がきりひらかれたのに対し、北では日帝以上の独裁と無慈悲な蛮行が二十四年後の今日まで続いている。北の金日成カイライ政権が打倒されない限り真の独立、統一、光復はあり得ない。それが韓国民の悲願である。

## 独立志士の遺稿
### 私のねがい
金　九

韓民族は日本帝国主義の残虐無道な侵略による「韓国合併」の為に祖国を奪われ、ついにその36年間にもわたる苛酷な植民統治を余儀なくされたが、その苦難の間にも数多くの愛国者による民族独立の為の闘いが間断なく決行されていた……

ここに紹介する金九先生も、わが民族のうちで最も徹底的かつ終始一貫して民族独立の為に献身的に闘われた愛国者の一人である。

先生の遺書として書かれた自伝「白凡逸志」の中、「私の願い」を読む時、先生の燃ゆるが如き祖国愛に接し、国土分断、民族分裂という今日的悲劇の中にある私達に資するところがあることと思う。

××　××　××

お前の願いは何か、と神様が私におたずねなされば、私にためらうことなく、

「私の願いは、大韓独立です」

と答えるだろう。その次の願いは何か、といわれれば、私はまた

「わが国の独立です」

というであろうし、またその次の願いは何か、という三つめの問いにも、私はより声を高くして

「私の願いは、わが国大韓の完全な自主独立です」

と答えるだろう。

同胞のみなさん！　私—金九の願いはこれ一つしかありません。私は過去七十年の歳月をこの願いのために生きてき、現在もこの願いのために生きており、未来にもこの願いを達せんがために生きてゆくことだろう。

独立のない国のたみ（民）として七十生涯を悲しみと嘆しみと断腸のおもいですごしてきた私にとってこの世で一番よいことは、完全に自主独立した国の民となってくらして死ぬことです。私はかってわが独立政府の門番になることを願ったが、それはわが国が独立国にさえなれば、私はその国で最もいやしい者になってもよいからであります。独立した自分の国での貧賤が、他民族の支配下に生きる富貴より楽しく、栄光に満ち、希望が多いのであります。昔、日本に行った朴堤上が、「われむしろ鶏林（朝鮮の別称）の犬、豚になることがあろうとも、倭王の臣下として富貴をおさめはしない」といったが、私はそれは彼の真情であったと思う。堤上は、倭王が高い官位と財物を与えるというのをしりぞけ、死を甘受したが、それは

「むしろ祖国の鬼神たる道を選ぼう」ということであった。

近来、わが同胞の中には、わが国をある大きな近隣の国の連邦に編入させることを願う者がいるというが、私はまさかと信じようとしないが、万一真実そのような者がいるとすれば、それは気のふれた狂気としかみなしようがない。

私は孔子、釈迦、イエスの道を学び、彼らを聖人として崇拝するが、彼らが一緒になって建てた天国、極楽があるとしても、それがわが民族が打ち建てた国でない以上、わが民族をその国にひきいては行かないであろう。何故そうかといえば、血と歴史を共にする民族というものは固有のものであってわが身が他人の身になれぬのと同様、この民族があの民族になれぬのは、あたかも兄弟でも一つの家で暮すのが難しいのと同じである。

二つ以上が合わさって一つになろうとすれば、一つは高く、一つは低く、一つは上にあって命令し一つは下にあって服従することが根本問題になるのである。

これに対し、一部いわゆる左翼の者たちは血統の祖国を否認し、いわゆる思想の祖国を言々して血族の同胞を無視し、いわゆる思想の同志とプロレタリアートの国際的階級を主張して、民族主義といえばあたかもすでに真理の圏外に落ちてしまった考えであるかのようにいっている。はなはだ愚かな考えである。哲学も変わり、政治、経済の学説も一時的である。民族の血統は永久的である。かつてどの民族も、内部であるいは宗教で、あるいは学説で、あるいは経済的政治的利害の衝突により、二派、三派に分かれて、血で争わなかった民族はないが、すぎてみればそれは風のように通り過ぎる一時的なものであって、結局は風の鎮った後の草木のように根と枝をたがいにからませ、一つの林をなして生きている。今日、いわゆる左右翼というのも、結局永遠の血統の海におこる一時的な風波にすぎないものであることを忘れてはならない。

このようにあらゆる思想はついえ、信仰も変わる。しかし血統的な民族だけは永遠に栄枯盛衰の共同運命のえにしに結ばれた一身として、この地の上に生きるのである。

世界の人類が、彼我の区別なく一家をなして生きることはよいことであり、人類の最高であり最後の希望であり、理想である。だがこれははるか遠い将来にかける望みであり、現実のことではない。四海同胞の大きく美しい目標に向かい、人類が向上し、前進する努力をすることはよいことである。当然なすべきことではあるが、これも現実を離れてはなし得ぬことであり、現実の真理は各民族がそれぞれ最善の国家を興し、最善の文化を生み育て、他の民族とたがいに交流し、たがいに助け合うことである。これが私の信じている民主主義であり、これが人類の現段階では最も確かな真理である。

それゆえ、わが民族としてなすべき最高の任務は、まず第一に、他国の専制も受けず、他国に依頼もしない、完全な自主独立の国を樹立することである。これなくしては、わが民族の生活を保障できぬばかりでなく、わが民族の精神力を自由に発揮して、輝かしい文化をたてられないからである。このように完全自主独立の国をたてた後には、第二に、この地球上の人類が真正な平和と福楽を享受できる思想を生み、それをまずわが国に実現することである。

私は今日の人類の文化が不完全であることを知っている。国ごとに内には政治上、経済上、社会上に不平等、不合理があり、対外的に国際的には国と国の、民族と民族の猜忌、軋轢、侵略、そしてその侵略に対する報復としての大小の戦争が断えることなく、多くの生命と財物を犠牲にしても何らよくはならず、人心の不安と道徳の堕落は、行くほどひどくなるばかりなので、これでは戦争が終ることはなく、人類は遂には滅亡してしまうであろう。それゆえ、人類世界には、新たな生活原理の発見と実践が必要になった。これこそ、わが民族が担当した天職と信ずる。

したがって、わが民族の独立とは、決してひとり三千里、三千万のことだけではなく、世界全体の運命に関することである。ゆえに、わが国の独立のために尽すことはすなわち人類のために尽すことなのである。

万一、わが国の今日の状況が惨めだからといって、自ら卑屈な気持を起して、われわれがつくる国がそのように偉大な仕事をなすことができるだろうかと疑うとすれば、それは自らを侮辱するものである。わが民族の過去の歴史が光輝がないのではなく、それはまだ序曲にすぎないものであった。われわれが主演俳優として世界歴史の舞台に登場するのは、今日以後である。三千万わが民族が、昔ギリシャ民族やローマ民族がなしたことをできないなどと考えられるだろうか。

私の願うわが民族の事業は、決して世界を武力で支配しようというものではない。ひたすら、愛の文化、平和の文化をもって、われわれ自らが良く暮し、人類全体が仲良く、楽しく生活できるようにする仕事をしようというにすぎない。かってどの民族もそのような仕事をしたことがないからといって、それを空想というなかれ、かって誰もした者がいないからこそ、われわれがしようというのである。この偉大な仕事が、天がわれわれのために残されたものであることを自覚する時に、わが民族ははじめて自分の道を見出し、自分の役割を知ることになるのである。私はわが国の青年男女が皆過去の小さく狭い考えを捨て、わが民族の偉大な使命に目を開き、心をみがき力を育成することを楽しみにするよう望む。若い人たちが皆この精神を持ち、この方向に力を注ぐならば、二十年もいかずにわが民族は目をみはるばかりになるであろうことを私は確信するものである。

## 化粧終った広島韓国会館
### 冷房機欲しい会議室とセンター

市内荒神鉄橋を府中の方向に抜ける途中、右側に太極旗を掲げた三階建の建物がみえる。そこが韓国会館で、一階が「教育文化センター」、二階が民団県本部事務所と韓青県本部事務所で、三階が会議室となっている。

この韓国会館が去る六月二十五日、全体的な化粧直しを終えた。韓国会館は定礎以来五年を経ているが、交通繁頻な場所に位置しているため自動車の排気ガスなどによって汚れも早い。殊に最近では雨漏りがひどく、大雨の日などには、職員一同バケツなどを持って室内を右往左往するありさま。また壁が汚れていて、民団を訪ずれる人に不快な印象を与えていた。

そこで、民団としては思い切って、韓国会館の化粧直しをすることにしたものである。

この化粧直しには十二万円程の経費がかかったが、今後、民団を訪ずれる人は、白い壁やペンキされた階段など新しくなった韓国会館をみることであろう。

ところで、民団事務所には冷房装置が施せられている。全国に民団多しと云えども冷房完備は、おそらく広島民団だけであろう。これは前団長の崔錫卿氏の英断によって設置されたもので、それまで蒸し風呂同然だった事務所もこれでようやく能率的な事務がとれる状態となったためである。

一方、会議室と文化センターは今だ冷房を備えつけていないが、多人数の集会などに利用されがちなため、扇風機では不充分。この際、会議室と文化センターにもクーラを備えつけては、という声が多い。

## 委員長に金大寒氏
### 安泰に向う台所
### 経済委員会発足

民団広島地方本部最大の案件であった経済委員会がこの程構成され、去る七月二日広島市内の料亭福緑寿で盛大な発会式が催された。

発会式には民団の財政、経済問題に関心をよせる各界有力事業家四十数人が集まり、広島民団の飛躍的発展のためには県下経済界の犠牲的援助が必要であるとの趣旨が説明され、万場一致で援助計画を承認した。

同委員会委員の中にはすすんで会費の増額を申し出る人もおり、民団運動に対する関心の高まりをみせる場合があるなどして会合はなごやかに進行された。同委員会は会費をまとめて民団の活動資金に充当し、民団の強力なバックボーンになるもので、会費は各自月額一万円から五万円までとし画期的な事業として賞讃されている。

同委員会は役員に委員長、金大寒氏（広島商銀副理事）副委員長は李昌漢氏（三原昌栄商事社長）同鄭重出氏（横川BM会館社長）をそれぞれ選出し、年間七百万円を目標に活動することを申し合せた。なお、委員長に就任した金大寒氏は「民団運動は執行部だけがするものでなく、すべての人々が活動に参加するものだ」と次のように述べた。

金大寒委員長談

数年前から広島民団の弱点財政難の打開策を考える人は多かったがようやくにして具体化してうれしい。意外にも熱意ある人々の多いのに発起人のひとりとして驚いたぐらいだ。何といっても全国で一番若い団長だしこのときこそ広島民団の発展を願うためにはわれわれ経済界が今迄の民団観を改め、われわれも民団運動の一員としてこのような形で参加しなければならない。

委員は今後も増えることと思うがきょう欠席の人々からも賛意をたくさん得ている。そのかわり、執行部のみなさんにはしっかりがんばってもらいたい。

# 8.15 あの日の想い出

## ほっとした気持

崔正鎮

原子爆弾が落され広島市が全滅した時、幸いにも家も焼けずに生き残れた私は何とかして本国の古里へ帰ろうと思案にあけくれた毎日でしたが、どうする事も出来ずやきもきしていた時に終戦を知りました。これで戦争がが終った、やっと命が助かったというほっとした気持が何より先に立ちました。もう何も恐れる事はないこれで空襲警報もなく、報国隊にも出されずにすむのだと本当に嬉しく思ったものです。大声をあげて力一ぱいさけびたかったのですが周りがしょんぼりしているので、余り派手にはふるまえませんでした。然し終戦が祖国の独立をもたらす事を知った時、私は本当の生甲斐を感じました。今迄の劣等感がいっぺんに吹き飛んでしまいました。解放と云う喜びが、ほっとした安心とあの廃虚の中で生きのびる力を与へてくれたわけです。今から思へば本当に感無量です。

広島市観音町

## 未来への希望にあふれた

李成海

三十六年間日本の植民地政策の圧迫の下に伸吟していた三千万同〇の一人として私は祖国の解放を天からの授けだと思った。二次大戦中の苦しみは日本人もそれぞれの立場においていやという程経験したと思うが、私はそれ以上の苦しみを味った。物資欠ぼう単軍国主義的独裁、私の生活には未来も希望もなかったに等しいものであったが八・一五の解放は私に生きる喜びと未来への限りない夢をあたえてくれた。そして独立し繁栄する祖国の姿を想像する時、今迄の苦しさが力となって体内で躍動するのをおぼえたものでした。その感激は今もこの老骨に残っている思いです。

広島県庄原市

## 小踊りして喜んだ

朴宗植

解放の日私はとびあがって喜んだ。近所の人達と小踊りするほどにうれしかった。何日か前に防空カバーを忘れたというだけで警察へ呼ばれ、そのまま何日もぶちこまれただけに、これからは思い切り、自由に平和に独立国民として生きていけると胸がいっぱいだった。

広島市都町

## 生きる喜びと希望が湧いた

柳鎮佑

徴用工として動員され樺太の山奥で伐採に従事していた私は王子製紙樺太工場の飯場で解放を迎えた。当時私は苦しい労働からの解放と故郷に居る父母妻子に会える喜びで一ぱいでした。何時終るとも知れない戦争で心身はつかれるところまでつかれきっていました。本当にこれで命が助かったのだと云う本態的な生の喜びが何より先に湧いてきたものです。

広島市光南町

## 愛国歌を合唱

朴重沢

終戦を知ったのは大陸の地、今の中共治下の上海でした。日本の軍人であり乍ら、終戦を待ちわびた一人でした。故郷の父母や兄弟にあえる日を一日千秋の思いで待っていた一人ですから……

祖国が解放され、独立する事を知らされた時は、戦友と共に涙を流しだき合い乍ら喜び合ったものです。誰からともなく愛国歌が流れ、上海市が吹き飛ぶ程の大声で思い切り歌ったものです。一日も早く、祖国韓国に帰りたくて夜も寝る事が出来ぬ日日でしたが、私達は進んで国語を勉強し国語で語り合ったものです。そして上海市内を大手をふって歩いたものです。日本兵のしょんぼりしたかっこうはなんともいえないみじめなものでした。私達は良き先祖を持ったと戦友と喜び合った光影を今も思い出します。八・一五が巡り来るたびに思い出すのは愛国歌です。発展する韓国、全世界が見る韓国、我等の韓国、八・一五は一生忘れることの出来ない日です。

広島県三原市

## 複雑な心境でした

金振順

忘れようとしても忘れることの出来ない八月十五日。二十四年前のあの日、私は女学校二年生でした。勤労学徒として毎日建物そかいの作業にかり出され、じりじりとやけつくような炎天下で汗みどろになり乍ら立ち働いておりました。

私は気持がひどく動ようし、わけのわからない複雑な心境でした。両親や兄達は口々にこれでよいのだといい乍ら何かほっとしたのでしょうか、それはながい間しいたげられて生活をして来た父や母の深い苦しみから解放されたという喜びの姿だったのです。

もうこれからは学徒動員に出動することも又、竹ヤリを持って軍事教練を強制されることもなくなるのだと思うと全身がゴムまりのようにはねかえりたい気持でした。何時も心のどこかで劣等感を持っていたのが父や母のかくし切れない明るい顔を見ている時しみじみと私達の祖国は解放され、そして独立するのだという事を喜びとして感じることが出来たのです。

二十四年前を振り返って思う時、あの日があったればこそ今日こうして幸せな毎日を過ごすことが出来るのだと感謝しております。

安芸郡船越町

## "八・一五前後の本国"

広島韓国教育文化センター
所長　魚宗徳

△供出−飢餓△

二十四、五年前までの国なき暗黒の植民地時代の辛い思い出、人間以下のみじめな生活、太平洋戦争末期の絶望的な残酷相は今から考えれば想像を絶するものばかりであった。

供出と云う名目で食糧を奪われた私の家でも春から夏にかけては極度の食糧不足で満州から輸入した家畜飼料用の豆かす（大豆から油をしぼり取ったあとのかす）を食べなければ生命を維持することが出来なかった。草根木皮でやっと延命はしたものの、中には有毒な植物を長く常食して其の害毒が限界に達して耐えきれず、体だ全体が黄色くされて命を亡くした人々が数多くあった。言論統制がきびしくてマスコミ（主に新聞）がこういうことを自由に報道することは到底出来るものではなかった、農作物の肥料又は動物の肥料である豆かすさへ思うように腹一ぱい食べることはその量と値段が許さない、太平洋戦争がもう一年程長びいたならどうなっていただろうか。

△極度の物資不足△

食糧不足は北は満州から中国にかけて、特に太平洋一帯に広がった戦線に食糧を運ぶ大きな船や船団がアメリカ軍の攻撃にあってそのほとんどが沈没の運命を余儀なくされた為にいくら送ってもきりがない有様だった。

食糧の不足は他のすべての物資の欠乏を代表するものであらゆる生産機能は軍需物資の調達に動員されて民需はかへり見る余裕がなかった。生産と分配は徹底した統制管理で果物一個、布一切、魚一匹、靴一足、酒一滴自由に得られるものではなかった。店という店は殆んど門をしめてしまい、配給日だけ一寸門を開いた。

飛行機や船舶、自動車を動かすガソリンが無いので（日本は世界のどこからも石油の輸入が不可能であった）松の枯枝を切って松炭油と言う代用品を作って補給した。此の松炭油を作る為小学生も朝から勉強もせず山に行って松の枯枝を切り集める仕事をしたのである。

△韓国文化の抹殺−日本への同化政策△

韓国の文化を抹殺し民族性を除去して日本の使役しやすい人間を作ろうと企らんだのが所謂日本の同化政策であった。世界で最も優秀な文学の一つである"ハングル"をなくして韓国の言葉の使用を禁止した。すべての学校、官庁は日本語だけが通用し、田舎の無学の農夫までも日本語で三個条かなっている"皇国臣民の誓詞"を暗記出来なければ用を見てくれなかった。内鮮一体を強調し、創氏改名を強要されて先祖代々の姓名まで日本式に改悪されたりした。

△差別政策△

今では韓国に大学が一〇〇校以上もあるが、解放前には僅か一校だけだった。それも日本人の学生が大部分で、韓国の子弟は極く少数であった。教育の機会均等を奪い、出来る限り韓国人には高い教育を受けるのを回避したのである。規模の大きいしかも収益のよい企業はすべて日本人が独占し日本人が事業をしやすいような統治を敢行したのである。官庁、会社、学校等すべての公的機関の幹部は殆どが日本人で、韓国人はみんな被使用者の地位にあった。自分の国に居ながらしかも主人の役を日本人に奪われ雇人の役をしたのである。日本人には六割の加俸が支給される等差別の事例は数限りがなかった。

△男女老若、竹槍で構える△

"最後の一刻まで、最後の一人まで戦う"というスローガンでアメリカ兵の上陸に備えて竹槍で対抗するよう毎晩竹槍訓練を強制されていた。子供の"ママゴト"みたいな何とばかげたことではないだろうか。アメリカ軍の空襲があるので夜はたばこの火もろくにつけられない。灯火管制で真暗な夜、村のあちこちで竹槍訓練のかけ声がこだましていた。これでアメリカに勝てると思ったのが当時の日本の軍閥の計算だったのである。悪夢のような終戦前夜のひとこまであった。

△感激の解放、光復△

白衣民族は韓国民族を指すのである。白い着物を着ている人にはアメリカ兵が撃たないと言ふうわさが耳から耳に伝えられた。韓国民にはなにも罪が無いからということです。その真否の程は知らないが不幸中の幸と言えようか、韓国の領土内にはこれと云う爆撃もなかったし、飛行機からの機銃掃射の犠牲者も殆んどかぞえる程で被害者は僅かだった。

そして八月十五日の光復。

徳川三百年"農民と油は搾れば搾る程出る"と云う諺があるように半世紀に亘る日本の弾圧、差別、搾取政治は一九四五年八月一五日を最後に遂にその幕をおろしたのである。

隠されていた太極旗を手に手に振り上げて怒涛の如く溢れ出たソウル市民の感激のもようや全国津々浦々にひびき渡った韓国の叫び声が今も耳もとに聞へて来るようである。

## みなさまの利用価値（その1）

信用組合広島商銀
常務理事　梁在植（りゃん じぇ しっ）

一九六一年十一月一日創業以来八年の歳月が瞬たく間に到来する日が指呼にあり、その間福山支店、呉支店、西支店、海田支店と相継が設立されました。

これは我々僑胞のかねてからの念願であり、期待でもありました。

六月末現在、三十六億円の預金高は、開店当初を振りかえって想うと、驚異的成長でさえあります。県下二〇信用組合中、三番にランクされ、しかも日本全国五四五信用組合中、一一六番に位置し、又我々在日僑胞唯一の金融機関としての韓信協プラザー・メンバー二八単立信用組合中、五・六番の業績を挙げています。

この驚くべき業績は、偏えに組合員各位の愛情溢れるご支援と組合の利便さにあったと思うのです。昭和四十五年三月末までには、四十億円の預金目標を達成せんと役職員一同、懸命に努力しています。日本経済高度安定成長に添い、漸くにして僑胞経済も大型化し、通説に反し一部では"かげり論"はあるにしても、中小企業の業況は、生産、販売とも堅調に移行しています。その設備投資は、前年度より伸長の一途を辿り、設備資金需要、増加運転資金需要とも旺盛です。

信用組合の設立の主旨、目的からいっても、小規模零細企業が大半を占める組合員中、現在は相当なる企業が成長し、到底信用組合では賄いきれない組合員にも代理貸付等、ある程度の取引が継続されています。又大金融機関の選別融資により、その皺寄せが多少寄りかかるとも、微動だにしない強健なる金融機関として成長しました。

昨年公布施行された金融二法およびび信用組合基本通達のもとに、さらに統一経理基準、店舗の配置転換の自由化、預金保険制度等、競業する金融環境に整理されつつあるなかに、協同組合組織の中小企業専門金融機関として独自の経営で、果せねばならぬ使命感を痛切に感じ、社会性の強い金融業務であることを組合員にも知っていただきたいと思うのであります。

組合員の企業家は、時代の趨勢に乗り、企業の近代化と合理性ある計理のもと、利用価値を高めて戴きたいものです。

ドンブリ勘定では、収支勘定の明確さを欠く為、金融機関から資金を借入することは不可能に近いから、経済の大型化について行けません。何故かと反問すると、その企業の実態が不明では、幾ら好意があっても資金の貸付を行う決断が難しいからです。

経済の高度成長に伴い、人件費、経費その他昇騰による収益率の低下、つまり損益分岐点が明確にされないと企業家として認められ難い。当組合員には立派な計理事務が整然とされて、立派に且つ確実に企業を成長させています。又旧態然として腹芸で商売している組合員もいるが、段々と年月がたつことによって、企業間の格差が現われはじめています。

即ち広島商銀の成長は、組合員の近代化した経営においてのみ期待できるのです。

さて今月号のお推めする銘柄勘定は左の通り。

出資金、今年度の目標額増資一二、三〇〇万円、期中増資二〇、八二三千円であるが、本店及び、海田支店一部不動産買収。信用組合の基本財産である出資金が、組合員勘定となる、店舗の拡大と共に比例される勘定でもあります。

交通安全定期預金

万一の時、定期預金の二〇倍、又は一〇倍の保険金額で保険がセットされます。

時代に要請された、生きた定期預金である。会社の経費損金として経上されます（従業員の場合）で家族全員が契約されます。

県下二〇信用組合中この交通安全定期預金の契約高が二番目である、他の信用組合から驚異的なものとして広島商銀を見ています。

ご参考まで交通安全定期預金契約数をご披露します。

広島市信用組合保険料　一一二六、〇二〇、一

信用組合広島商銀保険料　三五三、八五〇、一

厚生信用組合保険料　二五五、七八〇、一

七月二十五日現在、契約保険料、口数は三四六口、この交通安全定期預金こそ、広島商銀の組合員にお推め出来る、時代の趨勢に添う商品です。

事業家で一番の頭痛の種は、従業員の交通事故における保障問題であり、従業員に対する安全保証問題です。だから経費勘定で処理出来、かつ働く者の後顧なきよう配慮されることも肝要なのです。

# 原爆の日平和の祈りをこめて
## 韓国人遺族も参列・厳粛な慰霊祭

八月六日、広島平和公園において原爆死没者慰霊式と平和祈念式典が広島市主催のもとに厳粛に挙行された、今年は慰霊二十五回忌を迎え広場を埋めつくした四万九千人の市民のみまもる中を、山田広島市長の原爆死没者名簿奉納に始り、八時十五分、平和の鐘と共に全市民が黙とうを捧げる中を約二千羽の鳩が放たれ、広島平和の歌の大合歌で幕を閉じた、この日、在日韓国被爆者とその遺族多数が民族衣装で出席、花束を捧げて霊を慰める姿が参加者の注目をひいた、式典に参加した婦人会広島本部会長金命今さんは「同胞のなかには、被爆の後遺症のために苦しんでいる人が大勢おります。その人達は同じ被爆者でありながら、原爆手帳ももらえず充分な医療さえうけられない実情です。しかも貧しい生活のなかで今なお苦しんでいるのです。今日の式典を契機に、そうした人達を救うための運動を展開したい。」と語っていた。また韓国被爆者援護協会をはじめ民団広島県本部の関係者一行の三十人は、午前九時、平和公園内の原爆の子の像の前で広島折鶴会主催の少年少女慰安の会にも参加した。

## 撮影スタート・ヒロシマの韓国人

原爆にもめげず強く雄々しく生きのびる広島在住の韓国人をテーマに企画された映画が八月六日原爆の日からカメラスタートした。

慰霊祭に参列した韓国服装の遺族の悲しみをとえ、レンズを通して平和への祈りをこめた撮影はすすんでいる。

同映画は広島を中心にしたドキュメンタリーで、原爆受洗の異国の地広島であれから二十四年もの間韓民族として誇りうるいくつかの物語で構成される。

広島に住む韓国人が戦前戦後を通じてさまざまの苦労をしながら、力強く生き今日の生活を築きあげた様子を本国の人達に紹介しようとするもの。

## 夏季学生〃元気に出発
### 折鶴の会から千羽鶴を付託される

去る七月二十五日、夏季学生の一行二十二人は、八時二十分発の下り急行「青島」で全員元気に広島を出発した。

駅頭で父兄達の見送りの中で学生達は、気は早くも祖国の空に、といったようすでうれしそう。

出発を前にして夏季学生の一人、全朝子さんは「去年、夏季学生だった人から、祖国の話を聞くうちに、祖国についての興味でいっぱいになりました。今度の夏季学校も、私にとって大いに勉強になることと思いますが、今まで、自分の国の言葉や、歴史や、地理、文化などを充分知らなかったことが恥ずかしい。今はただ、季夏学校においてできるだけいろいろなことを吸収しようと意気込んでいます。」と話していた。

また夏季学生を代表して金仁洙君は「団長さんを始め、諸先生方の懇切なるお言葉を肝に銘じ、母国での三週間を規律と秩序を守って他の地方の模範になり、広島民団の名誉を高め、日毎に発展する祖国の建設の姿を正しく見て、正しく学ぶことも約束します。」と答辞も述べた。

学生達は、婦人会から菓子などをプレゼントされ、民団、韓青幹部のほか家族たちの見送りを受けて、一路下関へと向かった。

### 千羽鶴を韓国へ

広島折鶴の会（河本一郎代表、八十人）の会員は自分たちで折った折りヅル二十二組（一組千羽）を、八月六日ソウル市内の曹渓寺で開かれる第二回原爆被爆者慰霊祭に二組供え残りの二十組を被爆者の家庭へ配って励ましてほしいと、韓国原爆被害者援護協会にあてたメッセージと共に夏季学生に手渡した。

現在韓国には約一万人の被爆者がいると推定され一昨年夏に発足した韓国原爆被害者援護協会の登録の会員は約三千人。政府援護もないため、原爆症と生活の若しさを訴えているという。

## 韓国にも原爆病院を！
### 在韓被爆者の訴え

路傍の石のように　捨られて忘られた　在韓被爆者！

韓国々内に一万とも二万とも数えられる広島、長崎の原爆被爆者の対策は今や本国々内をはじめ日本の各新聞、テレビ、ラジオで世論化している。また日本の国会でもこの問題が取上げられたが政府側には在韓被爆者には被爆者なら誰でもが所持できる原爆手帳ですら交付されないとの答弁がみられた。一方在韓被爆者であって、同じ犠牲者だから人道的見地から原爆手帳を交付すべきだとの声が多くの日本人の中から起っており現に広島には韓日両国人による協議会が組織され活動している。

在韓被爆者の団体、社団法人韓国原爆被爆者援護協会代表理事、ハイ度奏さんは数回にわたって広島民団の姜文熙副団長を通じて原爆病院を作るのに協力してほしいと次のように訴えてきた。

在韓被爆者の中で緊急患者は七百人、生活は苦しく九割が下の下の極貧者、しかも日本政府の徴用軍属、勤労奉仕などに、かりだされた多くの同胞が二十四年過ぎた今なお、死への恐怖に戦きながら希望のない悲惨な毎日を過している。社団法人韓国原爆被害者援護協会では五億四千万円の予算で被爆者センター（病院授産場アパート）を建設、原爆孤老をはじめ生活極貧者の救援と原爆症で呻吟する人々の福祉活動に全力を尽すことになったが、その建設費は在日韓国人と日本政府に協力を申入れ、ぜひ被爆者センターの建設に努めたい。

その訴えを受けて去る八月一日に広島市平和公園内の新広島ホテルにおいて開催された核禁会議代表者広島会議に招れた姜文熙副団長は在韓被爆者の現況を説明、とりあえずセンター建設までに必要な移動検診車の寄贈運動を要請し村上忠敬議長も協力を約束、韓国被爆者救援運動に力を入れることとなった。

## 急ピッチの永住申請
### 指導員に崔、姜両氏任命

韓、日協定発効後五年間の期限で受理される在日韓国人永住許可申請事務は、一年六ケ月を残すだけとなったが多くの問題点をかかえたまま不振が続いていたが最近急ピッチで申請が増えている。

六月末現十二万六千人から急増している原因はのんびり型がめざめてきたほか本国政府が在日韓国人の強い希望をしんけんに取りあげ既に日本政府に対して法的地位に関する諸問題を事務レベルから一挙に関係閣僚会談へとおしすすめ、在日韓国人への好意的配慮のきざしがみえはじめたことにもある。

広島民団を管内に置く下関領事館ではこの程広島関係の永住許可申請指導員に前団長崔　錫卿現副団長兼事務局長姜　文熙の両氏を任命し今年中に実質的事務をおえるよう指導員として決定した。

本国政府は対日交渉において法的地位協定の運用を是正するよう申しいれるほか全国的に指導員を任命永住許可申請を促進させるので申請の激増が予想されている

広島県下の市、町、村役場では申請用紙品切れという一幕もあり当分の間、窓口の混雑が続きそうである。

なお六月末日現在広島県関係の永住権申請件数は三、七五一件でうち許可済三、四六六件、不許可一八件、審査中二五四件、取下げ十二件、死亡一件となっている。

岡山県関係では申請件数一、八六九件、許可済一、七五六件、不許可七件、審査中一件、取下げ六件。山口県関係では申請件数三、九八二件、許可済三、七三七件、不許可十四件、審査中三件取下げ十件となっている。

## 民団　政府初の合同会議
### 崔団長出席のため帰国

七月から三日間ソウル・ウォーカーホテルで開かれた民団と本国政府の合同会議は九日予定通りの討議を終え閉会した。

民団初の合同会議に出席するため広島地方本部崔　成源団長は去る三日、八年ぶり十二度目の帰国をした。

合同会議は、法的地位、教育、経済、組織など四つの委員会に分れ、民団代表者と政府側の水いらずで進められ民団運動の理解を求める点で多大な成果をあげた。特に法的地位に関しては来る八月十九日から開かれる予定の韓、日法相会談に臨む韓国側の姿勢に重大な反応が出るものと期待されている。

### 徐理事長も出席

ソウル・ウオーカーホテルで開かれた民団、政府の合同会議に信用組合広島商銀理事長徐漢圭氏も出席のため五日空路ソウルへ向け出発した。

徐理事長は韓国人信用組合協会の代表団として経済分科委員の一員として出席する。

## 万博参観団招請についての案内

民団では来年三月十五日から九月十五日まで大阪において開催される万国博に本国に居住する家族、友人、縁故者の招請事業を現在行っています。

募集期間　今年九月三十日までで、招請人員数は全国で五千名です。招請者は民団団員で、永住権及び一般永住権申請を済ませた者を原則とし、招請対象者は、招請者が身元を保証した者に限ります。なお、被招請者中、兵役未了者及び兵役適令に達していない者、本国に縁故家族の全くいない者の申請は受け付けません。

滞在期間は六十日間で、手続費用は釜山―福岡間の往復航空料金を含めて 五万五千 百円です。

申請者が準備しなければならない書類は

A、外国人登録済証明書　二通（うち一通は目的は「招請」で提出先は「駐下関韓国領事館」です。もう一通は目的は「日本入国査証」で、提出先は「日本法務省」です。）

B、納税済証明書　一通（所得税、住民税）

C、預金残高証明書　一通

D、招請者の職業証明書　一通

参観団は、航空便で、来年三月十五日より日本入国許可順に、万博期間中全員の輸送を完了します。

被招請書中、身元調査の結果、欠格の理由で日本入国が不許可になった者、及び、本人の都合で入国不能になった者去、申請後招請者及び被招請者の事情で招請を取り消された者に対しては、前記手続費用合計五万五千百円のうちより、往復航空料一万六千六百円のみを還付しますから注意して下さい。

尚、くわしくは県本部又は各支部へお問いあわせ下さい。

## "出入国管理法" 案葬らる
### 衆議院法務委で決定

外国人の出入国管理事務の簡素化を図るとの名目の下に、現行出入国管理令を改悪し、外国人に対する規制の強化を意図した悪名高い出入国管理法案は、とうとう陽の目をみず、五日の衆議院法務委員会で廃案と決まった。

同法案は、国際社会における慣例を全く無視し、時代錯誤的な排外主義を基調としたもので、特に出入国管理法案で対象となっている九〇％の在日韓国人については、抑圧と追放の強化を露骨的に企図したものであった、その為、同法案が法務委員会で審議されるや在日外国人は勿論、多くの日本人の間からも猛烈な反対運動が展開された。

そのうち特に、民団、韓青を中心とする反対運動は峻烈を極め東京、大阪、名古屋、下関と民団はじまって以来の大規模な大衆運動が展開された。また東京数屋橋の公園においては、北送反対以来の決死的断食闘争団も組まれ、各地のデモは、法的地位要求貫徹闘争を呼応しての挙族的決死的な反対闘争が展開されたのであった。

こうした反対運動の盛り上りにも拘わらず、同法案は委員会審議を終え、近々国会に上程されるところ、大学法案における国会審議の混乱により、事実上、国会における議事運営が困難となったため、去る五日、遂に委員会審議において廃案と決まったものである。

この法案は、一応廃案になったものの、我々在日韓国人にとっては、法的地位問題自体が在日韓国人の実情に合ったものでない以上今後の成り行きに警戒をもって注目する必要がある。

## 中部分団役員を改選
### 団長に李　道勲氏

広島市内、中心部の中部分団は七月二十九日清岸寺で本年度定期総会を開き活動方針を討議決定したほか役員総辞職による新役員を次の通り選出した

分団長＝李　道勲
議長＝禹　在根
監査＝李三根

# 回復しよう 韓民族の誇りと自覚を!

## 韓青夏期講習会開かる

在日韓国青年同盟西南地区協議会（事務局長＝鄭達男広島県本部委員長）では、去る二日から四日の三日間、佐伯島宮島町の「まこと会館」において第五回西南地区夏期講習会を開催した。この夏期講習会は毎年夏に韓青が全国的に行なっているもので広島、岡山、山口等から約百五十名の青年男女が集まり多大な成果を得た。

この夏期講習会は今年で五回目であり、全国を六ヵ所に分けて開催された。西南地区は中国、四国、九州の各地区で構成され、広範囲な地域にもかかわらずよくまとまった。特に事務局である韓青広島県本部では一連の入管法反対運動、断食闘争団への参加等、多くの困難な問題をかかえながらも、約一ヵ月間精力的に準備し、内容進行共に充実したものであった。〝築こう!!韓民族の輝やく将来を!!闘争しよう!!民権擁護の為に!!〟という全国統一主題のもとに、①講演、講座を通じて民族的な自覚を高め、理解を深める。②討論等を通して、各地方の実情、学習活動、行事の経験交流の場にする。③規律ある団体生活を通して、組織員としての連帯訓練をし、韓国青年としての連帯を強め、レクレーション、キャンプファヤーを通じて親睦を計るという目的を掲げ、主題講演、記念講演、ゼミナール、海水浴、フェスティバルそしてキャンプファイヤーと、多彩なスケジュールで盛上りをみせた。

ほとんどの青年が初参加であった為、進行上多少の支障があったが、今まで日本人社会の中にあって、日本人的な感覚をもち、韓国人としての認識の薄すかった青年が、班長の指導のもと、日常の問題を卒直に話し合う部屋別懇談会で、大きく変って行った事は特筆すべきである。

日本三景の一つ宮島の大鳥居を背に韓青全員

# 主婦는 얼마나 일하나

どんな家庭にしろ生活を営むためには主婦の力はかかすことのできないものである。家族達の衣食住の解決は勿論、子供達の成長発達のための教育など、円満な家庭生活を維持するための主婦の役割はいちいち数えることのできない程に多い。

今度、梨花大学家庭管理学科が本国の主婦たちの仕事の量とその内容についてその実態調査を発表したので紹介してみる。

### 〝一日継続九時間〟
—衣食住などさまざま—

①家事＝食品準備、住宅及び衣服の整理に用いられる時間は、季節別にみると春に著しく増加している。それは通常の味噌漬や年漬物を漬ける時間の他に、食欲増進のためのナムルの準備などの時間が増加するからで、また住宅についての時間増加は、気候が良くなるにつれて家の周囲を掃除する必要のためである。衣服の整理に用いられる時間は、冬着、春着の手入れなどで主婦の手間がかかるので季節としては春に最も多くの時間をついやしている。

この他にも、春には新学期を向えるための準備によって家族の世話に用する時間が他の時期よりも多くなる事実が調査の結果、明らかになった。

その場合に、お手伝いさんの有無によって主婦が家事に用する時間に二時間二〇分の差が出てくるが、この内容を検討すると……食事の準備、後片づけ、洗濯、買い物などはお手伝いさんに任せて、その他に掃除や寝具整理、後片づけ及び家族の世話は主婦自身が受け持っていることがわかった。

……家事労働は生活程度とも深い関係があり、収入が多くなる程、家事のためについやす時間は減少する傾向にあるが、これは生活程度に批例して住宅構造の改造と生活の近代化が家事の量を少なくしているからと思われる。

②共稼の場合（主婦が職場生活に消費する時間）＝調査対象五二一世帯中、職業を持つ主婦は54世帯で約10%を占めている。その職場主婦たちの労働をこまかく分析すると、平日が十二時間二十九分、休日が五時間十五分と平日と休日との労働時間は大差を示しているが、平日での労働に疲れるので休日には家事を多くすることができない。また各部分別の活動時間を普通の家庭主婦の場合と比較すると、職場主婦の場合、身なりに三〇分程の時間を余計に使い、休憩は普通の家庭主婦の場合より日に一時間程少なく、それも仕事の量に比べて少なくなっている。その他の共同生活での活動時間については職場を持っている場合とそうでない場合とで大差はない。

⑧睡眠及び休息＝季節によって睡眠時間の長短に大差はなく、平均七時間三〇分である。お手伝いさんの居る場合と居ない場合とでは二〇分余りの差があるが、これはお手伝いさんの居る家庭では主婦達の起床時間がおそくなることを意味している。

④社会活動＝社会活動に用する時間は季節に関係なく、お手伝いさんの居る家庭では十四分、お手伝いさんの居ない家庭に於いては六分程となっている。このことで主婦が社会活動をするには家事労働が大きな防げとなっている事がわかる。

⑤余暇＝季節としては秋に余暇の時間が多く、また外出する場合が多い。お手伝いさんの居る家では居ない家よりも二時間も主婦の余暇時間が多くなっている。このことは、お手伝いさんのいることによって、あまる時間を娯楽や外出などで過ごしていることがわかる。

⑥訪問及び招待＝季節に応じた変化は殆んどなく、お手伝いさんの居る家の場合、家事を任かせられる人がいるので、訪問、招待の時間に余裕が見られる。また訪問招待は平日よりは週末に多い。

⑦休憩＝冬に休憩時間が長くなっている。これは働らいたための疲労が大きいからではなく、仕事の量が少なく、また活動も多くないからで、お手伝いさんの居る家（一時間二十一分）と居ない家（一時間二十二分）とで別異はなかった。

山陽本線宮島口からフェリーボートで二十分。日本三景の一つとして名高い風光明媚な宮島に着いて、緑に囲まれ静かな場所にある「まこと会館」に行くと西南地区在住の韓国青年達が学習に励んでいた。ほとんどの青年達が日本の教育を受け、日本で育った者で、祖国のことをあまり知らない。その為、理由もなく劣等感に悩んだりしているが、こうして多数の同胞青年が集まり、祖国の歴史や文化について共に語り合う時、そこに韓国人としての誇りと自覚がめざめる。これからは韓国人として堂々と生きていく為にも、この講習会への参加は意義あるものと思われる。次に参加者の感想を聞いてみることにする。

**安　振栄**　佐伯郡廿日市町

最初は、あまり強い意志をもたずして参加したが、今になって考えると、はずかしい気がする。韓国人なのに日本にいる韓国人の立場や境遇も知らずに、自分自身の問題なのにそれを解決しようともしない。そんな自分がまったくはずかしい。それと韓国の言葉、歌、歴史なども知らないという事がいたく悲しく感じました。又、入管法の内容なども、よくわかりとっても勉強になったと思う。またこのような会があれば参加したいと思います。

**金　乙洙**　安芸郡船越町

講習会に集まっている人が皆同胞だと思うと、何とも言えないような気持でした。私は夏季講習会は初めてですが、初め予想していた事とはだいぶん違っているので、面くらってしまいました。でも団体生活をする事によって、いろいろなことを学び得たことを感謝していますこれからも、もっと意義のある講習会をどんどんやって、また一人でも多くの人が参加できる事を望んでいます。

**朴　福順**　三原市寺町二丁目

今までは、自分一人で単に抽象的に又、漠然と考え悩んでいた。そのため、広く自分のおかれている諸々の状態、問題点などを考えていなかったように思う。今度の講習会において初めて今まで私の求めていたものへの何らかの方向性を与えられたように感じた。今後、色々な基礎をしっかりと身につけ、自分はどうするべきかについて考えたいと思う。

## 支部分団めぐり ②

# 안녕하십니까
アン ニョン ハ シム ニ カ

—三次支部—

人口五万、県北に位置し、西に江の川をはさみ四方を雄大な大自然の中国山脈に囲まれた三次市は、その昔、城下町として栄えた町である。この地域を管轄する三次支部は、僑胞人口百三十名、戸数五十五戸というこじんまりとした世帯である、ここも他の地域と異ならず僑胞達の生活は戦後の無一文時代から出発している。

そして在日僑胞生活の縮図のようにその職業も土建業をはじめ飲食業、鉄屑業、自由労務者等々、種々雑多で、生活環境もまちまちである。そうした境遇の僑胞達を民団組織の下に団結させることは並大抵のことでないばかりか、それこそ真心と誠意なくしては到底不可能である。

ところで、三次支部が県下でも優秀な支部のひとつであることは広く認められている。

例えば、僑胞戸数五十五戸のうち民団所属が三十五戸、中立系が十戸だから、その活動の活発さを知ることができよう、内容的にみても、三次市を県北の拠点とする敵性団体の策動に対して組織活動を通じ、その偽瞞的な性格を暴露して衰弱の一途をたどらせている点をみても抜群といえる。

支部創団が一九五七年七月というから民団の歴史からすれば組織の生い立ちは決して早い方ではない。しかしそれだけに団長（朴喜錫氏）の指導の下に議長（金吉龍氏）監察委員長（李鎬洙氏）の三機関ががっちりかたまってバイタリティーに富んだ活動を縦横に展開している。

それにしても、この団長ほど物言を単刀直截に言う人も珍しい。この人ほど正と不正、善と悪を区別する人も珍しい。歯に衣着せぬ物言は勇気なくしてできることではないが、この団長の言葉には正義感と信念と真実が伴なっている。責任感の強いこの団長を中心に全役員が一致団結して組織のより強固な発展に全努力を傾注しているのが印象的だった。特に事務部長（宋一寿氏）は団長の良き補佐役として実務一切を担当して、稀にみるコンビをなしている。

また、三次支部について忘れることのできないのは初代団長沈点守氏（現顧問）の功績である。氏が韓国教会の長老であることからして「人の和」を重んじた事は想像にかたくない。そしてその理念が今日の三次支部に貫いているのも事実である。いずれにしても、執行部の若さといい真剣さといい将来の発展が大いに期待されるゆえんである。

この支部では民団の当面の課題である永住許可申請や国民登録の更新は殆んど百%近い成績を収め、本部からの指示事項も完全に遂行されている。毎月の定例会には活発な討議の後、支部の意見としてその結論が本部に建議され、本部の組織活動にあたって大いに役立っている。

また三次支部は、韓日親善にも積極的な姿勢をとり、関係当局との接触は頻繁のようであった。市民生活においても一人一人が日本人に好かれ尊敬される韓国人になる為に努力しているとの事だった。最後に取材を終えて去る記者の背中に〝近いうちに僑胞会館を建てますよ〟と力強い言葉があった。記者にとって何よりも励まされ勇気づけられる言葉であった。

安芸韓青

発行所
韓国青年同盟安芸支部
編集・発行人 金時海
安芸郡府中町外新開
TEL ㉜3779



―綱 領―

一、我々は在日韓国青年の総力を集結し祖国の完全なる統一独立の為に献身する。
一、我々は全ての非民主主義的勢力に反対し民主々義の正しい発展と実践の為努力する。
一、我々は心身を鍛錬し教養を高め友邦諸国の青年と提携し真江なる世界平和の建設に寄与する。
一、我々は在日韓国青年の民族意識を高め在日居留民の権益擁護の為全力を尽す。

# 第3回国際社会人剣道世界大会優勝者 尹炳一選手をかこんで

## 韓青安芸主催座談会

去る十月二十七日韓青安芸支部は、第三回国際剣道世界大会優勝者尹炳一選手を招き、日本の印象、剣道大会の模様など、安芸盟員数十名と二時間あまり茶菓子をつまみ語り合いました。

尹炳選手は広島で生まれ、二〇才頃まで広島で育ち、本国に帰った人であります。今回剣道大会に出場するため来日し、かっての恩師、ならびに同窓生をたずね、十月中旬広島に寄ったものです。以下、盟員との座談会の模様であります。

**盟員** 日本の印象はいかがでしたか。

**尹選手** 羽田空港着陸以来私がかって経験したことのないほどの日本人の親切を受け感無量でありました。たださびしかったのは、羽田空港においても大阪の大会会場においても在同胞日の姿を見ることができなかったことです。これは我が韓国において剣道に対する感心が少ないためであったのかも知れん。しかし、韓国を代表して総勢一四名もの団体であったので、あるいは在日同胞の人達の歓迎があるものと考えておりました。

**盟員** 本国の農村と都市との生活格差はどうでしょうか。

**尹選手** 日本の農村と都市の生活様式は、テレビ、冷蔵庫、その他電化の差はあまりないようですが本国においては、まだまだ相当の開きはみられますね。

でも田舎の山奥でもバスや電灯などが入り、昔とずいぶん変って、だんだんと発達していることは事実です。

**盟員** 尹選手は日本の代表的スポーツである剣道大会において、日本選手達を見事におさえ優勝なさったことにわれわれは驚いているのですが、いったいどなたに習ったのですか。

**尹選手** まあ、私がかって広島にいたころ、三篠小学校で基本動作を習って本国で三八才頃から本格的に自分なりに練習しました。隣りに座っていらっしゃる人が、私の恩師河川先生で、現在居合道八段、剣道八段銃剣道五段でございます。きっかけはやはり河川先生ですね

河川先生は韓国で生れ、日本に来て帰化し、現在官庁に勤めておられます

＜写真は尹選手をかこんで＞

**盟員** 剣道の道に入った動機はなんでしたか?、また流派は何流ですか。

**尹選手** 一番に動機といえば、剣道の礼儀正しさにほれたからです。正真正明の大韓民国流ですね。いわゆる我流でしょうね

**盟員** 在日同胞青少年に何か注文がありますか。

**尹選手** やはり韓国の子供たちと違って家庭内における韓国特有の礼儀作法が失われているのが目についた。もちろん親のしつけのせいもあろうが、日本文化に圧倒されている面もあるのではないだろうか。礼儀作法に関しては、剣道の道に入いれば良くなると思います。安芸韓青で一チーム作ったら、私にとってこれほど嬉しいことはありません、日本から本国に柔道の選手がたびたび訪れるのですが、剣道選手が来ないのが不思義です。

**盟員** 尹選手は在日韓青少年の将来のことをどうお考えですか。

**尹選手** 人間がどんな所でどんな生き方をしょうが韓国人としてのプライドを失なわなければ、日本で堂々と生きてゆけば良いと考えております。卒直にいって、祖国を忘れるような人間は人間ではないと思います。

**尹選手** 出発の時間がきましたので、これくらいにしたいと思います。話しはつきないのですが、最後に、私のいつわらざる気持を申しますと、日本に来て、始めて同胞の若い人達とこのように話し合うことができ、非常にうれしく、また、なんともいえない同胞のありがたさと、なつかしさを感じました。この感激は国に帰えりましても忘れることはありません。安芸韓青の皆様、本当にありがとうございました。この中から一人でも剣道を習い、母国に来られることをお待ちしております。おかげで必おきなく帰国することが出来ます。

## 日本で国を思う

### 韓国の皆様におくる

韓国の皆さん！血は水より濃いといわれているとおり、例え本国の青年とは住土地を異にしているものの国を思う気持はニュウアンスの差こそあれ、全く常に一つであると私は考えるのです。私はそのニューアンスの差が果てどんなもであるかについて気楽に考えて見ようと思います。

### ―在日韓国青年は民族のために何を成すべきか―

皆さんが、すでに御承知のように過去我国家は韓日両国指導者の誤まった判断のために国家主権を失いました。

アジアの新興諸国が、みな弱肉強食的な侵略の犠牲になっていた時勢であったから、それまでであると割切って考えれば世界史の帝国主義の項目一覧で事がかたずきますが、これが自分の国であるが故に我々韓国人は強制された国運の光復にあらゆる面で一種のレジスタンス的運動が国の内外で展開されました。

このような不屈の努力が実を結び、主権を取戻したが反面、正しいことを疑うという悪るい風潮を残しております。

今は改善されつつありますが、この不信感は帰するところ、国家主権なき時代に由来するわけです。特に青年学徒であった私の時代での印象かかして善いことであっても、それが日本行政当局の命令指導である限り、一応反対することが愛国的行為につながっていたし、また民族の当然な義務として尊重されてきました。

現在はレッキとした独立国家をもつ国民が今なおこのような偏見的な物の考え方をしているのではないかと憂いながら、本国の青年達を見るのです。

しかし、本国の青年にはかってあり得なかった新興の意識に燃える勇気と熱意が顕在しております。この現象は終戦後の教育の偉大な成果であるといえましょう。

一面日本の土地に生れ育った皆さんには、本国の青年と比較することのできない素直さと陽気さとを持ち、生活の基礎固めにいそしむ姿は、正に名誉も地位も捨てて偉大なアメリカを建設した人々のあのパイオニアスピリットが感じられたのもしく思います。

そして、本国との交流を通じて皆さんの自主独立の精神が本国の青年にまで感化を及ぼすことを切に期待して止みません。けれども、すたれてゆく日本の家族体系は、ますます生活の合理化をおし進め、この合理化が人間の心まで入りこみ精神的な価値観を転倒されるまでになっております。

しかもこの現象が正常ならざる形で固定化しつつある事実は、あたかも空気や水が人体に欠くことのできないものであるかのような絶体的価値観にまで発展しているのです。このように人生哲学のなさから、自分が必要な時に、父母や国を頼り、そして必要ない時は離れてゆくような傾向が、ややもすれば現われるのではないかと思われます。

韓青の皆さん、何も皆さん自身がそうであるというのではありませんが、しかし本国の青年は今、全国民の先頭立って、血と汗で国防と建設に励んでいることを注視されて、真に韓国国民としての自覚を持ち、また、一国際人であるという自覚から物事を考え、見てもらいたいのです。日本に居住するからといっても、日本人でない韓国人が、日本人的感覚で国を見、考えることは、皆さんを囲んだ環境からして無理もないと思います。今、本国政府は基礎産業の充実を計り、国力の倍増に前代未聞の努力をはらっており、豊かな国家社会の実現も遠からず、かならず訪れてくることでしょう。本国が豊かであることは、とりもなおさず皆さん韓国人としての誇りと自負心を持たせる由遠になるものと信じます。結論として申しあげたいことは、先進文明とともに生活し、すぐれた科学技術を身につけ、若さと情熱と夢をいだいておられる皆さんこそ、我国の未来の主人公であり、もっとも信頼すべき働き手であります。どうか皆さん

皆さんが学んだ深い知識と卓越した技術は、我国の近代化になくてはならない貴い資本であると思います。したがって、常に母を慕うが如く母国を慕い、皆さんのすべてが国の近代化に役立つよう、いつも努力して下さい。民族の中興の先駆者としての重任を果していただきたいと考えるのです。決して、我々は流浪するジプシーではありません、自暴でもいかず、自棄で歩まず、国家背景にした世界の正義が認めた独立国家の国民たるプライドガーイとして進まれるならば。皆さんの眼前には洋々たる前途が開け、明るい希望が見えることになるでしょう。

広島韓国文化センター
所長 金鐘学

☆ ☆ ☆

# 〔和〕〔気〕〔愛〕〔々〕

## ★★安芸韓青帝釈峡へ★★

韓青安芸支部は、去る十月十五日盟員二十四名を動員して、恒例のバスハイクを企画実行した。

毎年春夏秋冬に韓青安芸支部は、盟員の親睦と相互理解を計るため、行事を行なっているのであるが、夏のサマーキャンプに引続き秋の行事の一貫として大釈峡へのバスハイクを計画したのである。

十月十五日、早朝六時三十分、男子盟員十一名、女子盟員十三名がバスに乗り込み、委員長挨拶、盟員氏名の確認等を終え、秋の詩情を満喫すべく、全員胸をふくらませ、いざ帝釈峡へと出発したのである。

バスハイクの企画実行責任者、季炳洙君運転に全盟員の身柄の安全を託し、一路帝釈峡へ………

朝もやにつつまれた市内の静けさは青春の日の幸せを祈るかのようであった。運転手が李炳洙君から、副委員長の李朝雄に変った頃窓側のあたりは、早広々とした田園風景が読き、赤くまた黄色に染り行く山々が我々を歓迎していた。

車内では、総務部長鄭達男君による司会で、盟員の自己紹介と全員にニックネームを協議してつけることになった。

面白く、可愛らしいニックネームに車内は一段と楽しさを増してきた。在日同胞青年二十四名は、ここで同胞の友情の美しさ、優しさをかみしめてくれたに違いない。四時間半の長い旅は、愛国歌の練習に始まった。何十回となく練習をくりかえしたのでるが、二人ぐらい覚えてくれない盟員も、しかしバスハイクの終りまでには絶対覚えると約束してくれた。引き続きあらかじめ刷っておいた歌集を手にしながら、青春の歌声はいつ止むのか、その果を知らなかった。

女性盟員が多かったためか、女性の歌声の美しさは特に印象的であった。

午前九時、バスは三次のモーテルに休憩すべく停車した、いつしか空はくっきりと晴れわたり、秋風は寒さを愛じるほど冷たく、絶好のドライブ日和である。

バスは山道へと入り、落葉が乱舞する中をゆったりと進んで行く、十一時三十分いよいよ我等の目的地帝釈峡へ到着した。

山々は詩情豊かに神竜湖は水位が下っていたとはいえ、美しい影絵を写し青々と静かに漂う水面に落葉が見事に浮んでいる様子に我々は感動するばかりだった

盟員一同最初の計画通り遊覧船しゅうえん丸に乗船しまちにまった昼食、腕によりをかけて作ったのであろう女性の弁当を中心に全員円陣を作った。さすが空腹だったせいか、皆んな幸せそうな笑顔ばかりであった。うつり変わる左右の風景を横に見ながら食べる弁当の味は格別であった。

すばらしき湖を一周したあと、我々は丘のベンチに輪になって腰かけ、雑談やバスハイクの成果などを話し合い、自由行動に移った

盟員達はそれぞれ思い思いの姿で秋の詩情を心ゆくまで味わっていた。我々は日頃接触のない同胞と話り合う機会に今までになぜ、めぐり会えなかったのかとその楽しさに各自深く反省し今日のバスハイクが盟員達にとっていかに意義あるのか痛感したであろう。帰途につくと、バスの車内も全員もつかれ様子もなく、終始にぎやかであった。愛国歌の練習を四、五回したあとゲーム、合唱とつぎからつぎへと車内の楽しさは変っていった。

途中、三原モーテルで運転手は季朝雄君から季正義君に変わり、夜のとばりもすっかりおりた国道二号線をまっしぐらに突走った。全員の規律ある団体行動のおかげで、何等の事故もなく午後七時三十分、予定通り安芸支部事務所前にたどりついた。金時海委員長の挨拶で実り多かった楽しいバスハイクの幕を閉じたのである。盟員の中には歌いすぎてしわがれ声の者もいた。今回のバスハイクに事情あって参加できなかった一執行部員や、一盟員達に今日の実りを報告して、一緒に喜んでもらったことはバスハイクの成果の中でひときわ輝いていた。このようにして我々は三名の運転手のなみなみならぬ苦労に感謝の拍手を送り解散した

＜たのしいバスハイク盟員たち＞

### バスハイク決算報告

| 項目 | 金額 |
|---|---|
| 収入 | 25,500円 |
| 参加申込金 | 12,500円 |
| 参加費 | 12,000円 |
| レンターカー寄付 | 1,000円 |
| 支出 | 25,359円 |
| レンターカー賃借料 | 13,200円 |
| 燃料費50ℓ　@50円 | 2,500円 |
| 周遊船24人@170円 | 4,080円 |
| 茶菓子代 | 2,065円 |
| モーテル飲食代 | 2,020円 |
| 反省茶話会費用 | 1,494円 |
| 差引残金 | 141円 |
| その他 | |
| 安芸支部民団から | ビール1打 |
| | コーラ2打 |
| 安芸支部婦人会から | ビール1打 |

## 論説　居留民団と朝総連

在日韓国青年の多くは、日本に居留民団と朝総連という、全く異った二つの組織が存在することを知っているに違いない。

そして、多くの人達は、この組織のいずれかに所属し、その構成員の一員となっているのである。

居留民団に所属するも、朝総連組織に所属するも、その極少数の人達のみが自分の所属する組織の理念が何んであるかを認識しているにすぎないのである。

おそらく、大部分の人達は特定の事情、たとえば、経済的なつながり、セクト意識、国粋思想、革命思想反共精神等々のために、ただ盲目的に組織の一員になっているといっても、決して過言ではないであろう。

たとえ、両組織がこのように多目的な人々によって構成されていようとも。この両組織に最も共通した一つの事実を発見することができるのである。

それはいうまでもなくこれら組織はそれぞれの立場で、民族の主体性の確立のために努力しているという事実である。

民族の主体性、すなわち韓民族特有の文化が、日本文化によって、おしつぶされないように、また失われないように、しっかり保持しながら生きて行こうとする姿にほかならない。

では、何故に民族の主体性の確立という点に共通した目的をもっていながら、在日僑胞に二つの組織が必要なのであろうか。むしろ一つの組織に全僑胞が団結した方がより主体性の確立に適切なはずである。

我々の肉体に住みついて、我々の精神的なささえになっている文化を我々が実存する価値として守り続けるならば、当然一つの組織に、あるいは団体に団結するのが最も理想的ではあるまいか。

しかし以上の理想にほど遠くも、現史の両組織の実体は、ややもすると、我々韓国青少年の純粋な苦悩と絶望をもたらすほど両者はことごとく対立しているのである。

賢明なる在日韓国青少年諸君は、この分裂の原因が何処にあるかを知っているあでろう。

朝総連なる団体が一つの思想的な組織であることはその活動から容易に認められるけれども、居留民団を思想的な団体であると規定することは、果して妥当であろうか。

朝総連が左翼的な思想団体であるから当然居留民団は右翼的な思想団体であると考えることもできるが、しかし、これは朝総連という概念からくる反射的な概念であって、これをもって一概に居留民団を思想団体であると決めつけることは早計ではなかろうか。

居留民団は、在日僑胞が自からの社会生活の便宜のために、自からが任意に創った団体組織なのである。

すなわち、自治的性質が民団の本質的要素であると断言できるのである。

以上のことから、両組織の分裂の原因が、一方朝総連においては、共産主義という思想から必然的に革命を理念とし、他方居留民団においては僑胞社会の生活の便宜のために自治を理念としているところに根ざしているのではあるまいか。

両者がこのように異なる以上、その性質活動も当然違ってくるのである。

一方、朝総連は革命遂行という積極的な行動を、その基本政策とし、他方居留民団は在日僑胞の社会生活上の自治を旨とする、極めて保守的な、かつ消極的な活動を、その基本政策とするのである。

我々はたびたび両組織を以上述べたような本質的な相違を念頭におかないで、両者を批判しているのを耳にするであろう。そして、居留民団は朝総連にくらべ団結が強いとか、弱いとかいう価値判断を下している事実を聞くのである。

この判断は、両組織とも同一民族で構成されているという観点からすれば、一面正しい判断である。

しかし。両組織の本質的な観点からすれば、明らかに間違っているといわざるを得ない。

すなわち、朝総連は、その理念から、共産主義革命を目指し、居留民団は、その性質から僑胞社会の自治を指観しているのである。

したがって、両者はその各々の活動に当然、著しい差が出てくることは明らかである。朝総連活動家は共産主義思想の忠実なる信者であり、プロレタリア国家建設のためには、あらゆる手段を尽し、あらゆる犠牲を尽して今後も革命の準備活動を続けるであろう。

居留民団は百歩譲っても絶対にそんな組織ではない。

在日韓国青少年諸君は、この点の判断を誤まらず、両者を明確に区別しなければならないのである。我々が、現実に存在しえない共産主義国家なるもののすばらしさを仮りに認めるにしても、彼等の手段、方法がいかに破壊的なものであるか、また、いかに欺満にみちたものであるかを十分認識しなければならないのである。

徹底した民族主義の観点に立つならば、いざしらずたとえ朝総連がいかなる活動をするにもせよ、我々は居留民団に不利益を及ぼさないかぎり、彼等を度外視して何等さしつかえないのである。つまり、我々は朝総連の積極的な活動にまどわされることなく、居留民団の活動に誇りと自信をもって正々堂々と生活してかまわないのである。

したがって、我々は右に述べた両組織の本質的な違いを明確に区別し、居留民団の発展に少しでも貢献しうるような人間にならなければならないのである。

## △盟員のニュース▽

### ご苦労様でした　金英子さん

このたび民団安芸事務員金英子嬢は、一身上の都合により、十月三十一日をもって退職することになりました。

昨年三月、民団安芸支部へ勤務して以来、民団の莫大な仕事を一手に引受け、退職する十月三十一日まで、その仕事を見事になし遂たのであります。その真面げ目な仕事ぶりは、安芸僑胞内で評判の的になっておりました、民団のあらゆる仕事を覚え、ますます民団の発展に寄与してくれるものと期待していたのであります。このたび、退職の止むなきに到ったことは誠に惜しい人物を失うようで残念でなりません。しかし、彼女の今までの仕事ぶりに我々は心より感謝の意を表すべきではないでしょうか彼女の青春の一部を民団の事務というじみな仕事に費いやし、今日まで民団の権位を守るために働いた業績は誉めたたえるべきでありましょう。ここに金英子嬢退職をつつしんで皆さま方に報告するとともに、彼女のなみなみならぬ努力に対し、感謝の拍手を送りたいと思います。また、彼女の前途にすばらしい幸が訪れることを祈ろうではありませんか。

## △盟員の声▽

### 祖国にふれて

在日同胞の多くは、あまりにも祖国に対して無知ではないでしょうか。私自身、最近韓国を尋ねて強く感じました。祖国を知らず、韓国人であることに誇りを持てなかった私ですが、現実に肌で感じた祖国は、日本で知られた祖国とはまるで違っていました。近代文明を築きあげる一方、技術改革等、あらゆる面での躍動感にあふれる祖国でした。そうした中で、市民生活を営なむ人達が非常に明かるい点など、嬉しいことがいっぱいだった。日本と比較すれば大分遅れていることは確かですが、朝総連のいう批判、また評価などが、祖国の肌にふれて、総連が悪質宣伝していることが私には確心できました。韓青の皆さんは決して、だまされないよう、また、反面盟員一般の人々に呼びかけなければならないと思います。そして、一日も早く世界が平和に、そして、祖国がより豊かになるように、それから韓国に一度も行っていない盟員の皆さま、現実の韓国を自分自身の肌で、感じとって来てほしいと思います。そのためにも、ぜひ祖国の歴史を多く学ぶべきではないでしょうか。

（李　ヒロ子）

## 編集後記

韓青安芸支部執行部も、一九六七年度の大半の行事を終え、来年四月まで二、三の年中行事を残すのみとなりました。韓青の仕事も一段落したせいもあって、安芸韓青七号の発行にあたっては、スタッフ一同は以前とちがって幾分落着いて編集にとりかかることができました。しかし、安芸韓が発行を重ねるごとに、なんとなく社会的責任を感ずるようでございます。したがって慎重に編集するようになったこと、偽わらざはる心境でございます。今後とも皆さま方のご批判をいただくことができますれば幸せこの上ございません。

在日韓国青年同盟
福岡県本部
福岡市明治町1丁目13番地
(43) 7465
編集人 姜 泰浩

**綱 領**

1. われわれは、在日韓国青年の総力を結集し、祖国の完全なる統一独立の為に献身する。
1. われわれは、すべての非民主々義的勢力に反対し民主々義の正しい発展と実践のため努力する。
1. われわれは、心身を鍛錬し教養を高め、友邦諸国の青年と提携し真正なる平和の建設に寄与する。
1. われわれは、在日韓国青年の民族意識を高め、在日居留民の権益擁護のため全力を尽くす。

# "韓青福岡県本部結成さる"
## 金宰淑中央委員長参席される

福岡県内において、待望久しかった韓青福岡県本部が三月二十三日福岡韓国会館大ホールにおいて百二十名の盟員参加のもとに開催された。この県本部結成のための推進力である。韓青福岡支部の努力の結実であり、又県内在日韓国青年の民族的自覚の向揚であり、我々在日韓国青年使命感を各盟員が自覚出来たと信ずる次第であります。開会は午后一時より、準備委員長梁正雄君の力強い経過報告の下に、金宰淑中央委員長の祝辞各界から祝辞のうちに、活動方針、予算案、役員選出と約三時間半に亘る熱のこもった、意見交換のうちに閉会した。ここで新委員長に梁正雄君が選出され、新委員長の抱負として、福岡県は、全国的に比べて、学習、特にヴリマルを理解している人が少ない。又在日同胞の権益擁護である、法的地位問題にしても、これらの学習が遅れている点を指摘し、この点を今后重点的に研究してゆきたいとのべ、第二部に入って、女子部の手料理で作られたサンドイッチ、コーラで祝盃の下に無事結成大会を終えた。

在日韓国青年同盟福岡支部結成式
(本部結成の推進力となった支部結成時写真)

委員長 梁 正 雄

去る、三月二十三日韓国会館に於いて、在日韓国青年同盟福岡県本部が結成された事は、私たち青年にとって大変喜ばしい事であります。

しかし、私たち青年にはこれからやって行かなければならない問題が沢山あります。私達には、これから県下及び全国の韓国青年とより多く交わることは勿論のこと、一致団結し、日本社会に於ける韓国人としてのいろいろな問題と戦わなければなりません。

その一つに法的地位問題がありこの問題は在日韓国人に対する自由・権利を今ですら束縛されているのに、今国会に提出されるこの「出入国管理」が改悪されると今以上に自由及び権利が束縛されることは目に見えています。この問題は私たちにとって重要な問題であります。この「出入国管理令」改悪のために、昨年十二月二十九日「出入国管理令」違反を問われた同胞、金賢成氏が大阪入管で抗議の焼身自殺をしました。この事件は単に金氏個人の問題にとどまるものではなく、在日韓国人の大きな問題でもあり私たち青年と一般団員が一致団結して解決しなければならない大きな問題であります。

もう一つは祖国韓国に於いての勝共絶一の問題……

北韓共産カイライ集団は最近韓国国内に武力で統一をはかろうとしています。この事に関しては皆様も御存知だと思いますが、去る一月二十一日ソウルに突如として起こった北韓カイライ武装隊侵入事件は、世界中の人びとの耳目をひきました。それは侵入した三十一人の武装ゲリラ隊が北韓カイライ正規軍の将校たちで、その目的は大統領官邸の襲撃と朴正熙大統領の暗殺だったからです。この様に金日成を党目とする北韓は武力統一をはかろうとしています。これらの問題は私たちが解決しなければなりません。この様な大事な時期に私が委員長に選出されることは、非常に光栄に思っています。

最後に……盟員の皆さん一人でも多く参加し、一人でも多くの友を得、青年の意志を友映される韓国青年同盟福岡県本部を育て上げよう。

## 新執行部

| 役職 | 氏名 |
|---|---|
| 委員長 | 梁正雄 |
| 副委員長 | 姜東俊 |
| 〃 | 柳渟烈 |
| 〃 | 尹正富 |
| 総務部長 | 姜泰浩 |
| 〃 次長 | 張喜悳 |
| 組織部長 | 姜東俊(兼任) |
| 宣伝部長 | 高秀吉 |
| 文教部長 | 元昭三 |
| 体育部長 | 尹友政 |
| 福岡担当部長 | 白洪成 |
| 〃 次長 | 崔永洙 |
| 女子部長 | 李松子 |
| 〃 次長 | 柳順子 |
| 〃 次長 | 金善子 |
| 〃 次長 | 権寧順 |
| 監査 | 高判根 |
| 〃 | 梁七峰 |

総務部
o事務体系の明確化
o全国各組織との連絡強化
o各会計事務全般
oその他の部に属さない事務

組織部
o各支部の結成(本年度内二支部)
o潜右盟員の獲得

文教部
o国語強化
o法的地位問題研究会の設置

宣伝部
o機関紙韓青福岡の発行 毎月一刊
o宣伝活動全般

体育部
o野球部の強化(対外試合の増加)
o卓球、サッカー部の編成

女子部
oサークル活動の強化

## 年間活動方針

| 月 | 活動 |
|---|---|
| 四 月 | 野遊会(文教部・宣伝部) |
| 五 月 | 国語強化合宿(文教部・宣伝部) |
| 六 月 | 映画祭—福岡地在・北九州地在(組織部・宣伝部) |
| 七 月 | 九州地在夏期講習会—西日本地在夏期講習会参加(総務部) |
| 八 月 | 光復節—納涼会(体育部・女子部) |
| 九 月 | 幹部研修会(組織部) |
| 十 月 | 体育祭(体育部・宣伝部) |
| 十一月 | 幹部研修会(組織部) |
| 十二月 | クリスマスパーティー(女子部) |
| 一 月 | 成人式(組織部) |
| 二 月 | 全国冬期講習会参加(組織部) |
| 三 月 | 大会・文化祭 |

## 第一回韓青福岡支部大会

福岡県支部大会風景

県本部結成に、さきがけて支部大会を行ない支部委員長姜東俊君の活動報告、会計報告を行ない、苦しい一年間の同盟活動を無事に終え、所に同盟発展に寄与すると、力強い挨拶のうちに終えた。

委員長 梁正雄

全羅南道出身 一九四三年生

一口で要約すれば、彼れは行動を主体とした行動派であり、家庭には、愛妻と二女がおり、これからは、同盟活動と家庭と両立すべき、生活設計を計っております。

副委員長 姜東俊

慶尚北道出身 一九四六年生

前福岡支部の委員長として果して来た功績は大きく、現委員長に輪をかけた行動派である。彼れは四月末には、挙式の予定である。

副委員長 柳澤烈

全羅南道出身 一九四七年生

彼は、はえぬきの組織人である？幼ない時から民団内に関心を持ち、又民団で三年ほど勤務し、現在は、本職である建設業の仕事に多忙であり、そのかたわら同盟活動を行なっており、彼れも又、行動派の同志である。

副委員長 尹正富

一九四五年生

彼れは、東京生活を二年ほど過し福岡にきたばかりで、彼れのもつ、センスをこの同盟に発揮して貰いたい次第である。

総務部長 姜泰浩

慶尚南道出身 一九四四年生

ニヒルな笑いから出てくる人間味はこれ、またニヒル的味わいをもっている。彼は強烈な自己精神を同胞の青年に問題を投げうって組織化に邁進している一青年である。

彼、最近は結婚の二文字にきわめて意識的に行動している。

宣伝部長 高秀吉

済州道出身 一九四八年生

彼は、非常に素直な青年であり、その反面一つの仕事に対して、最后までやりぬくという、根生の持主である。同年輩の中において信頼されており、将来に期待出来る青年である。

文教部長 元昭三

慶尚南道出身 一九四四年生

彼は、非の打ちどころのないほどの真面目人間である？又彼ほど文教部長という職務を遂行出来る人材は福岡において彼れ以外にはいないと思う。教育面において、強力な政策が展開されると確信する次第である。

体育部長 尹友政

慶尚南道出身 一九四五年生

彼は、ムード的派であり、彼れ自身から湧き出るムードは、韓青内においても、貴重な存在である。又彼れは、体育部長として大いに活躍するとファイトを燃しております。

福岡担当部長 白洪成

慶尚北道出身 一九四九年生

彼は、明朗活潑な性格で、自からその場に溶込んで行こうとする気持が皆から、一層親しみを感じさせる青年である。

女子部長 李松子

慶尚 道出身 一九四八年生

彼女は、よく韓青を理解しており、女子部の育成という大きな仕事をかかえており、彼女に期待する次第である。

## 総務部長 姜泰浩

福岡県において、韓青の県本部が結成され、私もその一員として、加えられた事に、重い責任を感ずる次第であります。この県本部結成の母体となった、福岡支部において、当初は、総務部長、無任所部長、女子部々長といろいろその職務を転々としましたが、私なり十分に活躍も出来ずじまいであったが、その成果は、結実されたと信ずる次第であります、私も本来が民団に籍をおいて勤務しており、時間的制限も、多少ありましたが、民団々長初め、皆様の理解をいただき活動出来た事を、この紙面をかりまして御礼申し上げます。さて本題に移り、この在日韓国青年同盟福岡県本部という名の下に、県下在日韓国青年は結集しなければならないという事を強く要望する次第であります。それはなぜか、これは皆様にも考え下さい。私たちは、日本人でもないのに、なぜ日本に住んで生活しているのでしょう、本来ならば、当然祖国大韓民国の地に生れ出て来るのではないでしょうか、それは、私達が生れ出て来なかった時、日本軍国主義によって、私達の祖国韓国は、日本によって植民地化されたからです。それも三十六年間という約$\frac{1}{3}$世紀以上、民族的悪追を受けて来たのであります。その当時日本は、大東亜圏という、日本を頂点に置き、東南アジアにもその勢力を伸ばさんが為に、第二次大戦に突入して行き、我が民族を、その戦争目的遂行の為に、重労働、兵器生産労働又兵員として狩り出された次第である。その当時日本に、強制的に連れてこられたのが、私達の父母、祖父、祖母達である。その結果が、私達である。終戦后二十四年を経んとしている今日においても、日本人においては、我々韓国人をケイベツした態度があり、日本政府においても、同化か追放かという政策の下に、我々民族の主体性まで、うばい取ろうとしているではないか、我々はここに住みたくて来たわけではない、日本に生まれたくて生まれたものではない。しかし、この異地において、我々同胞六十万は、日本において、いろんな悪条件の下によようやく生活基盤を作りつつあると思っています。しかし一部の同胞は、身分の上の保障もなしに、その日その日を不安で過しているのが現情であると思います。又日本政府においても、在日同胞を悪追化せんために、出入国管理法を改正しようとする動きがあります。要は！在日韓国青年は、我々在日同胞の権益擁護、民族主体性を在日韓国青年は団結して、どこのだれからも奪われる事のない様に、死守しなければなりません。又民族的責任と連携を保持する事によって、在日韓国人は、安心して生きてゆけるのではないでしょうか。

又日本という外国で生活している私自信も、一度しか本国に帰っていません。しかし、初めて見た韓国に対して望郷の念に悩まされるのは、やはり民族という血のなにものもないと思います。又一末の淋しさもかくせません。

祖国韓国は、日進月歩近代化されております。又北韓武装スパイでも悩まされておりますが、国民一体となって、明日の発展のために邁進している。その姿を見るにつれ、私自身もその隊列に加わって祖国発展え寄与したい気持が湧上って来るのは、どうしようもありません。しかし、日本において、在日同胞の諸問題解決という大きな仕事が残っております。この問題の下に、微力ながら協力致したく思います。明日の韓青発展のために、皆様と共に活動しましょう。

## 躍進

体育部長 尹友政

陽光の下で手を一杯広げる若者達、明日への希望を胸一杯吸い乍ら混りけの無い純粋な空気をそれは若者達が期待していたものであろう。去る県大会において体育担当になりまして多いに喜んで居ります。今、私はこの担当部門をよりよく発展、且期待を添える為には、「各県対抗試合」を行ない、より多くの同胞と親しくなる事を望んで居ります。

幸にも野球道具一式も支部の御好意に依りそろいましたが、私は男女区別なく女子部員達にも大いに参加してもらう為に、他のスポーツ用具も申請するつもりで居ります。

体育予算年間、拾五萬円（まだ未決定）を一応請求している。各クラブを養生し得るものと確信している次第であります。先ず初めに、各執行部に協力願い、山口県下及び九州全域に対抗試合を申込む次第で有ります。

行く行くは中央地域と対応出来る様に発展すると思います。その為に先ず福岡県下の韓青盟員をより多く集め、その中から有望な新人が出て来るのを期待している。その為にも同胞諸君等が韓青行事の有る度出席される事を偏に念願するので有ります。幸に年間行事も増え諸君達も会える機会が多くなりますが、私は多大なスポーツでの盟員同志の交際を望んで居ります。女性の声援を背に受け、ポジションに入る。又女性は男性のアドバイスを受け、技を競う。いいじゃ有りませんか！「カッチョイイ」。私はこの互に助け合うというこの部門体育を担当し、非常な熱意と闘士を持って居ります。

他の執行部と共にやりますので盟員諸君と共に明日への韓青の為に前進しようでは有りませんか、最后に民団諸先生及び御家族の皆様の御協力の程願います。

## 明日がある‼

文教部長 元昭三

私はあるときにこんな場面に出合いました。そる外科に治りょうを受ける為に待っていると、入口の所で急に大きな声がして、若い男の人が「この馬鹿たれがボヤボヤしとって人が忙しいのに……」とぶつぶつ云いながら薄よごれたハルメがはうようにして入って来た。待っている人達と共にぼくも総立ちになった。ハルメは足を血だらけにして、一緒に来た男に「センセセンセスミマセン」と云いながら、はいまわっている。立って歩くことが出来ない。待っている中の一人が「何んだ朝センカ‥‥」と云ケイベツのマナザシで見ている。どうやら男の人は福祉事務所の人のようだ。

人も看護婦も皆たゞ見ているだけである。誰一人手を貸して上げようとするものはいなかった。ぼくも何とかしてあげなければと思いつつ勇気が出なかった。ぼくはそれから帰った。つらかった。心がはりさけるようだった。なさけなかった。

せめて抱き起しまでは出来なくとも声位かけることが出来なかっただろうか。

人が（日本人）が見ていたから出来なかったのか。看護婦が横にいたのでやめたのか、うすぎたないハルメだから出来なかったことはないはずである。

私生活においても韓国人と知れるのを恐れ、商売にも差しつかえる事を先に考える。かんじんのぼくは韓国人であると云うことは知っていて隠したがる。全くなさけない話しだ。

何故に恥しいのか、何故に隠したがるのか、同じ飯食ってどこが悪いのか。

ぼくには韓国と云う国があるのだ。国は小さいが決してひけは取らない。

もっと自分の国を知り、自分の今置かれている立場をよく認識する必要があるようだ。

## 今月の行事案内

- 四月 六日 韓青若松支部花見会、畑貯水池にて会費参百円
- 四月 六日 民団福岡市部、婦人会、韓青共同主催の花見会、西公園、午前十一時より、弁当むしろ、飲物は各自持参する事。
- 四月 六日 韓青山口県本部定期大会
- 四月 十日 法的地位要求貫徹闘争、全国一斉ビラ配布
- 四月十三日 民団福岡県本部定期大会 博多パラダイスにおいて午前十一時
- 四月十八日 全国韓青中央決起大会、法的地位要求貫徹運動
- 四月二十日 韓青福岡県本部主催野遊会 甘木秋月において、会費六百円、午前九時半県本部集合
- 四月二八日 月例執行委員会、六時半
- 四月三十日 韓青若松支部国語講習会開始

## 幹部研修会案内

場所　未定
会費　¥2,500
日時　1969年5月2日午后7時半集合
　　　1969年5月4日午后3時解散
参加人員　30名

在日韓国青年同盟福岡県本部
文教部長　元昭三
宣伝部長　高秀吉

## 北九州地区にて若松支部誕生す

去る三月一日北九州市若松地区において、在日韓国青年同盟若松支部が結成され、参拾名の盟員参加でもって結成大会が行なわれた。

新執行部名単

委員長　崔守煥
総務部長　劉泰鐘
組織部長　権栄浩
〃次長　金尚洙
文教部長　朴重基
〃次長　尹光男
宣伝部長　金萬福
〃次長　崔宰煥
体育部長　洪鶴光
〃次長　尹春男

住所　北九州市若松区浜町二丁目十五番二号
電話　(〇九三)七六ー一七〇七

## 「民団福岡県本部定期大会開催さる」

去る四月十三日博多パラダイスにおいて定期大会が行なわれ、文団長が勇退し新しく張団長が選出された。

新役員名単

団長　張翊和
副団長　権赫斗
〃　曺俊煥
議長　趙景行
副議長　朴八岩
〃　李権一
監査委員長　朴奉允
監査委員　宣虎釆
〃　韓相泌
事務局長　金相烈

## 大牟田支部韓青結成準備委員会結成さる。

去る四月二十五日、大牟田支部において下記の通り準備委員会が結成出来ました。

準備委員長　馬判根
準備副委員長　姜好中
〃　秋来根
準備委員　秋漢錫
〃　鄭東秀
〃　崔徳好
〃　安承徳

以上において四月二十九日午后六時三十分結成大会が行なわれる。

## 大村収容所からの便り
# "余りにも残酷"

在日韓国青年同盟殿

拝啓

誠に申しわけございませんが、私の事情から何か良策はないものでしょうか。法務省へ嘆願書を提出しましたが、こちら（大村収容所）に来て始めて知ったのですが非常に厳しい状況で一年以上もいる事にビックリしました。入管法とはこんなに厳しく、事情もまったく考慮されずに、即時強制退去令を受けるとは全く私たちは知らずに過して来たのです。またこの中で三年近くも法廷斗争している人がいるのにはまたビックリしました。

社会の人に頼む事が出来ない、近親のいない実情で失礼ながら、一度、貴本部から調査にこちらに来て事情を聴取して下さい。

東和新聞、一月十七日付の記事を拝見いたしました。私たち在日同胞のために活動なさっている事を読み、この文にて私の窮状を訴えてみようと思いついたのでございます。

私は、天涯孤独の戦争孤児だったので、自分が韓国人だと今まで意識しませんでしたが、ここに来て悟らされました。誠に恥しい事で不名誉な事ですが、一時、刑事事件の為に、三十七年十月に外国人登録を返して出国して、三十八年三月、再び入国（不法入国）したそうです。

この事が原因で、不法入国罪に問われて現在出所と同時に強制退去になっているのです。私は、五年間初科刑務所で真面目に服役して、過去の罪を反省して仮釈放の恩典で出所すると同時に、三十五年間も住んでいた日本から追出す事は、私たちのような立場の人には余りにも残酷です。

妻は、病弱な幼な子を抱えて再婚もせず私の帰りを待ち、女手一つで細々と内職で生活保護も受けずに自分の力で暮らして来たのです。

私は、兵庫県で生まれ小学校五年の時、第二次世界大戦の本土空襲で家を焼かれ、また当時、父親は日本の軍需工場に徴用工として働きに出されたまま、帰って来ませんでした。被爆で母や兄弟は死亡、行方不明になったので、当時大阪にいた叔母（すでに死亡）に引き取られ苦労の中で育ち、教育も受られずに成長しました。既に今日の私がここにいる事は当然の結果で、このような私を日本から追出す事は、文字、言葉もわからず生活盤もない、まして親兄弟もなく、知人縁者のいないものには死を宣告するに等しいものです。また、私を退去させる事は、私が帰るのを先天性の心臓病に病む子をかかえ千秋の思いで待ちわびていた妻にとってあまりにも残酷で私たちの小さな家庭を破かいすることです。

何回、何十回も何年も、ここで東京の法務省入国管理局へ哀願する事が、特別在留許可を貰えるものだと聞いておりますが、それも遠方で経済的に恵まれない私には不可能な事です。また、一年以上も二、三年嘆願を続けても最後は結局送還されるときいています。

このようないきさつから事情を推察して何らかのお力添えをしていただけないものでしょうか、事情をお調べの上、よろしくお取り計らって下さるようお願い申し上げます。

一月二十七日

大村収容所から　H記

# 入管での自殺事件
## 故人の死を無駄にするな

大阪入国管理事務所の収容所内でひとりのわが同胞が、韓・日両国の為政責任者あてに遺書を残して自殺したという事件は、われわれ在日韓国人の法的地位ならびに処遇問題と深い関係があるだけに単なる自殺事件として見過してしまうわけにはいかない重大な社会性をもっているといわねばならない。

旧臘　年もおしせまった二十九日、不法残留のかどで入管に収容されていた金賢成という一同胞が全身に石油をかぶって焼身自殺をはかり、病院に収容されたが翌日ついに命を絶った。

自殺者金氏は、技術者として南ベトナムに派遣されていたが、本国の家庭に不幸があって一時帰国し、再び南ベトナムへ赴く途中日本に不法滞在をしてしまったらしい。

さて、なぜ彼は遠い異国の留置場で自から生命を絶たねばならなかったか？、そしてはたして死を招いた理由はなんであっただろうか？、われわれはそこに注目しなければならない問題があるものと思われる。

金氏は、五十余日間の収容中に特別在留の許可を嘆願したが、にべもなく断わられ、法の冷酷さに泣いた。強制退去令が押しつけられて自費帰国を申請し、その帰国準備のための仮放免申請も、保釈金がないために許されなかった。これらの冷くも厚い入管法令の壁は、金氏自身ばかりでなく多くの在日韓国同胞たちのまえにも同じく立ちふさがっていることを知った。そして日本の非友好的な対韓態度も身をもって悟った。そこで金氏は、死をもって日本政府に抗議し、自分一人の犠牲が全韓国人の地位向上と韓日両国の親善増進に役だつならば有意義に思うという為政者への警鐘の意味をこめた遺書を残したのである。

彼が残した遺書は、朴大統領と佐藤首相への手紙のほかに「わたしの祖国コリア」という一篇の詩などであるが、自殺を決意してのものか国家や国民を思う至情にあふれている。朴大統領へは、在日同胞の法的地位は名ばかりで実は不安定のものであり、一日も早く政策面で解決されんことを要望しながら、国家永遠の発展を祈るとともに、自分自身が犯した国威の損傷についても謝罪を忘れていない。同じく佐藤首相へは、過去韓国に対する日本国民の無反省が対韓認識の過誤をまねき、その結果が今日の在留韓国人処遇に影響をおよぼしているのではないかと現実を指摘しながら、日本の道義心の低さをついている。そして最後に在留韓国人の実態をみきわめた下で正当な処遇を望みつつ韓日両国の友好親善の増進に一層努力してほしいと切々に訴えている。

たしかに自殺者金氏の生前の行為は、祖国政府に対する約束を守らなかったものであり日本の法律にも違反しているから、違法者には違いない。だが、死人に鞭打つべきでなく、彼のその行為を責めるまえにわれわれは、彼を死に追いやった原因や環境に目をむけなければならない。

大阪入管当局者の語るところによると、平常は全庁舎を暖房しているが年末年始の休暇のため暖房を止めて収容室に石油ストーブを入れたとのことである。日本のすべての官公庁もそうなのか？。被収容者が韓国人でなく自国民の場合どうしたであろうか？。警察の留置場などはいかなる方法で寒気を防いでいるのかは知らないが、職員の不在中は暖房を止める自体が同じ人間を差別したことにならないだろうか。自殺者の金氏が指摘したとおり日本人の韓国人に対する無意味な優越感情が — 唾棄すべき差別意識が、こういうところにも作用していないと断言できるであろうか。

特別在留許可も不許可になった。自費帰国のための仮放免も保釈金がないために駄目になった。深い愛情に結ばれて一生をともにしようとした女性との人生の夢もこわれ……………。すべての望みが切れて逆境におちたところへ石油ストーブという死への道具が舞込んできたのである。

いまさら事件を追跡してみたところで仕方がない。要は、金氏の死が無駄にならないよう、そして彼の遺志が生かされるよう為政当局者の誠意ある配慮を望んでやまないと同時に故人の冥福を祈るものである。

楽しいフォークダンス

韓日親善ボクシング試合
福岡大学において

県本部結成第2部祝賀会風景

# 「特集」

# 韓青の活動

平尾台に集う青年

結成式第二部女子部
舞踊披露

第一回福岡地区夏期講習会
溪仙荘

第1回福岡地区夏期講習会　溪仙荘

第一回韓国映画祭の夕べ
明治生命ホール

映画祭会場風景

さあ、うまくとおるかな？

第1回体育祭風景

無事体育祭を終えて

婦人会・女子部による舞踊

五・一六革命記念式典参加時
南山八角亭

## 編集后記

今回韓青県本部結成に際して、広く盟員及び民団団員の皆様に、我々の関係ある身近な事から記事として載せ在日韓国青年同盟は何んであるかを広く伝達してゆきたいと思っています。過去韓青福岡支部においてハンチョンウォルボを発刊して多大の好評を得ております。今回より題も「韓青福岡」というタイトルのもとに、県下の出来事を、出来るだけ多数掲載したいと思っています。又この韓青福岡は、県内において唯一の機関紙でありますので、在日韓国青年の主張、を強く打ち出し、青年の力の総括集としてゆく積りであります。皆様からの多数の投稿をお待ちしております。在日韓国青年として建設的な意見等、又詩、随筆を寄せられん事を祈りつゝ、編集后記といたします。

（T・H・K）

意見、投稿及び詩、随筆等の送付先

福岡市明治町一丁目十三番
福岡韓国会館内
在日韓国青年同盟福岡県本部
韓青福岡編集部
TEL (四三) [illegible]

明日の民族をになう成人式風景

発行所
在日韓国学生同盟
中央機関紙
文京区春日2丁目20
電話(813)2261
発行人 梁東準
編集人 編集委員会

一、吾らは、自由なる思想と創造的精神をもって学術を錬磨し、真理を探究せん。
一、吾らは、祖国統一と独立を確立し、民主国家と均等社会建設に尽力せん。
一、吾らは、相互親睦を図り、高尚なる人格と進歩的精神をもって世界人類の文化向上に貢献せん。

# 民族民主の砦を築くために

## 着実な成果の上に力強く前進しよう！

### 法的地位要求貫徹にむけて

韓学同は、昨年九月後期活動を開始して以来創造的な日常活動の再開と諸行事の遂行を多くの盟員の主体的かつ真摯な参加の下で着実に展開してきた。現在、われわれは過ぐる一年間の成果を土台として、新しい体制にむけて着々と準備、結束し飛躍的な発展にむけて隊列を整えつつある。なかでも在日僑胞に不安と疑惑をまき起こしている法的地位問題に対しては、後期活動開始と同時に強力な学習ならびに啓蒙活動を通して、その反僑胞的、非権利的な内容を暴露し警鐘を打ち鳴らしてきた。そしてわれわれは民族の正当な権利を回復すべく、法対委を中心に運動を正揚しつつ、全国各地で広汎な要求貫徹の闘いを起こさんとしている。

その意味で、われわれは今一度後期活動の経緯をたどるなかで、正しい評価と厳しい批判を加えていき、民族民主の砦建設にむけて強じんなる弾圧と理念に武装されつつ力強く前進していかねばならない。

### 中央委員会

### ガーデンパーティ

### 歴史講座

### 光州学生記念

### 兵本文化祭

### 黎明祭

### 総合文化祭

### 京都文化祭

### 新年会

### サークル会議

### 女子部合宿

### 三・一節記念集会

### 四月の声

### 雨ニモマケズ

## 主張

# 僑胞史の正しい認識と展開を

# 東海本部再建へ

## 新委員長に文孝益君

### 大阪委員長に慎桂範君

### 兵庫委員長に林威申君

### 京都委員長に金隆夫君

### 後期活動日誌

## 本国情勢

# 大統領選挙目前に

### 保守野党の統合

### 新民党の性格と問題点

### 苦悩する共和党

### 革新との大連合の可能性

### 前回の大統領選挙

### 朴政権への批判

### 今後の見通し

# 正当な権利を我々の手で
## 総合文化祭

広く僑胞各界の代表を招いて、法的地位に総合的な批判と検討を加えたティーチ・イン。

### 第一日（十二月十日）

▼〈開会式〉十二時過ぎ、第一会場の出版健保会館において全国百名以上の学生参加の下で文化祭の火ぶたが切られた。開会式にあてられた体育講堂の前面には「築け！民族の砦を、打ち鳴らせ！権利の鐘を」――正当な法的地位獲得のためにとの象徴的な文化祭スローガンが力強く掲げられると共に、両脇には韓学同の飛躍的発展と法的地位要求貫徹闘争の任務をうたった情熱的な標語がどっしりと貼かれている。周囲の壁には各研究会の研究成果や法的地位要求貫徹の写真それに各地方本部文化祭の総括が展示された。開会宣言来賓祝辞に続き、実行委員長の裵東準君が立ち、次のような挨拶を行った。

「……韓学同の基本的任務である僑胞学生への民族教育、それに裏打ちされた民族権益を擁護する先頭的役割を確認し、この場を通じてはじめて僑胞学生の民族的主体性が正しく確立され、祖国韓国の健康で明るい未来に参与しうる道がかなえられる。現在の法的地位問題についても、民族の主体者として真剣に取組まねばならない重要な課題であり、我々は自らを認識し韓学同運動の果すべき輝しい役割をはたして いかねば なりません……」。

▼〈記念講演〉一時からは、民団中央委員且つ僑胞史を研究している鄭哲先生による講演で、日本政府の在日韓国人政策と韓国的立場に立つ民族運動の歴史を核とした「韓日条約妥結後の民族陣営の動態」のタイトルで一時間余にわたって記念すべきテーマを熱烈に講演していただいた。内容の要旨は、一九四五年八月十五日我が民族が解放されて以降、四八年四月二十四日のアイケル・バーカー将軍の帰国命令声明、四九年八月の朝連と民団が対立した下関事件、四九年十二月の朝連・民団による共同委員会を破壊した民族闘争宣言、五十年に勃発した六・二五動乱にみられた滅共運動、五三年頃までに衝突は終末を告げたが五二年には皇民化運動のはじめといわれた仮政府事件、五四〜五六年の統協時代、五八年に成立した日韓文化協会（皇民化運動のチャンピオンともいうべき団体）五九年六月十七日の自由党政府不信任宣言等々の解放以後のめぐるましい歴史の潮流は一体何を意味するのだろうか。一言で云うならば、日本政府の在日韓国人に対する分裂、孤立化政策の一貫した方針の産物であり、全く在日僑胞の歴史的由来を無視した民族断圧の徹底的な実施の連続である。それに対する我々の民族陣営の運動は充分に成長してこなかった為に民団の実体をより究明しなければならない。特に、条約妥結後における民族陣営の動態は「民族運動不在の民族陣営」であろう。我々は早急に体勢を整え事態に対処していかねばならない。

▼〈分科別学習〉記念講演が終った二時半、オリエンテーションで文化部長から今後の日程や注意事項に関して詳細な報告を受け直ちに韓学同の各研究サークルの分科別学習会がそれぞれ行われた。

（歴史分科会）韓日条約締結以後一年余が過ぎた今日、民生安定の失敗、ベトナム派兵、三星密輸等混迷は続き、困難な時期にしばしばみられる民族虚無的、事大的、宿命的風潮が一般化する危険性がある。我々が歴史を学び歴史について語る時、何よりも正しい民族伝統を明らかにし、諸矛盾の傾向を打破し、主体意識を明確にせねばならない。我が国の歴史研究の浅さ、未熟さを脱すべく、韓国史における論争点をその近代史にスポットをあてて取りあげながら歴史観における主体性の確立を目指し「韓国史における論争点」というテーマで、歴史研究会のメンバーが中心となって作成した資料（1）韓国史をどうみるか？（2）日本統治期間の性格は？（3）日本の韓国侵略史の三点にわたって論議を行った。

（文芸分科会）文学を研究することは、一般的には文学本質の追求と人間社会の哲学論的解釈に分けられる。しかし、在日僑胞はまずもって韓国文学を知る必要があり文化祭においては、「韓国文学の流れ」という名の下に、韓国文学を分析した。当分科会は、韓学同の日常的文化サークルとして設置された文学芸術研究会が主宰するもので、現代小説二篇及び詩四篇を文学作品集にまとめて発刊した。又、韓国文学を理解する為に新進気鋭で非常に注目されている徐基源氏をお招きし、我が国文学の歴史と問題点を一時間余にわたって講演をしていただいた。四・一九以後の文学の変革、新しい波が提唱され、虚無的、観念的・封建的思想を打破して社会参加の必要性が大きく叫ばれてきた。純粋文学と社会的文学の対立は、むしろ前者の方が強く、未だ文学がスタート線上で徘徊しているのが現状で、韓国が政治的に置かれた特殊性の分析と新しい段階へ脱出すべき時点にさしかからねばならない。

（女子部分科会）韓学同の女子部では、「韓国女性運動史」のタイトルで文化祭会場に展示すると共に機関紙「女性」を創刊した。女性運動史の研究は、今まで皆無といってよく資料不足に悩まされたが、近世から近代に至る典型的な女性像を描出、例えば李朝后将軍の母、三・一運動における女性達、柳寛順と不滅の独立精神などを歴史的、伝統的遺産として学びそのなかから私達（韓国、韓学同）の今後についても語り合うことができた。

（時事問題分科会）「法的地位を分析する」のテーマで、資料を中心に徹底的に学習を深めた。昨年一月十七日から発効した法的地位協定があまりにも大きな問題を露出させている現在、再度在日韓国人の全体的問題、既ち歴史と歩みを深く掘り下げた。第一に在日韓国人の歴史的背景を解放前と解放後に分け、第二に在日韓国人の法的地位の変遷を①韓日併合から解放まで②解放から平和条約発効まで③平和条約発効から韓日条約締結後にわたって、第三に「在日韓国人の法的地位及び待遇協定」の内容と問題点、第四に永住権申請の現状と四段階にわたって各担当者からのレポートとそれに対する質問形式及びディスカッションに依って法的地位を分析した。

▼〈韓学同小史―法的地位運動を振り返りながら―〉一昨年三・四月に最も昂揚した「法的地位要求貫徹闘争」が韓日条約早期妥結という圧倒的強権の前に押し切られて、今日の情勢をみる時、過去のわれわれの要求貫徹闘争が正しかった事は動かすことの出来ない事実となって証明されており、当時われわれが憂慮した在日韓国人に対する「差別と圧迫」は日増しに強められてきている。現在にあって、この韓学同史特に法的地位要求貫徹闘争を中心に振り返りながら、当時の運動の主体的反省と総括を行ない、同時に「法的地位運動」のもつ民主化闘争としての意義づけを試みた。講師に韓青組織部長を迎え、六時半頃から体育室で始められたが、法的運動が先ず在日僑胞の必然的要請と韓学同、韓青同の主体的参加の下で大衆的にかつ果敢に展開されたこと。次に闘争の戦跡を三月の運動を軸に六月二十二日の歴史的本調印に至るまで徹底的に跡づけたこと。そして、現在われわれが表明した不満が顕著となり、新たなる貫徹闘争の客観は必至で、要求貫徹闘争の延長上に立たされている。以上に亘って八時過ぎまで熱烈に述べられた。

▼〈ドキュメンタリー映画―要求貫徹闘争〉八時半から場所を宿舎のオリンピック会場に移し、記録フィルム上映することにより講演の内容とともども当時の情況がこの目で確められ一更運動への再認識をしたといえよう。

▼〈班別討論〉この後九時過ぎから十班に別れて、記念講演・各分科会研究・韓学同小史とドキュメントフィルム等々を総括すべく遅くまで研究討論を行い、韓学同運動の役割と今後についても真剣に論議が交わされた。

### 第二日（十二月十一日）

▼〈ティーチ・イン「法的地位問題を考える」〉

第二回総合文化祭の主要企画の一つでこれまでになかった画期的な試みである。今般総合会の最も焦点の問題である「法的地位問題」をテーマに、民団中央代表は民生局長の[illegible]氏・法的地位対策委員会からは[illegible]委員長・韓青代表は[illegible]委員長・有識者からは裵東湖氏・婦人会代表は婦人会の[illegible]総務部長・韓学同から中総の情宣部長の[illegible]君と[illegible]の三名と広く僑胞各界の代表を招いて総合的な批判と検討を加え、問題の所在を明らかにしながら我々の果すべき役割と具体的な対策について一時から三時過ぎまで熱っぽい論議がかわされた。次は発言の要旨である。

（法対委）韓日条約成立は既成事実であるのでこのワクの中で闘争を進める。待遇対策については日本人と同権利の日本居住の保障を確立する為 住権闘争を中心に説く。現在の課題は、本国政府に在日僑胞の実情を認識させ我々の立場を知らしめること、日本政府に対しても、条約成立前と変わらない硬化した態度を示しているのでこれに対しても断固要求していく。そして民団は全ての力量を法的地位問題に注いでいくことが要請されているし必要である。

（民団中央）民生局長から永住権申請の現状について、新しい報告がなされ、いかに権利が侵われているか具体的な実例を示しながら説明された。

（有識者）韓日条約そのものの検討が必要で、その歴史的背景・我々の現状・今条約からくる将来性等を条約は基本としていない。両政府が韓日条約を大衆の利益を代表する意味で締結されたかを問うべきであろう。今後の方針としては、韓日条約の他の協定に関しては共同委員会が両国によって設置されているが、重要な人間の権利を取扱う法的地位協定には共同委員会が存在していないのでこれの設置要求を行う。又、学生及び僑胞が団結していくことによって我々自身の手で主体的に法的地位問題を是正していくことは緊急課題である。

（韓青同）法的地位協定をめぐって現実化しつつある諸問題は、既に韓日交渉の進行過程で明らかにされていたもので、韓青は果敢な闘争を展開してきた。六四・五年度の韓青が組織の全力をあげて闘った法的地位要求貫徹闘争の正当性が再認識されつつある。各地での法的地位問題の真剣討の機運は日増しに盛り上がり学習討論会を一層強化し僑胞権益擁護を展開していかねばならない。なお、明けて一月十・十一日両日の民団第九回中央委員会において韓青建議案が次のごとく提出された。1民団は法的地位問題に組織の全力量を集中せよ！2法対委を全国的に設置して挙団的に運動を展開する体制を整えよ！3法的地位韓日共同委員会を実現させ、民衆を代表できる僑胞代表を参席させるよう強力に推進すること」以上

（婦人会）法的地位問題が[illegible]を宣しているのは明らかで、今後どのように対策を組んでいくかについて韓日条約そのものから入るか法的地位問題から迫っていくかの二種類考えられるのではないか。婦人会は、皆さんと共に待遇問題についても、或いはその他の法的地位問題についても積極的に主張していく所存である。

（韓学同）法的地位問題についても韓日条約と抱き合わせて考える必要があり、妥結前における本国の学生・市民の果敢な反対運動、日本においても我々在日僑胞学生を中心に熱烈なる民衆運動は記憶に新しい。特に韓学同は、法的地位要求貫徹闘争を先頭的役割をはたした部分として、現下不安を僑胞に投げかけている永住権問題に現出された事実は我々が妥結当初より危機意識をもって考えたことで、我々の要求と程遠い内容に対して法的地位要求貫徹闘争の延長上に立っている。締結後の日本政府の徹底した対韓国人分裂化政策は如実で、我々は早急に対処していかねば ならない。従って我々は次のごとく八項目の提案をする。

#### 韓学同八項目提案

（1）〈民団は〉永住権申請促進運動のみに奔走しているが、その一方で第八回中央委員会決定で法的地位対策委員会を補強せしめざるを得ない事態をどのように考えるのか？僑胞には僑胞の権益擁護をうたっているのに、民団が何もしていない事実は矛盾している。

（2）〈協定文〉における、永住権の付与範囲の起点については、四月二日の仮調印以前の民団の要求事項でサンフランシスコ平和条約発効以前から継続居住している者とされていたにもかかわらず、何時の間にか、一九四五年八月十五日以前より申請時まで継続して日本国に居住している者と規定しているのはおかしい。

（3）〈同じく〉日本の敗戦以前に生活の基盤を持ちながら戦争の原因（疎開・徴兵・徴用等）で一時帰国した者、又は生活の本拠を日本へ置きながら一時帰国した者も当然協定上の永住権に含まれていいとし、一九五二年四月二十八日（サンフランシスコ条約）までのいわゆる戦後入国者は十万近くもいるといわれるので大問題である。又、当時から我々はこの人達を一時旅行者と明確に規定していたのでその後そのように取扱うこと。

（4）〈不許可者〉が十月末現在でも一五六名約全体の一％にもあたる。われわれ僑胞のなかには、およそ永住権申請を判断する能力のない人が多数いるとみられ、これらの人々への考慮が欠けているので、事実不許可者が出ている現状に〈民団〉はどのような責任を取る姿勢が出来ているのか？

（5）〈日本政府当局者〉は、申請手続を複雑にさせ、審査過程の過酷な取締り、戦後入国者の制限、処遇問題の曖昧さも手伝って、官憲による僑胞申請に直接に介入して不法な調査権を働けしている強権的圧力に反対すること。

（6）〈日本側〉は、協定発効以後ことに法的地位の永住権申請の内容と結果を公表せず、許可と不許可との基準を明白にしないまま非民主的に処理しているので、日本政府に排除するよう強力に要求すること。

（7）〈今後の運動方針〉として今日、明確にし設置されていない法的地位を要求貫徹し僑胞大衆の権益を守る「法的地位対策委員会」を全国的に組織し、その準備を急ぐこと。

（8）〈我々韓学同〉は、公聴会を中心とする啓蒙活動、民族権益を確立する「法対委」を積極的に支援する用意がある。以上

（総括）「法的地位問題」を過去の日本帝国主義の残忍な歴史に対する告発と弾劾の論理に組み込みその帰結としての民族的権利の擁護闘争として位置づけられた事。現行法的地位協定の内包する多くの問題点と在日僑胞に対する差別と弾圧的本質を実際の施行の中で具体的に且つ広汎な各界の人々と知る事が出来た。最後に、今後の運動に際して、僑胞大衆と共に斗う姿勢を確立すべく第一段として各界代表と力強い団結と連帯が確認されたことである。

▼〈舞踊と映画と講演の夕べ〉六時までに学生達は、会場にあてられた千代田公会堂に集合し、僑胞大衆を招待して「法的地位問題」を訴えると共に、韓学同女子部の舞踊研究会による「パルトガンサ」「アリラン」等の民族の踊りを披露し、映画は「家なき天使」を鑑賞することによって楽しい一時を過ごした。

### 第三日（十二月十二日）

▼〈全体総括討論〉十時から、二日間にわたる活動に対する全体的な討論会がもたれ、各班の八班にわたる班長から報告を受け、続いて、歴史・時事・文芸・女子の四分科会が分科別学習会の成果を語ってもらった。引続き、全体的討論を活発に行い、裵敬隆君の学習総括と反省を中総代表で提出、満場一致で決議された。

▼〈全国サッカー対抗試合〉午後晴れた空の下民族の若人達がスポーツ祭典に参加しておれいの腕を競い合った。試合は、技術的には劣るものの闘志をむき出しにしたファイトのぶつかりあいで、若々しい内容と闘志にはちきれんばかりであった。結局伸した力のなかで、大阪学同が優勝杯を獲得、以下、二位東京・三位京都・四位兵庫の順で成績が決った。

▼〈親睦夕食会〉この後、全国で三日間の労をねぎらい、今後共力一杯やる腕をいだいて祝盃をあげた。

鄭哲氏は「韓日会談妥結後の民族陣営の動態」について記念講演

「法的地位要求貫徹闘争」を振りかえって総括と反省を行った韓学同史の講演

夜更くまで、真摯に論議が交わされた班別討論

最終日、青空の下で全国サッカー大会が華々しく行われた

# サークル紹介

## 時事問題研究会

よく韓国人の政治意識は高いと言われ、政治好きな国民ともいわれる。確かに韓国には、後進国特有の、また、過去植民地とされていたことによって生ずる問題は多い。統一問題、後進性経済体制の問題。また最近では、韓日会談、ベトナム派兵と、本国々民は勿論我々在日僑胞に及ぼす影響にも大なるものがある。そしてこれらを分析してゆくと、単に韓国のみに問題の根源はとどまらず、世界的規模での問題ということができる。そして、それが我々在日僑胞の一人々々にも波及されて来ているのであり、解決困難にして、切実な問題ということができる。この様な状況が、韓国人をして、いやがおうでも政治問題に目を向けさせるのである。しかし、在日僑胞を見た場合、二世、三世は母国語を知らず、韓国の文化、歴史、現実の諸問題を日本語に依って、即ち、日本人的思考方式を媒介として、その知識を得ているのである。これは、我々僑胞を無意識的にではあっても、日本人的感覚によって祖国を見るという危険性を生じせしめている。

我々在日僑胞は、潜在的にこの様な危険性を持っている。我々はこれを自覚することなしに日常的諸問題を認識してはならない。これが積み重なってゆけば、本国国民と我々との間に、思考方式の差異を拡大させ、そこから生じる認識の相違は、民族の重要な利害に関する諸問題解決にも大きな損害をもたらすことは必至である。この様な観点から我々はこの研究会を結成し、盟員諸氏と時事問題を学習、討論し、諸問題を正しく把握すると同時に、民族史の潮流に自己を主体的に参与させてゆこうとするものである。

時事研の当面の活動は、今、現在僑胞間に不安と不満を惹起している「法的地位問題」をとりあげ集中的に学習を行なってゆきたいと思います。盟員諸氏の積極的参加を期待します。

## 歴史研究会

韓学同の歴史を見る時、実に様々な研究会、学習会が現われては消えていった。就中歴史研究会は毎年の如く、各地方、各大学で行なわれて来た。歴史というものが人間の過去を知り、未来を占うという意味で不可欠なものであるということが認識されているからだろう。

特にわれわれにとっては、歴史を学ぶことは必要である。様々な障碍と圧迫が存在するところで、事物の発展は随分歪められた形で表現されるもので、歴史的認識無しにはとうていわれわれ自身の未来を展望することはできない。歴史というのは、歴史観というものが大切であるというのは、歴史観なしには現状に対する正しい判断を下せないからである。例えば韓国の現状を非歴史的に見るならば、失望、虚無、保守といった考え方しか出て来ないし、重苦しい空気が張り詰めるその底流に、ドッと噴出しようとしている民族の溢れ漲る力を見てとることはできないのである。また歴史観の喪失は歴史的発展に伴なう民族の具体的要求というものを現実的に受けとめることが出来ずに、非現実的、空想的思考となって現われてくるのであり、そのような方向には挫折と敗北以外はない。特に歴史観における主体制の確立は、民族虚無的、事大的歴史観が一般化して来ている現在においては必須であろう。

就中、近代史における様々な事実は、我々に多くの教訓を残している。日帝の限りない血みどろな蹂躙の下駄の跡は、帝国主義に対する限りない憎悪を、亡国の悲しみを教訓として残して、現在わが国における民族の自主性、独立に対する限りない熱望の根拠をなしている。同時に現在の素晴しい抵抗のエネルギーは、日帝時期に鍛えられた抵抗精神の継承でなくて何であろうか。この様に考えて見る時、歴史は我々に汲みつくせない教訓を与えてくれるし、無数に繰り返される歴史研究会の存在にもかかわらず、我々に未開の分野を与えてくれる。

本歴史研究会が、類型的な研究会に堕すのを防ぐ意味で、歴史を常に我々の側にひきつけることによって、我々民族に幸あれかしと済された血に忠実に発展させるつもりである。盟員諸氏の主体的な参加と御協力を乞う。

## 文学芸術研究会

文学を研究する、という事は、一般に、文学の社会的立場の追求、いわゆる文学本質のの追求と、人間社会の哲学的理論の解釈とに分けられる。しかし、私達は、それ以前に、一番重要な外面的要素を把握しなくてはならない。

激動国家、悲劇国家とも言われる韓国は、歴史的事実をさることながら、文学においても通用する言葉ではなかろうか。

我々は祖国の悲あいに満ちた歴史、呻吟の現実を人間の社会生活の一つの現象である文学を通して追求してゆこうとするものである。我々はかつて、トルストイ・魯迅には感銘することがあっても、自国の作家、我が民族の文学に共鳴することはなかっただろう。これは、祖国を知ろうと、少しでも祖国の体臭に触れようとする我々にとって進歩的な役割は果せない。現実に直接的に触れていない以上、文学作品、歴史書、マスコミ等を媒介としての認識以外あり得ないからである。

しかし、韓国文学は停滞ぎみであるとさわれる。解放後、アメリカの大衆文化は韓国をも覆い、韓国の文化人をしてその追随者とならしめた傾向がある。自民族の創造的な文化の発露は影を潜めてしまった。しかしそれだけであろうか、否、決してそれだけではない。当然の反発として伝統の民族精神を鼓吹するもの、またそれを創造的に高めようとするもの、その努力は偉大なものである。文学の発展をあまりにも阻害する社会状況、主体的条件の不充足、これらにもめげず、民族文学は成長しているのである。

韓国文学の日本語訳は少なく学習に不便さを感じさせるが、我々はすでに、着実に活動を行なって来た。そして当面は、韓国文学の流れを、その歴史的背景から学習してゆきたい。積極的に参加することを念願する。

## 女子部

祖国の近代化をめざして民族・民主の闘いが本国で、あるいはこの日本で雄々しくくりひろげられている現時点にあって、私達女子学生もその事に無関心である事は許るされない。女性にとってめまぐるしく移り変る現状との具体的なかかわりあいを常に意識し問題にしながら生活するよりも、むしろ直情的な感覚の世界に生きる方がより安易であるが故に「女だから…」と実際的な問題に対して背を向け無関心になってしまうのが一般的傾向かもしれない。がしかし私達女子学生には、それと同次元で思考するのは許されない。そして又、大学といういわば"学"する最高の場で生活する特権を与えられた韓国人女子学生なら、なおのこと積極的に参与せねばならないのは当然であろう。さまざまな社会的拘束と制約を受けている私達女性にとって、一体どんな参与のしかたがあるのだろうか、この問題はここ数年来韓学同女子部が集約的にかかえて来た難問の一つであるのだが、私達はこの問題を自からの問題点として過去二年間における学習を通じ各個々人がより人間的に思考し、主体的又主体性の確立にとりくまなければならない。特にこの現代社会において私達女性の近代化をはばんでいるのはまさしく私達女性であるのではないのかと考えられる。しかし一面的であるが……。もはや他力本願的な考えは通用しないのである。又自分自身がある一定の現象に共感を持ちその現象において自分自身も一つの役割を果しうるを感じ、必然性を自覚するなら、この現象に積極的に参与しなければ自分自身の存在すら無となるであろう。種々の社会的拘束を有する女子学生であっても（しかしこの考えが私達自身の手によって首を締める危険を感じるのだが）真に生きるとは又生きているという自覚をもつ権利と義務はあるのだが、しかし私達は生きていると自覚している人間が一体女性にとってはどれだけいるのだろうか。しかし少なくとも韓学同女子部に積極的に参加する女性はこの問題を苦悩しながらも自分のものとしていくであろうと私達は確信している。

# 投稿　四月一九日によせて

再び我々は、民族の若い息吹きと感覚につつまれて、四月一九日を迎えようとしているのであるが、迎えるに当って、編集部は、僑胞学生から、四・一九学生革命を、彼等がどのように受け止め、どのようにそれを彼等に関連させているか、広く投書を募って試みた。沢山集った原稿の中から、色々読んでみて感じた事は、四・一九革命が、彼等にとって、未だに新鮮であり、彼等に強く肉迫し、深く民族について考えさせ、更には、より民族的に生きる道しるべを与えているという事である。四・一九革命は、僑胞学生において、今日的に真理であり、感動であり、起点であるといえよう。次にその率直な各人各様の立場からの投書を紹介しよう。

## 聖ヶ丘女学院一年　奇陽子

私は「四・一九学生革命」のなんたるかを良く知らない。どの様な歴史的背景が、また現実がそれを起さしめたのか、そしてそれはどの様な形態をとり行なわれ、どの様な結果をもたらし現在に至っているのか。これら全ては、私にとって今後の課題である。しかしこれ程の民族的問題に関する無知ぶりは、これを思うと悲しくなってしまう。小中高と日本人としての教育を受け、家庭的にも温存された状態に育った私には、成長の過程で何ら韓国人としての問題を感じることはなかったのである。友人も日本人ばかりで、私は彼女等と同様の趣向を持ち、思考方式を持っていた。しかし、ふとしたことで「朝鮮」という言葉を聞くと、私の胸はぎくとし、彼女等との間に多少の違和感を覚え、恥かしさを感じるのである。今でもそれは変らない。こんな自分がいやでしょうがないと思っている。

しかしこんな私も変ろうとしている。韓国人社会に一歩一歩入ってゆくことによって、韓国人として誇りを持って生きている人々と数多く接触することができ、私に多くの知識を与えてくれる。私達のすぐれた民族文化、常なる斗いの中から生まれた輝やかしい歴史どれもこれも私に大きな影響をあたえた。しかし、その反面私を嘆かせるものがあった。それは韓国の現状である。「ユンボギの日記」を読めば、ユンボギが私に訴え「アリランの歌声」の中では詩人が私の胸に鋭く問いかけてくるでも私には答えることができない。何故、彼は学校も行けずに…。何故、詩人が歌えないと嘆くのか、何故「四・一九」には女子中学生が銃弾を浴びてまでもデモに参加せざるを得ないのか。私は嘆息するのみなのです。

これから脱出するには、歴史を正しく学び、韓国の現状の起因する本質を知ることである。「四一九学生革命」は、私にそれを教えてくれるだろう。なぜならば、在日僑胞の学生がどれ程これを学び、変って行ったことか。そして現在の生活の基本精神としていることか。この事実を見れば明らかである。

## 上智大学二年　朴信鎬

僕は四・一九革命に直接参加した訳でもなく、学生革命の過程を適切に判断する目もない。日本の新聞に出てくる記事を読んだり先輩の話を聞いたくらいの知識である。

学生革命を考える場合、打倒した後に出現する政治や社会への見通しが欠けていた嫌いもあるが、一八〇名近くの青年の命を犠牲にしてまで民族と国を思い、不正選挙・汚職等の悪いを排除し、目的達成に不屈の努力と純粋なる勇気を示した点は非常に称賛される。学生のもつ清らかな心と力強い情熱は、革命のなかでいかんなく発揮されたし、理想にむかって一歩々々前進していった。

韓国の経済は、残念ながら後進国のそれであるが、それを発達させる為には教育が重要であろう。大学生数、その校舎、教育の程度は、決して他国にひけをとらない。彼等の学問に対する真剣と情熱は韓国人の誇りとしてよい。

僕達二世は、中途半端な存在だとよくいわれるが、祖国学生の経験した尊い血と学問に打ち込む姿を生活の糧に、理性を養いたいと思う。

## 明治大学一年　許明子

中学一年の頃だったと思う。ニュースを報道しているテレビの画面に、チマチョゴリを着ている若者の泣きじゃくっている姿が突然、現われたのである。そして石を投げている青年、それに応酬して銃を乱射する警官、血まみれになっている人々の姿もある。その時の驚きを今でも忘れる事はできない。私の国、韓国に一体何がおこっているのか。何故、多くの年若い学生が次から次へと死んでいってしまうのか。日本という環境にいる自分には何一つ理解することができなかった。

兄、不安な状態に自分の身を置き、自分の年令と大差ない若い人達が死んでいくという悲しい事実に涙を流していたのである。だが少しずつわかってきた。何故、彼らが生命をかけてまで戦わねばならなかったのか。祖国を愛するが故に、祖国の平和を願うが故にである。そのためには反民主的、独裁的、李承晩政権を倒さねばならなかったのである。「四・一九」を打ちたてた学生、一般市民の祖国に対する熱烈な愛情を、強烈なエネルギーを思う時、韓民族の素晴らしさを感ずる。私達在日二世もその中の一員なのである。しかしながら、在日二世のほとんどが母国語も、母国の歴史も知らず、祖国を自分の目で見た事も、自分の足でその大地を踏みしめた事もない。それ故、自分の存在が不安定で半日本人的な傾向におちいりやすい状態にある。この悲しむべき現実を私達も本国の青年達同様、韓国を常に自分のものとし、愛する権利があるのだ。どうして日本人社会に同化されていく事ができよう。

## 日本大学一年　金道鉉

我国在日僑胞は、約六十万人いるといわれている。この六十万の人々は、本国の矛盾と日本政府の圧迫とに依って苦しめられている。そして、全世界的に普遍化された原則である人間としての権利・人類平等を得ることさえできず人間性を無視された法規の奴隷と化している。この様な現状の中で「四・一九七周年記念」を迎えることは、私にもう一度僑胞問題に関して、熟考せざるを得なくさせる。かの「四反理念」を掲げ果敢に斗い、雄々しく散っていった本国の青年・学生達。この姿は私に社会正義を守ること、我々に対するいかなる圧迫を許さない態度を教えた。

しかし、我々僑胞二世は、韓国人であるにもかかわらず、日本人的要素を多分に持っているところの変質的な韓国人なのである。母国の言葉も歴史も知らず、自分が韓国人という在日外国人の一人であることも意識せず本国社会からはとうに疎外され、そして、日本人社会からも現実を知ってゆくに従って、疎外されてゆく。果ては日本人社会に埋没し、目先きの利益にのみ追われ日本人に帰化してしまうのである。

日本政府は過去一貫して、我々僑胞に対し差別、圧迫政策を行なうと同時に、同化政策を用いるという狡猾な手段を労して来た。「法的地位協定」は、この日本政府の政策を集大成し、我々の前に具体的に表われた断圧政策なのである。この日本政府の過去を顧みない態度には、憤懣を感ぜざるを得ない。我々の祖父母、父母は、日帝によって「強制連行」され日本に渡って来たのである。いわば我々は、日帝が過去三十六年間にわたって我が国を支配したという歴史事実の生んだ奇形児なのである。しかし我々は幾多の断圧にもめげず着々と日本社会に根を下し、生活条件を獲得して来た。そしていままでは我々僑胞の生活基盤の全ては日本社会に存在している。それにもかかわらず日本政府は、これを奪おうとしている。これで一体我々の前途はどうなるのだ。

しかし嘆いてはいられない。嘆く前に我々にはすべきことがある。それは、この圧迫に対する斗いを現実から逃避することなく韓国人として主体的に進めてゆき、我々の権益を我々で擁護し、獲得してゆくことである。これが「四・一九精神」を学んだ我々の姿勢である。

# 韓学同の歴史とその役割

## 四・一九理念の継承発展を

### 一、韓学同小史

(1) 四・一九以前の韓学同

(2) 四・一九と学同創設期

前進を誓い、決起する四月の獅子達

「もう私達はがまんできない!」激しい怒り、悲痛な叫びが木霊する

### 二、韓学同の基本理念とその役割

### 三、おわりに

## 声明文

近代西欧諸国の資本主義への胎動は世界を激動の渦中へひきずり込み、我が祖国をも例外にはしておかなかった。

一九六七年三月五日

三・一記念韓学同関西地方集会

# 民団創立二十周年記念行事

民団は、創立二十周年を記念して多彩な行事を実施するが、そのおおよその内容は次の通りである。

一、記念行事

(1) 文化祭　五月十五日午後五時　千代田公会堂

(2) 民俗競技会　五月十六日午前十時　豊島園

(3) 記念式典　五月十七日午前十時　日比谷公会堂

二、本国家族招請事業

三、民団二十年史編纂

四、記録映画製作

五、記念論文懸賞募集

テーマ「民団の展望を模索する」

在日本大韓民国居留民団

中　央　本　部

# 法的地位問題 警鐘を怒りをこめて打ち鳴らせ！

……目 次……



## 一、在日韓国人の歴史的背景

### （1）解放前

我々在日韓国人が住みなれた故郷を追われ、異域日本へ渡航してきたのは、一九一〇年の日本帝国主義による「韓日合併」以後である。これは、日帝が強力な軍事武力を背景に韓国人に対する苛酷な弾圧のいわゆる「武断政治」によって植民地収奪政策を開始したものである。

[illegible]

### （2）解放後

[illegible]

## 二、韓日条約と法的地位協定

### （1）韓日条約締結

[illegible]

## 三、条約妥結後明るみに出た問題点

[illegible]

## 四、妥結後の関係各層の動向と政策

[illegible]

## 五、法的地位対策の現状

[illegible]

## 六、今後の運動のために

[illegible]

韓國學生新聞

発行所
在日韓国学生同盟
中央機関紙
文京区春日2丁目20
電話 (813) 2261
発行人 辺安石
編集人 編集委員会

一、吾らは、自由なる思想と創造的精神をもって学術を錬磨し、真理を探究せん。
一、吾らは、祖国統一と独立を確立し、民主国家と均等社会建設に尽力せん。
一、吾らは、相互親睦を図り、高尚なる人格と進歩的精神をもつて世界人類の文化向上に貢献せん。

# 民族史に新たな息吹を

## 溢るる熱情をもって

### 学同第二十八回中央大会開かる

### 新委員長に 辺安石君

中執一同

裵敬臨、金悦輝、朴得鎮、辺安石、申健二、金光沢、成栄恒、金道鉉

を構成し、直ちに新委員長選出に入った。先の中央委員会において自薦、他薦による立候補者がなかったので、前執行部推薦の辺安石君（元韓学同組織部長）のみが新委員長に立候補することになった。辺安石君は委員長立候補に際し、「韓学同綱領に基づき前執行部の成果を効果的に継承発展させる」とその所信を堂々と述べ、代議員の誠意ある審判を待った。選挙管理委員会の下で無記名投票が行なわれ、その結果、辺安石君は圧倒的多数（信任八十二、不信任八）の信任をえて、今期中執委員長に決定された。

最後に、辺安石新委員長は暖い声援を背後に受けながら、壇上に立ち、彼の音頭でスローガンの採択と万歳三唱が行われると、鳴りやまぬ全国盟員の力強い拍手の中で午後四時半、大会の幕は閉じられた。

その後、上野のクカラ苑において、新委員長辺安石君を中心に、夕食会がもたれた。

大会の厳しい雰囲気とは、またちがって、なごやかな雰囲気のもとで、韓学同の新出発を祝い、相互の親睦を温めることができた。

談笑のうちに、夜のふけるのも忘れていたが、全員が肩を組んでの大合唱の後、解散した。

## 民族的覚醒と団結を

辺委員長挨拶

## 韓学同サマーキャンプに こぞって参加しよう！

集え！我らが友よ！

在日韓国学生同盟は、日本全国各地に学ぶ在日韓国人学生が一同に会し、学術と相互親睦を目的とした夏期学術研究会（サマー・キャンプ）を今年も計画しました。

韓日会談が妥結され、すでに二年目が過ぎようとしています。本国では大統領選挙から国会議員選挙へとその信任が問われる時期となりました。私達僑胞学生も現在、本国が抱えている諸問題をできる限り知って、私達と祖国の未来像をより鮮明にする必要があります。

真夏の太陽の下、青い海辺で、熱いひとときを、全国の同胞学生が共に集う中で有意義に過ごそうではありませんか。

私達の可能性を生かすべく、私達が祖国の現在と未来について語り合う時、そこに自ずから、熱い友情と連帯が湧き上がるのです。団結は力であり、私達の団結力は、それは又、祖国韓国の発展の力であるのです。こぞって参加することを期待します。

■テーマ 「祖国を考える―我々の未来と密着させて―」
■日時 七月十七日〜十九日
■場所 愛知県、蒲郡市三河湾（三谷町）
■宿泊 ホテル四海波・南山荘（冷房完備）
■費用 会費七〇〇円 別に交通費自己負担＝約二〇〇〇円
※その他、東北、北海道、四国、九州地方は別に考慮します
■集合 七月十七日、午前九時三〇分
関東地方＝東京駅八重洲中央口
大阪地方 兵庫地方＝大阪駅中央口改札口前
京都地方 京都駅前
東海地方 現地集合
■申し込 各大学韓文研、各大学支部、各地方本部、中央総本部へ直接申し込む
在日韓国学生同盟中央総本部
文京区春日二丁目二〇番地十三号
TEL（八一三）二二六一―三 直接八一四―四四七一

## 主張 祖国の未来と我々

## 学同中執名単

| 役職 | 氏名 | 所属 |
|---|---|---|
| 委員長 | 辺安石 | 早大 |
| 副委員長 | 金悦輝 | 明学大 |
| 副委員長 | 成栄恒 | 中大 |
| 総務部長 | 金道鉉 | 日大 |
| 組織部長 | 金光沢 | 早大 |
| 情宣部長 | 朴得鎮 | 明大 |
| 文化部長 | 許東郁 | 早大 |
| 渉外部長 | 申健二 | 早大 |
| 体育部長 | 鄭鳳圭 | 法大 |
| 女子部長 | 李栄子 | 早大 |
| 女子次長 | 趙洋子 | 立大 |
| 女子次長 | 姜玉珠 | 国習大 |
| 無任所部長 | ペ敬臨 | 早大 |
| 無任所部長 | 徐啓作 | 東大 |

## 新団長に李裕天氏

### 民団臨時大会

## 活動方針 大会承認

## 各部活動姿勢 執行委員会

文化部

情宣部

組織部

# 創造的にサークル（文研）活動を展開しよう

## 時事研究会

## 歴史研究会

## 舞踊研究会

祝 創団20周年記念 賀 文化祭 主催 在日韓国青年同盟・在日韓国学生同盟 在日大韓民国婦人会・在日大韓体育会

## 歴史学習から 早大韓文研現況報告

## 発展的な支部活動 中大支部から

# 新入生の声

## 早く本当の韓国人に

中央大学一年　宣南鎬

## 四・一九に感銘

早大一年　金承輝

## 国籍のなかった私

東洋大学一年　河順姫

## 四月の声

# 活動報告書

## 42回定期中央委員会

# 民族・民主の旗手たらん

## 主体的生き方の実践

### 東海本部活動姿勢

## 前年度の継承発展

### 京都府本部

## 日常活動の徹底化に

### 大阪府本部

## 法的地位闘争に全力

### 兵庫県本部

## 民団二十周年記念行事盛大に行わる

## 学同新入生歓迎会開催さる

## 高校生卒業祝賀会　都内五十余名参加

# 朴氏大統領に再選

## ―第六代大統領選―

### 静かな選挙

### 近代化ブームの造成

### 野党の姿勢

### 本質的矛盾の激化

### 「金力」と「権力」の動員

617

文介
論紹

# 韓国民族主義の歴史的性格

洪以変（延世大教授）

韓国民族主義の歴史的性格は植民地統治下で展開された民族運動自体が韓国民族主義の形成基盤であり主潮であったが、はっきりした韓国民族主義の展開過程は、植民地時代の歴史的理解においてなされるであろう。

序

韓国民族の形成過程において、韓国民族が歩んで来た社会はその進展につれて民族的にどのような特徴を持っていたかを認識して、現在の我々を認識できるだろうと

保守的な学者としてみられた華西の精神（朱子学的な斥邪論であった考え）を継承、展開して急変する外勢に対応し、自己の国家の保護の精神に転変させた。

ここに李恒老の精神は外来的な商品の浸透に対し排他的な性格を持っていたが現実的に衛正斥邪に集中されたところに単純な斥邪論のわくをはみ出ようとする芽が芽ばえていた。

このような芽がめばえていたことはこれ自身が内包していた伝統

斥邪の精神から「外来的なものへの排撃」の行動に変わり、後日一九〇六年以後のより結束した民族意識の先駆的発端になった。

伝統的な儒林儒教主義的観念で侵略者日本の横暴とその指示を容認した親日的な政策への反抗が民衆達に刺激をあたえた時、一八九六年米国から帰国した徐載弼が「独立協会」を創建したことは外勢の侵攻に疲れた国家と民衆達に啓蒙的であり近代的な覚醒を促求する事になり、それを通じて近代的な

# 韓国民族主義への挑戦と試錬

車基璧（成均館大教授）

# 民族主義の諸問題（抄）

李用熙（ソウル大教授）

618

韓國學生新聞

発行所
在日韓国学生同盟
中央機関紙
文京区春日2丁目20
電話（813）2261
発行人　辺安石
編集人　編集委員会

## 資料

一、吾らは、自由なる思想と創造的精神をもって学術を練磨し、真理を探究せん。

一、吾らは、祖国統一と独立を確立し、民主国家と均等社会建設に尽力せん。

一、吾らは、相互親睦を図り、高尚なる人格と進歩的精神をもって世界人類の文化向上に貢献せん。

# 祖国に再び四・一九の声

## 学同中総、支援の声明

【声明】

我が国の民主主義は今、死線をさまよっている。現下、本国の青年・学生国民大衆による愛国闘争は、どんなことがあっても勝利に導かれねばならない。

去る六月十二日以後に顕在化した、祖国の学生達の先導による国民大衆の愛国斗争は、さしあたって制度上としての民主主義を擁護する一点に、その目標を集中している。言うまでもなく、この目標はそれ無しには、我が国建国の原初的精神が根本的に崩壊せざるを得ないという点で、限界的目標である。

四・一九以後、歴史はここまで後退したのである。事態をかくまで陥し入れた権力者徒輩の奸悪非道を思うとき、痛憤に慄こくせぬ者が一人としていようか！しかも、かくの如き限界的要求すらが、為政者の手によって、いかに悪虐な弾圧によって圧殺されんとしているかを見る時、我々の肺腑は張り裂けんばかりである。

街路において棍棒は幼い中・高生の頭上にも容赦なく襲い、愛国的学生は続々検束され、神聖なる学問の府は呵責なく踏みにじられて、大学はもちろん、高校までが「休校令」によって封鎖をこうむっている。

このような暴虐にも屈することなく斗いを継続する愛国青少年の側に、国民大衆が続々として加わりつつある実情に直面するや、政府は暴圧的措置を強行する一方で自省の色を見せるかに、不正選挙者一部の「調査」だの「処罰」だのという懐柔・慰撫策を講じようとし、更に又、北韓スパイの武装南入などのフレイム・アップを行いながら、恐怖雰囲気を造成することによって、自らの弾圧措置を正当化しようとしている。

周知の如く、このたび愛国斗争が惹起された契機は、「一部的な」あるいは「偶然の」選挙不正にあったのでもなければ、共産分子の策動などにあったのでもない。与党の選挙によるクーデターというに相応しい現独裁権勢力による体系的不正選挙に、正に今般の愛国的決起の原因があったのである。現下の愛国斗争は、全般的に腐敗化されようとする民主主義の現実に対する、背水の斗いなのである。

現政府の企図している如何の弥縫策でもって解決のつくようなものでは断じてない。

今般の不正選挙が、我が国社会の病弊と深く結びついた構造的不正である以上、起ち上った青年・学生の前途には、呵責なき弾圧は降りそそぐであろう。そもそもこのような弾圧は予期されたことであった。

にもかかわらず、敢えて起ち上った本国の青年・学生のこの壮烈な愛国の精神は、今再び我々に新たな勇気と希望を与え、全世界の耳目を衝動せしめた。

我々は、自らの無力にかくの如き歯がゆさを覚えながらも、祖国の地にかくの如き高貴の血の絶えぬ限り、我らの前途は明るく、展望は確かであるとの確信に立ち、確固たる信念の下に、共に斗うことを誓い、次の事を要求するものである。

一、検束された愛国学生を即時釈放し、弾圧を中止せよ！

一、休校令を即刻解除し、神聖な学園を学生に返せ！

一、中央選管委は、不正行為者を摘発し、厳重に処罰せよ！

一、不正選挙の張本人、中央情報部を解体し、腐敗官僚を追放せよ！

一、朴大統領は、国民の前に謝罪し、全面的に再選挙せよ！

一九六七年六月十七日

在日韓国学生同盟中央総本部緊急拡大執行委員会

---

**6月8日**

## 不正選挙やり直せ
### 各地で高まる気勢

**血書で抗議**

8日夜9時30分頃、清原地区新民党青年団員百五十余名が清州市内でスクラムを組み開票所である清原郡庁前までデモを行なった。

彼等は出動した警察と衝突、投石戦を行ない開票所のガラス窓を破壊し十時四十分解散した。

デモの前に、閔ビョング氏等三名の党員が「共和党で事前選挙と売票行為で不正選挙を行なった」という内容の血書を書いた。

**温陽でも千余名**

八日夜八時二十分牙山郡温陽開票所で退場した新民党[illegible]候補と党員等一千余名は九時から温陽劇場で不正選挙糾弾大会を持ち一〇時頃解散した。

彼等は温陽第四投票区と第四地区で共和党が不正選挙をしたと主張した。

**市民ら百余名参加**

八日夜一〇時二〇分頃順天ー昇州地区新民党[illegible]候補をはじめとする党員七十余名と市民ら百余名は開票所である順天市庁前で「反民主的な不正選挙は無効だ」というスローガンを叫びながら一〇分間声討大会を開きデモに入った。

この日一〇時頃開票所である順天市庁と昇州郡庁で野党参観人達が順天市、と昇州郡で公開投票したとの理由で退場するや破棄した党員がデモを行なったものである。

**公明選挙要求デモ**

新民党八銅地区党員ら三百余名は八日夜十時十分頃党舎前で「公明選挙をやり直そう」等のスローガンを叫び百米程離れた八銅駐車場までデモした。

彼等は出動した警察の制止で党舎に後退したが、九日夜零時が過ぎて、再び開票所の郡庁前まで行進し郡庁正門前三十米で武装警官の警備線をこえ、闘争をくりひろげ九日夜三時還座デモに入った。

一方、この前に八日夜十時頃新民党候補ムンブシク氏は不正選挙を参観できないと開票所から、参観人十余名と共と退場、開票が一時中断されたが、十時五十分新民党参観人なしに開票は継続された。

**不正選挙をやり直せ**

谷城地区新民ー自由両党員百余名は八日夜九時コクソン郡庁前で「公開投票と不正選挙を撤回せよ」等のスローガンを叫びデモを行なった。彼等は出動した警察官によって十分だけで解散された。

**南原でも示威**

八日夜十時五十分頃、新民党南原地区党員百余名と彼等に従った群衆約千名が新民党梁海焌候補と共にマイクをかついで南原警察署と郡庁前を通り、開票所である南原ヨンソン国民学校前までデモを行なった。

彼等は「六・八不正選挙を糾弾する」と叫びながら十二時までデモをしたが、警察によって解散された。

一方梁候補は全州地法南原支院に投票箱六十コの証拠保全を申請した。

---

**6月9日**

## 「民意は死んだ」
### 延大生も決起

**実弾警察と衝突**

9日午後1時45分頃、新民党全州及び完州地区党員五百余名が「不正選挙の元凶を逮捕せよ」等のスローガンを叫びながら示威を行った。デモ隊は2時10分頃、中央劇場前から隣町に到り武装警察隊百余名と衝突、殴り合う等肉迫戦まで行なわれた。警察は全北道党副委員長鄭ドンボム氏（48）と道党代弁人リジョンホ氏等団員20余名を連行し、デモ隊は2時30分頃解散された。

**2百名が喪輿担ぎ**

9日午前10時20分頃、喪輿をかついだ新民党順天ー昇州地区党員二百余名が「6・8選挙無効」というプラカードを前に立て、8日夜に続いて、再びデモを行った。

彼等は「腐った政治を根こそぎにしよう」というスローガンを叫びながら行進し、中央通り前辺で待機中であった警察と衝突、リキルホ氏（33）とチョンヒョンアン氏（24）等2名が警察の棍棒で殴られ負傷した。

**"民意は殺された"**

9日午前9時10分頃、新民党安東地区候補朴[illegible]充氏は50余党員と共に不正選挙糾弾デモを行った。

この日朴氏は①開票場で新民党票30～50枚を無効化し、②第二投票区で百%投票を含み、③不正投票が一万余票あったと主張「ああ！民意は死に、野党は消える」というプラカードを前に立て市街行進をした。

**延大生が決起**

9日午後4時30分頃、延世大学校政法大学生百五十名が校内で「6・8不正選挙声討大会」を開き、今般の選挙を「これ以上堕落し得ない不正腐敗の極限」として糾弾し、無効化を主張する声明書を発表した。

---

**6月10日**

## 燃やされた票捜せ
### デモ全国に波及

十日午後開票が終わるや開票場の外で騒いでいた新民党員二百余名は、逆賊デモを開始、「選挙管理委員長は開票過程で発生した各種不正に対して責任をとれ」、「燃した票を捜しだせ」と叫びながらデモを敢行した。

**済州でも三十余名**

十日午後八時二十分頃、済州市内の中心地である、カントクチョン広場にて、三十余名の新民党員達が「六・八不正選挙を糾弾しよう」というスローガンを叫びながら、約十分間街頭示威を敢行した。

デモ隊員達は警察と衝突、彼等の内七名が連行された。

**学生三百名合流**

十日午後一時五分頃、新民党青年党員四十余名が「不正選挙をやり直せ」というプラカードをたててデモを敢行した。デモ隊はこの日、宝城邑党舎を出発、宝城女中高前の先頭で、同党宣伝次長金フン氏（28）の「不正選挙を糾弾する」というスローガンを叫ぶや、丁度、勤務日行事にやって来た宝城農高学生三百余名が合流、スローガンを叫びながら、中心街をねり歩いた。

[illegible]員百十余名は「六・八不正選挙をやりなおせ」というスローガンを叫びながら二時五分まで宝城邑内をデモをしたが、李チュンジュ氏（42）等五名が警察の棍棒で殴られ負傷した。

新民党員たちは、この日午前十一時三十分頃一回目のデモを敢行しようとしたが、警察の制止によって挫折、午後二時五分頃「六・八選挙をやりなおせ」「護市民主々義、実操公明選挙」等のスローガンを書いたプラカードを掲げて新民党舎を出発した。

警察の阻止線を越えて、宝城駅前まで行った時、三百余名の市民たちがこれに呼応した。

デモ隊はスローガンを叫びながら、宝城市場方面に向ったが、警察の阻止線に行きあたり、棍棒の洗礼を受け新民党員李氏など五名が負傷をおって解散した。

警察は李氏等新民党員十四名を連行した。

【南原】新民党全北南原地区党は十日午後三時頃から、六・八無法選挙無効のための署名運動を敢行、この日午後十一時まで二千余名の市民たちから署名を受けた。

これに先だち「無法選挙糾弾」という鉢巻きをまいた新民党員十余名は南原邑、ジョン里党舎前で声討大会を開催した。

[illegible]名は十日「六・八不法選挙糾弾決起断食闘争委員会」を構成して、この日午後八時から全員が新民党舎で無期限断食闘争へ突入した。

[illegible]守は出て行け」と叫び、一時三十分頃党舎に帰り解散した。

この日、金候補は泣きながら切々たる調子で群衆達に向って「皆さんが投じてくれた貴重な票の中沢山の票が盗まれた」と呼びかけ婦女達の中には一緒に泣く人達が多かった。

---

**6月11日**

## 宗教人も決起
### 春川基督教人たち

十一日午後三時、春川市玉川洞監理教中央教会で、六・八不正選挙糾弾春川基督教人決起大会が各教会の牧師と信徒約二百余名が集まる中で開かれた。

この決起大会の委員長金ヨンホ牧師主催のもとで開かれた大会は六・八選挙を不法不正腐敗選挙と規定して、祈祷、実力を以って糾弾しようと呼びかけた。

この席に集まった信徒達は、朴大統領及び新民党俞鎮午党首に送る書簡と決議文を採択して、これが貫徹されない場合は最後まで糾弾大会を継続することを誓った。

---

**6月12日**

## 大学生、全面的決起
### 糾弾の声全国に湧く

**慶北大生、籠城**

十二日午後十二時二十分頃、慶北大学校法政大学生三十余名は、校内で不正選挙糾弾大会を開き「我々は三たび三・一五の亡霊を見た」「四・一九は微笑する」「不正が近代化なのか」などという檄文をまいて、籠城デモに入ったが、教授たちの制止で、午後一時四十分頃解散した。

**光州教会人たちも**

大韓イエス教長老会光州市連合会々員七十余名が十二日午前十時頃、光州市[illegible]教会に集まり、六・八不正選挙を糾弾することを決議したあと、午後二時市内某所に再び集まり行動要綱を論議した。

**全党首先頭デモ**

十二日午後七時当選者会議を終えた新民党当選者四十四名などを含めた約百名の党員は安国洞党舎前を出発、中央庁前までデモを敢行した。

俞鎮午党首など四十四名の当選者を前にした新民党員たちは、中央庁前で、「六・八総選挙は不正である。責任者を処断して選挙をやり直そう」という宣言文を採択して、出動した警察機動隊によって解散させられた。

警察は新民党員四名を連行、集会及び示威に関する法律違反嫌疑で立件した。

立件された者は次の通り、尹善洪（31・中央党宣伝委幹事）田炳道（38）、宋基準（31）、裴[illegible]（49・忠南牙山地区出馬者）

**ソウル法大生デモ**

十二日午前十時三十五分頃、ソウル大学校法科大学生五百余名は合同講義室に集まり「六・八不正選挙」糾弾大会をもちデモを敢行、百六十五名が警察に連行された。

市民大会で大学生たちは「全公務員を私兵化して全体国民を買収、詐欺、恐喝、欺瞞した六・八総選は無効だ」と声明した。

「政府与党は六・八選挙が、誘発的、局部的ではなく、組織的、知能的不正選挙であった事を自認し、国民の再審判を受けると同時に、国民の前に即刻謝罪せよ」と要求しながら校門を出て鍾路の方向に向かった。

学生たちはイファ洞ロータリーで武装警官三百余名と直面、約二十分間衝突したがヒェファ洞に方向を転じヒェファ洞ロータリーをすぎ、[illegible]正門前で再び三百余名の警察官の阻止にあい退却したが警察は実力で学生全員を連行した。

一方警察の制止によって帰校した法大生三百余名は、同校第九講議室に集まり断食籠城に入っていった。

彼らはこの日午後六時四十分頃警察に連行された学生百六十五名が全員釈放されるや一たん解散し、家に帰った。

**各地で新民党デモ**

十二日午後一時三十分、新民党[illegible]

【水原】十日から華城郡の不正選挙糾弾デモを敢行した新民党華城郡党員二百余名は十一日に続いて十二日午前十一時三十分再び「不正選挙やり直そう」というプラカードをたててデモを敢行した。

彼らは午後十二時仁川、平沢から支援兵力まで受け、催涙弾で装備した三百余名の警察官の阻止線にぶっかり解散させられた。

警察はこの日デモに参加した新民党青年部長俞ヨングン氏（29）など八十一名を連行した。

【舒川】十二日午前十一時新民党舒川ー保寧地区党員約五百名は舒川面党舎前で不正選挙糾弾大会を開き「六・八選挙は亡国不正選挙であった」と主張、金オクソン氏を先頭に「六・八選挙を無効化し、民衆選挙を再度行え」等というスローガンを叫びながらデモを敢行した。

約三千余名の群衆が後に続くデモ隊は舒川支所前で警察の阻止に会い、一時押し合いへし合いしたが阻止線を越えて、舒川区庁まで行進、「不正選挙を助けた舒川郡[illegible]

【済州】新民党北済州地区党は、十二日午前十時同党事務所にて、六・八選挙無効化闘争委員会（委員長金ハンシク・44）を構成して七代国会議員選挙再実施宣言文を採択した。

【永川】十二日午後二時、新民党永川地区党員と国民党員三〇四名が「幽霊有権者をデッチあげた選挙人名簿は開票後どこへ行ったのか、即時出せ」というプラカードを前に立てて永川郡庁前を出発、一時間の間、デモを敢行した後、共和党舎前で自主的に解散した。

警察はこのデモ隊のプラカードを押収した。

【大邱】十二日午後十二時四十分頃、新民党員五十余名は「六・八選挙を白紙化せよ」とのプラカードを立ててデモを敢行した。

大邱駅前広場を出発したデモ隊は私服警察官十余名の制止を受けると中央道を過ぎパノルダンの四ッ角で新民党慶北道支部委員長徐ヨンモ氏の先唱で民主々義万歳を叫んで一時頃解散した。

警察は、デモを終えて帰宅途中の新民党道支部宣伝部長、尹チュンホ氏（45）と大邱中区党宣伝部長金ヨンス氏（35）等二名を連行した。

【金州】扶安郡新民党員八十余[illegible]

【釜山】十二日午前十時頃、新民党釜山市影島区党委員長、金サンジン氏を始め、百余名の党員達は同党々舎で、六・八不正選挙糾弾大会を開いた。

【光州】十二日午前十一時頃、新民党光州乙区党員50余名は「この度の選挙は無効である」というスローガンを叫びながら、新民党全羅南道党舎前で20分間[illegible]デモを行なった。デモに先き立ち、党員達は不正選挙を糾弾する国民決起大会を、全国的に敢行し、新民党の国会議員の当選と、登録を拒否する様に、俞鎮午党首に建議した。

---

**9月6日**

## 糾弾の声溢れ
### 各警察は緊張

七日8時新民党候補は中心街から北に1キロ離れたチャンジョン・クドンの交差点で最後の演説会を持ち、全く同じ時間に共和党の方でもそこから約3百米で演説会を開き、有権者達の一票を訴えた。

選挙運動の終る時間である夜10時を5分過ぎ演説会が終わると、金大中氏が乗って行くトラックには聴衆約一千余名が続いて行進、中心街まで約1キロの道を後に従った。

市街地が静かになったのは通行禁止時間が過ぎてからであった。

この日警察では、光州から3個中隊の機動警察官の増員を受け万一の事態にそなえ、超非常警戒を敷いた。しかし、新民党の安ヒウン氏（46・漁業・ヨンヘ洞66）が怪漢3名につかまり「これを見ろ」という文字と共に新聞紙に包まれた刀で切られ重傷を負った。新民党は恐怖の雰囲気が改たまっていないと警察を非難した。

光州から二台のトラックで分乗して来た警察機動隊は、駅前待機所に陣を張っているが、防石、防砂、防毒を兼ねたヘルメットをつけて、いつでも出動できる非常態勢。

一方、木浦市街地全体が不穏な緊張に包まれている。道で二人が寄れば話題は選挙であり、喫茶店や旅館、ホテルは見慣れないソウルの客で盛況。このような雰囲気で有権者の神経は非常に過敏になっており、この日ヨンヘ洞制事務所では三十～四〇名の住民が投票通知票を受け取っていないと喊声を上げもした。

**高校生たちも**

もう一つ、この日午前九時三十分頃には木浦市内[illegible]で高等学校学生二千余名が朝礼が終るや公明選挙を叫ぶデモを行ったが校長の制止で中断した。

また、この日朝八時頃木浦市内で「在京木浦留学生会公明選挙推進委員会」名義のビラが撒かれ、警察は そのうち十八枚を押収した。

ビラには「外国機関であるUNKURK要員まで歓迎されたのは木浦の 誇りを傷つける事態である」「木浦市民と両党候補は公明選挙を行ない、木浦の名誉を回復しよう」と書かれていた。警察は漢陽大学バッチをつけた二十五才位の青年から頼まれてビラ十八枚を撒いていた李スンヒョン氏を連行した。

---

**6月7日**

## 警察、デモを妨げず
### 木浦から始まる

六・八国会議員選挙は、「史上最悪」の腐敗・堕落選挙と化した。この選挙は、共和党と新民党の二大政党の他、九政党が乱立する中で行なわれたが、「金力」と「権力」の乱舞は投・開票過程に迄およんだ。その結果、共和党は一七五議席中、一三〇議席を獲得するに至り、新民党は四四議席、大衆党は一議席となり、他の群少政党は壊滅状態であった。しかし、この共和党による、体系的不正が明らかになるにつれ、青年・学生を先頭とする国民の怒りは燃え、不正選挙を糾弾するデモは、全国津々浦々で湧き起った。ここでは、本国の新聞記事を通して、青年・学生の愛国的決起を追って見る。

【六日木浦】ブツキヨ国民学校での新民党候補金大中氏の選挙遊説に参席した木浦市民六百余名が、六日夜十時三十分、市街を詰め三十余分間「不正選挙を防ごう」等のスローガンを叫び デモを 行った。

警察は隊列の横を通り過ぎるだけでデモ隊列を妨げなかった。デモ隊列は共和党舎前で留まってスローガンを叫びもした。群衆の叫びを聞きつけて出て来た一部市民達は歓声をあげて、デモ隊に支援の声を送った。

はじめ、デモ隊列は歩きながら法院を過ぎながら走り始めた。新民党舎に最初に到着した金大中候補は「私と一心となって、不正選挙を防ごう。私が先頭となって諸君と共に闘う」と手を振って見せると拍手をしてデモ群衆は散って行った。

木浦市には各地から集まって来る不良輩や運動員を装る怪青年達が通行時間が過ぎても歩き回り、取材記者達を脅かしている。警察は七日夜に再びデモがあるという情報を入手、道当局に増員を願い出[illegible]緊張状態にある。

**釜山でも沈黙デモ**

六日午後七時頃、約一千名の釜山市民は、釜山西区新民党候補金ヨンサム氏の後に従い、西部警察署前で、約三〇分間沈黙示威を行った。

市民は、この日金氏が個人演説会を終えて、西部警察署長を訪問、新民党員連行等を抗議している間、警察署の周囲を囲んで示威し、金氏が署から出ると、拍手を送った後解散した。

---

## 六・八不正選挙の実相

この選挙は、李承晩をして驚愕させる程の不正・不法行為が続出し国民の公明選挙への期待は、ことごとく踏みにじられた。その買収・供応行為は婦女子にまでおよび白昼、街頭では、婦女が供応による"マッコリパーティー"なるものを開いて、飲酒乱舞し、はては投票に少年までが動員されるなど「金力」の行使はとどまるところを知らなかった。そして、地方官僚、共和党組織、高級公務員等が一体となっての、計画的且つ組織的不正は、法廷で解決しなければならない程の複雑な様相を呈し「六・八選挙後遺症」をもたらしている。ここでは、列挙するにいとまのない不正事実の中から、主なものをとりあげ、刻明に記してゆく。

**通知票2万枚不交付**

（五日、木浦）去る5日まで投票通知交付を終えた木浦市は総有権者8万1千7百18名中、6万65名にだけ交付し、2万1千6百33名に対しては無断転出、死亡等の理由により投票通知票を交付できなかった。

**不正選挙指令暴露**

（六日　大邱）永川郡大昌面産業係長金永達氏（30）が暴露した代理投票等9項目の不正選挙指令の真相調査に出た大邱地検選挙担当部は六日大昌面副面長金竜元氏を国会議員選挙法違反嫌疑で立件した。

一方共和党永川地区候補李元雨氏は共和党慶北道党で「不正選挙を指令した事は事実無根であり、これはドンツ新民党候補金サンドン氏が金産業係長を買収、操作して製造したもの」であると主張した。

**教育長が辞表　不正選挙指令で**

（六日、全州）6日全北道選挙管理委員会は不正選挙運動指令で問題を引き起した、コチャン郡教育部長であり、選管委員長である金尹ヨンイ氏の辞表を受理した。

**爆薬が党舎に　野党候補脅迫**

（六日　羅州）選挙管理委員を脅迫し、問題を起した羅州地区では投票日を前に脅迫、暴行事件が起き険悪な雰囲気が生れている。

七日新民党側は、共和党員が党舎にダイナマイトを持って、二人が訪ねて、[illegible]候補に面会を要求し、丁候補は「身辺の危険をさける為に、六日光州に身をさけた」と主張した。

又、新民党側は「六日正午頃、丁候補の妹丁ボンエ氏（49）が光州に行き、尾行中の警察の不審訊問を受け、身分証がないという理由で警察署に連行され、七日午前には選挙運動に出ていた新民党員六名が買票をしようとしているとの理由で、三つの面で警察署に連行されて行った」と主張した。

このような事態に行動の自由を失った新民党運動員達は、七日選挙運動を中止し、党舎に集り、対策を論議中であるが、UNKURK視察団羅州大使トロスリート氏に会い「羅州選挙は、無法下に行なわれている」と主張、「是正されない場合選挙を拋棄するか、丁候補の自殺を招く」と語った。

だが六日にも二ヶ所で三名の新民党員が共和党員と思われる青年達に暴行を受け、各所で 新民党員が行動の 自由を妨害 されている。

これに対して、共和党羅州地区李法範候補の選挙事務長李キョウン氏は「丁候補が金力選挙を行おうとするから、血も見ようともこれを浄化しようとするもの」であると語り、羅州警察署安ヒサン署長等、現地警察幹部達は、守友をさけている。

**開票中に連続停電　新民党負傷わる**

（七日ソウル）7日午後5時15分頃、新民党東大門甲区党監察委員長李ヨンソク氏（34）は東大門区新設洞16通で所属不明の青年4～5名から殴打を受け、左の目がちぎれ首のまわりに深い傷を受けた。

**買収不応に脅迫**

（七日木浦）新民党木浦地区候補金大中氏は7日午前10時、記者会見を通し「共和党がリレー式投票、代理投票を適用した不正投票を計画している」と主張した。

金氏は「木浦 市長朱成竜（音訳）氏が各洞長に指示、洞別に3百票ずつ、全部で一千五百～一万票の代理投票を敢行することを命[illegible]て、既に、代理投票人が使用する暗号まで下部に伝達された」と語った。

金氏は「一個10名の買票部隊5個を編成、浮動票と目される家庭に白墨で〇印を付け、白昼の買収に入った時 には これを消している」と語り、「野党の選挙管理委員と参観人までをも5万ウオン～10万ウオンで買収工作をし、応じなければ脅迫している」と主張した。

金氏は「木浦の幽霊有権者は8千2百25戸、2万5千3百20名である事が明らかになった」と主張した。

また、金氏は「全南道警情報課長 朴ヒョンウン 総警（前木浦署長）が木浦で、市長、警察署長と別途に不正選挙に加担している」と語った。

**金を撒いた共和党員**

（七日ソウル）新民党ソウル城北乙区党は、7日夜10時30分頃、城北区インス洞パンジヤ村で戸別訪問し、現金3百ウオンの入った封筒1口50枚を有権者に渡していた辺ヨンソン氏（42・インス洞13通1班）等、共和党員3名を新民党員李ミヨンス氏（27）等5名が摘発、金が入った封筒と共に警察に渡した」と明らかにした。

**警官の前で記者暴行**

（八日　麗水）投票が終った8日午後5時20分頃、麗水第一統第三投票所において代理投票発覚を取材していた、東洋放送麗水の[illegible]記者が共和党員から集団暴行を受けた。

李記者は、代理投票を発見した青年が麗水警察署長室にいることを知りこれを取材しようと署長室に入るや、中にいた共和党員鄭太淵氏（34）等3名が「お前はなんだ？記者なら殴れ。」等と暴言をはき、10分間集団暴行したのだが、この時このありさまを見ていた警察官達は、そしらぬ顔で席を避けた。

**参観人ボイコット**

（八日金州）8日午後12時30分、全羅北道選挙管理委員会に入って来た報告によると、金堤郡第4投票所と[illegible]第一投票所の新民党側参観人達は「これ以上代理投票する様子を見ることはできない」と参観をボイコット、退場した。

道選管委金行伝常任委員は「必ず真相を究明し、報告せよ」と金堤選管委に指示した。

**公開投票**

（八日　宝城）新民党は八日午前七時から九時まで筏橋邑二、四、五投票所で公開投票が行なわれたと主張、郡選管委に投票中断を要求した。

同日、午前十一時同地新民党立候補者、李重載氏は、①ガ橋邑第一投票区において公開投票が行なわれていた。②ガ橋邑第三、五投票区においては野党参観人が居住地が違うと言って追い出された。③ガ橋邑各投票所には警備警察官が配置されておらず、共和党行動隊員達が野党参観人と争いをひき起す様に放置した。④共和党を脱党した睦友会員達が方々でテロを受けている、と主張、投票の即時中止を要求した。

**集団暴行**

（八日春川）八日午前一時三十分頃、自由党春川ー春城区党事務長李昌根氏をはじめとする党員五名が、公務執行妨害嫌疑で春川警察署に連行された。

彼等は東部派出所の金鍾沢警士（四五）が七日夜九時三〇分頃、自由党洪昌変候補が辞退したとの虚偽の事実を流布したという理由で金警士に暴行を加え自由党舎に引き入れ監禁した。金警士は急拠出動した四〇名の制服警察により救出された。

**各所で代理投票**

（八日ソウル）八日午前七時四十分頃、ソウル永登浦甲区始興投票所において、共和 党参観人宋基文氏（音訳）（五二）が新民党参観人柳南周氏（音訳）（四二）に、余り長く投票人名簿を検索しすぎると抗議するうちに争いが起き、崔永哲（五二）選管委員長が両党参観人に退場を命じた。

彼等が投票所外に出ると、白バン氏（四二）等四、五名の共和党員が新民党参観人柳南周氏に血まみれになるほどの暴行を加えた。

しばらくして新民党青年機動隊員約二十名は六台のジープに分乗投票所の中へ乗り込み共和党参観人を集団暴打し、これを制止した張太承巡警等三名の警察官にも暴行を加えた。

（八日大邱）8日夜9時半頃、[illegible]第二投票所で、共和党員候補の記名をした事前票が発見されたので野党側は不正があったと抗議野党参観人は全員辞退した。

**参観人拉致**

（八日河東）河東郡内では、野党参観人の推薦書類が強奪され、参観人が拉致されようとし、一部では公開投票が行なわれるなど、恐怖の雰囲気の中で投票が行なわれている。これに対し新民党文[illegible]氏（三五）候補が「投票を中止し、恐怖雰囲気をなくせ。」と主張し、選管に要求した。

8日午前8時30分頃、河東郡[illegible]面事務所に20代の青年数名が現われ、同面1、2、3投票区新民党推薦参観人の鄭日東氏（40）等3名の推薦書類をうばった。

**選挙用電話線盗難**

（安養）8日午後9時頃始興郡安養邑新安里で、ソウルー平沢ー安養間の選挙連絡用市外電話線6百米が切断され、その晩11時まで通[illegible]

**暴力事件続発**

（九日、仁川）九日午前十二時三十分頃仁川甲区開票所にて、新民党参観人白[illegible]氏（二八）が正体不明の青年四、五名に暴行を受けて唇を切り、鼻血を流すなどの負傷をした。

（九日、釜山）九日午前四時三十五分頃釜山市西区開票所（都城国民学校）において、共和党参観人達が「名札をさげていない新民党参観人を参観させた」と選管委を壇上にひきずり上げ開票従事員金漢壽氏（三五）のホホを殴り、足で蹴りつけ開票所の外へひきずり出すなどの所業に及び、二時間のあいだ開票が中断された。

**選管委員長証拠保全妨害**

九日午後八時二十五分頃仁川市乙区開票所に共和党候補を支持する二十余名が乱入、金クワン選挙管理委員長に「殺すぞ」と叫び乱動を行った。

**選管委員全員辞表、当選宣布もできず。**

（三面下三段につづく）

## 六・八糾弾闘争の意義

六・八総選挙は、二一政党が乱立する状態で行なわれたが、事実上、共和党と新民党との対決であった。

開票の結果から見れば、ソウルで新民党が十三議席を獲得し、共和党は一、釜山では新民党が五、共和党は二、その他、地方の総計では、共和党一〇〇議席、新民党九議席、大衆党一議席となり、他の群少政党は全滅である。従って全国区四四議席中、共和党二七、新民党一七となり、これで共和党は全一七五議席中、一三〇議席を獲得した。

しかし、この共和党の地方での圧勝、また都市と地方との極端な差は、元来「都会に於いては不正がしにくく、農村地方では容易である。」という言葉があるように、今般も農村地方において、大規模な不正が行なわれたことにより、裏打ちされるものに他ならない。

**組織的・計画的不正選挙**

国民主権を強奪した、六・八・不正選挙に対し、学生を先頭とする弾劾デモが、「朴大統領は謝罪せよ！」「六・八選挙は無効だ！」を叫んで激化してゆくと、当局は十六日、ソウル全市に中・高等学校休業措置を施くとともに、学園を容赦なく閉鎖するという挙に出た。その休業措置は、全国六九大学中、四四大学、全国七二九高校中、一九八高校に迄至った。

政府・共和党は、デモを抑圧するためには神聖な学園をも踏みにじり、こん棒の乱打は中・高学生の頭上にまでおよんでいる。

こうした鎮圧措置を講ずる一方、朴大統領は一六日、「一部の不正を犯した者の為に、選挙全部が汚れた印象を国民に与えたことは、誠に遺憾である。政府はこの事態を重視し、全ての捜査力を動員して、違反の徹底的な摘発に努力している。」旨の特別談話を発表し、一部不正地区の「調査」だの、一部不正行為者の「処罰」だのと、「自省」を見せるかのようにしながら、不正選挙の責任を、部分的なものに転嫁する。欺瞞策を弄している。

しかし、今般の不正選挙は、一部地区だけにあったものでもなければ、一部候補者のみによってなされたものでもない。

数限りなく行なわれた不正の中から、代理投票、有権者追作だけを見ても、「大統領選挙の時で、全国で約七八万名、一選挙区で平均六千名ずつ有権者がふえる事実中に、非居住者あるいは幽霊有権者が、今般には想像もつかない程多い」（朝鮮日報六・七）と云われており、代理投票が全選挙区にわたって行なわれ、有権者デッチ上げは、木浦だけでも二万余名もあったと見られている。

この種の不正を未然に防ぎ得る地位・任務にあるのは、邑、面、洞、里の公務員と、統・班長達であり、しかも、これが起こりえたのは、昨年朴政権が選挙法を改悪して、選挙人名簿に関する事務を、選管委から内務部に移担させ、選挙人名簿を追作したところにあることからも、地方官僚、国家機関が一体となっての、不正操作が行なわれたことは明白である。

それはまさに〝完全犯罪的選挙〟だったのであり、共和党の〝選挙によるクーデター〟とも云うべきものだったのである。

**広範な層の反撥**

韓国の国会の機能を歴史的に見れば、厳格な権力分立のもとに、行政府を牽制するというよりも、独裁政権の法的手続きの場として、また、独裁体制を粉飾するものとしての役割を強くもっていたと云える。

しかし、今般大々的な不正の成功によって、一七五議席中、一三〇議席を得たことは、共和党にとって、行政府、国会という国家二権力を、独占したことをあからさまにしたことになり、国民の間に対政府警戒心を、より高める結果となった。

それに、選挙前、共和党に同調的な部分でも、「長期政権は必ず腐敗する」という歴史の教訓から、共和党の独走を牽制する意味で、公明選挙により、新民党の大量進出を願っていたというのが、一般的観測であった。

この意味からも、今回の不正選挙ならびに糾弾斗争は、共和党に同調的であった部分をも政府批判の側にまわせ、知識人、言論界をして、対政府批判キャンペーンを猛烈に行なわせる結果となったと云えるであろう。

**野党は転換期**

挙国的に六・八糾弾闘争が高まってゆくと、最大野党の新民党は、一三日、六・八選挙は全面不正選挙として、新議員登録拒否も辞さない強硬な態度を示し、「六・八選挙無効化闘争委」を結成して、全面再選挙を要求している。

しかし、このように学生の動向に率先・呼応して、強硬な姿勢を見せている反面、新民党は、自らの闘争方針を明示できないでいる。そして、一八日に予定されていた「不正選挙糾弾汎国民決起大会」も、当局の妨害にあってもつことができず、一九日には五〇〇余名の警官隊がものものしく包囲する中、大会を強行し、「朴政権打倒！」を打ち出したものの、その後腰くだけになってしまってしまっている。さらに最近に至っては、共和党が不正を認めれば、協商に応ずる、という気配さえ見せている始末である。

確かに、新民党としては、旧新韓党系と旧民衆党系、加えて落選者を中心とする党内強硬派と協商派との激烈な抗争が、韓日会談反対時の様に、党を分裂させる可能性をもっており、もし分裂すれば、前回より議席が大巾に減っただけに、党にとって致命傷となる。その為に優柔不断な態度をとらざるを得ないのであろう。

しかし、現在新民党にとって最も必要なことは、あくまで国民を信頼し、全国的に盛り上がったこの斗争を、具体的な成果に結実させ、民主的勢力を拡大させるよう、前進的姿勢を堅持することである。そうせず共和党の前に、ひれふしてしまうとすれば、それこそ決定的な致命傷となるであろう。

韓国の社会構造は、「隷従経済」「貧益貧」に代表されるように、買弁資本を育成し、民族資本、農民を圧迫する政府・共和党の「近代化」政策により、増々階級的矛盾を激化してゆく過程にある。それは、より革新的なものを要求する条件を造り出したと同時に、もはや、与党と同類項的な野党の存在を許さないでいる。

野党は国民の不信感を払拭し、真に国民の利害を代表する為には被圧迫的階層を組織する党として、従来の与党となれあい的な野党から脱皮する必要がある。この間の本国情勢は、それを強く要求しているものと言えるのである。

**この闘争の意義**

愛国学生は、朴大統領の謝罪と全面再選挙を要求し、果敢に闘っている。

そして、二一日には、ソウル、高麗、延世大等、五大学の学生代表が集り、「不正腐敗一掃全学生闘争委」を結成した。そこで当面の闘争目標を、六・八選挙の無効化に置き、「不正選挙が一部地区に限られていたならば、今後五大学は連絡を密にし、各大学の中心になって闘ってゆく。」と政府・共和党の態度を非難し、一現象である不正選挙とは、自己弁護も甚々しい。

韓日会談反対闘争以来、昨秋のサッカリン密輸事件糾弾闘争を経由し、「四・一九は泣いている。」「民主主義を死守しよう！」を叫んで、再度激しく決起した学生は、四・一九精神の健在なるを万世に示した。

それは「経済の繁栄」や「第二の長期安定政権誕生」というものを、既成事実化する中で、社会的矛盾を隠蔽しようとする政府・共和党の意図を粉砕したものであり、さらに引き続くであろう、政府・共和党の反民族的・反民主的行為に、警鐘を発したものに他ならない。

この闘争は、民族史発展における、新たなる潮流を整理・形成し、さらに継続されねばならない民主化闘争の、布石を築いたものとして大きな意義をもっている。そしてそれは、学生運動の限界＝相次ぐ休校令により学生だけによる闘争を組織することは困難＝を一連の闘争の中で総括し、より高度な斗争形態と即ちより広範な層との連繋を強め、より地域的な斗争形態へ発展する転換点となるであろう。

---

**6月13日**

## 「不正の近代化」か！

### ソウルの学生、殆ど決起

**首都で激しい衝突**

6・8選挙を糾弾する学生デモは、ソウルの各大学と一部地方大学にまで広がり、十三日にはソウル大、高麗大、延世大、成均館大、建国大、全南大など十余大学の学生、約七千名が声討大会を持ち、そのうち四千名が校門を飛び出してきた。大学生は校門を出るや激しく警察機動隊と衝突、小競合が起こったが、高麗大学生は投石で対抗、警察の催涙弾（九発）ガス弾（二発）と棍棒を見舞われ三十名が重軽傷を負った。ソウル大学校文理大―法大生百余名は、この日夜四・一九記念塔前で、模擬公開投票、ピアノ票、ゴム靴票、マッカリ票などがはいった「こ国投票箱」全開封所ごとに、徹夜籠城にはいっていった。

**ソウル大―高大―延大**

高麗大　高麗大学校学生約二千名は十三日午前十一時、校庭に集合し、民権守護全学生委員会を結成して、不正選挙声討大会を開いた。この場所で彼らは6・8選挙不正に関した公務員は責任を負って全員辞退せよといった内容のビラを配った。「6・8選挙はクーデター！」「不正選挙をやりなおせ」等三個のプラカードを掲げて校門を出た学生は安暗洞ロータリーに達し警察と衝突、十分間投石戦を敢行し一時間半の間対決した。一度学校に戻った学生は講堂に集合して、再び声討を行なった後「6・8不正選挙火刑式」を行なった。二千五百余名に増した学生は午後一時三十分再びスクラムを作って校門を出たが、警察阻止線を突破することはできなかった。

名は「不正選挙近代化なのか」と叫びながら、声討し、校門を出て来たが、待機中の警察機動隊と衝突、警察棒の洗礼を受け後退、五十余名が連行された。

**休校措置撤回せよ**

高大学生三百余名は「不法的な休校措置を即時撤回せよ」と叫びながら、フンルン・チュンリ洞のロータリーまでデモをし、五十八名が連行された。残りの学生はチョンリャンリ、警察により「連行学生を釈放せよ」と座り込みをし帰って行った。

**「不正の近代化」か！**

中大学生三百余名も声討大会を開き「暗黒選挙の抜本的な粉砕の為に最後の一人まで闘かおう、休校に関係なく学生同志よ授業を継続しよう」等の決議文を採択した。

▼農大生八百余名も「6・8選挙を無効にせよ。不正選挙の元凶を即刻明らかにし、処断せよ」と声討した。

**女子学生達も**

美術大生七十余名（女子学生三十名）も「6・8選挙やり直し」「勉強する大学なのか、休校する大学なのか」と叫びながら街に出て学校側の懇請によって教室にはいって行ったが、五十余名は徹夜籠城中。

**声討、波状デモ**

工大生五百余名も教場で声討大会を開いたが学校側の懇請ですぐ解散した。

延大　二千余名延大生は午後一時二十分大講堂に集まって、不正選挙糾弾声討大会を開き、すぐに五百余名が校門を出て「二十五時不正選挙」というプラカードを掲げて、梨花女子大までデモを行なった。彼らは三百余名の警察隊に阻止されるや「三、一節歌」を唱いながら三十分間、連座デモを展開したが学生処長成ネウン氏の説得で帰校、大講堂で断食籠城に入って行った。

成均館大　午前十一時頃、成均館大学七百余名は教室で「不正選挙を断殺して新選挙を行なえ」というスローガンとプラカードを掲げて声討大会を開いたあと十二時四十分頃、校門を出てヘホァ洞ロータリーを渡って、ドウンスン洞ソウル文理大前まで進出した。

慶熙大　午後二時頃約千名が「6・8不正選挙糾弾声討大会」を持って、宣言文を朗読した後、そのうち四十名が教子塔前で論声を繰り広げ、夜八時頃解散した。

建国大　建国大学校五百余名の学生は午前十一時教室で「6・8不正選挙糾弾大会」を開き、再選挙実施、議員登録拒否等四項目の決議案を採択した。

監理教神学大　午後三時三十分監理教神学大生三百余名は、教室に集まって「6・8不正選挙を我々は、座視することはできない」というスローガンを叫びながら声討大会を持った。

**高校生もデモ**

大光高校　ソウル大光高校三年生七百余名は午前十一時、運動場に集まって「四・一九精神は死んだ」「不正選挙やり直し」といったプラカードを出して、声討大会を開いた。

彼らは声討大会を終えて、街頭に進出しようとしたが、学校の挽留で教室にはいっていった。

**礼堂中高生も**

（光州）十三日午前十時五十分頃ポソン郡礼堂面、礼堂中高生六百余名は「不正選挙を根絶せよ」というプラカードを前に立てて一時間五十分の間、市街を練り歩きデモを行なったが、教師の制止で解散した。

---

**6月14日**

## 四・一九は慟哭する

### 警官隊との衝突激化

不正選挙糾弾「デモ」三日目である14日ソウル市内11ケ大学、10ケ高校生一万余名が街路に出て「デモ」を継続した。先に「デモ」を展開し休業中であるソウル大学生達（文理大、法大）は、この日も学校に集り声討と「デモ」をくり返し、警察と衝突した。この日の「デモ」は大部分が学校を出るや阻止されたが、一部は世綸路一帯に至るまで進出したし、ソウル大学「デモ」には一部民間人達も合流した。警察はこの日も棍棒と催涙弾で「デモ」を強力に阻止し、あちらこちらで投石戦が展開され、学生数十名と警察官多数が負傷を受け、阻止線をつきやぶる為、延世大学生達は棒を持って「リヤカー」には石を積んで出て来るなど「デモ」雰囲気は一層荒れた。

ソウル文理大と法大生五百余名はろう城徹夜した学生達と合流、この日の正午すぎ再びデモを強行し負傷者20余名を出しウォンナン洞ロータリにまで進んだが学校へと追われた。この「デモ」には民間人一部も合流した。学生達は文理大構内に集結、連座「デモ」を継続した。

一方慶大照学生一千余名は午前十時声討大会を終え「デモ」を開始、フィギョン洞三街で、先を阻止されるや、十一時四十五分フンロンの方に方向を転換し、高麗大まで高大生五百余名の合流を得、アンアム洞ロータリーまで進んだが、警察阻止線に会い高大構内に後退した。この衝突で高大史学科金永万（20）君が警察官に腹をけられ失神、入院した。

また延世大学生二千余名はこの日十一時四十分頃「デモ」に立ち上った。梨大入口まで追って来た学生達は警察機動隊三百余名と衝突、朴敬鎬（20歳政科二年）君ら三名は棍棒でなぐられ卒倒、セブランス病院に入院した。再び三百余名が学校に集結、梨大前まで進んだが、「デモ」隊よりさらに多い八百余名の機動警察隊の棍棒攻勢に追われ、崔光鉉（22、化工科四年）君ら二十余名の負傷者を出した。

この他にも中央大（二百名）東国大（千五百名）漢陽大（五百名）西江大（八百名）韓国神学大（二百名）でも「デモ」に立ち上ったし、長旗（千名）フイ文（二百名）宝城（八百名）ソウル工高（千名）同城（千名）城南（千五百名）中洞（六百名）中央（二百名）等高校生達も街路に出た。

警察はこの日以前より態度を硬化し四時までに「デモ」を完全に鎮圧する計画の下「デモ」を強力に阻止、午後に入るや「デモ」はほとんど制圧した。

警察に追われ学校構内に入った延大（三百余名）、建国大（五百余名）、文理大（八十余名）生らは構内で連行された学生達の釈放と再選挙を要求して断食闘争を展開している。

この他にも首都女子大（七百余名）、外国語大（千六百余名）、ソウル農大（二百余名）、崇実大（五百余名）、弘益大（二百余名）、勝利高（一千余名）等高等学校学生達と京畿高（五百余名）、城東実業女高（五百余名）、徽文高（五百余名）達も各々校内で声討大会を持った。

学校別「デモ」学生の連行者数は次の通り。

慶熙大＝四〇、高麗大＝八六、延世大＝一二三、ソウル大＝一九、漢陽大＝四三、西江大＝一二、城南高＝六、中央高＝二〇。

---

**6月15日**

## 荒れ狂う催涙弾、棍棒

### 高校生の頭上にも

**高校生1万余名**

6・8選挙不正を糾弾する学生デモは引きつづき四日目も継続、15日ソウル市内20の高等学校生約1万2千名が街頭にあふれ出て、散発的デモと投石戦を展開したが警察の強力な阻止で解散した。また、カトリック医大（約4百名）、外国語大学、延世大（約3百名）、弘益大（約1千2百名）、京畿工専（5百名）等6大学生がデモを行い、その内カトリック医大生は市庁前中心地に進出したが警察阻止で解散され、延世大、建国大、東国大等では断食籠城を行い、「6・8不正選挙元凶及びマッカリ選挙火刑式」と声討大会を開いた。梨花女子大4千余名の学生達は、この日正午大講堂にあつまり声討大会を開き、他大学の学生弾圧を糾弾する為、15日から24日まで「同情休学」をすることと決議し、淑明女子大生3千名も大講堂で声討大会を開いた。この日デモで高校生4百名と大学生3百名が警察に連行され、学生40、警察10名がそれぞれ負傷した。

**高校生投石戦**

午前十時前中央高校生一千五百余名は校庭で声討大会を終え、楽園洞文化劇場前まで走り出てデモを行ない、警察と衝突、催涙弾発射に投石戦を行ない、その内一〇〇名が国会議事堂前ですわり込み、「不正選挙をやりなおそう」とスローガンを叫び警察に連行された。大同商工（一千名）と首都電気工高生（五百名）は中央庁前まで進出、警察と投石戦を展開して解散し、キョンミョン高校の約二千名は警察機動隊に包囲されたまま市庁前まで出た。

この外に養正高（一千名）も学校附近の道路でデモを行ない、ソウル商高生（一千名）は正仁洞まで、漢高校生（一千名）は京東高校前まで、徳寿商高校（五百名）はソウル運動場前まで、京畿高校生（三百名）は安国洞ロータリーまで、慶熙高校生（一千二百名）は光信商高前まで、龍山工高生（五百名）は三角地まで、宣福高校生（五百名）は校門外で、漢城高校生（二千名）はクレバン橋まで、東成高校生（一千名）は恵花洞ロータリーまで出て、漢東高（一千名）、大光高（五百名）、清渓里綜合高（一千名）、輝文高校生（五百名）もそれぞれ校庭で声討大会を開いた。

---

**6月16日**

## 各所で断食籠城

### 大学30、高校148休校

**延世医大生ら断食**

五日目に入った六、八選挙糾弾学生デモは十六日早朝よりソウル市内二〇校高校生達が散発的に行なったが、警察の強力な制止と六〇個の男子高校に対して下された休校令で午後からは静かになった。

**神学大学生達も**

ソウル神学大学生二百名も午後十二時、西大門ロータリーまでデモを行なって解散し、総学生会を開催する為、ソウル大文理大に入ろうとしたソウル大学校各団「大学幹部学生七十名が梨花洞ロータリーで若干デモを行なったが、警察の制止で乙支路六街音大校庭まで追われ、少しの間会議を開いただけであった。

断食籠城をしていた高麗大生百名だけが組織学生会前面でガウンを着たまま、三日目の断食闘争を継続している。

**高校生も続々**

この日午前の高校生デモは、仁昌高校生二千名が鷹州アパート前小路まで出て示威している最中に解散した。麻浦高、東部工高、首都高校生等一千名が合流、麻浦八二フン市場まで行進して制止され、又光信商高（二百名）は清涼里ロータリーまで、清涼高（二百名）は清涼里駅前から学校まで、龍山高（三百名）は厚岩市場まで、福国中高（二百名）は奨忠公園まで出て、各々デモを行ない解散した。

**五賢中高生ら負傷**

十六日午前十時頃、済州五賢中高校生約一千七百名が「六・八選挙を無効化せよ」というプラカードを掲げデモをしようとして警察機動隊と投石戦を行ない、金テグマン君（十七）ら二名が負傷した。

**ソウル大生籠城**

十六日午後七時三〇分頃、ソウル大音楽大学校庭で籠城中であった四〇名のソウル大学生が「解散したら連行しない」という警察の約束を信じ学校バスで校門を出る途中、警察に強制連行され一時間後に釈放された。

この日午後、梨花洞ロータリーでデモをして乙支路六街の音楽大学に追われた彼等は校庭で籠城を始めたが、彼等の処置に関して学校当局は中部警察署情報係長高某官と東大門署情報係長某主任等と協議の結果、「解散さえすれば連行しない」という確約を受け、学生達を説得して午後七時二〇分頃、各単科大学教授達と共にソウル官七二四五十大バスに乗車させた。

バスが学校を門から約百米位出ると警察は態度を急変し、サイカー二台と百余名の警察が彼等を前後で包囲、城東警察署に全員連行した。

この時、沈顔変学生処長等学校当局者は警察の処置を非難し学生達の釈放を要求したが警察は「署へ行ってみよう」の一点張りで約束を破り強制連行してしまった。

沈顔変ソウル大学生処長の話＝この様に、背信的ならば、どうやって学生達を説得出来ようか。

金徳中中部署長の話＝主動者達を捜す為には仕方がなかった。教授たちには後日謝まる。

**大学三十校　高校百48校　休業令**

文教部は十六日、全国67校大学中30校と高等学校148校が休業に入ったと明らかにした。

淑明女大等一部校を除いては大部分の大学が門を閉めたソウルでは、文教部よりデモする高校に対して休業措置をとる様に指示がなされると、一日の内に74校男子高校中の64校が休業に入り、淑明女高等女子二校も門を閉めた。

---

**6月17日**

## 不正選挙火刑式

### 弾圧令下に　闘争続く

**延大医学生たち**

十七日午前十時三十分三日間の断食籠城を終った延世大生五十余名は、外来診察所前でガウンを着たまま「6・8不正選挙悪性腫瘍切除火刑式」を持った。

学生一名はあたかも手術をする如く6・8不正選挙投票函と書いた箱から幽霊投票、暴力、金力と書かれた紙を引き出してかたわらに準備したかますに集め、もやしてしまった。

**新民党員デモ**

【陰城】十七日午後一時三十分新民党陰城イチンチョン地区党員二十余名は6・8総選挙無効を叫びながらデモをした。

【井邑】十七日午前十一時ごろ党事務所前で決起大会を開いた新民党井邑地区党員二百余名は警察阻止線をやぶり、不正選挙運動をした郡守と署長を処断せよというスローガンを叫びながら二時間のあいだ示威をした。

彼等はデモに先だち党事務所前で官票と書いた封筒をつけたかかしの火刑式を行ない、警察官と衝突、シン・ヨンヒ氏等新民党員十名と警察官二名が負傷した。

【春川】十七日午後三時三十分ころ新民党春川地区党員二十余名は地区党委員長桂クアンスン氏を先頭に立て「6・8選挙は盗盗選挙」というスローガンを叫びながら市内中央路ロータリーで三十分間デモった。警察は桂クァンスン氏等十六名を連行した。

【舒川】十七日午前十一時新民党忠南舒川―ボリョン地区党員五百余名は舒川市場で6・8選挙無効化闘争結成大会を開いた後「不正選挙原因を即刻処断せよ」などのスローガンを叫びながらプラカードとマイク車を先頭にしてデモを行なった。

---

**6月19日**

## 機動隊、市民を襲撃

### 弾圧いよいよ激化

十九日新民党のデモを阻止していた警察の態度が荒れてきて、人道で見物していた市民学生達までこん棒で乱打された。

この日午後六時五〇分頃、鍾路区クアンフン洞一八三の前で子供を背負っていた呉ヨン礼（女、五四才）が起居中警官スンウオン巡警が引率した四十四名の機動隊に足で蹴られ、子供と共に卒倒、市民たちが抗議した。

又、和信前では人道に集まっている学生市民達に警察が解散しろと叫び、応じないと群衆の中に分け入りながら、棍棒で強制解散させた。特に午後七時二〇分頃でソウル礼式場、近くでは市民達を遮断し、催涙弾八発を発射しながら学生達と市民に警棒を振り回した。

警察は隊列を整理しては〝突撃〟という合図と共に人々に飛びかかった。

**新民、糾弾大会強行**

新民党は一九日午後四時より政府当局の不許可にも拘らず、彼等の党舎のあるソウル安国洞ロータリーにて「六・八不正選挙糾弾国民総蹶起大会」を強行した。

朝から警察機動隊がロータリー付近に陣どり、昼からはロータリーに至る道を遮断し、重い雰囲気に包まれた。

ロータリー横の新民党中央党舎屋上に準備された演壇から、闘争委員長である兪鎮午代表議員は「六・八総選挙は政府と警察官、金力、権力などによってなされた不正不法選挙であるのに、朴政権はこれを部分的で偶発的な事件として収拾しようとしている」と主張し「不正選挙の是正なくしては十年二十年たっても民主々義を期待することは出来ない」と語った。

尹潽善闘争委顧問は「二回の選挙において共和党はあらゆる不正を敢行、勝利を偽装している」と主張し「国民はこの様な不正を根こそぎにする為、総蹶起せよ」と語った。

この外にも、柳珍山、咸錫憲、金泳三、金大中、張俊河、金炯一氏等が弁士として出た。この日大会は①全面的に不正選挙である六・八総選挙を無効化し、再度選挙を実施すること②朴正熙大統領の謝罪と、不正責任者を厳断し、不正選挙に加担した共和党候補及び公務員を処断すること③全国的に行なわれている選挙報復を中断し、関係者を厳断すること④検察は不正の局地化に努力し、事件の隠蔽に汲々としているが、即刻、全面的な捜査に着手すること⑤学生と市民に対する弾圧を中断し、不正選挙に対する処理を国民が納得出来る様、果敢に行う事など五項目の決議文も採択した。

**金重委氏連行**

新民党の不正選挙糾弾国民決起大会の弁士として出る予定であった金重委氏が、十九日午前二時半頃、治安局情報二課刑事と朱ジョンチョン中部署刑事等七名に連行され、行方が判らないと、この日新民党で発表した。

新民党は又、[illegible]総務部委員長がこの日、治安局に金氏の行方を訊ねたが、彼を連行したことはないと語ったと云う。

---

（一面からつづく）

（九日、ソウル）

ソウル地区の一部開票所に、九日明け方にかけて原因不明の停電が続いて起り野党を緊張させた。

九日明け方二時すぎから、城北乙、東大門乙区等の開票所では三十秒間隔に約五秒内至十秒ずつ三〜五回停電したが、そのたび毎に野党参観人は「票を守れ」を叫びながら懐中電灯をともし、共和党側は「静かにしろ」と応酬した。

**有効票を無効計画**

九日ソウル九日午後三時三十分ソウル地方法院水原支院は華城選挙区新民党候補金焔氏の申請により開票が完了した三十七個投票函の証拠保全をした。その理由は新民党参観人である李鍾宇氏が朴俊亭、朴漢氏、金京子、千世俊氏等四名の開票従事員が金氏の有効票を無効票にしたてよげたことを発見、前記三十七個投票函からでてきた五万七千二十一票中、無効票として処理された二千八百票を再び検票しようとするものであった。

このような開票従事員の不正選挙が表面化するや選挙管理委員長李再求氏は辞表を出し、道選挙管理委員四名が開票所に来て真相調査を行った。

**新民党員、坐り込み**

この日投票函保全申請等によって中断された開票は夜十時四十分に続開されたが、十日十二時五十分共和党側から二個の開票台中、一方の開票台でだけ開票が行われていることに抗議することでもって再び中断、開票所の中とその周辺は険悪な雰囲気をかもしだしていた。共和党候補は二万二千百十一票であり、新民党候補は二万一千七百八十三票で三百二十八票差が出ていた。この日の真夜中、開票所以外には新民党員百余名が座り込みデモをし、催涙弾を装備した警察隊と小競り合いが行われていた。

**九日、仁川選管委、全員辞表**

仁川乙区はこの日午後四時二十分開票が終り、新民党候補金ウンハ氏が三百九十六票差で勝ったが共和党参観人が無効票十三票を有効票と主張して、当選確実宣布を妨害、選挙管理委員十一名全員が恐怖の雰囲気の中では仕事ができないとして辞表を出し退場した。

この前に新民党の側では、ソウル地方仁川支院に選挙人名簿と不在投票紙に対する証拠保全を申請、金ソンギ判事が開票所に行き、執行しようとすると共和党参観人が執行保留を要請した。金判事が既に決定されたことであると拒否すると共和党青年党員等約二十名が開票所内に乱入「選挙管理委員長を殺せ」「新民党組織部長をつまみ出せ」と叫んで威嚇し、判事による証拠保全を妨害した。この騒動を鎮圧するため警察官四十余名が出動、二十分で彼等を解散させ、そのうち首謀者三名を連行して行った。仁川支院はこの日、夜、十時頃、投票箱等を法院に運び、証拠保全を行ったが選管委はこの区の当選確定宣布をできないでいる。

**共和党員開票所に乱入**

選挙暴力はついには六・八総選挙の開票所迄ひっくり返してしまった。そうしてその乱行は多数党である共和党候補を支持する青年達によりソウルのド真中で行われた。

東大門甲、乙区と西大門甲区共和党候補が不利になるや、若い党員達が開票所に乱入、器物を破壊し、野党参観人に暴行を加える等乱暴を働き、六・八総選挙の汚点の事態をつくり出してしまった。この他に、全州、安東、順天等の地においては不正選挙を糾弾する野党系のデモが続いており、釜山西区、水原等の地域においては開票中断が続発しており、野党参観人殴打、ムドギ票（予め投票箱に与党票を入れておく）、証拠保全の妨害等、選挙をめぐるさまざまの不祥事が続発している。

**暴力開票中断**

（九日ソウル）

九日午前九時十分頃、ソウル東大門甲区開票所に共和党候補を支持する青年党員と所属不明の青年約五十名が乱入、開封のされていない投票函二十三個を壊そうとしくり返し、ガラス窓を割る等、乱暴を働いた。

彼等はこれに先立ち、この日午前二時五十五分頃新民党の宋元英候補が共和党の閔寛植候補をリードするや、新民党推薦選管委員徐員鎬氏が鉛筆で書いてある閔候補の票二枚を無効票とみなしこれを破ったと主張してさわぎを起し、六時間の間開票が中断された。

同選管委員長徐鎮浩判事は直ちに選管委員会を招集、共和党側が主張した投票用紙未備と徐委員の無効票とみなした事が、故意的処置ではなく選挙法上諸解事項だとみなす事ができると通告したが共和党側は抗議をとり下げなかった。

事態が険悪になるや徐委員はソウル市選管委に辞退書を提出し、警察官と共に開票場の外へ出たがこの時青年達が後を追ってガラス窓を跳び越えてとび出し、徐氏に暴行を加えた。

**事前投票**

（九日、釜山）九日午前五時頃春川地区開票所において共和党金宇栄候補の名前を書いた投票用紙四百四十一枚が予じめ投じられており、一時開票が中断された。

（開票中断）

新民党宋元英候補が優勢であるソウル東大門甲区開票場（ソウル師大）は新民党推薦選挙管理委員の投票紙破損と封緘されていない投票箱が発見されたことから、共和党側の要求で9日夜明け前2時50分開票が中断されたところ、この日朝8時40分中断された開票場に20余名の共和党員が乱入、器物をこわし取材記者に暴行を加える等の騒乱を起した。

この外に竜山と東大門乙区でも開票場に集団乱入、乱暴をはたらくなど事態に開票が中断された。

この日午前2時50分新民党推薦選挙管理委員徐鎮浩氏が不在者投票を鉛筆で記票することを白紙投票と思って取り出しながらあやまって破ったものと新設洞第二投票箱の投入口が封印されていないことが発見されて共和党側参観人が開票中断を要求、騒乱を起こし開票が中止された。

六時間も開票が中断されている間、開票所内外は観覧人でざわめき雰囲気は超緊張、八時半、問題の徐氏が身辺保護を要請、警察が徐氏をつれて行こうとした時、共和党員は「不正選挙の元凶が逃げて行く」と叫びながらジープを塞ぎ徐氏にむちを加えた、警察がこれを制止、強引にジープに乗せて行くや否や急に二十余名の青年が開票所に飛び込み、開票所内の机を壊わし、サイダーびんなどを投げて電球十余個とガラスランプ二個を壊わした。警察はこれら青年を開票場から追い出し、机などでバリケイドをきずいたので青年たちが乱入する時、開票場事務員は全員逃亡一時、投票箱は無防備状態であった。

この時、開票所外では別の五十余名の共和党側観覧人が「死ね」といった暴言をはきながら新民党員らしき青年を追い立て棒瓦とこん棒を振り回して開票所内外は、暗たんたる恐怖の雰囲気に包まれた。

一方、この乱入を取材していた記者たちにも無差別暴言、大韓日報写真部金栄一（二八）記者に「なぜ写真をとるのか、死ね」といいながらカメラを取りあげて暴行を加えた。

開票はこの日、午前中断、六時間目の十二時五五分から警察が開票所周囲を警備する中で続開された。

▲午前十一時半開票が終り、最終集計をしている祥明女子校講堂に場所を取っていた竜山区開票場に共和党運動員二十余名が乱入、乱動をし、新民党候補金元万氏の胸ぐらをつかむなどの事態で最終集計が一時中断された。この日の乱動は新民党の金候補が圧倒的にリード当選が確実視されるや金候補が開票場に現われ選挙管理委員と新民党側参観人の労苦をねぎらい合い、握手をしているところに二階で観覧していた共和党員二十余名は「開票が終ってもいないのに開票場に現われるのは選挙法違反だ」と金氏にいいがかりをつけ、集計中断を要求した。

これに対して元鍾有選挙管理委員長が「選挙法違反は法で責任を定めなければならない」と云って開票継続を主張したが、共和党側がこれに不従、しかし、金候補の謝罪で二時十五分再び最終集計に入った。開票所では十余名の正服警察が警備していたが、この騒動を制止しなかった。

▲午前十時半ソウル東大門乙区開票所二階観覧席で共和党員裴永国（三十＝東大門区道頭洞一三五）氏等党員五名が横で開票状況を観覧していた新民党員尹ブソン（三十一＝東大門区新内洞五七九）氏に、争いを起し、サイダービンで殴打、乱暴をはたらき、開票が五分間中断していたが三十五分から再び始った。

**選挙人名簿、闇夜で作成**

（十八日全州）

全州地検チョンウプ市庁李尹・ンク検事は十八日高敞地区選挙不正の捜査に着手、関係者人らの陳述を聞いた。

この日新民党金相興候補の夫人李均業氏と金珍義氏等新民党員は①高敞郡興徳面の里参事が暗室で出来た選挙人名簿を作成、一万余名の代理投票をし、②高敞邑の新民党参観人呉東水氏を選挙当日暇り参観出来ない様にし③高敞邑第一投票区と第三投票区では選挙管理委員長が七票ずつ入れる人だけに投票用紙を与えたと主張した。

我々は、この六・八不正選挙が、単なる偶発的なものではなく、韓国の構造的矛盾により、必然的に引き起こされたものであることを見て来た。

特に、韓国で「近代化」が云々されており、この「近代化」政策がどのような構造要因をもって推進され、今後、韓国社会に何をもたらそうとしているのか、ということが問題となっている現在、我々はこのキャンペーンを契機として、本国情勢を本質的・構造的に把握する為に、強力に討論・学習活動を進めねばならない。

編集部

# 光州学生の愛国的伝統に学ぼう

発行所
在日韓国学生同盟
中央機関紙
文京区春日2丁目20
電話 (813) 2261
発行人 辺安石
編集人 編集委員会

一、吾らは、自由なる思想と創造的精神をもつて学術を練磨し、真理を探究せん。
一、吾らは、祖国統一と独立を確立し、民主国家と均等社会建設に尽力せん。
一、吾らは、相互親睦を図り、高尚なる人格と進歩的精神をもつて世界人類の文化向上に貢献せん。

## 第三八周年記念集会開く　十一、十二日京都で

めぐり来る十一月三日。この日は、今から三十八年前、日帝が我が国に対する植民地支配の企謀を誇っていた時期に、光州の学生達が日帝の苛酷な圧制から祖国を解放し独立をかち取ろうとして憤然と立ち上がった日である。そしてこの日は、我民族の数多い抵抗運動の中でも、特に青年学生達の鮮血で彩られた日として、四・一九学生革命と共に永遠に民族史に残る記念すべき日である。

解放後、二十二年を経て来た今日の我民族の現状は、しかし、これら愛国先烈達が血と生命の代償として残してくれた解放という遺産を、果して十分に償い得ているのだろうか。そして他ならぬこの我々自身は、この光州学生が果そうとして心ならずも傷つき倒れていく時に苦い敗北感と恐怖心に耐えながら、自らに云い聞かせたであろう——自分達の後には力強い隊列が続いているのだ——という確信と期待に応え得ているのだろうか。

又、我々の心情的姿勢を離れても、解放後の歩みは彼らの犠牲と苦衝を十分に相殺しうるだけのものであったろうか。

被抑圧民族としての素朴な民衆の感情が、血縁社会的封建性や農村社会的保守性の呪縛から出発しながら、「反日・反帝」闘争へ参加することにより自らを脱皮し変革させていった我が国の精神史はそれ自体優れた創造性を表わしており、外的矛盾の止揚と共に飛躍的発展を見せる十分な歴史的段階に達していた筈であった。

今日、我が韓国が分断国家の一方として幾多の困難な矛盾に悩みつつ、韓日会談を契機に再び地すべり的親日路線をとることにより、日本及び米国にますます密着した道を歩みつつある現在、この「光州学生運動」の歴史的意義を振りかえり、解放以後今日に至るまでの韓国の道程を参照するベクトルにしながら、更には明日を展望するのは我々に課せられた課題ではないだろうか。〈関連記事2面〉

## 反外勢の歴史的闘争
### 現段階の課題は何か

（一）

「光州学生運動」はその透徹した歴史認識と科学的情勢分析に立脚して展開されており、そこに運動を指導した当時の学生達の意識を窺い取ることが出来る。彼等は学生が果すべき役割を遺憾なく発揮し、我々に大きな教訓を残している。

日帝の植民地統治機構は、単なる外的制度としてのみ存在したのではなく、そこに生きる人間にとってそれ以外に考えられない総体的社会として現出したのであり、まさにそれが「世界」であったろう。その様な情況下で「外勢打破」「民族自立」の基本方向を打ち出して果敢に闘かった彼等の運動は、我が民族の不屈の革命的伝統と先進性を示すものでなくて何であろうか。

民族の内的力量に信頼を深く限り、全ては時利に向うし、発展するという強い信念があればこそ、我民族は苦難の歴史に耐えて解放を迎えることが出来たのである。

（二）

一昨年「韓・日・米会談」といわれた韓日条約が締結されて以来朴大統領は「韓国の近代化」をスローガンに一連の経済政策を実施した。

この五月・六月の大統領選、国会議員選において、政府与党は一九六二年～六六年の経済第一次五ヵ年計画は予想通りの経済成長をとげ（年平均八・五%）更に第二次五ヵ年計画によって一九七一年までに食糧の自給、七億ドルの輸出、化学、鉄鋼、機械工業の建設等が実現、もしくは推進されるであろうこと、更に引続く諸計画の遂行により、一九八〇年初めには完全な経済自立体制の確立が実現するであろうなどが強調されている。

しかしながら、第一次五ヵ年計画の成果に関しては必ずしも政府発表を額面通り受け取るわけにはいかない。本国の雑誌、論文などで再三指摘されている如く、朴政権は「統計現実化」の名の下に人為的に誇張、拡大した統計数を使用しているからである。

又、高い経済成長と自賛する韓国経済も、その内容をよく見ると驚くほどの外資導入政策によって支えられている。一九六六年末現在の外資導入額は六億八〇〇〇万ドルで、その元利金総額は八億五五〇〇万ドルに達しており、その大部分の償還は第二次五ヵ年計画以降の時期に持ち越される。更に第二次五ヵ年計画中に一四億二一〇〇万ドルの海外貯蓄が予定されており、この分の借款元利金が八億五五〇〇万ドルに上積みされるのである。

この様に朴政権は韓国経済を自立の方向にではなく、資本投資国に対する驚くべき債務奴隷的方向へ導きつつあると云わざるを得ない。

（三）

さて、韓国の政治動向は現在どの様な潮流にあるのだろうか。

韓国民衆の盛り上がる反対運動を封殺する中で「韓日条約」を強行妥結させた朴政権は、日本の経済援助をテコとし、表面的には一応の経済安定の手触りを掴んだかの印象を与えてはいる。しかしその経済再建のプランが前述の如き内容であることは、当然国内政治に直結する多くの影響を及ぼした。今年八月の韓日閣僚会議において、若さと体力に物を云わせて日本側閣僚を圧倒し、新たに民間借款二億ドルを日本から引き出す事に成功した張基栄副総理が、十月三日突然解任されたのはその表われである。

韓国に進出した日本資本は、一説では、三井グループは石油、化学、三菱グループは造船、セメントといった協力関係を形成しているといわれ、対日依存傾向を深めつつある韓国政府内部で利権、派閥拡大をめぐる権力抗争が進行していることは明らかであろう。

国民大衆がウォンの下落による悪性インフレ現象——物価騰貴に悩まされる一方で、ソウルの街角には近代建築の形式的模倣が歓迎され、原料、原資材から生産機械に至るまで全て外国資本によって幾つかの工場が建設されている今日のアンバランスな風景は、そのまま現段階の政治状況を象徴している。

この五月、六月と引き続いた大統領、国会議員選挙における政府与党の大がかりな不正工作は、こうした現状に対して国民大衆の……

## 国語学校開講中
### 積極的に参加しよう！

韓学同中執は、現在、国語学校を開設しております。かねてからの、盟員諸氏の強い要求と、大使館奨学官室の積極的な協力を得て、十月十九日に発足を見、それ以来定期的に講習が行なわれております。

中執は在日韓国人学生の、共同学習の場として、また、韓国人学生の民族的素養を育む場として、大いに発展させてゆく方針です。

ともすれば民族的気概をそう失し、祖国とも遠ざかりがちな僑胞学生にとって、母国語を学習する過程を通じて、相互の絆を強め、民族的主体性を確立してゆくことが是非必要であると思います。

国語学校を、韓学同の根幹活動として、定着させてゆきましょう。皆さんの自主的、積極的参加を期待します。

■講師　大使館奨学官室派遣金哲氏
■日時　毎週木曜日、午後六時
■場所　韓学同事務所
■申し込　韓学同中央総本部
文京区春日二丁目二〇番地十三号
TEL（八一三）二二六一—三、
直接（八一四）四四七一

☆その他、費用無、テキスト配布

## 国語青空教室開かる
### 正丸峠へバスハイク

去る十月二三日、韓学同主催の国語学習を兼ねた正丸峠へのバスハイクが持たれた。これは、十月一九日発足をみた韓学同の国語教室を盛り上げるために企画されたものであって、バスの中では、国語以外の使用は禁止された。この日は素晴らしい天気に恵まれて、参加団員五七名は、和気あいあいのうちに、有意義な秋の一日を過ごした。

十月二三日、朝八時半池袋東口の三越前に、文教部局長曺世経氏、次長李仁煥氏を交えて、バスの脇の太極旗の下に、辺委員長以下五七名の団員が集い、元気に目的地正丸峠へと向かった。

## 出入国管理令改悪……

621

# 解説 光州学生運動をふりかえる

## 光州学生運動は いかにして起り得たか

近代百年来の我国の歴史は、外勢による屈従か斗争かの岐路に立って、常に民族の独立と解放の為に斗争の道を選んで来た抵抗の歴史である。一九世紀後半から押し寄せてくる欧米資本主義列強の毅は、我民族をして自ら封建制を打破する事を許さず、その上腐敗し切った封建支配層は、我国の半植民地から植民地への転落を助長した。かかる状況の中で疲ることなく民族の運命の為、封建支配層に反対し、外勢による従属を許さず断固として斗争して来たものは他ならぬ民衆自身であった。一八九四年に起った東学党の乱がそうであったし、日帝が全国土を植民地

おいて、またも民族の抵抗精神はあます所なくあらわれたのである。

この運動は更に強化されてゆく日帝の植民地政策に反対して斗った、より組織的な斗争であった。特に意義深いことには、この時期から広範な労働者層と共に青年学生達が連合して斗いを進めた事である。

この様に一九二〇年代前半の反日運動の高まりと、新らしい労働農民運動の強化、そしてこれらの運動において果した青学生達の先進的役割等の抵抗史の流れの延長にあって始めて光州学生運動は起り得たのである。

## 光州の学生達は 如何にして立ちあがたか

六・一〇万才事件以後、全民衆的な規模で立ち上った運動はなかった。あらゆる面において独立斗争は表面的に停滞状態になっていたし、民衆の気持も沈滞している

## 暴虐に抗しての 果敢な斗い

## 投稿 光州学生記念を迎えて

早大二年　金富雄

## 読書感想文 「復活」を読んで

## 投稿 愛国心について

東海学園一年　柳敬子

## 「入管令「改正」の真のねらい」

本国論調

# 反共法と創作の自由

## 南延賢作「糞地」事件判決を見て

李　炳　勇（弁護士）

### 編集部より

この論文は、本国の総合雑誌〝新東亜〟八月号より転載したものである。「糞地」事件について、我々僑胞学生の間では殆んど知られていないが、韓国の反共体制が単に感情、ムードとしてのそれではなく、如何に国民生活の隅々にまで浸触し、人間的感情の表現や思考の多様性を阻害しているかを示すものとして、我々も大きな関心を持たざるを得ない。

特に本文中、筆者も指摘している如く、反共法がいわゆる共産主義及びその同調者を取締ることを目的としているものに、現実は執権者の側からみて、好ましくない人物、団体を例え共産主義と関係がなくとも、取締る言論弾圧、集会、結社の自由の剥奪等々に拡大適用されていることである。これは、日本の治安維持法が辿った系譜と同じであるし、行きつくところはファシズムの道である。

この種の治安立法は、元来具体的に存在する危機に対処するべく作られたというより、常に仮想敵を設定用意しておくことにより、権力者の権力維持に必要な恐怖心を造成し民衆の不満、体内の矛盾を外へそらす作用をするという点にその本質的機能がある。

「言論の自由」にしろ「民主々義的諸権利」にせよ、我々は出来上った概念だけを受け取って満足する傾向があるが、その生成の過程が、血みどろの闘いによって彩られている如く、凡ゆる権利も又、不断に細かい純けることによってしか、守られはしない。

何故なら、古今東西、権力者は常に民衆の声を抑圧したがるものであり、民衆の要求、権利などと云うものは与えれば際限がないと考えがちだからである。

韓国の反共法も、その様な文脈に於いて民主々義に対する挑戦でもあり、現代韓国の矛盾を端的に表現していると云えよう。

### 一、拡大一路の反共法査察範囲

### 二、南氏の「糞地」が投げてくれた問題点

南延賢氏は、一九六五年、一月初旬、現代文学社から、短編小説の寄稿を要請されて、「糞地」という題目の作品を創作し、その年一月二十日頃、現代文学社に渡し、同「現代文学」三月号に掲載したところ、この作品内容が、北傀の下部機関紙である「祖国統一」に部分的に転載されたということであり、その年七月に、中央情報部は作家南氏を拘束、十五日より拘束適否審判の結果、釈放されはしたが、事件は、ソウル地方検察庁に送致され、次の年七月二十三日に起訴され、ソウル刑事地方法院、朴斗煥判事の審理を受けたが、去る五月二十四日、結審公判で担当朴宗演検事は、懲役七年、資格停止七年という反共法四条一項の最高刑を求刑した。去る六月二十八日宣告公判では、宣告猶予の判決があった。同判決を宣告するまでには、担当法官として、人知れぬ研究と苦悩があったことと推測されるものであるが、有罪判決である事に

### 三、文芸作品と刑事裁判

### 四、憲法と反共法の関係

### 6、学生反抗制止の前に是正を

いわゆる

# 「スパイキャンペーン」に思う

我国近代史をゆり動かした欧米列強と日帝の植民地争奪闘争は、当然、我民族内部に激しい抵抗と外圧に対する決死的な愛国闘争を伴なわざるを得なかった。

国際帝国主義諸国間の角逐は必ずその民族の独立闘争に対する呵責ない弾圧と暴虐の上に成立したのであり、日帝も又、我国において残虐な武力統治で植民地維持に狂奔した。しかし我民族独立闘争史が示す如く、韓国の民衆は自らの尊厳と名誉が踏みにじられようとする時、決して黙従の道を選ぼうとはしなかった。

三・一運動、六・一〇万歳運動、光州学生運動等々、枚挙にいとまのない程、絶え間のない愛国的闘争が継続された。狡猾な日帝は民族内部の分裂と反目を助長すべく、様々な奸計をめぐらしもした。しかし、我民族の英智はその企みを見破り、一時たりとも、民族の正しい歩みに迷いを生じる事はなかったのである。その中で、我国学生達は、常に冷静に情勢を見通し、ゆるぎない確信をもって運動の主力部隊として行動してきている。

解放以後、今日に至るまで、日帝に取って代った新しい外圧が一貫して我国を左右し、民族内部の諸問題を単に民族内部のみで決定出来ない複雑な要因が派生している中でも、我国の学生達はその愛国的革命的伝統を忘れたり、自らの任務を放棄したりすることはなかった。

李承晩ファッショ独裁体制をくつがえし、民主々義体制への一里塚を打ちたてたのも学生達であったし、国民に祖国統一と自主自立の道をさし示したのも四・一九学生革命であった。

目下のところ、韓国学生の愛国愛族闘争は表面的には幾つかの困難な条件に当面しているが、不正選挙闘争にみられる如く、その主体的力量は着々と整備され、新たなる発展の準備を急いでいると言える。

自民族に対する限りない愛着と憧憬に支えられたこの韓国学生の民主闘争は民衆の大いなる支持と連帯を求めて深く根を張りつつある。

バラ色の経済建設を掲げて日増しに親日的政策を取り、アジアにおける反共リーグの一番バッターになろうとしている現政権は、どこまで国民、学生の期待に応え得るであろうか。

長きにわたって権力者の専横と独断に耐えて来た我国民衆は、これ以上、裏切りを許さないであろうことはもはや明白である。

ここに「韓国学生の政治的発言の伝統——日帝下より六・八選挙まで——」と題する論文を掲載し、我国学生運動史を概観し、今時の針路と展望を把握する一助としたい。

（編集部）

# 韓国学生の政治的発言の伝統

## 日帝下より六・八選挙まで　鄭世鉉

## 1、日帝強占下—反植民地運動

王家を全国最大の地主としてあがみ、封建官僚と郷紳（両班）達の横暴によってアジア的停滞社会から抜け出せないまま民族の歴史を誤導した李朝貴族政府は西洋資本主義勢力と、ただ一つアジアで近代化の道へ入って行った日本の挟攻でその無力性を暴露されるようになった。

李朝貴族政府と亡国私党勢力は内部では後期の実学思想と民衆の近代化運動を弾圧し、外部では退嬰的手段で権力斗争に余念のない余り陰謀政治と外勢依存で亡国の道を自ら模索する様になった。

彼らは民衆の自発的な自主近代化運動を容赦なく弾圧することでその反民族性を一層面目を発揮し遂いに一九一〇年日本帝国主義に完全亡国してしまったのである。

このようにして我々の近代史は侵略と反抗より始まるのである。

日帝の手先である憲兵補助員、通訳員等の密偵蝟集に郡守、道知事等の栄達への道が開き、愛国志士と民族闘士達へは飢えと監獄が待っているグレシャム法則が悪辣に適用される植民地憲兵軍事統治が始まったのである。

しかし、この地にも覚醒と先覚者と抗日勢力があり、日帝独占の武力統治に絶え間のない抵抗を国内外でくりかえした。

その中でも、この国の学生達が民族解放運動線上で残した業績は高く評価されねばならない。

鋭剣と非人道的な弾圧が唯一の統治手段である日帝は韓国青年学徒の愛国心と批判的反抗の精神を破ることは出来なかった。実に、青年学徒の政治参与は李朝時代の成均館の若い儒生達より見られるし、もっと発展した李朝末の独立協会を中心にした青年近代化運動もあったが、近代的モラルをおびて学生運動を展開したのは一九一九年の二・八独立宣言斗争において見出されるのである。

### 一、東京留学生の二・八学生宣言文

一九一〇年〜一九年代までは日帝の強占体制が鋼鉄になりその本性が現われると韓民族の憤怒は激化されるばかりでなく国内の新思潮運動は民族の精神的な近代化を促進し、一面、自主自立の道が社会的に準備されたことは事実である。

ここに一九一四年からの第一次世界大戦は韓民族の新しい覚醒に大きく助けになった。ちょうどロシアで労農共産革命が成功をおさめていたし、世界各処で革命風潮が高潮し、米国側が戦後処理方案として提示した平和原則、即ち民族自決主義は被圧迫民族に多くの勇気をおこさせるに至った。

これは韓国が日帝の植民統治を担否して独立を宣布し、貢献する為に解放斗争を展開出来る絶好の口実でもあった。

一九一八年末の忘年会で我が東京留学生の秘密結社である「朝鮮青年独立団」が発起し、これを組織母体にして一九一九年二月八日に敵都東京で朝鮮独立宣言闘争を展開した。

彼らは世界の大勢と韓民族の進路に対して国内の如何なる階層よりも進取的な覚醒と犠牲的な熱意にもえていた。

二・八運動は三・一民族抗争に先立つ大学生に依る先駆的な行動であったし、彼らの烽火的斗争は独占侵略者日本を始めとした世界の驚きと同調を提起した三・一抗争の先導的役割をはたしたのである。

国内において精神的有志層で構成された三十三人が主動した独立宣言文の不徹底性と柔弱さに反して、二・八学生斗争の宣言文は世界情勢判断と我々の独立主張に関する理論及び斗争姿勢においてははるかに鮮明な方向を提示してくれた。

三・一抗争が世界に我が民族の解放意志を誇示した事だけは事実であるが国内の宣言文が詩文学的であり感想的で、民族自決主義に対して非常に依存的であり、民族共同の敵である日帝を規定することにおいて独立要綱的で、あいまいな非暴力的、非協力主義が宣揚された反面、二・八学生宣言文では韓国の主権伝統を明らかにし、日本の軍国主義が武力による脅迫、詐欺外交として強圧的な併日政権を操作して合併した故に民族全体の意志とは関係がないと云う事と、総督統治の非人道的内容を具体的に指摘しながら独立宣言が貫徹されない時は永族的な血戦を敢行するという抗争の姿勢は日帝の完全敗退を宣明したのである。

又、当時の大学生は「自由を基礎とした民主主義先進国のような新国家を建設し、文化と正義平和を愛護する世界に貢献」するという事を明示し、民主国体に依る解決を宣布していた。そして三・一抗争の民族代表達が奉事に服して抵抗して国内の大衆、学生斗争に就職を起こし事を失敗したのに反して、東京のわが大学生達は敵都の警察を相手に椅子と肉弾で斗い、自国が傾っている家の上で牛馬のようにハダシで街頭へひかれて行ったのである。また三・一抗争自体にも東京留学生は代表を国内に派遣して大々的な蹶起に積極的な作用をはたしたのである。また、前述した二つの宣言文に見る時、国内のものが保守的な民族意識を表わしているのに比べ、学生のものは進取的で民主的な民族主義を強調していて、国内の志士的代表達の姿勢が微温的であったのに反して大学生達は積極抗争を行動で実践した。三・一抗争当時にもソウルを始めとした全国の学生達がビラ撒布、街頭示威斗争、白兵抗争に前衛的な役割を担当することによって大衆の斗争をかけた有意識勢力の力を遺憾なく発揮したのである。

三・一抗争は失敗した。その理由をここで論ずるのではない。しかし韓国の学生は列強の半植民地状態にある中国の学生達が起こした五・四運動に先立って韓民族の自主路線を闡明したことによって果敢な行動力を前もって示したという事は後進国学生愛国運動の先覚的示範であると云える。特に半身不憫ではあるが中国学生達は国家主権の存立のもとにくらしたが韓国学生達は三・一抗争より発展する抗日学生運動が亡失した祖国の主権を再び取りもどす光復闘争として現われたのであるから、その条件と環境において中国学生の場合よりは一層難しく苛酷な条件の中で展開された。これは我が学生達の愛国的抗争の優秀性と持久的な果敢性を表わしているものである。

三・一抗争において全民族層の大々的な反撃にあった日帝はいわゆる政策転換を持って来て文化政治をすると云った。

彼らは目に見える高等警察体制をなくしてしまうように見せながら普通警察の数をたくさん増し、部分的な自由を許容するかに見せたが植民統治の基幹を技術的に脚色しながら韓国支配の本意をいんぺいする事に一層の狡猾な術策を用いたのは勿論である。

### 二、「三・一後」の体制化した学生運動

我々は三・一抗争で民族自決主義も信じられないようになり平和会議は植民地内分割という国際政商に終始したし、民族抗争が生み出した惨禍と悲劇は日帝の足下におさえられてしまったという事実がわかった。この頃、全国津々浦々で学力養成運動が澎湃と湧き立ち教育熱がさかんに燃えたように民族の熱情がまるで雨後の竹の子のごとく立ち上がった。

「習おう」、「知ろう」、これは当時この民族がなさねばならぬ義務になった。地方毎に婦人会、青年会、夜学校、私学が生まれ、祖国の亡失と抗争失敗の原因が民衆の非合理にあることを指摘した。

日帝強占下の我が学生、云いかえれば正常的な学生には「憎悪の対象」があった。それは失った祖国の解放と独立であった。その為に日帝の植民教育を反対したし、学生であり先駆者の民族の指導者としての使命意識を持ち、不断にそれを民族社会中に灼熱させていた。

一九二三年、韓国人に依る民立大学運動は日帝の驚きと弾圧にあい挫折し、京城帝国大学建立の原因になった。

一九二〇年、夏期放学には東京留学生等民族抗争的な啓蒙講演に現われたが総督警察の妨害により失敗はしたが、行く所々に熱烈な歓迎をうけた。

一九一九年九月には「学生救国団」が組織され上海臨時政府と緊密な連絡を持ち「独立新聞」と「大韓民報」等を国内にまいていたが一九二〇年八月に幹部陣が拘束された。三・一抗争以後には過去の単純な民族運動が学生運動、社会運動、青年運動、教育啓蒙運動、労農運動等に分化され国内抗日運動が体制的に発展して行った。

そこで、特に駐日学生達に依る各種社会思想の国内への補給は新思潮的民族抗争隊列の思想武装を促進するようになった。このような新思潮の新思想は学園社会において一番初めに受け入れられるようになった。

そして一九二〇年代以後の民族抗争は民族主義改良主義方向の路線と社会主義方向の路線が共存するようになり、この様な現象は一九二〇年代の「朝鮮青年連合会」が両路線に分化されるところからその限界が明確にされた。

しかし当時の両路線は中国においての国共合作の様に対立する共存であったが日帝打倒の線においては大体に共通の合意点を持っていた。ここに又、日帝の高等警察統治が分化された抗争隊列に対して眩惑、攪乱作戦をひいて闘争勢力の自己崩壊をあおぎ立てた。

この様な状況では韓国の植民地学生には理想は遠く弾圧と親日学生に依る密告中傷によって刑務所が近い奴隷化の道を強要されていた。しかし彼らの夢は民族の希望であり、彼らの反日帝的行動斗争は民族の前衛を開拓していく地上の作業として植民地韓国の歴史的使命をひとりで受けていたし、知性の良心と行動を執行する民族の無名戦士であることを自負することには変わりがなかった。

学生の抵抗は亡失祖国の原則的光復に集約され得たという事は当時、学生や学園良心の基準でもあった。この様な事情の中で抗日学生抗争の集権的展開の為の必要として有機的な学生組織体が登場して分散的な学生抗争の止揚を企図した事があった。この一環として各学校では学友会、読書会等が組織され思想研究、学術研究の方向で努力中一九二三年「朝鮮学生会」が八百余名の会員で発足した。

彼らは雄弁大会、講演会等を主催し、学生運動の体制化を期するようになった。そして一九二四年には学術及び新思想研究を標榜し「朝鮮学生科学研究会」が発足した。表面上の目的は

一、社会科学の研究

二、学生の思想統一

三、人間本位の実施

四、朝鮮学生当面問題の解決等であったが、これは合法を偽装した事であり、内容においては社会主義を始めとした。新思想を土台として抗日学生運動を組織して指導する内にその究極の目的があった。このような学生組織体は後日の六・一〇運動と光州学生運動の推進に多くの貢献をするようになった。

### 六・一〇万歳と光州学生運動

そして反植民地闘争の方法としては街頭示威行進、その次として盟休闘争が大きく波及されたが当時の学生達がかかげた共通的な盟休条件は次の様である。

一、内鮮差別教育反対

二、植民地奴れい教育反対

三、日人教師排斥

四、朝鮮人教師増員

五、朝鮮歴史の教授等である。

この様な思潮は八・一五まで韓国学生が希望した植民地教育反対の内容でもある。一九二〇年代から民族主義、社会主義の共存的発展期を通じて成長した抗日社会主義勢力の影響と新思想に依る回復的闘争を模索していた学生達が発展した次元で闘ったのは一九二六年の六・一〇反帝運動であろう。

同年四月に李朝最後の王であった李拓が死亡し、その因山日が六月十日に決定された。この日に当って三・一抗争に負けない位の示威闘争を展開する為に全思想運動勢力と学生達は機敏な活動を展開した。しかし事前に計画がもれた為予期した闘争目的をあげることは出来なかったが、学生層の目ざましい活躍でもう一度この民族の要求を表示する事が出来た。

日帝は釜山と仁川に第二艦隊を待期させ、竜山の軍隊をはじめとして韓半島に散在する軍治統治の主力である朝鮮軍精鋭七千名をソウルに集結させ因山関係で集まった民衆を威嚇する武装示威を敢行し、全警察に総動員令を出し恐怖雰囲気を助長した。しかし我が学生達は非常な方法で伝単と太極旗を準備し因山当日に、五回にわたる万才示威斗争を実行した。

六・一〇運動の檄告文には「…我々は決して日本全民族に対する敵対ではない。ただ強盗日本帝国主義の野蛮的統治から解脱しようとするところにある……」等から見る時帝国主義国家としての日本を我が民族の敵として明確に規定している。

それなのに多くの思想団体と学生達は六・一〇運動を契機に弾圧を受けた。主謀学生李炳立（朝鮮学生会長、延専生）は公判廷で日人法官が挙事動機を聞いた時「挙事の動機は三尺童子でもわかっているがあなただけわからないようだ」と結論している。

そして六・十運動を前後して全国で学生達の盟休斗争があったが日帝総督府高等警察集計より見ても次のようである。

| | |
|---|---|
| 一九二一年 | 三三件 |
| 一九二二年 | 五二件 |
| 一九二三年 | 五七件 |
| 一九二四年 | 二四件 |
| 一九二五年 | 四八件 |
| 一九二六年 | 五五件 |

以上は六・一〇運動時までの集計であり一九二九年光州学生運動後何年間は盟休斗争が絶頂に至った。

何よりも日帝治下において学生に依る最大規模の反植民地斗争は一九二九年十月より始まり次の年まで絶えず継続した全国的な学生斗争である。

ここでは日帝統治に対する全民族の累積された憤怒が学生によって激発されるのである。日帝の統治が全民族階層に対する体制的な圧迫と——にあったとすれば光州一角で爆発した斗争は全国学徒の指示と全民族の声援を受けられたし、当時の民族単一戦線体である新幹会と学生斗争の経験がある職業的な斗争勢力から絶対的な呼応と協調を受ける事が出来た。

光州一角で激発した光州高普学生中心の学生運動は全市内韓国人学生の呼応で日人学生と教師及び警察に対する肉弾闘争より拳きれ、農民をかかげては武装された総督統治機構に対して決死の抉闘を展開したのである。たちまちの内に光州闘争は全国に知られ、全国学徒が総起的蹶起闘争に突入した。

光州以後の学生指導的な「醒進会」を始めとして全国各級学校の「読書会」と学生秘密結社達は学生闘争の拡大に非常な役割をした。ソウルの某女学生は校庭で日帝打倒を絶叫して気絶した事もあり積み重った植民統治と植民地教育に反対する韓国学生の加熱な行動は被圧迫民族の先駆的な犠牲そのものであった。

光州学生運動で始まる全国的な斗争に学生五万八千名が参加し、専門学校四、中学校一百三十六、小学校五四、各級学校が光州斗争の方向に参与したのである。

これは学生に依る総体的な斗争であり、日帝の朝鮮統治をより激化させたが民族の解放意識を明確に表示し、それを全取する為の韓国学生の戦斗的行動力を誇示したのである。

続いて京城帝国大学には反帝部があり各級学校に同調組織体を持ち一九三〇年代に日本帝国主義の満州を始めとした大陸侵略を叫弾する街頭演説と多角的な反戦運動を展開した。

そしてたゆまざる盟休斗争をくり広げて行ったが日帝側の集計でも次のようである。

| | |
|---|---|
| 一九二七年 | 七二件 |
| 一九二八年 | 八三件 |
| 一九二九年 | 七八件 |
| 一九三〇年 | 一百七件 |
| 一九三一年 | 一百二件 |
| 一九三二年 | 三三件 |
| 一九三三年 | 三八件 |
| 一九三四年 | 三九件 |
| 一九三五年 | 三六件 |

これで当時学生に依る反植民地斗争の実績を把握することが出来よう。

### 三、釜山反日学生事件　其の他

光州学生運動以後は日帝の高圧統治が日がたつにしたがって悪辣になり彼らの威脅、恐喝、暴力統治は加増され国内の民族抗争系列が民族主義、社会主義、両路線の協同と共存に関する地下的な反日運動によって八・一五解放まで継続される。しかし、日帝の統治方針が野蛮的に強化される極悪な状態下においても反植民地闘争に関する烽火的な学生運動は継続された。学生達も国内抗争の一般的趨勢にしたがって地下秘密結社斗争を展開するようになったのであるが、そこにおいては、大概民族文化研究、思想研究、国際情勢研究、学兵担否等が目的となった。

日帝側の学生秘密結社集計は次のようである。

| 年度 | 被検件数 |
|---|---|
| 一九二八年 | 六件 |
| 一九二九年 | 五件 |
| 一九三〇年 | 四件 |
| 一九三一年 | 六件 |
| 一九三二年 | 二件 |
| 一九三四年 | 八件 |
| 一九三五年 | 五件 |

等であるが、学生達の秘密結社運動は八・一五迄継続されたのであるが、表面化されなかったものに対しては資料がほとんどない。

一九三〇年代から一九四〇年代まで大邱学生達の秘密結社である「新友同盟」を初めとして大邱師範の「一党」（社会主義サークル）等沢山の学生秘密結社が摘発された事件があり、一九三〇年代学生運動の震源地である光州学生達の活動、なお一層着々と締めつけられた。その中で絶望状態におちいりながら日帝の戦争体制に引っぱりこまれつつあった韓国の南端である釜山において驚くべき学生反日事件が起った。一九四〇年代の十一月の出来事である。

日帝はその時、発狂的な侵略戦争を敢行していたし、一九四一年に起った真珠湾奇襲の一年前であった。それに先だって、日本陸軍大将、南次郎は韓国に対するファッショ統治強化策を宣布したし、いわゆる国民総力運動を作って皇民化運動を強行したし、韓国青年の徴兵制と密告、弾圧に関する殺人的統治機構を強化した。勿論、日本天皇の恩恵に感謝し鉄面をかぶった親日が正当化されて行き、畑を耕していた青年が陸軍志願兵の合格通知書を受けては涙を流しながら日本天皇陛下万歳を畑の真中で高唱したのが忠国臣民の応召を強要されたり、自発化されてゆく時であった。

この時に、国民皆兵の方へと韓国青年学徒達を集めるための一環として慶南一円の五年諸中学校生達の軍事演習が金海平野於挙行された。当時の釜山地区警備司令官である日人、乃台大佐（大領）は優秀な韓国学生の軍事演習力量を外面において日人学生の勝利に故意的な偏頗審判をした。ここへ東莱中学、釜山第二商生が憤激して乃台大佐の私宅を襲撃し、乃台が避身するや家を投石で破壊したし、禁止されていた「荒城の跡」と朝鮮歌謡を高唱しながら街頭示威をした。

一九四〇年代、この後にも東莱中学の「朝鮮独立党」事件があったし、敗亡直前の一九四五年七月に滅びない民族正気の印として計画、府民館（現国会議事堂）にて挙行されていた親日巨頭朴春琴がリードする大義党主催の「亜細亜民族憤激大会」場で熱血韓国青年、柳、趙両人が爆弾三発を発して韓国青年学生の民族解放斗争を最後へと装飾したのであった。

## 2、民族解放—左右学生の対立

1945年8月15日侵略日帝は敗北し、戦勝国達の予定により、韓国は分断され民族は分裂され民族の感激と歓喜にわく韓民族はすぐにより大きな民族的悲劇に直面した。

日帝の殺人的統治から生れた韓国ではあったがこのことは、外的には連合国の戦勝であり、韓民族としては、国内外にわたる学生と大衆の半世紀に達する斗争の結果であった。しかし祖国の解放によりよろこびにあふれた韓国学生の希望は、しゅん間に消し飛び、この国において新らたに起こった息苦しい環境の中で生きねばならなかった。

解放と共に、総督の権力は、米軍進駐時迄日帝末期の地下組織であった「建国同盟」を指導した呂運亨の建国準備委員会に引き継がれた。このような情勢にしたがい、学生達は、八月十七日建国学徒隊を作り、公安維持と日帝機関引き継ぎの一翼を担当した。

又、建国治安隊に協力し、治安維持、破壊行為防止、物資守護、日本警察の武装解体に目覚ましい活躍をした。

建準に政権を委せた日帝は連合軍進駐が遅れるや八月十九日から再び支配権回復を画策したことがあった九月二九日険悪な雰囲気の中において学生達は府民館において「朝鮮学徒総決起大会」を開き建国学徒の使命と決意を固く固めた。九月八日米国が進駐を始めるや、学徒隊は、日帝警察の武装解除と警察署接収に協力し、延専生2名が城北署日警の銃に犠牲になるや十日と十一日には全日本人の身体検査を実施し、警察権入の掌握に努力した。そして九月末から、次第に学園へ復帰して行った。

であるが、解放と共に左右の対立が尖鋭になってきた渦中において十二月二十八日の外信はモスクワにおいて開かれた米英ソ三国外相会議が、韓国に関する連合国の五ヶ年信託統治案を協定したと伝えてきた。このことは、韓国においての左右同極化と学生運動を分裂させた起点となった。

統治問題は解放韓国に、大きな衝激を与えた。賛案の反託と左翼系の賛託から流血斗争が展開され、一九四六年一月七日「反託学生連盟」が発足し、実行斗争の前衛に立ち上った。そして、賛託学生系は、一月九日「在京学生行動統一促成会」を結成するようになるや、この二つの学生勢力は学内の自治会、校外の思想問題に事毎に対立した。

解放後、学生運動は、既成人の左右衝突状態と並行し、左右両極に対立したことと、それをより深化させたものは託治問題とともに国大案反対問題であった。米軍政文教当局が一九四六年七月十九日「国立ソウル大学校」設置案を発表するや、この問題の賛反をめぐって左右政治勢力は勿論左右学生系が正面対立を起した。

反託学聯は右系の「独立学生戦線」を包摂し「全国学生総聯盟」として拡大発足した上に「西北学生聯盟」「韓国学生同盟」「建国学生同盟」などの支持勢力を持っていた。左翼の「学統」系はソウル大学を始めとする全国各級学校の国大案反対運動を組織指導し、「全国学聯」と固められた。託治問題と国大案問題で学園が撹乱するや学園の正常化を掲げて「全国建設学生連盟」が発足をみ、活躍をした。特に国大案はソウル大学全校生八千四十名中、四千九百五十一名が登録を担否し除名されたが、結局一千余名の学生と三百八十余名の教師、講師は復校できなかった。大学が正常化されるや学統系は退陣し、中間路線系の「民主学生連盟」が登場し、左右合作運動に参与した。民国政府が樹立されるや過渡期にある学生運動は政府の強力な指導により漸次整備され、一九四九年一月から学徒護国団が各級学校において組織されており、市道団部、中央団部があって政府指導方針に従い、指導体系を立て一九六十年四月初めまでに至っている。

それゆえ学徒護国団は、自由な学生運動団体であるというよりは対共闘争体系の一環として企図された元来の目的と使命を持ってはいたが、執権勢力の非民主的政治による、のみならず腐敗した政治勢力の作用により大きく御用化の道へと変貌したと云える。

## 3、自由党政権下—不正との闘争

自由党期執権計画に伴う各種の副作用は常識的な民主主義の道においても、それが発展することの出来る余地を与えなかった。日帝植民統治の残滓と半封建的遺産が構造的に清算されない状態にあって、西欧式民主主義は国際政治の急流から分配された状況であり指導層たちは、または国民の民主的審判と歴史の批判を逃避してきたが、民主政治に関する痛切な使命意識を持った姿勢において、努力がなされず、支配と君臨あるいは、不正不腐の手段として、濫用された。そこにおいて、共産勢力の反民主的成長をから取らねばならない必要とまた、六・二五共産作戦から作られた対共非常体制過程を通して、反共指導政権としての李承晩政権の国家に関する職責は多大であったが、民主政治の正常な展開を担否する方向に要約されるものである。

李承晩執権時における韓国の政治勢力を本質的に把握する時「与野同質論」という理論が成立した。

なぜならば、当時の与党である自由党や野党である民主党は元来李博士を起点とする政治的双生児勢力であるのである。しかし、違う点は野党である民主党主流は、八・一五初期から、民国樹立初期に至るまで、支配的執権与党として、目に見える功勲をこの国政治史上に残し、与党である自由党は、李博士追従勢力だろうとするのみであり、国民の民主的基盤と遊離した政党としては把握されなかった。いうならば、当時の与党は李博士一人政治の道具的私党のようなものであり、野党である民主党は、李博士の執権において、再登用の道が閉され、脱落が長期化し、親李勢力がすでに、六・二五動乱ずいこう過程から、そのりん郭がとらえられるや、理念外的な不評勢力として結集し始めながら、野党化の道に歩小化したのが事実である。そこにおいて、戦闘の暫定的安定として、大学をはじめとする言論の機能が正常化されて、常識的社会的正論が指頭しながら李政権の国民外的統治強要を批判するようになった状況造成と伴に、民主党を始めとする野党が政党化の道を探し、国民の中の支持と同調を呼びかける事の出来る名分発展が機能するようになった。

この様にして民主党は李政権に対する国民の批判的世論ないし、政権交代に関する学生的要求を集約して支持基盤がある野党として登場することができた。

反対に李承晩—李起鵬体制として矮小化した自由党は日がたつにつれ、国民の自発的与望と支持をうることができない様になるや軍部と警察、大小官僚と連結した自由党的統治機構の私恩展開に私理の追求を無限に保障し旺盛吸収させ、前近代的私党の性格を体質化した結果、金力、官権、暴力による暴政体制を構築してきた。

国民の主権は、売収や脅迫の対象でなければ自由党暴政の暴政機構による圧殺の対象になった。しかし、これに対して民主党を主軸とする闘争野党の勢力も日が過つにつれ大きくなり反射的に国民の支持の中に根を張る様に言論と大学陣そして市議的良心の人達により民主々義の基本である民権思想が膨張し、対与闘争戦列が大きく発展した。

### 四・一九反独裁斗争

最後に、自由党は国民の反対を黙殺、弾圧し、以前に実施し成功を見ている不正選挙を土台とし、その総和の集約であるところの三・一五の道へ突進した。

学徒護国団を完全御用化し、自主的な学生運動を抑圧し、史上例のない暴政の道を突走った自由党に対して一般学生達の反撥は、強力に内在化されていたけれども、既成人のそれより正義と良心の分岐的において純粋であった。一九六〇年二月二八日このように内燃していた学生のうっぷんは、慶北高校学生達によって陽性的に俯角されて始まり三・一五不正選挙当日馬山市民の民権斗争に先頭となり先の馬山学生達に続いて全国の学生達が動揺、決起しながら自由党暴政に対する全国民的全面攻勢の気運が明らかとなった。

それで、中等校以上の学徒護国団が有ったけれども、質的に親与党一辺倒と断定せざるを得なかったために選挙私兵の一つとして、又は一番露骨化して出発した学生団体が「全国学生芸術連盟」と「救国学生総連盟」である。

これに反して自発的に組織された野党性向の「民主死守全国青年学生推進全国学生闘争委員会」が発足、活動をしたけれども、執与党のやくざと警察の極悪な弾圧に突き当たっていた。

「大学は、反抗と自由の表象」であり「学生が象牙塔に安住できず、対社会斗争に参与しなければならないという今日の二十代は、たしかに不幸な世代」という事によっては国民が納得するはずがなく、そのうちに四月十一日馬山において金朱烈君の遺体が発見されるや馬山の学生、市民による第二次の流血的民権闘争が展開された。このような事態に対して自由党は、発悪的な隠蔽収拾策を強行したが、政権と国民が、離隔してしまって、久しい当時に自由党の主権剥奪作戦が合理化される道はすでに喪失される段階にあった。

少数の執権層によって全国民が圧殺されるのか、さもなくは民権が勝利するのかという問題を、事の決定される局面がそんなにも難しい段階から、やたら押さえつけたりするならば、立ち上って曲がった物はすぐに真直ぐにするのだという事になるのであり、比較的行動力が完全な高大生が、四月十九日勇敢反独裁街頭実力闘争に突入する事により民権弾圧に動員された警察と反共青年団を始めとするやくざ、私兵達と正面衝突した。

自主行動規範の鮮明性に欠けていた。

四・八から四・一九まで一時沈黙を無力と誤解した国民の疑惑を果敢にぶちこわし、ソウル市内全大学は無比無類な殺人政権に対して全国民の歓呼と声援を受けて、肉弾闘争を敢行し、熾烈な血戦を繰り返し悪な李承晩テロ当時、その最後の無知な武装力と白兵市街戦を繰り広げた。

安の花四・一九は「象牙の真理塔」をけとばし、街路に現われ疾風のごとく歴史の潮流に自身を参与させる事により、理性と真理自由の大学精神を現実の惨憺たる諸度の上にふりまき、民主々義を偽装した白色専制への抗議を極めて高い栄光として自負する韓国大学生の純的なほど汚れのない、そして私心と代価を求めない民主々義と祖国の為の壮厳な戦闘であった。

四、二六から李博士は下野し、四月の反独裁闘斗において大学生は、その主導的戦力と犠牲を担当、大学生は民主革命が国家と倒れた戦友の悲しみを知って、学園へ戻り、過政が成立した。

その日の国民、その日の大学生そしてその日の権力発想を、この国の歴史に残ったその事実が我々の民主近代化の為に収録されたとするなら、この地の上には不正と腐敗と貧困の上に立つ権力や個人は立つ瀬もなくなるというのは当然の事である。

派閥や金田の拡大再生産は、権力の私心化過程において生れるものであり、ここから不正と腐敗が派生し、それをあたり前とする強要は、又新しい四・一九をめざした憤怒の審判を意味する。この様な点に於て、この国の大学生は政権は短かく民族と祖国は永遠だという歴史意識をもつ様になり、青い夢と理想にいっぱい浸りながらも、常識が崩れ去るならば悲しみを知り、又再び果敢な行動に出るのである。

## 4、民主党政権下—民族統一運動

4月革命から過政を経て、7・29総選挙に於いて、過去の闘争野党である民主党が大勝したが、難攻化していた新旧両派の争いにより、10余年の李独裁下で陽性化されなかった諸般問題を集約的に指導し解決する能力は発揮されることは出来なかった。

云うならば、選挙に勝った民主党は内では政治力が分派的に内燃する様になり、外では即刻、多くの批判勢力が登場し、執権能力に大きな疑問を持たれる様になった。

ここにおいて、百家争鳴の時代が来た。一人一論の非生産的手続に時間を消費しながら、その弱体性を露出した。新派は民主党として、旧派は新民党として分れて形式上、与野の対陣としての議会政治の骨格を備えてはいたが、院外の弔用が院内を圧倒してしまう事態がしばしば起った。

この様な状況の中で6・25と李独裁過程において与論山来なかった諸般社会問題が一時に陽性化することにより、国論は大きく分裂し、一時提起された社会問題を一ぺんに解決する道がなくなるや、執権力は躊躇や否弁に終始し、提起された社会問題は休む間もない示威となって現われた。

民主党の執権力は自由から無力に追い込まれ、不正スキャンダルが重なって火傷をし、闘争野党の希望が消えてなくなり、代案のない無能政権として烙印を押され、国民の逆証（反感）は増大した。

一面あらゆる分野で分派作用が現われ、方向と求心力を喪失したまま、対立と論争だけの道がぱっと開いた。

民主腐の分裂を批判していた革新系の分裂もまた見るべき苦い経験を持って、論議の自由は華やかなものの如くであったが、国民の期待と希望は設定されえなかった。

このような渦中で四月革命に共同の目標をもって参与した大学生は、学生運動の性格が分化して民主党系、新民党系、革新系がある一面、四月革命以後に大きく台頭した統一運動を展開する学生勢力もあった。

に四・十九以後、わが国学生によって大きく問題となったことは、四月革命当時に提起された国民的要求をきっぱり解決出来ない民主党に対して、学生が圧力を加えた事と、既成人と共に、またはそれよりももっと過熱な民族統一運動を起こし、相当な物議をかもしたという事実である。

特に統一運動は理論的論議ではなく、民族統一それ自体を推進するために一部学生運動の力量が集結されたという事実はその姿勢と当否はともかくとして当時だけではなく今後にも大きく注目される事であろう。

一九六〇年十一月一日ソウル大学校三百余名学生が「ソウル大民族統一連盟発起大会」を持ち大胆な表現で発起文、綱領、対政府及び社会建議文等を採択することによって次いで数個の大学で統一連盟を決成するようになった。

しかし一部学生に依る統一論議が楽観論理に対して「韓国統一問題」だけの為にワシントンとモスクワを訪問する様に提議するとか板門店南北学生会談論等に提起された事があったが五・一六に依る制圧で消えてしまった。

大学生が理想主義者であるが共産党が合法政党である日本や他国とは事情が違い、我々の対共関係上、統一に関する学生の理想は我が学生運動が持つ限界の一部に締結していた。

## 5、「五・一六」以後—政治不信闘争

一九六一年五月十六日民主党政権は青年将校達の主動による軍事革命が成功されしりぞき三年余り軍政が実施され、それを骨格にした共和党政権が継続執権している。第二共和国が無能政治であったのに比べれば軍事政府—現政権は強力政治の道を取っている。何年間、この国には分散された国論を統約して強力行政が実施もされた。五、一六に依る強力制政によって一時学生の政治発言は勿論一般の政治活動も制限を受けた。

それなのに、軍政以後最初の大学生政治発言は一九六二年六月六日高大生に依る韓米行政協定促進運動として現われた。次いで大邱大学とソウル大学で同じ内容の示威があった。

高大は宣言文で「文化民族の永い歴史が喪移の道へ落ち入り、短い文化史を持った他民族との相乗された勢力造成によって我々の主権をいや、人間天賦の権利を擁護すべき厳然な歴史の命令の前に直面している」と指摘し、韓米行協締結を促求した。

この問題はこの国の大学生としてではなく国民の立場でても楽論されることである。

これは少くとも社会活動の制限が多かった軍政下におけることであるという点に注目される。

一九六三年の選挙で革命政府は再執権をするようになった。しかし自体内の分裂と軍政政権期を中心にした軍政残留派は相当な物力の一方的な活動期にあった不正と腐敗が主として革命同志の口から暴露されると国民は多くの疑問を感じるようになった。

事実上、言論と社会的活動は大きく萎縮されていた状態から民政の形態に渡ってみると国民は息を大きくする事が出来た。

一九六四年三月二十四日を基点に学生達は軍政下で推進されていた韓日国交問題に対する反対と軍政の失敗に対する責任追求を含んだ学生運動が展開された。三・二四より六・三事態に至るまで大学街は再びデモでさわいでいた。しかし、三・二四より六・三までの学生抗争が初めは韓日国交の反対と軍政の継承から見られる朴政権に対する批判として現われたが、学生と政府間の対立が激化されると、学生の抵抗政権に対する挑戦と政権者（新聞や中心とした不正腐敗）に対する規定が激しくなってきた。

この時の特徴は挑戦的攻勢や行動は勿論政府や政治家を相手にした事は事実であったが大衆的衝撃と与

（三頁下段に続く）

韓國學生新聞

発行所　在日韓国学生同盟　中央機関紙
文京区春日2丁目20－13
電話（814）0109
発行人　徐啓作
編集人　編集委員会

網　領

一、吾らは、自由なる思想と創造的精神をもって学術を錬磨し、真理を探究せん。
一、吾らは、祖国統一と独立を確立し、民主国家と均等社会建設に尽力せん。
一、吾らは、相互親睦を図り、高尚なる人格と進歩的精神をもって世界人類の文化向上に貢献せん。

# 民族理念の追求の中から

## 在日韓国学生の結束堅めて
### 学同第二十九回中央大会
### 新委員長に徐啓作君

去る五月四日、韓学同は、「外国人学校法案」が日本国会において実質審議に付されようとする緊迫した情勢の下で、第四十四回定期中央委員会並びに第二十九回中央大会を、東京国際労働会館にて開催した。当日、会場には昨年一年間諸々の困難にもめげず韓学同運動を推進して来た、全国の幹部及び盟員一五〇名が参加した。そして、「外国人学校法案反対闘争」、「法的地位問題」、「入管令改悪問題」等の在日同胞権益擁護運動、韓学同の組織強化、発展の問題等を中心に、活発な討論を展開し、本国の民族民主主義運動と呼応した、我々の闘いをより一層強力に推進する事を確認し、活動報告、活動方針案を採択した。続いて、委員長選出を行ない、執行部推薦を受けた徐啓作君（東大）が立候補、圧倒的多数の信任を得て、委員長に選出された。

大会は場中央に大横幕、その左右に韓学同綱領を唱ったスローガン「一、われらは、自由なる思想と創造的精神をもって学術を錬磨し真理を探究せん！　一、われらは、祖国統一と独立を確立し、民主国家と均等社会建設に尽力せん！　一、われらは、相互親睦を図り高尚なる人格と進歩的精神をもって世界人類の文化向上に貢献せん！」等が掲げられ、高い民族的ふん囲気の中で、午前十一時、韓学同第四十四回定期中央委員会は開会を宣した。

全国中央委員ならびに協議者全員が起立、愛国的黙祷、黙祷に頭を捧げ、参加者一同は民族使命を新たにその胸に喚起させ、力強く愛国歌を唱った。国民儀礼の後を受けて立った辺安石委員長は、「昨年一年間、われわれ韓学同は一丸となって成果的に組織活動、日常学術活動を行なって来た。今日、全国中央委員が参集したこの場で、真摯な討論を行ない、次期活動の発展の礎えとして貰いたい」と、開会の挨拶を述べた。次に、議長選出に移り、中総文化部長の許東郁君が議長に、東海本部の文※益君が副議長に選出された。議案進行に関しての説明と協力が要請された後、資格審査に入った。そして、山梨中央委員の資格承認がなされ、中総提案の「東海本部」の中央委員、代議員の増員と、「立教」「青山」両大学の支部承認に続く、中央委員の配置が討議にかけられた。

結局、昨年、量的にも質的にも目ざましい活動を行なってきた「東海本部」の増員と、今後の韓学同運動の一拠点となる「立教」の支部創設を決定、当日、止むを得ない事情で代表が欠席した「青山」は、次の機会に持ち越された。資格審査を終えて、議題は活動報告討議に迎んだ。報告は、年間諸行事、活動の一つ一つを具体的に取り上げ、その基本骨子として、

▼本国の学生、青年の愛国的民族民主主義運動に連帯と支援強化を図り、深く本国情勢を注視すべく努力した。
▼在日同胞の民族的権益擁護のため、あらゆる場と機会をとらえて組織内外で情宣、啓蒙学習活動を展開して来た、運動を着実に推し進めて来た。特に、「外国人学校法案」反対の果敢な闘いは、内外に大きな反響を呼び起している。
▼韓学同組織の民主中央集権的な拡大と発展と、各大学支部制の強化とを行なってきた。
▼日常サークル活動（国語・歴史・情勢・舞踊等）を着実に展開させ、一般盟員の質的、知的向上並びに、韓学同運動理念の啓発を行なってきた。

等々が織り込まれ、この大意にそって各中央委員からの活発な討論がなされ、全員の拍手でもって採択された。

次に、前年度活動報告総括をふまえた形での活動方針案が提出され審議の後決議された。その要旨は、

一、「本国の青年学生との連帯」を強化して民族民主陣営の育成強化に努力する。
一、「法的地位運動」を展開し在日韓国人の正当な権利を獲得する。
一、「外国人学校法案」に反対して民族教育を反対する！
一、「入管令改悪」を注視して阻止する！

以上の如く本年度活動方針案、特に、今年が丁度韓日条約締結以後、相対的な状況にある中で、われわれ韓学同がしっかりと組織固めをして、内外共に来たるべき闘いの高揚の時期目指して、統一と団結した力で韓学同運動を推進して行くことが強調されていた。（中央大会）

盛んな討論が交され、会場は熱っぽくなってきたが、一応討議事項を終えて、午後四時半頃二十九回定期中央大会へと続いた。辺委員長から、韓学同運動の意義と役割の重要性についての簡単な挨拶があり、民団中央本部団長、二人と金恩沢韓青中央副委員長、民団中央文教局長の来賓祝辞がのべられ、昨年一年間の韓学同運動を終えた。引き続き、執行部辞任が会場割れんばかりの拍手でもって行なわれた。

次に大会の焦点は新委員長選出に移った。議長から白票、他薦の受付を求めたが立候補者なく、「前執行部一任！」との代議員の発言があり、元中総副委員長の徐啓作君（東大）を執行部推薦として推した。選挙に先立って、徐啓作君は、「伝統ある韓学同の委員長に立候補した事を光栄に思います。今年韓学同は運動として大きな転換期を迎えています。在日同胞六十万の先頭に立つ私達は苦しい状況下ではあるが祖国の統一と未来に向かって断える事ない前進をして行かねばなりません。全国盟員の団結した意志と力があってこそよくそれを達成できます。協力と支援をお願いいたします。」と所信の立候補演説を行ない、信任投票を受けた。投票の結果、圧倒的多数の信任を得て（信任－九八、不信任－四、白票－三）新委員長に徐啓作君が決定した。最後に新委員長の音頭のもとで、スローガンを採択、万才三唱で栄えある大会の幕を閉じた。

大会を滞りなく終えた盟員一同は新たな出発の意欲と気焔を上野「新舗苑」での夕食会に持ち込み、新委員長の健闘を祝し、高らかに若き力の限り民族の歌を唱い、全国の盟員は今年一年間の闘いを誓いあった。

多くの困難と試練が待ち受ける六八年度の運動に向かって、全国韓学同は敢然とスタートを切った。

（上）中央委員会（下）中央大会

## 主張
## 民族権益の全般的擁護に

我々在日韓国学生同盟は、去る五月四日、第二十九回大会を開催し、新たな決定をもって新執行部の発足をみた。現在、運動のより一層の発展を目ざして諸活動に邁進している。

現下、本国に於ては、最近の政情推移に見られるが如く、その情勢は七一年の大統領選への動向を既に表面化させ、それは単に政党間の対抗、ないしは一政党内部での抗争とかいったものではなく、次期政権担当者に対する民主主義と自由を要求する、全国民的規模での一大政治運動に高揚する要素をはらんでいる。一方、在日同胞社会においては、七一年一月の永住権申請期間終了を一エポックとした、その間の状況の変化と情勢の激動が予想される。焦燥を感じた同胞の永住権申請者が急激に増大し、法的地位要求貫徹運動の沈滞と相まって、運動の進展に新たな困難性を生み出している。それと共に、日本政府当局のなしくずし的な弾圧は、在日同胞間に前にもまして不安と動揺を呼び起こし、民族権益が全般的崩壊の危機に瀕している。七〇、七一年を展望する時、我々は本国での、又、在日同胞社会での運動の高揚・転期を予想する。運動の発展的高まりと転換を主体的に切り開く為にこそ、厳しい状況下での粘り強い闘いが必要となる。それは、祖国の情勢発展に続く在日し、同時に在日同胞の民族権益を全面的に守り抜く、我々学生の一致団結した闘争でなければならない。

二

日帝統治下の民族教育抹殺の再現と非難糾弾された、「外国人学校法案」制定の策動は、日本政府当局の絶大なる期待を裏切って、その内容の不当性が故に、先の日本国会において無残にも破棄してしまった。在日韓国人子弟から民族の魂を奪い去り、民族教育を受けて生きるという基本的人権すらも拒否しようとする企みは、在日同胞に今に始まった事ではない。それは、過去から一貫した在日韓国人抑圧、差別政策の中で、手を変え、シナを変えてなされてきた民族教育弾圧の介入的観点[illegible]。日帝植民地支配の「遺産」である在日韓国人六十万は、解放後、壊滅した民族を回復せんがため、また、民族共同体の一員とならんがため、全てを犠牲にしてまでも、民族教育の再建、発展に献身してきた。異城日本での血の滲む思いの生活は、われわれ祖父母をしてその子に祖国の未来を託し民族の将来を立派に背負うべく切実な願いを抱かせた。それは正に、民族を奪われた者だけが知る真実の姿に他ならない。ここにわれわれは、日帝時代以来の愛国的文化啓蒙運動精神の継承と発揚を見る。それ故にこそ、われわれ韓学同は正当な民族教育を死守すべく使命感を持ち、組織生命を賭して「外国人学校法案」制定に反対し、外部からの干渉を敢然と排除し、内部結束を図りながら闘かっているのである。この闘いは、一部における、これこれの該ケ条に反対するとか、日本政府当局の意識に期待するとかいった、狭小な、限局された闘いではない。法案制定企図の全面的阻止をもってしか、われわれの民族教育を守ることはできない。われわれ韓学同は神聖な民族精神を侮辱し、骨抜きにしようと謀る陰険な意図を断固告発、粉砕するため、全同胞的基盤でのより広範な運動を展開しなければならない。「外国人学校法案」の再登場を、われわれの団結した力で粉砕しよう。

三

しかし、日本政府当局の弾圧はこれだけに止まるものではない。祖国解放後現在に至るまで、在日韓国人は日本政府当局の敵視した抑圧・差別政策によって、日本社会から無権利のまま放置され、生活は絶え間ない貧困と不安に脅かされている。特に、韓日条約締結以後、国交正常化に伴なう「韓日友好」のスローガンとは裏腹に、最近の日本政府当局の在日韓国人弾圧政策は、在日同胞に対する民族権益の全般的追害となって顕在化しつつある。その本質は何ら日帝時代の韓民族抹殺政策と異にする所はないものである。彼らは、過去の暴政に自ら目をつぶり、恰も、在日同胞六十万人が降ってわいてきたかの如き存在に見なし、逆に、日本社会内での邪魔者扱い、厄介視している。「外国人学校法案」で民族精神の撲滅を図り、「法的地位協定」によって居住権を恣意的に規制し、「出入国管理令」で、最終的に在留資格を剥奪する。この三本柱こそ、最も緊急に彼らが意図している在日韓国人の同化、追放政策の、完成されたパターンであるのだ。われわれは怒りをもって一連の体系的弾圧を弾劾し、それらの恐るべき企図を暴露粉砕しなければならない。われわれ韓学同の在日同胞権益擁護運動は、現在、日本政府当局の全般的圧迫に対する、正当な民族権益の全般的擁護として発展させねばならない。それには先ず、各盟員間の学習研究活動を着実に実践し、組織力量の拡大強化を確立して、われわれ内部の統一を強めると共に、在日同胞大衆間での情宣、啓蒙活動を活発化させ、同胞大衆との連帯の紐を緊急に打ち建てて行く事が必要である。さし迫っては、次期日本国会での「入管令」上程に反対するため、組織陣営を整えなければならない。

四

われわれ在日韓国学生同盟は、民族的良心と真摯な学究的態度をもって、四千万民族の悲願である祖国の統一と民主主義的発展に貢献・尽力せんがため、在日韓国人学生の総意を荷って、その闘いを自主的に力強く推進してきた。

わが祖国の近・現代史は、民族の自由と独立を求める偉大な全国民の闘いのそれである。日帝植民地下の民族独立解放運動は、気高い愛族的精神の血として、われわれの身体に脈々と流れ、解放後の熾烈な統一運動の高まりは、われわれのこの胸に躍動している。特に、四月学生革命が触発した理念は、われわれの運動に新たなる改革をもたらし、民族民主主義理念に基づく社会変革を緊急に要求する。それに応えるべく、われわれ韓学同は、自らを祖国の歴史に参画させ、祖国の健全なる発展を探究し、在日同胞の正当なる民族的権益擁護のために果敢に闘かってきているのである。それ故にこそわれわれは、確固たる団結した民族的主体に自身を転化させるため、理論的にも実践的にも鍛錬されなければならない。それは、歴史及び現状の透徹した認識の中から、民族史への主体的参与を通して得られるものである。昨今のわれわれをとりまく厳しい内外情勢は、全般的な民族的伝統の形骸化並びに民族性への侮蔑の危機が増大し、あらゆる面に亘る民族主体性の堅持こそが、緊要なものとして叫ばれる所以である。われわれ韓学同運動において、運動の自主性を強化して、盟員各自が民族的自覚を新たにして、運動に対する主体的参加と活動を決意し、団結と連帯を組織的に確立することこそが現時点、最も重要な課題である。同胞学友の熱烈たる支持を期待してやまない。

## 揺るぎなき連帯を
### 徐委員長挨拶

去る五月四日に開かれた、在日韓国学生同盟第二十九回定期大会において、全国代議員の絶大なる支持を得、ここに新委員長として私の考えを述べる機会を得ました事を光栄に思う次第であります。

同時に、今後の韓学同運動の役割が、多様な困難性を有しているにも拘らず重大である事を鑑みるとき、その責任を新たに痛感せざるを得ません。現下、われわれをとりまく諸状況の一般的特徴は、一言で言うならば、「民族性喪失の全ゆる面に亘る危機化」であると言う事ができると思います。そして、歴史の現段階におけるわれわれ学生の主体的参与による状況変革こそが、この問題を正しく止揚するものであると強く確信する私は、全体民族の、絶ゆみない発展を期しながら、ここに韓学同運動への所信の一端を述べる事によって、挨拶にかえさせて頂きたいと思います。

わが在日韓国学生同盟の二十年の歴史は、祖国の発展と受難に供なって、その苦衷と煩悶を同時的に感得しつつ、われわれの正しい志向性の確立の歴史であったし、且また、民族の歴史の正しい方向性を常に恣意的に逆流させようとする者に対する断固たる闘争の歴史であったと言えます。その間、われわれ韓学同は幾多の試練と段階を経、常に変わらない愛族と愛国の精神を堅持し、民族の先駆者としての使命を果してきました。

祖国の状況の困難性はわれわれに挫折と低迷を与えたのではなく、運動の前進と高揚に結果し、われわれ相互の同志的紐帯を、益々強固にする事にしかならなかったのです。

一九六〇年の四・一九学生革命は、国民の大多数の自由と権利を抹殺し、抑圧しようとした、反民主主義的独裁に対する激烈な反政府闘争であったのですが、日帝の鉄鎖から解放された後も、苦悩を続けてきた民主主義を、その制約的状況にも拘らず、実践的闘争によって奪還、歴史的意義は永遠の真理としての評価に値するものと言わなければなりません。我々韓学同の、韓日会談批准を頂点としたところの、歴史の示唆する「法的地位要求貫徹」の広汎な大衆闘争を果敢に展開させてきた、輝やかしい運動の伝統は正に、四・一九理念に則った、全体民族の歴史に対する主体的参加であったと言い得るでありましょう。

祖国とわれわれの隔りは、それを地理的な、あるいは、社会状況の一面的な相違以上のものではあり得ないものであり、歴史的に形成された民族共同体の一員として自己を意識し、厳しい現実の中でわれわれの存在の本質に関わる全ゆる矛盾に対して、主体的に闘かうことによってのみ埋められるものであると考えます。然し、日本社会の中で、民族性を喪失し、自己の歩む道を、祖国の未来と切断させた、いうならば、自己の民族の歴史に対する逃避的であり、没主体的な意識から脱却し得ない学生が、顕在化しつつあるという深刻な問題に対して、われわれは如何に対処、解決すべきかを、真剣に考えなければならない時期に直面しているといえるでしょう。例えそれが、歴史的特殊性をおびた半ば必然的な現象であるとしても決して看過できない問題なのです。韓民族全体の一員であるわれわれ同胞に対して、その基本的な権利を抑圧し、民族性をも抹殺しようとする日本政府の外国人学校法案、出入国管理令改悪等々の、恣意的であり策略的な見えすいた暴挙は、断じて許されるべきではないし、また、これら一連の日本政府の策動を、助長しているあらゆるものに対して、警鐘を打ち続けるものでなくてはならないと思います。それ故われわれは、この現状を座視することなく、在日同胞の生くべき道、あるべき姿を明示し、それをわれわれ韓学同運動の中に反映させなければなりません。

一九七一年の大統領選挙を境に、政局の目立てない緊張と、それに伴なう、祖国における自由と民主々義を擁護する闘いの高揚が予測されるのでありますが、一方、日本にあっても、「外国人学校法案」「入管令」改悪の団体等々が具体化されるでありましょうし、その先には、永住権の問題も現実に、そして形式的には最終的に山積して来るのであります。この様に状況の推移が、一層多面的且、危機的な様相を強くしている時、日本という特殊的な立場に在りながらも、祖国の統一と社会変革を目指し、現実の闘争の中で、四・一九理念に支えられながら、盟員相互の揺るぎない連帯と横的向上をかちとり、我々の隊列をさらに強固にして、絶みない運動の発展と前進を続ける事が、最も緊要であると思う次第であります。

私はこの様な事実を最大の課題にしながら、常に学生らしく、誠意的に、活動してゆきたいと思っております。盟員皆さんの御支援と御協力を切に願って止みません。

この一年の活動を諸君と共に励まし合い、力づけ合いながら、連帯の息吹きを培って行こうではありませんか。

最後に、大使館・民団をはじめ諸機関の諸先生、先輩の熱い支援と鞭達を御願いする次第であります。

### 新執行部名単

|  |  |
|---|---|
| 委員長 | 徐啓作（東大） |
| 副委員長 | 成栄恒（慶大） |
| 総務部長 | 崔白雲（中大） |
| 組織部長 | 金光沢（早大） |
| 情宣部長 | 高光秋（内定） |
| 文化部長 | 許東郁（早大） |
| 渉外部長 | 宣南鎬（中大） |
| 女子部長 | 趙洋子（立教） |
| 女子次長 | 金京子（早大） |
| 無任所部長 | 金悦輝（明学大） |

## 1968年度　韓学同サマーキャンプにこぞって参加しよう！
### 集え！若人　語れ！祖国の未来を

全国韓国人学生の皆さん！

我々韓学同では、今年も恒例のサマーキャンプを緑濃き白樺湖畔で、左記の如く開催いたします。日頃、ともすれば日本的な状況に埋没しがちな我々が、このサマーキャンプにおいて一堂に会して、楽しく規律ある共同生活をすごし、祖国の未来、我々の将来を語る中で、全国学友の連帯と友睦を深めて行きたいと思います。

涼しく澄んだ静かな湖畔において、真摯な学術研究討論を展開し、祖国の歴史を学び、祖国の発展と我々の進むべき道とが結びついた未来を、積極的に模索しようではありませんか。

韓国人学生の皆さん！韓学同のサマーキャンプに参加し、ともに語らい、ともに学び、明日へ向かって進みましょう。積極的で熱意ある参加を期待します。

■テーマ　「韓国史に於る民族主体性の確立と自主的発展の為に」
①韓国近代史に学ぶ
②我々をめぐる内外の現情勢
■期間　七月十九日～二十一日
■場所　長野県白樺湖
■費用　二〇〇〇円（交通費含）
■申し込み　各大学韓文研・各大学支部・各地方本部・中央本部にて
※尚、詳細は追ってお知らせ致します。
●在日韓国学生同盟中央総本部　文京区春日二－二〇－十三　TEL（八一四）〇一〇九

## 活動方針　大会承認

### 1、序

われわれ在日韓国学生同盟は、この第四十四回定期中央委員会及び第二十九回定期大会を迎えるに当り、まず何よりも祖国統一への道を希求し志向する事から出発しなければならない。四・一九によって告発された民族統一の要求は韓国民衆の脳裡に深く刻みこまれ切実な民族的願望として広く支持されている。「自主、民主、統一」のスローガンは四・一九当時、学生の隊列において打出され今日にもその正当性を証明している。しかし祖国の輝かしい未来を定立するためには、われわれはあらゆる矛盾と対峙し、それらを止揚して行く不断の勇気と矜持を自己と民族に問うて行かねばならない。

「反買弁、反封建、反独裁、反外勢」のいわゆる四反理念は、反民族的また非民主的な政策に対し、われわれが恒常的に闘争し個々の拠点を広げて民族民主陣営を強くすべき事を示している。韓国の自由と民主主義の終りなき闘争の探求なしには、われわれは四反理念の具現化、祖国の正しい発展の展望を持つ事ができないのである。異城日本においても四・一九の後継者と自負するわれわれ韓学同の任務も基本的には本国との連繫構造を把握する所において広げられる。とくに日本政府の一貫した弾圧政策の下に呻吟する六十万同胞の生活と権利をまもる闘争はより一層の重要性と緊急性を帯びてきた。「法的地位」による居住権の剥奪、「外国人学校法案」による民族教育の抹殺、ひいては「出入国管理令」による日常生活への侵入の両頭とわれわれに対する弾圧政策は勢力を増して激烈になっている。本国においても日本においてもわが民族を取り巻く状況は非常に厳重である。しかしわれわれは真実、祖国が統一と独立を達成するまでは不滅な民族の一員として「愛国的」「民族的」灯火を絶やす事はできない。民族史が示す「自主・自立」の精神はより一層高く要請されなければならないのである。

### 2、総論

**一、本国の青年、学生との連帯を強化し、民族民主陣営の育成強化に努力しよう。**

韓学同運動は基本的には日本という異国社会の中で形成され展開されるために、必然的に独自の方向と性格を持つが、同時に本国の連結を絶った形態からは、正しく正立させる事ができないと確信される。すなわち韓学同綱領が提唱する「祖国の統一」を建設するためには、本国民主化闘争と直結せねばならない。民主々義を確立して祖国の自由と独立を達成する主力部隊は、あくまでも本国におけるところの民族民主運動に見い出され位置される。現在においては、これらの隊列は脆弱であり、組織化されているとは言えない。しかし四・一九革命の精神は、本国は勿論同胞青年学生にも流れており、その絆は深く理念の上で相互の連帯を支えている。昨年六月不正選挙反対に決起した本国学生達の闘争は全国的に波及し、民主々義を破壊するいかなる策動も愛国的人士は許容しない事を明白にした。われわれ韓国人学生同盟も彼等の愛国的行為に支援の声明を出し民主々義を守るために政府の姿勢を正すと同時に反対闘争を激励した。われわれは昨年の闘争の不結果と運動の未成熟性を反省しつつ、この反対闘争を通じ、一層本国との連帯を強く認識し、その必要性を深く認識した。本国を取りまく内外情勢は韓日条約締結以後「歴史的転換期」の呼び声とは異なり複雑な様相の中からも厳しい現実を露出させている。韓国は政治的、経済的自主性喪失の危機に直面しそれは民衆群像に敏感に反映され離間和平への動行、三十八度線における衝突事件の過程から国民大衆間に自主自立の要請が高まりつつある。民衆の底流にある主体性の要求は、体制側に見える軟弱な姿勢の硬直化、愈着化現象の中で激烈の一途をたどっている。韓国国民大衆のそのような不満と憤怒をわれわれは強い自主精神と正しい民族的民主的運動に転化すべく、まず第一に本国青年学生との連帯を強化し、確固たる方針の下に幅広い路線を定着させて行かねばならない。

**一、「法的地位運動」を展開し、在日韓国人の正当な権利を獲得しよう！**

われわれは法的地位協定妥結前後において、その内容の反民族性反同胞性を明らかにし、警鐘を打ちならしてきた。発効後三年を経過した現在においても、われわれの正当な要求は受入れられないばかりか日本側の同化追放政策は姑息的な解釈の下に進められてきた。在日韓国人の歴史的由来を無視し、反対に日本の責任を回避する日本側の姿勢はすでに固定化されつつあり、危険な方向をみせている。法的地位協定が韓日両国の友好を謳いながらも、日本側はその協定精神を一方的に破棄し自ら友好への道を閉ざそうとしている。

永住権が発効され、自分では協定永住権の完全な対象者であると信じて申請した八万余にのぼる申請者のうちに多数の不許可者および未決者を算出している。またいったん許可された人々の中に再度審査の上、永住権を剥奪されるというようなことも実際の数は不明であるが、多数に至っている。「法的地位協定」はわれわれの正当な意志とは関係なく六十万の日本内における居住を左右する弾圧法規であり、日本における民族運動を抑圧する悪法であることはくりかえすまでもない。

在日同胞は表面的には永住権獲得に奔走する様相を見せても、その底流における我々の状況をみることを妨げはしない。最近における申請者数の増加グラフは、この文脈から把握して、なによりもわれわれの運動の貧弱性に帰さねばならない。法的地位闘争の道はけわしい。とくに法律として現に施行されている政策に対して反対の矢を向ける難かしさは過去の一連の運動の中にも例を見ず困惑しながらも辛酸をなめてきたといえる。

運動の準備不足、文化情宣活動の不徹底とともに同胞は自分以外に信じられる者もない孤立化の傾向を見せている。しかし申請者が一時的に増加したとしても法的地位問題が基本的に解決したとは絶対にいえない。われわれは法的地位協定の全体的状況を理解する作業から再び着手しなければならないのである。そのためには、永住権申請者の実態調査を断行し、われわれの力で同胞の現状と未来を提示する任務がある。事実の累積とわれわれの運動の高揚によってわれわれは本国政府に断固たる反対の声を結集させていかねばならない。そしてわれわれは忍耐強く法的地位に対する要求を表明していき、その不当性の排除と権利を勝ち取るためには不服運動を展開する用意をもともたねばならない。

**一、「外国人学校法案」に反対し民族教育を死守しよう！**

現在日本の国会では「外国人学校法案」が継続審議委員会に付託され討議されるという緊迫した情勢を向えている。過去「学校教育法の一部を改正する法律案」「外国人学校制度法案」「外国人学校法案」と衣を変えて提出されてきた案が近い時期に日本政府の手に依って実行されようとしている当法案は、くり返すまでもなく在日韓国人の民族教育の弾圧を意図する以外の何ものでもない。その中で一貫して示されている日本政府の基本的な姿勢は在日韓国人の民族教育に対する否定、抹殺を意図している。特に第三条は"日本の利益を害すると認めることのできる教育"といったあいまいで抽象的な表現を楯に"反日教育"を理由に民族教育を認めていないのである。また、第六条では"外国人学校"の設置認可権を現行の各都道府県知事から文部大臣に移行させている。すべての判断基準を文部大臣というトップ＝レベルの位置に確保させることで、民族教育を日本側の政治策動や政府の恣意的な判断の下に侵害する危険を内包していると言える。第八条"是正命令"と第九条"閉鎖命令"、第十条"教育内容"に対する報告の義務を課して強制することは、教育の自由に対する明らかなる侵害・干渉行為であり民族教育それ自体に対する直接的否定である。このように「外国人学校法案」は在日韓国人の民族教育の抹殺をはかる法案である。ひいては韓日条約以降日本政府のわれわれに対する一連の抑圧政策の動向と軌を一にするつよい必然的産物であると言える。それは在日韓国人の居住権を「法的地位協定」で規制し、次に来る「入管令改悪」でもって生活権を奪うという方向の中で民族の魂ともいうべき民族教育弾圧に巨大な権力が集中されているのである。われわれは日帝下における民族教育抹殺の歴史を教訓として、解放後に再び直面したこの民族教育弾圧の事実を見つめ、自主的かつ挙国的に民族の歴史と言語を死守しなければならない。

**一、「入管令改悪」を注視し、阻止しよう！**

日本政府が韓日条約妥結直後から用意周到に準備していた法律に現行の世界的悪法である「出入国管理令」の改正問題がある。日本政府は改正の目的として①手続の簡素化　②「不良外人」の追放を公言している。その内容たるや在日韓国人六十万人の圧迫を意図し、基本的人権を無視した非人道的なものである。特に、

（1）在日外国人を使用している雇主、外国人学生が在学している学校当局に生活、在学状況等を報告する義務を課し、その多数を占める在日韓国人の日常生活を細かく監視する。
（2）入管職員に立入調査権を与え強制的に在日同胞の生活を侵害しようとしている。
（3）外国人を宿泊させた旅館、ホテル業者に「宿泊名簿」を作る義務を課して、在日同胞の往来居住を規制する。
（4）在日外国人の営業に関して許可、認可に対し法務省が意見を出した在日韓国人の経済活動を制限する。
（5）強制退去手続を簡素化して一層規制[?]する。

### 3、組織・文化・情宣活動方針案

**一、組織活動方針**

運動を進めて行く上で組織の質的、量的拡大は必要不可欠な条件である。わが韓学同が民族の旗手であるためには、民衆の真の声を代弁するためには、組織の発展は緊要な課題である。しかるにわれわれは本部を中心に地方及び支部の三本の柱を一体化することに成功していない。全国的に見て中央本部と地方本部の関係は徐々にではあるが緊密の度を加えて対処されつつある。といっても、まだ統一された計画の下に活動が展開されていず、今後、相互に連絡会議を実行して沈滞[?]を除くしなければならない。本部と支部の関係に関しては発生の経緯からして不明瞭な性格を持ち改善への努力は実をあげていない。各大学文研が伝統的に行って来た支部活動の役割は文研自体による主体性獲得への努力と韓学同本部の動きに伴って直接的な関係を再び持たなければならない。また、未組織大学に対しては本部盟員を中心に新しい盟員を発掘して本部の様々な行事、サークル活動を通して組織し、多くの支部を創設させて行かねばならない。とにかく、われわれは日常活動の強化と組織の整備を行ないつつより一層広汎な盟員を結集する大衆的な民主的な学生団体に成長させて行かなければならない。

**一、文化、情宣活動**

われわれ韓学同においては、文化、情宣活動は組織活動と密接不可分の関係にある。正しい理念にしたがって組織は拡大し、組織の拡大にしたがって定着した強力な運動が展開される。韓学同の文化活動の根幹をかたちづくるものは「歴史」「時事」「法的地位」等のサークル活動である。種々の活動の存在する中で制約を受けながらも、各大学の盟員が知的分業を通し横の連繫を深めて行くことによって韓学同の運動を下からささえる大きな力となって行かねばならない。特に韓学同路線を盟員に明確にし、方向提起する任務はサークルにも負課された性質のものであり本部との協力の下に重要な役割を為さなければならない。「国語学校」は在日二世、三世の日本人化傾向の状況において最も充実しかつ恒常的な方針を必要としている。支部においても強力に推進し、本部においては一層、広汎層の参加を勝ち取る中で開催されるべきである。また、本国学生との交流に関しては昨年十二月の韓学同中総の本国訪問に依り、その第一段階を築く事ができた。本国訪問を数多く計画して本国学生との学術の交流を通じて連帯を促進すべきである。また、情宣活動は韓学同運動を伝達して盟員の意識を高め、意志を反映すべき重要な作業であるにもかかわらず依然として古い形態を成している。その上、機関紙の発行不足、資料

（四面へ）

# 民族教育死守・外国人学校法案粉砕

## 三・四月に闘争盛り上がる

在日韓国人の民族教育を規制する法案だとして、内外からの強い反対を呼びおこしていた「外国人学校法案」は、五月中旬、日本国会の期限終了前に、日本政府当局の思惑もあって廃案、国会に上程されようとした二月末から現在に至る間「外国人学校法案反対闘争」を積極的に展開してきたが、運動の高まりは多大な影響を内外にもたらした。以下、闘争をふり返る中で、十二月の日本国会に再上程される予定の法案に対する、反対運動の組織的態勢を更に整備し、われわれの学習、情宣啓蒙活動を強めて行かねばならない。

（法案上程の動き）

韓学同は韓日会談以後表面化した「外国人学校制度」創設の動きを過去一貫して作視し、組織内での情宣、学習活動を行なってきた。その結果「外国人学校制度」なるものは、われわれの民族教育の教育内容の骨抜化、ないしは教育機関の閉鎖を目的とするものであるとの結論を得ていた。

二月二十七日の自民党総務会で「外国人学校法案」（十四ケ条からなる）の今国会上程が決定されたとの報に接すると、中執は翌二十八日に執行委会議をもち、「法案」内容の不当性を衝き、韓青との共闘のもとに直ちに反対運動を起さねばならないことを決定した。

二月二十九日には、学同、韓青の合同執行部会議が開かれ「法案」制定阻止の闘争を共に進めるとの一致をみ、共闘委員会結成を早急に実現することが約束された。

三月二日、韓青は〝檄文〟を発し、断固粉砕の態度を表明すると同時に、闘争委員会を設置した。

一方、韓学同は三月一・二日の両日、兵庫でもたれた、三・一節四十九周年記念関西地方幹部学習会〟において「法案」に関する真剣な討議がなされ、反対闘争を徹底的に推進することが確認されると、全国的に闘争態勢が具体化した。その後、中総・各地方本部は、学習会を連日にわたって開催し、「法案」に対する問題認識の昂揚と、闘争への意志統一を図った。

三月七日、中総において、闘争宣言〟が発せられた。

こうして、全国的に反対運動は高まり、三月十一日に予定されていた学同、韓青共催の決起集会に向けて、精力的に組織活動・学習情宣活動を展開した。

ところが、韓青中央は三月八日突然集会延期を発表した。そして延期理由が何ら明確にされないまま、闘争は大きな混乱を生じた。

韓学同では既に、全国的に動員をかけており、集会の準備は整えられていたのであるが、それまで韓学同が費した人的・物的エネルギーは多大のものであり、運動は全体的に大きな損失を蒙るにいたった。

しかし韓学同としては、運動の高まりと発展を第一義的に保障し全国韓国人学生の断固とした闘争の意志を、統一的に結集させるため、即刻独自の闘争実行委員会を結成して、予定通り三月十一日に韓学同単独の反対決起集会を開催する方針で運動を継続させた。

（韓学同決起集会）

三月十一日・「外国人学校法案制度反対韓国人学生決起集会」が東京で決行され、当日、全国から約百三十名の代表者が結集し、「民族教育死守！」「日本当局の悪らつな意図粉砕！」を合言葉に集会は非常な盛り上りを示した。

声明では、日本当局の民族教育弾圧の策謀が暴露され、韓学同の旗の下に全韓国人学生が固く結集する必要が鮮明にされた。また、共闘から一歩後退した韓青中央に対する批判と、共闘を即急に再確立すべしとの意見が全県員から提出され、〝法案制定阻止〟の闘争目標を新たに確認した。最後に「決議文」と「日本政府に対する要望書」が採択され、集会は成功裏に終了した。

決起集会以後、全国韓学同は各地において、韓青との共闘を再確立すべく、粘り強い交渉を行ないし、「法案」に対する問題認識の昂揚と、闘争への意志統一を図った。

組織内部では、力量の拡大を図りつつ、学習活動に更に徹底させ、運動発展の基盤を着実に構築して行った。

三月二十八日、第十二回民団中央委員会において、既に同胞社会内外に大きな波紋を引きおこしたこの法案問題に関する盛んな討議が交された。発言に立った中央委員のほとんどが、過去の日本当局による民族教育弾圧規力に鑑み、また、最近では、「法的地位」問題に対する非常識な日本当局の態度への疑心から、絶対反対すべきだとの意見を述べた。それにもかかわらず、民団の態度は、第十一回中央委員会での決議事項〝民族教育を抑圧する外国人学校制度に反対する〟という基本的態度の確認を見ないまま、〝敵陣営に利益を与えない範囲での反対運動は認める〟という条件付反対の態度に変質してしまった。しかし、ここに明らかな様に、どんな外部からの圧力、干渉にもかかわらず、同胞内部からの関心が非常に高まり反対の声が広範に行きわたってい……

（全国的規模……）

四月に入って……

[illegible]

一、外国人学校法案制度反対
一、韓国人学校教育死守
一、入管令改悪断固粉砕
一、法的地位要求貫徹

外国人学校法案制度反対
韓国人学生反対決起集会
三月十一日決行！

### 入管令上程か

[illegible]

# 活動報告書

44回定期中央委員会

[illegible]

### 闘争宣言

[illegible]

### 決議文

[illegible]

# 新しい息吹き

## 民族意識とその自覚

早大一年　李　栄　一

日本という異国の地で生活している在日韓国人学生の、特に僕と同じ新入生の皆さんは、余りにも日本人化してしまっている自分の姿に目を向ける時、それに対して様々の矛盾を感じることでしょう。そして、それらは当然我々に多くの疑問を投げかけ、民族という問題について考えてみる必要を生じさせます。僕が大学入試をかろうじて突破し、大学の門をくぐり、大学生活を始めてから、約2ヵ月が経ちました。その間、僕は韓国人大学生としての自覚を持つ以上に、より強く「俺は韓国人であり、在日韓国人学生なのだ」という意識と自覚を持つようになりました。そして、韓国人としての誇りを持ち、胸を張って「僕は韓国人だ」と今では言えるようになりました。これまでは特に強く、韓国人であるということを意識したこともないし、かといって日本人のように装って過ごして来たつもりもありません。ただ、できるだけその意識を心の奥底にしまっておいて表に出さなかったと言えるでしょう。いや、むしろ、家庭を一歩離れると周囲は、すべて日本人に占められて生活してきた現状においては、その意識を表面化する必要も感じなかったし、またその機会もこれまでは得られなかったのです。

しかし、現在では、僕は大学において、韓国文化研究会に入り、その活動をしていくうちに、大学で新しい同輩、先輩と親しく交わり、僕の生活ではそれらが大きな部分を占めてきました。そして僕と彼らとは同じ韓国人であり、在日韓国人であるという共通点で結ばれています。それ故に、僕が彼らと接するときには、単なる趣味や考え方の類似によって接するよりもむしろ、常に、同じ国の人間であるという意識を持って接しているのです。それ故に、今まで心の奥深くに眠っていた〝韓国人としての民族意識〟というものが、呼び起こされたのも当然のことであると思います。僕が彼らと語り合う度に「俺は韓国人だ」と口の中で唱えていることにもなるからです。

我々在日韓国人学生が日本の社会に融合している状態から脱して民族意識とその自覚を持つに致るまでには、いくつかの困難な過程を経ていなければならないと思い……

[illegible]

## 韓国人としての主体性

中央大学一年　俞　彰　一

[illegible]

## 祖国に触れて

同志社大一年　李　秀　夫

[illegible]

### 四月の声

[illegible]

# 民族の砦の広範な構築に

## 戦列を整え雄々しく前進

大阪本部

昨年度の総括をふまえ、われわれ在日韓国学生同盟大阪府本部は過去の〈法的地位運動〉の担い手として今日、反同胞的性格を鮮明にもたげてきている日本政府の動向、即ち〈外国人学校法案〉〈出入国管理令改悪〉等の画策の意図を暴露し、全体韓国社会のあらゆる性格に対する闘争を自己の歴史的任務とする。その具体的実践過程で同胞、〈闘う韓学同〉としての自らの存在を確立するのである。

され、〈同化と追放〉が隘路となっている。そのような情勢の中でわれわれの基本的課業は真に同胞の権益を擁護し、民族的諸権利の守護者として、民族民主勢力の拡大、発展を図り、祖国統一と自主的発展に寄与することである。

二

日本政府の在日韓国人に対する過去から変らぬ、その体系的差別抑止政策は日本社会に残滓感の固定化、抑圧の制度の強化として表われている。これは日本社会のもつ矛盾の集中的表現であり、日帝時代と性格を同一にする権力体系がいまだ存在していることを意示している。

る。韓日条約締結後〈法的地位条約〉のもつ矛盾は永住権の適用における厳格さと全体在日韓国人に対する、その法的保障の不明確さをもって、同胞内部に潜在的、あるいは表面化ずべき葛藤を招来させている。それと並行して〈外国人学校法案〉は民族学園、教育機関の設備と充実、発展を防げるものであり自主的民的教育を根底から否定している。

それは過去の日本帝国主義の強権的行為を合理化し、それに抗して果敢に闘った民族的正気自体を否定するとともに教育活動、内容

## 大衆に密着した組織へ

京都本部

## 闘いの中から展望を

兵庫県本部活動姿勢

## 基本活動の実践の中から

東海本部

## 書評

# 民族喪失の著者の姿勢

## 崔昌華著「金嬉老事件と少数民族」を読む

# 自主・独立への鮮血の韓国学生闘争史

## 民衆の先頭に立つ

### 韓国学生運動の歴史的役割

鄭世鉉（淑明女大史学科教授）
金大商（釜山市史編纂委員）

韓国近代史は日帝の侵略と支配に抗して民族の独立を求めて闘かった、我が民族の偉大な歴史である。その主体は愛族的学生・青年であり、彼らの闘いに我々は、犠牲を恐れぬ気高い民族精神を見、貴重な歴史的教訓を学びとる。ここに紹介する論文は、「韓国学生民族運動史」（六八年「思想界」三・四月号掲載）の抜粋である。

## 序章　新教育と近代学生層の形成

十九世紀中葉以来、中国を始めとする極東諸国が、成熟した資本主義列強の侵略を受けるようになった趨勢につれ、封建王国朝鮮も一八三二年、英船ロード・アムダーストが忠南の洪城郡下に現われ……

### 1、韓米の民族独立運動と学生

### 2、日本留学生と保護条約反対運動

### 3、国権回復運動

光州学生運動記念塔（光州高校）

## 第二章　三・一運動期の学生独立運動

### 一、日本留学生の抗日独立運動

### 1、二・八独立運動

### 2、二・八運動後の抗日運動

### 二、三・一運動での学生運動

### 1、三・一運動と学生の闘争

### 2、在京学生達の闘争

### 3、地方での学生闘争

平安北道

3月1日……宣川で信聖学校学生達と女学生二〇〇余名が万才を叫び示威を展開したところその内三三名が検挙された。

3月4日……義州で養実学校学生六〇〇余名が示威を展開、竜川郡では学生達を中心に数千の群衆示威が繰り広げられた。

江原道

鉄原・春川・江陵を先頭とした各地で学生達を中心に万才示威が起こる。

咸鏡南道

3月3日…咸興で学生を先頭とする群衆示威があった後各学校盟休に入る。

4月8日…元山で保光学校学生達と商業学校学生六〇〇余名が示威

咸鏡北道

3月10日……鏡城で普通学校学生四〇余名が示威

京畿道

3月3日……開城好寿〇女学校学生35名が午後二時頃万才示威を展開し五時頃には少年学徒隊を中心に群衆二千余が示威を起こし警察派出所を襲撃

## 編集後記

五月四日の大会を終えてから初めての新聞を発行しました。内容とか、形式においてまだまだ未熟で不満足な域を出ませんが、盟員諸さんの熱意ある積極的な意見をお待ちしております。今後は、できるだけ広汎な盟員の声をとどし反映させたい、民族的な新聞にしてゆきたいと思います。より一層の御支援と御協力を御願いして止みません。

4月18日、全国の熱誠的な青年学生800余名が4・19革命九周年記念式典を挙行し、「出入国管理令改悪反対」「法的地位要求貫徹」をめざす果敢な斗いをくりひろげた。


# 学同通信

発行所
在日韓国学生同盟
中央通信

文京区春日2－20－13
電話（814）0109
発行人・徐啓作
編集人・編集委員会




# 「出入国管理法案」断固粉砕！

## 四・一九革命記念集会に熱誠的な青年学生八百余名が結集

### “斗争へ前進”

去る四月十八日午前十一時、全国各地から青年学生八百余名が、「四・一九革命九周年記念、出入国管理令改悪反対、法的地位要求貫徹、青年学生中央蹶起集会」に参加すべく、会場にあてられていた東京の全電通会館に結集した。韓日会談妥結以降、在日同胞社会をとりまく情勢は、一方日本政府による在日韓国人の差別、抑圧政策の拡大、強化をもたらし、他方本国政府の我々同胞に対する一貫した政策のないまま、刻一刻、緊迫度をましつつある。そして、現在日本政府は、我々に対する「同化・追放」の新たな企らみとして「出入国管理法」の国会上呈をはかり、在日同胞の民族的権利を根こそぎ剥奪しようとしている。このような情勢下で、民族主体性を確立し人間の解放をめざす生の叫びが、悲痛な迄に発され続けてきた。とりわけ、民族の明日を担い、新しい歴史を切り拓かんと邁進している青年・学生の若いエネルギーは、押さえることのできない怒りと痛憤を惹起させた。九年前の四月十九日に、祖国では李承晩白色独裁体制を打倒すべく愛国的愛族的学生達が決死の思いで決起し闘い、その歴史的な四・一九革命の記念日に、異域日本に住む全国の青年・学生が、ここに一致団結した連帯の旗の下に、あらゆる妨害と困難をおしのけ、厳粛な集会果敢な示威を、成功裏に展開したのである。

## （開会式）

その日、四月十八日早期、全電通会館には、数台のバスを連らねて上京してきた関西地区の青年、学生達が、一番乗りした。夜を徹しての強行軍のせいか赤い目をこすりながらも十一時迄に、会場は既に、頭にはちまちをつけた闘志と熱気あふれるばかりの青年・学生にうめつくされた。十一時十分、歴史的な集会の開会が、司会より宣言され、国民義礼、先烈者への黙禱、愛国歌斉唱が行なわれた後、韓青・学同の両委員長が挨拶に立った。この中で徐啓作学同中総委員長は、「……李政権打倒以後の四・一九の進んだ道は、我が祖国の内包している矛盾と闘いながらも民族の統一へと必然的に到達した」ことを指摘し、「一年余にわたる運動の過程において韓国の矛盾を正しく規定し実践した」同時に「それが歴史にもたらした大きな役割とともに、それ以後あらわれてきた歴史の現実をみるときにそれを原点としながらも現在的課題として諸矛盾と対決していかねばならない」と強調した。特に、六五年以後表面化してきた本国、在日同胞社会にみられる危機的状況をのりこえるために、四・一九精神の広場に固く結集し闘いぬかねばならない。当面する課題としては入管令改悪粉砕であり、正当な生活と権利を要求することである。そして「大衆を包含した巾広く力強く継続した運動を展開しなければならない」と結んだ。会場に結集した同胞青年・学生は、その力強い訴えにわれんばかりの拍手をもってこたえ、もりあがりの雰囲気は助勢されていった。

続いて、来賓挨拶があり、李裕元民団中央団長は、青年・学生の純粋な気持を理解し、大会に敬意を払う態度をしめし、鄭東京本部団長は、青年学生の運動の意議を高く評価した。

（来賓祝辞）

激励電報紹介の後、基調報告が「四・一九革命の現代的意義」「出入国管理令改悪の内容と問題点」の二点にわたっておこなわれた。

「四・一九革命の現代的意味」の基調報告に立った学同京都本部林仁喆君は、「三・一五不正選挙に端を発し、李白色独裁体制打倒した四・一九革命は、民族民主革命の端緒を切り開いたが、政治指導組織の虚弱性と転換期理論の貧困性により、又新たな特権意識を持ち派閥抗争にあれくれる輩に権力を与えてしまった。しかし一九六一年以降も、その革命がもたらした反独裁、反買弁、反外勢、反封建の「四反理念」、その革命の失敗因の探究と克服は継続され、それは韓日会談反対闘争や六・八不正選挙で実証されてきた。そして、現在三選改憲を巡り激動しつつある祖国の情勢は、四・一九理念の想起を促している」と位置づけた。更に在日同胞運動は、四月革命後急速に、旧態から脱皮して権益擁護運動をその根幹として発展し、韓日条約反対闘争は本国との連帯の下に、忍耐強く展開された。現在、我々を規定している本国の情勢を適確に把握しながら、我々在日同胞運動は、たえず祖国との連帯の下にすすめねばならず、緊迫し一いる権益擁護運動を大衆的に前進させることが、我々の使命であると、とくとくと説明・報告した。

また、「出入国管理令改悪の内容と問題点」の基調報告に立った韓青副委員長の金君夫氏は、その中で日本政府の企図している悪辣な本質ぶりをさし示し、その国際法や基本的人権を無視した世界史上類例のない悪法を日本政府を告発する観点から、ていねに証明し今までの在日韓国人のこの改悪法への闘争ぶりを紹介し、全在日同胞は、この改悪法反対闘争に立ち上がねばならないと訴えた。

こうして、大会の方向づけがなされると、会場の青年・学生は、現時点在日同胞の運動の方向と当為性を再確認し、四・一九革命時の学生の後に続いて闘わねばならないと心に決めた。

会場ではその後、直ちに抗議団

（四面へ）

## 抗議文

我々在日韓国青年学生は、我々在日韓国人に対する抑圧立法である「出入国管理令」改悪法案を、今国会にまさに上呈せんと企てている日本国法務大臣に対し全韓国人の意志を代弁して、ここに強く抗議する。一体日本政府は、過去三十六年間に亘って我々の祖国を侵略、支配したという歴史における重犯罪をどのように終結させようとしているのであろうか。韓日条約締結によって叫ばれた「韓日両国の真の友好のために。」というスローガンはさも、まことしやかな美辞麗句によって虚飾されていたのであろうか。永住権申請がはじまり法的地位の苛酷な運営によって千名近くの不許可を言い渡され今までに数限りない同胞が退去強制されているという現実、そして大阪における焼身自殺者の例などに象徴的に表われていた如く「入管令」の実態を見ればその答えは自ら明白である。そして現在、我々の生活権、居住権等の「人間としての基本的権利」を根底から抹殺しようと策謀しているのである。この度日本国会に提出された「出入国管理法案」がいかに巧妙な美しいヴェールに覆われていようとも、その根底には日本国政府の狂気じみた意図が存在することは現行入管令が果している役割、改悪法案の具体的内容、更には日本国政府が終始一貫して我々にとりつづけて来た一連の政策を見ることによって一目瞭然である。即ち日本国政府が、過去から一貫して我々を抑圧政策の対象とみなしてきたし、いわゆる「同化か、追放か、服従か」という在日韓国人抑圧政策をそのまま踏襲しより露骨であり陰険な形で我々を規制せんとする具体的法案が、この「出入国管理法案」なのである。

我々がこの言語道断な内容をもつ改悪法案の通過を黙認するならは、それはすなわち、我々の民族性の否定、人間性の否定へとつながることになるのである。いまや、この法案は在日韓国人には適用しないのだ、とか、法律一二六号の廃止は考えていない、とか云うナンセンスな詐欺的宣伝は、我々には通用しないし、韓民族全体の怒りを制止することもまたできない。

我々在日韓国青年学生は、全韓民族の憤満と怒りの声を代弁して、再度日本国法務大臣に対し、「出入国管理法案」をすぐさま廃案にすることを強く要求する。日本国政府が我々に対して、あくまでも差別、抑圧の政策をとりつづけるならば、我々青年学生は全韓民族とともに、その悪辣な企みを断固紛砕すべく、最後まで闘うことをここに強く言明する。

一九六九年四月十八日

**四・一九革命九周年記念、出入国管理令改悪反対、法的地位要求貫徹、在日韓国人青年学生中央蹶起集会**

# 在留活動の規制強化

## 入管令改悪の内容

日本政府は、「韓日会談」の進展にともない、一九六二年以来法務省内に「出入国管理令改正準備委員会」を設け「在日韓国人の法的地位協定」の実施にともなう在日韓国人の管理 のための立法化をすすめてきた。

「出入国管理令」改悪の動きは一九六一年以来新聞報道で伝えられ、韓日会談が煮つめられていくに従って、公式・非公式に日本当局によって、叫ばれた。

そして一九六七年には、「改正案なるものが、日本の国会答弁及び新聞報道で発表され、在日韓国人の生活と権利を根こそぎはく奪する改悪法案として、我々の前にあらわれた。

日本政府のこの法案に対する期待は大きく、マスコミを総動員して嘘偽をばらまき、その本質を隠ぺいして、反対運動の分裂化弱体化に力を注いできた。

この改悪法案は、今までの在日韓国人に対する日本政府の発想を拡大再生産したものにすぎないといえる。

つまり、民族に依拠し、その内部で自己の人間解放を求め、主体的に歴史に参与して生きんとする者に対しては、「追放」の落し穴をもうけて、片方では民族からの脱落者を作りあげ、日本の体制順応者に仕立て上げんがための「同化」改策を遂行するのである。

こうした発想は、韓日交渉時、日本の政権担当者の言葉となってあらわれ、その都度、民族の憤激をかい、会談中止にまで発展した事々にであった。

韓日条約が妥協、調印され、条約の内容の施行が、具体的日程にのぼりはじめると、一時表面上止んでいた改悪法化の動きは、破廉恥にも過去の歴史的責任を負う事なく反対に開き直った姿勢で、韓民族への挑戦行動となって登場してきた。

法的地位協定の効力が生じると在留資格の細分化がすすみ、「一二六・二・六」の廃止が日本政府当局により企まれている事が顕在化」、終局的には、在日韓国人の存在を抹殺しようとする事が明らかになってきた。

即ち、在日韓国人の在留資格と在留活動を全面的に抑圧、規制しようとする「入管令」改悪の策動である。

### 法案の本質的意図

それを裏書するかの様に、入管当局と法務省の行改措置は悪質化正当なる諸条件を無視した退去強制令書の発布が激増し、我々の周りでは、毎日悲劇がくり返されている。そして、改正「入管法」が今国会に提出されるに至ったのである。

法案の具体的内容をみれば明らかな通り基本的性格に、「特高警察的法律案」「治安維持法的内容」を内在している。そもそも人種、国籍、民族を問わず人間としての基本的権利を確認しようとする世界的趨勢があるにもかかわらず、はたまた歴史的に日本帝国主義支配の結果として長く日本の地に生活の基盤をもつ在日六十万同胞の歴史的背景があるにもかかわらず在日韓国人の権利を根こそぎ剥奪しようとする法案は断じて許すことのできない反動立法といえる。日本政府は当然のことのように「出入国管理法案」の立法化の目的が「出入国手続の簡素化」とか「在日外国人の在留管理体制の整備」とか、あるいは「法律一二六号は、廃止しないから在日韓国人には関係がない」などと言ってきた。しかし、これは「法案」の真のねらいを覆い隠すための詭弁であった。事実、在日外国人の大半を占める在日韓国人に対する「出入国手続の簡素化」とは、我々は欲しいままに強制送還するための「手続の簡素化」を意味するものであり、「在日外国人の在留管理体制の整備」とは、我々在日韓国人の生活と社会活動の全盤を「治安問題」として監視し、取締り、政治的弾圧を強化すること以外のなにものでもなかった。「不良外国人の取締り強化」との政治的意味は、他でもなく政府の主観的な国益に反するとされた人々の呼称に他ならないのである。日本国政府は「国際法上の原則から外国人は煮て食おうと焼いて食おうと自由である」法務省入管局池上元参事官発言）の意をそのまま法文化し「法案」として現国会に提出したのである。

この様な改悪法案化を意図する日本政府当局の姿勢と毒された思想は、わが国近代史を通じてみられた「植民地的」「帝国主義的」日本の侵略と支配の歴史を想起させるに充分である。侵攻政策と併行して、日本の民衆に対し意識的に（在日）韓国人に対する蔑視、偏見の教育を施し帝国主義史観、排外主義を一般日本人の中に潜行滲透させていったのである。韓国侵略植民地支配のあの精神構造を、改悪「入管令」によって在日韓国人の大量追放政策と治安強化策を日本国民にあおりたて、七十年の安保条約改定期に向けて、過去、韓国を植民地化した旧日本帝国主義国家の再現を目指しているかのようである。それと表裏をなす社会支配政策として在日韓国人の生活権を奪うことにより、あるいは居住権と引きかえに営業権、資産を没収することにより在日韓国人を零落化させ、単純肉体労働者としての地位に落としめ、そして力つきて労働者として価値のなくなった者（生活、医療保護受給者）に対して容赦なく強制退去を宣伝するといった極悪非道のシステムを今度の改悪「入管法」で完成させようとしているのである。在日韓国人の多数が単純肉体労働者として生活を余儀なくされ、約六万人が生活保護を受けなければならない現況は、その全ての原因が旧日帝の三十六年間にわたる過酷な植民地支配と今日にいたる日本政府当局の政策に起因していることはいうまでもない。我々が、この改悪「入管法」をみるとき、かって韓日為政者の締結した「韓日条約」との関連を見落すことができない。韓日会談後直ちに退去強制令書の乱発にでた日本政府当局の姿勢からでも「永住権」の本質が憶測されるのであるが、偽瞞的永住権を付与することによって居住権を侵奪し現行入管令よりさらに拡大解釈可能な退去強制事由を適用しているのである。この期間にすでに千人以上の同胞が退去強制を言い渡された事実は、何を意味するのか。

日本政府当局は永住権を付与することによって居住権（一二六・二・六）を奪い、つづく改悪「入管法」で大量追放を目論んでいるのである。

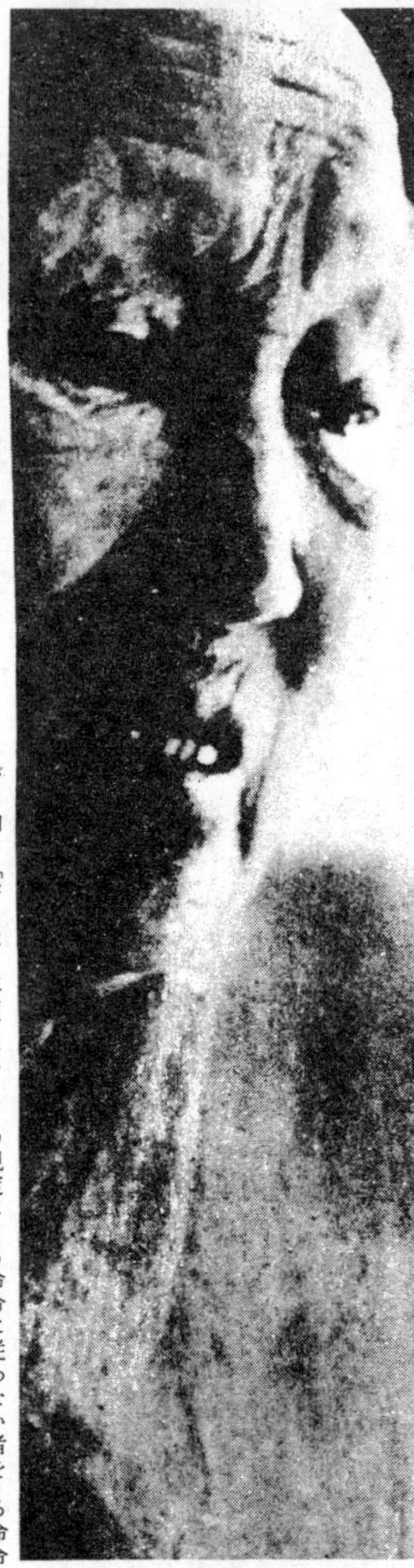

### 「遵守事項」付与制の新設

「法務大臣は、必要があると認めるときは、あらかじめ、上陸許可を受けようとする外国人に対しその者が本邦に在留するについて守るべき活動の範囲その他の事項を定めることができる。（八条一）

「法務大臣は、前条の規定による上陸許可をする場合において必要があると認めるときは、当該許可に係る外国人に対し、その者が本邦に在留するについて守るべき活動の範囲その他の事項を定めることができる。（八条二）

これは入国者に対する規制だけでなく、戦前から居住している在日韓国人の活動を意のままに規制し、居住権をほしいままに奪い、「在留期間」を更新しながら、一数万人の同胞が数十年間も日本で生活してきたが、これらの人々の居住を根こそぎ奪うことを前提にしている。

「守るべき事項」をどのようにつけるかについては、何等説明及び現定がない。即ち、全く法務大臣の自由裁量の範囲にある。「在留期間の延長」に当って法務大臣が自由に「守るべき事項条項」をつけ、その違反を口実に刑事処罰や退去強制を命じることができる

新設された遵守事項は、入国に際しての「遵守事項」付与（八条）在留資格を変更する場合（二九条）在留期間を延長する場合（三一条）出生、日本国籍喪失などにより新たに在留資格を取得する場合（三二条）特別在留許可を受ける場合（三二条五）

### 「中止命令」制度の新設

「地方入国管理官署の長は……の規定による遵守事項の定めに違反したときは、当該外国人に対し、書面をもって、当該違反に係る行為の中止その他必要な命令をすることができる」（二七条）

「地方入国管理官署の長は、在留活動者で、正当がないのに、相当期間、その行なうべき在留活動をしていないものに対し、書面をもって、当該活動を行なうことを命ずることができる。（同条二）

第三七条の九には、退去強制の対象者として第二七条の一、二項の規定による命令に従わない者を定めている。（三七条九）

罰則の章では第八六条に同じく第二七条一項乂は二項の規定による命令に従わなかった者は、六ケ月以下の懲役若しくは禁こ及び罰金を併科することができる。

韓さんは、広島で被爆した。二十数年どこからの愛の手もなく、生きることと斗っている。戦争へのにくしみ・日本への告発・しかし在日60万の苦脳を私たち学生はもっと自分達の問題としてきりひらかなくてよいか。

### 事実調査権条項の新設

「地方入国管理官署の長は、前二項の調査のための必要があるときは、所属の入国審査官若しくは入国警備官に〝関係人〟に対し〝質問〟させ又は〝文書〟若しくは〝物件〟の提示を求めさせることができる」（七三条三）

「法案」に規定されている一切の事項について、法務大臣、地方入国管理署の長 などが、調べたいと思った一切のことについて調査権を発動できる。（七三条二）

「関係人」とは、本人、本人の家族、友人、知人、勤務先、雇主、従業員、学校、本人の保証人、もちろん弁護士、国会議員も本人と何等かの「接触」をした者一切の中に含まれる〝関係人〟である（日本国憲法「不利益供述の禁止」条項に違反）

関係人について、質問権、文書、物件の提示を要求することができるが、質問に対し陳述しない場合、虚偽の陳述した場合、文書、物件の提示を拒んだ場合は、刑事処分を受けることになる。（八九条三項）

### 処罰事項の新設

事実調査権行使に対し
陳述拒否罪
虚偽陳述罪
文書物件提示拒否罪 ｝三万円以下の罰金（八九条）

在留期間の「更新」制度を廃止し在留期間の「延長」（三一条）に変更

延長を適当と認めるに足りる相当の理由があるとき「新たなる在留期間を定めて……」（三一条）定められていない不安定な在留期間の延長問題が約十年間も日本に居住している十数万人に振りかかってくる。

### 収容所の処遇について

面会の制限、禁止規定の新設「収容場所の保安上必要があると認めるときは、被収容者の面会を制限し、若しくは禁止し、又はその発受する通信を検閲し、その発受を禁止し、若しくは制限することができる。」（七八条5）

### 現行「入管令」の問題点

この「入管令」の悪質な点は、日帝侵略の犠牲者である在日韓国人の歴史を抹殺し、人間の基本的人権を蹂躙し、国際慣習法を無視した、時代に逆行しているそれにある。その問題点は要約すると、①基本事項が裁量規定となっていて、政治的に乱用される②収容に関して非人道的処分が行なわれる③退去強制事由が広範囲にわたり苛酷で時効制度もない④入管職員の職権乱用が可能で生活を脅かす⑤報償金制度を設け韓日両国人の離反策を狙っている⑥没収規定は所有権を不当に奪うもの、である。

# 強制退去追放の拡大

## 〈在日韓国人を弾圧する〉

## 退去強制の対象者

「法案」（第三七条）次の各号の一に該当する外国人については、この章に規定する手続により、本邦からの退去を強制することができる。

一、第三条第一項の規定に違反した者（有効な旅券を所持しなければならない。）

二、第四条の規定に違反した者（上陸許可を受けなければならない。）

三、第十四条第一項の許可を受けた者で、逃亡し、又は正当な理由がないのに同条第三項の規定に違反して呼出しに応じない者（仮り上陸を許可されたもので定められた居住に居住し入管管長の呼出しに応じなければならない

四、第十五条第一項の規定により退去を命ぜられたにもかかわらず、本邦から退去しない者（出国期限を定めて本邦が退去を命じなければならない者。

六、第三十二条第一項に規定する者（同条第七項に規定する者も含む。）で、同条第二項の許可を受けることなく、同条第一項に規定する期間を経過した後も本邦に在留する者

現行「出入国管理令」は、法律的見地に立つと治安立法的色彩が濃く、この法律が適用されれば、在日韓国人の民族運動を弾圧し、日本人の対韓国人への迫害、差別を助長されるものだとして、全在日韓国人の反対の嵐をくぐりぬけた因縁つきの法令である。

これは、大陸法とは異なり、出入国に関する関心の強いアメリカ移民法の影響の下に作成されたことから、アメリカ移民法のもつ他民族や他人種の移民統制、管理、即ち移民対策から生まれたところの抑圧的機能部分を、日本的状況にあてはめ、補足を加えた形で全体に構成されてきたものである。

（日本国籍の子より　出生と他の者の在留資格の許可

七、在留期間（第三十[illegible]条第三項の出国猶予期間を含む。）を経過した後も本邦に在留する者又は同項の許可をとり消された者

八、一時上陸の許可を受けた者で、当該許可に係る上陸の期間を経過した後も本邦に残留する者又は当該許可を取り消された者。

九、第二十二条第一項の規定による命令に従わない者（在留資格を有しなければ本邦に在留できない。）

十、らい予防法の適用を受けているらい患者

十一、精神衛生法第二十九条の規定の適用を受け、同条に定める精神病院若しくは指定病院に収容されている精神障害者又は麻薬取締法第五十八条の八の規定の適用を受け、同条に定める麻薬中毒者医療施設に収容されている麻薬中毒者

十二、貧困者、放浪者その他生活上の保護を必要とする者で国、又は地方公共団体の負担になっている者（在日韓国人に対する社会保障がみとめられていない現状では人道主義にもとめるものである。）

十四、麻薬取締法、あへん法又は刑法（明治四十年法律第四十五号）第二編第十四章に規定する罪により刑に処せられた者

十五、売春防止法、性病予防法第百八十二条に規定する罪により刑に処せられた者

十六、少年法に規定する少年で、長期三年をこえる懲役又は禁錮に処せられた者

十七、第十三号から第十五号までに掲げる者を除くほか、無期又は一年をこえる懲役又は禁錮に処せられた者。ただし、執行猶予の言渡しを受けた者を除く。

十八、他の外国人が不法に本邦に入り、又は上陸することをあおり、そそのかし、又は助けた者

十九、日本国憲法又はその下に成立した政府を暴力で破壊することを企て、若しくは主張し、又はこれを企て若しくは結成し、若しくはこれに加入している者。

二十、次に掲げる政党その他の団体を結成し、若しくはこれに加入し、又はこれと密接な関係を有する者

イ、公務員であるという理由により、公務員に暴行を加え、又は公務員を殺傷することを勧奨する政党その他の諸団体

ロ、公共の施設を不法に損傷し、又は破壊することを勧奨する政党その他の団体

ハ、工場事業場における安全保持の施設の正常な維持又は運行を停廃し、又は防げるような争議行為を勧奨する政党その他の団体

二十一、前二号に規定する政党その他の団体の目的を達するため、印刷物、映画その他の文書図画を作成し、領布し、又は展示した者

二十二、前各号で掲げる者を除くほか、法務大臣において日本国の利為又は公安を害する行為を行ったと認定する者（法務大臣の勝手な判断で民族運動を弾圧する危険性がある治安条項である。）

駅から六キロもある人影のないところに冷たい大村収容所の壁がある。退去強制令書を受けた韓国人は送還されるまでの間ここに収容される。

## 退去強制手続きの簡素化

手続きの比較

現行「出入国管理令」

違反調査（二十七条）↓仮放免（五四条）（保証金最高三十万円）

入国警備官の違反調査（三七条）

←

入国審査官の審査（四五条）

←

特別審査官の口頭審査（四八条）

←

異議の申立　→特別在留許可

法務大臣の裁決（五十条一項）

（五十条）←退去強制令書発付

法務大臣裁決処分取消請求訴証 ←

退去強制処分取消請求訴訟（執行［収容・送還］停止処分）

出入国管理法案

違反調査（三八条）↓原則収容（四五条）← 一時解除（条件＝五三条1）（保証金最高百万円）

入国警備官の違反調査（三八条）

←

地方入国管理官署長の口頭審理（五十条1）

←

法務大臣の裁決↓退去強制令書 ←（五一条）発布（義務的発布五五条2）

← 地方入管署長の「上申」

← 特別在留 →許可↓遵守事項付与（六十条1）（十三条5・六十条6）

←不許可（六十条）（裁判上の救済困難）

## 退去強制令書の義務的発布

地方入国管理官署の長は、外国人が次の各号の一に該当するに至った場合には、退去強制令書を発布しなければならない。（五十条2）「退去強制条項」に該当する時は原則として収容する（四五条）

## 仮放免制度の廃止

一時解除（退令発布前）（五三条）執行停止（退令発布前）（五八条）制度を新設

収容停止は、「退去を強制される者が著しく健康を害するとき、又は生命を保つことができないおそれのあるとき」（五八条1）か、「特に必要があると認めるとき」に限って収容を停止することができる、としている。

一時解除、執行停止のうちの収容停止の保証金を現行三十万円から百万円に引き上げた。（五八条8）

## 裁判を受ける権利を奪う

「法案」において、一挙に訴訟を提起する権利を制限し法的に争う余地を奪ってしまった。

退去強制事由の該当者は全て退去強制令書を発付しなければならないことになっており、いわゆる退去強制手続と法務大臣の在留許可が法律的に分離され、退去強制令書を発付した後、「法務大臣が在留を特別に許可することができる。」（六十条）とした。

退去強制令書発付処分と法務大臣の在留許可が実質的に全く別個の処分となっており、退去強制令書発布処分の取消と結びつけた法務大臣の裁決の取消は不可能になった。

入国管理官署の長が法務大臣の在留の「上申」を申請する（六十条2）特別在留を認める余地はほとんどなくなっているが、たとえ特別在留が認められたとしても、それはまったく「恩恵」に属することになっている。居住権審査手続における「権利性」の否認とその「恩恵化」傾向は、特別在留許可をもとめる申請者の行為を「出願」といい、入管所長の行為を「上申」という用語で法制化している点にその意図があらわれている。

## 現行「入管令」制定の背景

日本の明治時代における出入国管理や外国人の在留活動については、さしたる法的措置は講ぜられず、単に条約締結国との条約により管理が行なわれていた程度であった。しかし、日本帝国主義の韓国侵略を含む海外侵略政策の遂行は、国内における治安へと支配者の目を向けさせ、植民地の土地収奪と搾取の貫徹により流浪したか、強制連行された韓国人が徐々に増加してくることに細心の注意を払わせた。その象徴として、内務省の特高警察の監視、弾圧、迫害下におくために出入国管理法系と国内治安法の整備の画策があった。国籍は日本でありながら、特殊的に治安視、監視するものの典型として協和会手帳が発行され、実質的力を及ぼした。解放前、日本に在住した韓国人は、日帝存立の構造的矛盾として低賃金労働の下層産業労働者になる事を強いられ、有能な「臣民」になるための民族抹殺政策を受け、社会的差別と民族差別の中で、奴隷的、屈辱的生活を強いられることになった。

解放後、その喜びも束の間、日本における大戦後の混沌とした社会情勢と生活不安は、ただでさえその日ぐらしの生活にあえいでいた在日韓国人を一段と苛酷な状態に追いやった。

日本の敗戦は、米占領軍を招き、外国人の出入国管理や在日外国人の在留活動についても占領軍司令部の直轄下におかれた。しかし、その政策は、日本政府の従来のものと大差なく、数多くの引き揚げ時の悲劇を生み、強制送還の執行や不法入国者への取り締まりが非人道的に強行された。その具体的端緒を切り開いたのが、一九四六年「非日本人の入国及び登録に関する覚書」であり、その後覚書や指令が発されつづけた。その後、日本政　は、その政策を受け継いで、一九四七年「外国人登録令」、韓国動乱時の一九五二年には「出入国管理令」が施行された。

現行「出入国管理令」は、法律的見地に立つと治安立法的色彩が濃く、この法律が適用されれば、在日韓国人の民族運動を弾圧し、日本人の対韓国人への迫害、差別を助長させるものだとして、全在日韓国人の反対の嵐をくぐりぬけた因縁つきの法令である。

これは、大陸法とは異なり、出入国に関する関心の強いアメリカ移民法の影響の下に作成されたことから、アメリカ移民法のもつ他民族や他人種の移民統制、管理、を日本的状況にあてはめた形で全体に構成されてきたものである。

# 四・一八の成果を基点として さらに運動の前進を

(I)

四・一八集会を質量両面にわたって成功裡に導いたわれわれにとって、現在の緊迫する情勢下をさらに前進的にきりひらくために何を目標としてすすむべきであろうか。われわれにとって「四・一八」はそれに至るまでの主体的な斗いの構築のなかから巾広く強固な民衆運動なかんずく青年同盟との共斗確立をめざしたものであるとするならば、われわれはもう一度「四・一八」に至るまでの一連の主体的な運動足跡を民衆運動の一環としてとらえていくことからはじめねばならない。

昨年十二月七・八日に開かれた五回総合文化祭において、われわれは日本国政府が法制定化しようとしている「出入国管理令」改悪への策動を慎重に分析した結果、当法案のもつ在日六十万の迫害的内容と民族運動そのものの存立を掘りくずそうとするねらいがあると断定した。最終日の「入管・改悪阻止学同決起集会」は、そのような法案の緊急性と今後の運動の展望を打出すために全国盟員が結束したのである。熱誠的な学友による力強い声討と代表者による日本法務省への抗議がしめされ、発明会館での集会後直ちに東京都内各所において「日本人に訴える！」ビラ二万枚を配布した。われわれによる「入管令改悪阻止」への運動的呼びかけは、全体民族陣営のなかで先駆的役割を発揮し、逆にその決起をバネとして民族陣営のそれ以後の斗いに内的影響をあたえた。

今年の「三・一節五十周年記念民衆大会」は民団の関東地協を中心に全国代表者を含めて五千名近くが参加し「法的地位要求貫徹」とともに「入管令改悪反対」のスローガンをかかげ、集会後果敢な東京都内示威行進を展開した。われわれはこの「三・一」を権益擁護運動の一環として確認するなかで、青年同盟とともにデモを先頭的に主導し、解散後大使館へ抗議にむかった。これに先立って、われわれは全国の民団三・一集会に在日同胞むけアピールを発し、「法的地位要求貫徹」「外国人学校法案粉砕」「出入国管理令改悪反対」を訴えた。

「三・一」以後、日本政府による入管令改悪への動きが表面化してきたが、われわれは三月十六日に関西四地方本部主催の「三・一節五十周年記念集会」をもち、入管令改悪阻止のために百余名の学友の参加を克ちとり、大阪市内において日本国民むけのビラ五万枚を街頭で配布した。同じく東京地区においても、三月十七日から連日にわたって同種のビラを中心とした教宣活動をくりひろげた。「三・一」以後このように「入管令阻止」への隊列は粘り強く一歩一歩踏みしめながら整備されてきたが、この時期の運動から反省されることとして日本人むけの呼びかけが主力にそそがれ、われわれ同胞そのものに対する啓蒙活動の不足が指摘された。ここに当然のことながら、危機状況が切迫するにつれてますます「入管法」粉砕にもち込むための斗いが要請され、民族陣営の量的・質的強化が目標とされた。第十四回民団中央委員会に入管令改悪についての資料を提出し、即時在日同胞むけのパンフレットが作成されたのはそのような点から導き出されたのである。

四月よりの韓学同は、全国的に在日同胞の家庭訪問を軸に啓蒙活動に乗り出し、アピール文配布と併行してカンパ活動を展開した。四月十日には全国の韓青との共斗で二十万枚のビラ配布が行われた。「四・一八集会」はこのようにわれわれ韓学同の先頭的斗いのなかから準備されてきたし、斗う韓青同との巾広い民族的地点を共にとらえながら形成されていったのである。

(II)

四月十八日に行われた「四・一九革命九周年記念全国青年学生決起集会」は、「祖国統一に邁進する」「入管令改悪反対」「民族教育死守」「法的地位要求貫徹」の現在におけるわれわれの歴史的課題を正しく規定しつつ、全国各地から約八百余名の青年・学生が参加するなかで行われた。とにかくこの四・一八にみられた青年・学生の参加数は、運動史上まれにみる動員をかちとっており、六五年における斗いの正当さとそれに鍛えられながら以後の激しい状況打破のなかで蓄積されたものといえる。

集会において、「四・一九革命の現代的意義」と「入管法の内容と問題点」を基調ベースに全国の若人から熱気あふれる抗議と斗う意志でうめつくされた。全国の代表による「日本法務省」「日本法務委員会」「駐日韓国大使館」への抗議・陳情・要請が実行されたのち、全大会参加者でもって会場のお茶の水から日比谷公園までの約四キロのコースを波状的なデモをくりひろげ断固斗う姿勢を内外に表明した。またこの集会には、李禧元中央団長、鄭在俊東本団長をはじめとする民団指導層が参席したごとく、青年・学生の運動が在日同胞大衆の位置づけと不断の努力と積み重ねがもたらしたことを意味している。

「四・一八集会」の反響は大きく、在日同胞各紙をはじめ本国の「韓国日報」、日本の「朝日」「ザ・マイニチ」「ザ・ジャパンタイムス」の中央各紙、テレビ・ラジオを通じて報道されたほどである。

われわれ韓学同にとっても「四・一八」ははかり知れない成果をもたらした。われわれはこの際運動戦術における正しさを自己満足的に総括するのではなくして、むしろ韓青との共斗をふまえたより広汎な隊列と強い運動を再確認しつつ、新たな出発点に立ちむかっていかねばならない。この集会にみられた戦術面における若干のあまさと思想の貧困からのりこえるためにもう一度整備し直おさなければならない。

何故ならば、日本政府は依然として「入管法」の制定の意思を放棄していないからであり、「法的地位」を中心とする在日六十万の生活と権利は未だ収奪されたままだからである。今国会に提出をあきらめたが、「外国人学校法案」粉砕によって我が民族教育を守護していかねばならないし、残された一年余の猶予のわずかな時間帯のなかで「法的地位要求」を貫徹していかねばならない。

そのためにわれわれは、もう一度力量を主体的に斗うなかから貯え、民衆を包含した運動を長期的展望に立って着実に準備していこう！

われわれの前に立ちはだかる厚い壁を、われわれの固い団結と民衆の力強い支援で突き破ろう！

## 本国論調

# 四・一九 九周年

## 朝鮮日報四月十九日社説

(一)

「革命」として評価するか、義挙と規定するのか、その真正な評価は次の世代に委せておくが、いずれにしても今の我々の世代においてだけは、四・一九というものが六〇年代韓国青年達の気象と正気と情熱を総合的に象徴している金字塔であることは明白である。

今日その九周年をむかえ、我々がもう一度四・一九の歴史的価値を再吟味してみなければならないのは、第一に九年の才月が漸次四・一九の意義を換骨奪胎していることに依って四・一九以後の悪循環をくりかえしていく危惧が濃いからであり、第二には、四・一九世代の挫折感が漸次自嘲而至自虐的な傾向として四・一九の本義をかたむけて映像させるおそれがあるからであり、第三には五・一六以来の現実体制は四月の民族的エネルギーを、軽視而至過少評価して「五・一六に対する四・一九の奉仕」を要求することに余念がないことを痛ましく思うからである。はっきりいって三・一運動が外国侵略勢力に対する民族自決の挙族的抗争であるとするならば、これと対をなしとげた四・一九は独裁政権に対する民衆の本能的な民主闘争にまちがいないことである。まず導火線となったのは三・一五不正選挙に対する挙族的糾弾であったとするけれどもその底辺には解放以来一五年間の無為無能であった既成世代に対する若い世代の不信、自由党政権一二年間の愚民独裁政治に対する抵抗意識がそれ以上耐えられない限界を突破したものとして自然発生的な革命四・一九を排出したのである。このように明白な四・一九の本質にもかかわらず「未完成革命」の宿命は今日四・一九に対する反動的な懐疑論まで一部に台頭している危険な頂点をむかえているのである。

(二)

しかし我々は絶対に悲感しはしない。歴史の水勢は時には絶壁につきあたり、さわがしくやかましい瀑布水となっても、もう一度穏やかな平野に入り、静寂に流れ出て行く江水とまた同じことである。一度怒り大きく立ち上って、どうして静寂を必要としているかは、大衆の本能であるかわからない

三・一の喊声が去った後、少なくとも表面的には長い期間の無気力状態が継続できていたかのようではないか。然りて韓民族の血管の中に三・一運動の精神が消えていなかった。

それは四〇年後の四・一九が何よりも雄弁に立証した。同様にして四・一九を起こした我々の世代は、時がたてばそして、即必要であるならば、四・一九以上のもっと雄大な偉業を遂行していく力量と情勢を全てたくわえていることである。忌憚のない所見として、今我々の社会にひろがっているさまざまな事象は、時には、「四・一九精神は健在しているか」と疑いの術動を感じさせることが多い。

けれども民族は永生であり、大衆は生きることに対する正しい知覚を忘れない事である。

とにかく四・一九、四・一九と叫ぶ軽挙がかえって四・一九を冒瀆する場合もよくないことであり、四・一九がみせてくれた、こらえ忍ぶことの出来なかった民衆の自然爆発的な抗争を必要としていたことは別にある。勿論この国の安定とこの民族の幸福の為めにもう一度は四・一九と同じ大衆抗争があってはならないと固く信じてはいるけれども、それが為には何よりも全ての既成世代—特に権力を握っている層は歴史の教訓に敬虔にならなければならない。

当時、今の我々の世代は、四・一九という爆然とした我々の斗争記録を明日に心にしまっておき、それを生活化することから民衆の情熱、民権の力量を我々の中に蓄積していく必要がある。そのようにして反四・一九的残滓と反動勢力者が四・一九精神をおそれ、巨大な民衆のエネルギーに、頭をたれさせることが、真実の四・一九精神の継承となる。

デモの隊列は日本官憲の妨害をはねのけながら、ジグザグを再三再四展開し、強烈な意志を示めした。

（一面から）

が編成され、日本法務省、法務委員会への抗議文、駐日大使館への要請文が全参加員に読まれた後、満場の拍手を背に受けて抗議団が出発した。

（声　討）

抗議団が、帰るまで一時間余り会場では多くの青年・学生により熱っぽく、精力的に声討がくりひろげられた。声討は、地方の盟員を中心に自主的にくりひろげられ、日本政府の我々の人間存在を真向から否定する陰謀に対し内からわきおこる怒りを赤裸々にしめし「出入国管法」制定化の策動は我々の手で断固粉砕するとの力強い決意表明がおこなわれた。又熱意溢れる一部盟員からは、民族陣営内部の矛盾止揚の闘いが最も優先せねばならないとの発言があり、場内の共感を受けた。

（抗議団報告）

声討の後、簡単な食事がとられ、すぐさま会場に帰ってきた抗議団の報告に移った。抗議団の代表は、日本当局の不誠実な応待ぶりと在日韓国人に対する蔑視した発言を、怒りふるえながらぶちまけ、駐日大使館へは、今まで在日同胞政策の根本的是正を要請したと報告した。

（示威行進）

こうして、既定の集会のスケジュールが終了すると、直ちにデモンストレーションの準備にとりかかった。八百余名の熱誠的な青年・学生は、各々「入管令改悪反対」をあらわしたのぼりと旗をかかげ思い思いの要求を表わしたプラカードを手にして隊列に加わった。えんえん二百米に及ぶ八百余名の隊列は、午後四時過ぎ、太極旗を先頭に「出入国管理令改悪反対、法的地位要求貫徹」の横旗を堂々とかかげながら、歴史的な大示威行進を開始した。「焼身自殺した同胞を返せ」「入管令反対」「追放反対」「要求貫徹」のシュプレヒコールは、ビルの谷間にひびきわたり沿道をゆきかう日本国民の注視するところとなった。デモの隊列は日本官憲の妨害をはねのけながら、途中、東京駅・銀座三丁目あたりでジグザグを再三再四展開し、強烈な闘う意志を誇示した。全電通会館から都心の四キロをねりあるいたデモンストレーションは、午後六時頃、赤い夕日を背に受けて日比谷公園に到着した。二時間にわたる大示威行進は、若い青年・学生にも肉体的な疲労をあたえ、一部には長きにわたるシュプレヒコールのため声も出なかったが、かえって内の闘志はますますつのるのみであった。

デモの隊列は、公園ですぐさま円形を形作り、再度、東京に結集するまで、継続した争を各地方でやりぬき、「改悪入管令」は断固粉砕すると確認し、午後六時半、民族歌建国行進曲を参加者全員肩を組んで歌い、四・一八の闘いはここに幕をとじた。

韓陽新聞
株式会社
韓陽新聞社
発行所
名古屋市中村区下米野町30
電話(571)8668・8762番

# 韓国の夜明け初まる

# 海雲台の日の出

海雲台は韓国南端の景勝地。
行政的には釜山市東萊区に属し水営空港のすぐ隣の温泉町である。湯量豊富な温泉街には超デラックスなホテルが建ち並び、東洋一を誇る海水浴場のシーズン時には、それこそ人山人海をなす。この海水浴場は実に素晴らしい。湾の海岸線全体を端から端までしきって、幅5mのプロムナードが弓状に伸びている。左手は波打ちぎわから続く白い砂浜、右手は長く二条に伸びる青い防波林、プロムナードの行き着くところは冬柏島である。(これは日本式に読むと〝つばき島〟になるが島ではなく小高い山である)全山松林に被われたこの山の、こんもり入りこんだ入江では、今やとりだてのアワビ、ナマコなどをその場で料理してくれる粋な屋台が並んでいる。

海雲台の夕焼は大韓八景の一つに算えられ歌にもなっているが壮観なのは日の出である。全国から集まる観光客はここの日の出を見のがさない。

正に大韓民国の朝は、ここから来る感である。

## 年頭の辞

希望に満ちた　清らかな山河に
旭が昇る。
茫々たる暗黒の海から
朝霊ついて
厳かに
晴れやかに
新しい歴史の広場に旭が昇る。
鶏鳴一声　己酉の朝
新しい光が　黎明を告げて輝いた。
騒然たる世情人事を外に
自然の摂理は静かに進んでゆく
喜怒哀楽
栄枯盛衰
善悪明暗
起伏浮沈
凡ゆる人事角逐を混ぜ返して
歴史は　静かに流れてゆく。
一日一日
一月二月
十年百年と歳月は流れて
悠久四千三百二年！
幾多の試行錯誤を繰返しながらも
歴史は徐々に進んで
今日に来た。
高句麗の駒が大陸を駆け回った
祖国よ！
新羅の文化が亜細亜を照らした
祖国よ！
栄華の夢の山
悲憤の涙の河
あまたの物語りを残して
歴史は流れて今日に来た。
おお、偉大なる祖国よ！
目覚めた獅子よ！
如何に栄えた時も　汝は
他を　虐めなかった。
如何に敗れた時も　汝は
己を　失わなかった。
幾多の故なき受難を乗り越え
雄々しく立ち上がる祖国よ！
曾つて　亜細亜の黄金時代
東方の灯台と謳われし祖国よ！
四千三百歳の栄誉にかけて
その灯台に灯を点ぼせ。

(石山)

633

# "私の国は私が守り建てる"
# 民族中興の課題に邁進!
## 朴大統領年頭メッセージ

親愛なる同胞の皆さん。

希望に満ちた新年を迎え、遠く故国を離れた異国で、祖国の名誉のために努力しておられる海外同胞の皆さんを祝福するとともに、御挨拶を申し上げます。

顧みるに去年の一年間は、わが国において最も重要かつ多事多難な年でありました。

民族中興の課題に向って全国民が一心一体になって第二次経済開発計画の大行進が繰り拡げられた時、北韓傀儡は焦燥と不安にあがき武装共匪を南派して国内治安を乱そうとしました。

去る一・二一事態と、東海岸一帯を騒がした事件、プエブロ号拉致事件等は、傀儡どもの最後のあがきをむき出しにした事件であります。然しながらより平和により豊かに生きようとする国民の念願は、北韓カイライどものうごめき位でゆらぐものではありません。

一糸乱れぬ反共国民の気概は、「私の国は私が守り私が建てる」という一面国防、一面建設の意欲を尚一層強固にしたものであります。

あの村もこの里も、鍬をもった手で銃剣をとって立ち上がった郷土予備軍は、水も漏らさぬわが反共態勢を誇り高くクローズアップしたのであります。

かくのごとき愛国学徒は寄り固まり数十年来まれにみる旱魃にも勇気に打勝ち、民族の大動脈線になる京釜、京仁高速道路建設という汗ばんだ実りを挙げました。

昨年も十一%の経済成長をなし遂げ、正に韓国はアジアの奇蹟として世界史に登場するようになりました。

六七年三億二千万弗だった輸出実績は、六八年には五億弗という驚くべき結果に到達したことは決して偶然ではありません。

これはひたすら全国民が民族中興の使命感にもえ、富める国へと邁進する意欲の所産であります。

尚、本人はこのような祖国の誇り高い成長の陰には、海外同胞皆さんの目に見えぬ努力があったことをよく知っています。

海外同胞の皆さん!

皆さんは世界の何処に住もうと今や韓国人であることを誇らしく思う日がそこまで来ていることを自覚して下さい。

かくして後世、私達が立派な祖先であったと賞められるよう栄えある歴史を創り出さなければなりません。わが民族は国内外を問わず一致団結して常にわが祖先韓国が飛躍しているということを自覚し、お互いに助け合い、努力する国民になるよう望む次第であります。

終りに海外で苦労なさっている同胞の皆さん、並びに皆さんのご家庭に幸福と繁栄が訪れることを心から祈るとともに、新年には一層祝福されるよう望んでやみません。

一九六九年一月一日

朴大統領

# 祖国再建の跳躍台

駐日本国特命全権大使　厳　敏　永

厳駐日大使

希望と意欲にみちた新しい年、一九六九年をむかえ、敬愛する在日同胞の皆様に御多幸がありますよう心より御祈り申し上げます。

すぎ去った一年をふりかえってみると、国内外的にも多事多難な年でありましたが、我国民の不撓不屈の努力であらゆる試練をのりこえて国家の発展に数多い業績をなしとげた成功的な年でもありました。例えば北傀は常習的に休戦線の侵入及び間諜を続けながら、昨年正初より武装共匪を浸入させ良民の無差別虐殺、治安の攪乱、ゲリラの拠点確保等を企図し、その侵略の野欲を露骨的に現わし、あらゆる蛮行を行って来ました。

そして、湖南、嶺南地方をおそった七十年来の大旱魃のため、約五百万石の米穀減収及び三百万名の罹災民を出しました。

このように、わが国の立場としては耐え難い不安と災難を受けながらも、わが国民は一心一致で奮闘し、北傀の野欲を押しのけ、血と汗の涙ぐましい努力で、近年にない大旱魃を克服したのであります。

更に、第二次五ヶ年計画の第三次年度課業まで成功に完遂し、経済成長率を七%から十一%まで上げ、最初一千億円を目標にした国民貯蓄を一千五百億円に達成させ輸出は五億"ドル"をこえる実績を成しとげ、元来の計画にない京釜高速道路も推進され、まず、ソウル―水原間が完工され、残りも新年内には完工させ、京釜間が一日生活圏内に編成されることになりました。

祖国のこのような意欲と発展に同調し、在日同胞の皆様も過酷な試練と逆境の波動に屈せず、多数の同胞を自由の社会に包摂すると共に不利な環境にも負けず、みずから権益を守ることは勿論、祖国に対しても、多数の寄与をもたらしたのであります。

しかし、我々には現在の成果に満足しているわけには行きません。機会というものは、常にあるものではなく、また仕事というものも完成せずに、中断する者には、成功も栄興もないのであります。

現在、我国をとりまく全ての客観的具件は、試練にみちたものであり、逆条件があまりにも多いので、我々の意欲と実践の方向がややもすると相反する場合があるので、このような難関を解決するために、我々はあらゆる努力をおしみなく行っております。

在日同胞の皆さん!

皆さんの今までの労苦には頭が上がりませんが、新年を祝福するあいさつと共に、皆さんが新年にやらねばならない課業を二~三提示したいと思います。

第一

経済成長とはまさに国力伸長を意味するものである故、皆さんは常に母国の経済発展に関心をもちあらゆる誠意で国内投資に努力することは勿論、各自出身郷土の改発促進にも率先して努力して下さるようお願い申し上げます。

第二

皆さんの生活向上のために民団及び信用組合等の共同利益を促進するための組織及び団体の育成強化に協心協力して下さるようお願い致します。

第三

在日同胞の法的地位を保障するための協定。法規上の権益を充分に確保することは勿論、未解決の部分は今後の外交的交渉等あらゆる手段を講じ、補充強化されるよう努力しなければならないので、新年には永住許可申請等、所定の期限に従って[illegible]を行って下さるよう希望致します。

第四

皆さんには、今後とも一心一体に団結し、わが祖国を破壊しようとするあらゆる事態に対し、強力に対処できるよう万全の態勢を整えねばなりません。

言うまでもなく、我々が達成せねばならない祖国繁栄のために、課せられた使命と課題は多数あります。

その中でも、特に、緊急で比重の重い課題から解決するためには、あらゆる創意的努力を払わねばならないのであります。

我々は、現在新しい歴史の創造過程に参加しているという自覚をもち、今日は昨日よりも向上され、昨年の努力が、今年の結実をもたらすものだという喜びにみちた生活をして行きましょう。

まさに一九六九年は我々にとって歴史的年であります。

と言うのは今年こそ「戦いながら建設しよう」という口号下で、祖国再建の跳躍台になって、六十年代の総決算をし、有終の美をもたらす年であり、民族中興を成就させる七十年代の準備の年であります。

第二次五ヶ年計画の第三次年度としても予定計画事業を大部分完工させる年でもあり、また、精神面にも物質面にも、競争面にも、北傀を容赦なく圧倒し、北傀がみずから自滅するか、あるいは、大韓民国の傘下に入るよう実践と業績面で審判を下す年であることを各自銘心しましょう。

終りに、異域で恒常苦労していらっしゃる在日同胞、皆さんと皆さんの家庭に万福がありますよう祈りすると共に、皆さんの努力をお願いする次第であります。

# "全力をつくす年"

在日本大韓民国居留民団　中央本部議長　金　光　男

在日同胞の皆さま、明けましておめでとうございます。

今年もまた皆さまといっしょに新しい年を迎えることが出来たことを心から嬉しく思います。

年々歳々無窮去
歳々年々不尽来

という古詩がありますが、限りない歳月を、年と歳が年輪を重ねてそのつど世の人は送旧迎新をくりかえすわけですが、ことしもまた新しい年を迎える人の子の感激またひとしおであります。その間に生あり、成長あり、興あり、衰あり、喜びも悲しみも、交互に味わいながら、人の世は継ぐものですが、然して今年もまたここに新しい年をめでたく迎えるわけですが、どうか今年も在日同胞のひとりひとりに幸多い年でありますように祈ってやみません。

新年ともなりますと、静かに祖先を偲ぶおもいにひたりますが、それはわれわれもまた人の子の祖先になるからであります。また新年には必ず祖国と郷土をおもい携う心で胸がいっぱいになりますが、それは私たちが先人から受け継いだ祖国であり、郷土であるからであり、私たちがさらによりよい祖国と郷土に築きあげて、これを後代に継承させなければならないからであります。この崇高な使命の前で私たちは、旧年の回顧と悔悟新しい年への決心と希望で胸がいっぱいになるのですが、どれも新しい年を迎えられるからであります。

古詩の一節にある「年去日来来又去　天時人事此中催」の言葉を思い出しますが、天の時を得て人事が催されるのです。どうか同胞の皆さま、新しく与えられた"己酉"の天時を空しく決ることなく人生のすべてのために、われらの社会のために、祖国を立派に築きあげるために、よい年でありますよう希ってやみません。

今年が在日同胞の全力を尽す年でありますよう祈ります。

# 祖国との交流強化
# 民間外交の第一線

在日本大韓民国居留民団　中央本部団長　李　裕　天

多事多難だった一九六八年を有意義に送り、今希望に輝く一九六九年の新春を迎えるに当り、親愛なる在日同胞皆さんの御多幸を祈りつつ年頭の御挨拶を述べると共に新年の抱負の一端を申し上げたいと思います。

顧みれば過ぎし一年、わが在日居留民団が歩んで来た道は決して平坦な大道ではなく、幾多の難関の下で在日同胞の惜しみない協力の下に団が要された使命を遂行できたことは、民団組織を代表して深く感謝の意を表する次第であります。

親愛なる在日同胞の皆さん!今、わが居留民団も明けまして二十三歳を迎えました。創団の理念は歳月の流れによって変るものではなく、ひたすらわれわれの進様である五大綱領を掲げ、力強く前進する覚悟をあらたにするものであります。

名実共に、わが民団はその宣言と綱領が明示するごとく、本国の政治に関与せぬ、在日同胞の自治機関であり、指導機関であるという護国不動の創団理念を念頭におき、時の変遷に立ち遅れぬ活動を展開していくつもりでございます。

昨年初頭にはプエブロ事件にひき続き北傀共匪のソウル地区侵入、休戦ライン一帯に発生している共匪のうごめきは、本国[illegible]

意識にもえ新しい民族の歴史を創造していくわが同胞の栄光を祈りつつ、在日同胞もまた前進する建設祖国に歩調を合わさなければなりません。

韓日国交が正常化されて以来、われわれ在日同胞の最大関心事である「在日韓国人法的地位問題」はわれわれの満ちる要求には拘わらず未だに解決されず、われわれのその要求貫徹運動は三年めに入りました。御承知の如くこの問題は、韓国と日本政府当局間の外交ルートで解決すべき問題でありますので、われわれとしては只、問題点を引き出し、政府が強力な外交交渉が出来るようバックアップする運動を続けて来たのであります。

幸い私達の努力が反映され、一九六七年八月二十三日、両国法務次官会談が実現され、そこで両国の了解事項が成立したのであります。然しこの了解事項も私達の期待とはへだたりがありましたので「法的地位対策委員会」の活動は一層の展開をみ[illegible]

措置如何にかかっている一般問題の運用面に意見の調節を見、再入国許可等、私達の要求条件が若干進展を見た点もありますが、不満を残したまま更に新年度の懸案として繰り越されたのであります。

この問題に関しましては政府当局の努力は、私達も充分理解するのでありますが、日本政府当局の誤まった在日韓国人追放政策は人道を無視した行為と言わざるをえませんので、引き続き新年におけるわが居留民団の重要事業として推進されるのであります。要するに日本政府当局は、韓日協定の正しい精神を悟り、韓日親善の新しい両国の歴史を汚さぬためにも、速やかに私達の正当な要求が実現されるよう促がすものであります。

今後更に不幸であった過去の韓日関係を云々する心算はないが、過去の両国歴史の犠牲者である私達在日同胞の由来を日本の為政者達は充分斟酌し、私達在日韓国人のすべての問題を好意的に措置すべきであり、特に現在日本政府が発行した一二六―二―六号による外国人登録証所有者に対しては、無条件なしに協定永住を許可し、その他永住権取得者に対しては、参政権を除いた日本国民と同等な待遇を与え、総ての在日韓国人が安心して住めるようにすることこそ日本為政者の当然の務めと信ずるものであります。

旧臘わが国軍が派遣されているベトナム戦線を視察し、わが国軍将兵を慰問して参りました。[illegible]

し、組織の土台を強化して前進の態勢を整えなければなりません。

偉大なる朴大統領閣下の領導の下に、勝共統一と近代化に日毎発展していく祖国建設に私達は海外国民として、その一翼を担わなければなりません。

去年本国の旱害には、在日同胞として暖かい同胞愛を発揮し、本国朝野から分に余るお褒めを戴きましたが、私達は祖国の隊列から外れてはなりません。

常に愛国愛族の精神にもえる国民たるべきは勿論、外国に住む私達は民間外交の第一線にあることを銘記すべきであります。日本社会から立派な外国人と尊敬され、本国政府から期待される居留民とならなければなりません。

かかる見地において、新年度におきましては民族教育面に重点をおき、多年の懸案である中央会館は勿論、東京にモデルスクールを建設し、又中央組織学院も発足されるでありましょう。更に祖国との紐帯と交流を強化する意味で大阪万博には家族招請を実施し、近代化された日本を視察し、わが国発展の一助とする計画であります。

11・13愛知県事件は民団史上一大不祥事件で遺憾に堪えませんが、金竜煥団長の壮烈な殉死を民団強化の導火線とすべく組織の不動態勢を徹底的に追及しています。

終りに当り、朝総連傘下の同胞に申し上げます。御承知の通り在日韓国人の永住権申請期限も明後年に迫りました。永住権を取得しなければ、今後日本での生活上支障の多いことはいうまでもありません。どうか朝総連の欺瞞宣伝に惑わされずあなた達自身のために一刻も早く自由大韓の下に馳せ参じることを期待してやみません。

皆様の御多幸を祈り年頭のごあいさつと致します。

# 明朗で希望の新年

駐名古屋大韓民国領事　文　鐘　律

一九六八年を送るに当り、先ず壮烈な殉職をとげた居留民団愛知県本部長、金竜煥団長に心よりの冥福を御祈りすると共に、我民団を[illegible]し、このような立派な[illegible]に加一層の固い結束と発展がありますよう願う次第であります。

又、すぎ去った一年間を回顧しながら、新年には加一層の努力をし、管内同胞達の一人にでも、実利と福利を与え得るよう努力する覚悟を新たにする次第であります。

本国においては、賢明なる大統領閣下の御指導下で、一進一歩する力強い発展様と、我々は心より[illegible]民たる事に自覚を新たにすると共に、祖国の繁栄を加一層栄光たるものにするため、我管内同胞達も本国との歩調を共にし、一日でも全国民がえがく理想的な国が早く実現できるよう努力しなければならないと思います。

この一年間、管内同胞皆様の絶対なる御支援により、領事館の仕事を比較的順調に行うことができた事を思う時、管内同胞に感謝するに対し、領事館としては自負の念をいだく次第であります。

一九六九年をむかえるに当り、我々は、領事館、民団、同胞団体及び管内の全ての国民が一心団結し、日本の社会と我々大韓民国国民たる自負を表示せねばならぬことは勿論、互に愛し、協力しあって、世界にも自負できるような文化人としての証明もできるよう努力せねばならぬものと思います。

新年と同胞皆様の健康と万福がありますよう心より御祈りすると共に、皆様の各事業が新年にはなお一層の力強い発展をとげ、我々の社会が明朗で順調な希望の新年になるようお願い申し上げる次第です。

楽しい新年をお迎えになるよう御祈り申し上げます。

一九六九年一月一日元旦

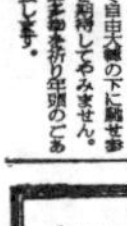
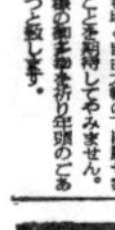
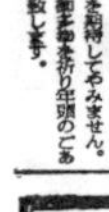
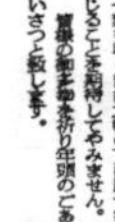
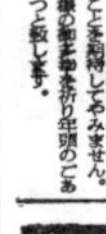
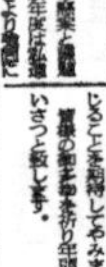
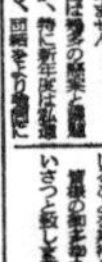
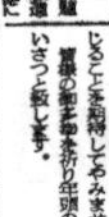
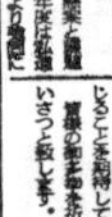
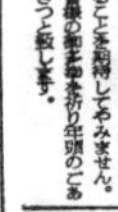
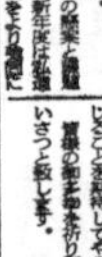
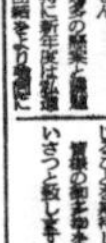
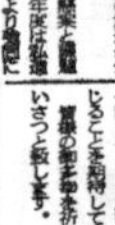
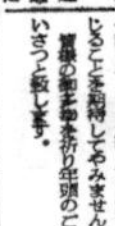
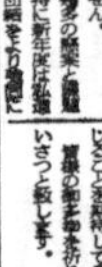
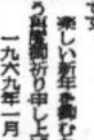
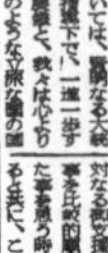
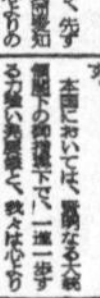

## ごあいさつ

金　東　炳

新年のよろこびと共に、皆様の御健勝を心から御祝い申し上げます。

多年間、中部地区同胞社会の言論機関としてその発展に努めて来た韓陽新聞社を今度小生が承けたまわるに当り、読者諸氏に発刊の御挨拶ができる機会にめぐまれたことを感謝する次第であります。小生がこの重大な責務を受けもってから、はやくも一年あまりを経過しましたが、その間読者諸氏に当新聞社としての信念と抱負をも述べることなく、新聞の使命もはたせず、皆様に御迷惑をおかけしたことを心よりおわび申し上げます。

小生若輩の機会にめぐまれず学んだ所微少ではありますが、我々同胞社会ならびに母国に微力ではありますが少しでも寄与したい一心に燃え、今度小生に与えられたこの機会を十分に発揮し、次代を継ぐ若い世代を育成できればさいわいだと思います。

このような観点のもとで、従来の韓陽新聞社の印象から脱皮し新らたにその面目と陣容にそなえるべく優秀な若い人材を育成することにより独創的な内容をもつ新聞に育て上げることにより独創的な内容をもつ新聞に育て上げると共に我々民団々員の伸長となることは勿論、広くは朝総連下の同胞においてもその啓蒙教育に努力して行きたいと思います。

去る一年間の沈黙期間は、決して無駄ではなく、前述した如く、当社の独創的信念を成就させるため準備期間であった事を報告申し上げる次第であります当社の趣旨と抱負をよろしく御賢察下さり、有志諸氏の絶大なる御協力と御指導がありますようお願い申し上げます。

最後に、皆様の御健勝と事業の繁栄をお祈り申し上げ、御あいさつにかえさせて頂きます。

一九六九年元旦

# 商工指導につくす

愛知県韓国人商工会　会長　金鏻九

瑞気溢れる初朝を迎え、謹んで新年のごあいさつを申し上げます。例年のことではございますが、元旦を迎える毎に心気一変して過去を振り返り、前途を望むのが常であります。

乾坤一転とか一陽来復とかで、この天地が一新したからには、私達自身も身も心も新しくなったのでありましょう。

そこで不肖、私も温故知新の意味で過ぐる一年を顧みますれば、只お恥しい次第で御座います。日常の些事にとらわれ何一つ大事をなし得なかったことを残念に思います。

申すまでもなく商工会は、総ての商工人に対する経済活動の参謀本部であります。

金融機関の指導は勿論、商工業者同士の緊密な連繋の下に事業運営の改善、営業方針の指導、将又日本商工会との提携等を積極的に推し進めなければなりません。一年の計を今朝にたて、これらの命題を鋭意追究してゆきたいと思いますので、どうかよろしく御願い申し上げます。

廃れて皆様の御幸運をお祈りして年頭のごあいさつと致します。

# "民団強化に寄与"

愛知県韓国人経友会　会長　鄭煥麒

明けましておめでとうございます。

希望に輝く初朝を迎え心から新年の祝福を申し上げます。

顧みますれば、一九六八年は内外共に多事多難な年でありましたが、私達にとっても走馬灯のような一年でありました。

昨年は私達経友会の本来の目的である経済人の相互親睦に、多少なりとも寄与したと自負しております。

殊に世界一周旅行は、世界各地の風物に接して、大局的見聞を広め、諸国の政治情勢や経済活動を実地に見て回り、高所より自分らの責務を自覚する機会を得たことは、今後私達の活動に大いに役立つものと信じます。

本国におきましては、第二次五ヵ年計画が今急ピッチで進んでいます。

新政権が発足して七年、その発展速度は、過去百年間のいかなる先進国のそれよりも速いといわれる程急速発達しています。

積いエネルギッシュな指導の下に、三千万が一つの目的に向って前進しています。この偉大な隊列に私達も加わらなければなりません。

不幸にして、潮岡地方は大洪水で多数の罹災民が出ましたが、私達も微力ながら援助して参りました。

一方、私達在日韓国人の組織母体である民団の健全発展は、即ちわれわれ自身に係わる問題であります。従って民団に対する財政的援助は私達経済人の当然の義務と存じますので、民団に対しては今後とも積極的にバックアップすると同時に、経済界の提案もどしどし出してゆきたい所存であります。

不幸にして十一月には金明厦顧問の大事件が起り、今その背後関係追及に、私自身も対処委員の一人として徹底的に調べておりますが、これを契機として愛知民団は一段と強化されるでありましょう。

今や、友を失った悲しみよりも友の犠牲が幸をもたらすよう全力を注ぐ決心であります。

新年にあたって、皆様のご多幸を祈り、所信の一端をのべてご挨拶といたします。

# "組合の発展に努力"

信用組合愛知商銀　理事長　神野登治

一九六九年の年頭に際し組合員各位の御多幸をお祈りすると共に平素当組合発展に御協力賜りましたお得意様各位に厚く御礼申し上げます。

御承知の通り昨年は、内外共政治的に経済的に幾多ショッキングなことが発生した事であり、又後半には、イザナギ景気と称されましたが、中小企業は依然として日諭におかれ好調とは言い得ない一年でありました。

然し組合員各位には苦しいこともありましたでしょうが、ほとんど大過なく越年せられ、組合としても念願でありました豊橋支店を開店し、両方面の各位にいささかなりとも御貢献申し上げ得たことは誠に御同慶に存ずるものであります。

さて本年は如何なる年でありましょうか。パリ和平会議の進展、アメリカ大統領の交代等が相当日本の経済界に影響を及ぼすことでしょうが、要は各自が自己の家業に励み、自ら幸せの年であるよう努力することが肝要ではないでしょうか。当組合も及ばずながら組合員各位の組合として役職員一同一層努力を致す覚悟であります。

何卒本年も倍旧のお引立、御利用をお願い申し上げまして簡単ではありますが年頭の挨拶と致します。

### 急ピッチに伸びる韓国の自動車台数

韓国の自動車登録台数が七万九千六百六十二台になった。これは交通部が去る十一月末現在でまとめたもので、十一月だけでも千九百八十九台がふえている。内訳はバス一万四百八台、乗合二千二百九十五台の順で、ソウルに三万四千台が集中している。

# 韓国少女舞踊団来演

## ザ・リトルエンゼルス

### 2月1日三日間　名古屋中日劇場で

国際的に名声を博しているザ・リトルエンゼルスと呼ばれる韓国の少女舞踊団は、アメリカ公演の帰途日本で公演することになった。

ザ・リトルエンゼルスの出演者、氏名、プログラムは次の通りであるが、過去三回に亘る欧米公演で美しい、ダイナミックな演技により高い芸術性を有するものと評価され、民族や思想を超越して各国から暖い支援を受け国際親善、世界平和を目的とする文化交流に大きな役割を果している。

先般、メキシコ・オリンピック前夜祭には、韓国代表芸術団の一員として参加し、各国選手から絶賛を浴び、国際オリンピックの目的にふさわしい親善を尽した。その後メキシコ国内各地、アメリカ・カナダ等の公演を終え、帰国の途上、約一ヵ月間日本各地で公演するようになった。

東洋の一角から出て、広く欧米各国で高く評価されているこの舞踊団を日本においても広く紹介して韓国文化の一端を披露し、韓日両国親善を図ろうと、ザ・リトルエンゼルス後援会ではその宣伝に大車輪な活躍をしている。

◎名古屋公演

後援　駐名古屋大韓民国領事館
主催　ザ・リトルエンゼルス後援会　会長　笹川良一
民団愛知県本部
日韓親善協会
愛知県教育委員会
日時　二月一日―三日
場所　名古屋中日劇場

**来日者名簿**

李茂卿（山和舞踊団）
李俊実（〃）
申順心（〃）
徐遵宗（〃）
韓銀燦（国楽芸術学校）
李美顯（民俗芸術団）
金京姫（仙和舞踊団）
朴鉤麗（〃）
李成錫（国楽芸術学校）
辛姓淑（寿松国民学校）
申景林（恩心国民学校）
鄭令和（国民学校）
孫在愛（祥明国民学校）
尹那燕（維石国民学校）
李相愛（鍾峯国民学校）
李慶順（南山国民学校）
徐瑞栄（南大門国民学校）
張明姫（国民学校）
李洪利（国民学校）
羅麗姫（竜山国民学校）
金栄美（三光国民学校）
金昭福（光熙国民学校）
鄭然在（東化国民学校）
金明子（仁川学校）
白承喜（〃）
呉和子（普成国民学校）
文賢愛（三光国民学校）
朴貞淑（中央女中）
李貞姫（〃）
韓順玉（〃）
洪敬姫（〃）
金応花（国楽芸術学校）
金貞淑（中央女中）
申宗林（女中）
崔宗実（国楽芸術学校）
金槿淑（〃）

三洋電機 岐阜工場44年2月
第1期工事完成予定

*世界に誇りうる精度の高い仕事*

**SANYO**/三洋電機株式会社

韓陽新聞

発行所 株式会社 韓陽新聞社 発行編集人 金東炳 名古屋市中村区下笹島町



# 張特使精力的に交渉

## 両国の懸案解決は進展

### 導入米30万トン無償貸与成立

朴大統領の特使として来日した張基栄韓国副総理は佐藤首相をはじめ各閣僚と連日、精力的に会談、北韓に対する日本側政策、導入米問題などについて韓国側の意向を伝えるとともに、日本側の真意をただし二十九日帰国した。この結果、日本米三十万トンの無償貸し付けが合意に達したほか、北韓往来について日本側が「韓国の立ち場を十分に配慮する」と約束するなど、韓日両国間の懸案解決は、かなりの進展をみせた。

おもな問題についての交渉経過はつぎのとおり。

▽北韓往来 日本政府はさきに北韓への里帰り八人を許可、さる二十二日六人が北韓へ出発した。これに対し張特使は「北韓側が里帰りした人を政治的に利用するケースが多い」として日本側に慎重な態度を求める一方、北韓帰還問題をめぐる日本赤十字と北朝鮮赤十字の動きにも懸念を示した。これに対し日本の西郷法相は「北韓往来許可は純粋に人道的見地から行なわれたものだが、今後は韓国の立ち場を十分考慮し、慎重に扱う」と約束した。また同法相は、最高裁に保留中の北韓往来裁判で日本側が負けることはないとのべた。▽樺太僑胞の帰還協力については外交ルートを通じ回答する、と語った。▽張特使は、自民党の田中幹事長に対しても、朝総連系僑胞の北韓往来再入国ビザを発給しないよう要請したところ、同幹事長は「朝総連系の北韓往来は韓日両国間に悪影響を及ぼすので、このようなことのないよう影響力を発揮する」と答えた。

▽導入米 張特使は「糧米三十万トンを十年据え置き、二十年償還の方式で無償貸し付けしてほしい」と要望、佐藤首相はこれを了承した。

▽朝鮮大学 張特使は坂田文相に対し「朝鮮大学の認可は、韓日友好関係を損うものであるから慎重に扱うこと。在日僑胞の子女に対する大学進学については特別に考慮してほしい」と要請した。これに対し坂田文相は「きたる三月国会で外国人学校法案を通過させ七〇年三月までにすべての外国人学校を再認可し、朝鮮大学の名称もこれからは使用できないようにする。また僑胞子女の進学については特別考慮する」と約束した。

## 西独外相訪韓か

【ソウル発=KPI】韓国を訪れていた西独のブラント特使は、さる十九日帰国した。離韓に先立ち発表された共同声明の中で同特使は、韓独両国が共通の関心事を十分協議し、政治、経済、文化面での両国の協議を拡大することについて合意したと述べている。

また崔外務長官は、同特使を通じ、ブラント外相の訪韓を招請したが、同特使はブ外相に代わってこれを受諾した。しかし、ブ外相は肋膜炎で療養中のため、今秋の総選挙前に韓国を含むアジア旅行に出られるかどうか不明。

親しみあふれる朴大統領のひと時

## 韓日共通の広場に

金東炳

東大が没落の学校になってしまいました。荒れはてた校は、もはや師弟の間にも、学生同志の間にも何のつながりさえなく、お互いの心の荒廃をそのまま表わしています。

東大の紛争が拡大し、こじれにこじれた原因は、いくつか考えられるでしょう。しかし、私がとくに強く感じたのは、学生と教官、あるいは学生同志が紛争の発端いらい、お互いを理解するための"共通の広場"を持たず、いたずらに相互不信だけをつのらせてきたことです。

イデオロギーの激しい対立、権力と非権力、まるっきり立ち場も物の見方も違う人たちの間では、初めから"共通の広場"などムリな話かもしれません。けれども同じ大学人である以上、それが全く不可能ではなかったはずです。果たして彼らは"共通の広場"をつくるだけの努力をしたのでしょうか。

韓国と日本の間柄についても同じことがいえるのではないかと思います。お互いに外国ではあっても、韓日両国は世界のどこより身近な隣人であり、よかれあしかれ歴史的"民族的に親密なのです。東大紛争のように、憎しみと不信だけの関係であってはなりません。

韓日両国は、まずお互いを暖かい心で知り合うべきでしょう。そのために私は、韓国の姿を、そして両国の固い結び付きを、できうるかぎり伝えていこうと思います。私は微力、浅学ではありますが、韓国に生まれ日本で約三十年を過ごしてきた者として、これが使命だと自覚しています。このささやかな新聞が"韓日共通の広場"になれば、それ以上の喜びはありません。

しかしながら"共通の広場"となる新聞には、何より読者自身の参加が必要です。ぜひともみなさまの手でこの新聞を育てていただき、よりよい韓日関係をつくりあげて下さるようお願い申し上げます。

(韓陽新聞社長)

みなさまの投書、ご意見、ニュースを名古屋市中村区下笹島町三〇、韓陽新聞社(電571-8668)へぜひお寄せ下さい。

## "朝鮮半島"の重要性指摘

### 日米会議 アジアの平和で論議

さる二十八日から京都国際会館で開かれた「沖縄およびアジアに関する日米京都会議」で、朝鮮半島をめぐる情勢が日米関係とアジアの安定に大きな意味を持つことが米側から指摘された。韓国が最近、北朝鮮の動向とベトナム戦終結後に備え、アジア・太平洋集団安全保障機構の創設に積極的なおり注目される。

この会議には沖縄問題協議会の大浜信泉議長、元駐日米大使のO・ライシャワー氏ら日米両国から三十四人の代表が出席した。朝鮮半島問題が出たのは、会議の第一議題「アジアの平和と日本の役割」に関する報告。

まず、日本側代表の佐伯喜一氏(野村総合研究所)は報告の中で「朝鮮半島の情勢は不安定だが、そこへ軍事面で介入できる能力を備えることは、日本にとって死活問題になるまい。日本としては経済、外交を通じ、韓国の政治的安定に寄与することが得策だ」とのべて、軍備増強より経済的な面で積極的な役割りを果たすことが、アジア安定につながると強調した。

これに対し、米側代表のT・C・シエリング氏(ハーバード大教授)は、軍備増強をマイナスとしながらも「朝鮮」をめぐって日本の利害は直結し、ベトナムより朝鮮半島の重要性に目を向けるべきだとして、つぎのように報告した。

日本が、独特のまぬがれがたいアジアとは、軍事的基地(とくに沖縄)を除く日本、朝鮮半島から成る「北東アジア」である。とくに朝鮮の利害と責任は避けられない。そう考える国が三つはある。日本自身と韓国、そして米国である。南アジア、あるいは東南アジアについていうなら、日本は地理的に重要ではあっても決定的なものではない。そこに存在する米軍も直接日本の利害と結びつくこともない。だが、朝鮮に関する限り、日本の地理的立ち場は決定的に重要である。利害関係も直接結びついているのだ。日米間における安全保障をめぐる論議は、まず朝鮮に焦点をあてることによって始まる。

## 集団安保体制を創設

### 外務部長官 記者会見で語る

ソウル発によると韓国の崔外務部長官はこのほど、新年初の記者会見で「アジア・太平洋安保機構の創設については、まずふん囲気づくりに力を入れるほか、北韓封じ込めに積極外交を展開する」など当面の外交問題についてつぎのように語った。

一、アジア・太平洋の集団安保体制については、各国とも事情が違うので長期間の検討が必要だろう。まずふん囲気づくりから徐々に固めるべきである。このため、閣僚級の対米特別交渉団も、ニクソン政権が東北アジア政策のアウトラインを整えたあとに派遣を考えたい。

一、ベトナム参戦外相会議では戦後処理問題を協議する。時期は例年のとおり、五月ごろ東南アジア条約機構(SEATO)閣僚理事会の直後、バンコクで開かれるであろう。

一、今年の外交は、安保と経済(輸出目標七億ドル達成)のほか、あらゆる国際外交面で、北側侵透を封鎖する積極外交に重点をおく。

## 南ベトナム大統領、訪韓か

韓国日報の伝えるところによると、南ベトナムのグエン・バン・チュウ大統領が四月ごろ韓国を訪ずれ、朴大統領と会談し、ベトナム戦争の解決方法について検討する。両大統領はこれとともに、ベトナム休戦後の経済協力、アジア太平洋集団安全保障体制などについても協議するもようである。

また、エイブラムス駐南ベトナム米司令官も二月初め、あるいは三月初めごろ訪韓の予定。

## 韓婦会、ヘリ購入募金に協力

韓国では、度重なる北朝鮮武装ゲリラの韓国侵入に憤激し、社会団体や一般国民の間でヘリコプター購入基金募集運動を展開している。これにこたえ在日大韓婦人会中央総本部(韓玉順会長)でも協力しようと、日本国内の民団系各機関に募金を呼びかけている。送金先は東京都文京区春日町、同婦人会本部、締め切りは五月末日。

## 西独特使韓国訪問

【ソウル発=KPI】西独政府のブラント特使が十三日訪韓、朴大統領にリュブケ西独大統領の親書を手渡した。

同特使は同日、ただちに丁総理、朴副総理、崔外務長官と会談、東ベルリン事件をめぐる政治問題妥結などについて協議した。

同特使は、西独外務省第一政務局長で、駐韓国連大使の経験があり金融問題にも明るい。韓国側としては、同特使の来韓を機に、東ベルリン事件後行き詰まったままの経済協力打開に期待している。

## 一次産品割り当て撤廃など要求

さる二十日来日した韓国の張基栄特使はこのほど、福田蔵相と会い韓日経済協力問題について懇談した。韓日間の貿易関係は現在賃金ベースで一対四と韓国側が大幅な輸入超過になっているため、これを早急に是正するのが韓国側のねらいである。

このため張特使は①閣僚会議で同意の商業借款二億ドルのうち未承認分八千四百万ドルについてすみやかに民間経済協力を促進してほしい②ノリ、鮮魚など一次産品の輸入制限を撤廃すべきだ③現在日本が保税加工の対象として電気製品など十一品目の関税免除を考えているが、免税品目に繊維類、鋳物、小型船舶など七品目も追加してほしい、の三点を要請した。

これに対し、福田蔵相は「民間の経済協力に共同経営方式による投資も考えるべきだ」など次のように答えた。

一、これまでは輸銀資金を使った経済協力を進めてきたが、このさい市中銀行を通じた延べ払い融資による協力方式を考えてもいいのではないか。またできれば韓日両国の共同経営なども考えるべきだと思う。

一、ノリ、鮮魚など一次産品の輸入自由化は現在協議中である。日本国内の農産物と競合する問題もあるので慎重に考えていく。

一、繊維、鋳物、小型船舶は弱い産業なので関税免除にむずかしい点がある。だから電気製品など"登り坂"にある産業の製品を検討してみたい。

張特使はこのほか、大平通産相とも会談①一次産品の輸入制限を廃止し、韓国一次産品の対日輸出に門戸を開放せよ②加工貿易免税対象品を政令で定め、貿易アンバランスを是正するよう要請した。

張特使はさらに岸元首相ら政財界人と懇談し、昨年発足した韓日協力委を通じて両国間の経済協力を促進し、貿易不均衡を是正する方策を検討した。

## 揺れ始めた韓国政界

### 三選改憲へ動き活発

韓国の与党幹部が新年早々、あいついで憲法改正論をとなえ、韓国政界に大きな波紋を投げた。改正の焦点は、二年後の大統領選挙で朴大統領の三選が実現するかどうかである。日本の安保論争に劣らず、ことしの韓国は改憲論争の年となろう。

現行憲法は一九六二年に改正公布されたもので、六十九条第三項に「大統領は一回に限り再任することができる」と規定し、三選を禁止している。朴大統領は六十七年に再任され、七十年に任期を終える。三選をめざせば、憲法の三選禁止条項をまず改正しなければならない。

改憲論の口火をきったのは李国会議長だった。一月三日、大邱の自宅で「三選改憲が絶対不可能とはいえない」と語って注目された。つづいて六日、民主共和党の吉在号事務総長が記者会見で「現行憲法の不備な点を一部改正することを与党内で検討している」と言明、従来タブー視されていた三選改憲問題が一挙に表面化した。

さらに民主共和党の尹致暎議長代理も七日「現在の憲法も完全なものではないので改正できる」と述べ同党は八日の政策議長団会議で改憲問題をただちに党の公式機構で検討することを決めるに至った。三月二十一日に予定されている全党大会で改憲に挙党一致体制が樹立すれば、五月発議も可能とみられ、改憲への動きは急ピッチである。

一連の発言が広く改憲とはいいながら、直接には三選条項の撤廃によって朴大統領の三選をめざす意図は明白だ。従って、このような改憲論への反発も当然強い。野党の新民党は、いち早く「いかなる形の改憲にも反対する。もし発議すれば極限闘争を展開する」と強硬声明を発表した。そして「軍政当時、自らの手で制定したものを政権延長のため改定しようというのは反民主的である。自由が保障され民主主義が発展すれば共産主義者に勝つ力はでてくる」と激しく批難している。また与党内部でも、前共和党議長で昨年いっさいの公職から退いた金鍾泌氏派は改憲に積極的ではないといわれる。このほか言論界では、かつて李承晩政権が政権の延命をはかるためだけに基本法である憲法を改正した苦い経験を忘れてはいない。当然、三選を目的とする改憲には神経質である。

このため与党は「改憲アレルギー」を慎重に考慮しあくまで、六年間の憲法運営を通じて現われた「不備な点」を「補完」することをタテマエとしている。とくに与党独走の印象を極力避けるため、無所属出馬禁止、議員の党籍離脱など野党側の要求をある程度とり入れ、三選禁止問題を無理なく織り込んで超党派改憲に持ち込みたい意向のようだ。

こうした論議はともかく、与党が朴大統領三選をめざすのは①[illegible]十三年の政変いらい朴大統領が国内外の難局を切り抜け高い実績を残した②大統領選の七十一年は第二次五カ年計画の完成年であり国力が"北"を引き離し"統一"に備える決定的な時期③ベトナム以後に対処し経済成長を一段と高めるには強力なリーダーシップによる安定政権が必要、だとみるからである。事実、朴大統領の威信は高く信頼も強い。結局は朴大統領自身に最後の決断がかかっている。朴大統領は、新年の記者会見で「改憲の余地はあるが、私の在任中には改憲しない方がよいと思う。しかし改憲の必要が出てくればやむをえない」と微妙な発言をした。七十一年の大統領選では①改憲による三選②共和党内で後継者に政権移行③野党が政権をにぎる、という三つの場合が考えられるよう。しかし、四十人たらずの議員しかない野党への信頼は今のところ低く、与党内後継者も金鍾泌氏以外にないとなれば、朴大統領の三選は極めて可能性が強い。

国軍を統帥し、非常大権をにぎる韓国大統領の実権が強大であるだけに、朴大統領自身考えるところが多く、国民にとっても国の将来にかかわる一事としてゆるがせにできない改憲論であり、基本法である憲法の改正は政治的に重大な意味を持ち、選挙間近になってからではむずかしい。最少限一年の余裕は必要であり、国民投票にかける発議の時点はまず年内とみるのが当然であろう。しかし、憲法改正にはまず国会で三分の二の賛成が得られなければならない。与党の民主共和党は当面、改憲に必要な百十七議席確保のため不足する四席をめぐって政友会(十四議席)工作に着手しよう。韓国政界の動きはあわただしく、一般の改憲論争も今後、ますますエキサイトしていくに違いない。

# 韓国に自動車戦争

## 活発化した外資攻勢

## 日本上陸への準備か

韓国に"自動車戦争"がまき起ころうとしている。日本のトヨタと結ぶ新進自動車がほとんど独占していた韓国内市場に、アメリカのフォード、イタリアのフィアットがなぐり込みをかけてきたのだ。フォードはすでに昨年十二月から発売を開始、フィアットも今春から生産に乗り出すという。しかもこの戦争、米国資本が日本の輸出入自由化をめざした日本上陸の準備だと見る向きもある。日本にとってもどうやら"対岸の火"とたかをくくっているわけにはいきそうもない雲行きである。

新進自動車がトヨタと技術提携しコロナのノックダウン(現地組み立て)方式による生産を始めたのは一九六五年のこと。いらい六十六年にはコロナ三千百十七台、六十七年にはコロナ四千五百八十三台のほか、新たにクラウン四百台、バス、トラックなどを生産、着々その規模を広げてきた。そして十月には農村地帯のタクシー用にパブリカの量産にも手をつけた。

そこへ進出してきたのが米フォード社である。米国資本六十万ドルと韓国資本百五十万ドルをかけた大工場を蔚山市に建設、現代自動車と提携して昨年十二月から中型車コルチナの発売を始めた。将来は年産一万台というすごい鼻息である。一方、伊フィアット社もアジア自動車と提携し外資千二百五十万ドルをかけて光州に工場を建設中だ。バス、トラックを中心に年産数千台の目標といわれ、来春から発売するが、新進自動車にとって手ごわい競争相手である。フィアット社進出の背景には、クライスラー社(米)が動いているという情報もある。

こうした状況に、新進自動車は好むと好まざるにかかわらず企業の大幅な体質改善を迫られた。これまでも新進自動車に対する国会、新聞の風当たりはけっして弱くなかった。コロナの韓国内販売価格は一台八十七万ウオン(百万円以上)とかなり高い。これは、市場が無競争だったことや、下請け企業が高金利の市中金融を利用していたためもある。また、当初の国産化率が五〇%だったのに対し、実際は現在二六%程度。国会内には「暴利をむさぼっているのではないか」という声も高く、政府は国産化率を三五%に引き上げ同時に価格を一〇%引き下げるよう勧告した。このため新進自動車はトヨタから約六百万ドルの借款を導入し、量産体制を強化してコストの低減をはかり、販売面では十二カ月の月賦制度を採用する方針である。さらにトヨエースなどをふやして車種の多様化をはかり、韓日部品メーカー交流委員会を中心に下請け企業の近代化をめざすなどして国内批判や米、伊の攻勢を切り抜けようと懸命である。

韓国内の自動車保有台数は一昨年六万台だったのが、昨年暮れには八万台を越した。ソウル―釜山間の高速道路がつぎつぎ完成するのに伴い、自動車需要は今後も急上昇を続けよう。ただ、価格や税金(コロナで四千五百ウオン)は国民所得に比べ極端に高く、自動車の大衆化はまだ先のことだ。

しかし、資本力を誇るフォードは十八カ月から二十四カ月という長期月賦制度で顧客を吸収しているうえに、新進自動車から数十人の技術者をスカウトするなど自動車工業界の大きな脅威となりつつある。そのフォードが売り出したコルチナは一台百万ウオンという大変な高値。さらにムスタングの生産計画も立てているという。

こうした点からフォードなどの韓国進出は、単に韓国内市場だけでなく、現在交渉中の日米自動車輸出入自由化にもねらいがあるのだという推測が強まった。労働生産性が高く、技術者養成のたやすい韓国が日本はじめ東南アジア進出の拠点になるのは、当然のことかもしれない。

## 中ソ 対決強まる

今年はきびしい中ソ対決の年となりそうである。まず、国際共産主義運動の分野では、マルクス・レーニン主義の正統後継者として、同運動内部での指導権争いが、五月の世界共産党労働者党会議、今年中に予定される中国共産党の第九回全国代表大会の開催を頂点として、これまでにない激しさを加えることが予想される。一方、ニクソン米新政権の発足、ベトナム和平パリ会談の進展という国際政治の情勢変化を好機として、久しぶりに中国外交活発化のきざしが出始めている。一月のワルシャワ米中会談再開後の中国が、どのように強力的な外交攻勢を示すか、現在の段階ではあまりにも未知の要素が多すぎるにせよ、それはソ連が当面最大のねらいとする米ソ平和共存路線への足を引張る恐れが多分にあろう。文化大革命による中国内部の混乱を高みの見物ときめこんでいたソ連は、ようやく国際政治の分野で本格的に中国と取組まざるを得なくなったといえる。

## 激しい毛路線批判

## 中国も反撃の構え

中国の文化大革命に対してこれまでにことごとに非難の論評を加えてきたソ連は、最近ますます毛沢東一派批判の語気を高めている。とくに、昨年十月の中国共産党第八期中央委第十二回総会拡大会議のコミュニケと今年の党大会で採択される予定の中共党新規約草案に対する論評は、ここ連日ソ連の各紙に掲載されている。

――どのような革命的言辞で擬装されているにせよ、文化大革命はプロレタリアートの独裁、社会主義の真の理念、中国勤労人民の真の利益とは無縁の軍部官僚独裁政権の樹立を目ざすものにほかならない。

――毛沢東グループは、マルクス・レーニン主義、プロレタリア国際主義に背を向け、プチブル的民族主義イデオロギーに基づく冒険主義政策を追求することにより、中国における社会主義の立場を危うくしている。

こうした画一的なソ連の論調には格別目新しさはない。しかし、注目されるのは、十二回総会拡大会議コミュニケも、中共党新規約草案も第八回全国代表大会が、ソ連その他の社会主義諸国の友党との友好結束強化の必要を決議したのとは全く反して「大国主義、反ソ主義を毛沢東理念の重要部分として合法化しようとしている……」「世界共産主義運動の分裂を策し、ソ連の世界共産党会議開催の努力に真向から挑戦する」(いずれも十一日のプラウダ紙)ものだという点を、このところとみに強く押出してきていることであろう。

イデオロギー上どんな批判を加えてみても、ともかくも毛沢東が文化大革命を収束段階に持ち込み、党内反毛派の一掃にこぎつけたことについては、ソ連としても内心脅威を感ぜざるを得ない。世界党会議の開催にかなりの反対があったのを押切って五月開催を強行しようとするクレムリンは、是が非でも会議を成功させ「強力なクレムリン」のイメージを確立したいところだろう。従って、これまでの世界党会議は「どれかを除名」会議ではないという言明を無視され、五月の会議では激しい中国攻撃が行われるものとみられる。

もちろん中国も受けて立つだろう。九全大会開催の日取りが未定なのもモスクワの世界党会議の成行きを見きわめたうえで、強力なキャンペーン展開の時期と手段を選ぼうとする腹であろうとも考えられる。中ソ論争が今年これまでにない激しい火花を散らすだろうことは、モスクワの観測筋も一致しているところである。

中国の反ソ行動は外交分野でも目立ってくるはずである。すでにワルシャワでの米中会談再開へのイニシアチブを中国がとったことで、そのきざしが出てきた。モスクワでとくに注目しているのは、中国がこれまで最も激しく攻撃してきた米帝国主義との平和共存の道を求めようとしている点である。当地の西側外交筋は、米中会談の再開を中国の外交政策転換の明らかな合図と受取っている。

一方では、ベトナム以後のアジア、とくに東南アジアでの発言権獲得のバスに乗遅れまいとし、他方では、米国との関係改善によって、文化大革命による混乱から経済再建への道をつけようとする北京首脳の意図を、その背景に読取る点では、ソ連も西側と共通している。ただ、ソ連として恐れるのは、米国としても、中国との関係改善によって受ける利点を見逃がすはずがない点である。長期的に見て、米中間に何らかの妥協が生まれた場合、欧州に本腰を入れてくる米国と、アジアでの外交攻勢を強化しようとする中国との二正面対決をソ連としては予測せざるを得ない。ソ連が「ニクソン以前」に早くも対欧州外交に乗出し、フィリピン、マレーシアなどのアジア諸国にも目を向け出しているのも、こうした長期的視点に立って中国外交阻止の手を模索しはじめているとみてよいだろう。

めざましい発展をつづける韓国の繊維工業

韓国の製造業で最大の比重を占めるのは繊維工業である。技術は国際水準に達しており、輸出の伸びには目ざましいものがある。(ソウル・阪本紡織工場)

## 13・1%の高成長

## 68年の国民総生産

【ソウル発=KPI】韓銀の発表した六八年国民総生産暫定推計によると、昨年の経済成長率は、一三・一%の高率をみせ、一人当たりGNPも前年より大幅にふえて一六四・六ドルを記録した。

六八年のGNP(国民総生産)は、経常価格で一兆五千七百億ウオンに達し、前年に比べ二六・一%増加している。物価値上がり要因を除く六五年度不変市場価格に換算すれば一兆一千二百五十四億ウオンとなって、前年より一三・一%の実質成長を示し、前年の成長率八・九%を大きく上回った。

一人当たりGNPは、五万一千五百二十九ウオン(一六四・六ドル)で、前年に比べ二三%強のふえ方。GNPデフレーター(財貨の価値変動率)も一一・五%(六七年は一〇・八%)で、全国消費者物価上昇率より高い。

産業別にみると製造業は、二千六百三十九億ウオンと二八・五%の高成長を記録し、社会間接資本その他サービスの五千百八十六億ウオン一五・八%と共に、六八年の成長をリードした。これに対し農林漁業は三千二百六十三億ウオンで、稲作不良が響き〇・三%の成長にとどまっている。鉱業及び採石業も百六十四億ウオンと低調で、石炭の減産により二・五%のマイナス成長。産業構造は、先進国型の色彩をますます強めており、農林水産業の占める割り合いは、ついに三〇%を割って二八%に落ちた。これに反し社会間接資本その他サービス部門は四八%から五〇・六%、鉱工業部門が二〇%から二一・四%にそれぞれ伸びている。

一方、総消費支出は経常価格で一兆三千七百三十二億ウオン。前年より二五%増で、GNP増加率を下回った。また国民貯蓄率は前年の一一・二%から一一・九%に引き上げ、総投資需要は経常価格で三千八百四十億ウオンとさる五四年いらい最高の投資率二四・五%を示した。

民間消費支出は、前年より二一・七%増ではあったが、GNPに対する消費率は前年の七八・二%から七七%に落ちており、消費の健全化がうかがわれる。また輸出は一千九百二十七億ウオンで三五・九%増、輸入は三千八百二十一億ウオンでやはり三九・四%の増加だった。

## 52%増の27億ドル

### 本年度物資需給計画

【ソウル発=KPI】韓国商工部は、二十七億二千五百九十万七千ドルにのぼる本年度物資需給計画を作成した。

昨年の実績十七億九千三百四十七万三千ドルに比べ五二%増、このうち二十億四千九百二十六万三千ドルを国内生産でまかなう方針である。需要で最も多いのは機械類の十四億七千八百七十八万一千ドルで、十二億五千八百三十七万五千ドルを国内でまかない、二億二千八百三十六万二千ドルは輸入にまつという。

## 商標権協定発効

## 三菱だけで二百件

韓日商標相互保護協定にともない韓国商工部特許局では、去る十二月出願受付けを開始したところ、五、六の二日間で一千六十四件の申請があり、今更のように関係者でもその影響の大きいのに驚いている。

申請内容を見ると、医薬品と機械類が各四百件で最も多く、化粧品、繊維製品、化工薬品その他である。ことに会社名を象徴する商標が三十六件、これがすべて三菱商事が申請しており、同社が二百件、武田薬品が百件である。

**解説**　これを機会に野放しになっていた日帝残滓を思わせる類似商標や、浅薄な模倣は一掃されることになった。ことに中年層以上には割に根深い日本商標に対するイメージを払拭することが、民族経済の自立性を助長する刺激になるとされている。

これで、柳屋と柳家、竜角散と竜角散、エアーサロンパスとエアーシシンパス等の自主性のない怪しげな商品は姿を消すことになる。すべての商標には、その国固有の格式、模様があり、それぞれの独特なイメージがある。

しかも開発、宣伝するまでにははかり知れない労力と資本がかかっているのに勝手に一寸失敬することは許されない。

最近韓国内で、二大製菓メーカーである「ヘテ」と「ロッテ」の間がガムの商標をめぐり告訴の騒ぎが起きているのも皮肉である。「ヘテ」がいつのまにか「スペシャルミント」ガムを売出したことに、ロッテが自社の「スペシァルミント」ガムの商標権を侵害したと訴えた。

何のことはない、「ジャル」と「ジャル」ヤとアの決闘だ。両社が青筋立ててケンカしているのをながめながら、商工部の若い青年は、「どっちも米リグレー社のものをソックリ失敬しているじゃないか」と吐きすてるように顔をそむけた。

### 道路公社発足へ

【ソウル発=KPI】韓国建設部は、来月初めまでに「韓国道路公社」を発足させる。

資本金は五百万億ウオン。このうち京仁高速道路の三十三億ウオン、建設中の京釜高速道路三百四十億ウオン、計三百七十三億ウオンは現物出資で、残りを政府、地方自治体、産銀などの出資で当てる。初代社長には宋正範氏が内定。

### 韓日海運会談 早期開催へ

韓国船主協会によると、今年の韓日海運会談が、早期に開かれる見通しである。

これは、日本側が早期開催を急いでいるため。討議の焦点は①現在八〇対二〇になっている韓日間の積み取り比率の均等化②対日商業借款三千万ドルの適期配定③追加五千万ドルの借款配定、などとなろう。問題は韓国側の要求する三千万ドルの適期配定と日本側の要求する積み取り比率折半である。日本側は積み取り比率を均等化すれば借款提供に応ずるという。

## 新しい輸出市場開拓

## インドネシアへ延払い借款

【ソウル発=KPI】韓国のインドネシア向け一千万ドルの借款が、政府開発資金による延払い輸出として近く実現の動きとなった。

これは、中立国との外交を強化すると共に、新しい輸出市場を開拓するのがねらいで、まず尿素肥料五万トン(約四百万ドル)を延べ払い輸出することで合意が成立、今月末か二月中に船積みする。

条件は一年後返済、年利九%、インドネシア取り引き先の第三国銀行保証となっており、価格はトン当たり七十九ドル(FOB価格)程度になるもよう。

## 早明浦ダム着工

## 間組が両工事を請負う

間組(社長、神部満之助)は高知、徳島、香川、愛媛の四国四県にまたがる吉野川流域の洪水調節、発電、かんがいなどを目的とした四国総合開発整備の一かんとしてこのたび高知県、早明浦ダム同発電所の本体工事を開始した。同ダムの実施機関は建設省から水資源開発公団に移され、また、発電所は電源開発株式会社がそれぞれ分担し、間組が両工事を請け負ったものである。

早明浦ダムは高さ一〇六メートル、堤長四百三十メートルの重力式コンクリートダムで、貯水池の有効水量は2億8千9百万トンと全国で4番目の規模に達する。完工は四十六年三月を予定しているが、このダムが完成すると、吉野川下流の洪水調節は勿論、四国四県の農、工業、都市用水のほか、最大出力四万二千キロワットの発電所も建設されるなど、多目的に利用される。

同ダムのほか、吉野川流域には吉野川第一発電所(徳島県、出力一万キロワット)同第二発電所(徳島県、七万五千キロワット)大歩危ダムもあり、各県は工業用水、上水道用水を確保することができる。

総工費は補償費(百四億八千万円)をふくめ二百五十億円の総工規模である。

### 韓日経済委

二十七日からソウルで

韓日経済委員会の初会合が、二十七日から二十九日までの三日間ソウルで開かれる。

同委員会は、韓日両国の財界代表が相互の経済交流を促進するため設けられたものである。初会議には、日本側から経団連の植村副会長(日韓経済協会会長)を団長とする財界人約四十人の出席が予定されている。

### 韓国経済短信

◇水産庁は、今年の各種漁獲物生産目標を八十七万五千トン、輸出目標を七千三百万ドルと決め、増殖事業や遠洋漁業進出で品質を向上させる。

◇初の国富調査を昨年十二月三十一日現在で全国一斉に実施。各経済単位(政府、自治体、企業、家計など)がもつ有形財産のすべてを基準価格に換算集計するもので、六月までに調査終了、年末にまとめる予定。

◇韓銀によると、昨年末の全国卸売物価指数は一二七・八(六五年=一〇〇)で、年間を通じ七・一%の値上がり。政府設定の年間抑制線六%を上回ったことになるが、これは穀物の一二・九%値上がりが要因とみられる。

◇商工部発表によると昨年の輸出実績は五億三十六万三千ドルで、目標五億ドルを達成した。

### 米国新旧首脳に朴大統領が祝電

【ソウル発=KPI】韓国の朴大統領は、さる二十日第三十七代米大統領に就任したリチャード・M・ニクソン氏に祝電を送った。

この中で朴大統領は「われわれすべてが当面している数多くの懸案と今後予想される大きな試練に対処するに当たり、閣下と米政府の成功を祈り、米国をはじめ自由世界が閣下の卓越した指導力に力づけられることを祈ります」とニクソン新大統領を励ました。

朴大統領はまた、退任したジョンソン、ハンフリー前正副大統領にも電文を送り、在任中の韓国に対する協力と支援について感謝し両氏がみせた忍耐、知恵、決意、卓越した指導力に敬意を表明した。

これに対しジョンソン前大統領は、アポロ8号飛行士たちと月航道の写真をそえた長文の返電を寄せ「韓国訪問のさいのご親切は忘れない」とのべていた。

# 日本の無医島へ

## 韓国の宋先生移住

### 待ちわびた島民大喜び

医師のいない日本海の孤島に、韓国のお医者さんが妻子とともに骨を埋める覚悟で移住した。

ソウル特別市城東区広壮洞東仙医院三二六番の内科兼婦人科医、宋濱永さんで、移住先は山口県の萩市から海上十五キロ、船で三時間の見島。住民は二千五百人しかいない。

島にお医者さんは、これまで一人いた。ところが世に隠遁した寂しい明け暮れに耐えかねてか、激しいノイローゼにおち入り、ついに自殺してしまった。島民は、先生の死を心から悼んだものの、いらい医療に見放されなければならなかった。

山口県は歴史的に韓国と縁が深い。しかも同県の古屋武雄生部長は宋さんと洲州医大の同窓生で仲のよい友だちだった。見島の恵まれない人びとの話を古屋部長から聞いた宋さんはじっとしておれなかった。

ほとんど辺地の貧しい人びとの医療に尽くしてきた宋さん。ソウルでは開業二年、近くの人たちや患者との親しみも一段と深まっていたが「ソウルなら医者はいくらでもいる。よし私がその無医島へ行ってあげよう」と決心した。

直接の橋渡し役は「ソウル新聞」の人たち。山口県側も関係当局と手はずを進めた。こうして宋さんは、待ちわびる島の人たちに迎えられたのである（日韓新時代）

# 日本人妻救済へ

## 韓国政府と居留民団

寒空の下で、その日暮らしにあえいでいる韓国の日本人妻に、韓国政府と韓国居留民団から救いの手がさしのべられようとしている。

戦前から戦後にかけて韓国人と結婚し満州、北朝鮮などから韓国に移住、夫と死別したり離別した貧しい日本人妻は、釜山総領事館管内だけでも三百三十八人にのぼっている。韓国籍がないために外国人登録法違反に問われ、罰金に苦しむなど生活状態は想像以上にみじめで、何らかの救済措置を待ちわびてきた。

このため、さきごろ訪韓した大韓民国居留民団の李裕天団長は金山駐韓日本大使と会い「居留民団が日本人妻で身元引き受け人のない人について、団員の中小企業などへ就職をあっせんする形で面倒をみたい」と協力を申し入れた。同大使はさらに、この問題で韓国政府関係当局とも話し合ったが、李淳法務部長官は「韓日親善を増進めるうえでいいことだ。日本人妻救済には日本政府と協力する用意がある。外国人登録法違反についても法をくずすことはできないが運用面で免除できるよう考えたい」と約束したという。

日本人妻の現状については、日本人の訪韓旅行者がみかねて佐藤首相に"直訴"したこともあったが、韓国側の努力で気の毒な在韓日本人妻の引き揚げに明るい光がさし込んできたわけだ。

## 新成人祝賀会

一九六九年度愛知県韓国人成人祝賀会が、さる十五日午後六時から名古屋市中村区の韓国学園に、新成人八十人が出席して行なわれた。

大韓民国居留民団愛知県地方本部の主催、韓国青年同盟愛知県本部の主管で、まず金允鎬同本部団長代行があいさつ。つづいて二十人の来賓を代表し、文[illegible]韓国領事、姜英培大韓婦人会愛知県本部会長、金完玉体育会委員長らが、お祝いと励ましのことばを贈った。

これに対し、新成人を代表して李義郎さんが、力強く成人の誓いをのべ、一般来賓など百人の出席者から暖かい拍手を受けた。

このあと祝賀会に移り、楽しいダンスパーティーのひと時をすごした。

# 私と韓国

東京 大学教員　渡辺昌介

私が韓国について、始めて知識を得たのは小学生の頃のことであり、然もそれは感情的詩的な形のものであった。

韓国がまだ朝鮮と呼ばれていた頃、即ち、昭和十二、三年頃小学生であった私は、国語の教科書でとんぼが韓国服を纏う韓国の可愛いい女の子のさし絵を見たことがあり、その絵のバックに田んぼやなだらかな山があって、子供心にもまだ見ぬ土地へのあこがれをもったものである。

その後、やはり国語の教科書にきぬたを打つ婦人とか、赤いカンナのさく風景などを取扱った文が出て来たことをおぼえている。

学年が進むにつれて、関釜連絡船、京城の総督府なども取扱われていた。

私の生い立ちと共に、韓国に関する知識も多くなり、韓国へのあこがれが強まった時私の母方の叔父が計理士として京城近くへ勤めて行くようになり郷里の家から叔父を見送った。

その後、叔父が、韓国で死ぬまでの何年か毎年リンゴを送ってくれ、その独特な味と共に、益々韓国を身近に感じるようになった。

中学生以後は、韓国と日本の歴史的関係、地理などを習い、支配とか統一とか固い言葉で韓国が取扱われていた。

最近では、韓日国交正常化における経済的諸問題、またプエブロ事件をはじめとする三十八度線の緊張、ベトナム戦後におけるアジアの問題などを論じている知識人をたくさん見かける。

政治に無関心ではいけないと思うが、私は固いことがきらいである。

韓国について想うことは、支配でも、条約でもなく、またその是非でもない。

とにかく小学生の時抱いたイメージの韓国、田んぼがあり、なだらかな丘にリンゴのなっている韓国。

この間、テレビで写していたように、水辺に柳の垂れ下った李王朝時代の宮殿の残っている韓国へ気軽にゆかた姿で下駄ばき、腰にうちわをさして、お隣りへ散歩でもしに行く位の気軽な気持で出かけられる日が早く来ないかとおもっている。

日本で北海道や九州をまわってくるよりよっぽど旅情をみたしてくれるものと思っている。

とにかく私は北海道よりも[illegible]よりも韓国の風物をながめながら、韓国の酒がのみたいのである。

◇　◇　◇

# めだつ日本人観光客

## 金浦空港の出入国状況

韓国の金浦国際空港は年ごとに活況をみせ、昨年は二十三万人余が同空港から出入国し、とくに日本人の観光客が急増した。

KPI通信の調べによると、同空港の入国者は十一万四千九百五十人、出国者は十一万七千百二十二人に達した。これら出入国者の中にはハイレ・セラシエ・エチオピア皇帝のような国賓もあれば、チヨッキに金塊をしのばせてきた密輸者もいるなどさまざま。

いつも槍玉にあげられる国会議員の外遊熱は一層ひどくなり、前年の倍以上百五人が海外に出ている。また九百二十三人の留学生が出ていったのに、研究を積んで帰国したのは九十人にすぎない。しかし人力輸出は減っており、ピークの前年に比べ約千六百人少ない七千百五十九人。行き先は西独、ベトナム、カナダ、南米などである。

入国した外国人のうち最も多いのは、米国の三万八千七百五十三人ついで日本一万七千八百六十三人、中国二千二百九十六人、英国一千四百九十二人などとなっている。このうち観光客として入国したのは日本の一万二千八十五人が最も多く、米国六千九百十二人の二倍に近く、前年に比べ急激な増加をみせた。出入国者の増加に伴い、密輸もふえ二百四十五件五千六百二十余万ウオンが摘発されたが、これは前の三倍に達する。

現在同空港には大韓航空のほかNWA、JAL、CPA、CAL、THAIの六カ国機が定期乗り入れしているが、不定期チャーター便も多く、昨年は千八百八十一機が離着陸している。一日平均六機のが一本しかない八千二百フィートの滑走路を離着陸しているわけで、激増する貨客に対し、同空港施設は必ずしも十分とはいえない。

国際都市ソウル。巡和洞街角は高層ビルが立ち並び、安定した基盤の上に高い経済成長をつづける韓国の"ショー・ウインドウ"である。

# アジアの相互理解へ

## ソウルにセンター開設

アジア・太平洋共同社会の相互理解と親善を深める機関が、昨秋ソウルに開館した。アスパック社会文化センターである。具体的な活動はまだこれからというところだが、アジア人自身の力による地域内の平和、自由、繁栄に大きな力となるものと期待されている。

アジアは、広大な地域に多様な民族が特殊な国家を形成しており、"アジアは一つ"といいながら、政治的、経済的、文化的にも相異なる伝統を受けついできた。しかも歴史的に西欧勢力の植民地政策の犠牲となった国が多く、第二次大戦後も複雑な国際環境の谷間に立たされてきた。このためアジア地域内の国際機構にも、つねに域外諸国の財政的、技術的支援が大きな部分をしめた。

しかし、アジア的な自覚が高まるにつれ、関係諸国の自主的な協力体制で平和と自由を実現しようとする気運が高まった。その表われが一九六六年六月、韓国政府の招請で第一回会議を開いたアジア太平洋閣僚会議（ASPAC）である。これには韓国をはじめオーストラリア、中華民国、日本、マレーシア、ニュージーランド、フィリピン、タイ、ベトナムのほかラオスもオブザーバーとして参加した。

ASPASがどういった機構となるのか、たとえば政治機構となるのかどうかで論議はかなり白熱した。しかし、共同目標はあくまで平和と自由、諸国民の繁栄であることから、まず加盟各国間の社会的、文化的交流を緊め、相互の理解を促進することを具体的な活動目標にする点で意見が一致した。

この結果、一九六七年七月タイで開かれた第二回会議で社会文化センターのソウル設置案が採択された。そして一九六七年八月、オーストラリアのキャンベラで同センター設置を検討する常設委員会が開かれていらい昨年八月までに計十九回の会議を重ねたうえ、加盟各国間で、「アスパック社会文化センター」協定の締結にこぎつけた。

こうしてセンターは昨年十月二十五日、韓国ソウル中央公務員教育院で[illegible]韓国外務長官、ハズラック・オーストラリア外相らの出席を得て開館した。事務局長にはソウル中央大の[illegible]教授が就任、基金三十万ドルで運営される。実際活動はことしにはいってからで、まず三月までに社会・文化協力を促進するためのセミナー開催が予定されている。

同センターのめざすものは「文化社会領域の属性と現実がそれぞれ異なる各国の共同研究を促進することによって、アジア太平洋地域に住んでいる国民の間の[illegible]関係と相互理解をより緊密にする」ことである。事務局長は「このセンターがアジア地域内の共同の広場として前進する歴史の一つのきっかけをつくった」という。

いずれにしても、この機構に寄せる各国の期待は大きく、同センターは今後、つぎのような計画をかかげて事業の活発化をはかる考えである。

【国際理解】国際会議、シンポジウムなどの開催による学者、専門家、言論人の交流、講演、セミナーの開催。

【奨学金制度】[illegible]学会＝文化的遺産と[illegible]について相互[illegible]加盟各国の[illegible]域研究[illegible]する問題や[illegible]。

【出版物の[illegible]】アスパックの地域[illegible]学術誌などの収集と[illegible]。

【文化交流事業】加盟国間で文化使節団の交換をあっせんし、民俗祭などに援助をする傍ら、域内の著名な作品を選択、発刊配布する。

【アスパック文化賞の創設】アジア太平洋地域内で[illegible]に顕著な貢献をした[illegible]。

【その他】各国で進められている各種研究事業の情報中継所[illegible]り、学者、文化人、言論人に[illegible]富な資料を提供するアジア地域問題の特殊資料貯蔵所の役割を果たす。

名古屋市営地下鉄第１号線延長開通区間の駅名略図

4月開通区間　現在営業区間　計画線

# 延長線の駅名決まる

## 西は中村公園〜東は藤ヶ丘

## 名古屋の地下鉄4月開業

名古屋市内二カ所で行なわれている市営地下鉄の延長工事は三月完成予定だが、名古屋市は十三日四月の開業を前に、その駅名を決めた。

現在、地下鉄一号の延長工事が行なわれているのは星ケ丘—藤ケ丘間（四・四キロ）と名古屋駅—中村公園間（三・五キロ）。さる四十一年三月から総工費百九十一億円をかけ着工、現在までに掘削、駅舎建設など九〇％の工事を完成、あとは電気工事レール敷設の一部を残すだけとなり、四月には両区分を合わせて十七・五キロが開通することになっている。

このため同市では開通を前に駅名を考えていたが、それぞれ四駅を設け、星ケ丘から延長藤ケ丘までの駅名を一社、上社（仮称）、本郷、藤丘、名古屋駅から終点中村公園までの駅名を亀島、本陣、中村日赤、中村公園とそれぞれ名づけた。上社が仮称となっているのは駅舎建設地を変更したため、来年度まで開業できないのが理由である。同市の計画では昭和五十年までに現在の一、二号線のほか四号線まで五十・五キロを建設、約二百万人を運ぶ計画になっている。

## 地下鉄延長工事を機会に

# 電話の中継線増設

名古屋市の中心部と南部地帯を結ぶ電話の中継線が加入者の激増から行き詰まりにきている。このため東海電気通信局ではさきに決定した名古屋市の地下鉄金山—築地口、同—新瑞橋間の工事に合わせて中継線の地下道を建設することを決め、名古屋市に協力を求めている。

名古屋市内の中心部の電話局と南部地帯の電話局は国鉄中央線、東海道線、名鉄名古屋本線にさえぎられているため、現在新橋、高架橋、沢上町付近の三カ所にしぼり、中継線（四万五千回線）が鉄道線の上部を乗り越えて結ばれている。

ところが最近電話の加入者がふえて中心部と南部地帯の通話回数が増加しており、これを緩和するため中継線の増設を検討していたが、現在のルートでは増設ができなくなり、また激増する交通量から道路を掘ることも困難になっている。さらに国鉄と名鉄は増発につぐ増発でダイヤがふくれ上がり中継線の張り替え工事にともなう列車規制ができなくなっている。

これらのことから中継線の増設が深刻な問題点になっていたが、こんど名古屋市が地下鉄金山駅から国鉄と名鉄の下をくぐり抜け、築地口と新瑞橋まで延長する計画をまとめ、昨年運輸省の認可をとり、現在、国鉄と名鉄に工事内容を提示して折衝していることにヒントをえ、この工事に合わせて中継線の地下道を新設することになったもの。地下鉄工事は話し合いの段階だが問題はなく、ことし春から着工する予定のため、同局でも地下道の建設計画をまとめ名古屋市に提出して協力を求めている。

中継線の地下道建設計画は総工費約二億円、縦二メートル、横一・七メートル、延長二百メートルの地下道で、約十万回線の中継線を取り付け、名古屋市内の中心部の電話局と南部地帯の下之一色、大同、港などの電話局と結ぶことになる。工法はオープンカット方式を採用するが、五十七年度の電話の需要状況を予測して設計されている。

# 期待大きい韓国の体育界

## 国際試合もますます盛ん

韓国スポーツ界は、ことしも一段と大きく国際舞台に飛躍しそうだ。

参加が予定されている国際大会は、世界選手権大会九、アジア選手権大会七、ユニバシアード、アジア大会など世界的規模十二、アジア地域関係十六にのぼっている。すでにさる十五日からバンコクで開かれたアジアサッカー選手権大会には、[illegible]団長ら十八人のチームが参加、日本、イスラエルなど強豪十二カ国を相手に[illegible]した。サッカーといえば、四月から五月にかけてやはりバンコクで第十一回アジア・ユース・サッカーが開かれるが、韓国代表[illegible]選手三十五人が決まっており、今月末から三月初めまで合宿トレーニングを行ない十八人の代表選手が選ばれることになっている。また、十月には、[illegible]スポーツ史上[illegible]初めてのワールド・サッカー・アジア[illegible]大会がソウルで[illegible]予定。

[illegible]

このほか、アジア地域では男子バスケット、ボクシング、野球、自転車、ラグビー、ゴルフ、ホッケー、テニスなど大会スケジュールが目白押しである。とくに八月開かれる第二回韓日[illegible]では、若い力の成果が期待されよう。

[illegible]年より一万九千四百十六人が[illegible]た。

# ベトナム従軍記

民団中央団長　李　裕　天

十一月二十八日午後六時三十分サイゴンに着いた。

二十九日は蔡命新駐ベトナム韓国軍司令官の招待で昼食を共にし午後は猛虎部隊の第一線を訪問した。野戦病院も訪問、兵舎は[illegible]と同じ。病院でベトコン、北ベトナム負傷兵と話す。

彼らは我々を見て、アリラン、トラジを歌って歓迎の意を表した。病院の食事も生れて初めて食べる御馳走だと、自由の良さを手放しで賛歎していた。

夜、奇襲をかけるのを得意としたベトコンが最近夜は遠慮している。夜は韓国軍が恐いのである。

最近は、韓国軍がベトコンに代り、ケルモア作戦を展開しているのである。

ケルモア作戦とは、ベトコンが[illegible]来れば、ボタン一つ押せば十数四方の人間は全滅するという作戦である。

三十日は白馬部隊の前線を訪問[illegible]敵襲があれば五分以内に[illegible]出来る体制を見る。サイゴンではシヨロン地区のホテルに[illegible]、目に見える被害はなかった。

酒保、デパートで[illegible]い。

[illegible]で応待するのにはビックリした。

外地で東洋人を見れば日本人かと問うのだそうだが、南ベトナムでアジア人を見れば韓国人かと聞くそうだ。

チュー大統領も、米軍も[illegible]ことがあると韓国軍司令官に[illegible]に来るそうだ。住民に韓国[illegible]てるのを見て四千年の[illegible]眼のあたりに見て[illegible]。

在日同胞のベトナム[illegible]

# 北韓ゲリラ

## ほぼ一掃

韓国スパイ対策本部の去る二十日発表によると、東海岸に侵入して来た北韓武装ゲリラ残党はほぼ一掃したと発表した。なお射殺された北韓武装ゲリラの日記には、空腹にたえられない。上空を旋回するヘリコプターが恐い。生きて北韓に帰れる見込みはない。などが記されていた。同日までに射殺八十九人、生捕五人、自首二人となった。

# 今年は薔薇(ばら)工場からカラーテレビをお届けします

東海道新幹線が、鵜飼いで知られた長良川、岐阜羽島駅にさしかかると、窓の外には、色あざやかに咲く薔薇の風景がひろがります。

いよいよ今春、白い直線美の最新鋭カラーテレビ工場が完成いたします。その大きさはじつに国立競技場の13倍。新幹線の窓から見える最も巨大な工場です。

この新しい工場周囲のお濠に沿って赤・ピンク・黄――と色とりどり、四季を問わず咲き誇る薔薇は、きっとあなたの目をやすらげることでしょう。

薔薇に包まれた明るい環境のもとで、薔薇のように美しく、強いカラーテレビをつくろう――三洋電機はこう決意したのです。

すでに工場内部の技術設計図もできあがり、北海道から沖縄まで、どの地域でも立派に映るようテストする"環境試験センター"をはじめ、近代工場にふさわしい電子装置の粋を集めています。

今年、カラー番組の増加、UHF放送の開局とともに、本格的なカラー時代を迎えようとしています。

三洋電機では、一日も早くこの薔薇工場を完成させ、お茶の間で花が咲く、素敵なカラーテレビを沢山お届けしたいと考えております。

## サンヨーカラーテレビ サンカラー

カラー技術のベスト9(ナイン)を結集して
### いま話題のサンカラー

- パッと消えたら、キレイな画面「グリーンベルト」
- 画面は大きく、画像はキメ細かい「高輝度無反射スクリーン」
- ステレオ並みの音声「ラウドネスコントロール」
- お好きな画像が自由に調整できる「ピント調整」
- 白黒放送も色つきで楽しめる「ムードコントロール」
- カラー濃淡・色調ワンタッチ操作・「スライド式コントロール」
- サンヨー独創ツマミ収納装置「カンガルーポケット」
- 重量感あふれる現代家具調「ワイドコンソールタイプ」
- ゼイタクな立体音響「2ウェイ4スピーカー」

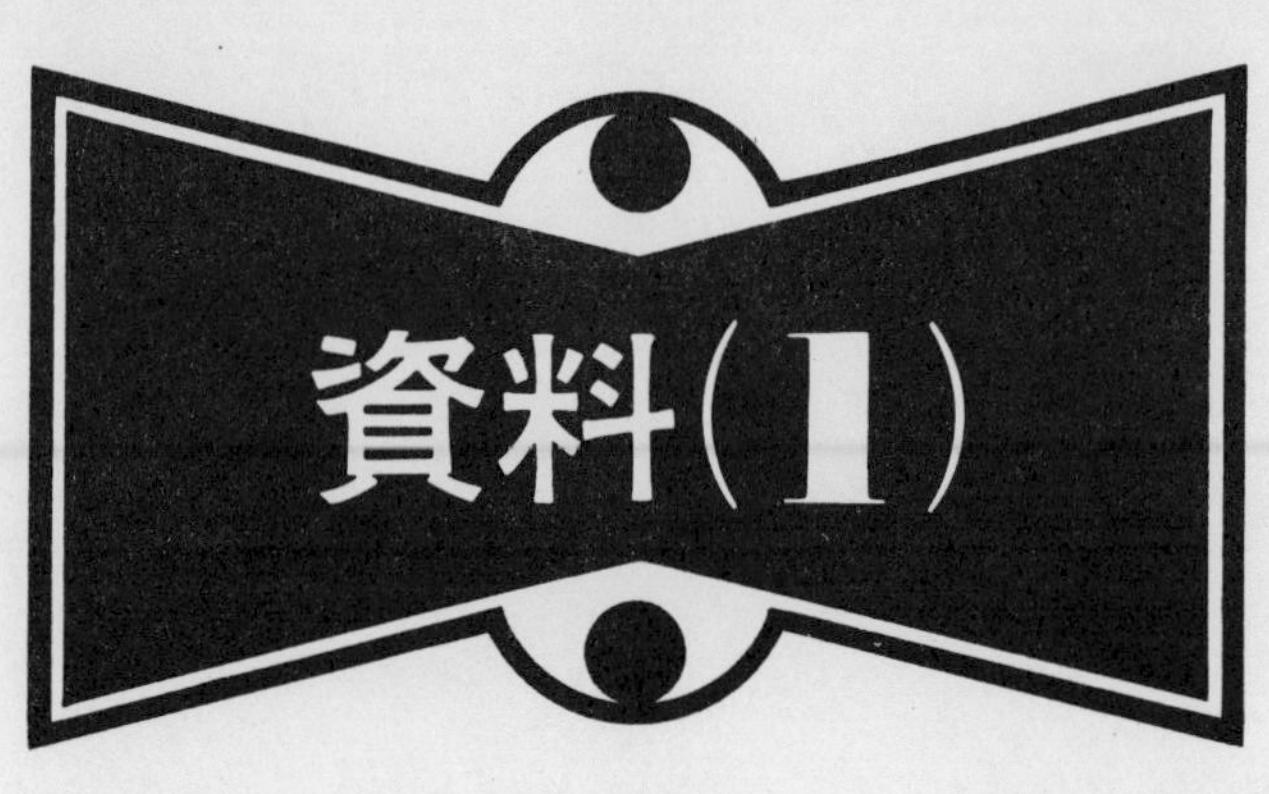


**民団員必読書!!**

# 民団

**(在日韓国人の民族運動)**

**本書の内容**

1.20年目を迎えた民団
2.民団結成の背景と派閥の系列
3.民団と朝総連の敵対関係と接触点
4.民団中央大会の風景
5.民団中央委員会への展望
6.民団改革案で見る情勢判断
7.民団年表

■鄭　哲　著■

発行所 洋　々　社

東京都新宿区横寺町53
TEL 268－0796

定価７００円
〒　９０円
１９６７年
３月20日発行
３５８頁

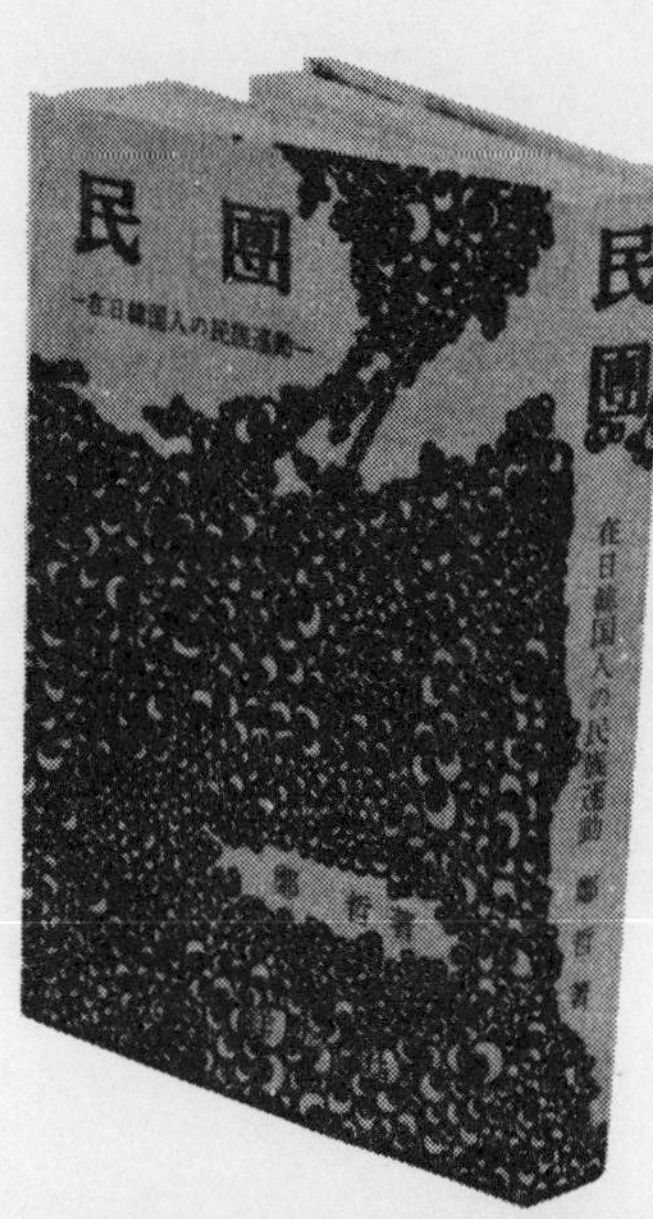


**祖国、民族を理解して生活向上を!!**

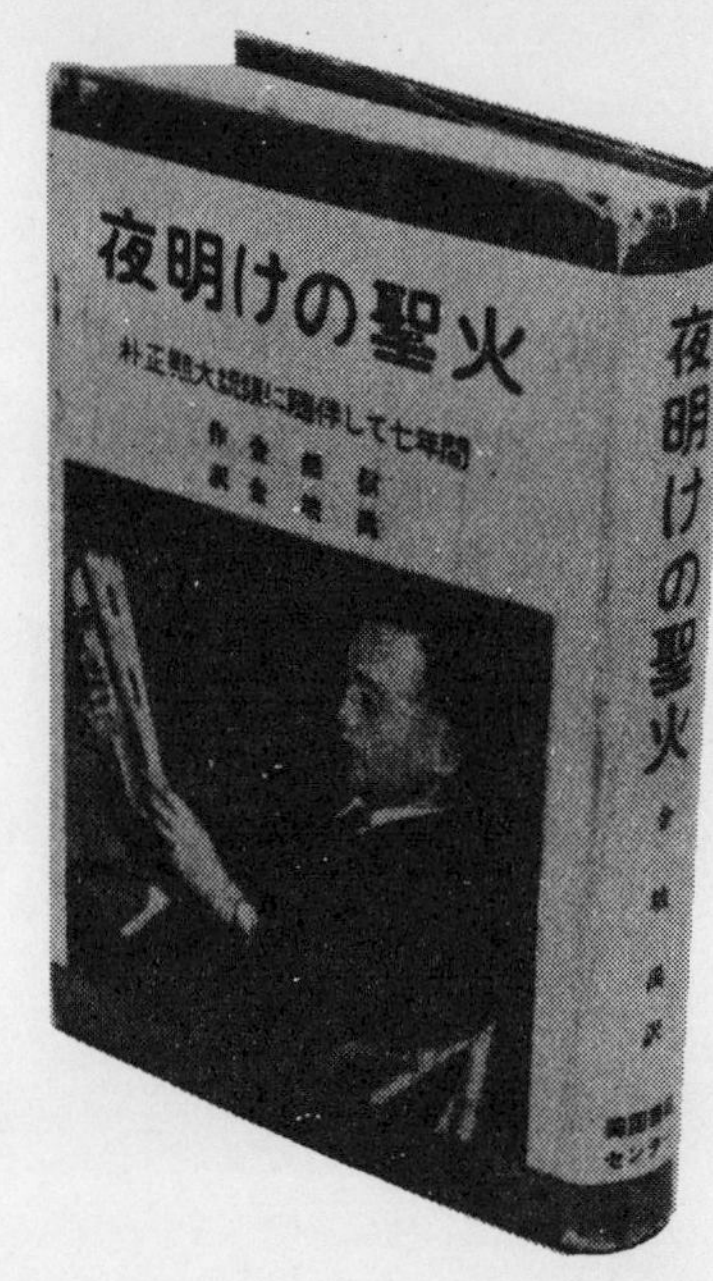


１９６８年
６月10日発行

# 夜明けの聖火

**原作■金鍾信**
**訳■金坡禹**　**定価1,000円**

**朴正熙大統領に随伴して七年間**

原作者、金鍾信氏が新聞記者時代によく調べられた材料と新聞人らしい軽快な筆致で書かれ、朴大統領が何を考え何を成し、国民に何を与えようとしているのかということを明快に説明している。

発行所 **韓国書籍センター**

TEL (291) 9196・9654

東和新聞

発行所　東和新聞社
[illegible]
東京都中央区茅場町2－18
電話　東京代表（661）8987
大阪市東区備労町5－27
電話　大阪代表（251）023[illegible]
ソウル特別市中区武橋洞
（[illegible]ビル）電話②2360



'69 新年号

主な内容



# 初春を寿ぐ　光化門の復元

## 独立と繁栄目指して

### 甦える昔日の面影

民族の悲運と共に片隅に押しやられていた光化門が雄大な昔日の姿で復元竣工された。光化門は李太祖が漢陽に都を定め、李朝四年（一三九五年）に大廟と新宮を竣成し、判三司事、鄭道伝に命じ新宮の諸殿と楼閣、宮門の名をつけさせたが、のち世宗八年に光化門と改称され、この門を通る政教たちはすでに百姓に徳と善政を施こそうとしたといわれている。この光化門が壬乱の折、撤収中の倭兵によって宮殿の建て物と共に烏有に帰し廃墟のまま死の歳月を送っていたが高宗が即位し興宣大院君が執権するや、国威を再び高めようとの意向のもと一八六七年（高宗四年）に重建された。

これも、僅か半世紀の還生にすぎなかった。李五朝の五百年、社稷は終局を遂げ光化門は日帝の侵略によって他へ流配され命脈だけをやっと保っていた。この当時、柳宗悦は、読売新聞紙上を通じて「無くなる朝鮮の古代建築のために」という文を書き、その不合理性を攻撃、総督府当局をあわてさせたものである。このような宿命を秘めた光化門は、江山の解放を迎えたものの、昔日の面影はなかった。無言の光化門は景福宮の東、石垣の片隅で六・二五動乱を経験しつつ石築だけが荒漠として残っていた。今回、創建して五七三年、重建して一〇一年、移建して四十一年ぶりに昔日の面影を取戻した。さる十二月十一日に着工、二百七十二日かけて復元竣工された光化門は長く保存するためコンクリート造り。木造りの部分は扁額「朴大統領揮毫」だけ。工事概要をみると、総工事費一億四千八百八十九万一千ウォンで、共栄土建株式会社（辺鎬爽社長）が延べ人員十二万八千二十五名を動員して完成させた。主要資材も鉄筋二百八十九トン、石材九百六十立方メートル、セメント二万六千二百七十五俵を要した。特に施工会社の共栄土建の愛国的な企業姿勢が大きく作用している。洪鍾哲文公部長官は、記者に光化門復元の意義について次のように語っている。

### 民族中興のシンボルに

「民族中興の歴史的使命を帯び先祖の魂を受け継ぎ、自主と独立と繁栄で国基を堅めようとの民族の誓いをたてている時に光化門が昔日の姿へ復元されたことは意義あることとである。いまわれわれは新しい決意と覚悟をもって立ち、内には経済開発五カ年計画を意欲的に遂行し、経済復興をもたらし、外には太平洋時代の主導的位置てアジアの意志を強めている。それに第二経済の具現のため中興する民族の象徴としてその意義は大きい」。

## 年頭の辞

### 一致協力して飛躍を

大韓民国大統領　朴正熙

親愛なる海外同胞の皆さん！

希望溢れる新年を迎え、遠く故国を離れ異郷で祖国の名誉のため努力する海外同胞たちに祝福とあいさつを送る次第です。顧り見れば、さる一年間は、わが国において非常に重要で、多事多難な一年でした。民族中興の大きな課題に向かって全国民が一心一意となって第二次経済開発計画の大行進が行われる間、北韓傀儡らは、焦燥と不安の発悪から武装共匪を南派し、国内治安を乱そうとしました。さる一・二一事態と東海内一帯を騒がした事件、プエブロ号の拉北事件などは、侵略者たちの最終の発悪的行動まさにそのものでありました。しかし、より平和に、より富強に生きたいとの国民の念願は、北傀のしゅん動て決して挫折するものではありません。

一事不乱な反共国民の気迫は「我々の国は、我々が守り、我々が建設する」という一面国防、一面建設への意欲を、より一層堅く誓いました。

村毎に、里毎に鍬をもつ手に銃剣をもって立ち上る郷土予備軍は、水も洩らさぬわれわれの反共態勢を誇示しました。このような愛国至誠を集めて数十年来という干ばつを克服し、民族の大動脈線となる京釜・京仁高速道路建設という汗まみれの建設を達成致しました。

昨年にも経済成長は十一％が確実であり、韓国はまさしくアジアの奇蹟として世界史に登場することになりました。六七年の三億二千万ドルだった輸出実績は、六八年には五億ドルという驚ろくべき結果にまで到達したことは決して偶然なものではありません。これは全国民が民族中興という使命感に忠実で繁栄した国を達成しようとの意欲の所産であります。

また、私は、こうした祖国の誇らしい成長の後には海外におられる同胞皆さんたちの蔭の力があずかっていたことをいつも感じるものです。

海外におられる同胞の皆さん！

皆さんは、世界のどこにいても、いま韓国の国民たることを誇り得る日が来ているとの堅い信念を持たなければならないでしょう。そして、われわれ総てが誇らしい先祖だったと自負できる立派な歴史を創造しなければなりません。わが民族は、国内でも海外でも一致団結していつもわれわれの祖国韓国が飛躍していることを自負しつつ互いに助け努力する国民となるようお願いする次第です。終りに、海外で苦労する同胞皆さんの家庭に幸福と繁栄が訪れることを衷心から祈願しつつ、新年に多くの 祝福あることを のぞむ 次第です。



641

# 社説

## 新年における韓日関係
## ＝外交、経済協力に新転機を＝

一九六九年の新春を迎えた。清々しい心気とともに新たな年への発展を期する意欲の燃え上りを感ずるのである。われわれの新年にかける希望や期待は数多いがその焦点をなすものは、祖国大韓民国の安定した繁栄と、僑胞社会の発展、それに韓日[illegible]のより友好的な親善の推進ということに要約できる。

韓日関係は、旧ろう十八日が韓日条約批准書交換の満三周年記念日であったから、新春とともに国交正常化四年目に入ったわけである。過ぐる三年間に両国関係は急速に進展し、経済協力の促進とともに外交面でも華々しい交流が行われた。とくに昨年は三月に朴副総理の来日、八月に第二回定期閣僚会議のソウル開催、九月に第一回韓日科学技術長官会議で鍋島長官が、また同月重宗参議院議長がいずれも訪韓し十一月には法的地位問題で韓日政府実務者会議が東京で開かれ、同二十日には韓日商標権協定の締結、同十三日にはソウルで日本の岸信介元首相らを迎え、両国一流経済人による韓日協力委員会」の創立懇談会が開かれたほか、十二月二十一日には国連総会出席の帰途立ち寄った崔外務長官が、佐藤首相と会談するなど、両国関係増進のための外交活動が活況をきわめた。

一方、経済協力も過熱気味に促進され、韓国の経済復興に大きく寄与したが、反面では韓日間の貿易逆調を更に増大させ、日本の一方的出超による不均衡是正をめぐって冷たい対立を生じ、十一月に入って韓国は機械類などの対日輸入制限を実施した。三年前に一対三の割合だった韓日の輸入と輸出の比率は、最近では一対六に拡大し、借金経済の韓国に外貨負担を累積している。それというのも日本は十億二千万ドル（請求権資金の無償三億ドル、有償二億ドル、民間借款での特別輸出二千万ドル、三億ドル以上の延べ払い輸出など）の約束のうち、現在すでに三分の一以上を消化し、昨年だけで五億ドルに達する機械、プラント、輸出原材料などを輸出しているが、韓国からの輸入においては一次産品や加工貿易での、日本側の輸入制限や関税の障壁を除こうとしない。昨年八月の第二回定期閣僚会議でも、この不均衡是正の代償として工業所有権や租税条約締結に合意したが、日本側の片貿易是正は実現しないまま商標権の協定だけは実現した。従って韓国内の世論からして租税条約の年内調印は無理であるばかりでなく、日本側の不誠意に反発して対日輸入制限をさらに強化する情勢にある。

このような外交、経済活動の活発な交流のうちに、修交四年目を迎えた韓日関係が、果して真の友好精神で貫かれているかどうかについては疑問なきを得ない。自由陣営の盟邦として、韓日相互の互恵と繁栄を誓った修交でありながらその間の日本の政治、外交姿勢には反共を国是とする韓国とはかけ離れたものがあり、政経分離論で共産貿易を促進する傍ら、韓国の反対する「北送」交渉に意欲的であり、共産朝鮮大学を認可したかと思うと、今度は朝総連系北韓往来に再入国を許可した。このような措置は「人道問題」を口実に、北傀との取引を公式化しようとする底意の現われであって韓日条約の第一義である、「大韓民国は韓半島唯一の合法政府」であることを認めたことに対する重大な背信行為といわなければならない。在日一部同胞の北韓往来は①朝総連を助長し、民団の威信を損う恐れがあり②往来を利用したスパイ活動の助長と密航ルートとなる可能性があり③共産側による政治宣伝への利用が懸念されるとして、韓国政府ではすでに日本側に抗議しているが、日本側がこれを取消さない場合、折角高まった韓日間の親善ムードは再び冷却する公算が大である。

このような実情に対し韓国は、新年からの対日外交、経済協力の在り方に対し根本的な再検討を加えるとともに、民間借款の対日依存による経済れい属に対しても、新たな視点での再吟味が要請されるのである。僑胞の民生安定においても修交後の日本は、税務当局の過酷な査察によって徴税を強行し、法務当局は再入国申請、外人登録の更新発給に、従前以上の厳しさをみせていることに対しても、より強い改善への外交措置が望まれるのである。日本政府も佐藤三選内閣の発足を機に、新年における対韓態度には、打算を離れた互栄精神での経済協力を実践し、自由陣営団結強化の原則に立って、共産陣営への秋波外交を是正すべきである。その意味で朝総連系の北韓往来を認めるべきでなく政府や国民に与えつつある対日不信感を速かに摘みとって、誠意ある措置をとり、韓国の名実共に友邦としての韓日関係を樹立するよう、年頭に当ってとくに切望するものである。

× × ×

全く頭の痛い話ですね

# ことしの国際情勢
## ベトナム戦を中心として

## 和平実現へ動く

**曺興萬**
《国会議員国防委幹事》

曺興萬議員

一九六九年度の世界情勢を展望してみると、何としても関心の焦点はベトナム戦の行方を中心問題としてあげないわけにはいかない。年間二百数十億ドルという天文学的数字の戦費に莫大な犠牲を要求するこの戦争は永年の間続き、全世界の関心を集めてきたが、いろいろな兆候からみて新年にはいままでにみられなかったような新しい局面を示す状況にある。

ベトナム戦は、六八年に重要な転機を迎えた。ジョンソン米大統領の部分的北爆停止によって始まった米国と北ベトナム間の和平会談は、再び米国の全面北爆停止によって、ベトナムとベトコン含む拡大会談へと発展、本格的な和平協商の舞台がつくられ、米国ではこれまで戦争を遂行してきた民主党政権が退いて共和党のニクソン新政府が発足する段階となって政策転換を可能ならしめる契機がつくられた。

パリの和平会談で、ベトナム戦が和平の道に入ったことは間違いないが、ニクソン新政府の登場がその方向への進行を促進させることをこれまた間違いないとみられよう。

ニクソン新大統領の政策がどんなものであり、ジョンソン大統領のそれとはいかに違っているのかは、これまでのところからは正確には予言できないが、ベトナム戦を万能な限り早く終結させることは疑いの余地がなさそうである。

ベトナム戦はどの国からみても米国にとっては大きな負担となっている。共産侵略に挑まれるベトナムの自由を救うため米国が介入したわけだが、その戦争は米国人に物心両面の高い犠牲を要求してきたことは否定できない事実であろう。米国は米国なりに国内的に数限りない難かしい問題を抱えている。いわゆる人種暴動を始めとして貧窮の中の貧困、学生と青少年層の反発、都市犯罪と混乱、そしてベトナム戦を巡る国論の分裂、これらは総てニクソンが引き受け解決しなければならない難かしい問題群である。

しかし、ベトナム戦のために手足がくくられている限り、このような大きな難題と本格的に対決することは困難である。その様にニクソン新大統領がベトナム戦の速やかな終結を望むことは当然に予想されることだ。また、同じ共和党のアイゼンハワー元大統領が韓国戦争を終結させることにみせた手腕を、その下で副大統領となっていたニクソン新大統領がそのまま引き継ぎ、こんどはベトナム戦を終結させるのに発揮したとすれば、単に四年間でなく八年間の執権をも約束していることをニクソン氏はよく知っているだろう。ニクソンが、ベトナム戦を解決できれば、四年後の再選は間違いないとみても間違いではないようだ。

ベトナム戦が和平の道に入ったとするなら、それがいかに、そしていかなる内容で解決されるのかが当然つぎの関心事となろう。

ニクソンは、選挙運動でベトナム戦の「非米国化」というのを主張したが、万一ベトナムの自由を侵略者の手に任せたまま米軍を全部撤収することを解決だとするならこれは結局何等の平和も約束しないものであり、万が一にもそうするとしたならベトナム戦だけでなく、東南ア全体を共産側の手に渡す結果になるだろう。

ベトナム問題の政治的解決には、余りにも難点が多い。ベトナム政府をどうするのか。いわゆる民族解放戦線を認めるのかどうか。これらは難かしい問題であり、そうたやすく解決する問題ではないかのように両側の立場は遠く隔たっている。

また、軍事的に休戦をするとすれば米軍や北ベトナム軍をいかなる経過を経て、いつ撤収させ後処理をどのようにやるか、などが主問題となろう。こういう大きくしかも難かしい問題を抱えているために和平協商は相当に険しく、曲折の道を歩むことがたやすく予想できる。

問題はベトナム戦のみに限定されるものではなく、ベトナムに平和が訪れたのち、共産側が東南アの他の地域で新しい紛争を起こさないとの保障があるのか、早くもタイとラオス、マレーシア、そしてビルマなど、東南ア諸国が共産分子の破壊行動でゆれており、常に共産侵略の脅威という重圧の下におかれている。

また、米軍がベトナムから撤収し米国政府が、いわゆる新孤立主義政策をとり、対外公約を減らしアジアをアジア人に任してしまうとしても、タイやマレーシアに公然たる共産侵略があった場合、果して米国が傍観できるだろうか。ベトナムのこういう点を考慮した時、米国は休戦を成立させるとしても米軍を一時に撤収する条件ではなく、東南アを共産侵略から防衛できる十分な保障策をつくっておかなければならない。東南ア合体の勢力均衡に米国は意を用いる必要があるわけだ。

### 困難な展開予想

ベトナム問題は、今日の世界政治において、その求心点であり、遠心点でもある。あらゆる問題をベトナム問題との直接間接の関連なしに論議できない。従って、六九年の世界情勢もベトナム戦が解決するか、またどのように解決するか、によって、どのようにも変ってくる。

ベトナム戦の解決は、ヨーロッパ情勢にも大きい影響を及ぼすだろう。

ニクソンは、早くも米国外交政策の力点をアジアよりもヨーロッパに置かなければならないと主張してきた人だが、仮りにベトナム戦が解決しない場合もニクソン下の新政府がヨーロッパ、特に西欧の安保体制強化と対ソ関係調整の方向で、より大きい関心をもつだろうことはほぼ間違いあるまい。

それでなくともソ連のチェコ侵略で提起されたヨーロッパの緊張で、両方側の安保体制強化が新しく強調されている時でもあり、特にソ連の行動にニクソンが何等かの対応措置も考えられなかったとの反省に立ちNATOの強化は当然考えられるところである。地中海でのソ連の海軍力強化も看過できない事実であり対策をたてなければならない。しかし、東西間—特に米ソ間の平和共存は、昨年と同じように基本的にそのまま維持されようし、さらにベトナム戦が解決すれば米ソの対話を塞いでいた最も大きな障害が除去されるので、一層和解のムードができ、軍縮問題などにも新たな進展がみられることが予想される。

六八年もいい加減、多事多難の年だったが、六九年もニクソン新政府の登場、パリ拡大和平会談などの新しい要素で相当に困難な展開をみせるものと予想される。

# 天心

一九六九年の新春を迎えた。昨年は申年であったせいか、内外にキャーキャーキーキーと騒がしく、波乱に終始したが、今年はトリにあやかって国際的にも国内的にも、平穏で安定性のある発展の年にしたいものである。新年に当っては誰しも「今年こそは」と期待に胸ふくらますものだが、歳末となって過ぎし一年を顧りみるとき、世の多くの人は意の如くならなかった数々の事柄に対し不満や後悔の念をくり返すのが通例だ。事の成、不成には不可抗力ということもあるが、多くは自分の努力如何にかかっていることを思えば、今年は一層の努力によって不満や後悔のタネを減らすようにしたい◆歳月の流れは早く、韓日修交もいよいよ四年目に入るが、韓日経済協力に外交関係に、僑胞政策に多くの難点を抱えて新年を迎えた。とくに遺憾なのは旧ろう十八日、日本政府が北韓行き朝総連系に再入国許可を与えたことで、韓国外務部は早速厳重抗議を行ったが、日本のこの措置は韓日友好条約の基本精神を踏みにじるものであり、朝総連と北傀とのスパイ・ルートを新たに拓かせる暴行といわなければならない。もっともこの措置をとらせた要因である東京高裁の判決に問題があるが、日本の国益を無視して法務省側を敗訴させた判事の中には、共産主義のシンパがいるのかもしれない

### 迎春雑感

◆僑胞経済も日本経済の高度成長の余恵で昨年は割合平穏に過ぎたが、世界的通貨危機と日本の資本自由化が進展する今年においては果してどうか。信用組合の強化と本国の融資援助、民団員によるより一層の協助団結が要請されるが、それにつけても民団組織がより高い次元で政策を進め、昨年の名古屋での不幸な事件が二度と起らぬよう、僑胞社会の暴力排除と民生安定に力を注いでもらいたいものである。三月には中央本部の団長選挙が行なわれるが毎度のことながら政策と人物本位の団長でなく、情実と金による団長選への暴行運動がはやくも展開されていることは嘆かわしい限りである◆民団の体質改善と組織の発展は、もちろん団長の人物力量にもよるが、それより大事なことは副団長や局長クラスに人を得るか否かにかかっている。人材難であることは僑胞機関すべてにいえることだが、民団中央の場合はとくに幹部クラスに有能でキズのない人物を揃える必要がある。いくら弁舌がさわやかでも人間として節操がなく、金銭関係がルーズで公私を混同し、在留資格が不明朗で入管当局からマークされているような人物が幹部では、対内外における評価はむしろ民団にとってマイナスである。新年に当ってはわれ人ともに謙虚に内省し、政府も公館も組織も個人も、昨年の欠陥を前進への糧として、トリ年らしく大きく羽ばたこうではないか。（[illegible]）

## 69 韓国の経済展望 69

# 6億5千万ドル輸出

副総理 박충훈

# 高度成長達成の年

共和党財政委員長 金成坤

# 政策抜本転換の要

国会議員〈新民党〉 金大中

69 韓国の経済展望 69



643

# 海洋開発のはなし

近い将来、韓国に海洋開発のブーム到来が予想される。その発端は勿論、去る十一月、韓・米・日・中の四ヵ国合同調査で、韓国の西海および南海の済州道沿岸大陸棚一帯に天然ガスと石油資源が分布されていることが判明、その開発の可能性が確認されたことによるもの。現在韓国は、経済再建によって国力を増加させ、国民の貧困を克服し民族の悲願である勝共統一への道を切り開こうとしているが地下資源、特に鉱物資源の欠乏は切実な苦悶を生じさせている。ここに広大な海に眠る無尽蔵の資源に夢が繋げるのは韓国にとってまさに明るい未来を予測させる一条の曙光である。宇宙開発に次ぐ〝ビッグサイエンス〟としていまや全人類の資源開発の目が地球の三分の二を占める海に注がれている。その無限の資源、エネルギーの開発が人類の繁栄と平和につながる道として、国連でもここ数年来、海洋開発に関する諸事項の討議が重ねられてきた。海洋の多様な可能性は未来の夢物語りから現実の〝富〟としてすでに脚光をあびている。人類の未来図をひろげるとき、少くとも二十年後の世界のイメージは海洋開発ぬきでは考えられないといっても過言ではない。われわれは海に対する認識をいままでと異った次元で新たに求める必要があるのではなかろうか。

## 無尽蔵の〝海の富〟

### 各国とも開発に着手

現在、世界の総人口は約三十五億といわれているが二十一世紀、つまりおよそ三十年後にはこの二倍の約七十億になると予想されている。現在の三十五億でも〝世界の三分の二は飢えている〟といわれているのに、今、手の届く資源だけでも十億の生活をまかなうことは不可能である。この解決策を地球の全表面積の七十一％を占める海に求めるのは道理であろう。その道理を人に先立ち看破した人物の一人に故ケネディー元米国大統領がいる。彼は「いまや海を知ることは単純な好奇心に依るものではない。海の探究には我々の生存がかかっているのだ」と述べている。また、食糧難問題の解決策を現在から未来へ通して模索しているFAO（国際連合食糧農業機構）でも「終局的には海洋での生に頼るほかはない」としている。

このように全人類から頼りにされ、その糧となるべき海にはいったいどのような資源、エネルギーが眠っているのだろうか。大ざっぱに言って生物資源、鉱物資源、海水のエネルギーの三つに類別できる。そのうち生物資源はいわゆる水産業としてすでにお馴染みであり、〝海の幸〟すなわち〝水産業〟とされ有史以来、人類が膨大な恩恵をこうむってきていた。だが鉱物資源と海水エネルギーは全般的にみれば、ごく一部の例を除いて全く人事の及ばぬ宝庫であった。無論、生物資源が過去、現在にわたって一般的なものだからといって将来性のないものであるとはいえない。それどころか、人類のタンパク資源としてこれからは過去、現在の数倍もお世話にならねばならないし、未だ知らざる漁場の探求や海底牧場としての開発の余地も充分に残されているが、ここではまず一般に馴染みの薄い〝海の富〟にスポットを当ててみよう。

地球上の鉱物資源は一定の様式で分布されているとされているが細分化した場合、条件の適合性、その成りたちからみて広大な海に有望な鉱床があることは確実視されている。

黒点部は合同調査で発見された海底資源分布海域

未来の海底石油基地

説明を加えると、鉱物は低いところにあるとされているがそれは鉱床の構成過程、物理的性質からみても当然だ。ゆえに鉱床というのは山のふもとにあるのが通例である。平地から海底を見る場合高い山並みの頂きから山麓を見下していると考えてもいいわけである。それならば地表全体から見てかなりの高山である陸地よりも山の麓である海底の地下により多く鉱物資源があるはずである。

すでに一部の地域では海底やその地中から石油、石炭、天然ガスなどの燃料源や鉄、銅、マンガン、燐鉱石、錫、ジルコン、チタンなどの鉱石類、金、銀、プラチナ、ダイヤモンドの貴金属に至るまでの鉱床が発見されている。また鉄、マグネシウム、コバルト、ニッケル、銅、亜鉛、アルミニウム、モリブデンなどが含有されているマンガン団塊などのように研究、開発に取り組んでいるものもある。この中で現在人類が手中にし役立てているもの、または開発の有望なものをいくつかピックアップしょう。

## ブーム到来

〈海底油田、ガス田〉

その分布が比較的浅海にあり、採算に合うという点で海底資源の中ではもっとも有望とされている。一九三八年米国ルイジアナ沖合で世界で初めての海底油田開発が行われたのを契機に各国の開発がさかんになってきた。ガス田も一九六〇年オランダで莫大な埋蔵量をもつものが発見され、主に北海の諸国でその開発のブームをみることができる。現在、イギリスを中心にしてオランダ、フランス、ノルウェー、デンマーク、ドイツなどの各国が乗り出し、北海には現在、三十数本の沖合いドリリング装置がずらりと立ち並んでいる。また海底油田に至ってはメキシコ湾、ペルシャ湾、ボルネオ沖、カスピ海、アラスカなどに巨大な掘削装置を林立させまさに鋼鉄の城の壮観を呈している。

〈海底炭田〉

海底炭田は海底鉱物資源の開発では最も古い歴史を有し、一六世紀にスコットランドにおいてはや開発が始められていた。現在はイギリス、日本、カナダ、チリ、中華民国、トルコの六ヵ国で毎年約三千万トンを産している。海底炭田の石炭は陸地のものより質がよく現在、斜陽の石炭鉱業を支えているのはまさに海底炭田にほかならない。

〈海底マンガン〉

海底には多くの露出したままの鉱物があるがそのうちで最も埋蔵量が多く、利用価値の高いものが海底マンガン団塊である。一九五七年から一年半にわたって行われた国際地球観測年の調査で太平洋の海底に非常に広範囲にわたって莫大なマンガン団塊が露出されたままで分布されていることが確認された。マンガン団塊はマンガンそのものより商品価値の高いニッケル、コバルト、銅、鉄、アルミニウムなどの成分が含まれているもので、近い将来採算性のよい巨大事業として脚光を浴びるのは確実視されている。

〈海底砂鉄、砂金〉

現在、海底砂鉄の採掘が最も盛んなのは日本である。それは日本に鉄鉱資源が少ないことと全国的な砂鉄の海底分布に起因している。

一九五三年ごろからの試掘、物理探査によって六二年には約五万トンの生産量を示し、これからも増加の傾向にあり、見とおしはあかるい。フィリピンのルソン、レイテ島海岸やニュージランドで膨大な埋蔵量をもつ鉱床が確認されており各国がその開発に動き始めている。砂金についても規模の小さいものは古くより世界各国で採掘された記録があり現在も採掘されているがアラスカのノーム沖にはかなり大規模な鉱床が確認されその開発が待たれている。

海底を探る海上プラットホーム

〈海底ダイヤモンド鉱山〉

人間の物欲を象徴するものの一つにダイヤモンドがある。それゆえにダイヤは人間の富に対する憧憬を表わす例話によく出て来る。ザル一杯のなにがしをつくづくながめて「これがダイヤモンドだったらなあ」……こういうシーンを人間一度は経験するものだ。ところがここに、ダイヤを石コロかなにかのように海の中からザクザク掘り出している男がいる。この驚異の男はアメリカ人、サミュエル・コリンズで、彼が掘り出したダイヤはザル一杯どころかそのまま市場に放出すると世界のダイヤの価値が大暴落するほどの量である。彼の会社、マリン、ダイヤモンド社はアフリカ南西岸の沖合いに世界で最も効率の良い鉱山を持っている。まさに〝濡れ手に粟〟でこれも対象が海だからできる業であろう。海にはそういう夢がある。そのほかにも最近南西アフリカの大西洋で海底ダイヤモンド鉱山が発見されておりその開発が急がれている。

〈海水の中の富〉

地球上でもっとも大きな鉱脈は海水そのものである。海水には食塩、マグネシウム、カルシウム、臭素などを主に約六十種類の元素が含まれており、豊富な工業原料になり得る。その鉱物の量は膨大なもので塩類だけでも一兆トンの約五万倍が溶解されているといわれる。このような鉱物資源を対象とする海水工業が今後、隆盛をきたすことは確実ですでに数々の試みがなされ莫大な利益を得た例も多い。失敗に終ったが海水から黄金を抽出しょうという壮大な夢を実行した男がいた。一九二四年、ドイツの化学者、フリッツ・ハーバーは、敗戦で疲弊した祖国を救おうと探検船メテオール号にて大西洋に乗り出し四年間にわたって研究、実験を重ね黄金を抽出することに成功した。しかし回収の経費は黄金の価値をはるかに上回るもので結果は可能性を示したのみに終った。米国の海洋学者R・カーソンによると、海水一立方カイリ中に溶けている金の量は時価約一 [illegible] 壌〃にあたるという。

〈大陸棚〉

これら海の資源は無論、海洋全般にわたって分布されており人類の英知の届くのを待っている訳であるが、実際問題として深海の開発や利用は技術的に難関を伴ないしまた巨大な開発費用を要するため採算に合わない。海底油田も現在のところやっと水深六十メートル程度までにのびたところである。そこで陸地に近く、浅いところ、つまり「大陸棚」といわれる海域が注目されるのである。

大陸棚というのは、陸地から海に続く海底が二百メートル以内である斜面で、これは海岸線から海中にのびた陸地の延長部分であるといえる。大古の時代には大陸棚も現在の陸地と連続した陸でありその端が海岸線であったといわれている。それが海になったのは氷河期に氷河の溶解により海面が上昇したためだ。従って大陸棚の地質は沿岸の地質と密接な関連性を持っており、海洋開発においてももっとも人類の手がのびやすい海域である。大陸棚の堆積物は河川からの鉱物や海水からの析出、沈でん物または海底火山、温泉からの噴出物で成り立っており、有用な鉱物資源が凝集されている。

大陸棚の所属問題は現在世界各国間の重要な懸案事項であり、紛糾の収拾が急がれている。一九五八年四月、ジュネーブで世界二十二ヵ国で調印され、一九六四年発効された〝大陸棚に関する条約〟では大陸棚はその沿岸国に属するものとしている。いわゆる〝大陸棚宣言〟というのはこの主張を各国独自に表明したものである。ソ連などは領海以外でも資源が見つかればそれはその国のものであるという態度を示しており、現在大陸棚宣言をした国は三十数ヵ国で、韓国も来年早々に仲間入りをする予定である。

〈韓半島周縁の海底鉱物資源〉

韓国の大陸棚宣言は勿論、天然資源発見により韓国の西海及び南海の大陸棚開発の独占権を得るためのものであるが韓半島周縁の海底が有望な資源の宝庫であることは以前からいわれていた。

海底地質の世界的権威であり日本の秋田沖の海底油田発見者である東京水産大学の新野弘教授も数回の探査の結果を次のようにまとめている。「韓半島の西岸ならびに南岸一帯は、広大な大陸棚が発達し遠く山東半島にまで及んでいる。その底質から豊富な海底資源が眠っている可能性は充分でやがて開発の脚光を浴びるであろうと思っていた。現在のところは石油、天然ガス資源の分布が確認されているが、私の資料では砂金、クロームモナズ石など有用な鉱物が一ヵ所に多量に堆積している可能性も濃い。出来れば韓国の方々と手をたずさえて研究、開発に乗り出したいものだ。」

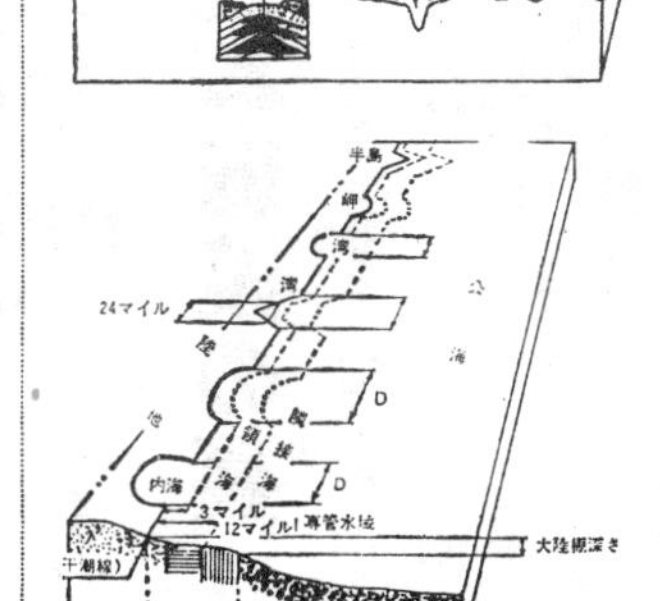


<大陸棚解説図>

# 女性

# 国連強化を望む

## ウ・タント事務総長に送る言葉

高凰京

生活の糧も基本的条件は、心おきなく安心して生活できる状態―即ち、平和のために頭を使い、その実践に努力する個人も団体も大きな支持と尊敬を受けなければならないと考えます。この貴く大きい使命を完遂するため昼夜心血を傾けておられるウ・タント総長をはじめとする国連関係者の皆様にいま一度心からの感謝を申し上げたいと思います。

思えば、この世に数多くある機関の中で国連のように世界平和に全力を献げる機関はなく、その貴さを深く感じ、それだけに、世界各国の人々の精誠あふれる支持と協力がなければならないと考えるものです。過去の世界歴史のどこを探してみても今日のように、人類が共に栄えるか或いは共に滅びるかの分岐点に立ったことはなかったと思います。共栄のためのあらゆる発明と技術の発達が、人類社会をいっぺんに滅ぼすことに使われる可能性が多くなっている現在の危険性は過去にはなかったことだからです。しかしこれを恐れることよりも勇敢に予防することが人間らしい対処の仕方ではないでしょうか。これがまさしく国連が感じ、そして実践する使命であると思い、一層の信頼と感謝を禁じ得ません。

一次大戦後、大きな理想をもって誕生した国際連盟が、日本の満州侵略で分裂しはじめたのではないでしょうか。他国を侵略するなとの命令はあったが、結局防ぐ道がなく伝染病のように広がり二次大戦が起こったことも私たちはよく知っております。しかし、二次大戦後は、国際連盟時代の弱点を強化させた国際連合というのを再び誕生させたこともよく知っております。これこそ、どこかが侵略をやれば同盟国家が団結して防ぐものと考えておりました。しかし、誕生わずか五年にもならずに武装侵略が強行されたのではなかったのか。この時は国連憲章で約束されたように国際警察がいち早く組織され、集団安全保障が実践されたことによって、国連の効果を発揮しました。不思議にも国際連盟の実力が崩れ始めた侵略行為もアジアから起こり、国際連合の実力発揮もアジア―つまり韓国から起こったのではなかったでしょうか。直接自国と利害関係のない十六か国が武装した国際警察を派遣し勇敢に韓国侵略を防ぐことに成功したことは、世界歴史の大きな転換点であり、世界倫理の確立でもありました。

世界が共に栄える真の自由のため貴い血を流したのです。通商制裁のみで侵略を防ごうとした国際連盟は、つぶれましたが、実力で防いだ国際連合は力づよくなったことを喜ぶものです。この時点で私達が訴えたいことは、世界で陽性的または陰性的に侵略が強行された時（一九五〇年）に動員されたような国際警察が量的にも質的にも、もう少し大きく力強く動員され侵略が野蛮な行動であるということを知らしめてほしいことです。

しかし、実際はベトナム侵略などをみると、国際警察に加担する国が余りにも少ない。ある一、二国が過重な負担を行なうことは、その特定国の犠牲のみを大きくし、国連の健全な発展に支障をもたらす憂いがあります。甚だしくは過重な負担国が好戦国という烙印さえ押される憂いがあり、国際警察が動員されるに際し大きな支障があるのではないかと思われます。

大きな理想にてらし自発的に加担した会員国家は全体の安全のため部分的犠牲を受けた勇気ある国として再教育してほしいものです。そして、厳粛な誓約を行ない、世界平和に寄与する目的のみに加入した国と、侵略を敢行しつつ国連規約に違反する国とは厳重に区別と会員国資格をはく奪することによって国連の目的を公約通り完遂されんことを願うものです。（大韓母の会会員）

# 鐘の音に想うこと

## 日本の皆様に送る言葉

韓才淑

韓国の家庭の一年は「茶礼」ではじまります。茶礼と申しますのは、家毎に祖先の霊前におぞうにを主としたお供えものを捧げ、ともに新しい年のお祝いをする元旦の行事でございます。茶礼は、厳粛に行なわれますので、大みそかの夜はその準備に大そう忙しく、その為か、大晦日に昼寝をするものは、眉毛が白くなるという言い伝えがございます。つまり、昼寝をするような心がけでは、茶礼の準備がおろそかにされるに違いなく、従って不孝な子孫というわけ。眉毛が白くなるというのはその罰ということでございましょう。

改まる年のためのあわただしさのうちに冬の寒い夜は、更けて行き、眉毛が白くなるのがこわさに、無理をしていた子供達がいつしかやすらかな寝息をたてる十二時近くになりますと、主婦達もしばし仕事の手をやすめ、テレビのスイッチを入れます。

まず太い木の格子扉の開いた鐘閣がうつります。鐘路にある普信閣です。カメラはしずかに動いて画面一杯にその鐘閣の前にあふれ集る人々をうつし出します。殆どが男性であるこの群衆の中心に見知った顔が見えます。市長さんの顔です。寒気は人々の吐く息を白く凍らせ、誰も物いうものはないのに、集ったというだけで、ざわめき、この夜独特のあのいいようのない雰囲気――懐しさと名残り惜しさと来るべきを待つ心とそしてまた何かあるものが、非情な画面にも、色濃くにじんでおります。

やがて市長さんは大きな大きな鐘の前にすすみます。一瞬じっと息をこらし、太い鐘杵に手をかけます。ゴオーンゴオーン億劫の中から引き出され、億劫の中に消え去るような底深い鐘の音です――除夜の鐘の音です。毎年のことながら私はこの鐘をきく度に目がしらが熱くなるのをどうすることも出来ません。ひととせをつつがなく過したという感謝と安堵よりも徒らに流れ去った年月を悔いる思いがひしと胸にせまるためでしょうか。いいえそればかりでもありません。

鐘は一つの音の余韻が消える前に新しい音が後を追い、ゆるやかな音の起伏をつくりながら鳴りつづきます。

テレビの画面には、厳粛な顔々がうつります。旧きを送り、新しきを迎える心の表情です。鐘はまだ鳴りやみません。三十三度、鳴らされるのです。十度目が鳴り終った頃からでしょうか。人々の興奮はますます熱をおび、そして声一杯に別れの歌ーオールドラングサインをうたいはじめるのです。歌声は、鐘の音を縫い、鐘の音は歌声の底に幅広いどっしりした音の層をつくります。声高らかに歌う人々の目には涙の光るのも見えます。けれど、悲しみの色はなく、誇らかによろこばしげに見えます。そして私には、いいえ韓国の人なら誰でもが、この複雑な心情を共感することが出来るのです。

今は除夜にのみ鳴るこの鐘は、その昔、朝な夕なに都の城門をその鳴る音とともに開き、閉じた鐘であったのです。夜あけに三十三度、夕ぐれに二十八度づつこの鐘は鳴らされ、この時刻を「人定」として、都はその城門を開き、そして閉じました。人々はこの鐘の音とともに起き、鐘の音とともに一日を終えたのでした。

韓国の人々の生活のしるべでもあったこの鐘が、沈黙を強いられた暗い不幸な時期（日本の韓国統治期間）を私達はこの鐘の音をきく度に想い起し、深いいましめと共に、この鐘の音を再びきくよろこびが行く年への名残り惜しさを超えているのを実感するのです。だから、冬の夜の寒さにもめげず、大みそかの忙しさもかまわず、家族と共にするべき年越しを街で、鐘閣の前で、鳴る鐘を見つめつつ、目に涙をうかべ、よろこびのまじる哀情の念をこめて声一杯に別れの歌をうたいながらする、人達の心情が私にはよくわかるのです。テレビを見守る私の目も濡れて来るのですから。

普信閣の前の群集の興奮は、そのまま持続します。その高潮の中で最後の鐘の音と歌声が消えて行きます。人々は手を振り振り、鐘の音を、行く年を送り、そして力強い拍手で新しい年を迎えます。いつまでも立ち去りかねる人達を収めたままテレビの画面が変ります。東海の日の出がうつり、愛国歌がとどろき渡ります。新年です。

あけましておめでとう。

今年は日本の皆様にも私達にもより美しくより価値のある[illegible]て悔いのない年でありますように。

（小説家）

# 韓国の演芸人

# 新年を期して飛躍へ

## 新年を迎えて 多忙な生活を

女優 文姫

人は常に忙しい生活をしてこそ健全で長生きできるという話があります。忙しくなければ、雑念にかられ健全でない体となり、愚かな人間になり易いと、私は私なりに解釈しています。私はここ数年来撮影に追われ、時間が足りないほど忙しい生活を過しわれらの前で笑ったり泣いたりして年を越しております。どうかすると、私は忙しい生活をやっているので、実り多い生き方をやっているのではないかと自問してみますが決してそうだけでもないようです。勿論、私自身が好き選んだ職業であり、限りなく熱望していた職業ですので、苦しいことも知らず、撮影のためにはいつも新人のように熱を上げてきましたが、真の演技人となるための充分な演習をやったことがなく工夫もそう度々やれない。さらに新しい創意的な演技手法や開拓はうち出せないまま、またたく間に年を越してしまいました。不幸なのか幸いなのか知りませんが、六十八年度も決算的に大鐘賞（女優主演賞）を受賞してみると、感激と慚愧の思いがしますが、至らぬ演技で立派な賞を受けたというはずかしさもありました。六十九年度を迎えるに際して今年の計画を簡単にのべてみますと、まず真の演技人として忙しい生活を送らなければならないが、より考えそして研究し、漸進的に発展向上する幅広い演技者となり、受賞の機会やまたどんな立場でもはずかしくない演技を行なわなければならないと思っています。新年には皆さんの家庭に幸福があることを祈ります。

多くの光栄、同業のなかから私が選ばれたとのこと、本当に嬉しく大へんな栄光であると考えております。在日僑胞の声援に深く感謝致します。

文姫

## 国際的俳優に

女優 尹静姫

一九六七年度の劇映画「青春劇場」にデビューしていらい「説明花」「霧」「報恩の奇蹟」「絶望」「将軍のひげ」「内侍」「投擲」など六十余編の作品に出演し、現在も「追憶」「東京特派員」「青春」（セクトンジョゴリ）「いま一つの孤独」など三十余編の作品に出演中です。

受賞は「大鐘賞」「青龍賞」「巨人賞」「白鷺賞」など十四個の人気賞と新人賞をもらいました。

ことしは、作品数をちょっとばかり減らして、国際的な水準の作品に是非出演してみたいと思っています。

日本へは、二度ばかりロケーションをやっておりますし、古い面とでもいいますか、親切で景色の良い印象深い隣国であります。

スケジュールに追われて、映画人たちとはそう多く会えませんでしたが、淋しいことでした。お隣りの国の映画人たちが、さらに交流合心してアジア映画祭はもちろん、国際映画界に頭角を現わすことを期待しかつ祈願したいと思っております。

新年に際し、在日僑胞の皆さん方に万福あることを祈りつつ、私の新年のあいさつと抱負に代えたいと思います。

新年には多くの福を受けられますように…。

尹静姫

## 訪日など計画

往年の名歌手 張世貞

アメリカのジャズ、フランスのシャンソンという時代の波が若い世代の魅惑となっているだけに、色とりどりの新進男女歌手が、人気の対象となるのは当然だが、しかし、過ぎし二〇の追憶、今の四〇～五〇代にかけての中壮年の胸の底へ強く焼きつけてくれた想出の人気歌手といえば（張世貞＝四七）女史が指されてよいだろう。

当時の軍国調が、時代の寵児として乱れ狂うころ、わが韓民族の孤独な人生観を唱ってくれた哀愁のみなぎる歌謡曲は枚々ある中でも「連絡船は発ち行く」「さらばよ断末魔」「駅馬車」「泣けよ銀鈴＝解放された哀歌」「駅馬車」「港の無名草」「女人哀歌」等々これらのヒット曲は驚異につきるほどといえるが、人気の絶頂を歌う楽界の星座を守りつづけながら20余年間という星霜を重ねてきた往年の名歌手張世貞氏、その影は薄らいできたとはいえ、今なお健在、ソウルの一隅へ住んでいる。

張世貞さんは八人男妹を抱えた中産階級の生計を維持しながら、週一回のTBC東洋放送、KBS放送などのTV出演であり日の想出顔を現わしてくれる。

去る六二年には日本へ渡り在日僑胞慰問公演を催し絶賛を浴びており、また近く再度の日本旅行を計画している。なんといっても往年の名歌手張世貞さんこそ一九四〇～五〇年間における韓国歌謡界に新風を吹き込んだ[illegible]であり、今の四〇～五〇代の中壮年の胸底へきざんでいる愛のシンボルのごときであるといえよう。七百余曲に余るヒットソングの発売記録は、今なお破れるものが出ないといえる。だれがいちばん美しい追憶をのこしてくれた歌手であろうか。よく人にこう聞いてみたが、ある中年の在日僑胞は、"美しい"というものもいろいろだろうが、とにかくいちばん印象強烈という意味でならなんといっても張さん（世貞）をあげたい、と答えた。

張世貞

## 今年も声援を

歌手 李美子

親愛なる在日僑胞の皆さまお元気ですか。六八年も暮れ、新しい発展と希望の六九年がやって来ました。僑胞皆さまのご家庭に万福あることを遠くから両手を合わせ祝福致します。

去年は僑胞皆さんの惜しみない激励と、ご声援を受け賜わり心から感謝し、ここに新年のご挨拶を申し上げます。

新年を迎える毎に、新しい計画を建ててみましたが、皆様の呼吸にマッチした歌を歌って私以上の歌手になりたい一念で！と努力するつもりです。私は在日僑胞の熱烈なる声援なくてはどうしても脚光をあびないと存じます。何卒、今後もご声援とご忠告によることを期待して倍旧のご愛護をお望み申し上げます。新年を迎えてご家庭に幸が宿られるよう祈ります。

李美子

# 駐ベトナム国軍将兵に

駐越韓国軍司令官夫人 文貞仁

一日たち二日たち、一カ月二カ月とたつうちに、いつの間にか三百六十五日が過ぎ去りました。つぼみもふくらんで、花開く春から夏、実を結ぶ秋へとありとあらゆる自然は実りの時を終え、さらに新年にはより良き実を固めるための冬眠に入っております。こうした自然現象は常に衣を替える中で成長しているものです。だから自然の回転は私達総てが会って別れ、別れてまた会う日を約束するのと同じようなものでしょう。

新年に際して私は大韓民国の女性として、また一人の妻として駐ベトナム国軍将兵たちに思いを馳せないわけにはいきません。

駐ベトナム国軍将兵の皆さん、戦地でいかにご苦労が多いことでしょう。私としては到底考えも及ばない戦場のこと、また一年中が夏という気候の中で少しも屈せず勝利に向って前進していくニュースを聞く度に感慨無量な感があります。常に緊張した日々と暑さの中で勝利を収める勇士たちを考えれば、私達もいかなる方法にしろ敵と対決しなければならないとの心の衝動を覚えます。今日も多くの慰問袋を作りながら後方ではあるが皆さんの十分の一、百分の一、万分の一でもと、皆さんに劣らない仕事によって報答しようと努力しております。

「一日の生活を次のようなことから始めることが、何よりも良いことだ。即ち、目をさます時、今日、ただ一人の人にでも良いから彼が喜こぶことを考えよ」とニーチェは語ったが、私は、良いことの中でもわが勇士たちのために働らかなければならないと考えるのです。

# '69 年頭所感

## 率先して郷土開発

駐日特命全権大使　厳敏永

## 祖国の近代化を確信

駐日公報館長　李星徹

## 理解と信頼固めよう

日本国外務大臣　愛知揆一

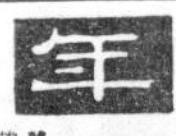

## 勇気もち前進しよう

国会議員〈共和党〉　金圭南

## 大韓民国国会議長　李孝祥

### 하나의 촛불

오직 내몸이 탐으로써 비로소
우리들은 인간으로 낙성(落成)
되었도다

—알브레히트·괘스—

이른 새벽이로다。새해의 새벽이로다。
동녘하늘에 태양은。찬란하게 솟아오르
도다。

오오、태양이어 너는 이 땅에서 암흑
을물리쳐주소서
너는 모든부정과 부패를 윤해는 기어
코 태워주소서

오직 내 몸이탐으로써 비로소
우리들은 인간으로 낙성되었도다。

산다는것과 살아진다는것과、
빛난다는것과 계속한다는것과、

오오、하나의촛불이되어、가슴을 태워도
너처럼 누리에광명을던져야하겠나이다。
중전등화라 하여 업수이어기지 마십시
스스로타는 촛불을 꺼질 줄 모르는촛
불을。

생각해보면 인생은 애초부터 타는 것
으로 되어 있도다。
사람이 교만한 탓으로 스스로속고 있
을 뿐이다。

오오、하나의 촛불이되어 이몸이 다할
때까지
눈물을 흘려도 뜨거운 눈물을 흘려야
하겠나이다。

이른 새벽이로다。새해의새벽이로다。
나는 태양을향하여、촛불처럼직립부동의
자세를 취하는도다。



'69 年頭所感

# 69 年頭所感

## 法的地位解決に努力

民団中央本部団長 李 裕 天

多事多難であった一九六八年を意義深く送ると同時に、希望に満ちた己酉年の新年を迎えるに当たって、親愛なる在日同胞皆さま方のご多幸を祈りながら、年頭のあいさつと抱負を申し述べたいと思います。

顧りみますと、昨一年間の在日居留民団が歩んできた道は決して平坦な大路ではなく、あらゆる難条件の中で、皆さま方の協力の下に団の任務使命を遂行してきたこ

顧りみると旧年初頭に発生したプエブロ号事件に引き続き北韓共匪のソウル地区侵入と同時に、休戦線一帯で発生している共産徒輩の策動は本国情勢を不必要に緊張させ、再びさる九月、金日成は今までの仮面を脱ぎ捨てて武力統一云々しながら、かれらの本質を余地なく暴露したのである。

このような北韓の動向は、日増しに発展をつづける大韓民国に対する嫉妬な挑発行為のみでなく、かれらの敗北感から起きた発悪といえよう。しかし、大韓民国はかれらの如何なる挑戦にも負けない鉄壁のような力を教えており、また愛国同胞も動揺することなく生業に余念のないことは周知の如くである。

偉大なる指導者、朴大統領閣下の領導下にめざましく建設され、近代化されて行く祖国と反共意識に燃え、新たなる民族の歴史を創造してゆくわれわれ同胞に栄えあることを祈りながら、在日同胞もさらに母国の栄光を共に分かち合い、前進する建設祖国に歩調を台わせて行かねばなりません。

## 少数精鋭がモットー

大阪商銀理事長 朴 漢 植

## 自立と繁栄へ基礎固め

韓国外換銀行大阪支店長 金 弘 準

## 沈滞一掃し創造努力を

駐大阪韓国総領事 金 鎮 弘

## 堅実経営で飛躍図る

大阪興銀理事長 李 熙 健

## 常に前進的な姿勢を

在日韓国人商工連合会会長 許 弼 奭

## 誠と熱もとう

在日大韓婦人会中央本部会長 韓 玉 順

# 世界貿易若干低下か

## 日本経済 大型景気持続の公算

## 流動的で楽観許さぬ

## 景気拡大鈍りそう

一九六八年の世界経済は国際通貨の混乱に明け暮れた一年であったが、反面、その実態面では前年秋ごろからの欧米の景気回復基調がさらに一段と高まり、停滞期だった前年とは打って変って欧米、低開発国などすべてに亘って好調な景気拡大の年となった。しかし新年の世界景気は、この勢いがやや鈍り、各国の実質成長率も下降が予想される。というのは国際通貨不安の基本的原因である国際収支の赤字国たる基軸通貨国が国際収支の調整を進めざるを得ないからである。したがって新年の世界貿易も一九六八年ほどの伸びは期待できず、全体で五％程度（六八年は八％）、OECD（経済協力開発機構）だけでは六％（同一二％）に鈍化する見通しにある。では新年の日本経済の見通しはどうだろうか。一九六八年の日本経済は激動する世界経済情勢をよそに国際収支の大幅黒字を背景に〃いざなぎ景気〃と呼ばれる世界〃驚異〃の大型拡大を続けたが、新年の日本景気も国際通貨不安など海外環境の変化で輸出に鈍化傾向が現われるものの、成長率は実質一二％と引続き大型景気を持続するものと予想される。以下一九六九年の世界経済動向を展望し日本経済の見通しを探ってみよう。

円ろう発表されたOECD（経済協力開発機構）の経済見通しによると、加盟国全体の実質経済成長率は一九六八年の五％から四％にダウンする、とみられている。このOECDの経済見通しは、同年十一月の欧州通貨危機後の情勢を踏まえた最初の見通しであり、その意味において注目されるものである。OECDの見通しのように欧州通貨危機後の情勢は、経済見通しに暗い影が現われはじめている。さる十一月のフラン危機に際してフランスがとった為替管理を含む一連の緊急政策、ならびに十カ国およびBIS（世界決済銀行）による総額二十八億九千百万ドルに上るフラン支援によってフランスの通貨危機は一応しずまった。その限りでは、ドゴール大統領の非常手段は効果をあげている。しかし、経済実態、とりわけ国際収支や、物価の面では依然として大きな困難をかかえている。賃金・物価の上昇を押え、国際収支を改善させ、資本の流出を防ぐため、今後さらにきびしい輸入制限措置がとられていくことが予想される。しかし成長率は六八年を上回り、むしろインフレの進展が懸念される。貿易収支がフランスより思わしくない英国は、十一月からフラン危機による波及を恐れて銀行の貸出し規制の強化、五〇％の輸入担保制度の導入、間接税の増税など、引き締め強化の緊急措置を実施したが、この措置によって国内需要は停滞のきざしがみられている。これが輸出の増加につながり、また設備投資の増加を生めば、新年には拡大均衡によるポンドの安定が実現する可能性もある。しかし後述するように英国の最大の輸出市場である米国の景気停滞が予想されるなど環境が格段にきびしくなることが予想されるため、貿易収支改善のためにさらに引き締め強化がとられることになろう。したがって成長率は六八年の三・四％から三％に低下する見通しである。

西独は順調な拡大歩調を続けている。西独六大経済研究所が六九年の景気見通しを行なっているが、それによるとGNPの伸びを上期四・五％、下期三・〇％、通年で三・五％の予想である。しかしこれは欧州通貨危機後の情勢を考慮に入れていない。これを考慮した成長率については四％程度に落ち着くものと予想される。米国では増税と財政節約の効果が徐々に浸透し、第一四半期には景気のスローダウンは一層深刻化する見通しである。だがワートン・モデルが予測するように第一四半期のGNPの成長率がマイナスを示すことはなく、回復のテンポはもっと早い可能性も出ている。しかし、その場合は物価の抑制、貿易収支の改善は困難となる見込みである。このためニクソン政府が物価上昇率を三％以下に押える政策をとるとすれば実質成長率は二％以下となり、五・五％前後の実質成長を遂げた六八年の後だけに不況感は一だんと深刻なものとなろう。したがってニクソン政府が七〇年度予算をどう組むか、ことに六月末に切れる所得税の一〇％付加増税を延長するかどうかが、新年の景気の動きを左右する一つのカギになろう。

これらを総合すると、OECD全体の国民総生産の五割余の比重を持つ米国の成長率がかなり鈍化するので、OECD全体の成長率は若干低下して四％程度になると予想される。

一方、低開発諸国の経済情勢は一九六七年後半以降、主要工業国に対する原材料・食糧輸出の増加により、これら諸国の外貨事情が全体としてかなり好転していることは、当面の見通しを明るくしている。しかし米国の援助が大幅に削減されつつあるし、先進国からの長期民間資本の流入も停滞しているため工業国の原材料輸入がさらに増加するか、あるいは第二世銀の貸出し能力が大幅に増強されない限り、新年も低開発国の急速な発展は期待薄の見込みである。

世界景気がこのような見通しにあるとすれば、新年の世界貿易は六八年より若干鈍ることが予想される。OECDの見通し発表では加盟国全体の伸びは六八年の一二％から八％程度にとどまると推定されている。結局、新年の世界貿易の伸び率は全体で五％程度に落ち着く見通しにある。

このように見てくると、一九六九年の世界経済は六八年に比べ若干の鈍化は避けられないものの、拡大基調は維持できる見通しだが潜在的な不安要因となっている国際通貨体制の動揺はなお尾を引くものとみられよう。国際通貨の根本的な解決は一九六九年に持ち越された形になっており、しかも新年においても、それが解決されるという確たる見通しはない。現在解決を迫られている問題は①準備通貨としてのドル、ポンドの地位が相対的に低下し、これらを中核としてきた平価体系が動揺し易くなっていること②ユーロダラー市場の規模が拡大し、通貨不安が起こると大量の短資が迅速に動き、しかも公的機関の統制力が及ばないこと―などである。しかし、これら問題の解決には、国際通貨会議が召集されなければならないが、会議の開催には準備期間が必要であり、また会議開催の目的が為替平価の変動と考えられるところから、それによって巨額の資本移動が生じ、非常な混乱を来たすなどの理由から国際通貨会議が六九年に招集されることは無理であろう。とすれば六九年も英仏がとっているような一時しのぎの策しか方法はないとみられよう。国際通貨問題は、国際収支の赤字国米・英・仏の諸国だけでなく、黒字国の問題でもあるという観点から、六九年は国際相互協力の一層の緊密化が要請される年となろう。

1960年
1966年
%
0
10
20
30
40
50
60
フランス

### 日本経済見通し

ところで、六九年の世界経済・貿易情勢、国際通貨不安など流動的な世界環境の中で日本経済が新年にどのような展開をするだろうか。世界環境が流動的であるだけに、その確たる予測をつけることは、難しい。新年の経済見通しについて経済企画庁はじめ日本経済研究センター、主要都市銀行などから発表が行なわれているが、その見通しはマチマチとなっている。まず経済企画庁の経済研究所が発表した予測では、経済成長率は実質九・五—一〇・九％と、六八年に続いて大型景気の持続が予想されている。日本経済研究センターの段階的接近法による予測では、実質経済成長率は経済企画庁の経済研究所のそれよりも高い水準の一二・二％という六八年の大型景気が持続すると予想している。また、経済団体連合会の経済見通しでは、六九年度予算が「警戒型」に編成され、金融政策も慎重な運営が続けられる、ということを前提にして、実質成長率は一〇・八％と経済研究所とほぼ同じ線を予測している。銀行の見通しは、住友、第一の二行の一〇・七％以外は富士、三和、神戸、協和、興銀、長銀の各行が一一％台、さらに三菱、東海、三井、大和、拓銀の五行は一二％の線を予想している。

このように六九年の見通しとなるのは、世界環境に流動的な点が多いためで、したがって海外景況に大きく左右される国際収支の見通しでは一層ハッキリと差異がでてきている。住友銀行の予測では二億ドルの赤字に転ずると予想している。しかし、同行を除けば、いずれも黒字の予想をたてているが、実質成長率一一％台の見通しを発表している富士、三和、協和、神戸、興銀の各行でも総合収支の黒字幅は協和、興銀の一億ドルを除き二億ドル台を予想している。四億ドル台の黒字を発表しているのは三井、大和、拓銀、長銀の三行で、五億ドル黒字を発表したのは三菱銀行一行に過ぎない。また経済団体連合会は一億四千万ドルの黒字を見通している。また日本経済研究センターの総合収支の予測では五億二千万ドルの黒字を見込んでいる。

このように新年の日本経済の見通しには、いろいろの見方が打ち上げられているが、ただ共通していることは大型景気が持続するとみていることである。これは大型景気を支える要因を個人消費支出、民間設備投資、在庫投資とみていることである。設備投資は、ひところ落ち込んでいた中小企業の設備投資も再び増勢に向かう予想が強く、このため総額では初めて十兆円を超え、場合によっては、一挙に十一兆円を上回る高水準に達することも予想され、また個人消費支出は個人可分所得の増大、消費の高度化、大型化傾向から岩戸景気以来の高い伸びが予想されることである。また在庫投資も企業のコスト高騰と在庫管理技術の向上から急激な在庫積み増しは考えられないものの、六八年の落ち込みから一転増大に転ずることが予想される。このほか輸出についても、日本の国際競争の強化などから、百五十億ドルは達成できる見通しにあることである。

ただ問題は物価の五・五—八％騰勢が予想されることで、この点から物価動向のカギを握るものとして予算編成の行方が注目されるところである。

# 同胞企業経営の課題

論壇

## 同胞間の信頼感

## 団結心を高めよ

在日同胞企業の今後については、その営業形態に応じて、財務、生産、販売、労務など経営管理の諸側面について、さまざまな分析視角と処方箋が考えられるが、ここでは同胞企業全般にわたる問題点を二、三取りあげてご参考に供したい。

われわれ同胞企業の経営実態については、その必要性が痛感されながらもまだ組織的な調査報告がなされていないが、日本の大企業や中堅企業の範疇に入る若干の代表的な企業を除けば、殆んどが中小企業、零細企業の群れの中にひしめいている。これらの企業の多くは日本の企業の下請系列に入って親企業の支配下にあるか、あるいは、独自の経営を貫徹して自主性があると思われる企業にあっても、実質的には大企業や中堅企業の隷属からのがれている企業は極めて僅少である。

すなわち、中小企業や零細企業の経営者が自負する自主性は「一国一城の主」という形式上の問題にすぎない場合が非常に多い。この形式上の「社長」意識のために、極めて有益な発展手段としての企業の組織化、協業化が阻まれ、また合併、合同の妙味をも発揮しえないのである。

今日における企業間競争はますます激化の様相を呈し、利潤獲得のために全力をふりしぼっても、労働力不足に伴う原価・費用の膨張などは収益力の低下を招来せしめ、販売数量の増大による増収も思うにまかせない。このような場合には各企業の近代化はもとより、協業化による合理化も真剣に検討する必要があろう。この新春にあたり各組合や事業団体は、その親睦中心の現状から脱皮して、企業の将来と同胞の繁栄につながる方策を考究すべきである。

次に、同胞企業の大多数は、現在の経営者一代のみによって築きあげられたものである。それだけにはかり知れない艱難辛苦の克服の勝利がある。しかし他方、日本社会の変遷やインフレなど、多分に幸運に恵まれて成功した要因も決して無視しえない。

日本の大企業の場合においても、通常の営業活動に基づく経営利潤よりは、不労所得たる機械利潤の方がむしろ巨大である例が多くみられるが、真の経営者は、自己の獲得したものが経営利潤かの識別を明確にすることによって、経営者としての成長が約束されている。幸運によって儲けたものは不運に泣かされても不思議ではない。

このような不安定要因を除去する方策の一つは組織的な事業体が僅少であるばかりか、個人企業の大多数もその後継者となる人材を養成していない。経営者に一旦緩急あれば、社運の傾斜は短日を出ないのが実状である。一段と厳しくなる経済環境の中にあって、経営者のみならず各部署の後継者養成も緊急を要するであろう。その場合、最近の若年層の思考方式には特に研究を要するところで、既成世代の考えに適合しないケースが多いけれども、その成否はまさに使用者の態度如何にかかっている。

さらに、これらの組織がある程度形成されれば、生産性の向上、自己資本の充実、ならびに単なる会計処理の域を脱した計数管理が緊要となる。これらは、人材の育成と会社の組織化、さらにこれらを包摂する正しい「企業家精神」の涵養によって達成されうるであろう。

今日の日本における中小企業を保護政策から切り捨て、既存企業も効率の高い他業種への転換や合同をめざしている。よかれあしかれ、日本経済の渦中にある同胞企業も特にその自衛対策を強化し、大企業との付加価値生産性の格差を縮少するのは勿論のこと、製品に特徴をもたせるなどの努力を継続すべきである。

今後の物価の傾向上昇と、賃金上昇が大企業のそれに近づくにつれてこれまでの中小企業の存立は困難になろうが、特に諸種の悪条件下にある同胞企業は、さらに自ずからの結束を強めるとともに繁栄するみちを追求しなければならない。具体的な一事例としては比較的着実な発展を遂げつつある大阪商銀、大阪興銀が合併して、他の同胞企業の協業、合同、組織強化の先駆的役割を果たすべく、経済界の指導体制を確立する時機が到来していると考える。

（桃山学院大学助教授、経営学・会計学専攻）

徐竜達

日本主要銀行の新年度経済見通し 【注：▲は赤字】

| | 国民総生産（百億円） | 成長率（実質％） | 設備投資（百億円） | 同伸び率（％） | 鉱工業生産伸び率（％） | 消費者物価上昇率（％） | 貿易収支（百万ドル） | 総合収支（百万ドル） |
|---|---|---|---|---|---|---|---|---|
| 富士 | 5,843 | 11.4 | 1,040 | 16.8 | 16.5 | 5.0 | 2,400 | 200 |
| 住友 | 5,868 | 10.7 | 1,060 | 17.8 | 15.5 | 5.3 | 1,850 | ▲200 |
| 三菱 | 5,875 | 12.0 | 1,070 | 18.5 | 17.3 | 5.8 | 2,450 | 500 |
| 三和 | 5,879 | 11.1 | 1,060 | 16.5 | 15.2 | 5.5 | 2,480 | 280 |
| 第一 | 5,800 | 10.7 | 1,021 | 13.5 | 15.5 | 5.5 | 2,600 | 330 |
| 三井 | 5,894 | 12.0 | 1,080 | 20.0 | 17.4 | 5.2 | 2,800 | 400 |
| 大和 | 5,910 | 12.0 | 1,079 | 19.2 | 17.3 | 5.5 | 2,450 | 400 |
| 神戸 | 5,853 | 11.4 | 1,055 | 17.9 | 16.1 | 5.5 | 2,250 | 220 |
| 興銀 | 5,823 | 11.2 | 1,055 | 16.6 | 16.5 | 5.2 | 2,460 | 100 |

# 韓日経済人対談

## 人的交流が必要　太田十氏

## 差別排除を望む　朴漢植氏

朴漢植氏

太田　十氏

韓日修交4年目の新春を迎えた。今年こそは韓日新時代にはいった両国関係の緊密化がはからねばならぬと初頭に当って年ごとに思うのだが1年を振り返ってみると、基本的には約束された請求権はじめ在日韓国人の法的地位などいろいろなことが日本側の誠意不足によって期待外れに終っているように感じられるのである。これは日本政府がそうであるのか日本社会が韓国人に対して、そのような態度をとるからなのであろうか。殊に日本社会の中で法律的にも明確に準内国民待↗遇を約束され、日本人との接触が多い在日韓国人の場合、早い話が就職一つを例にとっても企業への門戸を閉ざされ日本人との差別をハッキリとつけられているのが実情。しかし一方において、日本の企業は対韓進出をいずれも企図しはじめている。これは一体、何を意味し、企業家は何を考えているのであろうか。そこで在日韓国人信用組合協会会長・朴漢植氏と大阪府中小企業団体中央会会長・太田十氏に対談していただき、新年号を飾ることにした。

**朴**　ご承知のように二年ほど前に韓日条約並びに法的地位協定が発効し、在日韓国人のすべてが日本の法律の下で日本人並みの、いわゆる内国民待遇を受けることになった。しかし私自身を例にあげますと、直接自分がやっております信用組合におきましても、日本の政府系金融機関の資金をわれわれ信用組合が代理して組合員に貸付ける、いわゆる代理業務が全然許可されていない、というように差別を受けている。代理業務の許可が受けられないというのは、非常に大きな影響を蒙るわけですね。一事が万事で中小企業者そのものも企業面でやはり、そういう恩恵を受けにくい。恩恵を受けるならば"帰化をせよ"——ということで、もちろん帰化をする人も沢山いるわけですが、韓国人のほとんどは感情的ではないんですがやはり韓国籍そのままでゆきたいと思っています。しかし、そういうような（笑い）場合に差別を受けるということですね。

太田会長さんは、いろいろと、それに関連したことで、いろいろとご好意を調っていることを、かねがねお聞きしていますが、そういう差別的——差別的といいますと語弊があるでしょうが——なものをできるだけ是正してゆく、ということに関して中央会として何か具体的な方針でもおありでしょうか。

**太田**　現に私どもの常任理事をした人から聞かされてはおりましたが、いまのお話しのようなことは中央会と致しましては、韓国企業だからとか、日本企業だからという区別は全然考えておりません。若しも、そういうような点で何かありますれば、直ちにわれわれの方に申し上げて頂きたいと存じます。

金融的——政府金融機関——な点については、いまのお話しのようなことがあるかも知れませんが信用組合自体が現在の金融制度のもとでは、日本の資本のものでも未だ一人前になっていない実情にあります。われわれのところの信用組合が数にして四十一組合ありますが、そういう組合の人たちから、いろいろな問題点を開陳しまして、それを中央なり、あるいは政府なりに申し出て、是正かたをお願い致すことも度々あるわけです。

韓国の信用組合——特定資本の組合でも、こういう不利がある、というような点がございましたらご遠慮なく書き上げてきて頂きたい。われわれの方も政府に対して是正かたを努力して見たい。これについては、中央の方にも、むろん全中連がございますので、それを通じても結構です。これは一つ全中連を通ずるなり、あるいはわれわれに直接申し出るなど遠慮なくお申しつけ頂きたい。私は日本の金融機関全般の融資態度の根本は、別に韓国企業だからとか、日本の企業だからということではなくて、企業の信用問題、経営態度に置いていると思います。それが良いところについては日銀の面倒をみるが、どうも余り問題が多い、というものについては断わるわけですね。この点は会長さんのところもそうでしょうが、金融機関といえども社会事業でもなく、慈善事業でもないわけで、その根本は企業であるわけですから企業として成り立つためにはある程度利潤——それには危険が伴う困る——があり、危険の少ないところに努力してゆく、ということになる。これは企業の常道だと思います。

そういう意味から申しますと、何んといっても根本的には企業そのものが金を貸してもらえるような経理内容、いわゆるガラス張りの経営にもってゆくという態度が必要です。日本の企業でも昔から大企業は非常に優遇されているが、中小企業はどうも虐待されている、ということをよくいわれる。現にわれわれの方も、そういうことから政府に対して詰め寄っていますが、要するに国籍だとかの区別ではなくて、企業自体が優秀であれば融資してくれる、というふうに考えるのです。現に先き程も申し上げました、私が良くしてあげております企業などは、むろん商工中金の金も使いまして立派にわれわれに製品を売るようにし、良い業績をあげている立派な企業もあるわけです。こういうことですので、私は企業内容を良くするようなことを金融機関の立場からご指導願って、企業内容は優秀なんだ——ということにもってゆけば自然、金融はついてゆくんではないか、というように考えるのです。

**朴**　会長さんがおっしゃるように個々の企業者については、そのように立派にやっているものもあるわけですが、こと信用組合に関しては代理業務の許可について商工中金なり、中小企業金融公庫などにお話しても、なかなか色よく受けつけてくれない。首を左右にして受けつけないのです。そうしますと問題は、われわれと同じような信用組合が大阪だけで四十一組合——私が会長をしております韓国人信用組合は二組合（日本全国では二十八組合）ありますが日本人関係の信用組合は、そういう代理業務を明らかに行なっていることです。そうしますと自然とそこに一種の差別というようなものができるわけですね。日本人信用組合は、いろいろな交流もしかれるし、また、それによってある程度信用も裏づけする、というように明確に韓国人信用組合との間に断層が出来ているのです。

韓日会談成立以降に在日韓国人のすべては準内国民的、いうなれば準日本人待遇を受けるということが基本的に決っているわけですが、現実には政府機関のそういうものに差別をハッキリつけているわけです。これによる差別は企業の末端にまで影響を与えるので看過できない問題です。外のことは言いたくないけれど同業組合でわれわれのものよりも内容的に悪いものでも日本人関係の組合では、代理業務を許されるという待遇を受けているのですから差別も甚だしいといえます。これに引きかえ、われわれの組合はいくらお願いしても一つも許可されないわけですからね。

こういう点は結局、掘下げてゆきますと、力のあるなしに関係がなく韓国人組合は駄目だということになります。殊に私どもの組合の場合は日本で唯一の韓日合弁組合でして、創業当初から"韓日親善"を謳って公然と経営しているわけですが、それでも、なお且つ代理業務は認められていない実情です。

これは私の持論ですが、「では私と一緒にやっている日本人は日本人ではないのか」と。ほかの日本人は、そういう待遇を受けるのに、たまたま韓国人と一緒の信用組合員になっているがために、そうした待遇は受けられない、ということになりますと、これは一つの日本政府の離間策といっても仕方がないでしょうね。

**太田**　これは一つどうしてこういうことになっているのか正式に調べてみたいと思います。また、全信連も非常に力をもっておりますので、一応中央会より大蔵省なりに、ただしてみるようあたってみますが会長さんの方も努力して頂きたい。また、われわれの方といたしましても例えば商工中金の方は私も中央委員をやっております関係上、どういう理由で、また、どういう考え方をもっているかということは聞けますので、次の機会にぜひただしてみたいと思います。できるだけ、またそういう面で若しわれわれの努力で出来るのであればそういう線に沿って努力してみたいと存じます。これはお約束できると思います。

**朴**　昨年、会長さんのところで高校卒の韓国人子弟を日本の企業が受入れるようお骨折りをして頂きましたが、これは大変有難いことです。韓国人の日本企業採用は社会的な問題からばかりでなく、道義的な見地からも、当然考慮されなければならぬ問題です。もちろん、これについては問題もあろうかと存じますが、優秀な身元のハッキリした、裏づけのある者はどしどし採用すべきだ、と考えるわけです。

何故、こういうことを申すかといいますと、日本企業が韓国人の採用をためらってきた中には韓国人の内容が、ハッキリわからないため、あとで問題が起きると困るという、いわば"食わず嫌い"ということがあったろう、と思うのです。この点については、私らの方にもいろいろの機関がありますので、これら機関で絶対保証とかの裏づけをされたものは、差別をしないで採用する、というふうに切り替えたら、社会的にみても両国にとって非常に大きなプラスになると思います。ご承知のように学校を卒業するまでは互いに友人として交際をもつわけですが、学校を卒業した途端に相手の日本人に比べ学業成績が良かったに拘らず、友人の方は日本人なるが故に就職でき、他方の方は韓国人なるが故に、もっと良い企業に就職できる実力をもつものが出来なかったという現実にぶつかり、その時点で"私はやはり韓国人だったからだ"ということを自覚するようになり、いわゆる反動的に社会に対し憎しみを感じるようになります。高校を巣立つところは年齢的にちょうど感受性の強い時期で、社会に出る一番大事な時期において韓国人だからということで頭を押えられ、非採用にされることは、彼等に反動的に日本社会に対して憎悪の観念をもつ方向に追いやるようなものです。

日本社会が犯罪につながるカギをつくっておきながら、韓国人の中に悪事を働いた者が出ると、すぐに日本の社会は"だから韓国人は悪い"と極めつける。韓日条約の発効以降、在日韓国人は準内国民待遇を受けることが基本的に保証されているわけですから、高校卒の優秀な身元のハッキリして裏づけのある者は——もちろん裏づけをして貰わねばなりませんが——採用すべきである、と考えるのです。

**太田**　これは非常にごもっともな提言でしてね。むしろ今の日本の中小企業の現状から申し上げますと、こうしたお話を伺うことは非常に有難い。なんと申しましても、いま中小企業の最大の盲点といいますか、悩みのタネは労働力です。しかも若い層の労働力なのです。いまのお話は日本内地の学校を卒業したものの場合と考えますが、これは実際問題として私は区別すべきではないと考える次第です。

実は日本国内においても従来、大企業が夜間のいわゆる定時制高校あたりを卒業した人たちを嫌わなかった傾向があった。これを関西経営者協会あたりで取り上げて大企業も昼間の、いわゆる全日制の高校を卒業した者と同じく定時制高校卒業生も同じ待遇で採用するように、という通達を出して各企業にお願いしていましたが、全くこれと同様なことが韓国人高校卒業生の採用についても言えると思います。優秀な人であれば、国籍はどうであろうと、二世、三世の方でも当然受け入れるべきでしょう。

労働力問題については、もう一つ問題があります。と申しますのは二、三年前に韓国中小企業団体中央会の韓国側理事長さんから、われわれの全国中小企業団体中央会の方に「若い人を廻ってくれないか、人員は三千名程度」という申し出がありました。ところが東京の方では大阪が韓国に近いのだから大阪の方で一つ考慮してほしい、ということで、われわれの方へ依頼してきた。そこで私の方の傘下の組合に流しまして"こういう申し出があるが、もしそれが実現した場合、どの程度使用して貰えるか"ということについて、傘下の組合から、そのさらに下の企業にアンケートを送ったが、そのときの企業からの申込みは僅か三百名ぐらいあったと思います。ただ問題はその場合に、ご承知の通り日本の労働組合——総評とか同盟など——の突き上げが強く、もしも安い労働力ということになりますと、日本の労働者の実権を侵すことになる、というような声が出てきたことです。

もう一つは就職した場合にその扱いを日本への滞在者として法務省の方で許可してくれるのか、あるいは移民として取扱っていただけるのか、というようなわれわれ中央会の力の及ばない問題があるわけです。したがって、その問題を解決して、政府の方でハッキリした方策を打ち出してもらえれば、われわれの方は労働需要は三百名もあるのだから、ということで、法務省や外務省へ行って掛け合ったのですが、日本の役人の通弊ですが、そのような厄介なことには、ちょっと手をつけたくない、というようなことがあって結局、これはウヤムヤになってしまった、という問題があるわけです。

**朴**　確かに、いまお話の問題は政府がしてゆかねばならぬ重要な問題だと思うのですがね。

**太田**　ええ、そうです。ですから、これをわれわれのところに持って見える前に（朴会長うなづく）韓国政府と日本政府で接触されて、"日本はどうも労働力が不足しているのだから、おれのところの余っている、少し若い労働力を使用しないか"ということで、話し合われるべきです。これは、また企業功利の点からも、例えば韓国の中・高校を卒業した人が日本で指導を受けて帰国されたら、そういう方々が中堅になって韓国の企業を支える、というようなことになるわけですから、日本の優秀な中小企業、あるいは大企業にはいって頂いて技術を習得されることは、韓国政府自体としても将来にとってプラスにこそなれ、マイナスにはならない、と私は思うのです。

**朴**　特殊なものについては、そういうケースがあるわけなんですよ。

**太田**　これはね、私も知っておりますが、大日金属さんあたりは釜山でやりつつあるようです。領事から、"こういうものが出来かかっているから、見てゆけ"といわれて見学しましたが、総領事から"一時間ほどで来られるのに初めて訪れるとは、大阪の業者は不勉強だ"とお叱りを受けましたがね。非常に釜山の代表の方は、韓日の友好に真剣に努力しておられる。これは私、敬意を表する次第です。

こういうこともございますので私は先ほど会長さんからもお話がありましたけれど、何か人的交流をやりたいのだが、いまの日本には何か一つ突きあたるカベがあるということがいえます。このカベを早急にとってもらわないと、われわれ中央会の人間がやれといわれても、われわれの力は非常に弱いので、どうしても政府間で早急にこの問題を片づけていただくと同時に政府においても総評や同盟あたりの労働組合の了解をとりつけてもらわないとね。韓国の労働者を使用したからといって、われわれ企業に攻撃をかけてこられては、たまらない。それとそ企業はひとたまりもない。そういうことにならないようにあらかじめ"いまは労働力が日本で不足しており特に中小企業の労働力不足は深刻化している現状にあるので、これを補うために、こういう便法を講ずるのだから、労働組合も目をつぶってほしい"ということで、むしろ政府から労働組合を説得して貰う、というようなことになりますと、この問題はスムースに解決できるのではないかと思いますがね。

**朴**　日本の一番の欠点である島国根性というか、これを一日も早く是正してほしいですね。中小企業の場合、労働者問題は頭痛のタネですね。あるメーカーにゆきますと、十年前より人件費が約四倍も騰貴しており人件費が経営にシワ寄せをしている実情です。"どういうわけで、こんなに儲からないんだろうか"ということで、いろいろと実態を調べてみると結局、収益が人件費に食われてしまうということです。全部の中小企業が人の問題では悩んでいるわけで、こういうことからも韓国からの労働力の受け入れは真剣に考えられて然るべき問題です。

**太田**　そこでね、私は、むしろ日本のような賃金の高い、人件費の高い面からみて、韓国なり、台湾なりに、いわゆる"企業ぐるみ"とか、あるいは"地域ぐるみ"で企業をもってゆくか、また合弁で企業を興すというようなことを、やるべきでしょう。そして日本の場合GNPが世界第三位ということになりますと国際的な分業ということを考えるべきでしょうね。こういっては失礼だが、韓国では未だ生産化されないような精密な、高度の技術のいるものを日本は追い、いわゆる中級品以下のものは韓国にお委せする、ことにするわけです。そして韓国が成長し、技術が非常に向上してくれば、放っておいても、韓国はそういう高度の技術を追うようになるのは明白な事実である。それまでは韓国の方にお委せするということを考えるべきではないか。日本の中小企業はそれを考える段階に来ています。

いままで材料を買っていた台湾、香港などから製品が逆に日本へはいっていますが、その原因はといいますと必ずしもデザインが優秀であるとか、良質であるからというのでなく、値段が安いからです。そのことは韓国の場合にもいえます。労働集約的な、労働力の多くいる人件費の比率の多い企業については、これは当然価格が安くなるわけです。水が低きに流れるのと同じように、当然、労賃の安い韓国の方から日本へ製品が流れる道理です。

そういうことから分野を決めて、繊維製品でも中級品までは韓国に委せ高級品とか、特に新しいデザインのもので日本でなければ出来ないものについては、日本で専念するというような考え方をもって、先ほどのお話しのように、もう少し度量をもって、それまでは失礼ですが、こちらが指導していくようにすべきでしょう。その意味で人的交流は先ほどの労働力が日本へやってくるようになれば、労働者だけでなく経営者の交流にもなるわけです。合弁企業の場合には、人的な面で、こちらから行き、また韓国の経営者の方も日本に来て頂き、互いに交流することによって、良いところ、悪いところを見究めるということが出来るわけです。

ただ問題は私からいわしむれば一つあります。と申しますのは、賃金コストが高いわけですから、これを上回る企業利潤をあげないと企業は成立してゆかないのではないか、それが心配です。

**朴**　ところで会長さん、これは持論ですが、韓国では異常的な経済発達を遂げているわけですが、その中に非常にヒズミがあるということです。ヒズミとは一体何かと申しますと、要するに中小企業がついていかないということです。

従来、韓国政府の方で、どういう方針をとっていたかと申しますと、日本など先進国からの借款、いわゆる借り入れに重点をおいていたわけです。そこで私たちが本国に行って言ったことは、門戸を解放すべきではないかということです。

技術を導入し、資本も導入してどんどん発展していけば国も潤うことになるわけです。そうした門戸解放に向わなければ韓国は後進国からの脱却をはかることが難しい。日本に例をとっても戦後そうした方針を打ち出し、米国の資本を入れて、あれだけ孫々発展してきたのですから、そのマネをすべきではないかと、言ったのです。私たちの意見が反映されて六八年から、日本はじめ諸外国からの外資導入が認められたわけです。

**太田**　そうですね、私も外資導入法の改正が出来あがったということを、承りました。

**朴**　外資導入法の内容は、全部日本の業者がやってもいいし、半々の合弁形態でもよいほか、五年間は無税で、あとまた三年間は半額免税というのが主なものです。しかし問題は、韓国側がいま望んでいるのは、先ほど会長さんがおっしゃいましたように技術の面と、もう一つ資金面であります。韓国側と提携してやっても良いし、在日韓国人と提携して出資しても良く、これは、どちらでも良いわけなのです。

**太田**　私どもの会社のことを申しますと、私どもの会社はポンプを造っているものですから、韓国化成だとか、いろいろな合成樹脂の工場全部にお使い頂いています。これは韓国化学さんがプラント輸出されたものとか、あるいは鐘淵化学さんなどの輸出されたものに、ついていっているものです。そういうことで仮りに向うで合成樹脂の製造用のポンプをお造りになるという場合は、私どもは技術を喜んで解放するというふうに考えております。そういうことから緊密になってお互いがアジアで大きくなってゆく、これは、やはり"持ちつ持たれつ"ですからね。そういうような考えでゆかないと、うまくゆかないのではないでしょうか。特に大阪の場合は韓国側から見られますと一番とっつき易いものが多いわけです。特に繊維とか、雑貨など、いわゆる軽工業品関係ですね。

**朴**　戦前からずっとそれなんですよ。

**太田**　そうなんです。繊維、雑貨など、いわゆる軽工業品というものは、いまの場合、資本的にいっても余り設備投資をしなくても、ある程度いけるというようなものもございますのでね。そういう意味から申しますと、これはとくに日本と韓国というより大阪と韓国とが、まずもって深い関係にはいってゆくことを意味しています。大阪と韓国とが、こういう関係にはいることによって、日本経済と韓国経済とがより改善されてゆくということになるのではないでしょうか。私はこのように考えるのです。

**朴**　会長さん、韓国と大阪とは地理的にも歴史的にも密接な関係をもっているわけで、近畿地区には韓国居留民の三分の二が居住しております。戦前から韓国人がこのように近畿に多数いるということは特に大阪が親しみ深いからだということです。しかも中小企業が一番向いているということで、近畿地区の比重は非常に重くこれからも韓国とは切っても切れぬ仲になるのではなかろうか。それに、こんど大阪国際空港から釜山行きの直航便が開通するようになりましたので、大阪と韓国とは、これからも、いい意味でどんどん提携してゆかなくてはなりません。

提携関係といえば、先般、熊谷・日本通産事務次官が訪韓し、韓国政府と韓日通商問題の懸案事項について話合われた結果、ようやく大日金属の合弁だけが日本側から一件許可されましたね。日本は日本の資本が韓国へ進出するのを余り好まないわけなんですね。韓国側は日本の資本を受け入れる態勢がすべて出来ているのに日本側がそれに対する許可を渋っているわけですね。何故、日本が許可しないかと申しますと、六八年八月にソウルで韓日経済閣僚会議が開かれたとき日本側が韓国側に要望した事項が大体三つありましたね。あの要望事項が日本側の理由とみられるわけですが、三つの事項というのは①工業所有権を早急に認めること②租税協定を締結すること③海運協定を締結すること——など。この三つの要望事項を韓国側が認めたならば、いつでも対韓投資を許可しようというのが日本側の態度です。話し合いの結果申し合わせは出来るだけしようということになったわけですが、こんど経企庁長官に就任した菅野和太郎さんが通産大臣のとき、訪韓されて、話し合った結果、ある程度素地が出来ていたわけです。

韓国側でも、こんど取敢えず商標権だけ認めることになり、商標権の受付を始めているようです。

その反面、韓国側ではこのような多数の商標権の登録はある程度韓国に脅威を感じさせていることも事実です。しかしいずれにせよ商標権保護協定の締結によって必然的にいろいろと日本の対韓進出が行われるようになると思います。

ただ問題は、いまの時点では日本政府が全面的に対韓投資を認めていないことです。日本政府が日本業者の対韓進出をどんどん認めていないため、われわれ在日韓国人も進出できない。われわれも本国に投資したいのだが、全面的に投資を認められていない実情です。

こういう事情ですから、中央会あたりで政府に対韓投資を認めるよう、どしどし陳情して頂きたい。日本では労働力が非常に不足し、特に中小企業者は、これによって行き詰りを来している現状ですから、現実の問題として、それを開拓する意味においても技術とか、資本を韓国の方に進出させ、いい意味で発展していくことが望ましいし、また、そうあらねばならないのではないかと思うのですがね。

**太田**　そうですね。われわれも及ばずながら一つ努力いたしたいと存じます。

**朴**　以前にこういう問題がありましてね。日韓経済協会（植村甲午郎会長）——私も理事をしておりますが——で韓日間のいろんな事業の提携問題などについて話し合ったときのことですが、おもちゃ業者の同業組合の理事長さんが、たまたま訪韓して韓国業者との間に"よかったらやろう"ということで話し合いを進めて帰日したところ同組合内部から"韓国のような労賃の安いところへ仮りに一つの業者が進出したら日本の同業者は全部つぶれてゆくじゃないか、あなたは理事長として、そのようなことをしてよいのか"と突き上げに合って遂にご破算になってしまったケースが出ました。これは恐らく先ほどの会長さんのお話のような問題も、韓国へ進出しようということになりますと、この例からも組合から突き上げがあるのではないでしょうか。私が思いますのに上部の方では何とか提携してやろうとするのに、組合の内部では反対するというようなことで、これがいろいろな意味において、あい路となるわけですね。

**太田**　（笑い）日本の中小企業全体が一つのカベに突きあたっていますね。これは、毎年大幅なベースアップが行なわれるということになりますと、もう限界があると思うのです。日本の企業全体が再編成の時期に来ており、特に中小企業の場合、今後大幅な交通整理をしない限り、このカベを破れないのではないかと、いうことになっておりますので、そういうことのないためにも、さきほど申しましたように相互理解を深めて、その間の誤解を取り除いてゆくようによろしくお願いします。

われわれから申しますとお手やわらかにということになります。

**朴**　会長さん、これは私の持論ですが、最後にお願いしたいのは、日本人はいい意味において韓国とは非常に言葉も通じますし、また人種的にも同じということもありますので、ヨーロッパのEECはじめ世界的にブロック別の経済機構編成が進行しつつあることからも今後は物を一つ造るのにも韓国の三千万と日本の一億を合わせて一億三千万人を対象にした方がコストも安くなるわけですから、そういう観点に立って、いい意味で提携してゆくということなら何も問題ではないと思いますがね。（笑い）

**太田**　一つよろしくお願いします。

**本社**　ではこの辺で。長時間どうもありがとうございました。

# 新春座談会

## 職業持ったことに誇り

### ″広くなった社会的視野″

″戦後強くなったのは女性と靴下″とは、よく言われる言葉だが、靴下の方はともかくとして、女性が強くなったことだけは確かである。とくに、女性の職場進出はめざましい。もちろん同胞社会もその例外ではなく、″家庭″という狭い囲ちゅうから脱け出して、広く社会企業の発展に奉仕する若い職業女性が増えてきた。これは、とりもなおさず、同胞女性の社会的な地位向上を物語るものであり、何はともあれ喜こばしい傾向というべきだろう。本紙では、昨年来、在日韓国人関係の団体や企業で働らくそうした職業女性をとり上げ「職場の花」と題し、彼女たちのプロフィルを紹介してきたが新年に際して、もう一度″職場の花″ご登場願い、彼女たちの意見や抱負など、いろいろと語ってもらった。

**司会** 本日ご出席いただいた皆さん方は、同胞と密接なる機関、企業につとめている同胞女性ですが、昨年は各自、自分の職場で有意義に満足できる一年をすごしたことと思います。また皆さんは昨年、本紙が連載しました「職場の花」に登場していただいた方々であり、その節はいろいろと有難うございました。まず初めに、昨年を振り返ってみてどうですか。皆さんが職場を通してみられた同胞社会はいかがでしたか。

**安** 私のつとめている韓国人商工会は、大阪府下の韓国人商工業者を対象とした同胞社会と密接などころであり、同胞の企業をやっている人たちにとって少しでも利益になるように——という仕事でしょう。とくに最近は韓日経済人の来訪などでテンテコ舞いなんですヨ。それだけに今の職場はやりがいがありますネ。商工会では一年の初めに、どういう行事をやるか計画をたてるんですが、そのなかで特に、みんなに本当に役に立つ経理、簿記の講習会があるんです。同胞の方々がこれによって簿記の仕方が一から決算までできるようになったのは、大きな成果があったと思いますネ。

**朴** 私の場合は僑胞の二、三世教育という重要な部門を受け持つ奨学室の仕事なのです。そうですね一年を振り返ってみて気づいたことは、一般の同胞の人たちが教育問題に意外と熱意と理解がないことですネ…。しかし現在の職場を通じて昨年はとくに、自分自身が教育されたということが非常に有りがたく、今の仕事に意欲とか情熱といったものを感じました。ことしは昨年以上に同胞の人たちが同胞二世教育というものに積極的な協力と温い理解の目を向けて欲しいですネ。

朴　清子さん

**金（職）** 私のつとめている大阪興銀は、在阪同胞みなさんのお陰で近代的な新店舗（本店）もでき、また預金高も百三十億円突破という輝やかしい記録ができました。この記念すべき喜びというものを、今の職場で同僚と一緒にあじわえたということは、何よりも昨年での一番の思い出でしたです。そして大阪興銀がこれだけ発展したというのも同胞みなさんの積極的な協力のお陰だと感謝しています。

**金（玉）** 昨年の民団大阪府本部は、執行部も変わり民生、就職問題などの目の回るような一年でしたが、私自身もあっという間に一年が過ぎました。しかし民団大本がこれまでと違って生意気かも知れませんが″僑胞の民団″という雰囲気が出てきましたし、最近の民団は団員の方々が民団を盛りたてようという若さがあり、やり甲斐のある職場であり、私自身も充実した一年だったと思います。

**呉** 私のつとめている大阪商銀の場合は、僑胞系信用組合のうちで初の十五周年記念を迎えましたことです。私はつとめて未だ二年目で日は浅いんですが、この記念すべき今日を理事長はじめ同胞のみなさんと一緒にあじわえることができ、これによって商銀と同胞との間でどうしても切り離すことの出来ない関係があるということがジカに感じることができました。そしてこの喜びを私も一緒にあじわえたことは非常に幸わせだったですネ。

**韓** 私は今年の三月まで総領事館につとめていたんですが今の職場の韓国人民生相談所と総領事館は非常に似かよったところがあると思うんです。総領事館は上の方から同胞全体の権益擁護のために動いておりますが、いま私がつとめている相談所は、いうなれば下の方から同胞一人一人が幸福になるよう努力している″悩む同胞の相談室″みたいなものであり、今の職場はその点に意義があり、スゴク私自身やりがいがあります。

**司会** はじめに職場を通じての僑胞社会というものを話してもらったのですが、今日、出席ねがった皆さんは職場は異っても各々、同胞社会につとめる職業女性ですが、家庭に閉じこもっている韓国女性と比べて、皆さんの職業女性としての何か「考え方」といったものを一言ずつ…。

**安** 私は職業女性であるということはスゴク誇りに持てることだと思いますネ…。家庭の中に閉じこもっていると結局、大きな目で社会の現実といったものを見ることができないでしょう。やっぱり働いているということは得るところが沢山あると思うんです。いろいろの点で、仕事の上で人に接する機会が多いし、仮りに失敗をしても何というんですか、自分一人で解決してゆけるんだということが身につくんではないでしょうか…。

**朴** 私も女性が職場に出るということは、非常に良いことだと思いますね。それは一応、女性には二つの形があると思うんです。職場女性と家庭女性ですネ。家庭女性の場合は仕方がないでしょう。つまり人間を形成していく上においてマイナスだし、だからどんどん女性が職場に出て社会に出て、そういう幅のある視野の広い人間になるということは、非常に人間形成の上において大切だと思います…。

**呉** 韓国の女性の場合は、つとめましても年数が比較的に短いですネ。だいたい早く結婚して家庭に入っていきますネ。私ごとで何ですが、父がいないということで働らかなくてはならなかったんです。だけど働いたお陰で男の立場、女の立場というものが分りプラス面が多かったですネ。しかし女性の場合は私はこう思うんです。つとめた当初の気持というんですか…昔のことわざにある″初心忘るべからず″というその気持をいつまでも忘れない心がけが大切だと私の体験上おもいますネ。

**金（職）** 私も先の方と同じように職業を持つということは意義深いことだと思いますネ。やはり人間関係におきまして、家庭におりますと幅広い人間関係をすることは不可能だし、考え方もせまくなり、人の立場に立って考えるというんですか、社会の中の自分というものがジカに分り意義深いことだと思います。つまり私は、つとめて自分にはプラスになったですネ……。

金　玉淑さん

**金（玉）** 女性も今後どんどん勤めに出た方が良いと思います。たとえ短期間であっても皆さんがおっしゃった様に社会性、社交性が出て来てきますネ。その経験を通して、結婚しても生活の上でプラスになるんではないですか。たまたま私の場合は民団という職場であって皆さん以上に毎日が人と接するという機会が多く、たとえば男性を見る目も今年一年でだいぶ変りましたネ……。また私は職業女性であるということに、人一倍ほこりを持っていますヨ……。

**韓** そうですね、私もやっぱり勤める方が良いと思います。皆さんと同じような意見になると思うんですが、やはり私たち若い女性というものは、職場で何かやるべき仕事があると思います。それは他の誰にも出来ないことだと思います。それは職場の中で何かの部門で役に立つ人間、社会の中で役に立つ人間になるためには、やはり職場に出て、自分の立場とかそういうものをはっきりと認識していることだと思いますネ。もちろん、家の中でやる仕事も大事ですけれども、大きい社会の中でみた方が、別の角度から得るところが多いと思います。

**司会** いままでの話を聞きますと、皆さんは自分の仕事に誇りというものをもっているということが分りましたが、もし貴女たちが男に生まれていたとするなら同胞社会のどういう職場についていたかと思いますか…。そして何故そういう職場をえらんだと思いますか。

**安** もしも同胞社会の男に生れていましたら…民団の団長になりたいですネ。やっぱり民団というところは僑胞社会を代表するところだと思うんですヨ。そうしたら同胞のために役に立つ仕事が民団でできるでしょう。だから、それを代表する団長さんになりたいですネ…。ウフフフ……。

安　晶子さん

**朴** そうですネ。私が男だったら（言葉に力が入る）何か事業をやりたいですネ。何故なら在日同胞の生活水準というものは非常に低いと思うんです。だから事業をやりながら、お金があれば貧しい同胞たちのために、民生の仕事をやりたいですネ…。少しでも、そういう仕事で役に立てば幸わせです。

**韓** 私はいまの職場が一番好きですからネ…わっぱり民生関係の仕事がやりたいですね。とにかく在日同胞にはいろいろな問題が多すぎるでしょう。皆自分の国にいたら何のこともないことが——つまり不自然ですヨ。だから自然にしてあげるだけでいいんですが、それが非常にむずかしいんです。日本での特殊な立場にある同胞の悩み、相談といったものを、一つずつ解決して手助けしてやりたいですね……。

**金（玉）** 自分に余裕があれば——つまり金があれば民団とか組織人になりたいです。私は学生時代にはジャーナリストになりたかったのですが、新聞報道関係もいいですネ。やはり男なら同胞と密接な関係にある民団というものに入って民生、文教問題を突っ込んでやりたいですネ。

**呉** 理事長の下で働いていまして、理事長の忙しさというものがジカに分るんですが、一人では大変なんです。だから自分が男だったら理事長の下で働いて、少しでも手助けできる″片腕″になりたいですネ。

**金（職）** 私が男だったら、やはり自分が満足できるような事業をやりたいと思います。なぜなら在日同胞の人たちは働くところの範囲が狭いですね。もしも大事業をやって人を沢山つかうようになりましたら、在日同胞の人たちを多くつかって待遇を良くしたいと思います。結局、生活地位の向上によって日本の人たちからも尊敬される韓国人になれると思いますから…。

**司会** 皆さんは職業女性として、各分野で貴女たちの仕事の範囲内で活躍なさっているんですが、どうですか貴女の今の仕事は、何らかの形で母国に貢献していると思いますか。

**金（玉）** 少しは貢献していると思います。私の場合は民団において、たとえば対備書きというような簡単な仕事であっても、民団の仕事というものが在日同胞と密接なものであり、その仕事をすることによって、ひいてはそれは民族、国家のために何らかの形で役に立っていると思いますから…。

**朴** 私は韓国（母国）に対しては少なからず貢献していると思います……。また、そう思いたいですね。同じ働くにしても、私がその職場に働いて責任と自覚というんですか、それをものすごく持っているんです。だから、それを持っているそこから貢献していると思うしそう思いたいです。やっぱり働くにしても役に立つという前提のもとに働きたいと思いますから……。うまいこと話せないですワ……。

**金（職）** 興銀がもちろん母国に対して貢献しているということは、やはりそこに働いている人たちが貢献しているから祖国につながると思うんです。私の場合、人を接待したり取り次ぎをすることが主なんですがたとえ小さな私の仕事でも貢献しているんではないですか…。

**安** 私どこの場合は、今は保税加工貿易が盛んでしょ。そうすると商工会の会員の人たちが国へ行って会社を作るでしょ。その会社に国の人を使って生産して日本に持ってくるのは結局あまりはっきり分りませんが韓国の失業救済にもなり母国の発展に寄与することになり、そういうことで貢献しているんではないですか。

呉　英美子さん

**呉** 商銀は同胞のための組合であり、同胞の方が事業するにあたって資金の貸付けなどをして同胞と手を取りあってお互いに発展することは、同胞にも母国にも喜ばしいことだと思います。そして商銀につとめている私は誇りにも思いますし、少なからず貢献していると思います。

**韓** また私はつとめて日が浅いので、はっきりとそういうことは分りませんが、今の職場の仕事は地味ではあるけれども、同胞が日本で生活するにおいての″悩みの相談所″であり、本当に下から同胞をみつめて助けているということで意義があり、私も早くそういう相談にのれるような人間になって、同胞だけでなく母国に貢献したいですネ……。

**司会** 突然で失礼ですが、五年後の貴女たちはどうなっていると思いますか？

**呉** やはり結婚していると思います。韓国女性の場合は、恋愛というのは非常にむずかしいでしょ。そしてデートもしたこともない私ですから、五年先も無理かも知れませんが……。

**金（職）** もちろん結婚の相手は韓国の男性ですが、自分で見つけるのはダメでしょうネ……。

**金（玉）** 結婚していると思います。最近、自分の進むべき道といったものがボンヤリとわかって来たつもりなので…。もし結婚をしても充実した、つまり韓国人としての誇りをもった生活が送れると思うんですが……。

**朴** 五年後といっても、まったくわからないと思うんですネ。わからないけれども私は何か一つのことに努力して、悔いなく生きていきたいと思います。そして今、私は一つのことを計画しているんです。絶対それはやり遂げてみせますけれどもネ…。それはノーコメントです。（知りたいとの声あり全員大笑い）五年後の私は努力はするけれども、私の存在というものを神に祈りたいですネ…。

**金（職）** 結婚している可能性が強いと思います。もしか今の状態から変っているとしたら、やはり平凡な家庭に入っていると思います。働らいているということは万に一つないでしょうネ……。

**韓** そうですね、私の想像によりますと、やはり結婚しているでしょうね。もらい手があるかどうか分りませんが、子供が一人位いて、おしりをヒシャリヒシャリたたいているのではないでしょうか。（全員大笑い）多分そんなところだと思うんです。それまでは一生懸命はたらきたいと思います。

**安** 私もやはり結婚して良妻賢母になっていると思います。ちょっとあつかましいかなァ……。女性にとって結婚して子供を育てるということは、一番大きな義務だと思います。だから本当にいいお母さん、いい妻になりたいです。もちろん自分自身も努力しますが……。だけど想像もつかないワ……。

**司会** こういう質問は大変恐縮ですが、貴女たちはどういったタイプの男性が理想ですか。そして若し結婚したら、どういった夢、家庭づくりの夢がありますか……。

**安** 私は結婚したら二人で力を合わせて素晴らしい家庭をつくりたいと思います。その家というのは人とか友達が気軽るに立ち寄ってもらえるような、そういう家なんです。もちろん献身的な妻になります……。理想の男性は仕事に誇りと情熱を持

↖

# 職場の花

## 現代っ子らしい男性観
## 個性とファイトある人に人気

〈前頁よりつづく〉っている人で、自ずから仕事をつくり出すようなファイトのある男性にひかれます。そして夫婦間で一番大切なことは、お互いに批判しあえるようなムードというんですか、きびしい目でみるということが、お互いに最高の愛情表現だと思うんですが…。

**呉** 夫婦はお互いに協力して行くのが理想だと思いますし、人からもあの奥さんは立派な人だといわれるような人間になれるよう努力したいですネ…。理想の人はリードしてくれる人だったらいいですね。

**金（玉）** もちろん結婚相手は韓国の男性ですが、理想の男性といいますと……韓国人として前向きな信念を持ったやさしい人ですネ。これまでは韓国の家庭というのは、おこられるかも知りませんが暗い面が多かったのではないでしょうか…。だから私が若し結婚しましたら、お客さんが来られても、この家は明るくて温かい家庭だナアーといわれるような、若さに満ち溢れたものにしたいですね。欲をいえば庭のある花のある生活をしたいですね……。

**朴** 私の理想の男性は個性のある人ですね。言葉に臨機応変ということがありますね……つまり世渡りの上手な人というのは一番嫌いです。だから現在の悪い社会に対して妥協しないような、前向きな意欲と忍耐力のある男性にひかれます。

**金（謙）** 私も理想の男性は、指導力があって頼りがいのある人ですね—。どっちかといいますと私はついて行く方がいいです。やはり子供なんかを育てるときでも、旦那さんにリードされて、その中で自分の意見を入れて行きたいです。けれども子供は母といるときが多いので、母親がシッカリしないとダメですね。そして家庭は人がうらやむような、なごやかな友達づき合いのようなムードのあるものにしたいですネ…。

韓 玉喜さん

**韓** 一番いやな質問ですね…。やっぱり家の主人というものが仕事に熱中できるような、そして家庭のことに不安や心配のない家庭をつくりたいと思います。私は恋愛なんかをすることはないと思いますし、多分お見合いだと思います。だから母に任せますでしょうネ……。理想の人は、仕事にうち込んでいる男性でファイトがあってユーモアを解する人……欲張りかしら……。

**司会** 皆さんは「職場の花」に登場していただいた方々ですが、好きな花を一つずつ上げて下さい。そして、どういうところが好きか話してもらえませんか。

**呉** コスモスがいいですね。花はそのほかたくさんありますが、コスモスは可愛いくって、どんな障害にも絶えていくという根強さがあり、そういうところが好きですね。

**朴** 私は雑草類が好きで、とくにヒナギクですね。静かナーな感じで温かみがあるんですね。そして、しおらしいところが好きなんです。雑草類は踏まれても踏まれても起き上がるでしょう……そういうところが非常に好きです。

**金（謙）** 私はマーガレットが好きです。マーガレットは白い花で……清潔な感じがするでしょう。そういうところが好きです。そして花以外でしたら木なんかがいいんではないですか……。華やかさはありませんが、その自然の美しさというんですか力強いですね。

**韓** 私はやっぱり梅の花が好きです。梅の花自体というのはもちろんすきですが、二月ごろに咲く白い花が寒い時期にパット咲くでしょう。だから梅は力強さとやさしさの両面を備えていますね……そういうところが非常に好きです。

**金（玉）** コスモスです。可れんで清楚で可愛いらしいでしょう。いうなれば女性的な花ですね……。

**安** 私は花よりも雑草の方が好きですね……。というのは雑草の生命力というんですかミス朴がおっしゃったように、踏まれても踏まれても力強く生き抜くたくましさが好きですね……。だけど花でしたらマーガレットが可愛らしくていいですね。

**司会** それではこの辺で新年の懇談会ということでスケールを大きくいって、突拍子もない質問で恐縮ですが、毎年年末になりますと「一千万円の宝クジ」が売り出されますね。もし貴女が一千万円の幸運をかち得ましたらどうしますか。その使い道といったものを話して下さい。

**金（玉）** ウフフ…。想像もつかない質問ですね。もしもその幸運が私に当りましたら…世界旅行をしたいです。一人で旅行をするのは寂しいから、気の合った者同士で…それよりも恋人と一緒なら最高でしょうね。

**朴** そうですね…私なら好きな人と一緒に世界旅行をしますね。世界の隅から隅までこの目で見て、残ったら半分を[illegible]事業に回します。だけど一千万円の半分も世界旅行で使い切れないでしょうね…。そしたら十分の一位い貯金に回したいです いや初めから半分ずつにしょうかなあ…迷っちゃいますワ…。

**金（謙）** 私は一千万円もの大金を持っていてもしょうがいから…先に貯金をしますね。勿論、大阪商銀にですヨ（全員大笑い）。それから、まだ韓国に行ったことがないから一度母国に行って、それから世界を見たいですね。世界といっても広いでしょう……私はヨーロッパ方面に行きたいです。そして半分は同胞の人たちの慈善関係や教育関係に役立てたいですね。若しも二、三百万円残りましたら女でも出来るような事業をやりたいですね……欲張りすぎるかしら……ウフフ。

**安** 私なら一千万円がなかったものと思って海外旅行をして、視野を広く世界に目を向けたいですね。そして今まで自分の給料では買えなかった身の回り品とか欲しいものを買って……だけど金額が余りにも大きすぎて想像もつかないワ……。残ったお金は、やはり慈善団体に寄付したいです。

**呉** 私の場合でしたら家族全部で本国に行きたいですね。勿論お父さんの遺骨を持って立派なお墓を立てたいです。それから本国に行きますと実情は余り知りませんが国の人は多分困っていると思うんです。だから困っている人や親戚の人達に分けて上げたいですね。そして残りましたら……今でも切手なんかを集めて身体障害者なんかに送ってあげると、立派な建物なんかが建つでしょう。だから身体障害者の人たちや困っている人たちに差し上げたいですね。そして少しは残しておいて、月末には大阪商銀に貯金したいですネ。

**韓** そうですね……そのようなこと、考えられないワ……。ウフフ…。やっぱり本国に行きたいですね。本国へ行って帰ってきましたら沢山残ると思いますので、在日同胞のお年寄りたちや困っている人たちに役立てたいですし……そして一人残らず本国旅行をさせてやりたいですね。もち論切符代金は世界旅行社で全額無料ですヨ……想像もつかない楽しい質問ですね ウフフ……。

**司会** 同胞社会で気の付いたことや要望点と民族教育などについて。

**呉** 私はこれまでチマ・チョゴリを着たこともなく、また一着も持っていませんが、同胞二、三世の女性は今後どんどん着るべきだと思います。私はチマ・チョゴリというものを弁解めくかも知れませんが、一番大事なもの（結婚式）として置いておきたかったんです。けれども最近は心境の変化というんですか、今年は衣しょうをつくって着たいですね…。

**朴** 私は思うんですが、同胞の人たちは本当に利己主義ですね。個人的なつき合いではいいんですが、団結心というものがないんではないですか。たとえば民族学園でも同胞の人たちはデンデバラバラの感じだし、計画性というものがなく、今後は一世の人たちが積極的にムードづくりというものをやるべきだと思います。だから民族意識の欠如というのが非常にさびしいですね。

**韓** 民族学校へ行きますと本国の歴史とか国語が教えられ皆んなが入りたいと思うんですが、なぜ入らないかといいますと学力などの問題で入らないと思うんです。そういう点は決して劣るとはいいませんが、いろんな面で不安な面が多いんですね。結局その点が問題点であり解決して行かなければいけないと思います。

**金（謙）** 同胞の人は何事も利害関係でやる人が多いでしょう。やはりもっと献身的に前向きな姿勢で、人と付き合う場合でも損得勘定を抜きに、民族のためにという姿勢が大事じゃないんですか……。

**金（玉）** 今まで民族教育の重要性というものが叫ばれていながら、現在それがなっていないというのは指導性がないからではないでしょうか。もう少し民団とか大人たちが積極的に推し進めるべきだし、在日同胞一人一人がもう一度考え直す時期に来ていると思います。

**安** チマ・チョゴリの素晴らしさは在日同胞みなさんが知っていると思うんですが、これは韓民族の誇りだし機会あるごとに女性は着るべきだと思います。

**司会** 最後に今年の抱負といったものを話してもらいましょうか。昨年はこれが出来なかったから今年はこれだけはやりたいとか、今年は理想の男性と結婚したいとか、何か具体的に話してもらえませんか……。

司会 馬 英明

**呉** 昨年の反省といったものも含まれているんですが、先ほど私は理事長の片腕になりたいといったでしょう。今年も今の職場の秘書課にいれば、女性でも仕事の範囲は狭いけれども理事長の考えていることとか私のやるべき仕事は沢山あると思うんです。だから今年は、自分から進んで仕事を見つけ出して、片腕的な女性になれるよう努力したいですね。結婚の方は今でも相手がおればやりたいんですが、そういう交りというんですか機会がないでショ。毎日が出社しては帰るといった伝書鳩というニックネームがついている位いだから、今年も望み薄ですね…。（少し思案顔）

**朴** 私は今年中には絶対に母国語をマスターしてみたいです。それと並行して英語もやりたいです。それから母国の歴史、風俗習慣、歌といった多くのものを積極的に自分から進んで身につけたいですね…。一番大事なことを言い忘れていました。文化センターの存在といったものを同胞の中でも知らない人が多いんですね。センターでは本の貸出しもやっておりますし、教科書や韓国の資料が沢山ありますので、今後どんどん利用してもらえば幸いに思います。最近は利用する人が日本の方々の方が多いというのは淋しいですね…。

**金（謙）** 今年は自分自身が満足できるような充実した仕事をやりたいと思います。だけどなかなか出来ないと思いますが…。それから出来ましたら今年中には本国に一度行きたいです。その他はこれといってないですね。

**韓** 昨年はどうにか民生相談所の存在といったものが、同胞のみなさんに分っていただいたと思うんです。そして民生相談所と旅行社はどうして切り離せないものだと思いますネ。たとえば同胞の方が本国に旅行しようとする場合、普通の人と違って遊び半分じゃなく、自分の国に帰るという生活と結びついたものであり、それも出来ない人が沢山いるわけです。結局、お金の問題じゃなくて在留資格の問題とかで行けないんですね。そういう人達にもっともっと知ってもらって、お役に立ちたいし、手助けしたいです。

**金（玉）** 私は自分自身が精神面でもっともっと強くなりたいですね。ただ本当に強くなりたいです……。何事にも苦にしないような強い精神力というんですか、人の言うことに惑わされないような人間になりたいですね。だけど自分のやることには責任をもって、明るさを忘れないということが前提ですが……。

**安** 私は現在、洋裁学校にかよっているんですが、今年の三月に高等科を卒業しますので、その時は自分でも納得できるような立派な作品をつくりたいですね。得た技術を十分に生かした自分にあったユニークな作品ですが……。それから今年中に、どうしても韓国語を徹底的にやりたいです。現在は簡単の応待程度ですが、会話ができる位いになって、それから母国に行きたいですね。

**司会** きょうはお忙しいところ本当に有難うございました。皆さんは今までそれぞれ在日同胞機関の職場の花として、活躍し努力して参りましたが、新しい年を迎えると共に、より一層同胞社会を明るく、立派なものへと導びくため皆さん方のますますの健斗をお祈り致します。今年も元気に頑張ってくれることを望みます。

金 謙子さん

### 出席者

駐大阪韓国総領事館奨学室　朴 清子
在日韓国居留民団大阪府地方本部　金 玉淑
大阪韓国人商工会　安 晶子
信用組合 大阪商銀　呉 英美子
信用組合 大阪興銀　金 謙子
韓国人民生相談所・世界旅行社　韓 玉喜
〈本社側〉　馬 英明　宣 壮介

営業品目
加工着尺・各ボカシ染・手カキ友染
## 碧木染工場
代表 李鎮錫
京都市下京区諏訪町松原下ル328
電話 京都 351−6086番

学校法人 京都韓国学園
京都韓国中高等学校
理事長 崔永五
副理事長 白南善
常務理事 尹鏞善
学校長 金英斗
京都市左京区北白川東手井町8番地
電話 (781)4835

## 京都韓国人商工会
会長 尹仁述
副会長 河炳旭
〃 金権俊
専務理事 李武周
事務局長 金正輝
京都市左京区下鴨宮崎町 119番地
電話 (711)1161

## 在日大韓民国居留民団 京都府地方本部
団長 兪錫濬
議長 趙鏞雲
監察委員長 全成局
事務局長 李相権
京都市左京区下鴨宮崎町 119番地
電話 (781)8281

在日本大韓民国居留民団
## 京都府中京支部
団長 金海鎮
議長 李元宰
監察委員長 金五奉
京都市中京区壬生御所ノ内三三
電話 (八四一)二六四三

在日本大韓民国居留民団
## 京都府左京支部
団長 宋斗一
議長 金鍾根
監察委員長 金茂湧
京都市左京区田中里ノ内町十五
電話 (七八一)四〇六七

在日本大韓民国居留民団
## 京都府右京支部
団長 黄殷益
議長 尹甲石
監察委員長 金鍾淑
京都市右京区西院手町二番地
電話 (三一一)一四三一

在日本大韓民国居留民団
## 京都府上京支部
団長 朴東鉉
議長 李相権
監察委員長 権寧華
京都市上京区中立売通智恵光院上ル
電話 (四四一)一六、五四

在日本大韓民国居留民団
## 京都府下京支部
団長 田徳三
議長 高一柱
監察委員長 金龍石
京都市下京区七条大宮上ル
電話 (三七一)七五九〇

在日本大韓民国居留民団
## 京都府伏見支部
団長 朴龍水
議長 宋学述
監察委員長 金相寿
京都市伏見区京町十丁目
電話 (六四一)二七二二〜三

在日本韓国青年同盟
## 京都府本部
委員長 金一明
常任 一同

純北京料理
## 東華菜館
京都市下京区四条大橋西詰
電話(二二一)一一四七・一一四九 七五〇・五〇二九

製鋼原料
## 三廣産業株式会社
代表取締役 金正門
京都市南区東九条上御霊町四〇
電話 (六八一)一二二一〜三

各種織物整理加工
## 林綿布整理加工場
代表 林長春
京都市左京区北春炭町二八番地
電話 (七八一)六三六五

友仙染
## 岡本染工場
代表 黄龍学
京都市左京区田中古川町一八番地
電話 (七〇一)三一三六

# 謹賀新年
# 今年は在日同胞の大いなる躍進のとしへ！

ゴローケツム 水洗
## 鶴川精洗工場
代表 鄭春碩
京都市中京区大宮御池上ル
電話 (八四一)八〇八七

ゴローケツム 水洗
## 池永精洗工場
代表 池得水
京都市右京区太秦桂ケ前町一七
電話 (八六一)二七六五

諸官公庁会社払下品入札関係
## 長野商会
代表 朴鴻圭
京都市中京区岩上通姉小路角
電話 (八二一)五九四五

古物商
## 新井商店
代表 朴在権
京都市伏見区深草紺屋町一六
電話 (〇七五)五二八三

精洗業
## 前田精洗工場
代表 金景天
京都市中京区壬生馬場町35番地
電話 (811)7875

高級映画常設
## 南洋館
代表 金璧振
京都市南区西九条開ケ町三番地
電話 (六九一)八六一六

高級服地・プリント染
## 岩本染工場
代表 李圭性
京都市左京区上古川町12番地
電話 (791) 8145〜6

純喫茶・グリル・洋酒
## ACB（アシベ）
石山店 大津市石山駅前
京都店 南区西大路駅前
代表 朴在憲

ローケツゴム 水洗
## 平野精洗工場
代表 黄三龍
京都市中京区壬生馬場町43番地
電話 (811)4584・4586

オアシス遊技場
## 李時乭
京都市下京区四条河原町下ル
電話 (三五一)〇八四五四 (三六一)〇八四二六

診療科目
| 内科 | 胃腸科 | 皮フ科 | 外科 | 小児科 | 放射線科 |
|---|---|---|---|---|---|

診療時間 午前9時〜午後9時
日曜・祝祭日休診
●入院随時（給食・寝具支給）
●海外旅行予防注射指定病院
## 東和病院
院長 張熙日
京都市南区東九条西札ノ辻町12番地
市電伏見線札ノ辻電停西入
電話 京都 (681) 5336〜7 9946

## 大城蒸工場
代表 徐光園
京都市左京区西京極橋詰町27番地
電話 (313) 1170

男女社員募集・委細面談
## 高山物産株式会社
取締役社長 崔永五
専務取締役 金容元
京都市上京区下立売堀室町西入
電話 (431) 4141〜5

## 安本蒸工場
代表 権聖萬
京都市右京区西院畑町3番地
電話 (311) 6605 (861) 2945

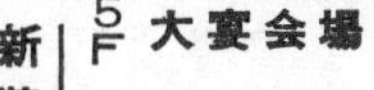
新装開店 エレベーター完備
5F 大宴会場
4F 大小和室宴会場 純和風個室
3F 大小和室宴会場 大宴会場 300名様
2F 大小洋室宴会場 大宴会場 300名様
1F 一品大衆食堂
ご宴会・ご結婚・ご披露
ご集会は本場の味で…！
電話一本でOK
351−4745・7372
お料理は一卓八人掛け
① 10,000円
② 12,000円
③ 15,000円
京都信販・JCB加盟店
## 桃園亭
京都市下京区河原町四条下ル西側

堅実な経営！
躍進するセンターチェーン

## センターチェーン本社
京都市南区東九条上殿田町49 電話 (681) 6571 (代表)

ウール織物・化合繊
染着尺・その他
各種織物 整理加工
## (呉) マルゴ織物整美社
京都市上京区智恵光院通笹屋町上る
電話 (431) 4105 代表

世界の旅は 大韓航空公社代理店へ
韓国向け農機販売・各種機械輸出の
## 株式会社 亜細亜航空旅行社
京都市上京区五条通壬生川町西入（ひじりビル4階）
電話 (361) 6421 代表

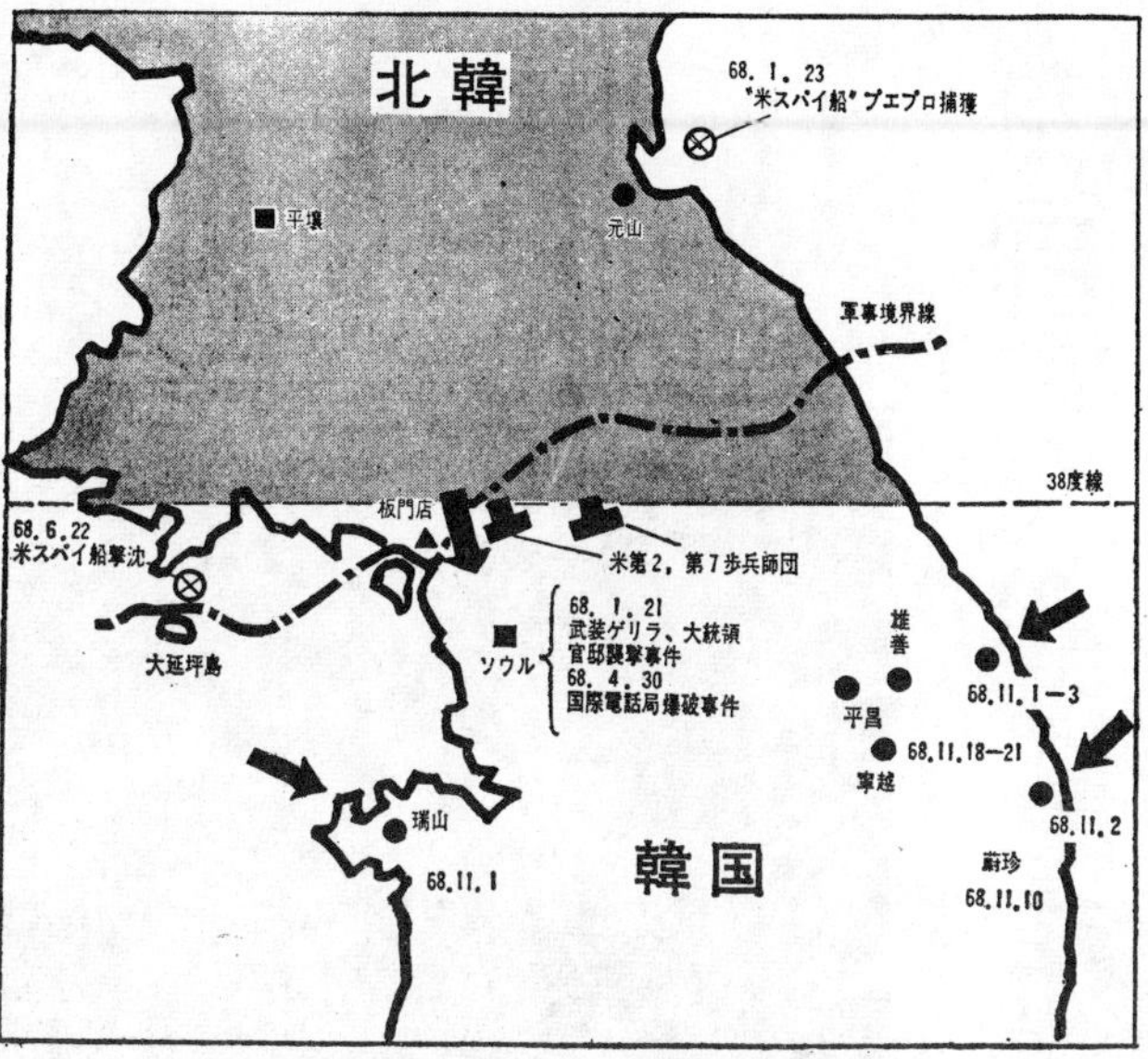

# くすぶる38度線

## 軍備強化をいそぐ　韓国

## 国力示威をねらう　北韓

南ベトナム政府の拡大パリ会談参加が決まり、ベトナムは和平への道をさらに一歩固めたが、一方、韓半島では北傀のあいつぐ特攻隊的な武装ゲリラの送り込みによって緊張が高まっている。北側では、これらのゲリラを「韓国内の反朴政権遊撃隊」といっているが、国連朝鮮統一復興委員会（UNCURK）は、昨年十一月二十六日声明を発表し、これをはっきり「北韓ゲリラの浸透行為」と述べたうえ、これが「韓国の安全を阻害する計画的なものであることを確認した」ときめつけた。一部では、事態が十八年前の韓国動乱の悪夢を想起させるほどだとみているが、果たして韓半島の危機は爆発するのだろうか。



**軍事力比較**（英戦略研究所68年報告による）

| 北韓 | | 韓国 |
|---|---|---|
| 総兵力34万5000人、機甲師団1、歩兵師団18、独立歩兵旅団5、戦車800台、ミサイル基地15か所、ミサイル約300発、特攻隊1万5000人 | 陸軍 | 総兵力55万人（うち南ベトナムへ4万6000人派遣）第1線歩兵師団19、戦車旅団2、砲兵大隊40、予備歩兵師団10、オネストジョン大隊1、ミサイル大隊2、同中隊1 |
| 総兵力9000人、潜水艦4隻、ミサイルしょう海艇4隻、掃海艇など75隻 | 海軍 | 総兵力1万7000人、駆逐艦3隻、護衛駆逐艦4隻、フリゲート艦など61隻 |
| 総兵力3万人、戦闘用航空機590機ミグ15、17戦闘爆撃機450機、IL軽爆撃機60機 | 空軍 | 総兵力2万300人、戦闘用航空機195機、F5戦術戦闘機54機、F86D F86F迎撃機131機 |
| 保安部隊、国境警備隊計2万6000人労農赤衛隊（民兵）120人 | その他 | 海兵隊総兵力約3万人、在韓米軍第2、第7歩兵師団、第314航空師団第4ミサイル部隊 |

### 冒険欲せぬ米ソ

#### むしろ抑制する立場

韓半島の危機をはかる上でもっとも重要な要素は、国際環境であるが、米ソ二大国はじめ中共を含めた国際的環境は十八年前と大きく変わっている。

まず、米ソ二大国が、すでに相互に認め合っているお互いの勢力圏を、武力をもって変更することを望んでいないことは、たとえばチェコ事件に対するアメリカのおだやかな反応からもうかがわれるとおりである。とくに韓半島のように一度、三年間もの激戦の末に結局は元の境界線の再確認に終わった場所で、改めて軍事的冒険政策に出るべき条件はない。

というより、東欧と中ソ国境で軍事力を強化しつつあるソ連、一方ベトナムで「アジアの地上戦に巻き込まれるな」という韓国動乱の教訓を改めて体験し直したアメリカとの双方が、ともに〝第二の韓国戦争〟の危険に対しては、むしろ抑止する側に立っているようにみえる。それはとし初めのプエブロ事件に対するアメリカの意外なまでの柔軟な対し方に、はっきりとあらわれている。

同じようなプエブロ事件に対する冷淡さは、かつて北傀軍とともに戦った中共の態度にも指摘される。プエブロ事件のさい、中共は三日間の沈黙のあとで形式的な声明を発表したにとどまり、その後、非武装地帯でのあいつぐ衝突事件に対して北傀が「米帝国主義の挑発と侵略的行動の激化」を激しく主張し続けているにもかかわらず、中共側は全く沈黙を守ってこれに同調していない。それどころか、六六年から悪化しだした中共と北傀の関係は、中共各地で反金日成のビラがはられ、周恩来総理までが公然と「北韓修正主義」と非難し北傀も北韓戦争についてふれるさい、中共義勇軍の役割を事実上全く無視しさるという状態にまで至っている。

従って、現在の北傀側の攻撃的姿勢は、北傀側がしきりに主張する〝自主独立路線〟に基づくものであって、ソ連あるいは中国が背後からあと押ししているという、いわゆる〝国際共産主義の侵略的行動〟という見方は、もはや適用されないというべきだろう。

一九六五年ごろ、米軍のベトナム介入の本格化した時期に北京からアジア各国共産党に〝ベトナム第二戦線〟のための武装ほう起指令が出され、北傀にも三十八度線での紛争激化の圧力がかけられたという説がある。この北京の指令に従ってほう起しかけて壊滅されたのが、インドネシア共産党の九・三〇事件だと、この説はいうのだが、その後の北傀と中共の関係、あるいは韓半島の緊張とベトナム戦争の関係から考えて、北傀が、ベトナムの米軍をけん制するための〝第二戦争〟として、武装ゲリラ闘争を開始したとはみられない。

ベトナム戦争と現在の韓半島の緊張との関係があるとすれば、ベトナムでの米軍の介入失敗が必然的に今後アメリカのアジア不介入の姿勢を強めるとの見通しに立って、北傀側が動き出しているのではないかという点であろう。そしてプエブロ拿捕事件後のアメリカの柔軟な出方から、北傀側はその見通しにかなりの自信をもって、いよいよ本格的に侵略闘争に乗り出し始めたのが、現在の状況のようだ。

### エスカレートの危険も

#### 続きそうな緊張状態

ソ連としても、プエブロ事件後、北韓に対して軍事援助を増大している兆候はなく、昨年から国連での韓国問題討議に一段と積極的姿勢を示し始めているのも、韓国問題の〝軍事的解決〟ではなく〝政治解決〟を基本とする立場を間接的に示すものといえよう。

中共は目下国内で〝第二の革命〟の最終段階に忙殺され、少なくとも核戦力の整備される七〇年中ごろ以後まで、アメリカと直接軍事対決することはのぞんでいないとみるべきであろう。

だが、こうした〝第二の韓国戦争〟には抑止的な国際的諸条件が、同時に、北韓と韓国に対して本格戦争一歩手前まで危機感を高めることによって、関係大国の関心を引き寄せようとする要因となっていることも、否定できない。

韓国側についていえば、韓国軍のベトナム出兵の見返りとして、アメリカが韓国軍の装備近代化をはじめとする援助強化を約束したいわゆるブラウン覚え書き（六六年三月）の実施が、二年近くのびのびになっていたのを、北傀ゲリラのソウル侵入事件をいわば格好の口実として、その実行促進を迫った。北傀側については、小銃も国産できない韓国に対して戦車、機関銃まで生産できる段階まで進んでいる点から、直接の軍事援助ひき出しのための緊張激化というよりは、むしろ北ベトナムと解放戦線の成功に刺激されて、共産世界、および、いわゆる第三世界でのはなばなしい地位を築こうという一種の〝示威行動〟の動機が指摘されている。

もちろんアメリカ側も、在日米空軍の烏山基地（ソウル西南）移駐、M16自動小銃その他の比較的新式兵器や駆逐艦、高速魚雷艇などの韓国軍への引き渡しなどの対応措置をとり、有事のさいに備えて本国から機甲部隊の大空輸作戦の演習も計画されたが、結局、この空輸作戦も〝刺激的すぎる〟ということで無期延期となっており、在韓米軍も増強されていない（二個師団約五万）。

（日本の新聞から）

# 写真で見る

# 祖国近代化に導びく

## 京釜高速道路

新しい年が明けた。"七〇年"への入口に立つ一九六九年はわれわれに一層の希望と夢を与える年である。わが国は"七〇年代"に偉大な飛躍をわれわれの後孫と世界に証明するため、たゆみなき国土建設の歩みを続けてきた。第一次経済開発五カ年計画を成功的に[illegible]けたわが国は、引続き第二次五カ年計画を意欲的に推し進め、新年は同計画の第三年目を迎え大国建設の[illegible]音を一だんと高鳴らせようとしている。民[illegible]である祖国近代化の達成は、いよいよ目前に[illegible]来たのである。建設、そして建設、増産し輸出[illegible]きたわが国の経済は、今やすさまじい飛躍的な高度成長[illegible]に突入、新年はより高い生産段階へと移り行[illegible]しようとしているのである。

このときにおいて、新年[illegible]に力強い[illegible]を[illegible]えしているのは高速道路建設の進行である。すでにソウル[illegible]の[illegible]。これが完成の暁には[illegible]の生活圏に[illegible]くりあげ、[illegible]消費市[illegible]直結させる[illegible]であるが、これが完成の暁には[illegible]国民の所得再分配の[illegible]がはかられることになるので[illegible]団地が造成され[illegible]経済がつくりあげられ、わが国[illegible]ある。この道路[illegible]画についで新年には、あらたにソウ[illegible]間高速道路工事も着工されようとしている。一九六九年は、昨年に続き"建設の年"といえよう。

京水・京仁高速道路完工式でテープをきる朴大統領夫妻と朱建設長官(右端)

昨年12月21日に開通した京・水高速道路（総工費21億1千万ウォン）

果てしなくのびる京・釜高速道路

夜道も真昼のように照明されたソウル—水原間

広々と広がる4車線の偉容

# 新春随想

## コンピューターの未来像

**鄭　天　義**

戦後における技術革新のはなばなしい立役者は何といっても、原子エネルギーを中心とした原子力革命、ジェット機を中心とする交通革命、一方、エレクトロニクスを中心とするコンピューター革命である。

前二者はともかくとして、後者の電子工業については、現に開発されて、その応用範囲は極めて多方面に亘っており、また、将来発展してどんな製品が出現するか、全く計り知れないものがある。

電子工業といえば誰でもコンピューター（電子計算機）を連想するであろうが、われわれの身辺を見回しても、こういった複雑なメカニズムの製品から、テレビ、ラジオ、事務機器から家庭用品に至るまで、その範囲は枚挙に遑がないほど、電子工業の恩恵を被っている。

その電子工業の応用範囲が、日進日歩の勢いで企業や日常生活に直結して来るにつれ、将来の社会構造や生活様式がすっかり変ってくるかも知れない。昔は夢想だにしなかった「人工頭脳」というコンピューターの発達は、過去の産業革命によって労働者が肉体労働から解放されたことよりも、はるかに勝るとも劣らぬ社会構造の変革を予測させられる。

顧みれば、第一次産業革命は僅かに人間が肉体労働から解放され、それが機械工業により、いわゆる資本家と労働関係という新しい階級の出現をもたらし、これがやがて資本主義体制の中核的な階級を形成したが、コンピューター革命の将来は、大まかにいえばコンピューターを中心とした技術者が新しいエリートになり、その下に[illegible]として労働者階級に代る大衆がくる。

これはかつて、習得労働によって採取されたる労働者でなく、高度の消費、あるいは高度の教養を身につけた大衆なのである。因みに「ロストウ」の発展段階説を借りれば、動力革命の最終段階を高度大衆消費社会とすれば、コンピューターの最終段階は、高度大衆創造社会であるといえる。コンピューターが無限に進歩し、われわれが自由に必要な情報を入手し、これらを駆使して意思決定ができるようになれば、われわれは自ずから人生目的を持ち、創造的に生活することが可能である。こうした社会を「ロストウ」のいうように、高度大衆創造社会と名づけられるであろう。

そこで、コンピューターは情報の大量生産で、社会生活に必要な事実の伝達によって、われわれがデパートで何十万という商品の中から嗜好品を自由に選択できるように、われわれが社会行動を決定するに必要な無限の情報を手にすることができ、そこから新しい生活の可能性が無限に追求され、かつまた可能性の可能性がつくられていくことが想像されるのである。

しかし、コンピューターはただ今のところは主として、研究機関や官庁、銀行、大会社などのみ事務機械化、行程管理などに使われているにすぎないが、IC（集積回路）の開発によって、十億分の一秒という、とても信じられないほどの超高速で、しかも小型の機械で膨大なデーターを一瞬にして処理してしまい、さらに通信技術の発達と結びつくことによって、ますます大規模な情報伝達と分析処理が可能となってくる。

これがまた、会社の生産、販売、在庫、財務管理に活用化されつつあるのだから、経営者も宣伝技術に遅れをとらぬため、勉強が必要になってくる。近き将来は、社長は一々社員を社長室に呼びつけなくても、特定のボタンを押すだけで机の横のディスプレイーに求めるデーターが即座に映し出されるかも知れない。こうなってくると社長はまるで、船の操舵室のような計器類を備えたリモコン室になるわけである。

アメリカ経営協会が提案した「電子通貨と信用システム」によると、現金を持ち歩かなくとも銀行預金さえあれば、登録カードを提示するだけで、いつ何処でも買物のできる時代がもうそこまでやってきているという。誠に便利な世の中になり、ユートピアならざるコンピュートピアはもう目の前に形成されているような気がする。色々と思っただけでも楽しい限りである。この抱負が幸多き新年を迎えた皆様に対して、一服の清涼剤ともなれば幸いである。

（高麗学士クラブ理事長）

## 方法への哲学

**張　幸　誠**

ある集会の会議でのことであった。

時間が迫っているのを付けて[illegible]議が進行されていた。議事日程は「討議」――

討議とするなら予め執行部で討議曲目いかんを検討して、上程するか、さもなければ討議案件成立を聞いて、現場討議をするかなどの方法が、一般会議規則と即している。

しかし、ある会員は、自ずからの発言が、この会場での討議の妥当性ないし、必要性をあえた上での発言ではなかったように見えた。

思い返せば、①会議員達の関心事であるかどうか。（公約性・公益性）②参会への利害関係上、是非諸されはならぬ事項であるかどうか（内容の実用性）・③会議員をして、その結論論議過程に参与させる必要があるか、どうか（啓蒙性・衆意性）④行動化されるべき、あるいは結論が出るべき問題であるうか、どうか（行動性・発展性）などの点に対し、何か物足りない感じがした。

猪突的といおうか、盲目的といおうか、さも、不平と攻撃が満った論調であった。しかし、千篇一律――そういう人もときたま、弛んだ雰囲気を緊張させる一利はあるにしても、民主的会議進行上には又、再考してほしいことであった。

予定時間も二、三時間遅れて、誰か閉会宣言でもしてほしいと思っていたところに、個人的な感情が持ち上がって、相手を窮地に陥し入れることをもって満足しつるとすれば、それはソシャティズムに外ならないであろう。

「人に迷惑をかけない範囲での自由」

本当の民主的人間像が望ましいのは、民主的教育と訓練の機会がなかった所以にせよ、その歴史の浅いことにしようとも、断え間ない研究と修練を求め、この「民主的人間像」への歩みは、またまた十年百里の外にあると思えば、私は突然空しい思いを禁ぜざるを得なかった。

大勢の大切な時間を奪え、議題の向上性・建設性・否定性を考えるならば、その方法での、説明性・効果性・説得性へのブレーキは謀らねばならぬことではなかろうか？。因会者はもち論、指導的な立場で人をリードする人としては昂まわしいことではなかろうかと、いいたかった。

しかし、問題は、そういう事実の目前それではなく、その人の哲学への途である。[illegible]いうが、その哲学をどうしたらその人の身に体得することができるだろうか？。

理論より経験としたら、限りない試行錯誤を経過さればならぬことだし、他ほより自律だとしたら百年河清――死ぬまで待つ忍耐力を前提しなければならぬことではなかろうか／民主々義とはむつかしいものである。

（福岡韓国教育文化センター）

## 民団の改革を祈る

**金　聖　洙**

新春一夜、夜が明ける。本年は酉の年であるから天下は明朗そのものらしくなろう。新春を迎える心相も変らぬ万感が、心身を無[illegible]に引き締めてならない。

[illegible]のは、われらの民団である。民団の実態が本年こそは、一大改革をしてほしいのだ。

あらゆる宿弊累積は数然な[illegible]を持っていて、時々刻々と悪化してゆくのが、いわゆる絶対的である。

回顧して見れば、この民団の組織こそは在日六十万の同胞の本体にして、[illegible]山である。ところがこの民団の組織体質に、カビ臭い万年床のアカを[illegible]っているようで憂慮にたえない。とくに、民族のため二十余年を堅持し、あげくの果てこの民団の一人から生命を奪われた、かの愛国[illegible]民団長の悲惨な一件を、われらは真にざんげ反省せねばならぬ。

祖国の不幸史を、再[illegible]に引用しながら臆面なしに騒動をする民族には変わりないが、とにかく、日本で生活をやっている同胞たちが、真に国民精神を保持しているといえるだろうか。民団の五大綱領は単に感文のスローガンではなく、これを実践推進してこそ、その使命が生きていると断じられる。

いつもわれらが容易に論ずるのは、民団の体質改善を叫ぶのだが、これは叫ぶのみではやはり万年床のウジがわくのが関の山だ。

本年こそは民団組織の大改革を断行し、その機能強化も、旧態から完全脱却し、あらゆる点を一大改造すべきである。そして充実した科学データに則る式で、その綱領にテコ入れを断行する新春といたしたい。そして民団の二十余年に亘る業績を、この関西地区殷として、編述刊行し後続同胞子孫にその偉功一世祖父母、姉妹、兄弟の足跡を伝承すべくせねばならぬ。

人間の年齢は、あまりにも忙しい存在である。また空しく風のように冷やかに、この世を去ってゆくこととしかしない。

わが民族の苦難史は、迚も言語で表現し難い複雑そのものである。在日同胞六十万の存在こそも実に世界史上稀有な実態であり、われら一人一人が在日僑民として名誉と威信を保つため善勵努力をより一層誓い合いたい。そして、ひたすらに民団と共に誇り高く歩調を取り、勇往邁進することを祈ってやまぬ。

（筆者＝大韓民国居留民団大阪本部議長）

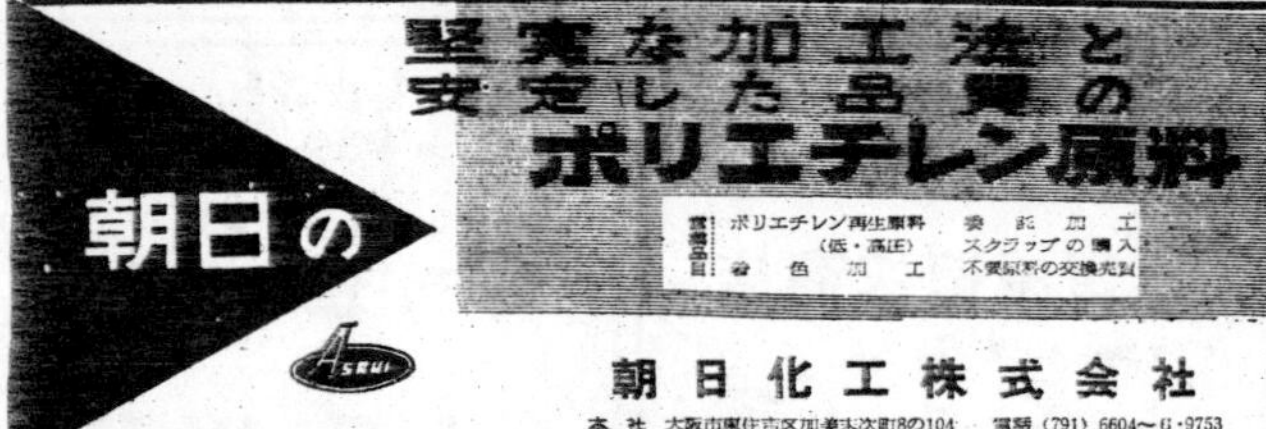

# '69 在日同胞の躍進のとしへ……!

## 在日本大韓民国居留民団 中央本部

団長 李裕天
副団長 鄭烔和
〃 金坪珍
事務総長 李成甫
議長 金光男
副議長 金在述
〃 朴太煥
監察委員長 金仁洙
監察委員 李相台
〃 陳点春

東京都文京区春日二の二〇の一三
電話 代表(813)二二六一

## 在日本大韓民国居留民団 東京地方本部

団長 鄭在俊
副団長 羅鐘郷
〃 李永三
事務局長 韓昌圭
議長 金載淑
副議長 徐興錫
〃 金聖煥
監察委員長 李馬致
委員 朴達権
〃 禹英鎮

東京都文京区本郷三の三二
電話 代表(812)四九二五

## 在日大韓婦人会 中央総本部

会長 韓玉順

東京都文京区春日二の二〇の一三
電話 代表(812)一九七八番

## 韓国生産性本部 日本支部副会長 李彩雨

東京都新宿区四谷一の一九番地 第三上野ビル
電話(353)七〇二一〜三番

## 大阪商工振興会

理事長 宋琮鎬
副理事長 呉仁奎
専務理事 朴東九

大阪市生野区中川町二ノ四九
電話(753)〇〇一五ー〇〇一七番

## 謹賀新年 金今石

東京都渋谷区本町六の九の五
電話(396)一六四七番

## 在日大韓民国居留民団 大阪生野支部

団長 李明洙
議長 権義松
監察委員長 金賢圭
役職員一同

大阪市生野区舎利寺町一の八二
電話(712)六一二三〜五

## 在日大韓民国居留民団 大阪西成支部

団長 金永善
議長 金正準
監察委員長 馬永東

大阪市西成区梅通八の六
電話(651)四七七七

## 在日大韓民国居留民団 大阪住吉支部

団長 金東出
副団長 朱真変
〃 許弘祚
議長 許桐
副議長 金采洪
監察委員長 李鉉基
〃 朴仁変
委員 李瀚
事務部長 李恂永
外職員一同

大阪市住吉区帝塚山東七ー七二
電話 六九二ー一九八一番

## 在日大韓民国居留民団 大阪東住吉支部

団長 朴柄玉
副団長 李相哲
〃 李聖南
議長 趙宗大
副議長 李広寿
〃 朴洸世
監察委員長 黄七福
委員 崔科植
〃 朴永世
事務部長 申望守
外職員一同

大阪市東住吉区平野浜町一ー九
電話(791)五五・八五

## 在日大韓民国居留民団 大阪福島支部

団長 任璋鎬
副団長 趙隆允
〃 許周漢
議長 李昌福
副議長 金昇漢
監察委員長 金致善
〃 李春晩
委員 施昞圭
〃 韓今守
事務部長 奏勝行

大阪市福島区茶円町九四
電話(461)二四一四番

## 在日大韓民国居留民団 大阪大正支部

団長 金載明
副団長 崔致源
〃 崔中卿
議長 崔山沢
副議長 金相漢
監察委員長 崔漢柄
〃 金聖述
委員 蔡鍾萬
〃 洪性梓
外職員一同

大阪市大正区南恩加島町三〇
電話(551)四三二〇

## 在日大韓民国居留民団 大阪旭支部

団長 許鈺
議長 玄大権
監察委員長 金鎮文
役職員一同

大阪市旭区新森小路北一の九二
電話(951)三四二一番

## 在日大韓民国居留民団 泉大津支部

団長 金基允
議長 朴八星
監察委員長 金敬仁
役職員一同

大阪府泉大津市本町六の二二
電話〇七二五(2)五四五二

---

## 共栄化学工業株式会社

代表取締役 小野 浩

大阪市東住吉区加美大芝町8〜95
電話 大阪(757)4261代表

## 韓国定期・盤谷定期・紐育定期 貨物航路

## 世界海運株式会社

本社 東京都中央区銀座7—9—18号(銀座パールビル9階)
電話(572)1311代表
神戸 神戸市生田区京町76—1(華東ビル)
電話(39)8972—6代表
大阪 大阪市東区高麗橋2—55(東栄ビル4階)
電話(203)7514

## 海外への旅行はぜひ日新へ

営業種目
韓日両国の旅行案内手続一切代行
日本人の韓国旅行案内手続一切代行
在日韓国人の本国旅行手続一切代行
在日韓国人の戸籍関係、行政事務手続一切代行
韓国に居住する家族の招請手続一切代行

旅行のことなら安心してお任せ下さい

## 日新観光株式会社

代表取締役 金英宰

大阪市南区塩町4—39(富士ビル内)
電話(251)4075〜7番

## 民生・身上・海外旅行の ご相談なら 是非お立寄り下さい

民生問題のご相談なら…

### 韓国人民生相談所

所長 趙宗大
専務 金振玉
大阪市天王寺区筆ケ崎町一七(大阪興銀ビル)
電話(七七二)五六六七〜九

### 株式会社 世界旅行社

韓国、外国旅行手続き一切代行
支社長 金振玉
大阪支社 大阪市天王寺区筆ケ崎町一七(大阪興銀ビル) 電話(七七二)五六六七〜九
東京社 東京都港区赤坂三丁目九番一号(紀陽ビル五階) 電話東京(五八四)七七二一〜五
名古屋支社 名古屋市東区泉地町一〇—一四 錦通り娯楽センタービル二階 電話(〇五二)(九六二)九二三一〜三(九六二)四四三八

## 木村毛糸紡績株式会社

取締役社長 木村福男

大阪府泉北郡忠岡町忠岡831
電話 0725(2)7610・3204番

## 宮城化学株式会社

取締役社長 宮城徳次

大阪市生野区鶴橋北之町2〜229
電話(717)3245代表

## 住友商事株式会社代理店

住友ベークライト株式会社 / 関中プラスチック工業株式会社 協力工場

## 株式会社 宮城徳次商店

取締役社長 宮城徳次

本社工場 八尾市竹渕430の1 電話(709)2616
営業所 大阪市浪速区小田町1106 電話(561)6938
第二工場 八尾市竹渕351

## 縫製機械

ブラザー ミシン・美馬ミシン

韓国向け代理店

## 丸和株式会社

本社 大阪市北区木幡町6番地
電話 代表(364)8491番
受信略号 KOBROTHER

## 丸善ステンレス機工株式会社
## 丸善不動産株式会社

取締役社長 伊藤祐義

本社工場 大阪市生野区猪飼野中3〜16 電話 大阪(716)5351〜3番
大東工場 大阪市大字寺川268番地 電話(0720)72—8421〜3番

## Bluebird Coupe クーペの時代です!

今年は、しゃれ気のあるカーライフで、いかがでしょうか
スタイルにインテリアに、フィーリングに一段上の豊かさと充実感を、お望みの方におくる最もハイセンスなファミリークーペです。圧倒的なパワーとすばらしい経済性を見事にバランスさせた理想的エンジン。
走り去るクーペのスタイルをご想像下さい。運転する人のフィーリングが伝わってくるようではありませんか!

車は高嶺の花
デモ 今年こそは……
とおっしゃる方なら一度大阪日産へお越し下さい。

——ファミリーカーの総合販売店——

## 大阪日産自動車

本社 大阪市福島区下福島1丁目4番地 TEL(441)7951
ブルーバード・クーペ 1600cc. 92馬力
ブルーバードS・S・Sクーペ 1600cc. 100馬力

## =営業品目=

カシミロン・ウール
KNITTED・WEAR

## 明大製莫株式会社

取締役社長 蔡尚大

大阪市北区菅栄町73
電話(358)3741〜5

# 国民憲章宣布記念式 大阪韓国学校

## 憲章の意義強調

## 国民倫理の柱に

民族中興の歴史的使命を自覚し新たなる歴史を創造する国家の主として、この憲章を生活化することを誓う「国民教育憲章」が、さる五日朴大統領によって朗読、宣布された。この歴史的な宣布を機に、大阪韓国学校（金剛学園）では、さる二十三日午前十時から本校講堂で、全校生をはじめ在阪各界から多数参席のもとに、「国民教育憲章宣布記念式典」が催された。

国民儀礼ののち、宋吉変教頭から憲章制定の経過報告が行なわれ、つづいて張益和校長から全文三九三字からなる〝国民教育憲章〟の全文が朗読された。さらに「この憲章は国民倫理の柱であり、われわれが力を傾け磨いてゆかねばならない国家の指標である」と強調した。朴大統領の談話文を金晋根民団大本団長が力強く朗読、学生たちに同憲章の意義について、詳しく解説した。つづいて、金晋根民団々長ならびに金宗治牧師から、それぞれ国民憲章にたいする記念の言葉が意義深く述べられたのち、閉式した。

生徒たちに憲章の意義を教える張校長

### 国民教育憲章

われわれは民族中興の歴史的使命を持って生まれた。先祖の輝かしい功を今日に活かし、内には自主独立の姿勢を確立し、外では人類共栄につくすべき時である。これがために、われわれの進むべき道を明らかにし、教育の指標とする。

誠実な心と健康な体で学問と技術を身につけ、生まれつきの素質を開発し、さらにはわれわれの処地を躍進の土台とし、創造の力と開拓の精神を育てて行く。なお、公益と秩序を第一に、能率と実質を崇上し、敬愛と信義を以って相扶相互の伝統を引き継ぎ、明朗かつ心温い協同精神を向上させる。とくに、われわれの創意と協力をもって国家が発展し、国家の隆盛が私自身の発展の根本であることを認識し、自由と権利に伴う責任と義務を果たすと共に、自ずから国家建設に参与し奉仕する国民精神を高める。

また、反共、民主精神に透徹した愛国愛族こそわれわれの生活の道であり、自由世界の理想を実現する基盤である。永久に子孫に遺す栄光ある統一祖国の将来を展望し、信念と誇りを抱いている勤勉な国民として、民族のすべての才能と能力を集め、力強い努力で新しい歴史を創造しよう。

### 東京韓国学校でも

朴大統領は十二月五日付で、国民教育の大本を示す「国民教育憲章」を宣布したが、東京韓国学校では二十三日午前十時から同校屋上で、宋校長以下職員全校生が出席、各界来賓列席の下に厳粛な宣布式を行った。

## 本国干害民に衣類

### 金剛学園のよい子から

干害に苦しむ本国の人たちを、幼い私たちが、少しでも助けたいという趣旨で生徒たちがガンバって得た七万九百円と三百一通の慰問文をさる九月、全羅南道知事あてに送り本国の干害民に感謝された金剛学園では、今度は寒さのきびしい韓国の冬を干害民たちがなんとか暖くしのいで欲しいと願い、学園の全生徒が衣類を持ちより本国に送ることになった。

生徒たちが干害民の苦労を思い、小さな胸を痛めて懸命に集めた衣類は一千九百九十八点にのぼり、重さにして五百二十キロ。これを送るのは先生たちの仕事だがこれには種々の困難がともなう。この大変な役目を受け持っている諸高周植先生は「生徒たちの志をなんとか遂げさせたいと官庁や海運会社を駆け回っているのですが、不馴れな通関手続きや海運会社との交渉に悩まされています。もう少し商団の理解があればスムースにことが運ぶのですが……」と述懐していた。

<荷造りされた衣類>

## チョゴリ・チマで仕事

### 民団大阪 女子事務員にユニホームを

〝韓国人としての自覚は、まず衣装から〟と、かねて民団大阪本部で検討していた本部勤務女子事務員の民族衣装着用問題にこのほどケリがつき、旧ろう九日から揃いのチョゴリ・チマ姿で執務を開始、とかく堅苦しくなりがちな事務室の雰囲気を柔らげ、花やかなムードをかもしだしている。

金事務局長の話によると「女子事務員にチョゴリ・チマを着用させることは、仕事の能率という点で異論もあろうが、それよりも在日韓国人の組織機関である民団としての主体性と姿勢、それに韓国人としての自覚を育てることが大切であると考え、揃いの民族衣装で執務してもらうことに決めた」といっている。

現在、民団大阪府本部に勤務している女子事務員は全部で八名。これまでは思い思いの服装で執務していたわけだが、能率よりも姿勢、と自覚を打ち出し、揃いのチョゴリ・チマ着用にふみ切ったのは、民団の新しいイメージづくりにもピッタリのグッド・アイデアだと専らの評判。

新しいユニホームで執務中の女子事務員たちは「あたり前のことで別にいうことはありません。でも、いままでは結婚式かパーティーの時に礼服用にチョゴリ・チマを着ていたんですが、これからは毎日着用できる。韓国の機関なんですから当然かも知れませんけど…。これが機縁となって支部でもぜんぶユニホーム制を採用してほしい」と口を揃えて語っていた。

民族衣装姿で働らく女子事務員

## 個人 団体とも全勝

### 韓国大東中・高校 韓日親善珠算大会

さる十二月三日に来日し、京都、東京を始め佐世保、福岡と各地で日本側中学、高校生と珠算対抗戦を行ない圧倒的優勢で六戦六勝した韓国の大東中・商業高等学校珠算選手団（団長・成様慶氏）は、さる十九日、午後六時より森の宮の大阪府厚生会館で、来日最後の対抗戦を大阪の中学、高校生選抜選手と行ない個人、団体とも優勝、フィナーレを飾った。

大阪での韓日親善学生珠算競技大会は大阪一珠会の主催で行なわれたが、当日は競技に先立ち、まず主催元である日本の全国珠算教育連盟の土前民三郎理事長が各地転訪の労のねぎらいとともに歓迎の辞を述べたあと、韓国選手団の成団長から相互技術の交流と韓日親善に尽力したい旨の挨拶があり日本側から記念品、韓国選手団から記念メダルの贈呈があり、互いの親交を誓い合った。

競技は韓国側金尚用八段（大東商業高等学校三年生）、姜求日八段（同三年生）、厳鳳伊八段（同二年生）、崔浩京八段（同中学三年生）、柳熙誠八段（同中学二年生）五名と日本側谷口衆八段（朝町高校）、川崎好恵七段（東高校）、阪田明四段（本庄中学校）、東條広四段（同）、飾田穂三段（大宮中学校）の五選手のほかにオブザーバーとして本年度日本選手権保持者の伍賀新一さんら七名が特別参加し、七種目を約一時間半にわたって競い合った。

あどけないニキビ顔の選手たちのあざやかな手捌きによって見ただけで頭が痛くなりそうな数字の羅列を次々に処理して行くさまは、驚くばかりで特に韓国選手団の力量には日本側関係者も舌を巻いていた。

なおこの韓国大東中・商業高等学校の選手団は一九六五年五月の世界珠算会議の決定に基づいて派遣されたものであり毎年来日し対抗競技をする予定である。一行はさる二十一日大阪伊丹より空路帰国した。

韓日親善珠算大会のもよう（大阪厚生会館で）

## ザ・リトル・エンゼルズ 正月四日来日

### 日本各地で公演

世界的に有名なアメリカのエド・サリバン・ショーに出演大好評を博した韓国の「ザ・リトル・エンゼルス」（韓国児童舞踊団）が、在日後援会（名誉会長崔信介氏、会長笹川良一氏）の招きで一月四日来日、仙台、京都、大阪の各公演を経て一月二十七日東京サンケイホールで公演する一行は十才前後の少女二十八名からなり、歌と踊りのうまさは定評がある。日本での公演には大使館、公報館、日本の文化庁が名をつらねている。

## 文公長官ら硬声明

### 北韓里帰り問題で

日本政府が朝総連系の北韓への「里帰り」を許可したことについて韓国政府スポークスマン洪文公部長官は「如何なる名目にせよ在日僑胞の北韓往来は許せない」と決定の撤回を要求した。

## 職場の花

### 駐日大韓民国大使館 李慶子さん

〝職場の花〟も回を重ね、新春からは東京の〝花々〟を訪ねることにした。第一陣は駐日大使館政務課に咲く純韓国産の李慶子さん。楚々たる風情を讃えるならば微風にそよぐリンゴの花である。生れは黄海道黄州郡・リンゴの名産地にこじつけたわけではないが、白粉気のない地肌の白さに、恥らいを含んだういういしさが、韓国の良家の子女のもつ伝統的しとやかさと合わさって、なんとなく可憐なリンゴの花を連想させた。

ソウル特別市城北区安岩洞二街九六で事業を営む李康鍋氏を父に、五人兄弟の長女。女子高校の名門、梨花女高を出てすぐ外務部欧米局に入り、得意な英語と英文タイプの技術で、欧米局北米二課ではなくてはならぬ存在となった。三年間の勤務を経てさる十月、外務部から派遣されて駐日大使館詰めとなった才媛である。だから日本生活はまだ三カ月そこそこ。

「どうして私などを……ホホホ、困りますわ」カメラを向けた記者にタイプの手を止めて立ち上ると、頬を赤らめて逃げようとする。

「ミス李は本国外務部でも、優秀な職員として評判で、とくに派遣されて大使館に来たんですよ。文字通り政務課の花です。どういうものかこの部屋にくるお嬢さんはお嫁さんの売れ口が早く、ミス李も誰かに早くさらわれるんじゃないかとヒヤヒヤしていますよ」と笑いながら第一課長の金太智一等書記官が助け船を出してくれる。

### 上司も自慢の政務課の花

〝僑胞青年は皆活発な感じ。〟という慶子さん

### 二世の国語は家庭教育で

「日本の感じは？」「ソウルで聞いていたせいもあってとくに感じたこともありませんわ。もう少し日本語が上手になって、あちこち歩いてみたらまた違った日本が感じられるでしょう」「僑胞観は？」「日曜日に韓国教会で会う程度で、まだ多くの方々に会っていませんが、青年たちはみな純真で活発で、本国青年にくらべると解放的だと思います。ただ母国語をしらない人が多いのは残念で家庭における親たちの日常の会話に問題があるのではないでしょうか。民族の伝統と誇りをうえつける家庭教育が大切だと思います」ーさすが本土で職務をつかっただけあって、短かい言葉の中に僑胞社会の基本的欠陥をいみじくも指摘してくれた。趣味は読書に音楽にスポーツ。とくにテニスは学生時代からお得意の種目の由。均整のとれた体の線もさこそと思われる。金課長が心配するお嫁さんの口も、この分では案外早くかかるかもしれない。

## 第13回総代会開く

### 神戸商銀 定款変更など承認

（神戸支社）兵庫県下唯一の神戸商銀では、さる二十一日午後二時から金相奎神戸領事館副領事、韓太翊民団兵庫県本部団長、崔十二韓国人信用組合協務理事など来賓多数参席のもとに第十三回臨時総代会を神戸海洋会館で開いた。

神戸商銀総代会のもよう

役員、組合員など関係者多数が参集している中で金承培理事長の開会の辞、来賓の祝辞があった後、議長団として金承培、卞増植、金進寿の各氏を選出し付議事項に移った。

日本の金融二法案が去年公布されすでに実施されているが、神戸商銀では、それに伴う定款変更を一致で可決された。続いて役員改選の件では役員選任委員の選出方式に議論が沸とう、結局各地区から十五名（東神地区五名）、（西神五名）、（尼崎三名）、（その他二名）を選び三時半から別室で役員の選出に当たり次の新役員を構成した。

理事は金基禄、金昇峰、姜顺贊、朴烈権、李錫鳳、徐福晦、裵在潤、黄孔煥、李福熙、金承培、姜吉龍、成楽三、秋相春、朴鏞行、黄河千、陣耕植、卞増植、崔永極、中林晃の十九氏、監査は郭裕福、平井雅三の二氏となった。なお、新理事長の選出は、来年早々に開かれる理事会で行われる予定である。



## 今年こそ〝団結〟を

### 大阪韓国人商工会会長 柳洙鉉

在阪同胞の皆さん躍進の新春を迎えおめでとうございます。

顧りみますれば、昨年は本国の経済もいよいよ軌道にのり、飛躍的発展を遂げつつあり、またわれわれ在日同胞にとっては、決定的要素である処の日本経済の推移も大過なく漸進を続け、僑胞商工人にはますますもって経営基盤を拡大強化され、本国経済にも多大の貢献をなされたことと思います。まことにご同慶に耐えません。

さて本年度も、昨年と同様の経済情況が続くのでありましょうか？すでにご承知の如く、米国のニクソン新大統領の世界政策は、多少の変化は余儀なきものとし、また東南アジアの安定兆候、世界的通貨不安定などを考慮すれば、本年度の日本経済は平坦そのものではないか……との推論される向が強いようであります。

すなわち一昨年度より引続き世界的な通貨不安が解消されず「マルク」と「円」相場の強含みに対し、「ポンド」「フラン」などは、強行な維持政策にもかかわらず、不安な移態を今なお脱し切れない模様であり、全相場は、当分不安定の様相を続けるのではないかと思われます。このような弱い通貨に何等かの手直しをした場合、日本の輸出は伸びなやみ、国内市場の反応は直ちに競争激化につながり、特に製造業、卸小売業にその影響が顕著に現われるのではないか？反面東南アジアの安定化は建設関連産業には、むしろ好材料として迎えられることであろうし、また国民所得の増加、地域格差の縮化、とりわけ農村富有化現象により、レジャー関係事業は依然として上昇気運を推移するものと思われます。

このように申し述べて参りましたが、景気のことはその時にならなければ、誰れもわかりません。ただ中小企業、特に在日僑胞商工業者は、景気上昇時には最も遅く、反対に下降時には一番早くその影響を蒙って居ります。したがってわれわれは常に親睦を計り、情報を交換し合って、この激しい経済情勢の変化に対応せねばなりません。

## 駐神戸大韓民国領事館

領事 李源達
領事 李台煕
副領事 金相奎
神戸市生田区中山手通二丁目
電話（22）四八五三～五

## 在日本大韓民国居留民団 兵庫県地方本部

団長 金基禄
議長 秋相春
副議長 卞俊植
監察委員長 宋守道
監察委員 裵碩煕
監察委員 呂春孝
常任顧問 黄孔煥
〃 安泳科
副団長 崔永聖
副団長 黄河千
副団長 朴命寿
事務局長 朴中坤
神戸市生田区北長狭通四ー一ー一
電話（39）〇六五八・（32）一七一七

## 尼崎支部

団長 朴憲行
副団長 韓致五
〃 鄭炸沢
議長 秋相春
監察委員長 韓竜表
尼崎市昭和通九ー三三六
電話（41）六九九八

## 伊丹支部

団長 黄河千
副団長 鄭三炸
〃 鄭横出
議長 田孝鐘
監察委員長 文鐘満
伊丹市飛鳥町一〇三
電話（0727）（72）〇七四三

## 西宮支部

団長 曺在煥
副団長 金又坤
〃 朴中坤
議長 金仁厚
監察委員長 李圭洙
西宮市森下町六番一三
電話（0798）（66）一二九八

## 阪神支部

団長 朴興述
副団長 田鈴兆
〃 裵鐘録
議長 裵季祚
監察委員長 呉南賛
神戸市灘区記田町一丁目三番一六号
電話（85）二七九一

## 東神支部

団長 朴孝珠
副団長 趙正奎
〃 李鍾元
議長 尹鳳翔
監察委員長 呂春孝
神戸市葺合区旭通二ー一九ー二
電話（078）二二ー〇五三八・二三ー一九六五四

## 西神支部

団長 鄭瑢福
副団長 金興権
〃 金海水
議長 金鳳竜
監察委員長 安永
神戸市長田区神楽町四ー十二
電話（078）（69）一七四一ー二

## 明石支部

団長 裵周龍
副団長 金萬水
〃 崔永弼
議長 李基本
監察委員長 金萬斗
明石市川端通二ー二〇一
電話明石九一一ー八一五四

## 西播支部

団長 李昌雨
副団長 鄭煕根
〃 金仁洛
議長 崔仁道
監察委員長 金東瑛
姫路市光源寺前町五九
電話（0792）二三ー一四八〇・二四ー〇七〇六

## 大韓婦人会 兵庫県本部

会長 金命朝
神戸市生田区北長狭通四丁目一ー一

## 在日韓国青年同盟 兵庫県本部

委員長 田鉄秀
神戸市生田区北長狭通四丁目一ー一
電話（39）四七三六

## 興氷化成株式会社

神戸市長田区菅原通七丁目十三
電話（55）六四二三

金融業

## 星山商会

代表 星山春吉
神戸市長田区菅原通五丁目八
電話（55）九三三三

## 梅村プレス加工所

代表者 梅村昌生
神戸市須磨区常盤町1ー1
電話（078）72ー4421番

営業種目
輸出・輸入・並びに関連事務・航空・船舶客の取扱い・本国家族招請・日本人韓国訪問

## 株式会社 東亜観光旅行社 日本支社

代表者 鄭連世
日本支社 神戸市生田区北長狭通四丁目1ー1 電 39ー3439・33ー2315
本社 韓国釜山市中区中央洞3街12番地 電 4ー1166・4929
ソウル出張所 韓国ソウル特別市中区乙支路1街180番地 半島ホテル343号 電 23ー7357・1065

謹賀新年

在神同胞の
躍進の年へ…！

海運業

## 東隆海運株式会社

代表取締役 林漢澤
韓国釜山市中区中央洞三街10の4
電話（6）2826ー7

皮革製造

## 神戸ジャーマンシュズ

代表者 徳山照雄
神戸市長田区苅藻通2丁目18
電話（67）3966番

新年会・ご宴会の二次会には
神戸唯一の国際・社交場アリランへ……

## クラブ アリラン

神戸市生田区新道 電話（33）2115番

船舶砿油販売業

## 三松産業株式会社

神戸市生田区江戸町104
電話 078（39）2659

## 三鹿ゴム工業所

代表 井上東奎
神戸市須磨区太田町1の3
電話 078（72）4167

## ローヤルシュズ

代表者 浅田勇
星本重熙
神戸市長田区神楽町3ー12
電話 078（61）3178ー9番

## 田中ゴム工業株式会社

取締役社長 陳永述
神戸市須磨区常盤町1ー1
電話 078（72）4545ー6番

家族揃ってボーリングを楽しもう…

## ロイヤルレジャーインダストリスト株式会社

代表取締役 西郷義一
神戸市長田区腕塚7丁目（神戸デパート）

代理店業

## サンシンラインズ株式会社

神戸市生田区海岸通2丁目33
電話（39）8891ー5

ハイヤー・タクシーの
ご用命なら是非━大和へ！

## 大和タクシー株式会社

取締役社長 黄孔煥
神戸市兵庫区湊町2丁目14番地
電話代表（55）8224ー7・社長室専用（56）1900

リズム・ムード＝2階同伴ルーム

## 純喫茶パオン

代表者 宋守道
神戸市生田区元町3ー208
電話（33）4830・4333

楽しいレジャーは
ご家族揃ってサンヨーへ……

## サンヨー会館

取締役社長 金基禄
神戸市長田区若松町4ー1番地
電話（61）5744 代表

## 米満化学株式会社

メーカービルディング
取締役社長 岡本一郎
神戸市須磨区常盤町1ー1ー23
電話 075（72）3001番

東和新聞

## 大詰迎えた中央団長選

# 団史初の三候補が一堂に

### 当落に拘らず協力約す

### 再度見解を表明

### 副団長と組織局を拡張

### 民団の祭物になる覚悟

### 公約は一応果した

記者団と一問一答

合同会見

兪錫濬氏　李裕天氏　李禧元氏

## 社説

# 居留民団中央大会に望む

＝信頼と前進への団長選任を＝

# 近く国会に提出

改定案 入管法

### 五月に訪韓

### 米国防相会談で提案

沖縄返還 基地存続の立場

# 兵役法の改正急ぐ

反共スパイ警備を強化

# 25日に韓日懇談会

職業指導の連携図る

### 議題を米国国会に提出

### 今月末ハンブルグに設置

### 建設次官に金元基氏

### ベトナム国会視察団派遣

### アジア新聞財団四回理事会終る

### 26都市の延設計画進む

# 通信業界大揺れ様相

## 西独交換機を導入

### 国内開発に先手 シーメンスが独占か

韓国逓信部は西独から新たに三千六百万ドルの借款をうけ、西独「シーメンス社」で開発した市内電話交換機を導入する計画をすすめている。この借款協定では経済企画院の新文渡次官補が具体案をもって現地へ出張、西独政府要路および復興開発銀行側と協議を進めているが、この計画が実現されれば、ESK交換機がおよそ二十万回線、設置され、韓国の通信工業界は独占的な西独資本の牙城におびやかされることになる。

逓信部の計画によると、交換機は「シーメンス社」の完成品一万七千回線を七〇年度にソウル都心地域電話局に設置し、この後には金星社と東洋精密が共同で国産化に着手、年次的にソウル中央局と東大門局の機械を代替し従来のEMD（金星）局の需要増設分に投入するが、現在、金星社と東洋精密は施設借款その他の技術訓練が着手されていないため、きたる二～三年間は「シーメンス社」の完製品が導入されることになった。

このESK交換機は二～三年前前記「シーメンス社」で電子Dと電子交換機の過渡期用として開発されたもので、世界でも電話局用として採択、実用している国はなく、韓国がESKの試験舞台となるわけである。

一方、この通信工業分野には米国、日本などの著名な大会社が韓国進出を試みようとしており、特に日本の「沖電気」は大韓電線と手を結び「クロスバー」交換機を進出させたが失敗に終り、また最近では三星電子工業が日本資本と提携、交換機開発に着手したといわれるが、このESK採択はこのような国内外資本の意図に先手を打つことになった。

## 預金総額20億ウオン

### 在韓外銀六行

韓国政府はこのほど、外国銀行韓国支店の実態を明らかにした。

これによると一九六八年度末現在で、外国銀行の韓国支店総預金額は二十億四千万ウォン、総貸出額は十四億八千万ウォンとなっている。

韓国には現在、一九六七年七月、先頭をきって韓国進出したC・B・M（チェス・マンハッタン・バンク、米）をはじめ、東京銀行（日本）、FNCB（ファースト ナショナルバンク、米）三菱銀行（日本）、BOA（バンクオブアメリカン、米）、「チャート」銀行（英）の六行があり、これらの韓国支店は業務規制六案により厳格な制約をうけている。

## 外人企業体に税金 賦課を大幅緩和へ

韓国政府は、低調をつづけている外国人の韓国向け投資を積極的に誘致するための一策として、外国人投資企業体と外国人の役職員にたいし甲種勤労所得税と営業税の賦課を大幅に緩和する方針である。

現行外資導入法十五条（租税減免）規定により、外国人投資企業にたいする所得税、法人税および財産税は、当該税法による最初課税起算日から、また取得税は登録された日から五年間賦課しないようになっているが、この規定の適用対象から漏れている営業税もこれに含めると同時に、外国人役職員にたいする甲種勤労所得税も、最初課税期間日から三年間は免税し、次の二年間は算出された税額の五十％を軽減する方針である。

## 味の素進出めぐり

### 第一製糖が合弁計画 当局 設立を認可方針 業界側強く非難

三星グループの第一製糖は、日本の味の素会社と合作投資の形で年内に総資本五億ウォン（内資五一％、外資四九％）を投資し、月間生産量四百トン規模の「味の素韓国工場」を建設する計画を進めているといわれるが、このように日本製の〝味の素〟が韓国内の市場に出回った場合、国内業者に与える影響は大きく、相当な打撃をうけることは間違いない。

日本のサントリー、コカコーラ、ペプシコーラにつづいて今度は〝味の素〟までが韓国内の市場に出回る気配がみられ、国内業者の反ぱくと非難をかっている。

しかし、関係当局側は、第一製糖で生産される味の素の二分の一（二百トン）は海外に輸出されるものであり、新しい技術導入のという表面上の理由を受入れ、味の素の国内工場の設立は許可するという。

なお国内業者は、味の素の国内進出を受入れるということは、国内企業の消費性向を抑制し、国内産業を保護育成するという従来の基本方針を、政府当局が自ずから踏みにじるものである、と非難しながら、もし味の素が韓国内の市場に出回るということになれば、国内企業は倒産を免がれないだろうと反ぱくしている。

## 万国博フラッシュ

### 開幕まで360日 万博デーを祝し多彩な行事

開幕まであと一年のさる三月十五日、全国八都市で万国博を祝う多彩な行事が繰りひろげられた。

地元の大阪では曽野万国博担当相、石坂万国博協会会長を迎えて午後零時三十分から音楽隊、バトン・チームなど総勢九百二十二人が中之島公園―大丸、十合百貨店間二・八キロの御堂筋記念パレードを行なった。＝写真＝

二十発の花火が次々と打上げられ、万国博協会の鈴木事務総長のクス玉割りを合図に、色とりどりの風船千五百個が放され、石坂会長、左藤大阪府知事、中馬大阪市長らの乗ったオープンカーを中心に、全長五百メートルのパレードは、沿道をぎっしりうずめた見物人のなか、御堂筋を南へ。このあと、午後二時から北区中之島のフェスティバル・ホールで約三千人を集めて「万国博デーの集い」を開き、「万国博の歌」の発表と作詞者大田武彦さんの表彰、在日韓国人の子どものおどりや歌がにぎやかに披露され、全国主要八都市でも万国博の歌発表会や歌謡ショー、プロ野球オープン戦が行なわれた。

〝万博デー〟の御堂筋パレード

### 各国の元首を招待 近く招待状発送へ

日本政府は、来年三月開幕の日本万国博に参加を決定している各国の元首を慣例により、国賓として招待することを決め、近く四泊五日の日程で招待状を発送する。

万国博には参加各国が主催してそれぞれの〝お国ぶり〟を紹介する〝ナショナル・デー〟が設けられており、いままでの例によると元首はいずれも、このナショナル・デーに会場を訪問している。

日本万国博の場合、ナショナル・デーは日本の日曜、祝日を除くように定められ、現在三十ヵ国のナショナル・デーが決まっている。国賓としてタンザニアの二ェレレ大統領が六月十五日の「タンザニア・デー」に来日する予定が伝えられているほか、オランダのユリアナ女王、ノルウェーのオラフ五世、デンマークのフレデリック九世やハイネマン西独大統領も来日が予想されている。

### ガードマンの制服 優秀作一組を採用

日本万国博協会は十七日、ガードマンと女性警備員の制服の審査会を行ない、優秀作一組の採用を決めた。

警備のための警護員、ふつうのガードマン、女性警備員の制服を一組とした企画コンペで、東京、大阪、名古屋の百貨店、洋服メーカー十三社（三十一企画）のうち、優秀作に選ばれたのは大丸百貨店のデザイナー・グループの作品。

どの制服もツートンカラー、左腕に万国博ワッペンは同じ。賓客の護衛にあたる警護員は冬、夏コートともブルーが基調。六つボタンのダブルでえり、そでに冬はエンジ、夏は濃紺でアクセント、胸元のポケットにハンカチをチョリッと入れる。

各出入り口や会場内の観客整理にあたる警備員のは茶が基調で四つボタンのシングル。また、主として子供やお年寄りの世話をするエキスポシスターの制服はやはり茶が基調。

## 輸出業体など指定

### 機械工業育成に本腰 商工部

韓国商工部はさる十一日、鋼船をはじめとする鉱山機械類と一般バスなど六品目を一九六九年度機械工業育成施策のための国産化促進品目として追加指定する一方、鋳物、造船、電子工業分野の十種の民間企業体を輸出業体に、韓国機械と大韓重機など五十五業体を専門化および系列化業体に各々指定、機械工業資金を重点的に支援することになった。

これにより国産化促進品目は、さる一月三十一日に指定をうけた二百五品目から二百十一品目に増加したが、これら促進品目に対しては六九年度機械工業育成資金百八十二億ウォンのうち百十六億ウォンの製作および施設資金を供与する。

一方、輸出業体と専門化および系列化業体はさる二月末まで指定申請をしめきり、この日確定公告（第五二〇二号）を発表したが、輸出業体は昨年度輸出実績十万ドル以上、今年度輸出計画五十万ドル以上の業体のうち選定された特定機械工業に対し四十一億ウォンを優先的に配される。

専門化および系列化業体もさる二月末まで指定許可を終えたがこの分野は専門化および系列化資金二十五億ウォンが全額融資された。

この日、指定業者が市銀へ申請した機械工業資金は国産化促進四八件に二十二億ウォン、設備機械九十件に三十一億ウォン、資本財購買三件に四千万ウォンである。また、残る五三億四千万ウォンは対象業体が指定されてから融資業務が本格化するものとみられる。

## 日本から種籾を民貿で輸入

### 駐日大使館へ交渉指示

韓国政府は今年度の食糧増産目標達成のため、日本の種籾五千百四十トンを正常貿易取引き方式によって輸入するよう、日本との交渉を駐日大使館に指示した。

農林部は今年の米の生産目標を総量三千二百万石に策定、この達成のために日本の多収穫性種子を遅くとも播種期の四月十日までには韓国に到着するようにする方針である。一方、日本政府は韓国の希望する輸入要請に対し正常貿易取引き方式よりも、韓日間の経済協力方案の一環として種籾を提供するとの見解をとっている。

## 〝相手考え選択投資〟

### 高杉海外経済協力基金総裁語る

さる十七日付で日本海外経済協力基金総裁に就任した高杉晋一氏（三菱電機相談役、経団連経済協力委員長）は、十七日、初の記者会見を行ない「官民の協力体制を整えながら、発展途上国の国内事情を勘案しつつ、選択的投資をしたい」と大要を次のとおり語った。

佐藤首相からは東南ア各国との経済協力は重要だからしっかりやってほしいと要望された。東南ア各国の天然資源（石油、木材、鉄鉱石、石炭など）の開発は相当長期にわたるので、投融資には慎重を期したい。〝採算〟のみに注意していられないので当然政府資金を投入することになる。しかし実際に仕事をするのは民間企業なので基金の運営に当っては官民の協力体制を整えながら、発展途上国の国内事情も考え、総花的でなく重要度に応じた選択的投融資をしたい。いわゆる〝一％原則〟（先進国は国民総生産の一％を発展途上国への援助資金とすべきだ―とする見解）には私はあまりこだわらない。〝目標〟としては結構だが、むしろ「ムダなく、有効に使う」という姿勢を持つことが大切だと考えている。

## 韓国に代表団派遣

### 北九州市・経済界 貿易の立ち遅れ打開へ

【西部支社】北九州市と北九州経済界は対韓国貿易の立ちおくれを打開するため、鮎川北九州商工会議所会頭を団長にした北九州訪韓貿易代表団を六月九日から一週間派遣することを決めた。ソウル市の大韓商工会議所、釜山商工会議所との経済交流を軸に、韓国貿易拡大の素地づくりを進める意向である。

通関統計による日本の昨年の対韓貿易は、輸出二千二百六十八億円（総輸出額の四・六％）で、前年比四八・二％増ときわめて高い伸びを見せている。これにたいして、北九州港の輸出実績は六十三億一千余万円（十一月までの累計）で、一昨年の七十九億八千万円に比べると横ばいの状態。このうち約七〇％が、地元北九州の産品である。一方北九州港の輸入は約二十四億円（十一月までの累計）で、前年比の約三倍の伸び。全国の輸入額（三百六十億円）の前年比二〇・五％の伸び率をはるかに上回っている。

地理的に最良の条件を持ちながら、韓国経済界との交流の立ちおくれから、輸出が横ばいを続けているうえ、輸出額の七五％は鉄鉱、肥料、セメントなど大企業製品で占められ、肝心な機械、電気機具などの地元中小企業製品の輸出が伸び悩んでいる。

このため、訪韓貿易代表団は地元中小企業製品の輸出や保税加工貿易に重点をおき、大韓、釜山両商工会議所を中心に、大韓貿易協会、韓国保税加工輸出協会、韓国建設、金属工業、陶磁器、製綿各工業協同組合などと接触する予定である。また、一行十四人には、副団長の三井孝昭三井工作所社長、萩原北九州市経済局長ほか、メーカー代表が参加している。

## 入超国からの機械類輸入一部緩和

韓国商工部はこのほど入超国から輸入する機械類の事前承認要領のうち一部を改正、新聞発行用印刷機械と高速道路および港湾建設用装備は文化公報部長官および建設部長官の輸入推薦を受け、入超国からも輸入を許可することにした。

## 新刊紹介

「韓国の金融事情」

「韓国の金融事情」（植木三郎編著、アジア経済出版会）がこのほど刊行された。同書は韓国の通貨、金融制度の歴史的な発展を概観するとともに金融構造、金融政策、各金融機関の現状を解説している。対韓貿易を実施ないし計画している企業の担当者にすすめたい本である。（アジア経済出版会刊、A5、二八三ページ、九〇〇円）

## 今秋メドに〝憲章〟制定

### 日本信用組合業界 金融再編成に対処

日本の信用組合業界は今秋をメドに「信用組合憲章」（仮称）を制定することになった。これは金融再編成および金融効率化に対処するためのもので、在日韓国人信用組合を含む全国五百四十三の信用組合は同憲章を大きな柱にして、こんご①「救済資金制」（仮称）の発足②人材養成機関の新設③組合員間の経営援助など資金、経営両面での相互援助体制の確立に取組むことになった。

この信用組合憲章は、全国信用協同組合連合会（理事長白石森松氏）と全国信用組合中央協会（会長宮平氏）が中心となって制定するもので、新年度早々「起草委員会」（仮称）を設立し、今秋開催予定の信用組合全国大会で決定するという計画で近く具体的作業にとりかかる。

同憲章制定の構想によると①異種金融機関との競争力を強め、地域的制約や規模の不利益を克服するため、同憲章を制定して業界全体が強い連帯意識をもって〝総合力〟を発揮できるようにする②信用組合が中小企業専門金融機関として定着し、その地位を確保するため、小口零細取引、指導金融、地域開発など業務活動を積極化する―というもので、業界内部の結束強化と中小金融機関としての倫理向上をはかるのがねらい。

こうした信用組合の新しい方向をさらに推進するため、全信組連、全信組中央協では組合員間の相互援助の体制を確立する方針である。そのひとつが救済資金制。これは同憲章に参加する組合員が資金難、経営難に陥った場合、他の組合員や本部が資金援助をし、また四月一日から全信組連の貸金の代理貸しが認められるので、これを有効に利用できるルートを築くことも考えており、本部を中心に中小企業金融の円滑化に注力する計画。

この案は現在全信組連にストックしてある約一千億円を母体に〝基金〟をつくり、一方では中堅管理職クラスを対象にした「人材養成機関」を新設して人材開発要員を派遣しようというシステム。

こうした一連の計画は信用組合憲章を土台に業界が一丸となって、金融界の再編成とこんごますますきびしくなる金融環境に対処するため、業界の結束を強化しようとする姿勢を打出したものである。

## 持出し制限アップ

### 来月から 海外旅行 大蔵省 五百ドルから七百ドルに

「海外旅行の外貨持ち出しワクを五百ドルから七百ドルに引き上げる」―日本大蔵省は四月一日から、外貨持ち出し制限を二百ドルアップすることをこのほど決めた。

海外渡航のさいに持ち出す外貨は、国際収支に悪影響をおよぼすため、きびしく制限されており、現在は観光渡航とか業務渡航に関係なく一人一回、五百ドルとなっている。ただし貿易や銀行業務など特別な渡航に限って、一日三十五ドルで総ワクで三千ドルまで認められている。

かねて国際通貨基金（IMF）や経済協力開発機構（OECD）は、日本に海外渡航制限をゆるめるよう勧告しているが日本大蔵省がこんど改正に乗りだしたのは、外貨準備高の三十億ドル台がゆるがない自信と、出入国だけで外貨のバランスをみる「旅行収支」の赤字が最近大きく改善されていることからである。

旅行収支は、一九六六年の三千八百八十万ドルの赤字から、一九六七年の五千六百四十万ドルの赤字へと悪化したが、昨年は海外からの観光客が多くなり、出国する人数より、外国からの入国の方がふえたため、四千四百八十万ドルの赤字へと改善されている。

## 20％まで員外預金を認めよ

### 全国信用協組連が要望

日本全国信用協同組合連合会（理事長白石森松氏）は、このほど二〇％までの組合員外預金を認めるよう、大蔵省に具申した。

信用組合は協同組合組織で運営するという建前から、組合員外からの預金吸収（員外預金）は法律で禁止されているが、罰則規定がないため、信用組合発足以来の〝公然の秘密〟とされている。

ところが、昨年六月から施行された金融二法によって信用組合の預金、貸出し制限が大幅に緩和される一方、信用金庫の組合員外預金が認められることになったため、信用組合と信用金庫の差が少くなり、両者を区別する員外預金がにわかに注目されて、大阪府が全国ではじめてその行政指導に乗り出していたものである。

## 信用組合にも適用

### 日本大蔵省 統一経理基準の検討へ

日本大蔵省は、金融機関の経理を〝ガラス張り〟にするため、都市銀行、地方銀行、相互銀行、信用金庫に統一経理基準を適用してきたが、都道府県知事の監督下にある信用組合にもこれを適用する意向を固め、来月から具体的な検討を始める。早ければ明年三月期決算から適用するよう、各知事の協力を求める方針である。

統一経理基準は、銀行が不当な〝隠し資金〟を作ったり、過大な利益を計上しないよう、決算のしかたに一定の基準を示し、銀行の実績をそのまま決算に反映させようとするもの。都市銀行が一九六七年九月期に実施し、明年三月期に三年間の準備期間を終えるのをはじめ、相互銀行が一九六八年九月期、信用金庫がことしの三月期からそれぞれ三年間を準備期間（とくに認められたものは四年間）として実施した。このため一九七一年から七二年にかけて相互銀行、信用金庫でも統一経理基準が軌道に乗り、信用組合だけが取り残されることになる。

そこで同省は、来月早々、各財務局がブロック別の都道府県主管課長会議を開き、統一経理基準を検討したうえで各知事に一斉に実施するよう要請する意向を固めた。

信用組合は昨年末現在で、全国に五百四十二あるが、このうち業域信用組合（医師会など）六十四、職域信用組合（官庁職員信用組合など）三十五を除いた四百四十三組合が対象となる。早ければ明年三月期から三年間（例外は四年間の準備期間）で実施する方針である。

## 近く調査団を派韓

### 国際建設技術協会 南西部の地下水開発

日本の国際建設技術協会（会長山内一郎氏）は韓国政府の要請にもとずき、近く地下水開発調査団を派遣することになった。すでに韓国政府は新年度（会計年度は一月―十二月）から地下水開発を行う実施機関として韓国地下水開発公社を設立し、政府はこの地下水開発に必要な資金は日本からの円借款の一部をあてることにしているが、地下水を開発するための技術と、開発して効果のある地点がどこにあるかについて調査機関がないため、日本に協力を求めてきたものとされている。

国建協は近く大蔵省の認可がおり次第、民間ベースで地下水開発の可能性について調査団を派遣することになっているが、調査団長には日本で地下水開発の権威である嶋田延男日本工業用水協会顧問をあて、ほかに約三十人の技術者を加えてチームを編成する。

この調査団は韓国側から要請のあった韓国南西部一帯約二万二千キロ、百四十ヵ所について調査し、このうちどこの地下水開発地点を優先させるかなど経済効果調査を合わせて行うことにしている。調査団には日本鑿井工業、三協工業、利根ボーリングなど日本の代表的な地下水開発専門業者が加わることになっている。

# 密航青年に留学の道

## 九大医学部に入学する韓成珍君

# 公館・民団の努力実る

## 日本政府の温情に感謝

勉学の志を抱いて八年前韓国から密航、その後三年余にわたる闘病生活にもめげず九州大学医学部の入試に合格したが、その矢先に日本法務省の強制退去令をうけ悲嘆にくれていた一韓国青年に、その志を叶えさせようと、民団大阪本部並びに韓国公館の努力によって同胞愛による尽力が実り、来る新学期からこの青年に留学生の資格で勉学を続けさせるという、韓日両国政府当局の温情の手が差しのべられた。最近、在日同胞の法的地位問題をめぐる日本側の不実が表面化している折、不遇な韓国青年の志を生かした民団、韓国公館の善意と日本当局の温情ある理解は[illegible]社会に明るい話題を投げている。

民団大阪本部を訪ね喜びを語る韓成珍君（左）（右）は金晋根団長

民団、駐日公館のチームワークによる努力によって幸運を得た青年は、大阪市生野区猪飼野西三の一〇番地に居住する韓成珍君（当=済州道市内[illegible]里出身）―。

韓成珍君は八年前の一九六一年十月、日本・大阪に住む母と兄弟のもとで勉学に励むことを夢みて韓国から密航、その後建国高校に編入したのち、六四年二月優秀な成績で卒業という喜びも、大学入試の際に受けた健康診断で肺結核の宣言、また運悪く重なった大阪入管からの不法密入国容疑による令状など、譬えようのない悲しみに陥入ったのである。しかし、同年三月大阪入管から病保釈となった成珍君は、その後病魔と強制退去の黒い影におびやかされる二重苦の入院生活が三年六カ月も続いたが、この辛苦を克服させたのは自分の身で体験した病魔への挑戦を医学で果たそうとする執念であった。

一九六八年三月、西日本きっての名門である九大医学部にはげしい競争率を振り切って見事に合格した。だが、病状にはメドがついたものの、日本の法の枷は厚く冷めたく、ついに一週間切替えの在留許可も却下され退去令が下った。

強制退去令によって希望を失ない、途方に暮れた韓成珍君は、どうにかして勉学の道を続けようと民団大阪本部に悩みの相談を持ち込んだ。だが"九分九厘ダメではないだろうか"と思った金晋根民団大阪本部団長は残る一厘の希望を捨てず、さっそく駐大阪総領事館の柳来鎬駐在官（領事）に相談を持ち込んだところ、柳領事も向学熱に燃える韓君の境遇に同情して駐日大使館の李舜九警務官と孔魯明第一課長の協力をえて、日本当局に在留許可獲得の方途を求めてかけあった。このように一同胞の将来のために公館と民団が一致して愛の手を差しのべた結果、日本当局に韓君の立場への理解と温情を得るに至ったのである。

しかし、厚い法の枷は曲げられず特別在留許可の恩典はえられなかったものの、韓成珍君に強制退去令が取り消され"留学生の待遇"として勉強の道は開かれたのである。このような立場にある者に留学の恩典が適用されるケースは前例のないことであり、それだけに種々の難関があった。

韓成珍君は温情の喜びを胸にふくらませて六八年十二月十二日、一応帰国したのち、本国での留学手続きを経え、さる三月四日"留学生韓成珍"として再び来日、韓日両国政府の温情によって悩み多かった過去を忘れ、希望に満ちた九大医学部で新学期から勉学することになったもの。

韓成珍君の話＝民団をはじめ韓国公館の諸氏、並びに日本政府の厚意には感謝に絶えません。将来は外科にすすみ、韓日両国の親善に医学面で役に立てる覚悟で一生懸命に勉強するつもりです。

金晋根民団大本部団長の話＝本人が病気と闘いながら勉学に努めていると共に、母の子を思う努力には私も同情のあまりだった。特に民団と公館が一致となって不幸な青年の将来のために役立てることができて本当にうれしいと思っている。

柳来鎬領事の話＝すべては日本当局の温情と理解のたまものだと思っている。それに在日同胞の役に立ちたいという領事館の意を汲んで、その窓口となってくれた金団長にも深く感謝する。このうえは韓君の熱心な勉学心に期待し将来を見守りたい。

# 団長選投票を棄権か

## 民団愛知　大会に臨む態度表明

民団愛知県地方本部では、さる十七日「三機関長ならびに代議員会議」をひらき、きたる中央大会に臨む態度を次のように決定した。

昨年十一月の故金[illegible]事件も日浅く、全国民団組織に迷惑をかけた立場にあり、慎重の意を表する意味で大会には出席（代議員16名）しても、中央団長選の投票には棄権する、ことを決議した。

しかし、代議員の中には異論をそなえるものもあり、この決議は本質的にみて民団代議員の権利と義務を放棄するものとして批判を呼びそうである。

# 多彩な記念行事催す

## 5月17日　東京商銀15周年

〈城南支店年内開設〉

許弼奭理事長

東京における民族金融機関として発展一路にある信用組合東京商銀は、さる三月五日をもって創立満十五周年を迎えた。

三月末までの預金目標六十億円をすでに達成した同組合では、来年三月末までに預金百億円達成を期し、全職員が一層の努力をつづけるが、それには民団をはじめ同胞各機関の積極的な協力が望ましいと、さる十五日許弼奭理事長は十五周年記念行事に併せて一大預金獲得運動を展開すると発表した。

記念行事としては来る五月十七日、東京日比谷公会堂で総代会に引続き、十五周年祝賀会として組合員三千名を招待し、式典のあと本国映画「二十万の国軍」「三・一節」を上映、本国芸能団による古典舞踊、歌謡曲大会を開き、全組合員を対象にラッキーカードによる抽せん会を催し、カラーテレビ二十台、ステレオ、電気洗濯機など盛り沢山な賞品を出すことになった。

さらに預金増強期間には、一口三十万円以上の定期預金者に記念として特製の「金盃」を進呈するほか、組合強化につくした功労者には感謝状を贈り、永年勤続、優良職員の表彰も行う。

許理事長は来る六月二十日で就任満二年を迎えるが、就任当時組合員一千余、預金十四億円であったものが、現在は三千余名、六十億円に増大、在日三十六韓国人信組中では第三位、日本全国六七〇組合中では六十二位の実績を誇るに至った。

△許理事長談＝民団をはじめ同胞各位が東京商銀を強化する線で一致して協力下さることに深く感謝している。同胞のための忠実な奉仕精神で組合強化に努力すれば、朝総連系に勝つことは時間の問題であり、すでに朝総連系組合員でわが方に乗替える者が続出している。今後一年で預金、組合員ともすべて現在の倍にし、「城南支店」を年内に開店させるつもりだ。各界の支援を望んでやまない。

写真㊤七周年記念式典のもよう㊦厳大使から李理事長に表彰状を授与するもよう

# 横浜商銀　七周年記念式典

## 三月現在　預金高35億円突破

## 厳大使から表彰状

県下組合第3位　韓信協内で5位

さる三月五日をもって創立七周年を迎えた横浜商銀信用組合では、既報の通り十七日午前十時から二千余名の組合員を招待、横浜市西区の神奈川県立音楽堂で、記念式典ならびに組合員慰安の演芸大会ならびにラッキーカード抽せん会を催した。

この日第一部として午前十時から本国映画「八道江山続編」を上映、第二部式典を午後一時から各界の来賓を迎えて挙行、木川総務部長の司会で李根馥専務理事の開会の辞、李鍾大理事長の七年の歩みと現況報告の挨拶があって、厳敏永韓国駐日大使、津田神奈川県知事（代理）、李裕天民団中央団長（代理、呉敬福経済局長）、朴述祚民団神奈川団長、朴漢植韓国人信用組合協会長、菊地神奈川県信用組合協会長らの来賓祝辞があった。

つづいて、厳敏永大使から、民族金融機関発展の功労者として、李鍾大理事長に表彰状が授与され、李理事長からは、退任理事の李昌旭氏ら三名に感謝状と記念品を、さらに永年勤続職員として、本店営業部長丸山茂一氏ら十五名の男女職員に表彰状と記念品が贈られた。

これに対し一同を代表して木川保善総務部長の謝辞があり、大阪良庶常務理事の閉会の辞で式を閉じた。

午後二時から第三部のラッキーカード抽せん会に移り、特等カラーテレビ、一等ステレオ、一等組違いにガスクッキングテーブル、二等勉強時計、三等各種電気製品の豪華な景品が渡されたが、カラーテレビは金在春駐横浜領事の寄贈であったのをはじめ、その他の景品も民団、商工会からの寄贈によるもので、横浜商銀の発展を祈る祝賀気分が溢れていた。つづいて三時から南四郎のアトラクションに入り、有名芸能人による多彩なプログラムで楽しいひとときを送り、午後六時すべての行事を盛況裡に了えた。

横浜商銀は一九六二年三月五日、七十六百万円の僅かな預金で発足したが、さる二日末で組合員二千四百余名、預金高三十五億円を突破し、その発展ぶりと優秀な実績は、神奈川県下十九信組中の三位、韓国人信組二十七組合中の第五位にランクされており、今年度五十億達成をめざして全員努力を誓いあっている。

# 輸出価格の暴落を企む悪質行為！

## ボロ生糸輸入事件

去月27日付の日本読売新聞朝刊に掲載された問題の記事

# 韓国側　日本業者に怒り

## "国際信用を突落すもの"

"高価な生糸がボロや紙に化けている悪質な抜き詰が、韓国からの輸入生糸に続出し、生糸の代わりにボロや紙が詰められ被害額はこの二カ月間だけでざっと二億円。相手国にクレームをつけてもさっぱりラチがあかず、輸入商社の訴えで農林、通産両省が本格的調査に乗り出した。"これはさる二月二十七日付、日本の読売新聞朝刊社会面のトップ六段抜きで報われた記事内容だが、韓国政府当局は勿論業者も商道徳上、国際信用を失うものとして大きなショックをうけ、その間積極的な調査を行なっていたが、このほど調査結果を次のように発表した。

釜山税関当局がその間、[illegible]調査の結果「日本商社が生糸輸出価格を落とすため操作した企みである」と結論をまとめ、財務部に報告した。

この報告によると、日本の日刊新聞に掲載されている写真は、通関される前の昨年十月、釜山中央洞にある金星（音訳）倉庫に保管されていた生糸を、ある労務者が抜き取りした時、韓日合同で調べたさいに撮影したものであり、日本の新聞が歪偽引用したものである。

なお生糸組合では、昨年十二月十日大敬海運所属の船舶）で輸出した生糸二十包のうち、三包がなくなっているという日本商社からの電文をうけ、事実を調べたことがあったが、ウソであったこともあったという。

釜山税関ではさらに、韓国生糸輸出組合の金御栄組合長が去月二十六日、日本の記者団に「日本向けの生糸輸出はできない。イタリアのミツノに三百万ドル分の輸出契約を結んだ」と発表した翌日の二十七日に日本の新聞に報道された点からみて、日本側は故意的に韓国産生糸の価格を落とし、欧米向け輸出を妨害するための企みではないかと反ぱくしている。

# 受刑者にテレビ視聴

## 法務部　行刑制度を緩和

法務部は、受刑者をより効果的に矯正させるため、成績の良いものに制限を緩和する「矯正累進処遇規程案」を作成、法制処に上程する。この規程は現在の行刑制度を完全に直新するもので、すでに欧米では実施されている。全文十七章九七条からなる新規程案によると、受刑者を四級に区分し各級に一定した責任制を与え、責任を完全に履行すれば上位級に進級させ、収容、面会、書信連絡、教育、作業などの受刑期間の処遇を漸次緩和するようになっている。

同規程によると①執行刑期が六ヵ月未満である者②七十歳以上の者③妊産婦④不具または精神病者で作業ができない者⑤思想を転向しない者を除く懲役または禁固刑を受けた受刑者に適用されるが、受刑者をA級（改心可能）B級（改心困難）C級（改心極難）に分類し、前科、罪名、刑期、年齢などを参酌、各級別に処遇するというもの。

なお、受刑者を一級から四級までの四段階に分類、四級受刑者には個人教誨を除いては生活にきびしい制限を加えるが、三級には家族の面会と書信連絡の回数を増やす。なお二級以上の受刑者は独房でテレビ、ラジオの視聴を許されるほか、家族写真を部屋に飾ることができるようになっている。特に、一級は誰れとでも対話できる一方、家族面会の場合も矯導官が立会わず、新聞も読み社会への復帰準備を行なうようにする。

さらに同規程は、四級受刑者は親族保護者に限り月一回の面会と書信連絡が許されているが、三級は親族以外の者でも許され月二回の面会、書信連絡が許されている。また二級は毎週一回、一級は随時面会、書信連絡が許されている。また一級は自分の部屋に机、書画、花瓶、鏡、写真など必要なものを置くことができる一方、月三回の差入れも許される。

特に、仮釈放を原則とし一級受刑者だけに許可することになっているが、二級の者でも情状酌量がある者等にも許される。

# 石川商銀が誕生

## 18日　創立総会開く

在日韓国人の金融機関として、信用組合の増設と強化が強く叫ばれている折から、かねて推進中であった石川県下僑胞のための「石川商銀」がいよいよ設立されることになり、さる十八日午後一時から金沢市の観光会館で、各界来賓、関係者多数が参席の上創立総会が開かれた。

これで在日韓国人信用組合は総計二十八組合となった。

# 第11回地方定期委員会

民団大本、四月十二日に

民団大阪地方本部（金晋根団長）では、来る四月十二日午前十一時から同本部講堂で「第十一回定期地方委員会」を開く。

# 暴力団を一斉検挙

## 開拓地労務者に狩り出す

検察庁では、検挙された暴力団またはグレン隊に再起の道を選びくため、技術教育を実施することを内容とする「奥地開発および畜産団地造成計画」を作成、これを農林部など関係当局と協議中である。

この計画にすると①週期的に暴力団を検挙し、漢拏山（済州道）智異山（慶南）などの奥地に収容して、荒地を開拓させる②一次に奥地を開拓したのち、関係部処の協力をえて開拓地に永住するようにする③農業を営みながら自立できるよう財政援助も行なう、などとなっている。

# 南山地下路の要塞化着工

来年六月まで完工

三・一道路と普光洞を結ぶ南山地下トンネル一号線の起工式が、さる十三日行なわれた。

来年六月までに完成されるこの一号線は、今年中に開通される京釜高速道路への第三漢江橋と連絡されることになる。

# 張大衡さんが目出度く結婚

元平新艇の操舵員

三年前の六六年九月北韓から日本に脱出し、その後自由大韓に帰順した、元平新艇の副船長であった張大衡さん（三七）がこのほど、大田市内で金明淑さん（三[illegible]）と結婚式をあげた。

# 運動会、学芸会の復活指示

文教部、小中高校に

児童の情緒教育と体力向上のため韓国小、中、高校に、学内運動会と学芸会を復活させ、学級学校別に積極的にすすめるよう、文教部が各市道教育委員会に指示した。

# 20日、東京韓国学校卒業式

東京都下唯一の民族学園、東京韓国学校では、きょう二十日午前十時から、小、中等部第十四回および高等部第十一回の卒業式を同校屋上特設式場で催した。

# 民団東本第105回定例支団長会議

中央団長三候補も出席

民団東京本部では、さる十七日午後一時から東京商銀荒川支店会議室で「第一〇五回定例支団長会議」（十三日の予定を延期）を開催した。

この日、鄭在俊東本団長から「来る中央団長選の候補を推挙するむね」を報告、その他の討議を行なった。

なおこの日は、中央団長選に出馬する三候補も出席し、立候補にたいするあいさつを行なった。

# 増える国民登録申請

## 在日韓国人は義務的に所持

## 大阪 毎日40件の申請

## 急ごう！15歳から登録該当

大韓民国の国民であることを証する「大韓民国国民登録証」は、在日同胞の民族自覚の向上と同時に、さいきん申請数も日増しに増加一路にある。駐日大使館並びに各地方の公館に設けられている国民登録取扱所には、毎日のように三、四十件の申請書類が運び込まれてくるが、山積みになった書類の整理に係り員もテンテコ舞いの有様―。申請数が増える一方には、未だに国民登録に対する認識が行き届かぬところもあるが、その申請状況やどの程度の認識をもっているのだろうか？のぞいてみよう。

国民登録証は、一九四九年十一月二十四日付の法律七十号「大韓民国在外国民登録法」にもとづいて、大韓民国の国民であることを証する"大韓民国国民登録証"を携帯しなければならない。即ち、在日居留民団の団員であるならば国民登録証を携帯することを義務化されているわけである。韓日両国の国交正常化と共に、

### 永住権、就職などに必要

一九六六年八月一日付で実施された国民登録の更新および新規登録申請は、全国の各団組織を通じて受付けられているが、在日韓国人の生活上においてはもっとも必要とされるのが国民登録証である。まず必要とされるのは①永住権を取得する時、国籍に対する陳述書を記入する場合②本国訪問および里帰りの場合の旅券手続きなどには必ず国民登録を要するが、これなくしては手続きができないわけである。なお③在日同胞の各機関（例えば新聞、学校、各種団体など）に就職する場合④子弟の本国学校入学、進学の場合など、在日韓国人社会の生活環境には特に必要とされるものである。

なお、国民登録の重要事項は①日本国内の一定した場所に住所または居住を定めている者、または一定の場所に二十日以上滞留する者として十五歳以上の大韓民国々民は国民登録を行なわねばならず、また十五歳未満の者は家族欄に記入する。特に②虚偽の登録と証明を行なった者にたいしては領事館長は、登録証の交付、その他一切の証明を拒否し該当者に交付された登録証を回収する。となっている。さらに注意事項として①この登録証は常に本人が携帯せねばならず②記載事項に変動があった場合、変動日から二十日以内に所在地公館長に申告しなければならず③家族欄に記入されているものが満十五歳になった時は、登録申請をしなければならない④紛失または汚損の場合は再発行申請できる。などとなっている。

このように国民登録の必要性は、韓国民としてわれわれの生活上に密接な関係を保っているわけである。しかし、韓国民でありながら無関心であるとか、関心を抱きながらも申請を延々と戸惑っている人が多いようだが、その理由をあげると様々である。例えば、「本国旅行の時にビザ関係で必要とされるだけなので急ぐ必要がない」というもの。また、国民登録証は無料で作るようになっているが、各民団支部または分団では経費徴収上における団費として受取る費用を手数料と感違いして「申請すれば手数料を取られるから」といった認識不足のもの。「時が来れば申請したい」といったのんびり型―。国民登録にたいする認識不足というよりも、在日韓国人にたいするPRが末端に至るまで行き届いていない感がする。

なお、一九六六年八月一日以来実施された国民登録の更新、新規申請で、もっとも関心が多く寄せられている近畿地区の一九六九年二月二十一日現在の申請件数は次の通り。

▲大阪地区＝新規一六、二二〇更新二三、四六二合計三万九、六八二件▲京都地区＝新規三、二八五更新四、三三〇合計七、六一五件▲滋賀地区＝新規四四八更新三八九合計八三七件▲和歌山地区＝新規六〇四更新六九一合計一、二九五件▲奈良地区＝新規七七五更新五〇三合計一、二七八件▲伊丹＝新規二〇一更新一一六合計三一七件▼総計五万一、〇二四件。

# 国民福券（宝くじ）発売

## 四月から10日に一回

韓国にも初めて国民福券（宝くじ）がお目見え―。四月から発売されることになったが一等五百万ウォンのラッキーを当てようと庶民の楽しみになりそうだ。この宝くじは、財務部が干害民の救助などの慈善事業と庶民住宅、学校建立など公益事業の資金を調達するためのもので、年間三六億ウォンの売り上げを見込み、手はじめにソウル、釜山、大邱などの五大都市で発売される。

### 一等五百万円 庶民の楽しみ増える

財政部の発表によると、一応、一九七三年度までの五ヵ年計画で毎年総額三六億ウォン（初年度二七億ウォン）の「国民福券」を発行、当金総額の五十%、販売手数料五%、発行費用五%との合計六十%の諸費用を除外した十四億四千万ウォンが収益金となり、これを基金とした金利によって慈善、公益事業の資金をまかなおうとするもの。

尚の五ヵ年計画の終了ときには他に六八億四千万の収益金を一般財政の文教金とし、金利総額の三九億九千四百万ウォンともども国民へ有効に還元されるという。毎回一億ウォンずつ月三回発売される計画のこの国民福券は、一枚百ウォン、債金は一等―五百万ウォン、二等―百万、三等―五十万、四等―十万、五等―一万、六等―一千、七等―百ウォンで、その他に特賞が十万ウォン、参加賞が三万ウォンである。

この福券の発売方法は、最初には五大都市で発売、漸次、全国的規模に拡大し販売場所は福券販売所の新設、運動競技場、劇場、小売店、各種娯楽場、銀行などでの販売を予定しており、十日に一回、しめ切直後に抽選式で当り券を決める。また税金にはいっさい税金を課さないことになっている。

一方、財務部の計画にたいし、政府側としては韓国の事情から宝くじの発売が適当であるのかを検討したのち、発売する計画を進めている。

### 第一次に中部地区では60名合格

今年度自費母国留学生

「一九六九年度自費母国留学生」の第一次合格者がこのほど、駐日大韓民国大使館奨学官室で決定されさる十六日、その発表が行なわれた。

これによると中部地区の第一次合格者は男子三十五名、女子二十五名の計六十名でこの日、ただちに合格通知が発送された。

なお、この合格者発表は数次にわたるもので、追って第二次以降の合格者発表が予定されている。

### 45万円分の運動具を寄贈

僑胞の鄭大煥さんが

在日同胞の鄭大煥さん＝東京都内、鄭針板製造会社＝が、ボクシング・グローブ五十組など四十五万円（日貨）分の運動具を、韓国ボクシング連盟に寄贈した。

鄭さんは、来る十月でレーシアで開かれる第四回アジアボクシング試合に備え訓練用として贈ったもの。

## 本国の話題の人

### 元バンタム級チャンピォン 李敬烈さん

### 今は名レフリーで活躍

"老兵は死なず、ただ消えゆくのみである"―。故マッカーサー元帥の名言は、韓国拳闘界の老兵、李敬烈さんにもあてはまる言葉かも知れない。

今では、世紀商事の中堅社員であり、その直営の世紀劇場の受付主任として働きながら、温厚な人柄で周囲から親しまれている敬烈さんが、スピードあるハードパンチャー、またねばり強いファイテングで四角いジャングルの文豹の名をほしいままに、ファンを熱狂させた元バンタム級チャンピオン李敬烈選手―かと思えば、なにか心暖まるものがある。

今なお、リングの上に立って連続な名レフリー振りは、三十余年間の輝しいリング生活を物語っており、リングの上にのみ生甲斐を感じるボクシング界の長老の名にふさわしい人である。

李敬烈さんの血にじむ記録をたどってみると、一九四七年十二月三日フライ級チャンピオンとなり、軽量級から頭角を現わしてからは、二年後にバンタム級に転向、一九四六年度には第一回全国プロボクシング選手権大会で宿願の同級チャンピオンの座を獲得した。

今はチャンピオンの座を後輩に譲り渡し、先輩として後輩の指導にあたっている敬烈さんだが温和な人柄、きびしい助言には伸びゆく選手たちにとっては大きな力づけとなっている。

李敬烈さんはソウル生れ、中東中学卒業と同時に京畿道庁に入社、その後忠南牙山郡庁書記、京畿刑務所刑務官を経て、一九五五年度に平和劇場の総務部長、韓一劇場総務部長、六三年に世紀商事の直営館世紀劇場の受付主任として今日に至っている。また家庭には夫人をはじめ八人の子ぼんのうでもある。

# 住民登録、3月まで延長

## 登録対象は1.540万人

韓国政府はこのほど、住民登録証の締め切りをきたる三月末まで再び延期した。

この期限は昨年十一月二十一日から十二月三十一日までとなっていたのをさる二月末まで延期したが、完結をみることが出来ず、このたびの再延期となったもの。

内務部によるとさる十日現在で住民登録対象者一千五百四十万のうち、八四％の戸籍および兵籍が確認され、七六・八％の登録証受給となっているが、未登録者中の①兵役忌避者（四十万名）②虚偽申告者（九万八千八百名）③不申告者（八万七千名）④無戸籍者（八万六千名）⑤戸籍誤記者（二万一千名）⑥本籍不明者（二十万名）⑦住民登録証申請忌避者（三十九万九千名）⑧国内居住軍人の未申告者、前科などの隠匿者の扱いが問題とされている。

また発給事務を遅延さす者に国会議員とか政府の高位級の特殊人種と著名人士らがある。内務部が芸人・商人・興業者・長期出張中の者を除いても、これらの著名人士らを対象の中に入れたことにも、この事務にいかに苦労しているかを知ることができる。当局はこれらの文盲のある者達に対する後仕末のため連日国防、法務、文教、外務、文公部の各務者と意見調整をはかっている。

一方、兵役忌避者の場合は、一定の期間をおいて公告し、自首すれば本籍地の照合を経て住民登録証を発給することにしており、機会を失なったとか身分をかくしたとかの未申告者にも再度の機会を与え、無戸籍者の手続きに要する一万ウォン、必要書類七つを二百八十ウォン、必要書類三つに簡略化した。また二重戸籍者の場合も必要書類五つを三つに減らした。最近宮内の兵隊達にも住民登録証を発給することに内務部と国防部の間で合意、当局はこれが為に施行令を改正することにしたといわれる。この台意内容によると大邱に住んでいて抱川にある某部隊に入営した兵隊の場合、部隊長が大邱市当局に先給申請書を送ると、大邱市当局はその兵隊の本籍地へ照合し住民登録証を部隊長宛送る。部隊長は該当兵隊が駐屯しているもっとも近い邑・面事務所へ本人を出頭させ、登録証に捺印、人事係で保管、外出時本人に与える事にしている。現行では「営内に起床している軍人に対しては各自が属している家族の居住地で本人または戸主が申告しなければならない」となっている。登録証の注意事項欄に「此の証明書は常にもってなくてはならない」とある但し書きが法にふれるものとして論争を繰りひろげられている。内務部は、住民登録証の活用方法として民願書類に添付していた戸籍抄本に代えての使用、旅館などの宿泊で宿泊人名簿への番号記入などを検討しているといわれる。

## 乱中日記 (83)

李舜臣 記 金坡禹 訳

十九日、晴れ。公務を司る。慶尚水使入来す。呂島（李守一）が酒を持って来てしばらく話す。釜山から降服して来た倭人の話では正月の十六日に、沈惟敬、玄蘇、正成ら小西行長と一緒になって日本に向ったという。この日大豆で醤油の素を造る。

二十日、雨。体の疲れを解くために蒸民に入る。楽安は屯田から得た秋穀を持って来る。

二十一日、公務を司る。巨助項会後と興陽に酒を飲ましてかえす。遅くなって蛇渡、呂島、泗川、光陽、曲浦などが来てすぐかえる。次から昆陽が来て弓十巡を射する。

二十二日、晴れ。寒さひどし。終日部屋に閉籠る。慶尚虞候（李義得）は慶尚水使（裴楔）の性格の拙卒さを非難することを伝える。家兒の入来につれて心配す。

二十三日、晴れ。朝、十七名の兵士に各々新しい服を支給する。夕刻になって加徳からかえって来た金仁福に敵の状況を聞く。昨夜に本営から、尭、蔚大成、申汝霖、朴自光などが来たる。母上の安否も聞く。先ずは安心。雪が降る。ちかごろには甚だ多に見られない大雪である。相かわらず体の工合はよくならない。

二十四日、晴れ。北風強し。風雪が甚だしいので人間の歩行はほとんど不可能である。紙ももちろん不通である。既に見乃梁の伏兵処から使者が来て、倭奴一名が降服して来たという。捕虜をさっそくつれて来るようにと命令する。遅くなって左右の虞候と蛇渡などが入来する。

二十五日、晴れ。

二十六日、晴れ。公務の後試弓。

二十七日、晴れ。右巡使（徐渻）が着いたので、一緒になって右水使の陣に行く。

二十八日、晴れ。午後、巡察使と一緒に弓を射す。結果は私が七分ほど勝ったことになる。可笑。可笑。

二十九日、雨。終日雨。午前に慶尚道の陣中に巡察使と談話を交う。午後は弓を射して今日もまた私の方が九分ほど勝つ。結果となる。夜は笛の音楽を楽しんだ後、十時頃に帰船す。

三十日、雨。雨。雨。軍官と兵士に弓を射す。呂島（金仁英）、赤梁（高汝友）などが来る。遅くなって満州の李憲男が入来する。

註。沈惟敬と壬辰倭乱の講和のいきさつ。沈惟敬という人物は、そもそも中国の浙江省の出身であるともいうし、また福建の人であるともいう。だが、彼のお父さんが貿易商で日本に船で往復した経験があった関係上、いくぶんか日本の事情に通じていたことは事実であったようだ。

ところで、丁度朝鮮と日本が戦争になったのをきっかけに、沈惟敬は北京の政府（明）に手紙を送り、自分がこの戦争をやめさせてみせると証言したために、さっそく兵部尚書石星は、その意見を受入れるという前例のないことにもかかわらず、沈惟敬に兵部添住遊撃という官職を与えて明朝政府から朝鮮に派遣して、日本の政状を詳しく調べさせるということであった。そして沈惟敬が朝鮮に着いたのは、癸巳の年（一五九三）の八月十四日であったという。当時李王朝の宣祖大王はわざわざ義州の西門外まで出迎えたのである。そこで沈惟敬が小西行長とはじめて逢った場所は九月一日平壌であった。そして、二回めもやはり十一月二十六日、場所は前と同じく平壌だったという。三回めは翌年の三月ソウルの龍山地区であった。その結果講話に対する準備会談の報告を義世にあった経略宋応昌に送った。そこで経略は幕僚の謝用梓と徐一貫を正式の講和使節として、日本に使わして、前関白の豊臣秀吉の降服書面を取りつけてくるように厳命しないのである。一方、沈惟敬は総督沈思賢と指揮呉宗道と共にソウルに上って日本軍を撤退させるための手配をしたのである。

そして、四回めはその年の三月二十七日に開城に続いて小西行長と加藤清正と談判し、四月八日には指揮譚宗仁と一緒に、今度は竜山において五回目の会談を行った。その結果十八日にはいよいよ日本に行く謝用梓と徐一貫などの講和使一行がソウルに着くのをきっかけに、日本軍はソウルを撤退して南に向って回軍する約束をさせたのである。

新世界新聞

発行人　宋　基　復
編輯人　李　康　吉

発行所
東京都千代田区内幸町富国ビル801号
電話(591) 6050～1番
編輯専用(591) 6023番
大阪市天王寺区味原町4—11
電話761—3601・0238番
서울特別市中区明洞2街32의5号
電話 (22) 1558・2963番

# 近代化의심볼·首都서울

祖国近代化의 心臓、首都서울에 새아침은 밝았다。꿈을 잉태하고 繁栄을 키워가는 大長安의 瑞気。南大門을 가운데로 쭉쭉 뻗어나간 大路網이 있고、円弧를 그리며 젖줄처럼 흐르는 漢江이 있으며、아스라이 푸른点처럼 선 北岳이 거기있다 4百万人口 서울은 이미 世界第9位의 大都市。더욱 크고 높고 넓은 터전、새서울을 위해 언땅을 파헤치는 불도저 소리는 正初부터 메아리치며 들려온다。

## 世界第9位의大都市

# 跳躍과繁栄의心臓部

이제 한국은 自然그대로의 땅일수는없다。70年代로 발돋움하고 멀리 뻗어나는 우리의 의욕은 이땅을 하나의 낙원을 이루려는것。그낙원은 国土를 造形藝術로 다듬으려는 노력에서 출발하고있다。말하자면 맨·메이드·코리어、人工韓国의 꿈으로 부풀어있다。

그꿈은 훤칠하게 뻗어나는 길近代化된길로부터 구체화되기 시작한다。경제학자「거셴크론」은 道路와 空港의 건설이 後進国開発의 지름길이라 고지적하고 線과点으로써 그이론을 풀이까지 하고있다。

사실 길은 歷史의 동이 틀때부터 시작하여 人類와 함께 永遠不滅의것이다。侵略도 길을통해 행해졌고 経済的福祉도 그길을 통해서 이루어졌다。이제 우리도 先進国으로의 構図를 길을통해 마련하고있다。

70年代의 우리의 象徵 京釜間 高速道路는 이미 지난해에 工事가 시작되었고… 이와같은 하이웨이가 바로 国土의 空間과 시간을 단축하여 이나라를 완전한하나의 1日「生活圏」으로 묶아넣으리라는 것은 이미 하나의 公論이 되고있다。

南北을 縱斷하는 하이웨이 그것을 중심으로 거미줄같이 뻗는 수많은길 그것은 이나라 방방곡곡에 近代化의 입김을 불어넣을 生命의 젖줄。高速道路、보다큰 범위에서의 道路開発과 経済開発과의 관계는 双生児的인 것이기때문에 高速道路의 経済的効果는 너무나도 높이 평가되고있다。

高速道路의 직접적인 효과는 여러가지로 손꼽을수 있다。우선 그것은 走行経費의 節約으로 나타나고 수송시간의 단축으로도 셈할수있다。시원히 일직선으로 뻗어간 도로를 달리면 運転士의 피로가 덜어지는것은 두말할것 없고 교통사고의 감소、교통快適度의 중대등으로 사회가 한결 명랑해질것은 다시 설명할 필요도 없다。

뿐만 아니다。하이웨이는 자동차 수송의 중대와 더불어 힘차게 뻗어나갈 것이며 자동차로 탁송되는 화물이 손상될 가능성도 훨씬줄어들게된다。이른바「荷傷」의 감소가 이루어진다는 이야기이다。이렇게되면 짐을 꾸리는 경비도 자연히 줄어들게 마련이다。

생산과 수송계획의 합리화는말로만 되는것이아니다 그것은 하이웨이건설로 촉진되는 것이다。高速道路는 공업지대를 분산시키고 자원개발효과、도시인구의 분산효과등 여러가지 잇점을 우리에게 안겨준다。

서울과부산간의 하이웨이가 완성되면 전국적으로 流通経済体制의 재편성、나아가서는 합리화현상이나타날것이다。부산에서 생산된 상품이 하루낮에 서울시장에 쏟아져 나올것이고 또 서울의工産品도 그에못지않게 부산에 이르기까지의 주요 도시에 깔릴것이다。말하자면 전국적인 平準化현상을 보이게 될것이다。

이와같은 현상은 모든企業体의 市場圏을 결과적으로 전국적인 규모로 확대하기마련이다。이렇게되면 이른바 이코노미·오브·스케일(規模의 경제)로 기업단위가 바뀌게 되고 經濟界의 구조적개편、체질 강화도크게 기대된다。

앞으로 사투리는 어떻게될까? 新羅때부터、百済때부터、그리고 高句麗때부터 흘러내려온 각고장의 奇習은 어떻게 될까? 그잔재는 몇천년되는 동안에도 命脈을 유지했지만 国土의 造形、空間의 短縮、하나의 1日生活圏속에 통일된 하나의 습성으로 醇化될것이고 파벌을 좋아하는 이민족、地方色을 드러내는 이 겨레를 완전히 改造하여 단결·통일된 자랑스런 이 민족의 모습으로 세계에 자랑할 것이 기대된다。

이제 새해 새아침과 더불어 70年代는 한발앞으로 다가섰다。近代化의 상징은 스피드。時速70마일로 달리는 우리의 高速도로는 歷史의 템포마저 빨리하고있다。그스피드는 민족의 얼이 면면히 흐르는 漢江과 洛東江과 錦江과… 그리고 三角山과 鷄龍山과 지리산과… 한라산에 이르기까지 그 山河、山河에 낭만의 씨를 한없이 뿌리리라——。

시속 70마일、70年代로 치닫는 고속도로。

꿈같다던 言語들이 이제현실로써 이 겨레앞에 어엿이 전개되려한다。길이 있는곳에 真理가 있고、真理가 깃들인곳에 生命이 있다는 賢者의 名言이 建設의삽들을 鼓舞한다。「経済成長」을 기약해주는길이 되도록 쉬지말고 닦아가자。

그리하여 이룩된 福祉社会를 길이길이감싸줄길이 되도록 가꾸어가자。이길、이「70마일」이 정녕 내몸의 혈맥처럼 우리의 것이기때문에……。

(CAMERA·ROLLEIFLEXT型 FILM·EKTACHROME、ASA: 1/250 F·8 (韓国安E社宋琪燁撮影)







663

# 박 대통령의 신년 메시지

## 어제의조국아니다

친애하는 해외동포 여러분!

희망찬 새해를 맞이하여 멀리 고국을 떠나 이역땅에서 조국의 명예를 위해 노력하는 해외동포 여러분들에게 축복과 인사를 드리는 바입니다。

돌이켜 보면 지난 1년간은 우리나라에 있어서 매우 중요하고 다사다난한 한해였읍니다。

민족 중흥의 번찬과제를 향하여 온 국민이 한마음 한뜻이 되어 제2차경제개발계획의 대행진이 거듭되는 동안 북한괴뢰는 초조와 불안의 발악으로 무장공비를 남파하여 국내치안을 교란코져 했읍니다。

지난 1·21사태와 동해안 일대를 소란케한 사건이며、「푸에블로호」의 납북사건등은 침략자들의 마지막 발악적인 행동을 나타내는 바로 그것이였읍니다。

그러나 보다 평화롭게 보다 부강하게 살아보겠다는 국민의 염원은 북괴의 준동따위에 결코 좌절될 수는 없는 것입니다

일사불란한 반공국민의 기백은 「내나라는 내가 지키며 내가 세운다」는 일면국방、일면 건설에의 의욕을 더한층 굳게 다짐했읍니다。

마을마다 고장마다 괭이를 들었던 손에 총칼을 들고 일어선 향토예비군은 물샐틈없는 우리의 반공태세를 과시하고 나섰읍니다

이와같은 애국지성은 모이고 뭉쳐 수십년을 두고 보기드문 한발도 거뜬히 이겨내었고、민족의 대 동맥선이 될 경부·경인 고속도로 건설이라는 땀맺힌 결실을 이룩했읍니다。

지난 해에도 경제성장은 11%가 확실하여 한국은 바로「아시아」의 기적으로 세계사에 등장하게 되었읍니다。

67년에 3억2천만불이던 수출 실적은 68년에는 5억불이라는 놀랄만한 결과에까지 도달한 것은 결코 우연한 것은 아니었읍니다。

이것은 오로지 온 국민이 민족중흥이라는 사명감에 충일하여 번영된 나라를 이룩하려는 의욕의 소산인 것입니다。

또한 나는 이러한 조국의 자랑스러운 성장의 뒤에는 해외에 계신 동포여러분들의 숨은 노고가 쌓여 있다는 것을 새삼 느끼는 것입니다。

해외에 계신 동포여러분!

여러분은 세계 어느곳에서나 이제 한국의 국민임을 자랑할 수 있는 날이오고 있다는 굳은 신념을 가져야 할 것입니다。

그리고 우리 모두가 자랑스러운 조상이었다고 자부할 수 있는 우람한 역사를 창조해야 할 것입니다。

우리겨레는 국내에서나 해외에서나 하나같이 뭉치고 단결하여 언제나 우리의 조국 한국이 비약하고 있다는 것을 자부하면서 서로 도우고 노력하는 국민이 되도록 당부하는 바입니다。

끝으로 해외에서 수고하는 동포여러분과 여러분의 가정에 행복과 번영이 깃들기를 충심으로 기원하면서 닥아오는 새해에 많은 축복이 있기를 바라는 바입니다。

# 社説

## 아시아의転換期

### 孤児가되지말아야하겠다

1969年 第2次世界大戦이 끝나 24年우리나라가 独立政府를 세운지 꼭 21年이며 6·25의 戦火가 멈춘날부터 어언 17年이 되는 이해를 우리는 国内外의 深刻한 課題를안고 맞이하였다。昨年의 国際情勢는 여러가지의 局面転換의前兆를 보였다。越南戦은 아직終結되지 않았으나 어쨌던 不遠間 平和協商이 結実되어 戦火가끝날 段階를 내다볼수 있게 되었으니 越南戦의 終結은 世界政治全体에 特히 아시아情勢에 非常한 영향을 줄것임은 틀림없을것이다。

한편 체코事件의 余波는 아직도 鳴動하고있으며 봄을 기다리는 체코国民의 反応은 依然 注目하지 않을수 없다。

또 앞서 6·25의 戦火가 멈춘지 17年이 되었다고하였으나 越南戦의 終結気運과는 正反対로 우리나라의 南北間의 緊張은 漸次 激化되어가고있는 販局이다 金日成의 極左冒険主義的 게릴라 拠点作戦은 이미 우리나라에서 피를 흘리게하고있다 南北의 平和的인 統一이 아니고 또다시 힘에의한 制圧을꿈꾸는共産主義者들의 誤算은 이제 極히 危険한 段階에 들어서려하고있다。

그러나 近代化作業에 巨歩를 내디딘 第2次経済開発 5個年計劃은 着実히 進捗되어 이제 第3年째에 접어든다 그동안우리의 輸出은 5億弗로 비약하였고 成長에서 跳躍의 문턱에 들어서게되었다。그러나 成長과 安定의 二律背反的 諸矛盾은그러한 自己陶酔에 취하여있을여유를 우리에게 주고있지않는것도 또한 事実이다。借款의 乱脈 独専占価格에의한 国民収奪 借款企業体에의 지나친 特恵融資와 그를 에워싼 不正腐敗의 極端한 貧富의 格差拡大와 農村의 病弊、重税、인플레등등은早速한 解決을 促求하고있다。勿論 우리国民의 強한 反共精神으로 北傀의 浸透作戦은 阻止되어왔고 또 国防態勢의 完備로 激動의 틈이있을 理가 없으나 이모두는 共産主義의 温床인바 이를 除去하지않고서는 勝共이 이룩될 理는없다。

오는 1月20日에는 共和党의 R·M·닉슨씨가 美国의 大統領으로 就任한다。軍事的으로아시아에 対한 오-바코밋트멘트를 縮少하리라는것이 共通된 美国의 새로운 対아시아政策観인바 美国의 援助에 크게 依存하고있는 우리나라는 特히 重大한 영향을 받게될것으로 짐작된다。더욱이 越南戦의 終結으로 우리나라의 国際収支改善은 더욱 어렵게될것은 確実하니 아시아에 찾아오는 転換期속에 이제 韓国은 커다란 試錬의 해를 맞게된다고하여도過言아닐줄안다。그러는속에 美国의 새로운 政策과 더불어 日本에 対한 依存은 더욱 깊어갈것이 予想된다。

그러나 国交4年에 접어드는 両国関係는 그렇게 달콤한것은 아니다。日本은 日本의 길을 걷고있기때문이다。

또 70年代에 들어서면 導入한 外資의 元利金返済가 急増하게된다「成長과 跳躍」이라는 自己陶酔에 잠겨있을때 우리나라를 에워싼 不安의 材料가 어느듯우리를뒤덮고있다면 過言일까 健全한 経済의 바탕을 갖지못할때 現在의 執権勢力이 유달리 強調하는 民族의 主体性이 根底부터 무너질 憂慮가있고 또 健全한民主政治도 発展을 기대할수없게될것이다。이런속에 三選이냐 改憲이냐라는 不明朗한 움직임이 더욱 深化될 憂慮가있다。이러한 転換期에 賢明하게 対処함으로써 우리는亜細亜의 孤児가 되어서는 안될 것이다。

이렇게 우리가 1969年을 맞는 이아침에 国内的인 問題보다 밖으로부터 오는 国際的움직임에。더욱 置重하는것은오늘의 世界는 우리만의 意慾으로 韓国만의 運命으로 左右되는 時代가 아니고 国家発展의 基礎的与件이 안으로부터의 比重보다 밖으로부터의 그것이더욱 무게를 갖게되고있다는 認識에서이다。問題의 1970年代를 1年後에 바라보는 重要한 意義를 지닌 이한해를 보람있게 民族史의 한페이지에 記録하자면 解決해야할 課題、反省해야할 課題가 실로 山積되어있고 自己陶酔가아니라 우리를 둘러싼 国際情勢가 想像以上으로 転換되어가고있음을 直視하지않을수없다는 것이다。

自古로 一年之計는 元旦에있다하였다。時間의 流転이나마 그歳月의 흐름속에서 民族의 총명이 더욱 切実히 要求되는 것이다。

# 郷土開発에参与를

駐日大使 厳 敏 永

새로운 希望과 意慾에 넘치는 一九六九年새해를 맞이하여 敬愛하는 在日同胞 여러분에게 幸福이 깃들기를 祈願하는 바입니다。

돌이켜 보건데 지난一年은 国内外的으로 多事多難한 한해였지만 또한 国内外에 걸쳐 우리国民의 不撓不屈의 努力으로 말미암아 여러가지 試錬을 克服하고 国家発展에 많은 業績을 쌓은 成功的인 해였읍니다。

北傀는 상습적인 休戦線 侵犯이나 間諜의 南派를 제속할뿐더러 昨年正初부터 武装共匪를 浸透시켜 良民을 無差別虐殺 治安의 攪乱、게릴라 拠点確保등을 企図하여 그侵略의 野慾을 露骨化하는 한편「푸에블로」号를 拉北하는등 가진 蛮行을 恣行하여 왔읍니다。

그리고 湖南·嶺南地方을 휩쓴 七十年来의 大旱魃은 約五百万石의 米穀減収와 三百万名의 罹災民을 내게 하였읍니다。

이와같이 우리나라 形便으로서는 견디기 힘든 不安과 災難을 当하고도 우리国民은 한마음 한뜻으로 뭉치고 분투하여 北傀走狗들의 野慾을 물리치고 피와 땀의 눈물겨운 努力으로 稀代의 大旱魃을 克服하였읍니다。

다시 나아가서 第二次五個年計劃의 第二次年度課業까지 成功的으로 完遂하여 経済成長率을 七%에서 十一%까지 끌어올리고 当初 一千億원을 目標로한 国民貯蓄은 一千五百億원이 達成되었으며 輸出은 五億弗을 넘는 実績을 올리고 元来計劃에 없었던 京釜高速道路가 推進되어 우선 서머지도 새해안으로 完工시켜 京釜間이 一日生活圏内로 編成된것입니다。

祖国의 이와같은 意慾과 発展에 발을 맞추어 在日同胞여러분도 悪辣한 朝総連의 策動에 屈하지 않고 많은 同胞를 自然의 품안에 包摂하였으며 온갖 不利한 与件下에서도 스스로의 権益을 擁護함은 勿論 祖国에도 많은 寄与를 하였읍니다。

지금 우리나라를 둘러싼 모든 客観的与件이 試錬에 가득차 있고 逆条件이 너무 많아서 우리가 意慾하는것과 実際가고 있는 方向이 여러가지로 相剋하리만큼 어려운 問題를 많이 안고 있으며 우리는 그런 問題를 解決하려고 가진努力을 다하고 있는것입니다。

在日同胞여러분! 여러분의 그間의 労苦를 致賀하고 새해를 祝福하는 人事와 더불어 새해에 여러분이 하여야 할 課業을 몇가지 提示하고자 합니다。

첫째、経済成長은 바로 国力伸張을 뜻하는 것이며、따라서 여러분은 恒常 母国의 経済発展에 関心을 가지고 온갖 힘과 정성으로 国内投資에 努力함은 勿論 各己 出身郷土의 開発促進에 率先하여 나서주시기를 懇曲히 부탁드립니다。

둘째、여러분의 生活与件의 向上을 위하여 民団이나 信用組合등 共同의 利益을 促進하기 위한 組織과 団体의 育成 強化에 協心協力해주시기 바랍니다。

셋째、在日同胞의 法的地位를 保障하기 위한 協定法規上의 権益등은 充分히 確保되도록 함은 勿論 未洽한 部分은 앞으로 外交的交渉등 온갖 手段을 다하여 補充·強化되도록 努力해 나가야 할것임에 새해에는 永住許可申請등 所定의 節次를 밟아야 할것은빠짐없이 해주시기를 당부합니다。

넷째、앞으로 여러분은 한결같이 뭉치고 힘을 合하여 우리祖国을 破壊하려는 온갖 무리들과 事態에 対処할수 있도록 万全의 態勢를 갖추어 나가야 할것입니다。

우리는 지금 새로운 歴史의 創造過程에 参与하고 있다는 矜持를 가지고 오늘은 어제보다 向上되고、昨年의 努力이 今年의 結実을 가져오며 今年의 努力이 来年의 結実을 보도록 하는 生活을 해나갑시다。

実로 一九六九年은 우리에게 歴史的인 해입니다。「싸우면서 建設하자」는 口号 아래 祖国再建의 跳躍台가 된 六十年代를 決算하여 그有終의 美를 거두는 해요。民族中興을 成就하는 七十年代에 対備하는 해요 第二次五個年計劃第三次年度로서 予定計劃事業을 大部分 完工하는 해요。또한 精神面에서나 物量面에서나 態勢面에서나 北傀를 余地없이 圧倒하여 北傀가 우리품안에 들어오라하금겠 実践과 業績面에서의 관가름을 하는 해라는 것을 銘心합시다。

# 統一向해国力축적하자。

李 星 澈

希望에 넘친 一九六九年 새아침에 際하여 本人은 当館職員一同과 함께 日本에 계시는 同胞여러분에게 新年 인사를 올리고저 합니다

도리켜 보면 지난一年은 国内外로 重要한 일들이 많았읍니다。

祖国의 近代化를 하루빨리 達成코저 온갖 힘을 傾注하고 있는 本国의 政府와 国民은 한덩어리가 되어 지난해에도 계속 経済建設에 邁進해 왔으며 여러分野에서 多大한 成果를 올림으로서 豊足과 繁栄의 来日을 向하여 또하나의 巨歩를 내디디게 되었든 것입니다。

그리하여 해를 거듭할수록 躍進을 거듭해 가는 눈부신 韓国의 発展相을 다시 한번 全世界에 認識시켰든 것입니다。

이와같은 国内의 発展相에 併行하여 国際社会에서의 우리의 地位도 크게 向上되었으며 自由友邦들과의 紐帯도 더욱 強化되었읍니다

朴大統領閣下의 濠州·뉴질란드訪問、에치오피아皇帝와 누질란드首相의 訪韓등 頂上外交와 第二次韓日閣僚会談을 비롯한 各種国際会議가 우리나라에서 開催를 보았읍니다。

새해를 맞아 北傀의 策動은 계속 激化될것으로 予想되나 우리国民들의 一致団結된 힘으로 粉砕되고야 말것이며 우리는 国内의 建設事業에 더욱 邁進하므로서 祖国의 近代化와 国土統一을 위한 国力을 축적해 나가게 될것으로 確信하는 바입니다。

在日同胞여러분께서는 이와같이 싸우면서 建設에 余念이 없는 本国同胞들에게 항상 뜨거운 声援을 보내왔읍니다만 새해를 맞아 더욱 熱熱한 声援을 보내주시기를 懇望해 마지않읍니다。

# 年内発給은保留

北韓에의 再入国

崔外務長官은 21日 佐藤首相과 会談하여 日本政府가 8名의 在日同胞에게北韓에의 再入国을許可할方針을 밝힌데 対하여 強硬히 抗議하고 取消를 要求하였다 이에対하여 日本은 取消할수없으나 年内의 許可発給은 保留하여 冷却期間을 둘것과 앞으로 北韓에의 再入国許可는 法、外務省이 相議하여 慎重히 取扱키로하였다 그런데 8名의 名単은 다음과 같다

▲全得鉉(八二、函館市=咸南北青)▲趙鳳吉(六二、東京=平南江西)▲金応實(六二、神戸=黄海延白)▲元文燐(六一、帯広=平北寧辺)▲朴分点(六一、横須賀=慶南酒川)▲金曽彬(五六、札幌=平南安州)▲金応龍(五五、横浜=黄海載寧)▲金成鎬(四八、東京=咸北慶興)

# 駐日公報館長에洪泉씨

## 李星澈씨離任

政府는 12月16日字로 駐日公報館長에 洪泉씨 文化局長에 李星徹씨등 文化公報部理事官級에 対한 大幅的인 人事異動을 다음과 같이発令했다 (괄호안은前職)

▲駐美公報館長 韓穡(全州放送局長)▲駐日公報館長 洪泉(公報局長)▲国立公報館長 李洪洙(放送管理局長)▲国立映画製作所長 権敬国(文化局長)▲中央放送局長 金壬龍(国立映画製作所長)▲放送管理局長 金在漢(中央放送局長)▲公報局長洪景模(芸術局長)▲芸術局長 金振영(国立公報館長)▲全州放送局長 金元鎬(駐美公報館長 ▲文化局長 李星徹(駐日公報館長)

# 北韓스파이団을摘発

大阪府警外事課는 北韓工作員団을 内偵中이던바 지난20日까지 日本人女性1名을 包含하는 68名을 取調하여 3名의 工作員을 逮捕하였다고 発表하였다 韓春根(47)鄭基龍(46)姜昌石(45) 3名은 쏘連製無線機와 暗号乱数表로 日本의 軍事資料를 北韓에 送信하고 있었음이 밝혀졌다

# 共匪南侵이 首位

## KBS10大뉴스

서울中央放送(KBS)이 選定한 68年度 国内十大뉴스는 다음과 같다

①一·二一事態와 北傀共匪의 蔚珍、三陟侵入事件
②郷土予備軍創設
③南部地方干害와 嶺東地方의 水害
④朴大統領의 오-스트라리아、뉴지랜드訪問
⑤教育制度改革
⑥金鍾泌氏의 公職사태
⑦統一革命党스파이事件
⑧山清、咸陽、春川삐스事故
⑨住民登録制実施
⑩暴力団一斉団束

# 色鉛筆

▲韓日国交가 正常化된지 어언3年이 지났다 그동안 両国間의経済協力、文化交流를 해를 따라 急速히 길은 판계로 맺게되었고 또 両国의 友好를 부르짖는소리가 귀아플程度로 流行하였다 友好를 부르짖는 各種団体가 続出하였었다 그러나 両国民의 友好精神이 果然 이에 따르고있는지는 極히 疑問스럽다 ▲日本의 社団法人「中央調査社」가毎月 1250名을 対象으로 行하고있는 世論調査結果는 매우 示唆的이다 그에 의하면 日本人들의「가장싫은 나라」는 恒常 쏘連다음으로 2位를 차지하였던것이 最近에는 쏘連、中共 다음의 第3位(22%)가되었다고한다 한편「가장좋은나라」에 있어서는 韓国은 毎回 最下位를 차지하고있다 겨우 0·6%가 韓国을 「좋은 나라」라고 記入하여온다고한다▲「싫은나라」의 順位가 2位에서 3位로 떨어진것이 잦어진 両国間交流의結果인지 모르나 어쨌던 日本人들에게는 싫은 隣国임에는 틀림없다 이와같은両国民의 感情関係는 고사하고 日本経済의 韓国에 対한 進出은急増大하고있다。韓国은 80余個国을 相対로 피눈물나는 輸出로 번 돈을 모두 日本에서의 輸入代金으로 支払하고 있건만 貿易上의 落差는 해가갈수록 커져 드디어 1対6.2라는 数字를 나타냈다 입으로는 友好를 외치면서도「다른나라에서 生産되는것이라면 韓国서 사들이려하지않는 傾向」은 좀처럼 好転될것같지않다▲싫어하는 나라인줄알면서도 日本商品輸入에 余念이 없는 韓国人이 好人인지 싫고 좋고間에「政経分離」로 韓国에進出하는 日本人의 商魂이優秀한탓인지 모르게 始何間 韓国은 日本의 좋은 商品市場이 되고있는것만은 事実이다 日本語를 모르는世代들이 漸次 우리나라의各層에 進出하고있다 劣等感이없는 정 対等한 両国関係는 어느意味에서 이世代들이 우리나라의 主導権을 등질때나 이룩될런지 모른다

# 새해의 經濟展望

大韓商工会議所会長 朴斗秉

第1次 經濟開発5個年計劃期間中 7.1%의 目標成長率을 훨씬 上廻하여 年平均 8.3%의 成長을 実現한 韓国經濟는 第2次5個年計劃에 들어서면서도 順調로운 発展을 보여 67年에는 三南地方의 極甚한 旱害에도 不拘하고 8.9% 높은 成長을 示顕하였고 今年에도 最近의 実績趨勢로 미루워 볼 때 12%内外의 高度成長을 이룩할 것이 거의 確実視되고 있다. 더구나 今年 上半期中의 国民總生産의 成長率은 17.2%에 達하여 지난해 같은 期의 8.8%에 比해 거의 곱이나 增加하고 있기 때문이다.

이같은 高度成長을 主導해온 要因으로서는 輸出 貯蓄, 物価等을 들 수있겠는 바 이 要因들을 살펴보면 于先 輸出은 今年 10月末現在 3億9千余万弗에 이르러 이미 67年의 年間実績을 上廻하였으며 그 增加率도 40%나 된다 이같은 商品輸出뿐만아니라 貿易外 外換受入이 急激히 增大함으로써 外貨獲得総額은 67年의 6億9千万弗에서 30%가 增加된 8億弗이나될 것이다.

또 金融機関을 通한 貯蓄性預金은 10月末現在 2911億원에 達하여 67年末보다도 1,299億원의 增加를 示顕하여 当初目標 1,000億원을 이미 超過達成하였다.

다른 한편 67年에는 都売物価를 6.4% 서울消費者物価를 10.8%線으로 抑制하므로써 漫性的 「인푸레」의 굴레로 부터 脫皮하여 安定的인 基調위에 高度成長을 享受했었는바 今年에도 継続하여 都売物価 害할 可能性이 있을 뿐만아니라 企業의 國際競争力을 相対的으로 弱化시킬 要因이 된다 하겠다.

이러한 諸問題点에 비추어 새해 政府의 經濟政策의 基本的 方向은 첫째 財政運用面에서 歲入内 歲出原則을 堅持하고 金融部門에까지 그 波及이 이르지 않도록 해야 할 것이며, 둘째 企業負担을 加重시키고 있는 現行 税制를 合理的으로 改善하므로써 企業活動을 沮害하지 않도록 하고 企業의 自体推進力을 길러 주어야 할 것이다. 셋째는 硬化되어가고 있는 企業環境의 緩和를 図謀하고 特히 企業의 國際競争力을 培養強化하기 為하여 産業合理化政策을 産業政策의 主軸으로 하되 이의 立法化를 推進하고 合理化沮害要因의 除去에 注力해야 할것이다. 넷째 國際収支의 不安定性을 除去키 為하여 貿易 및 外資導入政策에 있어 이의 改善策을 講究하여야 할 것이며 끝으로 物価政策에있어 形成된 価格만을 抑制하는 個別対策을 止揚하여 市場機構의 自動調節機能을 살리도록 그方向을 転換해야 할 것이다

이같은 基本方向으로 經済政策의 主力이 주어지고 国民經済全般에 걸친 綜合的이고도 緻密한 配慮가 이루워 지는 경우 韓国經済의 새해 展望뿐만아니라면 將來展望도 樂觀的일 수있을 것이다.

따라서 政府에서도 새해 予算案 提案説明에서 成長과 安定의 調和를 期하고 市場経済機能과 企業의 自体推進力을 拡大培養함으로써 조용한 前進을 이룩하겠다고 다짐한 바있으며 이 6%、消費者物価 10%線에의 抑制가 거의 樂觀視되고 있는 実情이다.

昨年과 今年에 高度의 成長을 이룩한 우리 経済는 69年 새해에도 経済成長率 10%、輸出 6億5千万弗의 높은 高地를 向해 줄달음칠 것인 바 이를 為해 政府에서는 都売物価 6%線抑制와 人口增加率을 2.2%로 눌러 볼 計劃에 있으며 1人当 国民所得을 5万円에서 6万円(現金定換率로 235弗相当)으로 增大시키고 国内貯蓄率을 16%로 높일 方針으로 있다

勿論 이같은 諸経済施策座標는 그것대로 強力히 推進될 것이며 그 過程에서 惹起되는 諸問題의 解決을 為해 힘쓸 것이지만 69年의 韓国経済가 至極히 楽観的인 것만은 아니다 그 이유는 첫째 財政「인푸레」의 要因이 潜在되어있다는 点인 바 새해 予算이 68에比해 47.5%나 膨脹하여 3,266億원으로서 規模自体의 過度한 膨大뿐만아니라 実質的인 赤字要因으로서 185億원의 公債発行과 278億원의 長期借入金等의「인푸레」要因이 内在되어 있다고 보겠다 둘째는 国際収支가 激增하는 輸出 및 貿易外 受入에도 不拘하고 貿易 및 貿易外支出이 보다 높은 速度로 增大되고 있는 만큼 從來에는 그게 問題視되지 않던 国際収支의 不安定性이 露呈될 憂慮가 없지 않다 끝으로 좀 그게 憂慮된다고 생각되는 것은 企業環境이 租税負担의 漸重(明年15.4%) 및 労賃의 상승으로 因해 悪化될 可能性이 있다는 点이다.

이같은 企業条件의 悪化는 結果的으로 企業活動을 沮는 第1次5個年計劃의「指導받은 資本主義体制」에서 한 걸음 나아가 市場経済原則의 보다 充実한 履行을 確約하는 第2次 5個年計劃의 基本目標에도 符合하는 것이라고 政府의 立場을 천명하였다.

이같은 政府의 立場에 国内 모든 実業人들은 同調 힘을 한데 합칠 것이며 在日僑胞 여러분들의 아낌없는 協助와 더불어 온 国民의 努力이 結実을 맺을 때 韓国經済의 앞날은 밝기만 할것이다.

## 財政인푸레막아야
## 7億輸出向해줄달음

釜山의 大韓造船公社에서 建造되는 大型船

하루3万5千배럴의 原油를 処理하여 国内需要를 충당하면서 外貨를 버는 蔚山精油工場

# 70年迎える日本の政治と経済

## 佐藤内閣の命運

藤原弘達

昭和四十四年、一九六九年という年は、その当初から解散ふくみに明けることであろう。三木武夫、前尾繁三郎両氏による反佐藤の挑戦をば、現職の利点をフルに動員してしりぞけ、三選体制を確立したかにみえる佐藤自民党の前途は、まさに多事多端というほかあるまい。いつ、どのようなことで、自民党政権が頓挫をきたすことになるか、ちょっと目測しかねるということである。

ニクソン登場のアメリカを相手にし、野党勢力の沖縄をかかえて、沖縄問題に政治生命を賭けているという佐藤首相は、その意味では剣ヶ峰に立ちつづける立場である。はたして一年もつかどうかということも、まずは応なしといっておいてさしつかえあるまい。

佐藤三選をもっとも歓迎した国内勢力は、佐藤首相自身でもなければ、福田赳夫氏でも田中角栄氏でもなく、実は低迷しつづけてきた社会党や、反日共系全学連と抗争している日共等、野党・革新勢力といえなくもないそういうことである。岸元首相の弟であるし、右より反動路線を強行しようとするイメージのつよい佐藤首相は、その意味では野党的攻撃をひろい大衆のフラストレイションに直結してぶっつけるマトとしては、まさに絶好といってよいからでもある。

その意味では、反安保闘争の序幕は、四十四年の三月頃から切っておとされるといえるだろう。大学問題をめぐる社会的混乱を背景とし、物価上昇に象徴される経済的不満をふりかざして、反戦・反安保・反保守独裁・反佐藤といったひろい共同闘争の組織がだんだんと表面化することにもなろう。

公明党の大量進出におそれをいだいている自民党としては、解散—総選挙におけるかなりの後退、場合によっては過半数ギリギリのところまで追いこまれる可能性をカクゴしないと、"伝家の宝力"をふりおろす決断にふみきれない状態である。それに総裁公選において、かなり決定的になった佐藤対反佐藤のシコリは、ちょっとやそっとでは解消しないことだろうし、国会運営にもかなりのモタツキや不手際を続出する可能性大ありということでもあるのだ。

佐藤首相がいくら表面は謙虚にかまえ、ニコニコで通ぞうとしても、どうにもならないところに追いこまれて、解散をやらないで政権を投げだすといった事態も十分に考えられる。そういうとき、総裁選で二位を占めた三木武夫氏がダークホース的にスポットを浴びる可能性もあるだろうが、そのときはそのときで大波乱はまず必至というほかないのだ。

佐藤内閣をもって、自民党単独政権の最後になるのではないかという不安は、誰よりも自民党の政治家の胸中に抱かれているものであり、ひとたび何らかの衝撃でよろめくことになると、一波はまさに万波を呼んで、ガタガタに崩れることだってないことはあるまい。問題はやはり野党勢力の足なみが、どれほど揃うかということであるが、その限りでは、まことに心もとないりである。野党多党化の傾向が、ついに自民党の独裁を許すことになっている皮肉な力関係のバランスが、どのように発展するか、その点にも六十九年政局のひとつの焦点があることは間違いのないところだ。

ニクソン新政策とベトナム問題、中共の核戦力体制の整備、朝鮮半島の不穏な形勢等々、ともかく日本の一歩外では、ものすごい激動の渦が巻いているということである。"昭和元禄"の泰平の夢をむさぼりながら、この激流のなかを"日本丸"は、どのように運航されてゆくことであろう。船長に三たび佐藤を選んだことが、果してプラスであったか、決定的なマイナスであったか、その証明を一九六九年という一年で、ハッキリさせることになるといえそうである。

（明大教授・政治評論家）

## 国際収支に懸念

武村忠雄

ことしは遺憾ながら、景気は上昇から下降に転ずる年になろう。

第一四半期（一〜三月）は、なお、大型景気の余韻を引くであろう。

賃金所得も農家所得も、なお増加傾向が続くので、個人消費の高水準が続くし、設備投資も前年同期比二〇％あまり増加するし、公共事業も活発である。このように国内需要が旺盛なため、生産・販売数量がすこぶる大きい大型景気がなおつづくわけだ。

だが、第二四半期（四〜六月）には国内収支の悪化が表面化しはじめる。

つまり、ことしに入り米国景気がスローダウンしはじめるため、対米輸出を中心に、輸出が伸び悩みはじめる。逆に国内では鉄鋼業など、原料輸入依存度の高い産業が増産態勢に入るため、輸入が増加しはじめる。その結果、貿易収支の黒字は小さくなり、季節調整ずみで、月平均一億八千万ドル台を割る可能性がある。そうなると、貿易外収支、長期資本収支の慢性赤字を貿易収支の黒字で埋めきれなくなり、国際収支の基礎収支は赤字に変る可能性がある。しかもベトナム和平交渉の進展につれ、特需が減少するので、右の可能性は一層高まる。

そうなれば、第三四半期（七〜九月）には、日銀は金融引締め政策に転ずる公算が大だ。

とくに、四〜六月に国際収支の基礎収支が赤字に変りはじめれば、株式相場は景気前途を警戒し、暴落する。株式相場が暴落に転じれば、外人は従来買っていた日本株式を売ってくるから、たださえ慢性赤字の長期資本収支は一層赤字がふえる。そうなれば、貿易収支の黒字減少と長期資本収支の赤字増大から、日銀は国際収支の前途に対する警戒感を高める。そして、七〜九月には、国際収支改善上ふたたび金融引締め政策に転ずるものとおもう。

その結果、第四四半期（十〜十二月）には、景気は上昇から下降に転ずるだろう。

つまり、金融引締めによって、国内需要にブレーキがかかりはじめる。それとは反対に、供給が増加しはじめる。というのは、最近数年間でもっとも設備投資が活発だったのは四十二年度であり、前年度比三二・六％も増加しているが、大企業の設備投資は着手後完成に要する期間は平均二年であり、したがって四十四年度、とくに四十四年度下期（四十四年十月〜四十五年三月）ごろに完成し、稼動開始するものが多いからである。

このように、一方で需要にブレーキがかかり、他方で供給が増加するので、多くの産業で過剰生産が表面化し、景気は下降に転ずる。

だが、四十五年における景気下降は小幅のものであり、さして深刻なものにはなるまい。というのは、四十五年七月は安保改定が行われるのであり、そのさい景気下降が大幅であると、社会不安、政治不安が深刻なものになるので、政府は景気刺激政策をとるからである。それというのは、目下日本には、社会革命の起る爆薬も起爆力もないだけに、四十五年の安保改定阻止をめざす全学連の暴力騒ぎはそれほど心配する心要はない。かれらは観念的に日本が社会革命の前夜にあるとの妄想をいだき、みずからがその起爆力になりうると信じているにすぎない。ただ心配なのは、昨年五月のフランスの事例が示すように、学生の暴力騒ぎに労組が合流したときは、深刻な社会・政治不安をひき起すことである。したがって、労組が不満をもたず、過激な行動に出ないようにするため、四十五年に大幅な景気下降が起るのを避けなければならぬからである。

（経済評論家）



# EXPO'70への期待

## "人類の進歩と調和"

▽万国博覧会"三つの顔"△

一九七五年三月十五日から四月二十八日まで「日本万国博覧会」が大阪で開かれる。会場に予定された千里丘陵には総面積三三〇万平方メートルの用地が確保され、目下、会場の建設が行われている。

日本万国博への参加国は約七十ケ国と予想され、入場者は三千万人が予定されている。パビリオン（展示館）から高速道路まで含めた会場建設・予算は七五〇〇億円が計上されている。

万国博覧会は、国家的大事業であり、大阪で行われる日本万国博は"世直し博覧会"といわれるほど大きな経済効果を持っている。

巨費が投入されて、建物や道路や鉄道が建設され、三千万もの人が入場する施設がつくられるのだから、これはもう大変な大事業である。したがって、どこの国でも万国博の終ったあとで、会場をどう利用するかを先ず考えてから会場建設にとりかかるという。日本の場合も例外ではない。

万国博覧会は、十八世紀の中頃から催され、展示会場に出品された文明の利器が、産業や文化の発展に大きく貢献してきた。一七五六年にロンドンで開かれた「勧業博覧会」が近代博覧会の最初といわれているが、日本は一八六七年（慶応三年）パリ万国博に初めて参加した。

電話器、ミシン、タイプライター、自動車、電灯などが博覧会が開かれるたびに出品され、実用化と普及に大きな役割りを果してきた。

だが、博覧会は回を重ねるに従って産業ばかりでなく、学術、技術、芸術などいろいろな分野の進歩を図り、"産物と技術を広く集めて大衆の観覧に供する催し"となった。それが最近ではさらに「世界の民族と多様な文化の人間性のある国際接触の場」にまでなってきたのである。

したがって万国博は「①国際見本市としての顔、②芸術祭としての顔、③世界の祭としての顔」という"三つの顔"（機能、形態）を持つようになったのである。

その三つの機能、形態を備えたものが万国博覧会といえるわけだが、日本万国博の場合は、どうも「見本市と万国博の区別がついていない」といわれている。だから大阪万博は失敗するのではないかと懸念されるのである。

▽アジアで初めての万国博△

たとえば入場料を考えてみよう。大人八五〇円、子ども四〇〇円（四才以上）という料金が最終決定しているが、庶民感覚からいけばこれは高すぎるのだ。

「入場料を八五〇円払って、会場内で乗物に乗ったり、食事をしたりすると家族三人でいったとしても最低五千円はかかるだろう」といわれる。

これでは万国博の大衆性を考えたとき、気軽に会場へ行って展示館をみるということができない。モントリオール博覧会では、予定の三〇〇〇万人を大きく上回る入場者が記録されたが、これは近郊の人々が二〇回も会場に通った結果という。

入場料ばかりでなく、会場建設にしても、建設費五二三億円のうち一〇〇億円を寄付でまかなおうとしている。そのため「子どもの天国」といわれる娯楽ゾーンもスポンサー待ちという有様である。昨年三月起工式を行ってもう一年半を経過しているが、工事の進捗率は二四パーセント。会場建設は遅れに遅れている。

日本万国博が一部の関係者だけの一方交通で、国民的な盛り上りがないのは、すべてに「大衆不在国民との対話に欠ける」からだといわれている。

"人類の進歩と調和"が日本万国博の基本テーマになっているが世間では"エクスポ70"とか"アンポ70"とかの言葉が流布している。

アジアで開かれる初めての万国博というので、日本政府の意気込みは大変なものだが七千五百億円の建設費の大部分が国民の税金でまかなわれ、さらに運営費を入場料でまかなおうとするために、国家的事業のシワ寄せが全て大衆にふりかかっている。

万国博の意義が見失われ、不安がられているのは、こうした大衆不在の万国博になるという懸念が深いからである。

サウジアラビアやアフリカ諸国は「アジアで行われる初めての万国博なので参加することにした」というが、主催国の日本としてはこれら財源の乏しい国々を、どう吸収するかという問題もある。

地球上に起っている数々の不幸——ベトナム戦争、インドの飢餓——を無視して、単なるきれいごとで済まそうとしたら、日本万国博は失敗するだろう。

二年〜三年という歳月をかけ、さらに尨大な資金を投入して行う万国博は、科学の進歩、技術の向上、楽しさを展示するが、見本市的な面白さや、お祭りさわぎでは困る。

いま世界的に問題化しつつある人間性の喪失、その失われつつある人間性を復活することこそ万国博に課された新しいテーマといえよう。

幸い日本万国博は、"人類の進歩と調和"をテーマにしているのだから、単なるお祭りさわぎに終らず、万国博の本質を追求して、そこに新しいテーマを得なければならないだろう。

▽"虚栄の市"に終るな△

アメリカテキサス州で昨年四月六日から開かれた「サンアントニオ博」は二三ケ国が参加して催された。日本も参加し、おもちゃで描く日本の交通一〇〇年、二四面スクリーンに写される日米交流一〇〇年を描いた映画と童画、日本万国博会場の模型などが陳列された。

カナダ、フランス、イタリア、スペインなど二二ケ国の展示館は「商業主義がまかり通っていた」といい、フォード館とかGM館では新車が堂々と陳列されていたという。

モントリオール博覧会では、日本館は商品の見本市といわれ、商業主義がむき出しすぎると不評を買ったが、サンアントニオ博では商業主義が堂々とまかり通り、日本館だけがそれを否定していたという。

博覧会と商業主義は切っても切れない関係にあるが、それをどのようにバランスをとるかが問題である。

モントリオール博覧会では、"人間とその環境"がテーマであり、各国はこのテーマに基づいて思い思いの趣向をこらした。文化を得意とするフランスはパビリオンの半分をさいて科学技術を紹介し、ソ連はキャビアから大型プラントまで並んだ。ケニアはライオンやワニのハク製しか陳列しないし、ウガンダはカリブソバーと農産物しか並べなかった。

万国博は文化的内容を重視しなければならないという議論も出ているが、経済、科学工学、文化、宗教、知識の成果が展示されればよいわけで、とくに文化を重要する必要はないだろう。要は、各国が、親善と緊密を目的に参加すれば十分といえる。単なる祭さわぎや文化に片寄った。虚栄の市"よりも、市民が親しく参加できる万国博こそ、真の万国博覧会といえよう。

万国博まであと五〇〇日、ここでもう一度、万国博を考え直し、"人数の進歩と調和"のテーマに恥かしくない万博の運営を検討すべきであろう。

万国博覧会は、初期の機械文明を謳歌した時代から、人間性復活の万国博へと変っている。その変化をよくとらえ、単に科学技術を強調する万国博に終らぬよう、またアジアで初めて開催される万国博であることを忘れず、日本人のみならず、アジアの民衆の期待に応えた日本万国博にして貰いたい。（写真は会場模型図）

# 新年随想

## 체통없는 言語生活

한글專用을두고 贊否両論에 엇갈린채 政府는 70年度부터 한글専用을 法文化해서強行할 方針을 세우고있다 뻐스칸마다 켄끼로 적혀진「인화질물지입금지」란 글자……漢字를 모르는사람에게「引火質物持入禁止」란 이文字의 意味를 理解하라는것은 억지春香이다

한글專用에 앞서서 어려운漢字熟語를 쉬운 우리말로 고쳐쓰는 궁리를 먼저 해야만하련만 文字는 그대로두어두고 글자만한글로쓰면 된다는 이 論理에는 아무리해도 수긍이가지않는다

덮어놓고 익혀라 익히면절로 이해(理解)된다는것이 이분들의 主張인데 아무리 눈으로 익혀본들 같은發音이 다섯갈래 여섯갈래로 제각끼 다른 意味를 가진경우 이것을 어떻게 区別할것인가?

印刷物을 校正한다는「교정」이란 發音하나에도 校訂·校庭·矯正·教政·教程·交情婚情해서 常用語만이 여나므개는되고 그外도 강철못이란「鉸釘」이며 예말인「輻丁」같은 것이있다

바로 數日前 筆者의 近著한卷이 新聞広告에 실렸다 그広告文中에 本文에서 引用한 한귀절―「사막의 隊商들이 죽음의 최후순간에 본다는 오와시스의 환영」「幻影」을 한글로 쓴 広告文을 요즘 젊은 사람들은 아마「오와시스의歡迎」으로읽었으리라고 尹石重君이 일러주었다

「말」을 그냥두어두고「글자」만 고친다는것은 위험하기 짝이없는 暴論이다 하물며 그것이 一種의 愛国運動처럼 錯覚되고있다는事実―

그러나 여기対해서는 이미 책속에서 쓴글도있어 이以上 言及하지 않기로 한다

◇ ◇

한글문제 보다도 더절실하고 時急한 문제가있다 지금 国内에서 混乱과 無秩序의 標本같이 쓰이고 있는「日本말」의 亡霊이 것을 어떻게할것인가?

解放이되고 独立国家가 세워진지도 어언20余年 지금도「사시미한사라(한접시)」!하고 소리를 지르는것이 料食店의 풍속이요「오시보리」「쓰메끼리」「센누끼」같은일본말도 여전히 활개를치고通用되고있다 旅館이나 飲食店에는「죠오바(帳場)」가 있고 다방에서 茶를 나르는 少女는「하꼬비(運び)」「우찌마끼(内巻)」「소도마끼(外巻)」는 美容院用語요 終点에서 밤을새우는 뻐스는「도마리(泊り)」미쟁이(左官)의 助手는「데모도(手もと)」란 이름밖에는 呼称이없다.

이뒤범벅인 일본말의 잡탕은 인제는 完全히 痼疾化되어서 쓰는쪽도 듣는쪽도 거기대해서 아무런 感覚이없다

「한사라」「두사라」라는 음식점의 少女들은 그것이 일본말이란것조차 모르고있다.

「麦酒一本」「映画二本同時上映」― 이「本」이란것도 어느새 韓国語로 性転換을 해서 요새 새로나온 담배「한강」의 모장에는 으젓이「六本」이라고 찍혀있다.

生活語아닌「相談」이란 말이 완전陽性化된것도 그런例의 하나이다.

◇ ◇

動物과 人間을 区別하는 오직하나의 機能―그것이「말」이다. 말을 떠나서는文化도 芸術도 存在할수없다. 그말의 순결하나를 못지킨다는것은 스스로 人間의 権利를 포기한것이나 다를바가없다 명색 高官이란 사람들까지 입을 열면「마―」「마―」식의 日本말투를 못버리는 꼴은 어이가 없다니 창피하다니 보다 차라리 하루바삐 日本과 再合邦이라도 하는것이 옳지 않느냐는 생각이든다

「日語常用」의 強制에서 풀린지 20余年 国交正常化의 물결에 실려서 요즘 서울거리에는 E語 무―드가 한창이다. 어느날 新聞에도「日語講習」의 案内広告네다섯 실리지 않는날이 없다. 交隣의 道를 위해서 学問과 知識흡수를 위해서, 日語가 必要해진 理由는 充分理解할수있다.

그러나 事情인즉 맹낭하다.

茶房에서 같이 茶를 마신 日本손님이 茶값을 치르려고하자 同行했던 韓国女性이「마―오끼나사이」하고 자기지갑을 꺼내었다.「두세요, 제가 치를께요―」이런뜻으로 한말인데 日本人의 귀에이「오끼나사이」가 무엇으로들렸을지 멀쩡한 사람이 천치 바보로보이는 이런式의 日本말이 앞으로도날이 갈수록 서울거리에 汎濫할것만은 事実이다.

눈으로 들어오는 珍訳誤訳들― 귀로들어오는웃지못할「말의 戯画」들― 소경도 귀먹어리도 되지않고 韓国땅에 사다는 것은 자그마치 苦役이다. 더욱이체통없고 矜持없는 言語生活에는 일체눈을 감은양「한글専用」에 신이나서 제정신을 못차리는 愛国文化人(?)들을 눈앞에보고만 있어야 한다는것도 진정 참기 어려운 苦痛이다.

## 서울放送 平壤방송

### 「南」「北」放送10年聴取記者의感懐

徐 信 夫

……対照的인「南」과「北」……◇

서울放送과 평양放送, 이것은 우리나라의 같은 国土안에서 같은 同族이 運営하고있는 放送이면서도 国土両断의 悲劇을 가장 잘 나타내고 있는 機構의 하나라고도 할수있을 것이다. 民族相争의 悲劇을 치르고 지금도 相反된 思想과 主義를 가지고 休戦線사이에 南北으로 対峙하고있는 状況속에서 放送의 役割의 重要性이라는 것은 두말할것도 없다.

十年이면 山川도変한다지만 내가 偶然한 機会에 서울放送과 평양放送을 聴取해서 그것을 言論機関에 뉴스로서 提供한다는 職場을 갖게된지 十年이 넘는다. 一年三百六十五日하로빠짐없이 両쪽 放送을 聴取하고 있는사람은 特殊한 境遇를 除外하고는 거이없을줄 안다. 그러기에 비록 外国에서 生活은 하나 自己나라의 움직임이란 本国에 있는 사람보다 잘알고 있다고 해도 過言은 아닐것이다.

그러나 그것은 어디까지나 서울放送의 境遇를 말하는 것이지 평양放送의 境遇는 事情이 全然달라진다. 서울放送과는 放送内容그自体가 틀리는 평양放送은 物価가 얼마며 交通事故 火災·洪水가 있는지없는지, 또는 入試競争率이고 煉炭값이고 우리들 下衆生活에 密接한 問題라고는 하나도 登場하지않는다.거기에는 社会主義와 共産主義의 宣伝과 金日成찬양의 個人崇拝와 経済計劃의 超過達成그리고 所謂「南半部」消息이라면서 韓国에 있어서의 가지각색의 事故들이 報道될뿐이다.

……絶叫하는「平壌」……◇

韓国炭鉱에서 落盤事故가 発生하면 그것은 当局의 鉱山施策이 나빠서 일어났다고 宣伝하고 交通事故가나면 그것도 当局의 人命軽視의 結果라고 宣伝한다. 그反面 北韓에 있어서 交通事故나 落盤事故나 火災가 全然없다는것은 아닐것이다. 結局 그와같은 報道는 国民에게 알릴必要가 없다는 点에서 나오고 있을것이다. 이点 自由世界에서 生活하고 있는 우리들에게는 "알 自由" 마저 빼앗기고 있는 北韓同胞에게 同情하는 한편 金日成괴뢰集団의 圧政에 치솟는 憤怒를 느끼지 않을수없다.

実地에있어서 共産圏에서 오랜 特派員生活을한 어느 日本人記者에게「共産主義国家에서는 交通事故도 火災도 없느냐?」라는 愚問을한적이 있다. 그사람은 暫時 어리둥절하더니「共産主義者라고 불을 利用하지 않는 生活을 하기는 万無하고, 自動車도 汽車도 船舶도 옴직이고있다」면서 웃고있었다.

그러나 그러한 無味乾燥한 평양放送이나마 그以外의 方法으로 우리言論機関에서 北韓의 움직임을 入手할수는없다. 南北韓의 記者交流라는 것은 現時点에서는 있을수 없고 가령있다고해서 어느程度의 取材의 自由가 許容될지는 疑問이다.

그러기에 現時点의 実情을 多少나마 把握하기 위해서는 평양放送을 利用하는길 以外에는 없다. 그것은 反間해서 取材할수없는 一方的인 報道이기 때문에 갑갑하고 초조한 마음 아무말할수없다.

무슨大会니 무슨宴会니 할때의 北傀高官들의 出席者의 順位와 欠席者 그와같은 極히 幼稚하다고 할까 初歩的인 面에서 그들内部의 異動이나 厳情, 内部의 알력따위를 推測할수밖에 도리가없다. 그結果는 絶対的이라고 断言할수는 없으나 오랜동안에 걸친 経験과 判断으로 어느程度 正確한情勢判断을 갖어다주는 材料로된다. 그한例로서 얼마前에 있었던 평양放送에서 民族保衛相 崔賢이가 큐바革命軍記念日에 祝電을 보냈다는 報道로서 民族保衛相이 更迭된것을 알수있게된다. 그러나 언제·왜·그리고前任者의 去就등에 対해서는 일체 아는바없다.

……판을찍은煽動調……◇

서울放送과 평양放送의 差異는 이것만이 아니다. "아나운서"의 態度에도 그것은 端的으로 表現된다. 서울放送의 境遇 아나운서는 平凡한 態度로 報道하며, 가끔 原稿를 잘못읽을때가 있다. 그反面에 평양放送은 絶対로 그런일은없고 機械的인 움직임을한다. 訓練과 精神的姿勢의 徳沢이라면그만이지만 나는 거기에 人間性이라는 것의 여부를 強하게 느끼게한다. 共産党内部에 宣伝煽動部가 있듯이 평양放送은 煽動者의 役割도 하고있다. 서울의 大学生들이 韓日反対데모를 했을때에도 평양放送은 모든 放送順序를 中断하고 이것을 過大報道하며 愛国的인 行動이라면서 칭기할것을 煽動하고 있었다. 또한 "아나운서"는 興奮한語調로 絶叫하고 있었다.

그러나 그와같은 報道는 그때 뿐이다. 그후에 어떻게 取扱됐는지는 全然말이없다 좀賢明한 北韓同胞라면 그와같은 그들의 報道속에서 우리와 마찬가지의 独自的인 判断을내릴줄안다.

放送을 聴取하면서 가장 큰 고충을 電波状態가 고르지 않은것과 直接取材할수없다는点 그리고「한」이라는 "아마추어" 無電家들의 妨害電波라고 要約할수있다 電波状態가좋지않하여서 放送을 듣지못하는 것은 自身의 탓도아니고 責任도 없으나 초조한 마음 이루말할수 없다. 職業意識이 当然히 나오고 重大한 報道를 받지 못하지나 않었을까 하는 責任感이 支配한다.

그러나 그런面에서는 평양放送은 便利하다. 모든것이 公式化돼고 規格化되고 있기때문에 電波状態가 좋지안하여서 難聴한 部分이 있어서 容易하게 補充할수 있는 利点이있다. 金日成이에 이름이 나올때마다「四千万朝鮮人民의……」로부터 시작하여 가지각색의 찬사가 順序하나 틀리지않고 실중나게 羅列된다. 그와같은 式의 放送이기에 좀難聴한 部分이 있어도 무슨말을 했는지는 짐작이 간다. 그것은 放送뿐만이아니라 演説者도 男女老少할것없이 같은 소리를 같은 語調로 떠들고있다. 各日의 個性이라고는 찾아볼수없고 판으로 찍어낸듯한 말을 하고있다. 그렇바에야 大会같은 集合에서 한사람이 代表해서 떠부리면 될낸데 무슨 代表니하는 따위를 모두登場시켜야할 헛수고는 理解할수 없으며 하는사람도 듣는 사람도 모두참어야할 그自体가 무서운감을 준다. 저기에는 말해서는 안될自由가 는데에다가 말없이 지낼自由마저 빼앗기고 있기때문이다.

……5·16革命의興奮……◇

十年동안에 걸쳐서 서울放送과 평양放送을 聴取하는 가운데 一生에 한번있을까 말까하는 特種을 얻은일도 서너件있었다. 그러나 가장印象的이 였으며 一生잊을수 없는 事件이라면 五·一六軍事革命을 말할수 있다.

新聞記者라는것은 自己가 直接取材해서 特種을 얻게돼나 放送聴取記者의 境遇 立場이 다르다. 우선 相対方의 放送記者가 特種한것을 電波를 通해서 그것을 듣고 新聞紙上에 伝達하는 中間的인 役割에 不過하나 五·一六革命때에는 事情이 全然다르고 그야말로 直接取材한것이나 다름없는 特種이라고 말할수 있을것이다.

一九六一年五月十六日, 그날 나는L先生宅에 寄宿하면서 身勢를 지고있었다. 새벽四時五十分경 共同通信社外信部의 鈴木라는 記者로부터 電話가 걸려왔다. 새벽 단잠에서 깨어난 L先生과 나는 鈴木記者의 電話를 듣고 놀랬다. 서울에서 지금外電이 들어왔는데 서울市内에 銃声이나고 있으나 軍事革命인지는 確認할수없다는 電文이라는 것이며 그것을 서울放送으로 確認해달라는 것이였다. 서울放送이 시작하는 것은 아침五時부터였으며 그러나 혹시나하는 마음에서 受信機의 "스윗치"를 켜봤다.

그때였다. 革命軍이 五時에 中央放送局의 첫放送을 通하여 軍事革命을 国民에게 알리는 放送이 나왔다. 그瞬間나는 온몸이 떨리며 어찌할줄을 몰랐다. 그것은 自己나라에서 政変이 일어났다는 걱정보담도 두번다시 그런機会에 遭遇할수없는 新聞記者라는 職業에서 나오는 興奮이였다.

……放送記者의고충……◇

革命의 第一声「親愛하는 愛国同胞여러분 隠忍自重하던 軍部는 드디어 今朝未明을 期해서 一斉히 行動을 開始하여 国家의 行政 立法 司法의 三権을 完全히 掌握하고 이어軍事革命委員会를 組織하였읍니다.

軍部가 蹶起한것은 腐敗하고 無能한 現政権과 既成政治人들에게 더以上 国家의 運命을 맡겨둘수 없다고 断定하고 百尺竿頭에 彷徨하는 祖国의 危機를 克服하기 위한것입니다.

軍事革命委員会는 첫째로 反共을 国是의 第一義로삼고……」

이放送을 들으면서 興奮한, 남어지 鉛筆이 自由롭게 움직이지않는다. 二台의電話로 各新聞社와 通信社에速報를보냈다. 그時間은朝刊을 내보낸후 各新聞社의 編集局은 꾸사람없고 모두들 새벽부터開店하고 있는 附近의 茶房에"커피"를 마시려 나간후였다. 어느 新聞社에서는·지금사람이 없으며 그程度의뉴스는 천천히 보내도 좋다는 대답을 하는 뉴―스判断도 못하는 無能한 者도 있었다. 興奮하는 나에게 옆에서 L先生은 大事件이니 沈着하고 正確하게 報道하라고 말해준다. 이것은 後日에 情勢가 조용해 졌을때 L先生의 沈着하고 正確性을 期하고 있던 態度가 얼마나 新聞記者로서 貴重한가를 뼈저리게 느끼지않을수 없었다. 그리고 그때의 教訓은 나의一生에 있어서 잊을수 없는 教訓이됐다.

그날은 하루終日 밥먹을 時間도 없는 바쁜時間을 보냈다. 그리고 또한 잊을수 없는 일은 그날 韓日会談 代表로 東京에 滞留하고있던 新民党総裁兪鎮午氏로부터의電話였다. 初面인 憲法学者 兪鎮午氏는 電話로 本国의 情勢를 묻은후 憲法은 어떻게 됐냐고 質問하신다. 나는「勿論, 憲法의機能은 停止됐읍니다」라고 말할속 벼락같은 소리로「누가 마음대로 憲法을 停止시킨단 말이야!」라고 야단을 치신다. 나도 어이가 없어서「글쎄요 제가 무엇을 압니까.」라고 말하니까 兪鎮午氏는 조용한 語調로「제네들탓하는것은 아닐세」라면서 電話를 끊었다.

그것은 우리나라最初의 憲法을 制定한 한사람으로서 무엇보담도 슬픈 일이였는지도 모른다.

(筆者는 新亜通信社勤務)

판문점자유의집에도 어전하게 새해의햇살이비친다. 새해마다온국민은통일을염원하건만……

## 民族中興에의길

柳 根 周

한民族의 力量을 모릏지기 한두가지의 目的을위하여 集中시킨다고할때 그 힘은 놀랄만한 결과를 가져온다는 事実은 오늘날「이스라엘」에서 보았고 第一次世界大戦後의 独逸에서 볼수 있었고 가까운 日本에서 또한 그例를 들수 있다.

우리三千万(現在는都合五千万이지만)이란 人口는 결코 적지않은 数이며 모든与件 또한 마냥 悲観만을 되풀이할 処地도 아닌데 우리는 왜 이다지도 지지리 못사느냐?의 問題가 때때로 深刻한 話題로 登場하곤한다. 어떤이는 団結心이 결핍된 民族이니하였고 어떤이는 極端的인 利己私慾, 族閥門閥主義로 累百千年을 살아왔기 때문이라고도 하고, 또는 일쫓고 짓밟고 破壊하면 그럴수록 目前의 利益이 굴러오는데서 못산다고 했고 혹자는 勇猛하지 못하다. 勤勉하지못하다. 頭脳의 回転이 劣等하다든가 혹은 不良無頼漢(사기협잡을 두고 하는말)이기 때문이라는등 区区各説했다. 그러나 이러한 理由로 우리는 못사는것일까? 千不当万不当한 이야기가 아닐수없다. 同族끼리 일찌기 三国을 統一한 経験을 지닌 世界史上 最高의 文化民族이요 굴러든 떡을 발길로 차 버릴지경으로 無慾한 人間이 어디 있겠으며, 일쫓고 秩序를 破壊하지 않으면 살아나갈 道理가 없다고 할때 独逸의「게르만」民族인들 別数가 없었을것이고 勇猛하지 않다는 말은 語不成説이다. 알고보면 너무 勇猛해서 困難한処地이며 勤勉하지 않다는 말은 植民主義治下에서日本人이 하는 말로서 世界에서 日本人만 除外하곤 모두 勤勉한百性이라는 称号까지 받는民族으로 与件만 合理的이면 生命까지도 내 던지는 그런 勤勉하고 服従心이 旺盛한 民族인것이다. 왕왕 너무 그 度가 지나쳐서 아부根性이니해서 이맛살을 찌프리게 하는 幸中不幸?이 있을 程度이다. 頭脳의回転云云하지만 実은 너무 鋭利하고 너무 빨라서(재조가 많아서) 困難하고, 때때로 자승자박하는 悲劇까지 자아내는 지경으로 自他가 共嘲하고 있는터이며 無頼漢이니 不良(不正·腐敗性을두고하는말)이니 하지만 両班統治五百年의 随性을 一朝一夕에 뿌리 뽑는다는 일도 어렵지만 그보다도 無気力하지 않아좋고 오히려 外国의 그것에 比해 한층 秩序가 整然하다는 느낌마저 풍기니 반드시 못사는 평계는 되지 못한다.

그럼 왜 우리는 이다지도 못사는 것일까?(現実的인 功罪는 덮어두고 서라도). 生活이 豊富하지는 못할망정 安定되면 될수록 이러한 못사는 理由는自律的으로 除去될 것이요, 보다 健実한 社会가 이룩되고 나아가서는 第二의 日本 第二의美国파 같은 나라로 自処할 時期가 当到하리라만은 解放後二十五年이란 過去를 回顧할때 首肯가 가는 못사는 理由란 다록이 아니라 政治의貧困이요, 指導者의 貧困이요, 思想의貧困 生活의貧困에서 온 当然한結果로 보아야할것이다. 国家가 当面한 不安状態에 불을 지르는 이와같은 要素는 避할수 없는 일이지만 보다도 더 큰 못사는 이유는 이러한 要素에대한 客観的인姿勢다. 白砂場에 果樹園을 만드는作業에 投資하는 海外에 居住하는「이스라엘」民族의 한결같은 祖国愛에 感服한 本国의「이스라엘」民衆은 男女老少가 없고 貧富가 없는 労働力이動員되었다고 伝하고 封 아랍国家群과의 戦争에선 呵然失色할 지경으로 大勝을 거두어 놀랬었다. 客観的인姿勢야말로 이나라가 못사는 第一의理由요 第二의理由요, 第三의 理由라고 보는것이다. 民族의中興은 경손지할줄 모르는 一貫性에서 이루어진다고 보는것이다 不安하니까 안한다는 理由는 더욱 不安하게 만드는 要因이 되는것이요, 故郷(祖国)에 投資(精神的인것이라도)했다해서 나에게 무엇이 돌아올것인가를 생각하면서 歳月을 보내면 보낼수록 実은 自己에게 돌아올것이 아무것도 없는것이고 統一되면한다는 사람이 있다면 그것은 誤算인것이다. 지금 못하는 사람이 統一된다고 할리가 없고, 民族의 関化事業인경우 利潤만 追求한다면 그것은 하등 同族일수도 없는것이다. 우리 모두가 現実의 이時点에서 民族의中興을 이룩하는 길이 무엇이냐는 問題를 焦点으로 삼지 않은限 이問題를 두고 걱정할 사람은 없는것이다. 우리祖上들처럼 無気力하게 子息이나 낳아 놓고 죽을바에는 차라리 다른나라 百姓으로 帰化하던지 移民이라도 가서 살아야 할것이다. 우리가 修身을 하고 斉家를 하고 国事가 아닌 中興의 길을 가다듬는데 客観的인것수는 없다. 이 客観的인 思考를 지니는동안은 우리는 결코 잘 살수도 없거니와 民族의栄光은 바라볼수도 없는것이다. 티끌만한 일이라도 도움이 된다면 左右分別없이 突進하는 習性을 기르고 말로 하기前에 実践에 옮기고 탓 하기에 앞서 積極性을 띄우지 않으면 우리는 잘 살수없다.

(筆者는前京郷新聞駐日特派員)

# 새해의 꿈

## 民族教育育成에 置重을

中央団長 李裕天

希望에 빛나는 己酉새해 이하게 됩니다. 을 맞이함에 際하여 親愛하는 在日同胞여러분의 多福을 하심을 빌면서 年頭의 人事를 올림과 同時에 年頭의 抱負를 가다듬어 보고저 합니다.

이 問題에 関해서 政府当局의 努力은 우리가 充分히 理解하는바이지만 日本政府当局의 그릇된 在日韓国人의 追放政策은 人道를 無視한 所行이라 아니 할수 없음으로 継続 새해의 우리居留民団의 重要한 事業으로서 推進될것입니다.

韓日国交가 正常化된 以後 우리在日同胞들로서 무엇보다도 가장 関心깊은 在日韓国人法的地位問題는 우리의 한결같은 要求임에도 不拘 아직도 解決을 보지 못하고 그 為하 우리들이 要求貫徹運動이 年재를 맞…

要컨대 日本政府当局은 韓日協定의 올바른 精神을 깨닫고 韓日親善의 새로운 面目의 歷史를 더럽히지 않기 為하여서라도 하루빨리 우…

## 自主精神으로 統一具現하자

徐珉濠

親愛하는 在日同胞여러분! 戊申年을 보내고 己酉年 새해를 맞이하면서 日本에 계시는 同胞여러분의 앞날에 万福이 깃드시기를 衷心으로 祈願하는 바입니다.

여러분은 비록 故郷을 멀리하고 異域万里 낯선땅에 있으면서도 故国에있는 그누구보다 못지않게 恒常 祖国統一과 発展을 念願해왔고 그繁栄과 民主的成長에 寄与코저 物心両面의 支援을 아끼지않았읍니다. 나는 이나라 政治人의 한사람으로서 深甚한 感謝를드리는 바입니다.

# 나의 期待

## 70年危機에 対処하자

金光男

## 団結로 権益을 確保하자

金仁洙

## 경건히 보람있는 나날을

金圭南

(大衆党代表最高委員)

## 自由와 統一을 争取하자

国会議員 金相賢

(共和党所属国会議員)

## 預金高「百億」目標達成에

許弼奭

(民団中央監察委員長)

(東京商銀理事長)

# 祝 世界最大の合板工場完成
## 韓国一の輸出実績を誇る東明木材商社

優秀企業群、玆に結集！

写真は東明木材工場全景

資本金 ₩800,000,000
従業員 5,000名
敷地 330,000m²
建坪 66,000m²
貯木場 198,000m²

## TM 東明木材商社
## TONG MYUNG TIMBER CO.
釜山直轄市釜山鎮区凡一洞862

ホルマリン工場全景

代表理事社長　姜錫鎮

日産／生産量
第一工場　50t
第二工場　100t
(1969・3 完成予定)
全生産量　150t

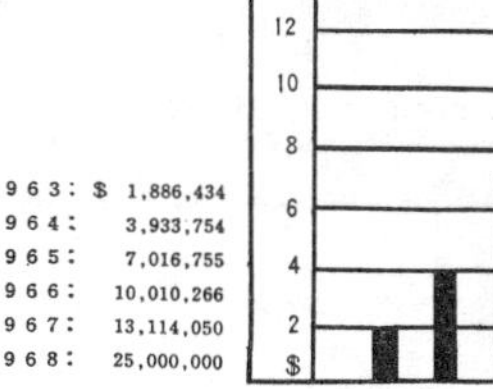

| 年 | 金額 |
|---|---|
| 1963： | $ 1,886,434 |
| 1964： | 3,933,754 |
| 1965： | 7,016,755 |
| 1966： | 10,010,266 |
| 1967： | 13,114,050 |
| 1968： | 25,000,000 |

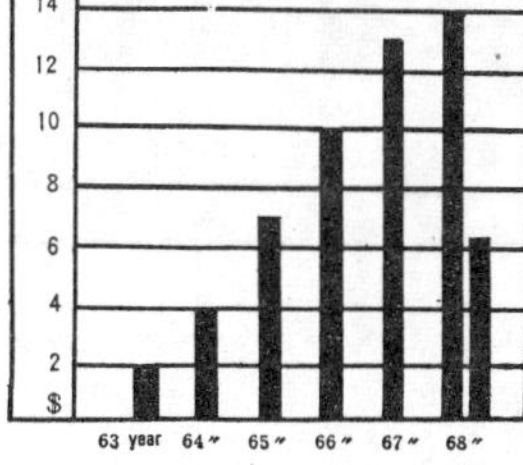


## 特殊鋼　専門商社

鉄鋼部門　特殊鋼　熱間圧延鋼材……棒鋼、帯鋼、線材
冷間仕上鋼材……磨棒鋼、磨帯鋼、磨特殊帯鋼、特殊鋼鋼線
主要材質……機械構造用鋼、快削鋼、ばね鋼、軸受鋼、耐熱鋼、工具鋼、高速度鋼、中空鋼など

機械部門　アーク炉及び工業炉……アーク炉、真空アーク炉、電気抵抗炉、燃焼炉、大型加熱炉、大型均熱炉、酸素上吹転炉、混銑炉、ガス発生装置、混銑車、レクトロ・ドライヤ、工業用集塵装置、タイル自動焼成炉、乾燥炉、鑞付炉
荷役機械……鉄柱、カッペ、完成ロッド、スチールホーム、圧縮機、天井走行起重機、フォークリフト、クローラークレーン、パワーショベル、ブルドーザ、シブクレーン、その他
溶接機械……交流、直流、アルゴン、シーム、スポット、半自動
木工機械……合板用機械、木工化工機械、木材乾燥機

## 大同興業株式会社
## Daido Kogyo Co., Ltd.

取締役社長　平井慶蔵

本社　名古屋市中区錦1丁目11番地18号(興銀ビル)　TEL(201)5111(大代表)
東京支店　東京都港区西新橋1丁目7番13号(大同ビル)　TEL(501)5261・5271(代表)
大阪支店　大阪市東区高麗橋5丁目1番地(興銀ビル)　TEL(203)1251(代表)

## 丸栄化成工業株式会社
## 丸栄商事株式会社

代表取締役　伊原寿男

本社・亀有工場　東京都葛飾区亀有4－2－20・電話（603）1661代～2番
商事部　東京都葛飾区東水元1－1154・電話（607）2036番
瓜連工場　茨城県那珂郡瓜連町・電話104番

---

東日本の服装プリント業界をリードして、海外にファッションを売る森山捺染

主要品名　・内地高級プリント服地　・各種プリント洋傘地　・各種スカーフ　・マフラー地　・輸出プリント服地

精練染色整理一貫加工

## 森山捺染株式会社

代表取締役　金光洙

本社　横浜市保土ケ谷区上星川町12　TEL（045）381－2341（代）
厚木工場　厚木市三田十日市場1972　TEL（0462）41～12242 4／41～1257
韓国工場　大韓民国慶尚北道安東市雲興洞174

---

## 株式会社　富島組

取締役社長　富島健夫（郭炳顕）

本社　大阪市此花区伝法町北1－18
電話　大阪（462）2571～5番

---

## 株式会社　壺山組

取締役社長　宋鳳律（壺山政夫）

本社　大阪市此花区春日出町中6－8－7
電話　代表　大阪（462）1121番
京都営業所　京都市東山区山科四ノ宮神田町18
電話　京都（58）3175～6番

---

## 東洋実業株式会社

社長　河京完

京都市下京区四条小橋角
電話075(211)1248～9, 0695～6番

---

## 高山物産株式会社

代表取締役　崔永五
専務取締役　金容元

京都市上京区下立売通室町西入ル
TEL　代表（431）4141番

---

原子力発電所から家庭電気製品まで…グルッとみんな富士電機

## 富士電機製造株式会社

本社　東京都千代田区丸の内1－1　電話（211）7111（大代表）
営業所　大阪・名古屋・福岡・札幌・仙台・富山・広島・高松・小倉・新潟・宇部
工場　川崎・千葉・東京・吹上・松本・三重

---

営業品目
合成樹脂成型
眼鏡全般
製造販売

## 平和工業株式會社

取締役社長　裵賛斗

本社・工場　大阪市生野区巽大地町787番地
電話　大阪（758）2346・（757）6276
大芝分工場　大阪市東住吉区加美大芝町8－109
電話　大阪（757）6239

---

最新의設備・最高의技術!!

営業品目
高級넘・프레ー트
諸計器目盛板
精密目盛彫刻
通信機面特殊印刷

## 東洋金属株式会社

取締役社長　李基寿

東京都港区芝白金志田町17　TEL（443）0261（代表）～5

---

直営
共立LPG給油所・亀戸東映劇場
共立貸自動車部・亀戸文化劇場
共立不動産部・松江東映劇場
共立理容室・麻雀"亀戸倶楽部"
喫茶"寿"・

## 共立産業株式會社

取締役社長　全相祐

東京都江東区亀戸町6－33　TEL（681）3111（代）－8番

---

## 韓国への旅行は大韓航空(KAL)をご利用下さい

在日同胞みなさまの母国訪問は
大韓航空(KAL)にお任せ下さい！…
ソウルへ毎日就航しています

東京＝ソウル間　時刻表

| 曜日 | 機種 | 便名 | 東京発 | ソウル着 |
|---|---|---|---|---|
| 毎日（水曜日除く） | DC－9 | KE709 | 17・30 | 19・35 |

ソウル＝東京間　時刻表

| 曜日 | 機種 | 便名 | ソウル発 | 東京着 |
|---|---|---|---|---|
| 毎日（水曜日除く） | DC－9 | KE701 | 14・45 | 16・30 |

## 大韓航空

東京支社　東京都千代田区丸ノ内3丁目4番　新国際ビル
TEL　216－9511～5
大阪支社　大阪市南区鰻谷西之町57番6号　イナバビル
TEL　252－4044～5
福岡支社　福岡市天神1丁目14番16号　不動産ビル
TEL　75－0156～7

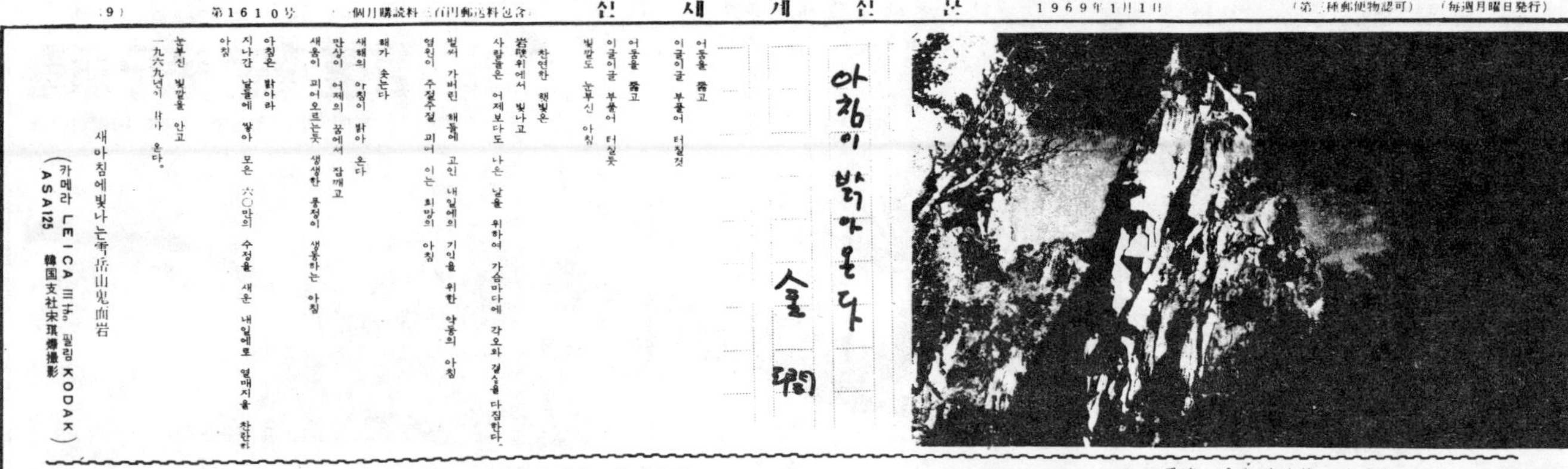

# 아침이 밝아온다

金 潤

어둠을 뚫고
이글이글 부풀어 터질것
어둠을 뚫고
이글이글 부풀어 터질듯
빛깔도 눈부신 아침

찬연한 햇빛은
岩壁위에서 빛나고
사람들은 어제보다도 나은 날을 위하여 가슴마다에 각오와 결심을 다짐한다。
벌써 가버린 해들에 고인 내일에의 기인을 위한 약동의 아침
염원이 수절수절 피어 이는 희망의 아침

해가 솟는다
새해의 아침이 밝아 온다
만상이 어제의 꿈에서 잠깨고
새움이 피어오르는듯 생생한 풍정이 생동하는 아침

아침은 밝아라
지나간 날들에 쌓아 모은 六〇만의 수정을 새운 내일에로 열매지을 찬란한 아침

눈부신 빛깔을 안고
一九六九년이 밝아 온다。

새아침에빛나는雪岳山鬼面岩
(카메라 LEICA Ⅲf 필림 KODAK ASA125 韓国支社宋琪燁撮影)

# 새해의 文壇展望

申東漢

## 大作이 아쉽다
### 作品活動媒体拡充돼야

年頭에 서서 한해를 점친다는 것은 섯불리 할수없는 일이다。그러나 어림짐작으로 앞을 내다 볼수는 있다。

詩나 小説을 써내는 文壇이 새해에는 어떻게 돌아갈 것인지? 쉽사리 말을 꺼낼수는 없지만 68年보다는 더욱 発展해 나갈것만은 틀림없다。

먼저 그 理由의 하나로 文協機関誌나 다름없지만 어쨌든 文芸誌「月刊文学」이 그대로 한해를 끌고 나간다면 상당히 좋은 作品을 만들어내는 媒介가 되어줄 것이다。

지금 우리나라에「現代文学」과「月刊文学」의 두文芸誌가 있는데「月刊文学」은 68年11月 創刊이기때문에 진짜 자리를 잡게되는 것은 69年부터라고 할수 있다。

作品活動이 좋고 나쁘고는 勿論 文人의 執筆能力에도 달려 있겠지만 揭載紙面의 広狭이 크게 作用하게 된다는 것은 움직일 수 없는 일이다。

68年의 文協主催「全国文学人大会」에서도 地方文人들은 한결같이 作品을 실을 紙面의 恵沢을 늘려 달라는 呼訴였는데 이것은 무엇보다도 생각되어야할 큰 問題다。

紙面의 解決을 위해서 同人誌같은 것도 만들어내게 되지만 이것이 文壇에 어느만큼의 影響力을 가지게 되느냐는데서 여러가지의 問題点을 안고 있다。

経済的인 것도 있지만 同人誌에 실린 作品에 대한 評価가 어느정도 等閑視되고 있는데서 역시 무게있는 雜誌를 찾게 되는 것이다。

文学이 그저 新聞이나 雜誌의 装飾物정도의 구실밖에 못하고 있는 형편에서 作品의 揭載에 조차 옹색을 느껴야 한다는 것은 너무나 서글픈 일이 아닐수 없다。

68年의「노벨」文学賞을 日本의 川端康成가 탔을때 먼저 생각되었던 것은 国力이다。作品도 作品이지만 그 나라의 社会가 어느만큼의 水準에서 움직이고 있느냐는데서 文学도 認定을 받게 되는 것이고 評価의 対象이 된다。

사실 말이 나왔으니 말이지 川端康成의「雪国」은 島国根性이 그대로 드러나는 때때한 作品이다。가날픈 抒情으로 皮膚만을 스쳐가는小説이「노벨」賞을 타는 것은 역시 나라의 힘이라고 할수밖에 없다。

뭐 남의 나라사람、그것도 倭놈이「노벨」賞을 타는 것이 배가 아파서 하는 이야기가 아니다。벅찬 主題에 雄壮한 筆致로엮어진 大作小説이 아닌 것이 賞을 받는 것을 말하는 것뿐이다。

그렇게 따지고 들어가면 우리나라「文壇에도「雪国」정도에 비길만한 作品이야 얼마든지 있다。그것이 国外에 제대로 紹介안되고 韓国이라는 나라가 世界에 크게 알려지지 않은것 뿐이다。

69年의 文壇에서 먼저 생각해야 되고 힘써야 할일은 옆의섬나라도「노벨」賞을 탈 정도가 되었으니 이 고장에도 한번 큰 作品을 꾸며낼 雰囲気를 만들어 보자는 것이다。

文壇에 活気를 부어넣을 힘을 作家、詩人도 銘心하고 奮発해야 되겠지만 政府当局도 여기에 積極 힘을 보태야 할줄로 안다。

우리나라의 作家、詩人도「노벨」賞을 탈수 있는 힘을 뒷발침 해준다면 日本의「雪国」따위하고는 比較도 안되는 力作을 얼마든지 써낼수 있는 것이다。

아마 새해에는 이러한 뒷발침이 68年보다는 더욱 제대로 될것이고 또 文壇의 事情도 훨씬 밝고 우렁차게 되어 나갈줄로 생각한다。

万人의 心琴을 울리고 이나라의 悲劇을 克服할수 있는 힘을 만들어줄 大作이 새해에는 꼭 나와야 되겠고 또 나오고 말 것이다。

아무리 悪条件이 앞을 가로막더라도 人間의 굳센 意志는 그것을 뚫고 나갈수 있다。

이나라 文人이 놓여있는 여러가지의 不利한 環境도 그것을 싸워 이기려는 精神力이 旺盛할때 두려울 것은 없다。

새해의 文壇은 그러한 가운데에서 크게 飛躍을 거듭할 것이다。

## 凶作의 지난해回顧

新文学60年을 떠드는 소리와 함께 出発했던 지난해의 文壇은 여러가지의 足跡을 남겨놓고 저물어 갔다

먼저 68년의 作況을 볼 때 어쩐지 新文学의 画甲찬치와는 어울리지않게 凶作인것 같은 느낌이 든다 小説、詩、評論에서 그제 내세울만한 作品을 찾아볼 수없는 形便이다。偏見을 가지고 하는 이야기가 아니라 이나라 文人들의 社会를 보는 눈과 그形象力은 좀더 洗鍊되어야 하고 그러기 위해서 琢磨가 必要할것 같다。

어쨌든 생각나는대로 印象에 남는것은힘들었다 싶으고、또 68年의 所得으로 들어야할 作品으로는 小説에 安寿吉씨의「기름」(月刊文学)、李炳注씨의「魔術師」(現代文学)、宋炳洙씨의「한여름의 倦怠」(現代文学) 朴泰洵씨의「三頭馬車」(創作과批評)、李清俊씨의「매잡이」(新東亜)등이라고 하겠다。

詩에서는 그동안 病床에 있다가 아직 完全히 恢復은 안되었지만 다시 詩作에 손을 대고 있는 老齢의 金光燮씨가 여러篇의 좋은 作品을 発表하여 注目을 끌었다。그가운데에서도「山」(創作과 批評)、「城北洞비둘기」(月刊文学)는 秀作이라고 하겠다。

또 젊은詩人申東曄씨의長篇敍事詩「錦江」의 発表는 詩壇의 큰 収穫이었다。

小説과 詩를 뒷발침해주고 또 이끌어주어야할 評論은 別로 充実한 글을 찾아볼수없는 안타까움만을 안겨주고 있다。

어느모에서 우리나라 文学이 어딘지 混沌相을 보이고 있는 原因의 하나는 이 評論의 不振에도 있지 않은가 생각된다。어쨌든 그러면서도 文人協会에서 11月号부터 発行하기 시작한 文芸誌「月刊文学」이 상당히 批評欄에 致重하고 있는것은 반가운 일이다。

評壇에서 적어두어야할 일은 解放 時「카프」時節부터 評作을 들어온 白鉄씨가 그동안 붓을 멈추지않고 올해에 回甲을 맞이했다는 사실이다。곧 某出版社에서 全集도 나오리라고 한다。「新文学60年의 발자취」(月刊文学)

作品은 그렇다치고 올해에는 또 여러 이름있는 作家 詩人이 作故하여 많은 슬픔을 안겨주었다。

正初에 오랜 文壇生活을 해온 老作家 田栄沢씨와 詩人 金東鳴씨가 宿患으로 別世하더니 5月、6月에 연달아 아직도 많은 作品活動을 했어야할 趙芝薰씨와 金洙영씨가 世上을 떠났다。또 時調文学의 中興을 이루어 놓았던 国文学의 泰斗 가람李秉岐씨가 오랜 病床에 있다가 11月에 逝去하여 哀悼를 禁치 못하게 했다。

新文学60年에 많은 자취를 남겼던 文人들의 他界는 人間과 죽음은 어쩔수 없는 것이라 하지만 그 안타까움은 어디에 비길수없는 허전한것이다。

한편 年初부터 겪었던 文人協会波動은 新文学60年을 祝賀해야할 해로서는 참으로 망신스러운 文壇의 어두운 面을 보여 주었다。常任理事의 更迭정도로 이것은 가라앉았지만 어쨌든 이 後遺症이 完全히 가셨다고는 볼수 없다。

文協의 新文学60年事業의 큰것으로 먼저 文芸誌「月刊文学」이 創刊된 것은 文壇의 紙面拡張을 위해서 아주 반가운 일이었다。文学作品이 新聞이나 雜誌의 액세서리 정도의 구실밖에 못하고 있는 形便에 하나라도 더 文芸誌가 나온다는 것이 文人들에게는 그이상의 반가움이 없는 것이다

다음에 全国文学人大会가 文協主催로 11月20日에 열려 新文学60年을 整理하는 行事를 가졌다。워낙에 時間의 制約을 받는 단일치기의 大会였기 때문에 파히 큰 成果는 거두지 못하고 말았지만 5、6백명의 많은 文人이 한자리에 모였다는 것은 近来에 없었던 일로 생각된다。

어쨌든 이렇게 해서 新文学60年이라는 68年의 文壇은 여러가지의 일을 겪어가며 한해를 넘기게 되었다。올해에 이루어 놓지 못한 많은 宿題는 69年의 새해에 제대로 풀려나가 이 나라 文壇도 더욱 活気를 띠어 나갈 것으로 안다。

(筆者는文学評論家)



# 李宗和 紙上作品展

## 原・罪・近・処

바둑이는 食卓위에 빵을 먹을수있는 기회를 얻었다 그러나 벽에 걸린 올빼미 時計는「추」를 손짓하듯 흔들면서 두눈으로 바둑이를 연방 나무란다。

法律은「이부」가「에덴」에서 가지고온 것… 그러니까 人間이 만들어 낸것이 된다。그것은 항상 善한者도 疑心하는 버릇이 있다。

바둑이는「이브」의 族属은 아니다。그러기에 法律이라는 멍에를 걸머질 義務가 없다。어쩌면 그들의「모랄」은 배고플때 먹지않는 행위는 偽善일는지도 모른다

올빼미時計는 여전히 눈망울을 흔들고 있었으나、아까처럼 나무라는 눈치는 아니었다。들키면 바둑이가 매마될까바 두눈이 휘둥그래져 있는것만 같았다。

(사진・글 李宗和)

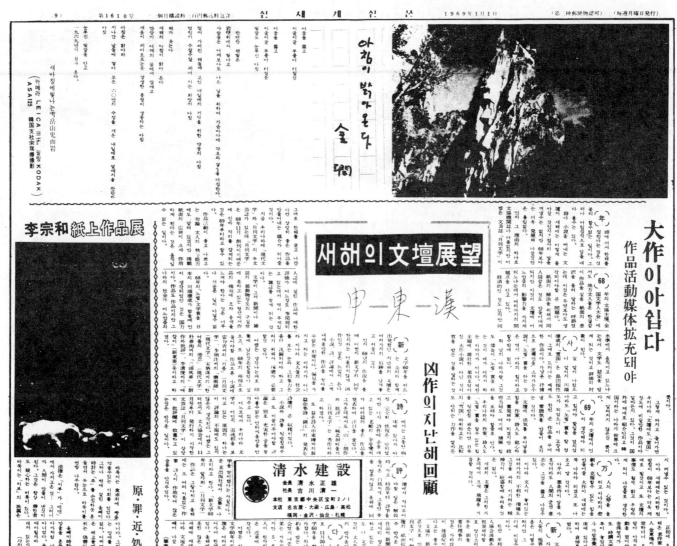

# 謹賀新禧

보다 밝고 건강한 새해를 祈願합니다.

(順不同)

- 大韓紡織協会会長 / 全南紡織株式会社代表理事 / 金龍周
- 韓国골프協会 専務 / 서울칸트리倶楽部専務理事
- 国会議員
- 国会議員
- 韓国冷凍運輸株式会社代表理事
- 서울特別市政諮問委員 / 서울水産市場株式会社 社長
- 海王物産株式会社代表理事
- 国会建設委員長

- 財団法人 韓国経済開発協会 / 宋仁相
- 国会議員 / 宋元英
- 保寧製薬株式会社代表理事
- 韓国独立党議長 / 李秦九
- 大和タクシー株式会社 / 社長 黄孔煥 / 神戸市兵庫区湊町二丁目一四番地 / ☎神戸(〇七八)(55)八二二四－七番
- 東海企業社 / 社長 梁三永 / 東京都千代田区神田駿河台三～一 / 東海BLDG・TEL291九七六一番
- 横浜商銀信用組合理事長 / 理事長
- 大陽産業株式会社代表理事 / 在서울南海郡郷友会会長

- 大栄交通株式会社 / 社長
- 神奈川交通株式会社 / 取締役社長 / 横浜市中区長者町二丁目十二番地 / TEL(68)[illegible]
- 東京商銀信用組合 / 理事長 許弼奭
- 信用組合 大阪興銀 / 理事長 李熙健
- 信用組合 大阪商銀 / 理事長 朴漢植
- KR倶楽部 / 会長 江崎光雄
- [illegible]タクシー株式会社 / 会長 / 東京都世田谷区世田谷二丁目十四番二号 / TEL(四二〇)一二三四三～四番
- 民団東京本部団長 / 鄭在俊 / ☎東京都文京区本郷3ノ32ノ7 / (八一二)四九二五－七番

- 株式会社明工社 / 明工産業株式会社 / 社長 韓大乙
- 在日本大韓民国居留民団中央本部 / 顧問 / 東京都台東区浅草2の27の12号 / 電話(843)四四一一番
- 東京商銀信用組合 / 副理事長
- 信用組合 大阪興銀 / 副理事長
- 信用組合 大阪商銀 / 副理事長
- 民団群馬県本部団長 / 群馬県前橋市古市町字松場四九七～五 / TEL 〇二七二(五一)二三二八番
- 民国東京本部副団長 / 李永三 / ☎東京都文京区本郷3ノ32ノ7 / (八一二)四九二五－七番
- 民団東京本部監察委員長 / ☎東京都文京区本郷3ノ32ノ7 / (八一二)四九二五－七番

- 株式会社 韓国마ー벨 / 代表理事 / 本社 서울特別市永登浦区九老洞一二三五番地 TEL[illegible] / 東京支社 東京都中央区銀座西五丁目五番地 西銀座ビル 電話[illegible]番(代)
- 株式会社 柳和 社長 / 柳政夫
- 東京商銀理事 / 民団東京本部直選委員 / 民団練馬支部顧問 / 朴珪秉 / 東京都練馬区練馬一－一八－一 / TEL(九九一)三二八一番
- 三和金属商会 / 社長 木村光伸 / ☎東京都品川区東品川三ノ十一ノ二五 / (四九一)八八八六・八〇三〇番
- 天馬合成樹脂株式会社 / 社長 / 金鳳鶴
- 金剛産業株式会社 / 横浜市鶴見区矢向一ノ七ノ四三号 / ☎横浜〇四五(五八一)一九四六～八
- 陽和土地株式会社 / 社長 / 東京都中央区銀座東八丁目四番地 / 豊川ビル(541)二六七五番(代表)
- 前田製作所 社長 / 俞弘濬 / 東京都練馬区春日町五ノ十ノ十 / 電話(九九九)一〇五五－七番

- 中央商会 社長 / 済州高山中学校理事長 / 高元一 / 東京都台東区東上野一ノ十三ノ七
- 松前製鋼株式会社 / 取締役社長 / 韓必信 / 東京都江東区東陽三ノ二四ノ十七 / 電話(六四四)一四一二・九一八二
- 国際法律特許事務所 / 弁護士 / 東京都中央区銀座2丁目5番地森田ビル5階 / 電話(567)2786・2787・2957番
- 和田工業株式会社 社長 / ☎東京都練馬区桜台一ノ二 / (993)〇三八六－七番
- 民団練馬支部監察委員長 / 東京都練馬区豊玉中三ノ二三 / 電話(九九一)三七八五番
- 民団練馬支部副議長 / 東京都練馬区南大泉町三六二 / 電話(九二四)三六〇〇番
- 丸吉不動産 社長 / ☎東京都練馬区桜台一ノ五 / (991)一九六八・八二二八番
- 南海興業株式会社 / 民団東京練馬支部団長 / 朴性雲 / 東京都練馬区豊玉北五ノ二三 / 電話(九九三)一四四七番

# 謹賀新年

東洋経済日報

発行所
東洋経済日報社
大阪市北区堂島上2の33
電話（344）2431（代）
東京都中央区銀座東4の4
電話（542）3577（代）
名古屋市中区栄2の3の8
電話（201）2636（代）
SEOUL 特別市中区南大門路4 GRAND BLDG
電話（22）1645（代）

## 近代化をめざす韓国の大動脈

急ピッチで経済開発を進めている韓国にとって、高速道路は文字どおり"大動脈"である。縦横に伸びた立体的な道路曲線は、まさに"躍進韓国"を象徴したパイオニアといえよう（写真は麻浦の合井洞と永登浦の堂山洞を結ぶ第二漢江橋の立体道路交差点。全長千百二十八㍍、幅十八㍍で完全ノンストップ。橋の玄関口にある白い塔は、自由守護のため闘った国連軍をたたえ漢江の新鉄橋入口に建てられた"自由の塔"）

【20・21面に関連グラフ】

## 躍進＝東洋経済日報が放つ三大企画

社告

### 東洋会社年鑑（一九七〇年版）の発刊

旧ろう十二月に発刊された東洋会社年鑑（一九六九年度版）は、アジア諸国の関係各界から圧倒的な絶讃を博しておりますが、本年度は収録内容の刷新充実を図り、アジア諸国間の経済交流を促進するうえの有力な指針として、名実ともにその決定版ともいえる東洋会社年鑑（一九七〇年版）の発行を鋭意準備中ですので何卒ご期待下さい。

### 「韓国の古陶」の発刊

東洋経済日報に連載中の「新羅・高麗・李朝の古陶」は、広く韓日各界の愛陶家から好評裡にご愛読されておりますが、今年の九月を目標に、カラー版・グラビア版を中心として各種の関連参考資料を豊富に盛った「韓国の古陶」（新羅・高麗・李朝のやきもの）の発刊準備を進めております。

読者各位の倍旧のご支援とご鞭撻をお願い致します。

なお本書は十月から日本・韓国で一斉に発売する予定ですのでご期待下さい。

李朝鉄絵壺

### 支社・通信網の拡充強化

東洋経済日報は一九四六年に創刊以来、韓・日経済問題の専門報道に努め、いまや日本で発刊される韓国系言論機関として確固不動の基盤を築き上げ、着実に前進しております。

本紙は本年度の重要事業企画として韓・日主要都市を結ぶ通信網の拡充と紙面刷新を図り迅速にして強力な報道体制を確立する構想を進めております。

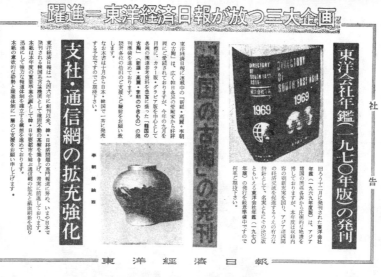

本紙の意欲的な姿勢と躍進体制に一層のご支援をお願い申し上げます。

東洋経済日報

## 内　容

## 景気動向

# 設備投資ふえる？
## 成長率、実質で9.5%か

### 引締め政策が好影響

一昨年九月から始まった金融引締め政策は、不況感を伴わないうちに国際収支が大幅に改善するという、従来にないパターンを示した。このため、一九六六年以降、連続三年間、日本経済は実質一〇%を上回る成長を続け、六九年度以降も成長のスピードは衰えそうにもない。こうして不況なしに日本経済が四年も五年も実質一〇%以上の成長を謳歌できるといった期待が強まっている。

このように不況なしに大型景気が続いているのは、引締め政策が金融面にも、経済面にも強いインパクトを与えなかったためだ、とみられている。それに加えて従来ならばよくならないはずの国際収支が大幅に好転している。この二つの点がこんどの大型景気の特徴だといえよう。

引締め政策が大きなインパクトを与えなかったにもかかわらず、どうして国際収支が好転したのだろうか―。その理由の一つとしてあげられるのは設備の近代化、合理化で、日本経済は国際競争力が着実に強化されていることである。だが、日本の輸出競争力は長年の努力によってジリジリと向上してきたもので、最近の一年間に限ってとりわけ急速に強化されたわけではない。

設備の近代化や合理化は、労働力の不足という大きな構造上の変化に対抗して、労働力を節約しようというもので、そのための設備投資は少しぐらいの金融引締めでは抑制されそうにもない。この投資意欲は大企業、中小企業とも相当根強いし、資本自由化対策、国際競争力強化の面からみても、こんごも増大しそうである。

輸出が急増した第二の理由として、国際環境の好転によるところが大きいとの見方がある。一昨年の後半から米国景気が上昇し、とくに昨年はインフレ傾向すら示し、それに続いて欧州諸国の景気が回復したことが、国際収支好転の大きな背景になったとの見方だ。海外要因によって輸出が伸びたということの見方に対し、昨年の世界貿易の伸びは推定で九%前後で、過去の平均など比べて、とりわけいいとは言えないとの見方もある。

いずれにせよ、輸出にとり一番大きな難問題は米国の輸入制限の動きにどう対処するかである。この推移いかんによっては国際収支が赤字に転ずる恐れがある。すでに、ことし七―九月には輸出停滞、輸入増加から国際収支が逆調に転じ、景気再調整策が本格的に発動される、との見方もでている。

### 恐い欧州の〝強敵〟意識

現在のところ日本経済は物価その他の構造的難問題を抱えているけれど、国際収支だけみれば好調に推移しており、徐々に黒字幅が縮まっていく傾向をみせているので油断できない。ことしの後半には大幅な赤字には転落しないだろうが、若干の赤字が出るのではないか、とされているのもこのためだ。

これに対し、輸出の伸びが落ち輸入の伸びが高まるかもしれないが、もともと輸出の方が輸入よりずっと上回っているのだから、絶対水準が高ければ貿易収支は悪化しない―との見方も少なくない。それでもやはり対米輸出はスローダウンするだろうとの見方をとっており、六九年度の国際収支は七億―八億〝の黒字になるだろうとの見通しを立てている。

日本銀行では、貿易収支は貿易外収支や資本収支の赤字を補って、いくぶん余る程度で推移しているとしているが、経済成長率がこんごも高い水準を維持し続け、しかも国際収支も黒字が続くと、米国や欧州諸国も日本に対して従来以上にライバル意識をもち、その結果、日本品の輸入制限を強化したり、援助の肩代わりの負担を日本に求める空気がさらに強まり国際収支にも相当ハネ返ってくるのではないかと心配している。

では、ことしは外貨準備高はどの程度になるだろうか。昨年の初めには、三十億〝なければ苦しいといわれていたが、高い経済成長率とともに輸出が伸びているので、おそらくことし中に三十億〝を越すのではないかとされている。

ところで、国際収支について経済社会発展計画作成のさい用いられた新中期マクロ・モデルを参考にみると、最も積極的なケースで経常収支の黒字が六八年度二・七億〝、六九年度八・一億〝、七〇年度十・二億〝、七一年度十・九億〝と増大を続けるとしている。



### 慎重要する〝刺激予算〟

設備投資についてみると、経企庁が発表した六八年度下半期（六八年十月―六九年三月）の法人企業投資予測調査（昨年八月末現在で資本金一千万円以上の三万五千五百六十四社集計、工事ベース）によると全産業の投資総額は二兆六千百八十七億円、前期比三・四%増に達する見込みだ。

これまで設備投資はひとたびふえ始めると、投資が投資を呼ぶ過程で誘発効果が非常に大きく、投資ブームが起こると三年ぐらいの間に、それ以前の最から比べ二・五倍ぐらいの高さに到達して頭打ちのケースが多いとされている。

これから考えると、設備投資は六八年度が二三―二四%増、六九年度はそれをさらに上回る伸びになる可能性が強い。

景気政策についてみると、当然六九年度の予算との関係が問題になる。投資とか、生産とか、それにからんだ国際収支、輸出・輸入の面では、先行きの見通しはいい状態なので、公定歩合は元に戻しておけと、産業界の声が強い。しかし経済企画庁では経済活動の意欲が相当強くなりつつある現段階で、結果的に刺激的な予算編成を行なうことは警戒を要するとしており、また壁にぶつかって成長を一時的に押えることになっては困るとしている。

また所得政策については、当分じっくり腰をおろして取組んでゆく段階であって、政府の政策の中に正式に組込むようなステップを考える時期ではないとしている。

### 望まれる業界の再整備

さらに日本の企業の大型化とか体制整備について、経済企画庁は、基本的にはどういう政策で推進してゆくのだろうか。経企庁は、体制整備について資本自由化やあるいは若干まだ残っている商品自由化なり、冷たい風がこんご起ってくるから、これは急がなければならない段階にあるとみており、企業間で過当競争しているものは提携してゆかねばならず、自動車部門などにそういう面が多く残っている、としている。

ところで、ことしの経済見通しだが、六八年度の経済成長率は名目一五・七%、実質一〇・五%と引き続き高成長が見通されている。だが、六九年については名目一五・四%、実質九・五%にとどまる見通しである。

六九年度を上下期別に実質成長率をみると、上期の六・七%に対し下期は設備投資の大幅減、輸出減退を中心に〇・一%減とマイナスに転じる見通しである。

このように、ことしの上半期は昨年の好況が持続し、下期に入ってやや不況になるのではないかという見方が一般的である。



# 波乱含みの日本経済

ここ数年、日本経済は年率実質一〇%を上回る成長を続けており、ことしもこの成長のスピードは衰えそうにもないとの見方が多いが、はたして日本経済はことしも好況を持続するだろうか。いまのところ国際収支は好調国内需給にも過熱の懸念が少ない。しかし、ことしから米国の輸入制限の動きが強まる可能性が強く、輸出の伸び率も昨年以上は期待できず、輸入の増加と相まって後半にも国際収支が赤字に転じ、景気再調整策が本格的に発動されるともみられている。＝写真は世界一の建造量を誇る造船

### 韓国の見た日本
#### 対韓投資の早期承認を

第一回「韓日貿易会議」が東京で開かれてから、この三月で早や四年――。両国はいま、政府、民間の諸会議を問わず、広範囲な経済協力を推進しているが、なかでも近年、これら協力の可能性をさらに拡大して保税・委託加工貿易をはじめ、合弁などあらゆる分野において、その姿勢を高めつつある。しかし、一方ではいまだに〝停滞〟している問題もかなりあり、一九六九年はこうした面での打開による〝躍進前進〟の年として期待は大きい。とくに、昨年八月の第二回「韓日閣僚会議」で話し合われた「日本人と在日韓国人による対韓投資」の早期承認を望む声が強まろう。韓国政府は、同会議でみた早期承認の合意事項に基づき、昨年八月いらい、二十五件、一千二百万〝の日本人および在日同胞の対韓投資を許可しているが、これに対し日本政府は、いまだにそのほとんどの承認を保留している。これら民間投資への門戸開放こそが、共存共栄につながる道であろう。

## 輸出

# 問題は東南ア市場
## 焦点、ニクソン氏の動き

### 全体に頭打ちの傾向に

昨年における日本の輸出は好調だったといえる。六八年の上半期（六八年四月―同九月）の輸出総額は六十五億六千万〝。これは前年同期の水準に比べて二四・四%と大幅増にあたる。下期に入っても好調を持続しており、通産省では六八年度の輸出は目標を上回って百三十五億〝にいくだろう、としている。

大幅に伸びた上半期の輸出内容をみると、対米貿易の伸びが圧倒的である。上期輸出の増加寄与率をみると米国向けが四五・二%、韓国・自由中国・香港向けが一七・七%、その他三七・二%となっている。

一方、商品別では鉄鋼の輸出増寄与率が一九・四%でトップ、ついで自動車一一・九%、テレビ・ラジオ・テープレコーダー一一・六%、繊維一〇・九%の順となっている。

このように昨年は大体は好調だったといえるが、最近輸出頭打ちの傾向が出始めている。これはベトナム休戦が接近したことに加え、米国でニクソン氏が大統領に当選したことで保護貿易色が強まるのではないかという見方である。

これまでは、国内の景気過熱から輸出意欲の減退を心配する声が一部にあった。そうした国内要因が後退し、すでに輸出見通しに織り込み済みとみられていた海外要因が、改めて前面に押し出されたのが、輸出減速の特色である。

もっとも下期の輸出の伸び率は鈍化するものとみられているが、これはこれまでが異常に伸びが高かったためで、現在正常ペースに戻りつつあるという。

問題は、通関ベースで六九年度の輸出がどうなるかである。輸出警戒説の最大の原因は、いうまでもなく米国による輸入制限強化の懸念である。この点については、すべてニクソン氏の動きいかんで予測しにくいが、鉄鋼、合繊の両商品には輸入制限の強化はほぼ確実とみる意見が大多数を占めている。

鉄鋼などは、すでにこうした事態を考慮して「素材としての鉄の輸出の使命は終えた。こんごは自動車、家庭電器などを通しての間接輸出が主役だ」としているが、鉄鋼の輸出停滞を自動車、家電でカバーしきれるかどうか。ことしはその主役交代の過渡期といえそうだ。

そこでことし一年の輸出を鉄鋼、繊維、自動車、家庭用電器など主要商品について予想してみると、まず輸出貢献度が第一位の鉄鋼は、六九年度の見通しについてはかなり悲観的な見方が強まっている。これは、従来鉄鋼輸出の伸びを支えていた対米輸出（鉄鋼輸出に占める比率は六八年度上期数量で五五%）の環境がにわかにけわしくなってきたからである。

### 警戒色強い鉄鋼業界

つまり、米大統領選挙で、保護貿易主義の色彩が強い共和党のニクソン氏が登場してきたこと、しかも、それと同時に、米鉄鋼大手各社のホット・コイルの大幅値下げ（トン当たり二十五〝、平均二二%）が発表されたことである。

これについて、日本の鉄鋼業界は、こうした大幅な値下げは長続きしない、とみているが、反面、発表のタイミングといい、値下げ幅といい、おそらく政府間協定たとえば輸入割当て法案の再提出をねらったものだろう、と警戒色を強めている。

米国の鉄鋼業界は昨年の高い賃上げで国際競争力が著しく低下したうえ、日本をはじめとする輸入鋼材に押しまくられ、低操業、収益低下、レイオフ（一時解雇）といった非常事態に見舞われている。とくに中小メーカーは苦しく、最近は経済問題から社会問題、政治問題へと発展しかねない情勢である。この問題にニクソン新大統領がどう取り組むか、まったく予断を許さなくなってきている。

日本の鉄鋼業界では、最悪の場合、一昨年上院に提出され、実現されなかった輸入割当て法案が、再び登場する可能性があるとみており、これを事前に回避するため対米輸出の自主規制を強化する方針を固めている。

しかし、この自主規制によって米国向け輸出の減少した分をどう穴埋めするかが問題で、東南アジア向けなど他市場への輸出増でこれを埋めていく必要があろう。その場合、ベトナム和平後の東南アジア向けの輸出がどうなるか。いずれにせよ、これまで以上の努力をしないと、この穴を埋めることは困難である。

かりに、これが認められたとしても、六九年度の鉄鋼輸出は、六八年度並み［illegible］、十七億〝程度、という見方が多い。

次いで貢献度が高い繊維は、ほぼ六八年度下期いっぱい（三月末）までは輸出水準は高いまま推移しようという見方が一般的だ。商社の上期の繊維輸出成約見通しによると、三井物産が前年同期比一五%増、伊藤忠商事が同一〇%増、丸紅が前期に比べ若干増としている。これらの点からみると、下期については繊維の輸出はまず現在の水準を維持するものといえよう。

しかし、問題はことしの四月以降どうなるかということだ。まず懸念されることは米国の輸入制限問題である。ニクソン新大統領の公約もあって、これがなんらかの形で姿をみせる可能性が強い。米国の輸入制限運動が再び盛んになりつつあり保護主義色の強いニクソン氏が大統領に就任するので、ミルズ法案、ホリングス法案などといった保護立法が成立する危険は大きいといえよう。

こうしたきびしい保護立法が通れば合繊・毛の対米輸出はほぼ半減する結果となる。ただ、商社・メーカー筋ではいくらニクソン氏でもこうした保護立法に訴えることはしまいとみている。むしろ、綿製品同様の長期協定を合繊・毛にも利用しようという動きが活発になるものとみられる。つまり合繊・毛についてもこれまでのケースにつかせ、輸出の年率にワクをはめようというやり方だ。

いまのところニクソン新政権の政策がどうなるかわからないが、ことしの輸出についてむしろ影響をおよぼすのは、米国の景気動向だろう。消費需要が落ちれば当然、繊維製品の輸出に影響がでるとみなければならない。それに加えて米国市場での韓国、自由中国の追い上げも無視できない。

一方、国内の要因としては、綿・合繊の増設分が本格的に入り、輸出余力はふえそう。このようにことしの繊維輸出は内外両面からはさまれて、きびしい環境となるおそれが強い。

### 自動車はビッグ3と対抗

一方、自動車の輸出だが、これは年々急ピッチで伸びており、六八年度下期の見通しについても、いまのところ、伸び悩む気配はない。また六九年度についても強気の見方が支配的である。

ところで、最近、米国でGM、フォード、クライスラーのいわゆるビッグスリーが急増する輸入小型車に対抗、いよいよ本格的な巻き返しに出るという動きが具体化しつつあり、これがこんどの日本車の対米輸出にどのように影響をおよぼすかが注目されている。

このようなビッグスリーの小型車進出は、国産車の対米輸出にとって大きな試練には違いない。ただ、国産車も性能、品質、コストなどあらゆる面でかなり強い競争力を備えてきている。しかもビッグスリーの巻き返しが本格的に実行されるのは四月以降だから少なくとも今のところ対米輸出に悪影響はあたらないとの見方が強い。

### 豪州などへは期待薄

現在のところ対米輸出はトヨタ、日産が好調だが、東洋工業や富士重工も対米輸出に取り組む意向を示したり、実際に取りかかりつつある。このため、国産自動車の六九年度の対米輸出は、トヨタ、日産の合計二十八万―二十九万台（前年度比四一・五%）に、さらにプラス・アルファされる可能性が強い。

しかし、その他の市場では、たとえば韓国、タイなどへの輸出は、ベトナム休戦が実現するとそれなりの影響を受けるかもしれない。また、豪州などは日本車への風当たりが強くなっているので、こんごそれほどの伸びは期待できない。しかもベースそのものが大きくなっているだけに、六九年度輸出の伸び率鈍化は避けられないだろうとみられている。

しかし、対米輸出の緩和などから少なくとも全体で年率二割見当の輸出増加（六八年度六十五万台、約九億〝として七十七万―七十八万台、約十一億〝）は期待できそうである。





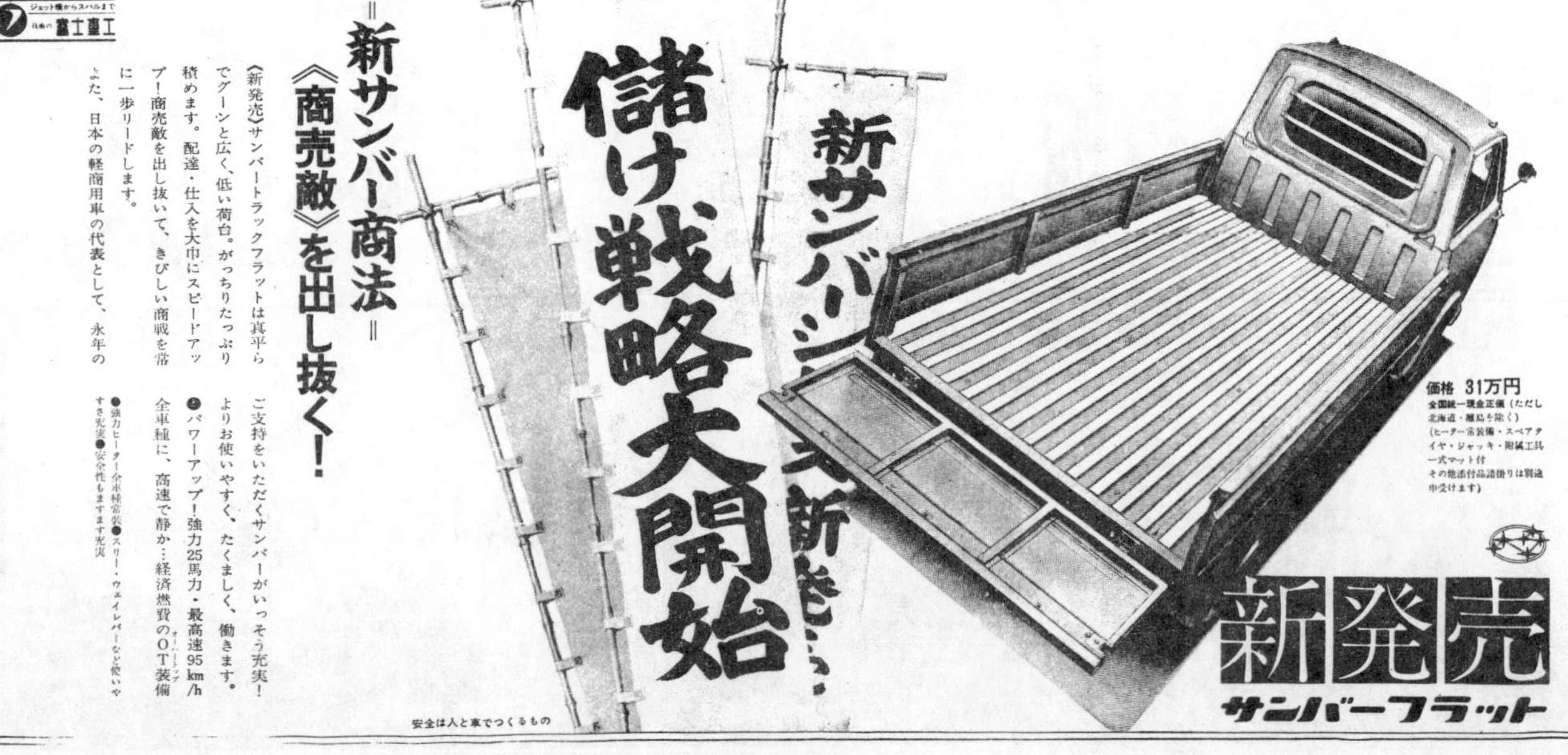



676

(3)　1969年1月1日　水曜日　東洋経済日報　(第3種郵便物認可)

# アジア貿易　不均衡が課題

アジア貿易はいま、一つの大きな課題をかかえている。それは、韓国をはじめ各国とも日本との貿易面において入超に悩んでいることだ。その打開策として韓国と日本との間における委託加工貿易が自由中国やフィリピンなどの国へも拡大する可能性が強まっており、また日本に対し一次産品をもっと輸入してほしいなどの声が強まっている。そこで韓国と日本を中心にこんごのアジア貿易を展望してみると—。

アジアでは、このところ現地に乗込んで農業などを開発して輸入しようという"開発輸入"に大きな関心が高まっている



| 国 | 輸出額（万ドル） |
|---|---|
| 韓国 | 29,985 |
| 香港 | 22,120 |
| 自由中国 | 19,668 |
| フィリピン | 19,651 |
| タイ | 19,113 |
| 中共 | 13,664 |
| シンガポール | 9,672 |
| ソ連 | 7,714 |
| マレーシア | 5,097 |
| インドネシア | 4,747 |
| 南ベトナム | 4,724 |
| インド | 4,164 |
| パキスタン | 2,775 |
| セイロン | 1,800 |
| ビルマ | 1,583 |
| カンボジア | 1,500 |
| 北韓 | 637 |
| ラオス | 414 |
| 北ベトナム | 182 |
| モンゴル | 26 |

## 韓国、対日入超続く　是正へ委託加工を推進

ここ数年における韓日貿易をみると、韓国の大幅な入超が続いている。一九六五年は韓国の輸出四千万ドルに対し輸入は一億八千万ドル、六六年は輸出七千万ドルで輸入は三億三千万ドル、六七年は輸出九千万ドルで輸入は四億ドル、昨年の上期（一—六月）ではこの割合いは一対六とさらに入超が続いている。このため、韓国は「日本以外に輸出して得た貿易黒字をすべて日本につぎこんでいる」との不満が高まっている。

事実、六七年の韓国の輸出総額は三億二千万ドルで、日本との逆ザヤ分は三億一千万ドル（ただし通関ベース）である。しかし日本側はこれについて、経済協力、あるいは民間借款によるものも含まれているから表面の数字ほどの貿易力の差はないとしている。

韓国は安い労働力を生かして輸出市場で大幅な伸びをみせている。第一次経済開発五カ年計画中（六二—六六年）の輸出の年平均伸び率は四四％と著しい伸びである。輸出構成も工業製品七、鉱産物一、農産物二といった割合で、構成比でみる限り工業化政策は反映されている。

ただ、問題なのは輸出市場が片寄っていることで米国に四三％、日本に二六・五％も依存し、この点から対米あるいは対日輸出の改善が近道として選ばれてくるわけである。昨年八月の第二回韓日定期閣僚会議でも、韓国側は「五年間で貿易不均衡を是正する方法を考えたい」と提案している。その一つが委託加工貿易での関税である。

日本は国内の実態調査にもとづき関税を免除する品目を決めるが、たとえば労働コストの比較として産業別の平均月収をみると、おおざっぱにみて賃金差は五倍の違いである。しかも韓国が例としてあげた部門には鋳物などのように中小企業が中心の部門も多い。

この点から委託加工で関税免除が実施されると、日本の中小企業にとってはかなりの打撃となるが反面、賃金の安い韓国で部品を組み立て、これで完品成をつくるならコストはかなり下がり、輸出品の場合は国際競争力が高まり、国内消費物資の場合には価格引下げにもつながる効果が期待できる。

このため、こんご委託加工貿易は貿易不均衡の打開策の一つとしてますますふえるものとみられている。

この委託加工貿易に伴う関税の軽減は日本としては画期的な試みである。関税制度については、日本はあらゆる国に同じ待遇を与えるという無差別主義をとっているので、この制度は韓国だけでなく自由中国や香港など近隣の開発途上国でも活用する可能性が、ことしあたりにも出るのではないかとの見方もある。

韓国はさきにのべたように輸出面で日本や米国に大きく依存しているが、輸出の伸びがやや頭打ちの感がある現在、日米依存から脱皮するためにもアジアにおける市場拡大および新規市場の開拓を図り、輸出市場の多様化に努めなければならないだろう。

## 積極的な開発輸入　増大するか「一次産品」

一方、日本も、米国大統領に保護貿易主義的な色彩が濃いニクソン氏が選ばれたところから、こんご輸入制限の恐れが強まるだけに、これまでの対米依存から東南アジア市場にもより以上目を向けなければならないだろう。

近年、日本は海外援助の面でアジア重視の傾向をみせているが、民間ベースの経済援助が目立っている。企業進出、合弁事業などの海外投資も、繊維、弱電、自動車などの業界を中心に進められ、自由中国、タイなどでは進出企業の間で過当競争になる有様。



### "日本に近接"の地理的利点

その中でも、最近とくに関心が高まってきたのは、現地に乗込んで鉱物、森林資源や農業を開発し輸入しようという「開発輸入」である。インドネシアでは、すでに木材やニッケルなどの開発輸入に乗出している。このほか、インドネシア、カンボジア、フィリピンなどでは、トウモロコシや米の増産に日本の技術を役立て、成果が上がりしだい、いま主に北米から買付けている農産物を、アジアからの輸入に切替えていこうという計画も進められている。

日本は国内資源にとぼしく、常にその工業用原料、燃料資源、さらに最近では農産物まで海外から大量に輸入しているが、その大部分が先進国からの一次産品、すなわち食糧、原料資源であり、同時に食糧を含む農産品輸入の大部分が米国からくるのである。

最近ではこうしたことも、基本的原料、農産物の輸入先を広く分散し、一国への集中をさける意味合いからも東南アジアの豊富な資源に関心をいだいているのだ。また、これら東南ア諸国の一次産品買い上げ要求に応えるためでもあろう。

東南アジア地域は豊富な鉱物資源、石油、またゴム、木材、さらに各種の熱帯産商品作物、米、トウモロコシなどの農産品に富み、まだ多くの開発可能物資と地域が残されている。そしてさらにこの地域は日本に近接しているという利点ももつ。

日本政府も原料市場の再編成を含めた総合的な原料資源政策を確立することに関心を強めつつあるので、日本を中心にアジア市場において一次産品の貿易が増大するものとみられている。

## 開発計画

### 失敗した重工業優先

アジアはいま劇的な転機を迎えようとしている。戦後に独立した国がほとんどで、バラ色の未来を求めて二十数年間歩んできたが、いま国づくりの巨大なカベにぶつかっている。

戦前、東南アジアでは独立国はタイ一国であったが、戦後になってインドシナ三国、フィリピン、マレーシア、シンガポール、インドネシアなどが次々と独立、南アジアでもインド、パキスタン、セイロンが独立をかちとった。

だが、政治的に独立をかちとったからといって経済的従属の清算、アジア的貧困の脱却を意味するわけではない。これらのアジア新生国家は、国家建設、経済的自立の達成という困難な大事業に立ち向かわなければならなかった。

だが、政治的独立をかちとったとき、これらの困難さは民族独立の歓喜のなかで十分に認識されなかった。多くのアジア諸国の間には独立後における国づくりは当然成功するものとみていた。

しかし、二十数年たった現在、富の不平等にも、古い社会構造にも、貧しい生活にも、みるべき変化は起らず、所期の野心的で花やかな工業化計画は無残にも挫折してしまった。

これらの失敗した経済開発計画について、なによりも目につくことは、農業の発展よりも、むしろ重化学工業化の育成と発達に重点を置いていたことである。

### 劇的な"転換期"を迎える

むろん、植民地時代においてゆがめられた産業構造を改めて、均衡のとれた多様化された国民経済をうちたてねばならず、そのためにはどうしても工業化が必要だが、人口のうち五分の四が農民で占めている現実のアジアでは工業化でなく農業こそが生活のかなめといえる。

### 進出計画を"手直し"

このため、工業化の失敗を認め、その欠陥是正に乗出すべきで①農業②労働集約方式をとる小規模工業③一次産品や加工品の輸出拡大努力④経済的、社会的下部構造（運輸、通信、電力、かんがいなど）に真剣に取り組む必要があろう。すでに計画の手直しは徐々にではあるが進められている。

こうしたアジア諸国の自助の努力もさることながら先進国の援助も重要だ。

アジアはこれまで"援助の谷間"といわれている。国民一人当たりの年間被援助額はわずか二ドル、同じ開発途上国地域でもアフリカの二分の一、ラテン・アメリカの三分の一にすぎない。アジア援助の重要性は日ましに見直されているものの、米国の対外援助額削減などで、その見通しは決して明るくない。

### 日本は主導的役割を

そこで日本がこれまで以上にアジアに対し援助し、主役的役割を果すべきだとする声が高まっている。アジア開発における日本の役割は貿易、技術援助、資本援助に分けられる。まず貿易関係だが、日本は現在国内業者の保護の配慮などから一気に関税を下げることは容易なことではないが、労働集約型の生産は他のアジア諸国にまかせ、先進諸国とともに努力すべきであろう。

また、技術援助については日本には小規模工業に関する特別な専門的技術や知識があり、また日本がアジアの諸条件下での作業に適した科学者や技術者を十分に供出することができることを考えると、日本の技術的援助は貴重なものといえる。

資本援助の分野では、商業ベースの借款が大部分だが、その援助条件はきびしい。政府借款は、最近アジアを中心にゆるめられてきたとはいえ経済協力開発機構（OECD）の開発援助会（DAC）加盟国平均の金利年三・一％、返済期間二十三・五年に比べて、日本は五・二％、十四・四年。金利は最高、期間も短い方から三番目だ。カネを借りる当の開発途上国側から突上げられるばかりか、先進国側からの風当たりもきつい。また「国民総生産の一％援助」という点からみても日本の実績は六六年が〇・五五％、六七年が〇・五八％と低く、各国の不満を買っている。日本のアジア援助は、この際、長期的なビジョンと政府、民間一体の強力な推進体制を打出さねばならない転機を迎えている。

## 経済寸描

### 自由中国

人口は約千三百万人だが、約六十万の軍隊をかかえ、軍事費が国家予算の約七割を占めている。これが経済発展を大きくはばんでいる。

現在進行中の第四次経済建設五カ年計画（六五年七月—六九年六月）もことしで終わり、第五次計画が年なかばからスタートするが計画を進めるにあたって資金確保が大きな問題である。第三次計画までは米国の援助があったが、それが打切られた現状では、外国からの借款と貿易振興に活路を求めている。貿易市場も輸出五割、輸入七割を日米両国に依存しているが、反面、比較的高い技術水準、豊富な労働力など明るい材料もある。

### フィリピン

天然資源は豊富。人口の七割が農民。農業の生産性はきわめて低く、食糧不足に悩まされている。しかも、戦後の経済開発の諸計画も政治交代ごとに変えられ、成長率その他の総合目標すらもたなかった。

経済ナショナリズムに支えられて、外国人の経済活動を制限しているが、米国人は別。貿易面では最近、対米依存度が低下しつつある。その分だけ対日依存度が高まっている。

### 南ベトナム

ベトナム戦争のため、経済は徹底的にゆがめられ、これまで輸入していた米も米国の援助によって輸入せざるを得ないハメに追いこまれている。

北爆停止によって平和の可能性が強まっているだけに"ベトナム戦後"における経済再建を図ることが急務といえる。

### ラオス

この国の経済の実態は、数ある開発途上国のなかでも最も停滞している。国際通貨基金（IMF）の協力による財政建直し政策、二回にわたる平価切下げもさして効果をあげていない。若干の手工業をのぞけば、工業らしい工業は存在せず、豊富な地下資源もスズ鉱以外にはまだ手もつけられていない。通貨金融制度もきわめて未発達で、農村は原始的なバーター取引きを行なっている。

### タイ

一九六〇年に産業投資奨励法ができてから、自国の利益になると認められた産業部門に対して、外資導入政策が積極的に進められた。

これによって、伝統的な農業国だったタイは急テンポに近代化しており、道路など輸送手段の発達が、農村を刺激して生産増大や作物の多角化を招いている。

こんごもこの方針を守りつつ着実に工業化を進める計画である。

### マレーシア

ゴム、スズの生産国として繁栄を続け、東南アジアでは比較的安定した国である。しかし、経済はゴム、スズに極度に依存し、重要産業、およびこれに関連した諸産業は、英国を主として欧州資本の支配下にあり、商業、金融、サービス部門も、長年、華商の勢力下におかれてきた。マレー人の民族資本は見るべきものがなく、ほとんどは生産性のきわめて低い農漁業生産に集中している。

頼りにするスズは、国際市場価格の変動にさらされやすく、埋蔵量も限界に近づいている。ゴムも合成ゴムの進出で輸出がおもわしくない。政府は工業化を進め、ペタリンジャヤ地区ではすでに先進国並みの工業が建設されているが資金不足が工業化にブレーキをかけている。

### シンガポール

東南アジアの中継貿易港として繁栄してきたが、最近は周辺諸国が直接貿易する傾向にあり、貿易量はここ七、八年横ばい状態である。

六五年の失業者は約六万人（労働人口の一〇％）。政府は工業開発に力を入れ、雇用問題を解消、シンガポール経済の発展を図ろうとしている。

### インドネシア

ボーキサイト、石油、スズ、ニッケルなど豊富な資源に恵まれているが、経済的には十分な成果をあげていない。

現在、最大の課題は慢性的なインフレの退治と外債整理、それに外資の積極的導入による開発だ。それに人口増に対し、総生産の五割に当たる農業生産が停滞を続けているため、政府はまず増産対策にとりかかるよう迫られている。

### パキスタン

もともとインドの原料供給地域だったため、独立当時の工業はほとんどゼロ。しかし、五二年に発足した産業開発公社によって、国家資本が投下され、企業を設立、民間資本に売却する方式でジュート、紡績工業などが発展した。

目下進行中の第三次計画（六五—七〇年）では資本財生産部門に重点をおいているが①資本のうち約三分の一を期待している外国援助の調達とその返済②二・九％という人口増加率③自然に左右される農業④東西パキスタンの経済較差と政治的緊張、などの難問をかかえている。

# '69　謹賀新年

# 激動を続けるアジア

〝ぶらんこ遊び〟の少女たち　冬日の太陽が三人の少女を優しく包み、新春の喜びを胸いっぱいに無邪気に〝ぶらんこ〟遊びに興じる少女たちには、幸せムードが満ちあふれている

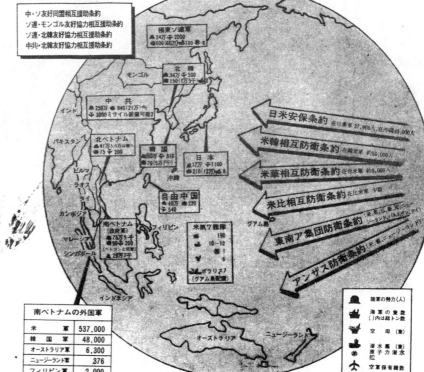

## 焦点は韓半島に
### 韓国、北韓への対決強める

今日、世界の国はアジアに向いているといっても、決して過言ではない。アジアの政治的、経済的安定は、世界の平和に大きな比重を占めているからだ。それには地理的な関係からいっても太平洋諸国が一致協力し、アジアの経済開発をはじめ、貧困の克服など、あらゆることに力を注がなければならない。『アジア・太平洋』という言葉は、こうした〝視点〟から呼ばれだしたのだが、その協調的な協調姿勢とはウラハラに、政情不安の代表的な〝熱い戦争〟や、国家分裂による軍事的対立、クーデター、国境紛争、政治的派閥抗争による政変の続発、ゲリラの反乱などで依然アジアは激動している。そこで、緊迫つづける韓国と北韓の歩みを中心に「激動するアジア」の情勢を探ってみた。

昨年一月二十三日、激化のベトナム戦争をよそに全世界が緊迫した事件が起こった。まだ耳に新しい米情報収集艦プエブロの北韓拿捕がそれだ。限定核戦争へ発展する可能性をひめた〝導火線〟プエブロ事件は、同事件と相前後して佐世保を出港、ベトナムへ向かっていた空母「エンタープライズ」が急拠、その方向を元山に転換したことから、いましも戦争の火ぶたが直感され、全世界はその成り行きを見守った。

「スワ、戦争」そんな一触即発の危険性をはらんだプエブロ事件はその後、小康状態がつづき、船と乗組員の引渡しを中心とした会談だけを残し、緊迫は一応とかれた格好となった。しかし、プエブロ事件の二日前、一月二十一日に発生した北韓ゲリラのソウル襲撃事件に端を発し、北韓はその後も韓国への侵入を敢行、最近では南北を分断する三十八度線付近の軍事境界線一帯で〝無気味〟なそぶりを示している。

これは、通常兵器による〝第二の韓国動乱〟とした懸念性も持たれるが、しかし、朴正熙韓国大統領は、これら一連の小衝突をしている。〝まさに国土統一のチャンス〟としている。統一の好機といっても決して〝小ぜり合い〟から〝第二の朝鮮動乱〟に発展させ、武力でそれを勝ちとろうとするのではない。だが、金日成北韓首相の考えていることは全く違った方向にむけられている。

韓国動乱後、一貫して平和統一を主張してきた北韓の統一政策が一九六六年前後から微妙に変化していることは、はやくから指摘されてきた。これが、六七年十二月の最高人民会議で採択された政府十大政綱で完全に影をひそめ、〝民族の悲願〟である統一の方途を急かにもゲリラ派遣に切り替えたのである。

統一政策のこうした変化にともない〝対南工作〟も従来の情報収集スパイの潜入、非武装地帯地区での小規模な衝突などの消極的なものから、武装ゲリラ、破壊工作員派遣へとエスカレート、その手はじめが六七年九月、ソウル北方での軍用列車爆破だった。そしてゲリラ最大の事件といわれる六八年一月二十一日、突如として起こったソウル侵入にまで発展させたわけだ。このときのゲリラは総数三十一人だが、二十五人が韓国軍の一斉掃討により射殺、一人が生捕りされたほかは、みな凍死した。このときの〝生捕り〟が金新朝少尉だった。

こうした北韓ゲリラは、その後軍事境界線をはさむ非武装地帯地区での極めて小規模な〝小ぜり合い〟ていどだったが、またまた十一月三日未明、こんどは韓国東北の慶尚北道蔚珍に三十人もの大ゲリラ部隊が海伝いに侵入、相ついで忠清南道、江原道にも同規模からなるゲリラが出没、急速に緊迫の度合いを強めた。

三十人もの大ゲリラ部隊が侵入したのは昨年一月のソウル侵入事件以来初めてのうえ、迫撃砲まで持ち込んでいた（忠清南道）ことから見ても、北韓の〝武力統一〟に寄せる〝強硬路線〟は最早、動かぬところと見るべきであろう。しかし、ここで北韓が考えなくてはならないのは、韓国は南ベトナムとは事情が異なるということだ。韓国には解放区のような基地もなければ、また解放戦線のような赤色の訓練を受けた解放組織もなく、そのうえ韓国動乱による反北韓感情が民衆の心の中にはっきりと植えつけられている。こうした状況下でゲリラを送り込むのは、池に火を投げ込むようなものであろう。北韓がなぜ、こうしたリスクの多い戦術を選ぶのか——それは、驚異的な韓国の高度成長経済と、目ざましい重工業の発展により「南は楽園」とした北韓国民の動揺を極度に恐れているためである。

北韓は六二年以来「国防、経済建設併進政策」をとり「全国土要さい化」のスローガンのもとに軍需工場は地下に移転、北韓独立当時のパルチザン戦争の経験を生かした地下工場の建設が進められた。国民経済に一部の制約はあった。



**南ベトナムの外国軍**

| 軍 | 人数 |
|---|---|
| 米軍 | 537,000 |
| 韓国軍 | 48,000 |
| オーストラリア軍 | 6,300 |
| ニュージーランド軍 | 376 |
| フィリピン軍 | 2,000 |
| タイ軍 | 3,000 |

## 武装ゲリラを掃討
### 海岸線の監視を強化

韓国の東海岸に武装ゲリラが上陸して、この三日で丸二カ月、太白山中の掃討戦はいまなお続けられている。丁一権韓国国務総理は昨年十二月六日の全国地方長官会議で「掃討作戦に緊密な支援を行なうよう」訓示した。当初六十人と伝えられた武装ゲリラの数も、その後の捜査で九十人から九十五人におよぶことが判明したといわれ、掃討作戦は緻密かつ大規模に行なわれている。

今回、武装ゲリラの出没した太白山ろくは、韓国動乱前夜の一九四九年前後にもゲリラ活動のあったところだ。また韓国動乱初期には、韓国軍を釜山、大邱地区まで追いつめた北韓軍が、国連軍の仁川奇襲上陸にあって潰走したとき、この太白山脈を伝わって北上したところだ。交通が不便なだけに、韓国側にとっては補給体制がとりにくく、従ってゲリラには有利な地勢といえる。

しかも江原道三陟一帯で昨年十一日初めから降雪をみたことが、掃討戦をいっそう困難にしているようだ。

北韓側は「韓国へ送り込んだ武装遊撃隊は、近なる所を自然の要さいに利用して、連日活発な活動を繰り広げている」というが、〝活発に逃走中〟が現状だ。武装ゲリラが韓国人民によるものでなく、北からの南下であることは、これまで逮捕された武装ゲリラの供述から明らかだが、地の利を最大限に活用していることは間違いない。

また、掃討作戦中に、韓国軍はこの太白山脈のほら穴で武器、弾薬、綿冬用被服、携帯食糧などトラック一台分を発見、押収しているだけに、ゲリラの活動はかなり計画的なものとみてよい。昨年十二月二日の平壌放送を傍受したところによると、慶尚北道蔚珍地区に郡人民委を組織したとか、蔚珍地区に救国青年同盟、革命婦女会が樹立された——など、いずれもデマばかりで北韓国民の〝士気高揚〟をはかっている。

大体、太白山中には、火田民（細貧農民）しか住んでおらず、そう重視するほどの意味がないものを、さも堅固な組織結成のようにいいふらす。しかし〝だだ山中での組織化〟などとした容易さも危険であることは事実だ。かりに根拠地が作られでもしたら事態は容易ならぬものとなるからだ。

### こんごも激化のおそれ

それだけに韓国側は、さきの閣僚保安会議で郷土予備軍の警備強化などを協議、この結果、米国から一個中隊規模のヘリコプターを導入する一方、武装ゲリラ出没地区の住民対策に力を注いでいる。

海岸線の監視が強化されたことはもちろんだが、これまでとかく越境北上しがちだった漁船に対しては「軍事境界ライン侵犯すれば反共防止法で処罰する」との厳命が出されている。北韓の〝対南工作〟は労働党連絡局が総指揮に当たり、民族保衛（国防）省偵察局が実施しているという。また連絡局が長期工作（地下スパイの浸透など）を、偵察局が中期（昨年十一月のような武装ゲリラ派遣）短期（軍事境界線での衝突）工作を担当している。

北韓では一昨年春の党内政策論争で強硬派が勝利をおさめていらい〝和平統一〟を主導した李孝淳ら党人派が失脚したことから、ゲリラの南下は目立っており、こんご、なお激化する恐れが強い。

このような北韓の〝対南工作〟の本格化は、六〇年四月革命に示された韓国内の統一への盛りあがりを、七一年に再び実現させることを目標に、朴政権の〝弾圧〟下に眠り込んだ韓国の革命勢力にショックを与える、いわば〝ショック・ゲリラ戦術〟に踏み切ったともいえよう。

いま一つ、七一年は韓国大統領選挙の年だが、憲法で三選を禁じられた朴現大統領が、李承晩元大統領のように憲法改正を強行して政権延長をはかる可能性があり、それをきっかけに韓国の政界が大きく揺れる——などとした見方を強めていることだ。この〝動揺〟を利用して、一挙に〝武力統一〟をはかろうとしている。それには、地下組織を充実させ、これによって北韓国民の蜂起をうながそうとの〝ねらい〟がゲリラの派遣なのだ。

だが、韓国の安定した政情が、北韓の考えているようにいくか、どうかだ。七一年の韓国は、他が考えているようには揺れないし、誰にも犯されることのない〝先進国への道づけ〟をこの年代にやり遂げることは事実だ。六〇万兵力と、最新型防空レーダー、機械工業の育成にともなうM2型カービン銃の増産など、文字どおりの強国を誇っているのが昨今の韓国だ。

### なお続く印パ国境紛争

「北韓は最早、韓国に大きく水をあけられている。経済面でも、また軍事面でも、その較差は大きすぎるほど大きい」とは、日本の外務省も認める（昨年十月）ところだ。従って、北韓の今日ある武装ゲリラの派遣は、単なる韓国への〝スタンド・プレー〟も同然だ——とした考えが、全世界に支配的のようだ。

アジアの激動は、こうした韓国の緊迫をはじめ、紅衛兵旋風が吹き荒れた中共、二つの中国をめぐる論争、インドネシアの食糧難による政情不安、タイ、ビルマの国境紛争、フィリピン、セイロンなどにみる政治的派閥抗争による政策急転換、ラオス、タイ、ビルマのゲリラによる反乱など、極めて不安と緊迫に囲まれている。日本でもいま、学園騒動が〝平和のなかの落し子〟として大きく、世界の目をむけさせている。七〇年安保が控えられるにいたっている。アジアの激動が、鳴りをひそめるのは果して何時のことか——。

# 第2次5ヵ年計画 急ピッチ

## 国運をかけ完遂へ
## 隘路打開へ投資増大

たくましい躍進を続ける韓国経済し。今年度の経済成長率は実質一〇%、輸出七億ドルを見込んでいる。去る一九六七年からスタートした第二次経済開発五ヵ年計画もことしで三年目を迎えた。文字どおり国運をかけたこの計画も、ことし一年こそ最大の試金石となろう。

いまのところ、全体としては順調に進んでいるようだが、それでも問題は多い。経済企画院企画調整室長が朴大統領へ提出した報告によれば、同五ヵ年計画事業二百三件を含む政府の主な事業三百九十二件のうち、昨年第三・四半期現在、わずか三十五件しか完了しておらず、工程の八〇%未満の事業が七十一件で全体の一八%となっている。

これらは、いずれも予算不足、外貨支援・購買およびEL（輸出許可書）発給のおくれなどによるものとされている。

一方、輸出も、有力経済団体の韓国貿易協会が、輸出採算の悪化により、その見通しは必ずしも明るくないため、政府の画期的な支援を要望している。

このため、政府では、工事の立ちおくれ回復には、総投資額を当初計画の九十八百億ウオンから一兆六千百十億ウオンへ一気に約七千億ウオン増額することを決めている。この内容は、農水産一七%、鉱工業二六・五%、社会間接資本五六・五%だが、新規事業として中央線、太白線電鉄化に七十四億ウオン、京釜高速道路に二百五十七億ウオン、京仁高速道路に二十六億ウオンを追加している。

また、輸出では、今年度は七億ドルに増額策定しているが、目標を達成するため、商工部では①輸出品の品質向上・包装・デザイン改善などによる製品の高級化②一般機械と中型および小型船舶の中・長期延払いーなどを、積極的に推進する方針である。

いずれにせよ、ことしこそ韓国経済再建の最大のヤマ場となることは間違いあるまい。これが完遂されれば、名実ともに自立近代経済国家への巨歩をさらに一歩踏み出すことになろう。

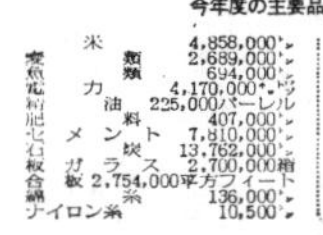
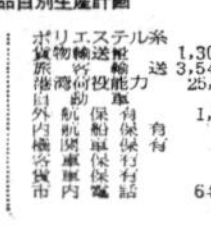

**今年度の主要品目別生産計画**

|  |  |  |  |
|---|---|---|---|
| 米 | 4,858,000トン | ポリエステル糸 | 10,100トン |
| 麦類 | 2,689,000トン | 貨物輸送 | 1,307,900万トン |
| 魚類 | 694,000トン | 旅客輸送 | 3,541,400万名 |
| 電力 | 4,170,000キロワット | 港湾荷役能力 | 25,440,000トン |
| 精油 | 225,000バーレル | 自動車 | 134,765台 |
| 肥料 | 407,000トン | 外航船保有 | 1,093,000トン |
| セメント | 7,810,000トン | 内航船保有 | 136,117トン |
| 石炭 | 13,762,000トン | 機関車保有 | 361台 |
| 板ガラス | 2,700,000箱 | 客車保有 | 1,991両 |
| 合板 | 2,754,000平方フィート | 貨車保有 | 15,250両 |
| 綿糸 | 136,000トン | 市内電話 | 646,930回線 |
| ナイロン糸 | 10,500トン | | |

## 国土にふくらむ力

ソウル・仁川特定地域　太白山特定地域　牙山湾特定地域　浦項臨海工業団地　庇仁工業団地　蔚山特定工業地区　栄山江特定地域

総合開発　建設完工工場　建設計画工場　水力発電所　火力及ディーゼル発電所　建設計画鉄道　建設完工鉄道　高速道路　大単位炭座　ダム

**電力**（単位キロワット）

|  |  |
|---|---|
| 八堂水力 | 80,000 |
| 華川水力 | 27,000 |
| 春川水力 | 57,000 |
| 衣岩水力 | 45,000 |
| 清平水力 | 24,000 |
| 昭陽江水力 | 135,000 |
| 蟾津江水力 | 28,800 |
| 雲岩水力 | 2,500 |
| 南江水力 | 12,600 |
| 槐山水力 | 2,600 |
| 仁川火力 | 250,000 |
| ソウル火力1〜5号 | 137,000 |
| 唐人里火力5号 | 250,000 |
| 嶺越火力 | 200,000 |
| 嶺東火力 | 125,000 |
| 三陟火力 | 55,000 |
| 湖南火力1、2号 | 400,000 |
| 釜山火力3、4号 | 210,000 |
| 馬山火力 | 50,000 |
| 麗水火力 | 200,000 |
| 群山火力 | 75,000 |
| 旺十里ディーゼル | 30,000 |
| 富平ディーゼル | 30,000 |
| 光州ディーゼル | 2,760 |
| 済州ディーゼル | 10,000 |
| 釜山ガスタービン | 90,000 |
| 京仁火力1、2号 | 766,000 |
| 東海電力（民間）1〜3号 | 600,000 |

**鉄道**（単位キロメートル）

|  |  |
|---|---|
| 京仁複線（ソウル—仁川） | 36 |
| 慶北線（店村—栄州） | 58・6 |
| 旌善線（礼美—旌善） | 42 |
| 黄池線（栢山—深浦里） | 16 |
| 東海北部線（玉渓—鏡浦里） | 32・9 |
| 陵義線（佳陵—議政府） | 5・4 |
| 慶全線（晋州—順天） | 80・5 |

**道路**（単位キロメートル）

|  |  |
|---|---|
| 京釜高速道路（ソウル—釜山） | 430 |
| 京仁高速道路（ソウル—仁川） | 33 |

**主要工場**（年産）

| 工場 | 年産 |
|---|---|
| 興韓ビスコース（人絹糸） | 54,000トン |
| 邦林紡績（紡績） | 3,028,860ポンド |
| 邦林紡績（綿布） | 5,972,500ポンド |
| 韓一ナイロン（ナイロン） | 日産 4・5トン |
| 鮮京化繊（アセテート） | 日産 7・5トン |
| 韓国麻紡績（麻糸） | 1,080トン |
| 韓一合繊（カシミロン） | 日産 7・5トン |
| 東洋合繊（エックスラン） | 日産 6トン |
| 大韓合繊（テトロン） | 日産 6トン |
| 東洋ナイロン（ナイロン） | 日産 7・5トン |
| 三養社（ポリエステル） | 日産13トン |
| 内外紡績（綿糸） | 2,993,000ポンド |
| 大韓プラスチック（PVC） | 6,600トン |
| 共栄化学（同） | 6,000トン |
| 東洋化学（同） | 6,000トン |
| 韓国化成（同） | 日産13トン |
| 韓国ガラス（板ガラス） | 360,000C／S |
| ユニオンセロファン（セロファン） | 1,600トン |
| セハン製紙（新聞用紙） | 24,000トン |
| 三養製紙（クラフト用紙） | 21,000トン |
| 韓国肥料（尿素肥料） | 330,000トン |
| 忠州肥料（同） | 85,000トン |
| 湖南肥料（同） | 85,000トン |
| 嶺南肥料（複合肥料） | 180,600トン |
| 嶺南肥料（尿素肥料） | 84,100トン |
| 鎮海肥料（複合肥料） | 180,000トン |
| 鎮海肥料（尿素肥料） | 84,000トン |
| 豊農肥料（溶性燐肥） | 54,000トン |
| 現代セメント | 150,000トン |
| 韓一セメント | 400,000トン |
| 大韓洋灰 | 360,000トン |
| 双竜洋灰（北坪） | 2,000,000トン |
| 双竜洋灰（寧越） | 400,000トン |
| 忠北セメント1〜2号 | 800,000トン |
| 東洋セメント | 500,000トン |
| 日新産業（冷間圧延） | 90,000トン |
| 綜合鉄鋼（同） | 60,000トン |
| 仁川製鉄 | 125,000トン |
| 浦項綜合製鉄 | |
| 韓国高周波冶金 | 4,200トン |
| 大韓住宅公社（外人住宅） | 120世帯 |

**蔚山石油化学コンビナート**（年産）

| 工場 | 年産 |
|---|---|
| ナフサ分解工場 | |
| プロピレン | 43,100トン |
| ベンゼン | 61,000トン |
| ブタジエン | 8,700トン |
| シクロヘキサノン | 41,000トン |
| ポリエチレン・グリコール工場 | |
| エチレン | 9,500万トン |
| グリコール | 11,400トン |
| ポリエチレン工場 | 20,000トン |
| VCM工場 | 2,800トン |
| アクリルニトリル工場 | 26,700トン |
| カプロラクタム工場 | 33,000トン |
| アルキル・ベンゼン工場 | 6,800トン |
| SBR（人造ゴム）工場 | 1,500トン |
| ポリプロピレン工場 | 20,000トン |
| メタノール工場 | 45,000トン |

# 輸送革命の"主役"コンテナ

## 戸口から戸口へ

輸送は産業と社会を結ぶ大動脈である。巨大な産業の発展と多様化は、物的、人的流通の需要を急速にふやし、その過程での輸送の重要性は高まる一方である。「より早く、より安く、より確実に」を合言葉に、輸送業界ではこの合理化、近代化を懸命に進めている。それは"大型化""高速化""専用化"となって現われている。中でも、最近急速に脚光をあび普及しているのが、コンテナなどの"ユニット"化である。コンテナ輸送は、さまざまな貨物を一定の大きさのコンテナに収容することで、ユニット化、専用化に著しい効果を高めるうえ、コストの低減と大量輸送をなんなく実現できる。日本の海運界では、日本郵船が昨年九月、箱根丸を東京湾から出港させた。これにつづいて、大手各社の専用船六隻が相ついで配船され、本格的なコンテナ時代に入った。一方"陸"でもコンテナは加速度的にふえている。国鉄では九年前にコンテナが登場した。いまではその個数も大幅にふえ六八年では一万個になんなんとし、取扱駅も百二十四駅、一千区間に増強された。

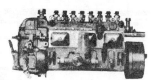

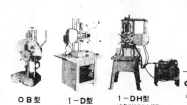

積みおろしを終えて"戸口"へ運ばれるコンテナ

荷物を満載して航海中の日本初のコンテナ船「箱根丸」

## 貿易立国の寵児

### 港湾荷役のガン除く

ユニット輸送は、貨物の荷姿を変えないで「戸口から戸口まで」一貫して輸送することでパレット輸送、コンテナ輸送がこれにあたる。パレット輸送はすのこ状の荷台のうえに貨物を乗せ、フォークリフトなどの荷役機械を使うもの。コンテナ輸送はアルミなどで作られた一定の大きさの箱に貨物を入れて輸送する形態で、「より速く、より安く、より確実に」輸送するための最も進んだ ある。

日本ではこの種の貨物のユニット化は、韓国動乱後に急速に発達、パレット方式は耐火レンガ業界を主頭に各業界が次々と採用、コンテナでは一九五六年に日本通運、一九五九年に国鉄がそれぞれ独自のコンテナを開発、ユニット輸送をリードした。航空貨物でも日航が一九六〇年、DC8Fで太平洋に貨客混用機を就航させて以来、パレット輸送を続けている。

ユニット輸送はこのように日本でも目新しいものではないが、最近になってこの方式が一段とクローズアップされているのは、海上輸送の革命児、コンテナ専用船の相次ぐ就航のためである。製品、半製品の国際輸送に独占的地位を占める外航定期船の動向は、輸出を生命線とする日本のような貿易国にとってはきわめて重大である。

だが、この定期船では、大型化専用化などによって輸送革新を進めるタンカー、鉄鉱石専用船などを横目でにらみながらも、一昔前とほとんど変わらない船型にとどまることを余儀なくされていた。最大の原因は定期船貨物の形態が種々雑多であることから、荷役に多数の人手がかかる点にある。

このため大型化すればそれだけ多くの荷役労働者を必要とするので大型化のメリットがなく、また荷役ストや悪天候でスケジュールが大きく狂う。定期船合理化の最大のガンは港湾荷役にある。

大型コンテナとコンテナ専用船による定期貨物のユニット輸送はこのガンを一挙に取除く効果がある。機械的に行なわれる荷役作業によって、荷役時間は在来船の十分の一に短縮され、年間の船舶の航海可能日数が二百日から三百日にふえピストン輸送がより速くできる。荷役能率の向上で船型の大型化も進めうるし、これらを通じてコスト削減も可能となる。

コンテナ船による本格的な外航輸送は、三年前から大西洋航路で開始され、日本関係航路では一昨年九月から米マトソンが日本―米太平洋岸航路にコンテナ船二隻を就航させた。スタート当初は大型コンテナに対する日本貿易界のなじみの薄さもあって積荷は少なかったが、最近ではほぼ満船になる状態。

このあとを受け日本海運界は昨年九月二日から日本郵船のコンテナ船箱根丸(一六、〇〇〇重量トン)が太平洋航路に乗り出したのに続き、昨年十月末までには六隻の日本コンテナ船が活動を始めた。ことし秋には日本―オーストラリア航路にもコンテナ船の就航が計画されるなど、海上定期輸送はコンテナ時代に突入した感がある。

### 国際結合輸送へ

パレット、コンテナを使ったユニット輸送は、現在行なわれている内陸での鉄道―トラック、海上コンテナ輸送における船舶―トレーラーといった単純な結合輸送から、さらに進んだ大規模な国際結合輸送を実現することになろう。

本格的な結合輸送は、コンテナ化のように各輸送段階を通じてユニット化した貨物の姿をくずさず、最終需要者までとどける形態がとられて初めて可能となり、またユニット化は荷役費用の節減、荷役時間の短縮による日数短縮、積み替え時の貨物損傷の防止などのメリットがあるためだ。

日本と欧州とのコンテナ輸送を安く、速く行なうための「ランドブリッジ」構想(コンテナ船―米加大陸横断鉄道―コンテナ船の輸送方式、鉄道を陸橋にたとえてこう呼ぶ)はその一例である。

コンテナ船の就航によって港湾経費増加などから年々上昇の一途にある定期船運賃も将来下がることも考えられる。またすでに一部で始められている国際一貫輸送運賃がコンテナ輸送活発化で本格的になれば、戸口―戸口の国際輸送も続出することが考えられる。●

積みつけ作業中の国鉄コンテナ

## 進む共同輸送

# 互いの長所生かす

══ 国鉄 ══

## 自動車や船と結合

貨物を輸送するために、鉄道と自動車や船が互いに共同するか、または結びついて輸送する方式が世界各国で進められている。

それぞれの輸送機関が単独で行なっている輸送や、激しい輸送競争をしていたのでは、互いに不経済になるうえ、国民経済の観点からも不利だということがわかり、戸口から戸口を結ぶ一貫輸送を能率的、経済的に行なうには、それぞれの輸送機関の長所を結びあって輸送する方式をとるという考え方が出てきたためである。

国鉄でも、このような世界の交通界の動きに応じて、カンガルー方式やフレキシバル方式といった新しい貨物輸送の計画を進めている。

### カンガルー方式

トラックのトレーラーの部分を台車ごとに貨車に積込んで輸送する方法。ヨーロッパでも広く使われている。台車の車輪が貨車の平面より下の方へ落込み、ちょうどカンガルーの親が子を腹の中におさめるのに似ている。国鉄でも一両試作したが、クサ9000という形式で七トン積みのトレーラーが二台積めるようにできている。

### フレキシバル方式

大型で十トン―二十トンも積載できるコンテナで、これに直接車輪をつけて道路上をけん引されたり、車輪をはずして貨車に積まれたりしている。これがフレキシバル方式。

米国の海上コンテナは多くこの方式を採用。国鉄でもこれに従う貨車を試作、コキ9000と名づけている。

682

「美原畜産農場」の中央道路をはさむトン舎の群

# 牧場への夢かけて…

黙々と、ただ一筋に賭けている一僑胞が大阪にいる。（…）を実践し、（…）を軌道に乗せるのが素晴らしい趣味——ということの人は従来、とかく人の嫌がる「養とん業」を"不断の努力"と"たゆまぬ研究"で見事「有望企業」にイメージ・アップした。（…）をはじめ、業界、（…）を許さない"緻密な構想"と"その実力"には、（…）界の関心を集めている。しかし、こうしたこの人の歩むは"ほんのプロローグ"にしか過ぎず、新年とともに"本番"入りする雄大な（…）は、さらに斯界の脚光を浴びよう。以下は（…）経済、ひいては本国への寄与も試みたいとしている"隠れた僑胞企業家"の歩んできた道・步む道の探訪記——。

まるまると肥るトン、近代設備のためか、豚特有のあの匂いは全くない（第一トン舎で）

# "ブタひと筋"に20余年

## 日本屈指の規模に

### ふえもふえたり三千頭

ある僑胞の人生

□……畜産も企業の時代……□

近鉄の（…）駅から、タクシーで約三十分走ると、一万平方メートルに三千頭のブタがいる「美原畜産農場」につく。ここが"話題"の牟在圭さん（四三）＝通名、牟田在圭＝の農場だ。一歩足を踏み入れた途端、ここに三千頭ものブタが果しているのだろうか——そんな疑問が脳裏をかすめる。衛生意識にある豪とん舎、そんなものが吹き払されたからだ。

十一のトン舎は、全部がスレートぶき。ブタ特有のあの匂いも、ここでは全くかぎ取れない。洗練された飼料にあるためか、トン君の表情はすこぶる平和そのもの。

「ブタ小屋、ブタ箱、ブタ野郎だなんて、汚ないものの代名詞に使われてきたのがブタなんです。でも、最近では、ブタ箱だなんていわなくなりましたねえ。留置場と呼ぶように、時代は目まぐるしく変わりつつあるときだけに、養とん業も畜産農場とした企業化が必要なんじゃないんでしょうかねえ。企業ですよ、ブタ飼いも…」

トン舎を縫い歩く牟田さんは、

22年間"豚一筋"に生きてきた牟在圭さん。両親はじめ、夫人、6人の子どもさんに囲まれた家庭環境も、のどかそのもの（自宅前で）

配合飼料と農場飼料のミキサー配合を終え、さらに配合が完全か、どうかを調べる飼料調整所。かきまぜられる

□突如襲った大被害

牟田さんほど、業界の発展を願っている人は少ないだろう（農林省大阪統計調査事務所のT課長）。広い意味で貢献しようとしている努力家だ（堺市納税貯蓄組合のK氏）。みな、受けがいい。牟田さんは、確かに成功者だ。しかしこんな話も、過去にはあった。

牟田さんは、かつて"どん底"に落ちたことがある。一九六二年十月二十八日未明のことだ。九州から仕入れた子ブタの様子が、どうもおかしいという飼育係からの報告を鵜呑みで受けた。急拠、大阪に帰り、まず自分が診た。思わず「トンコレラだ」と叫んだ。トンコレラにかかっているブタを隔離し、すぐヤク殺していかなければ全滅になる。だが、もう遅かった。

結局、百二十頭の仕入れ子ブタはもちろん、千二百頭中、百三十頭だけが残った。金額にして、ざっと千五百万円の損害だ。牟田さんは、その場に茫然として突っ立った。

ここへ移ってきたのが、その年の五月。牟田さんは、ここを適地とみて、土地買収と子ブタ仕入れに全財産をかけた。夢をふくらませていただけに、そのショックは大きかった。ハタと困った。どうするすべもない。しかし、タブ飼いをやめることは考えなかった。なんとか、いまの百三十頭を五百頭にする方法はないかとさえ考えた。茫然とした気持ちの整理がまず第一条件だった。

「ようし、努力だ、根性を見せる時がきた」誰れにともなく、そう牟田さんは叫んだ。それは、災いを福に転化させようとする自分

# 泣き笑い"双六人生"

□友人に支えられて

□やがては本国へも

□業界一の折紙つき

□子ブタ生産へ全力

□内部は戦争も同然

# やる気一本で成功

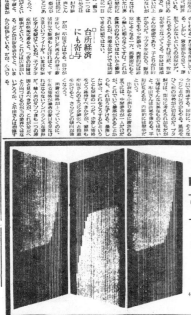

□台所経済にも寄与

# 春すぎには五千頭に

## 「センチメンタルではダメ」

□米視察で秘策習得

# 実用期迎えた原子力発電

原子力発電時代がようやく花を開こうとしている。諸国でもすでにこととし中には着工の計画をたてているが、日本でもその大きな"灯"がともされようとしている。電力業界では、一九五九ー六〇年代に石油火力発電を大量にとり入れ、戦前からの"水主火従"方式を"火主水従"方式に転じた。

これは①必要な石油の搬入や貯蔵のための施設はますます大型化して大規模となり、発電所の建設用地の入手がきわめて困難になってきたこと②排煙による大気汚染の防除も現在のところ技術的に限度があり、一方、日本の石油事情から、低硫黄・原油の輸入に制約があることなど、多くの困難な問題が表面化してきたためである。

そのうえ、石油輸入に要する外貨が巨額にのぼるばかりか、入手自体が国際政局の動きによって左右されるという不安が伴っている。しかも、従来の水力や火力にはもはや発電コスト引下げの余地がほとんどない。そこへ登場したのが原子力発電である。

というのは原子力発電は、将来、新型転換炉や高速増殖炉などの実現によって発電コストの画期的な低下が予想され、しかも燃料はきわめてカサが少ないので、輸送や貯蔵が容易で、所要外貨も少なくてすむなどの利点がある。このため、欧米諸国ではすでに着々と実用段階に進んでおり、日本も長期計画におりこんでいる。

ここ当分石油火力中心の時代は続こうが、遠からず原子力発電がそれにとってかわることは間違いない。

# 相次ぐ建設や計画

## 百万キロワットの超大型も登場

昨年十一月十日から十五日まで、世界の原子力の専門家五百人が参加してワシントンで、第四回世界フォーラム大会（原子力平和利用の国際会議）が開かれた。この大会に毎回出席している一本松日本原子力発電社長は、こんどの大会で得た印象を、特に四年前の前回のときと比べて「GE」（ゼネラル・エレクトリック）やウェスチングハウスなどの原子力メーカーの"原子力発電はこんなに発電コストが安くなる"といった大げさな宣伝や、実績に裏打ちされない浮わついた議論はまったく影をひそめた。各国の代表者はそれぞれの原子力発電の運転実績、建設経験を発表し合い原子力発電にもう不安はないことを確認し合った」と語っている。原子力発電は世界的にいよいよ本格的な実用化の時期にはいったとみて間違いないようだ。

日本原子力産業会議がまとめたところによると、世界の原子力発電所（運転中および建設中の合計）は二百十二基、出力合計で九千五百二十万キロワットにのぼっている。このなかには、出力百十万キロワットという超大型のものも含まれている。

原子力発電が実用期にはいっていることは、日本でも例外ではない。日本初の原子力発電所である日本原子力発電の東海発電所（十六万六千キロワット）が営業運転にはいったのに続いて、原電・敦賀（三十二万二千キロワット）東京電力・福島一号（四十万キロワット）、関西・電力美浜一号（三十四万キロワット）などが建設中だし、このほかに各社の建設計画はめじろ押しだ。

総合エネルギー調査会の答申や科学技術庁の原子力開発長期計画によると、七〇年度には合計約百三十万キロワット、七五年度には六百万キロワット、八五年度には三千万ー四千万キロワットの原子力発電所群が運転する見通しである。電力業界で結成している中央電力協議会の最近の見通しでは、七六年度には九百十九万キロワット（全発電設備の一一％）と、さらに強気だ。

六七年度末の全国発電設備は火力、水力、原子力合計で四千四百八十万キロワットだから、八五年度の三千万ー四千万という原子力の開発計画は、たいへんな規模といえよう。電力供給量全体のうち原子力の占める比率は、八五年度には約三割になるだろうと、総合エネルギー調査会はみている。しかも、八五年度以降の電源開発の七割が原子力になると、専門家は予想している。

現在、最新鋭火力の発電コストは二円二十銭前後（一キロワット時）各社がいま建設中の原子力発電所のコストは、二円五十銭前後と計算され、いまのところは火力よりも割高である。しかし「第一号機は思わぬ故障を覚悟しなければならないから、発電コストは実際は三円三十銭ー三円八十銭になるかもしれない。しかし、二号機、三号機と建設を進め、いまから十年もたてば、新鋭火力並みにはなるはず」というのが、一般的な見方だ。「一九七五年には二円三十銭以下となって火力並みになり、八五年には二円以下になる」と大胆な予想をたてているところもある。

そして九五年代には、高速増殖炉が登場するだろうから、コストは一円近くになるだろうという。

「夢の原子炉」と呼ばれる高速増殖炉は、現在の軽水炉が燃料のウランの二、三％しか利用できないのに対して、ほぼ一〇〇％利用でき、理想的な動力炉とされている。軽水炉は、資源的に限りがあるウランをいわば"ムダ使い"しているわけで、増殖炉の完成が期待されるのは、経済性の面ばかりでなく、これがいつ実用化されるかが原子力発電時代を左右することになるからである。政府が動力炉・核燃料開発事業団を発足させ、九五年代前半を目標に一千億円の巨費を投じて増殖炉の実用化に取り組んでいるのも、こうした認識にたってのことである。

"夢の灯"めざして　原子力発電、中でも"夢の原子炉"といわれる高速増殖炉が完成すれば、発電コストはわずか1円近く（1キロワット時）ですむという（写真は1970年完成予定の関西電力・美浜原子炉）

# 核燃料の確保へ

## 電力界は大きく変革か

"原子力革命"は電力業界の内外に、さまざまな形で大きな変革をもたらすに違いない。電力業界は他産業にみられないユニークな協調体制である「広域運営」を実施しているが、原子力発電の本格的な開発は、この広域運営のいっそうの強化拡充を促すことだろう。

原子力発電所はその性格上、需要地の近くに建設することはむずかしく、東京電力が遠く北海道の過疎地帯に用地を求めているように、自社の電力供給圏からはるかに離れた地域での発電所づくりが活発になるだろう。

これに伴い、五十万ー百万ボルトといった超々高圧の長距離送電線網が全国にはりめぐらされ、電力各社間の電力融通はさらに活発化するに違いない。また、原子力発電は「規模の利益」が大きいために大型化のテンポが速く、この結果二社あるいは三社の共同建設、輪番投資などが実現、全国的な視野にたっての効率的な開発が進むことが予想される。

さらに将来は、原子力発電所と製鉄所、化学工場などを組み合せた"原子力コンビナート"へと発展する見通しである。製鉄所、化学工場などの周辺工場群にしてみれば、原子力発電所で発生する余剰蒸気を有効利用し、また夜間の割安な電力を使用できるわけで、欧米ではこの原子力コンビナート構想が本格的に研究されている。

日本でもこのほど日本原子力産業会議が欧米に「動力炉多目的利用調査団」を派遣し、原子力の他産業への利用の研究に取り組もうとしている。これが実現すれば過疎地域に原子力コンビナートが建設されると、その地域は新しい産業地帯に生まれ変わる。木川田東京電力社長は「原子力発電の開発は、過疎と過密、低生産性地域と、高生産性地域の存在といった日本の"ひずみ"を解消することができる。国土の効率的活用に大きく貢献することになろう」と今後の方向を語っている。

### U二三五の核分裂を利用

ところで、この原子力発電の燃料には、ウランの同位元素U二三五が用いられているが、これは従来の火力発電における石炭や石油に対し、U二三五の核分裂によって発生するエネルギーを利用するのが大きな特色だ。

このU二三五は、その一グラムが理論的には七千キロカロリーの石炭三千トンに匹敵し、石炭の三百万倍のエネルギーを発生する。天然ウランにはU二三五が〇・七％含まれているが、原子炉の中でその四〇％が燃焼ー分裂すると、天然ウラン一キログラムは、石炭約十トン、つまり一万倍に相当する。したがって、石炭や石油に比べて、はるかにカサが低く、輸送や貯蔵、取扱いなどは、きわめて簡単にすむ。

また、使用ずみの燃料から使い残りのウランや、炉の中で生成されるプルトニウムをとり出して、核燃料として再使用できるし、目下開発中の高速増殖炉が実用化すれば（一九八五年ごろの見込み）消費されるU二三五よりも多量のプルトニウムが生成されることとなり、消費した以上の、新たな核燃料が得られることとなる。

タコタコあがれ…　正月は子供の"天国"。大空へ舞い上がったあのタコ、このタコに夢はかけめぐる。だが日本では最近、こんな風景がめっきり少なくなった…。

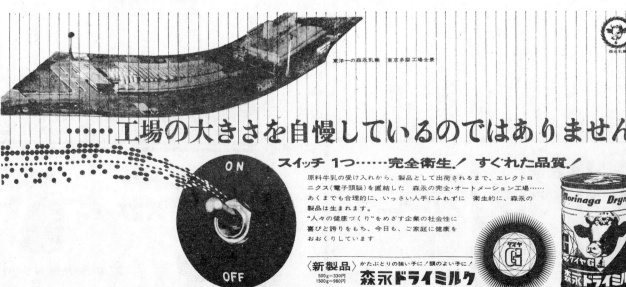

# 欧米へ調査団派遣

## 海外共同開発を計画

原子力発電には、このように多くの利点があるが、日本にはウラン資源が乏しいので輸入に仰がねばならない。ところが、ウランの国際的な需給関係は、現在のウランの価格からみて、需給こそ緩和の傾向にあるとはいえ、各国の原子力発電開発に伴い、今後、きわめてひっ迫するとみられているし、原子炉メーカーや国際石油資本などがウラン市場に進出する動きもある。したがって、日本としては原子力発電用のウラン資源を自主的に確保しておかねばならない。

そのため九電力会社では、核燃料調査団を欧米に派遣して、世界的な動向を調査し、海外ウランの確保策として、①海外共同開発、②長期購入契約、③スポット購入の三方式を、有機的に組み合わせていくのが、最も効果的な方法であるとの結論を得た。そこで、直ちに具体的な方策の実施に踏み、次のような手を打っている。

◇長期購入契約の締結

北海道・四国を除く七電力会社と日本原子力発電会社が共同してカナダのウラン業者デニソン・マインズ社およびリオ・アルゴム・マインズ社と十年の長期契約を結び、さしあたって必要なウランの手当てをした。

◇スポット買い契約

東京電力とカナダのエル・ドラード社の間で、スポット買いの契約が成立したが、現在建設中の東京電力・福島第一号、関西電力・美浜一号、日本原電敦賀の初装荷燃料は原子炉メーカーを通じて、機器とともに一括調達した。

◇探鉱・開発輸入

以上の措置で、核燃料は一応確保の見通しがたったが、さらに海外のウラン資源そのものを確保する必要があろう。

というのはさきのとおり十カ年計画によると、七六年度までに着工する原子力発電設備は三十地点二千百四十五万キロワットに達し、それに要するウラン量は約三万ショートトンとみられるのに対し、在の長期契約やスポット買い契約で確保されているのは一万七千トン程度なので、七四年以降には不足となるからである。

### 大きい開発輸入の利点

そこで、探鉱、開発に乗り出すこととなったわけで、次のような措置がとられている。

①カー・マーギー社との契約締結ー九電力会社は鉱業六社と協力して、米国のマーギー社と契約、カナダのエリオットレーク地区で共同開発を行なう。

②デニソン・マインズ社と提携ーさきに長期購入契約を締結したカナダのデニソン・マインズ社から、カナダのB・C地区および米国のコロラド州における共同探鉱、開発の申し入れがあり、電力九社が共同して、デ社と探鉱開発を進める。

このように探鉱、開発輸入方式が確立したことは、入手のうらづけができたばかりでなく、今後の購入契約にあたっても多くの利点があるとみられる。

日本の原子力発電は、すでに建設工事が進んでいる福島（東京電力第一号、第二号）、美浜（関西電力第一号、第二号）、敦賀（日本原電）以外の計画も、開発地点選定の段階に進み、原子力発電時代はそこまできている。この際、核燃料の入手や確保の措置がとられたことは、時機を得たものとして特筆に値するものといえよう。

# 花開く日本の電子工業

日本において電子工業は最も重要な戦略産業の一つで、先進各国を上回る勢いでめざましい発展をとげている。ここ十年間で、日本の国民総生産(GNP)は年平均一四・九%の成長率で伸びてきたが、電子工業は年平均二三・九%というハイペースの成長ぶり。生産額では米国に次いで自由世界第二の電子工業国である。その額は一年間で約一兆五千億円、このうち四分の一強、日本の総輸出額の約一〇%にあたる額を輸出するなど、日本経済を支える屈指の大型産業にのし上がっている。しかし問題も多い。自主技術の開発、それに電子工業の比重を民生用部門から産業用などに移していくことなどがそれだ。そこで時代の花形といわれる電子工業の現状・問題点やこんごの方向をさぐってみた。

電子工業の中でも電子計算機業界は、政策的な保護もあって急成長をとげており、67年の生産額は千億円を突破した。だが、世界市場での地位はまだ高くない。(写真は東大計算センターでの日立5020システム)

厳しい製造工程を経て組立てられた真空管は、エージングという最終工程で安定した特性をもつ(写真は東芝・姫路工場)

## 自主技術開発が急務

### 産業用部門への移行も課題

日本の電子工業がここまで急成長してきたのは、まず第一に電子工業自体がトランジスタの発明など、全く新しい技術による成長産業として、新市場が相次いで開拓されたこと、第二に電子工業が技術開発をテコとする労働集約的な産業なので、日本に適していたことなどによるが、それ以上にラジオ、テレビを中心とする民生用電子機器に対する国内需要がおう盛で、しかも本格的な輸出ルートをきずき上げたことが直接の理由である。

日本は電子工業のうち、民生用の電子機器の比重がきわめて大きく、この分野は今や世界に誇る"お家芸"になった。トランジスタラジオ、トランジスタテレビ、テープレコーダー、カラーテレビ、さらに最近では電子式卓上型計算機など、花形商品が次々と登場、日本電子工業の世界市場での名声を一段と揺るぎないものにしつつある。

日本の電子工業は最近、産業部門の拡充、強化を急いでいるため民生用よりも産業用の伸びが上回って、民生用の比重が低下してきているが、それでも依然として民生用主導型であることに変わりはない。民生部門の国際競争力はもはや心配ないが、産業用と部品・材料部門の国際競争力にはまだかなりの不安があり、これをいかに強化していくかは、日本電子工業の最大の課題といっても過言ではない。

### 世界に誇る民生用
#### 続々と花形商品 少ない市場制限

日米の電子工業の生産額構成比(一九六七年)を比べてみると、米国は約八兆円のうち政府需要が五一・六%、産業用が二五・九%と広い意味での産業用は七七・五%を占め、民生用が一九・五%、補修部品が三%になっている。これに対して、日本は民生用が四三%を占め、産業用が三〇%、部品が二七%、日米では統計の分類がやや異なるが、民生用と産業用の比重が両国では完全に逆転していることは明らかだ。

これは米国国防省の電子工業関連支出が膨大で、米国の電子工業の政府依存が著しく高いためである。特に国防省の電子工業関連支出は単なる機器購入よりも、研究開発支出が急速に伸びているため

る米国の技術開発力には底知れぬものが秘められている。日本の電子工業が民生用部門はともかく、産業用部門で米国との較差を認めざるをえないのもこのためであり日本電子工業の悩みの種もここにあるといえる。

そこで、日本の電子工業も特に弱いとされている産業用と部品・材料部門を中心に、手厚い保護と育成策を打ち出している。その代表例がIC(集積回路)であり、電子計算機である。世界最大のICメーカーである米TI(テキサス・インスツルメンツ)社の対日進出を長い間阻止して、ICの国産化に国をあげて取り組んだことや、大型プロジェクトの一環として、超大型高性能の電算機を百億円以上も投じて共同開発しようというのも、すべては米国との較差を縮め、追いつき、追い越すための努力の現われである。

### 臨時措置法で育成強化

ICや電算機に限らず、オートメ関連機器など技術関連度の高い先端技術は、五七年から制定、施行されている電子工業振興臨時措置法のもとで、鉱工業技術試験研究補助金や開銀による新技術企業化融資などによっても、育成、強化が進められている。

日本の産業用と部品・材料部門は、電算機をはじめ、表面的には「かなりいいところまできた」とよくいわれるが、これは多分に商売上の外交辞令であって、実際にはそれで十分な国際競争力がついたと評価するのはまだ早計のようである。

日本の電子工業は欧米の先発メーカーの手による基本的な特許と技術でささえられ、育ってきた。この結果、市場分割協定で輸出市場を制限されることが少なく、売上げ額の一定率を技術指導料や基本特許料として支払わなければならないことなども、国際化時代の競争条件として、無視できない負担である。

電子工業の基本的な特許、技術のほとんどは欧米の先発メーカー同士が握り合い、互いにクロスライセンス(技術交換)契約を結んでいる。日本の電子工業にはこうした"技術同盟"の仲間入りをするだけの国産技術がまだ生まれていないために、特許料や技術料を一方的に支払わされる立場にある。

### 急追する開発途上国

問題は日本の電子工業の比重をいかに民生用部門から産業用、部品・材料部門へと移していくかである。将来の潜在需要は民生用もさることながらそれ以上に産業用のすそ野の方がはるかに広い。日本が"お家芸"としている民生用も東南アジアなど、開発途上国の進出がめざましく、いずれは明け渡さなくてはならなくなる。それに、電子工業の技術革新の源泉は産業用と部品・材料部門にある。

一口にいえば、やはり産業用と部品・材料部門の国際競争力をいかに強化して、欧米、特に米国との技術較差を埋めていくかである。それには①日本に適した技術の自主開発力を強めること②生産工程の自動化など、生産の合理化を一段と促進すること③海外市場を積極的に開拓して、マーケットを広げること④これらのための情報活動を効率よく進めるため、体制を整備すること——などが、直面している大きな課題である。

## 急成長の電算機界

### 世界的水準のものも
#### 周辺装置の開発相次ぐ

電子工業だけでなく、全産業のなかでも最も戦略産業の色彩が濃い電子計算機業界は、政策的な保護もあって急成長を続けている。

六七年の国産電算機(日本アイ・ビー・エムなど在日外資系企業を含む)生産額は千六十四億円に達した。このなかには、特殊用途に使われるアナクログ(相似)式の電算機も含まれているが、ふつう電算機メーカーが対象としているデジタル(計数)式およびその関連装置は六七年度(六七年四月－六八年三月)で八百六十八億円、六八年度には待望の一千億円大台乗せが実現するとみられている。

いずれにしても、誕生後十年そこそこで電算機は一千億円産業にのし上がったわけだが、残念ながら世界市場での地位は案外に低い。

純国産メーカー六社のユーザーへの納入実績でも、最近は外資系各社とほぼ互角の地位を守っている。国産電算機の共同出資会社である日本電子計算機の調べによると、ことし三月末現在、日本で実働中の電算機は合計三千五百五十九台、金額で三千十四億円に達しているが、このうち国産機は台数で二千四百八十四台で全体の六九・八%、金額では一千四百四十五億円と四八%を占めている。

型別にみると、国産機は中型機八百三十一台(全体の五六・二%)、小型機八百八十七台(六八・七%)、超小型機六百七十一台(九九・三%)となっており、これらの各分野では外国機に大きく水をあけている。ただ、大型機の分野だけはまだ九十五台(三〇・三%)で外国機に圧倒されている。

国産機が急成長をとげているのは、国内需要の急膨張、政府の保護政策のためばかりでなく、メーカー各社が急速に進展する電子技術を必死に消化、吸収したことが大きな要因。最近では数段劣るとされている各種周辺装置、ソフトウエア(利用技術)の開発も相次いでおり、個々には世界的レベルにあるものも発表されている。

周辺装置では、日本電気、富士通、東京芝浦電気がOCR(光学式文字読み取り装置)、OMR(光学式マーク読み取り装置)、ディスプレー(映像表示)装置を続々開発、製品化した。ソフトウエアでは日立製作所の「二次元番地付け方式によるタイムシェアリング(時分割)システム」、計量経済学的手法のアプリケーション(応用)プログラムである「HEAP」、日本電気のオペレーティング・システム「MOD 4」など、画期的なものがある。

しかしこのようなことは国内市場に関してだけいえることで、世界市場でのシェア(市場占有率)はまだ数%に過ぎない。小型から大型機まで、すべての機種をそろえ、国産メーカーの数百倍の規模を誇る米IBMに対抗して生き抜くためには、独自の特徴を出す必要がある。

海底開発―。それは、宇宙征服とならんで人類の最も大きな夢といえよう。"陸"が将来、人間にとって住めなくなったとき、そこに"海底の家"といったものもふくらむ。だがその魅力は、海底に眠っている無尽蔵の"富"にある。各国が一九六七年の一年間に得たものを金額にすると、水産物の約二兆三千億円をトップに、石油、ガスなど海底油田からのものを含めると、四兆数千億円にのぼるといわれる。むろん、これは"氷山の一角"にすぎず、海底開発が本格的な軌道にのればその数字は文字どおり天文学的なものとなろう。

日本ではすでに昨年、海上保安庁の潜水調査船「しんかい」がテストをふみ六百㍍の潜水に成功、大きな一歩をふみ出した。一方韓国でも昨年、大陸棚の海上物理調査を行ない、済州道南部地域一帯と西海地域で石油と天然ガスの産出が期待される"盆地"を確認した。

六百㍍の潜水に成功した潜水調査船「しんかい」

海底調査に必要な新鋭機器を備えた「しんかい」の内部

# 夢いっぱいの海底開発

## 宝庫求め急ピッチ

## 「しんかい」で600㍍潜水

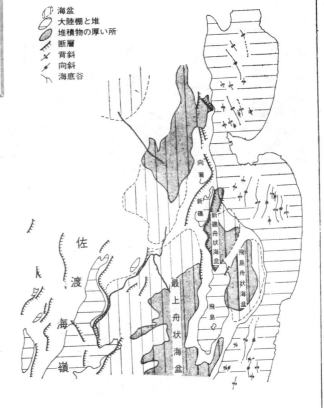

地球の約三分の二を占める海は人類に残された無尽蔵の宝庫といえる。この海洋資源の開発は、韓国、日本など"外装国"をそのルートに持つ国にとって切実な問題となっており、急速にその開発熱が高まっている。

世界各国が一九六七年の一年間に海から得た"金額"は水産物の約二兆三千億円をトップに、石油天然ガスなど海底油田から生みだされた一兆二千億円、また塩やマグネシウムなどを含めると四兆数千億円といわれている。これらの海からの収穫物は現在の技術によって得られたものであるから、今後技術の進歩を目算すると著しい増加を示すことは必至である。一九六五年「世界の大陸棚から今後五年間に得られる石油、天然ガスなど約七十億㌦（二兆五千二百億円）また水産物を合わせると四五億㌦（一兆七千八百億円）」という予想であったが、三年でにしてすでに約倍に近い二百億㌦（七兆二千億円）と大きくその数字をぬりかえてしまっている。

むろん、このほかに海の資源、そして利用価値は無限にあるといえる。海水の淡水化による干拓地方の利用、海底鉱山物の発掘、そして、一種の巨大な恒温槽ともいえる海を利用したエネルギー源としての開発は、すでにフランスでは潮の干満を利用した潮力発電所が活動しており、年間五・四億キロワット時の電力を生んでいる。

また、同国では年間三十億キロワット時の電力を生む本格的な潮力発電所のプランを進めており、このほか、西アフリカのコートジボアールでは、海面と海底の温度差を利用した温度差発電が研究されているなど、活発な動きを示している。

日本でも昨年（六八年）に海上保安庁の潜水調査船「しんかい」＝八十五排水㌧、四人乗組み＝がテストを続け、"能力いっぱいの六百㍍潜水にいどみ成功、国産では最深記録をたて今春一月、建造先の神戸・川崎重工業から海上保安庁へ引渡される。

また、これに先だって六七年度から同庁水路部では、水産資源、海底地下資源の開発、学術的研究調査などあらゆる海の開発のため"海底地形図"制作のため作業にとりかかっている。この海図の従来と違う点は大陸棚開発のため、その基礎となる精度を主眼に、日本本土沿岸を二十一に区分し、十八年の予定でそれぞれの海上二十㌔おきに調査を進めている。

現在、この調査を行なっている測量船は一隻（船名＝明洋＝五百㌧）で一昨年、昨年と二地域だけであるが、測量調査機器は高精密のものを搭載している。たとえば海底地下構造を明らかにするためのサイズミックソロファイラー、プロトン磁力計、海上動計など重力調査、物理探査を行ない、昨年には重力調査も行なっている。

これまで、その成果として①堆積物のダムについて、海底下約百㍍から千㍍までの地下構造がわかった。海底の平らな所は堆積物（砂泥）が厚く埋め立てた部分である。断層やしゅう曲で出来たくぼみに砂泥がたまり、あたかもダムのように、また段々畑のように続きダムをつなぐ斜面には谷がある。

②海底下の山脈　佐渡島から北へは佐渡海嶺という山脈がつづいている。この山脈と秋田・山形沖の大陸棚の間は深い平らな盆地であるが、この盆地の下に山脈のつづきが隠されていた。

③断層地塊の山々　佐渡海嶺は東縁が急斜面で、西側が緩い非対称な形をしたたくさんの山脈から成る。東側の急斜面は断層で、それは相対的に西側が隆起した断層である。

④大陸棚の油田、ガス田の可能性　東北日本の日本海沿岸は第三紀層に出来する油田、ガス田のしゅう曲帯があるが、このしゅう曲帯の海底への延長部では、すでにいくつかの油田、ガス田が開発されているが、その沖合にも多くのしゅう曲帯のあることが今回の調査で判明した。

そのため、もう少し深い所までボーリングできる技術さえ開発されれば、また多くの資源を採取できる。このほか地磁気の異常などについても調査されている。

まだ手を付けたばかりで、その方法は地味ではあるが確実な足場をきずいている。

また、民間でも昨年春、科学技術振興財団など主催の「第一回海洋開発特別ゼミナー」が東京で開かれ、非常な人気を博した。

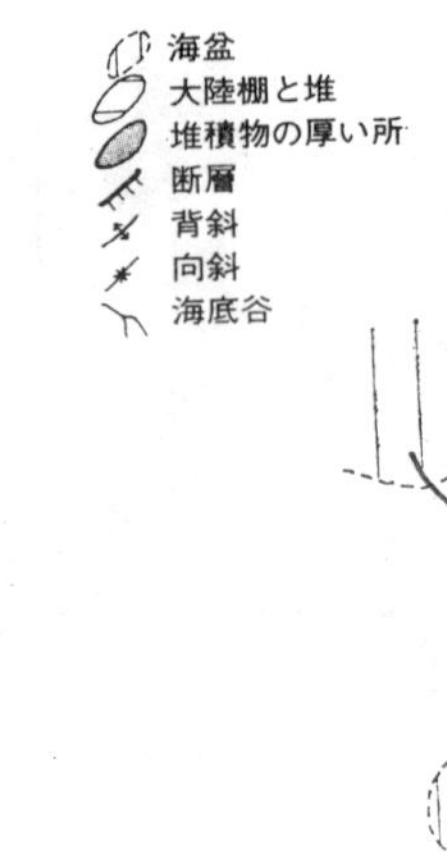


## 韓国も昨秋に着手

## 西海地域で油田を確認



石油や天然ガスが期待される第三紀層の盆地

韓国でも、韓国国立地質調査所では、昨年九月から十一月十六日まで大陸棚に対する海上物理調査を行ない、済州道南部地域一帯と西海地域で石油と天然ガスの産出が期待される第三紀層から構成されている盆地が発達していることを確認し、韓国の海洋開発に対する石油、ガスなどの資源開発も実施の寸前にまできている。

今後石油資源開発のための試掘・精密調査作業は、この確認された盆地に対して重点的に行なわれることになっている。しかしこのような調査は、韓国ではいまだ外国の船舶を借りて行なっている状態である。

こんどの調査では、米国海洋研究所の提供による、八五〇㌧級の調査船を利用し、調査作業は、済州道南部地域を含む、西南海一帯の約二十五万平方㌔にわたり総調査面積六千五百㌔の海域で、四秒ごとに発生する音波によって地下構造を究明する弾性波探査法を適用し、海底石油、天然ガスが期待できる盆地の探索に成功している。

この海底調査で発見された第三紀層盆地の面積は、西南海地域の三ヵ所を合わせて約七万から八万平方㌔と推定され、海面下約二千㍍まで確認されている。この調査に動員された技術者達の代表的な人をあげると、米国海洋研究所地質研究責任者K・O・エメリ博士を始め十余名の海洋研究所員、韓国側から具滋学、　承珍の両氏が参加した。

一方、同調査所では韓国の大陸棚に対する第三紀層が確認された事実を本年六月に開かれるエカフェ（ECAFE）総会に報告する予定であり、今年度初めには航空探査を実施し、七〇年から試掘作業のため精密探査を推進するといっている。

また、この海洋調査の結果、韓国政府はこれら海底資源開発に本腰を入れる態勢に動いており、今春中に韓半島沿岸の大陸棚に対する領有権を宣言する準備を進めているといわれる。この大陸棚領有権を主張する範囲は、ほぼ黄海の中ほどから朝鮮海峡を通る韓日共同規制水域の線に沿っている。

また政府ではこれにともなって海底資源開発法案を国会に提出するとともに、海底開発への参加を表明している欧米石油各社の国際入札を近く実施する方針である。この法案では海底鉱業資源の鉱業権を韓国政府が保有、期限十年以内の探査権と期限三十年以内の租鉱権を韓国の法により設立された法人に与えるが、外国人が投資する場合は内国人と合弁投資で行なうよう規定している。

# 人類の進歩と調和を

## ふくらむ5大州の"夢"

日本万国博はあと四三九日。輝かしい未来を象徴するこの巨大な広場に文字どおり世界の人々が集結する。建設工事も、さまざまな隘路につきあたりながらも、急ピッチで進められ緊迫感を盛上げようと懸命になっている。会場は全体が一つの理想的な「未来都市」として想定され、大きな"木の幹"であるシンボルゾーンが南北にのび、ここを中心に三千万人をこえるとみられている入場者が快適に観覧できるように設計してある。シンボルの中心施設は「お祭り広場」「テーマ館」「美術館」など。お祭り広場には参加各国のナショナル・デーや民族舞踊などが花々しく展開され「テーマ館」では"人類の進歩と調和"を平易に説明した展示が行なわれる。

また、観客輸送の動脈として"動く道"「モノレール」などがくまなく延び、日本政府館や各国の展示館などがその枝々に建てられる。こうした万国博に、世界の五大州の参加国はどんな計画や"夢"をもっているのだろうか。

万国博のシンボルマーク

1970年の日本万国博のテーマは"人類の進歩と調和"。世界５大州から約３千万の人々がやってくるとみられている。工事の立ちおくれをとりもどそうと、会場建設は急ピッチで進められている

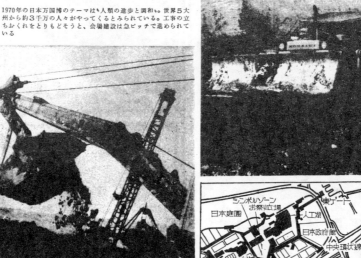

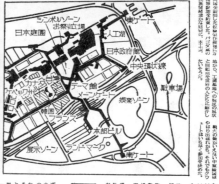

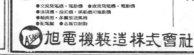

シンボルゾーン　お祭り広場　東ゲート　日本庭園　人工湖　日本政府館　中央環状線　テーマ館　駐車場　メーンゲート　娯楽ゾーン　韓国　フランス　本部ビル　展示ゾーン　ランドマーク　南ゲート

## たのもしい韓国
### 動乱後の復興ぶり紹介

お隣の韓国はさすがにたのもしい。「日本の万国博を成功させるため国をあげて協力する」と張切っている。出展規模は、カナダ・モントリオール博の三、四倍になる見込みだ。

過去の韓国、そして動乱後の復興ぶりを紹介、古くから伝わる貴重な文化財も出品する方針。

国内で、はやくも万国博見学の希望者を募っており、開催時にやってくる韓国人は十万人を越えるという。

自由中国（台湾）も意欲的。■珂洲在日公使を万国博政府代表に任命して、すでに会場シンボルゾーン西側に展示館敷地（四一五〇平方㍍）を確保している。

タイは、タノム首相が六七年、同国を訪問した佐藤栄作総理に万国博参加を約束した。パゴダ風の民族情緒豊かな建物に、木工芸、農産物などタイ特産のかずかずをならべるらしい。

アジアで開くはじめての万国博ということで、"仲間意識"にもえるインドネシア、フィリピンはもちろん参加を希望。インド、ビルマ、パキスタンの参加も確定的。パキスタンは、"最低、百万"(三億六千万円)をかけて展示館をつくるという。

香港政庁―中国大陸からの難民問題を解決するため、どう取り組んでいるか。そして、中継貿易基地から、工業基地への脱皮の現状と問題点を世界の人たちに紹介したいそうだ。

戦火の絶えない中東諸国はやはり出遅れがち。それでもクウェートはいち早く参加を決めた。

## 未来にかける英国
### 各国 イメージアップに懸命

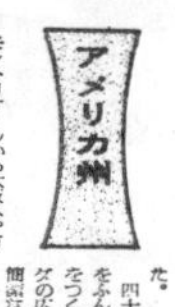


モントリオールから大阪へ。万国博をバトンタッチしたカナダは日本万国博への参加を世界でまっさきに決めた。世界のトップをきって展示館づくりにとりかかった。

四十二億三千万円の巨費で、鋼をふんだんに使った"鋼の殿堂"をつくる構想。「鋼の壁で、カナダの広大な土地と、その力強さ、簡潔な美しさを象徴させる」という。名物、赤い制服のカナダ騎兵が、この殿堂を会期中パトロールする。

米国はライバル、ソ連を意識しているのか、展示内容はまだ明らかにしていない。その規模が、ソ連館と優劣をつけがたいものになるのは、過去の万国博のようすからもうかがえる。モントリオール博でも、米ソ両国が群を抜く巨大館で張り合い、入場者を楽しませた。

昨年オリンピックをひらいたメキシコは「日本に対するメキシコの友情を訴えたい」そうだ。

"南米のスイス"といわれる美しい首都ボゴタを持つコロンビア。ここは外国貿易協議会が、参加の方向で検討をつづけている。

"牧畜とタンゴの国"アルゼンチンは、展示館のなかに、自国の牛肉を運びこみ、レストランをつくりたいと希望。日系人の活躍するブラジル、出展はもとより"里帰り"をかねた人たちが多くやってくるかも知れない。トリニダードトバゴ、ジャマイカなどカリブ海諸国もやってくるだろう。

欧州

ロンドンで第一回万国博（一八五一年）をひらいたイギリスは、英国館を設計する二人の建築家をすでに選んだ。「過去、現在、未来のイギリスをもっともあたらしいかたちで見せたい」そうだ。そのアイデアを現在、オックスフォード、ケンブリッジ大学などで募集している。

フランスは、フランスの"おもかげ"を紹介するつもりだそうである。

戦後初の万国博をブリュッセルでひらいたベルギーでは、シュバルリー政府代表が「展示館は世界をひとつに結ぶための道しるべのようなものを考えたい」と意欲をもやす。三〇〇〇―五〇〇〇平方㍍の展示館敷地を予定、十二億六千万円をかけた展示館には美術品も数多くならべるつもりだ。

西独は「産業技術」「文化」の二つを展示テーマに選んでおり、国内で政府館の設計を公募中。

東欧では、ソ連がすこぶる積極的。外国館で最大の二万平方㍍の敷地を確保、シベリア開発、宇宙に挑戦する姿を中心とした展示内容になるらしい。

ソ連館の隣は、ブルガリアが希望した。「現代ブルガリア建築の粋を集めたものをつくる」としており、完成の日が楽しみ。

大洋州

ウールと鉄鉱石の国、豪州がまず参加をきめている。ハロルド・ホルト首相が議会で日本万国博への参加説明演説をぶち、これに合わせて日本でも同時発表するという熱のはいった演出ぶり。そのときにホルト首相が次のような演説をした。

「豪州とアジア、とくに日本との関係は親密であり、日本万国博がアジアでひらかれる最初のものだから参加することにきめた」

豪州名物のカンガルーも連れてくるそうだ。

豪州の東隣の国、ニュージーランドも参加をきめた。展示館をつくるため約三〇〇〇平方㍍の敷地を確保している。

アフリカ州

この大陸の中央部にあるザンビアがまっ先に、名乗りをあげた。ザンビアは日本のざっと二倍の広さの国土に、住民が三百五十万人、大阪市と堺市を合わせたぐらいの人口である。

その後、チンバ商工大臣が雑貨類の買い付け調査に来日したり日本と合弁で現地に肥料工場の建設プランが進められるなど、日本との仲は親密。

独立直後で国づくりにいそがしい政府高官が「長い間、白人に痛めつけられてきたわれわれは、アジアの日本を信頼したい」といっている。

## 大きい韓国の期待

### 強じんさ訴える　日本の協力望む

孫禎桂駐大阪韓国総領事館公報担当室長

韓国はこんどの万国博に大きな期待をかけている。六六年の大阪見本市には参加したものの、昨年は思い切って参加を見送り"七〇年"に全力を結集する方針である。いまのところ、具体的な展示館の計画は練れておらず、構想の段階にあるが、それだけに時間をかけてユニークなものにする考えとみられている。

万国博担当の孫駐大阪総領事館公報担当室長は、こうした韓国のビジョンについて要旨次のように語っている。

日本は万国博のテーマを"人類の進歩と調和"というように決めたが、単なる展示を通じてではなく、いつまでもこの精神を持ち続けてほしい。つまり、万国博が終わっても、アジアの先進国としてとくに東南アジアの開発途上国に経済など、あらゆる分野で積極的に協力してほしいということだ。

韓国としては、何よりも、これまであらゆる苦難にぶつかりながらも、よくそれを克服、今日の発展をもたらしたその姿と、その過程での"強じんさ"を強く訴えたい。韓国を世界中にPRするまたとない機会だけに、力を入れたい。

'69

謹賀新年

亜細亜の経済交流に貢献する優秀企業！

株式会社大隈鐵工所
大阪瓦斯株式会社
川崎製鉄株式会社
関西電力株式会社
株式会社神戸製鋼所
製鉄化学工業株式会社
大同製鋼株式会社
Taihei 株式会社太平製作所
東亜合成化学工業株式会社
株式会社東海理化電機製作所
東急車輌製造株式会社
日本信号株式会社
Noritake 日本陶器株式会社
三菱地所株式会社
明治商事株式会社
矢作製鉄株式会社
八幡溶接棒株式会社

(五十音順)

あけまして おめでとう ございます

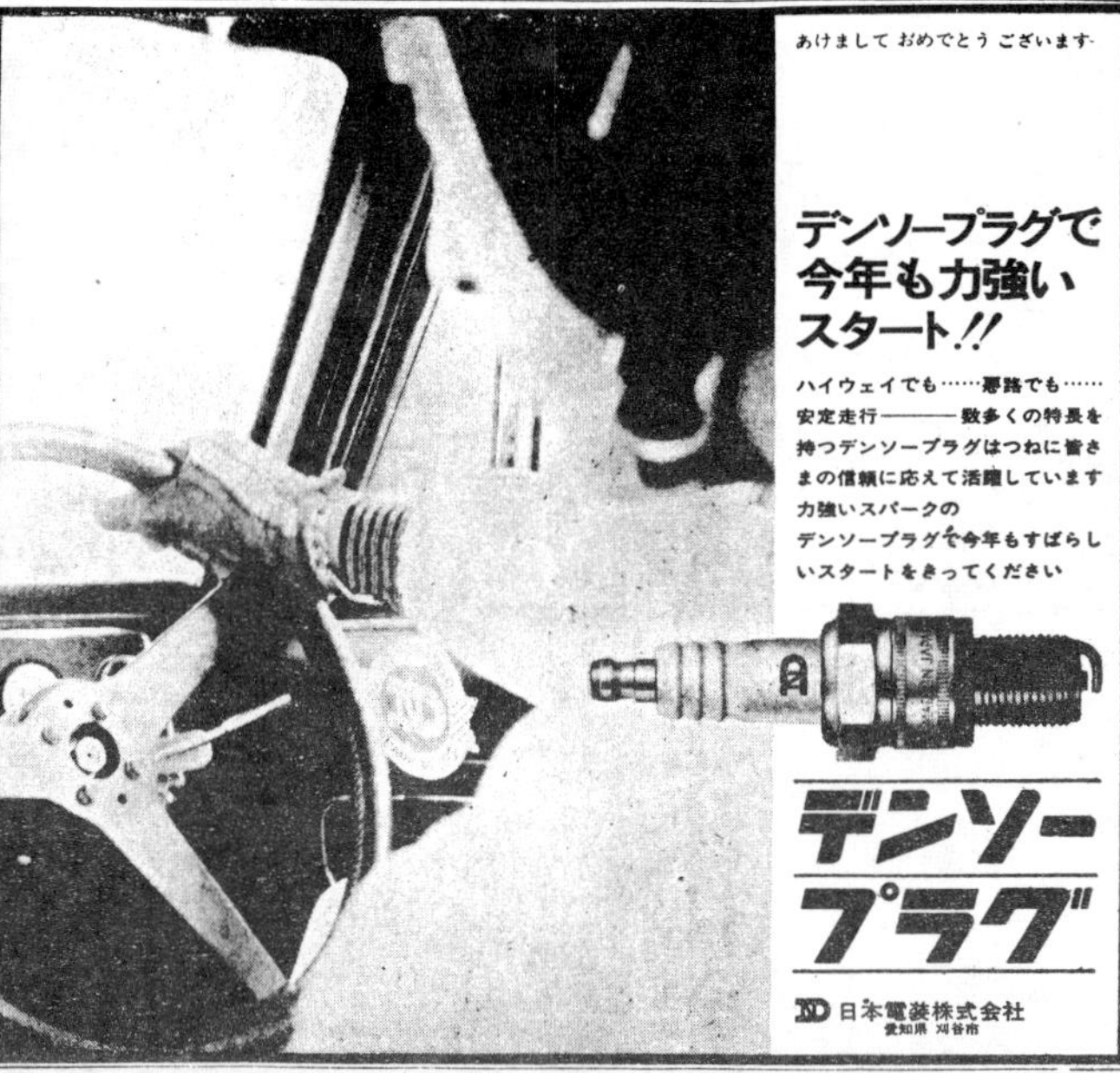

## デンソープラグで今年も力強いスタート!!

ハイウェイでも……悪路でも……安定走行———数多くの特長を持つデンソープラグはつねに皆さまの信頼に応えて活躍しています
力強いスパークのデンソープラグで今年もすばらしいスタートをきってください

デンソープラグ

日本電装株式会社　愛知県 刈谷市

## '69年の豊かな暮らしへの道はクラレの独創的な頭脳と技術がひらきます

よりよいもの、より新しいものを求めて、限りない情熱を燃やしつづけるクラレ。実用衣料や産業用資材で定評のあるクラレビニロン、ポリエステルせんいの最高峰クラレエステル、さらに人工皮革クラリーノなど…クラレの生んだかずかずの傑作は、いまや世界を舞台に活躍しています。そして、より豊かな生活を築くために、今年もたゆまぬ努力をつづけていきます

クラレ®

主要生産品目
ビニロン
エステル
レイヨン
ポバール
クラリーノ

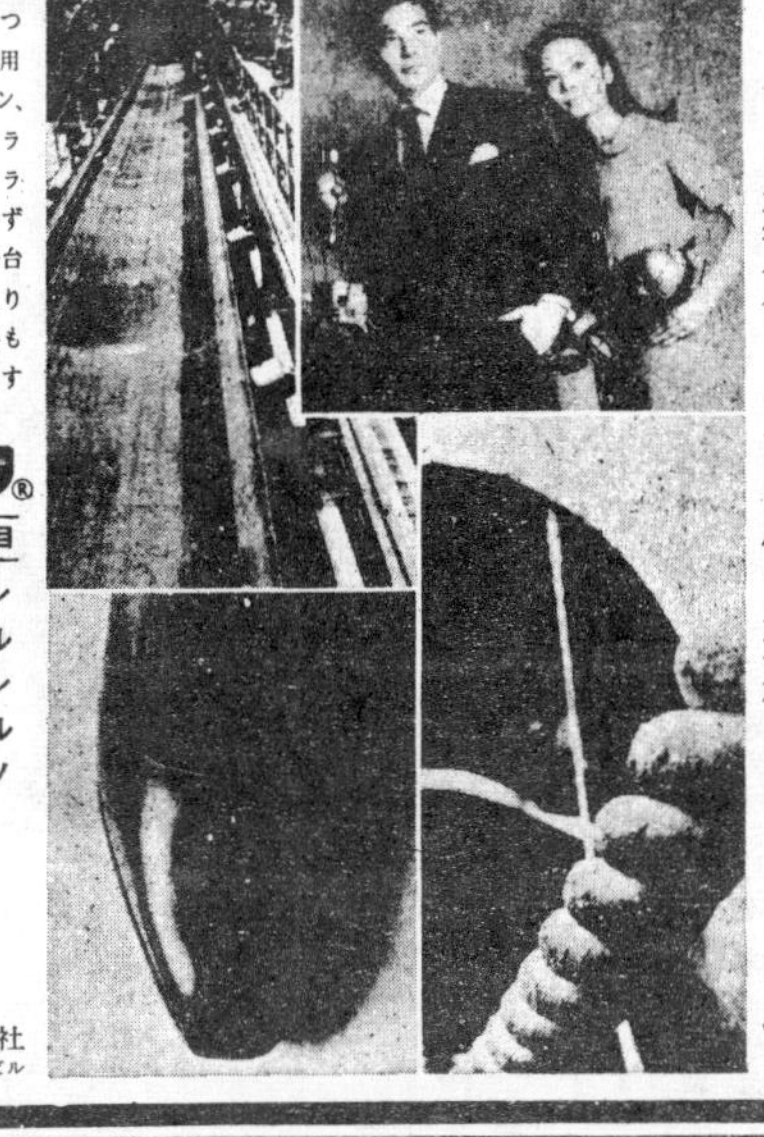

倉敷レイヨン株式会社
大阪市北区梅田8番地 新阪急ビル

Toyodenki

半世紀の伝統と最新の技術
世界に躍進する……
## 技術の東洋電機

■1700KVA ディーゼル発電機

■発電所循環水ポンプ駆動用1800kw NSモーター

■東洋電機は一般産業用の各種電動機・発電機などをはじめ、電気機関車・車両用電気機器など数多くのものを製造してみなさまのくらしの向上に貢献しています。

■主要製品

| | |
|---|---|
| 無段変速ASモータ | 各種電動機・発電機 |
| 無段変速NSモータ | 水車発電機 |
| 油圧機器 | ディーゼル発電機 |
| 自動制御機器 | トロリーバス |
| シリコン変電装置 | 車両用電気機器 |
| SCRレオナード装置 | 電気機関車 |

東洋電機製造株式會社
本　社　東京都中央区八重洲5の7(八重洲三井ビル)
TEL 東京 (272) 4211
支店・営業所　大阪・名古屋・北九州・札幌・広島

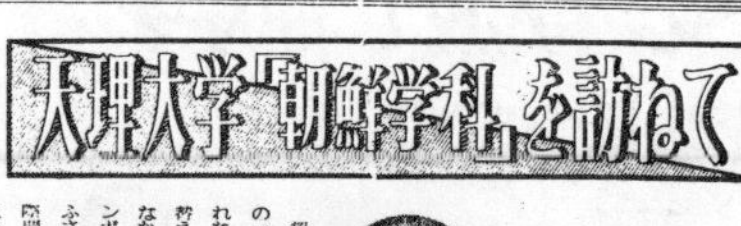

# 韓日親善のかけ橋に

## 天理大学「朝鮮学科」を訪ねて

### 誇る40余年の伝統

岸勇一学長

超大[illegible]・パワーの一九六九年が、さっと開かれた——。すべてのものが塗り替えられそうなスピード性のなかの息吹き。いかにも、ジャンボ（巨人機）時代の前年にふさわしいが、それだけに国際関係も日ごとに緊密度を加える。世界はいま、経済をはじめ、文化など、あらゆる分野で諸外国との友好増進を図り、民族の壁を打ち破って大きく前進しようとしている。日本国内の各外国語大学もいま、こうした国際情勢に対処しようと、既設の各国学科をより充実させる一方、朝鮮学（学術的地域用語）科の設置に異様なほどの意欲を示しており、できれば両三年のうちに新設したいという。なかなか結構なこの構想、果してプランどおりに行くか、どうか——この道、四十有余年の伝統を誇る天理大学（奈良県天理市杣之内町一〇五〇、岸勇一学長）をルポし、朝鮮語学の難しさ、学科内容とその歴史、将来などについて紹介することにした。

きょうも辞典づくりに余念のない研究室

宗教都市にどっかり腰をすえた「朝鮮学」研究のメッカ・天理大学の全景

## 僑胞子弟も学ぶ

### 韓国外国語大と姉妹関係

信貴・生駒連峰のふもとに位置する天理市。端的に表現すれば、奈良盆地で"どっかり"と腰を据える宗教都市だ。それも、日本唯一であることは、いまさらいうまでもない。天理市をまだ訪れたことのない人にとっては、さぞ町中が信者の群れであろうことを想像しよう。しかし、春秋の大祭を除いては、静かな"学園都市"の印象を強める。

五万市民というが、住民のうち二人に一人は信者か、天理教に"利害関係"をもっているという。なるほど、ちょっと大きな建物は、まず例外なく天理教の信者詰所か、それとも何かの施設だし往来は黒地に白字で「天理教」と染め抜かれた独特のハッピを着た信者でいっぱいだが、ここにもう一つ、天理の"顔"がある。それは、学生の群れであり、学園としての適地を得た天理の姿でもある。

天理大学は「ぢば」「おやさと」と呼ばれる天理教本部神殿の西南に位置し、校舎面積だけでも六九、四七〇・三六平方メートルという広大さ。全校生二千百四十六名、教職員はその数ざっと二百名を数える。現在、外国語学部のなかでも、朝鮮学科を専攻する学生は百四十一名（うち女子学生は七名）このなかには僑胞学生も含まれるが、全校二十五名（うち女子六名）中、朝鮮学科に籍を置く学生の数は、男子四、女子二のわずか六名。

学科内容は、朝鮮語講読をはじめ、発音、文法、会話、作文、漢文、語学、朝鮮史と幅広い。教授陣は、教授二、助教授一、講師二、韓国からの招請教授二名をあわせレギュラーだけでも七名。このほか、非常勤（年間集中）で応援する教授が多く、研究室、助手も含めると、二十名はゆうに越すという。さすがは私立唯一の朝鮮学科を設置している大学といえよう。

### 韓国愛した日本人の"奔走"

悲しかった総督府

大学側は、この朝鮮学科に関係なまでの熱意を示す。これは、中国、英米、ドイツ、フランス、ロシア、イスパニア、インドネシアなど、数多い各学科へ送り込む教授陣の比率からもうかがえる。とくに韓日条約の締結ムードが高まりはじめた一九五六年秋には、韓日協調の早期到来を予測、いち早く韓国外国語大学との間で姉妹関係を結ぶべく、話し合った。

韓国外国語大学では当時、日本学科を設けており、近い将来、ぜひ日本人教授を招き、そのうえで日本学科の充実を図っていきたいとの意思を持っていただけに、双方の姿勢は積極そのものだった。しかし、両校が姉妹関係を結ぶまでには、韓国をこよなく愛する一人の日本人の"奔走物語"があったのだ。一九六七年八月、九十歳の天寿を全うした高橋亨博士がその人である。

高橋博士は、元京城大学朝鮮語文学科の主任教授として、広く韓国国民から親しまれた"よき明治人"であった（中村栄孝天理大教授、名古屋大学名誉教授）という。朝鮮総督府が発足したことに悲しみの目を向け、総督府のなくなるのを"ごく当然"と冷淡なまでの態度を示し、一部日本人から非難されたというエピソードの持ち主だけに、この両校の姉妹提携には自から没頭、尽力した。

高橋博士は中国研究の権威でもあったが、それ以上に韓国通で知られていた。こうした理解は、対日感情の強かった時の大統領、故・李承晩博士をも口説き、翌一九五七年春、ついに韓日姉妹校の実現をみるに至ったのである。韓日親善といわれたのは、おそらくこれが初めてだった——と、石原六三天理大外国語学部長はソフト・タッチで話す。

姉妹校の実現は、また朝鮮学科を設置していない各外国語大学側の関心を高めるに十分なものがあった。朝鮮学科を設けることは簡単だが、第一に教授がいない。そればかりか、かんじんの学生が集まらないなど、各校の幹部クラスは、こうした天理大の"快進撃"に考えを改めだした。しかし、水は大きく引き離され、その後朝鮮語科を設置したのは、一昨年、第一回卒業生を出した大阪外大ただ一校だけである。

## 生きた会話に重点

### 独特な"学術交流方式"

一九六一年三月、天理大はかねて懸案中であった"単なる語学の語学"から脱皮し、さらに進んで"生きた外国語"への移行をめざした。会話の習熟、実際面に活用できうる外国語の習得に重点を置き、特別教室を設置した。ランゲージ・ラボラトリーがそれである。

同教室では、テスト・ケースとして、コンソールとブースを教材録音テープで結び、正確かつ、時間のフル活用が設置への目的だった。これが見事、図にあたり、従来、三時間費さなければならなかったものが、約四十分で学べるようになった。この"学校オートメ化"は、一部識者、父兄間で問題化したが、大学当局は「新時代の利器活用」として、むしろ設備増強へと体制を固めていった。

その後、一九六七年の新校舎落成を機に四教室、百九十六席のブースと録音・放送、教材作成のための諸設備をととのえ"オートメ教室"に拍車をかけた。これにより、別注のテープレコーダーと、教授陣によって作成された録音テープ、さらにはフィルム・スライドなどを駆使し、韓日両国の発展に寄与する「よりよき国際人」としての教養豊かな人間輩出に全力を注いでいる。

こうした天理大当局の姿勢は、超大型時代にふさわしいヤング・パワーの第一条件を「言葉」としこれによって各国人、なかでも一衣帯水の韓民族との意思疎通から政・経、社会・文化など、あらゆる分野での理解に役立ちたい——と願っているためである。これと同時に、姉妹校との学術交流も活発に行なっている。

現在、韓国外国語大学からは孫洛範、姜熙鎬両教授を招請、研究室に朴成媛教授を招いているほか臨時教授も数多い。一方、天理大学から韓国外語大学へは平木実助教授を送っているが、ここ二—三年の間には派遣教授陣も五—六名にふやしていきたいとしている。

学術交流といっても、韓国から日本へ派遣する場合と、この逆の場合とでは人的に大きな相違点があるという。日本語を日本人以上に話せる韓国人教授は多いが、韓国語をマスターした日本人教授はそうざらにいない。従って、日本から教授を韓国へ派遣するには、なお相当な時間が必要となってくる。そこで、朝鮮学科を卒業した学生のなかから韓国への留学生を募り、現地で叩き上げた人たちを派遣教授陣に組み入れていくという天理独特の"学術交流方式"を編み出した。

二—三年のうちには派遣教授を増員するという話面には、目下、ソウル大に三名、延世大に二名いる天理大出身の留学生による活躍が予測されているからだ。もう一つ、それは一九五〇年夏に発足をみた朝鮮学会のバック・ボーンだ。理事長は天理大の前学長をつとめた真柱家顧問の堀越儀郎氏[illegible]。同学会の幹事長は石原六三朝鮮学科主任教授で、天理大学付属研究室の中村栄孝教授ら、第一線で活躍している人たちが韓国の学会とも緊密な連携を保ち、きょうの研究を明日の成果に結ばせようと努力している。

### 通用しない日本的な感覚

必要な国際的視野

天理の朝鮮学科は、余りにも日本的すぎる——との批判がましい声もあるが、ルポってみると、むしろ韓国的だといえる。学術の世界に"何国的"ということ自体がおかしいのではないか——とは、下条新太郎講師の常識論。外国の言葉を習熟し、この国の研究をするには"日本的"な感覚では通用しない、とも強調する。外国語を教え、また学ぶ上においても要求されるもの、それは国際的視野に立った感覚だ、と下条講師はつけ加える。

研究室にスポットを当て、その一例をながめてみよう。朝鮮学科の研究室は二部屋に分かれている。四九・七平方メートルの部屋は、参考書類でいっぱいだ。なかでも、目下、出版準備中の「韓日辞典」編さん部は、足の踏み入れる余地もないほど、集録カードが山と積まれている。この辞典出版の指導を行なっているのが、さきに「韓日辞典」を出版した著者、朴成媛教授。

規模は、同研究室が朴教授指導のもとで出版、毎日出版文化賞など、各界から絶賛された昨年一月の十二万語辞典をはるかに上回る二十二万語。単に二十二万語辞典といってしまえばそれまでだが、教授を含めての二十名からなる研究と努力は並大抵ではない。教授も、学生も、出版という意義づけを最大の目標とし、各分[illegible]での任達成に全力を傾けている。

昨年七月、夏休みを利用して訪韓した青山秀夫助教授もその中の一人。約一カ月間、韓国を歩き、より完ぺきな辞典を出版しようと足で資料を求めた。収穫はあった。

二十二万が、ややもすると二十五万にふくれ上がる豊富な内容の辞典としていま、原稿ができる時点に達しかかっている。これには研究室以外の教授、学生も協調を合言葉として、韓日両国の各界に寄与できる「辞典」の出版に参加している。

ここにもう一つ"日本的"を否定する明るくて、頼もしいニュースがある。韓国学会の最高峰ともいわれる李丙燾博士を頂点に、史学、文学、歴史学の三分野における権威がこの天理大で教べんを取ることになった。李丙燾博士は、韓国学術院の院長をつとめるだけあって、諸外国、なかでも日本史の権威としても知られる人。こうした韓国学会の権威招請により、天理の朝鮮学科はさらに一段と高い位置を占めよう。

40年の歴史をもつ天理図書館の中央ホール。現在、蔵書は約120万冊

## 設置当時は学生わずか一人

### 励まし続けた真柱

現在の天理大学の前身、天理外国語学校が私立唯一の男女共学校として開校したのは、一九二五年春。国立といえども、やっと東京、大阪に各一校の外国語学校が開校する時代だった。貿易、経済面を中心とした東京、大阪の両外国語学校にくらべ、海外への伝道師を養成するために開校したのが天理の目的だった。当時、海外における天理教信者はきわめて少なく、一番多いとされた韓国人信者でさえ、その数わずか五千八百十八人しか見ることができなかった。

朝鮮総督府編さんによる朝鮮要覧の一九二三年版をみると、当時韓国国内における天理教の布教状況は六十二教会、二百四十五名の布教師を有し、信者は日本人、一般外国人を含め、二万七千四百四十九名を数えるに至った。神道としてはトップだったが、この天理教に激しく追い迫った金光教は、その年の暮れに二万三千八十四人を数え、翌二四年三月には天理教との差をわずか三人にまで縮めた。

この裏には、韓国人布教師を活躍させた金光教と、純然たる日本人布教師によって入信を勧めた天理教の布教活動の差があった。言葉の持つ"魔力"をまざまざと知らされた天理教は、その巻返し戦術として、天理外国語学校の開校構想を積極的に煮詰めたのである。しかし、単なる布教師の養成だけに終始しては「外国語学校」としての意義に反すると判断した[illegible]者の天理教二代真柱（しんばしら）中山正善氏は、教祖・中山みきの「世界一れつ（全部という意味）は、みな神の子である」とした教えを忠実に守るため、教養豊かな国際人の育成にと、その方向を百八十度転換、あらゆる分野での理解に直結する「語学と諸外国の研究」に重点を置き、外国語学校としての意義を高めるべく、その初歩から出直したのである。

開校時は、先生も、また学生の数においても、ごく僅かだった。集まってくる学生のほとんどは、学問の研究をはじめ、特殊なものに興味を持ち、語学を身につけようとして通ってくる数には限りがあった。時代が時代だけに無理のない話だったが、それにしても「外国語をマスターし、広く世界へ」などと試みる若者は、そうざらにはみられなかった。

開校とともに設置した「朝鮮学科」も、先生が六人、学生一人という状態で、見通しは決して明るいものとはいえなかった。こうしたことは外国語を専門として開校した東京、大阪の学校にも共通していえることだった。従って、学校経営面においても、苦しくなるばかりだったが、二代目真柱・中山正善氏は「いつの日にかは日本人も外国語を学ばなくてはならない時が必ずくる」——そんな信念を持ちつづけ、教授陣を励ましつづけたという。

それから五年の一九三〇年には天理図書館が落成した。同図書館は、一九二八年秋の今上陛下御大典に際し、記念事業として新築を決定、一九二九年四月四日、工費百余万円を投入して着工、翌年五月十日に竣工した。当時の蔵書数は約二万六千冊、うち洋書が五千冊余りだったが、第二次世界大戦終結後、外国語学校の大学昇格にともない、大学付属図書館としての大きな役割りをになうようになった。

同館はこれを機に、公共・専門図書館として益々その機能を拡充、驚異的な蔵書の増加と相まって、広く海外にまで伝わり、しばしば国際学会の舞台ともなったほど。

その後、収蔵図書の増加が著しくついに書庫の狭隘をきたし、一九六三年六月に増築したのである。総面積は一〇、七三九・四八平方メートル。蔵書数百二十万冊。司書二十八名のほか、臨時司書十六名が入館者をていねいに案内する。閲覧はもちろん無料。静まり返った館内には"伝統"めいたものがみなぎり、特異なムードさえ感じさせる。

閲覧は開架式書庫で、目録検索によって行なわれるが、新刊雑誌および各国の百科事典、各国語辞書、基本図書、大学講義用指定参考書などは自由接架にして備えている。韓国に関する古書、文献の蔵書も多数を数えるほか、韓国で発行された新聞なども古くは一九二八年代の「朝鮮日報」などがあり、現在までのものが"ずらり"と揃っている。文献中、特筆すべきものには、百済、新羅、中国の宋、元、明などの稀覯古典籍が豊富に蔵書されていることである。

韓国などの近隣諸国から、遠くアメリカ大陸、ヨーロッパの民俗品、考古資料が展示されている民俗参考館

## 天理大学いま・むかし

### 捨てなかった朝鮮学科の灯

○…悩み苦しんだ時代があった。それは、予期していた最悪の事態だった。「当分の間、朝鮮学科の教授を許す」——との条件つきで開校間もないころ。やはり、国策としての外国語廃止に従えと迫られた。一歩誤まれば国賊呼ばわりをされる時代だけに陰に陽に一部の天理教幹部有志陣、信者間で論議的となった。母屋（おもや）を貸して庇を奪われるような結果を招いてはとの懸念がそうさせたのである。

しかし、中山正善校主は、母屋も庇もない、みな天理教だとしてその廃校論者たちを説く一方、自から国家権力に向って「外国語学校」なかでも「朝鮮学科」の必要性をぶった。「朝鮮は属国ではない、領土た」と、そのたびに大喝されたが、中山正善二代真柱は一歩も退かなかった。むしろ「日本の韓国統治は、そう長く続くわけがない。韓国が独立したとき、韓国と日本を結ぶものは一体、何であるか、韓国研究から生まれる理解ではないか」と、虫のすかないことを堂々といってのけた"武勇伝"は、また耳目に新しい。"根性"もここまでくれば、いかなる弾圧にも耐え抜けた。

しかし、第二次世界大戦の大波だけには刃向えなかった。一九四三年には信者詰所と教校の一部が海軍病院などに接収され、同年暮れからは海軍の「予科練」約二万名がなだれのように入り込み、かけ足と教官の吹き鳴らす笛の音で、文字どおり"雑踏の町"へと急変した。事態はますます急を告げた。

一億総決起——との名のもとに外国語学校も遂に魚雷工場となったが二代真柱はなんとしてもこの学校を守り抜こうとした。魚雷工場の隊長を申出たのは、このためだったが、学校への情熱は心の底でくすぶった。暇を見ては韓国の講義をやった。これが特高警察の耳に入り「朝鮮の研究と天皇陛下と、どちらが大切なのか」などと悩ませ通した。

天理大学の校章

### 世界一れつみな神の子

○…魚雷と塵土だけを残して、戦争は終わった。幸い、丹波市町（天理市になったのは一九五四年四月一日）は空襲から免れた。いち早く「外国語学校」への入校を呼びかけたが、食べることだけで精いっぱいという状況下に集まってくる子弟子女はいなかった。しかし、真柱はこの時期に空白を作らなかった。まず朝鮮学科の教授六名を集め、やがて学園にやってくる学生を待った。

先生六人に生徒が一人という時代がやってきたものの、二人、三人とはふえそうもなかった。これにくらべ、他学科の方は年々ふえるばかりだった。

となった。朝鮮学科を止めよう——と、関係者の多くが真柱に進言するのも無理からぬ話であった。そんなとき、真柱は「世界一れつは、みな神の子である」とした教祖・中山みきの教えをさとし、隣国・韓国との親善を強調したのである。

天理大で教べんを取って三十七年にもなる石原六三朝鮮学科主任教授は「もし、あの時、あのままやめていたら、現在の天理大学すらもなかったろう」というが、朝鮮学を研究して四十六年目を迎えた中村栄孝教授も同じことを即座にいってのけ

### 韓日間で活躍の卒業生

昔の学生は学問を身につけるために研究し、学んだ。しかし、近年の学生は、そうしたことを"就職への道具"と考える傾向にある。近年の学生は平均化しているといわれる原因はここにある。一九二四年、まだ大学二年生のとき、初めて韓国へ渡り韓国に魅せられてから研究をつづけるようになったという中村栄孝教授は学校を卒業しても朝鮮史編さん会に参画した。朝鮮学科で教べんをとる多くの教授は、みなそうだった。

が、現代ではそれが通用しなくなった、と嘆く。考えてみればウソのような話だが、辛うじて救いになるということは、韓日条約が締結されて以来、朝鮮学科に進ってくる学生が年々、ふえてきたことくらいだという。それだけ韓国語の出来る人が要求され、その職場が多くなったといえる。学生だけではなく、最近は商社一般会社からの社員が留学生という形式で押しかけるようになった。

なにか目的があって学ぶわけだが尽きることのない韓国の研究もやり学術の上からも両国の繁栄に貢献してもらいたいと、下条新太郎講師は願う。確かにそれも必要だろう。いずれにせよ、日ごとに緊密化しつつある国際環境の昨今だけに、外国語の習得は不可欠となっていることだけは確かだ。

天理大はいま、韓日両国間で活躍している外務省北東アジア局の前田参事官をはじめ、駐釜山日本総領事館の町田・斉藤両副領事、さきの東京オリンピックでその技を競った柔道選手金義泰氏、昨年七月、全日本学生柔道選手権大会で見事、個人優勝を遂げ、団体としても天理大に優勝をもたらせた呉勝立君のようなファイトある卒業生の輩出に努力を傾け、過去四十有余年の輝ける伝統と自信から"よき国際人"への寄与を願っている。

#### 校章の由来

前身校の天理外国語学校にさかのぼる。"つばさ"に形どられたTENRIのTと、ハンドライティングスタイルのLANGUAGEのLを組合わせたもの。Tには大鵬の"つばさ"を付し、荘子に出る「図南の翼」を表わし、海外雄飛をシンボライズしたもの。

## 民俗参考館

付属図書館と並んで、ぜひ紹介しなくてはならないものに民俗参考館がある。これも二代真柱の発意によるもので、近隣諸国諸民族の生活、習慣、信仰などを具体的に知らせる一つの方法として収蔵されたもの。当初、これを「海外事情参考品室」と呼んだそうだ。

同参考館は、韓国の民俗品、考古資料などの陳列から始まり、アジア近隣諸国、遠く太平洋諸島、アメリカ大陸、中近東、アフリカ大陸、エーゲ海域、ヨーロッパなどから収集された数々の品が数富に取り揃えられている。現在、整理済の民俗品、考古資料は約十万点といわれるが、未整理分を合わせると、その数ざっと十八、九万点にもおよぶという。

大阪・四天王寺宝物館の約二・五倍もあろうかと思えるほどの広さ。なにもなかったら、心寂しくなるに違いないが、しかし、ところ狭しとばかりに陳列されている各国の民俗品に接していると、いやに心が"だだっ広く"なっていく。

「これ、タンモクコルペというんですが、陳列以外にどこかで見られましたか?」案内役をかって出た青山秀夫助教授がたずねてきた。「鳥取市内の水翁美術館で見ましたが、色つけや大きさが違いますねえ。むろん日本のものですが…」わたしの答えに、青山助教授は心持ちうなずいてみせた。

十枚余りのタテ六寸、横三寸五分くらいの木片の前に「[illegible]」と書かれた陳列札が立てかけてあり、その横に「昔、韓国で用いられたカブフダ」という説明がつけ加えてあった。韓日両国の共通する点は、遊び道具にもあるんですよ——青山助教授のうなずきは、たぶん、そうした狙らいであったのだろう。博物館法に基づく参考館というか、そこに韓民族との"対話の場"を見つけた感じを強く受けた。

参考館には、ユンノリ（擲柶）や、ペンダイ（[illegible]）など、正月遊戯をはじめ、李朝時代に使用された巡邏棒、李朝官服の帽子、将軍標柱、河回仮面、日よけ大扇子のほか、直裳、生活と関係の深かった[illegible]（頭上運搬用具）、米とぎ木鉢、パヂ（ずぼん）、ミッソ（わらじ）といった考古資料が整然に収蔵陳列されている。聞くところによると、この参考館を一周するのに普通でみても約三時間はかかるという。

大阪・生野猪飼野周辺が"日本のなかの韓国人の住む町"とするならば、さしずめ天理は"韓国への認識を高めるに十二分な学術・学園の町"ということがいえそうだ。

李朝最後の王妃

# 李方子さんを訪ねて

激動する歴史のなかで生きぬいた李朝最後の王、李垠氏が日本から帰国して八年—いま、その身をベッドに横たえている。そんな李垠氏を見守る方子女史を訪ねた。

元梨本宮。今年、67歳。社会福祉事業に情熱を込めた李垠氏のバトンを受け、ソウルでの身障児施設理事長をはじめ幾多の治療相談など、その日課は極めて多忙だ。

一昨年、昨年と続けて来日。関係各人と会い、その協力を求める一方、各地に散在する身障児施設を視察した。この間、自叙伝も出版するという凄いエネルギーだ。

女史が理事長をつとめる「明暉園」には、いま十三歳—十九歳までのろう唖、小児マヒの子らが十九名いる。鍛錬から克服へ道づけるのが私達の義務と強調した。

楽善斎応接室にかけられた明暉園の児童たちの版画

# 身体障害児の育成に献身

## —連日、李垠氏を看病—

昨年十一月、東京の三越百貨店で行なわれた日本の慈行会に出席した李方子さん（右端）

技術を習得する明暉園の児童たち

李王朝最後の王李垠氏

### ○…「慈行会」などを経営…○

【韓国支社・金教孝特派員発】

李垠氏は帰国すれば余生を育英事業に捧げたいと語っていたが、その後持病が悪化、意識不明の状態にあるため、李女史がその願いを受け継ぎ「慈行会」「明暉園」を経営、七宝焼きの講習を行なうほか、王宮の儀式に参加、采配をふるうなど、多忙な毎日を送っている。

「慈行会」は、六五年一月発足現在では江原道、忠南などの支部を含め、全国約二百余名の会員を擁し、精神薄弱児や身体障害児などの福祉施設を慰問するかたわら衣類、杖、補聴器などの援助を行なっている。

また「明暉園」はYMCA保護会を夫君のペンネームである"明暉"に変えて昨年三月にスタートろう唖、小児マヒなど、身体障害児十九名（男子十名、女子九名）を引取って木工、木彫、版画、ミシン、刺しゅう、機械編物、デザインなどを四名の専任教師を通じて教えている。

趣味の七宝焼きはくろうとはだしの腕前で、実用を兼ねた希望者二十名のところで毎週金曜日に講習を行なっている。

このように活発な社会事業を行なっている李女史も、運営につきものの資金集めに苦慮しているが、これも特別会員の寄付「明暉園」や七宝焼きのバザー会の売上げで国からの補助なしで切抜けているようである。

李女史は一昨年日本を訪れ、福祉施設をみてまわったが、やはり官立は官僚的で冷たく「両足とも不具で立てなかった児が私の施設に入って来てからは、やってみようという意欲が出て非常に明るくなり、いまでは歩けるようになって両親を喜ばせているんですよ」と国の"直接経営"より、親身になって子供たちをみてやる民間有志の補助の方が効果があがるのではないかとの意見を持っていた。

こうした李女史は、昨年秋にも来日、日本の各施設を視察する一方、植木光教参議院議員をはじめ倉沢緑めんどり会会長、船口陣子全日本仏教婦人会事務局長ら関係者とも話し合った。

今後、施設はしだいに拡張してゆくようだが「大きな土地に一括収容して精神的な負担をかけないため、入院数をとらず、のびのびとした指導で生きる喜びを与えたい」という。

### 「ただ願う一本立ち 社会も暖かく迎えて…」

また「明暉園」の児童はあと二年半ぐらい仕事を続けさせ、各自に通帳を持たせて一本立ち出来るように蓄えをさせるつもりですが、身体障害者に特殊技術があれば東京・上野にある某ガラス瓶製造工場が百四十名の身体障害者を雇っているように、社会も暖かく迎え入れてほしい、と社会の理解を求める。

### ○…ことわり続ける会長職…○

地道に社会事業を続ける李女史には、各界から"会長職"についてほしいとの依頼があるようだが一切ことわっているようだ。その一つに、皇室の財産で設立された淑明女子大学の運営に派閥問題がからみ、それが時おり新聞紙上をにぎわしているのをみて、これに巻き込まれまいと"中立"の態度をとっているという。

### ○…"郷に入れば郷に従え"…○

夫君李垠氏の病状はずっと同じで、現在脳血栓による脳軟化症で入院加療中だが、流動食を召しあがるだけで、毎日欠かさない。看病にも「じっと顔をみつめるだけで、お話がなく寂しい気持です」と、長年苦楽をともにしてきたその気持を率直に打ち明け、涙ぐむ。

韓国服を好んで着る女史もふだんはさっぱりした洋装。ただ正しい韓国語で「郷に入れば郷に従え」のことわざどおり、皇室関係の儀式や食事など生活様式の変化にも失敗もなくやってきたとのことだ。

### ○…「私たちは時代に生きた」…○

李女史には、米八軍司令部内にある建築会社のトランス・アジアの副所長、それにソウル特別市をはじめ各道の都市計画相談役を勤めている一人息子の玖氏（きゅう）がいるが、米国留学時に結ばれたジュリア女史との間には子供がなく「私たち親子は時代に生きてきました。玖は建築家として立派な建物を残し、私は福祉施設を残せば、それでおしまいですよ」と淡々と語るが、心なしか寂しいひびきが残る。

### ○…家族水いらずで新年迎える…○

昨年十月二十四日、五年前に亡くなった尹大妃の霊位を府大廟（宗廟）に移したので、十一月末に梨泰院の外人アパートの住居から昌徳宮の中にある楽善斎に移り初めて夫君の妹である徳恵翁主や息子夫婦と家族が一緒に正月を迎えることができると喜んでいる。

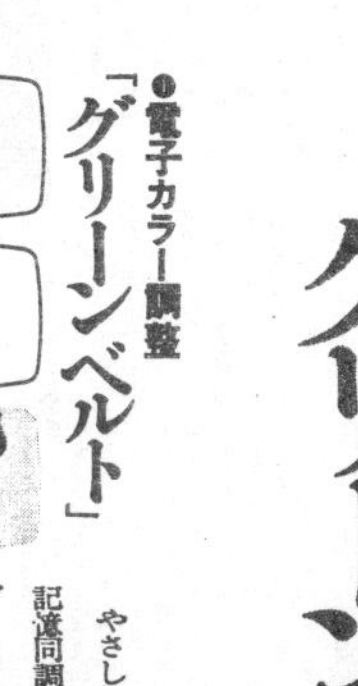

東洋經濟日報

# 第二新年号

紙面内容

## 新春の慶びにつつまれた農村

韓国の農村にとって"お正月"は、またとない楽しい平和な休息の"ひととき"でもある。殆んどの農村では、いまでも旧正月が中心で、新正月は形式だけの行事で済ますことが多い。お正月には家の玄関口に「立春大吉」と書いた紙を貼りつけ、子供たちを正装させたうえ、祖先をまつる新春の法要をしてから楽しい食事や新年の遊びなどが始められる。（雲甫画伯＝画）

# 一九六九年 年頭所感

## 開発成果を近代化

大韓商工会議所会長　朴斗秉

今後、国際経済面で両国側の果すべき経済界の役割は大きいだけでなく、両国経済の相互紐帯強化および相互発展と利益増進は、特に共産勢力の浸透を防ぎ、アジアの経済繁栄において、その重大性をより大きくしています。

韓国の産業発展は勝共経済の理念下に成し遂げられたものですが、これは反共の橋頭堡としての韓国の使命でもあり、また自由友邦の産業を守護するという意味からも、それがもつ意義は大きいといえます。

また、このような高度成長に随伴する開発阻害要因を除去するために、国際経済のブロック化ないし自由化潮流に対処しなければならず、このため国内産業の国際競争力をより強化させるのに努力しなければならないと強調されています。従って安定基調の上にたった合理的対策を樹立し、施行した結果、悪性インフレの束縛を克服し、物価上昇率を七%以内に抑制することができ、このような安定的基盤の上で高度成長が約束されたといえます。

新年は第二次五ヵ年計画の実を結ぶ時期といえるし、従って今まで成し遂げた開発成果をより堅固な基盤の上で、近代化しなければならない年でもあります。このような意味から、われわれは韓日両国経済人間に、より一層の緊密な信頼と深い理解が促求され、今まで名分と実利に縛られて来た関係を改善して経済交流と協助体制を強化しなければならないと思います。

また活発化されている在日僑胞皆さまの母国参与を通じた投資支援などがより要請されています。

## 韓日の懸案を解決

韓国貿易協会会長　李活

新年を迎えるに当たり国内貿易業界を代表して、日本にいる同胞の皆さまに、新年のあいさつを申上げます。日増しに狭まる玄界灘を以中におき、われわれは再び新年を迎えました。

その間、皆さまの祖国は「近代化」という偉大な課題を実現させるために総力を傾けています。後孫に栄光ある明日を譲ってやろうとする今日の叫びは、今、祖国の津々浦々でこだましていることを同胞の皆さまに、誇りをもって伝えたいと思っています。

韓国貿易業界も毎年輸出を大幅に増大させることによって、祖国近代化課業の一翼を忠実に担当して来ました。一九六八年度にも輸出目標五億ドルを殆んど達成しましたし、新年の輸出目標を七億ドルに増額、政府と輸出業界が一体となってこれを実現させるため力強い活動を展開することを誓っています。

韓日両国の貿易逆調現象を始めいろいろな懸案問題が残っています。このような諸問題の解決は、より多くの時間と努力が要求されるもので、われわれは在日同胞皆さまとともに韓国と日本間に解決されない諸問題に対して相互満足な解決をもたらすよう引き続き努力することを、もう一度約束致したいと思います。

最後に私は、皆さまが韓国人としての矜持と自信を持って希望に満ちた己酉年を迎えるよう希望して止みません。

## 僑胞の精神武装を

韓国国会議員　金圭南

在日同胞の皆さん、ことしこそ課題の解決に向って精神的武装と努力を傾注しなければならない。また韓日間で解決しなければならない問題も多いが、これらを韓日両国民の幅広い理解と協調、為政者の大局的な視野によって打開しなければならないと考える。

われわれに与えられた大韓国民の任務に忠実であることは、全国民が共に、よりよき生活のための共同闘争の記録であり、遅れた祖国を先進国の隊列に入れ、先頭に立つための民族の意志と理念の具現であるとともに、段階的な経済発展計画により経済の自立と祖国近代化を完遂、統一を成就しようとするわれわれの窮極の目標に向かっての偉大な前進である。

在日同胞の皆さんは、異境にあっても一人の韓国国民として、われわれの子孫に対して価値ある遺産を残してやらなければならない重大な使命をおびている。また誇り高い矜持をもって一層の努力をしなければならないことは再言を要しないことであろう。新年を迎えて、ことしこそ祖国の現実の立場を直視し、国家的にも、国民的立場からも、より高い次元のビジョンをもって、いままでのどの年よりも国民の総力を結集して、自信と希望をもって忍耐強く前進していただきたい。

どうか皆さんの上に、幸福な新しい年となることを祈りながら、ご挨拶といたします。

## 楽観できぬ前途

日本商工会議所会頭　東京商工会議所会頭　足立正

ここ一年の日本経済は、何人も予想しえなかったほどの成長と繁栄とをもたらしました。情勢に余り変化がなければ今年もおそらく実質的には一〇%程度の成長はまず間違いあるまいと観測されています。

そこで、このような成長と繁栄を長期間にわたり持続していくため景気の過熱化を避ける、というのが、今年の経済運営の根本的な態度となるでありましょう。

一昨年十一月のポンド切下げから一年目に起った先ごろのフランを中心とする国際通貨危機は、先進十カ国の対仏二十億ドル借款という応急措置により、ともかくも当面おさまった形となっています。しかし、国際通貨につきまとう根本の問題が一向に是正されていない以上、いつ何かのきっかけで再び同じような投機資金の移動が起きないとも保証しがたい、というのがいまの国際通貨をめぐる潜在的な情勢であります。

ところで、わが国の経済は今や形のうえでは世界第三位の大型経済となり、世界一流の技術水準に達した産業も少なくないことは事実ですが、その体質とか構造の弱さに思いいたると必ずしも安閑とばかりしておれない現状です。かく考えてわれわれの今後の場に眼を据えてみるとき、そこには経営管理だとか雇用、自己資本の充実、設備の更新等々といった古くて新しい各般の問題が解決を待ち望んでいるのを見出すわけですが、わが民族のたくましい活力と創造的精神をもってすれば、必ずや洋々と明るい未来が開かれてくることは間違いないと信じます。

## 進む経営の国際化

東京芝浦電気社長　経済団体連合会副会長　土光敏夫

国内の景況は、本年も引続き設備投資や消費が堅調で、これに見合った供給力も増加することから、均衡を保ってさらに高度成長を続けるものと予想されます。しかし米国の景気動向と保護主義的な動き、各国にまたがる国際通貨不安など、国際情勢については予断を許さぬものがあって、慎重な動きが要請されます。

重電関係では、需要増大を反映して発電計画も大規模化し、原子力発電もいよいよ主流になろうとしており、産業界の設備投資も規模の拡大とともに近代化、合理化にはめざましいものがあります。家庭電器部門では、カラーテレビ、ルームクーラーを主軸に二兆円の生産が見込まれ、第二の黄金時代を迎えようとしています。

成長産業が未来にわたって常に繁栄するという保証はありません。急激に変化する環境に対しいかに適応しているか、経営には常に革新が求められています。しかも国際化が進み、多面化し、すべて世界という舞台での競争となります。

したがってわれわれは常に、国際的視野を高め、自己の実力と責任とを自覚し、激動する環境に対してその本質を見定め、受身でなく、前向きに取組んでゆく心構えが最も重要だと信じ、その努力を積み重ねていきたいと存じます。

## 叡智の提携を期待

駐大韓民国日本国特命全権大使　金山政英

年頭に「古きを温ねて新しきを知る」慣わしは、新年への姿勢を正す意味からも好ましい。殊に多くの懸案を抱えた日韓の問題が、両国官民の真摯な努力によって一歩一歩、解決へ向って動いている現段階で温古知新、つまり積み上げの努力は不可欠の要件である。

事実、両国国交正常化以来の歩みを顧みても、細かいことは別として、両国関係の大きな潮流は年々前に向かって動いて来た。過去三回行なわれた閣僚会議をみても回を重ねるたびに前進していることは衆目の一致するところである。

なるほど、懸案も多く、新しい課題も絶えないと言うかも知れないが、両国の誠意が通じ合い、理解の度が一段と深まり、提携が逐次実を結ぼうとしている今日、懸案も課題も所詮、解決への潮に乗っていると考えてよかろう。

こう言う楽観論を裏づけるように、最近の両国民の交流はスポーツ、報道人などの文化面から政界、財界へと大きく拡大し範囲を広めている。その底流に共存共栄の意識がなくては、かくも根強く伸びてゆくものではない。

今年こそは善隣の交誼と叡智にねざす提携が更に大きく実を結び、それによって両国民が繁栄と幸福に均霑しあうようになれることを切に期待するものである。

## なお熱烈な声援を

韓国文化公報部文化局長　李星澈

祖国の近代化を、一日も早く達成すべく全力を傾注している本国政府と国民はいま、一団となって経済建設のため邁進、多くの分野で多大な成果をあげることによって、より豊かな繁栄の未来に向って、また巨歩を踏み出したのです。

このような国内の発展相と並行して、国際社会でのわれわれの地位も大きく向上、自由友邦諸国の紐帯をますます強化させました。とくに昨秋、国連総会で韓国単独招請が圧倒的に可決されたことにより、わが外交のもう一つの勝利を記録したのでした。しかし、韓半島の赤化の野望を捨てない北傀は、昨年武装ゲリラを集団的に南侵させ、あらゆる蛮行をほしいままにすることによって、険悪な策動を繰り返しております。

新年を迎え、北傀の策動はますます激化されることが予想されますが、わが国民の一致団結した力によって粉砕する一方、われわれは国内の建設事業に対しても、ますます邁進、祖国の近代化と国土統一のため、国力を蓄積していくものと確信するところであります。

在日同胞の皆さんは、このように戦いながら建設に余念のない本国同胞たちに対し、常に熱い声援を送ってきましたが、新年を迎えてますます熱烈な声援を送ってくださることを熱望してやみません。

新年を迎える皆さんの家庭に、より多い、大きな幸運と成功があることを祈願し、挨拶に代える次第です。

## 日韓両国の真の友好を

ソウル日本人商工会会長　中川忍一

風の神とお日さまが争いました。お互に自分がえらいと言いはりましたが、決着がつきません。それでは二人でどちらが強いか試してみようということになりました。

地上を見下ろすと旅人がひとり野原を歩いています。冬のことでマントを着ています。あのマントを脱がしてみようということになりました。

イソップの寓話に誰でも知っている「太陽と北風」があるが、むかし何気なく読んだこの寓話がこの頃なにかにつけて思い出される。

最近の日本と韓国の間には何んとなく冷い風が吹いているのではあるまいか。お互に相手のマントを脱がすために冷い寒風を吹きつけ合っているのではあるまいか。それでは駄目である。二五〇〇年前にイソップが教えている。太陽こそ相手の厚い防衣を脱がせるみちなのだ。

この冬のソウルは暖かい。十二月も半ばというのに街行く人はオーバーなしである。ちょうどキムチのシーズンであるが、暖冬異変のためにせっかく漬けたキムチが醗酵してすっぱくなってしまった。名物も台なしである。

キムチの醗酵はこまるが、暖かい冬は歓迎である。そしてこの暖冬異変が一九六九年度において日韓両国の間の雪どけの前兆であるように。これが一九六九年新春に当っての私の切なる願望である。

## 積極的に懸案の解決へ

ソウル日本人会会長　高橋武

日韓国交正常化後、第四回目の新春を迎え、韓国に駐在する私達といたしまして、先ずもって当国の経済建設が着々と進捗致しておりますことに対し、衷心より慶賀に存ずる次第であります。と同時に両国の経済交流の緊密化と親善友好ムードの高まりを日々見聞きし、御同慶に存じます。

しかしながら一方、経済の緊密化に伴い種々の懸案事項が派生致しておりますが、この事はいわば両国の経済関係と表裏一体をなすもので、相互の理解と自助努力に基づいて一つ一つ解決に努めねばならないと考える。

殊にアジア経済の確立が強く叫ばれている今日、わが国の立場を鑑みて国家建設に邁進する隣邦韓国の立場を理解し、長期的視野に立って積極的に懸案解決を切望する次第であります。

この基盤に立った経済交流の拡大こそ両国共存共栄の基本的姿勢であって、種々の規制あるいは制限をもってしては、到底経済関係の緊密化と増大は期待し難いのではないかと存じます。

新年を迎え、改めて両国の繁栄と親善のために相携えて一層の努力をお願する次第であります。

**新雪の内雪嶽**

内雪山嶽は韓国の代表的な名岳=金剛山とともに、古くから親しまれてきた。江原道にあり、国立公園にも指定されている。春や秋には観光客も多く訪れ、外雪嶽とともにその神秘的な偉容を誇っている。



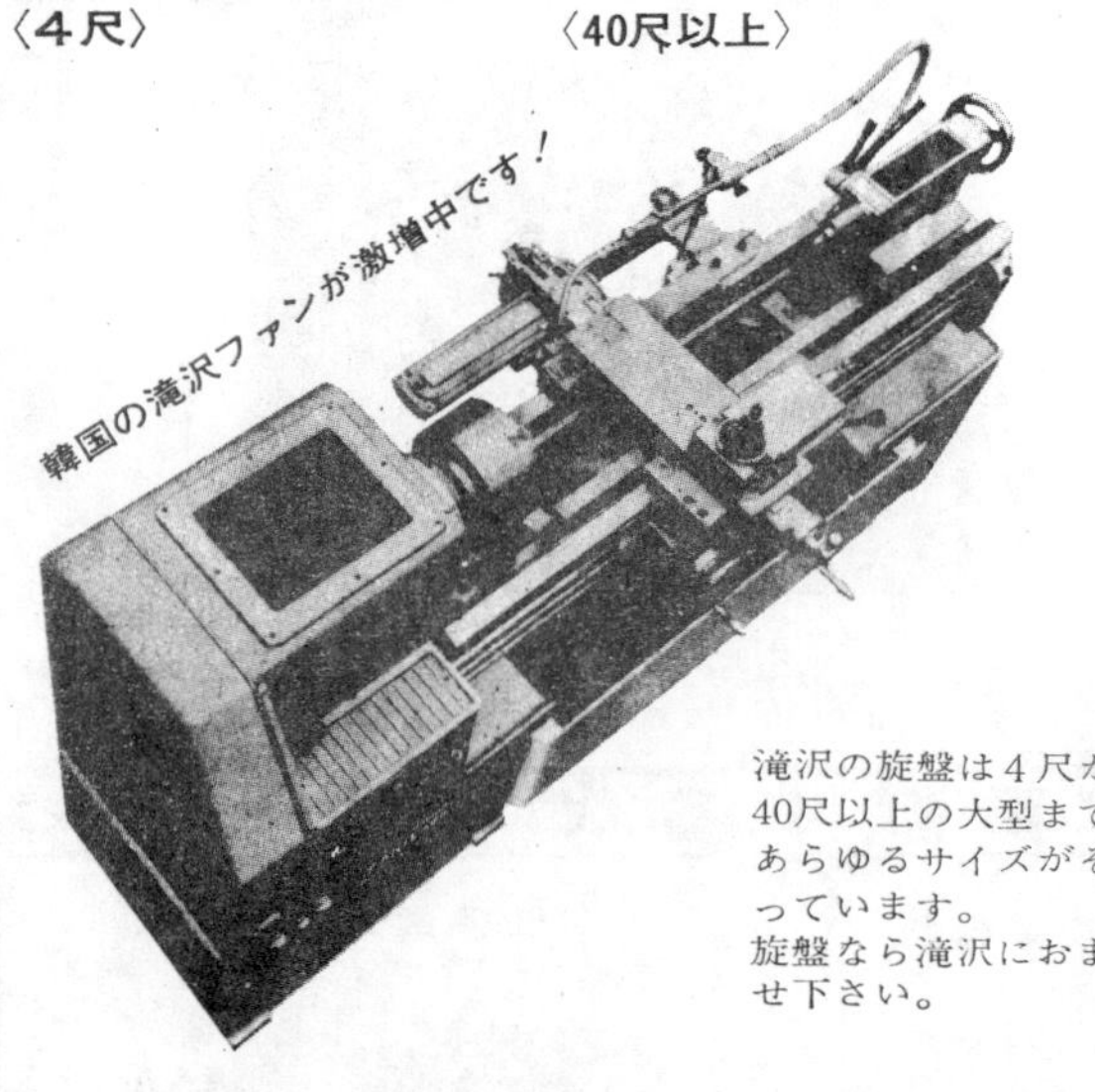

**激化する自動車産業の競合**　新進、亜細亜、現代の三社の競合は、ことしの韓国経済界の最大の焦点になるとして、早くも大きな注目を集めている。(写真は現代自動車工場の蔚山工場。内資三億㌆、外資五〇万㌦で建設、年産は各種車一万五千台)

**前進する化学業界**　重工業の発展もようやく軌道にのろうとしている。自立経済国家への大きなステップとして、農業近代化とともに本格的な育成策もとられつつある。(写真は韓国化成工業の蔚山PVC工場。六八年七月完工、内資十億ウオン、外資八二〇万㌦。年産レジン一万五千㌧、コンパウンド五千㌧、その他七千㌧)

# 躍進する韓国産業界

## 昨年建設された主要企業

## 二重構造の解消が課題

たくましい成長を続ける韓国経済。今年度の経済成長率は実質一〇%、輸出七億㌦を見込んでいる。去る一九六七年スタートの第二次経済開発五カ年計画もようやくことしで三年目。一九六九年はその成長をかけた最大のカギとなろう。

ところで、このような韓国経済の成長を支えたウラにはいくつもの要因があげられるが、その一つとしていわゆる"大企業"の果たした役割を無視するわけにはゆくまい。今日、韓国経済がひとまず自立への基礎をきずき、あすへの発展に"現実的"なユメを話しうるようになったのは、こうした"大企業"の躍進によるところが大きい。だが、そこには問題もある。これら"大企業"の工場のほとんど全部が、外国資本との合弁によるものだ、ということだ。一部ではすでにこうした傾向に批判の声を投げかける向きもある。金利、償還問題など、むしろ今後に問題は残ろう。

また"大企業"の躍進は、それ自体歓迎すべきことではあるが、反面、韓国経済の最も大きなガンである中小企業との較差—二重構造をますます助長する結果になりかねない。韓国政府は、中小企業の育成に本腰を入れつつあるが、それも容易な計画ではない。第二次五カ年計画の一つの大きな焦点もここにある。

ともあれ、ここに昨年建設された主な企業・工場をひろってみた。躍進する韓国産業界の一つの"象徴"として—。

**国家産業の基幹**　鉄鋼はいうまでもなく一国の基幹産業。その生産量は経済発展のバロメーターとされている。韓国の鉄鋼産業は、文字どおりたくましい国づくりを象徴したものといえよう。(写真は仁川製鉄の仁川工場。内資約20億ウオン、外資 920万㌦、年産・銑鉄12万5000㌧、ここで生産される銑鉄は姉妹会社の仁川重工業に供給される)

**本格的スタート切る化学原料の生産**　韓国の重化学工業発展のカギを握る基礎原料の生産アップにかかる期待は大きい。ことしはその試金石として注目されよう。(写真は東洋化学工業の仁川総合化学工場。68年11月完工。内資19億ウオン、外資660万㌦。年産・ソーダ灰 6万5000㌧、塩化カルシウム4950㌧、重曹2310㌧、PVC6600㌧、カ性ソーダ3600㌧、塩酸5800㌧、カーバイド1万6500㌧)

**増産続くナイロン**　合繊産業の発展の中でナイロンの占めるウエートはきわめて大きい。その動向は、繊維産業の動向の浮沈をにぎっているともいえる。(写真は東洋ナイロンの蔚山工場。68年7月完工、内資12億ウオン、外資849万㌦、日産 7.5㌧)

**脚光あびるブドウ糖工場**　昨年は韓国にも大規模なブドウ糖工場がお目見えした。関連産業の発展にも一役買うものと、期待は大きい。(写真は鮮一興業の済州島ブドウ糖工場。農漁村開発公社と合弁投資。総工費 8億5000万ウオン。精糖、ブドウ糖、結晶ブドウ糖、水飴などを生産。原糖をブドウ糖で代替することで、年間92万5000㌦の外貨を獲得)

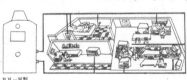

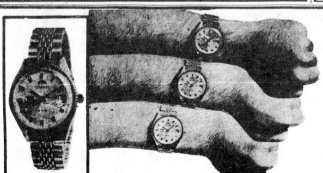

**伸長続ける合繊産業**　繊維産業の発展はこのところめざましいものがある。合繊はその中核として最近急速に脚光をあびてきた。ことしの躍進が最も大きく期待される分野でもある。(写真は高麗合繊の安養工場。六八年十二月完工。内資二億ウオン、外資百七十八万五千㌦。年産・ポリプロピレン、ステープル・ファイバー一、八〇〇㌧)

# 伸びゆくソウル

## 急速に変貌する新生韓国の象徴

ソウルは世界的にもまれな美しい自然に恵まれた首都だ、と訪れる外国人観光客はたたえる。だが、古い時代の風習や伝統、東洋的な風趣をもつソウルにも、もう一つの〝顔〟がある。ソウルの南を横切り、悠々と流れて海へそそぐ漢江にかけられた大橋、市内に散在する高層ビル、続々と建てられる近代工場、縦横に延びる高速道路などに象徴される「伸びゆく近代都市ソウル」がそれだ。韓国の政治、経済、産業、教育、学術、文化の中心地も、近年、急速に変ぼうしつつある。市民の足として親しまれてきた市電も昨年十二月に全廃され、新たに地下鉄建設計画が着々と進められている。かつての名所南大門もいまや林立する高層ビルや高速道路にとって代わられようとしている。第一次、第二次経済開発計画の成果が〝ソウルの顔〟の変ぼうとなって現われているといって過言でない。ソウルのまん中にある高さ二百六十㍍の南山にのぼれば、変ぼうするソウルの全景がパノラマのように展開されている。亡びゆくものと新しく生まれでるものとが入りまじって、きょうもソウルは躍進を続ける。第二次五ヵ年計画もさまざまな問題をかかえながらも、ひとまず順調に進んでいる。ソウルは文字どおり新生韓国の象徴だ。

面積 613平方㌔㍍、人口約 400万人。現在の市長は金玄玉氏（66年3月就任）人口増加は急速で、年平均増加率約 7・9%で全国平均の 2・7%をはるかに上回っている。

都市計画として①周辺地の開発と生活圏の適正配置②市民のための施設の拡張や再整備、などに重点を置いている。最近では交通難の緩和のため、地下道工事、高架道路、陸橋工事、道路建設や立体交差路の建設が相次いでいる。市内の市場数は約90、店舗数1万5000。製造工業事業体数は約3000で、うち食品工業 210紡織業 440、化学工業 370、金属工業 330となっている。綜合病院26、ベッド数4700。学校数は総数約 460校、うち大学院29、綜合大学11、単科大学27、専門学校4、高等学校13中学校 113、国民学校 160などとなっている。学生総数は約60万、国民学校生54万、中学生3万、高等・大学生3万。

高層ビルが林立する市庁前広場。文字どおり〝伸びゆくソウル〟をあざやかに象徴した断面の一つだ

阿峴高架道路　西大門区阿峴洞住宅地から西小門繁華街につながる

竜山区二村洞に建てられたスマートな市民アパート。住宅事情はまだ必ずしも十分とはいえないが、漸次好転へ向かいつつある

カトリック医大付属病院　静かなたたずまいの中にも、近代的センスと躍動が息づく

外国人のための食品店では豊富な食料品などがズラリとそろっている。ソウルの国際性を示すものでもある

日本人にも人気のあるカジノ。昨秋、〝作家視察団〟が一日も欠かさず楽しんだといわれる。1人1日 350万ウオンを稼いだ人もあるという

# 軌道に乗るウォーカーヒル

## 人気呼ぶカジノ
## ディズニーランドめざす

【韓国支社・金敬孝特派員発】ソウル市内からタクシーで二十余分、韓国動乱の際、国連軍司令官として参戦、戦死したウォーカー中将を偲んで一九六三年に建てられたウォーカーヒルは駐韓国連軍がせっかくの休暇を外国でとるため、これを国内に留める目的で建てたものだが、今では国内観光客も受入れ、なかなかの賑い。六十六万平方㍍のぼう大な敷地には大小三十六棟の建物が要所々々に散在し、宿泊からトルコ風呂まで一切の観光設備が整っていて、東洋のラスベガスとうたわれている。

開店後赤字続きであったが、昨年三月頃からは経営が軌道に乗り、同年十月までの収支では三千百万ウオンの黒字をマーク、これまで国に依存していた経営からようやく一本立ち出来るようになり、本年中には民間に払い下げられることになっている。

昨年一月から十月までの間、ウォーカーヒルを利用した客(宿泊)をみると、米国人が断然多く二万六百七十四名、その次が日本人の八千九百二十名、英国人千五百八十二名、自由中国人千四百四十五名の順で在日僑胞は七百五名である。また合計六万一千余名のうち国内人は一万六千五百二十余名と二七%が利用しているが、そのうちハネムーンをウォーカーヒルで過す新婚カップルも年々多くなっており、日本からも北海道行きの費用でエキゾチックな味を楽しめるとあって新婚組がふえている実情である。

ウォーカーヒルにはダグラス(マッカーサー将軍)マックスウェル(リッチュー(レミニッジャー将軍)マックスウェル(リッジウェー将軍)ライマン(テーラー将軍)ジェームス(バンフリート将軍)と歴代国連軍司令官の名をとった五棟のホテル(客室二百六十三室)があり、このほか一昨年来韓したジョンソン米大統領や韓日国交正常化調印のため来韓した椎名元外相が泊ったことのあるエメラルドを始めとするパール、ルビー、ジェイドの豪華別荘(ヒラー)がゆうゆうと流れる漢江を眼下に散在している。

ウォーカーヒルにはどのような施設があるのか。食事は韓国食専門の名月館があり、明水館と名づけられている妓生ハウスでは外国人のための妓生パーティーが申込み次第開かれている。市内の妓生パーティーより格安なのと妻のうまいのが売物で、繁盛しているようである。このほかに西洋式グリル、中国料理もそろっている。

### オールナイト営業も

また、酒を飲みたければいうまでもなくナイトクラブ・パシフィック(太平洋)で韓国最高の芸をみせてくれる。主建物の地下は二つのバーもあるが、オールナイトで、という人のために、一番高い所にヒール・トップ・バーなるものがあって愛酒家たちを満足させてくれる。

日本人の間で最近とくに人気を集めているのがカジノである。21ブラック・ジャック、ルーレット、ダイス、ポーカーと四種類のゲームがそろって毎日賭けが行なわれている。カジノは昨年秋、日本の作家団体が観光に来ては滞韓中一日も欠かさずカジノを楽しんだというほどで、麻雀、競輪にあきたギャンブル好きの日本人はわざわざマカオや香港あたりにまで出かける必要がなさそうだ。

これまで一人で最高にもうけたのは三百五十万ウオン、ウォーカーヒル側が最高に損をしたのは一日で三百五十万ウオンというから、客にとっては外国のカジノよりはうまみがありそうだ。

### 民俗村の計画も進む

このほか、主建物の中には室内水泳場、ボーリング、スロット・マシン、室内競馬、ピンボールなどの娯楽施設やトルコ風呂、床屋、ショッピングまでできるアーケードがあり、日、米、仏、スペイン、韓国と五ヵ国語が同時通訳できるコスモスホールは、五百名を収容する大会議場で種々の国際会議が開かれ日本人にもなじみが深い。

それに屋外には乗馬、射撃(クレイ、スキート)弓術、水泳、テニス、モーターボートや水上スキーが楽しめるし、昨年秋からは木馬や回転ブランコなどを備えた遊園地もお目見えした。

ウォーカーヒルは七五年までにディズニーランドのような規模に施設を拡張する方針で、その主な内容は向かい側の漢江辺までを結ぶケーブルカーを始め城内をまわるモノレール、室内体育館、ローラースケート場、アイスリンク、ボーリング場、人工スキー場、サウナドック、民俗村を建て、内容を充実させることになっている。

ウォーカーヒルは〝庶民〟の憩いの場だ。スロット・マシンを楽しむ家族づれも珍しくない

〝平和の像〟からヒール・トップ・バーをのぞむ。美しい緑がウォーカーヒルの花やいだムードをしっとりと落ちつかせる

韓国料理専門の名月館。美しい池の中に建てられ、花やかなムードがいっぱい

ウォーカーヒルの中心部。春のシーズンともなれば、国際色でいっぱいになる

安全は人と車でつくるもの

1600
Bluebird

# 雄飛の翼をひろげて日産自動車は今年も世界をかけめぐります

**より良い車で　より豊かに**

ハイウェイの発達で、野に山に車のある楽しい生活が、ぐーんとワイドになりました。1000ccから4000ccまでの豊富な車種。1台、1台に、理想の車を追求し、高度の技術を結実させて完成した、この喜び、この誇りを、日産自動車は今年も、自信をもって、みなさまにお届けします。

**安全は　日産の心からの願い**

花々しく開いたモータリゼーションその最大のテーマは安全性です日産自動車は、早くから今日の高速時代に備え、スケールの大きい安全性の総合研究に、たゆまぬ努力を続けてまいりました。ブルーバードのすぐれた安全機構をはじめ、日産車のすべてが《安全設計》でも大きくリード。綿密な配慮が、世界のセーフティカーとしてのゆるぎない信頼を獲得しております。

**新しい雄飛のスタート**

いよいよ本格的な国際競争時代。自動車産業の使命は、ますます重大です。日本の民族資本を守る一方、日本を豊かにする輸出を伸ばすために、日産自動車は新しい年を迎え、さらに大きく前進――より高い希望に燃えて世界にたくましく雄飛します。

世界の
日産
NISSAN 日産自動車株式会社

# 発展途上国（中進国を含む）との貿易拡大均衡に対する私見

## 共栄へのカギ握る　一次産品の輸入振興を

守谷一郎
守谷商会社長

一九六九年―。それは韓日を中心とするアジア諸国にとって相互の貿易のアンバランスを解消せねばならない年でもある。毎年のように叫ばれながらも容易にメドの立たないこの難問、政情不安、資源不足、民度の低さなど、さまざまな隘路がおり重なって好転のきざしはそう簡単にみえそうにもない。こうした問題について、守谷一郎守谷商会社長はその"私見"を本社に寄せた。

### 一、東南アジアにおける貿易のアンバランスについて

単位百万ドル

| | 輸出 | 輸入 | 比率 |
|---|---|---|---|
| 大韓民国 | 407 | 92 | 4・4：1 |
| 自由中国 | 328 | 141 | 2・3：1 |
| 香港 | 349 | 53 | 6・5：1 |
| ベトナム共和国 | 175 | 5 | 3・5：1 |
| タイ | 342 | 160 | 2・1：1 |
| シンガポール | 161 | 36 | 4・4：1 |
| フィリピン | 363 | 376 | 0・96：1 |

### 韓国などを中心に提起

### 大きい日本の責任
#### 態度いかんで保護貿易の危険も

### 委託加工の積極推進を

### 一次産品みでは困難

### 過保護政策を再検
#### 価格高騰の要因に

### 外貨保有問題は二の次

朴一哲本社副社長と対談する守谷一郎守谷商会社長

### 斜陽産業の転業を
#### 待てぬ特恵関税実施

### 成長産業発展への自主努力

### 譲るべきものは譲れ

**ノル（踏板）遊び**　ノル（踏板）遊びは古くから伝わっている韓国の庶民的で楽しい健康な遊びである。婦女子たちが嬉々としてノル遊びに興じている風景は、全く微笑ましい平和な躍動とリズムがある。

## まず東南ア知れ
### 工業発展への原動力

### 二、日本における東南アジアの重任

### 少ないテレビの実情伝達

### 他国も一層の商業的努力を

### 三、対米関係より見た対東南アジア諸国への私見

### 設備投資による入超は輸出伸長に直結

### 四、東南アジア諸国に対する私見

# 韓日経済交流に貢献する

（順不同）

# 리틀·엔젤스來日公演

韓国児童舞踊団

## TV出演後、各処에서

### 欧美公演에서絶讃받아

○…지난번 멕시코·올림픽의 韓国代表芸術団의 一員으로 参加하…○
○…여 金메달(?)을獲得한 韓国이 자랑하는 児童舞踊団「리틀…○
○…·엔젤스」一行이 日本의 리틀·엔젤스後援会(笹川良一会長)…○
○…의 招請으로 오는 4日 来日하여 約1個月間에 걸쳐日本各…○
○…処에서 公演한다 純朴한 어린이들이 풍기는 韓国의 芸術은…○
○…在日同胞는 勿論 日本人들에게도 好感을불러이르킬것으로 成…○
○…果가 期待되고있다。…………○

同舞踊団은 1962年6月에 創設되어 韓国의 古典舞踊을 背景으로하여 児童에 適応된 趣向을 近代風으로 消化한 演出을 特徴으로하는 舞踊으로써 国内에서 大好評을 받았다 特히 1965年 66年 67年에는 3回에 걸쳐 美国公演을 비롯하여 라틴·아메리카·欧羅巴·東南아시아 各国에서 公演하여 世界的으로 名声을 넓히하였다

韓国에서 生겨 欧美各国에서 드높은 芸術性을 評価받고있는 同舞踊団은 지난번의 멕시코·올림픽에出演하여 더욱 注目을 받은 後、멕시코、카나다等地의公演을 거쳐 帰国하는 길에 来日하여 駐日大体館、日本文化庁、駐日公報館、民団中央本部의 後援을 얻어 東京·京都、大阪、名古屋等地를 約1個月間 巡演하게 된것인데 이들은 公演에 앞서 6日에는 NGT·11日 NTV·12日NHK의 텔레비 放送에 出演하게 되어있다 그런데 이公演을 主催하는 리틀·엔젤스後援会笹川良一会長은「오랜 韓国의 伝統속에 자라난 高雅壮美한 리틀·엔젤스의 舞踊芸術은 日本人들로하여금 韓国의 認識을 새롭게하며 必然 好評을 받을것을 確信한다」면서 多数의 参観을 바라고있다

## 川崎支店改築피로

### 横浜商銀 総工費4千万円

横浜商銀信用組合(李鍾大理事長)에서는 9月初부터 川崎支店의 改築工事를 進捗中이던바 完工되어 지난26日 正午부터 新店2層홀에서 落成披露宴을 베풀었다 新店舗는 敷地74坪위에 鉄筋3層建物로 総建坪은 100坪、工費는 約4000万円이였다 川崎支店取扱의 預金高는 約8億円으로 横浜商銀의 総預金高의 約4分之1을 占한다

訂正 本紙12月9日字 横浜商銀理事陣一部改選記事中 文済行理事가 漏落되었기에 訂正謝過합니다 横浜商銀의 理事陣構成은 다음과 같읍니다

▲理事長 李鍾大
▲専務理事 李根馥
▲常務理事 大原良雄
▲理事 安周中 全丁戊 高尚棧 白釈善 文済行 李鍾河、林春善、李泰永、河伝楨、李一揆、成春夏、金大栄
▲監事 洪性麟、李鍾斗、崔鶴洙



## 오는12日에帰国

### 全国監察委員、母国서受講

民団中央本部의 金仁洙監察委員長을 비롯한 全国各県本部의 監察委員長등約70名이 中央情報部의 招請으로 오는 12日 帰国하게 된 一行은 1週日間에 걸쳐 中央公務員訓練所에 入所하여 受講한다음 板門店과 産業施設등을 視察할 予定이다 民団의 監察機関(長)이 이렇게 本国에 受訓次 帰国하는것은 이번이 처음인바 民団全国組織人의 母国에 対한 認識을 새롭게 하는데있어 크게 도움이될것으로 期待되고있다

### 婦人会도受訓団

婦人会中央本部(韓玉順会長)에서는 오는 2月8日 부터 1週日間 서울에 受訓団을 派遣한다 이것은婦人会中堅幹部의 教養을 높여 組織을 強化하기위한것으로 多数의 参加를 要望하고있다

### "教育헌장 宣布式"

지난 12月5日 本国에서 선포된「国民教育헌장」의선포식이 東京韓国学校(栄基鶴校長)에서 23日 上午10時부터 거행되었다 会場인 同校屋上에 駐日大使館의金首席奨学官을 비롯하여 学父兄등이 参席한가운데 헌장制定의 経過보고에이어、憲章과 大統領談話의 朗読이있었다 모임에서는 在日同胞들도 本国国民과 더불어 헌장정신을 받들어 그 実現에 努力하여야할것을 다짐하였다

### 京都韓中서도

京都韓国中高等学校(김영두校長)에서도 23日 上午10時부터 同校강당에서 民教育헌장선포식을 거행하였다。

## "永松女史救하자"

### 民団、婦人会가呼訴

民団中央民生局과 婦人会中央本部에서는 生活苦로 自殺을 企図한 韓国孤児의 어머니 永松가즈女史의 救援運動을 展開토록 管下에 指示하였다 両本部에서는 1月末日까지 救援金을 送達할것을 要望하고있다

오늘은설날 색동저고리에 연날리는 어린이들의 표정도 밝다

## 日韓協会서日人遺骨의奉還運動

### 中央日韓協会

第2次世界大戦이 끝난지 24年 敗戦으로 韓国에 버려진 日本人의 遺骨奉還運動이 中央日韓協会(白石宗城会長)와 民間親善団体사이에 進行되고 있다

· 이運動이 始作된것은 昨年10月 同協会가 若林参議院議員을 団長으로하는 親善使節団을 派遣하였을때서울의 仏教団体인 遠慶会性懐会長으로부터 約2千柱의 日本人의 遺骨을 安置하고있으며 西大門에있던 日本人墓地管理事務所에서도 約5千柱의 遺骨을 保管하고있다는 이야기을 들었기때문이다

同協会에서는 関係遺族의 申告를 기다려 遺骨者가나서면 遺骨奉還団을 編成訪韓할 計劃을 추진하고있다

## 輸国品輸出増進을建議

### 在韓日人商工会

【韓国支社発】서울에 駐在하고있는 20余日本人商社들의 組織体인 在서울日本人商工会(会長=中川忍一)는 自己네本社와 本国政府要路에 韓日貿易不均衡是正을 為한 方策으로 韓国生産品輸出増進에 協力해 달라는 3個項目의 建議를 해 注目을 끌게하고있다 그重要内容은 ①韓国産品에 対한 輸入제한을 철폐하거나 완화할것 特히 海苔 葉煙草 無煙炭等 一次産品에 特別配慮할것 ②加工貿易에 関한 関税引下 両国関係会談合意事項을 早速히 実現할것 ③合作投資의 許可를 빨리해줄것等이다

## 8月에東京서開催

### 韓日高校競技

今年度의 第2回韓日高校交歓競技大会는 오는 8月10日부터 5日間 東京에서 열기로 되었다 競技種目은 서울第1回大会의 7種目을 필수種目으로하여 女子농구와 여자배구를 追加키로하고 그밖의 선택種目의 決定은 이달中旬에 다시 協議하여 決定한다

★開店 民団中央前宣伝局長 金八雄氏가 池袋西口三業街에서 韓国料理「龍苑」을開店하였다

★華燭 大韓日報東京特派員 羅必成씨와 李承俊씨長女真賢嬢의 結婚祝賀宴이지난 21日 下午5時부터 山王飯店에서 李星徹、羅大煥씨 請謀으로 베풀어졌다

★婦人会主催단스·파ー티盛大 東京本部婦人会에서는 지난 22日 銀座大昌園에서 都内青年男女多数를 招待하여 단스·파ー티를 베풀었다

## 光化門復元工事竣工

【韓国支社発】光化門復元工事 竣工式이 지난11일 朴大統領을 비롯 三府要人 駐韓外交使節 各界人士 5百余名이 参席한가운데 中央庁앞 広場에서 挙行되었다 総工事費1億5千万원을 들여 9個月만에竣工을본 光化門은 오래가게하기위해 현관에는 石築과 木材代身 鉄筋콘크리트를 使用했다

李太祖2年(一[illegible]九五年)에 세운 光化門은임진왜란때소실되어 270余年間 자취를 감추었다가 1867年 高宗이 景福宮再建때 다시 세워진것이다

그뒤 1927年 総督府에 依해 建春門北쪽으로 옮겨지고 6·25動乱때 회진되어 石築만이 남아있었다

光化門은 아치로된 宮中石築위에서는 重層門楼로 우리나라에서는 唯一하며 門楼도 제일큰것이다

## 6日부터始務

民団各級組織은 오는 6日부터 始務한다 中央本部는 8日下午1時부터 同本部에서 新年会를 갖이며、恒例의 東京本部新年会는 10日 上午11時부터 東本会議室에서 개최한다

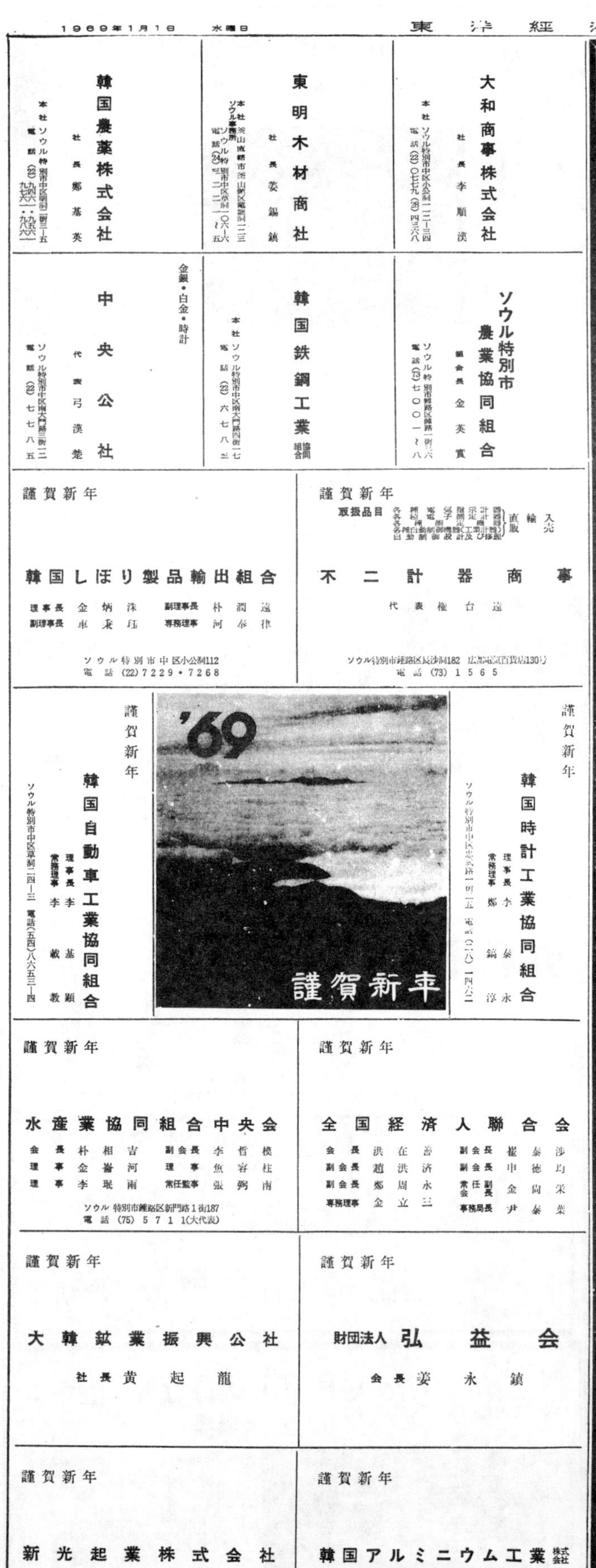

# 韓国に訪れた"冬将軍"

## 慶会楼の"名脇役"

白と黒。銀世界の朝を迎えた慶会楼は、その対照的な色彩のなかに古都・韓国の伝統を麗雅に写したる。曲げた枝に"白絹の裳"をのせながらも、なお緑のさやかな松・歴史のなかにそびえ立つ「慶会楼」の"名脇役"として、その伝統を風雪に耐えながら刻みつづける。過去と未来を結びつける冬・韓国の一コマだ。

## 合理的な寒さとの闘い

韓国の冬は厳しい。釜山など慶南地方は日本とあまり温度差がないが、ソウルを中心とした中・北部地方は厳冬期になると零下20度から30度までになることも珍らしくない。冬に韓国を訪れた海外旅行者がまず驚くのは、金浦国際空港からソウル市内に向う途中、ハイウエーに沿って悠々と流れている漢江が氷結、その広々とした漢江の氷原の上を青年たちがアイススケートに興じている風景だ。

寒暖計ではマイナス20度―30度であるが、湿気が非常に少ないためか"カラッ!"とした寒さで、日本の寒さとは大分、その性質が違うようだ。また、雪も降雪の少ない割合が多く、日本のスキーヤーたちがみれば狂喜しそうなスキー向きの雪が多い。しかし、日本海の沿岸部地方では、日本のようなボタン雪が多く、積雪1―2尺になることも珍らしくない。

韓国を訪れた"冬将軍"は大自然の威厳を遺憾なく発揮するが、民衆は"オンドル"で暖房され、"寒波"に対する闘いも、日本よりはむしろ合理的な面が多く、長い歳月にわたり、うけつがれてきた"生活の智恵"によって、自然の暴君である"冬将軍"と厳しく対決している。

韓国のウインタースポーツは、アイススケートが圧倒的に人気があるが、最近ではスキーやハンターなどが爆発的な流行をみせつつあるのは、やはり時代の流れといえるかも知れない…。

## 漢江での釣天狗

防寒コートに防寒帽、氷の割れ目に静止する浮輪を「ジッ」と見詰める韓国の釣天狗たち。その表情は、冷たくて痛い冬の空間に似ている。竿が突然、キリッキリッと風音を発して回りだす。グイーッと漢江の氷の中へ引っ張り込まれる純白の浮輪。黙っていても、凄すぎてものぼしい一瞬だ。

忠清北道の法住寺、捌相殿と呼ばれる一六二四年に再建された国宝の木造五階建ての建物や双獅子灯、石蓮池などがある。境内には高さ20㍍の大仏像もある。

# 韓日経済交流に貢献する

(順不同)

世界最大の規模　最良の品質

**FSKガムテープ**

不二紙工株式会社

本　社　東京都板橋区本町23番地
電　話　東京(03) 962局1111番(大代表)
営業所　大阪・名古屋・福岡・広島・仙台
札幌・静岡・富山・兵庫・京浜
工　場　東京・蕨(埼玉)・関西(兵庫)

## 東明木材商社殿納入実績

合板工場
- 5′-0″・9-0″リーリングアンリーリング装置　9セット
- ロールドライヤー駆動装置　4組

二次加工工場
- プリント合板製造プラント　1切
- プリフィニッシュ合板製造プラント　1切
- ラミネート合板製造プラント　1切

その他
- フローリング製造プラント　1切
- 集成柱製造プラント(未納)　1切

協立工産株式會社
大阪市城東区古市中通3丁目3番地
電話　大阪(06) 931－8762・8662・1572

当社中条工場

- ●メタノール
- ●ホルマリン
- ●ヂメチルエーテル
- ●塩化メチル
- ●塩化シアヌル
- ●MMAモノマー

協和ガス化学工業株式会社

本　　社　東京都中央区日本橋通3の1(新日本橋ビル) TEL (271)3001
大阪出張所　大阪市西区京町堀1の156(中谷ビル) TEL (443)2555
中条工場　新潟県北蒲原郡中条町 TEL 中条360-3

## 合板用ホットプレス

名機はホットプレスに関して最も歴史が古く、最大の納入実績をもっております。総圧力100トンから10,000トンに至る迄のプレスに関しては常に業界のトップリーダです。

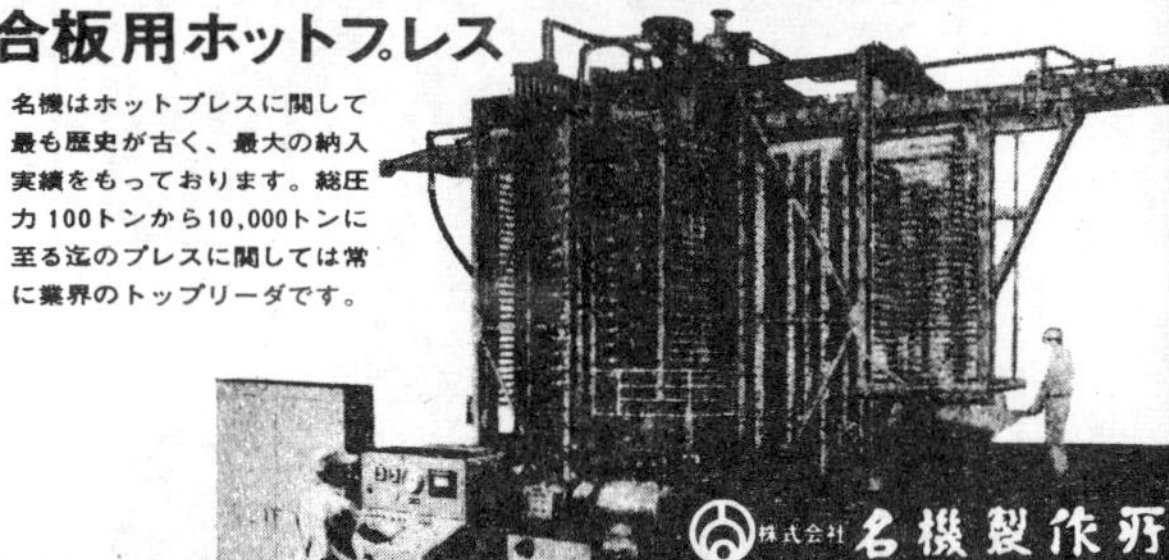

株式会社 名機製作所

*

技術と実績を誇る

## 《名南》ワイドベルトサンダ

合板・木工・プラスチック・金属等
各種広板の研削研磨に――

サンダのトップメーカー **meinan**

株式会社 名南製作所
本　社　名古屋市南区寺部通り1の8
TEL　(052) 821－6211(代)

●加工巾100から1800粍まで
用途により最適のサンダをお選び下さい。

NT-SSD型
ベニヤロール
ドライヤー

設計製作から
据付、試運転まで

種目　ベニヤロールドライヤー
塗装合板機械各種
その他

日東機械株式会社
大阪市浪速区久保吉町1259　TEL (561) 3240 (562) 2165

国際水準をいく

## NORITAKE

金属用　合板用　家具楽器用　ガラス、セラミック用　皮革用　その他

## 研摩布紙

技術提携先　カーボランダム社
製造　日本コーテッドアブレーシブ
販売　日本陶器
名古屋市西区則武新町1－1　TEL (561) 7111
営業所・東京・名古屋・大阪・小倉

RIKEN　RIKEN

最高の品質

理研の広巾研磨ベルト

研削力・耐久力・動的強度に最大の威力を発揮するベルトを用途別に多数取揃えております。

研摩布紙綜合メーカー　理研コランダム株式会社

RIKEN

## 工業用機械刃物及　ナイフ研削盤

主要品目
- 合板用各種ナイフ
- 製鉄用各種ナイフ
- 製紙用各種ナイフ
- ナイフ研削盤

東洋刃物株式會社
本　社　仙台市米ケ袋下丁9の3
営業所　東京・大阪・名古屋・仙台・札幌・広島・九州
工　場　仙台・多賀城・大阪

## UROKO 合板工場の設備近代化に！

REB型　高速レーズ
CEA型　ロッグ　チャージャー

- ■ダブルスピンド方式
- ■プレッシャーバー油圧操作方式
- ■歩出切換押釦式
- ■ロッグ　チャージャー全油圧作動式

株式会社 ウロコ製作所
東京都中央区銀座8ノ2ノ1(新田ビル)　電話(03) 573－7711(代)
本社工場　函館市追分町6ノ12　電話(0138) 52－3456(代)
平塚工場　平塚市大神下堤外3140　電話(0463) 21－7247～8

## ミナミの合板機械!!

HG型ベニヤエッジグルアー

★主なる製品

| | |
|---|---|
| ベニヤレース | ベニヤエッジグルアー |
| ナイフグラインダー | グルースプレッダー |
| 連続ベニヤドライヤー | ダブルサイザー |
| ローラーベニヤドライヤー | ベニヤジョインター |
| オートクリッパー | パッチマシン |
| テープレススプライサー | ワイドベルトサンダー |

南機械株式會社
東京都大田区中央8丁目2番20号
TEL 751－2161代表

## よしみね水管式ボイラ

日本は勿論世界に誇り得る

NHD型(特許願済)

吉嶺汽缶工業株式会社
大阪市東区安土町4の10(ホースビル)　電話 大阪 06 (271) 8731代表
工場/京都　支店/東京・名古屋・九州・札幌

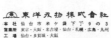

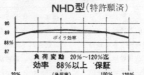

# 年輪をきざむ韓国の旧跡

## 五百年の王国の秘密

## 当時しのぶ日用品など

伝統と文化の国韓国―。めざましい近代化を進める韓国は反面、伝統と文化の国でもある。全国に散在する遺跡が、その悠久の歴史の名残りをとどめる。静寂に包かれた精神主義―東洋文化のメッカとして、いまも人々の心をとらえて離さない。ことしもまた、一年の歴史を積み重ねようとしている、これら"文化"の歴史の"顔"をのぞいてみよう。

### 秘　苑

昌徳宮の北側にある宮苑で、昌慶苑に隣合せている。近年まで国王が愛用していたところだけあって深蒼と茂った林や小池は自然のまま。ソウル市内にあるので交通の便がよく、また静かな場所とあってなとも(?)れば恋人たちや家族づれが大勢ピクニックにやってくる。

ここは君主の散歩場所として愛用されたので、一般庶人の出入りが禁止されたところで、殿閣や亭、それに大小の池も多く、文字通り五百余年にわたる朝鮮王国の秘密をひめているといわれる。

秘苑には現在殿閣一個、亭子二十二個、その他建物七十個がある。そのうち有名なものは次のとおりである。

**宙合楼**　奎章閣の上楼にあるもので、英祖十一年（一九三五年）に建てられた宴会場で、正祖の親筆である扁額がかかげられている。

**喜雨亭**　仁祖時代に建てられたわら葺堂で、もとは酔香亭であったのを粛宗十六年（一六九〇年）にここで祈雨祭を行なったところ雨が降ったので、国王自ら喜雨亭と命名して瓦に葺きかえた。

**魚水門**　宙合楼の入口門で二つの柱で屋根が支えられているのが特徴である。

**暎花堂**　粛宗八年（一六九二年）に改修して科挙（今でいう高等考試）をみたところである。

**半島池・観覧亭**　韓国地図の模様をした池と扇模様の亭子で、仁祖二十二年（一六四四年）から国王の釣場として愛用された。

**玉流井**　韓国固有の庭園をそのまま受け継いでいるといわれる。そばを玉流川が流れ、薬水といわれる地下水は国王が好んで飲んだといわれる。

昌徳宮の仁政門。ここを入ると歴代の王が即位した仁政殿がある

昌徳宮内にある国王の駕籠（カマ＝カゴ）

韓国固有の庭園をそのまま受けついだ玉流井

## 新羅・高麗・李朝の古陶

朴　徹（その144）

### 白磁辰砂鶏水滴（高さ8.8cm）

一九六九年の新年を迎えるのに際し、今年の干支にちなんで李朝期の鶏水滴を紹介してみたい。

この水滴は東洋経済日報の六九年度年賀状にも使ってみたが、なかなか味のある品である。

▼…写真の白磁辰砂水滴は、背中に水を入れる小穴があり、嘴の先から排水できるようになっている。鶏冠部が辰砂で、他の部分は、白磁に陰刻で羽の模様が彫ってあるが、全体がまとまっており、素朴でユーモアのある形態をしている。

▼…李朝期の水滴や筆筒、筆洗い、紙筒、陶製硯などは優美で知的かつ静かな[illegible]い。

李朝の中期以降、泰平ムードや文教奨励策を背景にして、文人や文士たちが大いにわが世の春を謳歌した時代があったと聞いている。

この白磁水滴は李朝後期頃、分院窯で造られたものと思われるが、これを眺めていると当時の歴史などがあれこれと偲ばれ興味ぶかいものがある。

### 昌徳宮

李王朝始祖の太祖が高麗朝の首都開城(?)（現ソウル）に遷都した際に本宮である景福宮の離宮として一四〇五年十月に建てられたのが昌徳宮で、その東隣として秘苑がある。本宮より規模は小さいがこぢんまりと整っており、景福宮が男性的な壮麗さをみせているのに対し、昌徳宮は女性的な繊細さが特徴。

昌徳宮は一五九二年壬辰倭乱（文禄の役、一五九二—九八年）で焼けたのを光海君元年（一六〇九年）に再建、以後大院君が景福宮を再建（一八六八年）するまで正宮として歴代の国王が政治を行ない常住した。

**昌徳宮の正門は敦化門で壬辰倭**乱の時にも被害を受けず、五百六十余年の歴史を誇る門である。敦化門を過ぎて仁政門を入ると、朝正殿で宮中における一番大きな仁政殿があり、太宗、世祖、成宗、中宗、仁祖、英祖、純祖、哲宗、高宗がそれぞれここで即位した。その裏には青瓦の葺いた[illegible]会議が開かれた便殿の宣政殿がある。また宣政殿は国王が政事を執務したところである。その隣りに大造殿があるが、ここは[illegible]作りで王妃の寝室と居間を兼ねた内殿として使われ歴代の国王がここで生まれた。

現在仁政殿には国王が使用していた衣服や身回り品、日用品、それに風俗品が陳列され一般公開されている。

昌徳宮敷地約十三万三千平方米、秘苑敷地約二十一万平方米。

# '69年頭所感

### 韓国居留民団愛知県本部　団長代行　金　允　鎮

新年おめでとうございます。韓日国交が正常化してから既に三年、民団としても現時点における複雑な主・客観情勢を直視し、基本姿勢を民族主体性確立におき、民団組織の再整備と体質改善を図り、民族諸事業を強力に遂行しなければなりません。

民団愛知にとって今年はとくに重要な年であります。昨年の十一月十三日、ご承知の通り、故金竜煥団長は地方委員会の会場で壮烈な殉職をされ、優れた指導者を無謀な暴力によって奪われました。われわれ民団人は全団員が一丸となって、故金竜煥団長の愛族・愛団精神を継承し、組織強化のために前進しようではありませんか。そして民団愛知が県下五万同胞の中心的指導体となり、在日同胞にとって懸案課題である法的地位問題や教育対策などに挙団的な努力を集中しなければなりません。

諸先輩、経済界有志、団員の皆々様、今年こそは一層の団結をもって積極的に頑張ろうではありませんか。

そして朝総連系列の虚偽宣伝を粉砕し、覚醒されてない同胞たちを包容しつつ、在日同胞社会の経済的、社会的、文化的発展と大韓民国の発展に努めようではありませんか。以上簡単ではありますが一九六九年の新春に際し、年頭のご挨拶を申上げるとともに、団員各位のご健勝とご多幸を祈ります。

### 信用組合　愛知商銀　理事長　姜　求　道

輝かしい一九六九年の新年を迎えるに際し、旧年中のご厚誼を深謝するとともに、本年も倍旧のご鞭撻とご協力を切望してやみません。

ご承知の通り昨年の日本経済界は、極めて活発な経済成長により、[illegible]に過ぎ、また[illegible]も官民一体となった第二次経済五カ年計画の遂行は偉大な成果を収めました。本年度の経済活動も好調を予想されておりますが、国際間の経済競争の激化やポンド、フラン、ドルなど国際通貨問題などが決して目をはなせないものがあります。

[illegible]といたしましても[illegible]一層の[illegible]力を[illegible]とサービス面の向上に努めてまいりました。今年こそは[illegible]ここに[illegible]を[illegible]いたしたいと[illegible]しております。[illegible]

### 愛知県韓国人経友会　会長　鄭　煥　麒

輝かしい一九六九年の新年を迎え、[illegible]のお慶びを申し上げるとともに、旧年中のご芳情に対し厚くお礼申し上げます。

ご承知の通り、日韓両国をとりまく国際経済環境は、いよいよきびしさを加えつつありますが、[illegible]

[illegible]

### 愛知県韓国人商工会　会長　金　麟　九

新年あけましておめでとうございます。旧年中は役員並びに会員各位をはじめ、関係各機関の多大なるご協力によりまして当商工会も大きな飛躍をとげました。

ここに深い感謝の意を表するとともに、今年も倍旧のご厚情とご支援のほどをお願い申し上げるものであります。

[illegible]

### 株式会社　白井商店　取締役社長　白　南　斗（愛知商銀副理事長）

希望にみちた一九六九年の新年を迎え、謹んで年頭のご挨拶を申し上げます。旧年中は公私ともにいろいろとご厚情を賜わり厚くお礼申し上げます。

昨年の十一月十三日、われわれの民団指導者であり私のよき友人でありました金竜煥氏が暴漢の凶刃によって殉職、韓日各界に深い衝撃と悲しみをもたらしました。皆々様、今年こそは悲劇的な民団愛知事件が絶対に再発しないよう「同胞社会の浄化と暴力の追放」を皆が団結して実現しなければなりません。

皆々様の金融機関である愛知商銀も、組織的に着実に躍進し同胞商工界の発展育成に大きな役割を果しつつあります。今年こそは愛知商銀と民団とがより結束を強化し、同胞社会の発展と向上に努力しなくてはなりません。

そして厳しい経済環境下にあっても同胞各界が団結し、各自が強い愛国精神と民族的自覚をもって前進するならば、何一つ恐れるものはありません。私も旧年に倍して、皆々様と在日同胞社会のために献身的に努力したいと堅く決意しておりますので、何卒よろしくご鞭撻とご支援をお願い申し上げます。

以上簡単ながら年頭のご祝詞とご挨拶を申し上げます。

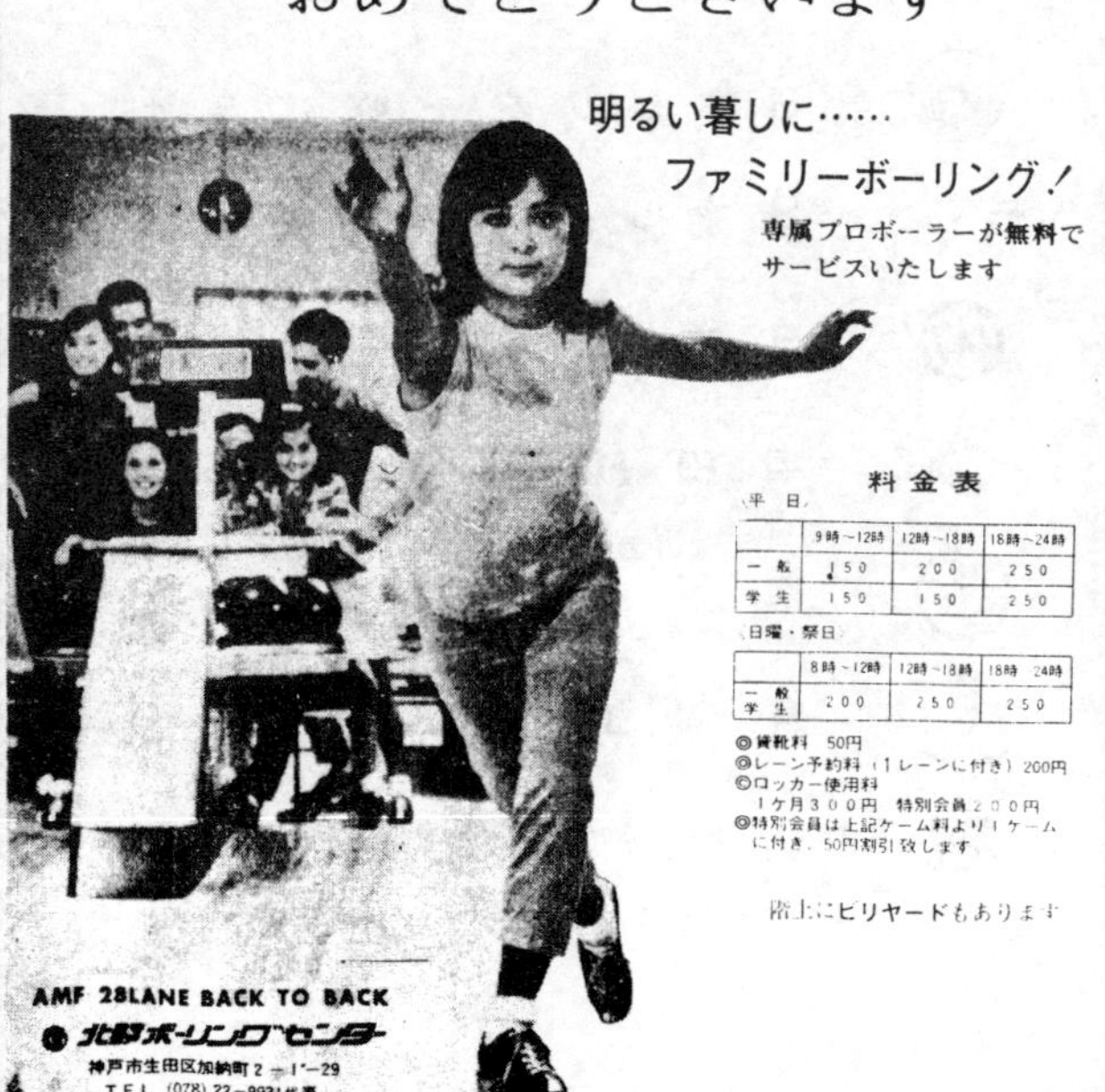

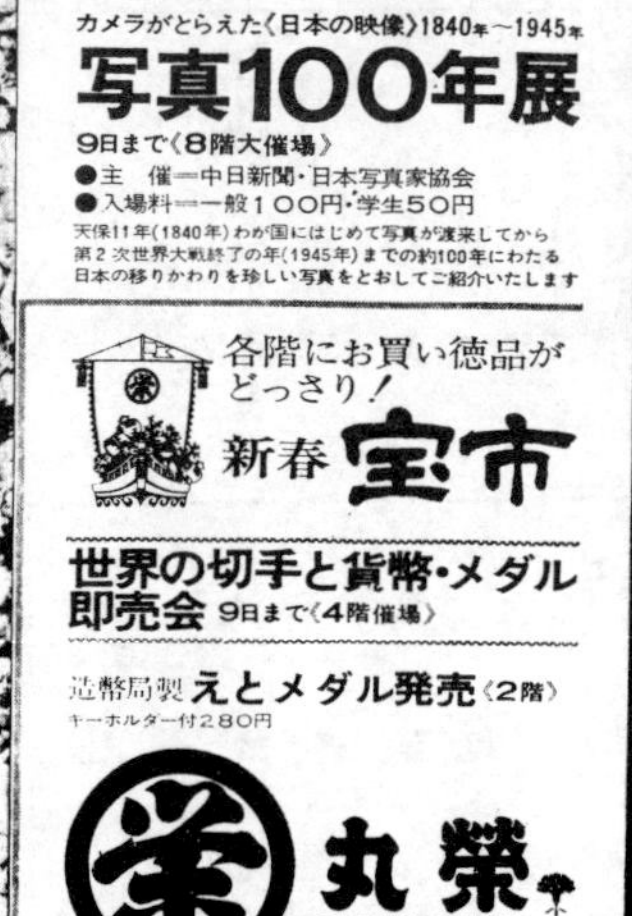


「1700人の赤ん坊コラージュ」明治26年製作　写真100年展に出品

宝石泥棒
「?」

やっかいな荷物

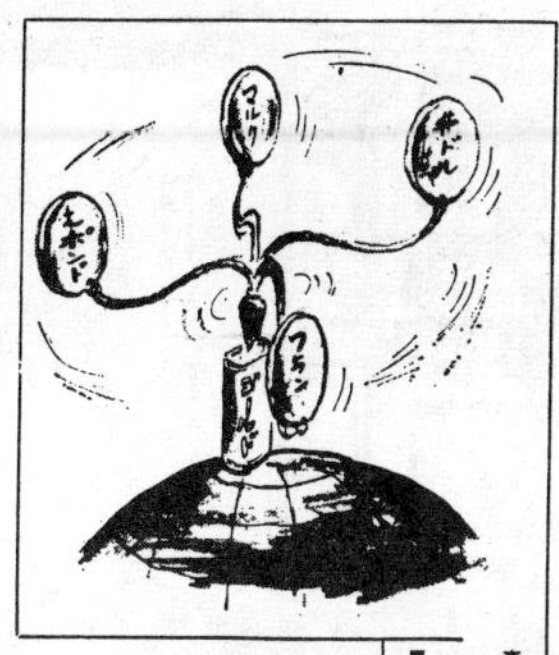

風車

「たばこは体に悪いから禁煙すると」

どっちが大事か

日本のカク兵器

「二人分のベッドを作る前にどっちの銃が強いか言ってくれ」

簡素化（供物はすべて切り抜き）

705

# 恭賀新禧
# ソウルから…在日僑胞、日本の皆様へ

"新年おめでとうございます"と新春の盛装であいさつする韓国女性たち＝ソウル・中央日報社提供

## 家庭生活のカギ
### "悪妻"7つのタイプ

「妻を娶らば才長けて、みめ美わしく情あり…」—戦前流行った歌だが、このような"理想の妻"は昭和元禄のご時世にはとんと見当たらない。逆に悪妻は多くなるばかり。悪妻は百年の不作といわれ夫から敬遠され、家庭生活もうまく行かず、結果は本人も苦しむことになる。

自分ではさほど気にならない行動や夫に対する態度が、夫の方にとってたまらない悪妻ぶりと感じられている場合があり、それが原因とすれば、世の奥様方は安心しておれない。

そこで夫側から見た悪妻の七つのタイプをみると—。

**交妻**　交妻は交際に通ずるタイプで、やたらに人に接し、想像をまぜ噂話をしたり、隣近所の情報を集め、あちこちで報告したりする。本人は世話好きで、親切心のつもりだが、聞かされる方では、あの人にうっかり話したら、誰にしゃべられるかわからない、と警戒されるようになる。次には夫が帰宅するのを待ちかまえ、新しい情報を次から次へとしゃべりまくる。夫が会社で仕事で追いまくられ、くたくたになって帰ってきても、無理にも自分の話を聞かせようとし、なま返事をすると"誰々さんの御主人は気が優しくて、収入が多くて…"と来る。

**強妻**　夫が酒を飲んで夜遅く帰ってこようものなら、ほうきをもって追っかけまわす。言い訳しようものなら茶碗やコップなど手当たりしだいに投げつける。パチンとやろうものなら、まるで仇にでも会ったように、血相をかえてむかってくる。ヒステリックで、あとさきを考えずに、突発的な衝動にかられて行動するタイプで、自分の機嫌のよい時は、やたらと夫を大切にし素直に言うことを聞く。

**体妻**　体妻（ていさい）は体裁に通ずる。虚栄心が強く、台所経済が火の車なのに派手な格好をしたり、自慢話をしたがる。隣近所の手前百貨店から物を配達させたり、実家に泊りに行くのに温泉へ出かけるようなふりをし、無理して旅行先の名前入りの土産を手に入れ近所にくばる。人に会えば夫の出世話を大きく話したり、有名人の誰れ誰れとは親せきだとか、小学校、中学校を首席で卒業したとか見栄をはる。

**幼妻**　自主性をもたずなんでもかんでも夫に相談する。子供のように、言われればするが、言われないと何もしない。会社へ度々電話して、帰りが遅いと泣き声を出したり、夕飯のおかずの注文をきいて、出来れば買ってきてくれと要求する。洋服のスタイルを一緒に考えて欲しいといったり、どこかへ連れていってほしいとねだる。

**無妻**　だらしないタイプ。醤油のびんとソースのびんが同じだったり、テレビを見るため台所のかたづけをいつまでもそのままにしたりする。掃除する場合も、見える所だけは一応するが、見えない所は全然手をつけず、ほこりだらけ。風呂あがりの格好で、化粧台にいつまでも座っていたり、下着をクリーニング屋に出したり、自分で洗濯しても干す時人目につくような干し方をする。

**師妻**　インテリで気の強いタイプに多く子供だけでなく夫に対してもやたらと指導したがる。アドバイス程度ならいいが、とにかく自分の意見や主張を通さねば気がすまない。今日は部長の誕生日だからお祝いに行けとか、立身出世のコースを歩ませようと、夫の会社の領分にまで口を出す。日曜、休みの日もおかまいなしに夫の仕事をたえず作っておき、次から次へと用を頼む。

**遊妻**　とにかく遊び好きで、家にじっとしていない。子供にかこつけてレジャーをたのしみたがり、たまの日曜も自分勝手にスケジュールを決め、夫を休息させない。その上賭け事が好きで、マージャンなど一緒にやり、亭主が負けても、自分は替ろうとしない。クラス会の幹事を引受けたり、友人を家庭に招いたりして、夫に遠慮なく、帰ろうとする友人を引きとめたりする。

## 手がこんで豪華
## 韓国の正月料理
### 黒く仕上がるほど良い

**薬食**　名前はかわっているが、栄養価の高い材料がいろいろ入っているので、薬のように少しずつ食べるところから出たともいわれている。こってりした味、もっちりした口当たり、日本のチマキに似たところがある。

手のこんだデラックスなもので結婚式や誕生日、正月などの膳に出ることが多い。もともと、色が黒く仕上がるほどよいとされ、一度ふかしたご飯に実や調味料、香辛料をまぜ、ボールに入れて一晩湯せんしたものだったが、最近はもっと簡単になっている。

右端の下が薬食

**作り方**　①もち米は洗って一晩水につけ、ふかしてからざるにあげて水をきる。せいろにじかに入れてふかす。途中二度ほどカップ三分の一はいずつの水をふりかける。

②よくふかしたもち米をボールにとり、しょう油、黒砂糖、ハチミツ、ゴマ油、干しぶどう、むき栗、肉桂の順に入れてよくまぜる。これをもう一度せいろにもどして栗が柔らかくなるまでふかす。

③器に盛り、上に松の実を飾る。

盛る器は、長くおいておくようなときは、フタのあるものがよい。客向きには、抜き型で美しく抜くのも面白い。食べ残ったら固くなったものでもフライパンに油をひいていためると柔らかくなっておいしく、せいろでふかしなおしてもよくなる。

**材料**

| | |
|---|---|
| もち米 | カップ4杯 |
| 黒砂糖 | 〃 1杯半 |
| 干しぶどう | 同 |
| むき栗 | カップ2杯 |
| ハチミツ | 〃 1杯 |
| しょう油 | 大さじ4杯 |
| ゴマ油 | 〃 |
| 肉桂粉 | 小さじ2杯 |
| 松の実 | 少々 |

## うるちの粉をむす
### おかずも数種つく

**雑煮**　日本の雑煮は、関東、関西など地方によってそれぞれの味が出ているが、韓国の雑煮の特徴はもち米を使わず、うるちの粉をむしてよくねったもので、あまりねばつかない。さらっとしている。そのうえおかずが数種ついている。

**作り方**　①もちはうすく斜め切りにして水でさっと洗う。ネギはせん切りにする。ノリもあぶってせん切り。

②牛肉は細かいせん切りにしてすりゴマ、こしょう、ゴマ油で味つけし、いためる。肉の色が変わればカップ五杯の水をさしてしばらく煮る。

③肉がすっかり煮えてだしが出れば、しょう油二杯半と化学調味料で味をととのえ、ネギともちを入れ、フタをしてもちが浮き上がってくれば、あらかじめときほぐした卵を流し、火をとめる。長く煮るともちがのびるし、汁もにごってまずくなる。

**猿公の図　金泰伸画**

金泰伸画伯は帝国美術学校日本画科を卒え、伊東深水氏に師事、人物、風景が得意で朝日賞、日本国府賞を受けている。日本美術家連盟会員で、新美術協会の会員でもある。日本画壇で中堅作家として活躍している韓国唯一の日本画家である。四十四歳。自宅は東京都練馬区西大泉町八一五。

# より高い次元での韓日協調をのぞむ

## 新春の譜

また新しい年がめぐってきた。不況の風が強くなるという一九六八年ではあるが、在日僑胞は逞ましい気迫をもって、経済社会の建設に心新たに邁進しようとしている。

在日僑胞の社会では、経済活動にしろ、民政関係にしても、ようやく若い世代の台頭が強く要望されてきた。流動激しい情勢に対応するためには鋭い知性と優れた教養、そして強力な指導力を兼ね備えた若い人の出現を要求している。解放後二十三年目の新しい年を迎えて"若い力"にチェンジする時がきているようである。

× × ×

韓国政府は昨年日本からの借款による"プラント建設の申請"を全面的に中止し、今まで慣例的にやっていた九十日の短期DAの決済すらはねつけている実状にある。これは張基栄氏の積極的な借款政策にストップをかけた朴忠勲企画院長官がすこぶる慎重な方針にかえ、日本にたよりすぎた過去の取引方式を根本から修正する方策を用いているが、恐らく本年の上半期までは、対日取引においては期待するような活発な動きはないものと見るべきであろう。

日本側としては、韓国の外貨のバランスシートに対し非常に敏感であって、元利返済に対する正確な根拠を掴まない限り、韓国側の申し入れをこのまま受入れるわけにはいかないというきびしい態度をとっている。"八億ドル"のパイの集中分はもはや売り切れており、日本商社の対韓国取引は何か新しいものを見つける必要にせまられている。韓日国交が正常化されて僅か三年足らずの間に、もはや両国とも過去の熱狂的な関心が消えて、驚くほど冷静な状態に戻っている。

在日僑胞は、いままで日本で多少なりとも蓄積した財産を母国に持込んで、資本さえあれば成功率の高い企業が容易に見つかる韓国への進出をはかったが、これは日本の為替管理法によってしめ出しをくい全く手の出しようがない。これはかりでなく、韓日条約締結以後日本の税務当局がきびしくなるとともに風俗営業は銀行の融資対象からはずされ、資金ご調達のハサミ打ちにあい二重三重の苦境にたたされているというのが実状である。

法的地位の問題でも僑胞の実生活にそぐわないいくつかの矛盾点があるが、経済生活の面でも僑胞の生活は進歩どころか、後退する運命におかれている。韓日条約は僑胞のためには何ら得るところがなかったと悲観する人々が、最近ようやくふえつつあることは注目すべきことであろう。

母国のプラスが、僑胞にマイナスとなり、僑胞の生活が貧しくなることによって、祖国が発展するという現象が、韓日経済協力推進の副作用として起きてくることになれば、僑胞は犠牲になるだけである。そうなると一種の「棄民集団」と化してしまう。

ここで韓日経済協力のあり方と在日僑胞の生活に対し、根本から再検討すべき時機がきていることを指摘すべきである。過熱状態から冷却状態に早変りした現実をよく見きわめて、このいき詰りに近い状態を早急に打開する対策を打ち出すよう韓日両国政府に要望する。

× × ×

こじれたときには、その角から一段高い次元に立って、すべてを見直すことはたしかに賢明である。今年からは韓日両国の現状を、おたがいに遠いところから見直すことが必要だと思う。僑胞と日本人とのつながりや、生活実態も、もう一度見直すことが大切だ。長い長い未来を考えて、この国に生を営む者同志で、見直してみるとまた楽しいイメージが沢山浮んでくる。それは僑胞が、日本人と一緒になって、でっかい大国"韓国"を造り上げたいと考えるからである。

経済オンリーの協力関係は、そう長く続くものではない。経済は総合された生活の構造の上に咲いた花であって、外貨や、機械や、商品ばかりが分離して陳列されても、それを一つの形態に総合する求心力が作用しなければ何にもならないのだ。

最近の韓日関係は経済面によりすぎている。この前までは政治にかたよりすぎていた。どちらも完全なものでなかったわけだ。これからは総合された文化的な、もっと大きく考えて生活そのものの交流をはかるべきだ。

韓国人は日本人の暖かい人情に飢えているのだから、一孤児院で孤児にかこまれて死んだ日本の老人を社会葬として厚くほうむったほどである。

韓国へは、こんな日本人がどんどんでかけてくれると韓日関係は大きく前進する。

日本にくる韓国人も教育、宗教、芸能その他各方面の人がもっと多く日本にくるようにしたら幅の広い接触ができる。そうしてこの人たちは、僑胞とばかりつきあわないで、日本人との交際を持つよう努力すべきである。

× × ×

商取引に終始する協力関係から、生活の交流をはかるところまで前進してこそ韓日両国は、国民相互の間にはじめて人間的信頼感が芽ばえてくる。そこで考えられることが共同の努力による事業の経営である。金を借りることもよいし資本を出し合うのもよい。お互の商談はスムースに運ばれることになるのである。

韓国がアジア経済圏の中のヒズミ地帯であるから、これを助けて日本なみの経済力が持てるようにしようと韓日会談がはじまったときは、日本の指導者たちが盛んに宣伝しておいて、会談が成功したら、辛くて、きびしい商売人式のやり方に変ったのが日本政府の方針であった。

資本と技術に乏しい韓国は、これから日本側にたのみたいことはあっさりたのみ込んだらよい。へんな体面ばかり作ったり、やせがまんをはる必要は少しもない。日本も助けるなら本当に助けるべきである。しぶしぶやるようなけちなまねはよした方がよい。韓国からしぼり上げてみても大したものは手に入らないのだ。

それよりも、日本の資本と技術を入れてどんどん合弁会社をつくればよい。韓国が日本からまた搾取されるのだといって我を張っている間に、国民はしびれをきらしてしまう。極東の孤児となる前に早く腹をきめるべきである。何故か韓国人は日本人の搾取を恐れる。それよりは一歩前進して日本人から搾取してみようという気概を持ってもらいたい。

× × ×

一九六八年の元旦、極東に突出した小さな半島、その半島の前を横に封じてならぶ島と島、これが韓国と日本だそうである。

歴史は悠々と流れて幾百年、この地球の民はお互にもちつもたれつ、ときには教え教えられ、また時には相争い、にくしみ、愛すという感情幾千年を経て、今なおがっちり手を握っていない。

しかし年あらたまり、民族また老いて無限の年輪に身を寄せて、仲よく、睦じく、平和にくらせる隣人同志になりたいという悲願をこめて読者とともに新しい年を迎えよう。

# 輝かしい1968年の新春を迎えて

## 祖国の繁栄と民族統一へ

大韓民国外務部長官　崔圭夏

祖国の近代化は目ざましい進展をみせ六七年を送り、意慾と希望にあふれる新しい年をむかえ皆さんに新年のあいさつをすることに心から喜びを感じます。

僑胞の皆さん、異国の環境の中であらゆる苦労を体験しながら、祖国の繁栄と民族的統一という大事業の達成のためにつくして下さっている愛国的誠意と協力に深く敬意を表します。

本年もつづいて支持と協力をお願い申し上げます。

僑胞のみなさまのご健勝と幸福がおとずれるよう祈り新年のあいさつに代えます。

## 勇気をもって前進を

駐日本国特命全権大使　厳敏永

希望の新年、一九六八年をむかえおめでとうございます。

政府の任命により日本国駐在特命大使として赴任して始めて迎える新年ですが、私は同胞の皆さんとともに祖国大韓民国の繁栄と発展を願うと同時に在日同胞の皆さんに幸福がおとずれることを祈ります。

さて昨年一年間をふりかえって見ますとわれら大韓民国は、国内には第一次経済開発五カ年計画につづいて第二次五カ年計画を実施し年平均八%という世界でも珍らしい経済成長をとげる一方、過去十五年間にわたり、建設不可能だった数多くの工場を建て、いまや新興工業国家として面目を一新したのであります。

また昨年の輸出高は三億六千万ドルに達し、七年前の三千余万ドルに比較すると、実に十倍以上の増大ぶりであります。

それだけでなく、国外的には友邦諸国との連けいの強化に力を注ぎ、わが国際的地位は、大きく向上したのであります。このような祖国の発展と成長は、偶然なできごとではなく、全国民が政府の基本方針にしたがって、貯蓄、勤勉、貿易を旨として、増産、建設、輸出に総力を傾けた血と汗の代価です。

一方地理的とか、歴史的に非常に近い関係をもっていながら一時的には杜絶されていた日本との国交が正常化され、両国間の交流が各分野において活発に展開されており、とくに僑胞の皆さんの地位も、ますます安定向上されつつあることをよろこばしく思っております。

韓日両国の親善協力関係は、両国だけの問題でなく、亜細亜全体の安定と繁栄のため貢献する面も少なくないのであります。とくに僑胞の皆さんの地位の安定と向上は、両国間の友好的な関係の礎石ともなるのであります。

しかし、韓日両国間の問題の中でも日本に住んでいる皆さんの前に置かれているいろいろな問題は多く、それがまた完全に解決されていないのであります。

とくに皆さんの重大関心事である法的地位の向上はいちばん大きな問題のひとつになっています。

これに対し、私は皆さんと協力し、そして解決して行くのが使命だと思っておりますので最善をつくすつもりです。

私は皆さんの子弟たちが真に大韓民国の国民として成長するようにその教育問題を根本的に解決すると同時に、皆さんの安定した経済活動のためにもあらん限りの力をつくし、祖国に寄与しようと思います。

同胞の皆さんが、希望の新年をむかえ、大韓民国の国民としての衿持と自信と勇気をもって、力を合わせよりよい僑胞社会建設のため努力して下さるとともに、私に対しても積極的にご支援下さるようお願いします。

最後に新年をむかえ祖国の繁栄と六十万同胞皆さんの幸福を[illegible]て祈ります。

## 韓国人の誇を持て

駐名古屋大韓民国領事館　主席領事　文鐘律

一九六七年を送り一九六八年をむかえるに際して、実に感慨無量のものがあります。

すぎ去った一年間、韓国領事館は管内の民団および僑胞皆様の熱烈な声援のもとに、全力をつくして仕事をしてきました。

しかし心の一隅では反省の心が起ってまいります。

一九六八年は本国で起りつつある逞しい気風と総前進の決意を模範として、我が僑胞社会の各分野にわたって画期的な発展が起ること信じております。

年を重ねるにつれ、私たちは漸進的に洗練された感覚をもち、自身の任務を忠実に果して行く態勢をととのえつつあることを喜びとしております。

それが十分に発揮できると き私たちの力は真に限りない大きなものとなるものと信じております。

このような点を共同新聞は鋭利なる感覚をもって、わが僑胞社会の発展のため大きく貢献されてきたことを感謝し、私たちはつねにこのような建設的な意見に耳をかたむけ、一日も早く私たち自身の権益はもちろん、僑胞社会のため奉仕する気風を作るべきであると思います

新年を迎えて、多くの計画と意欲をもつものでありますが、このような決心がたとえ一つとしても無駄にならないように、たえず考え設計し実践して行く決意を固めております。

小さなことでも他人のため奉仕し、他人のため生きて行く抱擁力のある国民にならなければならないと思います。

また大韓民国国民であるという大きな喜びとほこりをもって、日本人と同等の地位で融和力をもって生きて行くべきであると存じます。

元旦にあたり私たちはさらに強く心をひきしめ、健康に心をかけつつ任せられた諸作業を完遂し社会に奉仕していけるよう皆様とともにそろって決心をいたしましょう。

## 積年の旧習から脱皮

在日大韓民国居留民団　中央本部団長　李祐天

親愛なる団員のみなさん！新たな年、一九六八年を迎え心からお祝いの言葉を申しあげます。

顧みますれば、祖国大韓民国は昨年大多数の国民の信任を得て、再び第六代国家元首に就任された朴正熙大統領の領導のもとに、祖国の近代化をめざす第二次五カ年計画に着手し、日を追ってめざましい発展を遂げております。これと横を同じくしてわが居留民団も、同胞大衆と密着した“働らく民団”として姿がえをいたしました。

昨年六月にひらかれた第三十二回臨時中央大会は、不肖私に中央団長の重責を負わせましたが、その際、私は「大会公約を忠実に履行し民団の質的向上を図るとともに、和をもって、いわゆる派閥を解消し、在日六十万同胞の権益を擁護するため下僕となって力の限り働く」ことを誓いましたが、その時の決意はいまなお少しも変っておりません。

希望に溢れる一九六八年の年頭にあたり、私は所信の一端をここに披れきいたしたいと思います。

まずわが民団は積年の旧習から脱皮し、大衆と密着した組織となるためにの組織の基本財政を確立しなくてはなりません。そのための準備作業はすでに開始されておりますが、今年こそは、わが組織の総力をあげて目標を達成しようとしております。このことに関しては一般同胞はもちろんのこと、とくに経済人の理解ある積極的な協力を願ってやまない次第であります。

次に二世子弟の民族教育でありますが、二十年、三十年後の二、三世の在り方に思いを馳せると、民族教育ほど重大な事業はないと考えます。

われわれは日本において在日民国団民として衿持をもち、日本国民から尊敬される二、三世を育成するため、全同胞の英知を結集して、この民族教育事業の抜本策を樹立しなくてはなりません。そのため、本国とは大統領閣下をはじめ文教部長官ともすでに根本的な意見の一致をみており、内的には教育委員会を設置して、学校運営ならびに民族教育指針の全般について関与させるとともに、外的には朝鮮大学の認可にあくまで反対し、日本側が企図している“外国人学校制度”をわれわれの実情に即した方向に決定されるよう、日本当局との交渉を通じて、さらに強く働きかける考えであります。

第三に、われわれの法的地位でありますが、この問題は韓日協定が発効してすでに三年目を迎えた今日、いまだに永住権申請が不振状態にあることからみて、この打開策を講ずる一方、同法的地位についてわれわれの要求を受け入れるよう韓日両国政府に交渉すると同時に、昨年八月二十四日、両政府で発表した了解事項がすみやかに実施されるよう続けて交渉し、そして在日六十万同胞が日本において安定した生活が営めるよう、万全を期す覚悟であります。

第五に民族資本の育成強化でありますが、これについては商銀信用組合と民団組織と密着させ、全団員が商銀の組合員になる運動を進め、日本に住みながらも何んらの日本国の保護を受けることのできない同胞の企業を助け、ひいては全六十万同胞が経済的にも安定した生活が営めるよう極力努力するつもりであります。

以上、今後の民団事業とその針路について所信を述べましたが、これを完遂するには、一線の組織幹部はいうにおよばず、全傘下同胞の積極的な協力と理解が必要であります。

民団もすでに二十二歳の青年になりました。われわれはこの二十二歳の青年に、年輪にマッチした教養を身に、心身とも健全なものにしようではありませんか。

年頭にあたり、大衆から信頼され、愛される民団になるため、全組織人の一層の奮闘を願い、併せて全同胞の多幸を祈念して私のあいさつにかえさせていただきます。

## 偉大な前進の年に

大韓民国駐日公報館長　李星澈

一九六八年の新年を迎え、私は在日同胞の皆様とともに、祖国の繁栄と発展を心から祝福するものであります。

顧みますれば、第一次経済開発計画によって経済自主の土台をきずきあげた祖国は、さらに過ぎし一年間「偉大な前進の年」をモットーに祖国近代化の第二段階に突入し、着々と成果を収めてまいりました。この経済自立の確立という民族的課業の達成に、今年からいっそう拍車がかけられるのであります。

「豊かな社会」というわれわれの夢が叶えられるのも、もう遠い先のことではなくなりました。全国民が希望に胸をふくらませ、ひたいに汗して働いております。今年もわれわれの祖国は、限りない前進をつづけることでしょう。

新しい年を迎えたこの日われわれ韓国民が片時も忘れてはならないのは、遠いベトナムの地で共産侵略軍と戦っているわが国軍将兵たちのことであります。自由の守護は人類共同の責務であり、使命であります。

私は在日同胞の皆様と一緒に、自由ベトナムで戦っているわが国軍将兵の武運をお祈りすると同時に、真心のこもった慰問のことばを贈りたいと思います。

親愛なる在日同胞の皆様。

たとえ身は他国にあっても、祖国を愛する心には変わりないのであります。希望に満ちた新年を迎え、わが祖国の繁栄のため、いっそう奮起いたしましょう。

在日同胞の皆様のご多幸を心からお祈りいたします。

## 本国に直接寄与できるよう協力を

駐大阪大韓民国　総領事　金鎮弘

一九六八年の新しい年を迎へ在阪僑胞の皆様およびそのご家庭に繁栄と幸福が訪れますよう衷心よりお祈りする次第であります。

おもえば去年は韓日両国の国交正常化されてまもない多事多難な年でもありました。

新年にあたり在阪僑胞方の経済基盤の要因と韓日両国の経済協力の基礎を築き上げる第二次経済五年個計画を実践する二年目に当る年でもあります。この年に、とくにお願い申し上げますことは余在阪僑胞の皆様は、本国の国力発展に直接寄与できるよう韓日両国の通商振興のため、より一そう一致協力していただきたいと思うことであります。

顧みますと、私が赴任して以来皆様方の物心両面からのご支援を心から深く感謝する次第であります。

もとより中小企業の発展は、国内経済に占める地位が極めて大きく、産業のあらゆる面から在阪僑胞生活の安定向上に寄与するものであり、またお互に同胞の団結を増進することが、第二次経済五個年計画の成果を立派に成し遂げる道だと信ずるものです。

総領事館では、在日僑胞の皆様の法的地位問題およびこれに随絆するあらゆる問題に対して、皆様方の権利増進のために、一層任務を忠実に果す積りでおります。

重ねて申し上げますが、皆様方在阪僑胞に負荷した使命は重かつ大であります。民生安定、権益擁護、文化福祉向上の実現は皆様方僑胞が一致団結してお互に助け合うところに在日僑胞の恒久的な幸福の道が開拓されるものと考えるのであります。終りに、よき新年に在阪僑胞皆様方のより良き繁栄と幸福のあらんことを重ねて熱望して新年のご挨拶に代えたいと思います。

## 忍耐と勤勉で百難を克服

国会議員　金圭南

伝説中の愛の女神ビーナスのベールが人間の科学の前に、その衣をぬぐ歴史的な事実をはじめ数多くのことが私たちに課題を投げつつ一年が過ぎさった。

多くの新生国が各地で新しい旗を起して独立した姿勢で先進国と肩をならべて前進していきます。

わが国内では七十年来の大旱害によって一面救済、一面建設という難事業を克服し、七〇年代の豊かな社会建設を目ざして全国各地で祖国近代化作業のハンマーの音がひびいている。

自主自立の統一した祖国を造るため都市、農村を問わず相互協力を通じて働くものに希望をもたせている。祖国の近代化作業は国民すべてが責任感をもってあたらなければならない課題であるから、まず精神面での確立がなによりも大事なことであると思う。

経済的な成長と政治的な独立と安定を成し遂げるためには、何よりも心がまえが先決問題となるといえる。

怠けるものがよくなったり、どろぼうが幸福になるわけがないとは当然のことである。

私たちの願うところはこの国土から貧困と疾病と不正を追い出し、統一繁栄を遂げ、私たちと私たちの子孫が幸福な生を受けることである。

私たちは他にまさる協助心を持っている国民であることは、歴史が証明している。

外部勢力の侵略があるごとに、血と生命をなげうって協同心を発揮してきた相互扶助の美徳は一つの社会的気風として今日も引きつがれている。

しかし私たちはいまだ後進性から脱していないが、意欲的な近代化の新しい気運は各地でもり上っている。

あらゆる面で近代化を築き、改革しがいのある生活をしようと懸命だ。そのためには若干の不平と不満も出ることは致し方のないことではあるが、豊かな明日のため、忍耐と勤勉をもって苦しい現状を克服して行くべきであると思う。

去年下半期に起った忠北九峰鉱山の楊昌善坑夫埋没事件当時に見せた官民協助の行動は一心同体と大同団結そのものであり、わが民族魂を如実に表わしたものであった。このような精神と努力をもって新年には私たちの願っていることに団結した力を注ぎ、自主的で自立した安定社会の建設のため、亜細亜の盟主としてだけでなく、世界に対して誇ることができる白衣同胞の成長を切望する。

多難の去年を送り新年を迎えるにあたって、皆様の家庭と職場に幸運が訪ずれるよう祈りつつ新年のあいさつにかえる次第であります。

## 寛容と協調精神を

在日大韓民国居留民団　東京本部団長　金己哲

一九六八年の元旦を迎え、心からなる新年の挨拶を申し上げます。過ぎし三年有余にわたって、団員の皆様をはじめ各機関指導層が、私および民団東京本部に与えて下さった限りない御支援に対し深甚なる感謝の意を表するとともに、新年を迎えてより一層、御健勝御繁栄あらんことをお祈り致します。

わが民団が二十一歳を迎え成年期に達している今日、近代国家として自覚しい躍進の途上にある祖国に呼応して、一大転換を要する時機にきていることを痛感しているものであります。私も微力ながら民団発展のため誠心誠意つくしてきたつもりですが、至らなかった点が多々あったことを残念に思っています。批判はあっても協力のない社会は発展しないものです。そのような意味で、今年からは真の独立国民としての自覚と、ひとりひとりが大人としての見識をもって、寛容と協調の精神を培養して、これをもって民団組織の基本姿勢としなければならないと思います。

アジアの情勢が次第に変化しており、それにつれて国内情勢も変化を免れないものと思われ政治、経済、その他の面で複雑な問題が提起されることが予想されます。

このような重要な時点において、われわれ在日韓国民は、駐日大使館を中心に本国との連携を密接にし、祖国建設に挺身するとともに、韓国民としての自覚と矜持をもって相互協力して、僑胞のためになる良い民団、信頼される民団を育成してゆくよう邁進しようではありませんか。

私も在任中に民団のためになる何かを残す事業をするつもりでありますから、皆様の暖い支援のほどを切望しながら新年の挨拶にかえる次第であります。

# 一九六八年の新春によせる 年頭の辞

## 一層の友好増進

日本国外務大臣　三木武夫

一九六八年の新春を迎えるにあたり大韓民国の皆様方に謹んで新年のおよろこびを申し上げます。

顧みまするに一九六五年十二月十八日、「日本国と大韓民国との間の基本関係に関する条約」並びに関係諸協定の批准書交換をもって、両国間の国交正常化が行なわれてからすでに二年の歳月が流れ、この間、日韓両国は互恵平等の原則に基づき一歩一歩着実に友好関係を深め、政治、経済、社会、文化その他あらゆる分野にわたってますます緊密の度を加えて参りました。

また昨年は、朴大統領就任式典に参列のため、佐藤内閣総理大臣が六月三十日より三日間、山紫水明の貴国を訪問し、朴大統領閣下をはじめ要路の方々と親しく会談し、貴国の平和と繁栄のために日夜努力しておられる皆様方の御活躍振りを直接見聞して深い感銘を受けて帰って参りました。

七月に日韓貿易会議がソウルで、また八月には、日韓定期閣僚会議が東京で開催され、日韓両国の協定体制の基盤は一層堅固なものとなりました。さらに八月三十日、日韓航空局協定が発効しましたが、両国間の民間航空の一層の発展にともない両国間の人的、物的交流が益々促進されるものと期待されております。

このような友好緊密な両国の関係が、本年もまた一層の発展を見ることを確信して、私の年頭のご挨拶といたします。

## 万博の成功を念願

大阪府知事　左藤義詮

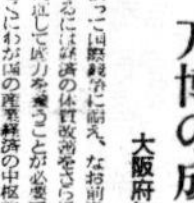

府民はじめ在阪外国人の皆様おめでとうございます。大阪府が生まれて満百年、開府第二世紀への年頭にあたり、みなさまご一家のご健康とご幸福とを、つつしんでお祝い申し上げます。

昨年は、宇宙開発の輝かしいかげに、ベトナムのはてしない争乱、中東での戦火、中国の文化革命など緊張した国際情勢が続きました。一方国内的には、小笠原返還の実現、経済面では、米・ソにつぐ一千億ドル経済を達成した誇り高い年でありました。

しかし、ことしは開放経済体制の一段の進展、またポンドの切下げにともなうドル防衛、世界的高金利という厳しい国際環境が続くでありましょう。こうしたなかにあって国際競争に耐え、なお前進するには経済の体質改善をさらに促進して底力を養うことが必要で、とくにわが国の産業経済の中枢的な役割を果たすべき大阪の責務はいっそう重大となってまいりましょう。

産業構造近代化のキメ手である堺・泉北臨海工業地域の造成や工場建設、泉北港の整備も、一連の金融引締下にめずらしく順調にすすみました。さらに開港三年目を迎えた岸和田の木材港も大型船で賑わい、木材流通基地としてコンビナートも完成に近づきました。かくて全世界に開く大阪の門戸は年ごとに広がりを大きくしております。また大阪経済の母体をなす中小企業も近代化、協業化、集団化による体質改善がすすみ、技術革新や国際競争に対処する土性骨をいっそう太く鍛えてまいりますことは、大阪の繁栄にとって誠に心強い限りであります。

産業構造の根幹をなす道路網の建設も着実にすすみ、とくに大阪再開発のかなめとなる中央環状線はすでに全計画の半ばをこえました。

万国博覧会もいよいよ胸つき八丁にさしかかり身のひきしまる思いがいたします。東京がオリンピックで面目をあらためたように、この絶好の機会に公共投資を強力に促進し、道路交通体系や港湾、空港、上下水道など、また青い空を、清い流れをとりもどすよう、従来とりすすめている街づくりを一挙に達成し、大阪の力を二倍にも三倍にも増し、この富を教育や福祉の充実に当て、七〇〇万府民にあまねく日があたるよう、とくに次代をせおう青少年たちにのぞみと光をのこしていきたいのが私の念願であります。なにとぞ旧年にましたご指導をお願いいたします。

## 時代に即応した企業努力を

阪本紡績株式会社　取締役社長　徐甲虎

新年明けましておめでとうございます。

昨年は日本経済にとって、資本自由化の荒波に向って本格的に乗り出す年でありましたが、国際的な技術競争に日ごろの努力をみせその実をあげ、比較的平穏のうちに一九六八年の新春を迎え得ましたことは、まことに喜ばしい限りであります。

しかしながら、英国のポンド切下げとそれに続くドル不安によって、本年の世界経済は、大きな転機に立っております。これが日本経済にも直接、間接にいろいろな影響をきたすことは必至であります。

ここにわたくしたちは、国際収支の赤字が続き、ついにポンド切下げを行ない、信用低下を余儀なくされた英国の例を他山の石として、万全な対策を構ずるため新たな気持で努力しなければなりません。

当社におきましても、本年は時流に即応した企業努力を行ない、みなさまへのご奉仕に献身してまいりたいと考えております。

本年もよろしくご指導、ご支援のほどお願い申し上げます。

## 僑胞社会の堅固たる基盤を築こう

在日本大韓民国居留民団　大阪府地方本部　団長　姜桂重

親愛なる在阪僑胞の皆さん!、希望に満ち溢れる一九六八年を迎え、皆様の御家庭と事業に栄光と幸運がおとづれることを衷心よりお祈り申し上げます。

本年は韓日国交条約が発効されて早くも三年目、本国においては第二次経済開発五個年計画の二年目を迎える意義深い年でありますが、まず在日僑胞が切実な関心を寄せるのは法的地位処遇問題であります。この問題ではいろいろと未解決な点があり、それを今年こそ両国政府間において基本精神に基づく納得のゆく解決に一層努力を傾注してもらうことを強く期待し、そのために私は真に僑胞の代弁者となり民衆を上達する方向にそって民団のため奉仕する覚悟があります。そして永住権申請を推進する一方、僑胞の教育、就職、生活安定と福利増進などの諸懸案に対しても、解決を図り向上発展へと継続して力を注ぐ所存でありますが、これひとえに皆様の御協力御支援が絶対必要であることは申すまでもありません。しかもこれは結局は、祖国大韓民国をバックボーンとしてのことは申すまでもないことを重ねて申上げる次第であります。

次に本国の第二次経済開発に関して述べますと、その計画の強力な推進と成功による経済力の伸長民生安定によって在日僑胞は、より以上日本国民から信頼され、ひいては尊敬されうる処遇を受け、常に国家の恩恵を浸識し日本人に伍して堂々と生活を営むための心構えが必要だと思うのであります。

なお私たち海外同胞といたしましては、それぞれ自尊心と自信を持ってあらゆる方法と努力により、祖国の近代化作業と経済開発事業に積極的に参加すべきであり、その素地を築くため、各企業者は現在経営しておられます事業に新たな覚悟と計画を立案して、実践に移すべき時であると確信するのでありますが、僑胞が一致して民団の傘下に結集し、各自の分野に応じて、商工業者は商工会、信用組合らとの提携を通じて、相互に発展を図り積極的に協力参画することによってこそ、真の幸福への開拓者となることでしょう。

以上所感を申上げましたが、とくに強調いたしたいことは、私たちは日本という立地条件のもとに団結は不可欠の要素であり、抱擁力のある態度を堅持し、絶えざる向上への道を前進する謙虚なる態度によってのみ、日本の社会においてさらに信頼され、誇りある韓国人としての生活ができ得ると確信いたしております。幸に昨年初頭以来、在阪僑胞有志の絶大なる支持と支援により我が民団は懸案でありました財団法人大阪韓国人福祉協会の許可を受けまして、民生安定事業の転機を造成し、一方僑胞子弟に希望を与える日本社会への就職問題と、これが解決のため実現の第一歩を踏出したことは特筆すべきことであります。今年中には引継き日本国民との相互理解を基礎とし僑胞全般にわたる文教、民生問題などを解決するため、さらに一そうの努力を続けたいと存じておるのであります。

希望にみちた一九六八年の元旦に際して、私は全僑胞に対し重ねて新年の祝詞を送るとともに、祖国の近代化と在日の僑胞の繁栄を衷心より祈るものであります。

## 韓日両国民の魂のふれあいを

東亜交友協会会長　武井敬三

六十万在日僑胞の皆さん、つつしんで新年のおよろこびを申し上げます。

本年は日韓国交正常化の三年目にあたり、新しいアジア太平洋時代が展開されようとしています。

このときにあたり、日韓両国民の使命は重く今ほど、一層の相互理解と友好親善が強く望まれる時期はないと思われます。

当会も日韓親善事業に微力をささげていますが、本年は、新しい角度からの出版計画もすすめており皆様のご理解ご協力のもとに、よりよい仕事に邁進する決心です。

日韓両国民の間に潜在する偏見や、不十分な意志の疎通を少しでも改善するよう努力し、今年こそ魂と魂がふれ合う人間関係を助長したいと念願しています。

年頭にあたり皆様のご健康とご多幸を心からお祈りいたします。

一九六八年元旦

## 建設的な意欲を

大阪市長　中馬馨

市民の皆さんをはじめ在留外国人の皆様新年おめでとうございます。

本年は、日本の近代化をひらいた明治維新から百年の歩みを記録する記念の年であり、また、新憲法の下に新しく生まれ変わった日本が迎える、いわば「はたちの新春」であります。

この機会は単なる回顧や祝い事に過ごすだけではなく、この中から将来に立ち向う建設的なチエと意欲を真剣にくみ上げていかねばならない年だと思います。

ことに、万国博もあと八百日と迫り、これを成功に導き、大阪の将来の発展の基盤とすることができるかどうかも、本年のあり方如何にかかっているのであります。

私も、市民の皆さんのご協力を得て就任五年目、再任第一年の新春を迎え、私の念願であります市政の機械化、民主化の姿勢をますます堅持しながら、すでに骨子の出来上がったマスタープランの線にそって、住みよい、働きよい大阪の町づくり、環境づくりに精魂を傾けるよう決意を新たにしております。

一般道路や歩道の舗装をはじめ横断歩道橋などの安全施設の増設も、追加予算で大幅に推進することになりました。

また、道頓堀川も斬新な防潮護岸が完成し、下水処理場の増設で水洗便所を設置できる地域もだんだん広がりつつありますし、ごみの全面焼却も建設中の森ノ宮工場が夏ごろ完成しますと、一応達成できる見通しです。

ことに、市民の手で築き上げてきた大阪港が、昨年開港百年を迎え、さらに二倍の規模にする新港建設へとスタートしましたことも大きな喜びの一つです。

緑化運動も、皆さんの非常なご協力でますますピッチが上がり、大阪城公園を森林公園にする「市民の森」づくりも、五月ごろまでには三万本を越える植樹を終える運びとなり、さらに明治百年記念公園として、毛馬桜宮リバーサイドパークの建設が本決りとなりました。児童公園やこどもの遊び場もかなりふえてきています。

ことに、「きれいな町、親切な心で万国博を」を合言葉に、市民運動が力強く発足いたしましたことも、うれしい限りです。

本年も、「大きな計画、土性骨のある市政」と「おとしよりとこどもを大切に」をスローガンに、これらの成果をさらに拡大し続けていきたいと思っていますが、今一つ、明治百年を迎えて私は、明治四年の廃藩置県当時の行政区画が、今日ほとんどそのままであることに非常な不合理を感じます。

常に、日々膨張し発展し続ける大都市の様相に対処するために、都市行政の大原則である統一性、計画性の確立をめざして、本年は市域の問題も真剣に検討いたしたいと考えております。

市民の皆さんのいっそうのご支援とご協力をお願いいたします。



## 僑胞企業に奉仕

愛知商銀理事長　姜求道

一九六八年の新春を迎えるにあたり各位のご多幸をお祈りするとともに平素当組合に対し絶大なご協力をたまわりましたことを厚くお礼申し上げます。

ご承知の通り昨年は極めて旺盛な経済成長の中にイギリスのポンド切下げというアクシデントをそえてあわただしい一年でした。

この間大企業のめざましい設備投資と生産増強とはうらはらに中小企業の倒産はその件数において記録的数字となり前年に引きつづき苦難な一年でありました。幸い当組合員には大きな被害もなく越年できたことはご同慶にたえないところであります。

本年も経済成長は設備投資の高水準を反映してやや過熱の状態を呈すものと考えられ従って金融は公定歩合の再引上げと併行して日銀の窓口規制が一段と強化され一般金融機関の引締めが進行することが予想されますのできびしさはさらに加重されることと存じます。

私共愛知商銀は創立十五年を迎えるのでかねて計画しておりました豊橋支店を開店し当該地区の組合員各位に奉仕すると共にこの際より一層の預金増強運動を展開し組合員各位の資金需要に応じる覚悟であります。

何卒従来以上のご愛顧ご支援をお願いして年頭のことばといたします。

## 本年も相互親睦を

愛知県経友会　会長　鄭煥麒

明けましておめでとうございます。

旧年中は格別の御厚遇をいただき衷心よりお礼申し上げます。

"光陰矢の如し"と申しますが、まことに歳月のたつのは早いもので、昨年正月本紙面をお借りして皆様にご挨拶させて頂きましたのも、つい、先日のように思います。

世界情勢とくに経済界においては目まぐるしい流動をみせています。愛知県韓国人経友会の会員も、この世界の激しく動く経済情勢に対処し、それぞれの事業に適切な進路をみきわめて発展への努力をしておられますが、本会としても、これら会員方のコンサルタントとして「法律相談」や経済講演会などひらいてそれぞれの権威者を招いて会員の知識の向上につとめてきましたが、これは大変効果があったことと自負しています。

本年もこれら会員相互の親睦をさらに密にするため各経済団体との連絡を強化するとともに、会員の事業の伸展のために一そうの努力を挙げたいと願っています。

何卒本年もよろしくご指導ご鞭撻を賜りますようお願い申し上げます。

## 民族の主体性確立

在日本大韓民国居留民団　愛知県地方本部団長　金龍煥

新年おめでとうございます。

韓日協定が発効して、すでに二年、民団も現時点における複雑な主、客観的諸情勢を直視し、基本姿勢を民族主体性確立におき、緊急な組織の再整備を通して、体質改善を計りながら、民族諸事業を遂行しなければいけないと思います。

民団は団員全部のものであります。現在領事事務の一部を代行しているわけですが、今後も公館との提携をより緊密にして、団員皆様の福利に寄与しなければならないと思います。

民団は、当問題としては一九七〇年度に予想される諸情勢に対処して強力な組織造りと意識高揚に筆団的な運動を展開して「仕事する民団」「信頼される民団」を作り上げなければならないと思います。

愛知県民団は組織の諸先輩、経済界諸有志、及び良識ある団員皆様の御鞭撻のもとに漸次前進を続けております。このような積極的御協力を感謝致します。

また私たちは、次代を負う青年たち——韓青、学同を育成し、世代交替をスムーズにするのも責務であると思っております。既成世代の一方的[illegible]からの民族意識強要ではなく、より合理的説得に基づく指導体制の確立にも力を尽くす所存であります。

なお朝総連の虚偽宣伝を徹底的に粉砕して、いまだに覚醒されない数多くの同胞を大韓民国の懐ろに一人でも多く包容するよう努める覚悟であります。

はなはだ簡単ですが、団員諸氏の今後の御発展と御健勝を祈りながら年頭の辞といたします。

# 厳敏永大使への提言

一九六七年十月十九日に貴方が日本に赴任して以来、われわれは、貴方の大使としての態度を注意深く見つめてきた。それは、貴方を警戒するとか、疑うとか、そのような意味ではなく、何か新しいものが貴方のまわりから発散するのではなかろうかと思う一種の期待があったからである。一国の大使としての任務は、その人個人の力量や手腕を思う存分に発揮することよりも常に本国からの訓令に忠実でなければならない制約された行動半径の中にとじこめられる立場におかれていることはわれわれとしても十分知っているものであるが、韓国が世界各国に派遣している大公使の中で駐日大使の使命は、韓日両国の歴史的因縁と、六十万を上回る多数の僑胞をかかえている地理的特殊性を考慮すれば、まことに重大なものであるといえよう。このへんの事情を考慮しながら、われわれは、貴方の一挙手一投足を見守ってきた。今のところ貴方の施策は、ことわれわれ僑胞の問題に関する限り、進歩もなく後退もない。何かの新しい構想があるようにも見えるが、われわれの身近にせまるものは未だ現れていない。着任二か月では実情把握に余念もないことであろうが、われわれは貴方の力量を信じまた官僚生活は短く野人生活の長かったその経歴から、社会生活に対する幅の広さがあるものと期待、貴方へつぎのような提言をする。

× ×

〈第一の意見〉

まず何よりも先にお願いしたいことは、貴方はわれら僑胞全体のための大使になってほしいことである。六十万僑胞の偉大な指導者としての信念を持ってわれわれの中に堂々と飛び込んでくることである。

貴方は決して限られた幾人かのために日本に来たのではない。利権が先で、財閥や、祖国が後である買弁の輩のお先棒をかつぐようなことが万が一にもあってはならない。

日本在留の僑胞ほど複雑な生活集団はない。

思想的分裂もさることながら、日本社会に順応することと韓国人としての自主性の確立との間にはさまれた不透明な生活、教育程度の高低、職域における偏見と差別からくる不安など、多様な困難にぶつかって、自嘲と自棄にさまようものすらある現状である。

韓日会談が成功して以来、僑胞たちは祖国をあこがれて訪問の旅に出た。そして一時は、ソウルの町に在日僑胞のブームを作るほどであったが、最近はそれも沈みかへりつつある。

これは僑胞の中の少数の人が祖国の経済界のかけにもぐり込んで一攫千金を夢見たために実力以上の"先物売込"をやった結果、本国から信用を失ったのであるが、この責任は僑胞全体が負うべき性質のものではない。僑胞の中で、本国に往復出来る人は極めて少ない。大多数はその恩典に浴せない貧しい人たちである。

日本の生活保護法の対象になっている僑胞が五万六千人に達し、登録法違反や、特別在留許可、あるいは日本の法に依頼しているため再入国できないものが十万近いと推定され、日本に帰化しているものや、生活程度の相違から韓国に入国できないものが、二十ないし三十万はいると仮定するならば、韓国へ自由に往復できるものの数は自ら判明する。そしてその自由を享有する者の中から一人平均五百ドルの旅費を作って訪問するほど、経済条件に恵まれているものははたして幾人になるであろうか?、貴方の判断におまかせする。

富める人々や、少数特殊層の人々に貴方は国の大使としてつきあうのは何等とがめられることはないが、貧しい人と、恵

## 全僑胞の大使たれ

まれていない多数の大衆層には、相手から出てくることを待たないで、貴方の方から招き、訪れては暖かい手を差しのべてほしい。ひがみと、ひずみの沼地を一歩一歩ふみ入って祖国の光を照してほしいのである。

最近、母国から日本を訪問する人がふえてきたため、大使館はお客さんの案内や接待で、忙しいと聞いている。国家的な公務旅行は別として、私用で来た商用客はトップクラスの人々や知人らにかかわっていて大使館員がデスクを離れているため、われわれ僑胞が大使館の人々に面会できる機会はなかなか訪れてこない。

この交通規制の網を越えて、はるばるわれわれの大使館を憧れて訪ねたら、貴方にもあえないばかりか公使やその他の要職の人々にもあえないで帰ってくることが多い。

〈第二の意見〉

ここで、われわれは貴方に第二の意見を具申することにする。

本国から日本にくる人、日本から本国に行く人たちの案内、接待などの目的で、貴方の下に一つのセクションを作ってはどうかと思う。堅苦しいお役人さんよりも両国の事情にくわしい人々を選んで実務に当らせ、その下には、やわらかい女子職員を配置し親切にガイドすれば大いに歓迎されると思う。

日本に出張所をおいている観光公社、貿易振興公社をはじめ言論機関の特派員らから積の連絡をとってもらい、公報館なども積極的に協力して、あらゆる便宜をはかればなお面白い。

## 接待にあけくれる館員

貴方は先般大使館全員と国営貿易関係の商社員を集めて「これから経済外交に積極的に乗出せ」と指示されたが、これはたしかによいことをしたと思っている。この目的はドル稼ぎに有る。稼ぐためには多くの人々をよせつけ、その人たちにサービスする組織を強化し、適当な人員を配置しなければならないと考えられたことと思うが、これは貴方もわれわれも同感するところである。

〈第三の意見〉

第三には、韓国から、くる客のための宿泊施設を作ることである。日本のホテルに泊る客のうち、韓国人の数は圧倒的に多い、日本の業者は大いにもうけさせてもらうから喜ぶかも知れないが、年間百十四ドルの収入しかない人が七百五十ドルの収入を持つ人々のところへきて、その人たちの最低の生活をしたとすればどんな結果になるか結論はもう出ている。

大使館も、大使の公館も、どうやら体面を維持できるものがあるから、こんどは何んとかして韓国人ハウスがほしい。ユースホステル程度のものでも結構である。作る方法は考えればあると思う。

しかし貴方の周囲の人々がこの案には反対するかも知れない。こんなものを作ったって誰も泊りにこない。ある点で個人のプライバシーを侵すことになるのではないかと。

なるほど一理はあるが、それは、この宿舎の運営方法如何で、いやなところにもなり全く便利なところにもなり得る。

最初は公務員からはじめてみるとよい。それから次々に一般民間人におよぶ方法をとる。

この宿舎の下に先に提案した案内所を設けるとなお便利である。これは先ず東京に作り、大阪、九州など総領事館単位に作って行って、しまいには日本全国民団と並ぶすれば理想的である。

この宿舎運営によって旅行者の冗費がはぶかれるのは勿論であるが、旅行目的が早く達せられ、一流ホテルに泊ってレジャーを楽しみ、公務員をガイドに使い、僑胞にあらゆる迷惑をかけながら、ゼイタク品をショッピングして回る亡国的行為が根絶されると思う。

これだけのことができさえすると貴方の手間は大分はぶける。この時間をわれわれ僑胞のためにじっくり使って頂きたい。老いたるものゝ伴侶、学生の教師、幼児の父親として苦楽をともにしてほしい。

大使室の周辺から官僚のくさみを一掃し、なごやかな交の間の明るさを出してほしい。

貴方にあえる日時を最大限に割出して、これを公表し、貴方が不在のときは必ず貴方を代理する人がいるようにしてそのわけを貴方の部屋の前に親切な文句で書き出してほしい。貴方の公館も特殊な人々に限らないでわれわれに常時出入を許してほしい。

われわれは恐る恐る貴方に近ずきたくない。何かすごい権力者の前にはべる態度をとることはもうまっぴらである。

われわれは貴方を、双手を挙げてわれわれの職場へ、部落へそして家庭へお招きする。

われわれの貴賓として、ベストフレンドとしてお出かけ下さるよう、お待ち申上げる。

日本全国の僑胞部落を一巡した大使は未だかつて見当らない。

貴方は是非断行されたい。週末は「僑胞の家」のモットーを出すのも面白い方法である。

貴方はこれから僑胞の教育と、啓発活動ならびにPR対策に全力を注ぐことを強調していると聞いている。ときすでにおそしと思われるが、今からでも大いに頑張ればそれだけの効果はあるはずである。僑胞の成年教育は難しい問題が多過ぎるが第二世の青年教育は大急ぎでやらなければならない。まず立派な人間になって、日本の社会から好かれる、韓国人を作り上げる道義教育こそわれわれがつぎの世代に贈るはなむけである。

貴方の構想には全面的に賛成するが、P・R活動に対してはわれわれが一言あってしかるべきである。そもそも日本に韓国系僑胞ののための日刊紙が一つもないというこの現実はまことになげかわしいことである。

ただいくつかの週刊紙が本国や大使館側からの援助なしに、自力で発行されているが、現在まで続いているのは本紙を含めて二社あるのみである。しかもこれは全部大阪で刊行され、東京には一社もなく、民団の機関紙がときたま印刷される程度である。

日刊新聞の発行は本国でも政府が関心を持ち、ある程度の資金も過去には送られてきたが、最初はその計画が失敗に終り、その後は一部資金を免載し、関係者は「さわらぬ神にたたりなし」式で傍観的態度をとったため実に三カ年以上の歳月が空転していることは関係者の責任を問うべき問題である。

自分の責任も全うしないばかりでなく、われわれ僑胞紙への援助も全然考えていなかった過去に比べて、貴方がPR活動に積極的に乗出したというニュースはわれわれにとってたしかに一つの朗報である。刮目して期待している。

ただ、莫大な資金の調達、韓国サイドに立って筆を執る言論陣の招請などたくさんの問題が山積しているが、これはわれわれ在日言論機関が、私を捨ててフェアに協力すれば何かの形でまとまると思う。要はカジをとる貴方の決意如何にかかっているといえよう。

貴方の健闘を祈り本社も貴方から高見拝聴のためいつでも紙面を訪問することを御約束する。

僑胞の真の実感をつかんでほしいものだ (大阪・生野の僑民たち)

# 友邦諸国との協調を緊密化

# 自立経済の確立図る

## 近代国家の建設へ 総力を結集

本年は自立経済の確立と国家近代化という民族的課題を完遂するために"国民総力結集"の重大な年である。第二次五ヵ年計画をプラン通りに推進させ国民所得の向上と国力の増強をはかり、さらに多角的な国際協力関係を強め、安全保障と国の威信の所揚を期すことが韓国の最大の目途とされている。そのためにはつぎのような国の方針がきまっている。

**新年度方針**

外交・国防では、政府は民主友邦国はもちろん、米国との伝統的で緊密な友好関係を一層厚くし、西ヨーロッパ諸国との関係をさらに敦固にすることに最善を尽くす。

一九六六年六月ソウルでアジア・自由陣営国家間に政治・経済・社会・文化などの各分野において緊密なる協調を目的とする地域的協力機構設置の提議が具体化しはじめたことはアジアの将来のため幸いなことであり、韓国の主張を具体化するため、アジア諸国と共同の努力をすすめていくこと。

ベトナム戦争の勝利を保障し、自由ベトナム国民の再建活動を助けるため、引きつづき可能なあらゆる協力をする。

日本との関係は、両国家の国交正常化いらい円滑な協調がすすんでいる。

韓日両国の将来の関係は、主権の相互尊重と、両国間に締結された条約の誠実な履行にかかっており、日本もまた自由陣営の一員として国際共産主義の脅威から自由と平和を守るという共同の責任を果すことである。

国交正常化いらいまだ続いている著しい貿易不均衡と請求権資金の運営を改善し、両国の経済協力の正常化のために政府は最善の努力をする。

つぎは対中立国外交を拡充させる。これら中立国との関係改善と親善増進には多くの障害が介在しているが、今年からそのような制約と障害を最大限に克服し、単純な外交および領事関係にとどまらず、政治、経済、社会、文化技術などあらゆる分野にわたって共同の利益を追求して、実質的な協力関係を展開するために力を注ぐ。

また国際情勢の推移は、各国間に生じる諸問題を集団的に解決するため、政府間はもちろん民間においても国際会議などがどしどし開かれ、国際的な地位向上を期す。

国際連合において、これまで継続されてきた韓国統一問題については、国際連合が伝統的に採択してきた統韓原則を引きつづき堅持し、この原則のもとに目的貫徹に邁進する。

しかし、統韓問題は国際連合自体の構造的改変、一般国際情勢の変動などがあるので十分な可能な研究と検討をつづける。

つぎに国防関係ではいかなる形の共産侵略もこれを粉砕し、待望の国土統一の土台を固めるため、第一に、積極的国防外交の強化および集団安全保障体制を確立、装備の現代化、教育訓練の強化、予備軍事力の動員体制確立などを通じて国防力を増強する。

第二に、引きつづき対ベトナム支援活動に積極参画し、国際平和の維持および国際共産主義の侵略を阻止する。

第三にひんぱんになりはじめた間接侵略を粉砕するため、有効適切な対策と措置を考究する。

**教育**

生産教育に重点

文教部分では「自主的で民主的な人間像」の定立を図り、経済建設を支える「生産教育」に力を入れ科学技術教育を拡充・強化する。

また、義務教育の正常化のため不足教室六、七〇〇室を建設し、七十年代には二部制を根絶する。さらに地域社会の発展に積極的に取組む計画であり、地域社会の発展をはかり、郷土学校の運営にも力を入れる。このために、総合的な適正検査研究機構をもうけ、実験・実習施設の整備拡充、新しい教科課程の制定および実科教科書の編纂を推進して、産学協同教育と農工併進政策に対処する実業教育を強化して行く。

**文化**

民族文化を振興

民族文化の昂揚と発展、固有の伝統文化の保存と暢達のため国史の編さん、古典の翻訳、国際文化交流を促進し、あわせて文化財保存管理の徹底を期す。

国民の体位向上のためには、体育の大衆化を推進し、本年のメキシコ・オリンピック大会をはじめとする各種の国際競技大会に備えて、優秀選手の訓練を一層強化して国威宣揚を期す。

**在外僑胞政策**

在外僑胞に対しては祖国愛と民族愛を鼓吹するよう教科内容の充実はもちろん、現状に適応する生産力の培養のため、地域性のある教育を強力に展開する。

また、政府は各級学校教師の処遇改善のため本年もさらに力を注ぐ一方、とくに特殊教師と奨学職にたいする研究手当の支給を新たに実施し、進んでは教師の資質向上のため再教育を強化する。

**保健・社会**

労働力を保全

保健・社会部門においては、まず経済開発の根幹となる労働力の保全のため、これをむしばむ百万に近い結核患者をはじめ、各種疾患にたいする徹底した保健管理を図り、第二に、経済発展の大きな障害要素となっている人口増加を抑制するため、恒久的な人口調節策によって、家族計画事業と移民事業をさらに強く推進して、人口増加率を二・三%にとどめるようする。第三に、とくに農漁村および離島などにたいする保健医療の恩沢を著じるしくし、国民保健管理の徹底を期す。

**公安**

北韓スパイを撃滅

経済発展と社会生活の多様化に伴う警察業務の増加が、警察人力の増員と装備の改善を避けられなくしているのに照らし、来年度にはまず緊急な人員の補充および処遇改善によって警察官の士気を高揚し、北傀の悪辣な間接侵略を粉砕し、武装スパイを撃破するため対共態勢と警察作戦態勢をさらに強化し徹底した浸透路の封鎖および汎国民的対共態勢の確立のため国民の勝共思想啓発に力を入れる。

また法の公正、迅速なる運用と国家を相手とする訴訟および賠償制度の合理的な運営により国民の利益を最大限に保障し、国家安危にかんする犯罪と経済発展を阻害する各種犯罪の取り締まりの徹底を期す。

そして、人権擁護制度の確立で社会正義の実現に力を入れ、民主的で教育的な行刑制を確立し、厚生補導団の活用により受刑者に建設事業に参与することのできる機会を提供することによって、かれらの社会復帰を促進する。

政府は推進中の行政改革事業を引きつづき推進して、祖国近代化に寄与しうる行政体制の確立および制度改善のため尽力する一方、公務員の姿勢確立のため果断性のある措置を講じ、あわせて公務員の基本生活の保障と士気高揚のため処遇改善に努力する。

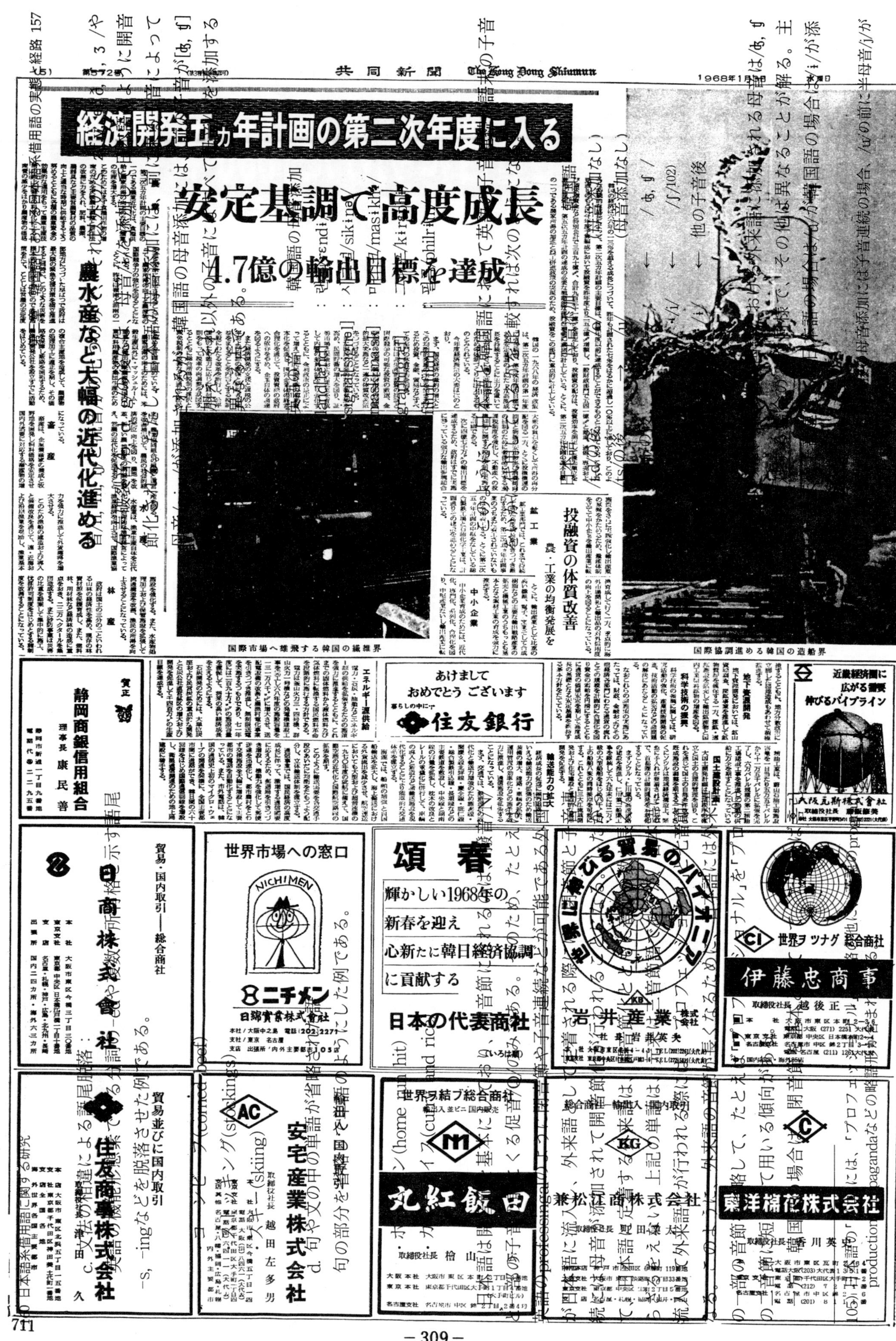

共同新聞 The Kong Dong Shinmun　第572号　1968年1月1日

# 経済開発五ヵ年計画の第二次年度に入る

## 安定基調で高度成長

### 4.7億の輸出目標を達成

### 農水産など大幅の近代化進める

### 投融資の体質改善

農・工業の均衡発展を

国際市場へ雄飛する韓国の繊維界

国際協調進める韓国の造船界

共同新聞 The Kong Dong Shinmun 1968年1月3日 (6) 第572号

# 韓米経済協力に新転機

## 韓国の主体性に期待

### 援助削減問題は拘束範囲に

# 自主宣言に明けた1968年

自主宣言への動機となった韓米行政協定締結式

## 制限品の輸入許可

### ボンド切下に救援措置

## 商品生産体制作る

### 水資源 当初はダム作りから

＜近代化されるエビ冷凍工場＞

大まかで抽象的な条文

記者席

# アジア民間共同投資会社

## 援助資金は2000万ドル

### 投資対象を中堅企業に

……れる第二回アジア商工会議所連合会総会に提案されるこの構想は日本商工会議所（足立正会か頭）が大西洋共同体ラテン・アメリカ開発グループの投資会社アデラにならって、日本、米国、カナダ、オーストラリアなどの先進諸国の民間資金をアジアの発展途上国の民間企業に投、融資し、経済発展を図ろうというもので、国内の高金利が隘路となっている韓国財界では歓迎の意を表明するとともに同本部のソウル招致を強くはたらきかけるものとみられている。

日本商議の原案によるとアジア民間共同投資会社は、従来の海外援助が、主として公共部門を対象にしており、民間部門の育成の立ち遅れが目立っているため「アジアの企業資本の充実と経営技術の指導援助」を目的として援助資本を二千万ドルとする。出資はアメリカ、カナダ、オーストラリア、ヨーロッパおよび日本などアジア地域の有力企業が引きうける。また投資対象を、経済開発に寄与する民間中堅企業におく、などが骨子となっており、関係各国の同意をとりつけ、四十五年三月を目標に発足を急ぐことになった。

日本の場合、すでにアジア地域に、現地資本と結んだ合弁会社が、その投資対象にふくまれるので、産業界も乗り気になっており、三菱銀行、富士銀行、住友銀行、日本興業銀行、東京銀行、八幡製鉄、富士製鉄、日本鋼管、日立製作所、日産自動車の十社がすでに出資する意向を表明している。

アジア民間共同投資会社の設立要綱案はつぎのとおり。

一、授権資本二千万ドル（一万ドルの記名式株券で表示）株主はヨーロッパ、アメリカ、カナダ、オーストラリアおよびアジアの著名な私企業とする。受信諸国（投資をうける国）からの資本参加もうけるが、投資にあたっては公正を図る。

一、発足当初は、一株主の出資限度最高五十万ドル、最低十万ドルとする。

一、投資は、私的資本にとって好都合な投資環境、とくに政治、経済、通貨が安定し、自由な私企業の活動にとって適当な刺激と保証を与えるアジア諸国に限定する。

一、資本参加、長期融資を主たる業務とし、短期、商業採算でなく長期的な投資効果に重点をおく。

一、会社出資部分の一部または全部を、漸次現地資本に肩代わりすることで資金の効率化を図る。

一、融資に当たっては適正な利潤を求め、アジア地域内の発展途上国の経済開発に役立つように、既存企業の健全な育成を図ることを第一義とする。

一、世銀、アジア開銀などと協力を図る。

なお日本からの出資会社は、富士銀行など十社が名のりをあげているが、政府もアジア開発銀行と密接な連絡をとって、この設立に全面的に協力する意向であり、日商は昨年の暮、調査委員会（委員長・岩佐凱実富士銀行頭取）を発足させ、具体案を練っていたが、その後岩佐頭取が訪米し、アメリカの財界の協力を得られる見通しがついたため、急ピッチで具体化したものである。

## 経営技術の指導も

### アジア企業資本を充実

1968年の

# 投資市場

## 保税加工より合弁を

### 五年後には直接輸入に

特恵反対が日本の繊維業界の相言葉となって、台湾や韓国向けの保税加工さえ生活をおびやかすものであると大さわぎした一九六七年も、後半から次第に国際分業による相互協力関係の樹立へと漸次方向転換をみせはじめたようだ。大日金属と韓国機械の合弁会社設立認可が契機となって、各業界に韓国企業との合弁が真剣に検討されるようになってきたが、とくに斜陽化の繊維業とみられていた繊維、雑貨業界でも、少なくとも五年以内にはその生産部門を韓国や台湾に譲らねばならないという勢にあることを自覚しはじめたようである。

昨年十一月韓国を訪れた加工貿易のミッションも、その参加した団員のほとんどが韓国の繊維加工について技術水準の高さに驚いていたし、機械設備もかなりととのっている上に、糸から布、布から二次加工という一貫生産体制をとっており、こんどの合理化できたコストダウンも可能であるというのだから、素材生産が軌道にのることしからはとても日本のメーカーはたちうちできないという見通しから、すでに駐米日本商社あたりでは、日本製品のボイコットを決め韓国製品専門に取扱うところも出はじめたようだ。

こうなると自然考えられることは、大衆向けの直接買入れということである。

韓国製品については日本国内向けとして、日本の規格さえ指導すれば十分に品質、価格ともに採算ベースにのせることができるのである。

韓国の労働力は、先進諸国の注目の的になっているが、これは単に賃金が安いというだけでなく、その手先きの器ヨウさと、教育水準の高いことがあげられる。

## 優秀な韓国の労働力

最近韓国を訪れた保税加工協議会のメンバーも、技術面では決して日本に見劣りするものではなく、韓国の業界で最近の流行や、新しい加工技術を研究するような機関ができるとたちまち日本は国際市場から追いおとされると語っていた。

一、二年前までは東南アジア市場で日本品と意匠の点でもめごとが絶えなかったが、最近では近代化されたセンスで小型ラジオなど日本品よりもむしろ韓国製品の方が品質と価格の点で優位にあるという。

（写真は金星社の小型ラジオ工場）

近代化が大幅に進められ、現在では国内需要をみたすだけでなく輸出産業として繊維部門がにわかに脚光をあびてきた。

===日本から安い外資を導入===

## 問題は韓国内の高金利

### 市中では年間複利で八割

昨年十一月に韓国を訪れた第三回韓日加工貿易促進会議の日本側団長沖豊治氏は

第一次会議は一九六六年十月末ソウルにて、第二次会議は本年四月大阪にて行なわれ、今回の第三次会議は韓国保税加工品輸出協会会長全斎璟氏（天友社々長）を団長とする韓国側業者委員三十名と、日韓親善加工貿易協議会会長沖豊治氏（兼松江商株式会社相談役）を団長とする日本側業者委員三十名の、民間業者の合同会議であり、韓国側、日本側とも政府委員の出席なく、両国の保税加工貿易促進に伴う政策制度の改善および衣服製品、布帛製品、ニット製品、その他雑貨類の貿易拡大に関する具体的方策に対し誠意ある意見の交換が極めて有効裡に行なわれ、加工貿易の一歩前進に成果を収めた。

とのメッセージを発表したが、この会議に参加した団員は、韓国の繊維加工業者の水準の高さに一様に感心していたが、こんどの訪韓について一致した見解は、韓国と保税加工貿易を行なうという時代は過ぎ去ったということだった。

傘メーカーの大黒洋傘の黒川留一社長は、五年後には日本の中で人手のかかる仕事は全部韓国か台湾へ移ってしまうだろうーと見通しており、日本の立場としては加工貿易というよりもむしろ大衆物を韓国から輸入し、半年程度の技術指導を行なえば韓国の技術水準も国際的なものになる（シルバー・専務取締役 田村氏）、とくに日本向けの商品に対する技術を指導し工程を合理化すれば十分に採算がとれるとみている。

設備の点については被服やシャツなどの裁断工程がまだ合理化されていない（大塚・輸出部長石黒剛敏氏）また紐などの細幅物については機械設備そのものが弱体でその数も少ない。

このような点については、現在日本の設備が工員の不足によって休止している機械があり、これを韓国へ送り、現物出資の工場を作れば解決される（加藤製紐・加藤昇嗣社長）とみている。

結論はこの会議に参加した全員の意見が落ちついたところは合弁事業ということろだったようだ。大黒洋傘の黒川社長は、台湾と韓国を十分に研究した上でどちらと合弁するかを決めると語っており、現在韓国の産業界で絶対の隘路となっているのが金融難という問題で、銀行金利でさえ年間三割という高さで、市中金利にいたっては月五分の複利計算で、年間八割にもつくといわれ、これではいくら低賃金で、設備を合理化したとしても、とても国際競争についてゆけるわけはなく、韓日経済協力のポイントはこのへんにおくべきだ（丸光・前田光一社長）日本の安い外資をもちこんで合弁会社をつくるのが最善の方向ではないかとみるむきもある。

### 大邱では団地計画

一方韓国でも日本とタイアップするために繊維業界の有志が同業種ごとに結束する動きもあって、大邱地区では、呂相鎮大邱商工会議所会長の音頭とりでいま団地づくりが計画されているという。

これは大邱の繊維業者が流れ作業的な合理化を図り、機械設備や原資材の共同購入などで、海外の大企業と協調できる体制づくりを行なおうというものである。

## 要は人と人の信頼

### 交流深め分業体制確立

輝かしい一九六八年の新春にふさわしい韓日経済協力の促進は、朴忠勳経済企画院長官の新年度方針にもあるように、輸出をモットーとした商業借款のほかに漸進的な措置として「合弁」が大きくクローズアップされてきている。

しかし事業は「人」という言葉があるように、日本の業界で一番問題にしていることは合弁するにしても相手方の「人」を選ばねばならないということで、このことは当然韓国側からもいえることであるが、要は両国経済人の交流を密にしなければならないということである。

韓国の財界からみれば、日本に在留する僑胞企業がもっと本国で活躍すべきだとの意見が多いが、せっかく祖国の経済建設に参画すべく、韓国入りした僑胞大企業が、つまらぬ密輸をやって大衆からソッポをむかれてしまったり、また財産搬入の点でも本国政府のきびしい規定があったりして隘路は決っして少なくないが、故郷に錦をかざるというような浮ついた気分をすてて祖国近代化に協力すべき一九六八年である。

### 東風西風

▽ざいきん訪韓した日本のある経済ミッションの話である。

釜山の極東ホテルで食事のときに洋食をたのんだところ「ありません」との返事がかえってきた。韓食は食べられないししかたなしに日本食というものをもらったがあとで米国人らしい客が注文するとサッと洋食を出した。

▽こんどは釜山の水営飛行場の銀行の窓口の出来事である。ウオン貨をドルにかえたが一ドル近く不足する計算で、あまったウオン貨は適当に物を買えというわけだろうが、ドル不足の韓国でドル防衛の愛国心も行きすぎると国際的な信用を失なわないとも限らない。

▽このミッションの人たちは"生馬の目をぬく"といわれた大阪の商売どころ船場の旦那衆だけに、さすがに計算は早いが、やはり良くないことは一日も早く韓国からなくしたいものだ。







713

中央総本部
団長 李裕天
外役員一同

東京都本部
団長 金己哲
外役員一同

大阪府本部
団長 姜桂重
外役員一同

# 賀正 1968

在日大韓民国居留民団

(順不同)

京都府本部
団長 兪錫濬
外役員一同

兵庫県本部
団長 梁昌煥
外役員一同

奈良県本部
団長 李来玉
外役員一同

三重県地方本部
団長 陳旦祚
外役員一同

滋賀県地方本部
団長 柳在洪
外役員一同

和歌山県本部
団長 崔秉現
外役員一同

大阪府地方本部
生野支部
団長 李明洙
外役員一同

大阪府地方本部
東成支部
団長 白丁赫
外役員一同

大阪府地方本部
城東支部
団長 朴文吉
外役員一同

大阪府地方本部
大正支部
団長 金載明
外役員一同

大阪府地方本部
東淀川支部
団長 呉晒菜
外役員一同

大阪府地方本部
北大阪支部
団長 金宗同
外役員一同

大阪府地方本部
西淀川支部
団長 崔祥秀
外役員一同

大阪府地方本部
住吉支部
団長 金東出
外役員一同

大阪府地方本部
南大阪支部
団長 金済云
外役員一同

大阪府地方本部
堺支部
団長 宋萬鍾
外役員一同

大阪府地方本部
港支部
団長 李憲燮
外役員一同

大阪府地方本部
北河内支部
団長 鄭相孝
外役員一同

大阪府地方本部
泉南支部
団長 姜先渭
外役員一同

大阪府地方本部
泉大津支部
団長 崔孟祚
外役員一同

大阪府地方本部
中央支部
団長 李淳徳
外役員一同

大阪府地方本部
枚岡支部
団長 張徳日
外役員一同

大阪府地方本部
旭支部
団長 車甲道
外役員一同

大阪府地方本部
吹田支部
団長 吉華植
外役員一同

大阪府地方本部
福島支部
団長 任璋鎬
外役員一同

大阪府地方本部
東住吉支部
団長 朴炳玉
外役員一同

京都府地方本部
左京支部
団長 宋斗一
外役員一同

兵庫県地方本部
東神戸支部
団長 朴奉洙
外役員一同

兵庫県地方本部
阪神支部
団長 金鎮洙
外役員一同

兵庫県地方本部
兵庫支部
団長 李又玉
外役員一同

兵庫県地方本部
西播支部
団長 李昌雨
外役員一同

兵庫県地方本部
伊丹支部
団長 黄河千
外役員一同

兵庫県地方本部
尼崎支部
団長 朴憲行
外役員一同

コーヒーと音楽
立体音楽喫茶
ニュークラウン
近鉄今里駅前
電話(七五一)一七一七・一七一八番

デラックスな都人のオアシス
音楽喫茶・洋酒コートー
ローヤル
大阪・梅田・阪急東
喫茶部(三六一)六〇八六・四一〇六番
洋酒部(三一三)〇五〇二・四三一六番

喫茶 白馬車
大阪・阪急東通商店街
電話(三六一)〇五二二・〇六二二番

ナイヤガラ
豊中・庄内

2F1F
レストラン洋酒天国
サパークラブ
ニューオスロ
尼崎市昭和南通り四ー六七
電話(四一一)三〇四一〜二

クラブ
八坂
大阪市北区曽根崎中一の四三
電話(三六四)四七八七番

明治一〇〇年祭!
連夜舞踊ショウ
クラブジュネ
大阪市北区曽根崎中一ー一一(花馬車向い)
電話(三四一)八六二三番

老舗と信用の店
クラブ上原
北新地本通(ニューウメダビル)
電話(三四一)六五九二番

ベスト(新歌舞伎座裏小路)
大阪市南区難波新地五番丁六〇
電話(六四一)六五四一(六三一)八七〇〇番
ふくや
大阪市南区河原町二丁目四八七
電話(六四一)九一八一(六三一)一四二三番
大阪市浪速区新川一丁目七二〇
電話(六四一)一三三五(六三一)一四二三番
福川安吉

御家族連れ歓迎
冷麺・焼肉・てっちり・活魚料理
レストラン 階下・ホール 階上・個室、大小宴会場
太陽苑
社長 利川寛純
大阪市東成区東小橋北ノ町一ー一五〇
電話(九八一)二九五一(にくこい)

焼肉
レストラン
松坂
大阪市南区宗右エ門町二六
電話(二一三)二七三二(二一一)四四五七番

1階 ホール
2・3階 個室・小宴会場他
4階 大宴会場
焼肉 冷麺 の 三麗(さんれい)
大阪・阪急東通り商店街(クラウン手前)
電話(三一二)四〇二(三六一)七三三〇(代表)

スタミナ料理の決定版
冷麺・焼肉・バーベキュー
白龍
道頓堀松竹座裏
電話(二一一)〇四六一番

高級漢陽料理
美人ホステスを擁して酒杯をあげ
羽化登仙の思いに歳を忘れる。亦愉しからずや
暖房完備
明月館
今里新地 電話(宝二)三兲七・(七五)〇兲八番

焼肉・冷麺・バーベキュー
SEOUL
そうる
大阪・梅田高垣町一三二
電話(三四一)六二六七(三一二)二九八九

出血サービス本位の
遊技場
純情
北区小松原町一八
電話(三六一)三七二一八番

遊技場
新丸三興業
代表者 竹田晴雄
大阪府和泉市肥子町二丁目一ー三
電話 和泉(〇七二五)(41)三九一三番

大映会館パチンコ
神野産業株式会社
取締役社長 神野宅祐
大阪市北区曽根崎上三の四
電話(三四一)二〇〇三・八三一三番
階上 麻・雀(貸卓専門)
大映クラブ TEL(三六一)二〇八七番

娯楽の殿堂
門真会館
代表 安田鉄夫
大阪府門真市門真四四
電話 大阪(九九一)三五五七番

株式会社
マツヤ会館
代表取締役 田鍾相
本社 大阪府茨木市駅前一丁目一ー三
電話 茨木(二三)一五七一ー三番
本籍 韓国慶北青山郡舞乙面武夷洞

株式会社
南海会館
堺市綾ノ町一九番地
電話 堺(三)三三五九・(三)五二一〇番
大東市四条畷駅前
電話 大東(七六)五一五五一六番

本年もどうぞよろしく
市民の娯楽の殿堂
パラダイス
近鉄京都線木津駅前

新春の特別サービスを
御期待下さい
株式会社
野江ホール
社長 伊炳烈
大阪市城東区野江中ノ町三ー二八
電話(九三一)二五九七番

株式会社
阪神
社長 李元得
本社 尼崎市神田北通一ー二〇
電話(四一一)六九七一番

娯楽の殿堂
毎日会館
社長 崔東植
大阪府枚岡市河内町九〇三
電話 〇七二九(八一)二七八六番

麻雀
クラブ
オリンピック
阪急東中央商店街
電話(三一二)〇七九五番

暖房完備
麻雀
新OS
大阪市北区高垣町九六
電話(三六一)〇三六三番

梅新センター
1F 卓球とゲーム TEL(三六一)〇九六二番
32FF ビリヤード
3クッション二台
ロー式四台
四ツ玉十台
TEL(三四一)〇一四六番
TEL(三四一)一九三七番(学割あり)
大阪梅田新道
ヒロタ洋菓子店隣
社長 宮本徳龍

46レーン
城東ボーリング
城東区関目町二丁目一
市バス森小路一丁目西
電話(九三二)三二三一ー五番

韓国の最近の流行歌と
その他全般
各社特約店
牧野レコード店
代表者 金基先
大阪市生野区鶴橋本通
電話(七一七)一七四五(七三一)一八六八番

営業品目
鉄骨建築・設計製作・施工
株式会社 丸満鉄工所
代表取締役 許東律
本社 京都市南区久世上久世町542
電話 京都西山局 075(92)1111－5番

電線管付属品一式
株式会社 林金属工業所
社長 林性生
本社 大阪府寝屋川市木屋550
電話寝屋川0720(31)1173
倉庫 電話 大阪(371)2349

土木工事
ブルドーザー工事 請負
土砂運搬
新大阪土木工業 株式会社
代表取締役 夏川源助
大阪市東淀川区西中島町6丁目7番地
電話 代表(302)6021～4番
夜専(301)4922番

純毛糸加工
木村毛糸紡績 株式会社
取締役社長 金基允
本社 大阪府泉北郡忠岡町忠岡831番
電話 泉大津 ② 7610・3204番

製鋼原料・プレス加工
トラックスケール
山東興業 株式会社
代表取締役 山住裕亮
大阪市城東区今津町463
電話大阪代表(961)1123

# 巨大都市圏と巨帯都市圏

## 産業都市の再編成へ

韓国建設部は、産業構造の再編成を目的とした都市圏機構の整備をはじめ、これに関連した産業道路の開発など工業立国の新年度方針にそった推進計画が立案されることになった。この計画によると、全国の大都市を拠点とした経済圏を、巨大都市圏として首都圏、嶺東圏、嶺南圏、湖南圏、また巨帯都市圏として馬山ブロックをはじめとした清州、大田、群山、霊湖の各ブロックに分け、人口と産業の適正配置および公共施設などの合理化配置を行なって、圏域内各都市の均衡発展を推進するという大構想である。

韓国建設部の開発進む

### 巨大・巨帯都市圏分布図



## 人的資源も適正配分

### ブロック別に開発進める

## 韓国企業の診断

### 京帽産業株式会社

ソウル特別市竜山区漢江路
ソウル特別市中区南大門路四街

## 製帽業界の先駆者

### 国際市場で人気上昇

朴福緑代表理事

＜京帽産業の被服縫製工場＞

## 電力部門に重点おく

### 三月までに実施計画ねる

権名通産相

### 東西南北







715

# 天かける乙女たち

## 韓日親善の夢のせて

大空をかける女王ーそれはスチュワーデスである。昨秋日本航空が、日本とソウル線に乗務させるため韓国の美女を募集し、四百五十人のなかから六人を選んで採用した。いずれも大学卒の二十歳から二十四歳までのエリート女性、昨秋から訓練をうけ、いま彼女たちはソウル線のジェット機内で、アナウンスや入国の書類書きなど韓国人のお客のサービスに当っている。日本語はまだ片コトしか話せないが、その物腰や態度はきわめて礼儀正しく好感をもたれている。玄海灘の上空で働くこのお嬢さんたちは、どのような夢をもっているのだろうか、日航の制服に包んだ若い心は、きょうも大空にはばたいている。

金浦空港に勢ぞろいした6人のスチュワーデス(右から李尚愛さん・張暻子さん・郭銀淑さん・徐乙郎さん・金明子さん・高順南さん)

高順南さん(22)は梨花女子大の英文科出身ソウルの姉さんの家から日航に出勤している。乗務の関係で東京に宿るときは銀座の日航ホテル。一週に四往復する。朝七時には車が日航ホテルに迎えにくる。いまのところまだ東京の街もあまり歩いていないという。疲れもあるが、まだそれほど心のゆとりが持てないからだという。

高さんは「はじめもっと勉強したいから留学でもしようと思っていましたが、採用されたので、この仕事に打ち込みたいと思っています。将来はよい奥さんになりたい。父母ははじめは危険だからと反対しましたが、いまでは何もいいません。わたしも十数回乗務しましたが、こわいと思ったことはありません。飛行機に乗ったのは採用されてから初めてです。給与は採用された十月からもらっています。本給が三万₩です。これに一回乗るたびに乗務手当がつきます。給料はみな父母に渡してためてもらっています。日航ホテルで泊ったときはじめ食事に困りました。いまでは馴れましたが、なかでもおすしとスキ焼が好きです。はじめもっと誘惑など多いかと考えていましたが、お客様は皆紳士です。恋人はまだおりません」と語っていた。

日航では機中はチマ・チョゴリの制服を着てもらうことにしているが、近く制服が出来てくるといっていた。

六人の美女たちは、本年の日航ソウル線の花形になることだろう。

日航の乗客のうち(韓国航路)五〇%は外国人でこの八〇%が韓国人だというから、韓日の交流は日を追って増えている。日航は大阪ーソウル便はまだ週二回だが、これも本年中には増されることだろう。KALと手をたずさえて、韓国の親善に大きな役割を果している。

ソウルから大阪まで乗務して機を降りた高順南さん

日航のスチュワーデスの制服を着てどう似合って…と鏡とにらめっこ、りりしいとはいえ、まだ花はずかしい乙女たちでもある

三人は制服で、仲間の三人をタラップに迎える韓国のスチューワデス(金浦空港にて)

V880ジェット機内で指導員から教えをうける(羽田にて)

日航の空港事務所で勉強する六人の美女(羽田にて)

# "日本の中の韓国"に頌春

## 心暖まるキムチの香り

"日本の韓国"に春がやってきた。

大阪生野区猪飼野町と御幸通り一帯は在日僑胞の密集地帯である。

日本語を使わなくても、韓国語で用が足りるといわれているほど僑胞の多い街である。

そして、逞ましい僑胞の商魂が続いているところでもある。

俗に鶴橋の市場と呼ばれている国鉄環状線鶴橋駅の東側一帯に軒並みにならぶマーケットは、本国の東大門市場を小型にしたようなところだ。

さらに御幸通にある生野市場をあわせると、韓国的商品と食料品でないものは無いというほどだ。衣料でもパジ・チョゴリ用の生地からはハンジ(韓紙)まである。

キムチの匂い、メンタイの干ものの山、耳にきこえる韓国語……一歩市場に踏み入った瞬間、祖国に戻ったような錯覚を感じるところである。朝から晩までお客の足はひきも切らず繁盛している。もちろん日本人も沢山買物にくる。

まさに日本の韓国ー生野、猪飼野ーである。

衣料から食料、コムシン(クツ)まで店舗の種類は多彩である＝鶴橋マーケット＝

ぜんまいや野菜など韓国料理に欠かせないものがドッサリと並べられている＝御幸通の市場＝

目にも鮮やかな韓国服地が飛ぶように売れている＝鶴橋マーケット＝

干ダラや干カレイをはじめ魚の干物は何んでもある。ニンニクも一緒に売られている＝御幸通の市場＝

韓国生地屋の前に漬物屋が店を出している。ここでもキムチはどんどん売れていく＝御幸通の市場＝

白菜・大根・キャベツなどのキムチがずらりとならべられている＝御幸通りの市場＝

717

# 韓国は世界有数の教育国に

## 大学教育の再編成へ
### 新年度は定員を大幅に増加

韓国文教部は本年から大学の定員を四千六十五人増加する。この結果総大学生数は十三万八千五百四十五人となる（国公立三万五千二百六十五人、私立十万三千二百八十人）。定員増加となるのは国立大学で一千二百七十五人、私立大学で二千七百九十人である。

この増員によって人文社会系対自然科学系の比率が従来の四九対五一から四七対五三と自然系がさらに多くなった。

内容は医療系二百十人、水産海洋系百五十五人、中等教員養成千六百四十人、都市計画科、ベトナム語科など国策上必要な学科四百五人、實理職養成三百四十五人で、忠南大学校と漢陽大学校に医科大学を、延世大学校に歯科大学を、成均館大学校に儒学大学を、慶熙大学校に産業大学を檀国大学校に商経大学がそれぞれ新設され、一方初級大学の方は済州女子初級大学が新たに設けられ、徳成女子大学付設初級大学と国民大学付設初級大学が廃止された。

これによって韓国の総合大学は国立が六校、私立が十二校に、単科大学は国立が六校、公立が二校、私立が四十三校、初級大学が国立が十四校、公立が四校、私立が三十校になった。増やされた主な大学の定員は次の通り。

▽ソウル大学校＝航空工学科、園芸学科、食品工学科、海洋学科を新設して全体的に三百十人。

工科大学四百九十人（繊維工学科・土木工学科各四十人、金属工学科・繊維工学科・鉱山工学科・化学工学科各三十人、機械工学科・電気工学科各九十人、原子力工学科・電子工学科・造船学科・航空工学科各二十人。工業教育学科七十人、応用物理学科・応用化学科各十五人、応用数学科十人）農科大学四百十人（農学科・蚕糸学科・海洋学科・農業教育学科各三十人、林学科・畜産学科・農工学科・農経済学科各二十五人、農化学科・農産物学科・農家庭学科・食品工学科＝新設各二十人、園芸学科＝新設十人）文理科大学六百二十五人（国語国文学科・英語英文学科・独語独文学科・仏語仏文学科・政治学科・外交学科・哲学科・地理学科・史学科・社会学科・数学科・地質学科・天文気象学科各二十人、中国語中国文学科・動物学科各十五人、宗教学科・心理学科・言語学科・美学科・考古人類学科・社会事業学科各十人、物理学科・化学科各三十人、医学科・歯医学科各百人）美術大学七十人（絵画科三十人、応用美術科・彫刻科各二十人）法科大学百六十人（法学科百人、行政学科六十人）師範大学二百五十人（教育科・国語教育科・数学教育科・家庭教育科各二十人。社会教育科三十人、科学教育科五十人、体育教育科四十人）商科大学百九十人（商学科七十五人、貿易学科二十人、経済学科五十人、経営学科四十五人）薬学大学八十人（製薬学科）音楽大学百二十人（声楽科三十人、器楽科六十人、作曲科・国楽科各十五人）医科大学百四十人（医学科百人、看護学科四十人）

## 理科系の学科を優先
### 工業立国への人材を養成

▽慶北大学校＝電子工学科、高分子工学科を新設して全体的に二百十五人。

農科大学百五人（農学科・農化学科・獣医学科各二十五人、園芸学科三十人）、文理科大学二百八十五人（国語国文学科・英語英文学科・数学科各十五人、史学科・社会学科・生物学科・地質学科・哲学科・地理学科各十人、物理学科・化学科各二十人、電子工学科＝新設・高分子工学科＝新設各三十人、医学科八十人）法政大学三十人（法学科・経済学科・政治学科各十人）師範大学二百人（教育科・社会教育科各二十人、外国語教育科・一般社会科・数学教育科・化学科・生物科・家庭教育科・国語教育科各十五人、科学教育科二十五人、体育教育科三十人）医科大学八十人。

▽延世大学校＝天文気象学科・歯医科大学を新設し全体的に百十人。

文科大学百八十人（国文科・史学科・教育科・図書科各三十人、英文科三十五人、哲学科二十五人）商経大学二百四十人（商学科・経営学科百八十人、経済学科六十人）理工大学理学部二百七十人（数学科・化学科・物理学科・生物学科・天文気象科＝新設各三十人、地質学科四十人、医学科八十人）工学部二百五十五人（化学工学科・電気工学科各六十人、土木工学科・機械工学科・建築工学科各四十五人）神学大学三十人（神学科）法政大学百八十人（政治外交科・法学科・行政学科各六十人）医科大学百三十五人（医学科八十人、看護学科五十五人）歯科大学＝新設四十人（歯医学科）音楽大学八十人（教会音楽科・声楽科・器楽科・作曲科各二十人）家政大学九十人（衣生活科・食生活科・住生活科各三十人）

▽釜山大学校＝電子工学科を新設し全体的に百人。

## 総合大学は十八校
### 単科大学は五十一校に

文理科大学九百六十人（国語国文学科・英語英文学科・史学科・化学科・生物学科・地質学科各百二十人、哲学科・数学科・物理学科各四十五人、家庭学科二十五人、医学科八十人）法科大学百四十人（法学科・行政学科各四十人、政治学科六十人）商科大学三百九十五人（商学科・貿易学科・経営学科各百二十五人、経済学科二十人）工科大学九百四十人（建築工学科・電子工学科＝新設二十人、土木工学科・機械工学科・化学工学科・繊維工学科・電気工学科・造船工学科各百五十人）医科大学八十人、薬学大学四十人（薬学科）

写真は梨花女子大キャンパスの一部

## 水産海洋科など新設
### 漢陽大も医科大を設置

農村でも奨学の傾向は強い

▽高麗大学校＝食品工学科を新設し全体的に六十人。

法科大学百四十人（法学科九十人・行政学科五十人）商科大学百六十人（商学科七十人、経営学科九十人）文科大学二百七十人（国文学科・英文学科各三十五人、哲学科・教育学科・社会学科・独文学科各三十人、史学科四十人、心理学科・仏文学科各三十人）農科大学二百七十五人（農学科・林学科・農化学科・農業経営学科・畜産学科・食品工学科＝新設各四十人、園芸学科三十五人）政経大学百八十五人（政治外交学科五十人、経済学科七十人、統計学科三十五人、新聞放送学科三十人）理工大学理学部百五十人（数学科・物理学科・化学科各四十人、生物学科三十人）工学部百七十人（化学工学科・土木工学科・建築工学科各四十人、機械工学科五十人）

▽慶熙大学校＝看護学科、農林科（産業大学新設）、食品加工学科、窯業工学科をもうけ全体的に百八十人を増員。

文理科大学文学部六十五人（国文学科・史学科各二十人、英文学科二十五人）理学部百四十五人（生物学科・物理学科・応用数学科・化学科各三十人、地理学科二十五人）法科大学五十五人（法律学科）政経大学政治学部七十五人（政治外交学科・行政学科・弘報学科各二十五人）経商学部百二十人（経済学科・商学科各三十五人、経営学科五十人）体育大学百三十五人（体育学科四十人、競技指導科・体力管理科各三十人、体育舞踊科三十五人）音楽大学六十人（作曲科・声楽科・器楽科各二十人）師範大学七十人（外国語教育科・音楽教育科各二十人、体育教育科三十人）医科大学百六十人（獣医学科・薬学科各四十人、看護学科八十人）産業大学＝新設六十人（農林科・食品加工学科・窯業工学科各二十人）。

▽成均館大学校＝儒学大学に哲学科、儒学科をもうけて新設し全体的に百六十五人。

八百七十人（東洋哲学科・哲学科＝新設・宇宙物理科・経済科・商学科・経営科・統計科各三十人、儒学科＝新設・国語国文学科・英語英文学科・中国語中文科・仏語仏文科・独語独文科・史学科・心理学科・行政学科・政治学科各二十人、教育学科三十五人、生物学科・物理学科・図書館学科・数学科各二十五人、化学科・電気工学科・化学工学科各四十人、薬学科六十五人）

▽漢陽大学校＝食品栄養科、衣類科、児童教育科、生活美術科、医学科（医大新設）、繊維工学科、都市工学科をもうけ全体的に百十人。

工科大学二千五百十八人（原子力工学科八十人、工業経営学科百二十人、機械工学科・電気工学科・土木工学科・建築工学科・化学工学科・繊維工学科各百八十人、電子工学科二百十人、建築意匠科・金属工学科・窯業工学科・精密機械工学科・鉱山工学科・材料工学科各百六十人）文理科大学文学部四百四十人（国語国文学科・英語英文学科・史学科・映画科各八十人）理学部三百六十人（数学科・物理学科・化学科各百二十人）法政大学二百四十人（法律学科・経済学科・行政学科各八十人）商経大学三百六十人（商学科・経済学科各百四十人、貿易科八十人）体育大学四百人（体育科百六十人、競技科・舞踊科各百二十人）音楽大学八十人（声楽専攻四十人、器楽・作曲専攻各二十人）二部工科大学千二百三十人（電気工学科・機械工学科・土木工学科・建築工学科・化学工学科・鉱山工学科・繊維工学科各百四十人、工業経営学科百二十人、衣類科・児童教育科＝新設・生活美術科＝新設各三十人、食品栄養科四十人）

▽東国大学校＝工業管理科、水資源工学科をもうけて全体的に六十人。

仏教大学六十人（仏教学科・哲学科・印度哲学科各二十人）文理科大学二百十五人（国語国文学科二十五人、英語英文学科・数学科・物理学科・化学科・統計学科各三十人、史学科・演劇映画学科各

▽梨花女子大学校＝ピアノ科、管弦楽科、宗教音楽科、秘書科、商学科、製菓科、西洋画科、東洋画科、彫刻科、装飾美術科を新設し全体的に二百四十五人を増員。

文理大学七百三十五人（韓国語文学科・英語英文学科各百人、仏語仏文学科・独語独文学科・史学科・社会学科各六十人、キリスト教学科・図書館学科・新聞学科・社会事業学科各四十人、秘書科＝新設三十人、政治学科二十五人、物理学科二十人、化学科・生物学科各三十人）音楽大学九十人（ピアノ科＝新設三十人、管弦楽科・声楽科各二十人、作曲科・宗教音楽科各十人）美術大学百八十人（東洋画科＝新設・西洋画科＝新設・刺しゅう科・生活美術科・彫刻科＝新設各三十人、装飾美術科＝新設二十人）体育大学百五十人（体育学科・舞踊教育学科・舞踊科各五十人）師範大学二百六十五人（教育学科九十五人、教育心理学科・科学科・視聴覚教育科各三十人、社会生活科六十人）法政大学百五十人（法律学科・政治外交学科各五十人、商学科＝新設三十人、商経学科二十人）医科大学八十人（医学科五十人、看護学科三十人）薬学大学百六十人（薬学科百二十人、製薬科四十人）家政大学百二十人（家庭管理学科・食品栄養学科・衣類織物学科各四十人）

▽淑明女子大学校　文理科大学三百八十人（国語国文学科四十人、英語英文学科・保健体育学科・食品栄養学科各四十五人、仏語仏文学科・教育学科・史学科・家政管理学科・衣類学科各三十五人、生活美術学科三十人）政経大学百二十人（政治外交学科・経営学科・商学科・経済学科各三十人）音楽大学八十五人（器楽学科三十五人、声楽学科二十人、作曲学科二十人）薬学大学六十人（薬学科）。

近代都市の容相をととのえたソウルの街は、また学問の街でもある。

## 科学化を強く要請
### 民族教育を徹底させる

韓国は昔から学者に対する尊崇の態度を、慣習化された国民の伝統としている。民間の俚諺にも、「ヤンバン（両班）は文字のとく　サンノム（常民）は足のとく」といって、上流階級はすわっていても学問のおかげで食えるが、庶民階級は一日中足でかけずり廻らなければ食えないことを諷刺している。

しかし、今日ほど一般教育が要求される時代は史上かつて前例のないことである。教育という課題が、近年のように大規模にわたって、しかも真剣に論ぜられたこともかつてなかった。

政府は、かつての桎梏体制から解放された国民の活力を教育にしむけ、また政府活動のもっとも重要な分野として教育をとりあげて、官民挙っての努力により教育の長足の進歩をとげていることは、満足すべき結果である。

国民はまた新時代に処して、自由と正義に対する理想を実現するためには、一般教育の強固な基礎を要求した。これは、解放直後における騒々しかった試験的民主主義から学んだ貴重な教訓によるものである。

以上の条件にあって、韓国の教育は急速な各種の変化をもたらすことになった。教育部門における根本的変化は、旧時代の日本の植民政府が、新しい民主的制度におきかえられたことである。解放に続いて布かれた米軍政のもとでも教育制度の近代化および拡充化にあらゆる努力がなされた。

民主主義的概念によって動いた韓国の教育者たちは、旧式の日本の制度を更新する新しい教育方法を採求した。そしてこれら教育制度の使命を実践するための新しい政策が、民主主義と民族独立に貢献すべき市民を創造する方向に集中された。

このような政策は、必然的に多くの成果をもたらした。戦後五年間、一九五〇年にいたるまでは、民主教育のための強固な基礎が築かれた。それと同時に、学校も学生もその数が毎年増加の一途をたどった。一例をあげると、解放当時は国民学校の児童数がわずかに百六十万二百六十四名にすぎなかったのが、一九六一年では三百三十四万二千三百五十二名、一九六四年では四百七十三万七千四百三十一名に激増している。中学生も高校生も大学生も、大体同様な増加ぶりを示している。

しかし何といっても、義務教育の実施は特記すべき事項の一つである。義務教育法は、機会均等の原則によって、六歳から十二歳までの六年間の教育を要求する。そしてこの義務教育年限は、九年間に延長されることが考慮されている。

ところが不幸なことに、韓国の民族教育の健全な成長に一大打撃を蒙らなければならない事態が突発した。それは一九五〇年六月、北韓共産軍の南進攻撃によって開始された韓国動乱である。韓国動乱は、戦後三年間にわたって半島全域を荒廃に帰せしめた。熾烈な戦争行為は、学校のほとんど全部を破壊し、国民学校全教室の実に七十二％を烏有に帰せしめた。

さいわいなことに、消失された教育施設の再建を熱望する友好諸国の援助と国内篤志家たちの寄付によって、破壊された施設の大部分は回復された。韓国動乱は、韓国教育の高度成長に一時的な挫折をもたらしはしたが、結果的に多くの学校をして、動乱以前より遥かに優秀な設備を豊富にもつにいたらしめている。

このような顕著な発展過程にかかわらず、実行すべき多くの問題が残されている。憲法によって保障されているすべての就学児童が完全に特権を享受するためには、不足教室の拡充、学校運営の近代化、健全管理による資金の確保、教材および諸道具の調達、教科書の無償配布など—これらがすべて可能にならなければならない。

### 教育思潮の動向

二次大戦終了と同時に、解放された民族として民主主義を採択したのであるから、教育も「民主化」されなければならないことは言をまたない。旧時代の日帝下においては、民族文化が抹殺されていたので、民族固有の文化をとり戻してこれを再建することが当然な任務である故に、教育も民族的性格を帯びた「民族化」が高唱され、また後進性を脱皮して発展する社会を形成するため、各部門の近代化を主張しているから、教育もまたその政策樹立にあっても実行方策にあっても「科学化」が強く要請される。

韓国教育における基本思潮は、この民主化、民族化、科学化が当面の動向として常に叫ばれているのである。

# 今年からいよいよ本番に

## 僑胞問題など懸案は山積

### 要因は日本の二つの韓国政策

## 韓日正常化後三年目を迎えて

過熱状態であった国民感情もだんだんおさまり、より充実した協定の履行と、新しい地域協力体制に関心の焦点が移りつつある韓日関係は、すでに正常化されて三年目を迎えた。UN（国際連合）あるいはASPAC（亜細亜太平洋地区会議）において、自由友邦国として歩みを同じくする韓日協調は、国民が心配していたほど対日依存度が深くなったわけでもなければ、政府が期待したような急激な利益を招いたわけでもない。いわば試験期を終ったというべき状態であり、本番は今年からとみるのが妥当のようである。いまここで今日までの両国の関係をながめてみよう。

## 協力体制の強化図る

### 朝鮮大の認可は不可能

韓日国交が積極的な対外進出を目指す韓国外交に、一つのかけ橋の役割をしたことは事実であるが、日本が対北カイないし共産国政策で見せている不透明な態度と友好国としての韓国観に欠けていることは、国交正常化第三年目の今に到るまで、暗くて長いかげを投げかけている。「日漁船団寄港」「日本政府北カイ技術者入国を許可する」「請求権資金第一次年度分の導入が不振である」「韓国の北洋漁船団の日本寄港を日本政府が拒否する」などそうぞうしかった一次年度に比べると、比較的しずかな六七年（二次年度）ではあったといえるが、また「在日韓国僑胞の北送中止」「朝総連系の朝鮮大学の認可反対」「在日僑胞の法的地位の向上」など韓日関係においての基本的な問題が、未解決のまま宿題として残されている。

このような結果になったのは、日本側が韓国を「韓半島における唯一の合法政府である」と規定している基本条約第三条の意味を勝手な解釈をして「二つの韓国論」を対外政策として進めていくことによって得る日本側の利益と、対日本一辺倒経済外交からくる韓国政府の過度な低姿勢に、その根本的理由があると外交専門家筋は見ている。

六七年八月、東京でひらかれた第一次韓日定期閣僚会議において、日本側は十一月十二日に終了する北送協定を延長しないと約束したにもかかわらず、日本政府は今いわゆる北送希望申請者の残留者に対する措置という名目で、事実上の北送延長を企てている。

在日韓国僑胞の北送が居住選択の自由に基く措置であるというう、日本側の押しつけを一応認めるとしても、北送船が北カイのスパイ活動網であるという事実が明らかになり、北送される人的物的支援の結果が韓国および自由並細亜の安全をおびやかす状態を招くおそれがあるという韓国側の数知れない抗議に対して、果して日本側はどれほど誠意を持っているのだろうか。

一方韓国政府が認めない朝総連系の朝鮮大学校を認可する方針というのも在日僑胞に対する二元的な政策である。

朝鮮大学校は一九六八年に認可なしで開校し、十余年間朝総連系の幹部の養成に当ってきたことは周知の事実である。

また在日僑胞の法的地位および待遇の方はどうかというと、永住権の獲得により生活の根拠が認められたとはいうものの、経済生活にはまだまだ影響をおよぼしていない。

永住権申請の復雑さと日本側のあまりにも形式的な協定条文解釈による不親切な取り扱いによって、永住権申請はまったく不振状態である。

韓国政府はこのような実態を打開するため、協定の円滑な施行について日本側と九つの事項の解決について話し合い、申請過程の簡素化および法的地位向上を図っているが、十一月三十日までに六十万の僑胞の中やっと五万三千九百五十四人が申請し、四万六千九百三十五人が許可されただけである。

また教育と社会保障などの僑胞の実生活にむすびつく問題でも、協定上はなにひとつ明文化されていない。

ただ日本政府の常に口にしている“誠意”にたよるよりしかたがない有様であるが、教育問題を見ると民団系学校がわずか四、五校であるに対し、朝総連系は百四十校を数え、したがって民団系僑胞の八〇％が日本人学校に進学する実情である。

### 日本赤十字はいぜん消極的

樺太僑胞の問題は協定が発効した後から起った問題で、日本政府は韓国に定着することを保障すれば送還のあっせんに応じるという消極的態度をとっている。

このようにして送還問題を一応交渉するため日本赤十字社と国際赤十字社に代表団を送ることにしている。

韓国政府は樺太の僑胞の送還問題を交渉するため日本赤十字社と国際赤十字社に代表団を送ることにしている。

日本は東南アジアでの地域協力を盛んに主張しているが、ASPACなどにおいても韓国と同一歩調をとってきた。

国内問題の利害関係における緊張性から脱して、政治的次元での寛大さを見せる段階にまで韓日関係が成熟していることを日本側はもっと現実的に認識する必要がある。

このような観点から見ると日本側のはっきりした韓国観とそれに基く諸懸案問題の解決が、地域協力体制の実質的な達成のため望ましいわけで、このようなことを抜いては、地域協力はもち論韓日関係の暗影をとり除くことはいつまでもできないであろう。

# 新春随想

## 光陰矢の如し

新しい年を迎えましておめでとうございます。旧年中のご指導とご厚誼を心から深謝申し上げます。

光陰矢の如しとはまさに文字通りで、一九六七年こそはと決意をこめて一年の計を語り合ったりしたのもついこの間のような気がするのに、ソウルの友人知人たちからXマスカードが届いたと思うともう正月になっている。

歳月の流れの早いのには今さらのよう驚く。

新年号の原稿の依頼を受けたが何んの資料も準備もないので、一九六七年の足跡を想起しながらペンをとることにした。

元来、浅学非才の上、若干般なしとかいうが本当に時間がない。

## 若い二世と民族意識

人間は勝手なもので年の暮になると来年こそは来年こそはとくり返しながら、年輪を重ねるもので ある。筆者もいつの間にか敬老社会の老人組に入れられるようになったと思うと、くやしくもあり、恨みたにも思う。

人間は年を重ねるだけでは老いない。理想を失ったときに老いがくるのだ。また信念とともに若く疑惑とともに老いる。希望のある限り若く、失望とともに老いるのだ。

こんな教えを、子供のときには なるほどとうなずいたり、感心したりしたものの、いざ五十台も半ばを過ぎると現実はきびしい。

「老うは問題がゆるさない」との俗言が正しいような気がする。

私は最近ゴルフ会その他の会合で二世の若い人たちとよく会う。あるものは社長に、あるものは専務、常務とそれぞれ立派な事業体の重責を担っており実に心強い。その理性に富んだ態度、行動、言語など今更に頼もしいものがある。

ただ民族意識の点については何んとも言えない、疑問に思うということが、正直な表現である。

もちろん、これは全部の人がそうだとは決して申さない。

私はときどき日本の諸団体主催の講演会あるいは懇談会で日本の知名士と語り合う機会をもつ。そのおり私はいつものことながら韓国の若さを自慢する。

すると皆、本当であるかどうかは知らないが、異口同音に共鳴し賛く。

## 韓国の若さを自慢

私は三年ほどまえ北海道旅行をしたことがある。北海道大学を見学して校庭の中央にあるクラーク博士の記念像に刻まれている「青年よ大志を抱け」という有名な言葉が強く印象に残った。

私はすなわちこれが民族意識であり、その国の若い人の義務でもあると思う。

もちろん在日僑胞の歴史的な過程と、一世たちの環境から見て今すぐ二世たちに要求することは無理なことではあるが、しかし今からでも遅くない。

民族意識に欠けている人間は偶像に過ぎない。要は言葉でなく信念であり、実践である。

私は自己という言葉の意味を興味深く記憶しているが、おのれを知ることが、いかに大切であり、人間処世上にも重大なことであるということを知るべきだ。

若い人は民族の鏡であり、国家の希望であり、歴史を前進させるエネルギーである。

若い人の歩みがたくましく、良心が汚れていなければその国の未来は繁栄が約束されるのである。

韓国の若い人、そして僑胞の若い人たちがどんな信念をもち、どんな理想とモラルのもとで生きて行くかということによって、明日の韓国の運命が左右されると思う。

若い人は未来の鏡であると教えられる。

若さは国家の宝であることが立証される。

## 金で買えない英知と若さ

世の中は金の力で解決する場合もあろうが、英知と若さは決して金の力では買えない。

しかし私はある雑誌で最近イギリスの若者科学者たちが、ぞくぞくアメリカに引き抜かれることが国会で問題になり、将来経済的植民地になることはあっても頭脳的植民地になってはならないとの議論が沸とうしたという記事を読んで感銘したことがある。

頭脳や頭脳もときには金の力で左右されるが、要は結局若さである。

### 春を待たず生け花

## 六七年の祖国をふり返って

ここで私はこの一年間の祖国の現状にふれてみたいと思う。

韓国の一九六七年は文字通り多事多難の年でもあり、かつまた意義深い年でもあったと思う。

とくに五月三日には第六代目の大統領選挙が行なわれた。

従来のような国民の非難と誤解を受けるような不正もなく、正々堂々と明るい雰囲気のなかできわめて穏やかに百十六万という圧倒的大差をもって朴正煕大統領が当選した。

これはいうまでもなく国民が朴大統領の功績を高く評価し、卓越した指導力が国民の支持を得た結果であると思う。

## よりよき隣人たち

韓国はいま祖国近代化と自立経済確立のため一九六二年よりはじめた第一次五カ年計画を成功裡に終り、引続き第二次五カ年計画も三年半に繰り上げ、その目標達成に全精力を傾注しているのである。

この歴史的大業を完遂することが名実ともに韓国経済の実力を備えることであり、この実力を備えることが民族宿願の南北統一への唯一の条件であると思う。

次にここで韓日関係と在日六十万僑胞の問題についてふれてみたる。

## 遠い親戚より近くの他人

私はある会合でこういうことを話したことがある。

遠い親せきより近くの他人ということわざ（諺）があるが、日本と韓国とは近くの親せきみたいなものだ。しかしソウルと東京との距離はわずか一時間半たらずにすぎないが、心の距離はまだかなり隔りがあることは否定できない。

私は韓日両国民のお互いの先入観を一掃するには双方ともに相当の忍耐と努力を要するものと思う。とくに在留六十万僑胞の自主的経済的自立と、その地位の向上と安定はもち論のこと、一人一人の行動と姿勢が両国の友好親善を深める不可欠の要素であると確信する。

## 消されない国家感情

いと思う。私は名前は覚えてないが、日本の著名士の訪韓記を読んだことがあるがその中に、個人なら隣に住む人がきらいなら引越しすることもできるが韓国同志の場合はそれができない、だからお互いに善隣友好でなければならないと書いてあったのを興味深く読んだ。

また別の会合で日本の方が、現在韓国の経済五カ年計画に、日本側は積極的援助をしているのに、日本に対する理解が足りないとの発言があったが、筆者も率直にそれを認める。だが私は次のように説明した。

## 進歩しない民団の歩み

## 人的構成も重大な要素

## 民族学園も積極推進を

# 韓国の古代文化と近代芸術

最近目立って入場者の増えてきた東洋画展

韓国の文化財は日帝時代に多く日本に持ち帰られ、韓国の文化財はまさに消滅の危機にたちいたったが、その後、韓日国交の回復で、日本に持ち帰られた文化財一万余千点が返還され、不満足ではあるが、何とかかっこうがついた。それとともに、また韓国に残っていた石塔や仏像などにも保存策がとられるようになり一応古い文化財の確保ができた。最近はこれら古い文化財に対する国民の鑑賞も高まりつつあり、後世にのこす貴重な文化財への認識が深まったことはよろこぶべき現象である。また、この貴重な歴史的遺産に対する関心が深まるとともに、昨年度は新たに三国時代の仏像や古文書二百冊が発見され、国宝に指定され、古考学界をはじめ歴史学的にも大きな収穫をおさめた。一方芸術の分野でも彫刻、洋画、東洋画、書道、工芸いずれも隆盛をたどり、国展をはじめ各種の展覧会が多く開催され〝美〟への探究が深まっている。芸術的に優れた国民性を如実に示すものとして東洋画の復興が、とくに目ざましいことも、文化国家の形成に大きく寄与するものがある。

〈華厳寺覚星殿の石灯〉

## 国宝級の仏像など発見

### 古文書も国宝級が200点

昨年発見されたのは三国時代のものとみられる高さ二十㌢の「金銅菩薩立像」で、ソウルの近郊の下水工事場から掘出されたもので、ほとんど完全といってもよいほどのもので彫刻様式は三国時代の特徴を正確にあらわしており、伏蓮台座の上に立つ仏像は三山冠をかぶり天衣をまとっており、右手に蓮華を持ち、左手の指はV字を示している。

この仏像は国宝一二四号に指定された。また、仏像がソウル市内で発掘されたのは史上初めてのことであり、管理局ではひきつづき発見地の三陽洞一帯の調査を行なっている。

また古文書は韓国最大のこっとう収集家であった故全鎣弼の個人博物館で発見されたもので竜龕手鑑、女四書諺解など、珍貴な古書（文化財指定級）二百余巻。

全氏の博物館である保華閣（城北区北城洞）の蔵書二万余巻のうち七千巻を整理していた金庠基文化財委員長と金元竜ソウル大博物館長、李弘稙高大教授ら専門家たちが発見したものである。

中でも特に竜龕手鑑は中国の僧侶行均が仏経文にある漢字などむつかしい文字二万六千字を集めて解釈した字典であり、全巻（七冊）が発見されたことは貴重である。

故全氏の博物館はさる六・二五動乱以後、門を閉ざしたままであったが全氏がなくなって五年目に遺族たちの要請で陽の目を見ることとなった。

全氏は日本の早稲田大学を卒業、啓成学校の設立者であり、考古学、美術品および古書籍収集などでも有名であった。なお、遺族と文化財専門家たちは蔵書の整理が終わり次第、全鎣弼博物館保存委員会を構成して一般に公開する予定であり、発見された蔵書は次のとおりである。

竜龕手鑑七冊、女四書諺解全冊、三韓詩亀鑑全一冊、竜飛御天歌全六冊、補閑集全二冊、東山和尚六道講説全一冊、国朝五礼儀全八冊、続五礼儀全一冊、重修覚和、経史証類備用本草、法華経諺解全六冊であった。

## 世界水準めざし精進

### 東洋画は西欧で高く評価

一方近代芸術界も花やかで、第十六回国展では西洋画の「国宝」＝金鎮明画伯作＝が大統領賞をうけた。

彫刻は「納吽」＝厳泰丁氏作＝東洋画は「故郷」＝李仁実氏作＝建築部門では「市民の広場」＝鄭東勲・呂政雄両氏合作＝そのほか六部門の最優秀作品に文教部長官賞が与えられ、特選九十三点を含めて五百九十四点の入選作がきめられた。

この国展をみても、六六年より水準はいちじるしく向上しており応募点数も二千百六十点に及ぶ盛況であった。

このように年々芸術に対する国民の意欲が高まってきたことは、それだけ生活が楽になったという証拠でもある。

東洋画＝特選五点、入選四十一点（応募二百十点）西洋画＝特選十点、入選百十点（応募四百八十点）彫刻＝特選十点、入選六十二点（応募百六十九点）工芸＝特選二十二点、入選百四十七点（応募三百二十三点）書芸＝特選十六点入選九十一点（応募二百九十二点）建築＝特選三点、入選四点（応募十八点）写真＝特選十点、入選七十七点（応募三百二十三点）であった。

このような傾向は本年はさらに拍車がかけられ、搬入作品も昨年を大幅に上回ることが予想され、東洋画、西洋画ともに新しい感覚の作品がつくられるものと大きな期待がよせられるのである。

大体韓国の芸術は世界のレベルに立派に肩をならべるものがあったのだが、日帝時代にこれが押えられ、沈滞一途を辿ったが、解放後漸次復興し二十二年ぶりにどうやら水準までもどったという形である。これからが世界の芸術界に進出するときである。



### 洋画部門

一九四九年に「国展」が発足し、官制の機関ではあっても、その役割は大きく、新人の発掘、中堅の養育に効果をあげて来たのである。

さて、国展が発足すると、国展の持つ必然的な制約を嫌って、金煥基、劉暎国、朴古石、劉永国、金大両、李鳳商らが新しいグループ活動をはじめた。ここで既成人の画家たちは、写実派と抽象派とに大きく分れた。

一九五〇年六月の動乱は当然美術界にも大きな傷を残した。美術家同盟系の金基成、金洛俊、崔載徳、金晩炯、鄭玄雄、李快大などは北韓に去り、大韓美術を組織した李仲燮、韓黙、朴寿根、張利錫、権栄林などは従軍画家として軍の隊列に加わった。

一九五〇年代の後半になると、動乱もすみ、ソウルに人々が集まってはじめられたのが美術界の整備であった。戦争体験によって変った価値観を美術家たちは欧米の抽象美学に求めたのである。

現代美術家協会を中心に金俊、金永周、劉永国、…、卞鍾夏、金薫、金興洙たちは抽象画のグループを作り、それまで画壇の主導権を握っていた大家派に抗争を試みた。

一九五九年の活動を見るに、個展では、李…在の完全抽象、朴栖甫、孫東鎮の抽象的な傾向、また、抽象的であり創作性を持った金煥基などが目立ち、朴成煥、鄭健模、鄭文圭など中堅画家の抽象方向が注目された。

団体展において、モダン・アート展は中堅画家による時代思潮の製作意識が主題とされ、主要メンバーは李揆祥、韓黙、金昶、劉永国、朴古石、鄭点植、黄廉秀などであった。

現代美術は前衛美術を自負し、非形象主義を志向する新進たちで、金昌烈、趙炳俊、金鍾学、李明儀、鄭相和、李容煥、尹明老、朴栖甫などである。

### 彫刻部門

国展、民展をはじめとし、パリ・ビエンナーレ出品国内展などから、朴鍾培、崔満麟、新人芸術賞美術展の新人たち、そして宋栄洙彫刻展、権鎮圭彫刻展などが注目された。

朴鍾培は鉄材をって生命体の求心的造形を目指しているが、その内容がどんなに視覚的に実現されるかということに問題点が残されている。宋栄洙の抽象彫刻はその造形を裏付けする論理がなく、空虚なものになった。権鎮圭の展示は作品の効果も充分であり、異彩な雰囲気をかもし出していた。

国展は出品数が例年よりも減り、大作がはやり、学生作品が急激に少くなった。しかし中堅層の野心作が多く、朴鍾培の「歴史の原」の抽象作品は大統領賞を獲得した彫刻部門最初の出来事として評価された。

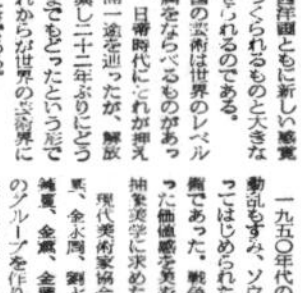

李朝時代の山水画

## 韓国の誇る伝統の芸術…東洋画

### 〝白陽会〟が先達に　千鏡子が東京で個展

韓国の近代芸術史は概略つぎのようなものである。

第二次大戦後一九五〇年代後半における芸術思潮は、西欧中心の世界から東洋へと潮流が変わり東洋研究の重要性があらためて見直されていたといえよう。

韓国の絵画として東洋画は、このような時代に「韓国画」としての独自の体系を確立したといえる。これらの結実が金基昶を中心とする「白陽会」となって現われた。

六〇年には「白陽会」によって自由中国と香港で国際進出を試み外国人に大きな感銘を与えた。その指向するところは「現代東洋画すなわち韓国画の新しい研究とその発展」であったが、これによって外国人に対し「韓国画」の新しい確立を認めさせるに成功したといえよう。

「白陽会」の発展によって東洋画における世代は大きくゆらぎ、新旧混乱の状態をおこしたが、中堅作家たちの果敢な前進姿勢によって確実に変貌をとげていった。金基昶をはじめとして朴崍賢、千鏡子、若い世代として徐世鈺ならびに「墨林会」は、恣意的な造形発言で、旧世代に対し抗拒と反逆を試みた。

六三年の作品活動を見ると、第二回世界文化自由会議招待展に出品された金基昶の作品は、彼が数年前から試みていた抽象作業をつづけることで、東洋画という材料を通して絵画の本質に接近しようとする意欲がくみとれ、その進境も立証された。とくに金基昶はサン・パウロ国際展出品作の「樹精」で効果を確実に挙げていた。

第六回の千鏡子個人展は、新作旧作の陳列がなされ、回顧の機会を持ったのであるが、作品はよく芸術精神の消化をこなしていた。

第十二回国展の東洋画部は新旧混合、基準もなにもなく羅列されて、収穫もあまりなかったが、中で金栄基の作品は注目を引いた。

六五年になっても東洋画部門は閑散とし、国内では金基昶、千鏡子、李竜子、成在烋、裴平里など、国外では李応魯、張遇聖など、活動家の少数が目立った。

国展と民展を除外しては、金基昶と林暎賢夫妻（ニューヨーク）成在烋、李在鎬、李竜子、新樹会、李惟台などがあり個展を開いただけである。

千鏡子はこの年の九月東京で個展を持ち、日本の認識を得た。

国展の東洋画部では特に秀れたものは見当らなかったが、全般的に南画、構図系統が向上していて数としては抽象画が増えていた。また、理由もなく巨作主義作品が多くなったのも特徴であったといえよう。

# 新たなるよそおい

# 韓国の婦人

韓国女性の美しさは貞淑と清楚にあると昔からいわれている。これはいいかえれば無口であり、冷やかなことだともいえる。昔はたしかに女の人は社会的な制圧によって見知らぬ人とは口をきかなかった。そのことが他人に冷やかな感じを与えたのも無理からぬことであった。だから〟当時韓国を訪れた外国人は〝なぜ韓国の婦人は冷たく、友好的でないのか〟と疑問を持ったこともあった。

当時の社会論理観によって長年にわたって培かわれたもので、そのことを善か悪かに分けて見るのは当らない。また、表面冷やかであり、無口であるから、内面までもそうであったとは断じ難い。表面がそうであったゆえにむしろその内面は温かく、情の細やかさを持っていたのである。

それが、李朝時代の封建社会が崩れ、近代化の新風が吹き込まれると、韓国の人々はあらゆる面で新しい思想を取り入れたのであるが、女性たちもその例外ではなく、徐々にではあるが近代化へと次第に目ざめてきた。

これまで女性の宿命とでもいうべき「男女七歳にして席を同じくせず」といった固定観が打破され、女性の地位が高まった。この諺は男女の関係の厳格をいうことばではあるが、この諺に秘められる否の意味は女性蔑視であって、これある限り女性の地位の向上は望めなかった。それを韓国の女性たちのちからによって打破し、社会制度の改変とともにその地位を高めてきたのである。

これはとりもなおさず韓国の女性が、家庭における妻として、母として、あるいは農村にあっての労働力として、自分のちからを発見し、それに自信を得たからに外ならなかった。

一九四五年八月の民族解放は、韓国女性がその社会制約から解放されることをも意味した。このときから女性は地位の向上という概念的なことから脱却し、実質上の地位をかちとるようになった。その顕著なものが女性の社会進出という形である。

女性の社会進出は近年目ざましいが、それが一朝一夕にできたものでないのは当然であり、そのためには多くの準備と努力がなされたことを忘れてはならない。

男女共学制ー一九四七年から大学における男女共学制が実施された。これらによって韓国の女性は実質上からして男と同等に学ぶことができるようになった。現在でも韓国の男女共学の実体は西欧のそれにくらべて必ずしも活発なものとはいえない。けれども、男女共学の制度が確立し、その門が開かれたのであり、それもすでに十九年の経験を持つに至った。このことが女性にとれほどの自信を与えたことであろうか。

公娼制廃止ー米軍政当局は人身売買を禁ずる第七〇号法令を一九四六年発表したのであったが、現実には効果があらわれなかった。これは法令は正しいものであったが、女性自身にその自覚が確立されていないためであった。しかし、ときならずして韓国の女性たちはその重要性に気付き、公娼制廃止運動を組織して政府に請願運動を起した。こうして一九四八年二月一四日公娼廃止法案が制定された。これは女性自身の手でかちとった法律であった。ー姦通双罰論の適用ー従来の姦通罪では女性の姦通行為だけが処罰されることになっていたのであるが、一九五三年九月には男女双方を処罰する法律が制定され、男女平等の民主主義理念が実践されるようになった。

新民法での女性地位保障ー一九六〇年一月一日から実施された新民法では、女性の地位を法律的に保障することになり、その結果社会進出を約束する結果を見た。

大韓婦人会創立ー一九四八年2月大韓婦人会が創立されたが、これは女性団体として初めての組織であり、規模も大きく、また実質的な活躍がなされた。

女性団体協議会創立ー外人の女性団体が革命後解散されたが一九六三年十二月一六日に一六個団体が合同して韓国女性団体協議会が創立された。会員数は4万九千名、会長に金活蘭女史が当っている。この傘下に家政学会、女性問題研究会など十個の組織があり、それぞれ専門の分野で活動をしている。

女性会館の建立ー一九六三年十二月には女性会館が建立した。総工費二、〇〇〇万ウォン、建坪六〇坪、五階建であり、韓国女性団体協議会が管理している。館内には図書室、食堂、会議室など女性へのサービス施設が整っている。

母の日制定ー一九五三年四九〇日崔恩喜女史が母の日の制定を提唱し、一九五五年八月三十日国務会議で取り上げられ、毎年五月八日を「母の日」とすることに決定した。この日は「立派なお母さん」の表彰を行い、その他母の労苦をねぎらう行事が全国的に行われる。「立派なお母さん」選定ー一九六一年度に鄭敢模さん、つづいて、朴承伊、金福礼、崔鳳娘、李敬賢さんらが選ばれている。

家庭法院設置ー一九六三年十月一日に家庭法院が発足した。最近二年間に処理された家庭問題の中で女性の人権に関する問題が総件数の三分の二を占め、その数は二、七〇〇余件である。

貞淑と清楚のみを女性の美としていた時代はすでに過ぎたと見なくてはなるまい。なぜならば、それらは当時の社会制度の圧力によってそうさせられたことに外ならないからである。

新しい韓国ではあらゆる分野の民主化と近代化が進み、それに即した女性の地位向上はすでに現在の韓国では〝韓国の婦人は冷たく、友好的でない〟という言葉は聞かれなくなっている。また、「男女七歳にして席同じくせず」などといった諺も遠い昔の物語となった感がする。

そこには、明朗で闊達な女性が生まれて来ている。貞淑という表現にとってかわって、明朗で闊達という言葉を使った方がより適切かも知れない。そういえば、明朗、闊達、清楚の三つを並べると、ちょうどこれが今日の韓国女性をいい現わすに最もふさわしい言葉のような気がするのである。

## 韓日トップレディの新春

朴大統領夫人陸女史と佐藤首相夫人寛子さん

# 教育は公正が肝心

## 「朝鮮大学校」ポーズの変更信用できぬ

平林たい子

外国人学校の問題が改めて考えられるようになったのは、北韓の大学認可問題が持ち上がったからである。この問題をはなれては、とくに今こういうことについて考える必要はないアメリカン・スクールも韓国人小学校も以前から存在していたし、これからも存在するに違いない。誰もそれに異議を挟んでいない。

が問題の北韓系の営む学校となると、大学の認可問題以前にすでに問題があった。今俎上に上がっている大学以外の学校でも公正な教育をしていたとは信じがたい。

たとえば初期のころ、ある運動会に、日本の天皇、皇后の写真をつくって引きずり回したそうだ。こういうことは、日本人にとってはもちろんのこと、第三者の外国人にも、決して愉快なことではない、人間教育の目的に逆行した非礼だからである。当時は、校長も日本人で、教師にも日本人がいたそうだが、こういう教育方針については国民の間でささやかれるだけで、新聞種にすらならなかった。日本人は、当時正当な反省からではなく卑屈から、見て見ぬふりをした。もちろん、過去の日本が朝鮮と朝鮮人に加えた成り行きに対して、南北の人々が憤りをもっているのは当然であり、そのことが歴史の事実として教室で教えられることは、日本人は何もいう資格はない。ただ、頭をたれて、先人の行なったことを反省するのみである。日本人は個人としても国家としても、そのことをつぐなう意識をもって南北朝鮮の人々に対さなくてはならないと考える。

しかし、それはそうとしても国家と国家との公法上の関係となると、国家同志は国際法規にしたがって交渉し合うものであるから、その法規の命令するところによって、法規上の国家と国家との接触は行なわれるべきである。われわれが過去のことをかえりみて贖罪の意識に頭をたれているといっても、そのつぐないとして、日本国内で、さながら敵対国家のような教育権の独立が行なわれていることを見すごすわけには行かない。そういうことは誇りある民族のつぐないと心ある人は思うはずである。こういうつぐないは、決して、後日の双方の国民関係のために、よい結果にはならない。

問題になっている北韓の大学へ、過去に北韓から送って来たメッセージや指令、在日総連の幹部のした演説のたぐいをみると、陰に陽に、この人達は日本とたたかう人間をつくるべきことを主張し、そういうアジテーションを学生に与えている。全寮制度はよいと思いつきだが、二人ずつでなければ外出させないという規約は何のためだろう。日本国内で同じ民主主義の基盤の上に共棲するなら、一人一人の自由な外出をそう恐れるいわれはない。教科書類を絶対に外に出さないというのは、その教科書に見せてわるい事実がしてあるためかと勘ぐる人があっても仕方がない。以前市中に出た教科書にはたしかに、見せて都合のわるいことがしるしてあった。そのころの教科書は、教育よりも復しゅう観念の強調が主で、特殊の人格しか育ち得ない感じがした。

もちろんそこまで、他国人たる私が抗議するわけでなく、私はただ、日本国民として迷惑することをいう資格しかないのだが、批評は他国人でもいってもよいはずだ。

そこで北韓に限らず、どの国の在留者も、このような異様な学校経営のしかたは、日本人のプライドを著しく傷けるし、何か秘密があるのかという疑惑を起こさせるから、もしやっているならどうぞやめてほしい。

もちろん、こんな秘密主義をとらなくとも、日本の批判や悪口をいう自由はある。どこにも完全な国はめったにないし、とくに日本は、帝国主義を放棄してから、まだいくらの年月もたっていないのだから、日本の支配下にあった北韓や韓国の人々の目から見ていろいろな批判があるだろうことは当然である。それをいわれていきどおる人間は民主的日本人ではない。それが教科書に現われていても、それだけで反日教科書とはいえない。が、そこには限度がある。その限度は、韓国なり、北韓なりに行って、仮に日本人が学校を営むとして、そのとき金日成政権とその主義主張、韓国の政体とその主義主張に対して日本人が加え得る批判の限度が、日本で、日本の政治に他国人が加え得る批判の限度だと思ってほしい。

しかし、韓国はとも角、金日成政権には、日本人がその膝元で批判を公言する自由など、絶対にないことは自明である。とすれば、北韓は、自国における日本人の批判の自由は許さずに、自国民だけが他国で恣意な行動をするのを許せというのである。こんな不法な要求はきくべきではない。

民族教育の自由という言葉がよく使われているけれども、これが民族教育の内容だとは信じられない。日本の知識人が北韓の過去の日本における教育を民族教育ということばとすりかえて、その自由を要求するため運動して請願するのは少しおかしい。卑屈だともいえよう。

ところが、最近では、北韓側も方針をかえて、日本とあまり違わない教育主義を打ち出している。結局総長も替えるという噂がある。結構なことだし、それならば、しつこく反対することはない。ただ、いままでの実績にかんがみて、しばらくの間日本にその証拠を見せる期間をおく必要がある。日本人は北韓のポーズの変更を見ただけで、すぐ信用するのは早すぎる。

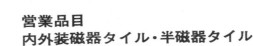

住友商事株式会社代理店
住友ベークライト株式会社
積中プラスチック工業株式会社 協力工場
株式会社 宮城徳次商店
取締役社長 金　済　云(宮城徳次)
本社工場 八尾市竹渕四三〇一
電話 代表(七〇九)二六六一
大阪営業所 大阪市浪速区小田町一二〇六番
電話 代表(五六一)六九三六～八番

直輸出入商
大永物産株式会社
取締役社長 掲　泳　甲
大阪市東成区大成通三ノ三八
電話 大阪(九七一)〇二四五・六四一六番
(九八一)八四一一二番

光栄金属株式会社
代表取締役 柳　重太郎
本社 大阪府東大阪市貿徳町五ノ三一
電話 大阪(七二二)三三三六ノ七番
工場 大阪府枚方市四条三七二
電話 枚岡(〇七二九)八一三四四〇番

レジン・ライニング並にコーティング
近畿耐酸工業株式会社
代表取締役 藪　辻　稔
大阪市西淀川区御幣島中三ノ四六
電話 四七〇七六三一・七八三一四番

株式会社 特発製作所
取締役社長 金　桂　忠
大阪市東淀川区三津屋南通一ノ二ノ八
電話 大阪(三〇九)〇九三番

撚尺・羽尺・四ツ身
服地プリント・正絹ウール
テトロン・ナイロン
アセテート・絹合化繊
京美染色株式会社
本社 京都市中京区壬生相合町三一
電話 京都(八一)七八四三一四番

プラスチック製品
有限会社 丸安プラスチック工業所
本社 大阪市東住吉区加美東次町八ノ九三
電話 大阪(七九一)九四九九五番

非鉄金属・原材料
大洋商事株式会社
取締役社長 李　相・浩
大阪市東成区南中本町一の一四六
電話(九七一)二三七一番

製造販売
シグナルミシン株式会社
代表取締役 呉　山　正　翁
大阪市都島区大東町二ノ一六四
電話 大阪代表(九二二)七八七一・三三九番

東洋鋼線鋼索株式会社
代表取締役 吉　川　鐘　洙
本社 大阪府泉佐野市鶴原一二七一
電話 泉佐野(六二)三〇四七～八・〇二一七番

林工業株式会社
社長 林　信　宏
本社 大阪府堺市神明町西三ノ一五
電話(〇七二三)②〇八六四・四五五七番
③七二五七・二〇一七番
夜間②六〇七三番

貿易全般
永島貿易株式会社
代表取締役 康　永　範
大阪市東区北久宝寺町五ノ五一　三栄ビル
電話 大阪(二五一)代表八二五一～四番

金属全般
三晃金属株式会社
取締役社長 高　駟　相
本社 大阪市北区山崎町七七
電話 大阪(三六一)二二六九番

営業種目
土木建築総合請負
ショベル・ブルトーザ・工事
陸上工事及築地造成売買
大井産業株式会社
代表取締役 大　井　信　助
本社 伊丹市北河原一二三
電話 伊丹三五三六・二三〇〇・三七二六番

富士セルロイド工業所
社長 羅　斗　七
東大阪市稲田七九二ノ一
電話 大阪(七八一)五四〇一番
(七八二)五四〇一～一番

大黒商事株式会社
社長 遠　藤　忠　雄
京都市南区西九条大国町四五
電話 京都(六九)四九九七番

関西スチールネット株式会社
社長 李　基　福
本社 東大阪市若江南町五丁目一ノ五〇
電話 大阪(七二二)七二〇六〇番

進栄化成株式会社
取締役社長 金　国　雄
東大阪市北蛇原八八五
電話 大阪(七二二)一一四三番

営業種目
各種紡績原料
各種紡績機械　輸出業
大日物産株式会社
取締役社長 朴　仁　燮
本社 大阪市東区淡路町二丁目八番地
電話 大阪代(二〇三)〇三六六番

安原商事株式会社
取締役会長 山　本　健　雄
営業所 大東市大字御領一四四
電話 〇七二〇(七二)四五七一～二
事務所 大阪市南区難波新地四番町二二
電話(六四一)九五〇〇・(六三一)四四三七番

各種セーター輸出・内地向
有限会社 中田毛メリヤス製造所
取締役社長 中　田　吉　右
本社 大阪府寝屋川市封馬江三三二ノ一
電話 寝屋川(〇七二〇)二一・二一七三番

株式会社 松山ベンド製作所
代表取締役 松　山　輝　夫
本社 大阪府摂津市別府一二五二
電話 大阪(三八一)五三六一～三番

鉄板・抜物・鋼材・機械類
株式会社 河村一貫堂
代表取締役 河　甲　祚
大阪市大淀区大仁本町三丁目四三番地
(北大阪線大仁電停前)
電話 大阪(四五八)一五二一～三番

コイリングマシン各種干燥機
各種輸送機自動機
その他各種設計製作
株式会社 富川製作所
取締役社長 葵　弼　寿
大阪市東淀川区三津屋南通り二丁目二八番地
電話 大阪代表(三〇二)一一二〇番

賀正

(順不同)

合成樹脂成型加工
(金型製作)
株式会社 三協プラスチック化工翼工場
社長 宋　琮　鎬
大阪市生野区猪飼野東大代町四八五
電話 代表(七五二)五八三一番

G・M・Bユニバーサル
ジョイント製造
株式会社 浪速精密工業所
社長 具　斗　謨
本社工場 大阪府八尾市楠根町二丁目五八
電話 八尾(三)〇一五一番

製造品目
ヘップ、ペンハー、チャールストン
関西丸泰ゴム工業株式会社
取締役社長 池　田　泰　吉
取締役専務 池　田　文　一
本社工場 大阪市生野区猪飼野西足代町一四六
電話(七五二)四一五六・六四一九番

秋山化学工業株式会社
取締役社長 権　義　松
大阪市生野区猪飼野西足代町四八
電話 大阪(七五一)四八八七～九番

朝日化工株式会社
取締役社長 金　宗　立
本社 大阪市東住吉区加美東次町八丁目一〇四
電話(七九一)六六〇四～六・九七五三番

プラスチック製品の総合メーカー
大可工業株式会社
取締役社長 菊　本　喜　夫
本社 大阪府八尾市上尾町四丁目一七
電話 八尾 代表(〇七二九)(三)一五八一番

宮本合金鋳造所
代表取締役 宮　本　昌　典(李忠九)
工場 大阪市生野区猪飼野東十丁目三八番地
電話(七五七)〇八八八番
自宅 大阪市生野区猪飼野東十丁目十七
電話(七五七)八九三三番

日本電飾板金株式会社
専務取締役 北　原　慶　造
東大阪市衣摺九〇三

株式会社 新東洋
社長 金　宗　同
大阪市北区天神橋筋四ノ一四八
電話 大阪(三五二)〇三七〇番

浪速製缶工業株式会社
取締役社長 義　政　正　一
本社 大阪市東成区深江中五ノ四七番地
電話(九七二)〇二六八～九番

バルブ・コック、特殊鋳物
船用弁・建築金物
日光バルブ製作所
社長 連山尚後
大阪市生野区大友町一丁目六四番地
電話(七五一)五〇一四番

金融一般
三和商事株式会社
取締役社長 大　川　剛　司
大阪市都島区中野町二ノ九四番地
電話(352)三五六七番

大阪府不動産連合会会員
住宅・土地・不動産全般
新興商店
代表者 新　山　政　雄
営業所 大阪市都島区大東町一ト六八
電話 大阪(九二二)四一九七・二〇二七番

各種パイプ製品一式
信和金属工業株式会社
社長 崔　炳　仙
大阪市東成区深江東一ノ一二〇
電話 大阪(九七六)四〇三五番

大栄株式会社
社長 大　城　政　雄
東大阪市南蛇草一〇九
電話(七二八)八四四四番

営業品目
カシミロンウール
KNITTED WEAR
明大製莫株式会社
取締役社長 葵　尚　大
大阪市北区曽栄町七三
電話(三五八)三七四一～四番

各種織物の染色・整理、仕上機並びに
樹脂加工機製作、販売、輸出
金沢産業株式会社
代表取締役 金　沢　龍
本社 大阪市大淀区豊崎東通三ノ一三六
電話 大阪(三七一)九〇六一～三番

各種メッキ パイプ類・鋼・ニッケル・クローム・亜鉛
丸信鍍金工業所
米　原　久　雄
東大阪市大平寺一〇四番地の二
電話(七二八)八一一一六番(代表)

経営合理化の太陽!!
三共技研株式会社
取締役社長 毒　島　邦　夫
大阪支社 大阪市浪速区新川二ノ一六八八
電話 大阪(六三三)二三二一～二番

伝統と品質を誇るベットの総合メーカー
株式会社 日本ベッド
取締役社長 川　村　一　郎(本名李来玉)
本社及工場 奈良県北葛城郡広陵町曽野
奈良営業所 電話広陵局(〇七四五)(五)三六八・三六八〇
大阪営業所 大阪市浪速区元町五ノ五五三
電話大阪(六三三)六四六四・六四六五・六四六六

早子商事
代表者 平　田　介　一
寝屋川市早子町二〇番五号
電話(〇七二〇)(三)二七七五番

造成・不動産全般
ビジョン興発株式会社
代表取締役 山　口　浩　資
大阪市北区老松町三丁目八番地(山川ビル)
電話 三六二・六六四五番
三六四・二七二〇番

ブロック製造
大建ブロック工業株式会社
社長 趙　鏞　雲
京都市左京区田中上古川町一二番地
電話(七八)五二二九・八〇九七・八三〇一番

鳳山建設株式会社
社長 姜　在　植
本社 大阪市港区東田中町一～一三番
電話 大阪代(五七一)五五七・一番

総合土木請負全般
株式会社 富島組
社長 郭　炳　顕
本社 大阪市此花区伝法北町一～一九
電話 大阪代(四六二)七五七一～五番

大山建設
朴　仁　変
大阪市生野区東桃谷一丁目五八〇七
電話(七四一)六五六五番

土木建築請負
三原組
代表者 星　本　秀　雄
大阪市西淀川区千舟東三の四九番地
電話(四七一)二五九一・八五四一番

株式会社 福井建設
代表取締役 福　井　利　定
豊中市庄内幸町二丁目三番地
電話(三九三)三四九〇・三五九〇番

土砂採取業
株式会社 多田組
代表取締役 多　田　幾　多　郎
大阪市旭区今市町二丁目三一六番地
電話(九五一)〇八九八・六三五八番

土木建築総合請負
原田組
原　田　由　松
大阪市生野区鶴橋北之町二の二〇四番
電話(七三一)六一一四番

土木請負 砂利・川砂 栗石・山土 採取運搬
秋元組
代表者 秋　元　福　雄
大阪市東淀川区西中島町九の八二番地
電話(三九一)五〇七三番
(三九三)六七〇八〇番

土木資材一式・盛土埋削工事
道路舗装・設計施工
山下建設株式会社
代表取締役 山　下　修　弘
本社 大阪市港区東田中町二丁目八七番地
電話(五七一)五三二二六番
(五七二)一一七五・一四三七番(夜間)

不動産売買賃借管理
美術建築・設計・改造
南・北の飲食店登営
日伸商事
代表者 宮　本　昭　夫
大阪市南区阪町一五二番地
(但シ日本一交叉点神戸銀行ウラ)
電話(六四一)七一五八番
(六三三)四七一七六番

セナミ号製造発売元
三洋物産大阪支社
代表 南　裕　康
大阪市浪速区元町二丁目五一
電話(六三三)三二一八・三二一五番
(六三一)六三一五番

東大阪鶴橋
丸小青果物卸売市場
会長 石　川　彌　太　郎
大阪市東成区東小橋南之町一二
電話(九六一)一三〇一番

特別運送即日急行便
西田運送有限会社
大阪市天王寺区東寺町八丁目一五九一
電話(七六一)二九九七・四一七五番

運輸省免許、親切本位
一般貨物運送取扱
速くて、ていねいな当社へご下命を
毎日運輸株式会社
代表取締役 晋　山　信　治
本社 大阪市城東区今津中通一丁目一五
電話 大阪(九六八)代八二八二番

安全第一
出来島交通株式会社
社長 高　木　良　幹
大阪市西淀川区出来島町一二八
電話(四七一)三八〇〇番

林　尤　植
大阪市西淀川区御幣島中五ノ十八
電話 大阪(四七一)五三二二番
本籍 大韓民国全南羅州郡公山面今谷里

小倉健三郎
寝屋川市平池桜ヶ丘五二四
電話 寝屋川(二一)二一五四番

織物業
岩本茂一
京都市上京区仁和寺街道浄福寺西入一九二
電話 京都(四四)〇五七九番
(四五)六七二一番

済州道民親睦会会長
丸井殖産
代表 任　涑　珞
会社 大阪市天王寺区小橋町八の二
電話(七六二)二六二六番

高麗学士倶楽部
幹事長 鄭　天　義
東大阪市下小阪二四八
電話(七二二)二二六番
本籍 韓国慶尚南道蔚山市二規洞三五八

高級紳士婦人ベルト製造
伊藤商店
社長 伊　藤　忠　義
大阪市西成区鶴見橋通二丁目十番地
電話(六四一)七一六一・三六四六番
(六六一)三六六番

大韓航空代理店
大阪海外旅行社
大阪市南区鰻谷中之町二六(鰻谷ビル)
電話(二五二)五三七一ノ二・三二一八番

海外旅行・韓国旅行
手続き業務全般取扱
株式会社 亜細亜航空旅行社
代表取締役 趙　龍　廷
京都市下京区五条通壬生川西入(ひじりビル)
電話 京都(三五)二四七〇・三七〇八番

韓国旅行一切
パンコリアツーリスト
大阪本社 大阪市南区鰻谷中之町四ノ一八
電話(二五二)三三一五・四六七〇番
代理店 ソウル半島ホテル内・大北

国際航空輸送協会
公認代理店
株式会社 世邦旅行社
クローバル・トラベル・サービス
大阪支社 大阪市北区神明町五(西島ビル二〇一号室)
電話(三一二)五八三六一八代表

東和病院
院長 張　熙　日
京都市南区東九条北ノ辻町一二番地
(伏見線札ノ辻電停西入北側)
電話 京都 代(六九)〇六二六番
(六八)五三三六～七番

内科・外科・婦人科〰入院設備完備
放射線科・小児科〰入院随時
我々同胞の唯一の医療機関
大和病院
医学博士 康　聖　勲(大家常保)
医学博士 川　崎　忠　夫
大阪市東成区大今里南之町一の八三
電話(九七二)三六六〇・(九七二)三三六〇・(九六二)九六三五番


722

# '68にかける韓国のボクシング

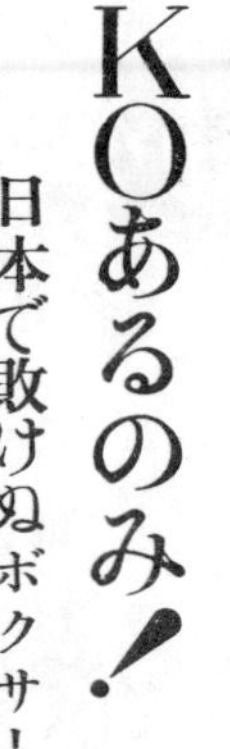


## KOあるのみ! 日本で敗けぬボクサーを

韓国のプロ・ボクシングの歴史は浅い。それにしても日本に来て試合をする韓国選手のほとんどが負けている。この事実について在日同胞はたまらない不満をもっている。そこで本社では来日中の韓国フェザー級三位権寿福、同ライト級三位林鐘泰の両選手と金周植マネージャーおよび勝合ボクシングクラブ＝布施市＝の会長朴倫海氏を招いて座談会を開き、韓国ボクシング界の現状などを語ってもらった。

座談会

出席者
連合ボクシング倶楽部会長 朴倫海
マネージャー 金周植
韓国フェザー級三位 権寿福
〃ライト級三位 林鐘泰
本社編集局 崔鎮錫ほか

＜写真は左から金マネージャー、林選手、権選手、前手右端が朴会長＞

### チャンピオン金基洙に続け

**本社**―現在韓国のプロ・ボクシング選手はどのぐらいおるのですか。

**権**―大体二百人ぐらいでしょう。日本は千人ぐらいと聞いていますから大体五分一ぐらいで層はまだ薄いです。

**金**―層が薄いということが、同じランクでも強さも違うということにつながるのです。

たとえば日本のフェザー級三位といっても二百人の選手のうち仮に四十人の同級のなかから三位になっている人と日本の千人のうち二百人のフェザーの中から三位になっているのとでは力の差があるということです。

**本社**―韓国にはジムはいくつ位ありますか

**金**―ソウルに二十カ所、釜山に七カ所、光州に五カ所、大邱に七カ所というのが主なものですが、これ以外に小さなものもあり、約五十ぐらいあります。

大きいのはソウルの韓国体育館、奨忠体育館などですが、韓国体育館では五百人ぐらいのプロボクサー志望者が練習に励んでいます。

**本社**―韓国でどのぐらい試合が行なわれていますか、そしてその人気はどんなものですか。

**朴会長**―一年間を通じてソウルで約三十試合、釜山で二十試合、その他の地方で一試合ぐらいです。

韓国ではまたテレビ放送が国営と東洋テレビの二局しかないのですが、今年から文化テレビができるときいていますのでテレビ局が増えると、また試合数も増えることと思います。

**本社**―一試合の観衆は何人ぐらいですか

**金**―金基洙の試合ですと八千人から一万人ぐらいははいりますが、その他では二千人から三千人ぐらいです。

だが試合をして主催者が儲けるというところまでゆかないのです。いま会長さんがいわれたようにテレビがもっと増え、何とか、儲からなくともトントンで開催できるようになると試合数も増え、ファンも増加することになるのですがね―

**本社**―昨年権さんはファイティング原田と対戦されましたが、原田をどう思いますか

**権**―さすがに世界チャンピオンだけあって、パンチも強かった。

しかしたおされたときのカウントが早かったと思います。わたしは起ち上ってファイトの姿勢をとったのですが……つづけてやりたかったといまでも思っています。

**本社**―ジムの規模などに差異はありませんか

**朴会長**―ボクシングの練習の設備は案外簡単なもので、日本と差はありません。練習方法は、それぞれのコーチによって違います。よく韓国の選手はベタ足だと評されていますが、ベタ足が不可ということも一がいにはいえません。

その選手の個性もあり、ベタ足を矯正することで悪い結果を招くこともあるのです。

**本社**―選手は日本で試合するときどんな気持でリングにあがりますか。

**林**―ぼくはリングに上ったとき心臓がどきどきしますが、チンとかねが鳴った瞬間度胸がすわり平気になります。

だれでも、そうじゃないかと思います。

**本社**―韓国の選手が日本へきて試合をすると比較的負けが多く、在日同胞を失望させていますが、この負けるという原因は一体どこにあるのですか。

**金**―原因といっても、いろいろあります。まず日本の選手と韓国の選手の差です。

それは、さきにいわれたとおり、層の薄さからきているのです。またテレビのスポンサーの意見が相当強く入っているのでカードの組方で日本選手が勝つような試合が多くなるのです。

しかし、これは実質的に韓国の選手にはプラスになっているともいえるのです。

それは強い人にぶっかって腕をみがくことができるからです。韓国の選手がよく負けるというおしかりはよくわかりますが、韓国ボクシングを育成する一つの過程として永い目でみてやってほしいと思います。

試合にあたっては、クリンチを分けたレフェリーが韓国選手に不利なわけ方をすることがよくあります。

またドローの場合はまず韓国選手が勝ったと思っても差つかえありません。

これも地元いや国元でない損失でしょう。

日本の選手が韓国にきて試合する場合、韓国の選手がよく勝ちます。大体そうしたものですよ。

**本社**―韓国選手が日本でカードを組まれたのに試合当日までにビザがおりず試合に出られないというケースがよくあるが、これはどうした関係からですか。

**金**―これは本国で旅券をとるために身元調査で手間取ったり、また事務の関係でおくれることなどがあるのです。

さらに日本がビザを出すのがわれわれが考えていた日数より長くかかるときもあるとです。

そんな関係でたまに試合に間に合わないときがでるのです。

**本社**―韓国選手が日本で試合をした場合、選手の手に入るファイトマネーはどの位いですか。

**金**―普通三百ドルから四百五十ドルぐらいです。

チャンピオンクラスで二千ドル前後。徐強一ぐらいになると三千ドル[illegible]です。

**本社**―今年のびてくるとみられるのはどのような選手がいますか。

**朴会長**―ボクシングがもっと盛んになってくるとまたよい選手も出てくるものです。

アジア競技大会に出た優秀な若いアマチュアがたくさんおります。

この人たちが本年プロに転向してくれたら、凄いのが出てくると思います。

とくに本年伸びるとみられるのはバンタム級の金昌洙、金常富、ウェルター級の任炳模、ミドル級の趙成甲らだと思います。

なかなかよいものをもっていますよ。

ともかく日本で試合を多くやって技術をみがくことが大切です。

それとともに本国でも試合を多く行ない新人発掘とそして練習をうんとやることです。

**金**―日本での試合ではKOしなければ勝てないと思います。

そのためには練習につぐ練習です。それ以外にありません。

**林**―わたしたちも、できるだけ多く試合をして、勉強したいと思います。

**権**―試合を積み重ねるところに向上があると思います。よい試合をして、そして自分の技術をみがきたいと思っています。

同胞の皆さんのご支援をお願いします

### 韓国ランキング(1967.10.25)

| 階級 | 順位 | 選手 |
|---|---|---|
| 世界ジュニア・ミドル級 | チャンピオン | 金基洙 |
| 〃ジュニア・ライト級 | 4位 | 徐強一 |
| 〃バンタム級 | 4位 | 李元錫 |
| 東洋バンタム級 | チャンピオン | 李元錫 |
| 〃ジュニア・ミドル級 | チャンピオン | 李アンサノ |
| 〃ミドル級 | チャンピオン | 金基洙 |

フライ級チャンピオン [illegible]東基

| 順位 | 選手 |
|---|---|
| 1 | 姜照秀 |
| 2 | 呉[illegible]模 |
| 3 | 金明植 |
| 4 | 梁相煥 |
| 5 | 崔[illegible]徳 |
| 6 | 李秉玉 |
| 7 | [illegible]在男 |
| 8 | 黄熙文 |
| 9 | 陳成熙 |
| 10 | 申[illegible][illegible] |

バンタム級チャンピオン 金[illegible][illegible]

| 順位 | 選手 |
|---|---|
| 1 | 李東春 |
| 2 | 金鳳洙 |
| 3 | 金常富 |
| 4 | 金基河 |
| 5 | [illegible] |
| 6 | 林仁沢 |
| 7 | 俞[illegible][illegible] |
| 8 | 朴[illegible][illegible] |
| 9 | 朴熙道 |
| 10 | 車進中 |

ジュニア・フェザー級チャンピオン 徐守[illegible]

| 順位 | 選手 |
|---|---|
| 1 | 姜春[illegible] |
| 2 | 文[illegible][illegible] |
| 3 | 尹[illegible]洙 |
| 4 | 梁政雄 |
| 5 | [illegible]哲 |
| 6 | 張定煥 |
| 7 | 朴春山 |
| 8 | 金[illegible][illegible] |
| 9 | 尹[illegible]一 |
| 10 | 金[illegible]泰 |

フェザー級チャンピオン 石[illegible]九

| 順位 | 選手 |
|---|---|
| 1 | ハーバート・康 |
| 2 | ファイテング・金 |
| 3 | 権寿福 |
| 4 | 徐廷相 |
| 5 | 金相然 |
| 6 | 李春山 |
| 7 | 韓[illegible]一 |
| 8 | 文水[illegible] |
| 9 | 李水福 |
| 10 | 金正[illegible] |

ジュニア・ライト級チャンピオン 李世[illegible]

| 順位 | 選手 |
|---|---|
| 1 | 李正福 |
| 2 | 金和男 |
| 3 | 宋基壽 |
| 4 | 崔成基 |
| 5 | 金鎮吉 |
| 6 | 金瑛洙 |
| 7 | リオン・山 |
| 8 | 金善斗 |
| 9 | 崔允道 |
| 10 | 金沢秀 |

ライト級チャンピオン [illegible]

| 順位 | 選手 |
|---|---|
| 1 | 辛春教 |
| 2 | [illegible]永喆 |
| 3 | 林[illegible]泰 |
| 4 | 李容吉 |
| 5 | 李[illegible]植 |
| 6 | 崔哲[illegible] |
| 7 | 金得[illegible] |
| 8 | 鄭雄快 |
| 9 | 金聖出 |
| 10 | 金永述 |

ウェルター級チャンピオン [illegible]

| 順位 | 選手 |
|---|---|
| 1 | 金在十 |
| 2 | 任炳[illegible] |
| 3 | 金[illegible]漢 |
| 4 | 趙受 |
| 5 | 権他官 |
| 6 | 宋[illegible]敏 |
| 7 | 朴[illegible]主 |
| 8 | 趙[illegible][illegible] |
| 9 | 金吉[illegible] |
| 10 | 申[illegible]珠 |

ミドル級チャンピオン 李アンサノ

| 順位 | 選手 |
|---|---|
| 1 | 崔成甲 |
| 2 | 李今沢 |
| 3 | 鄭九模 |
| 4 | 金[illegible]八 |

## 十分の壁に挑戦 寒空にきょうも走る マラソン王国の再現へ

昨年、オーストラリアの新進デレック・クレイトンが日本福岡でひらかれた第二回国際朝日マラソン大会において二時間九分三十六秒四という世界最高記録をマークし十分の壁を破って世界を驚かした。

一九六四年東京オリンピックの際エチオピアのアベベが二時間十二分十一秒という記録でオリンピック史上初の二連覇を成げた時、専門家達はマラソンの十分の壁は遠からずに破れるであろうと予想していたがそれが、こんなに早く成し遂げられるとは考えられなかったことである。一九五三年「二十分の壁」を破ってわずか十四年の間に「十分の壁」が破られるほど世界のマラソンは力強い前進をかさねてきた。二十分台でとどまっていた持久力依存のマラソンが、一九五二年ヘルシンキ・オリンピックの際、いわゆる人間機関車ザトペックが五千米、一万米、マラソンの三種目で優勝することによってスピードのマラソン時代に突入して以来、記録は急テンポに短縮された。

そしてシーズンオフの朝日マラソンでは、ついに「十分の壁」を破ったクレイトンを生むにいたっている。

「十分の壁」を突破するため他国が走り続けている間、マラソンの王者孫選手をうみだした韓国は一九六六年にはじめて金[illegible]米選手が二時十九分七秒をもって「二十分の壁」をようやく破ったにすぎない。[illegible]明翔選手が一度二十分台の記録をだしたことはあるが、未だ完全に十分台に入れず、あしぶみ状態を続けている。

第六回アジアオリンピック・ソウル開催を返上した理由の一つともみられる「おくれた陸上」を再建するため、ベルリンオリンピックの金メダリスト孫基禎氏を会長にした韓国マラソン再建委員会は四ヵ年計画をたて、七段階のマラソン再建強化訓練に新人選手を大挙に参加させ、その昔の黄金時代を取りかえすべく必死の努力を続けている。

強化訓練の目標によると三年以内には二時間十五分台の走者をつくりあげることになっているが、すでに世界記録はそれより五分も上回っている。

「マラソンが十分の壁を破ったということだが、われらの目標はより遠くなったと感じる」との徐潤福氏（陸連理事）の言葉は一様に韓国の陸上人の気持ちであるようである。

しかし冬を教えるソウルの寒空のもとにきょうも練習は続けられている。

これらの努力は遠からず世界的な選手を生み出すにちがいない。

十分の壁を破られたことはたしかにショックにはちがいないが、記録は破られるためにあるものだ。

輝かしい一九六八年の新春を迎え、韓国選手の大いなる飛躍を期待したい。

## 本国の師範も招く 跆拳道を教える国本道場

国本道場の模範試合

日本跆拳道国本道場＝大阪・生野区猪飼野九の八＝では昨秋道場を新築してから練習生も増加、新年も休みなく練習を行なっている。

とくに今年からは、大韓跆拳道協会日本総支部もこの国本道場に置かれ、韓国の特技である跆拳道も教えることになっている。

鄭館長らは毎年本国の国体に出場しているが、最近は本国の跆拳道が急速に発展し、技術的にも飛躍的な向上をみせている。

また韓国のベトナム派遣軍司令官、蔡命新将軍は跆拳道協会の初代会長であった関係からも、現地で軍人跆拳道を大いに奨励しているという。

国本道場内の大韓跆拳道協会日本総支部では本年から本国の現役の師範クラスの人を二人ぐらい招請して、本格的な跆拳道の普及につとめるという。

現在同道場には約五十人の練習生がおり、その大半は学生で、その他一般会社員などで、有段者は十人いる。

入会金千円で、月謝も千円となっている。先生は、館長の六段鄭太旭、同六段である洪跆拳道日本支部長、四段で師範の朴氏らが当っている。

# 新春放談 1968

＜楽屋で楽しそうに語る茶川一郎さん＞

＜看護婦志願で来日した金英子さん…左から四人目＞

## 医療を通じ韓日親善を

十字医院長　医学博士　**姜時弘氏**

新年を迎え僑胞の皆様の健康をお祈りいたします。

今年はハリキッて、総合病院を完成させたいと思っています。病院が完成すると、在日僑胞社会はもちろん、日本社会にも大きく奉仕できると思っています。そして医療を通じて韓日両国の親善を深めたいと思います。

また昨年秋に呼び寄せた三人の医師と、十人（二人は帰国）の看護婦志望者は、いま日本語を勉強しており、四月に阪南准看護学校に入学して看護婦としての教育をうけます。

医師は社会福祉施設などを巡回診療し、奉仕精神で働き韓日親善の実をあげたいと願っています。

これがうまくゆくとさらに第二次、第三次と呼び寄せたいと思っています。

春とともにいろいろな希望がわき今年こそ社会のためになる大きな仕事の実をあげたいと思っています。

## 日本の技術を覚え祖国につくしたい

看護婦研修生　**金英子さん**

韓国で看護婦資格を受け一年ばかり勤めていましたが、日本にきました。日本では看護婦に対する社会の見方や待遇などもあまりよくないのに、病院に奉仕しているのは立派だと思いました。

日本にきて、もう三ヵ月になるが、私は私なりにいったん心にきめた以上、きびしい現実であっても、熱心をもってぶっかっていきたいと考えています。

病める人のために国を越えて奉仕するとともに、さらに勉強して祖国のためにお役にたちたいと思っています。

日本にきたときは、淋しくて心細く、ノスタルジァに悩みましたが、大分なれました。

日本はすべてが機械化されていることと秩序が整っていることなど先進国としての印象をうけました。しかし、生活必需品はとても安いのに、飲食代が高いのにはおどろきました。

また日本人の親切でそして正直な点は身につけたいと思います。

韓国人の家庭に寄宿しているので食事には不便はありません。

大いに勉強して一日も早く日本の看護技術を習って、祖国のためにつくしたいと思っています。

## 正しい在留活動その証明は納税

大阪入国管理事務所長　**田中富蔵氏**

今年は申年です。大体"サル"年というのは何んでも"去る"に通じるということから、結婚式などを嫌がす人が多い。しかし、なかには悪いこと、苦るしいことが"去る"年だとよろこぶ人もある。

いずれも縁起をかついだもので、根拠はないが、人間というものはとかく迷信に弱いものだ。

その苦さが、またとりえにもなるのだろう。さてわたしは入管という仕事にたずさわっているので、むづかしい人間のように思われ勝ちだが、決してそうでない。

仕事の関係で韓国の人の日本での生活も比較的よく知っていると思っている。そこでお願いしたいのは、韓国人をふくめて在留外国人は、正しい在留活動を行ってもらいたいと思うのである。正しい活動というその証明は納税である。

私の方へ再入国の申請にみえる韓国の人で職業に就いている、または小さくとも事業を行っていて、収入があるのに納税証明を添付していない人が多い。これらの人は税務署からこないから、また市の税務課から何もいってこないのでという人が多い。これは一体どうしたことでしょうか。

こんな言い訳はあり得ないのです。

これを平気でいわれるのには、いささかあきれる次第だ。

在留者としての義務を果しているという最大の証明になる納税を怠っていては入管として許可はできないのです。

税務署ではないからこれ以上いいたくないが、進んで申告して義務を果してもらいたい。

民団では二十周年の記念行事として"家族招請"をやられるが、かってオリンピックのときも団体招請があった。このときは期間内にキレイに帰国された。

今度の"家族招請"でも三十日という期間内にトラブルを起さずオリンピックのときのように帰国していただきたい。

また、韓国系の旅行社が入管の手続一切を代行してくれるという声をきくが、入管では旅行社の代理権は認めていない。ただ書類を旅行社が作成してあげることは自由だが、入管では本人が出頭しなければならないことになっている。

付きそってきて、書類の不備を補ってあげるのはかまわないが、この点誤解のないようにしてもらいたい。

日韓両国の親善がますます深まっていくとき、われわれの仕事が、これにブレーキをかけるようなことになっては困る。そのためには韓国の人も必要書類、書式など十分覚えて、それを完全に整えられるよう努力していただきたいと思う。

田中富蔵氏

# あけましておめでとう

## 韓国を意識しての演技も勉強したい

コメディアン　**茶川一郎氏**

私は幼い時から韓国人の友達がいましてね、韓国に対してはかなり理解しているつもりです。

いまから十二年前、南街ミュージックホールで木村順一氏が書いた「鳳仙花」という歌劇に、主人公として出演したことがありますが、このストーリは、春香伝、という韓国の古代小説だそうですね。

韓国の昔の衣装を着て、韓国語でアリランとトラジを歌いました。

発音がむずかしくてひと苦労したものです。

在日僑胞が六十万人もおられるのですか……。ほんとうですか。

これからは日本人だけでなく、六十万という在日韓国人の方も念頭において演技をしなければならないと思いますよ。

韓国の国土が両断されている悲劇は、韓国人だけの悲しみとは思えません。

一日も早く統一の日がくるよう祈っています。

わたくしは韓国料理が好きです。"ユックフェ""カルビチム"など非常においしいと思います。

わたしは子供がないので女房とわん公と母といっしょに豊中に住んでいます。

女房には苦労をかけましたよ。

どうやらこうやら今日の私になったのは女房の内助の功が大きいんです。

新年の計画とか夢ですか？……

そうですね……昭和二年三月三日生れですから、私ももう四十一になりました。いままでは恵まれていたと思いますが、わたしの人生とか演技生活は、これからだと思います、

いままでは土台造りともいうようなものであったと思います。

新年からは大いにがんばるつもりです。

## KALにも日本娘を

### JALとサービス合戦

世邦旅行社　大阪支社長　**金晩道氏**

金晩道氏

日本航空が韓国女性をスチュワーデスに採用し、韓国のお客の便利をはかるならば、KALでも、機内の食事にしても今の変った洋食より、大半のお客が望んでいる"お弁当"のようなものを出してサービスしてあげれば、お客には喜ばれると思います。

また運賃の件でも計算の誤りで、KALがソウル～大阪間三万五千五百円でJALの三万五千四百五十円より五十円高いんです。

日本人のお客さんのために日本の美しい女性をスチュワーデスとして乗り込ますことを考えるべきでしょう。

正直にいってKALは宣伝とかサービス面にもっと力を注がなければならないと思います。

勿論運賃を申請すればかえしてくれますけれど、もうちょっとしっかりやってほしいですね。

国際的に韓国は、観光地として人気がますます高くなりつつあるか、またまたお客は増えるし、こんごの見通しはきわめて明るいと思います。

## 尹君　技術者になって貢献したい

## 趙さん　民族学校で開放感を味わう

尹君

趙さん

金剛学園　高校二年　**尹昌鉉君**

ぼくは韓国で生れ三年前に日本に来ました。

高校を卒業して大学に進学するつもりですけれども大学は母国の工科大学に入りたいんです。将来技術者になって母国の発展のためつくしたいんです。

父母は始めは反対でしたけど、最近母国を訪問し、韓国も住みよくなったとぼくの意見に賛成してくれるようになりました。

ぼくは家族そろって、韓国に帰る日をたのしみにしています。

新年の特別な計画といったら、ぼくの力がおよぶ限り、朝総連側の学生たちに韓国を理解させたいんです。

昨年も東京にいる友達の協力を得て、朝総連側の学生たちに手紙を通して韓国を紹介したんですけど今年もつづけてやるつもりです。

同じ部落に住んでいながらも、親戚の間でも、朝総連側と民団側という厳然とした区別があってな

金剛学園　高校二年　**趙貞内さん**

私は日本生れです。小学生の時からいわば"朝鮮人"といって二、三人の学友からいじめられ、韓国人に生れたことを悲しんでいました。

ずっと日本人の部落に住んでいましたが、今は韓国人がかなり多い所に住んでいます。

金剛学園に行くようにはなかっ…められて、いやながらもしかたなしに中学校に入学したんです。けど、内心は不満でした。しかし高校生になってからは"よかったな"と思うようになりました。

将来結婚の相手はもちろん韓国の男性ですから、韓国の教育を受けるようになったことを幸いに思っています。

新年度の計画ですか？

今年であるから勉強の…つくしたいんです。

将来の夢ですか？

そうですね！　もし韓国の大学があるならば、どんなことがあっても進学したいんですけど、日本の大学には無理をしながら行きたくはないんです。（姉と兄さんが女は高校だけでいいと進学を反対しているので）

高校を卒業しては、女性に適した技術をならいたいんです。

友だちと話合った結果、女性も会社を男性に無条件にまかすということは危険だと思います。

技術でも習っておいたらいつでも役に立つと思います。

韓国に行って来ましたけど、私は韓国に帰って住みたくはないんです。

愛国心はありますけど韓国人であることを誇りとは思ってません。

今宵もあなたに夢をおくる
ムードあふれる佳人のつどい
ベル キャッスル
bel.castle

# 今年こそ樺太の僑胞救出を

## 日本へ交渉団を派遣

### 極寒の地にまだ五万人

極寒の地樺太で、非惨な生活をおくりながら、また帰国のできない韓僑を救出するため、こんど韓国政府は日本政府および日本赤十字社に対して交渉団を派遣することになった。これら樺太の韓僑は日帝の末期に朝鮮総督府令により強制的に動員された人たちであり、終戦後二十年以上もたったいま、これらの人たちを救出することは日本国として当然の義務であるとして、国際的にも道義上の責任を追求する声は大きい。

韓国政府は樺太の僑胞の送還を交渉するため鄭一亨（新民）、金貞烈（共和）、車智澈（共和）議員ら三人の代表団を国際赤十字社と日本赤十字社に派遣することになり、近く出発が予定されている。代表団は日本に立ちより、樺太からすでに送還された僑胞から樺太の僑胞の現状を聞き、日本政府と日赤当局に対し残っている僑胞の送還交渉にあたることになった。

鄭氏ら三議員は僑胞の送還交渉に引き続き、樺太僑胞帰還韓国人会（代表＝朴魯学氏）がいままで何回も出している樺太僑胞帰還嘆願書をもって、ジュネーブを訪問、樺太僑胞が日本政府によって、強制的に徴用されたことを指摘し、人道主義的立場から、かれらの送還に努力を交渉することになっている。

代表団は日本人と結婚して、日本人の同伴家族の資格で日本に帰還している一部僑胞にあって、在樺太僑胞の現状をくわしく聞き、送還の同胞の検討をする方針だが、それとともに在日僑胞の送還をも調べて韓日協定成立後の僑胞の法的地位の向上問題も研究することになっている。

樺太には現在非公式計算で三～五万人の僑胞が住んでいるが、その内一～二万人が韓国または日本に帰還することを申し出ており、ソ連当局もこれらの人を国籍のない人間として取り扱っており、就職や結婚などもできず、集団居住がゆるされない中できつい肉体労働でやっと命をつないでいると伝えられている。

この樺太の僑胞は、日帝末期に朝鮮総督府令第二号「外地労働者による労働の補充」により集中的に動員されたものであるが、日本政府も彼らの帰還のあっ旋に応ずる用意はあるものの、定着地を韓国にすべきだと主張しており、韓国政府は送還される僑胞の定着地如何にかかわらず、まず送還に協力する義務があると主張している。

一方ソ連は送還するものは日本に定着するなら、交渉に応じる方針であると伝えられている。

## 民団が信用組合協会と定期懇談会を

民団大阪府本部では、韓僑の信用組合の今後の発展について話し合うため、信用組合協会と定期的に懇談会をもつことになり、その第一回が本月中旬ごろ開かれる。

この懇談会では、行詰っている信用組合の打開策から中小企業の融資方策などいろいろな点について話し合われるもので成果が期待されている。

## 看護婦が強制的に北送さる

ベルギー修道院がベルギーで働いていた韓国の看護婦を北韓に強制的に送ってしまったという陳情書がこのほど国際人権擁護韓国連盟に届いた。この陳情書は北送された看護婦林英実さんの愛人ロナルド・ホルズ氏が出したもので、ホルズ氏はフランス人である。

この陳情書はあらまし次のように述べてあった。

「韓国人看護婦の林英実（二七歳・洗礼名＝アガタ）さんは私と恋愛関係にあったが、修道院はこれを〝不義〟と呼んで、修道女にあるまじき行いと非難し彼女を修道院に監禁しました。この監禁事実はやがて現地にいる韓国人修道女の間で知られることになり、修道院はこれに関する真相が世間にもれることを恐れて、一九六一年九月四日、ソ連航空機便、モスクワ経由で彼女を平壌に送ってしまったのです。どうか彼女を私に返して下さるようお願いします」

林さんは一九五七年ベルギーに渡り、ベルギーの病院で看護婦として働いていたが、入院中のホルズ氏と親しくなった。彼女の強制北送事実はアムステルダム空港で彼女がホルズ氏宛に書いた手紙によってはじめて判明したという。

## 年毎に減少する韓国の黄牛

六三年をやまに、年々数が減っていく韓国の黄牛は、昨年度も四万四千頭が減って、牛肉の値上りだけでなく、畜産業として農家に与える影響が大きく、憂慮されている。

農林部の集計によると、昨年十一月現在、韓国の黄牛頭数は、百二十四万四千四百六十二頭で、一昨年の百二十八万九千六百頭より四万四千頭も減少した。

このような黄牛減少現状は、本年にはさらに減少するものとみられ同部では家畜増殖計画をたてているが、本年度一年間の食用として供給されるのが、三十六万四千頭・病死七千七百頭にくらべ、生産計画は三十万一千頭にすぎないため、結局七万一千頭がへるものと予想されている。

## 母国留学生募集　大使館

さいきん母国に留学を希望する在日僑胞が増えているので、駐日韓国大使館では本年度の母国留学生を募集している。

願書の〆切りは本月五日までで試験は十日。

願書提出は駐日大使館奨学官室＝東京都港区南麻布一丁目二番五号＝第一次選考（大使館で行なう）①書類選考 ②筆記選考および面接。

第二次選考本国の文教部で行ない最終合格者および入学校を決める。

なお提出書類は次のとおり。

①母国留学志願書（大使館の所定の様式）二通 ②留学願書（大使館の所定の様式）二通 ③卒業または卒業予定証明書二通 ④成績証明書（最終三年間の成績）二通 ⑤身元及び財政保証書二通 ⑥県（市・府）民団推薦状（国民登録証明を含む）二通 ⑦外国人登録証明書（居住地の区役所発行）二通 ⑧写真（留学志願書に添付するもの）二通 ⑨公式病院で発行する健康診断書二通

## 正式に職安であっ旋

### 僑胞の就職問題に曙光

在日僑胞の就職問題はいま最大の関心事となっているが、民団大阪府本部では昨年十二月大阪府中小企業団体中央会と研究をつづけていたが、大体の話し合いがつき民団では大阪府労働部とも交渉をもった結果、僑胞二世の就職は正式に職業安定所を通じて就職あっ旋することになった。

これは中央会が人手不足を補うために傘下の組合企業家に僑胞を雇用するかどうかという点をアンケートで調査したところ四、五百人を採用したいという結果が出た。

そこで、この事実をもって大阪府労働部に相談したところ、中央会と民団とで勝手に就労契約はできないので本年から正式に職安を通じて就職あっ旋を行なうことに決ったものである。

本年中・高校あるいは大学を卒業して就職を希望する僑胞は民団の身元保証書を添えて居住地の職業安定所に求職すれば職安が適当なところにあっ旋してくれることになっている。

もちろん求人側も職安に申込めばよいことになっている。

このような就職の門戸が開かれたことは初めてで、大きな期待がよせられている。

なお、民団では就職ができたといって、そのまま放置することは、職場においていろいろな隘路が発生する可能性もあり、そのために折角就職したのに途中で退職するような事態が起きては困るというので、就職したそれぞれの事業場に追跡調査を行ない、就職後の善導を行なうことになっている。

## 韓国の人口

### 活動年令は女が上回る

過去数年間韓国政府が積極的な家族計画運動を展開して、人口調節政策をとってきたが、六六年の人口センサスによる年令別人口分布は十四歳までの幼年層が全人口の四十三・九%を占め、六年前（六〇年）の幼年層比率四十三・八%をさらに上回っている結果をみせている。韓国経済企画院がこのほど発表した六六年十月一日実施の人口センサスによる人口動態特別調査報告書は、六六年の総人口二千九百四十二万七千人の中幼年層は〇～四歳が四百四十四万三千人、五歳～九歳が四百六十九万五十八人、十歳～十四歳が三百七十七万二千人で〇歳～十四歳までの分布が全人口の四三・九%を占めており、また六十歳以上の老年層が五・三%を占めることによって経済活動人口は全体の五〇・八%といううれしくない現象を示していることを報じている。一方性別年令人口は〇歳～十四歳では女子一〇〇に対し男子の比率が一〇七を占めるのに対し、活動年令にあたる十五歳～五十九歳においては男の方が女よりはるかに下回る九五となっている。

**年齢別人口分布表**

（66年10月1日現在）

| 年齢階級 | 総計 | 男子 | 女子 | 性比（女子百に対し） |
|---|---|---|---|---|
| 総計 | 100.0 | 100.0 | 100.0 | 101.3 |
| 0～4 | 15.1 | 15.7 | 14.4 | 110.7 |
| 5～9 | 16.0 | 16.4 | 15.5 | 107.7 |
| 10～14 | 12.8 | 13.0 | 12.6 | 104.5 |
| 15～19 | 9.3 | 9.4 | 9.3 | 102.0 |
| 20～24 | 7.8 | 8.2 | 7.3 | 113.8 |
| 25～29 | 7.2 | 7.1 | 7.3 | 98.4 |
| 30～34 | 6.3 | 6.2 | 6.6 | 98.3 |
| 35～39 | 5.4 | 5.0 | 5.8 | 87.1 |
| 40～44 | 4.8 | 4.7 | 4.9 | 98.0 |
| 45～49 | 4.0 | 3.9 | 4.2 | 94.1 |
| 50～54 | 3.4 | 3.4 | 3.4 | 102.0 |
| 55～59 | 2.8 | 2.7 | 2.9 | 92.3 |
| 60～64 | 1.9 | 1.8 | 2.0 | 89.2 |
| 65～69 | 1.5 | 1.2 | 1.7 | 70.1 |
| 70～74 | 0.9 | 0.7 | 1.0 | 68.4 |
| 75～79 | 0.7 | 0.5 | 0.9 | 51.0 |
| 80～84 | 0.2 | 0.1 | 0.3 | 43.9 |
| 85～ | 0.1 | 0.1 | 0.1 | 59.7 |
| 未詳 | 0.0 | | 0.0 | |

### 産児制限も漸次普及

### 体位は日本人より上位に

六六年十月一日現在の〇歳から四歳までの乳児の全体人口に対する分布は一五・一%で、六〇年の一八・九%より三・八%減少となっているのは五・一六革命後推進した家族計画運動が影響したものと見られるが、六五年一月一日より六六年十月一日までの産児制限の実施如何を問う統計は①既婚婦人の平均出生児数が四・四二人（都市三・九八人、地方四・六二人）で②既婚婦人の一二・四%が産児制限を実施（都市一六・四%、地方一〇・五%）している③既婚婦人の中三十～三十四歳の年令層がもっとも多く（二九・五%）産児制限を実施しており④既婚婦人の出生児数別に見ると産児制限は四人の子供をもつ一八・三%であることを報告している。

これに関して興味あることは既婚婦人の七五・八%が六六年がひのえ午年であることは知っていると答え、また既婚婦人の六〇・五%（都市五〇・二%、地方六五・二%）というのはひのえ午年の避妊によるものとみられている。

また既婚婦人のうち子供が多い方が積極的に産児制限を実施しており、その比率は四人以下が一二%の実施になっているに対し、四人以上の婦人はその一五%が産児制限を実施している。

またこの六年間に韓国人の平均体重は男子が二㌔ふえ、逆に女子は一㌔減っている。

ソウル大医大の成楽応教授の研究結果によると、女子の体重は二㌔くらい減り、男子は二～五㌔くらいふえた体重の方が韓国人の身長によくつり合ったものであるという。韓国人の体位は日本人に比べると体重においては男子が二㌔多く、女子は四㌔も多い。

四歳未満のこどもの場合は、海外の先進国や日本などに比べて決して、その体位は低くない。しかし、四歳から十五歳の間のこどもたちは日本のこどもたちよりも男女とも身長は一～二㌢ぐらい低く体重はほぼ似ている。これは食生活問題に原因があるといわれている。日本では戦後から学校給食を実施するなど、こどもに栄養を摂取することに積極的であり、これが効果をあげてきているのだとみられている。しかし、成人になれば韓国人の方が体位は優秀だという。

## 初もうで

一九六八年の幕あけとともに、各電鉄はおしかけた初詣客で、ニコニコ顔だ。史上最高のボーナスで景気のよい正月を迎えた市民の顔はほころびてはいたが、本年は不景気風が吹くという世評に、ちょっぴり神妙な顔もみられた。

だが、初詣で、不景気を吹っ飛ばそうと〝商売繁盛〟のお札や縁起ものの売れ行きが例年の三〇%増だと神社側ではうれしい悲鳴をあげており、不景気などどこ吹く風だという賑いぶりだった。

【写真は人の波に埋まった紀三井寺】

## 共催で最大の式典に

### 三百五十人を招く　民団大阪府本部

民団大阪府本部では、ことしの成人式はとくに盛大に挙行することをきめた。

ことしは、民団だけでなく婦人会、韓青、学同の共同主催で行ない、成人になった人たちで韓青、あるいは学同に加入してない人たちは、即刻加入をすすめることとなっている。

式は中崎町の民団本部講堂で十五日午前十一時からはじめられ、約三百五十人の成人の日を迎える若人たちが出席、来賓などの祝辞ののち祝状や記念品を贈って成人を祝福し、金剛学園の女子生徒たちの韓国舞踊などが披露される。

この成人式の当日ボーイスカウトの結隊式もあわせて挙行される。

いままで正式な認可がおくれていた大阪のボーイスカウトも、正式な許可が下りたため、第三隊（生野）第四隊（西成）の二隊の結成宣誓式を行なう。

この二つのボーイスカウトは下関の第一、二隊につづいて在日僑胞の少年団で、夏の本国のジャンボリーに参加することになっている。

## 知異山が初の国立公園に

韓国に初めて国立公園が誕生した。建設部は国立公園委員会を召集、智異山など十の候補地の中から国立公園の最適地として智異山一帯の四百三十八・九平方㌔を選定したものである。

建設部は智異山国立公園の指定によって公園法（六七年三月制定）を適用、六八年度に一億ウォンの予算を確保、全南・北、慶南道に管理事務所を設置して、公園道路の開設に着手する計画である。

当局は残りの九候補地のうち、ことしは漢拏山、雪嶽山、閑麗水道の三地域を指定し、その他の六地域は道立公園として開発する方針であると伝えられた。

## 初春　TV　映画　お正月

緑魔子　藤山寛美

映画もテレビも正月ものとして、各社それぞれ趣向をこらしたものを制作、大衆のハートを狙っているが、松竹は「花の宴」「やればやれるぜ全員集合」などで意欲を燃せば日活は「花の恋人たち」で対抗しようとしている。

テレビでは毎日テレビの用心棒第二作「待っていた用心棒」で夜の人気をさらおうとしている。

関西テレビでは八日から「不運な旅館」を第一弾にシリーズをつづける。

フジ＝関西テレビ系は、一月八日から〝スター推理劇〟を放送するが、その第一回に仁野洋原作の「不運な旅館」を制作することに決定、緑魔子、藤山寛美のコンビで放送する。

関西テレビは、これまでも〝松本清張シリーズ〟を放送したり、推理劇にはかなり力を入れてきたが、こんどは、成功すれば一年間以上、このシリーズを続けたいと強気である。

すでに第二回には海渡裕介作「脅迫者」を林美智子で、第三回を飯沢匡原作の「お安く殺します」で森繁久彌の主演、さらに、松本清張の「失敗」を宍戸錠主演、有馬頼義の「殺意のカルテ」を森繁久弥主演、都筑道夫の「帽子をかぶった猫」を坂本九主演と決定している。

その一回目は、緑、藤山の〝喜劇スターと魔女スター〟という奇抜な組み合わせが決まったもの。

「私はなにしろ推理小説が大好きなんです。ヒマなときはいつも推理小説を読んでいるんです。だから、この種のテレビに出られるのはうれしいわ」と緑は大いにはりきっている。

一方、寛美も「私はどうも、これまで人様を笑わせる芝居ばかり多くて、シリーズものをいつもやりたいと思っていたんです。それができるんだからうれしいですよ。しかも第一回のスタートを受け持つわけで、責任重大ですからね。がんばりまっせ!」とこれまたむき出しのファイトをみせている。

## 大阪百年で府章を募集

大阪府では、本年が府が誕生して満一〇〇年目にあたるので、これを機に大阪府の府章を新しいものにすることになり、広く〝府章図案〟を懸賞募集している。

一、応募点数は一人一点

二、応募方法は①用紙は白の厚手ケント紙 ②図案は天地、左右いずれかの最長部分を一五㌢以内にする ③作品の裏に住所、氏名、年令、性別、職業を記入のこと ④色は黒一色

一、締め切り　二月十日

一、送り先　大阪府庁知事室広報課＝大阪市大手前之町

## ソニーが……レコードに進出

このところ平静であった日本のレコード界も新年とともに、ソニーの同業界へのなぐり込みで大きな話題を投げそうだ。

ことのおこりは電機メーカーのソニー株式会社と、アメリカのCBSレコードとが共同出資で、新会社「CBS・ソニー・レコード」を設立、七月から業務を開始することになったもので、CBSが約三十年間も提携してきた日本コロムビアとたもとをわかち、ソニーと手を結ぶことになったため、コロムビアのうける打撃は大きいとみられ、同社がどんな対抗策をとるか注目されている。

CBSがコロムビアと離れたということでコロムビアの株がさがったのもそのへんの事情を説明しているようである。

# 朱蒙奇談

(2)

秋山哲雄訳

今日はほんとうに危なかったんです。私は今日、朱蒙は父上を殺そうとして、父上のむねをねらったのです」

「なに！朱蒙が私を殺そうとした？」

「はい、そうです。朱蒙は父上をねらっているのを、私が見つけて、ただちに、弓で朱蒙をねらいました。朱蒙は、これを察すいて、ちょうどその時、木の上にいた鷹鵲を射ったのです。ほんとうに危ないところでした。だから、今すぐ朱蒙を殺さなければ、きっと後悔することがあると思います」

と、帯素は、熱っぽく金蛙王を口説いた。しかし、賢い王様は、これが、朱蒙の才能をねたんだ王子の謀略だと知って、かえって朱蒙の身を心配した。

王子たちのねたみから、朱蒙を守るために、王様は朱蒙を宮殿から遠くはなれている牧場に行かせ、馬の世話をするように命じた。

「おまえが、もし馬の世話を上手に果したら、そのほうびとして、馬を一匹与える」

と褒美の約束でしてくれた。

朱蒙は、王様の牧場には、名馬がたくさんいるといううわさを聞いていたので、喜んでこの仕事を引き受けた。

牧場についた朱蒙は、まず数多くの馬を、いちいちていねいに観察した。立派な馬が多かったけれど、その中でとくに天下名馬と呼べるような見事な馬を一匹見つけた。

その馬を見つけた朱蒙は、とびあがるほど喜んだ。

ここで朱蒙は、いままで一度も見たこともないというこの名馬を、なんとか自分のものにしようというわけで、ひとつの計画をひそかに考えだしたのである。

他の馬には、栄養価が高い草をたっぷり与え、もりもり肥えるようにしたけれど、この名馬だけは、食物を制限してわざと痩せるようにし、そのうえきびしい訓練までさせて、ひと目で見れば、病弱でなんの役にもたたないような馬に見えるようにしたのである。

ある日、金蛙王が、牧場を訪れた。

「おまえが、どれ程馬のせわをよくやったかひとつ調べて見よう」

といいながら、王様は、数多くの馬をいちいちて見まわった。

「よくやってくれた。しかし、あの馬はなんであんなにやせているのか？」

王様は、朱蒙をみつめながら、特にやせている馬をゆびさしました。

朱蒙は、胸がどきどきしました。

そこで賢い王様が自分の心の中を見ぬいているような気がして、顔までまっかになった。

「他の馬のめんどうは、よく見ながら、あの馬だけはみのがしたようだな、自分の馬になったら、よくめんどうを見るだろう。あの馬をお前にやる」

とうとう王様は、朱蒙の計画にひっかかった。

かくして、朱蒙は、夢にまで見た天下名馬を手に入れることが出来た。

いく日かがたった。

朱蒙の馬は天下の名馬だといううわさがひろがりはじめた。そしてこのうわさは王様の耳にまで達したのである。

そしてその名馬があのやせほそった馬だったとわかったとき、さすがの金蛙王も、朱蒙を警戒しなければならないと思いはじめたのである。

このことは帯素王子をはじめとする他の王子たちの朱蒙をにくむ気持ちに、油を注ぐような結果をもたらした。

一方朱蒙の方でも身にせまる危険を感ずいていた。

朱蒙は、牧場に来てから、乃烏伊（ヌシジョイ）摩離（マリ）陜父（ヒョップ）という三人の忠実な部下を得ていた。かれらは、朱蒙と生死をともにすることを、天にちかったあいだがらだった。

三人は、朱蒙の身を心配して、天下名馬を、王様に捧げるよう忠告したが、朱蒙は聞かなかった。

「この馬は、二度と手に入れることがむずかしい天下名馬だ。この馬を引渡すなんてことんでもない。どんなことがあっても、手ばなすことはしない」

他のことなら、いつも三人の部下の話に耳をかたむける朱蒙であったが、この馬についてだけは、だれの忠告も聞かなかった。

ある日のことである。

突然王様から使者がやってきた。

そして明日の狩りに王様一行とおともせよという王様の命令を伝えた。

朱蒙は不吉な予感をおぼえ、その夜、ひさしぶりに母と妻（礼氏）をたずねた。

そのとき朱蒙の妻、礼氏は妊娠中であった。

朱蒙をむかえた母と妻は、朱蒙の口から聞かなくても、お互いの運命をうすうす感じていたのである。

朱蒙は来るべき危険を避けて、母と妻をつれて逃げる最後のチャンスと思ったが、朱蒙は、そんな弱気をみせなかった。

そして、だまって、ふところから、宝刀をぬいて、真二つに折ったのである。

その短刀は、いぜん王子たちと競った弓術大会で金蛙王から、ほうびとしてもらった宝刀であった。

朱蒙は、短刀の元の方をさやにおさめふところに入れ、残った半分の宝刀を妻にわたしながら、

「もし、生れる子が男なら、この刀をもたせ、父子の標識にしてくれ。うまくいったら、きっと母とおまえをむかえにくる。しかし、それがいつの日になるかは、わからない、またある日まで、母と生れてくる子供をたのむ」

といって、わかれをつげた。

あくる日、朱蒙は、乃烏伊、摩離、陜父の三人の部下をつれて、王様がまっている約束の場所まで行った。

この日の狩には、王様とたくさんの王子と、扶余国で有名な射手たちがほとんど参加していた。

朱蒙が、森の中に入ろうとした時、一群のカラスが、朱蒙の頭の上を回りながら、やかましくなきだした。

朱蒙は、危険の知らせと感じ、

「わかった。ありがとう」

と、口の中でつぶやきながら、うなずくと、ふしぎにも、カラスの群は、かき消すように消えて行った。

朱蒙は、三人の部下に、目であいずをしながら用心深く、森の奥へと進んでいった。

この日の狩りは、けもの狩りでなく、朱蒙とその部下三人を殺すのが目的であった。

王様の一行は、計画通り、朱蒙一行を、目的の場所までつれて行くみちすがら、次から次へと姿をけして行った。それは朱蒙の逃道をふさごうとする作戦であった。

やがて朱蒙らがうす暗い森の奥までさしかかったとき、突然四方から、

「ウァー」

という喊声が上り、朱蒙一行をめがけて、矢が雨のように飛んで来た。

しかし、朱蒙一行は、あわてもさわぎもしなかった。すでにこのことを予知していたのである。

服の中に矢をふせぐよろいを着ていたし、また馬のくらの下に小さな刀をかくしもっていたのである。喊声が上がるとともに、帽を取りだし、飛んでくる矢を避けながら、馬にむちあて、森のおくの方へ逃げ去ってしまった。

王様の一行は、初めの攻撃で失敗すれば、逃道をふさいで殺そうと計画をたてたのであるが、これをみぬいて、森のおくの方へ逃げて行ったのである。

朱蒙暗殺計画は完全に失敗してしまった。

朱蒙暗殺計画に失敗した王様の一行は、かえって朱蒙の仕返しを恐れるようになった。

そして朱蒙の母と妻の家を遠くから見張り、朱蒙があらわれるのをひそかに待っていた。

しかし朱蒙は、このようなこともあるだろうと、家にもどるような事はしなかった。

森の中で、三日ばかりすごしながら、朱蒙は、三人の部下とともに今後の対策を協議し、新しい土地を求めて、身をかくせる新天地を探すことを決めたのである。

朱蒙と三人の部下は[illegible]に、南へと進んでいった。

朱蒙を敵にまわした王様は懸命に朱蒙を探していたが、ついに朱蒙がむかった方向をかれらのあとをおってきた。

# 月感 正雑

## 日本留学日記 ⑩

金正（きむちょん）

### 旧暦の正月

日本に来て、初めての正月を迎えることになった。私が幼い時、子供たちの間では、太陰歴の新年を当時の支配者であった日本人たちの正月という意味で、日本ソルナルと呼んでいたことを覚えている。

子供たちのみでなく、当時の韓国人たちにとっては、旧暦の正月が民族的祝日のような観念が強かった。これ故に当局の施策に反して、旧暦の正月を祝ったのも、ある意味では、民族的主体性を守るような感じまでしたのである。

### お年だま

ともかく習慣は第二の天性ともいえるのだから祖先代々に守って来た旧暦の正月の観念は、いまだに根強いから、二重過歳をなくそうとする政府側の施策に対し、却って勤勉日とかいう名目で、旧暦の正月を民俗的な意味で認めようとする運動もあるのである。

ふりかえってみると、よくもそんないたずらをやったなあと、はずかしくなるのだが、その当時の子供たちにとっては、日本人の家や店の門の前にかざっている門飾りのみかんを棒でたたきおとして食べるのに興味がある。そんな時代の正月であった。

いずれにしても、お正月といえば、子供たちにとっては、新しい服と、おいしい食物と、お年玉が正月というムードをたのしくすることは、昔も今も、韓国においても、日本においても、同じことではなかろうか。

### 大人の新年

ともかく子供の時には、それほどたのしかった正月が、大人になってからは、たのしいというよりも、却ってゆううつな感じさえするのは、ぼく一人だけのことだろうか。

新年をむかえたことは厳然たる現実である。

年令がもうひとつふえたということは、結局寿命が一年短くなったことを意味する。

人生は、生れる時から死に向って断えず進んで行く旅人のような存在でもある。

人によって、さまざまな人生観があり、また生き方があるが、最後の終点は死という同一地点である。

生きるために努力し、また争うけれども、古今東西を通して死を勝ちぬいた人間は、一人もない。

一九六七年は、もう二度とかえってこない過去になってしまった。有限な時間のなかで断えず新しいものが生れ、また枯れてゆく。

### 時の流れ

今日新しく生れたものが、明日にはもはや古いものになって消滅してゆく。そのいずれかが優位にあり価値のあるものであるかは、具体的な状況によって異なるが、人間の意識生活において、無常感と、これに耐えて生きゆく勇気の結合が脈中に[illegible]偉大なものを造りだすのは価値だと思う。

苛酷に有限な時間というカプセリの中で、住んでいる人間たちにとっては、過去はもはやわれらのものではない。また将来は未知である。明日どころではなく、一時間前のことも断言できない状況のもとで生きているのは、現在さえも完全にわれらのものとはいえない。

時の流れは絶えず現在をの込んでいる。

このような不安定の中で、明日の計画をたて、また未来を設計するために、現在を犠牲にする。考えたらほんとにあほらしくなる。

### 実体喪失の理

生きていることさえも無意味に思われる。保証のない明日のため、現在を失わなければならないところに、人生の悲劇がある。

人間が実践不義を問うのもこの実体喪失の不安の表現に他ならない。人間が恋愛や、芸術に永遠的な意味を与えようとするのは、このような実体喪失の不安に耐えて生きようとする勇気の表現だという学者もいるが、ぼくにとっては、このことを勇気と名づけることができないと思う。

もちろん、存在そのものは、勇気の産物といえる。

「人生はなんぞや？」

「生きる目的はなんぞや？」

「なんのために、こんなことをするのか？」

と、いちいち問いながら生きて行くことはむずかしいと思う。

### やると行く

しかし、人間はどこを歩いても、ちゃんと目的地を向って一歩一歩進んで行く。なかには散歩という目的地がはっきりしていない旅行もあるが散歩さえも頭を冷やすとか時間をつぶすという目的がある。

それに対し人生一生という長い旅にははっきりした目的がない生き方がわれらの周囲にいくらもあるのではないか、ただ生きて見ようという立場では、人生とは義務のようなものであろう。

「生きてやる」ということと「生きて行く」とは大分違った差があると思う。

哲学的意味において、人間疎外という言葉が、よく使用されているが、"生きてやる人生"こそ人間疎外ではなかろうか？

「生きて行く」といっても、しかたなしに「生きて行く」のではなくてはっきりした目的のために生きて行く人生」であるならば、生活のすべてが、勇気そのものであろう。

このような意味で、一九六八年は、大いに意味ある年になるよう最善をつくしたいものだ。

子供たちの正月のたのしさというのは、新しい衣服と、おいしい食物と、お年玉を例として取上げたが人間の生活というそのものも、結局、衣、食、住につながるため、人間を喜ばせたり、悲しくさせるのは、子供たちにとっても、大人たちにとっても、あまりかわりはないもんですね！

新年おめでとうございます。

韓国にはいろいろな民族遊戯がある。お正月になると乙女たちはヌルティギ（板飛び）をして打ち興じる

発行所
共同新聞社
大阪市北区堂田町121
電話大阪（351）8372（代）
東京都文京区白山5の15
電話東京（945）1357（代）
ソウル特別市中区忠武路
電話ソウル（52）9852（代）
振替口座 大阪 1560番

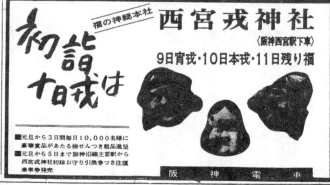

新春

郭仁植画

郭画伯は日本美術学校洋画部卒、一時二科、独立展などの会員で活躍していたが、考えるところありすべての所属を離れ、現在フリーで日本国際美術展に招待出品、日本国立美術館主催の韓国現代美術展招待出品画家として活躍している数少ない韓国画伯の一人である。

# 新春の譜

## 正月とは

一年が去りまた一年が来る。永却の昔より永却の未来へ同じことがくりかえされるであろう。人々は昔の人と同じく新しい年を迎え、祝い、そして何かを決意するのである。

新しいということはよいことである。なにか希望を感じ、生命力を感ずる。すぎ去った一年に満足する人は、さらに満足を得るために決意を新たにするであろうし、旧年に失意を感ずる人は、今年こそはと、心に何かを誓うであろう。一年の計は元旦にありという。昔の人は元旦を、すごく厳粛なものとして迎え、それにふさわしい儀式でもって心を浄め、決意を新たにしたものと思われるが、現行はそれほどのことはない。以前は正月でもって年令が一つずつふえていくのでさらに切実感があったと思う。

子供は大人になることに喜びを感じ、大人は老い先が短かくなるのに不安を感ずるであろう。

ところが今は「満年令」でいくから、老人層は相当に慰められることがある。満でいくと年が二つぐらい若くなるし、時には自分の年が正確に思い出せない場合もある。結局は年令なんてどうでもよいという考え方が普遍的になるものと思う。

東洋人は長幼の別が厳しく、年寄りが尊敬されるよう習慣づけられている。西洋では老人と少年が友達であったり、親子でも友達という表現を使う。これなど今でも東洋ではいささか抵抗を感ずるのである。

こういうわけで、正月の厳粛性はだんだんと薄れていくものと思うが、それでも新年とか元旦とかいうと、何かしら心がひきしまり、さあこれからだという気持になることは確かである。人生は苦渋にみちている。どこかで小休止をしたいと思う人も多かろう。その意味でも泣いても笑っても年を越し元旦となれば、ほっとする気持になるだろう。

すべての人間生活に一応の区切をつけるためにも新年は必要である。

## 昨年を思う

昨年は比較的平凡な年であったのだろうか。アメリカでは平凡な大統領選挙があった。アラブとイスラエルの紛争がつづいている。ソビエトのチエコ侵入があった。そしてベトナムの平和会議がパリで開かれている。これらが最も大きなニュースとなるものである。ベトナムの戦争は相当に長くつづいている。国民の辛苦は言語に尽せぬものがある。民族どうしが相食む戦争ほど惨酷なものはない。互いに助けあい笑いあって暮すべき同胞が、お互いを殺しあうなど人間社会における最大の不幸といわねばならぬ。

パリの平和会議は今のところ、その展望を明かにすることはできぬ。戦争当事者が一堂に集まって話をするということは何か新しい希望的なもが生れてくるのではないかとの推測は可能であり、これも明るいものにつながるのは事実である。

しかしそれが、かつての韓国動乱の政治のように、中途半端な、蛇の生殺しのような状態で結論を出すことは、ベトナム民族の苦難をさらに延長することにしかならない。

ベトナム民族の苦難が生かされよう、本格的な永久性のある解決がなされなくてはならない切なる希望である。

わが本国では一月二十一日の武装ゲリラがソウルに侵入した。そして蔚珍や三陟にもゲリラが海上より侵入し掃討に戦はつづいているが、そのほとんどを射殺している。

これが北傀の動向を示すものとして一応の関心を持たなければならない。カナコのよい平和統一から武力統一という公言を吐いたものにすぎないとしても、祖国の平和と繁栄を願うわれらにとっては、重要な問題でなければならない。

政治的には与党の金鍾泌議長が公職を離れたことである。これが今後の韓国国内政治の焦点となるであろうことはまちがいのないところである。

経済的には第二次経済開発五カ年計画が着々として進んでいるのは心強いものがある。経済計画が完成されたあかつきには、韓国の近代化は長足に前を向いて進むであろう。

## 目を在日同胞に向けよう

去年の最大のニュースは愛知の金四長殉職事件である。この事件はあまりにも偉大な犠牲であり、今後の在日同胞の民族運動の大きな「糧」となるであろう。

興奮とショックの時代はすぎた。理性と知性でもって事件を直視し、これを分析解明して、一つは金四長の冥福を祈り、一つは同胞の運動の前進に備うべきである。

とくに指導層に望むものは、大衆の感情に流されることなく、おもねることなく、冷然として将来を展望する高い次元に立ってこの不幸な出来事を、より実践あらしめるために努力を集中すべきである。

いささかでも、時流に便乗したり、自分ひとりがいい子になったりする態度をとるべきではない。指導者の責任があるとすれば、こういう時こそ、眼あつべきである。

## 今年こそは

今年こそは、在日同胞の民族運動に、画期的な前進をもたらせたい。永住権申請が三年めとなる。法的地位の強化闘争、青少年の就職や進学問題や補導問題が何等かの形で進展をしなくてはならない。

そして地域社会との協調団結や、祖国との紐帯の強化なども等閑に付すわけにはいかぬ。

いずれの場合も在日同胞の団結と和睦が先行すべきである。指導層が個人プレーに終始し、同胞自身の民族意識が稀薄になっていけば、同胞社会は現状すらとどめることができなくなるであろう。

新しい年に新しい決意をしよう。

心をあわせ、手を握りあって、民族の名において前進しよう。

# 輝ける1969年の初春

## 希望の年一九六九年の年頭におくる

# 民族中興の大業を完遂

大韓民国　大統領　朴正熙

親愛なる海外同胞の皆さん！ 希望に満ちた新年を迎え、遠く故国をはなれた異域で、祖国の名誉のため努力している海外同胞の皆さんたちに祝福のあいさつを申しのべます。

ふりかえって見ますと昨年は、わが国も多難な年でありました。

民族中興という誇り高い課題に向って、全国民が、心を一つにして第二次経済開発計画の大行進を行なっているとき、北韓傀儡は焦燥と不安のあまり武装共匪を南派させ、国内治安の撹乱を企てたのであります。

昨年一・二一事態と蔚珍三陟一帯を騒乱させた事件と、プエブロ号の拉北事件などは侵略者たちの最後的なあがきを示す行為そのものであります。

しかし、より平和的で、より富強な生活をいとなもうとする全国民の念願は北傀の蠢動などによって決して挫折するものではありません。

一糸の乱れもみせない反共国民の気概は「私たちの国は私たちが守り、私たちが建てる」という、一面国防、一面建設への意欲を一層かためたのであります。

都市と農村を問わずクワをもっていた手に銃剣をにぎって立上った郷土予備軍は、水の一滴ももらさないわれらの反共態勢を誇示しているのであります。

このような愛国の至誠は集中団結をもたらし、数十年ぶりというもっともひどい干バツにも勝ち抜き、さらに民族の大動脈線となる京釜、京仁高速道路建設という汗みどろの結実を見たのであります。

昨年の経済成長率は一一％が確実であり、ついに韓国は、アジアの奇蹟として世界史に登場するようになりました。

六七年に三億二千万ドルであった輸出実績は六八年度には五億ドルという驚くべき成果をあげ得たのは決して偶然なことではなかったのであります。

これは、すべて全国民が、民族中興という使命感に徹し国家の繁栄をもたらそうとする意欲の所産であります。

私はこのような祖国の誇り高い成長の背後には、海外にいる同胞皆さんのかくれた努力と苦労があったことをつくづく感じております。

海外にいる同胞の皆さん！ 皆さんは世界のどこにいても韓国の国民であることを誇るようになる日が近ずいているという確信をもたなければなりません。

そしてわれわれすべてが、誇り高い先祖であり得たと自負することが出来るように、雄壮な歴史を創造しなければなりません。

われらの民族は、国内でも国外でも一致団結し、いつもわれらの祖国、韓国が飛躍しつつあるということを信じつつお互いに助け合いながら努力する国民となることをお願いします。

海外で苦労をなさっている同胞の皆さんと皆さんの家庭にいつも幸福と繁栄が来ることを衷心からお祈りし新年のあいさつと祝福をおくります。

一九六九年一月一日

# 希望と意欲あふれる年

駐日本国大韓民国特命全権大使　嚴敏永

新らしい希望と意欲にあふれる一九六九年新年を迎え、敬愛する在日同胞皆さんに、すべての幸福が、来るよう祈願する次第であります。

北傀は常習的な休戦線侵入とスパイ南派から一歩進んで昨年の初頭から武装共匪を侵入させ良民を無差別に虐殺、治安のかくらん、ゲリラ拠点の確保などを企てながら、その侵略の野欲を露骨化する一方、プエブロ号を拉北するなどの蛮行をほしいままにしてきたのであります。そして湖南、嶺南地方をおそった七〇年代の大干ばつは約五百万石の米穀減収と三百万人の罹災人をだしたのであります。このようなたえきれないほどの不安と災難にあいながらも、わが国民は心を一つに団結し、ふん闘し北韓の走狗たちの野欲をふりきって、血とあせの涙ぐましい努力で時代の大干ばつをも克服したのであります。

なお、第二次五ヵ年計画の第三次年度の事業まで成功裡に完遂し経済成長率を七％から一一％にまで上昇させ、当初一千億ウォン目標の国民貯蓄を、一千五百億ウォンが達成され、輸出は五億ドルをこす実績を上げ、元来計画になかった京釜高速道路も推進され、まずソウル・水原間は完成し、残りは本年内に完工させ京釜間を一日の生活圏内に入れたのであります。

祖国のこのような意欲と発展に歩調を合わせて在日僑胞の皆さんも、朝総連の策動にまどわされず多くの同胞を自由大韓の懐のなかにだかれるようにし、あらゆる不利な条件のもとで自からの権益をまもることはもちろん、祖国にも多くの貢献をしてきました。しかし、われらは現在の成果に満足することは出来ません。機会というのはいつもあるのではなく、また仕事を途中で止める者には成功とか栄光はないのであります。

現在わが国がかこんでいるあらゆる客観的な条件は試練に満ちており、意図するものと実在する方向が異なるのでむずかしい立場においこまれています。われわれはこのような問題を解決するためにすべての力を注いでいるのであります。

在日同胞の皆さん！

皆さんのいままでの労苦に対し感謝するとともに新年を祝福するあいさつと新年に皆さんがなさなければならないいくつかの課業を提示しようと思います。

一、経済成長は国力伸長を意味するものであるので皆さんはいつも母国の経済発展に関心を持ってあらゆる力と誠意をもって、国内投資に協力するとともに各自出身郷土の開発促進に率先して下さることをお願いします。

一、皆さんの生活条件の向上のため民団とか信用組合など共同利益を促進するため組織と団体の育成強化に協心協力して下さい。

一、在日同胞の法的地位を保障するための協定、法規上の利益などを十分に確保することはもちろん、不十分な部分は最善をつくして補充強化するようにする一方、新年には永住許可申請を所定の手続によって一人もぬけないようにそろって申請して下さい。

一、今後とも皆さんは、固く団結しわが祖国を破壊しようとする共産徒輩とあらゆる事態に対備することができるように万全の態勢を備えて下さい。

いうまでもなく祖国中興という課業を達成するためにはわれわれがなさなければならない使命と課題が多いのであります。

そのうちでも最も緊急で比重が大きい課題から解決するためあらゆる創意的努力を傾注しなければなりません。

われわれはただいま新らしい歴史の創造過程に参与しているというプライドをもって、今日は昨日より向上し、今年の努力は来年の結実をもたらし、昨年の努力は今年の結実になるように甲斐のある生活をしましょう。

一九六九年はわれらにとって、断見的な年であります。戦いながら建設しようとするスローガンのように祖国再建の飛躍の土台となった六〇年代を決算し、有終の美をもたらす年であり、民族中興を成就する七〇年代に対備する年であり、第二次五カ年計画の第三次年度として予定された計画事業を大部分完遂する年であり、さらに精神面からも、物量面からも北傀を余地なく圧倒し、北傀が自から滅びるか、または大韓民国に帰順するかの勝負における実証と展望を判断する年であることを心にきざみましょう。

最後に異域で苦労しつつ努力する在日僑胞の皆さんの家庭に幸福がおとずれますよう祈りながらいっそうの努力をお願いします。

一九六九年　元旦

# 祖国中興の礎を築こう

大韓民国国会議長　李孝祥

新しい年が明けました。

同胞の皆様に心からの祝福のことばをお送りいたします。

祖国を遠く離れ生れ育ったなつかしい故郷の山河に充ちる春めかしい夜明けの光を追い求めていることでしょう。皆様の望みのまなざしを想い新しい年はすばらしい稔りの年であることをお祈りいたします。

自立経済と自立国防、そして祖国近代化を目指すわれわれの努力は第一次経済開発五カ年計画を立派に完遂し、今年からは第二次五カ年計画の中盤戦に突入いたしました。この第一、二次の経済開発計画によりわれわれは、祖国繁栄の足場を固め近い将来に来るであろう輝かしい民族中興の偉業を成し遂げる自信を強めています。

われわれの前途は明るく、われわれの腕は力に充ちあふれ、われわれのたゆまざる前進は続いています。

「静けき朝の国」に成長の奇蹟が湧きいでている」ということばは少しも誇張された表現ではないと世界銀行調査団は最近の報告書でわれわれを示しました。

かれらのことばを借りるまでもなく、われわれは大いなる飛躍のための整備をすでに成し終えました。

われわれの経済発展は、今世界注視のなかにおります。国連ではわれわれの発展相を開発途上国における経済開発のモデルケースとして認めています。

われわれはこれらの評価と自由友邦陣営のわれわれに対する期待を誇らしく思っております。

しかし、このわれわれの発展をさまたげるいくつかの問題がわれわれの前に立ちふさがっております。

去年の初めから激しくなった北韓傀儡政権の挑発行為がその一つです。

祖国の驚くべき発展と前進にあわてた北韓傀儡政権は、昨年から手段を問わない蛮行と武力挑発により、われわれの経済発展を阻害しようと狂奔しております。これは、共産独裁政権がかれらの恐怖政治により、抑圧されている国民の不満の爆発を食い止める常套手段として武力統一の旗幟をかかげ、武力挑発により国民の危機感を高め、金日成に対する北韓の忠誠を無理強いしているあらわれです。

金日成一派が、武力統一を成し遂げるために、婦女子にまでも軍事教練を強制的に課していることは、去年の十一月、南侵して捕えられた北傀武装共匪の自供によっても明らかにされています。

しかし、われわれは北韓傀儡政権の武力挑発を食い止める万全の態勢を固めています。

軍事力は増強し、近代化され、二百万の郷土防衛軍が組織されて、国の重要施設を、それぞれの職場を、町を、村を固く守っています。

外部からの圧力以外に、率直に申しまして、内部にも問題は横たわっています。二年も重なった南部地方の旱害による農業発展の阻害、農業と工業間の開発隔差、社会間接資本部門の脆弱、そして、急激な消費増加趨勢がそれです。

しかし、これらの問題も、安定した政局と高度経済成長により、順調に解決できるものとわれわれは確信しています。

七〇年代の輝かしい青写真は、すでにできあがっており、われわれのビジョンは、確実に一つ一つ現実のものとなっています。

たくさんの肥料、製鉄、セメント、石油化学工場と精油工場が建設され、電力、輸送、通信、高速道路等社会間接部門に対する集中的な投資が続いています。

また、これら発展の原動力である、教育されたたくさんの人的資源をわれわれは持っています。

それに、われわれには、世界に誇る高麗、新羅、李朝文化を創りあげた五千年の歴史的、精神的伝統と遺産があります。

在日同胞の皆様も一致団結して、祖国発展の課業に邁進してくれることを望みます。

在日同胞皆様に対しても、政府は、今年から本腰を入れて政策を立てています。

昨年、わたくしはトルコなど中東地域諸国訪問の帰途日本に立ち寄り、皆様の諸実情をつぶさに見聞きいたし、多くのものを得てかえりました。また、金相賢議員によって作成されたぼう大な量の「在日僑胞問題調査報告書」が昨年の十一月、国会に提出され、国会と政府はこの文書の綿密な検討を進めています。

われわれの強力な指導者朴正熙大統領は「中断する者は勝利をかちえず、勝利をかちうるものは中断しない」と、述べました。

われわれの至上命題は民主主義による「祖国統一」にあります。われわれはこの聖なる課業達成のために、すべての同胞が一つになり、絶えざる前進を続けなければなりません。われわれに中断はありません。われわれの意志と勇気と結束の前には、ただ勝利あるのみです。

ああ、死して後にも
まさぐりたきわが山河
夕陽に映える墳生にも
眠りたきわが山河

わたくしは皆様が祖国を愛しているように祖国をこのように愛しています。そしてわたくしは祖国を愛するように皆様を愛しています。

今年は、内外の同胞が一つになり、祖国中興の礎を築く時です。

皆様の団結と健闘を今一度お祈りいたします。

一九六九年元旦

# 闘いながら建設を

大韓民国駐日公報館長　李星澈

新らしい希望にあふれてた一九六九年の新らしい朝を迎え、私は当館の職員一同とともに在日同胞の皆さんに新年のあいさつを申し上げます。

ふりかえって見ると、昨年は国内外的に重要な事が多かった年でありました。

祖国の近代化を一日も早く達成するために総力を傾注しつつある本国政府と国民は、経済建設に一つとなって邁進したのであり、あらゆる分野で多大な成果を上げることによって豊かで繁栄した未来に向って、もうひとつの巨歩をふみだしたのであります。

このように年が重なることにつれて躍進をつづける韓国の発展ぶりをもう一度全世界に認識させたのであります。

このような国内の発展ぶりに並行し国際社会でのわれわれの地位も大きく向上したのであり、自由友邦たちとの紐帯もより一層強化されました。

朴大統領閣下の濠州・ニュージランド訪問、エチオピア皇帝とニュージランド首相の訪韓など頂上外交と第二次韓日閣僚会談をはじめ各種国際会議がわが国で開催されたのであります、さらに昨秋国連総会で韓国単独招請案が圧倒的多数で可決されたことはわが国の外交のいまひとつの勝利を記録したのであります。

しかし全韓半島の赤化の野望をもって韓国の発展をいつもねたんでいる北傀は休戦協定を公然と無視し、休戦線付近での挑発行為をより一層増加させたのみならず、昨年には武装スパイ団を集団で南侵させ、あらゆる蛮行と策動を企てたのであります。

このような北傀の野蛮げた企図は、軍官民の合同の力によって、あますところなく粉砕されたのでありますが、われら国民は北傀の侵略的な野望が継続するのとともに、さらに反共精神を堅固にするきっかけとなり「一面防衛、一面建設」というスローガンのもとに二百五十万郷土予備軍の編成をはじめ国軍の近代装備の導入などで、いつどこから侵略して来ても全く心配のない防衛態勢を備えたのであります。

在日同胞の皆さんは、闘いながら建設することに余念がない本国の同胞にいつも暖い声援を送って来ましたが、新年を迎えて、より一層の熱烈な声援を送ってくださるように懇望する次第であります。新年を迎える在日同胞の皆さんのご家庭に、幸運と成功がありますように祈願しながら新年のあいさつに代えます。

一九六九年元旦

# 前進への推進力に

駐大阪大韓民国総領事　金鎮弘

一九六九年の新年にすべての栄光と万福が僑胞（関西地域）の皆さんの家庭にもれなくおとずれるようにと衷心から祈願します。

ふりかえって見れば昨年一年間は、多事多難な年でありました。

今われわれは経済五カ年計画を成功裡に終えつつある現時点で、"前進の推進力"を加一層発揮し、祖国近代化の原動力を培養することに総結集しなければならないのであります。

われらにはいまやなに事にも自からの力で解決することが出来るという自信と意欲が充満しています。

さらに、現在皆さんは熾烈な競争と目がくらむような発展の時代に住んでおります。

特に新年を迎え、皆さんはいままで異域で不利な条件のもとにあらゆる難関を克服し、ひたすら祖国の発展と国威宣揚に献身したこと、今後とも団結と協調、誠実と勤勉でもってわれら民族の優秀性を誇示することに最善をつくして下さい。

それとともに皆さんは、成長しつつある二世、三世たちの教育を重視し、かれらに民族意識と国家観を堅固にするとともに、なおいっそうの反共精神を徹底的に鼓吹することはもちろん、過去民族史が残した、あやまった伝統と沈滞を一掃し、幸福な栄光をかれらにゆずり渡さなければならないという使命意識を持って創造の努力をかさねて下さい。

その間わが政府は、日本政府当局と常に在日僑胞皆さんたちの法的地位問題にともなうあらゆる問題解決と補完に対し討議を重ねただけでなく、ひたすら皆さん方の福利増進と地位向上のために努力を続けており、また今後もつづけて尽力するものであります。

皆さんたちは韓日両国間の信義に立脚する友好関係を緊密にして一層相互努力することによって両国間の繁栄と発展と平和を築きあげようとする前進の総推進力に参与して下さることを願います。

己酉年の新年に皆さん方の家庭に繁栄と万福が来ますよう今一度祈願しつつ新年のあいさつにかえます。

一九六九年元旦

# 祖国近代化に積極参与を

大韓民国国会議員　金圭南

親愛なる在日同胞の皆さん！ 戊申年を送り、希望に満ちた己酉年を迎えるこの時点でまず皆さんに新年のごあいさつを申しあげます。

なにとぞ新年には所願を成就する福な年になるよう祈願します。

ふりかえって見るならば、昨年は、あらゆる面において多くの問題を残し、また意義のある年でありました。

第二経済という民族中興の政策的な座標を設定し、日々に新らしくなる祖国近代化の作業に拍車を加え、国民教育憲章の制定の完成で国家が要求する人間像を具現することによって後進国家の悲しみから一日も早く抜けだそうと、全国民に訴え、覚醒を呼びかけたのであります。

ひとつの課題を解決したとしても、さらにしなければならない仕事がわれわれの前に山積している現実を考える時、新年度には過去よりもっともっと努力せねばならないと思われるのであります。一日の計画は、その日の朝に、一カ月の計画は月の初日の心の姿勢にかかわるように、一年の計画もすべてが年初の精神状態によって進路が決められるものといえると思います。

在日同胞の皆さん！

祖国の魂を思わせる太陽の明るい光の前で、悲しくてつらかった過去は水に流して、生甲斐ある新年を迎えたいのであります。

"天も自から助ける者を救う"

われわれにまかされた祖国の運命を光栄あるものにするためには、民族精神を重視して健全な思想と凡世界的な立場で明日のためすべての分野で与えられた任務に忠実でなければならないのであります。

全国民がそろってよりよい生活をするための共同闘争と、祖国が後進性を抜けだし、先進諸国の隊列にかたを並べて前進するには、他民族より何倍もの努力をしなければならないのが、われわれの現実であります。

在日同胞の皆さん！

皆さんは、祖国の国土から遠くはなれた異域で、また新らしい年を迎えることになりますが、一国民として民間外交の使命をあびている海外同胞として、われわれの子孫に高貴な遺産をゆずるための祖国近代化作業に、今年も積極的に参与すると確信しております。

国家的にも個人の立場にしても、次元の高いビジョンを持って新らしい価値観に立脚する韓民族としてのよい環境を据えるために在日同胞は、過去のいつよりも新年にはもっともっと努力を重ねなければならないと思います。

韓日国交が正常化されて以来、いまだに数多くの難題が皆さんの心を暗くする要因となっていることをよく知っていますが、このことは韓日両国民の幅広い理解と協力と、為政者たちの巨視的な視野と共同社会の理念によって解決すべき問題でありますので、今年は、もっと積極的な面で誠と熱がこもった政策がなければならないと思います。

最後に、われわれが設計した祖国近代化作業は決して夢ではなくて、実現される事実であるという確信をもって今年もお互いにがんばりましょう。

在日同胞の皆さんにとって祝福された新年になることを心からお祈りします。

# 一九六九年の新春を迎えて

# 年頭の辞

## 今年もさらに前進

在日大韓民国居留民団中央本部団長　李裕天

希望に輝く己酉新年を迎え、新たなる在日同胞の皆さんのご多幸を祈りながら年頭のあいさつと抱負を申し上げます。

ふりかえって見ると、昨年一年間のわが在日居留民団が歩んで来た道は決して平坦な大路ではなかったのであります。しかしながら、あらゆる悪条件のもとに在日同胞の皆さんの協力で、国が受けている使命を遂行したことに対し民団組織を代表して深く謝意を表する次第であります。

親愛なる在日同胞の皆さん！　われらの民団も新年を迎えると同時に二十三歳になりました。創団の理念は年がすぎるということで変わるのではなく、われらの道標である五大綱領を力強く実行するため、今年も前進を続ける覚悟であります。

名実ともにわが民団は、綱領が明示しているように、本国の政治に関与しない在日同胞の自治機関であり、指導機関であるという確固不動の創団理念を念頭において、時代の変化におくれないように活発な活動を展開するでしょう。

昨年の年初に発生したプエブロ事件に続いて北韓共匪のソウル地区侵入とともに休戦線一帯で発生しつつある共産匪徒たちの蛮行に、本国情勢を必要以上に緊張させたのみでなく、さらに昨年の九月金日成はいままでの仮面をぬいで武力統一を叫びながら、ついに本質を露骨に暴露したのであります。

このように最近の北韓の動向は、日々発展してゆくわが大韓民国に対する挑発行為は、かれらの敗北感からくるあがきにすぎないのであります。

しかし、わが大韓民国は北韓のどのような挑戦にも決してまけない鉄壁のような防備をととのえており、国民も安心して生業に従事していることは周知のとおりであります。

偉大な指導者である朴大統領閣下の領導のもとに目がまわるほどの急速度で近代化の建設が進行しつつあります。

このような本国の反共意識に徹しながら、新しい民族の歴史を創造しようとする全国民に栄光があらんことを祈ると同時に、われら在日同胞の皆さんも、母国の栄光をともにうけて前進する祖国の建設の隊列に歩調をあわせましょう。

韓日国交が正常化されて以来、在日同胞にとっていちばん関心が深い「在日韓国人の法的地位問題」はいまだにあらゆる問題を残しています。

この問題に対して韓国政府当局も努力をしていることは事実でありますが、日本政府当局の非人道的な在日韓国人追放政策について今年もつづけてわが民団の総力をあげて、われらの要求が具顕されるように要求するつもりであります。

このほど私はベトナム戦線を視察し帰国しましたが、実にわが国軍のベトナム派遣の正当性と意義を切実に感じ駐ベトナム軍の武運を祈りつづけています。

偉大なる朴大統領閣下の領導のもとで勝共統一と近代化に日々発展しつつある祖国建設事業にわれら海外同胞たちも積極的に参与しなければならないと思います。

このような見地から新年度には在日民族教育に重点を置いて、多年の計画であった中央会館の建設をはじめ、東京に小、中、高（寄宿舎完備）のモデル・スクールを設立する計画も進めるつもりです。

なお、七〇年の日本万国博には本国の家族たちを多勢招請し見聞を広げるようにする計画であります。

昨年十一月三日の民団愛知県事件で殉職した故金竜煥団長の遺志を重んじて、この事件の原因を徹底的に糾明するとともに社会のガン的存在である暴力団の一掃を期し、在日同胞社会の浄化運動を展開するつもりで、暴力追放は新年のわが民団の重要な綱領となっています。

最後に朝総連傘下にある同胞の皆さんにひと言申し上げます。

在日韓国人の永住権申請の期間も二年しか残っていません。永住権を取得できなければ今後日本における生活にいろいろと支障があることを忘れずに朝総連の虚偽宣伝にまどわされないで、自由大韓の懐に一日も早く抱れるようにおすすめします。

皆さんの家庭に幸福が来るよう祈願しながら年頭のあいさつに代えます。

一九六九年一月一日

## 新年に新たな決意

阪本紡績株式会社社長　徐甲虎

新しい年を迎え皆様とともにお祝い申し上げます。

過ぎし年のことを、新年にとやかく申しましても、それは無駄というもので、新しい年には過去を反省するとともに、新しい希望と夢をいだいて前進することが大切だと信じます。

日本の景気は安定しておりまして、これという波乱など起こらない年だと思いますが、本国はベトナムの帰すう如何で、かなり経済的な変化が表面化してくるのではないかと思います。

何分にも国際情勢は刻々と流動しており、それに対処する心がまえは常に怠ってはいけないことです。

ニクソン新大統領が果してどのようなアジア政策をとるかということで、本国に大きな影響を来たすことになるのではないかと考えています。

さらに世界の通貨不安が、またどのような形で現われるか予測しがたいものがあります。

在日僑胞の皆様も、この緊迫した国際情勢に十分な関心をもって細心の注意を払いつつ対処することが必要であると思います。

本国は、今年もどのような情勢下にあっても、北韓の挑発を断固としてしりぞけ、経済発展のため力強い歩みを続けてゆくことでしょう。

われわれ僑胞もいっそうの努力を誓うとともに、祖国のために僑胞社会のためにも全力を尽してまいりたいと念じております。

皆々様のご多幸をお祈りして新年のごあいさつといたします。

## 生活の合理化運動
### 披露宴のない結婚式から

大韓民国居留民団大阪府地方本部団長　金晋根

在日韓国人の運命は岐路にある。法的地位の協定による永住権の申請を始めて満三年になるが、在日同胞の将来を保障するものは何もない。現行法による退去強制が、犯罪人にとっては、すこぶる緩和されているのは事実であるが、これとても善良にして平穏に暮している同胞にとっては、なんの縁もゆかりもないものである。

永住権という言葉に幻惑されて「形」だけをとり「実」を失ったものである。「実」がなくては生活のたしにはならない。ここに問題がある。

われらは法的地位の強化を声高く叫びつづけている。むろん叫ばなくてはならない。本国政府も日本側もこれを考慮してか一昨年につづいて去年の十一月に実務会議を開いている。しかし結局は一昨年の「諒解事項」を「諒解」したにすぎなかった。諒解とは「わかった」ということで実行はしないということか。

韓日両国の代表たちは、諒解しているかも知れないが、われら在日韓国人は諒解することができない。

韓日両国は法的地位協定を締結した法決定である実務者会議が開かれるのは、よい意味での整形手術にすぎない。低い鼻がどれほど高くなるかということである。われらの運命はすでに決せられた。

ここで必要なのは、われら在日同胞が自分のおかれている位置（状態）を目撃することである。他国に安住するための条件を自からの力で作りだすことである。連合国人でも戦勝国人でもなく第三国人として過されたが、それでも敗戦国民よりはましな時代があった。その惰性が今も時には残っている。二十年の歳月に形勢は逆転して、今や富者と貧者、強者と弱者の関係となった。この事実を切実に理解しているであろうか。

天は自ずから助くるものを助くという。われら自身の力と努力で自分の生活をきり開いてゆく覚悟が何よりも要求される。

まず生活態度から改革をしていかねばならない。生活の合理化、これなくしてわれらの生活を守ることはできない。小さいことというかも知れないが、われわれの周囲から結婚式の披露宴を追放しなくてはならない。実にくだらんことである。五百人の参加する結婚式はざらであるが、中華料理店における飲食代が一人平均二千円として台計百万円、一人平均タクシー代が五百円として二十五万円、その日の休業による損失は計算することができないほど莫大であるが、かりに平均一人二千円として百万円、これだけでも総計二百二十五万円となる。その他久しぶりにあったとしてお茶代、さらには二次会とかにくりだす費用などを推算する場合数百万円の同胞の財産が全く意味もなく消え去るのである。この場合の民族財産は補償する必要がないというのか？

新しい時代、新しい年となった。新しい生活態度を打ちたてよう。それはまず披露宴のない結婚式から―である。

## 今年も決意新たに

韓国外換銀行大阪支店長　金弘準

一九六九年の新年を迎え、共同新聞を通じて新年のご挨拶を申し上げる機会を得ましたことを光栄に存じます。

顧りみますと一九六八年は、対内外的に変化の多かった一年でございました。

一九六七年十一月の英国ポンド平価切下げの影響で、年初、アメリカのドル防衛策実施発表から始まった一九六八年の世界経済はゴールドラッシュ、金プールの撤廃と金の二重価格制度実施、そして最近のフランス・フランの危機など数多の試練を乗り越えて今日に至りました。

日本においては国内の投資過剰と国際収支の悪化を改善するために、一九六七年九月から抑制措置を実施しましたが、六八年に入っても年初からの国際環境の悪化のため、さらに緊縮を強化し一月にまた公定歩合を一厘引き上げるようになりました。

このような緊縮政策の結果、去る五月以後、国際収支は黒字に転換し展望が明るくなり始めましたので、政策当局は八月に入り多少緩和に転換したのであります。

幸いアメリカの景気が拡大を続け輸出が順調に伸長するとともに外国資本が継続的に流入し国際収支は予想以上に改善し外貨保有高も史上最高を記録するなど好調を示現しました。

一方、本国においては六七年から始まった第二次五カ年計画の第二次年度を迎え、東洋最大のセメント工場を始め、自動車工場など数多の生産工場と、発電施設、販売施設の拡充ならびに道路の高速化など祖国の近代化と経済的自立……

……り順調なる発展を遂げ、相当な国際収支の黒字と外貨保有の漸増を現わしていますが、国際通貨制度の見通しがはっきりしない上、新米国大統領の政策方向が発表されてないため、日本はなお緊縮基調……

……係万代の繁栄と幸福を築く関係に積極協力し、大いに貢献あらんことを望み、あわせて僑胞皆様方のご隆昌とご健康を祈りつつ、新年のご挨拶に代える次第でございます。

## 繁栄への支援と協調

大阪興銀理事長　李熙健

謹んで新年の御祝詞を申し上げます。

昨年の国際経済界はドル・ポンドの不安定に加え、フランの平価調整問題が紛糾し、フランの暴落により、フランスの保有金大量流出という危機到来のため、各国為替市場の一斉閉鎖の混乱事態にまでおよび、他方西ドイツも引続き金の大量流入に悩み、この両国の平価問題は早晩再燃の兆がうかがわれるのであります。

かかる国際通貨不安の解消をるため、IMF十ヵ国蔵相会議はドル・ポンドの補佐的決済手段として「SDR」の制度を決議して将来実施する目途をもって準備中でありますが、その効果は未知数ながら期待がもたれております。

しかし動揺を続ける国際経済の変動の波紋は楽観を許さず今後の景気の下降、引き締めという遅い面の到来も一応配慮の下に、この好況を各自有利に受留めることも肝要かと思料されます。

かかる好況の中にありながら、われわれ中小企業界は相変らず不渡倒産など増加し、最近若干小康を保っているようではありますが、日本経済の好調は息の長い成長策が採られながら、警戒的抑制方針をもって運営される模様でありますので、各企業それぞれの自己に相応する改善策を推進するため、その構造的後進性を脱却し、近代化への資金と人的両面の隘路を打開することが望ましいのかと存じます。

なお金融界におきましては、日本経済の高度成長に伴う経済の大型化と国際経済の波紋に対する適応力の改善強化を目途とされたいわゆる「金融二法」が昨年六月公布施行され、同種業異種の合併や転換が可能となったのでありますが、われわれ金融界にある者は名実ともに強力なる金融機関たるべく、日常最大の努力を傾注せねばなりません。ひるがえって本国におきましては第二次五ヵ年経済計画も着々と進み、民生の安定はもとより輸出の振興、国際収支の改善等予期以上の成果があがっており、誠に欣快とするところであります。

また韓日国交正常化後三ヵ年、両国経済、社会、文化の協調交流は目覚しく、さらに最近にいたっては両国の民間実力トップクラスによる「韓日経済協力委員会」の発足もあって、今後両国間の緊密なる友好親善の度合は一段と深くなるものと思考され、これまた喜びにたえません。

昨年は当大阪興銀にとりましては多年の宿願であった本店新社屋の完成、さらにまた業界上位進出という業績の飛躍的発展を見ましたことは、創業以来もっとも記念すべき処であります。

これひとえに監督官庁始め関係各方面のご指導ご支援の賜ものとここに厚く感謝の意を表します。

新しき年を迎えわれわれ役職員一同は覚悟を新たにして、僑胞金融機関のトップにふさわしい経営の合理化と、堅実経営のもとに、第二段の躍進へと努力いたしたいと存じますので、各位の倍旧のご支援とお力添えをお願い申し上げ年頭のご挨拶といたします。

## 真の同胞金融機関に

韓国人信用組合協会会長
信用組合大阪商銀理事長　朴漢植

新年明けましておめでとうございます。

旧年中は、格別なる御高配に預り厚くお礼申し上げます。

光陰矢の如く、一年の月日は長くて短いものだと、新しい年を迎える度毎にしみじみと思わせるのであります。

ご承知の通り当大阪商銀が創立され今年が十六年本当に今さらながら感慨無量のものがございます。

満十五年という月日は、色々と多事多難でありました。

中でも昨年は激しい経済情勢の下で稀にみる大阪商銀の発展の年でありました。

去る八月十七日は創立満十五周年記念行事を日韓両国各界の人士が参列の中で森之宮の厚生会館において花々しく催され、また同年十月十二日には、同胞金融機関として始めての海外旅行、メキシコ・アリカ経済視察の実現は、意義深いものがございました。同じく十一月五日は組合員が念願していた、泉州地区に泉大津支店の設立をみた次第であります。

昨年度に計画した諸行事も大過なく推進されたことは、皆様方の御協力の賜だと深く感謝に堪えません。

冒頭にも申し上げたように、厳しい経済変動の折柄、よくも今日の実績を築き上げたことに一段の自信と勇気をいやが上にも与えられました。

今後の金融情勢の見通しと致しましては、昨年と略類似する方向にあるものと思われます。

四月頃までは、国内経済の拡大基調を反映して実体経済・企業金融面とも総じて好転を見込み、中小企業の景況は遥かに高い水準に達し、多少の引締めがあったとしても、その影響は軽少にとどまるものと考えられます。

従って、中小企業業者における問題点は、先ず求人難が如何に解決されるものかが、益々の深刻さを加えているようです。

今後における企業の発展は、生産能力不足、合理化不足などにもまして、コスト増、人手不足に大きく左右されるような気が致します。

その意味で、当組合も新年度から人事構成に一段の研究をはらい、少数精鋭主義をモットーとした労働賃金の全面的な改訂に踏み切り、能率倍増に努める所存であります。

そこで、われわれ金融機関に職責をおくものとして、また中小企業者のよきアシスタントとして、業育成に最大限の利便を供するとともに、お力添えすることによって同胞金融機関の存在価値があるものと存じます。

どうか、今年の一年も皆様方とともに一層の奮闘を致しますことを約束しながら、ご多幸あらんことをお祈り致します。

一九六九年元旦

## 建設へともに歩まん

韓国新聞倫理委員会委員長　裵延鉉

一九六九年の新年を迎えるにあたり、在日僑胞の皆様の健勝を心よりお祈りいたします。

毎年思うことですが、在日僑胞皆さんとともに本国でお正月を迎えることが出来ないことを残念に思います。

今年も祖国では輝く明日のために、内外同胞が一つになって、建設に前進すると確信しております。

われわれは現在、闘いながら建設しており、建設しながら闘っているのであります。

本国にいるわれわれは内で建設し、海外にいる皆さんは外で建設するといえると思います。

内と外が歯車のように秩序正しく働くことによって明日の希望が達成されるものと確信します。

ともに汗を流し祖国建設の役割を果すことを皆さまとともに約束しましょう。

このことのみが、われわれのすべてが、良い生活をすることができる唯一つの方法なのです。

なお、共同新聞もわれわれのこのような団結のために、輿論の光導者となられんことをお願い申し上げます。

一九六九年一月一日

## 新年によせて

大阪商工振興会理事長　宗琮鎬

一九六九年の年頭に当り、心から新年のお祝いを申しのべます。

韓日両国の友好関係は年とともに高まりつつあることは何よりもよろこばしいことであります。

当会は在日僑胞の皆様の権益擁護の旗印のもとに誠心誠意努力して参りました。一九五一年九月八日に創立しまして、今日会員二百五十人を数えるにいたりましたことも、会員の皆様のご理解によることはもち論でありますが、当会が常に皆様の利益を守るために努力していることをお認め願ったことと信じています。

本年も、会員の皆様のために金融、税金、労災、保険などの法律の無料相談をつづけるとともに、会員の事業についてできるだけのご支援をいたす覚悟でおります。

なお当会にあります納税貯蓄組合自主申告会も、正しい納税を目ざして活動を行い、会員の方々のご好評を博っております。

本年も総力を傾注して会員の皆様のために努力いたすことを申しのべて、新年のあいさつといたします。



729

# 韓僑は変りつつある

田　駿

## 論壇

### 韓僑社会は急変している

日韓条約すなわち在日韓国人の法的地位に関する協定が発効して満三年になる。この三年間に韓僑の姿は、その形態も、その意識もいちじるしく変り、また、その変貌作用はなお早い速度で進んでいる。その変貌作用の実態を分析検討すれば、韓僑のこれからのあり方について結論を引き出すことができるのであるが、残念なことにこの点についての分析はあまりなされていないのが現状である。

幾つかの角度から、あるいは幾つかの問題別に韓僑社会が急変している姿をながめることができるが、ここではその中の一つの問題点を指摘し、問題の存在を明確にしようと思う。

韓僑社会の変貌の一つに人口移動の問題がある。説明の必要から先ず数字の概要を示すと、ここ三年間に在日韓僑の人口が増加した地方は、大阪府一万三千、東京都八千、愛知六千、兵庫五千、神奈川二千、京都一千、埼玉二千の順となり、これに多少とも増加した府県は静岡、千葉、群馬、栃木、茨城、三重であって、他の府県はすべて減少している。いいかえれば全国から上記の各地区、おもに都市地区に流入したといえる。

日本国全体の同時期における人口移動の趨勢を見ると、人口流入は主に太平洋岸に面した都市地区であり、これが一つのベルト地帯を形成しているが、これとくらべると、在日韓僑の人口移動趨勢もほぼこれに準じていることがはっきりする。けれども、この移動趨勢の類似性をもって直ちに韓僑の経済状態が日本全体のそれに準じたものであるとはいえない。すなわち、内容が全然異るのである。

日本全体の場合は、生産機構の拡大と住宅圏の拡張によって人口流入がなされているが、韓僑の場合は、それとは特に関連がなく全く[illegible]事情によって都市および都市周辺に集中している。

韓僑の人口移動が起る特殊事情というのは、男性はほとんどが土木現場の飯場に集まっているということであり、女性はそのほとんどが三次産業の従業員という点である。この点だけを見ればそれほど奇異な感じはしない。しかし、もっともっとつっこんで見ると、男性は出稼ぎとして韓僑の経営する飯場に仕事を求めて集まっている。酒場かパチンコ屋に集まっているのである。この際、彼ら個々人は日本の社会に直接参与することができず、自分の属する経営体の一人の意図の下にようやく仕事を得ているという状態である。

この状態は、彼ら個々人は日本社会で全く発言権をもたず、幾十人が集まり、その上人を通じてようやく一人前の発言しかできないということである。ここまでいえば多くの韓僑は、なにか思い当るふしがあると思うが、それがとりもなおさず戦前のあの暗い在日韓国人の状態と全く同じであることに気がつく。戦前といっても幾つかの時期区分をしないと適切性を欠くかも知れないが、そういえることは、一人の飯場主の下に幾十名もが集まって、これが日本産業の最底層を形成し、主に単純労働をして生きてきたという歴史がある。今日これと同じ状態が日増しに濃くなっている。それが日韓条約以後の三年間にもっとも顕著な形としてあらわれてきていることに注目したいのである。

それにしても、戦前、日本の酒場に韓僑の女性がいた例をあまり聞いたことがないような気がするが、いまは韓僑の女性が都市の酒場や夜の街角に立つ姿は、それほど珍しくはない。それが自分の出身韓僑であることをかくしてまでであるが、これはいじらしいとも、かなしいとも、全く胸が塞がる気持である。

### 協定永住認定は権利ではない

胸が塞がる気持というのは、韓僑の若い男性が土工になり、若い女性が酒場女になるという現実に対していうのではない。日本人の社会もその点は同じであって韓僑だから特に悲しいというのではない。ただ、彼らが個人的にはなんの欠点もなく、むしろ有能な若者たちであるにも拘らず、そのような状態になって行く不合理に対して胸が塞がる気持にさせられるということである。そこでこの不合理の原因がなんであるかについて考えてみる。

韓僑ならびにそれをとりまく周辺は、日韓協定で結論をみた永住権が一種の「権利」であるように錯覚をしているが、実はこれは権利ではなく、正確にいえば「永住認定」でしかなく、いわば外国人として一定の滞在許可を無期限に延長するということにすぎない。だから日本に永住をしようとする者にとっては、これはなんの意味も持たないし、ましてや生活する権利ではあり得ないのである。この点について韓僑たちは抜き難い錯覚にとらわれているが、この錯覚に気がつかないことには議論にもならないのである。

協定永住権を一つの「権利」と思い込み、これにしがみついていては、韓僑は自分たちの生活基盤をすっかりさらわれ、社会人としての発言権を奪われ、生活向上どころか、生活低下が急激な流れとなって押し寄せてくることになる。ちょうどこの現実が協定締結発効後の三年間に現われ、前記の実態がそれを如実に物語っている。

もっとも、協定後韓僑の生活は安定し、経済向上をしたという人々もいる。たしかに、協定後、韓僑の信用組合預金高は三百億から五百億円に高まり、韓僑の本国送金高は六四年度三十四万ドルから六七年度三百四十七万ドルに激増している。この数字を見る限り韓僑の経済状態が向上したといえるだろう。

ここで注意せねばならないのは、韓僑の階層構造という点であるが、現在、韓僑の中で一千万円以上の資金で何らかの営業を営んでいる者の数は約五千名である。これは民団系五五％、朝総系四五％の比であるが、ともかく、この人たちはそれなりに日本経済の成長の波に乗っており、また多少の変動はあってもその波を乗りきれると見られる。そこで、この五千名はたしかに生活が安定し経済が向上したし、また、将来もするだろう。預金高が増え、本国送金高が増加したのは、この五千名すなわち限られた人たちの階層の出来事であって、韓僑の別の多くの階層では、これと逆の生活苦が押し寄せてきている。

そこで思うことは、多額の資金か、あるいはすでに生業基盤が整っている人は、それなりに日本で経済向上を試みられるが、そうでない人がこれから生活基盤を作ろうとするのは不可能に近いということである。ということは五千名を除く大多数の韓僑はこれから一体どのようにして生活をしていくかという問題になる。

裕福に見えるその五千名にしても、その中から脱落者はあってもその数が増えることは難しい。日本の税金制度、社会の排斥感情、日本政府の情報などによって、韓僑の資産家は一世代を経るごとにその財産の六〇％を取り上げられることになっている。これを守り、または増やしていくためには、それらの不合理な壁を打ち破るか、その壁を避けるか、どちらかの方法を考えねばならなくなる。

冷静に考えてみると、その不合理の壁は、「協定永住権」というまぼろしの権利によって、日本社会での発言権を封じられたことであることに気がつく。なんの権利もないのをさも権利かの如く、後生大事にしがみついて、他に有利な道を考えなかったことに原因があり、それはとりもなおさず、韓僑自身が持っている錯覚によって形造られたことなのである。その原因と理由は韓僑自身にあるのであって、その責を他に転ずることは卑怯なことでしかない。

### 核心は日本選挙権にある

韓僑の指導をしてきた民団と朝総連の方向は、韓僑の国籍を韓国に持つという（総連は北）前提でしか考えなかった。だから韓国籍取得のためには彼らにどんな犠牲でも払わせたのである。また、韓国政府は韓僑の国籍を前提とするために、協定の中で賦与すべき永住権に、日本選挙権と公務員就任権の除外という条件を自ら提示したのである。この二つの制限が重なって韓僑は日本選挙権を日本政府からも取り上げられ、韓国政府から追い打ちをもかけられた形で、すっかりなくしてしまった。悲劇は、韓僑はこのような環境の中で自分の住んでいる社会での選挙権を取り上げられたことよりも、そのような考え方を持つことさえ許されなかったことが一層深刻なものである。

いっとき、韓僑の社会では日本に帰化するのは民族の裏切りであるとされ、韓僑の口から帰化という言葉は禁句になっていたときがあった。いまでもこの頑迷な残骸はまだ残っている。おかしなことに、この言葉をいいふらす者自体こそがあやしい奴であって、それに限って日本人の妻に、息子は日本の学校に、名前は日本式名で、母国語をろくにしゃべれもしないという類いなのである。

といって、筆者は帰化をすすめるものではない。むしろ韓僑がいかにすれば帰化という規制後のような屈辱の門をくぐらずに、堂々と権利を主張し、出身民族の誇りを持ちつづけられるかということに考えを致すのである。要するに、帰化をしないで、韓僑が真の権利義務を自負する立場を設定したいと思うし、その意味では、帰化することを強調するような人をならべながら、結果として韓僑に帰化を選択せざるを得ない立場に追い込む、いまの指導者とは全くちがうといえる。この点は重々読者を願っておく。

地域社会で選挙権なしに生活をしようとすることは、ちょっと普通では考えられない思考方式で、これは民主主義を根本から否定し、人間としての出発条件を無視するものであるといえるが、このような考え方を韓僑が持ちつづけていて、それを変えようともしない頑迷に「超人属性」を感ずるのであるが、どう見てもこれは古い事大思想からの逆理でしかないのである。

もっとも、母国の国籍を持ち、日本では外国人として誇りを持ちながら生活しようとする考え方を全面的に否定することも妥当ではない。むしろこの考え方は尊重していきたい。とするならばそのどっちかを取るという択一よりか、両方とも取るという方法を考えればいいわけである。

母国籍と日本選挙権、この相反するものを両立させる方法はないであろうか。この中間に存する方法が編み出せないものだろうか。ここで色々の論をきぐってみる。

たとえば、協定永住に日本選挙権を含ます方法も考えられる。あるいは見ようによってはこれが一番合理的な方法かも知れない。あるいは、市民権という問題も成り立つ。また、現在の帰化制度とは関係なく別途の「特殊帰化」の制度を考える方法もある。

問題は、方法がないからでもなく、日本政府が応じないからでもなく、韓国政府が反対するからでもなく、それは、韓僑自身がこの問題を真剣に考えないことにあるのであって、それに加えて韓僑指導者たちが、この問題に考えを致すことをしないことこそが大変なことだといえるのである。胸が塞がる気持というのは、まさにこのことである。

[illegible]の声と共にあげた新年、塞がっている胸をすかっとさせたいと願う。

――新年おめでとう――

# 韓僑の正しい姿勢

――自主と友愛

金　思　燁

十四世紀　即ち高麗末期の代表詩人　益斎李斉賢は当時元の燕京に人質となって行なっていた忠宣王の招きで彼地に渡り以後約三十年間故国を遠く離れ異郷の地で孤独と辛酸を嘗したのであるが、彼の詩には故郷を偲ぶ断腸の哀調が多く数百載下の今日の我々にも涙をそそるものがある。「馬上」の詩の中の一句「寧為去郷国　悲歌行路難」（如何にして故国を離れて来たる、悲しき歌に帰るすべはさらに難し。）とか、「思帰」の詩の中に「一雁征帰思遠憑　孤鳥歓労生」（雁の一声に故里の思い切なく、帰る鳥をながむれば我が生事無し」。また「[illegible]」（故里のじゅんさいの汁は羊の肉にまさり、行くべきか否かを占う必要があろうか？」などと字々句々他郷の客となった哀愁を表わして余りがない。

今この日本という風土で益斎詩人の如く故郷を離れること数十年、思郷の情を抱いて新年を迎える韓僑六十余万人、皆がふだんは毎日の生活におわれてゆっくり自省とか思郷とかに浸る時間的余裕もなかった大方の人が、送旧迎新のこの一時だけは感慨がひとしおなるものがあり、前引の益斎詩句に見られるようなノスタルジャに共感するものと思う。それと同時に各自の胸の中には「今年こそは！」と抱負、希望、夢などが膨張の酒でほろ酔いの気分の中にもうそうとして輝くことに違いない。

無数の個々の設計図と同時に共通する一つの問題――韓僑の姿勢という問題を公約数としてこの際一考する必要はなかろうか？　日本という国に定住している韓僑の位置と姿勢――多くの困難を内包してはいるが――そして現時点では今迄の弊害を払拭して、これからは信頼と友愛の方向へと行く心構えが要請されるのではなかろうか？

処遇のアンバランス、蔑視への情感などがいつまでも存在していては完全に融和する地点までにはほど遠い感がなきにしもあらずであるが、だからといって今のままでは断層は大きくなるばかりであろう。自主性を堅持しながらお互の利益の為に手をとりあって笑って行く所に難題も除々に解消されるであろうし、アリストテレスの言葉の如くわれわれは「友情は愛せられるより愛することにある」の心の持ち方にこそ必要ではなかろうか？

英国のことわざに「己（おのれ）のます（枡）をもって人の穀物をはかるな」という名句は交際の要諦を明示している。

元旦に当って韓僑の共通問題を提示し愚見も添えて貴位の高見卓見を鶴首以って待つ次第である。



# コンピューターの未来像

高麗学士倶楽部幹事長　鄭　天　義

戦後における技術革新のはなばなしい立役者は何といっても、原子エネルギーを中心とした原子力革命、ジェット機を中心とする交通革命、一方、エレクトロニクスを中心とするコンピューター革命である。

前二者はともかくとして、後者の電子工業については、現に開発されて、その応用範囲は極めて多方面に渡っており、また、将来発展してどんな製品が出現するか、全く測り知れないものがある。つまり夢の多きものである。電子工業といえば誰でもコンピューター（電子計算機）を連想するであろうが、われわれの身辺を展回しても、こういった複雑なメカニズムの製品から、テレビ、ラジオ、事務機器から家庭用品に至るまで、その範囲は枚挙に遑がないほど、電子工業の恩恵を蒙っている。

その電子工業の応用範囲が、日進月歩の勢いで企業や日常生活に直結して来るにつれ、将来の社会構造や生活様式がすっかり変って来るかも知れない。昔は夢想だにしなかった「人工頭脳」というコンピューターの発達は、産業革命によって労働者が肉体労働から解放されたことよりも、はるかに優るとも劣らぬ社会構造の変革を予測させられる。

かえりみれば、第一次産業革命は実に人間が肉体労働から解放され、それが機械工業に代り、いわゆる資本家と労働関係という新しい階級の出現をもたらし、これがやがて資本主義体制の中核的な階級を形成したが、コンピューター革命の将来は、おおまかにいえば、コンピューターを中心とした技術者が新しいエリートになり、その下にマスとして、労働者階級に代る大衆が来る。

これはかって昔け労働によって搾取されたる労働者でなく、高度の消費、あるいは高度の教養を身につけた大衆なのである。因みに「ロストウ」の発展段階説を借りれば、動力革命の最終段階を高度大衆消費社会とすれば、コンピューターの最終段階は、高度大衆創造社会であるといえる。コンピューターが極限に達し、我々が自由に必要な情報を入手し、これらを駆使して意思決定が出来るようになれば、我々には自らの人生目的を持ち、創造的に生活することが可能である。こうした社会を「ロストウ」のいうように、高度大衆創造社会と名づけられるであろう。

そこで、コンピューターは情報の大量生産で、社会生活に必要な事実の伝達によって、我々がデパートで何十万という必需品の中から嗜好品を自由に選択出来るように、われわれが社会行動を決定するに必要な無限の情報を手にすることが出来、そこから新しい生活の可能性が無限に追求され且つまた、それによってつくるところを知らず拡がって行くことが想像されるのである。

しかし、コンピューターは、ただ今のところは主として研究機関や、官庁、銀行、大会社などの事務機械化、行程管理等に使われているにすぎないが、IC（集積回路）の開発によって、十億分の一秒ということも信じられないほどの超高速で、しかも小型の機械でぼう大なデーターを一瞬にして処理してしまい、さらに通信技術の発達と結びつくことによって、ますます大規模な情報伝達と事務処理が可能となって来る。

これがまた、会社の生産、販売、在庫、財務管理に実用化されつつあるのだから、経営者も管理技術に遅れをとらぬため、勉強が必要になってくる。近き将来は、社長は一々社員を社長室に呼びつけなくても、特定のボタンを押すだけで、机の横のディスプレーに求めるデータが即座に写し出されるかも知れない。こうなって来ると社長室はまるで、船の操舵室のような計器類を備えたリモコン室になるわけである。

アメリカ経済委員会が提案した「電子通貨と信用システム」によると、現金を持ち歩かなくとも銀行預金さえあれば、登録カードを提示するだけで、いつどこでも買物の出来る時代がもうそこまでやって来ているという。

# 家族訪問を許可せよ

金　承　漢

### 海外旅行の規制

本国外務部は、このほど海外旅行を大幅に規制する方針を打ち出し、十二月一日にさかのぼってこれを実施しているとのことである。それは家族訪問をはじめとして視察旅行、国際会議でない学会やセミナーへの出席、十四歳から十八歳までの男子、兵役の終わっていない者および女子の場合は雇用を除いてすべて海外旅行を禁止する方針とのことである。

このような措置はいうまでもなく、海外旅行にともなう外貨の消費を防ぐためである。海外旅行による外貨の消費は、六五年度で約百七十万ドルであったのが、六八年はおそらく一千万ドルに達したのではないかと思われ、これを防御するための規制は充分に理解できることであるが、在日同胞の場合は全く例外であり、むしろドル獲得に役立っていることを訴えて、その適用を除外してもらいたいのである。

### 在日同胞は例外

日本には六十万の同胞が住んでおり、地理的条件からしても家族訪問の大多数を占めていよう。六十万の家庭には、おのおの血と涙の物語りがついてまわっている。故郷を捨てて日本に渡来したいきさつ、戦争のために家族離散をして、いまだに再会のできぬ家庭、したがって妻や子は本国に居り、夫は日本で暮している家庭なども相当にある。

これらの人々の不幸は救ってやらねばならない。解放後は混乱のため、李政権の時は一つの方針として日本との往来がほとんど禁止されていたので、これらの人々の不幸はさらに延長されていたが、幸いにして韓日国交の回復とともに離散家族の再会も、日本政府の好意が期待される段階にある今日、本国政府自からの手によって家族訪問が禁止されるということになれば、せっかくの機運も何らの役に立たなくなるのである。

海外旅行の規制は、あるいは臨時的なものか、または緊急応変の可能性もあるものと思われるし、現実に即して日本に居る家族訪問は例外として扱われることもあり得るとも思われる。なぜなら日本への家族訪問は外務部当局が心配している外貨の消費とは何の関係がないばかりか、かえって外貨の獲得に役立っているのが現実であるからである。

その内容はくわしく触れる必要を感じないが、日本への家族訪問の場合は、その費用の一切が在日同胞の負担によって賄われているということはかくれもない事実である。在日同胞の負担によって本国の家族が会いにくる。そして帰りにはふくらんだトランクの一つでも持って帰るというものである。

これは人道上の問題としても当然に便宜を供与すべきであり、実利の面においても韓国が損するものは何もない。

このような実情を十分に理解すべきであるが、官吏というものは一つの規則ができると、それを適用していかねばならぬのは当然なことであるが、時としては国民の必要の側に立って好意的に便宜を図るというのでなく、官の立場で処理する場合が多いから、若干の摩擦が生じないとも限らない。

したがって外務部としては、明確に在日同胞の訪問はこの限りにあらずと特例を設けて、迅速と円滑を期すべきである。在日同胞は実情にそうた措置を熱望している。（評論家）

# 新しいアジアの新しい進路

## 空転するかニクソン外交

アジア、とくに東南アジアにとって、今年は全く新たな展望が開けてきている。しかし、その展望――ポスト・ベトナム（ベトナム以後）への政治、経済構図は、希望や期待とともに、多くの苦難と、きびしい試練を約束している。アジアが、これをいかに乗り切るかによっておそらく一九七〇年代の自らの運命を左右することとなろう。戦後二十三年を通じて、アジアは最も画期的な再編成への出発点に立っているといえる。

アジアの新しい展望の中で最も重要なのは、アメリカが撤収しはじめてアジアから退しようとしていることである。この数年アジアでは大国が相ついで消え、あるいは遠ざかっていった。ソ連はもともとこの地域ではあまり影響力を持っていなかったが、イギリスは決定的な経済危機のためついに「スエズ以東」からの撤退を決意し、七一年までにシンガポールとマレーシアから英軍を引き揚げ、フランスのあとを追うことになった。華僑勢力を媒介とする中国の影響力も文化革命の混乱、特に昨年夏、周辺諸国に対して行なった乱暴な"強硬外交"のため大きく後退した。

むろん、これまでの個別あるいは集団防衛条約が、ニクソン共和党政権下で、どこまで修正されるか、まだ明らかでないが、問題は米英の退いたあとを、何がどのように埋めるかである。

この点について興味深いのは、この一か年にわかに目立ち始めたソ連の東南アジア諸国への接近である。

ソ連は六七年十月、まずマレーシアと国交を樹立したのを皮切りに、昨年六月シンガポールと同じく国交を開くことに合意し、これて七月にはフィリピンにも外交関係樹立を申し入れた。また通商、経済関係の拡充についてはフィリピンからインド、パキスタンに及ぶ幅広いもので、その圏外にあるのは、わずかに南ベトナムだけといわれているほど。

ソ連のこうしたねらいについては、米英後退を好機に長期的観点から政治的浸透をはかるという常識論より、むしろソ連は①米英の後退によって東南アジアの力の均衡が大きくくずれるのを恐れている②何より中国が東南アジアで、なんといっても強力な単独勢力を足場に米英の穴を埋めるのを懸念している――との見方が強いようだ。

しかし、もっと注目されるのは、アジア諸国による自主的な地域協力が芽ばえ出したことであろう。内からの自覚が自主的な地域協力が生み出されるようになったのは、ジョンソン米大統領が六五年四月ボルチモア演説で、東南アジア開発構想を打ち出し、十年間十億ドル支出（主としてメコン川下流地域が対象）の用意を明らかにして以来である。

### 基盤弱い各機構

こうした地域協力機構や構想に共通な特徴は、威勢のよい政治色、イデオロギー色、軍事色を極力さけ、経済中心主義による地道な発展を期していることである。

この傾向はインドネシアの体制転換、中国文化革命の混乱、ソ連・東欧五か国によるチェコ介入によって、拍車をかけられ、ますます強まっている。

しかし、だからといって、この種の地域協力には、まだまだ問題がある。まして米英がアジアから後退したあとを埋めるものとして期待は到底できない。

大別すれば問題は二つに分かれよう。

一つは、どの地域協力機構をとってみても基盤が弱く、紛争のタネをかかえ込んでいる点だ。とくにASEANは、結成一年ばかりで早くも内部危機にさらされている。例のサバ領有問題をめぐるマレーシアとフィリピンの争いに加えて、旧ろうにシンガポールがマレーシア紛争時代に捕えていたインドネシア海兵隊員二人を処刑したことから両国の関係も気まずくなり、紛争に直接かかわっていないのは加盟国中、タイだけ というありさま。

またASEANのあり方についても、加盟各国の思惑がまちまちであり、あくまで経済、社会開発面での協力にとどめたいとするインドネシア、シンガポールに対し、タイとマレーシアは安全保障ないしは集団防衛的な役割をも期待しているようだ。それに、インドネシアでも、軍内部では後者の意見も強く、ASEAN生みの親で穏健なマリク外相と対立しているとの情報もあるから、分裂の危険は、いくらでもころがっている。

もう一つの問題は、アジアに限らないが、経済機構にせよ、政治機構にせよ、地域協力機構が大国に利用されはしないか――という不安である。現在これがあらためて問題となっているのは、いうまでもなくニクソン次期大統領の登場で日本を中心としたアジア諸国の防衛分担、アジアの地域的集団安全保障の圧力が加わるとみられているからである。

# 国連総会と韓国問題

## 火花を散らす討論

## あせらずに説得続ける

国連は、今年も韓国問題を総会議題としてとりあげている。運営委員会において第二六番議題として採択された「韓国問題」は、例年のごとく第一（政治）委員会にまわされ、火花を散らす討論がかわされるものと予想される。国連は一九五一年以来、韓国に派遣されているウンカーク（UNCURK国連韓国統一復興委員会）が、毎年総会に提出する年例報告書を受理して討議するが、韓国における実情を報告したウンカーク報告書の検討と討議につづいて、アメリカをはじめとする自由陣営会員国が提出する統韓決議案を票決し、北韓にたいして国連監視下の自由選挙をもって韓国の統一を実現すべく呼びかけるのが、永年の例となっている。

しかし、ソ連をはじめとする共産側では、国連における「韓国問題」にたいして全然異なった立場をとっている。共産側はまず、ウンカークを根本的に否定する。ウンカークはアメリカが一方的につくったものだから認定しない。したがって、ウンカーク報告書は総会でとりあげるべきでないと、共産側は主張する。次に、もし韓国問題を総会が討議するならば、北韓の代表もあわせ呼ばなければならないと言う。また、共産側の主張は、国連における「韓国問題」は南北韓国より外国の駐留軍を撤収させる問題であると強調する。共産側は、このようにさまざまな主張を時により交互に国連へ持ち出して、「韓国問題」にたいする焦点をぼかして、問題の本質をすりかえようとする努力を継続している。今年の第二三回総会にも、すでに共産側十カ国による「南北韓代表同時招請案」が出されている。

次に、最もやっかいな問題が、いわゆる「南北韓代表同時招請案」である。韓国の問題を討議する席に北韓の代表も招いて、そちらの意見も聞かなければならないという外見上だけの共産側主張にたいして、もっともではないかと考える会員国の数が意外に多いからである。しかし、外見上、ちょっと聞けばもっともらしい一面があるように見えるこの主張は次のような政治的なわなを含んでいる。第一は、北の共産政権を、大韓民国と同等の国際的地位を獲得しなければならないという政策的要求である。アジア・アフリカ新興国はもちろん、ラテン・アメリカ諸国にまで経済交易関係、あるいは外交関係とあらゆる手をのばして、その国際的地位の向上に永年努力してきた末に、国連におけるみじめな位置がいかに大きくひびくかを痛切に感じたのであろう。

韓国問題を審議する国連席上に、大韓民国と同等に共産側の「南北韓同時招請案」にたいして、しからば北韓をして「国連の権威と権限を認めさせ、それを受諾するという条件を付けなければならない」と言いかえしたのが、有名なスチーブンソン案である。国連の権威からみて、また国際平和機構としての実質的機能という点からして、スチーブンソン案は重大な意義をもつと見なければなるまい。もしも北韓が国連出席のみを念頭に採案の条件を受諾するならば、北韓はまず侵略者決議を認めなければならず、また、年来の統韓決議案を受け入れなければならない窮地に追いこまれる。このような条件を北韓側がのむとは考えられない。したがって、「南北韓代表の無条件招請」を共産側では主張するのである。

しかし、より重要な問題は、これら諸新会員国たちは国連が韓国戦争にとりくんだときは、国家としての独立さえもできていなかった点である。したがって、当時の北韓の侵略行為がいかに「国際平和と安全保障」を破壊したかという実感もあり得ないし、ウンカークの使命とか国連軍が韓国に駐屯するようになったかという経緯や、またその重要性を理解しない。そのうえ「韓国問題」の討議に北の代表を呼んで何の差しつかえがあるか、くらいの考えしか持とうとしない現状である。

「韓国問題」にたいする正しい認識を植えつけて、韓国の立場を支持してもらう仕事は、実に容易なことではない。しかし、いかにむずかしくても、またいかに高い費用がかかっても、これをあせらず継続しなければならない重大な仕事である。すこしでも手をゆるめると、共産側が手を出すからである。

説得だけによる外交的努力のみならず、経済文化面における関係がなくては、すなわち、具体的な利害関係の連帯がなくては、真実の意味における彼らの支持は期待できない。余りにも高くつく――のが実情であり、また、そうせざるを得ないのである。

こういう点からして、国連にたいする悲観論をただちに口にする。今日の国連にたいして自由な韓国の統一を近き将来実現できると期待をかけるのは、もちろん非現実的である。しかし、今日の国連は、共産側がともすれば「韓国問題」をかれらの目的とする基本的政策の方向へと引きずり込む可能性も合わせもっている事実を忘れてはならない。

### 気流

「危機」が盛んにさけばれ、またたくさん新て神手を与えない自動時、近代的な国際通貨制度が要望されているが、一九四四年ブレトン・ウッズで生み出された現在の制度が、急速に拡大する世界貿易を十分まかなえることを実証してきたことを、指摘しなければならない。そして、とりわけ最近数カ月間、同制度は激しい圧力と緊張にさらされてきたが崩壊しなかった。

現在の国際決済制度についていえることは、うまくいっている、ということである。

同制度に完全に満足している者はいないし、同制度を完璧とみなしている者もいない。

各国が主権と独自の通貨と財政金融政策をもつ限り、貿易の不均衡や国際収支の黒字ないし赤字は存在するだろう。

しかし、自由世界の主要貿易諸国は貿易相手国と協力して国内政策上、対外政策上の措置をとる熱意と能力をもっているので、同制度はおそらく今後とも進歩を続け今後台頭する諸問題にその都度対処してゆくものと思われる。

だが、もしも主要貿易諸国の一つ、ないし数カ国が、大幅な平価切り下げや厳重な輸入制度によって一九三〇年代初期の「他国を徹底的に弱らせる」政策に逆戻りしたならば、他の諸国が同様な報復措置をとることは明らかである。各国が輸出の競争力を維持し、輸入を自国商品よりも割高に保つことに努力する結果、一つの平価切り下げは他の平価切り下げを招くだろう。

その結果、世界貿易は枯渇し、遂には不況が訪れる。

しかし、最近の種々の出来事は主要貿易諸国が一方的措置の危険を認識し、危機を未然に防ぐための協力措置をとることを明白に実証しているので本年度の国際通貨制度変動を来たすような事態はおこらないものという見通しがつよまっている。

# 注目される日本の軍備産業

## 未知数の成長を期待

## 裏付けは二兆円の大予算

一九七〇年の"安保闘争"を前にして、国防力の問題が、日本国民の前に新しく提起されている。日本の防衛力整備計画――四十二年三月国防会議で第三次防衛力整備五カ年計画（四十二年～四十六年度）が決定され、軍備産業というものが国民の注目を浴びるようになった。

その三次防は総額二兆三千四百億円（上下二百五十億の幅で調整）という巨額の予算である。第二次防（三十七～四十一年度）の一兆二千六百億円に比べて二・七倍、一次防（三十三年～三十五年度）の実に三倍に当る。

戦後日本が初めて投入する巨額の国防費といえる。これは国民一人当り二万三千四百円の負担となるものである。

この膨大な経費のうち、人件費（給与・食糧費等）が四五％、物件費が五五％。物件費の中の約六〇％は、兵器装備の購入費であり、その三分の二が、それらの更新にあてられ、残りの三分の一が増強分となっている。

一次防、二次防経をて成長した自衛隊は、当時、極東自由諸国中最強の総合戦力だという評価もあったが、どっこいその後の世界の兵器の進歩からすると、相対的には老朽化しており、旧型である。三次防は、この点に注目して、更新計画的な色彩の濃いのは当然である。

なぜこんなことになったかというと、二次防の途中で、米国の兵器無償援助（MAP）が打切られたからである。かてて、加えて他の理由による一般的な財政事情の悪化から、二次防計画中相当な部分が三次防で実現という風に繰下げられ、三次防で計画したものは、この割りを食って四次防へ順送りに繰下げになっている。

一次防二次防での兵器調達源は主として、米国であったが、MAP打切りとなった三次防では、国産化を大きく打出している。一も二もなく、アメリカ様々であったことから見れば、この国産化は我国の兵器産業を一歩前進させることになる。

しかし、関連産業界では、総予算の最低を二兆四十億円とみていただけに、二兆三千四百億円に止まったことに対して、不満の色は隠せないものがある。しかし、九千三百億円～九千四百億円と、二次防のほぼ二倍の予算が、物資の調達に当てられることはこの不足をいくらかでも薬げている。

国産といっても、実は外国技術の導入によるものが多いから、自力開発でゆく純粋な国産とほど遠い"国籍兄"なのだ。こうしたことは、ミサイル、航空機などに多いが、過去に技術の蓄積がないのだから止むを得まい。それよりも、技術の導入、国産を問わず七、八千億円にも達すると見られる調達費によって、軍備産業は活況の影を返すことになる。

陸上自衛隊　三次防の主要整備目標を見ると、陸上自衛隊関係で自衛官の編成定数を十八万人としこれによって機動力の向上、防空能力を強化するため、ヘリコプター、装甲車、地対空ミサイル部隊を増強し、いずれにも新装備を導入、装備体系を改善し、また戦車、対戦車火器の更新、増強を行なう。

海上自衛隊　護衛艦、潜水艦など各種艦艇の増強と共に近代化をはかる。また新固定翼対潜機、飛行艇などを整備する。

航空自衛隊　では、重要地域の防空力の強化、地対空ミサイル増強、新戦闘機の整備、警戒管制組織の自動化（バッヂシステム）完成など、警戒管制能力の向上、近代化をはかる。

技術研究開発関係　次期高等練習機（TX）、レーダー搭載警戒機、輸送など航空機、短距離地対空ミサイル他、各種ミサイルや、その他各種装備、機器の研究開発を行う外、技術研究開発体制の強化などがある。

### 三次防の主兵器

三次防の装備計画中、主な兵器を個別にすると次のとおり。

地対空ミサイル三個大隊（ナイキ・ハーキュリーズ）
地対空ミサイル（ホーク）同
対戦車ヘリコプター三二機
輸送機一〇機
大、小ヘリコプター八三機
各種訓練用、救難用航空機五五機
護衛艦（14）潜水艦（5）等五六隻
訓練支援艦など艦艇　四隻
国産六一式戦車更新　約二八〇両
国産六〇式装甲輸送車　約一六〇両
高射機関砲L90　五〇セット
次期輸送機（GX）開発・装備
次期高等練習機（TX）国産開発
次期主力戦闘機　機種選定整備
（注）FXはF4Eファントムに決定した。

兵器産業についての損得勘定は従来から種々の見方があるが、産業が技術革新中心の時代に入っているこんにちを前提として見るとデ・メリットには、①高性能の機械、熟練工を優先的にその生産に振り向けなければならぬ、②量的に少ないから、作業能率があがらない。単年度契約の場合は、財政硬直化に関して、採算が苦しくなる。③適正利潤が、あらかじめ決められているから、企業努力をしても、コスト・ダウンが収益にプラスしない。④法的制限があって輸出が不可能だし、下請を使って利潤が稼げない。

だが、デメリットばかりではない。メリットも計りきれない場合も少なしとしない。経済的効果――業績への直接の寄与もある。技術、品質の管理などに厳しさが要求されるから、対外信用が厚くなる。

また技術めんで、他、生産への波及効果が多い。日銀振出し小切手の入手で商売としては堅い。他の産業に比べると、好不調の波が少なく、比較的に安定とみている。

現状では、あまり儲かるともいえないとされるが、先を見通す場合妙味が多い。第四次、第五次と進むにつれ、量的にも拡大されてゆくことが考えられ、他の生産面への波及度も拡がる性格のものだけに未知数の成長期待があるというもの。

### 日本の主要兵器メーカー

| 会社名 | 製造品 |
|---|---|
| 【航空機関係】 | |
| 三菱重工 | 航空機、ナイキ、ホーク、特殊車輛、艦艇、他 |
| 石川島播磨重工 | 航空エンジン、艦艇 |
| 川崎航空機 | 航空機、オーバホール |
| 新明和工業 | 航空機、オーバホール |
| 富士重工 | 航空機 |
| 日本飛行機 | 航空機修理 |
| 島津製作所 | 航空機エヤコン独占納入、オーバホール |
| 帝人製機 など | 航空機の油圧部品とオーバーホール※艦艇製造には造船各社含む |
| 【電機通信関係】 | |
| 日立製作所 | 無線機、車輌関係電子機器他 |
| 東京芝浦電気 | 艦艇用レーダーのコンピューター無線機類、他 |
| 三菱電機 | レーダー類、ナサール |
| 日本電気 | レーダー無線機、水中兵器、他 |
| 富士通 | 通信機器 |
| 沖電気 | 対空光器レーダー |
| 北辰電機 | 航空機部品 |
| 日本無線 | 船舶レーダー及び装置 |
| 【武器】 | |
| 日本製鋼所 | 火砲の製造と修理 |
| ダイキン工業 | 砲弾 |
| 日特金属工業 | 機関銃 |
| 豊和工業 | ライフル銃、迫撃砲 |
| 旭精機 | 銃弾 |
| [illegible]三製作所 | 機雷 |
| 石川製作所 | 爆撃機器航空爆弾 |
| リコー時計 | 信管 |
| 日本油脂 | 火薬推進薬 |
| 旭化成 | 火薬 |
| ダイセル | 推進薬 |
| 小松製作所 など | 砲弾ブルドーザー雪上車 |
| 【その他】 | |
| 大協石油 | ジェット燃料 |
| 日本石油 | ジェット燃料 |
| 昭和飛行機 など | 車輌修理 |

### 防衛費の国際比較

| 国名 | 国民所得に占める防衛費の割合(%) | 財政支出に占める防衛費の割合(%) | 1人当り防衛費(千円) |
|---|---|---|---|
| 日本 | 1.2 | 7.7 | 3.5 |
| アメリカ | 9.4 | 42.4 | 106.9 |
| イギリス | ※ 7.4 | ※ 15.1 | ※ 39.2 |
| フランス | ※ 5.6 | ※ 19.6 | ※ 29.2 |
| 西ドイツ | ※ 5.2 | ※ 17.5 | ※ 28.5 |
| イタリア | 3.5 | 14.8 | 12.0 |
| スウェーデン | 5.0 | 16.3 | 42.8 |
| スイス | 3.5 | .128 | 23.1 |
| オーストラリア | 4.0 | 16.4 | 25.1 |
| フィリッピン | 1.3 | 10.8 | 0.7 |
| インド | ※※ 4.1 | 21.7 | 0.9 |
| パキスタン | 4.8 | 35.8 | 2.0 |
| タイ | 2.8 | 14.8 | 1.2 |
| 韓国 | 4.3 | 28.5 | 1.7 |
| ソ連 | 6.5 | 12.7 | 23.0 |

（注）資料字は1966年度で、但し※印は1965年度、※※印は1964年度

# 1969 謹賀新年

(順不同)

'69 希望と繁栄の年
大いなる飛躍を期す

<営業種目>
船舶用バルブ・コック特殊鋳物・建築金物製造
**日光バルブ製作所**
社長 通山尚俊
大阪市生野区大友町1丁目64番地
電話 大阪(751)5014番

舶来・国産
高級紳士婦人服地卸
**株式会社 徳山商店**
代表取締役 徳山松男
大阪市東区南久太郎町4−1(大東倉庫ビル)
電話 (251)6405・2229

鉄・銅原料
**木村商店**
代表 木村栄次
京都市南区朝田町24
電話 京都(691)3680

堅実な加工法と安定した品質の ポリエチレン原料
営業品目 ポリエチレン再生原料委託加工 (低・高圧)プラスチックの購入 着色加工不要原料の交換売買
**朝日化工株式会社**
取締役会長 金宗立
本社 大阪市東住吉区加美東の町8−104
電話 大阪(791)2222

営業種目
ガス・コック・バルブ水栓 砲金・真鍮・鋳物機械部品
**呉星合金鋳造所**
代表者 呉仁圭
大阪市生野区猪飼野東10−53
電話 大阪(758)2106番

〇〇字六角螺 製造元
**株式会社 協伸鋲製作所**
代表取締役 金沢一男
大阪市東淀川区上新庄3の34
電話 (328)8187

ベスト(新歌舞伎座裏小路)
大阪市南区難波新地5番丁60
電話 (641)6541 (631)8700番
ふくや
大阪市南区河原町2丁目487
電話 (641)9181 (631)1423番
大阪市浪速区新川1丁目720
電話 (641)1335 (631)1423番
**福川安吉**

ケミカルシューズ ミシン加工全般
**パリーシュウズ商事**
代表者 金光秉圭
大阪市生野区中川町1−22番地
電話 大阪(751)2264番

**宮本合金鋳造所**
代表取締役 宮本昌典 (李忠九)
工場 大阪市生野区猪飼野東10−38 電話 (757)0888番
自宅 大阪市生野区猪飼野東10−17 電話 (757)6933番

営業種目・
金属製品・高級メラミン樹脂・ラッカー吹付・塗装全般
**三光塗装工業所**
社長 尹万戸
大阪市東成区南中道町2−100
電話 大阪(971)3197・5912

カモメ印
ケミカルシューズ・サンダル
**光越化学工業所**
大阪市生野区猪飼野西足代83
電話 (781)3426

貿易全般
**永島貿易株式会社**
代表取締役 康永範
大阪市東区北久宝寺町5−51 三栄ビル
電話 大阪(251)代表8251〜4番

営業品目
カシミロンウール KNITTED・WEAR
**明大製莫株式会社**
取締役社長 蔡尚大
大阪市北区菅栄町73
電話 (358)3741〜4番

海外旅行・韓国旅行手続き業務全般取扱
**株式会社 亜細亜航空旅行社**
代表取締役 趙能延
京都市下京区烏丸通五条下ル(ひむりビル)
電話 京都(351)2470・3708

ビニール製品・製造販売
各種雨衣・袋物・テント加工
**大山高周波工業所**
代表者 大山耕司
大阪市生野区猪飼野東4−18
電話 (717)3106・(716)9588

金融一般
**三和商事 株式会社**
取締役社長 大川剛司
大阪市都島区中野町2ノ57番地
電話 (352)4627番・3847〜8番

**松本金属工業所**
代表者 松本隆
本社 大阪市生野区猪飼野東3−21
電話 (716)9353

非鉄・原材料
**大洋商事株式会社**
社長 李相浩
大阪市東成区中本町1−146
電話 大阪 代(971)2371

営業種目
鞄嚢・製造・加工全般
**田中商店**
田中幸雄
大阪市生野区猪飼野西3−101
電話 (741)7966 (717)8091

営業種目
高級紳士用・学生用 皮鞄製造卸
**日進鞄嚢製作所**
代表者 金洪祐(金海秀廷)
営業所 大阪市生野区舎利寺町3−114
工場 電話 (712)3340・3819
自宅 大阪市生野区猪飼野東10−6 電話 (757)8721・8722

各種織物の染色・整理
仕上機械並びに樹脂加工機製作・販売・輸出
**金澤産業株式会社**
代表取締役 金沢龍
本社 大阪市大淀区豊崎東通3−36
電話 (371)

<婦人服縫製>
**大橋商店**
代表者 大橋昨作
大阪市東住吉区駒川町1−8
電話 大阪(717)5456

輸出入は新亜細亜貿易へ
**新亜細亜貿易 株式会社**
代表取締役 尹太仕
大阪市西区靭本町1丁目32番地 (タイヤビル4階)
電話 (443)9501(代)〜5番

営業種目
土地・家屋・山林
**協和商会**
代表者 稲次敏治
池田市石橋2丁目2−9 (但し阪急宝塚線石橋東口下車)
電話 池田㊃0035・8514

プラスチック樹脂加工
**石川樹脂工業所**
石川昭雄
大阪市生野区猪飼野西3−101
電話 (741)7738

高級紳士・婦人服地卸
**カドヤ商事**
谷山善助
大阪市東区南久太郎町4丁目 (井池筋大平商事ビル)
電話 (251)6407

<営業種目>
サンダル・焼底・プラヒール
**不二化学工業所**
社長 李正珂
大阪市東住吉区加美大芝町8−110
電話 大阪(758)1501〜2番

高級紳士・婦人ベルト製造
**伊藤商店**
社長 伊藤忠義
大阪市西成区鶴見橋通2−10
電話 (641)1761・3646 (631)3643

鉄線・鋼線・銅線・異型線 錫鍍金
**大和鍍金工業所**
社長 厳尚謙
大阪市東成区中道光町1−17
電話 大阪(971)4594−2305

ヘップサンダル 製造販売
**竜泉好本舗**
代表者 松本芳太郎
大阪市生野区東桃谷町4−151

**東洋興業株式会社**
代表取締役 西村光成
本社 大阪市西成区梅本通り3−7 電話 (661)3017番
工場 大阪市生野区猪飼野西足代町58 電話 (752)1068番

紳士・婦人ヘップ サンダル製造
**大化ゴム工業所**
代表者 金谷友雄
大阪市生野区中川町4丁目38
電話 (751)1895番

特別運送即日急行便
**西田運送有限会社**
大阪市天王寺区東寺町8丁目1591
電話 (761)2997・4175番

織物業
**岩本茂一**
京都市上京区仁和寺街道作膳寺西入192
電話 京都(44)0579番 (45)6721番

各種鍍金 G・B ブロンズ 銅 真鍮
**三光鍍金工業所**
社長 李弘求
大阪市東成区大成通1−63
電話 大阪(961)0959番

海陸産物問屋 唐辛子製造卸
**京都 丸万商店**
代表 襄東俊
京都市下京区中央市場北町18 (西本願寺通り五条上ル)
電話 京都(311)0916・3252

**松尾化学工業所**
代表者 金漢光
大阪市生野区猪飼野西4−9
電話 (731)6492

<自動車修理全般>
**船入自動車**
社長 林允植
大阪市西淀川区御幣島中5−16
電話 大阪(471)5322

エンゼルマークでおなじみの皆様の森永牛乳
**森永牛乳北海販売所**
代表 林健三
大阪店 大阪市生野区猪飼野東6−28 電話 大阪(752)4003代表
神戸店 神戸市長田区梅ケ香町2−82 電話 神戸(67)2236代表

不動産売買貸借・管理
美装建築・設計・改造
南・北の飯食店豊富
**日伸商事**
代表者 宮本昭夫
大阪市南区南阪町152番地 (但シ日本一交叉点神戸銀行裏入口前)
電話 641・258・633・4378

道路建設・舗装工事
**奥山建設工務店**
社長 奥山竹治
大阪市西淀川区佃町1の243
電話 471・0423番 1325番 472・2035番 0257番

舶来ベルベット・テトロン
ナイロン・カシミヤ・ウール 各種織物卸
**株式会社 入江商店**
大阪市東区南久太郎町4丁目

**林工業株式会社**
社長 林信宏
本社 大阪府堺市神明町西3−5
電話 (0722)② 0864・4557番 ③ 7257・2017番 夜間② 6073番

**エイト金属加工所**
営業所 大阪市生野区猪飼野東9の13 電話 (757)8021
工場 大阪市生野区猪飼野東7の22 電話 (752)6600

ケミカルシューズ
**ソニーラバー工業所**
代表者 西原基一郎
神戸市須磨区大池町4−2
電話 (71)9563〜4番

パネル、パタ角丸太、鋼管ポストその他建築材料一式
**国本材木店**
代表者 洪竜石
大阪市西淀川区西福町1−3
電話 (471)6041

象印マホービン協力工場
**大興硝子工業 株式会社**
代表取締役 金永珠
大阪市城東区古市南通3−16
電話 大阪(939)4191〜4

営業品目
ステンレスロールパイプ
ステンレス配管用パイプ
各種ステンレスパイプ
**丸善ステンレス機工 株式会社**
取締役社長 伊藤祐雄
本社 大阪市生野区猪飼野町中3の16番地 電話 716・5351〜3番
大東工場 大東市大字寺川268番地 電話 0720(72)1721・4767番

熔断器部品・各種火口製作
**大原金属製作所**
代表者 大原幸重
大阪市生野区中川町2−19
電話 (752)1230

**株式会社 岸本組**
難波工事事務所
大阪市浪速区元町5の492
電話 (631)8125

<鉄・銅原料>
**林商店**
代表者 林判南
大阪市城東区新喜多町1−107
電話 大阪(931)1660

**株式会社 共栄製作所**
代表取締役 金彰善
東大阪市荒本131−1番地
電話 (782)4623〜4番

営業種目 製紙原料・非鉄金属
**谷山商店**
康七栄(谷山常吉)
大阪市城東区北中浜町3−50
電話 (961)7915

<営業種目>
衣料品 製造販売
**丸栄衣料 株式会社**
代表取締役 金昌玉
本社 大阪市東成区東今里町3−50 電話 大阪(981)4451〜3番
東京連絡所 東京都墨田区寺島町5−83 電話 東京(612)0025番

洋服……既製服
洋品……
スポーツシャツ
カッターシャツ・ワイシャツ
其の他附属品各種
**まるせ 洋服洋品 店**
代表者 渡辺重雄
東大阪市足代1の108番地
電話 (721)7680・1316番

再生タイヤ・修理販売
**トウエイタイヤ**
社長 金太憲
大阪市東成区北中道1−94
電話 大阪(971)0029

寝屋川凍氷共販
**平田組**
代表者 平田憲三
寝屋川市八坂町17番2号
電話 0720(21)2138番

自動車部分品
ニッケルクローム鍍金
ミシン部品全般
**高島金属工業 株式会社**
社長 高己昌
大阪市東成区北中道町1−70
電話 大阪(972)0631〜2.

架線金物
家具木工亜鉛メッキ
**安田工作 株式会社**
本社工場 大阪市城東区西鴫野6の65
電話 (962)3501〜4

主要品目 弱電建築各部品 プラスチック一般
**富士工業 株式会社**
代表取締役 梁南鎬
本社 大阪市生野区巽大地町212
電話 (757)1461・1462

<土木工事請負>
**ショベル工業 株式会社**
社長 金京業
本社 大阪市西成区中開2−5
電話 大阪(562)7351代

ガス・電気・石油ストーブ用飾り網 ロッカー用棚網・流し用網電気・ガス用各種網 各種ディスプレー陳列台・家庭器物
**関西スチールネット 株式会社**
本社 東大阪市若江南町5丁目1−50
電話 大阪(721)7206代表

<シグナルミシン製造>
**シグナルミシン 株式会社**
代表取締役 呉山正義
大阪市都島区大東町2−364
電話 大阪代表(921)7871・2329

金属全般
**三晃金属 株式会社**
取締役社長 高駿相
本社 大阪市北区山崎町77
電話 大阪(361)2269番

**関西マホー瓶 株式会社**
代表取締役 国本精一郎
本社 大阪市東成区神路町3丁目1 電話 (981)3561〜2
今福工場 大阪市城東区今福町2丁目43 電話 (391)5212

**山口氷問屋**
山口武夫
大阪市都島区東野田町7−73
電話 (351)1385

**内外商事 株式会社**
所福男
大阪市阿倍野区天王寺町北2丁目7番21号
電話 大阪(731)7383

高級婦人服地卸
**株式会社 池田商店**
代表取締役 池田行繁
大阪市東区南久太郎町3−23
電話 (261)7423

高級化粧瓶・薬瓶製造
**青山硝子 株式会社**
取締役社長 黄允秦
大阪市城東区今福南2ノ82
電話 大阪(939)6151番

縫製機械
◇ブラザーミシン
◇美馬ミシン
<韓国総代理店>
**丸和株式会社**
代表取締役 呉文弼
本社 大阪市北区木幡町6
電話 大阪 代(364)8491
受信略号 KOBROTHER

被服プレス全般
**岡本被服プレス**
代表者 岡本勇雄
大阪市生野区猪飼野東3−22
電話 (717)4816

**野村商事 株式会社**
取締役社長 野村三郎
東大阪市岸田堂西2丁目7−3
電話 (728)2523〜4

**林硝子製造所**
代表取締役 林信雄
大阪市城東区西鴫野2丁目72
電話 大阪(962)2421番

不動産一般 鑑定・手続
**光商事不動産**
代表者 東松頼義
池田市4番1号
電話 池田 0727 ⑥ 4752・2713番

**日亜商事 株式会社**
社長 朝野一郎
大阪市浪速区東円手町782
電話 大阪(641)9283・2193

親切本位
**丸弘運輸 株式会社**
取締役社長 許弘祚
本社 大阪市住吉区万代西6−56
電話 大阪(672)1855

各種パイプ製品一式
**信和金属工業 株式会社**
社長 崔炳仙
大阪市東成区深江東1−20
電話 大阪(976)4035番

東大阪鶴橋
**丸小青果物卸売市場**
会長 石川彌太郎
大阪市東成区東小橋南之町12
電話 (961)1301番

日本バレーボール協会公認検定球
マルエイチボール製造
皮革 バレーボール・ドッチボール・ハンドサッカボール
ゴム製・バスケットボール・野球・テニスボール・教育用バレボール 教育用ドッチボール
**星本産業 株式会社**
取締役社長 李商根
本社・東大阪市柏田町95番地
電話・大阪(06)(728)5757〜8番

**富士精工 株式会社**
社長 白相準
本社 大阪市都島区内代町2−196
電話 大阪(951)4505代

**松村ビニール工業所**
代表者 松村栄三郎
大阪市東住吉区加美東水町8−10
電話 大阪(791)5422

建築用軽車輌
一輪車・二輪車
建築用キャタツ・子供用ブランコ
**徳山工業所**
代表者 洪鐘現
工場 東大阪市玉串元町2丁目1−4
電話 河内(0729)㉒・3535

**山田軽金属工業 株式会社**
代表取締役 方鎮煥
本社 大阪府摂津市味舌下1960
電話 (381)2167

高級印刷
**伸和印刷 株式会社**
代表取締役 西原泰夫
本社 大阪市東区川西町550
電話 (761)5823〜5

伝統と品質を誇るベットの総合メーカー
**株式会社 日本ベット**
取締役社長 川村一郎 (本名李来玉)
本社及工場 奈良県北葛城郡広陵町香野 電話 広陵局(074556)2581・2582
奈良営業所
大阪営業所 大阪市浪速区元町5−553 電話 大阪(632)6464(代) 6465・6466

高級紳士既製服
舶来・国産 卸
婦人・紳士服地
**日進衣料 株式会社**
本社 大阪市天王寺区勝山通3丁目48番地 電話 (771)9163番
営業所 大阪市東区北久太郎町4丁目56番地 電話 大阪(251)1981・2367番
営業所 大阪市東区北久太郎町3丁目21番地 電話 (251)3751・5430・2223番

# 国防·建設を二大基調に

## 新年度予算をきる

### いぜん高度成長続く

#### 三千二百四十三億の大型予算

六九年度予算規模は、一ヶ月にも満たない短期間審査を通じて三千二百四十三億〆に確定された。政府・与党案であった三千二百六十六億〆から、野党側は百億〆に近い削減論争をくりひろげるかにみえたが、結局政府・与党は当初計画をほぼ貫徹させた。甲勤税など低所得負担を軽減する内容を骨子とした枝葉的な修正案であったが、異例の大規模予算案を通過させるとの名分となっていた。予算は国家活動の骨格であり、すべての行政施策を具現、計数化させることであって、その規模の大きさが物語っているように六九年度の予算は、それだけに重大な時代的使命を帯びているものとみられる。即、自主国防体制の強化、持続的な経済成長の達成、公務員の処遇改善と所得均衡の回復などが国家活動の現実的な課題として登場しているからである。需要が膨張だけに費用もかさむといえるが、経済活動というのは最少の費用で最大の効率を得ることを原則としているので、財政運営においても必しもその例外ではないのである。

所得水準が低く財源が貧弱なのに反し、経済開発の過大需要は低開発国の共通の悩みに属する。とくにわが国は開発と国防の二重の負担を克服しなければならない大きな試練に直面している。財政は国民の強制的負担に委ねているだけにその効率的な運営と規模の適正水準が要望されるのである。

六九年度予算規模が、六八年度の当初予算よりも四八%も膨張した事実は、戦時でない平和時代の予算としてはその類例をみないほど高い増加率である。六八年度の第二回追加予算に比べ二二・八%の増加率であるが、毎年数度にわたる追加予算の編成が慣例化しているので、本予算規模の膨張率の比較は前年度の当初予算と比較するのが実感として感じられよう。

予算の内容に先立ち、規模自体論難の的となるのは規模が大きいだけに国民負担、財政インフレ、民間経済分野の相対的萎縮などの問題を派生させるからである。朴副総理も六九年度予算編成作業に着手しながら三千億の規模が妥当であると公言しその水準で調整すると強調したが、実際の編成で需要攻勢に会い三千二百六十六億〆にまで後退してしまった。

### 前年度比53%増に

#### 大幅にふくれた軍事予算

国防費は六八年度予算より五三%も増額されたが、その中には軍公務員処遇改善費も含まれているだけではなく、最近の事態進展からみて防衛態勢の強化は不可避な実情であると認識されている。ただ過去には防衛支援名目として給与されていた米国の援助による見返り資金歳入が防衛費を十分埋められるほどであったが、減少一途にある外援は六九年度に見返り資金歳入が国防費の二五%ていどに過ぎなくなるため、自主防衛という荷物は今後さらに重くなろう。

一方、交付金支出規模が四百八十四億〆で、前年度に比べその増加率が他のどの部門よりも高い。交付金は内国税徴収額の一定比率を割与するよう法制化されているので、税収結果に伴う不可変の支出に属するものでありとともにこれは予算硬直性を締める最も大きな要因でもある。地方財政が弱化し都市と地方の所得格差が著しく、教育費支出要因の拡大などに伴う交付金の増大は当面した主要課題でもあるが、これによる開発、国防費など他の部門にしわよせされることは明らかである。このほかに俸給および年金が四百三十三億〆、一般経費五百七十億〆を計上している。これは純粋な行政費予算という点で別段異論もないようにみえるが、具体的に検討してみるとここにも少なくない問題が横たわっている。六九年度の公務員俸給引上げ率を三月から二〇%上げる計画であったが、過度な支出圧力のため仕方なく七月に繰り延ばさざるを得なかった。

歳出面で投融資が九百四十七億〆で歳出総額の二九%を占めており、現年度二次追加予算規模に比べ十六・五%の三十億〆が増えた。

### 実質投融は千億

歳出構成要素のうち投融資が[illegible]

投融資はこのような大規模な予算のほかに産業金融債券百三億千万〆、賠償資金九十七億九百万〆、六九年度国庫債務負担行為五十七億千百万〆の三百十七億三千万〆を投融資規模に追加することによって、六九年度の実質上の投融資規模は千百六十九億九百万〆に達している。このような投融資規模は六八年度の当初予算規模であった五百四十一億〆の二倍にもなるものであり、六八年度第一回追加予算のそれより四二%という増加を意味するものである。

近年の開発インフレや財政インフレの素地が、即ちこのような投融資規模の過大政策が主因となっていることは間違いない。とくにその財源造出方式が産業金融債券のような赤字方式を含めているだけでなく、財政投融資は主に基幹産業など資金の償還期間の長い事業に投入しているからである。六九年度投融資予算は、原則上新規事業を認めず、継続事業の完成または促進に重点を置いたが、そのように膨大な予算編成を招いたのは政府の開発意欲と高度成長計画が如何に過熱しているかを立証するものである。

国会で財政上の赤字要因が五百億にも達するとの論議がもちあがったのもいわばこのような項目を指摘したものと解釈される。このような財政赤字要素が一般会計から形式上均衡を保っているにしても、本予算の計画の外郭およびその周辺、それに各特別会計予算でそのようにぼう大な赤字要素がある以上、全体財政は決して健全なものとはいえないのである。

また、関税の賃金五十七億〆は支準率引下げなど非インフレ方式で調出するというが、それだけの流動性拡大要因となるであろうし、国庫債務負担金五十七億〆はその翌年の予算硬直要因を前提とすることになる。

とにかく、本予算の両面の裏面に潜在している赤字要素は直ちに表面化されないとしても、何日かはインフレの発作性を現わす要素であり、その資金のほとんどが投融資財源の捻出と直接関連しているという点で高度成長政策が帯びている大きな問題点であるといえる。

### 二次三次と追加を要請

また産業間の成長不均衡問題を是正するため、一次産業部門に投融資の比重を高める施策努力を加味したというが、その他の地域別階層別所得不均衡問題については政策的配慮が稀薄である。予算の伝統的使命は所得再配分を通じた均衡維持にあるが、最も時急な課題である開発と防衛という現実欲求におされ、ほとんど色あせた感がある。

### 安定基調くずれるか

#### 開発インフレ気配続く

新年予算はこの規模がぼう大であるというそれ自体だけでも財政インフレの要素を内包していると批判されている。また投融資事業においても投入資金を回収するだけの生産効果をもたらすまでには数年間の待機期間が必要な製鉄、石油化学、機械工業、電力開発、高速道路など長期投資に注力しているため開発インフレの危険性をはらんでいる。

なお、高米価政策に伴う物価指数の上昇はすでに大きな問題点として表面化されており、外換率も用心深い上昇の気勢を示している。政府がこれまで抑えて来た公共料金の引上げ方針にも拘らず、運賃と通信料金の引上げ措置が明らかとなり、鉄道料金などと電気料金も新年に入ってから引上げなければならなくなろうとの見解が出ている。決定された新年予算周辺のインフレ因子とともに前記した熱性経済環境が合勢して再び逆作用が出る場合、政府が打出した物価上昇六%、消費者一〇%という物価指数の抑制目標と、[illegible]の維持強化施策はどれだけの実効をあげることができるのか、全く[illegible]される関心事となっている。

### 行政機構の改革と定員の効果的調整

現在わが国の公務員数は軍人を除いても六十万名に達しているといわれる。この中には三十万を越える特別会計所管公務員と地方公務員を含んでいる。

行政機構簡素化問題が叫ばれて久しく、また政府でも行政機構改革問題を検討しているにも拘らず、近年になって行政機構の拡大とともに公務員の数も急激に膨張している。

俸給および年金が四百三十三億、備品、営繕費、出張費、雑費など人件費に直結または付随する一般経費が五百七十億円で、この二つの部門の経費を合せると実に一千億を越え、六九年度歳出構成面で三一%を占めている。純粋な行政費は以前から高唱されてきた行政機構簡素化だけでも実現すれば大きく節約できる余地広い個所である。

数年前、米国でフボ委員会の行政改革案によって七十億〆の予算節減が実現した事実と、最近日本など先進国でも行政費節約のための一連の改革が進められていることはわれわれにとってよい教訓となろう。

予算の硬直性が八三%にも達して予算の運営面で伸縮性が喪失されている矛盾を緩和する意味からも「六九年には原則上公務員の増員を許容しない」との消極的な姿勢から一歩進んで、早急に行政機構改革と定員の効率的な調整が望まれている。

### まず人手不足を解消

#### 僑胞経済は基礎固めの年

一九六九年度の在日僑胞の経済的展望について信用組合大阪興銀金容載副理事長はつぎのように新年度の経済動向を語った。

在日僑胞の経済的みとおしというのは特別にありえない。というのは、日本の経済状況から見て、僑胞にどのような影響があるだろうかという推定にすぎない點であるからです。

日本の経済が昨年「年間の前半は少しばかり不安があったが、後半に入ってからは予想以上の好景気を見せ、ついに年末の消費高が三兆四千億となった。

新年度も内外経済界の動きと展望から察するところ、きわめて経済的安定が予想される。

まず春から秋にかけてスムースな景気上昇にともなって、秋から年末にかけてはさらに好景気になるであろうと見通され、先行ききわめて明るい。

日本の現在の国際的競争条件と実力から判断して一九六九年度の日本の経済安定が断言出来ると思う。

昨年度の三十億〆という日本の貿易輸出実績は、日本の産業が輸出産業の方向に総力を傾注しつつあることを証明している。

しかし、このような恵まれた日本の経済状況から判断する時、僑胞経済的展望も自然に明るく思われるのは当然のことでもあろう。

しかし、われわれ僑胞の経済的状況というのは日本の経済状況とはあまり関係がないというなら驚ろく人も少なくないと思うが事実である。

僑胞の実態を長年間調査検討した結果得られた結論である。

このことは、僑胞のなかには、実際面において日本の経済的状況によって左右されるほどの大企業がほとんどないということでもあり、ひいては日本の経済状況とはあまり関係のない事業を経営していることを意味する。

いわば、レジャー産業というのは、少々の経済的状況によって変動をみせる企業ではない。

問題は、人手不足による企業の破綻が当面課題となってますますきびしくなることは間違いない。

問題はどこにある。

僑胞社会はあらゆる面にわたって人材養成という重大な事を忘却してきたのがなによりも大きなミスである。

なお、目の前の利益に走りすぎて、将来性というのを無視してきたことも認めなければならない。

事業の内容を分析する時、ますますきびしくなりつつある人手不足という環境において喜んで、楽しく、甲斐のある、健康的な、そしてよい報酬をもらえる事業を経営している僑胞がはたして何人いるかと反問すれば僑胞社会の経済的見通しという題に対する答えが出るはずである。

いまでもすでにおそい感じがするが、まず考え方をなおし、目の前の利益よりも将来性のある事業の選択が緊急課題である。僑胞の将来のため合理的な面で再検討がほしい。

もちろん興銀も今日の発展のかげにはレジャー産業の比重が大きかったことを認めるし、なお今後とも大いに期待している。しかし僑胞の将来を考える時、金融施策面においても再検討せねばならない点が多い。

いわば将来性のある企業の育成と健全な僑胞社会の発展のために努力を重ねて行くつもりである。

金利の引下げ融資の対象または条件など僑胞の実生活に深く根をおろして翼を広げようと最善をつくしている。

新年も"量から質へ"というスローガンのもとに努力を重ねて行くつもりである。

新年度の僑胞経済を語る金大阪興銀副理事長

# KOTRA

コトラ（KOTRA）＝これは大韓貿易振興公社の略称である。このコトラが大阪に事務所を設けたのがさる一九六五年八月であった。大阪市北区の新大阪中之島の大商ビル六階に事務所を開き一九六八年六月大阪市北区曽根崎中一丁目鳥ビルに移転し同年七月に韓国貿易館と改称し本格的に貿易振興事務をおこなっている。とくに本年は日本の万国博に参加するため韓国館の建設など大きな仕事があり貿易館の任務は重大であるこのコトラの全容をここに紹介して、韓国が貿易にいかに力を注いでいるかということをみてみよう。写真＝KOTRAの本社

## 輸出拡大の先陣に立つ

# 日本万国博覧会参加へ意欲みせる

KOTRA（大韓貿易振興公社）は、韓国政府が一九六二年に輸出振興を目的として設立し、海外のバイヤーが韓国の優秀な商品を安く、そして、信頼できる商社と取引できるように、あらゆる便宜を提供するサービス機関である。

海外市場の調査および開拓、韓国商品の取引あっせん韓国の輸出入に関する法的手続の案内および調査資料の提供、国際博覧会への参加または開催、韓国商品の展示宣伝、輸出商品に関する各種PR資料の刊行、輸出商品のデザインと包装などに関する研究と資料の提供、その他国際貿易増進に関する事業などを主な事務としている。

KOTRAの本社はソウル市にあり、機構は管理、事業、調査、展示、弘報の五部にわかれている。このほか国内外の優秀商品を展示している展示館と輸出センターをはじめ、輸出学校、貿易、図書館、輸出相談所、船舶案内所などの付属機関が設置されている。さらに韓国唯一の貿易港である釜山には事務所ならびに輸出センターが設置され、韓国の輸出商品を展示するとともに輸出相談にあたっている。

同社では市場開拓事業として取引あっせん、バイヤーの誘致、通商使節団の誘致および派遣、投資誘致、セールスマン団の海外派遣および貿易ショーへの参加などを行っており、この他に定期的な各種の輸出振興懇談会を、毎週一回の輸出促進会と、月一回の品目別懇談会というかたちで開催している。

**〈海外組織とその機能〉**

同社の海外組織網は、一九六八年現在、貿易館十四、海外事務所十一、通信員を三ヵ国に派遣し、輸出市場の第一線で活躍させている。

▽貿易館＝東京、大阪、ニューヨーク、シカゴ、ロスアンゼルス、サンフランシスコ、ニューオリンズ、ミラノ、ハンブルグ、ホンコン、サイゴン、バンコク、シンガポール、ジャカルタの十四ヵ都市。

▽事務所＝瑞典、モントリオール、パナマ、ロンドン、アムステルダム、ジェネーブ、テヘラン、ラゴス、ヨハネスブルグ、シドニー、マニラの十一都市。

▽通信員＝スウェーデン、台湾、レバノンの三ヵ国。

これらの海外組織網ではバイヤーたちの要求に応じて、取引商社に対する照会および取引あっせん、韓国の輸出産業および商品に関する情報や資料の提供、委託加工または投資案内そして技術提携などの企業提携に関する案内および資料の提供、輸出商品の常時展示および展示会の開催、バイヤーたちの韓国訪問に必要なビザの手続や交通・宿泊などの案内までサービスしている。

**〈展示事業〉**

同社では一九六三年から現在まで世界各国で開かれた国際貿易博覧会に十八回参加しており、これを地域別にみれば、ヨーロッパ地域で九回、アメリカ地域で六回、アジア地域で三回である。

〈KOTRA大阪貿易館〉

この中には一九六四年から一九六五年の間、アメリカのニューヨーク世界博覧会に[illegible]韓国館を設置し、[illegible]る。

このような海外博覧会には又、諸国との生活や文化の交流を一層強化するため、同社では商品の展示にとどまらず韓国の豊かな文化財を紹介宣伝することに全力をつくしている。

日本では一九六八年五月から六月にわたり東京、大阪、名古屋、仙台、札幌などで韓国物産展を開き大成果をおさめた。

また一九六二年以来、外国の優秀な商品の見本七千余点を集め、韓国の国内生産者および関係協会の研究資料として提供するため展示または「デザイン集」として出版紹介を行なう一方、包装やデザインの研究を重ねて年に一度包装視察団を海外に派遣している。

〈KALの本社〉

# 民営化

# 自由経済への基礎固め

韓国の政府企業民営化が早いスピードで進行している。経済再建のため国営企業が多かった韓国の企業も、経済力が伸びてくるに従って民営化という正しい方向に進んできたもので、経済発展の一つの証左でもある。昨年末から噂されていた造船公社、韓国機械、海運公社、大韓航空の四大企業が本年からいよいよ民営化されるもようである。造船公社、海運公社および韓国機械は政府保有株式を市銀に現物出資、大株主として登場した市銀は引受対象者に経営権を引渡した「先引受後払下げ」の方式によって民営化されるのであり、大韓航空は大韓通運、大韓鉄鉱および仁川重工業の場合と同じく表面上は、証券市場の公売方式にしたがって事前に内定された特定人に株が引渡される公算が大きい。手続と方法がすこしばかり異なるだけであって事前に設定された路線によって民営化計画が進行され、株式引受けの最終的な法的手続きのみを残しているだけだ。この民営になる四つの業体の実態と民営化後を展望してみた。

## 造船　重工業の中心に　海外と積極協調を　海運

造船公社と海運公社はすでに昨年十一月六日と十一日の臨時株主総会で、役員陣を改編、造船公社は極東海運の南宮錬氏、海運公社は韓国財閥系の朱敬爾氏がそれぞれ社長に就任する一方、政府の監督権を排除するため定款も改定された。

また韓国機械は昨年十一月九日の臨時株式総会で政府の監督権をなくすため定款の改正を行なったが、引受者である新進自動車側が表面に出てないだけである。

このように数日間に総額三十八億ウォンに達する三つの業体がきわめて、しずかな雰囲気のなかで民営化されたのである。

韓国政府が昨年七月と八月にわたってこの三つの業体株を公売した時、そして政府が昨年の九月十七日で終了した五つの市中銀行および産業銀行に対する現物出資の時の政府評価価格（銀行取得価格）は一株当り造船公社三百七ウォン、海運公社六百四十ウォン、韓国機械三百四十一ウォンで額面価格の六〇％線であったことを見ればすべての発行株式の五一％所有は会社の資本金の三〇％線の金で十分だという結論が出る。

これによれば、七億ウォン資本金の韓国機械は約二億ウォン、資本金十五億五千万ウォンである造船公社と海運公社は約四億五千万ウォンで引き受けることが出来るのである。

▽特定人と随意契約＝財務部当局者は「株式評価価格を証券市場で形成された時価を基準にするため」であると語った。

昨年の九月十七日で五つの市中銀行増資および産銀に対する現物出資で、この三つの業体株を含めてすでに民営化された通運、重工業、鉄鉱などの保有株をひとつ残さず金融機関にわたし、金融機関は八一％の機械株、六二％の海運公社株、七二％の造船公社株を換金するため特定人と随意契約することが検討されている。

▽市銀に現物出資＝総発行株式の一〇％程度をもっている漢陽財閥の極東海運側が、名実共に会社を支配しようとすれば、残りの株式のうち過半数を適当な方法で買入れればよいのである。

このうち最少限度五一％の株を買うと申し出たのは造船公社は南宮錬氏、海運公社は漢陽財閥、韓国機械は新進自動車である。

これらは昨年の七月と八月の政府株公売の時から表面に出て当時それぞれ一〇％以上を買改したのである。

漢陽財閥の朱社長は「政府および金融機関と協議し、可能な限り証券市場を通じて昨年度の年内に引受する」とその時期まで明らかにしている。

## 機械　新進の動きに注目　関連産業の系列化

海運公社は六一年、六四年、六八年の三回にわたる資産再評価で現在では資本金十五億五十三十三万五千ウォンであり、純利益は二億七千八百二ウォンである。

造船公社の場合、南宮錬氏の側近は引受問題を明らかにしていないが「このほどの政府株の公売の時四十万株を買入れたのは事実であるが、まだ引受段階にまではいたっていない」というのが極東海運側の[illegible]。

一昨年現在負債を含めて三十二億四十六百万ウォンであり、当期純利益は四千百三十一万三千ウォン。また、一二％の株を所有している新進側は引受けの意思はあるがまだ一株も買入れていない」というのが金済源会長の側近者である金裕成氏の話。

韓国機械の引受意図は「自動車工業系列化および国産化計画が出た昨年の年初からあった」と前提し「世間のうわさは事実無根であり、株の分布図、資金事情、投資判断などを考慮すれば、まだ表面化する段階でない」と否認している。

しかし、業界では大株主として海運公社を完全に掌握するのに必要な残りの株を市中銀行から買入れることは確実であるとみている。

いずれにしても韓国の財界は、六二年に設立され現在資本金七億ウォンの韓国機械は資産評価価格が少なくとも二十億ウォンはこすと推算されており、これがわずか二億ウォンで民営化されるということに大きな関心が集められている。

またこれが実現すれば当然関連産業の系列化が考えられるところから、新進の動きは今後韓国機械業界の注目の的となっている。

# 黒字化したやさき　まず合理的人事に着手

〈KAL〉

大韓航空公社は昨年の十一月十[illegible]国際線を運航している。

KALは六二年六月十九日民間航空会社であった大韓国民航空（KNA）を引受けて以来六六年までは、どうやら赤字を出さずにきたものの、不合理な、経営、人事行政のミスなどで一昨年には三億[illegible]。

六八年四月KALは米国ノースウエスト、ダイカーズ航空会社から時間当り五百七十ドルという高価で借りてソウル－台湾－香港路線に就航させていた[illegible]。

四十八年十月民間によって創設されたKNAを韓国政府が引受けた時は、航空事業の重大性を考え、民間人にまかすことは出来ないと判断されたのであるが、再び民間人の手にわたり民営化されるということはナンセンスでもある。

[illegible]は、年間一億以上の赤字をだした後、飛行機は返納し、航路は閉ざされたのである。

六七年十一月前申社長が解任されたあと張泰煥氏が任命されてから百余人の職員を減員し、機構を大巾に縮少し度は、六十余人の新らしい職員を採用するなど人事行政の面で大きなミスをおかしたことも赤字経営の原因となっている。

金光珠交通部航空局長は、東南アジアなど新らしい路線を開拓すればKALは十分に黒字運営が可能な業体であると語っている。

もし、韓進商事が現在の路線をそのまま運航するだけでは政府が民営化に踏み切った意義がなくなると語っている。

現在のソウル－東京路線は、マイル当りの料金が他の国際路線より一〇％以上高い黄金路線であり、独占権を持っている国内線も赤字要因が全くないといわれており、韓進商事がKALを引受けることによってDC－9機の三、四次借款金など約五ウォンの負債を背負うことになるが、今年度の予算に計上されている五億ウォンの政府投資金を受けることになっているので問題はない。

交通部当局者は現在のKAL職員と器材などは韓進がそのまま引受けるものと見ているが、KALの職員たちは民営化される以上リスクは保証されないと心配している。新会社としてもまず人事の合理化に着手するものとみられている。

# 世界に誇る古代文化

## 先人の偉業が心の糧に

韓国の文化史は新石器時代までさかのぼる。ドルメン（古代民族の石の墓標）の遺跡が、大邱・江華・春川等の各地で発見されている。磨いた石・土・骨または動物の角などで作った道具が使用された時代の遺物は、全韓半島、とくに海岸および河川流域に住民が住んでいたことを示している。家族社会は自然発生的に存在するようになり、長期間にわたって徐々に成長し続けた。

大陸から金属時代が導入されるとともに、根本的変化が起った。金属の使用の発達は、必然的に権力組織の発達をもたらした。

原始社会は急速に発達した。血縁関係を基礎とする家族制度が、地域を基礎とする部族組織に発展するに従って、規則と立法・征服と服従・階級と租税とを含む新秩序が建設された。

スキタイ文明と呼ばれるものの遺物、例えば青銅の武器や馬具などは、今日でも東部満州から韓国南部にわたる広い地域で発見される。

このような時期には、他の部族よりも金属の使用をより早く開発出来た部族が、他の部族を支配するようになったが、高句麗は、韓半島で、このような役割を演じた。

スキメイの青銅文化のほかに、漢族が鉄その他の金属を中国大陸から導入した。この時代に、米の種が導入されて、半島の農業の基礎を築いた。

### 楽浪文化

最近の考古学的発掘が明らかにしたように、楽浪の文化は、韓国人に属したのではなく、紀元前一〇八年から紀元三一三年まで、韓国の北西部に植民的な郡を設立した漢人に属していた四つの植民郡の一つである楽浪の墓から発掘された遺物は、漢人文明の優秀性を示している。その先進文化は、周囲の韓人社会に影響を与えたであろう。漢人の文化は、単に農業用に器具を用いることを伝えたばかりでなく、土着部族の国家の形成を刺激した。

### 高句麗文化

高句麗の運命は、韓国史のうち、他のどの王朝よりも波瀾に富んだものであった。

高句麗は、ほとんど間断なく、外国侵入者と戦わねばならなかった。最後に高句麗が滅亡したときに、その文化の所産も滅亡した。高句麗文化の遺物を今日発見することは、極めて困難である。

しかし、高句麗の遺物は或程度残っていて、古代文化の名残りを見せている。高句麗の王や貴族たちの墓の或るものは非常に大きく、高句麗王朝の国家権力や経済力の強大であったことを示している。これらの巨大な墓のあるものの内部の壁画は、高句麗国民の勇敢で偉大な性格を示しているばかりでなく、その優れた美的感覚も伝えている。

## みごとな石の芸術

### けんらんたる王朝の気風

高句麗国民は、大陸から中国の古典と仏教を輸入して、自然と人生に対するかれら自身の哲学や国民道徳・教育制度を形成した。

百済は、文化の交流のためには、地理的に最も有利な地位を占めていた。

百済は、一方には中国に接近の便宜を最も多くもち、他方では農業を開発するための豊饒な平野に恵まれていた。

農業のほかに、百済では、金属、木材や繊維品などによる手芸品が繁栄した。仏教が大陸から導入されて以後は、百済は優れた才能を持ち、立派な仏教や仏画や寺院を多く作り出した。

儒教・仏教その他の多く文化的資産が百済を通じて日本へ導入された。百済の発達した仏教芸術と共に優秀な技術者が日本へ行き、あのすぐれた日本の飛鳥文化を形成する助けとなった。

### 新羅文化

新羅王国は、競争者であった高句麗及び百済王国を征服して後は全半島を統一した。それであるから、国民的文化の型を造り出すことは、新羅に負わされた責任の一つであった。

新羅は、東洋ばかりでなくヨーロッパにも重大な影響を及ぼした唐の発達した文化を輸入して、新羅の国民的生活様式に結びつけ、それによって韓国民の基礎的文化形式を造り出した。

新羅は、中国から物質文明と政府組織を輸入した。しかし、そのうち最も重大なものは仏教であった。仏教は、従来の世界と人生に対する狭量な哲学をひろいものにした。新羅国民は、祖先崇拝すなわちシャーマニズムから発展して、精神的部面においてより神秘なより大きな世界の何物かに直面するようになり始めた。

このようにして、仏教は統一された新羅の精神的真髄となり、その国民の魂に翼を与えた。

新羅は、中国から輸入した仏教に最高の敬意を捧げる一方、中国の代々の王朝にわたって最も権威ある哲学であった儒教には余り注意を払わなかった。それには十分な理由があった。新羅では、貴族階級が国民社会の中核を成していたから、儒教のように、政府の官吏登用のための試験制度を提起していたものを国家としては採用することが出来なかった。壮大な仏国寺と、その石窟庵の建設、三〇〇トンもある大きな鐘の鋳造、名僧の輩出、慧超のインド巡礼等の事実から見ても新羅国民がいかに仏教に熱心であったかがうかがわれる。

その他、歴史・医学・数学・兵学等の学問も栄えた。新羅人が造った最古の天文台である天星台はその好例である。

文学の領域では、それまで口伝されて来た民族歌謡が、漢字を使って表明されるようになり国文学である郷歌が発達した。

### 高麗文化

しかしながら、新羅王朝の貴族社会が腐敗してきて衰微に向いやがて新らしく起って来た高麗が支配権を握ることになった。

しかし、新羅から高麗への移行は、王家の交替にすぎなかった。新羅の旧組織を引きついだ新王朝は創意に欠けていた、文化的には新羅文化の延長に過ぎなかった。

高麗の仏教は、新羅の仏教よりもはるかに国民化されていたことは指摘されねばならない。仏教は、新羅では個人に結びついていたが、高麗では社会組織に結ばれていた。そのため、仏教は高麗では宗教としてよりも、貴族階級の政治組織として重要であった。

高麗の首都開城だけでも、三〇〇以上の寺刹があった。

しかしながら、儒教の現実的価値が、高麗で無視されたのではない。国民生活を道徳的に安定させるために、教育は儒教を基礎として行なわれた。この結果、小さな部落学校が農村地方にも、首都におけると同じように設けられた。紀元九五八年に、高級官吏の採用のために、始めて国家試験が行なわれた。

この制度は、合格者に地位と名誉を与え、既存の秩序と組織を維持しようとするためのものであったため、かえってこれは学問と思想の自由な発達を阻害した。

科学の分野においては、天文・地理・歴史においてある程度の進歩が見られたけれども、原始的な自然崇拝が行なわれていた。

この時代に金属活字の発明で、これは全世界においてこの種のものの最初のものであった。

文学の分野においては韓国式に特有の詩の形式がこの時代に発達した。韓国民の素直な知性と感傷の上に出来上った格調というこの形式は、後に李王朝時代に完成された。

この時代の芸術の中で注目すべきものは、高麗磁器であった。享楽主義的新羅の工芸は、単純な快楽の表現であった。それに比較すれば、高麗の磁器は超俗に対する追求と力強さに対する深い宗教の心をあらわしている。寡欲の平静を象徴したところの高麗磁器の完全さは、今日世界の芸術史の上で高く評価されている。

高麗の遺物の中、最も注目すべきものとしては、大蔵経の印刷用木版であるが、その木版の数は八一、二四〇個にのぼり八万大蔵経とも言われている。この木版は、韓国へ蒙古が侵略してきた当時、この国民的危機を克服するために、仏陀の加護を願うために作られたものであった。

〈お正月・美しい韓服に着飾った少女のユン遊び〉

## 建築に特色をもつ李朝時代

### 近代韓国文化

李王朝は、疲れはてた高麗王朝を引き継いだ専制王朝であった。この王朝では、全能な仏教に対して、より学問的な儒教がとって代った。李王朝の規範・政治・教育・習慣はすべて儒教を基礎としていた。儒教の教えは、実際的な進歩よりも、形式的な文学的な解釈に力を入れていた。

しかもなお、儒教の基礎の上に、教育が盛んになり、多くの優れた学者が現われ、国家試験制度が広く実施された。いろいろな書籍が編集され出版された。これらの図書の出版については、高麗時代に発明された金属活字が実用に供されたことは注目に値する。

李王朝の四代目の名君世宗王は、かれの宮廷内の集賢殿を通して、学者に歴史その他の学問を研究させた。かれはまた一四四三年に完全に中国文字から独立した韓国独特の音標文字を開発した。これは、韓国文化史の転換期を画した。韓国民は、ついに、長い間自身の情緒と思想とを支配して来た中国文字の束縛と影響とから解放されたのである。

韓国は、言語は持っていたが、それ自身の文字組織は持っていなかった。世宗王の功績によって、韓国民は、歴史上初めて、その言葉を口で話すとおりに書くことが出来るようになったのである。王は、中国語の本を韓国語に翻訳させ、韓国音標文字を使って多くの本を書くよう命令を下した。

しかし、儒学者は韓国文字を嘲笑って、この世界中で最も合理的な音標文字を、「女や子供」に属するものだと言った。

それまで圧倒的に古典的であった学問的分野でも、新しい傾向が生まれ、新しい功利的な領域を探索するようになった。地理・歴史・経済・天文・数学・医学などのような学問は、一般人に広く公開され、これらの分野での新しい研究方法が開発されるようになった。

他方においては、十九世紀の末に近づくに従って、王国の勢力は衰え始めた。全世界が、交通・政治・貿易・文化などの面で、広い単一の場になりつつあった時期に「隠世王国」は衰え続け、政治的な内部の争いが増大し、一般民衆は、ひどい貧困に陥った。文明を求める声は高まったが、実際に求めることは行われなかった。この重大なときに当って、もし将来を明察することの出来る人がいたならば、かれは、柔順ではあるが豊富な才能にめぐまれたこの韓民族が次の数世代の間に真に自由な将来性ある国家を建設するために、どれだけの代価を支払わねばならないかを予見することが出来たかも知れないのである。

一八九四年の政治改革計画は理想的なものであったかも知れないが、国内的・国際的な情勢の多彩な変化は国民が団結するために必然とする適当な時間を与えなかった。

国民は、半世紀にわたる日本統治の暗黒の時代ののちに一九四五年、ついにその自由を回復したのである。そして国民はその古い伝統と現代の世界文明とを結びつけることによって、新しい民族的文化の創造に向って努力することが出来るようになったのである。

# 高まるスポーツ熱

## 在日僑胞間に

在日僑胞のスポーツに対する関心は最近極めて高くなり、本国の国体に出場するのが最大の目的として毎日練習にいそしんでいる。

健全な肉体と精神を培う最良の方法はスポーツにある。在日僑胞の体育大会も毎年東京で開催されてきたが、本年は大阪で開催しょうという働きもあり、各スポーツチームではお正月からハリ切って本年の本国の国体、僑胞体育大会への出場を目標に練習している。

僑胞が楽しんでいるスポーツでは韓国の国技といわれている跆拳道、拳法、サッカー、テニス、野球、ボクシング、射撃、卓球となかなか多彩である。すべてが社会人チームあるいは個人として技を磨いている人が多いので、その実力は僑胞の大会や国体に出てはじめて認められるもので毎年新しい選手が出てくることも楽しみの一つである。異境にある僑胞としてスポーツに打ち込むことはまことによいことで、指導者層もいっそうスポーツ振興に力を入れるべきである。

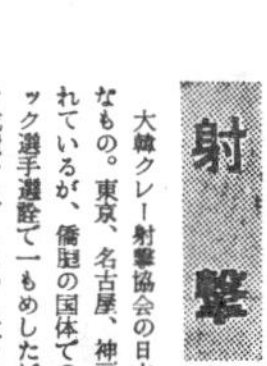

### 射撃

大韓クレー射撃協会の日本支部があり、僑胞の射撃熱も立派なもの。東京、名古屋、神戸、などでそれぞれ射撃大会が持たれているが、僑胞の国体での成績も抜群である。昨年オリンピック選手選銓で一もめしたが、本年の国体でも在日僑胞は優秀な成績をあげるものと大きな期待がかけられている。

### 跆拳道

跆拳道はなかなか盛んである。大阪生野区の国本道場（鄭太旭氏）では跆拳道と拳手養生に力を注いでいる。そして毎年この道場から国体に出場優秀な成績をおさめている鄭六段と洪五段が跆拳道と拳法の指導に当たっている。現在練習生は三百人を越えており、僑胞は四十数人いる。

＝防具をつけて拳法の練習

## サッカー

サッカー…これも韓国の得意のスポーツである。大阪には一つのチームがあるだけだ。大阪興銀天下茶屋支店の行員でつくられているチームがそれ。また結成して日も浅いがすでに7戦して6勝1引分けという成績をのこしている。

本年の祖国の国体出場を狙って試合試合で技を練っている。

旧ろう15日浪速高校で行なったミノルタチームとの対戦風景と興銀チームのメンバー。

いま大阪では戦前からある大星クラブと新興の風間クラブの二つがあるが、最近僑胞で強い選手はでていない。

しかし本国から日本に試合に来る選手にしげきされて練習生は急増している。本年中には、あるいは僑胞の優秀な選手が生まれるかも知れない。

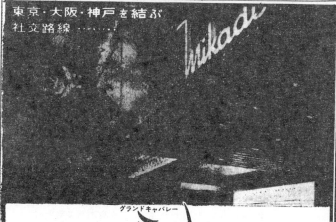

栄冠の金[illegible]を目ざして[illegible]する研究生（風間ボクシンククラブにて）

# 賀正

大同団結し より一層の繁栄を

大韓民国居留民団

(順不同)

**中央本部**
団長 李裕天
議長 金光男
監察委員長 金仁洙
事務総長 李成雨
外役員一同
東京都文京区春日二ー二〇ー一三
電話 〇三(813)二二六一ー三

**東京地方本部**
団長 鄭在俊
議長 金載淑
監察委員長 李馬致
事務局長 韓昌圭
外役員一同
東京都文京区本郷三ノ三二ノ七
電話 〇三(812)代表四九二五ー七

**千葉県地方本部**
団長 孫晋協
議長 曹允具
監察委員長 李鶴洙
事務局長 柳竜雨
外役員一同
千葉市新宿町二ノ三五
電話 〇四七二ー(42)四六二二

**神奈川県地方本部**
団長 朴述祚
議長 李根馥
監察委員長 孫張翼
外役員一同
横浜市神奈川区鶴屋町二ノ一八
電話 〇四五(311)四九〇三ー五

**静岡県地方本部**
団長 朱性鶴
議長 趙成沢
監査委員長 張応渉
事務局長 朴正煥
外役員一同
静岡市相生町二丁目一九
電話 〇五四二(53)四三三六

**長野県地方本部**
団長 金龍換
議長 孫晋兌
監察委員長 李富潤
事務局長 朴玩熙
外役員一同
松本市深志二ノ八ノ一〇
電話 二六三四(2)二六三五

**山梨県地方本部**
団長 金碩煥
議長 方舟
監察委員長 鄭鎮烈
事務局長 李栄求
外役員一同
甲府市丸之門二ノ二〇ノ六
電話 〇五五二(2)五四四四

**滋賀県地方本部**
団長 権寧崙
議長 李正来
監察委員長 卞渚燮
事務局長 趙鏞泰 (副団長兼)
外役員一同
滋賀県大津市島の関九ー五号
電話 大津(2)三六三九

**京都府地方本部**
団長 兪錫濬
議長 趙鏞雲
監査委員長 全成局
事務局長 李相権
外役員一同
京都市左京区下鴨宮崎
電話 京都(781)八二八一ー二

**奈良県地方本部**
団長 李來玉
議長 姜基薫
監察委員長 呉小光
事務局長 李鳳尚
外役員一同
奈良県大和高田市日出町一丁目
電話 高田(2)二〇九八

**大阪府地方本部**
団長 金晋根
議長 朴玄
監察委員長 方鎬煥
事務局長 金泰洙
外役員一同
大阪市北区中崎町四三
電話 大阪(371)七三三一〜五

**兵庫県地方本部**
団長 崔永聖
議長 金基緑
監察委員長 宋守道
事務局長 朴仲坤
外役員一同
神戸市生田区北長狭通四ノ一ノ一
電話 神戸(39)〇六五八

**大韓婦人会 大阪府本部**
会長 姜順姫
外役員一同
大阪市北区中崎町四三
電話 大阪(371)三八九四

**大阪府地方本部 生野支部**
団長 李明洙
議長 権義松
監察委員長 金賢圭
外役員一同
大阪市生野区舎利寺町一ノ八二
電話 大阪(712)六一一二三

**大阪府地方本部 生野支部 東部分団**
団長 宋台仙
議長 康順和
外役員一同
大阪市生野区大友町一ノ六二
電話 大阪(752)八〇六八

**大阪府地方本部 生野支部 西部分団**
団長 奏敬春
議長 趙鏞和
外役員一同
大阪市生野区猪飼野中三ノ[illegible]
電話 大阪(712)一七三一

**大阪府地方本部 生野支部 南部分団**
団長 宋基洙
議長 崔平植
外役員一同
大阪市生野区舎利寺町三ノ[illegible]
電話 大阪(712)六八七一ノ二

**大阪府地方本部 城東支部**
団長 朴文吉
議長 沈鐘燁
監査委員長 李正業
外役員一同
大阪市城東区今福中一ノ七三
電話 大阪(931)[illegible]

**大阪府地方本部 東淀川支部**
団長 崔琉熙
議長 金皓一
監察委員長 姜弘実
外役員一同
大阪市東淀川区西中島町一ノ三
電話 大阪(301)三二七七

**大阪府地方本部 西淀川支部**
団長 金柳椛
議長 林九植
監察委員長 朴仁托
外役員一同
大阪市西淀川区大和田中一ノ[illegible]
電話 大阪(471)二九〇一

**大阪府地方本部 旭支部**
団長 許鉦
議長 玄大権
監察委員長 金鎮文
外役員一同
大阪市旭区新森小路北一九二
電話 大阪(951)一三四二

**大阪府地方本部 港支部**
団長 李憲燦
議長 権莫登
監察委員長 朴春生
外役員一同
大阪市港区東田中町一丁一〇八
電話 大阪(572)〇四四三

**大阪府地方本部 東住吉支部**
団長 朴柄玉
議長 趙宗大
監察委員長 黄七福
外役員一同
大阪市東住吉区平野浜町一ノ九
電話 大阪(791)五五八五

**大阪府地方本部 南大阪支部**
団長 金済云
議長 金啓祐
監察委員長 鄭規玦
外役員一同
大阪市浪速区新川町三ノ六五五
電話 大阪(631)五四四六

**大阪府地方本部 豊能支部**
団長 尹八星
議長 鄭陵竜
監察委員長 安相述
外役員一同
豊中市桜塚本町一ノ八一
電話 豊中〇六八(53)〇七一九

**大阪府地方本部 高槻支部**
団長 賓正石
議長 洪本珠
監察委員長 安奭鍾
外役員一同
大阪府高槻市芥川町テクノ一
電話 高槻(84)〇五六五

**大阪府地方本部 北大阪支部**
団長 金宗同
議長 許正夫
監察委員長 金聖龍
外役員一同
大阪市北区中崎町四三
電話 大阪(371)九一四五

**大阪府地方本部 茨木支部**
団長 高日化
議長 玉富潤
監察委員長 金喜奉
外役員一同
大阪府茨木市新庄町十一ノ七
電話 茨木〇七二六(22)六二二〇

**兵庫県地方本部 尼崎支部**
団長 朴憲行
議長 朴相春
監察委員長 韓龍表
外役員一同
尼崎市昭和通九丁目三三六
電話 大阪(411)六九九八

**兵庫県地方本部 伊丹支部**
団長 黄河千
議長 田孝鍾
監察委員長 鄭横出
外役員一同
伊丹市竹鼻五〇
電話 伊丹(72)〇七四三

**兵庫県地方本部 阪神支部**
団長 朴興述
議長 裵季祚
監察委員長 呉南賛
外役員一同
神戸市灘区記田町一ノ八
電話 神戸(85)二七九一

**兵庫県地方本部 東神支部**
団長 朴奉洙
議長 尹鳳翔
監察委員長 呂春奉
外役員一同
神戸市葺合区旭通三丁目四
電話 神戸(23)〇九六五

**兵庫県地方本部 西播支部**
団長 李昌雨
議長 崔仁道
監察委員長 金東瑛
外役員一同
姫路市光源寺前町九五
電話 姫路(22)一八〇六

**兵庫県地方本部 西神支部**
団長 鄭琮福
議長 金鳳龍
監査委員長 安永
外役員一同
神戸市長田区川西通四ノ三二七
電話 神戸(69)〇八一六

**大阪府地方本部 生野支部北部分団**
分団長 崔翼竜
議長 曹原鎬
総務部長 金炫浩
外役員一同
大阪市生野区猪飼野東五の三
電話 大阪(712)六一〇二

**大阪府地方本部 東成支部**
団長 白丁赫
議長 車忠興
監察委員長 金奉慶
外役員一同
大阪市東成区大今里本町一ノ四
電話 大阪(976)二三三一ー三

**大阪府地方本部 西成支部**
団長 金永善
議長 金正準
監察委員長 馬永東
外役員一同
大阪市西成区梅通八丁目六
電話 大阪(651)四七七七〜八

**大阪府地方本部 住吉支部**
団長 金東出
議長 許桐
監察委員長 朴仁燮
外役員一同
大阪市住吉区粉江東七ノ七二
電話 大阪(692)一九八一

**大阪府地方本部 吹田支部**
団長 河武慶
議長 吉華植
監察委員長 金東準
外役員一同
大阪府吹田市山手町二丁目七ー五
電話 大阪(388)一五五五

**大阪府地方本部 中央支部**
団長 金徳仁
議長 柳根達
監察委員長 高七杓
外役員一同
大阪市北区梅田町六番地
電話 大阪(31)[illegible]

**大阪府地方本部 枚岡支部**
団長 金鳳来
議長 李圭洪
監察委員長 朴世鎬
外役員一同
東大阪市南荘町一二ー一〇
電話 枚岡(81)二一八三

**大阪府地方本部 八尾支部**
団長 宋金出
議長 崔景乙
監察委員長 高漸卓
外役員一同
八尾市跡部本町四ノ二ノ九
電話 八尾(22)六〇七九

**大阪府地方本部 北河内支部**
団長 文権植
議長 崔柱煥
監察委員長 金汝玉
外役員一同
大阪府守口市大久保町五ー四
電話 大阪(992)五八二四

**大阪府地方本部 堺支部**
団長 金炯基
議長 朴亨述
監察委員長 李成基
外役員一同
大阪府堺市中安井町一ノ一
電話 堺(38)七八四〇

**大阪府地方本部 泉南支部**
団長 姜先潭
議長 陳璂渕
監察委員長 文浩明
外役員一同
泉佐野市高松町一二四九
電話 泉佐野(62)一二五

**大阪府地方本部 泉大津支部**
団長 金基允
議長 朴八星
監察委員長 金敬仁
外役員一同
大阪府泉大津市本町八三
電話 泉大津(2)五四五二一

# 祖国の歴史

## 世宗大王の民本政治

〈いにしえの美しさをそのままにわれらの心のよりどころとなる雪の古宮〉

### 建国と民族文化

太祖の建国＝太祖は仏教信者でしたが、儒教を国是としたので、仏教はだんだん衰えました。

また、農業を奨励し、明、日本と交わりましたが、明に対する事大主義を固守したので、これが朝鮮五百年の間つづきました。国名を朝鮮と改めましたが、わが国の最も古い名を再び使ったわけです。李氏朝鮮・李朝ともいいます。

都を漢陽＝今のソウルにうつし、城をきずいて、城内を五部四十九坊にわけました。一時開京にかえりましたが、三代太宗四年（千四百四）に、再び漢陽にもどりました。

太宗の業績＝太宗は、楮貨（紙幣）をつくって使い、税を低くし、号牌法を定め、都をりっぱに仕立てました。また、東、南、西、中の四学をおいて、学問をひろめ、千四百三年には鋳字所をおいて銅活字数万字をつくりました。このほか、国民がぬれ衣をきて無実の罪に問われるのを防ぐために、申聞鼓を宮前につるして、これを打って訴えさせたのは有名な話です。

世宗大王の偉業＝世宗大王は、わが国でもっともすぐれた王でした。王の偉大な業績はたくさんありますが、その主なものは次の通りです。

民本政治＝国民の幸福を主眼とした政治で、産業をおこし、経費を節約したほか、土地をその質によって六等にわけた上に、毎年その収穫によって九等の区別をつけて公平に課税しました。また、公平な裁判、前の裁判、三審制度など、すべて民本政治でした。

文化の向上＝大王は学問が好きで、毎日三度、学者と共に研究したといわれ、集賢殿を宮中において、鄭麟趾、成三問、申叔舟など、すぐれた学者に研究をさせ、高麗史、龍飛御天歌、八道地理志、三綱行実図など多くの本を出しました。

また、それまで、わが国には固有の文字がなく、漢字を習った少数の人しか学問をおさめることができませんでしたので、大王は鄭麟趾、成三問、申叔舟、崔恒たちに研究に研究をさせ、世宗二十八年（一四四六）九月、ついに訓民正音を頒布しました。これが、わが国のハングルで、大王の多くの業績の中でも、最も偉大なものです。

また、大王は雅楽を正して、東洋全体にこれをおこし、自撃漏＝水時計、日晷（日時計）、測雨器などをつくりました。測雨器は、世宗二十四年（一四四二）、文宗の発明になるもので、書雲観＝測候所のほか、各道、邑において雨量をはかりました。測雨器は、これが世界最初の発明で、オランダのベネデット・カステリの発明より二百年も先立っています。

国土確立＝大王は、このように文化を高めたほか、外敵、倭寇と野人（女真人）を徹底的にうち破って、国土をひろめました。そして、鴨緑江上流地方に、新たに郡をおき、鴨緑江豆満江以南を完全に占領しました。わが国が鴨緑江と豆満江を国境とるようになったのは、この時からです。

大王は、この地方を発展させるために、平安道には主に忠清、全羅道民を、咸鏡道には、主に慶尚道民を移り住ませました。この政策は、これより百年ほどつづきました。

世祖の業績＝七代王世祖は、幼い王端宗をおい出した上に殺害して王位を得た、非道徳的な王ですが、その政治はすぐれたもので、刊経都監をおいて仏経を刊行し、信眉、金守温などをして、これをわかり易く翻訳させました。

また、経国大典をつくりはじめましたが、これは九代成宗に至って完成、近世朝鮮五百年の政治の基準になりました。

一方、ソウルに、大円覚寺をたて、十三重塔をつくりましたが、いまもソウルのパゴダ公園に残っています。その手ぎわの精巧さは驚くばかりです。

また、自ら規衡をつくって、土地の遠近高低をはかりました。

成宗の業績＝九代王成宗は、聡明で世宗の集賢殿にあたる弘文館をおき、徐居正、梁誠之、成俔らに東国通鑑、東国輿地勝覧、東文選、楽学軌範などの有益な本をつくらせるとともに、活字を改良し、もろもろの制度を完成しました。

外交の確立＝明対する事大主義はかわらず、金、銀、馬、人参、苧麻などを輸出し、絹織、磁器、薬材などを輸入しました。

世宗のときに倭寇の本拠地、対馬島をうちやぶりましたが、倭寇の被害か少なくするためにはむしろ通商を許した方がよいと考えるようになり、薺浦、釜山浦、塩浦などの三浦を開いで、癸亥約条をむすび一四四三、対馬島人に朝貢貿易を許しました。そして米、人参、綿花、麻、大蔵経などを輸出し、金、銀、銅、鉄、染色材などを輸入しました。

世宗、世祖、成宗各代にわたって、野人をうち破りましたが、やはり戦ってばかりいるよりも手懐けた方がいいと考えるようになり、帰順した者の居住を許し、朝貢させました。毛皮などをとり入れ、綿布、塩、農具などを出してやりました。

## 今なお残る朱子学のおしえ

### 儒教の発達と党争

儒教の発達＝近世朝鮮はすべての制度、風習を儒教にしたがいましたので儒教が発達しました。首都には、成均館と四学をおき、地方には村ごとに書堂をおいて儒教をおしえました。また三年ごとに科挙によって人材をえらび出し、学者の研究をたすけましたので儒教は大いに発達しました。

十一代中宗三十八年（一五四三）に周世鵬が、高麗の儒教者安珦の故郷、順興に白雲洞書院をたててから、全国各地に書院がたち、儒教がなお発達しました。近世朝鮮の儒教は、主に朱子学ですが、十四代宣祖のときの李滉（退渓）と、李珥（栗谷）に依って大きく発展しました。李滉の学問は日本の儒学の指針になりました。李珥は、政治家、経済学者としても有名です。

仏教の衰え＝政府は儒教を発達させた反面、仏教をおさえました。太祖は寺をたてることを禁じ、僧を許可制にし、また、太宗は宗派を十二、寺の数を二百三十二に制限し、世宗も、宗派を、禅、教の二種、寺を三十六本山に減らしました。

しかし、国民の間に根をはった仏教は、なかなかあとを絶たず、また、太祖、世宗、世祖も仏教を信じたばかりでなく、世祖は仏経を刊行し、十三代明宗の母文定王后が仏教を崇信したので、一時盛んになったことがありました。また、壬辰倭乱のとき、僧兵が大きなはたらきをしましたが、そのあと仏教はすたれてしまいました。

つづく士禍・近世朝鮮の百年間は、すぐれた政治によって国の基が確立しましたが、平和な日が長くつづくうちに、貴族らが腐敗し、政権争いが始まりました。十代燕山君が多くの学者をころす士禍をおこしたのをはじめにしてたびたび士禍がおこり十四代宣祖のときには、党争がおこりました。

一四九四年の戊午士禍、それより五年後の甲子士禍、一五一九年の己卯士禍などで、数多くの朱子学者たちが貴族たちと争って殺されました。

党争の結果＝党争は結局、政権争いになり、中傷謀略をこととしましたので、国内は乱れ、その害毒は国のすみずみにまでひろがりました。学校や書院を中心にしても争いがおこりました。お陰で苦労をするのは一般国民でした。

このような党争は実に三百年もつづきました。近世朝鮮が乱れた最も大きな原因は、この党争でした。

国宝第87号・金冠

国宝第90号・金耳飾

〈祖先のすばらしい遺産〉

### 学芸の復興

蕩平政策＝朝鮮の国難のたねは、党争でしたが、二十一代英祖は、この弊風をなくすために蕩平政策を行ないました。英祖は、大きな争いをつづけていた、老論と少論の両派の指導者たちに和解をすすめる一方、党争するものを厳重に処断しました。

次の王、正祖もこの志を継いで、南人、北人たちにも官職を与えましたので、党争を根こそぎにすることは出来なかったにしても、大いに改められました。

英祖は、党争の解決に努力したばかりでなく、農業を奨励し、均役法を定めて一般国民の負担を軽くし、濬川司をおいて治水に力をもちい、測雨器を全国各地におき、渾天儀と漏刻をふやしました。そして東国文献備考など、民族文化を高める多くの本を出しました。

正祖も民族文化を大いに高めましたが、宮中に奎章閣をおいて多くの本を備え、大典通編をはじめ多くの貴重な本を編纂し、活字を改め、たくさんの本を発刊しました。（つづく）

# 外侵で文化財焼失

## 国難を追払った李舜臣将軍

### 外国軍の侵攻

三浦の倭乱＝三浦を開港したあと、多くの倭人がここに来てすみましたが、凶暴な者が多かったので、中宗五年（一五一〇）李友会がこれをおさえつけました。倭人たちは、対馬島の倭人たちと共に乱をおこし、釜山鎮を占領し、李友会を殺しました。驚いた政府は、これを鎮圧しましたが、これを三浦倭乱といいます。

その後、三浦を再び閉鎖し、倭人の往来を禁じましたので、倭人たちはたちまち生計を失いました。困ってしまった倭人たちは、室町幕府を通して、いくども謝罪して来ました。そこで、中宗七年に、壬申約条をむすんで薺浦だけをひらきました。ところが、倭人たちは、明宗十年（一五五五）、乱をおこし、七〇余隻の船をもって全羅道をおそい、掠奪をはじめましたので、わが政府は再び倭人と手を切りました。これを乙卯倭変といいます。

壬辰乱＝その後三十年ほど、倭人の侵入がありませんでしたが、これは、日本に内乱がおこったためです。内乱をへて豊臣秀吉が政権を握るや、明をうつための通路をわが国に要求して来ました。勿論、わが国は拒絶しましたが日本は宣祖二十五年（一五九二）四月、小西行長、加藤清正など十五万八千をもって釜山に侵入して来ました。

この時、わが国は党争のため、国内は乱れ、軍備はおろそかでした。その上、日本軍は戦いになれ、当時の新兵器である鳥銃をもっていましたので、わが軍は敗退しました。日本軍は五月二日にはソウル、六月二十三日には平壌を占領するに至り、宣祖は（義州）にうつりました。

李舜臣将軍の大勝利＝こうして陸戦では、日本軍に大敗しましたが、海戦ではわが英雄（忠武公李舜臣）のすぐれた作戦によって、日本海軍は各所で惨敗しました。（玉浦）（泗川船倉）（唐浦）（唐項浦）（閑山島）などで、当るをさいわい、うち沈めましたが、特にハンサントの戦では七十余隻をうちやぶり、数知れない敵軍がおぼれ死にました、（安骨浦）でも二十四隻をうちやぶりましたので、敵は四海には一歩も出られませんでした。

李舜臣は、（亀船）という独特な鉄甲船をつくって活躍しましたが、何よりも、その勇敢さと愛国の熱情、そしてすぐれた作戦計画が、この大勝利を得しめたのです。李舜臣は、この功により三道水軍統制使になり、わが全海軍を統率するようになりました。

義兵の活躍＝陸軍の大敗により、祖国の運命が危くなった時、ほうぼうで義兵がおこりました。特に、郭再祐、趙憲、高敬命、金千鎰、金徳齢、鄭仁弘、鄭文孚、そして休静、惟政、霊圭などの僧兵が勇敢に戦い、ゲリラとして、または物資運搬で大きな働きをしました。

明の援兵＝明は、わが国を助けるために、李如松が十三万をひきいて来ましたそのため、日本の気勢は大いに挫かれました、そのほか、わが李廷馣が延安で、権慄が幸州で、金時敏が晋州で勝利を納めました、この時、明が休戦を提議し、日本軍はソウルを撤退しました。

しかし、日本軍は南海岸に陣をとり、先に敗戦した晋州城を攻撃しました。これに対し、わが軍たちが、昼夜にわたって決死的に戦いましたが、衆寡敵せず、城内の将兵は勿論、六万の市民は最後の一人まで戦い一人残らず壮烈な戦死をとげました。論介という妓生が敵将を抱いて南江に身を投げ仇をうったのも、この時のことです

丁酉再乱＝わが国は休戦に反対しましたが、明は、四年間にわたって交渉をつづけました。その間（丁酉―一五九七）、再び加藤清正などが十四万の大軍をひきいて攻めてきました。しかしわが李舜臣のために再びおさえられました。日本は李舜臣を退けるために、策略をめぐらして、わが国の党争を利用しました。その上、（元均）の讒訴もありましたので政府は李舜臣を獄につなぎ、元均をかわりに立てました。しかし、その年の七月元均は惨敗を喫し、ハンサン島の兵船をはじめ、槍砲と銃砲をつぎつぎに失いました。日本軍は、これに勢を得て北上して来ましたが、わが軍によって逃げらた、再び南下しました。

李舜臣再び戦う＝元均のあっけない敗戦で、ようやく非をさとった政府は、李舜臣を再び統制使に起用しました。この時、わが水軍はわずかに軍艦十二隻があるだけでした。しかし、李舜臣は、この十二隻をもって、潮のみちひきを利用しながら、鳴梁項で決戦し、敵船百隻中の十二隻をやぶり、数千名の敵兵を戦死させました。これが有名な（鳴梁大捷）です。日本の水陸並進策は再びやぶれ去りました。

この時、陸地では、わが国と明の連合軍が四路にわかれて敵をうち、南におして来ましたが、勝敗は半々でした。ただ、李舜臣だけが古今島をはじめ各所で一方的勝利をつづけていました。この時、日本の豊臣秀吉が死亡し、その遺命によって日本軍は引上げることになりました。

李舜臣は、小西行長などの退路をたち、島津義弘の援兵を露梁でむかえうって、敵船二百余隻をうちくだきました。しかし、十一月十九日、李舜臣将軍は、おしくも敵弾にあたり、五十四才を一期に、英雄にふさわしい壮烈な戦死をとげました。

日本軍が逃げ出し、一方、明軍もひき上げましたので、前後八年にわたったこの戦いも、ついに幕をとじました。

倭乱の影響＝この倭乱のために、わが国をはじめ、明、日本も大きな打撃をうけましたが、特にわが国の被害は大きく、多くの文化財を失い、国民の生活は、非常に苦しくなりました。

宣祖は、種穀を配給し、忠臣、孝子烈女を表彰する一方、軍隊を訓練し、実録（史記）を再刊しソウル、忠州、星州、全州の四つの史庫におさめるならわしでしたが、全州史庫だけが焼け残りましたので、これを再刊して、新たに、ソウル、鼎足山（江華）、太白山（奉化）、赤裳山（茂朱）、五台山（平昌）の五史庫をたてて、これを収めました。その後の実録もここに収めましたが、これが有名な朝鮮王朝実録です。

明はこの戦のためにつかれ、結局滅亡するに至りましたが、日本は、わが国から多くの本と活字を盗み、陶磁器の技術者たちをとりこにしてつれて行ったので、その文化が大いにすすみました。

日本との国交再開＝豊臣秀吉のあとをついで、徳川家康が政権をにぎった日本では、わが国との国交を回復するために、対馬島主をして交渉させました。日本は、わが王陵を掘りかえした者をとらえて、わが国に送り、捕虜になった数千名のわが国民を送り返しました。許しがたい日本ではありますが、いつでも敵対状態をつづけるわけにも行かないので、根気強い日本の哀願を入れ、三十九年（一六〇六）ついに国交を許し、光海君元年（一六〇九）には、己酉約条を結び、釜山の倭館貿易を再開しました。このあと、二百年あまり、両国は平和を保ち、たえず往来しました。わが国からの通信使も前後十二回にわたって、日本を訪れ、盛大な歓迎と厚遇を受けました。

丁卯胡乱＝この頃、明と満州におこった後金との間に戦がはじまりました。わが国はよく中立を守りつづけましたが、党争のために、いわゆる仁祖反正によって廃位し、北人のかわり人に、西人が政権をにぎりました。西人は中立政策を改め、明を支持しましたので、後金はわが国をうらむようになりました。

仁祖二年（一六二四）、李适は仁祖反正のときの論功行賞に不満を抱き平壌で反乱をおこして、ソウルを占領しましたが、張晩、鄭忠信などのために敗れました。

後金は、仁祖五年（一六二七）三万の兵をもってわが国に侵入しました。わが国は、ついに兄弟の盟を約しました。これが丁卯胡乱です。

丙子胡乱＝わが国に朝貢していた後金に敗戦して兄弟国になった不名誉の上に、後金の太宗が国名を清と改め、自ら皇帝と名のってから、わが国の君臣の礼を要求して来たので、わが国の怒は一時に爆発し、使臣を追返しました。清はついに十万の大軍をひきいて、仁祖十四年（一六三六）十二月、わが国に侵入して来ました。わが国は勇戦しましたが敗れ、やむなく翌年一月、恥辱的な盟約をしました。昭顕世子、鳳林大君、その他、洪翼漢、尹集、呉達済などの三学士が捕虜になって清に渡りましたが、三学士はついに節を曲げず、死につきました。

その後、わが国はたびたび清をうとうとしましたが、清の勢力がだんだん大きくなって、ついに全中国を支配するようになりましたので、不可能となりました。

〈1962年に建設された麻浦アパート〉

〈竜山区漢南洞の外人住宅〉

# 重責になう住宅公社

張東雲大韓住宅公社総裁は、一九六一年五月三十日大韓住宅営団の理事長に就任した。一九六二年六月二十六日住宅公社法によって大韓住宅公社が発足した時初代総裁として任命され、六三年一月までつとめ、その後陸軍准将として予備役に編入され、共和党創党発起人および事務次長として、共和党創党メンバーの一員として活躍、一九六四年十二月二日大韓住宅公社の顧問に推された。一九六五年十月十二日韓国遠洋漁業協会長に就任、また今年第四代総裁として住宅公社に帰任、「一世帯に一住宅」という目標の下に、住宅難の解消に情熱を注いでいる。

張総裁の事業モットーは、百万戸の住宅建設、一世帯に一住宅というマイホーム主義による安定した社会の建設、近代化で住みやすい住宅というものである。堅固で価格のやすいアパートを通じて福祉社会の建設に寄与するため最善をつくしている。このような計画を実践するために、研究所の機能を強化、低廉で優秀な資材の研究、開発に注力し、住宅事業に対する政府当局の積極的な配慮と施策によって、活気ある住宅事業を展開しつつある。

大韓住宅公社は一九四一年六月十四日朝鮮住宅令により設立された。一九四八年八月十五日政府樹立と同時に中央管財処に管轄が移され、一九五三年二月一日に社会部に移管、一九五四年十月には政府機構の改編によって保健社会部に移管されたが一九六一年十一月三日さらに国税建設庁に管轄がかわった。一九六二年一月二十日、法律第九八五号として住宅公社法が公布され、同年三月二十日同法施行令が閣令第五三七号で公布された後同年四月三日大韓住宅公社の設立委員会が発足したが六月二十九日同設立委員会を解体、一九六二年七月一日資本金五億ウォンで大韓住宅公社が発足した。一九六三年六月八日には資本金を十億ウォンに増資、現在、既払込み額は約五億五千万ウォン、同公社の仕事としては住宅を建設、供給および管理、不良住宅を改良して国民生活の安定と公共福利の増進に貢献することとなっている。

▽△ ▽△

①住宅の建設、供給、貸与、管理②宅地の造成および供給③住宅建設資材の取得および斡旋④集団的に住宅を建設、管理するとともに水道、電気、市場、風呂、理容院、体育施設、児童公園、病院、その他居住者の福祉のためあらゆる施設の設置などである。

▽△ ▽△

韓国の住宅現状を見ると、一九六五年末現在の人口は、二千八百六十六万七千七百八十二人、四百八十九万五千九百六世帯であるが、住宅の数は、三百六十二万三千七百五十四戸、結果的に百二十七万二千百五十二世帯が住宅を持ってないことになる。

膨脹する人口はさらに住宅難を強化しているが、政府は現在の人口増加を七一年までには、二・八%から二%線におさえる方針であり、住宅難解消に協力している。

住宅建設実情を見ると、一九二〇年代から現在まですべて一万九千九百二十六戸が新しく建てられたが、その中で約九千戸が六二年に住宅公社が設立された後からいままでの七年間の間に建てられたもので、住宅公社がどのように住宅建設事業に心血を傾注しているかがわかる。また公社設立後、二百六十万四千平方メートルの宅地を造成、一般に分譲した。そのうち二千余戸がアパートであるが、これは都市に集中された人口、とくにソウルに集中した人口のための住宅難を解決する措置である。

近代的なアパートの建設は[illegible]化、都市民の住生活の改善、不良地区の改良などに大いに貢献した。

ソウル市内に建設されたアパートは麻浦、鍾岩、貞洞、梨花、東大門、弘済洞、敦岩洞、延禧洞、文化村、貞陵、忠正路、東部二村洞などすべて十八カ所である。

▽△ ▽△

住宅公社は政府住宅事業によって約三十七億余ウォンの予算を投入、一千四百余世帯のアパートおよび単独住宅、約九十九万余平方メートルの大団地造成事業を行なっている。この事業別は①公営住宅アパート②公営社宅(単独住宅)③公務員アパート④受託事業⑤団地造成事業⑥外国人借款によるアパート事業などである。

しかしこれを完成するためには膨大な資金が必要である。近年、住宅金融機関の短期借入金に依存しているから、事業の繰越工事、分譲の過程から事業上の問題が多い。このような現実を打開するため公社未払入資金額(約四億五十万ウォン)の早期払入はもち論資本金の増資(五十億)が必要である。

また住宅公社が施行する宅地造成や団地開発事業は政府の住宅政策による公共事業であり、個人の不動産や投機業とは別であるため不動産投機の抑制税法を、公社の事業まで拡大適用することは同税法本来の趣旨に反するから同法の撤回が要望される。

いずれにしても困難なあらゆる条件を克服して今年中に相当な数のアパートと住宅がソウル市に出現、住宅難解消に大きな役割を果すものと期待されている。

〈水踰里の国民住宅〉

〈教員を中心とした公務員住宅〉

# 賀正

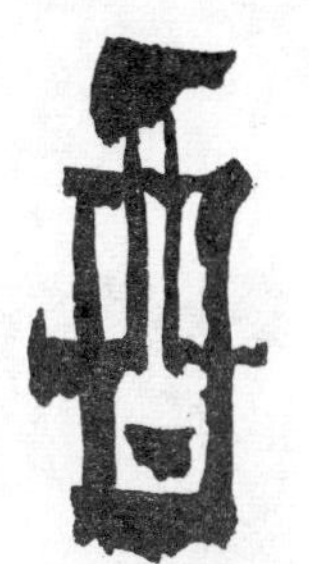

中国キジ・銀鶏

木ノ葉ヅク＝仏法僧（天然記念物）

銀ササチャボ

高麗キジと金沢社長

## 小鳥とともに13年

### 敬神の念で愛し育てる

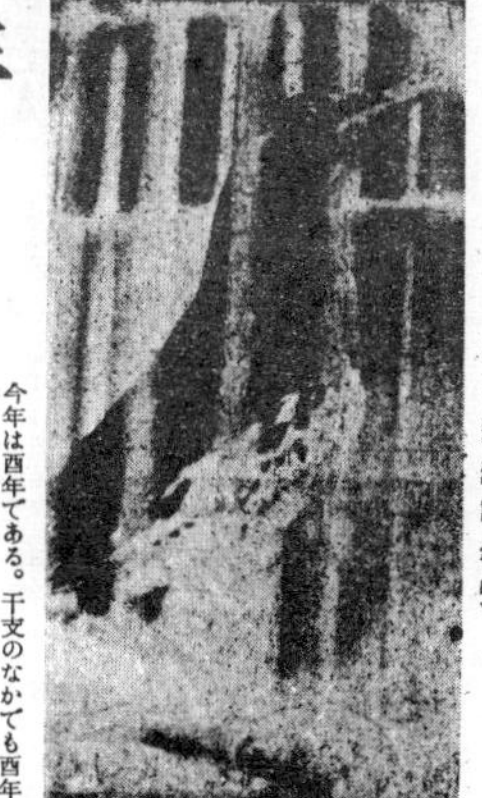

クロミツク（天然記念物）

今年は酉年である。干支のなかでも酉年は平穏無事な年であるといわれているが、今年はまさに昭和元禄といわれる史上有数な好景気のよい年になりそうである。

ところで、酉年に因んで鳥に趣味を持ち、五十数種類の名鳥を飼育し朝、夕「ブッポーソーウ」の鳴き声をきいているという幸福な人がある。

大阪市西成区橘通[illegible]の[illegible]商事株式会社の金沢達郎社長がその人。

氏が現在飼育している鳥のなかには高麗キジをはじめ中国のキジで金鶏、銀鶏、白冠などがあり、仏法僧と鳴くので俗に仏法僧といわれている木ノ葉ヅクもいる。

このほか天然記念物であるイソヒヨドリ、クロツグミ、マミジロ、マメチャジナイ、クロヒヨドリなどの珍鳥もいる。

また、ウグイス、ルリ鳥、駒鳥、コルリ、高麗の相思鳥、キビタキ、ミソサザエ、アカウソ、ノジコ、ホホジロ、ヒバリ、サンコウ鳥、セッカ、エナガ、ヤマガラ、シジュウガラ、コガラ、マヒワ、アカヒゲ、ノゴマなどがおりこのほかメジロでも横綱と折紙つきのものなど三十羽からいる。

さらにチャボも碁石チャボ、ショウジョウチャボ、黒チャボ、沖縄姫ゆり黒チャボ、白チャボ、ミヨシの糸毛チャボなど珍種が見事な羽毛を誇っている。

まことに立派なコレクションではある。

金沢氏は毎朝六時からエサつけをはじめ、十時ごろまでかかるという。

そもそも氏がこのような愛鳥家になった動機は結婚して十三年目の記念日に友人からルリ鳥など珍らしい鳥を三羽贈られた。この鳥を大切に飼っているうちにだんだん鳥の美しさに魅せられ、それから十三年間につぎつぎと集められたものであるという。現在国際チャボ保存協会の会長であり、また関西鳴鳥研究倶楽部理事長でもある。

金沢氏は商売は金融業を営んでいるが、鳥を愛するという和やかな精神の持主である。それというのも極めて熱心な敬神家であることを知るとうなずけるものがある。

大和桜井にある三輪明神の大神神社の信者で、信仰生活も随分と歴史をもっておられる人である。

昨年十二月に大神神社の奉賛会の佐伯会長（近鉄社長）から同会の理事に委嘱された。

神を敬う心厚く、鳥の生命をこよなく愛する金沢氏の日常は、澄んだ鳥の鳴声に包まれた楽しい生活ぶりである。

741

〈李朝の白磁〉

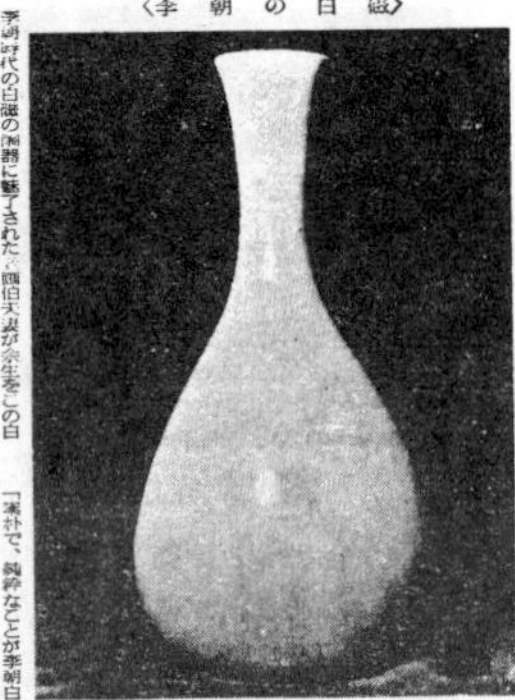

# 一家そろって芸術家
## 素朴な美 魅せられた金老人
## 新李朝白磁への夢に生きる

李朝時代の白磁の陶器に魅了された金鋼伯夫妻が余生をこの白磁の再現にかけ、きょうも土と取組んでる。

旧韓末に生れ、本格的に絵画を学んだが三十四年間教員生活に追われついに一回の個展も開くこともできずに定年となり、芸術家とも教育者ともつかない中途半端な半生を過した一老人金鋼伯氏(七三)がいま古物と共に、ソウル市安岩洞一街百七十一番地の千平方米もある大きな旧い屋敷に老夫人とともに余生を送っている。

広い家には足の踏み場もないほどいろいろな骨董品が散らかっている。大、小の花瓶、砂器皿、石器、鳥籠、油絵、歳寒の四君子の額など、博物館で見かけるような十二支神像、古い卓上時計、筆とパレットとキャンバス、名前もわからないいろいろんな薬品の入った皿がいっぱい。

その中で一番多いのは李朝青華白磁器で、庭や部屋や廊下のそこかしこに置かれている。

寝室となっている部屋だけは何もない。

このおびただしい古物で価値ある品物は一つもない。しかし古物とともに年とった老夫婦は歳月を忘れたようにいつもほほえんでいる。膝下には一男二女、皆家庭を持っており、孫が十三人いる。

一九六一年十月、三十四年間の教員生活を終ったとき金老人の手には表彰状しかのこっていなかった。

生活よりもそのときから自分がやる仕事がないことが非常な寂しさだった。ただやすむこととなく続けることができたのは絵を描くことだけだった。しかしすでに金老人の手法は古く画を描いてもそれは価値がなかった。このような金老人に新しい情熱を燃やす対象ができたそれは「新・李朝白磁への夢」であった。

「素朴で、純粋なことが李朝白磁のよい点であります。その純な雅致を再現して見ようということを考えたのです。

私がそれを作る自信があったのでもありませんし、これで金をもうけるつもりでもありませんでした。時間つぶしのためのデザインをし、焼いてみました。

運よく家内も私と趣味が同じであるのでよく助けてくれました」と金老人は廊下に置かれている試作品であり処女作である新・李朝白磁を眺める。

数多い白磁の中にある竜と鳳凰文様の入っている小さい青華白磁の二つの花瓶。白いろとしてはあまり青く、青いろでは白すぎる瓶の下の部分には「金石真作」という銘が印されている。

＜白磁に一生かける金鋼伯夫妻＞

透明釉のコバルトの青色がにぶい光沢をみせ昔の品格をそのまま復元する可能性が見える。

「これは李朝白磁の本来の色をそれなりに表わしています。しかし失敗作です」と金老人はいう。

花瓶の胴体の部分に小さい突起が一つずつある。まったく磁器を焼くことはむづかしいことである。

金老人が生れたのは一八九六年、ソウル市鍾路三街の武官の家門であった。曽祖の官吏であった先祖は心田・安仲植や小琳・趙錫晋ら当代の名人たちと親しかった。書画が好きであったので金老人は少年時代から名画と接触する機会が多く、そのような雰囲気の中でそだった。

現在の京畿中学の前身である漢城官立高等普通学校を卒業、直ぐ小学校の教師をやった金鋼伯青年は日本の東京上野にある東京美術学校へ留学、本格的な西洋画を勉強した。

金老人は二十二歳で結婚し留学したと当時はすでにいまの「古物おばあさん」との間に子供があった。

現在の京畿女子中学の第四回の卒業生でも、師範科は第一回の卒業生である鄭女史は当時のいわゆる新女性。また草書と四君子をよく書く立派な素質を持っていた美術学徒でもあった。金老人は西洋画を、その当時としては先駆的に勉強したが、国展(当時鮮展)に入選したのは二回だけ。たがその後でも画を描くことはやめなかった。

「平壌にいた時、陶磁器に魅惑されました。平壌陶磁器会社や道立陶磁器試験場に勤務しつつ陶磁器を研究しました。これが今日私が没頭している新・李朝白磁を作る契機であり、基礎であります」

平壌からソウルへ引越したのは八・一五解放の直前。ソウルでは済州小学校の校長として長期間つとめた。六・二五後には南大門女子中高校の教務主任として、美術部長として、あるいは訓育主任として勤めていたが五・一六と共に停年を迎えた。「歳月は流水のように無常であると古人たちから聞いた言葉がいま私にも実感として迫ってきます。七十三歳であるということは考えて見ると夢のようです」

セザンヌが一番好きだという美術学徒はいつのまにか古物を蒐集する老人になっていた。しかしそれは骨とう品商をたずねて行って高いものを買う骨董趣味とは違う。彼の供給源は主に鉛を売りに来る商人たちである。こわれたままの白磁の器片を買ってそれを整理し一つの白磁瓶を作ることに生甲斐を感じた。時々画筆を持って、その瓶を前に置いて、白磁からにじみ出る素朴で純粋な色を画紙に描いた。筆が鈍いのを感じる時には画家である彼の愛婿や、若い画家たちをたずねて行って新しい画を描いてもらった。

彼はまず五巻のスケッチブックの中で新しい形態の李朝磁器を考案した。次に描く文様のためには多量の紙が必要であった。満足することができるような線と形態の画を完成した時、彼は白磁のための釉薬を造った。しかし新・李朝白磁はなかなか完成をみなかった。京畿道の隅や、忠清南道にあるという窯元はすべて尋ねたが彼の夢を成就させてくれる窯元は一人もいなかった。たまたま京畿道広州にある室内便器を焼く窯の持主をやっと説得し窯を貸してもらうことが出きたが、この窯は大きさが限定されていた。その窯に入れて彼が作った花瓶は数回の失敗をくり返したのち、さる八月はじめまた欠点はあるが、ともかく白磁を焼くことに成功した。

「人の推測や経験、知識を全く無視してもただ一つ許されないことは窯の中の調和であります。十個を入れて一個の完全な品物を焼くこともできないこともあります。いくら熟練工であっても、窯から出した器物をまた[illegible]のがならいであります。[illegible]

[illegible]中でも金老人の欲念は消えない。

工程を経て、本格的に商品として作って見てはどうかという人がある。が、無欲な彼の生活はこれを許さない。

しかし彼のいまの一番大きな欲は、彼の一生のうち[illegible]画の展覧会を開きたいということ。いまこも息子(金楨泳氏＝映画監督)や息子に手紙を書く時には、[illegible]、画を描く姉婿夫婦の祝賀を受けて家族展でもよいから開催したいというねがいである。そして李朝の白磁陶器を再現することである。おそらく今年中には金老人夫妻は「李朝の白磁陶器の復元の執念を達成することだろう。



# 安重根義士の絶筆

いまから60年前一1909年(明治42年) 韓国を日本に合併する問題をめぐって韓国八道の津々浦々には民族の悲惨な紛糾がくりひろげられていたとき、満州はハルビン駅頭で韓国併合の急先鋒であった日本の総理大臣伊藤博文が二千万同胞の行末を憂い、大韓民族の矜持を叫んで起ち上った安重根義兵軍中将の放った銃弾に倒された。

10月26日午前9時のことであった。これからおよそ半世紀の歳月が流れ韓日も昔の恩讐をすて国交を回復した1966年に、奇しくもこの憂国の志士の絶筆が、日本人の手から在日僑胞に譲られ僑胞はこれを本国に献納しいま国宝としてソウル市の徳寿宮に収められ安重根先生唯一の遺品となっている。

〈劉日海師〉

## 劉日海師が本国に献納
### 国宝に指定され博物館入り

> 庸工難用連抱奇材
> 庚戌三月於旅順獄中

愛国の至情から伊藤博文を銃殺した安重根氏はハルビン駅頭からただちに旅順の刑務所に収容され、きびしい取調べをうけ日本官憲の非情な責め苦にさいなまれたのである。このとき通訳官兼特別弁護人として安氏に親身の助言をし世話をしたのが日本人西川玉之助という人であった。

この人はすでに故人となっているが日本のYMCAの創始者であり関西大学院を創設した教育者であった。

安重根氏の罪科がきまりいよいよ明日処刑されるということになった日、安氏は西川氏に「いろいろお世話になりました。感謝いたします。何らおむくいすることはできませんがここに一筆書き残しました。お上げますからお納め下さい」と紙本半折に墨痕も鮮やかに「庸工難用連抱奇材」庚戌三月於旅順獄中安重根書とかかれた左掌の手形が印されていた。その左手印の中指は先がなかった。

これを西川氏に贈った翌日安重根先生は三十二才で刑場の露と消えたのである。

西川弁護人はこの書を日本官憲の目にとまらぬようかくして秘かに日本に持ち帰り神戸市の自宅に大切に保存し、朝夕安氏の冥福を祈っていたが、たまたま病を得て死期の迫ったことを自覚した西川氏はある日教え子の柳田義一氏を枕元に招き「安重根氏から贈った遺墨だ、大切に保存してほしい」と[illegible]を全うされた。

柳田氏は恩師から託されたこの安重根先生の遺墨を遺志どうり大切に保存していたが、たまたま友人の大木豊平氏にこのてんまつを話したところ、大木氏は自分の友人で身延山で一緒に修業した韓国の僧侶で劉日海師という人が神戸の法華寺の住職をしておられる。この劉日海師に永代供養をお願いしたらよいではないかということで、その旨を大木氏が六六年の六月ごろ劉日海師に伝えたところ、劉師は「それは大変貴重な絶筆である。わたくしごときものが保管を守るより、柳田氏にその気があるのなら私に譲っていただきたい」ということになり、それを本国に献納したい」ということになり、柳田氏もそれが最上の方法だということで劉日海師から同年八月神戸駐在の韓国領事館を通じて本国に献納したのである。

この間日本側と韓国側の有志で安重根先生と伊藤博文公の今回追悼祭などが催された。

本国では安重根先生の遺品は少なく、貴重な手跡であるとして国宝に指定、いまソウルの国宝博物館に納められその遺徳をしのんでいるが、一九六七年八月本国文教部長官から劉日海師に感謝状がとどいている。

劉日海師は昨年神戸の[illegible]山中に日蓮宗の立派なお寺を建立し、布教に励んでいる。安重根先生の遺墨について次のように語っている。

「書をみせていただいて本当におどろきました。当時安先生のものは何一つとして日本官憲が残さなかったときいていました。字は実に立派なもので、この字からみて人柄がしのべます。思いぬ奇縁から私の手で本国に献納することになったのもなにかのお導きと感謝しております。」

감사장

＜文教部長官から劉日海師に贈られた感謝状＞

# 新春放談

## 板飛びやユンノリ
### 楽しいふるさとのお正月

## 女性

一九六九年の新春。新しい希望にみちたお正月を迎えました。今年は昨年にも増して幸せをと願う女心、韓服を着て故郷を思う女心、新しい年を迎えた女性のあれこれを語ってもらいました。

### 柳茂善さん
大阪外大金思燁教授夫人

日本のお正月は新暦ですが、韓国ではいまだに農村では旧暦にお正月をするところが多いのです。官史は新暦を奨励しているのですが、民の方がそれに歩調をあわせられないのです。朴大統領は仏教信者であるから官民一緒に新暦で祝い、旧暦は民俗の日として祝おうということになったが、それもうまく行かない。結局新、旧二回のお正月をしているようなかっこうになるのです。このようなことは一本にするほうが良いとは思うのですが、仏教の影響が強く、なかなか農村では踏み切ることができないのです。

私は本国を離れてもう五年目になります。

本国では十二月にはキムチを漬けるのに大変なのですが、この漬食がまたたのしいことです。

子供たちは十二色の着物をきせて、祖父母、叔父、兄弟、それぞれ長老にごあいさつをするというゆかしい韓国のお正月がなつかしくなってきています。

トック、カルビチン、ヤッパーシッチ、カンジョンなどお正月の料理の数々を日本でも作ってはおりますが、凧、板、歌留百首などできないのが淋しいのです。

ところで在日僑胞の娘さんたちをみましたところまったく日本に同化しているような気がいたします。本国の言葉は知らないし、また覚えようともしません。そんな娘さんが多いのには淋しくなってしまいます。もちろん中には夫人の大学へ特別聴講生として来て熱心に勉強される方もあるときいていますが、どうか皆さん国の言葉を覚え国を知り、国の正しい姿を適格につかんで誇りある韓国女性として生きてもらいたいと思います。

### 金春子さん
駐大阪大韓民国総領事館

私は日本で生まれ、日本で育ったので本国のお正月の風景は見たことがありません。

しかし、家の習慣によって、日本でもお正月には、きれいな韓服を着て、親をはじめ長老の方に拝礼をします。

韓服を着ることについて幼いときには非常に気はずかしく思いましたが、いまは喜んで着ます。

お正月ということでふだんほしかったきれいな新しい韓服をつくってもらえる無理が通りますから楽しみでもあります。

家風といいましょうか家の方針といいますか、私の家では、一歩家の中に入ればすべて韓国語を使うことになっています。

はじめのうちはあるていどコンプレックスを感じたのは事実ですが、いまは、非常に良いことだと思っています。

もし私に子供ができたら、ぜひこのような方針を続けたいと思っております。

韓国が韓国ですから、自分の祖国の言葉を話せないといえば大きな問題だと思います。

韓服を着、祖父母や両親などにあいさつをのべ韓国料理を食べ、純韓国式のお正月を迎えるのですが、他国でのことですから、本国でのお正月にすごく興味をもっています。

そうですね！一年をふりかえって見ると仕事におわれてあっという間に過ぎてしまったような感じがします。

いまやっている仕事には生甲斐を感じていますから楽しいです。

新年の計画ですか。

別にこれという計画はありませんが、やりたいことはいっぱいあります。しかし、なによりも新年は私の生涯にとって最高の年になるように願っております。

一生忘れられないほどのすばらしいことがありますようにと。

### 裵順姫さん
在日大韓民国婦人会大阪本部会長

本当に目まぐるしい一年でした。女性は、どうしても家庭を守り、子供たちの面倒を見なければなりませんから、婦人会の仕事でもやろうと思えば、まず家庭を犠牲にしなければならないような立場です。しかし両方とも大切にしなければならないので日常に目まぐるしくなるのです。

私は、婦人会の仕事にしてもいわば女性は、奉仕の美徳を忘れてはならないと思っております。

僑胞社会はあまりにも売名的な傾向が強いことをつくずく感じます。なにをやっても売名を先に考えるから、いやになります。

そこで、われわれ大阪婦人会の役員たちは、本来の女性の立場を生かして、僑胞社会に売名ではなくて、奉仕の美徳という新らしいムードを取り入れようと努力を重ねつつあります。

任期はあと半年ばかりですが、その期間をフルに利用して幹部の養成と母国語の普及に拍車をつくすつもりです。

従来の韓国の文字と会話を伝達することにすぎない機械的な講習会でなくて、使命感にあふれている講師を選び、精神と精神とのふれあいにおける真の母国語の普及を計画しています。

そうでしたね！お正月のことを話すのでしたね。つい婦人会の仕事のことばっかりいってすみません。

私は正月を、全家族そろって休息するように決めています。

ゆっくりと休むことによって一年間のことをふりかえって反省もし、また新年の計画をたてることも出来ると思います。

別に反省をせよとか、計画をたてなさいというようなことはしません。

### 故国へ帰ってみよう
金太元司法書士夫人　姜順玉さん

私は戦後に日本にきて高校を卒業し、すぐに結婚して六年間日本に住みましたが、一身上の都合でソウルに帰り七年間過し、また今年の五月に日本にきて現在にいたっている一人の家庭の主婦であります。

長男はすでに大学を出て就業しはじめておりますのでなるべくお正月はゆっくり休んで一年をふり返ってみたいと思っています。

ソウルにおりますと、日本から僑胞が帰ってこられるのがよくわかりますが、一番残念なのは年若い女性、とくに二十歳から三十五六歳位の未婚の女性が大変少ないことであります。

女性の方がこられるのは六抵年輩の方か、夏季学校の女学生がほとんどで、さきに申し上げました結婚前の女性はまったく見当たりません。

日本で育って母国の実情を知らない方たちは「韓国は貧しくて住むに堪えない。またとくに女性の地位は低くてほとんどが無学だろう」と思っているのではないでしょうか。

事実私も親戚の娘さんたちの話を聞いて、その感を深くするのですが、これはとんでもない誤りなのです。

たしかにわが国は日本に比べると貧乏であり、知識の普及度も劣るかもしれませんが、皆さんが思うように無学でも、地位が低くもありません。有名な政治家もおれば、教育者、事業家など婦人の人材は多士済々であります。

とくにソウルでは、お叱りを受けるかわかりませんが、日本におられる僑胞の御婦人方よりも、もっともっと政治的識見が高く、教育に熱心な方たちが無数におられます。

何故私がこういうことを申し上げるかといいますと、これから結婚して将来のわが国の主婦になられる若い女性が、故国に眼を向けて、その実態をしっかりと目で見て、体で感じて欲しいからであります。それには「百聞は一見にしかず」ということわざの通り、自から故国へたびたび帰って見なければなりません。

そして若い女性の皆さんはグループをこしらえて楽しい故国旅行をなさることをおすすめします。共同新聞社がこの企画を進めて下されば大変幸福と思いますが如何なものでしょうか？

### 白い眉毛
宋聖味さん　会社員

私は日本に来て二度目の正月を迎えます。そして本国でのお正月風景をいろいろと思い出します。

本国では いまだに旧暦の ほうが、お正月のムードがあるようです。

政府の方針としては二重過歳をなくそうと呼びかけていますが、一方旧暦のお正月も勤務の日という名目で認めようとする動きもあったことをおぼえています。

いずれにしてもみんながそろってお祭り気分でゆっくり出来るということは、うれしいことに違いありません。

日本は現在レジャー時代というべき環境ですから、生きるために働くのでなくて、楽しむために働いているような感じさえ受けますから、実にうらやましいです。

生きるために一生けんめいになっている本国の友達のことを考えれば、一日も早くみんなの生活が豊かになって、生活を楽しむことが出来るようお祈りしています。

本国では、お正月の一週間ばかり前から準備をして、お正月の前日はオールナイトでお正月の料理をつくる習慣があります。そして家族みんながそろって徹夜するのが楽しみです。その夜はねたら眉毛が白くなるというので子供たちは、ねむるまいとしてがんばりますが、十二時がすぎたらとうとうねてしまいます。

それで大人たちは、お餅の粉を眉毛にぬっておくのですが、子供たちは、これにまんまとだまされ泣きだすのです。

お正月といえばなんといってもきれいな服を着て、おいしい料理を食べて、お年玉をもらえる喜びがいちばんではないでしょうか。

そういえば、人生にとって衣食住は、生活の必須条件ですから、お正月にはこの三つの条件が豊かに与えられるということになりますね。

### 高順南さん
日本航空国際線スチュワーデス

もう一年がすぎました。はじめ六人が採用され働いたのですが、そのうち三人は結婚で退社され、あと二人新しく入社されましたので、韓国人のスチュワーデスは四人です。大空をかけめぐることは何の恐怖も感じません。一週に五日間は乗務し、二日間が休みとなるのですが、ほとんど東京で休むことになります。

箱根に一度行きましたが本当に風光明媚なよいところだと思いました。

京都、奈良なども見物したいと思っているのですが、なかなかその暇がありません。本年も仕事をつづけて行けば機会をつくって見物に行きたいと思っています。

しかし私は本年中に結婚したいと考えていますので、それが実現するかどうかが危いものだと思います。

いいえ、婚約者なんてまだありません。これから探すことになるのですが……。

でも良い人が見つからなかったら仕事を続けます。

お正月はたぶん東京になる予定なので、東京で好きな"おすし"を沢山たべます。私は日本語はまだあまり上手になれません。

今後も勉強はするつもりですが、英語のようなわけにはいきません。

日本はいいところだと思いますが、一生住みたいとは思いません。

二回目のお正月を東京で迎えましたが、日本のお正月風景というものはまだわかりません。韓国のお正月の跳び板あそびとか、カルタ遊びがなつかしまれてなりません。

年末のボーナスではお母さんをはじめ家族のものに贈りものをしました。

### 李相信さん
同志社大学留学生

考えて見ると、昨年は私の人生にとって、どれ程の価値があったのか——。

まず勉強をつづけることが出来たことひとつだけでも私の一年間の計画の五〇%は実現されたといえよう。

言葉の不便と、おそわれる郷愁に悩みながらなれてない道を歩まなければならない私。

全く知らない人と語をかわす私。

韓国人のプライドを守るためにあらゆる山でもがく私。食事の時でも韓国の独特なみそ汁がこいしくてごはんがのどにとおらなかった私。

このような私と私が、たえず闘争を続けている。

いまにもたおれそうになる自身をささえるのが精一杯であった。いつの空にか八ヵ月が過去った。

しかし、その間視野が広くなり、人間的な面では少しでも成長したのではないだろうか。

新年がおとずれた。

今年一年も日本ですごさなければならない。どうすれば日本の社会をより大きく利用できるであろうか。

私の小さいからだと能力では百%の利用は無理であろうが、六十%出来れば、成功といえよう。

私の計画といえば、英語、日本語をのぞいた第三、第四の外国語をマスターすること。国際運転免許の取得、生花の技術を身につけること、などをあげることが出来る。しかしなによりも人間として女性として友人たちに美しい韓国をその心に植えつけることがいちばん大きなやり甲斐のある仕事だと考えている。

一九六九年を、私の人生のなかで充実した年とするために、努力しよう。

### 花のある家庭を
劉福実

私は三十年近く日本で暮しており、二十年来華道をやっております。

日本の家庭文化は、ほとんどが定型化していて、そこには安定と秩序があるように思います。

小さな家にも必ず床の間があって、そこに花をかざり、かけじくがかかっていて、これが一つの伝統となり、習慣化しております。

このような伝統が生れるためには、少くとも数百年の歳月が必要でしょう。とくに徳川三百年の安定した時代に、日本の庶民文化がすごく発達し、ある面では、らんじゅくしたとも思われる位です。

いうまでもなく日本文化は、韓文化を主とした大陸文化が流れてきて、それが日本という島国で十分に消化され発展して、今日の文化をなしたものと思いますが、これが再びコースを逆にとって大陸へ流れていくものと存じます。

音楽芸術はむろんのこと、お茶やお花にしても、大陸から渡来したものが、日本で大成し、これを再輸出することになります。

私は去年の秋も本国に帰って参りましたが、韓国でもすごく華道が流行して、日本の娘さんと同じく、若い女性があらそって華道を勉強しておられました。これは若い世代が文化生活をしようとする意欲の現われであり、それだけ生活が安定したことを意味するもので、大変うれしく思いました。

ただ華道を教授する人たちが、あまりにも商売意識が強くて、真髄をなかなか教えないということをきき、残念に思いました。

文化には国境がないわけですから、本国でも大いに華道が普及して生活にうるおいがでるようとすべきですし、在日同胞も情操教育を高める意味で華道をすべきではないかと思います。（韓国未生御流華道師範）

# 韓国初の女性外交官洪女史

**外交官といえば若い者にとってまさに憧憬の的といえよう。また結婚適令期の娘たちにとっては外交官は最高の結婚相手ともいえよう。大学を出たエリートたちは理想的な職業として外交官を望む。このように羨ましい外交官生活をすでに十年も続けている女性がいる。韓国最初の女子外交官であり、現在でもただ一人というめずらしい女子外交官、それは洪淑子女史である。**

# 10年のキャリアもつ

## 男まさりの〝韓国女性〟

十年間外交官としての経験をつんだ洪淑子さんの経路は外向的、思考的、社交的である。

いつもあきらめを知らず最善をつくしてきたという洪女史はもう一度生まれかわっても外交官になるほかしかたがないと自分の外交官への適性を認めている。

このほど米国のニューヨークの副領事の任期を終えて、韓国に帰ってきた洪女史は小柄とはいえ、外交官として優秀な一員である。洪女史の外交官としての土台は、ソウルにある梨花女子大学校政治外交科大学院（修士課程）で五七年からはじまった。その後、教会系統の奨学金を受け、ボストン大学政外科でさらに修士学位を得て韓国に帰り、試験にパスして外務部に嘱託として勤務。二年後正式に任命された（六〇年）。事務官業務は儀典官。洪女史にとってはこの業務が自分の能力のすべてを発揮することの出来る良いチャンスであった。

たまたま幸運の機会がおとずれた。カネギ財団が六〇年代に発足したプログラムによって第二次世界大戦後に新らしく生れた後進国の外交官を訓練するために設置した奨学金をもらって、米国のコロンビア大学へ一年間留学することが出きた。

十人に一人という激しい競争をのりこえ試験にみごとに合格したのである。

この時から洪女史は「女であるから」というハンディをはねのけ、アジア、アフリカ合国から来た十三人と一緒に勉強をした。

他の学生たちは単純な訓練コースを選んだが、キプロスから来た男性と洪女史二人が学点コースを選択、洪女史は二十四学点をコロンビア大学でとった。

米国から帰国した洪女史は外務部政務局の米州課に勤め、中南米地域を担当した。

はじめて政治的外交の研究や、文書整理などの実務にとりついたのである。

二年間の米州課勤務中、洪女史は決して男に負けないという意地で技能を発揮し、すでに外国駐在の資格を用意していたが、民族的であるという点がいつも障害となった。

洪女史が職場をやめることを心の中で願っている同じ職場の男性たちの視線を感じながらも最後までがんばり、左衝右突のすえ特別なケースとして一九六五年ニューヨークにある総領事館の副領事に任命された。

外交官というものは、女性にとって、もっともふさわしい職業であり、もし美しい女性ならその効果は抜群であると洪女史はいっている。

洪女史は「アジアにもこのようなすばらしい女性があったか」と驚く男性外交官たちと総領事の話題を駆使しながら十分に自分の演技を発揮した。

副領事として総領事館勤務一年後、国連の代表部へ移し、洪女史はここで外交官生活に対するもっとも重要な経験をした。

閃光のように早い国際の回転を要求する国際的社交会、個人相互間の友情でもって解決せねばならない外交上の特別な問題点など。

一方、洪女史はイブニング・スクールで一週間に三回、博士学位を得るための勉強をつづけた。そしてコロンビアから受けた二十四学点を合わせて六十学点を取った。

現在、帰国して、政治学博士の学位を目指して目下博士論文を書いている。

洪女史は、ボストン留学が終わるころ、韓国人学生会でつきあった男性と二十四歳の時に結婚した。その結婚が洪女史にとって第一であり、最初ともいえる決定的な失敗であった。

しかし、外交官という、職業が結婚生活を失敗させた原因ではないと断言している。

自分の知性と人格を総動員して、長い人生航路を手伝としてのパトナーとともに旅することが結婚であり、愛家の相対になるのが結婚生活ではないと、いうわけで離婚した。

なによりも祖国を愛している洪女史は米国に永住する意志がないかと聞かれた時に、最高の世態を断ったといっている。

国のおかげで成功したのであるからその恩を祖国にかえさなければならないと洪女史は強調している。

フィリピン人のような感受性、内感的な面、この鬼国的な体格、どこをみても美しい女と感心があふれている。洪女史は、外交官という仕事はでたらめの面からやはりそれ相応に身のまわりも飾っている。

高級な衣装と高級なアクセサリーを好んで使う。コロンビアに在学当時にも一時間当り二十五ドルもするチャーミング・スクールに通ったり、入場料が十ドルもするブロードウェイ・ショーの見物をみたりしたという。

妻子に対する扶養の責任が必須条件である男性にくらべて、外交官という職業は女性にもっともふさわしいと主張する。

そこで正しく訓練された女性外交官を多数配出するのが洪女史の願いでもある。

現在洪女史は、十年間の外交官としての生活と、結婚そして離婚、という人生経験、職業人として、または人間として成熟して行く過程を書いた五百枚の原稿を整理、一冊の随筆集の出版計画を進めている。それから博士の学位を取ること、さらに結婚相手を見つけて幸福な家庭を築こうとしている。しかし外国人との結婚は想像すらも許さない。

年をとり、暇ができたら、絶対に泣かない女、自分を食い物にする魚の群のなかで最後まで生き抜く小魚に自分自身をたとえ洪女史自身をモデルとして小説でも書くつもりでいるといっている。

韓国最初の女性外交官洪女史

---

キャンパスめぐり　友石大学

# 30年の伝統を誇る

## 僑胞子弟の入学を歓迎

一九四五年八・一五解放とともに、活発になった韓国の教育事業は、急テンポで発展した。大規模の各種大学をはじめ中・高校の数は韓国の文化的発展相の一面を表わしている。

数多くの大学のなかで三十年の伝統を誇っている友石大学校（総長金栄沢氏）を紹介する。

同校は、一九三八年四月、現在友石学院の財団理事長である金杜洙氏の父親、故友石、金鍾鎬氏が、過去日本統治下の時、医療施設の不足で多数の患者が犠牲になったことを残念に思い、私財を投じて京城女子医学専門学校を設立、医学徒の養成に全力を傾注したのがはじまり。現在は、友石中学校から大学院までのいわゆる友石学院を実現させたのである。

一九五七年京城女子医学専門学校を首都医科大学に改称、（男女共学）現在では文理大学、法経大学、医科大学の三つの単科大学を含める友石大学校という総合大学に発展した。

傘下には付属病院、看護学校、初級医科大学、大学院、友石中学校、友石高等商業学校がある。

一九六八年二月現在、同大学卒業生の総数は、文理大および法経大の卒業生が六千四百六十名、医科大学が二千百十三名であり、大学院からは医学碩士百四十八名、医学博士百五十五名、名誉医学博士四名、文学博士二名、法学博士一名、理学博士二名である。

同校のキャンパスは、ソウル市鍾路区明倫洞二街四番地に医科大、付属病院、看護学校、初級医科大学が、あり、文理大、法経大、中学校、高等学校はソウル市城北区貞陵洞山一番地にある。

同大学校の教育の目標は、学生個人の学問的研究を教授の創意力でもって、指導するのみでなく学生たちが自分の特技を十分に発揮することが出きるようにあらゆる研究施設を完備し、理想的な教育方針といえる決戦教育に重点をおいている。

このため、同校には図書館、博物館、保健所をはじめ経営研究所、教育研究所、大学新聞社、放送施設、韓日学術研究所、済州文化研究所、言語研究所、視聴覚教育室、学生指導相談室などがある。

特に韓・日の国交正常化の後、韓国内の大学では最初に試図されたという韓・日学術研究所は、日本全域にわたる学術および文化状況を調査、研究して、これを通じて両国の理解増進と親善をはかることにその目的がある。

このような目的を達成するための同大学の教授陣と斯界の権威者で構成された政治、行政分科委員会、法律社会分科委員会、経済経営分科委員会、教育文化分科委員会、科学技術分科委員会などの専門研究機関を設置、学生と教授の研究結果を発表している一方、両国の教授および学生の交換と日本学術団体との研究結果や、韓・日共同学術発表会を開く計画を推進している。

現在、同大学には在日僑胞二世の学生が十余人いるが今後はもっと多くの僑胞学生を入学させる方針であり、母国語をマスターした学生の留学を歓迎している。（韓国文社発）

金栄沢学長

金杜洙理事長

友石大学校のキャンパス

---

# 虚礼廃止へ一歩前進

家庭儀礼準則

## 公務員がまず実行

韓国政府はこのほど家庭儀礼の簡素化および合理化のための委員会を組織し、その冠婚、葬、祭の各礼に関する改善案を発表した。

事実韓国社会の伝統的な儀礼は数百年来の儒教の家礼を土台として複雑多様な儀礼、虚飾にとらわれ、経済的にも精神的にも、また時間的にも現代生活をおびやかす社会的害悪の一つとなっている。

これらは貴賤の差、都市や田舎を問わず誰も痛感しながらも社会の耳目、家門の自尊心といったことで弊風とは知りながらも、どうしようもなしに慣習にひきずられてきたわけである。

しかも、最近では在来の虚礼のほかに新式虚式まで重なって婚、葬の礼はまるで虚飾と虚栄の展示競争の場といった感すらあるのである。だから政府が音頭をとり、家庭儀礼の現代的基準を確立することに対しては、如何に頑固な老人層であってもあまり反対はしないと思われる。

ただこのような家庭儀礼は大低の場合、その淵源が宗教の教理またはそれに縁由しているので、宗教の自由という面から儀礼手続の自由まで含まれていると解釈するならば、これを外部から干渉することは難しくあくまでも教内部で自律的に合理的現代生活に適応しうる改革をするように勧奨するほかに方法はないことは事理上からも明らかである。

問題は宗教としてではなく在来式慣習を固執している一般家庭の儀礼をわが国固有の美風良俗をそこなわない範囲内でどのように改革すべきかということに帰着するもので政府の意図もそこにあるのである。

もちろん、その内容は専門家や権威のある人士達の衆知を集めた結晶であるよう期待するが、その準則をどんな形で公布し、強力に実施するかについてはいろいろと問題が残っている。きくところによると政府と与党がそれを「法制化」することまで構想したというがこのことは法万能思想の発現のようで大きな間違いである。

法律というものは何でも国会さえ通過すれば法として確定するのではない。いわば法律で制限できない「立法事項」というものが法治国家には厳然としてある。

このことは憲法を解読できる人なら誰もが知っていることである。家庭儀礼準則のようなものはなければならないものであり、また大多数国民がそれを守っていくだろうと信じる。しかし、絶対に立法事項ではない。私生活不干渉の原則から強制できない法律ならあってもなくてもよいということになって逆に法の権威を損傷させるだけである。

いかに「家庭儀礼準則」が立派で万人が共感するものであるとしても国家の教導機能に属する事項を混同してはならない。

要するに「審議委員会」組織の法的権限を備えるためどうしても必要ならば、大統領令で委員会の目的組織、機能の根拠を作れば良い。厳格にいうならばその委員会の規定は「大統領令」の権威であって法律として定める性質のものではないようである。審議委員会で作った「家庭儀礼準則」は法令でなく「告示通牒の形式（訓令、特別告示の形式）とするのが正しい。

強力な実践のためには韓国社会の構造上まず政府影響下にある官庁や公務員および各企業体、団体やその役職員が率先するように内部的強制力をもたせればそれで充分であり、一般には徹底した教導努力を傾注すれば足りる。なぜならば、現在問題となっている虚礼、虚飾の七、八割はそんな階層からでていることは周知の事実であるからである。

---

# 盛大に成年式　民団大阪

在日大韓民国居留民団大阪府地方本部では、在日大韓婦人会大阪府地方本部と在日大韓民国青年同盟大阪府地方本部との共催で来る十五日（水）午前十一時から大阪興銀本店（大阪市天王寺区筆ケ崎町十七）三階ホールで、一九四八年一月十六日から一九四九年一月十五日までに出生した者に対する第三回在日大阪韓国人成人祝賀会を開く。

スケジュールは、一部＝記念式典、二部＝講演および本国芸能人の公演、三部＝韓青との交歓会（ダンスパーティーなど）となっている。

---

# 僑胞慰問に本国の芸能団が来日

韓国演芸能団一行（団長＝蔡朗氏外八名）が旧ろう十一月KAL便で在日僑胞の慰問の目的で来日した。

ビザの関係上、蔡朗団長と劉永圭氏、馬金子さんは遅れて十八日来日したが、一行は二十一日韓青布施支部主催の僑胞慰問の夜に出演、二十六日には城東養老院を慰問し、十五日には神戸愛仰愛隣舎（孤児院）を慰問、旧正月には四天王寺会館で大阪公演を行なう予定である。同芸能団のメンバーは次のとおり。

▽団長＝蔡朗氏（演技代表）同舞踊代表＝李相俊氏舞踊＝沈銀鎮、朴旦子、姜月子、劉永圭、馬金子歌手＝林美蘭、柳賛和。

来日した芸能団一行

---

# 神戸商銀が役員を改選

信用組合神戸商銀第十三期臨時総代会は去る十二月二十一日神戸の海洋会館で行なわれ、付議事項として金融二法案実施にともなう定款変更を決定し直ちに任期満了による全役員改選に入った。役員（新理事）の選出はまず組合員数によって比例按分された選衡委員が選ばれ、この選衡委員によって十九人の新理事が選ばれた。

組合長（理事長）は新理事で互選の結果、原田秀三郎氏が再任した。以下新役員は次の通り。

金基淑、中林県、金再竜、裵在麟、徐鶴亀、黄孔煥、朴鍾権、李福風、崔泰煥、姜吉章水山喜夫、朴漢（？）、李尉鳳、卞俊植、陳耕植、成宗三、秋相奉、黄阿千の各氏。

---

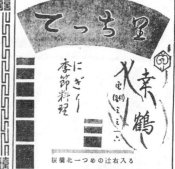

# 良淑ちゃんしあわせいっぱい

十二年間、母と会えるその日のみを夢みながら、あらゆる苦難に耐えつづけてきた十三歳の少女金良淑ちゃんは、ついに密航という不法手段によって玄海の荒海をこえてきたのは昨年の六月二十三日だった。この少女のいじらしさに日本と韓国のマスコミは筆をそろえて大きく報道し、韓国政府の出先機関である駐日大使館が積極的に日本当局と交渉、韓国の朴統領夫人の陸女史までが同情して、日本の佐藤首相夫人に親書を送ったというエピソードもあって、二カ月後の八月二十一日に仮放免となり、恋しい母の胸にいだかれることが出来たのである。それから四カ月がたち、金良淑ちゃんはどんと日本ではじめてのお正月を迎えたのである。（写真＝楽しいお正月を迎えた良淑ちゃん一家）

## 母と一緒にお正月
### 進学準備も着々とすすむ

金良淑ちゃんは、大阪市生野区大友町三丁目の母呉良子さん(37)＝通名豊田良子＝と姉＝秦京子さん(16)、兄秦明立君(15)＝高校一年＝、妹＝秦玉子さん(8)＝小学二年＝、弟＝秦明雄ちゃん(5)ら五人兄妹と楽しい日を送っている。

金良淑ちゃんの仮放免をめぐって二ヵ月間は昼夜を問わずマスコミ関係の報道陣につきまとわれ本業である皮ジャンパーの加工業も一時は中止状態となった。

マスコミの援助の力も大きかったがまた興味本位の週刊誌記者たちのでたらめな記事によってうけた精神的な被害も大きかったのは事実である。

しかし、呉さんは、十二年ぶりに良淑ちゃんをわが胸にだきしめることができて今後どんなことがあっても二度とはなすまいと母性愛にもえており、少々の被害も甘受して「皆さんのおかげです」と涙ぐんで感謝している。

しかし、金良淑ちゃんには正式に在留許可がおりたのではなく、あくまでも仮放免であり一カ月ごとに在留申請を行なっており、いまだに不安は残っている。

また金良淑ちゃんは、韓国で小学二年で中退していたので韓国の文字も標準語も知らないし話せない。ただ済州島の方言しか話せないので午前中は（約二時間）近くの塾で日本語の勉強をし、さらに夜の七時から九時までは家庭教師から韓国語をはじめとして小学校課程の学科も勉強している。

四月の新学期にそなえての勉強勉強の毎日である。

日曜日には近くの教会（在日大韓基督教 布施教会）にかよっている。

また兄弟とは言葉が通じないので、母の呉さんが通訳の役目を果しているが、もし母がいない時はゼスチュアで意思が通じなくて、ベソをかくことも多いという。

しかし、金良淑ちゃんと同じような事情でなやんでいる人も少なくないために、金良淑ちゃんの今後の生活には非常な関心が集められ母の愛情のもとで立派に育つようにと皆が願っている。

▽呉良子さんの話＝すべてが皆さんのおかげです。とくに朴大統夫人の陸女史がうちの良淑のために親書までおくって下さったということを聞いて恐縮しています。ただちに下手な字しかかけない私でありますが、感謝の手紙をおくり、またクリスマスカードもおくりました。

しかし、どうしてもだまってはいられない気持なので、旅券の手続がおわり次第お礼のあいさつに参ろうと思っております。もしにかかることができるかどうかが心配です。良淑は十二年間、あまりも苦労をしてきましたのでもう二度と苦労はさせないつもりでおります。いまのところは他の兄弟たちともうまく行ってますから大丈夫だと思っていますが、いまだに正式に在留許可がおりず、一ヵ月ごとに延長させてもらっていますので不安です。しかし、もうどんなことがあっても、命にかけても二度とこの子ははなしません。皆さんのおもいやりと御協力に感謝しております。

## 珠算の妙技を披露
### 大東中商高校生が来日

旧臘三日来日した韓国大東中、商業高校の生徒らの学生珠算選手は京都、東京、佐世保、福岡、大阪とそれぞれの地方で日本学生の代表と競技を行ない、個人優勝四回という成績をあげ二十一日大阪からKAL機で帰国した。

来日以来四、五、六と三日間京都で明徳商高、家政高校、西山商校と対戦、優勝。十日は東京池袋商高と技を競い団体、個人とも優勝、十五日に佐世保にとび明治生命会館の職員と覇を競いこれも個人、団体とも勝利をあげ十六日大阪市森ノ宮の厚生大会館で開かれた日韓親善学生珠算競技大会に出席、大阪学生のナンバーワンといわれる堀町商業高校の谷口校、東高校の川崎好忠麗、本庄中学校の坂口明、同中学の東條広、大宮同中学の飯田稔の五選手と技を競った。

この大会にはオブザーバーとして国際ゴールドメダリストである大沢史郎選手や寺田耕治郎選手など日本二、三位にランクされている選手たちもちも出場した。

結局、韓国大東チームが団体でも個人でも優勝、素晴しい指先の芸術を示し暗算ではその抜群の頭脳を発揮した。

韓国大東中商業高校のメンバーはつぎのとおり。

団長・成奈慶、副団長・李鋼格、団・楊佐根の諸氏、選手は商校三年金英用、同表来日、同鄭明伊、中学李相旭、同柳鵬点の五選手。

韓国学生珠算選手

## 楽しく送年会
### 夏季学校の同窓生

昨年の第三回本国の夏季学校に入学した若い人たちが同窓会をつくり十二月二十日民団大阪府本部の講堂で第一回「送年会」を開いた。

集った四十数人の会員はコーラとお菓子、サンドイッチみかんなどを食べながら韓国での思い出話しにふけ師走の一夕を楽しく過した。

同同窓会では今年から講師を招いて話しをきいたり、いろいろな問題について研究会などを開き、韓国人としてのよりよい教養をうけることを計画している。

夏季学生の送年会

# 李民団々長がベトナム派遣国軍を慰問

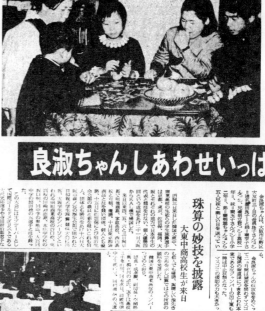

## 国威を全世界に宣揚
### 現住民にしたわれる将兵たち

昨年末、南ベトナム派遣国軍将兵を慰問するかたわら戦線地区一帯をつぶさに視察した「南ベトナム韓国軍戦線地区の視察について」の感想をつぎのように語った。

南ベトナムをめぐる情勢ならびに当地に派遣されたわが国軍の活躍については、新聞報道だけでくわしい情況がわからなかったので今年のはじめごろから在日同胞の代表として現地を訪問し、国軍将兵たちを慰問するかたわら一度視察したいと思っていたが、ご承知のとおり北韓共匪の侵入事件をはじめ本国の情勢も緊張がつづいたほか今夏の本国大旱害に対する救援運動さらに八・一五の法的地位についての全国的な陳情抗議と、それからさる十月の全国代表者会議など重要な国務が続いたので、このたびやっと在郷軍人会日本特別支会の入りきちでこれが実現したわけである。

さる二十八日午前十時三十分羽田空港を出発しその日の午後八時三十分にサイゴンに到着したのであるが現地に足をまず一歩ふみ入れたおりの第一印象は、入国手続きにはベトナム政府当局の手をへる必要がなくその一切をわが国軍当局の手で行なっていることであった。もちろん税関など一切の管理をもわが国軍当局が行なっている。われわれはいまだかつて外国に治外法権をもったことがないが、このとおり外国に足をふみ入れるにあたってその国のなの影響を受けることなく出入国できたというのは、もちろん戦地であり、わが軍が駐屯しているとはいえ大韓民国の国威が大いに宣揚されている証拠であることに感動した。

サイゴン飛行場から出迎えてくれた国軍憲兵の先導で韓国軍司令部を訪問したが、その夜金容煕副司令官から盛大な歓迎をうけた。蔡命新司令官は、日本からの慰問ははじめてだといって大変よろこんでくれた。

翌日猛虎部隊を訪問し、尹部隊長から対ベトコン作戦の全ぼうについての詳細な説明をきいたのち、戦利品の展示館、野戦病院、国軍の宿舎などに案内されてその実態をつぶさに見聞することができた。

病院は近代的な医療施設が整い負傷者の治療は万全であった。とくにわが女子看護兵がりりしく活躍していた。病院にはベトコンの負傷兵も三名いたが、彼らと話をやりとりしたところ、異口同音にベトコン時代のおろかさをさとって自由の尊さを身にしみて感じていると語った。病院での食事給与も一般韓国将兵とまったく同じであるといいながら韓国に感謝していた。

猛虎部隊が駐屯している地域は海岸地帯であるが、二十九日夜十一時頃ねこんでいたところにわかに銃声がひびきベトコンの襲撃でもと緊張したが、やがてヘリコプターの爆音も消え何事もなかった。

サイゴンからキノンへ行く途中の情景はどこが戦争かと思わせるほど平和そのものであった。ただベトコンがかくれていて突然襲ってきはしないかと不安ではあったが町の情景はいたってのどかであった。

戦利品展示場では、ベトコンが使っていた兵器などをみたがこれはすべて中共製であったし、竹槍の先に毒をぬったものや竹の刃物など原始武器も多かった。

猛虎部隊の従来の戦術にケルセア作戦というのがあるが、これはボタン一つ押せば武器が自動的に作動をはじめるようになっている。

ベトコンがでてこないので、むしろ韓国軍がまちぶせていてベトコンが現われるとボタンを押すという具合。

韓国軍の勇猛さは評判が高くベトコンたちも接近をはばかるよう申しつけられているようである。とくに韓国軍は現住民たちからの人気が高く、キノン市あたりでは「韓国軍は撤退しないでながくいてくれるように…」との市民のデモまであったという。

国軍の宣撫工作がゆきとどいている証拠で現地の人心をつかんでいる。部落などに結婚式があるとぜひ参席してくれとの招請がしきりにくるとのことだ。

白馬部隊長の柳少将にも会ったがここで国軍製造のパンをごちそうになった。この部隊の近くには大きな山がありそこで北ベトナム第一個師団を捕とうしたという。

わが国軍は連隊、部隊、その下に大、中、小隊と分駐しているが有事の際は五分以内に全連隊がすぐ出動できる態勢にあるという。民族解放戦線など戦力的にもその勢力も問題でなく、戦闘のあいてにもならないとのことだ。したがって派遣国軍は、戦闘らしい戦闘とは考えてもいないそうである。

それでも各種最新兵器をそなえ、ヘリコプターにも機関銃を備えつけていた。わたしにも一〇五ミリの自射砲や火焔放射器などをためさせてくれた。山に向けてうった自射砲や火焔放射器の威力はすさまじいものであった。

わが派遣軍に物資を供給する軍需物第一〇〇部隊も視察した。

この部隊は約二万坪の広い土地を占めていて莫大な物資をたえずわが駐屯部隊に供給している。米、塩その他日用品にいたるまですべてこれ韓国産、また物資だけが韓国産であるばかりでなく猛虎部隊にしろ、白馬第一〇〇部隊駐留地帯はこれすべて韓国一色にぬられていることがとくに印象が深かった。

太極旗のマークも鮮やかなジープがサイレンをならしながら疾走すれば、米軍車も一たん停止する。

ダナン市はきれいな都市で東洋のスイスともいわれるほどだが、この飛行場には韓国国会議員や民間人の出入もはげしい。飛行機発着の際は韓国語でアナウンスされる。市内のショッピングにも韓国語が堂々と通用する。香港や台湾などでは東洋人さえ見れば日本語で話しかけてくるというがベトナムだけは東洋人の顔さえ見れば女子供でさえ韓国語で親しみ深く話しかけてくる。

激戦地区であったというキノン地区にも足をふみ入れて見たが、かつて戦場であったらしいこん跡はまったく見えない。つまり侵攻された民家が見あたらないことだ。平和なふつうの都市となんら変らない街をオートバイに乗った若者たちが走りまわっていた。

ベトナムには、わが国軍のほか、わが国の技術者や建設業者が多く派遣されているが、彼等の用役でわが国が所得する外貨は、年間一億八千万ドルを超えるという。

駐ベトナム大使館大使の話しによると、わが国軍のベトナム派遣によって本国の経済発展に多大な寄与がなされていることはもちろんであるが、防共の第一線で自由を護る使命の重大さも、さることながら、わが韓国の国威宣揚に意義が大きいものがあるという。

ベトナムの赤化を防ぎ平和を護って建設をたすけるわが国軍の使命はすでに世界の友邦からの賞讃の的となっている。

南ベトナムにしても、最初はメコン河沿いの国境地帯にベトコンが若干浸透していたぐらいであったが、ベトナム政府自身がこれを掃とうする気も力もなく共産勢力の侵透を許した結果このようになったもので、最近になってようやく南ベトナム政府も反共意識が強くなってきて、やる気になったとのことである。

おわりにこんどの南ベトナム視察を通じて「ベトナム派遣」に対するわたし自身の認識を新たにしたしだいであるが今後、在日同胞社会からとしも慰問団を送って誤りがちな認識の解消につとめたい（談）

ベトナム派遣国軍を慰問する李民団々長右と蔡司令官

## 韓青大阪が越年パーティー

在日韓国青年同盟大阪府本部（委員長＝金宿男氏）では、さる十二月二十二日午後六時から民団大阪府本部（大阪市北区中崎町四三）講堂で送年パーティーを開いた。第一部は各支部対抗寸劇と合唱、そして贈物を交換し、第二部ではダンスパーティーをおこなった。

## 韓国人民生相談所が移転

韓国人民生相談所（所長＝趙宗大氏）はこのほど大阪市天王寺区筆ケ崎十七番地（電話＝七七一局の五六六七〜九番）に事務所を移した。

# 女と男と長師

韓国歴史物語

秋山哲雄

時は三韓時代、西紀一〇八年ごろ、漢の武帝が韓半島を侵入し、四郡（楽浪、臨屯、玄菟、真番）を設置するに至った当時、最後まで漢武帝に屈せず自主性を守った部族として馬韓、弁韓、辰韓は歴史的に有名であるが、この話は、そのうち辰韓部族の一頭目のエピソードである。

当時の部族国家ではかしらを長師または臣智、朱日と呼び尊敬していたが、一部族のあとをつぐのはその子に限らず必らずしも全部族のなかで知恵にしろ武芸にしろ徳にしろ最優秀なものでなければならないという掟があったので、部族の長の地位を自分の子にゆずろうと思う者は、きびしい試練を与えるのであった。

そこで辰韓の長師である李山も自分の長子、康に旅と狩りを通じての修業を命じたのである。康は十八を迎えたばかりであるがこれから満三年間父のそばをはなれて修練し、父の膝下に帰ってくるまでは誰にもまけない実力を身につけなければならないのであった。

もし自信がなければ帰ってこなくてもしかたないが三年の間おぼえた智恵と武芸を全部族の前で披露して認められない場合、自から部族長への希望をあきらめる意味で髪の毛をきって、平民にならなければならなかった。

しかし、当時としては男女を問わず髪の毛をきるということは大きな恥であったため、髪の毛をきるよりは自殺した方がましであるという気風であった。

康が旅に出て三年の歳月が流れた。

康はあらゆる試練を経ていまや錦を着て故郷へ帰るべく道をいそいでいた。

背中には、大虎の皮をはじめかずかずのみごとな狩りの獲物の皮とめずらしい贈物をいっぱいかついでいた。

あと二日か三日後には、こいしかった父や母にあえる。そして贈り物をささげ部族たちの前で自分の実力を誇示し、一族の長師としての資格を認めてもらうのだ。

康は希望に満ちていた。そして自信たっぷりであった。

「無事でなによりだ、よくやってくれた。たいした宛前じゃ……」

康は、父が笑顔で迎え、そして自分の智恵と武芸をほめてくれるのを夢みながら道をいそぐのであった。

康はさっきから急にくもりかかっている空を時々みあげながら今夜のとまるところを探しているうちに大雨にあってしまった。

遠くてかすかに聞こえてくる犬の声をたよりに道をいそぎ、山のふもとにある小さな部落にたどりついたのは真夜中であった。

康はいちばん近くにある家の門をたたいた。

「ごめん下さい。狩りから帰る者ですが、一夜とめていただけませんか」

やがて家のなかから一人の女性がたいまつのあかりを手にしてあらわれた。その女性は、しばらくの間、康の身なりをながめていたが、

「どうぞ中にお入り下さい。だいぶ遠い所から来たようですが、まずぬれた服を着かえて下さい。これは主人の服ですが、どうぞ遠慮なさらずに着がえて下さい」

康はその女性のすすめるままに部屋の中まで入ったものの女一人しか見あたらないので、

「ご主人は?」

と不審そうに聞いた。

「はい。ちょっと用事があって近所まで出かけましたが、すぐもどってくるはずです」

「いや、ご主人のおるすのうちに……」

「ご安心下さい、うちの主人は非常にお客がすきな方なんですからどうぞ気楽にして下さい。もしお客をぬれたままの姿で待たせたと知ったら私がしかられますから早く着かえて下さい」

康は女一人だけということがどおしても気になったが、それまでいわれて、遠慮することはかえって男らしくないと思い、進めるままに服を着かえた。

「だいぶおなかがすいているでしょう。しばらくまって下さい。すぐ支度をしますから」

「いや……」

康は思わずさえぎったが

「たっぷり ただ営ますから…ホホホ……」

という返事にはあっけにとられてしまった。

康は、食物の用意をしつつ、康のぬれた服を手なれたようすでかたずける女の姿をだまってみているよりしかたがなかった。

年ごろは二十とみられ、小柄ではあるが、なかなかの美人であった。

康も二十である。まだ女こそ知らなかったが、もう一人前の立派な男だった。

康は心の底にもえあがる男としての心をおさえるためにしずかに目をつむった。

「ならん! 主人の留守に、人妻に対してなんという罪なことを考えるのだ情ないわが心……」

康は自分自身にこのようにいい聞かせた。

「あら! お客さんだいぶおつかれのようですね、どうぞおそまつの物ですがめしあがって下さい」

康はびっくりして目を開いた。いつのまにかうとうとといねむりしていたのであった。

「これはどおも失礼を、ではいただきます」

康はひさしぶりに女性の手による食物をみて十分に満足して食事をすませた。

それに上等な酒までももらって最上の気分であった。

しかし、近所に出かけたという主人はなかなか帰ってこなかった。ふと康は不安におわれ、門の方に目をやった。

このような康の気持をすばやく察したその女は、食事のあとしまつをすませると、康の前に座を正し、いきなりさめざめと泣きだしたのである。

康はあまりにも突然な出来事にぼうぜんとしてしまった。

女は泣きながら康に自分の身上話をするのであった。

夫が近所に出かけたということはうそであって実は一年前に死別し、いまは一人さみしく暮しているというのである。

女は告白したあとも泣きつづけた。女は自分の心のすべてをその涙でもって語りかけているように康には思われた。

「では、わたしはこれで失礼します。いろいろとご親切にしてくれてありがとう。これはそなたの親切に対するお礼じゃ、さあとっておくがよい」

康は身をおこしながら荷物のなかから熊の皮を一枚とりだしてその女に渡した。しかし、女はふりむきもせず

「そんなものはいらないわ、馬鹿、馬鹿、でっかいからだして一人前の男ぶりをしていながらそんなに女の心がわからないの」

と叫ぶといきなり康にだきつき康の口びるを熱い女の口びるでふさいでしまった。

びっくりした康はなにかいわねばならぬ、これはいかん、と心の中ではさけびながら、遂に熱っぽい女にまけてしまった。やがて康は理性を失ってしまった。そして康は生れてはじめて女を知ったのである。

康の健康で若い肉体は女を満足させ、二人はだきあったまま深いねむりにおちいった。

それから幾刻かたった。

二人はいきなりどなりつける男の声にびっくりして目をさました。

「ちくしょう、こんなことだと思った。この野郎! お前は見おぼえのない顔だがよくもわしの女房を…」

その男は血ばしった目で康をにらみつけながらどなりつけたのである。

「なに! 女房だと?」

康はあまりの以外さに女の顔をながめながら反問した。

「そうじゃ、わしの女房じゃ、この野郎一夜だくだけで、自分の女とでも思い込んでいるのか、いい度胸じゃ。しかし、人の女房に手をつけた以上はそのまま生かしておくわけにはいかんぞ覚悟せい!」

「おいちょっとまった。たしかにお前の女房だとするとわしも覚悟はせねばならぬが、死ぬ前にわけを聞かせてもらおうじゃないか」

「なに、この野郎! わけを聞かせてくれと」

「そうだこの女の夫はたしかに一年前になくなったと本人の口から聞いたんだ」

「なんだと、このあまめ、また同じ手をつかったな!」

と康にはさっぱりわけのわからない話のやりとりをしながら女をにらみつけるのであった。

「でも……一カ月も帰ってこないんだから……うそをいって、この人を誘惑したのよ。この人はなにも知らないわ、殺すならわたしを殺して……」

康はおぼろげながらこの事件のてん末がのみこめた。それにしても変った夫婦であり、大たんな女ではないか。康は考えながらついにっこりと笑ってしまった。

「こいつ、笑ったな! おいこのような時に笑うなんてお前もただ物ではなかろう、これはおもしろい、いったいお前はどこから来た馬の骨かい」

「いや、名前はわけがあって申すことは出来ぬが、たしかに死にあたる罪をおかした以上、逃げはせぬ。わしの命をあずける」

「しかし、名前をあきらかにしなければ、お前の死体をひきわたす所をわからないぞ」

「死体は山の中に捨てておけば獣がかたずけてくれるだろうし、狩りに出たついでだから別にあやしまれることもなかろう」

「なるほど、いいことを教えてくれた。しかし遠い道を来たものですこしばかりのどがかわいた。おい早く酒をもってこい」(つづく)

# 酉年アラカルト

## 日本当局に大鳳の雅量を期待

鶏鳴朗らかに一九六九年元旦の夜明けを告げる。

旭日輝やき瑞雲たなびく絢爛なさまは、まさに一幅の絵である。一陽来福、新年を迎えて同胞の皆様に心より〝おめでとう〟とご挨拶を申し上げる。

異郷にての迎春も時代の変遷と年令の推移に従がって年々歳々感慨を異にする。日本の正月も巨大な経済機構の影響で、外面的には華やかな新春気分を毎年謳歌しているが、あの内面よりにじみ出る荘重な日本古来の伝統と情緒は、もはやごく一部の特殊層をのぞいては消失しようとしている。

庶民層には無味乾燥な虚飾に色彩られた正月がTVの電波にのって派手に送り迎えされているだけで、自分の手で正月を迎える用意や雰囲気はもうどこにもない。

全く機械化された妖怪的お正月である。

それでは韓国の正月はどうなんだろう。

未だに田園風景ものどかに、きれいに着飾った娘さんたちの跳び板遊びや、幼童たちの凧上げが冷徹な野景のうちで行なわれているのだろうか。冷気鋭い屋外から一歩屋内に踏み入れるとオンドル房のあの温い暖気は、しみじみと韓国独特の家庭の暖かさを味あわせる。

一家団欒のうちに迎える正月はとよなくたのしいし、生きていることも実感をともなう。だのにわれら在日同胞には一家離散の要因を未だに背負っている人々が数多くいる。

正月は目出度くもあるが死への一里塚ともいう。離散家族も早いとこ集まらなければ……と気の急ぐエンでもある。

韓、日は一衣帯水と往時より古老は申し伝える。

これを大きく阻むものは〝血も涙もない〟日本の入管法がそれである。

西洋人には六字を払って通れる関門も、われら同胞には針の穴よりも通り難い。

なぜだろうか? 百八つつの除夜の鐘も日本に来て今年で四十回目を聴いた。

もう大抵、日本の言語習慣風俗もなれたし、人情の機微も理解できる。

ただ、どうしても理解できないのは日本人の韓国人に対する心理であり、心情である。

過去に葬った古きずも除夜の鐘とともに過去の彼方に葬り去ろうとわれらが努力を重ねているのにも拘わらず、日本の当局者は意識してかさもなくば無神経で、その古創を逆撫でにするようなことをする。

朴さんや、金さんが、新井だったり金田であることに少しの理解もしようとしないばかりかむしろ感情的には露骨に拒否反応を示す。反面、ジャックや、ロバートが、それがたとえニセドル使用犯人のグループであったとしてもおのずと異る反応を示すことは、過去の経験の例からでもうなずけるのである。

われらの韓国が、そして在日一世が、一九四五年の解放まで日本にどのような協力と貢献を強制されてきたかは、日本の知識層が一番よく知っているはずである。

韓国には〝貞操まで捧げたのに怒られた〟という卑近な諺があるが、これは〝当然で一番大切なものまで投げ出して挺身したのに、その報いがゲンコツだ〟ということであるが、まさに過去の韓日間の関係からみて現在の在日韓国人の実態をいい得て妙である。

本人は在日韓国人のこのようなデリケートな心理を知ってか知らずか、とにかく日本は韓国にゲンコツ代として無、有償併せて八億〝の支払いをなしつつあるではないかと胸を張ってゲンコツ代の清算を主張しているようなところはないのか。

なるほど表面的には貸し借りはなくなったとしても在日一、二世の胸底に鬱苦しく沈澱する疎外感の残滓がいまの日本当局の杓子定規式のやり方では到底、一掃されるものでないことだけは確かである。

日本には〝窮鳥懐に入れば猟人もこれを撃たず〟の武士道的精神がある。

この精神に照らしても窮鳥に水を与え、餌を供給し、自由の翼を育む仁恕の心がなくてはなるまい。

日本当局者も熊鷹に似た勤勉さもさることながら、鳳凰のごとき悠然たる雅量で在日六十万韓国人を包擁する姿勢で接して貰いたいものである。

何? 日本の当局が〝キジも鳴かずは撃たれまいに〟と鼻先で嘲笑ったって?――

本年はトリ年である。われら同胞には月給トリのような結構なトリは少ない。殆んど日給トリが多い。従ってバタバタ貧乏で借金トリにつつきまわされ、ついにトサカにきてヤケ酒をあおり喧嘩か本能の軍鶏（シャモ）に変じたり、屍に群がるコンドルのよう振舞いだけはこれからは絶対にさけて欲しいものである。

（広告トリの囁きより）

6月17日 金曜日
西紀1966年(昭和41年)
毎月・7日・17日・27日発行
新聞定価一ケ月350円(送料共)
振替 口座 東京 6246番

# 國際タイムス
THE KOKUSAI TIMES

◇第379号◇ (大韓民国政府外国刊行物国内配布認可第19号)(昭和39年4月17日日本政府第三種郵便物認可)

発行所
国際タイムス社
東京 東京都文京区後楽町2丁目3番7号
本社 電話 (812) 4881 (代表) (811) 5781
韓国総局 ソウル特別市鍾路区寿松洞16



## アジア・太平洋地域閣僚会議 その歴史的意義

韓国が主導するアジア・太平洋地域閣僚会議が、さる六月一四日から三日間ソウルで開かれた。

第二次大戦後、アジアでひらいた国際会議としては最も規模の大きい今回の会議には、韓国をはじめ日本・自由中国・フイリッピン・マレーシア・タイ・南ベトナム・オーストラリア・ニュージランドなど九カ国が参加したが、この外にも米・英・ラオスの三か国がオブザーバーとして参加した。また、こんごの成り行きによっては、その他の中立国にも門戸が開放される可能性がある。つねに破壊的な共産侵略の脅威に直面しているアジアでは、最近、中共の勢力が急激に膨張してきた。このような時に、自由主義諸国間の紐帯を強化し、国家間の政治、経済、文化的な協力をはかるということは、アジア諸国の共同繁栄と自由陣営の安全のためだけでなく共産主義に対抗する基盤をきずくためにも、切実に要請されるものである。

## 地域問題は地域国家間で解決
# 国際勢力圏の形成
### 生活向上に経済協力 共同市場の設立へ

椎名外相　李東元外相

第二次大戦後の国際政治は、いわゆるイデオロギーの対立によって生みだされた、米ソ両国の世界分割政策による冷戦の連続といえよう。しかし一九六三年八月、米・英・ソ三国間で結ばれた部分核停条約は、米ソ両国間に創設されたホット・ライン(Hot Line)と共に世界の冷戦緩和に画期的な役割を果たし、東西の平和共存ムードは、西欧諸国に急速にひろがりはじめた。

このような米ソの接近に反比例して、中ソ関係は急速に悪化していった。一方、西欧諸国は戦前の水準を上回る高度な国家に発展するにつれ、フランスのように欧州の独立を主張するドゴール主義が現われた。そして、必然的に米仏関係にはヒビが入り、近来にいたっては、むしろ仏ソ接近の傾向さえみられるようになった。また、英国はEECの加盟を拒否されたし、西独は米仏両国のあいだに立って、統独問題や再武装問題などで微妙な立場におかれている。フランスはまたNATOからの仏軍の撤収を通告している。このように、国際政治における多極化現象が著しくなってきたので、米ソ冷戦時代の産物であるNATO防衛体制はその理念の修正が避けられなくなった。

しかし、欧州の平和共存状況とは対照的に、アジアでは米中対決の緊張度が高まりつつある。国際紛争は、欧州からアジアにそのまま移った感がある。韓国戦争はいうまでもなく、ラオス・ベトナム・中印国境紛争・インドネシアでの共産クーデターの挫折およびマレーシアとの対立など、あらゆる紛争が中共の後押しによって発生したことは周知の事実である。

ところが最近、フランスは中仏両国の接近により米勢力に挑戦する相対勢力を形成しようとし、これが国際政治面で一つの動きとして現われている。フランスは一九六四年一月中共を承認し、インドシナ半島の中立化を提唱するなど独自のアジア政策を展開しようとするものとみられる。

このようにアジア情勢は、東西両陣営の対決場となっているばかりでなく、フランスの微妙な動き、中共の台頭、日本の進出など列強の利害がもつれあい、国際政治面における複雑化現象はアジアにおいても徐々におこりつつある。

アジア諸国の大部分は第二次大戦後、政治的独立をえた新生国家群である。大部分の国家がそれまで西欧勢力、または日本の支配下におかれたし、独立後にも種々の形で強大国の影響からまぬがれないだけでなく、それらの国家群の殆んどが開発途上にある国家である。

西欧諸国のあいだではすでに長い間構成されている地域的協力機構としてある種の共同協議体が、アジアでは形成されていない実情である。政治的面からみてもアジア諸国がある常設的な政治的協議体を構成したとすれば、国際政治面での地位は急速度に上昇し、重大な勢力圏を形成することは明白なことである。特に重要なことは経済的[illegible]

……を克服するにおいても経済協力体の構成は一つの有力な経済圏を形成することになるといわれる。一九六六年代に入って以来、地域的問題は地域国家間で解決しなければならないという地域的解決優先現象が現われ始めているが、これは国連憲章においても勧奨されていることである。

亜・阿の新生グループが国際舞台に新しく進出することによって過去、西欧人だけが牛耳っていた国連にも有色人種が大量に進出し国際的な勢力分布が大きく変貌したことは周知のとおりである。

アフリカ地域には常設機構であるアフリカ統一機構(OAU)があり、彼等の政治的地位と生活向上のために協力し団結しており、最近ではアフリカ共同市場設立の動きまでみせている。南米では米州機構(OAS)が同地域の紛争の解決および生活向上のための努力を傾けている。また、中米自由貿易地域(CAFTA)とラテン・アメリカ自由貿易連合がすでに結成され、経済協力を試図している。

このような情勢にあって、変遷する国際情勢と侵略の脅威に直面しているアジア諸国の政治・経済・文化的諸分野において、相互協力を通じて自由と平和を守護し、相互紐帯の結束を強化することに[illegible]

## 社説 技術研修生の受け入れ
＝二つの基本問題に実証示せ＝

# 技術研修生四千人
## 日本の中小企業へ 韓国で派遣申入れ

# 尹発言を批判
## 派越国軍問題

尹潽善新韓党総裁は五日四川に続き六日には鎮海忠武中学校での時局講演会を最後に忠南・慶南地方での六日間に亘る第二次地方遊説を全部終了した。尹総裁は、去る二十六日南原での記者会見で「国軍のベトナム増派問題は国民投票で賛否を問い決めるべきである」と要求した。……

## 広場 張勉博士

## 近く抵触限界公布
### 政府与党で協議進める

## ラスク長官が訪韓
### 行政協定などを協議

空軍派越は拒否

## 故張勉博士を国民葬に

## 徐氏の拘束を申請
### ソウル地検公安部

## 亜地域の農業生産性協議



747

# 明るい韓国の貿易1億ドル突破

## 今年度目標にも成算

### 外貨を稼ぐピアノ

合、輸出をのばすことのみが生きて行く方法であり、それ以外に

韓国で輸出がはじめて一億弗を突破したのが一九六四年十一月三〇日で、この日を特に記念日にしているほどであるが一九六五年度の輸出目標は一億七千万弗で、その実績が一億六千九百万弗となり結局昨年度は目標を達成し得たわけである。

今年度の目標一億五千万弗については、すでに六月四日現在で一億弗を突破したのであるから年度目標を達成し得ることはほぼ間違いないと見られる。

この年度目標達成の見通しについては、年度に入ってからの輸出額を見るだけでは不充分で、やはりこの点は輸入額ならびに政府外貨保有高との均衡の上から検討をして見ることが必要である。すなわち漠然とした推測ではなく、相関の関係から数理的に割り出して目標達成は可能であると見られるのである。

輸出の面で昨年度は、対南ベトナム向けの輸出が一千四百万ドルとなり、この数字が大きく好い材料となったことはたしかであった。今年度の対南ベトナム輸出は四千万ドルを見込んでいるが、この可能性は大きい。

これに対して輸入を見ると、一九六三年度が一億三千一百万ドル、一九六四年度が一億八千四百万ドル、一九六五年度が一億四千八百万ドルとなっている。これはもちろん輸入超過の現象である。

この点について考える場合、韓国が現在まで輸入超過で悩んでいるのはたしかであるが、しかし、この輸入がなされるからこそ輸出物資を生産しているのであって、輸入を押えればそれでいいというわけにはいかない。要するに韓国は原料国ではなく、当然、輸入－加工－生産－輸出の方法しかないわけで、輸入と輸出のアンバランスは決して無理に押えて是正してはならないのである。むしろこの点については、輸入をのばして生産を高めることこそ大事であるということである。

当然、これは政府の外貨保有高と関連するが、政府の外貨は、一九六三年度が一億三千一百万ドル、……一九六四年度が……一九六五年度が……一億四千一百万ドルであり、一九六六年二月現在で一億四千六百万ドルとなっていて、徐々に増えている。

輸出ののびに比して外貨の手持ちがそれほどにのびていないのは輸入がそれだけ多く必要であるという非原料国の悩みからであるといえる。

輸出、輸入、外貨の三つのポイントからながめたとき、たしかに韓国の経済の向上が明確に見られる。……

## うけにいる南越輸出

## 水産振興案を最後調整

# 自立経済の展望明るし

# 生れ変る未来の韓国

『我々皆が力を合わせ今日の我々の為、明日の後孫の為に自立の巨木を植えよう！』という朴大統領の年頭教書での秘伝は一次五個年計画で成遂げた工業国としての基盤の上に産業構造の近代化による自立経済の確立を促求する為の今

## 四大発電所と遠洋漁業の促進

## 高度の経済成長へ

### 注目の海外投資13億ドル

対米依存経済から脱し完全自立体勢に入る七十一年度には七億ドルの輸出と輸入代替を積極推進して国際収支均衡に近づき、鉄鋼機械及び化学工業に重点を置いて工業の高度化と深化を期すとともに連関産業に対する波及効果を高め雇用増大と人口膨脹抑制、国民所得の向上、化学及び経営技術振興と……

まで引き上げることに力点を置いたこの開発計画は終れば一人当り国民総生産も六十五年より三十二％が増加した百三十ドルになって国民所得水準も相当……

# 国会で処理を

## 続発した院外紛糾問題

## 中央情報部の廃棄

方民衆党議員が提言

朴大統領が記者会見

748

# 決戦投票で順当勝ち 権逸団長が再選さる

## 次点金氏に42票差

在日大韓民国居留民団中央本部第三十一回定期大会は去る四・五日の中央委員会に引続き、六日正午より池袋・豊島公会堂で開かれた。二日間の中央委員会は茅場町の東京証券会館で開かれ、前年度事業報告、新年度活動方針の質疑、規約修正の討議が行われた。六日の本大会では金大使の来賓祝辞などに続いて、前二日間に亘る報告・活動方針、質疑の総括報告があり、宣言文決定、規約改正は討議の後、執行部と議決機関に一任と決定、午後四時三十五分、役員改選に入った。団長には権逸氏、議長には李禧元氏、監察委員長には李裕天氏が各々当選し、長い間物議をかもした団長選も平穏裡に終った。

権団長

李議長

李監察委員長

六名の候補者のうち、鄭炯和、李禧元氏は投票直前で団長立候補を辞退、現職の権団長の他、金今石、李裕天、李寿成の四氏で団長選挙に入った。辞退第一号の鄭氏は「もっと有能な団長選出のため辞退する」と辞退、ついで李禧元氏も他の機関（議長）で協力するため辞退する旨の挨拶があって、残る四氏の立候補の所信表明から、投票に入った。

投票の結果、大方の予想通り、第一回で過半数に至らず、権逸、金今石両氏の決戦投票に入り、これも予想通り権逸氏の再選と決まった。即ち、第一回は総票数三九〇票中、在席投票三八一票投票、一票無効、三八〇票のうち権逸氏一七六票金今石一一三票、李裕天四七票、李寿成三四票と過半数（一九一票）とならないため最高点権氏と次点金氏との決戦投票となり、投票数三八〇票のうち、無効四票、権逸二〇九票（当選）金今石一六七票で権逸氏の再当選と決まった。

# 議長 李禧元 監察委員長 李裕天氏

権逸氏は十五票不足で第一回で決定出来なかったが、決戦では予想通り勝ちを占めた。先づこの勝負は順当というべく、投票直前までの各候補者の予想は順位が下になる程、空票を読んでいたのが目立つ。それでは所詮勝目がないということだ。総評するなら権逸氏が一回で勝てなかったのは李裕天氏に票を食われたこと、金今石、鄭炯和、李禧元三氏は当初から予定されていた旧議決会の組織票一二〇票の固定票が文字通り一三票となって現われたこと。ダークホースと宣伝していた李裕天氏の票が案外に伸びなかったこと、一番弱いといわれた李寿成氏の票が二十票台と予想されたものが、三十四票にも伸びたことなどが目につく程度だ。

次に議長選挙だが、朴玄現議長（勿論権逸氏を推す）と投票間近かに引込んだ李禧元両氏の対決であったが、与党たる朴玄氏が当然当選すると思ったのが、一八九票対一五六票という大番狂せで李禧元氏が当選した。このことは団長選で敗れた議決会派の最後の努力と、勝った勢の権派の心のゆるみ

# ベトナムに二万人

## 韓国技術者歓迎される

ベトナムに派遣されたわが技術者の卓越性と忍耐力が認められ来年までに約三万名のわが国技術者がベトナムに派遣されるもようである。

派遣技術者の人力総合検討のため去る三十日わが国に来た駐越米国建設会社（RMK）副社長パーキンス氏は二日、金鉉国国防部長官を礼訪して、はじめ三千名の韓国技術者を採用するはずだった計画をかえ、今年中に一万名、来年二万名をさらに採用する計画であると明かした。

六・二五当時韓国に参戦したこともあるパ氏はこれまでフィリッピン人と韓国人技術者を採用してきたが、韓国人技術者が卓越しており、忍耐力があるので韓国人だけで技術陣を固めることにしたと語った。

# 論壇

# 愚かな知識人

## ベトナムと平和論

田 駿

## 無責任な偽善理論

# 投資にわく済州島

## 在日僑胞の関心高まる

久しい間、

# 正式業務を開始

## 駐韓日本総領事館で

# 千五百点の文化財

## 日本から韓国に返還

# 港の見える丘に

## 駐日横浜領事館開く

# 六本木に新名所出現

## キャラバン・サライ開店

新羅苑

# 新らしい韓国像

## 英・エコノミスト紙評

冷徹な時事分析で定評ある英国の「エコノミスト」誌はその最近号で「韓国・東洋の奮闘」と言う題目で共産主義と闘いながら政治的安定と経済発展の為め死力をつくしている韓国の現実を次のように報道した。

**忍耐性外交成功**

南北に分断されて以来多くの人々は地理学的に異状な立場に立っている韓国は、ただ米国の戦略的必要に依ってのみ存在して来たものと思われて来た傾向があった。このような印象を受けるようになった主な原因の一つは人気がなかった李承晩政権のためであろう。

しかし四・一九革命以後さまざまな変化が起きたのである。十三年ぶりに始めて韓国は全世界、とくにアジアにその存在を認識させ始めたのである。韓国は忍耐性のある外交方針によって世界六十九ヵ国から外交的承認を獲得することに成功したのだ。これに対して北韓はわずかの二十一ヵ国と外交関係を結んでいるにすぎない。

海外にある韓国公館は外交と宣伝を通じて韓国が政治的に安全な国家であるのみならず文化的、人種的にも一つの統一された国家単位であることを強調している。韓国が中共に近いところに位置しているにも拘わらず固有な生活方式・食生活・言語を保持している事実は韓国の人々が大きな誇りとして思っているのである。このような自己認識は韓国内の社会関係においての著しい自由化にも現われている。李承晩氏の陰から脱皮しようとする韓国は強硬政策と民主的妥協と言う二つの極端で幾度か戸惑ったが朴正熙大統領はついに民選大統領としての「イミジ」を浮彫させるのに成功した。

韓国新聞人達は日本や比律賓の様な言論の自由を得る為、長い闘いをつづけ、ついに言論の自由を獲得することに成功した。

其の結果韓国新聞は世界で最っとも自己批判的でまた自制的言論機関として発展した。

現在韓国の新聞倫理委員会は公正な報道をするための熱意においては世界の他の類似機関よりも進んでいると言えよう。

**国民総生産も増加**

韓国は経済面においても多くの発展を遂げた。国民総生産が五十六年度より六十二%も増え輸出も四倍以上増加した。

水力発展も全年度より四十六%増えたし、工業生産は二十一%が増え、造船工業も新しく発展して沿岸荷物船や漁船を建造しており、農民達も新しい米耕作法を研究し肥料も多く生産して普及しつつある。

ところが未だ多の問題が残されている。年九千万ドルの貿易赤字、国家予算の三分の一以上を使う六十万大軍の維持費等がその例である。韓国は昨年「ベトナム」に兵隊を派遣して軍事費も増加したが米国が去る三月その派越軍費の費用を負担することになり、また予定されていた軍事援助削減を中止したためにこの問題は一応解決したのである。ソウルは現在海外市場、特にアジアと「オーストラリア」での市場開拓の為に大変力を入れている。

しかし日本もこれらの国々に輸出を増大させるため新しい努力をしているためその成果はあまりはかどらないが韓国は労賃が安いためある程度の成果は上げることが出来るものと政府は期待している。

しかし韓国のより大きい希望は期のところにあるようだ。それは韓日国交正常化にともなって米国の援助が台湾でおさめた様な成果を韓国にも持たらしめることを望んでいる。一方、韓国人は水産業と米生産増加に注力している。対日請求権資金の中の一億ドルを利用して韓国は漁業の近代化をはかっており日本の技術及び物資援助で水利及び農土拡張を期している。日本はまた工業機具と資本財、それから巨額の原資材を韓国に提供して新しい工場を建てることを約束した。こうして韓国は二次五ヵ年計画で個人当国民所得を現在の年一百ドルから二百ドルまで引き上げるよう努めている。

**統一に期待をよせて**

家族観念が強い韓国人達がなによりも熱望していることは祖国の統一である。現実主義者として自負している朴大統領はこれが何よりの願いであることを認めているが革命の病廃を根本的に直す為には統一にならなくてはならないと主張している。理性的な韓国人達はこのことが莫大な仕事であることを悟っているが彼らは自惚ていると間違えられる程、自信を持ってこの問題を考えている。

# 文芸

# 政局再び緊張

## 波紋呼ぶ二つの発言

新韓党尹総裁の南原発言及び民社党（仮）幹部徐氏の南北交流主張に対する反共法適用問題はその間政界に大きな波紋を呼びおこしてきた。

そしてそれによって政局は再び緊張状態が造成されつつある。両氏の発言については本欄も既に論評しているので再論は避けるが両氏の問題の発説を反共法で処理するという当局の言明が与野間の深刻尖鋭な政治論争をよびおこしていることは極めて不幸なことと思う。既に現時点でこの論争は野党議員によって立法闘争に拡大される気配をみせている。

両氏の発言内容に対して政府与党側は反共法を適用しようとする一貫した態度を堅持しているのに対し、野党側は現行反共法の未備な点を挙げてこれに対抗しているのである。

われわれは大韓民国の「安全を脅やかす共産系列の活動を封鎖し国家の安全と国民の自由を確保することを目的とする」反共法が共に国政に責任をもつ与野党間で政治闘争の対象となってしまった現況を何よりも不幸なことと思う。大韓民国の国是は厳然と民主主義であり、民主主義を実現するため野党が存立するのであれば、民主秩序の転覆を策動する内外共産系列の活動は当然与野共同の仇敵であることは明らかな理屈である。こんな論理から共産党の侵透工作を粉砕するための反共法は当為上政治の争点とはなり得ないのである。

それにも拘らず反共問題が与野の争点になったのには何らかの理由がなければならない。両氏の発言内容に対する解釈意図や、これまでの政治的業績にはいろいろ問題があろうが、本欄がこの機会に指摘したいことは同法条文の未備点である。制限された紙面では同法の各条文をいちいち検討する余裕はないが、そのうち最も問題点を内包しているものは第四条である。

「反国家団体やその構成員または国外の共系列の活動を讃揚鼓舞またはこれに同調するかその他の方法で反国家団体（国外共産系列を含める）を利する者は七年以下の懲役に処す」と規定した極めて抽象的同条文は犯罪構成要件としての被疑者の目的意識を全く考慮していない。

こんな条文を実際に適用する場合一大混乱がおきるだろうことは誰にも予見できることである。閔法務相ですら「反共法自体に欠陥があることは認める」と国会内務分科委員会で証言しているのである。一国の法務長官までが是認している欠陥を与党要路が是正しようとしない態度は肯けない。

故に対共闘争で共同の運命にある与野はこの問題を隔意なく討議して、この重大な法律を補完するのが民主的政党政治の正道であると考える。しかも既存実定法では運用の経験を通して欠陥が発見されるのは常例である。一人の破壊分子も逃がさないと同時に国是を尊重する自由言論とか政治的主張が容共とみなされることのないよう万全を期す意味からわれわれは現行反共法の改正は必要と思う。

閔法務は「健全な良識で判断して運用する」といっているが、健全な良識は法の明文を左右し得ないのだから法条文の欠陥をそのまま放置し「健全な良識」に依存することは納得いかないのである。

われわれは反共法が合理的に改正されて与野間に不必要な紛争が再燃しないよう望み、民主政治のルールが一日も早く確立されるよう期待してやまない。

そして与野はいつかは、自身の位置が入れ替わることを深く考え同法の改正問題をそれこそ「健全な良識で判断」してくれるよう促がすのである。

# 危険性ある「感傷論」

## 南北交流問題を再検討

四日金中央情報部長は南北交流論に対し「それは現国内外情勢からみて北韓に有利な統一ムードを造成し、われわれの反共路線を実質的に後退させる結果となり、国家安保に重大な脅威を与えるもの」と指摘し、統韓方針は「国連決議に依拠し反共を理念とした自由民主主義大義の下に韓半島の唯一な合法政府である大韓民国の主権が北韓地域にまで及ぶことである」というのが政府の方針であると明かにした。

南北交流論は統韓論の前提であり、糸口ともいえるので併せて論議した方が良いともいえるが、ここでは南北交流論にだけ言及することにする。

南北交流論の嚆矢は大韓民国樹立直後の南北協商論で、それは南労党事件に関連した金若水、盧鎰煥らによって主張されたというはじめから不吉なものを内包している。それはまた四・一九以後革新政党や一部学生によって主張され、容共的ムードの造成という印象を与えたが、五・一六軍事革命で姿を消したものである。

ところが南北交流論が後を断たず主張され、物議をかもしているのは、統韓意欲がなくならないためそんな表現で現われるといえると同時に、われわれの反共理念や現実が、南北交流論によって影を薄くする危険性があるためといえる。

南北交流論の当為性はともかくとして現実的に「北韓に有利な統一ムードを造成し、われわれの反共路線を実質的に後退させる結果になるのであれば、それは国家安保に多大な脅威を与えるもの」であるだけに、南北交流を主張する態度に対し、慎重な再検討を加える必要があるのではないかと思う。

たとえ南北交流論が容共ではないとしても反共とはなり得ないことは確実である。

それは第一に、北韓を対等に扱うという点で韓半島の唯一な合法政府である大韓民国を色なからしめ、交流とは敵対より親善に近い性質であるから一五五哩での軍事的対峙やベトナム派兵の名分が不透明にされるからである。加えて北韓の奸計や謀略宣伝に巻き込まれる危険性もないとはいえない。また南北交流によって何を得るかというと、人によっては各様各色の主張があろうが、われわれの思うにはあまり得るものはなさそうである。書信交換とか記者交換とか体育競技等で大韓民国の現実に一点を加えるとか一画を加えるとは考え難いのである。書信交換ということは離散家族民が以北においてきた家族と消息を保つということであるが、それでなくても北韓は離散家族を要視察しているし、家族からみて交換が許されても越南避難民は書信を送ることを躊躇するだろうから無意味であり、記者を北派することで現在われわれが知っている以上の北韓実情がわかるものかどうか、また南派された北韓記者からわれわれが期待できるものは何かというと疑問である。

こう考えると課題の山積したわれわれの現実で南北交流論によって物議をかもすことは一銭の得にもならないことといえる。

従って現実性もない南北交流論がただ政治運動のスローガンとして掲げられる風潮も再考されなければならないと思う。それに南北交流論を主張する人は統一を願う人であり、そうでない人は統一を願わない人でもあるかのような雰囲気を造成することは賢明なことではない。

統一を願わない者は一人もいない。ただ、どのように統一するかが問題である。無原則な統一論やそれに先だつ感傷的南北交流論によって民主主義反共路線が揺り動かされることがあってはならない。こうなって得するのは北韓だけでどの野党でもないのである。

# 麦作一千万石越す

## 大豊作に

今年の麦作況は湖南・嶺南地方が三十年来の大豊作で千四百六十五万石が収穫されるものと予想される。

この量は昨年度収穫量九百五十万石よりも五百十三万石が、そして平年作の七百七十万石よりも六百九十五万石が多い。わが国農政史上例のない一千万石を越す麦の大豊作は政府の大農倍増運動と積極的な農事指導の成果ともいわれるが麦の大豊作と共に農産物価格の下落防止のため当局の果敢な措置が緊急に要望されている。

# 公務員俸給引上げ

政府は来年度も一般公務員と軍人の処遇を改善、一律的に公務員は三〇%、軍人は一五%ずつ俸給をベースアップする方針である。

政府高位消息筋は六日、「今年一般公務員の三〇%ベース・アップに比し軍人俸給は六〇%も上がったので来年度は公務員俸給とのバランスを取るため軍人俸給は一五%だけアップすることに方針が決った」と明かにし、「当初、●公務員四五%、軍人三三%、●公務員六〇%、軍人三〇%ベース・アップ方案なども検討したが財源関係で公務員三〇%、軍人一五%引上げ案を採択した」と説明した。

# ふるさと野話

## 斜面の水田におり立つ鷺鳥 ― 山鳩も啼いて春はたける

勤農の人は水田に水を引く前に深耕をする。先づ牛のすきを使って深く掘り起こす。これがすむと、はじめて水田に水を引き入れ、それから地ならしを丹念くする。

収穫は深耕の深さによって増収が決まるといってもいいほど深耕は大事なことである。もっと勤勉な農家になると、この深耕を秋のうちにすます人がいる。これは病害虫を追い払うためにも是非大切な農作業である。

大抵の農家ではこのことを知っていてもいざ実施となると、なかなかうまくいかない。春になっても深耕をせず、早めに水を引き入れて地ならしだけをしてその場を胡麻化してしまう。

鷺鳥が山の谷間に来たほの見える頃、水田の地ならしがはじまった。山の斜面の段々になった水田に水が引かれ、上の段から次々の段に落ちる水の音がせせらぎをつくって聞えてくる。

段々の水口は段毎に右端、次ぎが左端と交互につけられている。これは水を均等に引くために考えられた智慧である。それぞれの落差が大きく、そのためにどの水口も必ず石を積んで作ってある。

水の音はそれらの石にあたって大きく響き、小川の流れのように交響する。この音が聞え出すと、山鳥が飛んでくる。水の音に胸をはずませて、水田の畦に止まっている。

鷺は一番貫がさとく、一羽ずつ舞い下りて水田の中に立つ。鷺といっても真鶴ではなく、いわゆる鷺属であるが、片足を水中につけ、片足を持ちあげてポーズをつくる。一羽が首をあげて舞うと、他の一羽がくちばしを水中につっこんで餌をとる。餌は地の中から浮き出た虫か、さもなくはオタマジャクシである。オタマジャクシはもう四つ足が出揃っている。小鳥たちはもうその大きさにびっくりしてくちばしを出さないが、鷺にはちょうど手頃の餌となる。

「鷺は必ず二羽づつくるね！」

畦なおしをしている女の人が声をかけて、「そうだとも、夫婦仲がいいのだよ！」

「人間もそうだといいがねえ！」

話しかけた女がいった。

「鷺は、女房に嫉きが来んのかいのう？」

下段の男が、上段の男に向っていった。上段の男はにやっと笑った。

「まあ！なんていやらしい！」

下段の女が男をにらんだ。男は、くすぐったいように鼻の下をゆがめた。

「女の方が、男のいうことをなんでもよく聞くんだべえ！」

上段の男が、つけ加えた。

「なんと！男ってみなこうなのかねえ！」

「わたしも鷺になりたいわあ！」

願望をこめて、語尾を高めて女はいった。

真昼の太陽が水田に輝き、鷺は純白の羽毛に水を輝かした。山の中腹から山鳩が、

「クッ、クーッ」

と喉声を震わせた。中腹にある岩場からである。鳩はその岩場に巣をし、それに群がるハエを餌にするため、と客寄りやってくる。

餌がふんだんにあると、

「クッ、クーッ」

と満足をあらわし、餌が少なくなると、

「クッ、クーッ」

と不満をもらす。下界の人間の耳には全く同じく聞こえるが満足と不満の声はそれなりに異っている。

二組の男女が畦で昼食を広げる頃、鷺もあいたずさえて飛び立った。山のかなたの住み家に帰えるのだろう。鳩もなりをしずめてしまった。熱い太陽がますますいきおいよく照りつけている。麦をひかえたある日のことだった。

# 圓形の傳説（46）

張龍鶴・作

彼はいま平壌にもどるところです。資本主義には資本主義悪だけがあるのではなく、美があり、愛があり、創意があるのだが、資本主義悪に敵対するためにのみ存在する谷底に向ってです。第一のルネッサンスを予備する暗黒だけがその存在価値とされている、その谷底以外に彼のもどるところはなかったのです。その暗黒にもどるために火の光りを怖れる自分自身が、可愛そうに感ぜられたとしたら、彼はいまセンチメンタリストになっていたのです。

彼は南韓警察に捕えられることを怖れているのではありませんでした。自然のなり行きで捕えられることを望んでいたかも知れません。懲役が怖かったのでもありません。拷問でした。拷問も受けずに自白することもならず、といって拷問は、考えるだけでも気が遠くなりそうです。

彼は怖ろしい拷問の話しをあまりにも多く聞き、よく知っていました。そのような拷問を受けてまで必らず守らねばならないほどの、どんな価値が人間にあるだろうか？これは自分にも秘密にしている疑問でした。ともかく彼は拷問が恐くて以北にもどるというのでした。

その森の中には、黒い影が待っていました。近づいて見ますと、帽子を深くかぶったその影が、一歩進み寄って、腰をぐいっと突くのです。拳銃でした。

「上を見なさい」

「……？」

「頭の上のことです」

街の遠い光りで紅いろに染った空に、ゆれているそれが何んであるかを察する前に、赤と青の信号の光体を思い出したことでした。

「犠牲になってもらいます。組織を生かすためにはそのみちしかありません」

「犠牲ですって？　銃殺ではなく……」

「それは同志の考え方一つだ」

「話して、なんのことかわからない」

「犠牲とは、党組織のために自決することだ。党史に残ることが出来るということだ。会寧泰だから話しましょう。」

「自決したいとすれば、どうなります？」

「この銃にじょうだんで弾をこめているんじゃない。同志はどうしても死ぬ身だ。反逆者となって犬死にするのは、惜しいと思いませんか？」

「自決すれば、誰であるかわからなくするために、石で顔をめちゃくちゃにすることはないでしょうね？」

「時間がない！そこに手頃な踏台の岩がある」

「……」

腰に届くほど高い岩でした。李章はその上にのぼりました。上に立って手をあげると綱ひもが手にさわりました。

「こんなに具合いよくするためには、手数がかかったでしょう」

「……」

「ひもが少し細すぎる」

しっかりしているかどうか、引っぱって見ました。

「ほんとに、党史に載せてくれるんでしょうね？」

「最後に残す言葉はないですか？」

党史に載せるにふさわしい言葉です。

「金日成将軍万才ってなあ、どうです？」

「それが一番いいでしょう」

「じゃ、たしかに、そう頼みます」

といって、綱を首にかけて結った李章の足が岩を蹴りました。

次ぎの瞬間、拳銃をもっていた黒い影が向うの方にくずれ落ちました。

土の上に飛び降りた李章は、起きあがろうとするその男の顔を蹴とばしました。

「踏み台に、手頃な岩だと……」

その男は、片手で顔をおおい、片方の手をまわすのでした。李章は、その足を踏み、拳銃を拾いあげました。

「おれが今日失敗したのは、人間に疲れたためだ。……ようにしてやる。アカだと声をちょっとでもあげたら撃つ！」

足で蹴り、踏み、そして、半殺しにするのでした。

手にした拳銃をポケットに入れようとしたが、止め、そこの並木に出来ていた窪穴に押し込んで、街に向って歩き出しました。（続）

新東亜タイムス
THE SINTOA TIMES
(日刊) 第○号
7月21日 月曜日
1969年 (昭和44年)
見本
発行所
株式会社
新東亜タイムス社
東京都港区新橋5丁目13―12
(郵便番号105)
電話 (大代表)東京433局5877

# 朴大統領が表明
# 改憲、国民の意思で
## 兪新民党総裁へ返書

毎日新聞が八日、報じたところによると、朴正熙大統領は七日、政治問題化している同大統領三選のための憲法改正問題について「改憲に反対するか賛成するかは、すべて国民各位の自由意思によるものだが、意思の表示方法は平和的、合法的であるべきだ」との考えを明らかにするとともに「改憲が憲法の手続きによって提案された時は、政府は適切な措置をとるべきだ」との態度を打出した。これは同日、新民党の兪鎮午総裁の提出した〝改憲に対する質問書簡〟の返書の中で述べたもので、朴大統領自身が「改憲すべきだと考えているかどうか」については直接ふれていないが「学生デモなど反対運動の取締まり強化」を示唆しているため、新民党の強い反発を呼んでいる。朴大統領は、この春「改憲は私の任期中にしないほうがいいというのが真情であるが、論議するとしても年末か来年初めになってから始めてもおそくはない」と記者会見で明らかにしている。

## 暴力や不法は許さぬ

七日夜のソウル放送によると、朴大統領の返書の内容は次のとおり。

一、憲法改正に対する私の所信は年頭の記者会見ですでに二回にわたり明白にしたことがあり、その所信はいまも変わりはない。しかし憲法改正が憲法の手続きによって合法的に提案された場合、それが国民の提案であろうと、また国会の提案であろうと、合法的な手続きと公正な管理によって国民の自由な意思を十分に反映させる最終的な決定が実現されるよう、適切な措置をとることが政府の義務であると考える。

一、憲法改正に反対したり、支持したりすることは、全く国民各自の自由意思にかかっている。また、その表示方法は、あくまでも平和的で合法的でなければならない。したがって、暴力や不法な方法で自分の意見を貫徹しようとする憲法改正反対者および支持者に対しては、ともに政府はこれを許さない。

一、与野党は政府の方針に積極的に協力してくれることを要望する。

なおこの返書を発表した大統領官邸の鄭(妻?)尚郁スポークスマンは、さらに「朴大統領は憲法改正の手続きを行なう過程で、不法または非民主的なできごとが起きれば当然糾弾の対象となるが、その手続きが合法的で民主的に行なわれる憲法改正ならば、これは民主秩序に違反するものでないとの法の精神を説明したものである」と述べたのち「憲法改正自体を不法または非民主的と規定する考えは正しくない。憲法は必要な場合は改正することができる。憲法には改憲手続き規定がある」と言明した。

【注】朴大統領の返書そのものは従来の所信表明と変わりないが発表に当たった要スポークスマンが「改憲を不法呼ばわりするのは不法」と断わっている点からいって、朴大統領は憲法改正支持の態度を固めたものといえる。

## 学生デモ続出

韓国の学生デモは七日〝[illegible]収拾〟のため休校措置をとる大学が続出したが、なお各所で学生と警官隊の衝突が起こった。

政府は下火になったデモに追打ちをかけるように強硬態度を示し洪(ホン)文教長官が同日「研究討論など学術活動は別として、教授の指導によらぬ学生の集会およびデモは、学校の内外を問わず、いっさい許さない」と発表、一方、野党の新民党の兪鎮午総裁は、この日「三選改憲問題をこっそり推進しようとするのは国民を愚ろうするものだ」との態度を明らかにした。

同日休校にはいったのは延世、高麗、成均館、東国、友石、外語などの各大学である。また全羅南道の光州では高校生の間に〝デモの気配〟がみえたため、七日から十二高校が休校措置をとった。

こうした状況から、政府筋は「デモの峠は越した」と判断しているが、同日も学生と取締当局との間でかなり激しい衝突がみられ、中でも延世大学学生七百人は昼すぎ校門を出て付近の鉄道新村駅を一時占領した。これに対し、警官隊は催涙弾と棍棒で〝排除〟しようとし乱闘、ヘリコプターが出動して空から催涙弾を投下した。このため、列車は約二時間ストップ、学生約十五人が負傷した。

## 八月に韓日法相会談

在日韓国人の法的地位問題で韓国の外務部長官崔圭夏(チュ・キュハ)長官は、さる二日「在日韓国僑胞の法的地位問題について八月下旬、東京で韓日両国の法相会談を行う予定である」と語った。

「在日韓国人の法的地位問題」は韓日協定発効後すでに三年以上を経過しているのに、また協定前文にうたわれた基本精神が生かされないまま、一方的に在日韓国人に対する差別、強制追放および同化政策が強化されているうえ、日本政府は出入国管理令を出入国管理法に改定しようとしている。

写真 在日韓国居留民団の極限断食闘争

## 出入国法案に反対
### 極限断食闘争にはいる
東京

在日韓青と韓学同盟員ら三十五人は、日本国会法務委員会で審議中の出入国管理法案に反対し、さる六月二十七日午後一時から東京・数寄屋橋で、民団指導のもとに極限断食闘争にはいった。さらに二十八日には、公明党と社会党を訪問、三十日には自民党、七月一日には国会法務委員会をそれぞれ訪れ、出入国管理法案に反対する理由を説明するとともに、その撤回を強く要求した。

現在のところ、在日韓国人のうち協定永住権申請者は十一万六千三百三十一人、うち許可になったのは十万四千四百三十八人、不許可八百五十六人、取り下げ百一人であり、また一般永住権申請者は三百四十四人、不許可二十九人、取り下げが百九十一人となっている。

駐日韓国大使館筋によると、在日僑胞が大使館に正確な申し出をほとんどしていないため、その実態がつかめず、日本国政府との交渉もまったく手のつけようがないという。在日韓国人の多くが個人的に日本人に相談をもちかけ、逆に日本側から駐日韓国大使館に情報がはいることもあるという現状である。大使館側では、もっと積極的に大使館に相談してほしいといっている。

なお、民団の断食闘争をはじめ、出入国管理法案にたいする反対闘争は、今後ますます激しくなるものとみられる。

# 発刊の辞
## 韓日両民族の親善を心から祈りつつ

人口の激増とともに、狭くなった地球に住む人類の指導原理は、なんといっても、ヒューマニズムと共存共栄につきるし、世界の平和もやはりそこにある。

政権や経済政策がどんなに変化しても、変らぬものは、人と人との温い触れ合いから否、民族と民族との温い触れ合いによって、一度結ばれた深い友情であり、かくの如き次元の高い民族間の友情は、民族と民族との文化の交流にまつほかはないと思う。「アジアはひとつ」とは、古くからいわれても、いまだその夢は実現の段階にはいっていない。民族同志の連合があって、はじめて恒久平和の道は開かれる。ヨーロッパにおけるEECの出現は、いみじくも民族連合の方向を暗示している。経済共同体のみならず、現にヨーロッパでは、だれでも自由にノー・ビザで旅行できるではないか。極東の一角では出入国管理法案でごった返している。これはまことに時代錯誤も甚しいと思う。

アジアの課題は、なんといっても貧困と人口過剰と文化の遅れを、どう解決するかの問題である。ほとんど植民地から解放されたアジア民族は、その国づくりに専念している時期である。アジアはまさにひとつとなって、共通の運命を開拓すべきである。韓国と日本は、昔から最も近かった。それが、いまは最も遠い国になっている事実を否定できない。まったく悲しい現実であり、両国の親善が実現できない限り、アジア共同体の夢ははかなくなる。

いまや韓日両国民は、おのおの新しい自覚に迫られている。両国民は、今後どんな意味においても、報復手段をとってはならない。文化民族のプライドをおたがいに自覚し、これにとらわれないことが、最も緊要な問題である。一部の不良な人を見て、その国民全部をことごとく不良扱いし、弾圧や強制送還のみを強調することは百害あって一利もないのである。韓国と日本の両民族の一切の過去は、日本の敗戦という大事実によって、洗い清められたはずである。いまこそ、何のわだかまりもなく、日本人と韓国人とは、文字どおり対等に手を握り合うべき時であると確信する。

いと遠く　かつ　いと近く　大いなる泉か　人の愛とよべるは

韓国と日本の両国民のひとりひとりがすべて親しい友情に結ばれ、古くて新しい国近くて遠い国である両国が先がけて手を握り合い共存共栄の実をあげ、アジアがひとつにならなければならないということ、身をもって他の民族に範を示し、アジア共通の運命を開拓すべきである。そして、真に人権を尊重し、自由であり、ヒューマニズムを身をもって行為し、共存共栄の世界を建設せんとすることが、人類最高の使命であり、人類の叡知であることを確信するわれわれは、その栄誉な使命を果たす一翼をになうつもりで、ここに日刊「新東亜タイムス」を創刊するものである。

# 韓国の思い出
## 異質の許容から文化が生まれる〈上〉
岡本太郎

韓国の文化というのは北方の文化で、なにか日本の雰囲気にない北国の青空を思うような透明さがある。そして軽々とした、かつては遊牧民であったような、一種のノスタルジアを感じさせる文化だ。重々しい感じはない。

僕にとって印象的であったのは美術もあるし、大きな梵（ぼん）鐘があった慶州の博物館で、いろいろなものを見せていただき、感動したことである。

とりわけ、最も印象的であったのは、現代人はいろいろ失なっているものが非常に多いわけだが、庶民の生活の中に素朴さが残っていることであった。しかし、どんな社会でも、その中にはいるといやなことが多いと思う。外から見るときは、非常に無責任で、飛躍的に判断する。とくに、旅行というのは人をある程度までセンチメンタルにさせ、いい色どりでしか見ないけれど、中にはいらないとわからない。たとえば、韓国の老人は冠をかぶってすばらしいけれど、たいへんな権力をもっている。白いものを着て、冠をかぶって道を歩いているところを見るとなにか感動的なんだ。

非常に貧しいけれど、中世的に思われるぐらいの市場の風景、それからあの山の上までびっしりつまった、いわゆる貧民街（ソウル）を見ていると、なにか中世を思い出す。人間的な生活の中で平衡をもったのは中世だと思うが、中世からだんだん人間は別の運命を背負ってきて、豊かにはなるけれども、またむなしさもつのってくる。

韓国のそういう中世的なところをほめると、韓国の人はうれしくないかも知れないが、なにか、とても純粋な感じがした。韓国はすばらしい。近代的な町の中でサラリーマンが働いている。しだいに伝統的なホワイトカラー（白色）が少なくなり、ムードが違ってきたようで、やはり今の韓国が背負っている国の運命みたいなものがにじんでいるようだ。

慶州の石窟庵に行った時の話だが、朝早く、まっ暗なうちに起きて、一時間くらい歩いてのぼっていくと、ちょうど朝日がのぼるときに山に着いた。全体の雰囲気がすばらしかった。太陽がのぼるときに着いたことが印象を非常に強くした。わざわざ慶州までいき、どうしても見たいと思って行ったのだ。慶州は一日だけ。韓国全体で六日間しかいなかったので、ほんとにかけ足だった。南の島済州島まで行ってみた。船で渡って、それから山を越えて南の方へ行った。

人は、韓国と日本との芸術の土台には非常に似たものがある、とよくいうが、僕はそうじゃないと思う。ずいぶん違うと思う。韓国の人は北国的な要素をもっていると思う。非常に空間的な感じがする。日本のものはもっと土についた土着的な感じがするのだ。それから性格もずいぶん違うと思う。これだけ近くにいて、恐らく韓国人は永い歴史のなかで日本人の中にはいっているに違いないと思う。性格が違うところから、いろいろな不幸もあったのだろうと思うし、中国人との性格もずいぶん違うだろう。違うということをいいこととしてみるのと、違うから批判的にみるというのと二つあると思う。その異質のものを異質だからこそ喜ぶとか、親しみを感じるという神経と、異質だから逆に反発するというわけだ。

日本は、「明治百年」を迎えたが、文明開化の時代に、ヨーロッパの文化を異質だからこそあこがれ、また尊敬した。ところが、隣国や近くの民族の異質的なことを逆に嫌悪したり、軽蔑したりした。たいへん不幸なことと思うわけだ。

僕は韓国を何も知らなかったけれど、韓国の飛行場に降りてソウルにはいる間中感激したのだ。日本にはないすばらしさがあるんだ。その異質なものが、逆に僕にはとてもいい気持ちだった。僕は韓国に行ってたいへん感動して、韓国に行ったことのない日本人たちに会うと、彼らはそんなはずはないといういい方をする。それはやはり解っていないんだ。異質なものを否定する精神と、異質だからあこがれる精神とが人間にはあるものだ。

また、韓国人、でも日本に対して異常だから逆に非常にあこがれる面もあるかも知れないけれど、またこれまでの行きがかりからなにか嫌悪する面もあるだろう。僕は異質なものを許容して、それをむしろ自分のものにしようとする喜びにしようとするが、そうでなければ、僕は本当の文化というものは生まれないと思う。

日本人もたいへん純粋である。韓国人もたいへんひとがいいし、ところが一般的にいうと、いろいろな誤解のうえで、やっていることが多い。僕は韓国の人たちに実に親切にしてもらった。ことにおもしろかったのは、釜山の近くの海岸から慶州に行くために汽車に乗ったときのことだ。混んでいたけれども、韓国の田舎の景色がとてもよかった。向こうの窓側に座って新聞を読んでいた男の人がとんできて「どうぞ、お座りください」といって、席を僕にゆずり、立ったまま、また新聞を読んでいるのだ。一緒に行った韓国人が「釜山の人なのに、日本人に席をゆずるのはなかなかめずらしい」といっていた。日本人には一種の抵抗感をもっているだろうけれど、一方では接近感をもっているのだ。

大きな気持ち、精神的な大きなにものかを保持したいと思う。僕は、自分がいいと思っている雰囲気の中で仕事をすることは少ない。その反対に、むしろいやだと思う雰囲気の中で働くたちなのだ。韓国では仕事をする気持ちにはならない。韓国に行くとぼおっとしてしまう。パリでもおいしいコーヒーを飲んでから散歩したりする気持ちになるが、仕事をする気持ちはない。

メキシコでは仕事をした。それは絵画とか彫刻とかそういうものではなく、あの信仰の問題、宗教の問題、大学の問題、女性問題、社会問題について発言し、あらゆる方面で行動することだった。芸術というのは、絵だとか、彫刻だとか、孤独でやるものではないのだ。もっと一般社会生活の中に問題を提起するもの、たとえば建設するもの。それは芸術であって、もう一つは色を塗ったり、絵具を塗ってたいへん結構だっていうのは芸術ではない。芸術であるとすればむしろきらわれるべきものだと思う。（談）

岡本太郎氏は画家、一九六五年に韓国を旅行し、風物などをスケッチした。

## 社會漫評
金龍煥

## 鳩のこえ

ソウル延世大学の神学部大学院で、マスターコースを終えた日本人学生沢正彦君がつい先ごろ東京へ帰った。帰国の前夜、いっしょにささやかな送別の食卓を囲んだ。東大では法科をやり、東京神学大学と大学院で三年、つづいて今度は韓国での二年間の勉強と沢君の大学生活は前後九年にわたる勘定である。▼食事をしながら私がたずねた。「韓国で一番感じたことは？」沢君が答えた。「人間が住んでいるということです」「人間なら世界中に住んでいる。インドにも、アフリカにも…」やや白んだ気持ちで、私がいうと、沢君は「いいえ」と、つけ足した。「生きてる人間がいるということです」なんだ、そんなことかと合点はしたが、何か引っかかりが残った。▼それじゃ、まるで日本には〝生きた人間〟がいないみたいではないか―。私がそれをいうと、沢君は考え込む顔でいった。「そりゃ、日本にもいます。お化粧をした、生きた人間が……」沢君の論法でいくと、世界で一番生きのいい人間とは、さしずめニューギニアか、アマゾンの奥地あたりの未開民族ということになる▼まさか沢君がそんな意味でいったことばではあるまい。なまじっか「文明病」に取りつかれていない素肌の人間―、ソウルや釜山あたりで感じる得体の知れぬ、一種ものものしい活気―行ないすました紳士づらでないガサツなあのひしめきを、沢君はこの民の「生けるしるし」と率直に受取ったに相違ない。▼そういえば、東京のラッシュアワーの殺人的な押し合い、へし合いを、あれこそ日本の逞しい若さだと評した人がいた。飾らぬ素朴さは、ある時は人によって野蛮にみられる時もあるが「なまの生きた人間」の姿に映るのも、モノの見ようである。▼だが、この先、韓国と日本を行きつ戻りつしながら、生涯を送ることになりそうだという沢君のこのことばの中には、何かもうひとつ、祈りのような願望がこめられているようだ。「生きた人間―」「生きた韓国―」それにかける沢君の期待を裏切らぬために、われわれはどうあるべきか……。村夫子然とした日本の神学徒を前にして粛然とする思いだ。

# 八月に韓日会議二つ

## 貿易委と閣僚会議が

### 韓国入超是正を要求

八日付け毎日新聞によると、日本外務省は七日、日・タイ貿易合同委員会が十、十一両日東京で開かれると発表した。続いて八月中旬までに韓日貿易合同委員会（日程は未定）が、また同月二十五、六両日には韓日定期閣僚会議がそれぞれ東京で開かれ、韓国、タイ両国は大幅な対日入超是正について、日本が効果的手段をただちにとるよう強く求める。しかし日本側には、国内農業政策との関連でこれを是正するための決め手にとぼしく、アジア諸国の突上げに苦慮している。

日本とアジア諸国の昨年における貿易関係（平均）は「一（日本の輸入）対一・八（日本の輸出）」の比率となり、アンバランスは一昨年の一対一・六よりさらに拡大した、なかでも韓国の対日入超額は五億百万ドル（一対五・九）タイは二億一千八百万ドル（一対二・五）にのぼっている。タイは日・タイ貿易合同委員会の席上、日本にたいして、現在年間五万トン程度のタピオカ（でん粉原料）の輸入を、十三万トン程度までふやすほかメイズ（飼料原料）の関税引下げを求める方針。一方、韓国は貿易合同委員会、日韓定期閣僚会議でノリ、鮮魚、牛・ブタ肉などの対日輸出増加を求めることになっている。しかし、これら農水産物の買付け増大要求は、ことごとに日本の農水産業保護政策と正面衝突する。このため日本側の再考を求めるタイは、日本製中古自動車の輸入を禁止したほか家庭製品、化粧品など不急品の輸入制限をちらつかせている。一方、韓国もこれまで行なわれた一部プラント類の輸入先の切替えに加え、日本からの輸入に限って輸入担保金の積立率を現在の二〇〇％から三〇〇％に引上げることを検討している。

## 円借款（八億九千万円）決まる

### 韓日代表が調印　農水産経営の多角化へ

韓国の駐日経済使節団（団長・閔忠植公使）は、日本海外経済協力基金（高杉晋一総裁）との間の円借款交渉に合意、六月二十六日東京で調印した。借款額は基金二億ドルのうち、八億九千二百二十六万円（二万二百四十七万八千五百ドル）で、条件は年利五％（従来の借款金利と同率）で、調印の六カ月後から起算して七年間据え置き二十年間償還となっている。

今回の借款対象は、農水産振興事業部門のうちのガラスびん製造事業とアルチン酸製造事業に向けられるもので、韓国の第二次経済開発五カ年計画に沿って、農業と水産業の経営の多角化をはかろうとするものである。

## 群を抜く日本経済

### 国連世界経済調査

【ニューヨーク六日共同】国連当局は六日「世界経済情勢の著しい特徴」と題する経済社会理事会の六八年世界経済調査報告を発表した。今回の調査報告は六八年に世界の総生産は六％近く伸び、六九年にはいっても増加が続いているが、特に日本は六八年に工業生産が一七％も伸びて他の諸国をはるかにしのぎ、国民総生産（GNP）は一二％増と群を抜き、貿易も著しく増大したと述べている。

要旨次のとおり。

一、六八年の世界総生産は前年より五・八％ふえた。これは予想以上の伸びで、六〇―六七年の平均増加率五・五％を上回った。この拡大は六九年にはいっても続いている。

一、六八年の地域別総生産の伸びは北米五％、西欧四・七％、ソ連七・二％、東欧六・六％、アジア五・七％となっているが、日本は一二％という増加を示した。

一、六八年の世界全体の工業生産の伸びは七％で北米が五％、西欧七％、ソ連八％、東欧八％、中南米七％、東南アジア一一％。日本は一七％の伸びを示した。

一、国際貿易は六八年の世界経済で最も活発な分野の一つで、特に先進国の貿易増大が目立った。中でも日本は北米と西欧のそれぞれ一二％増の二倍である二四％というケタはずれの増加を示した。

## 韓国へ資本参加　帝通工

### 可変抵抗器の新会社

日本経済新聞によると、日本電機業界の韓国への資本進出が活発化しているが、可変抵抗器（ボリューム）のトップメーカーである帝国通信工業は、韓国の三美企業が可変抵抗器生産のために設立する新会社に資本参加することを決め、このほど韓国政府へ申請した。

帝通工は、まず三美企業が可変抵抗器製造の新会社「韓国ノーブル」（資本金十万ドル）を設立、その後新会社がすぐに倍額増資する際に帝通工が五万ドルの資本参加するというもの。当面、可変抵抗器を月間十五万―二十万個生産する予定である。日本電機メーカーはこれまで発展途上国、特に台湾へ盛んに資本進出していたが、自由中国では労働コストもしだいに上昇してきたので、自由中国と同様に割安な人件費で豊富な労働力を得られる韓国へ資本進出のホコ先を向けている。

日本電機業界で韓国への資本進出計画を進めているものとしては三洋電機が三星物産との合弁によるブラウン管、チューナ生産、日本電気も同じく三星物産との合弁によるブラウン管、真空管生産、東京芝浦電気がサニー電機との合弁によるトランジスタ、真空管の生産などの計画がある。このほか部品専門メーカーでは、アルプス電気が金星社との折半出資によって、新会社を設立する話を煮詰めている。

## トヨタ、日本一の売り上げ

日本のトヨタ自動車工業が七日、発表した前五月期決算によると、売上げは三千三百九十八億百万円（前々期は二千七百七十六億千五百万円）で、三菱重工業（前三月期三千百八十五億二千九百万円）を抜いて、生産会社の半期決算としては、売上げ日本一となった、と毎日新聞は報じた。

また、利益は百六十五億九千九百万円（同百四十一億五千九百万円）になり、同社としての売上げ、利益がそろって創業以来の最高となった。

これはカローラ、コロナマークII、ニューパブリカなど乗用車中心に内需、輸出とも、売れ行きが好調だったためである。配当は昨年の年間生産台数百万台突破と、二月に累計生産台数が五百万台を達成したのを記念して、株式四分を増配、二割とした。

生産台数は三月から五月まで連続三カ月、月産十二万台突破を反映して、計六十七万一千九百四十二台（前々期五十七万二千百八十七台）販売台数も六十八万一千百五十八台（同五十六万六千七百二十六台）を達成した。うち輸出は十八万三千二百六十九台（同十万九千五百三十五台）に伸び、とくに米国向けが六万四千二百二十六台と前々期に比べ、八千十七台ふえている。

今十一月期の見通しについて石田会長は「資本自由化を控え、内外ともに競争は激しさを増しており、されに欠陥車問題で、今期は十数億円の改修費がかかると思う。販売台数は七十五万台（うち輸出二十万台）売上げ三千七百億円を達成したい。利益は欠陥車問題などから前期並みの伸びはむずかしく、前期を多少上回る程度だろう。配当は記念四分を廃止して一割六分とし、これを安定配当としたい」と語り、慎重な中にも依然強気の姿勢をとっている。

## 〝70年〟セミナー開く

### 日本財界、八月へかけて

毎日新聞によると、一九七〇年代への突入をあと半年後に控え、日本財界では安保条約を軸とした日米協調の新展開、ベトナム和平実現後の東南アジア諸国の防衛と経済発展、発展途上国に対する特恵関税の供与、資本の自由化、さらには対共産圏政策など〝七〇年代の課題〟についての関心が強まってきている折りから、七〇年問題に関する経営者のセミナーが七月から八月にかけて三つ開かれる。

そのトップは六日から十一日まで長野県軽井沢の晴山ホテルでの日本生産性本部（足立正会長）主催のトップ・マネージメント・セミナー。これは毎年開かれているもので今度は十四回目。〝七〇年代の経営〟をテーマに、一流企業の重役約百三十人が勉強する。講師には永野重雄・富士製鉄社長、駒井健一郎・日立製作所社長ら第一級の経営者のほか、中山伊知郎・一橋大学名誉教授、熊谷典文・通産次官らも予定され、「七〇年代の企業環境はどう変わるか」「七〇年代の労使関係」などについて、活発な議論が展開される見通しだ。

続いて十八日から二十日まで、日本青年会議所（牛尾治朗会頭）による〝七〇年代への挑戦〟をテーマとした政治問題セミナーが、東京・芝のプリンスホテルで開かれる。このセミナーでは佐藤首相、保利官房長官を招いて「七〇年代の日本の進路」について講演をきくほか、オズボーン駐日米代理大使、オコシニコラ・ソ連臨時代理大使らから「日本観」をきいたり大平通産相、宮沢喜一前経企庁長官らによる「七〇年代の外交問題」についてのパネル・ディスカッションなどが予定されている。

また、八月七日から九日まで山梨県吉田市の人材開発センター富士研修所で、日本経営者団体連盟（代表常任理事 桜田武・日清紡績会長）主催のトップセミナーが開かれる。これは〝七〇年代の政治経済の基本問題〟がテーマで、政治問題の講師には中曽根康弘代議士、経済問題の講師には熊谷尚夫・経企庁経済研究所長が予定され、桜田代表常任理事のほか、今里広記・日本精工社長、柴田周吉・三菱化成相談役ら有力財界人五、六十人が参加することになっている。

## 自由貿易地域を設置

### 韓国　金副総理語る

【[illegible]＝共同】二日のソウル放送によると、韓国の金鶴烈副総理は同日、韓国に対する外国人の投資を促進するため、関税と物品税を免除する自由貿易地域を設置することにしたと次のように語った。

一、外国人または外国に居住している韓国人が、投資する自由貿易地域を六十六万ないし九十九万平方㍍の敷地に設置する方針である。

一、同地域には、労働集約的な輸出産業施設を誘致し、生産した製品を全部輸出する。

一、自由貿易地域に建設する工場には、関税と物品税を免除し、所得税も一定期間免除し、通関と金融、保険などの手続きを一カ所で出来る便宜を提供する。

一、自由貿易地域の設備場所はまだ決まっていないが、都市に近い港になるだろう。

## 自由中国が対日入超是正へ

【台北八日AFP】八日明らかにされたところによると、自由中国は現在日本から買入れている機械類、運輸施設を今後オーストラリアおよび欧州諸国から買入れる計画である。これは自由中国の日本に対する入超幅をせばめるための措置で、これによって少なくとも年間百万ドルの入超幅縮小になるとみられる。

## 対韓米援助に抗議

### FAO余剰処理委　米国が日本にたいし

二日の毎日新聞によると、米国は六月三十日からローマで開かれているFAO（国連食糧農業機構）余剰処理委員会の席上、日本が現在実施している韓国に対する米の供与問題を取り上げ、日本が穀物輸出国に事前の相談もなく、米を供与したことについて強く抗議、今後低開発諸国に米を援助する場合には、米国、オーストラリア、カナダなどFAO加盟の穀物輸出国と事前に協議したうえ、援助するよう要請した――むね、日本政府筋が明らかにしたといわれる。

### 日本は反論

毎日新聞によると、日本政府は過剰米処理の一環として、米による低開発国援助を積極的に実行する構えをみせ、韓国、沖縄に続いて、インドネシアにも米の援助を実施することになっている。これに対し米国の抗議より一足早く米の輸出国であるタイ、フィリピン、ビルマなども同一歩調をとり〝過剰米援助〟に抗議したが、場合によっては、援助による過剰米処理が実行不能になることも予想され日本政府の援助構想は早くも暗礁に乗り上げた形である。

米国の主張は、余剰処理委の余剰処理規則に基づくもので①余剰農産物を援助、輸出する場合には事前に穀物輸出国と相談する②輸出国との話し合いがつかなければ同委員会で協議する③韓国への貸与は明らかに援助であり、当然①②の手続きが必要である――としている。

これに対し、日本代表は韓国に対する米は「援助」ではなく、あくまで「貸与」であると反論、FAO規則に拘束される義務はないと突っぱねており日米経済委でも同じ態度を貫きたいとしている。

# 米経済　下半期の行くえ

## 岐路に立つ抑制政策

### 来年の中間選挙にも影響

米国の貿易ジリ　□は黒字 ■は赤字　輸出　輸入　米国の消費者物価指数（57～59年＝100・総合）

米下院が三十日増税延長を可決し、ニクソン政権の引締め政策は完成に近づいた。同時に米国経済は七月から、景気の連続上昇百一カ月目にはいるとともに景気鈍化への分岐点となる下半期を迎えた。今後半年間にインフレの勢いがある程度押え込める、というのが米国内の多数意見だが、落ち込み度合いが焦点だ。来年以降の景気動向は今年末に始まる七一会計年度予算編成とともにはっきりしてくるだろう。毎日新聞は米国経済下半期の行くえを次のように報じている。

〝不況政党〟とこれまで呼ばれてきた共和党政権が発足以来半年間、不況どころか、高進するインフレにキリキリ舞させられてきたのは皮肉である。保守的な共和党の経済政策を恐れる気持が経済学者や民間、官庁エコノミストの間に多かったのは当然だが一番それを恐れていたのはほかならぬニクソン大統領である。ひと昔前にアイゼンハワー政権の経済政策が景気後退を呼び、ケネディ氏との大統領選に敗れたと信じているからだ。

そこで生れてきたのが、徐行政策と呼ばれる新経済政策だ。ひと口でいえば、一度にブレーキをかけまい、という政策。しかし、マクラッケン大統領経済諮問委員長は「徐行政策という言葉は実に不運な言葉だ」と気持ちの一端を披瀝した。今年上半期の経済動向を振返ると、インフレの勢いが一向に衰えなかった主因は徐行政策にある、とみられているからである。

最近の経済指標でも、景気過熱の様相は変っていない。鉱工業生産は四月に小休止したのもつかの間、五月には大幅上昇、五月の卸売物価の値上りは四月の三倍。年初来、消費者物価は年率七・二％の急上昇ぶりである。

それだけ連邦準備制度当局の引締め決意も堅く、通貨供給量の伸びは年率三％を割り、市中銀行の金詰りの度合いを示す市銀の連銀借入れは、十三億ドルと四十年来の高水準。コール・レートは翌日物で一〇％の大台を越え、ユーロダラー（金利差を求めて浮動するドル資金）金利も一二％にハネ上がった。

ニクソン大統領はインフレ心理を抑制するといいながら、三つの誤算をおかした。第一に、一〇％付加税の延長要請にあたり来年一月からは付加率を五％に落すと妥協した。第二は七％の投資税特別控除の一時停止でなく、廃止を提案した。廃止ならいまのうちに設備投資をしておこうと企業をかりたてたのも無理はない。第三は、大統領自身ことあるごとに失業率は高めないとミーニー労働総同盟産別会議（AFL・CIO）会長に耳うちしていることだ。これらはすべて、政府の引締めへの決意を疑問視させる結果となっている。

こうした事情もからみ、第二・四半期に現れるはずのスローダウンの兆候は第三・四半期にずれる、とみられるに至った。だがニクソン政権が政府支出を削り増税をやり、金融を引締めるという三段構えの古典的な景気対策にうって出たこと自体に異論をはさむ声は少ない。

電子計算機による景気予測で知られるペンシルベニア大学のホアートン・スクールの最新の予測によると、経済成長は来年初めには相当スロウダウンし、物価上昇も穏やかなものになるという。一般に、今年末から来年第一・四半期には成長率は物価値上り分を除いた実質でゼロ、物価は三・五％台に上昇率が落ちるという見通しである。

下半期景気下向きを示唆する動きとして、ニューヨーク連銀、チェース・マンハッタン銀行、モーガン・ギャランティー銀行などが重視しているのは、個人貯蓄率の低下、新規住宅建設着工数の伸び悩み、企業利潤の低下などで、すでに最近の成長率は実質四％以下になっていると見る向きもある。

こうした現象がさらに第三・四半期にはっきりすればいいが、そうでなければ、共和政権としてもっともきらう物価、賃金の直接統制採用問題が表面化する。この辺の事情をチェース・マンハッタン銀行は「米経済はインフレ押え込みのコースに乗った。いまは忍耐あるのみ。これ以上の引締め強化も、早期の引締め解除も避けるべきだ」と表現している。

来年は中間選挙の年である。ベトナムからの撤兵、復員も始まる。その時期に失業者をふやす不人気な政策はとれない。ニクソン大統領にとっては、景気鈍化の時期が来年春から夏までに終ることが必要だ。このためにも、下半期の景気の動きが重要なカギになる。

### 韓国主要商品卸売り物価

2日　経済通信提供　単位　ウォン

| 品名 | 規格 | 単位 | ソウル | 釜山 | 大邱 | 大田 | 光州 | 木浦 |
|---|---|---|---|---|---|---|---|---|
| 米 | 上 | 100ℓ | 5,000 | 5,220 | 5,220 | 5,300 | 5,200 | 5,200 |
| モチ米 | 〃 | 〃 | 9,000 | 8,000 | 8,400 | 7,800 | 8,000 | 7,200 |
| 麦 | 〃 | 〃 | 2,900 | 2,900 | 3,000 | 3,400 | 2,300 | 2,700 |
| 大豆 | 白太 | 〃 | 3,800 | 3,600 | 3,600 | 3,500 | 3,400 | 3,600 |
| ゴマ | 上 | 〃 | 20,800 | 22,000 | 18,000 | 19,500 | 19,500 | 17,000 |
| 小麦粉 | 70% | 22㎏ | 810 | 810 | 810 | 800 | 810 | 810 |
| タマゴ | 中 | 10個 | 95 | 85 | 85 | 85 | 85 | 85 |
| 食塩 | 天日 | 60㎏ | 420 | 450 | 500 | 400 | 450 | 350 |
| 砂糖 | 上 | 600g | 61 | 62 | 62 | 62 | 62 | 62 |
| リンゴ | 国光1箱 | 18㎏ | 1,700 | 1,400 | 1,400 | 1,300 | 1,500 | 1,300 |
| 梨 | 上 | 〃 | 1,100 | 1,200 | 1,200 | 1,100 | 1,200 | 1,250 |
| 白菜 | 〃 | 3.75㎏ | 20 | 40 | 60 | 60 | 50 | 40 |
| 大根 | 〃 | 〃 | 60 | 50 | 40 | 50 | 40 | 33 |
| 牛肉 | 〃 | 600g | 400 | 448 | 400 | 380 | 320 | 320 |
| 豚肉 | 〃 | 〃 | 200 | 240 | 220 | 180 | 160 | 180 |
| 明太 | 〃 | 600匹 | 55,000 | 42,000 | 40,000 | 30,000 | 28,500 | 29,000 |
| 〇鯖 | 中位 | 3.75㎏ | 1,100 | 1,000 | 700 | 850 | 700 | 800 |
| スルメ | 上 | 2000匹 | 50,000 | 51,000 | 52,000 | 40,000 | 38,000 | 35,000 |
| 海苔 | 改良品 | 100束 | 65,000 | 65,000 | 63,000 | 60,000 | 38,000 | 40,000 |
| 綿糸 | 23手 | 梱1㎏ | 306 | 310 | 323 | 325 | 327 | 336 |
| 木綿織物 | 白色上 | 39.58㍍ | 45,000 | 44,000 | 50,000 | 43,500 | 41,000 | 41,000 |
| キャラコ | 〃 | 〃 | 2,150 | 2,200 | 2,350 | 2,250 | 2,000 | 2,000 |
| Fナイロン糸 | 中 | 1000D | 2,600 | 2,800 | 2,600 | 2,700 | 2,700 | 2,800 |
| 赤松角材 | 上 | 6尺 | 380 | 390 | 410 | 450 | 450 | 430 |
| ナワン材 | 上 | 6〜14尺 | 60 | 63 | 62 | 60 | 65 | 65 |
| ベニヤ板 | 〃 | 1枚 | 76 | 75 | 82 | 80 | 80 | 75 |
| 板硝子 | 2㍉ | 100坪 | 190 | 185 | 190 | 190 | 200 | 190 |
| セメント | 中 | 42㎏ | 275 | 280 | 280 | 275 | 259 | 274 |
| トタン | 31パン | 3×6 | 310 | 320 | 290 | 275 | 310 | 274 |
| 煉炭 | 19孔 | 1個 | 16 | 16 | 15 | 15 | 16 | 18 |
| ガソリン | 200ℓ | D | 5,129 | 5,138 | 5,345 | 5,196 | 5,519 | 5,492 |
| 石油 | 〃 | 〃 | 2,372 | 2,400 | 2,468 | 2,390 | 2,850 | 2,709 |
| 苛性ソーダ | 660Lbs | 〃 | 10,000 | 9,800 | 12,000 | 11,750 | 11,900 | 12,500 |
| 新聞紙 |  | 連 | 1,500 | 1,500 | 1,550 | 1,500 | 1,550 | 1,500 |
| モゾウ紙 |  | 〃 | 3,300 | 3,100 | 3,300 | 3,300 | 3,400 | 3,300 |
| ゴム靴 | 男 | 足 | 118 | 81 | 110 | 120 | 110 | 95 |
|  | 女 | 〃 | 88 | 65 | 70 | 90 | 83 | 80 |
| 金 | 99% | g | 854 | 854 | 880 | 853 | 826 | 826 |
| 銀 | 70% | 〃 | 30 | 40 | 40 | 22 | 21 | 24 |
| 洗濯石鹸 | 10個 | 箱 | 330 | 330 | 350 | 330 | 350 | 350 |

### 定期商品（2日）

| 品目・取引所 | 月きり | 後寄 | 後引 |
|---|---|---|---|
| ◇繊維　綿糸（0.454キロ・10銭）東京 | ⑦ | 1830 | 1830 |
| 東京 | ⑫ | 1860 | 1859 |
| 大阪 | ⑦ | 1423 | 1423 |
| 大阪 | ⑫ | 1430 | 1426 |
|  | ⑦ | 1618 | 1618 |
|  | ⑪ | 1636 | 1635 |
|  | ⑦ | 1831 | 1832 |
|  | ⑫ | 1857 | 1860 |
| 人絹（0.5キロ・10銭）東京 | ⑦ | 2147 | 2146 |
| 東京 | ⑫ | 2179 | 2178 |
| 大阪 | ⑦ | 2151 | 2151 |
| 大阪 | ⑫ | 2177 | 2175 |
| スフ（0.454キロ・10銭）大阪 | ⑦ |  | 1135 |
| 大阪 | ⑫ |  | 1155 |
| ◇生糸（キロ・円）横浜 | ⑦ | 6491 | 6474 |
| 横浜 | ⑫ | 6005 | 6657 |
| 神戸 | ⑦ | 6499 | 6488 |
| 神戸 | ⑫ | 6722 | 6683 |
| ◇毛糸（キロ・円）東京 | ⑦ | 1313 | 1317 |
| 東京 | ⑫ | 1270 | 1267 |
| 名古屋 | ⑦ | 1327 | 1326 |
| 名古屋 | ⑫ | 1266 | 1263 |
| ◇前橋乾繭（キロ・円） | ⑦ | 2210 | 2204 |
|  | ⑫ | 2430 | 2423 |
| ◇東京ゴム（キロ・銭）3号 | ⑦ | 1941 | 1929 |
| 3号 | ⑫ | 1896 | 1894 |
| ◇東京穀物（60キロ・円）大豆 | ⑦ | ― | 3790 |
| 大豆 | ⑨ | ― | 3790 |
| 小豆 | ⑦ | 11860 | 12000 |
| 小豆 | ⑫ | 11840 | 11050 |
| 大手亡 | ⑦ | 7860 | 8860 |
| 大手亡 | ⑨ | 8610 | 8610 |
| 米国大豆 | ⑦ | ― | 3190 |
| 米国大豆 | ⑩ | ― | 3190 |
| ◇東京砂糖（キロ・10銭）精糖 | ⑦ | 1062 | 1064 |
| 精糖 | ⑫ | 1120 | 1120 |

### 東京主要製品

2日（単位円）

◇鶏卵＝もちあい　▽東京（日卵協・1キロ）

| 区分 |  |  | 区分 |  |  |
|---|---|---|---|---|---|
| 東北 | 163 | 161 | 西日本 | 161 | 158 |
| 関東 | 163 | 161 | 極小 | 160 | 140 |
| 甲信越 | 160 | 159 | 特殊卵 | 180 | 90 |
| 東海 | 161 | 159 | 特級 | 163 | 161 |

▽大阪（全販連・1級）155　151
▽名古屋（同・特級）162　157

◇枝肉豚軟化（芝浦・骨つき1キロ）

| 品目 | 極上 | 上 | 中 | 並 |
|---|---|---|---|---|
| 雄牛 | ― | ― | ― | ― |
| 雌牛 | 974 | 888 | 700 | 487 |
| 去勢牛 | ― | 822 | 704 | ― |
| 乳牛 雌 | ― | ― | 543 | 383 |
| 乳牛 去勢 | ― | 630 | 537 | 457 |
| 馬 | ― | 290 | ― | 206 |

| 豚 | 高値 | 安値 | 加重 |
|---|---|---|---|
| 上 | 569 | 500 | 531 |
| 中 | 520 | 451 | 483 |
| 並 | 470 | 351 | 418 |
| 等外 | 431 | 282 | 348 |

搬入頭数　牛212　馬4　豚1002
残頭数　牛383　馬3　豚0

◇鋼材＝弱含み（仲間・現物・1トン）

| 品目 |  |  |
|---|---|---|
| ▽丸棒13ミリ | 35500 | 35000 |
| 19ミリ | 34000 | 35500 |
| ▽薄板（914ミリ×1829ミリ）1.6ミリ 熱延 | 44000 | 43000 |
| 同 冷延 | 49000 | 48500 |
| ▽中板（1219ミリ×2438ミリ）3.2ミリ | 42000 | 41000 |
| ▽厚板（同）6ミリ | 42000 | 41000 |

◇鋼材二次製品＝下押す

| 品目 |  |  |
|---|---|---|
| ▽丸クギ（タル・大卸）100ミリ（8番） | 2790 | 2700 |
| 50ミリ（13番） | 3280 | 3230 |
| 38ミリ（14番） | 3440 | 3390 |
| ▽針金（1トン大卸）4ミリ（8番） | 52000 | 51500 |
| 2.6ミリ（12番） | 57000 | 56500 |

▽亜鉛鉄板（914ミリ×1829ミリ・特級品・仲間・1枚）31番 230　28番 330

◇非鉄金属＝電気銅小安い（キロ・仲間・地金）

| 品目 |  |  |
|---|---|---|
| 電気銅 | 485 | 480 |
| 電気亜鉛 | 106 | 105 |
| 電気鉛 | 110 | 109 |
| スズ | 1250 | 1240 |
| アルミ（99.5％以上） | 220 | 215 |

## 日本歴史の中で

### ―浅草の文化―1

湯浅克衛

馬糧をくばり終えた時であった。

馬たちは、鼻をもぐもぐさせて近づいて来た。

その時、牧場のはずれの、隅田川から、すっとんきょうな声が上った。

神なので、何だかわからないが歓声であった。

嶺は、とるものもとりあえず、その声の方に向って歩いた。

、舟を漕いで帰る、三人の顔は、輝やいている。

お釜帽の下からギラギラした眼が光っていた。

「どうしたんだよう」

と、嶺はいった。

「仏さまが上ったんだ」

「網の中によ」

「小せえ、仏さんなんだよ」

三人は交々、声をあげた。

やがて、三人は、陸に上がってきた。

檜前（ひのくま）の兄の方が、大事そうにふところから出したのは、小さな金銅仏だった。

一寸八分くらいであろうか。

とった魚などは投捨て、すぐさま三人は、祠を建てにかかった。

嶺も手伝った。

「どこから、ござらしさったかな」

檜前の弟がいった。

「この川の上流の方から流れてきたに違いあるまい」

と、土師（はじ）がいった。

「上流というと何処だかな」

誰も心当りはなかった。

牧場では、赤いさくらそうが消え、紫と黄のあやめが咲いた。

あじさいも、紫から赤に変化した。

梅雨がきた。

毎日、雨は降りつづける。

「この梅雨だけは御免だなあ」

と、檜前の兄がいった。

「故郷にかえりたくなるよ」

と、檜前の弟がいった。

しかし、彼らに、故郷はないのだった。

平壌で、高句麗軍に攻め落されてから、彼らは転々とし、最後に日本に来たのであった。

馬の扱いをして、日本では、はじめて、生活が安定していた。

「大同江を思い出すね。さらっと空気が乾燥して、対岸がはっきり見えるんだ。こちらは岩壁で固めてあるが、対岸は茫々とした平原でね」

檜前の兄がいった。

「俺らも、梅雨は嫌だな。じめじめして、カビが生えて。梅雨さえなければ、日本もいいのにな」

と、土師が相づちを打った。

土師は、京畿道の出身で、百済の国から渡ってきていた。

「しかし、夏も、ヒドイよ。むし暑くて、寝られんね」

嶺がいったが、夏に対する感想は、各々違っていた。

「とにかく、この梅雨さえなきゃ、日本は天国だかな」

木々は茂り、花は咲き、実がたわわに実り、こんなにいいところはなかった。

（筆者は小説家、日韓親和会理事）

# 韓国への責任は果たす

## マ米駐日大使が表明 沖縄問題に関連して

八月付け毎日新聞によると、マイヤー駐日米大使は、八日午後三時から東京のホテル・オークラで初めて日本人記者および在日各国記者団と会見し、約一時間にわたり沖縄、日米間の経済問題など、当面の諸懸案について、見解を明らかにした。同大使はこの中で、とくに沖縄問題に関連して「沖縄の施政権を日本に返還する問題は、西太平洋地域の安全と平和をささえるワク内で解決されるべきで、韓国など東アジア諸国に対する約束や責任を果たしていかなければならない」と強調した。

マイヤー大使の発言内容次のとおり。

一、沖縄問題は日米両国共通の問題であり、相互に満足のいく解決を見出すには、静かに話合うことが、必要で公式の会談を通じて交渉することが有益だ。

一、沖縄問題は、米側としては具体的な方針がまだ決定されていない状態だ。しかし、沖縄は西太平洋地域全般の情勢の中で考えておりこの地域の平和と安定をささえるワク内で解決をはかりたい。

一、われわれはベトナム和平の実現を熱望している。沖縄にとっても、ベトナム紛争の要素が取除かれるようになることを祈っているが、この問題は沖縄返還のタイミングと関連している問題でもある。米国はこのほかにも東アジア国々に対し、数々のコミットメントをしており、たとえば韓国に対する約束や責任を果たしていかなければならない。

一、米国議会における保護貿易法案、輸入制限立法の動きは、基本的には日米収支が日本の一方的な黒字になっているからである。しかし、この収支を均衡させる方法は、日米貿易経済合同委員会だけでみつかるとは思えない。要は双方の理解が進み、貿易が拡大すればよい。沖縄返還交渉と日米経済問題の解決を一括取引することはしない。

## 偏見をなくすには まず歴史教育から

### アジア見たまま　A・シムラー

国の記念日とか、誰それの歓迎会、あるいは歓送会などの折りにいつも同じ顔ぶれが集まる東京のある渉外交的パーティの席上で、著名な日本人のひとりが私に尋ねた。「いままで極東やアジアで過ごされた何年かの間に、あなたがとくに不愉快に思われたことがあるにちがいないが、それは何ですか」。

そう、一番私をいらだたせるのは、短い期間にせよ、長い期間にせよ、たいていはお金かせぎにここへやってきて、何にでも口を出そうという外国人たちです。彼らは、彼ら同士の間の会話で、あるいは英字新聞の「編集者への手紙」の中で、あらゆることに文句をつける。自分たち自身の国にも存在する問題なのだが、ああすればよい、こうすればよいと解決策を提供する。さいわい、外国人のすべてがこのようではない。私はごく少数の人びとのことをいっているのです。

しかし、これら少数の宣教師的発言者たちは、あらゆる面でもっとも活動的であり、しかも判断力の根本的欠如を欠いているということが、私のもっとも憂慮するところなのです。

しかし今回、私はこれらの助言者的人種のカテゴリーに入れられることなく、この地域の国家間の偏見に関する問題に取組んでみたいと思います。この問題は、極東やその他のアジア、アメリカ、欧州、もしくはアフリカなどに、多かれ少かれ、同様に存在しています。根本的なものは、いずれの地域も同じで、ことばの相違、生活様式、社会状態の相違、それに（まるでこのようなものが存在しているかの如く）論ぜられている人種的欠陥、あらゆる面での競争意識、宗教的、あるいはイデオロギーの相違などです。事実、よくみられることだが、ある一団に、最も不合理な態度さえ正当化するようなある種の優越感というものが生まれ、それが群衆の感情をいたずらに刺激して、しばしば危険な状態にまで達する場合があります。たとえば、東南アジアによくみられるように、指導者達は勤勉な中国系華僑に対する貧しい民衆の不満を利用し、同じ指導者たちによって再び利用される前に、華僑たちは殺され、財産は没収され、あるいは各種の弾圧のもとに屈従する結果となります。

あるグループと国家との間の偏見を完全に根絶できうると信ずるのは、あまりにも楽観的かもしれないが、それを緩和するために、何らかの努力を払うことはできるでしょう。さいわいにも、東南アジアの場合とは異って、極東におけるこの問題は、お互いにもっと接触し、お互いの文化をもっとよく知合い、お互いの長所を採用しあわねばならないという点です。過去は過去、すんだことは水に流すべきですが、減少したとはいえ、偏見は世代から世代へと引きつがれてゆきます。愛国心と国家主義は、しばしば政治目的を促進するために用いられますが、この場合、私はド・ゴールが「愛国心」と「国家主義」の相違点について述べたことを引用したい。即ち、「愛国心」とは、自分の国、自分が生まれた場所を愛することであり「国家主義」とは、他の国を憎むことである。しかしながら、あまりにもしばしば、愛国心は国家主義の口実にされてしまっています。

人が子どものとき、学校で習うことは、あきらかにその人の生涯を通して痕跡を残します。歴史の手引きは、あたりまえのことだが、その国の過去の栄光を、過去の功績を賞讃する誰もが——ずっと遠い過去に関するいくつかの例外を除いて——自分の国が正しく、道徳的で、征服にせよ、防衛にせよ、その権利を果たしたのであることを納得させられ（だれもその場所に生れてくることを選ぶことができない事実にも拘らず）その国に属していることを誇りに思うようになります。これらのことがすべて悪いとはいえない。というのは、それぞれの国の特色や創造価値を増大し、同じように強力な隣国によって併合されてしまうことを避け、技術の進歩にも拘らず、画一化されたロボットになってしまうことなく、文明の多様性、多面性を確保させるからです。

私はいつも思うのだが、高度な政治水準において、各国間の偏見と取組む最良の方法は、学校教育から始まり、当然、自国の部分や自国の立場を強調している歴史入門書から始めたらどうであろうかということです。もちろん、私は歴史上の特殊な事実に関して、お互いの間で論争している各国の歴史家のことをいっているのではない。これはまた別の問題であり、重要なのは、入門書の中の歴史的事実の一般的説明の点であります。

もし、誤まり聞いたのでないなら、ユネスコで、かつて、たとえば隣り合っていながら、過去において、ずっと不和の仲である多くのヨーロッパの国ぐに、フランスとドイツのようなこれらの国ぐにの間の偏見や宣伝を取除く手助けとなるように、学者たちの委員会によって書かれた、世界共通の歴史書をつくろうとの計画がたてられました。これはすばらしいことだが、私の意見をいえば、実現するのはむずかしく、やや理想に傾きすぎるように思われます。もし、あなたがある一国の中だけでも、多くの歴史学者たちの意見を一致させるのに成功したなら、あなたは一度に十ものノーベル賞を獲得するにふさわしいといえましょう。

私にとって、もっと実現可能に思えるのは、学校の少年、少女によって使用される歴史の教科書が——たとえば、韓国と日本の場合——過去において、両国にかかわりあっているできごとに関して韓国側からみたそして日本側から見た歴史の二つの解釈を併行させてのせること、たとえば、私は考えるのだが、日本の教科書が最後の頁に「しかし、韓国の学者は、この同じできごとに別の解釈をくだしています。すなわち彼等は……」と付加え一方、韓国の教科書にも同様に「しかし、日本の歴史家は、この同じできごとに別の解釈を加えている。彼らはこのようにいっている。すなわち……」と付加えたらよいのではないでしょうか。

もし同じ分野における学者たちの複雑な争いなしに、ちゃんと書かれたとしたら、この計画は——この計画の特許権など私は要求しません。むしろ、もっと他の人が考えつくべきことで、たとえば、韓国や日本の文部大臣に提案しますが——もしひとたび、英断がくだるならば、最大の効果を発揮しうるものと信じます。もちろん、多くの方面で似かよっていて、ともに極東文明に大きな役割りを果たし、両国とも、その独得の特性によって、さらに今後も多くのものを供給しようとしている。この二つの隣国間に存在する偏見のすべてをぬぐい去ることができるなどと考えるのは、子供じみていることでしょうが、そのためになんらかの役に立つことと思います。（筆者アルフレッド・シムラー氏は仏パリマッチ紙、デゼルコ紙極東特派員）

## 二人の妻に「すまない」

### 処刑された北韓スパイ 李穂根

“反共英雄”から一挙に“売国奴”のらく印を押され、三日死刑を執行された中央通信社（北韓の国営通信社）の元副社長、李穂根（四三）をめぐるウワサがソウル市民の間で持ちきりだ——五日付け毎日新聞は処刑前後の李の言動を次のように伝えた。

裁判で彼が裁かれている様子がテレビで放送されたときの視聴率はきわめて高かったといわれ、またこれを知らせた新聞社の掲示板の前には黒山の人だかりだった。

ところで李穂根はどのような態度でその波乱に富んだ生涯を閉じたのであろうか。ある新聞によると、死刑執行の三日午前十一時二十五分“準備”が始まった。場所はソウル市内西大門にあるソウル拘置場内。まず刑務所長が最後の訊問をする。そして立会った検事が判決文を読みあげる。李穂根の表情はきわめて沈着。つづいて彼は北韓から“偽装脱出”したいきさつと“犯行”をすらすらと述べ「もう一度助けてほしい」と哀願の言葉を述べたという。きのうまでの“英雄”も青い囚人服に黒いゴムぐつといういでたち……。そしてポッツリ、北韓にいる家族とソウルで結婚した妻に「すまないことをした」ともらし「もしこれが逆に北韓であったならば、すでに人民裁判にかけられて殺されている。裁判を受けさせてくれた韓国はやはり法治国家であった」と述べたという。

牧師の説教に対しては、無神論者であるはずの彼が「規則ならば」とおとなしく聞いていたが、二分ばかりして「頭が狂ってしまうからやめてくれ」と叫んだ。かくて十一時五十五分、絞首台にあがった。

市民の一人は「街で売っている外人向けの観光案内書の中にいまでも李穂根の結婚式の写真が載っている。晴々しい彼の顔つき…。しかし、もう彼はこの世にいない」と慨嘆していたが、こうした人物を韓国民の前に登場させたのは、やはり分断国家の悲劇的現実であろうか。

処刑された李穂根＝共同通信提供

## 韓国映画の夕べ開催

東京

大韓民国駐日公報館、韓国映画製作者協会は、日本映画製作者連盟の協賛により、七日午後六時から東京商工会議所ビル六階ホールで韓国映画特別鑑賞会を催した。上映作品は、このほどマニラで開催されたアジア映画祭に入賞した申相玉監督「李朝女人残酷史」と同映画祭出品作品の李晩熙監督「あなた」（いずれも総天然色）の二篇。

会場には、在日韓国人にまじって日本人の姿も見られ、約六百人が友好的な雰囲気の中で、最近作の両作品を熱心に鑑賞した。洪駐日公報館長のあいさつのあと、韓日両代表から韓国映画製作者協会代表に花束が贈られるなど、韓日親善ムードが会場のあちらこちらで見られ、参会者たちは「こんなに楽しい鑑賞会をときどき開いてほしい」と口をそろえて語った。

## 東京ライオンズ大会終る

### 韓国から50人参加

“奉仕”をモットーとする国際的な奉仕団体ライオンズ・クラブの第五十二回世界大会はさる二日午後五時、東京・九段の日本武道館で開会式を行なったが、四日間にわたる日程を終え、五日に閉会した。韓国の会員五十八人も各国の“ライオンズ”とその家族約一万三千人とともに、はなやかなチョッキ、帽子姿で参加、多彩なプログラムを消化した。

ライオンズ会長デビッド・A・エバンス氏（アメリカ）は、大会二日目の基調演説の中で、自由世界の結束を強調するとともに、日本をはじめ世界各国で起きている大学紛争に触れ「学生という肩書きをよいことに暴力をふるい、大学の建物を占拠し、破壊する暴徒の集団には絶対反対する」と強調した。

同会長はさらに「こうした風潮は、子弟の教育を学校教育にばかりまかせすぎていたからで、いまやライオンズ会員が範となり、順法精神と礼儀を家庭で教え込むべきときだ」と述べ、参会者が万雷の拍手でこれにこたえたことは感激的だった。

写真　ライオンズ大会に出席した韓国の会員

## 北スパイが日本製快速艇で領海侵入

### 日本へ不満を表明

三日付け毎日新聞によると、韓国の柳根昌スパイ対策本部長は三日共和党政策議会の席上「北韓は日本から導入した快速艇四十隻を所有している」ことを明らかにした。柳本部長は六月上旬、全羅南道に侵入した北韓の快速艇は時速四十ノットの日本製で「日本が売った船が間接的に韓国の“安全”を脅やかした」点を指摘、この発言に関連して外務部当局は、日本政府に不満の意を表明した。

## 南ベトナムから 米軍が撤退始める 第一陣（八百人）が本国へ

毎日新聞八月付け夕刊によると南ベトナムから引揚げる米軍の第一陣、米第九歩兵師団第二旅団第六十連隊第三大隊の八百十四人が八日午後零時五分（日本時間午後一時五分）、サイゴン郊外タンソンニュット空港から米本土ワシントン州タコマ近くのマコード空軍基地に向け飛立った。一九五五年二月仏軍撤退のあとをうめて三百人の軍事援助顧問団を南ベトナムに送り込んで以来、増強に増強を重ね、ピーク時五十四万二千五百人（第七艦隊を除く）にまでふくれあがった米軍としてはおよそ十四年半ぶりにはじめての兵員縮小の瞬間を迎えた。

この朝タンソンニュット空港のあちこちに“米軍ご苦労さま”“ありがとう”といった横断幕が張られ、この歴史的な瞬間を盛上げた。すでに数週間前からメコン・デルタのドンタム基地に集結していたピーターソン中佐以下の九百人は、午前七時ごろから大型ヘリコプターで次々にタンソンニュット空港に運ばれてきた。

炎暑のデルタで作戦を続けてきただけに、どの顔も赤黒く日焼けしているが、みなヒゲをそって小ざっぱりしている。内外記者団の質問攻めにとまどったり、照れたりしながらも帰国のうれしさは隠し切れない。

八月末までには二万五千人がベトナムから引揚げるが、ほとんどがハワイ、日本、沖縄などに転進するのに対し、この第一陣は直接米本土に帰るのだから喜びもひとしおなのだろう。

午前十時（日本時間午前十一時）からは南ベトナム政府主催の出発式典も行なわれた。南ベトナム側からはグエン・バン・ビ国防相、カオ・バン・ビエン統合参謀本部議長らが出席した。

民間機の発着場を使った式場の一角には民間自衛団、ボーイスカウト、女子学生、婦人団体など“ベトナム国民代表”が手に横断幕を持って参加、色とりどりのアオザイが風になびき、はなやいだ気分をかもし出した。

両軍高官、バンカー米大使などが帰国する兵士たちを閲兵、演壇に立ったビ国防相は「こんにち、われわれは十分に強く皆さん方に代わることができる。この肩代わりは新たな一歩であり、時宜にかなった措置である」とあいさつした。

これにこたえてエイブラムズ司令官も「ベトナム軍の進歩が米軍に代わるという計画の開始を可能にした」とベトナム軍の改善ぶりを強調、さらに整列した兵士に向かっては「皆さんは米軍兵士がこれまで経験したうちで最も骨の折れる、そして例をみない戦闘条件の下で立派に戦ってきた」と称賛の言葉を贈った。

デルタで泥にまみれて戦ってきた第九師団の兵士が第一陣として引揚げることは何とか手を抜きたがっているいまの米国の姿を象徴しているようだった。

◇

【サイゴン八日ロイター＝共同】エイブラムズ米援助軍司令官は八日、米軍撤退の第一陣として米本土に向かう第九歩兵師団の兵士を前に「諸君は歴史のきわめて意義深い瞬間に立っている」と、あらまし次のような別れのあいさつを述べた。

諸君は良心ある人間として、自由を守るために進んで大きな困難に耐えた。過去三年半以上にわたって、その役割を果たし、南ベトナム軍が国土防衛のために、その重要な任務を継続してゆく礎を築いてくれた。

## 英国民は日本を警戒

### ◇日本外務省が調査◇

東京新聞（六日付け）によると、外務省がこのほど英国で対日世論調査を行なったところ「日本は友邦でない」と答えたものが三八％で、「友邦である」との回答二九％を上回るという結果が出た。外務省ではこれは経済面で日本が英国の強力な競争相手になったことに対する英国人の対日警戒心の現われとみている。

この調査は外務省が英国における対日世論の動向をつかむため毎年、ギャラップ社に実施させているもので、ことしで三回目。さる二月二十八日から三月十一日にかけて十六歳以上の英国市民二千十人を対象に調査した結果を五日発表した。

これによると英国人の対日信頼感は「友邦である」二九％「友邦でない」三八％「わからない」三三％となっている。とくに昨年は「日本は英国にとって友邦では全くない」と最も強い不信の表現で答えた者の割り合いが一〇％であったのに対し、今回は「日本は英国に対して敵対的である」と答えたものが一七％とふえるなど対日不信感の度合いも強まっているのが特徴。

また昨年は男性の一九％、女性の一五％が「日本は信頼しうる友邦である」と答えたが、今回は男性の方が二〇％とわずかながらふえたのに対し、女性は一一％と減少、全体として英国女性の間に対日感情が悪化してきていることがわかる。

さらに同調査が対日信頼感の低下の原因について調べたところ、「旧敵国であり、日本人はその後変わっていない」との回答は一四％と、昨年より一％減っているが逆に「日本は英国の市場を奪おうとしている」との答えが一八％と昨年より二％ふえているのが目立っている。

一方、日本商品に対する評価では「日本からの輸入品をどう思うか」との質問に対し「優秀だ」六％（前年四％）「よい」二九％（同二六％）「悪くはない」三三％（同三二％）「悪い」二一％（同二三％）「わからない」一二％（同一五％）と答えており、全体として日本商品に対する評価は良くなっている。この調査でも女性、老齢者、筋肉労働者の間には「悪い」「わからない」の回答が多い。

調査結果で明らかにされたように、日本商品などへの評価は高まっているが、これが逆に「日本は英国の市場を奪おうとしている」という感情につながり、英国内には日本への不信感がしだいに強まりつつあることが調査全体を通じて目立っている。さきに英国の大衆紙がとり上げた“日本人の英国大虐待事件”が英国内で大騒ぎになったのも、この調査が示すように対日不信感の高まりという素地があったわけで、日本の経済力の発展が今後ますます盛んになるにつれ、英国内には対日警戒心が強まっていくことが予想されよう。

## 独立宣言のコピー40万ドル

### ニューヨークのせり市

フィラデルフィアのせり市で、このほど独立宣言のオリジナル・コピーが四〇万四、〇〇〇ドル（約一億四、五〇〇万円）で落札され大きな話題を呼んでいる。この落札価は印刷物の競売落札値としては史上最高のものといわれている。

このコピーは昨年末、古いスクラップ・ブックのなかから発見されたもので、ダラスの好事家イラ・G・コーン氏が“一生に一度の機会”と言ってせり落とした。独立宣言は一七七六年七月四日に議会で承認され、各州でコピーを作って公布するよう指令が出されたが、「コーン氏が入手したコピーには一七七六年七月四、五日ジョン・ダンロップ印刷と書かれており独立宣言のコピーとしては最も古いもののひとつである。

このような独立宣言のオリジナル・コピーは、これまでに一六部見つかっている。しかし、このうち一四部はニューヨーク・パブリック・ライブラリーなど公共機関が保有し、民間の手にあるのはコーン氏のものを含めて二部しかない。コーン氏のコピーはタテ一九インチ一六分の九（約五〇センチ）、横一五インチ一六分の一（約四〇センチ）で、きわめてよく原型をとどめている。（世界週報）

## 外国人の出かせぎを大歓迎

西独

「外国人の出かせぎ大歓迎、まだまだ仕事が山ほど残ってます」——。西独の中央労働局が四日発表した月報によると、西独の労働力需要は求職数を質量ともに大幅に上回っている。具体的な数字をあげると、失業者数十一万七百人に対し求人数は八十八万四千人、失業者は、統計上は一人平均七・八つの就職口の中から一つを自由に選べるというわけ。このため外国人労働者の数もうなぎのぼりで、六月末にはついに百二十七万人に達したが外国人労働者に対する求人はなお十万人あるという。（DPA＝時事）

# 朝鮮王朝風俗画

紙上鑑賞

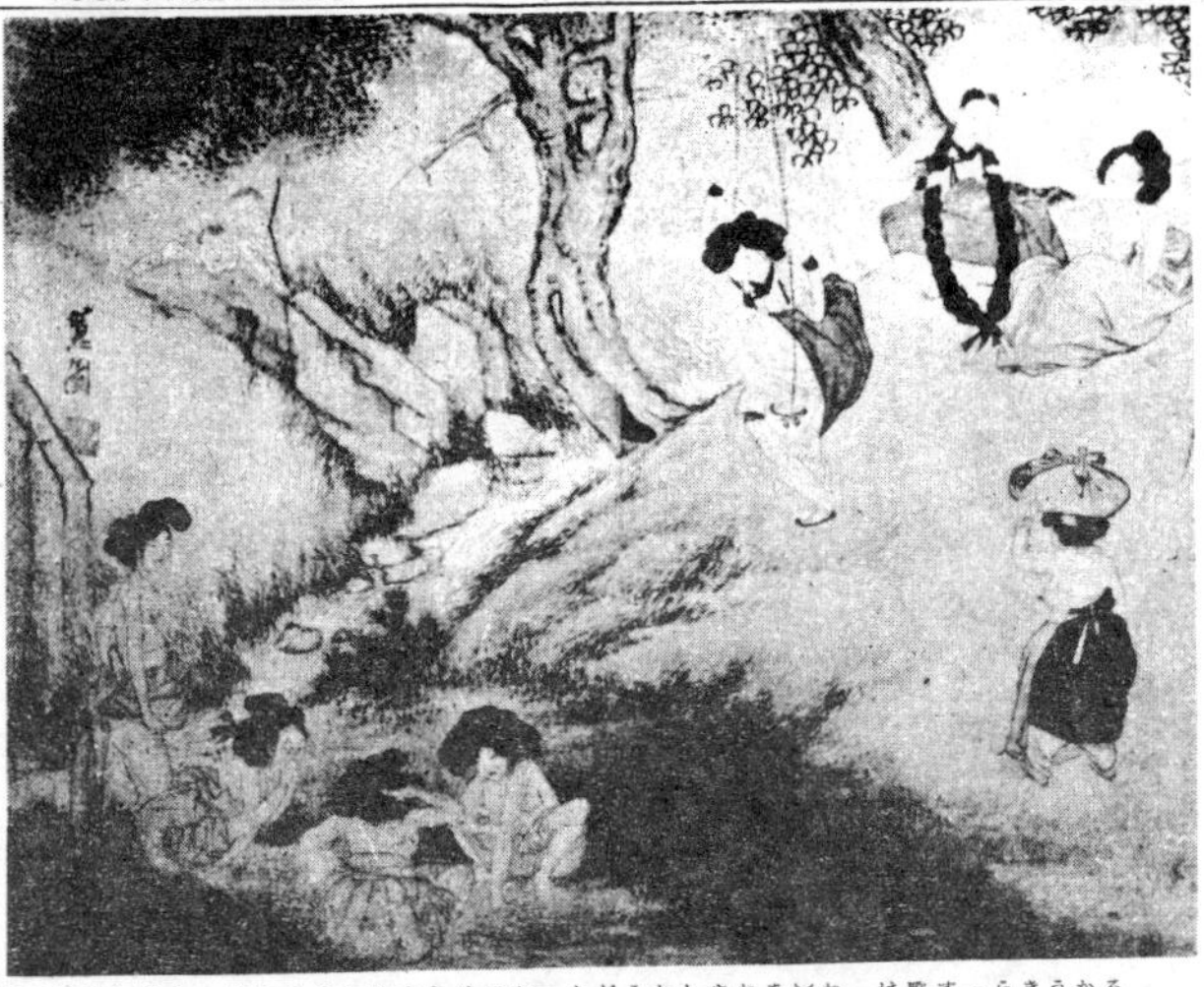

## 野遊びの女人たち

蕙園　申潤福作　韓国国立博物館所蔵

### ロマンとユーモアが渾然

うすみどりいろに映えたあかるい光線と、わかばのかおりほのかにただよう春の日の山峡には、きよらかな草瀬のせせらぎと、かんこどり（閑古鳥）のよびかわすなきごえが、まるで歌のようにひろがってはこだまする。

女人たちは、わずらわしい長い裳（もすそ）をぬぎすて、素足をさわやかな冷いみぎわにひたしながら、和やかなひとときをたのしむ。なにをささやきかわしているのであろうか。明るいほほえみが、あたり一面にただよっているようだ。

葉かげちらつく山みちを、汗をうかばせて、はしためが頭にのせてはこぶひるげのごちそうが、ほどなく到来するはずである。つれづれに髪をなでてみたり、むすび目をなおしたり、ふくらむ胸にきよらかな山の気をいっぱい吸いこんでは、ながい間忘れていた遠いはるかな空の彼方に目をやる。

すぐ近くの老松の枝にかけたぶらんこでは、若い女人たちが紅い裳の下から雪白の下着のはしをちらつかせて、白い足袋が青い空を翔る。岩かげにかくれてぬすみ見ていた小坊主たちが思わず息をころしてゴクッとつばをのみこむ。

春香伝（註①）の中で、広寒楼（註②）の名物烏鵲橋のたもとは一面に柳の林、みどりのとばりはりめぐらした中で、しなやかな身体をぶらんこにまかせて、ゆらゆらゆれている春香（註③）に、土地の太守の若様がよこした下男房子（下僕）のいわく、

「わかくさもゆる春の日に みわたすかぎりみどりのとばり、そよかぜ春風にしだれやなぎの枝、なよなよゆらゆらなびく風情は舞でも舞うよう。広寒楼の興ほどに、ぶらこかけて、仙女のようなお前様が、きれいな白足袋はいた足をそろえ、白い裳間にけり上げ、みどりの木の間にひらり返り、紅い裳が風間にひらひら、白苧糸（註④）下着の裾もひらひら、きれいなお前様の白肌も、ともにちらちらするから、うちの若様のお目にもとまろうというもの、早く呼んで来よとの性急な仰せ、とやこういうことはない、とくといかっしゃい」

と、いう節がある。

このように、十八世紀ごろの韓国の文学や美術が渾然一体となって、女人たちの野遊び風景を、いみじくも妙に表現し得たのを見ると、たしかにこの「野遊びの女人たち」の絵は、そのまま李朝時代の女人たちの闊達と美しさを、芸術として昇華させた韓国男性たちの、永遠な夢ではなかったろうかと思わせられる。

### あふれる李朝女人の優雅さ

李朝時代の女人たちの夏衣の色は、大てい濃い空色や淡い水色、美しい翡翠色などの涼しい色の衣が最も多く、それにそえて着る白いチョゴリには、濃むらさきの、或は目もさめるような朱緋色（あか）の回装（註⑤）と結びひもが清白な中に端正で、優雅な雅趣を豊かにかもし出し、何ともいえない美しい調和をなしている。

おそらく、これはこの国の高く澄みわたっている碧空の下に素直にのびた竹のような藁葺の家の屋根と、落ち着きはらった瓦ぶきの屋根の瓦ならびや、湖のように静かな高麗磁のすきとおる青さや、李朝磁器の淡淡とした白色の世界が、この女人たちのふくよかな着物の色合いの中にとけ込んでいるのではなかろうか。

とにかく、この「野遊びの女人たち」の絵をみていると、このような淡白な色調が周囲の景色とあいまって、ひとつの粋なハーモニーを作りあげ、いわば韓国的な色感のしっとりした一面を雄弁に表現しているといいたい。

しかし、玲瓏な紅い裳で画面の中央部に位置している若い女人は、まさに十九世紀の仏蘭西画家コローの画の中でみるような単調な色彩の画面に一点の美しいアクセントをなし、全体をひきしめる効果をねらったものとみえる。このように考えてみると、蕙園の作家的力量もひとしお引立って浮上ってくる。

ことわざに「どうせのことなら（同じことなら）紅い裳」ということばがあるように、大方この紅い裳の若い女人は、結婚したばかりの新妻ではなかろうかとも思われる。そのような気もちでみれば、その女人はこの絵のアクセントになるばかりでなく、この画想の主人公にもなるのではないだろうか。

### 現代にも生きる魅惑の髪型

近頃は、韓国の若物にも、トウェスト髪とか、ちらし髪とかいって、洋風のヘヤースタイルが多くなってきた。それは丁度十八世紀の李朝時代に流行った李朝型の味なスタイルが、今の都会の街中を闊歩しているようである。

この「野遊びの女人たち」が米国のニューヨークのメトロポリタン美術館に展示されたとき、そこのある婦人が私に「一九五八年のニューヨークのヘヤースタイルは、この髪の型が断然大流行するでしょう」と賛嘆みたいな、本気みたいなことをいって一緒に笑ったこともあるが、天下の粋な恰好を一人占めにしているような、このヘヤースタイルを十八世紀の韓国女人たちが、ふだんにたのしんだことではある。

涼しい額の生え際の上に、みどりしたたるような黒髪を束ねてのせ、やわらかくウェーヴが出ている一方の耳の上には、茄子楽のリボンが柴木蓮の花房にも似てソッとのせられている姿は、李朝女人のもつ清楚な魅力にちがいなかった。

李朝女人たちが、このように豊かな髪形に結い上げるには、ひとつの公然の秘訣があった。それは"かもじ"を備えておくことである。美しくつやのあるそしてよくそろって長い黒髪で作った"かもじ"を求めることは少なからずの散財をせねばならないので、容易なことではなかったらしい。それで、貧しい家の主婦は夫の急災を救う資本として、黒髪を大事にあつかい、親に対する孝行しるしとして、生命より大切にしている髪を、金銭と引替えることをあえてなしたという哀話さえ数多く残されている。ときには髪のふさふさとしている女人の梳き切って作った"かもじ"が、ごく親しい友達にわけられることもあった。このようにして結い上げた美しい髪は、本人達を満足させ、同時に品質のよい"かもじ"を多く持つことは、女人のほこりとさえなってしまった。

女人達が、この美しい髪をほぐして"かもじ"をはずし、頭の白い素肌を男にみせるはにかみは、たまらない閨房情趣であり、ただひとり夫だけが見られるこの特権は、濃やかな愛情の表現として魅惑そのものであったのだ。

### 秘められた美を描きつくす

李朝時代の女人たちが、愛情の表れとして奥深く秘めていたこの美しさも、味な風雅も蕙園申潤福ほどくまなく知りつくし、あふれるほどの情愛とよろこびを画面に打ちこんだ画家はまたとなかった。この蕙園の筆先のいたるところ、李朝女人の美しさは一筆ごとに生々と生気を盛り上げ、女人たちの生活感情と情緒が春風のように心地よくおしよせてくる。

およそ、蕙園はある意味では李朝の女人の美しさを育て上げたともいえよう。そして、この女人たちの美しさを果てしなく追求した蕙園は、李朝女人たちの永遠な愛人であったかも知れない。

註 ①春香伝…李朝時代の愛情小説の名前。
②広寒楼…小説中に出てくる高楼の名前。いまも全羅北道南原というところにある。
③春香…小説の女主人公。
④白苧糸…白い絹物の名。
⑤回装…チョゴリの袖口と衿と脇下に当てる別布のこと。

筆者は崔淳雨氏　韓国国立博物館美術課長、延世大学美術史講師。訳者は呉富寅女史　女流小説家、ソウル在住。

---

## パ・リーグ（12日）

# 田中（東映）完封ならず

## ロッテ　終回に奮起の2点

◇神宮薄暮（9回戦東映5勝4敗）＝観衆　三千五百

| | | | | 計 |
|---|---|---|---|---|
| ロッテ | 000 | 000 | 002 | 2 |
| 東映 | 001 | 020 | 00× | 3 |

勝 田中 5勝4敗＝完投（24試合）
敗 村田 3勝4敗（18試合）

八回までロッテを4安打散発の無得点に押えていた田中は、今季二度目の完封を目前にした最終回、池辺、ロペスに連続長短打を浴びたあと、二つの内野ゴロで2点を取られたが、アルトマンを一ゴロに押え、二度目の完投で5勝目をマークした。

東映は三回、大下の適時打で先行。さらに五回にも大木の安打と大杉の内野ゴロで2点をあげ、3－0とリードした。ロッテの先発村田は初安打で先取点を奪われるという不運なスタートだったが、相変わらずコントロール悪く、それが失点の原因となっていた。

ロッテは五回先頭のアルトマンが安打したあと、下位打線に打たせた強攻策で同点に追いつけなかったのがまずかった。（十三日東京新聞）

### ロッテ、12安打で雪辱　小山5勝

◇神宮夜間（10回戦5勝5敗）＝観衆　四千五百

| | | | | 計 |
|---|---|---|---|---|
| ロッテ | 210 | 100 | 020 | 6 |
| 東映 | 010 | 000 | 100 | 2 |

勝 小山 5勝4敗（12試合）
敗 森安 7勝6敗（30試合）
本塁打 白7号①（小山）＝二回

#### 白の7号かすむ

森安の立ち上がりを攻めたロッテは一回から点を取った。二死後ロペス、榎本が連続四球で歩いたあと、アルトマンの中飛を白が見失い、安打としまず1点。続く有藤も左前打してこの回2点。さらに二回にも2連打のあと犠打と犠飛で1点を加えた。

ロッテの先発小山は球威こそなかったが要所をフォークボールで攻める巧い投球を見せた。二回白に7号本塁打、七回遊撃失の走者を出したあと代打三沢に右翼二塁打されて2点を許しただけ。

ロッテは四回三人目の金田から1四球、1安打で1点。八回も高橋善から3長短打で決定的な2点を奪った。小山を救援した木樽が無走者の好投であとを締めた。（十三日東京新聞）

### 南海、対近鉄7連敗免る

◇日生薄暮（9回戦近鉄6勝3敗）＝観衆　八千

| | | | | 計 |
|---|---|---|---|---|
| 南海 | 002 | 001 | 042 | 9 |
| 近鉄 | 200 | 100 | 000 | 3 |

勝 三浦 5勝6敗＝完投（16試合）
敗 板東 5勝4敗（19試合）
本塁打 野村14号②（清）＝三回、服部1号①（三浦）＝四回

南海が久しぶりにねばり強い試合を見せた。近鉄は先手を取りながら、そのたびに追いつかれ得意の継投策も成功しなかった。

終盤の八回南海は板東をKO、打者一巡4安打、三ゴロ失、1四球で4点を奪い勝負を決めた。近鉄は初回相手の失策がからんで2点を先制したが、南海は野村の14号2ランで追いつき、五回は広瀬が同点打、近鉄は清から板東へとリレーしたが両投手ともピリッとしたところがなく、打ち込まれた。南海は対近鉄7連敗をまぬがれた。（十三日東京新聞）

### ジムタイル2ラン　第2

◇日生夜間（10回戦近鉄7勝3敗）＝観衆　一万二千

| | | | | 計 |
|---|---|---|---|---|
| 南海 | 010 | 000 | 200 | 3 |
| 近鉄 | 010 | 000 | 13× | 5 |

勝 小野坂 1勝（8試合）
敗 皆川 1勝5敗（11試合）
本塁打 トーマス7号①（佐々木）＝二回、飯田4号①（渡辺）＝七回、ジムタイル4号②（皆川）＝八回

近鉄がねばり勝ちした。八回近鉄は安打の安井を手堅く送って同点機をつくった。南海は渡辺をあきらめ皆川にスイッチしたが、この継投を永淵の好打が裏目に変えた。永淵はねばった10球目を三塁左を破って同点。がっくりきた皆川はなんとか二死をとったが、代打ジムタイルに初球の内角シュートを右翼上段へ4号2点本塁打された。

中盤までは南海ペース、トーマスの7号本塁打で先手をとり、七回は4長短打を集めて2点とした。近鉄は判断の悪い拙走で2併殺を喫し敗色も濃かった。だが飯田の4号本塁打で追いあげ長打力でひっくりかえした。（十三日東京新聞）

⑪…パ・リーグ勝敗表…⑪（第14節・12日現在）

| | 試合 | 勝数 | 敗数 | 引分 | 勝率 | 勝差 | 本塁 | 得点 | 失点 |
|---|---|---|---|---|---|---|---|---|---|
| ①近鉄 | 60 | 37 | 21 | 2 | .638 | — | 53 | 249 | 181 |
| ②阪急 | 59 | 35 | 23 | 1 | .603 | 2.0 | 74 | 238 | 187 |
| ③ロッテ | 58 | 28 | 28 | 2 | .500 | 6.0 | 54 | 231 | 217 |
| ④東映 | 64 | 30 | 33 | 1 | .476 | 1.5 | 56 | 245 | 242 |
| ⑤西鉄 | 61 | 26 | 31 | 4 | .456 | 1.0 | 48 | 190 | 232 |
| ⑥南海 | 58 | 18 | 38 | 2 | .321 | 7.5 | 39 | 196 | 280 |

## セ・リーグ（12日）

# 阪神5連敗免る

## ケインズ逆転3ラン

◇甲子園夜間（10回戦中日5勝4敗1分け）＝観衆　八千五百

| | | | | 計 |
|---|---|---|---|---|
| 中日 | 001 | 000 | 000 | 1 |
| 阪神 | 000 | 301 | 00× | 4 |

勝 若生 8勝6敗＝完投（21試合）
負 小野 7勝3敗（21試合）
本塁打 ゲインズ3号③（小野）＝四回

阪神キラーの小野がよもやと思われたゲインズに四回逆転のスリーランをかまされ、中日打線も若生に5安打の1点に押えられ、このカードの6連勝を逸した。

中日は三回無死小野の左前安打を送ったあと、高木守が左前に適時打して一点を先行。試合を有利にすすめた。ところが四回カークランド、和田のしぶい安打で、それまで好投の小野のリズムが狂いだし、続くゲインズには0－1からぶん中好球を左翼へ3点本塁打をあび、アッという間に逆転された。

打撃不振の阪神は32イニングス目の得点でムードをもりあげ、六回にも続投の小野に3安打を集中1点を追加、試合を決めた。

中日は五回以降、立ち直った若生に無安打におさえられ、反撃の足がかりもつかめなかった。ただ初回二死後安打の高木守を一塁において江藤兄の左中間を抜くかと思われた大飛球を中堅手に好捕され、立ち上がりで若生をつぶすチャンスをにがしたのが痛かった。阪神は5連敗をまぬがれ、若生は五月二十一日以来の勝ち星。

### アトムズ最下位を脱出

◇後楽園夜間（13回戦巨人9勝4敗）＝観衆　三万八千

| | | | | 計 |
|---|---|---|---|---|
| アトムズ | 212 | 200 | 100 | 8 |
| 巨人 | 200 | 000 | 001 | 3 |

勝 石戸 7勝6敗＝完投（20試合）
負 堀内 9勝6敗（18試合）
本塁打 長島12号③（石戸）＝一回、加藤4号①（若生）＝七回

アトムズは石戸が完投、今季初めて巨人戦から勝ち星をあげるとともに、最下位を脱出した。

石戸は一回、土井を三塁に置き長島に1－1後外角球を右翼席本塁打されたが、以後は見事に立ち直った。とくに高田、土井の一、二番コンビを落ちるボールで1安打に押えたのがよかった。巨人は六回一死後、森、末次、代打森永の3連安打で満塁と持ち込んだが代打国松は二ゴロ併殺。

アトムズは先発堀内を三回途中でKOした。一回は東条、小淵が四球、福富が1－1後、外角のシュートを左中間二塁打して2点、三回も小淵、福富、大塚、城戸の4連安打で1点をいれるとともに加藤四球で堀内をKO、二人目の渡辺からも石戸の投手強襲安打で5－2と引き離した。七回には加藤が左翼席本塁打するなど、9安打を巨人4投手から奪った。

巨人は長島－王－堀内と3個のエラーを記録、巨人らしくないプレーを見せた。（十三日東京新聞）

### 代打 藤井が同点犠飛

◇北見（12回戦大洋6勝4敗2分け）＝観衆　一万二千

| | | | | | 計 |
|---|---|---|---|---|---|
| 大洋 | 000 | 300 | 000 | 000 | 3 |
| 広島 | 001 | 002 | 000 | 000 | 3 |

（時間切れ引き分け）
本塁打 米田3号③（秋本）＝四回、井上弘1号①（平松）＝六回

### 韓国勢そろって勝つ

東アジア親善バスケット

東アジア親善バスケットボール神戸大会は一日、神戸市中央体育館で韓国朝興銀行－日本レイヨン（女子）、韓国商業銀行－松下電器、台湾工商－全兵庫（以上男子）の三試合を行なった。第一試合で朝興銀行は前半は低調だったが、後半実力を発揮、日本レイヨンに81－55で圧勝、第二試合は商業銀行が多彩な攻撃で松下を89－73で破った。第三試合は工商が全兵庫に88－63で勝った。

---

### ⑨南海 9－3 近鉄

南海 計 41 9 15 9 3 3
近鉄 計 33 3 9 2 2 1

| 【投手】 | 回 | 安 | 三 | 四 | 失 | 責 |
|---|---|---|---|---|---|---|
| 三浦 | 9 | 9 | 2 | 1 | 3 | 2 |
| 清 | 4⅓ | 6 | 2 | 1 | 3 | 3 |
| 板東 | 3 | 4 | 0 | 1 | 3 | 2 |
| 川内 | 1⅔ | 5 | 1 | 1 | 3 | 2 |

▽二塁打 トーマス、国貞▽犠打 南2（樋口、島野）近2（安井、清）▽盗塁 南3（ブレイザー、広瀬2）近1（安井）▽失策 南1（国貞）近2（阿南、清）▽暴投 三浦▽併殺 両軍0▽残塁 南10、近6▽試合時間 2時間43分

### ⑨東映 3－2 ロッテ

ロッテ 計 32 2 6 2 6 0
東映 計 28 3 4 3 7 4

| 【投手】 | 回 | 安 | 三 | 四 | 失 | 責 |
|---|---|---|---|---|---|---|
| 村田 | 5 | 3 | 3 | 4 | 3 | 3 |
| 八木沢 | 2 | 1 | 3 | 0 | 0 | 0 |
| 佐藤元 | 1 | 0 | 1 | 0 | 0 | 0 |
| 田中 | 9 | 6 | 6 | 0 | 2 | 2 |

▽二塁打 醍醐、ロペス▽犠打 ロ1（村田）映1（田中）▽盗塁 両軍0▽失策 ロ1（池辺）映0▽併殺 両軍0▽残塁 ロ4、映6▽試合時間 1時間45分

### ⑩ロッテ 6－2 東映

ロッテ 計 36 6 12 6 4 5
東映 計 32 2 4 2 6 1

| 【投手】 | 回 | 安 | 三 | 四 | 失 | 責 |
|---|---|---|---|---|---|---|
| 小山 | 6⅓ | 4 | 4 | 1 | 2 | 1 |
| 木樽 | 2⅔ | 0 | 2 | 0 | 0 | 0 |
| 森安 | 2 | 4 | 0 | 2 | 3 | 3 |
| 伊藤 | 1 | 0 | 0 | 1 | 0 | 0 |
| 金田 | 4 | 5 | 4 | 2 | 1 | 1 |
| 高橋善 | 2 | 3 | 0 | 0 | 2 | 2 |

▽二塁打 山崎、榎本、三沢、榎本▽犠打 ロ3（山崎、池辺、小山）映0▽盗塁 両軍0▽失策 ロ1（藤原）映1（大橋）▽併殺 両軍0▽残塁 ロ11、映4▽試合時間 2時間32分

### ⑩近鉄 5－3 南海

南海 計 36 3 12 3 5 0
近鉄 計 31 5 9 5 2 1

| 【投手】 | 回 | 安 | 三 | 四 | 失 | 責 |
|---|---|---|---|---|---|---|
| 渡辺 | 7⅓ | 7 | 1 | 1 | 3 | 3 |
| 皆川 | ⅔ | 2 | 1 | 0 | 2 | 2 |
| 佐々木 | 7 | 10 | 5 | 0 | 3 | 3 |
| 小野坂 | 1 | 0 | 0 | 0 | 0 | 0 |
| 清 | 1 | 2 | 0 | 0 | 0 | 0 |

▽三塁打 小泉▽二塁打 児玉、土井▽犠打 南0、近1（服部）▽盗塁 南0、近1（土井）▽失策 南1（トーマス）近0▽捕逸 児玉▽併殺 南2、近0▽残塁 南8、近4▽試合時間 2時間34分

### ⑫広島 3－3 大洋

大洋 計 34 3 8 3 5 1
広島 計 30 3 8 3 2 3

| 【投手】 | 回 | 安 | 三 | 四 | 失 | 責 |
|---|---|---|---|---|---|---|
| 平松 | 6⅓ | 7 | 1 | 2 | 3 | 3 |
| 山下 | 2⅔ | 1 | 1 | 1 | 0 | 0 |
| 大羽 | 3⅓ | 4 | 0 | 0 | 2 | 0 |
| 秋本 | ⅔ | 1 | 0 | 1 | 1 | 1 |
| 西本 | 4⅓ | 3 | 3 | 0 | 0 | 0 |
| 外木場 | ⅔ | 0 | 2 | 0 | 0 | 0 |

▽二塁打 松原、中塚▽犠打 洋2（米田、平松）広2（藤井、西本）▽盗塁 両軍0▽失策 洋0、広1（衣笠）▽併殺 洋3、広0▽残塁 洋7、広5▽試合時間 2時間36分

### ⑬アトムズ 8－3 巨人

アトムズ 計 35 8 9 8 8 5
巨人 計 34 3 9 3 2 3

| 【投手】 | 回 | 安 | 三 | 四 | 失 | 責 |
|---|---|---|---|---|---|---|
| 石戸 | 9 | 9 | 2 | 3 | 3 | 3 |
| 堀内 | 2⅓ | 6 | 0 | 3 | 5 | 4 |
| 渡辺 | 1⅔ | 2 | 0 | 2 | 2 | 0 |
| 宮田 | 2 | 0 | 3 | 0 | 0 | 0 |
| 若生 | 3 | 1 | 5 | 0 | 1 | 1 |

▽二塁打 福富、城戸▽犠打 ア2（小淵、石戸）巨1（高田）▽盗塁 両軍0▽失策 ア1（城戸）巨3（王、長島、堀内）▽併殺 ア2、巨…

### ⑩阪神 4－1 中日

中日 計 30 1 5 1 5 3
阪神 計 30 4 7 4 10 3

| 【投手】 | 回 | 安 | 三 | 四 | 失 | 責 |
|---|---|---|---|---|---|---|
| 小野 | 6 | 7 | 8 | 2 | 4 | 4 |
| 水谷寿 | 2 | 0 | 2 | 1 | 0 | 0 |
| 若生 | 9 | 5 | 5 | 3 | 1 | 1 |

▽三塁打 中1（一枝）▽試合時間 2時間11分

---

自由生活社がおくる
必読の２大文献
爆発的人気!!
皆様もぜひどうぞ

# 解放20年史（1945年～1965年）

**新聞記録による大事件の集大成！**

**特別附録 解放20年日誌，主要文献資料**

第１部／画報編■第２部／解放20年目の回顧と展望

第３部／国内事件編■第４部／特輯韓国動乱

特別韓価 1,800₩ 発行　希望出版社

**********************************************************************

# 北韓総鑑（1945年～1968年）

**韓国語版　THE YEAR BOOK ON NORTH KOREA**

**《北韓23年史》**共産主義社会を識るにはこの本一冊で足りる！　真実の北傀23年の略史を共産圏問題研究所長で韓載徳氏がまとめた権威ある共産百貨事典である。

**目次内容　政治■経済■社会**
**軍事■教育文化**
**文学芸術■文献資料**
**物韓論文■附録**

定価韓価 3,500₩

発行所　社団法人／共産圏問題研究所　発行人／韓載徳

日本発売所　株式会社　自由生活社　☎03 (462) 5838・0870

# 高まる反対運動

# 波乱含み「出入国管理法案」

政府が今国会に提出した「出入国管理法案」は、五月二十七日に衆院法務委員会で提案理由の説明がすみ、国会運営の正常化とともに実質審議が始まろうとしている。占領時代につくられた現行「出入国管理令」を改め、ジェット機旅行時代に合うよう、出入国業務を簡素化するとともに、不良外人の取締りを、というのが政府の提案理由。だが野党、革新陣営は逆に「北朝鮮、中国、北ベトナムなど政府の気にいらない国からの入国制限強化」と非難。遵守（じゅんしゅ）事項、行政調査権、不服申立の新設など"治安維持的立法"と警戒する向きさえある。在日外国人の九〇%を占める在日朝鮮人、中国人もこぞって反対。イデオロギー問題がからんで意見の一致をみたことのない在日本朝鮮人総連合会（北朝鮮系）と在日本大韓民国居留民団（韓国系）も、この法案に関しては、同じように「絶対阻止」の態勢を示している。院内では社会、公明、共産の各党が反対しているので、法案審議は波乱含みである。

法案に反対して機動隊ともみあう外国人団体（2日、東京・中央区銀座西6丁目で）

## "遵守事項"に反発
### 民団・総連も阻止へ一致

**短期滞在手続き簡素化**

現行の入管令は、昭和二十六年にポツダム政令で制定されたもので、年間四十万人の外国人が入国し、五十万人の日本人が外遊する最近の情勢に合わなくなった、というのが改定理由。新法案は全文十二章、九十一条、付則二十五条からなり、三月十四日に閣議決定して国会に提出された。

入管令と比べた場合、現在は観光しか認められていない短期滞在の在留資格がスポーツ、親族訪問、会社の業務連絡などにまで認められ、在留期間も六十日から九十日に延長された。さらに「ビザなし一時上陸」の対象者も拡大され、短期滞在者の手続きは簡素、合理化されている。

**共産圏貿易業界も心配**

論議を呼んでいるのは「わが国に在留する外国人の在留管理を合理化する諸規定を設けた」と政府がいう遵守事項制度と、在留資格以外の活動への中止命令制、命令に違反した場合の強制退去といった、一連の外国人管理体制。

法案によれば、外国人が入国する場合、十四項目に分れた在留資格を必要とされ、さらに国内での活動の範囲などを法務大臣が定め、在留資格以外の活動をしたり、遵守事項以外の活動をすると中止命令を受ける。この中止命令に従わないと「六月以下の懲役もしくは禁錮または十万円以下の罰金」となり、さらに強制退去させられる。

このため「入管令でも、これまで入国のたびに行政措置のような形で活動を規制されたり、入国許可を拒否されたりすることの多かった中国や北ベトナムなどの代表団は、ますます動きが取れなくなる」と革新団体では批判。「条件によっては、来日を向うから拒否してくることになりかねない」と中国、北朝鮮、北ベトナムなどとの貿易を行なっている日本国際貿易促進協会や日朝貿易、日越貿易業界では心配する。

この遵守事項は、新たに入国する外国人ばかりでなく、従来から日本に住んでいる外国人でも在留資格の変更、在留期間の延長（現行令では更新）、出生によって新しく在留資格を取る場合などに適用される。

この点に在日朝鮮人、中国人は敏感に反応、日本の国内法については内政不干渉の立場を保って来た民団も「すべて法務大臣、実際には入管局長の自由裁量で行動が規定され、職業選択の自由も、基本的人権もない。生活も圧迫される。かといって生活保護を受ければ、強制退去の対象となる。まったくの弾圧、追放をめざしたものだ」と激怒している。

「この管理体制は、人権、思想、信条にかかわらず人類相互の権利や尊厳を認めあう、という世界人権宣言や憲法の思想に反し、もっぱら取締りの便宜しか考えていない」と法律学者の中にも批判が多い。

**"治安維持法"の復活懸念**

遵守事項と並んで「事実調査（行政調査権）」が新設され、法に規定されている一切の事柄について、必要な時は調査を行うことができるようになり、調査に必要があるときは「関係人に質問し」「文書や物件の提示を求める」ことができ、さらに、この質問に答えなかったり、うそをついたり、物件の提示を拒むと三万円以下の罰金を受けるため、黙秘権の行使もできない。また関係人の中には、夫人、兄弟、友人はもちろん、勤務先、招いた貿易商社、外国人、日本人の区別はない、という解釈もなりたち「治安維持法の復活」論を生んでいる。

このような批判に対し、法務省は「入国する外国人の数が増加するなかで、不良外人を締出し、しかもその他の入国者の手続き複雑化を防ぐためには、事実調査権が必要」という見解を示している。

このほか、簡素化の一環として入国、強制退去の場合の審査が三審制から二審制になり、かえって強制退去が早くなることも考えられ、さらに被収容者との面会を禁止することができることになったり、収容停止の場合の必要な保証金が三十万円から百万円に増加され、強制退去手続きと特別在留許可手続きが切離され、現行令では「退去強制令書発付処分の取消し請求」という形でできた救済措置もむつかしくなった、など法的救済手段が減った点も指摘されている。

また政治的亡命者の強制退去の際は、本国が適当でない場合は他の国を送還先に指定できるように改めた、と政府はいうが、逆に「本人の望む国へ」の比重が軽くなり、本人の希望を無視して送還されかねない、と特に北朝鮮系では不安を強めている。

**全国の入管へ抗議デモ**

この法案の国会提出について野党はもちろん朝鮮総連、華僑（かきょう）総会、国貿促など在日外国人、未承認国との貿易業界ばかりか日朝協会、国際法律家協会、原水協、総評など革新系の大衆団体は一斉に反対や撤回運動を始めた。それと同時に法律家、知識人、宗教家なども動き出し、宮崎繁樹明大教授ら法学者約六十人の廃案要求、住谷悦治同志社大総長ら関西の文化人約一万三千人の廃案要求署名、飛鳥田一雄横浜市長ら神奈川県下の市町村長ら約千人の抗議文、東京都議会をはじめ神戸市議会などの反対意見書採択、三島雅夫、千田是也氏ら文化人グループの撤回要請など反対の動きは広範囲に及んでいる。

この法案をきっかけに、市民レベルの法案粉砕実行委や華僑青年、外国人留学生らによる国際青年共闘など新しいグループも生れ、それに反代々木系学生も加わって全国の入管へ抗議デモがつづき、逮捕者も出ている。

とくに、これまで比較的自民党に近い存在だった民団が、青年層のつきあげもあって、急速に反対運動を盛上げており「法案の成立阻止のためには、あらゆる手段を講じる」ときびしい態勢を固めているだけに、国会審議の経緯によっては、日韓関係への影響も予想される。

## 法案の要綱抜粋

衆院法務委員会に付託されている政府提出の「出入国管理法案」の要綱抜粋は次の通り。

〈総 則〉

一 この法律案は、本邦に入国し、または本邦から出国するすべての人の出入国を公正に管理することを目的とする。

二 外国人が本邦に在留することができる資格を「在留資格」といい、外交官、公用活動者、宣教師、報道員、教授、商用活動者、留学生、技術研修生、興行活動者、熟練特殊労働者、家族、短期滞在者および特定在留者に区分する。

〈上 陸〉

一 上陸許可

①上陸許可は、在留資格に該当し、かつ、査証を受け（条約または政府間の取りきめにより査証を免除されている場合には査証を要しない）または再入国の許可を受けている外国人に対してすることができる。

なお、教授、商用活動者、留学生、技術研修生、興行活動者、熟練特殊労働者、家族および特定在留者については、原則として法務大臣から事前認定を受けていることを要する。

②伝染病患者、らい患者、精神障害者、麻薬中毒者、公共負担のおそれがある者、刑罰法令違反者、麻薬取締法令違反者、売春従事者、不法入国（ほう）助者、銃砲刀剣類等の不法所持者、暴力主義的破壊活動者もしくはその団体関係者または利益公安条項該当者である外国人については、上陸を拒否する。

③法務大臣は、上陸要件に該当しない外国人または上陸拒否事由に該当する外国人であっても、その者が再入国の許可を受けているとき、かつて日本人として本邦に本籍を有したことがあるとき、または特別に上陸を許可すべき事情があると認めるときは、特別に上陸許可をすることができる。

④法務大臣は、必要があると認めるときは、上陸許可を受けようとする外国人に対し、本邦に在留するについて遵守すべき事項を定めることができるようにする。

二 上陸許可の手続き

①入国審査官は、上陸申請の審査の結果、外国人が、上陸要件に該当し、かつ、上陸拒否事由に該当しないと認定したときでなければ、上陸許可をしてはならない。

上陸許可をする場合には、その者の在留資格の区分および在留期間を決定するものとする。

②地方入国管理官署の長は、入国審査官から上陸許可を受けることができない外国人について口頭審理をおこなう。

③口頭審理の結果、地方入国管理官署の長から上陸許可を受けられなかった外国人は、法務大臣に対し異議の申出をすることができる。

④地方入国管理官署の長は、特別上陸許可を法務大臣に上申することができることとし、外国人からの出願の途も開く。

⑤地方入国管理官署の長は、上陸手続き中の外国人に対し、特に必要があると認める場合には、仮上陸を許可することができることとし、仮上陸している外国人が逃亡すると疑うに足りる相当の理由があるときは、入国警備官に収容させることができる。

⑥地方入国管理官署の長は、上陸審査、口頭審理および異議申出等の手続きを経て上陸許可を受けられなかった外国人に対し、退去命令書を交付して本邦からの退去を命ずる。

〈在 留〉

一、在留の原則

①外国人は、別段の定めがある場合を除き、在留資格を有しなければ本邦に在留することができない。

②在留活動者（公用活動者、宣教師、報道員、教授、商用活動者、留学生、技術研修生、興行活動者および熟練特殊労働者をいう）は、それぞれの在留活動を行うべき者として在留するものとし、他の在留活動をし、または職業につき、もしくは報酬を受ける活動をしようとするときは、法務大臣の許可を受けなければならない。

③地方入国管理官署の長は、資格外活動をした外国人、遵守事項の定めに違反した外国人または在留活動者で正当な理由がなく相当期間引き続き在留活動をしていない外国人に対し、書面をもって、中止命令その他必要な命令をすることができる。

二 在留資格の区分の変更等

①法務大臣は、在留活動者、家族または特定在留者について、在留資格の区分の変更を許可することができる。

②法務大臣は、在留活動者、家族または特定在留者として引続き五年以上本邦に在留し、その素行が善良であり、独立の生計を営むにたりる資産または技能を有する外国人に対し、その者の永住が日本国の利益に合すると認めたときは、永住を許可することができる。

③法務大臣は、在留期間の延長を許可することができる。在留期間の延長を許可しない場合でも、出国準備のため必要があると認めるときは、六十日の範囲内で出国猶予期間を定めて在留を許可することができるようにする。

④日本国籍の喪失、出生等の事由によって上陸の手続きを経ることなく本邦に在留することとなる外国人は、当該事由が生じた日から六十日を限り在留資格を有することなく在留できることとし、法務大臣は、その外国人が三十日以内に在留資格の取得を申請したときは、これを許可することができる。

⑥法務大臣は、在留資格の区分の変更、在留期間の延長または在留資格の取得を許可する場合において必要があると認めるときは、在留するについて遵守すべき事項を定めることができるようにする。

〈出 国〉

一 入国審査官は、死刑、無期または長期三年以上の懲役または禁錮にあたる罪につき訴追されている外国人等について、関係機関からの通知により、二十四時間を限り、出国の確認を留保することができるようにする。

二 法務大臣は、在留期間の満了の日以前に本邦に再び入国する意図をもって出国しようとする外国人に対し、一次または数次往復の再入国の許可をすることができる。

再入国の許可を受けた外国人が、渡航先その他の遵守事項の定めに違反したときは、これを取消すことができる。

〈退去強制〉

一 退去強制の対象者

不法入国者、不法上陸者、仮上陸中の逃亡者、退去命令違反者、在留資格未取得者、不法残留者、中止命令等に違反した者、らい患者、精神障害者、麻薬中毒者、公共負担者、外国人登録法令違反者、刑罰法令違反者、麻薬取締法令違反者、売春防止法令違反者、不法入国幇助者、暴力主義的破壊活動者もしくはその団体関係者または利益公安条項該当者である外国人について、本邦からの退去を強制することができる。

二 違反調査

①入国警備官は、容疑者があるときは、違反調査をすることができる。

②入国警備官は、違反調査をするため必要があるときは、容疑者または参考人に対し出頭を求め、その取調べをし、またはその提出等に係る物件を領置することができる。

③入国警備官は、違反調査をするため必要があるときは、裁判官の許可を得て、臨検、捜索または差押えをすることができる。

④入国警備官は、容疑者について退去強制の理由があると疑うに足りる相当の理由があるときは、地方入国管理官署の長が発付する収容令書により、収容することができる。

三 退去強制令書の執行

①退去強制は、地方入国管理官署の長が発付する退去強制令書によって行うこととし、地方入国管理官署の長は、退去強制の対象者である旨の認定に服した者、異議申出が理由がないと裁決された者等に対し、退去強制令書を発付しなければならない。

②退去を強制される者の送還先は本国を原則とするが、本国に送還することができないとき、または送還することが適当でないと認めるに足りる相当の事情があるときは、地方入国管理官署の長がその他の国を送還先に指定することができるようにする。

四 特別在留許可

法務大臣は、退去を強制される者であっても、その者が永住許可を受けていた者であるとき、かつて日本人として本邦に本籍を有したことがあるとき、または特別に在留を許可すべき事情があると認めるときは、特別に在留を許可することができる。

〈日本人の出国〉

本邦外の地域におもむく意図をもって出国しようとする日本人は、有効な旅券を所持し、出入国港において、法務省令で定めるところにより、入国審査官から出国の確認を受けなければならない。

〈管理機関〉

法務大臣は、その権限に属する事項を処理するため事実の調査をすることができることとし、地方入国管理官署の長は、その権限に属する事項を処理するため事実の調査をすることができる。

地方入国管理官署の長は、事実の調査のため必要があるときは、入国審査官もしくは入国警備官をして、関係人に質問させ、または文書の提示を求めさせることができる。

〈罰 則〉

不法入国者、不法上陸者、仮上陸中の逃亡者、退去命令違反者、在留資格未取得者、不法残留者、不法出国者、被収容者で逃走したもの、中止命令等の違反者、証言拒否者、旅券等の不携帯者、入国審査官等の調査に当って質問に応じない者等につき罰則（三年以下の懲役もしくは禁錮または十万円以下の罰金）を設ける。

## 天皇の世紀 (691)

大佛次郎

中川一政 画

京 都 五一

「前申上げ候御所構の者、御許容相成り候ては、朝権、兵威も此より地に落ち、天下は暗夜の如く、その上長州申立て候ように相成り候えば、脱走堂上の復職、浮浪の入説等、昨秋以前よりも幾倍か猖獗なる世界と相成るべくは鏡に見え候。」

容保が最も憂慮する点は、八月十八日以前の処士横議の様相の状態に朝廷が再び没入することである。御親征も、向う見ずな攘夷の沙汰も、攘夷が私意を以て行ったことなのである。その愛情から見ると、現在の朝議の議論は時機を失う点で実に危険なのだ。

「おるところ一橋慶喜決心飾り、数日の間、因循致し候中、彼は銃携を名とし、兵々大数を引入れ、備えを厳にし、制し難き模様に相成り候故、諸藩も堪えかね、熊本、久留米、薩州、土州、随って御譜代の諸藩共、同様憤発、一橋殿或いは堂上方へ出で、右の建言致し候事に御座候。始めこの箇正しく勢い強く御座候て、猶一決の御沙汰これなきとは、実に当惑の至に御座候。（中略）一橋殿に付て、右様申述べ候は、不本意千万に御座候えども、天下これより乱に成ると成らざると、随って長防の安んじ安んぜざるとに係り、幕軍比較し難き儀にこれあり、また他の御方とも違い、すべて幕府に係りては却って恐縮仕り、直情に申上げ候。」

慶喜が、実兄尾張前大納言慶勝に七月十七日付で、真情を訴え、上京を促した書簡中に述べた文面である。この七月十八日は、福原越後、国司信濃が連名で、的の議論が会津から出たものの如く容保を追った日であった。また容保はそれを知ってない。この両者の意見に対する廷臣の反応が現れれば、容保は何気の毒に、一瞬苦しむ筈である。

一橋慶喜が果断の方針に出ず、いつまでも説得双方に態度を控えて専ら説得に依って事を解決しようとしていたのを薩摩屋敷に居る西郷吉之助が理由を怪しんだ。西郷は最初の中、事件を会津、長州の私闘と軽く見て、傍観する立場を保っていたが、時日が進むにつれて、重大な形勢になり、長州が武力の威嚇を以て朝議に干渉しようとするのが疑う余地なくなった。長州への同情が藩邸に公家の間に増大するのも極めて危険なことである。西郷は長州藩邸の勅命が下るのを当然とし、「その節は正々堂々の兵を以て長賊を殺戮し申すべしと相待ち候。」の強い方針を示すように変化していた。従って一橋慶喜が禁裏守衛総督の重い職にいて未だに姑息で曖昧の態度でいるのが西郷には理解しかねた。長州の野望が失敗せしめられれば、後で兵権を伸ばすのは一橋慶喜で、これは朝廷のおために監視せねばならぬことと予覚を働かして見ていたのに対し、慶喜は見たところいつまでもその反対に出ているのであった。

慶喜は、後年会の席上、人の問いに答えて当時のことを話している。歳月が経っているから、この回想が、どこまで精確かは疑問である。しかし、記憶する限りで、彼は話した。

問「長人が京都付近に参りましたのは六月の末でございまして、撃発が七月の十九日でございます。その間はほとんど一カ月ほど日数がありまます。その間におきまして、薩州、会津、桑名などが、このたび長人の上京したのは、異志を抱いているようであるから、是非ともこれを討伐せねばならぬと、たびたび申上げたのですけれども、御前が容易にお許しがなかったということは、何か御趣意のあらっしゃることでございましたか。」

慶喜「それは、まさしく討つということは拒んだ……。拒むというではないが、会、桑、薩州あたりから何でも先んずれば人を制す、こちらから出て早く討ってしまえという論をしたのだ。それでいったい長人の戦意というものは、今度ほどうまい穏やかにはすまぬ、必ず血を見なければ治まらぬというのは誰も皆、慨惜していたのだ。そこで会津あたりは、早く討ってしまえという論だ。それで早く討つという名目はどういうものだというと、かねて長州人は入京を禁じてある、その禁じてあるのを、押して入京したのが一つ。また最近京都といっても、兵器を携えて来たということが、必ず深い考えのあることと思う。この二つをもって、討ってよいという名目はたしかにあるところと思うのだ。ところが私の考えでは、それは入京をお止めになっているところへ入京してみれば、討ってもそれだけの名はある。しかしながら、向うも表向きは、とにかく歎願という名である。それで兵器を携えて入京したというのは、屡々向うが願い。なれどもこの時に堂上方をはじめ諸藩も、長州へ荷担する者はたくさんある。それ故に私の考えでは、どこまでも説諭をして、どうあっても聴かぬ時に事が発すれば名義が立つ。」

# 出入国管理法案

## 論争

### 賛成

# 政治的意図はない

## 活動制限は当然の規定

西郷吉之助

現行の出入国管理令は、占領時代のポツダム政令をもとにしてできたものだ。日本の国際的地位は、十七、八年も前とは比較にならないほど高まり、出入国管理の状況も一変している。日本で開かれる国際会議は年々ふえる一方だし、観光や商用などで来日する外国人の数も、飛躍的にふえている。大体現行の出入国管理令は、世界の主な交通機関が船舶だった時代につくられたものだから、交通機関の中心が航空機、しかも大型ジェット機に移ったいま、管理体制がむかしのままでは、どうにもならない。来年、大阪で開く万国博に三十万人、四十万人という観光客がやってくるようなことにでもなれば、出入国管理業務は、まったくお手上げになるだろうと心配している。このような時代の変化にマッチする合理的な出入国管理体制をつくろうと、事務当局がもっぱら……

案は、永住権を認められている在日韓国人や、戦前から引続き日本にいる朝鮮人、台湾人やその子供に適用しないことを、付則ではっきり記してある。また十七日の衆院法務委員会でも、その趣旨を明らかにしておいた。

次に、行政調査について、強く批判している人々がいるが、見当はずれの批判だと思う。現行の出入国管理令では、在留条件に違反した場合、直ちに強制退去させることになっていて、救済の道が閉……

### 反対

# 規制乱用の可能性

## 窮地に立つ在日朝鮮人

亀田得治

### 法案の内容

## 講演会から

# 蕪村の句の一面

## 時にしゃれの行過ぎも

水原秋桜子



752

# 北朝鮮政権 人と路線

目でみる世界の焦点 <49>

金一　崔庸健　金日成

北朝鮮民主党（曺晩植―ソ連軍に逮捕さる 46.1）

**朝鮮独立同盟**
金枓奉―主席
崔昌益
武亭
延安を中心に中国共産党の支持を得て抗日運動を続けた

新民党
委員長＝金枓奉
副委員長＝崔昌益

延安派　武亭

延安派
金枓奉, 崔昌益
武亭, 尹公欽

延安派
金枓奉
武亭追放＝（50.12）
朝鮮戦争での平壌防衛司令官としての責任から

反金日成連合戦線
個人崇拝を批判
除名（崔昌益副首相, 朴昌玉, 尹公欽商業相ら）

金枓奉最高人民会議常任委員長
―解任（58.3）

**金日成直系派**
金日成
金一
金策
朝鮮国境沿いの東満州で抗日パルチザン活動

甲山派＝朴金喆

崔庸健
直系派の抗日パルチザン活動に呼応して、北満州で抗日武装闘争

（朝鮮共産党北朝鮮組織委員会設立・45・10）

朝鮮共産党 北朝鮮組織委
書記長 金日成＝直系派
副書記長 呉淇燮＝民族派
武亭＝延安派

（北朝鮮労働党創立・46・8）

北朝鮮労働党
委員長 金枓奉＝延安派
副委員長 金日成＝直系派
朱寧河＝民族派

朝鮮労働党
委員長 金日成＝直系派
副委員長 朴憲永＝民族派

最高人民会議
常任委員長 金枓奉＝延安派

軍人派
台頭した人
金英柱（金日成の弟）
崔光・人民軍総参謀長
呉振宇・人民軍総政治局長
許鳳学・前人民軍総政治局長

甲山グループ

**民族派**
朴憲永
李承燁

ソウル派
李英

（第二次世界大戦終る）

朝鮮共産党
朴憲永

勤労人民党

南朝鮮新民党

（南朝鮮労働党創立・46・11）

南朝鮮労働党
朴憲永＝委員長

（朝鮮労働党統一・49・6）

民族派
スパイ罪判決
朴憲永・党副委員長―死刑（55.12）
李承燁・内閣人民検閲委員長―死刑（53.8）
朱寧河・前交通相＝除名

（党第三次大会・56）

党人派
粛清さる（67・春）？
朴金喆・最高人民会議常任副委員長
李孝淳・党中央委南朝鮮局長
林春秋・党対韓日工作副局長
朴容国・党中央委国際部長
金道満・党中央委宣伝扇動部長
高赫・副首相（文芸、科学担当）
許錫宣・党中央委文化芸術部長
李松雲・検事総長
裵基俊・朝鮮中央通信社長

（春の粛清・67）

朝鮮労働党中央委　政治委員

金日成＝中央委総書記　首相
崔庸健＝最高人民会議常任委員長
金一＝第一副首相
金光侠＝副首相、大将
南日＝〃
李鍾玉＝副首相
朴正愛＝最高人民会議常任副委員長
李周淵＝副首相、貿易相
崔賢＝大将
金昌鳳＝民族保衛相、大将
朴成哲＝副首相、外相
金翊善＝国家検閲相
李永鎬＝最高人民会議常任副委員長、大将

## 粛清でつづる歴史

### "戦時態勢"強める軍人派

共産主義国家の政権には、粛清がつきものである。スターリン時代のソ連はその典型だが、北朝鮮も例外ではない。一九四五年、ソ連軍の北朝鮮進駐とともに、平壌に乗込んだ金日成が、現在に至る労働党政権をつくりあげてきた足跡は、まさしく粛清の歴史といってよい。

北朝鮮労働党の創立は、一九四六年八月、朝鮮共産党北朝鮮分局（組織委員会）と新民党が合同した時とされている。この時は、新民党の金枓奉（五八年に除名）が委員長になり、金日成は朱寧河（五三年に追放）とともに副委員長の席についた。しかしその後、米ソ対立の激化するなかで、ソ連をバックとする金日成は、勢力と地歩を固め、四八年朝鮮民主主義人民共和国の設立とともに初代首相となった。四九年、北朝鮮労働党は朴憲永（五五年に死刑）を委員長とした南朝鮮労働党を合併して朝鮮労働党を名乗る。この時金日成は中央委員長として、名実ともにナンバーワンの地位についている。

北朝鮮労働党では、設立当初からソ連派、満州派、中国派、延安派、国内派などと呼ばれる、さまざまの系統別グループがあった。これら各派がつぎつぎに姿を消して、いまの金日成直系派による政権がつくられた。

これまでの粛清のあとをみると、大きいヤマ場は三つといってよい。

第一のヤマは、朝鮮戦争休戦直後の一九五三年八月、民族派といわれる南朝鮮労働党系幹部の大量処刑が発表された時である。このとき李承燁、林和、趙一明、李康国ら十人が死刑を宣告された。南労党の委員長で、朝鮮共産党の時代では金日成と肩を並べるライバルだった朴憲永についてだけは、二年後の五五年十二月に死刑判決が公表された。粛清の理由は、朴憲永らが朝鮮戦争中に米帝国主義のスパイを働き、北朝鮮政府の転覆を図ったためとされている。

第二のヤマは、一九五六年から五八年にかけスターリン批判を契機に、労働党内でも個人崇拝の排撃が起り、重工業偏重政策への批判も重なって、反金日成派の動きが表面化した時である。ソ連、東欧を旅行していた金日成は急ぎ帰国し、五六年八月の中央委員会で反対派を一挙に押えつけた。この権力闘争は五八年末まで続いたが、中共派の崔昌益（副首相）、ソ連派の朴昌玉（副首相兼国家計画委員長）はじめ、両派の大物多数が粛清された。

第三のヤマは、昨年五月ころからうわさされ、十一月の最高人民会議代議員選挙の際に確認された甲山派グループの粛清である。この派は解放前、金日成らが満州で抗日ゲリラ活動をしていたころ、咸鏡道の甲山地方で活躍していた一派で、最近の金日成直系派のなかでは軍人派と並ぶ党人派と呼ばれていた。この粛清では、党内序列NO4の朴金喆（党組織担当、最高人民会議常任副委員長）NO5の李孝淳（対韓対日工作責任者、党中央委南朝鮮局長）らが姿を消し、幹部級で名高い軍人将校も追放されたといわれる。

こうして昨年十一月の選挙で選ばれた労働党中央委員会の政治委員は、一部の古顔を除けば、抗日パルチザンの伝統をもつ軍人派が大勢を占めている。現在の金日成政権の中枢は金日成直系派であり、しかも軍人派で形づくられているといえる。

金日成の政治路線は、一九五三年の朝鮮戦争休戦後は国内の建設に重点がおかれていた。第一次五カ年計画が、政府の発表では四年で達成されたあと、一九六一年から意欲的な七カ年計画にはいった。このころは金日成政権も安定していたといえる。六〇年八月に「南北朝鮮の連邦制」という統一のための新提案が出されたり、そのほかにも南北の経済委員会や、軍隊を南北それぞれが十万以下に縮小しようといった、呼びかけも盛んに行われた。

しかし、一九六一年五月の韓国のクーデター、六二年のキューバ危機以後、北朝鮮の態度には大きな変化が起った。韓国のクーデター直後に、北朝鮮は中国、ソ連と軍事同盟を結んだが、キューバ危機以後は、全国土要さい化、全人民武装化とともに軍の戦闘装備の近代化、動員態勢の確立といった軍事政策が決定された。

中ソ論争の表面化とともに北朝鮮の立場も微妙になった。中ソとの関係はそれまでも時に応じてソ連寄り、中国寄りと姿勢をかえたが、一九六六年になって、いわゆる「自主独立路線」が打出された。文化大革命下の中国との関係は以前より一層冷却化し、それにくらべればソ連との関係がいくぶん改善されたと見られている。

こうして自主独立、軍事態勢強化が最近の金日成路線の大きい特徴となった。七カ年計画は、六六年十月の党代表者会議で三年延長が決定され、国防建設と経済建設の並進政策がとられた。そしてあらゆる政策の根本に米帝国主義との対決がおかれ、それとともに日本の軍国主義復活にも厳しい警戒の目を注いでいる。こうした基本的態度は北ベトナム、南ベトナム民族解放戦線への支援となり、キューバの反米闘争にも強い支持を与えている。

このような最近の金日成路線がさらに党人派の追放、軍人派の台頭により、いっそう強硬なものになったとしても不思議ではない。伝えられるところでは、北朝鮮国内は"戦時態勢"ともいうべき厳しい状態におかれており、軍需工場の地下移転なども進んでいるという。昨年十二月の第四次金日成内閣発足に際しての金首相の演説や、去る二月八日の人民解放軍二十周年のメッセージや報告には数年前にはみられなかった厳しい調子がよみとれる。このような背景のなかに、ソウルでの武装ゲリラ、プエブロ拿捕事件が起った。金日成路線が、究極のところ何を目ざしているのかは即断できかねるとしても、このふたつの事件が、最近の強硬な軍事路線の産物であることはたしかであろう。

### 顔　金日成首相

北朝鮮国内での金日成首相に対する礼賛ぶりはたいへんなものである。発表された文献や報道では、必ず「四千万朝鮮人民の偉大な領しゅう」「百戦百勝の鋼鉄の統帥者」「四千万朝鮮人民の敬愛する指導者」といった長い形容句がつく。金日成に対する個人崇拝とその神格化は、文化大革命下の毛沢東賛歌にもひけをとらないほどである。

金日成の経歴については明らかでない部分もあるが、はっきりしているのは、一九一二年平安南道に生れ、十四歳で満州に行き、吉林の中学を卒業、一九三〇年東満特別地区青年共産党委員会書記となり、三一年共産党に入党、その後三二年ごろから満州の長白山麓、松花江流域で抗日ゲリラ活動を行なった。このころの金日成は二十歳代の青年で、朝鮮人を主とするゲリラ小部隊の長だったらしく、三六年ごろから金隊長と呼ばれていたようだ。金日成のゲリラ活動で特に有名なのは、三七年六月四日、鴨緑江をこえて朝鮮側の普天堡に侵入、日警駐在所、面事務所などを襲撃した事件である。これは現在も抗日パルチザン部隊の大戦果として北朝鮮国内でもてはやされている。

"長白山のトラ"と恐れられた金日成の活躍が、この時期相当目ざましいものだったことは事実らしい。しかしいわゆる"金日成将軍"の伝説については異説もあり、現在の金日成が花々しく登場する前、つまり一九一〇年代から二〇年代ごろに朝鮮人民の間には"金日成将軍"のイメージがゆきわたっていたともいわれる。現在の金日成は、このマボロシの"金日成将軍"のイメージをついだ、金日成"第二世"ではないかという説もある。もちろんこれを確証する資料はないが、いま五十六歳の金日成の年齢と、彼の本名が金成柱であるという二点は、こうした説をいく分裏づけるものかもしれない。

# 日本の中の朝鮮 ①

## どん底部落〈上〉

在日韓国人の"法的地位"は、日韓外相の間でなお交渉が続けられているが、永住許可の範囲など大筋はきまった。こんどの交渉は、子々孫々にいたるまで日本に永住したいという韓国人の願望が、どんなに強いかということを改めて感じさせた。全国に約五十八万人といわれる在日朝鮮人。その三分の二は日本生れの二世、三世である。母国語を話せない子どもたちはふえる一方だ。北朝鮮系の人たちにとって問題は未解決の部分だが、永住を望む朝鮮の人々は、今後、日本の社会でどのように生きていこうとするのだろうか。いまなお、不安定な生活にあえいでいる多くの人たちはどうか。わたくしたちにとってもっとも身近な外国人――在日朝鮮人の姿を、この機会にもう一度みつめてみよう。隣人としてともに生きていくために――。

### 大半はその日暮し

### 土地を没収されて

戦後しばらくはドブロク密造で名をはせたが、もうけた人は次々に外へ出て、全国から生活困窮朝鮮人がはいってくる。間貸し実をしている人や、古鉄回収業の親方など金持もいるが、小ブローカーといったその日暮しの階層だ。朝鮮家庭の三分の一が生活保護をうけている。

石焼きイモの屋台をひいて川崎の町を流しているBさん(五〇)。朝鮮の実家は相当な自作農だったが、父親の代に日本人に土地をとりあげられて、十八歳のとき日本へ。鉱山、フロ屋の下男、荷作り人夫……、各地を渡り歩いて苦労した。ようやく戦争末期に茨城県のある町でバクダンアラレの露店をやり、小金をためた。

戦後パチンコ屋と飲み屋を経営し、わが世の春がきたと思った。が、世の中が落着くと、田舎町のパチンコ屋にはすぐガタがきた。朝鮮人に金融してくれる日本の銀行はまずない。親子四人で部落にころがりこんできたとき、Bさんの手に残っていたのはたった三千円。Bさんは土方を始め、奥さんは「ニンニクやトウガラシなしの生活を我慢して」日本人になりすまし、工場につとめた。いまBさ

# 仲間はずれの悲しみ
## 頼れるのはカネだけ

いつも工場のばい煙に包まれている川崎市桜本の朝鮮部落

### 対立する"南"、"北"

【注】「朝鮮人」という呼び方は、韓国系と北朝鮮系を問わず「朝鮮半島に本籍を持つもの」という意味に使います。

# 日本の中の朝鮮 ②

## どん底部落〈下〉

日本で最も朝鮮人が多いのは大阪だ。その大阪でも生野区南生野町二丁目のバラック長屋のあたりは最も朝鮮人の密度が高い。住民は七人に一人が朝鮮人だ。大正末期、東大阪を流れる平野運河を開くため、朝鮮からむりやり労務者を集めたのが朝鮮人街の始りだという。

その朝鮮人街に住みこんでみた。

「わしは十二のとき、日本にひっぱられた。総督府は田畑を取上げ、小学生のわしまでこき使おうとした。米もコンチュール、人間もコンチュール」――案内役の姜さん(六〇)は歩きながら、まずこう切出した。コンチュールとは「供出」のことだ。

### "鳥小屋"に十八年

この人たちが南生野町、猪飼野周辺に住みついたのはもう三十年も前のことだ。当時、草ぼうぼうだった土地にも、つぎつぎと日本人の民家が建並んだ。低い屋根を寄せあう朝鮮人街は表通りから締め出され、日本人サラリーマンの文化住宅に取囲まれた。表通りの日本人、路地裏の朝鮮人。隣人同士は背中を向けあったまま暮している。

付近でただひとつの幼稚園には、最近まで、正面の石門に「外国人は入園できません」と看板が出ていた。朝鮮人総連合の抗議でやっと看板だけははずされた。

× ×

プーンと鼻をつくキムチ(朝鮮づけ)のにおい。幅一尺の小路にはみ出したナベやカマ。路地の頭上は洗たく物におおわれ、星空ものぞかない。屋根裏を貸してくれた玄さん方は、中学二年生の長女を頭にとども五人。六畳にふとんを三組敷き、一家七人が眠っていた。あくる日泊めてもらった"鳥小屋"とたバラック長屋は通称"鳥小屋"。屋根までの高さ三・五尺。

# 追いつめる差別の壁
## むりやり集められたうえ

ここにも"鳥小屋"。二階建の日本人住宅にかこまれている(大阪市生野区で)

### しかたなく日本に

「ふるさとから若いもんが密航してくるほどだ。仕方がないから日本にいるよ。どこへ行っても貧乏は同じさ」

【メモ】在日朝鮮人の分布状況 在日朝鮮人が一万人以上住んでいるのは大阪、東京、神戸、名古屋、横浜、京都の六大都市所在の都府県と、福岡、山口、広島の三県および北海道。そのうち、大阪府が一番多く、約十五万人、次は東京都で六万四千人。(統一朝鮮年鑑から)

# 日本の中の朝鮮 ③

## 二百人の億万長者

# ドロまみれで築く
## 「帰国すると元も子も…」

### 生産業者は少ない

日本にいる朝鮮人で、金持といわれる人は、一体どのくらいの資産があるのだろう。正確にはつかみようがない。が、たずねまわっていたら、次第に輪郭がまとまった。一億円以上が二百人程度、うち一、二割は十億円以上。百億円を突破する人はまずなかろう……。

日本にいる朝鮮人商工業者の六、七割は、パチンコ屋、飲食店、くず鉄屋だといわれる。資産家にも生産業者はごく少ない。目立つのは、タクシー会社社長、不動産業者、劇場やキャバレーの経営者など。

### ソロバンが先立つ

韓国人が経営する横浜・鶴見の朝日製鋲。従業員と話す申学彬社長(右端)

【メモ】商工団体 在日韓国人商工会連合会(東京都新宿区柏木一丁目、城ビル内)と在日本朝鮮人商工連合会(台東区上車坂、朝鮮商工会館内)がある。会員数は両方の言い分がくい違っている。在日韓国人商工会連合会は、ともに約一万人ずつといい、在日本朝鮮人商工連合会は、約一万人、相手は約五千人。いずれも加入していない商工業者がかなりいるといっている。

# 日本の中の朝鮮 ④

## ある成功者

# 忘れ得ぬ日本の恩人
## 冷たい言葉には負けずに

下関市の朴鐘さん(四三)は日韓親善協会山口県副会長をはじめ、四十を越える肩書を持つ。レストラン、パチンコ店など四つを経営。三つの会社の重役を兼ねている数少ない成功者の一人だ。「日本は大好きな国は世界中どこにもない。一六年前、日本はどいやな国もない」という。

昭和二十年八月十五日、敗戦の日。朴さんはぼろぼろ涙を流した。「ウソだ。日本が負けるはずはない」。

### クツみがきから

京城の専門学校から学徒動員、華北戦線で戦っていた朴さんが、敗戦によって受けた衝撃は日本兵のそれと少しも違わなかった。朴さんは「教育」の結果だったと考える。小、中学校を通じて当時の日本式教育をたたき込まれたのだから無理もない。「朝鮮人」というよりも「日本人の中の"半島出身者"」という意識が強かった。朝鮮人に戻って二十年。だが、いまも朴さんの心の片すみには"日本人"が息づいている。戦後、上海の集結地で、変な噂

### 新聞の求人欄で

坊やと将来を語り合う朴鐘さん

### 子どもに日本名

いま小学校五年になる長男が泣いて帰って来た。通っている日本の学校で「朝鮮人」とからかわれたのだ。それ以来、三人の子供たちに日本名を使わせている。ただし、中学一年になったら朝鮮名に変えるという約束だ。それまでに家庭で"朝鮮人"という誇りと自覚をしっかり植えつけるつもりなのだ。「日本に住む以上、やはり日本の学校で教育させるのが本当だと思う。ただ、その前に小さいときから朝鮮民族としての意識を持たせるべきだ」――そのために朴さんはいま朝鮮人だけの幼稚園を作ろうと運動している。

【メモ】在日朝鮮人の職業 建設関係などの技能工、生産工程の従事者や単純労働者が最も多く、就業者全体の五三・八%をしめている。

754

## 日本の中の朝鮮 ⑤
### 密入国
# 大半が生活苦から
## 日本への強いあこがれも

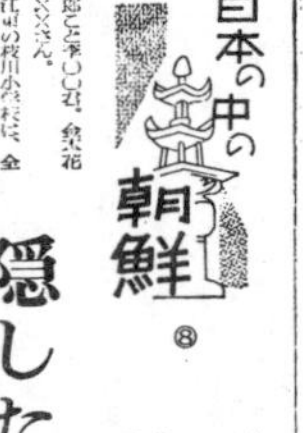
泣きながら強制送還される韓国婦人
（大村港・海上自衛隊の桟橋で）

## 日本の中の朝鮮 ⑦
### 就職の壁
# 東大を出たけれど
## 越えられぬ異民族の差別

三月二十七日、東大の卒業式。Ｋ君もこの中にいる

## 日本の中の朝鮮 ⑧
### 日本名の子ら
# 隠したがる戸籍名
## 進学も日本人学校で通す

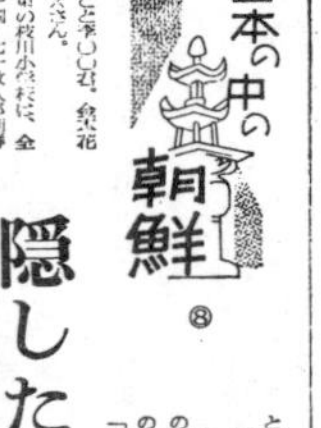
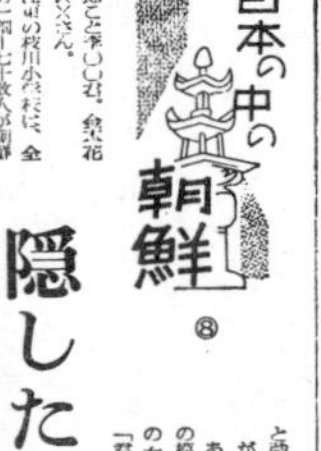
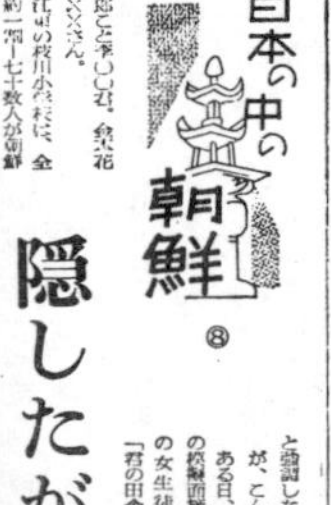
東京の朝鮮人の町＝江東区塩崎町。ここでは朝鮮の子も日本の子も区別がつかない

## 日本の中の朝鮮 ⑦
### 民族教育
# 祖国への誇り養う
## 部屋ごとに金首相の肖像

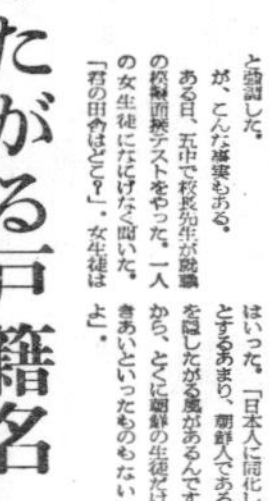
ノルチギ（板遊び）を楽しむ女生徒たち＝東京・荒川区日暮里町の東京朝鮮第一初・中級学校で

## 日本の中の朝鮮 ⑩

### 新しい日本人

# 昔の同胞は白い目

## ……それでも絶えぬ帰化希望

"帰化した人たちに、もっと思いやりを……"と訴える清水保憲さん

#### 「心」型と「生活」型

#### やはり差別の壁

#### 帰化人同士の会

---

## 日本の中の朝鮮

### 韓国系学校

# 授業内容は日本式

小、中、高校の入学式で民族服のPTA副会長から歓迎のあいさつを聞く新入生（東京・新宿の東京韓国学園で）

## ―思想、政治を抜きにして―

#### 民族意識も育成

#### 卑屈感から誇りへ

#### 日本人への警戒心

---

## 日本の中の朝鮮

### ある結婚

# 偏見を破った善意

## 花嫁に涙を流す異国の母

朝鮮服でウエディング・ケーキにナイフを入れるルリさん（昨年3月の結婚式で）

#### 誠実に生きれば…

#### 重ならぬイメージ

#### 和服と朝鮮服と

#### 差別する方が野蛮

---

## 日本の中の朝鮮 ⑪

### 南と「北」

# あおられる対立感

## 日韓交渉の"処遇"めぐり

束の間の再会――手をとり合う辛金丹選手（中央）と父の文浚（ムンジュン）さん＝昨年10月9日東京・千代田区の朝鮮会館前で

#### 盛んな組織の学習

#### 統一のむずかしさ

#### 民団は警戒

756

資料

## 素顔の北朝鮮 ①

### 武装する人民

# 学童も思想教育

## 職場に学校に革命研究室

北朝鮮は、わが国の近く、朝鮮半島の北半部を支配する国であるのに、現実には、あまりに遠い国であった。記者はこのほど朝鮮民主主義人民共和国対外文化連絡協会の招待によって平壌にはいり、創建二十周年慶祝行事と北朝鮮各地を約三週間にわたり視察して、四日帰国した。以下、北朝鮮の今日の姿を象徴する「全人民の武装化」を皮切りに政治、経済、人民生活の「見たまま、聞いたまま」を報告しよう。

× ×

日本人記者として北朝鮮に入国したのは九年ぶりのこと。記者の目にうつった北朝鮮は"軍国調"一色に包まれていた。平壌の町々には「米帝国主義を打ちのめせ」「祖国統一を主動的に準備しよう」「金日成(キム・イルソン)同志万歳」のスローガンと、ポスターがはんらん、猛烈な反米感情がむき出しになっていた。人民軍兵士が銃の柄で米兵をなぐり殺す図、労働者、学生が銃剣を構えて米兵に迫る図。いずれも外来者からみれば、どぎつく、血なまぐさいものばかり。

創建二十年慶祝行事として展開された人民学校(小学校)中学校の生徒による演劇も軍国調がいっぱい。南朝鮮で人民をいじめる米兵を武装ゲリラが射殺し「金日成同志マンセイ(万歳)」を叫ぶ。こんな調子のアジプロ劇が繰り返し繰り返し上演された。

三十八度線に沿う軍事境界線で「米軍の挑発」が相つぎ、いつ「第二のベトナム」に発展するかもしれないというのが北朝鮮側の言い分だ。南北統一—祖国統一は民族的使命と全国民に活をいれる金日成政権の大キャンペーンも北朝鮮の緊張をいっそう高める結果になっている。昨年来、金日成政権は「全人民の武装、全土要さい化」の大号令をかけた。

「全人民の武装」は人民軍や民兵組織の猛訓練ばかりではない。「人民の思想革命」「金日成思想による武装」が強く要求される。工場で、協同農場で、学校で全労働者、農民、学生が民兵組織である労農赤衛隊にはいり軍事訓練に余念がないが、それ以上に思想教育、精神統一運動が強烈だ。日本の小学校にあたる人民学校から中学、高校(高等技術学校)大学まで「金日成革命闘争史」「朝鮮労働党史」「共産主義道徳」は必修科目中の必修科目だ。

平壌郊外の「金日成称号」をもつ安鶴中学、咸興市内の鉄鋼中学等、いくつかの学校を訪問したが、どれも一番立派な教室は「革命研究室」だった。金日成首相の大肖像のおかれている教室では「金日成同志」の抗日武装闘争の戦略戦術論を中学生たちが一生懸命に学習していた。安鶴中学の校長先生は「この国では、首相(金日成)同志に忠実な赤い戦士、革命戦士を養成するのが教育の目的です」と力をこめて語った。

工場にも協同農場にも、続々と壮麗な「革命研究室」が建設されている。朝鮮戦争直後、平壌市がまだ再建されないうちに「祖国解放戦争記念館」が金日成首相じきじきの命令で建設された。人民教育、「小国民」にいたるまで徹底的に革命教育し、国民精神総動員によって「富国強兵」をはかるという発想は"金日成思想"の一翼をなした方式なのである。ややソ連寄りながら自主路線をとる北朝鮮は「自主、自立、自衛」を目ざし、それなりに精いっぱいの生き方をしているようだ。歴史的事実は、ソ連軍によって「解放」され、中国義勇軍の支援によって朝鮮戦争は救われたが「金日成首相の教え」では「首相同志の賢明な指導で朝鮮人民の力で勝利した」ことになっている。

すさまじい反米感情、金日成首相の絶対化と軍国一色の革命教育、民族主義を鼓舞する国家が現実に日本の隣に存在する。こんな北朝鮮を目のあたりにみて"昭和元禄"気分にある日本の現状が、かえって不思議とも思えたのは、果たして記者の錯覚であったろうか。(飯塚前特派員、写真も)

人民軍兵士は「米帝国主義打倒」のため訓練を続けている。9月10日、金日成広場の創建20周年慶祝パレードで

## 素顔の北朝鮮 ②

### 日常生活

# 食べるには十分

## まだ割り高、身の回り品

非常時体制下にある北朝鮮では、いま"金日成将軍の歌"と"世界にうらやましいものはない"という二つの歌が大流行している。前者は抗日武装闘争の英雄・金日成首相をたたえたものであり、後者は元帥さま(金首相のこと)の暖かいふところに抱かれる私たちは幸福"と金首相に感謝する歌である。その金首相は九月七日の創建二十周年平壌市民大会で「わが国は史上最高の繁栄期にある」と断言した。"この繁栄"を、しいたげられている南朝鮮人民にも及ぼしたい"ところまでエスカレートし、"祖国統一論"の有力な材料とされる。果たして額面通り「史上最高の繁栄」と受けとってよいものかどうか。去る九月はじめ訪朝した日共の宮本書記長が金首相と会談したとき、金首相は「共和国政権は人民に米をたらふく食べさせている。しかし、まだおかずが足りない」といったそうだ。北朝鮮の人たちは衣食住の最低生活は保障されてはいるが、それ以上になるとまだまだ—こうしたことを素朴に言ってのけたということか。

北朝鮮政府の崔(チェ)国家経済計画副委員長の説明だと、労働者の賃金は重工業で七十円(日本円換算九千八百円)から八十円(同一万一千二百円)、軽工業で五十円(同七千円)ほどとのこと。大方の場合は夫婦共かせぎだから一世帯の平均収入は百円(同一万四千円)から百五十円(同二万一千円)となる。住宅費は日本とくらべて段違いに安く、家賃、光熱費合わせて三円(同四百二十円)ですむ。学校の授業料も医療費も無料だから月に二十円(同二千八百円)もあれば生活できる—。

とすると大変に豊かな生活ができるはずなのだが、現実にはそうとも思えない。

「代表的北朝鮮人民」は油っ気のない髪、洗いざらしのシャツ、洋服を無造作に身につけて町を歩く。大学教授、工場の支配人クラスでも一般労働者と見分けのつかない身なりをしている。チョゴリ、チマの"朝鮮服"姿の若い女性にしてもお化粧しない。ソ連様式ながら美しい市街を形成している平壌市とは対照的に「人民たち」の姿はきわめて地味である。なぜ、そうなのか。

念のため物価調べをしてみたら、最低生活物資以外は、なるほど高い。たとえば、化繊混紡の男子洋服で五十円(同七千円)から七十円(同九千八百円)で月給全額にほぼ相当。北朝鮮国産の腕時計で百円(同一万四千円)ミシン四百円(同五万六千円)。化粧石けんなどは日本人の常識では生活必需品で安くてもよいはずだが、普通もので一円(同百四十円)と高い。話をきけば「豊かな生活」でなければならないのに、現実の人民生活がそういかないのは「生活必需物資」以外の消費物資が割高だからとみた。

労働者住宅も二、三見たが「節電」で薄暗い電灯、目ぼしい家財道具としてはミシン、ラジオぐらい。北朝鮮人民は労働時間は週四十八時間。休日には家族連れ立ってサーカス、映画、自然公園で遊び、あるいは釣りといった「健康なレジャー」を楽しんでいる。遊びに金もかからないし、消費を刺激する品物もないから、人々は不平もいわない。「日本支配当時にくらべれば平均寿命は二十年ものび、人口増加率も高い」という。

国の政策も手伝って子だくさんの家庭が多い。背中には赤ちゃん、前にも幼児を抱き、そのうえ余った手で別にもう一人の子供の手を引く働く主婦たちを多数見た。もっとも子供たちはつとめにいくときは、工場施設の託児所、幼稚園に預けるから心配なしというのが、この国の自慢だ。社会主義国らしい社会保障もとり入れられてはいるが、消費生活が窮屈なのは、金日成政権による「国防強化と経済建設」の二本立て政策にあるのは明らか。生活上の欲求不満は「金日成思想による武装化」で解消するのはこの国らしいが「世界にうらやましいものはない」の歌をきいて記者は、日本の戦時標語「ほしがりません勝つまでは」の"やせがまん"を連想した。(飯塚前特派員、写真も)

レジャーは、きわめて健康的。休日、家族をつれて工業博覧会を見学する人民軍兵士(平壌市内で)

## 素顔の北朝鮮 ③

### 金日成物語

# 家族ぐるみ崇拝

## 人民奮起の起爆剤

ピョートル大帝は、青年時代、自らオランダの造船所で造船技術を学び帝政ロシア近代化の先頭に立った。北朝鮮の金日成(キム・イルソン)首相は建国の父であると同時に、北朝鮮の工場、農場その他万物の創造を直接に指導した—。少なくとも北朝鮮の人たちは、そう教えられている。

金日成首相の生地、平壌郊外の万景台には、一日に数千人、多いときは一万人以上の参観者が押しかけ、金日成革命思想に接し、金日成革命博物館、祖国戦争記念館にも参観者が群れをなして集まる。そして「金日成回想録」は北朝鮮にあっては聖書並みに扱われ全人民の必読書とされる。すべての事を通して語られる「金日成回想録」を材料とする「金日成物語」の筋書きを簡単に紹介しておこう。なぜなら「金日成物語」を知ることなしには今日の北朝鮮を理解できないからである。

「マンギョンデ(万景台)は朝鮮革命発祥の地。朝鮮人民の心のふるさと。少年金日成は十四歳のとき朝鮮が独立しなければ二度と帰ってこないと固く決心して鴨緑江をわたった。十五歳にして少年革命組織を結成して抗日闘争にはいり、一九三二年、最初の抗日武装組織をつくり祖国を解放した」

「金日成鴨緑江を渡る」ほか各場面は"芸術化"されて描かれ、人民教育に一役買っている。一九四五年、ポツダム宣言受諾による日本軍の降伏によって朝鮮は「解放」されたが「偉大な金日成首相」には「絶世の愛国者であり百戦百勝の鋼鉄の霊将、四千万朝鮮人民(南朝鮮を含む)の敬愛する首領」の称号が与えられた。金首相は「国のおとうさん」、母親の康盤石(カン・バンソク)さんは「国のおかあさん」といわれ、両親、兄弟までが革命英雄として尊敬される。個人崇拝では本家のソ連のスターリン、中国の毛沢東主席も、その家族までは「神格化」しなかった。金首相の場合は一家そろって聖家族とされ、「系図」の研究までが学習対象だ。平壌市外の中学で金首相の腰をおろしたイス、吸い捨てたたばこの吸いがらが、うやうやしくガラス箱に入れられ保存されているのをみて"金日成神格化"の徹底ぶりに驚いた。個人崇拝問題は記者のような体制の異なる国の人間からみると、全く異様な光景としかいいようがない。金首相自身気さくな大衆政治家なのだが、こんなにも激しい神格化は案外計算ずくでやっているのかもしれない。中国の毛沢東に対抗する人物を仕立てるため個人崇拝熱にドライブをかけたとの説もあるが、なにより人民のエネルギーを爆発させる起爆剤として「金日成同志万歳」政策を強行しているともいえそうだ。平壌郊外の鶏肉工場を訪問したところ「首相同志の現地の教えを貫こう」というスローガンをみつけた。なにごとかと思ったら、金首相が「この工場の敷き地を設定し、工場の設計にいたるまで直接教示された。またニワトリの管理を科学化、自動化するよう指示された」というのだ。咸興の大機械工場でも「首相同志の直接の教えで戦争で破壊された工場を再建し大型プレスも完成された」という話。いずこも「首相同志の教えによって」あるいは「首相同志の暖かい配慮によって建設された」という話ばかりであった。金日成首相は平壌市内の官邸にとどまるのは月にせいぜい一週間程度といわれ、積極的に工場はじめ各地を訪問、重化学工場から農場、果ては労働者住宅の位置、規模まで直接教示するほどに万能である。北朝鮮のような新興国家にあってはパルチザン闘争の苦労人、金日成首相が、ピョートル大帝的な役割を果たす余地があるのだが、とにかく「首相同志の教え」の乱発には閉口した。(飯塚前特派員、写真も)

平壌市内の「金日成革命博物館」——抗日武装闘争から北朝鮮建国まで金日成首相の奮闘ぶりが紹介されている

## 素顔の北朝鮮 ④

### 「千里馬」

# "国産"を誇る工業

## 計画完遂へ生産!生産!

平壌郊外の農村地帯にある北朝鮮唯一のトラクター工場。この「千里馬号」は他の社会主義国にも輸出される。

平壌市内万寿台の千里馬(チョンリマ)像は北朝鮮のシンボルだ。高い塔の上に若い男女をのせた千里馬が天に向かって走る勇壮な姿。朝鮮古来の伝説にある一日に千里を走る馬になぞらえて金日成(キム・イルソン)政権はこの像を市内の高台に建設した。金日成首相は創建二十周年慶祝行事に集まった内外代表団を前に九月八日演説した。

「いま、わが国の状況は、きわめてよい。全国が明朗で生気あふれるふんい気に包まれている。わが人民は千里馬を駆る勢いで力強く前進、社会主義建設の七か年計画は最後の突撃段階にある。これが完遂されれば、わが国は強靭な社会主義工業国となる」

現在の七か年経済計画は、軍事力強化のため三年間延期されて来年が最終年度だが崔(チェ)国家経済計画副委員長は計画通り完遂すると満々の自信をみせた。北朝鮮政府が発表する数字では「一九六七年の工業生産は一九四八年にくらべ二十二倍に成長した」。

記者は平壌、工業都市咸興で数多くの工場をみたが、同国政府発表の数字を信じるかどうかは別として重化学、軽工業ともかなり高い水準にあるように思えた。自主路線で民族的自尊心に燃えるこの国では、なんでも「わが国の資源と技術で生産する」のが自慢である。もともと日本支配当時から北朝鮮地域は豊富な天然資源、水力発電などのエネルギーに恵まれ、南にくらべれば工業化していた。建国後はソ連、中国の技術援助で工業化は急ピッチで進んだ。こうした事実には口をつぐんで「自力更生」の一点張りなのだが、ソ連、中国製の機械がどこの工場でも多く見受けられるのが何よりの証拠だ。電気機関車、トラック、バス、ジープ、トラクターなどソ連製にそっくりなのがご愛きょうだが、とにかく、いずれも「国産」であることは確か。洋服地など繊維製品も上等とはいえないが全部国産だ。

低水準にある電子工業など高度科学までも国産化をねらうとなると「自力更生」の前途が、ひとごとながら心配になるが、現段階では自力更生の経済建設は予想したより順調のようにみえた。北朝鮮の工場規模は、いずれも数千人以上で、経営権は労働党組織(共産党)が、がっちりにぎって生産増強に懸命の追いこみ中だった。労働者組織は職業同盟があるが、これは生産協力組織で団結権、スト権はない。

「人民が権力をとっている以上当然だ」というのだが、共産党の機関紙工場でも争議が起こる"自由"な日本からみると、不思議なこともあるものだと思った。

北朝鮮の国家予算の歳入の九八・二%は工業、各企業からのもの。農業は協同農場の内部蓄積と社会主義化資金でまかなうだけで直接、国家予算には税金を納めてはいない。工業が農業を「徹底的に援助」している。たとえば米一キロ・二〇を政府は四十二銭(日本円換算五百八十八円)で買いあげ、都市の消費者には手数料程度にあたる八銭(同百十二円)で売る。大変な逆ザヤで日本なら、さしずめ食管赤字が大きな政治問題となるところ。政府投資によって大規模なかんがい設備が各地にあり、干ばつがあっても凶作知らず、今年は史上最高の豊作」という説明も誇張ではないように思えた。各地に大果樹園(おもにリンゴ)が造成され、かつてワラぶきだった農村住宅も、七割方はカワラぶきの"文化住宅"にかわった。

「わが農場では機械化が八〇%に達した」と咸興市郊外の竜城協同農場管理委員長は誇らしげに語った。その割りには車をひく牛の数が多いから、額面通り受けとれないのだが、北朝鮮農業は社会主義国には珍しく成功しているとみてよいようだ。(飯塚前特派員、写真も)

## 素顔の北朝鮮 ⑤

### 幹部養成

# 産学協同に徹底

## 経済建設への原動力

北朝鮮の金日成(キム・イルソン)首相は、読みの深い、そして現実主義的にものを考え、実行する型の政治家である。一九四五年、日本降伏が決定的となったとき、金首相は抗日武装組織の中堅幹部を危険な第一線に立てず、一九五〇年からの朝鮮戦争でも「三度戦功をたてた戦士」は安全な後方に呼びもどす"幹部温存政策"をとった。これらの人たちが各分野の幹部となって働いたのはもちろんである。

北朝鮮では、いま民族幹部の大量養成が進んでいる。民族幹部とは日本流でいう一部の指導者をいうのではなく、政府、党機関でいえば下級指導者を含め工場、協同農場では各級管理者、技術者をいう。植民地支配の長かった北朝鮮で指導力のある人材、技術者の不足は当然であるが「民族幹部」の大量養成を国家建設の基本としたのは、明治日本の指導者の構想と似ていておもしろい。

北朝鮮には大学が九十八ある。もっともその中には大学の名がつくだけの専門学校もあるが、名実ともに最高学府は、その名の通り「金日成総合大学」。外人教師なしで「国語教育」に徹し、平壌市の一角に、その威容を誇るこの大学は学生数一万余、教職員数三千人を上回るマンモス大学だ。ここの学生は奨学金月額十五円(日本円換算二千百円)をもらい兵役も事実上免除だという。法学、経済の学部もあるが、科学技術関係学部の学生数が多いのも、多数の技術者を求めるこの国らしい構成だ。

同大学を訪問して「この大学で誇るべきものがあるか」ときいたら「金首相の主体思想だ」ということえがはね返ったが、外人教師なしで「国語教育」に[illegible]しているのにも驚いた。

もちろん学生は労働者から選抜される。夜間制、通信教育制度までもある。

北朝鮮の学制は人民学校四年、中学五年の義務教育、これが終わると高校(二年制)または高等技術学校(四—五年)がある。中学生には「生産基本」という科目があってだれでも旋盤など機械操作を実習する。一般に高校が少なく高等技術学校が圧倒的に多い。この学校もほとんどは工場に付属する。

大学でもう一つ注目されるのは"産学協同体制"だ。大学のうち、実に三十八が「工場大学」である。機関車工場には鉄道大学が、紡績工場、機械製作工場などには、それぞれの技術に関係した工場大学がある。学長は工場の支配人、教授は工場の技師、実験室は工場設備を使用する"インスタント大学"。

記者は工業都市咸興で工場大学、高等技術学校を視察した。実験設備などは基礎的なものばかりで貧弱なものであったが、そこには中年者を含めて労働者が熱心に勉強していた。日本では実務教育、産学協同などというと日教組や、いわゆる民主団体は「資本に服従する人物養成」と原則的に反対するが、国情が違うとはいえ、北朝鮮では現実に経済建設の大きな原動となっている。日本の"進歩"的人種が、この現実をどう説明するか興味ある課題である。

北朝鮮では金日成首相の抗日武装闘争が教育の基本となっているため、いわゆる"反日教育"の批判がされているが「反日教育」論はタナ上げするとしても、大量生産される民族幹部が将来の政治、経済、産業のにない手となることとからみて、日本と北朝鮮との関係を考えないわけにいかなかった。

自主路線といいながら北朝鮮は、すべての面でソ連、中国の影響が強い。大学においてさえ日本語を習うものが少ないという話をきいたが、日本的なものは朝鮮の古い習俗の追放運動とともにかげをひそめつつある。日本に近い朝鮮半島北半部の国だけに別コースを走る日本と北朝鮮の将来に、大きな不安を感じないわけにはいかなかった。(飯塚前特派員、写真も)

=おわり=

「金日成総合大学」。名実ともに北朝鮮の最高学府で、金日成首相も50回以上この大学を訪問している

日韓批准 五つの断面 <1>

# 日本の安全が焦点

## 複雑な「南北分裂」の現実

二分する国論

反共防衛の強化

冷戦な三十八度線

古くて新しい対立

対中国との関係性

ベトナムの影響

日韓批准 五つの断面 <2>

# 避けられぬ審議紛糾

## 野党の攻撃材料は豊富

食違う解釈

韓国政府側の主張

複雑な「李ライン」

日韓批准 五つの断面 <3>

# 両国の要求結びつく

## 警戒される手荒な進出

経済的背景

日本資本への不安

大切な進出の調整

## 韓国経済計画の現況と将来

| | 基準年度60年 | 目標年度66年 |
|---|---|---|
| 米 | 240万トン | 304 |
| 麦 | 107万トン | 139 |
| 海産品 | 34万トン | 59 |
| 製鉄 | | 22 |
| 石炭 | 560万トン | 1,170 |
| セメント | 72万トン | 140 |
| 肥料 | 8.5万トン | 31.5 |
| 石油 | 0万バーレル | |
| 電力 | 28.8万KW | 85.9 |
| 輸出 | 3,290万ドル | 13,110 |
| 失業者 | 基準年度60年 281 | 139万人 |

(白ヌキの数字は昨年末実績)

第1次計画の完成施設と第2次計画の建設計画（斜線）

国別外資導入比（65年9月現在）

42,250万ドル: アメリカ 59.3%、日本 14.6%、ドイツ 10.8%、イタリア・フランス 10.3%、その他 5%

石油　塩化ビニール　アクリル　ナイロン　セメント　肥料　発電所　製鉄圧延　タバコ　自動車

| （単位100万ドル） | 基準年度65年 | 目標年度71年 |
|---|---|---|
| 輸出総額（( )の数字は商品輸出） | 289(172) | 690(550) |
| 輸入総額 | 482 | 879 |
| 外資導入 | 253 | 678 |
| 国内貯蓄 | 177 | 672 |
| 投資総額 | 363 | 859 |
| 国民総生産 | 2,890 | 3,760 |
| 無償援助 | 63.9 | 0 経済自立 |
| 一人当り年生産額 | 100ドル | 132ドル |

眼で見る韓国経済図解　朝日新聞　一九六五年

758

# 日韓批准—五つの断面 〈4〉

## 国会の攻防

# "安保"以来の緊迫感

## 二分した国論を背景に

結局は強行採決?

作戦を練る社会党

# 日韓批准—五つの断面 〈5〉

## 院外の動き

# 無気味な対決ムード

## 左右とも念頭に"安保再改定"

幅広い運動ねらう

阻止勢力にも悩み

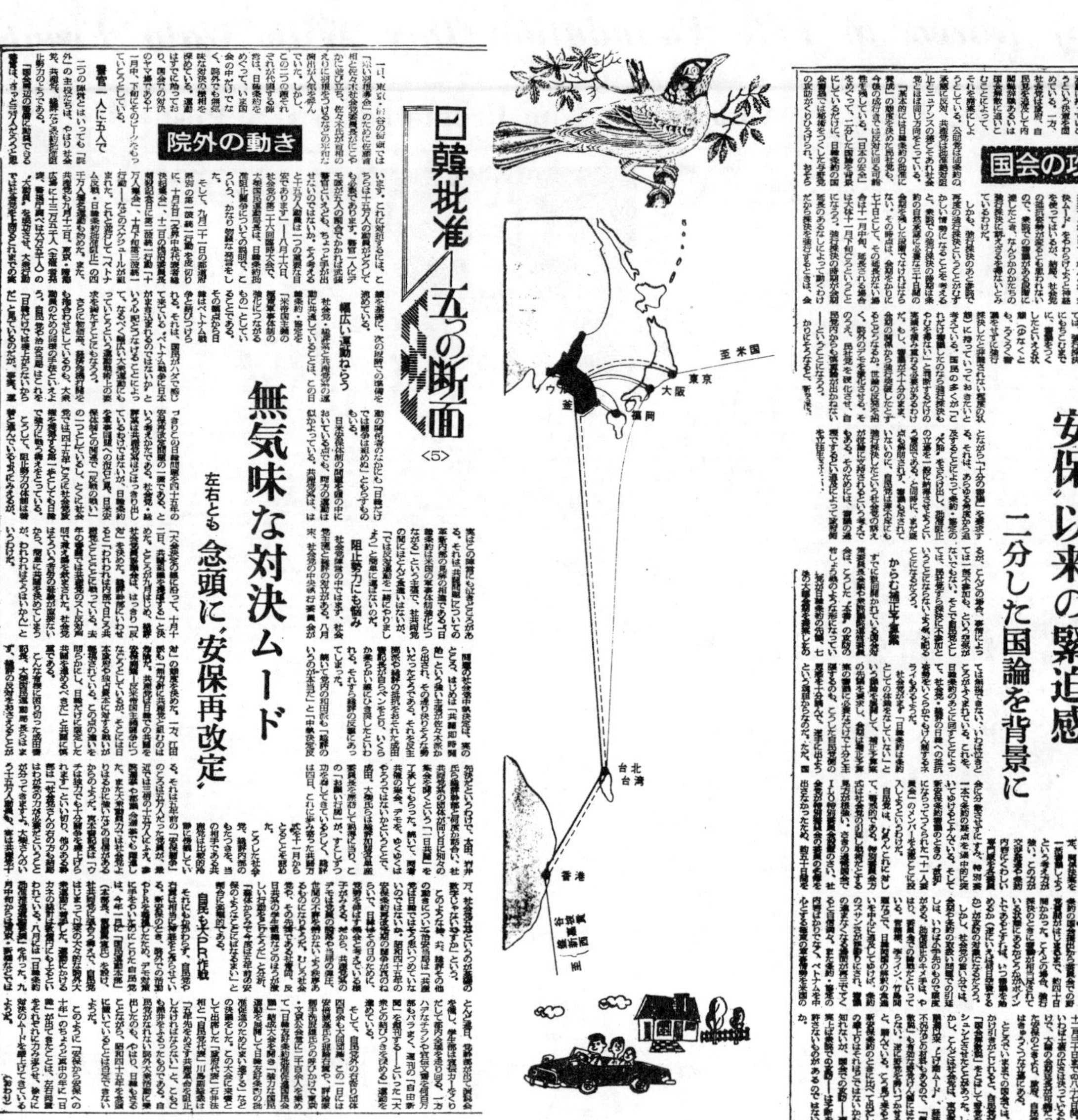


# 新段階を迎える韓国経済計画

## 第一次計画

# 成長の陰に物価高

## 私金融に頼る中小企業

世界の鼓動 〈453〉

農家の95%が負債

社会資本がおろそかに

低い賃金に相次ぐスト

## 第二次計画

# カギは資金面に

## 大幅な工業化を図る

支払い保証能力に限界

「ますしスミ是正」の声

# Republic of Korea to Fete Foundation Day With Gala Events

*The Republic of Korea will celebrate its national foundation day tomorrow. The day, Oct. 3, is designated as foundation day, for according to mythology, on this day, the national founder of Korea, Tangun, is claimed to have descended upon the earth about 4,300 years ago.*

*The Koreans celebrate this day in a grand manner as well as the Liberation Day of Aug. 15, which marks the anniversary of both their independence from Japan in 1945 and the establishment of the Republic of Korea in 1948.*

*Various kinds of memorial events and cultural festivals are held throughout the nation and traditional music and dances are enjoyed by the people.*

*The Government of ROK will perform a formal ceremony and President Park is to send a message to the people in commemoration of the foundation day.*

President Park Chung Hee

THE most probable theory about the origin of the Korean people is that a migrating Tungusic branch of the Altaic family settled in regions of the Shantung peninsula of northern China, southern Manchuria and the Korean peninsula, forming one cultural zone in lands around the Yellow Sea.

As no palaeolithic remains have been discovered in the country, it is considered that the Tungus moved down the Korean peninsula to settle in the Taedong River basin. Neolithic remains such as dolmens, shell mounds, and stone implements are found scattered widely throughout the country.

The beginnings of Korean civilization and culture, as is the case with other ancient lands, are shrouded in clouds of mythology.

Legend places the founding of Korea in the period of 24 centuries before Christ by the spirit-king, Tangun, who unified the various clans and tribes into a single state, which later came to be known as Choson (Land of the Morning Calm).

The legendary founder of the nation is said to have descended on Taebaek Mountain from heaven on Oct. 3, 2333 B.C. to establish a tribal state, with the present city of Pyongyang as its capital.

According to the mythology, the day of Oct. 3 is designated as the National Foundation Day of Korea. The national religion, the Taejonggyo, encourages grand sacrifices to the spirit of the common ancestor.

The Tangun era was said to have lasted 1,200 years until Tangun's descendants were superceded by a new ruling family called Han, which rose to power about 11 centuries before Christ.

Recorded Korean history begins with the Three Kingdoms, 57 B.C. to 668 A.D. During this era, the Korean peninsula was divided in three parts, with the northern half ruled by the martial Kingdom of Koguryo, and the southern half divided between the Kingdoms of Silla and Paekche.

Buddhism, Confucianism and Chinese culture were introduced to Korea in those days and through the southern Kingdoms of Silla and Paekche, Japan obtained her initial introduction to Buddhism and Chinese learning.

The struggle among these three powers for supremacy over the entire peninsula raged for nearly 700 years until Silla, allied with the Tang Empire of China, conquered Paekche in 663 A.D. and later Koguryo in 668 A.D.

Following its unification of the Korean peninsula, Silla's culture advanced to unprecedented heights. In this Golden Age, government administration was stabilized, land reform was carried out, and extensive maritime commerce with distant countries was opened.

Years of peace and prosperity, however, led to the decadence of the nobility and to the rise of powerful clan chieftains. Repeated power struggles sapped the country during the latter years of the Silla Kingdom, until finally a rebellious chieftain, Wanggon, overthrew the crown of Silla in

(Continued on Page 11)

One of the most up-to-date housing projects recently completed in Seoul.

## Ambassador Kim Promoted to U.S. Post

**By Akihiro Sato**

AMBASSADORSHIP in Washington, perhaps, is what all the ambitious diplomats hope to get. And it does not tax imagination to see why. The U.S. today is the most powerful nation in the world and Washington is where all the intricacies of international politics unfold. The job is more rewarding, if more challenging.

And ambitious or not, Washington is the job given to Kim Dong Jo, a 49-year-old bespectacled ambassador of the Republic of Korea to Japan.

The job probably was destined to come into the hands of the Pusan-born ambassador, who exercised his diplomatic skills and brought about, in three short months, normalization of diplomatic relations between Japan and ROK after 14 long years of off-again on-again negotiations and successfully rode off a horde of knotty problems during his tenure of office in Japan.

"I am leaving Tokyo with a sense of satisfaction and accomplishment." This word from Ambassador Kim, a 1943 graduate of the Kyushu Imperial University in Japan, may well be justified.

It was on Oct. 20, 1964 after the sixth "over-all" negotiation on the restoration of diplomatic relations between the two countries ended up in deadlock, when Mr. Kim flew into Tokyo as ambassador and chief of the Korean delegation to the talks.

He immediately took the helm in negotiations with the Tokyo Government and swiftly brought the protracted negotiations to a successful conclusion. Formal signing of the treaty took place at 5 p.m. on June 22, 1965, at the Japanese Prime Minister's official residence in Tokyo in the presence of Premier Sato and ROK Foreign Minister Lee Dong Won.

Terming the treaty issue as a problem of "a historical momentum," Ambassador Kim pointed out that it marked a milestone in the bilateral relations between Japan and the ROK and expressed his delight in being able to play his part, a vital one at that, in laying a foundation for peace and stability in Asia.

Kim Dong Jo, newly appointed ambassador to U.S., and his family.

Another of his major diplomatic problems came his way in April, 1966, when the Japanese Government made up its mind, after rounds of inter-ministerial consultations, to admit three North Korean technicians into Japan in connection with Japan's plant exports to North Korea.

It was a "serious diplomatic issue," commented Ambassador Kim, because it sprang up in one year after Japan and the ROK signed the treaty.

The Japanese Government's intention to let the three North Koreans into Japan was interpreted as a "hostile" act against the ROK, which stands pat on its contention that its government is the only legal one on the Korean Peninsula.

Ambassador Kim sent a strongly-worded protest note and made an all-out effort to talk the Japanese Government out of its intent.

And eventually, his efforts ended up in success as one of the Japanese trade firms involved made it clear that it would step down from the deal.

The issue slipped away from the press and the Japanese Government heaved a big sigh of relief.

"It was hard," Ambassador Kim reminisced. "I thought I had to quit if I could not get my request through," he mused. He had no intention, he said, of interfering with the domestic affairs of Japan, nd smilingly billed his action as a "friendly persuasion."

Ambassador Kim, one-time Vice-Minister for Foreign Affairs and the first career diplomat to serve as a ROK Ambassador to Japan, laid a political foundation when the treaty for normalization of the bi-national relations was signed. His efforts dedicated to further cement bilateral relations, however, went far beyond the political realm.

The first Korea-Japan Economic Ministers Conference in September, 1966, in Seoul and the first Korea-Japan Regular Ministerial Conference in Tokyo in August this year improved economic ties between Japan and the ROK steps further, while a meeting of the Asian Parliamentary Union, the first ever held outside Japan, was called into session in Seoul, encouraging an interflow of people between the two nations.

But the signing of the treaty did not completely wipe out the feelings of annoying contention long smoldering between the two peoples at one magic stroke. Touching upon Japan's national feeling toward the ROK, Ambassador Kim commented that the Japanese have always been a respectable and diligent people and therefore that much should be learned from them.

Ambassador Kim added that a national feeling should be channeled for the cause of world peace and that, otherwise, it cannot be accepted by other countries.

Also the first ROK career diplomat to serve in an ambassadorial post in Washington, Ambassador Kim would be kept as busy, if not more so, as he was in Japan. He was determined, however, to play his role in contributing to the attainment of "three objectives" for the "modernization of the Motherland" — increased export, stepped-up construction and production.

"What I would like to do most in Washington is to sell more Korean products to the United States," Ambassador Kim remarked.

And he has every reason to say so. Japan, which had remained as the biggest export market for the ROK, slipped behind the United States in 1966, and the United States emerged as the more promising export market for the ROK. "Economic diplomacy is what the [ROK] Government demands upon all of its diplomats," he pointed out.

Speaking on the political aspect of his upcoming job, the Ambassador said that he would "keep in close touch with the Government in Washington."

The present situation in Asia, with the war in Vietnam and the turbulent Cultural Revolution of Mao Tse-tung in China, poses a problem of security in Asia, which should be a source of grave concern to all the nations in the region, he believes.

If Vietnam fell into Communist hands, he continued, all of the countries on the Indo-China peninsula would come under the menace of communization and no nation could remain indifferent to it and that the peace-seeking effort of the United States should be a matter of interest not only to the countries in Asia but in the whole world, he remarked.

Ambassador Kim, a father of four daughters and two sons, has been too busy in Tokyo. His pressing job left him with almost no free time. The ROK ambassador, however, stole time to play golf on week ends. If anything, the fact that he had been a chairman of a golf committee of the Tokyo Diplomatic Corps till recently is manifestation of his athletic skill.

He had also been, Ambassador Kim said, in the habit of picking up books which caught his eyes when he was in downtown Tokyo.

He will leave Tokyo International Airport on Oct. 5 to assume his new tour of diplomatic duty in Washington.

## New ROK Envoy To Japan

WHENEVER Tokyo Governor Ryokichi Minobe goes out on an inspection tour of, say, some trouble spot under his jurisdiction, vernacular newspapers these days would not fail to come up with articles in which he was almost unexceptionally quoted as stressing the need for the spirit of "dialogue."

The word "dialogue," in fact, is never something monopolized by Mr. Minobe, the one-time smiling economic commentator on TV, but its Western connotation began to be securely implanted in the minds of the Japanese people when Prof. Edwin Reischauer set foot on Japan as U.S. Ambassador to Japan, marking the advent of what the Japanese press called an era of dialogues between the two partners.

And it is precisely with this spirit of bilateral dialogues that the Koreans and Japanese are making their mutual relations more intimate, when Min Young Om is to come to Japan as the Republic of Korea's new ambassador.

Graduating from the prewar Kyushu Imperial University in Fukuoka four years earlier than his predecessor, Dong Jo Kim, Mr. Om born in 1915 and sharing the birthplace of Kyungsan in North Kyungsang Province with President Park, studied at the Graduate School of Northwestern University and later became professor at Seoul National University.

It was in July of 1960 that Mr. Om took up politics as his career for the first time as he was elected member of the ROK parliament. Three years later, he assumed the post of Home Minister and served as such for one year, before he became president of the Politics and Economic Research Institute of Korea in 1965.

It was in those days that Mr. Om was playing a significant role in the making of national policies as he served as adviser to President Park.

Mr. Om once again served as Home Minister for a little over one year until he resigned his post in July, this year, to be picked up as the ROK's second ambassador to Tokyo.

## Old Mixed With New Gives Seoul Beauty

Unjin Miruk, a standing Buddha located in Nonsan County, was erected during the Paekje Dynasty (18 BC-660 AD). This Buddhist image carved from a huge 60-foot high stone is located in the compounds of Kwangchok Temple.

Bustling Soonwha-dong street of South Korea's modern capital city, Seoul.

## Message of Farewell

**By Kim Dong Jo**

Newly Appointed Ambassador to the U.S.

AFTER serving for three years, as the chief of the Korean delegation to the Korea-Japan talks during the first one year, and then as the first Korean ambassador to Japan, being appointed to that post upon the successful conclusion of the talks, I am now to say "sayonara" to my Japanese friends, as I am leaving this country to take up a new post.

It is gratifying to note that my sojourn in Japan has been most pleasant and rewarding, both in official and personal relations.

The friendship and goodwill of the Japanese friends were, I am well aware, the prime factor making my sojourn so pleasant and rewarding, for which I express my sincere appreciation. When I first came to Japan in 1964 to assume my post, the relations of our two countries were yet to be normalized. There were no diplomatic relations established at that time, although the Korea-Japan negotiation went on over a decade.

Amb. Kim Dong Jo

The courage and determination of our two nations, however, were exhibited and finally in 1965 we were successful in marking a new start in the Korea-Japan history by concluding various agreements between the two countries.

Having been the chief negotiator of the Korean side, I shall recall this event always with deep sentiment of satisfaction and also with high expectation that our relations will be further and further developed.

Korea and Japan are situated in the same region of the world and we are living in the age when regional cooperation is more and more required.

It is my sincere hope that our two countries, being situated so closely with each other, sharing the basic ideals and enjoying the same origin of culture, would walk together for their mutual interest and prosperity, thus contributing to the development of the human society.

Upon leaving this country, I wish to express once again through the Asahi Evening News my deep gratitude for friendship shown to me and to extend my sincere greetings to the people of Japan.

## Foundation Day

(Continued From Page 10)

918 to become the founder of Koryo Dynasty, from which the present English appellation of "Korea" is derived.

The Koryo Dynasty ruled over the Korean peninsula for 475 years through a succession of 34 kings. Buddhism flourished during the dynasty, and played an important role in the culture, ideology and way of life of the kingdom.

With the collapse of the Yuan Empire and the rise of Ming on the Chinese scene, a new political force emerged in Korea. The last king of the Koryo Dynasty was finally forced to abdicate by Yi Song-gye, a meritorious general, who eliminated his opponents and succeeded in founding the Yi Kingdom in a bloodless coup d'etat in 1392.

General Yi, enthroned as King Taejo, moved the capital from Songdo to Seoul and effectuated a series of reform policies, rejecting Buddhism to make room for Confucianism as the state religion, readjusting the land, encouraging agriculture, and established relations with the Ming China.

The fourth king, Sejong (1419-1450), the greatest monarch of the dynasty, invented Hangul, the Korean alphabet which was a landmark in the cultural history of Korea.

In the 16th and 17th centuries, Korea experienced severe foreign incursions: the Japanese invasion directed by Hideyoshi Toyotomi which lasted from 1592 to 1598 and the Manchurian invasion in 1636.

The Japanese invasion reduced virtually all parts of the country to ashes, however, Admiral Yi Sun-sin annihilated the invading Japanese fleet by inventing the world's first iron-clad warship and with the aid of a Chinese army.

While the Tonghak Rebellion, a mass uprising of oppressed farmers, broke out, providing "Ching" China an excuse to interfere in the internal affairs of Korea, whereupon Japan found a pretext to send its troops to the peninsula, touching off the Sino-Japanese War (1894-1895). Winning the war, Japan further secured its foothold in Korea.

After defeating Russia who was granted several concessions in Korea by the Yi government, Japan forced Korea to the status of a protectorate country and the Office of the Japanese Resident-General was established in Seoul in 1905, depriving the Yi Kingdom of its sovereignty in diplomacy, police administration and commerce. Japan in 1910 forced Korea into an annexation treaty.

Nationalism of colonial peoples that followed World War I had its influence in Korea. A nation-wide independence uprising broke out on Mar. 1, 1919, proclaiming the declaration of Korean independence and mobilizing virtually all Koreans to demonstrate their ardent desire for freedom.

The independence movement was crushed by Japanese persecution, however, World War II brought an end to the 36-year-long Japanese rule over Korea.

The Korean peninsula was soon occupied by the army of the United States and of the Soviet Union, the former in the southern part and latter the northern half, with the 38th Parallel as a military demarcation line.

The United States and the Soviet Union agreed to a joint trusteeship for Korea and the U.S.-USSR Joint Commission was set up in December, 1945, for the express purpose of assisting in forming a unified government in Korea.

In treatment of Korea, however, there existed intricate confrontation between both countries, which made it difficult to establish a unified government in Korea.

In November, 1947, the General Assembly of the United Nations adopted a resolution which provided for a United Nations Temporary Commission on Korea with the right to observe nation-wide free elections. The Soviet commander in north Korea refused to receive the commission, and democratic elections were held in May, 1948, in the area south of the 38th Parallel, to which the commission had free access.

The Government of the Republic of Korea was formally inaugurated Aug. 15, 1948, with Dr. Syngman Rhee (1875-1965) as President. At about the same time the Republic of Korea was established, the Democratic People's Republic of Korea was proclaimed on Sept. 9, 1948 by a "Supreme People's Council" in north Korea.

The Korean War breaking out in June, 1950, inflicted devastating damages on all parts of the land, but concluded in July, 1953, with the armistice agreement which again divided the land into two parts with the newly-drawn military demarcation line as the boundary.

President Syngman Rhee, a long-time independence fighter and national leader, grew despotic in state administration. One of the ignominious incidents proving his despotism was the rigging of the March, 1960, presidential elections.

He was re-elected for the fourth term, however, a national movement spearheaded by college students forced his resignation, in April, amid charges of corruption in his government and fraudulent elections.

A constitutional amendment passed in June replaced an autocratic presidential system with a cabinet-responsible system modeled on that of Britain.

In stormy elections in July, Yun Po-sun was elected to the Presidency to head the Second Republic. Dr. John M. Chang won enough votes in the National Assembly to become the Premier and formed the Democratic Party Cabinet in August.

However, unrest stemming from failure of Premier Chang's government to oust corruption and stabilize the economy led to an army coup which seized control on May 16, 1961.

The Supreme Council for National Reconstruction was formed on May 18 as the supreme executive, legislative, and judicial organ. Gen. Park Chung Hee became chairman of the ruling junta and later acting-President.

He was formally elected President on Oct. 15, 1963. A 175-seat National Assembly was elected on Nov. 26 and the Third Republic was inaugurated Dec. 17, 1963, after two years and seven months long military government.

錦繡江山の秀麗さと古来文化の絢爛たる韓国を此の一巻に集大成!!

# 観光韓国

BEUTIFUL
KOREA

好評発売中!!

本書①五大特長

★★★★★★★★★★★★★★★★★★★★★★★

1. 全国に散在した観光資源を総開発整理集大した最初の観光百科辞典である。
2. 原色写真250点、黒白2,000点余写真集で観賞出来る。
3. 各道別に一目瞭然に判かるよぅうに編集したので国内外観光者の良い案内書である。
4. 特に1970年度日本国で開催される「万博」に対備して日英文版で刊行した外国人観光書である。
5. 韓国の歴史と地理、古代文化の国宝・宝物・物・寺刹・石塔等各種文化財を地域別に集録した重宝書である。 好評発売中!

★★★★★★★★★★★★★★★★★★★★★★★

**頁総数 850ページ**
**新20切判(19cm×22cm)**
**定価 8,000円**

発売所(日本) (株)自由生活社
東京都渋谷区桜ヶ丘34
TEL. 462−5838・0870
振替東京 24875番

発行所(韓国) 希望出版社
ソウル特別市鍾路区唐珠洞15−3
TEL. Seoul, 72−6530

# 声

## 読者の声

# 「韓日会談の早期妥結を」

〔東京・全国一〕

わが国は歴史的意義をもつ四月革命により暴政が打倒され、第二共和国の誕生をむかえたのである。

新生第二共和国は緊急を要する外交政策において韓日会談の行詰った局面を打開するため、兪先生を首席代表として派遣し積極的にこれの打開に乗り出したことは誠に注目にあたいするものであった。特に兪先生は外交畑の出身でなく有名な学者であることは、過去においてこの会談が幾度も、われら在日同胞の期待を裏切った事実に照らして、自己の感情と政府的かけひきを強行に主張して、あげくの果には故意に会談の決裂を招いたものと感ぜられたのとは別の面で、純粋に両国民の幸福のために新局面を打出したものとして重大な意義のあることだと思うのである。

おおよそ、会談というものは当事者間に是非話し合いたいこと、是非解決を要する問題がある時にその成立がなされるものであって、おかみさん連の井戸端会議みたいな雑話し合いのための会談であってはならないのである。特に韓日会談においては日本に住んでいる同胞の法的地位とそれに伴う処遇問題は政治的要素の入り込まぬ性質のものとして在日同胞の身近に感じられる問題である。法的地位が、われら在日同胞に与える影響は甚大なものであって、常に不安と焦燥の中で会談の行方を見守っている次第である。

韓日両国が歴史的、文化的に古くから密接な関係があった事にかんがみ、国交の正常化は両国の安全と発展の共同目的において欠くことのできない前提とならなければならない。この前提にもとづいて新しい生命が吹き込まれる時には必ずその予備会談を本会談に切換えて早期妥結を期し在日同胞に明るい希望と抱負をいだかせるよう望むのである。

だが韓日会談の前途は必ずしも楽観できない事態が外部から起っていることを見逃せない。

朝総連系の反対運動は別として、日本の政党、一部社会団体までがこれの反対のためにその運動方針を声明もしくは国民を扇動していることは理解に苦しむものである。世界の平和共存を希え、若し合い外交を推し進めることを前提としながら韓日会談の妥結を望まないのはなんたることであろうか？彼等は自分達に特に有利であり又は威圧を感じさせる国とだけは国交を開き、そうでない国とは交流を望まないのであろうか？もっとも勤労者の利益を代弁し、国民の福利を目的とするこの政党が韓日会談に反対してそれがもたらす結果を考慮するものであろうか？ 彼等は「平和ラインを認めない」とするが平和ラインの解決を韓日会談以外の何処で解決しようとするのか理解に苦しむのである。平和ライン問題が善処されない場合、日本のもっとも零細企業であり、またその領域がせばまれているとする漁業従業の難題を如何に処理し、従来のように漁船員の抑留が繰り返される事態が起るとすれば国民に対して如何に弁明するであろうか？

日本国政府ならびに韓日会談代表団は、これら一部のうかつた反対運動にわずらわされることなく、両国民の真の福利のために努力されんことを望むのである。

ここにおいて在日同胞の権益と安全を擁護する民団は日本国政府と日本国民に対して韓日会談の早期妥結が如何に重大性をもっているかを積極的に訴えると共に先般日本の経済視察団の訪韓中止にかんがみ、本国政府と国民に経済発展の要件として韓日会談の早期妥結がもつ意義が国民全般にわたって充分理解できるよう積極的にアッピールするよう切に望むものである

## 読者の声

# 青少年者問題の研究機関を

未成年者の不良化は今や世界的な問題となっている。

この傾向を指して「平和時における必然的現象」と呼ぶ専門家もいる。しかしこの現象の必然性は決して自然法則的必然性ではないのであって社会技術的方法によって充分な改良を期待しうる現象なのである。

一例を身近な日本に取れば近年では全犯罪数の五十％前後が少年達によって惹き起されているという記録が出ている。

更に最近の青少年犯罪の著しい傾向として注目されることは彼等の行動が非常に組織的であり集団化・凶悪化しているということである。勿論これは日本だけに言い得るものではない。米・ソを含む全世界が今やこの問題で頭を悩めその対策に腐心となっているのである。特に厳格さをもって誇りとする東欧共産圏諸国がこの現象に取って例外でなかったことは研究上極めて重要な展開である。

そこでこの問題を在日僑胞青少年の場合についてその現象と対策を一考して世に訴えて見たいと思う。強大富裕な米・ソの国力と社会的水準をもってしても喰い止めることの出来ないこの現象は一体なぜ起るのであろうか。かならずしも貧困や社会的不安ばかりが原因でないことは周知の事実である。

これを犯罪者統計で調べると出犯少年（法に触れる行為をした少年）の八十％に近い数字は親が子に対して余りにも無関心で注意を払わないために生じたものであることを示している。

それでは僑胞の場合はどうであろうか。私の集めた資料の範囲では極めて悲惨的な回答が出てくるだけである。

青少年は未完の大器であり国家的民族的な立場から見ても最も貴重な財宝である。しかし如何に素晴しい宝石と言えどもこれを磨かなければ光沢を発するものではない。

一々ここに数字を並べて説明するまでもなく僑胞青少年の不良化傾向の実態は憂慮すべき様相を示している。今にしてこの抜本的対策を考究しなければ必らずや千歳に禍いを残す結果になるであろう。

実例を最近の事件から拾って見ると小松川事件の李宇鎮の場合などはまさしく、われわれの憂いを実証しているのである。

勿論、行為自体の責任は李個人が負担しなければならないが、問題の解決はそれで充分とは言えない。ここに問題の重要性がひそんでいるのである。

李少年をそこまで追いつめた生活環境・社会事情は一体どうなっていたか、その組み合せでは改良の余地がなかったであろうか。若し李自身に何らかの指導が与えられていたら少なくとも殺人という極悪非道の行為だけは未然に防ぐことが出来たのではなかろうかと無限に想像は拡って行く。

僑胞社会には無数の団体が乱立し国家民族を論じ、利権を争って日夜奮斗努力していると聞く。それにも拘らず一人としてこの問題に重大な関心を示し、良心的な青少年問題の研究者が現れず、一個として権威ある青少年問題の研究機関が設置されないということは一体どうしたことなのであろうか、全つたく不思議でならない。巷間には、いわゆる「民族教育機関」なるものがあって民族教育を強力に押し進めているといわれている。

それはそれとして意義があり極めて重要なことには違いないがしかしそれをもって僑胞青少年の問題が全てかたづいたと思うならばそれこそ重大な認識錯誤といわなければならない。現在の段階においては、いわゆる民族教育はせいぜい自国の言葉を学ぶ以上ではあるまい。私は声を大にして叫びたい。

僑胞青少年を不良化の危機から救い保護育成を強力に推進するため子弟を持つ僑胞父兄たちはこの問題に重大な関心を示し、総合的な研究・指導機関を速かに設置せよ！

（青少年問題研究家・玉一）

## 読者の声

# 対韓援助とはどういうことか

第五次韓日会談がはじまって二カ月余になり早や一九六〇年の年は暮れにかかっている。

われわれが今度の韓日会談に寄せた期待は大きく、それは韓国の四・一九民主革命を契機に歴史的な過去のいがみ合を一掃し、相互平等互助の精神で一挙国交樹立まで漕ぎつける韓日両国の画期的な一歩が力を与えられつつあったからである。

一例として小坂外相の訪韓をあげることが出来る。韓日両国の全面再開は会談に先立って実施されたのであった。

それ故第五次会談はスムースに進展するものと期待され、予備会談は今年中に懸案解決に対する大綱を立てるといわれた。

しかるに、其の間の予備会談は実質的には重要な懸案に対する大綱を立てることなく今日に至った。その理由としては、会議の開催と同時に北送問題が延長されたいきさつと、日本の総選挙があったためといわれるが、問題は各懸案に対する両国の見解の相違によるものとみられる。

在日韓国の法的地位問題については取り立てて問題化する論点がなく進行中であるが、対日請求権、平和ライン問題になると依然従来の線を脱していないようである。

持で、最近、日本の新聞は韓国へ七億ドルの経済援助を行なう旨うたっている。本国でもこのことを新聞でさわいでいるといわれるが、如何にも納得のゆかない話である。何故なら、韓国の対日請求権は賠償とも違い、終戦当時、韓国の財産であった銀行券・会社証券・船舶・文化財等の返還である。日本側が、この問題をまともに解決する前に対韓援助というふれ込みで返還を援助で相殺するかの如き印象を与えることは全く、借金を返せというのに、借金は返さないで援助をやるからとけむりを巻くのと同じことで、かえって請求権問題解決の焦点をぼかすことになりはしないか。

財産の返還はあくまでも財産の返還であって、これを援助の形式でうやむやにすることは如何にも理解しにくい話である。

特に、対日請求権のうちには船舶並びに文化財の返還が含まれているが、文化財の返還の如きはフランス、独逸等世界いずれの国においても戦争の終結とともに返還されるのが国際慣例で要求しているものではない。

しかるに、日本の対韓援助とは一体どういう性質のものであって、韓国だけがこうたてろうか、日本自体が、アメリカの援助で敗戦からやっと立直っているおり、軍事援助は依然継続されているが、七億ドルの援助とはおほげさ過ぎはしないか、それは日本資本の韓国進出のためのふれ込みではないのか。韓国の全面再開と拡大並びに工業技術援助などは、大いに歓迎されてしかるべきであるが当然返還されるべき筈の財産請求権が、援助の美名にすり替えられたり、外国の商品と資本が無条件に流れ込むことがあるとすれば、韓国政府としては当然断固たる処置を取るべきではないか。

在日同胞の北送問題もそうであったが、この種の問題についてはあいまいな問題が与論化されうやむやに流れる以前に、本国政府はより明確な線を打出して日本側の誠意ある合意を促すべきではないか。

しかし、このようなことは平和ライン漁業問題についても言えることである。同問題は現在韓日双方が、お互の提案を待ってタナ上げ状態にあるといわれる。もとより、新聞報道にどれほどの真実性を置くかは別であるが、韓日会談で最も重要視されて来たこの問題をタナ上げにしたのでは韓日国交近しとは言えまい。それだからといってお互がいつまでもお互の腹の中だけをさぐっていたのでは、誠意ある態度よりもかけひきが多くなり、結局、会談は進展しないであろう。この問題については、日本側が漁業協定を締結する立場で誠意ある提案を行うべきであるが、明年からに予定されている韓日本会談では、韓日双方が、もっともっと打くべけて正しい懸案解決の方法を見い出し、それこそ実の成果を納めてものである（大阪・金一松）


## 読者の声

# 対韓援助とはどういうことか

第五次韓日会談がはじまって二カ月余になり早や一九六〇年の年は暮れにかかっている。

われわれが今度の韓日会談に寄せた期待は大きく、それは韓国の四・一九民主革命を契機に歴史的な過去のいがみ合を一掃し、相互平等互助の精神で一挙国交樹立まで漕ぎつける韓日両国の画期的な一歩が力を与えられつつあったからである。

一例として小坂外相の訪韓をあげることが出来る。韓日両国の全面再開は会談に先立って実施されたのであった。

それ故第五次会談はスムースに進展するものと期待され、予備会談は今年中に懸案解決に対する大綱を立てるといわれた。

しかるに、其の間の予備会談は実質的には重要な懸案に対する大綱を立てることなく今日に至った。その理由としては、会議の開催と同時に北送問題が延長されたいきさつと、日本の総選挙があったためといわれるが、問題は各懸案に対する両国の見解の相違によるものとみられる。

在日韓国の法的地位問題については取り立てて問題化する論点がなく進行中であるが、対日請求権、平和ライン問題になると依然従来の線を脱していないようである。

持で、最近、日本の新聞は韓国へ七億ドルの経済援助を行なう旨うたっている。本国でもこのことを新聞でさわいでいるといわれるが、如何にも納得のゆかない話である。何故なら、韓国の対日請求権は賠償とも違い、終戦当時、韓国の財産であった銀行券・会社証券・船舶・文化財等の返還である。日本側が、この問題をまともに解決する前に対韓援助というふれ込みで返還を援助で相殺するかの如き印象を与えることは全く、借金を返せというのに、借金は返さないで援助をやるからとけむりを巻くのと同じことで、かえって請求権問題解決の焦点をぼかすことになりはしないか。

財産の返還はあくまでも財産の返還であって、これを援助の形式でうやむやにすることは如何にも理解しにくい話である。

特に、対日請求権のうちには船舶並びに文化財の返還が含まれているが、文化財の返還の如きはフランス、独逸等世界いずれの国においても戦争の終結とともに返還されるのが国際慣例で要求しているものではない。

しかるに、日本の対韓援助とは一体どういう性質のものであって、韓国だけがこうたてろうか、日本自体が、アメリカの援助で敗戦からやっと立直っているおり、軍事援助は依然継続されているが、七億ドルの援助とはおほげさ過ぎはしないか、それは日本資本の韓国進出のためのふれ込みではないのか。韓国の全面再開と拡大並びに工業技術援助などは、大いに歓迎されてしかるべきであるが当然返還されるべき筈の財産請求権が、援助の美名にすり替えられたり、外国の商品と資本が無条件に流れ込むことがあるとすれば、韓国政府としては当然断固たる処置を取るべきではないか。

在日同胞の北送問題もそうであったが、この種の問題についてはあいまいな問題が与論化されうやむやに流れる以前に、本国政府はより明確な線を打出して日本側の誠意ある合意を促すべきではないか。

しかし、このようなことは平和ライン漁業問題についても言えることである。同問題は現在韓日双方が、お互の提案を待ってタナ上げ状態にあるといわれる。もとより、新聞報道にどれほどの真実性を置くかは別であるが、韓日会談で最も重要視されて来たこの問題をタナ上げにしたのでは韓日国交近しとは言えまい。それだからといってお互がいつまでもお互の腹の中だけをさぐっていたのでは、誠意ある態度よりもかけひきが多くなり、結局、会談は進展しないであろう。この問題については、日本側が漁業協定を締結する立場で誠意ある提案を行うべきであるが、明年からに予定されている韓日本会談では、韓日双方が、もっともっと打くべけて正しい懸案解決の方法を見い出し、それこそ実の成果を納めてものである（大阪・金一松）


## 読者の声

# 国旗は軽々しく改正すべきでない

国旗『太極旗』が一般に難かしいという理由で、国会の一部議員の間に'国旗改正論'が持ちよつている様であるが、太極旗は軽々しく改正すべきものではなく、かりに改正するにしても、今は改正すべき時期ではないのである。

我国の国旗は、西紀一八七二年に我民族有史以来始めて制定されたのであって、我民族が始めて国旗を制定した動機は、我国が清国のキバンから解き放され、自主独立した国家として体面を維持する為めの一面もあり世界独立国家群の通念的ならいの一面もあったのである。大韓独立もつかの間十三年にして日帝の侵略に会った。日帝侵略後は独立国名大韓は捨てられ、再び'朝鮮'という名に戻されたこれと共に民族有史以来始めて制定された国旗'太極旗'も使用は勿論所有することすら禁じられた。

しかし、我民族は一九一九年三月一日を期して、大韓独立を世界に宣言し、二千万余の我民族は手に手に太極旗を高くかざして'大韓独立万歳'を全国的に唱えた。

此の時、日帝官憲の銃剣は、太極旗を持ちふる右手を切落した。

我先烈達は右手を切り落されるや、左手に太極旗を持ち替え、左手を切落すや、太極旗を口に含えて前進した。敵の銃剣に付されるや'大韓独立万歳'と連呼びしながら、太極旗を堅く口に含えてたおれて国に殉ずるのであった。

それ以来太極旗の赤い部分は殉国烈士達の赤い血潮で染い部分は黒い涙で塗られたのであった。それからの太極旗には殉国先烈達のいよきが躍うっていることを忘れてはならない。

そして政府が上海に亡命して一九四五年光復する迄は亡命政府と運命を共にしていた誇り高い国旗である。

先烈達が命がけに愛していた此の国旗を難しいとか都合が悪いとの理由で捨てることは出来ない。

大韓民国という国名は現代の国名としては余りに相応しくないという説も多い。しかし、大韓民国は、己未三月一日独立宣言にさかのぼって継承しているがためにも如何に現代に合わないといってもこれを簡単に改めることは出来ないのである。

此の国名と同じく国旗もその由来の尊厳さから簡単に改めることは出来ない。強いて改めるなら、一先ず国名を改めた上次に国旗を改めるべきである。

太極旗は我民族有史以来始めて制定された民族象徴の国旗であるから、どうしても改正しなければならない理由があるならば南北が統一された後、民族総意を以て改正すべきである。民族が分裂されたまゝの現在これを改め様とするのは北半部カイライ共が民族国旗'太極旗'を捨てゝ別の旗を造ったのと功罪を共にするものである。

難かしいのが理由のようだが太極旗は'易経'易哲学'を根拠にしているので、たしかに難しい。しかし、易哲学は東西洋を通じて易哲学の右に出る哲学はないのである。此最高級の哲学は現代人では難解のクラーシクで且安定的哲学である。それだからといって此学問を捨て去るわけにはいかない、又難しいからといってわけにもまいらない。

これと同じ理由で貴重な哲学の民族無限の栄誉を象徴せる尊貴な太極旗を単なる難かしい理由で捨てることも改正することも出来ない。又大韓民国と我民族とは不可分の関係にある太極旗の尊厳を思うとき、改正云々は早断的発言であるといわなければならない。

難しいものなら勉強してよく知る様に努めるべきである。

（東京・李憲明）

## 読者の声

# 統韓問題を真剣に

韓国統一の問題は三千万民族の大願である。

この問題の解決如何は国家の存亡を決し、民族の盛衰を左右するといっても過言ではないと思う。

しかし、統韓をめぐる我民族の基本的態度は一体どうなっているであろうか。

何等の準備もなくやたらに両者を結びつけることが、どんなに危険であるかは既に多く論じ尽されているが、だからといってこの問題をタブーにしたり、準備に名を借りて南北統一のチャンスをやたらに引き延すことは許すことの出来ない反民族的行為と断ぜざるを得ない。

祖国解放以来、今日まで十数年の間に亘って国内は勿論、国際連合の表舞台にまで絶え間なく提出、論議されてきたのであるが一向に埒が開かない状態である。

一度目を国内に向けるならば韓国政府は相変らず「国連監視下の南北総選挙による統一」をオウム返しにしているばかりで十年この方一向に研究の跡が窺われないといったおそまつな実状である。

他方北韓側はといえば宣伝効果を第一としているため少なくとも三千万に達する南韓の善良な大衆の立場を本質的に理解しているとは考えられないアッピールを試みているようだが一体これで統韓が可能だとでも思っているのであろうか。

最近問題になってる北韓側の提案は各方面にかなりの関心を呼んでいるようだが、現在の段階ではどんなに理想的な統一方式が提出されても大衆の心構え、精神的な受け入れ態勢がこのままではとてもスムーズな解決は望まれない。

私は特にこの点を此処で問題にしたいと思う。長い間われわれはイデオロギーの角逐のために両者の共通の広場を見出し出来ない境遇下に置かれていた。

人間社会におけるあらゆる問題は人間の福祉向上と幸福な生活を営むための必然的な要請として発生するはずである。

韓国の南北統一の問題もこうした観点から処理されなければならない。

六・二五動乱を頂点として韓国民三千万は祖国分断による塗炭の悲劇を味わされてきた。

このうんざりするような民族的悲劇から一日も早く解放されて世界に自主・独立の国民として認められるようになるためにもさらに全韓民族が共通の目的と利益のために一致協力してよりよき明日を建設するためにも統一問題を韓国人一人一人が真剣に考え、且つ行動する時期がきているのではなかろうか。

韓国人同志が互にパリザンボウし常に相手方を陥し入れようとしている態度は最早や天人共に許さないところである。

統韓問題がわれわれに迫る重要な点はわれわれ自身の態度なのだ。今さら韓国政府を責めないとか北韓の今日成改権は偶発なりと認め合って見たところで一体何の進歩発展が見られるであろうか。

急務な歴史の転換期によくよく統一的努力の死活の斗争が認められるものであるが韓国の南北分断と両者の死斗もその点では歴史のカテゴリー外ではないようだ。

しかし此処で一つ今日までの南北政権間の斗争史を回顧して見よう。

それは国民大衆に対する無益な犠牲の強要の連続であったし民衆の自殺的自己消耗の歴史ではなかったであろうか。

世界には韓国以外にも国土、民族が分断されている国家が幾つかある。しかし彼らは自からの民族に対して統制を取り、血を流したであろうか。

極めて幸なことであるがそれらの大部分は、民族自滅戦争よりは統を捨てるという傾向をはっきりと示している。

われわれもこれらの教訓にならって、少なくとも気軽に話し合いの出来る共通の広場を造成する努力を作ろうではないか。

そのためには一人一人が本心から国家民族の統一を望み、それに処する具体的な行動に勇をもちいるべきではなかろうか。口に統一を叫んでも内心米国依存の人間はわれわれの身近にも割合い多いと思う。

統一が韓民族の真心からの要望によって行なわれるなら自己の犠牲をも顧り見ない覚悟が必要である。

そのためには各人が頑固な主張を引込め、相方が尊重し合う態度がなければならない。

さらに国際に頼らず米ソに任せず唯三千万韓国民大衆の声を背景として話し合いの場を求めるようにしなければならない。

解放以来十五年の歴史は国連韓るに足らず米ソを信するなかれ／自己自身を信頼せよと教訓している。今にして祖国統一のチャンスを見逃せばアフリカに群生する多数新興国家群にグングン追い抜かれ皆史に汚点を残すであろう。

【大分県・忠信】

## 読者の声

# 僑胞と科学技術

最近の科学技術の発達は誠に目覚しく神秘の世界としていた月の世界も科学技術の力に依り征服されようとし特に原子科学技術の進展は二〇世紀初葉の理論時代から技術部門の段階に移り第二の火は人類生活に画期的な変革を与えようとしている今日科学技術の重要性は論をまたないのであります。

私は現在日本国に住み日本国の高度に発達した科学技術の実状を見るにつけ祖国の科学技術の状態が余りにも唯じっとして居られない気持になるのであります。おそらく私と同じ気持や理想を抱いて努力している青少年学徒、僑胞が数多く居るとは思いますが、私は科学技術の向上を国家繁栄の鍵であり鉄則でもあると思います。

祖国は十余年李大統領の独裁政治に依り国家や政治は政令に追従する側近者等に依り不当に流れ文教政策は名ばかりであり、特に意識者よりの叫びも科学技術の軍事教育施策ののろしはあったが花火の如くやみの中に何時となしに消え去ってしまったものです。幸いに四月の民主革命に依り第二の解放を迎へたが国民経済が思ったより向上しないのは単なる政治的過程期だというばかりでなく根本的な要因はやはり科学技術の立遅れにあるのではないでしょうか？ いくら立派な政治指導者が民主政治をほどこしても生産なき消費・輸出なき輸入でお米は文化村には見られるが、農村では麦や粟でしんぼうしなければすら満足に食べられない人のいるのが祖国経済の実態ではないでしょうか。めまぐるしい世界経済の回転圏外に放り出されて肉を取られ骨をかむ状態は必然的だといえましょう。

経済はまさに自由競争時代に入り日本国もいち早く貿易自由化にスタートをきりました。これは科学技術面について自信がついたからの表示に他ならないと思います。経済は国内単位から世界単位に大きく飛躍した今日科学技術の向上なしに経済を云々出来ない時代になりました。さすれば科学技術の向上振興こそ国家の繁栄を決定する重要な要因になるのは当然の事ではありませんか。祖国の指導者、僑胞の指導的な立場の人が良く三十六年間日本の植民政策云々しますがいつまでいっているのか、私は聞きたくなります。今勿論事実は相違ないが取り遅れた恥と責任を三十六年云々の文句で今日の責任から逃避し弁解する行為の様に取られ、もしそうでなくとも進歩のために何等プラスにならないからです。

又僑胞運動の過去を眺めますれば左右を問わず役目でもなれば一時の権力でも握ったとうつかくし政治家気取りになり同僚民の真の悩みについて一歩一歩解決して行くという努力が欠けていたのではないでしょうか。例へば僑胞北送の問題も起るべくして起きたといえる性質のものだと思います。

此の原因は他ならぬ今迄の韓国政府は勿論民団内部にも充分その素因があったと思います。

この事態をいち早く洞察し対策を立て努力していたら此の様な危機に至らずすんだと思います。洪水は漏水から防げの事と同じく洪水になってゆかますの一つや二つ持って行った所でどうにもならない事で抵抗のすくない時機に善処する事が大切な事だと思います。以上簡単なく申し述べましたが在日僑胞の中祖国の繁栄を願わない人が居るでしょうか。そのためには過去を忘れて日本国の進んだ科学技術を一日も早く習得し祖国の建設繁栄に貢献する事が我々在日僑胞に課せられた任事でありこれが、日本国に住む僑胞の意義だと思います。この我々在日僑胞の共通した目標に向って努力しようではありませんか。そのためには民団運動も時代の要求に従い活動を集中する事が大切だと思います。居留民運動も旧態より脱皮する時機が来ました。科学技術の向上を組織内にも入れ民族教育政策の一環として在日僑胞に科学技術的の意欲を高め発揮する事が居留民運動の今日の課題といえましょう。

電子科学教室にて 岡山 孫[illegible]



◇成り上り者の威勢◇

〝よく食つた。これだけあれば不戦勝は間違いなかろう〟「韓国日報」2月10日より

◇そのかわりに◇

足ばどけなくちア……

（援助事業を推進させるために米国側の導入物資に対して全面的な免税措置を要求していることを諷刺している。「韓国日報」2月12日より転載）

## 読者の声

ブレイン・トラスト

# 知的連合体を作れ

アメリカの次期大統領ケネディは昨年の秋に僅少の差でニクソン副大統領の共和党候補を負かして勝利の栄冠を獲得し向う四年間の米国、否自由世界の浮沈を一身に担って立つことになった。

選挙戦中に於けるケネディ氏の追い込みは実に猛烈なものであった。

今振り返って見ても気分のスーッとするような作戦の展開ぶりであったように見受けられた。

しかし私は此処で米国大統領選挙戦の経過やその華々しい激戦の跡を回顧して見ようなどと思う程の暇人ではない。

私の問題にしたいのは世評であまりにも有名な所謂「ケネディ・ブレイン」についてである。

如何に富裕有能と言われるケネディでも米国有数のハーバード大学を含む各大学の有名教授ら多数を網羅したあのブレイン・トラストがなかったならばとても今日の栄誉など期待し得なかったかも知れないと思われるのである。

それ程にケネディをとりまく周囲の知的連合体の力は絶大なものであった。そこで私は考えるのであるが在日僑胞の指導的立場に立っていると思われる人々の知的連合は一体如何なる形で組織化されているであろうかということである。

魂のない人間が全ったく人間として価値をもたないと同じように頭脳機構を包含しない組織体はほとんど烏合の衆に等しいといっても過言ではあるまい。

過去の経験をふりかざして出陣したニクソン候補が一流の学者グループによって機関的理論化され、世界的に展開された New frontier（新開拓主義）精神と若さを売り物にしたケネディに結局は敗北を喫するに至ったのである。この事実は個々人の才能もさることながら多人数による多角的な問題の分析研究が結局においては社会全体のためにどれだけ大きな利益をもたらす結果を生むか知れないことを明示している。

そこで私は提案したいのであるが現在日本の各大学及び大学院には相当数の学生が研究事業を纏めており彼らの中四、五百名が毎年学窓を巣立っている。その中には本来ならば政界・官界に入ってなりの働らきを期待することの出来る者たちがいるものと思われる。

それらの者たちを何らかの形で一堂に集め組織的なブレインを形成し、特に在日僑胞の問題を慎重・綿密に研究させたら予期以上の成果を得ることが出来るのではないだろうか。やたらに国家民族を論ずる前に在日僑胞の生活安定、民権擁護のために立派にこれらの問題を研究解決する態勢が準備されなければならない。

そのためには民団等の主導的な組織体が在日僑胞の文化的、経済的、社会的、職業的発展の長期的計画を抜本的に検討し、一定の方向を位置ずけて画期的な伸展を遂げることが出来るような方策を立案することの出来るような知的連合体を組織すべきではなかろうか。如何に有能なラツ腕といっても個人の断片的な知力というものには限界がある。せいぜい僑胞社会内の派閥斗争で消耗しなしてしまうのが関の山であると思う。

兎に角超党派的な立場に立って純心に僑胞社会繁栄百年の大計を立てさせるために各分野を代表するに足る人材を以ってブレイン・トラストを即時に組織して見てはどうだろうか。

そうしたらきっと素晴しい成果をあげるものと思うがどうであろうか。

ただしここに二つの問題が残るのである。それは、そのような頭脳連合体を十二分に活用していける人物が僑胞の中に一体何人いるであろうかということである。

われこそは指導者なりと自負していても己れ一人で孤高を誇っているような連中では何等期待すべくもないであろう。

頑迷な弁舌と野性的な魅力を売り物にしているソ連のフルシチョフと云えどもその背後には極めて有力な頭脳集合を有していることを知らねばならないであろう。正に世界に学べである。

（神奈川・竜一）

## 読者の声

# 国民皆保険には在日韓国人も同一に取扱え

東京・李興富

厚生省は一九五七年度から国民健康保険普及四個年計画をたて国民皆保険の実現に努力してきたが、一九五八年の暮、第三一通常国会で'国民健康保険法'が通過され、翌年の一九五九年一月一日から施行される様になった。

いずれの社会保障にも加入しないで、医療保障の対象となる人の数は、一九五六年末には二千五百八十四万人であったが、一九五七年度末には二千百五十万七千人、一九五八年度末には千八百三十万四千人という風に次第に減少、一九五九年には六百十万人が国民健康保険の被保険者に加わり、一九六〇年末には国民皆保険が完遂される様になっている。

しかるに在日六十万の韓国人同胞に対しては、日本人同様の待遇をするとか、特別取扱をするとかいいながら、実際は徹底されていないようだ。

国民健康保険法の主体は、市町村および特別区の各自治団体であり、その全体である被保険者は当該市町村および特別区内に居住する住民とされている。

しかし同法第六条には『次の各号（一〜八）に該当するものは市町村が行う国民健康保険の被保険者としない』と規定されている。

同法六条八号には『日本の国籍を有しないものおよびその者の世帯に属する者。但し日本国との条約により、日本の国籍を有する者に対して、国民健康保険に相当する制度を定める法令の適用につき、内国民待遇をうえることを定めている国および条例で定める国の国籍を有する者およびその者の世帯に属する者を除く。その他特別の事由がある者で条例で定めるもの』

以上のように'国民健康保険法'・施行規則第一条第二号において、原則として日本に国籍を有しないものは被保険者から除外し、条例で定めるときに於てはその被保険者として取り扱うことを規定しているので、我々在日韓国人は条例で定めるときにのみ被保険者となる資格を得ることになるのである。

しかるに同施行規則第一条第二号の『条例で定める国の国籍を有する者及びその者の世帯に属する者』の条約により、日本の国籍を有しているので、国民健康保険制度を原則として在日要件（第五条'被保険者'の資格）市町村は特別の区域内に住所を有するものは、当該市町村が行う国民健康保険の被保険者となる）だけで被保険者資格を与えて国家的給付を行うのであるから、従前・旧法で認めてきた在日韓国人の被保険者資格を新法'は認めない'という法理論は成り立たない。特に在日韓国人は過去の韓日両国の特殊関係からして、一般外国人とは趣きを異にしており、納税の義務等も内国民と全く同様に取扱われているので、条例で定めて、被保険者の資格を認めている処も少なくないのである。

処が未だ此の条例を設けずして被保険者の資格を認めていない市町村も少くない。従って全国的に見れば実にまちまちであって統一されていない状況である。

韓日会談に於いて定めることを待つことなく全国統一的に被保険者の資格が与えられる様取計らうべきである。

それを実現する方法は、各地方の民団が各地区市町村に交渉努力する外道はないと思う。

本来は駐日代表部が'カユイ処に手が届く'外交をするならこの様な問題は早に解決されている筈と思うが、民団の活動に俟つ外どうしようもないと思われる故に、民団は此問題に付積極的に働きかけ全国一様に取扱われる様努力せられんことを切望するものである。

時評

## 指導者の放言

時評

## 幹部訓練機関を設けよう

時評

## 国会オブザーバー健在か

時評

## 三・一節式場にて

時評

## 統一問題に対する雑感

時評

## 北送について想う

時評

## 人名地名は固有発音で

時評

## 若い世代の民間文流

時評

## 思考方式のこと

時評

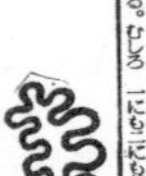

## 智異山は呼ぶ、若人を

時評

## 2百万ドル問題の善処を当局に求める

時評

## 若い血の叫びが ひしひしと胸を打つ

## 永住権を全面的に確保

=韓日百年の計を図れ=

主張

## 国土建設に苗木を贈り

緑化運動に民団も応えよう

主張

## 四月危機説の妄想に迷うな

団員の団結と自覚を望む

主張

## 民族の情熱を燃やして

祖国の再建に当れ

主張

## 中央議事会の使命について

全議員の奮起を望む

主張

## 団組織の体質改善を図ろう

全中央議員に望む

主張

## 韓日会談の早期妥結を望む

在日同胞の団結が急務

主張

◇首だけ引延ばされる同志の仲◇

ホアン敦がドル貨に苦しめられているのを風刺している。

（民国日報二月二日より転載）

763

## 主張

# 三・一独立運動記念日を迎えて

## ＝祖国の統一独立と在日同胞社会の発展を図ろう＝

## 主張

# 本国の温い配慮を生かそう

### 中小企業融資基金到着に際して

## 主張

# 韓日会談に対する日本側の誠意を望む

## 社説

# 永住権を裏付けるもの

### 地方自治に参加認めよ

## 社説

# 本國革命と居留民団

### ＝民団大会シーズンを前にして＝

## 社論

# 甘い考えは禁物

### ―日本は韓国民の底流を知れ―

## 主張

# 外人登録法の改正を望む

### 在日同胞の特殊性を考慮して

## 投書

### クーデターの正しい判断を

### 民族の不幸 歴史に逆行

### 対岸の火災視できない

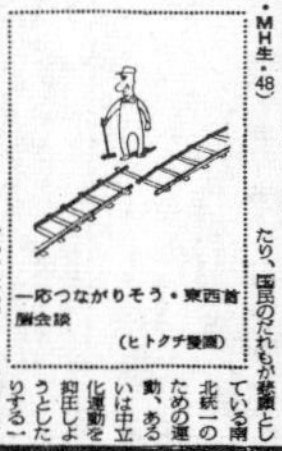

一応つながりそう・東西首脳会談

# 私の意見

共同新聞
1968年4月17日

## 民団はどうあるべきか ④

### 民団よ指導力を持て

大阪芸術大学教授 宋甲憲

民団はどうあるべきか——というキャンペーンは号を追って僑胞社会に大きな反響を投げかけ、真剣に"民団"のあり方が論議されるようになっている。よりよい民団にするために、僑胞は一体となって努力することが要望されている。今回は大阪芸術大学教授宋甲憲氏に登場してもらった。

法的地位問題に不満ありとして韓日会談までも全面的反対を主張した韓青や韓学同に対する処置として、韓学同を民団文教局の直轄下に置くという挙に出たことは私たちの耳にはまだ新しいことである。このことは民団の学問に対する指導力の無力さを示すものである。

直轄が解かれてまだ二年にみたないと思う。それなのに私はまた民団の学問に対する指導力のないことを再びみた。それは去る三月十七日韓学同大阪本部の第二十回定期大会に出席したときのことである。この大会で一九六八年度の活動方針案として採択された中に「外国人学校法の完全阻止」というのがあった。周知の通り、日本の文部省が用意した外国人学校法なるものは朝総連系の学校を規制しようというものである。この法案が成立した時には総連系の学校は相当の影響を受けることはまず間違いあるまい。それと同時に韓国学園も多少というより極く僅かな影響はあり得るかも知れない。だが、彼らは民族的立場から反対しようという。民族的立場とは朝総連も又同じ民族であるという意味らしい。

民族愛といえば響きとしては良いが、思想的に相反する相手方の利益を守るのに手をかそうというのは私には納得の出来ない光景であった。

民団創立以来二十年、民団の指導層においては、若い青年幹部の養成には意を用いてきたと思う。しかし、今日の韓青や学同は民団の指導から離れ、独自の道を歩もうとしている。これは民団の指導力の無力さを示すものでなくて何んであろう。この指導力の無いということについては私なりの見解を述べて見たい。

中央からはじまって地方本部、支部にいたるまで軒並みに経営難である。金が集まらないということは役員、特に団長の指導力が不足していると考えられないだろうか。自分自身の指導力の無さには気付かないで、本国政府に助成金を求め、これが拒否されたといって憤慨する団長に、私たちは何を期待したらよいのであろうか。第一、本国政府から助成金をもらうということは何んらかの形で本国政府に対して、在日同胞が義務を負わねばならないであろう。現に韓国学園が本国政府の援助を受けているために、東京と京都の校長は本国から派遣されるとのもっぱらの噂である。百歩を譲って、義務を負わない助成金であったとしても、本国の貧しい国民の税金であってみれば、こちらから辞退するのが筋というものであろう。いずれにしても拒否されたということは一般団員にとって同慶至極である。

民団の収支が何時も合わないのは浪費が多過ぎるからではないか。ほんの一例ではあるが、中央に機関紙がある。大阪地方本部にも独自の機関紙がある。大阪府下の二、三の支部もさらに独自の機関紙を発行している。これだけ重複しておれば無駄がないという方が不思議である。これらの無駄は全部一般団員の負担になる。浪費が多ければ多いほど一般団員に対するサービスは減少する。在日同胞を全般的に見るとき、社会に対する奉仕の精神が極めて薄弱である。奉仕ということになれば有効な事業に対しても金を出し渋るのに、浪費の多い民団の運営費がそうたやすく集まるはずのものではない。このようなむつかしい金を集めることが団長の指導力というものではないか。

指導力が乏しいといえば、中堅幹部の実際仕事に携わる層の弱いということも指摘できる。例として、前の学同大阪本部の第二十回定期大会の報告から眺めてみたい。

その日は日曜日で民団の休日ではあったが、民団からの出席者は文教部次長ただ一人、それも途中で中座した。こんなことでは学生の指導は到底おぼつかない。少なくとも文教部においては、学同の大会において何が決議されるか、または学生一人一人の動向はどうなっているのか常に把握していなければならない。それなのに、自分の傘下の学同が何を考え、何をしようとしているのかも知らないでいるのが、文教部ではないだろうか。

学同の動きが民団の路線から外れそうになったら、それを調整して民団の路線に引戻すのが指導力である。指導力を発揮するためには学生たちと常に接触し、意見の交換、調整を計らなくてはならない。これはなかなか根気のいる仕事である。このような努力なしに指導力は生まれてはこない。

民団において、このような努力の足りないのは、単に文教政策だけではないと思う。民団に政策がないというのは、このように中堅幹部の仕事ぶりの低調さからくるものと思われる。仕事の低調さはその人たちの身分の不安定が原因ではないだろうか。団長が変ると解雇される。この制度が中堅幹部に人材の得られない原因であり、これが傘下団体に対する指導力の欠如となってあらわれているのである。

要するに指導力のある団長、指導力のある幹部—これがいまの民団で緊急に要求されることであると思う。

## 民団はどうあるべきか ⑥

### 民生・文教活動に活路を
#### —不評の旅券業務は領事館に返上—

徐竜達

本紙の民団のキャンペーンをよんで「共同新聞は民団無用論を唱えているのではないか」という声が一部に出ているといわれているが、本社は決して民団無用論を唱えるものでもない。それどころか、どうすれば、よりよい民団にすることができるか、僑胞に信頼され、愛される民団組織を確立するために行なっているキャンペーンであることを理解してもらいたい。そのためにまず民団のあらゆる欠点をついて、そのあと具体的な民団をつくる建設案を示してゆき、関係者の指針にしようともくろんでいるものである。今回は桃山大学の徐助教授に登場してもらった。

〈筆者〉

共同新聞が民団についての一キャンペーンを展開したことは誠に意義深いことである。特に言論の自由に関連して、民団系右翼言論人の暴行を体験した筆者としては、なおさら強い関心をもたざるをえず、このたびの趣旨に即応して賤陋な卑見を呈したい。

民団の現状批判は各方面からなされているけれども、その基本方向について論ぜられたものは数すくない。率直にいえば、現在の民団は他方の朝総連と共に在日同胞の機関としては無用の長物であり、むしろ解散して新しい[illegible]団体を結成すべきかも知れない。しかし現実には、このような大局的観点を理解する人材は遺憾ながら民団、朝総連ともにとぼしく、ここでは改善の策として次の二点だけを申し述べたい。

民団改革の途は第一に、共産党も合法的な広い自由主義国に在住する同胞を、民団がどの程度包摂しうるかという基本的立場について認識を深めることである。在日同胞はその思考背景がきわめて多彩であり、これらを組織するには自由についても相当高度の知識が要求される。しかるに指導層における研究不足はいうにおよばず、却って同胞を一部の極端な反共思考で律しようとするところに無理がある。本国における反共の国是についてもご都合に応じて偏狭な解釈がなされ、むしろ右翼グループとの結びつきが緊密となっているけれども本国における反共政策の背景をより深く認識する上に、それが在日同胞には決定的な意味をもちえないことを知るべきである。民団としては、一層広範な自由の立場に立って、真の自由のよさを理論と実践の両面から同胞に周知させなければならない。さらにいえば、これはわが国の国是を順守するという民団の基本綱領をいかに理解するか再検討すべき問題に連なる。

このような第一点を追求すれば民団の方向は自から明らかであろう。即ち第二に民団は民生安定と二世の教育面に重点的な活動を展開すべきでありそれによってのみ民団は新しい活路を見出すことができる。周知のように、同胞の経済人は金融面、税金面、人材面等諸種の難関に直面しており、他方、一般大衆はその日の糧を得るために呻吟する者も多い。また、二世の教育については独自の民族教育を施すにはかの悪名高き「外国人学校法」による規制が待ち構え、日本の高校や大学に学ぶとしても、同胞の出願を拒否する事例が日本の右傾化につれて増加している。このような問題を威信をもって処理し、あるいはわれわれの権利として闘い取ることによって民団の地歩を確実に固めるべきであって、指導層が団員からの「共同責任と共同歩調のもとに民団の使命を達成しよう」と期待しても無理な話である。

さらに、民団の旅券業務については、本国の出先機関でもない民団が、しかも同胞に対する本来のサービスを全うしていない民団が、領事業務を代行する必要性は全くない。これによる多額の手数料徴収は同胞の反感をかっており、また本国でも民団の身元保証済人物の逮捕など、その保証能力には限界があって信頼性にとぼしく、この際即刻返上するよう検討すべきである。

想えばこれまでの民団は、時の政権に追随するあまり、国内状勢の判断を誤って同胞の失笑をかったことが再三にわたるが、いまだにその姿勢は改まっていない。それは歴代の指導層が、祖国の政界にデビューする足場として民団を利用したり、あるいは育成資金などの獲得に狂奔する必要からかもしれない。

だがこれらはいずれも根本的に誤っている。

育成資金はもとより、育英資金も在日同胞の協力によって捻出可能であって、民団の指導力、組織力のなさが貧困にあえぐ祖国への物乞いに走らせるのである。かくて、同胞のみならず本国からもますます軽視されるに至る。

民団のとるべき途は前述の二点につくされているが、対本国関係はすべて是々非々主義によって民団の主体性を確立すべきである。また、対内的には民主主義に反する勢力を一掃すべきである。例えば筆者の関係する在日韓国奨学会は、民団の友好団体として近畿地区で着々と育英事業を推進しているが、十数年前より管理使用中の建物の一室をまず反共関団が占拠し、さらに民団大阪本部の傘下団体たる在郷軍人会は、一方的に奨学会図書室の鍵を破壊し、室内の机や書類をほり出して不当占拠中である。この図書室には本国の文教部、商工部等から寄贈を受けた貴重な資料を保管し、各大学生に活用してもらっていたが、一部の民団幹部には図書室の意義も理解できないようだ。

このような不当行為は、心ある人を民団から離反させるにあまりある。

最後に以上の所見を要約してみよう。第一点の民団の基本的立場としては、進歩勢力とすべての面で対立した姿勢をとることは、民団が日本の官憲の手中に陥り、同胞の生活権擁護はおぼつかなくなる。狭い反共の立場からすべてを律し、在日同胞間に三八度線を設定することは必ずしも得策ではない。問題によっては民族の高い次元から共闘すべき場合があってもいいし、政治的には少なくとも、日本の社会党クラスの知識人は包摂すべき民団に脱皮すべきである。

また第二点の業務の面では、民生局、文教局を重点的に強化し、さらに特殊問題研究部（特研部）を新設して統一問題、法的地位問題、外国人学校法問題等の時宜に叶った研究委員会を統轄することとし、その他、資金の調達、運用を担当する部課を除いては全部整理して、すっきりした民団に脱皮するのも一法であろう。諸賢の叱正を望む次第。

（筆者・桃山学院大学経済学部助教授）

＝原文のまま＝

## 民団はどうあるべきか ⑧

### 一致団結して体質改善
#### とぼしい自主意識と祖国愛

民団に望む 金圭南

民団はどうあるべきか—のキャンペーンは号を追うごとに反響は大きく、本社編集局には連日投書が届くほか電話でいろいろな意見をのべる僑胞も多い。また本国でも大きな関心をよんでおり、このほど僑胞出身の国会議員で、僑胞問題研究所理事の金圭南氏がとくに"民団に望む"という一文をよせられたのでこれをとり上げた。

在日僑胞の基本的権益擁護と民生安定の唯一の自治機関である在日大韓民国居留民団が生れて二十余年がたっている。そろそろ成熟段階に入っているといえるだろう。

このような民団に対して、私が平素に感じていることと祖国の皆さんから傾聴した意見などを総合して堅実な民団の育成を願う意味で私の意見を述べてみたい。

祖国の皆さんから聞いたことを要約すると、だいたい民団は組織と指導層は無気力で、不和が多い団体であり、また団員のなかには祖国に対する認識が不足で、功利的な思考方式を持っている僑胞が多い。とくに祖国を往来しながら一部の人たちが、[illegible]一貫性のない[illegible]なやり方をし、僑胞の威信を失墜させたことは残念なことである。僑胞のための民団として本当に信頼される民団になってほしいものである。

歴史的にいうと、われら僑胞たちの過去というのはあまりにもみじめなものであった。歴史とともに性格上から、規模上から莫大な負債を目の前に置いている時点に立っている民団が、組織の面と指導力が貧弱だということは僑民政策上重大な問題である。もちろん、あらゆる面で発生する隘路と障害が多いということは、成長期に入っているから当然のことだと自認することも出来るといえるが、時々刻々と変りつつある国際政勢と、日本における民団の発展と六十万僑胞自らの権益保障の深刻性を考えると、本当の祖国愛を育て上げ、相互相扶する自治運営が緊急な課題である。

なによりも僑胞の権益保障のため精神的な民族を啓発する日刊紙をいまだにひとつも育てなかったということは、二十余年の民団の仕事がどれほど皮相なものであったかを如実に証明している。

また祖国でも、日本でも問題化されている朝鮮大学校認可問題にしても、われらの力で大学校を設立する財力がないということではなくて、自主意識と祖国愛の貧困による僑胞社会の無力を示すものではなかろうか。

なぜ、いまだにわれらの歴史と文化、そして民族教育をなす大学校ひとつを設立することが出来なかったが、その理由を冷静に反省しなければならない。これは重大な問題である。

このようなことは僑胞社会がどれほど利己的で基本的な精神に欠如していたかを如実に証明している。

祖国の五千年のけん爛な文化と、精神的で民族の基盤であり、建国理念である弘益人間の精神、そして三国統一の基本精神であった花郎精神、または三・一独立運動の精神を支柱にして指導層と僑民が一致団結して新鮮な体質改善を断行しなければならない。

いままでの民団運営というのは政策的な理念とか、政策の貧困のため体系的で確固たる理念の裏付けがない即興的な処理が多かった上に、僑胞から遊離されたまま融和の方法さえ講じなかったことは事実である。

民団はまず僑胞から信頼される指導層によって、名実ともに権益保護の自治団体として向上発展を希求しなければならない。

共同運命体としての意識のもとに"一人がよくなったら、すべてがよくなる"という相関関係の自治団体として、われらの才能と能力を思う存分発揮し、誇るべき発展がなされるよう願いたい。

僑胞たちは自から進んで合理的で科学的な生活態度で相扶相助する兄弟愛で団結しなければ、日本当局からの民族差別政策、同化政策、追放政策などに立ち向って生き抜くことはむずかしいのである。

僑胞のみなさん、僑団たる主体意識をもって、祖国愛のもとに民族的矜持をもって、勤勉誠実に生活の知恵ともいうべき創意力を発揮して下さい。

英国の有名な歴史哲学者であるアーノルド・トインビー教授が"民族の繁栄は創意力の発揮による"といったように、われらは創意力を重んじる生活態度を育てなければならないのである。

また住居地の発展に貢献する相互共存の精神意識を忘れずに祖国の発展にも役だつように努力していただきたい。

祖国はいまや後進性を脱皮しつつあって近代化運動が全国に広がって汎国民運動を展開しているのである。

最後に中国の孫文先生の言葉を引用したい。

"東南アジアの繁栄は中国革命の母である"と孫文先生はいったが、願わくは僑胞の皆さんの団体である民団がそれほどの気魄と決意をもって発展途上にある祖国の運命までせおっていける姿勢をととのえるように努力していただきたい。

（筆者・国会議員＝僑胞出身＝海外僑胞問題研究所理事）

## 民団はどうあるべきか ⑭

### 指導層の豹変ぶりと民団の姿勢

鄭哲

民団団長として僑胞を指導して行くためには、団長自身の言動が重大な要素となる。団長の思い上り、虚勢、誤った名士意識などにとらわれたとき、その民団の団員は不幸におちいる。そのことはひいては僑胞全体の不幸につながる。本稿は鄭氏が時評として書かれたものであるが、大きな意味で民団と関係があるとみられるので、この欄に掲載した。

共同新聞の社説で「民団の中で最も活発にエネルギーを注入し活発に動くのが団長選挙である」と指摘した言葉をかりるまでもないが、四、五月はまさに大会と団長選挙運動の花ざかりであった。

これらの大会で一番注目されたのは、それぞれの地方団員の関心よりは、来年に改選される中央団長の選挙に直結された選挙ムードの雰囲気である。中央団長の候補者と見られる最高幹部級の人たちが並ぶ中で進行する地方大会は組織の実利として壮観ともいえようが、選挙対策のため、顔の色をかえながら東奔西走している姿が目立つのは嘆かわしい現象といわざるをえない。大同団結を叫びながら中堅幹部にあげくれたり、派閥一体を強調するてまえ、選挙干渉はやらないとの中央幹部の働きが、泥縄かためとしか見られないふるまいも共通した現象といえる。

中央幹部が地方大会に出席するのは綱領でもあり権利ともいえる。しかし、政策審議と重要な決議は地方委員会でやり、大会は役員選挙が主となっている今の民団規約から見れば、地方委員会にこそ大勢出席して指導すべきである。

それなのに地方委員会には顔も見せなかった中央幹部たちが、団長候補者と見られる人たちとならんで大会にだけ顔を揃えるのは権利義務とは縁のない選挙対策や干渉だと見られてもやむをえないことだろう。まして、地方大会では改正された現在の規約を無視した大会進行がなされがちであるが、中央幹部の立会いで規約違反がなされるのに是正しようともしないのはどうしたことであるのか。ことに、中央委員や中央代議員を含めた役員選挙を三機関に一任する一派の慣例がくりかえされても、黙認したかっこうで見逃がしている。

このような不可解な現象は、規約論議で[illegible]い感じを避けようとする心づかいか、三機関に一任したほうが選挙対策としては有利と判断したのか真意のほどは知る由もない。ただ、いえることは、中央幹部としての権利義務とは無縁にもいえないということである。

このような現象が、中央委員や中央代議員の改が多い大きな地方本部ほどはげしいのは、やはりそれぞれの地方本部の内部事情とも通じている面も考えられるようだ。つまり、団長に立候補した者は中央幹部に支持されているとか、大使館や本国筋に通じている印象を与えることが、選挙に有利であると判断したり、地方団長の貫録であるかの如き錯覚が、指導層の認識やハッタリに通ずる新たな現象として民団運動の新たな盲点となりつつある。このような個人プレーが組織の混乱と無力化に拍車をかけることになるし、かかる言動が干渉と圧力をかけられる隙となっていぬ事実も見逃がせない。

小さい地方本部でも大変であるが、大きな本部団長になることは一層大変である。長い間、組織の中で苦労した実績があるか、経済力に功献度が期待される外に、中央や政府筋に顔をきかすことも団長になる条件に加えられつつあるようだ。このような悪条件を克服して団長になった当座は熱心で真面目に組織強化に努力する気になるのは当然である。しかし、団長職に慣れるに従って中央や大使館ばかりでなく、本国に往来しながら団長とよばれ、政界の重鎮や政府高官たちと接する過程で自分を見失なって初志も揺らいでいくらしい。

ことに、経済人団長ともなれば一層有利にふるまえるので同郷や同宗同姓の大臣級と対等に心易くつきあうようになると、まるで自分が偉くなって大臣と同格になったような錯覚に陥るらしく、日本に戻っても従前のような熱心さと誠実さは薄らいで、一種の政治的使命感のような姿勢のとりこになったり、一人よがりな有頂天に酔うようである。

考えて見れば、彼らは日ごろ日本朝野の差別抑圧政策に対びえながら二重生活の中で、銀行税務署と同業界に痛みつけられつつ金儲けに夢中であったものの、いきなり団長となったり本国では大臣級と会食する[illegible]僑胞層に陥る精神的弱さが現れるのは無理ではないような気がする。これは、あきらかに指導層の弱体化につながる民団の体質の問題である。

僑胞紙の報道によれば、民団中央では地方大会と選挙運動の花ざかりに時期を合わせたのが、六月下旬に団長会議を本国政府の招請という形で本国で開催するとのことである。本国政府が民団運動に関心を見せてくれることには敬意を表するが、団長会議を本国でひらくというだけで、僑胞政策が具体化されたと喜んではかりいられない別の面も見逃がせない。

在日韓国人は、本国政府がいつまでも一貫した僑胞政策を樹立しなかったばかりに、出先の現地官僚の判断で場当りの指導が干渉政策と見られたり、派閥対立を助長する逆効果を見せたのを嘆いたものであった。最近、日本朝野で問題となっている外国人学校法案をめぐる指導干渉にも[illegible]。去る十二回中央委員会でも、日本保守党ですら民族教育を弾圧する悪法だと糾弾する法案を、朝鮮大学認可反対運動と関連させる奨学官の強い要請で[illegible]が地方団長に外国人学校法案を賛成するよう働きかけて指導層をなやませていると民団中央の文教局長も嘆いていた。

このような末端官僚の小細工で民団運動に干渉をつづける限り、健全で確固たる指導方針に発展する可能性はない。このたび本国でひらかれる団長会議が、地方文化センター所長たちの干渉にうろわず[illegible]政府高官の政策を借りようとする中央団長の無気力さの現れだとすれば、民団の姿勢を正し自主性の強化が切望されている与論に逆行するといわざるをえない。

[illegible]本国でやろうとするのはどうした変化であるか。本国でやらなければ解決出来ない問題があるのか、国際情勢をとらえたからなのか。それでなくとも、経済援助と抱き合せに大使館の指導監督権を法文化するとの噂がある時だけに一層深刻な問題として受取られるのである。

政策的な一貫性のない干渉はいたずらに反発精神をゆさぶるだけで団結と協力とは縁のないものとして再考慮してもらいたい。その場合、先般の大阪本部大会と東京本部大会のムードと結果で見られた、本国政府筋に通じていると自任したり、そのように見られた現役団長や候補者が惨敗した事実を直視すべきである。

韓日会談が妥結してから三年目を迎えたが、在日韓国人の法的地位のように日常生活に直接影響する事柄が末節になりつつある一般僑胞のつきあげは想像以上に激しい。このつきあげが民団指導層に対する不信感となったり、大使館や本国政府当局に対する不信や批判として組織内に内攻しながら民団運動に圧力をかけている事実を正視して早急に対策を講ずべきである。

（筆者・民団中央委員）

## 民団はどうあるべきか ⑫

### 教育諸施策の強化を

大阪韓国教育文化センター
所長 任正雲

民団に対し、いままであらゆる角度から分析批判をしてきた。よいこと悪いこと大体出つくしたと思われる。そこでこんどは、一体何を民団に望むか、どのような民団になったらよいのかという点について具体的な意見を各方面に求めてみた。まず文化センターの任正雲氏に登場してもらった。

どのような民団をつくればよいのかと問われると、わたしは教育と民生問題に力をそそいでくれる民団になってほしいと答える。こういう前提のもとに、わたしは意見を少し述べてみたい。

人間にとって教育という問題はまことに重要なものであることは言を要さない。アメリカは、過去もそうであったが、現在も教育への投資が、企業としても大きな比重をしめていることは周知の事実である。

また日本にしても明治維新以来教育にどれほど力を入れてきているかということは、すでに皆さんもよく知っていることと思う。

アメリカにおいては、たとえば他の企業に従事している人と教育界に従事している人たちの比率が同じくらいであるということは、その国の教育の実態を示すなによりも確実な証明である。

日本にしても近い将来世界の一等国になると豪語しているのも教育による裏付けがあるからにほか[illegible]考えられる。

われらの母国である大韓民国の前途が明るいというのも結局本国の教育の水準が高いことを意味する。

もし教育を等閑視した場合、だれしもどの団体も、ひいては国家もその将来は暗いといっても過言ではなかろう。

民団が、僑胞社会において絶対的な団体として、その機能をかた[illegible]持っているかどうかということになると、良くいえばコスモポリタン的だといえるかも知れないが、国籍をはなれての教育傾向が強いことは否定出来ない。主体性を失なっていることもコスモポリタンとは違う。

民団はこのような僑胞社会の教育問題に、主体的な方向づけをするべきであると思う。独立国家の国民としての民族意識と反共という主体性による教育対策について、民団が力を入れない限り、朝総連の政策によって大幅に左右される共産主義の勢力から僑胞社会を守り、健全な僑胞社会を育成することは不可能ではなかろうか。

現時点でも、すでにアンバランス的な傾向があるのを認めないわけにはいかない。いまからでも領事事務などは母国の出先機関にまかせて民団本来の文教と民生問題に全力を傾けてもらいたいものである。具体的にいうと健全な国民意識をもった青少年を育成することは最も緊急を要するもので、この教育を通じて中堅幹部をつくり、次の世代の指導者を養成すべきである。そうすることによって、いままでの民団のように、団長がかわると同時に組織体制もかわるというようなことはなくなるだろう。宗派的な傾向を抜きにした永久的な対策が必要である。民団が主体となって僑胞に母国を理解させるためにあらゆる面において努力をしてきたことは認める。しかしながら母国に関する知識と関心を僑胞社会にアッピールするために本国学生との作品交換とか、母国に関する本などをほんやく普及する必要がある。これらを民団でもやってもらいたいと考える。

[illegible]めるためにはなによりも僑胞子弟らの教育に注力しなければならない。

次に僑胞社会の民生問題については僑胞の企業育成策とか納税問題とか融資の問題について積極的な対策がほしい。民団が僑胞の文教と民生問題を主要課題として積極的な活動をするためには機構を改善する必要があると思う。僑胞の権益を守るためにふさわしい組織体となれば現在のような支部単位の分裂主義から本部中心の統合主義へとその体質が改善されるであろう。具体的にいえば、ある支部が建物を建てるのに何十万というお金を集める。そして建物は建てたものの実際には利用されず放置状態に置かれるとか、また赤字運営をしていながらも新聞を発刊しているとか、いろいろ不合理的な運営を行なっている。このような不統一的なことをキッパリやめて、そのかわりもっと僑胞社会の文教問題と民生問題に対して積極的な対策をたて、また実施してほしい。

民団の総力を集中して本部だけでも立派な建物を建て、あらゆる施設と機構を備え、僑胞社会の経済、文化、生活の中心となるセンターとしての役割を果たしてほしい。

## 民団はどうあるべきか ⑮

### 団員個々の自覚が先決

在日大韓民国居留民団大阪府地方本部
茨木支部支団長 高日化

新しい民団を建設していくのには、僑胞の自覚も大きな課題である。僑胞すなわち団員個々が純真な気持で、民団のたて直し、あるいは改善に積極的に協力してこそ、民団組織が新しく生れ変って行くのである—と説く茨木支団長の示唆にとんだ意見を掲載した。

民団が結成されてすでに二十数年を経た。その間民団は朝総連との熾烈な闘争の中で発展してきたのである。民団は反共を旗印とする団員の結束という点から見れば、組織体の拡大強化は一応成功し、今や私たち韓僑にとって唯一の大組織となった。

しかし、これからの民団は真の僑胞のために、民生の安定と民団の前衛体である僑胞二世の教育に重点がそそがれなければならない。本当の僑胞のための民団というのは、このような前提に立つものでなければならない。幸い、民団中央や大阪府本部においてはこの前提にそって一段と力を入れていることはよろこばしい現象である。

「韓・日国交正常化」三年目になって僑胞が法的地位などに対して関心を高めている。遅まきながらようやくで組織人も団員も自覚めつつあるといえよう。

祖国は朴大統領の強力な指導の下に、国民が一体となって祖国の統一と近代化のために日夜邁進している折、わが民団だけが旧態依然として私利私欲のため派閥や中傷謀略に終始していいのだろうか。在日韓国人は民団のどこが悪いとか、何々をせよとかいう主張を繰り返すだけでなく、自分は民団のため一団員として、いかに努力し、貢献しなければならないかということを自覚することが先決問題だ。この観点から出発しないといつまでも派閥のための民団でしかあり得ないのだ。

建設的な論議は民団発展にも大きく役立つが、私利私欲のための放言、妨害、逆宣伝などは十分に慎しんでもらいたいものである。

民団が声を大いにして啓蒙をうながしても一向耳をかそうともしない団員もある。かげにまわって悪口をいっては得意がったり、実現不可能な空論をふっては、愛国者のような顔をしている僑胞もある。このような僑胞は民団の実情を知らない人たちだと思う。批評する前に協力することが大切なことだということを認識すべきである。

過去民団の上層部であぐらをかいていた自称組織人や経済人にこのケースが多いのも皮肉な話である。

今日の世界情勢が目まぐるしく変化しているのと同じように、民団社会も絶えず変化している。今や、僑胞たちは私利私欲のための口先だけの理論ではなく、民団をよりよいものにするために、団員の積極的な協力を各自がもつことが緊急事であるといえる。民団自体がいかに努力しても、団員の協力なくしては本来の目的達成はできないのである。

組織団体というものは、協力してこそ初めて正常な活動が出来るのであって韓国の諺に「不独将軍」というのがある。まさにその通りだ。

個人的な感情や派閥を助長することなく真の僑胞の立場に立って民団への協力をしてもらいたい。

民団活動に非協力的な団員や北韓との密通分子、私利私欲のために無責任な言動を行なうものを教育していくことも、民団のこれからの大きな仕事の一つであると思う。

民団は一大転換期に入っていることは事実だ。民団の幹部はもちろん、団員も一致団結して新らしい民団作りに積極的に参与するときがきているのである。

765

# 民団はどうあるべきか ⑨

民団はどうあるべきか―に対し田駿氏が論評的な評論を寄せられた。これは長文で三回にわけて連載するが、民団の基本的方向を示すものとして注目すべき論旨である。

## 民団の進むみち
### 協定後の情勢に対応して

田　駿（その1）

### 正しい方向の選定

今日の民団が今くの混迷に陥っているのは、その方向が明確に示されないからである。組織の方向を明示するのはもちろん指導者の責任であり、幹部の任務であって、民団といえどもその例外ではない。だから民団の指導者や幹部と称する人々は、民団の明日を常に考えなくてはならない。明日を考える幹部を有能な幹部というのである。けれども、残念なことに今日の民団に明日の方向が示されたことがない。ここに基本的で、しかも最も重要な問題がある。すなわち、民団の方向決定の問題がそれである。

かりに民団の方向が正しい方向に決定されるならば、今日までのような混迷から脱し、明るく、有意義で、もっとも合理的な機能を韓僑のために果たす組織体になり得ることは当然である。たとえば、終戦直後の一時期、民団の果した役割について考えれば、それが合理性を全く備えなかった団体であっても、韓僑の精神的な支柱としてどれほど貴重であったかということである。今日といえども、民団は韓僑の心の支柱として永続すべき基本の要素を持っており、今日であるからこそ、民団はますます韓僑の母体になり得ると思うのである。

ここで肝要なことは、正しい方向を持つということである。正しい方向ということは文字それ自体に誰も疑義を持たないと思うが、民団の方向に関する場合は、これはとくに重要な意味を持つのである。ということは、いまの民団の進んでいる方向が必ずしも正しいとはいえないということである。はっきりいって、民団の方向は間違っているといわざるを得ない。この点は多くの説明を必要とするが今日の民団の問題で一番の基本問題が、この点であることを韓僑は見落としてはならない。

このことを論理の上で説明すると、終戦後から今日までの民団は、もちろんこの間に組織上の離合集散、迂余曲折があったが、その本質点は変わらず、論理の上では比較的明明にこれを見ることができる。すなわち、当時の民団は韓僑の感情集合体であったといえる。この感情集合体という本質はその後も変わらず、実のところ今日までもそのままの形でつづいている。人人は今日の民団を終戦直後当時にくらべて、大いに違っており、大きく発展したというかも知れない。が、それは外見上の見方であって本質の見方ではない。

韓僑が民団という組織体を媒体として発散した感情には、大きく分けて二つがあった。一つは反日感情であり、一つは反共感情であった。これらの感情を発散させたいために民団という組織をつくったし、これに集まったし、そして思う存分これらの感情を民団を媒体にして発散させてきたのである。この点でいえば、韓僑は民団に関しては別に思い残すことはないはずである。

けれども、問題はそう単純明ではない。いままで民団を指導してきた人々や、本国の指導者たちは、民団をそのような単純なものとは解釈しなかった。というのは、この指導者たちは、民団は民族主義の団体であり、自由民主主義信奉の団体であると解釈した。だから民団は民族主義、自由民主主義を進むべき団是とし、指針とした。この団の指針に間違いがあるはずはない。しかし、現実に韓僑は民団によってナショナリズムとデモクラシーの教訓を授けられたことはなかった。韓僑が民団で教わり、行なってきたのは反日であり、反共だったのである。反日と反共は全く非生産的なものであって、これはイデオロギーではなく、反対主義であり、反対主義からは憎悪と否定と蔑視しか生まれなかった。

民団の指導者が団是を民族主義、自由民主主義に求めて、いかにスローガンを叫んでも、民団の中味は反対主義で貫かれ、憎悪と否定と蔑視という感情の揺籃しかなされなかったのである。要するに指導性がなく、その効果が盲目盲目と出たわけである。この原因は明らかに、韓僑集合体に政治思想の題目をあてがったことにあった。民団があくまでも感情集合体にすぎず、まったく次元の低い集合体であったにもかかわらず、民団の指導者と本国の指導者は、これに高次元の課題を与えたことに間違いの根本があった。

本国の指導者は民団を政治道具として、日本との交渉に利用したし、民団指導者は民団を利用して政治活動に必死になっていた。この両方の指導者の相関関係が、民団の本体をほうり出したまま悪循環をし、その惰性がそのまま今日までつづいている。この実体の認識を冷静にし、方向の選定をあやまらないようにしたいと思う。

### 民団は永住者の集り

韓僑は、日本でほとんど無責任といっていいくらいに放任な生活態度を持ってきた。日本に対する悪口をいっては得意がり、反社会的な行動をしては満足としてきた。これはまったく不真面目な態度だったのである。この理由は日本側にもあって、アメリカ軍占領とその後の国内事情からして、韓僑問題に手をつける余裕がなく、韓僑のいうことを不条理とは知りつつも、そのいい分をうけ入れてきたことにあった。けれども、このような韓僑と日本政府との関係は一九六五年の「法的地位協定」によって終止符をうたれることになった。

法的地位協定は、韓僑の日本における地位を法文化し、その生活の基本となるもので重要な協定である。同協定は二つの精神から成り立っている。一つが韓国籍確定、二つが日本永住権確定である。この協定によって、それまでの韓僑とそれからの韓僑は、立場がまったく異なることになった。それまでの韓僑は日本に対し、悪口をいっても、反社会的な行動をしても、それはそれなりに理由があり、また、その理由は多分に日本で通用もした。が、協定後の韓僑はそうはいかないのである。なぜなら協定によって純然たる外国人であることが法的に確定したからである。協定はそれほどに大事なものであって、この点を重視しなくてはならない。

協定後、韓僑は民族主義を強調したり、反日行動をとることは許されないことになる。これは別に日本が許さないということではない。韓僑自身が民族主義を強調すればするほど、反日行動をすればするほど、それだけ自分たちが日本で住み難くなるということであり、要するにこれは自分自身の首をしめる愚かなことにすぎないのである。協定までは、韓国政府の傘下にのって日本の悪口をいったり、また、民団幹部のしり馬にのせられて反日行動をして見たりしてきたのではあるがこれからはそうはいかなくなるのである。

また、韓僑は頭の中でいつも故郷に錦を飾って帰ることを夢みているが、実はこの夢が韓僑自身の生活を破壊している事実を見逃してはならない。韓僑は、いままで日本に在留するのは帰国するまでであり、いつかは国に帰えるといつも思い、そしていってもきた。この考えは、日本に住む生活態度を不真面目なものにし、無責任な韓僑の態度を育んだ根本がこの思考にある。日本の在住を一時的なもの、臨時のものと思い込んでいた韓僑が、真面目な生活態度を持とうとしてもそれは無理なことだったのである。

しかし、協定は韓僑に永住権を与えた。永住ということは、そこに骨をうずめ、子を育て、孫がそこで生まれるということであって、自分一代のことのみをいうのではない。そうするためには、韓僑はそこの周囲、社会、国家に対して、放任ではいけないし、無責任でもいけないし、不真面目でもいけないことが身にしみてわかってくるはずである。自分の住んでいる社会に対して自分が真面目に応じない限り、その社会が自分に真面目に答えてくれるわけはない。見向きもしないだろうし、また、それはむしろ当然であると思うべきである。

韓僑は協定を機に、自分自身の心の革命を行なわなくてはならない。そして、いままでの習慣と態度を捨てなくてはならない。このことなくしては何をいっても意味が通じないであろうし、また、発展も望み得ない。ここでいう心の革命は韓僑個々人が自分自身と闘って会得してもらう以外に方法はない。

このように考えてくると、韓僑がこれから日本で永住するためには、これから本当の努力が必要になってくることに気がつくだろう。韓僑が生活態度を真面目にするためには、まず不真面目になる要因を断つことが肝要である。要するに、いつかは帰国するという考えを捨てて、どんなことがあっても日本で生き抜いて見せるという覚悟を決める必要がある。この思考の基点を切り替えない限り、心の革命は成しとげられない。

あきらかに、民団はこれら韓僑の中の日本永住者がその本体であって、いつかは帰ろうとする人のための団体ではあり得なくなってきた。民団自体も、この点の認識を早急に必要とする。いいかえれば、これからの民団は、日本永住者の団体であり、韓僑の組織であって、いつかは帰るという人や、在日韓国人の組織体としての必然性は全くなくなってきたのである。

韓僑と在日韓国人との区別を冷厳に考えなくてはならないのである。（本社評論グループ）

# 民団はどうあるべきか ⑩

民団の進むべき方向として卓越した論旨を展開された田氏は、今回は韓僑の地位の向上について鋭い理論を述べ、さらに民団は日本政府と対話すべきであると暗示する。

## 民団の進むみち
### 協定後の情勢に対応して

評論家　田　駿（その2）

### 経済、法的、社会地位の向上

民団がこれから韓僑すなわち永住者の集まりとして存続するためには、なによりもいままでの思考から脱出しないことには、はなしにもならない。そして、民団が在日韓国人団体としてよりも、韓僑の二世、三世のための団体として存在せねばならないことは、韓僑自身の発展のためでもあり、また、これは客観情勢によっていやが応でもそうならざるを得ない必然といえるのである。

そこで新しく生まれた民団のあるべき姿は、一言でいって韓僑の生活向上を目的とした自助団体ということに尽きることになる。これを説明し易く区分すれば、経済地位、法的地位、社会地位の三つに分けられよう。

日本で韓僑が経済地位を向上するためには、まず法的地位の向上と相まって、多くの法的保障が必要となってくるが、なによりも韓僑が経済地位を高めるためには、韓僑の資本と資本家が団結をし、相互協力の実をあげる以外に方法はない。いままでこのことがいつもいわれながら実現し得なかったのは、韓僑資本家の頭の中に「祖国」「民族」という夢がいつもちらつき、日本で生き抜くという決意がなかったからである。これからはいやおなしにこの点を考えざるを得なくなるだろう。

現に一番大事なことは、韓僑が集まって一つの場を持ち得なかったが、実際問題として「韓僑会館」の一つも建てられなかったが、これからはこのことも考えなくてはならない。いままで民団がこのリーダーをとり得なかったのは、指導力がないこともあわせて、その方法に間違いがあったからである。韓僑を集めるのには「寄付」を強要しては集まらない。それよりも韓僑に実益上の「うま味」を与えることが必要である。

在日韓僑には大きな資産があった。それは、対日財産請求権八項目の中の一項目で、戦前の徴用などに対する補償の項であるが、その項に該当する金額補償の対象者はほかならぬ韓僑なのである。これを韓僑は自身の生活のために要求し、獲得しなければならない。そしてこの金を基金にして韓僑組織は健全な組織活動を営まなくてはならない。こうすることによって、いままでのようにどんぶり勘定的な寄付金を集めていた民団から脱皮し、近代的なマネージメントによる組織体に生まれ変わらなくてはならないということである。そうするためには、合理的な考え方と、近代的なセンスを持つ指導者が出てこないことにはどうにもならない。

法的地位について、いままでの韓僑とそして民団の考え方は、永住権確認および許可によって韓国籍が確定し、日本での内国民待遇が約束されるという錯覚をもっているが、この点を誤認しては困る。永住許可によって韓僑が韓国籍を確定することはまちがいないが、日本での内国民待遇が約束されるという点は誤りがある。もちろん文書の上ではそうであるが実質的にそうであるかどうかは保障し得ない。なぜなら、日本はその条項を履行したくなければ、地方条例によって実質上回避することができるからである。このもっともよい例が、地方長官の東京都知事が「韓日条約」の精神を完全に無視して朝鮮大学校を認可したり、また日本法務省は近々出入国管理令を改定して韓僑の取り締りを厳しくするつもりであるらしいが、このような条約文書は空文同然であって、その実際はいまの日本のように偏狭な国民性がそれをこころよく認めるような状況ではない。だから韓僑の法的地位は韓僑自身が日本の選挙権を獲得することによってのみ完成することを知らねばならない。この点での徹底した認識が韓僑には欠けやすいようである。

社会地位に関しては、経済、法的地位はこれを韓僑の団結によって日本政府から勝ち取ることが必要であるが、社会地位に関してはこれを勝ち取ることよりもむしろ自分の反省と研究努力によって韓僑の内容を充実させ、もって日本社会に認めさせるという形をとるべきである。このことは要するに、韓僑が日本で信頼される存在になるということなのである。日本の社会に信頼されるためにはそれに見合う努力が必要である。いくら経済の上で裕福になっても、あるいは条約で法的地位が書き加えられても、韓僑個々人の人間としての資質が良くないことには、この地位向上は望めない。この問題は二世、三世のこととして特に重要である。

韓僑が日本社会に適応するよう勉強もせず、子供に家庭教育としてのしつけもろくにせず、それでいて日本の社会で永住しようとするのはあまりにも身勝手ではないのか。この身勝手な韓僑の考え方が、そのまま日本の社会から疎外される理由になっていることを知らねばならない。自分の身勝手を棚にあげ、日本の社会に対して憎しみを持つのは、その身勝手と相手にかけるようなものである。このような不毛な思考をこの際ふきとばしてほしいと思うのである。

### 民団は日本政府と対話せよ

韓僑は、戦前から実に貴重な資源を持っていた。その一つが徴用補償金であり、二つが選挙権であり、三つが日本語である。これらが日本に永住するためにどれほど大事なものであるかを考え直して見たい。

しかるに韓僑はなぜこれらの大事な資本的権利を自ら放棄しようとするのか。この既得権を何の代償に手放そうとするのか。このことをもっともっと考えなくてはならない。故郷のことばに「自分の飯もとって食えないような奴」というのがある。自分の権利も主張し得ない奴は、人から、社会から、国から馬鹿にされるのが当然である。

韓僑を代表する民団であるならば、当然このことを主張しなくてはならない。すなわち"徴用補償金をわれらに渡せ"、"選挙権をわれらに返えせ"、"日本語でもっと勉強をしよう"これが民団の目標でなくてはならない。これらの主張が民団でなされないことは、実に奇怪なことといわねばならない。

民団が以上の既得権を主張する相手は、これまた当然のこととして日本政府当局なのである。日本政府に向ってこれらの主張を叫ばなくてはならない。徴用補償金のすべてか一部を日本で韓僑に渡すことを申し立てるべきであり、すでに持っていた選挙権を何らかの形で韓僑に与えよと主張し、また、日本語学校を日本政府が建てて、韓僑に日本語と教養を教えよと迫るべきである。

自分が永住している国の在住国政府に対して、一言の主張もし得ない韓僑とは、一体何者なのだろうかと不思議な気がする。なぜ、韓僑は、民団は、日本政府に対して自分の要求をつき出さないのか。なぜ、対話ができないのか。なぜ、直接陳情ができないのか。なぜ、デモをかけられないのか。そして、そのような民団とは一体なんと無能なものだろうか。そのような民団指導者とは一体なんなのだろうか。

もちろん、民団の指導者たちはこれに対していうだろう。そのような要求があれば、これは韓国政府に対してすべきで、日本政府に対してするのは筋違いであると。このようなことをいう民団指導者は、いま一度考えて見るがよい。韓僑の問題で韓国政府に対して要求を出しているところこそが筋違いであることを忘れないでほしい。というのは、韓僑に関するあらゆる問題は、日本政府自身の問題であり、韓僑と日本政府とで解決していくべきである。日本政府は、いままでこのことを巧妙に回避し、韓僑の組織な民族主義を逆に利用して、この責任を韓国政府に転嫁してきた。条約が結ばれ、韓僑が永住を決意した以上日本政府もこれからは回避することは許されない。

民団の指導者は、これまで韓国政府に向って陳情し、要求し、泣きつき、金をせびってきた。そうするために不必要な反日運動をしたり、反共をして見せたりしてきた。この姿勢は条約が結ばれるまでは理由がつく。しかし、条約後は理由が立たなくなった。それは、韓僑が永住権を得ると同時に、日本国内の少数民族という存在となり、母国とは法律上なんのつながりもなくなったからである。母国とはただ血のつながりと精神の故郷ということにすぎず、日本は在住国であって、日常生活の上で直接のつながりができ、これだけが韓僑の手に残るのである。例えば、嫁にいった娘を例にとって見るがよい。娘は嫁家にいったん嫁した以上、実家には戻らないのが原則である。ましてや自分が嫁家に不平があるからといって、その都度実家に要求するのは、それこそ筋違いであることを記憶したい。重ねていうが、民団の指導者がしばしば韓国政府に陳情し、それを何かの手柄のようにいいふらしているが、こんな愚劣な行動はないのである。

まして、民団の指導者が韓国にいって政党に加入したり、政治活動をしたりする神経は、これを理解するには十八世紀に立ち戻る必要があろうと思われる。

誤解されては困るので断っておくが、韓僑にとって韓国は母国であり、韓民族は同族であり、民族精神を大事に持ちつづけることに異論があるわけではない。むしろこれらを大事に持ちつづけるために、それらを不必要に振り回すことに疑問を持つわけである。韓僑が正しい民族精神を持ち、適度にこれを発揮すれば、日本人はこれに対して尊敬の念を抱くようになるだろう。いままでは不必要に振り回すのでむしろ日本人から異物にされた向きがあった。これをほどよくわきまえたいということである。

韓国の政府も、そして知識人もこのことを理解して頂きたい。韓僑に向って不必要に民族精神を要求し、故意のしっぺなしは全くみっともない。韓僑はすでに韓国内の国民とは異質な、別の人格の存在なのである。すでに韓国の手の届かないところにあるのである。（共同評論グループ）

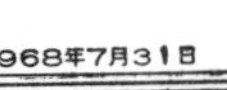

1968年7月31日

# 民団はどうあるべきか ⑪

田氏の示唆にとんだ評論は今回で終るが、氏は民団の進むべき方向について真正面からぶつかっておられる。得るものは多大であったと思う。次回から、さらに具体的に、民団はこうすすむべきであるという観点から広く意見をあつめる予定である。

## 民団の進むみち
### 協定後の情勢に対応して

評論家　田　駿（その3）

### 団名、場所、選挙法を変える

これまでは民団の向うべき方向と、その目標と、体質と、そして民団の状況とについて説明をしてきた。ここで民団自体の運営面に関して要点を指摘したい。

まず民団という名称についてである。もちろんこれは「在日居留民団」であるが、この語感は古い時代を思わす。ここからは少くとも現代の感覚は感じられない。思えば「居留民団」という字句は、その昔中国の華僑が方々の国で集団を作っていたときから使い出した字句である。これを韓国人が日本支配時代に中国などに亡命し、そこでこれにならって使った。

要するに自分の母国に政権のない人々が他国にいって自衛と互助を目的に集団をつくり、それに付けた名前なのである。終戦後、日本にいた韓国人がこの無政府の無告の民的な感覚で、この名を喜んで使ったということがすでに未熟だったといえる。

それどころか、民団の幹部たちはこの名前にすこぶる魅力を感じ「民団々長」という名誉にあこがれた。古臭い名前に、古臭い頭であるといえる。この「団長」の名誉を勝るために選挙に多額の金が使われている。この点を心理学上から解明をして見る必要がある。「団長」選挙に金が使われるのは、その席に座りたい人が複数以上おり、その希望が強いからである。その席に着きたい人は何かの恩恵をもっているわけではない。というと、つまりその名誉を得たいだけのことである。その昔、中国に亡命した韓国臨時政府が「大統領」選挙となると、血を血で洗う暗闘が起った。そこで識者が一計を案じて大統領制を廃止し「政府主席」と名を改めた。そのときから血の暗闘がなくなったという歴史がある。そこで考えるのが「民団」の名を廃止し、たとえば「在日韓僑会」「在日韓国人会」「在日居留民会」などのように「会」にして見る。すると民団という いかめしい感がなくなる。そこで古臭い頭の人々には魅力がなくなり、現代感覚の持ち主、すなわち二世、三世が集まるという寸法である。こうなれば当然「会長」選出も穏やかに、近代的なルールでできるかも知れない。

次ぎに中央本部の位置である。民団の中枢が東京にあることはいままではやむを得なかった事情であったにしても、これで多くの弊害が出たことも少くない。民団が韓僑のものであり、団員のものであるとすれば、当然その中央機能は団員の一番多い地区にあるべきである。いま東京一円の韓胞人口は約九万名であるが、京阪神地区は十九万名に近い。これは誰が考えても京阪神地区に中央本部があるべきだと思わざるを得ない。中央本部が東京にあるべき理由として、韓国大使館が東京所在であることをあげるが、これこそ全く逆立ちの意識というほかはない。なぜなら民団は韓僑の組織体であって、韓国派遣の団体でも、ましてや韓国大使館御用の団体ではないはずである。

最後に中央団長の選出についてである。いまの民団は形式のよから民主主義制度をこれほど完全にとり入れた団体も珍しい。しかし実質にはこれほど非民主的な団体も見当らない。要するに団員全体の水準が民主主義形体を理解するに適していないというのが妥当な表現となろう。このような状態のとき最良く用いられるのが推挙の方法である。ある一定の基準を定め、一定数の推挙委員が出て、会長と話し合いできめる方法である。現在の民団の場合、会長推挙委員は全国から十名ほどで十分であり、推挙される基準は、前年度民団への寄付金の最高額者、民団の活動に特別の功ある者、の二点にしぼればいいと思う。

さて、いかに韓僑を集めても、大事なことは韓僑自身が自分の問題に目ざめない限り、これはどうしようもない。民団の責任者が韓国にいって政治運動をしていることに対し、これをやめさすどころか、むしろ喜こんで見ている団員が多い現状であり、自分の息子に日本で生き抜く力を持ってやることをせず、母国に帰る排他感をしか与えられない団員が多いこともたしかである。

共同新聞の社説でもとりあげていたが、民団は本国人への旅券と、本国人の旅行が仕事の大部分だという。とすると、民団は「在日韓国旅行社」でしかないことになるが、これでいいはずはない。韓僑のほとんどの人は、口をあければ民団を悪くいい、指導者をけなすのであるが、それにはそれだけの理由があって、むしろ当然だともいえる。けれども、その指導者個々人の無能さからこのような結果が出たとのみはいいきれない。その原因はやはり他にもあって、その原因を発見し、摘発し、指摘し、問題提起をあまり試みなかったという言論人の責任こそ重大であると思うのである。ここに自省の念をこめて、民団のあり方についてテーゼを組み、その解釈を兼ねて問題を提起するものである。

共同評論グループ

# 民団はどうあるべきか ⑤

民団の旅券申請の手数料が高すぎると指摘する僑論が多い。この申請手数料は現在民団の大きな財源となっている反面、僑胞にとっては大変な負担となっているのだ。こんなところにも、民団と僑胞大衆のつながりを阻害する原因の一つが存在している。今回は元民団の実務にたずさわっていた姜弘実氏をわずらわし、この問題にメスを入れてもらった。

## 旅券申請の手続屋？
### 大衆とかけ離れた奇異な存在

姜弘実氏

民団のあり方について過去との新聞もやり得なかったことを共同新聞が真剣にとり上げていることに対し敬意を表しつつ、抽象的ながら大阪の状態を中心に、二、三の断想を述べてみる。

韓日協定以来両国の政治、経済、文化ともに緊密の度を加え在日僑胞も法的地位などには多少の不安を感じながらも、本国への企業進出、本国往来とも急増し、昨年度の僑胞の本国訪問数は一九六四年度と比較して倍以上の増加ぶりである。このように国家関係や社会情勢はあらゆる面で前進しているのに反しひとり民団のみは旧態依然として一歩も進まず僑胞大衆と全くかけ離れた奇異な存在を続けているのが現状である。大衆もインテリも経済人も自ら民団を顧りみようとするものは皆無といえよう。ただ僑胞経済人たちがうるさいからとか、または旅券をもらうときに困るからということで年にいくらかの付合いをするのと、一般大衆の旅券申請のときに納める手数料（一人約一万円から三万円）が民団唯一の財源であるが、僑胞大衆は旅券を申請する以外は余り民団に寄りつこうとしない。

旅券や国民登録を申請するのに民団を経由しなければならない法的取定めはなにもないが、李政権当時からの臨時的措置がずるずると今日まで続けられ、これが慣例化されて「僑胞の民権擁護や民生安定を期する」という民団本来の綱領はどこかで消えてしまい、今日では「旅券申請や国民登録を受付けるのが民団の仕事だ」というように指導者も大衆も思っている。したがって民団は大衆もインテリも寄付かないのをいいことにして、ますます官僚化されて行く状態である。もちろん一部の地域には真面目に努力する民団も少なくないが、これが民団全体の姿勢を左右するほどの力には到底なり得ない。

民団はどこまでも民間大衆団体であるのに、その大衆と対話する場団が全くなく年に数回の委員会や大会があるが、ここでは政策論争や大衆の意見に耳を傾けるようなことは一切せず、人事問題抗争に終始するのが恒例になっている。したがって本国から派遣されている数百人の公務員までが、大衆とは余り接触したがらないのもはなはだ残念なことである。

このような状態では何時までたっても僑胞の実情は政府や民団に通じないのはいうまでもない。筆者も民団創立当時より民団運動に参加し、満十数年間下級活動員として活動しながら前述のような誤った姿勢を是正し、前向きの姿勢に引戻すべくあらゆる抵抗を試みたが、それがことごとく失敗し、かえって幹部陣営から総反撃されたのみであった。

国際情勢や社会情勢は民団に最も有利に展開されているのに民団はこれに背を向け、何の計画も目標もなしに後退して行く姿を客観的に見て残念の至を禁じ得ないものがある。

駐韓永大使も新任早々口にしたことは「僑胞のための民団なのか、民団のための僑胞なのか」ということだった。

一体誰のために民団は存在しているのか。戦後二十数年を経過した今日、共産主義がどうの、民主々義がどうの、という観念論だけでは、もはや大衆はついて来ない。大衆は己れに何らかの利益を与えるものにのみこれを支持し服従するものである。

現在の民団は誰のためにあるのか、答は簡単である。民団が今直ちに日本全国から消滅した場合、その影響を受けるものは誰なのか、これが答である。

これは今現在の幹部または有給職員すなわち民団で生活しているもののみが、次の仕事に着くまでの間生活に困るというのがその対象者である。その他の人は余り影響を受けないどころか、むしろ旅券手続きなどの場合数千から数万円の中間搾取を免れるという利点があるぐらいだ。一般に旅券手数料というが大衆にとってこれは決して少額の金ではない。

東大阪に筆者の知人で、八人の家族をもつ年輩の労働者が全家族を同伴帰国して墓参することを一生の念願とし十数万円の旅費も出来たので、早速民団に旅券手続を相談に行ったところ家族の旅券手数料だけで十万円位いはかかるといわれ、びっくりして墓参を断念したという人もいる。

この多額の手数料のうち、一人印紙代三千六百円以外は民団に取られる分であるが、旅券をもらうほとんどの人はこれをハッキリ区分せず全額が旅券手数料だと誤解している。日本は世界百十数カ国と国交があり、国内には現在五十カ国以上の人々が多少なりとも居住しているが旅券手数料としては日本千円、米国三千六百円、自由中国九百円である。

数千円から数万円もの手数料を収める国民は韓国民以外は見当らない。前述のように本国を訪問する僑胞数も最近かなり増えており、KJ旅券の発行数も四万六千件を越えているが、これはある程度生活に余裕のある人たちで、一般の労働者にはまだ縁遠い話である。このような旅券制度は政府当局の一考を要したいものである。

本国政府も韓日協定以後九ヵ所に公館を設置、これにともなう数百人の公務員と年間数百万の手当を出しているが、在日僑胞の母体団体ともいうべき居留民団の姿がこのような状態であるために、対僑胞政策は何の実効もあげていないのが現状である。もち論母体団体がこのような状態では、その傘下団体も同様だ。先日大阪で開かれた韓人会全国会長会議の醜態ぶりなどは見られたものではなかった。

在日僑胞政策に関して民団の有り方をこのまま放置し、旅券手続をはじめとする従来の矛盾した諸制度をこのまま継続するなら、これだけの多くの人員と予算は不必要だと思われる。

政府も民団も前述のように、本国訪問者と国民登録の数字が増えてきたから、これは政府と民団の政策が支持されていると思うのは大きな間違いである。二十数年間朝総連の虚偽宣伝に欺され続けた僑胞大衆が、自ら漸く反省し、民団の方を振り向いて見て、民団も大衆の利益とは縁遠い組織であることを見せつけられ迷っているのが真相といえよう。

民団が今の殻からどうしても脱皮出来なければ残る道はただ一つ自滅あるのみである。政府も早急に在日僑胞に関する政策を根本的に是正しなければ、近い将来に重大な障害に直面するであろう。政府は第二次五カ年計画をはじめ国土防衛など重要問題が山積しているが、在日六十万僑胞問題も決して軽視すべき問題ではないことを警告しておきたい。

ではこのような民団をどうすればいいのか、このままほっておいた場合、国家事業および僑胞大衆の利害に大きく影響することは明らかで、決して放置することは出来ない。まず各言論機関もインテリも今までのような「君子危うきに近寄らず」的な態度を改め、積極的な関心を示すべきである。

大衆も民団は「特定人による特定機関」だという観念を捨てて積極的にこれを監視、発言して民団を大衆のものに引戻すべきである。

いずれにしても大衆に、インテリにそうして政府に僑胞問題に関する積極的な関心を呼び起さすにはとくに言論機関の役割りが極めて大きいといわざるを得ない。そうして皆が一致して僑胞問題に真剣に取組んだときは必ずや民団を正常な姿に立直すことが可能になろう。と同時に民団が正常な姿に発展して行くにしたがっていわゆる朝総連組織は必然的に崩壊して行くことを信じて疑わない。

## 民団はどうあるべきか
### 民団の大いなる役割
朴根世
（その1）

## 民団はどうあるべきか
### 在日同胞の未来像は
朴根世
（その2）

## 民団はどうあるべきか
### さらに強力な活動を
朴根世
（その3）

## 民団はどうあるべきか
＝その①＝
### 僑胞大衆の団体に帰れ
### 真の指導者の登場のぞむ
崔圭貞

1968年5月8日

## 民団はどうあるべきか
### 健康な民団へのあり方
朴根世
（その6）

## 民団はどうあるべきか
### 幅広い抱摂活動が必要
朴根世
（その5）

# 民団はどうあるべきか ⑰

休載していた〝民団はどうあるべきか〟を続載、今回は本国の日刊紙大韓日報の日本特派員として永らく日本にいる羅氏の論評、には多くの問題を示唆しているものがあらわした。

## 十年先への配慮を まず二世教育に徹すべき

大韓日報東京特派員 羅 必 成

### 先ず教育問題

### 民生問題

### 僑胞の本国進出と集団部落の開発問題

### そのリレーション

### 民団をめぐる人間関係

### 熱心に二、三世との対話を

## 声

## 民団の方向について

田 駿

## 壇論

## =青年幹部の育成と人事管理の強化=

事務局長 民団栃木本部副団長 鄭 再 出

## 私の提言

### 生活態度の反省を 欠ける民団の指導力

白 丁 赫

## 金鈴銀鈴

### ・コリアン・タイム・返上

## 私の提言

### 不断の努力で 将来を築く

金 熺 斗

## 時評

### 東京名物・学園文化祭

## 社説

### 組織人は権威をもて

信義と節操が組織人の生命

768

社説

# 民団は何をなすべきか

## 根本的改革を断行せよ

### 一、無重力状態の中の民団

民団は、無重力状態の中にあるように思える。ふわりふわりと浮んだり沈んだりして、進むことも退くことも思うようにならない。意思と目的の欠乏せる一つのマンネリズムの中にただよっているといえば酷評であろうか。

民団は逆境と闘争の中から生れて二十年になる。出発当時は「朝連」というものが、在日同胞のすべてを掌握しすべてを支配して、他のいかなる存在をも許さなかった時代である。その中で愛国の情熱と勇気のある人とが決然と立ちあがって民団を組織し、命をはって闘争を開始したものである。闘争時代の民団は、生気はつらつとして躍動するものがあった。

時は流れて客観情勢は変った。"おごれる平家"も後退し、民団は安定期にはいった。本国政府も民団強化を図って旅券手続事務にタッチさせたが、これが民団を維持させ、民団を栄えさせ、そして民団を無気力にさせた原因ともなったのである。安逸の上にあぐらをかいて、組織を前進させることはあり得ない。

### 二、民団の三大事業

多くの困難と涯しなき闘いの中から、民団は成長したが、安定期以来の民団は、時の情勢に左右されながら、遠心的闘争が求心的闘争へと方向をかえ、いたずらに派閥闘争をくりかえし、政府不在、僑胞不在の団体として今日に至ったものといえる。その功罪は後日評価されるであろうが、現在民団が基本的な事業として年中行事として行っている"事業"そのものを分析検討してみる必要がある。

これは次のように分類することが可能であろう。

一、集会を行なう事業

三・一節とか八・一五のような記念集会から、各種の集会を行なっている。

二、裏版をおす事業

旅券手続に必要な身元保証書など裏版をおすのが重要な事業となっている。

三、接待する事業

本国より来日する高位高官をはじめとして、舞踊団員に至るまで接待案内をする事業。

以上が民団の具体的かつ固定的な三大事業として指摘されよう。

むろん民団が存在するというだけで、内外にあたえる政治的影響や、その他有形無形の活躍があることを認めるのにやぶさかではないが、現実に学校の一つでも経営するとか、病院の一つでも建てて僑胞の福祉厚生を図るとか、何か民生問題に大成果をあげたとかーなどあまり聞かない。

これだけの事業を行なうためであれば、民団の機構はあまりにも大げさすぎるし、無駄な経費を浪費している。これだけの事業団体であれば、役員争奪は漫画的であり、派閥争いは惨めでさえある。より大きな目的、より意義のある事業のために民団は存在しなければならない。

### 三、役員中心より政策中心へ

民団のガンを一口でいえば役員はあるが政策がないということである。民団行事の中で最高にエネルギーを注入し活発に動くのが、人事、とくに団長選挙である。全日本をかけめぐり、多くの金を使って雰囲気を盛りあげるが、選挙がすめば空気の抜けた風船のように低調と停滞をくりかえす。ここに民団無用論が飛び出すのである。

"民団は何をなすべきか"を根本的に理論的に検討し立案する時が、すでに来ている。

このままの民団でよいとは誰も考えていない。みなが脱皮を望み、ビジョンを求めている。

### 四、問題点

現在の三機関制度は合理的なのか、常軌を逸した団長選挙運動、選挙運動のための中傷謀略不和の醸成、ブローカーの暗躍などは許してよいものか。中核体である中央委員の席が派閥やなにかの取引きに利用される"売官売爵"の現代版を容認するのか。老朽幹部がいつまでも座席にへばりつき、若い後継者の進出口をふさいでいるが、いわゆる組織功労者を自称する人々と民団は運命をともにすべきか。団長がかわれば局長や次長ときには事務員までが変わる人事の運用は正しいのかーなど問題点は数多い。

民団は何のためにあるのか。それは僑胞の生活と密着し、その感覚と利益を基礎にして築かねばならぬ。われらは小さな声で大きな問題を提起する。この小さい"民の声"を誰が真険に誠実に取上げるのか。日に日に変わりつつある僑胞の運命を前にして、民団はあいも変わらず安逸をむさぼろうとするのか。

# 民団と統一論

## 中央委員会から得たもの

民団の第十二回定期中央委員会は、これといった波瀾もなく終ったが、その会議の中で記録にとどめうるものとして、一つは外国人学校法に対する論議と他は「理論および見解第二」の中の「国土統一とわれら」をあげることができるだろう。

### 外国人学校法案

現在日本の国会に提出されている外国人学校法案に対する民団側の一般的態度は民族教育を弾圧するおそれがあるものとして原則的に反対であるが、日本における敵性団体の教育実態を念頭におく場合、この法案を全面的に反対することは、あるいは敵側に利益をあたえることになりはしないかという政治的立場において躊躇しているのは事実である。

中央委員会でも、これが[illegible]されて[illegible]は、もっぱら反対に集中されたが、執行部側の熱意ある説明と説得により「数個条項について反対しその廃止を要望する」という原案が通過したのである。

日本に在留する六十万の同胞が、二つに分れて政治的な問題について相反発しあい争っているが、しかし同じ民族だという基本的観念は、これを否定し得るものではなく、いずれの日かは同じ考えで同じ行動をとりうるであろうことも、否定することはできない。

このような民史的立場に立って、この法案を論議すべきだとの考え方が広い層にわたって浸透しており、委員会での発言もそれを裏づけるものがあった。

結局は条件づき反対というか、消極的反対の線におちついたが、国益というか民族百年の大計のためには、近視眼的な立場で判断してはならないし、当面の政治情勢に動かされては悔を千載に残すものであることを指摘したい。

### 国土統一論

「理論と見解第二」の中に「国土統一とわれら」は、その内容自体に新しいものが含まれているわけではない。いままでの韓国側の公式見解を要約したものにすぎないが、趣旨説明の担当局長が「国土統一問題が民団として始めて取上げられたわけであるが、いままで統一論をいうこ赤だとのレッテルをはられた弊風をこの際一掃し、民団にも統一論があるということを広く知らせたい」との発言をより重要視せざるを得ない。

民団で統一論を叫ぶと赤というレッテルをはられたかどうかは、あまり聞かないが、本国においても統一論が叫ばれているのに、日本においてこれを回避する理由は少しもない。本国と日本では反共姿勢におのずと違うものがある。本国には共産勢力というものは憲法上存在しないのである。ゆえに精神武装に重点をおく反共運動を展開して十分であるが、日本においては、共産党が合法化の中にあって、われらの周囲には現実の行動としての共産勢力が、うようよしている。

要するにわれらの日常生活の中に共産勢力が浸透しており、それを日常の行動として排除し闘っていかなければならない。

敵性団体は昼夜をわかたず、いわゆる"平和統一"なるキャッチフレーズをかかげて、あたかも統一を欲するのは自分らだけだとの印象を大衆に植えつけている。この歴然たる事実を前にしてなおかつ民団側が統一問題を回避するような印象をあたえることは、大衆に対する説得力と信頼性を放棄するものであって、組織の前進のために重大な障害となるものである。

本国においても一九七〇年代には本格的に統一問題と取組むものと思われるが、立地条件の違うしかも切実な日常生活を通じて反共闘争を展開すべき立場にある在日同胞は、もっとも明瞭で体系づけた南北統一論を待望している。われらは民団がすすんで理論構成の仕組を背負うとともに、このたびを契機として韓国側に立つ統一運動を宣伝し実行することを期待するものである。

社説

# 民団の可能性

## 僑胞は期待している

### 大阪の光復節

第二十三回目の光復節が、大阪民団の主催で生駒山上において開かれた。驚くべし、世間では二万人が動員されたというが、実際は一万五六千人の同胞が、貸切バス、電車、タクシー、自家用車などありとあらゆる交通機関を利用して、生駒山へ、生駒山へと押せおしに、舞台のある野外劇場一帯はむろんのこと[illegible]といわず芝生といわず立錐の余地もない、それこそ韓国服の展示で、生駒山を埋めつくしたのである。

まさしく壮観である。今[illegible]例のない人出である。何故このように[illegible]多くの人々が[illegible]、これは十分に研究し分析してみる必要がある。

一部の人々は、生駒山という場所の[illegible]がよかったという。それもあろう。あるいは気候がよかったともいう。それもあろう。しかしそれだけではない。かつては海水浴をかねて浜寺公園でやったこともあった。本国芸能団の余興はしばしばあった。

要は同胞は何かを期待しているのだ。何かを知りたいと思っているのであろう。そして何かにたよりたいと思っているのである。

### 何かを期待している

在日同胞は知らなければならぬことが、実に多くある。知りたいという気持が動く時期でもある。関心の最たるものが法的地位であろう。自分たちの運命はどうなるのか、自分たちの子孫の運命はどうなるのか。これが切実な問題となりつつある。法的地位の協定が成立し、永住権の申請をはじめて二年有余となっている。ようやく同胞の関心は高まりつつある。今後いかようにして、日本の社会に安住し、安定し、子孫の教育をしていくべきか。いかにして自分の事業を維持し発展させていくべきか。不安と動揺を抑える客観的条件は見出し得ないのである。日本社会に同化すべきか、より民族的に生きるべきかの判断に迷う人もあるであろう。祖国に引き揚げるべきか、日本の土となるべきかに苦しむ人もあるのであろう。

このような心理が、日常生活と結びついて在日同胞の胸を往来している昨今である。

### 指導層が遅れている

かかる切実な問題をかかえている同胞の目には、やはり「民団」は、自分たちのために何かをしてくれる機関として、何かを期待し、いささかでも、たよりにしたい団体として、うつるのであろう。

在日同胞が、民団に期待し、たよりとしたいとの気持が、静かに高まりつつあるのに反して、民団の指導層はそれにこたえる洞察も努力も勉強もしてはいない。旧態依然、自分の地位に満足し、または地位を守るのに汲々として、全く自足的、マイナス的な面にのみエネルギーを消費しているように思える。

同じ戦列の同志をほめるよりはくさすほうに興味があり、人を助けるよりは、引きずりおろすほうに力を合わせ、事業を進めるよりも破壊させるほうに闘志をおぼえるといった、全く不思議な集団である。こういう人々は、いきおい僑胞から信頼されるという自信がない。したがって僑胞を動員するという自信がないのである。僑胞が前進しているのに、いわゆる指導層は足ぶみしている。指導層の自覚と使命感を要求する時期は、まさしく今である。

### 民団の可能性

今度の光復節の集会を通じて、民団に一つの可能性を見い出すことができるのである。

それは、民団が自分の力によるのか、客観的な情勢がしからしめるものかは別として、今や同胞と深いつながりができたということである。同胞が自分たちの利益を守ってくれる団体として民団に期待をよせているということである。これは民団が新しく飛躍する素地ができたことを意味する。

大阪で一万五、六千人以上の集会ができたということは、大阪だけで、必要と方法によっては、二、三万の動員ができるということを意味する。これは完全な組織体であることを意味する。ここに民団の苦悩と希望がある。

同胞の期待に決然と立ちあがる民団になるならば、その生命は永遠である。もしも同胞の期待に応じ得ないとするならば、それは消える前に大きくなるローソクの火の如きものとなろう

社説

# 在日同胞と本国

## 強力な求心運動を

### 実態調査

このたび韓国国会から、在日同胞の実態を調査するため、金相賢議員を派遣してる。いままでも視察団とかいろんな名目で本国の議員や高官が来日したことはあるが、正式に国会が派遣したのは今回が始めてであろう。

金相賢議員は本国国会議員の中でも最年少者で(三十二歳)であり、四・一九革命の立役者でもある清新はつらつたる少壮政治家である。所属は野党の新民党であるが、国会で与野一致で派遣したとのことであるからその人柄もうかがえよう。

金議員は来日いらい、精力的な活動を展開している。東京でもそうであったようだが、大阪でも自費で有志を食事に招待しており、氏はこれは「私の金でなく、国会から出ているのであるから国民の税金の一部です」と明快に説明しており、民団にも金一封を寄贈して何かの役に立てて頂きたいと申し出ている。

わずかのことではあるが、このような例はかつてなかったことであるし、その態度に何か明るい朗かなものを感じさせる。

金議員がつぶさに各界各層の話を聞き、資料を集めて、これを国会に報告することになるようであるが、これが今後の在日同胞政策の基調となるものであることはまちがいなく、その点まことに重要性をおびている。

氏は多く聞き、多くしゃべっている。そこに若さと情熱と迫力を感じさせる。氏の調査を契機として在日同胞に対し確固不動にして少くとも百年を単位とした一貫せる政策が樹立されることを切望する。

### 本国の僑胞観

この際、本国における僑胞観を顧みる必要がある。むろん僑胞観は流動的なものであるから、それを現時点で正確に一言でとらえることは困難であるが、かつて本国では六・二五動乱という史上最大の悲劇が起り、骨肉相食む地獄図を展開したのであるが、このような民族最大の悲劇の中でも在日同胞はぬくぬくと生活を楽しみ、何らの被害もこうむらないばかりか、国家に貢献するところもなかったではないか、現在でも納税の義務も兵役の義務もないのではないかという批判が一部には底流となっていることも事実である。

現政府ができてから急速に在日同胞の「株」があがり、「僑胞」という言葉が尊敬と信頼の意味に使われた時代もあるが、その間多数の僑胞が帰国し、自棄や他意で多くの約束をして、これを果さなかったり、中には、ホラを吹いたりして漸次「株価」が下りつつある現状と思われるが、何事も過ぎたるはおよばざるがごとく、過剰評価も過小評価もすることなく、正常な待遇をするところにこそ、同胞としての愛情と信頼感が生ずるのである。こうすることによって、本国同胞も在日同胞もすべて同じ国民であるとの認識が自然とわいてくるのである。

### 僑胞の考え方

在日同胞はそれなりの考え方を持っている。僑胞の一世はそのほとんどは労働者として、または徴用や徴兵で連れてこられた人達である。戦前はむろんのこと、戦後においてもほとんど自力によって、あらゆる悪条件と闘いながら自分の生活を守り子供を教育してきている。別に国家的な恩沢には浴していない。

六・二五動乱にはわずかではあるが戦争にも参加している。その上故郷にいる家族や親戚にもできるだけの面倒も見ている。郷里の学校とか橋を作る場合も協力している。

在外国民として、在日韓国人ほど本国と連携の深い民族は他にないのではないかと一部の人は胸を張っている。すでに立派な政府ができて久しいのである。韓日条約も締結され、法的地位協定も結ばれたのであるが、もう少し、在日同胞の身になって法的地位なども強い主張をしてほしいという気持は相当に強い。

国家のない悲しい時代をながく経験した在日同胞は、国家の恩恵を受けたいとの気持が、期待が、[illegible]求不満も出てくる。これは反国家とか反[illegible]うものでは断じてない。国民として[illegible]いであることを認識すべきである[illegible]

### 今後の問題点

在日同胞は確かに岐路に立って[illegible]というのは、法的にも実際にも日本[illegible]ことである。

本人だけでなく、その子と孫と[illegible]ればすることを意味する。

このためには、日本社会と協調[illegible]要になってくる。協調は同化への[illegible]のでもある。

しかも現在のすう勢から考えて[illegible]世はほとんど国語を、国史を知ら[illegible]このままほっておけば彼らの進む[illegible]ずるものと思わざるを得ない。

ここに在日同胞の民族としての[illegible]が展開されねばならぬ。

本国の一部には在日同胞が日本[illegible]るのは時間の問題だとする考え方[illegible]いている。

まったくこれこそ民族滅亡の欠[illegible]の大計を誤まれる短見といわね[illegible]

現在の日本は世界のジョウヴイ[illegible]位にある。日本における韓国人[illegible]で、より豊かで、より文化的にな[illegible]だけで韓国人の位置は世界的に[illegible]であろう。

断じて棄民政策をとるべきでは[illegible]本国と一体的政策を打立て、一大[illegible]開すべきである。

社説

# 民団指導層に訴える

## ―本社のキャンペーンを意義あらしめよ―

本社が「民団はどうあるべきか」について、キャンペーンをはじめてから、回をかさねること七回、発言者や執筆者あわせて十五人が登場し、韓国人社会に大きな反響を呼びおこしているが、その半面「民団無用論を唱えているのではないか」「民団の執行部をたたいているのではないか」中には「誰々をたたきおとそうとしているのではないか」など多くの誤解ないしは曲解をし、せっかくの本社の企画が、ややもすれば感情問題にすりかえられるおそれがないともいえないので、このさい誤解のきらいがないわけではないが、あらためて本社の趣旨を明かにし、とくに民団の指導層に訴えて、このキャンペーンを民団の前進と強化のため、何らかの形で意義あらしめて頂きたいのである。

いうまでもないが、本社は民団そのものを、それも現実にあたえられている民団を、あらゆる角度からこれを批判分析し、その中から民団の正しい在り方を発見しようとするものであって、民団の現役とか、ある特定の人物をとりあげて是非を論ずるなどということは、何んの必要もなく意味もないのである。

しかし発言者の中には、いいすぎとか表現の不十分からくるいささかの誤解を招く語句がないとはいえないが、これはあくまで九牛の一毛にも比すべきもので、全く枝葉末節に属すべく、それを取りあげて云々するのは大人気ないわざといわねばならぬ。

卒直にいえば、民団には一つの傾向がある。何かの会議の場合、賛成者と反対者が討論開始以前にすでに推測がつくということである。それほど現執行部を支持する人々と反対する人々とが判然とする場合が多いのであるが、これは勢力と勢力というか、派と派があることを意味するもので、正しい討論がないことを物語っている。このような風土の中では正しい議論、正しい批判をする気風がうすれ、情実とか勢力とかいうもので問題は処理されてしまうのである。

今回本社の提起する問題は、現在の執行部とかその他の機関を対象にしたものではない。現役はむろんであるが、すくなくとも民団の指導層に属する人々が、この際過去をふりかえり自分の足跡をしさいにたどりながら、過去と現在を基礎として、来るべき民団をいかにつくりあげていくべきかを真剣に検討し立案したい一点にある。

いたずらに批判のための批判をくりかえす愚を、われわれは犯してはならない。僑胞の運命を決定する民団の在り方を、あくまで正々堂々と正面からとり[illegible]って、とんでもない感情問題にす[illegible]あるいは中傷的な横道へそらして[illegible]非建設的な態度をとるべきではな[illegible]

民団では時として、自分と反対[illegible]うと容共分子だとのレッテルを[illegible]り、時には利敵行為だとして濃縮[illegible]じようとする場合がないとはいえ[illegible]

韓国が民主国家であり、民団は[illegible]団体である。民主的だということ[illegible]を保証することから出発すべきで[illegible]

民団も二十有余年の風雪をたえ[illegible]史がある。ちょっとやそっとの批[illegible]する体制ではない。いつでも批判[illegible]批判には批判で、理論には理論で[illegible]余裕と理性が必要である。

本社は今回弱少の力をもって、あ[illegible]きな問題をとりあげたわけであるが[illegible]民団、僑胞と呼吸をともにする民[illegible]つかみあげたいとの真意を諒解し[illegible]層各位の謙虚な協力を願ってやまな[illegible]

社説

# 勲章と権威

## 僑胞への授与は慎重に

本国では、在日僑胞十一氏に対し、国民勲章(冬柏章)を授与することになり、十五日中央庁で授与式を行なう予定であったが、都合で延期されることになったのである。

本国政府が在日僑胞に対し、法令によって制定された勲章を多数の人に授与するのは、今回が始めてであり、これは本国政府が僑胞に対する関心と配慮の現れであって大いに歓迎すべきことであり、しかも受勲者がみな各界の一線でリーダーの立場において活躍中の人であるので敬意を表するにやぶさかではない。

ところがどうしたわけか、僑胞社会において相当の話題となり、せっかくの授勲が本来の趣旨どおり、すなおに受取れないのみか、ややもすれば曲解されて僑胞社会に伝わるおそれもあると思われるので、後日のため一言ふれておきたい。

話題の一つは、今回の受章者がいかなる理由で、いかなる規準で勲章を授与されたのか、その内容が公表されていないことにあるようである。国民勲章ともなるとそれ相応の業績があり、それによって授与されるべきものであると思われるので、受章者発表とともにその業績も発表することが望ましいのである。

その二は、選考の経過についてである。在日僑胞への授章であれば、僑胞の実態をもっともよく把握している民団と事前協議をすべきではないかというのが、民団側の意向でありまた不満でもあるようである。

これはいささか見解の相違を生ずる点であるが、民団中央委員会での発表にすれば、今後は大使館と民団が協議して選考するそうであるから問題はなくなったが、勲章の授与ともなると政府の事業に属するのであるから、民団は資料および意見の提出にとどめるのが、かえってスムーズにすすむものと考えられる。

その三は順序に関してである。今回の受勲者を云々するよりも、その前に在日僑胞社会の基礎づくりに、人柱となって命を散らした人士および相当の犠牲を払った人らをどう待遇するかということである。

民団一つを例にとっても創草期においては敵対団体との抗争においてあたら命をおとしたり、また片輪となり、あるいは莫大な財産を失なったりした人も多くあるという。

今回の受勲者の功績については、具体的には知らないが、物心両面において僑胞社会または国家に貢献したことによるものであろうが、そうであれば命をすててまで僑胞社会につくした人々、そのあとを受けついで十年一日の如く僑胞社会につくしてきた組織人をまっ先に表彰し慰問すべきではないかという意見である。

さらに僑胞社会には、華やかではないが、薄給に甘んじながら黙々として子弟の教育に生甲斐を感じている教育者、または、内外からの強い圧力と冷遇の中にありながら僑胞の権益と国威の発揚に心血を注いできた言論人の存在も国民の名において褒賞の対象にすべき[illegible]という声である。

要は公正にして権威のある僑胞か[illegible]選考をしてほしいということである[illegible]

いままでも、感謝状とか表彰状な[illegible]く授与されている。これなども長官[illegible]されたのがほとんどと思われるが、[illegible]民団長などの推せんによってあたえ[illegible]個人のその時の都合によって人選[illegible]こともあり、時には都合によって、[illegible]らってきた賞状やメダルなどを本人[illegible]トラブルを起すなどのこともあった[illegible]には本国の高官との個人的なつなが[illegible]授賞されたとの噂さもあって、最も[illegible]尊敬されるべき授賞が、かえって軽[illegible]ブルの種になることがあるとすれば[illegible]来の趣旨から、はるかに遠いもので[illegible]神をむしろ冒瀆するものといわねば[illegible]

率直にいえば僑胞社会に限るとも[illegible]欲望とかネタミからくる雑音がない[illegible]が、国民的な勲章ともなると選考[illegible]し、僑胞がまるで自分が表彰された[illegible]になれるような権威と尊敬の的にな[illegible]のにしてほしいのである。したがっ[illegible]授勲は慎重にやってもらいたいと思[illegible]

# 民団の素顔 連載を終って

…①…

## "再出発"民団へ活!

### 病軀にムチ打ちスタート

民団を勇気を持って進め

# 民団の素顔 連載を終って

…②…

## 実務者は腰かけ?

### 面白くない民団内の派閥

人事こそ慎重に

# 民団の素顔 連載を終って

## 必要以上働く幹部も

### 見苦しい民団を反発の団員

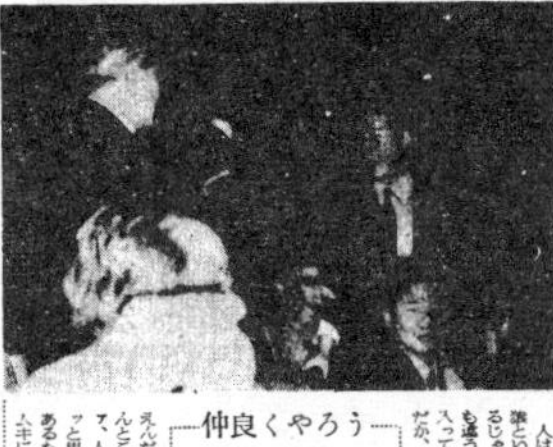

仲良くやろう

(1967)年10月4日

# 民団の素顔 連載を終って

④

## 古狸を嫌う若い人たち

### 自分が選んだ執行部信頼せよ

# 民団の素顔 連載を終って

⑤

## "朝銀"へ対抗姿勢を

### 民団に商銀を育てる責任

# 論壇

## 民族の魂を取り戻そう

### 在日僑胞への提言

770

# 在日韓民族運動史 (1)

## 半世紀間の苦難
### 想起される先烈の犠牲

韓晛相

はじめに

（一）

かねてから、在日韓国民族の独立解放の斗争運動史や、解放後における民族運動史が、もう出現してもよい頃であると思っていた。誰か有志家の作業を待っているが未だに出現しないのは、残念でならないことだ。

折柄、在日居留民団で民団の歴史編纂の計画があると聞かれるので、その準備作業のつもりで、在日韓民族の民族運動研究をまとめる上に、どうしても必要であると思われる、史的資料になる運動を思いつくままに、年代順を追うて、書いてみることにした。

なお、民族独立運動であるとしても、解放前期における韓民族の運動は、当時の政治的環境の下においては、必ずしも血なまぐさい政治的暴力の直接行動だけに限ることが出来ないのである。

それというのは、解放の日まで、在日韓民族の名においてなされる動きの一切は、どんなつまらないことでも、時の政府、政府の圧力が覆いかぶさったものである。文化運動の一切・スポーツ・社交・単なる生活活動といえども、治者である日本当局としては、すべて民族独立運動と、みなし取締まったものである。従って、われわれの上にのしかかる日本権力に対しては、個人としても集団としても、強く抵抗をしたものである。

以上の観点から、この記録には政治的斗争のみならず、在日民族の動きや、事件などを、出来るだけ克明に、取材してノートすることにした。

在日韓国民族の民族運動の歴史は、韓末風雲急を告げた時代、韓民族が日本に渡来し始めた時代に遡ることが出来るであろう。

その歴史は、古くて長い。祖国韓国の政治舞台は、中・日・露三国の勢力角逐が、激しく揺れ動くにつれて、祖国の表情には暗い影が、死の前夜を思わすが如くにいよいよ大地を覆う世界に、突き落しつつあった。

革新革命の志士朴泳孝・金玉均・徐光範等によるクーデターである甲申政変（一八八四年・李太王二一年・日本明治一七年一二月）が、日本の食言で、三日天下の悲 [illegible]

# 在日韓民族運動史 (2)

## 学部官費学生渡日す
### 孫秉煕の前哨的働き

韓晛相

[illegible]

# 在日韓民族運動史 (3)

## 最初の結社「太極学会」
### 安昌浩の東京講演

韓晛相

[illegible]

# 在日韓民族運動史 (4)

## 在日韓国YMCA創立
### 教会も民族運動に

韓晛相

[illegible]

# 在日韓民族運動史 (5)

## 一九一〇年祖国滅び
### 日本社会主義者も動く

韓晛相

[illegible]

# 在日韓民族運動史 (6)

## 一九一八年代の前後
### 世界大戦と留学生

韓晛相

[illegible]

771

## 在日韓民族運動史 (7)

韓晛相

### 三・一独立運動に魁け

#### 二・八運動の火を吐く

二一

**数行の新聞ニュース留学生の独立運動のキッカケとなる**

前述した通り、アメリカ大統領ウイルソンに依る民族自決原則の民族自決宣言が、当時世界各国の弱少民族に与えた影響は、誠に天来の福音そのものであった。

筆者は、当時ソウルの学窓において感じたことであったが、殊に韓国民族に取りては、全くのショックに等しかった。

東京は、日本の首都でもあり地政的にも、国内に較べて国際政局に対する情勢判断するにも、より便利でもあり且つ早くて正確に、連絡出来た関係もあったので、ウイルソンの民族自決宣言があってからは、心あるもの早晩機が熟することを、期して待っていた。

折柄、同年（一九一八年）十二月一日神戸発行の英字新聞「ジヤパン・クロニクル」の消息欄に、「在米韓国人が、李承晩、閔讃鎬、鄭翰景三人を、民族代表として独立宣伝のためにパリ講和会議に派遣した」との数行のニュースがあった。これは当時青山学院学生李光洙が、宣教師の私宅で発見して同志に伝えた。

引き続いて同じ十五日の朝日新聞には、米国サンフランシスコ及びハワイ在留の朝鮮人が、独立運動資金として金三十万円の募金カンパに成功したことを、報道したのであった。

二二

**雄弁大会に名を借りた独立準備大会**

右の新聞記事は、留学生をしていよいよ立ち上るキッカケとなった。留学生学友会（前記（3回）大韓留学生会を改称した名称）では、同年十二月二十八日雄弁大会の名目で在日朝鮮YMCA会館において大会を開催した。

臨検の警官のために表面は雄弁大会のみ取込みであるが、その実独立運動の準備大会であった。弁論大会は、その総終も同じ場所で再開、徐椿、尹昌錫、崔謹愚、金尚徳等により、火を吐く熱弁をもって、独立運動戦列に、留学生を喚起させ組織化することに、成功したのであった。

この雄弁大会は、留学生の独立運動の前哨的作戦とも云うべきものであった。

二三

**二八宣言の準備活動**

準備大会は、即時徐椿・金度演・崔八鏞・金喆寿・崔謹愚・宋継白・李琮根・尹昌錫・白寛洙・羅容均等十名を実行委員に選び、その全権を一任した。

右実行委員は、運動を具体的に進めると共に、当時上海にいた張徳秀に留学生代表を、パリに派遣することの助力を、依頼した。

この時に、上海・北京等を経廻わって帰日した李光洙が、海外の独立運動の情報と金奎植をパリに派遣することを決定したこと及び張徳秀は既に国内入りをしたことを知らされた。

そこで実行委員は、白寛洙を総指揮者とし崔八鏞・羅容均には資金調達を、李光洙には独立宣言作成を一任した。宋継白を国内に派遣して、情報連絡、印刷活字入手に、当らしめた。

宋は、国内に赴いて以前崔麟を介して、呉世昌（註1）、崔南善、玄相允（註2）に会い、東京運動及びその使命目的を告げた。幸いにして、活字は崔南善より提供をうけ、資金は金性洙により同人がその所有田畑を売った金七千円を喜捨したので、一月下旬に無事東京に帰ることに、成功したのであった。

**朝鮮青年独立団宣言文完了**

しかし、折角入手した印刷活字は、時間的に間に合わないので、白寛洙方において鄭光好、崔元淳両人の手により、昼夜兼行一週間の労作で、ガリ版刷りにした。

独立宣言書は、「在日本東京朝鮮青年独立団」の名義とし、代表者には崔八鏞・宋継白・金度演・李琮根・李光洙・尹昌錫・金喆寿・崔謹愚・金尚徳・白寛洙・徐椿の十一名が署名捺印をして、独立宣言を二月八日午後二時に決行することにした。

なお、この独立宣言書は、文章李光洙の筆になったものだけあって、歴史に残る文章である。[illegible]国際タイムス（一七九）紙上に、その全訳を試みた。原文にして二二〇〇字を越す長文である。

二四

**二月八日独立運動火蓋を切る**

当日、[illegible]の日二月八日午後一時になり、会場朝鮮YMCA会館には学友会で役員会の名で、当時の学生殆んど全部約六百名が定刻前からつめかけた。

尹昌錫司会で開会し、白寛洙が議長となり、予定計画通りこの大会を韓国独立のための宣言大会に変更することを告げ、用意した宣言書を朗読し、決議文（四条）を金度演により朗読が終るや、満堂は感激の坩堝（るつぼ）となり、大韓民国独立万歳の轟くのろしは感涙に咽（むせ）んだのであった。

これで国内の三一運動にさきがけて、留学生の二八独立の火ぶたはその幕を切ったのである。

二五

**代表者は出版法違反で禁錮**

独立宣言大会を終了した後、全員デモ行進に移らんとした時に、会場を包囲待機していた警官と正面衝突、小競合となり、約五十余名の検束者を出した。

検束者のうちで李光洙、崔謹愚両人は、逸早く上海に亡命していたので、宣言署名人九名だけが、正式に起訴された。最初は内乱罪を適用する予想が強く、重刑を覚悟していた。しかし、日本法曹界で知名弁護士花井卓蔵（註3）が積極的に無報酬で弁論活躍の効あって、ただの出版法違反に問われることになり、最高九ケ月の禁錮をうけたのであった。

この九名のうちで、宋継白が在獄中不幸にして、病死に仆れたのは、恨み多いことであった。

以上が、東京における二・八独立運動の概略であるが、韓民族の三一運動の前駆的役割でもあり、且つ在日韓民族の先覚達が、祖国独立のために極めて貴い捨石となって闘い抜いた、歴史的事件というべきである。

註1。呉世昌（OH SECHANG）＝一八六四—一九五三。天道教人・民族代表三三人の一人。新聞人、書道大家

註2。玄相允（HYUN SANG YOON）早大卒、元中央高普校長、拉北中。

註3、花井卓蔵（HANAI TAKUZO）一九二一年一月一日に寺内正毅暗殺事件として有名な百五人事件に弁護して、新民会中心の尹致昊、梁起鐸、李昇薫等百五人が検挙起訴された際に、弁護士として活躍した。

尚お三一運動に続いて、同年四月十日には、全国各道代表二十名か上海に集結して臨時議政院を組織し、同十七日に大韓民国臨時政府を樹立し、解放までの独立運動を指導したのであった。（続く）

## 在日韓民族運動史 (8)

韓晛相

### 二・八運動とYMCA

#### 在日韓民族の公館役割

二六

**二・二八運動における YMCAとキリスト教会の活動**

前回述べた通り、東京における留学生の二・八独立運動は、当時在日韓国民族社会の単一綜合組織体である学友会が、その中心的役割を演じたものであることは、勿論である。

しかし、この在日韓民族初有の義挙蹶起を、よりよく組織し、民族志気をもりあげ、日本人側に秘して組織的にまで動員を、なし得ることになつたのは、二八運動の際にその会場であつた在日朝鮮YMCA及び在日朝鮮キリスト教会が協同一致してその計画に参加し、分担活動した、言わば三者一体となつたことそあつたことを、忘れてはならない。

二八運動自体が、一党一派に偏した運動でなく、在日韓国民の挙族的民族独立を目的とした運動であつたので、YMCAや教会といつた宗教団体では、さしさわるところから、留学生学友会の主催の下になしたものであるが、当時の人物構成からみると、この二八運動のそのバック・ボーンは、殆んどYMCAと教会にあつたことである。

この両者については、その創立当初のことを、既に本文章第四回の部で述べておいた。

当時、日本という特殊関係の地域で、祖国を失つた韓民族が学友会以外に、他に社会的な連絡機関を持たない、その時分のことをして、YMCAと教会に集まるのは当り前であつた。

この両者とも、一九一九年代には、創立以来既に十年を経過していたので、組織も一応完備し且つ落着いて活動をしていた。

いま、この両団体の一九一九年代の状況を、左に概略述べることにする。

二七

**在日朝鮮YMCAの状況**

在日朝鮮YMCAは、一九〇六年創立した当初は、九段下郵便局附近の借家を会館としていたことは、既に述べた。

当時は、民族運動に関係ある人物や事件に対する、国内及び海外との連絡交渉は、学友会よりもYMCAが、大がいはその中継をしていたことを思い出す。

創立以来、年と共に会勢が発展をするので、借家だけでは活動に不便を感じ、一九一四年九月北米YMCA本部から、会館建設費として金二八、七〇〇円の寄附があり、スコットランドのYMCAより一千円、留学生自身の寄附金等三万円をもって、神田西小川町二ノ五（いまの専修大学隣り）に、二階建の会館を建築した。

この会館は、既述した二八独立宣言を発した歴史的記念物であつたが、一九二三年九月関東大震災に焼失してしまった。

YMCA会館は、唯一の在日韓民族が持つた建物であつたし、且つ留学生社会の心の拠処として、有益に役立つたことである。

組織としては、理事会があり執行部に七部署があつて、その事業人物としては、はつきりしないが理事陣に兪億兼、金俊淵、朴勝[illegible]、崔承万、具滋玉、林鍾純、等（註1）の名を思い出す。執行部の方は、創立当時の総務金貞植に続いて幾代か交代があり、一九一九年代には総務白南薫（註2）の外金恪泳、張徳俊（註3）等が、働いていた。

事業としては、機関紙として一九一七年から月刊四頁のタブロイド版「基督教青年」を発行していた。YMCAの機関誌は、基督教青年を、その後改題し「現代」、「使命」、「若い人」、「会報」「青年時代」等々と改名しながら解放前一九三九年一月まで、継続して発行している。

このYMCAの文化活動は、解放前の日帝治下にあつて出版法と弾圧と闘いながら、兎に角くもあれだけ永年間継続発行をしたということは、在日韓民族の文化活動として歴史に残る事績である。YMCAが、機関紙発行に重きをおいて大変な経済負担を顧みないで継続することが出来たのは、昼夜苦労をした朝鮮YMCA総務崔承万の努力であつたことを、書いて置く。

機関紙の外には、創立当時より始めた留学生のための人事相談、進学問題、内外訪問客の接待及び見学、社交等各方面に亘る活動をしていた。それで、当時のYMCAは、在日韓民族の駐日公館みたいな役割をしたものである。

二八

**在日朝鮮キリスト教会の状況**

キリスト教会の方は、創立当時の牧師から朱公三（商工部長官朱耀燮の父君）その他を経て、一九一九年代には牧師林鍾純が、その牧会に当つていた。

教会堂は、麹町飯田町五丁目にあつた某病院の廃館施設を使用していて、日曜礼拝に留学生が出席した時には約二百名前後が、集まっていたと記憶する。

この教会は、その後キリスト教神田連合教会と発展し、後年になり中央教会を始め日本全国に散在する、基督教会の母体をなしている。

一九一九年代の教会の人物をみると、牧師林鍾純を中心に、田栄沢、金俊淵、崔承万、尹昌錫、金文輔（音楽）、宋福信（ピアノ）李良伝、朴承浩（註4）等が、その中心をなしていた。

キリスト教会としては、キリスト教の伝道が、その中心使命であり、且つ人物構成がYMCAと同じところから、一般社会的問題や政治運動には、表面直接関与していなかつた。しかし、この教会の主管牧師林鍾純の国士的な風格、思想とその感化力は、当時の教会及び一般社会の人にも、影響力をもつていたので、日曜集会の際には異常な雰囲気をもつて、会衆をリードしていた。

従つて、教会としては独自的な政治運動にはタッチしなかつたがいつもYMCAを通して社会及留学生と接触を保ちながら、その精神的な支柱となつていた。

註1。兪億兼（YOO AUK-KYUM）故人。東大卒・東政時代文教部長官。

金俊淵（KI M CHOONYON）東大卒、民議員。政党党首

崔承万（CHOI SYNGMAN）。YMCA総務。現在仁川仁荷工大学長。

具滋玉（KOO CHAOK）青山学院卒、京畿道知事、拉北中

註2。白南薫（PAIK NAMHOON）。早大卒、新民党委員長。

註3。張徳俊（CHANG DUKCHOON）、YMCA幹事。東亜日報記者、日本のシベリア出兵に従軍中日本軍に被殺？。

註4。朴承浩（PACK SYNGHO）。津田英学卒。崔承万夫人。民議員。拉北中。（続く）

## 在日韓民族運動史 (9)

韓晛相

### 最初の日本語新聞

#### 日本文をもって宣伝

（二九）

**在日女性運動の始まり「在日本朝鮮女子学興会」**

日本に女子留学生が、いつ頃から渡来していたか、その年代は的確にはわからない。筆者が渡日した一九一九年八月には、学友会の集会やYMCA及びキリスト教会の礼拝には、相当数の女子学生が見受けられた。

日本における女性民族運動も、一九一九年二・八独立運動以前から、組織されていたらしく、既に女子留学生だけで結成した親睦団体「在日本朝鮮女子留学生学興会」が、存在していたことを想い出すのである。

記録の順序としては、二・八運動の前の項で取扱うのが順序であるが、手許にも他にも、この学興会に関した資料文献がないし、調べるとしてもその手がかりがないって、正確は期し難いが、専ら筆者が思い出す記憶をたどって、書いておくことにする。

女子学興会が、いつ結成され且つその組織内容がどんなものであつたかは、はっきりしないが、男子留学生学友会の姉妹団体であつたので、その内容は学友会に似通つたものであつた。

東京中心の各学校に留学していた在学生が、その会員であつたことは勿論であるが、男子の場合とちがつて会員相互間の融和親睦の度合が強かつたことであつた。

国内の女性教育運動は、キリスト教が伝来してから、始めて時代に覚醒（めざめ）ることになり、女性の人権が認められたことである。それで当時日本に留学を志した女性とすれば、時代に先駆した進歩的な人達であつたことだ。

キリスト教によつてその黎明期を迎えて来ただけに、女子留学生（その人数は不明）の大部分は、殆んどキリスト教家庭の出身であつた。

それだけに、学興会の中心メンバーは、男性に劣らず人物も揃つていたし、民族運動に対する意識も極めて高かつた。何にか民族運動の事件が起きた折りには、よく動員され且つ情熱的な動きを見せていた。それで女性であるので、運動戦線に傷つき仆れた戦友を慰め激励するのには、もつとも適役であつたことだ。

学興会の運動は、常に民族運動に際しては学友会の運動に加勢し二・八独立運動を闘い取つたことは勿論であるが、在日韓民族社会の発展と共に、女子基督教青年運動や、一般社会運動の発展母体をなしている。その発展についてはこの運動史のその時々の項目で取扱うつもりであるが、今日国内の女性社会の元老級の人物は、日本留学生の出身が大部分である。

学興会では、次の項目にもふれることになるが、その機関誌として雑誌（明之星名）を、発行していた。

いまこの会の具体的活動は忘れているが、ただその中心をなしていた人物（註1）に、劉英俊・黄信徳・玄徳信・朴承浩・田有徳・朴順天・李良伝等の名前を思い出す。

（三〇）

**当時の文書活動**

われら在日留学生先輩たちが、大韓学報をもつて当時における文書言論活動をなし、且つ文書宣伝を試みていたことである。

留学生学友会は、大韓学報を改題して機関雑誌「学之光」を発行していた。「学之光」は言論学術文学等の綜合雑誌で、年四回の季刊誌であった。この雑誌の執筆陣（註2）には、朴勝喆、朴錫胤、金俊淵、田栄沢、崔承万、卞栄魯、廉尚燮等の名前を想い出すが、今日のものに較べても、決して見劣りするものでなかった。

学之光の外に、前項で述べた女子学興会の雑誌は、多分一九二〇年代に創刊したと思われる。永く続かなかったか二・三号位いで、廃刊になっている。

YMCAでは、前回で述べた通り、基督教青年その他の題名で、永い年間文書活動を、続けていたことである。

（三一）

**最初の日本文新聞発行**

右に述べて来た文書活動は、すべて国文による活動である。この留学生の運動とは、別個の動きとして李達（中央大卒・大邱人）が「留日朝鮮人会」を組織し、その機関紙として「新朝鮮」（タブロイド版、旬刊）を、日本文で発行していた。これは、恐らく日本における日本語による新聞発行としては、新朝鮮が最初であったことと思うのである。

この留日朝鮮人会の組織内容やその会員の成分等が、どんなものであったか全く記憶にないが、筆者が一九一九年秋に李達を、その事務所（下谷）に友人金光輔（詩人金永郎・青山文科卒・六・二五の際死亡）と訪ねた時分の印象から考えて、彼は一部で考えていたような所謂親日派でなく、立派な反日民族運動家の一人であったことである。

彼は、日本語をよくしていたので、日本語使用が強制的に抑制した当時としては、日本文による活動は、乃父の要ることであった。それを思い切って日本人間に、日本語を武器として、宣伝活動をしていた。それで、日本人に親しくするといって一部の誤解もあったらしいが、彼は、後年社会運動のために、大部刑務所入りをしている。彼には、日本人の間によく知られていたとみえて、筆者が彼と会う前に、堺利彦（註3）からも紹介されて聞いている。

以上を以って、在日韓民族運動史の準備時代の記録は、一応終りとする。ただ前に断って置いた通り、一九一〇年八月以降同一九年二八運動の間における記録は、資料不備のために、他の機会に補筆することにする。

註1。劉英俊（RYOO YOUNGCHOON）学興会々長・女医

黄信徳（WHANG SHINDUCK）。女子教育家

朴順天（PARK SOONCHUN）、日本女大卒・民議員・民主党首領。

註2。田栄沢（CHUN YOUNGTECK）青山神学卒・文名牧師・牧師・創造同刊同人、作家

廉尚燮（YUM SANGSUP）。慶大文学部中退。著名横歩作家。

朴勝喆（PAPK SYNGCHUL）早大史学卒。拉北中。

註3。堺利彦（SAKAI TOSHIHIKO）故人・幸徳秋水・片山潜等と併称される日本社会運動の三長老。現代の日本社会運動家に非常な影響力を持った人。著書多し。（続く）

## 在日韓民族運動史 (10)

韓晛相

### 素朴な民族運動から

#### 呂運亨日本に乗込む

第二期　独立運動時代（一九一九年三・一運動—一九三七年七月）

一

**素朴な民族運動一本で**

前項までの記録通り、一九一〇年八月に亡国という国恥事件が発生して以来、隷伏すること丁度十年にして、一九一九年二月八日在日朝鮮YMCA会館に於ける民族独立宣言を発することにより、征服者日本に対して、在日韓民族は服従の仮面を、かなぐり脱ぎ捨てたのである。

一度弓を放れた矢は戻ることを知らぬ如く、国内の三・一独立運動と共に民族蹶起をもって、永くて激しい独立運動の闘いが、繰りひろがっていったことである。

独立戦形は時と場合により、強軟多様であったけれども、直接行動をもって、或は文化その他の手段に託して、祖国独立と民族解放の大本願に向って、在日韓民族の運動は、展開したのである。その途は険しくもあったし、風の前に燈火の如く、か細いものであつたが、幾川一本筋で、八・一五解放の日まで続いたのであった。

その翌年（一九二〇年）あたりからは、在日韓民族運動の様相に、時代の潮流が影響することもあって、思想的に対立が見られ、複雑にもなり且つその手段方法にも異なることがみられるようになったが、二・八宣言の当年代は全って素朴的な民族独立一本でまとまり、大同団結していたことであった。

以下在日韓民族運動の経過を、年代を追って書くことにする。

二

**米国上院議員の来日**

一九一九年七月米国キリスト教連合会より、韓国事情調査団が、アメリカ上院議員メッコーミックを介して、同上院に提出されたので、七月十七日開会された上院議会第六十回本議会に於いて、満場一致をもって上程されたことがあった。

右議会の決議があってから、アメリカ上下両院の議員九名とその家族三十八人をもって、視察団が組織され、翌八月五日上海に到着してから、北京・奉天を経由して、視察目的地韓国入りをした。

上海では、臨時政府より同視察団に対し働きかけがなされ、北京では安昌浩（臨政内務総長）呂運亨（同外務次長）とが、彼等と会談したことがあった。

議員団一行は、義州より入国して京義線各駅を通過、京城に三泊の上釜山より日本に立寄ることになり、九月二日東京駅に到着した時のことであった。

同視察団が、国内通過の際に、大変な騒ぎがあり、総督府の弾圧も甚しいものがあった。国内の動きをみながら、留学生有志の間でも、議員団を迎えて独立運動のために、働きかけることを画策していたのである。

留学生の動きを注目していた警視庁の警戒は、非常なもので留学生と議員団との接触を、絶対的に邪魔する方針であった。

それで、留学生の方でも非常手段に訴えることにして、同議員団が東京駅から帝国ホテルへ向う途中の自動車に、強引に近寄って目的を果すことにした。中央大学在学中洪承魯（最初の労組ともみられる同友会創立発起人）外両人で、国旗及び韓国独立青年団々旗を手にして、その乗用車の列に立入り、独立援助のためのアッピールをしたのであった。

警衛する警官により、学生達はその現場で取押えられた。議員団も間もなく引揚げたので、この運動はこれで終った。

三

**呂運亨日本に乗り込む**

三・一運動発生以来、上海臨時政府が樹立され、パリの平和会議に於いては李承晩・金奎植等の民族指導者が、祖国独立のために必死になって活動をなした。このため世界各国は、韓民族の独立運動に対し理解するところがあつたことである。

国内はもとより、中国、シベリア、ハワイ、アメリカ本土等世界各地における韓民族の独立運動が、日を追う熾烈化して行くので、日本政府でも武力弾圧だけでは、韓民族の独立運動を圧殺することが、不可能であることに気がついたのであった。

それで、日本政府では同年十一月から上海日本人YMCAの幹部藤田某を介して、韓人キリスト教会の幹部呂運亨と接触を計って、上海臨時政府の遠交を打診させたのであった。

この時折衝する二ケ月余にして、呂の方では日本政府の招待を受けることにしたが、臨政国務会議では公式代表としては拒否し一時歓迎のことで話がまとまり、上海駐在フランス領事の旅券発給をうけて、同年十一月十五日に上海を出発した。

呂運亨は、張徳秀、崔謹愚、申尚玩の三人（註）を随員として、日本政府の賓客となり、帝国ホテルを宿舎にして、同月二十九日東京を離れるまで、堂々と韓国独立を宣伝したことであった。

当時の日本内閣の陸軍大臣田中義一、内務次官[illegible]二郎、逓信野田及び拓殖局長古賀廉造、政府関係方面の要人とも、会見をしていた。

呂一行が、日本に乗り込んだことは、たとい臨政の公式代表でなく、且つ彼が上海に帰任してから彼に対する功罪是非の論が高かつたようであるが、当時の在日韓民族にとっては大きなプラスであつた。

彼一行が東京滞在中のことを、拙稿「在日四十年を顧みて」（国際タイムス連載）から、左に抜き書しておく。

「その年（大正八年）の十一月の新聞を賑わせたのは、上海独立政府の外務次長呂運亨氏（今は故人の）が日本政府の田中義一氏の招きで独立運動宣伝のために、張徳秀、崔謹愚、申尚玩氏を随員として東京に乗込んで来た。

呂氏一行を迎えた東京の僑胞社会の興奮は、絶頂に達した。神田区西小川町のYMCAで、学友YMCA共同主催の同一行のための歓迎会席上で、呂氏東京人の第一声を聞いた。呂氏に次いで、張徳秀氏の演説も共に火を吐く大雄弁を聞いた。あの時の感激を、四十一年前のことながら、今でもキメて鮮かで胸がわくわくするのを感ずる。（この項未完）

註1。アメリカ議員団関係記録は、「韓国独立運動史」二三四、四二五頁参考。

註2。呂一行来朝、国際[illegible]六七頁及び拙稿参考

呂運亨（Yeo Woonhyung）建国委員長・一九四六年七月暗殺

張徳秀（Chang Ducksoo）韓民党幹部。早大卒・東亜日報前社長・民主党首領・一九四六年十一月暗殺に仆れる。（続く）

## 在日韓民族運動史 (11)

韓晛相

### 政略結婚政策として

#### 徐相漢が反日斗争

（三の続き）

日本政府の呂氏一行に対する態度は丁寧で、国賓をもって待遇した。帝国ホテルにおいて、内外記者数十名を前にして、呂氏は堂々と韓国独立の信念を大タン率直に披瀝した。雄弁をもって鳴る呂氏の大熱弁は、記者一同に異常な感銘を与えたとみえて、日本のジャーナリストは一斉に筆を大きくして、大スペースで報道した。

田中義一、犬養毅、古賀廉造三氏（時の拓殖局長で呂氏招ヘイの立役者）等は、日本政府の名で呂氏一行のために、帝国ホテルで歓迎会を催した。この歓迎会が因となってその年の日本の議会は荒れた。野党民政党から政府攻撃の火の手が上がり、政局問題化された。」

抜き書きが長くなったが、呂一行の送別に、一九一九年を閉じた[illegible]、呂氏民族独立の一本の強く入り込むスキがなかつた。

四

**万国社会党大会と韓国独立問題**

日本内の運動ではないが、海外運動の一端として、記しておく。

一九一九年八月スイスにおいて開催した万国社会党大会に、趙素昂（註1）、李灌鎔が、同党[illegible]長の紹介で、韓国代表として出席した。大会は、二十五ケ国代表が参加したもので、八月九日の本会議は満場一致の決議をもつて、韓国独立を承認すること、代表を派遣して実地情勢を、調査する等のことを決定した。尚お、万国社会党本部は国際連盟及び世界列国に対して、上海臨時政府とその独立を承認することを、勧告することにした。

この大会において、趙素昂の活躍は、非常に効果的なものがあつた如く。

五

**日本議会議場（内閣）爆破未遂事件**

東京市内で日鮮商会の看板をかけて地下運動をしていた方令南（二二）が中心となり、元中央郵便局員朴某外四名と共に、日本の内閣々議場爆破を計画した。計画は、予定通り地下準備も完了したので、いよいよ決行することになり、かねて入手した爆弾を運搬途中、警官の職務質問の際に怪しまれて発覚したのであった。

一九二〇年三月十三日方令南以下事件関係者は、警視庁特高課刑事により検挙されて、爆破計画は未遂に終つた。

六

**徐相漢李垠＝英親王婚礼式場爆破計画**

日本政府が、朝鮮民族同化政策として打出したのが、両民族の結婚による融和政策であつた。それで、李王家と日本皇室との結び付きを考え出したのが、英親王（李王垠）と日本梨本宮方子女王との、婚約であつた。婚礼式を、いよいよ一九二〇年四月二十八日に挙行することが発表された。

この結婚に関しては、当時国内韓民族の世論は、同化政略結婚であるとして、俄然硬化して暗に、その非なるを論じていた。国内の世論同様、在日韓民族もこれに憤慨したのである。

当時中大学生徐相漢（大邱人・現在東京都下拝島在住）は、本郷区内の大神町の令嬢の家に、止宿していた。彼は、英親王の結婚に対し強く反感を懐いて、結婚を阻止するためには、直接テロに訴えることより以外に途がないことを思い、ひそかにその機を狙っていた。

四月二十八日の婚礼式場には、李完用及び総督斎藤実等が、列席することになるので、爆弾をもって爆破することを決めた。

徐相漢は、計画推進のために、知人の紹介で京橋郵便局の電報配達夫となり、李王家及び計画実行上必要と思われる要所に出入して、地理環境を綿密に検分しておいた。

爆弾入手が意の如くならないので、彼は手製のものを考えて、同じく留学生（中学）金井某郎・植村安五郎を使い、爆弾材料になる硝酸・オイル・硫黄・焼炉等を入手した。これを適当に調合して火薬を作り、ブリキ罐入りの爆弾に導火線を装置して、爆弾を手製した。この手製バクダンは、テストまでして完全に成功したことを確めたが、このテストが彼の計画発覚の端緒となったことであった。

彼は、テロ計画の同志を物色していたところ、その年の三・一運動一周年記念日に、日比谷公園における留学生の独立万歳デモの際に、その場で同志数十人と検束されて、日比谷署に一日留置されたことがある。この検束の中で申寅秀（中央大法科生・22）と同志として結ばれた。しかし、申は表面学生を装ったスパイであった。警視庁警察部から派遣された現職刑事で、留学生動向を偵察していたものである。徐は、申の正体を見抜くことが出来なかったので同志と信じて申に計画を語り、爆弾手製も手伝って貰い、北区王子の原野でその性能テストも、一緒に行つたのであった。

爆弾が手製であるので、万一不発の場合を考えて、ピストルも三丁用意し、結婚式場には、徐が電報配達夫になりすまして、もぐり込むことに、手筈を決めた。

計画は、準備万端整い結婚式日の火花を待つばかりの時に、スパイ申の背信により、式前日に検挙されてしまったのであった。

徐は、同年九月二日に起訴され同月九日に、四年の懲役刑を、言渡された。

徐相漢の公判廷における法廷態度は、立派であつた（泰然自若としている）。裁判長ならびに、被告に最後の陳述をと云われて、彼は「いつまでも、朝鮮独立の意志あり」と言い放つたのも印象に残っている。

尚お、弁護の労をとつたのは鵜崎内義（註二）であるが、弁護動機理由に徐の事件弁護を引受けた動機として、徐が朝鮮独立の志士である故であると、述懐していた。徐の事件は、当時とすれば不敬罪として、重罪を予想されたのに、単なる爆発物取締法違反に問われたのは、鵜崎弁護人の努力であつた。

註1。万国社会党大会出席は、趙素昂（CHOSOWAN＝一八八七—一九五九　慶尚人・明大卒・臨政外務部　拉北中）

註2、鵜崎[illegible]（TSUKASAKI NAOY[illegible]）。故人　日本法曹界長老　事件其他でも活躍した。

（続く）

## 在日韓民族運動史 (12)

韓晛相

### 最初の労組 同友会結成さる

#### 社会思想に醒眼

七

**思想的に変化の兆がみえた**

純粋な祖国独立と民族解放という素朴的な民族感情によって、一本にまとまっていた在日韓民族の社会にも、一九二〇年晩春頃になると、ボツボツその思想的傾向や運動の上に、複雑な変貌の兆が、みえて来た。これは、在日韓民族の周辺を続く、当時の社会思想殊に日本の社会運動に影響された当り前の変化ともいうべきであつた。

日本の社会主義思想や革新的な運動と、在日韓民族の解放運動との間には、組織上の直接関係はなかったが、運動の或る一団体やグループなどは、日本の社会運動の人々と、共同戦線を結成していたりしていた。しかし日本の社会運動や在日韓民族の運動が、権力の弾圧に苦しむという同じような立場もあったので、精神的な面でこの両者には相通うものがあった。

この時分のことを理解するために、一九二〇年代の日本の社会運動の状況を、概略紹介することにする。

**一九二〇年代の日本の民衆運動**

前年（一九一八）来、日本の社会運動及び労働運動は、米騒動を契機として上昇前進しつつあった労働階級の政治への関心も高まつて来て、普通選挙権運動は一九二〇年早春には最高潮に達し、日本の全国民的な政治運動を展開した。

三月になると東大経済学部教授森戸辰男が、無政府主義の父ともいうべきピーター・クロポトキンの社会思想を、東大経済学雑誌に紹介して、筆禍事件を起した。このために新聞言論界は、筆をそろえて書き立てるし、社会的に大変な刺戟を、与えたのであった。

五月になると日本で最初のメーデーが、上野公園で二日（二日が日曜であったので都合で日曜に繰り下げて行われた）五千人の参加者を集めて行われた。

同会者の開会宣言と各労組代表の演説が行われ、つづいて宣言と決議が可決された。臨検の警官のために、デモ行進は禁止されたが、関西に労働組合連合会が、それぞれ組織された。日本の社会運動及び労働運動は、百花を競う有様であった。

この最初のメーデーの示威を傍観して、日本の民衆運動に接した最初であっただけに、筆者がうけた感銘は、誠に印象に残るものであったことを想い出す。

八

進歩的な画家望月桂、林倭衛の外堺利彦、大杉栄、荒畑寒村、生田春月、馬場孤蝶等各方面の文化人が、芸術方面の革命をめざして黒耀会を結成、作品展覧会を開き民衆の革命意識をもり上げるために、大同盟をしていた。

五月には、加藤一夫を中心として「自由人連盟」が結成され、機関誌「自由人」の外「一隅より」が、発刊された。

十月には、幸徳秋水以来フランスに亡命していた無政府主義者石川三四郎が、八年ぶりで日本に帰って来た。十一月には、大杉栄、近藤憲二、荒畑寒村等により「労働運動」が創刊されると、関西では黒旗会が結成され労働運動社関西支局の和田久太郎（註）を中心に、活発に動いていた。これは、関西方面の日本無政府主義運動の土台を固めたものである。

註、和田久太郎は無政府主義者で俳人。関東大震災で殺された大杉栄、伊藤野枝、橘少年の一周忌を迎えて、その復讐のために、当時の戒厳司令官福田雅太郎を、本郷燕楽軒前において爆弾をもって狙撃したが、失敗のため未遂し、刑務所に於いて自殺した。

右のように社会運動の上昇気運に乗じて、社会主義運動の大同団結の議が持ち上がり、社会主義者の古参株である山崎今朝弥・山川均・浜崎[illegible]二・岩佐作太郎・吉川守邦・橋浦時雄等の発起により、日本社会主義同盟を、十二月神田YMCA会館に於いて、結成したのであった。

この同盟には、無政府主義者・サンジカリスト・共産主義者・民主主義者・進歩的文化人・作家等極めてひろい範囲の人々が加わり幸徳秋水事件以後始めての社会主義者の、大同団結でもあった。この同盟は、創立大会後翌年五月弾圧で圧殺解散になるまで、日本の革新陣営のため、全国的な運動を、つづけて行った。

九

**最初の労組「同友会」結成**

さて、右のような日本の社会運動の活発な動きにつれて、在日韓民族の間にも、極めて静かではあつたが、徐々にその反応が、現われて来た。一九二〇年度頃になると、慶大学生主席鎔（高麗大教授）が、雑誌「学光」誌上に、社会問題に関する初歩的な論説を書き出した。これが、日本における在日韓民族による社会主義の文献としては、最初のものであろう。

この年の六月には、最初の労働団体ともいうべき「労働同友会」が、有志の間で結成された。韓国東・洪承魯・金衡翼（外科医在ソウル）李起東・朴春琴等が発起人となり、韓国YMCAに於いて、発会式を挙げたのであった。

この同友会は、労働者の団結と親睦・職場斡旋等を目的として結成されたもので、極めて素朴的な運動であった。この団体が、どんな活動をしていたが、いまは忘れているが、寿命は長いものでなかった。今日の労働組合運動とは縁の遠いものと思うが、しかし同友会の運動は、在日韓民族の労働運動の草分けには、なったことである。

同友会は創立後間もなく、会長李起東・出務朴春琴と他の幹部との間に、意見の対立となり、李起東・朴春琴の二人は、同友会を脱退した。

余談ではあるが、同友会に別れを告げた右二人は、その後在日民族陣営とは反対の立場をとり、日本官憲の労働者団体「相愛会」を作り、その総大将となった。

（続く）

## 在日韓民族運動史 (13)

韓晛相

### 同友会講演会に
#### 日本社会運動者が加勢

## 在日韓民族運動史 (14)

韓晛相

### 梁権煥の義刃
#### 参政権運動者影没す

## 在日韓民族運動史 (15)

韓晛相

### 天道教日本支部結成
#### 宗派を超えて共同運動

## 在日韓民族運動史 (16)

韓晛相

### 金俊淵の抗日斗争
#### モルヒネと教育問題で

## 在日韓民族運動史 (17)

韓晛相

### 太平洋国際会議に
#### 独立運動宣伝に蹶起

## 在日韓民族運動史 (18)

韓晛相

### 輔仁学舎をボイコット
#### 一九二一年の時代感情

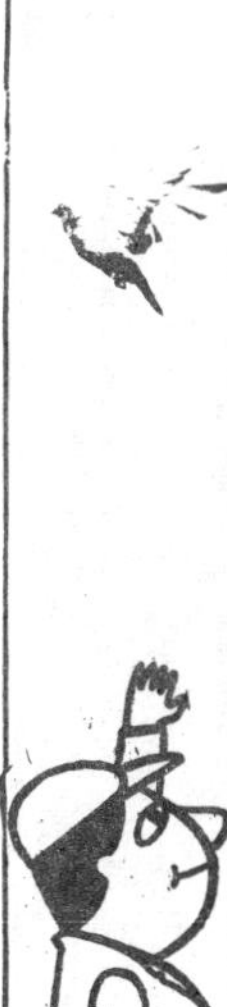

773

## 在日韓民族運動史 (19)

韓晛相

### 最初の思想結社 黒濤会結成

### 各界を総動員して

## 在日韓民族運動史 (20)

韓晛相

### 新潟同胞百名虐殺さる

### 日政、真相調査を妨害

## 在日韓民族運動史 (21)

韓晛相

### 黒友会系 不逞社を根城に

### 反動勢力との闘い

## 在日韓民族運動史 (22)

韓晛相

### 不逞社の爆弾入手計画

### 震災により中断となる

## 在日韓民族運動史 (23)

韓晛相

### 社会主義者「北星会」結成

### 朝総連系運動の前駆

## 在日韓民族運動史 (24)

韓晛相

### 関東大震火災起り

### 韓民族の運命に一大試煉

# 在日韓民族運動史 (25)

韓晛相

## 新聞が報じた民族受難

### 自警団、殺人罪に問わる

# 在日韓民族運動史

## 在日韓民族運動史を再び執筆について (26)

韓晛相

# 在日韓民族運動史

韓晛相

## 自警団事件は日本国会の問題となる

# 在日韓民族運動史

韓晛相

## 永井柳太郎の論戦

### 自警団のことで火を吐く

# 在日韓民族運動史

韓晛相

## 永井・自警団事件核心に

### 警保局長の指令電信を暴露

# 在日韓民族運動史

韓晛相

## 永井議員の政府弾劾

### 時の政府の責任なりと追及

本土なみ返還反対



775

## 在日韓民族運動史（30）

韓晛相

### 永井議員、政府責任追求
### 尼港事件の例をあげ結論

五八

永井、質問演説終る

五九

## 在日韓民族運動史（32）

韓晛相

### 自警団による副産物
### 偽装不逞鮮人事件など

六〇

"偽装不逞鮮人事件"その他のこと

（一）偽装不逞鮮人事件

六一

日本人でありながら"不逞鮮人"にされた

六二

善良な日本人・不逞鮮人を匿って迫害をうける

## 在日韓民族運動史（33）

韓晛相

### 民俗学者 柳田泉の証言と
### 雑誌"種播く人"の記事

日本人でありながら"不逞鮮人"にされる—続き

六四

雑誌「種播く人」から

## 在日韓民族運動史（34）

韓晛相

### 在日同胞遭難に対し
### 国内と東京留学生決起

六五

六六

六七

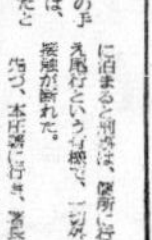
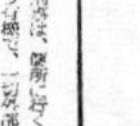

## 在日韓民族運動史（35）

韓晛相

### 遭難実態調査のため
### 留学先人は苦労した

六七の続き

六八

## 在日韓民族運動史（36）

韓晛相

### 遭難真相発表は禁圧されたが
### 特派記者の活躍光る

六八の続き

六九

# 在日韓民族運動史 (37)

韓晛相

## 慰問会幹部 "真相"発表を、追悼会でやることに成功

七〇

真相発表を闘い取るために慰問会幹部苦心する

当時の民族感情

日本世論はどうであったか

# 在日韓民族運動史 (38)

韓晛相

## 神戸同胞による追悼会

# 在日韓民族運動史 (39)

韓晛相

## 同胞鳴咽のうちに追悼会
### 真相糾明に朝鮮人大会を

声

## 主張

# 国籍・所属・党派をこえて闘かおう
### —「入管法」廃案運動高揚のために—

国際的に広がる反対運動

# 議事録・抜粋 「入管法」に関する国会審議
### 日本国第六十一回通常国会・衆議院法務委員会

## 「日本国機関の政策遂行妨げる集会・示威の組織・参加禁止」
### 遵守事項 戦前から居住の永住資格者の子孫にも適用可能

遵守事項について

入国管理局長 中川進

違反取り締り —中止命令制

規制の内容

政治的行為の規制

777

## 金九先生20周忌

# 遺志をつぎ統一実現へ邁進を

### 民族国家

### 私のねがい 愛する三千万同胞に
金　九

### 唯唯、独立あるのみ
#### 人類の幸福に通ずる道

### 韓国でも評価かわる
#### 20周忌を機に南山に銅像建立も
#### 望まる我利捨てた民族的団結

### 私の政治理念

### なによりも独裁排す
#### 自由こそ民族正気の母胎

光復祖國

帰国後の白凡金九先生
—下は好んで書かれた揮毫—

### 私の願うわが国

### 富強より美しい祖国を
#### 若い世代に切に期待する

### 発行人編集の略歴

一九二一年一月二日生、北韓黄海道出身、明治大学、京都大学院修了、株式会社韓国写真ニュース社長、民団中央本部宣伝局長兼韓国新聞編集局長、宣伝委員長を経て、現在は自由生活社出版業を経営

主なる出版刊行物は写真で見る「日韓政治外交秘録」写真で見る「民団二十年史」「民団手帳」「観光韓国」「安重根義士裁判記録」と金九先生「自叙伝」等を日本語で出版

### 編集手帖

民団中央本部機関紙韓国新聞の他に、韓僑通信、東海新報、韓僑新報、韓青通信、韓学同通信等を蒐集してこの縮刷版を整理しながら次のような点に気がついたので団員の皆様にご協力をお願いする。

㈠先づ民団の慢性的な財政難から生ずる貧血症を克服しなければならない。

㈡お互いに憎悪と謀略と中傷、紛糾と無秩序なる団員不在の論争はやめて、組織の停滞性から脱皮しなければならない。

㈢団体の不正と腐敗を重ねた積年の相互不信を招来した反面に、時間が過ぎればそれまでと云う惰性と不感症を根本的に退治しなければならない。

㈣民団の無気力なマンネリズムと安逸主義を打破しなければならない。

以上自家反省して、民団組織の体質と根本的な姿勢を積極的に改善することが急務でありこれ等の症状を思い切り大手術しない限り、民団は大きな世帯をかかえているのみで、むしろ一般団員大衆には民弊の源泉になる恐れがある。この機関紙が我々民団の代弁紙として初めて刊行される縮刷版が今後組織活動の重要な一環の役割を果せることを考えるなら、これ程やり甲斐のある仕事はないだろう。

778

# 言論の自由

森　恭　三
（朝日新聞社　論説主幹）

## はじめに

現在わが国では、完全な言論の自由があるといわれている。それに対して、言論の自由の過剰だ、という人もある。あるいはまた、ブルジョア新聞には言論の自由はない、真実の報道もない、という議論もある。

各国の実例とくらべてみると、社会主義諸国はしばらく論外として、さしあたり自由主義諸国のことだけ考えてみると、わが国では、言論・報道・出版・集会の高度の自由があることは、公平にみて否定できないと思う。

ことに、〝性〟という観点からみると、日本の実情はアナーキーに近い、といえる。いかがわしい出版物は、どこの国でも売っている。しかし、なるべく目立たないところに置いてある。そういう出版物を旅行者が持って、国を出たりはいったりするとき、税関で見つかると没収されてしまう。またストリップ・ショーは、どこの国でもあるが、舞台の上で公然と、全ストという表現の自由を行使するのは、世界中で日本だけだ。

その他もろもろの退廃的なことが、自由の名においておこなわれている。これらは、商業主義による表現の自由の乱用である。甲府の書店では、いかがわしい本を店頭におかない運動をはじめた。また東京都では、青少年健全育成条例をつくった。このように、世間の関心が高まりつつあることは、ご承知の通りである。

この問題を、われわれ新聞人として、どのように考えたらいいだろうか。私の結論を先に述べると、非常に月並みなことになるが、表現の自由、言論の自由には、自制、あるいは自律が必要である。それがないときには、官僚統制を招きよせる。われわれとしては、官僚統制は絶対反対しなければならない。これが私の結論だ。もし世論調査をやってみるならば、現在すでに少なからぬ数の人が、マスコミの自制、自律に期待したいのだけれども、実際どこまで期待してよいものか、信用しかねている、というのが実情ではなかろうか。しかし万一、官僚統制ということになれば、日本の民主主義にとって、非常に重大な問題が起こってくることは明らかである。

## 日本人の〝ことば〟に対する考え方

そこで、自由とは何かということを、少し歴史的に考えてみたい。自由は、日本ほんらいの概念ではなく、西欧からはいってきたもので、明治になってから新しくつくられた〝ことば〟である。

まず順序として、ことばということを考えてみよう。われわれ日本人の、ことばというものに対する考え方には、三つの特徴があるような気がする。

第一は、概念をはっきり規定しないで、ことばを非常にあいまいな形で使っているということだ。その概念が発生し、発達してきた過程を考えないで、ことばをきわめて感覚的に受け入れている。

これは何も、ことばにかぎらないかも知れない。日本は明治維新以来、外国の文化を急速に取り入れて国づくりをした。外国から機械を買ったばかりでなく、その他あらゆる制度・文物を、完成品として輸入した。ということは、土台から自分の力で積み上げたのではなく、またそれがどのような過程を経て完成されたかを深く考える余裕もなかった、ということである。

最近、NHKの朝の「私たちのことば」で、あるタクシー運転手がこういっていた――「東京には〝高速道路〟というものがある。高速道路という以上、高速で走るのが当然と考えて、運転技術の未熟なものまで、むやみに飛ばす。高速道路ということばを変えたほうがいいのじゃないか」――これは、一つの問題点をついていると思う。

また、たとえば〝無神論〟ということばがある。あなた方が外国に行かれたとき、「自分は無神論者だ」と絶対にいってはいけない。日本のインテリの無神論の多くは、神とか絶対という問題をつきつめて考えたことがない。要するに無関心の無神論なのである。それなのに、無神論者だと自称した場合、ふつうの人、すなわち信仰をもっている人には非常にきらわれる。そして、ほんとうの無神論者にはバカにされる。われわれ日本人は、無神論ということばを、よくも考えずに使う傾向がある。つまり概念があいまいだということだ。

第二に、日本語には、〝枕ことば〟というのがある。これは日本語独特なもので、非常に美しいけれども、しかし、意味のないことばである。

たとえば、何か事故が起こって人が死ぬ。そのとき、「貴重な人命が失われた」と書く。人命は貴重には違いないのだが、しかしその場合、貴重ということばに、どれだけ重きをおいて考えているか。「何人死んだ」と書けばすむことで、それ以上に必要なのは枕ことばではなく、具体的な行動や対策なのである。

よく「政治が悪い」といわれる。政治が悪いことは確かだが、政治が悪いというだけでは、問題は解決しない。「現在の時点において何をなすべきか」ということが問題なのだ。

日本のことばについて考えることの第三は、わからないことばをありがたがるということだ。たとえば最近の東京の地下鉄の広告に、プレタ・ポルテということばが出ていた。これを既製服といわず、フランス語を使ってみると、一段高級な感じがする。プレタ・ポルテということばのわかる日本人は、非常に少ないのではないだろうか。そのわからないことばが新鮮な感覚を与えている。ここに日本の文化にとって重大な問題があると思う。

これも戦後に始まった傾向ではない。たとえば、仏教のお経は、昔の中国のある時期の文章を、当時の発音で読み伝えてきたもので、お葬式のとき、お経をあげてもらう。お布施をたくさん包めば、長い時間お経をあげてくれる。意味はぜんぜんわからないけれども、仏も浮かばれるような気がする。このわからないけれどもありがたい、という感覚が、われわれ日本人にはある。これがやがて、わからないからありがたがる、ということになるのである。

## 「自由」の歴史

自由ということばをわれわれが使う場合にも、いま申したような三点を警戒する必要があるのじゃないだろうか。なぜなら、自由とは何をしてもよいことだと考え、他人に迷惑をかけようが一向に平気な人が少なくない。自由ということばをそのように解釈しているのである。そこで自由ということば、あるいは概念のよってきたった歴史を少し考えてみたい。

デモクラシー発生の地ギリシャにおいても、ドレイには自由がなかった。市民の間においても、その自由という概念は、現在の日本とは非常に違っていたと思われる。

これは受け売りだが、アリストテレスの考えでは、宇宙の万物の間には、たとえば太陽とか月の運行を見てもわかるように、一定の秩序がある。この秩序が「自然」というものなのである。この自然の秩序という考え方から、あるべき人間の姿は何かということを考え、その自然の秩序にしたがう自由という概念を引き出してきた、ということだ。

中世のキリスト教の時代になると、もう少し宗教的な考え方となり、神は人間に特別の使命を課している、という考え方になる。つまり宇宙は神の法則に従って運行している。人間も神の法則に従って行動せねばならない。そこにほんとうの自由があるのだ、というわけであろう。法則にはずれたことをするのを自由と考えたのではないのである。

十六世紀の宗教改革は、ローマ法王の権威を否定し、バイブル解釈の自由を主張した点に、画期的な意義があるのだが、ここに自主的な解釈に基づく「良心の法」に服従する自由という考え方が生まれてきた。この自由がフリードムであり、このフリードム実現のために「外的権威からの自由」を要求することになった。この「……からの自由」がリバティである。

一方、イギリスでは、十三世紀のマグナ・カルタ以来の、自由獲得のための一連の闘争があった。これはノルマンの支配に対するアングロ・サクソンの抵抗だが、その自由はもっぱら政府の恣意から人身と財産を守るもので、信教や良心の問題には触れなかった。この抵抗運動と宗教改革の流れが合流して、十七世紀のイギリス革命となる。この革命によって、人間は良心の問題については絶対の自由をもつ、という思想が確立された。この思想がやがて、良心の自由＝自然権を保護するための「同意に基づく政府」という考え方へと発展してゆくのである。

近代思想の父といわれるルソーは、すべての人間の心の底には、「真の意思」というものがあり、この「真の意思」に従って生きるところに自由がある、と説いた。あるべき人間という概念、および合理主義の考え方が、ルソーの理論の中心にある。このゾルレンに反するものは打倒せねばならぬ。これがフランス革命の原動力になったと思う。専制君主のもとでは、自由はただひとりの君主に属し、万人には自由がなかったからである。

しかしルソーは、もし個人が自分の力で「真の意思」に従って行動することができないときには、国家の力によって、「真の意思」を強制すべきだ、ともいっている。しかしこの主張を発展させていくと、国家権力が強化される。ある場合には不当に強化される結果ともなる。その場合犠牲となるのは、個人なのである。

このように国家権力を強く見るルソーの考え方に反発して、個人の自由を主張する考え方が現われてきたのは当然である。このような考え方にもとづく国家権力その他による束縛や拘束のない状態を自由と呼ぶならば、法律というものはすべて、個人の自由を束縛する意味において悪だ、ということになる。しかし別の観点からみると、社会の秩序を維持するためには法律が必要だ。なぜなら、社会の秩序がなくなれば、弱者にとって自由が失われてしまう。つまり強者だけの自由になってしまうからだ。だから問題は、いかなる場合に個人の自由を束縛してもいいかという、その限界点にかかってくる。

その限界を考える場合に、ベンサムは、最大多数に最大幸福を与えるためならば自由の束縛は許さるべきだ、といっている。しかしこの議論を発展させると、多数者は少数者に対して何をしてもいいのかという問題が起こってくる。

また他の考え方によると、他人の自由のじゃまをしないかぎり、自由に行動することが許される、だが、もし他人の自由に影響を与えるようになった場合には、それはよくないから、自由を規制してもいいのだ、と主張した人がある。大阪では迷惑防止条例というのがあるが、それと同じような発想法だ。しかし他人に絶対に影響を与えないような行動は、世の中には非常に少ないのであるから、他人に影響を与えないかぎり自由だという考え方をしていると、自由に対する規制の余地が、しだいに増してくることにならざるを得ないのである。

## 自由と秩序

このように簡単に歴史をふりかえっただけでも、自由という問題を考えるにあたって、昔の人たちがどんなに苦労したかということがわかる。はっきりいえることは、自由と秩序は二律背反的な関係ではなく、一枚の銀貨の裏表のようなもので、つねにそのような問題として考えられてきたということ、また自由の要求は、つねに、良心および理性の問題として提起されてきたということである。

では、抵抗権の問題はどうか。国家に対して個人が抵抗する自由、それが抵抗権であるが、その場合にもゾルレンの考え方が底に横たわっている。あるべき姿、あるべき秩序というものを想定し、国家があるべき姿の国家ではないから、そのような国家に抵抗する権利が個人にあるのだ、という発想法と思われる。したがってこの場合の自由も秩序の概念と無縁ではない。

これに関連して注目されるのは、一七七六年、アメリカの独立のときに行なわれた独立宣言である。アメリカは、ほんらい、ピューリタンのつくった国で、全能の神、その神の法則といった考え方が、建国の精神の根本にある。しかしまた、独立宣言のなかには、ルソーのいったような自然法的な考え方、あるいは契約国家の理論に基づくセルフ・ガバメントという考え方があった。

私がたいせつだと思うのは、独立宣言において、はじめて、「協力する自由」という考え方を打ち出したことだ。それまでは、拘束や束縛のない状態が自由だという考え方が主になっていたのだが、いまやそうでなく、国民が主権者であるところのセルフ・ガバメント、そのセルフ・ガバメントに協力する権利、あるいはセルフ・コントロールする義務という積極的な意味をもつ自由の概念が現われてきたのである。

この、抵抗する自由ではなく、協力するという考え方が、アメリカ民主主義の土台となった。そして、セルフ・ガバメントの主体である国民が、その政府を運営するにあたっては、言論の自由が絶対に必要だ、と考えられたのである。

ロシア革命によって自由の概念がさらに変わった。フランス革命は、自由、平等、友愛を目標としたが、その自由は政治的な自由、形式的な自由であって、経済的な自由も平等もなかった。だから真の自由・平等はなく、したがって真の友愛もなかった。このフランス革命がやろうとして果たし得なかった仕事を完成したのがロシア革命だ、といわれている。つまり形式的な自由から実質的な自由への発展という考え方である。

## 日本における〝自由〟の歴史

このように、自由についての考え方は変わってきた。しかし、わが国の場合、明治維新以後、富国強兵を国是として国づくりを急いできたために、自由は軽視され、あるいは抑圧されてきた。とくに全体主義の思想がはいってきてからは、自由という考え方はまったく「流行おくれ」とされた。

言論の自由、権力に反対する自由、別の意見を持つ自由、そういったものはなかった。イギリスでは野党のことを Her Majesty's Opposition というが、日本にはそのような、反対意見の存在が民主主義の必要条件だという考え方はなかった。挙国一致を善とし、外見的な挙国一致の内容がいかに空疎かつ不健全なものであるかについて、反省しようともしなかったのである。

戦争に敗れ、日本人が日本の国を新しくつくり直さなければならなくなったときに、日本には、これまでの権力者にかわるべき、別の政策やビジョンをもったオポジションというものがなかった。

そういう状態の下において憲法が制定された。だから、その憲法を押し付け憲法だといって非難するのは、おかしいと思う。長年の間、自由を抑圧されていた人びとは、物を具体的に考える基礎的な情報すらもたず、したがって急には自分自身で政策を立案することもできなかったのは、無理もない。

しかし、平和憲法は、かれらの魂に強く訴えるものをもっていた。この事実は重要である。戦前から戦中にかけて権力の圏内におった人びとと、反対意見の存在も許さなかった人びとが、憲法押し付け論を唱えるのは、責任の転嫁もはなはだしい。モラールの点から見て、そういう資格はぜんぜんない、と私は考える。

戦前から戦中にかけて、戦争反対論はすべて弾圧されていた。日露戦争のときは、まだ非戦論が許されていた。この寛容と、乃木大将に象徴された武士道との間には、つながりがあったと思う。これが日露戦争と太平洋戦争との相違で、太平洋戦争における言論弾圧も捕虜虐待も、権力者のきわめて利己主義的かつ便宜主義的な思考の産物といってよいと思う。もし反戦論が日本において許される状態であったならば、太平洋戦争のありかたもよほど変わったであろうし、終戦の姿もよほど変わったであろうし、また終戦後の日本の歩みも、よほど変わったのではないだろうかと思う。そういう意味において、オポジションの存在意義を、あの当時ほど痛感したことはない。

## 価値観の崩壊

それにしても、戦前派は、とにかく言論弾圧のにがい経験を持っている。その戦前派のなかにも、経験から何も学ばなかった人が、ないとはいえない。とすれば、そういう戦前、戦中の言論統制の経験を持たない、戦後派の新しい経営者の場合、問題はさらに大きいといわねばならない。彼らも戦後のGHQの統制は知っている。そして、統制は、好ましくないということを知っている。しかしGHQの統制がなくなったときに、彼らのうち、あるものが考えた自由とは、GHQの統制以前、すなわち終戦直後の精神的アナーキーだったのである。

終戦までの日本の道徳は、教育勅語を土台としていた。その教育勅語を土台とする日本の道徳——あるいは価値観といってもよろしい——が崩壊してしまった。その後にきたものは、利己主義がかみあうジャングルの自由である。セックスの解放のなかには、旧秩序、旧道徳への批判という進歩的な意義があったことを、私も認めるが、それも程度問題だ。程度を下げれば下げるほど売れる、という商業主義のフィクションが、現在有力である。

ある週刊誌は、はさみで切るようになっている。十八歳未満のものに見せないために、わざわざそうしたのだ、という説明なのだが、好奇心をそそるためであることは明らかである。そのような経営者も、自分の娘にはそのような出版物を読ませる気持ちはあるまい。自分の娘に読ませたくないようなものを、表現の自由という美名を借りて出版しているわけである。

プライバシーの侵害も、しばしば行なわれている。ことに芸能人に対してひどい。ファクトとフィクションの区別も無視されがちだ。そのような編集者たちは、検事と判事の役を兼ねている。オールマイティーなのだ。そこに扱われるのは、井戸端会議的なトピックなのである。

ハッキリした名誉棄損に対してはもちろん、プライバシーの侵害に対しても、もっと抵抗するのが、民主社会として当然じゃないかと思う。マスコミだけに自由があり、個人には泣き寝入りの自由しかない、というのではおかしい。欧米では、名誉棄損に対しては、非常に巨額の損害賠償をとられる。それがほんとうなのだ。わが国でも、もっと厳重にセルフ・コントロールしなければ、言論の暴力といわれてもしかたがない、と私は思う。

しかしある専門家は、非常に程度を下げた新聞や週刊誌も、わが国では三〇万部以上は売れない、と見ている。なぜなら、そのような新聞や週刊誌は、自宅へ持って帰れない。電車の網棚の上へ置いてゆく。したがって広告の媒体とはなり得ない。だから、発行部数に限度があるわけだ。そういう意味で資本主義の原理が働いていることが考えられる。

その逆の一例としては、『暮しの手帖』は八〇万部売っているそうだ。読者が求めているもの、読者にとって有用なものが、そこにあるからだ。この雑誌は消費者の利益を守る立ち場をとっている。世の中のいかなる生産者といえども、自分が生産して売るもの以外の商品についてはすべて、彼もまたひとりの消費者である。結局消費者すなわち国民ということになる。つまり消費者の利益を守ることは、国民の利益を守ることだ、ともいえる。ここにこの雑誌の存在意義があるわけだ。だから、程度を下げれば下げるほど売れるというのは、一つのフィクションにすぎない。それ以外にも、生きる道が、頭を使いさえすれば、あるはずだと思う。

外国の例を見ても、たとえばロンドンの日曜新聞であるオブザーバーは世界最高の新聞の一つだが、最近非常ないきおいで発行部数を伸ばしてきている。これを見ても、程度が低ければ低いほど大衆は喜ぶといった大衆蔑視の考え方は間違っていることがわかる。

## 資本の圧力と言論の自由

言論の自由を考える場合、もう一つ考えるべきことがある。それは資本の圧力から言論の自由を守るということである。

どこの国でも、新聞社の株式の譲渡に対しては、定款で制限することを認めているところが多い。日本でもそうだ。新聞社は元来、中小企業的な性格をもっているので、新聞社の株式を外部の資本力によって買い占めることは、わりに簡単なのだ。それを防ぐためにいろいろな手を打ってきた。それが第一の段階である。

しかし、やがて、自分の新聞社の内部の資本の圧力から編集権を守るという問題が起こってきた。これが第二の段階だ。それはとくにイギリスの高級紙に多く現われているが、トラスト（信託）という制度だ。すなわち、株主はその株を全部トラストに入れ、その株主権の行使を数名の有識者に信託するのである。株主権が資本家の恣意によって行使される——あるいは世間にそういう印象を与える——のを避け、有識者というチャンネルを通して株主権が行使される。これがイギリスの高級紙の多くが採用している制度である。さらにエディターとビジネス・マネジャーの任命、あるいは解任は、トラスティーの事前の同意を得なければできないことにしている。そういう形でエディターとビジネス・マネジャーの身分を保障し、資本の圧力から新聞の独立、言論の自由を守るためのくふうをしている。

昨年イギリスでプロフューム事件というのが起こった。キーラーというプロスティテュートが登場するが、オブザーバーの社主であるロード・アスターが彼女と関係があった。本来ならばオブザーバーの信用に対して致命的な影響があるはずだ。しかしオブザーバーのエディターは、プロフューム事件に対して、きびしい批判の論陣を張った。それが一つ。もう一つは、先ほど申したように、ロード・アスターの株は全部トラストにはいっている。社主が何をしようと、トラスティーがしっかりしている以上、オブザーバーの経営とは無関係なわけだ。そのようなシステムをとり、正しい言論闘争をやったために、オブザーバーの信用はかえって増したというわけである。

資本の圧力から言論の自由を守る問題については、放送の場合、新聞・雑誌以上に困難がある。電波に対する政治権力の発言権が強いばかりではない。民間放送におけるスポンサーの発言権が非常に大きいからである。わが国のスポンサーはプログラムの「提供者」として編成権まで持っているが、諸外国の実例と比較しても、これは少し行き過ぎではないか、編成権は局に属するという原則を確立することが、言論の自由のためにも必要ではないか、と思われる。

## ナショナル・インタレストと言論の自由

言論の自由に関して、もう一つ考えることは、ナショナル・インタレストとの関係である。

日ソ国交回復の交渉が、一九五五年に始まったとき、私はロンドンでそれをカバーした。交渉だからお互いに相手の腹のさぐり合いなのである。ところが日本の新聞は、日本政府はこのような意向であるとか、この次はこのような提案をするとか、腹の底を次から次へと報道した。このようなことは日本のナショナル・インタレストという観点から見たら、非常に損なことだと思う。

もちろん、秘密外交がよいというのではない。ことに日本の役人は必要以上に秘密主義だ。だから、あえて書かねばならぬ場合もあるに違いない。しかし、それはタイミングと内容の問題だ。報道の自由、報道の競争ということを、機械的・形式的に考えるのではなく、具体的・内容的に考える必要があると思うのである。

ナショナル・インタレストという問題を、もう少し別の観点から見てみよう。私がロンドンに赴任したのは一九五二年末だったが、その年の夏、ヘルシンキでオリンピックがあった。そのときに日本の新聞の競争が激化して、我も我もとアージェント(至急報)を打ち始めた。一語あたり、ふつうのプレス・レートの何倍も料金が高い。しかし日本人記者の電報が、全部アージェントになってしまえば、全部プレスで送るのと同じ結果になる道理だ。ヘルシンキからの電報はグレート・ノーザンというデンマーク系の電信会社の線に乗ってシベリアを通り、ウラジオストックから長崎にはいって、それから東京につく。

そのグレート・ノーザンのマネジャーが、私に「自分の会社はヘルシンキの大会のとき、日本のおかげで非常にもうけさせてもらった。しかし自分たちはこのような形ではもうけたくはなかった。なぜなら自分たちは高い至急報の料金にふさわしいサービスを提供することができなかったからだ」と言ったことがある。

これには、私は一言もなかった。外貨は非常に貴重である。新聞の競争もナショナル・インタレストということを考えてほしいものだ。これは出先の問題よりも、むしろ経営者の問題かもしれない。

## スエズ出兵とマンチェスター・ガーディアン

もう一つ別の観点から、言論の自由とナショナル・インタレストの問題を考えてみよう。一九五六年のスエズ出兵のとき、私はロンドンにいたが、当時イギリスの世論は、大部分、出兵を支持していた。しかし敢然として出兵反対論の口火を切ったのは、マンチェスター・ガーディアンだった。

それに対して読者の中から「スエズ出兵はイギリスの権益を守るために当然だ。ナセルの民族主義は理解できるけれども、そのやり方は行き過ぎている。自分は長年の間マンチェスター・ガーディアンの読者であったけれども、ガーディアンがその出兵反対論を変えない限り、自分は購読をやめてしまう」という投書が、毎日のようにいくつか、同紙の投書欄を埋めていた。これに対して、ガーディアンは、親切に自分の立ち場を説明しながら、しかしあくまで敢然としてスエズ出兵反対の論陣を張ったのである。まことに見事だった。

イギリスのスエズ出兵は、さんたんたる失敗に終わった。しかしマンチェスター・ガーディアンやオブザーバーによる反対論があったからこそ、イギリスに良識がなお存することを世界に示し、イギリスの名誉は守られたと思う。正しい少数意見を敢然と主張すること、それがこの場合、イギリスのナショナル・インタレストを守ったわけである。

表面的に見れば、タイムズがやったように、出兵賛成を唱えるのがナショナル・インタレストを守るゆえんだったかも知れない。しかしよく考えてみると、そうではなくて、少数意見を主張することによって、イギリスのより大きなナショナル・インタレストは守られたということができると思う。何がナショナル・インタレストかということは、よくよく考えてみなければならない非常に大きな問題で、簡単に結論は出ないが、広い歴史的視野から判断する必要があると思うのである。

## ハンガリー暴動とソ連の新聞

それとぜんぜん逆の例は、一九五六年のハンガリー事件におけるソ連の新聞の態度である。当時すでに、ソ連の国内にハンガリー暴動武力弾圧に対する反対の意見が相当あるらしいことは、情報として西側に伝わっていた。あとになって、モスクワの大学生などを中心とする反対運動のあったことがコンファームされている。しかしソ連の新聞には、そのような意見はもちろん、一行の記事も出なかった。

もしあの当時、ソ連の新聞の中に、ハンガリー暴動武力弾圧反対という記事が出ていれば、ソ連に対する世界の評価は、よほど変わっておったのじゃないかと思う。それがぜんぜん出なかった結果は何かというと、共産主義が主張していた人間解放の高い理想がソ連の戦車によって粉砕されてしまったということである。共産主義に対する致命的打撃であって、とくに西欧において多くの同調者あるいは同情者を失った。これで、ソ連の外交は権力外交以外の何物でもない、という評価が定まったのである。

ソ連の新聞がそのような態度をとったことの理論的根拠は何か？　おそらく次のように説明できるのではないかと思う。ソ連が形式的自由でなく実質的自由を主張することは前にも触れたが、さらに進んで積極的自由という考え方をする。それはどういうことかというと、労働者・農民は国家に対して自由を主張するのではなく、国家を通じて自由を主張するというのである。つまり、社会主義国家においては、国家と人民とは対立関係にあるのではなく、一体の関係にある。だから労働者・農民が、国家に対して自由を要求するのではなく、国家を通じて自由を主張するのだ、というのがソ連の理論である。

その国家論の根本には、一つのゾルレンの考え方がある。ルソーは先ほど申したように「真の意思」ということをいったが、ソ連では「一般的意思」ということを主張している。社会主義国家はそういう「一般的意思」に基づいて動いているという考え方であって、これが共産党一党による独裁を正当化する理論である。

中国でやっている洗脳、あるいは整風運動など、要するに共産党の考え方に反対するものに対する非寛容も、この理論によって正当化される。さらに進んで、個人の内面の世界にまで国家権力が介入してくることになる。最後にはスターリンを神としてあがめることになった。

ブルジョア新聞には報道の自由がない、と左翼の人はいうが、私は、ブルジョア新聞だから報道の自由がない、社会主義新聞だから報道の自由がある、と独断するのは間違いだと思う。さきほどのハンガリー動乱の実例をみてもハッキリわかるように、ソ連の新聞は真実の報道をオミットしたわけだ。一方ブルジョア新聞の場合、真実を伝えていないという批判が高まってくるならば、信用が低下し、売れなくなるわけだから、やはり真実を伝えるように努力しなければならなくなる。利潤第一主義にも、そういう一面があるのだ。だからブルジョア新聞だからどう、社会主義新聞だからどうということでなく、結局それは編集者や記者の良心の問題、あるいは経営者のはじくソロバンの大小といった問題にかかってくるのじゃないか、と私は思う。

資本主義的な体制の下では、発行部数が増加して社の経営が安定していることが、言論の自由の大きな要素になる。経営が安定しなければ、主張すべきことも主張できない。これも資本主義の原則だ。だから言論の自由の問題は、体制という観点のみから論ずると抽象論・観念論となり、現実から遊離してしまう。それにしても、自分の体制には完全な言論・報道の自由がある、報道のオミットもない、と主張することよりも、相手の体制の欠陥を指摘することのほうが、はるかにやさしいものである。

## ナショナリズムとマスコミ

わが国ではナショナリズムを悪とする考え方が多い。その底には、太平洋戦争のにがい経験、および、マルクス主義的・国際主義的思考という、二つの流れがある。しかし、その半面、AA諸国のナショナリズムを無条件的に善とする考え方がある。日本の場合、インタナショナリズムこそが善と考えられ、学界も、財界も、労働組合運動においても、国際的なつながりが緊密である。それと同時に、企業意識・自社精神の強いこともまた注目される。しかし考えてみると、ほんらい自分たちの企業に対する愛情というものがあり、それが幅をひろげていってネーションに対する愛情となり、ネーションに対する愛情が量的にも質的にも成長して人類に対する愛情、つまりインタナショナリズムへと発展していくのが、望ましい姿だと思う。

ところが日本の場合、企業意識とインタナショナリズムとは強烈なのに、両者の間の媒体となるべきナショナリズムが欠如している。わが国では、ナショナリズムとインタナショナリズムとは二律背反の関係にあると考える人が多いのだが、実は、ナショナリズムがあって、はじめてインタナショナリズムが成り立ちうるのである。ナショナリズムのないインタナショナリズムは、たとえていえば根のない草のようなものだ。

日本のマスコミに現在不足しているものは、ネーションとしての自覚ではないだろうか？ これでは、ナショナリズムや愛国心は右翼の保守反動勢力の独占物になってしまうのではないかと心配せざるをえない。

歴史的に考えてみると、自由、平等、友愛のフランス革命は、一つのナショナリズムの運動であった。この意味では、ナショナリズムは進歩的な運動だったわけである。このフランス革命をぶっつぶすために、反革命の軍隊が四方八方から攻め込んできた。それに対してフランスは、新しいナショナリズムを守らなければいけない。そこに現われてきたのがナポレオンだった。ところが、ナポレオンによる軍事的支配に抵抗するものとして、ナショナリズムが現われてきた。この反仏ナショナリズムは、ナポレオンの軍事力に抵抗するという点では進歩的だったのだが、同時に、フランス革命の理想とした自由、平等、友愛にも反対することになった。ここにナショナリズムの保守反動化という現象が起こってきたのである。

こういうわけで、ナショナリズムというものは、ある場合には保守反動的になりうるし、ある場合には進歩的な役割りを果たしうるわけである。戦前・戦中にわれわれが経験したナショナリズムは、偏狭、排他的、独善的かつ保守反動的なものだったが、今後の日本の新しいナショナリズムは、もっと進歩的なものでなければならない。そして世界の一環としてのナショナリズム、すなわちインタナショナリズムと表裏一体であるところのナショナリズムが、必要ではないかと私は思うのである。

## 大衆社会とマスコミの責任

そういう角度から言論の自由という問題を考えてみよう。

現代は大衆社会といわれている。人間は、大きな機械、あるいは機構の歯車の一つにすぎない。歯車はいかに生きるべきか、という問題が、そこにはある。なるほど、自由はあるだろう。だがその自由は、歯車としての自由にすぎない。機械は、個々の人間の意思や気持ちとは無関係に動いており、歯車は機械の一部として動かねばならないのである。それがいやなら、死ぬほかない。こういった、個々の人間のいだく無力感、あるいは疎外感というものが、大衆社会の底に横たわっているように思われる。

その大衆社会ではまた、型にはまった意見や議論が多い。私は米英における会話の最中、よく感じたものだが、会話の相手の人の意見と同じ意見をどこかで聞いたことがある。よく考えてみると、その日の新聞の社説に書いてあったことだった。自分の頭で考え、ほんとうにそうだ、と納得し、同感して、意見を述べているのであれば、非常にけっこうなことだと思うのだが、機械的に受け売りしていることも少なくない。ある特定の新聞の社説や記事をいつも読んでいると、なんだか機械的にその意見にまきこまれてしまう。自分の頭で考えるのではなくて、自然にそういう気持ちになってしまう。たとえて言えばカン詰めを食っているような、カン詰めの意見を聞くような気がすることが、よくあったものだ。

そう思って、もう一ぺん振り返ってみると、一般に自由というものは、現在の高度に大量生産が発展した資本主義の時代以前のもの、オートメーション時代以前のものであるような気がしないでもない。昔、手工業時代から資本主義へと発展してきた時代には、個人の自由、創意、くふうが非常に大きな役割りを果たし、したがって高く評価されたものだが、現在のオートメーション時代になってみると、チームワークや秩序や従順のほうが美徳とされる。人間の個性とか反骨精神というものは、やっかいもの扱いにされ、組織がより重視される傾向が出てくるのである。

　私はアメリカにいるときに非常に痛感したのだが、アメリカでは、大都市の高級紙は別として、どの新聞もだいたい似たり寄ったりだ。通信社はAPとUPIと二つである。コラムはシンジケートによって供給される。そして広告欄はこれまたパブリシティ・エイジェンシーによって供給される。電波にいたっては、さらに画一化の傾向が強い。かようにして、同じような新聞を読み、同じような広告を見、同じようなテレビ・ラジオを視聴している。大量生産の洋服を着て、これまた大量生産のカン詰めや冷凍の食料品を食べる。そういう生活をしていれば、ものの考え方や趣味にいたるまで、だんだん似たり寄ったりになってくるのじゃないか。いうなれば人間の画一化、あるいは機械化である。それが現在のアメリカ文明の一つの問題ではないかと思う。

　しかし、これはアメリカだけでなく、社会主義諸国も、画一化という点では、けっしてアメリカに劣らない。他の資本主義諸国でも、高度に発達した産業社会には、大なり小なり共通する問題ではないかと思うのである。

　しかし考えてみると、歯車の一つとしての消極的服従は、積極的な自由とは逆の方向を向いており、これは一種のガイデット・デモクラシーではないだろうか。インドネシアのスカルノ大統領が、はじめてガイデット・デモクラシーということばを使ったとき、インチキのような気がして、私はどうも反発せざるを得なかった。しかしよく考えてみると、オートメーション時代における資本主義体制のもとにおいても、ガイデット・デモクラシーの傾向があるのではないかと警戒せざるを得ない。

　このガイデット・デモクラシーへの傾向ということを考えてみると、その指導に大きな役割りを果たしているものの一つは官僚統制、もう一つはマスコミだと思うのである。そういう観点から考えてみると、われわれマスコミに従事しているものとしては、非常に大きな責任を感ぜざるを得ない。われわれの任務はガイデット・デモクラシーの方向へ持っていくのではなくて、インフォームド・オピニオンの形成を助けるのがわれわれの仕事ではないだろうかと思う。

## マスコミ相互の批判

　その場合にどうしても必要なことの一つは、マスコミ相互間の批判ではないかと思うのである。それは、いろんな違った意見をもつマスコミの存在を前提とする。現在は新聞同士の批判や論戦は非常に少ない。しかし新聞がお互いのことを批判しあわないということは、良くいえば礼儀正しいのだが、悪くいえばヤクザの仁義みたいなもので、資本主義以前の姿勢ではないかと思う。また読者の側からの新聞批判、あるいは苦情にこたえて、必要の場合には問題を公正に処理するための、イギリスでやっているようなプレス・カウンシルの創設も必要だと思う。

　しかし根本的に重大なのは、機械の歯車の一つにすぎなくなった人間としていかに生きるべきかという問題で、これけ現代に生きるすべての人間が直面している問題である。歯車といわれると、われわれは無力感をいだかざるを得ないが、しかし考え直してみると、そういうものでもない。いかに電子計算機が発達し、電子頭脳がいかに鋭敏に働いても、その電子頭脳によってはどうしても解答できない問題があると思う。

　それは何かというと、善悪の価値判断の最後のケジメをつける仕事である。核兵器の実例をみるとよくわかるように、科学は、それ自体の論理によって発達してゆく。科学自体は善悪の判断をしない。価値判断こそ、人間しか下すことのできない、その意味でもっとも人間的な仕事だ、といえると思うのである。

　われわれマスコミに携わるものとしては、ニュース価値の判断が、われわれの生命である。そのニュース価値の判断は、さらに大きな問題としての価値観と結びついていなければならない。ここにわれわれマスコミに働く人間としては根本的な問題があるのではないか。

　言論の自由という問題も、本質をたどれば、結局このよう人間の価値観という問題に帰着する。私はそのように考えている。

# 新聞報道の責任

戒能通孝
(弁護士)

## ニュースと歴史の違い

ニュースと歴史の間には密接な関係があるが、歴史とニュースの違いは、歴史はあることがらを後世に伝えることが主であり、ニュースはそれを同時代の人に伝えるということが中心だということである。「史は伝えてもって後世に示すなり」といわれるように、歴史家はあることがらを後世に示すために、ある場合には自分の首をかけていた。

漢の司馬遷は『史記』を書いた。史記は漢の武帝の時代に書かれたものだが、同時に武帝のことを間接に風刺している。『史記』の「酷吏列伝」には、武帝が残虐な役人を登用し、租税を責めはたくことに真剣になりすぎた結果、国内においては、納税者は租税を納めるため強盗になり、内乱一歩手前にまでいったと伝えている。漢代の小役人であった司馬遷は、これを書くのに首をかけていただろうと思う。『史記』は、正本のほかに、副本を後世に伝えるために発見されないような場所にかくした、と彼の自叙伝に書かれているが、これもむりからぬことだと思う。

ニュースと歴史との違いのもう一つの点は、歴史は、主としてひとりで書くことができるが、ニュースはひとりでは作成することができないということである。

これは集団の努力の産物といわざるをえない。個人プレーは、ニュースにおいてはだんだん影が消えてゆくだろう。むかしの〝特ダネ〟ということのもっている意義は、現代では非常に減っている。ニュースは、一つの団体の作業によって伝えられる。新聞にせよ、放送にせよ、ひとりではなく、組織の力なくしては、ニュースを伝えることはできなくなっている。その意味においては、個人の自由行動がニュースのなかでは生まれなくなっている。

歴史家は、自分の首をかけても、できるだけ真実を伝えようとする。当時の政治家、当時の帝王の事跡を、あるいはその人たちの恥を後代に残らず客観的に報道しようとするが、現代の新聞報道には、それを伝えにくくする要素がはいり込んでいないだろうか。毎日とか朝日という新聞社は、かつては特定の個人の資金によって運営されていたが、その個人自身がしっかりした考え方をもっていたから、ニュースを伝えうる条件があった。その条件が現代ではだんだん消えている。

もちろんそういう面が消えたといっても、今日、自然的災害については、かつての関東大震災当時とははるかに客観的に伝えることのできる機能が生まれていると思う。関東大震災の当時には、新聞社が飛行機をもっていることは、ほとんどなかった。したがって新聞社は、その災害によってどんな状況が起こっているかを大きくつかむことができなかった。しかし現在では、非常に大きなものは別だろうが、日本国内における通常の災害程度については、おそらく新聞社あるいは放送局の機能をもってすれば、ただちに客観的情報をつかむことができるのではないか。一時的には若干の困難があっても、おそらく二時間後には立ち直って、客観的に、大局的に正しい報道ができるのではないか。

新潟日報は新潟地震のさなかでも休むことなく活動をしていたということである。したがって、昔の関東大震災のような混乱した報道は、自然的災害については今後あまり起こる余地がないように思う。

しかし、災害は、かならずしも自然的災害だけではない。人為的災害、あるいは政治的災害というようなものについても、新聞は、できるだけ正しい情報を紙面に載せなければならない。新聞が正しい情報を提供しても、読者はそれをぜんぜん読まないかもしれないが、新聞には少なくとも正しい情報が載っていなければならない。

かつて独ソ戦争当時には、新聞は非常に正確に伝えていた。独ソ戦の動向に関する限り日本の読者はそんなに誤った判断はしなかった。

しかし、ことが独ソ戦争ということになってくると、読者はあまり関心がなかったかもしれない。新聞には正確なことが多く載っていても、綿密に読んでくれる読者が少なくては、新聞社は落胆するだろう。だが新聞は同時代の人たちに事実を伝えねばならないし、そして同時代の人は、新聞、ラジオ、テレビの報道によって、自分の意見をまとめる以外に方法はないのである。歴史は後世に示すものであり、後世の人は、その歴史的事実にかんがみて、自分の判断の誤りを正そうとする。われわれは、自分の意見をもつために、まず正確な情報を与えられねばならぬ、という論理的な前提があるだろうと思う。これはあくまでも前提であって、具体的にその情報を読んでいるという意味ではない。

このような意味で、情報を伝達する実際の価値はある場合には、空気のなかにものを投げている、というようなものになりかねない。ベトナム戦争の記事を一生懸命書いても、あまり読まれないで、野球の記事が読まれているということが多いのではないだろうか。しかし、どんなに読まれないにせよ、そこに載せられている情報は客観的でなければならない。客観的な情報があって、その上で判断ができるという論理的仮説は、確かに正しいことだと思う。

## 下山・三鷹・松川事件報道の問題点

人為的災害、政治的災害といっても、何もベトナム戦争とか核兵器論争とか、憲法改定問題とかいう抽象的、一般的な問題をとらえなくてもいい。もっと具体的に下山事件、松川事件、三鷹事件といったものを考えていい。それらの事件の発生した昭和二十四年は、日本が政治的転換期に立っていたことは確かだと思う。つまり占領軍当局は、昭和二十四年には、東洋における実際の熱戦の方向に——具体的に朝鮮戦争をするかしないかは別として——向いていたことは間違いない。その先駆的症状として、日本で下山事件あるいは三鷹事件、松川事件が起こり、それに伴って国鉄、東芝、その他基幹産業から左派系の労働者が排除されてしまった。その結果、占領軍は、日本国内において通信や輸送面のゲリラ的抵抗をぜんぜん気にかけずに朝鮮戦争を実施することができたに違いないのであって、それらの事件は、客観的にはこれの地ならしであったように思われる。しかもそうした地ならし的事件のときに、新聞はどういう報道をしたか。これは、かなり大きな問題として後に残りうるものじゃなかろうか。

昭和二十四年七、八月前後に、国鉄では定員法その他により大規模な解雇が行なわれた。それを容易にするためかどうかはしらないが、当時新聞には国鉄の列車妨害が非常にふえたという記事が多く載っていた。鉄道レールの上に石が置いてあったということを、日本全国捜すと、毎日数十あるいは数百は起こっていただろう。それ以前には、こういった問題はあまり載ってはいなかった。ところが、あの当時は、とくに国鉄のレールの上に石が置いてあった話とか、小さな妨害行為に関して、急激に、大量に報道されるようになったことは事実である。

いいかえれば、下山事件、三鷹事件、松川事件が少なくとも極左派の人びとの行動としてありうるということ、そしてそれを説明するような地ならし的な前提が、一応各新聞の報道のなかに現われていたのではなかろうか。下山事件では、毎日新聞が自殺説をとり、他の新聞が他殺説を報道していたが、当時の他殺説は、国鉄の被解雇者のなかから暗殺者が出るだろうという推測で書かれていた傾向がかなりあったのじゃなかろうか。その意味で、下山国鉄総裁は、定員法の実施、あるいは東芝の再建に対して一種の人柱になったことは事実であろうし、さらに朝鮮戦争の一つの人柱になっていたということも事実であろう。

下山事件を追っていた当時の社会部記者が、それが今後どのように発展するか、また朝鮮戦争の地ならし的作用をするかの予測をもちえなかったのは、当然だと私も考えるけれども、下山事件が、報道のやり方によっては国鉄職員の解雇やレッドパージを容易にするという予測はみなもっていただろう。だが、現在下山事件の他殺説で感じられるような空気は、当時の報道のなかには現われていなかった、と見ていいのではないか。

下山事件に引き続いて起きた三鷹事件は、竹内景助の個人的犯行と現在は確定しているが、当時の新聞には、国鉄労組の左派の人たちが相当深く関与していたという書き方も出ていた。そして竹内景助が一審で無期懲役、二審で書類審査だけで死刑に改められているのは、当時の新聞の空気に相当あおられたということがあったのではないか。

たとえば新聞は第一審の勇み足――〝空中楼閣〟ということばを使ったりなどした点――をつかまえて、判決の内容をあまり正確に吟味せずに攻撃を加えたが、これには相当問題があると思う。少なくとも、三鷹事件を法廷でずっとフォローした記者は、竹内が一種の犠牲者だと認めることは、否定できないのではないか。私は裁判官でも検察官でも、当時の弁護士でもないので、知るはずはないが、解雇された国鉄職員の間にかなり激しいことばが取りかわされていたことは、たしかだと思う。解雇に対して断固ストライキで抵抗しよう、無人電車を中央線にもっていって突っ走らせろとか、レールへ砂をかけちまえとか、相当激しいことばを――だれがいったかは知らないが――吐き合っていたことは事実だと思う。竹内がそのことばに巻き込まれて、よしおれがいっちょうかってやろうといって、あの事件を起こした。彼自身は人殺しをする意思はなく、電車を暴走させた。そして、彼自身が思いもかけない事件が起こってしまった。竹内は、正真正銘な加害者であると同時に、むしろ被害者であるかもしれない。刑の量定は、無期懲役程度が妥当ではなかったか。この点は記録からもある程度想像できるし、あるいは記録でなしに各新聞の記者はほとんど三鷹事件の公判には詰め切っていたのだから、そのなかで問題を検討すれば、ほぼ客観的な評価ができたと思う。

松川事件もある程度まで、そうだったと思う。松川事件は全員無罪になった。けれども松川事件そのものの客観的な報道がもう少し正確に行なわれていたならば、あの事件は、ああまで長びかなかったという印象を受ける。もし有罪が確定していたら、日本の裁判史上、非常に大きな汚点になったのじゃないか。いまになってみると、幸徳秋水の大逆事件もでっち上げだったと指摘せられているが、松川事件もまた、有罪判決のまま確定されていたならばでっち上げ犯罪になるのじゃないか。だれがでっち上げたかは別として、日本の裁判所に対して決していい評価を残さないと思う。

この事件も、いまになって考えてみると、客観的にいって、一審、二審の裁判官が有罪判決を書くことになった前提に、なんらかの情報活動の影響がなかっただろうか。差し戻し後になると、おかしなことをいう証人が飛び出してきても、新聞記事やラジオ・テレビの録音などによって、あまり信頼できないことがはっきりしたが、差し戻し前の段階では、被告に対して非常に公正な記事が書かれていたかというと、これには疑問が残りうるように思われる。

　裁判官は新聞などに影響されないといっているが、裁判官もいろいろ新聞を読み、ラジオを聞き、テレビを見ているのだから、それによって彼自身の印象が形成されることは間違いない事実である。このことが裁判において決定的な判断をする場合に、影響を与えなかったとはいえないのではないか。新聞あるいは放送は、その意味では、まさに同時代に対して責任を負わなければならない。また企業だけが責任をもち、企業経営者だけが責任をもつ、というような抽象的ないい方は困難で、やはり新聞なり放送なりに従事している人全体が責任をもつという体制が必要になるのではないか。

## 新聞の独立性と法的保護

　情報収集者、つまり記者が情報を集め、それを分析する場合には、どうしても自分の新聞の広告主とか資金融通者に対して独立性を獲得しなければならない。その独立性が他の事実を無視するような狭いセクショナリズムであってはいけないことは当然だが、少なくとも他の事実を総合して、自己の判断を一応形成するということ、また自己の判断をやはり新聞なりあるいは放送なりの面を通して公表できる程度の独立性をもつことが許されてしかるべきではなかろうか。

　もちろん、これを法律上要求することは、おかしな結果になることがある。たとえば、ナチスの新聞紙法では、新聞経営者はすべて会社であってはいけない。個人でなければいけないということにしてしまった。会社組織の新聞を全部つぶして、新聞はかならず個人によって経営される。経営者個人は、自己の報道には絶対に責任を負う。ナチスの場合の絶対に責任を負うということは、ナチスに非協力的であるか、協力的であるかということの証拠立てみたいなことになって、経営者がナチスに対して非協力的であると、その新聞社は取りつぶされてしまったのだから、新聞の独立性はナチス的な形体で個人所有制にしても無意味であったわけである。

　また、新聞記者は、独立した立ち場で記事を書くだけの資格があるかどうかを立証しなければならなかった。そのために個人的な審査が行なわれた。審査のなかには自分の出生の秘密みたいなものがある。ナチスの新聞紙法では種族審査、血族審査があって、五代前までユダヤ人がいるかどうかの証明が必要なのである。五代前というと、相当人数が多くなる。父母、その父母、またその父母と五代前にさかのぼっていくと、人数がずいぶん多い。自分がユダヤ人でないということを証明するためには、父母がユダヤ人でなかったことを洗礼を受けた教会に行って証明してもらう。そのまた父母がユダヤ人でないことを教会に行って証明書をとってくる。いなかの人で近所の村の人同士で結婚している場合はことは簡単だが、都会の人間で、祖先が遠方同士で結婚した人があると、ずいぶん遠くに行って証明書をとってこなければならない。

　またその人が独立した立ち場で記事を書きうるかどうかという資格審査は、過去の行動、経歴、書いたものをドイツの情報局に提出して審査を受けなければならないことなので、独立の記事を書きうるということを法律で保障することは、逆に独立な記事は書けないということを導き出すことになってくるだろうと思う。法律によって新聞記者、放送記者の独立権を保障するということは、いうべくして行なわれないことで、むしろ逆になるのである。

## 労働組合と記事の独立性

　それでは、いかにして新聞の記事の独立性が確保されるか。これは新聞の取材に当たった記者自身が、自分の収集した事実を良心に従って取りまとめて記事にする権利を保障されることにあるのではないか。いいかえれば、自分の良心に従って作成した記事が新聞に出された結果、解雇されるとか左遷されるといった地位の不安定から解放されるということがなければいけないと思われる。新聞従業員がその地位の不安定から解放されるのは、通常の場合には労働組合である。もちろん労働組合に加入されないような管理者になると、これは自分の力、個人的力量でそれを保障することになろう。しかしそれだけの個人的力量をもちえないとすれば、組合がその個人的力量にかわるものを保障する必要がある。労働組合も単に新聞あるいは放送に従事する従業員の経済収入の増加だけを処理する機関であってはならない。組合員の職務上の行動に対する地位の安定に対して、相当強い保障力を持つべきである。もちろん労働組合の力が無理押しであってはならぬことは当然である。記事の作成が自分の単純な主観的頑固さを守るだけであってはならないことはいうまでもない。そうなってくると、記事作成者の独立権が単にセクショナリズムというか、独断あるいは偏見の尊重ということになってしまうので、そういう独断とか偏見を尊重しても、これは無意味である。

しかしそれにもかかわらず、ある種の独断とか、偏見は人間にはどうしても避けられないことである。独断にせよ、偏見にせよ、とにかくある記事が作成される。それは一応、独断なく偏見なく作成されたと推定しなければならない。良心に基づいて事実を得られるだけ集め、それを公表したものと考える以外になかろうと思う。

だから労働組合は、ときによってはばかな人間を擁護しなければならない。これは大衆運動のもっている特色である。団体行動によって独立が保障されなければならないということのなかには、多かれ少なかれ小回りのきかないもの、融通性のないもの、気のきかないものがはいり込む要素があるのではなかろうか。そんなことのために、組合費を出すのはばかばかしいという印象が当然出てくるのだが、その印象をつねにもち続けていくと、あまりにも小回りのきく、あまりにも気のきいた、要領のいいものの横行のみになる。それが同時代の判断に誤った偏見を吹き込むことになるのではなかろうか。

## 〃言論の自由〃か〃財産権の自由〃か

私には客観的真実とは何かということを、そう簡単にはいえないように思える。マックス・ウエーバーはそれを「価値判断からの自由」といったが、現にアメリカの社会学者は価値判断からの自由が可能か、ということを問題として提起している。つまり価値判断からの自由は、ある程度可能だ。好ききらいとは関係なく、客観的に記述することはある程度まで可能だ。しかし社会現象については、自分の好ききらいあるいは自分の主観からまったく自由な、純粋な因果関係の記述はほとんど不可能であって、多かれ少なかれ主観的な好みによって左右されている。主観的な好みから完全に遮断されて、自分ひとりの力で客観的な真実を語りうると考えることはできない。

ともかく社会的現象であっても、できるだけ客観的に事態を記述しなければならないことは当然であるけれども、それはひとりの個人が、あるいは一つの団体がよくなしうるという単純なものではない。むしろ逆にある報道、ある研究が自由か否か、あることがらが客観的真実か否かの論争の自由を保障されていることが「価値判断からの自由」の意義であるとするのが、アメリカ社会学の立っている一つの立ち場であると感じられる。

フリーダム・オブ・ディスカッションが保障されていることが客観的事実を保障する道であり、これがないところには価値判断からの自由はないのではないか。ある結論を出した結果、お前は教授にしてやるとかやらないとか、研究者になるときに横やりをいれるというのでは、価値判断からの自由があるということはいえない。そういうことを抜きにして、ことがら自体を内容的に論争しうる自由を保障することが、価値判断からの自由だと思う。その結論は、新聞や放送の場合においても、尊重さるべきことではないかと思う。フリーダム・オブ・ディスカッションの保障がなく、ある意見をもち、ある記事を書くことによって、どこかに飛ばされる、首になるということになれば、事実の提示というものが、逆にせばめられていくのではないだろうか。学問の自由というような憲法上の保障を受ける人たちは、別に団結権によって裏づけされる必要はないだろうと考えられているけれども、研究上の自由が保障されていない場合、フリーダム・オブ・ディスカッションという特別の権利が保障されていない限り、団結権によって自らを保障する以外にないのではないか。

また、経営者の場合には、少なくとも自分の新聞なり放送なりを、かりに金融業者や広告業者の直接的な主張に従わされなくても、なんとかして独自の方法で企業を維持させていく手腕が期待される。それだけの力がなければ経営者としては不適任だということになってしまう。したがって、新聞や放送の経営者である限りは、自分の責任を下部に押しつけて、ごまかさない決心が必要であり、それが新聞経営者としての道徳である。そうでないと、言論の自由、報道の自由を自分で売るというか、あるいはそれを〝強者の自由〟〝財産権の自由〟に変えるだけのものに過ぎないことになってしまう。

言論の自由、報道の自由はどの限度まで守られなければならないのか。これは事態が緊急な場合には非常にむずかしい。ジョン・リードの『世界をゆるがした十日間』のなかに出ていることだが、ソビエト革命直後、新聞の自由を保障する必要があるかないかということで、ロシャ共産党のなかにはっきりした分裂が起こった。

レーニンは、新聞の自由は財産権の自由にすぎない。だからそうした自由は、保障する必要はない。つまり革命を支持する新聞の自由は保障するけれども、反革命の新聞の自由は保障しない。反革命支持の新聞には紙は提供しない。没収した用紙は革命支持の新聞に回してしまう。そういうことは許されてしかるべきだ、と主張した。

それに反して、党内のインテリ派の人たちは、それは間違っている。短期的に見れば、そういえるかも知れないが、言論の自由には長期的な観察が必要ではないか。言論の自由、情報の自由は、現在のような非常に緊急な、革命が成功するかしないか、まだ不安定な段階において、はじめて保障する価値をもつのではないか。言論の自由の保障のなかで、革命が成功すれば、それは本当に革命が成功したのであり、その保障があるために革命がつぶされれば、革命自体に欠陥があるのではないか。言論の自由を保障しながら革命をやるべきだ、と主張した。これは実践政治的には空論であるということで、インテリ派が論争に負けたのだが、その後の経過はソ連史の示すところである。

当時レーニンが、新聞の自由・情報提供の自由は言論の自由でなく、財産権の自由だと主張していたのは、おそらく当時のロシャの新聞が、客観的情報を欠き、主観的な情報、ある場合にはデマを振りまいていた。そして革命の側からみると、反革命があちらこちらに起こりそうな状況である上に、新聞がそれを支援するような形になったのでは黙認することはできなかったからだと思われる。

言論の自由がほんとうに言論の自由なのか、報道の自由がほんとうに報道の自由なのか、それとも財産権の自由なのか。現在のところ、それは日ためされているのだが、これが財産権の自由だとすれば、言論の自由の保障は、結局消えてしまうことになる。言論の自由は、やはり言論の自由としてもたなければならないのだと信じられる。

政治的現象には、多かれ少なかれ未知な要素がはいる。政治には多かれ少なかれ当て推量がはいるのはいたし方がない。その代わりいまの当て推量ができるだけ今後起こりうべき客観的事実に近づいていなければならない。あまりにも不当な、客観的結果と違うような当て推量が横行するということになると、これはやはり新聞あるいは放送のもっている言論の責任を捨て去ることになるのではないか。それは結局財産権の自由とか、〝強者の自由〟ということになるのではないだろうか。

## 新聞と名誉棄損

ところで、政治でなく、一般の事件になると、もちろん〝強者の自由〟ということは非常に慎しまれているに違いないけれども、それにもかかわらず、政治的要素のない、個人的な恩怨もない事件で、ときによると、筆の走りぐあいから、そうした形になって、その結果、新聞社もしくは記事執筆者の責任が問われるという事件も実際にはあるように思う。

たとえばある人に対して不当な名誉棄損が行なわれた場合には、その人はあんがい早く気がつくものである。この場合には、その記事の訂正をできるだけ早くすること、あるいは次の記事で補正することを要求する。おそらく実際の新聞記事になると、若干のミスはつねに起こる。関係者の年齢が違っていた、住所が違っていた、奥さんの名前が違っていた、というようなことはしょっちゅう起こるが、これは起こったからといって、当事者の側に不当な利益侵害になることもなかろう。しかしもし記事自体が基本的に間違っていたとしたら、できるだけ早く直すということがあっていいのじゃなかろうか。

新聞協会で出された『新聞と責任』という書物のうしろに名誉棄損に関する判例が取りまとめられているが、そこに現われた事件のなかには、もっと早く解決されてもよかったと思えるものが若干あることは否定できない。

その一つの例として、Y新聞の昭和三十三年一月三十日付けの山形版に、帝銀事件の誤報としてこんなことが出ている。

毒殺魔容疑者K・Sに手配本格的な捜査網布かる

菅原警部補ら川代山開墾地へ急行

怪奇戦慄をきわめた帝銀椎名町支店員毒殺事件の有力なる容疑者として鶴岡市十三軒町KJ会会長K・S（五一）が捜査線上にクローズアップされ、三十日午前十一時警視庁から同人に対する指名手配が発せられた。県警察部ではこれより先二十九日夜来帰県後におけるK・Sの動静を極秘裡に探る一方K・Sの東京都内にいる友人関係を調査中であったが警視庁捜査本部の正式指令に接して直ちに本格的捜査網を布き、同日朝九時三十分鶴岡署地方地区主任菅原三蔵警部補外警官二名が川代山開墾地に急行した。

上ノ山でも怪事件

両羽銀行支店の目撃者現わる

K・Sが有力な容疑者として指名手配されたのは東京都内銀行を荒した犯人と人相風体が合致しており自力で経営している川代山開墾地が資金難に陥り金策に奔走中であった。十日に鶴岡を出発して二十六日に帰ったと自供しているが(アリバイが不明確)服装が犯人と似通っている。東京都杉並区内の名刺屋に名刺を註文した犯人が称した本籍地と現住所が一致しているなどの諸点があげられ県警察部では同人の逮捕を前にして傍証固めに奔走中である。折も折上ノ山両羽銀行支店において十日程前に銀行ギャングと同様の人相をした風体の男がエッセンスのようなものをもって来て行員に飲ませようとした事件を目撃したというものも現われ、稀代の銀行怪盗をめぐり全国的捜査網は雪深いここ山形に集中されたかたちである。

なお同人は北海道大学の門衛をしていた父B・S（七六）さんに育てられ、小学中学を卒業後苦学してN大学に入ったが、そのころから農本改革、天皇制撤廃という左とも右ともつかぬ混乱した思想を持つようになり華族会館焼打ち未遂事件をはじめとして四つの前科を重ねている。七、八年前に鶴岡市の現住家屋を借り受けKJ会方面の仕事をしていた。

またK・Sは家族を三分し鶴岡市、川代山開墾地、東京杉並区天沼に家族を分けて居住その三つの家を往復していたので近所に深い交際も出来なかったものと見られる。

この記事は、おそらく警視庁から派遣された警部が、あれは犯人に違いないとほぼ確信的に発表した情報につられて書かれた記事であったろう。だがしかし、結果からいうと、この人が帝銀事件の犯人でなかったことは明らかである。こうした記事によって、この人は、開墾地の経営に行き詰まっていること、また前科四犯であるという通常他人に知られたくないことを詳しく報道されたことになる。ある仕事をやっていて、その仕事の資金に行き詰まっていることが報道されると、つぎにどこからもお金が借りられない。それは中小企業家としてはつぶされるという結論になってくるのではないか。近所の人が前科何犯か知らなかったことが新聞に載ったとなると、その人は恐らく近所からも敬遠されよう。とくに前科の内容が、この事件のように華族会館襲撃事件というような政治性のあるものならともかく、泥棒とか、売春ということになると、これは近所の交際からいえば、ほとんど致命的な影響をもつようになるのではないか。

## 名譽回復の手段

それではこういった場合に新聞はどうするか、ということになると、やっかいな問題になってくる。この人が帝銀事件の犯人でないのは捜査が進めばすぐわかるが、資金に行き詰まっていたということは事実であるだろうから、資金は豊富であると書けば、うそになる。また前科何犯も事実だから取り消すわけにいかないだろう。そうなると、損害賠償とか謝罪広告以外に解決する道はない。この事件は二十万円前後損害賠償で和解になった。この場合は、そんなに大きな仕事でなかったようだが、もしかりに一〇〇人前後の人を使っている中小企業家が、資金難で不渡り手形が出そうだと書かれたために、仕事がだめになったとなると、場合によれば、その新聞社の責任として、それらの人たち全部の一生涯の仕事に対する賠償ということになってもしかたがない。

日本では、たしかにこういった人の精神的な損害賠償が低すぎる。また、財産的な損害賠償になると、記事になったことによって、こういう損害を受けたという因果関係の証明ができなければならない。不渡り手形が出そうだ、倒産寸前だと書かれたために金を借りられなかったのかどうか、被害者の側で証明しなければならないのだが、これは非常にむずかしい。具体的な証明は不可能なので、実質的には非常にわずかな額しか現われない。その意味では精神的な損害賠償という形で補充する以外にないわけだが、しかし精神的な損害賠償額は、裁判所にもち出されると、金額としては名目的なものになる。この点、損害賠償額の問題は、新聞社自体になんらか検討をお願いしたい。

もう一つの実例としては、佐賀県の県会議員選挙で、次点で落選した某氏が、選挙違反に問われたが、いずれかへ逃走していたという事件を「夫婦でドロン　違反容疑の落選議員」という見出しで、某全国紙が佐賀版で報道した。ところが、夫人はたしかに家にいたから〝夫婦でドロン〟というのは事実に反するとして、その被疑者のほうから、その新聞の佐賀支局に暴力団を差し向けて、執筆したとおぼしい人をぶんなぐり、逆になぐった人物が懲役六か月の刑を受けるということになって、そちらのほうが大きな事件になったということがあった。

しかし記事の「夫婦でドロン」は事実に反する。本人は少なくとも家にいなかったというが、状況上、逃走した可能性が見られる。この事件は、昭和二十七年一月七日に佐賀地方裁判所の判決によって原告が敗訴した。原告は控訴したが、これも敗訴して、それでおしまいになった。そして新聞社側は、新聞協会の決定に基づいて、暴行者に対して暴力による新聞の自由の侵害はやめてほしいとの抗議の申し入れを行なった。これは全体からいうと、新聞社側の勝利になっている事件である。たしかになぐってはいけないが、同時に、新聞記事によって一見つまらないことではあるが、被害を受ける人も出てくるということに対して、新聞社側も率直でなければならないと思われる。

## 注目される紛争の一つ

その意味でちょっと注目されるのは、ある新聞の昭和二十九年八月十一日付けに、次のような記事がでた。ちょうどこのとき交通事故が非常に激増していたので、一種のキャンペーンをやっていたようであるが、そのキャンペーンの一部として、自分の子どもをトラックに引き殺された被害者の家に加害者が百か日目に自分の子どもを連れてわびにきた。ところが被害者は感情の高まりを押え切れず、連れてきた子どもをトラックに引かれて死んでしまえ、と道路上に押し出すなどして、全治四週間の暴行を加えた。この記事が出た結果、この人は自分の子どもを殺され慰謝料請求権の問題がこじれたすえとはいえ、加害者の子どもを路上に押し出してトラックに引かれて死んでしまえというような血も涙もない人間だと考えられて、商売が上がったりになった。

この事件の被害者と称する人は、どの程度まで損害を受けたかはわからないが、その新聞が自分を傷つけ、自分の名誉を棄損したということを書いたビラを有楽町の駅などで大量に配っていた。

この事件は、東京地裁にもち出され、名誉棄損が成立して、新聞社は謝罪広告と二十万円の損害賠償を命ぜられた。

これなどは、記事としては書きすぎかもしれない。とくにその新聞がいっしょに載せた正木ひろしさんの意見は、この人に対して、否定的な意見であった。おそらく正木さんには電話で簡単に答えを求めて、それが新聞記事に出てしまったわけだろうが、電話質問による新聞記事には、どうしてもある色がつく。その結果、ことはそんなに大きなことではなかったのに、おそらく感情のもつれがあり、行き違いの一部が報道され、それが世間の批判を招いて、義理人情をわきまえない冷酷な人間だという印象を与えたのであろう。

　これはある意味で、編集の過失に違いないので、なんらかこれを緩和することを考えても、いいのではないか。新聞記事で緩和するといっても、はじめの記事と同じ大きさの訂正記事を書いて緩和することはできないけれども、その人の居住地帯においては、販売店その他を通じて、言いすぎがあったという形での記事訂正は、やろうと思えばできるに違いないし、また損害賠償をする意思があれば、できるに違いない。

　アメリカの編集局長は、新聞をつくるときには、自分の新聞が名誉棄損になるかどうかいちばん心配しているとのことである。アメリカの新聞は、日本の新聞よりずっと品の悪いのが多く、ローカルなニュースが非常に多い。世界的な事件になると、新聞では読まないで『タイム』とか『ニューズウィーク』といった雑誌で読んでいる。新聞で読むのは、主として身の回りのことが多い。したがって、地方新聞になればなるほど、ある意味では個人の営業の問題とか、個人の社交の問題に関係することが多いから、編集局長はそうした記事に対して一生懸命になって注意する。自分の社の損害にならないように処理するよう熱中するのは自然だと思うけれども、熱中させる原因の一つは、損害賠償の額がきわめて高いということである。

　日本でも、ある記事の結果、犠牲者が出たという場合に、その犠牲をできるだけ緩和する方法を、新聞社自身や放送局自身がまじめに考えることがあってもいいと思う。それがなければ、新聞の自由、あるいは報道の自由ということを非常に強く主張しても、その自由の主張は弱まることは否定できない。

## 言論の自由の保障

　しかし、いずれにしても、いちばん基本的なものは、新聞紙法がない、よけいな新聞取り締まり法がないということである。新聞の領域においては、憲法の言論・出版の自由の保障規定、あと民法の名誉棄損に基づく損害賠償義務、それから判例は確定されていないが、プライバシーの侵害による損害賠償義務、名誉棄損の刑罰などを除き、新聞は法律的には自由である。これがなんといっても、現在の日本の新聞のもっている大きな特権ではないだろうか。

　もちろん他方において、新聞記者が自分のニュース・ソースをかくす権利は法律上保証されていない。証人として証言を拒否した場合には、罰金、科料に処せられることもある。これらの小さい場合は別として、日本の現在の法律面においては、新聞は完全に自由である。放送については放送法があって、新聞ほど自由ではない。しかし放送にしても、よけいな規定がみだりにつくられることには反対してもよいと思う。放送法はおそらく放送電波の通路が限定されていることの産物で、現在のようにＦＭ放送、ＵＨＦの放送が大量にできる場合には、制限法というものはなくてもいいのじゃないか。放送の組織、放送の安全については別かもしれないが、放送の内容については、できるだけ法規がないほうが望ましいと思う。

　同時に他面からいうと、法規がないということは、無責任であってもよいということではない。やはり同時代の人の判断、意見を形成するための報道という責任を情報提供者は背負っているわけであり、その責任を果たすための情報収集が困難だという事実上の問題と戦うだけでなく、その情報収集を可能にしている資金の提供者、あるいはまた広告の提供者、その他の経費の提供者とも、ある場合には争わねばならない。

　その争いをどういう形で具体化していくことができるか。従業員については、現在の段階では労働組合という形で団結の保障を守っていくものがあるが、従業員からはずれた経営者や、あるいは経営者までいかない管理職的な地位にある人は、どういう形で自分の責任の具体化をはかりうるだろうか。それからまた経営者そのものが自分の個人的な信念の具体化をはかったとか、会社をつぶしてしまった場合、どういう責任を負うか、これらは、営業上の問題をかかえてくるので、営業上の問題は私にはお答えできない未知の問題が多く出てくるから、はなはだ恐縮だが、この程度にさせていただきたい。

# 新聞文章論

入江徳郎

（朝日新聞社　論説委員）

〝新聞文章論〟という題は、お茶でも飲みながら、友人とお互いにぶち合うにはおもしろい題だが、さて〝新聞文章論〟と改まって講演となると、気の重い題である。私自身、新聞文章のあり方で、毎日苦悩し模索しているときでもあり、そういうことを聞かせてくれる人があれば、こちらが聞きたいぐらいだ。その私が、こうであろうか、ああであろうかと述べるというのはどうも困ったはめになったものだ……との感じがするのだが、何年か先に新聞記者になっている先輩が、どういうぐあいに新聞文章を考えているかというような点で、なにかの参考になればと思う。

## 戦前の犯罪記事の「紋切り型」

まず、きまり文句、紋切り型、という点から新聞の文章を考えてみたい。大正の終わりごろから昭和の初頭あたりにかけて、新聞の社会面の犯罪記事を見ると、たいへん紋切り型が多い。

世間の話題になるような犯罪事件が起こる。そうすると最初にかならずつぎのようなことばが出てくる。「素破と所轄××署は緊張、刑事八方に飛び、水も漏らさぬ非常線をしき」。

この「刑事八方に飛び」というのはナカナカ調子がよろしい。

さて、犯人がつかまらないと、翌日あたりの新聞に同じく紋切り型でこういうのが出てくる。「犯人は杳として行衛を晦まし、所轄××署は全力を挙げて厳探中」。警察にはかならず所轄という字がつく。

何日かして犯人がつかまる。このときもきまり文句があって、たとえば東京あたりだと「こやつ関八州を股にかけ、荒し回ったしたたかもの」――たいていつかまると関八州とか、近畿一帯をまたにかけて荒し回ったしたたかものと、だいぶん泥棒にはくがつく。

ところが、この男が警察の調べに対してナカナカ自供しない。そこで、またきまり文句が出てくる。「頑として口を割らず、係官をてこずらせている」。私が昭和十一年ごろ、警察記者をしておったときも「頑として口を割らず」という言い方は、ちょいちょい書いた覚えがある。逮捕したあと、なかなか発表がない。どうもわからんという場合には、「頑として口を割らず」。便利な文句でもあったわけだ。

さて、数日たつと、こんどはこういう記事が出てくる。「さしも兇悪なる犯人も、係官の恩情溢るる言葉にワッと泣き伏し、前非を悔い更生を誓った」。ついに自供したという次第だ。

ドンドン白状すると見えて、余罪が出てくるわ出てくるわ、「さしもの係官も口をアングリ」とくる。こういうきまり文句から考えてみると、事件を扱う記者の頭の中に、初めから警察や犯人とはこういうものだという固定した観念があって、それをもとにして記事を書いているように思われる。まず事件が起これば、警察とは素破と緊張して、おっ取り刀で駆け出すもの。昔の警官は、サーベルを下げていたから、おっ取り刀というのはウソではなかったのかもしれないが、刑事は八方に飛んで捜索するもの、それから犯人は杳として地に潜るもの。そして天網恢々疎にして漏らさずで、ついにはつかまるもの。つかまってもナカナカ口を割らないが、お上にも情けがあって温情溢るる取り調べ方をして懇々と説けば、人の性は善なり、さしも兇悪な犯人もワッと泣き伏し、いっさいを告白し、前非を悔いて更生を誓う。めでたしめでたし……。こういうぐあいに昔からの浪花節や義太夫に出てくる勧善懲悪と、人の性は善であるという考えを土台にして、記者自身の犯罪感をのべている趣がある。

　こういうきまり文句でつづられた記事には、ユーモアがあって、読んでかえっておもしろくさえなってしまうのだが、モンキリ型は何も昔だけのことじゃない。戦争中、それから今日も、われわれは「きまり文句」をあちこちで安易に使っているのじゃないかと思うのである。

　戦争中はきまり文句だらけ。器用な記者がいて、もしきまり文句だけで新聞記事を書こうと思うならば、中身はなくとも、なんとなくトップ記事になりそうな堂々たる記事がともかくできた。

## 戦争中のきまり文句

　昭和十七、八年ころ、私は少々はずかしい思いをしたことがある。当時、商工省を担当していたが、ソーメンかなにかの公定価格がきまって、発表になった。が、そのときに私は何か用事があって、他の部の友人に「頼むよ」といっておいた。当時は文章のまくらに「驕敵撃滅の秋」とか「われら醜の御盾」といった風のことばを使うのが、大流行で、たいていの記事は「戦局いよいよ苛烈にして」という調子で前文を書く。「大東亜戦局いよいよ苛烈にして、一億驕敵米英撃滅のために立ち上るの秋」という前文句がついた時代だ。そこで友人も、あまりお粗末に書いては悪かろうと思ったらしく、親切気を出して「大東亜戦局いよいよ苛烈にして、驕敵米英撃滅に一億挙げて立ち上るのとき、銃後また一体となって大敵に当るの秋」といったような前文句をつけ、ソーメンの公定価格がきまったというような記事を書いた。

　それが、そのまま新聞に二段ぐらいで出た。当時新聞協会報で新聞記事批評をやっておられたのが秋山安三郎さん。さっそく、協会報に「金ピカ文句をやめよう」という一文が出た。こういう金ピカ文句はいらない。初めからソーメンの公定価格が上がった、と書けばいいじゃないか、ということを軽妙な筆でチクリとやられて、書いてくれた友人とともに、頭をかいた覚えがある。

　戦争中、戦死者が非常に多く、社会部記者の一つの仕事は戦死者の家に行くことだった。ここにもまたきまり文句があって、「――と、涙一滴見せずに語った」と最後を結ぶ手が定石だった。「あれはたった一人の息子でしたが、国のためによく死んでくれました……と、涙一滴見せずに語った」。こんな記事が並んだものだ。

　支那事変で戦死者が盛んに出たころ、私は長野の支局にいたが、作戦のたびにドッと死傷者が出る。公報より先に、新聞社の特派員から、戦死者、戦傷者の名前をどんどん送ってくる。支局員は留守宅をたずね、写真を借り、談話を聞いてくる。次から次へ戦死者の家を回るのはたいへんつらい仕事で、悲劇の使者みたいな感じになった。「お宅は戦死です」とはとても言えないから家人に衝撃を与えないように、「なにかお手紙はございますか」というようなことから話を切り出す。ところが家族のほうでは新聞社がきたのだからこれは何かあった、とこっちの顔を見ただけで察してしまう。まっさおな顔になって「もしや……」と声をふるわせる。ほんとうのことは言えなくて「ご負傷のようですけれども、しかしたいしたことはないかもしれません。いずれ知らせがあると思いますが……」とことばを濁して写真を借りて帰るということになるのだが、帰ろうとするところをおばあさんにしがみつかれたことがある。「戦死なら戦死とはっきり言ってくれ。わたしゃア、泣きはしない」そう言いながら涙を流すおばあさんもいた。

　何百人かの家庭訪問をしたが、職業軍人の家庭の場合は別として、それ以外の兵隊の場合、家人はぼうぜんとして、卒倒しそうなありさまだ。それを「涙一つ見せずに語った」と書かなければならなかったところに当時の記者のつらさがあった。

## 現代の「紋切り型」

さて現代のきまり文句、紋切り型はなにか。

デスクがたいてい削るので、紙面にはあまり出ないが、原稿には多いらしい文句に、「嬉しい悲鳴」というのがある。何かの催しなどで申し込みが殺到すると、「嬉しい悲鳴をあげた」。このことばのはじめを昭和二十一、二年ごろ見た記憶がある。「嬉しい」ということばと「悲鳴」という逆の意味のことばがいっしょになって「嬉しい悲鳴をあげた」とは当時はなかなか新鮮な語感だったのだが、皆が盛んに使い出した。たとえば秋の行楽のときに、各地の支局、通信局あたりから人出の記事がくると、どの記事も終わりは「嬉しい悲鳴をあげた」と書いてあるか、または「——とホクホク顔」。読者も不審に思うことだろう。いままでずっとお天気が悪かった。きょう初めて天気がいい。「いやいや、この程度じゃまだ困ります」という気持ちもするかもしれないのに、そう簡単にホクホク顔ばかりだろうか。デスクは「嬉しい悲鳴」「ホクホク顔」という末尾についているきまり文句を、次つぎと消し、そして一括して整理部に出すときに、「仮見出し」をつけるが、赤インクで、「嬉しい悲鳴・一束」などと書いて、ポンと渡すことがある。

よく出てくるのが「複雑な表情を浮かべた」という文句。なにか少し入り組んだ問題でインタビューした場合、「複雑な表情を浮かべた」とたいてい出てくる。裁判で意外と思われる判決を受けた場合に、「被告は複雑な表情を浮かべた」。この語も使われた初めは、なかなか含みのあるいいことばだったのだろうが、こう皆が使い、年月がたつと、ことばに手あかがついてしまう。「逃げことば」の役目になってしまう。ことに裁判の場合など、被告は前のほうに立っているので、うしろから顔はわからない。あとから聞こうと思っても、なかなか取材はできない。時間もないという場合には、「複雑な表情を浮かべた」と書いておけば、まあ間違いはなかろうというときに、書くことばかもしれない。そうなると複雑な表情というのは実は「複雑な記者の心境」を書いたようなものだ。

「ガックリ肩を落とした」。これも最近よく使われるきまり文句だ。失意とか、うまくいかなくて落胆した場合に、「ガックリ肩を落とした」とは、最初は描写のきいたことばだと思っていたが、このごろのようにやたらに「ガックリ肩を」が出てくると、読みながら疑問が沸いてくる。いくら失意の人にしろ、ちょっと記者が行って聞けば、はたしてこんなにガックリと肩を落とすものだろうか。人間が失意であったり落胆したときには、それを相手にあまり見せまいと思って、虚勢を張って応待することも多いし、そういう態度の中によけいいたましさが感じられる場合だってあるのだが、だれも彼もこうガックリ肩を落とすものだろうか……。これは新聞記者自身が、はじめから相手をそうきめているのではあるまいか、と思えるのである。

文章のいちばん終わりを「こういう声もあるのだが……」「現場の人たちはまだまだ不満を持っているのだが……」式に結ぶ。この表現も、最初のころは「オッ、なんとなく含みがあるような、問題点を考えさせるようなムードがあって、これはちょっとしゃれているな」という気がしたかもしれないが、このごろのようにみんな「——したのだが…」と紋切り型になってくると、「またか」という気がする。随筆なんかの「——と思うのは私一人であろうか」。この言い方、「——と思うのは記者一人であろうか」。こういうのをあまり見ると、しまいには「私はこう思う」とはっきり言ってくれたほうが気持ちがよい。思わせぶった表現もいいかげんにしてくれ、と言いたくなってくる。

## 自分自身の表現を……

考えてみると、われわれは、ここのところは何か新しい表現か、もっと適切な表現を考えなければならないと思いながら、「ええもう時間がない、いいだろう。だいたいみんなこう書いておるし、こう書けば意味が通じるのだから」と、「——と複雑な表情を浮かべた」と書いて、原稿を出したり、「彼らはやることはやったというのだが……」と書いたり、そんな覚えがお互いにある。

きまり文句を使った文章というのは、人のことばでものを言っている。人の思考でものを言っている。自分のことばでものを言わないで、手あかのついたモンキリ型に安易に寄りかかって、それを借用して逃げてしまったというべきで、時間の節約上やむを得なかったではすまない。紋切り型をやめて、自分の感じと自分の見方で文章を書くということがたいせつなことだと思う。人の借りもののことばだけですましていては、伸びるべきものも伸びない。前人の使った表現に安住してしまわないで、それを打ち破って、新しい表現を自分で作ってゆく。その努力をしないことには記者の表現の前進というものはありますまい。

やはり表現では、お互いに苦しまなければいけないので、自分自身の見方、それにマッチする表現があるはずだ。「ガックリ肩を落した」と逃げてしまわないで、そのときには何かほかの表現があるはずだが、それがなんであるか、とにかくマンネリズムの紋切り型のことばを使いたくなった場合に「待てよここはおれのことばで書かなければ、おれの書いている意味がない」と、ひとつ考え直してみたい。これが私の一つの提言だ。

## 「起承転結」からみた新聞文章

次に「起承転結」という点から文章について考えてみたい。起承転結とは古い言い方だが、ご承知のように、漢詩のほうからきたことばだ。

ほんとうかどうか知らないが、頼山陽が、「起承転結とは何ぞや」と聞かれて、歌で説明したという。

起　京の三条の糸屋の娘
承　姉が十八妹が十五
転　諸国大名は弓矢で殺す
結　糸屋の娘は目で殺す

これが起承転結の代表的なものだとわかりやすく説明したという話を聞いたことがあるが、私どもは文章、記事を書く場合に、やはり昔からの定石的手法、起承転結というような発想が頭の中にあるので、真っ正面から正攻法でジワジワと押して、なんとなく起承転結に近い形で文章を書いている場合が多いのじゃないかという気がする。

敗戦後、アメリカがビキニの環礁で水爆実験をやった。そのときに夕刊に出たAPかUPかの記事を見てたいへん新鮮な感じを受けたことがある。書き出しは、「爆発は予定より三十秒早く行なわれた」。こういうリードで始まっている。歴史に残る水爆実験の記事だから、われわれがもしそのころ書けば、もっとほかのことから書き出したかもしれない。南太平洋の波の青さから書き起こして、そよ風が海の上を吹いて、やしの葉がサワサワと鳴って、そして静かな南の海に水爆の爆発というぐあいに書いたかもしれない。

すなわち、起、承と始め、転のところで爆発を持ってきたかもしれない。ところがアメリカの記事は前置きをいっさい抜きにして「爆発は予定より三十秒早く行なわれた」と、いきなり爆発の瞬間から始まっている。ニュース映画の手法を思わせるもので、始まったと思ったらドカンと爆発。印象は、はなはだ鮮烈だ。新聞記事の場合、起承転結という在来の型をあまり踏まないで、いきなり「転」からはいる。あるいは「結」から始める。場合によっては、その表現のほうが力強く引き締まる。読んだ人にもスカッと頭にはいる。いろいろな書き方があると思うのである。

棚にいろいろなものが置いてある。自分のほしいものをヒョイヒョイと好きな時に取り出すように、好きな表現で書ける。そういうことになってやっと一人前ではないかと思う。いつも正攻法の表現方法を後生大事に持っているだけではいい表現はできない。表現の多様性を持ちたいものである。

## 構えるな

私たちの癖だが、文章を書くとき、一つ構えてしまう。ことにニュース・バリューが大きかったりすると、これはいい文章を書かなければならないという気になりがちで、つい姿勢がかたくなり、肩に力がはいってしまう。何か大きな行事があって、次の日のトップ記事になるというときに、前の晩に予定原稿を書く人がよくあるが、そういうときにはとかく肩をいからせたような文章を書いてしまい、実感なんかありゃしない。私が言いたいのは、こういう場合「構えるな」ということだ。名文を書こうと思うと名文は書けなくなってしまうので、ごくすなおに、これはこういう催しだった、こういうぐあいだったということを人に語るような調子で書いたほうがよくわかるし、訴えるところの多い文章になるもので、肩に力がはいっていると、かえってとんでもないところへ球が行っちゃう。

そういうふうな失策を私自身ずいぶん犯していて冷汗ものなんだが、ある時、偶然、こういう収穫があった。ヘルシンキのオリンピックに行って、そのとき私がタイプライターで打った記事が、友人に言わせると「いままでとは別人の記事のように脱皮した感があった」というのだ。私もあとで読み直してなるほどと思うことがあった。当時オリンピックの記事の競争はタイプライターを打つ競争みたいなもので、私は教習をうけたりして大会が始まるまでに、両手の全部の指でタイプがともかく打てるようになっていた。ヘルシンキ大会で例のザトベックが走りまくって、五千メートル、一万メートル、マラソンと優勝したときだが、ザトベックが次から次へ抜いていくのをスタンドで見ながら、タイプで「ザトベックが走った、抜いた」とメモなしで打ってみた。

ローマ字で打つのだから、文章は自然に短く、わかりやすくなる。むずかしいことばは使えない。たとえば「ザトベックは韋駄天のごとく走った」などとタイプで打つと損だ。韋駄天とやると、idatenと打って、これはどうしても説明をつけなければならない。もしこのidatenが、電報の途中で一字でも間違うと、本社のほうではなんのことかわからなくなる。だから、むつかしい表現はいっさいやめて、聞いただけでわかることばで打つ。そして短いセンテンスで切る。短文を次から次へ並べていく。すなわち名文を書こうと思わない。文章を飾ろうと思わない。「ザトベックは抜いた。走った。三十周にかかった」というふうにムダがなくなる。文章を書く一つのコツはこういうところにあったのか、とやっと気がついたことがある。

タイプライターという道具は、われわれの思考の早さと、どこか一致する点がある。われわれが原稿をエンピツで書いているとき、考えていることがパッパッと頭の中をかすめ、その早さに追いつけないで、もどかしい場合があるが、タイプを早く打てるとテンポが合う。私の友人に辻豊君という文章のうまい人がいるが、彼は頭の回転が早い。あの回転の早さを筆で書いたのではまどろっこしくて追いつけない。タイプに限りますよということを彼が言っていたけれども、タイプを使うということも、一つの手かもしれない。タイプに向かえば原稿用紙に向かったと同じで、メモを見るだけで、そのまま記事に打てる技術を身につけるとたいへん得だ。外国での取材の場合など文句なしに有利な条件になると思う。

## 文章上達のための心構え

私の友人で、彼は若い人を鍛え、教えたりするよき古手なんだが「戦前と戦後で記者の気質がずいぶん変わってきた」という。聞くと、こうだ。以前の記者は記事を書いて、それをデスクに出したあと、おれの記事をあのデスク、いつ見るかなと待っている。自分の記事をデスクが見てしまえば、安心してお茶をのみに行くなり、席をはずすなりする。念のはいったやつになると、おれの書いた記事をデスクがどういうぐあいに直すか、へたな直し方されちゃ困ると、デスクのそばに行って腕を組んで、デスクを監視する。そして、おっと、そこは直されちゃ困りますよ、などとケンセイしたりする。

そういう気風が以前は相当あったのだが、戦後になって変わってきた。デスクが原稿を見て、意味がよくわからない。たとえば「前半のように調子がよくなく試合は続いた」。こんな表現だと、前半も調子が悪かったのか、それとも後半だけが悪いのか、どっちにもとれる。確かめようと思って、書いた記者を捜すと、どこへ行ったかわからない。お茶でも飲みに行ったらしいということになる。給仕君にやっと捜させて、「君これどうなんだい。意味がよくわからないぞ」というと「ああ、それはこういう意味ですよ」「じゃあこう書かなければだめじゃないか」「まあ、それじゃシカルベク直しておいて下さい」。自分は原稿を出したから、あとで意味のわからんところがあれば、それはあなたのほうでしかるべくわかるように、やっておいてください——。こういう気楽なタイプがふえたそうだ。「おれはそういうやつは、うんといじめることにしているのだよ」。わが友人は言っておったが、そういうときに文句をいってくれるような人はありがたい人なのである。

自分の書いた記事には責任と自信をもち、もし直すのなら、どういう直し方されるのかを注目しているくらいでないと、いい文章は生まれない。

いつになってもやりたいのは、原稿を読み返すということだ。読み返すということは、自分が書いた立ち場をはなれ、こんどは読むほうの立ち場に立って見ることなのだ。私はいまコラムを担当して、新米の身でフーフー言っているのだが、帰りの地下鉄で刷り上がりの新聞の、自分の書いたところを何回も読む、うちへ帰るまでだいたい一〇回ぐらい繰り返して読むかもしれない。なんとなく読まざるを得ないので読むのだが、読んでいるうちにかならず一か所か二か所直したいところが出てくる。

それはなぜだろうかというと、社で私が書いている気持ちと帰りの電車の中で読んでいる気持ちが違うからだろう。帰りの電車の中で読んでいる私は、多分に読者的な気持ちになっているに違いない。読者の目で見ているのだ。たとえば自民党の派閥解消をやるべきだと書いたとして、その中で、「自民党内部の派閥は……」こう書いてもちろん意味は通っている。ところが帰りの電車の中でそれを読んでいるうちに、ふと浮かぶのは、ここは「自民党の派閥地図は……」と、「地図」を入れたほうが、あの八個師団の存在を現実的に感じさせはしないか、と家に帰ってから電話で直すというようなこともあるが、読み返す功徳はたしかにある。出稿する前に時間があれば、もう一ぺん読んでみる。かならず直したくなる個所が出てくるものだ。

## エトキのポイント

写真の説明をやらされる場合が、社会部の方には多かろうと思う。いわゆるエトキだ。なにか写真を一枚あてがわれて「これ、ちょっとエトキをやってくれよ」。季節の感じのものであったり、風俗的なものであったりだろうが、エトキということは、なんでもないことのように見えて、これはむつかしいことだと思う。このエトキがじゅうぶんにやれたら、社会部の遊軍の記者として、一人前だろう。

エトキの場合、たいていの人が、写真に即して書く、つまり「絵を読む」式の書き方をする。これが定石だが、ここで写真にないことを書き、写真に現われた以外のことで写真説明を書く手はないものだろうか。たとえばテレビを見ると、ラジオの場合のアナウンサーとでは、まるで違う。絵がある場合と絵がない場合では、書く記事が変わってくる。われわれは絵があっても絵がなくても、同じ記事を書いているのではあるまいか。思い切って写真にないものを書いてみたい。この写真に至るまでには、こういう事情があるのだ、というふうに持っていく書き方もあるだろう。

いずれにしてもエトキの新機軸を出してみる。さっき申し上げたマンネリズムを破ろうという精神を、ここにも発揮してもらいたいものだ。

## 「ものを見る目」を養う

文章研究の意味で、ちかごろの記事の中で、印象に残ったのを、一つ紹介させていただきたい。

八月二十五日に荒川の取り水の通水式があった。河野国務大臣の鶴のひと声で、荒川の取り水工事が四十日も早くなって、荒川の水が東京の貯水池へ流れ込むことになった。その通水式の記事だ。

「ドンドンドンと花火が上がった。拍手と歓声の中でスイッチが押され、四十万トンの水の援軍は、荒川から東京へ向って流れはじめた。数日前までの深刻な水飢饉の緊迫感はすっかりぬぐわれて、秋ケ瀬取水口の緊急荒川通水式は、祝賀ムードに包まれていた。雨で貯水がふえたこともある。しかし満々とたたえた荒川の水が、毎日東京に送られるという事実が、集った人たちに大きな安心感を与えたからに違いない。やっと大任をはたした河野国務大臣、東知事、小林都水道局長らのはじけるような笑顔は式が終った後も消えなかった」。これまでがリード。

「河野さんは午前八時二十分ごろ、秋ケ瀬橋ぎわの通水式場に着いた。ギョロリとした目をすばやく川面にやって、水量の豊かなのを見てほっとした表情で控えのテントにはいった。水門の四つのゲートを上げるボタンは、わざわざ特別に水門の手前に設けられてあった。河野国務大臣、神田厚生大臣、白浜建設政務次官、進藤水資源開発公団総裁が、一列に並んで時間を待つ風景は、水行政の複雑さをそのまま象徴しているのだが、この日の河野さんは上きげんで、まわりの人にも愛想がいい。午前八時四十五分、合図の花火が上がって、四人の手がすっとボタンを押した。ゲートは静かに開いて水をのみはじめた。水門の上につられた二つのクス玉が割られ、風に吹かれて飛び散った赤、青、黄の風船や千代紙が波に浮びながら、四十万トンの水といっしょに、す早く導水路に消えていった。河野さんは得意そうに空を仰いで大きく笑った。一方の東さんは八時半に朝霞原水連絡ポンプ場に鈴木副知事らと到着。ふだんからえびす顔の東さんは、いよいよ顔をほころばせ、ポンプを動かすスイッチの前に立ち、カメラマンの要求に何度も何度もポーズをとった。お祭気分の濃い公団側にくらべて、都側は水道関係者だけが参加、花火を合図にポンプを動かすというごく控え目な〝式〟。モーターが金属的なうなりをあげて回り出すのを見届けてから、一行は公団の式場へ。式場へ着くと、もう河野さんはマイクに立って水のうんちくを傾けていた。〝公団や埼玉県に無理なお願いをきいてもらって感謝にたえない〟と前置きした河野さんは〝四十万トンの水はひと月千二百万トンの貯水に相当する絶大な効果を持つが、やはり冬の渇水期は心配だ。都民は節水の上にも節水してほしい〟と楽観ムードにクギをさすのも忘れない。小林水道局長は人ごみにまぎれてこの挨拶を聞いていたが、終るとテントの外に出て空を見上げながらハナをすすった。やがて式を終えて出てきた河野さんと小林局長はどちらからともなく歩みよった。〝や、どうも〟〝どうもどうも〟。たったそれだけのことばの中に、ホッとした気持が通いあうようだった」。

ざっと一〇〇行あまりの記事だが、この記事は非常にうまいと皆さんもお考えになるだろうと思う。この記事は河野さんの笑い顔と東さんの笑い顔が別のもので表現されている。河野さんの場合は得意顔、東さんの場合はえびす顔、この二つの笑い顔が書き分けられている。河野さんが得意顔になるわけはいわずともわかるだろう。いままで東京都がやれなかった荒川からの通水を自分が一喝を放ったところが、たちまち早く実現した。その通水式に臨んで、この人が得意顔になるのは無理もない。一方、東さんのえびす顔、そもそも東さんの顔がえびす顔のところへもってきて、このときは五日前に水源地に一〇〇ミリも雨が降って、東さんはヤレヤレというところ。さらに一日四〇万トンの荒川取り水の通水だというので、いよいよえびす顔にならざるをえない。ふたりの表情が新聞記事を通じてよくわかる。

水道局長が、外に出てはなをすすったというなんでもない描写が、あの長い顔の、パッとしない局長がさんざん都民に叱られたあげく、てがらと賞賛は河野さんのほうにさらわれて、あわれをとどめているあたり、情景をほうふつとさせておもしろさがある。

この記事は通水式の背景にある東京の水事情、複雑な水行政、都知事、河野さんの関係、水道局長の立ち場、そういうものをふんまえて通水式という舞台の上の人間を見詰めているのだから、ただの行事記事でなく、奥ゆきが深い。記者があまり調べもせず、聞きもせず、ただ式場に行って記事を書いたとすれば、こういうコクのある記事はできなかったと思う。「河野国務大臣、神田厚生大臣、白浜建設政務次官、進藤水資源開発総裁が、一列になって時間を待つ風景は、水行政の複雑さをそのまま象徴しているのだが」というような表現はできなくて「出席した人々は」と名前だけ並べてしまうことになっただろう。水行政の複雑さを筆者がじゅうぶんに理解しているものだから、出席者の顔ぶれを見ただけで、このひとりひとりがみんななわ張りがあってうるさいものだ、という意味をもった表現になってくる。

いい文章を書く基本は、あらためて申し上げるまでもないが、その問題について予備知識をじゅうぶんに持つことだと思う。仕事の性質上、予備知識なしにブチ当たらなければならない場合もしばしばある。そういう場合は現場で足を使い、あとは日ごろから鍛えている「ものを見る目」の働かせどころ。そして自分の表現で——いやこの辺は、もうくりかえして申しあげることもないと思う。

# 社会面記事の取材と書き方

稲野治兵衛
（毎日新聞東京本社　社会部長）

## 火災現場の取材

昔から火事の記事がじゅうぶんに書けたら、記者は一人前だといわれているが、これは今日も変わりはないと思う。私が入社したときも、先輩からそういうことをいわれたし、いままた私は年々新しくはいってくる諸君に、そういう話をしている。それほど火災現場の取材は厄介だ。大火は別として、とくに中途半ぱな火事というか、五軒、一〇軒といったような、しかもそれが繁華街の火事ということになると、取材がかえってめんどうだ。しかもそれが締め切り間ぎわとなると、なおさらである。

いまから二十何年前、私が京都支局に初めて配属になって間もなく、織り物で有名な京都の西陣で火事があった。西陣というと家内工業で、だいたい四、五人ぐらいの織り工さんを使っている零細工場が多い。その西陣の織り屋に火事があったという速報が、近くの販売店からあった。

かけ出しの私は、先輩から「西陣で火事があったから行ってこい。君が手に負えんようなものになれば電話をしろ。そしたら応援を出す。とにかくカメラといっしょに行ってこい」ということで西陣へ行った。行ってみると、火の手は激しく、見る見るうちに織り屋の工場は全焼した。販売店の速報が早かったので、いちばん最初に火事場へかけつけたのは私だけで、ほかの社の記者はまだきていなかった。夜八時、九時ごろというと宵の口で、ヤジ馬がたくさん集まって、現場は相当混雑していたが、ひととおりの取材を終え、急いで電話で原稿を送る必要もないと判断したので、支局に帰って原稿を書いてデスクに出した。そのデスクが私の原稿を見て「たいしたことはないな。けが人も出ておらんのだな」「けが人は出ておりません」「本紙ならせいぜいベタ記事だな。京都版でもいいのだが、時間的に京都版には間に合わないから、まあ本紙に送っておこう」ということだった。

それからいろいろ雑談をしながら、先輩から「火事はこわいぞ。おれの経験でも、京都というところは、お寺の火事では、とてつもない国宝が焼けることもあるし、普通の家でも、美術品、書画、骨とうで非常に価値のあるものが多いから、とくに注意が必要だ。まあ西陣の今夜の火事は、そうたいしたことはないだろうが……」というようなことを聞きながら、支局でまた事件がないかと待期していた。

ところが、九時半を過ぎて、またデスクの電話が鳴った。その電話は先ほどの販売店からで、先輩が出ると「さっきの西陣の火事で焼死者が出ているが、さっききた記者はそれは取材して帰っているんでしょうな」という。そこで先輩が「お前の書いた原稿には死者どころか、けが人もなかったじゃないか。おれが原稿見てダメ押ししたら、けが人も出ておりませんといっているが、いまの電話では、何人か焼死者が出ておるといっている。これはたいへんだ。とにかくもう一ぺん現場へ行け」といって、今度は入社三、四年の先輩とふたりでふたたび火事の現場にとって返した。

行ってみると、これはたいへん、私が帰るのと入れ違いぐらいにきた他社の連中がワイワイ騒いでいる。聞いてみると親子三人——母親と幼児、それに生れて間のない乳のみ子——が無残に死んだということが、私が帰ったあとでわかった。織り屋は火を使っていろいろな織り物を乾燥するが、その炭火の不始末が原因で、階下から火が出た。気象状況が非常に乾燥していて、火の回りが早く、京都のあのへんの家屋構造は、格子戸でガッチリと二階の窓は閉ざされているし、階段は非常に急で一つしかない。こうして二階で寝ていた親子三人が逃げる暇もなく焼死したという事件である。

ところが先ほど申したように、その織り屋は、ほかの家から離れたところに一軒だけ建っていた関係上、それがわからなかった。それでほとんど鎮火してから「どうもあそこの奥さんは、最近子どもが生まれたらしいが、姿が見えない」ということから騒ぎ出して、警察、消防が調べたところ、三人が焼死していたというわけだ。そこであわてて先輩とかけ出しの私が協力して取材し、こんどは電話で支局に原稿を送ったのだが、時間はすでに十時を回っていた。

支局から本社へ原稿を送る場合は、こういう事件があるということをあらかじめ電話しておくと、本社のデスクも、また整理部も、工場も、多少の時間の融通はきかして入れてくれるのだが、私が先に送った原稿は、デスクのいうように初めからベタ記事のつもりで送っている。その後支局のデスクから情勢が変わって送り直すという予告はしていたが、時間が非常に遅いという関係もあって、はたしてこの送稿が間に合ったかどうか、ということが非常に心配だった。

当時京都には地元紙として日の出新聞というのがあったが、その翌朝の日の出新聞は、この火災事件を社会問題として大きく扱い、これは西陣独得の家屋構造が生んだ悲惨な親子の焼死事件であると、社会面の半分以上を占めるようなはでな扱いをしていた。ほかの新聞もこれまたかなりくわしく報道している。毎日新聞はどうかというと、これは社会面の片すみに、きわめてささやかな形で掲載されている。なるほど火事はこわいものだ、ということを、そのとき初めて強く体験したわけだ。これは私が支局に配属されて二か月か三か月目のことだった。その後火事場へ行くとかならず焼死者は出ていないかということを、鎮火して、原稿を送ってからも、また念を押すという取材を忘れないようになったのである。

それから十何年たって九州へ転勤を命ぜられて、門司の西部本社のデスクに赴任した。デスクになってからも、私は火事があると「どうだ、焼死者は出ておらんか、けが人は出ておらんか」という。社会部の若い諸君や支局の諸君は、「こんな火事に焼死者が出るものか、あのデスクは火事といえば、かならず焼死者というが、どうかしているのじゃないか」といわれるほど、私の口ぐせになっていた。

ところが西部本社に着任して、ちょうど半年ほどたって、これも夏だったと思うが、門司と小倉の境の住宅街にある、戦後建ったバラック建ての公設市場が全焼したという原稿が送られてきた。私のいつもの口ぐせが出て「市場が全焼した。だれか焼死者は出ておらんか、ひとつじゅうぶん警戒してくれ」というと「あの市場に勤めている人は全部通いで、だれも住み込んでいないのです。ただ雇いの保安係がいますが、それはこの火事にはぜんぜん関係なかったし、市場の中にはひとりも寝泊まりしておらん。だから焼け死んでおるものもいないし、けが人もいないはずです」、「いないはずでは困るのだ。はっきりいないという確認がないと困るので、もう一度確認してくれ」というと、ろくすっぽ返事もせずに現場からの電話は切れた。

それからほかの支局から来る原稿を次から次へ見ていると、一時間ほどたって、先ほどの火事の現場の若い記者から電話がかかってきた。非常にあわてた興奮した声で「四人死んどりました」「四人ってなんの事件だ」。私は知っていてそういった。「先ほどの市場の火事です」、「すぐ原稿にして送れ」。非常に興奮して、しどろもどろで原稿にもなっていない。「締め切り時間までまだしばらくあるから、そう興奮せずに、とにかく原稿にして送れ」といってすぐ応援を出したのである。

帰ってから聞いてみると、なるほど、その市場は三〇軒ほどの店舗があるが、従業員は全部通いで、夜遅くの火事だから、だれもいないのが建て前だ。しかし、その時はたまたま肉屋の店員か、げた屋の店員かが、店員ばかり四人でコップ酒などをひっかけながら市場の店の奥の間でマージャンをやっていた。両方に出口と入口があるだけの一筋の両側に店舗が並んでいる市場で、中ほどからは外に出れないような家屋構造になっている。ところが奥の出口のほうは、保安係が戸締まりをして帰ってしまっていた。たまたま入口近くから火の手が上がり、これまた非常に乾燥した日であったためか、火の手が早く回って、しかも通路が煙突の作用をしたため、またたくまに火に包まれてしまった。その上、木造のバラックだったため、アッという間に全焼した。

だが、火事がしずまって、かなりの時間がたたないと焼死者がおるということはわからなかった。出火したときに運悪く保安係がいなかったという関係もあって、その時間にその市場の中に人がいるということがわからなかったのである。そのために第一報では、そのことがぜんぜん原稿の中にはいっていない。こんどの場合はたまたま私の口ぐせが効を奏したというか、ほかの新聞が発見したのは遅く、私のほうの新聞が一版か二版早く水をあけた。〃江戸のかたきを長崎で〃というコトワザがあるが、京のかたきを十数年ぶりに門司でとったという結果になったわけだ。火事の現場の取材というのは、うっかりすると、こういう結果があるということを老婆心までに申し上げておく。

## 交通事故の取材

火事と並んで、簡単なようでいて非常に厄介なのが交通事故の取材だと思う。すべて事件は現場を踏めということをよくいわれる。しかし、夜遅く交通事故の速報があったりしても、何かほかの事件が重なっていたりすると、その知らせてくれた人に宿直の記者が電話で、「どんな事故ですか」「タクシーがトラックと接触して、けが人かなにか出ているようですよ。救急車がきて病院へ連れていったようです」「死んでいますか」というような聞き方をする。「まだ動いておったようですから……」。じゃあまだ死んでいない、たいしたことはないな、あとで聞けばいい、死んだら県警本部のほうへはいるだろう。ほかの取材もいそがしいからしばらくまっておこう、ということにままなりがちである。これがまたたいへんな結果を生むことがある。

大阪の郊外で、こんな交通事故があった。大阪から和歌山のほうへ走っている電車に国鉄の阪和線があるが、この沿線の堺市の市内の踏み切りで交通事故があった。国電だから、大阪では大阪鉄道局に第一報がはいった。私は当時大阪本社の社会部デスクをしていたが、第一報が鉄道記者からはいってきたので、原稿を見ると、「国鉄阪和線の踏み切りで乗用車が電車と衝突して死傷者が出ている」というきわめて簡単なものだ。

そこで私は、その国鉄の記者に「踏み切りで自動車が電車にはねられたとなっているが、この踏み切りは何種踏み切りか、開閉機のある踏み切りなのか、踏み切り警手のおるものか、警報機だけがついているものか、あるいはまったくそういうもののない無番踏み切りなのか」と聞くと、「開閉機のある踏み切りだ」と言ってきた。しゃ断機のある踏み切りで、乗用車がはねられたということになると、これはおだやかでない。踏み切り番がいなくて、しゃ断機が上げっぱなしになっていたのかどうか、これはちょっと問題だ。死者が何人、けが人が何人という問題じゃないから、これは国鉄のほうでもすぐ調べてくれ、堺の現場の支局にも連絡して調べようということになった。

国鉄では、ダイヤ改正を毎年十月一日に行なっている。非常に大幅な時刻改正だが、この事故は国鉄の時刻改正があった翌々日、つまり十月三日のお昼前、十一時ごろに起こった。踏み切り警手は、その現場の踏み切りには長年勤務しており、毎年電車の時刻改正があっても上りの急行が通れば、次は何分おいて下りが走る。その間に貨車が走る。三分、二分、五分というぐあいに、上下線の車の間隔をそらで覚えているという、非常にベテランの踏み切り警手であった。

前々日に時刻改正があって、もちろん時刻改正があったことは知っていたわけだが、それが一つの錯覚というか、下り線が行ってから三分間時間があるというので、駅の売店へ——これはほんのすぐそばに駅がある——買い物に行った。往復一分で行ける駅の売店へだ。ところがいかんせん、まったくその一分の間に逆の上り線から急行がその踏み切りにさしかかった。開閉機はあけっ放しになっていた。

これは明らかな職場離脱である。踏み切り警手は絶対に無断で自分の勤務の現場を離れてはいけないということになっている。

このニュースは単に踏み切りで死傷者が三人出たとか、四人出たとかいう問題じゃない。ニュースの焦点は踏み切り警手が責任のある勤務を離れて、駅へ買い物に行った間に起こった事件という点である。しかもそれが時刻改正後、一つの錯覚を起こして、そういうことになったのだ、というのがニュースのポイントになる。たまたま死者があったので、これはどの新聞も現場に行ってわかったのだが、これが単にけが人だけですんでしまったならば、たいした事故ではないとすましてしまったかもしれない。これなど現場へ行かないと、まったくわからない交通事故である。

こうしたケースのように警察本部で取材するとか、鉄道局の中ではわからない交通事故は非常に多い。総理大臣が乗っている自動車であれば、たとえ三日間の傷であっても、やはり社会面のニュースとしては、ニュース価値はじゅうぶんあるわけだ。佐田啓二君が先日なくなったが、もしああいう交通事故を落としたとすれば、社会面ニュースとしては、ちょっとみっともない。あれは、横浜支局管内の事故だが、佐田啓二でなく余り知られていない本名で出ていて、もしその事故を急がずにのんびり取材をしていたならば、すぐに一版の差がつき二版の差がつく、という結果になるのである。

交通事故は現場を踏めという鉄則は昔もいまも変わらない。現場の詳細な取材をしてこそ、交通事故の価値判断というものはできるものだと思うのである。

## 敬称・氏名等の扱い

交通事故に関連して、最近、非常に交通法規が複雑になって、被害者か加害者かわからないといったケースの事故が、非常に多いと思う。無免許運転とか、でい酔運転とかいった場合には、どちらが加害者かはっきりわかるし、加害者が逮捕された場合には、明らかに敬称もはぶくことになる。しかし、被害者か加害者かどっちが悪いかわからん、というケースの事故が非常に多い。

たとえば歩行者がはねられたという場合でも、歩行者が交通信号を無視していたのか、あるいは横断歩道でないところを歩いていて、運転者のほうが正常運転をしていたという場合もある。どちらがいいのか悪いのか、どちらが被害者か加害者か判断をつけかねるような場合には、毎日新聞ではどちらも敬称をつけるということをきめている。しかし、これなどもケース・バイ・ケースで判断する必要があり、なかなか画一的にいい切れない問題が出てくる場合があるのである。

また仮名の問題に関連して、最近暴力団とかヤクザの出入りというか、町ののみ屋で、ささいなことから口論となり、ケンカをして相手に二週間のけがをさせた、というような記事がよくある。ところが原因を調べてみると、負傷した何々さんのほうがはるかに悪く、呼び捨ての加害者のほうがむしろ筋が通っているというケースがある。まあけがをしているから被害者には間違いないのだが、けんか両成敗というのか、ヤクザのケンカなどはどちらも悪いケースが多い。こういう場合には、どちらも敬称ははずして何々組ということがはっきりしていれば、何々組員ということを下につけるとかするが、これとても画一的にそういうことをきめると、場合によっては律し得ない場合が出てくる。

これもやはり現場の取材に当たっている記者が判断しないと、デスクでも判断できないような要素があると思う。そうしたことはちょっとしたことだが、読者が見ても不審をいだくことがあるし、関係者が読めば、なおさら奇異に感ずることがある。だからこれも現場の取材に当たる人の判断によってきめるべきことだと思うのである。

## 少年犯・発見者等の氏名の扱い

これと関連して、少年犯罪についてふれると、少年法六十一条には、満二十歳未満の犯罪については、少年法の建て前から名前は出さない。写真も出さないというようになっているが、これもケースによってどう判断したらよいか、なかなか苦しむ場合がある。

少年法六十一条の扱いについては、新聞協会の少年犯罪の統一見解があって、一応原則として各社ともこの建て前でやっているが、これには「逃走中で放火、殺人など、凶悪な累犯が明白に予想される場合、あるいは指名手配中の犯人捜査に協力する場合など、少年保護よりも社会的利益のほうが強く優先する特殊な場合」については、氏名、写真などの掲載を認める、といった特例がある。

先日ライシャワー・アメリカ大使が少年に刺された事件があった。犯人は満十九歳何か月で、もうしばらくたてば満二十歳になる精神の安定していない青年だった。この場合、東京の新聞を見ると、ある社ははっきりとその少年の名前を出しており、一方、少年法の建て前から名前を出さなかった社もあった。もっとさかのぼると、山口二矢という少年が壇上で演説中の社会党の委員長浅沼さんを刺殺したという事件がある。このときも少年の名前を出した社と出さなかった社があった。これは少年保護よりも、社会的利益のほうが強く優先する特殊な場合という見解から、この二つの名前を出すか出さないかという岐路に立つと思うが、これもなかなかむずかしいと思う。ライシャワー大使の場合は、私の社は名前を伏せている。

いずれにしても、この判断は公益の擁護ということにかかってくるわけだが、少年法六十一条の建て前というものは、単なる訓辞的な規定ではなくて、あくまでも法律である。現在の日本の青少年の非行、犯罪傾向から見て、満二十歳のラインが是か非か、これは別の問題であると思う。あるいは十九歳、あるいは十八歳に、少年法の適用年齢を下げるべきだという意見が、いろいろなところで出されているが、しかし現在まだ少年法がある以上、この六十一条というものは、あくまでも少年を保護する法律であるという大前提に立って判断すべきであるというふうに私は考えている。

日本の新聞は、なんでもかんでも名前を出しすぎるということがよくいわれる。

普通の社会面の雑報などによく出るが、第一発見者というか、現場に居合わせた目撃者というか、そういった人の氏名が出ることがある。ただ、「通行人が発見」としただけでも、その事件の報道としてはじゅうぶん足りる場合でも、通行人何某年齢いくつ。場合によっては住所までごていねいにも出ることがある。なるべくくわしく報道することは必要だと思うが、事件の軽重をよく考える必要があろう。

また、氏名を新聞に出されたために、かえって迷惑をこうむるというケースがある。社会面取材においては、昔からの伝統というか、まず第一に現場の状況を最大もらさず克明に取材させるというところに、その原因があるのかもしれない。とくに新人記者の場合などには、新聞に出るか出ないかはデスクに任せて、とにかくくわしく取材せよ、と教えこんでいる。そして、それがそのまま紙面に出るようなこともあって、ここまで書かなくてもよいのじゃないか、と不思議に思える場合が生ずるのである。したがってこうした取材のやり方は間違っているとはいいきれないが、取材したからといって、なんでもかんでも相手の迷惑も考えずに報道するということは避けたいものである。とにかく発見者等の氏名は慎重に扱うべきだと思う。

## プライバシー・名誉棄損の問題

年齢とか氏名を掲載することと関連して、最近プライバシーの問題がクローズアップされてきた。

朝、警察を取材に回ると、前日の夜の事件が刑事の引き継ぎ簿などに出ている。たとえば皇居前広場で、夜、男女が散歩しておったとか、ベンチに腰掛けて休んでおった。そこへチンピラがきて脅迫して、この男性は時計をまきあげられた。女といっしょだから届けにくいのだけれども、舶来の時計で惜しいからやっぱり届け出た。そうすると宿直の刑事は、それを聞きとって、調書をつくる。翌日、新聞記者がきて何かないかということで、パラパラとその調書を調べていくと、あったあったということで、何もないときだから、せめてこれだけでも送っておこうというので、夕刊早版用に記事を送る。「十月三十一日午後十一時半ごろ、皇居前広場で、何々会社課長何某と、同じ職場の事務員何野何子さんいくつが散歩していると、若い男が出てきて脅迫して金品をまきあげた」という記事が送られてくるとする。

これは刑事が聞いた被害調書のとおりに記事を送ってきたので間違いではない。ニュースとしては正しいニュースである。しかし、その場合に、この記事は、夜遅くこのへんをウロウロしていると、こんな目に合いますよ。皇居前広場には、最近こういうチンピラが出てきて、アベックを脅して金品をまきあげる男がおるからご注意ください、という意味で記事にするならば、何々課長何某、同じ職場の女事務員、何歳と、書くことが適当であろうか、という判断はあってもいいのじゃないかと思う。

ニュースとしては、克明に取材してはっきり報道することが建て前であるとすれば、氏名、職業、住所まではっきり書くのが建て前かもしれないが、だいたい妻子のある課長が同じ会社のBGと深夜に散歩しているということは、おだやかではない。もしこの記事が出れば、その家庭では、それがキッカケになって、おそらく夫婦げんかが起こるだろう。ヒステリックな奥さんであれば、この記事を見ただけで別れ話が出るかもしれない。こういった場合に、その記事が何を目的にして書くものであるかということから考えるならば、適当な配慮ができるのではないか。男の名前は出すとしても、せめて女の名前とか職業は出さずに、「男女ふたり連れで」とやればよろしい。

先日十何年ぶりに古い友人に電車の中でヒョコッとあった。「稲野さん、私はあなたにあったら、一ぺん文句をいおうと思っておったのだが、新聞というものはけしからん」「ああ、そうですか、どんなことか知りませんが、新聞もたまにはご迷惑をかけることもあると思うのだが、どういうことなんですか」「実はうちのかみさんの顔が大きく新聞の夕刊に載ったのです」「それは、あなた、非常にけっこうじゃないですか。かみさんの顔が大きく新聞に載っかるなんて、うちのかみさんなんか載せてもらったことがないですが」「いや、それで非常に迷惑しているのです」といいだしたので「どういうことなんですか」と問うと「きょ年の暮れですがね。百貨店の特売場で、うちのかみさんが私のものや子どものものを買おうとして、一生懸命、掘り出し物はないかと捜しておった」。年の瀬の百貨店だから、非常に人が出盛って雑踏をきわめていることが想像される。

「それでどうなんですか」「うちのかみさんはだいたい普通の人より目玉が大きい」「目が大きいということは、ヒトミがパッチリしていて、若いときは美人だったでしょう」「あんた、冗談じゃないんですよ。うちのかみさんが怒って目をむいたら私でもふるえあがるほどです。そういう大きな目玉の女が、何かいいものはないかと、ズーッとこう品物をねめつけて、それを買おうとしている。そこをアップでとって、しわすのスナップの続きものに大きな写真で出ておったのです。しかもその見出しが〝ウの目、タカの目、女の目〟。これではあんまりひどいじゃないですか」。

その話を聞いて私は、なるほど非常に目玉の大きい婦人を百貨店のしわすの売り場で、そのスナップをとらえたカメラマンは、いいウデだったと思った。しかしそのご本人、家族にとってみれば、ただごとではない。そのだんなのいうのには「その写真は確かにいい写真でした。しかし、ああ大きく載せられたのでは、新聞は何を載せてもいいのかということを聞きたかった」のだろう。

おそらくこれは望遠レンズでとらえたしわすの百貨店風景の一コマだったと思う。この掲載についておかみさんの了解を得ようとすれば、そんなの困りますから、といって断わられるかもしれない。社へ帰って焼いてみると、実にいい写真だ。ええい載っけてしまえということになったと思うが、これがはたしてプライバシーの侵害になるかどうかということは、多少、議論の余地があると思う。しかし、本人の了解なしに写真をとって、それを引き伸ばして新聞に載せるとなれば、やはりプライバシーにはひっかかるのじゃないか。

プライバシーというものが、そっとしておいてほしい権利、みだりに人に知られたくない権利というものであるならば、百貨店は、自分の家の中でないし、公開の席ともいえるかもしれないが、目玉をむいて厚かましい格好で掘り出し物を捜している姿を写真にとられて、新聞に載せられた場合には、やはりプライバシーの侵害になるだろう。

これは写真であるが、記事の場合にも、それに似たようなことがある。先ほど申した夜遅いアベックの場合もそうであるが、私どもの仕事の中にはそういう問題が非常に多い。つねに慎重な配慮が必要だと思う。

名誉棄損と関連するが、新聞週間などによく読者からいわれることに、日本の新聞は斬り捨てご免だ、というのがある。新聞は一度書いたら、あとからなかなか訂正しない。はっきりした誤報であれば、訂正はするが、それも虫めがねで見ないとわからないような訂正の仕方が多い。ところがはっきりした誤報ではないけれども、当事者にとっては非常に迷惑するような場合がある。そしてそうしたケースに対する細心な配慮がもっとあっていいのじゃないか、ということがよくいわれている。

私はそういうことを聞くたびに次のように考えている。なるほど毎日つくる新聞の中に、そういう配慮はしておるつもりだが、まだまだ読者の立ち場に立って考えた場合、もっと慎重さが必要じゃないか。しかしこれは非常にむずかしい問題で、あまりにもプライバシーを考えすぎると、言論の自由というものとからんで、何も書けない。あまり神経質にプライバシーを考えると、言論の自由を阻害する結果になることも考えられる。このかね合いが非常にむずかしいわけだけれども、これは非常に大きいニュースよりも、ちょっとした町の雑報、事件でいえばベタ記事といったような場合に、えてして起こりやすい。これはもちろんいくつかの関門を通るときに、その配慮をする必要があるけれども、まず最初にニュースにタッチする第一線で、そういう配慮をすることが大事ではないか、と考えているのである。

## 推測記事と誤報

社会面に限られたことではないが、推測記事はむずかしいとよくいわれる。臆測はいけないということはよくいわれるけれど、そうかといって新聞の記事として多少の推測はしなければならない場合もあると思う。

数年前、大阪の衛星都市、といってもずっといなかの北の郊外で殺人事件が起こった。「野井戸で女が死体となって発見された」という第一報がお昼過ぎに送られてきた。午後一時半ごろには出稿しないと現地へ間に合わないというところで起こった事件である。しかも野井戸で女が殺されている。現地へ行く夕刊には是が非でも間に合わせたいというのがデスクの考えだ。第一報を送ってきた記者は「×日×時×十分、××市××町××、農業某が、田畑の見回りに行くと、野井戸に女がうつ伏せになって死んでいるのを発見、同町巡査派出所に届け出た」と送ってきた。そのデスクは非常にうるさい人で「女といっても、ばあさんもおれば、人妻もおれば、若い娘もおる。お前、何年新聞記者やっているんだ」「四年です」「四年も新聞社の飯を食っておって、こんな原稿送ってくるやつがあるか」。ガチャン、電話が切れた。

しかし、まだ警察の発表はない。聞くとすれば第一発見者のおじいさんに聞くよりしようがない。締め切り時間は刻々と迫ってくるし、鬼デスクの顔がマブタにちらつく。そこで入社四年生は、そのおじいさんを家まで尋ねていって「おじいさん、先ほど駐在所へあんたのたんぼの井戸で、人が死んでおったということを知らせましたな」「ああ、知らせたよ」「それで、おじいさん、女だといって届けたのでしょう。女といったっておばあさんもいるし、若い娘さんもおるのだが……」とデスクと同じようなことをいって聞くと、おじいさんは「女ということはすぐわかった。頭の毛も男ではなかったし、着ておるものも──野井戸といっても浅い野井戸だから、のぞき込めばわかる』「おじいさん、どんな頭髪だった？ 真っ黒なぬれ羽色だった？ あるいは白髪まじりだった？」と四年生は必死に聞くと「真っ黒ではなかった。白髪でもない。赤茶けてたかな」「黒くない、白髪でもない。赤茶けたような毛ですか。毛はそれでわかりました。着衣はどうですか」「はっきりおぼえていないな」「黒系統の服ですか、白系統ですか、あるいは赤い系統ですか。それぐらいわかるでしょう』「いや、黒でも白でもなかった。その中間の黄色か桃色ぐらいの、何か色がついておった。アッパアッパというか、ワンピースというのか、洋服であったことは間違いない」「おじいさん、その黄色と桃色というところが非常に大事なところだ。どっちかいえませんか」「そういえば桃色のような気がする。ダイダイ色のような気もするが、黒でなかったことは、はっきりしている」「遺留品なんですが、その野井戸の近くに何か物を落としていかなかった」「あっ、そいつだけは一つはっきり記憶している。ゾウリが片方落ちておった」「ゾウリのはなおの色はどんな色でしたか」「これは私ははっきり覚えているが、エビ茶色で、少しよごれていたが、だいたい赤系統でした」。

　そこでその記者は、推測する。被害者は、パーマネントをかけておった。そしてピンク系統のワンピース、赤いはなおのゾウリ、つまり年齢はかなり若い。いや、若い女に間違いないと思い込んでしまう。そして、その記者は、本社のデスクに電話で「野井戸殺しは、若い女にしてください」というと、デスクもきついやつで「若い女だっていろいろある。十代も若ければ二十代も若い。もっとはっきり取材せえ」「それじゃ二十五、六にしておいてください」「間違いないな」「まあ、だいたい、二つや三つは違うかもわかりませんが……」。

　若い女となると、扱いも一段大きくなって、三段にし、大組みにかかった。ところが、鉛版にかかる直前になって、四年生記者から電話があり、「間違いでした。五十五歳でした」「何が五十五歳だ」「さっきの殺しの身元が割れて、警察が発表しました」「お前はパーマネントで、ピンクのワンピースで、赤いゾウリといっておるが、それが五十五歳のばあさんか」「いや、事情はあとで説明しますから、とにかく直してください」ということで、間一髪、誤報は避けた。

　これなどは気が弱いというか、苦しまぎれに意識モウロウの七十一歳のじいさんを誘導尋問にかけて、五十五歳のばあさんを若い女しかも二十五、六歳にしてしまったのである。これがもしそのまま新聞に出ておれば、それを読んだ読者──少なくともその近くの人びと──には、新聞の信用というものはガタ落ちになることは確かだ。

　これは非常に極端な例だが、ここまでいかなくても、こうした間違いはえてして起こりやすい。新聞はどうしても時間に追われて記事を書くので、デスクから非常に追及される。わからないと断わればいいのだが、なんとかしたいという一念から、そういう間違いを起こすことがままあるのである。これはいかにデスクから追及されようが、やはりわからないことはわからないで通さないと、もしこれが合えばいいのだが、その保証はない。こういう取材はまったく取材の邪道であると思う。

## 社会面記事のポイント

　最近の新聞は非常におもしろくないとよくいわれる。だいたいどの新聞を見ても同じような記事が多い。一つの現場の記事にしても、似たり寄ったりの記事が多いといわれている。

　今日は昔と違って、なかなか特ダネを取ることもむずかしくなっている。昔はニュースの対象になる人をインタビューに行く。その人が女の人であるならば、その人の着ている着物がちりめんであるか、お召しであるか、帯はどういう生地の帯か、はいているゾウリはフェルトが、なにかということまで、一つの雑感記事の描写の中に克明に書いたものだ。

　いまはそういうことはよほどのときでないと書かない。それで、ややもすると現場の感じというものがにじみ出る記事が少なくなっているのじゃないか。昔の現場描写ほどくどく書く必要はなくても、そうスペースをとらずに、ちょっとした現場描写の記事の中に、一行か二行、ちょっとそういうことがあるために、読者に現場感を味わってもらえるということはあると思う。いまの読者は昔のようにくどく書くとかえっていやがる。端的な記事のほうがスピード時代にふさわしい。本筋を離れたような記事は必要ないかもしれないが、しかし、ちょっとした臭覚あるいは色彩というものをにおわすことによって、その現場のリアリズムをピリッと読者に訴えることができると思う。これは新聞がテレビと対抗する意味においても、そういう配慮は新聞記者にあってもいいのじゃないかと思う。

よくいろいろな会合に行くと、「新聞記者は非常によく酒を飲みますな」ということを聞かれる。この間もあるご婦人が私のところへ尋ねてきて、「実は私の娘が、ある社の社会部の警察を回っている人と縁談があるのですが、ああ毎晩お酒を飲んだり、夜遅く帰るようだったら、私もかわいい娘を新聞記者にはようやらんと思うので聞きにきたのです」というので、「それはほかの職業よりは夜遅く帰ることは確かです。どんな時代になっても、新聞記者の生活は時間的に、ほかの人よりは、奥さんの立ち場からいえば、恵まれない家庭を持つことになるでしょう。しかしあなたの娘さんと縁談のある記者が、いま警察を担当しておるが、定年になるまで警察を担当することはないでしょう。警察回りをりっぱにやりとげないような新聞記者は、将来どんなポストへ変わるにしてもだめだ。まず社会部の記者をして、あるいは支局を経験して、そこでこいつはやれるのだということを認められて、初めて将来どの部に行ってもりっぱにやりとげられるのだ。だから警察回りのときは、もちろん訓練もありますから、社によって違うがやはり勤務時間もほかの持ち場よりは長いこともある。それはもし結婚されても、あなたの娘さんが、ご主人のよき協力者としてやられるならば、奥さんの協力する記者は、かならずりっぱな新聞記者になっているから」といってだいぶネジをまいておいたが、その後その話がまとまったかどうかまだ聞いていない。

そういう質問をよく受けるが、昔の探訪記者ならいざ知らず、これからの新聞記者は、自分の持ち場の仕事をカバーすると同時に、一応なんでも知っていることが必要だ。しかしこの問題についてはヤツに聞けば追随を許さない一つのけい眼を持っている記者が、今後ますます必要になってくるのじゃないかと思う。だから私はいつも新しく入社した人たちにいうのだが、これからの新聞記者は、自分が警察を回っているからといって、警察だけで終わっちゃいけない。警察を回っている間に何か自分の特徴というものをつくる必要がある。

これはちょっと例が悪いかもしれないが、毎日の社会部に非常に変わったことに興味を持った男がおった。男娼つまりオカマに関してはおそらく全国の新聞記者のだれひとりといえども追随を許さないという記者がおったのである。ところが大阪のミナミで、オカマが殺された事件があった。これは非常に古いオカマで、十代からオカマを始めた四十近い男なのだ。こういう男だから素性がなかなかわかりにくい。被害者の顔写真がどうしてもとれない。ところが、その男娼専門の〃博士〃は、またたく間にあそこへ行けば、そいつの写真は若いときのがある。いまの写真ならば、どこへ行けばとれるというので、行ってみれば、なるほどそこでズバリ手にはいったということがある。これはあまり例がよくないが、新聞社というところは、何かそういう専門的なこと——それを皆がねらうことじゃなしに、あまり人がねらわないこと——について、それはヤツに聞けば絶対わかるという記者がおれば、非常に重宝じゃないかと思うのである。

これからの新聞記者は、ますます競争が激しくなってくると思う。電波との競争も激しくなってくるし、単なる特ダネ競争ではなくて、質の競争になってくると思う。だから通り一ぺんのその日かせぎの競争では、新聞記者は遅れていくと考える。その一つにはいまいったような、何か専門を持つと同時に将来自分のために、あるいは社のためにということを合わせて考えた場合でも、その日暮らしの記者にならないことが大事ではないかと思う。

# 新聞記者への注文

本稿は第四十六回新聞講座で行なわれた座談会での各講師の発言をまとめたもので文責は編集部にある。

## 政治家と新聞記者

黒金泰美
（自民党政調会副会長）

### 記者会見のむずかしさ

私は二年間の官房長官在職中、新聞記者の方がたとは、午前十時、正午、午後四時それに午後の九時――もっともこの時間の会見は、あまり用のない時はなまけましたが――この四回にわたって、官邸や自宅で定期的におつき合い願ってきました。私の仕事の半分ぐらいは、こうした記者会見にあったわけなので、いわば私は月給の半分を記者の方がたとのおつき合いによって、ちょうだいしていたという計算になるわけです。

でも、率直にいって、一日に四回も会見するということは、非常な苦痛です。とくに月曜や土曜は、記者の方がたに披露する〝タネ〟が少ない。なかでも月曜の午前十時の会見の時は、タネを持っている各省の人たちがまだ出てきていないわけで、私のほうもタネがない。そうした時に記者諸君にお集まり願うというのは、はなはだ心苦しい。何かタネを作らにゃならん、という気持ちにかられます。

だんだんおなじみになって、「総理は箱根に行っているから、なんか箱ダネがないか」「ほんとうにハコネエ（箱根）なんだ」というようなつき合いにまでなってくると、こちらから積極的に話しをするタネがない時は、まるで月給どろぼうみたいで、非常に気がひけるもんです。

それに反して、タネのある時は気が楽なんです。とくに閣議とか重大会議のあとだと、そこで出たことをしゃべっていればいいんで、質問もそこに集中するから、まあたいした間違いはない。ところがタネがない時は何を聞かれるかわからない。ちょうど野球でいえば、外野をひとりで引き受けるようなものです。いわば〝なんでも屋〟ですから、浅学非才の身がべらぼうに広い範囲を受け持つ。それで、ポカッと外交問題や何か聞かれる。そうしたとっさの場合に困ってしまい、多少意地の悪い勉強家の記者の方につかまってボロを出し、たいへん困ったということがたえずありました。

内閣記者クラブには、一二〇人ほどの記者がつめておられますが、その中には非常なベテラン――各省や自民党、社会党のクラブもすでに経験積みのキャップ、次長クラスの方――もおられますし、そうかと思うと、地方から引き上げたばかりの、それこと記者経験二、三年の方もおられる。そのように記者の層が非常に厚い。こういっちゃ例がまずいかも知れませんが、〝辺地教育〟みたいに、一年生の理解力しか持っていない人と、六年生で、こっちよりよく知っているような人もいる。こうした方がたを相手にしゃべるもんですから、あまりくだくだと前置きすれば、片っ方の先輩にいやな顔をされる。といってその先輩に合わせようとすると、若い方に誤解を招く、というか理解してもらえないというぐあいです。

夜の会見の時に、うちでウイスキーを出しますもんで、これを飲みながらやっていると、生来飲んべえなもんで、つい飲み過ぎます。そうすると、自動車の運転と同んなじで、スピード感がなくなってしまって、ついいろんなことをしゃべってしまう。翌朝、さあ昨夜何をしゃべったかと心配になって新聞を見ることが多いんですが、それが各紙とも完全に同じように表現されていることは、まずない。私はこう言ったつもりではないんだが、と思う記事に接することのほうが多い。これは、よほど自分のしゃべり方がへたなのか、あるいはお聞きになる方のほうが間違ってとったのか、まあ人を責めるわけにはいきませんから、これはよほど気を付けなきゃならんという感じを、つねづねいだいておりました。

### 苦労させられる人事取材の過当競争

新聞記者は、概して在勤期間が短く転任が早いようにお見受けしました。ようやく顔を覚えても、名前を覚えきらないうちにかわってしまう。そこで、この記者はこの程度、これはこのくらい――もっと率直にいうと、この人は佐藤先生の、この人は河野先生のなにだ――というように、いちいち人を見て答弁してないと、あとのはね返りがこわい。ところが、そういうところまで、おなじみになれないうちにかわられてしまう。こうした方がたを相手にお話をしていますと、なんとかしてミスリードだけはしないようにと努めていますが、どうも私どもの話をじゅんぶんご理解願えないという場合がある。そんなところに、私どもは非常に苦労しておったという感じです。

新聞の競争、とくに中央紙の競争が激しい。とにかく朝日が抜いたから、こんどはぜひおれのところが抜くんだと毎日が張り切る。その次に読売が張り切るというわけで、過当競争というか、とくに人事等の面での取材競争が激しい。私どもはいえないことはいえないというのでいいんでしょうが、黙っていても書かれてしまうんですから、うそに近いぎりぎりのところまでごまかしていなきゃならん。

私どものいちばん困る人事は、国会関係の人事を事前に報道されることです。国会の承認を受ける人事は、両院の議事運営委員会にまず持っていって、お許しを得ないと発令できない。少なくともお願いにだけは行ってないと、ごきげんが悪い。それが事前に新聞に出ますと、もうごきげんが悪くて、三日で通るものが一月もかかってしまう。とにかく人事に関する新聞の過当競争には、われわれはたいへん苦労しました。もっとも一線の記者の方がたもわれわれ同様被害者であって、デスクなり幹部なりの尻のひっぱたき方が悪いんだと思いますが……。

つまらんことをくだくだと申して恐縮ですが、結局長い間のおつきあい、というか記者の方がたと私どもとの信頼関係がいちばん基礎になるんじゃないかと思います。「黒金に聞いても、どうしてもしゃべらない。よほど困っているんだろう。まあかわいそうだから許してやれ」という程度のところまでいかないと、なかなかうまくいかんのじゃないかと思います。

と同時に、まあこれは人にもよりましょうが、政治家の中には各社の中からひとりづつとか、あるいは特定の記者だけというように、手なずけるといってはは失礼ですが、特殊の関係をもって、その人にはよく話すが、ほかには……というように非常に親疎の関係をつける方がたもあるようです。しかし、私は平等におつき合い願っているほうがいいんじゃないか、という感じをもっています。そしてお互いに信頼感を持って、お互いに事実を事実として報道することに努めてまいりたい――こんな気持ちを持っておったわけです。

## その日その日の〝波がしら〟だけでなく…

自分の不勉強を棚に上げてなんですが、記者の方がたのほうも、できるだけ広い範囲にわたってご勉強願わないと、だんだんとついていきにくい点が多くなってくるんじゃないか、と思います。みなさんはお仕事が忙しいので、なかなか本を読まれる機会もないでしょう。そして商売柄、その日その日の波がしらを追っていくのが仕事でありましょうが、やはりとくにお若いうちは、広く勉強することがいちばん必要だと思います。

池田さんが私たちによくいっていたことですが、何か大きなことが起こる――たとえば総選挙とか国会が始まるとか、予算時期になるとか、こういう繰り返して問題の起こる――ときには、かならず昨年あるいは一昨年の縮刷版を読んでみろ、ということがあります。たとえば総裁選挙の前に、三十七年の六、七月の縮刷版をひっくり返してみると、佐藤さんも藤山さんも、ことしいっていることとほとんど同じことをいっている。こういうことをいっているなら、こっちの総理の談話も、だいたいこんなことでいいんだな、ということになる。

だからみなさんも、おひまの時があったなら、縮刷版はご自分の商売道具ですから、昨年の同じ時期にどんなことがあったか、その時の社説は当たっておったのか、その時の見通しはその後どうなったか、縮刷版をひっくり返してご覧になることが、手っとり早いご勉強になるんじゃないか。その日その日の新聞ができればいいんだ、もうあすはいらないんだ、といってしまえば確かにそうかも知れませんが、長い流れの中での小波をみることが、いちばんよい勉強になるのではないかと考えております。そして記者会見に臨んだ時は、それを頭の中に詰め込んでおれば、お互いに相当突っ込んだ話のやりとりができるのではないかと思うわけです。

官房長官在職中は、午前十時の記者会見の前に、前日の動きとそれに関する社説がどう出ているかを知るために、朝六時に起きて、少なくとも七つの新聞をたんねんに読みました。それだけたんねんに読むと一時間十五分近くかかり、印刷が新しいので手がまっ黒になります。官房長官をやめてからは、非常に不精になり、まず政治面のかこみを見て、それから小説を見るといった調子で、不勉強になってしまいましたが……。

## 政治記者と派閥問題

**受講者**　私はいま自民党を担当しているんですが、担当していちばん最初に、君はどこのクラブを持っているんだ、自民党だ、というと、きまったように自民党の中の何派を持っているんだ、と非常にしつこく熱心に聞かれました。それが仲間の記者からも、また政治家からも聞かれる。僕はそれに非常に反発をおぼえて、僕は自民党担当であって一派閥を担当しているんじゃないという気持ちでやっていますが、現実の自民党の内部というのは、なかなかそうではなくて、担当派閥をはっきり言わないヤツはあまり信用できないという空気がある。政治家を新聞記者とが、自然な形でつき合いをしている間にお互いに親しい者とそうでない者とができてくるならいいのですが、自民党のクラブを持ったとたんに、何派担当だ、それじゃおまえは……というようなことになると、どうも問題だと思うわけです。新聞記者の中でも、安易にそういうものだと受けとっている人がきわめて多い。そういった点について……。

**黒金**　いまいわれたことは、いけない、いけるという価値判断よりも前に、現実問題がある。いまあなたは自民党を担当したばかりだとおっしゃったが、長く自民党を担当して、自然とこの人はだれと親しい、まあ極端な場合は――望ましくないことかも知れないが――いりびたりになってしまう人もある。

そこでもって、たとえば総裁選挙の前にあまり勝手なことをいえば、すぐはね返ってくる。これは現実の問題であって、そのために記者会見などでもしゃべりにくい場合があるということの例にとりあげたのです。

そのことが、いいか悪いかということになると、これは新聞記者と政治家といった関係があるとしても、まず第一の心組みは、新聞記者の方もそうだろうけれど、われわれは新聞なり放送なりを通して国民に話しかけているんだという立ち場を、まず考えなくちゃいけないんじゃないか。そうだとすれば、いまいわれたような現実にいろんな制約があるとしても、そうした制約を乗り越えて国民に呼び掛けるんだ、という立ち場に立たなきゃいけないんじゃないでしょうか。

ひどい時は、みなさんご承知かと思いますが、たとえば総裁選挙の直前になると、記者の方にもいろんな応援団があるらしく、編集局にいってみても、池田どのくらい勝っているんだ、いや佐藤のほうが勝っているんだとか、まあ記事にもそういう応援団のいろんな影響がなしとはしない。これもまた現実の話です。そういうことが望ましいかといえば、そうじゃない。しかし、そういう現実があることもまた事実です。ですが、そういうことにとらわれずに、客観的に事実を事実としてみて報道していただくことが、いちばん望ましい姿じゃないかと思いますけれど……。

**受講者**　政治関係の記事で、そこまで書かなくてもいいんじゃないか、これは少々書き過ぎているんじゃないかというようなものがありますが、その点で、もしお気づきの点があれば……。

**黒金**　まあときによりますね。記事のない時に応応にしてそうして記事が出ます。記事のある時はなんでもない。タネの不足の時がいちばんこわい。経済記事なんかにもこわいものがありますよ。そういう意味では月曜がいちばんこわいですね。記事がないからです。むしろ事件がいっぱいあり、問題がたんとある時は、あんまりこわくないんで、夏枯れだとかいう時に、ちょっと放言したら、それこそたいへんなんです。

# 犯罪捜査と新聞報道

新井　裕（警察庁次長）

### 法的裏づけのない記者発表

捜査活動にさいして、警察は新聞とどういう関係にあるかといえば、法律的に両者の関係を積極的に規定したものは、ほとんどありません。刑事訴訟法の一九六条をみると、被害者の名誉を害してはならないとか、捜査の妨げになるようなことを言ってはいけないとか、あるいは公務員法では職務上知り得た秘密を漏したら罪する、というようなむしろ消極的な規定しかありません。実はそこに一つの問題があるのです。

たとえば、われわれは事件のあらましを記者の方がたにお知らせするのに〝発表〟という形式をとっています。昔もこうした発表はありましたが、現在は昔とは比べものにならないほど多くなっているのです。

こうした発表については、警察内部に「犯罪捜査規範」というのがあって、記者発表は幹部が当たれ、下に任せてはいけないと規定されている。そうすると、刑訴法にはあんまりめったなことを言うなとある一方で、内部の規則では幹部がいえということで、ちょっとそこに矛盾があるような感じがします。

そこであけすけに申しますと、実はわれわれの捜査の過程が新聞にどんどん出てくるわけですが、そうすると検察庁なり裁判所からは、警察はけしからんじゃないか、刑訴法にも書いてあるし、またそうでなくたって、常識としてもっと秘密を保つべきであるということで、しばしば非難を受けるのですが、率直にいって、記者と私たちとでは多勢に無勢、とてもやり切れないわけです。

　内閣記者クラブには一二〇人の記者がつめておられるとのことですが、警視庁にはやっぱり一〇〇人近い記者がいて、われわれを四方八方から監視しています。たとえば、刑事部長をやっておりますと、何課の何警部がいないが、どこへ行ったんだと問い詰められることがしばしばあります。それが図星だとたいへん苦しいわけですが、なんでもかんでもしゃべってしまうわけにはいかないということになると、いわゆる「夜討ち」「朝がけ」で刑事は眠れない。といって発表しても、どうせ幹部の発表はいいかげんだから、刑事は刑事でとにかく張らなきゃいけないということでやっておられるようだ。そういうことは、ある程度管理してやらなきゃ、実際捜査に従事しているものはやりきれない。刑事の奥さんの苦心談の一つには、新聞記者をいかにしてまくか、亭主が帰ってきているところを襲われたら、裏口からそっと出してやるとかいうことが、よくいわれます。記者の方も、それが職務だからおやりになるんだと思いますが、捜査を報道の間に何かルールが出来たらと思うことがしばしばです。

　だからといって、なんでもかんでも法律通りやれば、それだけでいいんだとか、法律がないから記者発表はできないんだというつもりはありません。とにかく私どもと記者側とが良識をもって話し合い、よいルールを作っていくことが必要だと痛感いたします。

　こうしたことについては、私どももずいぶん研究しております。昭和二十四年に松川事件が起きたときに、私は福島県警本部長の職におり、そのさい新聞発表という問題に初めて直面し、ない知恵をしぼっていろいろやりました。こうした発表は、裁判のさいにも引用されたのですが、いまにして思うと、当時は非常に幼稚なことをしておったと思います。いまは、その当時よりは進歩しておりますけれども、新聞側の取材競争が激しくなったために、いまだによいルールが確立されておりません。

## 確立したい捜査と報道のルール

　実際、いまわれわれがやっている捜査は、ほとんどだれにでもできることをやっているわけですから新聞記者のみなさんがおやりになることと、刑事がやることとは、権限上の差異はまったくありません。ことに戦後はアメリカ的な法律観が支配的なのですが、アメリカの学者の説によれば、捜査活動というのは完全な事実行為であって、法律上の行為ではないということで、アメリカではこれが捜査活動の基本になっているそうです。日本では刑事訴訟法など法律上の規定がたくさんあることはありますが、実際はアメリカの学者のいっていることと変わりないわけです。したがってみなさん方も新聞記者の立ち場で捜査活動と同じようなことをいろいろやっておられるわけですが、みなさん方の良識に訴えたくなるような行為にしばしば出合うことがあります。

　たとえば、警視庁の記者クラブの人たちが聞き込みに行って「おれは警視庁の者だ」——たしかに記者クラブは警視庁にあるのですから警視庁の者には違いないが——あとで刑事がそこへ行くと「さっき警視庁の方がきたからあげちゃいました」というようなことで、ときどき証拠になるようなものを持っていかれる。そのためにトラブルがまま起こります。要は人間の競争なんですから、ルール、ルールといってみたところで、なかなかルール通りやるということはむずかしいかも知れませんが、こういったケースは、ちょっと行き過ぎだという感じがします。

　あるいはまた、被疑者がだんだんしぼられてきて、いよいよあす逮捕という寸前に、その被疑者を記者が連れ出して取材するというようなケースもあります。これは、単に新聞社同志の間でトラブルを起こすだけでなく、捜査上も非常な迷惑をこうむります。

　私どもも、時に得手勝手なことを言うことがあると思いますが、やはり捜査活動にも犯罪事件の取材活動にも、共通する一つの考え方があると思います。それは興味本位で事件を見るようなことはしないということ、あるいは当事者の名誉を不必要に傷つけないということ、それから犯罪が起きたら、その害を不必要に拡大しないということだと思います。こういった考え方は捜査側におろうとも報道側におろうとも共通のものだと考えますので、こうした考え方を中心にして、記者の方がたにも考えていただき、われわれもみなさんのご注文をじゅうぶん聞いて、なるべく早い機会に捜査と報道のルールが確立するようにしたいものだと願う次第です。

## 犯罪報道の功罪とその限界

実は、きょう公安委員会がありまして、その席である委員さんから、「日本の新聞の犯罪記事は、どうもくわしすぎるし、扱いもはで過ぎるきらいがあるが、これは世の中をかえって害することになりはしないだろうか。というのは、そういった犯罪をまねしようという気持ちを起こさせたり、こうすればつかまらないという一種の暗示を与えるような記事になりがちである。そういう意味で犯罪を興味本位に大きく扱うのは好ましくない」といったような意味の発言がありました。

イギリスでは、法律できちっときめているのかどうか知りませんが、刑事事件は犯人のつかまらないうちは、あまりくわしく経過を報道しない、それがイギリスの新聞の行き方だと聞いております。それから、数年前に、フランスでも法律を改正して犯罪事件は判決のおりるまではあまりくわしく報道させないという規定を設けるとの提案があったということです。この法律がその後成立したかどうかはきいておりませんが、こういった規定を設けようとする動きは、ほかの国でも例がないわけではありません。

しかし、いまの日本で、判決の出るまではあまり事件の内容を報道しないでほしいと注文しても、それはなかなかむずかしいと思う。しかし、そういう方向に行くようにだんだんに仕向けていくという努力は必要なのではないかと感じています。ことに家庭的な犯罪事件の場合、新聞は必要以上にくわしく書き立てる傾向があるのではないでしょうか。たとえば、さきごろある検事さんのお宅で兄が弟を殺すという悲しむべき事件が起こりましたが、その時の報道ぶりをみますと、想像をまじえて他人の家をのぞき見しているような感じを受け、捜査にたずさわっているわれわれとしても、なにかそのご家族に対し申しわけないような感じのする記事も、ときどき出ておったような気がいたします。私のこうした意見に対しては、みなさん方にもいろいろ反論があるかも知れませんが、もう少し慎重に扱ったほうがよかったんじゃないかと思います。

実をいうと、捜査に従事している刑事は、新聞に自分の関係している事件が報道されることを、たいへん喜びます。刑事部長から特賞で五百円もらうぐらいなら、新聞に記事を大きく出してもらったほうがいい。ことに自分の名前が新聞に出るとこれを切り抜いて死ぬまで持っている。そういう点では、新聞記事が捜査活動の大きな刺激になっていることは確かですが、それにしても、犯罪事件に対する新聞の報道は、もう少し穏和なものであってほしいものだと考えることが、しばしばあります。犯罪手口のくわしい報道、犯罪協力者の氏名の扱い、被害者に関する報道については、慎重な配慮がほしいものです。

これはあるいは第一線におられるみなさんに望んでも無理なことかも知れません。あるいは、デスクなり、部長なり、新聞社の幹部の方がたに注文すべきことかも知れません。しかし、少し生意気かも知れませんが、日本の新聞のありかたが正しくあってほしいと願う一市民の声として、われわれのこうした願いも聞いていただければ、まことに幸いと考え、あえていろいろと新聞に対する注文を申しあげました。

## 記者発表の基準とその限界

**受講者**　われわれ地方にいていちばん苦労するのは、地元の警察官の口が非常にかたいということです。つい最近もある事件で家宅捜索があった。どうも警察の動きがおかしいというんで、県警察の課長のところへ資料をもっていって事件の内容について追及したのですが、そのさい知らないことならともかくも、家宅捜索もやっていないというようなことをはっきりいうのですね。事実とはまったく逆の方向に話をもっていくことがあるんです。

そこでひとつおききしておきたいことは、さきはどいわれる警察の〝発表〟というものは法律的にいろいろ問題があるというようなお話がありましたが、警察庁では〝発表〟の限界をどこにおいておられるのかお伺いしたいと思います。

**新井**　警察庁としては、発表についてなんにも線をひいておりません。各県にまかせています。それというのも、現実に線を引くための基準を作りにくいもんですから……。ただ、なんとか原則的なことぐらいは示さなければいけないと思っています。さっきお話したように「犯罪捜査規範」には、発表には幹部が当たれということだけしか書いてありません。

しかし、なんといってもいちばん論外なのは、聞かれてうそをいうことだ、と思います、しゃべれないことは、しゃべれないとはっきりいうべきであって、いまご指摘の点については、もう少し指導しなきゃいけないと思います。しかし各地にはその地方の警察官かたぎというものがありますから、なにからなにまで警視庁と同じようにするというわけにはいかんのじゃないかという気がいたします。

実は、アメリカには新聞記者に接する原則を書いたようなものがあるのじゃないかと思って当たってみましたら、あることはあったんです。五、六年前に翻訳して配ったことがあるんですけれど、これは要するに自分の仕事を新聞に売り込むにはどうしたらよいかといったようなことが書いてあるんで、どうも日本の実情には適しないんですね。とにかく、日本の実情に適したルールをつくりたいと考えるんですが、その場合、刑事訴訟法の規定がひっかかるんです。でも、警察官に対し報道に対する心構えといったようなことは、もう少しいれなきゃいけないと考えています。

ことに最近は、新聞記者諸君の活動範囲がだいぶ広がり、ヘリコプターなどを利用して、どんなとこへでも取材に出向いていくものですから、実は大都市周辺の警察ではたいへん恐慌をきたしているんです。警視庁はまあ割り合いになれているんですけれども、吉展ちゃん事件のすぐあとに埼玉県で起きた女学生殺人事件なんか、社会部長以下全部が現地に移動するといったような大報道陣をしかれたもんですから、発表に当たった署長が、とにかくそんな経験はしたことがないんですから、しどろもどろになって報道側の悪評をかったこともあります。こうした技術的な面の指導はもっとしなければいけないと考えています。

それからもう一つ。私どもは取材されることがすべて捜査の妨害になるとは思っておりません。新聞記者諸君にずいぶん協力され助けられていることも、実はたくさんあるわけです。それに、さっきも申しあげましたように、刑事の行動が新聞に書かれるということは、刑事諸君にとってはたいへんな喜びであり、また家族にとっても、これはおとうちゃんの事件だ、といって新聞記事をみせて子どもをなだめすかすそうです。「おとうちゃんなぜ帰ってこないの」「この事件やっているんだ」というと、子どもも納得してくれましたというような話しをききました。ですから、私は新聞の取材が、あるいは記事が捜査のじゃまになっているんだという前提で、いろいろ申しあげたわけじゃないんです。もちろん、じゃまになるケースもありますが……。ただ、私がにがにがしいと思うのは、見出しなんかに刑事の陰語を使うことがある、たとえば〝なんとか殺し発生〟なんて……。これは、まことに新聞としての品性をけがすものだと思うんですが……。

**受講者**　被疑者が調べ室で調べられている現場の写真がよくテレビや新聞に出ることがあります。これは東京に限らず地方でもあることなんですが、人権尊重という意味からいえば、逆に警察の方も考えるべきではないでしょうか。新聞記者と警察との関係をもっとスマートなものにする必要があるんじゃないか。つまり警察側は発表したほうがいいと思われることをかくすことがままある。その一方で、われわれとしてはかならずしも取材の必要がないと思われるようなことまで警察側のやり方によって取材しなけりゃならぬ立ち場に追い込まれることも、たびたびあるんです。調べ室の写真などその一例だと思いますが、その点について……。

**新井**　私のほうからいうと、実は調べ室の写真は出したくないんです。たとえば、事件によっては警視庁の正面玄関のところへ、被疑者がはいってくるところをとろうというので、新聞、ニュース映画、テレビの写真班が何重にもとりまいて取材するもんだから、ある社がとりそこなうというケースがときどき起こります。そんな時は、その社からどうしてくれるんだとやられますので、仕方がなくて調べ室を遠くのほうからとってもらってかんべんしてもらうという、まあ妙な妥協みたいなことがあるわけなんです。新聞社の方で、調べ室の写真などとらせるなというのであれば、私はもうあれはやめさせるようにしたいと思うのですが……。

# 新聞記者のエチケット

三巻秋子
（消費科学センター理事長）

今日まで、私は、いろいろな点で、新聞を割り合いに利用させてもらいましたし、新聞によって、いろいろなことを勉強させてもらっております。実際、新聞にはいろんな記事があり、それを切り抜いてスクラップをつくっただけでも、あちこちしゃべって歩く〝タネ〟ができるほどです。その点、私は新聞には少々恩になっているほうです。

また、私は所属変えとともに自分で新聞を作ってみて、新聞をつくることのつらさというものを身をもって感じました。技術面でいえば、毎日あれだけの記事を集めて、それを間違いなく時間通りに出すという能力たるや、まことに敬服の至りです。その上、私は審議会の委員などをやっている関係上、そうした会合に出るのですが、その内容がどうもむずかしくてよく理解できないうちに会議が終わってしまうということが、ままあるわけですが、そうした場合、翌日の朝刊をみると、それがじょうずに要領よく簡潔にまとめてあるので、ああそうだったのか、と感心することがあります。それというのも、長いことその問題を担当し、平常そのことを勉強している記者がおられるためだと思いますが、こうした記者の勉強という点では、努力なさる方としない方とでは、だいぶ差が出てくるということを感じます。

農林省の農政記者クラブあたりに、私もよく勉強しに行ったことがあるんですが、あのクラブには、〝食糧庁長官〟といわれる記者がおられます。その人に聞けばなんでもわかる、なんでも知っているという方で、その問題を長いこと担当していて、すべてについての研究が身についている。そうかと思うと、なにかありませんかといって私どものところにやってくるが、事前に何も勉強してこられないような記者もおられます。十円牛乳の問題とか、こんどの分裂さわぎで、記者の方にはだいぶおっかけられましたが、そのさいにも、勉強している記者と、そうでない記者とでは、書かれた文章そのものが、まったく違うということを感じました。

## 夜中の電話取材は困りもの

主婦連の仕事などをやって、どうやら世間に私の名が知られてきたころのことですが、夜中の二時ごろ電話がなる。いなかのおばあちゃんが危篤にでもなったのかしらと思うような時間に電話がかかってくるのです。電話に出ると、新聞記者の方が、「まことにすみませんが、こういう問題が起こっていますので、それについてのご意見を聞かせてください」というのです。まあせっかくでございますから、ご返事はいたしますが、問題になっていることの内容がろくろくわからないうちに、これについてどう思うか、ご意見を、ということなんで、とにかく正直に受け取って長々と答える。ところが、翌朝、新聞を見ると、記事の下のほうに私のいったことがちょこちょこと書かれていて、なんだ、三巻はたったこれだけのことしかいわんのか、と思われやしないかと恥しい思いを時々してまいりました。

新聞を作るという立ち場からいえば、こういうことも仕方がないのかなあと思ってみたりしますけれども、やはり時間というものを考えてもらいたいものだと思います。他社に抜かれてはならんとか、この人の意見だけはぜひ、とかいった必要性はじゅうぶんわかりますけれども、そういう時でも、ある程度の礼儀というものがあってもいいんじゃないかと思ってみたりします。

こんどの分裂騒ぎで感じたことの一つですが、とにかく静かにしておいてもらいたいと思うことを、新聞などに大きく報じられて迷惑しておられる方がずいぶんいるんじゃないかと思います。新聞の報道はそれほどではないとしても、週刊誌に至っては初めからスキャンダルにしようという目的で書いてしまっている。それで、そういう人には会いたくないといって断わっても、そういうわけにもいかず、結局こうですね、ああですねといって、最初にこう書いてやろうと思った方向にねじまげて書いてしまうということが多いんですね。ですから、私たち分裂騒ぎの時にそういった体験をした多くの人は、新聞というものはうそが半分、本当が半分、それに新聞社というものはゆだんがならないといっています。また、この人のことだから、本当のことをいって、せめてこのくらいのことをわかってもらいたいと思って、ここだけの話よ、といって断わっても、結局大きく出されてしまう。そこで、やっぱりいうほうが悪いんだということを体験したわけです。しかし、記事になった内容はといえば、相手のことばにひっかけられてチョロッといったことが、なにからなにまで全部私がいったこととして出されてしまう。その結果、痛くもない腹を探られるということもあるんで、今後はそういうことはいっさいやらないほうが、むしろ波をたてないという意味からいってもいいんじゃないかとつくづく感じたわけです。

おおざっぱにいって、新聞記者はこわいものの中のベスト・テンにはいると思います。そうしたこわい新聞記者の書くものが、うそが半分、ほんとが半分ということで、何を書かれるかわからんということを実際に身をもって経験した人が以外に多いのじゃないかと思います。事実、そうした発言にしばしば出会います。

## 人の気持ちを考えて

新聞記者といえば、テレビドラマでみただけでも、たいへんな能力者の集まりです。ただ、そうした能力のある人たちばかりがいるところでは、ついつい人様とのつき合いということに無関心になってしまう。そのため相手の感情にも無神経になってしまうのではないでしょうか。うちの主人など、総理をやった吉田さんじゃありませんが、時間をかまわずに新聞記者から電話がかかってきた時なぞ「水ぶっかけちゃえ」といっていました。食事時に電話をかけてこられると、子どもや主人のいる前で一応はえらそうなことをいわねばならないハメになります。すると、「なんだお前、えらそうなことをいって」と主人に笑われます。いまは主人も私の立ち場を理解してくれているようですけれど、その昔というものは、私の話が新聞に載りますと、主人たちに見られないように、その記事だけさっさと切り捨てたことさえありました。

とにかく、ものをお書きになる時も取材のさいにも、人の気持ちというものを、じゅうぶん察してやってもらいたいものです。新聞社の販売の過当競争のせいでしょうが、一か月だけでいいからとってくださいということで、次から次へと新聞を変えてとっている家庭が多いとききますが、どうしてもこの新聞は変えないという決意を主婦にかためさせるのは、その新聞に書かれた記事以外にはない。記事の内容いかんで、そうした決定がなされるのだということをじゅうぶん認識して、毎日の記者活動に精を出されるよう、口はばったいようですが、みなさまにひとりの主婦としてお願いする次第です。

それから最後にもうひとこといっておきたいことがあるのですが、それは、どうも新聞の方は新聞と週刊誌はまったく別物だと考えているようですね。ところが、私たちはそうではなくて、同じものだと思っているんです。やっぱりマスコミは一つ……。その週刊誌が、さっきもちょっとふれましたが、ものの扱いに行き過ぎが多いのじゃないか。編集方針なんてものが本当にあるのかしらと思う時さえあります。すぐスキャンダルめいて書いてしまうのが多い。ですから、いくら新聞の方たが、自分たちは慎重にやっているんだから問題はないといってみたところで、社会全体からみたら、そういう週刊誌を野放しにしておく新聞――新聞記者とはいいませんが、新聞にも責任があるんじゃないんですかね。

# 新聞販売の現状と問題点

編集部

**新聞界は最近多くの困難な問題に当面しているが、その中でも販売面における過当競争は新聞経営を圧迫するもっとも大きな原因となっている。こうした過当競争の排除には新聞協会を中心に不断の努力がつづけられているが、さる十月九日には、独占禁止法による特殊指定の禁止事項の一部を不当景品類及び不当標示防止法による法律的移行手続きを果たし、新聞界は再び新たな決意をもって不当競争の排除に再出発した。また一方では販売店労務の不足から戸別配達制度をどう維持していくかというような問題もある。そこで以下、転機にある新聞販売の現状と問題点をまとめてみた。**

## 新聞販売の競争

新聞販売の激烈な競争が始まったのは、日露戦争後のことといわれている。

「戦争で増加した紙数を維持しようとする東京各紙の露骨な販売競争は、一方では売捌店の懐柔、値引、安売、拡張紙（所謂「赤紙」）、責任紙の押付等後年長く東京新聞界の禍根となつた邪道的販売政策となり、他方では浮動読者の獲得を目標とする懸賞、付録、その他種々の催物となって現われた」――伊藤正徳氏著『新聞五十年史』――のである。

以後新聞の販売競争は、次第に激しさを加え、新聞社に事業部が設けられて、販売部の拡張活動を支援するとともに、新聞の販売組織が、次つぎに改編されていった。

わが国における新聞の配達は、当初主に郵送に依存していたが、その後直配達となり、ついで取り次ぎ販売店ができた。営業としての新聞販売店が始めて生まれたのが、明治十年ごろといわれ、当時は、各新聞を取り扱う、合売店であったが、その扱い部類は次第に増加し、合売制の大売りさばき店時代が明治の末期まで続いた。

その後、新聞社の発行部数はいよいよ増加し、それにより販売店が一紙の扱いだけで店を維持することができるようになるとともに、合売店では、販売店の拡張活動に新聞社の販売政策をじゅうぶん徹底し得ないこと、また競争が激しくなるにしたがい、販売店の離合集散がはなはだしく、紙数の安定が得られなくなるとともに、集金が悪くなったことなどのために、各新聞社は、それぞれ自社の直営店を設けて、激化した販売競争に対処した。

### 専売制度の誕生

明治三十六年、報知新聞が、初めて東京で京橋と芝の二か所に、また地方では仙台と松本に直営店を設け、ついで直営店を次第に各所にふやして部数の拡張に成果をおさめた。これがきっかけとなり、明治末期から大正初期にかけて各社が、これにならい、大正年代には、この専売制度が新聞販売組織の中核を占めるようになった。その結果、新聞の部数は飛躍的に増大し専売網も大新聞社により全国に及んだのである。

この専売組織は、第二次大戦の勃発した昭和十六年から始まった共同販売制度によって中断された。この共販制は、いうまでもなく戦時体制に即応する組織として発足したもので、戦後は新聞用紙の統制が撤廃された二十七年まで続き、その年の十二月に東京都内および京阪神地区で専売制が復活し、今日に至った。

前記のように現行の専売組織は、新聞の普及にもっとも大きな力を発揮し、日本の新聞が今日世界で屈指の高い普及率に達した要因の一つとなっているが、同時にまた、新聞社ごとに系列化されたこの販売組織は、印刷機械の高速化とともに、新聞販売の競争激化を一層促進したのである。

大正十四年朝日、毎日両社の系列に属する販売店が、新聞定価販売即行会を結成して、報知に対し値上げを強制、ついで時事の非売を行なうなどして、両紙に打撃を与えた。報知と時事は、このいたでをきっかけとして衰退のいちずをたどり、時事新報は昭和十一年ついに新聞界から姿を消していった。

## 倫理化協定から特殊指定へ

戦後、用紙の供給が緩和されるとともに、専売制が実施されて、激しい販売合戦が新聞界に復活し、景品付き販売、無代紙の配布等が再び横行して新聞経営を圧迫した。ここにおいて、新聞界に経営の合理化の必要が真剣に考慮され、二十八年二月、地方紙の組織である〝新聞経営者協議会〟が「不公正な販売手段排除に関する意見書」を公正取引委員会に提出して、独占禁止法による規制を求めた。これに対し公正取引委員会から同年十一月二十四日「新聞業の不公正な取引方法の特殊指定」に関する質問書が全国の日刊新聞社に送付された。回答の結果は、「景品、抽せん券等の材料を配布すること」および「強制購読、他紙購読の妨害」等を不当とし、これらの自粛方法に法的根拠を与えることを希望するものが、回答七〇社中の六六社を数えた。

しかし第二次大戦下にきびしい言論統制の苦杯をなめ、戦後ようやくその制約から解き放された新聞界が、新聞販売の過当競争を解決するためとはいえ、法律に基づく規制をこうむることには、かなりの異論もあった。

よって新聞界はひとまず法的規制を避けて、相互の道義にもとづく自制を強化することに解決を求めた。すなわち、二十九年三月に販売倫理化委員会が各地区に設けられ、「拡材の禁止」「定価販売」「見本紙の制限」など販売方法の公正化をはかることになった。

しかしこの倫理化協定の発足は、これにふれない方法として増ページ競争を招き、少年少女新聞問題などもあって、新聞界をして法的規制止むなしとの意見に結集させ、三十年末公正取引委員会により、「新聞販売における不公正取引」（特殊指定）が告示されるにいたった。

この特殊指定の内容は、(1)景品付き販売、(2)見本紙配布、(3)差別対価、(4)押し紙、の四項目の禁止を指定したもので、この特殊指定を運用するために、日本新聞協会に新聞公正取引協議委員会が設けられた。

これにより、新聞販売の方法について一応の秩序が与えられたが、なお局地的な違反行為が横行し、新聞販売の正常化は達成されるに至らなかった。

## 特殊指定の新法移行

昭和三十六年にはいり、菓子、洋酒、電気機械器具等一般消費者向け商品に、高額な抽せん券つき販売が流行するとともに、土地分譲の折り込み広告に虚偽、誇大なものが横行して社会問題となり、翌三十七年五月不当景品類及び不当表示防止法が国会を通過、同年八月十五日に施行されるに至った。

この法律は独占禁止法の特別法で、同法の定める不公正な取り引き方法のうち景品類の提供と不当表示関係の違反行為は、この法律が適用され、その処理が敏速化されることになった。その結果「新聞販売における不公正取引」も(1)の景品類の提供の禁止と(2)の無代紙配布の禁止の二項目は、この法律に根拠を求めることとなり、同法第三条に基づき改めて告示の手続きを要することになった。

よって新聞協会新聞公正取引協議委員会は、「実施要綱」を始めとする従来の特殊指定に基づく諸規定を、同法第十条に基づく公正競争規約に改編する作業に着手した。原案の作成については、とくに販売店から各種の修正要求が出て、審議は難航したが、約二年を費して全国的に検討を終わり、三十九年十月九日公正取引委員会告第十四号で、従来の特殊指定の改編、同第十五号で「新聞業における景品類の提供に関する事項の制限」が、また同第十六号で、「新聞業における景品類の提供に関する公正競争規約」の認定が発令され、この日を期して新聞販売の景品類の提供に関する事項は、不当景品類及び不当表示防止法の適用をうけることになったのである。

この特殊指定の新法移行の主たる意義は、第一はさきにもふれたが、公正取引委員会の事業の処理が敏速化されたこと、第二は、この運用面に販売店の立ち場が尊重されるようになったことの二点にあるとされている。そのほか新聞販売上の不当な競争のすべての原因が、新聞社の販売店に対する押し紙政策にあることが指摘されて、これに関する規定がより詳細に定められた。

ともあれ新聞界は、このいわゆる〝新法移行〟を機に、新聞界多年の弊害である不当な販売方法の一掃に大きな期待をかけている。

現在日本の新聞は、その販売部数において、もはや全体としての大幅な伸びは期待しがたい時期に達した。またその主たる収入源である広告面においても、民間テレビが、有力な広告媒体としてあなどりがたい地歩をきずいている。さらにまたこの数年に現われた若年労働力の不足は、新聞の戸別配達制度の維持に重大な脅威となってきているのである。新聞界は、このような情勢にあって、販売面における、失うもののみ多く、うるところの少ない不当競争をこれ以上続けることを許されなくなっている。

## 新聞販売の労務問題

日本の新聞の特徴の一つは、その総部数の大部分が戸別配達制度によって毎日読者の手もとにとどけられていることである。現在戸別配達が総発行部数の九〇パーセント、立ち売り・郵送が一〇パーセントという比率になっている。

日本の高い新聞普及率に、専売という販売組織が、その要因の一つとなっていることはさきにも述べたが、その場合の専売制度が、専売制による戸別配達制であることはいうまでもない。もし、日本の新聞界が、戸別配達制を廃止して、立ち売り制にその大部分を依存した場合、相当量の部数減少を余儀なくされることは間違いない。そのほか新聞は販売部数の不安定を招き、ひいては紙面の低俗化という好ましくない現象さえ予想される。また新聞は、その誇る安定した広告媒体価値を喪失し、広告面における競争においても不利な立ち場を余儀なくされるであろう。従来主として立ち売り制に依存していたアメリカの新聞が、現在ニューヨーク、シカゴ等古い都市を除く、ほとんどの地域において、戸別配達制にその部数の大部分に依存するようになったのも、立ち売り制にこのような欠陥があるがためであろう。

### 販売従業員の実態

昭和三十八年二月に、日本新聞協会販売委員会が実施した調査によれば、わが国の新聞販売店ならびにその従業員の総数は第1表のとおり、二万二、三五九店、三二万二、六八六名となっている。これを共販制下における昭和二十二年一月現在の配給所四、七二七、支所二、一七〇合計六、八九七、その

**第1表**
地域別新聞販売店と従業員数

| 地域別 | 販売店数 | 従業員数 |
|---|---|---|
| 東　京 | 1,417 | 21,867 |
| 北海道 | 2,065 | 17,656 |
| 東　北 | 1,793 | 37,119 |
| 関　東 | 3,018 | 63,476 |
| 中　部 | 1,634 | 27,794 |
| 北　陸 | 934 | 11,779 |
| 大　阪 | 1,027 | 14,531 |
| 近　畿 | 2,531 | 35,060 |
| 中　国 | 2,476 | 24,380 |
| 四　国 | 1,780 | 12,019 |
| 九　州 | 3,684 | 57,005 |
| 総　計 | 22,359 | 322,686 |

従業員総数七万三、一九九名（新聞共販連盟調査）に比べ、販売店数で三・二倍、従業員数で四・四倍に増加している。

次に年齢別に、この従業員総数をみると、満十六歳未満が二一万九七二名（六五・三パーセント）、満十六歳以上十八歳未満が二万四、〇四〇名（七・五パーセント）、満十八歳以上が八万七、六七四名（二七・二パーセント）で、高校生以下の少年が七二・八パーセントを占めている。したがって一店当たり従業員数は、全国平均で少年一〇・五名、成人三・九名計一四・四名となる。

このようにして、新聞の戸別配達はその大部分を少年の労働力に依存しているが、この数年間深刻化した若年労働力の不足、日本経済の高度成長による生活水準の上昇などによって販売店の労務確保は次第に困難となった。

成人店員の場合、他産業に比べて、職場に将来性がない、労働条件が悪い等のほか、勤務時間その他労働条件の特異性などもあって、募集難に陥り、また他産業に引き抜かれたりして店員の定着度は次第に低下している。また少年の場合も、一般的な生活水準の上昇と新聞配達に対する従来からの印象がわざわいして、希望するものが少なくなり、日によっては雇主もしくはその家族が配達を分担しなければならない地区もでてきた。

このような状況に対し、三十七年六月の日本新聞協会理事会は販売委員会の上申により「新聞少年の日」の設定を決定した。これにより毎年新聞週間中の日曜日に、新聞少年の日ごろの労をねぎらうとともに、一般社会の新聞少年に対する理解をよびかける各種の行事が、全国の新聞社によりいっせいに実施されることになった。また翌三十八年には、新聞少年にじゅうぶんな休養を与えるため、当日発行の夕刊を休刊とすることが決定された。

### 労務実態改善への動き

「新聞少年の日」の設定を決定した新聞協会理事会は、ついでその年の九月に、販売委員会に対し、「新聞販売の労務関係ならびにその対策」について諮問、販売委員会は検討の結果、新聞少年の労働条件を改めるために次の五項目の申し合わせを行なうとともに、まず販売店の労働環境等の主体的条件と今後の人口移動等の客観的条件を明らかにする必要を認め、販売管理研究会に全国販売店の「従業員数調査」と「労務実態調査」の実施を委嘱した。この二調査は販売管理研究会により、三十八年二月に実施され、その年の十月に従業員数調査の結果が、また労務実態調査は三十九年七月に、その結果がそれぞれ報告された。これにより販売委員会は、販売労務小委員会を設置し、この二調査に基づきその対策を検討することになった。

販売委員会の申し合わせ事項は、(1)十五歳未満の新聞少年には集金ならびに拡張の業務はさせないこと、(2)十五歳未満の新聞少年については、修学時間を考慮し、配達時間を一日一時間以内とすること、(3)休日については週一回の原則を守ること、(4)少年の使用については、直接使用者（販売店主）の責任において行なうこと、(5)その他労務管理については教育的見地から健全な職場環境を保つよう配慮すること、の五項目からなっている。これら五項目の実施については労働省においても重大な関心をもって、昨三十八年三月、各都道府県関係当局に通達し、その監督強化を命じている。

また新聞販売店の組織である日本新聞販売協会もこのままでは戸別配達制の維持は困難になるとして、配達手数料の増額、日曜夕刊の廃止等を各新聞社に要請しており、配達労務の確保は現在新聞界の早急に解決を要する重大な問題となつている。

## 日刊新聞の発行部数

日本新聞協会の調査による昭和三十九年四月の日刊新聞の総発行部数は、朝刊二、六八一万五、〇〇〇部、夕刊一、五七一万八、〇〇〇部、合計四、二五三万三、〇〇〇部である。これを朝夕刊セットを一部として計算すると、セット紙一、三七一万部、単独朝刊紙（統合版を含む）一、三一〇万五、〇〇〇部、単独夕刊紙二〇〇万八、〇〇〇部、合計二、八八二万三、〇〇〇部となる。またその普及率は、セットを一部とした計算によると、一部当たり三・

四二人、一世帯当たり一・二一部、朝・夕刊各一部とする部数では一部当たり二・三一人、一世帯当たり一・七九部となる。

これらの部数は、日本新聞協会加盟新聞九五紙の合計部数で、このほか、紙数からすれば、かなりの日刊新聞が発行されているとみられるが、その発行部数はきわめて少ない。

新聞の普及率は、その国の文化水準を示す指標の一つであるが、日本は新聞の普及率が世界でもっとも高い国の一つである。**第2表**は、国連の統計年鑑による世界の主要国の日刊新聞の総発行部数とその普及率で、日本の発行部数はアメリカ、ソ連についで第三位、普及率において第六位を占めている。

**第2表　主要国の日刊新聞の総発行部数と普及率**

| 国名 | 新聞数 | 部数 | 1000人当たり部数 | 調査年度 |
|---|---|---|---|---|
| スウェーデン | 123 | 3,708 | 490 | 1962 |
| イギリス | 112 | 26,200 | 490 | 1962 |
| ルクセンブルグ | 5 | 140 | 445 | 1960 |
| アイスランド | 5 | 78 | 422 | 1962 |
| バーミューダ | 2 | 18 | 419 | 1961 |
| 日本 | 157 | 39,139 | 416 | 1961 |
| アメリカ | 1,760 | 59,848 | 321 | 1962 |
| 西ドイツ | 433 | 17,431 | 306 | 1962 |
| フランス | 136 | 11,800 | 257 | 1961 |
| ソ連 | 457 | 39,355 | 181 | 1961 |
| イタリア | 91 | 5,000 | 101 | 1961 |

(注) 1. 資料の出所　国連統計年鑑1963年版　2. 部数に単位1,000部

しかし、この高い普及率も、この一〇年間に次第に低下の徴を示していることに注意しなければならない。すなわち**第3表**はこの一〇年間における総発行部数と普及率の推移を示すものであるが、総発行部数は年平均約六〇万部の増加にとどまり、その増加率は人口の増加率を上回って伸びてはいるが、世帯数の増加率には及ばないのである。セットを一部として計算した昭和二十九年の発行部数二、二八五万三、〇〇〇部は、三十九年には二、八八二万三、〇〇〇部となり、この一〇年間に五九七万部、二六・一パーセントも増加しているのに対し、人口は、この間八、八六二万二、〇〇〇人から九、八四三万九、〇〇〇人へと増加しているが、その増加率は一一・一パーセントにすぎない。したがって普及率を人口対比で見る場合、一部当たり三・八八人から三・四二人へと上昇している。

**第3表　総発行部数と普及率の推移**

| 年度 | 世帯数 | A | | | B | |
|---|---|---|---|---|---|---|
| | | 発行部数 | 普及率a | 普及率b | 発行部数 | 普及率a |
| 昭和29年 | 17,986 | 22,853 | 3.88 | 1.27 | 33,957 | 2.61 |
| 30 | 18,346 | 22,688 | 3.96 | 1.24 | 33,956 | 2.65 |
| 31 | 18,687 | 23,489 | 3.87 | 1.26 | 34,927 | 2.60 |
| 32 | 18,997 | 23,689 | 3.88 | 1.25 | 35,982 | 2.55 |
| 33 | 19,544 | 24,058 | 3.86 | 1.23 | 36,656 | 2.54 |
| 34 | 20,085 | 23,743 | 3.96 | 1.18 | 36,076 | 2.61 |
| 35 | 20,629 | 24,438 | 3.89 | 1.18 | 37,039 | 2.57 |
| 36 | 21,712 | 25,903 | 3.70 | 1.22 | 39,139 | 2.45 |
| 37 | 22,077 | 26,550 | 3.64 | 1.20 | 40,218 | 2.40 |
| 38 | 22,880 | 28,103 | 3.46 | 1.23 | 41,730 | 2.33 |
| 39 | 23,734 | 28,823 | 3.42 | 1.21 | 42,533 | 2.31 |

(注) 1. Aは朝・夕刊セットを1部として計算した部数
Bは朝・夕刊セットを2部として計算した部数。両者とも単位1,000部，29年は12月10日，30年は7月10日，31年から28年まで10月10日，39年は4月10日部数。
2. 普及率Aは1部当たり人口，普及率bは1世帯当たり部数。
3. 世帯数ならびに普及率の計算に用いた人口は3月31日法務省民事局住民登録による。単位1,000世帯

しかし世帯数をとってみると、この間の増加率は三一・九パーセントであり、一世帯当たり部数は一・六一部から一・二一部へと低下している。この原因がテレビの普及によるものかどうかは明らかではないが、いずれにしても、この数値は過去一〇年間の日本において、まったく新聞をとっていない世帯がふえてきているか、または併読世帯の増加が鈍ってきている結果を示すものであり、新聞界としてゆるがせにできない傾向である。

次にこの発行部数の伸びを地域別にみると**第4表**（次ページ参照）のとおりになる。この数年間における経済発展の地域的不均衡は、日本経済の高度成長が招いたひずみの一つとして指摘されているが、新聞の発行部数にも、その影響が如実に現われている。

**第4表　地域別発行部数の増加率**

29年5月10日実数対39年4月実数

| 地域別 | 発行部数 A 29年5月 | 発行部数 B 39年4月 | 増加率 $\left(\frac{B}{A}\right)$ |
|---|---|---|---|
| 東京 | 3,531,824 | 5,021,135 | 142.2 |
| 大阪 | 2,114,811 | 2,842,716 | 134.4 |
| 北海道 | 1,277,344 | 1,364,819 | 106.8 |
| 東北 | 1,781,848 | 1,876,364 | 105.3 |
| 関東 | 2,971,298 | 4,138,100 | 139.3 |
| 北陸 | 1,816,081 | 1,388,813 | 105.5 |
| 中部 | 2,690,415 | 3,213,788 | 119.5 |
| 近畿 | 2,928,586 | 3,443,951 | 117.6 |
| 中国 | 1,681,635 | 1,944,718 | 115.6 |
| 四国 | 977,319 | 1,021,096 | 104.5 |
| 九州 | 2,293,096 | 2,548,949 | 111.2 |
| 総計 | 23,568,971 | 28,823,027 | 122.3 |

昭和二十九年五月から、三十九年四月までの一〇年間にもっとも高い発行部数の伸びを示しているのが、東京、大阪、関東の三地域で、それ以外の地域は、いずれも平均以下の伸びにとどまっている。とくに四国、東北、北海道は、四・五パーセント、五・五パーセント、六・八パーセントで、年平均にすると、その増加率は一パーセントにも及んでいないのである。

このように全体的に発行部数の伸びは、必然的に新聞社における購読料収入の頭打ちを招かずにはおかない。その結果、新聞社の収入依存度は戦後次のように販売収入から、広告収入と次第に傾いてきている。

## 販売収入と広告収入

新聞社の収入は販売と広告に依存しているが、**第5表**は戦後における新聞社の販売収入と広告収入との割り合いの推移を示している。

終戦直後の昭和二十二年には、販売収入が三分の二強を占め広告収入はわずかに三分の一にも達しなかった。**第6表**は新聞のページ数を示しているが、当時新聞は新聞用紙の不足のため二ページすら維持することができず、月何日かはタブロイド版の発行を余儀なくされた。したがってスペースも限られ、勢い新聞社は収入の大部を購読料に依存せざるを得なかった。

昭和二十五年にはいり、その年の三月に東京に進出した産業経済新聞が、四月に東西においてセンカ紙において戦後はじめてオール四ページ建てを実施し、その他の新聞も週何回かの四ページを発行しうるようになった。ついで二十六年五月、用紙の統制が撤廃され、同年十月には二三紙が朝・夕刊ワンセットを実施、新聞のページ数は次第に増加し、それにつれ広告収入の比率も次第に高まり、二十八年には四〇パーセントに達した。以後三十六年には四四・九パーセント、三十七年四八・二パーセント、三十九年にはついに販売と広告の収入率は逆転し、三十九年には販売収入四八・一パーセント、広告収入五一・九パーセントとなった。

**第5表　販売収入と広告収入の比率推移**

日本新聞協会調査

| 区分＼年月 | 22.11 | 25.11 | 28.7 | 36.2 | 37.2 | 38.2 | 39.2 |
|---|---|---|---|---|---|---|---|
| 販売収入 | 67.2 | 64.5 | 60.0 | 55.1 | 51.8 | 49.6 | 48.1 |
| 広告収入 | 32.8 | 35.5 | 40.0 | 44.9 | 48.2 | 50.4 | 51.9 |

注，単位はパーセント

このような新聞の収入構成に占める広告の優位は、米英において、とくにいちじるしい。アメリカにおいては一九六三年の平均で販売収入二七パーセント、広告収入七三パーセント（E&P誌）となっており、広告収入が圧倒的な比率を占めている。またイギリスにおいても、**第7表**（次ページ参照）に見るとおり、全国大衆紙を除き、いずれも広告にその収入の大部分を依存している。

新聞は、国民のすべてが読みうる状態になければならない性格を負っている。したがって、その購読

**第6表　1日平均ページ数の推移**

| 26年 | 28 | 31 | 34 | 36 | 37 | 38 | 39 |
|---|---|---|---|---|---|---|---|
| 6.1 | 12.4 | 14.3 | 17.2 | 20.4 | 21.2 | 24.7 | 25.4 |

注，全国紙3紙の28年まで10月，39年4月の平均ページ数を示す。

料水準はおのずから社会的な制約を受けざるを得ないのであって、日本の新聞の広告収入への依存度は、アメリカほどの水準には達し得ないとしても、なお引き続きその比率を高めていくであろう。

しかし、このことは新聞経営に占める新聞販売の重要性をいささかも低下させることにはならない。新聞にとって購読料収入は、景気の変動に左右されることの少ない安定した財源であるとともに、新聞の発行部数は、その新聞の広告媒体価値をささえる重要な要素の一つであるからである。

**第8表**はアメリカの恐慌直後一〇年間における新聞社の収入構成の推移を示しているが、恐慌後四年目にして広告収入は四〇数パーセント低下しており、一〇年後においてもなお一九二九年の水準に回復していないのである。また販売部数はその新聞の紙勢を示す基本的な指標であり、部数の低下は広告料金の維持を困難にするばかりでなく、その新聞の社会的影響力の低下を招く。逆に販売部数の増大は、広告収入が過半を占める場合において、一時的にはその収支に不利を招くことはあっても、新聞原価の低下を招くとともに、近い機会において広告料金の引き上げを可能にし、新聞経営の拡大発展を促す起動力となるのである。したがって新聞社は、つねに発行部数の維持、拡大をはかる必要があり、新聞販売の激烈な競争がなお今日に及んでいる。

（業務課長　**中根久太郎**）

**第7表　イギリスの新聞の収入構成**

| | 販売収入 | 広告収入 |
|---|---|---|
| 朝刊全国紙高級紙 | 25 (23) | 73 (74) |
| 大衆紙 | 54 (49) | 45 (50) |
| 日曜全国紙高級紙 | 21 | 79 |
| 大衆紙 | 51 | 46 |
| ロンドン　夕刊紙 | 38 | 61 |
| 朝刊地方紙 | 41 (41) | 58 (55) |
| 夕刊地方紙 | 37 (39) | 62 (58) |
| 週刊地方紙 | 21 | 79 |

注，1.　新聞に関する王立委員会報告による
2.　単位はパーセント
3.　比率は1960年，カッコ内1937年.

**第8表　アメリカ新聞社の恐流後の収入構成**

| | 収入数 | 販売収入 | 広告収入 | 広告収入比率 |
|---|---|---|---|---|
| 1929 | 1,073,119 | 270,781 | 797,338 | 74.3 |
| 1931 | 886,523 | 261,569 | 624,954 | 70.5 |
| 1933 | 667,819 | 239,147 | 428,672 | 64.2 |
| 1935 | 760,247 | 260,224 | 500,023 | 65.8 |
| 1937 | 861,688 | 287,508 | 574,180 | 66.6 |
| 1939 | 845,686 | 306,192 | 539,494 | 63.9 |

注，1.　単位 1,000 ドル
2.　出所「Newspaper Advertisingl John V. hund p. 27
3.　調査の対象は日刊，日曜刊，週刊の年間収入5000ドル以上の総ての新聞
4.　収入額は販売広告とも純収入

# 新聞広告の展望

編集部

## まえがき

「昨日まで、われわれ（広告人）は、新聞人の仲間のうちで、編集、販売、印刷に属する人びとに対し、経営者に対し、または労働組合員に対し、大きい声で話したいことがらをたくさん持っていた。そして機会あるごとに叫びつづけてきた……それらの叫びは、なかなか聞いてもらえそうに思えなかったので、ますます声を大きくした。しかし時の流れとともにその声は、広告人だけの声でなくなって、今日では新聞人全体が耳を傾け、また多くの人たちが声をあわせてくれるようになった。われわれの孤立感は薄らぎつつある……」

これは、本誌三十八年六月号に掲載されたある新聞広告人の述懐である(1)。

同じ三十八年の二月、新聞協会経理委員会が実施した「新聞事業の収支構成調査」の結果において、販売収入と広告収入の割り合いが、前者の四九・六に対して後者の五〇・四と、長い間の定型を破ってはじめて逆なほうに傾いた。三十九年二月の同じ調査では、この数字はさらに四八・一対五一・九と開き、この傾向が将来の動向となることを示している。この調査は、日刊紙五〇余社を対象に、調査時にもっとも近く終了した事業年度の収支構成比率を取っているので、そこに現われた大勢は、前年度の経営動向を反映するものといえる。したがって前記の数字で、広告が販売をはじめて越えたのは三十七年であり、その傾向がさらに一歩強まったのは三十八年であるということができる。

**第1図　販売収入と広告収入の推移**

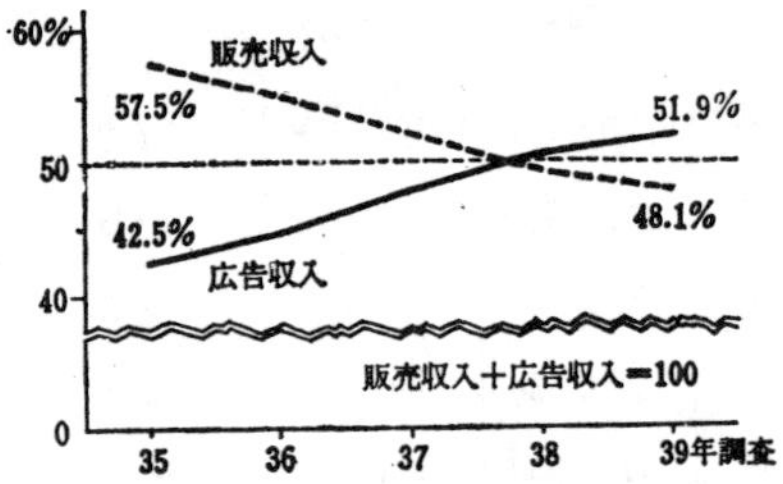

こうした動きと、前記広告人の述懐とは、恐らく無縁ではない。いやむしろこのような述懐はこうした動きが基盤にあって、はじめて生まれてきたものといえよう。事実、広告への注目は、ここ数年来急激に高まってきた。新聞の普及率は、ほぼ飽和点に近づいており、併読が一般化するような条件もない。したがって販売収入の伸びは、今後あまり期待できず、また原価面からいっても、現在の手数料を引いたネット販売収入は、用紙費、販売費、発送費をようやくまかなうにすぎない。一方新聞広告は、わが国総広告費の順調な伸びを基調に、広告量・広告費とも着実な伸びを示しており、新聞経営の直接の利益源という点からするなら、販売にかわって広告を本来的な利益源として考えざるを得なくなってきている。すなわち、いまや新聞経営は、広告を

主柱として考えられねばならない——広告の重要性を説くこうした立論は、いまさら改めて紹介するまでもなかろう。

しかし、新聞経営における広告の重要性を認識するだけでは、〝広告人のことば〟に耳を傾けたことにはなるまい。広告人のことばを聞き、ともに考え、関連する問題はいっしょに解決するというのでなければほんとうに耳を傾けたことにはならないであろう。冒頭に引いたことばも「孤立感は薄らぎつつある」といいながらも、すぐそのあとに続けて「しかし沈黙するのはまだ早い」として、幾つかの〝叫び〟をまた投げかけている。さらにまた、この問題については単に耳を傾けるだけでは足りないのではないか。

三十八年の年間平均で、広告スペースの紙面全体に対する比率は、九四紙平均で三四・六パーセントに達しており、発行部数二〇〇万部以上の新聞の平均では四三パーセントを越えている。すなわち紙面の三割から四割は、広告が占めているわけである。現在では、この数字はさらに高まっていよう。記事とは性格がかなり違うものの、同じ紙面上からこれだけのものが同じ識者に向かって何かを語りかけているのである。

この広告とはなんであり、またどうあるべきものなのか——さらにまた、いま数字をあげた「紙面比率」はどの程度であればよいのか——さきの広告人の重ねての〝叫び〟は、この紙面比率の上限、下限についての考え方を編集人あるいは経営トップに向かって問いかけている[2]——考えるべき問題は多々あるようである。さらにまた範囲を広げるなら、〝広告産業〟といわれるほどに成長した広告全体は、経済的、社会的にわれわれの生活に大きな影響を及ぼしている。三十八年の総広告費は二、九八二億、同年の医薬品生産額（約三、〇〇〇億）にほぼ等しく、防衛関係予算を六〇〇億近く上回っている。これだけの金額の動いている事象は、やはり社会的にも一応は考察してみてよいことではないか。われわれは、消費者として現実にその力を受けている一方、その金額の四割近く（三七・六パーセント）を占める新聞広告の直接的・間接的な関係者なのであるから……。

## 広告とは何か

新聞広告を、新聞経営の面からだけでなく、社会的事象としての意味もこめて考察するとなると、当然それ自体を含めた広告一般のこと、すなわち〝広告とは何か〟という問題にまず突き当たらざるを得ない。しかし、これは真っ先に出てきて、しかも最後まで（?）解けない難問である。

いろいろ定義はたくさんあろうが、それだけでは、毎日その事象を目にし、影響も受けている〝受け手〟としてのわれわれの実感を満足させてくれない。たとえば、新田宇一郎氏の『新聞広告論』のことばをかりるなら、「広告の定義を一応説明すれば、商品あるいは企業に対して、人の注意を惹き得る可能性の事業的構想である」ということになる。あるいは簡単に、販売促進の一手段であるとも、また大量生産を可能ならしめる大量消費のための情報伝達の手段であるともいうことができる。

しかし、こうした定義を重ねてみても、その実体がスッポリ包みこまれた気がしない。それは思うに一方の極にそれの受け手として、われわれ、つまり生身の人間がいるせいではないかと思われる。あえて哲学者の言をかりるまでもなく、この得体の知れない人間なるものに、最後のところでかかわり合っているため、分明ならざる要素がはいってくるのではなかろうか。しかし、いずれにしても、ここで、この問題に深く立ち入っている暇はない。また簡単に解答の出せる問題でもないようである。ただこの問題についての一、二の興味ある考え方——あるいは接近の方法——をご紹介しておくにとどめたい。

アメリカ広告界の実情と広告ビジネスの問題点を生き生きと写し取ったベストセラー『マジソン・アベニュー・USA』[3]を書いたマーチン・メイヤーは、同書の巻末で、この問題に触れ、「広告とはなんであり、またその作用は何かということについての一般的なセオリーはない……しかし、経済学者やビジネスマンたちが広告の問題を扱っていだく混乱の多くは、彼らがこの問題を間違った方向からながめるという習慣からきているのではないか。彼らは広告が消費者の中に〝欲望を創り出す〟という風に考えているが、この仮定は実際の動きを何も説明してくれない。広告界内外の人びとは、むしろ次のような前提に立って考えたほうが問題がスッキリするのではないか――つまり、広告は、ものを知らせるというその純粋な機能のほかに、製品の持つ実際の価値に、新しいある価値を付け加えるのだ、という前提に……」といっている。

ほとんど同じ品質の口紅でも、一方は平凡に、もう一方は〝ロマンスに通ずる本道〟として見事に広告されていると、後者を使う若い女性は自分を美人と感じ、そして恐らくは実際にそうなるのである。ここでも長くはとどまっていられないから、詳しくは同書をご覧願いたいが、メイヤーが、この「新しい価値」について、それが消費者に実際に〝エンジョイ〟されている点からいって、それは紛れもない経済価値であり、しかもまた一方、その価値は小さなものであって、劣ったものをすぐれたものに仕立て上げたりするだけの力はない、というような幾つかの指摘をしているのは、広告の本質を考える上に、多くの示唆を与えてくれるものと思われる。

もう一つは、ロンドン大学経済学部の主任研究員をしていた、同じくジャーナリストのウォルター・タプリンの考察であり、これも詳しくは、その著書『広告――新しいアプローチ』[4]を参照していただきたいが、彼は「広告主は一体何をしているのだろうか」という問いかけを手がかりに、人間の欲望というものの究明から考察を始めている。

人間の欲望をよくよく考えてみるなら、それは当人にもはっきりつかめないような複雑なものである。広告主は、これに働きかけて意思決定をさせ、行動へ、つまり購売へ導こうとするが、意思決定をするのはあくまで消費者自身である。いかに強力な広告活動があろうと、それと消費者との間には、消費者自身の意思決定というつねに消えないルビコンの河がある。そして消費者の意思決定はよくいわれるように、ファクトにより行なわれるのでなく本人の意見によって行なわれる。いかにファクトを多く集めても、これに対する意見がまとまらない限り、意思決定――行動には至らない。広告主はファクトを与えるインフォーメーションのほかに、説得という技術をも用いて、この意思決定に参画しようとする。社会が豊かになるにつれて――ということは、換言すれば、提供される商品やサービスが多種多様になるということだが――この説得の果たす役割りも大きくなってくる。極端ないい方をすれば、このような社会では、商品はAでもBでも本質的には――人間の生存を左右するというような意味合いでは――あまり変わらない。Aを選んでもBを選んでもよいのである。こういう時、広告の呼びかけは一つの手がかりとなる。

消費者は、むずかしい選択の問題――大げさにいうなら、それは生きること自体の問題でもある――を、広告を一つのきっかけとして決定する。時には、選択に要する時間が、その商品の価値からいってもったいないと生活上の知恵から無意識のうちに判断して、簡単に広告のいうことを聞く場合もある。しかし、こうした選択の問題を広告にゆだねた――実際にはかならずしもゆだねたわけではないが――というその気持ち自体から、広告に対する不満が生まれてくる……。

これらの考察は「広告とは何か」という問題を考えるに当たって、いろいろな示唆を与えてくれるが、しかしもうこれ以上この問題にかかわりあっていられまい。ただ、最後のところで言及された、広告に対する不満というものの根が人間心理に根ざした深いところにあるという指摘は注目してよいことと思われる。

## 媒体シェアの推移

さて、主題の新聞広告であるが、これが上記のような広告活動全般の一つの分野であることは、いまさら断わるまでもない。しかし、いまから一五年、あるいは一〇年前までは広告費のうちの大半を占めていた――すなわち広告といえば、新聞がまず主体であった――といっても過言ではない。一五年前の昭和二十四年、広告費のうちに占めるシェアは、実に七六・二パーセントであった。一〇年前の二十九年には五八・五パーセントに落ち、以後漸減の一途をたどっているが、これがラジオ・テレビなどの電波媒体の進出によるものであることは、いまさらいうまでもない。ことにテレビの進出はめざましく、三十八年では三〇・一と、新聞の三七・六にあと数歩のところに迫っている。

しかし、テレビは新規開設局のほとんどないことも含めて、時間のワクが広がらず、一方コスト高の傾向があることとも合わせて、その成長の限界をうんぬんする声が最近聞かれているが、一方、FM放送やUHFテレビが遠からず発足することも、また予定されている事実である。三十八年九月放送法に関する法制調査会の答申でも、早い機会に全国各地で複数の民間テレビが見られるようにすべきである、と説かれている。したがってその時期はわからぬが、ここ何年かのうちにテレビ局の数が大幅に増加することは考えられることである。

そのさいに新聞・テレビなどの媒体シェアがどうなるかは、簡単には予測できない。これまでのテレビ局数の増加の推移と新聞・テレビのシェアの消長を数字で示してみるなら、第一表のようになる。テレビ局の数が五から一八と一躍三倍以上になった三十二〜三十三年に新聞シェアは三・九パーセント落ち、次にまた二倍になった三十三〜三十四年に六・八パーセント落ちている。局数が目立ってふえた時に一つの階段を落ちている状況は明らかに読みとれる。テレビ局の数が今後どの程度にふえるかわからないが、技術的(電波)にはともかく、経済的にはおのずから限度があろうから、いずれはある線に落ち着き、そして広告費シェアもある一定線に落ちついてくるであろう。新聞がそのさい、現在の地位を大きくすべり落ちることは恐らくあるまいと思われる。そしてまた、これは単にタイムのワクや新聞スペースの広がりだけで定まる問題ではない。むしろ広告媒体として新聞がどのように使えるか、テレビがどのように使えるか——それぞれの媒体の特性に基づいて、広告主がそれらをどのように使いこなしてゆくか——という媒体選択の問題である。

媒体特性の問題に移る前に、参考としてアメリカにおける媒体シェアを見てみるなら、一九六三年で新聞は二九・〇となっている。アメリカと日本では媒体間の事情が違い、区分も異なっているので、軽軽な比較はできないが、昨年の数字と比較してみても新聞に限らず、各媒体のシェアはほぼ安定しており、あまり大きな変動は見られない。もう一つ、シェアとは別に日本の新聞広告費の動きそのものをみると、ここ一〇年ほどはつねに年率一〇〜一二パーセントの上昇を見せている。ここ五年ほどではコンスタントに一一〜一二パーセント増であり、国民総生産(名目)の伸びと強い相関を保っている。新聞経営面で高い期待がかけられるゆえんである。

**第2図　広告媒体の推移**

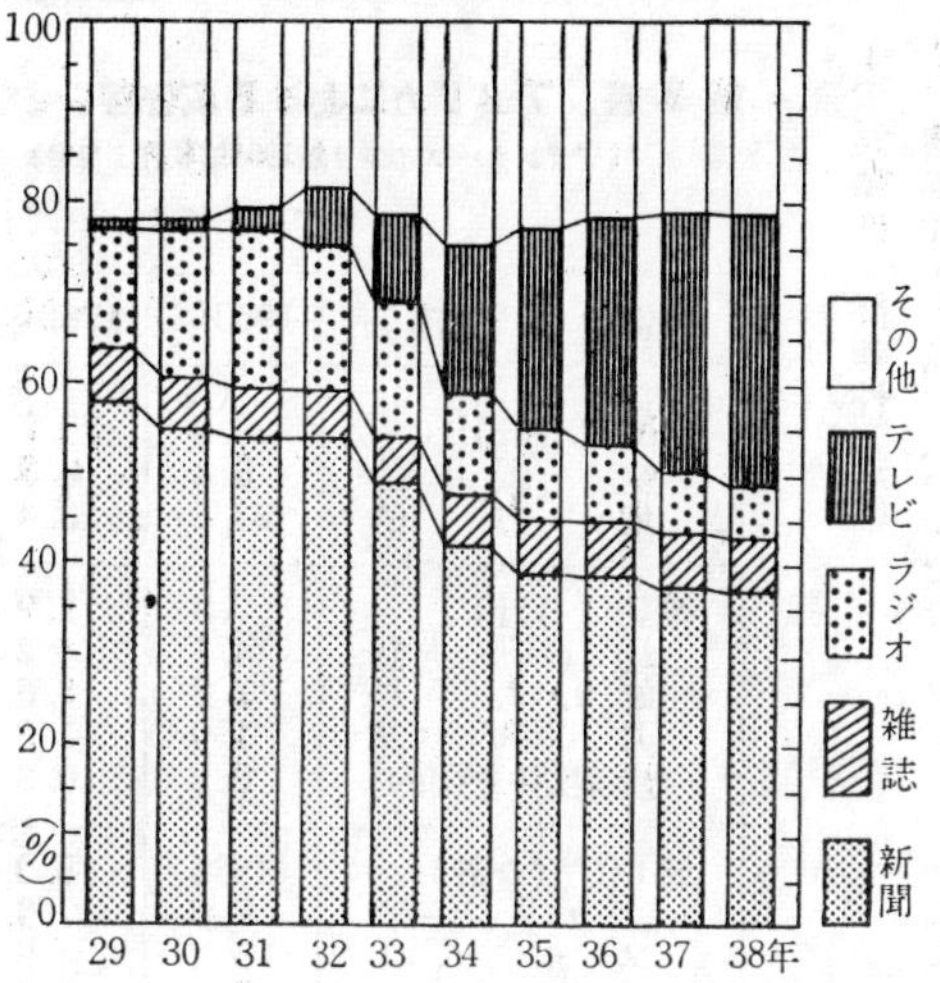

100
80
60
40
20
(%)
0
29 30 31 32 33 34 35 36 37 38年
その他
テレビ
ラジオ
雑誌
新聞

**第1表　テレビ局数とテレビ・新聞のシェア**

| | テレビ局数 | テレビ・シェア | 新聞シェア |
|---|---|---|---|
| 昭和30年 | 2 | 1.5 | 55.3 |
| 31 | 4 | 2.8 | 54.3 |
| 32 | 5 | 6.4 | 54.2 |
| 33 | 18 | 9.9 | 49.3 |
| 34 | 37 | 16.4 | 42.5 |
| 35 | 42 | 22.3 | 39.3 |
| 36 | 43 | 25.5 | 39.1 |
| 37 | 46 | 28.3 | 37.9 |
| 38 | 47 | 30.1 | 37.6 |

## 新聞媒体の特性

新聞媒体の特性は何か——とくにテレビなどの電波媒体と比較して——という問題については、すでにいろいろいわれており、ほぼ定説化しているといっていい。よくあげられるのは、

**第2表　アメリカにおける広告費シェア**
（プリンターズインク誌1964年8月1日号）

| 媒体 | 1963年 | 1962年 |
|---|---|---|
| | （%） | （%） |
| 新聞（合計） | 29.0 | 29.7 |
| 全国的 | 5.8 | 6.3 |
| 地方的 | 23.2 | 23.4 |
| 雑誌（合計） | 7.9 | 7.9 |
| 週刊誌 | 4.1 | 4.2 |
| 婦人誌 | 1.7 | 1.6 |
| 月刊誌 | 1.9 | 1.8 |
| 農業誌（全国的） | 0.2 | 0.3 |
| テレビ（合計） | 15.5 | 15.3 |
| ネットワーク | 7.8 | 7.9 |
| スポット | 5.2 | 4.9 |
| ローカル | 2.5 | 2.5 |
| ラジオ（合計） | 5.8 | 5.9 |
| ネットワーク | 0.4 | 0.4 |
| スポット | 1.8 | 1.8 |
| ローカル | 3.7 | 3.7 |
| 農業刊行物（地域的） | 0.3 | 0.3 |
| ★農業刊行物合計 | (0.5) | (0.6) |
| DM | 15.9 | 15.6 |
| 業界紙 | 4.7 | 4.8 |
| 屋外（合計） | 1.3 | 1.4 |
| 全国的 | 0.9 | 0.9 |
| 地方的 | 0.4 | 0.5 |
| 雑（合計） | 19.6 | 19.1 |
| 全国的 | 11.6 | 11.3 |
| 地方的 | 8.0 | 7.8 |
| 全国的（合計） | 62.0 | 61.8 |
| 地方的（合計） | 38.0 | 38.2 |
| 総額 | 100.0 | 100.0 |

（★ 他のメディア合計の中に含まれる一加算せぬこと）

1、説得性・詳報性
2、随時性・記録性（いつでも、どこでも何度でも繰り返して読める）
3、読者の強い信頼感
4、読者の安定性

などであるが、このほかに、

5、使いやすさ（スペース、回数、日時など広告主の希望に応じやすい弾力性があり、地域計画も立てやすく、訂正も容易であるなど）
6、普及度の高さ

などをあげているものもある。同じ印刷媒体である雑誌などを比較に加えるなら、1や2は特色として薄れてこようし、〝説明〟という点でも、動くものの機能的説明は、むしろテレビのほうがまさっているといえよう。したがって、これらの中で新聞としてもっとも注目していいのは、3の「信頼感」ということではなかろうか。岡本敏雄氏の『新聞広告』には、これを「題字に対する信頼」ということばで表現してある。題字は新聞が社会に対して負う責任の象徴であって、これがそれぞれの新聞のカラーとなり、力強いファン層を形成している。この点、番組み内容やタレントに対する興味によって、ダイヤルを選択させる電波媒体とは対照的であり、題字に対する信頼はそのまま広告に対する信頼に通ずるというわけである。「新聞はスペースのほかにそのプレスティジを売る……局は聴視者のほかに何も売るものがないので、聴視率の数字を持ち出さざるを得ない」という趣旨のことばで、ズバリこの間のことを表現しているのは、前掲の『マジソン・アベニュー・USA』である。

このことから新聞広告の水準をある一定限度以上に保とうとするきびしいチェック作業の必然性が生ずる。いや逆にその作業があってはじめてプレスティジが保たれているということもできる。あるいはまた新聞の公共的性格を保ち、その社会的使命を達成するための必然的要請であるといってもいい。いずれにせよ数ある媒体のうちもっともこの種の基準をきびしくし、細かくし、そして実際に励行しているのは新聞であるといって間違いはない。各社それぞれに細かいルールを作り、担当セクションはこれによって綿密なスクリーニングを行なっている。通信販売の品物をいちいち取りよせたり、広告される土地の現場を当たったりさえする。しかし不動産の場合などでも、とうてい全部の物件を当たってみるというわけにはゆかない。非難をあびるものが皆無とはむろんいい切れない。ただその網の目は広告界としてもっともきびしいものであるということはできる。

## 広告主

さて、このような新聞媒体を使って、広告主は何をしようとするのだろうか。いうまでもなく、その読者に訴えかけて、購売の意欲を起こさせようとするわけである。いいかえれば、広告主が新聞に広告料金を払うのは、いわば読者の中の将来の顧客を買うのである。とすれば、その広告は（1）どれだけの読者に届き（部数）、（2）どれだけの読者に読まれ（注目率）、（3）そしてその中にどれだけの顧客がいるか（読者の質）というようなことが問題とならざるを得ない。すなわち個々の新聞の媒体としての価値はどれだけあるかという問題である。

（1）の問題は、量の問題としてもっとも基本的なものであり、これを権威ある数字として得たいということからABC協会が生まれ、ABC公査の数字がデータとして用いられていることは周知のとおりである。（2）と（3）については、このような第三者の数字はない。そこで新聞各社とも、それぞれリーダーシップ調査、読者層の分析、市場調査などを行なって、読者は、どのような人びとであるか、その地域はどのようなマーケットであるか、そして広告はどのくらいの注目を得ているかなどを明らかにする資料を得ようとしている。

ABCによる部数は、どこの地域にどれだけの読者が存在するかという分布状況を示すものであるだけに、広告主にとっては、媒体価値を判断する第一のメドになる。しかし、これは、量的な分布を示すだけであって、読者の質とは関係がない。しかし広告主にとって真に問題なのは、将来の顧客の数であるから、もっと質の問題を重視すべきであるという提唱が最近起こっている。これは量の問題――部数――のみを金科玉条とする現在の風潮に対する批判とも反省ともいえるものであるが、質を示す端的な指標もすぐは見当たらない以上、現状ではなかなかむずかしい提言であろう。しかしヨーロッパのいわゆる高級紙および大衆紙の広告料の差を見れば、このことはすでに実現しているということができる。少なくとも今後の問題としてわが国でも研究してみるべき問題であろう。

リーダーシップ調査、市場調査などの各社調査活動は近年盛んに行なわれているが、これはある意味では当然の時代の要請であろう。膨大な広告費を投ずる広告主が、その媒体の価値について、あるいはその広告の効果について、よりシビアに科学的資料を求めるようになるのは当然の勢いである。しかし、そうしたいわゆるマーケティング用の資料を新聞社の調査がすべて提出しなければならぬかどうかはまた別の問題である。アメリカのように消費者や小売り店における商品の動きを専門的に、しかも継続的に調査する独立の調査機関が存在して、広告主や広告関係者たちが、その資料を購読するような形に、日本がはたしてなるかどうかはむずかしい問題であるが、少なくとも当面は広告界全体として、これらの市場調査の分担が、現状のままでよいかどうかを検討し、将来の方策を考えてみる必要があろう。一方、また新聞社としては、前述した新聞媒体の特性について調査の手を伸ばし、より科学的なデータに基づいた論拠を打ち立てる必要があるのではないかと思われる。

## 広告代理店

新聞広告についてはもう一つ見のがすことのできぬ大きな分野がある。それはいわば実際のビジネスの面であり、これに関して第一に浮かび上がってくるのは、広告代理業の存在である。いわゆる全国紙においては、その広告扱い量の恐らく一〇〇パーセントに近いものが、代理業の手を通して取り引きが行なわれており、地方紙も自社扱いものが多少ありこそすれ、代理業の手を通す取り引きが大きな部分を占めている。広告料の支払いも、代理業を通して行なわれている。これらは、ごく少数の例外を除いてすべて信用取り引きであり、したがって代理業の経営状態は新聞社にとって非常に大きな影響を及ぼす。

しかし代理業はまさにピンからキリまで無数にあり――新聞協会広告委員会の最近の調査によると、新聞七三社の取り引き代理店総数は、実に五五三社に及んでいる――その経営状態はかならずしも安定したものばかりとはいえず、しかも激しい競争を行なって消長している。その信用上の保証をどうして得るか――代理店の信用調査という問題は、広告関係者にとって一つの大きな課題である。さらにまた広告主をも含めて広告取り引きの実情は、まだまだ近代的に合理化されたものとはいえない状態にある。料金の問題、支払いの問題、契約の問題等、合理的には割り切れていない幾つかの問題を含んでいる。広告取り引きの合理化は、広告関係者の長年の懸案であるが、歴史的な理由もあってなかなか進展を見ていない。これらビジネス面の問題は、広告関係者にとっては非常に大きな問題であるが、これはもうかなり専門の分野に立ち入る課題である。ここではただその存在を指摘するにとどめておこう。

## 記事と広告の接点

最後に、編集と広告との接点に関する問題についても、一、二触れておこう。一つは前にも言及した「紙面比率」の問題である。冒頭の述懐をもらした広告人のことばをまた引用させてもらうなら、「編集人も、広告比率の上昇を、（読者と同じように）〝悪〟と考えたがる傾向がある」ようである。しかし、ページ数の増大に伴う費用の増大を、「読者に負担させないという方針でゆく限り、いやでも広告比率は増大せざるを得ない。広告比率をある一点にクギづけにしたままでページ数を増大することは、経営の悪化を覚悟せずには不可能である」という事情にある。しかも、「今日、わが国では、紙面（ページ数と広告段数）を決定する権限は、編集人にゆだねられている」。広告人はこれらの権限は持っていないのに、一方では、上昇する広告比率の下限を守るという責任は負わねばならない。これはこの広告人の指摘するように、はなはだ「スッキリしない事態」[5]といえよう。アメリカのように、広告の量によってその日の新聞のページ数がきまるというようにならなければ、〝最終的にスッキリ〟はしないことかも知れないが、当面する問題として大いに考えてよいことであろう。

もう一つは、いわゆる〝広告主の圧力〟である。広告収入に依存する度合いが強ければ強いほど、広告主の発言力は強くなり、これが新聞の編集方針にも影響を及ぼす——具体的には、ある種の記事をとめたり、自分に有利な記事を出させたりする——というようなことがいわれる。しかし、広告主の数が非常に多くなっている今日、その中の少数の者がかりに筆をまげさせようとしても、そんなことは簡単にできることではない。また幾つかの広告主が、かりに広告差しとめというような手段をとったにしても、新聞社がそれによって直接的に脅威を受けるというようなことは、今日ではあり得ないことと思われる。

これについては海外の例であるが、イギリスの「新聞に関する王立委員会」が再度にわたって究明している。すなわち一九四九年委員会と六二年委員会の調査であるが、六二年委員会の報告書は「……われわれもこの問題をできるだけ広く検討してみたが、結論は四九年委員会が出したのと大綱において一致している」と報告している。その四九年の報告は、つぎのようにいっている。

（1） 個々の広告主が時として新聞の方針に影響を及ぼそうとし、あるいは特定のニュースを削除し、またはそう入させようとするという証言をいくつか得ている。このような企ては非難さるべきであるが、このような企図がまれであり、不成功に終わったことを記録できるのは、われわれの喜びとするところである。

（2） 新聞をして特定の方針をとらせるよう、広告主が共同して圧力を加えた証拠はない。（以下略）[6]

わが国においてこのような〝証言〟がないのは残念であるが、恐らく事情はほぼ同様であると思われる。

（1） 「新聞広告あれこれ」（朝日東京本社広告第二部長・岡本敏雄）
（2） 前項の記事参照
（3） Martin Mayer : Madison Avenue U. S.A. (Penguin Books), 邦訳『これが広告だ』（電通調査局訳・ダヴィッド社刊）
（4） Walter Taplin : Advertising——a new aproach
イギリス版 Hutchinson of London, 1960
アメリカ版 Little, Brown & Co. 1963
（5） （1）項の記事参照
（6） イギリスの新聞経営（新聞に関する王立委員会報告」新聞協会訳・発行

（広告課長　埜邑　義道）

# 한국신문 (전8권)

재일본대한민국거류민단중앙기관지 (영인본)

**지은이: 편집부**
**발행인: 윤영수**
**발행처: 한국학자료원**
**서울시 구로구 개봉본동 170-30**
**전화: 02-3159-8050  팩스: 02-3159-8051**
**문의: 010-4799-9729**
**등록번호: 제312-1999-074호**
**ISBN: 979-11-6887-162-5**

잘못된 책은 교환해 드립니다.

**정가 920,000원**